Wein
Enzyklopädie

Wein
Enzyklopädie

Herausgegeben von Jim Gordon

DORLING KINDERSLEY

DORLING KINDERSLEY
London, New York, Melbourne, München und Delhi

Projektbetreuung Gill Pitts
Bildredaktion Jane Ewart, Paul Jackson, Marianne Markham, Christine Keilty
Lektorat Emma Rice, David Williams
Redaktion Jamie Ambrose, Lara Maiklem, Andrew Roff, Robert Sharman, David Summers
Gestaltung William Hicks, Katherine Raj, Kathryn Wilding
Redaktionsassistenz Louisa Cornford, Natasha Hodgson, Sam Priddy, Jaime Tenreiro
Kartografie-Assistenz Roxanne Benson-Mackey
Cheflektorat Dawn Henderson, Angela Wilkes
Herstellung Jennifer Murray, Alice Sykes

Kartografie Digital Cartography by Tom Coulson and Martin Darlison at Encompass Graphics Ltd, Hove, UK
Fotos Alex Havret

DK INDIEN
Bildredaktion Romi Chakraborty
Cheflektorat Glenda Fernandes
DTP-Management Balwant Singh
Redaktion Garima Sharma
Gestaltung Shruti Singh Soharia
DTP-Design Neeraj Bhatia, Tarun Sharma

Für die deutsche Ausgabe:
Programmleitung Monika Schlitzer
Projektbetreuung Andrea Göppner
Herstellungsleitung Dorothee Whittaker
Herstellung Anna Ponton

Bibliografische Information der Deutschen Bibliothek
Die Deutsche Bibliothek verzeichnet diese Publikation in der Deutschen Nationalbibliografie; detaillierte bibliografische Daten sind im Internet über http://dnb.ddb.de abrufbar.

Titel der englischen Originalausgabe:
The Wine Opus

Gesamtproduktion Werkstatt München • Buchproduktion
Übersetzung Renate Haen, Britta Nord, Susanne Vogel, Reinhard Ferstl, Martin Waller
Lektorat Martin Waller und Karen Dengler
Satz Anja Dengler

ISBN 978-3-8310-1971-7

Colour reproduction by Colourscan, Singapore
Printed and bound in China by Leo Paper Products Ltd

DK dankt The Wine Society Ltd
für die Bereitstellung der fotografierten Flaschen
www.thewinesociety.com

Besuchen Sie uns im Internet
www.dorlingkindersley.de

INHALT

Traditionelle Methoden – hier trocknen Trauben für Vin Santo – sind ebenso wichtig wie neue Techniken.

VORWORT

Den Herausgeber dieses Buches, Jim Gordon, lernte ich vor 25 Jahren kennen. Damals leitete er die Redaktion der amerikanischen Weinzeitschrift *Wine Spectator*, und ich, ein junger freiberuflicher Journalist mit dem Schwerpunkt deutsche Weine, durfte gelegentlich etwas für das große Blatt schreiben. Er war mir auf Anhieb sympathisch aufgrund seines Wissens und seiner Liebe zum Wein. Die damalige Zusammenarbeit war für mich eine wichtige Schule.

Natürlich beteiligte ich mich unter seiner Führung gerne an der *Wein-Enzyklopädie* – in einem jungen Team von knapp 30 internationalen Weinautoren, die von einer fast grenzenlosen Faszination für das, was auf diesem Gebiet während der letzten Jahre und Jahrzehnte passiert ist, beseelt waren. Jim Gordon beschreibt unser gemeinsames Sujet ganz richtig als »riesige neue Welt des Weins«. Das ist der Kerngedanke dieses Werks, und auch seine Entstehung leitet sich davon ab.

Als ich endlich die englische Ausgabe der *Wein-Enzyklopädie* in den Händen hielt, war ich begeistert, dass darin genau jener Geist zum Ausdruck kommt, mit dem auch ich an meinen Kapiteln über Deutschland, Österreich und die Schweiz gearbeitet hatte. Für mich gab es keine Hierarchie – es war genauso spannend, die weltbekannten Riesling-Klassiker von Joh. Jos. Prüm in Wehlen an der deutschen Mosel und die überall gelobten Grünen Veltliner von F. X. Pichler in Loiben an der österreichischen Donau nochmals zu verkosten und zu beschreiben, wie völlig neue Weine aus weniger bekannten Gebieten zu entdecken.

Manche Neuigkeiten, die dieses Buch vorstellt, wie erstaunlich charaktervolle Weine aus ehemals kommunistischen Ländern oder die zahlreichen neuen Weingüter vor unserer Haustür in Rheinhessen, der neuen Traumfabrik des trockenen deutschen Weißweins, sind ziemlich offensichtlich. In anderen Fällen gibt es subtile Änderungen zu entdecken, die nicht unmittelbar ins Auge fallen, wie Schloss Johannisberg »reloaded« im Rheingau oder der stilistische Wandel der Weine vieler Gebiete aufgrund der Klimaerwärmung. Das trifft die Höhenlagen in den Alpen der Ostschweiz genauso wie die besonders warmen Weinberge um den Neusiedlersee im österreichischen Burgenland, aber natürlich auch das heiße Barossa Valley in Südaustralien.

Die 600 Seiten dieses Buches berichten von den neuen Weinen unseres Planeten und von den vielen außergewöhnlichen Menschen, die hinter ihnen stehen und gemeinschaftlich eine grundlegende Verwandlung der Weinwelt bewirkt haben. Manche ihrer Geschichten sind natürlich bereits erzählt worden. Das Besondere hier ist jedoch der globale Kontext, in dem sie stehen. Denn in diesem Kontext entwickelt sich die Zukunft, nicht nur beim Wein.

Stuart Pigott

EINE NEUE SICHT AUF DIE NEUE WELT DES WEINS

Dass sich die Weinwelt mit atemberaubender Geschwindigkeit wandelt, war in der Zeit, als dieses Buch geschrieben wurde, mit Händen zu greifen. Während der hervorragende Jahrgang 2009 des ewigen Klassikers Bordeaux zu ersten Verkostungen bereitgestellt wurde, kam aus anderen Regionen, alten wie neuen, eine Fülle von umwerfenden Weinen – ein duftender Pinot Noir aus der Nähe von Stuttgart, ein ausgewogener, ansprechender Cabernet Franc aus Brasilien und eine samtweiche griechische Cuvée aus Sémillon und der einheimischen Assyrtiko-Traube waren nur einige Beispiele, die der Herausgeber dieses Werks verkosten durfte.

Wenn es so viel Neues gibt, muss eine *Wein-Enzyklopädie,* die alles abdecken soll, hohe Ansprüche erfüllen. In einigen Weinbüchern findet man Karten, in anderen Weinbeschreibungen, wieder andere erläutern Begriffe und Techniken. Dieses umfassende Werk aber hat alles: Es empfiehlt die besten Kellereien in jedem Land und in jeder Region, stellt deren einflussreichste Persönlichkeiten vor, zeigt auf den Karten Dutzende Weinbaugebiete, liefert Besucherinformationen, gibt Auskunft über die Qualität der letzten Jahrgänge und erklärt in einem umfangreichen Glossar Etikettangaben, Rebsorten, Weinklassifikationen und vieles andere mehr. Dabei verabschiedet es sich bei der Anordnung, in der die Anbaugebiete vorgestellt werden, von der alten Sichtweise, in der Europa an erster Stelle steht – auch wenn Frankreich seiner Bedeutung gemäß nach wie vor den meisten Raum einnimmt. Die Reihenfolge geht nun von West nach Ost und von Nord nach Süd, beginnt also in Kalifornien und endet in Neuseeland.

Die *Wein-Enzyklopädie* erlaubt eine neue Sicht auf die riesige neue Welt des Weins, verfasst von einer neuen Generation exzellenter Weinschriftsteller. Vor 30 Jahren konnte ein Autor noch alle ein bis zwei Jahre mehr oder weniger alle feinen Weine auf dem internationalen Markt verkosten und darüber schreiben. Heute ist es für einen einzelnen Menschen unmöglich geworden, sie alle zu kennen. Aus diesem Grund haben 28 Autoren (mich selbst mit eingerechnet), jeder mit speziellen Kenntnissen über die verschiedenen Weinregionen der Welt, zu dieser Enzyklopädie beigetragen.

Viele dieser Autoren sind noch jung, andere haben sich einen jugendlich-neugierigen Geschmack bewahrt, der sie immer neue Anbaugebiete erkunden und den neuesten Trends der Weinbereitung nachspüren lässt. Manche kommen aus der High-Tech-Branche oder aus akademischen Kreisen und haben als Blogger ihre ersten Schritte in der Weinwelt gemacht, andere sind erfahrene Weinbuchautoren, Zeitungs- oder Zeitschriftenjournalisten, doch auch Masters of Wine und sogar einige Kellermeister gehören dazu. Dieses Team kennt seine Klassiker, ist aber auch immer hungrig (oder besser durstig) auf neue Geschmackserlebnisse.

Besonders wertvoll für den Leser dürften die vielen Tipps sein, welche Weine man kaufen sollte. Vorgestellt werden Weinerzeuger, die unsere Autoren auf der Grundlage ausführlicher Recherchen und eigener Verkostungen uneingeschränkt empfehlen. Darunter sind sowohl die etablierten Spitzengüter als auch vielversprechende neue Erzeuger, die im Text mit einem Stern und dem Begriff »Aufsteiger« gekennzeichnet sind. Für beide Kategorien wurden strenge Kriterien festgelegt, zu denen unter anderem zählen:

Spitzenerzeuger

- Erzeugt Weine von sehr guter oder hervorragender Qualität
- Ist in seiner Region seit Langem für Qualitätserzeugung bekannt
- Erzeugt bekanntermaßen Weine für Sammler oder besondere Gelegenheiten
- Ist hinsichtlich Weinbau- und/oder Weinbereitungsmethoden führend in seiner Region
- Erzielt für bestimmte Arten von Wein besonders gute Ergebnisse

Aufsteiger

- Erzeugt Weine von sehr guter oder hervorragender Qualität
- Hat das Potenzial, in Zukunft zum Klassiker zu werden
- Hat sich bei der Rebsortenauswahl, bei Weinbau- und/oder Weinbereitungsmethoden innovativ hervorgetan
- Hat möglicherweise ein sehr gutes Preis-Qualitäts-Verhältnis

Wein ist ein Produkt der Erde, und für seine Vielfalt spielt die Frage, wo die Trauben angebaut werden, fast eine ebenso große Rolle wie die Rebsorte selbst. Aus diesem Grund zeigt die *Wein-Enzyklopädie* im Detail, wo auf dieser Welt sich die besten Weinberge und Kellereien befinden. Auf den eigens für dieses Buch erstellten Karten sind die jeweiligen Anbaugebiete oder Appellationen eingezeichnet und die Standorte der Kellereien mit Planziffern markiert. Dies soll dem Leser nicht nur helfen, sich die Herkunft des Weins, den er vielleicht gerade im Glas hat, zu vergegenwärtigen, sondern ihn auch ermutigen, selbst Reisen in die Weinbaugebiete der Welt zu unternehmen. Wenn Sie mithilfe der *Wein-Enzyklopädie* eine Weinreise planen, denken Sie bitte aber auch daran, die Erzeuger, die Sie aufsuchen möchten, vorher zu kontaktieren und sicherzustellen, dass Besucher auf dem Weingut empfangen werden.

Dieses Buch haben Menschen verfasst, die Wein trinken, Wein überaus schätzen und sich mit Wein auskennen, und sie möchten dazu beitragen, dass Sie das Thema – und mehr noch das Getränk – ebenso sehr genießen wie sie. Ausgerüstet mit diesem Wissensschatz verliert die Frage der Auswahl und Einschätzung von Weinen ihren Schrecken, und Sie können gleich zum angenehmen Teil übergehen, nämlich dem Genuss. Wenn die *Wein-Enzyklopädie* dazu beitragen sollte, dass Sie selbstbewusster Kaufentscheidungen fällen, eigene Lieblingsweine zusammenstellen, leichter Weine zum Verschenken finden und beim Essen mit der Familie und Freunden oder als Gastgeber bessere Genusserlebnisse erfahren können, dann haben wir unsere Sache gut gemacht.

Möge Ihr nächstes Glas noch besser schmecken als das vorige!

Nordamerikas erster erfolgreicher Wein wurde vermutlich um 1563 von hugenottischen Siedlern in Florida aus heimischen Scuppernong-Trauben gekeltert. Bemühungen, europäische Rebsorten in der Neuen Welt anzubauen, auch Thomas Jeffersons gut dokumentierter Versuch 200 Jahre später in Virginia, waren weniger erfolgreich. Mehr Glück hatten die ersten spanischen Missionare an der Pazifikküste Mexikos und im heutigen Kalifornien. Im großen Stil wurde Weinproduktion allerdings erst zwischen 1830 und 1860 im Tal des Ohio River betrieben, wo der Bankier Nicholas Longworth aus Cincinnati auf 810 Hektar hauptsächlich die heimische Spezies *Vitis labrusca* anbaute.

Die ernsthafte Weinerzeugung nahm nach dem Bürgerkrieg in den 1860er-Jahren in Kalifornien ihren Anfang und erlebte in den 1880ern den ersten Boom, bevor eine ganze Reihe von Katastrophen über sie hereinbrach: die Reblaus, die Prohibition, der Zweite Weltkrieg. Aus Europa heimgekehrte amerikanische Soldaten begründeten zunächst die Nachfrage nach importierten Tafelweinen. Mehr und mehr begannen wohlhabendere Amerikaner in den 1960er- und 1970er-Jahren aber auch einheimische Weine zu konsumieren.

Ein wahrer Boom bei Neuanlagen von Weinbergen brach in den 1990ern aus, als Tausende Hobbywinzer sich ans Werk machten. Diese Weinomanie erfasste nicht nur die berühmten Anbaugebiete, sondern machte sich im ganzen Land breit. Gleichzeitig stieg das Faible der Nordamerikaner für Wein, der erstmals dem Bier den Rang als Lieblingsgetränk der Nation streitig machte.

Geprägt von einer schier grenzenlosen geografischen und klimatischen Vielfalt und dem enormen Unternehmungsgeist seiner Weinmacher hat Nordamerrika – mit Kalifornien als Zugpferd – eine überaus dynamische Weinkultur entwickelt.

NORD-
AMERIKA

KALIFORNIEN

Die Sonne, die auf die Surfer an Kaliforniens Stränden scheint, macht den großen Bundesstaat am Pazifik auch zu einem Weinbauparadies. Die Küstentäler und das Landesinnere profitieren von einer langen Wachstumsperiode mit wenig Regen und nur ganz vereinzelten Wolken, die die Reifung der Trauben beeinträchtigen könnten. Das Ergebnis sind durchweg gehaltvolle Weine, die perfekte Begleiter zur deftigen Multikulti-Küche Kaliforniens abgeben. Das höchste Prestige genießen zweifellos die Gewächse aus dem Napa Valley und dem Sonoma County, die auch international zu Verkaufsschlagern geworden sind. Von Bedeutung sind daneben die Countys Mendocino und Lake im Norden sowie das Weinbaugebiet der Central Coast, das sich südlich von San Francisco über 400 Kilometer bis nach Santa Barbara erstreckt.

Kaliforniens erste Weinberge wurden Anfang des 18. Jahrhunderts von spanischen Missionaren angelegt, doch die heutige Weinindustrie ist erst rund 50 Jahre alt. Ende des 19. Jahrhunderts verwüstete die Reblaus viele der damaligen Weinberge, und die Prohibition 1920–1933 überlebten nur noch eine Handvoll Kellereien. Der Zweite Weltkrieg tat ein Übriges.

Erst in den 1960er-Jahren ging es mit dem kalifornischen Weinbau wieder aufwärts. Seitdem sind Qualität und Produktionsmenge enorm gestiegen, und mehrere Klasseweine haben international Anerkennung gefunden: Pinot Noir und Zinfandel aus dem Sonoma County, Cabernet Sauvignon und Merlot aus dem Napa Valley, Syrah und Pinot Noir von der Central Coast sowie Chardonnay aus einer ganzen Reihe von Gebieten.

Allerdings sind nicht alle Teile Kaliforniens für den Weinbau gleich gut geignet. Die geografischen Gegebenheiten, geprägt von einem flachen, längs zur Küste verlaufenden Tal, das im Westen von einem niedrigen Küstengebirge und im Osten von der zerklüfteten Sierra Nevada eingefasst wird, bestimmen zum großen Teil darüber, wo feiner Wein und wo nur normaler Tafelwein erzeugt werden kann.

Während in den meisten kalifornischen Anbaugebieten an einem Julinachmittag flirrende Hitze herrscht, ist es in den Küstentälern und -hügeln dank der kalten Pazifikströmungen, die von Alaska aus nach Süden verlaufen, das ganze Jahr über höchstens 22 °C warm.

Die nächtliche Kühle hilft den Trauben, ihre natürliche Säure zu bewahren, und die hohen Temperaturen am Tag steuern den nötigen Zuckergehalt bei. Diese Kombination aus Säure und Zucker sorgt für ausdrucksstarke Weine mit Geschmackskomponenten, die an Anjou-Birnen (in Chardonnay), reife Schwarzkirschen (in Cabernet Sauvignon) und wilde Blaubeeren (in Zinfandel) erinnern.

Die Trauben aus den heißeren Gebieten im Landesinneren erbringen meist weiche, einfache Weine für den täglichen Genuss. Ein auffälliges »California« auf dem Etikett bedeutet gemeinhin, dass der Wein ein Verschnitt aus weniger angesehenen Gebieten ist, wohingegen Ortsnamen wie Santa Cruz Mountains oder Paso Robles höhere Qualität und daher auch höhere Preise erwarten lassen.

Kalifornien ist groß. Mit mehr als 37 Millionen Einwohnern ist es der bevölkerungsreichste US-Bundesstaat. Er hat die zehntgrößte Wirtschaft der Welt, eine Fläche, die drei Vierteln Frankreichs entspricht, und mächtige Industriezweige in Hollywood und im Silicon Valley. Doch es verfügt auch über Austernfarmen im Marin County, Ziegenkäsereien in Sonoma und Lavendelgärten in Santa Barbara. Ebenso vielfältig ist der Weinbau: Große Genossenschaften erzeugen Supermarktweine, während unablässig kleine Kellereien aus dem Nichts auftauchen wie die wilden Senfblüten, die im Winter zwischen den Rebzeilen wachsen.

Über Qualität und Preis-Leistungs-Verhältnis lässt sich kaum etwas Allgemeingültiges sagen. Die preiswertesten Weine mögen industriell erzeugt sein, sind aber angenehm zu trinken. Jene im mittleren Segment zeigen schon den Charakter ihrer Rebsorten und Herkunfsgebiete. Für die besten Weine verlangt man Preise wie für Bordeaux und Burgunder (woher auch viele Inspirationen bezogen wurden), doch nur die allerbesten haben diese auch verdient: Der nostalgische Duft eines 20 Jahre alten Oakville Cabernet oder die köstliche Kombination eines Russian River Chardonnay mit frischen Taschenkrebsen wird jeden überzeugen!

Auf dem Rubicon Estate in Rutherford, Napa Valley, knospen zu Frühjahrsbeginn die Reben.

NAPA VALLEY UND CARNEROS

Für viele ist das Napa Valley der Inbegriff des kalifornischen Weins. Das eine Autostunde nördlich von San Francisco gelegene Tal ist die Heimat vieler renommierter Kellereien und vermutlich das meistbesuchte Anbaugebiet der Welt. Das Napa Valley ist ein Eldorado des Weinbaus mit dem ganzen Spektrum von kühlen bis warmen Klimata auf insgesamt 196 275 Hektar – etwa einem Achtel der Rebfläche von Bordeaux. Die Weinberge hier bringen die kostspieligsten und angesehensten Weine Kaliforniens hervor und sind in jeder Hinsicht Gold wert: Spitzenlagen erzielen astronomische Preise. Eine Region, die große Investitionen fordert, große Talente anlockt und außergewöhnliche, einzigartige Weine hervorbringt.

Hauptrebsorten

Rot

Cabernet Sauvignon
Merlot
Petite Sirah
Pinot Noir
Sangiovese
Syrah
Zinfandel

Weiß

Chardonnay
Sauvignon Blanc
Semillon

Jahrgänge

2010
Sehr kühl. Reife, konzentrierte Frucht im Tal, doch in einigen Berglagen konnten die Trauben nicht richtig ausreifen.

2009
Exzellent für alle Sorten, nur beim späten Cabernet Sauvignon Fäulnis wegen Regen.

2008
Schwieriges Jahr mit harten Frühlingfrösten und Waldbränden im Herbst.

2007
Fast perfekte Bedingungen für herrlich ausgewogene Weine.

2006
Durchwachsen: Fäule bei Pinot Noir und Chardonnay, aber auch strukturierter Cabernet.

2005
Ein herrlicher Helbst ermöglichte opulente Rotweine mit geschmeidigen Tanninen.

Im Napa Valley wuchs schon wilder Wein, lange bevor George Calvert Yount 1836 die ersten Zuchtreben im heutigen Yountville pflanzte. 1861 gründete Charles Krug die erste kommerzielle Kellerei im Tal; weitere Betriebe wie Schramsberg, Beringer, Inglenook und wenig später Beaulieu Vineyard folgten.

Die Anfänge im Napa Valley waren indes nicht frei von Stolpersteinen. An der Schwelle zum 20. Jahrhundert dezimierte die Reblaus die Weinberge; 1920 folgte die Prohibition. Einige Kellereien überlebten, weil sie Messwein herstellten, insgesamt aber wurde die Branche schwer getroffen. Die Moderne im Napa Valley begann 1937, als Georges de Latour, Gründer von Beaulieu Vineyard, den in Frankreich ausgebildeten russischstämmigen Kellermeister André Tchelistcheff verpflichtete.

1965 brach erneut eine neue Ära an: Robert Mondavi verließ den Betrieb seiner Familie (Charles Krug) und eröffnete die Robert Mondavi Winery in Oakville. 40 Jahre lang bestimmte er die Geschicke des Napa Valley in der Überzeugung, dass es mit den besten Anbaugebieten der Welt mithalten konnte. Er ging diverse internationale Partnerschaften ein, namentlich mit der Familie Rothschild aus Bordeaux zur Gründung von Opus One, und propagierte Wein als unverzichtbar für einen gehobenen Lebensstil.

Heute haben die Nachfolger dieser Pioniere sowie Neuankömmlinge die Führung übernommen, doch die Spitzenstellung in Bezug auf Preis und Qualität in der Produktion von Cabernet Sauvignon ist dem Napa Valley nicht mehr zu nehmen.

Doch natürlich ist Cabernet Sauvignon nicht die einzige Traube, die im Napa Valley mit seinen verschiedenen Klimazonen, Lagen und Böden gedeiht. Zinfandel war vor der Prohibition die beliebteste Sorte und ist weiter herausragend. Cabernet Franc, Merlot, Petit Verdot sowie toskanische und süditalienische Sorten bewähren sich im wärmeren Norden des Tals, ebenso Sauvignon Blanc und Semillon. Im kühleren Süden, in Carneros, wo oft Morgennebel vom Meer herüberweht, tun sich Pinot Noir und Chardonnay hervor, auch Merlot und Syrah gedeihen dort oft großartig.

Die umfassende AVA Napa Valley (1981 das erste in Kalifornien festgelegte Herkunftsgebiet) ist in 15 Unterbereiche unterteilt: Los Carneros, Oak Knoll District of Napa Valley, Stags Leap District, St Helena, Yountville, Oakville, Rutherford, Calistoga, Mount Veeder, Spring Mountain District, Diamond Mountain District, Atlas Peak, Howell Mountain, Chiles Valley District und Wild Horse Valley.

Das Napa Valley entstand durch die Kollision der Pazifischen, der Farallon- und der Nordamerikanischen Platte, bei der die Mayacamas Mountains im Westen und das vulkanische Vaca-Gebirge im Osten aufgeworfen wurden. Diese geologischen Verschiebungen bescherten dem Napa Valley mindestens 33 unterschiedliche, über den ganzen Bereich verstreute Bodentypen, die den Weinen komplexe, sogar innerhalb einzelner Lagen variierende Geschmacksnoten verleihen.

Aus dem Napa Valley kommen die teuersten Weine Nordamerikas, und zu ihrer Erzeugung werden keine Kosten gescheut. Bei Cabernet Sauvignon sind die Erträge niedrig: Das Gebiet macht etwa acht Prozent der Rebfläche Kaliforniens aus, liefert aber nur vier Prozent der Weinmenge. Die meisten Weinbergarbeiten werden von Hand erledigt, nachhaltiger Weinbau ist weitverbreitet.

Anbau-, Kellerei- und Marketingberater spielen eine wichtige Rolle in einer Region, in der ständig Kellereien von Neuankömmlinge erworben werden, die wenig Vorkenntnisse mitbringen, aber von großer Bewunderung für guten Wein und die idyllische Landschaft des Napa Valley erfüllt sind.

Acacia Carneros
Der 1979 gegründete Betrieb war einer der bedeutendsten Pioniere für Chardonnay und Pinot Noir aus Carneros und erzeugt weiterhin sehr beständige Weine guter Qualität. Der florale, würzige Carneros Pinot Noir hat ein gutes Preis-Leistungs-Verhältnis, der Einzellagen-Pinot-Noir Lone Tree bietet mehr Tiefe zu einem höheren Preis. Acacias Paradestück ist der Chardonnay: Immer wieder günstig ist der Carneros Chardonnay, während sich der Sangiacomo Vineyard Chardonnay (von einer Lage auf der Sonoma-Seite in Carneros) besonders exotisch zeigt. Die Weine werden von Matthew Glynn bereitet.

2750 Las Amigas Road, Napa, CA 94559
www.acaciavineyard.com

ACACIA
GUTE QUALITÄT FÜR WENIG GELD VON EINEM CHARDONNAY-PIONIER IN CARNEROS

Ancien Wines Carneros
Seit 1992 erzeugt Ken Bernards, früher bei Domaine Chandon und Truchard, Pinot Noir und Chardonnay von seinem eigenen Weinberg in Carneros. Später kam Pinot Noir aus anderen Gegenden hinzu, etwa aus dem Russian River Valley und dem Santa Barbara County, außerdem ein Pinot Gris vom Sangiacomo Vineyard in Carneros. Die Weine sind handwerklich bereitet und recht außergewöhnlich. Der Carneros Pinot Noir und der Chardonnay sind besonders preiswert, auch dank der Zusammenarbeit mit der erfahrenen Weinbauberaterin Ann Kraemer.

4047 East 3rd Ave, Napa, CA 94581
www.ancienwines.com

Anderson's Conn Valley Vineyards
St Helena
Die Familie Anderson betreibt seit über 25 Jahren – und damit als eine der ersten – Weinbau im zerklüfteten Conn Valley jenseits der Vaca Mountains. Todd Anderson, der mit seinem Vater die ersten Weinberge anlegte, leitet inzwischen mit seiner Frau Ronene den Betrieb. Kellermeister Mac Sawyer bereitet Cabernet Sauvignon von gutseigenen Trauben, der oft als Bordeaux-ähnlich beschrieben wird: elegant, mit Anklängen an Zedern und Zigarren. Außerdem gibt es guten Sauvignon Blanc, Chardonnay und Pinot Noir.

4680 Rossi Road, St Helena, CA 94574
www.connvalleyvineyards.com

Antica Napa Valley Atlas Peak
Der Betrieb ist der zweite Streich des toskanischen Weinerzeugers Piero Antinori im Napa Valley. In den 1980er-Jahren pflanzte Antinori auf dem Gut, das ursprünglich Atlas Peak hieß, Sangiovese, hatte aber in den 1990er-Jahren mit mittelmäßigen Weinen und schwacher Nachfrage zu kämpfen. Nachdem er einen Teil der Weinberge und die Kellerei für einige Jahre an Atlas Peak verpachtet und etliche Neuanpflanzungen unternommen hatte, kam er 2004 mit dieser vielversprechenen Kellerei für Cabernet und Chardonnay zurück. ★**Aufsteiger**

3700 Soda Canyon Road, Napa, CA 94558
www.anticanapavalley.com

Araujo Estate Diamond Mountain
Im Eisele Vineyard werden seit 1881 ununterbrochen Trauben angebaut; 1969 wurde der Weinberg von den Namensgebern Barbara und Milton Eisele erworben. Bart und Daphne Araujo übernahmen die 15 ha auf kiesigem Schwemmland 1990 und erneuerten die Ausstattung. Zum Team in Weinberg und Keller gehören Michel Rolland, Matt Taylor und Françoise Peschon. Ganzer Stolz ist der Cabernet-Sauvignon-Gutswein, außerdem wird feiner Syrah produziert. Weitere Erzeugnisse des Bio-Hofs sind Grappa, Olivenöl und Honig.

Keine Besuchereinrichtungen; www.araujoestatewines.com

Artesa Carneros
Der hochmoderne Betrieb wurde ursprünglich von dem spanischen Cordoníu-Konzern unter dem Namen Cordoníu Napa für die Schaumweinproduktion gegründet, doch 1997 beschlossen die Besitzer, Stillweine zu erzeugen, und änderten den Namen in Artesa. Die Pinot-Noir- und Chardonnay-Gutsabfüllungen sind sauber bereitete Weine mit ausgeprägtem Geschmack. Für Cabernet Sauvignon, Merlot und andere Weine werden Trauben von überallher aus dem Napa Valley und dem Sonoma Valley eingekauft, weswegen sie oft nicht besonders individuell wirken. Einige der limitierten Abfüllungen, etwa der Tempranillo Reserve, bieten aber eine ausgesprochen angenehme Überraschung.

1345 Henry Road, Napa, CA 94559; www.artesawinery.com

Astrale e Terra Atlas Peak
»Himmel und Erde«, so die Umschreibung des italienischen Namens, wurde 1997 von einem Joint Venture unter Paul Johnson gegründet und hat unter Weinbergchef Doug Hill und Kellermeister Scott Harvey, früher bei Folie à Deux, einen guten Start hingelegt. Das rote Flaggschiff ist der Bordeaux-Verschnitt Arcturus; daneben werden Cabernet Sauvignon, Merlot und Syrah von eigenen sowie ein Sauvignon Blanc von angekauften Trauben erzeugt.

5017 Silverado Trail, Napa, CA 94558
www.astraleeterra.com

ASTRALE E TERRA
CABERNET SAUVIGNON DOMINIERT DIESEN BORDEAUX-VERSCHNITT

Atlas Peak Vineyards Atlas Peak
Piero Antinori etablierte diese Marke für sein Gut auf dem Atlas Peak, verkaufte sie dann aber. Weinberge und Kellerei bleiben indes in seinem Besitz, auch wenn sie bis vor Kurzem an die Marke verpachtet waren. Heute gehört Atlas Peak der Ascentia Wine Group, in deren Auftrag Nick Goldschmidt in der Buena-Vista-Kellerei unter anderem Rotweine auf Cabernet-Sauvignon-Basis aus den Gebirgs-AVAs des Napa Valley sowie einen Napa Valley Cabernet Sauvignon bereitet. Die Trauben dafür sind zwar angekauft, doch die Weine sind hervorragend.

18000 Old Winery Road, Sonoma, CA 95476
www.atlaspeak.com

Barnett Vineyards Spring Mountain
In den letzten Jahren waren Barnetts Weine durchweg hervorragend, vom Cabernet Sauvignon und Merlot aus eigenem Anbau bis zum Pinot Noir und Chardonnay von zugekauften Trauben. Alle Weine sind sauber, modern und präzise, mit großer Fruchttiefe. David Tate, seit dem 2007er Jahrgang Kellermeister, bringt jede Menge internationale Erfahrung in das 16-ha-Gut in Spring Mountain ein, das seit 1983 im Besitz von Fiona und Hal Barnett ist. Die Produktionsmenge ist auf rund 60 000 Flaschen im Jahr angestiegen. ★**Aufsteiger**

4070 Spring Mountain Road, St Helena, CA 94574
www.barnettvineyards.com

NAPA VALLEY

Das eine gute Autostunde von San Francisco entfernte Napa Valley verläuft grob in Nord-Süd-Richtung und wird im Westen von den Mayacamas Mountains und im Osten von den Vaca Mountains begrenzt. Das Schwemmland Los Carneros am Südende wird vom Pazifik und von der San Pablo Bay gekühlt und ist daher bestens für den Anbau von Chardonnay und Pinot Noir geeignet. Die sommerlichen Höchsttemperaturen am Talboden steigen allmählich, je weiter man auf dem Highway 29 nach Norden fährt. Oak Knoll und Yountville bringen verhaltenen Cabernet Sauvignon und Merlot hervor. Oakville, Rutherford und Calistoga liefern immer reifere Cabernet-Sauvignon-, Zinfandel- und andere Weine. Die nuanciertesten und langlebigsten Cabernets kommen von den felsigen Hügel- und Berglagen, die den Talboden säumen.

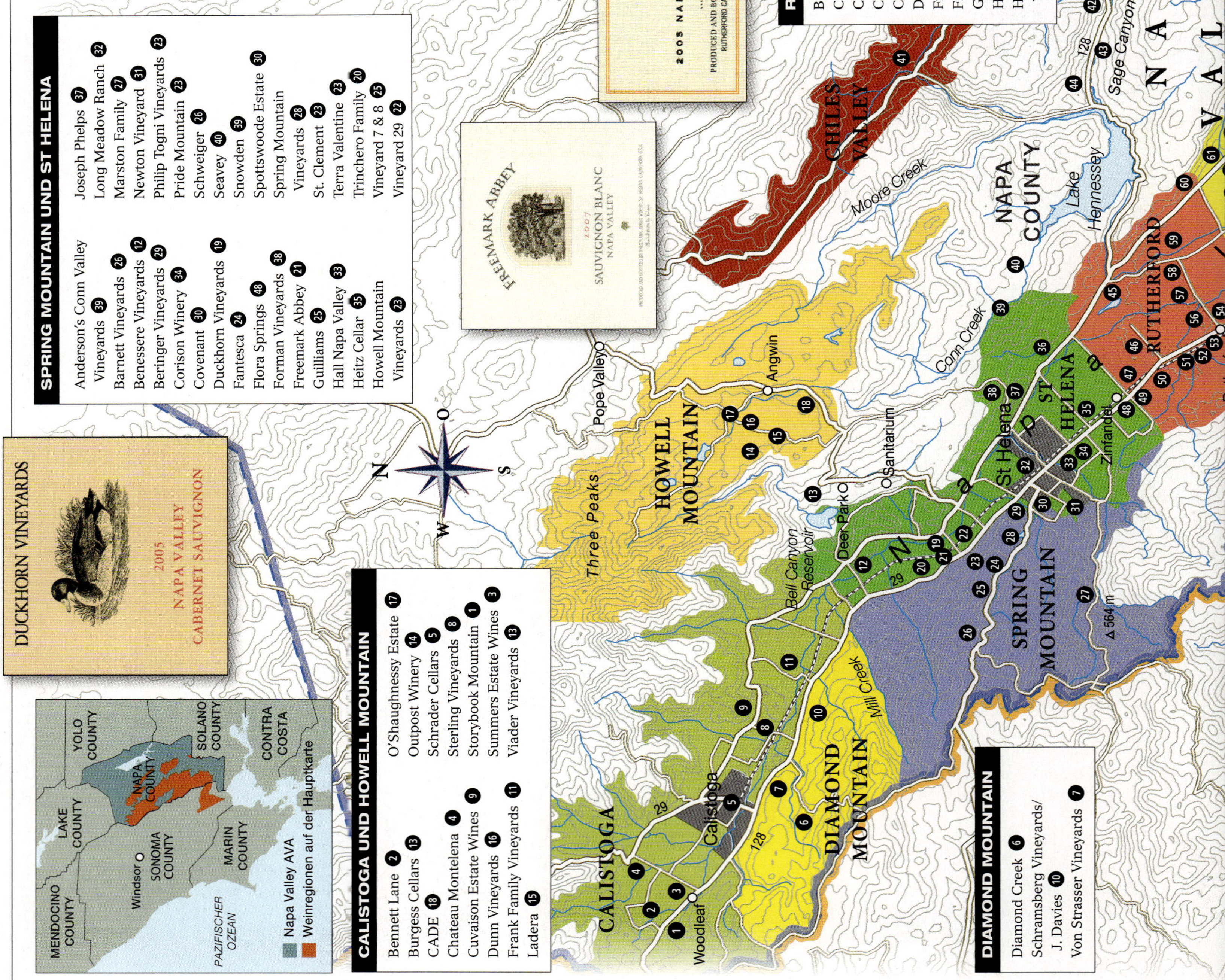

SPRING MOUNTAIN UND ST HELENA

- Anderson's Conn Valley Vineyards 39
- Barnett Vineyards 26
- Benessere Vineyards 12
- Beringer Vineyards 29
- Corison Winery 34
- Covenant 30
- Duckhorn Vineyards 19
- Fantesca 24
- Flora Springs 48
- Forman Vineyards 38
- Freemark Abbey 21
- Guilliams 25
- Hall Napa Valley 33
- Heitz Cellar 35
- Howell Mountain Vineyards 23
- Joseph Phelps 37
- Long Meadow Ranch 32
- Marston Family 27
- Newton Vineyard 31
- Philip Togni Vineyards 23
- Pride Mountain 23
- Schweiger 26
- Seavey 40
- Snowden 39
- Spottswoode Estate 30
- Spring Mountain Vineyards 28
- St. Clement 23
- Terra Valentine 23
- Trinchero Family 20
- Vineyard 7 & 8 25
- Vineyard 29 22

RUTHERFORD UND CHILES VALLEY

- Beaulieu Vineyard 56
- Cakebread Cellars 55
- Caymus Vineyards 59
- Chappellet Vineyards 44
- Continuum Estate 43
- Del Dotto 49
- Franciscan Estates 46
- Frog's Leap Winery 58
- Grgich Hills Estate 52
- Hewitt Vineyard 51
- Honig Vineyard and Winery 57
- Kuleto Estate 42
- Mount Veeder Winery 56
- Piña Napa Valley 60
- Provenance Vineyards 50
- Quintessa 45
- Rubicon Estate 53
- St. Supéry 54
- Staglin Family 55
- Volker Eisele Family 41
- Whitehall Lane Winery 47

CALISTOGA UND HOWELL MOUNTAIN

- Bennett Lane 2
- Burgess Cellars 13
- CADE 18
- Chateau Montelena 4
- Cuvaison Estate Wines 9
- Dunn Vineyards 16
- Frank Family Vineyards 11
- Ladera 15
- O'Shaughnessy Estate 17
- Outpost Winery 14
- Schrader Cellars 5
- Sterling Vineyards 8
- Storybook Mountain 1
- Summers Estate Wines 3
- Viader Vineyards 13

DIAMOND MOUNTAIN

- Diamond Creek 6
- Schramsberg Vineyards/J. Davies 10
- Von Strasser Vineyards 7

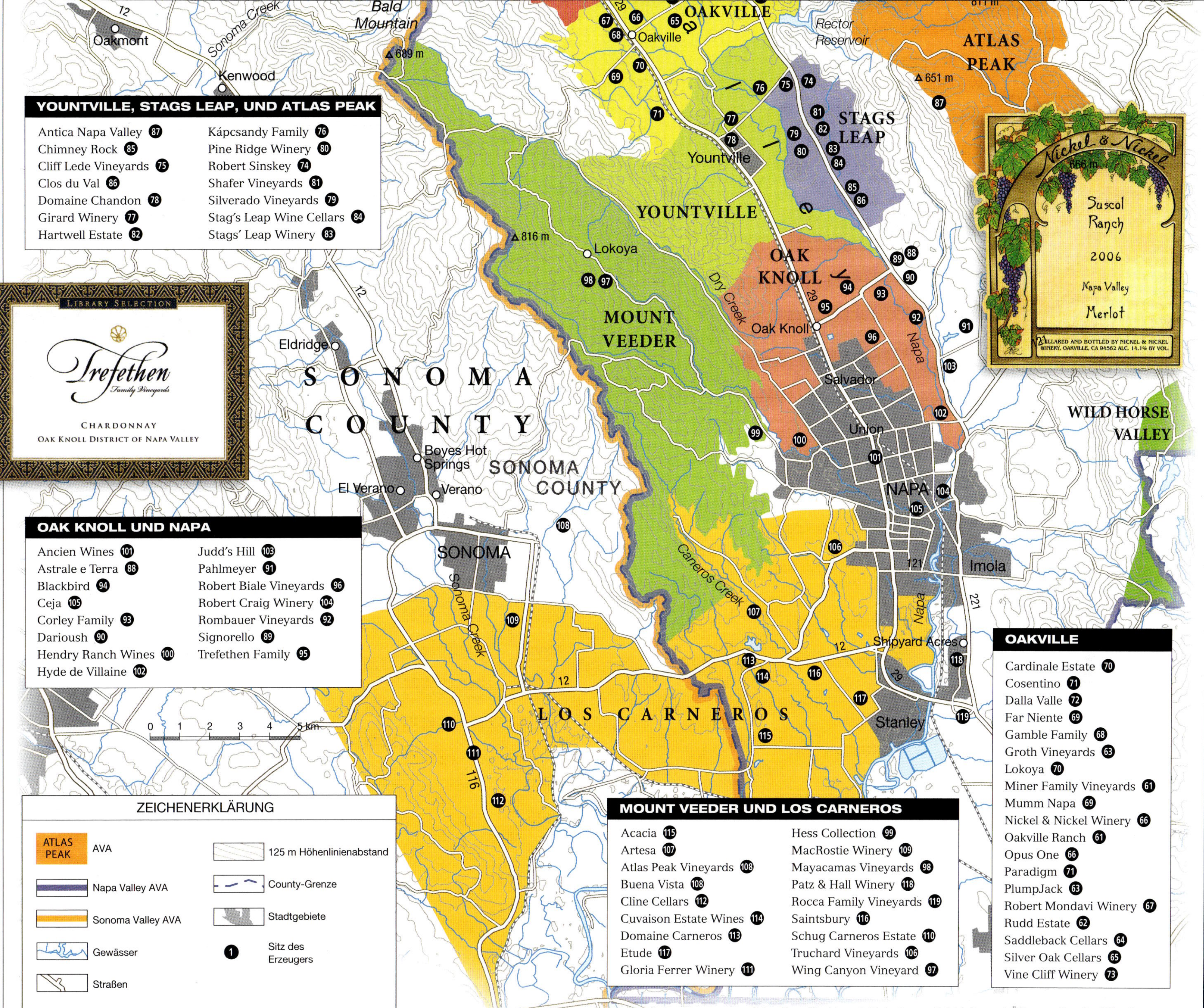

Erkundigen Sie sich nach Verkostungsmöglichkeiten und Öffnungszeiten der Kellereien, bevor Sie Ihre Reise planen. Manche Betriebe empfangen Besucher nur nach Voranmeldung.

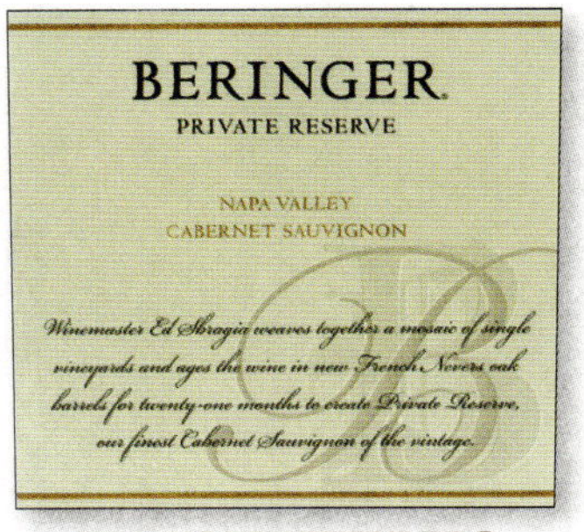

BERINGER VINEYARDS
LANGE HAT SICH BERINGER AUF SEINEN LORBEEREN AUSGERUHT, DOCH NUN IST EINES DER ÄLTESTEN WEINGÜTER NAPAS WIEDER IM RENNEN

CHATEAU MONTELENA
DER VORGÄNGER DIESES WEINS STACH 1976 FRANKREICHS BESTE GEWÄCHSE AUS

Beaulieu Vineyard Oakville

Das 1900 von dem französischstämmigen Georges de Latour gegründete Gut hat im Napa Valley Geschichte geschrieben und konzentrierte sich unter Kellermeister André Tchelistcheff als eines der ersten Weingüter dort auf Cabernet Sauvignon. 18 Millionen Flaschen jeder Couleur werden jährlich unter dieser Marke im Besitz von Diageo erzeugt, doch die Qualität schwankt, und herausragende Weine sind selten. Das Flaggschiff Georges de Latour Private Reserve Cabernet Sauvignon ist ein guter Wein, aber längst kein Spitzenreiter mehr. Angeblich soll nun Michel Rolland kommen und die Sache richten.

1960 St Helena Highway, Rutherford, CA 94573
www.bvwines.com

Benessere Vineyards St Helena

John und Ellen Benish sind seit 1994 Eigentümer dieser 17 ha Rebland, und trotz des massiven wirtschaftlichen Drucks zu Cabernet Sauvignon sind sie der Erzeugung von Weinen italienischen Stils treu geblieben. Benessere bietet eine schöne Alternative zu den klassischen Sorten des Napa Valley, nämlich Sangiovese und Pinot Grigio sehr guter Qualität sowie seit Neuestem einen köstlichen Rotwein von Aglianico, der edelsten Traube Süditaliens.

1010 Big Tree Road, St Helena, CA 94574
www.benesserevineyards.com

Bennett Lane Calistoga

Randy und Lisa Lynch gründeten den Betrieb 2003 und heuerten Rob Hunter (früher bei Sterling, Markham und Robert Keenan) als Kellermeister an. Der Stil des Hauses ist unprätentiös, fruchtbetont, konzentriert und dezent eichentönig – ein besonders bei den Rotweinen sehr erfolgreiches Rezept. Der Cabernet Sauvignon ist gut und beständig, ebenso der Maximus, ein Verschnitt aus Cabernet Sauvignon, Merlot und Syrah. Neben der Kellerei sponsern die Lynches ein regionales Motorsportteam.

3340 Highway 128, Calistoga, CA 94515
www.bennettlane.com

Beringer Vineyards St Helena

Der 1876 von Jacob und Frederick Beringer gegründete Betrieb ist in jeder Hinsicht erfolgreich. Obwohl er in den letzten Jahrzehnten mehrfach den Eigentümer wechselte, hielt er unter der Ägide von Kellermeister Ed Sbragia das Niveau und gehört nun zum Foster-Konzern. In den letzten 20 Jahren fielen die roten und weißen Reserveweine zeitweise schroff und sehr holzlastig aus, aber die aktuelle Kellerchefin Laurie Hook hat die Weine aufpoliert, und das Flaggschiff Private Reserve Cabernet Sauvignon aus Lagen überall im Valley ist ausgezeichnet. Weinbauchef Bob Steinhauer hat sich bei der Entwicklung erstklassiger Weinberge in Napagroße Verdienste erworben.

2000 Main Street, St Helena, CA 94574
www.beringer.com

Blackbird Oak Knoll District

Der köstliche Merlot eines der besten Erzeuger im Napa Valley beweist die Eignung der Traube für das Klima und den lehmigen Schwemmlandboden des Oak Knoll District. Der Weinberg wurde 1997 angelegt und lieferte Trauben an verschiedene Kellereien, bevor der Betrieb 2003 von Michael Polenske, Ex-Vorstandsvorsitzender der Chase Manhattan Bank, erworben wurde und die ersten Gutsweine hervorbrachte. Polenske restaurierte auch die historische »Ma(i)sonry« in Yountville, die nun als Verkostungszentrum für Blackbird und andere Erzeuger dient. ★**Aufsteiger**

1330 Oak Knoll Avenue, Napa, CA 94558
www.blackbirdvineyards.com

Bond Estates Oakville

Der Betrieb ist ein Gemeinschaftsprojekt des Teams von Bill Harlans Harlan Estate (siehe S. 23), Kellermeister Bob Levy und Weinbauchefin Mary Hall mit Master-Sommelier Paul Roberts als Leiter. Ihr Ziel war es, in Zusammenarbeit mit sechs kleinen Gütern an den Hängen des Valley kleine Mengen vom Terroir geprägter Weine aus angekauften Trauben zu erzeugen. Dazu gehören die Einzellagenweine von Melbury (nahe dem Lake Hennessey), Quella (Eastern Vaca Hills), dem St Eden Vineyard (nördlich von Oakville), dem Vecina Vineyard (Oakville, nahe Harlan) und dem Pluribus Vineyard (Spring Mountain) sowie der Verschnitt Matriarch. ★**Aufsteiger**

Keine Besuchereinrichtungen; www.bondestates.com

Bryant Family Vineyard Napa Valley

Don Bryants nur 6 ha umfassendes Gut liegt 460 m oberhalb des Lake Hennessey auf dem Pritchard Hill und profitiert von kühlen Seewinden. Es bringt erstaunlich komplexen und langlebigen Cabernet Sauvignon hervor. Der Gutswein war einer der ersten »Kult-Cabernets«, und sein Preisschild singt ein Lied davon. Damals war Helen Turley Kellermeisterin; heute wird der Wein von Ross Wallace bereitet, mit Beratung von Michel Rolland.

Keine Besuchereinrichtungen; www.bryantwines.com

Buena Vista Carneros

Der Betrieb wurde 1857 durch den ungarischen Grafen Agoston Haraszthy gegründet und ist somit einer der ältesten in Kalifornien. Die Marke ging durch viele Hände, doch der Verkostungsraum befindet sich noch immer in der historischen Kellerei. Als Teil verschiedener Konzerne hatte Buena Vista an Profil verloren, aber nun wurde es umstrukturiert und verkleinert und hat seinen festen Platz in der Ascentia Wine Group. Kellermeister Jeff Stewart bereitet verlässlichen Chardonnay und Pinot Noir zu vernünftigen Preisen sowie eine kleinere Menge außergewöhnlichen Syrah vom 283 ha großen gutseigenen Ramal Estate Vineyard.

18000 Old Winery Road, Sonoma, CA 95476
www.buenavistacarneros.com

Burgess Cellars Howell Mountain

Die Kellerei östlich von St Helena stammt aus den 1880er-Jahren und wurde 1972 von Tom Burgess erworben. Sie war ein Vorbild an Beständigkeit – auch wenn sie vielleicht nie schwindelnde Höhen erreichte, lieferte sie doch stets konzentrierte, brombeerfruchtige Weine von Berglagen. Kellermeister Bill Sorenson war von Anfang an dabei. Erzeugt werden Cabernet Sauvignon, Merlot und Syrah (der herrliche Zinfandel wurde leider aus dem Programm gestrichen) von zwei Lagen am Howell Mountain und einer in Yountville.

1108 Deer Park Road, St Helena, CA 94576
www.burgesscellars.com

CADE Howell Mountain
Mit seiner kürzlich eröffneten hochmodernen Kellerei sieht der Ableger von PlumpJack (siehe S. 30) nach einem verheißungsvollen Howell-Mountain-Erzeuger aus. Die 8,5 ha Rebfläche gehören zu einem 22 ha großen Gut auf 610 m Höhe. Gavin Newsom, Bürgermeister von San Francisco, Gordon Getty und John Conover sind die Eigentümer. Zurzeit gibt es den in kleinen Mengen erzeugten, nach reifen Brombeeren schmeckenden Howell Mountain Cabernet Sauvignon und den Napa Valley Cabernet Sauvignon von Trauben aus Spitzenlagen wie To Kalon und Dr Crane. Neu im Handel ist der Estate Cabernet Sauvignon. ★**Aufsteiger**

360 Howell Mountain Road South, Angwin, CA 94508
www.cadewinery.com

Cakebread Cellars Rutherford
Der Betrieb machte sich in den 1980er- und 1990er-Jahren einen Namen als verlässlicher Erzeuger von reifem, fleischigem Cabernet Sauvignon und gehaltvollem Chardonnay mit Eichenaroma. Er wurde von dem Fotografen Jack Cakebread gegründet, der die 9 ha Anfang der 1970er von Freunden der Familie erwarb. Heute ist er Herr über 138 ha Reben und erzeugt ein Dutzend Weine aus dem Napa Valley und anderen Bereichen. Am langlebigsten ist der Cakebread Benchland Select Cabernet Sauvignon.

8300 St Helena Highway, Rutherford, CA 94573
www.cakebread.com

Cardinale Estate Oakville
Das Gut von Jess Jackson und Barbara Banke (Jackson Family Estates) bringt nur den großartigen, teuren Napa Valley Cabernet Sauvignon hervor. Die Trauben kommen vom Keyes Vineyard am Howell Mountain (520 m), vom Veeder Peak Vineyard am Mount Veeder (457 m) und vom legendären To Kalon am Oakville Bench. Chris Carpenter, seit 2001 Kellermeister, blickt auf eine Reihe guter Jahrgänge zurück. Die hohen Lagen äußern sich in einem komplexen, konzentrierten Wein mit steiniger Mineralität und fester Struktur.

7600 St Helena Highway, Oakville, CA 94562
www.cardinale.com

Caymus Vineyards Rutherford
Charlie Wagner und Sohn Chuck gründeten das Gut 1972. Sie bestockten ihren Weinberg in Rutherford mit Setzlingen von Nathan Fays Reben im Stags Leap District, um nur hochkarätigen Cabernet Sauvignon zu erzeugen. Der Caymus Special Selection ist seit dem ersten Jahrgang 1975 einer der besten und wird in so großer Menge produziert, dass er im Ausland als Paradebeispiel für fruchtbetonten kalifornischen Wein verkauft wird. Auch der normale Napa Cabernet ist beachtlich.

8700 Conn Creek Road, Rutherford, CA 94573
www.caymus.com

Ceja Carneros
Die Geschichte der Familie Ceja beweist, dass auch an diesem exklusiven Ort harte Arbeit noch etwas bewirken kann. Pablo Ceja wanderte aus Mexiko ein und arbeitete in mehreren Kellereien in Napa, um Frau und Söhne nachholen zu können. Sohn Armando studierte Weinbau an der Universität in Davis, der andere Sohn, Pedro, heiratete die energische Amelia Morán Fuentes – und dann legten alle zusammen, um das Gut mit 6 ha in Carneros zu gründen. Zum überzeugenden Angebot zählen Carneros Merlot, Chardonnay aus kühlem Klima und der günstige weiße Verschnitt Vino de Casa.

1248 First Street, Napa, CA 94559; www.cejavineyards.com

Chappellet Vineyards Napa Valley
Donn und Molly Chappellets Gut liegt 366 m hoch am Pritchard Hill oberhalb des Lake Hennessey. Die Familie trug dazu bei, diese Gegend für Cabernet Sauvignon zu entdecken. Der Chappellet Cabernet Sauvignon ist nicht übermäßig reif, hat aber eine gute Struktur und Alterungsfähigkeit. Der Pritchard Hill Cabernet Sauvignon und der Signature Cabernet Sauvignon sind besser denn je und auf jeden Fall ihren Preis wert. Auch der Bordeaux-Verschnitt Mountain Cuvée und der trockene Chenin Blanc sind sehr süffig.

1581 Sage Canyon Road, St Helena, CA 94574
www.chappellet.com

Chateau Montelena Calistoga
Das in den 1880er-Jahren von Alfred Tubbs gegründete Gut ging an der Prohibition zugrunde, wurde jedoch 1972 von Jim Barrett und Sohn Bo (Heidi Peterson Barretts Mann; siehe S. 29) wieder aufgebaut. Ihr 1973er Chardonnay triumphierte 1976 beim französisch-kalifornischen Verkostungswettbewerb »Judgement of Paris«, und seitdem wird stets großartiger Cabernet Sauvignon, Chardonnay und Zinfandel produziert. »Montelena« leitet sich aus der französischen Aussprache des Mount St Helena ab, an dessen Fuß das schöne Gutsgebäude liegt.

1429 Tubbs Lane, Calistoga, CA 94515; www.montelena.com

Chimney Rock Stags Leap District
Die Kellerei wurde ab 1980 von Hack Wilson aufgebaut, einem Manager aus der Getränke- und Bierindustrie, der lange in Südafria gearbeitet hatte. Doug Fletcher ist seit 1987 Kellermeister, inzwischen unterstützt von Elizabeth Vianna. Seit 2000 hält Terlato Wines International einen Mehrheitsanteil. Aus der in einem auffälligen kapholländischen Stil erbauten Kellerei am Silverado Trail kommen zuverlässige, von Bordeaux beeinflusste Weine, besonders der Elevage, ein verhaltener Verschnitt von Cabernet Sauvignon, Merlot und Petit Verdot, und der Elevage Blanc, ein fülliger, abgerundeter Verschnitt von Sauvignon Blanc und Sauvignon Gris.

5350 Silverado Trail, Napa, CA 94558
www.chimneyrock.com

Cliff Lede Vineyards Stags Leap District
Der kanadische Baumogul Cliff Lede erwarb 2002 das Gut S. Anderson und startete sofort durch. Mit dem Önologen David Abreu rüstete er die Schaumweinkellerei quasi über Nacht für die Rotweinerzeugung um und machte sich schnell einen Namen mit Cabernet Sauvignon (namentlich dem Poetry), einem feinen Bordeaux-Verschnitt und einem geschmeidigen, floralen Sauvignon Blanc. Seit 2010 ist Philippe Melka Kellermeister. Der jetzt schon großartige Betrieb entwickelt sich stetig weiter.
★**Aufsteiger**

1473 Yountville Cross Road, Yountville, CA 94599
www.cliffledevineyards.com

ANDRÉ TCHELISTCHEFF

Keiner spielte eine wichtigere Rolle in der Entwicklung der kalifornischen Weinwirtschaft als »The Maestro«. Der 1901 als Spross einer Adelsfamilie in Moskau geborene André Tchelistcheff studierte Weinbau, Önologie und Mikrobiologie in Frankreich, bevor Georges de Latour ihn 1937 nach Kalifornien holte. Latour war der französischstämmige Gründer von Beaulieu Vineyard, das sich nach der Prohibition als bedeutendster Erzeuger im Napa Valley etabliert hatte. In Kalifornien verschrieb sich Tchelistcheff der Verfeinerung von Cabernet Sauvignon und hob bei Beaulieu Vineyard den Georges de Latour Private Reserve aus der Taufe, der sofort zum Kultwein wurde. Im Lauf der Jahre bildete Tchelistcheff viele der heute bekanntesten Kellermeister Kaliforniens aus, darunter Koryphäen wie Robert Mondavi, was ihm den weiteren Spitznamen »Doyen der kalifornischen Weinmacher« eintrug.

DIAMOND CREEK VINEYARDS
DER PIONIER AM DIAMOND MOUNTAIN ERLEBT EINE RENAISSANCE

CLINE CELLARS
DIESER MOURVÈDRE IST AUSSERGEWÖHNLICH REICHHALTIG UND WÜRZIG

Cline Cellars Carneros

Fred Clines erster Betrieb lag nahe seinem Elternhaus im Contra Costa County, und seine ersten Erfolge erzielte er mit den Trauben herrlicher alter Zinfandel- und Mourvèdre-Reben aus dieser Gegend. 1991 kaufte er 142 ha auf dem Gelände einer spanischen Missionsstation in Carneros und pflanzte dort mehrere Rhône-Sorten an. Herausragend sind die kraftvollen Zinfandel-Weine Big Break und Live Oak sowie der feine, nach Eukalyptus duftende Small Berry Mourvèdre, einer der besten in Kalifornien. Der California Syrah, der Cool Climate Syrah von der Sonoma Coast und der Oakley Red sind ihr Geld ebenfalls mehr als wert.

24737 Arnold Drive, Highway 121, Sonoma, CA 95476
www.clinecellars.com

Clos du Val Stags Leap District

Die 1972 vom Geschäftsmann John Goelet erworbene und seitdem von dem französischen Kellermeister Bernard Portet geführte Kellerei erzeugt traditionell elegante Rot- und Weißweine, die etwas schlanker und weniger reif daherkommen als die der Nachbarn. Gerade bei Tisch zeigen sie sich oft von ihrer besten Seite. Empfehlenswert sind der Stags Leap District Cabernet Sauvignon, der Reserve Cabernet Sauvignon und der seit Kurzem erheblich bessere Pinot Noir. Der beste Weißwein ist wohl der Rubenesque Ariadne, ein im Fass vergorener Sauvignon Blanc/Semillon-Verschnitt mit Toastnote.

5330 Silverado Trail, Napa, CA 94558; www.closduval.com

Colgin Vineyards Napa Valley

Winzerin und Weinauktionärin Ann Colgin produziert zusammen mit der französischstämmigen Kellermeisterin Allison Tauziet, Weinbergchef David Abreu und Önologe Alain Raynaud eine Reihe von erstklassigen Rotweinen in kleinen Mengen, die nur an Restaurants und registrierte Kunden verkauft werden. Beachtlich sind der von 14 Rebzeilen eines kleinen Weinbergs in den Ausläufern des Howell Mountain erzeugte Herb Lamb Vineyard Cabernet und der Bordeaux-Verschnitt IX Estate von Colgins Gut oberhalb des Lake Hennessey.

Keine Besuchereinrichtungen; www.colgincellars.com

Continuum Estate Napa Valley

Continuum ist das jüngste Projekt von Tim und Marcia Mondavi, begonnen noch mit ihrem 2008 verstorbenen Vater Robert. Die Trauben für die ersten Jahrgänge 2005 und 2006 des einzigen produzierten Weins, eines Verschnitts auf Cabernet-Sauvignon-Basis, kamen vom Weinberg To Kalon der Robert Mondavi Winery in Oakville, doch dessen jetziger Eigentümer Constellation drehte den Hahn zu. 2008 erwarben die Mondavis ein neues Gut am Pritchard Hill. Der Anfang ist vielversprechend, aber es kann noch besser werden. ★**Aufsteiger**

1677 Sage Canyon Road, St Helena, CA 94574
www.continuumestate.com

Corison Winery St Helena

Cathy Corisons verhaltener Cabernet Sauvignon ist sehr beliebt, vor allem bei Gastwirten und Sommeliers, die seine straffe Struktur und prickelnde Säure schätzen. Corison, früher bei Staglin, York Creek und Long Meadow Ranch, erzeugt zwei Cabernet-Sauvignon-Weine aus ökologisch bewirtschafteten Weinbergen an der Grenze zwischen Rutherford und St Helena, darunter Kronos Vineyard, eine der ältesten Rebflächen der Gegend. Auch etwas Gewürztraminer aus dem Anderson Valley.

987 St Helena Highway, St Helena, CA 94574
www.corison.com

Corley Family Oak Knoll District

Die Familie Corley baut seit rund 35 Jahren hier Trauben an und eröffnete 1980 ihre eigene Kellerei. Heute produziert sie Weine unter ihrem Namen und unter der Marke Monticello, benannt nach ihrem Besucherzentrum, einem Nachbau der Residenz des früheren US-Präsidenten Thomas Jefferson in Virginia. In den 1990ern mogelte sie sich mit sehr durchschnittlicher Qualität durch, doch seit Chris Corley Kellermeister ist, geht es aufwärts. Die besten Weine sind der Corley Reserve Cabernet Sauvignon, der lebhafte State Lane Cabernet und der Pinot-Noir-Gutswein von Heirloom- und Dijon-Klonen. ★**Aufsteiger**

4242 Big Ranch Road, Napa, CA 94558
www.corleyfamilynapavalley.com

Cosentino Yountville

Mitch Cosentino begann 1981 in Modesto und baute eine kleine, anerkannte Marke auf, bevor er 1989 nach Yountville umzog. Er brachte 1989 als Erster einen roten »Meritage« heraus, einen Verschnitt im Bordeaux-Stil, und dieser Wein namens The Poet ist immer noch einer seiner besten. Abwechslung ist Cosentinos ganzes Leben als Weinerzeuger. In seiner Kellerei in Yountville und in den Schwesterbetrieben im Pope Valley und in Lodi verarbeitet er Dutzende von Rebsorten zu Weinen voll kalifornischem Flair.

7415 St Helena Highway, Napa, CA 94558
www.cosentinowinery.com

Covenant St Helena

Als die beiden Partner des Joint Venture, Jeff Morgan, Ex-Herausgeber des Wine Spectator und Weincoach, und Leslie Rudd, Chef des Rudd Estate und der Luxus-Feinkostkette Dean and DeLuca, feststellten, dass Nachfrage nach einem besseren koscheren Wein aus Kalifornien bestand, machten sie sich daran, Abhilfe zu schaffen. Es werden zwei erstklassige nicht pasteurisierte koschere Rotweine erzeugt: Das Flaggschiff Cabernet Sauvignon Covenant entsteht auf 1,2 ha des Larkmead Vineyard nördlich von St Helena. Der zweite Wein heißt »C« und ist ebenfalls zu 100 % Cabernet Sauvignon. ★**Aufsteiger**

930 Crane Avenue, St Helena, CA 94574
www.covenantwines.com

Cuvaison Estate Wines Carneros

Das Gut wurde 1969 in Calistoga gegründet. Zehn Jahre später erwarb es die Schweizer Familie Schmidheiny zusammen mit einer großen Rebfläche in Carneros und dem Brandlin Vineyard am Mount Veeder. Die Kellerei steht jetzt in Carneros, aber in Calistoga sind noch ein Verkostungsraum und die Keller. Am bekanntesten sind der Pinot Noir und der Chardonnay. Mount Veeder und Brandlin Vineyard Cabernet Sauvignon sind gut, ebenso die in kleineren Mengen produzierten Weine Carneros Syrah und Diablo Syrah. Kellermeister ist Steve Rogstad, früher bei Saintsbury und Spring Mountain Vineyards.

1221 Duhig Road, Napa, CA 94559; www.cuvaison.com

Dalla Valle Oakville
Das legendäre Napa-Gut wurde 1986 gegründet, als Gustav und Naoko Dalla Valle eine erstklassige Lage auf einem Plateau in den Osthügeln von Oakville erwarben. Weinmacherin Heidi Peterson Barrett verhalf dem Cabernet Sauvignon und dem Cabernet-Verschnitt Maya zu Kultstatus, Naoko Dalla Valle und Barretts Nachfolgern, erst Mia Klein, dann Michel Rolland, gebührt, gemeinsam mit dem langjährigen Önologen und Kellermeister Fausto Cisneros, Dank dafür, dass sie den Kultstatus erhielten. Die Lage selbst, ein felsiger Westhang, bringt sehr konzentrierte, reife Weine mit großartiger Struktur hervor.

Keine Besuchereinrichtungen
www.dallavallevineyards.com

Darioush Stags Leap District
Das Gut wurde Ende der 1990er-Jahre von Darioush Khaledi gegründet, Eigentümer einer südkalifornischen Lebensmittelkette. Der im persisch anmutenden Stil gehaltene Bau macht etwas her im Stags Leap District. Die Weine, insbesondere der Signature Cabernet Sauvignon und der Signature Shiraz, sind üppig und gewinnen an Raffinesse. ★**Aufsteiger**

4240 Silverado Trail, Napa, CA 94558; www.darioush.com

Del Dotto Rutherford
Dave und Yolanda Del Dotto waren Weinsammler, die 1988 einen Weinberg in St Helena erwarben und ordentlichen Cabernet Sauvignon produzierten, bevor sie 1997 den Berater Nils Venge anheuerten, um noch besser zu werden. Seit 2000 bietet die Familie vergleichende Fassverkostungen an, und vor Kurzem wurde ein Gebäude im venezianischen Stil am Highway 29 eingeweiht, in dem Valley-Besucher unter Anleitung Weine verkosten können. Glanzlichter sind der Napa Valley Cabernet Sauvignon und der Giovanni's Cabernet/Sangiovese Reserve.

1445 St Helena Highway South, St Helena, CA 94574
www.deldottovineyards.com

Diamond Creek Vineyards
Diamond Mountain
Wenn eine Kellerei dem Diamond Mountain Cabernet Sauvignon einen Spitzenruf verschafft hat, dann war es die von Al Brounstein. Die vom Terroir geprägten Reihen Gravelly Meadow, Red Rock Terrace und Volcanic Hill waren recht steif, ja fast spröde, und mussten lange reifen. In den letzten zehn Jahren sind die Weine eleganter geworden, jetzt besitzen sie ausgeprägte Frucht, straffe Mineralität und feste Tannine, die sich gut entwickeln dürften. Sie sind besser als je zuvor. ★**Aufsteiger**

1500 Diamond Mountain Road, Calistoga, CA 94515
www.diamondcreekvineyards.com

Domaine Carneros Carneros
Auch wenn sie nicht die erste starke Frau an der Spitze eines Schaumweinherstellers ist, so hat die Kellermeisterin und Geschäftsführerin dieses Betriebs, Eileen Crane, doch zweifellos dem kalifornischen Schaumwein ihren Stempel aufgedrückt. Crane half beim Aufbau von Gloria Ferrer (siehe S. 23), bevor Claude Taittinger sie Ende der 1980er-Jahre an die Spitze von Domaine Carneros abwarb, wo sie seitdem das Steuer fest in der Hand hält. Neben dem Flaggschiff Le Rève Blanc de Blancs gibt es einen feinen Brut und einige sehr gute Pinot-Noir-Stillweine. Die schlossähnliche Kellerei ist zu einem Willkommenszeichen für aus San Francisco anreisende Napa-Besucher geworden.

1240 Duhig Road, Napa, CA 94559
www.domainecarneros.com

DOMAINE CHANDON
DAS 1973 VON MOËT & CHANDON GEGRÜNDETE GUT IST EIN SCHAUMWEIN-PIONIER IN NAPA

DOMINUS
EIN MÄCHTIGER WEIN VON EINER MÄCHTIGEN FAMILIE AUS BORDEAUX

Domaine Chandon Yountville
Da es in Yountville etwas zu warm für den Anbau von Schaumweintrauben ist, wird hier Rebgut aus dem kühleren Carneros und etwas Chardonnay vom nahen Mount Veeder mitverwendet. Die ersten Schaumweine des Betriebs im Besitz des Luxusgüterkonzerns LVMH waren drall und süß – und zwar im Übermaß. In letzter Zeit sind die Weine konzentrierter, und die Reserve-Reihe Étoile verfügt über mehr Tiefe und Anmut. Es wird auch ein sehr süffiger Stillwein von Pinot Meunier erzeugt.

1 California Drive, Yountville, CA 94599
www.chandon.com

Dominus Yountville
Christian Moueix, Winzer aus Bordeaux, investierte schon 1982 in der AVA Yountville. Dies galt zu Recht als offene Anerkennung der wachsenden Bedeutung des Napa Valley, doch Moueix war kein Fremder in Kalifornien: Er hatte Ende der 1960er-Jahre an der University of California studiert. Das Gut im Süden des Valley bringt nur zwei Weine hervor: den Dominus und den etwas preiswerteren Napanook, beides Bordeaux-Verschnitte auf Cabernet-Sauvignon-Basis und beides sehr edle Weine. Leider ist man hier auf Besucher nicht eingerichtet, sodass nur Auserwählte die spektakuläre, von den Schweizer Architekten Herzog und de Meuron entworfene Kellerei bewundern können.

Keine Besuchereinrichtungen; www.dominusestate.com

Donum Estate Carneros
Das mit Pinot Noir und Chardonnay bestockte 81-ha-Gut in Carneros verblieb im Besitz von Anne Moller-Racke, als sie und ihr Ex-Mann 2001 Buena Vista (siehe S. 18) an Allied Domecq verkauften. Berater Kenneth Juhasz bereitet die Weine, die sämtlich auf dem Gut abgefüllt werden. Die Pinot-Noir-Weine und der Estate Chardonnay werden immer besser, und so stößt Donum langsam, aber sicher weiter an die Spitze der Pinot-Noir-Erzeuger in Carneros vor. Besonders zu empfehlen ist der duftende, geschmeidige West Slope Pinot Noir. ★**Aufsteiger**

Keine Besuchereinrichtungen
www.thedonumestate.com

Duckhorn Vineyards St Helena
Seit Dan Duckhorn die Marke 1976 mit seiner Frau Margaret ins Leben rief, hat er ganze Arbeit geleistet. Es ist ein erfolgreiches Unternehmen mit dem Ableger Paraduxx entstanden, das außerdem die Kellerei Goldeneye im Anderson Valley gründete. Es war sicher kein Nachteil, dass Duckhorn, als Merlot in den 1990er-Jahren zum Renner wurde, bereits einen der besten produzierte. Die seit 2007 von dem Neuseeländer Bill Nancarrow bereiteten Napa Valley Merlot, Estate Grown Merlot und Howell Mountain Merlot sind stets markant, voll und strukturiert, ebenso der Napa Valley Cabernet Sauvignon.

1000 Lodi Lane, St Helena, CA 94574
www.duckhorn.com

FANTESCA
AUCH DIESE KELLEREI PROFITIERT VON HEIDI PETERSON BARRETTS FÄHIGKEITEN

FROG'S LEAP WINERY
NACHHALTIGE ANBAUMETHODEN BRINGEN DIESEN GUTEN ROTWEIN HERVOR

Dunn Vineyards Howell Mountain

Randy Dunn war Kellermeister bei Caymus in der stilbildenden Zeit von Mitte der 1970er- bis Mitte der 1980er-Jahre, bevor er ein Stück Land am Howell Mountain erwarb und mit seinem komplexen, manchmal umstrittenen Howell Mountain und Napa Valley Cabernet Sauvignon, die das raue Terroir ihrer Bergheimat widerspiegelten, der wichtigste Pionier in diesem Bereich wurde. Diese Weine sind für die Ewigkeit gemacht – sie werden oft mit Bordeaux verglichen –, und in guten Restaurants trifft man nicht selten auf Sammlungen alter Jahrgänge. In den letzten Jahren hat Sohn Michael mehr Verantwortung im Keller übernommen.

Keine Besuchereinrichtungen; www.dunnvineyards.com

Etude Carneros

Nicht viele Kellereien beherrschen die Bereitung von Pinot Noir und Cabernet Sauvignon gleich gut, aber unter Gründer Tony Soter hat dieser Betrieb in Carneros genau das erreicht. Heute ist Etude im Besitz von Foster's, und Kellermeister Jon Priest führt Soters burgundische Techniken fort. Es gibt mehrere Einzellagenweine, aber der Heirloom Pinot Noir und der Napa Cabernet Sauvignon enttäuschen nie. Auch nach dem stilvollen Pinot Gris und dem herrlichen Pinot-Noir-Rosé lohnt es sich Ausschau zu halten.

1250 Cuttings Wharf Road, Napa, CA 94558
www.etudewines.com

Fantesca Spring Mountain

Der recht neue Betrieb in Spring Mountain wurde 2004 von Susan und Duane Hoff gegründet, nachdem Berater Cary Gott sie auf das Gut aufmerksam gemacht hatte. Die ersten Weine waren schon im Fass, als sie die Kellerei kauften, aber seit erst Nils und Kirk Venge und später Heidi Peterson Barrett als Weinmacher angeheuert wurden, geht es mit der Qualität des Estate Cabernet Sauvignon und des Russian River Valley Chardonnay aufwärts. Jim Barbour ist für den Weinberg am Fuß des Berges zuständig. **★Aufsteiger**

2920 Spring Mountain Road, St Helena, CA 94574
www.fantesca.com

Far Niente Oakville

1979 erwarb Gil Nickel das heruntergekommene Gut aus dem Jahr 1885, renovierte es und schuf mit seinen Partnern Larry Maguire und Kellermeister Dick Hampson in den 1980er- und 1990er-Jahren eine erfolgreiche Marke mit muskulösem Cabernet Sauvignon, vollem, eichentönigem Chardonnay und prächtigen goldenen Etiketten. Die Weine sind sehr gut, waren aber immer etwas zu teuer. Die Semillon/Sauvignon Blanc-Spätlese Dolce ist einer der besseren Dessertweine in Napa.

1350 Acacia Drive, Oakville, CA 94562
www.farniente.com

Flora Springs St Helena

Der Betrieb wurde 1977 von Jerry und Flora Komes gegründet und ist jetzt schon an die dritte Generation übergegangen. Die Familie Komes-Garvey besitzt mehrere Weinberge im Valley, die insgesamt fast 263 ha umfassen. Der langjährige Assistent Paul Steinauer stieg 2008 zum Kellermeister auf. Am bekanntesten ist der Trilogy, ein sehr guter und markanter Verschnitt von Cabernet Sauvignon, Cabernet Franc und Merlot. Der Rutherford Hillside Reserve Cabernet Sauvignon ist ausgezeichnet, und es gibt auch guten Sangiovese.

1978 West Zinfandel Lane, St Helena, CA 94574
www.floraspings.com

Forman Vineyards St Helena

Nachdem er in den 1970er-Jahren lange bei Sterling Vineyards die Weine bereitet hatte, gründete Ric Forman (auch ein erfolgreicher Berater) sein eigenes Gut am Fuß des Howell Mountain. Er erzeugt klassischen Cabernet Sauvignon und Chardonnay von seinen Lagen in St Helena und Rutherford. Der Cabernet Sauvignon wird meist mit gutseigenem Merlot, Cabernet Franc und Petit Verdot verschnitten. Der Chardonnay wird gewöhnlich ohne biologischen Säureabbau produziert, um seine Spritzigkeit zu bewahren.

1501 Big Rock Road, St Helena, CA 94574
www.formanvineyard.net

Franciscan Estates St Helena

Justin Meyer (von Silver Oak; siehe S. 33) kelterte 1975 den ersten Cabernet Sauvignon des Guts. In den 1980er- und 1990er-Jahren wuchs der Betrieb stetig unter der Ägide des Eigentümers Augustin Huneeus, der 1985 mit dem Magnificat den ersten Meritage-Bordeaux-Verschnitt herausbrachte. Beachtlich ist auch die erstmals 1987 erzeugte Cuvée Sauvage, ein mit Wildhefen vergorener Chardonnay, der einen Trend begründete, der auch über 20 Jahre später noch äußerst aktuell ist. Heute gehört die Kellerei zu Constellation und produziert weiterhin verlässliche Weine.

1178 Galleron Road, Highway 29, St Helena, CA 94574
www.franciscan.com

Frank Family Vineyards Rutherford

Der TV-Manager Rich Frank und seine Frau Connie kauften 1990 die historischen Kornell Champagne Cellars, früher unter dem Namen Larkmead bekannt, nahe Calistoga. Erst beschränkten sie sich auf den Traubenanbau, dann etablierten sie ihre eigene Marke und erwarben Land in Carneros als Quelle für Chardonnay und Schaumwein. Der Rutherford Reserve Cabernet Sauvignon ist ausgezeichnet, der erschwingliche Napa Valley Cabernet Sauvignon bietet Konzentration und gute Qualität. Erzeugt werden auch Jahrgangs-Brut- und Blanc-de-Noirs-Schaumweine.

1091 Larkmead Lane, Calistoga, CA 94515
www.frankfamilyvineyards.com

Freemark Abbey St Helena

Josephine und John Tychson kauften 1886 das Gut in St Helena und begannen, die Rebfläche auszuweiten. Nachdem John an Tuberkolose gestorben war, führte Josephine die Geschäfte allein weiter. Später wurden unter vielen verschiedenen Eigentümern einige ordentliche Weine erzeugt. Kellermeister Ted Edwards stieg 1993 als Partner ein, 2006 erwarb Jackson Family Estates den Besitz. Bereits der 2005er Napa Valley Cabernet Sauvignon zeigt, welche Früchte das neue Kapital und die kompetente Leitung tragen. **★Aufsteiger**

3022 St Helena Highway North, St Helena, CA 94574
www.freemarkabbey.com

Frog's Leap Winery Rutherford

Winzer John Williams ist ein aktiver Verfechter nachhaltiger Landwirtschaft im Napa Valley. Seine in einer hübschen roten Scheune im Flachland von Rutherford gelegene Kellerei erzeugt sehr schönen Cabernet Sauvignon, Merlot und sauberen, süffigen Sauvignon Blanc, die alle ihr Geld wert sind. Ebenfalls probierenswert ist der sehr gute Zinfandel, der zugunsten einer besseren Struktur traditionell mit Petite Sirah und Carignane verschnitten wird.

8815 Conn Creek Road, Rutherford, CA 94573
www.frogsleap.com

Gamble Family Vineyards Oakville

Tom Gamble stammt aus dem Napa Valley, kaufte 1981 seinen ersten Weinberg und besitzt inzwischen sechs kleine Spitzenlagen überall im Tal. Die meisten Trauben werden verkauft, aber aus dem Rest bereitet Kellermeister Jim Close robuste, konzentrierte Weine, etwa den roten Bordeaux-Verschnitt Paramount, den Family Home Vineyard Cabernet Sauvignon und den Heart Block Sauvignon Blanc, einen der köstlichsten (und kostspieligsten) seiner Art im Napa Valley. **★Aufsteiger**

7554 St Helena Highway, Oakville, CA 94562
www.gamblefamilyvineyards.com

Girard Winery Napa Valley

Der vor 35 Jahren gegründete Betrieb ist für Napa-Valley-Verhältnisse mittleren Alters. Winzer und Branchenprofi Pat Roney erwarb 2000 einen Mehrheitsanteil, eröffnete einen Verkostungsraum in Yountville und produziert mit Hilfe des erfahrenen Kellermeisters ein breites Spektrum an Weinen, vor allem Cabernet Sauvignon aus Berglagen. Der ausgezeichnete langlebige Diamond Mountain Cabernet Artistry (ein roter Verschnitt) und der von hundertjährigen Reben in Calistoga gekelterte Petite Sirah sind die Spitzenreiter des Angebots.

6795 Washington Street, Yountville, CA 94599
www.girardwinery.com

Gloria Ferrer Winery Carneros

Die Familie Ferrer (Freixenet) hat mit diesem herausragenden Schaumweinhersteller ihre Fähigkeiten einmal mehr unter Beweis gestellt. Der Brut und der Blanc de Noirs sind die wohl preiswertesten Schaumweine Kaliforniens; der Reserve Royal Cuvée und der Carneros Cuvée sind zweifellos erste Klasse. Der Schlüssel zum Erfolg ist die seit 20 Jahren andauernde Zusammenarbeit zwischen Kellermeister Bob Iantosca und Winzer Mike Crumly.

23555 Carneros Highway, Sonoma, CA 95476
www.gloriaferrer.com

Grace Family Oakville

Die Weine des 1,2-ha-Guts verdienten kaum Erwähnung, wäre da nicht ihre Fangemeinde. Der ehemalige Börsenmakler Dick Grace investierte in ein kleines Stück Land im Napa Valley, und als Chuck Wagner von Caymus seinen Cabernet Sauvignon verkostete, wurde klar, dass Grace auf eine Goldader gestoßen war. Zehn Jahre später haben diese Trauben eine eigene Kellerei und Marke hervorgebracht. Der Wein ist teuer, langlebig und gefragt.

Keine Besuchereinrichtungen
www.gracefamilyvineyards.com

Grgich Hills Estate Rutherford

Miljenko »Mike« Grgich ist eine Legende im Napa Valley. Der liebenswürdige, rüstige Herr mit der Baskenmütze kelterte den 1973er Chateau Montelena Chardonnay (der 1976 beim »Judgement of Paris« gewann), bevor er 1977 seine eigenen Kellerei eröffnete. Grgich Hills Estate wurde vor Kurzem als eines der ersten Güter im Napa Valley für biodynamischem Anbau zertifiziert, die bisher eher ordentlichen Weine haben sich etwas verbessert. Die Zinfandel-Weine sind wohl am besten, aber auch Cabernet Sauvignon und Chardonnay sind gut.

1829 St Helena Highway, Rutherford, CA 94573
www.grgich.com

Groth Vineyards Oakville

1981 kauften Dennis und Judy Groth 49 ha Rebland im Herzen von Oakville gegenüber von Silver Oak (siehe S. 33). Der geschmeidige Cabernet Sauvignon mit den für Oakville typischen schwarzen Fruchtnoten und beispielhafter Eleganz erfreut sich einer treuen Anhängerschaft. Wie andere in der Gegend bepflanzte Groth wegen des Reblausproblems viele Weinberge in den 1990er-Jahren neu, was der Qualität nicht guttat, aber jetzt sind die Weine wieder auf dem Damm: Der Napa Valley Cabernet ist vergleichsweise preiswert, der erfrischende Sauvignon Blanc mit Nelkenduft sehr lohnend.

750 Oakville Cross Road, Oakville, CA 94562
www.grothwines.com

Guilliams Spring Mountain

John und Shawn Guilliams bewirtschaften einen schönen amphitheaterförmigen Weinberg am Spring Mountain. Es gibt ihn schon seit den 1890er-Jahren, doch er wurde zwischenzeitlich aufgegeben und musste nach dem Erwerb Ende der 1970er-Jahre gerodet und neu bestockt werden. Die Kellerei hieß früher La Vieille Montagne. Der gutseigene Cabernet Sauvignon wird in einem subtilen, gerade eben reifen Stil mit dunkler Frucht und Brombeer-Minze-Noten verkeltert, der in den meisten Jahrgängen sehr gute Ergebnisse liefert.

3851 Spring Mountain Road, St Helena, CA 94574
Tel. 707 963 9059

Hall Napa Valley Rutherford

Unternehmer Craig Hall und seine Frau Kathryn, die ehemalige US-Botschafterin in Österreich, deren Familie seit Jahrzehnten in Mendocino Weinbau betreibt, haben in den letzten zehn Jahren beträchtliche Summen investiert, um sich als Power-Erzeuger von Napa Valley Cabernet zu etablieren. Ihre Hauptkellerei liegt auf ihrem Sacrache Vineyard in Rutherford; daneben betreiben sie ein Besucherzentrum in St Helena. Empfehlenswert sind die preiswerten Weine Hall Napa Valley Cabernet Sauvignon und Kathryn Hall Napa Valley sowie die kostspieligeren Weine Bergfield Vineyard Cabernet aus St Helena und Exzellenz Sacrache Vineyard Cabernet aus Rutherford, beide überaus volle und köstliche Weine. **★Aufsteiger**

401 St Helena Highway South, St Helena, CA 94574
www.hallwines.com

Harlan Estate Oakville

William Harlan, Immobilienhändler und Haupteigentümer des Luxushotels Meadowood Napa Valley, ist auch stolzer Besitzer dieses 97-ha-Guts mit 16 ha Rebfläche

NAPA CABERNET SAUVIGNON LAGERN

Cabernet-Sauvignon-Weine aus dem Napa Valley sind tendenziell reifer, fruchtiger, weicher und etwas alkoholstärker als solche aus Bordeaux. Davon abgesehen, verfügt das Napa Valley über ein breites Spektrum an Mikroklimata, Ausrichtungen und Höhenlagen, die zu sehr verschiedenen Cabernet-Sauvignon-Stilen führen können, und natürlich ist auch der Einfluss des Weinmachers nicht zu unterschätzen.

In den letzten Jahrzehnten haben Kellermeister im Napa Valley größtenteils darauf hingearbeitet, dass ihre Weine schon recht zugänglich und ausgewogen sind, wenn sie in den Handel kommen, und in den folgenden drei bis zehn Jahren an Komplexität gewinnen. Manche Weine halten sich auch über mehrere Jahrzehnte recht gut. Das beste Alterungspotenzial haben gut strukturierte Gewächse von den eher mageren Böden der Terrassen- und Berglagen im Napa Valley.

HESS COLLECTION
DIE GIPFELLAGE AM MOUNT VEEDER BRINGT HERRLICHEN BERG-CABERNET HERVOR

HEITZ CELLAR
DER LEGENDÄRE HEITZ MARTHA'S VINEYARD CABERNET SAUVIGNON

an den Hängen der Mayacamas im Westen von Oakville. Harlans Cabernet Sauvignon gehört regelmäßig zu den begehrtesten in Napa. Kellermeister Bob Levy bereitet unter der Ägide des Beraters Michel Rolland jährlich nur 18 000 Flaschen des außerordentlich komplexen, makellosen Estate Cabernet sowie einen Zweitwein namens The Maiden. Der Harlan Estate ist einer der gefragtesten Kult-Cabernets aus Napa mit einer langen Warteliste von potenziellen Käufern, und Sammler bieten leicht das Doppelte oder Dreifache des Marktpreises für jeden neuen Jahrgang.

Keine Besuchereinrichtungen; www.harlanestate.com

Hartwell Estate Vineyards
Stags Leap District

Das kleine Gut am Hang in Stags Leap wurde von Bob Hartwell, einem ehemaligen Raumfahrttechniker und passionierten Weinsammler, und seiner Frau Blanca gegründet. Der bekannte Önologe Michel Rolland berät Kellermeister Benoît Touquette, Exmitarbeiter mehrerer Kellereien in Bordeaux, der bereits andernorts mit Rolland zusammengearbeitet hat. Der robuste, vielschichtige Estate Reserve Cabernet Sauvignon ist ein richtungweisender Wein aus dem Stags Leap District. Der Miste Hill Cabernet ist, wenn er in den Handel kommt, etwas weicher und zugänglicher. **★Aufsteiger**

5795 Silverado Trail, Napa, CA 94558
www.hartwellvineyards.com

Heitz Cellar St Helena

Joe Heitz arbeitete mit André Tchelistcheff bei Beaulieu Vineyard, bevor er sich 1961 selbstständig machte. Er erzeugte in den 1970er-Jahren einige der besten Cabernet-Sauvignon-Weine, darunter den legendären 1974er Heitz Martha's Vineyard mit Eukalyptusnoten, und verewigte sich bei Stony Hill mit mineralischem Chardonnay. Heute ist Sohn David Geschäftsführer und Kellermeister. Der Glanz ist in den letzten 20 Jahren etwas verblasst, aber der Cabernet vom (nach 1992 neu bestockten) Martha's Vineyard und der Trailside Vineyard Cabernet aus Rutherford sind immer noch großartig, wenn auch einen Tick zu teuer.

436 St Helena Highway, St Helena, CA 94574
www.heitzcellar.com

Hendry Ranch Wines Napa Valley

George Hendry übernahm nach dem plötzlichen Tod seines Vaters den 47-ha-Familienbesitz am Fuß der Mayacamas. Er ist schon sein ganzes Leben lang dort tätig, während er nebenher Teilchenbeschleuniger entwarf. Dank der Übergangsklimazone, in der der Weinberg liegt, kann Hendry ein breites Spektrum an Weinen erzeugen, von Cabernet Sauvignon bis Albariño. Spitzenreiter sind die Zinfandel-Weine Block 28 und Block 7 & 22: oft einfach brillant, mit würzigen Aromen, blauschwarzer Frucht und großartiger Struktur.

3104 Redwood Road, Napa, CA 94558
www.hendrywines.com

Hess Collection Mount Veeder

Ein Besuch hier lohnt sich wegen der Lage auf dem Gipfel des Mount Veeder und Donald Hess' herrlicher Kunstsammlung. Die Kellerei ist eine von mehreren im Besitz der Familie Hess und produziert bis auf gelegentliche Ausrutscher sehr gute Weine, vom Hess Select Chardonnay (sehr preiswert) bis zum Estate Cabernet Sauvignon vom Mount Veeder. Die Weinberge werden seit einigen Jahren umfassend neu bestockt, was in den nächsten zehn Jahren wohl Verbesserungen zeitigen wird.

4411 Redwood Road, Napa, CA 94558
www.hesscollection.com

Hewitt Vineyard Rutherford

Der schöne Weinberg neben dem heutigen Rubicon-Gut wurde erstmals in den 1880er-Jahren angelegt, dann von William A. Hewitt, dem Chef des Traktorherstellers Deere & Company, erworben und mit Cabernet Sauvignon neu bestockt. Die Trauben wurden an andere Kellereien verkauft, bis die Familie 2001 aus einem Teil davon einen Einzellagenwein kelterte. Er hat das für Rutherford typischen »Staubaroma«, kräftige rote und schwarze Frucht und eine gute Struktur. **★Aufsteiger**

1698 St Helena Highway, Rutherford, CA 94573
www.hewittvineyard.com

Honig Vineyard and Winery Rutherford

Beständige Qualität zu fairem Preis liefern hier der Napa Valley Cabernet Sauvignon und der Sauvignon Blanc. Dank der verlässlichen Kellermeisterin Kristen Belair, dem tüchtigen Eigentümer Michael Honig und einem Muster an nachhaltiger Landwirtschaft hat sich der Betrieb eine treue Anhängerschaft und einen beachtlichen Ruf für seinen Sauvignon Blanc erworben, insbesondere jenen aus Rutherford. Der beste Rotwein ist wohl der Bartolucci Cabernet, doch auch der weniger teure Napa Valley Cabernet übertrifft sich jedes Mal selbst.

850 Rutherford Road, Rutherford, CA 94573
www.honigwine.com

Hourglass St Helena

Der in der AVA St Helena unweit der Güter Grace Family, Vineyard 29 und Colgins Tychson Hill Vineyard gelegene Betrieb landete mit seinem raren reinsortigen Cabernet Sauvignon sofort einen Volltreffer. Er kommt von einer 1,6-ha-Hanglage im Besitz des aus Napa stammenden Jeff Smith und seiner Frau Carolyn. Smiths Vater Ned hatte hier Zinfandel angebaut, bis die Reblaus zuschlug, und dann auf Cabernet umgestellt. Kellermeister Bob Foley hat sich bei Pride Mountain, Robert Foley und Switchback Ridge seine Sporen verdient. **★Aufsteiger**

Keine Besuchereinrichtungen; www.hourglasswines.com

Howell Mountain Vineyards
Howell Mountain

Der Betrieb wurde 1988 mit dem Ziel gegründet, erstklassigen Cabernet Sauvignon und Zinfandel von der Beatty Ranch und vom Black Sears Vineyard am Howell Mountain zu erzeugen. Die auf 550 m Höhe gelegene Beatty Ranch ist mit Cabernet Sauvignon und Zinfandel bestockt, während das Biogut Black Sears auf 732 m über 8 ha Zinfandel verfügt, der außerordentlich konzentrierte Frucht mit großartiger Struktur erbringt. Howell Mountain Vineyards wurde 2005 vom Unternehmen der Familie Chow, Rutherford Bench LLC, erworben. Kellermeister ist Dave Phinney von Orin Swift Cellars.

3000 Highway 29, St Helena, CA 94575
www.howellmountain.com

Hundred Acre Napa Valley
Unter diesem Namen erzeugt Jayson Woodbridge aus Napa mithilfe des umtriebigen Beraters Philippe Melka sehr kleine Mengen Wein von dem 4 ha großen Kayli Morgan Vineyard und dem 6 ha großen Howell Mountain Ark Vineyard, die vom Weinkritiker Robert Parker positiv bewertet wurden. Wer sie probieren möchte, muss sich auf die Warteliste setzen lassen; Woodbridge produziert aber auch sehr erschwingliche (und hochkonzentrierte) Weine der Marke Layer Cake. ★**Aufsteiger**

Keine Besuchereinrichtungen; www.hundredacre.com

Hyde de Villaine Carneros
HdV, so der Kurzname, ist ein Joint Venture von Carneros-Starwinzer Larry Hyde und Aubert de Villaine, Leiter der Domaine de la Romanée-Conti in Burgund und Ehemann von Hydes Schwester Pamela. Am feinsten sind der mineralische, intensive HdV Carneros Chardonnay und der etwas weniger teure De la Guerra Carneros Chardonnay; die Trauben für beide stammen von bis zu 25 Jahre alten Reben. Daneben werden kleine Mengen von Syrah und ein verhaltener Merlot-Cabernet-Verschnitt aus kühlem Klima namens Belle Cousine erzeugt.

588 Trancas Street, Napa, CA 94558; www.hdvwines.com

Joseph Phelps Vineyards St Helena
Die 1972 von Joseph Phelps im Spring Valley oberhalb von St Helena gegründete Kellerei erzeugt ein breites Spektrum an Weinen. Mit bewundernswerter Beständigkeit war sie an vielen Fronten Vorreiter. Flaggschiff Insignia war einer der ersten Bordeaux-Verschnitte aus dem Napa Valley, und 1974 brachte Phelps den ersten Syrah von dort heraus. Napa Valley Cabernet Sauvignon, Backus Vineyard Cabernet aus Oakville und Insignia sind alle hervorragend; der Syrah vom Hyde Vineyard in Carneros ist einer der besten Kaliforniens. Zum Besitz gehört auch Freestone, ein neuer Betrieb an der Sonoma Coast.

200 Taplin Road, St Helena, CA 94574
www.jpvwines.com

Judd's Hill Napa Valley
Judd's Hill wurde von Bunnie Finkelstein und ihrem inzwischen verstorbenen Mann Art gegründet; beide hatten vorher schon Whitehall Lane betrieben. Nach dessen Verkauf erwarben sie 1988 5,7 ha Rebfläche in den östlichen Hügeln oberhalb des Lake Hennessey und eröffneten eine Kellerei und Traubenpressanlage am Silverado Trail. Die Kellerei ist nach Sohn Judd benannt, der überall mitmischt, wenn er nicht seiner zweiten Passion nachgeht und in seiner Band »The Maikai Gents Featuring the Mysterious Miss Mauna Loa« Ukulele spielt. Der Cabernet Sauvignon ist würzig und aromatisch, mit saftiger roter Frucht.

2332 Silverado Trail, Napa, CA 94558
www.juddshill.com

Kápcsandy Family Winery Yountville
Lou und Roberta Kápcsandy kauften im Jahr 2000 mit Sohn Louis Jr. Beringers angesehenen State Lane Vineyard in Yountville und pflanzten mithilfe von Helen Turley und John Wetlaufer Cabernet Sauvignon, Merlot und Cabernet an. Als Nächstes verpflichteten sie Berater Denis Malbec vom Château Latour in Bordeaux, Kellermeister Rob Lawson für die Weinbereitung und Piña Vineyard Management für den Anbau. Die so entstandenen Rotweine sind, wie nicht anders zu erwarten, ziemlich spektakulär und teuer. Produziert werden ein Estate Cabernet Sauvignon, ein Estate Cuvée aus fast gleichen Anteilen Cabernet und Merlot, etwas Cabernet Franc und der Roberta's Reserve auf Merlot-Basis. ★**Aufsteiger**

1001 State Lane, Yountville, CA 94599
www.kapcsandywines.com

KULETO ESTATE
EIN ELEGANTER SYRAH VON ERTRAGSARMEN REBEN IN DEN VACA MOUNTAINS

Kuleto Estate Napa Valley
Die Spitzenkellerei in den Vaca Mountains mit Blick auf den Lake Hennessey wurde von dem Gastronomen Pat Kuleto gegründet, doch 2009 verkaufte er einen Mehrheitsanteil an Foley Wine Estates. Die schöne, 324 ha große Ranch hat 32 ha Rebland mit von Natur aus niedrigem Ertrag, zum Großteil auf mäßig steilen Hängen. Kellermeister Dave Lattin bereitet komplexen, ausgefeilten Cabernet Sauvignon, Zinfandel, Sangiovese, Syrah und Pinot Noir mit üppiger Frucht sowie schönen Tanninen und Mineralität als Rückgrat. Daneben gibt es Einzellagenweine in sehr kleinen Mengen. ★**Aufsteiger**

2460 Sage Canyon Road, St Helena, CA 94574
www.kuletoestate.com

Ladera Howell Mountain
Pat und Anne Stotesbery haben sich mit ihren edlen Weinen Lone Canyon und Howell Mountain als Spitzenerzeuger von Berg-Cabernet-Sauvignon etabliert. Beide werden von Kellermeisterin Karen Culler kunstvoll gekeltert und spiegeln die verschiedenen Terroirs des Mount Veeder in der südwestlichen Ecke und des Howell Mountain im Nordwesten des Tals wider. Für den Napa Valley Cabernet verwendet man Trauben aus beiden Gebieten. Hauptsitz ist die renovierte Brun & Chaix Winery, eine 1886 erbaute frühere Festung am Howell Mountain.

150 White Cottage Road South, Angwin, CA 94508
www.laderavineyards.com

La Sirena Calistoga
Die Privatmarke der Starkellermeisterin Heidi Peterson Barrett entstand, als sie für einen Kunden einen Sangiovese erzeugen sollte, der Kunde dann aber absprang. Inzwischen wird kein Sangiovese mehr produziert, sondern ein Napa Cabernet Sauvignon von Trauben aus mehreren Gebieten, ein Napa Syrah, ein Einzellagen-Syrah aus Barretts eigenem Weinberg und ein trockener Muscat Canelli namens Moscato Azul. ★**Aufsteiger**

Keine Besuchereinrichtungen
www.lasirenawine.com

HEWITT VINEYARD
EIN HERRLICH GEBAUTER EINZELLAGEN-CABERNET AUS RUTHERFORD

Lewis Cellars Oak Knoll District
Der ehemalige Autorennfahrer Randy Lewis und seine Frau Debbie gründeten den Betrieb 1992. Sie produzieren einen Bordeaux-Verschnitt namens Cuvée L, mehrere Weine von Cabernet Sauvignon und Chardonnay sowie Syrah, Merlot und Sauvignon Blanc, meist von angekauften Trauben aus guten Lagen überall im Napa Valley. Der Stil des Hauses ist, vor allem bei Rotwein, üppig, dunkel und superreif, doch die von Brian Mox (früher bei Laird Family Estate und Etude) gekelterten Weine gehen mit ihrer Intensität gut um. ★**Aufsteiger**

Keine Besuchereinrichtungen
www.lewiscellars.com

Ein Meer von Senfblüten deckt den Boden zwischen noch in Winterruhe befindlichen Cabernet-Sauvignon-Reben.

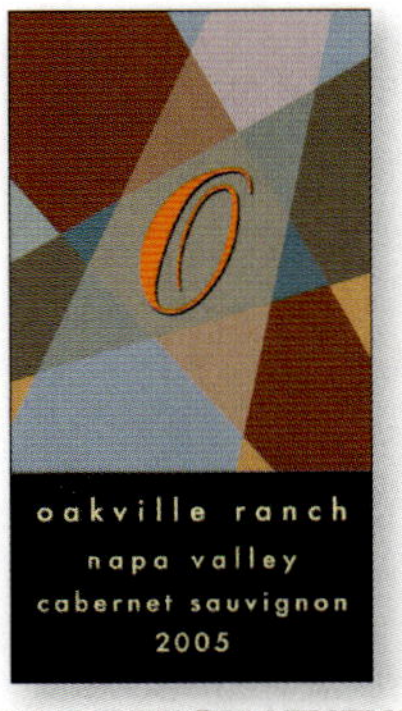

OAKVILLE RANCH VINEYARDS
CHARDONNAY UND CABERNET SAUVIGNON VON BIOLOGISCH ANGEBAUTEN TRAUBEN

LOKOYA
FEINER CABERNET SAUVIGNON AUS DEN VIER »GEBIRGS«-AVAS

Lokoya Mount Veeder
In dieser Kellerei testet Jackson Family Farms das Potenzial von Cabernet Sauvignon aus Berglagen im Napa Valley, nämlich vom eigenen Gut am Mount Veeder, vom Spring Mountain, vom Diamond Mountain und vom Howell Mountain. Benannt ist der Betrieb nach einem Indianerstamm, der einst in der Gegend lebte. Die vier Cabernets werden seit 2000 von Christopher Carpenter bereitet; sie sind allesamt exzellent und ermöglichen einen ausgezeichneten Vergleich der unterschiedlichen Merkmale der besten Bergbereiche in Napa.

7600 St Helena Highway, Oakville, CA 94562
www.lokoya.com

Long Meadow Ranch Napa Valley
Die von Ted und Laddie Hall zusammen mit Sohn Christopher geführte Ranch bringt längst nicht nur Wein hervor. Neben sehr gutem Cabernet Sauvignon erzeugen die Halls auf den 263 ha der Ranch sowie einigen kleineren Ländereien auch Olivenöl, Fleisch von Hochland-Weiderindern, Eier und einiges mehr. Das Rebgut aus ökologischem Anbau wird von der erfahrenen Ashley Heisey verarbeitet. Der Preis des Cabernet-Sauvignon-Gutsweins ist recht niedrig geblieben; außerdem gibt es einen preiswerten einfachen roten Verschnitt namens Ranch House Red.

738 Main Street, St Helena, CA 94574
www.longmeadowranch.com

MacRostie Winery Carneros
Steve MacRostie war zwölf Jahre lang Kellermeister bei der Hacienda Winery in Sonoma, bevor er sich 1987 selbstständig machte. Er erzeugt tadellosen, zurückhaltenden und mineralischen Carneros Chardonnay von angekauften Trauben aus dem Napa County und dem Sonoma County sowie sehr schönen, manchmal sogar außergewöhnlichen Syrah und Pinot Noir von seinem eigenen, nachhaltig bewirtschafteten Wildcat Vineyard im südwestlichen, zum Sonoma County gehörenden Zipfel von Carneros. Auch sein Carneros Pinot Noir von angekauftem Rebgut ist ziemlich gut.

21481 8th Street East 25, Sonoma, CA 95476
www.macrostiewinery.com

Marston Family Vineyards Spring Mountain
Der 16 ha große Gut geht auf die 1890er-Jahre zurück und ist seit 1969 im Besitz der Familie Marston. Die Rebterrassen liegen 213–335 m hoch am Südhang des Spring Mountain. 1992 wurden sie mithilfe von Bob Steinhauer neu bestockt; im Gegenzug erhielt dessen Betrieb Beringer das Recht, 25 Jahre lang einen Großteil der Trauben zu ernten. Zehn Tonnen des besten Leseguts verbleiben bei Marston und werden von Philippe Melka zu spektakulärem Spring Mountain Cabernet mit fabelhafter Komplexität und Struktur verarbeitet. ★**Aufsteiger**

3600 White Sulfer Springs Road, St Helena, CA 94574
www.marstonfamilyvineyard.com

Mayacamas Vineyards Mount Veeder
Die 1889 erbaute Kellerei ist seit 1968 im Besitz von Robert und Elinor Travers, und Ersterer ist immer noch Kellermeister. Die Weine haben sich im Lauf der Zeit nicht sehr verändert und wurden einmal sehr für ihre Strenge und Langlebigkeit geschätzt. Der knochige, enorm tanninbetonte Cabernet Sauvignon ist ein Anachronismus, der den Anschluss zu verbesserten Kellertechniken verpasst hat. Der mineralische Chardonnay ist das Beste, was die Kellerei derzeit zu bieten hat.

1155 Lokoya Road, Napa, CA 94558
www.mayacamas.com

Merus St Helena
Das Ehepaar Mark Herold und Erika Gottl begann 1998 in einer Garage in Napa, und in den darauffolgenden zehn Jahren ernteten ihre 18000 Flaschen Cabernet Sauvignon überwältigenden Beifall. Weil sie Kapital brauchten, verkauften die Eigentümer die Kellerei 2007 an William Foley, arbeiteten jedoch weiter für die Marke. Ein Jahr später wurde Kellermeister Herold von Paul Hobbs abgelöst. Seit kurzem wird der Wein in einer Kellerei in St Helena erzeugt, dabei wurden die Mengen drastisch erhöht. Foley sagt, er wollte den extrem reichhaltigen Stil beibehalten. ★**Aufsteiger**

Keine Besuchereinrichtungen; www.meruswines.com

Miner Family Vineyards Oakville
Der Betrieb von Dave und Emily Miner liegt auf der östlichen Terrasse von Oakville, nahe der Oakville Ranch von Daves Eltern. Er erzeugt verschiedene Rot- und Weißweine von Trauben aus dem Napa Valley und anderen Gebieten, unter anderem einen guten Sangiovese aus Mendocino und großartigen Pinot Noir von Garys' Vineyard und Rosella's Vineyard in den Santa Lucia Highlands. Die Qualität ist durch die Bank sehr gut, aber Spitzenreiter sind der rote Verschnitt Oracle vom Stagecoach Vineyard in der Sub-AVA Atlas Peak, der Oakville Cabernet Sauvignon und der vollmundige, verschwenderisch gebaute Wild Yeast Chardonnay.

7850 Silverado Trail, Oakville, CA 94562
www.minerwines.com

Mount Veeder Winery Mount Veeder
Als langjährige Schwester von Franciscan (siehe S. 22) folgte die Mount Veeder Winery diesem Betrieb unter das Dach der Constellation Brands. Von Trauben aus drei Weinbergen in 305 bis 610 m Höhe bereitet Janet Myers ordentlichen, wenn auch etwas rustikalen Mount Veeder Cabernet Sauvignon. Die Weine scheinen etwas von ihrem früheren Glanz verloren zu haben, aber vielleicht wurden sie auch nur von anderen in der Region überholt. Probieren Sie den Mount Veeder Cabernet auf Einstiegsniveau, bevor Sie zum Reserve übergehen.

1178 Galleron Road, St Helena, 94574
www.mtveeder.com

Mumm Napa Rutherford
Warum dieses Joint Venture von Mumm Champagne und Seagram sich ausgerechnet in Rutherford niedergelassen hat, bleibt ein Rätsel – das Klima ist nicht gerade ideal für die Schaumweinerzeugung. Doch zum Besitz gehören 45 ha im kühleren Carneros, und auch aus dem Anderson Valley im Mendocino County werden Trauben zugekauft. Die Weine sind solide und verbessern sich weiter. Highlight ist die meist rund acht Jahre gereifte Reserve-Cuvée DVX mit großartiger Tiefe und Struktur.

8445 Silverado Trail, Rutherford, CA 94573
www.mummnapa.com

Newton Vineyard Spring Mountain District
Steile Rebterrassen mit verschiedenen Ausrichtungen und Bodenarten am Spring Mountain bringen robusten, mineralischen Cabernet Sauvignon, Cabernet Franc und Merlot hervor; auch der gehaltvolle, ungefilterte Napa Chardonnay ist köstlich. Die Aufrüstung der Weinberge durch den neuen Eigentümer LVMH verspricht weitere Höhenflüge. Weinmacher Chris Millard ist ein altgedienter Experte von Sterling Vineyards und ein Meister in der Bereitung herrlich ausgewogener, sauberer Weine. Äußerst preiswert ist die Red-Label-Reihe. ★**Aufsteiger**

2555 Madrona Ave, St Helena, CA 94574
www.newtonvineyard.com

Nickel & Nickel Winery Oakville
Der Ableger von Far Niente (siehe S. 22) ist ein Produkt des Einzellagen-Hype der 1990er-Jahre, als es so aussah, als könne jeder für seinen Wein einen saftigen Aufschlag verlangen, wenn nur die Herkunftslage genannt wurde. Die Familie Nickel produziert mit ihren Partnern Larry Maguire und Dirk Hampson 13 Einzellagen-Cabernets mit dreistelligen Dollarpreisen, drei Napa Valley Merlots, zwei Syrahs und einen Sonoma Coast Pinot Noir. Die Weine sind sehr gut, aber eindeutig zu teuer.

8164 St Helena Highway, Oakville, CA 94562
www.nickelandnickel.com

Oakville Ranch Vineyards Oakville
Das auf einem hohen, abfallenden Plateau im Vaca-Gebirge gelegene 142-ha-Gut wurde 1989 von Mary Miner und ihrem Mann Bob, Ex-Manager beim Softwareriesen Oracle, erworben. Es bringt stets außergewöhnlich guten Cabernet Sauvignon und im Vergleich zu anderen unglaublich preiswerten Chardonnay hervor. Inzwischen werden die Weine von Ashley Heisey bereitet, die auch Sonoma Coast Syrah ihrer eigenen Marke Marelle erzeugt. Für die Weinberge ist Phil Coturri zuständig, ein Verfechter des Bioweinbaus.

7781 Silverado Trail, Napa, CA 94558
www.oakvilleranch.com

Opus One Oakville
Robert Mondavi und Baron Philippe de Rothschild (Eigentümer von Château Mouton in Bordeaux) verkündeten 1980, dass sie gemeinsam einen richtungweisenden Napa Valley Cabernet Sauvignon erzeugen wollten. 1985 kam der erste Jahrgang heraus; später entstand eine spektakuläre Kellerei in Oakville, gegenüber der Robert Mondavi Winery am Highway 29. Opus One eroberte als erster kalifornischer Luxuswein einen großen Markt in Europa und Asien. Seit Constellation 2004 die Robert Mondavi Corporation übernommen hat, kümmern sich die Rothschilds um Weinbergpflege, Marketing und Verwaltung. Die Qualität ist im Aufschwung.

7900 St Helena Highway, Oakville, CA 94562
www.opusonewinery.com

O'Shaughnessy Estate Winery
Howell Mountain
Auch dieser aufstrebende Betrieb am Howell Mountain entstand mit Unterstützung durch Beringer im Austausch gegen ein langjähriges Traubenbezugsrecht – er steuert regelmäßig Trauben seines Del Oso Vineyard zur Beringer Private Reserve bei. Kellermeister Sean Capiaux bereitet einen ausgefeilten, tiefgründigen und langlebigen Howell Mountain Cabernet Sauvignon von gutseigenen Trauben und kleinere Mengen Mount Veeder Cabernet Sauvignon von einem später durch Betty O'Shaughnessy erworbenen Weinberg. Außerdem werden Trauben vom Gut am Howell Mountain zu winzigen Mengen eines außergewöhnlichen Merlot verarbeitet.
★**Aufsteiger**

Angwin, CA 94508
www.oshaughnessywinery.com

Outpost Winery Howell Mountain
Der Name »Vorposten« passt zu der Kellerei, die auf Zinfandel, Cabernet Sauvignon, Grenache und Petite Sirah spezialisiert ist, während sich viele andere mit Terroir dieses Kalibers auf Cabernet kaprizieren. Zinfandel und Grenache lieben, wie Cabernet, magere Böden, und Outpost ist ein Spitzenerzeuger aller drei. Die von Thomas Rivers Brown bereiteten Weine haben eine treue Fangemeinde und sind alle Paradebeispiele für die konzentrierte Frucht, die diskreten Tannine und die Graphit- und mineralischen Noten, die für den Howell Mountain typisch sind.

2075 Summit Lake Drive, Angwin, CA 94508
www.outpostwines.com

Pahlmeyer Napa Valley
Jayson Pahlmeyer begann mit Rebgut vom Weinberg eines Freundes in Coombsville und erzeugt seit den 1980er-Jahren stets ausgezeichneten Rotwein auf Cabernet-Sauvignon-Basis sowie üppigen Chardonnay. Anfangs ging ihm Kellermeisterin Helen Turley zur Hand, dann deren Schülerin Erin Green. Pahlmeyers Weine werden mit wilden Hefen natürlich vergoren, was ihnen zusätzliche Komplexität verleiht. Für den hervorragenden Merlot und den Rotwein der Eigenmarke werden Trauben aus mehreren ertragsarmen Lagen verwendet, darunter die von David Abreu aufgebaute Waters Ranch am Atlas Peak. Die Jayson-Reihe ist preiswert.

2387 Atlas Peak Road, Napa, CA 94558
www.pahlmeyer.com

Paradigm Oakville
Der 1976 von Ren und Marilyn Harris gegründete Betrieb in Oakville ist sowohl für feinen Merlot und ausgezeichneten Cabernet Franc als auch für Cabernet Sauvignon bekannt. Starberaterin Heidi Peterson Barrett bereitet seit 1991 die Weine, was zeigt, wie früh die Eigentümer von ihrem Talent wussten. Ren Harris ist einer der erfolgreichsten Immobilienmakler im Valley, und Makler sind, wie jeder weiß, stets bestens über alles informiert.

1277 Dwyer Road, Oakville, CA 94562
www.paradigmwinery.com

Patz & Hall Winery Napa Valley
Da die Grundstückspreise immer weiter anstiegen, gründeten die Freunde Donald und Heather Patz, Anne Moses und Kellermeister James Hall 1988 eine Kellerei ohne eigenes Rebland, um dann erstklassige Chardonnay- und Pinot-Noir-Trauben aus Spitzenlagen überall in Kalifornien anzukaufen. Geschäftssitz ist ein »Salon« in einem unscheinbaren Industriegelände südlich von Napa, wo angemeldete Besucher die herausragenden Weine verkosten können, etwa den Hudson Chardonnay

HEIDI PETERSON BARRETT

Viele Investoren im Napa Valley sind Neulinge in der Weinwirtschaft, die ihr Geld anderswo gemacht haben. Die Verpflichtung eines berühmten Weinbergchefs und Kellereiberaters kann einem neuen Gut rasche Fortschritte und Publicity bescheren oder aber einem alten Gut neues Leben einhauchen.

Die aus dem Napa Valley gebürtige Heidi Peterson Barrett, Tochter des Winzers Richard Peterson und verheiratet mit Bo Barrett (vom Chateau Montelena), mauserte sich, nachdem sie als Kellermeisterin bei Dalla Valle beste Kritiken bekommen hatte, in den 1990er-Jahren zur Topberaterin im Valley. Weiteren Beifall erntete sie für die »Kult-Cabernets« von Screaming Eagle und Grace Family. Außerdem erzeugt sie Weine ihrer eigenen Marke La Sirena.

Andere prominente Berater im Napa Valley sind David Ramey, Philippe Melka, Sarah Gott, Nils und Kurt Venge und natürlich Michel Rolland.

PATZ & HALL WINERY
EIN FEINER PINOT NOIR VOM ALDER SPRINGS VINEYARD IN MENDOCINO

PINE RIDGE WINERY
NEUE-WELT-CHARDONNAY VON BURGUNDER-KLONEN AUS DER ALTEN WELT

und den Zio Tony Ranch Vineyard Chardonnay sowie den Hyde Pinot Noir und den Alder Springs Vineyard Pinot Noir. **★Aufsteiger**

851 Napa Valley Corporate Way, Suite A, Napa, CA 94558
www.patzhall.com

Philip Togni Vineyards
Spring Mountain District
Philip Togni studierte bei Emile Peynaud in Bordeaux, bevor er 1981 einen Weinberg auf dem Spring Mountain anlegte und nach Reblausbefall in den 1990er-Jahren neu bestockte. Der langlebige, komplexe, an Château Margaux erinnernde Cabernet Sauvignon mit Merlot-, Cabernet-Franc- und Petit-Verdot-Anteilen hat viele Fans gewonnen, auch unter renommierten Kritikern. Auch Tognis einfacher Cabernet wird geschätzt. Außerdem erzeugt er einen süßen Black Muscat namens Ca' Togni.

3780 Spring Mountain Road, St Helena, CA 94574
www.philiptognivineyard.com

Piña Napa Valley Rutherford
Die Familie Piña ist schon seit Generationen im Napa Valley präsent und berät Weinbauern, seit John Piña in den 1960er-Jahren die Firma John Piña Jr and Sons gründete. Heute besitzen die vier Piña-Brüder Larry, Davie, Ranndy und John fünf Weinberge im Napa Valley und eine Kellerei am Silverado Trail in Rutherford. Weinmacherin Anna Monticelli bereitet drei dichte, vollmundige Cabernet-Sauvignon-Weine, großartig vor allem vom eigenen Buckeye Vineyard am Howell Mountain. **★Aufsteiger**

8060 Silverado Trail, Napa, CA, 94558
www.pinanapavalley.com

Pine Ridge Winery Stags Leap District
Das 101-ha-Gut wurde 1978 von dem ehemaligen Ski-Olympioniken Gary Andrus gegründet und gehört heute der Crimson Wine Group. Michael Beaulac von St. Supéry (siehe S. 33) ist seit Kurzem Kellermeister. Das Gut produziert vor allem Cabernet Sauvignon und liefert seit Jahrzehnten beständige Qualität aus mehreren AVAs im Valley. Auch komplexer Chardonnay von Dijon-Klonen und sehr guter trockener Chenin Blanc.

5901 Silverado Trail, Napa, CA 94558
www.pineridgewinery.com

PlumpJack Oakville
PlumpJack ist der Name mehrerer Gemeinschaftsprojekte von San Franciscos Bürgermeister Gavin Newsom und seinen Freunden Gordon und Bill Getty, auch diese Kellerei, die erstklassigen, fruchtbetonten Cabernet Sauvignon, Syrah und Chardonnay produziert, gehört dazu. Als einer der ersten Betriebe in Napa verwendet sie für die Hälfte ihrer Cabernet-Abfüllungen Schraubverschlüsse. Newsom ist ausgestiegen, aber seine Partner haben inzwischen die neue Kellerei CADE (siehe S. 19) am Howell Mountain eröffnet.

620 Oakville Cross Road, Oakville, CA 94562
www.plumpjackwinery.com

Pride Mountain Vineyards Spring Mountain
Das 95-ha-Gut von Carolyn, Steve und Suzanne Pride auf der Grenze zwischen Napa und Sonoma County am Gipfel des Spring Mountain im Mayacamas-Gebirge machte in den 1990er-Jahren mit üppigen, kompakten Weinen von sich reden. Auch heute bringt der Weinberg sehr guten Cabernet Sauvignon und Merlot hervor, etwa Reserve Cabernet und Claret mit Rebgut von beiden Seiten der Grenze. Für den Vintner Select Cabernet Sauvignon werden dagegen nur Trauben aus Napa verwendet.

4026 Spring Mountain Road, St Helena, CA 94574
www.pridewines.com

Provenance Vineyards Rutherford
Der relativ neue Betrieb trat an die Stelle von Beaucanon Vineyards in der Nähe von St Helena. Er erzeugt Cabernet Sauvignon, Merlot und Sauvignon Blanc guter Qualität aus Rutherford und Oakville, unter anderem von der Parzelle des To Kalon Vineyard, die dem renommierten Winzer Andy Beckstoffer gehört. Weinmacher Tom Rinaldi wirkte bereits bei Freemark Abbey, Rutherford Hill und Duckhorn. Seine Weine haben Herkunftsbewusstsein und etwas Rutherforder »Staubcharakter«, sind jedoch einen Tick zu zahm und sollten jung getrunken werden.

1695 St Helena Highway South, Rutherford, CA 94573
www.provenancevineyards.com

Quintessa Rutherford
Das wunderschöne Gut gehört Agustin Huneeus – einer der bedeutendsten Persönlichkeiten im Weingeschäft des letzten Jahrhunderts – und seiner Frau Valeria. Der gebürtige Chilene und ehemalige Chef von Concha y Toro gründete die Urzelle des heute weltgrößten Weinunternehmens Constellation Brands. Die 113 ha auf sanften Hügeln rund um einen See sind nur mit Bordeaux-Sorten bestockt, und Kellermeister Charles Thomas (früher bei Cardinale und Rudd) bereitet nur einen roten Bordeaux-Verschnitt, der immer gut war, aber noch Potenzial hat.

1601 Silverado Trail, Rutherford, CA 94573
www.quintessa.com

Richard Partridge St Helena
Elektroingenieur und Weinsammler Richard Partridge hat einen kleinen Familienbetrieb, der einen sehr schönen, ausgefeilten Napa Cabernet Sauvignon und kleine Mengen an Chardonnay erzeugt. Kellermeister Jeff Fontanella, ein Schüler von Nils Venge, bezieht die Trauben aus jährlich wechselnden Quellen. In St Helena werden neue Weinberge angelegt, und aus der Hobbykellerei könnte schon bald etwas Ernsthafteres werden.

Keine Besuchereinrichtungen; www.richardpartridge.com

Robert Biale Vineyards Oak Knoll District
Bob Biales Vorfahren kamen aus Norditalien ins Napa Valley und begannen in den 1930er-Jahren mit dem Traubenanbau, doch der erste eigene Wein wurde erst 1991 abgefüllt. Seitdem hat sich Bob Biale als einer der besten Zinfandel- und Petite-Sirah-Winzer in Kalifornien etabliert. Er erzeugt eine Reihe von Weinen von sehr alten Einzellagen: seinem eigenen (nach dem Vater benannten) Aldo's Vineyard sowie anderen Weinbergen in Napa, Sonoma, Lodi und Contra Costa. Die Weine sind üppig und dunkel mit reifen Fruchtnoten, dabei jedoch elegant und akkurat.

4038 Big Ranch Road, Napa, CA
www.robertbialevineyards.com

Robert Craig Winery Howell Mountain
Der ehemalige Geschäftsführer von Hess Collection, Robert Craig, verarbeitet Trauben vom Spring Mountain, Mount Veeder und Howell Mountain in einer kleinen Kellerei am Howell Mountain (der Verkostungsraum ist im Stadtzentrum von Napa). Die Weine sind beständig und verfügen über die robusten Tannine und die Mineralität von auf mageren, ertragsarmen Böden in hohen Lagen angebautem Cabernet. Am eindrucksvollsten sind die Weine vom Mount Veeder und vom Howell Mountain.

625 Imperial Way, Napa, CA 94559
www.robertcraigwine.com

Robert Foley Vineyards Howell Mountain
Robert Foley ist schon seit 1977 als Weinmacher im Napa Valley tätig und dort eine feste Größe. Elitestatus errang er durch die Bereitung von vollem, vielschichtigem Cabernet Sauvignon bei Pride Mountain Vineyards (siehe S. 30); berühmt ist er vor allem für seine großartigen Napa-Bergweine mit eleganten Tanninen. Nun führt er diese Tradition auf der Ostseite des Valley mit Howell Mountain Cabernet Sauvignon, Merlot, Claret, Petite Sirah und Charbono fort. Der erste Jahrgang auf seinem eigenen Gut war 1998. In seiner Freizeit spielt er Gitarre in der nach ihm benannten Band.

Keine Besuchereinrichtungen
www.robertfoleyvineyards.com

Robert Mondavi Winery Oakville
2004 wurde nach Zwistigkeiten innerhalb der Familie Mondavi die Robert Mondavi Corporation inklusive der Kellerei in Oakville an Constellation Brands verkauft. Auch wenn die Mondavis mit der Kellerei nichts mehr zu tun haben, fühlt sich Constellation dankenswerterweise Robert Mondavis Ideal der Verbindung von Wein und Kunst weiterhin verpflichtet, und die Mondavi Reserve-Weine werden immer noch von Genevieve Janssens bereitet, die bereits seit Ende der 1970er-Jahre hier tätig ist. Bei der Kellerei verblieben auch 223 ha der Spitzenlage To Kalon in Oakville, die auf das Ende des 19. Jahrhunderts zurückgeht. To Kalon beliefert sowohl den herrlichen Robert Mondavi Reserve Cabernet Sauvignon als auch den gehaltvollen, exotischen Reserve Fumé Blanc, einen der besten Sauvignon-Blanc-Weine der Welt.

7801 St Helena Highway, Oakville, CA 94562
www.robertmondaviwinery.com

Robert Sinskey Vineyards
Stags Leap District
Die Kellerei am Silverado Trail erzeugt einen sehr guten »SLD« (Stags Leap District) Cabernet Sauvignon. Die meisten Weine beruhen auf Pinot Noir und Elsässer Sorten aus Carneros, wo die Familie ihre ersten Weinberge anlegte. Die Trauben werden zu 100 % ökologisch und/oder biodynamisch angebaut und bringen elegante Weine mit Finesse hervor; Spitze ist der rassige, burgunderartige Three Amigos Vineyard Pinot Noir.

6320 Silverado Trail, Napa, CA 94558
www.robertsinskey.com

Rocca Family Vineyards Yountville
Mary Rocca und ihr Mann Eric Grigsby erwarben 1999 eine 8,5 ha große Parzelle in Yountville und bestockten sie zum Großteil mit Cabernet Sauvignon und Syrah. Mit Hilfe der Kellermeisterin Celia Welch Masyczek erzeugen sie eine Handvoll robuster, konzentrierter Rotweine. Am besten kommen bisher Yountville Cabernet und Yountville Syrah an; der Bad Boy Red, ein jugendfrischer Verschnitt aus Cabernet Sauvignon, Cabernet Franc und Petit Verdot ist ein guter Basiswein. Von dem jungen Betrieb ist noch einiges zu erwarten. ★**Aufsteiger**

129 Devlin Road, Napa, CA 94558
www.roccawines.com

QUINTESSA
EINZIGER WEIN AUS EINER EINZELLAGE: EIN KLASSISCHER BORDEAUX-VERSCHNITT

PROVENANCE VINEYARDS
EIN WEIN MIT DEM GESCHMACK NACH DEM BERÜHMTEN »RUTHERFORDER STAUB«

Rombauer Vineyards St Helena
Koerner Rombauer und seine Frau Joan kamen 1972 ins Napa Valley und legten 1981 ihren ersten eigenen Weinberg an. In den 1980er- und 1990er-Jahren wuchs die Marke Rombauer immer weiter und wurde für einen dekadenten, buttrigen Chardonnay-Stil bekannt, der typisch für das Napa Valley wurde. Rombauer erzeugt aber auch eine Reihe von Cabernet-Sauvignon-Weinen aus verschiedenen AVAs im Napa Valley, einen vollen Zinfandel von eigenen Trauben und eine Chardonnay-Spätlese mit Edelfäule namens Joy.

3522 Silverado Trail, St Helena, CA 94574
www.rombauer.com

Rubicon Estate Oakville
Die Kinoerfolge des Regisseurs Francis Ford Coppola lockten Touristen aus aller Welt auf das Weingut seiner Familie, und kaum einer ist bisher enttäuscht worden. Das Gut, 1880 von Kapitän Gustave Niebaum gegründet und ursprünglich Inglenook genannt, war einer der ersten Spitzenerzeuger Kaliforniens. Die 95 ha Rebberge bringen einige großartige Weine hervor, unter anderem den herrlichen Verschnitt Rubicon auf Cabernet-Sauvignon-Basis und den Zinfandel Edizione Pennino mit Brombeernoten.

1991 St Helena Highway, Rutherford, CA 94573
www.rubiconestate.com

Rudd Estate Oakville
Leslie Rudd, Wein- und Spirituosenhändler aus Kansas sowie Chef der Luxusfeinkostkette Dean and DeLuca, verdient Anerkennung für seinen außergewöhnlichen Geschmack und seine kompromisslosen Standards. In ein paar Jahren wird sich sein hochmoderner Betrieb auf der Ostseite von Oakville zweifellos zum Spitzenerzeuger gemausert haben. Der Oakville Estate Red und der Estate Grown Cabernet können es mit manchem Konkurrenten in der Nachbarschaft aufnehmen. Auch der dralle Sauvignon Blanc/Semillon-Verschnitt im Bordeaux-Stil vom Mount Veeder ist beachtenswert. ★**Aufsteiger**

500 Oakville Cross Road, Oakville, CA 94562
www.ruddwines.com

Saddleback Cellars Oakville
Nils Venge bereitete in den 1980er-Jahren großartigen Cabernet Sauvignon bei Groth; heute sind sein Sohn Kirk und er gefragte Berater im Valley. Saddleback ist ihr eigenes Gut, auf dem sie robusten, langlebigen Cabernet Sauvignon, lebhaften Chardonnay und Pinot Blanc sowie einen bemerkenswert guten Charbono der gleichnamigen Marke erzeugen.

7802 Money Road, Oakville, CA 94562
www.saddlebackcellars.com

SCHRAMSBERG VINEYARDS
DIE HISTORISCHE KELLEREI WAR IM 20. JAHRHUNDERT EIN SCHAUMWEINPIONIER

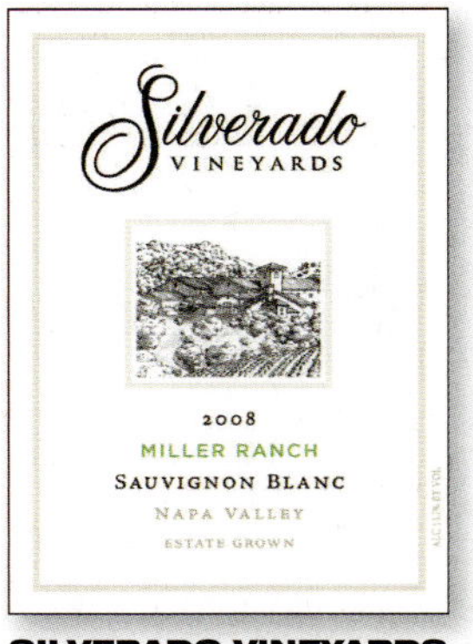

SILVERADO VINEYARDS
EIN SAUVIGNON BLANC MIT SEIDIGEM GEFÜGE UND FRISCHEN ZITRUSNOTEN

Saintsbury Carneros
Der 1981 von den Burgunderfans David Graves und Richard Ward gegründete Betrieb konzentrierte sich von Anfang an auf Pinot Noir und verschaffte sich und der Region Carneros damit rasch Anerkennung. Seit 2004 ist der französischstämmige Weinmacher Jerome Chery mit im Team und hält die Qualität von Pinot Noir und Chardonnay auf weiterhin hohem Niveau, vom einfachen Garnet mit leichtem Eichenaroma bis zu den Einzellagenweinen von der gutseigenen Brown Ranch. Erzeugt wird auch ein Einzellagen-Pinot-Noir von der Stanly Ranch, der ältesten Pinot-Noir-Anbaufläche in Carneros.

1500 Los Carneros Avenue, Napa, CA 94559
www.saintsbury.com

Scarecrow Rutherford
Den Namen »Scarecrow« (Vogelscheuche) wählte Eigentümer Brett Lopez, ein Fotograf aus Los Angeles, zum Gedenken an seinen Großvater Joseph Judson Cohn, den Produzenten des Films *The Wizard of Oz*. Die 9,5 ha in Rutherford, zu denen auch eine 0,8-ha-Parzelle mit 60 Jahre alten Cabernet-Sauvignon-Reben gehört, ging bei dem Deal über den Tisch, bei dem auch Francis Ford Coppola das Gut Rubicon Estate (siehe S. 31) erwarb. Kellermeisterin Celia Welch Masyczek (Staglin, Rocca Family) bereitet nur 6000 Flaschen gutseigenen Cabernet im Jahr. ★**Aufsteiger**

Keine Besuchereinrichtungen
www.scarecrowwine.com

Schrader Cellars Oakville
Fred Schrader und Kellermeister Thomas Brown erzeugen konzentrierten Cabernet Sauvignon in jenem ungeheuer ausladenden Stil, der Spitzenkritikern zu gefallen scheint. Die Trauben kommen aus erstklassigen Lagen, etwa der Parzelle Old Sparky des To Kalon Vineyard und dem Vineyard George III. Daneben gibt es die preiswerteren Double-Diamond-Weine von eigenen Trauben, den Bomber X Napa Valley Cabernet Sauvignon und den Amber Knolls Vineyard Cabernet von einem Weinberg im Lake County. ★**Aufsteiger**

Keine Besuchereinrichtungen; www.schradercellars.com

Schramsberg Vineyards/J. Davies
Diamond Mountain

Der gebürtige Deutsche Jacob Schram gründete dieses Gut 1862; Jack und Jamie Davies erwarben es 1965 und machten sich daran, hier Kaliforniens besten Schaumwein nach der traditionellen Methode zu erzeugen. Mit Erfolg: 20 Jahre lang war ihr Blanc de Blancs das Maß aller Dinge. Auch der J. Schram Reserve und der Brut Rosé sind herrlich. Die handgegrabenen Keller und die Sammlung historischer Kalifornienflaggen sind einen Besuch wert. Inzwischen wird unter dem Namen J. Davies auch sehr feiner Cabernet Sauvignon vom Fuß des Diamond Mountain produziert.

1400 Schramsberg Road, Calistoga, CA 94515
www.schramsberg.com

Schug Carneros Estate Carneros
Walter Schug und seine Frau Gertrud wanderten 1961 aus Deutschland ein. Schug wurde der erste Kellermeister bei Joseph Phelps Vineyards und bereitete dort den ersten Bordeaux-Verschnitt Kaliforniens, Insignia. Nach zehn Jahren bei Phelps eröffnete er 1980 seine eigene Kellerei für Pinot Noir und Chardonnay in Carneros. Schugs Pinot Noir ist etwas tanninhaltiger, schlanker und würziger als der seiner Nachbarn.

602 Bonneau Road, Sonoma, CA 95476
www.schugwinery.com

Schweiger Spring Mountain
Fred Schweigers Gut am Gipfel des Spring Mountain hat sich langsam und stetig entwickelt. Anfang der 1960er-Jahre erwarb seine Familie das Land, in den 1970ern rodete sie es und pflanzte Reben, in den 1980ern verkaufte sie Trauben an andere Weinerzeuger. 1994 weihte Fred Schweiger seine eigene Kellerei ein, 1999 wurde Sohn Andrew Kellermeister. Cabernet Sauvignon und Merlot sind sehr verlässliche Weine, voll reifer roter Frucht und mit guter Struktur.

4015 Spring Mountain Road, St Helena, CA 94574
www.schweigervineyards.com

Screaming Eagle Oakville
Jean Phillips' Screaming Eagle Cabernet Sauvignon von einer winzigen Parzelle ihres 24-ha-Weinbergs wurde in den 1990er-Jahren schlagartig berühmt. Die Preise stiegen auf bis zu 500 Dollar pro Flasche beim Erstverkauf und noch mehr, wenn Sammler um die jährlich produzierten 6000 Flaschen wetteiferten. Der von Heidi Peterson Barrett bereitete Wein erntet hohes Lob und harsche Kritik: Manch einer findet seine konzentrierten Cassisnoten zu süß oder sirupartig. 2006 verkaufte Phillips Gut und Marke an Charles Banks und Stanley Kroenke, Miteigentümer der Basketballmannschaft Denver Nuggets.

Keine Besuchereinrichtungen
www.screamingeagle.com

Seavey Napa Valley
Das Gut östlich vom Silverado Trail im Conn Valley, in den 1870er-Jahren Sitz der Franco-Swiss Farming Co, wurde 1979 von Bill und Mary Seavey erworben. Sie bestockten die Rebflächen neu, während Bill weiter als Anwalt in San Francisco arbeitete. Die Trauben wurden an Raymond Vineyards verkauft, bis die Seaveys 1990 begannen, selbst Wein abzufüllen. Kellermeister Philippe Melka leistet ganze Arbeit mit dem geschmeidigen, konzentrierten Estate Cabernet Sauvignon und dem Zweitwein Caravina, ebenfalls ein Cabernet. ★**Aufsteiger**

1310 Conn Valley Road, St Helena, CA 94574
www.seaveyvineyard.com

Shafer Vineyards Stags Leap District
John Shafer gründete das Gut 1972, als auch andere Betriebe in der Gegend eröffneten. Sein cleverer und tüchtiger Sohn Doug ist seit 1994 Kellermeister und Gutsleiter. Der Hillside Select Cabernet Sauvignon von einem steilen Weinberg in den Vaca Mountains gehört zu den ausgefeiltesten, beständigsten und angesehensten Weinen Kaliforniens. Die anderen Erzeugnisse von Shafers sechs Weinbergen in Stags Leap und Umgebung brauchen den Vergleich nicht zu scheuen. Alle spiegeln die Sorgfalt des aus Napa gebürtigen Weinbergmanagers und Kellermeisters Elias Fernandez wider.

6154 Silverado Trail, Napa, CA 94558
www.shafervineyards.com

Signorello Oak Knoll District
Das 40-ha-Gut am Silverado Trail nördlich von Napa wurde Mitte der 1970er-Jahre von Ray Signorello Sr. erworben. Von der rund 16 ha großen Rebfläche ist knapp die Hälfte mit Cabernet Sauvignon bestockt. Jetzt gehört das Gut Ray Signorello Jr., dessen Kellermeister Pierre Birebent mit dem Estate Cabernet Sauvignon und dem Padrone Reserve Cabernet ein gutes Händchen beweist. Der Chardonnay, vor allem der Hope's Cuvée und der Vieilles Vignes sind herrlich konzentriert und intensiv. Dieser Erzeuger ist ganz klar auf dem richtigen Weg. ★**Aufsteiger**

4500 Silverado Trail, Napa, CA 94558
www.signorellovineyards.com

Silver Oak Cellars Oakville
Der 1972 von Justin Meyer, Ex-Kellermeister von Christian Brothers, und dem Ölunternehmer Raymond Duncan gegründete Betrieb wurde zu einer der erfolgreichsten Cabernet-Sauvignon-Marken der 1980er-Jahre. Obwohl die Kellerei in Oakville stand, kam der erste Cabernet Sauvignon aus dem Alexander Valley. Heute wird Cabernet Sauvignon aus Napa und aus Sonoma erzeugt. Die Weine sind drall und fruchtig mit weichen Tanninen und werden hauptsächlich in amerikanischer Eiche ausgebaut. Früher war die Marke Kult, doch nun, da jährlich bis zu 840 000 Flaschen produziert werden, ist Silver Oak Cabernet auch im Supermarkt erhältlich.

915 Oakville Crossroad, Oakville, CA 94562
www.silveroak.com

Silverado Vineyards Stags Leap District
Der Betrieb wurde Ende der 1980er-Jahre von Walt Disneys Tochter Diane und ihrem Mann Ron Miller, erst Footballprofi und dann Chef von Walt Disney Productions, gegründet. Heute besitzen die Millers sechs Weinberge im Napa Valley. Der Napa Valley Cabernet Sauvignon ist zu vernünftigem Preis leicht zu finden und bietet im Allgemeinen eine ansprechende Mischung aus reifer Frucht und guter Struktur. Besonders eindrucksvoll und langlebig zeigt sich der Limited Reserve Cabernet. Ebenfalls empfehlenswert ist der Miller Ranch Sauvignon Blanc mit reifen Melonen- und Zitrusnoten.

6121 Silverado Trail, Napa, CA 94558
www.silveradovineyards.com

Snowden St Helena
Die Brüder Scott und Randy Snowden (Söhne der Gründer Wayne und Virginia) sind in erster Linie Traubenanbauer und bewirtschaften vier Weinberge in den Vaca Mountains zwischen dem Silverado Trail und dem Conn Valley. Ihre Trauben werden regelmäßig von Silver Oak, Frank Family und Viader verarbeitet. Kellermeisterin Diana Snowden bereitet zwei mineralische, schwarzfruchtige Cabernet-Sauvignon-Weine von gutseigenen Trauben: The Ranch und Reserve Cabernet Sauvignon. Außerdem wird ein sinnlicher Sauvignon Blanc erzeugt.

360 Taplin Road, St Helena, CA 94574
www.snowdenvineyards.com

Spottswoode Estate St Helena
Das am Fuß des Spring Mountain nordöstlich von St Helena gelegene Gut aus dem Jahr 1882 wurde 1972 von Mary Novak und ihrem inzwischen verstorbenen

SCHUG CARNEROS ESTATE
DIESER PINOT NOIR IST EUROPÄISCHER UND SCHLANKER ALS ANDERE IN NAPA

SHAFER VINEYARDS
EIN STEILER WEINBERG BRINGT SHAFERS ELEGANTESTEN CABERNET HERVOR

Mann Jack wiederbelebt. Es bringt stets eleganten, komplexen Cabernet Sauvignon hervor. Der von Jennifer Williams und Beraterin Rosemary Cakebread bereitete Estate Cabernet ist überwältigend. Der weniger teure Lyndenhurst ist ausgezeichnet und seinen Preis absolut wert. Ebenfalls recht gut ist der milde, fleischige Sauvignon Blanc von angekauften Trauben. ★**Aufsteiger**

1902 Madrona Avenue, St Helena, CA 94574
www.spottswoode.com

Spring Mountain Vineyards
Spring Mountain
Wer die Fernsehserie »Falcon Crest« kennt, erinnert sich vielleicht an das viktorianische Gutshaus im Vorspann – es ist das von Spring Mountain Vineyards. Der Betrieb erzeugt zuverlässig vielschichtige Weine aus einem der besten Unterbereiche des Napa Valley. Herausragend sind der Estate Cabernet Sauvignon, der Verschnitt Elivette (Cabernet Sauvignon/Merlot/Cabernet Franc/Petit Verdot) und der überaus vollmundige Sauvignon Blanc. Die Roten profitieren – wie alle Spitzenrotweine aus den Bergen des Napa Valley – von langer Lagerung.

2805 Spring Mountain Road, St Helena, CA 94574
www.springmountainvineyard.com

St. Clement St Helena
Die kleine Kellerei ist ein Juwel des Foster-Konzerns. Trotz einiger Wechsel bei Eigentümern und Personal ist die Qualität in den letzten 15 Jahren konstant geblieben. Das Flaggschiff Oroppas (der Name des ehemaligen japanischen Eigentümers Sapporo rückwärts gelesen), ein Verschnitt auf Cabernet-Sauvignon-Basis, ist einer der Preishits im Valley. Mit Danielle Cyrot hat der Betrieb ein weiteres Nachwuchstalent im Keller und produziert durchweg erstklassige, stilvolle Weine.

2867 St Helena Highway, St Helena, CA 94574
www.stclement.com

St. Supéry Rutherford
Die Kellerei des südfranzösischen Weinproduzenten Robert Skalli und seiner Familie steht am Highway 29 in Rutherford, aber das wichtigste Gut ist die Dollarhide Ranch im Pope Valley, östlich von Calistoga. Es liefert die Trauben für den erstklassigen Dollarhide Ranch Sauvignon Blanc und den sehr guten Dollarhide Ranch Cabernet Sauvignon. Ebenfalls gut sind der rote und der weiße Meritage namens Virtú und Elu. Die langjährige Chefin Michaela Rodeno nahm vor Kurzem ihren Hut, nachdem sie Emma Swain als ihre Nachfolgerin verpflichtet hatte.

8440 St Helena Highway, Rutherford, CA 94573
www.stsupery.com

Staglin Family Vineyard Rutherford
Der Besitz auf der Westterrasse von Rutherford wurde 1965 von André Tchelistcheff bestockt und lieferte Trauben für den Beaulieu Georges de Latour Private Reserve, bevor ihn 1986 Shari und Garen Staglin erwarben. Mit Hilfe des Weinbauwissenschaftlers David Abreu und einer Reihe renommierter Berater inklusive Michel Rolland etablierte sich Staglin in den 1990er-Jahre als vortrefflichster Cabernet-Sauvignon-Erzeuger in Rutherford und einer der besten im ganzen Valley. Mit dem 2006er Estate Cabernet Sauvignon erzielte Kellermeister Fredrik Johansson höchste Vollendung und steigerte

STAGLIN FAMILY VINEYARD
DER SALUS IST EIN MUSTERGÜLTIGER CABERNET SAUVIGNON AUS RUTHERFORD

STAG'S LEAP WINE CELLARS
DIE KELLEREI IST NACH DEM SPRUNG EINES HIRSCHS BENANNT

einmal mehr den Standard. Der rote Zweitwein Salus ist stets ausgezeichnet, der klare Chardonnay kann durchaus mithalten.

1570 Bella Oaks Lane, Rutherford, CA 94573
www.staglinfamily.com

Stag's Leap Wine Cellars
Stags Leap District

Warren Winiarskis Kellerei war Ende der 1970er-Jahre eine der bekanntesten kalifornischen Etiketten für Cabernet Sauvignon. 1976 hatte sie mit dem 1973er SLV Cabernet, dem ersten Jahrgang von drei Jahre alten Reben, beim »Judgment of Paris« die Rivalen aus Bordeaux leichtfüßig abgehängt. Die Spitzen-Cabernets Cask 23, Fay Vineyard und SLV haben immer noch eine treue Gefolgschaft. Sie sind und bleiben Paradebeispiele für das klassische Stags-Leap-Terroir mit tiefer roter Frucht, Oliven-, Zedern- und Anisnoten sowie einer außerordentlichen Ausgewogenheit. 2007 ging der Betrieb an Chateau Ste. Michelle (Washington) und Piero Antinori.

5766 Silverado Trail, Napa, CA 94558
www.cask23.com

Stags' Leap Winery
Stags Leap District

Der nur nach Anmeldung zu besichtigende Betrieb ist an die Basaltwände der Vaca Mountains geschmiegt und selbst vom nahen Silverado Trail aus leicht zu übersehen. Das 100 Jahre alte Gut war in den 1920er-Jahren eine Sommerfrische und hat ein wunderschönes Herrenhaus. Auch die Weine können sich sehen lassen, vor allem der robuste The Leap Cabernet Sauvignon, der zu Recht angesehene Petite Sirah und der einzigartige, rare, auf dem Gut abgefüllte rote Verschnitt Ne Cede Malis.

6150 Silverado Trail, Napa, CA 94558; www.stagsleap.com

Sterling Vineyards
Calistoga

Der in den 1970er-Jahren als kalifornische Spitzenmarke etablierte Betrieb wurde von einer Gruppe von Managern der Sterling Paper Company errichtet, darunter Peter Newton, der später Newton Vineyards gründete. Die Qualität der Weine hat nicht ganz mit der Entwicklung im Valley Schritt gehalten, und einige der besten Tropfen, etwa der Three Palms Merlot, werden von fremden Trauben gekeltert. Die Kellerei selbst ist eine Attraktion: Eine Gondel fährt 90 m hoch zu einem Verkostungsraum mit Panoramablick über das nördliche Valley.

1111 Dunaweal Lane, Calistoga, CA 94515
www.sterlingvineyards.com

Storybook Mountain Vineyards
Calistoga

Von den 1880er-Jahren bis zur Prohibition war das Gut nordwestlich von Calistoga unter den Namen Grimm's Vineyards und Wine Vaults bekannt. 1976 kauften Jerry und Ingrid Seps den heruntergewirtschafteten Betrieb und begannen mit der Erzeugung der überaus bestechenden Zinfandel-Weine, die zu ihrem Aushängeschild werden sollten, namentlich Mayacamas Range, Estate Reserve und Eastern Exposures. Letzterer wird in der Art eines Côte Rôtie mit einem kleinen Anteil Viognier vergoren.

3835 Highway 128, Calistoga, CA 94515
www.storybookwines.com

Summers Estate Wines
Calistoga

Jim und Beth Summers' erste Weinberge lagen im Knights Valley in Sonoma. 1996 erwarben sie ihren heutigen Besitz in Calistoga und bestockten 30 ha neu. Ignacio Blancas bereitet preiswerte reife, fruchtige Weine. Am besten sind der Reserve Cabernet Sauvignon von gutseigenen Trauben, der Bordeaux-Verschnitt Checkmate, der Knights Valley Merlot und der ohne Eiche ausgebaute Chardonnay La Nude von Trauben aus dem Alexander Valley. Mit 24 000 Flaschen werden hier auch die größten Mengen Charbono im Napa Valley produziert.

1171 Tubbs Lane, Calistoga, CA 94515
www.summerswinery.com

Switchback Ridge
Calistoga

Bob Foley (Robert Foley, Hourglass, Pride Mountain) verarbeitet hier die Trauben aus den Weinbergen von John, Joyce und Kelly Peterson in Calistoga zu gutem, konzentriertem, elegantem Cabernet Sauvignon und Merlot sowie einem gigantischen, vielschichtigen Petite Sirah, der es mit den besten seiner Art im Napa Valley aufnehmen kann. Das Gut ist seit 1914 im Besitz der Familie; seit 1990 sind rund 8 ha mit Reben bestockt.

Keine Besuchereinrichtungen; www.switchbackridge.com

Terra Valentine
Spring Mountain

Erfinder und Ingenieur Fred Aves errichtete die Steingebäude der Kellerei und der Villa in den 1960er-Jahren mit eigenen Händen, dekorierte sie mit griechisch-römischen Elementen und nannte das Gut Yverdon. Als seine Gesundheit nachließ, ging es auch mit dem Gut bergab, bis es von Angus und Margaret Wurtele erworben, renoviert und neu bestockt wurde. Das Paar hat ein junges Team angeheuert, unter anderem Sam Baxter, der mit den Cabernet-Sauvignon-Weinen von Terra Valentine gute Arbeit leistet. Der einfache Spring Mountain Cabernet ist überaus preiswert; die Weine namens Wurtele und Yverdon sind ausgezeichnet und werden mit steigendem Alter der Reben immer besser. ★**Aufsteiger**

3787 Spring Mountain Road, St Helena, CA 94574
www.terravalentine.com

Trefethen Family Vineyards
Oak Knoll District

Die rund 230 ha der Familie Trefethen im Oak Knoll District sind vor allem mit Chardonnay, Cabernet Sauvignon und Merlot bestockt. In den Augen vieler hat das Gut nicht mit dem übrigen Valley und seinem eigenen Potenzial Schritt gehalten. Andere schätzen den für kühleres Klima typischen verhaltenen Wein als guten Begleiter zum Essen. Ein 2009 verkosteter 2002er Library Reserve Cabernet war ausgezeichnet, mit enormer Komplexität, schöner schwarzer Frucht und grandioser Ausgewogenheit. Auch der Chardonnay wird besser, mit von Eiche unbelasteten frischen grünen Apfel- und Steinobstnoten.

1160 Oak Knoll Avenue, Spanish Flat, CA 94558
www.trefethen.com

Trinchero Family Estates
St Helena

Sutter Home wurde 1874 errichtet und 1948 von der Familie Trinchero erworben. Ihr Rosé White Zinfandel wurde in den 1980er-Jahren zur Goldgrube. Die Familie baute in der Folge ein breites Spektrum an Marken auf, gründete M. Trinchero in St Helena, übernahm Montevina im Amador County sowie Folie à Deux, Joel Gott Wines und Napa Cellars. Alle Marken liefern stets saubere, konzentrierte Weine, die prototypische Kalifornier und sehr preiswert sind.

3070 St Helena Highway North, St Helena, CA 94574
www.trincherowinery.com

Truchard Vineyards Carneros
Tony und Jo Ann Truchard begannen 1974 mit einem 8 ha großen verwilderten Pflaumengarten, den sie mit Reben bestockten. Heute besitzen sie ein Gut mit knapp 162 ha, davon 110 ha Rebland. Sie verkaufen Trauben an über 20 Kellereien und errichteten 1989 eine Kellerei, um selbst Weine zu erzeugen. Viele Leute schätzen ihren erdig-frischen, vom Terroir geprägten Pinot Noir, Chardonnay und Cabernet Sauvignon sowie den Merlot mit gerade eben reifen Schwarzkirsch-, Cola- und Teenoten.

3234 Old Sonoma Road, Napa, CA 94559
www.truchardvineyards.com

Viader Vineyards Howell Mountain
Delia Viaders Gut liegt auf dem Howell Mountain; die steilen Lagen sind mit Bordeaux-Sorten und Syrah bestockt. Die gebürtige Argentinierin zog als Gutsleiterin in den 1990er-Jahren vier Kinder groß, die heute alle im Betrieb mitarbeiten. Seit 2006 fungiert Michel Rolland als Berater. Erzeugt werden ein von Château Cheval Blanc inspirierter Verschnitt, ein Syrah und »V«, ein Verschnitt auf Petit-Verdot-Basis. Die Einzellagenweine von fremden Trauben laufen unter dem Namen Dare.

1120 Deer Park Road, Deer Park, CA 94576
www.viader.com

Vine Cliff Winery Oakville
Der oft übersehene kleine Familienbetrieb mit steilen Hanglagen auf der Ostseite von Oakville erzeugt einen Napa Valley Cabernet, einen Oakville Estate Cabernet und als Flaggschiff den Private Stock 16 Rows Cabernet. Alle Weine sind zu außergewöhnlicher Tiefe fähig. Eigentümer Rob Sweeney hat das Gut mit Hilfe von Weinmacher Rex Smith und Beraterin Celia Welch Masyczek, die für Staglin, Hartwell und Rocca Family tätig war, erfolgreich auf Vordermann gebracht. ★**Aufsteiger**

7400 Silverado Trail, Napa, CA 94558; www.vinecliff.com

Vineyard 7 & 8 Spring Mountain
Das ehrgeizige Projekt wurde 1999 von den New Yorkern Launnie und Weezie Steffens ins Leben gerufen; Sohn Wesley, früher Kellermeister bei Harlan Estate, leitet es. 2004 kamen die ersten Weine in den Handel: Estate Chardonnay »7« und Cabernet Sauvignon »8«, beide in verhaltenem Stil bereitet und mit schöner Konzentration und Komplexität. 2007 stieß Weinmacher Luc Morlet, früher bei der Peter Michael Winery, zum Team dazu. Unbedingt im Auge behalten! ★**Aufsteiger**

4028 Spring Mountain Road, St Helena, CA 94574
www.vineyard7and8.com

Vineyard 29 St Helena
Der Betrieb wurde 1989 von Theresa Norton und Tom Paine gegründet, die mit David Abreus Hilfe die Weinberge mit Setzlingen von Grace Family bestockten. 2000 erwarben Chuck und Anne McMinn den Weinberg am Fuß des Spring Mountain und den Aida Vineyard ein paar Kilometer nördlich davon. Mit David Abreu als Weinbergmanager und dem talentierten Philippe Melka im Keller ist der Betrieb auf dem Weg nach oben. Highlights sind der Vineyard 29 Cabernet Sauvignon und die Aida-Rotweine. ★**Aufsteiger**

2929 Highway 29, St Helena, CA 94574
www.vineyard29.com

Volker Eisele Family Estate Chiles Valley
Das Spitzengut ist seit 35 Jahren im Besitz von Volker und Liesel Eisele. Die Trauben werden in dem östlich des Napa Valley gelegenen Chiles Valley ökologisch angebaut und von Sohn Alexander Eisele verarbeitet, der ein Händchen für Cabernet Sauvignon hat. Dieses Gut allein beweist, dass man im Chiles Valley erstklassige Weine hervorbringen kann. ★**Aufsteiger**

3080 Lower Chiles Valley Road, St Helena, CA 94574
www.volkereiselefamilyestate.com

Von Strasser Vineyards Diamond Mountain
Der Spitzenbetrieb erzeugt klare, saubere Weine mit einem Hang zu ebenjener spröden, mineralischen Struktur, die diesem Terroir im bergigen Nordwesten des Napa Valley eigen ist. Rudy Von Strasser bereitet moderne Weine, namentlich den Estate Diamond Mountain Cabernet Sauvignon und mehrere Einzellagenabfüllungen, von Sori Bricco bis zu Rainin und Post. Die überwiegend nach Osten liegenden Weinberge bringen duftende, konzentrierte Frucht mit sauberen, von Mineralität durchdrungenen Aromen von schwarzen und roten Früchten hervor. ★**Aufsteiger**

1510 Diamond Mountain Road, Calistoga, CA 94515
www.vonstrasser.com

Whitehall Lane Winery Rutherford
Diese mittelgroße Kellerei in Rutherford erzeugt regelmäßig sehr schöne Weine zu vernünftigen Preisen, vor allem den Napa Valley und den Reserve Napa Valley Cabernet Sauvignon, vom Stil her klassische Napa-Gewächse mit jeder Menge Frucht, aber auch Lakritz-, Oliven- und mineralischen Noten. Dies verleiht ihnen eine Eleganz, die den bombastischeren Erzeugnissen des Valley fehlt. Eigentümer ist seit 1993 die Familie Leonardini; ihr eigener Weinberg liefert die Trauben für den hervorragenden Leonardini Vineyard Merlot.

1563 St Helena Highway, St Helena, CA 94574
www.whitehalllane.com

Wing Canyon Vineyard Mount Veeder
1983 erwarben Kathy und Bill Jenkins eine Ranch mit 65 ha Grund. Nach und nach pflanzten sie Reben und errichteten eine kleine Kellerei; ihren ersten Wein kelterten sie 1991. Angebaut werden Cabernet Sauvignon, Merlot, Cabernet Franc und Chardonnay. Es gibt einen herrlichen Cabernet Sauvignon, der duftend, elegant und in vielerlei Hinsicht typisch für den Mount Veeder ist. Cabernet Franc wird nur in ausgewählten Jahrgängen erzeugt, und der in kleinen Mengen produzierte, mit ein wenig Eichenholzeinfluss ausgebaute Chardonnay ist mineralisch und lebhaft.

3100 Mount Veeder Road, Napa, CA 94558
www.wingcanyonvineyard.com

TOURISMUS IM NAPA VALLEY

Die Winzer im Napa Valley waren mit die ersten, die ihre Tore für Besucher öffneten. Heute ist das Napa Valley eines der wichtigsten Touristenziele in Kalifornien; die direkten Einnahmen aus dem Fremdenverkehr werden auf 1,3 Milliarden Dollar jährlich geschätzt. Neben Hunderten von Verkostungszentren bietet das Valley eine ganze Reihe von Luxus-Wellnesshotels, von der klassischen Auberge du Soleil bis hin zu Neueröffnungen wie The Carneros Inn. In Calistoga gibt es das neue Solage und einige ältere Thermen.

An Spitzenrestaurants herrscht ebenfalls kein Mangel. Zu empfehlen sind unter anderem The French Laundry und das Bistro Jeanty in Yountville, das Terra und das Tra Vigne in St Helena sowie La Toque in Napa. Von den zehn öffentlichen und privaten Golfplätzen im Valley sind das Silverado Resort und das Meadowood die angesehensten.

Ein weiteres beliebtes Reiseziel ist Daryl Sattuis vor Kurzem eröffnete, wie eine mittelalterliche Festung gebaute Kellerei namens Castello di Amoroso am Diamond Mountain.

SONOMA UND MARIN

In der kalifornischen Weinwelt ist Sonoma das hübsche, aber schüchterne Mädchen mit dicker Brille im Schatten der Klassenschönsten: Es zieht kaum Blicke auf sich, weil immer Napa im Rampenlicht steht. Doch was Sonoma im Vergleich zu seinem berühmten Nachbarn an Glanz abgeht, macht es durch Substanz und schiere Vielfalt mehr als wett. Vom sonnendurchfluteten Dry Creek Valley bis zu den strengen Höhenzügen der Sonoma Coast und den kühlen, hellen Hängen des Chalk Hill bietet das Sonoma County ein breites Spektrum an Weinbaumöglichkeiten. Südlich davon liegt das Marin County mit einer kleinen, aber wachsenden Anzahl von Gütern und Kellereien, die sich in noch extremere Lagen vorwagen.

Hauptrebsorten

Rot

Cabernet Sauvignon
Grenache
Merlot
Pinot Noir
Syrah
Zinfandel

Weiß

Chardonnay
Sauvignon Blanc
Viognier

Jahrgänge

2010
Kalter Frühling, Hitze im Sommer, früher Winterregen: Ein sehr schwieriger Jahrgang.

2009
Bis zum Regen mitten in der Ernte fast ideales Wetter. Die Weinqualität hängt vom Zeitpunkt der Lese ab.

2008
Schwere Frühlingsfröste, später große Hitze. Geduld wurde mit guter Qualität belohnt.

2007
Sehr gut bis exzellent für die meisten Sorten; geringer Ertrag durch wenig Winterregen.

2006
Kühler Frühlng, gemischte Qualität. Am besten für weiße Sorten und früh reifende Rote.

2005
Der nasskalte Frühling war für einige Pinot-Noir-Lagen katastrophal. Geringe Erträge, aber sehr gute Qualität.

Wie die meisten Anbaugebiete Kaliforniens verdanken Sonoma und Marin County die Wurzeln ihrer Weinbautradition den spanischen Missionaren, die überall, wo sie sich niederließen, Reben pflanzten, um davon Messwein zu keltern. Die kommerzielle kalifornische Weinerzeugung nahm jedoch unbestreitbar in Sonoma ihren Anfang, denn dort gründete der rührige ungarische Einwanderer Agoston Haraszthy 1855 die Kellerei Buena Vista.

Das Sonoma County ist aufgrund seiner Größe und geografischen Vielgestaltigkeit nicht als ein, sondern als mehrere Anbaugebiete zu betrachten. Dicht bewaldete Küstenhänge, warme Wiesentäler, Flussauen und Gebirgsausläufer – all diese Landschaftsformen sind dort anzutreffen. Die Abgrenzung der 13 AVA-Bereiche beruht zum Teil auf diesen so unterschiedlichen Mikroklimata und geologischen Gegebenheiten.

Der Vielfalt zum Trotz steht und fällt das Klima in einem großen Teil Sonomas mit einem einzigen meteorologischen Phänomen: dem Nebel. Besonders im Sommer ziehen die wärmeren Täler kühle Meeresluft ins Landesinnere, die dann die Küste einhüllt, durch Lücken im Küstengebirge sickert, sich die Flußtäler hinaufarbeitet und die Temperaturen in Sonoma einige Grade niedriger hält als in benachbarten Countys.

Die Hauptader für diese natürliche Klimaanlage ist der Russian River, Namengeber für die zentrale AVA in Sonoma und, dank Pionieren wie Davis Bynum, Rochioli und Dehlinger, auch für sensationellen Pinot Noir und Chardonnay. Diese Rebsorten gedeihen auch in der Sonoma Coast AVA an der Pazifikküste, in der Los Carneros AVA, die Sonoma mit Napa teilt, und im nebligsten Teil des County überhaupt, der Green Valley of Russian River Valley AVA, deren offizielle Grenzen tatsächlich dort liegen, wo die Nebelschwaden aufhören.

Wärmebedürftigere Trauben wie Cabernet Sauvignon werden sehr erfolgreich in den AVA-Bereichen Alexander Valley, Knights Valley und Sonoma Valley angebaut. Zinfandel, oft wertvolle, bis zu 100 Jahre alte Rebstöcke, fühlt sich genauso wie Grenache im Dry Creek Valley wohl, während in den steileren Lagen der AVAs Chalk Hill, Sonoma Mountain und Rockpile alles von Viognier bis zu Merlot wächst.

Sonomas wahres Wesen ist jedoch im Kern burgundisch: Kulterzeuger wie Kistler, Williams Selyem und Marcassin verkaufen exquisiten Chardonnay und Pinot Noir an ausgewählte Kunden, die ohne mit der Wimper zu zucken jeden Preis dafür bezahlen. Zinfandel aus Sonoma, etwa von Rafanelli oder Limerick Lane, hat ebenso begeisterte Anhänger, und Cabernet Sauvignon aus Sonoma kann, wenn er in die richtigen Hände gelangt und vor allem aus der richtigen Lage stammt, einige Tiefe aufweisen, wofür der Verschnitt Les Pavots der Peter Michael Winery seit Jahrzehnten der beste Beweis ist.

Obwohl es, was Hektar und Hektoliter angeht, neben Sonoma kaum ins Gewicht fällt, hat sich das noch nebligere und kältere Marin County klammheimlich zu einem Lieferanten von ausgezeichnetem Pinot Noir und in einem ganz speziellen Fall sogar von Riesling gemausert. Bei nur 71 Hektar Rebfläche und einer Handvoll örtlicher Kellereien wird es noch eine Weile dauern, bis Marin sich als ernst zu nehmendes Anbaugebiet etabliert hat. Einige prominente Betriebe aus Sonoma beginnen jedoch jetzt schon, Pinot Noir aus Weinbergen in Marin abzufüllen – die Zukunft des County sieht durchaus rosig aus.

Acorn Winery/Alegria Vineyards
Russian River Valley

Die Weinberge dieses Betriebs sind mit verschiedenen Rebsorten bestockt, wie dies in den Anfängen des kalifornischen Weinbaus üblich war. Alle Trauben werden zusammen gelesen, gepresst und vergoren. Diese heute kaum noch verbreitete Praxis des gemischten Satzes – in Kalifornien »field blend« genannt, ist einer der Aspekte, die die Acorn Winery so bemerkenswert machen. Bill und Betsy Nachbaur führen den kleinen Betrieb am Rand von Healdsburg, der überdies für die Gegend ungewöhnliche Sorten, zum Beispiel Dolcetto und Barbera, anbaut.

12040 Old Redwood Highway, Healdsburg, CA 95448
www.acornwinery.com

Adobe Road Winery Sonoma Coast
Was für Kevin und Debra Buckler als Garagenprojekt begann, sprengte spätestens 1999 mit dem ersten kommerziell vertriebenen Jahrgang den Rahmen eines Hobbys. Die durch Kevins Erfolge im Autorennsport finanzierte Kellerei bietet inzwischen ein breites Spektrum an Weinen, die in kleinen Mengen von Trauben aus Sonoma und Napa erzeugt werden. Beachtenswert sind der Pinot Noir Rosé und der Cabernet Sauvignon aus dem Dry Creek Valley.

1995 S. McDowell Boulevard, Petaluma, CA 94954
www.adoberoadwines.com

Anaba Sonoma Valley
Die vor Kurzem in neuem Gewand wiedereröffnete Castle Winery hat mit einer kleinen Anzahl extrem sauber bereiteter Weine viel Aufsehen erregt. Dazu zählen zwei klassische Rhône-Verschnitte namens Coriol, ein Weiß- und ein Rotwein, die beide ausgezeichnet sind. Die Trauben für die ersten Weine stammen von anderen Gütern in Sonoma. Doch die eigenen Weinberge wurden neu bestockt und werden sich in den kommenden Jahren im Angebot der Kellerei bemerkbar machen. **★Aufsteiger**

60 Bonneau Road, Sonoma, CA 95476
www.anabawines.com

Anakota Winery/Verité Knights Valley
Die Exklusivproduktion von Cabernet Sauvignon aus der Knights Valley AVA unter dem Namen Anakota ist eines von zwei Projekten in Sonoma, bei denen Jess Jackson von Jackson Family Estates mit dem französischen Weinmacher Pierre Seillan zusammenarbeitet: Aus gutseigenen Trauben entstehen die zwei Einzellagenweine Helena Montana und Helena Dakota. Im Rahmen des zweiten Projekts Verité werden in derselben Kellerei drei Bordeaux-Verschnitte von Bergreben aus Sonoma erzeugt. Bei der Bereitung werden keine Kosten gescheut; beide Marken sind eindrucksvolle Beispiele für das Potenzial von Sonoma. **★Aufsteiger**

4611 Thomas Road, Healdsburg, CA 95448
www.anakota.com

Arista Winery Russian River Valley
Der Newcomer im Russian River Valley hat sich rasch als Qualitätserzeuger von Pinot-Noir-Einzellagenweinen etabliert, die Kellermeisterin Leslie Sisneros mit größter Sorgfalt bereitet. Da die eigenen Reben gerade erst zu tragen beginnen, wird noch Lesegut aus erstklassigen Lagen in Sonoma und im Anderson Valley bezogen. Empfehlenswert sind die Pinot-Noir-Weine Toboni Vineyard und Ferrington Vineyard sowie der Gewürztraminer, der nach einem Gang durch den japanischen Garten direkt in der Kellerei erworben werden kann. **★Aufsteiger**

7015 Westside Road, Healdsburg, CA 95448
www.aristawinery.com

ADOBE ROAD WINERY
SPRITZIG UND TROCKEN MIT ERFRISCHENDEN CRANBERRY- UND WASSERMELONENNOTEN

ANAKOTA WINERY
EIN STRUKTURIERTER, DICHTER WEIN MIT LEBHAFTER FRUCHT AUS KÜHLEN HANGLAGEN

Arrowood Vineyards Sonoma Valley
Der Betrieb entstand sozusagen im Nebenjob, während Gründer Dick Arrowood als Chefkellermeister dabei war, Chateau St. Jean (siehe S. 41) zu etablieren, und ist nun seit mehr als 20 Jahren einer der bekannteren Namen in Sonoma. Zum erfolgreichen Chardonnay gesellten sich später volle Rotweine im Bordeaux- und Rhône-Stil. Nach der Übernahme durch Mondavi 2000 ging die Kellerei durch mehrere Hände, doch Dick Arrowood ist immer noch dabei.

14347 Sonoma Highway, Glen Ellen, CA 95442
www.arrowoodvineyards.com

Audelssa Estate Sonoma Valley
Die Trauben der eindrucksvollen Rebterrassen am Rand der Mayacamas Mountains werden hauptsächlich zu Rotweinen im Bordeaux-Stil verarbeitet (wobei in manchen Jahrgängen auch ein Chardonnay abgefüllt wurde). Daneben wird seit Kurzem auch ein Zinfandel erzeugt sowie Tephra, ein ungewöhnlicher, aber durchaus schmackhafter Verschnitt aus Cabernet Sauvignon, Merlot, Syrah und Zinfandel. Für den Namen des Betriebs wurden übrigens die Namen der beiden Töchter des Gründers Dan Schaefer kombiniert.

2992 Cavedale Road, Glen Ellen, CA 95442
www.audelssa.com

Auteur Russian River Valley
Auteur ist eine der eindrucksvolleren neuen Marken, die in den letzten zehn Jahren ihren ersten Auftritt hatten. Da er selbst keine Weinberge besitzt, kauft Eigentümer und Kellermeister Kenneth Juhasz Pinot-Noir- und Chardonnay-Trauben von vertraglich verpflichteten Spitzenwinzern in Nordkalifornien und Oregon an. Die intensiven, aber dennoch eleganten Weine haben von der Qualität her eine eindeutige Neue-Welt-Prägung und sind durchweg extrem sauber bereitet, vor allem der Sonoma Stage Pinot Noir aus der Sonoma Coast AVA und der Manchester Ridge Pinot Noir aus der Mendocino Ridge AVA. **★Aufsteiger**

Keine Besuchereinrichtungen; www.auteurwines.com

Baker Lane Sonoma Coast
Der von Restaurantkettenbesitzer Stephen Singer gegründete Betrieb bleibt eine kleine, weniger bekannte Marke für Pinot Noir und Syrah. Es werden sowohl angekaufte Trauben als auch Lesegut aus den nachhaltig bewirtschafteten eigenen Weinbergen bei Sebastopol an der Sonoma Coast verwendet. Die Weine sind deutlich vom kühlen Klima geprägt und bestechen nach Art der Alten Welt eher durch Finesse als durch Prunk. Empfehlenswert sind auch die Abfüllungen vom Hurst Vineyard. Insgesamt werden nur 18000 Flaschen produziert.
★Aufsteiger

Keine Besuchereinrichtungen
www.bakerlanevineyards.com

SONOMA UND MARIN

Marin County bietet sich Reisenden kaum als »Weinland« dar, weil Kellereien und Weinberge oft an unterschiedlichen Orten liegen und meist auch nicht für Besucher zugänglich sind. In Sonoma wiederum sind Gruppen von Kellereien über ein riesiges Gebiet verstreut, und die großen Entfernungen zwischen ihnen machen es potenziellen Besucher nicht eben leicht. Die meisten Kellereien der insgesamt 13 AVA-Bereiche in Sonoma finden sich im Alexander Valley und im Dry Creek Valley rund um die Städte Geyserville und Healdsburg, im Russian River Valley südlich von Healdsburg sowie im Sonoma Valley zwischen Kenwood und Sonoma.

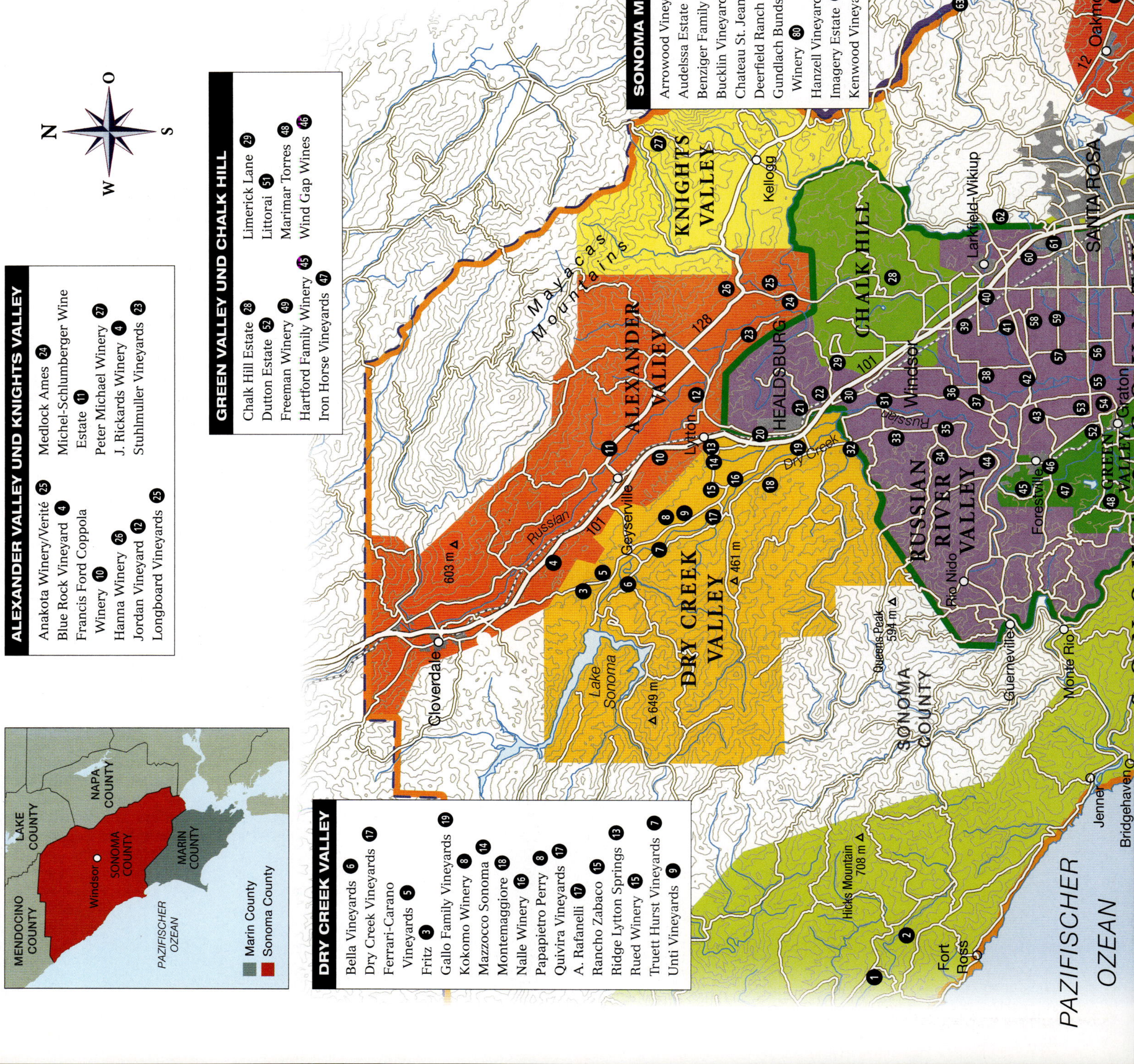

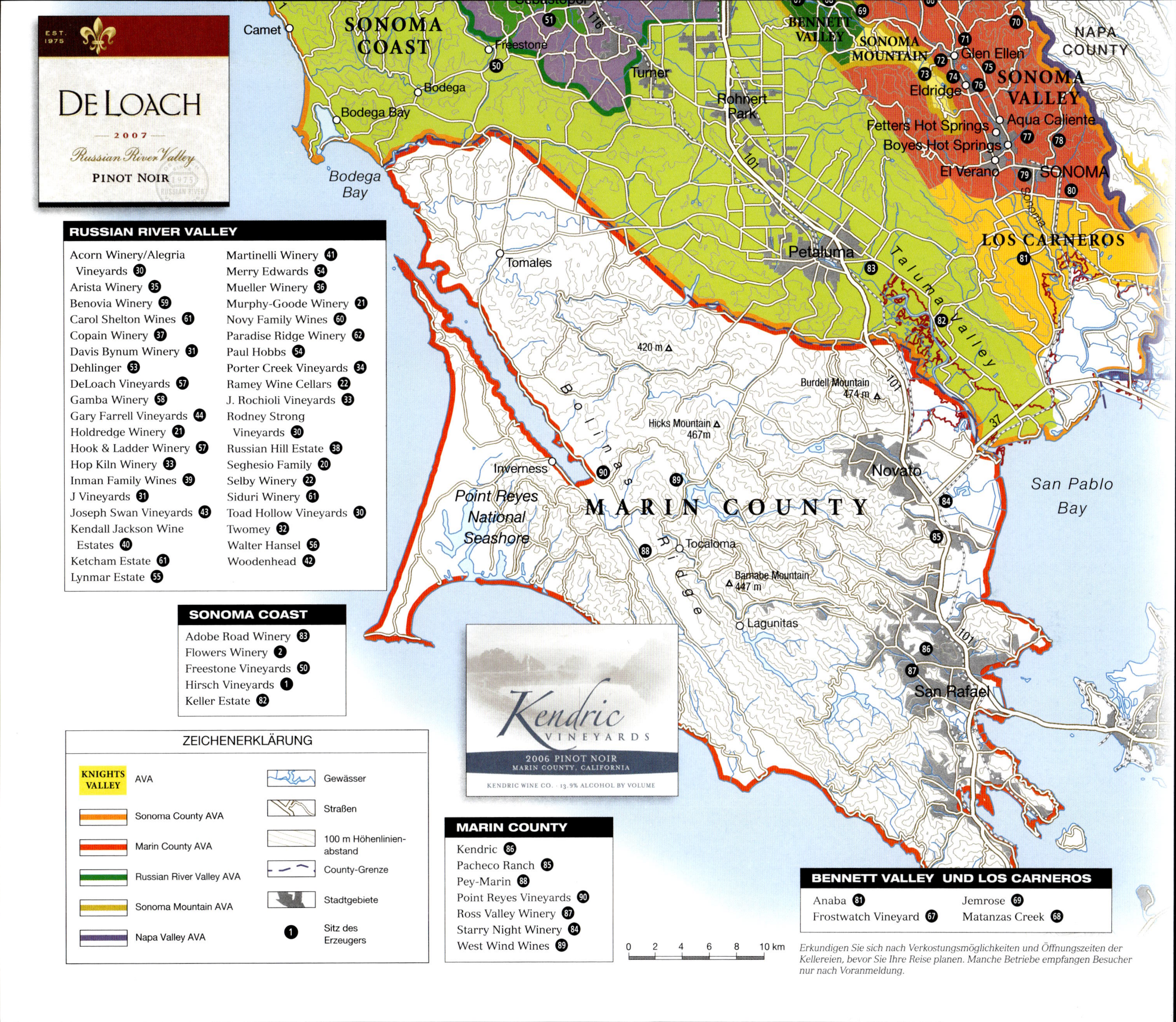

RUSSIAN RIVER VALLEY

Acorn Winery/Alegria Vineyards 30
Arista Winery 35
Benovia Winery 59
Carol Shelton Wines 61
Copain Winery 37
Davis Bynum Winery 31
Dehlinger 53
DeLoach Vineyards 57
Gamba Winery 58
Gary Farrell Vineyards 44
Holdredge Winery 21
Hook & Ladder Winery 57
Hop Kiln Winery 33
Inman Family Wines 39
J Vineyards 31
Joseph Swan Vineyards 43
Kendall Jackson Wine Estates 40
Ketcham Estate 61
Lynmar Estate 55
Martinelli Winery 41
Merry Edwards 54
Mueller Winery 36
Murphy-Goode Winery 21
Novy Family Wines 60
Paradise Ridge Winery 62
Paul Hobbs 54
Porter Creek Vineyards 34
Ramey Wine Cellars 22
J. Rochioli Vineyards 33
Rodney Strong Vineyards 30
Russian Hill Estate 38
Seghesio Family 20
Selby Winery 22
Siduri Winery 61
Toad Hollow Vineyards 30
Twomey 32
Walter Hansel 56
Woodenhead 42

SONOMA COAST

Adobe Road Winery 83
Flowers Winery 2
Freestone Vineyards 50
Hirsch Vineyards 1
Keller Estate 82

ZEICHENERKLÄRUNG

KNIGHTS VALLEY AVA
Sonoma County AVA
Marin County AVA
Russian River Valley AVA
Sonoma Mountain AVA
Napa Valley AVA
Gewässer
Straßen
100 m Höhenlinienabstand
County-Grenze
Stadtgebiete
1 Sitz des Erzeugers

MARIN COUNTY

Kendric 86
Pacheco Ranch 85
Pey-Marin 88
Point Reyes Vineyards 90
Ross Valley Winery 87
Starry Night Winery 84
West Wind Wines 89

BENNETT VALLEY UND LOS CARNEROS

Anaba 81
Frostwatch Vineyard 67
Jemrose 69
Matanzas Creek 68

Erkundigen Sie sich nach Verkostungsmöglichkeiten und Öffnungszeiten der Kellereien, bevor Sie Ihre Reise planen. Manche Betriebe empfangen Besucher nur nach Voranmeldung.

CAROL SHELTON WINES
EIN VOLLER, SCHOKOLADIGER ZINFANDEL MIT SCHWARZER FRUCHT UND SCHÖNER SÄURE

DAVIS BYNUM WINERY
AUSBALANCIERTE FÜLLE UND SÄURE VON EINER WARMEN LAGE AM RUSSIAN RIVER

Bella Vineyards Dry Creek Valley
Der Familienbetrieb hat sich in den letzten Jahren einen Namen mit köstlichem Zinfandel und Syrah gemacht. Scott und Lynn Adams erwarben das Gut 1995 und erweiterten, während sie nach und nach Erfahrung sammelten, auch ihr Angebot. Kellermeister Joe Healy bereitet mithilfe des önologischen Beraters Michael Dashe erstklassige Weine mit Trauben vom Gut und von anderen Weinbergen der Familie sowohl im Dry Creek Valley als auch im benachbarten Alexander Valley. Die Big River Ranch der Adams' ist zu einer anerkannten Quelle für hochwertigen Zinfandel geworden.

9711 West Dry Creek Road, Healdsburg, CA 95448
www.bellawinery.com

Benovia Winery Russian River Valley
Der Betrieb ist auf die Erzeugung von Pinot Noir aus kühlen Lagen spezialisiert. Er wurde 2005 gegründet, ist also noch relativ jung, hat aber das Glück, über eine Geheimwaffe zu verfügen: Dem Eigentümer Joe Anderson gehört der Cohn Vineyard, auf dem mit die ältesten Pinot-Noir-Reben des Russian River Valley wachsen. Der Weinberg liefert die Trauben für einen Pinot Noir und einen Zinfandel. Daneben wird Pinot Noir vom Russian River und von der Sonoma Coast sowie Chardonnay produziert.

3339 Hartman Road, Santa Rosa, CA 95401
www.benoviawinery.com

Benziger Family Winery Sonoma Valley
Dieser Betrieb entzieht sich jeder klaren Zuordnung. Seine Weine der Marke Glen Ellen waren einst in praktisch jedem Lebensmittelgeschäft in Amerika erhältlich. Die Marke wurde 1993 veräußert, doch die Kellerei erzeugt weiterhin sehr große Mengen an Wein für den Vertrieb im ganzen Land. Heute setzt Benziger den Schwerpunkt auf Nachhaltigkeit. Für die Spitzenriege des Angebots, die Weine namens Estate, Signaterra, Tribute und de Coelo, werden Trauben aus biodynamisch bewirtschafteten Lagen in einigen der mikroklimatisch extremsten Gebieten des Sonoma County mit viel Sorgfalt verarbeitet.

1883 London Ranch Road, Glen Ellen, CA 95442
www.benziger.com

Bjornstad Cellars Russian River Valley
Greg Bjornstad führt seine Kellerei als Ein-Mann-Betrieb, doch angesichts seiner Erfahrung kann man gut nachvollziehen, warum er damit so viel Erfolg hat. Bjornstad begann im landwirtschaftlichen Bereich als Weinbergchef für Spitzenerzeuger wie Flowers, Newton und Joseph Phelps. 1999 eröffnete er zusammen mit Greg La Folette die erfolgreiche Kellerei Tandem (siehe S. 56), 2005 folgte seine eigene Marke Bjornstad Cellars. Erzeugt werden mehrere Chardonnay- und Pinot-Noir-Weine von Rebflächen im Sonoma County. ★**Aufsteiger**

Keine Besuchereinrichtungen; www.bjornstadcellars.com

Blue Rock Vineyard Alexander Valley
Der nach dem blaugrünen Serpentingestein im Boden benannte kleine Familienbetrieb erzeugt seit zehn Jahren winzige Mengen erstklassigen Rotweins. Der Eigentümer Kenny Kahn füllt zusammen mit Kellermeister Nick Goldschmidt rund 21600 Flaschen Cabernet Sauvignon und Syrah ab. Auf dem an Silver Oak (siehe S. 33) angrenzenden Gelände stehen auch ein paar Rebzeilen mit Malbec. Der bestechende Syrah ist ein erdiger, fast herber Wein; die Cabernet-Sauvignon-Gewächse sind bewundernswert verhalten.

24511 Rich Ranch Road, Cloverdale, CA 95425
www.bluerockvineyard.com

Bucklin Vineyards Sonoma Valley
Bucklins Old Hill Ranch gilt allgemein als die älteste aktiv bewirtschaftete Rebfläche im Sonoma County; die Zinfandel-Reben wurden noch vor Beginn des 20. Jahrhunderts gepflanzt. Der im Besitz von Anne und Otto Teller befindliche und seit 2000 von ihren Kindern geführte Betrieb erzeugt einen sehr feinen Zinfandel von biologisch angebauten Trauben der Old Hill Ranch sowie einen Cabernet Sauvignon und andere Weine von angekauftem Lesegut. Das Angebot ist insgesamt hochwertig, aber Spitzenreiter ist unbestreitbar der Old Hill Zinfandel.

8 Old Hill Ranch Road, Glen Ellen, CA 95442
www.buckzin.com

Carlisle Winery Russian River Valley
Der ehemalige Softwareentwickler Mike Officer ist mit seiner Kellerei ein frühes Beispiel für die Art Weinbauprojekte, die heute viel öfter anzutreffen sind. Er begann Mitte der 1990er-Jahre damit, in seiner Garage Zinfandel zu erzeugen – und dann wurde seine Passion zum Lebensinhalt. Die offiziell 1998 gegründete Kellerei heimste immer mehr Erfolge ein, und 2004 hängte Officer seinen Hauptberuf an den Nagel, um sich mit seiner Frau Jay Maddox ganz der Weinbereitung zu widmen. Bekannt sind sein Zinfandel und die sortenreinen Weine von Rhône-Trauben, allen voran Petite Sirah.

Keine Besuchereinrichtungen; www.carlislewinery.com

Carol Shelton Wines Russian River Valley
Carol Shelton, eine der ersten Frauen in der von Männern dominierten kalifornischen Weinwirtschaft, studierte Literaturwissenschaft an der University of California in Davis, als sie zufällig vom Önologiestudiengang hörte. 2000 begründete sie nach 19 Jahren als Kellermeisterin ihre eigene Marke, die ausschließlich Zinfandel gewidmet ist, und ihre Weine ernteten rasch Erfolg. Sie produziert jährlich rund 60000 Flaschen mehrerer Zinfandel-Weine mit originellen Namen.

3354-B Coffey Lane, Santa Rosa, CA 95403
www.carolshelton.com

Chalk Hill Estate Chalk Hill
Der für seinen in großem Stil vertriebenen Chardonnay bekannte Betrieb verdankt sich den beträchtlichen Anstrengungen und Investitionen seines Gründers Frederick Furth. Zum ersten Mal sah er das Gut 1972 von seinem Flugzeug aus. Inzwischen umfasst es mehr als 567 ha und bringt ein breites Spektrum an Weinen hervor, darunter Cabernet Sauvignon, Merlot, Pinot Gris, Sauvignon Blanc, Chardonnay und neuerdings auch Syrah. Die Spitzenreiter, etwa der Founder's Block Chardonnay und der Bordeaux-Verschnitt Furth, sind meist ausgezeichnet. Der Betrieb ist sehr besucherfreundlich.

10300 Chalk Hill Road, Healdsburg, CA 95448
www.chalkhill.com

Chasseur Russian River Valley
Nachdem er herausgefunden hatte, dass der Name »Hunter« schon vergeben war, beschloss Bill Hunter, dass die französische Entsprechung sowieso klangvoller sei. Seit 1994 erzeugt er kleine Mengen exquisiter Pinot-Noir- und Chardonnay-Einzellagenweine, die auf wachsenden Zuspruch stoßen. Da es sich um einen Ein-Mann-Betrieb handelt, ist es manchmal schwer, die Weine aufzutreiben – sie zu mögen ist dagegen sehr einfach. Sie sind elegant und in sich ruhend, schön und zuverlässig bereitet. Beim Chardonnay drängt sich der Vergleich mit der Alten Welt auf, und der Pinot Noir ist herausragend. Äußerst empfehlenswert.

Keine Besuchereinrichtungen; www.chasseurwines.com

Chateau St. Jean Sonoma Valley
Das 1973 gegründete Gut gehört zur alten Riege in Sonoma und hat sich zum Erzeuger eines sehr breiten, wenn auch etwas beliebigen Spektrums an Weinen entwickelt. Es war ein Pionier der Weine mit Lagenbezeichnung, feierte seinen größten Erfolg jedoch mit dem Verschnitt Cinq Cépages auf Cabernet-Sauvignon-Basis. Auch innerhalb des Foster-Konzerns werden weiterhin viele Weine erzeugt, inklusive des berühmten Cinq Cépages. Kellermeisterin Margo Van Staavere ist seit über 20 Jahren für die Bereitung der Weine zuständig.

8555 Sonoma Highway, Kenwood, CA 95452
www.chateaustjean.com

Copain Winery Russian River Valley
Mitgründer Wells Guthrie gab 1997 seinen Verwaltungsjob beim *Wine Spectator* zugunsten eines Erntepraktikums im nördlichen Rhône-Tal auf. Er kehrte mit der fixen Idee zurück, in Kalifornien Weine im europäischen Stil zu erzeugen, und kam davon nicht mehr los. Mit seinem Partner Kevin McQuown baute Guthrie eine Boutiquekellerei auf, die für verhaltene, elegante Weine im Burgunder- und Rhône-Stil bekannt ist. Obwohl sie über einen eigenen kleinen Weinberg verfügt, wird für die meisten Weine erstklassiges Traubengut angekauft. Besonders empfehlenswert ist der James Berry Vineyard Syrah aus Paso Robles.

7800 Eastside Road, Healdsburg, CA 95448
www.copainwines.com

Corda Marin
Die Brüder Hank und David Corda schlossen Ende der 1980er-Jahre die Milchviehfarm der Familie und pflanzten stattdessen 20 ha Reben an. Da die Familie Corda auf eine mehr als 100-jährige Tradition als Landwirte im Marin County zurückblicken kann, waren ihre Wandlung zu Winzern und ihr Erfolg als solche nur folgerichtig. Der Betrieb ist der größte Traubenanbauer im County und erzeugt eine Reihe verschiedener Weine von Cabernet Sauvignon, Merlot, Syrah und Pinot Noir. Der Pinot Noir ist der Spitzenreiter des Angebots mit einem sehr guten Preis-Leistungs-Verhältnis.

Keine Besuchereinrichtungen; Tel. 707 781 9310

Davis Bynum Winery Russian River Valley
Der Betrieb fungierte in vielen Dinge als Vorreiter. So war er der erste, der an der Westside Road im Herzen des Russian River Valley den Betrieb aufnahm; inzwischen residieren an dieser Straße einige der besten Pinot-Noir-Erzeuger des Landes. Außerdem war er 1973 der erste, der einen Einzellagen-Pinot-Noir aus dem Russian River Valley erzeugte. Chardonnay und Pinot sind weiterhin gut. 2007 verkaufte Gründer Davis Bynum den Betrieb an die Familie Klein, arbeitet jedoch weiterhin mit.

11455 Old Redwood Highway, Healdsburg, CA 95448
www.davisbynum.com

Deerfield Ranch Sonoma Valley
Die unscheinbare Kellerei füllt Weine aus mehr als 15 Weinbergen in Nordkalifornien ab, von Sangiovese über Zinfandel bis zu Pinot Noir. Daneben erzeugt Eigentümer und Kellermeister Robert Rex Traubenkernöl. Am besten sind die Pinot-Noir-Weine und die roten Verschnitte, vor allem der Pinot Noir von dem uralten Cohn Vineyard und der preisgünstige Red Rex, ein ungewöhnlicher Verschnitt von Cabernet Sauvignon, Merlot, Syrah, Petit Verdot, Sangiovese, Cabernet Franc und Zinfandel.

10200 Sonoma Highway, Kenwood, CA 95452
www.deerfieldranch.com

Dehlinger Russian River Valley
Als eine der ersten Boutiquekellereien im Russian River Valley produziert Dehlinger seit mehr als 30 Jahren äußerst gefragte Weine. Der Betrieb wurde 1975 von Tom Dehlinger gegründet, als manche Gebiete im Russian River Valley noch als problematisch galten, und hat seitdem mehr an Statur denn an Größe gewonnen. Es werden derzeit jährlich nur rund 84 000 Flaschen produziert, und die begehrten Pinot-Noir-, Chardonnay- und Syrah-Weine gehen zum Großteil an Restaurants und registrierte Kunden. Daneben gibt es Cabernet Sauvignon und einen ausgezeichneten Rosé.

4101 Vine Hill Road, Sebastopol, CA 95472
www.dehlingerwinery.com

DeLoach Vineyards Russian River Valley
Der Betrieb wurde 1973 von Cecil DeLoach, einem pensionierten Feuerwehrmann aus San Francisco, gegründet und mauserte sich zu einer der bekannteren Marken aus Sonoma mit riesigen Produktionsmengen und Vertrieb im ganzen Land. Seit DeLoach 2003 von dem französischen Weinmagnaten Jean-Charles Boisset übernommen wurde, hat sich die Qualität der Spitzengewächse deutlich verbessert. Die meisten der Weine namens OFS (Our Finest Selection) sowie die Einzellagenweine werden mit großer Sorgfalt von biodynamisch, biologisch und nachhaltig angebauten Trauben bereitet.

1791 Olivet Road, Santa Rosa, CA 95401
www.deloachvineyards.com

Derbès Russian River Valley
Die kleine Kellerei verdient Beachtung für ihren außerordentlich feinen Chardonnay und Pinot Noir. Die Eigentümerin und Kellermeisterin Cécile Lemerle-Derbès wuchs in Frankreich auf und sammelte international Erfahrung, bevor sie nach Kalifornien zog. Sie arbeitete bei verschiedenen kalifornischen Betrieben, unter anderem Opus One (siehe S. 29), und gründete 2001 ihre eigene Marke. Jetzt bereitet sie sehr kleine Mengen exquisiter Weine von einigen der besten Pinot-Noir- und Chardonnay-Lagen in Sonoma. ★**Aufsteiger**

Keine Besuchereinrichtungen; www.derbeswines.com

CHARDONNAY-PARADIES

Die Dutton Ranch ist mit knapp 445 Hektar bewirtschaftetem Rebland (davon 346 Hektar eigene und gepachtete Flächen) eine der hochwertigsten Quellen für Chardonnay in ganz Kalifonien. Das seit 1964 im Besitz der Familie befindliche und von ihr bewirtschaftete Gut knüpft an eine Tradition an, die Warren Dutton 1881 begründete, als er die ersten 81 Hektar der Familie vor den Toren von Santa Rosa erwarb. Nachdem sie ein halbes Jahrhundert lang Obst und Hopfen angebaut hatte, ging die Familie zum Weinbau über – ihre Rebflächen brachten einige der berühmtesten Chardonnay-Weine Amerikas hervor. Die Liste der Kellereien, die Trauben der Dutton Ranch zu Einzellagenweinen verarbeiten, liest sich wie das Who's who des kalifornischen Weinbaus: Kistler, Cain, Chasseur, Patz & Hall, Lewis, um nur einige zu nennen. Zur jüngsten Generation der Familie zählen die Brüder Steve und Joe Dutton, die jeweils einen eigenen Betrieb haben: Dutton-Goldfield und Dutton Estate.

DRY CREEK VINEYARDS
EIN REICHHALTIGER, KRAFTVOLLER WEIN MIT WEICHEN TANNINEN UND TIEFROTER FRUCHT

FERRARI-CARANO VINEYARDS
EIN KLASSISCHER BORDEAUX-VERSCHNITT, DER SICH ZEHN JAHRE BESTENS HÄLT

Dry Creek Vineyards Dry Creek Valley

Manche Kellereien gibt es schon so lange, dass man sie bei ihrer Gründung einfach nach dem Standort benannte, weil die Markentauglichkeit des Namens noch kein Thema war. Der 1972 von David Stare gegründete Betrieb ist immer noch im Besitz der Familie und wird von ihr geführt. Mit seinem breiten Spektrum an Weinen ungewöhnlich beständiger Qualität war er seit jeher ein Bannerträger im Dry Creek Valley. Die besten unter ihnen, etwa der Beeson Ranch Zinfandel und der Endeavour Cabernet Sauvignon, sind absolute Spitzenklasse.

3770 Lambert Bridge Road, Healdsburg, CA 95448
www.drycreekvineyard.com

DuMOL Russian River Valley

Die Gründer Kerry Murphy und Michael Verlander haben eine erstklassige Kellerei aufgebaut, die hauptsächlich markanten Chardonnay und Pinot Noir von 10 ha biodynamisch bewirtschafteten Lagen an den Hängen des Russian River Valley erzeugt. Kellermeister Andy Smith bereitet außerordentlich ausgewogene, langlebige Weine, die in Bestform erhebend sind und als Reminiszenz an Murphys Herkunft einfache irische Vornamen tragen. Am bekanntesten sind die sortenreinen Weine von Burgunder-Sorten, aber es gibt auch Syrah und einen Viognier. Alle Weine werden nur an registrierte Kunden verkauft.

Keine Besuchereinrichtungen; www.dumol.com

DuNah Estate Russian River Valley

Mit dem 18-ha-Gut am Stadtrand von Sebastopol haben sich die Eigentümer Rick und Diane DuNah einen Rentnertraum erfüllt. Auf den 4 ha nachhaltig bewirtschafteten Weinbergen wachsen Pinot Noir und Chardonnay, die Kellermeister Greg La Folette zu jährlich knapp 36 000 Flaschen Wein verarbeitet. Neben den Gutsweinen werden auch ein Syrah-Sangiovese-Verschnitt aus Mendocino, ein sehr guter trockener Gewürztraminer sowie ein Pinot Noir und ein Chardonnay von anderen Weinbergen in Sonoma und an der Sonoma Coast erzeugt.

Keine Besuchereinrichtungen
www.dunahwinery.com

Dutton Estate
Green Valley of Russian River Valley

Die Dutton Ranch am Rand der kleinen Stadt Graton bewirtschaftet knapp 445 ha Weinberge; das meiste Lesegut wird an Spitzenkellereien in ganz Kalifornien verkauft. Ein Teil jedoch gelangt unter der Ägide von Joe Dutton, der die Ranch zusammen mit seinem Bruder Steve führt, in die Eigenproduktion von Dutton Estate. Joe und Kellermeister Mat Gustafson bereiten viele verschiedene Weine in kleinen Mengen. Besonders empfehlenswert sind der Dutton Palms Chardonnay sowie der Manzana Pinot Noir vom Weinberg nebenan – beides typische Vertreter der nebligen Green Valley AVA.

8757 Green Valley Road, Sebastopol, CA 95472
www.duttonestate.com

Dutton-Goldfield Winery
Green Valley of Russian River Valley

Das Gemeinschaftsprojekt von Winzer Steve Dutton und Weinmacher Dan Goldfield ist die andere Hälfte des Dutton-Ranch-Erbes (siehe Randspalte S. 41). Steve ist nicht nur Miteigentümer der Ranch seiner Familie, sondern produziert auch in kleinen Mengen die Dutton-Goldfield-Weine. Schwerpunkt des Angebots sind Chardonnay, Pinot Noir und Syrah von Trauben der Ranch sowie ausgewählter Lagen im ganzen Sonoma County. Wegen ihrer Ausgewogenheit und dem klassischen Geschmacksprofil besonders zu empfehlen sind der Dutton Ranch Chardonnay und der Sanchietti Vineyard Pinot Noir.

Keine Besuchereinrichtungen; www.duttongoldfield.com

Enkidu Winery Sonoma Valley

Phillip Staehle war ab Ende der 1980er fast zehn Jahre Kellermeister bei Carmenet Vineyards. Sein nach einer Figur im Gilgamesch-Epos benannter Betrieb ist, wenn man so will, der Versuch, zu seinen Wurzeln zurückzukehren. Die Trauben werden von Anbauern in Sonoma und Napa bezogen. Die Bereitung der in kleinen Mengen erzeugten Weine lässt große Sorgfalt und die Tendenz erkennen, der Frucht ohne großen Eicheneinfluss Glanz zu verleihen. Besonders empfehlenswert ist der ausgezeichnete und überaus preiswerte rote Verschnitt Humbaba. ★ **Aufsteiger**

Keine Besuchereinrichtungen; www.enkiduwines.com

Ferrari-Carano Vineyards Dry Creek Valley

Der 1985 von Don Carano gegründete Betrieb ist einer der bekanntesten im Dry Creek Valley und mit seinem wunderschönen Garten ein beliebtes Reise- und Ausflugsziel. Er umfasst mehr als 567 ha Rebfläche und zwei verschiedenen Kellereien. Spitzenreiter des Angebots ist der intensive, geschmeidige rote Bordeaux-Verschnitt Trésor. Ebenfalls beachtenswert sind die beiden in limitierter Auflage produzierten Weine Eldorado Noir, ein Black Muscat, und Eldorado Gold von Semillon und Sauvignon Blanc.

8761 Dry Creek Road, Healdsburg, CA 95448
www.ferrari-carano.com

Flowers Winery Sonoma Coast

Als Walt und Joan Flowers das Gut zum ersten Mal besichtigten, mussten sie zu Fuß hinwandern. Es gab keine Straßen und kaum Leute, die es für eine gute Idee hielten, so weit draußen an der Sonoma Coast Trauben anzubauen. Aber die Flowers ließen sich nicht beirren und bauten den für die Sonoma Coast prototypischen Betrieb auf, der seit 1993 großartige, langlebige Pinot-Noir- und Chardonnay-Weine mit viel französischer Eiche erzeugt. Die Reihe Moon Select stammt von den besten Lagen des Guts.

28500 Seaview Road, Cazadero, CA 95421
www.flowerswinery.com

Fort Ross Vineyards Sonoma Coast

Der Betrieb ist nur knapp 2 km vom Pazifik entfernt und wäre schon allein für seinen wunderbaren Pinot Noir beachtenswert, doch darüber hinaus produziert Fort Ross einen der besten Pinotage-Weine der Welt. Die Besitzer Lester und Linda Schwartz lernten sich beim Studium in Südafrika kennen, und als sie anfingen, Wein zu erzeugen, pflanzten sie neben Pinot Noir und Chardonnay auch diese südafrikanische Kreuzung aus Pinot Noir und Cinsault. Alle Weine sind äußerst empfehlenswert.

Keine Besuchereinrichtungen
www.fortrossvineyard.com

Francis Ford Coppola Winery
Alexander Valley

Den Regisseur Francis Ford Coppola muss man wohl nicht mehr vorstellen. Als großer Weinliebhaber erwarb er das historische Inglenook Estate in Napa und baute eine sehr erfolgreiche Weinmarke auf. Seitdem besteht das Coppola-Imperium aus dieser Kellerei im Alexander Valley und dem Rubicon Estate in Napa (siehe S. 31). In Sonoma wird ein breites Spektrum an Weinen erzeugt, aber die Diamond Collection bietet ein besonders gutes Preis-Leistungs-Verhältnis und beständige Qualität.

300 Via Archimedes, Geyserville, CA 95441
www.franciscoppolawinery.com

Freeman Winery Sonoma Coast
Nach erfolgreichen Karrieren in Wirtschaft und Wissenschaft beschlossen Ken und Akiko Freeman, ihrer gemeinsamen Passion für guten Pinot Noir nachzugehen. 2001 erwarben sie eine kleine Kellerei, kauften Trauben von Winzern im westlichen Sonoma County und erweiterten die Produktion nach und nach auf 65 000 Flaschen im Jahr. Die von Akiko bereiteten Weine sind delikat, ausgewogen und langlebig. Der Ryo-Fu Chardonnay ist herausragend, der Akiko's Cuvée Pinot Noir geradezu spektakulär. Seit Kurzem liefern auch die gutseigenen Weinberge Trauben. ★**Aufsteiger**

1300 Montgomery Road, Sebastopol, CA 95472
www.freemanwinery.com

Freestone Vineyards Sonoma Coast
Der für die gleichnamige Kellerei in Napa und deren von Bordeaux inspirierte Weine bekannte Winzer Joseph Phelps suchte jahrelang nach dem richtigen Standort für eine zweite, auf Weine im Burgunder-Stil spezialisierte Kellerei. 1999 dann gründete er Freestone Vineyards nahe der Stadt Freestone in der Sonoma Coast AVA. Das biodynamisch bewirtschaftete Gut brachte mit dem 2005er Jahrgang erstmals Pinot Noir und Chardonnay hervor, und bisher sind die Weine vielversprechend. ★**Aufsteiger**

12747 El Camino Bodega, Freestone, CA 95472
www.freestonevineyards.com

Fritz Dry Creek Valley
Der Besuch dieses Betriebs lohnt sich schon wegen seiner kühnen Architektur und des herrlichen, mit Kräutern, Wildblumen und einheimischen Pflanzen bewachsenen Hangs. Außerdem füllt die unterirdische Kellerei ausgezeichnete Weine ab. Die Gründer Jay und Barbara Fritz erzeugen zusammen mit Sohn Clayton und Kellermeister Brad Longton einen erstklassigen Zinfandel und einen der besten Cabernet-Sauvignon-Weine des Dry Creek Valley. Liebhabern süßer Weine sei die Zinfandel-Spätlese empfohlen.

24691 Dutcher Creek Road, Cloverdale, CA 95425
www.fritzwinery.com

Frostwatch Vineyard Bennett Valley
Eigentümer Brett Raven war Rechtsanwalt, als er Rebland im Bennett Valley erwarb und größeren Gefallen daran fand, als er erwartet hatte. 1995 gab er seine Kanzlei auf und stürzte sich kopfüber in seinen neuen Beruf: Tagsüber arbeitete er in der Kellerei, nachts besuchte er Kurse. Nachdem er für mehrere Kellereien tätig gewesen war, begann Raven vor Kurzem, seinen eigenen Wein zu bereiten. Jetzt konzentriert er sich ganz auf Frostwatch, wo er eine Reihe von Weinen erzeugt, unter anderem besonders guten Merlot und Chardonnay. ★**Aufsteiger**

5560 Bennett Valley Road, Santa Rosa, CA 95404
www.frostwatch.com

Gallo Family Vineyards Dry Creek Valley
Der Betrieb ist die aktuelle Produktionsstätte einer der erfolgreichsten Marken Nordamerikas. Abgesehen davon sind die Gallos eine der beiden großen kalifornischen Weinbaudynastien (die andere ist die Familie Mondavi in Napa). Die inzwischen von den Enkeln der Gründer Ernest und Julio Gallo, Gina und Matt Gallo, geführte Kellerei produziert nach wie vor große Mengen an Weinen, die auf der ganzen Welt vertrieben werden. Beachtenswert sind die seriösen, gehaltvollen Einzellagen- und Gutsweine, allen voran der Cabernet Sauvignon.

320 Center Street, Healdsburg, CA 95448
www.gallosonoma.com

Gamba Winery Russian River Valley
Die Familie Gamba baut auf diesem Stück Land im Russian River Valley Trauben an, seitdem Augustino Gamba es 1947 erwarb. 1999 lancierten Augustino Jr. und seine Frau die Marke Gamba, unter der kleine Mengen Zinfandel und Cabernet Sauvignon von den biologisch und ohne Bewässerung bewirtschafteten familieneigenen Weinbergen erzeugt werden. Der Gamba Zinfandel ist zu einem der maßgeblichen Weine der AVA geworden und sehr begehrt – zu Recht, denn dieser Zinfandel ist einer der besten in Sonoma.

2912 Woolsey Road, Windsor, CA 95492
www.gambawinery.com

Gary Farrell Vineyards
Russian River Valley

Gary Farrell kann von seinem Hang oberhalb der Westside Road auf sein Lebenswerk hinabblicken. Ab 1978 arbeitete er als Kellermeister für mehrere Pioniere der Region und heutige Nachbarn. 1982 gründete er seine eigene Marke, und 2000 errichtete er seine eigene Kellerei mit Verkostungsraum. Farrells Schwerpunkt und größte Passion lag immer auf Pinot Noir, und daran hat sich auch mit der jetzigen Kellermeisterin Susan Reed nichts geändert.

10701 Westside Road, Healdsburg, CA 95448
www.garyfarrellwines.com

Gundlach Bundschu Winery
Sonoma Valley

Wenige Betriebe in Kalifornien sind seit 150 Jahren in Familienbesitz. Einer von ihnen wurde 1858 von dem bayerischen Einwanderer Jacob Gundlach unter dem Namen Rhinefarm gegründet und erzeugte bis zur Prohibition beliebte Weine. 1938 nahm die Familie den Anbau wieder auf und verkaufte ihre Trauben, bis 1970 auch die Kellerei wieder öffnete. Nach 30 Jahren Wachstum beschloss die Familie, nur noch gutseigene Trauben zu verarbeiten, und seitdem scheint sich die Qualität zu verbessern. Neuere Jahrgänge des Pinot Noir (niedrige Erträge, Lese von Hand und Ausbau in französischer Eiche) sind ausgezeichnet.

2000 Denmark Street, Sonoma, CA 95476; www.gunbun.com

FREESTONE VINEYARDS
EINE KÜHLE WACHSTUMSPHASE MIT SOMMERNEBEL ERBRINGT KLARE, MINERALISCHE AROMEN

FREEMAN VINEYARDS
RYO-FU IST JAPANISCH FÜR »KÜHLE BRISE«, UND DIE KÜHLE VERLEIHT DEM WEIN FEINHEIT

HIRSCH VINEYARDS
DIE SECHS FÄSSER DIESES WEINS WURDEN NUR AN REGISTRIERTE KUNDEN VERKAUFT

IRON HORSE VINEYARDS
KLASSISCHER, VIER JAHRE GREIFTER PINOT NOIR/CHARDONNAY-VERSCHNITT

Halleck Vineyard Russian River Valley

Marketingchef Ross Halleck und seine Frau Jennifer bauen hinter ihrem Haus auf 0,4 ha Trauben an, die sie zu angemessen kleinen Mengen ihres Spitzen-Pinot-Noir verkeltern. Daneben verwenden sie Trauben aus verschiedenen Teilen des Sonoma County. Kellermeister Rick Davis und Berater Greg La Folette sind für die Produktion zuständig. Der Spitzenwein ist ausgezeichnet, hat entscheidend zur Finanzierung des Studiums der drei Halleck-Söhne beigetragen und heißt daher auch »Three Sons«. ★ **Aufsteiger**

Keine Besuchereinrichtungen; www.halleckvineyard.com

Hanna Winery Russian River Valley

Ein Weinberg ist der beste Weg zur Hobbykellerei, das kann auch Elias Hanna bezeugen. Der aus Syrien gebürtige Herzchirurg erwarb 1970 eine 5 ha große Rebfläche im Russian River Valley, woraufhin seine Kinder und er sich mit wachsender Begeisterung der Weinbereitung widmeten. Heute besitzt Hanna 245 ha Land und bewirtschaftet 100 ha in den AVAs Russian River Valley, Alexander Valley und Sonoma Valley. Am gelungensten sind die Weine im Bordeaux-Stil, allen voran der Bismark Mountain Cabernet Sauvignon und der Russian River Valley Sauvignon Blanc.

9280 Highway 128, Healdsburg, CA 95448
www.hannawinery.com

Hanzell Vineyards Sonoma Valley

Wahre Kenner des kalifornischen Pinot Noir zollen diesem Betrieb höchsten Respekt für sein Erbe, die Qualität seiner Weine sowie die Kosten und Mühen, die es manchmal braucht, um ein paar Flaschen zu ergattern. Sein 1953 angelegter Weinberg ist die älteste Pinot-Noir-Fläche in Nordamerika, und die einzige Abfüllung davon wird ausschließlich an registrierte Kunden verkauft. Daneben wird Chardonnay erzeugt, etwa der Sebella, der leichter erhältlich, aber nicht weniger gefragt ist. Kellermeister war 30 Jahre lang Bob Sessions, bevor er vor Kurzem das Steuer an Michael McNeil übergab. Alle Weine lassen sich problemlos mehrere Jahrzehnte lagern. Absolut empfehlenswert.

18596 Lomita Avenue, Sonoma, CA 95476
www.hanzell.com

Hartford Family Winery
Green Valley of Russian River Valley

Der oberhalb von Weinbergen und Wäldern an einen Hang geschmiegte Betrieb ist nur einen Steinwurf vom Russian River entfernt. Er wurde 1994 als Teil von Jess Jacksons Weinimperium unter dem Namen Hartford Court gegründet und war anfangs auf die Erzeugung von Pinot Noir und Zinfandel der Russian River Valley AVA spezialisiert. Mit der Zeit kam Chardonnay dazu, und nun werden beachtliche Versionen aller drei abgefüllt. Der Highwire Zinfandel, der Seascape Chardonnay und der Velvet Sisters Pinot Noir zum Beispiel sind ausgezeichnet.

8075 Martinelli Road, Forestville, CA 95436
www.hartfordwines.com

Hirsch Vineyards Sonoma Coast

1980 pflanzte David Hirsch die erste Pinot-Noir-Rebfläche in dem Gebiet, das unter dem Namen Sonoma Coast bekannt werden sollte. Sein Betrieb entwickelte sich nach einem Muster, das in Kalifornien immer häufiger vorkommt: 20 Jahre lang wurden die Trauben verkauft und zu einigen der berühmtesten kalifornischen Pinot-Noir-Weinen verarbeitet, doch 2002 gründete die Familie Hirsch ihre eigene Kellerei und erzeugt nun eine Reihe sehr guter Pinot-Noir-Gewächse und einen Chardonnay selbst. Unbedingt im Auge behalten! ★ **Aufsteiger**

45075 Bohan-Dillon Road, Cazadero, CA 95421
www.hirschvineyards.com

Holdredge Winery Russian River Valley

John Holdredge, bei Tag Rechtsanwalt, bei Nacht Kellermeister, begann 2001 Wein zu erzeugen, teils aus Begeisterung, teils aus Neugier. Seitdem wuchs die Kellerei langsam auf ihr heutiges Niveau von rund 24000 Flaschen, überwiegend Russian River Pinot Noir und ein bisschen Syrah. Der Pinot Noir ist fein ziseliert, wunderschön gebaut und überdies sehr preiswert. Die Kellerei besitzt einen Verkostungsraum im Zentrum von Healdsburg. ★ **Aufsteiger**

51 Front Street, Healdsburg, CA 95448
www.holdredge.com

Hook & Ladder Winery Russian River Valley

Man könnte meinen, dass die Familie DeLoach, nachdem sie eine der erfolgreichsten Weinmarken in Kalifornien für eine stolze Summe verkauft hat, sich eine Weile auf ihren Lorbeeren ausruhen würde. Doch die Katze lässt das Mausen nicht. Die neue, nach den Utensilien des Feuerwehrmanns Cecil DeLoach benannte Marke liefert preiswerte Weine ordentlicher Qualität von den familieneigenen 152 ha Rebland. Besonders empfehlenswert ist The Tillerman, ein erfrischender Verschnitt aus weißen Trauben (die Zusammensetzung wird geheim gehalten).

2027 Olivet Road, Santa Rosa, CA 95401
www.hookandladderwinery.com

Hop Kiln Winery Russian River Valley

Der historische Besitz an der Westside Road, südlich von Healdsburg, ist nach dem großen Gebäude benannt: einer der besterhaltenen ehemaligen Hopfendarren im Land, die nun den Verkostungsraum der Kellerei beherbergt und mit ihrer schönen Architektur allein schon einen Besuch wert ist. Der 1976 gegründete Betrieb wurde mit seinen preiswerten weißen und roten Verschnitten bekannt. Seit Kurzem wird unter der neuen Marke HKG ein Pinot Noir der absoluten Spitzenklasse erzeugt.

6050 Westside Road, Healdsburg, CA 95448
www.hopkilnwinery.com

Imagery Estate Sonoma Valley

Das Gut im Besitz der Familie Benziger begann als Projekt von Joe Benziger, der mit weniger verbreiteten Rebsorten experimentierten wollte. Nachdem er mit dem Künstler Bob Nugent eine Schlägerei auf einem Golfplatz geschlichtet hatte, bestellte er bei ihm ein Gemälde für sein erstes Etikett. Mehr als 20 Jahre später prangt immer noch auf jedem Wein von Imagery Estate ein von Nugent verantwortetes Kunstwerk. Die biodynamisch bewirtschafteten Weinberge liefern ausgezeichneten Sauvignon Blanc und Cabernet Sauvignon, um nur zwei zu nennen.

14335 Highway 12, Glen Ellen, CA 95442
www.imagerywinery.com

Inman Family Wines Russian River Valley
Während eines Semesterferienjobs in Nuits-St-George verliebte sich der Engländer Simon Inman in Burgund. Bei einer Weinverkostung während eines Kalifornienurlaubs verliebte er sich in seine spätere Frau Kathleen, und die beiden zogen an den Russian River, um ihren Traum von der eigenen Kellerei zu verwirklichen. Seit 2000 bewirtschaften sie ihren Olivet Grange Vineyard ökologisch und erzeugen kleine Mengen Pinot Noir und Pinot Gris für ihre eigene Marke und für andere Betriebe.

5793 Skylane Boulevard, Windsor, CA 95492
www.inmanfamilywines.com

Iron Horse Vineyards
Green Valley of Russian River Valley
Als Barry und Audrey Sterling 1970 ihren 46-ha-Besitz am nebligen westlichen Rand des Sonoma County erwarben, um dort Chardonnay und Pinot Noir anzubauen, erklärten führende Weinbauwissenschaftler sie für verrückt. Doch das Paar war in Burgund gewesen und wollte einen Versuch wagen. Heute ist Iron Horse einer der bekanntesten und renommiertesten Familienbetriebe in Amerika. Die Schaumweine des Hauses gehören zu den besten ihrer Art in Kalifornien und werden regelmäßig im Weißen Haus serviert; die Stillweine haben in den letzten Jahren große Fortschritte gemacht.

9786 Ross Station Road, Sebastopol, CA 95472
www.ironhorsevineyards.com

J Vineyards Russian River Valley
Der in den Gebäuden der ehemaligen Kellerei Piper-Sonoma untergebrachte Betrieb ist ein Vertreter der jüngsten Generation von Schaumweinerzeugern in Kalifornien. Er wurde von Jane Jordan, Tochter des Gründers des bekannten Jordan Vineyard im Alexander Valley, auf die Beine gestellt und füllt ein breites Spektrum an Still- und Schaumweinen in seine modernen Flaschen ab, die kein Etikett besitzen, sondern graviert sind. Besondere Beachtung verdienen die spät degorgierten (das heißt länger ausgebauten) Schaumweine, die die zu ihrem Erwerb erforderlichen Kosten und Mühen absolut wert sind.

11447 Old Redwood Highway, Healdsburg, CA 95448
www.jwine.com

Jemrose Sonoma Valley
Wenige Kellereien führen in ihrem zweiten Jahrgang ein so überzeugendes Angebot wie Jemrose. Allerdings haben auch wenige Kellereien einen Michael Browne von Kosta Browne als Weinmacher und einen Greg Bjornstad als Weinbergspezialisten. Jemrose ist der Traum, den sich Manager James Mack erfüllte, als er nach seiner Pensionierung zusammen mit Keith Jaffee die kleine Kellerei (18000 Flaschen) gründete, die auf Rhône-Sorten spezialisiert ist. Der Foggy Hill Grenache und der Cardiac Hill Syrah sind herausragend, ebenso der ungewöhnliche Verschnitt aus Syrah und Merlot namens Gloria's Gem.
★ **Aufsteiger**

6628 Bennett Valley Road, Santa Rosa, CA 95404
www.jemrosewines.com

Jordan Vineyard Alexander Valley
Sehr wenige Kellereien im Sonoma County sind so eindeutig mit Cabernet Sauvignon assoziiert wie der 1972 von Tom Jordan gegründete Betrieb, für dessen ersten Jahrgang der legendäre Weinmacher André Tchelistcheff verantwortlich zeichnete. Erzeugt werden jedes Jahr ein einziger Cabernet Sauvignon und ein einziger Chardonnay, die sich durch beständige Qualität auszeichnen, was angesichts der großen Produktionsmengen durchaus bewundernswert ist. Jordans Weine sind relativ leicht zu bekommen; sie gehören zu den bekanntesten Marken aus Sonoma.

1474 Alexander Valley Road, Healdsburg, CA 95448
www.jordanwinery.com

Joseph Swan Vineyards
Russian River Valley
Nach einer Karriere als Pilot konnte sich Joseph Swan nichts Besseres für sein Rentnerdasein vorstellen als den Weinbau. 1967 erwarb er eine kleine Rebfläche nahe Forestville und bepflanzte sie mit Chardonnay und Pinot Noir. Während seine Rebstöcke heranreiften, begann er, Zinfandel von angekauften Trauben zu erzeugen, und hatte damit gleich Erfolg. Heute ist die Kellerei vor allem für ihren eher rustikalen Zinfandel und Pinot Noir bekannt. Der Pinot Noir Cuvée de Trois ist einer der preiswertesten Weine dieser Sorte in Sonoma.

2916 Laguna Road, Forestville, CA 95436
www.swanwinery.com

Kalin Cellars Marin
Terry Leighton ist einer der herausragendsten Kellermeister in Kalifornien. Seiner Ansicht nach kommt der Zeit eine eminente Bedeutung bei der Weinbereitung zu, deshalb ist der jeweils aktuellste Wein von Kalin Cellars im Handel zwölf bis 16 Jahre älter als bei fast allen anderen Kellereien im Land. Zuletzt kam die markante 1994er Cuvée LD Sonoma Chardonnay heraus, die zehn Monate zu 50 % in neuer französischer Eiche ausgebaut und 1995 abgefüllt wurde. Das ist höchste Kunst nach Art der Alten Welt: keine Schönung bei den Rotweinen, keine Filtration, jede Menge Sauerstoff und bestechende Aromen.

Keine Besuchereinrichtungen
www.kalincellars.com

Kamen Estate Sonoma Valley
Die Weinberge dieses Guts sind in die felsigen Hänge der Mayacamas Mountains gehauen und fast ausschließlich mit Cabernet Sauvignon bestockt. 1980 erwarb der Drehbuchschreiber Robert Kamen 113 ha unberührte Berglandschaft (keine Straßen, kein Wasser, kein Strom); heute erzeugt er einen Cabernet Sauvignon, einen Syrah, einen Rosé und eine spezielle Cabernet-Abfüllung namens Kashmir Cuvée. Die Weinberge werden biodynamisch, einige wegen ihrer extremen Steilheit sogar von Hand bewirtschaftet. Die Weine sind tendenziell mächtig und reif.

Keine Besuchereinrichtungen
www.kamenwines.com

Kanzler Russian River Valley
Mit dem Landkauf in einem Weinbaugebiet ist es so eine Sache: Ehe man sich's versieht, ist man Kellereibesitzer. Steve und Lynda Kanzler erwarben 5 ha, um ein Haus zu bauen, doch als sie fragten, was sie um das Haus herum anpflanzen sollten, sagten alle dasselbe: Pinot Noir. 2004 begannen sie mithilfe eines Freundes, des Kellermeisters Greg Stach, ihren eigenen Wein zu bereiten. Ihr gefragter

JAMES D. ZELLERBACH

Der Hanzell Vineyard, 1953 von dem weitsichtigen James D. Zellerbach mit dem alleinigen Ziel angelegt, Qualitätsweine zu erzeugen, die einem Grand-Cru-Burgunder ebenbürtig sind, gilt allgemein als die älteste Pinot-Noir-Anbaufläche in Amerika. Zellerbach war ein wohlhabender Industrieller, später auch US-Botschafter in Italien. Gemeinsam mit Kellermeister Ralph Webb veränderte er die in Kalifornien übliche Art der Weinbereitung in vielerlei Hinsicht. Sie praktizierten als Erste die Vergärung in Edelstahltanks mit Temperaturregelung, den Ausbau in kleinen Fässern aus französischer Eiche, den Einsatz von Inertgasen als Oxidationshemmer und die absichtliche Herbeiführung des biologischen Säureabbaus im Fass. Doch das wahre Zellerbach'sche Erbe ist der Hanzell Vineyard, heute insgesamt 17 Hektar groß, und die Qualität der Weine, die er nach wie vor hervorbringt.

KENDALL-JACKSON
DIESER WEIN AUS DER REIHE HIGHLAND ESTATES STICHT IM ANGEBOT HERVOR

KENWOOD VINEYARDS
AUGEZEICHNETER UND PREISGÜNSTIGER WEIN MIT WÜRZIGER, DUNKLER FRUCHT

Pinot Noir wird nur an registrierte Kunden verkauft. Der Sonoma Coast Pinot Noir verbringt 15 Monate in 30 % neuer französischer Eiche, der Reserve Pinot dieselbe Zeit in 100 % neuer französischer Eiche. ★**Aufsteiger**

Keine Besuchereinrichtungen
www.kanzlervineyards.com

Keller Estate Sonoma Coast

Die südlichste Kellerei der Sonoma Coast AVA liegt auf der Höhe eines Hügels im sogenannten Petaluma Gap, einem Flachlandstreifen, durch den vom Pazifik im Westen und von der San Pablo Bay im Süden wie durch einen Kanal der Nebel zieht. Der 2001 von der Familie Keller gegründete Betrieb hat sich nach ein paar Jahren experimentellen Anbaus als Erzeuger preisgünstiger Qualitätsweine vom La Cruz Vineyard etabliert, vor allem mit Pinot Noir, Chardonnay und Syrah. Spitzenwein ist der ausgezeichnete El Coro Pinot Noir. ★**Aufsteiger**

5875 Lakeville Highway, Petaluma, CA 94954
www.kellerestate.com

Kendall-Jackson Wine Estates
Russian River Valley

Der 1982 von Rechtsanwalt Jess Jackson gegründete Betrieb ist zu einer der erfolgreichsten Weinmarken in der amerikanischen Geschichte und zum zehntgrößten Erzeuger des Landes aufgestiegen. Das Angebot umfasst viele unabhängige Marken, von denen ein Großteil viel bessere Qualität bieten als die unter dem Namen Kendall Jackson abgefüllten Weine. Die in kleinen Mengen erzeugten Weine der Reihe Highland Estates sind jedoch ausgezeichnet und äußerst empfehlenswert, insbesondere der Trace Ridge Cabernet Sauvignon aus dem Knights Valley und der Camelot Highlands Chardonnay aus weiter südlichen Gefilden.

5007 Fulton Road, Santa Rosa, CA 95403; www.kj.com

Kendric Marin

Der Ein-Mann-Betrieb ist die Erfindung des Eigentümers Stewart Johnson und das Ergebnis seines persönlichen Einsatzes: Johnson bewirtschaftet den Weinberg, liest (mit ein wenig Hilfe) die Trauben und bereitet die Weine. Die nach seinem Vater benannte Kellerei produziert einen Pinot Noir von einem Weinberg nördlich von Novato und einen Syrah von einer Ranch im Besitz seiner Mutter im Shenendoah Valley. Beide sind sauber bereitet; der Pinot Noir gehört zur Upperclass in Marin. ★**Aufsteiger**

36 Monterey Avenue, San Anselmo, CA 94960
www.kendricvineyards.com

Kenwood Vineyards Sonoma Valley

Manche Kellereien mit fast 40 Jahren Geschichte und Produktionsmengen von über 3,6 Millionen Flaschen sind über das Qualitätsziel hinausgeschossen. Wer nur die Basisweine von Kenwood Vineyards probiert, wird den Erzeuger schnell abtun. Dabei produziert er weiterhin einen stets ausgezeichneten Spitzenwein – The Artist Series Cabernet Sauvignon, dessen Etikett jedes Jahr das Werk eines weltberühmten Künstlers ziert – und eine Reihe sehr guter Weine vom Jack London Vineyard. Die Kellerei gehört zu Korbel.

9592 Sonoma Highway, Kenwood, CA 95452
www.kenwoodvineyards.com

Ketcham Estate Russian River Valley

Mark Ketcham und Steve Rigisich zogen sich aufs Altenteil zurück, nachdem sie ihre jeweiligen Technologiefirmen verkauft hatten, und erzählen gerne, dass die Idee mit der Kellerei einem vielleicht allzu weinseligen Abend entsprang. Doch vermutlich war Ketcham nüchtern, als er 6,5 ha im Russian River Valley erwarb, die einen Großteil der Trauben für die beiden Pinot-Noir-Abfüllungen des Betriebs liefern. Michael Browne von Kosta Browne bereitet die Weine – auch ein in kleinen Mengen erzeugter Viognier von angekauften Trauben zählt dazu –, die nur an registrierte Kunden verkauft werden.

3358 Coffrey Lane, Santa Rosa, CA 95403
www.ketchamestate.com

Kistler Vineyards Russian River Valley

Kein kalifornischer Chardonnay ist bekannter und gefragter als der von Kistler Vineyards. Der 1978 gegründete, immer noch von der Familie geführte Betrieb ist seit Langem ein Kulterzeuger dieses Weins. Die Trauben kommen unter anderem vom Durrell Vineyard an der Sonoma Coast und vom Hudson Vineyard in Carneros. Die Weine bereitet Steve Kistler mithilfe von Mark Bixler, einem Freund der Familie. Erzeugt werden auch einige geschätzte Pinot-Noir-Weine, die wie die Chardonnays ausschließlich registrierten Kunden vorbehalten sind.

Keine Besuchereinrichtungen
www.kistlervineyards.com

Kokomo Winery Dry Creek Valley

Kellereien bringen Weinmacher hervor. Es ist nicht unüblich, dass Angestellte kleiner oder großer Kellereien Gelegenheit, Mittel und Wege erhalten, in der Lesezeit ein Fass eigenen Wein zu bereiten. Manchmal sind diese Miniprojekte nur der erste Schritt auf dem Weg zu einer erfolgreichen Kellerei, und genau so entstand die Kokomo Winery. Nur fünf Jahre, nachdem er 2004 seinen ersten Jahrgang erzeugt hatte, besaß Kellermeister Erik Miller seine eigene Marke. Seine Zinfandel-Weine und den Grenache-Rosé sollte man sich auf keinen Fall entgehen lassen. ★**Aufsteiger**

4791 Dry Creek Road, Healdsburg, CA 95448
www.kokomowines.com

Kosta Browne Russian River Valley

Wenige Kellereien machen von Anfang an so viel Furore wie dieser kleine Pinot-Noir-Erzeuger. Mit gerade einmal fünf Jahrgängen auf dem Buckel verkauften die Gründer Dan Kosta und Michael Browne vor Kurzem einen 51%igen Anteil an ihrer Kellerei für 40 Millionen Dollar. Der hohe Preis war sicherlich zum Teil auf die vom Wine Spectator zuerkannten 96 Punkte zurückzuführen. Anderen Kritikern missfallen die ihrer Ansicht nach übertrieben üppigen und reifen Weine. Fraglos aber sind sie extrem sauber bereitet und schwer zu finden: Kosta Browne verkauft in erster Linie an Restaurants und an registrierte Privatkunden. ★**Aufsteiger**

Keine Besuchereinrichtungen; www.kostabrowne.com

Limerick Lane Russian River Valley

Das 12 ha große, nach der auf den Eingang zuführenden Straße benannte Gut bringt erstklassigen Zinfandel hervor, seit die Eigentümer beschlossen, selbst Wein zu produzieren, anstatt all ihre Trauben zu verkaufen. 1993 errichtete Michael Collins eine Kellerei auf seinem Gut und heuerte 1997 Kellermeister Ross Battersby an, der seitdem für die Weinbereitung zuständig ist. Nicht entgehen lassen sollte man sich den saftigen Collins Vineyard Zinfandel und den preiswerten Collins Estate Reserve, einen Verschnitt aus 50 % Cabernet Sauvignon, 25 % Zinfandel und 25 % Syrah.

1023 Limerick Lane, Healdsburg, CA 95448
www.limericklanewines.com

Littorai Russian River Valley
Der Eigentümer dieses Betriebs war der erste Amerikaner, der von einer Domaine in Burgund als Kellermeister verpflichtet wurde. Ted Lemons Pinot-Noir-Rekorde sind kaum zu brechen. Er wurde in Burgund ausgebildet und arbeitete für mehrere dortige Erzeuger, bevor er 1993 nach Amerika zurückkehrte und Littorai gründete. Die Chardonnay- und Pinot-Noir-Weine von gutseigenen Trauben sowie die Weine von anderen Spitzenlagen im Sonoma und im Mendocino County sind äußerst gefragt, und das aus gutem Grund: Der Chardonnay zeichnet sich durch ein verhaltenes Eichenaroma und herrliche Säure aus, der Pinot Noir ist wunderbar ausdrucksstark.

788 Gold Ridge Road, Sebastopol, CA 95472
www.littorai.com

Longboard Vineyards Russian River Valley
Nach Meinung von Eigentümer Oded Shakked haben Wellenreiten und Wein viel gemeinsam, vor allem Gleichgewicht und Leidenschaft. Nachdem er sich eine Zeitlang als Surfbretthersteller und Beachboy versucht hatte, studierte der gebürtige Israeli an der University of California in Davis und war Lesehelfer in Bordeaux und Napa; schließlich ließ er sich im Sonoma County nieder. Der erste kommerzielle Jahrgang bei Longboard war 1998, seitdem hat Shakked ein Angebot von gut zehn Weinen aufgebaut, an dessen Spitze die Syrahs stehen.

5 Fitch Street, Healdsburg, CA 95448
www.longboardvineyards.com

Lynmar Estate Russian River Valley
Als Lynn Fritz 1980 den Quail Hill Vineyard erwarb, hatte dieser schon mindestens zehn Jahre Chardonnay und Pinot Noir hervorgebracht. 1990 wurde die Kellerei gegründet, 1994 der erste kommerziell vertriebene Jahrgang erzeugt. Die Kellerei machte nicht weiter von sich reden, bis vor Kurzem unter der Ägide von Weinmacher Hugh Chappelle (früher bei Flowers Winery; siehe S. 42) und Berater Paul Hobbs die Qualität der Weine sprunghaft anstieg. Der Quail Hill Pinot Noir und der gleichnamige Chardonnay sind beides ausgezeichnete Weine.

3909 Frei Road, Sebastopol, CA 95472
www.lynmarwinery.com

Mantra Winery Dry Creek Valley
Die Familie Kuimelis baut seit rund 40 Jahren Trauben im Sonoma County an. Mike und Lorene Kuimelis hätten dies auch im Rentenalter noch weiter getan, doch Sohn Mike Jr. hatte andere Pläne. Im Jahr 2000 eröffnete er mit ein paar hundert Kisten Cabernet Sauvignon, die er in einem Fass in der Garage gekeltert hatte, die Mantra Winery. Inzwischen werden in einer Gemeinschaftskellerei im Dry Creek Valley einige tausend Kisten abgefüllt, und Mantra ist zu einem ernst zu nehmenden Erzeuger

LYNMAR ESTATE
AUSGEWÄHLTE FÄSSER ERGEBEN DIESE CUVÉE, DIE DAS TERROIR VON QUAL HILL WIDERSPIEGELT

KISTLER VINEYARDS
CHARDONNAY VON KISTLER IST EINE IKONE DES KALIFORNISCHEN WEINBAUS

ausgezeichneter Weine geworden. Besondere Beachtung verdienen der Cabernet Sauvignon, die Bordeaux-Verschnitte und der Alexander Valley Zinfandel. ★**Aufsteiger**

Keine Besuchereinrichtungen
www.mantrawines.com

Marcassin Russian River Valley
Helen Turley gehört zu den gefragtesten Kellereiberatern in Kalifornien und produziert selbst einige der berühmtesten Weine aus Sonoma und Napa. Diesen Betrieb gründete sie als kleines Privatprojekt zusammen mit ihrem Mann John Wetlaufer. Die betriebseigenen 4 ha Weinberge liegen an der Sonoma Coast und sind mit Pinot Noir und Chardonnay bestockt; die Weine werden bei Martinelli erzeugt. Daneben werden für die Marke auch Trauben anderer Spitzenlagen in Sonoma angekauft. Da der größte Teil der jährlich abgefüllten rund 30000 Flaschen nur an registrierte Kunden abgegeben wird, ist es sehr schwer, an die exklusiven Marcassin-Weine heranzukommen.

Keine Besuchereinrichtungen; Tel. 707 942 5633

Marimar Torres
Green Valley of the Russian River Valley
Dank einer Pionierdynastie aus Spanien ist der Name Torres seit über hundert Jahren in der Weinwelt präsent (siehe S. 135). Marimar Torres kam 1975 aus Barcelona nach Kalifornien und hatte 1986 bereits begonnen, ihre eigenen Weinberge anzulegen. Der Betrieb gibt sich alle Mühe, seine katalanischen Ursprünge herauszustellen, mit seiner Architektur ebenso wie mit Marimars Kochbüchern. Die Weine von biologisch und biodynamisch angebauten Trauben sind sauber bereitet, vor allem der Cristina Pinot Noir und der Acero Chardonnay. »Acero« ist das spanische Wort für Stahl und spielt darauf an, dass dieser Chardonnay völlig ohne Eichenholz auskommt, weswegen sein Fruchtgeschmack ganz unverfälscht zur Geltung kommt.

11400 Graton Road, Sebastopol, CA 95472
www.marimarestate.com

Martinelli Winery Russian River Valley
Die große rote Scheune ist kaum zu verfehlen, wenn man auf der River Road nach Westen fährt. Der junge Einwanderer Giuseppe Martinelli ließ sich 1887 bei Forestville nieder. Seine Frau und er arbeiteten hart, bis sie genug Geld beisammen hatten, um ein kleines Stück Land zu kaufen, das seitdem von der Familie bebaut wird. Aus dem breiten Angebot, teilweise immer noch von diesem ersten Weinberg, stechen besonders die Zinfandel- und Pinot-Noir-Weine hervor, die Kellermeister Bryan Kvamme mithilfe der Beraterin Helen Turley bereitet (deren eigene Rebflächen liegen direkt nebenan).

3360 River Road, Windsor, CA 95492
www.martinelliwinery.com

Matanzas Creek Winery Bennett Valley
Der von herrlichen, sorgfältig gepflegten Lavendelgärten umgebene Betrieb wurde 1977 in einem damals abgelegenen Zipfel des Sonoma County namens Bennett Valley gegründet und ist, seit seine ersten Jahrgänge in den Handel kamen, einer der beständigsten Erzeuger in Sonoma. Er gilt als Pionier des Sonoma County Pinot Noir und erzeugt ein breites Spektrum an Weinen, die

Mit goldgelbem Gras bewachsene Hügel oberhalb der Weinberge von Gallo Sonoma

MONTEMAGGIORE
EIN HERRLICHES GLEICHGEWICHT ZWISCHEN KRÄFTIGER FRUCHT UND ERDIGER WÜRZE

MANTANZAS CREEK WINERY
EIN WEIN MIT AUSGEWOGENEM, ELEGANTEM CHARAKTER AUS KÜHLEM KLIMA

ihren verhaltenen Stil dank Kellermeister François Cordesse seit Kurzem mit etwas mehr Selbstbewusstsein zur Schau stellen. Der erdige, alkoholarme Cabernet Sauvignon von Trauben aus dem Knights Valley ist besonders probierenswert.

6097 Bennett Valley Road, Santa Rosa, CA 95404
www.matanzascreek.com

Mazzocco Sonoma Dry Creek Valley

Diane und Ken Wilson kaufen seit den 1980er-Jahren schrittweise Weinberge und Kellereien auf. Heute bewirtschaften sie viele verschiedene Rebflächen und besitzen neben mehreren anderen auch diesen Betrieb. Obwohl Diane selbst Kellermeisterin ist, haben die Wilsons Antoine Favero als Weinmacher verpflichtet, der unter anderem ausgezeichneten Zinfandel und Chardonnay bereitet. Die Trauben stammen entweder von Weinbergen der Wilsons oder werden von anderen Winzern in der Region angekauft.

1400 Lytton Springs Road, Healdsburg, CA 95448
www.mazzocco.com

Medlock Ames Alexander Valley

Die Freunde Christopher Medlock James und Ames Morison träumten beide davon, einen Weinbaubetrieb zu gründen. 1998 machten sie sich gemeinsam daran, ihren Traum zu verwirklichen. Nachdem sie Hunderte von Lagen in Nordkalifornien besichtigt hatten, entschieden sie sich für einen Weinberg im Alexander Valley und verbrachten fast zehn Jahre damit, eine Kellerei mit klarem Profil und überzeugendem Angebot an Weinen aus biologischem Anbau aufzubauen. Erst lag der Schwerpunkt auf Merlot und Cabernet Sauvignon; seit Kurzem wird auch Pinot Noir erzeugt. Der Bell Mountain Merlot bleibt der Spitzenreiter. ★**Aufsteiger**

13414 Chalk Hill Road, Healdsburg, CA 95448
www.medlockames.com

Merry Edwards Russian River Valley

Irgendjemand gab Merry Edwards einst den Spitznamen »Pinot-Königin«, und er ist ihr geblieben – nicht weil sie besonderen Wert darauf legt (denn das tut sie nicht), sondern weil ihr diese Ehre wirklich gebührt. Als eine der ersten Absolventinnen des Studiengangs für Weinbau und Önologie an der University of California in Davis erzeugt sie seit mehr als 30 Jahren Pinot Noir in Nordkalifornien. Nachdem sie als Weinmacherin für viele andere gearbeitet hatte, lancierte sie 1997 ihre eigene Marke. Vor Kurzem errichtete sie ihre eigene Kellerei mit Verkostungsraum, die nun ihre Pforten geöffnet hat. Empfehlenswert sind der Meredith Estate Pinot Noir und der Sauvignon Blanc, der zu den besten im Land gehört.

2959 Gravenstein Highway North, Sebastopol, CA,
www.merryedwards.com

Michel-Schlumberger Wine Estate
Dry Creek Valley

Es gibt nicht viele Kellereien im Dry Creek Valley, die keinen Zinfandel erzeugen, und diese ist eine davon. Stattdessen liegt der Schwerpunkt seit langer Zeit auf Sortenweinen und Verschnitten von kühleren Hanglagen im Bordeaux-Stil. Der Betrieb, 1979 von dem gebürtigen Schweizer Jean-Jacques Michel gegründet, wird inzwischen von Jacques Schlumberger geführt, der 1991 als Partner in die Firma einstieg. Unter der Ägide von Mike Brunson, seit 1993 Kellermeister, produziert das Gut nach wie vor sehr schöne Weine auf Cabernet-Sauvignon-Basis und andere Rote.

4155 Wine Creek Road, Healdsburg, CA 95448
www.michelschlumberger.com

Montemaggiore Dry Creek Valley

Der Betrieb ist nach dem kleinen italienischen Bergdorf benannt, in dem die Familie des Eigentümers Vincent Ciolino seit Generationen Trauben und Oliven anbaut. Die ersten Jahrgänge waren bemerkenswert gut und fanden rasch Beachtung bei den Kritikern. Für die Erzeugung von Wein mit Schwerpunkt Syrah (Ciolinos Lieblingsrebsorte) und von Olivenöl hat sich der Betrieb frühzeitig und verbindlich auf biodynamischen Anbau festgelegt. Die Weine sind herrlich komplex und reichhaltig, vom Einzellagen-Syrah bis zu den Supertoskaner-Verschnitten. Unbedingt im Auge behalten! ★**Aufsteiger**

2355 West Dry Creek Road, Healdsburg, CA 95448
www.montemaggiore.com

Mueller Winery Russian River Valley

Robert Mueller begann seine Kellermeisterlaufbahn 1977 und arbeitete mehr als 14 Jahre, bevor er genug Geld hatte, um eine Kellerei zu bauen. Nachdem er dort einige Jahre lang auf Bestellung Trauben verkeltert hatte, reichte sein Kapital endlich aus, um erstklassige Pinot-Noir-Trauben aus dem Russian River Valley anzukaufen und davon seine eigenen markanten, eleganten Weine zu erzeugen. Der Familienbetrieb hat nur ein schmales Angebot; Highlights sind die wunderbaren, langlebigen Pinot-Noir-Abfüllungen, vor allem der zu 50 % in neuer französischer Eiche ausgebaute Emily's Cuvée.

6301 Starr Road, Windsor, CA 95492; www.muellerwine.com

Murphy-Goode Winery Alexander Valley

Der Betrieb ist wohl mehr für seine Werbekampagnen als für seine Weine bekannt, nachdem er 2009 einen Weinblogger-Wettbewerb sponserte. Die Weine, die zum Angebot von Jackson Family Wines gehören, werden vom Sohn eines der Gründer bereitet. Wie alle Kellereien im Besitz von Jackson verfügt auch diese über ein gewisses Maß an Autonomie. Der Schwerpunkt, der ursprünglich auf Fumé Blanc und Chardonnay lag, hat sich auf Rotweine aus dem Alexander Valley verlagert. Spitzenwein ist der Snake Eyes Zinfandel, der in jedem Jahrgang aus den besten Posten des Leseguts verschnitten wird.

20 Matheson Street, Healdsburg, CA 95448
www.murphygoodewinery.com

Nalle Winery Russian River Valley

Seit 25 Jahren tanzt diese Kellerei im Russian River Valley aus der Reihe. Mit allem, was sie ausmacht, sei es der im Vergleich zur Konkurrenz deutlich niedrigere Alkoholgehalt, seien es die Cartoons auf dem Etikett des bekannten Zinfandel, sind sich die Weine der Familie Nalle immer treu geblieben. Die 15 600 Flaschen, hauptsächlich Zinfandel sowie ein wenig Pinot Noir und Chardonnay, bereiten Bob Nalle und Sohn Andrew mithilfe des Kellereihunds Solo.

2383 Dry Creek Road, Healdsburg, CA 95448
www.nallewinery.com

Novy Family Wines Russian River Valley
Nach dem Überraschungserfolg ihres ersten Pinot-Noir-Projekts Siduri Winery (siehe S. 55) wollten Adam Lee und Dianna Novy Lee Syrah erzeugen, doch das war im Rahmen von Siduri nicht möglich. So lancierten sie mit der Hilfe von Diannas Familie eine weitere Marke, und ihre Glücksfee ließ sie auch diesmal nicht im Stich. Novy Family Wines produziert ein unglaubliches Spektrum an Weinen von angekauften Trauben. Bei den kleinen bis winzigen Mengen Syrah und Zinfandel, Viognier und jetzt sogar Schaumwein kann man kaum etwas falsch machen; unangefochtener Spitzenreiter ist der Syrah.

980 Airway Court, Santa Rosa, CA 95403
www.novyfamilywines.com

Olsen Ogden Wines Russian River Valley
Wie viele kleine Betriebe ohne eigene Weinberge war auch dieser ein Traum seiner Gründer. John Ogden kehrte der Hightech-Branche enttäuscht den Rücken und suchte eine erfüllendere Aufgabe. Weinmacher Tim Olsen kündigte bei mehreren großen Kellereien, um seine eigene Marke zu begründen. Die beiden trafen sich durch Zufall und machten gemeinsame Sache. Vor Kurzem brachten sie ihren ersten Pinot Noir heraus, doch der ursprüngliche Schwerpunkt auf Syrah verfestigt sich immer mehr. Besonders empfehlenswert ist der Stagecoach Vineyard Syrah. ★**Aufsteiger**

Keine Besuchereinrichtungen; www.olsonogdenwines.com

Owl Ridge/Willowbrook Cellars
Russian River Valley
Der Unternehmer John Tracy wechselte Ende der 1990er-Jahre vom Silicon Valley in die Weinbranche. Er kaufte ein bereits mit Pinot Noir und Chardonnay bestocktes Stück Land im Russian River Valley. Mit Hilfe des Weinmachers Joe Otos gründete er Willowbrook Cellars und kelterte seinen Wein in gemieteten Anlagen. Schließlich eröffnete er seine eigene Kellerei, in der nun die Weine vieler kleiner Marken entstehen. Im Rahmen eines neuen Projekts erzeugt er Weine im Bordeaux-Stil unter dem Namen Owl Ridge. Sowohl die Abfüllungen von Willowbrook als auch die von Owl Ridge sind fachkundig bereitet und preiswert.

Keine Besuchereinrichtungen; www.owlridge.com

Pacheco Ranch Marin
Die große Ranch in Familienbesitz baut seit 1970 auf 2 ha auch Reben an. Die historische Remise wurde zu einer Kellerei umgebaut, und seit 1979 bereitet Kellermeister Jamie Meves die 6000 Flaschen Cabernet Sauvignon der Familie. Dieser eine Wein wird jedes Jahr erzeugt und zeichnet sich durch seinen niedrigen Alkoholgehalt aus, den er dem kühlen Klima im Marin County verdankt.

235 Alameda Del Prado Road, Novato, CA 94949
www.pachecoranchwinery.com

Papapietro Perry Dry Creek Valley
Der unaussprechliche Name hinderte Papapietro Perry nicht daran, mit kleinen Mengen saftigem Pinot Noir und Zinfandel eine treue Gefolgschaft um sich zu scharen. Ben Papapietro und Bruce Perry waren Journalistenkollegen und entdeckten, dass sie nicht nur die Begeisterung für Wein, sondern auch die italienische Herkunft teilten. Nachdem sie einem befreundeten Winzer bei der Lese geholfen hatten, begannen die beiden, in ihrer Garage Wein zu erzeugen, und nach acht Jahren Bedenkzeit lancierten sie 1998 ihre eigene Marke. Besonders empfehlenswert ist der Peters Vineyard Pinot Noir aus dem Russian River Valley.

4791 Dry Creek Road, Healdsburg, CA 95448
www.papapietro-perry.com

Paradise Ridge Winery Russian River Valley
Während viele Kellereien im Russian River Valley nahe beieinander liegen, hat diese einen einsamen Standort. Das 63-ha-Gut war eigentlich als Ruhesitz für die Eigentümer Walter Byck und Marijke Byck-Hoenselaars gedacht, aber sie vermuteten gleich, dass sie hier auch Weinbau betreiben konnten. Schon im ersten Jahr nach dem Erwerb 1978 begannen sie, Reben anzupflanzen. Nach und nach vergrößerten sie die Rebfläche und verkauften die Trauben, bis 1991 die Kellerei gebaut wurde. Kellermeister Dan Barwick bereitet unter anderem den zu 100 % im Fass vergorenen Nagasawa Vineyard Chardonnay.

4545 Thomas Lake Harris Drive, Santa Rosa, CA 95403
www.prwinery.com

Paul Hobbs Russian River Valley
Echten Sonoma-Weinfans muss Paul Hobbs nicht vorgestellt werden. Einer der kompetentesten und gefragtesten Weinmacher in Kalifornien studierte ursprünglich Medizin, doch durch Botanikvorlesungen wurde sein Interesse für Weinbau und Önologie geweckt. Er machte sich einen Namen als Chefönologe bei Opus One (siehe S. 29) in Napa und beriet viele Spitzenerzeuger dort, bevor er 1991 seine eigene Kellerei eröffnete. Seine Meisterschaft bei sortenreinen Weinen im Burgunder- und Bordeaux-Stil führt zu einem beeindruckenden Angebot an Pinot Noir, Chardonnay, Cabernet Sauvignon und Syrah, die alle herausragend sind.

3355 Gravenstein Highway North, Sebastopol, CA 95472
www.paulhobbs.com

Peay Vineyards Sonoma Coast
Die Brüder Andy und Nick Peay suchten ganz Kalifornien nach einem »extremen« Standort für einen Weinberg ab und fanden schließlich einen windigen, kühlen Hang direkt an der Pazifikküste. In einem ehemaligen Obstgarten dort pflanzten sie Pinot Noir, Syrah, Marsanne, Roussanne und Viognier und begannen unter der Ägide der talentierten Kellermeisterin Vanessa Wong, außerordentliche, vom kühlen Klima geprägte Weine im Burgunder- und Rhône-Stil zu erzeugen. Beachtenswert ist das gesamte Angebot, insbesondere die kleinen Mengen an Viognier von einer 0,4-ha-Rebenparzelle. ★**Aufsteiger**

Keine Besuchereinrichtungen; www.peayvineyards.com

Peter Michael Winery Knights Valley
Auch wenn man in der Weinwelt sparsam mit Superlativen umgehen sollte, wird niemand bestreiten wollen, dass die Peter Michael Winery den besten Wein im Bordeaux-Stil des Sonoma County erzeugt. Die von dem Unternehmer und Ex-Vorstandsvorsitzenden des Supercomputer-Herstellers Cray, Sir Peter Michael, gegründete Kellerei besitzt mehrere Steillagen vulkanischen Ursprungs im Knights Valley, die mit verschiedenen nachhaltigen, biologischen und biodynamischen

ZINFANDEL AUS SONOMA

Keine Rebsorte ist so untrennbar mit kalifornischem Wein verbunden wie Zinfandel. Einige Anbaugebiete konkurrieren um den Status als Zinfandel-Kapitale, doch das Sonoma County hat einen entscheidenden Wettbewerbsvorteil: Die Rebflächen dort können mindestens bis in die 1850er-Jahre zurückverfolgt werden. Zwar wurden viele historische Weinberge während der Prohibition gerodet, doch im Dry Creek Valley in Sonoma wachsen auch heute noch einige wertvolle uralte Rebstöcke, namentlich auf Bucklins Old Hill Ranch, die 1885 bestockt wurde.

Im Kielwasser der weltweiten Begeisterung für den lieblichen, hellroséfarbenen White Zinfandel sind Zinfandel-Rotweine wieder in Mode gekommen. Sonoma bringt mindestens zwei Hauptstile von Zinfandel hervor: eine reife, pfeffrige Version aus dem Dry Creek Valley und eine verhaltenere, schwarzfruchtige Variante aus einigen Teilen des Russian River Valley.

QUIVIRA VINEYARDS
DIE QUINTESSENZ EINES ROSÉ: FRISCH, SAFTIG UND KNOCHENTROCKEN

RODNEY STRONG VINEYARDS
18 MONATE IM EICHENFASS SORGEN FÜR WEICHE TANNINE

Methoden bewirtschaftet werden. Der Verschnitt von Cabernet Sauvignon, Cabernet Franc und Merlot aus der Lage Les Pavots wird 18 Monate in 100 % französischer Eiche ausgebaut. Er ist stets herausragend – und schwer aufzutreiben, denn die meisten Weine werden nur an registrierte Kunden der Kellerei verkauft.

12400 Ida Clayton Road, Knights Valley, Calistoga, CA 94515; www.petermichaelwinery.com

Pey-Marin Marin

Dieser Erzeugerbetrieb ist einer der etabliertesten und erfolgreichsten in Marin. Gründer Jonathan Pey arbeitete viele Jahre lang in Kellereien in Burgund, Australien und Napa; seine Frau Susan ist als Weineinkäuferin für Spitzenrestaurants tätig. Gemeinsam erzeugen sie nun schon seit zehn Jahren Wein ihrer Marken Pey-Marin und Mount Tamalpais. Ihre biologisch angebauten Trauben wachsen an steilen, nebligen Hängen direkt am Pazifik. Das kühle Klima bringt ausgezeichneten Riesling hervor, und der Trois Filles Pinot Noir kann es mit den Besten seiner Art in Kalifornien aufnehmen.

10000 Sir Francis Drake Boulevard, Olema, CA 94950
www.marinwines.com

Pfendler Vineyards Sonoma County

Der Betrieb war der Traum seines Gründers, des Unternehmers Peter Pfendler, der 1992 mit dem Anbau von Reben im Süden des Sonoma County begann, aber leider nicht mehr miterleben konnte, wie die Früchte seiner Arbeit in den Handel kamen. Die 2007 von Kimberly Pfendler zum Gedenken an ihren Mann eröffnete Kellerei erzeugt rund 12 000 Flaschen Pinot Noir und Chardonnay sowie etwas Rosé von den kühleren Lagen des Sonoma County im Petaluma Gap. Die Weine werden von Berater Greg Bjornstad bereitet. ★**Aufsteiger**

Keine Besuchereinrichtungen; www.pfendlervineyards.com

Point Reyes Vineyards Marin

Der Betrieb war einer der ersten, die im Marin County gegründet wurden, und erzeugt nun schon seit fast 20 Jahren Wein. Er liegt an einer ruhigen Ecke des berühmten Küsten-Highway 1. Das Ehepaar Steve und Sharon Doughty ist die dritte Generation ihrer Familie, die in Marin Landwirtschaft treibt, und führt gemeinsam den kleinen Weinberg, die Kellerei und eine Pension. Produziert werden kleine Mengen Pinot Noir und Schaumwein von gutseigenen Reben sowie Weine von angekauften Trauben aus dem ganzen Sonoma County.

12700 Highway 1, Point Reyes Station, CA 94956
www.ptreyesvineyardinn.com

Porter Creek Vineyards
Russian River Valley

Der neben dem namengebenden Porter Creek gelegene Vater-Sohn-Betrieb wurde 1982 gegründet und erzeugt mit die markantesten Weine im Russian River Valley, die aber oft übersehen werden. Alles ist hier bescheiden, ja geradezu unscheinbar: Besucher werden zur Verkostung in einen alten Schuppen gebeten, Werbung wird praktisch gar keine gemacht. Das kleine Spektrum biodynamisch erzeugter Weine wird von Alex Davis verantwortet, der mit dem 1997er Jahrgang die Leitung der Kellerei von seinem Vater übernahm. Jeder einzelne Wein ist probierenswert, aber Chardonnay, Viognier, Pinot Noir und Carignane sind besonders schmackhaft. Der Viognier erinnert an einen Condrieu von der Rhône; der Carignane stammt von sehr alten Reben im Alexander Valley, was ihm große Tiefe verleiht.

8735 Westside Road, Healdsburg, CA 95448
www.portercreekvineyards.com

Pride Mountain Vineyards

Der genau auf der Grenze zwischem dem Sonoma und dem Napa County in den Mayacamas Mountains gelegene Betrieb wurde aus bürokratischen Gründen dazu verdonnert, auf beiden Seiten der Grenze eine eigene Kellerei zu betreiben, daher steht auf den Weinen manchmal Sonoma County, manchmal Napa und manchmal beides. Auf dem Gelände wird seit den 1890er-Jahren Wein erzeugt; dieser Familienbetrieb wurde Anfang der 1990er-Jahre gegründet. Bob Foley trug dazu bei, die Weine berühmt zu machen. Heute hat in der Kellerei Sally Johnson das Sagen, deren schönes Angebot an Weinen unter anderem angesehenen Merlot und Cabernet Sauvignon beinhaltet. Der Viognier und der Sangiovese kommen beide ausschließlich aus Sonoma.

4026 Spring Mountain Road, St Helena, CA 94574
www.pridewines.com

Quivira Vineyards Dry Creek Valley

Der 1987 gegründete Betrieb propagierte als einer der ersten in Kalifornien nachhaltige Landwirtschaft und Umweltbewusstsein: Sonnenenergie, biodynamischer Anbau und Unkrautvernichtung durch Ziegen – diese Konsequenz nötigt einem wirklich Respekt ab. Zu allem Überfluss sind unter den neuen Eigentümern und dank dem Talent von Kellermeister Steven Canter in letzter Zeit auch die Weine ziemlich gut geworden. Außerdem erzeugt die Kellerei als eine von ganz wenigen im Dry Creek Valley Grenache und vermutlich sogar den besten. Er wird 15 Monate in Eichenfässern ausgebaut, von denen 10 % neu sind. Empfehlenswert ist auch der mit Wildhefen vergorene Rosé, der 10 % Mourvèdre enthält und dadurch zusätzliche Würze gewinnt.

4900 West Dry Creek Road, Healdsburg, CA 95448
www.quivirawine.com

A. Rafanelli Dry Creek Valley

An kaum einen Zinfandel aus dem Sonoma County kommt man so schwer heran wie an den von Rafanelli. Die Weine werden nur an registrierte Kunden und Kellereibesucher verkauft und sind so gut wie nie im Handel oder in Restaurants erhältlich. Die Familie Rafanelli betreibt seit vier Generationen Weinbau im Dry Creek Valley, und das nach wie vor ohne großes Aufheben. Werbung ist hier ein Fremdwort; stattdessen konzentriert man sich darauf, Zinfandel, Cabernet Sauvignon und Merlot in beständig guter Qualität von eigenen Reben zu erzeugen. Der bekannteste Wein ist zu Recht der Zinfandel, doch der beste ist der Cabernet Sauvignon.

4685 West Dry Creek Road, Healdsburg, CA 95448
www.arafanelliwinery.com

Ramey Wine Cellars Russian River Valley

Manche Kellereien sind aus persönlichen Gründen nach ihrem Besitzer benannt, andere tragen den Namen ihres Besitzers, weil dieser in der Weinwelt einen guten Klang besitzt. Ramey Wine Cellars ist das Werk von David

Ramey, der bei vielen kalifornischen Spitzenerzeugern als Kellermeister äußerst erfolgreich war. 1997 machte er sich selbstständig, um kleine Mengen von Weinen so zu bereiten, wie er es für richtig hielt. Der in Rameys Wohnort Healdsburg gelegene Betrieb erzeugt Cabernet Sauvignon von erstklassigen Lagen im Napa Valley, zwei markante Syrah-Weine von der Sonoma Coast sowie Chardonnay aus Carneros und Sonoma.

25 Healdsburg Avenue, Healdsburg, CA 95448
www.rameywine.com

Rancho Zabaco Winery Dry Creek Valley
Rancho Zabaco ist eine der vielen Marken im Besitz von Gallo Family Vineyards, verdient jedoch wegen ihrer Spezialisierung auf Zinfandel und dem großartigen Preis-Leistungs-Verhältnis gesonderte Erwähnung. Die von Kellermeister Eric Cinnamon bereiteten Weine der Marke sind überall in den USA erhältlich. Dazu gehören auch einige limitierte Zinfandel-Abfüllungen, darunter Einzellagenweine aus erstklassigen Weinbergen, zum Beispiel dem Monte Rosso.

3387 Dry Creek Road, Healdsburg, CA 95448
www.ranchozabaco.com

Ravenswood Sonoma Valley
»No wimpy wines« (keine mickrigen Weine) ist das Motto dieses Zinfandel-Spezialisten. In den letzten 30 Jahren machte Gründer Joel Peterson aus einem kleinen Betrieb eine der bekanntesten Marken in Kalifornien. Zinfandel ist und bleibt das Zentrum des Geschehens und bestückt ein breites Angebot, das von Massenproduktion bis zu Einzellagengewächsen reicht; nach wie vor findet man hier erstklassige Ergebnisse der Rebsorte. Auf keinen Fall entgehen lassen sollte man sich neben dem Old Hill Zinfandel und dem Big River Zinfandel den einzigartigen und überaus köstlichen Rhône-Verschnitt.

18701 Gehricke Road, Sonoma, CA 95476
www.ravenswood-wine.com

J. Rickards Winery Alexander Valley
Jim und Eliza Rickards bauen seit fast 30 Jahren Trauben im Alexander Valley an. Sie waren stolz darauf, ihren Cabernet Sauvignon an Silver Oak (siehe S. 33) und ihren Zinfandel an Dry Creek Vineyards (siehe S. 42) zu verkaufen, bereiteten aber stets in der Garage ein bisschen Wein für den Eigenbedarf. 2005 gaben sie dem steigenden Druck von begeisterten Verwandten und Freunden nach und begannen mit der kommerziellen Weinerzeugung unter dem Namen J. Rickards. Die ersten Jahrgänge sind hervorragend, besonders der Zinfandel, der jetzt schon zur ersten Riege im Alexander Valley zählt. ★**Aufsteiger**

24505 Chianti Road, Cloverdale, CA 95425
www.jrwinery.com

Ridge Lytton Springs Dry Creek Valley
Wie soll man denn das nennen, was der Betrieb mit Sitz in den Santa Cruz Mountains hier im Dry Creek Valley hat? Tochterunternehmen? Zweigniederlassung? Ableger? Die Kellerei, die als eigenständiger Betrieb, aber von denselben Leuten und mit derselben Philosophie geführt wird, ist schlicht und ergreifend der Ort, an dem seit jeher der Ridge Zinfandel entsteht. Sie wurde 1991 von Ridge erworben, nachdem die Weine dort schon jahrzehntelang erzeugt worden waren, und zur Verkostung

ROSS VALLEY WINERY
KÜNSTLER UND FREUNDE TRAGEN ZU DIESEM ROSÉ MIT ERDBEERNOTEN BEI

RANCHO ZABACO WINERY
GALLOS ZINFANDEL-ABLEGER BIETET ÄUSSERST PREISWERTE WEINE

stehen dieselben Flaschen bereit wie in Santa Cruz, allen voran der berühmte Monte Bello Cabernet Sauvignon und der Geyserville Zinfandel.

650 Lytton Springs Road, Healdsburg, CA 95448
www.ridgewine.com

J. Rochioli Vineyards Russian River Valley
Rochioli ist einer der berühmtesten Pinot-Noir-Winzer in Kalifornien und zweifellos eines der besten Weingüter in Nordamerika. Seit Beginn des 20. Jahrhunderts bebaut die Familie ihr Land im Russian River Valley, und mit Kellermeister Tom Rochioli bereitet die dritte Generation Wein von den gut gepflegten Reben in den Auen südlich von Healdsburg. Unter dem Namen Rochioli Vineyards werden Sauvignon Blanc, Pinot Noir und Chardonnay mit Appellationsbezeichnung angeboten; J. Rochioli steht dagegen auf dem Etikett der gefragten Chardonnay- und Pinot-Noir-Einzellagenweine. Letztere werden nur an registrierte Kunden verkauft, und es kann Jahre dauern, bis man diesen Status erwirbt. Spitzenreiter ist unter anderem der Pinot Noir aus den Lagen River Block, West Block und Little Hill. Siehe auch Randspalte S. 57.

6192 Westside Road, Healdsburg, CA 95448
www.rochioliwinery.com

Rodney Strong Vineyards
Russian River Valley
Nach dem Ende seiner Karriere als Profitänzer begann Rodney Strong 1959 mit der Weinerzeugung, zunächst zu Hause, nach den ersten Verkaufserfolgen dann in einer Kellerei im Alexander Valley. Mitte der 1980er-Jahre konnte man seinen Wein praktisch überall in den USA kaufen. Er produziert nach wie vor große Mengen überwiegend anspruchslose Tropfen für den Inlandsmarkt, brachte jedoch vor Kurzem die beiden teuren Einzellagengewächse Rockaway und Brothers Ridge heraus, die einen beträchtlichen Qualitätssprung bedeuten.

11455 Old Redwood Highway, Healdsburg, CA 95448
www.rodneystrong.com

Roessler Cellars Russian River Valley
Es ist nicht verwunderlich, dass Roger Roessler nach 35 Jahren als Gastwirt ein Interesse an Wein entwickelte. Als Freunde, die einen Weinberg besaßen, ihm 2000 einen Teil ihrer Pinot-Noir-Trauben anboten, entstand Roessler Cellars. Gemeinsam mit seinem Bruder Richard und Kellermeister Scott Shapley bietet Roessler kleine Mengen Pinot Noir und Chardonnay von Trauben aus ganz Nordkalifornien an. Alle Weine sind erstklassig und stets elegant, besonders der Brousseau Pinot Noir und der Hein Family Vineyard Pinot Noir. 2003 wurden die ersten eigenen Weinberge angelegt, und neuerdings werden auch Gutsweine erzeugt. ★**Aufsteiger**

380 First Street, West Sonoma, CA 95476
www.roesslercellars.com

Ross Valley Winery Marin
Die kleine Kellerei ist leider zum Opfer der Wirtschaftskrise geworden und musste 2010 schließen. Paul Kreider hatte hier eine Art Gemeinschaftsprojekt geleitet, bei dem die Lese regelmäßig von freiwilligen Helfern, Freunden und Verwandten bestritten wurde. Neben Rot- und Weißweinen von Trauben aus Sonoma und Carneros wurden auch Honigwein sowie verschiedene andere Aperitifs

SEBASTIANI WINERY
DER SPITZENWEIN AUS DEM ALLGEGENWÄRTIGEN ANGEBOT VON SEBASTIANI

SELBY WINERY
EIN REIFER MERLOT FÜR LIEBHABER VON SCHOKOLADEN- UND PFLAUMENNOTEN

und Digestifs erzeugt. Man kann die Weine von Ross Valley noch in den Läden finden, doch leider ist es nicht mehr möglich, wie früher auf dem Hof aufzukreuzen und seine eigenen Kanister mit Wein füllen zu lassen.

Keine Besuchereinrichtungen; www.rossvalleywinery.com

Rued Winery Dry Creek Valley

Das Ehepaar Steve und Sonia Rued eröffneten 2004 ihre Kellerei, nachdem sie jahrzehntelang Trauben an andere verkauft hatten. Die Familie Rued blickt auf eine lange Weinbautradition im Sonoma County zurück und bewirtschaftet weiterhin mehr als 65 ha, von deren Ertrag nur ein kleiner Teil in Flaschen mit dem Familiennamen landet. Steve und Sonia waren vor ihrer Hochzeit beide Kellermeister und sind nun gemeinsam für alle Jahrgänge verantwortlich. Erzeugt werden mehrere Weine guter Qualität zu vernünftigen Preisen, unter anderem Zinfandel und Sauvignon Blanc aus dem Dry Creek Valley.

3850 Dry Creek Road, Healdsburg, CA 95448
www.ruedvineyards.com

Russian Hill Estate Russian River Valley

Während die Weinwelt immer mehr von Konzernen bestimmt wird, gibt es in Sonoma weiterhin viele echte Familienbetriebe, in die mutige Träumer ihre gesamten Ersparnisse investierten. Das von Edward Gomez und Ellen Mack gegründete Russian Hill Estate ist dafür ein perfektes Beispiel. Gomez, pensionierter Arzt und passionierter Heimwerker, kelterte eine Weile zu Hause, bevor er 1997 alles auf eine Karte setzte und Land für sein Russian Hill Estate erwarb. Heute bereitet sein Neffe Patrick Melley die Weine, darunter einige sehr schöne Einzellagenabfüllungen von Pinot Noir.

4525 Slusser Road, Windsor, CA 95492
www.russianhillestate.com

Saxon-Brown Sonoma Valley

Alte Weinberge in Familienbesitz sind eine Fundgrube für viele Weine aus Sonoma. Nach 16 Jahren als Kellermeister, namentlich bei Chateau St. Jean (siehe S. 41), beschloss Jeff Gaffner 1997, dass er sich nun endlich seinen eigenen Weinen widmen wollte. Diese stammen vom 6,5 ha großen Casa Santinamaria Vineyard, den seine Familie seit drei Generationen bebaut. Von 100 Jahre alten Reben erzeugt Gaffner ausgewogenen, langlebigen Zinfandel (eigentlich ein »field blend«, also ein gemischter Satz von fünf Sorten) und Semillon. Daneben werden angekaufte Trauben zu Syrah und Pinot Noir verarbeitet. Bei nur 20400 Flaschen machen sich die Weine rar, aber die Suche lohnt sich.

255 West Napa Street, Sonoma, CA 95476
www.saxonbrown.com

Sbragia Family Vineyards Dry Creek Valley

Früher oder später möchte jeder talentierte Weinmacher seine eigene Kellerei aufmachen, und genau so ist auch Sbragia Family Vineyards entstanden. Für Ed Sbragia, der 24 Jahre lang Chefkellermeister bei Beringer im Napa Valley (siehe S. 18) war, fiel die Entscheidung für die Selbstständigkeit aus mehr als nur dem Wunsch heraus, seinen Namen auf einer Flasche zu lesen. Es ging darum, die Weinbautradition seiner Familie im Sonoma County fortzuführen. Sbragias Vater war in den 1960er-Jahren Winzer im Dry Creek Valley gewesen, und nun erzeugen Ed Sbragia und sein Sohn Alex gemeinsam Wein in ihrer neu eröffneten Kellerei. Empfehlenswert ist der Cimarossa Cabernet Sauvignon von einer sorgfältig ausgewählten Lage in den Bergen. ★**Aufsteiger**

9990 Dry Creek Road, Geyserville, CA 95441
www.sbragia.com

Sean Thackrey Marin

Nennen wir ihn den Hexer von Bolinas, denn in dieser Stadt ist der rätselhafte Weinmacher Sean Thackrey zu Hause. Immer wieder sägen Unbekannte das einzige Schild ab, das den Weg zum Ort weist. Der Bilderstürmer und Autodidakt Thackrey bereitet großartige Weine, trotz seiner ungewöhnlichen Methoden: Seit 1980 erzeugt er in seinem Garten in offenen Gärtanks unter Eukalyptusbäumen hauptsächlich Rotweine. Sein aus mehreren Jahrgängen verschnittener roter Pleiades ist am leichtesten zu finden, aber auch die Jagd auf den Verschnitt Orion oder den Andromeda Pinot Noir lohnt sich.

Keine Besuchereinrichtungen; www.wine-maker.net

Sebastiani Winery Sonoma Valley

Die 1904 von Samuele Sebastiani gegründete Kellerei ist eine feste Größe in der Altstadt von Sonoma und verkörpert wie keine andere den Weinbau im Sonoma County. Dank der Produktionsmenge von mehr als 96 Millionen Flaschen sind Sebastianis preisgünstige Weine überall in den USA erhältlich. Am oberen Ende des Spektrums locken Tropfen guter Qualität, etwa der in kleinen Mengen erzeugte Cherryblock Cabernet Sauvignon oder der Carneros Pinot Noir.

389 Fourth Street East, Sonoma, CA 95476
www.sebastiani.com

Seghesio Family Vineyards Alexander Valley

Die Geschichte dieses Betriebs ist prototypisch für die Erzeugerszene in Sonoma. Er wurde 1895 von dem italienischen Einwanderer Edoardo Seghesio gegründet, der im selben Jahr 23 ha mit Zinfandel bestockte, und wird heute von seinen Nachfahren geführt. Mit angekauften Trauben und hoch gesteckten Zielen wuchs die Marke Anfang der 1990er-Jahre auf eine Jahresproduktion von über 1,5 Millionen Flaschen an, doch 1993 beschlossen Ted und Peter Seghesio vom einen auf den anderen Tag, nur noch das Lesegut des 100 Jahre alten familieneigenen Weinbergs zu verarbeiten. Neben Zinfandel von diesen Reben wird auch ein Weißwein von Arneis erzeugt.

14730 Grove Street, Healdsburg, CA 95448
www.seghesio.com

Selby Winery Russian River Valley

Die Kellerei wurde 1993 von David Selby gegründet, nachdem er sein ganzes Leben dem Wein gewidmet hatte, und nach seinem Tod 1997 von seiner Tochter Susie Selby weitergeführt. Von eigenen und angekauften Trauben bereitet sie rund 120000 Flaschen im Jahr, jeweils kleine Mengen von verschiedenen Rebsorten. Der Merlot ist ein Dauerbrenner, und wer es süß mag, dem sei die in manchen Jahrgängen erzeugte Zinfandel-Spätlese empfohlen, die man vor Ort erwerben kann.

215 Center Street, Healdsburg, CA 95448
www.selbywinery.com

Siduri Winery Russian River Valley
Die von Adam und Dianna Lee gegründete kleine Kellerei ist sicherlich nicht die erste, die auch ohne eigene Weinberge außerordentliche Erfolge einheimste, aber seit ihren Anfängen vor 15 Jahren ist sie ein Vorbild für zahlreiche andere geworden. Mit ein paar tausend Dollar Erspartem und wenig Erfahrung in der Weinherstellung kaufte das Ehepaar ausgewählte kleine Mengen Pinot Noir von Spitzenwinzern in Kalifornien und Oregon an, um sie zu verkeltern und unter dem Namen der babylonischen Weingöttin abzufüllen. Alle ihre Weine sind zu Recht sehr angesehen und gefragt.

980 Airway Court, Santa Rosa, CA 95403
www.siduri.com

Skipstone Ranch Alexander Valley
Der Unternehmer und Investor Fahri Diner weiß, wie man Marken und Betriebe aufbaut. Seine Frau Jill Layman weiß, wenn sie ein Stück Land sieht, sofort, was in ihm steckt. Zusammen gründeten sie die Skipstone Ranch zur Wein- und Olivenölerzeugung und verpflichteten einige der größten Talente der Branche: Ulises Valdez ist für die Weinberge verantwortlich, Phillipe Melka steht dem Kellermeister Andrew Levi zur Seite, und die Star-Sommelière Emily Wines ist als Beraterin tätig. Der Rotwein Oliver's Blend ist ein protziger Kerl mit hoher Oktanzahl, aber äußerst vielversprechend. ★**Aufsteiger**

Keine Besuchereinrichtungen
www.skipstoneranch.com

Sojourn Cellars Sonoma Valley
Erich Bradleys offizielle Funktion ist Weinmacher. Craig Haserots offizielle Funktion ist Weinverkoster. Die beiden lernten sich in Sonoma kennen und verschrieben sich gemeinsam zwei Rebsorten, die nicht oft unter einer Decke stecken: Pinot Noir und Cabernet Sauvignon. Die von Spitzenanbauern in Sonoma, Napa und Mendocino angekauften Trauben verarbeitet Bradley mit unglaublichem Fingerspitzengefühl zu kleinen Mengen Wein. Die Methoden sind traditionell (Vergärung mit einheimischen Hefen, Korbpressen, keine Filtration, keine Schönung) und die Ergebnisse fantastisch. ★**Aufsteiger**

141 East Napa Street, Sonoma, CA 95476
www.sojourncellars.com

Sonoma Coast Vineyards Dry Creek Valley
Wie viele andere, die lange erfolgreich in der Weinbranche tätig waren, wurden auch John und Barbara Drady schließlich Eigentümer von Weinbergen an der, wie sie es nennen, »äußersten« Sonoma Coast. Nahe der Stadt Freestone, nur wenige Kilometer und wenige niedrige Hügel vom Pazifik entfernt, erzeugen die Dradys mithilfe des Kellermeisters Anthony Austin Pinot Noir, Chardonnay und Sauvignon Blanc. Seit 2002 der erste Jahrgang das Licht der Welt erblickte, sind die Weine ausgewogen, delikat und köstlich. ★**Aufsteiger**

Keine Besuchereinrichtungen
www.sonomacoastvineyards.com

Sonoma-Cutrer Vineyards
Russian River Valley
Der US-Luftwaffenpilot Brice Cutrer Jones gründete Sonoma-Cutrer 1972 nach Abschluss seines MBA-Studiums. 1981 beschloss er, dass die Kellerei nur noch Chardonnay erzeugen sollte, und das tut sie mit ungebremster Kraft bis heute. Als sie 1999 von der Brown Forman Corporation erworben wurde, war sie der größte Chardonnay-Erzeuger im Land und verkaufte mehr Flaschen an Spitzenrestaurants als jede andere Marke. Der allgegenwärtige Russian River Ranches Chardonnay bietet nach wie vor sehr hohe Qualität für seinen Preis.

Keine Besuchereinrichtungen; www.sonomacutrer.com

STARRY NIGHT WINERY
DIESER ZINFANDEL IST WIRKLICH GUT, AUCH WENN ER IN EINEM HÖCHST UNROMANTISCHEN INDUSTRIEGEBIET ABGEFÜLLT WIRD

SKIPSTONE RANCH
DER ERST JÜNGST FREIGEGEBENE ERSTE JAHRGANG IST SEHR VIELVERSPRECHEND

St. Francis Winery Sonoma Valley
Es ist ein Zeichen ihres Erfolgs, dass viele die St. Francis Winery für einen der ältesten Familienbetriebe in Sonoma halten. Doch die Geschichte dieses Unternehmens begann erst 1971, als Joe Martin und seine Frau Emma einen Weinberg in Sonoma erwarben, auf dem sie acht Jahre später ihre eigene Kellerei errichteten. Inzwischen werden mehr als 3 Millionen Flaschen im Jahr erzeugt, doch trotz dieser Dimensionen ist die Qualität hoch geblieben. Empfehlenswert sind besonders die roten Einzellagenweine.

100 Pythian Road, Santa Rosa, CA 95409
www.stfranciswine.com

Starry Night Winery Marin
Eine Garagenkellerei mit einem Faible für Zinfandel ist mittlerweile zu einer 168 000-Flaschen-Produktion mit immer noch demselben Faible geworden. Die Freunde Wayne Hansen, Bruce Walker, Mike Miller und Skip Granger fingen aus Spaß an der Freude mit der Weinbereitung an, waren dann jedoch zu gut, um es dabei zu belassen. Sie besuchten Kurse, vervollkommneten ihre Kenntnisse und eröffneten 1999 einen Betrieb. Der Schwerpunkt liegt nach wie vor auf Zinfandel, von dem sie in einem unromantischen Industriegebiet in Novato verschiedene Versionen abfüllen.

55 Frosty Lane, Novato, CA 94949
www.starrynightwinery.com

Stuhlmuller Vineyards Alexander Valley
Einige der interessantesten Kellereien in Sonoma werden von Familien geführt, die Trauben für andere anbauten, bevor sie mit einer eigenen Marke ins Geschäft einstiegen. Stuhlmuller Vineyards ist ein gutes Beispiel dafür. Die Familie Stuhlmuller begann 1982 mit dem Anbau von Chardonnay, Cabernet Sauvignon und Zinfandel, und nach seinem Collegeabschluss 1994 beschloss der junge Fritz Stuhlmuller, dass nun auch eigener Wein erzeugt werden sollte. Inzwischen werden in der im Jahr 2000 errichteten Kellerei unter der Ägide des Kellermeisters Leo Hansen 72 000 Flaschen jährlich abgefüllt. Der Chardonnay ist besonders gut und außerordentlich preiswert.

4951 West Soda Rock Lane, Healdsburg, CA 95448
www.stuhlmullervineyards.com

Suacci Carciere Russian River Valley
Nachdem sie gemeinsam in Sebastopol ihre Kinder großgezogen hatten, kannten sich die Familien Suacci und Carciere sehr gut. Als die Suaccis daher eine 1,4 ha große Parzelle in ihrem Besitz mit Pinot Noir bestockten und diese sich als wirklich guter Weinberg erwies, schreckte die Idee niemanden, gemeinsam davon einen Wein zu erzeugen. 2006 verpflichteten John Suacci und Andy Carciere den talentierten jungen Ryan Zepaltas

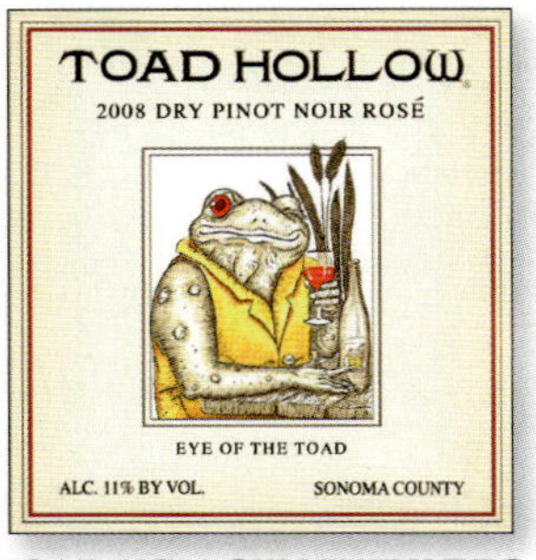

TOAD HOLLOW VINEYARDS
DER AUSGEZEICHNETE ROSÉ IM PROVENCE-STIL HEISST »KRÖTENAUGE«

TERLATO FAMILY VINEYARDS
IN KLEINEN MENGEN ERZEUGTER PINOT NOIR VON EINEM GROSSEN UNTERNEHMEN

(der auch für die Siduri Winery arbeitet; siehe S. 55) zur Bereitung ihrer Weine, zu denen auch ein Chardonnay von Trauben des hoch angesehenen Heintz Vineyard zählt. Sowohl der Pinot Noir als auch der Chardonnay sind hervorragend. ★**Aufsteiger**

Keine Besuchereinrichtungen; www.suaccicarciere.com

Tandem Wines Russian River Valley

Das ursprüngliche Gemeinschaftsprojekt der beiden talentierten Weinmacher Greg La Folette und Greg Bjornstad wird nun, da die Partner sich entzweit haben, von La Folette weitergeführt, obwohl dieser als Spitzenberater ständig auf der ganzen Welt unterweg ist. Tandem verarbeitet die Trauben erstklassiger Anbauer in ganz Nordkalifornien zu sehr kleinen Mengen verschiedener Weine. Probierenswert sind der Ritchie Vineyard Chardonnay und der Auction Block Pinot Noir, der aus den besten Fässern des jeweiligen Jahrgangs entsteht.

Keine Besuchereinrichtungen
www.tandemwinery.com

Terlato Family Vineyards
Russian River Valley

Die Familie Terlato war 50 Jahre im Weinbau tätig, bevor ihr Name erstmals vorn auf einer Flasche stand. Heute ist Terlato Wines eines der größten und erfolgreichsten Unternehmen in den USA, das hauptsächlich importiert, aber auch eigene Weinberge hat. Das neueste Projekt betreibt Gründer Anthony Terlato mit seinen Söhnen Bill und John sowie Kellermeister Doug Fletcher, der auch für andere Terlato-Marken verantwortlich zeichnet. Alle Weine sind sauber bereitet, doch der Pinot Noir sticht besonders hervor. ★**Aufsteiger**

Keine Besuchereinrichtungen
www.terlatovineyards.com

Terremoto Marin

Die Eigentümer Chris und Karen Gallien kamen aus dem Mittleren Westen nach Kalifornien. Wie viele kleine Winzer folgten sie ihrer Liebe zum Wein bis zur letzten Konsequenz. Anbauer und Kellermeister, die sie auf ihren zahlreichen Reisen nach Sonoma und Napa kennengelernt hatten, rieten ihnen zu, und so ließen sie sich in einem kleinen Gewerbegebiet in Novato nieder, wo sie ein paar hundert Kisten preisgünstigen Weins erzeugen. Von den vier Weinen im Angebot ist der Syrah der beste. Die originellen, bunten Etiketten sind ein Hingucker.

Keine Besuchereinrichtungen
www.terremotocellars.net

Toad Hollow Vineyards Russian River Valley

Eigentümer und Kellermeister Todd Williams (genannt »Dr. Toad«) wurde bei der Gründung des Betriebs von seinem Freund Rodney Strong (»Der tanzende Dachs«) unterstützt und von dem englischen Kinderbuchklassiker *Der Wind in den Weiden* inspiriert. Was ursprünglich einfach nur Spaß machte, ist auf eine Millionenproduktion angewachsen. Zum Besitz gehören 42 ha Rebland und diverse untergeordnete Marken, aber die Weine sind nach wie vor von guter Qualität. Besonders empfehlenswert ist der Rosé Eye of the Toad.

409A Healdsburg Avenue, Healdsburg, CA 95448
www.toadhollow.com

Truett Hurst Vineyards Dry Creek Valley

Das Mehrgenerationenprojekt von Paul Dolan, Philip Hurst und dessen Sohn Heath wurde 2008 mit dem Erwerb dieses Guts ins Leben gerufen, um die Prinzipien des biodynamischen Weinbaus auf ganzer Linie zu verwirklichen. Mit Hilfe des Anbauspezialisten Mark De Meulanaere und der Kellermeisterin Virginia Lambrix werden 10,5 ha Rebland und 2 ha Gartenfläche bewirtschaftet. Da es noch ein paar Nüsse zu knacken gibt, ist es zu früh, um die Erfolge zu beurteilen, aber man sollte den Betrieb auf jeden Fall im Auge behalten.

5610 Dry Creek Road, Healdsburg, CA 95448
www.truetthurst.com

Twomey Russian River Valley

Fast jeder Weinfreund hat schon einmal vom berühmten Cabernet-Sauvignon-Erzeuger Silver Oak gehört (siehe S. 33). Twomey ist dessen Schwestermarke, die statt Cabernet Sauvignon eine Merlot-Cuvée der Spitzenklasse aus dem Napa Valley erzeugt. Vor Kurzem übernahm Twomey als zweites Standbein die frühere Roshambo-Kellerei im Sonoma County mit ihrer modernen Architektur. Zeitgleich wurde mit der Erzeugung von Pinot Noir und Sauvignon Blanc begonnen. Der Star des Angebots bleibt jedoch der mit größter Sorgfalt bereitete Merlot.

3000 Westside Road, Healdsburg, CA 95448
www.twomeycellars.com

Ty Caton Sonoma Valley

Die Familie Caton erwarb 1981 ein heruntergekommenes Weingut der Jahrhundertwende mit dem Vorsatz, es irgendwann einmal zu renovieren. Manchmal jedoch bleiben solche Pläne auf Eis liegen, bis sich die nächste Generation ihrer annimmt und sie umsetzt. 1997 bepflanzte Ty Caton rund 16 ha der alten Weinberge neu, und 2000 erzeugte er mithilfe seines Freundes und Mentors Peter Mathis von Ravenswood (siehe S. 53) seinen ersten Jahrgang. Seitdem bringen seine Weinberge jährlich ein paar tausend Kisten Wein hervor. Der ungewöhnliche Tytanium, ein Verschnitt aus Cabernet Sauvignon, Petite Sirah, Syrah und Malbec, ist ausgezeichnet.

8910 Sonoma Highway, Kenwood, CA 95454
www.tycaton.com

Unti Vineyards Dry Creek Valley

Obwohl der Betrieb kaum älter als zehn Jahre ist, wirkt er in vielerlei Hinsicht wie ein alter Hase. Er wurde von Mick, George und Linda Unti mit dem klaren Ziel gegründet, erstklassige Weine im Mittelmeerstil aus dem Dry Creek Valley zu erzeugen. Seine 20 ha große Rebfläche ist mit einigen für die Gegend unüblichen Rebsorten bestockt, darunter Montepulciano, Barbera und Picpoul Blanc. Von diesen werden ausgezeichnete Weine bereitet, die markant und auf Langlebigkeit ausgerichtet sind. Der Rosé von Grenache und Mourvèdre (die Reben sind Klone von Châteauneuf-du-Pape) ist einer der besten in Kalifornien und kommt jung in den Handel.

4202 Dry Creek Road, Healdsburg, CA 95448
www.untivineyards.com

Valdez Family Winery Russian River Valley

Die Geschichte dieser Kellerei ist die eines Mannes namens Ulises Valdez – und die eines amerikanischen Traums vom Glück im Weinbau. Der mittellose illegale

Einwanderer und minderjährige Weinbergarbeiter Ulises Valdez arbeitete sich zum Eigentümer von Valdez and Sons Vineyard Management hoch, eines Betriebs mit 364 ha und 70 Mitarbeitern im Sonoma County, der Trauben für einige der besten Weinmacher des Landes anbaut. Und jetzt schreiben ein paar ebendieser Weinmacher (Jeff Cohn, Paul Hobbs und Marc Aubert) am letzten Kapitel von Ulises' Geschichte mit, indem sie Weine für die Valdez Family Winery bereiten. Diese sind wie Ulises selbst: einfach überwältigend. ★**Aufsteiger**

Keine Besuchereinrichtungen
www.valdezfamilywinery.com

Valley of the Moon Winery Sonoma Valley
Kaum jemand weiß noch, dass »Sonoma« ein indianisches Wort ist, das so viel heißt wie »Mondtal«. Deshalb wurde die 1863 gegründete Madrone Winery in »Valley of the Moon« umbenannt, als sie 1941 verkauft wurde. 1997 wechselte sie erneut den Eigentümer, doch der Name blieb. Sie erzeugt ein großes Spektrum erschwinglicher Weine guter Qualität, darunter einen markanten Cabernet Sauvignon mit Minzaromen, der knapp zwei Jahre in französischen und amerikanischen Eichenfässern ausgebaut wird.

777 Madrone Road, Glen Ellen, CA 95442
www.valleyofthemoonwinery.com

Vergari Wines Russian River Valley
Der ehemalige Finanzanalyst David Vergari arbeitete sich mit einem Abschluss der Uni in Davis die Weinbaukarriereleiter empor. Erst war er eine Weile Erntehelfer in Spanien und Australien, kehrte dann zurück, um sich seine Sporen erst in der Forschung, dann als Kellermeister bei diversen kalifornischen Erzeugern zu verdienen und sich schließlich selbstständig zu machen. Obwohl er in Südkalifornien lebt, bewirtschaftet er im Rahmen langfristiger Verträge mit Spitzenanbauern Weinbergparzellen und erzeugt köstlichen Wein in kleinen Mengen. Besonders probierenswert sind die Pinot-Noir-Gewächse Van der Kamp und DuNah.

Keine Besuchereinrichtungen; www.vergariwines.com

Walter Hansel Russian River Valley
Als Eigentümer mehrerer Autohäuser im Sonoma County verdiente Walter Hansel in den 1970er-Jahren recht gut. 1978 begann er, seine Ersparnisse in Rebland zu investieren, das in 20 Jahren auf 26 ha anwuchs. Leider konnte er nicht mehr miterleben, wie sein Sohn Stephen die Trauben las, aus denen der erste Jahrgang ihres eigenen Weins entstehen sollte. Mit Unterstützung von Freunden und Nachbarn, namentlich Tom Rochioli, erzeugt Stephen weiterhin ausgezeichneten, langlebigen Pinot Noir, der zu den erschwinglichsten Weinen der Gegend gehört.

5465 Hall Road, Santa Rosa, CA 95401
www.walterhanselwinery.com

West Wind Wines Marin
Die Krankenschwester Cynthia Klock und ihr Mann John, ein Arzt, leben in den Nicasio Hills, bewirtschaften gerade einmal 0,8 ha Rebland und schaffen es dennoch, jedes Jahr mehrere hundert Kisten Wein zu erzeugen. Wie ist das möglich? Weil andere Betriebe Trauben spenden. Bei West Wind Wines dreht sich alles ums Spenden. Der gesamte Gewinn aus dem Verkauf der einfachen Weine (und des Öls, das von gespendeten Oliven produziert wird) geht an das Gilead House, ein örtliches Heim für obdachlose Mütter, die bei der Lese mithelfen.

333 Willow Road, Nicasio, CA 94946
www.westwindwines.com

Williams Selyem Russian River Valley
Burt Williams und Ed Selyem begannen 1981 aus Liebe zum Zinfandel in einer Garage Wein zu erzeugen. Der Betrieb, seit 1998 im Besitz der Familie Dyson, produziert nach wie vor Zinfandel, wurde jedoch vor allem dank seines Pinot Noir zu einer der Kultkellereien Kaliforniens. Kellermeister Bob Cabral bereitet hellen, eleganten Pinot von Spitzenlagen, auch denen des berühmten Nachbarn Rochioli. Verkauft wird nur an registrierte Kunden; die Spitzenabfüllungen heißen Flax, Hirsch und Vista Verde.

Keine Besuchereinrichtungen; www.williamsselyem.com

Wind Gap Wines Russian River Valley
Wind Gap Wines ist das zweite Projekt des renommierten Weinmachers Pax Mahle, der Pax Wine Cellars verbunden war, bis er sich vor Kurzem mit seinem Partner und Hauptanteilseigner entzweite. Unter dieser neuen Marke bereitet Mahle kleine Mengen von Weinen mit den Methoden, die er für richtig hält: sorgfältige Auswahl der Trauben, Vergärung mit wilden Hefen, Ausbau der Weißweine in neutralen Eichenfässern und noch Ausgefalleneres, zum Beispiel, wie gelegentlich in Italien praktiziert, ein langer Schalenkontakt beim Pinot Gris, wodurch ein aromatischer, orangefarbener Wein entsteht. ★**Aufsteiger**

6450 First Street, Forestville, CA 95436
www.windgapwines.com

Woodenhead Russian River Valley
Nikolai Stez hat es mit der Gärung, seit seine Eltern, gebürtige Russen, ihm beibrachten, aus überreifen Früchten Kwass herzustellen. Als er alt genug war, um das Zeug selbst zu trinken, nahmen seine Experimente ernsthaftere Formen an, und das war der erste Schritt auf dem Weg zu seiner 17 Jahre währenden Tätigkeit als Kellermeisterassistent bei Williams Selyem. Seine Frau Zina Bower und er machen in ihrer kleinen Kellerei praktisch alles selbst und erzeugen kleine Mengen herausragenden Pinot Noir und Zinfandel von Weinbergen im Sonoma County und im Mendocino County. ★**Aufsteiger**

5700 River Road, Santa Rosa, CA 95401
www.woodenheadwine.com

Zepaltas Wines Russian River Valley
Der aus Wisconsin stammende Ryan Zepaltas kam durch Zufall zum Weinbau, nachdem sein Traum von der Skateboarderkarriere schnell ausgeträumt war. Vom Laufburschen, der er durch die Vermittlung eines Bekannten geworden war, zur Kellerratte bei Siduri Wines wandelte er sich gründlich, aber schnell. Genauso rasch lancierte er seine eigene Marke – und hatte sofort Erfolg. Zepaltas Wines produziert derzeit 17 verschiedene Pinot-Noir-, Syrah- und Chardonnay-Weine in mikroskopischen Mengen, die alle probierenswert sind, wenn man sie denn irgendwo auftreibt. ★**Aufsteiger**

Keine Besuchereinrichtungen
www.zepaltaswines.com

GRAND CRU PINOT NOIR

In Amerika gibt es kein Lagenklassifizierungssystem wie in den französischen Anbaugebieten Burgund und Bordeaux, aber wenn es eins gäbe, würde wohl niemand Rochioli Vineyards den Grand-Cru-Status verweigern. Die Familie Rochioli bewirtschaftet ihre Weinberge an den Ufern des Russian River nun schon seit fast 100 Jahren. Von ihren Pinot-Noir-Trauben bereitete Weine machten einige Kellereien berühmt, allen voran Williams Selyem. 1982 beschloss die Familie, eine eigene Marke ins Leben zu rufen. Unter der Ägide von Weinmacher Tom Rochioli, nun mehr die dritte Generation an der Spitze des Familienbetriebs, werden zwei Kategorien von Weinen erzeugt. Der Name Rochioli Vineyards steht für regionale Verschnitte, während das Etikett J. Rochioli Weinen (hauptsächlich Pinot Noir) mit Lagenbezeichnung vorbehalten ist, die nur an registrierte Kunden verkauft werden. Die Weine von Rochioli sind für ihre Langlebigkeit bekannt – gute Jahrgänge reifen mehrere Jahrzehnte lang immer noch weiter.

DER PAZIFISCHE NORDWESTEN

Oregon und Washington, die Bundesstaaten im Nordwesten der USA, haben als Weinbauregionen eine rasante Entwicklung hinter sich, die in der zweiten Hälfte des 20. Jahrhunderts begann. In Oregon gibt es mittlerweile 16 American Viticultural Areas (AVAs), von denen jene im Willamette Valley, südlich der Metropole Portland, die bedeutendsten sind. Hier entstehen die Pinot-Noir-Weine, mit denen Oregon sich einen Namen gemacht hat. In Washington werden 90 Prozent der Weine in den trockenen Regionen östlich der Cascade Mountains erzeugt. Qualitätszentrum sind mehrere kleine Unterbereiche der übergeordneten AVA Columbia Valley.

Hauptrebsorten

Rot

Cabernet Sauvignon
Pinot Noir (Oregon)
Merlot
Syrah

Weiß

Chardonnay
Riesling
Gewürztraminer
Semillon (Washington)
Pinot Gris/Blanc (Oregon)

Jahrgänge

2010
Insgesamt ein später, kühler Jahrgang, aber trocken zur Lese. Zurückhaltende, elegante Weine mit wenig Alkohol.

2009
Hochklassiger Jahrgang in Oregon; schwierig mit Oktoberfrost in Washington.

2008
Perfektes Wetter brachte im ganzen Nordwesten großartige, langlebige Weine vervor.

2007
Relativ kühl und feucht in Oregon; sehr gut für Weiße und elegante Reserve-Rote. In Washington durchweg gut.

2006
Ein warmer Sommer sorgte für mächtige, intensive Weine.

2005
Klassisches Jahr mit teils großartigen Weinen in Washington; sehr feine, klar konturierte Gewächse auch in Oregon.

Die Geschichte der modernen Weinindustrie Oregons begann 1961, als der (2009 verstorbene) Richard Sommer den Hillcrest Vineyard nahe Roseburg anlegte und damit die Ansicht seiner ehemaligen Professoren der University of California in Davis widerlegte, dass *vinifera*-Reben in Oregon nicht gedeihen könnten. 1964 pflanzte Charles Coury mit Erfolg Sorten aus dem Elsass an, und zwei Jahre später begründete David Lett (2008 verstorben), ebenfalls ein Absolvent der Universität in Davis, den Anbau von Pinot Noir am nördlichen Ende des Willamette Valley.

Der Einfluss Letts (in Oregon liebevoll »Papa Pinot« genannt) für die Entwicklung des Weinbaus im Bundesstaat ist gar nicht hoch genug einzuschätzen. 1979 nahm sein 1975er Eyrie Vineyard Pinot Noir an einer Blindverkostung französischer Weine teil, denen Pendants aus der Neuen Welt gegenübergestellt wurden. Der Eyrie belegte den zweiten Platz und lieferte damit einen ersten eindrucksvollen Beweis dafür, dass Oregon erstklassige Weine erzeugen konnte. Das Ergebnis verblüffte den renommierten Burgunderhändler Robert Drouhin so sehr, dass er eine zweite Verkostung veranstaltete – und wieder wurde der Eyrie Zweiter. Drouhin machte daraufhin das Beste aus seiner Niederlage und kaufte Land in den Dundee Hills, nur einen Steinwurf von Letts Weingut entfernt.

Seitdem hat sich das Willamette Valley den Ruf erworben, zu den weltweit besten Weinbauregionen für Pinot Noir zu gehören. Stilistisch liegen die Weine zwischen der üppigen, ausladenden Bereitungsweise Kaliforniens und dem feinsinnigen, rassigen Stil, der in Burgund gepflegt wird. Dieses bedeutendste Anbaugebiet Oregons wird von der großen AVA Willamette Valley mit ihren sechs Unterbereichen Chehalem Mountains, Yamhill-Carlton, Ribbon Ridge, Dundee Hills, McMinnville und Eola-Amity Hills bestimmt.

Im Süden Oregons, wo das Klima wärmer und trockener ist, gedeihen auch dickschaligere Sorten wie Cabernet Sauvignon und Tempranillo. Hier wurde die umfassende AVA Southern Oregon eingerichtet, um für die beiden Hauptanbauregionen des Südens, Umpqua Valley und Rogue Valley, eine gemeinsame Verkaufsplattform zu schaffen.

Den Weinbau in Washington prägten in den 1960er-Jahren vor allem zwei Großerzeuger: AWG (American Wine Growers), das spätere Chateau Ste. Michelle, und Associated Vintners, aus denen die Columbia Winery hervorging. Die AWG engagierten den damals bereits berühmten kalifornischen Experten André Tchelistcheff, um die für die Region am besten geeigneten Rebsorten zu bestimmen, während die Associated Vintners, ursprünglich eine Gruppe von Akademikern der University of Washington, die Weinbereitung als Hobby betrieben, eigene Versuche anstellten. Interessanterweise erlangte Tchelistcheffs Neffe Alex Golitzin später selbst einigen Ruhm mit seiner von der Kritik gefeierten Marke Quilceda Creek. Viele Weinmacher, die heute in Washington an der Spitze stehen, haben im Lauf ihrer Karriere einige Zeit bei einem der beiden Giganten verbracht.

Washingtons Weinbau konzentriert sich vor allem auf den trockenen Osten im Regenschatten der Cascade Mountains; ein paar Reben wachsen aber auch am Puget Sound im Westen, an dem auch die Hauptstadt Seattle liegt. Die große AVA Columbia Valley, die den halben Staat umfasst, beinhaltet mehrere kleinere Unterbereiche, von denen vor allem die AVA Red Mountain und die AVA Yakima Valley für Qualität bekannt sind. Einen sehr guten Ruf genießt außerdem die AVA Walla Walla Valley ganz im Südosten, deren südlicher Teil über die Grenze bis nach Oregon hineinragt. In dem warmen, sonnigen Klima gedeihen Cabernet Sauvignon, Merlot und Syrah, aber auch Riesling und andere weiße und rote Sorten.

Andrew Will Winery Washington

Der Betrieb wurde 1989 von Chris Camarda gegründet und ist nach seinem Sohn (Will) und Neffen (Andrew) benannt. 1994 zogen die Camardas nach Vashon Island unweit von Seattle um und bauten dort eine Kellerei für ihre 4300-Kisten-Produktion. Sie besitzen 15 ha Rebland in Ostwashington, kaufen aber auch Trauben von bester Qualität ein. Erzeugt werden sortenreiner Merlot, Cabernet Sauvignon, Cabernet Franc, Sangiovese und eine Reihe von Verschnitten. Alle besitzen Ausdruck und Tiefe und gehören durchweg zu Washingtons Spitzenweinen.

Keine Besuchereinrichtungen; www.andrewwill.com

Chateau Ste. Michelle Washington

Die größte und in vieler Hinsicht auch bedeutendste Kellerei des Staates Washington geht auf die American Wine Growers zurück, entstanden 1954 durch den Zusammenschluss der Pommerelle Wine Company und der National Wine Company. 1967 wurde unter André Tchelistcheff, dem kalifornischen Starkellermeister, eine neue Weinreihe namens Ste. Michelle Vintners herausgebracht; 1976 nannte sich die Firma in Chateau Ste. Michelle um. Heute besitzt man über 1420 ha Rebland (der 1972 angelegte Weinberg in Cold Creek gehört zu den ältesten im Staat) und produziert etwa 1 Million Kisten Wein jährlich. Doch anstatt die Rolle des Platzhirschen zu spielen, hat sich Ste. Michelle mit der Förderung des Washingtoner Weins insgesamt, nicht nur eigener Marken, große Meriten erworben. Am bekanntesten aus der Eigenproduktion sind der feine Riesling sowie ausgezeichnete Merlot- und Cabernet-Sauvignon-Abfüllungen. Darüber hinaus gibt es eine Reihe von Gemeinschaftsunternehmen mit hochklassigen Partnern, etwa mit Piero Antinori zur Erzeugung des Rotweinverschnitts Col Solare und mit Ernst Loosen von der Mosel für die Eroica-Rieslinge.

14111 NE 145th Street, Woodinville, WA 98072
www.ste-michelle.com

Columbia Crest Washington

Das Gut im Besitz von Chateau Ste. Michelle brachte 1985 seinen ersten Wein (von 1978 angelegten Rebflächen) heraus. Von Anfang an wollte man hochwertige Weine zu erschwinglichen Preisen produzieren. Angesichts der Größe (über 1 Million Kisten pro Jahr) ist es nicht verwunderlich, dass die Qualität dabei gelegentlich auf der Strecke bleibt. Doch die Preise sind wirklich niedrig, und sowohl die von der Kritik gelobte Reserve-Reihe als auch das Aushängeschild Walter Clore Private Reserve können sich mit vielen anderen Spitzenweinen des Staats messen.

Highway 221 Columbia Crest Drive, Paterson, WA 99345
www.columbiacrest.com

Domaine Drouhin Oregon Oregon

Der bekannte Négociant Robert Drouhin aus Burgund wurde auf Oregon neugierig, als ein Pinot Noir aus diesem Staat (der Eyrie Vineyard Pinot Noir) bei einer Verkostung 1979 viele burgundische Spitzengewächse hinter sich ließ. Drouhin gründete ein Gut gleich neben Eyrie in den Dundee Hills, das von seiner Tochter Veronique Drouhin-Boss geleitet wird. Sie kommt jedes Jahr dreibis viermal nach Oregon und bereitet Weine mit Finesse und feiner Eleganz, ganz nach Burgunderart.

6750 Breyman Orchards Road, Dayton, OR 97114
www.domainedrouhin.com

ANDREW WILL WINERY
DER SORELLA IST EIN KÖSTLICHER VERSCHNITT IM BORDEAUX-STIL AUS VIER ROTEN TRAUBENSORTEN

L'ECOLE NO. 41
ERSCHWINGLICH UND KÖSTLICH: MARTY CLUBBS COLUMBIA VALLEY SEMILLON

The Eyrie Vineyards Oregon

»Papa Pinot« nannten sie ihn zu Lebzeiten: David Lett von Eyrie Vineyards hat den Pinot Noir in Oregon heimisch gemacht. Schon 1965 pflanzte er seine ersten Reben in Corvalis und setzte sie ein Jahr später in die Dundee Hills am Nordende des Willamette Valley um, überzeugt davon, dass burgundische Sorten in Oregon besser gedeihen würden als in Kalifornien – also auch Pinot Gris, Pinot Meunier, Muscat Ottonel, Pinot Blanc und Chardonnay. Aus diesen Sorten erzeugt man auch heute noch bei Eyrie die Weine, und Jason Lett setzt weiter auf den eleganten, feinen und doch alterungswürdigen Stil seines Vaters.

935 NE 10th Avenue, McMinnville, OR 97128
www.eyrievineyards.com

Hedges Family Estate Washington

1991 kauften Tom und Anne-Marie Hedges Land in der bis dahin eher unbekannten Region Red Mountain und gründeten ihre erste Kellerei. Unterstützt von Toms Bruder Pete, einem gelernten Bierbrauer, der die Weinbereitung leitet, liegt das Hauptaugenmerk auf immer hochwertigerem, doch erschwinglichem Cabernet Sauvignon und Merlot. Es werden aber auch andere Trauben verarbeitet, etwa Chardonnay, Marsanne und Sauvignon Blanc, aus denen der charakteristische, schmackhafte weiße Verschnitt CMS entsteht, oder drei Portweinsorten für die sehr kleine Produktion von gespritetem Rotwein im Port-Stil. Außer der Kellerei am Red Mountain gibt es auch ein Besucherzentrum mit Verkostungsraum in Issaquah in der Nähe von Seattle.

53511 N Sunset Road, Benton City, WA 99320
www.hedgesfamilyestate.com

L'Ecole No. 41 Washington

Ihren Namen hat die Kellerei von der Schule, die das Gebäude früher beherbergte. Besitzer und Kellermeister ist Marty Clubb, dessen Spezialität stilvolle Gewächse aus Spitzenlagen in Walla Walla und dem Columbia Valley sind. Seine beiden besten Weine sind Verschnitte auf Cabernet-Sauvignon-Basis aus Walla Walla: Der Apogee ist voll von Noten weihnachtlicher Gewürze, Tabak und schwarzer Frucht, während der Perigee eher rote Früchte und Mokka zeigt. Clubb bereitet auch drei Semillon-Weine, von denen die Abfüllung aus dem Columbia Valley zwar die billigste, aber mit ihrer reinen, knackigen, klaren Zitrusfrucht dennoch die beste ist.

41 Lowden School Road, Lowden, WA 99360
www.lecole.com

Quilceda Creek Vintners Washington

Seine ersten Weine bereitete Alex Golitzin in der Garage, unter der Anleitung seines Onkels, des großen kalifornischen Weinmachers André Tchelistcheff. 1978 gründete er Quilceda Creek und gehört heute zweifellos zu den bedeutendsten Erzeugern für Cabernet Sauvignon in Washington. Sohn Paul, der mittlerweile im Keller die Leitung übernommen hat, erzeugt Weine, die jung genossen, aber auch gut und gern 25–30 Jahre gelagert werden können. Sie sind reintönig, mit voller Textur und guter Balance; der Cabernet Sauvignon zeigt eine florale Note sowie Veilchen, Cassis, Pflaumen und Schokolade am Gaumen. So hohe Qualität hat allerdings ihren Preis – nur der rote Verschnitt ist einigermaßen erschwinglich.

Keine Besuchereinrichtungen; www.quilcedacreek.com

Obwohl es kaum jemand zur Kenntnis nimmt, ist Südamerika nach Europa der Kontinent mit der produktivsten (und zweifellos traditionsreichsten) Weinerzeugung.

Europäische Reben wurden um 1530 in Südamerika eingeführt, kurz nachdem sie in Mexiko Fuß gefasst hatten, aber lange bevor sie nach Südafrika und Australien kamen. Vorgeblich aus religiösen Motiven, also um Messwein zu erzeugen, diente die Anlage von Weinbergen in der wilden Weite Südamerikas den europäischen Eroberern auch dazu, sich langfristig Grundbesitzansprüche zu sichern. Heute bekennt sich der kontrastreiche Kontinent immer selbstbewusster zu seinen kulturellen Wurzeln, was sich besonders deutlich in seinen Weinen äußert.

In Argentinien, dem fünftgrößten Erzeuger der Welt mit passionierten Winzern und charismatischen Weinen, wurde der Löwenanteil der Produktion lange Zeit vom Inlandsmarkt aufgenommen. Heute liegt der Schwerpunkt auf dem Export. Die Qualität hat enorme Fortschritte gemacht, und das Land beginnt sein großes Potenzial auszuschöpfen.

Das lange, schmale Chile verfügt über eine schwindelerregende geografische Vielfalt. Es liefert Alltagsweine, deren Preis-Leistungs-Verhältnis weltweit unübertroffen ist, aber auch immer anspruchsvollere, vom Terroir geprägte Gewächse mit Tiefe und Eleganz.

Brasilien ist der Aufsteiger des Kontinents, ein dicht bevölkertes Land, mit dessen Wohlstand nicht nur die Binnennachfrage nach Wein, sondern auch der Ehrgeiz der Erzeuger wächst. Auch Uruguay ist ein bedeutender Weinproduzent und -verbraucher, in dessen oft familieneigenen Kellereien charaktervolle Weine entstehen. Darüber hinaus betreibt man auch in Peru, Venezuela und Ecuador Weinbau mit zum Teil ansprechenden Ergebnissen.

SÜD-
AMERIKA

CHILE

Chile ist in jeder Hinsicht außergewöhnlich. Es zieht sich als 4300 Kilometer langer, aber durchschnittlich nur 180 Kilometer breiter Saum an der Südwestküste Südamerikas entlang. Sein nördliches Ende ist sengend heiße, dürre Wüste, die Südspitze franst in die eisigen antarktischen Gewässer aus, im Osten wird es durch den hohen Steinwall der Anden begrenzt, im Westen durch den endlosen, kühlen Pazifik. Inmitten dieser Kakophonie der Natur liegt ein faszinierendes, vielfältiges Land, dessen Weinbau in einem tiefgreifenden, verheißungsvollen Wandel begriffen ist. Ein früher weithin als zuverlässig, aber uninteressant angesehenes Erzeugerland mausert sich in Windeseile zu einem der heißesten Tipps der Weinwelt. Und das ist erst der Anfang.

Hauptrebsorten

Rot

Cabernet Sauvignon
Carmenère
Malbec (Cot)
Merlot
Pinot Noir
Syrah

Weiß

Chardonnay
Gewürztraminer
Riesling
Sauvignon Blanc
Viognier

Jahrgänge

2010
Das Jahr des Erdbebens. Ordentliche bis gute Weine, vor allem aus Lagen mit kühlem Klima.

2009
Heiß, trocken, hohe Erträge; meist gute Weine.

2008
Mittel bis gut; hübsche Weine, aber weniger intensiv als 2007.

2007
Hervorragend vor allem für Rotweine mit prachtvoller Balance.

2006
Mäßig bis gut: frischer Stil, erfolgreich insbesondere für Weiße.

2005
Lange Saison für sehr gute, komplexe Weine, vor allem Rote.

Die geografische Vielfalt Chiles ist der Schlüssel zu seinem Erfolg. Einst entstand das Gros der Weine in den fruchtbaren, wasserreichen Ebenen des Valle Central (auch Großes oder Chilenisches Längstal genannt) und war dementsprechend nichtssagend, doch in den letzten zehn Jahren haben Erzeuger die Grenzen des Weinbaus in alle vier Himmelsrichtungen ausgedehnt und Gebiete erobert, die zunehmend individuelle und süffige Weine hervorbringen. Die Entwicklung ist noch nicht abgeschlossen, trägt aber insofern schon Früchte, als sie das Image des chilenischen Weins vom einfachen Alltagsgetränk zum Qualitätsprodukt gewandelt hat.

Die Anbaugebiete San Antonio, Bío Bío, Elqui, Limarí, Malleco und Casablanca wurden erst in den letzten Jahren ins Lexikon des feinen chilenischen Weins aufgenommen, und weitere werden sicher folgen. Gemeinsam sind ihnen vorausschauende qualitätsbewusste Erzeuger sowie magerere Böden und ein kühleres Klima als normalerweise im Valle Central – oft in Hanglagen mit verschiedenen Ausrichtungen. All dies verleiht den Weinen Komplexität.

Der Trend ist jedoch nicht auf diese neuen Gebiete beschränkt: Auch alte Bekannte wie Maipo, Aconcagua, Colchagua und Maule sind eifrig dabei, sich neu zu positionieren, und zwar vor allem dank der minutiösen Erforschung von Böden, Wurzeln, Pflanzen, Wetter und Trauben. Auch das wirkt sich signifikant auf Qualität und Vielfalt der Weine aus.

Dennoch ist der kommerzielle Erfolg das Fundament, auf dem Chiles Weinbau wächst. 1990, als das Land nach langen Jahren der Militärdiktatur zur Demokratie zurückkehrte, erbrachten 65 000 Hektar Reben 3,5 Millionen Hektoliter Wein, von denen 12 Prozent exportiert wurden. 2007 waren über 117 500 Hektar bestockt; 2008 gingen 68 Prozent der Produktion in den Export; 2009 erzeugte Chile über 10 Millionen Hektoliter Wein. Und es sieht so aus, als hielte das Wachstum an.

Der chilenische Wein hat einen weiten Weg zurückgelegt, seit spanische Eroberer und Missionare im 16. Jahrhundert die ersten Reben pflanzten. Erinnerungen an diese Zeit werden in traditionellen Gegenden Chiles bewahrt, in denen man noch heute aus Trauben der Sorte País (Mission) einen primitiven Hauswein (»Chicha«) bereitet.

Heutzutage ist dagegen Cabernet Sauvignon die dominante Rebsorte, die mehr als ein Drittel der Gesamtrebfläche Chiles in Anspruch nimmt. Carmenère, die verlorene Bordeaux-Sorte, die dem sogenannten chilenischen Merlot seinen besonderen pfeffrigen Biss verleiht, spielt zunehmend ebenfalls eine wichtige Rolle, und Chardonnay kommt unter anderem in Limarí und Leyda zu seinem Recht. Syrah, Sauvignon Blanc und Pinot Noir sind mit die faszinierendsten Rebsorten in Chile und bringen immer abwechslungsreichere, elegantere und komplexere Stile hervor. Alte Carignan- und Malbec-Reben erleben im tiefen Süden eine Renaissance, während Sorten wie Riesling, Petit Verdot und Gewürztraminer neu Fuß zu fassen beginnen.

Die Reform der Appellationen, das langsame Aufkommen von Boutiquekellereien, die Ausbreitung des ökologischen und biodynamischen Anbaus, ein stetig steigendes Rebenalter, mehr Umweltbewusstsein, eine neue Generation talentierter Weinmacher: All das verheißt dem chilenischen Weinbau eine rosige Zukunft. Und egal, was am Ende dabei herauskommt, es wird eine aufregende Reise werden.

Almaviva Maipo

Das wohl anspruchsvollste chilenische Joint Venture wurde 1996 von Concha y Toro und den Besitzern des Bordeaux-Château Mouton-Rothschild gegründet. Seine Keimzelle war eine erstklassige Parzelle der Lage Concha auf den Kies-Lehm-Böden von Puente Alto. Seit dem ersten Jahrgang 1996 hat sich viel verändert: der Kellermeister ist neu, die Verwaltungsstrukturen wurden geändert (die Kellerei ist jetzt vollkommen unabhängig), ein neues unterirdisches Bewässerungssystem ist eingeführt worden. Zum Glück blieb der Wein selbst weitgehend unangetastet: ein ausgefeilter, fest gestrickter, aber würziger Verschnitt aus Cabernet Sauvignon, Cabernet Franc und Carmenère, der sich im Alter elegant entfaltet und zweifellos einer der besten (und kostspieligsten) Rotweine des Landes ist.

Avenida Santa Rosa 821, Paradero 45, Puente Alto, Santiago
www.almavivawinery.com

Altaïr Vineyards and Winery Cachapoal

Der Betrieb entstand 2001 als Joint Venture von Château Dassault in Bordeaux und San Pedro (siehe S. 70) rund um eine 72-ha-Spitzenlage in den Cachapoal-Bergen bei Totihue. Seit 2007 ist San Pedro allein verantwortlich. Die vor allem mit Cabernet Sauvignon bestockten Rebflächen in 600–800 m Höhe erbringen langlebige, schmackhafte Weine. Die talentierte Kellermeisterin Ana María Cumsille erkennt das Potenzial von Syrah, setzt für den Sideral und den Altaïr jedoch auf Cabernet Sauvignon. Man sollte die ersten Abfüllungen (2002) meiden und den edlen 2003er Sideral sowie den konzentrierten, vielschichtigen 2005er Altaïr probieren. ★**Aufsteiger**

Avenida Vitacura 4380, Piso 3, Vitacura, Santiago
www.altairwines.com

Amayna (Viña Garcés Silva) San Antonio

Die wohlhabende Familie Garcés Silva erwarb ihr 700-ha-Gut in Leyda an der Küste ursprünglich für die Viehzucht (einer von vielen Geschäftsbereichen). Doch 1999 wurden Reben gepflanzt, und der erste Jahrgang im Handel (2003) hatte sofort Erfolg, vor allem wegen der herrlich kompromisslosen Art des Sauvignon Blanc: ein Weißwein mit ausgeprägter Struktur und Grapefruit-Fenchel-Duft, der ein beredtes Zeugnis seiner Herkunft ablegt. Er ist nach wie vor der Spitzenreiter, doch der rasch besser werdende üppige Chardonnay mit Eichenton und der neue Syrah sind ebenfalls probierenswert.

Fundo San Andres de Huinca, Camino Rinconada de San Juan, Leyda, San Antonio; www.vgs.cl

Antiyal Maipo

Komposthaufen, Tiere (inklusive Lamas) und Humor hat der Betrieb der Familie Espinoza in rauen Mengen. Der bekannte Kellermeister Álvaro Espinoza (siehe S. 67), ein Pionier des biologischen und biodynamischen Weinbaus in Chile, machte sich 1998 selbstständig, indem er in der Garage Trauben aus seinem Garten und vom Hof seiner Eltern zu 3000 Flaschen Wein verarbeitete. Gut zehn Jahre später hat Antiyal mehr Rebland, eine neue Kellerei, einen weiteren Wein (Kuyen) und erzeugt 19000 Flaschen. Der Kuyen ist ein angenehm pfeffriger, fleischiger Rotwein; der Antiyal hat einen ganz eigenen, herrlich unter die Haut gehenden, würzigen Charakter.

Padre Hurtado 68, Paine, Santiago; www.antiyal.com

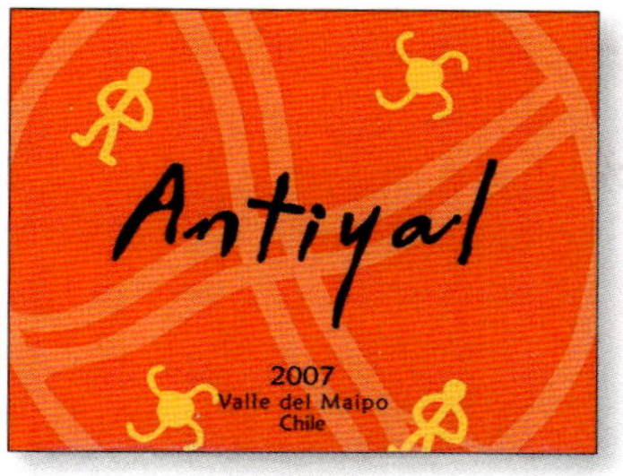

ANTIYAL
BOUTIQUEKELLEREI MIT BIOLOGISCH-DYNAMISCHEM ANBAU

ALMAVIVA
ZWEIFELLOS EINER DER BESTEN – UND TEUERSTEN – WEINE IN CHILE

Aquitania Maipo

Die selbst ernannten »vier Musketiere« dieses Betriebs sind der chilenische Kellermeister Felipe de Solminihac, der Champagnermann Ghislain de Montgolfier sowie die Bordeaux-Weinmacher Paul Pontallier und Bruno Prats. Die Gründung 1990 war eine Pioniertat: die erste Kellerei des modernen chilenischen Weinbaus, die ganz auf das Terroir setzte. Doch die Weine erfüllten nie vollständig die Erwartungen, daher wurden 2001 neue Marken eingeführt und Trauben von weiter weg in Maipo zugekauft. Die Roten sind jetzt besser: Der Agapanto hat einen schlichten, minzigen Stil; der Lazuli ist trotz seiner Struktur verhalten. Der stahlige, reichhaltige Chardonnay SOLdeSOL aus Malleco im Süden ist hervorragend.

Avenida Consistorial 5090, Peñalolén, Santiago
www.aquitania.cl

Casablanca Casablanca

Das Gut war Mitte der 1990er-Jahre Wegbereiter des chilenischen Sauvignon Blanc aus kühlem Klima, kam dann jedoch vom Kurs ab. Unter der Führung des energischen Kellermeisters Andrés Caballero geht es nun wieder aufwärts, und die Weine versprühen erneut Abenteuerlust. Die Höchstform wird mit Lesegut aus Casablanca erreicht, etwa beim lebhaften Sauvignon Blanc und dem pfeffrigen Syrah in der lohnenden Nimbus-Reihe.

Rodrigo de Araya 1431, Macul, Santiago
www.casablancawinery.com

Casa Marín San Antonio

Alles an diesem Betrieb ist Naturgewalt, vom einzigartigen Terroir bis zu den unbändig individuellen Weinen – nicht zu vergessen die charismatische Eigentümerin María Luz Marín. Das 4 km vom Pazifik entfernt gelegene Gut ist durch intensiven, würzigen, gut strukturierten Sauvignon Blanc bekannt geworden: Der Laurel ist leicht und anmutig, der Cipreses wilder und fordernder. Der Pinot Noir ist meist reich an Toastnoten; wunderbare Kreationen sind auch der saftige Sauvignon Gris mit flottem Eichenton, der schwungvolle, bestechende Riesling und der herrlich fleischige Syrah. In letzter Zeit zeigen sich die Weine verhaltener und eleganter.

Lo Abarca, Valle de San Antonio; www.casamarin.cl

Casas del Bosque Casablanca

Die Cúneos haben den Wandel von Kaufhausbesitzern zu erfolgreichen Kellereibetreibern erstaunlich lässig gemeistert. Seit den ersten, meist nur mäßigen Abfüllungen in den 1990er-Jahren hat sich der Betrieb rasch und überzeugend gesteigert und ist zu einem der besten Erzeuger in Casablanca geworden. Eine 245-ha-Spitzenlage in West-Casablanca bringt zusammen mit einem talentierten Kellermeisterteam intensiven Sauvignon Blanc und stilvollen, saftigen Syrah hervor. Das Preis-Leistungs-Verhältnis ist insgesamt ausgezeichnet. Für Besucher gibt es Touren, Verkostungen, einen Laden und das Restaurant Tanino.

Hijuela 2 Ex Fundo, Santa Rosa, Casablanca
www.casasdelbosque.cl

Concha y Toro Maipo

Die historische und überaus einflussreiche Kellerei ist nicht nur der größte Erzeuger in Chile, sondern auch einer der besten. Er bietet beständig hohe Qualität, nicht

CHILE

Die Karte des chilenischen Weinbaus muss naturgemäß ein langes, schmales Gebiet abdecken, das nicht so richtig auf eine Buchseite passen will. Das Land ist politisch von Nord nach Süd in 13 Regionen unterteilt, deren Grenzen einen lockeren Rahmen für die Anbaugebiete abgeben. Doch trotz der großen Längen- und geringen Breitenausdehnung zählt für das Klima in Chile die Nord-Süd-Achse viel weniger als die West-Ost-Achse, die den Einfluss des eiskalten Pazifiks (im Westen) und der schwindelnd hohen Anden (im Osten) ins Spiel bringt. In allen Gebieten herrscht eine riesige und stetig wachsende Vielfalt.

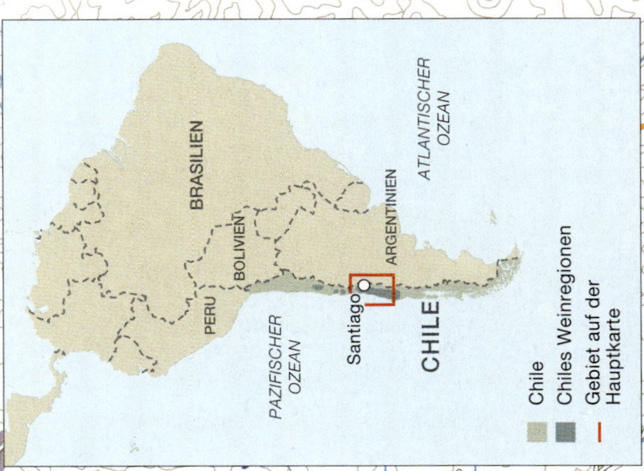

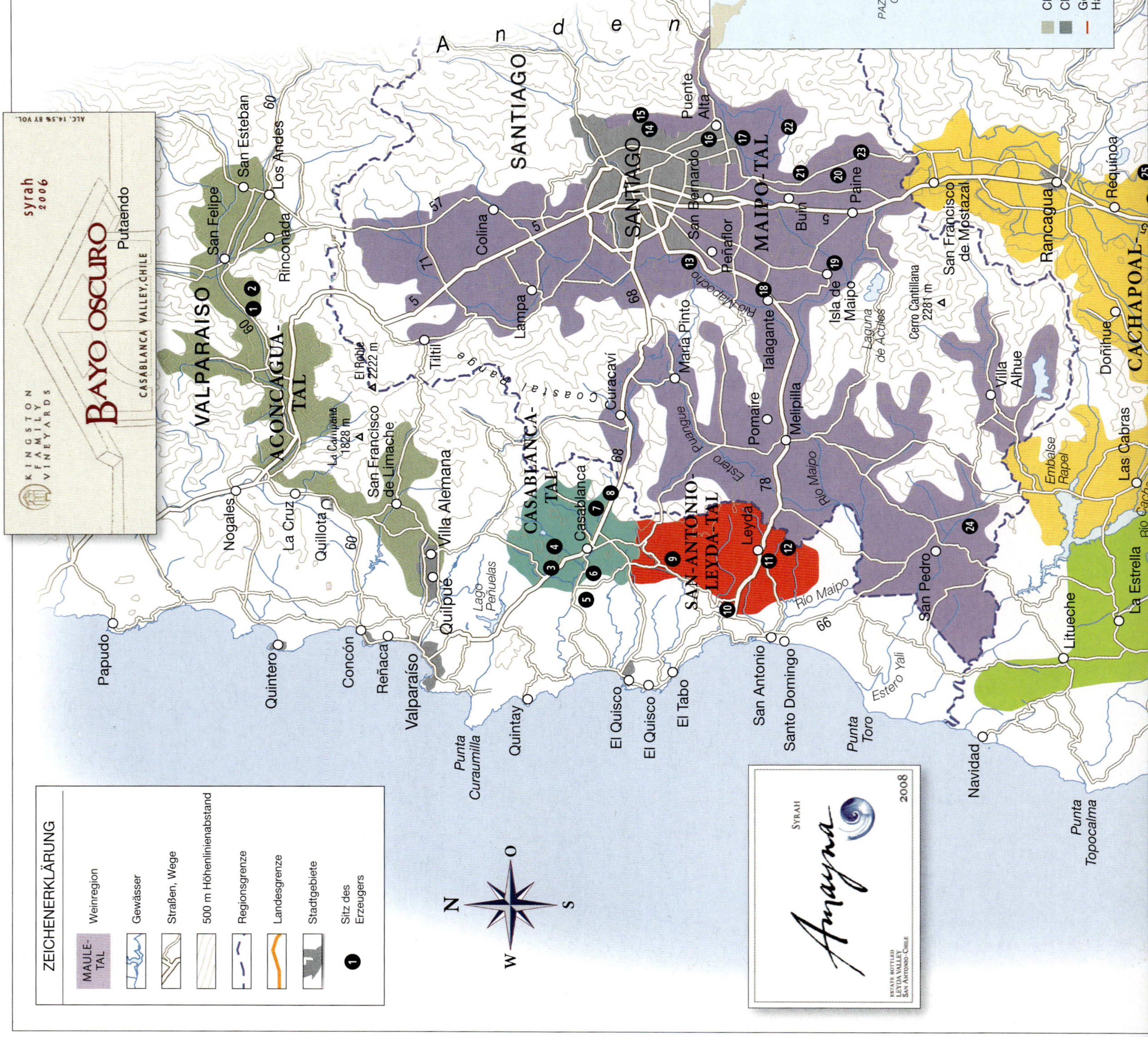

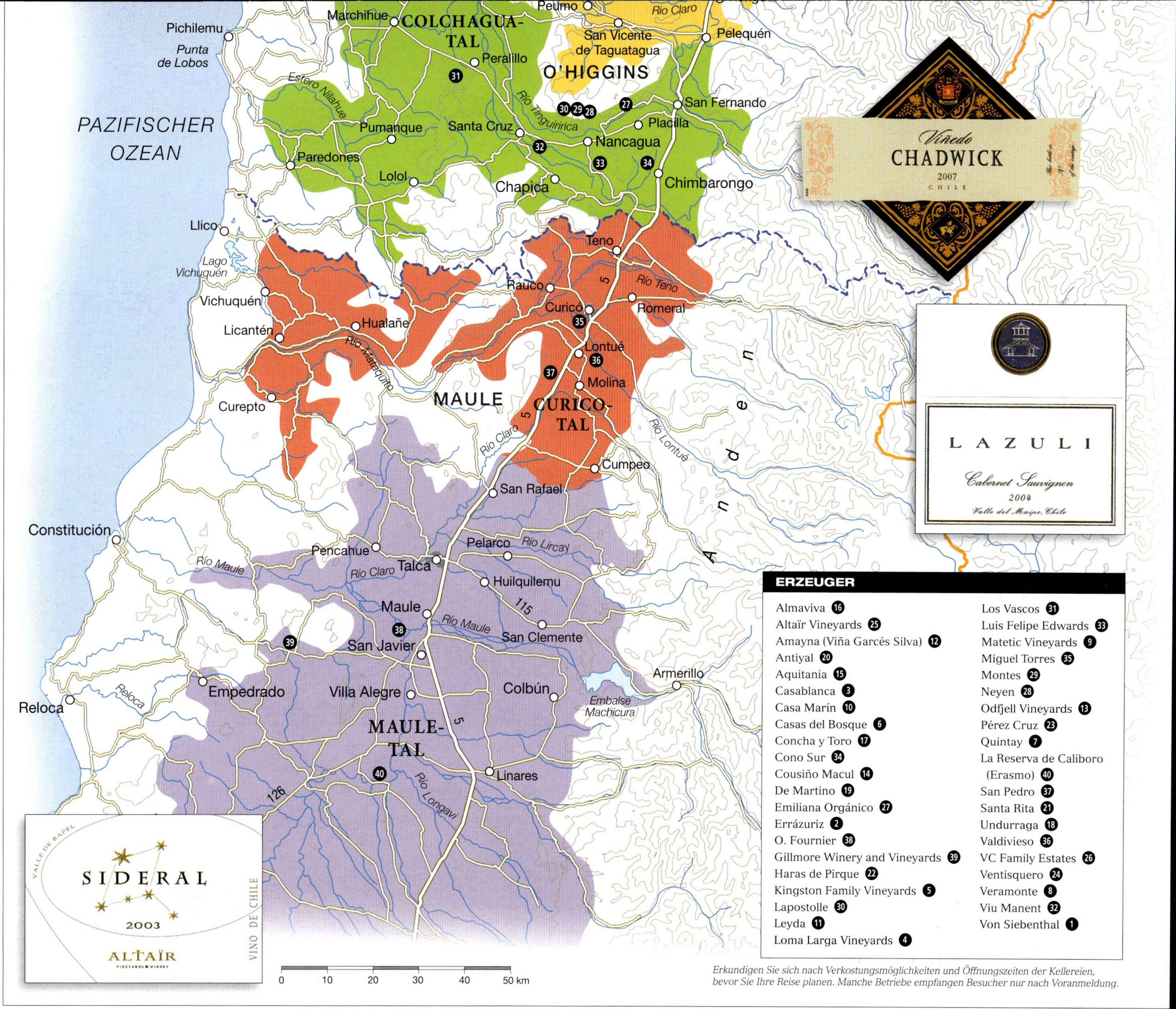

ERZEUGER

- Almaviva 16
- Altaïr Vineyards 25
- Amayna (Viña Garcés Silva) 12
- Antiyal 20
- Aquitania 15
- Casablanca 3
- Casa Marín 10
- Casas del Bosque 6
- Concha y Toro 17
- Cono Sur 34
- Cousiño Macul 14
- De Martino 19
- Emiliana Orgánico 27
- Errázuriz 2
- O. Fournier 38
- Gillmore Winery and Vineyards 39
- Haras de Pirque 22
- Kingston Family Vineyards 5
- Lapostolle 30
- Leyda 11
- Loma Larga Vineyards 4
- Los Vascos 31
- Luis Felipe Edwards 33
- Matetic Vineyards 9
- Miguel Torres 35
- Montes 29
- Neyen 28
- Odfjell Vineyards 13
- Pérez Cruz 23
- Quintay 7
- La Reserva de Caliboro (Erasmo) 40
- San Pedro 37
- Santa Rita 21
- Undurraga 18
- Valdivieso 36
- VC Family Estates 26
- Ventisquero 24
- Veramonte 8
- Viu Manent 32
- Von Siebenthal 1

Erkundigen Sie sich nach Verkostungsmöglichkeiten und Öffnungszeiten der Kellereien, bevor Sie Ihre Reise planen. Manche Betriebe empfangen Besucher nur nach Voranmeldung.

CONO SUR
»SUPER«-WEINMACHER ADOLFO HURTADO HAT EIN BESONDERES HÄNDCHEN FÜR WEISSWEINE

GILLMORE
FRISCHE, LANGLEBIGE WEINE VON UNBEWÄSSERTEN REBEN IN MAULE

nur bei Kultgewächsen wie Don Melchor und Almaviva (siehe S. 63), sondern auch bei den preiswerten Marken Frontera, Casillero del Diablo und Marqués. Der neue Betrieb Maycas de Limarí ist mit seinem pikanten Chardonnay und dem würzigen Syrah äußerst vielversprechend. Marcelo Papa, Enrique Tirado und Ignacio Recabarren sind mit die besten Kellermeister im Land, und ihre Weine sprechen nicht nur für Concha y Toro, sondern für ganz Chile.

Avenida Virginia Subercaseaux 210, Pirque, Santiago
www.conchaytoro.com

Cono Sur Colchagua
Warum ist dies eine der besten Kellereien in Chile? Ganz einfach: Sie vereint einen der besten Weinmacher (Adolfo Hurtado, Schlagwort: »super«) mit erstklassigen Lagen und dem soliden Unterbau des Mutterkonzerns Concha y Toro. Seit der Gründung 1993 hat Cono Sur mit umweltfreundlicher Produktion, Markenweinen (Isla Negra), Schraubverschlüssen und Pinot Noir Pionierarbeit geleistet. Bei Letzterem arbeitet Hurtado mit Martin Prieur aus Burgund zusammen, um den Weinen Komplexität und Eleganz beizubringen: Die Spitzenabfüllung Ocio ist hervorragend. Hurtado ist einer der kompetentesten Weißweinbereiter in Chile, wovon herrlicher Chardonnay und Sauvignon Blanc aus der Reihe 20 Barrels zeugen.

Chimbarongo, Valle de Rapel; www.conosur.com

Cousiño Macul Maipo
Der Betrieb wurde 1856 von Matías Cousiño in einer Gegend gegründet, in der die Spanier schon um 1500 Wein angepflanzt hatten. Französische Reben und Experten legten den Grundstein für lange währenden Erfolg, doch Ende der 1990er-Jahre bedrohten mangelnde Dynamik und die wuchernde Stadt Santiago die Existenz der Kellerei. Die sechste Generation von Besitzern verkaufte einen Großteil der Rebflächen in Macul und verlegte den Sitz nach Buin. Die Weine sind jetzt moderner und fruchtbetonter, doch die besten, etwa Finis Terrae und Lota, haben die für die Kellerei einst typische Struktur und Finesse bewahrt.

Av. Quilín 7100, Peñalolén, Santiago; www.cousinomacul.cl

De Martino Maipo
»Chile neu erfinden« ist ein ehrgeiziges Ziel für eine Kellerei, doch dieser hier gelingt die Umsetzung. Der Profit aus dem Geschäft mit Massenweinen und Traubensaft gibt dem visionären Weinmacher Marcelo Retamal die Freiheit zu reisen, und das nutzt er weidlich aus. Er ist ein Frontkämpfer bei der Ausdehnung der Grenzen des chilenischen Weinbaus, propagiert den Terroir-Begriff und erzeugt im ganzen Land bahnbrechende Weine: Chardonnay mit Struktur aus Limarí, tiefgründiger Syrah aus Choapa, Malbec und Carignan von alten Reben aus Maule. Auch Carmenère ist eine Spezialität. Doch aufgepasst: Das sind alles keine Weine für Zartbesaitete.

Manuel Rodríguez 229, Isla de Maipo; www.demartino.cl

Emiliana Orgánico Colchagua
Der Besuch des Guts in Los Robles beschränkt sich nicht auf die Verkostung von Wein. Man begegnet Tieren. Man sieht, wie homöopathische Präparate zubereitet werden. Man taucht ein ins volle Leben. Und wenn man dann die Weine probiert, ist man selten enttäuscht: Sie sind alle ausgezeichnet, vom einfachen Adobe über den verlässlichen Novas bis hinauf zum körperreichen Coyam und dem dichten Gê. Der Ableger von Viñedos Emiliana S. A. (seinerseits eine Tochter von Concha y Toro) ist seit seiner Gründung 1998 ein großer Erfolg und bewirtschaftet inzwischen über 1000 ha mit biologischen und biodynamischen Methoden.

Carretera I-50, km 20, Nancagua, Valle de Colchagua
www.emiliana.cl

Errázuriz Aconcagua
Sich auf seinen Lorbeeren auszuruhen ist nicht die Art dieses historischen und dennoch nach vorn blickenden Betriebs, der zu den besten in Chile gehört. Er ist Vorreiter für biologischen Weinbau, Joint Ventures, leichtgewichtige Weine, wilde Hefen, Syrah, Pflanzungen am Hang und vieles mehr. Eine beeindruckende neue Kellerei in Panquehue ist eine weitere Errungenschaft dieses Hochleistungsunternehmens mit breitem Angebot. Prestigeobjekte sind etwa der Viñedo Chadwick, ein gut gebauter Cabernet Sauvignon aus Puente Alto, und der Seña, ein charaktervoller Bordeaux-Verschnitt, der inzwischen vollständig von einer biodynamisch bewirtschafteten Lage in Aconcagua stammt.

Avenida Antofagasta, Panquehue, V Region
www.errazuriz.com

Falernia Elqui
Das Elqui-Tal ist eine schroffe, unberührte Gegend im Norden Chiles, wo sich Hippies, Weinmacher und Astronomen unter tiefblauem Himmel ein Stelldichein geben. Traditionell ist es ein Landstrich der Obstbauern und Branntweinerzeuger, der erst durch Falernia und seinen herrlich gewagten Syrah mit floralem Duft und fleischigen, pfeffrigen Noten von schwarzen Oliven als Weinbaugebiet bekannt wurde. Auch der Pedro Ximénez von hohen Lagen und der Carmenère aus halb getrockeneten Trauben sind empfehlenswert.

Ruta 41, km 52, Casilla 8 Vicuña, IV Región
www.falernia.com

O. Fournier Maule & San Antonio
Dies ist nach Ribera del Duero (Spanien) und Mendoza (Argentinien) der jüngste Neuzugang bei O. Fournier. José Manuel Ortega durchkämmte drei Jahre lang die besten Terroirs in Chile, bevor er 2007 West-Maule für Rotwein und Lo Abarca (San Antonio) für Weißwein auswählte. Hier wie dort sind neue Kellereien geplant, doch die Weine sind jetzt schon eindrucksvoll. Die Reihe Urban bietet knackig-frische Rote und lebhafte Weiße mit gutem Preis-Leistungs-Verhältnis, während ausdrucksstarke, intensive Weine das Etikett Centauri tragen. Die Spitzenrotweine haben Struktur und Eleganz. ★**Aufsteiger**

Camino a Constitución, km 20, San Javier, Talca
www.ofournier.com

Gillmore Winery and Vineyards Maule
Hier dreht sich alles um Persönlichkeit. Zunächst sind da die vorpreschende Art des Kellermeisterwunders Andrés Sánchez und das große Talent seiner Frau, der Winzerin Daniella Gillmore. Und dann die Weine: Sie stammen von unbewässerten Reben in Loncomilla an der Küste und haben meist eine frische, geradezu norditalienische Festigkeit und Langlebigkeit sowie stets echte Individu-

alität und chilenischen Charakter. Cabernet Sauvignon und Cabernet Franc sind hervorragend. Die schöne Unterkunft vor Ort und ein Tierpark zeugen von der Besucherfreundlichkeit dieses einzigartigen Fleckchens Erde. ★**Aufsteiger**

Camino a Constitución, km 20, San Javier; www.gillmore.cl

Haras de Pirque Maipo
Ein Gebäude in Hufeisenform schmiegt sich an ein Halbrund aus Hügeln mit Panoramablick auf Weinberge und Pferdeweiden: Das ist die Kulisse dieses Betriebs im hoch gelegenen Unterbereich Pirque, den Vater und Sohn Eduardo Matte führen. Alle Weine entstehen von den Trauben des 1992 gegründeten Guts; nicht allen gelingt der Balanceakt zwischen grüner Unreife und rosinierter Alkoholstärke. Spitzenreiter ist der reichhaltige Albis (Cabernet/Carmenère) mit Minznoten, für den der Italiener Piero Antinori mitverantwortlich zeichnet.

Camino San Vicente, Sector Macul, Pirque, Casilla 247 Correo Pirque; www.harasdepirque.com

Kingston Family Vineyards Casablanca
Der aus Michigan gebürtige Carl John Kingston kam um 1900 als Goldsucher nach Chile und erwarb einen Hof mit 3000 ha in Casablanca, der heute reichlich Profit abwirft: Der Betrieb verkauft 90 % seiner Trauben und erzeugt selbst kleine Mengen reichhaltigen Sauvignon Blanc, würzigen Pinot Noir und saftigen Syrah von den 80 ha Weinbergen, die 15 km von der Küste entfernt liegen. Der Syrah toppt alles: Der Bayo Oscuro ist dicht, aber lebhaft und ausgefeilt. ★**Aufsteiger**

Keine Besuchereinrichtungen; www.kingstonvineyards.com

Lapostolle Colchagua
Hier treffen französische Ideale auf die chilenische Realität – mit interessanten Ergebnissen. Der Betrieb der Familie Marnier Lapostolle hält in Chile das Exklusivrecht auf die Beratung durch Michel Rolland. In Apalta erbringen alte, unbewässerte Reben und eine sensationelle Kellerei gemeinsam den Clos Apalta, einen alkoholstarken, duftenden roten Verschnitt. Cuvée Alexandre ist eine verlässliche Reihe, deren Rote den kellereitypisch sauberen, reif-fruchtigen, eichenholzwürzigen Stil zur Schau tragen (besonders gut ist der Apalta Merlot). Die Weißen sind weniger überzeugend. Alle Reben werden ökologisch angebaut; die biodynamische Zertifizierung läuft.

Camino San Fernando a Pichilemu, km 36, Cunaquito, Comuna Sta Cruz; www.casalapostolle.com

Leyda San Antonio
Der Name sagt alles: Dies war der erste Betrieb im Leyda-Tal, der 1997 gegründet und 1998 bestockt wurde, nachdem eine 8 km lange Rohrleitung errichtet worden war, mit der das unverzichtbare Wasser vom Fluss Maipo herangeschafft wird. Die Weine waren von Anfang an charaktervoll und elegant, vor allem diejenigen von Pinot Noir, Chardonnay und Sauvignon Blanc. Jetzt machen sich auch Syrah, Sauvignon Gris und Riesling gut. 2007 bekam der Betrieb einen neuen Besitzer (Luksic/San Pedro), der auf Pinot abonnierte Weinmacher Rafael Urrejola ging. Im Auge behalten.

Avenida Del Valle 601 of.22, Ciudad Empresarial, Santiago www.leyda.cl

Litoral (Ventolera) San Antonio
Litoral entstand 2005 als Joint Venture von Vicente Izquierdo, einem der besten Weinbauern in Leyda, und Kellermeister Ignacio Recabarren. Letzterer stieg später aus, und seit dem 2009er Jahrgang hat das GEO-Kellerteam unter Leitung von Álvaro Espinoza das Sagen. Die Marke heißt Ventolera und erreicht ihren Höhepunkt mit Sauvignon Blanc in angenehm straffem, mineralischem Stil. Der sanft bittersüße Pinot Noir und der buttrige Chardonnay sind vielversprechend. Riesling und Gewürztraminer sind neu im Angebot. ★**Aufsteiger**

Keine Besuchereinrichtungen www.geowines.cl

Loma Larga Vineyards Casablanca
Frische, Eleganz und lebhafte Persönlichkeit zeichnen die Weine dieses Betriebs aus. Von rund 148 ha Hügel- und niedrigen Berglagen werden 40 ha für die Erzeugung eigener Weine genutzt (die übrigen Trauben werden verkauft). Die Erträge sind niedrig, und bisher schreckte man nicht davor zurück, kantige Weine mit echter Persönlichkeit zu bereiten. Sauvignon Blanc (pikant, vielschichtig), Malbec (floral, tintenschwarz, saftig) und Syrah (angenehm fleischig, pfeffrig) sind alle hervorragend. ★**Aufsteiger**

Avenida Gertrudis Echeñique 348, Depto. A, Las Condes, Santiago; www.lomalarga.com

Los Vascos Colchagua
Seit 1988 gehört die traditionelle Kellerei den Rothschilds von Château Lafite. Sie hat eine treue Fangemeinde gewonnen, vor allem mit ihrem sehr beständigen Cabernet Sauvignon – von der einfachen Version bis zum seidigen, ausgefeilten Le Dix. Innovation ist nicht ihre Stärke, doch Hoffnungen erwecken unter anderem die neuen Rebflächen am Hang, die achtbaren Weißweine aus Casablanca und die komplexe Grande Réserve (75–80 % Cabernet Sauvignon mit Carmenère, Syrah und Malbec).

Camino Pumanque, km 5, Peralillo, VI Región www.vinalosvascos.com

Luis Felipe Edwards Colchagua
Der Familienbetrieb etabliert sich gerade als vielfältiger, anspruchsvoller Erzeuger. Früher produzierte er Massenweine und büßte dabei viele seiner wertvollen alten Reben ein. In den 1990er-Jahre entstand eine eigene Marke, doch erst mit dem neuen Jahrtausend und einem ehrgeizigen Expansionsprojekt ging es richtig los. Neues Land in Leyda war genau das, was die Weißweine brauchten (der Sauvignon Blanc ist ausgezeichnet), und auch bei Malbec, Shiraz und Petite Sirah zeitigen die umfangreichen Neuanpflanzungen gute Ergebnisse.

Fundo San Jose de Puquillay, Nancagua, VI Region www.lfewines.com

Matetic Vineyards San Antonio
Nachdem sie durch Viehzucht, Forstwirtschaft und Stahl zu einem der größten Grundbesitzer in Chile geworden war, verlegte sich die Familie Matetic 1999 auch auf den Weinbau und richtete dafür ihr malerisches Gut Rosario mit 9000 ha Grund her. Seither hat sich der Betrieb mit kraftvollem, intensivem und doch seidigem Syrah von Hängen mit Granitboden einen Namen gemacht. Die Spitzenreihe EQ bietet die größte Intensität; viele

WEINPERSÖNLICHKEITEN

ÁLVARO ESPINOZA

Sein Sohn gab ihm den Spitznamen »Señor Perfecto«, und das ist eine äußerst passende Beschreibung für den vielfach ausgezeichneten, aber bescheiden gebliebenen Mann, der sich sehr um den chilenischen Weinbau verdient gemacht hat. Zum Wein kam er durch seinen Vater Mario, Kellermeister und Professor an der Katholischen Universität Chile. Nachdem Álvaro im In- und Ausland Erfahrung gesammelt hatte, half er dem biologischen und biodynamischen Anbau in Chile auf die Sprünge, zunächst bei Carmen, dann bei Emiliana Orgánico. 1998 startete er sein eigenes Weinunternehmen (Antiyal) in der heimischen Garage – seine Frau Marina war schließlich sehr erleichtert, als die neue Kellerei endlich gebaut war. Heute ist Espinoza als Berater tätig und erzeugt Wein im Rahmen des Projekts GEO. Seine Weine sind sehr chilenisch, sehr charaktervoll und sehr einnehmend. Wie er selbst.

Die Anden bilden die östliche Grenze der Anbauregion Colchagua, die südlich der Hauptstadt Santiago liegt.

NEYEN
BIS ZU 120 JAHRE ALTE REBSTÖCKE LIEFERN DIE TRAUBEN FÜR DIESEN VERSCHNITT VON CARMENÈRE UND CABERNET SAUVIGNON

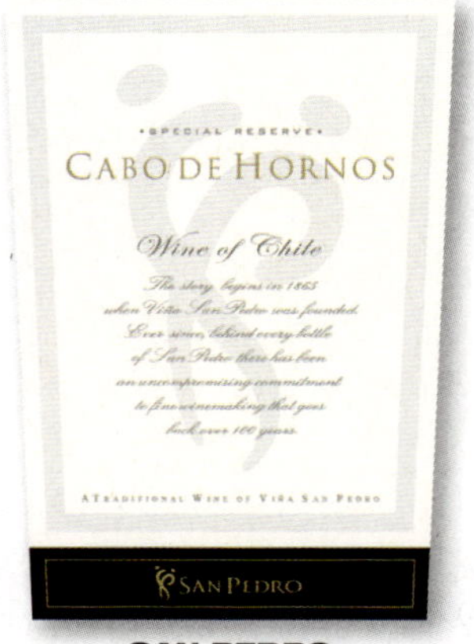

SAN PEDRO
KELLERMEISTER MARCO PUYO LÄUTETE EINE NEUE ÄRA IM UNTERNEHMEN EIN

schätzen den Coralillo für seine verhaltene Art. Alle Weinberge werden zertifiziert ökologisch bewirtschaftet; die Besucherbetreuung ist vorbildlich.

Fundo Rosario, Lagunillas, Casablanca
www.mateticvineyards.com

Miguel Torres Curicó
Miguel Torres kam in den 1970er-Jahren nach Chile, um über Katalonien hinaus zu expandieren, und brachte mit seinen Investitionen auch die Modernisierung des chilenischen Weinbaus voran. Seitdem wirkt Torres weiter als Erneuerer, etwa beim biologischen Weinbau, bei der Entwicklung von Klonen, mit neuen Rebsorten (Tempranillo, Albariño, Mencía), dem Anbau auf Schieferböden sowie beim Weintourismus. Die einfachen Weine sind ordentlich; an der Spitze stehen die Riesling-Spätlese und der langlebige Cabernet Sauvignon Manso de Velasco.

Panamericana Sur, km 195, Curicó
www.migueltorres.cl

Montes Colchagua
Der chilenische Klassiker hat einen weiten Weg zurückgelegt, seitdem er 1988 unter den Namen Discover Wine in Curicó gegründet wurde. Unter Aurelio Montes fand eine beeindruckende Entwicklung statt, doch Schwerpunkt sind nach wie vor verbraucherfreundliche Qualitätsweine, die auf allen Ebenen überzeugen. Die Roten aus Apalta und Marchihue vereinen Reife mit einer ansprechenden Struktur; die Weißen aus Leyda und Casablanca bieten frische, ausgeprägte Aromen. Der Syrah Folly ist in seiner Intensität überwältigend, der Purple Angel ein Meisterstück von Carmenère. Neue Projekte in Argentinien und Kalifornien setzen die Erfolgsserie fort.

Parcela 15, Millahue de Apalta, Santa Cruz
www.monteswines.com

Neyen Colchagua
Der Neyen ist ein eindrucksvoll strukturierter, würziger Verschnitt aus Cabernet und Carmenère von alten Reben, die in einer malerischen Hanglage in Apalta wachsen. Der sanfte, blaufruchtige 2005er ist derzeit der Beste; der 2006er wurde als Erster in der neuen Kellerei vor Ort erzeugt. Neue steile Lagen mit Carmenère und vor allem Syrah sind vielversprechend, wurden aber noch nicht für den Neyen genutzt. Kellermeister Patrick Valette und Weinbauspezialist Eduardo Silva beraten. ★**Aufsteiger**

Camino Apalta km 11, Comuna Santa Cruz, Colchagua, VI Region; www.neyen.cl

Odfjell Vineyards Maipo
Der norwegische Reeder Dan Odfjell kam ursprünglich geschäftlich nach Chile, erwarb dann jedoch Land in den Hügeln westlich von Santiago, das erst dem Obstanbau diente und ab 1992 mit Reben bestockt wurde. Erzeugt werden fast nur Rotweine, von denen einige lobenswert kantig und individuell sind (vor allem der wilde, tintige Malbec aus Curicó und der intensive, kräuterduftige Carignan aus Maule). Die stil- und charaktervollen Orzada-Weine sind ausgezeichnet; Aliara ist ein zunehmend interessanter roter Verschnitt aus mehreren Gebieten.

Camino Viejo a Valparaíso 7000, Padre Hurtado, Santiago
www.odfjellvineyards.cl

Pérez Cruz Maipo
Die Schlichtheit des Betriebs der Familie Pérez in Huelquén ist eine Augenweide aus Licht, Holz und Stein. 450 m hoch auf einem niedrigen Hügel gelegen, wurde er 1994 mit Reben bestockt und erzeugt heute sechs Rotweine, die alle die dunkle Frucht mit Minznoten und die breite, würzige Struktur zur Schau tragen, die für Alto Maipo typisch sind. Highlights sind der fleischige, florale Cot (Malbec) und der beeindruckend pfeffrige, üppige Verschnitt Quelen (Petit Verdot/Carmenère/Cot).

Fundo Liguai de Huelquén, Paine, Maipo Alto
www.perezcruz.com

Quintay Casablanca
Das Unternehmen mit Sitz in Casablanca entstand 2005, als acht Partner – hauptsächlich Weinbauern – sich zusammentaten, um einen Sauvignon Blanc der Spitzenklasse zu erzeugen. Mit diesem konkreten Ziel stand das Projekt von Anfang an unter einem guten Stern. Die Trauben kommen aus Casablanca und Leyda. Die weniger teure Marke Clava umfasst u. a. einen verhaltenen, aber komplexen Chardonnay, die Spitzenreihe Quintay einen elegant-rauchigen, bittersüßen Pinot Noir – und beider Sauvignon Blanc ist ausgezeichnet. ★**Aufsteiger**

San Sebastián 2871, Oficina 201, Las Condes, Santiago
www.quintay.com

La Reserva de Caliboro (Erasmo)
Maule
Die treibende Kraft dieses Projekts ist der italienische Graf und Wermuterbe Francesco Marone Cinzano. Zusammen mit der Familie Manzano erzeugt er im wilden Westen Maules den anspruchsvollen roten Verschnitt Erasmo. Dicht bestockte, konsequent ohne künstliche Bewässerung bewirtschaftete Weinberge am Fluss Perquilauquén erbringen einen schroffen, kräuterwürzigen, erdigen Mix aus Cabernet Sauvignon, Cabernet Franc und Merlot; die bisher besten Jahrgänge waren 2003 und 2005. Der an einen Vin Santo erinnernde Torontel ist eine leckere Kuriosität des Hauses. ★**Aufsteiger**

Carretera San Antonio, Caliboro km 5,8, San Javier
www.caliboro.com

San Pedro Curicó
Der Betrieb, von jeher einer der Giganten des chilenischen Weinbaus, strauchelte zu Beginn des 21. Jahrhunderts infolge von Umwälzungen im Management und anderen Problemen. Doch in Chile dreht sich der Wind manchmal erstaunlich schnell, und so war es auch hier: Kellermeistergenie Marco Puyo begründete eine neue Ära eleganter, verbindlicher Weine, deren Herkunft man schmeckt. Der lebhafte Sauvignon Blanc und der intensiv-saftige Syrah aus Elqui verkörpern diesen Trend auf brillante Weise, wie auch der neu gestylte Cabo de Hornos, früher ein reiner Cabernet Sauvignon, jetzt gekonnt mit Syrah und Malbec verschnitten.

Avenida Vitacura 4380, Piso 6, Vitacura, Santiago
www.sanpedro.cl

Santa Rita Maipo
Die historische Kellerei erfindet sich immer wieder neu. Eigentümer Ricardo Claro verstarb 2008, doch der Claro-Konzern führt den Betrieb weiter und engagierte 2009 den australischen Berater Brian Croser. Neue Weinberge

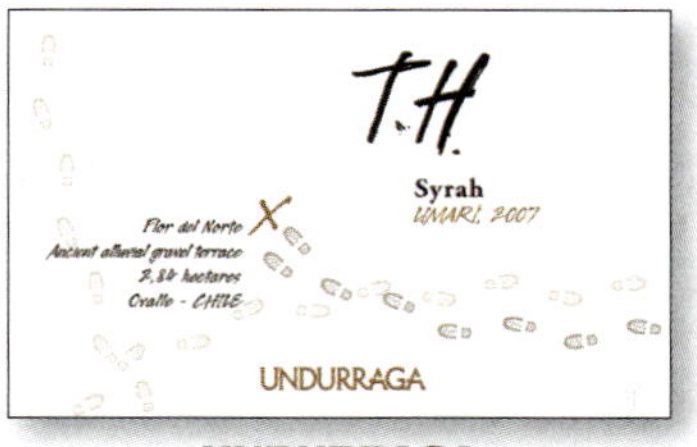

UNDURRAGA
DIE REIHE T. H. BELEGT DAS ENGAGEMENT VON UNDURRAGA BEI DER ERSCHLIESSUNG NEUEN TERROIRS

TABALÍ
TABALÍ ERZEUGT FRISCHE, SPRITZIGE WEINE AUS DEM TIEFEN SÜDEN VON LIMARÍ

in Colchagua und Limarí werden jetzt langsam nutzbar; Letzterer erbringt bereits dichten, saftigen Syrah. Vorerst bleibt Santa Rita ein interessanter Mix aus Alt und Neu: Der langlebige, geradlinige Paraderotwein Casa Real fällt in die erste Kategorie, die intensive Floresta-Reihe in die zweite. Die assoziierten Betriebe Carmen und Doña Paula (Argentinien, siehe S. 76) liefern weiter solide Produkte. In Alto Jahuel gibt es auch ein Museum und ein Hotel.

Camino Padre Hurtado 0695, Alto Jahuel/Buin, Maipo
www.santarita.com

Tabalí Limarí

Hier, in den staubigen Weiten im Süden der Limarí-Hochebene, ist alles weit weg, doch das war wohl von der Familie Luksic so gewollt – das Gut ist im Besitz des mächtigen Clans, der, neben vielen anderen Geschäftszweigen, dem Konzern San Pedro Tarapacá vorsteht. Tabalí ist im Wesentlichen ein Joint Venture von Guillermo Luksic und San Pedro und als solches mit Viña Leyda (siehe S. 67) verschwistert. Die 1993 angepflanzten Reben erbrachten bisher ausgezeichneten Chardonnay und Syrah, reif, doch mit einer anregenden Frische und Spritzigkeit, die für das küstennahe Limarí typisch sind.

Hacienda Santa Rosa de Tabalí s/n Ovalle, Rute Valle del Encanto, Valle del Limarí; www.tabali.cl

Undurraga Maipo

Zerstrittene Besitzer und altbackene Weine hatten den Betrieb zur Jahrtausendwende in eine Sackgasse manövriert. Doch schließlich gewann die kolumbianische Familie Picciotto die Oberhand und verdrängte die chilenischen Undurragas. Die Leitung hat jetzt José Yuraszeck. Sein weiser erster Schritt war die Verpflichtung des talentierten Rafael Urrejola, früher bei Viña Leyda (siehe S. 67), zur Schaffung einer neuen Weinreihe namens Terroir Hunter (jetzt zu T.H. abgekürzt), die mit ihren ausdrucksstarken, komplexen Weinen Undurraga wieder zu einem Weltklasseerzeuger verjüngte. Die Erneuerung ist noch nicht abgeschlossen, aber es sieht gut aus.

Camino Melipilla, km 34, Santa Ana, Maipo
www.undurraga.cl

Valdivieso Curicó

Der 1879 von dem Champagnerfan Alberto Valdivieso gegründeten Schaumweinkellerei in Santiago blieb der Erfolg auch im 20. Jahrhundert treu, doch nun steht vor allem die Anfang der 1990er-Jahre eingeführte Stillweinproduktion im Rampenlicht. Unter der Ägide des Neuseeländers Brett Jackson wird ein ordentliches Angebot bereitet. Mit Abstand am besten ist die Reihe Single Vineyard, in der Jacksons Händchen für Einzellagen zum Tragen kommt. Der »Solera-Bordeaux-Verschnitt« Caballo Loco ist langlebig und beständig, der Carignan-Mourvèdre/Syrah-Verschnitt Éclat anspruchsvoll, mit markanter Würze.

Luz Pereira 1849, Lontué; www.valdiviesovineyard.com

VC Family Estates Cachapoal

VC (früher Córpora) ist ein Verbund von Kellereien im Besitz der Familie Ibáñez, zu dem Agustinos, Gracia, Porta und Veranda in Chile sowie Universo Austral in Argentinien gehören. Alle Kellereien haben ehrgeizige Ziele, doch die Weine fallen unterschiedlich aus. Da die Bezugsquellen sich überschneiden, kommt man am sichersten zu Qualität, wenn man sich an die besten Lagen hält. Die stetig wachsenden Weinbergflächen in Bío Bío – ein Schwerpunkt des Verbunds – erbringen ansprechenden Pinot Noir und Chardonnay; in Alto Cachapoal entsteht kompakter, saftiger Syrah.

Avenida Vitacura 4380, Piso 18, Vitacura, Santiago
www.cw.cl

Ventisquero Maipo

Die erst 1998 gegründete Kellerei ist bereits sehr erfolgreich – dank eines kompetenten Teams und Investitionen des Besitzers Agrosuper in Millionenhöhe. Ein Gros davon ging in den Kauf von Rebflächen zugunsten einer autarken Produktion – eine riskante Politik, die den Weinen jedoch zugute kam. Es besteht noch Verbesserungsbedarf, was bei einem solchen Senkrechtstart aber nicht verwundert. Highlights sind die mit Kellermeister John Duval (früher bei Penfolds Grange, Australien) in Apalta erzeugten dichten, vielschichtigen Roten Pangea und Vértice. Lobenswert sind die Bestockungspläne in bisher unbekannten Gebieten und die Bemühungen zur Verringerung der Kohlendioxid-Emissionen.

Camino la Estrella 401, Oficina 5 Sector Punta de Cortés, Rancagua; www.ventisquero.com

Veramonte Casablanca

Der von der chilenischen Familie Huneeus geführte Betrieb machte sich in den 1990er-Jahren einen Namen mit frischem Sauvignon Blanc. Als klar wurde, dass seine erhöhte Lage im Osten von Casablanca nicht für alle Rotweine geeignet war, zog er nach Marchihue (Colchagua), um dort die Trauben für seinen Spitzenverschnitt Primus anzubauen. Daneben wird die Sauvignon-Produktion verbessert und mit Berater Paul Hobbs die Rolle von Pinot Noir wieder gestärkt. Der neue argentinische Cruz Andina wird mit Carlos Pulenta (siehe S. 73) erzeugt.

Ruta 68, km 66, Casablanca; www.veramonte.com

Viu Manent Colchagua

Die Besitzer der traditionellen Kellerei betrieben in den 1930er-Jahren eine Fassweinhandlung in der Innenstadt von Santiago. Erst 1966 erwarb die Familie ihren heutigen Sitz in Cunaco, wo alte Cabernet- und Malbec-Reben auf dem flachen Talboden wuchsen. Noch heute liefern diese Reben den Grundstoff für die berühmtesten Weine der Kellerei, etwa den robusten Viu 1 mit Noten von Tinte und Muskatnuss. Vielversprechend sind die neuen Weinberge im Westen von Colchagua und die Weißweine aus Casablanca und Leyda.

Santa Cruz, Colchagua; www.viumanent.cl

Von Siebenthal Aconcagua

Sein beeindruckendes Debüt gab der Betrieb im Besitz des Schweizer Anwalts Mauro von Siebenthal und vier Partnern mit dem 2002er Jahrgang, und seitdem ging es stetig aufwärts. Erzeugt werden ausschließlich Rotweine aus Aconcagua in mächtigem, ausladendem Stil, jedoch mit Finesse und Charme. Carabantes und Parcela #7 sind ausdrucksstark und süffig, der Toknar ist ein lebhafter, einnehmender Petit Verdot, und der neue Tatay de Cristóbal 2007 auf Carmenère-Basis wurde hoch gelobt.

Calle O'Higgins, Panquehue, Aconcagua
www.vinavonsiebenthal.com

ARGENTINIEN

Alles an Argentinien ist riesig. Mit einer Fläche von 2,8 Millionen Quadratkilometern ist es das achtgrößte Land der Welt. Seine Weinberge schmiegen sich an die Ausläufer des höchsten Gebirges außerhalb Asiens; ihr Ertrag steht an fünfter Stelle in der Weltrangliste. Doch hinter diesen schwindelerregenden Zahlen verbirgt sich ein Universum an passionierten kleinen Erzeugern, Rebsorten und Weinen, die unwiderstehlichen Charme mit ausgeprägter Individualität vereinen. Bis vor Kurzem schluckte der Binnenmarkt das Gros der Produktion, doch das ändert sich nun. Die letzten Jahrzehnte zeitigten Investitionen, Fortschritte und einen neuen Ehrgeiz, auf dem globalen Markt mitzumischen. Ob der schlafende Riese wirklich erwacht ist, wird sich zeigen.

Hauptrebsorten

Rot

- Bonarda
- Cabernet Franc
- Cabernet Sauvignon
- Malbec
- Merlot
- Tempranillo

Weiß

- Chardonnay
- Sauvignon Blanc
- Sémillon
- Torrontés

Jahrgänge

2010
Späte Ernte, geringe Erträge. Ausgewogene, komplexe Rote.

2009
Heißes, trockenes Jahr für reife, fruchtige Rotweine; mäßig bis gut.

2008
Sehr gut, nicht zu heiß: konzentrierte, ausdrucksstarke Weine.

2007
Trotz Regen kaum Probleme; gute Weine mit Struktur und schönem Reifepotenzial.

2006
Exzellent: intensiv aromatische Weiße und ausgewogene Rote.

2005
Mäßig bis gutes kühles Jahr für passable Weiße und Malbec.

Höhe und Breitengrad sind die Schlüssel zum Verständnis des argentinischen Weins. Der Westen des Landes ist im Wesentlichen eine hoch gelegene Wüste; sengende Hitze und extreme Trockenheit nehmen zu, je weiter man sich nach Norden in Richtung Äquator bewegt. Das dringend benötigte Wasser und etwas Abkühlung gibt es nur in der Nähe der Anden – deshalb hat Nordargentinien mit die höchstgelegenen Weinberge der Welt (bis zu über 3000 Meter über dem Meeresspiegel). Das magische Zusammenspiel von Höhe und Breitengrad liefert überall in Argentinien unterschiedliche Ergebnisse.

Das Herz des argentinischen Weinbaus ist Mendoza, das mit seinen 159 000 Hektar Rebland für 80 Prozent der heimischen Produktion aufkommt. In den letzten Jahren erhielten die traditionellen Qualitätsgebiete rund um Luján de Cuyo Auftrieb durch interessante neue Entwicklungen in höheren Lagen des Valle de Uco und von San Carlos, die ein komplexes und dabei spannendes Weinbauszenario schaffen und natürlich einen Schwung extrovertierter, berückender Weine hervorbringen.

Im patagonischen Süden (Río Negro, Neuquén) entstehen dank starker Winde und klarem Himmel Weine, die Kompaktheit mit Anmut vereinen. Oben im Norden, in Salta und Catamarca, herrscht dünne Luft, und die Weine sind so schroff und kompromisslos wie die Landschaft, ein Zeugnis der Beharrlichkeit ihrer Schöpfer. Zwischen diesen beiden Extremen gibt es viel zu entdecken.

Argentiniens Markenzeichen ist die Malbec-Traube, deren Weine klassischerweise von blumiger, unkomplizierter Süffigkeit bis hin zu tiefer Intensität reichen können, aber immer weich, gehaltvoll und würzig sind. Die besten argentinischen Cabernet-Sauvignon-Weine wiederum vereinen eine großartige Struktur und Dichte mit einem eleganten Gefüge; Cabernet Sauvignon und Malbec zusammen ergeben mit die feinsten Rotweine Argentiniens. Die Rebsortenvielfalt ist eine der großen Stärken des Landes: Cabernet Franc, Syrah, Bonarda, Merlot und Tempranillo erbringen, oft als Verschnitte, ausgezeichnete Rote.

Wenn Malbec ein weißes Pendant hat, so ist dies die duftende, exotische Torrontés-Rebe, eine Spezialität des argentinischen Nordens. Chardonnay gelingt vor allem, wenn er in hohen Lagen angebaut und mit Sorgfalt verarbeitet wird. Obwohl das Klima eher ungeeignet für Sauvignon Blanc ist, gewinnen Experten der Rebe frische, konzentrierte Weiße ab. Auch Viognier und Sémillon sind teilweise sehr gut.

Heute ist Argentinien ein stolzes, innovatives Erzeugerland. In den letzten Jahrzehnten wurden die Wirtschaft wie auch der Weinbau durch viele Krisen erschüttert, doch eine Mischung aus sozialer Stabilität, stetigen Investitionen und durch Optimismus beflügelter Tatkraft spornt die Kellereien zu immer überzeugenderen Leistungen an.

Allmählich kommt eine neue Generation brillanter Weinmacher ans Ruder, von Mauricio Lorca bis zu Matías Michelini. Internationale Investoren wie Pernod Ricard (Graffigna), Diageo (Navarro Correas), Sogrape (Flichmann) und LVMH (Chandon) treiben die Entwicklung weiter voran, ehrgeizige Erzeuger setzen ständig neue Meilensteine, und, was das Beste ist, die Früchte dieser Arbeit werden von einem immer bunteren und interessierteren Publikum geschätzt, das von den Besucherattraktionen der Güter angelockt wird – oder einfach vom natürlichen Schwung und Charisma der Weine.

Achaval-Ferrer Luján de Cuyo (Perdriel)
Die führende Kellerei wird seit ihrer Gründung 1998 von den argentinischen Eigentümern Santiago Achaval (Präsident) und Manuel Ferrer zusammen mit den Italienern Roberto Cipresso (Kellermeister) und Tiziano Siviero geführt und produziert mit die begehrtesten Weine des Landes. Alte Rebstöcke in Spitzenlagen, extrem geringe Erträge und ein langer Ausbau in Eiche erbringen Weine mit Struktur, Dichte und großer Finesse, deren drei beste aus Einzellagen stammen: der anmutige Altamira aus La Consulta, der würzige Mirador aus Medrano und der duftende Bella Vista aus Perdriel.

Calle Cobos 2601, Perdriel (5509), Mendoza
www.achaval-ferrer.com

Alta Vista Luján de Cuyo
Die französische Familie d'Aulan, langjährige Besitzer von Piper-Heidsieck, kam in den 1980er-Jahren nach Argentinien, um Schaumweine zu erzeugen. 1996 gründete sie Alta Vista, renovierte eine alte Kellerei und spezialisierte sich auf Einzellagen-Malbec. Inhaber Patrick d'Aulan gibt freimütig zu, dass nicht immer alles richtig gemacht wurde (»zu viel Eiche; zu geringe Erträge«), doch jetzt ist das Ziel »unsere Reife und Balance zu finden«. Der Malbec der Reihen Single Vineyard und Grande Reserve Terroir belegt mit eleganten Tanninen und schwungvoller Säure die Vielfalt von Mendoza.

Alzaga 3972, Luján de Cuyo, Mendoza
www.altavistawines.com

Altos Las Hormigas Luján de Cuyo
Als »Ameisenarbeit« bezeichnet man in Argentinien unermüdliches Schuften, und nicht umsonst heißt diese bescheidene Kellerei »Ameisenhöhen«: Zwischen Fässern, halb leeren Gläsern und südländischer Gestik herrscht hier stets reges Treiben. Das italienisch-argentinische Joint Venture hat sich seit Mitte der 1990er-Jahre stetig (wenn auch nicht reibungslos) weiterentwickelt und produziert meist intensive, faszinierende Malbec-Weine mit guter Struktur. Die Malbec Reserva ist dicht und elegant bittersüß. Bonarda ist nun ebenfalls ein Schwerpunkt. Alberto Antonini berät bei der Weinbereitung.

9 de Julio, 309-5500 Mendoza; www.altoslashormigas.com

Benegas Luján de Cuyo (Mayor Drummond)
Diese junge Kellerei hat eine lange Geschichte. Tiburcio Benegas war einer der Gründerväter des Weinbaus in Mendoza, doch erst Federico J. Benegas Lynch führte die Familie 1998 zurück ins aktive Kellereigeschäft. Von Trauben eines altbewährten Guts der Familie in Maipú (die Kellerei liegt 5 km weiter in Luján) werden hauptsächlich Rotweine mit echter Persönlichkeit, Konzentration und Klasse erzeugt. Besonders gut sind der Cabernet Franc, der Syrah und der Meritage-Verschnitt.

Cruz de Piedra, Maipú, Mendoza
www.bodegabenegas.com

Cabernet de los Andes Valle de Fiambalá
Der silberhaarige, sonnengegerbte Carlos Arizu mit seinem charismatischen Lächeln hat einen tadellosen Weinmacherstammbaum vorzuweisen, ist aber nicht der Typ, der es sich leicht macht. Seine Reben wachsen in einer der wüstesten Gegenden Argentiniens – dem Fiambalá-Tal in Catamarca –, wo die Hitze nur durch die

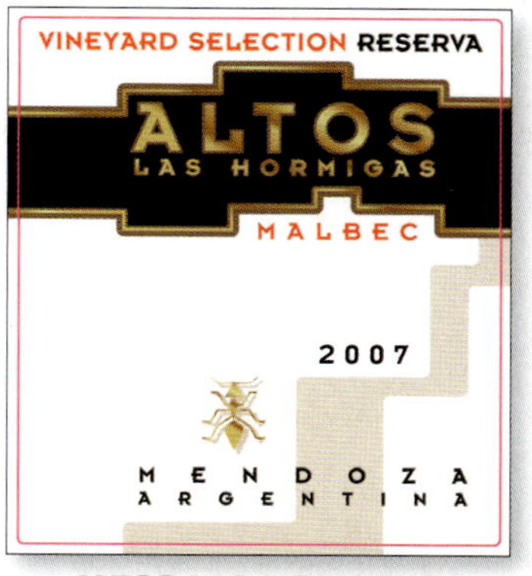

ALTOS LAS HORMIGAS
FASZINIERENDER MALBEC VON EINEM ITALIENISCH-ARGENTINISCHEN JOINT VENTURE

CATENA ZAPATA
DIE REIHE CATENA ALTA UMFASST SORTENWEINE IN LIMITIERTER AUFLAGE

schwindelnde Höhe (rund 1500 m) wettgemacht wird. Es wird biologischer und biodynamischer Anbau betrieben, und die besten Rotweine verfügen über eine großartige Reinheit und Fruchtkonzentration. ★**Aufsteiger**

Keine Besuchereinrichtungen; www.tizac-vicien.com

CarinaE Viñedos Maipú (Cruz de Piedra)
Der Franzose Philippe Subra kam Ende der 1990er-Jahre als Elektroingenieur nach Argentinien. 2003 begann er, seine Energien einem neuen Weinprojekt zu widmen, das er CarinaE taufte (nach dem Sternbild Carina am Firmament der Südhalbkugel – deutsch »Kiel des Schiffs« –, denn er ist auch Hobbyastronom). In einer renovierten Kellerei in Cruz de Piedra, Maipú, werden geringe Mengen Wein erzeugt; die Trauben stammen vornehmlich von alten Reben des umliegenden Guts und zweier anderer Rebflächen in Perdriel. Das Team des Beraters Michel Rolland bereitet die Weine, die eine feine Mischung aus Konzentration und Eleganz bieten. ★**Aufsteiger**

Videla Aranda 2899, Cruz de Piedra, Maipú, Mendoza
www.carinaevinos.com

Carlos Pulenta Wines
Luján de Cuyo (Vistalba)
Carlos Pulentas Gut in Vistalba ist eine Welt für sich. Die hübschen lehmfarbenen Häuser beherbergen Gästesuiten, ein Spitzenrestaurant (La Bourgogne) sowie Kellergewölbe mit von Pulenta selbst entworfenen Betontanks. Rund herum stehen knorrige Olivenbäume, von denen ein eigenes Jahrgangsöl erzeugt wird, und 50 ha Reben, deren Trauben die ausgefeilten, intensiven Vistalba-Rotweine liefern. Pulenta bezieht auch Lesegut aus dem Valle de Uco (von dem ein Großteil in die lebhaften Tomero-Weine eingeht) und Torrontés aus Cafayate. Progenie heißt der neue Schaumwein, ein Verschnitt von Pinot Noir und Chardonnay. Der Alkoholgehalt steigt in letzter Zeit merklich an. ★**Aufsteiger**

Roque Saenz Peña 3531, Vistalba, Mendoza
www.carlospulentawines.com

Catena Zapata Luján de Cuyo (Agrelo)
Der Betrieb ist zweifellos einer der führenden in Argentinien und erzeugt bahnbrechende Weine, die mit zu den ansprechendsten und preiswertesten des Landes gehören. Dies ist das Ergebnis von jahrzehntelanger harter Arbeit im Weinberg und in der Kellerei unter der Ägide des Vater-Tochter-Teams Nicolás und Laura Catena. Pionierleistungen beim Anbau in hohen Lagen, bei Malbec-Klonen und Verschnitten sorgen nicht nur für immer komplexere und bestechendere Weiß- und Rotweine, sondern geben auch anderen ein leuchtendes Beispiel. Erfolgreiche Ableger sind unter anderem Argento und Caro, ein Joint Venture mit Château Lafite (Bordeaux). Der rote Spitzenverschnitt sowie Chardonnay und Malbec aus hohen Lagen sind herausragend.

J. Cobos, Agrelo, Luján de Cuyo, Mendoza
www.catenawines.com

Chacra Río Negro
Pinot Noir von alten Reben ist der Schwerpunkt des kleinen Betriebs in Patagonien, der 2004 gegründet wurde, als der Sassicaia-Winzer Piero Incisa della Rocchetta eine brachliegende Parzelle mit Pinot-Noir-Stöcken erwarb, die 1932 bepflanzt worden war. Weitere alte Reben

ARGENTINIEN

In Argentinien hat jeder Weinberg seine malerische Gebirgskulisse: Die Weine des Landes sind geprägt von den Anden, die kühle Höhenlagen und Schmelzwasser für die Bewässerung zur Verfügung stellen. Wie von diesem freigeistigen Land nicht anders zu erwarten, ist das Appellationssystem herrlich kompliziert, doch das sollte einen Weinfreund nicht abschrecken, denn der Terroir-Weinbau ist auch hier auf dem Vormarsch, in San José genauso wie in San Rafael oder San Juan. Provinzen und Departamentos (Mendoza, Luján de Cuyo) geben die grobe Abgrenzung der Anbaugebiete vor, doch daneben erweisen sich die Weine selbst als zunehmend klare und verlässliche Wegweiser durch den geografischen Dschungel Argentiniens.

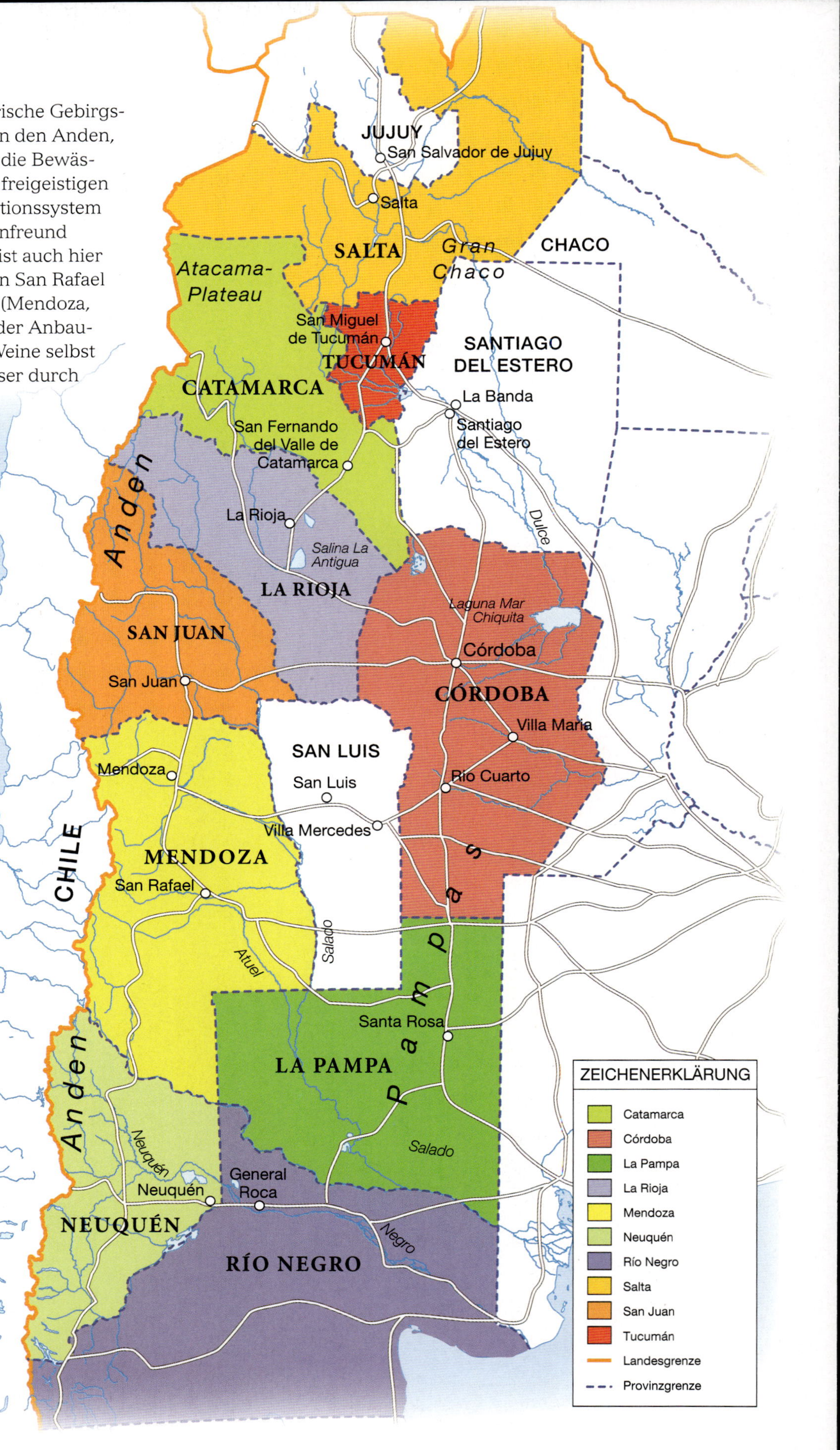

MENDOZA

Der Dreh- und Angelpunkt des argentinischen Weinbaus blickt auf eine lange Tradition zurück und sieht – dank der ständig wachsenden Vielfalt und einer zunehmend sorgfältigen Weinbereitung – gleichzeitig einer immer rosigeren Zukunft entgegen. Das klassische Kerngebiet von Mendoza erstreckt sich im Süden der Stadt (Vistalba, Luján, Perdriel, Agrelo), doch die höher gelegenen Gebiete Uco und San Carlos weiter südwestlich sind mindestens genauso interessant. Im Auge behalten!

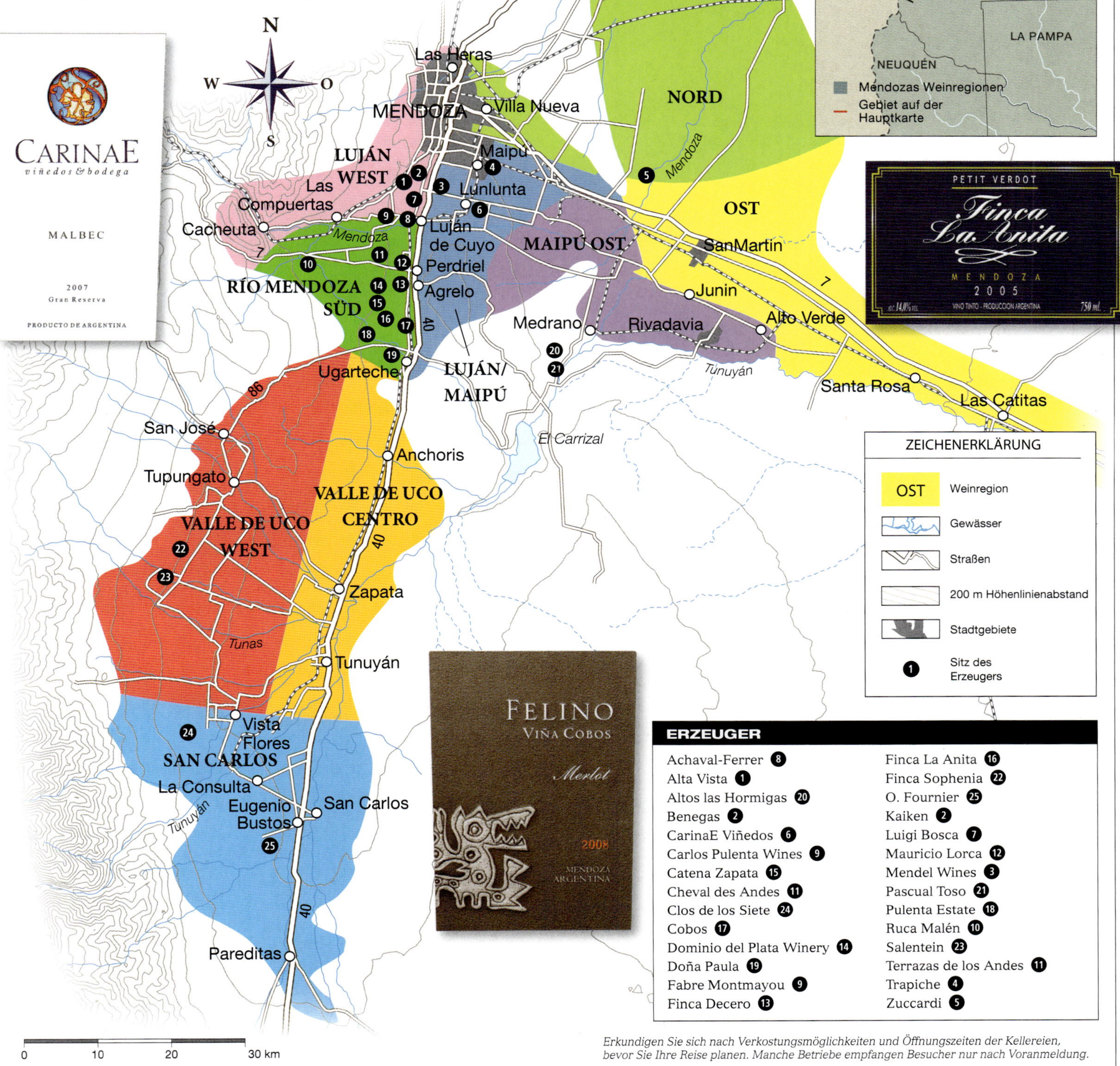

ERZEUGER

- Achaval-Ferrer 8
- Alta Vista 1
- Altos las Hormigas 20
- Benegas 2
- CarinaE Viñedos 6
- Carlos Pulenta Wines 9
- Catena Zapata 15
- Cheval des Andes 11
- Clos de los Siete 24
- Cobos 17
- Dominio del Plata Winery 14
- Doña Paula 19
- Fabre Montmayou 9
- Finca Decero 13
- Finca La Anita 16
- Finca Sophenia 22
- O. Fournier 25
- Kaiken 2
- Luigi Bosca 7
- Mauricio Lorca 12
- Mendel Wines 3
- Pascual Toso 21
- Pulenta Estate 18
- Ruca Malén 10
- Salentein 23
- Terrazas de los Andes 11
- Trapiche 4
- Zuccardi 5

Erkundigen Sie sich nach Verkostungsmöglichkeiten und Öffnungszeiten der Kellereien, bevor Sie Ihre Reise planen. Manche Betriebe empfangen Besucher nur nach Voranmeldung.

O. FOURNIER
EIN HORT DER PASSION UND AMBITION IN SAN CARLOS, VALLE DE UCO

LUIGI BOSCA
EIN HISTORISCHES GUT MIT MODERNEN WEINEN AUS LUJÁN DE CUYO UND MAIPÚ

kamen hinzu, der dänische Weinmacher Hans Vinding-Diers (vom nahen Noemía) stieg ein, und es entstanden einige spektakuläre, sehr individuelle Weine. Der florale, vielschichtige Treinta y Dos ist sicher der Star, doch auch alle anderen bieten einen faszinierenden Mix aus klassischem, langlebigem Charakter und eindeutig argentinischer Würze, Blumigkeit und Dynamik. ★ **Aufsteiger**

Avenida Roca 1945, General Roca, Rio Negro 8332
www.bodegachacra.com

Cheval des Andes Luján de Cuyo (Perdriel)

Dieses Joint Venture von Terrazas de los Andes und Château Cheval Blanc aus St-Émilion hat ein starkes Debüt abgeliefert. Das verbindende Element ist Bernard Arnault, Chef von LVMH (dem Terrazas gehört) und Miteigentümer von Cheval Blanc. Pierre Lurton, Kellermeister bei Cheval Blanc, erkannte das Potenzial eines Verschnitts von Cabernet Sauvignon mit Malbec von wurzelechten alten Reben und hielt sich mit Lehren aus Bordeaux vornehm zurück. Seit 1999 hat sich ein Stil herausgebildet, der Eleganz (feine Tannine, gute Struktur) mit argentinischer Würze und Reife verbindet.

Thames y Cochabamba, Perdriel, Luján de Cuyo, Mendoza
www.chevaldesandes.com

Clos de los Siete Valle de Uco (Vista Flores)

Es war eine simple Idee: Der weit gereiste Berater Michel Rolland überzeugte französische Investoren, ein ehrgeiziges Projekt zu unterstützen, nämlich 850 ha Weinberge im hoch gelegenen Vista Flores im Valle de Uco neu anzulegen, diese in sieben Teile aufzuspalten und jeden Partner dann darauf seinen eigenen Wein erzeugen zu lassen. Alle aber hatten auch einen festgelegten Beitrag zu einem gemeinsamen Wein zu leisten: dem Clos de los Siete (erster Jahrgang 2002). Der Wein ist recht ansehnlich in seinem reifen, würzigen, unkomplizierten Stil. Zurzeit gibt es vier Kellereien: Flechas de los Andes, Monteviejo (Lindaflor), Cuvelier los Andes und DiamAndes. Alle Weine haben einen recht hohen Alkoholgehalt.

Tunuyán, Mendoza; www.dourthe.com

Cobos Luján de Cuyo (Perdriel)

1997 besuchten Luis Barraud und Andrea Marchiori, ein frisch von der Uni gekommenes Önologenehepaar, Kalifornien und gründeten dann zusammen mit dem kalifornischen Weinmacher Paul Hobbs diesen Betrieb. Gut zehn Jahre später besitzt Cobos nicht nur eine hochmoderne Kellerei, sondern auch einen erstklassigen Ruf für Rotweine voller würziger, fruchtbetonter Aromen. Hobbs Talent für üppigen, aber strukturierten Cabernet Sauvignon durchzieht das ganze Angebot, von der preiswerten Felino-Reihe bis zum Spitzenetikett Nico.

Costa Flores y Ruta 7, Perdriel, Luján de Cuyo, Mendoza
www.vinacobos.com

Colomé Valles Calchaquíes

Dieser Betrieb fordert Extreme heraus: Er liegt in der sengenden Hitze, Trockenheit und Isolation des Calchaquí-Tals auf 2200 m über dem Meeresspiegel; seine Reben wachsen (erstaunlicherweise) auf bis zu 3100 m Höhe. Trotz der widrigen Bedingungen wird hier seit Jahrhunderten Land- und seit 1831 Weinbau getrieben (manche Reben gehen auf 1854 zurück), somit ist Colomé einer der ältesten Weinerzeuger Argentiniens. Der Schweizer Geschäftsmann Donald Hess erwarb den Besitz 2001. Der Malbec ist muskulös und intensiv, besitzt jedoch herrlich feine Tannine; Tannat und Torrontés sind Spezialitäten. Außerdem gibt es ein Hotel und ein Besucherzentrum.

Ruta Provincial 53, km 20, Molinos 4419, Provincia de Salta
www.bodegacolome.com

Dominio del Plata Winery

Luján de Cuyo (Agrelo)

Die ehemalige Atomphysikerin und jetzige Kellermeisterin Susana Balbo gründete den Betrieb 1999 zusammen mit dem Winzer Pedro Marchevsky, nachdem beide jahrelang bei Catena gearbeitet hatten. Von Beginn an lag ihr Schwerpunkt auf Präzisionsweinbau, nachhaltiger Landwirtschaft und kompetenter Weinbereitung. Nach einer wechselhaften Anfangsphase sind die Weine nun ausgefeilt und überaus ansprechend, von der preiswerten Crios-Reihe bis hin zu den teureren Etiketten BenMarco, Susanna Balbo Signature und dem Spitzenwein Nosotros.

Cochabamba 7801, Agrelo (5507), Mendoza
www.dominiodelplata.com

Doña Paula Luján de Cuyo (Ugarteche)

Der beständige, aber dennoch innovative Betrieb ist zweifellos das beste Pferd im Stall der chilenischen Claro Group, was vor allem dem Weinmacher Edgardo del Popolo (»Edy«) zu verdanken ist. Zu seinen traditionellen Stärken, nämlich schwungvollem Sauvignon Blanc und floralem Malbec, gesellt sich nun auch eine Reihe innovativer Weine, darunter Tannat, Torrontés, Shiraz, Viognier und Cabernet Franc. Einige können noch besser werden, aber probieren sollte man sie alle.

Av. Colón 531, CP 5500, Ciudad, Mendoza
www.donapaula.com.ar

Fabre Montmayou Luján de Cuyo (Vistalba)

Zunächst zu den Namen: Das Unternehmen wurde 1992 von dem Franzosen Hervé Joyaux Fabre und seinem Geschäftspartner Montmayou gegründet. Die Kellerei in Mendoza hieß Domaine Vistalba; eine Filiale in Patagonien verwendete die Marke Infinitus. Jetzt ist Fabre Montmayou die Hauptmarke, Phebus die preisgünstigere Reihe, und beide werden an beiden Standorten erzeugt. Zwar schwankt bei manchen einfacheren Abfüllungen die Qualität, doch insgesamt sind die Weine bewundernswert fein und markant.

Roque Saenz Peña, Vistalba, Luján de Cuyo, Mendoza
www.domainevistalba.com

Finca Decero Luján de Cuyo (Agrelo)

Die Finca Decero ist ein keckes junges Ding mit großem Potenzial. Die Kellerei und der Weinberg Remolinos wurden in Agrelo auf 1050 m aus dem Boden gestampft; der erste Jahrgang im Handel war der 2006er. Der Schwerpunkt liegt auf Rotweinen – vor allem Malbec, Cabernet Sauvignon und Petit Verdot – ausschließlich von Trauben aus Remolinos. Die eigenhändige, sorgfältige Verarbeitung (zum Beispiel werden alle Roten in Korbpressen gekeltert) sowie die lebhafte Persönlichkeit und europäische Finesse der Weine sind vielversprechend. Paul Hobbs ist Berater. ★ **Aufsteiger**

Bajo las Cumbres 9003, Agrelo, Mendoza; www.decero.com

Finca la Anita Luján de Cuyo (Agrelo)
Viele Kellereien der Neuen Welt streben nach individuellen Weinen; eine der wenigen, die dieses Ziel erreichen, ist die Anfang der 1990er-Jahre von den Brüdern Manuel und Antonio Mas nach dem Vorbild eines klassischen europäischen Betriebs gegründete Finca la Anita. Das große Angebot der (ohne Eiche ausgebauten) Weißen verblasst – obwohl sie unbestreitbar Charakter haben – angesichts der angenehmen Rustikalität und bestechenden Persönlichkeit der Roten, die wie ungeschliffene Edelsteine zum Meditieren einladen. Informative, prägnante Etiketten unterstreichen die Seriosität dieses Erzeugers.

Calle Cobos, Agrelo, Luján de Cuyo, Mendoza
www.fincalaanita.com

Finca Sophenia Valle de Uco (Tupungato)
Der angesichts seiner Jugend beeindruckende Erfolg dieses Betriebs ist der Kombination aus hohen Lagen und cleverer Weinbereitung geschuldet. Für Erstere ist Mitgründer Roberto Luka, für Letztere Matías Michelini verantwortlich. Das malerische Gut liegt 1200 m hoch im Uco-Untergebiet Gualtallarí und erbringt beständig feinen Sauvignon Blanc, Merlot und Malbec. Die Spitzenreihe Synthesis ist ausgezeichnet, vor allem der elegant-abgerundete rote Verschnitt; preiswerte Weine bietet die Marke Altosur. Frische und Harmonie sind die Markenzeichen der besten Gewächse. ★**Aufsteiger**

Ruta 89, km 12,5, Camino a los Arboles, Tupungato, Mendoza; www.sophenia.com.ar

O. Fournier San Carlos
José Manuel Ortega Gil-Fournier war einmal ein erfolgreicher, gut rasierter Banker. Jetzt trägt er Bart und Brille und hat sich zum passioniertesten Erzeuger Argentiniens gemausert. Die Trauben, zum Großteil Tempranillo, stammen zu 30 % von eigenen Reben und zu 70 % von örtlichen Winzern im (1200 m) hoch gelegenen Anbaugebiet rund um San Carlos. Die Basisreihe Urban ist immer tadellos; B Crux ist oft beachtlich (vor allem der Sauvignon Blanc). Der langlebige, saftige Charme der Alfa-Crux-Weine ist herausragend, der neue Syrah/Malbec-Verschnitt O. Fournier zeigt sich intensiv und würzig.

Calle Los Indios 5567, La Consulta, Mendoza
www.ofournier.com

Kaiken Luján de Cuyo (Vistalba)
Weinmacher Aurelio Montes (siehe S. 70) gibt sich nicht mit seinem großen Einfluss im heimischen Chile zufrieden, sondern expandiert in alle Welt: erst kam Argentinien und nun auch Kalifornien. Kaiken ist der nach den über die Anden fliegenden Wildgänsen benannte argentinische Betrieb, dessen Weine typisch für Montes sind: reichhaltig und alkoholstark, mit gut integrierter Eiche und einem gewissen großspurigen Ton. Schwerpunkt der Produktion sind Malbec und Cabernet Sauvignon von Lagen in ganz Mendoza, auch Uco. Neuzugänge sind ein Rosé und der Malbec Icon. ★**Aufsteiger**

Roque Saenz Pena 5516, Vistalba, Luján de Cuyo, Mendoza
www.kaikenwines.com

Luigi Bosca Luján de Cuyo (Mayor Drummond)
Diesen Erzeuger traditionell zu nennen, würde ihm nicht gerecht. Historisch, das schon: Die bekannte Kellerei gehört mittlerweile in vierter Generation der Familie Arizu; die derzeitigen Inhaber sind die Brüder Alberto und Gustavo. Sechs Weinberge in Luján de Cuyo und Maipú liefern die Trauben für die flott und modern bereiteten Weine mit ausgezeichneter Tiefe. Sie sind charaktervoll im unteren Segment und oft ausgefeilt in der Spitzenriege; besonders empfehlenswert sind die Gala-Verschnitte.

San Martin 2044, Mayor Drummond, Luján de Cuyo, Mendoza; www.luigibosca.com.ar

Masi Tupungato Valle de Uco (Tupungato)
Die Familie Boscaini betreibt seit sechs Generationen Weinbau in Venetien und expandierte vor Kurzem in die Toskana und nach Argentinien. Das Motto des Betriebs mit einem hoch gelegenen Weinberg in Tupungato und drei ausgezeichneten Weinen ist: »argentinische Seele, venezianischer Stil«. Der Passo Blanco ist ein herrlich duftender, vollmundiger Verschnitt aus Pinot Grigio und Torrontés. Für den saftigen, vielschichtigen Roten Passo Doble wird Malbec-Wein mit leicht getrockneten Corvina-Trauben einer zweiten Gärung unterzogen. Der Spitzenwein Corbec (halbgetrocknete Corvina-Trauben mit 30 % Malbec) ist eine kompakte, cremige, kirschfruchtige Köstlichkeit.

Keine Besuchereinrichtungen; www.masi.it

Mauricio Lorca Luján de Cuyo (Perdriel)
Mauricio Lorca wird der Muhammed Ali des Weinbaus genannt: ein kräftiger Mann mit beachtlich zarten Händen, der als Weinmacher schon bei verschiedenen Kellereien durchweg beeindruckende Ergebnisse ablieferte. Sein neues eigenes Projekt ist rund um einen ertragsarmen Weinberg auf gut 1000 m Höhe in Vista Flores (Valle de Uco) entstanden. Der stolz ohne Eiche auskommende rote Verschnitt Gran Opalo ist ein Paradebeispiel für Lorcas Talent, Weine mit lebhaftem Charakter und großer Harmonie zu bereiten. ★**Aufsteiger**

Brandsen 1039, Perdriel, Luján de Cuyo, Mendoza
www.mauriciolorca.com

Mendel Wines Luján de Cuyo (Mayor Drummond)
Roberto de la Mota ist einer der bekanntesten Weinmacher Argentiniens, und als er 2002 mit der Familie Sielecki sein eigenes Unternehmen startete, machte es sofort von sich reden. Nicht einmal ein schwerer Autounfall konnte de la Motas Begeisterung dämpfen; die Weine haben nach wie vor einen ausgefeilten, erfrischenden Charakter mit typisch argentinischer Wildheit und Intensität. Die alten Malbec- und Cabernet-Sauvignon-Reben wachsen in Perdriel und Mayor Drummond. Der dichte, würzige Unus ist ein Verschnitt aus Malbec und 30 % Cabernet Sauvignon aus Luján, der Finca Remota ein reiner Malbec aus Uco. ★**Aufsteiger**

Terrada 1863, Mayor Drummond (5507), Luján de Cuyo, Mendoza; www.mendel.com.ar

Noemía Río Negro
Dieser Betrieb ist in vielerlei Hinsicht einmalig: Das dänisch-italienische Joint Venture von Weinmacher Hans Vinding-Diers und der italienischen Wermutgräfin Noemi Marone Cinzano verwendet Trauben von in den 1930er- und 1950er-Jahren in der patagonischen Wüste angepflanzten und biodynamisch bewirtschafteten wurzelechten Malbec-Reben. Das Spitzengewächs Noemía, ein

HOCHGEBIRGSLAGEN UND DER ARGENTINISCHE WEIN

Argentiniens Rebflächen liegen bis zu 3000 Meter hoch – was bedeutet das für seine Weine? »Es mildert das Wüstenklima«, sagt Mariela Molinari, Kellermeisterin bei Catena. Insbesondere bei der Temperatur und der Lichtintensität macht sich das bemerkbar. In hohen Lagen sind sowohl die Höchst- als auch die Tiefsttemperaturen niedriger, das heißt, im Sommer bleibt das natürliche Säuregleichgewicht in den Trauben besser erhalten. Ihre natürliche Reifekurve ist länger und weniger steil, sodass die Winzer zu einem späteren Zeitpunkt lesen können, wenn die Beeren komplexere Aromen entwickelt haben. Eine stärkere Sonneneinstrahlung sorgt wohl auch für dickere Schalen und eine höhere Konzentration an Aromastoffen, Polyphenolen und anderen Verbindungen wie Carotinoiden, Tannin und Resveratrol, ohne dass die Weine dadurch herber würden. Die Risiken? Frost, Hagel und hoher Alkoholgehalt. Aber wie sagt Molinari so schön: »Wir wollen hoch hinaus!«

heißblütiger, rassiger Tropfen, zeigt Noten von Karamell, süßen Gewürzen und Pflaumen. Der J. Alberto ist eindrucksvoll zupackend und tief; der A Lisa (von jüngeren Reben) hat einen schönen floralen, pfeffrigen Schwung.

Ruta Prov 7, km 12, Valle Azul (Río Negro)
www.bodeganoemia.com

Pascual Toso Maipú (Barrancas)
Der Ende des 19. Jahrhunderts gegründete Betrieb ist einer der traditionellen Vertreter des argentinischen Weinbaus und erzeugt zu knapp 90 % Schaumwein. Erst in diesem Jahrhundert wandte er sich der Spitzenweinproduktion zu, heuerte den kalifornischen Berater Paul Hobbs an und investierte mehr als 25 Millionen Dollar. Die Ergebnisse sind beeindruckend: Die Basisreihe bietet ein gutes Preis-Leistungs-Verhältnis, die Spitzenriege zeigt insgesamt mehr Konzentration und Komplexität. Spezialitäten sind Cabernet Sauvignon und Malbec, die in dem kompakten Topwein Magdalena Toso eine spektakuläre Verbindung eingehen.

Alberdi 808, San Jose 5519, Mendoza
www.tosowines.com

Pulenta Estate Luján de Cuyo (Agrelo)
Die Brüder Hugo und Eduardo Pulenta gehören zu einer argentinischen Winzerdynastie, die bis Ende der 1990er-Jahre im Vorstand des riesigen Peñaflor-Konzerns saß. Ihr Vater Antonio bepflanzte 1991 das inzwischen 135 ha umfassende Gut in Alto Agrelo mit den verschiedensten Rebsorten; die Brüder führten seine Arbeit fort und gründeten 2002 die Kellerei, die dank großzügiger Investitionen höchsten Ansprüchen genügt. Die Weine sind nicht billig zu haben, aber durchaus eindrucksvoll. Die Basisreihe heißt La Flor und bietet ausgezeichneten Pinot Gris und Malbec. Die Pulenta-Estate-Weine sind konzentrierter und komplexer; der Gran Corte führt die stilvolle Gran-Reihe an. ★**Aufsteiger**

Gutiérrez 323 (5500), Ciudad, Mendoza
www.pulentaestate.com

PULENTA ESTATE
DER KONZENTRIERTE, KOMPLEXE GRAN CORTE IST DAS ERGEBNIS BESTER KELLERTECHNIK UND ERHEBLICHER INVESTITIONEN

Ruca Malén Luján de Cuyo (Agrelo)
Der Betrieb erzeugt argentinische Weine mit französischem Akzent. Eigentümer sind Jean Pierre Thibaud, Ex-Chef von Bodega Chandon in Argentinien, und Jacques Louis de Montalembert aus Burgund. Die Trauben stammen aus Luján de Cuyo und dem Valle de Uco, die Weine verfügen über ausgeprägte Frische und Schwung. Die Basisreihe Yauquén bietet Weine mit ausgezeichnetem sortentypischem Charakter und unkompliziertem Charme. Der Ruca Malén steht eine Konzentrationsstufe höher; der Kinién ist ein flotter Verschnitt mit angemessenem Eichenton. Für Besucher werden unter anderem vertikale Verkostungen angeboten.

Ruta Nacional No. 7, km 1059, Agrelo, Luján de Cuyo, Mendoza; www.bodegarucamalen.com

RUCA MALÉN
EIN ARGENTINISCHER WEIN MIT MARKANTEM FRANZÖSISCHEM EINSCHLAG

Salentein Valle de Uco (Tunuyán)
Bodegas Salentein ist ein verzweigtes Unternehmen, sein Herzstück ein wunderschönes Gut hoch oben im Valle de Uco, das mit holländischem Kapital und argentinischer Erfahrung Ende der 1990er-Jahre zu einem der Pioniere in dieser Gegend wurde. Von seinen 2000 ha Grund sind 700 ha mit Reben bestockt, zum Teil in 1700 m Höhe. Anfänglich wurde die Kellerei für ihren Sauvignon Blanc und Pinot Noir gelobt; in letzter Zeit stehen der duftende Malbec und der geschmeidige Merlot an der Spitze. Die herrlichen Kellereianlagen sind eine Sehenswürdigkeit.

Ruta 89, Los Arboles, Tunuyán, Mendoza
www.bodegassalentein.com

Terrazas de los Andes
Luján de Cuyo (Perdriel)
Terrazas ist der Stillweinableger von Chandon Argentinien; beide sind im Besitz des Luxusgütermultis LVMH. Seit seiner Gründung 1999 ist es die Grundidee dieses Betriebs, jede Rebsorte in einer ihr angemessenen Höhe anzubauen, um so die Reife und theoretisch auch die Qualität zu optimieren. Die Weine sind eher ansprechend als aufregend, aber ihre Beständigkeit ist beachtlich und die Qualität insgesamt hoch. Malbec, Cabernet Sauvignon und Chardonnay sind besonders empfehlenswert.

Thames y Cochabamba, Perdriel, Luján de Cuyo, Mendoza
www.terrazasdelosandes.com

Trapiche Maipú
Der Betrieb im Besitz des riesigen Peñaflor-Konzerns, zu dem auch Finca las Moras, Santa Ana und Michel Torino gehören, ist einer der größten in Argentinien. Er verfügt über rund 1250 ha Rebland und bezieht Lesegut von 300 Winzern in Mendoza für eine Gesamtproduktion von 35 Millionen Flaschen Wein, den Kellermeister Daniel Pi seit seinem Antritt 2002 erheblich verbessert hat. Spitzenklasse sind die intensiven, seidigen, charaktervollen Malbec-Einzellagengewächse (»Single Vineyard«); die anderen Reihen sind ordentlich, allen voran Broquel.

Nueva Mayorga, Coquimbito, Maipú, Mendoza
www.trapiche.com.ar

Val de Flores Valle de Uco (Vista Flores)
Der weltberühmte Berater Michel Rolland mischt überall in Argentinien mit, aber er nennt nur zwei Weine sein Eigen: Val de Flores und Yacochuya. Letzterer ist ein schroffer, kompromissloser Malbec, der auf über 2000 m in Cafayate entsteht; die Idee zu Ersterem wurde geboren, als Rolland auf seinem Weg zum Clos de los Siete in Vista Flores (Valle de Uco, siehe S. 76) regelmäßig an einer Parzelle mit alten Reben vorbeifuhr – kurzerhand kaufte er zusammen mit seinem Partner Philippe Schell die mit 50-jährigem Malbec bestockten 13 ha. Der kostspielige Rotwein ist sonnenverwöhnt und temperamentvoll, mit Sahne-, Feigen- und Ledernoten.

Keine Besuchereinrichtungen; www.rollandcollection.com

Zuccardi Maipú
José Alberto Zuccardis einmalige Mischung aus Energie, Entschlossenheit und Bescheidenheit ist unwiderstehlich. Er hat im Osten von Mendoza ein Mini-Weinimperium aufgebaut, mit Restaurant, Kunstgalerie und sogar Touren im Heißluftballon und in Oldtimern. Sein ungebremster Innovationsdrang führte zu neuen Weinbergen im Valle de Uco und exotischen Rebsorten (der Caladoc und der Marselan in der edlen Textual-Reihe sind ausgezeichnet). Biologischer Anbau, ein Bonarda-Schaumwein, sogar ein köstlicher Roter im Port-Stil: Zuccardi hat für jeden Geschmack etwas. Top im Angebot ist die Q-Reihe.

Ruta Provincial 33, km 7,5, Maipú, Mendoza
www.familiazuccardi.com

BRASILIEN

Auf dem internationalen Weinmarkt hat sich Brasilien noch nicht etabliert, doch ist das Land Südamerikas drittgrößter Weinproduzent und genießt insbesondere als Schaumweinerzeuger einen guten Ruf. 90 Prozent der Gesamtproduktion kommt aus dem südlichsten Bundesstaat Rio Grande do Sul mit seinem vergleichsweise kühlen Klima (vor allem das Vale dos Vinhedos liefert Qualität), doch werden im ganzen Land Reben angebaut. Bedeutung haben etwa auch das Vale do São Franciso im Nordosten, wo im tropischen Klima zweimal pro Jahr geerntet werden kann, und die Region Santa Caterina nördlich der Grenze zu Rio Grande do Sul. Von den 86 000 Hektar Gesamtrebfläche Brasiliens sind 12 000 Hektar mit *Vitis-vinifera*-Sorten bestockt.

Boscato Vale do Rio das Antas

Das kleine Familienunternehmen mit Weinbergen in 800 m Höhe, wo sich lange, harte Winter mit heißen, sehr sonnigen Sommern abwechseln, hat schon viele Preise eingeheimst: Allein 2009 gewann es Medaillen bei angesehenen Veranstaltungen in Kanada, Italien, Deutschland und Belgien. Zu den Spitzenweinen gehört sicherlich der trotz seiner recht festen Textur köstlich trinkbare Merlot Grande Reserva.

VRS 314, km 12,5, Nova Pádua, 95275-000
www.boscato.com.br

Casa Valduga Vale dos Vinhedos

Die Brüder Valduga haben in letzter Zeit kräftig in Weinberg und Kellerei investiert. Das Angebot ist groß, aber noch zu unbeständig – einige Weine haben Weltklasse, andere lassen zu wünschen übrig. Am besten ist der Schaumwein Casa Valduga Brut 130, keine Überraschung angesichts der Tatsache, dass Valduga den größten Schaumweinkeller ganz Lateinamerikas besitzt. Mit einem guten Restaurant und Übernachtungsmöglichkeiten in der herrlichen Landschaft des Vale dos Vinhedos mischt das Unternehmen auch im Weintourismus mit.

Linha Leopoldina, Vale dos Vinhedos, Bento Gonçalves, 95700-000; www.casavalduga.com.br

Cave Geisse Vinhos da Montanha

Eigentlich sollte der chilenische Immigrant Mario Geisse für den brasilianischen Ableger von Chandon arbeiten, machte sich dann aber im Bezirk Pinto Bandeira von Bento Gonçalves lieber selbstständig. Angebaut werden hauptsächlich die Champagnersorten Pinot Noir und Chardonnay, und auch die verwendete Technik hat ihr Vorbild in der Champagne – das Ergebnis sind einige der besten Schaumweine Brasiliens.

Linha Jansen, Distrito de Pinto Bandeira, Bento Gonçalves
www.cavegeisse.com.br

Lidio Carraro Vale dos Vinhedos

Die Weinberge des Familienunternehmens wurden 1998 angelegt, nachdem man sehr genau die Boden- und Klimaverhältnisse im Vale dos Vinhedos geprüft hatte. Die ersten Weine folgten 2002. Mit 3500 Flaschen ist die Produktion klein, doch die Weine, die von Merlot, Cabernet Sauvignon, Cabernet Franc, Nebbiolo, Malbec, Tannat und Tempranillo bereitet werden, sind unverwechselbar. Die Philosophie dahinter ist, die Reinheit der Frucht vollständig zu bewahren, was bedeutet, dass keine Eiche zum Einsatz kommt. Für brasilianische Verhältnisse sind die Weine allerdings ausgesprochen teuer.

RS 444, km 21, Vale dos Vinhedos, Bento Gonçalves, 95700-000; www.lidiocarraro.com

Miolo

Brasiliens größte Weinfirma geht auf den italienischen Immigranten Giuseppe Miolo zurück, der mit seinen letzten Ersparnissen ein kleines Stück Land kaufte. Heute umfasst die Miolo Wine Group sechs unabhängige Unternehmen: Vinícola Miolo (Vale dos Vinhedos), Fortaleza do Seival (Campanha), RAR (Campos de Cima da Serra), Lovara (Serra Gaúcha), Vinícola Ouro Verde (Vale do São Francisco) und Almadén. Insgesamt werden 1150 ha Weinberge bewirtschaftet; neben der Massenproduktion entstehen mit Hilfe des omnipräsenten französischen Weinberaters Michel Rolland auch einige der besten Weine Brasiliens: Merlot Terroir, der Bordeaux-Verschnitt Lote 43 und der hervorragende Schaumwein Millésime – ein elegantes, komplexes Trio im Stil der Alten Welt.

RS 444, km 21, Vale dos Vinhedos, Bento Gonçalves, 95700-000; www.miolo.com.br

Pizzato Vale dos Vinhedos

Mit dem Bau der neuen, modernen Kellerei im Jahr 1999 begann der Aufstieg der Familie Pizzato in die Spitzenriege der brasilianischen Weinerzeuger. Von 42 ha Rebland produziert sie mit Begeisterung und großem Qualitätsbewusstsein lediglich 7000 Kisten pro Jahr, darunter einige ordentliche Schaumweine und ein paar ausgezeichnete Rote auf Merlot-Basis.

Via dos Parreirais, Vale dos Vinhedos, Bento Gonçalves, 95700-972; www.pizzato.net

Salton Distrito de Tuiuty

Die 1910 gegründete und vielfach ausgezeichnete Kellerei war schon immer für gute Stillweine bekannt; inzwischen wird auch viel Schaumwein erzeugt. Spitzengewächse sind der rote Verschnitt Talento (Cabernet/Merlot/Tannat) und der sortenreine Merlot Desejo; gut sind auch die Reihe Salton Volpi sowie die Schaumweine Volpi Brut (Chardonnay/Riesling), Moscatel, Prosecco, Poética (rosé) und Brut Èvidence (Chardonnay/Pinot Noir).

Rua Mário Salton 300, Distrito de Tuiuty, Bento Gonçalves, 95700-000, Rio Grande do Sul; www.salton.com.br

Hauptrebsorten

Rot
Cabernet Franc
Cabernet Sauvignon
Merlot
Pinot Noir
Touriga Nacional

Weiß
Chardonnay
Gewürztraminer
Sauvignon Blanc

Jahrgänge

2010
Schwieriger Jahrgang mit Frost und ungewöhnlich viel Regen. Weiß- und Schaumweine besser als die Roten.

2009
Schwieriges, kaltes Jahr mit viel Regen und Frühjahrsfrost.

2008
Guter Jahrgang: viel Sonne, normale Durchschnittstemperaturen und wenig Regen.

2007
Weniger Regen als normal, doch fiel das meiste davon im März, was sich nachteilig auf spät reifende Sorten auswirkte.

2006
Schwieriger Jahrgang mit Trockenheit, Hagel und viel Regen im März.

2005
Einer der besten Jahrgänge der neueren Zeit mit sehr wenig Regen und überdurchschnittlichen Temperaturen.

Portugal ist gegenwärtig eine der interessantesten und vielfältigsten Weinnationen. Das kleine Land am Rande Westeuropas hat sich seine unverwechselbare Identät in der Weinwelt erhalten, vor allem dank der autochthonen Rebsorten, die seine Weine vor der anonymen Gleichförmigkeit des internationalen Stils bewahren.

Bis in die 1990er-Jahre bestand die portugiesische Weinwelt aus zwei weitgehend voneinander unabhängigen Elementen. Zum einen gab es den weltbekannten, von Briten beherrschten Portweinhandel mit dem Zentrum Vila Nova de Gaia – gegenüber von Porto –, wo die gespriteten Weine des Duoro-Tals gelagert und verschifft wurden. Auf der anderen Seite standen die weniger angesehenen Tischweine, zumeist preiswerte Durstlöscher für die portugiesischen Arbeiter.

Das hat sich geändert. Portwein spielt noch immer eine bedeutende Rolle, doch die Qualität der Tischweine hat sich in den vergangenen 15 Jahren enorm verbessert, und besonders der Bereich Douro erzeugt nun einige Rotweine von Weltklasse. Das Alentejo hat sich ebenfalls zur wichtigen Weinregion entwickelt, und in Bairrada wie auch in Dão erzeugen Dutzende qualitätsorientierter Produzenten einige superbe (Rot-)Weine Vinho Verde im Norden macht sich mit seriösen Alvarinho-Weißweinen einen Namen, und auch in den traditionellen Massenweinregionen Ribatejo und Estremadura – jetzt zu Tejo and Lisboa umbenannt – steigt die Qualität. Zu den weiteren Anbaubereichen zählen die Halbinsel Setúbal (Península de Setúbal, früher Terras do Sado) bei Lissabon und Beira Interior im Nordosten an der Grenze zu Spanien. Selbst von der heißen Algarve im Süden kommen allmählich respektable Weine.

Die dynamische Entwicklung der portugiesischen Weinszene ist im Ausland noch nicht überall bemerkt worden. Doch es lohnt sich, diese beständig noch besser werdenden Weine kennenzulernen.

PORTUGAL

DOURO

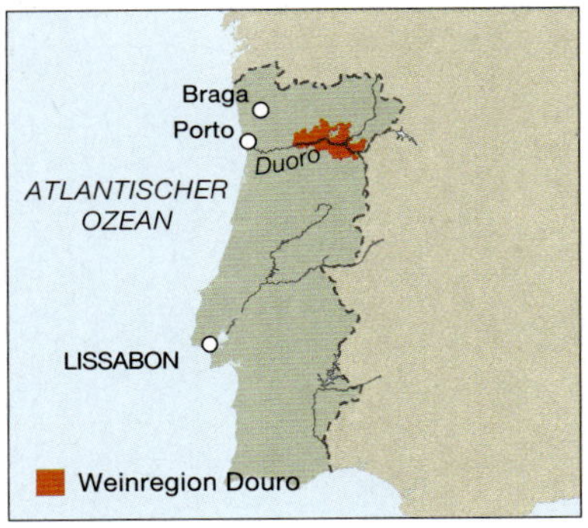

Das Douro-Tal ist nicht nur eine der besten Weinregionen der Welt, sondern auch eine der schönsten. Wer wäre nicht hingerissen von der Ausdehnung und Wildheit dieses Landstrichs mit seinen steilen Weinbergterrassen, die sich am Duoro und seinen Nebenflüssen entlangziehen. Jahrhundertelang beruhte die herausragende Stellung der Region auf der Qualität ihrer gespriteten Weine, dem Port, doch heute wird auch eine wachsende Zahl hochklassiger Tischweine erzeugt. Die Verbindung von Schieferböden, steilen Hängen, alten Reben und autochthonen portugiesischen Rebsorten erbringt – in den richtigen Händen – äußerst interessante, langlebige Rotweine und rasch besser werdende Weiße.

Hauptrebsorten

Rot

Sousão
Tinta Amarela
Tinta Cão
Tinta Roriz
Touriga Franca
Touriga Nacional

Weiß

Gouveio
Rabigato
Viosinho

Jahrgänge

2010
Schwieriges Jahr: auf einen nassen Winter folgte eine heiße und trockene Saison. Qualität wohl durchwachsen.

2009
Ein warmer Jahrgang, aber viele Weine scheinen sehr gut geraten zu sein.

2008
Ein wirklich guter Jahrgang. Vielversprechende Weine mit lebhafter, klarer Frucht und schöner Säure.

2007
Großartiger Jahrgang mit herrlich reiner Fruchtigkeit und einer gewissen Fülle.

2006
Ein schwieriges Jahr mit viel Hitze, in einigen Gebieten Hagel. Die durchschnittliche Qualität ist nicht berauschend.

2005
Gutes bis sehr gutes Jahr mit einigen klassischen Weinen.

Die Weinregion Douro ist eines der spektakulärsten Anbaugebiete der Welt, in dem mehr als 39 000 Hektar unter Reben stehen. Mehr noch als durch seine beachtliche Größe zeichnet es sich jedoch durch die Steilheit seiner Weinberge aus, die in über 70 Prozent bis zu 30 Grad beträgt.

Heute kann man die Region, östlich der geschäftigen schönen alten Hafenstadt Porto landeinwärts gelegen, mit dem Auto recht gut erkunden, früher jedoch war sie ziemlich abgeschieden. Da sie durch Berge vor dem Atlantikeinfluss geschützt wird, ist das Klima hier ganz anders als in Porto: Die Winter sind kalt, die Sommer heiß und weitgehend trocken. Auch die Böden, ein Schieferband auf beiden Douro-Ufern (der Großteil des übrigen Nordportugal besteht aus Granitgestein), sind besonders. Dank dieses Zusammenspiels von Klima und ertragsarmen Böden eignet sich die Region bestens für den Anbau hochwertiger Reben.

Es gibt drei Unterbereiche im Douro-Gebiet. Fährt man von Porto in östlicher Richtung, stößt man zunächst auf Baixo Corgo, das kühler und regenreicher ist als die beiden anderen Bereiche. Dann gelangt man nach Cima Corgo, das traditionelle Herz der Region, das die elegantesten, fesselndsten Weine hervorbringt. Fast an der spanischen Grenze schließlich liegt das wärmere und nicht ganz so steile Gebiet Douro Superior. Dieses wilde Land wird zunehmend gezähmt und mit Rebstöcken bepflanzt.

Jahrhundertelang wurde die Produktion am Douro vom Portwein dominiert. Erst seit etwa einem Jahrzehnt bringen diese ganz besonderen Terroirs auch eine nennenswerte Zahl erstklassiger Tischweine hervor. Port ist zwar für die Region noch immer von großer Bedeutung, für wahre Begeisterung jedoch sorgen gegenwärtig die Tischweine.

Douro-Rotweine sind typischerweise Verschnitte verschiedener Rebsorten, wobei Touriga Nacional, Tinta Roriz, Touriga Franca, Tinta Cão, Tinta Amarela und Sousão die wichtigsten Rollen spielen. Die Weine unterscheiden sich in stilistischer Hinsicht, gemeinsam sind ihnen aber in der Regel reife Fruchtnoten von Schwarzer Johannisbeere, dunklen Kirschen und Pflaumen mit feiner, aber fester Struktur und markanter Mineralität. Üblicherweise besitzen die Weine einen angenehm saftigen Stil, und allem Anschein nach dürften sich die besten dieser Gewächse schön entfalten, wenn sie die Chance bekommen, fünf bis zehn Jahre in der Flasche zu reifen.

Eine noch neuere und nicht weniger aufregende Erscheinung sind die erstklassigen Weißweine, die mittlerweile ebenfalls in der Douro-Region bereitet werden. Zwar ist das Gebiet meist zu warm für einen Großteil der weißen Rebsorten, ein paar höher gelegene, nach Norden ausgerichtete Weinberge erbringen jedoch inzwischen einige sehr stilvolle Weiße von Rebsorten wie Viosinho, Gouveio und Rabigato.

Alves de Sousa

Domingos Alves de Sousa erzeugt nun mit Unterstützung seines Sohns Tiago einige erstklassige Douro-Tischweine. Er besitzt fünf Güter (Quinta da Gaivosa, Quinta do Vale da Raposa, Quinta das Caldas, Quinta da Estação und Quinta da Avaleira) in Baixo Corgo mit einer Gesamtfläche von beachtlichen 110 ha. Domingos, ursprünglich Traubenanbauer, erzeugt seit 1991 Weine, die seit Kurzem deutlich besser geworden sind. Der Gaivosa ist ein traditioneller, dichter Roter mit Alterungspotenzial; noch besser ist der Abandonado von sehr alten Reben des Guts Raposa. Am besten ist wohl der dichte, süße, reife Vinha de Lordelo von ausgewählten Gaivosa-Parzellen.

Pousada da Cumieira, Apartado 15, 5030-055 Santa Marta de Penaguião; www.alvesdesousa.com

Aneto

Inhaber und Kellermeister des relativ neuen Douro-Erzeugers ist Francisco Montenegro, der auch bei der Quinta Nova (siehe S. 87) die Weine bereitet. Das Unternehmen begann 2001 mit 7 ha Reben, der erste Jahrgang (rot) war 2002, 2007 kam ein Weißwein von einem anderen Weinberg hinzu. Der reduktiv ausgebaute Weiße ist interessant, wenngleich etwas eigen, die Roten sind sehr beeindruckend, mit herrlich reiner Frucht. Winzige Produktion (jeweils 6000 Flaschen). ★**Aufsteiger**

Quinta do Paço, 5050-090 Godim, Peso da Régua www.aneto.com.pt

Ázeo

Dieses Projekt rief João Brito e Cunha, früher Kellermeister bei Lavradores de Feitoria (siehe S. 86) und heute Berater einer Reihe von Erzeugern (u. a. Churchill), im Jahr 2002 ins Leben. Mit Ázeo verfolgt er das Ziel, als Essensbegleiter geeignete Terroirweine mit guter Säure zu erzeugen. Seine Roten verbinden die Frische der Frucht aus Cima Corgo mit der Reichhaltigkeit der Frucht des wärmeren Douro Superior. Sein 2005er ist reintönig und frisch, doch mit schöner Dichte. Brito e Cunha hat sich der Viosinho-Traube verschrieben, die er für die vielversprechendste weiße Rebsorte der Region hält. Probieren Sie den Ázeo Branco Reserva mit schön straffer Mineralität und subtiler Eichenwürze. ★**Aufsteiger**

Rua Augusto César 99, 5000-591 Vila Real; Tel. 934 041 413

Bago de Touriga

Der kleine Douro-Betrieb wurde 1998 von Weinmacher Luis Soares Duarte und João Roseira von der Quinta do Infantado (siehe S. 87) gegründet. Sie arbeiten mit hiesigen Weinbergbesitzern zusammen, haben aber kein eigenes Rebland. Ihr Ziel ist die Bereitung ausdrucksstarker, terroirbetonter Weine von alten Reben – Weine, die auf Eleganz statt Kraft setzen. Die Marken heißen Gouvyas, Montevalle und Terroso, und die Weine sind wirklich interessant, beispielsweise der fantastische Gouvyas Reserva 2005. Neben den Roten werden auch geschliffene Weißweine erzeugt.

Urb. Vila Paulista, Lote 65, 5000-262 Vila Real Tel. 932 66 71 48

Barca Velha/Quinta da Leda

Er ist einer der legendären Rotweine Portugals: Der Barca Velha, das Spitzengewächs von Casa Ferreirinha, wurde erstmals 1952 erzeugt. Lange Zeit war er der einzige ernst zu nehmende Douro-Tischwein. Bis heute wurden nur 15 Jahrgänge freigegeben, der letzte war der 2000er, der erst jüngst auf den Markt kam. Barca Velha war Teil des Unternehmens A. A. Ferreira, wurde aber 1987 von Sogrape (siehe S. 95) übernommen und blieb bis heute in dessen Besitz. Die Trauben für diesen Wein stammten schon immer aus dem Gebiet Douro Superior, und den Hauptanteil lieferte lange Zeit die Quinta do Vale Meão (siehe S. 88). Heutzutage kommt der Großteil des Leseguts von der 1978 von Ferreira erworbenen Quinta de Leda, wo der Wein auch bereitet wird. Der Stil ist recht altmodisch, aber nicht rustikal, und der Wein altert schön (tatsächlich muss er sogar einige Jahre lagern). Auch der Zweitwein, Casa Ferreirinha, und der relativ neue Quinta da Leda sind beeindruckend.

Keine Besuchereinrichtungen; www.sograpevinhos.eu

CONCEITO

CONCEITO WIRKT WAHRE WUNDER MIT JENER ROTWEINSORTE, DIE DEN FASZINIERENDER NAMEN BASTARDO TRÄGT

BARCA VELHA

FÜR VIELE IST UND BLEIBT BARCA VELHA DER FEINSTE ROTE DER DOURO-REGION

CARM

Casa Agrícola Roboredo Madeira, kurz CARM, besitzt 62 ha Rebland in Douro Superior, dem Weinmacher Rui Madeira geschliffene, fruchtbetonte Weine entlockt. Von weiteren 220 ha wird zudem Olivenöl erzeugt. Die sechs Güter der Familie Madeira (Quinta do Bispado, Quinta de Calábria, Quinta do Côa, Quinta das Marvalhas, Quinta da Urze und Quinta das Verdelhas) werden seit 1995 ökologisch bewirtschaftet, womit CARM zu den wenigen Erzeugern von Biowein in dieser Region zählt. Angeführt wird das Sortiment von den einfachen und den Reserva-Weinen der Quinta do Côa, die die Frische und Reinheit reifer dunkler Früchte zeigen.

Rua da Calábria, 5150-021 Almendra; www.carm.pt

Casal de Loivos

Das oberhalb des Dörfchens Pinhão schön gelegene Landgut mit Hotel gehört der Familie Pereira de Sampayo. Der Wein wird von Cristiano van Zeller und seinem Team auf der Quinta do Vale Dona Maria (siehe S. 88) bereitet. Das Klima ist recht kühl, und die Weine schneiden in warmen Jahren besser ab, sind aber stets elegant.

Keine Besuchereinrichtungen www.casadecasaldeloivos.com

Chryseia

Das Joint Venture der Familie Symington mit Bruno Prats (dem ehemaligen Besitzer von Cos d'Estournel in Bordeaux) erzeugt den ambitionierten roten Chryseia. Er ist geschmeidig, reif, üppig und modern – manche Kritiker werfen ihm mangelnden Terroircharakter vor, andere jedoch lieben diesen Stil. Der Zweitwein, Post Scriptum, in ähnlichem Stil ist in geringeren Jahrgängen, wenn kein Hauptwein bereitet wird, das Spitzengewächs. Der erste Jahrgang war 2000.

Ervedosa do Douro, 5130-111 São João da Pesqueira www.chryseia.com

Conceito

Conceito (»Konzept«) ist ein relativ neuer Erzeuger im Gebiet Douro Superior. Die junge Weinmacherin Rita Ferreira Marques hat freie Hand, um aus den Trauben von den Besitzungen ihrer Mutter, Carla Ferreira, das Beste herauszuholen – bis dato sind die Resultate sehr beeindruckend. Der Betrieb besitzt drei Weinberge, alle im Teja-Tal: Quinta da Veiga, Quinta do Chão-do-Pereiro (jeweils 20 ha) und Quinta do Cabido (23 ha). Dazu kommt

DOURO

Die Landschaft des Anbaugebiets Porto e Douro – so lautet der offizielle Name der DOC – ist wirklich spektakulär. Wie die Höhenlinien auf der Karte zeigen, wächst das Gros der Reben auf steilen Hängen beidseits des Douro und seiner zahlreichen Nebenflüsse. Anders als das an der Küste gelegene Porto ist das Douro-Gebiet durch Berge vor dem Einfluss des Atlantiks geschützt; hier herrscht kontinentales Klima mit kalten Wintern und heißen Sommern. Flussaufwärts in Richtung spanische Grenze nimmt die Temperatur am Douro immer mehr zu und der Niederschlag ab – Douro Superior ist mithin der wärmste und trockenste der drei auf der Karte verzeichneten Unterbereiche.

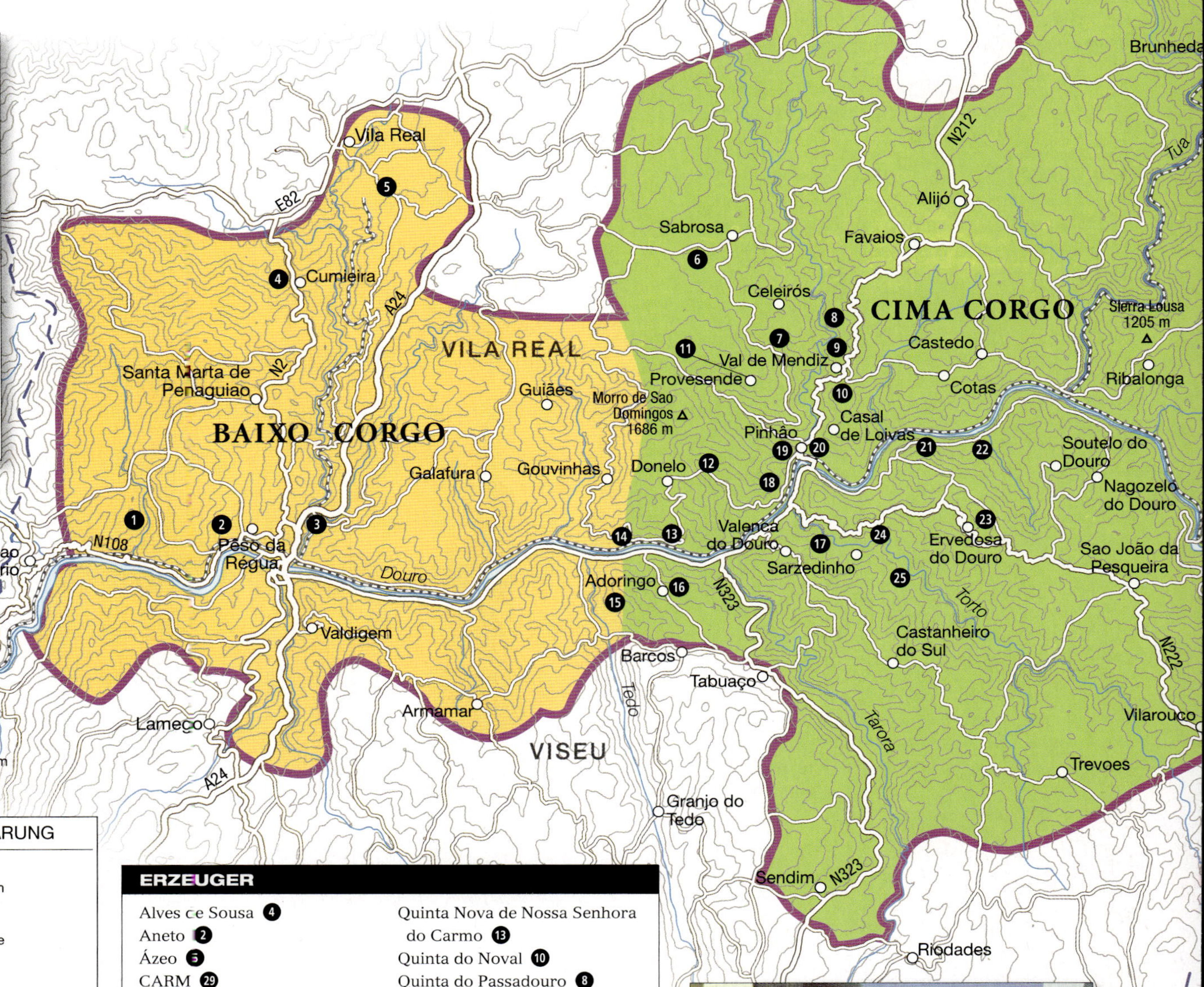

ZEICHENERKLÄRUNG	
CIMA CORGO	Unterbereich
	DOC-Grenze
	Gewässer
	Straßen
	100 m Höhenlinienabstand
	Regionsgrenze
	Landesgrenze
	Stadtgebiete
1	Sitz des Erzeugers

ERZEUGER

Alves de Sousa 4
Aneto 2
Ázeo 5
CARM 29
Casal de Loivos 19
Chryseia 23
Conceito 26
Duorum 27
Lavradores de Feitoria 6
Niepoort 15
Poeira 11
PV 21
Quinta do Côtto 1
Quinta do Crasto 14
Quinta do Infantado 12
Quinta de Macedos 25
Quinta Nova de Nossa Senhora do Carmo 13
Quinta do Noval 10
Quinta do Passadouro 8
Quinta do Portal 7
Quinta da Romaneira 20
Quinta de Roriz 22
Quinta de la Rosa 18
Quinta de São José 21
Quinta do Tedo 16
Quinta do Vale Dona Maria 24
Quinta do Vale Meão 28
Quinta do Vallado 3
Ramos Pinto 17
Wine & Soul/Pintas 9

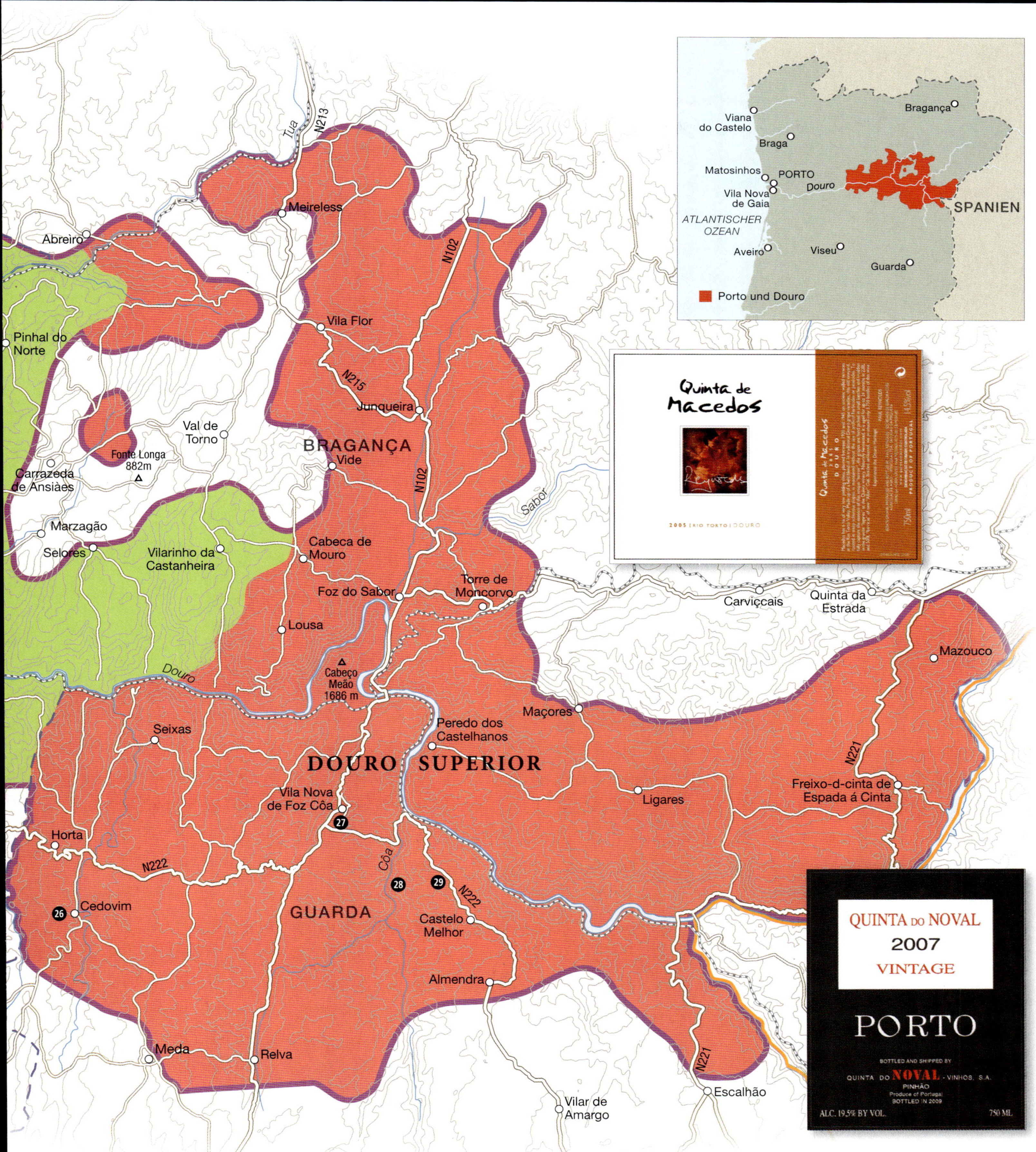

Erkundigen Sie sich nach Verkostungsmöglichkeiten und Öffnungszeiten der Kellereien, bevor Sie Ihre Reise planen. Manche Betriebe empfangen Besucher nur nach Voranmeldung.

QUINTA DO PASSADOURO
PASSADOURO VERDANKT SEINE BEKANNTHEIT NICHT ZULETZT DEM WEINMACHER JORGE BORGES

QUINTA DO CRASTO
DAS ÜBERAUS ERFOLGREICHE GUT ERZEUGT SINNLICHE WEINE IN MODERNEM STIL

eine Rebfläche von 10 ha mit Granitboden auf einem Plateau am Ende des Tals, die ausschließlich für Weißweine genutzt wird. Die ersten Conceito-Weine wurden 2005 bereitet, zuvor verkaufte man das Traubengut an andere Erzeuger. Der Bastardo mit seiner hellen Farbe und dem eindringlichen Duft nach Laub und Gewürzen ist ungewöhnlich, aber faszinierend. Der weiße Douro hat Weltklasse; die beiden exzellenten Roten, der Tinto und der Contraste, zeigen Frische und Reinheit.

Largo da Madalena 10, 5155-022 Cedovim
www.conceito.com.pt

Duorum

Für das Projekt Duorum (Lateinisch »der beiden«) haben sich zwei der bekanntesten Önologen Portugals zusammengefunden, João Portugal Ramos (siehe S. 94) und José Maria Soares Franco. Ramos ist der König des Alentejo, dessen eigenes Gut sich zu einem der größten Privatunternehmen der Region gemausert hat; Soares Franco war 27 Jahre lang Verwalter von Barca Velha (siehe S. 83). Darüber hinaus bezieht sich »der beiden« aber auch auf die Tatsache, dass der Wein aus Trauben zweier ziemlich unterschiedlicher Douro-Gegenden bereitet wird: Cima Corgo und Douro Superior. Die Weinberge in letzterem Bereich sind derzeit gepachtet, aber Duorum hat zudem 150 ha Rebflächen erworben, auf denen die spektakuläre neue Quinta de Castelo Melhor entsteht. Es werden drei Weine bereitet, der erste Jahrgang war 2007. Der Duorum Colheita zum fairen Preis ist frisch und strahlend fruchtig; preislich wie qualitativ eine Stufe höher steht die Reserva mit dunkler, fleischiger Frucht und einiger Komplexität. Ein echtes Schnäppchen ist der sehr ansprechende Tons de Duorum. Auch Vintage Port wird erzeugt. ★**Aufsteiger**

Estrada 222, 5150-146 Vila Nova de Foz Côa
www.duorum.pt

Lavradores de Feitoria

Das interessante Gemeinschaftsprojekt wurde 1999 von 18 Quintas im ganzen Douro-Gebiet ins Leben gerufen. Ein festes Kellerteam bereitet die Weine, und wenn das Lesegut einer Quinta gut genug ist, wird daraus ein Wein unter ihrem Namen erzeugt, ansonsten gehen die Trauben in den Verschnitt. Dahinter steht die Idee, gemeinsame Marken mit größerer Durchschlagskraft auf den Markt zu bringen. Der einfache Rote, Três Bagos, ist preiswert und gut, eine Stufe höher steht der Três Bagos Grande Escolha. Auch ein schöner Sauvignon Blanc von einer wesentlich kühleren Douro-Lage wird unter der Marke Três Bagos erzeugt. Am besten sind der Quinta da Costa und der wunderbar elegante Meruge.

Zona Industrial de Sabrosa, lote 5, apartado 25, Paços, 5060 Sabrosa; www.lavradoresdefeitoria.pt

Niepoort

Seit er das Familienunternehmen leitet, hat der begabte Dirk Niepoort diesen kleinen Portweinerzeuger zur wohl gefeiertsten Kellerei Portugals umgewandelt. Er begann 1990 mit dem experimentellen Robustus, es folgten Redoma (seit 1991), Batuta (1999) und Charme (2001) – Weltklasseweine, die dazu beitrugen, das Potenzial des Douro-Gebiets für Tischweine aufzuzeigen. Auch Dirks Weißweine sind tiefgründig (der an Riesling erinnernde Tiara zeigt Reinheit und Frische, die lagerfähige Reserva erinnert an Burgund). Darüber hinaus lohnen die in geringer Menge erzeugten Spezialabfüllungen Projectos die Suche, desgleichen der mit dem Jahrgang 2004 neu aufgelegte, unglaubliche Robustus. Niepoorts Portweine spielen ebenfalls in der ersten Liga und zählten zu den besten der Jahrgänge 2003 und 2007, zudem erzeugt er einige seriöse Tawnys und Colheitas. Niepoort-Gemeinschaftsprojekte sind der Girosol (ein Vinho Verde von der Loureiro-Traube) und ein Palomino-Fino-Tischwein (mit der Sherry-Bodega Equipo Navazos, siehe S. 137). Wo Niepoort draufsteht, ist immer etwas Interessantes drin.

Quinta de Nápoles, Têdo, 5110-543 Santo Adrião
www.niepoort-vinhos.com

Poeira

Poeira (»Staub«) hat Jorge Moreira den Wein von seiner 2001 erworbenen Quinta de Terra Feita de Cima genannt. Das Gut hat 9 ha Weinbergbesitz, davon 3 ha mit alten Reben. Der talentierte Moreira ist auch Weinmacher bei der Quinta de la Rosa (siehe S. 88) und sieht seine Aufgabe in der Erzeugung eleganter, präziser Weine mit Alterungspotenzial. Der Poeira gilt als einer der seriösesten Roten des Douro. Er stammt von einem Weinberg mit Nordausrichtung, was ihm Säure und Struktur verleiht. Der zweite Wein, Pó de Poeira, basiert auf (weißem) Alvarinho. ★**Aufsteiger**

5060-283 Provesende; www.poeira.pt

PV

Der neue, 2004 von Jorge Borges, José Maria Cálem und Cristiano van Zeller gegründete Douro-Erzeuger bereitete seine ersten Weine in einer angemieteten Kellerei und bezog dann für die Jahrgänge 2005 bis 2007 eine renovierte Kellerei in Vilarinho de Cotas. Seitdem hat sich die Lage abermals gewandelt: Seit 2008 werden die PV-Weine in der spektakulären Quinta da Foz der Familie Cálem vinifiziert; im selben Jahr wurde der erste Portwein erzeugt. Hauptwein ist der VT. ★**Aufsteiger**

5085 Pinhão; www.pvwines.com

Quinta do Côtto

Miguel Champalimauds 50-ha-Gut im kühleren Bereich Baixo Corgo war eines der ersten, das im Douro-Gebiet hochwertigen Tischwein erzeugte. An der Spitze steht der dichte, komplexe Grande Escolha, dicht gefolgt vom beerenfruchtigen Gutswein. Probierenswert ist auch der weiße Paço de Teixeró, der zwar von Trauben aus der Vinho-Verde-Region bereitet wird, aber körperreicher und eleganter ist als die meisten dortigen Weine. Für Aufsehen sorgte Champalimaud in Portugal (dem Land der Korkeichen), weil er als erster damit begann, für einige seiner Weine Schraubverschlüsse zu verwenden.

Quinta do Côtto Cidadelhe, 5040-154 Mesão Frio
www.quintadocotto.pt

Quinta do Crasto

Mit ihrer über dem Fluss aufragenden Quinta do Crasto besitzt die Familie Roquette ein Juwel von einem Weingut am Douro. Von 2 ha der insgesamt 130 ha Rebfläche werden in den besten Jahren die Einzellagenweine Ponte und Maria Teresa erzeugt. Im Keller sorgt der Österreicher Dominic Morris, assistiert von Manuel Lobo, für einen reichhaltigen, fruchtbetonten Stil, etwa bei der sehr angesehenen Reserva, dem Touriga Nacional oder dem Tinta Roriz. Crastos Erfolg in den USA hat zum wachsenden internationalen Renommee der Region beigetragen. 100 ha der kürzlich erworbenen Quinta da Cabreira in Douro Superior wurden neu bestockt.

Gouvinhas, 5060-063 Sabrosa
www.quintadocrasto.pt

Quinta do Infantado

Das Weingut in der Nähe von Pinhão in Cima Corgo erlangte 1979 Berühmtheit, weil es als erstes in neuerer Zeit seine Portweine vollständig in eigener Regie bereitete, abfüllte und verkaufte. Zudem ist es einer der führenden Ökoerzeuger am Douro. João Roseira ist für die Produktion verantwortlich und bereitet neben einigen exzellenten Vintage und Late Bottled Vintage Ports auch seriöse Tischweine vom 20-ha-Weinberg der Familie.

5085-217 Covas do Douro; Tel. 254 738 020

Quinta de Macedos

Das kleine Gut im Tal des Rio Torto, einem Nebenfluss des Douro, gehört dem englischen Ehepaar Paul und Philippa Reynolds. Sie besitzen 7 ha alte Reben und bereiten ausschließlich Tischweine in traditionellen *lagares* aus Granit. Der Quinta de Macedos ist ein intensiver Wein mit echter Präsenz und süßer, fast ein wenig zu reifer Frucht. Der Zweitwein, Pinga do Torto, präsentiert sich köstlich reichhaltig mit dunkler Frucht.

Sarzedinho, 5130-141 Ervedosa do Douro
www.quintamacedos.com

Quinta Nova de Nossa Senhora do Carmo

Das 85-ha-Gut in herrlicher Lage in Cima Corgo (ein kleines Stück flussaufwärts von der Quinta do Crasto, siehe S. 86) ist inzwischen ein Spitzenerzeuger von Douro-Tischweinen. Die Einstiegsweine namens Pomares (rot und weiß) sind köstlich frisch, eine Stufe höher steht der beeindruckende Grainha (rot und weiß). Die Stars sind jedoch der reintönige, nicht in Eiche ausgebaute Colheita, die aromatische, ausdrucksstarke Reserva, der herrlich blumige Touriga Nacional und die raffinierte, komplexe Grande Reserva. Ein Flaggschiffwein ist in Planung. Die Ports sind nicht schlecht, aber noch im Experimentierstadium. **★Aufsteiger**

Largo da Estação, 5085-034 Pinhão
www.quintanova.com

Quinta do Noval

Eine düstere Periode musste das historische Gut in den 1980er-Jahren durchlaufen, bevor es 1993 vom französischen Versicherungskonzern AXA gekauft wurde. Als neuem Gutsleiter gelang es dem Briten Christian Seely, Noval zu einem der gegenwärtig besten Erzeuger von Douro-Tischweinen und Ports zu machen. Ebenso wie der legendäre Port Nacional von einer Parzelle mit ungepropften Reben sind auch der Vintage Port und das Zweitetikett Silval jetzt in Topform. Die Tischweine Quinta do Noval Tinto und Cedro do Noval (Zweitwein), die seit 2004 erzeugt werden, zählen zu den besten am Douro. Labrador heißt der beeindruckende neue sortenreine Syrah. Alle Weine und Ports kommen von 130 ha herrlich gelegener gutseigener Weinberge im Pinhão-Tal.

Rua do Vale, 5060 Sabrosa
www.quintadonoval.com

Quinta do Passadouro

Passadouro, seit 1991 im Besitz des belgischen Industriellen Dieter Bohrmann, ist eine wunderschöne Quinta mit 20 ha Rebland in Vale do Mendiz im Pinhão-Tal. Bis 2003 wurden die Weine von Niepoort (siehe S. 86) bereitet, und ein Teil des Passadouro-Leseguts floss in Dirks roten Redoma. Als Weinmacher Jorge Borges Niepoort verließ, wurde er von Bohrmann engagiert, was die Beziehungen zu Niepoort belastete. Borges' Tischweine zeigen herrliche Reintönigkeit und Klarheit: Der Passadouro Reserva zählt heute zu den herausragenden Roten des Douro-Gebiets, selbst der einfache Passadouro ist superb. Auch Ports werden erzeugt, etwa ein exzellenter Vintage Port.

Vale de Mendiz, 5085-101 Pinhão
www.quinta-do-passadouro.com

Quinta do Portal

Der mittelgroße Familienbetrieb im Douro-Tal produzierte früher ausschließlich Portweine, die an Handelsfirmen verkauft wurden. 1991 rief die Familie das Projekt Quinta do Portal ins Leben, das sowohl Ports als auch Tischweine erzeugt. Zum Gut gehören fünf Besitzungen im Pinhão-Tal mit über 100 ha Gesamtrebfläche. Die ersten Douro-Rotweine kamen 1994 heraus. Von Anfang an war der französische Önologe Pascal Chatonnet als Berater dabei; die Weinbereitung obliegt Paolo Coutinho. Zunächst war die Qualität etwas ungleichmäßig, doch die letzten Jahrgänge sind wesentlich besser ausgefallen. Die Reserva und die Grande Reserva sind seit 2005 sehr beeindruckend; der Portal Vintage Port und der Portal+ Vintage Port überzeugen durch köstliche Konzentration und intensive, süße, reine Frucht.

Celeirós do Douro, 5060-909 Sabrosa
www.quintadoportal.com

Quinta da Romaneira

Das schöne Gut Romaneira stand kurz vor dem Verfall, als es 2004 von einem Konsortium übernommen wurde, dem unter anderem Christian Seely (von der Quinta do Noval) angehört. In Klasse A eingestufte, mittlerweile restrukturierte Weinberge waren der Köder für Seely; gegenwärtig stehen 81 ha in Ertrag, die bei Bedarf auf 200 ha erweitert werden können. Die Weine sind bis jetzt umwerfend gut: Der Zweitwein R de Romaneira ist ein Schnäppchen, der Quinta-Wein herrlich fokussiert und elegant. Auch der Vintage Port ist aufregend. Zudem gibt es ein kleines Luxushotel mit Restaurant.

Rua António Manuel Saraiva, 5085 Alijó
www.quintadaromaneira.pt

Quinta de Roriz

Die historische Portwein-Quinta gehörte seit 1815 der Familie van Zeller, wurde aber 2009 vollständig von Symington übernommen. Das 200-ha-Gut liegt in Douro Superior, etwa 5 km flussaufwärts von Pinhão. 42 ha sind mit Reben bestockt, 2005 wurde eine neue Kellerei eingeweiht. Schon seit dem 19. Jahrhundert wird hier erzeugt, was man heute unter dem Namen Single Quinta Vintage Port kennt. Im gleichen reichhaltigen, intensiven und reifen Stil wie der Port sind auch die beeindruckenden Tischweine gehalten. Der Zweitwein Prazo de Roriz mit herrlich reifer, reiner dunkler Frucht ist ein Schnäppchen.

Ervedosa do Douro, 5130-113 São João da Pesqueira
www.chryseia.com

UNESCO-WELTKULTURERBE

Das Douro-Tal zählt seit 2001 zum Weltkulturerbe der UNESCO und ist wohl das spektakulärste aller Weinbaugebiete. Erreichen kann man es mit dem Auto, der Bahn oder per Schiff. Züge gehen vom Bahnhof San Benito in Porto ab; sie bieten keinen großen Komfort, aber die Fahrt ist preiswert. Nach einer gefühlten Ewigkeit ist man endlich in Régua, von wo an man jedoch durch herrliche Ausblicke auf den Fluss und die Uferhänge entschädigt wird. Als Alternative könnte man auch bis Pinhão in Cima Corgo mit dem Auto fahren und von dort den Zug bis zur Endstation Pocinho nehmen, ein Bergstädtchen nahe der spanischen Grenze in Douro Superior. Den Rückweg nach Pinhão legt man idealerweise per Schiff zurück und lässt dabei eine ganze Reihe von Quintas an sich vorüberziehen. Eine Autotour durch das Douro-Gebiet ist schwierig, langwierig und teilweise gefährlich, aber die einzige Möglichkeit, wenn man gezielt die eine oder andere Quinta besichtigen möchte. Inzwischen gibt es in der Region eine Fülle von Unterkünften, auch einige Quintas bieten Übernachtungsmöglichkeiten an. Für welches Transportmittel Sie sich auch entscheiden, den ersten Anblick der beeindruckend steilen Weinbergterrassen am Douro werden Sie niemals vergessen.

RAMOS PINTO
DEM ROTEN COLLECTION SAGT MAN NACH, ER SEI VON DER BELLE ÉPOQUE INSPIRIERT

QUINTA DE LA ROSA
EIN PRACHTVOLLES BEISPIEL FÜR DEN ELEGANTEN STIL DER QUINTA DE LA ROSA

Quinta de la Rosa

Die wunderschöne Quinta ganz in der Nähe von Pinhão ist seit 1906 im Besitz der Familie Bergqvist. Sophia Bergqvist hat derzeit die Leitung inne und wird vom begabten Weinmacher Jorge Moreira unterstützt. Seit dem Jahrgang 2002, als Moreira sich dem Team anschloss, hat sich die Qualität der Weine und Ports grundlegend verbessert. Der rote Gutswein ist köstlich, die wahre Klasse aber zeigt sich bei der Reserva von vorwiegend alten Reben – Moreira setzt mehr auf Eleganz denn auf pure Kraft. Auf seinen Rat hin wurde als Ergänzung der 55 ha Rebfläche von La Rosa ein neuer Weinberg, Quinta das Bandeiras, gegenüber der berühmten Quinta do Vale Meão in Douro Superior hinzugekauft und teilweise neu bestockt. Der erste, herrlich reintönige Bandeiras-Wein war ein Gemeinschaftsunternehmen zu gleichen Teilen von Moreira und der Quinta de la Rosa mit Namen Passagem.

5085-215 Pinhão; www.quintadelarosa.com

Quinta de São José

Das herrlich gelegene Familiengut des Weinmachers João Brito e Cunha von Ázeo (siehe S. 83) mit nach Norden ausgerichteten Schieferhängen ist ein direkter Nachbar der Quinta da Romaneira. Die Familie Brito e Cunha hat die Quinta de São José Ende der 1990er-Jahre erworben und das ziemlich heruntergekommene Gut mit 20 ha Grund renoviert. João strebt bei seinen Weinen Frische und Eleganz an und hat dies hier sehr schön verwirklicht. Probierenswert sind der ausdrucksstarke 2005er Tinto und der preiswerte, leicht eichenwürzige 2007er Colheita mit frischem, blumigem Duft.

5130-123 Ervedosa do Douro; www.quintasjose.com

Quinta do Tedo

Der in Kalifornien ansässige Fasshändler Vincent Bouchard und seine Frau Kay erwarben das Gut am Südufer des Douro in Cima Corgo mit 14 ha Weinbergen im Jahr 1992. Der erste Jahrgang des beeindruckenden, schön klar gefassten roten Tischweins war 2003. Gut sind auch die Ports in einem reifen, süßen Stil.

5110-548 Vila Seca, Armamar
www.quintadotedo.com

Quinta do Vale Dona Maria

Cristiano van Zellers Quinta do Vale Dona Maria hat sich seit ihrer Gründung 1996 mit unverwechselbaren, eleganten roten Douro-Weinen einen Namen gemacht. 2003 wurde das Sortiment um die erstklassige, sehr konzentrierte, eichenwürzige Cuvée CV ergänzt. Für die Weinbereitung ist Sandra Tavares da Silva von Wine & Soul und Chocapalha (siehe S. 95) zuständig; das Lesegut stammt von alten, gemischt bestockten Weinbergen (10 ha). Der Single Quinta Port steht im Schatten der grandiosen Tischweine.

5130-055 Ervedosa do Douro; www.valedonamaria.com

Quinta do Vale Meão

Das historische Gut, ursprünglich eine der vielen cleveren Erwerbungen der berühmten Dona Antónia Adelaide Ferreira, hat sich zu einem der Protagonisten der Douro-Tischweinrevolution entwickelt. Die Quinta blieb in Familienbesitz und gehört heute Francisco (»Vito«) Olazabal, dem früheren Chef der Firma A. A. Ferreira. Ihre Trauben bildeten den Grundstock für den legendären Barca Velha (siehe S. 83), seit 1998 jedoch erzeugt Olazabal seinen eigenen Wein von gutseigenen Trauben, zusammen mit seinem Sohn »Xito« (eigentlich Francisco). Die beachtlichen 62 ha Rebland umfassen drei verschiedene Bodentypen, die alle das Ihre zum endgültigen Verschnitt beitragen: Schiefer, Granit und alluvialer Kies. Gleich der erste Jahrgang, 1999, wurde von der Kritik hymnisch gefeiert, und die nachfolgenden Jahrgänge waren sogar noch besser. Heute ist dies einer der absoluten Spitzenweine Portugals. Meandro, der Zweitwein, ist ebenfalls superb und quasi ein Schnäppchen.

5150-501 Vila Nova de Foz Côa; Tel. 279 762 156

Quinta do Vallado

Das Gut in Baixo Corgo ist seit 1818 im Besitz der Familie Ferreira. In den 1960er-Jahren wurde es von Jorge Maria Cabral Ferreira auf Vordermann gebracht und nach dessen Tod 1992 von seinem Schwager, Guilherme Álvares Ribeiro, übernommen. Ribeiro begann mit der Erzeugung von Tischwein- und Port-Gutsabfüllungen, mit Unterstützung seines Cousins Xito Olazabal (Weinmacher bei der Quinta do Vale Meão), seines Neffen Francisco Ferreira (Geschäftsführer) und Cristiano van Zeller (Marketing). Die Stars unter den durchweg sehr guten Weinen sind eine reichhaltige, intensive Reserva, ein herrlich aromatischer Touriga Nacional und ein robuster, opaker Sousão. Auch gute Tawny Ports.

Vilarinho dos Freires, 5050-364 Peso da Régua
www.wonderfulland.com/vallado

Ramos Pinto

Das für die jüngere Douro-Geschichte bedeutende Unternehmen Ramos Pinto stützt sich vor allem auf vier Güter: zwei in Douro Superior und zwei in Cima Corgo unweit von Pinhão. Die Quinta da Ervamoira (Douro Superior) wurde 1974 als Feldversuch mit verschiedenen, parzellenweise getrennten Rebsorten in vertikalen Zeilen bestockt, um maschinelle Bearbeitung zu ermöglichen. Von den zwölf getesteten Rebsorten wurden fünf für die Weinerzeugung ausgewählt – das Experiment war umstritten, hatte aber erheblichen Einfluss auf weitere Anpflanzungen in der Region. Die Tischweinproduktion in größerem Umfang begann 1990 mit dem preiswerten roten Duas Quintas. Die qualitativ deutlich bessere Reserva wurde erstmals 1991 und seitdem jedes Jahr (außer 1993, 1996, 1998) erzeugt. 1995, 1999 und 2000 brachte man eine Reserva Especial heraus.

Quinta do Bom Retiro; www.ramospinto.pt

Wine & Soul/Pintas

Das Ehepaar Jorge Serôdio Borges und Sandra Tavares da Silva hat den Pintas schon mit dem ersten Jahrgang (2001) als einen der großen Douro-Tischweine etabliert. Er stammt von einer alten Einzellage in Vale de Mendiz, wo auch die Kellerei liegt. 2003 kamen ein Vintage Port und ein zweiter Roter, Pintas Character, sowie der Guru hinzu, ein Weißwein von alten Reben. Alle Weine werden unter dem Namen der Kellerei, Wine & Soul, vermarktet. Das stilistische Markenzeichen ist Raffinesse und Ausgereiftheit – das Gegenteil jener rustikalen Wildheit, der man bei Douro-Weinen mitunter begegnet. ★**Aufsteiger**

Av Júlio de Freitas, 6, Vale de Mendiz, 5085-101 Pinhão
Tel. 936 161 408

PORT

Das Douro-Tal in Nordportugal ist die Heimat eines einzigartigen Weinklassikers: Port. Diesen gespriteten, also durch Zusatz von Branntwein zum teilvergorenen Most bereiteten Wein gibt es in zwei Stilrichtungen: Ruby (fruchtbetont, früh abgefüllt) und Tawny (komplex nach längerem Fassausbau). Erstklassige Vintage Ports, die nur in Spitzenjahrgängen erzeugt werden, können in der Flasche über Jahrzehnte hinweg eine fabelhafte Komplexität entwickeln. Die besten 20- und 30-jährigen Tawny Ports sind ebenfalls superb, werden aber weniger beachtet. Jahrhundertelang wurde der Handel von großen, oft britischen Portweinhäusern beherrscht, in letzter Zeit jedoch erzeugt und vermarket eine wachsende Zahl von Douro-Quintas ihre eigenen Ports.

Port ist eine Klasse für sich: ein gespriteter Wein in unverwechselbarem Stil (obwohl er in der ganzen Welt kopiert wird). Sein Geschmack, seine Stärke und Süße erhält er durch die Zugabe von Weingeist zum nur teilweise vergorenen, noch süßen Traubenmost.

Die Ursprünge des Portweins reichen ins späte 17. Jahrhundert zurück, als die Handelskriege zwischen Frankreich und England die Briten vom Großteil ihres Weinnachschubs abschnitten und sie sich daher bei ihrem Alliierten Portugal zu versorgen begannen. Weinpanscherei und Überproduktion führten im 18. Jahrhundert zum Niedergang des Handels und zu einem starken Preisverfall. Rettung ersann der Erste Minister des portugiesischen Königs, der Marquês de Pombal (1699–1782), der 1757 das weltweit erste System einer kontrollierten Herkunftsbezeichnung sowie eine regionale Klassifikation der Weine des Douro-Gebiets einführte.

Lange Zeit lag der Portweinhandel in den Händen der großen Portweinfirmen, der sogenannten *shipper*, die in Vila Nova de Gaia, gegenüber von Porto am anderen Flussufer, ihren Sitz hatten (und noch immer haben). Bis 1986 musste jeder für den Export bestimmte Portwein den Weg über Vila Nova nehmen – eine protektionistische Regelung, die die kleineren Erzeuger vom Eintritt in den Portweinmarkt abhielt. Heute füllen auch viele kleinere Quintas ihre eigenen Ports ab und erzeugen zudem Tischweine. Dadurch ist viel Bewegung in die Region Douro gekommen.

Es gibt zwei verschiedene Portweinstile: Ruby und Tawny. Ruby ist eine etwas verwirrende Bezeichnung, da sie auch für Billigportweine verwendet wird, bezieht sich aber streng genommen auf den fruchtigen Stil eines Portweins, der relativ kurz in großen Eichenfässern reift und abgefüllt wird, solange er noch Unmengen dunkler Fruchtnoten enthält. Tawny Ports reifen wesentlich länger, typischerweise in 600-Liter-Fässern, und entwickeln einen komplexen zedernholzwürzigen, nussigen, rosinierteren Charakter. Statt dunklem Rot ist ihre Farbe eher bernsteinbraun (englisch *tawny*).

Die hochwertigsten Weine im Ruby-Stil sind die Vintage Ports. Sie werden nur in Spitzenjahrgängen erzeugt (sogenannte deklarierte Jahrgänge, von denen es in der Regel nicht mehr als drei pro Jahrzehnt gibt) und bereits nach zwei Jahren abgefüllt. Sie sind zum Einlagern gedacht und können 30 bis 50 Jahre überdauern. Die Bezeichnung Single Quinta Vintage Port bedeutet, dass die dafür verwendeten Trauben von einem einzigen Gut stammen. Einige Quintas erzeugen jedes Jahr einen solchen Wein, während die Portweinhäuser in der Regel nur in nicht deklarierten Jahrgängen Single Quinta Vintage Ports produzieren. Late Bottled Vintage (LBV) Ports wurden in den 1960er-Jahren eingeführt und bieten einige der Vorzüge des Vintage Port zu deutlich niedrigeren Preisen. Die besten tragen den Zusatz »traditional« oder »unfiltered« auf dem Etikett. Sie werden nach sechs Jahren Fassreifung abgefüllt und müssen nicht weiter gelagert werden. Einfache Ruby Ports, die nicht in die Kategorie Vintage Port fallen, können gut und günstig sein, doch die Qualität ist sehr unterschiedlich.

Tawny Ports sind ein vernachlässigter Schatz. Üblicherweise werden sie aus verschiedenen Jahrgängen verschnitten und nach dem Durchschnittsalter der enthaltenen Weine verkauft. Es gibt 10, 20, 30 und (seltener) 40 Jahre alten Tawny, wobei man hinsichtlich der optimalen Kombination von Komplexität und Erschwinglichkeit mit einem »20-Year-Old« meist am besten fährt. Die in Portugal beliebten, im Ausland aber weniger bekannten Colheitas sind Jahrgangs-Tawnys. Es gibt auch weißen Portwein, der in der Regel jedoch eher uninteressant ist.

Hauptrebsorten

Rot

Tinta Amarela
Tinta Barroca
Tinta Cão
Tinta Roriz
Touriga Franca
Touriga Nacional

Weiß

Gouveio
Malvasia Fina
Viosinho

Jahrgänge

2010
Ein Jahrgang von gemischter Qualität. Einige Rebsorten kamen mit der Hitze gut zurecht, andere litten.

2009
Sehr heiß – ein schwieriger Jahrgang.

2008
Sehr guter Jahrgang mit einigen attraktiven Ports.

2007
Großartiges Jahr: etwas kühl in der Wachstumsperiode, ideales Wetter zur Lese. Hervorragende Vintage Ports.

2006
Schwieriger, heißer Jahrgang.

2005
Sehr guter Jahrgang mit einigen brillanten Single-Quinta-Ports.

2004
Sehr gutes Jahr; einige herrlich fruchtige Portweine.

FONSECA GUIMARAENS
DER RENOMMIERTE FONSECA VINTAGE PORT IST SAGENHAFT KONZENTRIERT

CHURCHILL
JOHNNY GRAHAMS RELATIV NEUE FIRMA HAT SCHON JETZT EINEN SEHR GUTEN RUF

A. A. Ferreira

Das historische Portweinhaus erlebte unter Dona Antónia Adelaide Ferreira einen spektakulären Aufschwung. Bereits mit 33 Jahren Witwe, übernahm sie die Leitung des Familienunternehmens und erweiterte es beträchtlich. Mit dem 1952 herausgebrachten Barca Velha (siehe S. 83) wurde Ferreira zum Wegbereiter der grandiosen Douro-Tischweine. Ferreira wurde 1987 von Sogrape aufgekauft. Zu den Weinbergbesitzungen zählen die Quintas do Porto, do Caedo, do Seixo und da Leda. Die Vintage Ports von Ferreira sind beständig gut.

Rua da Carvalhosa 19/105, Vila Nova de Gaia
Tel. 223 745 292

Burmester

1750 gegründet, ist Burmester vor allem für seine Colheitas – Tawny Ports mit Jahrgangsangabe – berühmt. Der 20-Year-Old Tawny und jeder Colheita, den Sie auftreiben können, lohnt die Mühe des Suchens. 1999 wurde Burmester von Amorim erworben und 2005 an Sogevinus weiterverkauft, mit Ausnahme des eindrucksvollen Guts Quinta Nova. Es gibt auch Douro-Tischweine der Marke Burmester.

Rua Barão Forrester, Vila Nova de Gaia
www.burmesterporto.com

Cálem

Die heute zu Sogevinus gehörende Firma wurde 1859 gegründet. Mit einer eigenen Flotte exportierte Calém Portwein nach Brasilien und bekam im Gegenzug dafür exotische Harthölzer – folgerichtig ist das Calém-Logo ein großes Segelschiff. Als eine der Port-Quintas in portugiesischem Besitz ist Cálem vor allem auf dem heimischen Markt ein Begriff. Die Weine werden bei São Martinho da Anta im Douro-Gebiet bereitet und in Vila Nova de Gaia gereift. Haupttraubenlieferant ist die Quinta do Arnozelo in Douro Superior, ein 200-ha-Gut mit 100 ha Reben. Beim Verkauf von Cálem verblieb seine spektakuläre Quinta da Foz in Familienhand und ist heute die Quelle von Tischweinen und Ports der Marke PV (siehe S. 86). Cálems Vintage Ports sind sehr gut, reichen aber nicht ganz an die Stars der Region heran. Es gibt auch Colheitas und Tawnys.

Avenida Diogo Leite 344, Vila Nova de Gaia
www.calem.pt

Churchill

Trotz des bewusst traditionell klingenden Namens ist Churchill das neueste der Portweinhäuser in englischem Besitz. Es wurde 1981 von Johnny Graham gegründet, dessen Familie einst den bekannte Port-*shipper* Graham besaß. Johnny Graham war zunächst bei Cockburn tätig, bevor er sein eigenes Unternehmen, Churchill Graham (Churchill ist der Name seiner Frau), ins Leben rief. Die Trauben für seine Weine liefern die Weinberge der Familie Borges de Sousa sowie die 1999 erworbenen Güter Quinta da Gricha (100 ha) in Cima Corgo und Quinta do Rio im Rio-Torto-Tal. Churchill erzeugt einige exzellente Port- und Tischweine; seit Kurzem findet auch ein wenig Lesegut aus Douro Superior Eingang in den Verschnitt. Der reguläre Churchill-Tischwein ist sehr preiswert, der Quinta da Gricha teurer, aber sensationell gut.

Rua Da Fonte Nova 5, 4400-156 Vila Nova De Gaia
www.churchills-port.com

Cockburn

Sein umfangreiches Sortiment an kommerziell erfolgreichen Portweinen, die neuerdings in unverwechselbare Flaschen mit abgeflachter Schulter abgefüllt werden, erzeugt Cockburn jetzt als Teil der Firmengruppe der Familie Symington. Daneben gibt es beeindruckende Vintage und Single Quinta Ports. Die Quinta dos Canais in Douro Superior ist das kostbareste Juwel des Unternehmens. Das 300-ha-Gut wurde in den späten 1980er-Jahren erworben und mit separat gepflanzten Rebsorten neu bestockt. Cockburn behauptet, das Gut besitze die größte Touriga-Nacional-Rebfläche der Welt – sie bildet die Basis der Cockburn Vintage Ports sowie des Single Quinta Port Quinta dos Canais (in nicht deklarierten Jahrgängen). Verantwortlich für diese Weine ist der angesehene Weinmacher Miguel Côrte-Real.

Rua das Coradas, Vila Nova de Gaia; www.cockburns.com

Croft

Die Fladgate Partnership (unter anderem im Besitz der erstklassigen Portweinhäuser Taylor und Fonseca) erwarb Croft 2001 vom Getränkekonzern Diageo. Seitdem wird intensiv an der Qualitätsverbesserung gearbeitet. Dies scheint ein erreichbares Ziel zu sein, da Croft eines der beeindruckendsten Douro-Güter besitzt: die Quinta da Roêda, ein kurzes Stück flussaufwärts von Pinhão in Cima Corgo. Natasha Bridge, Önologin und Ehefrau des Fladgate-Direktors Adrian Bridge, ist für die Bereitung der Ports verantwortlich. Croft ist ein historisches Portweinhaus, das unter diesem Namen seit 1736 besteht. Gegenwärtig sind die Ports sehr gut, zählen aber nicht ganz zur Spitzenklasse. Neuerdings gibt es auch Croft Pink, einen etwas gewöhnungsbedürftigen rosé Port.

Largo Joaquim Magalhães 23, Vila Nova de Gaia
www.croftport.com

Delaforce

Das 1868 von George Henry Delaforce gegründete Unternehmen wurde 1968 verkauft, die Familie Delaforce blieb ihm aber bis 2001 verbunden. Danach ging es als Schwestermarke von Croft an die Fladgate Partnership über und ist heute im Besitz der Real Companhia Velha. Der Single Quinta Port von Delaforce, Quinta da Côrte, ist häufig superb, und der Vintage Port fällt oft sehr fein aus.

Rua Azevedo Magalhães 314, 4430-022 Vila Nova de Gaia
www.delaforce.pt

Dow

Dow ist eines der führenden Portweinhäuser und gehört zum Firmenimperium der Familie Symington. Bedeutendster Traubenlieferant für Dows Ports ist die Quinta do Bomfim im Herzen von Cima Corgo unweit von Pinhão mit 50 ha Weinbergen in guter Lage mit Südausrichtung. Hinzu kommen die Quinta da Senhora de Ribiera mit 20 ha Reben sowie zwei Güter im Privatbesitz der Familie Symington (Quinta do Santinho und Quinta da Cerdeira mit insgesamt 18 ha Rebfläche). Der Vintage Port von Dow zählt zu den besten: Er wird in einem etwas trockeneren Stil mit fruchtigem Kern und fester Struktur bereitet. In nicht deklarierten Jahrgängen werden stattdessen mitunter Single Quinta Ports von Bomfim sowie Senhora de Ribiera erzeugt.

Travessa Barão de Forrester, Vila Nova de Gaia
www.dows-port.com

Fonseca Guimaraens

Fonseca, eines der grandiosesten Portweinhäuser, ist seit Ende der 1940er-Jahre Teil der Fladgate Partnership. Gegründet wurde es 1822 und war bereits 1840 zum zweitgrößten Portwein-*shipper* aufgestiegen. Der Stil des Hauses zeichnet sich durch Reichhaltigkeit und Komplexität aus. In neuerer Zeit verdankt es seinen Ruf zu einem nicht unbeträchtlichen Teil der Arbeit von Bruce Guimaraens (der die Jahrgänge 1960 bis 1992 bereitete) und seinem Sohn David (Weinmacher seit 1994). Das Herzstück des Verschnitts stammt von der 1978 erworbenen Quinta do Panascal im Tavora-Tal des Douro-Gebiets, einem 76-ha-Gut mit 44 ha Rebland. Andere Quintas in Fonseca-Besitz sind Quinta de São António und Quinta do Cruzeiro. Neben dem mitreißenden Vintage Port und den exzellenten Single-Quinta-Abfüllungen Guimaraens und Panascal erzeugt Fonseca auch den beeindruckenden, fruchtbetonten Bio-Port Terra Prima. Der Einstiegs-Port Bin 27 bietet enorm viel fürs Geld.

Rua Barão de Forrester 404, Vila Nova de Gaia
www.fonseca.pt

Graham

Die Familie Graham stieg 1820 in den Portweinhandel ein und erwarb 1890 die herrliche Quinta dos Malvedos, musste sie aufgrund finanzieller Schwierigkeiten jedoch wieder verkaufen. 1970 wurde Graham von den Symingtons übernommen, die den Betrieb später mit der ebenfalls erworbenen Quinta dos Malvedos wieder zusammenführten. Graham steht verdientermaßen in dem Ruf, in deklarierten Jahrgängen stets brillante Vintage Ports zu erzeugen. Der Stil des Hauses setzt auf dichte, reichhaltige, süße Ports mit beträchtlicher Struktur und 30 bis 40 Jahren Lebensdauer. Der Single Quinta Malvedos (in nicht deklarierten Jahren) ist oft superb. Die in einem kommerzielleren Stil bereiteten Tawnys und LBV beeindrucken weniger. Neben Malvedos liefern u. a. die Quintas das Lages und da Vila Velha Trauben für Graham.

Rua Rei Ramiro 514, Vila Nova de Gaia
www.grahams-port.com

Quinta do Vesuvio

Das Gut im Gebiet Douro Superior gehört zu den besten Douro-Quintas. Seine gegenwärtige Gestalt erhielt es unter António Bernardo Ferreira, der es 1823 erwarb. Das Gut ging auf den Sohn über, der jedoch kurz darauf starb, worauf seine Witwe, die berühmte Dona Antónia, sich an der Erwerb einer ganzen Reihe von Douro-Besitztümern machte. Seinen zeitgenössischen Ruhm verdankt Vesuvio den Symingtons, die das Gut 1989 kauften, neu strukturierten und den Weinbergbesitz auf 130 ha erweiterten. Der Schwerpunkt liegt auf Vintage Port, seit Kurzem gibt es aber auch den herrlich ausdrucksstarken Tischwein Quinta do Vesuvio. In puncto Qualität steht Vesuvio erstklassigen Portweinhäusern in nichts nach und erzeugt grandiosen Vintage Port, auch wenn er formal betrachtet nur ein Single Quinta Port ist. Die neueren Spitzenjahrgänge sind 1991, 2000, 2001, 2003 und 2007.

Keine Besuchereinrichtungen; www.quintadovesuvio.com

Sandeman

2002 erwarb Portugals größtes privates Weinhandelsunternehmen Sogrape die Marke Sandeman vom Spirituosengiganten Seagram, dem sie seit 1980 gehört hatte. Gegenwärtig wird unter dem Etikett Sandeman eine Reihe von Ports, Madeiras, Sherrys und Brandys erzeugt. Gegründet wurde die Firma 1790 von George Sandeman als Importunternehmen für Port und Sherry. 1811 eröffnete Sandeman sein eigenes Portweinhaus in Vila Nova de Gaia, das heute von einem seiner Nachkommen, ebenfalls ein George Sandeman, in siebter Generation geführt wird. Der Fokus liegt zwar auf kommerziellen Weinen, dennoch gibt es auch einige ernst zu nehmende Erzeugnisse wie Vintage Port, Vau Vintage und 20-Year-Old Tawny Port.

Largo de Miguel Bombarda 3, Vila Nova de Gaia
www.sandeman.eu

SANDEMAN
DIE SANDEMAN-FIGUR WURDE IN EINEM TV-WERBESPOT VON ORSON WELLES VERKÖRPERT

WARRE
DER STIL DES HAUSES IST REICHHALTIG, ABER ETWAS TROCKENER ALS SONST ÜBLICH

Smith Woodhouse

Zusammen mit seinem Schwesterhaus Graham wurde Smith Woodhouse 1970 von der Familie Symington erworben. Die Vintage Ports sind sehr gut und keineswegs überteuert, spielen allerdings nicht in derselben Liga wie die Spitzenhäuser in Symington-Besitz. Versuchen Sie den traditionellen, ungefilterten LBV aufzutreiben – er ist ein echtes Schnäppchen.

Travessa Barão de Forrester, Vila Nova de Gaia
www.smithwoodhouse.com

Taylor

Die Traditionsfirma Taylor (mit vollem Namen Taylor Fladgate & Yeatman und Teil der Fladgate Partnership) zählt zur allerersten Garnitur der Portweinhäuser. Sie führte mit dem 1965er Taylor's LBV den enorm erfolgreichen LBV-Stil ein und brachte bereits 1958 als Erste einen Single Quinta Port (Quinta de Vargellas) heraus. Das Gut Vargellas in Douro Superior (mit eigener Bahnstation), erworben 1893, bildet das Herzstück von Taylor. Doch auch die beiden Cima-Corgo-Quintas Terra Feita und Junco sind wichtige Traubenlieferanten für die Taylor-Portweine. Der Vintage Port mit konzentrierter dunkler, brombeerartiger Frucht, fester Struktur und der Fähigkeit, viele Jahrzehnte alt zu werden, zählt zu den besten Ports überhaupt; der Jahrgang 2007 ist überragend. Auch der Single Quinta Port von Vargellas, bereitet in nicht deklarierten Jahren, kann sehr gut sein. In ausgewählten Jahrgängen (nur fünfmal seit 1995) wird in kleiner Auflage der mitreißende Vargellas Vinha Velha erzeugt.

Rua do Choupelo 250, Vila Nova de Gaia; www.taylor.pt

Warre

William Warre, Stammvater einer bedeutenden Portweindynastie, kam 1729 aus Großbritannien nach Portugal. Die Firma selbst aber, die dann den Namen Warre annahm, geht auf das Jahr 1670 zurück – sie ist das älteste Portweinhaus in britischem Besitz. 1905 wurde Andrew James Symington als Partner in die Firma aufgenommen, und heute gehört Warre zum beeindruckenden Symington-Portweinimperium (der letzte Firmenanteil der Familie Warre wurde 1961 erworben). Neben den vier firmeneigenen Quintas (Cavadinha, Retiro Antigo, Telhada und Bom Retiro Pequeno) bezieht Warre seine Trauben von Weinbergen im Privatbesitz diverser Mitglieder der Familie Symington. Warres Vintage Ports zählen regelmäßig zu den besten, und auch Quinta da Cavadinha, der in nicht deklarierten Jahren erzeugte Single Quinta Port, ist nicht zu verachten.

Travessa Barão de Forrester 85, Vila Nova de Gaia
www.warre.com

DAS ÜBRIGE PORTUGAL

Trotz seiner geringen Größe ist Portugal ein Weinland mit vielen Facetten und sehr unterschiedlichen Anbaugebieten. Aus dem kühlen, feuchten Norden kommen die frischen Weißweine der Region Vinho Verde, während im Süden, im heißen Alentejo, mächtige, fruchtbetonte Rotweine den Ton angeben. Dazwischen liegt die Gegend um die Hauptstadt Lissabon, die fruchtige, kommerziell erfolgreiche Weine produziert. In den weiter nördlich gelegenen Regionen Dão und Bairrada erzeugt man sehr gute Rotweine mit ausgeprägter Persönlichkeit. Es ist nicht ganz einfach, sich in Portugals Regionen und einzigartigen Rebsorten auszukennen, doch diese immer besser werdenden Weine kennenzulernen lohnt mit Sicherheit jede Mühe.

Hauptrebsorten

Rot

Alicante Bouschet
Aragonez (Tinta Roriz)
Baga
Touriga Nacional
Trincadeira

Weiß

Alvarinho (Albariño)
Encruzado
Loureiro
Verdelho

Jahrgänge

Portugals Weinregionen von der Küste im Norden bis zu den Binnenregionen im Süden sind so unterschiedlich, dass allgemeine Aussagen über Jahrgänge unmöglich sind. Insgesamt aber war 2010 gut, wenn auch nicht hervorragend, 2009 fast überall ausgezeichnet. 2008 war im Frühling ungewöhnlich feuchtkalt, bot aber beste Bedingungen zur Lese. 2007 war kühl, v. a. in Beiras, wo sich die Weißen besser als die Roten schlugen. 2006 verursachten zu hohe Temperaturen Probleme, und 2005 litt der Süden unter Trockenheit, während der Jahrgang anderswo sehr gut ausfiel.

Die Dynamik in Portugals Weinszene ist unübersehbar. In den letzten zehn Jahren haben Scharen neuer Erzeuger begonnen, Spitzenweine zu produzieren; die Qualität ist so hoch wie nie zuvor. Dabei herrscht große Vielfalt, bedingt durch die von Norden nach Süden unterschiedlichen Klimata und Bodentypen. Zusammen mit dem Schatz indigener Rebsorten, den Portugal hütet, tun sich für unternehmungslustige Weinfreunde hier ausgezeichnete Jagdgründe auf.

Abgesehen von der großartigen Douro-Region, die an anderer Stelle beschrieben wird, ist das Alentejo im Süden die wichtigste Weinregion. Weizenfelder wechseln sich hier mit Hainen von Korkeichen und Weinbergen ab. Das heiße, sonnige Klima bringt reife, süß-fruchtige Weine hervor, manche billig und süffig, manche strukturiert und intensiv. Hauptrebsorten sind Aragonez (auch Aragonês geschrieben), Alicante Bouschet und Trincadeira. Rotweine dominieren, es gibt aber auch köstliche Weiße mit schönen Pfirsich- und Zitrusnoten und oft einem Hauch Eiche.

Am anderen Ende erstreckt sich nördlich der Stadt Porto bis zur Grenze die Region Vinho Verde, die seriöse, frische, mineralische Weißweine aus den Sorten Alvarinho (in Spanien Albariño) und Loureiro produziert. Auch roten Vinho Verde gibt es, der von Vinhão (Sousão) gekeltert wird. Es handelt sich um eine rotfleischige Traube, die den Weinen eine intensive Farbe, frische Säure und deutliche Tannine verleiht.

Im nördlichen Drittel des Landes liegt auch die Region Beiras mit drei wichtigen Anbaugebieten: In Dão erzeugt man auf Sand- und Granitböden elegante, fast burgunderartige Rotweine aus Touriga Nacional, Tinta Roriz (Aragonez), Jaén und Alfrocheiro; aus Sorten wie Encruzado, Bical und Sercial können frische, mineralische Weiße entstehen. Das zweite Gebiet, Bairrada, wird von der roten Baga-Traube dominiert, die schroff und tanninstark ausfallen kann, in den richtigen Händen aber wunderbar ausgewogene, lagerfähige Rotweine erbringt, die mit ihren festen Tanninen an guten Nebbiolo erinnern. Das aufstrebende Beira Interior schließlich zeigt ein gutes Potenzial für saubere, lebhafte, fruchtbetonte Rotweine.

Näher an Lissabon liegen drei Regionen, die sich noch in der Übergangsphase von der Massenproduktion hin zu sehr schön zugänglichen und erschwinglichen Rot- und Weißweinen guter Qualität befinden. Die Region Lisboa (die bis vor Kurzem Estremadura hieß) erzeugt frische Weiße und attraktive fruchtige Rote. Auch aus der Region Tejo (früher Ribatejo) kommen schöne, fruchtbetonte Rotweine. Die Halbinsel Setúbal wiederum ist Heimat saftiger, fruchtbetonter Roter, frischer Weißer und eines köstlichen, lagerfähigen süßen Weißweins namens Moscatel de Setúbal. Auch ausländische Trauben wie Syrah und Cabernet Sauvignon findet man in diesen Gebieten; sie werden aber meist in Verschnitten mit portugiesischen Sorten verwendet.

Auf der zu Portugal gehörenden Atlantikinsel Madeira werden traditionell ausgezeichnete gespritete Weine erzeugt, deren Ursprung im Seehandel zu finden sind. Madeira lag an einer wichtigen Handelsroute über den Atlantik und versorgte die Schiffe mit Weinfässern, denen zur besseren Haltbarkeit Weingeist zugesetzt wurde. Dabei stellte sich heraus, dass sich während der Reise durch die Hitze der tropischen Gewässer alle Arten von interessanten Aromen in den Fässern entwickelten. Diese Hitzeeinwirkung wird heute bei der Madeira-Bereitung auf der Insel simuliert.

Von den fünf wichtigsten Rebsorten Madeiras gilt die rote Tinta Negra Mole als das Arbeitspferd. Die vier klassischen Sorten – Sercial, Verdelho, Bual und Malmsey – ergeben unterschiedlich süße Weine in dieser Reihenfolge (Sercial ist recht trocken, Malmsey sehr süß). Die bedeutendsten Erzeuger sind Barbeito, H. M. Borges, Pereira D'Oliveiras, Henriques & Henriques und Justino's.

PORTUGAL

Portugals Weinregionen durchziehen das ganze Land und schließen auch Madeira ein. Ganz im Norden liegt der relativ kühle, feuchte Bereich Vinho Verde mit seinen frischen Weißweinen. Beiras, südlich davon, beinhaltet die DOC-Gebiete Bairrada und Dão. Die Regionen Lisboa und Tejo hießen bis vor Kurzem Estremadura und Ribatejo. Südportugal wird von der großen Weinregion Alentejo dominiert, in der das warme und trockene Klima volle, reife Rotweine hervorbringt.

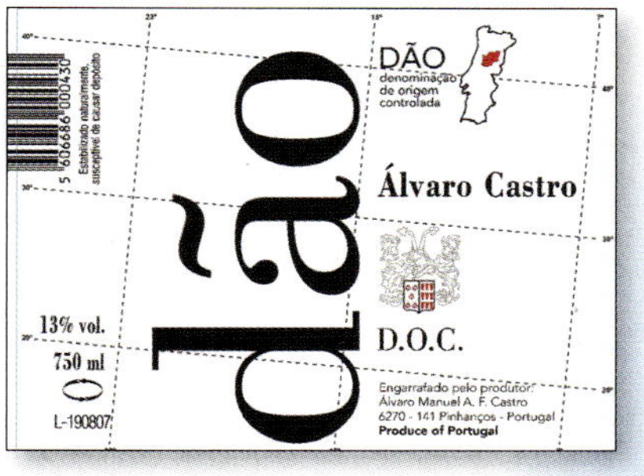

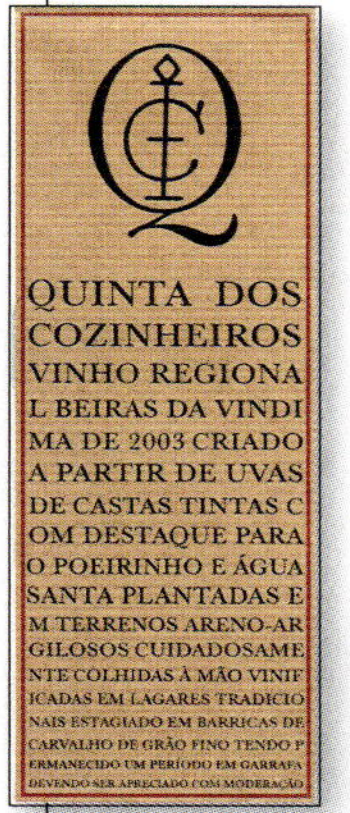

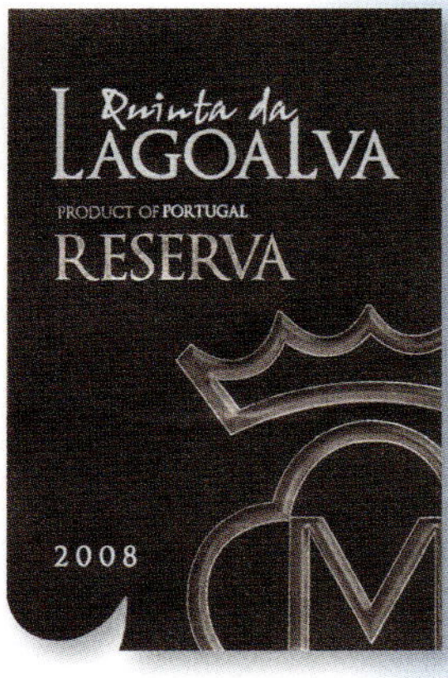

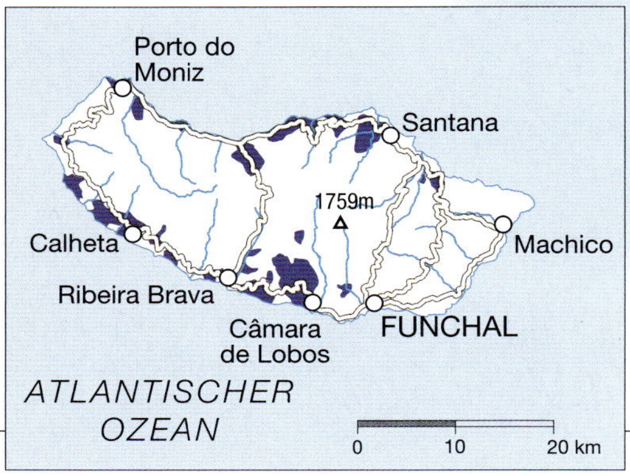

MALHADINHA NOVA
KRAFTVOLLER, AUSDRUCKSSTARKER WEISSWEIN MIT FRISCHE UND GUTER SÄURE

SANTA ISIDRO DE PEGOES
EIN FRISCHER, STRUKTURIERTER WEIN VON EINEM EINZIGARTIGEN TERROIR

Aliança Vinhos de Portugal Bairrada

Die 1927 gegründete Firma mit 400 ha Rebland hieß bis 2007 Caves Aliança und gehört nun zu Bacalhôa. Der Hauptsitz ist in Bairrada, doch Aliança besitzt auch Güter in anderen Regionen Portugals. Fünf Weine ragen aus dem breiten Angebot heraus: der üppige Quinta dos Quatro Ventos Reserva (Douro), der fruchtige Quinta da Garrida (Dão), der Quinta da Terrugem (Alentejo) mit Holzeinfluss sowie der Quinta das Baceladas (Bairrada) mit Kirsch- und Johannisbeernoten.

Rua do Comércio 444, 3781-908 Sangalhos; www.alianca.pt

Álvaro Castro Dão

Álvaro Castro ist eines der großen Kellermeistertalente Portugals. Aus seinen beiden Dão-Gütern Quinta de Saes und Quinta da Pellada kommen ungeheuer ausdrucksstarke Weine, vom preisgünstigen Quinta de Saes bis zum üppig fruchtigen und doch eleganten Quinta da Pellada Reserva. An der Spitze stehen der volle, zugängliche und elegante Pape und der dichtere, strukturiertere Carrocel. Auch die Weißen sind sehr gut, vor allem der mineralische, lagerfähige Spitzenwein Primus von der Quinta da Pellada. In Zusammenarbeit mit Dirk Niepoort (siehe S. 86) entsteht auch ein strukturierter, alterungswürdiger Dão/Douro-Verschnitt namens Dado.

Quinta da Pellada, 6270-141 Pinhanços
www.quintadapellada.com

Bacalhôa Vinhos de Portugal
Península de Setúbal

Das 1922 gegründete Unternehmen, ehemals J. P. Vinhos, brachte mit dem Australier Peter Bright als Weinmacher in den 1980er-Jahren fünf Markenweine heraus, die bis zum heutigen Tag bestehen: Quinta da Bacalhôa, Cova de Ursa Branco, Má Partilha, Catarina Branco und Tinto da Ânfora Tinto. Heute gehört Bacalhôa zum Weinimperium José Berardos, einem der reichsten Männer Portugals. Die Weine sind durchweg gut, hervorragend davon der Quinta da Bacalhôa (100 % Cabernet Sauvignon), der kraftvolle Palácio da Bacalhôa und eine Reihe süßer Moscatel-Weine.

Estrada Nacional 10, Vila Nogueira de Azeitão, 2925-901 Azeitão; www.bacalhoa.com

Cooperativa Agrícola de Santa Isidro de Pegões Península de Setúbal

Die oft einfach Adega de Pegões genannte Genossenschaft ist auf der Setúbal-Halbinsel nahe Lissabon tätig. Weinmacher Jaime Quenderas bereitet aus dem angelieferten Traubengut von 140 Winzern eindrucksvolle und erschwingliche Weine. Achten Sie auf die fruchtigen, schön strukturierten Rot- und frischen, leicht cremigfülligen Weißweine der Reihe Colheita Seleccionada.

Rua Pereira Caldas No. 1, 2985-158 Pegões Velhos
www.cooppegoes.pt

Dão Sul Dão

Die große, dynamische Firma, die sich auch Global Wines nennt, hat ihren Stammsitz in der Region Dão, erzeugt aber auch andernorts Wein. In Dão betreibt sie drei Güter (Quinta de Cabriz, Quinta dos Grilos, Casa de Santar), zwei am Douro und je eine in den Regionen Lisboa (Estremadura), Bairrada und Alentejo. Aus dem beständig guten Angebot ragen die beiden Dão-Weißweine Casa de Santar Reserva und Paço das Cunhas de Santar Vinho do Contador heraus sowie die Rotweine Monte da Cal Vinho de Saturno (Alentejo), Quinta das Tecedeiras Reserva (Douro), Encontro 1 (Bairrada), Quinta de Cabriz Escolha (Dão), Paço das Cunhas de Santar Vinho do Contador (Dão) und CCCC (ein erstklassiger Verschnitt von Lesegut aus ganz Portugal).

Quinta das Sarzedas, 3430-909 Carregal do Sal
www.daosul.com

Filipa Pato Beiras

Die Tochter des berühmten Luis Pato aus Bairrada (siehe S. 95) gehört zu den großen jungen Talenten in Portugal. Sie sammelte Erfahrung beim Château Cantenac Brown in Bordeaux, bei Finca Flichman in Argentinien und am Leeuwin Estate in Australien. 2001 kehrte sie nach Portugal zurück und beschloss, ohne eigene Weinberge, aber mit gepachteten Rebflächen in Dão und Bairrada eine eigene Marke für Beiras-Weine aufzubauen. Spitzengewächse sind der Lokal Silex (Dão) und der Lokal Calcário (Bairrada), beide mit umwerfend reiner Frucht und guter Länge. Mit ihrem Mann William Wouters erzeugt Filipa auch Wein unter dem Etikett Vinhos Doidos (»Verrückte Weine«), davon ist der Bossa der weiße Partywein, während sich der Nossa von den Sorten Bical und Encruzado eher komplex gibt. ★**Aufsteiger**

Rua de Santo Andre 39, 3780-502 Ois do Barra
www.filipapato.net

Herdade dos Grous Alentejo

Der neue Erzeuger im warmen Bezirk Beja im Alentejo wird von dem Weinmacher und önologischen Berater Luis Duarte geführt. Das Gut im Besitz einer deutschen Gesellschaft betreibt auf 700 ha (davon 70 ha Reben) auch Olivenanbau, Viehzucht, ein Restaurant und ein Hotel. Die Weine sind wunderbar fokussiert, mit süßen Noten von dunklen Früchten, insbesondere der Moon Harvest, der enorm reichhaltige und doch ausgewogene 23 Barricas sowie die unglaublich konzentrierte Reserva mit Eichennote. ★**Aufsteiger**

Albernôa, 7800-601 Beja
www.herdadedosgrous.com

João Portugal Ramos Alentejo

João Ramos' Aufstieg gehört zu den großen Erfolgsgeschichten der modernen portugiesischen Weinindustrie. Er begann 1985 relativ klein mit der Quinta do Carmo und führt heute einen der größten Betriebe im Alentejo mit 150 ha eigenen und 200 ha gepachteten Weinbergen, dessen geradlinig-fruchtige, nach Rebsorten etikettierte Weine auch auf den Exportmärkten großen Erfolg haben. Spitzenprodukt ist der Marquês de Borba Reserva, der sich sehr schön in der Flasche entwickeln kann.

Vila Santa, 7100-149 Estremoz; www.jportugalramos.com

José Maria da Fonseca Península de Setúbal

Die 1934 gegründete und heute in siebter Generation betriebene Firma ist Portugals ältester Erzeuger für ungespritete Weine in Familienbesitz. Berühmtheit hat sie für zwei schon historische portugiesische Markenweine erlangt: Periquita (ein lebhafter, kirschfruchtiger roter Verschnitt) und Lancers Rosé. Bewirtschaftet werden etwa 800 ha in vielen Regionen; Kellermeister ist Domingos

Soares Franco. Zu den besten Weinen gehören Domini Plus (Douro), José de Sousa (Alentejo), die Reihe Colecção Privada DSF, der Verschnitt FSF (Trincadeira/Syrah/Tannat) und der Hexagon (Península de Setúbal, früher Terras do Sado). Dazu gibt es fabelhaften süßen Moscatel, als Spezialität auch den seltenen roten Moscatel Roxo.

Quinta da Bassaqueira, 2925-511 Azeitão; www.jmf.pt

Luis Pato Bairrada

Luis Pato ist in Bairrada so etwas wie eine lebende Legende. Als Erneuerer brachte er die Region wieder zurück in die Erfolgsspur, gleichzeitig ist er ein Meister der roten Baga, der traditionellen lokalen Rebsorte. Von Anfang an experimentierte er, nachdem er in den 1980er-Jahren den Weinbaubetrieb seiner Eltern übernommen hatte, mit dem Entrappen von Trauben und dem Einsatz von kleinen, teilweise neuen Eichenfässern. Seit 1999 füllt er wegen eines Streits mit den Behörden seine Weine nicht mehr unter der DOC Bairrada ab, sondern unter der Regionalweinbezeichnung Beiras. Von seinen verstreut in Bairrada liegenden insgesamt 65 ha Weinbergen erzeugt Pato Rot-, Weiß- und Schaumweine, von denen die vier Roten Vinhas Velhas, Vinha Pan, Vinha Barrosa und Pé Franco (von wurzelechten Reben) sowie der weiße Vinho Formal herausragen.

Ribeiro da Gândara, 3780-017 Amoreira da Gândara, Anadia; www.luispato.com

Malhadinha Nova Alentejo

Das schöne Alentejo-Gut mit 27 ha Weinbergen und einem Luxushotel ist erst seit 2003 in Betrieb, gilt aber schon als einer der besten Erzeuger der Region. Eigentümer ist die Familie Soares, der auch eine Weinhandelskette gehört; Chef im Keller ist der in der Region sehr bekannte Berater Luis Duarte. Erstklassige Weißweine werden von den Sorten Antão Vaz, Arinto, Roupeiro und Chardonnay gekeltert, doch der Schwerpunkt liegt auf fruchtig-frischen Roten von Touriga Nacional, Syrah, Cabernet Sauvignon, Aragonez, Alicante Bouschet und Alfrocheiro. Die Suche nach dem süß-fruchtigen Monte da Peceguina, dem intensiven Malhadinha Tinto und dem in kleinen Mengen bereiteten Spitzenwein Marias de Malhadinha lohnt sich. ★**Aufsteiger**

Albernôa, 7800-601 Beja; www.malhadinhanova.pt

Quinta do Ameal Vinho Verde

In einer Region, die mehr für süffige Durstlöscher bekannt ist, setzt Pedro Araújo auf eine qualitätvolle Interpretation des Vinho Verde. Ameal liegt in der Subregion Lima, in der die Loureiro-Traube am besten gedeiht, und aus dieser Sorte bereitet Pedro seine beiden brillanten Weine: Der Escolha gärt und reift anschließend sechs Monate in französischer Eiche, was sich, zusätzlich zu den mineralischen und zitronigen Noten, in einiger Breite und Textur ausdrückt. Der Loureiro reift in Edelstahl und glänzt mit wunderbar frischer Zitronen- und Pfirsichfrucht sowie einem schönen mineralischen Anklang.

4990-707 Refóios do Lima, Ponte do Lima www.quintadoameal.com

Quinta de Chocapalha Lisboa

Das eindrucksvolle 45-ha-Gut liegt in der Region Lisboa (ehemals Estremadura). Alice und Paulo Tavares da Silva kauften es in den 1980er-Jahren und haben seitdem kräftig in die Weinberge investiert. Seit 2000 erzeugen sie ihre eigenen Weine, mit Tochter Sandra als Kellermeisterin – diese Funktion erfüllt sie auch in der Quinta do Vale Dona Maria am Douro und für den Pintas (siehe für beide S. 88), den sie, ebenfalls am Douro, zusammen mit ihrem Mann Jorge Borges produziert. Die Weine von Chocapalha verbinden Tradition und Moderne und sind stets gut, vor allem der überbordend fruchtige weiße Fernão Pires, der preisgünstige Tinto (Touriga Nacional/Tinta Roriz/Alicante Bouschet/Castelão), der frische Cabernet Sauvignon und der dichte Tinto Reserva (Touriga Nacional mit Tinta Roriz und etwas Syrah). ★**Aufsteiger**

2580-081 Aldela Galega da Merceana, Alenquer www.wonderfulland.com/chocapalha

Quinta de Paços Vinho Verde

Weine von vier Gütern im Vinho-Verde-Gebiet, darunter der Quinta de Boavista, werden in der Kellerei der Quinta de Paços erzeugt. Der Loureiro/Arinto-Verschnitt von Paços ist wunderbar zitrusfrisch mit schönem Abgang, in dem die Zitronennote lange anhält. Im Morgado do Perdigão (Alvarinho/Loureiro) wird die frische Frucht um einen leichten Nuss- und Pfirsichton bereichert. Lebhaft, mit einer schmackhaften Zitronenschalennote ist der Casa do Capitão-mor Alvarinho, und mit dem Prazo da Cotovia ist auch ein tiefroter, fleischiger Vinho Verde im Angebot.

Rio Côvo Sta-Eulália, Rua Dr Teotónio da Fonseca 171, 4750-484 Barcelos; www.quintapacos.com

Quinta de Sant'Ana Lisboa

Die Quinta de Sant'Ana ist das Familiengut des Engländers James Frost und seiner Frau Ann, einer Deutschen, deren Eltern Gustav und Paula von Fürstenberg die früheren Eigentümer waren. Wein wird noch nicht sehr lange erzeugt; erst 1999 pflanzte man mit Beratung von David Booth und seinem Önologen-Kollegen António Maçanita Reben. Der erste Wein kam 2005 heraus; heute umfasst das Angebot herrlich frischen, präzise bereiteten sortenreinen Riesling, Verdelho, Alvarinho und Sauvignon Blanc, dazu einen fülligeren Fernão Pires. Zu den Roten gehört ein lebhafter Tinto mit Beerennoten und eine strukturiertere Reserva. Neu ist der 2009 erstmals bereitete umwerfende Pinot Noir.

2665-113 Gradil, Concelho de Mafra www.quintadesantana.com

Sogrape

Portugals größtes in Familienbesitz befindliches Weinunternehmen ist portugalweit tätig. Bestseller ist der Mateus Rosé, doch andere Weine im großen Angebot haben sicher mehr Interesse verdient. Im Vinho-Verde-Gebiet ist Gazela eine der führenden Sogrape-Marken, die jährlich 5 Millionen Liter frische, leicht moussierende Weine im unteren Preissegment auf dem Markt bringt. Der zitronenfrische Azevedo steht eine Stufe höher. Unter dem neuen Etikett Pena de Pato werden Weine aus den Regionen Dão, Alentejo und Douro verkauft, alle regionstypisch und sehr preiswert. Etwas mehr kosten die Callabriga-Weine (auch als Reserva) aus denselben Regionen. 1990 kaufte Sogrape die Quinta dos Carvalhais, die mit die besten Weine der DOC Dão erzeugt. Auch die Quinta da Leda am Douro gehört zu Sogrape.

Apartado 3032, 4431-852 Avintes; www.sograpevinhos.eu

DIE VIELEN GESICHTER DER TOURIGA NACIONAL

Die berühmteste der autochthonen Rebsorten Portugals wird von den Weinbauern nicht gerade geliebt. Sie gilt als schwierig zu kultivierende Rebe, sehr wetterempfindlich während der Blüte und mit uneinheitlichen Erträgen. Doch wenn es ihr gut geht, liefert sie auch sehr gute Ergebnisse – Weine mit wunderbar blumigen Veilchenaromen und schönen Schwarzkirsch- und Brombeertönen. Je nachdem, wo sie wächst, zeigt sie einen ganz eigenen Charakter. Am Douro, wo die meisten Neuanlagen mit Touriga Nacional bepflanzt sind, erbringt sie im warmen Klima auf Schieferböden recht reichhaltige, dichte Weine mit mehr Brombeer- als Kirschnoten. In Dão, wo Granitböden vorherrschen und es kühler ist, geraten die Weine frischer und eleganter, mit mehr dunkler Kirschfrucht und ausgeprägt floralen Noten. Im heißen Alentejo sind Touriga-Nacional-Weine eher voll, dunkel und würzig. Manche meinen, dass die Sorte ihre Qualitäten am besten in einem Verschnitt zum Ausdruck bringen kann. Am Douro und vielfach auch in Dão sind Verschnitte daher meist die Regel. Doch da der Markt so sehr nach Sortenweinen verlangt, wird man in den kommenden Jahren wohl noch mehr reinsortigen Touriga Nacional sehen.

Die Phönizier sollen die Rebe vor rund 3000 Jahren nach Andalusien gebracht haben – allerdings war Wein damals ein recht einfaches, essigähnliches Getränk und Weinbereitung alles andere als eine Kunst. Fast 600 Jahre römischer Herrschaft bescherten Spanien Techniken wie die Vergärung in Steintrögen und die Lagerung in kleineren Amphoren. Später, unter der Herrschaft der muslimischen Mauren, war der Weinkonsum womöglich verboten, sehr wohl jedoch wurden dessen Destillate für Parfums und kosmetische Zwecke verwendet.

Die Rückeroberung Spaniens durch die christlichen Herrscher im ausgehenden Mittelalter bedeutete auch einen zunehmenden Bedarf an Wein – innerhalb und außerhalb der Kirche. Obwohl spanische Weine entweder sehr süß oder *rancio* (wörtlich »ranzig«, stark oxidiert) waren, wurden sie bald bis in die Neue Welt exportiert. Im Lauf der folgenden Jahrhunderte entwickelten sich feinere und leichtere Stile, und die Zahl der Erzeuger wuchs, obgleich Rückschläge wie das Auftreten der Reblaus oder der Spanische Bürgerkrieg zu verkraften waren.

Heute ist Spanien ein ausgesprochen dynamisches Weinland. Mit 1,16 Millionen Hektar, davon 97,4 Prozent zur Weinerzeugung, ist es das Land mit der größten Rebfläche der Welt. Die 73 Denominaciónes de Origen (DO) erzeugen rote, rosé und weiße Stillweine sowie den Schaumwein Cava. Indes ist das wirklich Begeisternde am modernen Spanien all das, was außerhalb der traditionellen Regionen auf Entdeckung wartet. Die verbreitesten Rebsorten sind Airén, Tempranillo, Bobal, Garnacha Tinta und Monastrell, daneben harren Rebstöcke aus der Ära vor dem Reblausbefall ihrer Wiederbelebung. Es gibt atlantische und mediterrane Einflüsse sowie diverse Mikroklimata, von den Gebirgen bis hinunter auf Meeresniveau. Mit diesen Ressourcen kann Spanien einige der großartigsten Weine der Welt hervorbringen – und das geschieht auch. Es ist aber noch sehr viel mehr möglich.

SPANIEN

RIOJA

Rioja ist *der* spanische Wein – viele Konsumenten auf der ganzen Welt kennen gar kein anderes spanisches Gewächs. Von diesem Irrtum profitiert die Region Rioja schon seit über 100 Jahren, ebenso wie von der früh genutzten Exportmöglichkeit per Güterwaggon. So ist es kein Wunder, dass einige der ehrwürdigsten Erzeugerbetriebe sich in Haro im Barrio de l'Estación (Eisenbahnviertel) angesiedelt haben. Die Attraktivität des Rioja gründet sich auf die Bereitungsmethoden: Der Fassausbau des Tempranillo in amerikanischer Eiche bringt einen eleganten Wein mit zarter Erdbeerfrucht, guter Säure und feiner Vanillenote hervor, hinzu kommt die lange Reifezeit in Fass und Flasche.

Hauptrebsorten

Rot

Garnacha
Graciano
Mazuelo (Cariñena)
Tempranillo

Weiße

Garnacha Blanca
Malvasía
Viura (Macabeo)

Jahrgänge

2010
Das Jahr begann wenig aussichtsreich, fähige Erzeuger konnten dann aber doch sehr gute Weine produzieren.

2009
Sehr vielversprechender Jahrgang, insbesondere in Rioja Alta und Rioja Baja.

2008
Frische Weine mit etwas niedrigerem Alkoholgehalt.

2007
Relativ kleine Ernte; mittelprächtige Weine.

2006
Aromatische, frische Weine, die schnell trinkreif werden.

2005
Historischer Jahrgang wie schon 2004. Beide vergleichend zu verkosten ist ein besonderes Vergnügen.

Der Name Rioja ist wohl eine Zusammensetzung aus *río* (»Fluss«) und Oja, einem Nebenfluss des Ebro, der durch die Region fließt. Es mag verwunderlich erscheinen, dass der im Vergleich zum Ebro unbedeutende Oja als Namensgeber der Region fungierte – aber die Benennung von Weinregionen folgt selten genug unmittelbar nachvollziehbaren Regeln.

Es ist jedoch fraglos der Ebro, der die drei verschiedenen Rioja-Bereiche verbindet. Im Nordwesten, nördlich des Ebro, liegt Rioja Alavesa, das jung zu trinkende Weine erzeugt. Im südlich des Ebro gelegenen, wärmeren Rioja Alta entstehen alterungsfähige Weine, denen die Graciano-Traube eine entschiedene Frische verleiht. Im Osten dieser beiden Gebiete liegt Rioja Baja, wo Garnacha im Mittelpunkt steht, die in dem wärmeren Klima gut gedeiht. Die Region galt mit ihren recht schlichten Weinen früher als die »arme Verwandte« der beiden anderen. Doch mit der Rückkehr von Álvaro Palacios auf sein Familiengut am Monte Yerga und dem Ritterschlag durch internationale Weinmacher, die dem Garnacha von alten Reben außergewöhnliche Qualität bescheinigen, hat die Region (auch preislich) an Profil gewonnen.

Die drei Rebsorten Tempranillo, Graciano und Garnacha (französisch Grenache) bilden den typischen roten Rioja-Verschnitt; hinzu kommt Mazuelo (im übrigen Spanien Cariñena, in Frankreich Carignan genannt). Der kirschfruchtige Tempranillo dominiert den Verschnitt mit 75 bis 90 Prozent und wird für einige Weine modernen Stils reinsortig ausgebaut.

Die Hauptsorte für Weißweine ist Viura (Macabeo), manchmal mit ein wenig Malvasía und Garnacha Blanca verschnitten. Bis vor Kurzem waren die Weine ziemlich mittelmäßig, säurearm und oxidierten rasch, doch haben neue Bereitungsmethoden die müden weißen Riojas radikal verbessert und ihnen zu deutlich mehr Frische verholfen.

Rioja war 1926 die erste in Spanien ausgewiesene Denominación de Origen. Ebenso wie in Jerez hielt man sich in Rioja an Verschnitte, ganz gleich ob von eigenen oder von zugekauften Trauben. Diese Praxis begünstigte die Entstehung großer Betriebe, die die Unwägbarkeiten des Exportgeschäfts zu handhaben wussten. Erst in den letzten Jahren haben sich Weinmacher in Rioja niedergelassen, die eine Tradition selbst abgefüllter (Einzellagen-)Weine von eigenem Lesegut begründeten.

Bedeutenden Einfluss übte ein Franzose aus: Professor Émile Peynaud (1912–2004) von der Universität Bordeaux, der wichtigste Önologe seiner Generation. Er wurde von Enrique Forner (später Gründer der Firma Marqués de Cáceres) in die Region geholt. Bereits in den 1970-Jahren zeigte Peynaud Forner, wie man modernere, frischere Weine mit mehr Frucht und weniger Eiche erzeugt.

Alles in allem haben sich die Veränderungen für den Weinfreund vorteilhaft ausgewirkt. Rioja-Weinen wird noch immer nachgesagt, sie würden in alter Eiche ertränkt, doch diese Zeiten sind längst vorbei. Heute bietet Rioja vielfältige Geschmacksnuancen, je nach Mikroklima, Boden und Erzeuger. Auch die Qualität der Frucht und der Fässer ist bei Roten wie Weißen enorm gestiegen.

Was steht an für Rioja? Die Wirtschaftskrise hat schicken neuen Erzeugern wohl vorerst die Zügel angelegt. Stattdessen können wir vielleicht darauf hoffen, dass die Weinmacher weiterhin ihren Rebstöcken Aufmerksamkeit schenken und – vor allem – die Preise ihrer protzigen Weine senken.

Abel Mendoza
Abel Mendoza ist der Sohn und Enkel von Winzern, kann aber trotz seines Stammbaums getrost zu den Modernisten der Region gezählt werden. Er bereitet Wein nach seinen ganz eigenen Vorstellungen und versucht, die Merkmale seiner verschiedenen Lagen darin aufscheinen zu lassen. 1988 begann er mit der Bereitung junger Weine; im Lauf der Jahre hat er sich zum Erzeuger ernst zu nehmender Reservas gewandelt. Zu diesen gehören der Tempranillo und der Graciano *grano a grano* (»Traube für Traube«), weil die Trauben für diesen Wein von Hand gelesen werden. Sein Spitzenwein heißt Selección Personal. Von besonderem Interesse ist Mendozas Malvasía, den er neben seinem Viura erzeugt und – heutzutage ungewöhnlich für die Region – sortenrein ausbaut.

Carretera de Peñacerrada 7, 26338 San Vicente de la Sonsierra, La Rioja; Tel. 941 308 010

Amézola de la Mora
Der erstklassige, rund 100 ha große Weinberg in Familienbesitz ist mit Tempranillo, Graciano und Mazuelo bestockt. Seit Iñigo Amézola de la Mora, der Urenkel des Firmengründers, 1999 bei einem Autounfall ums Leben kam, wird das Weingut in Rioja Alta von seiner Witwe und jetzt auch von seinen Töchtern geführt. Der frische Viña Amézola ist eine preiswerte Crianza in einem für die Region sehr typischen Stil. Der Hommage-Wein Iñigo Amézola ist ein sortenreiner Tempranillo mit fester Struktur, der fünf bis sechs Jahre in voller Blüte stehen wird.

Paraje Viña Vieja, 26359 Torremontalvo, La Rioja
www.bodegasamezola.net

Artadi
Artadi ist der Markenname von Cosecheros Alaveses und gilt mittlerweile als einer der Vorreiter für die Veränderung der traditionsgeprägten Region Rioja. Kellermeister Juan Carlos Lopez de Lacaille beeindruckt durch die gewissenhafte Aufmerksamkeit, die er seinen Weinen schenkt und die zu stets guten Resultaten in allen Preiskategorien führt. Ob beim hellen, durch Kohlensäuremaischung bereiteten Joven, dem Viñas de Gain Reserva oder dem gewichtigen Pagos Viejos von alten Reben, immer kommt der jeweilige Weinberg zum Ausdruck. Spitzenweine sind der nur in den besten Jahrgängen erzeugte Grandes Añadas sowie die Einzellagen-Reserva El Pisón von über 25 Jahre alten Tempranillo-Reben. In Navarra zeigt der Artazuri (vom 1996 gegründeten Gut Artazu) Anzeichen derselben Spitzenqualität. Mit seinem jüngsten Projekt, El Sequé (1999) in Alicante, beweist Lopez de Lacaille, dass er beim Monastrell, den er mit etwas Cabernet Sauvignon und Syrah verschneidet, dasselbe Geschick besitzt. Dass Alicante von der internationalen Weinwelt wieder wahrgenommen wird, liegt zweifellos an Artadi – wie auch die Tatsache, dass Monastrell in Spanien nun als »schicke« Rebsorte gilt.

Carretera Logroño, 01300 Laguardia, Álava
www.artadi.com

Baigorri
Vor dem Entkorken einer Flasche Baigorri sollte man die Website besuchen – mit abgestelltem Ton –, um sich einen Eindruck vom Projekt Baigorri, einem der bemerkenswerten neuen Erzeuger in Rioja, zu verschaffen. Das von einem hiesigen Architekten entworfene Gebäude – ein Glaskasten, dem man nicht ansieht, dass sich darunter eine Kellerei verbirgt – ist ebenso sorgfältig durchdacht wie die Weine. Probieren Sie neben den verführerischen, modernen Roten auch den preisgekrönten, fassvergorenen Blanco Fermentado en Barrica, ein reinsortiger Viura.

Carretera Vitoria-Logroño, km 61, 01307 Samaniego, Álava
www.bodegasbaigorri.com

Barón de Ley
Der Erzeuger ist quasi ein Neuling in Rioja (seit 1985), residiert jedoch in einem altehrwürdigen Anwesen: einem Benediktinerkloster aus dem 16. Jahrhundert. Barón de Ley konzentriert sich auf in französischer und amerikanischer Eiche gereifte Reservas und Gran Reservas. Probieren Sie den 7 Viñas, einen sehr interessanten (und erfolgreichen) Verschnitt aller sieben zugelassenen Rioja-Rebsorten (fünf rote und zwei weiße), darunter etwa 50 % Tempranillo sowie Graciano, Garnacha, Mazuelo und Viura. Zu Barón de Ley gehören auch die Bodegas Museum in Cigales.

Carretera Mendavia-Lodosa 5, 31897 Mendavia, Navarra
www.barondeley.com

Berberana
Berberana ist schlicht die Krönung unter den Erzeugern der Arco-Gruppe. Für viele stellt diese Marke die erste Begegnung mit Rioja dar. Berberana-Weine bieten Beständigkeit zu vernünftigen Preisen sowie eine ansprechende Einführung in die Weichheit und rote Frucht des Rioja. Der Einfluss der Arco-Gruppe erstreckt sich von Lagunilla mit den Marken Marqués de Griñon und Marqués de la Concordia über die Hacienda de Susar (Rioja), die Durius-Weine (Arribes del Duero) und Marqués de Monistrol (Cava) bis hin zu einer Reihe italienischer Erzeuger wie Villa Cafaggio (Chianti Classico).

Keine Besuchereinrichtungen; www.unitedwineries.com

Berceo
Bodegas Berceo ist der Rioja-Produzent der Gruppe Luis Gurpegui Muga, die auch in Navarra, der Extremadura und in Chile tätig ist. Die beachtenswertesten Rioja-Weine sind der kirschfruchtige, mineralische Los Dominios de Berceo Prefiloxérico (»vor der Reblaus«) von alten Reben im Bezirk Baños de Ebro in Rioja Alavesa sowie der Dominios de Berceo 36 von einem Tempranillo-Weinberg (8 ha), der 1936 angelegt wurde – jenem bedeutsamen Jahr, in dem der Spanische Bürgerkrieg ausbrach. Alle Reservas und Gran Reservas reifen in französischer Eiche.

Calle de las Cuevas, 26200 Haro, La Rioja; www.gurpegui.es

Beronia
Noch vor wenigen Jahren hätte Beronia keine Erwähnung in einem Werk wie diesem verdient. Die Weine, vor allem die Gran Reservas, waren altmodisch, blass und wenig fruchtig. Nun, da die Sherry-Familie González Byass, der unter anderem auch Viñas del Vero (Somontano), Vilarnau (Cava) und Finca Constancia (Toledo) gehören, den Betrieb komplett umstrukturiert, waltet in Weinbergen und Keller wieder Sorgfalt, und Beronia gilt als angehender Star. ★ **Aufsteiger**

Carretera Ollauri–Nájera, km 1800, 26220 Ollauri, La Rioja
www.beronia.es

BERONIA
DIE NEUEN RESERVAS DIESER AUFSTREBENDEN KELLEREI GLÄNZEN MIT SCHÖNER KIRSCHFRUCHT

AMEZOLA DE LA MORA
TEMPRANILLO DOMINIERT IN DIESEM WEIN AUS EINEM HERVORRAGENDEN JAHRGANG

RIOJA

Auf rund 100 Kilometer Länge und 40 Kilometer Breite erstreckt sich die Region im Ebro-Tal, in der 40 Prozent aller spanischen Weine erzeugt werden. Im Norden wird sie von der Sierra Cantabria, im Süden von der Sierra de la Demanda begrenzt, und die dazwischenliegenden Terroirs weisen erhebliche Unterschiede auf. Der warmen Unterregion Rioja Alta im Westen sprach man traditionell die höchste Qualität zu, gefolgt von der etwas kühleren Rioja Alavesa. Aufgrund verbesserter Anbaumethoden erbringen nun beide Gebiete feine Weine, was auch für den einstigen »armen Verwandten«, die heißere, trockenere, vom Mittelmeer beeinflusste Rioja Baja gilt.

ERZEUGER

- Abel Mendoza 7
- Amézola de la Mora 9
- Artadi 19
- Baigorri 18
- Barón de Ley 28
- Berceo 3
- Beronia 4
- Bilbaínas 3
- Bodegas Riojanas 10
- Bretón 16
- Campo Viejo 22
- Castillo de Sajazarra 2
- Contador 11
- Contino 21
- CVNE 3
- Dinastía Vivanco 5
- El Coto 25
- Faustino 25
- Fernández de Piérola 26
- Finca Allende 5
- Finca Egomei 30
- Finca Valpiedra 17
- Heredad Ugarte 18
- Hermanos Peciña 13
- Ijalba 24
- Izadi 12
- La Rioja Alta 3
- Lan 15
- López de Heredía 3
- Luis Cañas 12
- Marqués de Cáceres 10
- Marqués de Riscal 14
- Marqués de Vargas 27
- Miguel Merino 5
- Montecillo 17
- Muga 3
- Olarra 23
- Ontañón 27
- Ostatu 13
- Paisajes y Viñedos 5
- Palacios Remondo 31
- Pujanza 20
- Ramón Bilbao 3
- Remelluri 6
- Remírez de Ganuza 13
- Roda 3
- Sierra Cantabria 7
- Tobía 8
- Valsacro 29
- Valserrano 12
- Viña Salceda 14
- Viñedos del Ternero 1
- Ysios 12

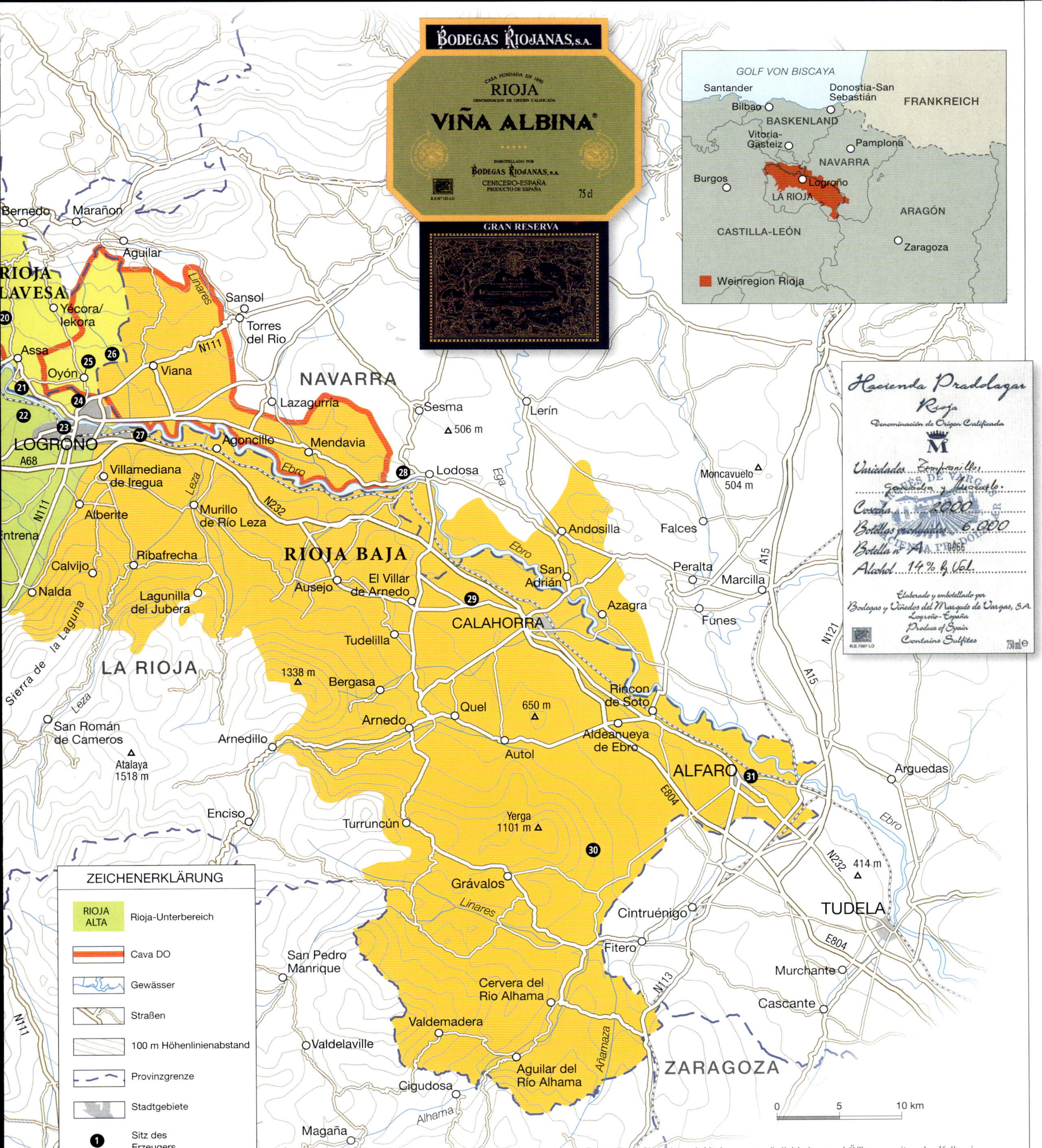

Erkundigen Sie sich nach Verkostungsmöglichkeiten und Öffnungszeiten der Kellereien, bevor Sie Ihre Reise planen. Manche Betriebe empfangen Besucher nur nach Voranmeldung.

BODEGAS RIOJANAS
DIE ALTEN MONTE-REAL-WEINE SIND SCHÖNE BEISPIELE FÜR DEN ELEGANTEN, FEINEN RIOJA-STIL

CVNE
BROMBEER- UND MOKKANOTEN MIT FESTEN TANNINEN SIND TYPISCH FÜR DEN VIÑA REAL

Bilbaínas

Die 1901 in Haro (Rioja Alta) gegründete Kellerei zählt zu den alten Hasen in Rioja. Heute verfügt sie über einen beachtlichen Weinbergbesitz von 250 ha und erzeugt nach wie vor klassische Reservas und Gran Reservas mit eleganten Vanille- und Kirschnoten. Der 1911 erstmals erzeugte Viña Pomal besitzt sämtliche Merkmale eines reifen Rioja; kraftvoller und fruchtiger ist La Vicalanda. Seit 1997 gehören die Bodegas Bilbaínas dem Cava-Haus Codorníu.

Calle de la Estación 3, 26200 Haro, La Rioja
www.bodegasbilbainas.com

Bodegas Riojanas

Ein Besuch der Bodegas Riojanas in Cenicero in Rioja Alta ist wie eine Reise in vergangene Zeiten. 1890 gegründet, hat sie sich ihr Erbe sorgfältig bewahrt. Traditionsgemäß wird amerikanische Eiche für die Reifung verwendet, und es gibt eine faszinierende Sammlung alter Weine. Sie verkosten zu dürfen ist ein Privileg, was insbesondere für die erlesenen, sehr reifen Gran-Reserva-Weine Monte Real gilt. Die heutigen Weine können unterschiedlich ausfallen, Viña Albina etwa zählt zur moderneren Reihe. Eine Spezialität ist der im Fass vergorene und gereifte edelfaule süße Weiße.

Carretera de la Estación 1-21, 26350 Cenicero, La Rioja
www.bodegasriojanas.com

Bretón

Der erst 1983 gegründete Betrieb (erster Jahrgang 1985) verfügt über beachtliche, mehr als 100 ha umfassende Rebflächen in Rioja Alta. Zu den Weingütern zählen Loriñón (das größte), Dominio de Conte und das winzige Pago del Camino; alle erzeugen eigenständige Weine. Die Bodega hat sich auf hochwertige Crianza- und Reserva-Weine spezialisiert. Die Loriñón-Weine, Verschnitte lokaler Rebsorten, sind typische moderne Riojas; besonders gut sind der komplexe, dichte, reinsortige Tempranillo Alba de Bretón und der Domino de Conte mit feiner Eichenholzwürze.

Carretera de Fuenmayor, 26370 Navarrete, La Rioja
www.bodegasbreton.com

Campo Viejo

Für viele Konsumenten weltweit ist der Campo Viejo mit seiner klassischen Erscheinung und der gelben und orangenen Farbgebung der Etiketten *der* Rioja schlechthin. Die Einstiegsweine verraten zwar bedauerlich wenig über ihre Herkunft, doch die körperreiche, kraftvolle Gran Reserva mit deutlichem Eichenton sollte man nicht übergehen. Der Dominio ist ein Tempranillo/Graciano/Mazuelo-Verschnitt voller dichter, fleischiger Fruchtnoten im modernen Rioja-Stil.

Camino de Lapuebla 50, 26006 Logroño, La Rioja
www.campoviejo.com

Castillo de Sajazarra

Der Sitz des Familienbetriebs ist tatsächlich ein mittelalterliches Schloss auf einem Hügel im Norden Riojas an einem historischen Kreuzweg. Die Rebstöcke wachsen auf 400 bis 700 m Höhe, mit die höchsten Lagen in Rioja Alta, wovon die strahlend frischen, alterungsfähigen Weine fraglos profitieren. Der Spitzenwein Digma ist ein rauchiger, toastwürziger moderner Klassiker mit Aromen von dunklen Früchten, überlagert von Lakritze und Mokka – mit seiner vollen Frucht und festen Tanninstruktur ein Wein zum Einlagern.

Calle del Río, 26212 Sajazarra, La Rioja
www.castillo-de-sajazarra.com

Contador

Soll man diesen Wein alphabetisch unter »C« wie Contador oder eher unter »B« bzw. »R« für den Vor- bzw. Nachnamen des Inhabers und Kellermeisters einordnen? Schließlich besitzt der Name Benjamin Romeo ein ebenso großes Renommee wie dessen Marken! Romeo wird gern als führender »Garagenwein«-Produzent Spaniens bezeichnet, was seine Persönlichkeit und vor allem seinen Anspruch widerspiegelt, nur Weine vom Allerfeinsten zu kreieren. In der schicken neuen Kellerei in San Vicente de la Sonsierra erzeugt Romeo vorwiegend charaktervolle Tempranillo-Gewächse mit feinen Noten vom Ausbau in neuer französischer Eiche.

Carretera Baños de Ebro, km 1, 26338 San Vicente de la Sonsierra; www.bodegacontador.com

Contino

Dem Betrieb in einem historischen Gutshaus bei Laguardia in Rioja Alavesa hat die jahrelang vor allem für Markenweine bekannte Rioja-Region die Wiederbelebung des Gutsweinkonzepts zu verdanken. Unter der Leitung des sorgfältigen Kellermeisters Jesús Madrazo strebt man hier stets nach Höherem und erhält sich, obwohl teilweise im Besitz von CVNE, die eigene, unverwechselbare Identität. Die reguläre Reserva wurde schon immer gut aufgenommen, für echte Aufregung sorgte jedoch die Einführung des sortenreinen Graciano: Er machte sich rasch einen Namen als Topwein, bei dem die Zähmung der seltenen und notorisch schwierigen Traube auf magische Weise gelungen war – und fand in ganz Rioja viele Nachahmer. Viña del Olivo, benannt nach dem alten Olivenbaum mitten im Weinberg, ist der Spitzen-Tempranillo-Verschnitt: modern, aber mit der unverkennbaren Raffinesse des Kellermeisters.

Finca San Rafael, 01321 Laguardia, Álava; www.cvne.com

CVNE

Die Compania Vinícola del Norte de España, kurz CVNE (gesprochen »Kuhne«), wurde 1879 gegründet. Der alte Firmensitz in Haro gewährt trotz vielfältiger Erweiterungen und Umbauten charmante Einblicke in vergangene Zeiten. In den letzten Jahren waren die Mainstream-Riojas von wechselnder Qualität, doch allmählich schlagen die zunächst bei den Spitzenweinen vorgenommenen Verbesserungen auch auf die unteren Preisklassen durch. Imperial ist eine Reserva, die in Spitzenjahrgängen als Gran Reserva ausgebaut wird. Das Aushängeschild des Erzeugers ist der nach der Gründerfamilie benannte Real de Asúa. Die Viña-Real-Reihe wird in einer eigenen schicken, kreisrunden Kellerei erzeugt, die oben auf einem Weinberg thront. Runde Kellereigebäude sind wegen der Einpassung der Tanks und Fässer nicht ganz unproblematisch, doch Viña Real hat die Schwierigkeiten anscheinend gemeistert. Die Weine sind attraktiv mit großzügig ausladender Frucht; der Spitzenwein Pagos de Viña Real lockt mit dichtem Mundgefühl und aromatischem Abgang.

Barrio de la Estacíon, 26200 Maro, La Roja; www.cvne.com

Dinastía Vivanco

In der kleinen Stadt Briones tut sich erstaunlich viel. Finca Allende erobert die internationalen Schlagzeilen, Miguel Merino ist nicht länger nur ein Insider-Liebling, und nun haben die Vivancos auch noch ein Weinbaumuseum eröffnet. »Museum« und »Wein«, das scheint auf den ersten Blick nicht zusammenzupassen, doch dieses Monument der Weinkultur lohnt den Besuch auf jeden Fall. Die Vivancos sind seit fast 100 Jahren als Erzeuger in der Region tätig und kreieren heute Weine, deren Qualität der des Museums entspricht. Besonders interessant sind der Graciano und der Garnacha.

Carretera Nacional 232, 26330 Briones, La Rioja
www.dinastiavivanco.com

El Coto

Das Weingut besteht zwar erst seit 1970, erzeugt aber dennoch angenehm traditionell anmutende Gewächse im klassischen Stil. Die vielen Fässer aus amerikanischer Eiche im Keller verleihen dem Wein die herkömmliche reife, geschmeidige Textur. In den Weinbergen dominiert Tempranillo, der für die knackige, kirschfruchtige Frische der jungen Weine sorgt. Der Coto de Imaz Gran Reserva offenbart einen Komplex von sirupartiger Frucht, altem Leder und rauchigen Gewürzen – typisch für reife Riojas. Dieselben Eigentümer erzeugen seit 1985 auch den moderneren, glamouröseren Barón de Ley (siehe S. 99).

Camino Viejo de Oyón, 01320 Oyón, Álava; www.elcoto.com

Faustino

Der zu den bekanntesten traditionellen Rioja-Marken gehörende Wein verspricht cremige, vanilleduftige Noten aus amerikanischer Eiche, mittleres Gewicht am Gaumen und Kirschfrucht im klassischen Stil. Der Faustino I in einer satinierten, mit Metallfäden umwundenen Glasflasche gemahnt an die Zeiten Don Quijotes. Doch auch der moderne Stil wird gepflegt; Spitzengewächs ist der Faustino de Autor Reserva Especial. Ebenfalls im Besitz der Grupo Faustino sind unter anderem Bodegas Campillo in Rioja und die neuen Bodegas Portia in Ribera del Duero.

Carretera de Logroño, 01320 Oyón-Oion, Álava
www.bodegasfaustino.es

Fernández de Piérola

Der 1996 gegründete Familienbetrieb, quasi ein Neuling in Rioja Alavesa, legt großen Wert auf die Arbeit im Weinberg mit seinen niedrig wachsenden Buschreben, die das ganze Jahr über Handarbeit erfordern. Die Höhenlage und der Boden verleihen den Weinen eine elegante Mineralität. Der fassvergorene Viura bezieht seine füllige Textur aus der Hefesatzlagerung. Alle Roten sind sortenreine Tempranillos; an der Spitze steht der Vitium von 80 bis 100 Jahre alten Reben, ausgebaut in französischer und amerikanischer Eiche. Das Resultat ist herrliche Intensität, fein kontrollierte Frucht und ein langer Abgang. ★**Aufsteiger**

Carretera de Logroño, 01322 Moreda de Álava, Álava
www.pierola.com

Finca Allende

Im Herzen des Städtchens Briones in Rioja Alta liegt die herausragende Bodega von Miguel Ángel de Gregorio und seiner Schwester Mercedes. Ihre Konzentration auf spezielle Lagen und Terroirs versinnbildlicht die neue Herangehensweise an Rioja und unterscheidet sich fundamental vom klassischen Rioja-Verschnitt aus verschiedenen Weinbergen und Rebsorten. Tatsächlich sind Gregorios Weine geradezu makellos. Sein weißer Rioja (Viura/Malvasía) ist fantastisch und widerlegt all jene Kritiker, die Viura für langweilig halten; der Finca Allende ist ein gut gebauter, kraftstrotzender sortenreiner Tempranillo. Spitzengewächse sind der ausdrucksstarke, würzige Calvario von einer Einzellage und der 25 Monate in neuer französischer Eiche ausgebaute Aurus mit 15 % Graciano. Beide haben die Struktur für ein gesegnetes Alter und werden zu Liebhaberpreisen verkauft. De Gregorios neuestes Projekt ist der Finca Coronado Vino de la Tierra de Castilla (seit 2001) vom Familiengut, ein Verschnitt von Cabernet Sauvignon und fünf weiteren roten Sorten.

Plaza Ibarra 1, 26330 Briones; www.finca-allende.com

Finca Egomei

Die Finca Egomei erzeugt nur zwei Weine. Im Egomei kommt der 14-monatige Ausbau in neuer französischer Eiche mit feinen Zedernholz- und Eichennoten zum Ausdruck, überlagert von reichhaltiger dunkler Frucht. Der vielfach preisgekrönte, 18 Monate in neuer französischer Eiche gereifte Alma ist ein tiefdunkler Verschnitt aus Tempranillo mit 25 % Graciano. Er zeigt üppige Fülle mit opulenter dunkler Frucht, Bitterschokolade und Teer. Die Bodega ist der Spitzenerzeuger der (von vier Schwestern geführten) A&B-Gruppe, zu der auch Camilo Castilla (Navarra) und Bodegas Peinado (La Mancha) zählen.

Carretera de Corella, 26540 Alfaro
www.bodegasderioja.com

Finca Valpiedra

Die Finca Valpiedra ist das Aushängeschild der Familie Martínez Bujanda, die das Gut nun in fünfter Generation führt. Sie besitzt Rebflächen in ganz Rioja und bietet ein sehr ansprechendes Sortiment an Weinen. Valdemar und Conde de Valdemar sind preiswerte, moderne Riojas; der Inspiración de Valdemar präsentiert sich als sehr kraftvolle, dichte Rioja-Interpretation. Die in einer Flussschleife des Ebro gelegene Finca Valpiedra ist ein spektakuläres Gut, das mit exakter technischer Weinberganalyse arbeitet und im Keller jede erdenkliche Sorgfalt walten lässt. Finca Antigua heißt das Familiengut in La Mancha.

Término Montecillo, 26360 Fuenmayor, La Rioja
www.familiamartinezbujanda.com

Heredad Ugarte

Die Geschichte der Familie Ugarte als Winzer und Erzeuger reicht bis in die 1870er-Jahre zurück. Doch wie so oft in dieser Region rückte die Qualität erst in den späten 1990er-Jahren ins Zentrum der Aufmerksamkeit. Die Spitzenweine weisen jene besondere Konzentration auf, wie sie nur alte, ertragsarme Reben hervorbringen. Martin Cendoya, in den 1950er-Jahren eine Schlüsselfigur der Firma, ist der Namengeber einer feinen Reserva: Der Verschnitt von vorwiegend Tempranillo mit etwas Garnacha und einem Spritzer Mazuelo zeigt dichte Fruchtnoten mit Aromen von Kirsche, geröstetem Mokka und erdigen Pilzen. Die Tannine sind weich, und der Abgang ist fein mineralisch.

Carretera Vitoria–Logroño, km 61, 01309 Laguardia, Álava
www.heredadugarte.com

WAS IST MIT DER AMERIKANISCHEN EICHE PASSIERT?

Es war einmal, vor langer, langer Zeit, da musste roter Rioja in alten Eichenfässern reifen: eine Reserva mindestens ein Jahr, (plus zwei Jahre in der Flasche) und eine Gran Reserva zwei Jahre (plus drei Jahre in der Flasche). Amerikanische Eiche fügte dem kirschfruchtigen Tempranillo Vanillenoten hinzu. Das Ergebnis war ein klassisch gereifter, trinkfertiger Rioja mit blasser Farbe, weichen Tanninen und einem Aromengemisch von Vanille, Leder und Pilzsüße. Amerikanische Eiche war immer das untrügliche Kennzeichen, das bei Blindverkostungen den Rioja verriet. Moderne Erzeuger hingegen, die sich der internationalen Trends bewusst sind, maischen ihre Trauben länger ein, um ihnen mehr Farbe und Geschmack zu entlocken, verwenden Fässer aus französischer Eiche und geben die Weine bald nach der Flaschenreifungszeit zum Verkauf frei. Der Wein ist dunkler, fruchtiger und tanninstärker – und ihm fehlt die traditionelle Süße. Französische Eiche sorgt für mehr Eleganz, kostet aber auch mehr. Viele Erzeuger benutzen daher sowohl französische als auch amerikanische Eiche, um das Vanillearoma abzuschwächen, ohne es gänzlich preiszugeben – und um die Bilanz zu schonen. Derzeit experimentiert man mit spanischer, slowenischer und vor allem mit der dominanten, rustikalen russischen Eiche. Wohin auch immer man blickt, der traditionelle Rioja-Geschmack verschwindet mehr und mehr.

HERMANOS PECIÑA
RIOJA IM MODERNEN STIL: DER CHOBEO IST EIN ÜPPIGER, KRAFTVOLLER REINSORTIGER TEMPRANILLO

LOPEZ DE HEREDIA
RIOJA TRADITIONELL: DER VIÑA TONDONIA ÜBERZEUGT MIT REIFER, ELEGANTER KRAFT

Hermanos Peciña

Die Brüder Peciña führen jetzt gemeinsam mit ihrem Schwager das 1992 von Vater Pedro gegründete Weingut in Rioja Alta. Die Anfänge waren bescheiden, doch heute wird hier hochwertiger Wein produziert, und es gibt sogar ein Besucherzentrum. Von ihren 50 ha Rebland erzeugen die Peciñas eine Reihe von Tempranillo-dominierten Roten (ein wenig Garnacha und/oder Graciano dient als Würze) mit Vanille- und Lederaromen im klassischen Rioja-Stil. Spitzenwein ist der sortenreine Tempranillo Chobeo de Peciña: voll, kräftig und mit viel Extrakt.

Carretera Vitoria, km 47, 26338 San Vicente de la Sonsierra, La Rioja; www.bodegashermanospecina.com

Ijalba

Das Gut verdient seinen Platz in diesem Weinführer sowohl wegen seiner modernen Herangehensweise als auch wegen seines fantastischen sortenreinen Graciano-Weins, den einzig Jesús Madrazos herausragende Version bei Contino (siehe S. 102) übertrifft. Die Etikettengestaltung beherrscht Ijalba nicht unbedingt, wohl aber sein eigentliches Metier: Dies war das erste zertifizierte Bioweingut in Rioja, und für die auf den kargen Böden eines einstigen Tagebaus angelegten Weinberge erhielt es Preise für Landschaftsumgestaltung. ★**Aufsteiger**

Carretera de Pamplona, km 1, 26006 Logroño, La Rioja www.ijalba.com

Izadi

Mächtig an Qualität zugelegt hat die Bodega in Rioja Alavesa – auch dank der Beratung Mariano Garcías, des Exkellermeisters von Vega Sicilia – und erzeugt nun gut bereitete, aussdrucksstarke Riojas. Dem Eigentümer Grupo Artevino gehören auch Vetus in Toro und Villacreces in Ribera del Duero sowie die Mehrheit an einem neuen Rioja-Gut namens Orben. Dieser Wein, ein dichter, geschmeidiger Rioja, hat das Interesse der Weinkritiker geweckt, ebenso wie der andere Orben-Wein, Malpuesto. Artevino ist auch im Weintourismus aktiv.

Herrería Travesía 2, No. 5, 01307 Villabuena de Álava/ Eskuernaga, Álava; www.izadi.com

La Rioja Alta

Dies ist einer der großen Namen der Region mit Sitz im historischen Eisenbahnviertel von Haro und einem Weinbergbesitz von 360 ha. Das Unternehmen verstand sehr erfolgreich mit der Zeit zu gehen und erzeugt noch immer überzeugende klassische Riojas, darüber hinaus jedoch auch moderne, fruchtbetonte Weine. Der Gran Reserva 890, benannt nach dem Gründungsjahr (1890) der Firma, reift sechs Jahre in amerikanischer Eiche und fast ebenso lang in der Flasche und zeigt die klassischen Rioja-Aromen von süßer, elegant mit Eiche verwobener Frucht. Dem Gran Reserva 904 werden nur vier Jahre in Eiche zugestanden. Der Viña Ardanza ist fruchtbetonter, aber ebenso elegant wie die ganze Reihe. Der Viña Alberdi wird zwei Jahre in Eiche ausgebaut. Zu La Rioja Alta gehören auch Torre de Oña, Erzeuger des modernen Riojas Barón de Oña, eine neu erbaute Kellerei in Ribera del Duero, in der die Áster-Weine entstehen, sowie eine Kellerei in Rías Baixas für den jugendfrischen Albariño Lagar de Cervera.

Avenida de Vizcaya 8, 26200 Haro, La Rioja www.riojalta.com

Lan

Die Qualität der in Fuenmayor in Rioja Alta ansässigen Bodega nimmt stetig zu. Die Bandbreite reicht von preiswerten, modernen Einstiegsweinen bis hin zu sehr kraftvollen, ausdrucksstarken Abfüllungen. Der Lan Edición Limitada macht seinem Namen erfreulicherweise Ehre und zeigt viel handverlesene, saftige Frucht und einen würzigen Abgang. Wie der Culmen und der Viña Lanciano stammt er von einer Einzellage. Interessanterweise hat Lan neben der »klassischen« amerikanischen und der »modernen« französischen Eiche bei beiden Weinen auch mit russischer Eiche zu experimentieren begonnen.

Paraje Buicio, 26360 Fuenmayor, La Rioja www.bodegaslan.com

López de Heredía

Man kann nicht in Rioja gewesen sein, ohne dem auffällig rot gedeckten historischen Firmensitz von López de Heredía in Haro einen Besuch abgestattet zu haben – am besten zur Lesezeit. Der zentrale Aussichtsturm, einst auch als Werbung für die Marke gedacht, trägt den baskischen Namen *Txori-Toki* (»Vogelhaus«). Hier fühlt man sich in die 1880er-Jahre zurückversetzt, als das Lesegut in tiefen, rot bemalten, konischen Tragmulden angeliefert wurde. Die riesigen, unglaublich alten Holzbottiche im Inneren der Bodega sind noch immer in Gebrauch. Hier blitzt kein Edelstahl, und die Magie dieses Ortes hat absolut nichts mit Harry Potter zu tun. Nach wie vor reifen die Weine lang, und nicht nur die roten: Der bemerkenswerte Viña Tondonia Gran Reserva Rosado liegt mehr als vier Jahre im Fass, und der ähnlich beeindruckende weiße Viña Tondonia Gran Reserva sogar über neun Jahre. Die gegenwärtig den Betrieb führende Heredía-Generation wird von María José angeführt, die das Familienerbe bewahrt, sich aber dem Wandel öffnet. Trotz scheinbarem Stillstand kommt López de Heredía wieder in Mode.

Avenida de Vizcaya 3, 26200 Haro, La Rioja www.lopezdeheredia.com

Luis Cañas

Luis Cañas ist ein leuchtendes Beispiel für die erfolgreiche Fortführung eines Unternehmens durch den Sohn. Juan Luis übernahm die Bodega 1989 von Vater Luis mit der Absicht, auf dem bestehenden Geschäft aufzubauen. Eine neue Kellerei (1994) und die anschließende Expansion sorgten dafür, dass die Marke Cañas heute nicht nur für sehr preiswerte junge Weine steht, sondern auch für preisgekrönte Spezialcuvées. Hiru 3 Racimos ist ein Kraftpaket mit dem Gewicht französischer und amerikanischer Eiche, gebändigt durch dichte Frucht. Der Amaren präsentiert sich voller Kirsch- und Erdbeerfrucht, mit kräftigen Vanille- und Gewürznoten.

Carretera Samaniego 10, 01307 Villabuena, La Rioja www.luiscanas.com

Marqués de Cáceres

Cáceres ist der jüngste (1970) »Marquis« im berühmten Rioja-Triumvirat – Cáceres, Murrieta und Riscal –, und sein Renommee fußt auf der neuen Herangehensweise an Rioja. Berater war von Anfang an der berühmte Professor aus Bordeaux, Émile Peynaud, der eine Reihe von – damals radikalen, heute selbstverständlichen – Methoden einführte: Edelstahltanks, Temperaturkontrolle und weniger Zeit in neueren, saubereren Fässern aus französischer (nicht amerikanischer) Eiche. Der Gaudium ist eine zeitgenössische Umsetzung all dessen mit sehr klaren Mokka- und Gewürznoten und intensivem Geschmack, der schön abgerundetes Tannin und gute, volle Frucht enthüllt.

Carretera Logroño, 26350 Cenicero, La Rioja
www.marquesdecaceres.com

Marqués de Murrieta

Der große Name Marqués de Murrieta verkörpert sowohl das Traditionelle als auch das Neue. Ersteres zeigen die prachtvoll ausgereiften Castillo-Ygay-Weine (Gran Reservas), insbesondere die Reserva Especial, die lange Zeit im Fass ruhen und eine ideale Gelegenheit bieten, großartigen Rioja im alten Stil zu erleben. Der Spitzenwein Dalmau ist das genaue Gegenteil: in viel modernerem Stil bereitet und doch von Murrieta-typischer Eleganz. Der weiße Capellania Reserva mit wuchtiger Eichennote ist eine der seriösesten Viura-Interpretationen in Rioja.

Carretera de Logroño-Zaragoza, 26006 Logroño, La Rioja
www.marquesdemurrieta.com

Marqués de Riscal

Auch dieses historische Rioja-Gut trägt einen aristokratischen Namen. Hinsichtlich der Weinbereitung wurde es schon früh von Bordeaux beeinflusst, und noch heute zeigt man stolz die im 19. Jahrhundert verliehenen Preise und Auszeichnungen. Wie viele andere Güter entschloss sich auch Marqués de Riscal im 20. Jahrhundert zum Verkauf einiger Weinberge – aus heutiger Sicht, da eine wachsende Zahl neuer Erzeuger sich bewusst auf ein einziges Weingut konzentriert, eine fortschrittliche Entscheidung. Weltweit am berühmtesten ist Riscal inzwischen wohl wegen der schimmernden Titandächer auf dem von Stararchitekt Frank Gehry entworfenen Hotel direkt neben der Bodega, einer vielfarbigen Extravaganz, die den Himmel entflammt. Was den Erzeuger selbst anbelangt, war die Qualität der klassischen Riscal-Riojas in den letzten Jahren uneinheitlich; die neuere, moderne Reihe Barón de Chirel bietet wuchtige, expressive Weine in einem ganz anderen Stil. Die Weißen aus Rueda sind ebenfalls erwähnenswert; zudem produziert man erfolgreich frische, knackige junge Verdejo-Weine.

Calle Torrea 1, 01340 Elciego, Álava
www.marquesderiscal.com

Marqués de Vargas

Der gegenwärtige Marqués und Chef des Familienbetriebs in Rioja Alta war die treibende Kraft hinter den Qualitätsverbesserungen und der ausschließlichen Ausrichtung auf Reservas. Eine Bodega im Château-Stil wurde erbaut, Ertragsbeschränkung eingeführt und Michel Rolland als Berater angeheuert. Heute werden die Weine in amerikanischer, französischer und russischer Eiche ausgebaut, was unverfälschte, intensive, kraftvolle Weine mit cremig-feinen Zedernholz- und Vanillenoten ergibt. Der Privada Reserva ist komplex mit Kaffee- und Trüffelaromen. Spitzenwein ist der Hacienda Pradolagar.

Carretera de Zaragoza, km 6, 26006 Logroño, La Rioja
www.marquesdevargas.com

Miguel Merino

Miguel Merino ist ein sehr charmanter, charaktervoller Mann, der Rioja kennt wie seine Westentasche – was nicht zuletzt daher kommt, dass er sich als Exporteur

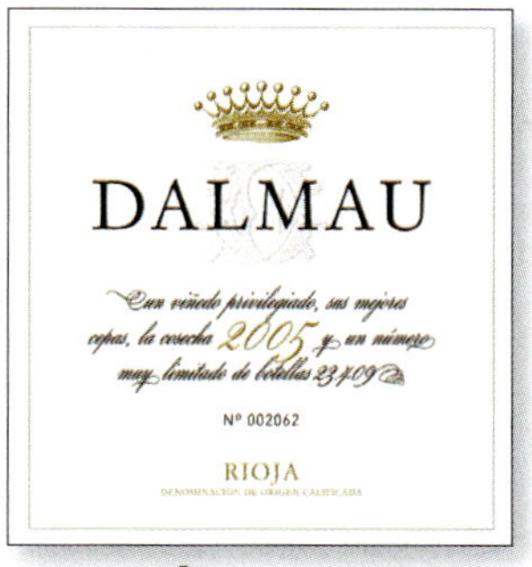

MARQUÉS DE MURRIETA
EIN MODERNER RIOJA, UND DOCH IST ELEGANZ DAS MARKENZEICHEN DES DALMAU

MUGA
SCHÖNER, AUF TEMPRANILLO BASIERENDER WEIN AUS EINEM SEHR GUTEN JAHR

spanischer Weine einen Namen gemacht hat. Dennoch beschloss er, auf das riskante Geschäft der Weinerzeugung umzusatteln. Er ließ sich in Briones nieder und eröffnete 1994 seinen kleinen Betrieb, der sich auf handgelesene Trauben und die überaus sorgfältige Bereitung klassischer Weine stützt. Insbesondere die in Spitzenjahrgängen erzeugten Gran Reservas zeigen großes Alterungspotenzial.

Carretera de Logroño 16, 26330 Briones, La Rioja
www.miguelmerino.com

Montecillo

Für die Beständigkeit und Zeitlosigkeit der Montecillo-Weine gibt es einen Grund: die gefürchtete María Martínez, die seit drei Jahrzehnten im Keller das Regiment führt. Sie hatte es nicht leicht als Frau in einem Männerberuf und musste lernen, sich ihre eigene Meinung zu bilden und dafür einzustehen. In der sich wandelnden Rioja-Welt, in der Montecillo der Tradition treu blieb, war das jedoch hilfreich. Um für Spitzenqualität zu sorgen, kauft Martínez Trauben zu und lässt die Weine länger altern als üblich. Das Ergebnis: weiche Tannine und frische Säure. Montecillo ist im Besitz des Osborne-Konzerns in Jerez.

Calle San Cristobal 34, 26360 Fuenmayor, La Rioja
www.osborne.es

Muga

Die Bodega bietet eine beeindruckende Einführung in die Typen und Stile der Rioja-Weine. Für viele Weinfreunde ist der lachsfarbene, reinfruchtige Rosado der Rosé der Region schlechthin; anderen gilt der Prado Enea mit Leder- und Gewürznoten und dem Farbenspiel eines gereiften Weins als klassisches Beispiel einer Gran Reserva. Die Familie Muga geht jedoch mit der Zeit und produziert daher auch den Torre Muga, eine ganz andere, üppige, samtige Tempranillo-Variante. Ihre neueste Kreation ist der Aro (eine Hommage an ihre Heimatstadt Haro), das Ergebnis der Arbeit mit alten Reben und kleineren Fässern.

Barrio de la Estación, 26200 Haro, La Rioja
www.bodegasmuga.com

Olarra

Mit seiner Y-förmigen Bodega zählte Olarra zu den Ersten, die sich in den 1970er-Jahren an innovative Architektur wagten. Auch die Weine etablierten sich rasch als angenehme, elegante Verschnitte der klassischen Rebsorten. Cerro Añón bleibt das Highlight der Reihe, wobei die jüngere Reserva ansprechender ist als die ältere Gran Reserva. Das Schwestergut Ondarre wurde zehn Jahre nach Olarra mit dem Ziel gegründet, sich auf eine kleinere Reserva-Produktion wie den Mayor de Ondarre und die fassvergorenen Weißweine zu spezialisieren.

Polígono de Cantabria, 26006 Logroño, La Rioja
www.bodegasolarra.es

Ontañón

Ihren Besuchern hat die Bodega Ontañón in Logroño allerhand zu bieten: Ein Museum für moderne Kunst und »Flamenco-Donnerstage« sind nur einige der Attraktionen. Beachtung verdienen aber auch die beständig guten Weine, vorwiegend von Tempranillo bereitet, deren runde, fleischige Fruchtnoten gut mit junger,

VALSERRANO
IN EINER REGION, IN DER VERSCHNITTE VORHERRSCHEN, IST EIN REINSORTIGER MAZUELO EINE BESONDERHEIT

RODA
FÜR DEN PREMIUMWEIN »I« LIEFERN SEHR ALTE, ERTRAGSARME REBEN DIE FRUCHT

toastwürziger Eiche ausbalanciert sind. Spitzenetikett ist der ambitionierte Colección Mitológica; derzeit am besten ist aber die Reserva.

Avenida de Aragón 3, 26006 Logroño, La Rioja
www.ontanon.es

Ostatu

Die Kellerei in Rioja Alavesa besitzt einen doppelten Reiz. Erstens ist dies einer der immer seltener werdenden Familienbetriebe; er gehört der in der Region alteingesessenen Familie Sáenz de Samaniego. Und zweitens fungiert Hubert de Brouärd vom Bordeaux-Château Angélus als Berater und richtet den Fokus auf alte Reben und Ertragsbeschränkung. Typisch für diesen neuen Stil ist die Reserva von 50 Jahre alten Reben, in Edelstahltanks vergoren und in französischer Eiche gereift. Das Ergebnis ist ein Wein mit saftiger dunkler Frucht, ausgewogenen feinen Zedernholznoten und jeder Menge Gewürzen im Abgang. Der Gloria de Ostatu ist ein Muskelpaket von Reserva: enorm extrahiert, mit fleischigen und würzigen Noten und dichter Frucht – nichts für Zartbesaitete.

Carretera Vitoria 1, 01307 Samaniego, Álava
www.ostatu.com

Paisajes y Viñedos

Die Bodega hat sich einem dezidiert nichttraditionellen Rioja-Stil verschrieben. Das Projekt wurde 1998 von Miguel Ángel de Gregorio von der Finca Allende (siehe S. 103) und der Weinhandelsfirma Quim Vila in Barcelona mit der Absicht gegründet, die besten Trauben bestimmter Jahrgänge von den besten Terroirs auszuwählen. Von Anfang an untersagten die DO-Bestimmungen die Herkunftsangabe des Leseguts auf dem Etikett, was dazu führte, dass man ihnen stattdessen einen Namen und eine Nummer zuwies. Die Weine zeigen einen lebhaften, modernen Stil.

Plaza Ibarra 1, 26330 Briones
Tel. 941 322 301

Palacios Remondo

Álvaro Palacios' Priorat-Weine sind weltberühmt. Nach dem Tod seines Vaters im Jahr 2000 übernahm er zudem die Leitung des 100-ha-Familienguts in Rioja Baja und bewies, dass er auch auf ganz anderem Terroir seine Magie entfalten kann. Sein Vater hatte die Weinberge mit Garnacha bestockt, heute dominiert Tempranillo. Die Weine spiegeln die Üppigkeit und Wärme von Rioja Baja wider und sind dabei wesentlich erschwinglicher als Palacios' Priorat-Schätze. Ein Schnäppchen ist der Vendimia: jung, lebhaft, saftig und fruchtig. Spitzenwein ist der Propiedad Herencia von (vorwiegend) Garnacha sowie Tempranillo, Mazuelo und Graciano: eine Fruchtbombe, in Schach gehalten von französischer Eiche.

Avenida Zaragoza 8, 26540 Alfaro, La Rioja
Tel. 941 180 207

Pujanza

Carlos San Pedro entstammt einer alteingesessenen Rioja-Familie, weshalb er geradezu zwangsläufig ein eigenes Unternehmen gründen musste – was 1998 geschah. Die Anlage spiegelt San Pedros anspruchsvolle Standards in puncto Traubenselektion und Weinbereitung wider. Von 40 ha Weinbergen bereitet er nur zwei Weine: Pujanza und Pujanza Norte (erster Jahrgang 2002). Der Pujanza ist ein reinsortiger, in französischer Eiche gereifter Tempranillo, körperreich und saftig rot. Auch der Pujanza Norte ist ein Tempranillo mit französischer Eiche, aus der er die dunkle Farbe und konzentrierte Frucht bezieht. **★ Aufsteiger**

Carretera de Elvillar, 01300 Laguardia, Álava
bodegaspujanza.com

Ramón Bilbao

Den Namen Ramón Bilbao kennt man in Rioja seit fast 100 Jahren. 1999 übernahm der Getränkekonzern Diego Zamora den Betrieb. Dies führte zu einer Erweiterung der Produktpalette, an deren Spitze der Mirto steht. Die Reservas wie auch die Gran Reservas zeigen die pure, reife Süße amerikanischer Eiche. Der Edición Limitada besitzt die Intensität handgelesener Trauben; der Mirto ist eine dichte Tempranillo-Version mit toastwürziger französischer Eiche und Brombeernoten. Zu Ramón Bilbao gehören auch Mar de Frades (Rías Baixas) und Cruz de Alba (Ribera del Duero).

Avenida Santo Domingo 34, 26200 Haro, La Rioja
www.bodegasramonbilbao.es

Remelluri

Nur wenige spanische Erzeuger residieren in so herrlicher Lage wie Remelluri, das abgeschieden an den Ausläufern der Sierra de Tolono liegt. Die Kombination aus kargen Böden und Höhenlage verleiht den Weinen eine reine, rassige Säure. Die feinen Roten sind vorwiegend von Tempranillo bereitet. Besonders interessant ist der Weißwein, weil er den Einfluss von Telmo Rodríguez aus jener Zeit zeigt, als der junge Mann noch auf dem Familiengut arbeitete: ein opulenter, körperreicher, komplexer Verschnitt von Moscatel, Garnacha Blanca, Sauvignon Blanc, Viognier, Chardonnay und Roussanne.

Carretera Rivas de Tereso, 01330 Labastida
www.remelluri.com

Remírez de Ganuza

Trotz seines relativ kleinen Sortiments hat dieser Erzeuger in der Altstadt von Samaniego in Rioja Alavesa dazu beigetragen, das Antlitz der Riojas der Region zu verändern. Der rote Erre Punto ist jung, frisch, fruchtig und mit Kohlensäuremaischung bereitet, der Fincas de Ganuza eine Stufe darüber. Er besteht, wie es sich für einen gewichtigen Roten gehört, aus Tempranillo mit etwas Graciano und verführt mit fein verwobener Eichennote. Topwein ist der Trasnocho.

Calle Constitución 1, 01307 Samaniego, Álava
www.remirezdeganuza.com

Roda

Roda ist kein sehr großer, aber ein strahlend moderner Erzeuger, ein Symbol des neuen Spaniens – trotz des Firmensitzes neben der altehrwürdigen Bodega López de Heredía im Barrio de l'Estación (Eisenbahnviertel), wo Haros älteste Bodegas residieren. Hier hat man keine Kosten gescheut, weder bei der Kellerei noch im Weinberg. Die intensive Suche nach den besten Tempranillo-, Graciano- und Garnacha-Stöcken hat dazu geführt, dass das Lesegut aus 20 Einzelparzellen kommt. Das gewissenhafte Vorgehen in der sorgfältig ausgestatteten Kellerei, in der die Schwerkraft die Arbeit der Pumpen übernimmt, erbringt sinnliche, seidige, moderne Weine.

Der Roda II ist der Einsteigerwein, der Roda I dessen noblere Ausgabe und der Cirsion (mit dem Distel-Logo des Erzeugers) das Spitzengewächs. Der Name Roda setzt sich aus den Nachnamen der Eigentümer, Mario Rotllant Solá und Carmen Daurella De Aguilera, zusammen.

Avenida Vizcaya 5, Barrio de la Estación, 26200 Haro, La Rioja; www.roda.es

Sierra Cantabria

Wer könnte einer Bodega widerstehen, deren fassvergorener, auf der Hefe gereifter weißer Verschnitt den duftigen Namen Organza trägt? Die Kritiker jedenfalls nicht, die ihm beständig Bestnoten geben. Ähnliches Lob spendet die Kritik auch den übrigen Sierra-Cantabria-Weinen, einer Reihe klassischer Riojas vom Joven bis zur Gran Reserva, wie sie auch die anderen Güter der Familie Eguren produzieren. Die Egurens sind keine Neulinge in diesem Metier: Seit 1870 erzeugen sie Wein, allerdings hat die jüngste Generation durch diverse Neuerwerbungen das Profil der Familie geschärft. Eines der in jüngerer Zeit (1991) gekauften Güter ist Señorío de San Vicente in San Vicente de la Sonsierra, wo man die seltene lokale Rebsorte Tempranillo Peludo wiederbelebte, deren Name sich auf die pelzige Schale bezieht (*peludo* = »behaart«). Im herausragenden Weingut Viñedos de Paganos erzeugen die Egurens Einzellagenweine: den kraftvollen El Puntido und sein Gegenstück, den eleganten, schön abgerundeten La Nieta. Auch Dominio de Eguren gehört zum Besitz – der Wein ist als Vino de la Tierra klassifiziert – sowie Teso la Monja in der DO Toro.

Amorebieta, 3, 26338 San Vicente de la Sonsierra, La Rioja www.eguren.com

Tobía

Die Geschichte dieser Bodega in Rioja Alta ist eine Geschichte des Wandels, von traditioneller Erzeugung aus Lagen in Familienbesitz bis hin zu hochgelobten, individuellen Weinen. Oscar Tobía begann 1994 und machte sich in der Fachwelt einen Namen durch die Umgestaltung des Kellers, sorgfältige Auslese bei den 40 und 50 Jahre alten Reben sowie das Abbeeren der Trauben zur Verbesserung der Saftigkeit und Reife des Weins, der nicht gefiltert wird. Zum Sortiment zählen ein fassvergorener Rosado und ein Graciano sowie der beeindruckende fassvergorene Alma de Tobía mit Zimtnoten und fleischiger roter Frucht. ★ **Aufsteiger**

Carretera Nacional 232, km 438, 26340 San Asensio, La Rioja; www.bodegastobia.com

Valsacro

Die Brüder Escudero entstammen mehreren Generationen von Winzern. Valsacro ist ihr eigenes, ambitioniertes Projekt auf den kargen Böden von Rioja Baja, die sie mit ertragsarmen Reben bestockt haben, um für jede Menge Geschmack und Ausdruck zu sorgen. Der Weiße ist ein voller, cremiger, auf der Hefe gereifter und in amerikanischer Eiche ausgebauter Chardonnay/Viura-Verschnitt mit Toastnote. Der rote Valsacro besteht aus Garnacha von 100 Jahre alten Reben sowie Tempranillo und anderen lokalen Sorten. Der Dioro ist ein vollmundiger, gereifter, in französischer Eiche ausgebauter Roter mit viel Intensität und Extrakt. ★ **Aufsteiger**

Carretera N-232, 26510 Pradejón, La Rioja www.valsacro.com

Valserrano

Genau genommen ist Valserrano identisch mit Viñedos y Bodegas de la Marquesa – benannt nach der Großmutter des heutigen Besitzers, einer Marquesa –, denn Valserrano ist noch immer ein Familienbetrieb. Was die Weine für den Rioja-Freund interessant macht, ist die Tatsache, dass es sich um sortenreine Gewächse von lokalen, üblicherweise für Verschnitte verwendeten Rebsorten handelt: Mazuelo (Cariñena, in Frankreich Carignan), Garnacha und Graciano. Der gewichtigste Tempranillo-Verschnitt ist der Finca Monteviejo von einer Einzellage mit Mengen von Tannin, Frucht, Gewürzen und Eiche plus wärmender Alkoholnote.

Herrería 76, 01307 Villabuena, Álava; www.valserrano.com

Viña Salceda

Der in Elciego im Herzen von Rioja Alavesa ansässige Erzeuger ist ein gutes Beispiel für all jene Rioja-Güter, bei denen ein neuer Eigentümer eine Wandlung zum Positiven bewirkt hat – in diesem Fall war es die Familie Chivite aus dem benachbarten Navarra, die Salceda 1998 übernahm. Investitionen in Keller und Weinberge sowie ein neuer Kellermeister haben zu beachtlichen Resultaten geführt. Die Reserva besitzt alle typischen Geschmacksnuancen, die man erwartet: erdige Noten, süße Gewürze und reife Frucht, gepaart mit festen Tanninen und vollem Körper.

Carretera de Cenicero, km 3, 01340 Elciego, Álava www.vinasalceda.com

Viñedos del Ternero

Ternero ist nicht nur ein hübsches, sondern auch ein außergewöhnliches Weingut – unter anderem deshalb, weil es der einzige Erzeuger in der Provinz Burgos (und damit bereits in der Autonomen Region Kastilien-León) ist, der seine Weine unter der Herkunftsbezeichnung Rioja vermarkten darf. Das Anwesen geht bis auf das 9. Jahrhundert zurück und war als Bauernhof einst Teil eines – heute aufgegebenen – Klosters. 2003 beauftragte man die Kellermeister Ana Blanco und Carlos González mit der Gründung eines Weinguts, ein kleines Unternehmen in einem der schönen historischen Gebäude. Ana hat eine enge Verbindung zu diesem Ort, denn sie lebt hier, seit sie vier Tage alt war. Die Weine spiegeln ihren Ursprung wider: handwerklich bereitet und erstklassig.
★ **Aufsteiger**

Miranda de Ebro, 09200 Burgos www.vinedosdelternero.com

Ysios

Das extravagante Gebäude der Bodega, entworfen vom spanischen Stararchitekten Santiago Calatrava, ist womöglich berühmter als die Erzeugnisse von Ysios selbst – obwohl auch die Weine auf ihre Art unverwechselbar sind. Das Gut in spektakulärer Lage am Fuß der Sierra Cantabria inmitten von 75 ha Weinbergen konzentriert sich auf Tempranillo, erzeugt werden ausschließlich Reservas und Spezialcuvées. Die neueste Kreation (2010) ist dem baskischen Künstler Eduardo Chillida gewidmet. Ysios gehört zur Domecq-Gruppe, die auch Campo Viejo und Age in Rioja, Tarsus in Ribera del Duero und Pazo de Villarei in Rías Baixas besitzt.

Camino de la Hoya, 01300 Laguardia, Álava www.domecqbodegas.com

UMWERFENDE ARCHITEKTUR

Die alten, aufrecht stehenden Steine, die die Landschaft von Rioja durchsetzen, verweisen auf eine ebenso altehrwürdige Geschichte. Und dennoch erheben sich vor diesem Hintergrund erstaunliche Beispiele moderner Architektur. Wenn sie die Landschaft nicht mit anonymen Schuppen überziehen wollen, brauchen Bodegas kühne bauliche Lösungen. Diese radikalen Entwürfe sind oft ebenso schockierend wie anziehend. Das wellenförmige Dach, das Santiago Calatrava für Ysios entworfen hat, scheint sich in der Landschaft zu bewegen, ebenso wie Frank Gehrys Extravaganz in Titan über dem Hotel Marqués de Riscal. Rodas oberirdische Bauten mögen daneben vergleichsweise bescheiden wirken, doch die Kellerei, in der der Wein nur mithilfe von Schwerkraft bewegt wird, reicht bis tief in die Erde. Nebenan bei López de Heredía hat inmitten des historischen Gebäudekomplexes das Weltraumzeitalter Einzug gehalten: in Gestalt des von Zaha Hadid entworfenen Besucherzentrums. Die Bodegas Darien ragen wie eine blendend weiße, zerklüftete Steinmauer in die Landschaft, und die kreisrunde Kellerei von Viña Real erinnert an ein riesiges Fass. Ein Besuch der Region Rioja lohnt sich also nicht nur wegen ihrer Weine, sondern auch wegen der avantgardistischen Architektur.

NAVARRA

Auf Weinkarten und in Weinregalen ist die Stellung Navarras nur allzu offensichtlich: Immer Zweitbester hinter dem glanzvollen Nachbarn Rioja. An Ort und Stelle jedoch entpuppt sich Navarra als zauberhafter Landstrich mit ausgeprägtem Sinn für die eigene Geschichte. Im Mittelalter erstreckte sich das mächtige Königreich Navarra bis nach Barcelona. Bauten aus jener Zeit entzücken den Besucher noch heute, zumal einige Weinerzeuger sich in solch alten Gemäuern niedergelassen haben. Nichtsdestotrotz ist Navarras Weinindustrie strikt der Moderne verpflichtet – was nicht zuletzt der EVENA zu verdanken ist, dem vor mehr als 30 Jahren gegründeten führenden spanischen Forschungsinstitut für Rebbau und Önologie.

Hauptrebsorten

Rot

Cabernet Sauvignon
Garnacha
Graciano
Mazuelo
Merlot
Tempranillo

Weiß

Chardonnay
Garnacha Blanca
Malvasia
Moscatel
Viura

Jahrgänge

2010
Manche Erzeuger halten den Jahrgang für so gut wie 2005, andere sind zurückhaltender.

2009
Am besten für spät reifende Sorten wie Cabernet.

2008
Eher kühler Jahrgang, gut für Rosados und früh reifende Sorten wie Tempranillo.

2007
Der lange, trockene, nicht zu heiße Sommer brachte langlebige, schöne Weine hervor.

2006
Launisches Wetter, mal nass, mal heiß; gute Ergebnisse nur von den besten Erzeugern.

2005
Großartiger Jahrgang, wunderbar charmante Weine.

Eingezwängt zwischen den Pyrenäen und dem Fluss Ebro, der die Ostgrenze von Rioja bildet, dem kühlenden Atlantikeinfluss wie auch der mildernden Wärme des Mittelmeers ausgesetzt, verfügt Navarra über eine Fülle natürlicher Ressourcen. Die Böden sind recht unterschiedlich, und in den gebirgigen Gegenden mit ihren vielfältigen Mikroklimata und unterschiedlichen Hangausrichtungen haben Weinmacher die Qual der Wahl.

In der Tat stellen die Menschen, die Kellermeister und Weingärtner, einen wesentlichen Aspekt der Region Navarra dar. Da ihr der Glamour von Rioja abgeht, muss sie ohne die großen Investoren und Unternehmen auskommen, die die Landschaft jenseits des Ebro bevölkern. Aber auch wenn das Gros der Weingüter in Navarra architektonisch weniger beeindruckend sein mag als in Rioja, machen die Menschen, die sie betreiben, doch jeglichen Mangel wieder wett.

Beispielsweise hat der Maßstäbe setzende Familienbetrieb der Chivites viel Geld in den Pago de Arínzano gesteckt. Bei Ochoa sorgte Javier Ochoa, Leiter der önologischen Forschungsabteilung der EVENA, für eine Renaissance des Moscatel – mit dem Ergebnis, dass Navarras süße Moscatel-Weine (vor allem die von Chivite) heute zu den besten Spaniens zählen. Mittlerweile sind Javiers Töchter Adriana und Beatriz in die Fußstapfen ihres Vaters getreten. Bei Pago de Larrainzar hat ebenfalls die nachfolgende Generation, Miguel und Irene Canalejo, die Leitung übernommen. Zudem engagieren sich ambitionierte Neuankömmlinge wie José María Fraile und Alicia Eyralar mit ihrer Compañía Vitivinícola Tandem in Navarra.

Gewissermaßen der rote Faden, der all das verbindet, ist der Camino de Santiago, der traditionsreiche Jakobsweg zur Grabstätte des heiligen Jakobus in Santiago de Compostela. Die reisemüden Pilger früherer Zeiten schätzten die Weine der vielen Kellereien und Weinberge am Weg. Noch heute sind Pilger mit ihren schweren Rucksäcken – ob traditionell zu Fuß oder neuerdings auch per Fahrrad unterwegs – ein gewohnter Anblick, und der Klang ihrer Stimmen und Gesänge zieht über die Felder. Sie gemahnen daran, dass Navarras moderne Weinindustrie mit ihren glänzenden Edelstahltanks, ihren unzähligen neuen Eichenfässern und ihren blitzenden Labors in einer überaus geschichtsträchtigen Region ansässig ist.

Wenn es eine Schwierigkeit gibt, dann betrifft sie Navarras Treue zu internationalen Rebsorten. Die Nähe zu Frankreich bringt es mit sich, dass Chardonnay (drei Prozent der Gesamtbestockung und meistgepflanzte weiße Traube), Cabernet Sauvignon (15 Prozent) und Merlot (13 Prozent) seit Langem hier heimisch sind, obwohl Tempranillo (37 Prozent) bei den Rotweinen noch immer die Oberhand behält. Heute geht der Trend in Europa jedoch weg von den internationalen Sorten und hin zum Aufspüren lokaler Trauben, eine Praxis, die sich stark auf die traditionellen lokalen Stile auswirken dürfte.

Angesichts dieser Vielfalt und großen Bandbreite scheint Navarra nicht ganz auf der Höhe der Zeit zu sein und zudem recht glanzlos im Hinblick auf die Unterstützung regulärer roter spanischer Rebsorten. Alles in allem bietet sich ein verwirrendes Bild. Sind navarresische Rosados so gut, wie sie sein könnten? Ist Navarra der international führende Garnacha-Erzeuger? Immerhin gibt es einige leuchtende Beispiele. Unterscheidet sich die Region deutlich von Rioja? Das sollte sie nämlich. Allzu oft jedoch wird Navarra als der billigere »kleine Bruder« angesehen.

Castillo de Monjardin

Die 1993 gegründete Bodega zählt zu den – mehr oder weniger – neuen Weingütern Navarras. Hinter dem recht traditionellen Erscheinungsbild verbergen sich sämtliche technischen Finessen moderner Weinbereitung. Die Hanglage gestattet zudem den sorgfältigen Umgang mit den Trauben, und im Keller werden die Weine durch Schwerkraft bewegt statt durch Pumpen. Der Fokus liegt auf internationalen Rebsorten, die Weine selbst spiegeln das neue Navarra wider. Am erfolgreichsten sind die Chardonnays, die Vollmundigkeit mit lebhafter Frische ausbalancieren und durch Eichennoten zusätzliche Fülle erhalten.

Viña Rellanada, 31242 Villamayor de Monjardin
www.monjardin.es

Chivite

Die Chivite-Weine enthüllen das Potenzial der verschiedenartigen Böden Navarras. Unter Berücksichtigung der Tatsache, dass der Erfolg der Region auf internationalen Rebsorten basiert, sind die Chardonnays sehr gut, insbesondere der Colección 125 ist herausragend. Überhaupt ist die ganze Colección-Reihe, die 1985 anlässlich des 125. Jubiläums des Exportgeschäfts entstand, beeindruckend. 1988 erwarb die Familie das Gut Señorío de Arínzano und griff tief in die Tasche, um eine neue Kellerei in den historischen Komplex zu integrieren. Es war der erste offiziell anerkannte Vino de Pago (privilegierte Einzellage) in Nordspanien. Der Wein selbst, ein Tempranillo/Cabernet/Merlot-Verschnitt, der 2000 erzeugt und 2008 freigegeben wurde, verspricht Saftigkeit, Komplexität und Struktur.

Ribera 34, 31592 Cintruenigo; www.bodegaschivite.com

Dominio Lasierpe

Die 1300 ha von Dominio Lasierpe zählen zum größten Weinbergbesitz in Navarra. Wie bei so vielen spanischen Gütern wurde die Ausstattung der Kellerei vor Kurzem komplett erneuert; außerdem wurden neue Bereitungsmethoden eingeführt. Lasierpes junge Rotweine sind frisch und preiswert. Besonders interessant ist die – Erzeugerangaben zufolge auf den internationalen Geschmack ausgerichtete – Reihe Flor de la Sierpe mit dichterer Frucht und Eichenausbau. Zum Glück hält beim Garnacha Viñas Viejas (von alten Reben) die dichte Frucht die Eiche in Schach.

Keine Besuchereinrichtungen; www.dominiolasierpe.com

Inurrieta

Der erst 2001 gegründete Familienbetrieb mit 230 ha Weinbergbesitz macht gute Fortschritte und hat eine ansprechende, geschickt ausgeklügelte Reihe von Weinen kreiert. Der Norte (»Norden«) ist ein Cabernet Sauvignon/Merlot-Verschnitt mit einem Spritzer »experimentellem« (das heißt offiziell nicht zugelassenem) Petit Verdot – sehr jugendlich und würzig mit leckerem Abgang. Der Altos de Inurrieta (Cabernet Sauvignon mit 25 % Graciano) ist eine kraftvolle Kombination von Zeder und Mokka mit balsamischem Oberton. Der sortenreine Graciano Laderas de Inurrieta lockt mit Lakritze, samtigem Violett und Brombeernoten, alles hübsch verpackt in runde Tannine. ★ **Aufsteiger**

Carretera de Falces–Miranda de Arga, km 30, 31370 Falces
www.bodegainurrieta.com

SEÑORÍO DE SARRÍA
DER AROMATISCHE MOSCATEL IST EIN GUTES BEISPIEL FÜR EINEN CHARMANTEN WEISSWEIN AUS NAVARRA

CHIVITE
DER COLECCIÓN 125 IST WUNDERBAR ABGERUNDET UND VOLL REICHHALTIGER FRUCHT

Irache

In Navarra wird man auf Schritt und Tritt mit Geschichte konfrontiert, und bei den Weinbergen von Irache ist es nicht anders. Die Königspaläste in der Region und der stete Pilgerstrom nach Santiago de Compostela haben dafür gesorgt, dass hier seit dem 12. Jahrhundert Wein angebaut wird. Irache selbst wurde 1891 gegründet, und seine saftigen Roten und leichten Rosados waren und sind sehr beliebt. Zur Bodega gehört das als Vino de Pago (privilegierte Einzellage) klassifizierte Gut Prado de Irache, dessen Wein meist auf Tempranillo-Basis bereitet und mit etwas Cabernet Sauvignon und Merlot abgerundet wird. Das Ergebnis ist verschwenderisch aromatisch, mit Noten von Eichenholz, gerösteter Frucht und Mokka.

Monasterio de Irache 1, 31240 Ayegui; www.irache.com

Luis Alegre

Die Kellerei bei Laguardia, die seinen Namen trägt, gründete Luis Alegre bereits in den späten 1960er-Jahren. Frisches Kapital sorgte rund 30 Jahre später für neuen Auftrieb. Eine renommierte Beraterin ist nun am Werk, und die Weinbereitung erfolgt in kleinen Fässern, um das Terroir bestmöglich zum Ausdruck zu bringen. Das Holz für die Fässer wird auf dem Gutsgelände gelagert, um die Entwicklung seiner Aromaeigenschaften überwachen zu können. Der Selección Especial (95 % Tempranillo) zeigt viel reife Himbeerfrucht und sahnige Noten, deren Süße durch knackige Frische und ausgewogenes Tannin gebändigt wird.

Carretera de Navaridas, 01300 Laguardia
www.luisalegre.com

Malumbres

Kaum jemand würde 1940 als vielversprechendes Jahr in der Geschichte Spaniens bezeichnen. Und doch beschloss Vicente Malumbres gerade in diesem Jahr, seinen Betrieb zu eröffnen, und verkaufte in den folgenden vier Jahrzehnten Wein vom Fass – was damals üblich war. 1987 verlagerte sich der Fokus jedoch auf Spitzenqualität. Heute paart sich ein aufs Minimum reduzierter Einsatz von Chemie im Weinberg mit der Verwendung von Wildhefen im Keller. Vicentes Sohn Javier hat individuelle, ausdrucksstarke, dichte Weine mit schöner Textur geschaffen – und das zum vergleichsweise kleinen Preis.

Calle Santa Bárbara 15, 31591 Corella
www.malumbres.com

Nekeas

Das 1990 gegründete Weingut im Nekeas-Tal (daher der Name) hat sich in der Weinwelt rasch einen guten Ruf erworben. Die acht Gründerfamilien hatten das Potenzial des Terroirs im Schutze der Sierra-Perdón-Gebirgskette erkannt und es mit internationalen Rebsorten wie Viognier sowie »Ausländern« wie Malbec bestockt, die mit den traditionelleren Trauben Tempranillo und Garnacha wetteifern. Es sind die Spitzenweine, die die Aufmerksamkeit der Weinfreunde erregen: Der Odaiza ist ein wuchtiger, eichenholzwürziger Chardonnay, der El Chaparral de Vega Sindoa die typische, lebhafte Verkörperung eines würzigen Garnacha von alten Reben. Der Izar de Nekeas schließlich, ein Cabernet Sauvignon/Merlot/Tempranillo-Verschnitt, erhält durch französische Eiche zusätzliche Fülle.

Calle Las Huertas, 31154 Añorbe; www.nekeas.com

ROSADOS

Bis vor Kurzem war Navarra für seine Rosados (Rosés) berühmt. Sie wurden aus Garnacha bereitet und besaßen eine erfrischende, unkomplizierte Erdbeerfruchtigkeit. Dann hielten die Rosés der Neuen Welt Einzug in Europa, mit lebhaftem Farbenspiel, vielfältigen Geschmacksnuancen – und geballter Marketingpower. Nun mussten sich die Winzer Navarras etwas einfallen lassen. In den Weinbergen beschränkte man die Erträge, um die Qualität zu erhöhen. Im Keller werden Rosados weder gepresst noch aus weißen und roten Trauben verschnitten: Man verwendet in Navarra die klassische *saignée*-Methode (»ausbluten«), bei der auf das Mahlen eine kurze Hülsenmaischung folgt, dann wird der Most abgezogen und vergoren. Navarresische Rosés neuer Machart sind von strahlender Fruchtigkeit, und das Aromenspektrum wird oft durch Zugabe von Merlot, Cabernet Sauvignon und/oder Tempranillo belebt. Auch die Gestaltung der Etiketten und das Marketing werden immer besser. Blickt Navarra nun wieder in eine rosige Zukunft? Zumindest ist man auf dem richtigen Weg.

Ochoa

Die temperamentvolle, immer gut gelaunte Adriana Ochoa zählt fraglos zu den geborenen Führungspersönlichkeiten unter den jungen Weinmachern von Navarra, ebenso wie einst ihr Vater. Javier Ochoa leistete einen bedeutenden Beitrag zur önologischen Forschung in der Provinz, und natürlich kam sein Wissen seinem eigenen Wein zugute. Spitzenreiter im großen Sortiment ist die erstklassige rote Reserva. Auch der feine süße Moscatel ist eine Stufe besser als üblich, während der leckere Moscato-Schaumwein einfach nur Vergnügen bereitet. Eine köstliche Rarität ist der Verjus, eine von unreifen Trauben bereitete Variante des mittelalterlichen Gewürzessigs.

Alcalde Maillata, No. 2, 31390 Olite
www.bodegasochoa.com

Orvalaiz

Das am Jakosbweg gelegene Gut lädt den erschöpften Wanderer zur erholsamen Weinverkostung ein. Es wurde in den 1990er-Jahren als Genossenschaftsbetrieb gegründet, dessen Schwerpunkt auf Tempranillo plus internationalen (französischen) Rebsorten lag. Heute ist die Kellerei ein riesiges Unternehmen mit einer Auswahl an jungen, frischen Roten, von Viura dominierten weißen Verschnitten und dem von Cabernet Sauvignon gekelterten Rosado de Lágrima. Am beeindruckendsten sind die erstklassigen, in französischer Eiche gereiften Septentrion-(»Nordstern«-)Weine.

Carretera Pamplona–Logroño, 31151 Obanos
www.orvalaiz.es

Otazu

Die erfrischende Säure, die alle Otazu-Weine aufweisen, ist das unmittelbare Ergebnis des starken Atlantikeinflusses – tatsächlich reklamiert Otazu für sich, der nördlichste Rotweinerzeuger nicht nur Navarras, sondern ganz Spaniens zu sein. Die an ein Château gemahnende Architektur des Anwesens mit dem wohlproportionierten Fasskeller ist beeindruckend. Dem gereiften, kraftvollen Chardonnay verhilft die Frische dieses Mikroklimas zu Ausgewogenheit und dem roten Verschnitt Palacio de Otazu zu einem knackigen Charakter. 2009 wurde Otazu zusammen mit Irache der Vino-de-Pago-Status (privilegierte Einzellage) zuerkannt.

Keine Besuchereinrichtungen
www.otazu.com

Pago de Cirsus

Obwohl nicht sehr viele Schilder dem Besucher den Weg weisen, ist die Gefahr, sich zu verirren, gering – auch (und besonders) bei Nacht: Der Schlossturm dieses luxuriösen Hotels und Weinerzeugers im Besitz des Filmemachers Iñaki Nuñez ist spektakulär beleuchtet. Trotz ihres Namens zählt die Bodega allerdings nicht zu jener Handvoll Güter, die über den offiziell als Vino de Pago (privilegierte Einzellage) eingestuften Status verfügen. Wie dem auch sei, der Selección Opus 11 (Tempranillo/Shiraz) ist gleichwohl ein überaus ansprechendes Gewächs mit wuchtiger Eichennote, fleischiger Frucht und zupackendem Tannin. Der fassvergorene Chardonnay und der süße Moscatel sind dank ihrer Intensität und Aromenfülle ebenfalls Weine, die ausfindig zu machen sich lohnt.

Avenida de Ribaforada, km 5, 31523 Ablitas
www.pagodecirsus.com

Pago de Larrainzar

Der Name Larrainzar ist zwar seit über 100 Jahren Teil der Weingeschichte Navarras, doch dies ist ein ziemlich neues Projekt. Ins Leben gerufen wurde es von einem hiesigen Geschäftsmann, dem Urenkel des ursprünglichen Eigentümers. Seine Kinder schlossen sich ihm an, um erstklassige Weine zu erzeugen. Handgeerntete Merlot-, Cabernet-Sauvignon-, Tempranillo- und Garnacha-Trauben, sorgfältige Auslese, Fässer verschiedener Größen, französische Barriques – die Gewissenhaftigkeit im Detail charakterisiert ihre Arbeit. Der erste Jahrgang wurde 2004 freigegeben, und ihr Stil lässt bis dato auf moderne Weine voller Ausdruckskraft und Komplexität schließen. ★**Aufsteiger**

Camino de la Corona, 31240 Ayegui
www.pagodelarrainzar.com

Príncipe de Viana

Der erste Fürst von Viana, Carlos (1421–1461), musste nach einem Bürgerkrieg auf seine Ansprüche als Thronerbe des Königreichs Navarra verzichten und nach Frankreich fliehen. Durch und durch beständig hingegen ist der Erfolg dieses rund 650 Jahre später (1983) gegründeten Weinguts. Es besitzt mittlerweile 420 ha, hat noch einmal so viel dazugepachtet und ist ein großer Exporteur von navarresischen Weinen. Am erfolgreichsten sind derzeit die Weine im jungen Stil, deren reine, kirschduftige Tempranillo-Frucht nicht durch Eiche verfälscht wird. Eine Spezialität ist der Vendimia Tardía (Spätlese) de Chardonnay mit verführerisch goldener Farbe und vollem Körper sowie schön eingebundener Säure.

Calle Mayor 191, 31521 Murchante
www.principedeviana.com

Señorío de Sarría

Der Betrieb versteckt sich in einem ausdehnten Gutsbesitz in landschaftlich herrlicher Lage. Hier wird schon seit Langem Wein erzeugt, aber erst seit Kurzem richtig guter. Der Viñedo No 5, ein Garnacha Rosado, ist ein schönes Beispiel für feinen Navarra-Rosé: fruchtig, aber mit einem aromatisch-weinigen Abgang. Es gibt eine ansprechende Palette sortenreiner Roter, deren bester, der Viñedo No 7 von Graciano-Buschreben, blumige Aromen, lebhafte Zitrussäure und ein elegantes Gaumenspiel bietet. Auch der süße Moscatel besitzt viel Charme und ist überaus aromatisch, saftig und würzig.

Señorío de Sarría, 31100 Puente la Reina,
www.bodegadesarria.com

Tandem

Von der Kellerei aus kann man das stete Rinnsal der Wallfahrer auf dem Weg nach Santiago de Compostela beobachten. Viele der modernen Pilger jagen allerdings per Fahrrad über die Strecke, sodass ihnen die imposante Glas-Beton-Konstruktion womöglich entgeht. In kaum zehn Jahren haben Geschäftsführer José-María Fraile und Önologin Alicia Eyralar beeindruckende Fortschritte erzielt. Sie konzentrieren sich auf Tempranillo, Cabernet Sauvignon und Merlot von 20 Jahre alten Reben, vergären in Betontanks und bauen in französischer Eiche aus. Spitzengewächs ist der Ars Macula, Ars Nova der leichtere, kirschfruchtige Zweitwein. ★**Aufsteiger**

Carretera Pamplona–Logroño, km 35,9, 31292 Lácar
www.tandem.es

Lange Rebzeilen vor dem Dorf Villamayor de Monjardín im Unterbereich Tierra Estella

CASTILLA Y LEÓN

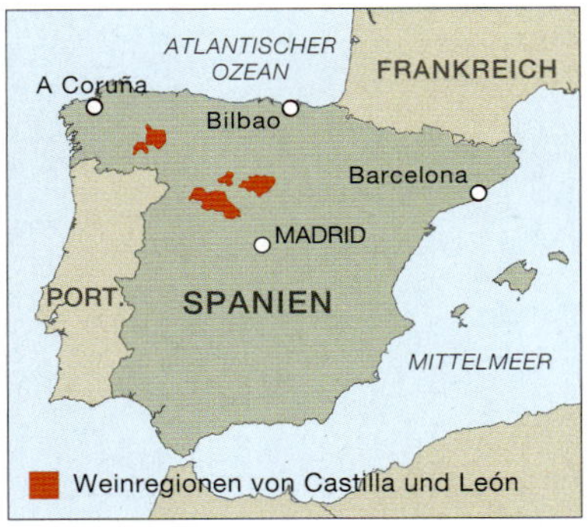

Die Region Castilla y León spielt eine besondere Rolle in der Geschichte Spaniens. 1469 heiratete Isabella, Thronerbin des Königreichs Kastilien, Ferdinand, den Thronerben des Königreichs Aragón. Die Katholischen Könige, wie man sie bald nannte, einten den Nordteil des Landes und eroberten den Süden von den Mauren zurück. Von dieser Epoche zeugen noch immer die über ganz Altkastilien verstreuten Kirchen und Burgen, die auch auf vielen Weinetiketten abgebildet sind. Dies ist eine der wenigen Regionen, die dem Weinfreund alle Arten von Stilen (und Preiskategorien) bietet, die er sich nur wünschen kann – von traditionellen Kellermeistern wie Weinmachern der neuen Schule bereitet, in Garagen ebenso wie in riesigen, prunkvollen Kellereien.

Als größte Autonome Region Spaniens mit nicht weniger als neun Provinzen bietet Castilla y León große Vielfalt. Einige Böden sind so sandig, dass die Reblaus hier niemals Fuß zu fassen vermochte, andere wiederum sind unglaublich steinig. Die Sommer können unerträglich heiß sein und die Winter sehr streng. Aus diesem Grund ist es oft nicht einfach, allgemeine Aussagen über den typischen Stil einer DO zu treffen, der sie von anderen DOs eindeutig unterscheiden würde. Zweifellos eröffnet die Region experimentierfreudigen Weinmachern ein breites Betätigungsfeld. Vega Sicilia (siehe S. 123), gegründet 1864 in Ribera del Duero, zählt schon lange zu den berühmtesten Namen Spaniens, doch erst Mitte der 1990er-Jahre begann mit einer Welle von Newcomern der wahre Aufstieg der Region. Einige von ihnen siedelten sich in etablierten DOs an – neben Ribera del Duero sind dies Cigales, Rueda und Toro –, andere in den beiden Gebieten, die erst 2007 DO-Status erhielten: Arribes del Duero und Arlanza. Eine ganze Reihe der besten oder faszinierendsten Weine werden gänzlich außerhalb jeder DO-Bestimmung erzeugt und sind als »schlichte« Vinos de la Tierra (Landweine) de Castilla y León deklariert.

Traditionell werden die Weine dieser Region vorwiegend von roten Trauben bereitet. Beherrschende Rebsorte ist Tempranillo, für den es unzählige Lokalbezeichnungen gibt: Tinto Fino, Tinto de País, Tinta de Toro und viele andere mehr. Darüber hinaus werden Garnacha und einige interessante autochthone rote Rebsorten wie Juan García und Prieto Picudo angebaut, die ihr Überleben der Pionierarbeit von Winzern an der portugiesischen Grenze verdanken. Immer häufiger werden in den glamourösen, von erheblichen Investitionen getragenen Kellereien in Ribera del Duero die internationalen Rebsorten Cabernet Sauvignon, Merlot und Syrah – gelegentlich sogar Pinot Noir – dem Verschnitt beigegeben.

Bei den weißen Sorten ist Verdejo der regionale Star, der grünlich schimmernde Weine mit Geschmacksnoten von Passions- und Zitrusfrucht liefert. Einst bereitete man aus ihm Weine im Sherry-Stil, heute entstehen dank pneumatischer Pressen und Edelstahl in Ruedas Kellern Weine, die dem Sauvignon Blanc die Stirn bieten. Letzteren gibt es in der Region natürlich auch, dazu eine ganze Menge Viura, die einst für schlaffe Weine und fade weiße Riojas verschrien war, im Zuge sorgfältiger Behandlung aber immer besser wird.

Castilla y León ist ein Land der Gegensätze, was auch für seinen Weinbau und seine Kellermeister gilt. Ein und derselbe Traubenerzeuger kann sowohl endlose Zeilen junger Rebstöcke besitzen, die akkurat an Drähten erzogen und nachts bei Flutlicht maschinell geerntet werden, als auch ungleichmäßig verteilte, niedrig wachsende alte Buschreben, bei denen die Lese von Hand erfolgen muss.

Diese alten Buschreben aufzuspüren und sie zu neuem Leben zu erwecken ist das zentrale Anliegen der jungen Weinmachergeneration Spaniens. Castilla y León besitzt fraglos eine beeindruckende Menge solchen Materials. In der Regel sind die Rebflächen uneinheitlich, mit abgestorbenen Stöcken mittendrin, die übrigen jedoch haben ihre Wurzeln tief in die Erde getrieben, um an die spärlichen Wasservorräte zu gelangen, und überleben auch die heißesten Sommer. Ihre Trauben sind von aromatischer Wucht und verleihen dem Verschnitt Tiefe und Intensität.

Hauptrebsorten

Rot

Cabernet Sauvignon
Garnacha
Juan García
Merlot
Syrah
Tempranillo (+ viele Synonyme)

Weiß

Albillo
Sauvignon Blanc
Verdejo
Viura

Jahrgänge

2010
Teilweise reduzierte Erträge durch frühen Frost, doch die Weine zeigen schöne Frische und Fruchtigkeit.

2009
Gesunde Trauben brachten einige großartige Weine hervor.

2008
Der Regen machte sorgfältige Auslese nötig. Gut in Rueda.

2007
Schwieriges Jahr; Frostgefahr in Teilen von Ribera del Duero. Auch Toro enttäuschend.

2006
Heiß in vielen Gebieten; warme, strukturierte Weine.

2005
Kein einfaches Jahr, die Frucht drohte nicht voll auszureifen. Bei sorgfältiger Traubenauslese gelangen gute Weine.

Aalto Ribera del Duero

Die 1999 von Mariano García gemeinsam mit Javier Zaccagnini, Exvorsitzender des *Consejo Regulador* (DO-Kontrollgremium) von Ribera del Duero, und einer Investorengruppe gegründete Bodega hat sich rasch internationale Anerkennung erworben. Erklärtes Ziel ist es, Tinto-Fino-Weine (Tempranillo) aus den besten Trauben der Region zu erzeugen – ganz im Gegensatz zur weinbergbasierten Terroirphilosophie etwa von Vega Sicilia, Garcías einstigem Arbeitgeber. Der Aalto stammt von alten Buschreben in ausgewählten Lagen, der Aalto PS wird nur in sehr guten Jahrgängen bereitet. García betreibt auch die Familiengüter Mauro (Tudela del Duero) und Maurodos (Toro) und ist als Berater tätig; vielen gilt er als Spaniens führender Weinmacher.

Paraje Valjeo de Carril, 47360 Quintalla de Arriba
www.aalto.es

Abadía Retuerta
Vino de la Tierra de Castilla y León

Das 1996 gegründete Gut liegt geografisch etwas außerhalb der DO Ribera del Duero, steht qualitativ aber auf ebenso hohem Niveau. In der einstigen Abtei wird hauptsächlich Tempranillo angebaut, in den Verschnitten spielen aber auch Syrah, Cabernet Sauvignon und Petit Verdot eine Rolle. Kellermeister Angel Anocibar erhielt als erster Spanier den Doktortitel für Önologie an der Universität Bordeaux. Im Rívola offenbart sich der Stil des Guts; einer der Spitzenweine ist der wuchtige Pago Negralada (100 % Tempranillo) mit verschwenderischen Noten von Zedernholz, Vanille und dunkler Frucht.

47340 Sardón del Duero, Valladolid
www.abadia-retuerta.es

Agrícola Castellana Rueda

Die Genossenschaft wurde 1935, nicht lange vor dem Beginn des Spanischen Bürgerkriegs, von 30 Winzern gegründet. Aus jener Zeit stammen die Betonbottiche, die den Edelstahltanks inzwischen allerdings zahlenmäßig unterlegen sind. Mithilfe von Temperaturkontrolle bei der Gärung werden ansprechend saubere, lebhafte Verdejo- und Sauvignon-Blanc-Weine unter verschiedenen Markennamen erzeugt, darunter Cuatro Rayas und Azumbre.

Carretera Rodilana, 47491 La Seca, Valladolid
www.cuatrorayas.org

Alonso del Yerro Ribera del Duero

In diesem jungen Weingut kann man den frischen Wind spüren, der durch Ribera del Duero weht. Javier Alonso und María del Yerro haben es 2002 gegründet und zwei der bekanntesten französischen Berater engagiert: Claude Bourguignon für biodynamischen Weinbau und Stéphane Derenoncourt für die Weinbereitung – kein Wunder, dass die Weine eine gewisse französische Eleganz zeigen. Die Reben wachsen auf rund 800 m Höhe und sind jung, aber vielversprechend. Beide Weine verdanken ihre Dichte der langen Maischezeit nach der Gärung: Der María verbringt 18 Monate in Eiche und besitzt mehr Konzentration, während der kirschfruchtige Alonso del Yerro feiner ist und mit Lakritz-, Zedernholz- und frischen mineralischen Noten aufwartet. ★**Aufsteiger**

Finca Santa Marta, Carretera de Rosa a Anguix, km 1,8
09300 Roa; www.vay.es

ALONSO DEL YERRO
MIT 14,7 VOL.-% ALKOHOL ZEIGT SICH DER MARÍA ALS ENORM DICHTER TEMPRANILLO

ALVAREZ Y DÍEZ
KNACKIGER SAUVIGNON MIT KRÄUTERNOTE UND AUSGEPRÄGTER PERSÖNLICHKEIT

Alvarez y Díez Rueda

Alvarez y Díez ist ein gutes Beispiel für die umfassende Wandlung, die Spanien beim Weißwein vollzogen hat. Die 1941 gegründete Firma produzierte zunächst im traditionellen sherryartigen Stil, bis sie 1977 von der Familie de Benito übernommen wurde, die viel Mühe in die Arbeit mit der Verdejo-Traube steckte. Die nächste Generation, Alvaro und Juan, bemüht sich nun um die Verfeinerung und Modernisierung der Verdejo- und Viura-Weine und die Entwicklung eines Sauvignon Blanc, was zur sehr erfolgreichen Marke Mantel Blanco mit knackigen, grasigen Weinen geführt hat. Der Familie gehört auch Veracruz, Erzeuger des frischen, exotischen Ermita.

Calle Juan Antonio Carmona, 12, Nava del Rey,
47500 Valladolid; www.alvarezydiez.es

Anta Banderas Ribera del Duero

Anta Natura wurde 2009 zu Anta Banderas, als der Filmstar Antonio Banderas einen großen Anteil an dem Gut erwarb – und die Investition scheint sich zu lohnen. Anta war 1999 von der Familie Ortega mit einer faszinierenden Kellerei aus Holz und Glas gegründet worden. Die Weine a4, a10 und a16 sind nach der Anzahl der Monate benannt, die sie in Eiche verbracht haben. Herausragend ist der a16 mit klassischen Aromen von roten Kirschen, Toast und Gewürzen, die sich in saftiger roter Frucht und fein texturierter neuer Eiche auflösen. Dieser Wein braucht Zeit, um sich zu entwickeln. ★**Aufsteiger**

Carretera Palencia–Aranda de Duero, km 68, 09443 Villalba de Duero, Burgos; www.antabodegas.com

Antaño Rueda

Der Betrieb wurde 1988 von einigen Gastronomen gegründet, die Wein für ihre Restaurants erzeugen wollten. Das restaurierte Anwesen aus dem 16. Jahrhundert mit erstaunlichen Bücher-, Glas- und Gemäldesammlungen und einem 3 km langen historischen Keller ist im Besitz von José Luis Ruiz Solaguren, dem Gründer der José-Luis-Tapas-Bars. Erzeugt werden fruchtige reinsortige Verdejos und weiße Rueda-Verschnitte (mindestens 50 % Verdejo), aber auch Chardonnay, *espumoso* (Schaumwein) und saftige Tempranillos. Im Januar 2011 wurde der Name in Bodegas Mocén geändert.

Calle Arribas 7–9, 47490 Rueda, Valladolid
www.bodegasmocen.com

Avelino Vegas Rueda

Die riesige neue Kellerei mitten in der Landschaft von Segovia steht bereit, beträchtliche Mengen von Lesegut zu verarbeiten. Das 1950 gegründete Familienunternehmen erzeugt eine gut eingeführte Ribera-del-Duero-Rotweinmarke namens Montespina. Der Rueda Verdejo Montespina besitzt knackige Frische und reife Zitrusfrucht. Die Größe der Kellerei bietet die Chance, diverse gute Weinmarken zu entwickeln.

Calle Real de Pino, 36, 40460 Santiuste de San Juan Bautista, Segovia; www.avelinovegas.com

Belondrade y Lurton Rueda

Kreiert von den Franzosen Didier Belondrade und Jacques Lurton, zählt dieser sortenreine, in französischer Eiche vergorene und zehn Monate lang gereifte Verdejo zu jenen Weinen, die den Verdejos aus Rueda zum Durchbruch verhalfen. Er war einer der ersten schlagen-

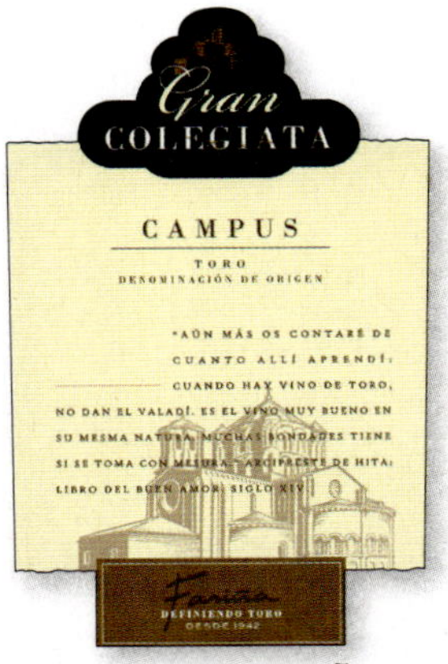

BODEGAS FARIÑA
DER GRAN COLEGIATA CAMPUS IST EIN REINSORTIGER TINTA DE TORO (TEMPRANILLO)

BELONDRADE Y LURTON
DIE TRAUBEN FÜR DEN QUINTA APOLONIA STAMMEN VON RELATIV JUNGEN REBEN

den Beweise dafür, dass diese Traube die Struktur und Qualität besitzt, um vom Eichenausbau zu profitieren. Belondrade zog 2000 in eine moderne Kellerei um, wo auch zwei (nach Didiers Töchtern benannte) Vinos de la Tierra erzeugt werden: der von jüngerer Frucht und mit weniger Eiche bereitete Apolonia sowie der Clarisa, ein Tempranillo Rosado.

Quina San Diego, Camino del Puerto, 47491 La Seca, Valladolid; www.belondradeylurton.com

Bienvenida Toro

Hinter dem hübschen Namen (»Willkommen«) stecken ernsthafte Absichten, wird das Gut doch von renommierten Weinexperten geführt: César Muñoz, ein in Ribera del Duero und Toro sehr gefragter Berater, hat sich mit Mariano Garcías Söhnen Alberto und Eduardo zusammengetan, zu deren eigenen Projekten Paixar in Bierzo und Los Astrales (siehe S. 119) in Ribera del Duero zählen. Der Wein wird auf altbewährte Weise in Betontanks vergoren und zeigt dank der stark ertragsbeschränkten Reben dichte Noten von Mokka und schwarzer Frucht.

C/Las Bodegas, 49810 Toro; Tel. 0983 403 094

Bodega Gótica Rueda

Auf einem kleinen Hügel außerhalb von Rueda liegt María Jesús Díez de la Hoz' mittelalterliches Anwesen mit zinnenbewehrtem Dach, das eine schöne Sammlung von Eisenarbeiten und religiöser Kunst beherbergt. María, deren Vater sich auf Traubenanbau beschränkte, hat sich mit ihrem Trascampanas Verdejo einen Namen gemacht. Er zeigt Noten von tropischer Frucht und vollen Körper als Ergebnis der Hefesatzlagerung, schwungvolle Frische und einen sauberen, mineralischen Abgang.

María Jesús de la Hoz Monsalve SL, Plaza Mayor 13, 47490 Rueda; www.bodegagotica.com

Bodegas Bohórquez Ribera del Duero

Das Unternehmen wurde erst 1999 gegründet. Die Betreiber hatten das Rebland in der Umgebung von Pesquera unter dem Aspekt zueinander passender Bodentypen und Lagenausrichtungen sorgfältig ausgewählt; der erste Wein wurde 2002 von zugekauften Trauben erzeugt. Für den Jahrgang 2005 (freigegeben 2008) wurden erstmals Trauben von gutseigenen Weinbergen verarbeitet. Die Resultate sind vielversprechend: Der 2005er besitzt tiefgründige, reife schwarze Fruchtnoten, verflochten mit süßen Gewürzen. Die klar erkennbare neue Eiche wird sich mit der Zeit einfügen.

Carretera Peñafiel, 47315 Pesquera de Duero, Valladolid www.bodegasbohorquez.com

Bodegas Fariña Toro

Miguel Fariña spielte eine Schlüsselrolle bei der Gründung der DO Toro im Jahr 1987. Sein Vater hatte die Bodega, heute ein recht beachtliches Familienunternehmen mit 250 ha Weinbergbesitz, 1942 gegründet. Miguel bereitet einen jungen, an Beaujolais Nouveau erinnernden Wein (mit Kohlensäuremaischung) sowie in Eiche gereifte Gewächse. Der Gran Colegiata Campus stammt von bis zu 140 Jahre alten Reben und zeigt Konzentration und die typische Toro-Struktur.

Carretera de Moraleja, 49151 Casaseca de las Chanas, Zamora; www.bodegasfarina.com

Bodegas Félix Sanz Rueda

Von über 30 ha Rebland erzeugt Félix Sanz DO-Rueda-Weine und Vino de la Tierra de Castilla y León. Besonders bemerkenswert ist die Reihe Viña Cimbron, zu der ein Verdejo, ein Sauvignon Blanc, ein Verdejo/Viura-Verschnitt und ein im Fass vergorener und ausgebauter Verdejo-Verschnitt zählen. Man sollte diese faszinierenden Gewächse mit Weinen aus denselben Rebsorten vom selben Kellermeister vergleichen. Die ohne Eiche ausgebauten sortenreinen Weine sind in der Regel am interessantesten. Zusammen mit den Weinmachern Joan Mila aus Penedès und Joan Ayuso, einem Wissenschaftler und Berater, produziert Sanz auch den Montenegro Tinto in Ribera del Duero.

Ronda Aradillas, 47490 Rueda, Valladolid www.bodegasfelixsanz.es

Bodegas Neo Ribera del Duero

Die ehemaligen Bodegas Conde werden von Isaac Fernández geleitet, dem Neffen des einstigen Chefkellermeisters von Vega Sicilia, Mariano García. Der Stil entspricht der jungen Generation: Fokus auf die Trauben (ein Teil des Leseguts stammt von den höchsten Lagen der Region), lange Maischung, gewissenhafte Bereitung und Ausbau in amerikanischer und französischer Eiche. Der jugendliche Impetus zeigt sich auf der neuen schrillen Website ebenso wie in Weinnamen wie Crazy Tempranillo oder Disco. Die Spitzengewächse, der Neo und der Neo Punta Esencia, sind sehr tiefgründig, opulent und intensiver als viele Weine aus Ribera del Duero.

★ Aufsteiger

Carretera Nacional 122, km 274,5, 09391 Castrillo de la Vega, Burgos; www.bodegasneo.com

Bodegas Rodero Ribera del Duero

Man muss wissen, dass die Bodegas Rodero ursprünglich Vega Sicilia mit Lesegut belieferten, bis die Eigentümer 1990 beschlossen, selbst Wein zu erzeugen. Die Vorgeschichte erklärt, warum hier die ganze klassische Palette angeboten wird: Joven, Crianza, Reserva. Die Gran Reserva wird in französischer und amerikanischer Eiche ausgebaut und ist auf lange Alterung angelegt. Der TSM ist der modernste Wein des Guts und zeigt sich auf Anhieb zugänglich mit feinem, tanninherbem Abgang.

Carretera Boada, 09314 Pedrosa de Duero, Burgos www.bodegasrodero.com

Bodegas Vizar

Vino de la Tierra de Castilla y León

Eine schicke neue Kellerei erhebt sich inmitten des historischen Guts, das heute von traditionellem Tempranillo bis hin zu den roten Neuankömmlingen in der Region, Merlot und Syrah, ein breites Sortiment erzeugt. Die moderne Technik und das im Betrieb herrschende Qualitätsbewusstsein führen zu sehr geschliffenen Weinen: wuchtig und ausdrucksstark, mit abgerundeten, gut eingefügten Tanninen. Der Syrah zeigt typische Frucht und einen unbeschwerten, pfeffrigen Charakter, während der Selección, ein Tempranillo/Syrah-Verschnitt, Spanien und die Rhône aufs Schönste verbindet: Der Syrah wird durch die großzügige Kirschfruchtigkeit des Tempranillo abgerundet.

Carretera N 122 (Valladolid–Soria), km 341, 47329 Villabáñez www.bodegasvizar.es

Carmen Rodríguez Méndez Toro

Ursprünglich reine Traubenanbauer, wandte sich die Familie 2003 der Weinbereitung zu. Die Produktion ist sehr klein, nur 21 000 Flaschen, und der Fokus liegt auf handwerklicher Bereitung. Die Weinberge mit einigen sehr alten, noch aus der Zeit vor der Reblaus stammenden Stöcken sind im Südosten von Toro verstreut und werden ohne jegliche Chemie bewirtschaftet. Der junge Wein heißt Carodorum Issos und wird nur vier Monate in Holz ausgebaut, der Carodorum Crianza (mittlerweile) 14 Monate, während der Selección Especial von alten Reben 18 Monate in neuer französischer Eiche verbringt.

Carretera Salamanca, km 4350, 49800 Toro
Tel. 0980 568 005

César Príncipe Cigales

Wie viele Familien in Cigales bereiteten auch die Príncipes einst Rosados für den Verkauf vom Fass. Dann jedoch beschlossen sie, ihren eigenen Rotwein zu erzeugen, und gleich der erste Jahrgang, 2000, zeigte das Potenzial der Region für ernst zu nehmende Rote. In den über die ganze DO verstreuten Rebflächen stehen 50-jährige Buschreben, aber auch erst kürzlich gepflanzte Tempranillo- und Garnacha-Stöcke. Dem Wein kommt die Kombination von Alter und Frucht ebenso zugute wie die sorgfältige Auslese und die moderne Bereitung.

Carretera Fuensaldana-Mucientes, km 1, 47194 Fuensaldana
Tel. 0983 583 242

Cillar de Silos Ribera del Duero

Der Familienbetrieb mit 48 ha Weinbergen erzeugt Rosados auf Tempranillo-Basis sowie Rotweine. Der Spitzenwein wird 16 Monate in französischer Eiche ausgebaut, was ihm Gewicht und Struktur sowie lakritzartige, balsamische und toastige Eichennoten verleiht. Das genaue Gegenteil ist der Cillar de Silos Joven mit junger, knackig anmutender Frucht, der sich bestens jung trinken lässt.

Paraje el Soto, 09370 Quintana del Pidio, Burgos
www.cillardesilos.es

Covitoro Toro

Was eine Genossenschaft mit ambitionierten Mitgliedern erreichen kann, zeigt Covitoro. Sie wurde 1974, lange vor Entstehung der DO, gegründet und verfügt heute über 1000 ha Weinberge; 400 ha sind mit über 50 Jahre alten Reben bestockt. Erzeugt werden klassische wie auch moderne Tinta-de-Toro-Versionen. Der Marqués de la Villa ist eine traditionelle, in amerikanischer Eiche gereifte Reserva, der Cañus Verus verführt mit geschmeidiger dunkler Frucht und zupackendem Tannin.

Carretera de Tordesilla 13, 49800 Toro; www.covitoro.com

Cuevas Jiménez Ribera del Duero

Von Madrid kommend, findet man die Kellerei auf der linken Straßenseite hinter Aranda del Duero im Herzen der DO. Das »F« an der Fassade bezieht sich auf das ursprüngliche Gewerbe der Familie, Eisen, und auf den Namen des Weins: Ferratus. Sowohl der Ferratus als auch der Ferratus Sensaciones werden von Tempranillo-Buschreben erzeugt und strotzen nur so vor Eiche – einer der neuen Stile von Ribera del Duero.

Carretera de Madrid a Irún, km 16, 09370 Gumiel de Izán
www.ferratus.es

Dehesa de los Canónigos
Ribera del Duero

Einst eines der großartigen Kirchengüter im Besitz von 22 *canónigos*, Domherren der Kathedrale von Valladolid, ging die Dehesa de los Canónigos im 19. Jahrhundert an den Staat über. Heute erstreckt sich der Besitz auf 600 ha, davon 70 ha Rebland. Das Gut erzeugt eine Reihe von Rotweinen; die Reserva und die Gran Reserva werden von Tinto Fino (Tempranillo) mit etwas Cabernet Sauvignon und einem Spritzer (weißem) Albillo bereitet. Der Stil ist klassisch; vor allem die Gran Reserva verrät mit Leder- und Röstnoten den 32-monatigen Eichenausbau.

Carretera Renedo-Pesquera, km 39, 47315 Pesquera de Duero, Valladolid; www.bodegadehesadeloscanonigos.com

Díaz Bayo Ribera del Duero

Die Familie Díaz Bayo ist seit zehn Generationen in der Region ansässig, und einige ihrer Mitglieder können sich noch an die Zeit vor dem Reblausbefall erinnern, als Weinstile und -bereitung noch ganz anders waren. In der neuen Kellerei stehen Gärbottiche aus Beton, Edelstahl und französischer Eiche, und trotz ihrer langen Geschichte experimentiert die Familie fröhlich weiter, wobei schön ausgewogene Weine im modernen Stil entstehen. Bei der Reihe Nuestro (»Unsere«) ist die Fassreifungszeit auf dem Etikett ausgewiesen; so hat etwa der Nuestro 10 Meses zehn Monate in Eiche verbracht.

Camino de los Anarinos, 09471 Fuentelcésped, Burgos
www.bodegadiazbayo.com

Domaine Bernard Magrez Toro

Die Tatsache, dass der Bordelaiser Weinmagnat Bernard Magrez die DO Toro und nicht etwa Rioja oder Ribera del Duero für seine Investition gewählt hat, zeigt das Potenzial der Region. Französische Weinmacher fühlen sich von ihr angezogen und haben einen beachtlichen Beitrag zur Zähmung des rauen Gebiets geleistet. Die Weine, der Paciencia und der Temperancia, bewahren die Kraft ihrer Herkunftsregion, zeigen aber auch Magrez' Vorliebe für reifes Tannin und die damit einhergehende geschmeidige Frucht. Magrez betreibt außerdem zusammen mit Gérard Depardieu das Gut Les Clés du Terroir. In Toro ist Depardieu an der Bereitung des Spiritus Sancti beteiligt, in Magrez' Priorat-Gut an der des Sine Nomine; der dortige Magrez-Wein heißt Herència del Padrí.

Keine Besuchereinrichtungen; www.bernard-magrez.com

Dominio de Atauta Ribera del Duero

Der Erfolg des Weinguts basiert auf den alten Buschreben, die dem Einfall der Reblaus Ende des 19. Jahrhunderts irgendwie zu trotzen vermochten. Miguel Sánchez, aufgewachsen in der Region und später Weinhändler in Madrid, beschloss, den aufgegebenen Tinto-Fino-Reben (Tempranillo) gemeinsam mit dem französischstämmigen Weinmacher Bertrand Sourdais zu neuer Blüte zu verhelfen. Die Kellerei, in der der Wein nur mittels Schwerkraft bewegt wird, und der biodynamisch bewirtschaftete Weinberg an der Ostgrenze von Ribera del Duero tragen das Ihre zur Kreation kraftvoller, dunkler, geschmeidiger Weine mit Eleganz und Ausgewogenheit bei. Im Valdegatiles und im Llanos de Almendro drückt sich das Terroir besonders schön aus.

Carratera a Morcuera, Atauta, 42345 San Esteban de Gormaz (Soria); www.dominiodeatauta.com

PRIETO PICUDO & CO.

In einer von Cabernet Sauvignon beherrschten Welt ist der Wunsch verständlich, lokale heimische Rebsorten ausfindig zu machen – man nennt sie auch »autochthone Sorten« (von griechisch *autos*, »selbst«, und *chthon*, »Erde«). Gegenwärtig haben der Norden Zentralspaniens und Nordwestspanien die Trümpfe in der Hand. Prieto Picudo ist eine in der Provinz León heimische rote Traube und wird in Weinen der DO Tierra de León sowie in den beiden Vinos de Calidad (eine Vorstufe zur DO) Valtiendas und Valles de Benavente verarbeitet. Die Reben, an denen feste, längliche Trauben wachsen, gedeihen auf extrem kargen Böden und in rauen Klimata. Die Weine besitzen eine tiefdunkle Farbe, sogar die Rosados. Als dickschalige Sorte besitzt sie feste Tannine, die von der roten Frucht unterstützt werden. Die Juan-García-Rebe hingegen findet sich in der Grenzregion zu Portugal, in der Provinz Zamora. Mit ihrer dünnen Schale eignet sie sich bestens für die Bereitung junger Weine. Die Rufete wiederum, eine Favoritin in der DO Arribes del Duero, ist in Bezug auf die Farbe das Leichtgewicht unter den drei Rebsorten, kann aber den fruchtigen Charakter von Verschnitten verstärken.

EBANO
DER EBANO 6 REIFT VIER MONATE IN FRANZÖSISCHER EICHE UND ZWEI MONATE IN DER FLASCHE

ESTANCIA PIEDRA
FESTE TANNINE SORGEN FÜR AUSGLEICH ZUR MÄCHTIGEN FRUCHT DES PAREDINAS

Dominio del Bendito Toro

Auch dies ist ein erfolgreiches Projekt eines französischen Kellermeisters, Antony Terry, der früher für die Quinta de la Quietud (siehe S. 121) tätig war und 2004 sein kleines Gut bei Toro gründete. Seine teilweise bis zu 80 Jahre alten Tinta-de-Toro-Reben (Tempranillo) baut er biologisch an. Jeder seiner drei Rotweine beweist behutsamen Einsatz von Eiche, um die Tannine zu zähmen: Der einfache Dominio del Bendito (silbernes Etikett) verbringt sechs Monate in französischer Eiche, die Crianza (goldenes Etikett) zwölf Monate. Der wuchtige El Titán braucht Zeit, um sich zu mäßigen. Es gibt auch ein wenig Süßwein aus getrockneten Trauben. ★**Aufsteiger**

Plaza Santo Domingo 8, 49800 Toro
www.bodegadominiodelbendito.com

Dominio de Pingus Ribera del Duero

Pingus ist einer jener seltenen, in winzigen Mengen erzeugten Weine, die nahezu auf Anhieb – in diesem Fall 1995 – internationalen Ruhm erlangten. Der blonde Däne Peter Sisseck (Spitzname »Pingus«) ist fast so sehr Kult wie sein Wein. Der Ertrag der seit 2000 biodynamisch angebauten alten Tinto-Fino-Reben (Tempranillo) wird extrem begrenzt; der Wein reift zu 100 % in neuer Eiche. Das Resultat ist ein Kraftprotz, der Zeit braucht, um sich zu mäßigen: voll und fleischig mit Mokkanoten, festen Tanninen, strahlender Säure und einem sauber-mineralischen Abgang. Flor de Pingus heißt der Zweitwein. Seit Neuestem bereitet Sisseck in Kooperation mit hiesigen Winzern einen sehr zugänglichen Roten, den Psi. Auch als Berater ist er tätig: bei Hacienda Monasterio in Ribera del Duero (siehe S. 117), Viñas de la Vega del Duero (siehe S. 123) und Clos d'Agon (im Priorat; siehe S. 129).

Hospital, 47350 Quintanilla de Onésimo, Valladolid
Tel. 0639 833 854

Dominio de San Antonio Ribera del Duero

Das junge, kleine Gut (10 ha) ist mit minutiöser Sorgfalt auf dem Weg zu einem großen Namen. Im Ertrag beschränkte Tempranillo-Reben liefern drei Weine: La Soledad von sehr kargen Böden, Las Favoritas, ein jährlich wechselnder Verschnitt der besten Parzellen, und Dominio de San Antonio von zugekauften Trauben. Der Ausbau erfolgt in Fässern aus französischer, amerikanischer und mitteleuropäischer Eiche. ★**Aufsteiger**

Carretera Madrid–Irún, km 163,5 (Camino de Sinovas), CP 09400 Aranda de Duero; www.dominiodesanantonio.com

Ebano Ribera del Duero

Die ultramoderne Kellerei verwendet Gärtanks aus Edelstahl und französische Barriques für ihre beiden reinsortigen Tempranillo-Weine, Ebano und Ebano 6. Sie sind in modernem Stil bereitet, mit reifer, runder Frucht, Noten von gekochten Früchten und Vanille, frischer Säure, festem Tannin und sauberem, mineralischem Abgang.

Carretera Nacional 122, km 299,6, pol 1 parcela 32, 47318 Castrillo de Duero; www.ebanovinedosybodegas.com

Elias Mora Toro

Als »die zwei Victorias« haben Victoria Pariente und Victoria Benavides einige Berühmtheit erlangt. Erstere ist in Rueda (siehe José Pariente, S. 118) tätig, Letztere in Toro. Hier ist das Klima trocken und kontinental, der Boden steinig – ideal für langlebige, widerstandsfähige, wurzelechte (da von der Reblaus verschonte) Reben. Benavides verlässt sich eher auf den Weinberg als auf ausgefuchste Kellertechnik, und ihre Weine, vor allem der Gran Elias Moro, sind von außergewöhnlicher Dichte und Kraft.

San Román de Hornija, 47530 Valladolid
www.bodegaseliasmora.com

Emilio Moro Ribera del Duero

Die Kellerei wurde Ende der 1980er-Jahre gegründet und verfügt nun über 70 ha mit Tinto Fino (Tempranillo) bestockte Weinberge. Emilio Moros Weine sind seit 1998 nicht mehr als »(Gran) Reserva« deklariert, vielmehr begann er, Wert auf eigenständige Stile zu legen und jedem Wein seinen eigenen Namen und Charakter zu geben. Zuerst kam der Malleolus heraus, 2000 gefolgt vom Malleolus de Valderramiro, der von den ältesten Weinstöcken stammt und in amerikanischer Eiche reift; das komplexe, kraftvolle Spitzengewächs Malleolus de Sanchomartín erschien 2002.

Carretera Valoria–Peñafiel s/n, 47315 Pesquera de Duero, Valladolid; www.emiliomoro.com

Ermita del Conde

Vino de la Tierra de Castilla y León

Das 2006 gegründete Gut ist ein echter Grünschnabel in einer geschichtsträchtigen Region, in der schon die Römer ihre Spuren hinterlassen haben. Auf 12 ha werden Tempranillo, Cabernet Sauvignon und Merlot angebaut. Die Trauben für die beiden Rotweine – den Ermita del Conde und den (nur in den besten Jahrgängen erzeugten) Pago del Conde – werden sorgfältigst ausgelesen, um beste Qualität zu garantieren. Auch weißer Viña Sulpicia von der lokalen Sorte Albillo. ★**Aufsteiger**

Camino de Torre 1, 09410 Coruña del Conde, Burgos
www.ermitadelconde.com

Estancia Piedra Toro

Dieser Betrieb ist einer der hellsten Sterne von Toro. Der aus Schottland stammende Anwalt Grant Stein hatte hier 1998 so etwas wie eine Erleuchtung und beschloss, ein Weingut zu gründen. Derzeit stehen auf rund 70 ha 1998 gepflanzte Tinta-de-Toro-Reben (Tempranillo), während die Trauben von einer 1927 bestockten Parzelle für den Spitzenwein Paredinas verwendet werden. Die gut ausgestattete und geführte Kellerei erzeugt moderne Weine ohne rustikale Tannine, stattdessen aber mit viel unverfälschter dunkler Frucht und neuer französischer Eiche.

Carretera Toro–Salamanca, km 5, 49800 Toro
www.estanciapiedra.com

Félix Callejo Ribera del Duero

Der 1989 gegründete Familienbetrieb mit 100 ha wird jetzt von der nächsten Generation geführt. Der 4 Meses en Barrica besitzt jugendliche Fruchtigkeit; mehr Struktur und Intensität weisen die Crianza und die Reserva auf. Die Gran Reserva verbringt 24 Monate in bereits einmal gebrauchten Fässern aus französischer Eiche, die daher nicht über die Frucht dominiert. Der Selección Viñedos de la Familia von den besten Trauben wird nur 15 Monate in neuer französischer Eiche ausgebaut: eine reife, dichte, moderne Tinto-Fino-Version.

Avenida del Cid, km 16,400, 09441 Sotillo de la Ribera
www.bodegasfelixcallejo.com

Finca Sobreño Toro
Die Finca Sobreño wurde von einigen Weinmachern aus Rioja gegründet, die das Potenzial der Region Toro erkannten. Der erste Jahrgang war 1998; heute besitzt das Gut 80 ha Weinberge und bewirtschaftet weitere 90 ha. In kürzester Zeit hat sich Finca Sobreño als Erzeuger gut bereiteter, ausgefeilter Weine von Tinta de Toro (Tempranillo) zu vernünftigen Preisen etabliert, denen die Rauheit vieler roter Toros völlig fehlt.

Carretera N-122, km 423, Aptdo. 52, 49800 Toro
www.sobreno.com

O. Fournier Ribera del Duero
Mit Kellereien in Chile und Argentinien (siehe S. 66 und 77) erfüllt die Familie Fournier ihre Mission, in spanischsprachigen Ländern hochwertigen Wein zu erzeugen. In Ribera del Duero sind ihre 60 ha steiniger Weinberge vorwiegend mit Tinta del País (Tempranillo) bestockt. Die Urban-Reihe umfasst hier wie in Südamerika die Einstiegsweine, gefolgt von Spiga mit lebhafter roter Frucht und teerartigen Tanninen, der zwölf Monate in französischer Eiche reift, und Alfa Spiga (20 Monate Fassausbau). An der Spitze steht der wuchtige O. Fournier, die Topmarke jeder Kellerei, der 18 Monate in französischer und amerikanischer Eiche verbringt.

Finca El Pinar, 09316 Berlangas de Roa, Burgos
www.bodegasofournier.com

François Lurton Toro
Der umtriebige französische Weinunternehmer ist gerade dabei, sich in Spanien eine Art Imperium zu errichten. In seiner neuen Kellerei bereitet er Weine für die DOs Toro und Rueda sowie Vino de la Tierra de Castilla y León. Sein beachtlichster Toro ist der Campo Eliseo, den er gemeinsam mit Michel Rolland bereitet: ein sortenreiner Tinta de Toro (Tempranillo) von verschwenderischer Fülle und Dichte. Der Zweitwein heißt Campo Alegre. Die Reihe El Albar von in Toro angebauten Trauben ist aus technischen Gründen mittlerweile als Vino de la Tierra etikettiert. Alle Weine zeigen einen ausgewogenen, eleganten Stil. In Rueda werden unter der Marke Hermanos Lurton frische, knackige Verdejo- und Sauvignon-Blanc-Weine mit starkem französischem Einfluss erzeugt. Der De Puta Madre ist ein faszinierender süßer weißer Verdejo.

Camino Magarin, 47529 Villafranca de Duero
www.francoislurton.com

Fuentenarro Ribera del Duero
Das Gut und seine Weinberge, alle in Familienbesitz, liegen auf rund 800 m Höhe. Die schlichte, unprätentiöse Kellerei ist mehr als geeignet für die Erzeugung sehr typischer Joven-, Crianza- und Reserva-Weine von Tempranillo und deren Ausbau in französischer und amerikanischer Eiche. Die Weine werden von Jahr zu Jahr besser, vor allem der Vendimia Seleccionada, für den gegenwärtig nur das allerbeste Lesegut verwendet wird.

Calle Constitución 32, 09311 La Horra, Burgos
www.fuentenarro.com

Garciarévalo Rueda
Der kleine Familienbetrieb schreibt Qualität ganz groß und verarbeitet Verdejo sowohl sortenrein als auch als Verschnitt. Die Spitzenweine unterscheiden sich von den anderen durch die Mühe, die man sich mit dem Hefesatz macht, um Geschmack und Textur zu verbessern – eine immer häufiger angewandte Praxis in Rueda. Am klarsten zum Ausdruck kommt dies im Tres Olmos Lias mit komplexer Textur und feiner, frischer Säure als Gegengewicht zur Reichhaltigkeit.

Plaza de San Juan 4, 47230 Matapozuelos
www.garciarevalo.com

Hacienda Monasterio Ribera del Duero
Als die gegenwärtigen Eigentümer das Gut 1991 übernahmen, engagierten sie Kultweinmacher Peter Sisseck als Geschäftsführer – bis dieser Dominio de Pingus gründete. Kein Wunder, dass die Weine der Hacienda Monasterio weltweit Aufmerksamkeit erregten. Nach wie vor steht Sisseck Kellermeister Carlos de la Fuente als Berater zur Seite. Im Weinberg wächst Tinto Fino (Tempranillo) neben Cabernet Sauvignon, Merlot und Malbec. Diese an Bordeaux orientierte Zusammenstellung verleiht dem Wein blumige Aromen, Noten von schwarzen Früchten und eine feste Struktur.

Carrater Pesquera-Valbuena, 47315 Pesquera de Duero, Valladolid; www.haciendamonasterio.com

Hijos de Antonio Barceló Ribera del Duero
Die Bodegas Barceló sind ein beeindruckendes Unternehmen mit einer über 100-jährigen Firmengeschichte, die von zunächst langsamer, dann rapider Expansion geprägt ist. Gegründet wurde es 1876 in Málaga von Don Antonio Barceló Madueño, einem der ersten Exporteure spanischer Weine. So richtig zu wachsen begann die Firma mit Bodegas Peñascal in Castilla y León 1973, Viña Mayor in Ribera del Duero 1986 und Bodegas Palacio in Rioja 1999, gefolgt von Neuerwerbungen in Toro und Rueda. Erzeugt wird eine ganze Reihe preiswerter, moderner Weine, die alle von subtilem Verständnis des Verbrauchergeschmacks zeugen. Typisch ist der Viña Mayor, eine Crianza mit schönem Bukett und saftig-mildem Geschmack. Die Reserva heißt Secreto, mit wuchtiger, durch reife Frucht abgerundeter Eiche.

Carretera Valladolid–Soria, km 325,6, 47350 Quintanilla de Onésimo, Valladolid; www.habarcelo.es

Hornillos Ballesteros Ribera del Duero
Namensgeber des Guts sind die beiden Eigentümer Miguel Hornillos und Javier Ballesteros. Trotz ihrer Jugend verfügen sie schon über einige Erfahrung, da auch ihre Familien in der Weinbranche tätig sind. Diese Erfahrung schlägt sich in ihren wunderbar reifen, abgerundeten Weinen nieder, die in der Kritikergunst rapide steigen. Für die Weine der MiBal-Reihe werden nur sorgfältig selektierte Tinta-del-País-Trauben (Tempranillo) verwendet, der Perfil wird sogar in neuer Eiche vergoren und anschließend 30 Monate in neuer französischer Eiche gereift. Heraus kommt ein wuchtiger, gut strukturierter Wein mit Röst- und Gewürzaromen und reifer Frucht.
★ Aufsteiger

Camino Tenerias 9, 09300 Roa de Duero, Burgos
www.hornillosballesteros.es

Ismael Arroyo Ribera del Duero
Ismael Arroyo zählt zu den zurückhaltenderen unter den Spitzenerzeugern in Ribera del Duero. Das zeigt sich sogar an der unterirdischen Bauweise der Kellerei, die die alten Keller und tief in den Hügel getriebenen Tunnel

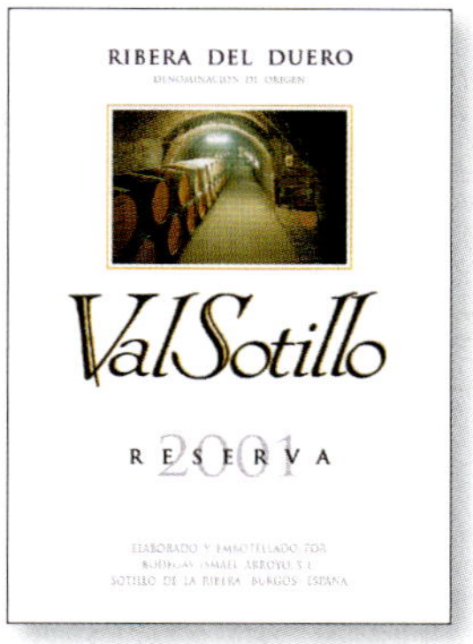

ISMAEL ARROYO
REINSORTIGER TEMPRANILLO VON NACH SÜDEN AUSGERICHTETEN HANGLAGEN

HACIENDO MONASTERIO
ALLE WEINE DIESES GUTS HABEN MINDESTENS ZWÖLF MONATE FLASCHENREIFE

JUAN MANUEL BURGOS
EIN VIOLETTER, KONZENTRIERTER WEIN MIT JEDER MENGE SÜSSER BEERENFRUCHT

LOS ASTRALES
FRISCH-FRUCHTIGER, SCHÖN ZUGÄNGLICHER WEIN MIT REIFEN TANNINEN

verbirgt. Der Stil der sämtlich von Tinta del País (Tempranillo) bereiteten Weine ist kraftvoll. An der Spitze steht die Reihe Val Sotillo mit ausdrucksstarker Maulbeer- und Zwetschgenfrucht und festem, trockenem Abgang.

C/Los Lagares, 71, 09441 Sotillo de la Ribera, Burgos
www.valsotillo.com

Javier Sanz Rueda

Javier Sanz (nicht mit der anderen hier erwähnten Familie Sanz verwandt) bezeichnet sich selbst schlicht als *viticultor* (Weinbauer) und vermerkt das auch auf seinen Etiketten. Er hat recht – seine Weine sind purer, unverfälschter Ausdruck seiner 104 ha Weinberge. Er erzeugt auch fassvergorenen Verdejo, am erfolgreichsten aber sind zweifellos die ohne Eiche ausgebauten sortenreinen Weißweine. Der Rey Santo ist ein junger Verdejo/Viura-Verschnitt.

San Judas 2, 47491 La Seca, Valladolid
www.jsviticultor.com

José Pariente Rueda

Die Rebstöcke des Guts wachsen auf Hanglagen und versprechen dank der Kiesböden, kalten Nächte und strengen Winter Qualität. Schlüsselfigur ist die Kellermeisterin Victoria Pariente, eine der beiden berühmten »zwei Victorias« (siehe Elias Mora, S. 116). Aus den von ihrem Vater José gesetzten Verdejo-Reben erzeugt Pariente einen ausgesprochen frischen Weißwein sowie einen weiteren mit mehr Struktur, der sieben Monate in französischer Eiche verbringt. Einen interessanten Kontrast bildet der neue Sauvignon Blanc von über 25 Jahre alten Buschreben, die zur Zeit ihrer Pflanzung in Rueda eine Novität darstellten.

Carretera de Rueda, km 2,5, 47491 La Seca, Valladolid
www.josepariente.com

Juan Manuel Burgos Ribera del Duero

Das 1999 gegründete Gut mit 20 ha Rebfläche im östlichen Teil von Ribera steckt gewissermaßen noch in den Kinderschuhen. Burgos erzeugt drei Weine von Tinto Fino (Tempranillo), die alle Avan heißen: den Nacimiento (jung), den Concentración (aus einer Auswahl konzentrierterer Trauben) und den Cepas Centenarias (von hundertjährigen Reben aus der Zeit vor dem Reblausbefall). Die in geringen Mengen sorgfältig bereiteten Weine sind alle geschmeidig und voller Heidelbeer- und Brombeerfrucht, unterlegt von festem Tannin. ★**Aufsteiger**

Calle de la Aranda, 39, 09471 Fuentelcesped, Burgos
www.byvjuanmanuelburgos.com

La Mejorada Vino de la Tierra de Castilla y León

Dieses Weingut in einem ehemals bedeutenden Kloster aus dem 15. Jahrhundert gehört sicherlich zu den entzückendsten Spaniens. Die Kapelle im islamisch-spanischen Mudéjar-Stil wurde 1931 zum Nationaldenkmal erklärt. Die Kellerei befindet sich an der Stelle, wo früher der Kreuzgang war. Drei Weine erzeugt man hier momentan: den Villalar aus vorwiegend Cabernet Sauvignon mit 10 % Tempranillo, den Las Norias (Tempranillo) sowie den Spitzenwein Las Cercas (60 % Tempranillo und 40 % Syrah), der 36 Monate in Eiche ausgebaut wird.

Monasterio de La Mejorada, 47410 Olmedo, Valladolid
www.lamejorada.com

La Setera Arribes del Duero

Auf dem Hof an der Grenze zu Portugal, wo sich der Duero tief in die Granitfelsen eingeschnitten hat, wollte Sara Groves-Raines aus Nordirland mit ihrem Mann Patxi Martínez ursprünglich Ziegen halten und Käse erzeugen. Doch dann rieten ihnen Telmo Rodríguez (siehe S. 123) und der englische Weinhändler Simon Loftus, alte Rebstöcke der lokalen Sorte Juan García aufzuspüren und Wein zu erzeugen. Aus ihr bereiten sie nun frische Rosados und stämmige Rote, außerdem komplexen, aromatischen Malvasía sowie köstlichen Touriga Nacional aus zugekauftem portugiesischem Lesegut. ★**Aufsteiger**

Fornillos de Fermoselle, 49232 Zamora; www.lasetera.com

La Soterraña Rueda

Die von einigen Geschäftsleuten gegründete neue Kellerei ist ein weiteres Zeichen für das wachsende Ansehen, das die DO Rueda als Quelle erstklassiger junger Weißweine in Spanien genießt. Hier werden Verdejo/Viura-Verschnitte sowie sortenreiner Verdejo und ein Sauvignon Blanc erzeugt. Der Verdejo zeigt die klassische grünliche Farbe und lebhafte, intensive Säure, der Sauvignon mit reifem, fruchtigem Charakter ist kraftvoller.

Carretera Nacional 601, km 151, 47410 Olmedo, Valladolid
www.bodegaslasoterrana.com

Leda Viñas Viejas

Vinos de la Tierra de Castilla y León

Dies ist eine der diversen interessanten Neugründungen in Castilla y León. Kellermeister César Muñoz (siehe auch Montebaco, S. 119) erzeugt aus Tinto Fino (Tempranillo) von alten Reben üppige, dicht strukturierte Weine der DOs Cigales und Ribera del Duero. Gleich der erste Jahrgang, 1998, war ein Erfolg, und seither haben die Weine durchweg für Aufmerksamkeit gesorgt. Más de Leda ist der Zweitwein. Der Sara Soto, ein roter Cigales, ist nach der behindert zur Welt gekommenen Tochter des Eigentümers benannt; die Einkünfte fließen einer sozialen Stiftung zur Unterstützung Behinderter zu. ★**Aufsteiger**

Mayor 48, 47320 Tudela de Duero, Valladolid
www.bodegasleda.com

Lezcano-Lacalle Cigales

Der recht kleine Familienbetrieb mit 15,5 ha in 800 m Höhe erzeugt Weine, die beweisen, was in Cigales steckt – vor allem, dass die DO keineswegs nur ein minderwertiger Abklatsch von Ribera del Duero ist. Die Verschnitte enthalten etwas Merlot und Cabernet Sauvignon, die Grundlage jedoch ist Tinto Fino (Tempranillo), der feine Struktur und Tiefe mit Zedernholz- und Lakritznoten verbindet. Die Reserva wird in Missouri-Eiche gereift.

47292 Trigueros del Valle, Valladolid
www.bodegaslezcano.com

Liberalia Enológica Toro

»Liberalia« bezieht sich auf den römischen Gott Liber, einen Vorläufer des Weingottes Bacchus – einer der Hinweise auf die künstlerischen und kulturellen Interessen des Gründers Juan Antonio Fernández, der im Keller durchaus auch Musik von Bach und Händel zur inneren Sammlung erklingen lässt. Selbst im Weinberg wird mitunter klassische Musik gespielt. Es bestehen Pläne für kulturelle Veranstaltungen und ein seriöses Weintourismusprojekt. Doch natürlich werden auch Weine bereitet, vor allem kraftvolle Rote mit festen Tanninen von Tinta de Toro (Tempranillo). Der Liberalia Uno ist ein süßer Weißwein aus 90 % Moscatel und 10 % Albillo.

Camino del Palo, 49800 Toro-Zamora; www.liberalia.es

Los Astrales Ribera del Duero
Diesen Erzeuger sollte man im Auge behalten. Im Jahr 2000 beschloss die Traubenanbauerfamilie Romero de la Cruz, ihren eigenen Wein zu produzieren, und sicherte sich die Dienste eines einflussreichen Beraters: Eduardo García (von Leda), Sohn des ebenso einflussreichen Mariano García (früher Vega Sicilia, jetzt Mauro u.a.). Die geschmeidige Crianza mit feiner Eichennote verbringt 17 Monate in französischer Eiche; zur besseren Ausgewogenheit wird auch etwas amerikanische Eiche verwendet. Christina heißt das Spitzengewächs: intensiv, komplex und zum Einlagern bestimmt. ★**Aufsteiger**

Carretera Olmedillo, km 7, 09313 Anguix, Burgos
www.astrales.es

Magallanes Ribera del Duero
Kellermeister César Muñoz hat einen exzellenten Ruf: Er war bzw. ist für einige Spitzenerzeuger der Region wie Leda, Victoria, Monte Baco, Bohorquez und Cesar Príncipe tätig. Magallanes ist sein eigenes Projekt; hier erzeugt er Tinto-Fino-Weine von Weinbergen in 998 m Höhe, den höchstgelegenen in Ribera del Duero. Die Trauben werden lange eingemaischt, was für starke Extraktion sorgt und kraftvolle, würzige, körperreiche Weine ergibt, die einige Zeit gelagert werden sollten.

Keine Besuchereinrichtungen; www.cesarmunoz.es

Mähler-Besse Toro
Das Haus Mähler-Besse machte sich in Frankreich (Bordeaux, um genau zu sein) einen Namen als *négociant* und wurde 1938 Miteigentümer von Château Palmer. Die ausgedehnten Geschäftsinteressen richteten sich auch auf Spanien, wo die Firma 1980 zu investieren begann, nachdem man das noch unerschlossene Potenzial und dessen Nutzen für das internationale Firmenportfolio erkannt hatte. Gut eingeführt ist mittlerweile die Marke Taja mit Monastrell-Weinen (reinsortig und verschnitten) aus Jumilla. Die neue Marke Oro (in Toro) basiert auf Tinta de Toro (Tempranillo): Der Joven ist ein junger, frischer, fruchtiger Roter; der Selección verbringt acht Monate im Barrique, die Reserva 20 Monate.

49, rue camille Godard, 33000 Bordeaux, France
www.mahler-besse.com

Margón Tierra de León
In Tierra de León, einer der jüngsten spanischen DOs (2007), bereitet man aus der Prieto-Picudo-Traube sowohl Rotwein als auch den traditionellen Rosado. Für die Bodegas Margón haben die beiden Gründerfamilien den Starweinmacher Raúl Pérez engagiert – daher das vielfältige, einfallsreiche Angebot. Neben dem lokalen, teils in österreichischer Eiche vergorenen weißen Albarín und dem Prieto Picudo (in französischer Eiche vergoren) gibt es auch ein wenig Verdejo-Süßwein aus erst im Dezember gelesenen Trauben. Manchmal rustikal, immer interessant – im Auge behalten. ★**Aufsteiger**

Avenida de Valencia de Don Juan, 24209 Pajares de Los Oteros; www.bodegasmargon.com

Marqués de Velilla Ribera del Duero
Die in der Nähe von La Horra angesiedelte riesige Kellerei im Château-Stil bezieht ihr Traubengut von fast 200 ha eigenem Rebland. Nachdem man sorgfältig Bodenstruktur und Wasserverfügbarkeit der Lagen untersucht hatte, wurden Tinto del País (Tempranillo), Cabernet Sauvignon, Merlot und Malbec in die jeweils geeignetsten Parzellen gepflanzt. Ebenso durchdacht ist die Kellerei, die Weine mit reifer Frucht und jeder Menge Eichenholzwürze hervorbringt. Das Spitzengewächs, Doncel de Mataperras, ist rund und geschmeidig mit lebhafter Säure und gut eingebundenen Tanninen.

Carretera de Sotillo, 09311 La Horra, Burgos
www.marquesdevelilla.com

Matarredonda Toro
Toro-Neuzugang Alfonso Sanz (2000) hat schnell Eindruck gemacht. Er besitzt 62 ha mit Tinta de Toro bestockte Weinberge, darunter auch Reben aus der Zeit vor der Reblaus. Sandige Böden und ein warmes Klima sorgen für mächtige, reife, alkoholstarke Weine. Der Juan Rojo, acht Monate in Eiche ausgebaut, zeigt ein fein ausbalanciertes Gaumenspiel von Frucht und Gewürzen; der Libranza (14 Monate in Eiche) ist wuchtiger und muss einige Zeit in der Flasche reifen. ★**Aufsteiger**

Carretera Toro–Valdefinjas, km 2,5, 49800 Toro, Zamora
www.vinolibranza.com

Matarromera Ribera del Duero
Die 1988 gegründete Kellerei liegt auf einem Hügel mit Blick über Valbuena de Duero, der Weinberg ist vorwiegend mit Tinto Fino bestockt. Dank des Ausbaus in amerikanischer und französischer Eiche entstehen klassische Ribera-del-Duero-Weine (Crianzas, Reservas, Gran Reservas). Das Unternehmen besitzt zwei weitere Kellereien in der DO: Emina und Renacimiento, wo der kraftvoll-würzige Rento produziert wird. Bei Emina entsteht die interessante Reihe 3 Barricas: drei Weine, die jeweils in Eichenfässern unterschiedlicher Provenienz (Frankreich, Spanien, USA) ausgebaut werden. Die Matarromera-Gruppe engagiert sich sehr für Weintourismus; den Mittelpunkt bildet Emina, zu dessen Einrichtungen ein Weinbildungszentrum zählt. Zum Besitz gehören außerdem die Bodegas Emina Rueda (mit grasigen Verdejos, hervorzuheben vor allem der Selección Personal Carlos Moro) und Valdelosfrailes (Cigales).

Carretera Renedo–Pesquera, km 30, 47359 Valbuena de Duero; www.matarromera.es

Montebaco Ribera del Duero
Die Weinberge auf etwa 850 m zählen zu den höheren Lagen in Ribera del Duero, was den Weinen Frische verleiht. Das Gut wurde 1982 von Traubenanbauern gegründet und mittlerweile um eine bestens ausgestattete Kellerei erweitert. Als Berater fungiert der weit gereiste César Muñoz, der die dichte, saftige Frucht mit Sorgfalt behandelt und mit französischer und amerikanischer Eiche in Berührung bringt. Der Vendimia Seleccionada zeigt die Intensität der 60-jährigen Reben, kombiniert mit 16 Monaten Fassausbau und 22 Monaten Flaschenreife: ein intensiver, sehr komplexer Stil. Außerdem erzeugt Montebaco frischen, blumigen Verdejo Rueda.

47359 Valbuena de Duero, Valladolid
www.bodegasmontebaco.com

DIE REBLAUS

Dass die Reblaus *(Phylloxera vastatrix, Viteus vitifolii)* gegen Ende des 19. und zu Beginn des 20. Jahrhunderts in ganz Europa die Weinberge verwüstete, indem sie die Wurzeln der Reben angriff, ist eine der bekanntesten Tatsachen der europäischen Weingeschichte. Versteckt in Pflanzenmaterial gelangte sie aus Amerika in die übrige Welt, wo sie ihr Zerstörungswerk begann. Die Winzer wurden der Plage nur dadurch Herr, dass sie alle betroffenen Weinberge rodeten und neu bestockten, wobei europäische Edelreben auf reblausresistente amerikanische Wurzelstöcke (»Unterlagsreben«) gepfropft wurden.

Weniger bekannt ist, dass einige Weinberge damals dem großen Lausangriff entkamen, insbesondere auf der Iberischen Halbinsel – und dort nicht wenige in Castilla y León. Auf Sandböden nämlich ist die Laus machtlos – und darum gibt es zwischen Valladolid und Zamora noch einige Weinberge mit Reben, die schon vor der Zeit der Ankunft der Reblaus gepflanzt wurden. Diese knorrigen schwärzlichen Buschreben sind wurzelecht, und Weinkenner sind der Meinung, dass die jeweiligen Merkmale des Bodens in ihnen besonders deutlich zum Ausdruck kommen.

PALACIO DE BORNOS
DURCH KÜHLE VERGÄRUNG BEHÄLT DIESER VERDEJO SEINE GANZE FRISCHE FRUCHT

PAGO DE LOS CAPELLANES
ALLE WEINE DIESES ERZEUGERS WERDEN VON TEMPRANILLO-TRAUBEN BEREITET

Naia Rueda
Obwohl erst 2002 gegründet, hat Naia sich rasch zu einem strahlenden Fixstern am Firmament von Rueda entwickelt. Erfolgsgaranten sind die tiefen Kiesböden sowie Kellermeister Eulogio Calleja. Auf die sorgfältige Traubenselektion folgt vor der Gärung eine Kaltmaischung, um Aromen und Textur zu gewinnen. Der K-Naia besitzt eine pikante Säure, der Naia paart zitrusfruchtige Frische mit einer Fülle, die aus der Hefesatzlagerung resultiert. Naiades, das Spitzengewächs, stammt von auf sehr mineralischen Böden wachsenden Trauben; dank des seit 2007 zurückgenommenen Einsatzes von Eiche kommt nun die elegante Frucht zum Vorschein.

Camino San Martín, 47491 La Seca; www.bodegasnaia.com

Numanthia Toro
Dies ist einer der Erzeuger, die Toro ins Bewusstsein der Weinkonsumenten gerückt haben. Gegründet wurde das Gut 1998 von der Familie Eguren, zu deren anderen herausragenden Gütern Sierra Cantabria, Viñedos de Paganos und Senorío de San Vicente in Rioja zählen (siehe S. 107). 2008 wurde Numanthia an Moët Hennessy verkauft, hat aber kein bisschen an Qualität verloren. Auf den 40 ha Weinbergen stehen auch einige Stöcke aus der Zeit vor der Reblaus; die Tag-Nacht-Temperaturunterschiede begünstigen eine dichte und doch frische Frucht. Der Numanthia Termes gilt als der »kleine Bruder«, repräsentiert ebenso wie die beiden Ikonen Numanthia und Termanthia den gutseigenen Stil. Im Numanthia finden sich reichhaltige, geschmeidige, gekochte Frucht, feine Eiche mit Zedernoten und ein Hauch von Schokolade. Der Termanthia, bereitet von den winzigen Erträgen der ältesten Reben, präsentiert sich als vielschichtiger, intensiver Wein mit mineralischen Noten und pflaumenfruchtiger Komplexität.

Calle Real, 49882 Valdefinjas, Zamora; Tel. 0980 699 147

Ossian Rueda
Das 2005 gegründete Gut im Osten von Rueda, ganz in der Nähe von Viñedos de Nieve (siehe S. 123), erzeugt seine Weine von biologisch angebauten, sehr alten Buschreben aus der Prä-Reblaus-Ära im höchsten Teil der DO. Verantwortlich sind Aalto-Mitbegründer Javier Zaccagnini und Traubenanbauer Ismael Gozalo. Sie konzentrieren sich auf Verdejo, der in französischen Eichenfässern in drei verschiedenen Größen (bis 600 l) vinifiziert wird. Die Weine sind überaus komplex, mit (kräuter)würziger Instensität, schöner Mineralität und viel Alkohol. ★**Aufsteiger**

Calle San Marcos 5, 40447 Nieva, Segovia; www.ossian.es

Otero Vino de Calidad de Valles de Benavente
Den Oteros ist bewusst, dass der Name ihres Anbaugebiets nicht viel hermacht, aber um zu einer DO mit klangvollerem Titel zu wechseln, müssten sie einen enormen bürokratischen Aufwand auf sich nehmen. Die Familie erzeugt seit Anfang des 20. Jahrhunderts Wein, doch erst jetzt, 100 Jahre später, erregen sie Aufmerksamkeit – wegen der autochthonen spanischen Prieto-Picudo-Traube (siehe S. 115). Die rote Crianza zeigt lebhafte Kirschfrucht, die relativ dunklen Rosados von derselben Traube sind ähnlich frisch und fruchtig.

Avenida El Ferial 22, 49600 Benavente
www.bodegasotero.es

Pago de los Capellanes Ribera del Duero
Der »Weinberg der Kaplane« erinnert daran, dass das Gut bis ins 19. Jahrhundert hinein in Kirchenbesitz war. Die Familie Rodero-Villa gründete die Kellerei 1996 und hat sich mit ihren hochwertigen Weinen rasch einen Namen gemacht. Die 110 ha Weinberge sind mit Tinto Fino (Tempranillo) sowie etwas Cabernet Sauvignon und Merlot bestockt. Der Tinto Roble ist ein geschmacksintensiver Jüngling im Stil des Hauses; die Spitzenweine El Picón und El Nogal stammen von Einzellagen, wobei El Nogal der wuchtigere und reichhaltigere der beiden ist.

Camino de la Ampudia, 09314 Pedrosa de Duero, Burgos
www.pagodeloscapellanes.com

Pago de Carraovejas Ribera del Duero
In Segovia isst man gern gebratenes Spanferkel, und der Gastronom José María Ruíz Benito träumte lange davon, einen dazu passenden Wein zu erzeugen. Das 1988 gegründete Gut (der Name bedeutet »Weg, den die Schafe nehmen«) hat mit seinen knackig-frischen Weinen diesen Traum mehr als erfüllt. Die Weinberge unterhalb des malerischen Castillo de Peñafiel sind zu 75 % mit Tinto Fino und zu 25 % mit Cabernet Sauvignon bestockt. Es gibt eine Crianza, eine Reserva und eine Spezialcuvée namens Cuesta de Las Liebres – alle drei gewinnen zunehmend an Dichte und Kraft.

Camino de Carraovejas, 47300 Peñafiel, Valladolid
www.pagodecarraovejas.com

Palacio de Bornos Rueda
Mit der Marke Palacio de Bornos schuf Antonio Sanz einen der beliebtesten Verdejo-Weine der Gegend. Als er begann, 1976, gab es noch gar keine DO Rueda. Im Lauf der Zeit wurde Sanz zu einem Pionier in Sachen Sauvignon Blanc und Schaumwein. Die Weine sind nach wie vor frisch und fruchtig, obwohl die Kellerei nun zur Taninia-Gruppe gehört, die unter anderem auch Señorío de Sarría (Navarra, siehe S. 110), Guelbenzu (Rioja), Toresanas (Toro) und Vallebueno (Ribera del Duero) besitzt. Sanz' Kinder, Ricardo, Marco und Alejandra, haben ihr eigenes Gut, Sitios de Bodega (siehe S. 122).

Carretera Madrid–La Coruña, km 170,6, 47490 Rueda, Valladolid; www.palaciodebornos.com

Páramo de Guzmán Ribera del Duero
Die Marke Páramo de Guzmán war bereits als Erzeuger von Rohmilchschafskäse bekannt, als 1998 die Kellerei mit dem Ziel gegründet wurde, Weine von ebenso hoher Qualität zu produzieren. Zum Gut gehören 25 ha Weinberge; erzeugt werden Rotweine von Tempranillo in jedem Reifestadium des Ausbaus in französischer, amerikanischer und ungarischer Eiche. Die Reserva (24 Monate Ausbau in Eiche) zeigt feine, reife Eichennoten und würzige Frucht. Spitzengewächs ist der Raíz de Guzmán, der 23 Monate in neuer französischer Eiche und anschließend noch 24 Monate in der Flasche reift.

Carretera R-30, 09300 Roa, Burgos
www.paramodeguzman.es

Pérez Pascuas Ribera del Duero
Drei Brüder führen zusammen den Erzeugerbetrieb, der bereits seit der Zeit vor der offiziellen Einführung der DO Ribera del Duero besteht. Sie bauen Tinto Fino (Tempranillo) sowie ein wenig Cabernet Sauvignon und

Merlot an und bauen ihre Weine in amerikanischer und französischer Eiche aus. Der Stil ist recht traditionell mit zupackendem Tannin; der Topwein braucht Zeit, um weicher zu werden.

Carretera Pedrosa de Roa, 09314 Pedrosa de Duero, Burgos
www.vinapedrosa.com

Pesquera Ribera del Duero
Alejandro Fernández, eine der führenden Persönlichkeiten der DO, konnte als ehemaliger Industrieller aus seinem technischen und geschäftlichen Erfahrungsreichtum schöpfen, um die Weinberge seiner Familie – gegenüber von Vega Sicilia gelegen – zu weltweitem Erfolg zu führen. Sein Wein unterschied sich von dem der Nachbarn, beispielsweise durch kürzeren Eichenausbau, und Fernández wusste ihn zu verkaufen. Mit seinen anderen Gütern Condado de Haza, Dehesa la Granja (Zamora) und El Vínculo (La Mancha) ist Fernández ähnlich erfolgreich.

Calle Real 2, 47315 Pesquera de Duero, Valladolid
www.pesqueraafernandez.com

Protos Ribera del Duero
Der Architekturstil der Kellerei erinnert an den Madrider Flughafen – beide wurden vom Büro Richard Rogers entworfen und stehen für das Bestreben der Region Ribera del Duero, mit ihrem Nachbarn Rioja mitzuhalten. Protos begann 1927 als Winzergenossenschaft; heute ist das Angebot breit gefächert und reicht von jungem Rosado bis zur Gran Reserva. Alle Weine werden von Tinto Fino (Tempranillo) bereitet und in amerikanischer Eiche ausgebaut. Es gibt auch eine beeindruckende, reichhaltige, kirschfruchtige Crianza mit langem, frischem Abgang, in den sich eine Kreidenote mischt. In der DO Rueda erzeugt Protos einen Verdejo.

C/Bodegas Protos, 24–28, 47300 Peñafiel, Valladolid
www.bodegasprotos.com

Quinola Toro
Jaime Suarez, ausgebildet in Frankreich und Australien, erzeugt hier seit 2006 einen echten *vino de garaje* (»Garagenwein«): nur 6000 Flaschen von 90 Jahre alten Tinta-de-Toro-Reben, die in 850 m Höhe wachsen. Die Trauben werden mit äußerster Sorgfalt behandelt, um sicherzustellen, dass die abgerundeten Tannine zur üppig-tiefen Frucht passen. Ein moderner Ansatz, alten Reben zu begegnen. ★**Aufsteiger**

Carretera Nacional 122, km 412, 47540 Pedrosa del Rey, Villaesther de Arriba; www.quinola.es

Quinta de la Quietud Toro
Als Berater französischer Spitzenweingüter hat Jean-François Hebrard gelernt, einen guten Weinberg zu erkennen. Deshalb erwarb er das Land mit alten Tinta-de-Toro-Buschreben auf wasserarmen Böden und übersiedelte von Bordeaux nach Toro. Das Ergebnis war ein durchschlagender Erfolg. Der relativ preiswerte Corral de Campanas besitzt den blumigen Reiz der Traube, ohne jedoch rosiniert zu schmecken – stets eine Gefahr bei Tinta de Toro. Der Quietud ist dichter und wuchtiger mit mehr Eichenwürze. Sehr extrahiert ist der La Mula von ausgewählten Trauben.

Camino de Bardales, Apdo de Correos 34, 49800 Toro
www.quintaquietud.com

PESQUERA
DER TINTO PESQUERA IST EIN WEICHER, FRUCHTIGER TEMPRANILLO MIT GUTEM TANNINGEHALT

RIBERA DE PELAZAS
NACH ZWÖLF MONATEN IN HOLZ IST DIESER ROTWEIN WEICH, REIF UND MUNDFÜLLEND

Real Sitio de Ventosilla Ribera del Duero
Real bedeutet »königlich«, und die Verbindungen des »Königlichen Ortes von Ventosilla« zum Königshaus reichen bis zu Isabella I. zurück, die das Anwesen 1503 erwarb. Heute ist es ein Hotel inmitten eines riesigen Guts mit mehr als 3000 ha Grund, davon 500 ha Rebland. Die Weine werden typischerweise von 95 % Tempranillo mit weniger als 5 % Cabernet Sauvignon und Merlot bereitet, in amerikanischer und schließlich drei Monate in französischer Eiche ausgebaut. Die Gran Reserva besitzt die klassische runde Süße, die man von einem Ribera-del-Duero-Wein erwartet.

Carretera Palencia (C-619), 10 km de Aranda de Duero, 09443 Gumiel de Mercado, Burgos; www.pradorey.com

Reina de Castilla Rueda
Es ist erstaunlich, wie schnell man einer Kellerei zu Ansehen verhelfen kann, wenn man sein Herzblut dargibt – Reina de Castilla ist ein perfektes Beispiel dafür. 2006 gründete eine Gruppe von 22 Traubenanbauern mit einem Gesamtbesitz von 1909 ha eine Genossenschaft. In kürzester Zeit entstand eine geräumige, moderne Kellerei, die entschieden besser aussieht als das Gros der in der Landschaft von Rueda verstreuten Barackenquader. In ihrem Inneren wird ein kleines Sortiment moderner Weißweine erzeugt; besonders gut ist der Reina De Castilla Verdejo mit Noten von weißem Pfirsich und Fenchel sowie mineralischer Komplexität.

Camino de la Moya, 47491 La Seca, Valladolid
www.reinadecastilla.es

Rejadorada Toro
Für den Erfolg von Rejadorada (»Goldenes Gitter«), einem der Stars von Toro, sorgt sein Kellermeister, der auch der Technische Direktor der hiesigen Forschungsanstalt ist. Die Familie Remesal hat sich für Klasse statt Masse entschieden und bezieht ihre Trauben von der Verwandtschaft und befreundeten Winzern. Der erste Jahrgang wurde 1999 in einem kleinen alten Palast im Zentrum von Toro vinifiziert, 2003 zog man in ein neues Kellereigebäude außerhalb der Stadt um. Es gibt nur drei Weine, alle von Tinta del Toro: Der Rejadorada ist mit nur sechs Monaten Ausbauzeit in französischer und rumänischer Eiche ein sehr lebhafter Ausdruck dieser Rebsorte, der Novellum Crianza verbringt zwölf Monate in französischer, amerikanischer und rumänischer Eiche, und der wuchtige, gut gebaute Sango, dessen Trauben von über 80 Jahre alten Reben stammen, reift 18 Monate in französischer Eiche.

C/Rejadorada, 11, 49800 Toro; www.rejadorada.com

Ribera de Pelazas Arribes
Die Weine der Region Arribes des Duero, unmittelbar südlich des Flusses an der Grenze zu Portugal, zeigen eine ungeheure Stilvielfalt, die aus den unterschiedlichen Terroirs, aber auch von den lokalen Rebsorten mit ihren individuellen Merkmalen resultiert. Ribera de Pelazas ist eine der Kellereien, die sich der roten Juan-García-Traube verschrieben haben. Insbesondere der Gran Abadengo, eine Reserva von hundertjährigen Reben, offenbart den Reiz dieser Traube, die weicher und zugänglicher ist als viele andere Rotweinsorten.

Camino de la Ermita, Pereña de la Ribera, 37175 Salamanca
www.bodegasriberadepelazas.com

TÁBULA
DIE REICHHALTIGE SCHWARZE FRUCHT DES DAMANA 5 WIRD VON CREMIGEN EICHENNOTEN BEREICHERT

VEGA SICILIA
DER RUNDE, REIFE TINTO FINO MIT DEUTLICHER HOLZNOTE IST EINE LEGENDE IN SPANIEN

Sastre Ribera del Duero

Der Familienbetrieb hat den Sprung vom reinen Traubenanbauer zum Weinerzeuger mit herausragendem Erfolg geschafft. Als die Sastres 1992 ihr eigenes Gut gründeten, entschieden sie sich bewusst für niedrige Erträge und höchste Qualität. Im Weinberg betreibt Jesús Sastre biodynamischen Anbau; seine Weine danken es ihm mit Konzentration und Struktur. Nur 1500 Flaschen werden vom Spitzengewächs Pesus (Tinta del País/Cabernet Sauvignon/Merlot) erzeugt, der 24 Monate in »400 % neuer Eiche« (vier Garnituren neuer Fässer) reift. Lakritz-, Pflaumen- und Mokkanoten und eine großartige Dichte und Fülle sind das Resultat. Der Regina Vides, ein reinsortiger Tinta del País, ist modern und kraftvoll mit geschmeidiger Frucht. Zugänglicher ist die Crianza.

C/ San Pedro, 09311 La Horra, Burgos
www.vinasastre.com

Shaya Rueda

Die winzige, mit Technik vollgestopfte Bodega ist ein neues Joint Venture des US-Importeurs Jorge Ordoñez und der in Jumilla ansässigen Familie Gil. Die Trauben von alten Reben aus der Zeit vor der Reblausplage werden von Hand gelesen und kommen in einen vibrierenden Container, der sie bewegt, ohne sie zu beschädigen. Es gibt zwei sortenreine Verdejo-Weine: den holunderduftigen Shaya und den fassvergorenen Shaya Habis, der sieben Monate in verschieden großen Fässern aus französischer Eiche reift. Der Kellermeister war für Naia tätig und bürgt für (mindestens) dieselbe Qualität. ★**Aufsteiger**

40462 Aldeanueva del Codonal, Segovia
www.orowines.com

Sitios de Bodega Rueda

Geschäftsführer Marco, Kellermeister Ricardo und Marketing- und Pressechefin Alejandra, die drei Kinder von Antonio Sanz, gründeten 2005 mit Sitios de Bodega ihren eigenen Betrieb – mit der erklärten Absicht, eine neue Herangehensweise an Rueda zu entwickeln. Von 50 ha biologisch bewirtschafteten Weinbergen erzeugen sie den beliebten Verschnitt Con Class, die Reihe Palacio de Menade mit sortenreinen trockenen Weißen sowie eine süße weiße Spätlese. Außerdem führt das Team eine 1870 gegründete Familienkellerei namens Terna, die gewichtige Weißweine von alten Reben und einen strukturierten Roten bereitet. Im Auge behalten. ★**Aufsteiger**

Cuatro Calles, 47491 La Seca
www.sitiosdebodega.com

Tábula Ribera del Duero

Die moderne Kellerei im Westen von Ribera del Duero, gerade noch innerhalb der DO-Grenzen, hat es rasch zu hohem Ansehen gebracht. Der moderne Stil der Weine basiert auf den hochwertigen Kalkböden, der doppelten Traubenauslese, der Vergärung in Eichenbottichen und dem Ausbau in vorwiegend französischer Eiche. Der Damana 5, der jüngste Wein (fünf Monate in Eiche), ist ein ansprechend-fruchtiger Verschnitt von Tempranillo mit 5 % Cabernet Sauvignon. Der Gran Tábula (100 % Tempranillo) verbringt 18 Monate im Fass. Spitzengewächs ist der üppige, fleischige Clave mit kraftvollen Röstmokkanoten. ★**Aufsteiger**

Carratera de Valbuena, km 2, 47359 Olivares de Duero, Valladolid; www.bodegastabula.es

Terrazgo Bodegas de Crianza
Arribes del Duero

Das winzige Gut inmitten des großartigen Naturschutzgebiets Arribes del Duero wurde von drei Weinbaustudenten gegründet. Sie arbeiten mit alten Buschreben lokaler Sorten – der kirschfruchtigen Juan García, der jugendlichen Rufete und der vollmundigen Bruñal –, um einen ganz und gar individuellen Wein in geringen Mengen zu erzeugen: den komplexen Terrazgo. Er wird in Edelstahl und Eiche vergoren und in französischer, amerikanischer und ungarischer Eiche gereift. ★**Aufsteiger**

C/ Portugal 7, 49232 Fornillos de Fermoselle, Zamora
www.terrazgo.com

Val de Vid Rueda

Mit seinen Weinbergen auf 700 m Höhe und darüber kann sich Val de Vid (außer in sehr heißen Jahren) auf frische, reife Frucht mit guter Säure verlassen. Verdejo steht im MIttelpunkt der 1996 gegründeten Kellerei. Der Eylo (Verdejo mit 35 % Viura und 5 % Sauvignon Blanc) besitzt lebhafte Frische, der Condesa Eylo die für Verdejo typische vollmundige Reichhaltigkeit. Der Val de Vid erhält durch Hefesatzlagerung zusätzliche Fülle.

Carretera Valladolid–Medina, km 25,3, 47239 Serrada
Tel. 0983 559 414

Valderiz Ribera del Duero

Der Familienbetrieb mit 75 ha biologisch und seit 2000 teilweise biodynamisch bewirtschaftetem Weinbergbesitz wird von Tomás Esteban und seinen Söhnen Juan und Ricardo geführt. Auch in der Kellerei geht es ganz und gar natürlich zu: mit Spontangärung und ohne Zusatz von Säuerungsmitteln, Zucker, Tannin oder Enzymen. Zu den Weinen zählen der Valderiz mit cremiger Eichenwürze und runden Tanninen sowie das Spitzengewächs Tomás Esteban mit verschwenderisch dichter Frucht und warmem Alkohol, beides Reservas von Tinto Fino.

Carretera Pedrosa, km 1, 09300 Roa de Duero, Burgos
www.valderiz.com

Valdubón Ribera del Duero

Der Betrieb ist im Besitz der Familie Ferrer, der auch Morlanda (siehe S. 134) im Priorat und Segura Viudas in Penedès (alle drei Teil der Heredad Collection) sowie das Cava-Haus Freixenet gehören. Die Weine sind klassische Ribera-del-Duero-Gewächse: 100 % Tempranillo, kirschfruchtig, balsamisch, mit festen Tanninen und immer mehr französischer Eiche bei den höherrangigen Weinen.

Antigua Carretera Nacional 1, km 151, 09460 Milagros, Burgos; www.valdubon.com

Valduero Ribera del Duero

Der größte Teil der Kellerei verbirgt sich in unterirdischen Tunneln, in denen 4000 Eichenfässer und eine Million Flaschen mit Reserva- und Gran-Reserva-Weinen lagern. Die Familie García Viadero besitzt 200 ha mit Tinto Fino (Tempranillo) bestockte Rebflächen, die klassisch strukturierte Weine mit roter Frucht und Obertönen von Leder und Mokka liefern. Im Besitz der Familie sind auch die Güter Arbucala in Toro und Rincón de Navas in Rioja.

Carretera de Aranda, 09440 Gumiel del Mercado, Burgos
www.bodegasvalduero.com

Vega Sicilia Ribera del Duero

Spaniens berühmtester Erzeuger wurde 1864 gegründet und war recht allein auf weiter Flur, bis 1982 die DO Ribera del Duero ins Leben gerufen wurde. Entscheidenden Einfluss übte Mariano García aus, der 1966 als Kellermeister kam und 30 Jahre blieb, bevor er sich seinen eigenen Unternehmungen – Aalto, Mauro und Maurodos – zuwandte (siehe S. 113). 1982 übernahm die Familie Álvarez Vega Sicilia und hat seitdem beträchtliche Investitionen getätigt. Kellermeister Xavier Ausás wirkt in einem auf Hochglanz polierten Reich und schenkt noch dem kleinsten Detail große Aufmerksamkeit. Es gibt drei Weine: den Reserva Especial aus den besten Jahrgängen (die auf dem Etikett nicht vermerkt sind), den Único, eine nach zehn Jahren freigegebene, überaus reife, elegante, fein ausgewogene Gran Reserva, und den Valbuena 5, der nach fünf Jahren in den Verkauf kommt. Die Kellerei Alión nebenan wurde 1991 zur Erzeugung moderner Roter von Tinto Fino (Tempranillo) gegründet. Sie werden in neuer französischer Eiche gereift und sind muskulöser – ein interessanter Stilkontrast. 1997 erwarb die Familie das Gut Pintía in Toro, von dem wuchtige Weine mit festeren Tanninen kommen.

Carretera N 122, km 323, 47359 Valbuena de Duero
www.vega-sicilia.com

Villaester Toro

In Villaester erzeugt die Familie Belasco, der auch Marco Real und Señorío de Andión in Navarra, Viña del Sopié in Rueda und Belasco de Baquedano in Argentinien gehören, Weine mit gutem Preis-Leistungs-Verhältnis. Der Taurus von 40 bis 50 Jahre alten Buschreben zeigt leuchtende Kirschfrucht und milde Gewürznoten. Das Spitzenetikett, Villaester, bleibt nach der Gärung 30 Tage auf der Maische liegen, um den Trauben so viel Geschmack und Struktur wie möglich abzugewinnen; für noch mehr Struktur sorgt der biologische Säureabbau in neuer französischer Eiche. Das Ergebnis ist ein wuchtiger, kraftvoller Wein mit viel Extrakt.

Villaester de Arriba, 47540 Pedrosa del Rey, Valladolid
www.familiabelasco.com

Viñas del Cénit Tierra del Vino de Zamora

Bemerkenswert an den Weinbergen des Guts ist der weiche, tiefe Sand, der über dem roten Lehmboden liegt – kein Wunder, dass die Reblaus hier nie eine Chance hatte. Viñas del Cénit ist ein schickes neues Projekt (2003), das gewichtige moderne Tempranillos mit wuchtiger Eichennote erzeugt. Es wurde 2007 von einer Tochterfirma des Agrarunternehmens Inveravante übernommen, die auch Viña Nora (Rías Baixas) und Naia (Rueda; siehe S. 120) erwarb, Kellereien in Rioja und Tierras de Castilla gründete und zu 55 % an Alvaro Domecq (Jerez) beteiligt ist.

Carretera de Circunvalación, 49708 Villanueva de Campeán
www.bodegascenit.com

Viñas de la Vega del Duero Sardón de Duero

Dies ist ein Joint Venture von einem der berümtesten Weinmacher Spaniens, Peter Sisseck (siehe Dominio de Pingus, S. 116), und Jérome Bougnaud. Die Rebflächen im Westen der Region Ribera del Duero sind mit Tinto Fino sowie einer Auswahl von Bordeaux-Sorten bestockt und werden seit der Gründung 2002 biodynamisch bewirtschaftet. Der Wein, Quinta Sardonia, ist wuchtig, dicht, unmittelbar ansprechend und reif, mit einem kreidig-mineralischen Einschlag. Er ist als Vino de la Tierra klassifiziert, doch seine Qualität hebt ihn himmelweit über diesen schlichten Status hinaus. ★**Aufsteiger**

Granja Sardón, 47340 Sardón de Duero; Tel. 0650 498353

Viñedos de Nieva Rueda

Die ältesten Reben von Rueda wachsen ganz im Osten der Region. Die 1989 von José María Herrero Gonzáles gegründete Kellerei ist seit 2009 im Besitz der Familie Martúe; ihr Schatz sind sehr alte Verdejo-Reben. Einige wurden auf 850 m Höhe auf steinigen Böden gepflanzt, andere sind noch aus der Zeit vor der Reblaus und daher wurzelecht. Das Ergebnis sind beständig herausragende Weine: Der Los Navales ist hell und jung, der Pie Franco enthüllt die Reinheit und langsam reifende Intensität eines Vedejo von alten Reben. Der Sauvignon Blanc ist wuchtig und grün mit elegantem Gaumenspiel – in Neuseeland wäre man von ihm überrascht.

Camino Real, 40447 Nieva, Segovia
www.vinedosdenieva.com

Vinos Sanz Rueda

Die auf das Jahr 1870 zurückgehende Kellerei zählt zu den ältesten in Rueda. Heute indes erzeugt sie am Stadtrand von Rueda (unweit von Palacio de Bornos, der Kellerei von Familienmitglied Antonio Sanz, siehe S. 120) die modernsten jungen Weine. Herausragende Beispiele sind die beiden Weine von der Finca la Colina, ein Verdejo und ein Sauvignon Blanc. Beide sind kraftstrotzend, ausdrucksstark und charaktervoll: die Produkte guten Terroirs und sorgfältiger Auslese.

Carretera Madrid–La Coruña, km 170,5, 47490 Rueda
www.vinossanz.com

Vizcarra-Ramos Ribera del Duero

In Juan-Carlos Vizcarra-Ramos' Boutiquekellerei trifft »Garagenwein« auf Ribera del Duero. Lesegut von alten Reben sowie von neueren Pflanzungen, geringe Erträge und sorgfältige Auslese ergeben Weine mit saftiger Intensität und seidigen Tanninen. Die beiden Spitzenetiketten sind nach Vizcarra-Ramos' Töchtern, Inés und Celia, benannt; beide werden von Tempranillo mit einem Schuss Merlot bereitet. ★**Aufsteiger**

Finca Chirri, 09317 Mambrilla de Castrejón
www.vizcarra.es

Yllera Rueda

Mit dem Viña Cantosán, der in den 1970er-Jahren auf den Markt kam, bewies der damals noch Los Curros heißende Erzeuger als einer der Ersten, dass man aus Verdejo einen denkwürdig frischen, aromatischen Weißwein bereiten kann. Den Cantosán gibt es noch heute, doch mittlerweile wurde das Sortiment um eine fassvergorene Version sowie um *espumosos* – nach der traditionellen Methode reinsortig von Verdejo bereitete Schaumweine – erweitert. Jetzt ist die sechste Generation der Familie Yllera am Werk, und die Weinerzeugung erstreckt sich nun auch auf die Nachbar-DOs Ribera del Duero (Bracamonte), Rioja (Coelus) und Toro (Garcilaso) sowie auf Vino de la Tierra de Castilla y León (mit dem bemerkenswerten, enorm extrahierten Tempranillo Yllera Dominus).

Carretera Madrid–La Coruña, km 173,5, 47490 Rueda
www.grupoyllera.com

TELMO RODRÍGUEZ

Mit Worten ist eine so starke, dynamische Persönlichkeit kaum zu beschreiben. Rodríguez war einer der ersten *flying winemakers* Spaniens und machte sich einen Namen, indem er die önologischen Schätze des Landes wiederentdeckte. Er bereitet für ihre Qualität preisgünstige Weine, sowohl mit eigenen Marken als auch unter fremdem Namen. Der gebürtige Baske führte das Gut seiner Familie, Remelluri, zu internationalem Ruhm, verließ es aber 1994, um seine eigene Compañia de Vinos (Rioja) zu gründen. In Málaga stellte er mit dem süßen Molino Real von alten Moscatel-Reben den Ruf dieser Weinregion wieder her. In Toro (Gago, Pago La Jara) und anderswo spürte er alte Buschreben auf und vermehrte sie mittels Absenkern. Auch in Ribera del Duero (Matallana), Rueda (Basa), Cigales (Viña 105), Valdeorras (Gaba do Xil), Alicante (Al Muvedre) und Castilla y León (Pegaso) ist Rodríguez tätig.

KATALONIEN

Die Katalanen schöpfen aus dem Vollen: Sie haben ihre eigene Sprache, eine Küste am Mittelmeer mit herrlichen Stränden und eine hervorragende Gastronomie mit einem Restaurant, El Bulli, das regelmäßig zu den besten der Welt gezählt wird. Dasselbe gilt für den Wein. In der Autonomen Gemeinschaft – Catalunya auf Katalanisch, Cataluña auf Spanisch – werden 95 Prozent des nach der traditionellen Methode bereiteten spanischen Cava-Schaumweins erzeugt. Kataloniens moderne Weißweine sind hochklassig und individuell, und bei den Roten reicht die Palette von beliebten jungen Qualitäten bis hin zu weltberühmten Erzeugern mit atemberaubend teuren Weinen. Daneben gibt es Süßweine und die traditionell maderisierten *rancio*-Spezialitäten.

Hauptrebsorten

Rot

Cabernet Sauvignon/Franc
Cariñena
Garnacha
Merlot
Syrah
Tempranillo

Weiß

Albariño
Chardonnay
Garnacha Blanca
Macabeo
Xarel-lo (Pansa Blanca)

Jahrgänge

2010
Ungewöhnlich kühl, aber im August trocken. Reife, nur mäßig alkoholstarke Rote.

2009
Überall sehr vielversprechend. Rosados bald trinken.

2008
Kühler Jahrgang: wenig Alkohol und schöne Frucht.

2007
Hervorragender Jahrgang, aber Weißweine bald trinken (ausgenommen die besten).

2006
In Gebieten wie Conca de Barberà herrlich frisch, sonst oft gebackene Fruchtnoten.

2005
Ein großartiges Jahr, nur Montsant und Priorat enttäuschten mit harten Weinen.

Die Katalanen sind zu Recht stolz auf ihr Land und hatten wegen ihres Freiheitsdrangs unter dem faschistischen Regime General Francos viel zu erdulden. Seit den 1970er-Jahren hat sich Katalonien jedoch in jeder Hinsicht wieder hochgekämpft, ob man nun die Wirtschaft, die Architektur, den Fußball, die Olympischen Spiele 1992 in Barcelona oder den Weinbau betrachtet. Alte Rebflächen wurden wiederbelebt, neue angelegt, und vor allem seit 1990 gibt es eine wahre Flut neuer Erzeuger und neuer Denominaciones de Origen (DOs).

Unter Letzteren die berühmteste ist das Priorat (spanisch Priorato). In der zweiten Hälfte des 20. Jahrhunderts schien diese Bergregion keine Zukunft zu haben – nach dem Spanischen Bürgerkrieg verwaisten die Dörfer, die Weinberge waren großteils von der Reblaus verwüstet. Doch einige Weinbaupioniere vermochten das Blatt zu wenden, indem sie die kargen Böden bearbeiteten und Weine hervorbrachten, mit denen sie weltweiten Ruhm und astronomische Preise erzielten. Neue Jobs entstanden, der Tourismus kam hinzu, die Wirtschaft der Region erholte sich langsam. Das Priorat trägt heute (als einziges Anbaugebiet neben Rioja) die begehrte Spitzenklassifikation Denominación de Origen Calificada (DOCa).

Vom Priorat sprang die Begeisterung auf das benachbarte Montsant über. Hier hat man den einst als »Arbeitspferde« gering geachteten Sorten Garnacha und Cariñena zu neuen Ehren verholfen. Garnacha ist in die Riege der ernst zu nehmenden Rebsorten aufgestiegen, und überall auf der Welt widmen Enthusiasten ihr Weinseminare.

Doch diese beiden Gebiete sind nur ein Aspekt der Katalonien-Renaissance. Der Weinbau der Region beginnt direkt an der französischen Grenze, in der DO Empordà, wo die Pyrenäen steil zum Mittelmeer abfallen und immer mehr hochwertige Rote erzeugt werden. Im Westen, in der Provinz Lleida, erstreckt sich die höchst interessante DO Costers del Segre, in deren Weinbergen so »ortsfremde« Trauben wie Albariño und Riesling wachsen. In Alella, nördlich von Barcelona, setzt man zunehmend auf Weißwein, und die nordwestlich gelegene Nachbar-DO Pla de Bages hat sich zu einer Quelle verlässlicher Weine zu vernünftigen Preisen entwickelt. Im hügeligen Hinterland westlich von Barcelona hat Miguel Torres zum Aufstieg der DO Conca de Barberà beigetragen; seine herausragenden Weine stammen von herrlichen Weinbergen unweit des Castillo Milmanda und der *grans muralles* (»großen Mauern«) eines Zisterzienserklosters.

In Katalonien gibt es eine Fülle kirchengeschichtlicher Zeugnisse, angefangen von dem Kloster, dem das Priorat seinen Namen verdankt, bis hin zur Kellerei De Muller in Tarragona, die noch heute Messwein erzeugt. Nicht zu vergessen das Benediktinerkloster am Montserrat-Massiv, das die Berge im Hinterland Barcelonas beherrscht.

Zwischen Montserrat und dem Meer liegt das Penedès mit einer bemerkenswerten Vielzahl von Cava-Erzeugern, die sprechendes Zeugnis vom Verkaufsgeschick der Katalanen ablegen.

Und schließlich darf man die katalanisch geprägten Balearen nicht vergessen. Mallorca als größte Insel ist auch als Weinerzeuger am bedeutendsten. Wer sich weg von den Stränden und Bettenburgen ins Hinterland wagt, wird auf ausgedehnte Rebflächen stoßen. Dennoch gelangen mallorquinische Weine kaum ins Ausland: Mit zwölf Millionen Besuchern pro Jahr hat die beliebteste Ferieninsel der Deutschen und Briten keinerlei Absatzschwierigkeiten. Auch Menorca, Formentera und Ibiza (Vino de la Tierra de Eivissa) erzeugen Wein – und werden eines Tages vielleicht so erfolgreich sein wie die große Schwesterinsel.

Ob auf den Inseln oder dem Festland, die Katalanen haben sich ihre berühmte Anpassungsfähigkeit bewahrt. Das ist nirgendwo offensichtlicher als beim Wein.

4 kilos Vino de la Tierra de Mallorca
Der versierte Weinmacher Francesc Grimalt, früher bei Àn Negra, rief das Projekt 2006 mit dem Musiker und Marketingexperten Sergio Caballero ins Leben. Der Name bezieht sich auf das bescheidene Gründungskapital von vier Millionen Peseten (rund 24 000 Euro) – die Herren rechneten noch in alter Währung. Die Weine zeigen Grimalts Begeisterung für die rote Callet-Traube, die er von der ganzen Insel bezieht. Zweitwein ist der 12 Volts, ein Verschnitt von Callet und drei weiteren Rebsorten. Alle Weine sind modern, stark extrahiert und ausgewogen. ★**Aufsteiger**

1a. Volta, Puigverd 168, 07200 Felanitx, Mallorca
www.4kilos.com

4 KILOS
EIGENWILLIGE ETIKETTEN ZIEREN DIE MODERNEN, AUSGEWOGENEN INSELWEINE

Abadal Pla de Bages
Angesichts eines so gut eingeführten, zuverlässigen Erzeugers wie Abadal mag man kaum glauben, dass die DO Pla de Bages so jung ist (1995). Sie beherbergt eine wachsende Zahl moderner Weinmacher, die mit französischen wie auch mit spanischen Rebsorten bestens umzugehen wissen. Unter den weißen Abadal-Weinen ist der Picapoll reif und knackig; unter den roten wird der Cabernet Franc/Tempranillo-Verschnitt Freunde der eleganten Cabernet-Franc-Struktur bezaubern. Der Merlot 5 ist ein Verschnitt fünf verschiedener Klone dieser Sorte.

Maises d'Avinyó, 08279 Santa Maria d'Horta d'Avinyó, Barcelona; www.abadal.net

Acústic Montsant
Die Acústic-Weine sind echte Originale und Ausdruck der Philosophie des Eigentümers Albert Jané Ubeda, der sich um moderne, globalisierte Stile nicht schert. Sein Weißwein von Garnacha Blanca, Macabeo und Pansàl mit pikanter Säure zeigt sich am Gaumen komplex und texturiert. Der rote Acústic besteht zu fast gleichen Teilen aus den zwei lokalen roten Rebsorten. Der Brao (»Tapfere«) beweist, dass guter Wein nicht die Welt kosten muss.

St Lluis 12, 43777 Els Guiamets, Tarragona
Tel. 629 472 988

Albet i Noya Penedès
Für alle, die Wein vor allem von biologisch angebauten Trauben genießen, ist Albet i Noya ein Segen. Der Erzeuger gehört zu den zuverlässigsten und interessantesten Bioproduzenten der Welt – dass etwa der Schwefeldioxidanteil so niedrig wie möglich gehalten wird, ist nur ein Detail unter vielen. Auf der ganzen Welt schätzen Konsumenten die Marke, und keineswegs nur Ökofreaks. Sämtliche Weine, ob von spanischen oder internationalen Rebsorten (darunter einige seltenere rote wie Caladoc und Arinarnoa), sind hochwertig. Auch zuverlässige Cava-Schaumweine.

Can Vendrell de la Codina, 08739 Sant Pau d'Ordal, Barcelona; www.albetinoya.com

ALBET I NOYA
HOCHKLASSIGE BIOWEINE MIT KÜNSTLERISCH GESTALTETEN ETIKETTEN

Alella Vinícola Alella
Bei einem Gang durch die Weinberge sieht man im Osten das Mittelmeer und im Süden Barcelona liegen – beides prägende Einflüsse für das Unternehmen. Es begann als Genossenschaft Alella im ersten Jahrzehnt des 20. Jahrhunderts und belieferte die Stadt mit einer beliebten Marke: Marfil (»Elfenbein«). Als Barcelona sich ausdehnte, wurden die Weinberge jedoch immer weniger. 1998 ging Alella Vinícola in Privathand über. Die Marke Marfil blieb bestehen, jetzt ergänzt um den Ivori, einen seriösen, in französische Eiche vergorenen weißen Verschnitt. Probieren Sie mal die traditionellen Süßweine.

Rambla Àngel Guimerà 62, 08328 Alella, Barcelona
www.alellavinicola.com

Alemany i Corrio Penedès
In einer Region großer Erzeuger ist der Betrieb des Ehepaares Laurent Corrio und Irene Alemany winzig. Beide haben in Burgund studiert; Corrio ist Franzose. Von ihren Merlot-, Cabernet-Sauvignon- und Cariñena-Reben erzeugen sie nur 10 000 Flaschen. Das Spitzenetikett Sot Lefriec zeigt die Dichte und Kraft, die man von einem »Garagenwein« erwartet, der von geringen Erträgen und unter sorgfältiger Vermeidung von Sauerstoffkontakt bereitet wird. Zweitwein ist der Pas Curtei. ★**Aufsteiger**

Melio 78, Vilafranca del Penedès, 08720 Barcelona
Tel. 938 172 587

Álvaro Palacios Priorat
Der Sohn einer Rioja-Familie (siehe Palacios Remondo, S. 106), kam direkt von Château Pétrus in Bordeaux, als er 1989 sein eigenes Projekt im Priorat gründete. Mit modernen Spitzenweinen kannte Álvaro Palacios sich aus und wandte nun sein Wissen auf alte Reben an – auf Anhieb mit Erfolg. Sein Know-how als Kellermeister und seine beeindruckende Persönlichkeit haben entscheidend zum kometenhaften Aufstieg dieses abgelegenen Gebiets (und der Preise seiner Erzeugnisse) beigetragen. Am erschwinglichsten ist Les Terrasses mit üppiger schwarzer Frucht, Lakritze, Gewürzen und geschmeidigen Tanninen. Der Finca Dofí enthüllt die klassische Mineralität des Priorat und ist die preiswertere Version des einzigartigen Spitzengewächses, L'Ermita.

Afores, 43737 Gratallops, Tarragona
Tel. 977 839 195

Àn Negra Vino de La Tierra de Mallorca
Dies ist der helle Stern, dessen Glanz auch auf die anderen Weine Mallorcas fällt. Die 1994 gegründete Kellerei, liegt zwar in der DO Pla i Llevant, zieht jedoch die Freiheiten des Vino-de-la-Tierra-Status vor. Der Fokus liegt auf lokalen Rebsorten – alle Weine sind interessant, manche allerdings ziemlich teuer. Der ansprechende weiße Quíbia ist ein blumig-mineralischer Verschnitt von Prensal und (roter) Callet; ein junger roter Verschnitt ist der Àn 2, der ein Jahr in Eiche verbringt. Der Àn (95 % Callet) zeigt dichte, aromatische Frucht mit reifer Gewürznote und festem Abgang (17 Monate in französischer Eiche). Der Son Negre, ebenfalls 95 % Callet, wird nur in besonders guten Jahren bereitet.

Avda 3a Volta 18, 07200 Felanitx, Illes Balears
www.annegra.com

Biniagual Binissalem Mallorca
Auf diesem hübschen Gut lebte im 19. Jahrhundert George Sand mit ihrem Geliebten Frédéric Chopin. Im 20. Jahrhundert musste der Betrieb Konkurs anmelden, fand aber 1967 einen neuen Besitzer, der es sorgfältig renovierte. Mit derselben Sorgfalt begann man ab 1999, wieder Wein zu erzeugen. Besonders gut ist der Gran Verán (Manto Negro/Shiraz): Shiraz verleiht ihm echtes Gewicht, am Gaumen ist er geschmeidig und weich, der

KATALONIEN

Früher führte der traditionelle Tagesausflug des Barcelona-Reisenden zu den Cava-Kellereien oder zu Torres' riesigem Besucherzentrum im Penedès. Seit einiger Zeit gibt es für den Weinliebhaber jedoch viel mehr zu entdecken: Von der heißen Küstenregion bis zum kühlen, gebirgigen Hinterland bietet Katalonien eine Vielzahl von Terroirs, die ein ähnlich breites Spektrum an Weinen hervorbringen. Ein Highlight ist das Priorat mit seinen steilen Schieferhängen und das umliegende Montsant. Hier scheint ein beständiger Dunst über den Hügeln zu liegen, sodass man meinen könnte, in einem Feenland zu sein.

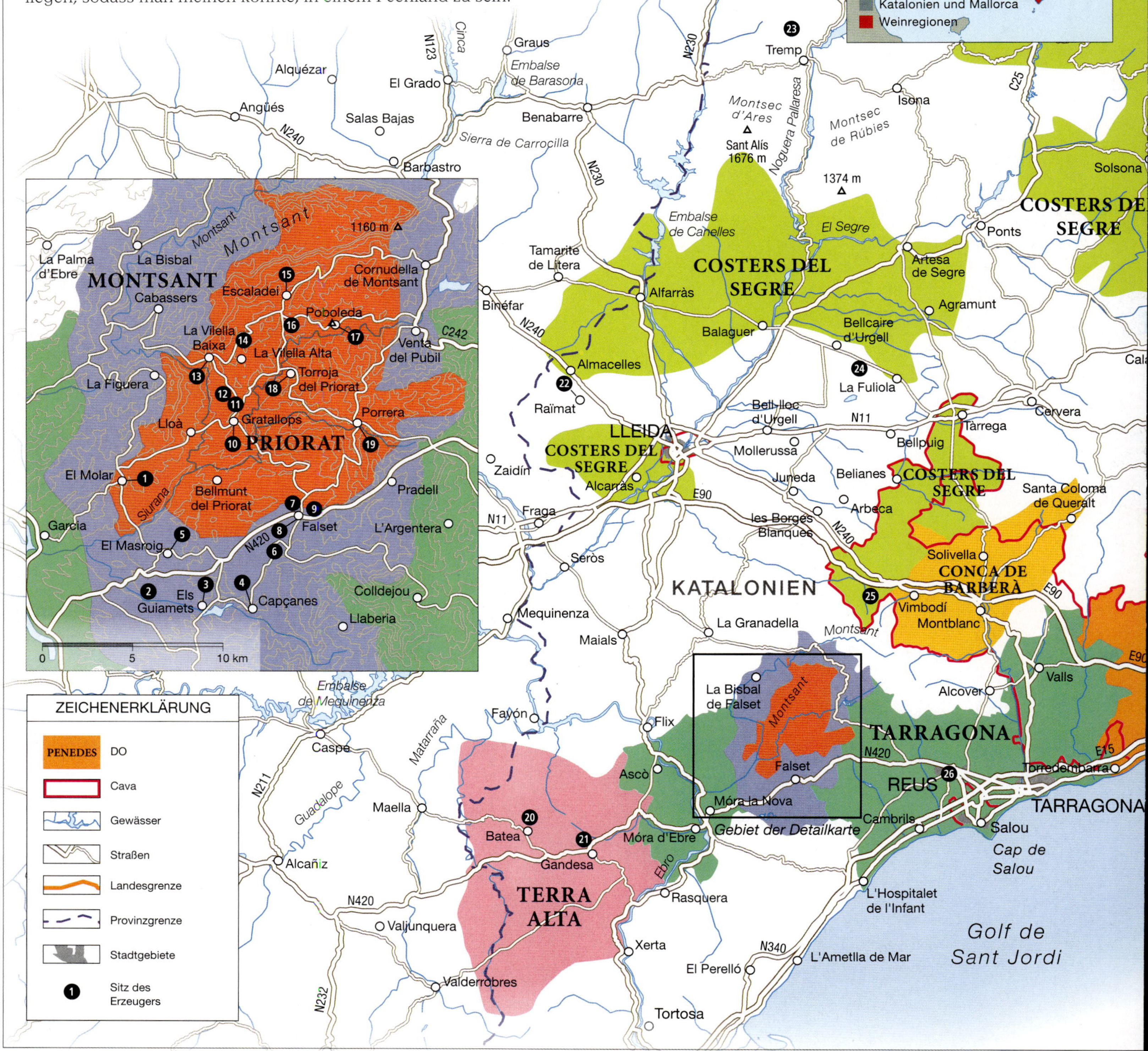

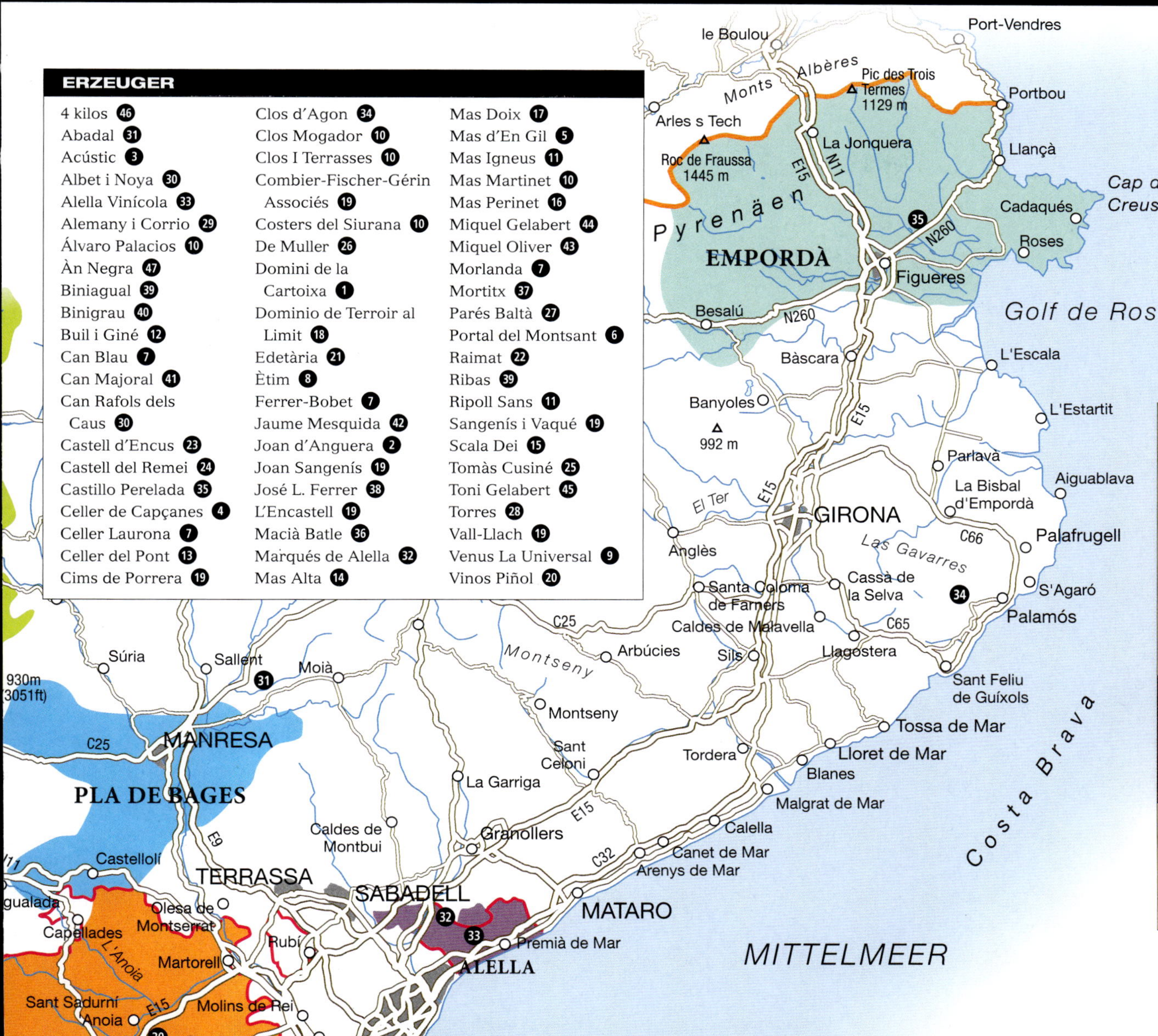

ERZEUGER

4 kilos 46
Abadal 31
Acústic 3
Albet i Noya 30
Alella Vinícola 33
Alemany i Corrio 29
Álvaro Palacios 10
Àn Negra 47
Biniagual 39
Binigrau 40
Buil i Giné 12
Can Blau 7
Can Majoral 41
Can Rafols dels Caus 30
Castell d'Encus 23
Castell del Remei 24
Castillo Perelada 35
Celler de Capçanes 4
Celler Laurona 7
Celler del Pont 13
Cims de Porrera 19
Clos d'Agon 34
Clos Mogador 10
Clos I Terrasses 10
Combier-Fischer-Gérin Associés 19
Costers del Siurana 10
De Muller 26
Domini de la Cartoixa 1
Dominio de Terroir al Limit 18
Edetària 21
Ètim 8
Ferrer-Bobet 7
Jaume Mesquida 42
Joan d'Anguera 2
Joan Sangenís 19
José L. Ferrer 38
L'Encastell 19
Macià Batle 36
Marqués de Alella 32
Mas Alta 14
Mas Doix 17
Mas d'En Gil 5
Mas Igneus 11
Mas Martinet 10
Mas Perinet 16
Miquel Gelabert 44
Miquel Oliver 43
Morlanda 7
Mortitx 37
Parés Baltà 27
Portal del Montsant 6
Raimat 22
Ribas 39
Ripoll Sans 11
Sangenís i Vaqué 19
Scala Dei 15
Tomàs Cusiné 25
Toni Gelabert 45
Torres 28
Vall-Llach 19
Venus La Universal 9
Vinos Piñol 20

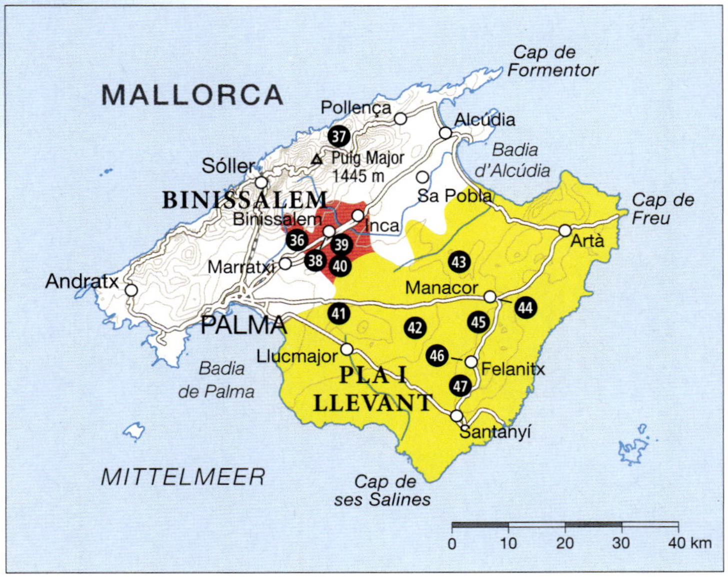

Erkundigen Sie sich nach Verkostungsmöglichkeiten und Öffnungszeiten der Kellereien, bevor Sie Ihre Reise planen. Manche Betriebe empfangen Besucher nur nach Voranmeldung.

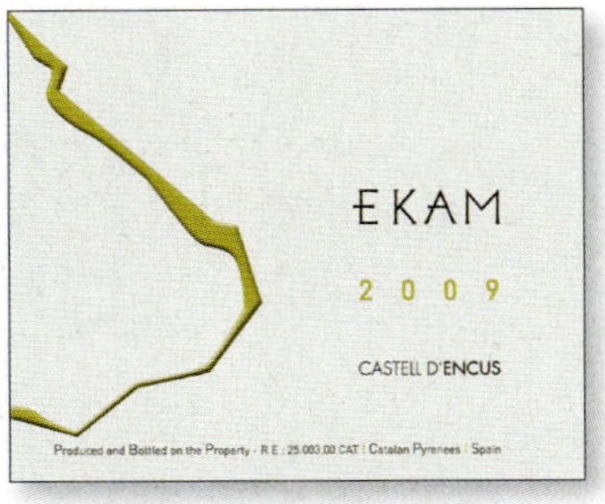

CASTELL D'ENCUS
MIT DEM EKAM IST DER SPANISCHE RIESLING ERWACHSEN GEWORDEN, UNTERSTÜTZT VON ETWAS ALBARIÑO

CLOS MOGADOR
RENE BARBIERS WEINE BESITZEN TROTZ ALLER KRAFT DIE TYPISCHE FRISCHE DES PRIORAT

Abgang ist lang. Beim Finca Biniagual Verán kommt noch Cabernet Sauvignon hinzu, der für komplexe, kraftvolle Eukalyptus- und balsamische Noten sorgt.

Ap de correus 5, 07350 Binissalem, Mallorca
www.bodegabiniagual.com

Binigrau Binissalem Mallorca
Die Brüder Miguel und Mathias Batle gehören zur Familie Macià Batle (siehe S. 131) und gründeten 2002 ihre eigene kleine Kellerei, die heute 90000 Flaschen pro Jahr produziert. Ein Teil des Sortiments sind Bioweine, etwa der Ecològic Rosat (Rosé) von Manto Negro und Merlot mit Beerenfrucht und Gewürzen in jugendlichem Überschwang. Der Obac ist ein duftiger Verschnitt der fünf roten Sorten des Guts von mittlerem Gewicht mit lebhafter Zitrusfrucht und festem Abgang. ★**Aufsteiger**

Calle de Fiol 33, 07143 Biniali, Mallorca
www.binigrau.es

Buil i Giné Priorat
Die Familie ist seit Langem in der Region ansässig und greift nun die Tradition ihrer in der Weinbranche tätigen Vorfahren wieder auf. Ihr erster Wein (1997) wurde nach dem Großvater benannt: Giné Giné. Er zeigt die Mineralität des Bodens, gepaart mit frischer roter Frucht. Der Rosat (Rosé) ist ein feiner, üppig fruchtiger Garnacha/Merlot-Verschnitt, der Joan Giné Giné die gutseigene Interpretation des gewichtigen, tanninherben Priorat-Stils. Die Familie erzeugt auch Rotwein in Montsant und Toro und einen knackig-frischen Verdejo in Rueda.

Carretera Gratallops–Vilella Baixa, km 11,5, 43737 Gratallops, Priorat; www.builgine.com

Can Blau Montsant
Can Blau im Städtchen Mas Roig ist ein Joint Venture des US-Importeurs Jorge Ordoñez und der Familie Juan Gil aus El Nido in Jumilla. Kellermeisterin ist die Australierin Sarah Morris, die bei Torbreck im Barossa Valley ausgebildet wurde. Der Can Blau ist fast tiefdunkel, mit seidiger Frucht von dunklen Beeren und zupackendem Tannin. Aufgrund des 20-monatigen Ausbaus in französischer Eiche tun ihm einige Jahre Flaschenreifung gut. Der Mas de Can Blau ist alles in allem wuchtiger, dichter und besitzt kraftvollere Eichenwürze. ★**Aufsteiger**

Carretera de Bellmunt, 43730 Falset, Tarragona
Tel. 690 818 509

Can Majoral Pla i Llevant
Schon seiner puren Abenteuerlust wegen verdient es Can Majoral, hier ausgezeichnet zu werden. Das Gut östlich von Palma de Mallorca wurde 1979 gegründet und kürzlich vom Onkel an den Neffen übergeben. Der setzt voll und ganz auf Ökoanbau und hat sogar einige biodynamische Praktiken eingeführt, obwohl er ursprünglich technische Weinbereitung in Spanien und Australien studierte. Zu den Neuerungen zählen einige Versuchspflanzungen von Giró (einer aromatischen weißen Traube), Riesling und der roten Gargollasa sowie – vielleicht weniger ernst gemeint – Pinot Noir. Der San Roig (Cabernet/Merlot/Syrah) ist ein dichter Wein mit Rosinen- und Rauchnoten – unbedingt probieren! ★**Aufsteiger**

Callejón del Campanar, 07210 Algaida
www.canmajoral.com

Can Rafols dels Caus Penedès
Die abgeschiedene Lage des bezaubernden alten Guts hoch oben in den Bergen macht den Einsatz von Chemie im Weinberg und von Zuchthefen im Keller großteils überflüssig. Aus einer großen Auswahl französischer Rebsorten werden zwei Verschnitte bereitet: der rote und der weiße Petit Caus. Andere interessante Weine sind der pflaumenfruchtige, fleischige, dunkle Rosado, ein Riesling und ein Pinot Noir. Probierenswert ist auch der fassvergorene weiße El Rocallís von der seltenen italienischen Traube Incrozio Manzoni.

Masía Can Rafols dels Caus, 08793 Avinyonet del Penedès, Barcelona; www.canrafolsdelscaus.com

Castell d'Encus Costers del Segre
In der ohnehin zerstückelten DO Costers del Segre ist Castell d'Encus eines der abgelegeneren Güter mit höher gelegenen (800–1000 m) Weinbergen. Das von Raúl Bobet, früher Chefkellermeister bei Torres, geleitete Anwesen geht auf das 11. Jahrhundert zurück. Bobet suchte nach einer Lage, die kühl genug für Riesling ist, und das Resultat, der Ekam (mit ein wenig Albariño), zeigt sich beeindruckend pikant und sehr nachhaltig mit ganz leichter Bitternote. Der Taleia (Sauvignon Blanc/Sémillon) ist schlank und cremig. ★**Aufsteiger**

Carretera Tremp a Sta. Engracia, km 5, 25630 Talarn, Lleida
www.encus.org

Castell del Remei Costers del Segre
Schon im späten 19. Jahrhundert war Castell del Remei ein großes, von Bordeaux beeinflusstes Weingut. Nach und nach gerieten die Geschäfte ins Stocken, bis die Familie Cusiné, ein bedeutender Name in der Region, das Ruder übernahm. Die Ausstattung wurde von Grund auf erneuert und die Weine einer Modernisierung unterzogen. Der Chardonnay/Macabeo-Verschnitt Oda Blanc mit achtmonatigem Fassausbau ist ein Klassiker der DO, im Gotim Bru (ein hiesiger Name für Tempranillo) ist diese Traube mit französischen Sorten verschnitten, und der in amerikanischer Eiche ausgebaute Garnacha weist balsamische Fülle auf. Der rote Oda ist wuchtiger und strukturierter. Das Schwestergut Cérvoles bietet eine imposante Auswahl moderner Weine. Hervorzuheben sind der komplexe, fassvergorene Cérvoles Blanc (Chardonnay/Macabeo) mit cremig-kräuterwürziger Note und der rote Estrats (vorwiegend Cabernet Sauvignon) von beeindruckender Mineralität.

Finca Castell del Remei, 25333 Castell del Remei, Lleida
www.castelldelremei.com

Castillo Perelada Empordà
Das imposante, turmbewehrte Schloss Perelada beherbergt nicht nur eine Kellerei, sondern auch ein Boutiquehotel mit Wellnessbereich, in dem man Ruhe und Erholung abseits überfüllter Strände findet. Mit der Qualität der Hotellerie kann nun auch der Wein mithalten, auch die Cavas werden frischer und spritziger. Zu den vielversprechenden neuen Kreationen zählen der Ex Ex (100 % Monastrell) und der Finca Garbet (100 % Syrah). Eine Spezialität ist der gespritete Garnatxa de l'Empordà, traditionell von weißer und roter Garnacha bereitet und zwölf Jahre im Solera-System gereift.

Plaça del Carme 1, 17491 Perelada, Girona
www.castilloperelada.com

Celler de Capçanes Montsant

Dies ist mit Sicherheit eine der besten Genossenschaften Spaniens, wenn nicht sogar die beste, mit einem großen Sortiment gut bereiteter Weine mit tollem Preis-Leistungs-Verhältnis. 1933 gegründet, erzeugt auch koscheren Wein für die jüdische Gemeinde in Barcelona: Der Flor de Primavera (»Frühlingsblume«), ein Cabernet Sauvignon/Garnacha/Cariñena-Verschnitt, ist exzellent. Der Mas Collet ist eine preiswerte Einführung in die Aromen von Montsant. Das Spitzengewächs Cabrida stammt zu 100 % von alten Garnacha-Reben: wuchtig, anspruchsvoll und dicht.

Carrer Llaberia 4, 43776 Capçanes, Tarragona
www.cellercapcanes.com

Celler Laurona Montsant

Laurona begann 1999 als Joint Venture von René Barbier (siehe Clos Mogador) und dem englischen Weinhändler Christopher Cannan, der sich schon früher – auf Anraten von Barbier – an Clos Figueras im Priorat beteiligt hatte. Inzwischen sind bei Laurona neue Partner hinzugekommen, aber der Stil bleibt unverändert. Der Laurona spiegelt mit Garnacha, Cariñena, Syrah, Cabernet Sauvignon und Merlot die verschiedenen Böden von Montsant wider. Außerdem wird in geringen Mengen der Selecció de 6 Vinyes erzeugt, eine moderne Version des traditionellen Garnacha/Cariñena-Verschnitts.

Carretera de Bellmunt, 43730 Falset, Tarragona
www.cellerlaurona.com

Celler del Pont Priorat

Der von einigen Freunden mit Verbindungen zum Priorat gegründete Erzeuger ist der Inbegriff moderner Weinbereitung in Spanien. Kellermeisterin Montse Nadal, die auch an der Universität von Tarragona lehrt, bereitet nur einen einzigen Wein, den Lo Givot. Er ist ein Verschnitt von Garnacha, Cariñena, Cabernet Sauvignon und Syrah aus Bioanbau und wird in Fässern aus französischer (10 % aus amerikanischer) Eiche ausgebaut. Brombeerfrucht mischt sich mit Lakritze und exotischen Gewürzen, von der Eiche stammen Vanille- und Zedernholznoten.

Calle del Riu 1, 43374 La Vilella Baixa, Priorat
www.cellerdelpont.com

Cims de Porrera Priorat

Cims bedeutet »Gipfel« und bezieht sich auf die Weinberge an den Hängen um das Städtchen Porrera. Die Weine sind ein Projekt der hiesigen Genossenschaft unter der Schirmherrschaft zweier führender Kellermeister des Priorat, der Geschwister Sara und Adrià Pérez. Hier kommt die Cariñena-Traube, ergänzt um etwas Garnacha und Cabernet Sauvignon, unverfälscht zum Ausdruck. Der Finca Pigat von einer Einzellage und der Finca La Tena (beide 100 % Cariñena) sind mächtig, wuchtig und dicht. Der Classic wird nur in Spitzenjahrgängen erzeugt.

Carretera de Torroja, 43739 Porrera, Tarragona
Tel. 977 828 233

Clos d'Agon Catalonia

Dieses Gut sollte die Aufmerksamkeit der Kritiker erregen: Eine Gruppe von Schweizern erwarb erstklassige Lagen in der DO Empordà und verpflichtete für den ersten Jahrgang Peter Sisseck von Pingus (siehe S. 116) als Kellermeister (der immer noch als Berater fungiert). Sein Weißwein ist ein Verschnitt von Roussanne, Viognier und Marsanne; die beiden Roten setzen auf Cabernet Sauvignon, Cabernet Franc, Syrah, Merlot und Petit Verdot. Das Resultat ist beeindruckend rein und kraftvoll, mit lebhafter Heidelbeer- und Brombeerfrucht sowie Zedern- und Eichenholzwürze. ★ **Aufsteiger**

Mas Gil SL, Apt Correus 117, 17251 Calonge, Costa Brava
www.closdagon.com

Clos Mogador Priorat

René Barbier und sein Clos Mogador zählen zu den großen Namen des Priorat, neben Álvaro Palacios, Josep Lluis Pérez (Clos Martinet) und Carles Pastrana (Costers del Siurana). Das Gut ist nach dem Roman *Les Gens de Mogador* (»Die Leute von Mogador«) von Renés Großtante Elizabeth Barbier benannt, der vom Leben einer Familie am Mont Ventoux erzählt. Kleine, nicht bewässerte Weinberge mit sehr niedrigen Erträgen erbringen konzentrierte Weine von den lokalen Rebsorten plus Cabernet Sauvignon, Syrah und sogar Pinot Noir. Der Clos Mogador ist sehr wuchtig und komplex, aber mit typischer Priorat-Frische, und strotzt vor Tannin. Barbier besitzt auch Clos Nelin (sehr erlesene Weiße) und Clos Manyetes (ein äußerst komplexer Cariñena/Garnacha-Verschnitt) und ist überdies ein gefragter Berater.

Camí Manyetes, 43737 Gratallops, Tarragona
www.closmogador.com

Clos I Terrasses Priorat

Es gab nur eine einzige Frau unter den Priorat-Pionieren: die Französin Daphne Glorian. Die Buschreben in ihrem winzigen Weinberg erbrachten anfangs gerade genug für eine Flasche Wein, der in Clos Mogador vinifiziert wurde. Nun besitzt Glorian ihr eigenes Gut (das früher Álvaro Palacios gehörte). Da sie mit dem US-Importeur Eric Solomon verheiratet ist, geht das Gros ihrer Produktion nach Übersee. Der Clos Erasmus erhält regelmäßig höchste Bestwertungen für seine kraftvolle Kombination aus straffer Mineralität und gerösteter reifer Frucht mit exotischen Gewürzen. Der Zweitwein heißt Laurel.

Valls 24, 43737 Gratallops, Tarragona; Tel. 977 839 426

Combier-Fischer-Gérin Associés
Priorat

Es klingt wie der Anfang eines altmodischen Witzes über drei berühmte Kellermeister: Zwei Franzosen von der Rhône (Châteauneuf-du-Pape und Côte Rôtie) und ein Holländer aus der Provence gründen einen Laden auf einem Hügel im Priorat … Aber es war kein Witz – sondern die Chance, großartigen Wein von Trauben zu bereiten, die ihnen bereits vertraut waren: Garnacha und Syrah. Der Ríu (nur 2 % Syrah) ist der zugänglichste ihrer Weine. Trio Infernal 0/3 heißt der Weiße auf Garnacha-Basis, ihm folgen der 1/3 und der 2/3. Letzterer ist ein tiefgründiger Cariñena mit ausgeprägter Mineralität.

Del Pont 9, 43737 Gratallops, Tarragona; Tel. 977 839 403

Costers del Siurana Priorat

Carles Pastrana war der Anführer jener Pioniere, die das Priorat wiederbelebten. Mit Weinen von alten Garnacha- und Cariñena-Reben sowie neueren Pflanzungen von Merlot, Cabernet Sauvignon und Syrah feierte er große Erfolge. Bekanntester Wein ist der dichte, sehr extrahierte, in französischer Eiche gereifte Clos de l'Obac. Als

LLICORELLA

Jede Unterhaltung über Weinbaumethoden mündet letztlich in ein Gespräch über Bodenarten: Ton, Sand, Lehm … Dass der Boden im Priorat etwas ganz Besonderes ist, weiß man vor Ort sehr genau: Man kann ihn in den Weinen schmecken.
Die oberste Schicht ist vulkanischen Ursprungs, ein Gemisch aus Schiefer und glitzerndem Quarzgestein. Darunter liegt eine bräunliche Schicht von Schiefer- und Quarzpartikeln, die *llicorella* genannt wird. Auf *llicorella* wachsende Reben liefern – auch wegen der sehr heißen, trockenen Sommer in der Region – nur geringe Erträge mit konzentrierter Frucht, die sehr alkoholstarke Weine mit einer mineralischen, fast salzigen Note erbringt. Und hier liegt auch der wesentliche Unterschied zwischen dem Priorat und Montsant, sowohl in geschmacklicher als auch in preislicher Hinsicht: Letzterem fehlen die *llicorella*-Böden.

L'ENCASTELL
DER MARGE IST EIN DICHTER, ABER ZUGÄNGLICHER MODERNER GARNACHA-VERSCHNITT

JAUME MESQUIDA
FRUCHT IST DAS ZAUBERWORT IN DIESEM CABERNET SAUVIGNON/MERLOT-VERSCHNITT

Spitzengewächs gilt der kraftvolle Miserere von einer Einzellage. Ein faszinierender süßer Rotwein (Garnacha/Cabernet Sauvignon/Syrah) ist der Dolç de l'Obac: voll ausgereift, mit runden Tanninen und mokkaartiger Fülle.

Camí Manyanetes, Pol. 11, 43737 Gratallops, Tarragona
www.costersdelsiurana.com

De Muller Tarragona

Einer der großen alten Namen Kataloniens, der bis auf das Jahr 1851 zurückgeht und noch immer dem traditionellen Stil treu bleibt, vor allem bei den Süßweinen, die in Soleras gereift werden, und den alten, maderisierten *rancio*-Weinen auf Garnacha-Basis. Besonders berühmt ist De Muller für seinen Messwein. Es ist ein großes Unternehmen mit breitem Sortiment an Schaum-, Weiß- und Rotweinen, darunter auch ein guter, moderner Cabernet Sauvignon, das auch im Priorat aktiv ist.

Camí Pedra Estela 34, 43205 Reus, Tarragona
www.demuller.es

Domini de la Cartoixa Priorat

Das Rebland gehörte einst den Kartäusermönchen der Priorei Scala Dei, die den Wein für liturgische Zwecke benötigten. Heute bereitet hier die Familie Pérez Dalmau zwei Weine aus ökologischem Anbau. Miguel Pérez ist Önologe, Universitätsdozent und hingebungsvoller Weinmacher. Der Galena ist ein roter, in französischer und amerikanischer Eiche gereifter Verschnitt, voll und fleischig mit Lakritz- und balsamischen Obertönen. Der Clos Galena besitzt eine Menge Tannin, das aber durch großzügige Frucht gebändigt wird.

Camí de la Solana, 43736 El Molar, Tarragona
www.closgalena.com

Dominio de Terroir al Limit Priorat

Der tiefe Eindruck, den die Verkostung jeweils eines 1994er Clos Martinet und Clos Mogador hinterließ, veranlasste Eben Sadie, einen der aufgewecktesten Weinmacher Südafrikas, zu einer Reise ins Priorat. Nun bearbeitet er zusammen mit dem Deutschen Dominik Huber eine Reihe von Weinbergparzellen, die sehr geringe Erträge liefern. Zu den kellertechnischen Neuerungen zählen eiförmige Gärbehälter aus Beton, die sie für den rasch oxidierenden Garnacha verwenden. Der Dits del Terra (»Erdfinger«) war ihr erster Wein: eine extraktreiche Tanninbombe mit viel schwarzer Frucht und Mineralität. Eine Ausweitung des Sortiments ist geplant. ★**Aufsteiger**

Calle de Baixà Font 12, 43737 Torroja del Priorat
Tel. 977 828 057

Edetària Terra Alta

Die Reben sind alt, das Unternehmen jedoch ist jung und sprüht vor Energie. Für die charaktervollen Weißweine verschneidet man Garnacha Blanca mit etwas Muscat, Macabeo und sogar »experimentellem« (in der DO an sich nicht zugelassenem) Viognier. Gärung und Ausbau erfolgen in französischer Eiche, die für Textur und Komplexität sorgt. Die Roten stammen von der alten Varietät Garnacha Peluda oder sind als aromatische Verschnittweine ausgebaut. Der süße rote Dolç (Garnacha/Cabernet) besitzt den Reiz fleischiger roter Frucht. ★**Aufsteiger**

Finca El Mas, Carretera Gandesa, Vilalba, 43780 Gandesa, Tarragona; www.edetaria.com

Ètim Montsant

Das Preis-Leistungs-Verhältnis der Ètim-Weine in einer notorisch teuren Region ist beeindruckend. Das große Sortiment wird in der Genossenschaftskellerei in Falset vinifiziert. Der Blanco bietet einen schönen Zugang zum Potenzial der Garnacha Blanca, der Selecció Syrah ähnelt Roten von der Rhône, und der rote Verema Tardana ist ein köstliches Beispiel für einen roten Montsant-Süßwein.

Calle Miquel Barceló 13, 43730 Falset, Tarragona
Tel. 977 830 105

Ferrer-Bobet Priorat

Sergi Ferrer-Salat und Raúl Bobet sind ein schlagkräftiges Duo: Ferrer-Salat ist ein erfolgreicher Geschäftsmann mit einem Faible für Wein, Bobet war 16 Jahre lang technischer Leiter von Torres. Ihre Kellerei beherbergt einen Schatz an kleinen Eichenfässern. Im Weinberg ist biologische Bewirtschaftung das Ziel. Der erste Jahrgang, 2005, wurde in Spanien zum Wein des Jahres gewählt. Beim 2006er erhebt sich blumige Reinheit über das Kraftpaket am Gaumen. Der Selecció Especial ist von aromatisch-ledriger Intensität. ★**Aufsteiger**

Carretera Falset a Porrera, km 6,5, 43730 Falset, Tarragona
www.ferrerbobet.com

Jaume Mesquida Pla i Llevant

Die Geschwister Bàrbara und Jaume Mesquida Mora führen den Betrieb im Herzen des Städtchens Porreres auf Mallorca in vierter Generation (seit 2004). Jaumes erster Schritt war die Umstellung auf biologischen Anbau. Die Chardonnays sind vielversprechend; die Version ohne Eichenausbau präsentiert sich frisch mit exotischem Einschlag. Der Rosat de Rosa ist ein fruchtiger Cabernet Sauvignon/Merlot-Verschnitt, und die Cabernets sind von unverkennbarer Reinheit. ★**Aufsteiger**

Calle de la Vileta 7, 07260 Porreres, Mallorca
www.jaumemesquida.com

Joan d'Anguera Montsant

Das Gut gibt es seit 200 Jahren, doch nun ist es in der Hand der jungen Generation, sprich der Brüder Joan und Josep. Bereits der Vater hatte sich auf Syrah spezialisiert, der gerade auf biodynamischen Anbau umgestellt wird. Der sortenreine Garnatxa (Garnacha) ist jung und hell; am oberen Ende der Skala steht der Bugader von 95 % Syrah und 5 % Garnacha: wuchtig, würzig, mit festen Tanninen und warmem Alkohol, aber auch mit typischer Schwarze-Johannisbeer-Frucht.

C/Major, 43746 Darmós, Tarragona
www.cellersjoandanguera.com

Joan Sangenís Priorat

Der Familienbetrieb in Porrera lieferte Trauben für die hiesige Genossenschaft, bis Joan Sangenís 1995 die Kellerei eröffnete. Auf 80 ha stehen im Schnitt 50 Jahre alte Reben, einige sind über 100 Jahre alt. Der Autodidakt und bedächtige Weinmacher erzeugt zwei Reihen: Die Cal-Pla-Weine setzen auf Frucht, die Serie Mas d'En Compte mehr auf Struktur. Sehr interessant ist der exotische, fleischige, fassvergorene Mas d'En Compte, ein seltener weißer Priorat von Garnacha Blanca, Picapoll (Frankreichs Picpoul), Pansa Blanca und Macabeo.

Prat de la Riba 1, 43739 Porrera, Tarragona; Tel. 977 828 125

José L. Ferrer Binissalem Mallorca
Einer der größten Erzeuger in Binissalem und einer der großen alten Namen der Insel (gegründet 1931). Der Besucher erhält hier einen guten Einblick in die Entwicklung der Kellertechnik. Ferrer verändert sich noch immer: Man hat einen neuen Berater (von Macía Batle) verpflichtet und experimentiert mit Fässern (teils aus russischer und mongolischer Eiche). Die modernen Dues-Verschnitte sind recht erfolgreich, vor allem der Syrah/Callet. Auch feiner süßer Moscatel, Veritas Dolç.

Conquistador 103, Carretera Palma–Alcudia, 07350 Binissalem, Mallorca; www.vinosferrer.com

L'Encastell Priorat
Der Familienbetrieb beschränkte sich auf Traubenanbau, bis 1999 Carme Figuerola und Raimon Castellví hinzukamen, eine neue Kellerei erbauten und zwei Weine zu erzeugen begannen. Das Gros des Ertrags fließt in den Garnacha-Verschnitt Marge, der in (bereits einmal gebrauchten) französischen sowie amerikanischen Eichenfässern reift: ein zugänglicher Priorat mit dennoch typischer Struktur und Dichte. Sein großer Bruder ist der wuchtigere, komplexere Roquers de Porrera. ★**Aufsteiger**

Carrer del Castell 13, 43739 Porrera, Tarragona www.roquers.com

Macià Batle Binissalem Mallorca
Bei Macià Batle sind Besucher stets willkommen und dürfen die gesamte Kellerei besichtigen – Geheimniskrämerei gibt es hier nicht. Unbedingt probieren sollte man den schäumenden Prensal/Chardonnay Blanc de Blancs. In den Roten offenbart sich das Potenzial der Manto-Negro-Traube, die zu mindestens 50 % in jedem roten Binissalem enthalten sein muss. Die Reserva Privada besitzt fleischige Fülle mit den inseltypischen Andeutungen von Orange und rosinierter Frucht.

Camí de Coanegra, 07320 Santa Maria del Cami, Mallorca www.maciabatle.com

Marqués de Alella Alella
Als einer der bekanntesten Namen der DO Alella (im Besitz des Cava-Hauses Parxet) ist Marqués de Alella auf Weiße spezialisiert. Zu den sortenreinen Weinen zählen ein frischer Xarel-lo (Pansa Blanca), ein eichengereifter, würziger, opulenter Chardonnay und ein fruchtig-blumiger Viognier – alle sind frisch, ausgewogen und relativ alkoholarm und somit ideale Sommergetränke.

08106 Santa Maria de Martorelles, Barcelona www.marquesdealella.com

Mas Alta Priorat
Der 1999 gegründete Erzeuger kann mit großen Namen aufwarten, etwa dem französischen Önologen Michel Tardieu. Das Gut (früher Vinyes Mas Romani) mit seinen 60 bis 100 Jahre alten Reben liegt unweit des Clos Erasmus. Der Artigas ist ein Garnacha-Verschnitt von jüngeren Reben mit Zedernoten; mehr Tiefe und Konzentration besitzt La Bassetta. La Creu Alta zeigt die Kraft und Lebhaftigkeit der Cariñena im Verschnitt, gemildert durch seidige Tannine, mit komplexen Trüffel- und Cassis-Noten sowie untergründiger Mineralität. ★**Aufsteiger**

Carretera T-702, km 16,8, 43375 Vilella Alta, Tarragona www.bodegasmasalta.com

MAS MARTINET
EIN WEIN VON ERTRAGSARMEN REBEN, ERZEUGT VON EINEM DER BEKANNTESTEN NAMEN IM PRIORAT

MARQUÉS DE ALELLA
DER WEISSWEINSPEZIALIST PRODUZIERT LEICHTE, ERFRISCHENDE WEINE

Mas Doix Priorat
Die Kellerei gibt es erst seit 1998, doch die Familie Doix baut seit dem 19. Jahrhundert Trauben an. Binnen kürzester Zeit haben die Doix-Weine weltweit Aufsehen erregt. Der Costers de Vinyes Velles (von 70- bis 100-jährigen Garnacha- und Carignan-Reben) zeigt üppige Schwarzkirsch- und Heidelbeerfrucht mit Zeder- und Zigarrennoten von französischer Eiche und einen langen, ausdrucksvollen Abgang. Der Zweitwein Salanques verführt mit heller Frucht, frischer Säure und feinem Tannin.

Carrer del Carme 115, 43376 Poboleda; www.masdoix.com

Mas d'En Gil Priorat
1998 erwarb die Familie Pere Rovira, Weinhändler aus dem Penedès, das Gut Masía Barril in Bellmunt im südlichen Priorat und 2000 das Nachbargut El Sas; die Gesamtrebfläche beträgt beachtliche 125 ha. Neben Wein wird auch Olivenöl und *agredolç* (süßer Essig) erzeugt. Das beeindruckendste Gewächs ist der Coma Blanca, einer der besten Priorat-Weißweine, in dem die Mineralität des Terroirs zum Ausdruck kommt, überlagert von exotischer Frucht und wuchtiger, anhaltender Intensität.

43738 Bellmunt del Priorat, Tarragona www.masdengil.com

Mas Igneus Priorat
Da wegen der sommerlichen Trockenheit keine Chemikalien zur Fäulnisbekämpfung nötig sind, eignet sich das Priorat bestens für ökologischen Weinbau – und Mas Igneus ist der führende Bioweinerzeuger. Das Gut wurde 1996 als Gemeinschaftsprojekt der Genossenschaft von Poboleda (inzwischen nicht mehr beteiligt) und einiger Biowinzer gegründet, darunter Josep María Albet, Bioweinspezialist von Albet i Noya im Penedès (siehe S. 125). Der Costers de Mas Igneus strotzt vor Cassis- und Himbeerfrucht und ist im Abgang fest und mineralisch.

Carretera Falset a La Vilella Baixa, Gratallops, Tarragona www.masigneus.com

Mas Martinet Priorat
Mas (früher Clos) Martinet wurde von dem Önologen Josep Lluis Pérez gegründet, den nun seine Kinder Sara (verheiratet mit René Barbier jr.) und Adriá unterstützen. Sara ist einer der neuen Stars des Priorat und berät viele Güter der Region, u. a. Cims de Porrera. Der Hauptwein Clos Martinet von sehr alten, ertragsarmen Reben (nur 0,5 kg/Rebstock) wird in 60 % neuer Eiche ausgebaut und enthüllt typische Priorat-Kraft in verfeinerter Form.

Carreterade Falset a Gratallops, km 6, 43730 Falset, Tarragona; www.masmartinet.com

Mas Perinet Priorat
Die Weinberge des Guts erstrecken sich entlang der Grenze von Priorat und Montsant, was einen interessanten Terroirvergleich erlaubt. Die Priorat-Weine, Perinet und Perinet+, sind Verschnitte diverser Rebsorten; Letzterer zeigt intensive Röstkaffeenoten und rosinierte Frucht. Der Montsant-Wein Clos Maria ist ein schön texturierter, runder Weißer (Garnacha Blanca/Chenin Blanc/Moscatel/Macabeo), der Gotia (Cabernet Sauvignon/Merlot/Garnacha) ist prickelnd modern.

T-702 PK 1,6, 43361 La Morera de Monsant, Priorat www.masperinet.com

Im Herzen des Torres-Guts in Conca de Barberà erhebt sich das Castillo de Milmanda aus dem 11. Jahrhundert.

VALL-LLACH
DER IDUS IST EIN EINDRUCKSVOLLER VERSCHNITT VON CARIÑENA, MERLOT, SYRAH, CABERNET SAUVIGNON UND GARNACHA

TORRES
TORRES' SPITZEN-CHARDONNAY MILMANDA IST KRAFTVOLL UND GLEICHZEITIG FRISCH

Melis Priorat Priorat
Als Studenten der University of California in Davis erhielten Victor Gallegos und Javier López Botella von José Luis Pérez eine Einführung ins Priorat. 15 Jahre später, 1999, erwarben sie ein Gut außerhalb von Torroja del Priorat. Ihr Hauptwein, Melis, besteht aus Garnacha von alten Reben mit Cariñena, Syrah und Cabernet Sauvignon. Elix, der Zweitwein, enthält weniger Garnacha, dafür aber Merlot. Gallegos setzt auf seine bei Sea Smoke (Kalifornien) gesammelten Erfahrungen mit Pinot Noir. Zu den Neuerungen zählen gekühlte Erntecontainer und Fässer verschiedener Größen. ★**Aufsteiger**

Keine Besuchereinrichtungen; www.melispriorat.com

Miquel Gelabert Pla i Llevant
Gelabert ist ein Experte für mallorquinische Reben; seine Weinberge sind mit einer Fülle heimischer, aber auch internationaler Sorten bestockt. Sein früher Erfolg gründet sich auf Chardonnay. Der Golós, ein Callet/Manto Negro-Verschnitt, ist reif, würzig und ein wenig scharf. Der Gran Vinya Son Caules (vorwiegend Callet) im Reserva-Stil ist blumig mit Eukalyptus- und Zedernbukett, lebhafter Säure und festem, teerartigem Abgang.

Calle Sales 50, 07500 Manacor, Mallorca
www.vinsmiquelgelabert.com

Miquel Oliver Pla i Llevant
Das Gut gehört zu den führenden Erzeugern in Pla i Llevant und pflegt seit seiner Gründung 1912 einen modernen Stil. Kellermeister Pilár Oliver verkörpert die vierte Generation. Der Aia (Merlot), eine wuchtig-dichte Kreation mit Roter Johannisbeerfrucht und fleischigen Aromen sowie komplexen Holzkohle- und Mokkanoten am Gaumen, hat hohe Bewertungen erzielt. Fast ebenso gut ist der strukturierte Syrah mit Röstnote, gefolgt vom Ses Ferritges (Callet/Cabernet Sauvignon/Merlot/Syrah) – kraftvoll, lecker, mit toastwürziger Intensität.

Calle Font 26, 07520 Petra, Mallorca; www.miqueloliver.com

Morlanda Priorat
Das von Hügeln umgebene Gut – die höchste Erhebung heißt Morlanda – wurde Ende der 1990er-Jahre als Viticultors del Priorat gegründet und ist jetzt im Besitz von Freixenet. Man will hier ernst zu nehmende, profilierte Weine wie den enorm extrahierten, wuchtig aromatischen Prior Terrae mit Feigen- und Gewürznoten erzeugen. Der Morlanda ist kraftvoll, am Gaumen cremig, mit Mokka- und Röstkaffeearomen und intensivem Abgang.

Partida Palells, Mas Subirà, 43738 Bellmunt de Priorat, Tarragona; www.morlanda.com

Mortitx Vino de la Tierra de Mallorca
Die Kellerei wurde von einer Freundesclique ins Leben gerufen, die guten Wein erzeugen und zur Wiederbelebung des lokalen Weinbaus beitragen will. Cabernet Sauvignon, Syrah, Monastrell und Malvasía wachsen nebst einigen alten autochthonen Rebsorten auf 400 m Höhe in der Serra de Tramuntana. Der erste Jahrgang war 2006. L'U, ein 20 Monate in französischer Eiche gereifter Verschnitt der roten Rebsorten, ist dunkel und würzig. ★**Aufsteiger**

Carretera Pollença–Lluc, km 10,9, 07315 Escorca, Mallorca
www.vinyesmortitx.com

Parés Baltà Penedès
Der alte Familienbetrieb erzeugt ein beeindruckend großes Sortiment an roten und weißen, trockenen und süßen Stillweinen sowie Cavas. Zu den interessantesten Weißweinen zählen der sortenreine Xarel-lo namens Calcari und ein Gewürztraminer namens Ginesta. Der rote Marta de Baltà ist ein würziger Syrah, der Absis ein fest strukturierter Verschnitt von Tempranillo, Merlot, Cabernet Sauvignon und Syrah und der Hisenda Miret ein fruchtiger Garnacha. Die Familie besitzt auch die Priorat-Kellerei Gratavinum.

Masía Can Balta, 08796 Pacs del Penedès, Barcelona
www.paresbalta.com

Portal del Montsant Montsant
Portal del Montsant wurde 2003 gegründet, zwei Jahre nach Portal del Priorat – hinter beiden Projekten steckt der Architekt Alfredo Arribas, unterstützt von Kellermeister Ricardo Rofes. 2007 kam der australische Weinmacher Steve Pannell hinzu. Die drei kreierten in kurzer Zeit eine Reihe von charaktervollen, individuellen Weinen: Der komplexe, gut texturierte, kräuterwürzige Santbru gehört zu den interessantesten Monsant-Weißen, der Santbru Carinyenes Velles (von alten Cariñena-Reben) zeigt würzige Röstnoten über reifer, geschmeidiger Frucht.

Carrer de Dalt, 43775 Marçá, Priorat
www.portaldelpriorat.com

Raimat Costers del Segre
Raimat ist der große Name in Costers del Segre, dem die DO zweifellos ihre Bekanntheit verdankt. Manuel Raventós, Oberhaupt der Eigentümerfamilie des Cava-Hauses Codorníu, erwarb 1914 das heruntergekommene Gut und brachte es wieder auf Vordermann. Es wurde viel Geld aufgewendet für die Auswahl passender Tempranillo-Klone, das richtige Weinbergmanagement und die Verpflichtung berühmter Berater aus den USA und Neuseeland. Eine Neuheit ist der knackige Albariño Viña 24: pikant, aber mit mediterraner Reichhaltigkeit.

Carretera Lleida, 25111 Raimat; www.raimat.com

Ribas Vino de la Tierra de Mallorca
Die Familie Ribas erzeugt seit 1711 Wein, ist aber nichtsdestotrotz sehr modern. Sara Pérez (siehe Mas Martinet, S. 131) berät. In den Weinbergen stehen einige weniger gängige Sorten wie Viognier und Chenin Blanc, außerdem wird die autochthone rote Sorte Gargollassa wiederbelebt. Der Ribas de Cabrera stammt von Sara Pérez: ein Verschnitt internationaler Rebsorten mit Manto Negro, was einen tiefen, komplexen Wein ergibt. Der Sió Gargollassa hat einen leichten Körper und Kirschfrucht; der Sió ist das Spitzengewächs: ein lebhafter Verschnitt von aromatischer Tiefe.

Camí de Muntanya 2, 07330 Consell, Mallorca
www.bodeguesribas.com

Ripoll Sans Priorat
Marc Ripoll begann erst 2000 mit der Erzeugung von Wein, doch in seinen Trauben steckt die Konzentration und Intensität sehr alter Reben. Die Fässer in seiner Kellerei in Gratallops lagern in einem herrlich restaurierten Tonnengewölbe. Der Closa Batllet ist ein roter Verschnitt aus Cariñena und Garnacha von alten Reben mit Cabernet Sauvignon und Syrah von jüngeren Stöcken, der in

französischer und amerikanischer Eiche ausgebaut wird: ein tieffarbiger, fest strukturierter Wein, der sich unter Kritikern einen Namen gemacht hat.

Baixada de la Consolació 4, 43737 Gratallops, Tarragona
www.closabatllet.com

Sangenís i Vaqué Priorat
Pere Sangenís und Conxita Vaqué haben die Winzertradition der Familie im alten Keller von Conxitas Großvater wiederbelebt. Ihre Weine lagern in der Regel ein Jahr lang in französischer und amerikanischer Eiche. Die relativ kurze Ausbauzeit führt zu rascher Trinkreife, allerdings fehlt den Weinen dadurch auch das Gewicht der Spitzengewächse der Region.

Plaça Catalunya 3, 43739 Porrera, Tarragona
www.sangenisivaque.com

Scala Dei Priorat
Für die Weinbaugeschichte des Priorat ist diese Kellerei eine Institution. Sie liegt im Städtchen Scala Dei neben den Ruinen eines mittelalterlichen Klosters aus dem 12. Jahrhundert im Schatten des »heiligen Berges« Montsant. Schon die Mönche, die hier in aller Abgeschiedenheit lebten, waren berühmt für ihren tiefdunklen Wein. Heute ist der Cava-Gigant Codorníu an dem Gut und seinen 90 ha Weinbergen beteiligt, die vorwiegend mit Garnacha sowie etwas Cariñena, Cabernet Sauvignon und Syrah bestockt sind. Der Weißwein mit seiner runden, fast öligen Fülle ist unverwechselbar.

Mitja Galta 32, 43379 Scala Dei, Tarragona
Tel. 977 827 055

Tomàs Cusiné Costers del Segre
Bevor Tomàs Cusiné seinen eigenen Betrieb gründete, war er bei Castell del Remei (siehe S. 128) und Cérvoles tätig. Er hat also genug Erfahrung, doch sein Betrieb ist so jung (erster Jahrgang 2006), dass er noch als Aufsteiger zählt. Die Höhenlage (700–740 m) verleiht den Weinen echte Frische, hinzu kommt Cusinés kreativer Ansatz: Sorgfältig kombiniert er einzelne Parzellen, Rebsorten und Eichenfässer. Der Auzells etwa ist ein einzigartiger weißer Verschnitt von Macabeo, Sauvignon Blanc, Parellada, Viognier, Chardonnay, Müller-Thurgau, Muscat, Riesling, Albariño und Roussanne. Auch die Roten sind modern und individuell: So schmeckt das neue Spanien.
★Aufsteiger

Plaça de Sant Sebastià 13, 25457 El Vilosell, Lleida
www.tomascusine.com

Toni Gelabert Pla i Llevant
Toni, der Bruder von Miquel Gelabert (siehe S. 134), begann seine Erzeugerlaufbahn vor 30 Jahren und hat sich mit charaktervollen Weinen einen Namen gemacht. Er begeistert sich für biodynamischen Weinbau, womit er auf der Insel nicht mehr allein steht. Sein Chardonnay zeigt cremige, (muskat-)würzige Eleganz, sein Torre d'es Canonge Blanc ist ein faszinierender Verschnitt der aromatischen lokalen Girò (95 %) mit Viognier: ein goldener, in französischer Eiche vergorener und gereifter, alkoholstarker Wein mit geschmeidiger Textur. Der verführerische sortenreine Syrah ist aromatisch, voll und komplex.

Camí dels Horts de Llodrà, km 1,3, 07500 Felantix, Manacor, Mallorca; www.vinstonigelabert.com

Torres Catalonia
Miguel A. Torres Riera hat sich sehr um die übergreifende DO Catalunya verdient gemacht, weil er sich vehement für die Zulassung ursprünglich nicht in Katalonien beheimateter Rebsorten einsetzte. Nicht nur in dieser Hinsicht war Torres die treibende Kraft hinter dem Wandel: Besucherzentren und Weintourismus, Kultweine, Schraubverschlüsse, Einzellagen, fast verschwundene großartige Rebsorten, alkoholfreier Wein – überall stand Torres an der Spitze. Auch bei der Anpassung des Weinbaus an den Klimawandel wies er den Weg. Etliche moderne Klassiker stehen im Sortiment: der pfiffige, beliebte Viña Esmeralda (Moscatel/Gewürztraminer), der Spitzen-Chardonnay Milmanda, der seriöse Mas La Plana Cabernet Sauvignon und der Grans Muralles, ein faszinierender Verschnitt wiederbelebter lokaler Sorten. Zu den Neuentwicklungen zählen der Priorat-Wein Salmos und der Rioja Ibéricos. Torres besitzt auch Jean León im Penedès, ein weiteres Pioniergut in Sachen französische Rebsorten.

M Torres 6, 08720 Villafranca del Penedès, Barcelona
www.torres.es

Vall-Llach Priorat
Bis der Weinbau die Region wiederbelebte, war Porrera eines der vielen daniederliegenden Städtchen in den Bergen des Priorat. Der katalanische Sänger Luis Llach gründete Vall-Llach zu Beginn der 1990er-Jahre, investierte in die alten, mit Garnacha und Cariñena bestockten Weinberge und pflanzte Cabernet Sauvignon, Syrah und Merlot. Der raffiniert elegante Embruix (katalanisch für »bezaubernd«) ist der (auch preislich) zugänglichste Wein. Der Idus verbringt 18 Monate in Eiche, und der Spitzenwein der Kellerei, Vall-Llach, präsentiert sich ausladend und würzig mit festem Tanningerüst.

Carrer Pont 9, 43739 Porrera, Tarragona
www.vallllach.com

Venus La Universal Montsant
Wohl kein anderer als die brillante, quirlige Kellermeisterin Sara Pérez, Tochter des Priorat-Pioniers Lluis Pérez, würde seinem Gut solch einen Namen geben. Pérez ist als gefragte Beraterin unter anderem für Dominio do Bibei in Galicien tätig und hat mit ihren eigenen Kreationen dazu beigetragen, die DO Montsant weltweit bekannt zu machen. Ihr wuchtigster, kraftvollster Wein heißt Venus (Syrah/Cariñena); leichter ist der erdbeerfruchtige, durch mineralische Reinheit ausgewogene Dido (Garnacha).

Carretera de Porrera, 43730 Falset, Tarragona
www.venuslauniversal.com

Vinos Piñol Terra Alta
In der Bergregion Terra Alta werden die Reben von Meeresbrisen und dem hiesigen *cierzo*-Wind gekühlt, was den Weißweinen Frische verleiht. Die DO bietet Vielfalt, denn es sind eine ganze Reihe von Rebsorten zugelassen. Zu den Piñol-Weinen zählt der Nuestra Señora del Portal, ein fruchtiger Garnacha-Blanca-Verschnitt mit Kräuter- und mineralischen Noten. Die Roten profitieren von den alten Reben und besitzen eine frische Würzigkeit. Es gibt auch Süßweine (eine Spezialität der Region) von Garnacha Blanca und Garnacha Tinta.

Calle de la Algars 7, 43786 Batea, Tarragona
www.vinospinol.com

TORRES

Vom Tellerwäscher zum Millionär und zurück zum Tellerwäscher in drei Generationen: Das ist die Gefahr bei Familienunternehmen. Eine Erzeugerfamilie, die es erfolgreich zur vierten Generation gebracht hat, ist Torres. Miguel A. Torres Riera (geboren 1941) machte den Familienbetrieb zum globalen Phänomen. Einer der Schritte auf seinem Weg war die Festsetzung des Rentenalters (70) sowie die Einführung eines Verhaltenskodex für die im Unternehmen tätigen Familienmitglieder, nachdem er selbst mit seinem Vater aneinandergeraten war. Und was ist nun mit der fünften Generation? Sind Miguels Sprösslinge willens und in der Lage, die Marke am Leben zu erhalten, in Anbetracht der gänzlich anderen wirtschaftlichen Umstände, in denen sie sich befinden?

Zwei seiner Kinder arbeiten in der Firma mit. Mireia hat Chemie und anschließend Weinbereitung an der Universität von Montpellier studiert. Seit 2004 ist sie Technische Leiterin des Unternehmens; auf ihr Konto gehen die Nerola-Weine aus Conca de Barberà. Ihr fünf Jahre jüngerer Bruder Miguel war 2005 Marketingchef von Torres, während seiner Amtszeit wurden neue Weine aus Ribera de Duero (Celeste), dem Priorat (Salmos) und Rioja (Ibéricos) sowie der »alkoholfreie« (0,45 Vol.-%) Natureo free eingeführt. Jetzt ist Miguel jr. Chef von Torres Chile. Ein solches Erbe anzutreten ist gewiss nicht einfach, doch im Augenblick sieht alles sehr vielversprechend aus.

SHERRY

Die Region Jerez liegt in Südwestspanien; Hauptorte sind Jerez de la Frontera, Sanlúcar de Barrameda und El Puerto de Santa María. Der Name Sherry für den klassischen gespriteten Weinstil, der in diesem Gebiet produziert wird, ist nichts anderes als die anglisierte Form von Jerez. Es gab viel Auf und Ab für den Sherry im Lauf der Jahrhunderte. Heute stehen immerhin über 10 000 Hektar unter Reben, von denen rund drei Millionen Flaschen pro Jahr erzeugt werden, doch ist das immer noch deutlich weniger als zur Sherry-Blütezeit in den 1970er-Jahren. In den letzten Jahren haben die Erzeuger das etwas angestaubte Image des Sherrys zumindest in Großbritannien und den USA etwas aufpoliert; hier hat der Sherry-Absatz leicht zugelegt.

Hauptrebsorten

Weiß

Muscat (Moscatel)

Palomino

Pedro Ximénez (PX)

Jahrgänge

Aufgrund der besonderen Art der Bereitung ist der Jahrgang zwar für den Erzeuger wichtig, nicht aber für den Konsumenten. Sherry wird in einer aus mehreren Fassreihen bestehenden Solera ausgebaut, wobei immer wieder Weine verschiedener Jahre miteinander verschnitten werden. Daher enthält jede Flasche Sherry eine Assemblage mehrerer Jahrgänge.

Nachdem im Jahr 1933 in Spanien das Gesetz zur Einrichtung von Denominaciones de Origen (DOs) verabschiedet worden war, erhielt Jerez 1935 als erste Region DO-Status. Die dort vorherrschenden einzigartigen weißen Kreideböden werden *albariza* genannt, ein Lehnwort aus der Sprache der Mauren, die einst das Gebiet beherrschten. Die *albariza*-Böden bestehen zu 25 bis 40 Prozent aus Kalkstein und sind porös, können jedoch Wasser speichern, was aufgrund des Verbots künstlicher Bewässerung wichtig ist. Zudem reflektieren die weißen Böden das Sonnenlicht, wovon die Trauben profitieren.

Sherry darf nur von drei Rebsorten bereitet werden: Palomino, Pedro Ximénez (PX) und Muscat (Moscatel). Er unterscheidet sich grundlegend von anderen Weinen durch die Art, wie er nach der Vergärung behandelt wird. Zunächst wird der Gärprozess durch Zusatz von Branntwein abgestoppt – der Wein wird »gespritet« –, wobei beim Fino genannten Sherry-Stil die *flor* genannte Hefeschicht, die sich auf der Oberfläche gebildet hat, erhalten bleibt und weiterwächst. Beim Oloroso-Stil wird so viel Alkohol (in der Regel 17 Volumenprozent) zugesetzt, dass diese Hefeschicht zerfällt. Die anderen Sherry-Stile liegen zwischen diesen beiden: der Fino-artige Manzanilla, der in und um Sanlúcar erzeugt wird, sowie der Amontillado, der Palo Cortado und der Cream Sherry, die mehr Zeit im Solera-System verbringen.

Dieses Solera-System ist ein weiteres charakteristisches Merkmal des Sherrys. Eine Solera besteht aus mehreren Reihen übereinanderliegender Fässer, in denen der Wein nach dem Aufspriten reift. Regelmäßig wird ein Teil des jüngeren Weins mit älterem Wein vermischt; dabei werden die Fässer niemals gänzlich entleert und niemals ganz aufgefüllt, sodass Sherry bei der Reifung mehr Sauerstoffkontakt hat als normaler Wein. Dies verleiht ihm seine typischen nussartigen, oxidativen Aromen. In drei- oder vierreihigen Soleras liegen die Fässer mit dem ältesten Wein unten, die mit dem neuesten oben, und in die Flasche gelangt ein Verschnitt, der dem Stil des Hauses oder einer bestimmten Geschmacksrichtung entspricht.

»VOS« darf sich eine spezielle Abfüllung aus einer alten Solera mit einem Durchschnittsalter von mindestens 20 Jahren nennen; diese Bezeichnung ist Amontillado, Oloroso, Palo Cortado und PX vorbehalten. »VORS« bedeutet dasselbe, aber für eine mindestens 30 Jahre alte Solera.

Sehr ähnliche Weine von denselben Rebsorten (typischerweise Pedro Ximénez, aber auch Palomino) im gleichen Solera-Ausbau werden in der 7000 Hektar umfassenden DO Montilla-Moriles in der Provinz Córdoba bereitet, doch da die Sherry-Erzeuger sich die Namen Jerez, Xérès und Sherry als Warenzeichen haben schützen lassen, dürfen die Weine aus Montilla-Moriles nicht Sherry heißen. Der Ausdruck *generoso* bezieht sich hier auf eine ganze Reihe gespriteter Weine: vom trockenen, frischen Fino- über den Amontillado- bis hin zum Palo-Cortado- und Oloroso-Stil. Die Finos besitzen mehr Körper als jene von Jerez, die hell mahagonifarbenen Amontillados sind trocken mit Haselnussnote. Auch die dunkel mahagonibraunen Olorosos sind trocken. Fast schwarz und aufgrund ihrers hohen Zuckergehalts sehr süß präsentieren sich die PX-Weine, die aus sonnengetrockneten PX-Trauben bereitet werden.

Diese Pedro-Ximénez-Traube gewinnt in Montilla-Moriles immer mehr an Bedeutung. Sie kann (als Zusatz zu süßen Stilen und Cream Sherrys) legal an Jerez- wie an Málaga-Erzeuger verkauft werden. In der südlich von Montilla-Moriles gelegenen Weinregion Málaga wird bei der Tafelweinproduktion bereits mit PX experimentiert (obwohl die Sorte für die DO noch nicht zugelassen ist), was die Schlussfolgerung nahelegt, dass in Montilla-Moriles womöglich eine Subappellation für junge rote und weiße Tafelweine entstehen könnte.

Alvear Montilla-Moriles
Der Spitzenerzeuger von Weinen auf Pedro-Ximénez-Basis hat seinen Sitz in der DO Montilla-Moriles unweit von Córdoba. Sämtliche vom Sherry her bekannten Stile werden erzeugt, allerdings unter ausschließlicher Verwendung getrockneter PX-Trauben, deren natürlicher Alkoholgehalt nach der Vergärung so hoch ist, dass kein Branntwein zugesetzt werden muss – daher der unverwechselbare Geschmack.

María Auxiliadora 1, 14550 Montilla; www.alvear.eu

Bodegas Tradición Jerez de la Frontera
Sämtliche Tradición-Sherrys tragen die Bezeichnung VOS oder VORS. Erzeugt werden ausschließlich Amontillado, Oloroso, Palo Cortado und PX von Grundweinen, die Tradición von anderen Bodegas bezieht. Der Palo Cortado basiert auf Weinen von Domecq (jetzt Harveys) und Croft und wird hier gereift; er ist verblüffend komplex und elegant.

Plaza Cordobeses 3, 11408 Jerez de la Frontera
www.bodegastradicion.com

Bodegas Williams & Humbert
Jerez de la Frontera
Der nach eigenen Angaben größte Erzeuger in Jerez hat gut 650 ha Rebland und eine riesige, etwas industriell anmutende Bodega. Berühmtestes Produkt ist der Dry Sack Sherry, doch auch der Amontillado VORS und der VOS Palo Cortado sind elegante, komplexe Weine, die man sich nicht entgehen lassen sollte.

Ctra. Nacional IV, Km 641, 11408 Jerez de la Frontera
www.williams-humbert.com

Equipo Navazos Jerez de la Frontera
Dies ist das faszinierende Projekt eines Teams, dem unter anderem Eduardo Ojeda, technischer Direktor der Grupo Estevez, und der Teilzeit-Weinjournalist und Vollzeit-Kriminologieprofessor Jesús Barquín angehören. Sie kaufen erstklassigen Sherry- und Montilla-Erzeugern Fässer *(botas)* ausgewählter Weine ab, um diese feinsten Sherrys aller Stile unter dem Etikett »La Bota de …« auf Flaschen zu ziehen. Die Auswahlkriterien der strengen Puristen sind das Alter, vor allem aber die Konzentration der Weine. Die jeweiligen Quellen sind auf der Website aufgelistet, jede hat eine bestimmte Nummer und stammt von einer namhaften Bodega. Außerdem arbeitet das Team mit Dirk Niepoort (siehe S. 86) aus dem portugiesischen Douro-Tal zusammen: Der Niepoort-Navazos 2008 ist ein ungespriteter, fassvergorener Palomino mit fünfmonatiger Flor-Reife. Tiefe und Reinheit offenbart der No. 10 Manzanilla Passada. ★ **Aufsteiger**

Keine Besuchereinrichtungen; www.equiponavazos.com

González Byass Jerez de la Frontera
Das berühmteste Erzeugnis der altehrwürdigen Bodega (gegründet 1835) ist Tío Pepe, ein sehr guter einfacher Fino. Doch sie ist auch ein bedeutender Erzeuger von spanischem Brandy, besitzt Rebgelände in ganz Spanien und verfügt über zum Teil bis aufs Jahr 1848 zurückgehende Soleras, aus denen so fabelhafte alte Sherrys wie der intensive Oloroso Dulce Matúsalem VORS stammen.

Calle Manuel Maria González 12, 11403 Jerez de la Frontera
www.gonzalezbyass.com

ALVEAR
DER INTENSIVE AMONTILLADO VON ALVEAR WIRD AUS GETROCKNETEN PX-TRAUBEN BEREITET

GONZÁLEZ BYASS
KNACKIG UND TROCKEN: DIESER KLASSISCHE FINO PASST AUSGEZEICHNET ZU TAPAS

Grupo Estevez Jerez de la Frontera
Zur Grupo Estevez gehören fünf Spitzenerzeuger in der Region Jerez mit 700 Weinbergen. Am renommiertesten sind La Guita Manzanilla und die Einzellage *(pago)* Valdespino. Letzterer war (als Geschenk des Königs) seit dem Mittelalter im Besitz der Familie Valdespino, bis die Grupo Estevez 1999 Weinberg und Bodega übernahm. Alle Weine sind konzentriert, aber elegant. Der Inocente ist ein ungewöhnlich voller, fassvergorener Fino mit nussigen, Brioche-artigen Aromen und langem Abgang.

Carretera Nacional IV, km 640, 11408 Jerez de la Frontera
www.grupoestevez.es

Harveys Jerez de la Frontera
Diesen jetzt zum Getränkemulti Beam Global gehörenden Erzeuger kennt man vor allem wegen seines Bristol Cream, ein Verschnitt sämtlicher Sherry-Stile in einer blauen Glasflasche. Sehr beachtlich sind aber beispielsweise auch der ansprechende Fino und einige großartige VORS-Sherrys.

Calle Pintor Muñoz Cebrián, 11402 Jerez de la Frontera
www.bodegasharveys.com

Hidalgo Sanlúcar de Barrameda
Die Bodega in Sanlúcar, gegründet 1700, wird heute in siebter Generation von Hector Hidalgo geführt. Hier, inmitten von Marschland an der Mündung des Guadalquivir und in unmittelbarer Nähe des kühlenden Atlantiks, ist der Flor anders als in Jerez im Landesinneren. Aushängeschild der Bodega ist der geradezu rassige Fino La Guitana mit leichter Salznote; länger in der Solera bleibt der schwungvolle Manzanilla Pasado mit unglaublicher langem Abgang. Das Rebland umfasst gut 200 ha, einige Stöcke sind über 80 Jahre alt.

Calle Clavel 29, 11402 Jerez de la Frontera
www.emiliohidalgo.es

Lustau Jerez de la Frontera
Lustau ist seit Langem ein Fürsprecher der *almacenistas*: Lagerhalter, die (unverschnittenen) Sherry von Winzern kaufen und ihn in ihren eigenen Bodegas reifen. *Almacenistas* dürfen ihren Wein nicht selbst abfüllen, weshalb ihre Sherrys traditionell von größeren Handelsfirmen verschnitten wurden. Lustau jedoch erkannte das individuelle Potenzial dieser Sherrys, machte sich auf die Suche nach erstklassigen *almacenistas* und vermarktete deren Weine individuell. Das Sortiment ist groß und die Qualität beständig. Der Almacenista Manzanilla ist salzig-frisch mit intensivem Geschmack, der Solera Reserva Emilín ist ein gereifter Moscatel mit Orangenblütenaroma.

Calle Arcos 53, Apartado Postal 69, 11402 Jerez de la Frontera; www.emilio-lustau.com

Sandeman Jerez de la Frontera
Die Erzeugnisse des Pioniers in Sachen Markenstrategie und Werbung sind heute weithin ein Begriff. Die Bodega in Jerez ist eine Touristenattraktion mit Museum und lohnenswerter historischer Führung. Es gibt 170 Jahre alte *botas* (Fässer) zu bestaunen, die noch immer in Gebrauch sind. Probieren Sie den Royal Ambrosante PX mit seinen Dörrfruchtaromen, der am Gaumen geradezu explodiert.

Calle Pizarro 10, 11403 Jerez de la Frontera
www.sandeman.eu

Wein ist in Frankreich ein nicht wegzudenkender Teil des kulturellen Lebens wie auch der Landschaft, obgleich der Verbrauch in den vergangenen Jahrzehnten gesunken ist. Der Weinbau geht hier bis auf die Römerzeit zurück, die ersten Reben standen wahrscheinlich in der Gegend um Nîmes und im Rhône-Tal. Heute wetteifert Frankreich (rund acht Milliarden Flaschen pro Jahr) mit Italien um den Titel des größten Weinerzeugerlands der Welt.

In Frankreich wird jeder erdenkliche Weinstil bereitet, und das qualitätsbewusste AC-System ist Ansporn für Erzeuger ähnlicher Stile außerhalb seiner Grenzen. Selbst gefeierte Größen der Weinwelt, die nicht in Frankreich beheimatet sind, geben unumwunden zu, dass die Gewächse des Bordelais, der Champagne, der Rhône und Burgunds weltweit den Bezugspunkt darstellen für die Alchemie zwischen Mensch, Boden und Traube. Und der Umstand, dass mehr als 90 Prozent der auf Auktionen verkauften feinen Weine aus Frankreich stammen, ist ein weiterer Beweis für die enorme Anziehungskraft des Landes.

Mit 872 000 Hektar Rebland und rund 144 000 verschiedenen Erzeugern, darunter glamouröse Châteaux, große Genossenschaften bis hin zum Ein-Mann-Betrieb, reicht die Bandbreite der Stile und Preise vom schlichten Vin de Table zu über 400 ACs. Die Landschaft trägt zu dieser Vielfalt bei: alpine Weinberge im Jura und in Savoyen, kontinentales Klima im Elsass und in Burgund, Atlantikeinfluss im Bordelais und Loire-Tal, Mittelmeerhitze in Korsika und der Provence. Nimmt man den Eigensinn der Franzosen in Sachen Weinbereitung hinzu, die weit mehr Wert auf regionale Unterschiede und die Nuancen des Terroirs legen als auf einheitliche Stile und gängige Marken, beginnt man zu verstehen, warum die Vielfalt französischer Weine nicht vom Untergang bedroht ist.

FRANKREICH

BORDEAUX

Bittet man jemanden, ein beliebiges Weinbaugebiet zu nennen, so wird mit einiger Wahrscheinlichkeit der Name Bordeaux fallen – diese Region kennt jeder, selbst wenn er nie eine Flasche Wein geöffnet hat. Mit ihr verbinden sich einige der berühmtesten und teuersten Etiketten der Welt, allerdings leidet sie unter dem Image, eine komplizierte Spezialangelegenheit für Snobs zu sein. Viele Konsumenten halten ihre Weinkenntnisse für zu gering, um sich durch die 10 000 Châteaux zu pflügen, die sich in dieser kleinen Ecke Südwestfrankreichs zusammendrängen. Und obwohl Bordeaux nur eineinhalb Prozent aller Weine weltweit erzeugt, ist seine Anziehungskraft auf begüterte Sammler, aber auch auf Weinmacher und -liebhaber ungebrochen. Seine Geheimnisse zu entschlüsseln ist Teil des Vergnügens.

Mit 120 000 Hektar Rebfläche ist Bordeaux Frankreichs größte Appellation Côntrolée (AC), mehr als zehnmal so groß wie das Elsass und knapp fünfmal so groß wie Burgund. Nichtsdestotrotz ist es die Lage, die dem Anbaugebiet zu seinen ganz besonderen Weinen und seinem Ruhm verhalf. Der Name Bordeaux selbst, *au bord de l'eau* (»am Wasser«), liefert den wichtigsten Hinweis: Die Region liegt nahe genug am Atlantik, um vom Meeresklima beeinflusst zu sein, und südlich genug (auf dem 45. Breitengrad) für eine Wachstumsperiode, die delikate Aromen und doch ausreichend Säure für lange Alterungsfähigkeit gewährleistet. Dennoch ist das Klima ein nicht vorhersehbarer Faktor, weshalb die Kellermeister im Lauf der Jahrhunderte profunde Kenntnisse in Bezug auf die Assemblage von Rebsorten angehäuft haben: Die Komplexität und Ausgewogenheit der Verschnitte ist hier der Schlüssel zum Erfolg.

Zudem bedeutete die Nähe zum Atlantik in einem ganz praktischen Sinn auch Zugang zu den Handelsrouten, was den Weinen seit Jahrhunderten Verbreitung und Anerkennung beschert. Die Stadt Bordeaux liegt 45 Kilometer vom Meer entfernt an der Garonne, und ihr geschützter Hafen zog seit dem 12. Jahrhundert Kaufleute aus England, Irland, den Niederlanden und Deutschland an. Drei Jahrhunderte lang gehörte Bordeaux zu England; Eleonore von Aquitanien brachte es als Mitgift in ihre Ehe mit Heinrich II. von England ein. Der Bordeaux-Wein jener Zeit war ein recht leichter, nur kurze Zeit auf den Schalen eingemaischter Roter *(clairet)*. Heute werden 70 Prozent der Bordeaux-Weine durch *négociants* (Händler) verkauft, fast 40 Prozent gehen in den Export.

Das moderne Bordelais erzeugt großteils Rotwein, die Rebflächen sind zu 89 Prozent mit roten Sorten bestockt. Merlot nimmt etwa zwei Drittel der Fläche ein (69 138 Hektar), Cabernet Sauvignon etwas weniger als ein Drittel (28 347 Hektar). Zudem gibt es ein wenig Cabernet Franc und Petit Verdot, in noch geringeren Anteilen Carmenère und Malbec. Elf Prozent der Produktion entfällt auf Weißwein, davon acht Prozent auf trockene und drei Prozent auf Süßweine. Die meistgepflanzte weiße Rebsorte ist Sémillon (7700 Hektar), gefolgt von Sauvignon Blanc (5100 Hektar) sowie vereinzelt Muscadelle und noch weniger Ugni Blanc, Folle Blanche, Sauvignon Gris und Colombard.

Um sich eine Vorstellung von den Stilen zu machen, sollte man sich das Terroirkonzept vor Augen führen. Es wird in Bordeaux viel – mitunter bis zum Überdruss – diskutiert, ist aber der Schlüssel zum Verständnis des Geschmacks der Weine. Es hat mit Klima, Topografie, Boden sowie menschlicher Fürsorge zu tun und erklärt beispielsweise, warum Merlot auf den lehmigen, relativ kühlen, wasserspeichernden Böden des rechten Garonne-Ufers gedeiht: Es ist eine früh reifende Sorte, die allzu große Hitze nicht verträgt. Am linken Ufer, wo Kiesböden vorherrschen, macht sich Cabernet Sauvignon besser, da er die von den Böden gespeicherte Sonnenwärme braucht, um auszureifen.

Es gibt noch weitere bedeutsame Faktoren hinsichtlich des Weinstils, etwa die Pflanzungsdichte der Rebstöcke. Denn je größer die Dichte, desto intensiver ist der Wettstreit um Wasser und Nährstoffe, der – so hofft man – die Qualität erhöht.

Und schließlich ist die Gutsabfüllung *(mise en bouteille au château)* ein weiterer Hinweis auf den Stellenwert des Terroirs. Sie bedeutet, dass die Trauben von einem einzigen Weinberg stammen und der Wein im Château abgefüllt wird. Die meisten Güter haben zwei Etiketten, einen *grand vin* und einen Zweitwein, doch beide werden an Ort und Stelle auf Flaschen gezogen. Jede Flasche ist somit Ausdruck des speziellen Terroirs, auf dem die Trauben wuchsen – nicht nur, weil man in Bordeaux an das Terroirkonzept glaubt, sondern auch, weil das Gesetz es vorschreibt.

Das Spitzen-Château Ausone liegt im Herzen der Appellation St-Émilion am rechten Ufer der Dordogne.

MÉDOC

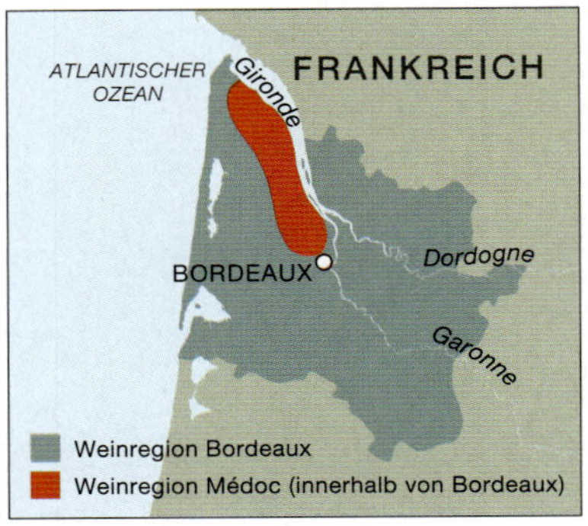

Obwohl das Médoc einige der berühmtesten Bordeaux-Châteaux beherbergt, ist es mit »erst« 500 Jahren eines der jüngsten Weinbaugebiete der Region, während etwa in St-Émilion schon seit 2000 Jahren Reben wachsen. Theoretisch ist es auch eines der kosmopolitischsten Gebiete – wenngleich man das hier manchmal vergisst –, weil sich in aufeinanderfolgenden Einwanderungswellen Holländer, Engländer und Iren hier niederließen, und neuerdings auch immer mehr Amerikaner und Japaner. Die annähernd dreieckige Halbinsel Médoc am linken Gironde-Ufer ist in die vier berühmten Unterbereiche Margaux, St-Julien, Pauillac und St-Estèphe sowie vier weniger prestigeträchtige Bereiche unterteilt.

Hauptrebsorten

Rot

Cabernet Sauvignon

Merlot

Petit Verdot

Jahrgänge

2010
Ein warmes, trockenes Jahr brachte kraftvolle Weine hervor, die gut altern dürften. Merlot und Cabernet Sauvignon beide beständig.

2009
Exzellenter Jahrgang: kraftvolle Weine mit großem Potenzial.

2008
Kühler Sommer, trocken und sonnig im Herbst. Gut für Erzeuger, die warten konnten.

2007
Kühler Sommer, Probleme bei der Reifung. Einige gute Weine.

2006
Regen in der Saison ließ Graufäule befürchten. Die besten Châteaux erzeugten Qualitätsweine.

2005
Ideale Wachstumsbedingungen für volle, langlebige Weine. Die Preise steigen, aber nicht so stark wie anderswo.

2004
Klassischer Jahrgang, guter Ertrag. Für ihre Qualität sind die Weine jetzt sehr preisgünstig.

2003
Cabernet Sauvignon schlug sich in der Hitze am besten.

Die regionalen Appellationen Médoc und Haut-Médoc machen zusammen mit den Village-ACs Moulis und Listrac mehr als 65 Prozent des gesamten Rebbestands dieser kleinen Halbinsel zwischen Atlantik und Gironde-Mündung aus. Aufgrund der Nähe zum Wasser erwies sich die Region im Verlauf ihrer Geschichte als großteils nutzlos für andere Formen der Landwirtschaft. Als holländische Ingenieure jedoch im 17. Jahrhundert das Sumpfland trockenlegten, kamen die Kiesböden zum Vorschein, und die Voraussetzungen für ernsthaften Weinbau waren geschaffen. Seitdem haben die Médocains mit Hingabe begehrte Weine erzeugt, wobei die vier – dem Fluss mit seinen Transportmöglichkeiten am nächsten gelegenen – Spitzen-ACs Margaux, St-Julien, Pauillac und St-Estèphe ihre Nachbarn jahrhundertelang hartnäckig überflügelten.

Das in den renommierten ACs 1855 eingeführte Klassifikationssystem spielt in den weniger namhaften ACs keine große Rolle, wo stattdessen das Cru-Bourgeois-System Vorrang hat. Die AC-Bestimmungen lassen für das Médoc nur rote Trauben zu, was aber nicht bedeutet, dass hier nicht auch weiße Rebsorten – vorwiegend Sauvignon Blanc und Sémillon – wüchsen. Sämtliche Weiße, auch von den besten Châteaux, gelangen jedoch unter der schlichten Bezeichnung AC Bordeaux Blanc in den Handel.

Cru-Artisan-Weine, eine offiziell anerkannte Bezeichnung, erleben gegenwärtig so etwas wie eine Renaissance, obwohl dies nach aktuellen Erhebungen nur 44 Güter betrifft. Es handelt sich um reine Familienbetriebe mit maximal sechs Hektar Rebland, die ihre Weine von eigenem Lesegut selbst vinifizieren und vermarkten.

Geografisch liegt die AC Haut-Médoc der Stadt Bordeaux am nächsten und erstreckt sich nordnordwestlich in Richtung Gironde-Mündung bis St-Estèphe, wobei es die beiden Village-ACs Moulis und Listrac umschließt. Es ist eine ausgedehnte, malerische (teilweise etwas heruntergekommene) Gegend mit vielen kleinen Gütern und dazwischengestreuten Fischerhütten am Fluss.

Hinsichtlich ihrer Größe umfasst die AC Médoc 35 Prozent der Gesamtrebfläche von 7742 Hektar; mehr als die Hälfte der hiesigen Winzer gehören einer Genossenschaft an. Die AC Médoc unterscheidet sich auch insofern von den anderen Médoc-Appellationen, als hier mehr Merlot als Cabernet Sauvignon angebaut wird. In der AC Haut-Médoc hingegen, die 28,5 Prozent der Gesamtrebfläche einnimmt, findet sich mehr Cabernet Sauvignon; die Erzeuger sind großteils unabhängig und ihre Weine etwas teurer.

Moulis ist mit 633 Hektar die kleinste der Médoc-Appellationen, Merlot macht fast die Hälfte des Rebbestands aus. Hier gibt es 53 Erzeuger, häufig kleine Familienbetriebe, deren Weine mit ihren geschmeidigen Tanninen oft dem Margaux-Stil ähneln. Der Name leitet sich von den *moulins* (Windmühlen) ab, die in diesem Teil des Médoc einst ein gewohnter Anblick waren, da Moulis und Listrac den höchstgelegenen Teil der Region bilden: Listrac liegt 45 Meter über Meereshöhe. Als Village-AC umfasst Listrac mit 668 Hektar Rebland vier Prozent der gesamten Médoc-Rebfläche und erzeugt Weine, die denen des Nachbarn Moulis ähneln, aber oft etwas mehr Tannin und Struktur aufweisen.

Das Preis-Leistungs-Verhältnis der Weine aus diesen weniger berühmten Appellationen ist häufig hervorragend, obwohl es oft nicht ganz einfach ist, sie aufzutreiben. Doch ein wenig Beharrlichkeit kann Sie zu Etiketten führen, die zu den spannendsten des gesamten Bordelais zählen.

MÉDOC

Die vier Médoc-ACs – Médoc, Haut-Médoc, Moulis und Listrac – umfassen ein großes Gebiet, das von den Vororten der Stadt Bordeaux im Süden bis zur Gironde-Mündung im Norden reicht. Hier findet man viele (oft familiengeführte) Châteaux mit guten, preiswerten Weinen, die man direkt ab Gut erwerben kann.

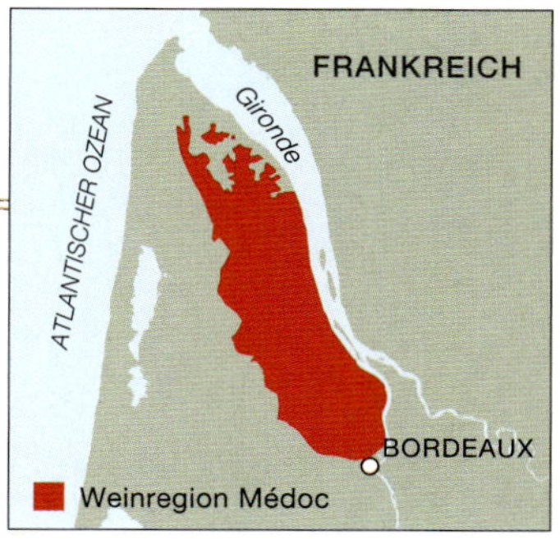

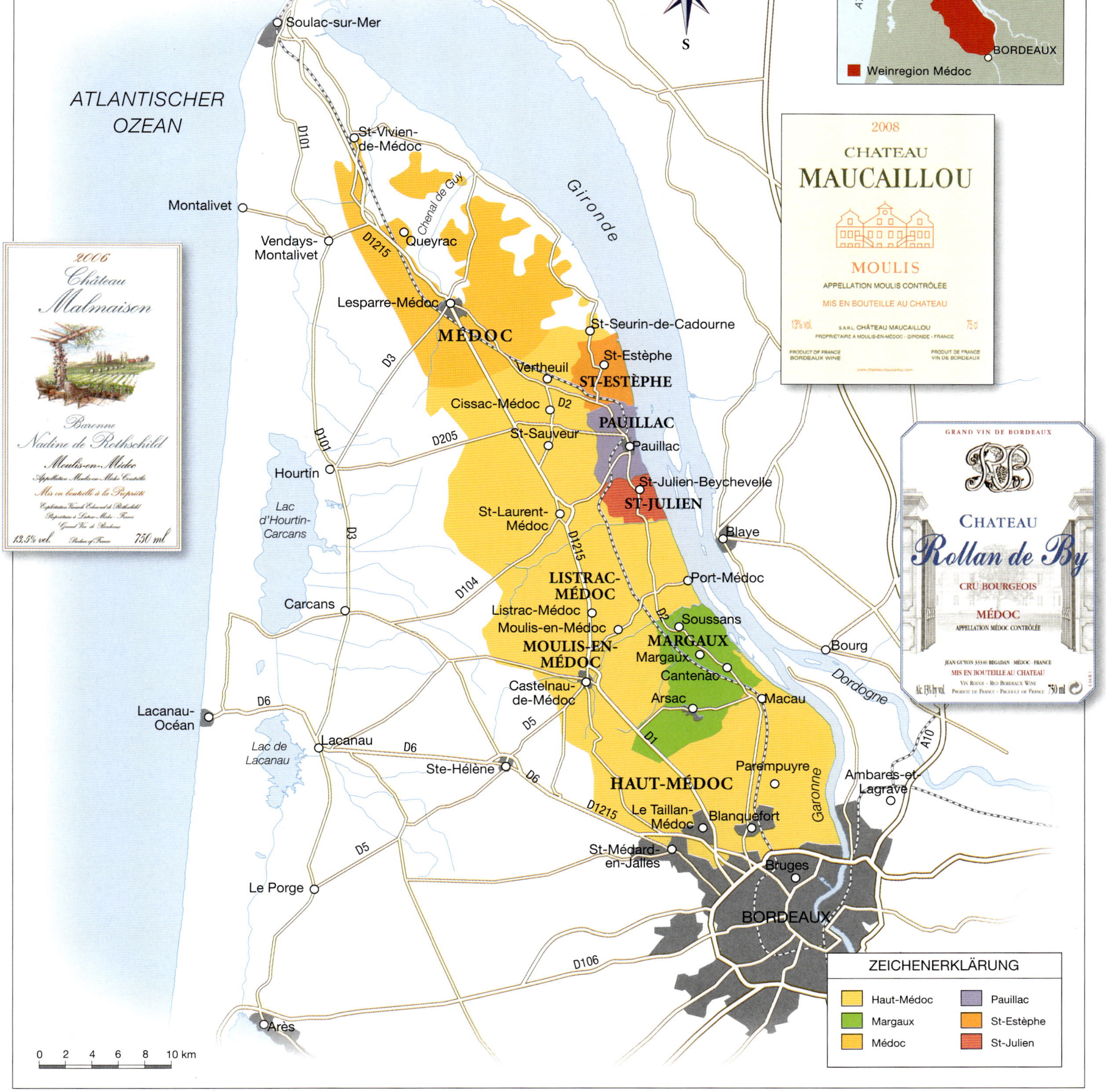

Château d'Agassac Cru Bourgeois
Das kleine, aber herrlich proportionierte Château aus dem 13. Jahrhundert scheint direkt der Märchenwelt zu entstammen, und tatsächlich veranstalten die Eigentümer iPod-geführte Touren für Kinder, bei denen es eine im Turm verborgene Prinzessin aufzuspüren gilt. Der 39-ha-Weinberg ist mit einem hohen Anteil an Merlot bestockt, der feine, etwas früher als andere Weine der Region trinkreife Médoc-Gewächse mit oft intensiver, konzentrierter Aromatik erbringt. Der köstliche L'Agassant d'Agassac besteht zu 90 % aus Merlot von nur 6 ha Rebland und sollte jung getrunken werden.

15, rue d'Agassac, 33290 Ludon-Médoc; www.agassac.com

Château Anthonic Cru Bourgeois
Eigentümer Jean-Baptiste Cordonnier erzeugt von seinen 37 ha Lehm-Kalk- und Kiesböden jährlich 190 000 Flaschen Wein. Dieser enthält mehr Merlot als Cabernet Sauvignon und ist fleischig, aber mit fester, reifer roter Frucht. Anders als die meisten Crus Bourgeois wird er direkt verkauft, vorwiegend an unabhängige Weinhandlungen und Restaurants. Von dem Bestreben, das in Bordeaux übliche Verkaufssystem mit seinen Zwischenhändlern zu umgehen, zeugt auch das Etikett, auf dem sich zwei Adler – Symbol für den Kaufmann und den Erzeuger – um eine Traube streiten. Passenderweise heißt der Zweitwein Les Aigles (»Adler«) d'Anthonic.

Malinay Ouest, 33480 Moulis-en-Médoc; Tel. 05 56 58 34 60

Château d'Aurilhac Cru Bourgeois
Hier geht's international zu: Das Château gehört einem holländisch-französischen Paar, und der Wein wird zum Teil in amerikanischer Eiche ausgebaut. Letztere sorgt gemeinsam mit der überdeutlichen Extraktion für wuchtig-kraftvolle Weine mit jeder Menge schwarzer Frucht. Die Reben sind recht jung, im Schnitt 15 Jahre, da der 20-ha-Weinberg vor nicht allzu langer Zeit neu bestockt wurde. Der Wein enthält außer den drei klassischen Médoc-Rebsorten einen geringen Malbec-Anteil.
★ Aufsteiger

33108 St-Seurin de Cadourne; erik-nieuwaal@wanadoo.fr

Château Belgrave Cinquième Cru
Belgrave gehört dem Bordelaiser Handelshaus Dourthe, das auch den Alleinvertrieb innehat und die Rebflächen (61 ha) kürzlich neu strukturierte sowie eine neue, ohne Pumpen funktionierende Kellerei mit Edelstahltanks errichtete. Die Investition macht sich bezahlt, denn die neueren Jahrgänge zeigen deutlich mehr feste Frucht und rundere, reifere Tannine. Jetzt bietet der Wein ein exzellentes Preis-Leistungs-Verhältnis (zumindest, bis dies allgemein bekannt wird); nur der Zweitwein Diane de Belgrave ist nach wie vor etwas unbeständig.

Keine Besuchereinrichtungen; www.dourthe.com

Château Belle-Vue Cru Bourgeois
Vincent Mulliez war Vorstandsmitglied der Bank JP Morgan in London, bevor er 2004 in seine Heimat zurückkehrte und zwei Châteaux im Haut-Médoc erwarb: Belle-Vue und de Gironville. Der Weinberg grenzt direkt an das klassifizierte Margaux-Château Giscours, doch Mulliez' Wein ist mit mehr als 20 % Petit Verdot von alten Reben pfeffriger als der seines Nachbarn. Mulliez, der im Mai 2010 überraschend verstarb, verdient seiner Preispolitik wegen große Anerkennung, war er doch einer der wenigen, die 2006 und 2007 die Preise senkten – vielleicht hatten ihm seine Freunde von der Bank einen Tipp bezüglich der bevorstehenden weltwirtschaftlichen Turbulenzen gegeben …

103, route de Pauilac, 33460 Macau-en-Médoc
www.chateau-belle-vue.fr

CHÂTEAU BELGRAVE
DAS WIEDERBELEBTE CHÂTEAU BIETET JETZT HERVORRAGENDE, VON CABERNET SAUVIGNON DOMINIERTE WEINE

CHÂTEAU D'AGASSAC
L'AGASSANT IST DER KÖSTLICHE ZWEITWEIN VON CHÂTEAU D'AGASSAC

Château Brillette Cru Bourgeois
Das große Gut, das seit 1976 von der Familie Flageul geführt wird, umfasst 105 ha Land, wovon 40 ha den Reben vorbehalten sind. Deren Alter beträgt im Schnitt 35 Jahre, und sie sind mit bis zu 10 000 Stöcken/ha dicht gepflanzt. Die Familie hält das Gut auf dem neuesten Stand – im Jahr 2000 weihte Erwan Flageul einen neuen Fasskeller, eine neue Kellerei und neue Edelstahltanks ein. Aufgrund des hohen Merlot-Anteils (in manchen Jahrgängen bis zu 55 %) hat der Wein einen angenehm fruchtbetonten Stil. Der Zweitwein des Hauses heißt Les Hauts de Brillette.

Route Peyvigneau, 33480 Moulis-en-Médoc
www.chateau-brillette.fr

Château Cambon la Pelouse
Cru Bourgeois
Das Gut wird jetzt von Nicolas Marie, dem Sohn von Eigentümer Jean-Pierre, geführt. Seinem Aussehen nach würde Nicolas eher in einen New Yorker Plattenladen passen als ins Médoc, tatsächlich jedoch erzeugt er fantastische Weine, die aufzutreiben der Mühe wert ist. 2007 wurde eine *microcuvée* der AC Margaux namens L'Aura de Cambon von 0,5 ha Rebland zwischen Cantenac Brown und Château Margaux eingeführt. Sie wird mindestens zwölf Monate in französischen Eichenfässern gereift und besteht je zur Hälfte aus Cabernet Sauvignon und Merlot.

5, chemin de Canteloup, Macau, 33460 Margaux
www.cambon-la-pelouse.com

Château Camensac Cinquième Cru
Camensac liegt zwischen den beiden anderen 1855 klassifizierten Châteaux, Belgrave und La Tour Carnet, und gehörte bis 2005 den Brüdern Forner von Marqués de Cáceres in Rioja, Spanien (siehe S. 104). Jetzt führt Jean Merlaut das Gut, unterstützt von seiner Nichte Céline Villars und Eric Boissenot als Berater. Die Pflanzdichte ist mit 10 000 Stöcken/ha so hoch wie in Bordeaux üblich, und der Wein, zu jeweils etwa 50 % Merlot und Cabernet Sauvignon, ist sanfter als der der Nachbarn. Der Zweitwein heißt La Closerie de Camensac.

Route de St-Julien, 33112 St-Laurent-Médoc
www.chateaucamensac.com

Château Cantemerle Cinquième Cru
Cantemerle ist eines der ältesten Güter im Médoc – bereits 1354 wurde hier Wein angebaut, als der Großteil der Umgebung noch aus Sumpfland bestand. Heute ist Cantemerle ein zuverlässiger Lieferant von Weinen, die in der Weinwelt nicht so richtig wahrgenommen werden, aber gut gemachte Cabernet-Sauvignon-Gewächse von 90 ha Rebland sind. Vorreiter war das Château insofern, da es als eines der ersten hiesigen Güter von einer Versicherungsgesellschaft übernommen wurde – die französische SMABTP-Gruppe erwarb es 1981 von Bertrand

Clauzel – und damit an der Entstehung eines Trends beteiligt war, der noch heute anhält. Der Zweitwein Les Allées de Cantemerle stammt von jüngeren Reben.

1, chemin Guittot, 33460 Macau-en-Médoc
www.cantemerle.com

Château La Cardonne Cru Bourgeois

Die gesamte Rebfläche von 45 ha ist als nachhaltig bewirtschaftetes Agrarland zertifiziert und mit 45 % Cabernet Sauvignon, 50 % Merlot sowie 5 % Cabernet Franc bestockt. Das Gut hatte nicht immer die beste Presse, doch der gegenwärtige Leiter Gaëtan Charloux hat, zusammen mit einem von Lynch-Bages kommenden technischen Direktor, viel getan, um das Ruder herumzureißen. Zu den Maßnahmen zählte die Erhöhung der Pflanzdichte im Zuge einer Neustrukturierung der Weinberge und der Bau eines beeindruckenden unterirdischen Kellers. Der Zweitwein Château Cardus von jüngeren Reben wird ohne Einsatz von Eiche in Edelstahltanks vinifiziert.

33340 Blaignan; www.domaines-cgr.com

Château Caronne-Ste-Gemme
Cru Bourgeois

Der 45 ha große Weinbergbesitz mit den im Schnitt 25 Jahre alten Reben von Caronne-Ste-Gemme liegt um das stille Städtchen St-Laurent herum verstreut. Eigentümer François Nony, ein Verwandter der Familie Borie von Ducru-Beaucaillou, erzeugt einen Wein im klassischen Médoc-Stil, der sich in der Dominanz von Cabernet Sauvignon und dem einjährigen Eichenausbau sowie in dem Umstand zeigt, dass Großbritannien Hauptabnehmerland ist (rund 25 000 Kisten pro Jahr). Der Önologe Olivier Dauga hat die Behangausdünnung eingeführt, wodurch der Wein an Geschmackskonzentration wie auch an allgemeiner Beliebtheit gewinnt. Der Zweitwein heißt Château Labat.

33112 St-Laurent-Médoc
www.chateau-caronne-ste-gemme.com

Château Castera Cru Bourgeois

Das beeindruckende mittelalterliche Château liegt in dem Weiler St-Germain d'Esteuil. Mit seinen über 190 ha Grund zählt Castera zu den größten Médoc-Gütern. Wälder, Parks und sehr hübsche Gärten nehmen mehr als zwei Drittel des Geländes ein, nur 63 ha sind Weinberge, zu 62 % mit Merlot bestockt. Den Modernisierungsbestrebungen der neuen Eigentümergruppe (der unter anderem Dieter Tondera als Leiter und Jacques Boissenot als Önologe angehören) ist es zu verdanken, dass im Wein nun sehr hübsche Röstnoten zutage treten. Château Bourbon La Chapelle ist der Zweitwein.

33340 St-Germain d'Esteuil; www.chateau-castera.com

Château Chasse-Spleen
Cru Bourgeois

Der Name bedeutet »Verjag den Trübsinn«, und vermutlich hat die Familie Villars-Merlaut mit ihren 80 ha tatsächlich viel zu viel zu tun, um Trübsal zu blasen. Unter Bernadette Villars, die es 1976 übernahm, hat das Gut riesige Fortschritte gemacht, und ihre begabte Tochter Claire arbeitet weiter an der Verbesserung der Weine. Das beständig erfreuliche, weit über dem Durchschnitt liegende Château erzeugt elegante Gewächse mit hohem Cabernet-Sauvignon-Anteil, die jedoch stets zugänglich sind. Es gibt zwei Zweitweine: den L'Ermitage de Chasse-Spleen und den L'Oratoire de Chasse-Spleen.

32, chemin de la Raze, 33480 Moulis-en-Médoc
www.chasse-spleen.com

Château Citran Cru Bourgeois

Céline Villars-Merlaut (die Schwester Claires von Chasse-Spleen; siehe dort) schreibt die lange und wechselvolle Geschichte von Citran fort, dessen Größe im Lauf der Jahre zwischen 90 ha (heute) und 4 ha schwankte. Céline ist ein lebender Beweis für die Behauptung, die besten Weingärtner seien oft auch die besten Weinmacher: Sie lässt die Akazien in einer hoch gelegenen Lage des Guts nach und nach abholzen und den frei gewordenen Grund mit Reben bestocken, weil sie erkannt hat, dass Akazien nur auf tiefem Boden mit gutem Wasserabzug gedeihen – der perfekte Boden für Cabernet Sauvignon. Moulins de Citran ist der Zweitwein.

Chemin de Citran, 33480 Avensan; www.citran.com

Château Clarke Cru Bourgeois

Obwohl die Geschichte des Schlosses bis ins 12. Jahrhundert zurückreicht, wird hier erst seit 1978 Wein erzeugt, fünf Jahre nach dem Kauf des Guts durch Baron Edmund de Rothschild. Heute wird es von seinem Sohn Baron Benjamin geführt, der auch Weingüter in Südafrika und Argentinien besitzt. Und diese Familie versteht etwas von Weinbereitung: Per Schwerkraft wird der Most in große Holzbottiche befördert und dann 14 bis 18 Monate in 100 % neuen Eichenfässern gereift. Der Verschnitt enthält etwas weniger als 50 % Cabernet Sauvignon, aber eine ordentliche Portion Cabernet Franc, der dem Wein sein schönes Aroma verleiht. Auch sehr guter Rosé de Clarke.

Keine Besuchereinrichtungen; www.cver.fr

Château Clément-Pichon Cru Bourgeois

Clément Fayat gehört auch Château La Dominique in St-Émilion. Seinen 25-ha-Weinberg hat er 1976 völlig neu bestockt, und zwar mit 50 % Merlot, 40 % Cabernet Sauvignon und 10 % Cabernet Franc; die Pflanzdichte beträgt 6500 Stöcke/ha. Zu den modernen Bereitungstechniken zählen Mikrooxidation und fein getoastete Eiche – das Ergebnis ist ein weicher, reichhaltiger und rundum erfreulicher Wein.

30, avenue du Château Pichon, 33290 Parempuyre
www.vignobles.fayat.com

Château Fonréaud Cru Bourgeois

Die Eigentümer (siehe auch Lestage, S. 146) verweisen gern darauf, dass ihre Reben am höchsten Punkt des Médoc wachsen, in einer Höhe von 43 m (weshalb man Listrac – vielleicht etwas übertrieben – als »Dach des Médoc« bezeichnet). Der Wein ist in der Jugend oft tanninherb und braucht mindestens fünf Jahre Flaschenreife. Wer nicht so lange warten mag, halte sich an den Zweitwein La Tourelle de Château Fonréaud. Auch der Weiße lohnt die Suche: Der in 50 % neuer Eiche gereifte Le Cygne du Château Fonréaud (AC Bordeaux) stammt von einem nur 2 ha großen Weinberg, der mit Sauvignon Blanc, Sémillon und Muscadelle bestockt ist.

Château Fonréaud, 33480 Listrac-Médoc
www.chateau-fonreaud.com

CRU BOURGEOIS

Ist es einer oder ist es keiner? Diese Frage stellt sich beständig, seit die neue Cru-Bourgeois-Klassifikation veröffentlicht und wieder annulliert wurde. Der Ausdruck bedeutet »Bürgerliches Gewächs« und geht auf das Jahr 1932 zurück. Er bezieht sich auf eine Kategorie von Rotwein erzeugenden Gütern *(crus)*, deren Qualität nicht für die Einstufung als Cru Classé (»Klassifiziertes Gewächs«) reicht, aber immer noch deutlich über dem Durchschnitt liegt. Nach Jahrzehnten erbitterter Diskussionen und wechselnder, mehr oder minder offizieller Einteilungen setzte der Staat eine Expertenkommission ein, die alle 490 kandidierenden Châteaux prüfte und eine Klassifizierung vornahm. Diese wurde 2003 per Verordnung festgelegt und enthielt 247 klassifizierte Châteaux. Allerdings erwies sich die strenge Auslese als gravierender Fehler, da 77 der abgewiesenen Güter gemeinsam vor Gericht zogen und eine Annullierung der Klassifizierung erwirkten.

Heute zieren die Worte »Cru Bourgeois« noch immer die Etiketten, aber seit dem Jahrgang 2008 sind sie nicht viel mehr als eine Qualitätsbezeichnung. Die Châteaux müssen deren Verwendung jedes Jahr aufs Neue bei der Alliance (dem Cru-Bourgeois-Verband) beantragen, und unter der Voraussetzung ausreichender Qualität und strikter Befolgung der Vorschriften dürfen sie dann »Cru Bourgeois« auf ihre Etiketten drucken lassen. Allerdings ziehen es einige der renommiertesten Châteaux (meist diejenigen, die 2003 als Crus Bourgeois Exceptionnels eingestuft wurden) wohl vor, die weitere Entwicklung erst einmal abzuwarten.

CHÂTEAU FOURCAS HOSTEN

INVESTITIONEN IN WEINBERGE UND KELLEREI HABEN FOURCAS HOSTEN NEUES LEBEN EINGEHAUCHT

CHÂTEAU FOURCAS DUPRÉ

ELEGANTER, VON CABERNET BESTIMMTER WEIN, DER AUF KIESBODEN WÄCHST

Château Fourcas Dupré Cru Bourgeois

Patrice Pagès bereitet einen strukturierterен Wein als sein Nachbar Fourcas Hosten, vor allem wegen des Kiesaufschlusses, der seinen 46-ha-Weinberg auf der gegenüberliegenden Straßenseite kennzeichnet. Dieser ist mit 38 % Merlot, 50 % Cabernet Sauvignon, 10 % Cabernet Franc und 2 % Petit Verdot bestockt, die einen eleganten Verschnitt ergeben – der allerdings ein paar Jahre Flaschenreife benötigt. In letzter Zeit hat Pagès in aller Stille renoviert und den Fasskeller erweitert. Sein Wein entwickelt sich zu einem verlässlichen, erfreulichen Gewächs.

Lieu-dit Le Fourcas, 33480 Listrac-Médoc
www.fourcasdupre.com

Château Fourcas Hosten Cru Bourgeois

Peter Sichel, der charmante Franzose, der zu einer Schlüsselfigur der New Yorker Weinszene wurde, hat das Familiengut 2006 an Renaud und Laurent Momméja (auch als die Hermès-Brüder bekannt) verkauft. Die Weinberge weisen zwei völlig verschiedene Bodentypen auf – lehmig und kiesig –, und diesem Umstand trägt die Bestockung mit 45 % Merlot, 45 % Cabernet Sauvignon und 10 % Cabernet Franc Rechnung. Der Wein hat sein Potenzial nicht immer ausgeschöpft, doch die jetzigen Eigentümer haben Investitionen in Angriff genommen. Der bezaubernde Zweitwein, nur zu 25 % in Eiche gereift, heißt Les Cèdres d'Hosten.

2, rue de l'Eglise, 33480 Listrac; www.fourcas-hosten.fr

La Goulée La Goulée

Die Reben des relativ neuen Guts stehen in Port du Goulée an der Gironde-Mündung und somit am nördlichsten Punkt des Médoc. Eigentümer ist die Familie Reybier von Cos d'Estournel (siehe S. 150), dessen Team auch für den Goulée-Wein verantwortlich ist – wenngleich es sich hier um einen anderen Weinberg und andere kellertechnische Gegebenheiten handelt. Der Ansatz, so Gutsleiter Jean-Guillaume Prats, besteht darin, es mit der Marktposition und Beständigkeit etwa eines neuseeländischen Cloudy Bay aufzunehmen, aber eben von Bordeaux aus – und der La Goulée ist tatsächlich ein weicher, seidiger Stoff! Auch der Weiße, La Goulée Blanc, ist exzellent. ★**Aufsteiger**

Château Cos d'Estornel, 33180 Saint-Estèphe
www.cosestournel.com

Château Greysac Cru Bourgeois

Greysac liegt nördlich von St-Estèphe im Städtchen By, verfügt über beachtliche 95 ha Rebland und erzeugt jährlich rund 540 000 Flaschen, wovon etwa 70 % auf den körperreichen, entschieden modernen Hauptwein entfallen und die restlichen 30 % auf den Zweitwein, Château de By. Geführt wird das Gut vom freundlichen Philippe Dambrine (von Cantemerle; siehe S. 144). Es erzeugt auch einen sortenreinen trockenen Sauvignon Blanc von 2 ha in Bégadan. Vergärung und Ausbau dieses Weins finden ausschließlich in (jährlich zu 30 % erneuerten) Fässern unter Aufrühren des Hefesatzes *(bâtonnage)* statt.

18, route de By, 33340 Bégadan
www.greysac.com

Château Jander Cru Bourgeois

Der holländische Eigentümer Hans Peter Jander kompliziert die Dinge nicht unnötig und hat sein nur 7 ha großes, biologisch bewirtschaftetes Rebland zu jeweils 50 % mit Cabernet Sauvignon (Sand-Kies-Boden) und Merlot (Lehm-Kalk-Boden) bestockt. Er erzeugt jährlich rund 12 000 Flaschen von etwa 25 Jahre alten Reben; dank des langen Eichenausbaus (in zu 50 % neuen Fässern) besitzt der Wein eine angenehme Rauchnote. Seit 1998 gibt es auch Château-Jander-Wein von 1,8 ha in der AC Moulis.

41, avenue Soulac, 33480 Listrac-Médoc; Tel. 05 56 58 01 12

Château La Lagune Troisième Cru

Dass Sie das Stadtgebiet von Bordeaux verlassen und endlich das wahre Médoc erreicht haben, wissen Sie, wenn Sie an den Toren von La Lagune ankommen, dem Ausgangspunkt der hübschen Route des Châteaux. Auf diesem Gut haben schon viele Frauen Wein bereitet, und jetzt setzt Caroline Frey diese Tradition fort. Seit ihre Familie das Gut 2000 erwarb, wurde die Kellerei mit 72 schwerkraftbetriebenen Tanks ausgestattet. Der Wein zeigt feste, intensive Frucht mit schön pfeffrigem Abgang. Er rührt von der Petit-Verdot-Traube her, die (in der Regel zu etwa 10 %) mit Cabernet Sauvignon und Merlot verschnitten wird. Es gibt drei Weine: La Lagune, den Zweitwein Moulin La Lagune und den jung zu trinkenden Mademoiselle L.

83, avenue de l'Europe, 33290 Ludon-Médoc
www.chateau-lalagune.com

Château Lestage Cru Bourgeois

Jean und Marie-Hélène Chanfreau von Château Fonréaud (siehe S. 145) führen auch dieses 42-ha-Gut und erzeugen von 52 % Merlot, 46 % Cabernet Sauvignon sowie 2 % Petit Verdot rund 250 000 Flaschen pro Jahr. Der Weinberg ist von Parkanlagen umgeben, und das hinreißende Château aus der Zeit Napoleons III. liegt auf einer der höchsten Erhebungen der AC – kein Wunder, dass die Familie sich von dem Gut nicht trennen mag. Das Zweitetikett heißt La Dame de Cœur du Château Lestage; sehr fein (aber schwer aufzutreiben) ist auch der Wein vom winzigen Château Caroline in Moulis.

Château Fonréaud, 33480 Listrac-Médoc
www.chateau-lestage.com

Château Lestruelle Cru Bourgeois

Das Gut ist im Besitz von Patrick Bouey und einer gleichnamigen *négociant*-Firma in Bordeaux; die Weinberge sind zu etwa 75 % mit Merlot bestockt, den Rest machen Cabernet Sauvignon und Cabernet Franc zu etwa gleichen Teilen aus. Der relativ preiswerte Wein zeigt reichhaltige schwarze Frucht und feste Tannine. Bouey gehört auch das Nachbar-Château Maison Blanche in St-Yzans-de-Médoc mit Lehm-Kalk-Böden – es erzeugt einen der seltenen sortenreinen Merlot-Gewächse vom linken Gironde-Ufer.

33340 St-Yzans-de-Médoc; Tel. 05 56 09 05 01

Château Malmaison Cru Bourgeois

In bestimmten Jahrgängen enthält der Wein bis zu 80 % Merlot (üblich sind bis zu 60 %), was in dieser Region ungewöhnlich ist. Das 24 ha große Gut wird von Nadine de Rothschild geführt und liegt direkt neben Château Clarke (siehe S. 145). Der Wein ist eine leichtere, fruchtigere Moulis-Interpretation – er wird in Edelstahl vinifiziert und in neuen sowie ein Jahr alten Fässern gereift.

Keine Besuchereinrichtungen; www.cver.fr

Château Maucaillou Cru Bourgeois
Das imposante Château war einst das Hochzeitsgeschenk eines verliebten Bräutigams an seine Braut. Der Name leitet sich von den *mauvais cailloux*, den »üblen Steinen«, her, die den Getreideanbau unmöglich machten, sich jedoch später als perfektes Rebland erwiesen. Das Gut ist heute im Besitz von Philippe Dourthe (der keine Verbindung mehr zu dem Bordelaiser Handelhaus hat, das den Namen seiner Familie trägt); seine moderne, klare Herangehensweise im Keller spiegelt sich im Namen des Zweitetiketts wider: N° 2 de Maucaillou.

Quartier de la Gare, 33480 Moulis-en-Médoc
www.chateau-maucaillou.com

Château Mayne Lalande Cru Bourgeois
Die Leichtigkeit, die Bernard Lartigue seinen Weinen mitgibt, zeigt auch das fröhlich-moderne Etikett. Als er vor über 30 Jahren anfing, besaß er gerade mal 1 ha Reben, deren Trauben an die örtliche Genossenschaft gingen; sein erster Jahrgang (kein schlechter für den Anfang) war 1982. Heute besitzt Lartigue 14 ha in Listrac und 5 ha in Moulis (Château Myon d'Enclos). Der Mayne Lalande Grande Réserve wird – sehr ungewöhnlich für Bordeaux – 30 Monate gereift und ist voller als der Hauptwein.

Route du Mayne, 33480 Listrac-Médoc
http://chateau-mayne-lalande.com

Château Moulin à Vent Cru Bourgeois
Das unauffällige, aber qualitätsvolle Château ist im Besitz von Dominique Hessel, früher Präsident des Cru-Bourgeois-Verbands. Von 25 ha Rebland erzeugt er pro Jahr 120 000 Flaschen Moulin à Vent sowie Château Moulin de St-Vincent (Zweitwein). Ersterer enthält 60 % Cabernet Sauvignon und wird nur leicht gefiltert, wodurch er seine Struktur mit schöner, strammer Frucht behält.

72, avenue de Médoc, Bouqueyran, 33480 Moulis-en-Médoc
www.moulin-a-vent.com

Château du Moulin Rouge Cru Artisan
Der glamouröse Name ist Welten entfernt von der Realität dieses sehr einfachen Weinguts, das seit über 200 Jahren der Familie Ribeiro gehört. Es liegt in Cussac-Fort-Médoc, wo das Haut-Médoc an St-Julien grenzt. Die früher bisweilen geradezu plumpen Tannine wurden in den letzten Jahren zunehmend gezähmt, der Wein bietet nun oft ein hervorragendes Preis-Leistungs-Verhältnis (vor allem seit 2005). Der Verschnitt besteht zu gleichen Teilen aus den beiden Cabernet-Sorten plus 10 % Merlot.

18, rue Coste, 33460 Cussac-Fort-Médoc
laurence.ribeiro@free.fr

Château Patache d'Aux Cru Bourgeois
Hinter den Domaines Lapalu verbirgt sich eine ganze Reihe von Châteaux – Patache d'Aux, Le Boscq, Liversan, Lacombe Noaillac und Lieujean – in den Médoc- und Haut-Médoc-ACs. Alle gehören dem Frankotunesier Jean-Michel Lapalu und bieten verlässliche Qualität zu vernünftigen Preisen. Der technische Leiter Olivier Sempé sorgt für strikte Rückverfolgbarkeit auf jeder Stufe des Bereitungsprozesses, der zunehmend von »grünen« Praktiken mit möglichst wenig Eingriffen geprägt ist.

1, rue du 19 mars, 33340 Bégadan; Tel. 05 56 41 50 18

CHÂTEAU PREUILLAC
DER REICHHALTIGE ROTE IST EIN VERSCHNITT VON 60 % MERLOT, 35 % CABERNET SAUVIGNON UND 5 % CABERNET FRANC

CHÂTEAU POUJEAUX
HIER SIND IN DEN NÄCHSTEN JAHREN SPITZENWEINE ZU ERWARTEN

Château Peyrat-Fourthon
Das Gut verfügt über 20 ha Lehm-Kalk- und Kiesböden, die mit 55 % Cabernet Sauvignon, 41 % Merlot und 4 % Petit Verdot bestockt sind; die Pflanzdichte beträgt 6600 Stöcke/ha. Auf dem wenig bekannten Château kommen einige interessante moderne Bereitungsmethoden zum Einsatz, etwa Kaltmazeration der Trauben vor dem Vergären, Mikrooxidation und der Ausbau in Fässern aus 100 % neuer Eiche. Pierre Narboni besitzt Peyrat-Fourthon seit 2004 und hat die Rebfläche seitdem um fast die Hälfte vergrößert. Berater ist Christophe Coupez, Direktor des önolgischen Instituts (C.E.I.O.E.) von Pauillac. Dieses Château sollte man im Auge behalten.
★ **Aufsteiger**

33112 St-Laurent-du-Médoc;
www.peyrat-fourthon.com

Château Potensac Cru Bourgeois
Im Besitz der Familie Delon von Château Léoville Las Cases (siehe S. 163) stellt Château Potensac, vor allem in guten Jahrgängen, ein köstliches Schnäppchen dar, während sein großer Bruder richtig Geld kostet. Das 53-ha-Gut ist mit 60 % Cabernet Sauvignon, 25 % Merlot und 15 % Cabernet Franc bestockt, wobei die Reben mit 8000 Stöcken/ha recht eng stehen. Der Hauptwein ist ein unverwechselbarer Médoc: fest, strukturiert und erst nach einigen Jahren trinkreif. Als Kellermeister wirkt hier Michel Rollands Bruder Pierre. La Chapelle de Potensac ist der Zweitwein.

33340 Lesparre-Médoc
www.potensac.com

Château Poujeaux Cru Bourgeois
Dem neuen Eigentümer, Philippe Cuvelier, gehört auch Clos Fourtet in St-Émilion – einer der seltenen Fälle, da eine Familie vom rechten Gironde-Ufer sich aufs linke Ufer gewagt hat. Geführt wird Poujeaux von einem jungen Team unter Leitung von Philippes Sohn Mathieu; Berater Stéphane Derenoncourt betreut beide Châteaux und hilft mit, das 68-ha-Gut einer glanzvollen Zukunft entgegenzuführen. Zu erwarten sind mächtige Schwarze-Johannisbeer-Aromen, gebändigt durch leckere Kräuternoten – unbedingt im Auge behalten. ★ **Aufsteiger**

Keine Besuchereinrichtungen; www.chateaupoujeaux.com

Château Preuillac Cru Bourgeois
Preuillac ist seit 1998 im Besitz des dynamischen Jean-Christophe Mau und des holländischen Spirituosenherstellers Dirkzwager. In den vergangenen zehn Jahren wurde in Entwässerungsgräben und eine Erhöhung der Pflanzdichte in den 30 ha Weinbergen sowie in eine neue Kellerei mit moderner Ausstattung investiert, zudem ließ man das hübsche Château selbst aufwendig renovieren. Stéphane Derenoncourt berät dieses wie auch Maus Pessac-Léognan-Gut Château Brown (siehe S. 174). Der Wein ist gut, reichhaltig und geschmeidig, das Renommee wächst.

33340 Lesparre-Médoc; www.chateau-preuillac.com

Château Réal
Château Réal, Nachbargut von Tronquoy in St-Seurin-de-Cadourne, ist im Besitz der Familie Lemaignan, doch der Rebbestand wurde 2006 von Didier Marcelis übernommen. Einstweilen sind es nur 5 ha, bestockt mit

CHÂTEAU SOCIANDO-MALLET
SEINE SINNLICHE QUALITÄT ZEIGT DIESES KRAFTVOLLE SPITZENGEWÄCHS ERST NACH EINIGEN JAHREN FLASCHENREIFE

CHÂTEAU SÉNÉJAC
SORGFALT UND ANSPRUCH WERDEN NUN AUSSCHLIESSLICH DEM IMMER BESSER WERDENDEN ROTWEIN ZUTEIL

55 % Cabernet Sauvignon, 10 % Cabernet Franc und 35 % Merlot, doch ist eine Erweiterung auf 7 ha geplant, um sich für die Cru-Bourgeois-Klassifikation zu qualifizieren. Mit Hubert de Boüard (siehe Château Angélus, S. 187) als Berater werden nun Bioanbau und Handarbeit großgeschrieben. Der Anteil an Cabernet-Franc-Reben wurde erhöht, ebenso die Laubdichte, um das Reifungspotenzial zu optimieren; der Wein wird nicht mehr gefiltert, sondern nur noch mit Eiweiß geklärt, um die Qualität zu erhöhen. Im Auge behalten. ★**Aufsteiger**

Keine Besuchereinrichtungen; www.chateau-serilhan.fr

Château Rollan de By Cru Bourgeois

Jean Guyon würde jederzeit freimütig zugeben, dass er sich in erster Linie Arbeit aufgehalst hat, als er 1989 das 2-ha-Gut in einer abgelegenen Ecke des Médoc erwarb. Doch er schuftete unermüdlich, um seinem Wein zu größerer Bekanntheit zu verhelfen. Heute besitzt er rund 85 ha Rebfläche, und Château Rollan de By wird bei Blindverkostungen regelmäßig zu den Besten gezählt. Der ähnlich modern eingestellte und für seine Erfolge am rechten Ufer bekannte Alain Reynaud berät. Der hohe Anteil neuer Eiche sorgt für stets beeindruckende Opulenz und ein reiches Mundgefühl. Auch der Wein von Guyons Château Haut Condissas (von eigenen Reben) ist der Suche wert.

3, route du Haut Condissas, 33340 Bégadan
www.rollandeby.com

Château Saint Paul

Ein großer Teil dieses Weins landet in Großbritannien und den USA, vielleicht wegen seines körperreichen, massenwirksamen Stils mit Pflaumen- und reicher schwarzer Frucht, aber so viel Säure, dass er sich sehr gut als Essensbegleiter eignet. Es ist ein Verschnitt von 60 % Merlot, 30 % Cabernet Sauvignon und 10 % Petit Verdot sowie Cabernet Franc; die Trauben stammen von 22 ha Weinbergparzellen der benachbarten St-Estèphe-Güter Le Boscq und Morin, beide im Besitz von Bernard Boucher. Château Sociando-Mallet, von dessen Glorie auch ein wenig auf Saint Paul abstrahlt, liegt direkt nebenan. Der Zweitwein heißt Terre Brune de Saint Paul.

33180 St-Seurin-de-Cadourne; Tel. 05 56 59 34 72

Château Sénéjac Cru Bourgeois

Die 39 ha Rebland sind mit 48 % Cabernet Sauvignon, 37 % Merlot, 11 % Cabernet Franc sowie 4 % Petit Verdot bestockt und im Besitz der Familie Cordier von Château Talbot. Man sieht dem Château mit seinen efeubewachsenen Mauern, Barockgärten und der schicken Inneneinrichtung den guten Geschmack der Eigentümer an. Das Gut hatte eine Reihe von Fehlstarts zu verzeichnen – vor längerer Zeit beispielsweise einen Weißwein, dann eine Spezialabfüllung namens Karolus –, heute jedoch wird es biodynamisch bewirtschaftet und man konzentriert sich ganz auf den zunehmend besseren Château Sénéjac.

Keine Besuchereinrichtungen; www.chateau-senejac.com

Château Sociando-Mallet

Es gibt kaum einen Weinfreak, der beim Klang dieses Namens nicht aufhorchen würde. Sociando-Mallet hält sich beharrlich jeder Art von Médoc-Klassifikation fern, hat aber nichtsdestotrotz viele begeisterte Anhänger. Das Gut liegt auf einem Kiesaufschluss etwa 3 km nördlich von St-Estèphe. Sein Erfolg verdankt sich uneingeschränkt Jean Gautreau, dem lässig wirkenden belgischen Eigentümer, der in Wirklichkeit jedoch absolut detailbesessen ist, wenn es um die Bereitung seiner Weine geht. 1969 erwarb er eine Ansammlung verfallener Gebäude mit nur 5 ha Weinbergbesitz, den er inzwischen auf 85 ha erweitert hat. Sociando-Mallet ist beileibe kein sanfter Wein – da gibt's stramme Tannine und eine kraftvolle Struktur –, doch er verfügt über eine große sinnliche Qualität, vor allem nach einigen Jahren Flaschenreife, die die meisten Nachbargüter auf die Plätze verweist.

33180 St-Seurin-de-Cadourne
Tel. 05 56 73 38 80

Château du Taillan Cru Bourgeois

Ein weiteres Château, in dem Frauen (seit 1992) die Hosen anhaben: Die fünf Cruse-Schwestern arbeiten von der Weinbergbewirtschaftung bis hin zur Abfüllung eng zusammen. Der Weinkeller des schönen, denkmalgeschützten Châteaus stammt ursprünglich aus dem 15. Jahrhundert. Zu den probierenswerten Weinen zählen der Château du Taillan, die weichere Cuvée des Dames und der weiße AC Bordeaux namens Château La Dame Blanche aus 100 % Sauvignon Blanc.

56, avenue de la Croix, 33320 Le Taillan-Médoc
www.chateaudutaillan.com

Château La Tour Carnet Quatrième Cru

Wenn Sie ein Kind bitten, ein französisches Château zu malen, wird wahrscheinlich etwas wie La Tour Carnet herauskommen: Türme, Zinnen, Burggraben und Festungsmauern. Hier ist das Ganze auch noch echt – der Turm stammt aus dem 11. Jahrhundert. Der Weinberg umfasst beachtliche 65 ha und ist mit knapp 10 000 Reben/ha bestockt: 40 % Cabernet Sauvignon, 50 % Merlot, 7 % Cabernet Franc und 3 % Petit Verdot. Einige Jahre lang hatte man hier mit dem kühlen Terroir zu kämpfen, auf dem die Trauben nur schwer zur Reife gelangten. Doch dank des verbesserten Wasserabzugs, der Anpflanzung von Laubbäumen zum Schutz der Reben und beträchtlicher Investitionen des Eigentümers Bernard Magrez schlagen sowohl der Haupt- als auch der Zweitwein, Les Douves de La Tour Carnet, allmählich hohe Wellen. Die Trauben gelangen ungemahlen in Edelstahltanks und erfreuen sich der für Magrez üblichen Aufmerksamkeit und Fürsorge.

33112 St-Laurent-Médoc
www.latour-carnet.com

Château Tour St-Bonnet Cru Bourgeois

Eigentlich hieß das Château La Tour St-Bonnet, doch nachdem Latour (siehe S. 158) 1996 ein Gerichtsverfahren angestrengt hatte, wurde das »La« eiligst entfernt. Unbeeindruckt von dem ganzen Wirbel fährt Eigentümer Jacques Merlet-Lafon mit der Erzeugung eines der beliebtesten Cru-Bourgeois-Weine fort. Er stammt von 40 ha bei St-Christoly-du-Médoc, wo sich die Halbinsel in Richtung Meer verengt. Der Verschnitt besteht aus Merlot und Cabernet Sauvignon zu gleichen Teilen plus etwas Malbec, der für den reichhaltig-würzigen Pfiff sorgt.

33340 St-Christoly-du-Médoc
www.tour.saint.bonnet.free.fr

ST-ESTÈPHE

In der nördlichsten der kommunalen Appellationen des Médoc herrscht Kiesboden vor, allerdings besteht der Untergrund meist aus Lehm, sodass der Wasserabzug weniger gut ist als in anderen Teilen des Bordelais. Von den 1250 Hektar Reben entstehen Weine in festem Stil, und einige hervorragende, renommierte Châteaux sind hier ansässig. Die Appellation verfügt über fünf Crus Classés (angeführt von den Deuxième-Cru-Châteaux Montrose und Cos d'Estournel), also nur halb so viel wie in der kleineren Appellation St-Julien. Darüber hinaus gibt es mehr als 30 Crus Bourgeois, darunter vier der neun einstigen Crus Bourgeois Exceptionnels: die Châteaux Phélan Ségur, de Pez, Les Ormes de Pez und Haut-Marbuzet.

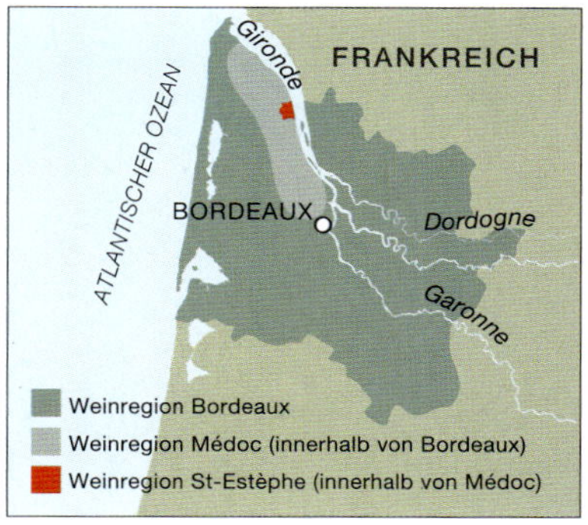

St-Estèphe ist die einzige der namhaften Médoc-Appellationen, in der die Zusammenlegung von Weinbergen und der Verkauf von Parzellen im vergangenen Jahrzehnt intensiv betrieben wurden. Und so findet man in dieser spannenden Region heute sowohl frisches Blut als auch neue Lebenskraft bei alten Namen. Möglich wurde dies vor allem durch den Verkauf beziehungsweise die Verpachtung beträchtlicher Rebflächenanteile der hiesigen Genossenschaft, nachdem einige ihrer Mitglieder in den Ruhestand getreten waren – weshalb sich Güter wie Montrose, Lilian Ladouys, Tour de Pez, Petit Bocq und Sérilhan rasch vergrößern konnten. Diese Entwicklung brachte Dynamik in eine Appellation, die früher als Quelle robuster, eher rustikaler Weine und daher als weit weniger aufregend galt als ihre Nachbarn entlang der Route des Châteaux gen Süden. Die Genossenschaftskellerei selbst, eine der ältesten in Bordeaux, leidet unter dem Verlust so vieler Mitglieder, und es wird befürchtet, dass die berühmtesten Châteaux weiterhin Land aufkaufen und dadurch in gewisser Weise die Vielfalt der Appellation gefährden könnten.

Bei den Rebsorten steht Cabernet Sauvignon mit 51 Prozent an der Spitze (dass es dennoch ein etwas geringerer Anteil ist als in den anderen drei kommunalen Haut-Médoc-Appellationen, erklärt sich durch den Lehmanteil der Böden sowie die sandigen Bereiche im nördlichen Teil), gefolgt von 40 Prozent Merlot, 6,5 Prozent Cabernet Franc, 2,3 Prozent Petit Verdot sowie 0,3 Prozent Malbec und Carmenère. Die Verschiebung weg von Cabernet Sauvignon ist durchaus begrüßenswert in dieser besonderen Appellation, deren mangelnde Reputation auch daher rührt, dass die Rebe auf Böden angepflanzt wurde, die dem Ausreifen der Trauben abträglich waren. Die neue Generation von Eigentümern legt hier wie im übrigen Bordelais Wert auf geologische Gutachten und bestockt die Rebflächen nun mit passenden Sorten.

Eine weitere wichtige Neuerung der vergangenen Jahrzehnte war die Einführung von Haupt- und Zweitweinen. Bis in die 1980er-Jahre verkaufte das Gros der Güter – sogar die renommiertesten – ihre gesamte Produktion unter ein und demselben Etikett. Als jedoch qualitative Belange stärker in den Vordergrund rückten, begannen die besten Erzeuger das Lesegut ihrer verschiedenen Lagen getrennt zu vergären und auszubauen, bis hin zur abschließenden Assemblage. In der Regel bedeutet dies, dass die Trauben von älteren Reben im komplexeren *grand vin* landen, der den Namen des Château trägt. Die Frucht von jüngeren Reben verwendet der Kellermeister dann für das Zweitetikett – dieser Wein ist fruchtiger und frischer und gelangt meist trinkfertig in den Verkauf, muss also nicht erst in der Flasche reifen.

Einige wenige Güter besitzen Zweitweine aus dem 19. Jahrhundert, die meisten jedoch führten ihre Zweitetiketten erst gegen Ende des 20. Jahrhunderts ein. Heute sind sie im gesamten Bordeaux-Gebiet üblich, am häufigsten findet man sie bei den klassifizierten Châteaux des Médoc. In St-Estèphe zählen insbesondere La Dame de Montrose, Les Pagodes de Cos und Franck Phélan zu den besten Vertretern.

Die Resultate sind bei all jenen Erzeugern eindeutig, die die Liebe zum Detail im Keller mit sorgfältiger Arbeit im Weinberg verbinden und die Lese bis zu jenem Zeitpunkt aufschieben, da die Trauben voll ausgereift sind. Die Châteaux von St-Estèphe befolgen zunehmend diese Methoden, wovon die Appellation enorm profitiert.

Hauptrebsorte

Rot

Cabernet Sauvignon

Merlot

Jahrgänge

2010
Ausgezeichneter Jahrgang mit kraftvollen Weinen, die alt werden können. Sowohl Merlot als auch Cabernet Sauvignon waren beständig.

2009
Exzellentes Jahr mit kraftvollen, langlebigen Weinen.

2008
Problematisch kühler Sommer; Erholung brachte der außergewöhnlich trockene und sonnige Herbst. Gut für Erzeuger, die warten konnten.

2007
Ein schwieriges Jahr: wegen des feuchten Sommers Reifeprobleme auf den Tonböden von St-Estèphe. Einige gute Weine, aber nicht überall.

2006
Ein klassisches Jahr: idealer Saisonbeginn, etwas Regen zur Lese. Sehr gute Weine von Spitzenerzeugern.

2005
Fast ideale Bedingungen für volle Weine, die noch lange halten werden – auch wenn es in St-Estèphe im Sommer überhaupt nicht regnete.

2004
Klassischer Jahrgang, gute Erträge, für ihre Qualität sehr preiswerte Weine.

CHÂTEAU CALON SÉGUR
DAS ROMANTISCHE ETIKETT SPIEGELT DIE ZUNEIGUNG WIDER, DIE HIER DEM WEIN ENTGEGENGEBRACHT WIRD

CHÂTEAU COS D'ESTOURNEL
KEINE KOSTEN WERDEN BEI DER BEREITUNG DIESES WEINS GESCHEUT – DAS GLEICHE GILT FÜR DIE, DIE IHN KAUFEN

Château Beau-Site Cru Bourgeois

Château Beau-Site ist ein Wein der Familie Castéja, der auf den traditionellen St-Estèphe-Markt abzielt. Das bedeutet im Wesentlichen straffe schwarze Frucht und die Notwendigkeit, ihn zweimal zu dekantieren, wenn man ihn jung trinkt. Dies bewirken ein hoher Cabernet-Sauvignon-Anteil (60 %) und ein rund 15-monatiger Ausbau in zu 50 % neuen Eichenfässern. Die 100 ha Weinberge liegen direkt neben Château Calon Ségur (siehe unten), die Reben sind im Durchschnitt 35 Jahre alt.

33180 St-Estèphe; Tel. 05 56 00 00 70

Château Le Boscq Cru Bourgeois

Das Gut gehört dem Bordelaiser Handelshaus Vignobles Dourthe, das weitere Weingüter mit insgesamt rund 500 ha Rebfläche in der Region besitzt. Château Le Boscq verfügt über knapp 18 ha, die mit 60 % Merlot, 26 % Cabernet Sauvignon, 10 % Petit Verdot und 4 % Cabernet Franc bestockt sind. Der hohe Merlot-Anteil sorgt für einen ungewöhnlich weichen, offenherzigen St-Estèphe-Stil, der sehr gut ankommt. Einige der wichtigsten Neuerungen der letzten Jahre waren die Einführung nachhaltiger Weinbergbewirtschaftung, die Chargenrückverfolgbarkeit und die separate Vinifikation des Leseguts.

Keine Besuchereinrichtungen; www.dourthe.com

Château Calon Ségur Troisième Cru

Ein Beweis, dass Marketingpower selbst klassifizierten Bordeaux-Gütern Anziehungskraft verleiht, ist das Herz (nicht nur) auf dem Etikett, das zum Markenzeichen von Château Calon Ségur geworden ist (und an einen früheren Eigentümer erinnert, der zwar die berühmten Châteaux Lafite und Latour besaß, aber behauptete: »Mein Herz gehört Calon«). Heute ist das nördlichste der klassifizierten Médoc-Châteaux im Besitz der Familie Gasqueton. Die 74 ha Rebfläche sind mit 65 % Cabernet Sauvignon, 20 % Merlot und 15 % Cabernet Franc bestockt, die fleischige, zupackende Weine mit schöner Textur erbringen – Schauspieler Johnny Depp ist ein großer Fan von ihnen. Der Zweitwein heißt Marquis de Calon.

2, Château Calon-Ségur, 33180 St-Estèphe
Tel. 05 56 59 30 08

Château Clauzet Cru Bourgeois

Der belgische Geschäftsmann Maurice Velge besitzt das Gut seit 1997. Sein technischer Leiter José Bueno kam von Château Mouton Rothschild – ein guter Grund, diesem Wein vertrauen zu können. Die 20 ha Rebfläche sind mit Cabernet Sauvignon sowie ein wenig Petit Verdot bestockt, der für eine vollere, dunklere Farbe sorgt. Der Wein fordert mit seiner imposanten Struktur und straffen schwarzen Frucht Aufmerksamkeit. Vom selben Erzeuger stammt auch der Château de Côme aus St-Estèphe in einem leichteren, furchtigeren Stil.

Leyssac, 33180 St-Estèphe
www.chateauclauzet.com

Château Cos d'Estournel Deuxième Cru

Ehrgeiz ist ein Wort, das ganz gewiss auf Familie Reybier, den Eigentümern, und Gutsleiter Jean-Guillaume Prats zutrifft – angefangen von der Preispolitik über die hypermoderne neue Kellerei (siehe Randspalte S. 153) bis hin zur Präzision und Professionalität beim Wein selbst. Die 92 ha Rebland sind mit 60 % Cabernet Sauvignon und 40 % Merlot bestockt. Der Hauptwein verbringt 18 Monate in neuer Eiche (der Zweitwein, Les Pagodes de Cos, zwölf Monate), und das Ergebnis ist eine weiche, reichhaltige, aber komplexe Abfüllung. Der Blanc de Cos d'Estournel ist ein AC Bordeaux mit 80 % Sauvignon Blanc und 20 % Sémillon aus den nördlichsten Weinbergen des Bereichs; seine an Loire-Weine erinnernde Reintönigkeit ist höchst verblüffend. Siehe auch Château La Goulée (S. 146).

33180 St-Estèphe; www.cosestournel.com

Château Cos Labory Cinquième Cru

Dicht, verschlossen, in der Jugend schwierig – all diese Attribute verbindet man oft mit Château Cos Labory. Geführt wird es von Bernard Audoy, einem Abkömmling der Familie Weber, die schon seit dem frühen 20. Jahrhundert hier ansässig ist. Das 18-ha-Gut ist mit alten Reben der Sorten Cabernet Sauvignon (55 %), Merlot (33 %), Cabernet Franc (10 %) und Petit Verdot (2 %) bestockt, die teils von Hand, teils maschinell bearbeitet werden. Die Höhen seines Nachbarn Cos d'Estournel erreicht es zwar nicht, dennoch entfalten sich die festen Weine sehr schön.

33180 St-Estèphe; Tel. 05 56 59 30 22

Château Le Crock Cru Bourgeois

Das Gut ist seit 1903 im Besitz der Familie Cuvelier von Château Léoville Poyferré (siehe S. 163), wird aber erst seit Ende der 1970er-Jahre, als Didier Cuvelier die Leitung übernahm, von einem Familienmitglied geführt. Der Hauptwein stammt von 32 ha Rebfläche – zu 60 % mit Cabernet Sauvignon bestockt –, und wie bei Léoville Poyferré ist auch hier für die Weinbereitung Isabelle Davin zuständig, eines der großen weiblichen Weinmachertalente der Region. Michel Rolland berät. Der Zweitwein La Croix St-Estèphe ist fruchtig und frisch, besitzt aber dennoch die für die Appellation typische Festigkeit.

Marbuzet, 33180 St-Estèphe
www.chateaulecrock.fr

Château Domeyne Cru Bourgeois

Claire Villars und ihrem Ehemann Gonzargue Lurton gehört Château Domeyne seit 2006 – man sollte dieses kleine Gut im Auge behalten. Auf einem hübschen kiesigen Plateau stehen 9 ha Reben: 65 % Cabernet Sauvignon, 35 % Merlot und 5 % Cabernet Franc. Die Lese erfolgt vollständig per Hand, und der Wein verbringt zwölf bis 14 Monate in Eiche (jährlich 40 % neue Fässer). Domeyne besitzt seit langer Zeit einen guten Ruf für klassische, elegante St-Estèphe-Gewächse und wird sich dank der vereinten Fähigkeiten der neuen Eigentümer wohl weiter verbessern.

3, Espace Guyonnaud, 33180 St-Estèphe
Tel. 05 56 59 72 29

Château Haut-Beauséjour Cru Bourgeois

Jean-Claude Rouzaud, Önologe und Chef von Champagne Louis Roederer, erwarb 1992 zwei Cru-Bourgeois-Weinberge in St-Estèphe, legte sie zusammen und schuf damit das heutige 20-ha-Château Haut-Beauséjour. Wie bei einem Roederer-Besitztum nicht anders zu erwarten,

ST-ESTÈPHE

Die Appellation befindet sich etwa in der Mitte zwischen der Stadt Bordeaux und der äußersten Spitze der Médoc-Halbinsel, der Pointe de Grave, und ist die nördlichste der großen kommunalen Appellationen des Médoc innerhalb der Weinregion Bordeaux. Die für die AC St-Estèphe zugelassenen Weinberge liegen überwiegend um die Dörfer St-Corbian, Pez, Leyssac, Marbuzet und St-Estèphe. Die dunklere Fläche auf der nebenstehenden Karte bezeichnet die Rebfläche des AC-Bereichs.

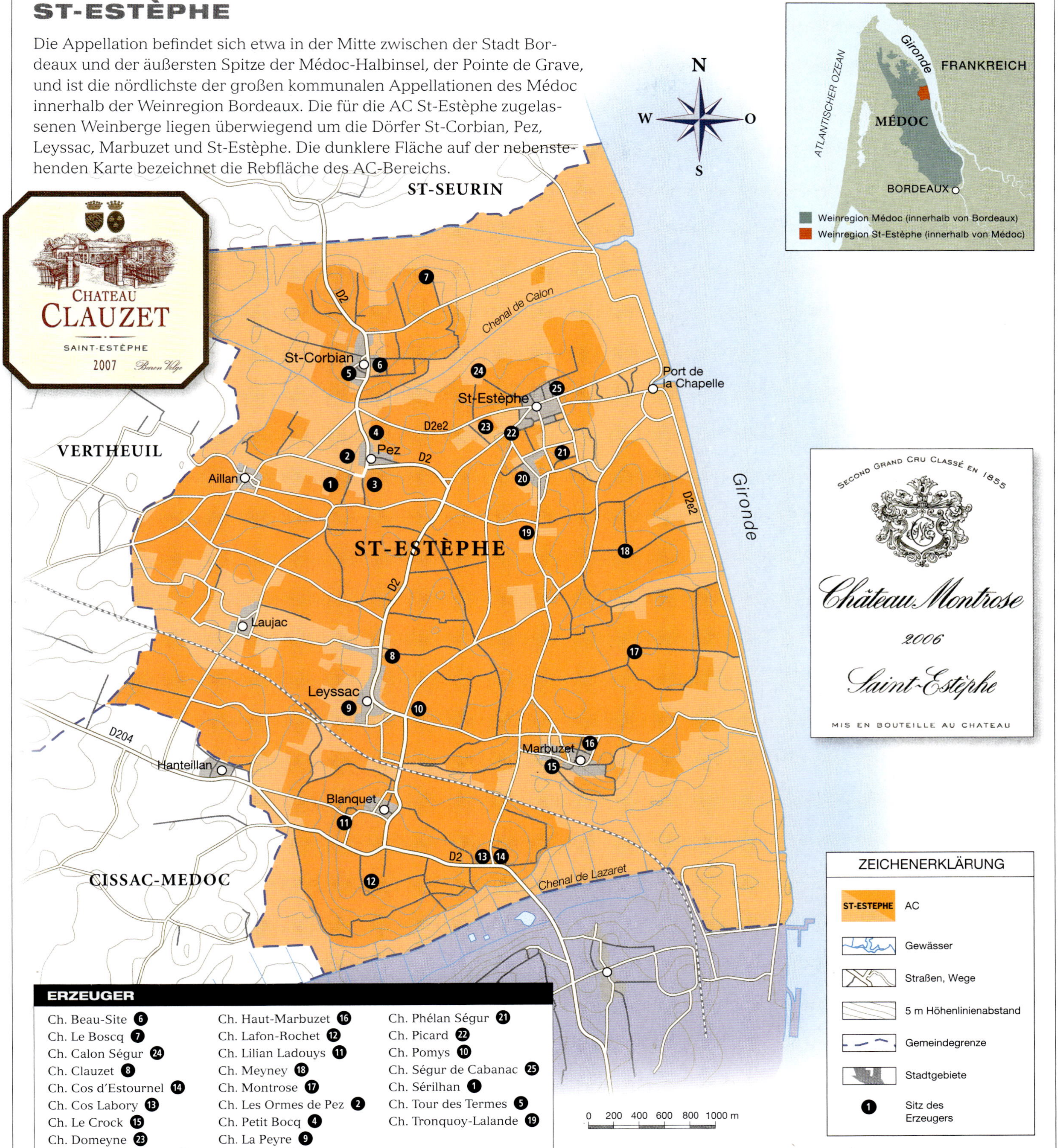

Erkundigen Sie sich nach Verkostungsmöglichkeiten und Öffnungszeiten der Kellereien, bevor Sie Ihre Reise planen. Manche Betriebe empfangen Besucher nur nach Voranmeldung.

folgten auf den Kauf beträchtliche Investitionen, angefangen von Hightechanlagen im Keller bis hin zur sorgfältigen Neubestockung der Weinberge. Gutsleiter Philippe Moureau ist auch bei Château de Pez (siehe S. 153) tätig. Der Wein ist von fester, dichter Art mit ansprechender Schwarzer-Johannisbeer-Frucht.

Rue de la Mairie, 33180 St-Estèphe; Tel. 05 56 59 30 26

Château Haut-Marbuzet Cru Bourgeois

Henri Dubocsq übernahm das Gut von seinem Vater Hervé und wird nun selbst von seinen Söhnen Bruno und Hughes unterstützt. Die 66 ha Weinberge sind mit 9000 Reben/ha bestockt, um sich den Umstand zunutze zu machen, dass so dicht gepflanzte Stöcke weniger, aber konzentriertere Frucht tragen. Die Dubocsqs gehen in aller Stille ihren Weg und sind führend bei etlichen ökologischen Maßnahmen – beispielsweise pflügen sie Unkraut lieber unter, als Herbizide einzusetzen. Der verführerische Wein selbst wird von 50 % Cabernet Sauvignon, 40 % Merlot und 10 % Cabernet Franc bereitet und lockt mit Schokoladen- und Mokkanoten. Château MacCarthy ist der Zweitwein.

33180 St-Estèphe; Tel. 05 56 59 30 54

Château Lafon-Rochet Quatrième Cru

Gutsleiter Michel Tesseron wird seit 2007 von seinem Sohn Basile unterstützt. Der 45 ha große Weinbergbesitz ist mit Cabernet Sauvignon (55 %), Merlot (40 %), Cabernet Franc (3 %) und Petit Verdot (2 %) bestockt, das Durchschnittsalter der Reben beträgt 30 Jahre. Die hohe Pflanzdichte von bis zu 9200 Stöcken/ha trägt zu mächtigen Aromen im Wein bei, plus einem hübschen Hauch von Kräuternoten. Er wird oft zu den klassifizierten Weinen mit dem besten Preis-Leistungs-Verhältnis gezählt. Das gelbe Etikett spielt auf die Farbe des Château-Gebäudes an. Der Zweitwein heißt Pélerins de Lafon-Rochet.

Lieu-dit Blanquet, 33180 St-Estèphe
Tel. 05 56 59 32 06

Château Lilian Ladouys Cru Bourgeois

Der Schweizer Eigentümer von Château Lilian Ladouys, Jacky Lorenzetti, ist Immobilienmogul und Rugby-Fan. Er hat sich Ende 2008 hier niedergelassen, verbringt aber die meiste Zeit in Paris. Das Gut verfügt über 90 Parzellen mit insgesamt 47 ha, die mehrheitlich (60 %) mit 40 Jahre alten Cabernet-Sauvignon-Reben bestockt sind. La Devise de Lilian ist der Zweitwein, von ihm werden jährlich 45 000 Flaschen erzeugt, vom Hauptwein rund 240 000 Flaschen. Die Weinberge liegen direkt neben jenen von Château Cos d'Estournel, doch das Renommee ist noch nicht dasselbe, sodass man das eine oder andere Schnäppchen machen kann. Es ist schon viel passiert, aber um das Potenzial gänzlich auszuschöpfen, müssen noch einige Investitionen getätigt werden.

Blanquet, 33180 St-Estèphe
www.chateau-lilian-ladouys.com

Château Meyney Cru Bourgeois

Château Meyney bietet zurückhaltenden Wein zu zurückhaltenden Preisen. Es ist eines von mehreren Châteaux im Besitz der französischen Bank Crédit Agricole, die in den vergangenen Jahren auf all ihren Gütern nachhaltige Bewirtschaftungsmethoden eingeführt hat. Die Reben – 56 % Cabernet Sauvignon, 26 % Merlot, 9 % Petit Verdot

CHÂTEAU LAFON-ROCHET
EIN UNVERWECHSELBARER, PREISWERTER WEIN VON EINEM KLASSIFIZIERTEN CRU

CHÂTEAU MEYNEY
WO EINST EIN KLOSTER STAND, WIRD HEUTE EIN FRUCHTBETONTER WEIN ERZEUGT

und 9 % Cabernet Franc – stehen in einem einzigen, 51 ha großen Weinberg. Der Wein ist fruchtbetont und für diesen Preis überraschend gut. Der Zweitwein heißt Prieur de Meyney, benannt nach dem Kloster, das im 17. Jahrhundert an der Stelle des heutigen Guts stand.

33180 St-Estèphe; www.meyney.fr

Château Montrose Deuxième Cru

Château Montrose mausert sich zu einem Musterknaben in Sachen Umweltfreundlichkeit, denn der neue Eigentümer Martin Bouygues, Chef der französischen Unternehmensgruppe Bouygues, lässt gegenwärtig Solarmodule, Erdwärme und ein vollständiges Recyclingsystem für die schnieke neue Kellerei einbauen. Der Wein selbst (von 67 ha Weinbergen an der Gironde-Mündung) ist ein fester, reichhaltiger und souveräner Tropfen, dem 65 % Cabernet Sauvignon, 25 % Merlot sowie 10 % Cabernet Franc eine Tanninstruktur verleihen, die für erhebliches Alterungspotenzial sorgt. Etwas anderes würde man von Gutsleiter Jean Delmas, der nach seiner Pensionierung von Château Haut-Brion hierherkam, auch nicht erwarten. La Dame de Montrose ist der Zweitwein.

33180 St-Estèphe; www.chateau-montrose.com

Château Les Ormes de Pez
Cru Bourgeois

Strahlende, knackige, saftige Frucht tritt hier neuerdings immer deutlicher zutage. Den gewandelten Ansatz von Château Les Ormes de Pez spiegelt das neue Etikett mit einem stilisierten Baum wider, das sich auf die einst hier wachsenden, namengebenden Ulmen *(ormes)* bezieht. Das Gut gehört der Familie Cazes von Château Lynch-Bages (siehe S. 158). Der Wein wird von 51 % Cabernet Sauvignon, 39 % Merlot, 8 % Cabernet Franc und 2 % Petit Verdot bereitet, die 33 ha Weinberge bestehen aus Sand und Kies (der Sand sorgt eventuell für etwas aufgeschlossenere Tannine als bei den Pauillac-Weinen der Familie). Kein Zweitwein.

Route des Ormes, 33180 St-Estèphe; www.ormesdepez.com

Château Petit Bocq Cru Bourgeois

Was wie der Name eines Zweitweins klingt, ist tatsächlich ein eigenständiges Gut. Eigentümer Gaëton Lagneaux gab seinen Arztberuf auf, um sich seiner Leidenschaft, dem Weinmachen, zu widmen (es gibt eine Reihe von ehemaligen Ärzten unter den Bordelaiser Weinmachern). Er hat die ursprünglich 2 ha Rebfläche in den vergangenen zehn Jahren auf 18 ha – nahezu ausschließlich Kiesböden – erweitert. Dicht gepflanzt stehen dort 70 % Merlot-Reben sowie Cabernet Sauvignon und ein klein wenig Cabernet Franc. Die Trauben werden von Hand gelesen, der Wein wird ohne Filtration abgefüllt und bietet ein exzellentes Preis-Leistungs-Verhältnis. Er besitzt eine dunkle Farbe, Eleganz und schöne Säure; die Pflaumenfrucht und Schokoladennoten brauchen Zeit, um sich zu entfalten.

3, rue Croix de Pez, 33180 St-Estèphe
www.chateau-petit-bocq.com

Château La Peyre Cru Artisan

Die kleine Kellerei von Château La Peyre – im Besitz von Dany und René Rabiller – füllt erst seit 1989 ihren Wein selbst ab, nachdem er zuvor jahrelang an die hiesige Genossenschaft gegangen war. Heute erzeugt das Gut von 8 ha Rebland 48 000 Flaschen pro Jahr. Ein Fünftel des Ertrags wird als AC Haut-Médoc abgefüllt, der Rest als St-Estèphe. Dem Rebschnitt (im Winter) gibt man hier den Vorzug vor der Triebausdünnung (im Frühjahr oder Sommer), was den Ertrag auf natürliche Weise beschränkt. Dass der Wein nicht gefiltert wird, trägt zusätzlich zur Konzentration der bisweilen rustikalen, aber stets charaktervollen Aromen bei. Cabernet Sauvignon mit Pflaumen, Zwetschgen und schöner milder Toastwürze vom Ausbau in Eiche überwiegt geschmacklich minimal gegenüber Merlot.

Le Cendrayre, 33180 St-Estèphe
vignoblesrabiller@wanadoo.fr

Château de Pez Cru Bourgeois

Château de Pez ist, ebenso wie einige andere bekannte Médoc-Güter (siehe etwa Haut-Beauséjour, S. 150), im Besitz des Champagnerhauses Louis Roederer. 30 ha Rebfläche sind mit 45 % Cabernet Sauvignon, 44 % Merlot, 8 % Cabernet Franc und 3 % Petit Verdot bestockt. Der Wein wird nicht gefiltert, verbringt 16 bis 18 Monate in kleinen (jährlich zu 40 % erneuerten) Eichenfässern und ist ein zurückhaltender Zeitgenosse: Er braucht ein paar Jahre, um sich abzurunden, oder muss zumindest einige Stunden vor dem Genuss dekantiert werden. Die schöne Toastwürze im Bukett gibt einen Hinweis auf die von Beginn an vorhandene Opulenz.

Keine Besuchereinrichtungen
www.champagne-roederer.com

Château Phélan Ségur Cru Bourgeois

Eigentümer Thierry Gardinier ist auch Vorsitzender des Cru-Bourgeois-Verbands Alliance. Seine 90 ha Weinberge sind mit Merlot (47 %), Cabernet Sauvignon (22 %) und Cabernet Franc (31 %) bestockt; der Hauptwein wird 14 bis 18 Monate in (zu 50 % neuen) Fässern ausgebaut. Dies verleiht dem Bukett eine ansprechende Rauchnote neben der klassischen Struktur dunkler Frucht. Mit Michel Rolland als Berater wurde die Spezial-Cuvée Fée aux Roses von einigen der ältesten Reben kreiert, die in 100 % neuer Eiche vinifiziert wird. Es gibt den Zweitwein Frank Phélan und sogar ein Drittetikett, La Croix Bonis.

Keine Besuchereinrichtungen; www.phelansegur.com

Château Picard

Das Handelshaus Mähler-Besse erwarb Château Picard 1997; nach Investitionen in die Kellerei werden die Trauben nun durch Schwerkraft bewegt. Die 10 ha Rebfläche erbringen jährlich 45 000 Flaschen inklusive des Zweitweins Les Ailes de Picard. Die Weine sind tiefdunkel, besitzen merkliche Eichenwürze, aber auch Ausgewogenheit und Eleganz und sind in teuren Jahren ein Schnäppchen.

Keine Besuchereinrichtungen
www.mahler-besse.com

Château Pomys

Das Gut bietet nun auch ein Hotel mit Restaurant und somit willkommene Erholung für all jene unerschrockenen Reisenden, die sich so weit nach Norden gewagt haben. Der Wein wird von 60 % Cabernet Sauvignon, 30 % Merlot und 10 % Cabernet Franc bereitet. Ihre Rebflächen (24 ha) hat die Familie Arnaud aufgeteilt: Die eine Hälfte wird für Château Pomys, die andere für Château St-Estèphe verwendet. Ein verlässlicher, solider und traditioneller Wein, der Zeit braucht, um sich zu entfalten.

Route de Poumeys, Leyssac, 33180 St-Estèphe
www.chateaupomys.com

Château Ségur de Cabanac

Cru Bourgeois

Das 7-ha-Gut gehört Guy Dellon von Moulin de la Rose in St-Julien. Die Reben – 60 % Cabernet Sauvignon und 40 % Merlot – wachsen in guter Lage auf einigen in der Appellation verstreuten Kiesaufschlüssen. Dellons Sohn Jean François ist der technische Leiter und erzeugt jährlich rund 45 000 Flaschen eines eleganten Weins mit gut eingebundener roter Frucht. Die Trauben werden in Edelstahl vinifiziert, der Wein anschließend 20 Monate in (zu 30 % neuer) Eiche gereift. Kein Zweitetikett.

33180 St-Estèphe; www.segur-de-cabanac.com

Château Sérilhan Cru Bourgeois

Didier Marcelis tauschte 2003 seinen anspruchsvollen Job bei Cisco Systems in Paris gegen den ländlichen Charme von Château Sérilhan. Seitdem hat er Bernard Franck (ehemals Château Pontet-Canet) als technischen Leiter und Hubert de Boüard vom St-Emilion-Château Angélus als Berater verpflichtet. All das sind klare Zeichen, dass Marcelis es ernst meint, und der Wein hat in den vergangenen Jahren fraglos an Tiefe und Intensität gewonnen. Er zeigt nun die Struktur und Tiefe eines St-Estèphe, verbunden mit dem Überschwang eines moderneren Ansatzes. Neben Investitionen in Weinberge und Keller hat Marcelis die Rebfläche auf insgesamt 23 ha erweitert. Siehe auch Château Réal, S. 147.

Keine Besuchereinrichtungen; www.chateau-serilhan.fr

Château Tour des Termes Cru Bourgeois

Château Tour des Termes verfügt über zwei Rebparzellen von insgesamt etwas mehr als 16 ha, die Weine von guter Qualität erbringen. Das Château selbst, im Besitz des liebenswürdigen Jean Anney, ist das Erste, was man am Ortseingang von St-Corbian sieht. Gemeinsam mit Sohn Christophe erzeugt Jean jährlich rund 100 000 Flaschen Wein, der aus 40 % Cabernet Sauvignon sowie 60 % Merlot bereitet wird und die fleischige, feminine Art von Merlot voll und ganz zur Geltung bringt. Der Zweitwein ist Les Aubarèdes de Tour des Termes.

2, rue du Pigeonnier, 33180 St-Estèphe
www.chateautourdestermes.com

Château Tronquoy-Lalande

Cru Bourgeois

Es ist meist empfehlenswert, sich bei berühmten Namen an die kleineren Châteaux in deren Besitz zu halten, denn in der Regel findet man dort dasselbe Know-how in der Weinbereitung vor, aber nicht dieselben gepfefferten Preise. Tronquoy-Lalande, das den Brüdern Martin und Olivier Bouygues von Château Montrose (siehe S. 152) gehört und von Jean Delmas geleitet wird, ist ein gutes Beispiel dafür. Seit die Brüder das Gut 2006 übernahmen, wurde die Laubdichte auf den 18 ha Rebfläche erhöht. Das Bukett ihres Weins ist ansprechend blumig, und die feine Frucht gleicht seine eigentliche Tanninschwere aus. Tronquoy de Sainte-Anne ist der Zweitwein.

33180 St-Estèphe; www.tronquoy-lalande.com

DER KELLER VON COS

Die mehrere Millionen Euro teure neue Kellerei von Château Cos d'Estournel ist Haute-Couture-Weinbereitung in ihrer verschwenderischsten Form und war seit der Eröffnung für die *en-primeur*-Saison im März 2009 das Gesprächsthema schlechthin im Médoc. In der Kellerei mit 2000 m² Bodenfläche und 1000 m² Gängen wird bei der Weinbereitung ausschließlich mit Schwerkraft gearbeitet, was bedeutet, dass auf keiner Stufe des Bereitungsprozesses Pumpen zum Einsatz kommen, die Trauben also schonender verarbeitet werden. Es gibt 72 Edelstahltanks mit Temperaturregelung, die in zwei Segmente unterteilt sind, um eine echte parzellenweise Vinifikation zu gewährleisten. Die Trauben werden auf -40 °C gekühlt, sodass sie ohne Beschädigung der Beerenhäute entrappt werden können. Aufzüge bewegen die Trauben und den Most von Stockwerk zu Stockwerk. Jede einzelne Stufe des Bereitungsprozesses wurde minutiös bedacht, und die Präzision, die deshalb bei der Weinbereitung möglich wird, bedeutet nach den Worten von Gutsleiter Jean-Guillaume Prats, dass Cos d'Estournel Jahr für Jahr eine größere Menge seines *grand vin* als bisher garantieren kann.

PAUILLAC

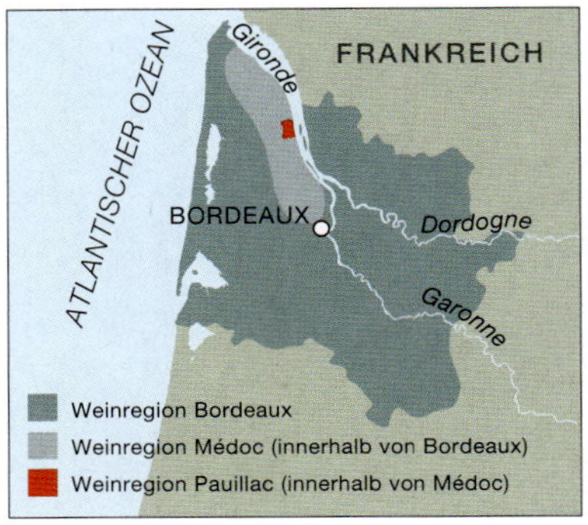

Drei der fünf Premier-Cru-Châteaux – Mouton Rothschild, Lafite und Latour – finden sich in dieser 1191 Hektar umfassenden Appellation, die als Zentrum des klassifizierten Bordelais gilt. Insgesamt gibt es 18 Cru-Classé-Châteaux, die zusammen 85 Prozent der Pauillac-Weine erzeugen. Viele von ihnen kaufen nach wie vor jede verfügbare Rebparzelle auf. Möglich ist dies, weil sich das Rangfolgesystem des linken Gironde-Ufers vorrangig auf Weingüter bezieht – anders etwa als in St-Émilion, wo die Weinberge klassifiziert sind und für jede Erweiterung die Qualität mehr als ein Jahrzehnt unter Beweis gestellt werden muss. Hier am linken Ufer wird das Knowhow der Weinbereitung auch in Zukunft hervorragende Qualität garantieren.

Hauptrebsorten

Rot

Cabernet Sauvignon

Merlot

Petit Verdot

Jahrgänge

2010
Exzellenter Jahrgang mit charaktervollen, gut lagerfähigen Weinen. Cabernet Sauvignon ist besonders gut.

2009
Ausgezeichnetes Jahr mit großem Potenzial. Wird oft mit 1982 und 1947 verglichen.

2008
Kühler Sommer, trockener und sonniger Herbst. Die lange Reifeperiode sicherte geduldigen Winzern gute Qualität.

2007
Schwierig; der feuchte Sommer verursachte ungleichmäßige Reifung. Einige Weine gut; insgesamt bald trinken.

2006
Klassisches Jahr; der Augustregen hielt jedoch bis in die Erntezeit an. Bei den besten Erzeugern sehr gute Weine.

2005
Ideale Bedingungen brachten volle, langlebige Weine hervor.

2004
Klassisch, mit guten Erträgen und jetzt für ihre Qualität sehr preiswerten Weinen.

2003
In Pauillac vertrugen die Trauben die Hitze gut, die üppigen Weine werden aber nicht alt.

Es gibt insgesamt 88 Erzeuger in Pauillac, von denen aber nur 34 ihre Weine unter eigenem Namen abfüllen. Die übrigen 54 Winzer liefern ihre Trauben an die hiesige Genossenschaftskellerei La Rose Pauillac, eine der ältesten von Bordeaux. Was die Reben anbelangt, so ist die Appellation unbestreitbar das Reich der Cabernet-Sauvignon-Traube, die 62,5 Prozent des Bestands ausmacht. Noch höher ist der Anteil bei den Premier-Cru-Weinen, die auf lange Lebensdauer angelegt sind und fast immer mehr als 90 Prozent Cabernet Sauvignon enthalten. Die anderen Rebsorten sind 30,6 Prozent Merlot, 5,6 Prozent Cabernet Franc sowie 1,3 Prozent Petit Verdot und Malbec. Insgesamt werden im Bereich Pauillac 8,2 Millionen Flaschen pro Jahr erzeugt, und viele der hiesigen Weine zählen zu den teuersten Bordeaux-Gewächsen überhaupt – die bekanntesten Weine erzielen bei den *En-primeur*- oder Future-Verkäufen (sechs Monate nach der Ernte und etwa 18 Monate vor der Abfüllung) Preise von mehreren Hundert Euro pro Flasche. In den darauffolgenden Jahren wechseln sie mehrmals den Besitzer und werden dabei immer teurer, bis sie ein Vielfaches des ursprünglichen Preises kosten.

Pauillac – zwischen St-Estèphe im Norden und St-Julien im Süden – hat eine ideale Lage für die Erzeugung kraftvoller, langlebiger Weine. Die Böden der Appellation bestehen aus Schichten von Garonne-Kies mit beträchtlichen Eisenablagerungen. Nur wenige Güter liegen besonders hoch über Meeresniveau, doch es gibt zahlreiche erhöhte Aufschlüsse sowie Hänge mit sehr effizientem natürlichem Wasserabzug.

All das erklärt, warum die Makler von Bordeaux, als sie 1855 mit der Erstellung einer Rangordnung der besten Weine der Region beauftragt wurden, so viele Pauillac-Châteaux aufnahmen. (Ihre Einschätzung allerdings basierte auf den Preisen, die diese Güter in den vorangegangenen Jahrzehnten – und in einigen Fällen Jahrhunderten – auf dem Markt erzielt hatten.)

Die Klassifikation von 1855, die für die Exposition Universelle (Weltausstellung) in Paris erstellt wurde, war weltweit die erste ihrer Art (zuvor hatten mehr order minder unverbindliche Einstufungen für Bordeaux-Weine bestanden, aber nicht in dieser offiziellen Form). Die Klassifikation etablierte die Region nicht nur als verlässliche Quelle feiner Weine, sondern gab Konsumenten und Händlern auch ein einfaches fünfstufiges System (Premier bis Cinquième Cru) an die Hand, das bis heute Gültigkeit besitzt.

Seit 1855 wurde die ursprüngliche Klassifikation nur zweimal abgewandelt. Die erste Aktualisierung betraf die Aufnahme von Château Cantemerle im Haut-Médoc als Cinquième Cru nur wenige Monate nach Veröffentlichung der ersten Liste. Die zweite erfolgte in neuerer Zeit, als Château Mouton Rothschild 1973 vom Deuxième- in den Premier-Cru-Rang erhoben wurde. Sie war das Ergebnis erfolgreicher Lobbyarbeit des damaligen Eigentümers von Mouton Rothschild, Baron Philippe de Rothschild, der den Deuxième-Cru-Status als »ungeheuerliche Ungerechtigkeit« bezeichnet hatte. Immer wieder gibt es Beschwerden, das Klassifikationssystem spiegele heutzutage nicht mehr die wahren Qualitätsverhältnisse bei den Médoc-Weinen wider; es heißt, einige Deuxièmes Crus verdienten ihren Status nicht und Cinquièmes Crus überträfen sie regelmäßig in puncto Preis wie auch Qualität – aber nach Lage der Dinge besteht derzeit kaum ernsthaft Aussicht auf eine Revision des Systems.

PAUILLAC

Weine mit der Appellationsbezeichnung Pauillac müssen aus Weinbergen der gleichnamigen Gemeinde oder bestimmten Teilen der Nachbargemeinde St-Sauveur stammen, auch einige genau bezeichnete Parzellen von St-Estèphe und St-Julien, die direkt an der Grenze im Norden bzw. Süden liegen, gehören traditionell dazu. Die AC Pauillac umfasst 7 % der gesamten Rebfläche des Médoc. Früher wurde der Wein vom Hafen im Ort Pauillac selbst verschifft, doch heute dürfen hier nur noch Fischerboote und Freizeitschiffe anlegen.

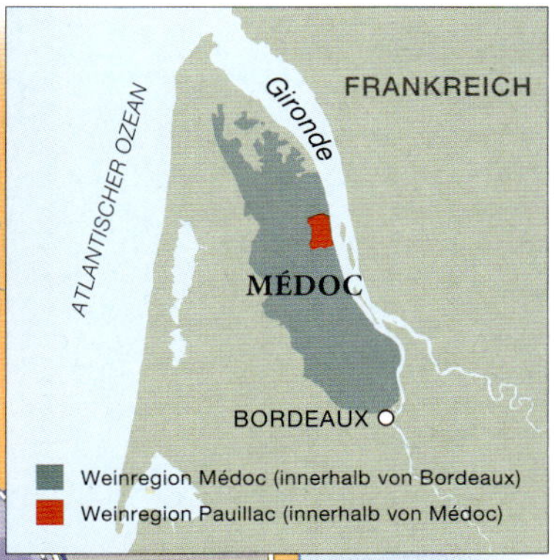

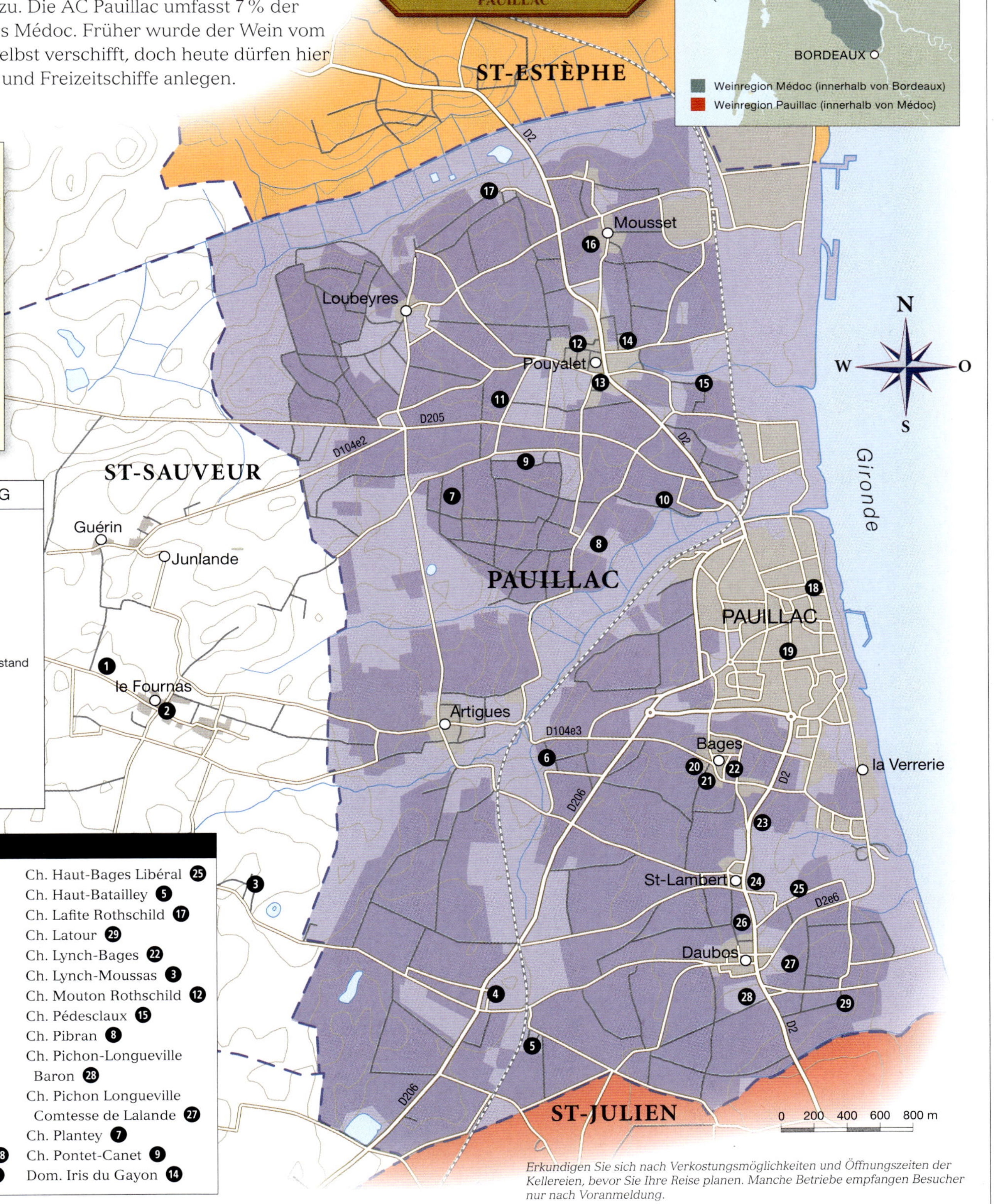

ERZEUGER

- Ch. d'Armailhac 11
- Ch. Batailley 4
- Ch. Béhèré 13
- Ch. Bellegrave 24
- Ch. La Bécasse 21
- Ch. Clerc Milon 16
- Ch. Colombier-Monpelou 10
- Ch. Croizet-Bages 20
- Ch. Duhart-Milon 19
- Ch. La Fleur Peyrabon 1
- Ch. Fonbadet 26
- Ch. La Fon du Berger 2
- Ch. Gaudin 23
- Ch. Grand-Puy-Ducasse 18
- Ch. Grand-Puy-Lacoste 6
- Ch. Haut-Bages Libéral 25
- Ch. Haut-Batailley 5
- Ch. Lafite Rothschild 17
- Ch. Latour 29
- Ch. Lynch-Bages 22
- Ch. Lynch-Moussas 3
- Ch. Mouton Rothschild 12
- Ch. Pédesclaux 15
- Ch. Pibran 8
- Ch. Pichon-Longueville Baron 28
- Ch. Pichon Longueville Comtesse de Lalande 27
- Ch. Plantey 7
- Ch. Pontet-Canet 9
- Dom. Iris du Gayon 14

Erkundigen Sie sich nach Verkostungsmöglichkeiten und Öffnungszeiten der Kellereien, bevor Sie Ihre Reise planen. Manche Betriebe empfangen Besucher nur nach Voranmeldung.

Château d'Armailhac Cinquième Cru

Château d'Armailhac gehört nun, ebenso wie Clerc Milon, zu Mouton Rothschild (siehe S. 159). Einer der ersten Besitzer dieses Guts setzte sich für die Verwendung von Cabernet Sauvignon im Médoc ein und wäre wohl enttäuscht, wenn er erführe, dass diese Rebsorte heute nur 54 % des Verschnitts ausmacht. Die übrige Rebfläche ist mit 31 % Merlot, 12 % Cabernet Franc sowie Petit Verdot und Carmenère zu etwa gleichen Teilen bestockt. Dennoch ist diese Assemblage eine kluge Wahl, denn der relative hohe Cabernet-Franc-Anteil verleiht dem Wein eine herrlich duftige, fleischige Anmutung, die eine unverkennbare Familienähnlichkeit mit Mouton Rothschild verrät.

33250 Pauillac
www.bpdr.com

Château Batailley Cinquième Cru

Der Wein von Château Batailley wird im neuesten James-Bond-Roman erwähnt und von Autor Sebastian Faulks in seinem Status als geschmeidiger, kultivierter, aber maskuliner Pauillac bestätigt. Gutseigentümer Philippe Castéja (auch Besitzer von Château Beau-Site in St-Estèphe, siehe S. 150) gibt bis zu 70 % Cabernet Sauvignon in den Verschnitt und kaum je mehr als 25 % Merlot, sodass Aromen von Zigarrenkiste, Graphit und Schwarzkirsche dominieren. Die Rebfläche umfasst 58 ha. Der Wein gewinnt an Kraft und Struktur, indem er 18 Monate in (jährlich zu 60 % neuen) Eichenfässern verbringt.

Batailley, 33250 Pauillac
www.batailley.com

Château Béhèré Cru Artisan

Château Béhèré wurde 1993 vom Ehepaar Jean-Gabriel und Anne-Marie Camous gegründet und ist als Cru Artisan klassifiziert (was kurz gesagt bedeutet, dass der Wein von einem kleinen Gut im Besitz einer Familie stammt, die ihn selbst anbaut, vinifiziert, vermarktet und verkauft). Jean-Gabriel hatte zuvor ein eigenes Sanitärgeschäft, doch wie allen *Médocains* war auch ihm Wein eine Herzensangelegenheit, und als sich ihm die Gelegenheit bot, packte er sie beim Schopf. Heute besitzen die Camous' 4,7 ha Weinberge, deren Lesegut früher an die hiesige Genossenschaft gegangen war, nun aber in der gutseigenen Kellerei vinifiziert wird. Der Wein enthält 65 % Cabernet Sauvignon, 30 % Merlot und 5 % Petit Verdot und wird zwölf Monate in (jährlich zu 25 % neuen) Fässern ausgebaut.

13, rue Paul Domer, 33250 Pauillac
Tel. 05 56 59 11 19

Château Bellegrave

Jean-Paul Meffre, der eigentlich in St-Julien beheimatet ist, erwarb das kleine Gut 1997. Heute wird es von seinen Söhnen Ludovic und Julien geführt. Die Reben auf den nur 8,3 ha Weinbergen sind im Schnitt 22 Jahre alt. Der Rebsatz beträgt 62 % Cabernet Sauvignon, 31 % Merlot und 7 % Cabernet Franc, die Böden bestehen aus tiefem Kies. Der Wein besitzt ein beträchtliches Alterungspotenzial und feste schwarze Frucht. Vom *grand vin* werden 25 000 Flaschen, vom Zweitwein namens Les Sieurs de Bellegrave 12 000 Flaschen erzeugt.

22, route des Châteaux, 33250 Pauillac
www.chateau-bellegrave.com

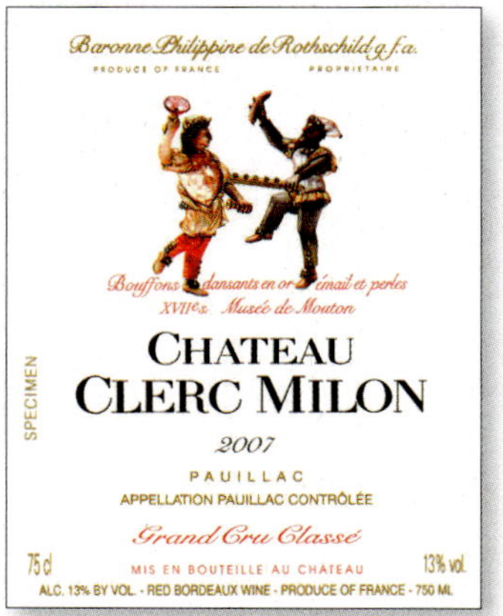

CHÂTEAU CLERC MILON
DAS GUT, TEIL DES ROTHSCHILD-STALLS, EXPANDIERT JETZT

CHÂTEAU GRAND-PUY-DUCASSE
DAS CINQUIÈME-CRU-GUT WILL IN ZUKUNFT NOCH BESSER WERDEN

Château La Bécasse

Hochwertiger nichtklassifizierter Pauillac ist der Heilige Gral der Schnäppchenjäger, und bei Château La Bécasse werden sie fündig. Eigentümer Roland Fonteneau kauft hochklassige Fässer aus zweiter Hand von den fünf Premier-Cru-Châteaux für den Ausbau seines Weins. Das Resultat ist voller Finesse, doch mit der Kraft und Struktur eines echten Pauillac: reichhaltig mit gut eingefügten Tanninen als Rückgrat für die üppigen Schwarzkirsch- und Zwetschgenaromen. Der nur 4,2 ha große Weinbergbesitz ist in 20 winzige Rebparzellen unterteilt, die Fonteneaus Vater im Lauf der Jahre gewissenhaft zusammengestellt hat. Alle Arbeiten geschehen per Hand, und der Wein wird nicht gefiltert, sondern nur mit ein wenig Eiweiß geklärt. **★Aufsteiger**

21, rue Edouard de Pontet, 33250 Pauillac
Tel. 05 56 59 07 14

Château Clerc Milon Cinquième Cru

Château Clerc Milon ist eines von mehreren Pauillac-Besitztümern der Baronin Philippine de Rothschild; ihr Vater erwarb das Gut 1970. Obwohl der Wein in der Jugend ein klein wenig strenger ist als sein Stallgefährte Château d'Armailhac, besitzt er doch die charakteristische Großzügigkeit von Château Mouton Rothschild (siehe S. 159), wenn er erst einmal einige Jahre Flaschenreife hinter sich hat. Die 43 ha Weinberge mit mehr als 100 separaten Parzellen liegen im nördlichsten Zipfel von Pauillac; das Lesegut wird zunächst in Edelstahl vinifiziert und dann 18 Monate in Eiche ausgebaut. Die Rebfläche soll in den kommenden Jahren um – vorwiegend mit Cabernet Sauvignon bestockte – 13 ha von Château La Fleur Milon erweitert werden, einem Cru-Bourgeois-Gut, das 2004 von der Familie Mirande erworben wurde. Die Erweiterung soll Clerc Milon die Neueinführung eines Zweitweins ermöglichen.

Keine Besuchereinrichtungen; www.bpdr.com

Château Colombier-Monpelou

Die Familie Jugla hatte seit 1970 Wein auf Château Colombier-Monpelou erzeugt, bis es 2007 an Baronin Philippine de Rothschild verkauft wurde. Das Gut in schöner Lage unweit der Weinberge von Grand-Puy-Ducasse verfügt über eine der wenigen unterirdischen Kellereien des Médoc. Vor der Ära Rothschild wurden die Trauben von den 25 ha Weinbergen maschinell geerntet, jedoch anschließend sorgfältig von Hand sortiert, damit nur die beste Frucht gemahlen und vergoren wurde. Der Wein wird in (jährlich zu 40 % neuen) Eichenfässern gereift und bietet mit 65 % Cabernet Sauvignon, 25 % Merlot sowie zu gleichen Teilen Petit Verdot und Cabernet Franc solide Pauillac-Kraft. Dies bescherte ihm (besonders in Frankreich) eine treue Gefolgschaft, die sicherlich enttäuscht ist, dass das Etikett seit dem Jahrgang 2009 vom Markt verschwunden ist.

33250 Pauillac
Tel. 05 56 59 01 48

Château Croizet-Bages Cinquième Cru

Für das angeschlagene Château Croizet-Bages scheinen bessere Zeiten anzubrechen, denn nun übernimmt die jüngere Generation der Familie Quié das Ruder. Zunächst wird in das Château selbst investiert, das neben Lynch-Bages liegt und auf den Hauptplatz des hübschen Städtchens blickt. Die 26 ha Weinberge sind mit 65 %

Cabernet Sauvignon, 30 % Merlot und 5 % Cabernet Franc bestockt. Die Rebfläche wurde etwas reduziert, viele allzu ertragsarme Reben wurden gerodet und sollen durch neue ersetzt werden. Zu den weiteren unlängst eingeführten Verbesserungen zählen Laubpflegemaßnahmen wie das Aufbinden, ferner ein Lesedurchgang von Hand (vor der maschinellen Lese) sowie Kaltmaischung (das Kühlen der gemahlenen Trauben vor der Vergärung) in der Kellerei. Neue Behälter ermöglichen dem Kellermeister die parzellenweise Auswahl und Vergärung. Für 2012 ist der Bau einer neuen Kellerei geplant. Neuere Jahrgänge zeigen fülligere Frucht und weichere Tannine, gute ältere Jahrgänge sind jedoch Glückssache.

9, rue du Port de la Verrerie, Bages, 33250 Pauillac
www.domaines-quie.com

Château Duhart-Milon Quatrième Cru

Das Gut liegt neben Château Lafite Rothschild und ist seit 1962 im Besitz der Familie Rothschild. Der Wein zeigt feste schwarze Frucht und einen würzigen Vanilleeinschlag, der von der klug dosierten neuen Eiche herrührt. Duhart-Milon, »Lafites kleiner Bruder«, verfügt über 73 ha Weinberge, die zu etwa 70 % mit Cabernet Sauvignon und zu etwa 30 % mit Merlot bestockt sind, und erzeugt jährlich 240 000 Flaschen. Der Wein trägt die Präzision und Kraft von Lafite Rothschild in sich, verdient es aber zunehmend, in seiner Eigenart mit viel Pauillac-typischer Eleganz wahrgenommen zu werden. Moulin de Duhart ist der Zweitwein mit einem höheren Merlot-Anteil (im Hauptwein stellt Cabernet Sauvignon mindestens 80 % des Verschnitts, der Ausbau erfolgt in zu 50 % neuer Eiche). Das Drittetikett, Baron de Milon, besteht aus beiden Rebsorten zu gleichen Teilen.

17, rue Castéja, 33250 Pauillac; Tel. 05 56 59 15 33

Château La Fleur Peyrabon

Cru Bourgeois

Château La Fleur Peyrabon gehört seit 1998 Patrick Bernard vom Handelshaus Millésima (ein Cousin Olivier Bernards von Domaine du Chevalier in Pessac-Léognan), der eine Menge Geld in das 7-ha-Gut gesteckt hat. Es gibt viel, was man an diesem Wein mögen kann: das feine, rauchige Bukett, reife Frucht, gute Struktur und sehr viel Persönlichkeit. Der Verschnitt besteht zumeist aus 68 % Cabernet Sauvignon, 25 % Merlot und 7 % Petit Verdot. Der biologische Säureabbau findet im Fass statt, der Wein wird 14 Monate in zu 50 % neuen Fässern ausgebaut. Das Château besitzt auch Reben in der AC Haut-Médoc, der betreffende Wein heißt Château Peyrabon.

Vignes des Peyrabon, 33250 Pauillac
www.chateaupeyrabon.com

Château Fonbadet Cru Bourgeois

Château Fonbadet ist im Besitz der Familie Peyronie und wird jetzt von der Juristin Pascale geführt (ihre Vorfahren väterlicherseits bereiteten Wein bei Château Lafite Rothschild, mütterlicherseits war man bei Château Mouton Rothschild beschäftigt). Das Terroir ist exzellent: Kiesuntergrund sowie Hanglagen sorgen für guten Wasserabzug. Das in drei Parzellen aufgeteilte Rebland (20 ha) ist mit 60 % Cabernet Sauvignon, 20 % Merlot, 15 % Cabernet Franc sowie 5 % Petit Verdot und Malbec bestockt, das Durchschnittsalter der Reben beträgt rund 50 Jahre. Der 18-monatige Ausbau erfolgt in zur Hälfte neuen und ein Jahr alten Eichenfässern. Dieser großartige Wein bietet die Kraft eines Pauillac, ohne dass der Preis einen umhaut.

45, route des Châteaux, St-Lambert, 33250 Pauillac
www.chateaufonbadet.com

Château La Fon du Berger

Cru Bourgeois

Der Wein von Château La Fon du Berger, erstmals 1999 abgefüllt, besitzt das Pauillac-typische Alterungspotenzial, trägt aber die Handschrift eines modernen Weins. Das bedeutet, dass die Anteile von 60 % Cabernet Sauvignon, 30 % Merlot, 5 % Cabernet Franc und 5 % Petit Verdot bei niedriger Temperatur in Edelstahl vinifiziert und anschließend die relativ kurze Zeit von zwölf bis 14 Monaten in Eiche verbringen (nur 30 % der Fässer sind neu, um die Frucht nicht von Toastaromen dominieren zu lassen). Das Gut gehört Gérard Bougès und liegt in St-Sauveur, einer eher ländlichen Médoc-Gegend im Westen von Pauillac (was den Schäfer – *berger* – im Namen erklärt) und erzeugt auch einen AC Haut-Médoc, der ebenfalls den Gutsnamen trägt.

5, route du Fournas, 33250 St-Sauveur
www.lafonduberger.com

Château Gaudin

Das von Linette Capdevielle und ihren Kindern geführte Château Gaudin in guter Lage auf dem Kiesplateau von Bages ist eines der (rätselhafterweise) ganz wenigen Bordeaux-Güter, die den Direktversand ihrer Weine via Internet anbieten. Die 11,5 ha Weinberge sind mit 85 % Cabernet Sauvignon, 10 % Merlot sowie einem Mix aus Carmenère, Malbec und Petit Verdot bestockt; die Lese erfolgt ausschließlich per Hand. Der Wein, ein traditioneller Pauillac, wird zur Gänze im großen Fass und ohne jede Eichenreifung ausgebaut, denn der Schwerpunkt liegt auf den natürlichen Tanninen der Cabernet-Sauvignon-Traube. In kleiner Auflage (1000 Flaschen) wird auch eine Cuvée von den ältesten, 1910 gepflanzten Reben des Guts erzeugt, die 18 Monate in neuer Eiche verbringt.

2/8, route des Châteaux, 33250 Pauillac
www.chateau-gaudin.fr

Château Grand-Puy Ducasse

Cinquième Cru

Das Gut im Besitz der französischen Bank Crédit Agricole liegt im Herzen des Städtchens Pauillac mit Blick auf den Fluss. Die Rebfläche (40 ha) liegt parzellenweise in der Appellation verstreut. Berater ist Denis Dubourdieu, Professor für Önologie an der Universität Bordeaux, der für seine eleganten Weine bekannt ist. Seit 2007 wird in den Weinbergen integrierter Pflanzenschutz praktiziert. Der Wein wird von 60 % Cabernet Sauvignon und 40 % Merlot bereitet; er ist recht frisch, würzig und gut strukturiert, doch das Gut braucht noch etwas Zeit, um die Früchte der kürzlich getätigten Investitionen zu ernten – behalten Sie die kommenden Jahrgänge im Auge. Der Zweitwein trägt den hübschen Namen Prélude à Grand-Puy Ducasse.

Keine Besuchereinrichtungen; www.grandpuyducasse.fr

Château Grand-Puy-Lacoste

Cinquième Cru

Das 55-ha-Gut bietet ein überragendes Preis-Leistungs-Verhältnis. Château Grand-Puy-Lacoste besitzt die

SYLVIE CAZES-RÉGIMBEAU

Sylvie Cazes-Régimbeau, Vorsitzende des Aufsichtsrats von Château Lynch-Bages, ist in den vergangenen Jahren zu einer der wichtigsten Persönlichkeiten der Bordelaiser Weinpolitik geworden und hat dafür gesorgt, dass sich die Region dem Weintourismus stärker öffnet. 2008 wurde sie als erste Frau zur Präsidentin der Union des Grands Crus de Bordeaux (UCGB) gewählt und steht nun Alain Juppé, dem Bürgermeister der Stadt Bordeaux, zur Seite, das Profil der Weinstadt zu stärken. »Ich glaube, dass Bordeaux bei der Entwicklung kreativer Branchen im Umfeld des Weins nicht nur Trends aufgreifen, sondern sie auch erschaffen muss. Es ist eine ökonomische Frage, die darin besteht, herauszufinden, was Wein für die Region Bordeaux tun kann und umgekehrt.« Ein erster Beweis ihres Erfolgs ist das neue Centre Culturel et Touristique du Vin, das 2014 in Bordeaux eröffnet werden soll.

CHÂTEAU LYNCH-BAGES
EINES DER BESUCHERFREUNDLICHSTEN PAUILLAC-CHÂTEAUX LOHNT DIE VISITE NICHT NUR WEGEN DES WEINS

CHÂTEAU PICHON-LONGUEVILLE BARON
DIESEN SORGFÄLTIG BEREITETEN WEIN MUSS MAN EINIGE JAHRE EINLAGERN

Qualität der großen Pauillac-Gewächse und schafft es trotzdem, finanziell in der Reichweite von Normalsterblichen zu bleiben. Auch dieser Wein ist ein klassischer Pauillac-Verschnitt von 75 % Cabernet Sauvignon, 20 % Merlot und 5 % Cabernet Franc; der Rebsatz ist perfekt auf die tiefen Kiesböden, man muss fast sagen Kiesgeröllböden, abgestimmt. Terroir und Struktur des Weinbergs ermöglichen François Xavier Borie die Kreation eines selbstbewussten, muskulösen und überaus befriedigenden Weins. Die Qualität des Zweitweins Lacoste-Borie schwankt ein wenig.

33250 Pauillac; www.grand-puy-lacoste.fr

Château Haut-Bages Libéral
Cinquième Cru

Claire Villars-Lurton, Eigentümerin der Châteaux Citran, Ferrière und La Gurgue, führt das 28-ha-Gut, das ihr Großvater ein Jahrzehnt zuvor erworben hatte, seit 1992. Es erzeugt verlässlich guten und relativ preiswerten, von Cabernet Sauvignon dominierten Wein – die Sorte macht in der Regel 80 % des Verschnitts aus, der Rest ist Merlot und ein klein wenig Petit Verdot – mit wahrhaft tiefer Frucht und Komplexität. Rund 108 000 Flaschen werden jährlich produziert, wovon 80 000 auf den Zweitwein namens La Chapelle de Bages entfallen. Der biologische Säureabbau findet im Fass statt, anschließend wird der Wein 16 Monate in zu 40 % neuer Eiche gereift.

33250 Pauillac; www.hautbagesliberal.com

Château Haut-Batailley Cinquième Cru

Das Gut liegt direkt neben Château Batailley, zu dem es einst gehörte, und wird von François Xavier Borie, dem Besitzer von Château Grand-Puy-Lacoste (siehe S. 157), geführt. Heute hat das 22-ha-Château nur noch die Hälfte seiner ursprünglichen Größe. Der Rebsatz beträgt 70 % Cabernet Sauvignon, 25 % Merlot und 5 % Cabernet Franc – der klassische Pauillac-Verschnitt. Die dicht gepflanzten Reben ergeben 108 000 Flaschen; der Wein wird 18 Monate in (zu 55 % neuen) französischen Eichenfässern gereift und ist von etwas leichterer Art als die Gewächse einiger benachbarter Châteaux.

33250 Pauillac
www.grand-puy-lacoste.fr

Château Lafite Rothschild Premier Cru

Das Team von Château Lafite Rothschild unter Leitung von Baron Eric de Rothschild, Christophe Salin und Charles Chevallier sorgt mit Perfektionismus und Aufmerksamkeit dafür, dass der Wein immer ganz oben mitspielt – seine Qualität beginnt beim feinen Kies, dank dessen das Terroir selbst bei Dauerregen knochentrocken bleibt, geht über zu perfekt gepflegten Weinbergen und der hauseigenen Küferei bis hin zur allen Bedürfnissen gerecht werdenden Kellerei (entworfen vom kanadischen Architekten Ricardo Bofill). Die Arbeitskleidung des Personals ist farblich gekennzeichnet: Bordeauxrot steht für den Keller, blau für den Weinberg, grün für die Gärten. Als in stilistischer Hinsicht »maskulinster« unter den Premiers Crus mit rund 90 % Cabernet Sauvignon braucht der Lafite Rothschild mitunter 15 bis 20 Jahre, bevor er sich öffnet. Seien Sie also geduldig, denn wenn seine Zeit gekommen ist, offenbart er all die Reinheit, Eleganz und üppige Kraft, die ihn so berühmt gemacht haben. Seit Ende der 1980er-Jahre geht nur ein Drittel des Ertrags der 103 ha Rebfläche in den Hauptwein (jährlich 216 000 bis 240 000 Flaschen) und 50 % in den zunehmend gefeierten Zweitwein Carruades de Lafite (300 000 bis 360 000 Flaschen). Der Rest wird als einfacher AC Pauillac (ohne den Namen Lafite) abgefüllt.

17, rue Rolland, 33250 Pauillac; www.lafite.com

Château Latour Premier Cru

L'Enclos – der ummauerte 47-ha-Weinberg, der das Kernstück des legendären Château Latour bildet – wird nun sukzessive auf ökologischen Anbau umgestellt. Ein Teil der Gesamtrebfläche von 78 ha entfällt auf den Zweitwein, Les Forts de Latour, und das Drittetikett Pauillac. Das Entwässerungssystem ist besonders effizient, sodass selbst regenreiche Jahre kein Problem darstellen. Der Rebsatz beträgt 80 % Cabernet Sauvignon, 18 % Merlot sowie Cabernet Franc und Petit Verdot (2 %). Das Gut ist im Besitz von François Pinault, Inhaber der Luxusgüter- und Handels-Holding PPR, doch der vielschichtige, muskulöse, höchst intellektuelle Wein ist vor allem Gutsleiter Frédéric Engerer zu verdanken. Moderne Technik ist hier kein Tabu, Edelstahltanks beispielsweise wurden zwar zuerst von Château Haut-Brion verwendet (1961), doch Latour folgte bereits 1964. Heute sind die Tanks kleiner, um eine parzellenweise Vergärung zu ermöglichen, gefolgt vom 18-monatigen Ausbau in 100 % neuer französischer Eiche.

Route de Bordeaux, St-Lambert, 33250 Pauillac
www.chateau-latour.com

Château Lynch-Bages Cinquième Cru

Ohne die Familie Cazes wäre diese Ecke des Médoc entschieden weniger einladend. Ihre Weintourismusprojekte sind überaus erfolgreich und basieren auf denselben Prinzipien wie ihr Wein: Aufrichtigkeit, Beständigkeit und Gewichtigkeit. Eigentümer Jean-Michel Cazes hat die Gutsleitung jetzt an seine Schwester Sylvie (siehe Randspalte S. 157) und seinen Sohn Jean-Charles übergeben. Sie sorgen weiterhin dafür, dass der mit 75 % Cabernet Sauvignon, 17 % Merlot, 6 % Cabernet Franc und 2 % Petit Verdot bestockte 96-ha-Weinberg einen sinnlichen, reichhaltigen und strukturierten Wein ergibt. Der Zweitwein heißt seit 2008 Écho de Lynch-Bages; darüber hinaus gibt es den zunehmend gelobten Blanc de Lynch-Bages (50 % Sémillon, 50 % Sauvignon Blanc), der unter Aufrühren des Hefesatzes in jeweils temperaturgeregelten Eichenfässern vinifiziert wird.

33250 Pauillac; www.lynchbages.com

Château Lynch-Moussas Cinquième Cru

Eigentümer von Château Lynch-Moussas ist Philippe Castéja, Chef der Handelsfirma Borie-Manoux und Vorsitzender des Conseil des Grands Crus Classés en 1855. Selbst mit diesem Hintergrund bedeutete es für Castéja eine Menge Arbeit, das Renommee des lange Zeit leistungsschwachen Cinquième-Cru-Guts zu heben. Um die Dinge nicht allzu kompliziert zu machen, entschied er sich für einen Rebsatz von 70 % Cabernet Sauvignon und 30 % Merlot, maschinelle Weinbergbearbeitung und Edelstahltanks. Berater Denis Dubourdieu macht daraus einen präzise gewirkten, klassischen Pauillac. Zu den 60 ha Rebgelände kommt noch einmal dieselbe Fläche an Parkanlagen und Wald, in dem man im Herbst übrigens wunderbar Pilze sammeln kann.

33250 Pauillac; www.lynch-moussas.com

Château Mouton Rothschild

Premier Cru

Dieses Gut – es grenzt an Lafite Rothschild, wirkt mit seinen schön angelegten Gärten und der wohl tiefsten Kiesauffahrt von Bordeaux aber glamouröser – war schon immer etwas Besonderes: Hier wurden erstmals im Bordelais die Weine, statt von Händlern, auf dem Château selbst abgefüllt und etikettiert, womit eine jahrhundertealte Tradition gebrochen wurde. Es war 1926 auch das erste Château, das einen Fasskeller errichtete und den Pariser Bühnenbildner Charles Siclis mit dem Entwurf des dramatischen Lichtkonzepts beauftragte (worauf heute kein Château, das etwas auf sich hält, verzichtet). Zudem war Baron Philippe de Rothschild der Erste, der die Etiketten in jährlichem Wechsel von renommierten Künstlern gestalten ließ – eine Tradition, die seine Tochter, Baronin Philippine, bis auf den heutigen Tag fortsetzt. Diese Aura des Besonderen trägt auch der Wein, der vor konzentrierter Frucht und kraftvollen Tanninen nur so strotzt, beides aber in vollendete Balance bringt. Von den 82 ha Weinbergbesitz werden auch der Zweitwein Petit Mouton und der weiße Aile d'Argent erzeugt.

33250 Pauillac; www.bpdr.com

Château Pédesclaux

Das hübsche Gut mit 25 ha Rebfläche nahe der Gironde steht in dem Ruf, gnadenlos strenge Weine zu erzeugen. Doch es verdient eine Neubewertung. Als Brigitte und Denis Jugla 1996 die Leitung übernahmen, sorgten sie für eine neue Innenausstattung und führten im Weinberg neue Methoden ein. Weitere Veränderungen kamen im Oktober 2009 mit dem neuen Eigentümer Jacky Lorenzetti. Er besitzt zweifellos die Mittel für große Investitionen, sodass man das Gut im Auge behalten sollte. Der Zweitwein heißt Sens de Pédesclaux, zudem gibt es den AC Haut-Médoc La Rose de Pédesclaux. ★ **Aufsteiger**

Padarnac, 33250 Pauillac; www.chateau-pedesclaux.com

Château Pibran Cru Bourgeois

Château Pibran gilt als solider, aber nicht gerade aufregender Erzeuger. Es gehört der Versicherungsgesellschaft AXA Millésimes und wird von dem Briten Christian Seely geleitet. In letzter Zeit hat der Wein an Statur gewonnen und wird dank der neuen Kellerei nun zur Gänze auf dem Gut vinifiziert und nicht mehr beim Stallgefährten Château Pichon-Longueville Baron ein paar Meter weiter die Straße hinunter. Das 17 ha große Rebland wurde im Lauf der vergangenen zehn Jahre neu bestockt, und zwar mit Cabernet Sauvignon und Merlot zu fast exakt gleichen Teilen. Der Zweitwein heißt La Tour Pibran.

Château Pichon-Longueville Baron, Route des Châteaux, 33250 Pauillac; Tel. 05 56 73 17 28

Château Pichon-Longueville Baron

Deuxième Cru

Wie Pibran ist auch Château Pichon-Longueville Baron im Besitz von AXA Millésimes. Mit 73 ha ist es kleiner als sein Schwestergut La Comtesse, doch der Wein ist in stilistischer Hinsicht zweifellos mächtiger. Der Weinberg ist mit 62 % Cabernet Sauvignon bestockt, der die Art des *grand vin* beherrscht – er ist reichhaltig, fleischig und langlebig mit sorgfältig gewirkter Tanninstruktur. Unter der spiegelnden Wasserfläche des großen Bassins, das das Château zu einem der hübschesten Anwesen des Médoc macht, liegt der kürzlich fertiggestellte neue Keller, ein Entwurf des Architekten Alain Triaud.

Route des Châteaux, 33250 Pauillac
www.pichonlongueville.com

Château Pichon Longueville Comtesse de Lalande Deuxième Cru

Die beiden Pichon-Châteaux liegen einander direkt gegenüber und bildeten einst eine Einheit, bis ein Familienzwist zur Teilung führte: Baron Raoul erhielt Pichon-Longueville und seine Schwester, die Komtess Virginie, das unter dem Kürzel La Comtesse bekannte Gut. Es verfügt über 87 ha Rebfläche, die mit 45 % Cabernet Sauvignon, 35 % Merlot sowie je 10 % Cabernet Franc und Petit Verdot bestockt sind. Nachdem es viele Jahre im Besitz von Eliane de Lencquesaing gewesen war, wird es heute vom Champagnerhaus Louis Roederer unter dem technischen Leiter Thomas Dô Chi Nam umsichtig geführt. Sie erzeugen weiterhin einen weichen, geschmeidigen und überaus eleganten Wein mit reifer Zwetschgenfrucht und subtiler Rauchnote.

Route des Châteaux, 33250 Pauillac
www.pichon-lalande.com

Château Plantey Cru Bourgeois

Die aus einem einzigen Stück bestehende 26-ha-Reblage westlich von Pontet-Canet gehört Claude Meffre (dem jüngeren Bruder Jean-Pauls von Château Glana in St-Julien, siehe S. 162) und erzeugt 200 000 Flaschen pro Jahr. Der Wein wird von 55 % Merlot und 45 % Cabernet Sauvignon bereitet und ist damit etwas untypisch für einen Pauillac (in den vergangenen Jahren hat Meffre den Merlot-Anteil sogar noch erhöht); er ist fleischig und angenehm, aber nicht immer perfekt ausgewogen.

Artigues, 33250 Pauillac; Tel. 04 90 62 61 37

Château Pontet-Canet Cinquième Cru

Das Médoc-Gut, das sich in den letzten 10 bis 15 Jahren wohl am meisten verbessert hat, heißt Château Pontet-Canet. Die 73 ha Rebfläche sind mit Cabernet Sauvignon (67 %) sowie Merlot (33 %) bestockt und werden fast gänzlich biodynamisch bewirtschaftet. Die Eigentümer, Alfred und Gérard Tesseron, machen darum nicht viel Aufhebens, doch der Wein besitzt eine so saubere, reine, extrem präzise Fruchtstruktur, dass hier fraglos irgendetwas absolut richtig gemacht wird.

125, Pontet-Canet, 33250 Pauillac
www.pontet-canet.com

Domaine Iris du Gayon

Ein bescheidenes Gebäude im Norden des Städtchens Pauillac und zwei kleine Parzellen mit zusammen gerade einmal 1 ha, das ist die Domaine Iris du Gayon. Sie gehört Pierre und Françoise Siri, die alle Arbeiten von Hand durchführen und gut 4000 Flaschen pro Jahr erzeugen. Der Stil des Weins ist recht traditionell mit spürbarer, aber nicht dominanter Eichenwürze und mit einem Rebsatz von 70 % Cabernet Sauvignon, 20 % Petit Verdot und 10 % Merlot. 1995 war der erste (ordentliche) Jahrgang, mittlerweile bietet der Wein mit reichhaltigen Schwarze-Johannisbeer-Aromen und klassischer Bordeaux-Struktur viel Genuss.

12, rue Plantier Cornu, 33250 Pauillac; Tel. 05 56 59 03 82

CHÂTEAU PICHON LONGUEVILLE COMTESSE DE LALANDE
FÜR DIE VERLÄSSLICHEN, ELEGANTEN WEINE BEZAHLT EINE TREUE ANHÄNGERSCHAFT HOHE PREISE

CHÂTEAU MOUTON ROTHSCHILD
AUCH DIE KÜNSTLERETIKETTEN WERDEN JEDES JAHR AUFS NEUE BEGIERIG ERWARTET

ST-JULIEN

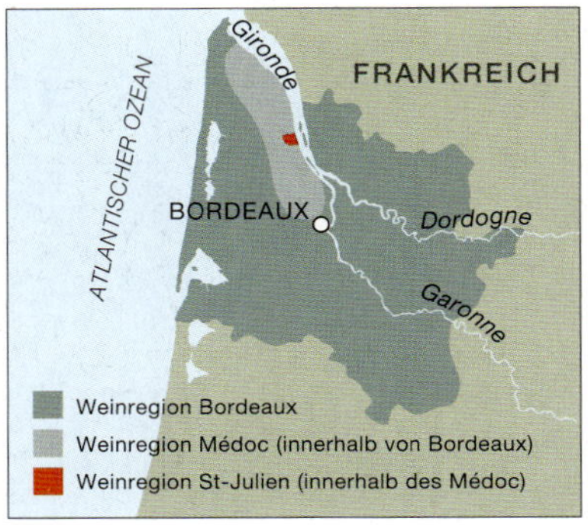

In St-Julien gibt es zwar keine Premiers Crus, doch das Terroir ist bemerkenswert einheitlich: Die Kiesauflage erreicht teilweise eine Tiefe von 5,5 Metern und bringt Weine hervor, die nahezu ausnahmslos bekannt, verlässlich und von hervorragender Qualität sind. Die kleine, nur 910 Hektar umfassende Appellation steht für 5,5 Prozent der Gesamtrebfläche des Médoc. Zu den 24 Gütern zählen elf Crus Classés, die 86,5 Prozent der Weine erzeugen, sowie sechs Crus Bourgeois, ein Cru Artisan und sechs Familien mit jeweils nur wenigen Hektar Weinbergbesitz. Eine Genossenschaft gibt es nicht, auch Neugründungen sind kaum zu finden – und doch verdient St-Julien sein Renommee als Quelle unverwechselbarer, eleganter Bordeaux-Weine voll und ganz.

Hauptrebsorten

Rot

Cabernet Sauvignon

Merlot

Jahrgänge

2010
Nahezu perfekte Bedingungen für ausgezeichnete Weine, die sich lange lagern lassen. Cabernet Sauvignon profitierte von einem sonnigen Herbst.

2009
Exzellenter Jahrgang mit idealen Bedingungen (ähnlich wie 1982 und 1947). Weine mit großem Potenzial.

2008
Kühler Sommer, gefolgt von einem trockenen, sonnigen Herbst. Wer den richtigen Moment abwartete, konnte gute Qualität erzeugen.

2007
Schwieriges Jahr mit einem feuchten Sommer, deshalb ungleichmäßige Reifung. Nur einige gute Weine. Früher trinken als viele andere St-Julien-Jahrgänge.

2006
Klassisches Jahr, doch etwas Ernteregen. Sehr gute Weine von Spitzengütern.

2005
Ideale Wachstumsbedingungen brachten volle Weine, die sich lange halten werden.

2004
Klassisch, mit guten Erträgen und jetzt für ihre Qualität sehr preiswerten Weinen.

Die AC St-Julien besteht aus den beiden Gemarkungen St-Julien und St-Julien-Beychevelle der Gemeinde St-Julien-Beychevelle und wird im Norden vom Flüsschen Ruisseau de Juillac begrenzt, hinter dem Pauillac beginnt. Die Appellation erzeugt durchschnittlich 6,2 Millionen Flaschen pro Jahr. Obwohl es keine Premiers Crus gibt, hat die AC immerhin fünf exzellente Deuxièmes Crus (mehr als Pauillac, St-Estèphe oder Margaux) aufzuweisen, nämlich die Châteaux Ducru-Beaucaillou, Gruaud Larose, Léoville Barton, Léoville Las Cases (dessen Rebflächen neben denen von Château Latour in Pauillac liegen) und Léoville Poyferré. Das Quatrième-Cru-Château St-Pierre ist relativ unbekannt, doch sein Wein zählt zu den klassifizierten Gewächsen mit dem besten Preis-Leistungs-Verhältnis der Region.

Der Anteil von Cabernet-Sauvignon-Reben liegt in St-Julien bei 63,3 Prozent, also etwas höher als in Pauillac. Daher könnte man die Appellation mit Fug und Recht als Zentrum jener Rebsorte bezeichnen, die so unauflöslich mit hochklassigem Bordeaux-Wein verbunden ist. Ironischerweise stehen im gesamten Anbaugebiet Bordeaux jedoch mehr als doppelt so viele Merlot-Reben (62 Prozent gegenüber 25 Prozent Cabernet Sauvignon), und fraglos sind viele der großartigsten Weine, allen voran die Pomerol-Gewächse Le Pin und Pétrus, nahezu sortenreine Merlots. Doch für die meisten Weinliebhaber ist Cabernet Sauvignon jene Traube, die Cru-Classé-Weinen ihr Tanninrückgrat und langes Leben verleiht.

In Anbetracht des internationalen Renommees dieser Sorte sind ihre Ursprünge überraschend bescheiden. Viele Jahre lang hielt man sie für einen Abkömmling der altrömischen Rebsorte Biturica, bis eine 1997 von der University of California, Davis, durchgeführte DNA-Analyse zweifelsfrei ergab, dass es sich um eine Kreuzung von Cabernet Franc und Sauvignon Blanc handelt. Vermutlich ist es eine Zufallskreuzung, die im 17. Jahrhundert entstand, denn damals war es im Bordelais üblich, Rebstöcke verschiedener Sorten nebeneinander in ein und dieselbe Rebzeile zu pflanzen. Diese Praxis setzte sich bis in die 1970er- und in einigen Fällen sogar bis in die 1980er-Jahre fort, bevor man dazu überging, die einzelnen Rebsorten parzellenweise zu separieren, um sie besser kontrollieren und exakt zum Zeitpunkt ihrer jeweiligen optimalen Reife lesen zu können.

Cabernet Sauvignon ist eine relativ spät reifende Sorte, die ein warmes Klima benötigt, damit die Trauben voll ausreifen und jene eleganten, reichhaltigen Aromen von Schwarzer Johannisbeere entwickeln können, die sie so berühmt gemacht haben. Dies ist einer der Gründe, weshalb Cabernet Sauvignon auf den sonnendurchwärmten Kiesböden vor allem des nördlichen Médoc so gut gedeiht. Bordeaux-Wein ist jedoch immer ein Verschnitt, der seine Komplexität aus der Zusammenstellung verschiedener Rebsorten bezieht. Deshalb sind die Rebflächen der AC zudem mit 28,5 Prozent Merlot, 3,9 Prozent Cabernet Franc, 4,1 Prozent Petit Verdot und 0,2 Prozent Malbec bestockt.

In stilistischer Hinsicht fallen die hiesigen Weine eher etwas weniger kraftvoll aus als die des Nachbarbereichs Pauillac, dafür ein klein wenig eleganter. Und in einem Bereich von so durchgehend hoher Qualität sind oft auch die Zweitweine einer eingehenderen Beschäftigung wert.

ST-JULIEN

Die südlich von Pauillac an der Gironde gelegene AC St-Julien mit den beiden Dörfern Beychevelle und St-Julien-Beychevelle umfasst gut 5 % der Médoc-Rebfläche. Viele Güter blicken aufs Wasser, und in der Vergangenheit hatten einige von ihnen sogar eigene Anleger oder Häfen für den Versand ihrer Weine. Heute gibt es nur noch 24 Winzer in der Appellation St-Julien, die selbst produzieren und abfüllen; über 80 % der erzeugten Weine sind klassifiziert.

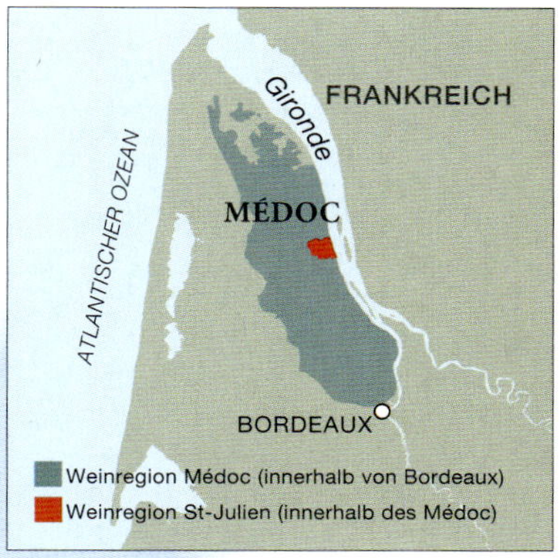

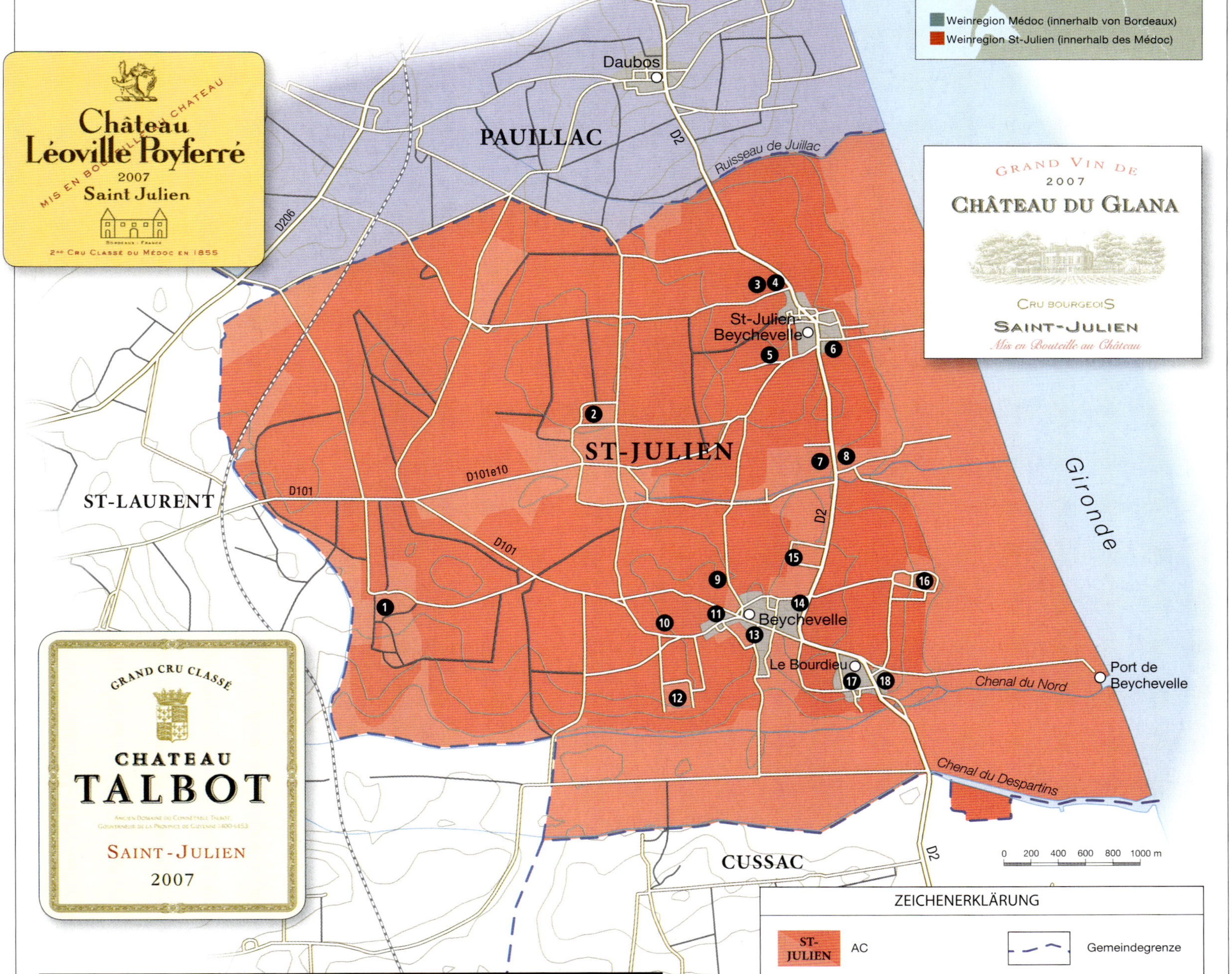

ZEICHENERKLÄRUNG

- ST-JULIEN: AC
- Gemeindegrenze
- Gewässer
- Stadtgebiete
- Straßen, Wege
- ❶ Sitz des Erzeugers
- 5 m Höhenlinienabstand

ERZEUGER

Ch. Beychevelle 18	Ch. Gruaud Larose 12	Ch. Léoville Las Cases 5
Ch. Branaire-Ducru 17	Ch. Hortevie 13	Ch. Léoville Poyferré 6
Ch. La Bridane 4	Ch. de Jaugaret 3	Ch. St-Pierre 9
Ch. Ducru-Beaucaillou 16	Ch. Lagrange 1	Ch. Talbot 2
Ch. du Glana 15	Ch. Langoa Barton 7	Ch. Terrey-Gros-Cailloux 11
Ch. Gloria 14	Ch. Léoville Barton 8	Ch. Teynac 10

Erkundigen Sie sich nach Verkostungsmöglichkeiten und Öffnungszeiten der Kellereien, bevor Sie Ihre Reise planen. Manche Betriebe empfangen Besucher nur nach Voranmeldung.

Château Beychevelle Quatrième Cru
Das sehenswerte Château Beychevelle liegt an einer Kurve der Route des Châteaux, wo sie in den Bereich St-Julien einbiegt, und besitzt unterirdische Keller, die sich zur Gironde hin öffnen. Die 90 ha Rebfläche werden mit nachhaltigen Methoden bewirtschaftet, das Gut ist zertifiziertes Mitglied der Vereinigung Terra Vitis, die sich für umweltschonenden Weinbau einsetzt. Es ist jetzt im Besitz von Grands Millésimes de France, einer Tochter des Getränkekonzerns Suntory. Der von Cabernet Sauvignon dominierte Wein strotzt vor Aromen von Tabak, Lakritze und dunklen Früchten. Der Zweitwein heißt Amiral de Beychevelle (das Emblem des Guts, eine Barke mit einem Vogel Greif am Bug und eingeholtem Segel, ist als Bronzeskulptur auf dem Château zu bewundern).

33250 St-Julien-Beychevelle; www.beychevelle.com

Château Branaire-Ducru Quatrième Cru
Patrick Maroteaux, der Eigentümer von Château Branaire-Ducru, spielte als Vorsitzender der Union des Grands Crus de Bordeaux jahrzehntelang eine führende Rolle im Bordelais und verteidigte die Crus Classés als Inbegriff des Bordeaux-Weins. Einen ähnlich durchdachten und traditionsbewussten Ansatz verfolgte er bei seinem eigenen Château – erst wurden Rebgelände (60 ha) und Kellerei auf Vordermann gebracht, anschließend das wunderschöne Schloss selbst. Im per Schwerkraft betriebenen Keller steht eine große Zahl von Fässern, in denen die Weine parzellenweise vinifiziert werden. Das Ergebnis: ein Wein mit 70 % Cabernet-Sauvignon-Anteil, der das Beste der Appellation widerspiegelt – schwarze Frucht, schöne Mineralität und zupackende Tannine. Duluc de Branaire-Ducru ist der Zweitwein.

33250 St-Julien-Beychevelle; www.branaire.com

Château La Bridane
Eigentümer von Château La Bridane ist die Familie Saintout, auf deren 15 ha großen Rebfläche 47 % Cabernet Sauvignon, 36 % Merlot, 13 % Cabernet Franc und 4 % Petit Verdot stehen. Das Gut liegt neben dem klassifizierten Château Léoville Las Cases und empfiehlt sich für alle, die nach einem guten, aber erschwinglichen St-Julien-Gewächs suchen. Der Wein steht mit der dicht gewirkten schwarzen Frucht in der hiesigen Tradition, bewahrt aber einen rustikalen Einschlag und wird nicht gefiltert, was für viel Charakter sorgt.

33250 St-Julien-Beychevelle; www.vignobles-saintout.com

Château Ducru-Beaucaillou
Deuxième Cru
Bruno Borie, dessen Großvater das Gut 1941 gekauft hatte, leitet Château Ducru-Beaucaillou seit 2003. Es ist eines der wenigen klassifizierten Médoc-Güter, das von den Eigentümern selbst bewohnt wird – man kann es ihnen nicht verdenken, denn das Anwesen aus dem 18. Jahrhundert verfügt über unterirdische Keller, riesige Empfangsräume, und der Blick auf die Gironde-Mündung ist herrlich. Dank des Flusses haben die auf 75 ha dicht gepflanzten Reben (75 % Cabernet Sauvignon, 25 % Merlot) nur selten unter Frost zu leiden. Der Zweitwein heißt Croix de Beaucaillou; ein weiteres Etikett, Lalande-Borie, stammt von im Jahr 1970 gepflanzten Reben.

Keine Besuchereinrichtungen
www.chateau-ducru-beaucaillou.com

CHÂTEAU LÉOVILLE BARTON
DER WEIN DES FAMILIENGUTS IST VON VERLÄSSLICHER QUALITÄT UND VERGLEICHSWEISE PREISWERT

CHÂTEAU BEYCHEVELLE
EIN HERRLICH GEPFLEGTES CHÂTEAU MIT ENTSPRECHENDEN WEINEN

Château du Glana Cru Bourgeois
Gabriel Meffre, der jetzt von Jean-Paul Meffre und dessen Söhnen Ludovic und Julien unterstützt wird, hat die Rebfläche des Guts in den vergangenen 40 Jahren von 3 ha auf stattliche 43 ha erweitert. Denis Dubourdieu berät, und seit 1999 wurden Weinberge und Kellerei umfassend erneuert. Der Wein ist ein St-Julien im modernen, fruchtbetonten Stil und bietet ein gutes Preis-Leistungs-Verhältnis, allerdings ohne die klassifizierten Châteaux in Bedrängnis zu bringen.

33250 St-Julien-Beychevelle; www.chateau-du-glana.com

Château Gloria Cru Bourgeois
Im selben Besitz wie Château St-Pierre (siehe S. 163) ist Château Gloria ein ähnlich rasch aufstrebendes Gut. Gegründet wurde es Mitte des 20. Jahrhunderts von dem Küfer Henri Martin, der es aus sorgfältigst ausgewählten Parzellen zusammenfügte, die er seinen Nachbarn abzuschmeicheln wusste. Heute umfasst die Rebfläche 44 ha, bestockt mit dem klassischen Mix von 65 % Cabernet Sauvignon, 25 % Merlot sowie je 5 % Cabernet Franc und Petit Verdot. Die ältesten Reben sind bald 80 Jahre alt. Der Wein ist runder und weicher als der St-Pierre, im Mittelpunkt steht klar die Frucht. ★**Aufsteiger**

Domaines Martin, 33250 St-Julien-Beychevelle
www.chateau-gloria.com

Château Gruaud Larose Deuxième Cru
Das Château ist seit 1997 im Besitz von Jean Merlaut, Gutsleiter ist David Launay, dessen humorvolle Art all jene überraschen wird, die das Médoc für spießig halten. Heute umfasst die Rebfläche 80 ha in einer zusammenhängenden Lage, deren Kiesauflage bis zu 5,5 m tief ist. In den 1990er-Jahren war dies einer der ersten Weinberge, aus denen Pestizide verbannt wurden zugunsten von Pheromonen, die bei Insekten zu Paarungsstörungen führen. Umweltfreundlich ist auch das Wasserrecycling der Kellerei. Auf diesem warmen Terroir mit gutem Wasserabzug können die Trauben – 61 % Cabernet Sauvignon, 29 % Merlot, 5 % Cabernet Franc und 5 % Petit Verdot – voll ausreifen, sodass sie kraftvolle, tieffarbige, langlebige Weine ergeben. Der Merlot-Anteil soll in Zukunft weiter reduziert werden.

33250 St-Julien-Beychevelle; www.gruaud-larose.com

Château Hortevie
Zu einem der besten kleinen Güter der Appellation zählt Château Hortevie. Von der 3,5-ha-Parzelle – bestockt mit 70 % Cabernet Sauvignon, 25 % Merlot und 5 % Cabernet Franc – erzeugen die Eigentümer Henri Pradère und Anne Fort (von Terrey-Gros-Cailloux, siehe S. 163) einen raffiniert-eleganten Wein voller sanft rauchiger Eichennoten und reichhaltiger schwarzer Frucht. Lagern Sie ihn trotzdem ein paar Jahre ein, denn die Tannine sind zunächst sehr fest – Ihre Geduld wird belohnt!

33250 St-Julien-Beychevelle; Tel. 05 56 59 06 27

Château de Jaugaret
Mit gerade einmal 1,3 ha Rebfläche ist Château de Jaugaret das vielleicht kleinste der St-Julien-Güter. Es ist seit mehr als 400 Jahren im Besitz der Familie Fillastre und wird gegenwärtig vom menschenscheuen Jean-François geführt. Er erzeugt winzige Mengen (um die 7000 Flaschen pro Jahr) eines sehr klassischen, ungefilterten,

enorm konzentrierten Weins auf Cabernet-Sauvignon-Basis (meist 80 %, plus Petit Verdot und Malbec von 100-jährigen Reben – kein bisschen Merlot). Halten Sie Ihren Dekanter bereit und bringen Sie eine richtig herzhafte Mahlzeit auf den Tisch: Dieser Wein wird Sie glücklich machen. St-Julien hat immer noch einige Asse im Ärmel.

33250 St-Julien-Beychevelle; Tel. 05 56 59 09 71

Château Lagrange Troisième Cru
Der Eigentümer des Guts, der japanische Getränkegigant Suntory, beweist, dass das Médoc keine abgeschottete Region ist und sich sehr wohl im Einklang mit der größer gewordenen Weinwelt und ihrem sich verändernden Kundenstamm entwickelt. Während des 20. Jahrhunderts hatte Lagrange nicht gerade den besten Ruf und schrumpfte von 280 ha auf die heutigen 117 ha. Suntory hat viel Geld in die Restrukturierung gesteckt, den Merlot-Anteil verringert und mehr Petit Verdot angepflanzt, um Farbe und Struktur des Weins zu verbessern. Allmählich wird die Veränderung zum Guten offenbar. Der exzellente Weißwein Les Arums de Lagrange ist ein Verschnitt von Sémillon, Sauvignon und Muscadelle.

33250 St-Julien-Beychevelle; www.chateau-lagrange.com

Château Langoa Barton Troisième Cru
Château Langoa Barton ist viel kleiner als sein Schwestergut nebenan; die 18 ha Rebfläche sind mit 72 % Cabernet Sauvignon, 20 % Merlot und 8 % Cabernet Franc bestockt. Anthony Barton setzt die 200-jährige Familientradition fort, denn das Gut ist seit 1821 im Besitz der (aus Irland stammenden) Bartons. Der Stil ist bemerkenswert beständig: Der Wein braucht einige Jahre, um sich zu öffnen, und enthüllt dann sanfte Wildbretnoten, Schwarze Johannisbeere, Leder und milde Säure, die für zurückhaltende Eleganz sorgt.

33250 St-Julien-Beychevelle; www.leoville-barton.com

Château Léoville Barton Deuxième Cru
Wenn doch nur jedes Bordeaux-Château der Léoville-Barton-Philosophie folgen würde, die bei Weinbereitung wie Preisgestaltung auf Beständigkeit und Mäßigkeit setzt! Die 50 ha Rebfläche sind mit 73 % Cabernet Sauvignon bestockt; der Wein glänzt durch Schwarze-Trüffel-, zarte Pfeffer- und üppige Brombeeraromen. In den meisten Jahren ist der Léoville Barton mächtiger und dichter gewirkt als der Langoa, und das liegt – da sie auf exakt die gleiche Weise ausgebaut werden – wohl am Terroir. La Réserve de Léoville Barton ist der Zweitwein.

33250 St-Julien-Beychevelle; www.leoville-barton.com

Château Léoville Las Cases
Deuxième Cru

Jean-Hubert Delon verkörpert auf diesem beständig erfolgreichen Château die fünfte Generation. Der Großteil der Rebflächen liegt direkt an der Grenze zwischen St-Julien und Pauillac, Nachbar ist Château Latour (siehe S. 158). Der Preis ist zum Heulen hoch, doch dies ist ein klassischer, wahrhaft wunderbarer St-Julien, der Struktur und Kraft mit Eleganz und Stil verbindet. Der Zweitwein heißt Le Petit Lion. Siehe auch Potensac, S. 147.

Route Pauillac, 33250 St-Julien-Beychevelle
Tel. 05 56 73 25 26

Château Léoville Poyferré Deuxième Cru
Die Familie Cuvelier besitzt Château Léoville Poyferré seit den 1920er-Jahren. Heute führt Didier Cuvelier das Team, dem Isabelle Davin als Önologin und Michel Rolland als Berater angehören (die Cuveliers sind auch an Rollands argentinischem Abenteuer Clos de los Siete beteiligt). Regelmäßige Bodenanalysen führen zu entsprechenden Korrekturen beim Rebschnitt, bei der Kultivierung und Laubpflege. Der Wein selbst ist ein körperreicher, moderner Tropfen. Château Moulin Riche heißt der Zweitwein; der Pavillon de Poyferré stammt von jungen Reben. Siehe auch Château Le Crock, S. 150.

Le Bourg, 33250 St-Julien-Beychevelle
www.leoville-poyferre.fr

Château St-Pierre Quatrième Cru
Wie lange Château St-Pierre wohl noch ein Geheimtipp bleibt? In der Vergangenheit litt das Gut unter mehrmaligen Teilungen, doch seit Henri Martin es 1982 übernahm – gefolgt von seiner Tochter Françoise und seinem Schwiegersohn Jean-Louis Triaud – ist es in ruhigeres Fahrwasser geraten. Die Reben des 17-ha-Guts (75 % Cabernet Sauvignon, 15 % Merlot, 10 % Cabernet Franc) haben ein Durchschnittsalter von 50 Jahren, was in der kraftvollen Struktur und den reichen Tanninen des Weins deutlich zum Ausdruck kommt – ein aufregender St-Julien mit Schwung.

Domaines Martin, 33250 St-Julien-Beychevelle
www.domaines-henri-martin.com

Château Talbot Quatrième Cru
Das Gut liegt im Zentrum von St-Julien auf einem der höchsten Kieshügel der Appellation. Es gehört den Schwestern Lorraine und Nancy Cordier; Stéphane Derenoncourt berät seit 2008. Die moderne Kellerei verfügt über eine Fülle von Holzfässern und Edelstahltanks, in denen die Weine mit einem Cabernet-Sauvignon-Anteil von bis zu 67 % bereitet werden, darunter der weiche, saftige Connétable Talbot. Interessant ist auch der in burgundischen Fässern ausgebaute weiße Caillou Blanc auf Sauvignon-Blanc-Basis mit einem Schuss Sémillon.

33250 St-Julien-Beychevelle; www.chateau-talbot.com

Château Terrey-Gros-Cailloux
Cru Bourgeois

Die Weine von Château Terrey-Gros-Cailloux werden jetzt vom Kellerteam des Nachbarn Ducru-Beaucaillou bereitet. Das 14-ha-Gut gehört Familie Fort/Pradère, in deren Besitz auch Château Hortevie (siehe S. 162) ist. Im Auge behalten. ★ **Aufsteiger**

Keine Besuchereinrichtungen; Tel. 05 56 59 06 27

Château Teynac
Familie Pairault hält sich an ein einfaches Verschnittrezept von 70 % Cabernet Sauvignon und 30 % Merlot, die Reben wachsen auf 14 ha. Die Lese erfolgt ausschließlich von Hand, sobald die Trauben ihre optimale Reife erreicht haben – was mehrere Lesedurchgänge bedeuten kann, bis die gesamte Ernte eingebracht ist. Dies mündet in gut bereitete Weine, deren Schwerpunkt auf Fruchtigkeit und körperreicher Struktur liegt. Der Zweitwein Elinor de Teynac ist ein Schnäppchen.

33250 St-Julien-Beychevelle; Tel. 05 56 59 12 91

ANTHONY BARTON

Man kann kaum über St-Julien reden, ohne Anthony Barton zu erwähnen. Der gebürtige Ire kam 1948 ins Bordelais, um auf den Châteaux seines Onkels, Léoville und Langoa Barton, mitzuarbeiten. Seitdem verkörpert er die Stimme der Vernunft, die die Bordelaiser zu bescheidenem Auftreten mahnt – denn die Heldenrolle sollten die Weine spielen. Über den Léoville-Stil sagt er: »Wir sind der Mode der späten Lese nicht gefolgt. Wir bringen die Frucht gern ein, wenn sie noch lebt.« Und über seine gemäßigte Preispolitik: »Ich möchte, dass die Leute den Wein kaufen und trinken.« Alte Weinschätze im Keller? »Wir trinken unsere Weine gern, und wenn sie aus sind, sind sie eben aus!«

Die kleinen, dunkelblauen Beeren verraten die Margaux-Lieblingsrebe: Cabernet Sauvignon.

MARGAUX

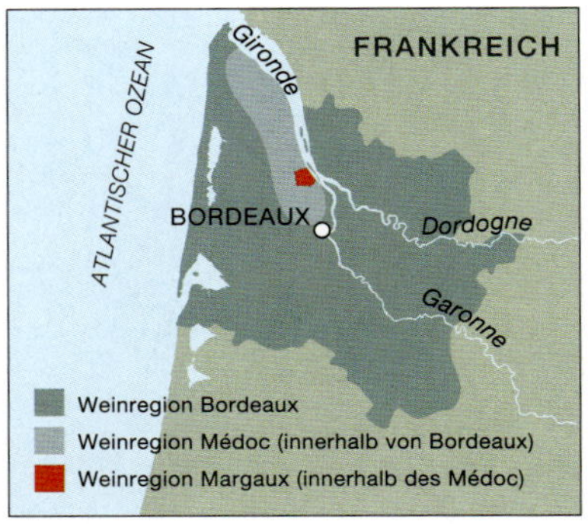

Mit 1410 Hektar ist Margaux die größte kommunale Médoc-Appellation (8,5 Prozent der Gesamtrebfläche) und umfasst die fünf Gemeinden Margaux, Soussans, Arsac, Labarde und Cantenac. Hier findet sich auch die höchste Anzahl von Crus Classés, nämlich 21 der im Jahr 1855 klassifizierten 61 Güter, dabei sind sämtliche Stufen – vom Premier bis zum Cinquième Cru – abgedeckt. Eine solche Größe bringt unweigerlich Qualitätsunterschiede mit sich, insbesondere in den 1980er-Jahren zeigte eine Reihe von Gütern enttäuschende Leistungen. Die großflächige Verlegung von Entwässerungsgräben hat vieles verbessert, ebenso beträchtliche Investitionen von führenden Châteaux wie Palmer, Rauzan-Ségla – und natürlich Margaux selbst.

Hauptrebsorten

Rot

Cabernet Franc
Cabernet Sauvignon
Merlot
Petit Verdot

Jahrgänge

2010
Exzellenter Jahrgang mit kraftvollen Weinen, die gut altern werden. Der sonnige Herbst ließ den Cabernet Sauvignon schön ausreifen.

2009
Großartiges Jahr mit kraftvollen, langlebigen Weinen – vergleichbar mit 2005, 1982, 1947.

2008
Feuchter Sommer, doch viel Sonne im Herbst. Spitzen-Châteaux mit guter Qualität.

2007
Schwieriges Jahr, nasser Sommer. Viele leichte Weine, die früh getrunken sein wollen.

2006
Trotz Ernteregen ein klassischer Jahrgang. Gute Weine von den besten Erzeugern.

2005
Ideale Bedingungen; wunderbare, volle, langlebige Weine. Die Preise steigen allerdings.

2004
Klassisches Jahr, guter Ertrag, Weine jetzt sehr preiswert.

2003
Das Médoc hielt sich gut in der Hitze. Einige Weine entwickeln sich sehr schnell.

Wie in den meisten anderen Médoc-Bereichen gab es auch in Margaux bereits zur Römerzeit Rebpflanzungen, doch erst die holländischen Ingenieure des 17. und 18. Jahrhunderts legten die Sümpfe trocken und damit das großartige Kiesterroir frei. Der Boden dieser Appellation unterscheidet sich deutlich vom restlichen Médoc, denn er besteht fast überall aus weißem und viel feinerem Kies als im Norden. Dies erklärt sich aus der geografischen Lage der Appellation am Zusammenfluss von Garonne und Dordogne, die sich hier zur Gironde-Mündung vereinen. Die Strömungskraft der beiden Flüsse hat im Lauf der Jahrhunderte die großen Kiesel zu kleinen Steinchen zermahlen. Die beeindruckende aromatische Komplexität der Weine ist zudem darauf zurückzuführen, dass die Flüsse Sedimente vom Massif Central (Dordogne) und aus den Pyrenäen (Garonne) mitführen.

Margaux-Weine gelten als die feinsten und femininsten des Médoc: Die Verbindung der Pauillac-typischen Kraft und Struktur mit seidigeren, milderen Tanninen ergibt eine unverwechselbare Eleganz. In diesem großen Bereich sind jedoch diverse Stile zu finden, weshalb die Kenntnis der jeweiligen Erzeuger der Schlüssel zum Verständnis der Weine sind.

Trotz der berühmten femininen Art der Margaux-Weine ist und bleibt für die 74 unabhängigen Erzeuger Cabernet Sauvignon die Rebsorte der Wahl: Mit ihr sind 54 Prozent der Gesamtrebfläche der Appellation bestockt, gefolgt von 37 Prozent Merlot sowie Cabernet Franc und Petit Verdot. Da Cabernet Sauvignon auch mit extremer Hitze gut zurechtkommt, schnitt die Appellation im heißen Jahrgang 2003 besser ab als viele Médoc-Nachbarn (obgleich einige Weine sich rascher entwickeln als üblich). Dies verdankt sich zweifellos ebenso sehr der Größe der klassifizierten Güter wie dem leichten, kiesigen Boden. Jene Güter stehen für etwa zwei Drittel der Gesamtproduktion von Margaux, und ihre Weine sollen die Jahre nicht nur überstehen, sondern sind vielmehr für eine lange Lebensdauer ausgelegt.

Abgesehen von den großen Namen ist Margaux auch deshalb interessant, weil es als einzige der »großen vier« Médoc-Appellationen eine ganze Reihe von kleineren, innovativen Gütern zu bieten hat (die man in geringerer Zahl auch in St-Estèphe findet, in Pauillac und St-Julien aber so gut wie gar nicht). In Margaux gibt es eine Reihe von *micro-cuvées* von Erzeugern, deren winzige Parzellen reichhaltige und geschmeidige Weine liefern – das Resultat geschickter Kellerarbeit. Die Suche nach diesen neuen Erzeugern lohnt sich (einige sind auch Besitzer größerer Châteaux, wollen aber einen individuellen Wein zu ihren eigenen Bedingungen machen), denn viele bieten nicht nur hohe Qualität zu moderaten Preisen, sondern auch bereichernde (Wein-)Erfahrungen.

Margaux steht mit einer Produktion von jährlich rund neun Millionen Flaschen für Weine, die moderne und traditionelle Ansätze verbinden.

MARGAUX

Die Reben für die Weine der AC Margaux wachsen in den fünf benachbarten Gemeinden Labarde, Cantenac, Margaux, Soussans und Arsac. Von den prestigeträchtigen Médoc-Appellationen liegt Margaux der Stadt Bordeaux am nächsten und beherbergt Güter aller Klassifikationsstufen, vom Premier bis zum Cinquième Cru, sowie zahlreiche Crus Bourgeois und Crus Artisans.

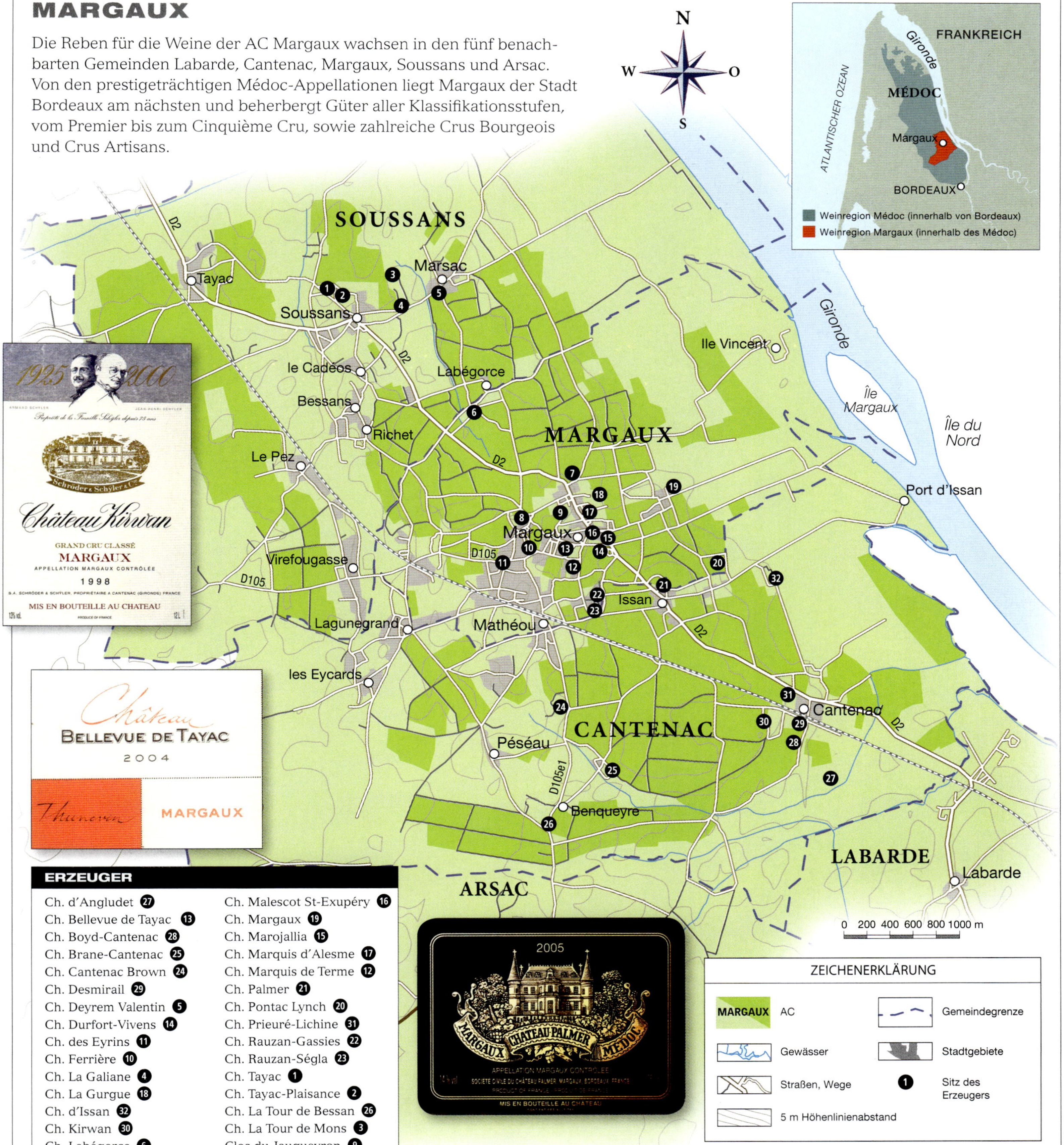

ERZEUGER

- Ch. d'Angludet 27
- Ch. Bellevue de Tayac 13
- Ch. Boyd-Cantenac 28
- Ch. Brane-Cantenac 25
- Ch. Cantenac Brown 24
- Ch. Desmirail 29
- Ch. Deyrem Valentin 5
- Ch. Durfort-Vivens 14
- Ch. des Eyrins 11
- Ch. Ferrière 10
- Ch. La Galiane 4
- Ch. La Gurgue 18
- Ch. d'Issan 32
- Ch. Kirwan 30
- Ch. Labégorce 6
- Ch. Lascombes 8
- Ch. Malescot St-Exupéry 16
- Ch. Margaux 19
- Ch. Marojallia 15
- Ch. Marquis d'Alesme 17
- Ch. Marquis de Terme 12
- Ch. Palmer 21
- Ch. Pontac Lynch 20
- Ch. Prieuré-Lichine 31
- Ch. Rauzan-Gassies 22
- Ch. Rauzan-Ségla 23
- Ch. Tayac 1
- Ch. Tayac-Plaisance 2
- Ch. La Tour de Bessan 26
- Ch. La Tour de Mons 3
- Clos du Jaugueyron 9
- Clos des Quatres Vents 7

Erkundigen Sie sich nach Verkostungsmöglichkeiten und Öffnungszeiten der Kellereien, bevor Sie Ihre Reise planen. Manche Betriebe empfangen Besucher nur nach Voranmeldung.

CHÂTEAU GISCOURS
DAS HÜBSCHE GUT IST FÜR SEINE GASTFREUNDSCHAFT BEKANNT

CHÂTEAU BOYD-CANTENAC
DER VON CABERNET SAUVIGNON DOMINIERTE WEIN BRAUCHT FLASCHENREIFE

Château d'Angludet Cru Bourgeois

Unter den fünf Brüdern Sichel (eine seit 500 Jahren im Bordelais ansässige, mit Wein befasste Familie) ist Ben Sichel von Château d'Angludet vielleicht derjenige, dessen Wein man am liebsten im Glas hätte – seine Leidenschaft sind Reben und Weinbereitung, und ebendiese Passion macht die Entdeckung des d'Angludet-Weins so lohnenswert. Der 32-ha-Weinberg an der Route des Châteaux ist mit 55 % Cabernet Sauvignon, 35 % Merlot sowie 10 % Petit Verdot bestockt und erbringt preiswerte, beständig gute Weine, die nicht gefiltert werden. Der Zweitwein heißt Moulin d'Angludet.

33460 Cantenac; www.chateau-angludet.fr

Château d'Arsac Cru Bourgeois

Philippe Raoux, Eigentümer von Château d'Arsac, ist ein echter Neuerer – sein Château verbindet klassische Architektur mit verblüffender moderner Kunst (wenn Sie dort sind, achten Sie auf den mächtigen Eisenträger, der gegen das Haus lehnt – es ist eine Skulptur des französischen Bildhauers Bernar Venet). Ein paar Kilometer die Straße hinunter hat Raoux ein geräumiges Weinkulturzentrum, La Winery, in Glas-Stahl-Bauweise eröffnet. An Rebflächen besitzt Raoux 54 ha in Margaux und 48 ha in der AC Haut-Médoc. Die Reben sind großteils noch jung und ergeben einen eleganten Wein, der jedoch einige Jahre braucht, um seine ganze Komplexität zu entfalten.

1, allée du Comte, 33460 Arsac
www.chateau-arsac.com

Château Bellevue de Tayac

Das Gut ist im Besitz von Jean-Luc Thunevin, der besser bekannt ist für seine Weine vom rechten Ufer wie Château de Valandraud (siehe S. 198). Seine 3 ha Rebflächen wurden 2005 zu einem Drittel gerodet und neu bestockt und liefern, zusammen mit einer kleinen gepachteten Parzelle, 16000 Flaschen pro Jahr. Kellerchef ist, wie auf allen Thunevin-Gütern, Christophe Lardière. Der Wein mit einem Merlot-Anteil von 70 % ist rund und weich mit schmeichelnden Tanninen. Im Auge behalten.

Keine Besuchereinrichtungen; www.thunevin.com

Château Boyd-Cantenac Troisième Cru

Château Boyd-Cantenac zählt mit 17 ha zu den eher kleinen klassifizierten Margaux-Gütern. Es ist mit 10000 Reben/ha – Durchschnittsalter 44 Jahre – bestockt. Eigentümer Lucien Guillemet verzichtet auf einen beratenden Önologen und übernimmt die Weinbereitung selbst; er konzentriert sich auf Cabernet-Sauvignon-dominierte Weine, die durch 9 % Petit Verdot zusätzliche Würze erhalten und einige Jahre in der Flasche reifen müssen. Der Familie gehört auch das ebenfalls wenig bekannte klassifizierte Margaux-Château Pouget, dessen Wein Cabernet Franc eine sanftere, aromatisch-würzigere Art verleiht. Beide Weine sind relativ preiswert.

33460 Cantenac; www.boyd-cantenac.fr

Château Brane-Cantenac Deuxième Cru

Einen bescheideneren, charmanteren Château-Besitzer als Henri Lurton wird man kaum finden, der am glücklichsten wirkt, wenn er inmitten seiner 85 ha Reben steht. Dieser unprätentiöse Stil prägt auch sein Team, das lieber die Weine für sich sprechen lässt. Runde, seidige Tannine charakterisieren die Art des von 55 % Cabernet Sauvignon, 40 % Merlot und 5 % Cabernet Franc bereiteten Weins, der am Gaumen Schwarze-Johannisbeer- und in der Nase Veilchennoten zeigt. Gutsleiter Christophe Capdeville überwacht penibel den Einsatz der Fässer, bei denen er auf Maserung, Ursprung und Anröstung achtet. Der Zweitwein Baron de Brane bietet sehr viel fürs Geld.

33460 Cantenac; www.brane-cantenac.com

Château Cantenac Brown Troisième Cru

Schon seit seiner Gründung ist Château Cantenac Brown mit England verbandelt. Der erste Eigentümer, John Lewis Brown, erbaute das Château im Stil eines englischen Landhauses; heute ist es im Besitz des aus Syrien stammenden britischen Geschäftsmanns Simon Halabi. Seit er 2006 das Gut erwarb, hat er beträchtliche Investitionen getätigt und zusammen mit Gutsleiter José Sanfins viel Arbeit in die Feinabstimmung bei der Weinbereitung gesteckt. Von 48 ha Rebland, das mit nachhaltigen Methoden bewirtschaftet wird, erzeugen die beiden gut gemachte, fest strukturierte, dabei aber mit überschwänglicher Frucht ausgestattete Weine. Der *grand vin* besteht aus 65 % Cabernet Sauvignon, 30 % Merlot und 5 % Cabernet Franc und verbindet seine gewichtige Fruchtigkeit mit einer unangestrengt seidigen Struktur. Der Zweitwein heißt BRIO de Cantenac Brown.

33460 Cantenac; www.cantenacbrown.com

Château Dauzac Cinquième Cru

Während der vergangenen Jahre hat sich die Qualität von Château Dauzac erheblich verbessert, dank Veränderungen wie der Erhöhung des Laubdachs auf den 40 ha Rebland und der Einführung von Schwerkraft-Vinifikation in der Kellerei. Hinter diesem Fortschritt stecken die Lurtons, konkret Familienoberhaupt André Lurton und Tochter Christine. Das Château liegt von allen klassifizierten Gütern der Gironde am nächsten, doch auf den sumpfigen Böden am Ufer *(palus)* stehen heute keine Reben mehr. Dauzac spielte eine wichtige Rolle für die im 19. Jahrhundert erfundene Bordeauxbrühe (Kupferkalkmischung), die die meisten europäischen Weinberge vor der Pilzkrankheit Falscher Mehltau rettete. Man sollte das Gut im Auge behalten – es bietet echtes Trinkvergnügen zum fairen Preis.

33460 Labarde; www.chateaudauzac.com

Château Desmirail Troisième Cru

Das einst im Besitz des Neffen von Felix Mendelssohn Bartholdy befindliche Château gehört heute der Familie Lurton, genauer gesagt Denis, dem Bruder Henris von Brane-Cantenac. Nach der Zerschlagung in den 1930er-Jahren wurde es von Denis' Vater Lucien akribisch wieder zusammengefügt. Von heute 30 ha Rebfläche mit 60 % Cabernet Sauvignon, 39 % Merlot und 1 % Cabernet Franc werden mithilfe des Boissenot-Teams subtile, reife Weine bereitet, deren Potenzial noch nicht voll ausgeschöpft ist.

33460 Cantenac; www.desmirail.com

Château Deyrem Valentin Cru Bourgeois

Besitzer Jean Sorge bearbeitet das bezaubernde 13-ha-Gut zusammen mit seinen beiden Töchtern Sylvie und Christelle. Sie achten penibel auf den parzellenweisen Ausbau der Weine, was zu gut strukturierten, frischen Ergebnissen mit intensiven Noten von Schwarzer Johannisbeere und Minze führt. Jean ist aber auch bekannt für seine Experimentierfreude: So hat er 1 % Carmenère angepflanzt und vermarktet zudem seit 2001 unter dem Namen Château Valentin (AC Haut-Médoc) das Lesegut einer Parzelle mit 80-jährigen Reben (vorwiegend Petit Verdot). Château Soussans ist der Zweitwein.

1, rue Valentin Deyrem, 33460 Soussans
www.chateau-deyrem-valentin.com

Château Durfort-Vivens Deuxième Cru

Gonzague Lurton, Eigentümer von Château Durfort-Vivens, spielt als Präsident der Vereinigung Cru Bourgeois eine wichtige Rolle in der Appellation. Zudem erweist er sich auf seinem eigenen 55-ha-Gut als sehr talentierter Weinmacher. Die dicke Kiesauflage der Böden ist mit Sedimentgestein aus dem Flussbett der Garonne durchsetzt, was die Cabernet-Sauvignon-Trauben gut und früh ausreifen lässt und die Tannine abmildert. Nachhaltiger Weinbau, parzellenweise Vinifikation und ein neuer Keller erschaffen im Zusammenspiel einen köstlichen Wein voller Veilchen- und Trüffelnoten. Es gibt zwei Zweitweine: Vivens und Relais de Durfort-Vivens.

3, rue du Général de Gaulle, 33460 Margaux
www.durfort-vivens.fr

Château des Eyrins

Das Gut, ein Neuling in der Weinszene von Margaux, wurde vor 25 Jahren aus 3 ha Rebgelände im Besitz von Eric Grangerou geschaffen, dessen Vater, Groß- und Urgroßvater alle Kellermeister bei Château Margaux waren. Heute wirkt hier der Önologe Olivier Dauga, der einen modernen Ansatz verfolgt – mit Kaltmaischung, parzellenweiser Vinifikation und Ausbau in zu 80 % neuer französischer Eiche (großteils nur leicht angeröstete burgundische Fässer). Der Wein von 75 % Cabernet Sauvignon, 20 % Merlot und 5 % Petit Verdot wird weder geschönt noch filtriert. Im September 2009 kauften Xavier und Julie Gonet-Médeville vom Sauternes-Château Gilette das Gut, doch Eric Grangerou und Olivier Dauga bleiben als Weinmacher im Amt.

27, cours Pey Berland, 33460 Margaux; Tel. 05 57 88 95 03

Château Ferrière Troisième Cru

Mit nur 8 ha ist Château Ferrière das kleinste der klassifizierten Médoc-Güter und eines der wenigen, dessen Größe seit 1855 unverändert geblieben ist. Viele Jahre lang waren die Rebflächen an andere Châteaux verpachtet, doch 1988 übernahm Familie Villars-Merlaut das Gut, und seit 1992 wird der Wein wieder dort abgefüllt und trägt den Namen Château Ferrière. Die anscheinend unermüdliche Céline Villars hat die Kellerei um kleine Betontanks ergänzt. Es dauerte seine Zeit, bis der Stil gefunden war, aber nun können Sie einen reichhaltigen, fest strukturierten Wein erwarten, der seine 80 % Cabernet Sauvignon im Verschnitt wiedergibt.

33 bis, rue de la Trémoille, 33460 Margaux
www.ferriere.com

Château La Galiane Cru Bourgeois

Das Gut ist eng mit der Geschichte von Bordeaux verknüpft, denn der Name La Galiane stammt von einem englischen General, der im 15. Jahrhundert, als Bordeaux noch Teil der englischen Krone war, eine Schlacht befehligte. Heute geht es hier aber sehr französisch zu: Christine Renon bewirtschaftet 5 ha Rebland, die jährlich 30 000 Flaschen eines klassischen Margaux-Verschnitts von 50 % Cabernet Sauvignon, 45 % Merlot und 5 % Petit Verdot liefern. Die Familie erzeugt auch den Château Charmant und den Clos Charmant von 8 ha Reben mit einem Durchschnittsalter von 65 Jahren (50 % Merlot, 25 % Cabernet Sauvignon, 20 % Cabernet Franc, 5 % Petit Verdot).

33460 Soussans; Tel. 05 57 88 35 27

Château Giscours Troisième Cru

Die hübschen Tore und die geschwungene Auffahrt erinnern an die berühmte Gastfreundschaft von Château Giscours, angefangen von den Polo-Matches der 1950er-Jahre bis zu den heutigen Kricketturnieren.
40 Jahre alte Reben stehen auf vier Hügeln mit weißem Kies (83 ha). Der holländische Eigentümer Eric Albada Jelgersma hat in den vergangenen Jahren viel Geld in Neubestockungen gesteckt. Der Wein von 55 % Cabernet Sauvignon, 35 % Merlot sowie einem Schuss Petit Verdot und Cabernet Franc ist eine reichhaltige, selbstbewusste Margaux-Interpretation mit reifen Zwetschgennoten und fest gewirkter Tanninstruktur. Sirène de Giscours ist der Zweitwein. Siehe auch Château du Tertre, S. 172.

10, route de Giscours, 33460 Labarde
www.chateau-giscours.com

Château La Gurgue Cru Bourgeois

Der packende, sehr gut gearbeitete Wein von Château La Gurgue mit üppiger schwarzer Frucht ist ein gutes Beispiel für die vielen begeisternden Margaux-Gewächse außerhalb der Klassifikation von 1855. Das Gut gehört der Familie Villars-Merlaut, auf deren 10 ha in vielen Parzellen die Kiesschicht mehrere Meter dick ist. Der Verschnitt beinhaltet bis zu 70 % Cabernet Sauvignon (der Rest ist Merlot) – der tiefe Kies sorgt Jahr um Jahr für schöne Reife – und wird in (jährlich zu 25 % neuer) Eiche ausgebaut.

33 bis, rue de la Trémoille, 33460 Margaux
www.lagurgue.com

Château d'Issan Troisième Cru

Renaissancegärten, ein Burggraben und turmbekrönte Mauern umgeben Château d'Issan, eines der ältesten Güter des Médoc. Geführt wird es von Emmanuel Cruse, der in der hiesigen Weinpolitik eine wichtige Rolle spielt. Als seine Familie das Gut 1945 erwarb, standen nur 2 ha unter Ertrag; heute umfasst die Rebfläche 53 ha, und die Reben sind im Schnitt 35 Jahre alt. Emmanuel arbeitet vehement an der Abmilderung der Tanninstruktur und schmeichelt seinem Cabernet Sauvignon, der etwa 70 % des Verschnitts ausmacht, das Beste ab. Der Zweitwein Blason d'Issan zählt zu den besten seiner Art.

33460 Cantenac; www.chateau-issan.com

Château Kirwan Troisième Cru

Obwohl der Name Kirwan aus Irland stammt, ist der preisgekrönte Rosengarten des romantischen Guts das Vermächtnis einer früheren französischen Eigentümerin und Botanikerin, Camille Godard. Heute ist das Château in achter Generation im Besitz der Familie Schÿler. Unter der Leitung von Philippe Delfault (früher bei Château Palmer) fand der Wein zu einem eleganten, ausgewogenen, langlebigen Stil mit Schwarzkirscharomen und Mandelnote

ERIC BOISSENOT

Der viel beschäftigte Önologe ist als beratender Weinmacher für immerhin vier der fünf Premier-Cru-Châteaux von Bordeaux tätig – zum Full House fehlt ihm nur Château Haut-Brion. Eric arbeitet mit seinem Vater Jacques zusammen, der seinerseits Schüler und Mitarbeiter von Émile Peynaud war, einem der bedeutendsten Önologen des 20. Jahrhunderts. Das seit fast 20 Jahren bestehende Vater-Sohn-Team konzentriert sich nahezu ausschließlich auf Klienten im Médoc: Von den 200 Gütern, die sie betreuen, liegen 190 im Médoc und nur zehn am rechten Ufer der Dordogne. Eric ist zudem für Alpha Estate in Griechenland tätig.

Die Boissenots glauben an Weine, die ihr Terroir widerspiegeln, und an die Menschen, unter deren Händen sie entstehen. Wenn Sie typische, unprätentiöse, hochwertige Weine suchen, achten Sie auf den Namen Boissenot.

zurück. Die 37 ha Rebfläche sind mit 45 % Cabernet Sauvignon, 30 % Merlot, 15 % Cabernet Franc und 10 % Petit Verdot bestockt. Les Charmes de Kirwan ist der Zweitwein; zudem gibt es exzellenten Rosé de Kirwan.

33460 Cantenac; www.chateau-kirwan.com

Château Labégorce

Seit dem Jahrgang 2009 gehört Château Labégorce Zédé vollständig zu Labégorce, dessen Gesamtrebfläche nun 57 ha beträgt. Gutsleiterin ist die knapp 30-jährige Nathalie Perrodo, die ihre Zeit zwischen Bordeaux und London aufteilt. Der technische Leiter Philippe de Laguarigue kam 2007 von Château Montrose und beaufsichtigt das auf zehn Jahre angelegte Neubestockungsprogramm, das zu festerer, deutlicher ausgearbeiteter Frucht führen soll. Der Zweitwein ist jetzt Zédé de Labégorce (ursprünglich der Wein des ehemals eigenständigen Guts); zudem wurde das Zweitetikett von Château Labégorce, Château Tour de Laroze, beibehalten.

33460 Margaux; www.chateau-labegorce.fr

Château Lascombes Deuxième Cru

Der amerikanische Investmentfonds Colony Capital hat das 84-ha-Gut im Jahr 2001 erworben. Für den Zweitwein Chevalier de Lascombes wurden seit 2008 weitere 24 ha von Château Martinens dazugepachtet. Gutsleiter Dominique Befve und Berater Michel Rolland haben mit Neuerungen wie Schwerkraft-Vinifikation und der Verwendung 100 % neuer Eichenfässer die Serie enttäuschender Jahrgänge beendet. Einige Kritiker beklagen nun die Abkehr vom klassischen Margaux-Stil, doch der Wein verbindet üppige Frucht- und Veilchennoten mit schöner Ausgewogenheit und bietet großen Genuss. Man lässt es ungern bei einem Glas bewenden.

1, cours de Verdun, 33460 Margaux
www.chateau-lascombes.com

Château Malescot St-Exupéry

Troisième Cru

Jean Luc Zuger bevorzugt reichhaltige Frucht und liest seine Trauben erst spät; zudem setzt er die sogenannte Umkehrosmose ein, wenn er Mostkonzentration für nötig hält. Dieses Verfahren, mit dem in verregneten Jahrgängen den Trauben Wasser entzogen wird, ist zwar legal, aber nicht unumstritten. In Bordeaux wird heftig darüber diskutiert, ob diese Methode womöglich zu Überextraktion führt. Zugers Wein jedenfalls ist tintenschwarz, mit rauchigen Eichennoten und voll runder schwarzer Frucht. Als Berater fungiert Michel Rolland. Das Gut verfügt über 23,5 ha in Margaux sowie über 6,5 ha in der AC Bordeaux Supérieur (Domaine du Balardin). Seinen Namen hat es von einem früheren Eigentümer, einem der Urgroßväter des Autors von *Der kleine Prinz*, Antoine de Saint-Exupéry.

16, rue Georges Mandel, 33460 Margaux
www.malescot.com

Château Margaux Premier Cru

Der griechische Unternehmer André Mentzelopoulos erwarb Château Margaux 1977; seine Tochter Corinne erbte das Gut im zarten Alter von 27 Jahren – ebenso jung war Paul Pontallier, als er 1983 die Gutsleitung übernahm. Einige Jahrzehnte später erzeugen die beiden einen Wein, der auf der ganzen Welt begehrt ist. Die 82 ha Rebfläche sind vorwiegend mit Cabernet Sauvignon bestockt (der meist bis zu 87 % im Verschnitt des *grand vin* stellt); der kraftvolle Wein ist von reichhaltiger roter Frucht durchwirkt, besitzt seidige Eleganz und echte Finesse. Dank eines neues Fasskellers werden die Weine seit 2009 parzellenweise vinifiziert. Das Château zählte zu den ersten der Region, die einen Zweitwein erzeugten, den noch heute produzierten Pavillon Rouge. Pavillon Blanc (100 % Sauvignon Blanc von alten Reben) heißt der wundervolle Weiße.

33460 Margaux; www.chateau-margaux.com

Château Marojallia

Der Wein von Château Marojallia ist ein unverhohlen fruchtbetonter, weicher und gut gemachter Margaux mit 74 % Cabernet Sauvignon und 26 % Merlot, ein überaus geschliffenes Gewächs, von dem nur etwa 6000 Flaschen pro Jahr erzeugt werden. Das von Mauern umgebene hübsche Château mit einladendem Innenhof liegt im Zentrum des Städtchens Margaux. Jean-Luc Thunevin und Berater Michel Rolland achten bei der Weinbereitung auf jedes Detail. Marojallia ist der lateinische Name für Margaux, doch heute kommen auf dem 4-ha-Gut modernste Verfahren zum Einsatz. Clos Margalaine ist das Zweitetikett.

2, rue du Général de Gaulle, 33460 Margaux
www.marojallia.com

Château Marquis d'Alesme Troisième Cru

In Anbetracht seines hohen Rangs in der Klassifikation und seiner exponierten Lage im Zentrum des Städtchens ist Château Marquis d'Alesme erstaunlich wenig bekannt. Allerdings litt es einige Jahre unter Kapitalschwäche, und 2006 erfolgte ein weiterer Rückschlag, als Hubert Perrodo von Château Labégorce (siehe dort) es erwarb, aber kurz darauf beim Skifahren tödlich verunglückte. Heute werden beide Güter von seiner erst knapp 30-jährigen Tochter Nathalie geführt. Sie hat den früheren Beinamen »Becker« gestrichen und konzentriert sich nun auf die Neubestockung und die Verbesserung des Weinbergmanagements auf den 15 ha. In den kommenden Jahren soll eine neue Kellerei erbaut werden.

33460 Margaux; www.chateau-marquis-dalesme.fr

Château Marquis de Terme

Quatrième Cru

Seit Ludovic David 2009 die Leitung von Château Marquis de Terme übernahm, ist er bemüht, dem Wein im klassischen Bordeaux-Stil zu einem moderneren, mehr fruchtbetonten Auftreten zu verhelfen. Er führt die parzellenweise Vinifikation sowie neue Verfahren wie die Dampfreinigung der Fässer ein und setzt in Weinberg wie Keller auf Reife. Die dicht gepflanzten Reben wachsen seit 1855 unverändert auf insgesamt 38 ha. Schwarze-Johannisbeer- und Brombeerfrucht in Hülle und Fülle sowie 7 % Petit Verdot verleihen dem Wein seine tintenschwarze Tiefe. Das Gut gehört den drei Brüdern Jean, Philippe und Pierre-Louis Sénéclauze, deren Vater Weinhändler in Marseille war, bevor er in den 1930er-Jahren das Médoc-Château erwarb. Darüber hinaus besitzt die Familie zwei weitere Güter in Bandol und Cassis in Südfrankreich. ★**Aufsteiger**

3, route de Rauzan, 33460 Margaux
www.chateau-marquis-de-terme.com

CHÂTEAU MALESCOT ST-EXUPÉRY
SPÄTE LESE UND HIGHTECH-VERFAHREN ERGEBEN REICHHALTIGE WEINE

CHÂTEAU MARGAUX
HEISS BEGEHRT: DIE WEINE VON CHÂTEAU MARGAUX, EINEM DER FÜNF PREMIERS CRUS

Château Monbrison

Das Rebland von Château Monbrison wurde zu Beginn des Zweiten Weltkriegs komplett gerodet und erst 1963 neu bestockt. Heute besitzen die Reben ein durchschnittliches Alter von 35 Jahren und erbringen Trauben von ordentlicher Qualität. Der verstorbene Jean-Luc Vonderheyden, Bruder des jetzigen Leiters Laurent, führte als einer der Ersten im Médoc die Behangausdünnung ein (die Auslichtung der Trauben, um den am Stock verbleibenden maximale Reife zu ermöglichen). Heute ist das Gut nicht mehr ganz so innovativ, doch der Wein bietet häufig ein gutes Preis-Leistungs-Verhältnis. Bouquet de Monbrison ist der Zweitwein.

1, allée de Monbrison, 33460 Arsac
www.chateaumonbrison.com

Château Mongravey Cru Bourgeois

Seit 30 Jahren wird Château Mongravey von Régis und Karin Bernaleau geführt, deren 19 ha Rebfläche sich zu gleichen Teilen auf Margaux – in der Nähe von Château Giscours – und die AC Haut-Médoc (Château de Braude) erstrecken. Ihr erster Jahrgang war 1981; 1999 wurden ein neuer Keller und Fasskeller in Betrieb genommen, wo 450 Fässer von zehn verschiedenen Herstellern für Komplexität in der Flasche sorgen. Der Wein bietet schlanke, schön definierte Frucht und einen rauchigen Abgang.

8, avenue Jean-Luc Vonderheyden, 33460 Arsac
www.chateau-mongravey.fr

Château Palmer Troisième Cru

Präzise, kraftvolle, sanft würzige Cassis- und Feigennoten machen den Wein von Château Palmer zu einem der großen Stars der Appellation, dabei verbindet das Gut Innovation und Risikobereitschaft mit der Treue zu Bordeaux-Traditionen. Eigentümer sind die Familien Sichel und Mähler-Besse sowie 22 Aktionäre – doch das kompliziert erscheinende Firmengefüge funktioniert. Der verdiente Gutsleiter Thomas Duroux kümmert sich um das 55 ha umfassende kiesige Terroir am Oberlauf der Gironde. Auf sein Konto geht auch die Wiedereinführung eines Weins aus dem 19. Jahrhundert – ein Verschnitt von 85 % Château Palmer und 15 % Hermitage –, der in ausgewählten Jahrgängen in sehr geringer Menge erzeugt wird. Zweitwein ist der vielgeliebte, fruchtstrotzende Alter Ego de Palmer.

33600 Cantenac; www.chateau-palmer.com

Château Paveil de Luze Cru Bourgeois

Der Wein wurde bereits im 19. Jahrhundert in die USA exportiert und wird dort auch heute noch gern gekauft. Das Gut ist im Besitz von Frédéric de Luze, der es 2004 von seinem Vater Geffrey übernahm. Der Grundbesitz von 32 ha Rebfläche besteht unverändert seit 300 Jahren. Der Anteil von 65 % Cabernet Sauvignon im Verschnitt verleiht dem Wein die klassisch feste Tanninstruktur, doch Kaltmaischung und ein nur zwölfmonatiger Ausbau in Eiche sorgen für Fruchtigkeit.

3, chemin du Paveil, 33460 Soussans
www.chateaupaveildeluze.com

Château Pontac Lynch Cru Bourgeois

Das altehrwürdige Gut unweit von Château Margaux geht auf das 13. Jahrhundert zurück und wird heute von Marie-Christine Bondon geführt. Die sehr traditionelle Weinbereitung erbringt einen ansprechenden, preiswerten Tropfen, der am Gaumen von süßen, reifen Pflaumen dominiert wird, dessen feste Tannine aber Zeit brauchen, um sich abzumildern. Auf alle Fälle ein Wein, den Sie dekantieren sollten.

Issan-Cantenac, 33460 Margaux
www.chateau-pontaclynch.com

Château Prieuré-Lichine Quatrième Cru

An der Stelle von Château Prieuré-Lichine stand einst ein Priorat, an das der efeubewachsene Innenhof mit seiner friedvollen Atmosphäre erinnert. Das 70-ha-Gut ist heute im Besitz der Weinhandelsgesellschaft Ballande und mit 50 % Cabernet Sauvignon, 45 % Merlot sowie 5 % Petit Verdot bestockt. Es war als eines der ersten Médoc-Güter Besuchern zugänglich und ist noch heute eines der wenigen klassifizierten Châteaux, die am Wochenende für Verkostungen ihre Pforten öffnen. Der Wein ist weich und großzügig; in Maßen wird bei der Vinifikation Mikrooxidation zur Abrundung der Tannine eingesetzt. Probierenswert ist auch der Weißwein des Hauses, der Blanc de Prieuré-Lichine.

34, avenue de la 5ème République, 33460 Cantenac
Tel. 05 57 88 36 28

Château Rauzan-Gassies Deuxième Cru

Das Gut liegt direkt neben Château Rauzan-Ségla, das ebenfalls als Deuxième Cru klassifiziert ist. Viele Jahre lang war Rauzan-Gassies enttäuschend, doch Familie Quié hat in aller Stille sukzessive die Qualität des Weins erhöht und erzeugt jetzt einen erfolgreichen, langlebigen Margaux. Er besitzt weniger schwarze denn reichhaltige rote Frucht, ein schön frisches Rückgrat, sein Stil ist eher klassisch als modern. Das Anwesen selbst wurde kürzlich renoviert und verschönert. Die Familie besitzt auch Château Croizet-Bages in Pauillac (siehe S. 156) und Château Bel-Orme im Haut-Médoc. ★**Aufsteiger**

Rue Alexis Millardet, 33460 Margaux
www.domaines-quie.com

Château Rauzan-Ségla Deuxième Cru

Mit wie in Seide eingewickelten mächtig-reichhaltigen Aromen von schwarzer Frucht ist die Textur dieses Weins etwas ganz Besonderes. Und so mag man kaum glauben, dass das Gut qualitativ daniederlag, als die Brüder Wertheimer (vom Modekonzern Chanel) es 1993 erwarben. Heute wird hier ein präzise geschliffener Wein von 62 % Cabernet Sauvignon und 38 % Merlot erzeugt, der die von Gutsleiter John Kolasa (zuvor bei Château Latour) eingeführten sorgfältigen Bereitungsmethoden widerspiegelt. Für Glamour sorgte Chanel mit der Verpflichtung des Innenarchitekten Peter Marino, die wahre Neugestaltung des 60-ha-Guts geschah jedoch durch das neue Entwässerungssystem, hohe Pflanzdichte der Reben sowie akribische Weinberg- und Kellerarbeit. Ségla ist der Zweitwein.

Rue Alexis Millardet, 33460 Margaux; www.rauzan-segla.com

Château Siran Cru Bourgeois

Man muss lange suchen, um ein so bunt zusammengewürfeltes Interieur wie das von Château Siran zu finden, wo sich ausgestopfte Tiere, moderne Kunst und antiquarische Bücher den begrenzten Raum teilen. Glücklicherweise beschränkt sich die Exzentrik aber aufs Dekor:

CHÂTEAU RAUZAN-GASSIES
SEIT DEN KÜRZLICH ERFOLGTEN INVESTITIONEN SIND DIE WEINE DES GUTS IMMER BESSER GEWORDEN

CHÂTEAU RAUZAN-SÉGLA
DER ZWEITWEIN SÉGLA IST EINE GUTE, PREISWERTE ALTERNATIVE ZUM GRAND VIN

Der Wein ist reine Frucht mit subtil zurückhaltender Tanninstruktur, elegant und nicht übertrieben teuer. Das 25-ha-Gut, bestockt mit 46 % Merlot, 41 % Cabernet Sauvignon, 11 % Petit Verdot und 2 % Cabernet Franc, ist seit 150 Jahren im Besitz der Familie Mialhe und wird heute von Edouard geleitet. Der Zweitwein heißt S de Siran.

33460 Labarde; www.chateausiran.com

Château Tayac Cru Bourgeois

Das in Familienbesitz befindliche Gut wird vom technischen Leiter Guy Portet effizient geführt, unterstützt von Sohn Nicolas, Gattin Nadine und Tochter Nadia. Der Verschnitt besteht aus 60 % Cabernet Sauvignon, 35 % Merlot und 5 % Petit Verdot, erzeugt werden rund 130 000 Flaschen pro Jahr. Der recht unprätentiöse Stil ist eher traditionell als modern – ein Wein von guter Qualität zum erschwinglichen Preis.

Lieu-dit Tayac, 33460 Soussans
www.chateautayac-margaux.com

Château Tayac-Plaisance Cru Artisan

Der Wein von Château Tayac-Plaisance zeigt knackige, klar umrissene Frucht in einem modernen Margaux-Stil zum fairen Preis. Das 3,5-ha-Gut gehört Luc Thienpont von Clos des Quatre Vents (siehe dort) und erzeugt gerade mal 21 000 Flaschen pro Jahr; Jacques und Eric Boissenot beraten. Die ältesten Reben wurden 1931 gepflanzt, das Durchschnittsalter beträgt 55 Jahre. Das Verschnittrezept sieht 55 % Merlot, 35 % Cabernet Sauvignon und 10 % Petit Verdot vor.

1, impasse Valmy Tayac, 33460 Soussans
www.chateau-tayacplaisance.com

Château du Tertre Cinquième Cru

Das Gut erzeugt wahrlich erstklassigen Wein und ist seit 1997 im Besitz von Eric Albada Jelgersma; geleitet wird es von Alexander van Beek. Die 52 ha Rebfläche sind mit einem ausgewogenen Rebsatz von 36 % Cabernet Sauvignon, 33 % Merlot, 26 % Cabernet Franc und 5 % Petit Verdot bestockt. Château du Tertre war in der Vergangenheit oft unbeständig, zählt heute jedoch zu den elegantesten, klassisch zurückhaltendsten Gewächsen, die man in Margaux findet. Die Vergärung findet in Eichenfässern statt, Schwerkraft sorgt für den sanften Transport der Weine in der Kellerei; alles ist bis ins Kleinste durchdacht und kommt doch unprätentiös daher.

33460 Arsac; www.chateaudutertre.fr

Château La Tour de Bessan
Cru Bourgeois

Die Weine von Château La Tour de Bessan zeichnen sich durch leichte Pfeffer- und Gewürznoten aus, was den Fruchtaromen eine pikante Nuance verleiht. Marie-Laure Lurton übernahm das 19-ha-Gut 1992 von ihrem Vater Lucien und führte es in die erste Liga der Cru-Bourgeois-Châteaux. Sie verbindet moderne Methoden und Verfahren wie umfangreiche Laubpflege im Weinberg und Vergärung in Edelstahl im Keller mit Traditionen wie der Lese von Hand und langem Eichenausbau. Nach der umfassenden Neubestockung wachsen auf dem Rebgelände jetzt 40 % Cabernet Sauvignon, 24 % Cabernet Franc und 36 % Merlot.

Route d'Arsac, 33460 Cantenac; www.marielaurelurton.com

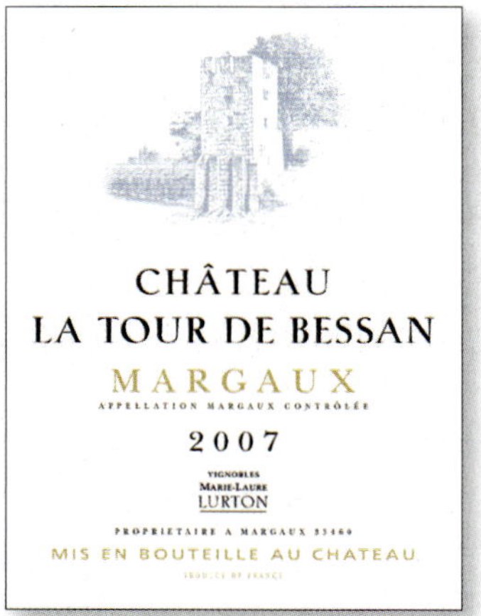

CHÂTEAU LA TOUR DE BESSAN
DANK EINEM MIX AUS MODERNEN UND TRADITIONELLEN METHODEN IN WEINBERG UND KELLER IST DIES EINES DER FÜHRENDEN CRU-BOURGEOIS-CHÂTEAUX

CHÂTEAU DU TERTRE
DER ZURÜCKHALTENDE WEIN VON SCHÖNER TEXTUR VERBINDET SAFTIGE HERBSTFRÜCHTE MIT HERRLICHEN KRÄUTERNOTEN

Château La Tour de Mons Cru Bourgeois

Heute im Besitz einer französischen Bank (keineswegs ungewöhnlich, vor allem nach der jüngsten Finanzkrise) wird Château La Tour de Mons von dem begabten Patrice Bandiera geleitet. Es erzeugt verlässlichen, gut bereiteten Margaux; die Trauben auf den 35 ha Rebfläche werden von Hand gelesen. Der Wein wird traditionell vinifiziert, reift zwölf Monate in kleinen Eichenfässern und wird anschließend ohne Filtration auf Flaschen gefüllt. Er ist nie überextrahiert, zeigt aber zupackende Festigkeit und schöne Frucht im Verschnitt von 45 % Cabernet Sauvignon, 45 % Merlot und 10 % Cabernet Franc. Unter den diversen »Zweitweinen« des Guts ist Terre du Mons der bekannteste.

Keine Besuchereinrichtungen
Tel. 05 57 88 33 03

Château Les Vimières Le Tronquéra

Le Tronquéra ist eine Abfüllung in Kleinstmengen von 1 ha Rebfläche im Besitz von Jacques Boissenot, dem unaufdringlichen, aber allgegenwärtigen beratenden Önologen des Médoc (siehe auch Randspalte S. 169). Boissenot erwarb das Rebareal zu Experimentierzwecken – die 3000 Flaschen sind bereits ausverkauft, wenn die Frucht noch am Stock hängt. Das Terroir ist nicht das großartigste, dennoch zeigt der Wein wundervolle Pflaumen- und Kirscharomen, er ist reichhaltig und fleischig, aber trotzdem zurückhaltend. Das Anwesen umfasst insgesamt 2,5 ha, der Rest fließt in den Château Les Vimières (AC Haut-Médoc).

47, rue Principale, 33460 Lamarque
Tel. 05 56 58 91 74

Clos du Jaugueyron

Das kleine Gut im Besitz von Michel Théron umfasst gerade mal 5 ha Rebfläche und erzeugt sowohl AC Margaux als auch AC Haut-Médoc. Der reichhaltige Margaux-Wein mit dichter Textur und großartiger, aber nicht übertriebener Extraktion besteht aus 60 % Cabernet Sauvignon, 30 % Merlot, 5 % Petit Verdot und 5 % Cabernet Franc. Einige sehen in ihm einen kultverdächtigen »Garagenwein« (die ersten Jahrgänge wurden tatsächlich in Thérons Garage bereitet). Alle Weinbergarbeiten werden von Hand ausgeführt, der Einsatz von Chemikalien aufs Nötigste beschränkt. Sogar die Baustoffe in der Kellerei, vom Stein bis zu unbehandelter Eiche, sind Natur pur.

4, rue de la Halle, 33460 Arsac
Tel. 05 56 58 89 43

Clos des Quatres Vents

Nur 7200 Flaschen werden jährlich von diesem Wein erzeugt, und obwohl er nicht so leicht aufzutreiben ist, lohnt sich die Mühe. Das Gut gehört Luc Thienpont, einem Cousin Jacques Thienponts von Le Pin in Pomerol. Jacques Boissenot berät. Clos des Quatres Vents ist eine herrliche *microcuvée* von 65 Jahre alten Cabernet-Sauvignon-Reben, die mit mächtiger, wuchtiger Frucht und einer leichten Rauchnote aufwartet, die vom Ausbau in 100 % neuer Eiche herrührt. Das Zweitetikett (wobei der Wein genau genommen von einem anderen Gut stammt) heißt Villa Des Quatres Sœurs.

33460 Soussans
www.luc-thienpont.com

GRAVES UND PESSAC-LÉOGNAN

Graves ist einer der ältesten Weinbaubereiche des Bordelais und Pessac-Léognan einer der jüngsten. Bis 1987 bildeten sie einen einzigen großen Bereich südlich der Stadt Bordeaux und westlich der Garonne (das sogenannte »andere« linke Ufer). Sein Ansehen hob sich 1855 beträchtlich, als Château Haut-Brion derselbe Premier-Cru-Status wie den Médoc-Châteaux Latour, Lafite und Margaux zuerkannt wurde. Es war damals das einzige hiesige Gut, das in die Klassifizierung der Gironde-Weine einbezogen wurde, allerdings erhielten in den 1950er-Jahren 16 Graves-Güter ihren eigenen klassifizierten Rang, der auf den Etiketten als Cru Classé de Graves vermerkt ist – obwohl sie heute sämtlich zur eigenständigen AC Pessac-Léognan gehören.

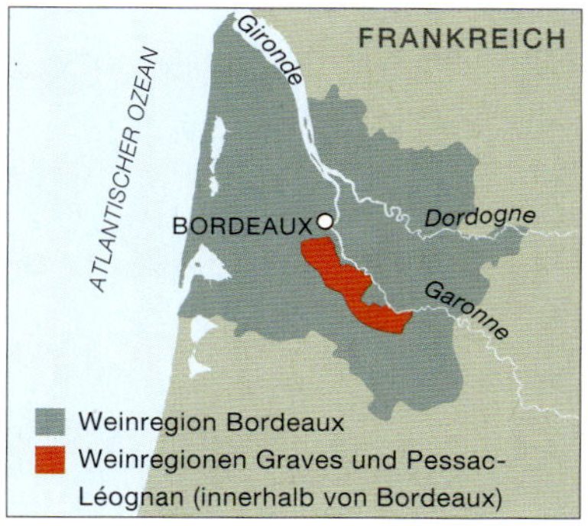

Das Klassifikationssystem von Graves zeichnet sich dadurch aus, dass es nicht nur Rot-, sondern auch Weißweine umfasst – was im Bordelais sonst nicht der Fall ist. Es gibt sechs für beide Farben klassifizierte Châteaux: Bouscaut, Carbonnieux, Domaine de Chevalier, Latour Martillac, Malartic-Lagravière und Olivier. Sämtliche 16 klassifizierten Güter liegen ganz im Norden von Graves unweit der Stadt Bordeaux, weshalb diesem Bereich 1987 eine eigene Appellation zuerkannt wurde: Pessac-Léognan. Der Name leitet sich von den beiden größten Gemeinden der Appellation her, insgesamt umfasst sie jedoch zehn Kommunen: Cadaujac, Canéjan, Gradignan, Léognan, Martillac, Mérignac, Pessac, St-Médard-d'Eyrans, Talence und Villenave d'Ornon. Der renommierte hiesige Weinmacher und Gutsbesitzer André Lurton war ein einflussreicher Verfechter der Schaffung dieser neuen Appellation und erzeugt nach wie vor exzellenten Wein auf zahlreichen Gütern, darunter Couhins-Lurton, La Louvière, Coucheroy, de Cruzeau und Rochemorin. Die Gesamtrebfläche der Appellation Graves umfasst 3800 Hektar, die von Pessac-Léognan 1700 Hektar.

Heute genießt Pessac-Léognan den Status eines geschützten Anbaugebiets, doch seine Rebflächen, die alle mehr oder weniger dicht an die Großstadt Bordeaux heranreichen, waren jahrelang vom urbanen Wachstum bedroht. Einige der berühmtesten hiesigen Châteaux, beispielsweise Haut-Brion und Pape Clément, liegen inmitten betriebsamer Vororte.

Beide Appellationen, Graves und Pessac-Léognan, verfügen über das komplexeste Terroir des gesamten Bordelais. Streifen unterschiedlicher Bodenarten wurden von der Garonne über Jahrtausende aus den Pyrenäen herangeführt; die Dicke der Kiesschicht reicht von einer dünnen Auflage bis zu drei Metern. Im Westen bieten ausgedehnte Kiefernwälder (Les Landes) effizienten Schutz vor Wind.

In keiner der beiden Appellationen gibt es Genossenschaftskellereien, und die meisten Güter werden von Familien geführt. Allerdings haben sich in Pessac-Léognan kürzlich Familien von außerhalb wie die Cathiards von Château Smith Haut Lafitte und die Bonnies von Château Malartic-Lagravière als Investoren betätigt. Die Appellation bekommt ein zunehmend internationales, dynamisches Flair.

Die Rebsorten sind dieselben wie überall in Bordeaux, allerdings ist das Verhältnis von Cabernet Sauvignon und Merlot im endgültigen Verschnitt zumeist mehr oder minder gleichwertig. Darin unterscheiden sich die beiden Appellationen vom Médoc, wo Cabernet Sauvignon regiert, und vom rechten Ufer, wo Merlot die Hauptrolle spielt. Auch die zugelassenen weißen Rebsorten sind dieselben wie anderswo, wobei die trockenen Weißen in der Regel großteils von Sauvignon Blanc oder Sauvignon Gris bereitet werden, jedoch mit einem charakteristischen Anteil Sémillon und gelegentlich Muscadelle. Wie bereits erwähnt, wurden neben den Roten auch Weißweine in das hiesige Klassifikationssystem aufgenommen. Weißweine werden insbesondere in Pessac-Léognan üblicherweise in Eiche ausgebaut und sind deutlich langlebiger als Weiße aus der Appellation Entre-deux-Mers – über einen Zeitraum von 15 Jahren gewinnen sie zunehmend an Komplexität. Etwa ein Drittel der Produktion beider Bereiche entfällt auf Weißwein, zwei Drittel auf Rotwein.

Hauptrebsorten

Rot

Cabernet Franc
Cabernet Sauvignon
Merlot

Weiß

Sauvignon Blanc
Sauvignon Gris
Sémillon

Jahrgänge

2010
Ein warmer, trockener Sommer brachte kraftvolle Weine hervor, die gut altern werden. Weiße mit reifen Fruchtnoten und etwas wenig Säure.

2009
Exzellent. Ideale Bedingungen für kraftvolle Weine mit viel Potenzial – vergleichbar mit 1982 und sogar 1947.

2008
Kühler Sommer, doch sehr trockener und warmer Herbst. Wer warten konnte, profitierte von der langen Reifeperiode.

2007
Schwierig; ungleichmäßige Reifung. Nur einige gute Rote, aber großartig für Weiße.

2006
Klassisches Jahr, doch Regen zur Lese. Einige gute Weine.

2005
Ideale Wachstumsbedingungen; volle, langlebige Weine.

2004
Klassisches Jahr, gute Erträge. Weine jetzt sehr preisgünstig.

CHÂTEAU DE FRANCE
DAS GUT WURDE ENDE DES 20. JAHRHUNDERTS MITHILFE VON MICHEL ROLLAND WIEDER ZUM LEBEN ERWECKT

CHÂTEAU CANTELYS
EIN MODERNER BEREITUNGSSTIL VON DER FAMILIE CATHIARD VON SMITH HAUT LAFITTE

Château Bardins

Die Familie Sigoyer-Puel erzeugt seit vier Generationen Wein auf Château Bardins. Das 9,5-ha-Gut, heute von den Geschwistern Stella, Christol und Edith geführt, wird mit nachhaltigen Methoden bewirtschaftet, der Einsatz von Chemikalien aufs Nötigste beschränkt. Die Weine sind beständig und recht preiswert; ein Schuss Malbec und Petit Verdot verleiht den Roten Tiefe und eine interessante Art. Diese beiden Sorten machen 10 % der Gesamtrebfläche aus, der Rest ist zu gleichen Teilen mit Merlot, Cabernet Sauvignon und Cabernet Franc bestockt; die Reben sind fast 30 Jahre alt. Bei den Weißweinen sorgt ein Drittel Muscadelle im Verschnitt für eine markante blumige Note.

124, avenue de Toulouse, 33140 Cadaujac
www.chateaubardins.fr.gd

Château Bois-Martin

Das Gut ist im Besitz von Marie-José Perrin (Tochter der Familie Perrin von Carbonnieux; siehe dort) und ihrem Ehemann Réné. 7 ha sind mit Rotweinsorten bestockt – 70 % Cabernet Sauvignon und 30 % Merlot –, erzeugt werden jährlich 40 000 Flaschen eines Weins, den zu kennen sich lohnt. In der 1999 erbauten neuen Kellerei findet die Vergärung in Edelstahltanks statt. In den meisten Jahrgängen zeigt der Wein schöne reife Tannine und eine elegante Fruchtstruktur. Der saftige Weiße (nur 9000 Flaschen) wird in der Flasche gereift.

Keine Besuchereinrichtungen; Tel. 05 56 64 08 78

Château Le Bonnat

Das Gut war bis 1997 an Château de Fieuzal verpachtet, wird jetzt aber wieder von Vignobles Lesgourgues bewirtschaftet. 20 ha des Reblands sind mit roten Sorten bestockt (60 % Merlot, 40 % Cabernet Sauvignon) und 3 ha mit weißen (zwei Drittel Sémillon, ein Drittel Sauvignon Blanc). Die Rotweine verbringen zwölf bis 14 Monate in (zu einem Drittel neuen) Fässern, die Weißen werden unter Hefesatzaufrühren und neunmonatigem Fassausbau bereitet. Die rote Spezial-Cuvée Les Galets, die nur in geeigneten Jahren erzeugt wird, ist leichter und weniger tanninbetont als der Hauptwein.

Keine Besuchereinrichtungen
www.vignobles-lesgourgues.com

Château Bouscaut

Grand Cru Classé de Graves

Sophie Lurton erbte das für Rot- wie Weißweine klassifizierte Château 1992 von ihrem Vater Lucien und führt es zusammen mit ihrem Mann Laurent Cogombles. Auf 47 ha Rebfläche wachsen 85 % rote und 15 % weiße Sorten auf Kies- und Lehmböden. Der rote Verschnitt (55 % Merlot, 40 % Cabernet Sauvignon) enthält einen Spritzer Malbec und zeigt sehr ansprechende Kaffee- und Mokkanoten. Der Weiße wird von 50 % Sémillon (teils von bis zu 100 Jahre alten Reben) und 50 % Sauvignon Blanc bereitet, was ihm honigsüße Rundheit am Gaumen und ein gutes Alterungspotenzial verleiht. Nachdem ein Brand das Château in den 1960er-Jahren völlig zerstört hatte, wurde es komplett wieder aufgebaut und eine neue Kellerei errichtet. Der Zweitwein heißt Les Chênes de Bouscaut. Dem Ehepaar gehören auch die benachbarten Châteaux Lamothe Bouscaut und Valoux.

33140 Cadaujac; www.chateau-bouscaut.com

Château Brown

Die Qualität der Weine von Château Brown, seit 2004 im Besitz der Familien Mau und Dirkzwager, ist unter Gutsleiter Jean-Christophe Mau und den Beratern Stéphane Derenoncourt und Philippe Dulong deutlich gestiegen. 24 ha Rebfläche sind mit 55 % Cabernet Sauvignon, 40 % Merlot und 5 % Petit Verdot bestockt, 4,5 ha mit 70 % Sauvignon Blanc und 30 % Sémillon. Der Weißwein wird in burgundischen Fässern unter Hefesatzaufrühren bereitet, was ihm moderne, exotische Fruchtaromen bei klarer Säure verleiht. Der in Edelstahl vergorene und in (zu 40 % neuen) Fässern gereifte Rote zeigt Aromen von dunkler Frucht mit einem Hauch von Grafit und fleischigen Tanninen. Le Colombier de Château Brown ist der Zweitwein. Siehe auch Château Preuillac, S. 147.

Allée John Lewis Brown, 33850 Léognan
www.chateau-brown.com

Château Cantelys

Château Cantelys wurde 1994 von der Familie Cathiard von Château Smith Haut Lafitte (siehe S. 178) erworben und erzeugt tadellose Weine im modernen Stil. Die 24 ha Rebfläche des zunehmend beeindruckenden Guts liegen auf einem Kiesplateau. Der Weiße ist ein Verschnitt von Sauvignon Blanc und Sauvignon Gris, ein Schuss Sémillon sorgt für Struktur; die Weine werden bei niedriger Temperatur vergoren und auf dem Hefesatz (mit Aufrühren) im Fass ausgebaut, was Röst- und exotische Aromen begünstigt. Der exzellente Rote basiert auf Cabernet Sauvignon und zeigt milde, fleischige Tannine und eine gewisse Opulenz. Zudem gibt es einen Rosé de Cantelys.

Keine Besuchereinrichtungen; www.smith-haut-lafitte.com

Château Carbonnieux

Grand Cru Classé de Graves

Die Reputation von Château Carbonnieux beruht vor allem auf seinem Weißwein, das Gut ist aber für Rote wie Weiße klassifiziert. Die 90 ha Rebfläche sind (unüblicherweise) mit etwas mehr Weiß- als Rotweinreben bestockt. Carbonnieux ist seit 1956 im Besitz der Familie Perrin. Die Weißen werden vor der Gärung auf den Schalen eingemaischt und acht bis neun Monate im Fass ausgebaut (mit Hefesatzaufrühren). Am Gaumen zeigen sich der klassische Sauvignon-Blanc-Charakter mit knackig-frischer Zitrusfrucht sowie weiße Blüten von einem Schuss Muscadelle; Sémillon sorgt fürs Rückgrat. Der Rote von 60 % Cabernet Sauvignon, 30 % Merlot sowie einem Mix aus Malbec, Cabernet Franc und Petit Verdot besitzt feste Tannine und saftige Frucht.

33850 Léognan; www.carbonnieux.com

Château Les Carmes Haut-Brion

Das Gut liegt neben Château Haut-Brion und hatte einst denselben Besitzer. Heute ist es ganz und gar eigenständig und gehört Didier Furt und Familie. Der Wein ist zwar nicht so tief und komplex wie der des Nachbarn, aber lebhaft, mit frischer Frucht und offenherziger Persönlichkeit. Auf nur 4,7 ha Kiesböden wachsen 50 % Merlot, 40 % Cabernet Franc und 10 % Cabernet Sauvignon. Die Nähe der Großstadt sorgt für ein warmes Mikroklima, sodass die Trauben früh und gleichmäßig ausreifen. Der Zweitwein heißt Le Clos des Carmes.

197, avenue Jean Cordier, 33600 Pessac
www.les-carmes-haut-brion.com

Château de Chantegrive

Mit über 97 ha zählt Château de Chantegrive zu den größten Graves-Gütern und wird jetzt von Hélène Lévêque geführt, der Hubert de Boüard als önologischer Berater zur Seite steht. Die Rotweine werden von 50 % Cabernet Sauvignon und 50 % Merlot, die parzellenweise vinfiziert werden, bereitet. Die weiße Spezialabfüllung Cuvée Caroline stammt von alten Reben und wird in zu 50 % neuer Eiche gereift, der reguläre Weiße (ohne Eichenausbau) strotzt vor frischen Zitrusaromen. Der überaus preiswerte Rote zeigt feste, schmackhafte Würze. Seit 2007 gibt es in limitierter Auflage (6000 Flaschen) die Cuvée Henri Lévêque zum Gedenken an Hélènes Vater. Der biologische Säureabbau geschieht im Fass; der Wein wird weder filtriert noch geschönt. Sehenswert ist der eindrucksvolle Fasskeller.

33720 Podensac; www.chantegrive.com

Château Coucheroy

André Lurton hat in den vergangenen Jahren eine beachtliche Handschrift bei seinen Weißweinen entwickelt, auch der weiße Coucheroy zählt zu seinen verlässlichen, knackigen sortenreinen Sauvignon-Blanc-Charmeuren. Komplexität ist ebenfalls Trumpf – die Reben sind dicht gepflanzt (bis zu 8500 Stöcke/ha), die Weine werden bei niedriger Temperatur vergoren und verbringen einige Zeit im Fass. Der Rote (50 % Cabernet Sauvignon, 50 % Merlot) reift zwölf Monate im Fass. Beide Weine bieten echtes Trinkvergnügen zum fairen Preis.

La Louvière, 33850 Villenave d'Ornon; Tel. 05 57 25 58 58

Château Couhins Grand Cru Classé de Graves

Château Couhins ist im Besitz des INRA (des nationalen landwirtschaftlichen Forschungsinstituts) und somit ein Zentrum der Weinbauforschung. Unter der technischen Leitung von Dominique Forget wird das Gut nach den Prinzipien des integrierten Pflanzenschutzes bewirtschaftet. In der Testphase befindet sich eine neue Bewertungsmethode des Rebenwachstums mithilfe von Licht und Wärmesensoren. 15 ha sind mit Rotweinsorten bestockt (50 % Merlot, 40 % Cabernet Sauvignon, 9 % Cabernet Franc, 1 % Petit Verdot), 7 ha mit Weißweinreben (85 % Sauvignon Blanc, 15 % Sémillon). Zu den Bereitungsverfahren zählen Kaltmaischung, Vergärung in Edelstahltanks und Fassausbau. Die Ergebnisse können sich sehen lassen: Noten von Stachelbeere und weißem Pfirsich bzw. weiche rote Frucht mit unaufdringlichen Tanninen. Couhins La Gravette ist der Zweitwein.

Keine Besuchereinrichtungen; www.chateau-couhins.fr

Château Couhins-Lurton

Grand Cru Classé de Graves

Seit 2003 ist Château Couhins-Lurton – im Besitz von André Lurton – das bislang einzige klassifizierte Gut in Bordeaux, das seinen Weißwein mit Schraubverschluss versieht. Ungewöhnlich an diesem Weißen ist auch, dass er ein sortenreiner Sauvignon Blanc (von 6 ha) ist – in knackigem, modernem Stil voll eleganter Zitrusfrucht mit mineralischer Note. Der fruchtbetonte Rote (von 17 ha) enthält 77 % Merlot und 23 % Cabernet Sauvignon. Lurton hatte das Rebgelände einige Jahre gepachtet, bevor er es 1992 kaufte und das Gut komplett renovierte.

La Louvière, 33850 Villenave d'Ornon
www.andrelurton.com

Château Ferran

Philippe und Ghislaine Lacoste, deren Familie Château Ferran seit 1880 besitzt, führen das Gut seit 1999. 18 ha Rebfläche sind mit 60 % Merlot und 40 % Cabernet Sauvignon bestockt, 4 ha mit 55 % Sémillon und 45 % Sauvignon Blanc. Zur sorgfältigen Weinbergbewirtschaftung gehören Maßnahmen wie Laubauslichtung und Behangausdünnung. Der Weiße ist mit seinen reichhaltigen, strukturierten Aromen der ideale Essensbegleiter; die Weine werden nach der Kaltmaischung unter regelmäßigem Aufrühren des Hefesatzes im Fass ausgebaut. Auch der Rote ist ein weicher Gourmetwein mit viel reifer Sommerfrucht. Der Zweitwein heißt Château de Belloc; sehr süffig ist der Rosé de Ferran.

33650 Martillac; www.chateauferran.com

Château de Fieuzal

Grand Cru Classé de Graves

Klare, konturierte Frucht mit gut eingefügter rauchiger Eiche ist das Markenzeichen des wiederbelebten Château de Fieuzal. Der irische Geschäftsmann Lochlann Quinn erwarb es 2001 und verpflichtete Stephen Carrier als Geschäftsführer und Hubert de Boüard als Berater. Auf den mit 55 % Cabernet Sauvignon, 25 % Merlot, 6 % Cabernet Franc und 4 % Petit Verdot bestockten 72 ha Rebfläche wird die Traubenreife neuerdings per Satellitentechnologie überwacht. Eine weitere Veränderung betrifft den Weißwein (von 8 ha), dessen Sauvignon-Blanc-Anteil auf bis zu 70 % erhöht wurde – der Rest ist Sémillon –, was steigende Bewertungen zur Folge hat. Abeille de Fieuzel ist der Zweitwein.

124, avenue de Mont de Marsan, 33850 Léognan
www.fieuzal.com

Château de France

Das Gut erzeugt einen subtilen Weißwein auf Sauvignon-Blanc-Basis und einen reichhaltigen, gut strukturierten Roten. Familie Thomassin, die früher eine Destillerie in der Nähe von Paris betrieb, erwarb Château de France Anfang der 1970er-Jahre und rettete es damit vor dem drohenden Untergang. Die neuen Besitzer bestockten zunächst den 39-ha-Weinberg neu, renovierten anschließend die Kellerei und die übrigen Gebäude und pflanzten 1985 auch wieder Weißweinreben. Heute ist Arnaud Thomassin der Chef, Michel Rolland berät. Der Zweitwein des Guts heißt Château Coquillas.

33850 Léognan; www.chateau-de-france.com

Château La Garde

1990 erworben, ist Château La Garde mittlerweile ein Spitzengut des Weinhandelshauses Dourthe mit 45 ha Rebgelände. Davon sind 2 ha mit Sauvignon Blanc sowie Sauvignon Gris bestockt, die einen aromatischen Weißwein mit zarter Aprikosennote erbringen. Die sorgfältige Analyse des Terroirs mündete in eine präzise darauf abgestimmte Bestockung und parzellenweise Bewirtschaftung. Die Vergärung geschieht in kleinen Edelstahltanks, gefolgt von 18-monatigem Fassausbau. Die Roten (61 % Merlot plus die beiden Cabernet-Sorten sowie Petit Verdot) sind kraftvoll und geschmeidig, mit ansprechenden Schokoladennoten und reichhaltiger Beerenfrucht. Berater für die Rotweine ist Michel Rolland, für die Weißen Christophe Ollivier. ★ **Aufsteiger**

Keine Besuchereinrichtungen; www.dourthe.com

NEUBAUTEN UND RENOVIERUNGEN

Eine Flut von neuen Eigentümern und auswärtigen Investoren hat in Pessac-Léognan für eine Dynamik gesorgt, die sich in der Architektur widerspiegelt – angefangen von André Lurtons kompromisslos modernem Rochemorin über die klaren Linien von Luchey-Halde bis hin zum blitzenden Interieur der Kellerei von Malartic-Lagravière. Die Appellation ist auch die Heimat des neuen Institut des Sciences de la Vigne et du Vin (ISVV), Europas größtem Weinbauforschungszentrum. Die Bordelaiser Architekten Nicolas Ragueneau und Jean Marie Mazières entwarfen das moderne, energiesparende Gebäude aus Stein und Glas. Es hat eine Fläche von 10 000 m² und einen der größten Verkostungsräume der Welt. Es ist aber nicht nur das moderne Design, das Pessac-Léognan ein so unverwechselbares Erscheinungsbild verleiht: Das auf Gebäude aus dem 18. und 19. Jahrhundert spezialisierte hiesige Architekturbüro Agence de l'Arsenal hat die Châteaux Haut-Bailly, Smith Haut Lafitte sowie de la Brède in staunenswerte Beispiele wiederbelebten Klassizismus verwandelt.

CHÂTEAU HAUT-BAILLY
IN SACHEN QUALITÄT UND MIT ALTEN REBEN AUS DER ZEIT VOR DER REBLAUS MACHT HAUT-BAILLY VON SICH REDEN

CHÂTEAU HAUT-BRION
DER EINZIGE 1855 KLASSIFIZIERTE PREMIER CRU AUSSERHALB DES HAUT-MÉDOC

Château Gazin-Rocquencourt

Die Familie Bonnie von Malartic-Lagravière (siehe S. 177) kaufte Château Gazin-Rocquencourt 2006 und hat seitdem viel Arbeit in das Gut gesteckt: Die 22 ha wurden neu bestockt, die Böden entwässert, die Ausrichtung der Rebzeilen wurde verändert und die Pflanzdichte erhöht. Abgerundet wird das Bild durch eine neue, schwerkraftbetriebene Kellerei mit modernen, doppelwandigen Edelstahltanks, die die gleichbleibenden Temperaturverhältnisse von Betontanks nachahmen. Die Reben – 55 % Cabernet Sauvignon, 45 % Merlot – brauchen noch ein paar Jahre, bis der Wein an Komplexität gewinnt, doch schon heute ist er voll seidiger Frucht. Im Auge behalten.

74, avenue de Cestas, 33850 Léognan; Tel. 05 56 64 77 89

Château Haut-Bacalan

Das Champagnerhaus Michel Gonet, geführt von Frédéric und Charles-Henri Gonet, rettete Château Haut-Bacalan 1998; der erste Jahrgang war 2001. Die 6 ha Rebfläche mit Kiesboden in Péssac, unweit des Zentrums der Stadt Bordeaux, hatten 70 Jahre lang brachgelegen und wurden von den Gonets mit 65 % Merlot und 35 % Cabernet Sauvignon neu bestockt. Bereitungsmethoden wie Kaltmaischung und Mikrooxidation sorgen für einen Wein mit weicher Frucht und runden Tanninen.

Keine Besuchereinrichtungen; www.gonet.fr

Château Haut-Bailly

Grand Cru Classé de Graves

Das Gut war lange ein Geheimtipp, rückt aber heute mehr und mehr ins Scheinwerferlicht mit seiner eleganten Interpretation schwarzer Früchte und seidiger Tannine im ausgedehnten Abgang. Die 30 ha Rebfläche liegen auf einem Hügelkamm in Léognan, neben denen von Carbonnieux. Zu einem kleinen Teil stammen die Reben (verschiedene Sorten) noch aus der Prä-Reblaus-Ära. Im Übrigen ist die Rebfläche mit 64 % Cabernet Sauvignon, 30 % Merlot und 6 % Cabernet Franc bestockt. Denis Dubourdieu berät, seit 2004 auch Jean Delmas. Haut-Bailly ist im Besitz der amerikanischen Familie Wilmers und wird von Veronique Sanders geführt, deren Geschick dieser spannende Wein mit zu verdanken ist. ★ **Aufsteiger**

Avenue de Cadaujac, 33850 Léognan
www.chateau-haut-bailly.com

Château Haut-Bergey

Das Gut gewinnt unter seiner Besitzerin Sylviane Garcin-Cathiard (der auch Clos l'Église in Pomerol gehört, siehe S. 207) und Alain Raynaud als Berater immer mehr an Schwung. Die Trauben – 60 % Cabernet Sauvignon und 40 % Merlot von 38 ha – werden in Edelstahl vergoren und in zu 50 % neuer Eiche gereift. Heraus kommt ein Wein (ein echtes Schnäppchen) mit Noten von Schwarze-Johannisbeer-Blättern und Grafit. 80 % Sauvignon Blanc und 20 % Sémillon von 2 ha erbringen einen Weißen mit süßer neuer Eiche, saftiger Passionsfrucht und Papaya im Gepäck. Moderner Stil, aber er haut hin. ★ **Aufsteiger**

69, cours Gambetta, 33850 Léognan
www.chateau-haut-bergey.com

Château Haut-Brion Premier Cru

Der älteste und kleinste Premier Cru (51 ha) gehört der amerikanischen Familie Dillon. Das Familienimperium Domaine Clarence Dillon wird seit 2001 von Prince Robert de Luxembourg geleitet, Gutsverwalter ist Jean-Philippe Delmas. Bereits 1961 wurden hier Edelstahltanks eingeführt. Es gibt einen hauseigenen Küfer, ein großes Labor sowie einen Miniweinberg, den Jean-Bernard Delmas 1970 anlegte, um passende neue Klone zu finden. In den vergangenen zehn Jahren wurde der Cabernet-Sauvignon-Anteil auf heute 50 % erhöht, dazu kommen 41 % Merlot und 9 % Cabernet Franc. Das Ergebnis ist ein überaus vielschichtiger, texturierter und komplexer Wein von unangestrengter Eleganz mit schmackhaften Aromen roter Früchte. Der klassisch strukturierte Château Haut-Brion Blanc (Grand Cru Classé de Graves) wird von 55 % Sémillon und 45 % Sauvignon Blanc bereitet. Der Zweitwein heißt (seit 2007) La Clarence de Haut Brion.

133, avenue Jean Jaurès, 33608 Pessac; www.haut-brion.com

Château Haut Peyrous

Das 12-ha-Gut ist seit 2008 im Besitz von Marc Darroze, Erzeuger des gleichnamigen Armagnac, und wird gerade auf ökologische Bewirtschaftung umgestellt (der erste Ökojahrgang soll 2012 sein). 2,5 ha sind mit Sauvignon Blanc und Sémillon bestockt, die übrigen Rebflächen mit 55 % Merlot, 40 % Cabernet Franc und Sauvignon sowie 5 % Malbec und Petit Verdot. Niedrige Erträge, optimale Reife und sanfte Extraktion sind der Schlüssel zum Erfolg: Der Retour de Palombière mit langer Maischezeit und Fassreifung ist die Spitzencuvée; Zweitwein ist der auf Merlot basierend Pêle-Porc et Cochonailles. Bei den Weißen ist der Pêche au Carrelet die fleischige, fassgereifte Spitzencuvée und der Cueillettes du Bassin der knackigere Zweitwein.

Keine Besuchereinrichtungen; Tel. 05 58 45 51 22

Château de L'Hospital

Das Gut im Besitz der Lafragettes von Château Loudenne im Haut-Médoc erzeugt einen saftigen Wein von 90 % Merlot und 10 % Cabernet Sauvignon. Er ist oft unglaublich preiswert und die Qualität angesichts dessen sehr ordentlich – hier dominieren Aromen von roten Früchten mit schön abgerundeten Tanninen. Château Thibaut Ducasse ist der Zweitwein.

Lieu-dit Darrouban, 33640 Portets; www.lafragette.com

Château Larrivet Haut-Brion

Trotz seines Namens liegt Château Larrivet Haut-Brion ein ganzes Stück von Haut-Brion entfernt. Philippe und Christine Gervoson sind die Eigentümer, Bruno Lemoine der Kellermeister und Michel Rolland der Berater. Die Rebfläche mit Kies- und Sandböden wurde kürzlich auf 70 ha erweitert. Der Rotwein von 55 % Merlot, 40 % Cabernet Sauvignon und 5 % Cabernet Franc zeigt Noten von schwarzer Frucht und Vanille (vom Eichenfass). Der Weiße (60 % Sauvignon Blanc, 40 % Sémillon) ist reichhaltig mit Röstmandel- und Pfirsicharomen. Der Zweitwein heißt Les Demoiselles de Larrivet Haut-Brion.

84, avenue de Cadaujac, 33850 Léognan
www.larrivethautbrion.fr

Château Latour Martillac

Grand Cru Classé de Graves

Das für Rot- und Weißweine klassifizierte 42-ha-Gut ist im Besitz der Familie Kressman und wird gegenwärtig von Tristan und seinem Bruder Loïc als technischem Leiter geführt. Der Weiße von 55 % Sémillon plus Muscadelle und Sauvignon Blanc ist ein nuanciertes, zitrusfruchtiges Gewächs mit Noten von weißen Blüten. Der Rote zeigt sich eher als Einsteigerwein mit Toast- und würzigen Aromen von 60 % Cabernet Sauvignon, 35 % Merlot und 5 % Petit Verdot; er verbringt bis zu 18 Monate in (zu 40 % neuer) Eiche. Lagrave Martillac ist das Zweitetikett.

33650 Martillac; www.latour-martillac.com

Château La Louvière

Das Château ist eines der Güter von André Lurton und ein historisches Baudenkmal. Reben werden hier seit 1476 angebaut, und heute erbringen 47 ha einen ausgewogenen, eleganten Roten (64 % Cabernet Sauvignon) mit fester Struktur, der ein paar Jahre lagern muss. Früher zugänglich ist der Weiße von vorwiegend Sauvignon Blanc (85 %) mit heller Frucht, lebhafter Säure und leichter Rauchnote, die vom Ausbau in (zu 30 % neuen) Eichenfässern herrührt. Im Zuge der kürzlich erfolgten Renovierung wurden Kellerei und Fasslager neu gestaltet. Der Zweitwein heißt L de la Louvière.

149, avenue de Cadaujac, 33850 Léognan
www.andrelurton.com

Château Luchey-Halde

Château Luchey-Halde ist seit 1999 im Besitz der ENITA, einer Hochschule für Agraringenieure. Die seitdem komplett neu bestockte, 22 ha umfassende Rebfläche weist vorwiegend rote Sorten auf (55 % Cabernet Sauvignon, 35 % Merlot sowie je 5 % Cabernet Franc und Petit Verdot). Gutsgebäude wie Keller sind schnörkellos und modern, die Weine zeigen herrlich ausgereifte Traubenfrucht (auch dank niedriger Erträge) sowie deutliche Noten vom Ausbau in neuer Eiche, doch die jungen Reben werden erst im Lauf der Zeit mehr Komplexität entwickeln. Der Weiße wird von 55 % Sauvignon Blanc und 45 % Sémillon bereitet.

17, avenue du Maréchal Joffre, 33700 Mérignac
www.luchey-halde.com

Château Malartic-Lagravière

Grand Cru Classé de Graves

Die Familie Bonnie erwarb Château Malartic-Lagravière (53 ha, klassifziert für Rot- und Weißweine) 1997, und seitdem hat es sich zu einem der spannendsten Güter der AC entwickelt. Akribische, auf Nachhaltigkeit ausgerichtete Bewirtschaftung und eine Kellerei auf dem neuesten Stand der Technik unterstützen die von den beratenden Önologen Michel Rolland und Athanas Fakorellis begonnene Arbeit. Charakteristisch für die Roten wie die Weißen sind strahlende Frucht, mächtige, dabei klar umrissene Aromen und eine weiche, seidige Textur. 46 ha sind mit roten Sorten – je 45 % Merlot und Cabernet Sauvignon sowie 8 % Cabernet Franc und 2 % Petit Verdot – bestockt und 7 ha mit 80 % Sauvignon Blanc sowie 20 % Sémillon. Der Zweitwein ist La Réserve de Malartic; zudem wird ein Rosé de Malartic erzeugt. ★**Aufsteiger**

Keine Besuchereinrichtungen
www.malartic-lagraviere.com

Château La Mission Haut-Brion

Grand Cru Classé de Graves

Die schmiedeeisernen Tore von La Mission – das zunehmend als das andere große Pessac-Léognan-Gut betrachtet werden muss – grüßen zu Château Haut-Brion auf der anderen Straßenseite hinüber. Das Team von Haut-Brion unter Leitung von Jean-Philippe Delmas entlockt den 21 ha (43 % Merlot, 51 % Cabernet Sauvignon, 6 % Cabernet Franc) Eleganz und Reichhaltigkeit. Am Gaumen werden dunkle Früchte von Tabakblättern und einer zarten Rauchnote durchdrungen bei sehr präsenten Tanninen. Château und Kellerei erfuhren unlängst eine sorgfältige Renovierung, und 2007 wurde der von Guy Tropprés entworfene neue Fasskeller eingeweiht. Der gefeierte Weißwein, Château La Haut-Brion Blanc (Grand Cru Classé de Graves; früher Laville Haut-Brion), ist ein reichhaltiger, strukturierter Verschnitt von 80 % Sémillon und 20 % Sauvignon Blanc; für den Zweitwein La Clarté de Haut-Brion werden seit 2006 ebenfalls Trauben des früher eigenständigen La Tour Haut-Brion verwendet.

33608 Pessac; www.haut-brion.com

CHÂTEAU LA MISSION HAUT-BRION
KOMMT DEM PREMIER CRU HAUT-BRION GEOGRAFISCH UND QUALITATIV AM NÄCHSTEN

CHÂTEAU MALARTIC-LAGRAVIÈRE
LIEBE ZUM DETAIL UND SPITZENTECHNOLOGIE ERGEBEN SPANNENDE WEINE

Château Montalivet

Château Montalivet, im Besitz von Denis Dubourdieu, ist der Zweitwein von Clos Floridène (siehe S. 179), war ursprünglich aber ein eigenständiges Gut. Der Rote von Cabernet Sauvignon und Merlot zu gleichen Teilen wird bei niedriger Temperatur vergoren und sowohl in Edelstahl als auch im Fass gereift, um die frischen Blaubeer- und Kräuteraromen zu erhalten. Der Weiße von 50 % Sémillon und 50 % Sauvignon Blanc wird im Fass vergoren, der Hefesatz regelmäßig aufgerührt. Das Ergebnis ist ein toastwürziger, schön abgerundeter Wein mit sanfter Zitrusfrucht.

Keine Besuchereinrichtungen; www.denisdubourdieu.fr

Château Olivier Grand Cru Classé de Graves

Jean-Jacques de Bethmann, ein Nachkomme der deutschen Bankiersfamilie Bethmann, ist der Besitzer des für Rot- und Weißwein klassifizierten Château Olivier, das von Laurent Lebrun geleitet wird; Berater ist Denis Dubourdieu. Weißweinreben wachsen auf 8 ha, rote auf 40 ha. Seit Kurzem gibt es ein neues Fasshaus mit kleinen Edelstahltanks. Ein 2003 von Xavier Choné erstelltes Bodengutachten führte zur Entdeckung einer hervorragenden Parzelle mit dichter Kiesauflage, die daraufhin mit Cabernet Sauvignon bestockt wurde. Die reichen, komplexen Aromen des Weißweins (75 % Sauvignon Blanc, 23 % Sémillon, 2 % Muscadelle) verdanken sich auch dem Aufrühren des Hefesatzes; die Trauben werden von Hand gelesen und in (zu 30 % neuen) Eichenfässern vergoren. Der Rote ist ein elegantes Gewächs mit viel weicher roter Frucht, der zwölf Monate in (zu 35 % neuer) Eiche verbringt.

175, avenue de Bordeaux, 33850 Léognan
www.chateau-olivier.com

Château Pape Clément

Grand Cru Classé de Graves

Bernard Magrez, eine modern eingestellte, kompromisslose Persönlichkeit, besitzt diverse Weingüter in Bordeaux sowie der übrigen Welt. Château Pape Clément, dessen erster aktenkundiger Jahrgang 1252 war, ist sein prestigeträchtigstes. Berater auf allen Magrez-Gütern ist Michel Rolland, dessen akribische Detailbesessenheit raffinierte Weine mit dramatischer Attitüde hervorbringt. Die Trauben werden von Hand entrappt und im Ganzen in kleinen Eichenfässern vergoren. Der Verschnitt (50 % Cabernet Sauvignon, 45 % Merlot, 3 % Petit Verdot, 2 % Cabernet Franc) macht Eindruck mit seinen kraftvollen

CHÂTEAU RESPIDE-MÉDEVILLE
DER WEIN ZEIGT HÜBSCHE ROTE-JOHANNISBEER-AROMEN UND MILDE TANNINE

CHÂTEAU SMITH HAUT LAFITTE
DAS GUT ERFUHR IM SPÄTEN 20. JAHRHUNDERT EINE RENAISSANCE

Tanninen und dem Herzstück aus schwarzer Frucht; im Lauf der Jahre enthüllt er die typische Eleganz seiner Appellation. Der Weißwein (40 % Sauvignon Blanc, 35 % Sémillon, 16 % Sauvignon Gris, 9 % Muscadelle) durchläuft eine Ganztraubenpressung und Vergärung in kleinen Fässern (mit Hefesatzaufrühren). Der (rote) Zweitwein heißt Le Clémentin du Pape Clément.

216, avenue du Docteur Nancel Pénard, 33600 Pessac
www.pape-clement.com

Château Picque-Caillou

Gerade mal 1 ha des 22-ha-Guts im Besitz von Isabelle und Paulin Calvet ist mit Weißweinreben bestockt, die einen sanften, zitrusfruchtigen Wein mit ansprechender Frische erbringen. Der Rote von je 50 % Cabernet Sauvignon und Merlot wird im Tank vergoren und zwölf Monate in (zu 30 % neuen) Fässern gereift – auch seine Aromatik ist eher zurückhaltend. Im Keller wird präziser gearbeitet, seit Denis Dubourdieu und sein Schützling Valerie Lavigne 2007 als Berater verpflichtet wurden.

Avenue Pierre Mendès France, 33700 Mérignac
Tel. 05 57 47 37 98

Château Rahoul

Alain Thiénot, Gründer von Champagne Thiénot und seit 1986 Eigentümer von Château Rahoul, sorgte für Aufsehen in Bordeaux, als er 2007 den Mehrheitsanteil am Weinhandelshaus CVBG Dourthe Kressman erwarb. Dies eröffnete ihm nicht nur den Zugriff auf das Know-how und Kapital von Dourthe, sondern auch auf erweiterte Vertriebskanäle. Die 42 ha des Guts werden mit nachhaltigen Methoden bewirtschaftet. Der Weißwein (bis zu 78 % Sémillon) zeigt reichhaltige Steinobstaromen, der Rote (70 % Merlot, 27 % Cabernet Sauvignon plus Petit Verdot und Cabernet Franc) durchläuft eine Kaltmaischung und reift in großen Fässern, was ihm einen unaufdringlich rauchigen Abgang verleiht. L'Orangerie de Rahoul und Château La Garance sind die Zweitweine.

Keine Besuchereinrichtungen; www.chateau-rahoul.com

Château de Respide

Das Gut im Besitz der Familie Bonnet ist eines der ältesten in Graves und erzeugt qualitätsvollen Rotwein von 33 ha (65 % Merlot, 35 % Cabernet Sauvignon). Weniger bekannt ist der Weißwein (60 % Sauvignon Blanc, 40 % Sémillon) von 17 ha, bei dem strukturierte Steinobstaromen im Vordergrund stehen.

33210 Roaillan; www.chateau-de-respide.com

Château Respide-Médeville

Xavier und Julie Gonet spielen mit ihren Besitzungen in Sauternes, Graves und Margaux (sowie der Champagne) eine immer wichtigere Rolle in Bordeaux. Château Respide-Médeville liegt auf einem Kieshügel unmittelbar nördlich von Langon. 11 ha sind mit Cabernet Sauvignon (60 %) und Merlot (40 %) bestockt. Auf 3 ha wachsen Sauvignon Blanc und Sémillon zu etwa gleichen Teilen sowie ein wenig Muscadelle fürs duftige Bukett. Der Weiße wird in zu 100 % neuer Eiche vergoren und gereift (mit Aufrühren des Hefesatzes). Er ist ein klassischer Essensbegleiter aus Pessac-Léognan zu einem freundlichen Preis. Dame de Respide ist der Zweitwein.

4, rue du Port, 33210 Preignac; www.gonet-medeville.com

Château de Rochemorin

Die umwerfend moderne Kellerei von Château de Rochemorin sieht aus wie eine argentinische Bodega und ist innen kaum weniger beeindruckend. Die stolze 105 ha große Rebfläche ist auf 18 ha mit Sauvignon Blanc bestockt (beim Ausbau des Weins wird der Hefesatz aufgerührt, um für Reichhaltigkeit und Struktur zu sorgen), der Rest mit 60 % Cabernet Sauvignon und 40 % Merlot. Das auf einem Hügel gelegene Gut gehört seit 1973 André Lurton, Berater ist der einflussreiche Denis Dubourdieu. Der unfiltriert abgefüllte Rotwein strotzt vor rauchiger roter Frucht und gut eingebundenen Tanninen.

Chemin du Carosse, 33650 Martillac, www.andrelurton.com

Château Le Sartre

Das Nachbargut von Bois-Martin (siehe S. 174) ist ebenfalls im Besitz von Marie-José Perrin und zählt mit 36 ha zu den größeren Gütern der AC. Die Rotweintrauben (Cabernet Sauvignon und Franc sowie Merlot zu gleichen Teilen) werden von Hand gelesen und zur Erhaltung der Frucht bei niedriger Temperatur vergoren. Die modernen, lebhaften Weißen (Sauvignon Blanc/Sémillon) werden in Edelstahl und Eiche ausgebaut.

Keine Besuchereinrichtungen; www.lesartre.com

Château Seguin

Die 31 ha von Château Seguin wurden 1988 komplett neu bestockt. Eines der wichtigsten Merkmale des im Besitz von Jean Darriet und des Bauunternehmens Foncière Loticis befindlichen Guts ist die schonende Bewirtschaftung bei sehr geringen Erträgen und sehr später Lese. Die sorgfältige, auf maximale Wirkung ausgelegte Verarbeitung der Trauben (60 % Cabernet Sauvignon, 40 % Merlot) erbringt einen selbstbewussten Wein mit mächtigen, cremigen Schwarze-Johannisbeer-Aromen und feinen Kräuternoten. ★**Aufsteiger**

33360 Lignan-de-Bordeaux; www.chateauseguin.com

Château du Seuil

Das 25-ha-Gut erzeugt einen preisgekrönten Weißwein von 60 % Sémillon und 40 % Sauvignon Blanc, dem die walisisch-neuseeländischen Eigentümer Nicola und Sean Allison Glanz und Mineralität verleihen. Der Rote ist ein eleganter, strukturierter Verschnitt von Merlot und Cabernet Sauvignon mit 5 % Cabernet Franc. Seit 2009 wird ein Großteil der Rebfläche auf ökologische Bewirtschaftung umgestellt. Die Allisons besitzen auch 10 ha in der AC Premières Côtes de Bordeaux – der Wein heißt Domaine du Seuil – und erzeugen von einigen Parzellen in der AC Cérons Süßwein. Die Spezialabfüllung Héritage du Seuil wird zur Gänze in (zu 50 % neuen) Eichenfässern vinifiziert und nur in Spitzenjahrgängen produziert.

1, au Seuil, 33720 Cerons; www.chateauduseuil.com

Château Smith Haut Lafitte

Grand Cru Classé de Graves

Die Cathiards erwarben Château Smith Haut Lafitte 1990 und gehörten zum ersten Schwung dynamischer Eigentümer, die Pessac-Léognan ummodelten. Die ökologische Bewirtschaftung der 67 ha Rebfläche, umfangreiche Neubestockungen, ein hauseigener Küfer und eine moderne Kellerei trugen zur Renaissanc des Guts bei. Der (nicht klassifizierte) überschwängliche Weiße (90 % Sauvignon Blanc, 5 % Sauvignon Gris, 5 % Sémillon) besticht mit frischen Aprikosen- sowie toastwürzigen Eichennoten und gibt sich modern. Der Rotwein von 55 % Cabernet Sauvignon, 34 % Merlot, 10 % Cabernet Franc und 1 % Petit Verdot ist eher klassisch: feste Frucht, reife Tannine und ein Hauch kostbarer Gewürze.

33650 Martillac; www.smith-haut-lafitte.com

Château Villa Bel-Air

Das 50-ha-Gut mit einer Villa im italienischen Stil ist seit 1988 im Besitz der Familie Cazes von Lynch-Bages in Pauillac (siehe S. 158). Die Neugliederung der Weinberge und die Verbesserung technischer Einrichtungen haben sich in den letzten Jahren in Gestalt von Weinen mit jener Finesse, Komplexität und subtilen Ausgewogenheit ausgezahlt, für die die Appellation berühmt ist. Die Böden mit Kiesauflage über Lehm und Kalk bieten perfekte Bedingungen für Cabernet Sauvignon (40 % im roten Verschnitt). Ebenso wie Merlot (50 %) und Cabernet Franc (10 %) wird er in Edelstahl vergoren und zwölf Monate in Eiche gereift; am Ende zeigt der Wein herrlich nuancierte rote Früchte mit leichten Rauchnoten. Der Weiße (65 % Sauvignon Blanc, 35 % Sémillon) verbindet Frische und Delikatesse mit saftiger Zitrusfrucht.

Keine Besuchereinrichtungen; www.villabelair.com

Clos Floridène

Clos Floridène, im Besitz von Denis Dubourdieu, erzeugt *den* Bordeaux-Weißwein schlechthin. Der Name des 1982 gegründeten Guts ist eine Verbindung der Namen von Denis und seiner Frau Florence. Die 31 ha Reben stehen auf einem Kalksteinplateau. Der Weißwein (55 % Sauvignon Blanc, 44 % Sémillion, 1 % Muscadelle) ist reich an knackig-köstlichen Früchten. Der fest strukturierte Rote von 64 % Cabernet Sauvignon und 36 % Merlot setzt auf elegante, üppig duftende rote Früchte. Die Böden sind reich an Eisenoxid (wie in Pomerol), gemischt mit rotem Lehm, was dem Wein intensive Aromen verleiht.

33210 Pujols-sur-Cirons; www.denisdubourdieu.fr

Clos Les Remparts

Clos Les Remparts ist das kleine Graves-Gut des Sauternes-Erzeugers Clos Dady (siehe S. 185). Die Eigentümer Catherine und Christophe Gachet bereiten einen sehr preiswerten, aber reichhaltigen, saftigen Roten von 4 ha (90 % Merlot, 10 % Cabernet Sauvignon) mit konzentrierten, prägnanten Aromen schwarzer Früchte. Die Vergärung erfolgt parzellenweise in kleinen Behältern; der Wein wird nicht geschönt und kaum filtriert. Den Weißwein liefern 0,5 ha alte Sémillon-Reben (90 %) und Sauvignon Blanc (10 %); er wird in neuen Fässern vergoren und vier Monate auf der Hefe ausgebaut.

33210 Preignac; Tel. 05 56 62 20 01

Domaine de Chevalier

Grand Cru Classé de Graves

Mit ihren Weißweinen hat die Domaine de Chevalier ebenso viel Erfolg wie mit den Roten und ist zu Recht für beide klassifiziert. Der charmante Olivier Bernard ist für das knapp 43-ha-Gut verantwortlich. Sein Roter von 60 % Cabernet Sauvignon und 30 % Merlot mit einem Schuss Petit Verdot und Cabernet Franc duftet nach Zedernholz, besitzt feste Frucht und Tannine sowie einen Anflug von Mokka. Der Weiße (70 % Sauvignon Blanc, 30 % Sémillon) kann und soll altern und gewinnt dabei immer mehr würzige Noten. Berater ist Stéphane Derenoncourt, der um der optimalen Reife willen pro Parzelle und Durchgang immer nur 20 bis 30 % lesen lässt. L'Esprit de Chevalier ist das Zweitetikett der Domaine.

102, chemin Mignoy, 33850 Léognan
www.domainedechevalier.com

Domaine de la Passion Haut-Brion

Ihre Reben wurden 30 Jahre lang von Château Haut-Brion genutzt, doch seit 2007 ist die Domaine wieder ein eigenständiges, wenn auch winziges Gut (1,5 ha). Sie gehört dem hochbetagten Michel Allery, wird aber von einem Team unter Leitung des Beraters Stéphane Derenoncourt geführt. Die ökologisch bewirtschafteten Rebflächen sind mit 60 % Cabernet Franc und 40 % Cabernet Sauvignon bestockt, der Most wird in offenen Behältern vergoren. Die ersten beiden Jahrgänge waren vom Mehltaubefall der Reben beeinträchtigt, 2009 jedoch entfaltete sich das ganze Potenzial des dank Cabernet Franc eleganten, mild-würzigen Weins. Ende 2010 wurde die neue Kellerei eingeweiht.

29, rue Edouard Vaillant, 33608 Pessac
www.vigneronsconsultants.com

Domaine de la Solitude

Das 30-ha-Gut im Besitz von Olivier Bernard erzeugt Rot- und Weißweine, drei Viertel der Rebfläche sind jedoch mit roten Sorten bestockt: 50 % Cabernet Sauvignon, 35 % Merlot und 15 % Cabernet Franc. Der Wein strotzt vor reichhaltigen roten Früchten, die sich zu milden Pilz- und Lederaromen mit hübschen Rauchnoten entfalten. Der aromatische Weiße besitzt einen Anteil von rund 70 % Sauvignon Blanc; der charmante Zweitwein Le Prieuré de la Solitude stammt von jungen Reben.

10, route de la Solitude, 33650 Martillac
www.domainedelasolitude.com

La Sérénité

Das 2-ha-Gut im Besitz von Bernard Magrez von Pape Clément (siehe S. 177) ist Teil des 6 ha umfassenden Château Poumey. Der seit 2001 erzeugte Wein enthält etwas mehr als 50 % Merlot, der Rest ist Cabernet Sauvignon. Er wird mit derselben Detailbesessenheit bereitet wie alle Magrez-Weine – Schwerkraft statt Pumpen, Ganztraubenvergärung, Kaltmaischung, manuelles Untertauchen des Huts und 18-monatiger Ausbau in neuer Eiche. Ergebnis: ein üppiger Wein mit anregend reichhaltiger Frucht, dazu kommen Lakritze und Bitterschokolade.

Rue du Professeur Bernard, 33190 Gradignan
Tel. 05 57 26 38 38

Vieux Château Gaubert

Das nicht klassifizierte Vieux Château Gaubert von Dominique Haverlan zählt zu den besten Erzeugern in Graves, und zwar für beide Farben. 20 ha sind mit roten, 6 ha mit weißen Sorten bestockt. Der Weißwein durchläuft zum Teil eine Hülsenmaischung, der Ausbau erfolgt in zu 60 % neuer Eiche; der Rote wird nach der Kaltmaischung in zu 40 % neuer Eiche und anschließend bis zu zwei Jahre in der Flasche gereift. Die reichhaltigere, tanninherbere Spezialabfüllung von 2 ha alten, ertragsarmen Reben heißt Gravéum de Gaubert und muss dekantiert werden.

33640 Portets; Tel. 05 56 67 52 76

DENIS DUBOURDIEU

Der Wissenschaftler, Weingutbesitzer, Weinmacher und Agrarwissenschaftler ist seit 1987 Professor für Önologie an der Universität Bordeaux. Im Zentrum seiner Forschungen steht die Frage, wie sich die sortentypischen Aromen im Weißwein gewinnen lassen – sowohl im Weinberg als auch im Keller. »Über weißen Bordeaux wird zwar kaum geredet«, sagt er, »aber echte wissenschaftliche Fortschritte wurden in den letzten 20 Jahren eher bei den Weißen als bei Roten erzielt.« Dubourdieu gehören diverse Güter in der Region, darunter Doisy Daëne in Sauternes und Clos Floridène in Graves. Als gefragter Berater ist er zudem u. a. für die Châteaux d'Yquem, Cheval Blanc und Haut-Bailly tätig. »Einen guten Weißwein zu bereiten ist anspruchsvoller als einen guten Roten. Nicht wegen der Erträge und noch nicht mal wegen des Terroirs, sondern weil es keinen Spielraum für Fehler gibt.«

SAUTERNES

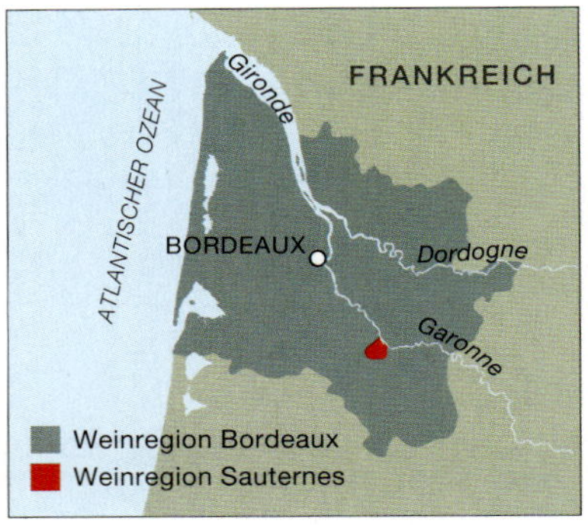

Fragen Sie Ihre Bank doch einmal nach einem Kredit, mit dessen Hilfe Sie Süßwein erzeugen wollen. Sie müssten dazu erklären, dass Sie mit Reben arbeiten, die nur ein Sechstel der bei Rot- und Weißwein üblichen Ertragsmenge liefern, dass Sie ferner damit rechnen, mindestens zweimal pro Jahrzehnt vollkommen zu scheitern und dass selbst in den besten Jahren die Marktbedingungen für den fertigen Wein sehr unübersichtlich sind. Sauternes zu produzieren ist etwas für Überzeugungstäter. Das Anbaugebiet mit 2100 Hektar Rebfläche in den Gemeinden Barsac, Bommes, Fargues, Preignac und Sauternes liegt 40 Kilometer südlich von Bordeaux. Die 250 Erzeuger stehen für fast 50 Prozent der Bordelaiser Süßweine, 26 Châteaux wurden 1855 klassifiziert.

Hauptrebsorten

Weiß

Muscadelle
Sauvignon Blanc
Sémillon

Jahrgänge

2010
Herbstnebel nach einem warmen und trockenen Sommer begünstigten die Edelfäule. Üppige, saftige Weine mit gutem Säurerückgrat.

2009
Exzellentes Jahr: reichhaltige, kraftvolle, üppige Weißweine.

2008
Sonne bei der Ernte begünstigte die Edelfäule, half den schwachen Erträgen aber nicht auf.

2007
Schwierig für Rote, gut für trockene Weiße und hervorragend für komplexen Sauternes.

2006
Klassisches Jahr mit gutem Start, aber Regen zur Ernte. Mit sorgfältiger Traubenauslese gelangen den besten Erzeugern gute Weine.

2005
Ideal für volle, langlebige Weine.

2004
Klassisches Jahr; guter Ertrag, aber keine überragende Weine.

2003
Extreme Hitze mit etwas Regen Anfang September brachte gleichmäßige Edelfäule. Volle Weine, denen es an Säure fehlt.

Der Kultwein Sauternes entsteht durch einen natürlich vorkommenden Schimmelpilz namens *Botrytis cinerea*, auch als Edelfäule bekannt. In Sauternes findet er beste Bedingungen vor, denn hier, am Zusammenfluss der Garonne mit ihrem kälteren Nebenfluss Ciron, sorgen die Temperaturdifferenz der beiden Gewässer sowie die Topografie der sanft geschwungenen Hügel und Täler im Herbst für ein Mikroklima, in dem sich am Morgen Nebel bildet, der dann von strahlendem Sonnenschein aufgelöst wird. Die *Botrytis*-Sporen lieben dieses Wetter. Der Pilz breitet sich auf den Traubenschalen aus und entzieht den Beeren Wasser, was die Früchte schrumpfen lässt. Sind sie vom Sporenteppich erst einmal gänzlich überzogen, ist in den Beeren nur noch sirupartiger Zucker übrig. Aus dieser hochkonzentrierten Flüssigkeit werden die Weine bereitet. Sie bestehen fast immer hauptsächlich aus Sémillon, dazu kommen unterschiedliche Anteile von Sauvignon Blanc und Muscadelle. Heute sind knapp 25 Prozent der Rebflächen der AC Sauternes mit Sauvignon Blanc bestockt, früher jedoch war der Prozentsatz wesentlich höher. Bis ins 17. Jahrhundert wurden fast alle hiesigen Weine trocken ausgebaut.

Wirft man einen genaueren Blick auf die Zahlen, begreift man die Schwierigkeit, in Sauternes gutes Geld zu verdienen. Die klassifizierten Lagen machen 45 Prozent der gesamten unter Ertrag stehenden Rebfläche aus, sie erwirtschaften 70 Prozent des Gesamteinkommens, haben dabei aber gerade mal einen Anteil von 30 Prozent an der Produktion. Die übrigen gut 200 Güter sind klein und kämpfen oft ums Überleben. Sämtliche Weinbergarbeiten müssen von Hand ausgeführt werden, wobei die Lese bis zu zwei Monate in Anspruch nehmen kann, denn die Beeren werden erst dann vom Stock geschnitten, wenn sie vollständig von Edelfäule befallen sind. Das erfordert für jede einzelne Parzelle zahllose Lesedurchgänge.

Gleichwohl kann man nur hoffen, dass die Erzeugung von Sauternes noch lange so weitergeht, denn nicht nur seine Entstehung hat etwas Magisches an sich, sondern auch sein Geschmack, der von dem eindringlichen Gegensatz zwischen süßem Sirup und schneidender Säure bestimmt ist. Mit seinen kraftvollen, komplexen und oft unvergesslichen Düften stellt auch das Bukett eines Sauternes andere Weine in den Schatten. Hinzu kommt sein außergewöhnliches Alterungspotenzial – von den besten Bordeaux-Süßweinen weiß man, dass sie 20, 50, ja sogar 100 Jahre in der Flasche überdauert haben.

Niemand vermag mit Sicherheit zu sagen, wann die Edelfäule entdeckt wurde, doch die ersten Quellen datieren auf die Mitte des 17. Jahrhunderts. Andere schreiben dieses Ereignis dem Marquis de Lur-Saluces (ein denkwürdiger Name in der Region) zu: Um 1800 verspätete er sich bei der Heimkehr von einer Jagdreise, hatte zuvor jedoch die Anweisung erteilt, die Lese in den Weinbergen von Château d'Yquem dürfe nicht vor seiner Rückkunft beginnen – als der Marquis dann schließlich eintraf, hatte Edelfäule die Trauben befallen.

Alle Bordeaux-Süßweine entstehen durch von Edelfäule befallenen Trauben (einige werden aber auch mit normalem Lesegut verschnitten und als *moelleux*, halbtrocken, etikettiert). Neben den Appellationen Sauternes und Barsac dürfen auch die Appellationen Bordeaux Supérieur, Côtes de Bordeaux St-Macaire, Graves Supérieures, Premières Côtes de Bordeaux, Ste-Foy Bordeaux, Cadillac, Cérons, Loupiac und Ste-Croix-du-Mont Süßwein erzeugen.

Château d'Arche Deuxième Cru

Das hübsche Gut liegt nur wenige Gehminuten von der Dorfkirche von Sauternes entfernt. Es besitzt 27 ha, die nachhaltig bewirtschaftet werden und mit 90 % Sémillon und 10 % Sauvignon Blanc für den Château d'Arche bestockt sind, sowie 3 ha für die kraftvolle Cuvée Arche Lafaurie und 10 ha für den Zweitwein Prieuré d'Arche. Der Hauptwein wird in (zu 30 % neuen) Eichenfässern ausgebaut; er zeigt üppige Karamellnoten und Andeutungen von Zitrusfrucht im Abgang. Moderner ist der Zweitwein von jungen Reben (70 % Sémillon, 30 % Sauvignon Blanc). Der rote und weiße A d'Arche sind trocken ausgebaute Weine.

33210 Sauternes; www.chateaudarche-sauternes.com

Château Broustet Deuxième Cru

Didier Laulan erwarb Château Broustet (15 ha), das an sein 20-ha-Gut St-Marc angrenzt, im Jahr 1994. Seit 2008 hat sein Neffe Guillaume Fourcade Veränderungen eingeläutet. 70 % Sémillon, 25 % Sauvignon Blanc und 5 % Muscadelle, alle in Edelstahl vergoren, verleihen dem fertigen Wein ein reizvoll blumiges Bukett und eine gewisse Leichtigkeit, die sehr verführerisch ist. Les Charmes de Broustet ist der Zweitwein. Vom Le Blanc Sec du Château Broustet (50 % Sémillon, 50 % Sauvignon Blanc, vergoren in 100 % neuer Eiche mit Hefesatzaufrühren) werden inzwischen stolze 20 000 Flaschen erzeugt. Eine weitere Neuerung ist der Sweet Broustet, der ohne Jahrgangsangabe in 10-cl-Phiolen auf den Markt kommt. Zugegebenermaßen ein Gag (ein Stamperl Sauternes gefällig?), aber die Appellation braucht neue Ideen.

33720 Barsac
www.chateau-broustet.com

Château La Bertrande

Château La Bertrande im Besitz der Familie Gillet erzeugt einen Cadillac- und einen Loupiac-Süßwein – zwei relativ unbekannte Appellationen am rechten Garonne-Ufer, ungefähr gegenüber den Gemeinden Sauternes und Barsac, mit vergleichbaren, dem *Botrytis*-Befall förderlichen Bedingungen (Nähe zum Wasser, Tag-Nacht-Temperaturunterschied, Hangneigung und Nebel). Cuvée Summum (AC Cadillac), ein sortenreiner Sémillon, ist sehr konzentriert. Die Lese erfolgt von Hand, erzeugt werden jährlich 1000 bis 6000 Flaschen. Die 26 ha umfassende Rebfläche liegt auf vorwiegend nach Südwesten ausgerichteten Hängen. Der AOC Loupiac liefert (obwohl ebenfalls 100 % Sémillon) die leichtere, frischere Version und wird nicht im Fass, sondern in Edelstahl gereift. Ein guter Süßwein für Einsteiger: süß, aber nicht pappig.

33140 Omet; www.chateau-la-bertrande.com

Château Cantegril

Cantegril in Haut-Bommes, einst Teil von Château de Myrat (siehe S. 183), wurde 1924 von Denis Dubourdieus Urgroßmutter erworben und ist noch immer in Familienbesitz. Die 22 ha Rebfläche sind mit 64 % Sémillon, 34 % Sauvignon Blanc und 2 % Muscadelle bestockt. Der Wein zählt zu den leichteren und delikateren der AC Barsac – eine süffige, charmante Alternative zu den schweren Dessertweinen. Das Gut erzeugt auch einen roten AC Graves names Château Cantegril, ein Verschnitt von 60 % Cabernet Sauvignon und 40 % Merlot.

Keine Besuchereinrichtungen; www.denisdubourdieu.fr

CHÂTEAU CANTEGRIL
EIN ZARTERER, LEICHTERER SAUTERNES-STIL, KREIERT VOM OMNIPRÄSENTEN DENIS DUBOURDIEU

CHÂTEAU CLIMENS
SORGFÄLTIGE TRAUBENAUSLESE BRINGT DIESEN KLASSISCHEN BARSAC HERVOR

Château de Cérons

Jean Perromats Ehefrau Caroline ist bei Château Haut-Bailly in Graves (siehe S. 176) tätig, wobei das Paar auf seinem eigenen hübschen Familiengut mit der gleichen Aufmerksamkeit fürs Detail und Sorgfalt bei der Weinbereitung zu Werke geht. Jean hat kürzlich 12 ha Reben von seinen Eltern übernommen und renoviert nach und nach Kellerei und Château. Die Weine der AC Cérons sind etwas leichter als jene von Sauternes; dieser hier besitzt all die Orangen-, Zitronen-, Gewürznelken- und Honigaromen der berühmteren Nachbar-AC, aber etwas mehr Lebhaftigkeit und zitronige Frische im Abgang.

33720 Cérons
www.chateaudecerons.com

Château Climens Premier Cru

Das bezaubernde Château Climens in Barsac im Besitz von Bérénice Lurton umfasst 30 ha Rebfläche, die mit 100 % Sémillon bestockt sind. In problematischen Jahren erzeugt Climens, ebenso wie Château d'Yquem, überhaupt keinen Wein (so geschehen beispielsweise 1984, 1987, 1992 und 1993). Stimmen die Bedingungen, bringt das Gut einen saftigen, honigartigen Wein mit reichhaltiger, aromatischer Struktur hervor. Der Zweitwein Cyprès de Climens ist leichter und frischer, besitzt aber dennoch die üppige Süße eines Barsac mit ausgeprägten Honignoten und herrlicher Ausgewogenheit – ein überaus erfreulicher Dessertwein.

33720 Barsac; www.chateau-climens.fr

Château Clos Haut-Peyraguey
Premier Cru

Das Gut besitzt insgesamt 17 ha Rebland, wovon 12 ha in Haut-Peyraguey und der Rest in Haut-Bommes liegen. Martine Langlais-Pauly führt das Gut mit Warmherzigkeit und Akkuratesse, wobei sich ihr Qualitätsbewusstsein unter anderem auch auf die Verwendung von Biodünger und bis zu sieben Lesedurchgänge erstreckt. Die Vergärung findet bei niedriger Temperatur in (zu 50 % neuen, zu 50 % ein Jahr alten) Eichenfässern unter ausschließlicher Verwendung von Wildhefen (und Zusatz von Vitamin B1) statt. Diesen zuverlässigen Erzeuger, dessen Weine vor tiefer süßer Frucht strotzen, sollte man sich merken.

1, Haut-Peyraguey, 33210 Bommes
www.closhautpeyraguey.com

Château Closiot

Françoise Sirot-Soizeau leitet Château Closiot, das Gut ihrer Familie in Barsac, seit 1988; unterstützt wird sie von ihrem Ehemann, dem belgischen Weinpublizisten Bernard Sirot. Der subtil nuancierte Wein stammt von nachhaltig bewirtschafteten Weinbergen und wird gänzlich in (jährlich zu 25 % neuen) Fässern gereift. Der in kleiner Auflage erzeugte Passion de Closiot (100 % Sémillon) verbringt 36 Monate in neuer Eiche. Seit 2003 wird der leichtere Les Premières Brumes de Closiot (der poetische Name bezieht sich auf die ersten Nebel, die für Edelfäule sorgen) von 90 % Sémillon plus Sauvignon Gris und Muscadelle erzeugt. Es ist das gleiche Verschnittrezept wie für den Hauptwein, allerdings stammen die Trauben von jüngeren Reben und der Wein wird nicht so lange gereift. Es gibt auch einen trockenen Weißen namens Fruit de Closiot.

33720 Barsac; www.closiot.com

CHÂTEAU GILETTE
EIN GESUCHTER WEIN VON EINEM KLEINEN WEINBERG MIT NIEDRIGEN ERTRÄGEN

CHÂTEAU DOISY DAËNE
AUF SEINEM EIGENEN GUT ERZEUGT DENIS DUBOURDIEU EINEN KNACKIGEN SAUTERNES

Château La Clotte-Cazalis

Seit 2001 wird das 5,5-ha-Gut von Bernadette Lacoste und ihrer Tochter, der Önologin Marie-Pierre, als Erzeugerbetrieb geführt. Bis dahin war das gesamte Rebland, das seit Jahrhunderten im Besitz der Familie ist, verpachtet. Die ältesten Reben sind rund 65 Jahre alt, und derzeit wird eine sorgfältige Massenselektion vorgenommen (die gesündesten Pflanzen dienen als Spender von Edelreisern), um dem Weinberg wieder die durchweg hohe einstige Qualität zu verleihen. Die Weine (95 % Sémillon sowie 5 % Sauvignon Blanc und Gris) sind komplex und gut bereitet. Sie werden sowohl in Edelstahl als auch in Eiche vergoren und verbinden cremige Frucht mit einem feinen, lebhaften Schuss Limette und roter Grapefruit. Der Château La Clotte Bassure ist ein AC Bordeaux von 4 ha mit 50 % Merlot und 50 % Cabernet Sauvignon.

33720 Barsac; www.laclotte-cazalis.com

Château Coutet Premier Cru

Das Gut gehört Philippe und Dominique Baly, und die Tatsache, dass die Baron Philippe de Rothschild S.A. seit 1994 das exklusive Vertriebsrecht ihrer Weine besitzt (und an der technischen Leitung beteiligt ist), hat Château Coutet gewissermaßen den Ritterschlag verliehen. Die 38,5 ha Rebfläche sind mit 75 % Sémillon, 23 % Sauvignon Blanc und 2 % Muscadelle bestockt, der daraus erzeugte Wein verbringt 18 Monate in 100 % neuer Eiche. Das Bukett verströmt delikate Akazien- und Geißblattnoten, während die Wucht der reichhaltigen, süßen Frucht für den Gaumen reserviert ist, gefolgt von einem köstlich trockenen Abgang. Der Zweitwein heißt Chartreuse de Coutet; zudem gibt es den Vin Sec de Château Coutet (80 % Sauvignon Blanc, 20 % Sémillon). Die in winzigen Mengen erzeugte Cuvée Madame wird nur in Jahrgängen von herausragender Qualität (der letzte war 1995) von den ältesten Weinbergparzellen des Guts bereitet und drei Jahre gereift.

33720 Barsac; www.chateaucoutet.com

Château du Cros

Das Gut produziert in der wenig bekannten Süßwein-Appellation Loupiac, deren Weine relativ preiswert und meist etwas leichter und weniger süß sind als die von Sauternes. Château du Cros zählt zu den besten des Bereichs; pro Jahr werden rund 30 000 Flaschen erzeugt. Er wird von 70 % Sémillon, 20 % Sauvignon Blanc und 10 % Muscadelle bereitet, verbringt 18 Monate in (zu einem Drittel neuen) Eichenfässern und prunkt mit intensiven Pfirsich- und Mangoaromen. Das im Besitz der Vignobles M. Boyer befindliche Gut erzeugt auch eine leichtere, frischere Version, Ségur du Cros.

94, route de St-Macaire, 33410 Loupiac
www.chateauducros.com

Château Doisy Daëne Deuxième Cru

Die umfangreichen Forschungen, die Professor Denis Dubourdieu mit seinen Söhnen Fabrice und Jean-Jacques zur Edelfäule durchgeführt hat, kommen Château Doisy Daëne zugute – das 16-ha-Gut ist seit 1924 im Besitz der Familie Dubourdieu. Der Wein von 87 % Sémillon und 13 % Sauvignon Blanc (in manchen Jahre plus Muscadelle) ist reichhaltig und süß, was aber durch kraftvolle Säure, frischen Duft und einen knackigen Abgang ausbalanciert wird. Er wird teilweise in Edelstahl und teilweise in Eiche vinifiziert. Das Château erzeugt auch den passend benannten L'Extravagant (von spät gelesenen edelfaulen Trauben) und einen trockenen weißen AC Bordeaux, Grand Vin Sec de Doisy Daëne (100 % Sauvignon Blanc).

Keine Besuchereinrichtungen; www.denisdubourdieu.fr

Château Doisy-Dubroca Deuxième Cru

Das am wenigsten bekannte der drei Doisy-Güter und mit 3,8 ha auch das kleinste ist seit den 1970er-Jahren im Besitz von Lucien Lurton; 2009 hat Tochter Bérénice (von Climens, siehe S. 181) ihren Bruder Louis als Gutsleiter abgelöst. Die ökologisch bewirtschaftete Rebfläche ist mit 100 % Sémillon bestockt. Ungewöhnlich für Bordeaux-Verhältnisse ist, dass der Wein erst nach (maximal) acht Jahren freigegeben wird und die Vergärung bei niedriger Temperatur erfolgt. 2001 dauerte dieser langsame Gärprozess ein ganzes Jahr. Château Doisy-Dubroca besitzt in manchen Jahren eine cremig aprikosenfruchtige Rundheit, in anderen fällt er enttäuschend aus. Doch vielleicht sorgt das neue Team für positive Veränderungen. Der Zweitwein heißt Les Demoiselles de Doisy.

Keine Besuchereinrichtungen; www.denisdubourdieu.fr

Château Doisy-Védrines Deuxième Cru

Château Doisy-Védrines wurde 2001 auf 31 ha erweitert und ist damit fast doppelt so groß wie das Nachbargut Doisy Daëne. Es ist seit 200 Jahren im Besitz der Familie Castéja, heute gehört es Olivier Castéja vom Weinhandelshaus Joanne. Dem angesehenen Wein, üblicherweise ein Verschnitt von 80 % Sémillon, 15 % Sauvignon Blanc und 5 % Muscadelle, lässt man alle erdenkliche Sorgfalt angedeihen. Nach der Vergärung in Edelstahl verbringt er 18 bis 20 Monate in (je nach Jahrgang) zu 80 bis 100 % neuer Eiche. Der Stil ist zumeist etwas reichhaltiger und struktierter als der von Daëne, mit fülliger Aprikosen- und Honigmelonenfrucht. La Petite Védrines ist der Zweitwein.

1, Védrines, 33720 Barsac; Tel. 05 56 68 59 70

Château de Fargues

Nachdem Graf de Lur-Saluces Château d'Yquem 1996 an den Luxusgüterkonzern LVMH verkauft hatte, wandte er sich seinem anderen Familiengut zu, einer spektakulären Burg auf einem Hügel mit fantastischer Aussicht. Obwohl der Name der Familie eng mit berühmten Süßweinen verknüpft ist, wurden hier erst in den 1930er-Jahren Weißweinreben gepflanzt; der erste Jahrgang war 1943. Heute wird der Ertrag der 15 ha Reben (80 % Sémillon, 20 % Sauvignon Blanc) sehr niedrig gehalten – durchschnittlich erbringt 1 ha weniger als 1000 Flaschen. Der Wein ist teuer, aber enorm beeindruckend, mit honigsüßer Reichhaltigkeit und Karamell, aber einem Kern aus stahliger Frische. In manchen Jahren gibt es auch einen trockenen weißen Guilhem de Fargues.

Avenue Lur Saluces, 33210 Fargues de Langon
www.chateau-de-fargues.com

Château Filhot Deuxième Cru

Der namengebende Filhot wurde während der Französischen Revolution enthauptet, heute ist das 62-ha-Gut im Besitz sehr entfernter (angeheirateter) Verwandter; Geschäftsführer ist Gabriel de Vaucelles. Der Rebsatz beträgt 60 % Sémillon, 36 % Sauvignon Blanc und 4 % Muscadelle. Der Wein zählt zu den leichteren und frischeren der AC Sauternes, wird in kleinen Edelstahltanks ausgebaut und verbringt dann 24 Monate in (zu 30 % neuen) Fässern. Es mangelte ihm bisweilen an Konzentration, doch jetzt werden die Erträge stark beschränkt.

1, Pineau Est, 33210 Sauternes; www.filhot.com

Château Gilette

Château Gilette erzeugt einen jener Weine, deren Name vielen ein Begriff ist, die aber kaum einer je gekostet hat. Das Ehepaar Julie und Xavier Gonet-Médeville setzt die in den 1930er-Jahren begonnene Tradition fort, die Weine frühestens zehn Jahre nach der Ernte freizugeben. Manchmal dauert es auch 15 oder gar 20 Jahre, bis der Wein für verkaufswürdig befunden wird. Der Verschnitt von 96 % Sémillon und 4 % Sauvignon Blanc, manchmal mit einem Schuss Muscadelle, stammt von ökologisch bewirtschaften 4,5 ha Reben. Der Wein wird (langsam, bei niedriger Temperatur) in Edelstahl vergoren und für den weiteren Ausbau in Betontanks umgefüllt. Heraus kommt ein verblüffend jugendliches Gewächs – anders als beim Fassausbau findet hier kaum Sauerstoffaustausch statt, es gibt zudem keine zusätzliche Toastwürze; stattdessen scheint sich der Fruchtcharakter intensiviert zu haben und zeigt strahlende Grapefruit und kandierte Limette. Les Justices ist ein Sauternes in traditionellerem Stil. Siehe auch Respide-Médeville, S.178.

33210 Preignac; www.gonet-medeville.com

Château Guiraud Premier Cru

Das hoch angesehene Château Guiraud, ein direkter Nachbar von d'Yquem, gehört der Familie Peugeot sowie Weinmacher Xavier Planty und Stephan von Neipperg von Canon-La-Gaffelière in St-Émilion (siehe S. 190). Mit Innovationen wie Pheromonfallen und Insektenhotels zur Entwicklung eines gesunden Ökosystems ist Guiraud führend in Sachen nachhaltiger Weinbau. Seit 2001 beherbergt das Gut zudem eine Rebschule für die hochwertige Vermehrung von Sémillon durch Massenselektion, um die genetische Vielfalt des Weinbergs zu erhalten. Der Wein selbst ist opulent, besitzt aber immer eine gewisse Leichtigkeit und einen herrlichen Duft, der von dem hohen Anteil an Sauvignon-Blanc-Trauben (35 % der 128 ha Rebfläche) herrührt. Diese Reben erbringen darüber hinaus den exzellenten trockenen weißen G de Guiraud.

33210 Sauternes; www.chateau-guiraud.fr

Château Lafaurie-Peyraguey

Premier Cru

Im Wein von Château Lafaurie-Peyraguey schmeckt man die cremige, reichhaltige Reife von Sémillon. Diese Rebsorte (90 % der 41 ha Rebfläche sind mit ihr bestockt) beherrscht den Wein, der jedoch durch 8 % Sauvignon Blanc und 2 % Muscadelle belebt wird. Der kürzlich restaurierte Keller sorgt für eine niedrige Vergärungstemperatur von 18 bis 24 °C in (zu 30 % neuen) Fässern, der Wein durchläuft anschließend eine bis zu 20-monatige Reifezeit. Das junge Team unter Leitung von Eric Larramona, Exgeschäftsführer von Pape Clément in Graves (siehe S. 177), strengt sich mächtig an. Kulturhefen werden nur noch in begrenztem Umfang eingesetzt, und hinzugepachtete 5 ha Rebland wurden wegen minderer Qualität aufgegeben. La Chapelle de Lafaurie-Peyraguey ist der Zweitwein.

Peyraguey, 33210 Bommes; www.lafaurie-peyraguey.com

Château Lamothe Guignard

Deuxième Cru

Das Gut im Besitz von Phillippe und Jacques Guignard, Nachbar und einst Teil von Château Lamothe, ist das erfolgreichere der beiden Güter, vor allem im vergangenen Jahrzehnt. Die Weine werden teils im Tank, teils im Fass vergoren, besitzen eine schöne Finesse und Eleganz mit gerösteten Kastanien im Bukett und reichhaltigen Steinfruchtaromen. 90 % der 18 ha sind mit Sémillon bestockt, der Rest mit Sauvignon Blanc und Muscadelle; die Reben sind im Schnitt 40 Jahre alt. Es wird auch roter und weißer Graves, Clos de Huz, erzeugt.

2, Lamothe Ouest, 33210 Sauternes
www.chateau-lamothe-guignard.fr

Château Liot

Für das wenig bekannte Château Liot spricht viel, nicht zuletzt seine charmanten Eigentümer Jean-Gérard und Elena David. Sie besitzen 20 ha Rebfläche in Barsac sowie weitere 20 ha in der AC Graves (der trockene Weißwein wird unter dem Etikett Château St-Jean-des-Graves abgefüllt). In Barsac wachsen die Reben auf roten Lehm- und Kalkböden; der Wein wird von 85 % Sémillon, aufgefrischt mit 10 % Sauvignon Blanc und 5 % Muscadelle, bereitet und in Tanks wie auch Fässern ausgebaut. Das Ergebnis ist ein sehr körperreiches, strukturiertes, dabei seidenweiches, unaufdringliches Gewächs. Der Zweitwein heißt Château du Levant.

33720 Barsac; www.chateauliot.com

Château de Malle Deuxième Cru

Das Preignac-Gut von Château de Malle wird von der Gräfin de Bournazel und ihren Söhnen geleitet. Die 50 ha Rebfläche liefern den Château de Malle sowie den roten Château de Cardaillan und den trockenen weißen M de Malle (beide AC Graves). Etwas mehr als die Hälfte der Gesamtfläche ist für Sauternes-Wein reserviert; die Reben (70 % Sémillon, 28 % Sauvignon Blanc, 2 % Muscadelle) sind 40 Jahre alt. Die Vergärung findet in Eichenfässern statt, die Reifezeit beträgt bis zu zwei Jahre. Gegenüber der Tatsache, dass das Château ein historisches Baudenkmal und mithin eine Touristenattraktion ist, treten die Weine manchmal ein wenig in den Hintergrund. In den besten Jahren gelingt der Familie jedoch ein üppiger Sauternes in traditionellem Stil.

33210 Preignac; www.chateau-de-malle.fr

Château de Myrat Deuxième Cru

Das 22-ha-Gut, auf einem erhöhten Plateau in Barsac gelegen, kämpft sich tapfer durch die Höhen und Tiefen der Süßweinerzeugung. Aufgrund finanzieller Schwierigkeiten in den 1970er-Jahren musste die Familie die Produktion eine Zeit lang ganz einstellen. 1988 wurden die Weinberge jedoch neu bestockt (von Jacques de Pontac, einem Vertreter der nächsten Generation), und 1991 begann man wieder Wein abzufüllen, nur um sich gleich darauf in drei katastrophalen Jahren mit Frost und Ernteausfällen konfrontiert zu sehen. Der erste »vollwertige« Jahrgang kam daher erst 1995 heraus, und er war so vielversprechend, wie es die Weine (88 % Sémillon, 8 % Sauvignon Blanc, 4 % Muscadelle) bis heute sind: füllige, exotische Früchte, die bereits in jungen Jahren schön zum Ausdruck kommen.

33720 Barsac; Tel. 05 56 27 09 06

SÜSSER BORDEAUX

Wenn man damit werben muss, den Lieblingswein der russischen Zaren des 19. Jahrhunderts zu erzeugen, weiß man, dass es Zeit ist für eine neue Marketingstrategie. Das war wohl auch der Grund für die Umbenennung von »Vins d'Or de Bordeaux« in »Sweet Bordeaux«. Diese neue Vereinigung vertritt die elf Süßweinappellationen der Region – Bordeaux Supérieur, Côtes de Bordeaux St-Macaire, Graves Supérieures, Premières Côtes de Bordeaux, Ste-Foy Bordeaux, Cadillac, Cérons, Loupiac, Ste-Croix-du-Mont, Barsac und Sauternes – und versucht, die jüngeren Konsumenten über Social-Media-Kommunikationskanäle anzusprechen. Zu ihrem Angebot zählen »Sweet Hour«-Cocktailabende, Weintourismus oder auch Veranstaltungen, die Gastronomie und Musikdarbietungen verbinden. »Es sind Gourmetweine, die oft bei festlichen Anlässen getrunken werden«, sagt Sweet-Wine-Präsident Philippe Dejean von Château Rabaud-Promis. »Süßweine können überaus aromatisch sein und voller aufregender Gegensätze. Deshalb wollen wir über die traditionellen Essenspartner Foie gras und Blauschimmelkäse hinausgehen und andere Sternstunden des Genusses entdecken, von Tapas und Tapenade bis hin zu Grillhähnchen oder Grapefruitsorbet.«

CHÂTEAU SUDUIRAUT
EIN ELEGANTER WEIN AUS DEM AXA-MILLÉSIMES-STALL

CHÂTEAU SIGALAS RABAUD
DIESER KLASSISCHE 2006ER-JAHRGANG SOLLTE ERST AB 2016 GENOSSEN WERDEN

Château Nairac Deuxième Cru

Eloise Heeter-Tari, die Besitzerin von Château Nairac, ist eine Vertreterin der neuen Eigentümergeneration von Bordeaux-Châteaux, die die besten Traditionen der Region aufgreift und sie für das 21. Jahrhundert neu interpretiert. Gemeinsam mit ihren Eltern bewirtschaftet sie das wunderschöne 16-ha-Gut mit ummauertem Garten voller Rosensträucher und Obstbäume. Die Weinberge sind mit 90 % Sémillon, 6 % Sauvignon Blanc und 4 % Muscadelle bestockt. Der Hauptwein ist klassisch süß und sirupartig, mit Schichten von Trüffelaromen, Orangenmarmelade und zerdrückten Aprikosen. Der leichtere, frischere Esquisse de Nairac spricht Liebhaber eines modernen Stils an.

81, avenue Aristide Briand, 33720 Barsac; Tel. 05 56 27 16 16

Château Rabaud-Promis Premier Cru

Château Rabaud-Promis liegt neben seinem Nachbar-Premier-Cru Sigalas Ribaud (siehe dort), zu dem es einst gehörte. (Dann wurden sie geteilt, wieder vereint und abermals geteilt … eine keineswegs unübliche Bordeaux-Geschichte). Die 33 ha Reben liefern 60 000 Flaschen pro Jahr. Trotz seiner Klassifikation litt der Wein im Lauf der Jahre unter Qualitätsschwankungen. Heute leitet Philippe Dejean, Vorsitzender der kürzlich gegründeten Vereinigung »Sweet Bordeaux« (siehe Randspalte S. 183), das Gut. Er hat es geschafft, dem Wein durch Ertragsbeschränkung und überaus sorgfältige Auslese neues Leben einzuhauchen. In einem typischen Jahr wird er von 80 % Sémillon, 18 % Sauvignon Blanc und 2 % Muscadelle bereitet und bis zu 24 Monate in Betontanks und neuen Eichenfässern gereift. In Hochform ist er voller Ananas- und Grapefruitaromen, mit einem Tick würziger exotischer Früchte. Domaine de l'Estramade ist der (nicht jedes Jahr erzeugte) Zweitwein.

33210 Bommes; Tel. 05 56 76 67 38

Château Raymond-Lafon

Raymond-Lafon, das Sauternes-Gut für Insider mit überschwänglichen Weinen zum (relativ) kleinen Preis, gelangte 1972 in den Besitz von Pierre Meslier, der den Großteil seines Berufslebens mit der Bereitung der Weine des Nachbarguts d'Yquem verbracht hatte. Der Ertrag der von Crus Classés umgebenen 16 ha Weinberge (80 % Sémillon, 20 % Sauvignon Blanc) wird sogar in – für Sauternes-Verhältnisse – üppigen Jahren stets sehr niedrig gehalten: Der Ausschuss liegt je nach Qualität des Jahrgangs bei 20 bis 100 %. Der Wein reift drei Jahre in neuer Eiche und ist seinen illustren Nachbarn in puncto Tiefe, verschwenderischer Fülle sowie herrlich gegensätzlichen süßen und herben Geschmacksnuancen mehr als ebenbürtig. Heute leiten Charles-Henri und Jean-Pierre Meslier das Gut.

4, aux Puits, 33210 Sauternes
www.chateau-raymond-lafon.fr

Château de Rayne Vigneau Premier Cru

Das Gut wurde 2004 von der Bankengruppe CA Grands Crus erworben. Derzeit wird unter seiner technischen Leiterin Anne Le Naour eine Reihe von Verbesserungsmaßnahmen ins Werk gesetzt. Önologischer Berater ist Denis Dubourdieu. Die lebhafte, frische Art des Weins, für die das Château bekannt ist, resultiert aus dem Anteil von 25 % Sauvignon Blanc und 1 % Muscadelle, die den 74 % Sémillon eine frische Zitronen- und Limettenblütennote hinzufügen. Die Reben wachsen auf 80 ha edelsteinhaltigen Böden, darunter Achat, Onyx, Amethyst und angeblich sogar Saphir.

Keine Besuchereinrichtungen; www.raynevigneau.fr

Château Rieussec Premier Cru

Das 90-ha-Gut in Fargues, unweit von Château d'Yquem, ist im Besitz der Domaines Lafite Rothschild, und hier wie (mittlerweile) dort ist Charles Chevallier für die Weinbereitung verantwortlich. In diesen Wein möchte man versinken: Er ist pure konzentrierte Eleganz mit kraftvoller Struktur, bereitet von 90 bis 95 % Sémillon sowie Muscadelle und Sauvignon Blanc zu gleichen Teilen. Der endgültige Verschnitt wird bis zu 26 Monate in (zu 50 bis 55 % neuen) Eichenfässern gereift. Wie bei allen Spitzenweinen der Appellation variiert die Produktionsmenge je nach Qualität des Jahrgangs enorm: 1993 lag sie bei null, 2000 bei gerade mal 36 000 Flaschen. Der Zweitwein heißt Carmes de Rieussec, zudem wird ein exzellenter trockener weißer AC Graves, R de Rieussec (50 % Sauvignon Blanc, 50 % Sémillon), erzeugt.

33210 Fargues; www.lafite.com

Château Romer Deuxième Cru

Mit nur 2 ha Rebfläche ist Château Romer winzig für ein Sauternes-Gut, es wird seit 2002 von Anne Farges geleitet. Ihre Weine werden immer besser; sie zeigen karamellisierte Pfirsiche in der Nase und am Gaumen, dazu geröstete Haselnüsse sowie schwungvolle Zitronenblüte dank der 5 % Muscadelle (zur Vervollständigung von 90 % Sémillon und 5 % Sauvignon Blanc). Die Weine werden 18 bis 24 Monate in Fässern gereift und unter dem Namen Romer abgefüllt, seit Anne das Gut übernommen hat. Zuvor waren die Rebflächen viele Jahre verpachtet gewesen. Es gibt noch viel zu tun, doch man sollte dieses interessante Château im Auge behalten.

33210 Fargues; www.chateau-romer.com

Château Sigalas Rabaud Premier Cru

Seit mehr als 300 Jahren ist Château Sigalas Rabaud im Besitz derselben Familie, die gegenwärtige Eigentümerin ist Laure Compeyrot. Der Wein wird in vielen Jahrgängen als Geheimtipp gehandelt, denn er bietet exzellente Qualität zum fairen Preis. Die Reben wachsen in einer einzigen, 14 ha großen Lage auf dem Sauternes-Plateau mit Kies und Lehm auf dem Plateau und einem Kies-Sand-Lehm-Gemisch am Hang. Die Pflanzdichte beträgt 6500 bis 7500 Stöcke/ha, der Rebsatz 85 % Sémillon, 14 % Sauvignon Blanc und 1 % Muscadelle. Die Lese mit bis zu sieben Durchgängen erfolgt ausschließlich per Hand. Georges Poly sorgt als zuständiger Önologe dafür, dass die zupackende Säure ein wundervolles Gegengewicht zur honigsüßen, marmeladigen Frucht bildet.

33210 Bommes; www.chateau-sigalas-rabaud.fr

Château Suduiraut Premier Cru

Château Suduiraut ist im Besitz von AXA Millésimes und wird, wie auch die Châteaux Pichon-Longueville Baron in Pauillac (siehe S. 159) und Petit-Village in Pomerol (siehe S. 205), von Christian Seely geleitet. Als technischer Direktor kümmert sich Pierre Montégut um die 92 ha Rebfläche (90 % Sémillon, 10 % Sauvignon Blanc) mit Sand-Lehm-Böden in der Gemeinde Preignac.
Der Wein ist ein höchst eleganter, bereits in der Jugend

bernsteinfarbener Sauternes mit außergewöhnlich komplexem Duft nach Unterholz und Steinfrüchten. Er wird großteils in Edelstahl vergoren und bis zu zwei Jahre in Eiche gereift. Castelnau de Suduiraut ist der Zweitwein, S de Suduiraut der trockene Weiße.

33210 Preignac; www.suduiraut.com

Château La Tour Blanche Premier Cru

In zwei getrennten Unternehmen ist das Château sowohl Fachschule für Weinbau als auch Erzeuger mit 40 ha Rebfläche. Die Kellerei wurde kürzlich renoviert, die Weine haben einen Zahn zugelegt. Der Sémillon (83 %) wird in 100 % neuer Eiche vergoren und gereift, die 12 % Sauvignon Blanc und 5 % Muscadelle in Edelstahl. Aufgrund des Schulbetriebs besteht die Möglichkeit, eine Reihe neuer technischer Verfahren (wie Gefrierkonzentration und Kühltechnik) zu nutzen, wovon aber selten Gebrauch gemacht wird. Château La Tour Blanche ist reichhaltig und kraftvoll und gewinnt immer mehr Anhänger. Der Zweitwein heißt Les Charmilles de Tour Blanche. Zudem gibt es den trockenen weißen Les Jardins de Thinoy (100 % Sauvignon Blanc) und einen roten AC Bordeaux, Cru de Cinquet (90 % Merlot, 10 % Malbec).

33210 Bommes; www.tour-blanche.com

Château Tour de Mirambeau

Eine der dynamischsten Erzeugerfamilien von Bordeaux ist im Besitz von Château Tour de Mirambeau. Die Despagnes haben höchste Qualität in die weniger glamourösen Appellationen der Region gebracht und dem Mirambeau Sémillon Noble wieder zum Erfolg verholfen. Diesen gesuchten Wein bereiten Thibault Despagne und sein technischer Leiter Joël Elissalde in winzigen Mengen von Reben, die in einer Lage oberhalb der Dordogne in der AC Bordeaux Supérieur wachsen. Aromen tropischer Früchte von alten Sémillon-Reben sorgen für üppige Süße mit einem Tick schneidend frischer Säure.

Keine Besuchereinrichtungen; www.despagne.fr

Château d'Yquem Premier Cru Supérieur

Trotz der je nach Mode schwankenden Beliebtheit von Sauternes-Weinen bewahrt sich Château d'Yquem seinen Ruf als Erzeuger des großartigsten Süßweins der Welt. Das Gut liegt am höchsten Punkt der AC; es ist heute im Besitz des Luxusgüterkonzerns LVMH und wird, wie auch Cheval Blanc in St-Émilion (siehe S. 190), von Pierre Lurton geleitet. Die 100 ha Rebfläche sind mit 80 % Sémillon und 20 % Sauvignon Blanc bestockt. Die Standards des Guts sind legendär: Bei der Lese gehen 140 Arbeiter, unterteilt in vier Gruppen, bis zu zehnmal durch den Weinberg; die Vergärung endet auf natürliche Weise bei einem Restzuckergehalt von 125g/l; der Wein wird (pro Fass) 15-mal abgezogen, um ihn von den Hefeablagerungen zu trennen. Am Gaumen erfasst man als Erstes nie die Süße, sondern die wundervoll herben Noten von Limetten- und Zitronenblüten sowie die – von Alter und Jahrgang abhängigen – komplexen Aromen von Marmelade bis Honig und Trüffel. Zudem gibt es den trockenen weißen Y d'Yquem von 50 % Sémillon und 50 % Sauvignon Blanc, die zu Beginn des Botrytis-Befalls gelesen werden. Verantwortliche Önologin ist seit 1998 Sandrine Garbay, Francis Mayeur ist technischer Leiter, Denis Dubourdieu berät.

Keine Besuchereinrichtungen; www.yquem.fr

CHÂTEAU D'YQUEM
DER KONKURRENZLOS BESTE SÜSSWEIN DER WELT

CHÂTEAU LA TOUR BLANCHE
FACHSCHULE UND KOMMERZIELL GENUTZTER WEINBERG – DIE QUALITÄT STEIGT STETIG

Clos Dady

Seine Fässer bezieht das von Catherine Gachet und Joseph-Marie Remy geleitete, dynamische 6,5-ha-Gut von Château d'Yquem. Dies vermittelt bereits eine Vorstellung von der hier herrschenden Detailbesessenheit, die auch die Verwendung von (schonenden) Korbpressen und (ausschließlich) Naturhefen umfasst. Der üppige Wein von 90 % Sémillon, 9 % Sauvignon Blanc und 1 % Muscadelle wird im Fass vergoren und mindestens 18 Monate gereift. Chaptalisierung (Zuckerzusatz) wird nicht praktiziert, und wegen des kühlen Kellers kann die Verwendung von Schwefeldioxid auf ein Minimum beschränkt werden. Deshalb zeigt der Wein knackige, gut definierte Aromen exotischer Frucht und dezente Röstaromen von der Eiche. Mademoiselle de Clos Dady ist der Zweitwein.

33210 Preignac; Tel. 05 56 62 20 01

Clos Ste-Anne

Geleitet wird Clos Ste-Anne von Sylvie und Marie Courselle, besser bekannt als Eigentümerinnen des exzellenten Château Thieuley in Entre-deux-Mers (siehe S. 215). Dieselben hohen Qualitätsmaßstäbe gelten auch für ihr nur 1,5 ha kleines Cadillac-Gut. Von 60 % Sémillon und 40 % Sauvignon Gris erbringt der Weinberg 5000 Flaschen. Der Wein macht mit seiner runden Aprikosen- und Nektarinenfrucht und dem frischen, trockenen Abgang unmittelbar Eindruck. Er wird je zur Hälfte von edelfaulen und rosinierten *(passerillage)* Trauben bereitet und unterscheidet sich durch seinen niedrigeren Zuckergehalt und seinen Charakter deutlich von den meisten Bordeaux-Süßweinen.

Château Thieuley, 33670 La Sauve; Tel. 05 56 23 00 01

Cru Barréjats

Die Besitzer des relativ neuen Guts, Mireille Daret und Philippe Andurand, haben familiäre Wurzeln in der Region. Ihren ersten Jahrgang (1990) erzeugten sie von 1 ha Reben, die Mireilles Großeltern gehörten. Mittlerweile wurde Cru Barréjats auf 5 ha erweitert – einige Stöcke sind bis zu 80 Jahre alt –, und in Weinberg und Keller legt man Wert auf Natürlichkeit: keine Herbizide, keine Chaptalisierung, möglichst wenig Schwefeldioxid. Der in 100 % neuen Fässern vergorene und gereifte Wein von 85 % Sémillon, 10 % Sauvignon Blanc und 5 % Muscadelle ist intensiv und aromatisch.

33210 Pujols-sur-Ciron; www.cru-barrejats.com

Le Sauternes de Ma Fille

Der Wein mit dem hübschen Namen stammt von dem 8 ha großen Château Latrézotte, das 2004 von Bernard Magrez von Pape Clément (siehe S. 177) erworben wurde. Magrez hat sich für einen Sauternes-Stil von anmutig zarter Art entschieden, wobei Noten von Orangenschalen und Zitronenblüten dem üppigen Wein (99 % Sémillon) einen erfrischend herben Einschlag verleihen. Dies wird unter der technischen Leitung von Nicolas Contiero durch den kleinen Anteil Sauvignon Blanc und Gris sowie Muscadelle erreicht, aber auch durch schonendes Pressen, Vergärung in Edelstahl und einen relativ kurzen Fassausbau von zehn bis 16 Monaten. Der Mon Sauternes ist ein festerer, reichhaltiger Wein, der bis zu 22 Monate in 100 % neuer Eiche verbringt.

Château Latrézotte, La Pinesse, 33720 Barsac
www.bernard-magrez.com

ST-ÉMILION

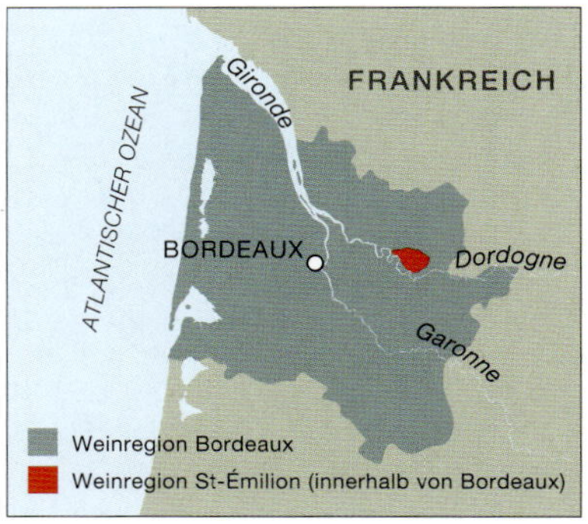

Die hellen Kalksteinmauern des hübschen mittelalterlichen Städtchens St-Émilion verweisen auf das Terroir, das den besten der hiesigen Weine so viel Eleganz und Finesse verleiht. Auf den insgesamt 5400 Hektar Rebfläche dominiert, wie auch in Pomerol, die Merlot-Traube mit 60 Prozent, hinzu kommen 30 Prozent Cabernet Franc und zehn Prozent Cabernet Sauvignon. Die Böden sind ein Mix aus Kalkstein, Lehm und Sand, woraus die je nach Lage unterschiedlichen Weinstile resultieren. Eine Besonderheit des Gebiets sind die beiden kommunalen Appellationen mit identischen Grenzen: St-Émilion und St-Émilion Grand Cru. Insgesamt gibt es 800 Erzeuger, doch nur jene in der Grand-Cru-Appellation dürfen sich um die Klassifizierung bewerben.

Hauptrebsorten

Rot

Cabernet Franc
Cabernet Sauvignon
Merlot

Jahrgänge

2010
Ausgezeichneter Jahrgang, kraftvolle, langlebige Weine. Einige Merlots sind vielleicht ein bisschen zu alkoholstark.

2009
Exzellentes Jahr – kraftvolle, alterungswürdige Weine.

2008
Feuchter Sommer, aber sonniger Herbst. Toperzeugern gelang gute Qualität.

2007
Schwieriges Jahr mit feuchtem Sommer. Leichtgewichte früh trinken.

2006
Klassisches Jahr mit idealen Startbedingungen, etwas Regen bei der Lese. Sehr gute Weine von Spitzenerzeugern.

2005
Beste Wachstumsbedingungen lieferten reichhaltige Weine mit langer Lebensdauer. Teuer, aber wundervoll.

2004
Klassisches Jahr mit gutem Preis-Leistungs-Verhältnis.

2003
Die extreme Hitze führte zu Weinen mit viel Alkohol, denen es aber oft an Säure mangelt und die schnell altern.

Das Rebgelände von St-Émilion zählt zu den ältesten des Bordelais. Einige Überreste der Römerzeit haben sich bis heute erhalten, angefangen von einer gallorömischen Villa in Montcaret bis hin zum Namen des berühmten hiesigen Château Ausone. Bereits im 4. Jahrhundert wurden Weine aus dieser Gegend nach Rom exportiert, sie war aber auch ein religiöses Zentrum, das sich im 8. Jahrhundert um den Eremiten und Missionar Émilion bildete. Als er hier ankam, fand er nicht viel mehr als einen mit dichtem Wald bewachsenen Hügel vor, doch bald gründete Émilion für sich und seine wachsende Schülerschar ein Kloster, das nach seinem Tod seinen Namen erhielt. Später war St-Émilion eine wichtige Etappe für Pilger auf dem Jakobsweg nach Santiago de Compostela.

Heute ist St-Émilion Teil des UNESCO-Weltkulturerbes. Als die Auszeichnung im Jahr 1999 verliehen wurde, war es das erste Mal, dass ein Weinbaugebiet als Teil einer ausgewiesenen Kulturlandschaft unter Schutz gestellt wurde. St-Émilion ist jedoch nicht nur für seine Reben berühmt, sondern auch für seine rund 70 Hektar umfassenden unterirdischen Keller – häufig in alten Kalksteinhöhlen unter der Stadt – und seine Felsenkirche. Die lange Weinbaugeschichte der Region erklärt, weshalb die Güter häufig in Familienbesitz und kleine Betriebe die Regel sind (über 50 Prozent der Erzeuger besitzen jeweils weniger als fünf Hektar Rebland).

Wie es am rechten Dordogne-Ufer zumeist der Fall ist, kommt der Weinbergarbeit auch in St-Émilion höchste Bedeutung zu. Viele der hier entwickelten Methoden wie ridiger Rebschnitt, Behangausdünnung und strenge Traubenauslese werden heute von den großen Châteaux im gesamten Bordelais verwendet. Im Keller hingegen beschränkt man die Eingriffe auf ein Minimum, was bedeutet, dass viele Weine ungefiltert und ungeschönt abgefüllt werden.

Die besten Weine des Bereichs stammen vom Kalksteinplateau unweit des Stadtzentrums – hier liegen elf der 13 Premiers Grands Crus Classés. Die beiden Ausnahmen sind die Châteaux Cheval Blanc und Figeac, deren Reben auf Lehm-Kies-Böden an der Grenze zu Pomerol wachsen.

In letzter Zeit haben sehr emotional geführte Debatten über das Klassifikationssystem in dieser sonst so friedlichen Ecke des Bordelais für Unruhe gesorgt. Die in drei Stufen unterteilte Rangordnung – in aufsteigender Reihenfolge Grand Cru Classé, Premier Grand Cru Classé (B) und Premier Grand Cru Classé (A) – ist seit Mitte der 1950er-Jahre in Kraft und wird alle zehn Jahre einer Überprüfung unterzogen. Interessanterweise ähnelt das System von St-Émilion stärker dem von Burgund als dem des Médoc, denn hier sind die Lagen selbst und nicht die Namen der Châteaux klassifiziert. Deshalb ändern sich Größe und Gestalt der Güter weit seltener als am linken Ufer.

Bei der Bewertung werden jeweils zehn aufeinanderfolgende Jahrgänge sowie eine Reihe anderer Kriterien wie in neuerer Zeit getätigte Investitionen und Marktpreise zugrunde gelegt. Wie bei einem veränderlichen Einstufungssystem nicht anders zu erwarten, hagelt es jedes Mal Beschwerden, 2006 jedoch zogen einige Eigentümer degradierter Châteaux vor Gericht – mit dem Ergebnis, dass die Klassifikation gekippt wurde. Nach Jahren gerichtlicher Auseinandersetzungen einigte man sich auf den Kompromiss, die Klassifikation von 1996 wieder in Kraft zu setzen, den heraufgestuften Châteaux ihren neuen Status jedoch zu lassen. Ende 2010 wurde die nächste turnusmäßige Überprüfung des Klassifikationssystems für 2012 angekündigt, die jedoch anders als zuvor von sieben nicht aus Bordeaux stammenden Mitgliedern der für Vergabe, Kontrolle und Schutz der Appellations Côntrolées zuständigen Organisation INAO vorgenommen werden soll.

Château Angélus Premier Grand Cru Classé B

Das Etikett von Château Angélus mit der unverwechselbaren Glocke war schon in Kinofilmen (»La vie en rose« und »Casino Royale«) zu sehen. Geleitet wird das Gut von Eigentümer Hubert de Boüard de Laforest und seinem Cousin Jean Bernard Grenié. Angélus zählt zu den ersten Betrieben in St-Émilion, die Behangausdünnung und parzellenweise Vinifizierung praktizierten. 2009 wurde für die besten Parzellen der insgesamt 23 ha das Entrappen der Trauben von Hand eingeführt. Der hohe Cabernet-Franc-Anteil (57 %) sowie eine hübsche Röstnote verleihen dem mit Veilchen und reichhaltiger schwarzer Frucht vollgepackten Wein eine verführerische Kraft.

1, Mazerat Ouest, 33330 St-Émilion; www.angelus.com

Château L'Arrosée Grand Cru Classé

2002 wurde Château L'Arrosée von dem Luftfahrtmilliardär Roger Caille erworben und wird seit dessen Tod 2009 von seinem Sohn Jean-Philippe geführt. Nach einigen ungleichmäßigen Jahren ist das Gut nun wieder auf dem Weg zum früheren hohen Qualitätsniveau. Die 10 ha Weinberge sind mit 60 % Merlot sowie je 20 % Cabernet Franc und Cabernet Sauvignon bestockt. Letzterer wächst untypischerweise auf Lehm, reift aber dank der ideal gelegenen Hänge mit Südausrichtung trotzdem gut aus. Der Wein besitzt schöne Schwarze-Johannisbeer-Noten mit interessanten Veilchenobertönen. Verantwortlicher Önologe ist Gilles Pauquet, der unter anderem auch bei Château Cheval Blanc (siehe S. 190) tätig ist.

1, rue Larosé, 33330 St-Émilion
www.chateau-larrosee.com

Château Ausone Premier Grand Cru Classé A

Alain Vauthier leitet Château Ausone, eines der ältesten Güter von Bordeaux, das bis auf die Römerzeit zurückgeht. Gegenwärtig genießt das Gut den zweifelhaften Ruhm, den teuersten Wein des Bereichs zu erzeugen. Die schönen steinernen Torpfosten am Eingang des Château und die steilen Rebhänge mit Trockenmauern beherrschen das Bild, wenn man sich der Stadt St-Émilion nähert. Unter dem Château befinden sich ausgedehnte Kalksteinhöhlen, deren kleinste (1800 m^2) den Weinkeller bildet. Der nur 7 ha große Weinberg ist mit 45 % Merlot und 55 % Cabernet Franc bestockt, aber es ist die Präzision der Bereitung, die Château Ausone so herausragend macht und von allen anderen unterscheidet – absolute Reinheit der Frucht und lebhaft-beschwingter Abgang. La Chapelle d'Ausone ist der Zweitwein.

Keine Besuchereinrichtungen
www.chateau-ausone-saint-emilion.com

Château Balestard La Tonnelle
Grand Cru Classé

Mächtig und sehr erfolgreich ist der Château Balestard La Tonnelle, ein Wein, vollgepackt mit reichhaltigen Fruchtaromen und süßer, zedernholzwürziger Eiche. Es ist daher keine Überraschung, dass der Berater Michel Rolland heißt. Die Trauben stammen von einem 10-ha-Weinberg mit 70 % Merlot, 25 % Cabernet Franc und 5 % Cabernet Sauvignon. Die einzelnen Parzellen werden mithilfe von GPS-Bildern ausgewählt und je nach Lage individuell bewirtschaftet. Dieselbe Familie besitzt auch das ebenfalls klassifizierte Château Cap de Mourlin.

33330 St-Émilion; www.vignoblescapdemourlin.com

CHÂTEAU ANGÉLUS
DER KULTWEIN SPIELTE SOGAR IN DIVERSEN FILMEN EINE ROLLE

CHÂTEAU BEAU-SÉJOUR BÉCOT
IN DER KLASSIFIKATION WURDE DAS CHÂTEAU ERST AB- UND DANN AUFGEWERTET

Château Barde-Haut

Sylviane Garcin-Cathiard erwarb Château Barde-Haut im Jahr 2000, nachdem sie eine Supermarkt- und Sportgeschäftkette verkauft hatte. (Sie besitzt u. a. auch Clos l'Église in Pomerol, siehe S. 207.) Der Wein erfreut sich wachsender Beliebtheit, man sollte ihn im Auge behalten. Die 17 ha Rebfläche (85 % Merlot, 15 % Cabernet Sauvignon) werden mit viel Liebe zum Detail bewirtschaftet, die sich in der neuen Kellerei voller kleiner Holzfässer, Edelstahl- und Betontanks fortsetzt. Der Wein ist tiefdunkel und strotzt vor Frucht, neue Eiche (100 %) sorgt für eine Rauchnote. Der Zweitwein ist Vallon de Barde-Haut.

33330 St-Christophe-des-Bardes
www.bodegapoesia.com

Château Beauséjour
Premier Grand Cru Classé B

Früher hieß das Gut Beauséjour Duffau-Lagarrosse, doch die Eigentümerfamilie Duffau-Lagarrosse verzichtet nun klugerweise auf ihre Erwähnung, um den Weinnamen eingängiger zu machen. 2009 wurde Nicolas Thienpont (Kellerchef bei Pavie Macquin, siehe S. 197) zum Geschäftsführer ernannt, unterstützt von den Beratern Michel Rolland und Stéphane Derenoncourt. Die 5 ha Rebfläche sind mit 70 % Merlot, 20 % Cabernet Franc und 10 % Cabernet Sauvignon bestockt. Zu den Neuerungen im Keller zählen die Vergärung im offenen Behälter und das manuelle Untertauchen des Huts – Methoden, die in Burgund verbreiteter sind als in Bordeaux. Das Resultat ist eine schonendere Extraktion mit reichhaltigerer Frucht. Der Zweitwein heißt Croix de Beauséjour.

Keine Besuchereinrichtungen; Tel. 05 57 24 71 61

Château Beau-Séjour Bécot
Premier Grand Cru Classé B

Château Beau-Séjour Bécot ist ein gutes Beispiel für das Auf und Ab, das das hiesige Klassifikationssystem bisweilen mit sich bringt: 1986 wegen der Verwendung von nicht klassifiziertem Traubengut herabgestuft, wurde das Château 1996 wieder heraufgestuft und schließlich mit dem »B«-Status gekrönt. Der 17-ha-Weinberg (70 % Merlot, 24 % Cabernet Franc, 6 % Cabernet Sauvignon) liegt auf dem westlichen Plateau der Stadt. Das Untertauchen des Huts während der Maischung geschieht von Hand, bevor der Wein dann ohne Pumpen in die (zu 90 % neuen) Eichenfässer gelangt. Diese liefern rauchige Toastwürze, und für die reichhaltige Struktur sorgt der Verzicht auf Schönung sowie Filtration. Tournelle de Beau-Séjour Bécot ist der Zweitwein.

33330 St-Émilion; www.beausejour-becot.com

Château Bélair-Monange
Premier Grand Cru Classé B

Den Zusatz »Monange« erhielt Château Bélair 2008, nach dem Kauf durch die Établissements Jean-Pierre Moueix. Er ist eine Hommage an Christian Moueix' Großmutter und hilft bei der Unterscheidung von den vielen anderen Bélair-Gütern von Bordeaux. Der Weinberg (12,5 ha) ist mit 85 % Merlot und 15 % Cabernet Franc bestockt. Letzterer macht sich im fertigen Wein durch ein sehr verheißungsvolles Bukett eindrucksvoll bemerkbar. Für die kommenden Jahre sind die Restrukturierung des Weinbergs und Veränderungen im Keller geplant.

33330 St-Émilion; www.moueix.com

ST-ÉMILION

Die große Appellation St-Émilion umfasst 5400 ha und neun Gemeinden, nämlich St-Émilion selbst sowie St-Christophe-des-Bardes, St-Étienne-de-Lisse, St-Hippolyte, St-Laurent-des-Combes, St-Pey-d'Armens, St-Sulpice-de-Faleyrens, Vignonet und Teile der nahe gelegenen Stadt Libourne. Die meisten klassifizierten Châteaux sind im und um das als UNESCO-Welterbe ausgewiesene Städtchen St-Émilion angesiedelt, dessen Kalksteinplateau den Weinen eine unverwechselbare Anmut verleiht (und das Baumaterial für viele der Gebäude liefert). Eine weitere Gruppe hochklassiger Châteaux, darunter Figeac und Cheval Blanc, liegt näher an der Grenze zur AC Pomerol.

ZEICHENERKLÄRUNG

- ST-ÉMILION – AC
- Gewässer
- Straßen, Wege
- 10 m Höhenlinienabstand
- Gemeindegrenze
- Stadtgebiete
- Sitz des Erzeugers

ERZEUGER

Ch. Angélus 21
Ch. L'Arrosée 24
Ch. Ausone 32
Ch. Balestard La Tonnelle 67
Ch. Barde-Haut 64
Ch. Beauséjour 35
Ch. Beau-Séjour Bécot 38
Ch. Bélair-Monange 29
Ch. Bellefont-Belcier 62
Ch. Bellevue 19
Ch. Bergat 55
Ch. Berliquet 34
Ch. Canon 36
Ch. Canon-La-Gaffelière 27
Ch. Cantenac 4
Ch. Cheval Blanc 8
Ch. Clos de Sarpe 50
Ch. La Clotte 54
Ch. La Confession 2
Ch. Corbin 14
Ch. Corbin Michotte 10
Ch. La Couspaude 51
Ch. Dassault 45
Ch. Destieux 71
Ch. La Dominique 9
Ch. Faugères 74
Ch. Faurie de Souchard 48
Ch. Figeac 6
Ch. Fleur Cardinale 75
Ch. La Fleur Morange 72
Ch. Fombrauge 70
Ch. Fonplégade 25
Ch. Fonroque 42
Ch. Franc Mayne 18
Ch. La Gaffelière 26
Ch. Gracia 22
Ch. Grand Corbin 13
Ch. Grand Corbin-Despagne 11
Ch. Grand Mayne 17
Ch. Guadet 49
Ch. Haut-Sarpe 68
Ch. Laniote 41
Ch. Larcis Ducasse 61
Ch. Larmande 44
Ch. Laroque 69
Ch. Laroze 16
Ch. Magdelaine 31
Ch. Monbousquet 23
Ch. Moulin du Cadet 43
Ch. Pavie 60
Ch. Pavie-Decesse 59
Ch. Pavie Macquin 57
Ch. de Pressac 73
Ch. Le Prieuré 65
Ch. Quinault L'Enclos 1
Ch. Riou de Thaillas 7
Ch. Ripeau 12
Ch. Rol Valentin 15
Ch. La Serre 53
Ch. Soutard 47
Ch. Tertre Rôtebœuf 63
Ch. La Tour Figeac 5
Ch. Troplong-Mondot 58
Ch. Trotte Vieille 66
Ch. de Valandraud 33
Ch. Vieux Pourret 40
Clos Cantenac 3
Clos Fourtet 39
Clos La Madeleine 30
Clos de l'Oratoire 46
Clos St-Martin 37
Couvent des Jacobins 52
La Mondotte 56
Moulin St-Georges 28
Vieux Château Mazerat 20

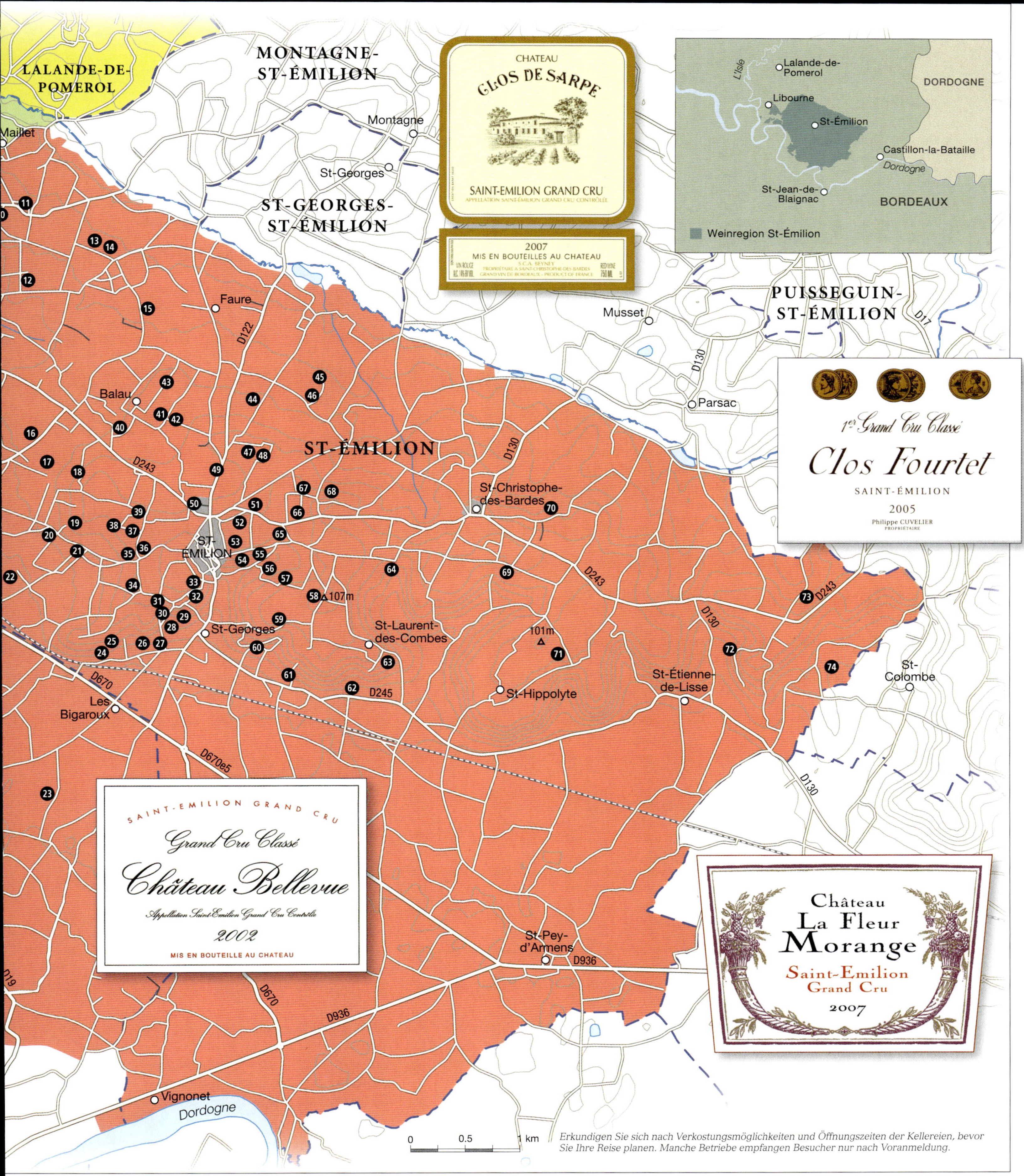

Erkundigen Sie sich nach Verkostungsmöglichkeiten und Öffnungszeiten der Kellereien, bevor Sie Ihre Reise planen. Manche Betriebe empfangen Besucher nur nach Voranmeldung.

CHÂTEAU BERGAT
EIN PREISWERTER GRAND-CRU-WEIN, DER RELATIV JUNG GETRUNKEN WERDEN KANN

CHÂTEAU CANON
DIE EIGENTÜMER HABEN VIEL INVESTIERT, WAS ZU VERBESSERUNGEN FÜHREN DÜRFTE

Château Bellefont-Belcier
Grand Cru Classé

Das von Jacques Berrebi, Alain Laguillaumie und Dominique Hebrard (bis 1999 Geschäftsführer von Cheval Blanc) geleitete Château wurde 2006 zum Grand Cru Classé heraufgestuft. Gilles Pauquet und Michel Rolland beraten. Die 13 ha Rebfläche sind mit 70 % Merlot, 20 % Cabernet Franc und 10 % Cabernet Sauvignon bestockt; in den vergangenen Jahren wurde der Lesezeitpunkt deutlich nach hinten verschoben. Château Bellefont-Belcier erzeugt weiche, seidige Weine mit Opulenz und einem schönen Quantum an Extraktion, und die (zu 80 bis 100 % neuen) Eichenfässer krönen die Frucht mit Lakritz- und Vanillenoten. Dem Leitungstrio gehört auch das benachbarte Château Trianon.

33330 St-Laurent-des-Combes; www.bellefont-belcier.fr

Château Bellevue Grand Cru Classé

2006 zwar herabgestuft, behält Château Bellevue jedoch aufgrund eines Gerichtsbeschlusses vorläufig seinen Grand-Cru-Classé-Status. Tatsächlich scheint es aufwärts zu gehen, denn Hubert de Boüard besitzt nun einen 50-%-Anteil (die andere Hälfte gehört nach wie vor der Familie de Lavaux) und Stéphane Derenoncourt und Nicolas Thienpont sind als Berater an Bord. Der 6-ha-Weinberg neben Château Angélus ist mit 80 % Merlot und 20 % Cabernet Franc bestockt, der Merlot-Anteil im fertigen Wein ist aber oft höher (2008 betrug er 98 %).

33330 St-Émilion; www.bellevue-grandcru.com

Château Bergat Grand Cru Classé

Im Besitz von Émile Castéja und der Familie Preben-Hansen erzeugt Château Bergat einen preiswerten und außerhalb der Region erstaunlich wenig bekannten St-Émilion. 55 % Merlot, 35 % Cabernet Franc und 10 % Cabernet Sauvignon teilen sich die 4 ha Rebfläche. Dank der behutsamen Verwendung von Eiche kann der Wein, verglichen mit anderen klassifizierten Gewächsen, relativ jung getrunken werden: Die Tannine brauchen nicht mehr als vier bis fünf Jahre, um sich abzurunden.

33330 St-Émilion; Tel. 05 56 00 00 70

Château Berliquet Grand Cru Classé

Der frühere Investmentbanker Vicomte Patrick de Lesquen hat sich (wieder) dem Weinmetier zugewandt und die Leitung von Château Berliquet übernommen. Er ist der Spross einer alteingesessenen St-Émilion-Familie mit historischen Verbindungen zu diversen hiesigen Gütern, deren berühmtestes Château Figeac ist (siehe S. 192). Die 9 ha Rebfläche auf dem Kalksteinplateau sind mit 67 % Merlot, 25 % Cabernet Franc und 8 % Cabernet Sauvignon bestockt, die einen schön definierten, aber grazilen Wein erbringen, der ungefiltert abgefüllt wird. Der fähige Nicolas Thienpont hat Patrick Valette als Weinmacher abgelöst, der jetzt in Chile lebt (obwohl er mit Château Rougerie noch ein Standbein in der AC Bordeaux hat). Les Ailes de Berliquet ist der Zweitwein.

33330 St-Émilion; www.chateau-berliquet.com

Château Canon Premier Grand Cru Classé B

Château Canon ist im Besitz der Brüder Wertheimer vom Modehaus Chanel und von Château Rauzan-Ségla in Margaux (siehe S. 171). Seit dem Kauf 1996 wurde kräftig investiert, am intensivsten in den vergangenen sechs Jahren, und das Château renoviert. Von den insgesamt 22 ha stehen 20 ha auf dem Lehm-Kalkstein-Plateau unter Ertrag und sind mit 75 % Merlot und 25 % Cabernet Franc bestockt. Der Wein wird im Allgemeinen nicht so hoch eingeschätzt, wie es die getätigten Investitionen rechtfertigen würden, aber er ist tatsächlich ein erstklassiger Tropfen, weich und reich texturiert, mit subtilen Vanillenoten von den zu 80 % neuen Eichenfässern.

1, Saint Martin, 33330 St-Émilion; www.chateau-canon.com

Château Canon La Gaffelière
Grand Cru Classé

Stephan von Neipperg, einer der Charakterköpfe von St-Émilion, hat Stéphane Derenoncourt als Weinmacher für das 20-ha-Gut verpflichtet. Es ist praktisch das erste, das man sieht, wenn man die Stadt erreicht. Das Château ist ebenso elegant wie sein Besitzer, seine Gewächse sind von einer modernen Weinbauphilosophie geprägt. 55 % Merlot, 40 % Cabernet Franc und 5 % Cabernet Sauvignon sorgen für großartige Struktur und Fleischigkeit, aber immer mit feinem Bukett und würzigem Einschlag.

La Gaffelière Ouest, 33330 St-Émilion; www.neipperg.com

Château Cantenac

Das Gut ist eines der wenigen, für die der Médoc-Berater Jacques Boissenot den Fluss überquert. Es gehört der charmanten Familie Roskam-Brunot, angeführt von Mutter Nicole, die von ihren drei Söhnen Frédéric, Frans und Johan (und deren Ehefrauen, allesamt Amerikanerinnen) unterstützt wird. Das 13 ha umfassende Rebareal liegt am Rand der Hänge von St-Émilion. Der Rebsatz beträgt 75 % Merlot und 24 % Cabernet Franc (plus 1 % Cabernet Sauvignon, der unaufdringlich zum Rückgrat beiträgt); der Wein ist ein traditioneller St-Émilion mit roten Früchten und festen Tanninen. Die beste Cuvée ist der 14 Monate in zu 50 % neuer Eiche gereifte Climat de Château Cantenac mit einem höheren Cabernet-Sauvignon-Anteil.

2, Cantenac, 33330 St-Émilion; www.chateau-cantenac.fr

Château Cheval Blanc
Premier Grand Cru Classé A

Ebenso wie Château d'Yquem in Sauternes (siehe S. 185) gehört Château Cheval Blanc jetzt dem Luxusgüterkonzern LVMH sowie dem belgischen Unternehmer Albert Frère. Die wahre Führungspersönlichkeit ist allerdings Pierre Lurton. Die Reben wachsen in einer einzigen Lage (33 ha), die mehrheitlich mit Cabernet Franc (57 %) bestockt ist; hinzu kommen Merlot, Cabernet Sauvignon und Malbec. Alle Weine werden in 100 % neuer Eiche gereift. Am Gaumen treffen sich herrlich cremige Veilchen und Brombeeren, umwerfende Geschmacksexplosionen und eine schöne Säure, die so subtil ist, dass man sie kaum spürt. Der Petit Cheval ist einer der besten Zweitweine überhaupt.

Keine Besuchereinrichtungen
www.chateau-cheval-blanc.com

Château Clos de Sarpe

Der Wein von Château Clos de Sarpe wird derart nachgefragt, dass er sofort ausverkauft ist, sobald er auf den Markt kommt. Die alten Reben werden mit Hingabe gepflegt, und die winzigen Erträge von den 4 ha werden mithilfe von Mikrooxidation vinifiziert. Der Verschnitt von 85 % Merlot und 15 % Cabernet Franc wird 16 bis 18 Monate in neuen Eichenfässern gereift. Der fertige Wein besitzt herrlich konzentrierte Aromen von dunklen Zwetschgen und Lakritze.

Keine Besuchereinrichtungen; www.clos-de-sarpe.com

Château La Clotte Grand Cru Classé

Wenn ein Château die Magie von St-Émilion verkörpert, dann ist es Château La Clotte. Aus Kalksteinfelsen herausgehauen, liegt es nur fünf Minuten vom Hauptplatz der Stadt entfernt und doch verborgen in seinem eigenen winzigen Tal. Viele der hiesigen Keller waren früher Steinbrüche, doch hier lebten einst Höhlenbewohner. Heute leitet Nelly Mouliérac das 4-ha-Gut, deren Wein eher geschmeidig daherkommt und Noten von Lakritze und geröstetem Mokka sowie Obertöne von Roten Johannisbeeren aufweist.

Lieu-dit Bergat, 33330 St-Émilion
www.chateaulaclotte.com

Château La Confession

Château La Confession ist ein Janoueix-Wein, dessen mächtige, saftige Brombeerfrucht ein (ganz klein) wenig von gerösteten würzigen Kräutern und weißem Pfeffer gebändigt wird. Die winzigen 2,75 ha Rebfläche sind mit immerhin 45 % Cabernet Franc (plus 50 % Merlot und 5 % Cabernet Sauvignon) bestockt. Durch hohe Pflanzdichte sowie zweimalige Behangausdünnung wird die Aromenfülle der Trauben verstärkt. Gereift werden die Weine in zigarrenförmigen Fässern, die angeblich einen erhöhten Sauerstoffaustausch und die Abmilderung der (immer noch ziemlich fleischigen) Tannine bewirken.

183, route de St-Émilion, 33500 Libourne
www.josephjanoueix.com

Château Corbin Grand Cru Classé

Unweit von Château Cheval Blanc und der Grenze zu Pomerol liegt Château Corbin im Nordwesten von St-Émilion. Anabelle Cruse-Bardinet ist für das zusammenhängende Rebareal von 13 ha (80 % Merlot, 20 % Cabernet Franc) auf sandigen und lehmigen Böden verantwortlich. Berater ist Ludwig Vanneron vom Laboratoire Rolland, der Methoden wie die Kaltmaischung vor der Vergärung verwendet; biologischer Säureabbau und Reifung erfolgen in 100 % neuen Eichenfässern. Das Resultat sind Weine mit der hübschen Frische wilder Erdbeeren, kontrastiert von Mokka- und Minznoten – ein moderner, erfolgreicher Stil.

Keine Besuchereinrichtungen; www.chateau-corbin.com

Château Corbin Michotte
Grand Cru Classé

Neben 65 % Merlot und 5 % Cabernet Sauvignon sieht das Verschnittrezept 30 % Cabernet Franc für den Château Corbin Michotte vor. Jean-Noël Boidron erzeugt einen grazilen St-Émilion im klassischen Stil mit einer Fülle von Geschmacksnuancen, doch mitunter etwas leichtgewichtiger Frucht. Das Gut verfügt über 7 ha Reben, die jährlich 38 000 Flaschen erbringen, sowie über einen 2 ha großen, sehr schönen Park rund um das Château. Boidron gehört auch Château Cantelauz in Pomerol.

33330 St-Émilion; vignoblesjnboidron@wanadoo.fr

Château La Couspaude Grand Cru Classé

Die lebensgroßen Bronzepferde im kopfsteingepflasterten Hof von Château La Couspaude beweisen, dass die seit über 100 Jahren auf dem Gut ansässige Eigentümerfamilie Fantasie besitzt. Der gegenwärtige Besitzer, Alain Aubert, wird von Tochter Héloïse und Nichte Vanessa sowie Berater Michel Rolland unterstützt. Gemeinsam erzeugen sie jährlich rund 55 000 Flaschen. Der Wein von rund 7 ha Reben ist ein unverhohlen moderner, überschwänglicher St-Émilion. 75 % Merlot, 20 % Cabernet Franc und 5 % Cabernet Sauvignon plus 100 % neue Eiche sorgen für Mokkanoten und fleischige rote Frucht.

33330 St-Émilion; Tel. 05 57 40 15 76

Château Croix de Labrie

Die winzige Boutiquekellerei ist im Besitz von Michel und Ghislaine Puzio-Lesage, deren auffällige Weine stets vor roten Früchten und sanften Noten schwarzer Trüffeln strotzen. Die Tannine fügen sich bereits relativ frühzeitig ein, sodass der Wein schon in seiner Jugend viel Vergnügen bietet – allerdings ist er sehr schwer aufzutreiben, denn die Jahresproduktion beläuft sich auf gerade mal 2400 Flaschen.

Keine Besuchereinrichtungen; Tel. 05 57 24 64 60

Château Dassault Grand Cru Classé

Das einstige Château Couperie erhielt nach dem Kauf durch Marcel Dassault Mitte der 1950er-Jahre seinen jetzigen Namen. Heute wird das Château mit den perfekten Proportionen von Laurent Dassault und Gutsleiter Laurence Brun geführt. Michel Rolland begann hier 1973 seine Karriere (Dassault war eines der ersten Güter, die er önologisch beriet). Die 17 ha Rebfläche sind überwiegend mit Merlot (85 %) bestockt. Der Wein ist gut gemacht, mit schön gefügten Tanninen und sorgfältig ausgearbeiteter Frucht – sein Genuss bereitet große Freude. Den Dassaults gehört auch Château La Fleur in St-Émilion.

Keine Besuchereinrichtungen
www.chateaudassault.com

Château Destieux Grand Cru Classé

Das 2006 heraufgestufte Château Destieux gehört Christian Dauriac von La Clémence in Pomerol (siehe S. 202). Der Wein besitzt ein herrliches Bukett, eine ordentliche Portion Frucht und zupackende Tannine. Die 45-jährigen Reben wachsen auf 8 ha in einem natürlichen Amphitheater, wodurch die Trauben viel Sonne und Konzentration abbekommen. Dass Dauriac Medizinische Biologie sowie Önologie studiert hat, hilft ihm sicherlich, seinem Wein (66 % Merlot sowie Cabernet Sauvignon und Franc zu gleichen Teilen) die verführerischen Schwarze-Johannisbeer- und Feigennoten abzuschmeicheln. Michel Rolland berät. Probierenswert ist auch der St-Émilion Grand Cru Château Montlisse.

33330 St-Émilion; www.vignobles-dauriac.com

Château La Dominique Grand Cru Classé

Die Familie Fayat von Clément-Pichon im Médoc (siehe S. 145) besitzt das 23-ha-Château La Dominique seit 1969. Es liegt an der Grenze zu Pomerol, was die stilistische Nähe zu den dortigen Gewächsen erklärt: mächtige, tiefgründige Aromen und eine fest gefügte Struktur. Der Wein wird von 86 % Merlot, 12 % Cabernet Franc sowie 2 % Cabernet Sauvignon bereitet und

GÉRARD PERSE

In das – wie manche meinen – allzu selbstgewisse Bordelais bringt Gérard Perse frischen Wind. Seine Châteaux, Monbusquet, Pavie und Pavie-Decesse, hat er nicht von Winzervorfahren geerbt, sondern selbst erworben – mit dem Kapital aus dem Verkauf seiner Großmarktkette in Nordfrankreich. Dann trat er erfolgreich in Wettstreit mit den Besten der Appellation: Er führte extreme Ertragsbeschränkung, Behangausdünnung und Unmengen neuer Eiche ein und verzichtete auf Schönung und Filtration. »Wer Supermärkte führt, muss sehr schnell agieren und reagieren können. Diese Einstellung nahm ich mit nach Bordeaux und stiftete zunächst Verwirrung – meine Nachbarn wussten nicht, was sie von mir halten sollten«, sagt Perse heute. »Ich konzentrierte mich ganz und gar darauf, den bestmöglichen Wein zu erzeugen, lernte aber auch, meinen Erfolg nicht überzubewerten. Hier haben wir wahre Gelassenheit entdeckt.«

CHÂTEAU FIGEAC
DER »MÉDOC VON ST-ÉMILION« – REIFT AUF KIESBODEN

CHÂTEAU FAUGÈRES
BEHALTEN SIE DAS GUT IM AUGE – SEIN EIGENTÜMER HAT NOCH VIEL VOR

18 Monate in (zu 60 % neuen) Eichenfässern ausgebaut. Seit 2006 berät nicht mehr Michel Rolland selbst, sondern sein Mitarbeiter Jean-Philippe Fort – und dass Yannick Evenou 2009 die Gutsleitung übernommen hat, lässt weitere Veränderungen erwarten. Die Fayats haben unlängst das Nachbar-Château Vieux Fortin erworben, das La Dominique eingegliedert werden soll.

33330 St-Étienne de Lisse; Tel. 05 57 51 31 36

Château Faugères

Silvio W. Denz, Schweizer Investor und Multimillionär, erwarb Château Faugères im Jahr 2005. Die neue, von Mario Botta entworfene unterirdische »Schwerkraft-Kellerei« wird auf mehreren Ebenen betrieben, verfügt über eine Kühlkammer für die Trauben und eine lasergesteuerte Sortiermaschine. Denz will einen ernst zu nehmenden Wein erzeugen und hat sich die Unterstützung zweier Önologenstars gesichert: Michel Rolland und Stephan von Neipperg. Die *cuvée spéciale* Péby ist ein luxuriöser, fruchtbepackter sortenreiner Merlot, der Hauptwein ein klassischerer Verschnitt von 85 % Merlot, 10 % Cabernet Franc und 5 % Cabernet Sauvignon. Zudem gibt es den Haut Faugères und den Château Cap de Faugères.

33330 St-Étienne-de-Lisse; www.chateau-faugeres.com

Château Faurie de Souchard

Grand Cru Classé

Die junge Generation der Familie Sciard setzt ihren Ehrgeiz daran, mithilfe von Berater Stéphane Derenoncourt den Stil des Château Faurie de Souchard behutsam zu modernisieren. Die 14 ha Rebfläche sind mit 75 % Merlot, 20 % Cabernet Franc und 5 % Cabernet Sauvignon bestockt. Die Weinbereitung findet in Betontanks statt; der Wein zeigt schöne Ausgewogenheit und lebhafte Frucht. Die letzten Jahrgänge sind sehr vielversprechend.

33330 St-Émilion; www.fauriedesouchard.com

Château Figeac Premier Grand Cru Classé B

Nach dem Tod von Thierry Manoncourt 2010 führt nun sein Schwiegersohn Eric d'Aramon das Gut. Der ungewöhnlichen St-Émilion-Wein. Der Château Figeac enthält aufgrund des kiesigen Terroirs stolze 70 % Cabernet Sauvignon und Cabernet Franc, der Rest ist Merlot; er besitzt jedoch fraglos mehr schwarze Frucht und Tannine als viele andere Erzeugnisse vom rechten Ufer und wird deshalb oft als »der Médoc von St-Émilion« bezeichnet. Der Ausbau in 100 % neuer Eiche rundet die Tannine ab und sorgt für ein wenig St-Émilion-typische Fleischigkeit.

33330 St-Émilion; www.chateau-figeac.com

Château Fleur Cardinale Grand Cru Classé

Manchmal braucht es einen kleinen Stups: 2001 überredete Florence Decoster ihren Ehemann, der gerade die Porzellanmanufaktur Haviland in Limoges verkauft hatte, zum Erwerb von Château Fleur Cardinale. Gemeinsam schufen sie ein spannendes, modernes, dynamisches Gut, dessen 18 ha Rebfläche mit 70 % Merlot sowie den beiden Cabernet-Sorten bestockt sind. Der in 100 % neuer Eiche gereifte, verführerische Wein voll dunkler Frucht strotzt vor Selbstbewusstsein. Die beiden anderen Weine heißen Bois Cardinale und Le Secret de Cardinale.

7, Thibaud, 33330 St-Étienne-de-Lisse
www.chateau-fleurcardinale.com

Château La Fleur Morange

Das herausragende Gut mit 2 ha wird von Jean-François und Veronique Julien ökologisch bewirtschaftet. Die Reben (70 % Merlot, 15 % Cabernet Franc, 15 % Cabernet Sauvignon) sind über 100 Jahre alt und erbringen Weine voll opulenter Schwarze-Johannisbeer- und Himbeerfrucht mit einem Hauch Lakritze. Dass die beiden Perfektionisten sind (Jean-François war früher ein renommierter Möbelschreiner), zeigt sich an diversen bedeutsamen Details, so gibt es etwa in der Kellerei für den biologischen Säureabbau einen Balkon, der den natürlichen Temperaturanstieg ausnutzt. Auch der sortenreine Merlot Matilde ist sehr gut. ★**Aufsteiger**

Ferrachat, 33330 St-Pays-d'Armens
www.lafleurmorange.com

Château Fombrauge

Lehnen Sie sich zurück und versenken Sie sich in die Weine von Château Fombrauge – Bernard Magrez tut viel dafür, seinen Weinen eine Luxusbehandlung zuteilwerden zu lassen, damit sie Ihnen großes Wohlgefühl vermitteln. Der Hauptwein von 70 % Merlot mit 30 % Cabernet Franc und Sauvignon fürs Rückgrat ist weich und überaus fruchtig. Der Zweitwein heißt Cuvée Cadran du Château Fombrauge. Der erfolgreiche Fombrauge Blanc ist einer der seltenen hiesigen Weißen.

1, Fombrauge, 33330 St-Christophe-des-Bardes
www.fombrauge.com

Château Fonplégade Grand Cru Classé

Der Weinberg von Château Fonplégade liegt direkt gegenüber der exzellenten Genossenschaftskellerei von St-Émilion. Der Vergleich ist vielleicht nicht ganz passend, schließlich ist Fonplégade – im Besitz des amerikanischen Bankiers Stephen Adams – ein renommierter Cru Classé, doch beide zeigen das strahlende neue Antlitz der Appellation. Die kürzlich auf höchstem Niveau restrukturierten 18 ha sind mit 91 % Merlot bestockt. Der Wein wird einer fünftägigen Kaltmaischung unterzogen und bis zu 24 Monate in 100 % neuer Eiche gereift; Berater ist Michel Rolland. Das Resultat ist purer Luxus – reichhaltige Sommerfrüchte, eingebunden in eine seidige Struktur. Der Zweitwein heißt Fleur de Fonplégade.

1, Fonplégade, 33330 St-Émilion
www.adamsfrenchvineyards.fr

Château Fonroque Grand Cru Classé

Alain Moueix leitet das exzellente Château Fonroque, das er biologisch-dynamisch bewirtschaftet – ein mutiger Schritt für einen klassifizierten Wein, doch er macht sich bezahlt. Die Farbe ist ein prachtvolles Purpur, die Tannine sind in der Jugend streng, aber unterlegt mit der Reinheit der Frucht, und eine knackige Mineralität hält das Ganze zusammen. Moueix behandelt seine vorwiegend mit Merlot bestockten 17 ha als Ökosystem, das mit Sorgfalt in der Balance gehalten werden muss, und respektiert den Wein, den es erbringt, indem er ihn nicht filtert.

1, Fonroque, 33330 St-Émilion; www.chateaufonroque.com

Château Franc Mayne Grand Cru Classé

Wenn Sie nach einer modernen Interpretation des Themas St-Émilion suchen, ist Château Franc Mayne eine gute Wahl. Der Wein besitzt lebhafte Schwarzkirscharomen, überzogen von eichenwürzigen Vanille- und

Röstnoten. Dieser moderne Ansatz der Schweizer Eigentümer Griet und Hervé Laviale erstreckt sich auch auf ihr preisgekröntes Boutiquehotel und das neue Besucherzentrum – jahrhundertealt sind hingegen die in den Kalksteinfelsen gehauenen Keller. Der 7-ha-Weinberg ist mit 90 % Merlot und 10 % Cabernet Franc bestockt. Eine einwöchige Kaltmaischung schafft die Grundlage für den fruchtbetonten Wein. Der Zweitwein Les Cèdres de Franc Mayne macht 20 % der Produktion aus.

La Gomerie, 33330 St-Émilion
www.chateau-francmayne.com

Château La Gaffelière
Premier Grand Cru Classé B

Die Eigentümer von Château La Gaffelière, das von Comte Léo de Malet Roquefort geleitet wird, zählen zu den ältesten Familien der Region, und Reben wurden hier schon zur Römerzeit kultiviert. Das Château besitzt eine unterirdische Kellerei, erbaut 1990 vom Architekten Philippe Mazières, in der Kaltmaischung und biologischer Säureabbau in neuen Eichenfässern zum Einsatz kommen. Das Etikett wurde 2009 neu gestaltet. Die 22 ha Rebfläche, mit 80 % Merlot, 10 % Cabernet Sauvignon und 10 % Cabernet Franc bestockt, liegen in einem Weinberg gegenüber dem Ausone-Hügel am Ortseingang.

33330 St-Émilion; www.chateau-la-gaffeliere.com

Château Gracia

Das Château ist nach seinem Gründer Michel Gracia benannt, der ursprünglich Steinmetz ist und einige der schönsten Arbeiten der Region geschaffen hat. Die gleiche Präzision lässt er seinem Wein angedeihen: Er ist mächtig, kraftvoll und wird in 100 % neuer Eiche ausgebaut, ohne Scheu vor Extraktion. Machen Sie sich auf lebhafte Schwarze-Johannisbeer-Aromen, Teer und Leder gefasst. Der 1997 angelegte Weinberg umfasst mittlerweile 4 ha. Les Angelots de Gracia ist der Zweitwein.

St-Christophe-des-Bardes, 33330 St-Émilion
Tel. 05 57 24 77 98

Château Grand Corbin Grand Cru Classé

Das Markenzeichen von Château Grand Corbin ist eine schöne Ausgewogenheit von rauchiger Eiche, Säure und frischen Früchten. Das Gut wird von Philippe Giraud gemanagt und zählt zu der Gruppe von Crus Classés auf dem Corbin-Plateau. Die 15 ha Reben werden nicht mit Herbiziden behandelt, die Lese erfolgt von Hand. Dass im Keller neuerdings mit Schwerkraft gearbeitet wird, zahlt sich eindeutig aus: Die Weine werden mit Flaschenzügen in mobilen Tanks bewegt und besitzen jetzt eine Seidigkeit, die früher manchmal fehlte. Zum Schluss wird der Wein 14 bis 18 Monate in (zu einem Drittel) neuen Eichenfässern gereift.

5, Grand Corbin, 33330 St-Émilion
www.grand-corbin.com

Château Grand Corbin-Despagne
Grand Cru Classé

François Despagne führt das 27-ha-Familiengut in siebter Generation, und man spürt sofort, dass er und dieses Land eins sind. Der Weinberg wird – ausschließlich von Hand – ökologisch bewirtschaftet und sukzessive auf biodynamischen Anbau umgestellt. Die Trauben werden am Stock und nochmals im Keller sortiert. Zu den neuen Experimenten zählt ein lasergesteuerter Sortiertisch. Der Hauptwein von Merlot und Cabernet Franc wird 14 bis 18 Monate in (zu 40 % neuer) Eiche gereift. Der Zweitwein Petit Corbin-Despagne von vorwiegend jungen Reben kommt nicht mit neuer Eiche in Berührung.

33330 St-Émilion; www.grand-corbin-despagne.com

CHÂTEAU FONPLÉGADE
DER WEICHE, LUXURIÖSE WEIN SPIEGELT DIE KÜRZLICH GETÄTIGTEN INVESTITIONEN WIDER

GRAND CORBIN-DESPAGNE
EINES DER WENIGEN ÖKO- BZW. BIO-DYNAMISCHEN GÜTER VON ST-ÉMILION

Château Grand Mayne Grand Cru Classé

Die Familie Nony besitzt Château Grand Mayne seit den 1930er-Jahren; wie sie wanderten damals viele Weinhändler aus dem Departement Corrèze im Limousin ins Bordelais aus. Die 19 ha Rebfläche sind mit 76 % Merlot, 13 % Cabernet Franc und 11 % Cabernet Sauvignon bestockt. Der biologische Säureabbau erfolgt in neuer Eiche. Der Wein ist komplex und bietet stets eine schöne Balance von Frucht, Tannin und Säure; die meisten Jahrgänge sollten dekantiert werden. Der Zweitwein Les Plantes du Mayne stammt von 50 % nicht klassifizierten und 50 % jungen Reben.

1, Le Grand Mayne, 33330 St-Émilion
www.chateau-grand-mayne.com

Château Guadet
Grand Cru Classé

Château Guadet, das bis 2005 noch den Namenszusatz St-Julien trug, wurde 2006 herabgestuft, und obwohl es seinen Cru-Classé-Status zurückerhielt, muss man fairerweise sagen, dass die Weine einen Schubs gebrauchen könnten. Eigentümer Guy-Petrus Lignac ist allerdings der Meinung, man habe ihn aus politschen Gründen zum Sündenbock gemacht. Die Verpflichtung von Stéphane Derenoncourt als Berater ist jedenfalls ein guter Anfang, ebenso wie die Umstellung auf nachhaltige Bewirtschaftung. Das Château besitzt ein 5,5 ha großes Rebenareal, das umfriedet von Steinmauern am Ende der Hauptstraße liegt. Dem traditionellen, gut strukturierten Wein würde ein bisschen mehr Lockerheit nicht schaden.

33330 St-Émilion; www.chateau-guadet-saintemilion.com

Château Haut-Sarpe Grand Cru Classé

Der Familie Joseph Janoueix gehört sowohl Château Haut-Sarpe als auch ein Weinhandelshaus in Libourne. Diesen Namen sollten Sie sich merken, steht er doch für interessante Weine quer durch alle Bordeaux-ACs und Preislagen. Haut-Sarpe ist eine der namhafteren Kellereien mit 22 ha klassifizierter Reben auf dem Kalksteinplateau, die intensive, aber lebhafte Weine mit guter Struktur und Frische sowie viel Brombeerfrucht erzeugt.

1, Sarpe, St-Christophe-des-Bardes, 33330 St-Émilion
www.josephjanoueix.com

Château Laniote Grand Cru Classé

Dieser Cru Classé ist ein echtes Familiengut: Es befindet sich seit 200 Jahren im Besitz der Familie Lacoste (vererbt wird es über die mütterliche Linie, sodass der Name an der Tür immer mal wieder wechselt). Heute bewirtschaftet Arnaud de la Filolie mit seiner Frau Florence Ribereau-Gayon (von der berühmten Önologenfamilie) das 5-ha-Gut. Dem Wein merkt man die Eiche bereits am Bukett an, ebenso den Duft der 20 % Cabernet Franc, aber da ist auch viel dunkle Sommerfrucht. Mit seiner guten Struktur und Säure altert der Wein schön.

3, La Niotte, 33330 St-Émilion; www.laniote.com

Die berühmten Weinberge der Côtes St-Émilion liegen auf den Hängen um das Städtchen St-Émilion.

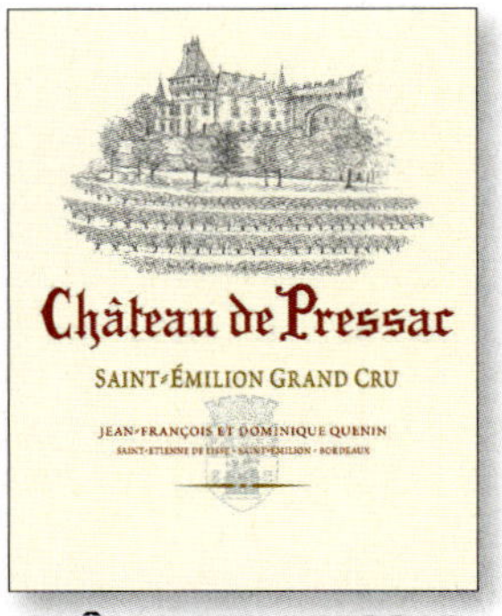

CHÂTEAU DE PRESSAC
DER WEIN ENTHÄLT EINEN SCHUSS MALBEC UND CARMENÈRE IM VERSCHNITT

CHÂTEAU PAVIE MACQUIN
DER BIOLOGISCH-DYNAMISCH ERZEUGTE WEIN IST AUFREGEND UND MODERN

Château Larcis Ducasse Grand Cru Classé
Das Gut wird seit 2002 von Nicolas Thienpont geleitet, unterstützt von Stéphane Derenoncourt als Berater. Larcis Ducasse an den Pavie-Hängen mit Blicks aufs Dordogne-Tal ist seit dem 18. Jahrhundert im Besitz der Familie Gratiot Alphandéry und verfügt über ein großartiges Potenzial. Der 11-ha-Weinberg (78 % Merlot, 20 % Cabernet Franc, 2 % Cabernet Sauvignon) erbringt einen Wein von kirschroter Farbe mit dem Duft Roter Johannisbeeren. Thienpont hat umfangreiche geologische Analysen durchführen lassen, um sicherzugehen, dass Rebsatz und Bereitungstechniken zur Bodenstruktur passen. Dieser Mann ist ein leidenschaftlicher Verfechter der Terroirphilosophie – Böden und Weine danken es ihm.

Keine Besuchereinrichtungen; www.larcis-ducasse.com

Château Larmande Grand Cru Classé
Mit 23 ha ist Château Larmande, das dem Versicherungskonzern La Mondiale gehört, eines der größten Güter der Appellation. Weitere 2,5 ha erbringen den Cadet de Larmande (AC St-Émilion Grand Cru). Der 2003 eingeweihte neue Fasskeller beherbergt 16 Edelstahltanks in verschiedenen Größen mit doppelwandiger Isolierung, die eine äußerst präzise Bereitung ermöglichen. Der Wein von 65 % Merlot, 30 % Cabernet Franc und 5 % Cabernet Sauvignon ist am Gaumen dicht und reichhaltig, die Röstnote im Bukett sehr ansprechend. Siehe auch Château Soutard, S. 198.

33330 St-Émilion; www.chateau-larmande.com

Château Laroque Grand Cru Classé
Mit seiner Louis-XV-Architektur und der fast durchscheinenden Steinfassade ist Château Laroque eine echte Schönheit. Die Weine spiegeln dieses beeindruckende Ambiente mehr und mehr wider, denn Familie Beaumartin hat viel dafür getan, dass Laroque 1996 in den Rang eines Cru Classé erhoben wurde. Die Reben auf den 61 ha steinigen Hängen sind im Schnitt 35 Jahre alt, der Rebsatz beträgt 87 % Merlot, 11 % Cabernet Franc und 2 % Cabernet Sauvignon. Nur 27 ha sind für den Hauptwein reserviert, der elf bis 13 Monate im Barrique reift – ein Wein im modernen Stil, mit reichlich roter Frucht.

33330 St-Émilion; www.chateau-laroque.com

Château Laroze Grand Cru Classé
Die 27 ha von Château Laroze bestehen vorwiegend aus tonigen Böden, die den Merlot-Trauben (68 %) echte Power verleihen. In allen Neupflanzungen wurde die Stockdichte erhöht mit dem Ziel, die Aromen weiter zu konzentrieren. In kraftvollen Jahren kann dies des Guten zu viel sein, doch Familie Meslin weiß, was sie in puncto Extraktion tut: Süße Basilikumaromen und Röstnoten von neuer Eiche vermählen sich mit Rote-Johannisbeer-Frucht. Die biologisch-dynamischen Prinzipien der 1990er-Jahre wurden durch weniger strenge, aber immer noch umweltschonende Methoden abgelöst. Der Zweitwein heißt Lafleur Laroze.

1, Goudichau, 33330 St-Émilion; www.laroze.com

Château Magdelaine
Premier Grand Cru Classé B

Bevor Jean-Claude Berrouet, langjähriger Kellermeister bei Château Pétrus in Pomerol (siehe S. 205), in den Ruhestand ging, sagte er oft, Château Magdelaine sei sein Liebling unter den Moueix-Gütern. Der Wein ist ein klassischer, zurückhaltender und eleganter St-Émilion mit Süßkirsch- und Zedernholznoten, deren Überschwang durch aromatische Kräuter im Zaum gehalten wird. Im 10,5-ha-Weinberg (90 % Merlot, 10 % Cabernet Franc) stehen noch einige Reben aus den 1920er-Jahren. Der Zweitwein heißt Les Songes de Magdelaine.

33330 St-Émilion; www.moueix.com

Château Monbousquet Grand Cru Classé
Der charakteristische Stil von Gérard Perse mit umwerfend-mächtigen Aromen ist auch beim 2006 heraufgestuften Château Monbousquet unverkennbar – hier trifft explosive Fruchtigkeit auf eine sinnliche Textur. Monbousquet war das erste Gut, das Perse 1994 in St-Émilion erwarb, und ist noch immer Wohnsitz der Familie. Der tiefe Kiesboden ist ideal für die 30 % Cabernet Franc und Sauvignon, plus 70 % Merlot. Der Monbousquet Blanc (66 % Sauvignon Blanc, 34 % Sauvignon Gris) strotzt vor Pfirsich, Apfelblüte und exotischen Früchten.

33330 St-Émilion; www.chateaupavie.com

Château Moulin du Cadet
Grand Cru Classé

Der biodynamische Weinbau (5 ha) von Château Moulin du Cadet erbringt einen klassischen, gut strukturierten St-Émilion, der von gerösteter neuer Eiche oder zu viel Fleischigkeit absieht. Isabelle und Pierre Blois-Moueix stellten 2002 auf ökologische und 2005 auf biologisch-dynamische Bewirtschaftung um. Vielleicht hat Isabelles Bruder, Alain Moueix von Fonroque (siehe S. 192), dabei ein wenig mitgeholfen, auf jeden Fall ist der sortenreine Merlot des Hauses pure, seidige rote Frucht.

Colline du Cadet, 33330 St-Émilion; Tel. 05 57 25 37 45

Château Pavie Premier Grand Cru Classé B
An Château Pavie entzündet sich oft die Kontroverse um alte versus neue St-Émilion-Stile, und doch ist und bleibt Pavie Sinnbild für die harte Arbeit und die Vision seines Eigentümers, Gérard Perse. Der Wein, üblicherweise von 60 % Merlot, 30 % Cabernet Franc und 10 % Cabernet Sauvignon (von 43 ha) bereitet, wird in zu 80 bis 100 % neuer Eiche vinifiziert. Die Tannine kommen in der Jugend tatsächlich mit Nagelstiefeln daher, doch wenn man die üppige Eleganz älterer Jahrgänge – acht Jahre sind das Minimum – kostet, versteht man, warum Perse zu Recht auf seine Methoden vertraut.

33330 St-Émilion; www.chateaupavie.com

Château Pavie-Decesse Grand Cru Classé
Auch dieses Gut gehört Gérard Perse von Château Pavie (siehe oben), ist mit 9 ha Rebfläche (90 % Merlot, 10 % Cabernet Franc) auf dem Kalksteinplateau aber kleiner als sein berühmterer Bruder. Wie nicht anders zu erwarten, wird auch hier den Trauben eine Luxusbehandlung zuteil, sprich rigide Behangausdünnung, Lese und Sortieren von Hand sowie Überwachung der Weinbereitung durch Michel Rolland. Jährlich werden rund 24 000 Flaschen erzeugt; es gibt kein Zweitetikett. Der Wein zeigt die Perse-typischen mächtigen, gut definierten Aromen, eine zupackende Tanninstruktur und verführerische rote Früchte – mit unwiderstehlichem Selbstbewusstsein.

33330 St-Émilion; Tel. 05 57 55 43 43

Château Pavie Macquin

Premier Grand Cru Classé B

Ein Pavie Macquin zählt zu jenen klassifizierten Gewächsen, die einem stets ein Gefühl von Begeisterung und besonderer Gelegenheit vermitteln, wenn man sie öffnet. Gutsleiter Nicolas Thienpont gelingt es, den biodynamisch bewirtschafteten 15 ha Reben exzellente Weine (80 % Merlot) abzugewinnen. Der Stil ist modern (reife Frucht, Ganztraubenvergärung und Mikrooxidation), der Geschmack reich an Lakritze und Schokolade, mit einer alles in der Balance haltenden Säure. Albert Macquin, der berühmte Gutsgründer, rettete Ende des 19. Jahrhunderts die Region vor dem Untergang mit seiner Idee, Edelreiser auf reblausresistente Unterlagen zu pfropfen. Die jetzigen Eigentümer sind seine Enkel.

33330 St-Émilion; www.pavie-macquin.com

Château de Pressac

Das Gut liegt auf dem höchsten Punkt (80 m) von St-Étienne-de-Lisse auf der Kalkhochebene im Osten der AC und gehört Jean-François Quenin, dem Vorsitzenden der lokalen Winzervereinigung. Zu den ungewöhnlichsten Maßnahmen, die Quenin nach dem Erwerb von Château de Pressac 1997 einleitete, gehörte die Terrassierung der steilen Hänge rund um das Château. Zudem ersetzte er alte durch neue Reben und Sorten – heute sind es 72 % Merlot, 14 % Cabernet Franc, 12 % Cabernet Sauvignon sowie 2 % Carmenère und Malbec (hier auch Pressac genannt). Der Wein mit schön eingefügter Eiche ist weich und geschmeidig. ★**Aufsteiger**

33330 St-Étienne-de-Lisse; www.chateau-de-pressac.com

Château Le Prieuré Grand Cru Classé

Dem mächtigen und alles in allem überaus ansprechenden Château Le Prieuré von 90 % Merlot und 10 % Cabernet Franc ist eine Frische eigen, die der Schwarzkirschfrucht und den gut gearbeiteten Tanninen ein solides Fundament geben, flankiert von schönen Rauchnoten aus der Eiche. Dank seiner seidigen Tannine ist er bereits in der Jugend ein Genuss, besitzt aber auch gutes Alterungspotenzial. Um die 6 ha Rebgelände – ein Großteil liegt direkt oberhalb des mittelalterlichen Städtchens – kümmern sich Paul Goldschmidt (Co-Geschäftsführer der Eigentümerfirma Baronne Guichard) und der Önologe Yannick Reyrel. Sehr gut ist auch der jung zu trinkende Zweitwein Délice du Prieuré, ein sortenreiner Merlot.

33330 St-Émilion; www.baronneguichard.com

Château Quinault L'Enclos

Der glamouröse Zusatz »L'Enclos« als Hinweis auf den ummauerten Weinberg stammt vom Vorbesitzer Alain Raynaud. Château Quinault erzeugt einen aufregend modernen Wein, wenngleich nach wie vor mit traditionellem Einschlag, bei dem süße neue Eiche durch schwarze Frucht ausbalanciert wird. Bernard Arnault und Albert Frère von Cheval Blanc (siehe S. 190) erwarben das 16-ha-Gut im Jahr 2008. Der Erfolg des Weins wurde früher bisweilen der Freundschaft Raynauds mit Robert Parker zugeschrieben, doch das neue Team wird diesen Verdacht sicherlich beseitigen wollen. Technischer Direktor ist jetzt Pierre-Olivier Clouet (der mit Pierre Lurton bei Cheval Blanc tätig ist).

30, boulevard de Quinault, 33500 Libourne
contact@chateau-chevalblanc.com

Château Reine Blanche

Das kleine Gut verdient Beachtung, denn es ist im Besitz des talentierten François Despagne von Château Grand Corbin-Despagne (siehe S. 193). Hier erzeugt er 36 000 Flaschen von 6 ha Reben auf vorwiegend Sand- und steinigem Boden. Der Wein von 65 % Merlot und 35 % Cabernet Franc ist kraftvoll, aber seidenweich mit geschliffener, reifer Frucht und einem Hauch Schokolade.

Keine Besuchereinrichtungen
www.grand-corbin-despagne.com

Château Riou de Thaillas

Ein Name, den man sich merken sollte: Jean-Yves Dubech besitzt zwei Châteaux – L'Enclos St-Louis in Canon-Fronsac und dieses 3-ha-Gut. Es liegt nicht nur an der Grenze zu Pomerol, der Lehmboden weist auch die gleichen Eisenerzeinschlüsse auf und bringt die kraftvolle violette Frucht der Merlot-Reben (100 %) zur Geltung. Alle Weinberge werden biologisch-dynamisch bewirtschaftet; unterstützt wird Dubech von der Önologin Anne Calderoni. Moderne, intensive Aromen sind zwar das Markenzeichen des Weins, bereitet wird er jedoch auf eher traditionelle Art. Nach dem richtigen Lesezeitpunkt befragt, sagt Jean-Yves: »Wenn die Vögel sich über die Trauben hermachen, weiß ich, dass sie reif genug sind.«

33330 St-Émilion; www.vignoblesdubech.fr

Château Ripeau Grand Cru Classé

Wie seine Nachbarn Cheval Blanc und Figeac weist auch das Terroir von Château Ripeau genügend Kies auf, um den hohen Anteil von 35 % Cabernet Sauvignon und Franc zu rechtfertigen. Der übrige Lehm-Sand-Boden ist mit Merlot bestockt, der hier die kraftvolle Art von Pomerol annimmt. Das bereits seit 1955 klassifizierte 15-ha-Château wird heute von Barbara Janoueix-Coutel und ihrem Cousin Louis de Wilde geführt. Die junge Generation setzt, wenn nötig, Umkehrosmose ein sowie Kaltmaischung vor der Gärung, um die Aromen zu konzentrieren und die Frucht zu betonen.

1, Ripeau, 33330 St-Émilion; www.chateauripeau.com

Château Rol Valentin

Der klangvolle Name Rol Valentin passt perfekt zu diesem hedonistischen Wein, von dem es jährlich rund 14 000 Flaschen gibt. Seit 2009 ist das 4,6-ha-Gut im Besitz von Nicolas Robin, der es von dem Exfußballprofi Eric Prissette erwarb. Die Reben, vorwiegend Merlot (86 %), werden durch Rebschnitt und rigide Behangausdünnung zu Höchstleistungen getrieben. Zu den Kellertechniken gehören das manuelle Unterstoßen des Huts in kleinen Fässern und der Ausbau in 100 % neuer Eiche. Berater Stéphane Derenoncourt schöpft hier hemmungslos aus dem Vollen und schwelgt in gerösteten Kräutern, getoasteter Eiche und in Lakritze getauchten Früchten.

5, Les Cabanes Sud, 33330 St-Émilion
www.rolvalentin.com

Château La Serre Grand Cru Classé

Der Wein von Château La Serre, 16 Monate in 100 % neuer Eiche gereift, gibt sich im Bukett zart und frisch, darunter jedoch verbirgt sich immense Kraft, verbunden mit Minze- und Kräuternoten sowie Unmengen frischer Frucht. Vertrieben wird der Wein, der in den letzten Jahren allem Anschein nach neue Höhen erklommen

STÉPHANE DERENONCOURT

Der einflussreiche önologische Berater des rechten Dordogne-Ufers ist für seinen naturnahen Ansatz bekannt: Er tritt für biologisch-dynamische, ökologische und nachhaltige Bewirtschaftungsformen ein und verwendet burgundische Methoden wie die parzellenweise Bearbeitung der Weinberge, Ganztraubenvergärung und eine neue Technik der Rotweinvergärung namens Vinification Intégrale. Denn für Stéphane Derenoncourt geht es beim Wein um »Frucht, Ausgewogenheit und Vergnügen«. Der Autodidakt kam 1982 nach Bordeaux, um bei der Lese zu helfen, und erwarb sich nach und nach durch Beobachtung, Versuch und Irrtum seine Kenntnisse. Er war der Erste jener »neuen Beratergeneration, die ihr Handwerk nicht im Labor, sondern im Weinberg lernten«. Heute besitzt Derenoncourt sein eigenes Gut, Domaine de l'A in der AC Côtes de Bordeaux (im Bereich Castillon), erzeugt den Les Trois Origines (AC St-Émilion) und berät mehr als 70 Châteaux in Bordeaux.

hat, von Éts. JP Moueix, das Gut selbst ist im Besitz der Familie d'Arfeuille, den früheren Eigentümern von La Pointe in Pomerol (siehe S. 206). Die 7 ha Reben (80 % Merlot, 20 % Cabernet Franc) wachsen auf Kalkstein mit Lehmeinschließungen auf dem Plateau von St-Émilion.

33330 St-Émilion; Tel. 05 57 24 71 38

Château Soutard Grand Cru Classé

In den letzten Jahren hat sich der Stil des Château Soutard (70 % Merlot, 30 % Cabernet Franc) verändert: Der Wein ist nun gewichtiger und runder, mit Mokka- und Kaffeenoten, die vom längeren Ausbau in neuer Eiche zeugen. Zu verdanken ist das den neuen Eigentümern, der Versicherungsgesellschaft La Mondiale, die das 22-ha-Gut 2006 erwarb. Geleitet wird es von der glamourösen Claire Thomas-Chenard, und der Stilwechsel ist keineswegs Augenwischerei, denn er geht einher mit intensiver Weinberg- und Kellerarbeit sowie weiteren für die nächste Zeit geplanten Verbesserungen. Noch ist dies ein preiswerter Wein, ebenso wie das Zweitetikett Jardins de Soutard. Siehe auch Larmande, S. 196.

33330 St-Émilion; www.chateausoutard.com

Château Tertre Rôtebœuf

François Mitjavile hat den Tertre Rôtebœuf zu einem der beliebtesten nicht klassifizierten St-Émilion-Weine gemacht. Die 5,7 ha sind mit 45 Jahre alten Merlot- (85 %) und Cabernet-Franc-Reben (15 %) bestockt; die Trauben werden so spät wie möglich gelesen und bei ungewöhnlich hohen Temperaturen vergoren. Der opulente, raffinierte Wein mit Brombeer- und Schwarze-Johannisbeer-Aromen, überlagert von rauchiger Vanille, haut einen um, aber am nächsten Tag erwacht man mit einem Lächeln.

33330 St-Laurent-des-Combes; www.tertre-roteboeuf.com

Château La Tour Figeac Grand Cru Classé

Das Gut im Besitz der Familie Rettenmaier ist eines der wenigen St-Émilion-Güter mit Kiesterroir. Die sandigeren Bereiche der 14,5 ha Rebfläche sind mit Merlot (60 %) bestockt, während auf dem Kies Cabernet Franc wächst. Bewirtschaftet wird alles biodynamisch, François Bouchet berät. Geschmacklich erwartet Sie dichte, reichhaltige Frucht, die durch subtile Nuancen von gerösteten Kräutern und Zedernholz an Komplexität gewinnt. L'Esquisse de La Tour Figeac ist der Zweitwein.

33000 St-Émilion; Tel. 05 57 51 77 62

Château La Tour du Pin Grand Cru Classé

Seit 2006 gehört Château La Tour du Pin Bernard Arnault und Albert Frère von Cheval Blanc (siehe S. 190); man sollte es im Auge behalten. Nicht nur, weil der brillante Pierre Lurton für die Weinbereitung zuständig ist, sondern auch wegen verbesserter Methoden, z. B. ein neues Weinbergmanagement, das sich nach Bodenanalysen richtet, und die parzellenweise Vergärung in kleinen Fässern. Die reine, geschmeidige Frucht mit hinreißenden frischen Himbeer- und Kirschnoten ist verblüffend – dieser Wein wird immer besser! Das großartige Traubenmaterial stammt von einem außergewöhnlichen Terroir (11 ha) mit Kies-Sand-Kalkstein-Gemisch, bestockt mit 75 % Merlot und 25 % Cabernet Franc. ★**Aufsteiger**

Keine Besuchereinrichtungen
contact@chateau-chevalblanc.com

CHÂTEAU TERTRE RÔTEBŒUF
OBWOHL KEIN CRU CLASSÉ, HAT DER WEIN EINE GROSSE ANHÄNGERSCHAFT

CHÂTEAU VIEUX POURRET
EIN BIODYNAMISCHES GUT UND PIONIER IN SACHEN ÜBERREGIONALE VERSCHNITTE

Château Troplong-Mondot

Premier Grand Cru Classé B

Die zierliche, aber höchst energische Christine Valette ist Eigentümerin von Château Troplong-Mondot (das »p« wird mitgesprochen). Zusammen mit ihrem Mann, Xavier Pariente, hat sie in den vergangenen Jahren für einen enormen Qualitätssprung gesorgt. Der Weinberg ist mit 34 ha ziemlich groß für St-Émilion; die Reben sind bis zu 90 Jahre alt und wachsen auf einer dicken Lehmauflage über tiefem Kalkstein. Chemikalien werden nicht eingesetzt. Mit 90 % Merlot sowie je 5 % Cabernet Sauvignon und Franc wird ein kraftvoller Wein erzeugt, den man am besten bei einem guten Gespräch genießt.

33330 St-Émilion; www.chateau-troplong-mondot.com

Château Trotte Vieille

Premier Grand Cru Classé B

Das Gut gehört dem Handelshaus Borie-Manoux der Familie Castéja. Der duftige, elegante Wein besteht aus jeweils knapp 50 % Merlot und Cabernet Franc plus einem Schuss Cabernet Sauvignon zur Festigung der Tanninstruktur. Er wird 18 Monate in zu 80 % neuer Eiche gereift und ohne Filtration abgefüllt. Die Reben (10 ha) sind im Schnitt 50 Jahre alt. Der früher manchmal enttäuschende Wein ist jetzt anscheinend im Steigflug.

1, Trotte-Vieille, 33330 St-Émilion; www.trottevieille.com

Château de Valandraud

Es ist mitunter schwierig, einen Wein von seinem Mythos zu trennen, und die vielen Geschichten, die über Valandraud seit seiner Gründung 1989 im Umlauf waren, gereichten dem Gut erst zum Segen und dann zum Schaden. Jean-Luc Thunevin und seine Frau Murielle Andraud begannen mit gerade mal 0,6 ha und wurden zu den profiliertesten Vertretern von Garagenweinen, die das rechte Ufer in den 1990er-Jahren überschwemmten. Dies verschleierte zeitweise die wahre Leistung des heute 10 ha umfassenden Qualitätsguts: Weine von anmutiger Ausgewogenheit, voll reiner Frucht und saftiger Tannine. Der Zweitwein heißt Virginie de Valandraud, zudem gibt es den 3 de Valandraud sowie Blanc de Valandraud No 1 und No 2. Siehe auch Bellevue de Tayac, S. 168.

33330 Vignonet; www.thunevin.com

Château Vieux Pourret

Das biodynamisch bewirtschaftete 6-ha-Château wurde durch den Wein Dixit bekannt, ein Projekt der Rhône-Legende Michel Tardieu und des Bordelaiser Önologen Olivier Dauga. Gelesen wird durchweg von Hand, die Vergärung erfolgt parzellenweise bei niedriger Temperatur in kleinen Fässern – das Ergebnis ist unverkennbare Eleganz und herrliche Finesse im Abgang. Ähnlich einnehmend ist der Hauptwein (80 % Merlot, 20 % Cabernet Franc), bei dem Eigentümerin Sylvie Richert-Boutet und Gutsleiter Jean-Philippe Turtaut Aromen von wilden Beeren und nassen Steinen herausarbeiten. ★**Aufsteiger**

Miaille, 33330 St-Émilion; www.chateau-vieux-pourret.fr

Clos Cantenac

Der neue Name in St-Émilion (oder besser gesagt, die Wiederbelebung eines sehr alten) ist ein Jointventure des britischen Erzeugers Martin Krajewski (von Château de Sours in Bordeaux und Songlines in Australien) mit seinem neuseeländischen Freund Marcus Le Grice.

Der Wein von 90 % Merlot und 10 % Cabernet Franc besitzt großzügige Zwetschgen- und Rote-Johannisbeer-Aromen, samtige Tannine und jede Menge Charakter. Er wurde 2007 zum ersten Mal herausgebracht und schnitt sogar in diesem schwierigen Jahrgang hervorragend ab. Von den 1,7 ha werden jährlich 7500 Flaschen erzeugt.

33330 St-Émilion; www.closcantenac.com

Clos Fourtet

Premier Grand Cru Classé B

Ganz in der Nähe der Pfarrkirche von St-Émilion (es gibt mehrere Kirchen, sogar eine unterirdische) liegt der schöne ummauerte Clos Fourtet, seit 2001 im Besitz der Familie Cuvelier, die sich von Stéphane Derenoncourt beraten lässt. Auf den 19 ha dominiert Merlot (85 %), ergänzt um Cabernet Sauvignon und Cabernet Franc. In den weitläufigen, in den Kalksteinfels gehauenen Kellern unter dem Château reift der Wein 16 bis 18 Monate in zu 80 % neuen Eichenfässern. Er besitzt ein hervorragendes Alterungspotenzial und zeigt bei großartiger Ausgewogenheit blumige Noten, knackige Mineralität und solide Struktur. La Closerie de Fourtet ist der Zweitwein.

1, le Châtelet Sud, 33330 St-Émilion; www.closfourtet.com

Clos La Madeleine

Hubert de Boüard von Château Angélus (siehe S. 187) ist seit 2006 Berater bei Clos La Madeleine. Die – mit 2,2 ha winzige – Rebfläche ist mit 75 % Merlot und 25 % Cabernet Franc bestockt, die Reben sind im Schnitt 32 Jahre alt. Der Wein ist subtil und elegant, mit seidiger Frucht und gut eingefügten Tanninen, ohne überextrahiert zu sein.

SA du Clos La Madeleine, 33330 St-Émilion
www.closlamadeleine.com

Clos de l'Oratoire Grand Cru Classé

Stephan von Neipperg erwarb das Gut 1991. Innerhalb von 20 Jahren ist es ihm gelungen, den Clos de l'Oratoire zu einem der führenden Weine der AC zu machen. Auf dem 10-ha-Weinberg wächst vorwiegend Merlot; der Wein verbringt im Schnitt 18 Monate in zu 70 % neuer Eiche. Dieser extravagante St-Émilion mit reifer Beerenfrucht und fein abgestimmter Struktur braucht etwas mehr Zeit als andere Neipperg-Weine, aber er ist auf lange Lebensdauer angelegt und ein echter Genuss.

33330 St-Émilion; www.neipperg.com

Clos St-Martin Grand Cru Classé

Eine wundervolle Entdeckung ist Clos St-Martin, mit 1,3 ha eine der kleinsten klassifizierten Lagen der AC. Eigentümerin Sophie Fourcade hat Michel Rolland als Berater und Benoît Turbet-Delof als Kellermeister zur Seite. Biologischer Säureabbau und Reifung finden in 100 % neuer Eiche statt und verleihen dem Wein deutlich mehr Gewicht. Merlot (75 %) spielt bei den reifen rubinroten Fruchtaromen die Hauptrolle. Die Familie besitzt auch das Cru-Classé-Gut Les Grandes Murailles.

33330 St-Émilion; www.lesgrandesmurailles.fr

Couvent des Jacobins Grand Cru Classé

Trotz der Qualitätsprobleme der vergangenen Jahre verdient Couvent des Jacobins eine Erwähnung, weil das Gut Geschichte atmet. Auf 10,7 ha Rebfläche wächst großteils Merlot, die fantastischen Keller liegen direkt unter dem Ortskern von St-Émilion. Besitzerin Rose Noëlle Borde wurde hier, in dem einstigen Dominikanerkloster aus dem 13. Jahrhundert, geboren – auf dem Etikett steht *»Mise en bouteille au couvent«*. Reicht das, um den Wein zu probieren? Er ist gewiss gut strukturiert und kann charmant sein, aber bisweilen fehlt es ihm etwas an Frucht.

SCEV Joinaud Borde, rue Guadet, 33330 St-Émilion
www.couventdesjacobins.fr

Le Dôme

Die 3 ha Reben des Le Dôme wachsen auf Hängen mit gutem Wasserabzug neben Angélus. Eigentümer Jonathan Maltus besitzt insgesamt 52 ha am rechten Ufer, großteils in der AC St-Émilion, wobei die Trauben diverser winziger Parzellen als Einzellagenweine abgefüllt werden. Dreimalige Behangausdünnung reduziert die Erträge und bringt ein duftiges Bukett sowie unergründlich tiefe Noten von Schwarzer Johannisbeere mit etwas süßer gerösteter Eiche hervor. Der Cabernet-Franc-Anteil ist außerordentlich hoch – in den meisten Jahren 73 %.

33330 Vignonet; www.teyssier.fr

La Mondotte

Stephan von Neippergs La Mondotte (das einstige Château im Namen wurde mit dem Jahrgang 1996 gestrichen) ist eines jener kleinen St-Émilion-Güter, die puren Luxus bieten – und das in Perfektion. Auf dem Kalksteinterroir (4 ha) neben Troplong-Mondot wachsen sehr ertragsarme Merlot- und Cabernet-Franc-Reben, die nur 11 000 Flaschen pro Jahr erbringen. Stéphane Derenoncourt berät. Das konzentrierte Elixir, bei dem 100 % neue Eiche eine perfekte Verbindung mit den Blaubeer- und Bitterschokoladearomen eingeht, wird belebt durch mineralische Noten. Dieser Wein rechtfertigt den Hype, der um ihn gemacht wird, voll und ganz.

33330 St-Émilion
www.neipperg.com

Moulin St-Georges

Man nennt das Gut auch »Mini-Ausone«, weil das Kellerteam dasselbe ist. Auf 7 ha wächst vorwiegend Merlot (80 %) sowie Cabernet Franc. Die Erträge werden niedrig gehalten und alle Arbeiten von Hand ausgeführt, die Vergärung erfolgt in Edelstahl. Moulin St-Georges ist eine selbstbewusste Interpretation voll üppiger Herbstfrüchte mit einem Hauch von Blaubeere und Feuerstein und wird ungefiltert abgefüllt. Horten! ★ **Aufsteiger**

33330 St-Émilion
www.chateau-ausone-saint-emilion.com

Vieux Château Mazerat

Jonathan Maltus erwarb Vieux Château Mazerat 2008. Es war der Abschluss einer Transaktion, die zehn Jahre zuvor mit Le Dôme (siehe oben), damals eine Parzelle innerhalb von Mazerat, begonnen hatte. Die beiden Reblagen, eine unweit von Angélus, die andere bei Canon, sind insgesamt 4 ha groß und mit 65 % Merlot sowie 35 % Cabernet Franc bestockt. Einige der Reben wurden 1947 gepflanzt und liefern eine zutiefst befriedigende Geschmacksintensität, wobei sich kraftvolle Blaubeernoten mit süßem Holzrauch verbinden. ★ **Aufsteiger**

33330 St-Émilion; www.teyssier.fr

VIEUX CHÂTEAU MAZERAT
EIN ÜPPIGER UND BEFRIEDIGENDER WEIN VON JONATHAN MALTUS

CHÂTEAU TROTTE VIEILLE
DIE MESSLATTE WURDE HÖHER GELEGT – DER ELEGANTE WEIN LOHNT DIE SUCHE

POMEROL

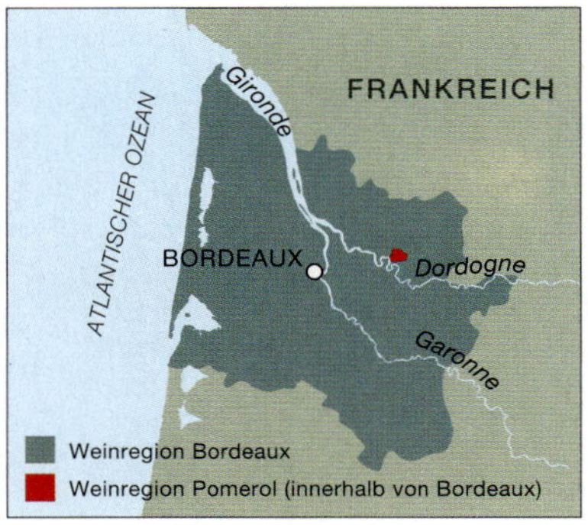

Die Appellation Pomerol ist mit knapp 800 Hektar nicht nur sehr klein, sondern auch in zahllose winzige Besitzungen unterteilt – anders als im Médoc, wo die Eigentümer der Châteaux oft große Unternehmen sind. Die Durchschnittsgröße beträgt 2,2 Hektar, doch von den rund 155 Gütern besitzen 50 weniger als zwei und etwa 30 weniger als ein Hektar Rebfläche, weshalb man Pomerol auch als das Burgund von Bordeaux bezeichnet. Hier, wie in den meisten Bereichen des rechten Ufers, regiert die Merlot-Traube, doch in deutlich fruchtigerer, kraftvollerer Art als selbst in der Nachbarappellation St-Émilion. Dies verdankt sich einer Bodenbeschaffenheit namens *crasse de fer* (eisenhaltiges Gestein), die den Weinen Aromen von Trüffeln und Veilchen verleiht.

Hauptrebsorten

Rot

Cabernet Franc

Merlot

Jahrgänge

2010
Kraftvolle Weine mit großem Alterungspotenzial. Der Merlot ist recht alkoholstark, die besten Weine verfügen aber über viel ausgleichende Frucht.

2009
Ausgezeichnetes Jahr trotz des Hagels, der einen Teil des Ertrags schmälerte. Langlebige, ausdrucksstarke Weine.

2008
Uneinheitlich. Feuchter Sommer, lange, sonnige Ernte. Großteils exzellent, man sollte aber wählerisch sein.

2007
Schwieriges Jahr mit ungleichmäßigen Ergebnissen. Ein paar gute, leichtere Weine.

2006
Pomerol scheint sich besser geschlagen zu haben als manch anderer, v. a. wegen des früher reifenden Merlot.

2005
Ideale Bedingungen brachten reichhaltige Weine mit langer Lebensdauer hervor.

2004
Klassischer, preisgünstiger Jahrgang. Früher Regen zwang zu rigoroser Auslese, Sonne während der Ernte.

Die hochgerühmte Appellation Pomerol betreibt – man könnte fast sagen absichtlich – dem äußeren Anschein nach Understatement: Der Bereich ist ein Flickenteppich kleiner Weinbergparzellen (Merlot nimmt 70 Prozent der Gesamtrebfläche ein, Cabernet Franc 25 Prozent und Cabernet Sauvignon fünf Prozent) mit bescheidenen Gebäuden für die Weinbereitung; die wenigen imposanten Châteaux kann man an den Fingern einer Hand abzählen. Am deutlichsten kommt dieses Understatement jedoch in der Weigerung der Winzer zum Ausdruck, ihre Weine klassifizieren zu lassen. Geht man lediglich nach dem Etikett, gibt es nichts, woran man den berühmten und sündteuren Pétrus oder Le Pin von dem Erzeugnis eines Nachbarguts unterscheiden könnte. Das hat zur Folge, dass viele der besten Weine als »Insider-Tipps« gehütet werden, bedeutet aber auch, dass es in der AC weniger Auflagen für Weinberg und Keller gibt. Talentierte Neulinge haben hier größere Chancen, sich zu etablieren, als im Médoc oder in St-Émilion.

Die Weinbergarbeit wird fast überall ausschließlich von Hand ausgeführt, und eine ganze Reihe von Methoden wie etwa die parzellenweise Selektion wurde erstmals in Pomerol eingesetzt, bevor man sie im gesamten Bordelais übernahm. Eine neue Vorschrift sieht vor, dass ab dem Jahrgang 2018 alle als »AC Pomerol« etikettierten Weine in der Appellation vinifiziert werden müssen, um ihre Authentizität zu gewährleisten. Eine Auflage, die kleinere Erzeuger in Bedrängnis bringen wird, weil sie sich die Errichtung einer teuren Kellerei innerhalb der Apellationsgrenzen womöglich nicht leisten können. Davon wiederum würden größere Güter profitieren, die nur darauf warten, die heiß begehrten Parzellen zu erwerben. Noch ist eine endgültige Entscheidung nicht gefallen, aber da es in Pomerol nicht üblich ist, »private« Angelegenheiten zum Gegenstand politischen Hickhacks zu machen, wird dieses Thema derzeit ausgespart.

Schon zu Zeiten der Römer wurden in Pomerol Reben angebaut, seine jetzige Gestalt erhielt das Gebiet jedoch im Mittelalter durch die Pflanzungen der christlichen Bruderschaft Hospitaliers de Saint-Jean de Jérusalem (Johanniterorden). Die Weinberge wurden im Hundertjährigen Krieg zerstört, im 15. und 16. Jahrhundert aber wieder neu angelegt und haben seitdem stetig an Renommee gewonnen, insbesondere mit dem Zustrom von Winzern aus der rauen Region Corrèze in Zentralfrankreich Anfang des 20. Jahrhunderts.

Die einflussreichsten Akteure der neueren Zeit sind Michel Rolland und die Familie Moueix. Rolland erbte hier ein Familiengut, Château Le Bon Pasteur, und ist der einzige echte Promi (oder jedenfalls etwas in der Art), den Bordeaux zu bieten hat. Die überaus zurückhaltende Familie Moueix kam einst mit der Einwanderungswelle aus Corrèze hierher. Rolland wie auch die Moueix' haben Pomerol und der hiesigen Weinbereitung unauslöschlich ihren Stempel aufgeprägt. Rolland führt (mit anderen) zwar noch immer das Familiengut, gewann aber zunehmend Einfluss als önologischer Berater, der auf kraftvolle Fruchtaromen aus voll ausgereiften Trauben setzt und Pomerol zu internationalem Ansehen verhalf.

Jean-Pierre Moueix wurde 1913 in Corrèze geboren und kam während der Wirtschaftskrise 1929 mit seinen Eltern nach St-Émilion. Im Jahr 1937 gründete er ein Weinhandelshaus am Quai du Priourat in Libourne. Heute führt sein Sohn Christian die Geschäfte der Firma Établissements Jean-Pierre Moueix, wozu auch einige führende Pomerol-Châteaux wie Trotanoy und Hosanna gehören. Jean-Pierres anderer Sohn, Jean-François, ist Eigentümer von Château Pétrus und dem in Bordeaux ansässigen Weinhandelshaus Duclot. Als Distributeure beziehungsweise Besitzer haben die beiden Unternehmen mehr als die Hälfte aller Pomerol-Güter in ihrer Obhut.

POMEROL

Mit nicht einmal 800 ha ist diese Appellation viel kleiner als das benachbarte St-Émilion. Die Trauben, aus denen die renommierten und gesuchten Weine der AC Pomerol bereitet werden, stammen von zahllosen Parzellen rund um die winzigen Gemeinden Pomerol, Catusseau, Le Grand Moulinet und Pignon. Die Weine der Nachbarkommunen Lalande-de-Pomerol und Néac werden als AC Lalande-de-Pomerol abgefüllt.

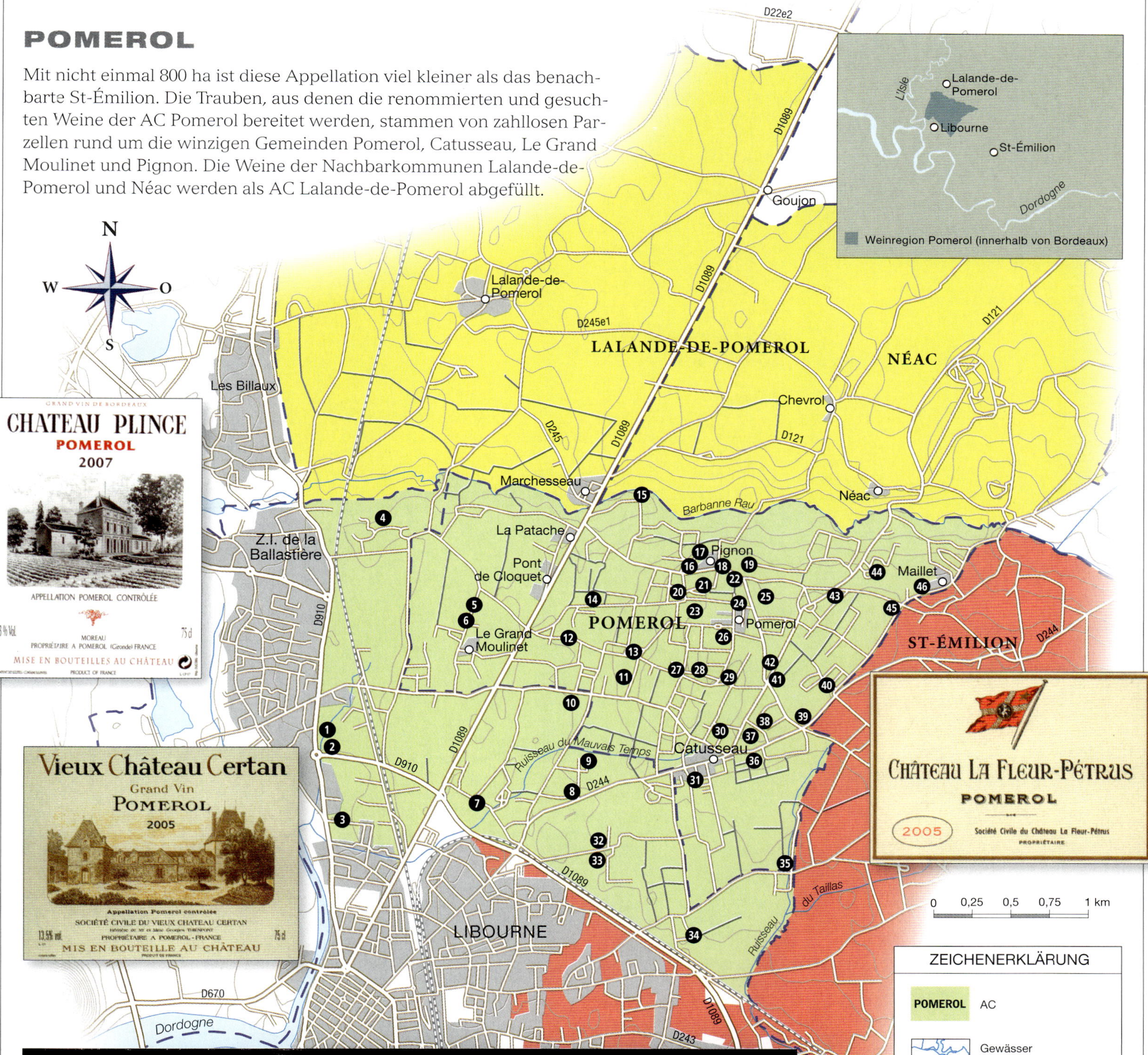

ERZEUGER

- Ch. Beauregard 36
- Ch. Bel-Air 12
- Ch. Bonalgue 7
- Ch. Le Bon Pasteur 45
- Ch. Bourgneuf-Vayron 10
- Ch. La Cabanne 13
- Ch. Certan de May 42
- Ch. La Clémence 35
- Ch. Clinet 20
- Ch. La Commanderie de Mazeyres 3
- Ch. La Connivence 28
- Ch. La Conseillante 39
- Ch. La Croix 31
- Ch. La Croix de Gay 18
- Ch. La Croix St-Georges 37
- Ch. L'Église-Clinet 23
- Ch. L'Enclos 5
- Ch. L'Évangile 40
- Ch. La Fleur de Gay 22
- Ch. La Fleur de Plince 33
- Ch. Le Gay 19
- Ch. Gazin 44
- Ch. Guillot Clauzel 27
- Ch. Latour à Pomerol 14
- Ch. Mazèyres 2
- Ch. Le Moulin 15
- Ch. Nenin 8
- Ch. Petit-Village 38
- Ch. Pétrus 43
- Ch. Plince 32
- Ch. La Pointe 9
- Ch. Rouget 17
- Ch. Sainte-Marie 1
- Ch. de Sales 4
- Ch. Taillefer 34
- Ch. Trotanoy 11
- Ch. Vieux Maillet 46
- Ch. La Violette 29
- Ch. Vray Croix de Gay 25
- Clos du Clocher 26
- Clos L'Église 21
- Clos René 6
- Clos de la Vieille Église 16
- Le Pin 30
- Providence 24
- Vieux Château Certan 41

Erkundigen Sie sich nach Verkostungsmöglichkeiten und Öffnungszeiten der Kellereien, bevor Sie Ihre Reise planen. Manche Betriebe empfangen Besucher nur nach Voranmeldung.

CHÂTEAU LA CROIX
MAN MUSS GEDULD AUFBRINGEN, BIS MAN DIESEN DICHTEN, MUSKULÖSEN WEIN GENIESSEN KANN

CHÂTEAU LA CONSEILLANTE
EINER DER AUFREGENDSTEN, SEHR MODERN BEREITETEN POMEROL-WEINE

Château Beauregard

Das Rebgut der 17,5 ha von Château Beauregard liefert nicht nur strahlende Farben und Aromen, sondern auch dicht gepackte Frucht von 70 % Merlot und 30 % Cabernet Franc. Der Wein besitzt den für Pomerol typischen Biss, aber mit feineren Tanninen. Das Gebäude selbst ist eines der wenigen »echten« Châteaux der Appellation und so hübsch, dass die Familie Guggenheim eine Replik auf Long Island in Auftrag gab. Seit den frühen 1990er-Jahren haben die Eigentümer, Vignobles Foncier, Weinberg, Kellerei und Keller auf Vordermann gebracht. Der Zweitwein Le Benjamin de Beauregard hat einen höheren Cabernet-Franc-Anteil und ist weniger alkoholstark.

33500 Pomerol; www.chateau-beauregard.com

Château Bel-Air

Das Gut mit 13 ha ist seit 1914 im Besitz der Familie Sudrat-Melet. Der frische, pflaumenwürzige Wein von 95 % Merlot und 5 % Cabernet Franc ist in den letzten Jahren deutlich besser geworden. Die Pflanzdichte der Reben wurde erhöht und der Reifegrad der Trauben durch die parzellenweise Lese verbessert. Eine besondere Erwähnung verdient der Zweitwein Château L'Hermitage de Bel-Air, der sowohl gut als auch preiswert ist. Der Familie gehört auch Château Beauséjour in Fronsac.

33500 Pomerol; vignsudrat-melet@wanadoo.fr

Château Bonalgue

Seit den 1920er-Jahren ist Château Bonalgue im Besitz der Familie Bourotte von Clos du Clocher (siehe S. 207). Der sand- und tonhaltige Kiesboden (7 ha) weist die appellationstypischen Eiseneinschlüsse *(crasse de fer)* auf, was sich im Rebsatz von 90 % Merlot und 10 % Cabernet Franc widerspiegelt. Gutsleiter Jean-Baptiste Bourotte wird bei der Weinbereitung von Berater Michel Rolland unterstützt. Fortwährende Verbesserungen wie die Erhöhung der Pflanzdichte, hochwertigere Rebunterlagen und sorgfältiger Rebschnitt zur Reduzierung der Erträge zeigen allmählich Wirkung und legen die Messlatte für das angesehene Gut höher. In den letzten Jahrgängen war der Stil des Weins ausladend und hedonistisch – und sehr ansprechend.

24, rue de Bonalgue, 33500 Libourne
www.vignoblesbourotte.com

Château Le Bon Pasteur

Michel Rolland führt das Familiengut seit 1978 mit seiner Frau Dany – und dementsprechend hoch sind die Erwartungen. Die 7 ha Rebfläche liegen zwar nicht auf dem Plateau von Pomerol, doch das hindert Rolland nicht daran, viele seiner Prinzipien auf diesen höchst vergnüglichen Wein (90 % Merlot, 10 % Cabernet Franc) anzuwenden. Die Erträge werden durch Rebschnitt im Winter und Behangausdünnung im Sommer extrem niedrig gehalten, die 40 Jahre alten Reben liefern Komplexität und intensive Aromen. Die Trauben werden der optimalen Reife wegen natürlich so spät wie möglich gelesen und in Edelstahltanks vergoren, die oben offen sind, um das Untertauchen des Huts zu ermöglichen. Der Wein verbringt 18 Monate in (zu 80 % neuer) Eiche und wird ungeschönt und ungefiltert abgefüllt. Untertöne von süßem Mokka und Cassis fügen den zupackenden Tanninen echten Charme hinzu.

Maillet, 33500 Pomerol; rolland-vignobles@wanadoo.fr

Château Bourgneuf-Vayron

Wuchtige Tannine für ein langes Leben auf rauchigem Fleischpolster und im Kern Anklänge von Lakritze sowie viel toastwürzige Eiche – das klingt nach einem mächtigen Wein, und tatsächlich ist dieser kaum bekannte Pomerol auf dem Weg zum Erfolg. Die 9-ha-Parzelle direkt neben Trotanoy ist vorwiegend mit Merlot bestockt. 2008 haben die Töchter der Besitzer Xavier und Dominique Vayron, Frédérique und Marie, die Gutsleitung übernommen und setzen die 1831 hier begonnene Familientradition fort. ★**Aufsteiger**

1, le Bourgneuf, 33500 Pomerol
chateaubourgneufvayron@wanadoo.fr

Château La Cabanne

Die Eigentümer von Château La Cabanne gehören zu jener Gruppe von Pomerol-Winzern, deren Vorfahren aus Corrèze stammten und zu Beginn des 20. Jahrhunderts hierher übersiedelten. Die Familie Estager gründete zunächst ein Weinhandelshaus und erwarb 1934 dieses 9-ha-Gut, das jährlich 50 000 Flaschen erzeugt. Trüffel- und Gewürznoten kennzeichnen den komplexen Wein mit köstlicher Aromatik. Merlot spielt die Hauptrolle, plus 8 % Cabernet Franc. Gutsleiter ist François Estager. Die Familie besitzt auch das 2-ha-Château Plincette, dessen Wein bis zu 30 % Cabernet Franc im Verschnitt enthält.

33–41, rue de Montaudon, 33500 Libourne
estager@estager.com

Château Certan de May

Der 5-ha-Weinberg (70 % Merlot, 25 % Cabernet Franc, 5 % Cabernet Sauvignon) von Certan de May liegt direkt gegenüber von Le Pin. Eigentümerin Odette Barreau und ihr Sohn Jean-Luc erzeugen jährlich 24 000 Flaschen eines Weins mit fantastisch blumigem Bukett und zerdrückten Veilchen im Geschmack. Ein Hauch von rauchiger Zeder verleiht ihm zusätzliche Komplexität, und der Abgang ist trotz der deutlich wahrnehmbaren Tannine frisch. Der Wein wird in Edelstahl vergoren und verbringt 16 Monate in (zu 40 % neuer) Eiche.

33500 Pomerol; chateau.certan-de-may@wanadoo.fr

Château Certan Marzelle

Das 2-ha-Gut liegt neben Providence und Château Hosanna und gehört ebenfalls den Éts. JP Moueix. Der tiefrubinrote Wein von Château Certan Marzelle ist ungewöhnlicherweise ein sortenreiner Merlot. Er besitzt üppige Aromen roter Kirschen und ein ansprechend süßes Bukett; der Ausbau in zu 50 % neuer Eiche sorgt für eine charmante, rauchige Komplexität. Die relativ jungen Reben (25 Jahre) erbringen jährlich 10 000 Flaschen. Mit zunehmendem Rebenalter wird der Wein sicherlich noch besser werden.

Keine Besuchereinrichtungen; www.moueix.com

Château La Clémence

Das kleine Gut (3 ha) ist im Besitz von Christian und Anne-Marie Dauriac, die als Ärzte tätig sind, wenn sie nicht im Weinberg arbeiten. Es erzeugt nur 6000 Flaschen eines traditionell bereiteten Weins und verfügt über einen schicken kreisrunden Keller aus Holz, Glas und Stein. Die Reben – 85 % Merlot und 15 % Cabernet Franc – verteilen sich auf sechs Parzellen mit schweren Ton- bis hin zu ertragsarmen Kiesböden und sind im Schnitt 50 Jahre alt. Michel Rolland entfaltet auch hier seine Zauberkraft und entlockt dem brombeerfruchtigen Wein eine üppige, seidige Textur und einen toastwürzigen Abgang.

Lieu-dit Toutlifaut, 33500 Pomerol
www.vignobles-dauriac.com

Château Clinet

Bis in die 1980er-Jahre hinein durchlief Château Clinet Höhen und Tiefen, heute jedoch sollte man es im Auge behalten. Besitzer Jean-Louis Laborde wird von Berater Michel Rolland unterstützt. Sie erzeugen einen phenolreichen, überschwänglichen und kraftvollen Wein von 9 ha, die mit 85 % Merlot, 10 % Cabernet Sauvignon und 5 % Cabernet Franc (entschieden weniger Cabernet Sauvignon als noch vor zehn Jahren) großflächig neu bestockt wurden und mittlerweile nachhaltig bewirtschaftet werden. Der Wein wird rund 19 Monate in (zu 60 % neuen) Barriques gereift.

Chemin de Feytit, 33500 Pomerol; www.chateauclinet.fr

Château La Commanderie de Mazeyres

Die Rebflächen sind mit 55 % Merlot und 45 % Cabernet Franc bestockt – ein sehr hoher Anteil für eine Appellation, in der definitiv König Merlot regiert. Das 10-ha-Gut gehört seit 2000 Clément Fayat von La Dominique in St-Émilion (siehe S. 191), der viel Geld in den Weinberg und die Keller gesteckt hat. Berater ist Jean-Luc Thunevin. Die Weinbereitung erfolgt komplett in kleinen Fässern, der biologische Säureabbau ausschließlich in neuen Fässern. Der Wein wird geschönt, aber nicht gefiltert und bietet jene aufreizende Unmittelbarkeit, die man von einem guten Pomerol erwartet, mit herrlich duftigem Bukett und sanften Gewürznoten von Cabernet Franc. Der Zweitwein heißt Château Closerie Mazeyres.

Chemin du Vélodrome, 33500 Pomerol
info@vignobles.fayat-group.com

Château La Connivence

Ein völlig neues Gut ist eine Seltenheit in Pomerol, doch hinter dem Projekt La Connivence stecken vier weinbegeisterte Freunde: Alexandre de Malet Roquefort (von Château La Gaffelière in St-Émilion, siehe S. 193), der hiesige Geschäftsmann Jean-Luc Deloche, der noch aktive Fußballer Matthieu Chalmé und der ehemalige Fußballprofi Johan Micoud. Seinen ersten Wein (den 2008er, von dem es nur 2500 Flaschen gibt) hat das 1,5-ha-Château erst 2010 freigegeben. So weit, so gut. Überraschend ist jedoch die Eleganz, die der Wein ausstrahlt. Vielleicht dank der Hilfe Stéphane Derenoncourts besitzt er unverwechselbare Kraft, der bleibende Eindruck sind jedoch frische Schwarze-Johannisbeer-Blätter und reine rote Früchte. La Belle Connivence ist der Zweitwein.

33500 Pomerol; www.chateaulaconnivence.com

Château La Conseillante

Dem überschwänglichen Wein von Château La Conseillante entströmen Noten saftiger schwarzer Früchte und süßer Eiche (zu 90 % neu) , er gilt zu Recht als einer der aufregendsten der Appellation. Das 12-ha-Gut mit 86 % Merlot und 14 % Cabernet Franc gehört der Familie Nicolas-Artefeuille, Geschäftsführer ist Jean-Michel Laporte. Hier kommen viele moderne Verfahren zum Einsatz, von Kaltmaischung bis hin zu Mikrooxidation und Co-Inokulation (gleichzeitige alkoholische Gärung und biologischer Säureabbau); jedem Detail wird größte Aufmerksamkeit geschenkt. Am Gaumen prägen sich feste rote Frucht, Rote Johannisbeeren und Schwarzkirschen aus – ein texturierter, selbstbewusster und sehr erfolgreicher Wein.

130, rue de Catusseau, 33500 Pomerol; www.laconseillante.fr

Château La Croix

Der mit 10 ha größte Janoueix-Besitz in Pomerol trägt dem komplexen, vielfältigen Terroir mit einem Rebsatz von 40 % Cabernet Franc und Sauvignon sowie 60 % Merlot Rechnung. Den dichten, muskulösen Château La Croix mit fester Tanninstruktur und schön definierten Aromen von Schwarzer Johannisbeere und Zigarrenkiste sollte man ein paar Jahre lagern, damit sich seine massive Struktur ein wenig abmildern kann.

Rue de Catusseau, 33500 Pomerol
www.josephjanoueix.com

Château La Croix de Gay

Dr. Alain Raynaud, der frühere Eigentümer von Quinault L'Enclos in St-Émilion (siehe S. 197), hat sein Familiengut La Croix de Gay behalten und leitet es zusammen mit seiner Schwester Chantal Lebreton. Die 9,5 ha sind zu etwa 75 % mit Merlot bestockt, der Rest ist Cabernet Franc. Der Wein ist duftig und seidig, mit zerdrückten Himbeeren und einem leichten Hauch von Filterkaffee. Die ertragsarmen Reben erbringen nur 36 000 Flaschen pro Jahr; Kaltmaischung vor der Vergärung und sorgfältig dosierte Eiche sorgen für einen subtilen, aber warmen Abgang. Verlässlich und vergleichsweise preiswert.

8, route St-Jacques de Compostelle, 33500 Pomerol
contact@chateau-lacroixdegay.com

Château La Croix St-Georges

Dieser Janoueix-Wein wird von sage und schreibe 95 % Merlot bereitet. Die Reben wachsen auf 4 ha neben Le Pin auf Ton-Kies-Böden, und dank der reichen Vorkommen an *crasse de fer* erhalten die Trauben die Pomerol-typische Kraft und Großzügigkeit. 5 % Cabernet Franc verleihen dem Abgang eine sanfte Eleganz, dennoch ist dies ein Kraftpaket von Wein, den man einlagern muss. Gutsleiter Jean-Philippe Janoueix hat viel Arbeit in die Verringerung der Erträge und die penible Weinbergpflege gesteckt. Die Jahresproduktion beträgt rund 21 000 Flaschen.

37, rue Pline Parmentier, 33500 Pomerol
www.josephjanoueix.com

Château L'Église-Clinet

Das Château ist seit 1982 im Besitz des klugen, offenen Denis Durantou; 5,5 ha sind mit 45 Jahre alten Merlot- (85 %) und Cabernet-Franc-Reben (15 %) bestockt. Das Gut besteht zwar erst seit den 1950er-Jahren, hat sich aber seitdem zu einem der besten der Appellation gemausert. Der Wein zeigt dicht gewirkte schwarze Frucht sowie üppige Lakritz- und Maronenaromen, verstärkt durch die 18-monatige Reifung in kleinen (zu 70 % neuen) Eichenfässern. Der Zweitwein heißt La Petite Église. Durantou gehört auch Château Les Cruzelle in Lalande de Pomerol sowie ein kleines Weinhandelshaus.

10, rue de Catusseau, 33500 Pomerol; www.eglise-clinet.com

MICHEL ROLLAND

Bevor Michel Rolland auf den Plan trat, war es unvorstellbar, dass ein reisender Weinmacher einem Weingut Glamour verleihen könnte. Nichtsdestotrotz hat es dieser charismatische Mann, der in Pomerol geboren wurde und noch immer hier lebt, nicht nur geschafft, sich einen Ruf als weltweit führender Berater zu erwerben, sondern auch anderen den Weg geebnet. Mittlerweile berät Rolland über 100 Erzeuger in zwölf Ländern, darunter Stars wie Masseto in Italien und Harlan im Napa Valley, ganz zu schweigen von zahllosen Bordeaux-Größen von Pavie bis Pape Clément. Zudem ist er (Mit-)Eigentümer diverser Güter, u. a. Château Le Bon Pasteur in Pomerol, Bonne Nouvelle in Südafrika und Clos de los Siete in Argentinien. Ebenso bekannt ist seine Weinbereitungsphilosophie: Erst bei voller Traubenreife lesen und dafür sorgen, dass die Frucht die Hauptrolle spielt.

CHÂTEAU L'ENCLOS
NIEDRIGE ERTRÄGE UND PRÄZISE WEINBEREITUNG BRINGEN EINEN OPULENTEN, LUXURIÖSEN WEINSTIL HERVOR

CHÂTEAU GAZIN
EIN KLASSISCHER POMEROL MIT KRAFTVOLLEM KÖRPER UND MINZIGEM NACHHALL

Château L'Enclos
Ein Schuss Malbec verleiht Merlot (79 %) und Cabernet Franc (19 %) im Wein von Château L'Enclos Tiefe und Komplexität. Die 10 ha große Rebfläche liegt auf leicht sandigen Kies- und Feuersteinböden. Eigentümer Stephen Adams von Château Fonplégade in St-Émilion (siehe S. 192) erzeugt jährlich 48 000 Flaschen von sehr niedrigen Erträgen. Die luxuriösen, leicht opulenten Weine mit Bitterschokolade und molliger Brombeerfrucht durchlaufen eine Kaltmaischung vor der Vergärung und werden in (zu 50 % neuer) Eiche gereift. Es sind Investitionen in Weinberg und Keller geplant; Gilles Paquet wurde als Berater engagiert. Dieser schon jetzt genussreiche Wein wird sich in den nächsten Jahren sicher noch weiter verbessern.

20, rue du Grand Moulinet, 33500 Pomerol
Tel. 05 57 74 80 51

Château L'Évangile
Seit 1990 ist Château L'Évangile im Besitz der Rothschilds von Lafite in Pauillac (siehe S. 158). Hier wie dort sorgt das von Charles Chevallier geleitete Team für die familientypischen festen Tannine und tintenschwarze Konzentration. Der 16-ha-Weinberg mit Sand-, Ton- und Kiesboden ist mit 80 % Merlot und 20 % Cabernet Franc bestockt. Der 18 Monate in (zu 70 % neuen) Eichenfässern gereifte Wein ist kraftvoll, aber zurückhaltend. Weniger Zeit im Fass verbringt der Zweitwein Blason de L'Évangile mit höherem Cabernet-Franc-Anteil.

33500 Pomerol; www.lafite.com

Château La Fleur de Gay
Die Sondercuvée von La Croix de Gay (siehe S. 203) wird seit 1983 in kleiner Auflage erzeugt. Sie stammt von zwei Parzellen (3 ha) mit sehr alten Merlot-Reben auf exzellentem Ton-Kalkstein- und Kiesterroir. Gereift wird dieser fantastische Pomerol voller exakt definierter Aromen dunkler Früchte mit einem Hauch von Lakritze und Zigarrenkiste in zu 100 % neuer Eiche. Einer der Stars der Appellation mit echtem Alterungspotenzial.

Pignon, 33500 Pomerol
contact@chateau-lafleurdegay.com

Château La Fleur de Plince
Mit gerade mal 0,28 ha ist Château La Fleur de Plince das wohl kleinste Gut der Appellation. Der aus Pomerol stammende Eigentümer Pierre Choukroun kam 1998 zurück in seine Heimat, erwarb ein paar Rebzeilen, baute eine winzige Kellerei auf und begann diesen, seinem Namen alle Ehre machenden Garagenwein zu erzeugen. Die Rebfläche wird ökologisch bewirtschaftet, das Lesegut mit einer traditionellen Korbpresse per Hand gekeltert. Der gut stukturierte, konzentrierte, kraftvolle Tropfen (90 % Merlot, 10 % Cabernet Franc) kommt in einer Auflage von nur 1600 Flaschen auf den Markt. Choukroun besitzt auch das etwas größere Château La Fleur Haut Brisson (2,5 ha) in der AC Côtes de Castillon.

Chemin de Plince, 33500 Pomerol; Tel. 05 57 74 15 26

Château Lafleur-Gazin
Wie der Name vermuten lässt, liegt Lafleur-Gazin zwischen Château Lafleur und Château Gazin. Der intensive, dabei aber nicht zu schwere Wein besitzt eine saubere Fruchtsüße sowie Zedernholz- und Grillnoten im Bukett. Das 8,5-ha-Gut (80 % Merlot, 20 % Cabernet Franc) im Besitz der Familie Delfour-Borderie wird von den Éts. JP Moueix geleitet, die den Wein auch vertreiben.

Keine Besuchereinrichtungen; www.moueix.com

Château La Fleur-Pétrus
Der 15-ha-Weinberg von Château La Fleur-Pétrus – im Besitz der Familie Moueix – liegt neben dem von Pétrus, allerdings ist der Kiesanteil hier höher. 1994 wurde der Besitz um eine von Château Le Gay erworbene Parzelle erweitert. Der Wein zeigt viel Intensität und ein duftig-würziges Bukett. Üppige Frucht und gute Extraktion bringen Kaffee- und Lakritzaromen zur Geltung, während die 20 % Cabernet Franc für Eleganz sorgen.

Keine Besuchereinrichtungen; www.moueix.com

Château Le Gay
Die 6 ha von Château Le Gay auf erstklassigem Pomerol-Boden sind mit alten, ertragsarmen Merlot- (65 %) und Cabernet-Franc-Reben (35 %) bestockt. Catherine Péré-Vergé erwarb das Gut 2002 und hat hart gearbeitet, um dessen Prestige zu erhöhen – immerhin liegt es neben Vieux Château Certan. Michel Rolland hat ein Auge auf die Bereitung des Weins, der in großen Holzfässern der renommierten Küferei Seguin-Moreau vergoren wird. Im Glas offenbart sich sofort ein aufregender Mix aus Veilchen und Trüffeln, der auch am Gaumen anhält.

Grand Moulinet, 33500 Pomerol; Tel. 05 57 51 61 06

Château Gazin
Direkt auf dem Pomerol-Plateau nennt Château Gazin 26 ha Rebfläche (gut 3 % der Appellation) sein Eigen, davon sind 24 ha mit 90 % Merlot, 3 % Cabernet Franc und 7 % Cabernet Sauvignon bestockt. Der im Kern kraftvolle Wein hinterlässt eine hübsche minzige Frische, was ihn – wie von den Eigentümern Nicolas und Christophe de Bailliencourt dit Courcol beabsichtigt – zu einem eleganten, klassischen Pomerol macht. Beeindruckend ist auch das Gutsgebäude, dessen Kellerei mit kleinen Betontanks ausgestattet ist. Der exzellente Zweitwein heißt L'Hospitalet de Gazin.

33500 Pomerol; www.chateau-gazin.com

Château La Grave à Pomerol
Das Gut liegt im Nordwesten der Appellation, direkt an der Grenze zur AC Lalande de Pomerol. Jahrelang wurde Château La Grave à Pomerol von der Familie Moueix bewirtschaftet, bevor sie es 1997 erwarb. Hier entsteht ein etwas leichterer Pomerol von 85 % Merlot- und 15 % Cabernet-Franc-Reben (im Schnitt 20 Jahre alt), die auf 8 ha kiesigen Böden wachsen. Der Wein wird in nur zu 25 % neuen Fässern gereift, was seine Frucht und Mineralität in den Vordergrund stellt.

Keine Besuchereinrichtungen; www.moueix.com

Château Guillot Clauzel
Diesen Namen sollten Sie sich merken: Die 1,7 ha von Château Guillot Clauzel liegen direkt auf dem Plateau, nur einen Katzensprung von Le Pin und Trotanoy entfernt. Gutseigentümer und -leiter Étienne Clauzel wird beim Marketing von Dominique Thienpont und bei der Weinbereitung seit 2002 von François Despagne unterstützt. Unter den Händen dieses Dream-Teams wird von 85 %

Merlot und 15 % Cabernet Franc ein femininer, milder, sinnlicher Pomerol bereitet, dem der 16-monatige Ausbau in (zu 60 % neuer) Eiche Noten von gerösteten Mandeln verleiht. Trüffel und Leder im Abgang unterstreichen die Finesse dieses Weins, der – einstweilen noch – zum fairen Preis zu haben ist. ★ **Aufsteiger**

1, chemin de Nénin, 33500 Pomerol; Tel. 05 57 51 14 09

Château Hosanna

Seit 1999 ist Château Hosanna im Alleinbesitz von Christian Moueix. Der Wein von 4,5 ha (70 % Merlot, 30 % Cabernet Franc) mit stämmigen Tanninen, Schokoladen-, Mokka- und Lakritzaromen hat auch eine sanftere Seite, die sich im duftigen Bukett und dem blumigen Abgang zeigt. Es dauert einige Jahre, bis sich die Tannine abgerundet haben. In jüngster Zeit wurden neue Bewässerungskanäle angelegt und das Laubdach vergrößert.

Keine Besuchereinrichtungen; www.moueix.com

Château Lagrange

Das kiesreiche 8,5-ha-Rebgelände von Château Lagrange neben der Kirche von Pomerol wurde kürzlich mit 95 % Merlot und 5 % Cabernet Franc (der für einen Hauch von weißem Pfeffer sorgt) neu bestockt. Der Wein wird in Betontanks vergoren und 18 Monate in (zu 30 % neuen) Eichenfässern gereift – ein beliebter, saftiger Pomerol, der vor üppiger roter Frucht und geschmeidigen Tanninen strotzt. Das Gut ist seit Beginn der 1950er-Jahre im Besitz der Éts. JP Moueix.

Keine Besuchereinrichtungen; www.moueix.com

Château Latour à Pomerol

Der mächtige, gut extrahierte Latour à Pomerol, der von Moueix bereitet und vertrieben wird, ist im Besitz der christlichen Glaubensgemeinschaft Foyers de Charité (eine Schenkung der früheren Gutsbesitzerin Lily Lacoste vor ihrem Tod 2002). Für ein so kleines Gut (8 ha) wird der Lesezeitpunkt sehr präzise gewählt – er richtet sich nach dem jeweiligen Rebenalter. Verborgene Kraft und Komplexität sind die Schlüsselqualitäten dieses Weins (90 % Merlot, 10 % Cabernet Franc), der in (zu 30 % neuer) Eiche gereift und nicht gefiltert wird.

Keine Besuchereinrichtungen; www.moueix.com

Château Mazeyres

Rauchige Obertöne und reife Früchte finden sich in diesem klassischen Verschnitt von 80 % Merlot und 20 % Cabernet Franc. Das 22-ha-Château Mazeyres gehört Alain Moueix von Château Fonroque in St-Émilion (siehe S. 192) und ist als Terra-Vitis-Betrieb zertifiziert. Das Rebareal wird je nach Lage und Boden individuell behandelt, die Trauben parzellenweise in kleinen Fässern vinifiziert. Der gut strukturierte Wein ist weniger überschwänglich als andere Pomerols, aber ein formvollendetes Gewächs. Es wird in zu 50 % neuer Eiche gereift und ungefiltert abgefüllt. Seuil de Mazeyres ist der Zweitwein.

56, avenue Georges Pompidou, 33500 Libourne
www.mazeyres.com

Château Le Moulin

Das 2,5-ha-Gut mit seinem modernen, extravaganten Stil wird von Michel Querre geleitet, der auf mächtige Aromen von Feigen, Schokolade, Cassis und gerösteten

CHÂTEAU PETIT-VILLAGE
AUF KIESIGEM BODEN ENTSTEHT DIESER BESONDERE WEIN

CHÂTEAU LAGRANGE
EIN SAFTIGER POMEROL VON 95 % MERLOT, DER VIELE WEINFREUNDE ANSPRICHT

Kräutern setzt. Der langlebige Wein muss in der Jugend dekantiert werden und einige Stunden atmen, doch dann ist er beeindruckend. Das klassische Verschnittrezept sieht 80 % Merlot und 20 % Cabernet Franc vor, die von sorgfältig bearbeiteten Ton-Kies-Böden mit sehr niedrigen Erträgen stammen. Die Holzfässer bleiben für das Unterstoßen des Huts offen, biologischer Säureabbau und Reifung finden in 100 % neuer Eiche statt. Der Zweitwein heißt Le Petit Moulin.

33500 Pomerol; www.moulin-pomerol.com

Château Nenin

Die Familie Delon von Léoville Las Cases in St-Julien (siehe S. 163) übernahm Château Nenin 1997 und hat seitdem kräftig restrukturiert und renoviert. Dem Weinberg hatten die Fröste des Jahres 1956 übel mitgespielt, auch die neu gepflanzten Reben waren vernachlässigt. Diese Mängel wurden behoben und 4 ha vom (aufgegebenen) Château Certan-Giraud hinzugekauft, sodass die Gesamtrebfläche jetzt 33 ha umfasst. Der Cabernet-Franc-Anteil wurde auf 40 % erhöht und das Laubdach verdichtet; der Lesezeitpunkt richtet sich nach dem jeweiligen Rebenalter. Zum Dank zeigt der Wein nun die kraftvollen, Pomerol-typischen Aromen. Gutsleiter Jacques Depoizier wird von seinem Sohn Jérôme und Berater Jacques Boissenot unterstützt. Fugue de Nenin ist der Zweitwein.

66, route de Montagne, 33500 Libourne
www.chateau-nenin.com

Château Petit-Village

Aufgrund des Kiesterroirs von Château Petit-Village ist dies einer der wenigen Pomerol-Weine mit signifikantem Cabernet-Sauvignon-Anteil: Er stellt bis zu 18 % im Verschnitt, plus 74 % Merlot und 8 % Cabernet Franc. Damit dürften sich die Eigentümer – AXA Millésimes von Château Pichon-Longueville Baron in Pauillac (siehe S. 159) – und Gutsleiter Christian Seely recht heimisch fühlen. Berater ist Stéphane Derenoncourt. Der mächtigen Tannine wegen braucht der Weine einige Jahre Flaschenreifung, dann jedoch enthüllt er schöne, lebhafte schwarze Früchte und reichhaltige Konzentration. Sehenswert sind die neuen Keller und das Besucherzentrum.

33500 Pomerol; www.petit-village.com

Château Pétrus

In dieser opulenten, duftenden Schöpfung verwandelt sich die Merlot-Traube in etwas Unvergessliches. Château Pétrus liegt auf dem höchsten Punkt des Pomerol-Plateaus; mit einer Schicht eisenhaltigen Tons in rund 70 cm Tiefe unterscheidet sich der Boden deutlich von dem der Nachbarn. Zusammen mit den 40 Jahre alten Reben (95 % Merlot, 5 % Cabernet Franc) bringt er einen reichhaltigen, komplexen, legendären Wein hervor, der echte Anmut und vollendete Ausgewogenheit besitzt. Gutseigentümer ist Jean-François Moueix, Önologe der jugendliche Olivier Berrouet, der 2008 seinen Vater Jean-Claude abgelöst und einige Neuerungen eingeführt hat. Die Trauben werden aber noch immer in Betontanks vergoren, in zu 50 % neuer Eiche gereift und so behutsam wie eh und je behandelt. 2009 wurde erstmals eine lasergesteuerte Sortiermaschine verwendet, und das Team gehört nun fest zum Haus, statt wie zuvor auf allen Moueix-Gütern eingesetzt zu werden.

Keine Besuchereinrichtungen; www.moueix.com

CHÂTEAU VIEUX MAILLET
EIN SUBTILES GEWÄCHS, DAS AUFMERKSAMKEIT VERDIENT

CHÂTEAU LA POINTE
DER 2006ER KANN JETZT GETRUNKEN WERDEN, HÄLT SICH ABER AUCH NOCH 20 JAHRE

Château Plince

Das Gut der Familie Moreau, das aber von Moueix geführt wird, erzeugt einen preiswerten Wein, der süße Frucht in Verbindung mit merklicher Eichenwürze bietet. Die maschinell (!) bearbeitete 8,6 ha große Rebfläche ist mit 72 % Merlot, 23 % Cabernet Franc und 5 % Cabernet Sauvignon bestockt. Dank der mittlerweile eingeführten Behangausdünnung mausert sich das einstige Arbeitsross Château Plince allmählich zum Rassepferd. Das Zweitetikett ist der Pavillon Plince.

Chemin de Plince, 33500 Libourne
www.chateauplince.fr

Château La Pointe

Ein Wein mit weichen, seidigen Tanninen und hübscher Himbeer- und Pflaumenfrucht, der echtes Trinkvergnügen bietet. Seit dem Kauf von Château La Pointe durch Generali France 2007 ändert sich hier so einiges. Eric Monneret wurde als Geschäftsführer eingesetzt, Berater ist jetzt Hubert de Boüard. Das früher oft geschmähte sandige Terroir (22 ha) erwies sich nach einer eingehenden geologischen Analyse als weitaus komplexer als gedacht, weshalb die Bestockung verändert wurde. Der Rebsatz beträgt nun 85 % Merlot und 15 % Cabernet Franc (die letzten Cabernet-Sauvignon-Reben wurden 2008 gerodet). Auch die Kellerei wurde renoviert und zur Verbesserung der Feinabstimmung des Verschnitts mit kleineren Fässern ausgestattet. Der Ausbau erfolgt in (zu 50 % neuer) Eiche. ★**Aufsteiger**

33501 Pomerol
www.chateaulapointe.com

Château Rouget

Zum Beweis, dass Frankreichs Kultweinregionen durchaus zusammenpassen können, besitzt die Familie von Edouard Labruyère sowohl die Domaine Jacques Prieur an der burgundischen Côte de Beaune (siehe S. 243) als auch seit 1992 das 18-ha-Château Rouget. »Burgundische Winzer kultivieren ihre Weinberge wie Gärten, mit kleinen Parzellen; in Pomerol ist es ganz ähnlich, deshalb fühlen wir uns hier heimisch«, erklärt Edouard. Die nachhaltige Bewirtschaftung und die Weinbereitung, beispielsweise offene Fässer und das – häufig bis in den Frühling andauernde – Warten auf das natürliche Einsetzen des biologischen Säureabbaus, erinnern entschieden an burgundische Traditionen. Vieux Château des Templiers ist der Zweitwein. Michel Rolland wirkt als önologischer Berater.

6, route de St-Jacques de Compostelle, 33500 Pomerol
www.chateau-rouget.com

Château Sainte-Marie

Das 4,5-ha-Familiengut von Jacques Pelotier erzeugt jährlich rund 30 000 Flaschen. Alle Arbeiten im nachhaltig bewirtschafteten Weinberg werden von Hand ausgeführt. Der Verschnitt von 80 % Merlot, 15 % Cabernet Sauvignon und nur 5 % Cabernet Franc verleiht dem Château Sainte-Marie eine feste Struktur und dicht gewirkte schwarze Frucht. Vinification Intégrale und Ausbau finden in 100 % neuer Eiche statt. Der Wein wird erst nach neunmonatiger Flaschenreifung zum Verkauf freigegeben (was eher Rioja- als Bordeaux-Praxis ist).

41, avenue Georges Pompidou, 33500 Libourne
www.chateau-sainte-marie-pomerol.com

Château de Sales

Das größte Gut in Pomerol und auch eines der ältesten ist seit über 500 Jahren im Besitz derselben Familie und wird heute von Bruno de Lambert geleitet. Der Stil der Weine (70 % Merlot, 15 % Cabernet Franc, 15 % Cabernet Sauvignon) ist traditionell: Feste rote Früchte und natürliche Beerentannine werden durch den auf sechs Monate beschränkten Fassausbau (mit nur 5 % neuer Eiche) betont. Zu den 47,5 ha Reben kommt noch einmal knapp dieselbe Fläche an Parkanlagen und Wald; alles wird nachhaltig bewirtschaftet. Der erfreuliche Zweitwein Château Chantalouette ist jung zu trinken.

11, chemin Sales, 33500 Libourne
www.chateau-de-sales.com

Château Taillefer

Gutsleiterin Catherine Moueix hat sich in den vergangenen Jahren auf dem knapp 13 ha großen Gut, das an der Grenze zu St-Émilion liegt, auf akribisch genaue Weinberg- und Kellerarbeit konzentriert. Beraten wird sie von Denis Dubourdieu, der bekannt ist für sein Fingerspitzengefühl und die Philosophie des Château gut umsetzt. In seiner Stilistik ist der Taillefer eine elegante Interpretation des typischen Pomerol-Geschmacksprofils mit einem 25%igem Anteil von Cabernet Franc, was den sandigkiesigen Böden geschuldet ist und ein duftiges Wildblumenbukett mit einbringt. Die Kellerei wurde mit kleinen Betontanks neu ausgestattet, und der Wein verbringt ein Jahr in fein gemaserten Eichenfässern (zu 33 % neu).

33500 Libourne; www.chateautaillefer.com

Château Trotanoy

Château Trotanoy ist seit Langem in Moueix-Besitz und zwar nicht so berühmt wie der Pétrus, aber mit seidenweichen Früchten und üppiger Tanninstruktur in stilistischer Hinsicht gar nicht so verschieden. Auf 7,3 ha wachsen 90 % Merlot und 10 % Cabernet Franc. Der Name (ursprünglich *trop ennui*, »zu viel Verdruss«) bezieht sich auf den so schwer zu bearbeitenden Boden. Da die Reben 1956 keine Frostschäden erlitten, zählen sie zu den ältesten der Appellation. Dem winterlichen Rebschnitt wird hier mehr Bedeutung beigemessen als der Behangausdünnung. Der in Betontanks vergorene und in zu 50 % neuer Eiche ausgebaute Wein besitzt eine enorme Konzentration.

Keine Besuchereinrichtungen; www.moueix.com

Château Vieux Maillet

Das hübsche Château Vieux Maillet ist seit 2003 im Besitz des belgisch-französischen Ehepaars Isabelle und Baudoin Motte, das Fasskeller und Kellerei komplett renovieren ließ. Der Wein stammt von 2,6 ha Rebfläche, bestockt mit 90 % Merlot und 10 % Cabernet Franc, und wird in zu 60 % neuer Eiche ausgebaut. Die Veränderungen zeigen sich in der gut herausgearbeiteten Säure, den strukturierten Tanninen und der ausgewogenen reifen Frucht. Ein eher subtiler Pomerol mit gutem Potenzial.

16, chemin de Maillet, 33500 Pomerol
www.chateauvieuxmaillet.com

Château La Violette

Catherine Péré-Vergé hat Château La Violette mit Unterstützung ihres Teams und des Beraters Michel Rolland neues Leben eingehaucht. Ältere Jahrgänge sind etwas uneinheitlich, heute jedoch erzeugt das 3,3-ha-Gut in der Nähe von Château Trotanoy einen kolossalen Wein von niedrigen Erträgen. Üppige Aromen von Lakritze, schwarzen Früchten und Bitterschokolade sind das Aushängeschild dieses immer beliebteren Pomerol-Weins.

33570 Montagne; s.dumas@tiscali.fr

Château Vray Croix de Gay

Der Wein von Château Vray Croix de Gay ist eines der wenigen noch erschwinglichen Gewächse vom Pomerol-Plateau. Die 3,7 ha Rebfläche unterteilen sich in drei Parzellen, deren größte, bestockt mit 82 % Melot und 18 % Cabernet Franc, an Pétrus grenzt. Die Eigentümer sind Aline und Paul Goldschmidt von der Firma Domaine Baronne Guichard; ihr Önologe Yannick Reyrel wurde bei Pétrus ausgebildet. Stéphane Derenoncourt berät seit 2006. Zweimalige Auslese im Weinberg und parzellenweise Vinifikation sind jetzt Standard, der endgültige Verschnitt verbringt 18 Monate in (zu 40 % neuer) Eiche. Die herbstlichen Trüffelaromen werden beim Zweitwein, dem fleischigeren sortenreinen Merlot L'Enchanteur (von jüngeren Reben), durch rote Sommerfrüchte ersetzt.

33500 Pomerol; www.baronneguichard.com

Clos du Clocher

Die beiden Parzellen von Clos du Clocher mit insgesamt 7,3 ha liegen unweit der Kirche von Pomerol (*clocher* heißt »Kirchturm«). Eigentümer Jean-Baptiste Bourotte vom Libourner Weinhandelshaus Jean-Baptiste Audy entlockt den 80 % Merlot und 20 % Cabernet Franc gut definierte Brombeer- und Loganbeeraromen mit schön unterlegter Frische und fleischigen, aber ausgewogenen Tanninen sowie ein sanft duftendes Bukett. Michel Rolland berät. Die Familie besitzt auch diverse andere Güter am rechten Ufer. ★**Aufsteiger**

57, rue de Catusseau, 33500 Pomerol; www.jbaudy.fr

Clos L'Église

Sylviane Garcin-Cathiard besitzt das 5-ha-Gut in Pomerol sowie Barde-Haut in St-Émilion (siehe S. 187), Haut-Bergey in Pessac-Léognan (siehe S. 176) und Poesia in Argentinien. Der Weinberg, bestockt mit 60 % Merlot und 40 % Cabernet Franc, erbringt einen hübschen Tropfen mit weichen Karamellnoten und zartem Holzrauch. Auf Weisung von Berater Alain Raynaud werden die Trauben nun früher gelesen, um das volle Aromenpotenzial auszuschöpfen. Die neue Kellerei ist auf umfassende Nutzung der Schwerkraft ausgelegt; nach burgundischer Art wird während der Gärung der Hut untergestoßen.

1, Feytit Clinet, 33500 Pomerol; www.vignoblesgarcin.com

Clos René

Jean-Marie Garde, Vorsitzender des hiesigen Winzerverbands, besitzt das neben Château L'Enclos gelegene 12-ha-Gut Clos René. Der Wein (jährlich 72 000 Flaschen) bietet ein exzellentes Preis-Leistungs-Verhältnis. Der ungewöhnliche Malbec-Anteil (10 %) steuert eine dunkle Farbe und üppige Untertöne von Gewürzen bei; hinzu kommen 70 % Merlot und 20 % Cabernet Franc. Der Ausbau erfolgt in zu nur 25 % neuer Eiche, was dem Wein eine schöne Ausgewogenheit von Holzrauch und Brombeerfrucht verleiht. Michel Rolland berät.

Grand Moulinet, 33500 Pomerol; Tel. 05 57 51 10 41

Clos de la Vieille Église

Jean-Louis Trocard, Sprössling einer der ältesten Familien am rechten Ufer, ist neben vielen anderen Gütern auch Eigentümer des 1,5 ha großen Clos de la Vieille Église. Auf dem Ton-Kies-Boden im Zentrum der Appellation stehen 70 % Merlot und 30 % Cabernet Franc. Dem Wein sind wundervolle Blaubeer- und Rote-Johannisbeer-Noten zu eigen mit einem Anflug von Mokka. Die schonende Bereitung umfasst Vergärung bei niedriger Temperatur sowie Ausbau (bis zu 20 Monate) und biologischen Säureabbau in 100 % neuer Eiche.

33570 Les-Artigues-de-Lussac; www.trocard.com

Le Pin

Das mit Abstand kleinste der großen Kaliber von Bordeaux existiert seit 1979 und besitzt nur 2 ha, wovon 2009 eine Parzelle für die Neubestockung gerodet wurde, sodass es bis 2012 sogar nur 1,95 ha sind. Wie bei Pétrus unterscheidet sich auch das Le-Pin-Terroir von dem seiner Nachbarn. Hier ist es 3 m tiefer Kies, der mit 100 % Merlot bestockt ist (der kleine Anteil Cabernet Franc gelangt nicht in den Verschnitt). Die Eigentümer sind Jacques Thienpont und Fiona Morrison, Mitbesitzer und Gutsleiter ist Alexandre Thienpont. Nur rund 6000 bis 7000 Flaschen werden pro Jahr erzeugt und in Kisten mit sechs oder sogar nur drei Flaschen verkauft. Die Vergärung findet in Edelstahl statt, der biologische Säureabbau und die Reifung in Eiche. Je nach Jahrgang verbringt der Wein 18 bis 22 Monate in durchweg neuen, mittelstark angerösteten Eichenfässern: ein eindeutig opulenteres Gewächs als Pétrus, mit seidiger Frucht und einer Sinnlichkeit, die viele mit Spitzenburgundern vergleichen.

Keine Besuchereinrichtungen; wine@thienpont-etikhove.be

Providence

Das Gut wurde 2005 von der Familie Moueix erworben und seitdem komplett neu strukturiert. Zu den intensivierten Weinbergarbeiten zählen Behangausdünnung und Laubauslichtung. Der Wein (90 % Merlot, 10 % Cabernet Franc) wird in Edelstahltanks vergoren und 18 Monate in (zu 33 % neuen) Eichenfässern gereift. Er besitzt jene tiefgründige, kontrollierte Extraktion, die allen Moueix-Abfüllungen eigen ist. Seine Struktur verspricht Langlebigkeit.

7–8, route de Tropchaud, 33500 Pomerol
www.moueix.com

Vieux Château Certan

Vieux Château Certan ist das älteste Pomerol-Château, Teile des Gebäudes stammen aus dem 12. Jahrhundert. Der elegante, stilvolle und unaufdringliche Wein ist der Persönlichkeit seines Besitzers Alexandre Thienpont nicht unähnlich. Thienponts Großvater erwarb das 14 ha große Gut 1924; auch hier gibt es Eiseneinschlüsse im Boden, der jedoch, etwa im Vergleich zum nahen Château Pétrus, einen höheren Kiesanteil im Ton aufweist. Der Unterschied spiegelt sich in der Bestockung (60 % Merlot, 30 % Cabernet Franc, 10 % Cabernet Sauvignon) wider. Der Cabernet-Franc-Anteil macht sich im aromatischen Bukett mit Veilchen und Sommerblumen bemerkbar, die mit den üppigen schwarzen Früchten am Gaumen kontrastieren.

33500 Pomerol
www.vieux-chateau-certan.com

WIE GUT ALTERN DIE WEINE VOM RECHTEN UFER?

Cabernet Sauvignon gilt als die Bordeaux-Traube, deren Weine am langlebigsten sind. Die Rebsorte wächst jedoch vorwiegend am linken Ufer, insbesondere im Médoc, wo sie die Verschnitte der klassifizierten Gewächse dominiert. Das rechte Ufer ist hingegen zu mehr als 60 % – in Pomerol sogar 75 % – mit Merlot bestockt. Was bedeutet das für das Alterungspotenzial der Weine? Alain Raynaud, Eigentümer des Pomerol-Guts Le Croix de Gay und auf beiden Uferseiten als Berater tätig, erklärt: »Die Tatsache, dass die Bodenstruktur in Pomerol und St-Émilion bereits in der Jugend zugängliche Weine hervorbringt, kann irreführend sein. Die Alterungsfähigkeit wird traditionell mit dem Säuregrad wie auch dem Tanningerüst eines Weins verbunden, aber darüber hinaus gibt es andere Faktoren. Die wahre Revolution am rechten Ufer fand im Weinberg statt, hier haben nämlich Ertragsbeschränkung, erhöhte Konzentration und großartige phenolische Reife mit dazu beigetragen, dass der Pétrus ebenso gut altert wie der Lafite, und der Ausone so schön wie der Latour.«

DAS ÜBRIGE BORDEAUX

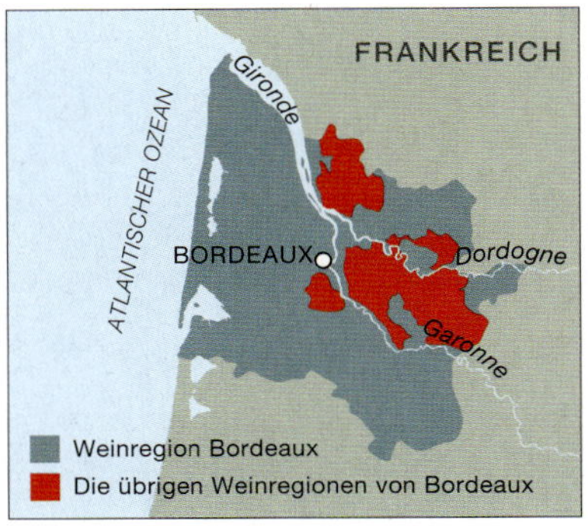

Bei den kleineren Anbaubereichen von Bordeaux verliert man schnell den Überblick, denn die Region umfasst nicht weniger als 54 Appellationen. Bis 2009 waren es sogar 57, doch durch die Schaffung der neuen AC Côtes de Bordeaux, von der man sich größere kommerzielle Durchschlagskraft verspricht, entfielen die vier Einzelappellationen Premières Côtes de Blaye, Côtes de Francs, Côtes de Castillon und Premières Côtes de Bordeaux. Nur die AC Côtes de Bourg behält ihren Namen. Angesichts dieser verwirrenden Vielfalt ist man versucht, sich an bewährte Châteaux von internationalem Ruf zu halten – allerdings würde man dadurch die vielen exzellenten, sorgfältig bereiteten und preiswerten Weine von weniger bekannten Terroirs verpassen!

Hauptrebsorten

Rot

Cabernet Franc
Cabernet Sauvignon
Malbec
Merlot
Petit Verdot

Weiß

Muscadelle
Sauvignon Blanc
Sauvignon Gris
Sémillon

Jahrgänge

2010
Ausgezeichneter Jahrgang; Qualitätsweine im ganzen Bordelais. Gute Gelegenheit, um weniger bekannte Appellationen zu probieren.

2009
Außergewöhnliches Jahr; Hagel in Entre-Deux-Mers und in den Côtes.

2008
Nach nassem Sommer eine lange, sonnige Ernte: kein einfaches Jahr. Exzellente Weine, man sollte aber wählerisch sein.

2007
Kühler Sommer, durchwachsene Ergebnisse. Einige leichtere Rote, viele wunderbare Weiße.

2006
Klassischer Jahrgang. Merlot tat sich schwerer als Cabernet Sauvignon.

2005
Reichhaltige Weine, die jetzt perfekt zu trinken sind.

Das Lesegut von mehr als der Hälfte der Gesamtrebfläche des Bordelais kommt als Wein der AC Bordeaux oder der AC Bordeaux Supérieur auf den Markt. Der Unterschied zwischen den beiden Appellationen liegt vor allem in den Anbaumethoden, den zugelassenen Ertragsmengen und dem Alkoholgehalt. Zusammengenommen umfassen sie 62 000 Hektar Rebfläche, bewirtschaftet von 6300 Winzern, und stehen für mehr als die Hälfte der Bordeaux-Jahresproduktion.

Die anderen wichtigen Appellationen sind die (viel kleineren) Satelliten in der Umgebung von St-Émilion sowie Pomerol und Libourne mit insgesamt 6000 Hektar Rebfläche: Lussac St-Émilion, Montagne St-Émilion, St-Georges St-Émilion, Puisseguin St-Émilion, Lalande de Pomerol und Fronsac. Die AC Côtes de Bordeaux erzeugt von 13 000 Hektar jährlich 120 Millionen Flaschen. Auf dem Etikett darf unter strengen Auflagen die genauere Terroirbezeichnung – Francs, Castillon, Blaye oder Cadillac (für die einstige AC Premières Côtes de Bordeaux) – vorangestellt werden. Die größte Appellation für Weißweine (außerhalb der AC Bordeaux Blanc) ist die AC Entre-Deux-Mers.

Stilistisch sind die Weine, die aus geografisch so unterschiedlichen Bereichen stammen, natürlich kaum unter einen Hut zu bringen. Generell lässt sich jedoch sagen, dass die kleineren Appellationen am rechten Ufer von Merlot dominiert werden. Er verleiht den Weinen im Bestfall eine unmittelbar ansprechende Art und ein fruchtiges Mundgefühl, wofür die meisten Gewächse der »etablierten« Châteaux etliche Jahre Flaschenreifung benötigen. Als AC Bordeaux und AC Bordeaux Supérieur dürfen Weine aus dem gesamten Bordelais etikettiert werden; die im Folgenden besprochenen Appellationen liegen jedoch alle östlich der Garonne, am rechten Ufer und zu beiden Seiten der Dordogne.

Weitere stilistische Merkmale sind mildere Tannine und weniger Eichenausbau. Natürlich gibt es Ausnahmen – der Girolate der Familie Despagne zum Beispiel ist ein echtes Kraftpaket mit straffen, verführerischen Tanninen –, doch viele dieser Weine bieten einen vergnüglichen und zugänglicheren Einstieg in die Welt des Bordeaux. Demnach sollten die meisten Roten jung getrunken werden, etwa fünf bis zehn Jahre nach der Abfüllung oder noch früher. Die Weiß- und Roséweine kommen in der Regel trinkreif auf den Markt.

In den Weinbergen trifft man häufig maschinelle Bearbeitung und Lese an. Viel häufiger als in den renommierten ACs werden die Weine auch direkt ab Gut verkauft, was diese Bereiche, abgesehen von der hübschen Lage vieler Besitzungen, zu einem idealen Reiseziel für Weinfreunde macht. Besonders reizvoll ist Fronsac mit seiner malerisch zerklüfteten Hügellandschaft am Zusammenfluss von Dordogne und Isle.

Für die Erzeuger besteht die Herausforderung darin, ihre Weine vom Gros der Bordeaux-Produktion abzugrenzen – Spitzengüter gehen dafür immer mehr Wagnisse ein. Sei es durch die Wahl der Rebsorten – der Cabernet-Franc-Anteil in der köstlich duftenden Cuvée Damnation von Château Roques Mauriac beträgt stattliche 85 Prozent –, sei es, indem man den Reben höchste Aromenkonzentration abverlangt wie etwa Jean-Philippe Janoueix bei Château Le Conseiller oder, wie beim Divinus de Château Bonnet, auf einen sortenreinen Sauvignon-Blanc-Wein setzt.

Die einflussreichen Mitglieder der Bordeaux-Supérieur-Winzervereinigung erwägen sogar die Einführung einer neuen Appellation – Bordeaux Premier Cru – für die besten Qualitätsweine. Ob dies weitere Verwirrung stiften würde, bleibt abzuwarten. Sicher ist jedoch, dass es in Bordeaux wundervolle Erzeuger gibt, die außerhalb des Klassifikationssystems und der berühmten Appellationen tätig sind und einen höheren Bekanntheitsgrad unbedingt verdient hätten.

Château Acappella Montagne St-Émilion
Béatrice und Christophe Choisy betreiben ihr 2001 gegründetes Château Acappella mit leidenschaftlicher Hingabe. Die 3,5 ha Merlot- (60 %) und 40 Jahre alten Cabernet-Franc-Reben (40 %) werden ökologisch bewirtschaftet. Berater Michel Rolland setzt auf reife Frucht, doch es ist die Detailbesessenheit der Eigentümer, die für die Weinbereitung unter Ausnutzung der Schwerkraft, Wildhefen und biologischen Säureabbau im Fass sorgt. Der weder geschönte noch gefilterte Wein besitzt seidige Tannine und süße schwarze Früchte und braucht einige Zeit, um sich zu öffnen. Der Zweitwein Eugénie d'Acappella stammt von jungen Reben.

33570 Montagne; www.chateau-acappella.com

Château d'Aiguilhe Côtes de Bordeaux
Stephan von Neippergs Château d'Aiguilhe erzeugt einen dichten, konzentrierten Wein, der in zu 80 % neuer Eiche ausgebaut und mit Sorgfalt umhegt wird – angefangen von den kleinen Behältern für die Lese über die schwerkraftbetriebene Kellerei bis hin zur Ganztraubenvergärung. Neipperg von Canon-La-Gaffelière in St-Émilion (siehe S. 190) erwarb das 50-ha-Gut (80 % Merlot, 20 % Cabernet Franc) 1998. Der konzentrierte Hauptwein ähnelt einem St-Émilion, das Zweitetikett, Seigneurs d'Aiguilhe, besitzt die Fruchtigkeit eines Castillon-Weins.

33350 St-Philippe d'Aiguilhe; www.neipperg.com

Château Bellevue-Gazin
Côtes de Bordeaux
Alain Lancereau erwarb das hübsche Blaye-Gut 2003. Seitdem hat die Familie in neue Fässer investiert, die Kellerei auf den neuesten Stand gebracht und das Château renoviert. Die 20 ha Rebfläche mit Lehm- und Sandböden sind mit 65 % Merlot, 20 % Malbec, 10 % Cabernet Sauvignon und 5 % Petit Verdot bestockt (Letzterer wird nur für den Zweitwein Baronnets verwendet); die Lese erfolgt manuell. Seit dem Jahrgang 2005 werden 300-l-Fässer (anstelle von 225-l-Barriques) verwendet, um die Eichenaromen einzudämmen, gleichzeitig aber die Süße und Komplexität zu erhalten, die der Eichenausbau mit sich bringt. Es ist ein sehr formvollendeter Wein, mit weicher, süßer Frucht und viel Charakter. Die Familie erzeugt auch den Château Lers-Loumède von einem 5,5-ha-Weinberg sowie einen AC Bordeaux Clairet.

33390 Plassac; www.chateau-bellevue-gazin.fr

Château Bertinerie Côtes de Bordeaux
Das Gut verwendet im ökologisch bewirtschafteten Weinberg das die Photosynthese und Ausreifung der Trauben unterstützende Lyra-Rebenerziehungssystem. Dank solcher Methoden ist Daniel Bantegnies einer der führenden Weinmacher in Blaye, und sein 60-ha-Gut erzeugt durchweg spannende Weine. Hervorzuheben sind seine Sondercuvées, abgefüllt als Haut Bertinerie: Der sortenreine Sauvignon Blanc wird unter Hefesatzaufrühren in neuer Eiche vergoren, der Rotwein (40 % Cabernet Sauvignon, 60 % Merlot) zu 80 % in neuem Holz und zu 20 % in Edelstahl gereift, um Frucht und Frische zu betonen. Die Zweitweine tragen verwirrenderweise den Namen Château Bertinerie und sind von direkterer Art. Die Familie erzeugt auch den Château Manon La Lagune, ebenfalls in Blaye.

33620 Cubnezais; www.chateaubertinerie.com

CHÂTEAU D'AIGUILHE
DER KONZENTRIERTE WEIN MIT UNMENGEN NEUER EICHE ÄHNELT EINEM ST-ÉMILION

CHÂTEAU BONNET
DER EXZELLENTE WEISSWEIN WIRD VON DER FAMILIE LURTON ERZEUGT

Château Bonnet Entre-Deux-Mers
Zu den wenigen Bordeaux-Erzeugern, die es hinsichtlich Größe und Beständigkeit mit internationalen Marken aufnehmen können, zählt Château Bonnet. André Lurton hat sein Gut nach und nach auf die jetzigen 270 ha erweitert. 120 ha sind für die exzellenten Weißweine reserviert, etwa für den von 50 % Sauvignon Blanc, 40 % Sémillon und 10 % Muscadelle bereiteten Bonnet, dessen strahlender Fruchtcharakter Folge der Vergärung bei niedriger Temperatur ist. Beim sortenreinen Sauvignon Blanc namens Divinus wird der Hefesatz aufgerührt, um die Zitrusaromen abzurunden, und frische Frucht spielt dank des Verzichts auf Eichenausbau auch hier die Hauptrolle. Die Roten, vor allem der Divinus (80 % Merlot), sind ebenso verlässlich und preiswert, erreichen wie so viele rote AC-Bordeaux-Weine jedoch nicht ganz die Qualität der besten roten Bordeaux-Gewächse.

33420 Grézillac; www.andrelurton.com

Château Branda Puisseguin St-Émilion
Arnaud Delaire hat seine Anteile an Château Branda Anfang 2010 Denise Sarna überlassen, die jetzt Alleinbesitzerin ist. Sie konzentriert sich auf einen gut strukturierten, würzigen Wein mit guter Extraktion, der jedoch nie zu schwer gerät. Michel Rolland und Pascal Chatonnet beraten. Die 36 ha Rebfläche sind mit relativ jungen Merlot-Reben (70 %) sowie beiden Cabernet-Sorten (je 15 %) bestockt. Der 14- bis 18-monatige Eichenausbau bereichert die üppigen Schwarzkirschen um Lakritznoten.

Keine Besuchereinrichtungen; Tel. 05 57 74 62 55

Château Calon Montagne St-Émilion
Der Château Calon ist ein hübscher Wein voll roter Früchte und mit viel Selbstbewusstsein. Eigentümer Jean-Noël Boidron von Château Corbin Michotte in St-Émilion (siehe S. 191) lehrte Önologie am Bordeaux International Wine Institute (INSEEC) und verwendet moderne Methoden wie exakten Rebschnitt und Behangausdünnung, um die Erträge niedrig zu halten; Edelstahl im Keller sorgt für einen fruchtbetonten Stil. Das 38-ha-Gut verfügt über das gleiche Kalksteinterroir wie das unweit gelegene St-Émilion. Die Merlot-dominierten Weine werden bis zu 18 Monate in neuer Eiche gereift.

Keine Besuchereinrichtungen; Tel. 05 57 51 64 88

Château Cap de Faugères
Côtes de Bordeaux
Das Castillon-Gut des Schweizer Investors Silvio Denz von Château Faugères in St-Émilion (siehe S. 192) erzeugt 100 000 Flaschen von 31 ha Rebfläche. Der Wein von 85 % Merlot plus Cabernet Franc und einem Spritzer Cabernet Sauvignon wird vor der Vergärung in Edelstahl einer Kaltmaischung unterzogen, um das Maximum an Frucht und reifen Tanninen herauszuholen. Er wird zwölf Monate gereift, ohne mit neuer Eiche in Berührung zu kommen, sodass Rauchnoten nur zu erahnen sind.

33330 St-Étienne-de-Lisse; www.chateau-faugeres.com

Château de Carles Fronsac
Das vor Kurzem runderneuerte Château de Carles – angefangen beim nun schwerkraftbetriebenen Keller bis hin zu den hübsch angelegten Gärten – sollte man im Auge behalten. Die Eigentümer Constance und Stéphane Droulers sind seit Ende der 1980er-Jahre auf dem Gut.

CHÂTEAU DE LA DAUPHINE
DIE MODERNE KELLEREI IN FRONSAC ERZEUGT ELEGANTE WEINE

CHÂTEAU GUERRY
DIE BOURG-WEINE VON BERNARD MAGREZ BESITZEN WÜRZIGEN SCHWUNG

Heute arbeiten sie mit Jean-Luc Thunevin, Alain Renau und Jean Philippe Fort (vom Laboratoire Michel Rolland) zusammen. Der Haut-Carles und der Château de Carles werden von 90 % Merlot sowie 10 % Cabernet Franc und Malbec bereitet, stammen jedoch von verschiedenen Parzellen und werden unterschiedlich vinifiziert: Für den in großen Eichenfässern gereiften Haut-Carles wird rigoros selektiertes Lesegut aus dem 20-ha-Weinberg verwendet, der Château de Carles verbringt sechs Monate in Edelstahl und zwölf im Fass. Beide sind der Ausdruck reiner Frucht, wobei Kraft und rauchige Struktur beim Hauptwein stärker betont sind. Demnächst soll die Pflanzdichte auf bis zu 10 000 Reben/ha erhöht werden. ★**Aufsteiger**

33141 Saillans; Tel. 05 57 84 32 03

Château Clos Chaumont
Côtes de Bordeaux

Hier trifft man auf genau die Art von Gut, wie man es in den kleineren Appellationen zu finden hofft: mit echter Aufbruchstimmung und Dynamik. Château Clos Chaumont gehört Pieter Verbeek, einem Holzhändler aus den Niederlanden, der immer wieder nach Bordeaux reiste und sich schließlich 1991 in ein Haus (mit wenig Rebland) auf einem Hügelkamm im Dörfchen Haux verliebte. Er nutzte die Fachkenntnisse seines Freundes Kees van Leeuwen, Önologe bei Cheval Blanc in St-Émlion und d'Yquem in Sauternes, für die Bodenanalyse und Bestockung von 11 ha Rebfläche und arbeitet jetzt mit Hubert de Boüard zusammen. Der Rote von 60 % Merlot sowie Cabernet Franc von ertragsarmen alten Reben besitzt viel Charme, frische Mineralität und saubere rote Beerenfrucht. Der üppige Weiße strotzt vor Aprikosenaromen von den 55 % Sémillon und 45 % Sauvignon Gris.

33550 Haux; www.closchaumont.com

Château Le Conseiller Bordeaux Supérieur

Jean-Philippe Janoueix zählt zu den wagemutigen Bordeaux-Erzeugern: Eine 1,5-ha-Parzelle seines Château Le Conseiller weist eine Pflanzdichte von sage und schreibe 20 000 Reben/ha auf. Zum Vergleich: Bei Romanée-Conti an der burgundischen Côte de Nuits (siehe S. 231) sind es 12 000 Reben/ha, bei Lafite in Pauillac (siehe S. 158) 10 000 Reben/ha. Janoueix' Parzelle liegt an einem Hang an einer Flussbiegung der Dordogne, wo der Wind für genügend Laubdurchlüftung sorgt. Bestockt wurde sie 2000, doch Janoueix gab den Reben fünf Jahre Zeit, bevor er den ersten Jahrgang abfüllte. Der Wein mit dem Namen 20 Mille (jährlich nur 4000 Flaschen) ist ein überaus intensiver sortenreiner Merlot, eine Essenz von Schwarzen Johannisbeeren und Grafit. Nach der Vergärung wird er zur sanften Extraktion in zuvor erwärmte Fässer abgezogen, wo er dann 18 Monate reift. Auch der Hauptwein (ebenfalls ein sortenreiner Merlot) mit geschmeidiger roter Frucht von 27 ha Reben ist gut.

33240 Lugon-et-l'Île-du-Carnay
www.josephjanoueix.com

Château La Croix Mouton
Bordeaux Supérieur

Der verlässliche, höchst erfreuliche und von den Aromen herbstlicher Früchte dominierte Château La Croix Mouton ist ein Wein exzellenter Qualität – besonders für diesen Preis – von Jean-Philippe Janoueix (siehe oben), einem Spitzenerzeuger des rechten Ufers. Er stammt von 50 ha Reben (85 % Merlot, 15 % Cabernet Franc) an der Grenze zur AC St-Émilion und zeigt Zedernholznoten, rauchige Schwarze Johannisbeere und feste Tannine. Da er in Edelstahl vergoren und nur acht Monate im Fass ausgebaut wird, braucht man ihn nicht lange einzulagern.

33240 Lugon-et-l'Île-du-Carnay; www.josephjanoueix.com

Château de La Dauphine Fronsac

Das rasant aufstrebende Gut erzeugt elegante, fruchtbetonte Weine mit jeder Menge schwarzer Frucht und zeigt, was Fronsac zu leisten vermag. Château de La Dauphine gehörte früher den Éts. JP Moueix, ist aber seit 2001 im Besitz von Jean Halley und wird inzwischen von seinem Sohn Guillaume geleitet, der sich von Weinmacher Denis Dubourdieu beraten lässt. Das 32-ha-Gut hat von den beträchtlichen Investitionen des vergangenen Jahrzehnts enorm profitiert und wurde durch die Eingliederung einiger Canon-Fronsac-Güter erweitert. Heute kommen die beiden Weine, La Dauphine und der Zweitwein Delphis, als AC Fronsac auf den Markt. Die 80 % Merlot- und 20 % Cabernet-Franc-Reben sind im Schnitt 33 Jahre alt; die Weine werden zwölf Monate in (zu 33 % neuer) Eiche ausgebaut. Die moderne, schwerkraftbetriebene Kellerei verfügt über temperaturkontrollierte Edelstahl- und Betontanks und einen unterirdischen Fasskeller. ★**Aufsteiger**

33126 Fronsac; www.chateau-dauphine.com

Château La Fleur de Boüard
Lalande de Pomerol

Coralie, Tochter Hubert de Boüards von Angélus in St-Émilion (siehe S. 187), leitet Château La Fleur de Boüard. Ihr Vater erwarb das Gut 1998 und benannte es ihr zu Ehren um. Der 19,5-ha-Weinberg ist mit 85 % Merlot, 10 % Cabernet Franc und 5 % Cabernet Sauvignon bestockt und wird sorgfältig per Hand bearbeitet. Der Wein zeigt eine mächtige, wuchtige, selbstbewusste Aromatik mit der verführerisch rauchigen Charakteristik des Angélus (sie entsteht durch den 18-monatigen Ausbau in zu 80 % neuen Eichenfässern) sowie reife Schwarze-Johannisbeer-Frucht. Er wird ohne Schönung und Filtration abgefüllt.

33500 Pomerol; www.lafleurdebouard.com

Château de Fontenille Entre-Deux-Mers

Dieser Wein ist jede Suche wert: Der Château de Fontenille von 35 ha Rebfläche wird mit Achtsamkeit und Aufmerksamkeit von Stéphane Defraine bereitet, der von großen dramatischen Gesten und Blockbuster-Aromen nicht viel hält. Das Angebot umfasst einen Entre-Deux-Mers (50 % Sauvignon Blanc und Gris, 30 % Sémillon, 20 % Muscadelle), einen roten AC Bordeaux (50 % Merlot, 30 % Cabernet Franc, 20 % Cabernet Sauvignon) und einen Merlot-betonten AC Bordeaux Clairet (ein etwas körperreicherer Rosé). Alle drei bieten saubere Aromatik, weiche Tannine und ein tolles Preis-Leistungs-Verhältnis.

33670 La Sauve Majeure; www.chateau-fontenille.com

Château de Francs Côtes de Bordeaux

Château de Francs ist das führende Gut im zur AC Côtes de Bordeaux zählenden Bereich Francs (die hiesigen 40 Winzer bewirtschaften jeweils weniger als 1 ha). Es gehört Dominique Hébrard, dem früheren Eigentümer von Cheval Blanc in St-Émilion, und Hubert de Boüard. Wie fast überall in Francs spielt Merlot die Hauptrolle

(70 %), unterstützt durch 20 % Cabernet Franc und 10 % Cabernet Sauvignon. Die 40 ha werden per Hand bearbeitet, die Weine parzellenweise vinifiziert, wobei mehr auf Frucht und Finesse als auf Kraft Wert gelegt wird. Der Wein verbringt zwölf Monate in nur zu 20 % neuer Eiche, damit die Holznoten nicht den Geschmack dominieren. Zudem gibt es 2,5 ha mit je 50 % Sémillon und Sauvignon Blanc für einen in (zu 50 % neuer) Eiche gereiften Weißen.

33570 Francs; www.hebrard.com

Château du Gaby Fronsac

Der britische Investmentbanker David Curl ist Eigentümer von Château du Gaby, das auf einem hohen Hügelkamm oberhalb der Dordogne liegt und sicherlich eines der schönsten Güter in Fronsac ist. Die 16 ha Reben wachsen auf Hängen mit exzellentem Wasserabzug. Önologe Gilles Paquet vergärt die 85 % Merlot sowie 15 % Cabernet Franc und Sauvignon in mit Epoxidharz ausgekleideten Betontanks und zieht den Wein dann in (zu 40 bis 60 % neue) Eichenfässer ab, wo er zwölf bis 18 Monate reift. 50 000 Flaschen gibt es von diesem Gewächs, das einen größeren Bekanntheitsgrad verdient hätte: Es bietet frische, reife Brombeer- und Loganbeerfrucht mit guter Substanz und fester Struktur. Les Roches Gaby ist der Zweitwein.

33126 Fronsac; www.chateaudugaby.com

Château Garraud Lalande de Pomerol

Dieser Wein, erzeugt von Jean-Marc Nony und Berater Michel Rolland, übertrifft regelmäßig alle Erwartungen. Der Verschnitt von 70 % Merlot sowie 30 % Cabernet Franc und Sauvignon zeigt schöne Tiefe und Komplexität mit viel Pomerol-Schliff, und tatsächlich liegen die 32 ha Rebfläche unmittelbar außerhalb der Grenze von Pomerol in der Ortschaft Néac. Ein Großteil seines Reizes verdankt dieses Gewächs seiner luxuriösen Textur und dem damit verbundenen Mundgefühl, die die ertragsarmen Reben und die Reifung in 80 % Eichenfässern bewirken. Die Familie Nony erzeugt auch den L'Ancien von einigen der ältesten Merlot-Reben in Lalande sowie unter dem Namen Château Treytins in geringer Menge Weine der ACs Lalande de Pomerol und Montagne St-Émilion.

33500 Néac; www.vln.fr

Château Guerry Côtes de Bourg

Unter den vielen Besitzungen von Bernard Magrez in Bordeaux findet sich auch das hübsche 21-ha-Château Guerry im Bereich Bourg, quasi gegenüber von Margaux, mit Blick auf die Gironde. Beim Wein liefern 20 % Malbec (in Bourg und Blaye verbreiteter als in anderen Teilen des Bordelais) lebhafte Gewürznoten, hinzu kommen kraftvolle 30 % Cabernet Sauvignon und mildernde 50 % Merlot. Ein weiterer Magrez-Wein ist der L'Égrégore, eine sinnliche, fast überladene Interpretation von einer Parzelle bei Blaye.

33710 Bourg sur Gironde; www.bernard-magrez.com

Château Joanin Bécot Côtes de Bordeaux

In Castillon hat sich eine jüngere Generation von Eigentümern niedergelassen, oftmals Sprösslinge berühmter, in prestigeträchtigen Nachbarappellationen beheimateter Winzerdynastien. Zu den bekanntesten Vertretern zählt Juliette Bécot von Château Beau-Séjour-Bécot in St-Émilion (siehe S. 187), die mit den Önologen Sophie Porquet und Jean-Philippe Fort zusammenarbeitet. Von 7 ha Rebfläche erzeugen sie einen exzellenten Wein (75 % Merlot, 25 % Cabernet Franc) mit reifen Zwetschgenaromen und etwas gerösteter Vanille vom Eichenausbau. In manchen Jahrgängen ist er ziemlich alkoholstark, doch die gute Struktur und die Tannine halten alles in der Balance.

33330 St-Émilion; www.beausejour-becot.com

Château Lucas Lussac St-Émilion

Das Gut im Besitz der Familie Vauthier von Ausone in St-Émilion (siehe S. 187) wird von Frédéric Vauthier geleitet. Die gut 52 ha Rebfläche sind mit 50 % Merlot und 50 % Cabernet Franc bestockt, werden nachhaltig bewirtschaftet und derzeit auf zertifizierten ökologischen Anbau umgestellt. Es gibt drei Weine: Der blumige Château Lucas wird in 80 % Edelstahl und 20 % Eiche gereift; der Grand de Lucas von ertragsbeschränkten, manuell gelesenen Reben wird ausschließlich im Fass ausgebaut – falls zur Abmilderung der Tannine vonnöten, wird Mikrooxidation eingesetzt. Der nur in Ausnahmejahren von alten Reben erzeugte Spirit of Lucas verbringt 24 Monate in neuer Eiche.

33570 Lussac; www.chateau-lucas.fr

Château de Lussac Lussac St-Émilion

Griet und Hervé Laviale, denen auch Franc Mayne in St-Émilion (siehe S. 192) gehört, haben das Château aus dem 19. Jahrhundert in einen etwas dekadenten Landsitz mit dramatischer Beleuchtung und güldenen Lüstern verwandelt. Die Keller hingegen sind strikt funktional, mit einer Tribaie-Sortiermaschine, die die Beeren auf Basis der Zuckerkonzentration anhand ihres spezifischen Gewichts ausliest, und einem kreisrunden Raum mit halbhohen Edelstahltanks. Der Wein dankt es mit üppigen Aromen nebst Andeutungen von Tabak und Schokolade. Die 27 ha Rebfläche sind mit 77 % Merlot und 23 % Cabernet Franc bestockt, die Pflanzdichte beträgt 5500 Reben/ha. Der höchst verführerische Zweitwein Le Libertin de Lussac wird ohne neue Eiche von jungen Reben bereitet.

15, rue de Lincent, 33570 Lussac; www.chateaudelussac.fr

Château Magdeleine Bouhou Bordeaux

Das dynamische Gut im Besitz von Muriel Revaire-Rousseau hat kürzlich zwei sortenreine Malbec-Weine eingeführt. Anfang des 20. Jahrhunderts war der Bereich Blaye zu 80 % mit dieser Sorte bestockt, heute jedoch sind es weniger als 20 %. Hier nimmt sie 5 ha Rebfläche mit Lehmboden ein – alle Erzeugnisse des Guts enthalten mehr oder weniger Malbec. Die beiden sortenreinen Malbec-Editionen sind der frische, unkomplizierte Vin de Table La Petite Madeleine (sic!) und der in Eiche ausgebaute, gut strukturierte AC Bordeaux M de Magdeleine (in der AC Côtes de Bordeaux ist reinsortiger Malbec nicht zugelassen). Dennoch sind beide meilenweit entfernt von den gewichtigeren, üppigeren Cahors-Interpretationen.

Cars, 33392 Blaye; Tel. 05 57 42 19 13

Château Manoir du Gravoux
Côtes de Bordeaux

Philippe Émiles 19-ha-Château Manoir du Gravoux ist ein aufgehender Stern in Castillon. Das mittelalterliche Gebäude liegt Stéphane Derenoncourts entschieden

UNBEKANNTERE BORDEAUX-REBSORTEN

Für die regionalen Bordeaux-Appellationen sind sechs Rot- und sieben Weißweinsorten zugelassen, überwiegend werden jedoch nur vier verwendet: Unter den roten hat Merlot einen Anteil von 63 % und Cabernet Sauvignon von 25 %, bei den weißen dominieren Sémillon mit 53 % und Sauvignon Blanc mit 38 %. Hinzu kommen die rote Cabernet-Franc-Rebe mit immerhin 11 % und die weiße Muscadelle mit 6 %. Die anderen zugelassenen Sorten sind Petit Verdot, Malbec und Carmenère (rot) sowie Ugni Blanc, Merlot Blanc, Mauzac, Odenc und Colombard (weiß). In den vergangenen Jahren haben diese weniger bekannten Trauben einen gewissen Aufschwung erlebt. Petit Verdot nimmt inzwischen mehr als 10 % des gesamten roten Rebbestands ein und wird auf einer Fläche von 479 ha (früher 422 ha) angebaut. Auch Malbec findet immer mehr Eingang in Verschnitte – vor allem in den Bereichen Bourg und Blaye –, was hauptsächlich auf die wärmer werdenden Herbste und den Wunsch, sich gegenüber bekannteren Appellationen hervorzutun, zurückzuführen ist. Einige Châteaux, darunter Magdeleine Bouhou in Blaye, erzeugen neuerdings sortenreine Malbec-Weine.

CHÂTEAU PEY LA TOUR
DAS ZWEITETIKETT DES GROSSEN GUTS IST DER ÜPPIGERE DER BEIDEN WEINE

CHÂTEAU PENIN
DER TRADITION WIRD VORWIEGEND VON MERLOT UND OHNE EICHENAUSBAU BEREITET

bekannterer Domaine de l'A (siehe S. 215) direkt gegenüber. Émile nutzt das Wissen seines Nachbarn und behandelt seine ertragsarmen Reben sehr sorgfältig, um ihnen reife, üppige und dichte Beerenaromen zu entlocken, unterstützt durch die nach Süden ausgerichteten Hänge mit gutem Wasserabzug und die hohe Reben-erziehung, die für eine optimale Laubfläche sorgt. Das Verschnittrezept sieht 88 % Merlot und 12 % Cabernet Franc vor. Vergärung und biologischer Säureabbau erfolgen in Edelstahl, um eine gute Extraktion ohne austrocknende Tannine zu erzielen. ★**Aufsteiger**

33350 St-Genès-de-Castillon
www.terraburdigala.com

Château Marjosse Bordeaux

Château Marjosse ist das Familiengut von Pierre Lurton. Es liegt im Entre-Deux-Mers, einer etwas weniger glanzvollen Umgebung, als Lurton es als Leiter der Châteaux d'Yquem in Sauternes (siehe S. 185) und Cheval Blanc in St-Émilion (siehe S. 190) gewohnt ist. Architekt Guy Tropes entwarf die kürzlich eingeweihte, schicke neue 2400-m²-Kellerei, ausgestattet mit modernster Technik. Dies dürfte das Renommee des bereits hochinteressanten 80-ha-Guts weiter erhöhen. Der Rote auf Merlot-Basis (75 %) mit milden Tanninen und reichhaltiger, fester Frucht plus einem Hauch von Gewürzen, den die 3 % Malbec beisteuern, ist kein echter Konkurrent für die Crus Classés, aber deutlich anders als die Weine der Nachbarn – und sehr preiswert. Die auf 22 ha gepflanzten Weißweinreben (59 % Sémillon und Muscadelle, 41 % Sauvignon Blanc und Gris) erbringen einen klassischen Bordeaux, der weniger Stachelbeere als Noten von frisch gemähtem Gras zeigt.

Keine Besuchereinrichtungen; Tel. 05 57 55 57 80

Château Messile-Aubert
Montagne St-Émilion

Dieser großartige Wein lohnt die Suche, denn Heloïse Aubert von La Couspaude in St-Émilion (siehe S. 191) führt das 10-ha-Château Messile-Aubert äußerst penibel; Michel Rolland berät. Die 60 % Merlot sowie je 20 % Cabernet Franc und Sauvignon werden nach der Kaltmaischung im kleinen Holzfass vergoren (mit manuellem Unterstoßen des Huts), der biologische Säureabbau findet in neuer französischer Eiche statt. Nach 18- bis 20-monatiger Reifung (für diese AC relativ lang) gibt sich der Wein geschmeidig und rund, voller Noten von Mokka, Minze und Sommerfrüchten.

33570 Montagne St-Émilion; www.aubert-vignobles.com

Château Mondésir-Gazin
Côtes de Bordeaux

Château Mondésir-Gazin ist eines der besten Gazin-Güter in Blaye, mit bis zu 60 Jahre alten Reben auf 14 ha. Eigentümer Marc Pasquet besitzt auch Château Haut Mondésir (AC Côtes de Bourg) und Château Gontey (AC St-Émilion Grand Cru). Vor seiner Karriere als – überaus sorgfältiger – Weinmacher war Pasquet bis 1990 ein erfolgreicher Fotograf. Der Wein (24 000 Flaschen) ist fleischig mit einem Anflug würziger Exotik vom Malbec (25 %), der die 65 % Merlot und 10 % Cabernet Sauvignon ergänzt. Die üppige violette Frucht wird durch den Verzicht auf Schönung und Filtration unterstrichen.

33390 Plassac; www.mondesirgazin.com

Château Montlau Entre-Deux-Mers

Armand und Elisabeth Schuster de Ballwil sind die Eigentümer von Château Montlau, wo bereits im 15. Jahrhundert Wein erzeugt wurde. Die Reben – zwei Drittel Merlot, ein Drittel Cabernet Franc – wachsen auf 25 ha guter Hanglage gegenüber den Weinbergen von St-Émilion. Zudem sind 3 ha mit Sauvignon Blanc, Sémillon und Muscadelle bestockt (Letzterer stellt in manchen Jahren bis zu 55 % des Verschnitts). Hiervon werden ein Entre-Deux-Mers und ein (schäumender) Crémant de Bordeaux bereitet. Es sind schnörkellose, fruchtige, aber beständig gute Weine mit einer Leichtigkeit, die vielen preiswerten Bordeaux-Erzeugnissen fehlt.

3, Monleau, 33420 Moulon; www.chateau-montlau.com

Château Mont Pérat Côtes de Bordeaux

Auch der Wein von Château Mont Pérat zeigt, dass sich die Familie Despagne in diesen weniger bekannten Bordeaux-Appellationen nicht auf ihren Lorbeeren ausruht. Das von Thibault Despagne und Joël Elissalde (technischer Direktor) geleitete Gut verfügt über stolze 102 ha Reben. Der Merlot-dominierte Rote ist vollgepackt mit selbstbewussten, fleischigen roten Früchten, ausbalanciert durch schöne Frische und samtige Textur. Ein äußerst verlässlicher Wein.

33550 Capian; www.despagne.fr

Château Penin Bordeaux Supérieur

Patrick Carteyron – ein Name, den man sich merken sollte – leitet das 40-ha-Gut seit 1982. Er erzeugt eine Reihe stets überdurchschnittlicher Weine (270 000 Flaschen), an deren Spitze der Penin Tradition von 90 % Merlot sowie je 5 % Cabernet Franc und Sauvignon steht. Er wird ausschließlich in Edelstahl vergoren und ausgebaut (zwölf Monate); dezente Mikrooxidation mildert die Tannine. Seit 2008 gibt es die interessante rote Sondercuvée namens Natur, bei der auf den Zusatz von Schwefeldioxid verzichtet wird, um den fruchtig weichen Charakter zu betonen; leicht gekühlt schmeckt er am besten. Der Blanc de Château Penin wird von 85 % Sauvignon Blanc und Gris sowie Sémillon bereitet.

33420 Génissac; www.chateau-penin.com

Château Perron Lalande de Pomerol

Die Familie Massonie ist seit Langem in Lalande de Pomerol ansässig, und Michel Massonie (der Vater von Bertrand, dem gegenwärtigen Eigentümer) spielte eine entscheidende Rolle bei der Schaffung der gleichnamigen AC. Der körperreiche Wein zeigt Rauch- und Zigarrenkistennoten sowie gut strukturierte Schwarze-Johannisbeer-Frucht. Die 23 ha Rebfläche – 8 ha kamen 2008 hinzu – sind mit 80 % Merlot, 10 % Cabernet Franc und 10 % Cabernet Sauvignon bestockt. Bertrand, der mit seinen Geschwistern Thibault und Béatrice zusammenarbeitet, leitet das Gut seit 1999. Önologe Jean-Philippe Faure setzt, wenn nötig, Mikrooxidation ein. Der Zweitwein heißt La Fleur, ein dritter Château Pierrefitte.

33503 Libourne; www.chateauperron.com

Château Pey La Tour Bordeaux Supérieur

Das Gut im Besitz der Firma Vins & Vignobles Dourthe ist ein weiteres Opfer des vehement betriebenen Markenschutzes von Château Latour in Pauillac (siehe S. 158) und musste sich Ende der 1990er-Jahre von Château

Clos de La Tour in Pey La Tour umbenennen. Inzwischen steht der neue Name für beständige Qualität in einer der kleineren Appellationen. Für das Lesegut von der gut 190 ha großen, dicht bestockten Rebfläche kommen teilweise moderne Methoden wie Thermovinifikation oder Kaltmaischung und Mikrooxidation zum Einsatz. Weinmacher Guillaume Pouthier hat, wie er sagt, gern eine ganze Palette von Geschmacks- und Stilrichtungen zur Verfügung, um dem endgültigen Verschnitt komplexe Ausgewogenheit zu verleihen. Erzeugt werden zwei Rotweine: der toastwürzige, üppige Pey La Tour Réserve und der eher für den Alltagsgebrauch gedachte Pey La Tour (82 % Merlot, 14 % Cabernet Sauvignon, 4 % Cabernet Franc und Petit Verdot).

Keine Besuchereinrichtungen
www.dourthe.com

Château Pierrail Bordeaux Supérieur
Das kaum bekannte Château Pierrail erzeugt eine Reihe exzellenter Weine. Es ist im Besitz der Familie Demonchaux und wird von Jacques und Alice mit ihrem Sohn Aurélien geleitet. Der Weißwein, ein Sauvignon Blanc/Gris-Verschnitt, stammt von Reben auf Lehm-Kalkstein-Hängen. Das 70-ha-Rebareal wird nachhaltig bewirtschaftet, die Erträge beschränkt. Der Rote von 85 % Merlot sowie 15 % Cabernet Franc und Sauvignon besitzt ein weiches, nach Blauschimmelkäse duftendes Bukett, schöne fleischige Tannine und merkliche, aber nicht übertriebene rauchig-tiefe Extraktstoffe.

33220 Margueron; www.chateau-pierrail.com

Château Plain-Point Fronsac
Dank der nach Süden ausgerichteten Rebhänge – 35 ha mit Lehm-Kalk-Böden – reifen die 75 % Merlot, 20 % Cabernet Sauvignon und 5 % Cabernet Franc gut aus. Château Plain-Point ist im Besitz von Michel Aroldi und erzeugt einen Rotwein in modernem Stil (105 000 Flaschen) mit Betonung auf mächtigen, üppigen Aromen roter Sommerfrüchte, der weder geschönt noch gefiltert wird. Der Zweitwein, M de Plain-Point (mit 80 % Merlot), bietet einen noch höheren Spaßfaktor. Die Vinifikation ist einfach: Vergärung mit Naturhefen in Betontanks und Ausbau in (zu 40 % neuer) französischer Eiche. Interessant ist der Blanc de Plain-Point von Sauvignon Blanc (80 %) und Gros Manseng (20 %).

33126 St-Aignan
www.chateau-plain-point.com

Château Puygueraud Côtes de Bordeaux
Pfeffernoten und eine tintendunkle Farbe verleihen diesem Wein seinen unverwechselbaren Charakter, den er den 5 % Malbec im sonst eher appellationstypischen Merlot/Cabernet Franc-Verschnitt verdankt. Seidige Tannine und strahlende Frucht erhält der Hauptwein durch die Vergärung in Edelstahl; etwas Mikrooxidation sorgt für Abrundung. George Thienpont, Vater des jetzigen Eigentümers Nicolas, füllte 1983 erstmals Wein auf dem Francs-Château ab, das heute drei Weine erzeugt: Château Puygueraud, das Zweitetikett Château Lauriol (von jüngeren Reben) und Cuvée George, ein ungewöhnlicher Verschnitt von 35 % Malbec, 35 % Cabernet Franc, 20 % Merlot und 10 % Cabernet Sauvignon.

33570 St-Cibard
www.nicolas-thienpont.com

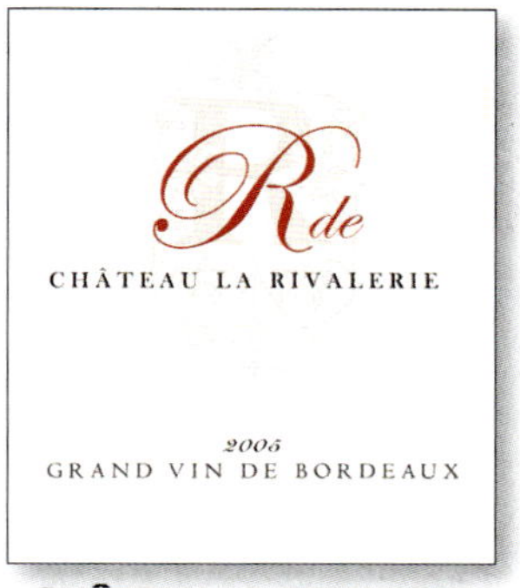

CHÂTEAU LA RIVALERIE
DAS ERFOLGSGUT SORGT MIT SEINEN WEINEN STETS FÜR FURORE

CHÂTEAU REYNON
DAS GUT VON DENIS DUBOURDIEU ERZEUGT DIESEN REGIONALEN KLASSIKER

Château Reynon Bordeaux Blanc
Das Familiengut von Weißweinguru Denis Dubourdieu bietet ein fantastisches Preis-Leistungs-Verhältnis. Ein Insidertipp ist der Weiße von 89 % Sauvignon Blanc und 11 % Sémillon (alte Reben) von 17 ha mit Noten von frisch geschnittenem Gras. Dubourdieu hält sich an die klassische Bordeaux-Interpretation der Trauben mit saftiger, erfrischender Frucht, obgleich der Sauvignon-Blanc-Anteil immer höher wird. Der verlässliche Rote wird von 82 % Merlot, 13 % Cabernet Sauvignon, 2 % Cabernet Franc und 3 % Petit Verdot (von 18 ha) bereitet. In Jahren mit Edelfäule wird auch ein Süßwein (AC Cadillac) erzeugt. Die Zweitweine (rot und weiß) von jungen Reben tragen das Etikett Clos de Reynon.

33410 Beguey
www.denisdubourdieu.fr

Château Richelieu Fronsac
Mit dem Kauf des Mehrheitsanteils an Château Richelieu 2008 erwarb die chinesische Fondsgesellschaft Hong Kong A & A International ein Stück lokaler Geschichte – das Gut geht bis auf die Regierungszeit Karls des Großen zurück. Heute wachsen hier 70 % Merlot-, 28 % Cabernet-Franc- und 2 % Malbec-Reben auf 13,5 ha fettem Blaulehm mit fossilen Einlagerungen. Der Weinberg wird nachhaltig bewirtschaftet, für die Vergärung werden nur Naturhefen verwendet. Berater Stéphane Toutoundji trägt zur Kreation eines Weins bei, in dem sich aromatische Kräuter mit sanft gerösteter schwarzer Frucht mischen.

1, chemin du Tertre, 33126 Fronsac
www.chateau-richelieu.com

Château La Rivalerie Côtes de Bordeaux
Die Weine des wenig bekannten Château La Rivalerie erzielen bei Verkostungen und Wettbewerben regelmäßig überdurchschnittliche Bewertungen. Jérôme Bonaccorsi, der hart arbeitende junge Eigentümer, hat das früher etwas altmodische Image des Guts einer Verjüngungskur unterzogen, was auch die neuesten Investitionen in Weinberg und Keller widerspiegeln. Die Fruchttannine des (nicht in Eiche ausgebauten) Rotweins sind stets gut eingebunden in die Kraft und Sommerfruchtaromen von 50 % Cabernet Sauvignon, 40 % Merlot sowie 10 % Cabernet Franc und Malbec. Das Sortiment umfasst auch einen Weißen (je 50 % Sauvignon Blanc und Sémillon) in modernem, frischem Stil und die gute Cuvée Majoral von alten Reben, der zwölf Monate in Eiche verbringt.

Route de St-Christoly-de-Blaye, 33390 St-Paul-de-Blaye
www.larivalerie.com

Château de la Rivière Fronsac
Die 59 ha Rebfläche von Château de la Rivière, einem der größten Fronsac-Güter, sind mit 82 % Merlot, 13 % Cabernet Sauvignon, 4 % Cabernet Franc und 1 % Malbec bestockt, hinzu kommt ein hübscher Park. Das Terroir erklärt, warum Fronsac-Weine so hochwertig sein können: Auch hier herrscht jener Kalkstein vor, den man bei so vielen klassifizierten St-Émilion-Lagen findet, und sorgt für dieselbe Mineralität und Eleganz, im Zusammenspiel mit frischen Himbeer- und Brombeernoten. Eigentümer ist James Gregoire, önologischer Berater Claude Gros. Der Zweitwein heißt Les Sources de Château de la Rivière. Auch Rosé sowie Château du Breuil (beide AC Fronsac).

33126 La Rivière, Fronsac; www.vignobles-gregoire.com

CHÂTEAU SAINTE-MARIE
TROTZ DER BESCHEIDENEN APPELLATION SCHEUT MAN AUF DIESEM GUT KEINE KOSTEN, UM GROSSARTIGE WEINE HERVORZUBRINGEN

CHÂTEAU ROC DE CAMBES
INTERNATIONAL ANERKANNT, VON BERUFENER HAND BEREITET – UND ZU RECHT TEUER

Château Roc de Cambes
Côtes de Bourg

Das zu den wenigen Bourg-Gütern mit internationalem Ruf zählende Château gehört seit 1988 François Mitjavile von Tertre Rôtebœuf in St-Émilion (siehe S. 198). Es erzeugt körperreiche Weine mit eleganten schwarzen Früchten von 10 ha Reben – 65 % Merlot, 20 % Cabernet Sauvignon, 10 % Cabernet Franc – auf einem halbrunden Hang mit maximaler Sonneneinstrahlung. Zur Regulierung der Wasserversorgung wächst Gras zwischen den Rebzeilen. Die (oft sehr spät gelesenen) Trauben werden in temperaturkontrollierten Betontanks vergoren, der Wein 18 Monate in (zu 50 % neuen) Eichenfässern ausgebaut. Er ist mit einiger Berechtigung teurer als viele andere Gewächse der Appellation.

33330 St-Laurent-des-Combes; www.roc-de-cambes.com

Château Roques Mauriac Bordeaux

Vincent und Sylvie Levieux zeigen, wie man's macht: Ihre Cuvée namens Damnation enthält sage und schreibe 85 % Cabernet Franc, ausbalanciert durch 15 % Merlot. Dies verleiht dem Wein einen herrlich konzentrierten Veilchen- und Rote-Johannisbeer-Duft, am Gaumen entüllt er Aromen von dunklem Karamell und eichenwürzige Vanille vom Fassausbau – ein runder, geschmeidiger, aber ziemlich kraftvoller Wein in modernem Stil. Von jungen Reben stammt der vergnüglich sommerfruchtige L'Avant Goût du Roques Mauriac. Die Levieux' beweisen ihren unverbrüchlichen Glauben an Cabernet Franc auch durch den 50 %-Anteil der Sorte im Roques Mauriac Premier Vin.

33540 Mauriac; www.roques-mauriac.com

Château Siaurac Lalande de Pomerol

Die Eigentümerfirma von Château Siaurac, Domaine Baronne Guichard, besitzt auch Le Prieuré in St-Émilion (siehe S. 197) und Vray Croix de Gay in Pomerol (siehe S. 207). Der 39-ha-Weinberg liegt in Lalande, direkt an der Grenze zu Pomerol, was dem Wein die seidenweichen Tannine und üppig fruchtige Art der berühmteren Nachbar-AC verleiht, aber deutlich preiswerter zu genießen ist. Parzellenweise Vergärung und nachhaltige Bewirtschaftung sorgen für Qualität. Önologe Yannick Reyrel wurde von Jean-Claude Berrouet bei Pétrus in Pomerol (siehe S. 205) ausgebildet. Der Zweitwein Le Plaisir de Siaurac stammt von jungen Reben.

33500 Néac; Tel. 05 57 51 64 58

Château Ste-Barbe Bordeaux

Antoine und Lucy Touton erwarben Château Sainte Barbe im Jahr 2000 und haben es zu einem der wichtigsten Erzeuger der AC Bordeaux gemacht. Die Aromen von Brombeere und gerösteten Kräutern im Wein stammen von 70 % Merlot sowie 30 % Cabernet Sauvignon und Franc, vergoren in Beton- und Edelstahltanks. Der bis zu zwölfmonatige Ausbau erfolgt in nur zu 30 % neuen Fässern, sodass die Eichenwürze stets dezent bleibt. Zudem gibt es den sortenreinen Merlot Réserve Privée (zwölf Monate in 100 % neuer Eiche gereift) und den nicht in Eiche ausgebauten, fruchtbetonten sortenreinen Merlot Sainte Barbe. Der in Edelstahl vergorene und ebenfalls ohne Eiche bereitete Rosé setzt auf kräftige Himbeer- und Kirschfrucht.

33810 Ambès; www.chateausaintebarbe.com

Château Ste-Colombe Côtes de Bordeaux

Das 40-ha-Gut im Besitz von Gérard Perse, Eigentümer unter anderem von Château Pavie in St-Émilion (siehe S. 196), und Alain Raynaud von Croix de Gay in Pomerol (siehe S. 203), bietet einen Wein mit exzellentem Preis-Leistungs-Verhältnis. Es ist ein klassischer Verschnitt von 70 % Merlot und 30 % Cabernet Franc mit maximaler Konzentration und reich extrahierten Schwarze-Johannisbeer-, Tabak- und Lakritzaromen, den man relativ jung trinken kann. Er wird zwölf Monate in von den Châteaux Pavie, Pavie-Decesse und Monbousquet bezogenen Fässern gereift und ohne Schönung und Filtration abgefüllt.

Keine Besuchereinrichtungen; www.chateaupavie.com

Château St-Georges St-Georges St-Émilion

Das Gut liegt auf dem höchsten Punkt der winzigen Appellation, inmitten seiner Rebhänge. Es hat einige schwierige Jahre hinter sich, doch die Rückkehr des früheren Gutsleiters Pétrus Desbois signalisiert, dass es nun wieder aufwärtsgeht. Die 50 ha Reben – 60 % Merlot, 20 % Cabernet Sauvignon, 20 % Cabernet Franc – erbringen jährlich 250 000 Flaschen. Interessant ist der sortenreine Merlot namens Trilogie du Château St-Georges (weil hier drei Generationen Wein erzeugt haben). Château Puy St-Georges ist das Zweitetikett.

33570 Montagne
www.chateau-saint-georges.com

Château Ste-Marie Entre-Deux-Mers

Mit einer Pflanzdichte von bis zu 10 000 Reben/ha ist Château Sainte-Marie eines der wenigen Güter, die in dieser oft übersehenen Appellation bis zum Äußersten gehen. Diese Trauben erbringen die weiße Cuvée Madlys (56 % Sauvignon Blanc, 22 % Sauvignon Gris, 22 % Sémillon; 37 000 Flaschen), einen Wein, den man seiner üppigen, von Passionsfrucht und Aprikose dominierten Aromen wegen probieren sollte. Das 39-ha-Gut im Besitz der Familie Dupuch-Mondon wird gerade auf ökologischen Anbau umgestellt und verwendet moderne Methoden wie Kaltmaischung und Fassausbau mit Hefesatzaufrühren. Zu den anderen probierenswerten Weinen zählen die beiden Roten Alios und Château Sainte-Marie Le Moulin.

51, route de Bordeaux, 33760 Targon
www.chateau-sainte-marie.com

Château de Tabuteau Lussac St-Émilion

Château de Tabuteau ist eins von drei Châteaux im Besitz von Sylvie und Bertrand Bessou: Durand-Laplagne in der AC Puisseguin St-Émilion, Cap de Merle in der AC Bordeaux Supérieur und dieses 19-ha-Gut auf eisenhaltigen Lehmböden in Lussac St-Émilion. Der Weinberg ist mit 64 % Merlot, 16 % Cabernet Franc und 20 % Cabernet Sauvignon bestockt; Grasbewuchs sorgt dafür, dass die Reben auf der Suche nach Wasser tiefer wurzeln müssen. Der in Beton- und Edelstahltanks ausgebaute Wein ist einladend, weich und überaus kirschfruchtig.

Ch Durand, 33570 Puisseguin
www.durand-laplagne.com

Château Tayac Côtes de Bourg

Der strukturierte, klassische Bourg-Wein mit hohem Cabernet-Sauvignon-Anteil (45 %) sowie 5 % Cabernet Franc und 50 % Merlot stammt von 30 ha Reben auf Kalkstein oberhalb der Gironde. Eigentümer von Château

Tayac, einem der führenden Güter der Appellation, ist Annick Saturny; die interessantesten Weine sind La Cuvée Réservée und Le Prestige.

33710 Bourg sur Gironde; www.chateau-tayac.fr

Château Thieuley Entre-Deux-Mers
Das zu den führenden Gütern der Appellation zählende Château Thieuley wird von den Schwestern Marie und Sylvie Courselle geführt. Am bekanntesten ist der Weißwein von 30 ha, bestockt mit 35 % Sauvignon Blanc, 15 % Sauvignon Gris und 50 % Sémillon. Der Rote mit 70 % Merlot und 30 % Cabernet Sauvignon ist ein klassischer Verschnitt des rechten Ufers. Bei der in zu 70 % neuer Eiche ausgebauten Sondercuvée Francis Courselle beträgt der Merlot-Anteil sogar 80 %, plus 20 % Cabernet Sauvignon und Franc. Vor allem zeichnet sich das Gut aber durch moderne Vinifikationsmethoden aus: Kaltmaischung, Vergärung in Edelstahl und Hefesatzlagerung. Ebenfalls exzellent ist der Rosé von früh gelesenen und daher frischen Trauben (anders als so viele Bordeaux-Rosés, die regelrecht ausgeblutet wirken, weil man ihre Frucht dem Hauptwein zugeschlagen hat).

33670 La Sauve; www.thieuley.com

Château Turcaud Entre-Deux-Mers
Das Gut im Besitz der Familie Robert ist eine Hochburg vorausschauender, moderner Weinbereitung. Von 50 ha Reben stammt eine Reihe hoch angesehener Weine, darunter diverse Rote (am besten Cuvée Majeure) und ein frischer, ansprechender Rosé, doch die wahren Helden sind die Weißen. Der Entre-Deux-Mers (60 % Sauvignon Blanc, 35 % Sémillon, 5 % Muscadelle) wird mithilfe von Hülsenmaischung und Hefesatzlagerung bereitet, was der frischen Zitrusfrucht des Weins Andeutungen von Grapefruit und Passionsfrucht verleiht. Gewichtiger ist der Majeure Bordeaux Blanc von 65 % Sauvignon Blanc und 35 % Sémillon auf Kiesböden, der im Fass vergoren und (mit Aufrühren des Hefesatzes) gereift wird.

33670 La Sauve Majeure; www.chateauturcaud.com

Château de la Vieille Chapelle Bordeaux
Es geschieht immer irgendetwas Interessantes bei Château de la Vieille Chapelle, das unmittelbar außerhalb von Fronsac am Dordogne-Ufer liegt. Die Eigentümer Frédéric und Fabienne Mallier erzeugen Weine, die mit ihrer unkomplizierten Aromatik (80 % Merlot) und frischen Frucht die angenehme Atmosphäre des 8,6-ha-Guts widerspiegeln. Der in winziger Menge produzierte Weiße wird von 80 % Sémillon und einem Schuss Sauvignon Blanc zur Stimmungsaufhellung bereitet. Hier wird umweltschonender Weinbau praktiziert und vollständige Rückverfolgbarkeit auf allen Bereitungsstufen.

4, Chapelle, 33240 Lugon-et-l'Île-du-Carnay
www.chateau-de-la-vieille-chapelle.com

Clos Les Lunelles Côtes de Bordeaux
Der dunkelrubinrote, saftige und schwelgerische Wein von Gérard Perse vom St-Émilion-Château Pavie (siehe S. 196) ist ein Star der AC Côtes de Bordeaux – vorausgesetzt, Sie mögen Weine mit klarer Ansage. Unmengen schwarzer Brombeerfrucht werden den 80 % Merlot plus 20 % Cabernet Sauvignon (meist mit einem Schuss Cabernet Franc) entlockt. Die ersten sechs Monate verbringt der Wein in zu 100 % neuen Eichenfässern, die Gesamtreifezeit beträgt 24 Monate. Der Weinberg mit dicht gepflanzten, ertragsbeschränkten Reben ist nur 8,5 ha groß und erbringt jährlich 20 000 Flaschen.

Keine Besuchereinrichtungen; www.chateaupavie.com

Clos Puy Arnaud Côtes de Bordeaux
Seit 2000 gehört das Gut im Bereich Castillon Thierry Valette. Beraten wurde er anfangs von Stéphane Derenoncourt, der ihn die Grundlagen des biodynamischen Anbaus lehrte. Die 7 ha Reben – 70 % Merlot und 25 % Cabernet Franc plus 5 % Cabernet Sauvignon und Carmenère – wachsen auf einer dünnen Mutterbodenauflage über Kalksteingrund. Vermeidung von Überextraktion kennzeichnet den Wein mit aromatischer Kräuternote und schwungvoller Brombeerfrucht.

33350 Belvès de Castillon; Tel. 05 57 47 90 33

Domaine de l'A Côtes de Bordeaux
Önologenstar Stéphane Derenoncourt und seine Frau Christine erwarben die 8 ha kleine Domaine 1999 und schärfen seitdem das Profil des gesamten Bereichs Castillon. Der herrlich gelegene Weinberg mit gutem Wasserabzug wird biodynamisch bewirtschaftet. Wie so viele Berater nutzt auch Derenoncourt sein eigenes Gut für Experimente in Weinberg und Keller. Der Wein von 70 % Merlot sowie 30 % Cabernet Sauvignon und Franc wird in kleinen Eichenfässern vergoren, der biologische Säureabbau setzt stets natürlich ein. Diese Liebe zum Detail sowie der 18-monatige Fassausbau ergeben einen wundervoll ausgewogenen, frischen Wein mit verschwenderischen Mokka- und üppigen Bitterschokoladenoten.

33350 Ste-Colombe; www.vigneronsconsultants.com

D:Vin Bordeaux
Das geschliffene Gewächs von 75 % Cabernet Sauvignon und 25 % Merlot erzeugt Hervé Grandeau seit 1997 von zwei Parzellen (1,75 ha) seines Château Lauduc. Auf dem 50-ha-Gut werden alle Arbeiten von Hand ausgeführt, was insbesondere für die sorgfältige Traubenselektion bei der Lese gilt. Der Wein wird vor der Vergärung in kleinen Edelstahltanks einer zwei- bis dreitägigen Kaltmaischung bei 15 °C unterzogen. Es werden nur Naturhefen von den Beerenhäuten verwendet, und die Gärtemperatur bleibt stets unter 28 °C, sodass die Frucht immer Vorrang vor der Extraktion hat. Der biologische Säureabbau vollzieht sich im Fass und verleiht den Tanninen ihre seidige Textur. Der Zweitwein heißt D:Vin/2.

Keine Besuchereinrichtungen; www.divin.fr

Girolate Bordeaux
Bei Blindverkostungen schlägt das Superschwergewicht der Familie Despagne regelmäßig klassifizierte Gewächse. Es stammt von 10 ha mit einer Pflanzdichte von 10 000 Reben/ha, der Ertrag wird auf ein Drittel der in der AC zugelassenen Menge beschränkt. Der technische Leiter Joël Elissalde kreiert zusammen mit Thibault Despagne einen reichhaltigen, weichen, herrlichen sortenreinen Merlot mit intensiver roter Frucht, umhüllt von Schokolade und Mokka. Der Wein wird in Fässern vergoren, die mindestens einmal täglich gedreht werden, um den Hefesatz unterzumengen und die Tannine abzumildern. Präzisionsweinbereitung par excellence!

Keine Besuchereinrichtungen; www.despagne.fr

WEINTOURISMUS

Seit die Stadt Bordeaux 2007 zum UNESCO-Welterbe erklärt wurde und damit St-Émilion nachfolgte, das diesen Status seit 1999 besitzt, hat sich die Zahl der Bordelais-Besucher auf knapp drei Millionen pro Jahr erhöht. Ein beträchtlicher Teil der Reisenden kommt hierher, um Weinberge und Châteaux zu besichtigen. Initiativen der neueren Zeit wie Philippe Raoux' La Winery im Médoc und sehenswerte Architekturprojekte wie bei Petit-Village in Pomerol und Château Faugères in St-Émilion sind konkrete Beispiele dafür, dass Bordeaux sich dem Weintourismus öffnet. 2014 soll in der Stadt Bordeaux – im einstigen Industriegebiet Bassins à flot unmittelbar nördlich des traditionellen Weinhandelsbezirks – das neue Centre Culturel et Touristique du Vin à Bordeaux mit einer Fläche von 10 000 m^2 eröffnet werden. Besucher können sich hier in einer Dauerausstellung sowie in wechselnden Präsentationen über Weinbereitung, -vertrieb und -genuss in der ganzen Welt informieren; zudem beherbergt das Zentrum Restaurants, Läden und Bars.

BURGUND

Sinnlich, launisch und unberechenbar – Burgund ist eine anstrengende und doch süchtig machende Herrin. Der schmale Weinbergstreifen in Ostfrankreich wird seit dem Mittelalter verehrt, als Winzermönche angeblich Bodenproben verspeisten, um der einzigartigen Persönlichkeit dieser Weine auf den Grund zu gehen. Heute ist die Region als Quelle einiger der weltweit feinsten – und teuersten – Gewächse berühmt. Im Sommer wird sie von hingebungsvollen Weinpilgern heimgesucht, während das zerstückelte, komplexe Gebiet so manchem Novizen völlig unzugänglich erscheint und der Wein einer vorsätzlichen Täuschung gleichkommt. Burgund jedoch erfordert Aufmerksamkeit und so etwas wie intellektuelles Engagement: Im Bestfall sind diese duftenden, geschmeidigen Roten und die intensiven, edlen Weißen unvergesslich.

Die Gesamtrebfläche Burgunds beträgt nur rund 30 000 Hektar – ein Fünftel von Bordeaux. Das Anbaugebiet besteht aus fünf Hauptbereichen, die sich durch ihre jeweils eigene Ausprägung des Kontinentalklimas und durch die Beschaffenheit der Kalksteinböden unterscheiden. In Nord-Süd-Richtung erstreckt es sich über eine Länge von 240 Kilometern mit verstreut liegenden Unterbereichen, die jeweils einen verblüffend unverwechselbaren Stil hervorbringen. Eine Art Außenposten bildet Chablis, dessen Rebareal näher bei Paris liegt als bei Dijon. Die berühmtesten Burgunder liefert die Côte d'Or mit der Côte de Nuits und der Côte de Beaune. Diese Weinberge von unschätzbarem Wert erstrecken sich über 65 Kilometer und machen weniger als zehn Prozent der Gesamtrebfläche aus. Die hügelige Côte Chalonnaise leitet gen Süden über zum sanft gewellten Mâconnais mit 10 000 Hektar Rebland.

Burgund bildet in jeder Hinsicht den Gegenpol zu Bordeaux. Hier werden die Weine nicht als Verschnitt, sondern sortenrein bereitet: die besten Weißen von Chardonnay, die besten Roten von Pinot Noir. Aligoté steckt hinter einigen einfacheren Weißen, und im Mâconnais ist Gamay eine weitverbreitete rote Sorte. Winzige, noch erhaltene Bestände von Pinot Blanc sind in einigen weißen Basisabfüllungen zu finden. Bestimmend für die Weine ist zudem ihre Herkunft, nicht das Château (wie in Bordeaux). Dies spiegelt auch die vierstufige Rangordnung wider, die die Weinberge Burgunds nach spezifischer Lage und Qualitätspotenzial in aufsteigender Reihenfolge als regional, kommunal, Premier oder Grand Cru klassifiziert.

Burgund ist der nördlichste Weinbaubereich Europas für körperreiche Rote. Möglich ist dies dank des Morvan, eines Granitmassivs, an dessen geschützten Hängen die Pinot-Noir-Traube gerade noch ausreifen kann. Auch Chardonnay, eine spät reifende Sorte, die es sonnig mag, hat hier mitunter zu kämpfen. Doch die lange, langsam verlaufende Wachstumssaison verleiht roten und weißen Burgundern ihre paradoxe Kombination von Subtilität und Intensität.

Die 33 Grand-Cru-Weinberge liegen auf halber Höhe des Steilabbruchs, wo Ausrichtung und Wasserabzug für optimale Qualität sorgen. Darüber und darunter liegen die etwa 600 Premiers Crus, deren Lesegut allerdings häufig unter dem Namen größerer und bekannterer Premiers Crus abgefüllt wird. Die kommunalen Weinberge finden sich in flacheren Lagen, oft in der Nähe der gleichnamigen Gemeinden, die regionalen Weinberge mit schwereren Böden liegen in östlicher Richtung.

Die Einschnitte in den Hängen sind jedoch geologisch noch weiter differenziert; Bruchlinien führen zu komplexen Bodenprofilen, die sich von Parzelle zu Parzelle unterscheiden. Diese Terroirs werden durch die Solostimmen von Pinot Noir und Chardonnay facettenreich interpretiert und setzen Maßstäbe: Nirgendwo sonst erreichen Weine dieser Sorten derartige Geschmackshöhen.

Das einzige Manko besteht darin, dass die beste aller Grand-Cru-Lagen schwer auszumachen ist. Denn Burgund unterscheidet sich von Bordeaux auch durch seine Zersplitterung: Mancher Grand Cru hat Dutzende von Eigentümern, weil ein einst zusammenhängender Besitz unter Kinder und Kindeskinder aufgeteilt wurde, und damit Erzeuger, die sein Potenzial mehr oder weniger ausschöpfen.

Zudem fordert das nördliche Klima seinen Tribut: Unter einem kalten, feuchten Sommer leiden sowohl Pinot Noir als auch Chardonnay, und anders als in Bordeaux kann der Schaden nicht durch besser ausgereifte Verschnittpartner ausgeglichen werden. Alles kommt auf den Jahrgang an.

Mit Burgund verbunden, aber ganz anders ist das Beaujolais. Dieser Bereich konzentriert sich auf Gamay statt auf Pinot Noir, und seine besten Crus bieten ein exzellentes Preis-Leistungs-Verhältnis.

Handlese in Auxey-Duresses an der Côte de Beaune. Die Appellation ist eine Quelle vorzüglicher Rotweine.

CHABLIS

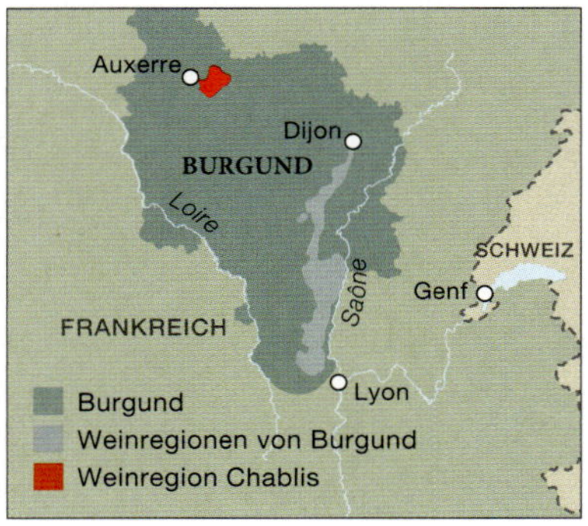

Die Weinregion unterscheidet sich deutlich vom übrigen Burgund, denn Chablis ist das Land der Chardonnay-Traube. Hier zeigt sich die anpassungsfähige Sorte von ihrer mineralischsten und lebhaftesten Seite und geht eine perfekte Partnerschaft mit ihrem Terroir ein. Die meisten Weinfreunde kennen Chablis als allgegenwärtigen Restauranttropfen, doch er hat mehr zu bieten als die einfachen Erzeugnisse der Appellation vorgeben. Das abwechslungsreiche Terroir bringt nämlich einen verblüffenden Formen- und Geschmacksreichtum innerhalb des mineralischen Genres hervor, was diese Region zu einem der faszinierendsten und lohnendsten Weißweinbereiche der Welt macht. Die besten Gewächse revanchieren sich großzügig fürs Einkellern.

Hauptrebsorte

Weiß

Chardonnay

Jahrgänge

2010
Kleine Ernte mit bis zu 30% weniger Ertrag als im üppigen Jahrgang 2009, aber gute Qualität und frische Säure.

2009
Reifer Jahrgang guter Qualität.

2008
Sehr gut. Reichhaltige Weine mit fester Säure und langer Lebensdauer.

2007
Klassischer Jahrgang. Saubere, mineralische, elegante Weine mit Körper und Konzentration.

2006
Geradlinige, kraftvolle Weine, deren Fülle von akzentuierter Mineralität getragen wird.

2005
Konzentriert und ausgesprochen körperreich, aber mit schön ausgleichender Frische.

Chablis liegt 110 Kilometer nordwestlich von Dijon und versorgte einst die französische Hauptstadt mit Wein. So weit nördlich Reben anzubauen, ist allerdings ein Wagnis, da der Ertrag regelmäßig durch Spätfröste dezimiert wird. Traditionell wehrten die Winzer Frosteinbrüche durch Rauchöfen ab, die in den frühen Morgenstunden zwischen den Reben entzündet wurden. Zu den Maßnahmen neuerer Zeit zählen Besprühungssysteme, die Wasser auf die Reben verspritzen, das dann eine schützende Eisschicht um die zarten Triebe bildet. Diese teuren Anlagen werden allerdings nur in den besten Lagen eingesetzt. Nachdem 1945 ein besonders strenger Frost die gesamte Ernte zerstört hatte, schrumpften die Weinberge von Chablis auf wenige hundert Hektar.

In den 1960er- und 1970er-Jahren war die Region im Niedergang begriffen – nach dem Krieg setzte eine ökonomisch begründete Landflucht ein, zudem beeinträchtigten südfranzösische Weine, die per Bahn nach Paris gelangten, den Chablis-Absatz. In den 1980ern erst wendete sich das Blatt wieder dank einiger potenter Investoren: Clevere Geschäftsleute wie William Fèvre und Joseph Drouhin erwarben günstig Land und richteten den Fokus auf die Erzeugung von Qualitätsweinen. Der Aufwärtstrend setzte sich in den folgenden beiden Jahrzehnten fort, doch unter den großteils positiven Entwicklungen dieser Zeit erwies sich die enorme Erweiterung des Anbaubereichs als zweischneidiges Schwert. Trotzdem hat der Weinbau in Chablis mit besserem Rebmaterial, weniger Chemikalieneinsatz und Ertragsbeschränkung an Qualität gewonnen, und Starerzeuger wie Bernard Raveneau und Vincent Dauvissat katapultierten die Region in die Liga der Weltbesten. Eine talentierte Generation jüngerer *vignerons* wie Benoît Droin und Stéphane Moreau tritt in ihre Fußstapfen.

Die Gesamtrebfläche von rund 4800 Hektar umfasst das in der Umgebung von Ortschaften gelegene Land, wo viele der kleineren Winzer ansässig sind. Mittelpunkt ist die hübsche Marktgemeinde Chablis am Fluss Serein mit ihren – heute stillgelegten – Quais. Traditionell hatten hier die wichtigsten Erzeuger ihren Sitz, in Stadthäusern mit geräumigen Kellern. Mittlerweile liegen viele Kellereien außerhalb des Orts.

Es mag sonderbar anmuten, dass dieser nördliche, geografisch so weit von der Côte d'Or entfernte Ableger zu Burgund gehören soll. Das erklärt sich jedoch durch den Aufschluss aus verwittertem Kalkstein namens Kimmeridgium, auf dem die Grand-Cru-Reben wachsen. Als nicht ganz so gut gilt der etwas anders geartete Kalksteinboden, der als Portlandium bekannt ist.

In einem so weit nördlich gelegenen Weinbaubereich sind Hangneigung und -ausrichtung ebenso wichtig wie der Boden. Daher ist es kein Wunder, dass sich das Zentrum von Chablis, die Grand Crus, auf einem Südwesthang am rechten, mineralreicheren Ufer des Serein befindet.

Es gibt sieben Grand-Cru-Lagen, unter denen Les Clos mit kraftvoll strukturierten Weinen die beste ist. Vaudésir liefert intensive, straffe Eleganz und Blumigkeit, gefolgt von Valmur mit großartiger Tiefe und Breite. Etwas dahinter rangiert der geschmeidige Les Preuses. In der zweiten Liga spielen der stämmige Bougros und Grenouilles sowie der Blanchot, der oft die weichste Struktur und Kontur aufweist. Flankiert wird der Grand-Cru-Block von den besten Premiers Crus: Fourchaume, stahliger Montée de Tonnerre und Mont de Milieu.

Chablis rückt man besser nicht mit allzu viel neuer Eiche zu Leibe, gebrauchte Fässer kommen jedoch bei vielen Qualitätserzeugern zum Einsatz. Andere, darunter die exzellente Domaine Louis Michel, verwenden ausschließlich Edelstahltanks. Spitzengewächse besitzen großartiges Alterungspotenzial, weshalb ihre abweisend strenge, schneidende Mineralität nicht abschrecken sollte: Sie brauchen – und belohnen – das Einlagern.

Domaine Bernard Defaix

Die Domaine, 1959 von Bernard Defaix mit 2 ha aus der Taufe gehoben, verfügt heute über 25 ha eigenen Weinbergbesitz, kauft aber auch noch Lesegut zu. Defaix hat die Leitung des Guts mittlerweile seinen Söhnen Sylvain und Didier übertragen, wirkt aber im Hintergrund immer noch mit. Die Weine sind ansprechend und schön fruchtig. Neben Rebbestand in den Grands Crus Bougros und Vaudésir besitzt Defaix zudem atemberaubende 8 ha der Premier-Cru-Lage Côte de Léchet, deren Weine trotz des Ausbaus in 20 % Eiche lebhafte Mineralität durchscheinen lassen, die wiederum beim runden, vollen Grand Cru Bougros (100 % Eiche) ganz offensichtlich wird.

17, rue du Château, 89800 Milly; www.bernard-defaix.com

Domaine Billaud-Simon

Der barsche, kettenrauchende Bernard Billaud-Simon erzeugt strahlend klaren Chablis. Die Kellerei mit Glasfront ist auf dem neuesten Stand der Technik und strotzt vor blitzendem Edelstahl, denn die Chablis- und meisten anderen Weine werden vorwiegend in Tanks ausgebaut. Dennoch werden für drei Etiketten, darunter der Chablis Tête d'Or vom rechten Serein-Ufer, Eichen-*pièces* (traditionelle burgundische 228-l-Fässer) verwendet, um die Mineralität schön ins Gleichgewicht zu bringen. Das umfangreiche Sortiment, das präzise die Typizität des Terroirs widerspiegelt, umfasst den blumig-exotischen Mont de Milieu und den freimütig-mineralischen Montée De Tonnerre. Zu den vier exzellenten Grands Crus zählen der Les Clos und der Les Preuses.

1, quai de Reugny, 89800 Chablis; www.billaud-simon.com

Domaine Christian Moreau Père et Fils

Der umgängliche Christian Moreau, eine sehr einflussreiche Chablis-Persönlichkeit, gründete den Betrieb 2002 gemeinsam mit Sohn Fabien, nachdem er den Pachtvertrag über den familieneigenen Weinbergbesitz mit der SA J. Moreau & Fils gekündigt hatte. Christian wollte, dass sein schüchterner Sohn, der bei Ngatawara in Neuseeland als Weinmacher Erfahrungen gesammelt hatte, hier im Rampenlicht steht und ließ ihm freie Hand. Fabien führte als Erstes Eichenfässer ein – wogegen sich Christian immer strikt verwahrt hatte – und zeichnet nun für einen vollen, reichhaltigen Chablis-Stil bei beständig guter Qualität verantwortlich. Am erfolgreichsten zeigt sich der Eicheneinsatz beim Grand Cru Valmur, stilistisch ausgereifter und komplexer ist jedoch der Les Clos.

26, avenue d'Oberwesel, 89800 Chablis
www.domainechristianmoreau.com

Domaine Christophe et Fils

Die Domaine Christophe et Fils liegt abgeschieden auf einem Hügel und ist im Besitz einer Familie von Landwirten, deren 25 ha Petit-Chablis-Weinberge erst im Jahr 2000 auf Initiative des 24-jährigen Sohns bestockt wurden. Daneben kann Sébastien auch auf einige ältere Rebparzellen zurückgreifen, u. a. in Fourchaume. Für den Ausbau seines Chablis Village verwendet er aussschließlich Edelstahl, um seinen Etiketten einen »unverfälschten Terroirausdruck« mitzugeben. Die Weine, darunter der hübsche Chablis Vieilles Vignes, sind sauber und frisch.

Ferme des carrières Fyé, 89800 Chablis
Tel. 03 86 55 23 10

DOMAINE BERNARD DEFAIX
DER IN EICHE VERGORENE UND GEREIFTE BOUGROS BESITZT EINE ZART BLUMIGE ART

DOMAINE CHRISTIAN MOREAU
DIESER GRAND CRU WIRD ZU EINEM KLEINEN TEIL IN NEUER EICHE AUSGEBAUT

Domaine du Colombier

Die bezaubernden Weine der Domaine du Colombier im malerischen Weiler Fontenay-Près-Chablis werden von den Brüdern Mothe erzeugt: Thierry ist für die Bereitung zuständig, Vincent kümmert sich um die Reben. Thierrys behutsamer Ansatz und verfeinerter Stil führt zu Weinen mit zarter, prickelnder Mineralität. Der Premier Cru Fourchaume ist ein feinnerviges, feuersteingetöntes Gewächs, im einzigen Grand Cru Bougros von 60 Jahre alten Reben sind ein mineralischer Kern und schön definierte Konturen herausgearbeitet. Gegenwärtig wird er im *cuve* (Tank) vinifiziert, allerdings experimentiert Thierry mit der Vergärung eines Drittels im Barrique, um für eine gewisse Fülle zu sorgen.

89800 Fontenay-Près-Chablis; www.chabliscolombier.com

Domaine de la Conciergerie

Die Domaine der Familie Adine liegt in dem hübschen Städtchen Courgis, Schauplatz des Romans *La Vie de Mon Père* von Restif de la Bretonne (1734–1806), der wehmütig die Rechtschaffenheit der alten Zeit preist. Diesen aufrechten, standhaften Charakter zeigen auch die Weine dieser Domaine, die in einer modernen Kellerei bereitet werden. Verkostungen finden in einem Keller neben dem Haus statt. Der Chablis Village hat ein klares, leicht salziges Gepräge, etwas mehr von seinem kiesigen Terroir verrät der Vieilles Vignes (von drei Parzellen mit 56 Jahre alten Reben). Auf der Premier-Cru-Liste stehen der Côte de Cuissy, der aufrechte Montmains und der Butteaux.

2, allée du Château, 89800 Courgis; Tel. 03 86 41 40 28

Domaine Corrine und Jean-Pierre Grossot

Die hübsche Domaine Grossot am Rand der Ortschaft Fleys erzeugt traditionelle Weine in einem aromatischen, breiten und runden Stil. Das charmante Eigentümerpaar zählt zu den besten Erzeugern von Fleys und arbeitet mit *bâtonnage* (Hefesatzaufrühren) und älteren Eichenfässern. Der Chablis Village wird im Tank bereitet, der Ausbau der Spezialcuvée La Part des Anges findet teilweise in Eichen-*pièces* statt, was zu etwas mehr Intensität führt. Der sehr mineralische, aromatische Chablis Fourneaux wird in 600-l-Fässern gereift. Die Weine entwickeln sich schön, erreichen aber rasch ihren Höhepunkt.

4, route de Mont de Milieu, 89800 Fleys; Tel. 03 86 42 44 64

Domaine Daniel Dampt

Daniel und seine beiden Söhne erzeugen glasklaren, reinfruchtigen, knackigen, exakt definierten Chablis in modernem, frischem Stil. Vincent bereitet einen lebhaft fruchtbetonten Chablis, während die Version von Vater Daniel mehr Tiefe und Mineralität besitzt und teilweise von alten Reben bereitet wird. Die Premiers Crus spiegeln deutlich das Terroir wider: Der Les Lys zeigt weiße Blumen und eine feine kreidige Note, der straff fokussierte, geradlinige Côte de Léchet mit Noten von Feuerstein und einem Hauch Pulverdampf altert anmutig.

1, rue des Violettes, 89800 Milly; www.chablis-dampt.com

Domaine Gérard Duplessis

Der wortkarge Gérard Duplessis bereitet erstklassige, strenge Weine, die er klugerweise in der Flasche reifen lässt, bevor er sie freigibt. Sogar der sonst so offenherzige Premier Cru Fourchaume gibt sich hier in der

DOMAINE LOUIS MICHEL ET FILS
ALTE REBEN, WILDHEFEN, KEINE EICHE – LES CLOS IST DER UNVERFÄLSCHTE AUSDRUCK SEINES TERROIRS

DOMAINE DES MARRONNIERS
REINER, DUFTENDER CHABLIS VILLAGE VON EINEM CHARMANTEN PAAR IN PRÉHY

Jugend zugeknöpft und unnahbar. Nach zehn Jahren Lagerung entpuppt er sich jedoch als geradliniges, unverfälschtes Gewächs mit festem mineralischem Profil. Entgegenkommender ist der Ansatz von Gérards Sohn Lilian. Während der Vater neutrale Eiche (gebrauchte Fässer) bevorzugt, experimentiert Lilian bei einigen seiner Premiers Crus mit neuer Eiche – der Montée de Tonnerre etwa kommt mit 10 bis 20 % neuer Eiche in Berührung. *Bâtonnage* (Hefesatzaufrühren) ist eine weitere Neuerung der jungen Generation.

89800 Chablis; www.chablis-duplessis.com

Domaine Jean-Claude Bessin

Der hochgewachsene, freundliche Jean-Claude Bessin erzeugt Chablis in einem feinen, blumigen Stil. Die Weine werden in einem Keller unter der Kirche von La Chapelle Vaupelteigne in gebrauchter Eiche gereift, darunter zwei Cuvées vom Premier Cru Fourchaume. La Pièce du Comte ist eine Assemblage von alten Parzellen, die im 19. Jahrhundert als Erbe der Grafen Maligny in den Besitz der Familie von Jean-Claudes Frau gelangten. Diese Verbindung erkennt man aber nur, wenn man sich den Korken genauer ansieht, Jean-Claude verzichtet auf eine Erwähnung auf dem Etikett. Daneben gibt es den Grand Cru Valmur.

18, rue de Chitry, 89800 Chablis; Tel. 03 86 42 46 77

Domaine Jean Collet et Fils

Der putzmuntere Gilles Collet freut sich über jeden, der an seine Tür pocht, und ist seit seinem 20. Lebensjahr ein hingebungsvoller Chablis-Erzeuger. Obwohl seine Familie seit 1792 Trauben anbaut, begann Gilles' Vater Jean erst in den 1950er-Jahren, selbst Wein zu bereiten und abzufüllen. Gilles führt die Domaine mit seiner ebenso gastfreundlichen Frau Dominique, die weiteres Rebland mit in die Ehe brachte. Er verwendet Edelstahl, *pièces* und *foudres* (riesige 8000-l-Eichenfässer). Collets Weine sind voll und generös; zum Sortiment zählt ein reichhaltiger, gewichtiger Grand Cru Valmur.

5, avenue de la Liberté, 89800 Chablis
www.domaine-collet.fr

Domaine Jean-Paul & Benoît Droin

Benoît Droin ist einer der talentiertesten und innovativsten Weinmacher in Chablis und hat gewiss keine Scheu vor Experimenten. Rasch und zu ihrem Vorteil änderte er den Stil der Domaine, als er sie von seinem Vater Jean-Paul übernahm, insbesondere durch die Wiedereinführung von Eiche. Zu diesen Veränderungen gehört natürlich auch eine neue, moderne Kellerei. Bei der Weinbereitung legt Benoît Wert auf die Betonung des individuellen Charakters jeder Cuvée, wobei er mehr Eiche verwendet, um die Reichhaltigkeit des Grand Cru Grenouilles herauszuarbeiten, und gar keine für den weicheren Blanchot. Tiefsinnige Gewächse sind auch die feinen Grands Crus Vaudésir und Les Clos.

Rue Jean Jaurès, 89800 Chablis; www.jeanpaul-droin.fr

Domaine Joseph Drouhin

Die Familie Drouhin verfügt über beträchtlichen Grundbesitz in Chablis und im übrigen Burgund (siehe S. 250). Sie begann 1968 mit dem Erwerb von Weinbergen, die sie ökologisch bewirtschaftet. Der Domaine de Vaudron, 2008 in Drouhin-Vaudron umbenannt, um das nunmehr 40-jährige Chablis-Jubiläum der Familie zu feiern, stammt von Reben, die an die Premier-Cru-Lagen Montée de Tonnerre und Mont de Milieu grenzen. Diese Lage besitzt zwar nur Village-Status, doch die Reben erfahren auf biodynamische Weise große Sorgfalt. Das Lesegut wird in Chablis gekeltert und in Beaune ausgebaut; in letzter Zeit wird keine neue Eiche mehr verwendet. Es sind überaus gelungene Chablis-Interpretationen.

7, rue d'Enfer, 21200 Beaune; www.drouhin.com

Domaine Laurent Tribut

Der schweigsame Laurent Tribut erzeugt reinen, schlanken, feinnervigen Chablis von flirrender Terroirstilistik. Der exzellente, klar definierte Chablis Village mit mineralischen Anklängen entwickelt mit den Jahren ansprechend salzige Noten. Der geradlinige Côte de Léchet offenbart messerscharfe Säure und einen kühlen mineralischen Kern. Tributs Stil überrascht nicht, da er ein Jahrzehnt lang auf der Domaine Vincent Dauvissat (siehe S. 221) als Kellermeister tätig war und Vincents Schwester Marie-Clotilde geheiratet hat.

15, rue de Poinchy, 89800 Chablis; Tel. 03 86 42 46 22

Domaine Long-Depaquit

Die Domaine Long-Depaquit ist eine hochherrschaftliche Angelegenheit mit imposantem Château nebst kleinem Park in Chablis. Das 1791 gegründete Gut ist seit den 1970er-Jahren im Besitz des Négociant Albert Bichot in Beaune. Geleitet wird es von Jean-Didier Basch, unter dem deutliche Qualitätssprünge zu verzeichnen sind. Viel neue Eiche kommt hier zum Einsatz, die den Terroircharakter mitunter etwas verdeckt, dennoch spricht die hiesige Interpretation von Les Clos gut auf einen kleinen Anteil neuer Fässer an und stellt würzige, strahlende und sinnliche Merkmale in den Vordergrund. Der überaus bukettreiche, mineralische Moutonne stammt von einem Weinberg in Alleinbesitz *(monopole)* mit eigenem, einzigartigem Status innerhalb der Grand-Cru-Lage Vaudésir.

89800 Chablis; Tel. 03 86 42 11 13

Domaine Louis Michel et Fils

Der zurückhaltende, aber stets gut gelaunte Jean-Loup Michel, dessen schickes Stadthaus auch die makellosen Keller beherbergt, erzeugt erstklassigen Chablis. Er verwendet keinerlei Eiche, alles wird in *cuves*, also Tanks ausgebaut. Die bemerkenswerte Fülle seiner Weine gründet allein auf der hervorragenden Qualität seiner Frucht, der Stil des Hauses setzt bei den klar fokussierten, terroirgetreuen Etiketten auf strahlende Mineralität: vom seidigen Petit Chablis bis hin zum geschmeidigen, komplexen Grand Cru. Elegant ist der Vaudésir mit stahligem Kern, Kraft und Finesse vereint der Les Clos.

89800 Chablis; www.louismicheletfils.com

Domaine des Malandes

Die Weine der Domaine des Malandes, vom Petit Chablis bis zum Grand Cru, zeichnen sich durch schöne Mineralität und Terroircharakter aus und spiegeln Jean-Bernards – zusammen mit Lyne Marchive Gründer des Guts in den 1980er-Jahren – großes Gespür für die Gegebenheiten seines Terroirs wider. Heute wird die Domaine von Lyne, Tochter Marion und Schwiegersohn Josh gemanagt, die Weinbereitung obliegt Guénolé Breteaudeau, der den hausinternen puristischen Stil fortführt. Feinnervig und feuersteinbetont gibt sich der Premier Cru Côte de Léchet, zupackend sein Bruder, der quarzgestählte Montmains. Der Grand Cru Vaudésir ist ausgewogen, der Les Clos geschmeidig und intensiv.

89800 Chablis; www.domainedesmalandes.com

Domaine des Marronniers

Bernard und Marie-Claude Legland empfangen jeden Besucher mit offenen Armen. Das fröhliche Paar erzeugt charmante, unverfälschte und duftende Weine, die zwar nicht tiefgründig oder für ein langes Leben bestimmt sind, dafür aber klassischen und höchst erfreulichen Trinkgenuss bieten. Das beginnt beim blumigen Petit Chablis, geht hin zum seit 2005 auf der Weinliste stehenden Chablis Vieilles Vignes und setzt sich fort beim eleganten Premier Cru Montmains und dem runderen Côtes de Jouan.

89800 Préhy; www.domaine-marronniers.com

Domaine Moreau-Naudet

Stéphane Moreau ist ein talentierter, heiterer Lausbub mit wachem Verstand, dessen Naturell sich in seinen lebhaften, blitzsauberen und dennoch ernsthaften Weinen niederschlägt. Der Sprössling einer traditionsreichen Winzerfamilie übernahm das Gut 1991 und begann erstmals mit der Bereitung und Abfüllung eigener Etiketten. Seine alten Reben werden seit 20 Jahren ökologisch bewirtschaftet und von Hand gelesen. Der geradlinige Chablis ist ein rassiger, blumiger Zeitgenosse neben dem klaren Favoriten der Kellerriege, dem energiegeladenen, stahlig-knackigen Montée de Tonnerre.

5, rue des Fossés, 89800 Chablis; Tel. 03 86 42 14 83

Domaine Pinson Frères

Laurent und Christophe Pinsons Domaine liegt am Quai Voltaire in Chablis. Laurent setzt gern *bâtonnage* für einen volleren Körper seiner Weine ein und verwendet gebrauchte Eichenfässer, wobei ein winziger Anteil neuer Eiche für Reichhaltigkeit sorgt. Er experimentiert aber auch gern mit modernen Verfahren wie der Mikrooxidation mit dem Ziel, großzügige, gehaltvolle Chablis-Etiketten zu erzeugen, denen es aber an Mineralität oder Terroirdefinition nicht fehlt. Es gibt einen dichten, präzisen, steinigen Montmains, einen gut gebauten Mont de Milieu und einen hochwertigen Grand Cru Les Clos. Drei Fässer werden für den Chablis Les Clos Cuvée Authentic ausgewählt, eine Hommage an Laurents Großvater, der mit der Vergärung in 100 % Eiche aufs Ganze ging.

5, quai Voltaire, 89800 Chablis; www.domaine-pinson.com

Domaine Raveneau

Bernard Raveneau, einer der ganz großen burgundischen Erzeuger, hat sich mit reinrassigen, eleganten, stahlig-mineralischen Chablis-Interpretationen eine internationale Fangemeinde geschaffen, die für seine Kostbarkeiten entsprechende Preise zahlt. Die Weine verbringen zwei Jahre in Eiche und sind für ein langes Leben bestimmt. Unter den exzellenten Premiers Crus findet sich der mineralische Montmains, der grazile Vaillons und der rassige Montée de Tonnerre. Der Grand Cru Valmur ist ein stählernes Muskelpaket, der Les Clos komplex und geschliffen. Fantastische Weine!

9, rue de Chichée, 89800 Chablis; Tel. 03 86 42 17 46

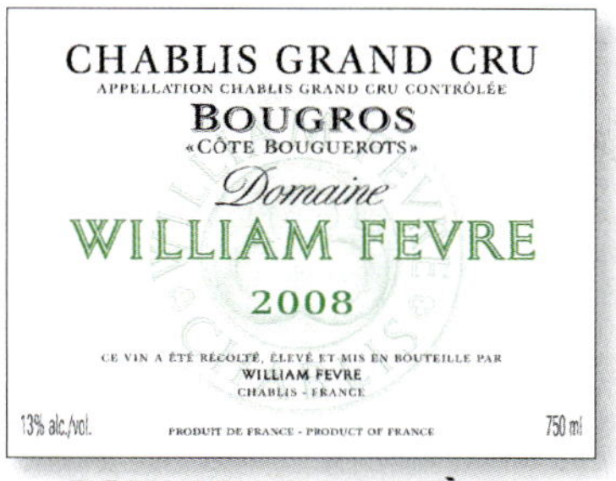

DOMAINE WILLIAM FÈVRE
DIE GRANDS CRUS DIESES WEGWEISENDEN ERZEUGERS KOMMEN MIT KEINERLEI NEUER EICHE IN BERÜHRUNG

JEAN-PAUL & BENOÎT DROIN
FEINER GRAND CRU VON DER JUNGEN GENERATION EINER ALTEN CHABLIS-FAMILIE

Domaine Servin

Eigentümer François Servin und seine rechte Hand, der liebenswürdige Amerikaner Marc Cameron, bereiten die Weine der Domaine Servin mit Intelligenz und Sachverstand. François' Familie baut seit 300 Jahren in Chablis Trauben an, sein Urgroßvater war zudem Küfer. Erzeugt werden ein hübscher Petit Chablis, ein bewusst für den frühen Verbrauch bestimmter, frischer klassischer Chablis und die konzentrierte Cuvée Massalle von älteren Reben. Dazu kommen einige ordentliche Premiers Crus und vier gute Grands Crus, etwa der herrlich blumige, duftende Blanchot mit rassigem Abgang oder der kraftvolle, üppige, markante Bougros.

89800 Chablis; www.domaine-servin.fr

Domaine/Maison Simonnet-Febvre

Die 1840 gegründete Domaine Simonnet-Febvre wurde 2003 von Louis Latour (siehe S. 250) erworben, doch ihr Wein unterscheidet sich deutlich von Louis Latours Chablis im Côte-d'Or-Stil. Er wird von Jean-Philippe Archambaud in einer modernen Kellerei außerhalb von Chablis bereitet und trägt eine frische, lebhafte, schön konturierte Handschrift. Mit Eiche kommen nur die Grands Crus in Berührung. Die Domaine besitzt Rebland in Chapleot, Mont de Millieu und Les Preuses, das übrige Lesegut wird zugekauft. Unbedingt probierenswert ist der Mont de Millieu – so man ihn auftreiben kann: ein dichter, intensiver, reichhaltiger Chablis von alten Reben.

9, avenue d'Oberwesel, 89800 Chablis
www.simonnet-febvre.com

Domaine Vincent Dauvissat

Die Domaine Vincent Dauvissat bringt beispielhaften Chablis hervor, der sogar erfahrensten Weinliebhabern den Atem raubt. Der fraglos zu einem der besten Erzeuger des Gebiets gehörende Vincent selbst ist zurückhaltend, ja schüchtern, doch seine Weine sprechen für sich, und das sehr beredt: Vom exzellenten Petit Chablis bis zu den Grands Crus zieht sich ein feinnerviger, rassiger, terroirbetonter Stil mit salzigen Anklängen durch. Unter den Premiers Crus hebt sich der spannungsreiche, kreidige Séchet hervor neben dem weichen Vaillons, der nasse Steine im Gepäck hat. Der klassisch-elegante Les Preuses und der tiefgründige Les Clos sind die überragenden beiden Grands Crus.

8, rue Emile Zola, 89800 Chablis; Tel. 03 86 42 11 58

Domaine William Fèvre

Die Domaine William Fèvre, heute im Besitz von Henriot Champagne, verfügt über ausgedehnten Grundbesitz, darunter 12 ha Premier-Cru- und rund 15 ha Grand-Cru-Lagen, was sie in der Region zum größten Erzeuger von Cru-Weinen macht. Die Lagen sind sämtlich von guter Qualität. Die Reben, bereits in den späten 1950er-Jahren von William Fèvre gepflanzt, als das Interesse an Chablis gering war, werden so gewissenhaft gepflegt, dass dazu ein 24-köpfiges Team erforderlich ist. Didier Séguier, der akribische Kellermeister, setzt auf absolut sauberen Most, der vor der Vergärung nur mithilfe der Schwerkraft geklärt wird. Er verwendet keine neue Eiche, sondern steht für einen frischen, klaren, klassischen Stil. Der rassige Premier Cru Monteée de Tonnerre zeigt salzige Noten, makellose Geschöpfe sind die Grands Crus.

89800 Chablis; www.williamfevre.fr

CÔTE DE NUITS

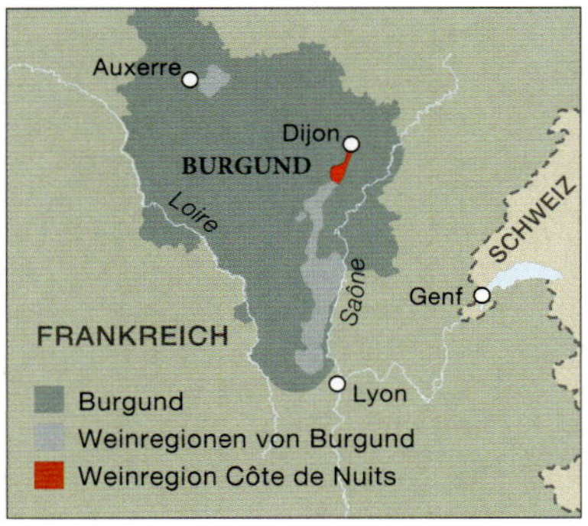

Pinot Noir von der Côte de Nuits zählt zu den nobelsten Rotweinen der Welt. Dieser nördliche Bereich der Côte d'Or, der sich von Dijon aus Richtung Süden erstreckt, umfasst die Gemeinden Gevrey-Chambertin, Chambolle-Musigny und Vosne-Romanée – Namen, die Weinliebhaber in aller Welt aufhorchen lassen. Pinot Noir, die wohl kapriziöseste und anspruchsvollste aller Rotweinsorten, gedeiht in diesem kontinentalen Klima seit dem klösterlichen Leben im Mittelalter. Die Côte de Nuits ist in erster Linie eine Region der *vignerons*, die ihren winzigen Rebparzellen ein Maximum an Terroirausdruck zu entlocken versuchen. Tradition wird hier großgeschrieben, und einige der besten Winzer sind zum vom Pferd gezogenen Pflug zurückgekehrt.

Hauptrebsorten

Rot
Pinot Noir

Weiß
Chardonnay

Jahrgänge

2010
Gut bis sehr gut durch Wetterbesserung spät in der Saison. Sorgfältige Auslese war unbedingt erforderlich.

2009
Vielversprechender Jahrgang mit intensiver Frucht und reifen Tanninen.

2008
Geradlinige Weine mit weichen Tanninen, saftiger Frucht und merklicher Würze.

2007
Sehr fein und unverfälscht; leichterer Jahrgang mit seidigen Tanninen, roter Frucht und herrlichem Bukett.

2006
Der erste von drei guten Jahrgängen. Feste Säure, gute Terroircharakteristik.

2005
Erstklassiger Jahrgang. Weine mit brillanter Frucht, voll, reichhaltig und schön ausgewogen.

Marsannay, im Grunde ein Vorort von Dijon, besitzt seit 1987 AC-Status und erzeugt einfachen, frischen, kirschfruchtigen roten sowie hübschen weißen und rosé Burgunder. Weiter südlich folgen die Gemeinde Fixin, Erzeuger etwas rustikalerer Village-Weine, sowie acht Premiers Crus.

In Gevrey-Chambertin macht die Qualität einen gewaltigen Sprung. Die große Gemeinde erstreckt sich südöstlich des Einschnitts Combe de Lavaux und beherbergt sage und schreibe neun der 24 Grand-Cru-Weinberge der Côte de Nuits, alle im Süden der Gemeinde entlang der Route des Grands Crus. Hierzu zählen der gebieterische Chambertin und der üppige, reich duftende Chambertin-Clos de Bèze. Der Gevrey ist, vereinfacht gesagt, für seinen maskulinen, vollen, fest strukturierten Stil bekannt. Es gibt 26 Premiers Crus, wobei die besten – darunter der großartige Clos St-Jacques mit der Klasse eines Grand Cru – an den Südosthängen der Combe de Lavaux liegen.

Der Premier Cru Combottes in einer kleinen Senke mit etwas weniger gutem Wasserabzug trennt Latricières-Chambertin vom vornehmen und verführerisch exotischen Clos de la Roche, einem der Grands Crus der Nachbargemeinde Morey-St-Denis.

Weiter gen Süden setzt sich der Grand-Cru-Reigen mit dem aufrechten, bukettreichen Clos St-Denis und dem Clos des Lambrays fort, gefolgt von dem herrlich konturierten Clos de Tart sowie einem kleinen Streifen des nuancierten, etwas muskulösen Bonnes Mares. Während jedoch die Grand-Cru-Gewächse einen unverwechselbaren Charakter besitzen, mangelt es den Premier-Cru- und Village-Weinen von Morey an klarer Identität. Sie sind weder so fest strukturiert wie in Gevrey noch so duftend wie in Chambolle, sondern üppig, samtig texturiert und fruchtig. Es wird auch ein wenig sehr guter, aromatischer Weißwein erzeugt.

Chambolle-Musigny ist ein mittelalterliches Dörfchen am Fuß eines schroffen Abhangs. Der Boden ist karg und steinig (Kalkstein), am Rand der Appellation auch lehmig. Hier entstehen die anmutigsten Rotweine der Côte de Nuits, mit köstlichem Duft und seidigen Tanninen. In den molligeren Premiers Crus mit schlankem Tanningerüst erinnert die Frucht an sonnendurchwärmte Erdbeerfelder. Die Weine von Les Cras sind von durchschimmernder Mineralität bestimmt, die von Les Amoureuses durch seidig duftende Aromen. Die beiden Grand-Cru-Lagen trennen Welten: einerseits der dunkle, unergründlich wirkende Bonnes Mares, andererseits der erlesen intensive, aber ätherische Le Musigny.

Südlich von Chambolle erhebt sich mächtig das steinerne Château Vougeot. Der Grand-Cru-Weinberg Clos de Vougeot beherrscht die Gemeinde und erstreckt sich bis zum unteren Bereich entlang der Straße mit tieferen Böden; die Qualitätsunterschiede sind ebenso groß wie der Weinberg. Etwa gleichrangig mit den besseren Clos-de-Vougeot-Lagen sind die Grands Crus Grands-Echézeaux (dichte, schwarzfruchtige Gewächse) und Echézeaux (etwas leichter). Unwiderstehlich angezogen werden Weinliebhaber jedoch von Vosne-Romanée mit seinen himmlischen Kreszenzen von grandiosen Lagen: der Romanée-Conti – nicht von dieser Welt, auch preislich –, der imposante La Tâche, der exquisite Romanée-St-Vivant und der reichhaltige Richebourg mit seidiger Textur. Vosne-Romanée ist ein stilles, ja gesichtsloses Dorf, verfügt dank seines großartigen Terroirs jedoch über sechs Grands Crus und eine hübsche Sammlung feiner Premiers Crus. Die Village-Weine der AC vereinen Subtilität und Strenge.

Jenseits der Gemarkungsgrenze liegt das hübsche Provinzstädtchen Nuits-St-Georges, traditionell der Sitz vieler Négociants, das heißt Handelshäuser. Stilistisch unterteilen sich die Weine grob gesagt in die fülligeren, dunkleren Gewächse des Nordens und die zupackend mineralischen des Südens. Es gibt keine Grands Crus, doch der spröde, quarzbetonte, kompakte Premier Cru Les St-Georges ist erstklassig.

Clos des Lambrays Morey-St-Denis

Der sanft abfallende Clos des Lambrays liegt etwas weiter oben am Hügel als der benachbarte Grand Cru Clos de Tart und bildet den Schwerpunkt des Guts, obwohl auch köstlicher Weißwein von zwei Premier-Cru-Lagen der AC Puligny-Montrachet erzeugt wird. Der 9-ha-Weinberg ist praktisch ein *monopole*. Seit 2005 wird ein Drittel des Clos des Lambrays mit dem Pferdepflug bewirtschaftet, der Rest mit einem leichten Traktor. Die Frucht von weniger als 25 Jahre alten Reben wird für den Premier Cru verwendet. Thierry Brouin, langjähriger Gutsleiter, entrappt die Trauben oft nicht und bevorzugt für die Vergärung warme Temperaturen, um einen Grand Cru mit üppiger Tiefe und samtweicher Struktur zu erzeugen.

31, rue Basse, 21220 Morey-St-Denis
www.lambrays.com

Domaine Alain Jeanniard

Morey-St-Denis

Alain Jeanniard ist eine relativ neue, erst 2000 gegründete Domaine mit bunt zusammengewürfelten kleinen Fässern, die im Freien stehen. Der bedächtige Alain war elf Jahre als Elektriker tätig, bevor er Önologie studierte. Er begann mit den 80 Jahre alten Reben seines Großvaters in der Lage Chenevery (teils Premier Cru, teils kommunale AC). Seine Weine sind zurückhaltend, aber energiegeladen, mit schöner klarer Frucht und wenig neuer Eiche. Er pachtet Reben von seiner Familie und betätigt sich nebenbei als Négociant. Alains Ruhm ist noch bescheiden, doch er besitzt unbestreitbar Talent.

4, rue aux Loups, 21220 Morey-St-Denis
Tel. 03 80 58 53 49

Domaine Alain Michelot

Nuits-St-Georges

Elodie, die die Gutsleitung 2005 von ihrem Vater übernahm, verkörpert die vierte Generation auf der Domaine Alain Michelot und meint, sie sei vorsichtig im Hinblick auf Veränderungen. Der Michelot-Stil ist fruchtig, robust, aufrichtig und in keiner Weise pompös. Für die Weine mit klarer Frucht wird 30 % neue Eiche verwendet. Es gibt einen tiefgründigen Les Porrets St-Georges, einen Aux Chaignots mit kühler Grafitnote und einen körperreichen Les Vaucrains. Gute Weine zum vernünftigen Preis.

6, rue Camille Rodier, 21700 Nuits-St-Georges
Tel. 03 80 61 14 46

Domaine Anne Gros Vosne-Romanée

Anne Gros ist eine außerordentlich kompetente und pragmatische Persönlichkeit, die, als ihr Vater François Gros erkrankte, als junge Frau Ende der 1980er-Jahre die Bewirtschaftung und Pflege seines vernachlässigten Reblands übernahm und dann beschloss, ihren eigenen Wein abzufüllen. Bis dahin war er fassweise verkauft worden. Heute zählt Anne zu den besten Erzeugern in Vosne-Romanée und erhält weltweit Anerkennung. Und das zu Recht: Sämtliche Weine sind makellos.

11, rue des Communes, 21700 Vosne-Romanée
www.anne-gros.com

Domaine de l'Arlot Nuits-St-Georges

Die recht imposante Domaine de l'Arlot liegt in Prémeaux südlich der Ortschaft Nuits-St-Georges, von wo auch die beiden Hauptweine stammen, die ihr sehr unterschiedliches Terroir eloquent zum Ausdruck bringen. Der Clos de l'Arlot von 60 Jahre alten Reben auf magerem Boden ist eher elegant, der Wein vom tieferen Boden der Lage Clos des Forêts reichhaltig, voll und fest. Auf jeden Fall probieren sollte man den pikanten, mineralischen Chardonnay Clos de l'Arlot Blanc (von 2 ha).

Route Nationale, 21700 Prémeaux-Prissey
Tel. 03 80 61 01 92

CLOS DES LAMBRAYS
DIE MIT DEM PFERDEPFLUG BEWIRTSCHAFTETEN REBEN ERBRINGEN EINEN ÜPPIGEN, SAMTIGEN GRAND-CRU-WEIN

DOMAINE ARMAND ROUSSEAU
NUR DIE BESTEN TRAUBEN AUS DEM WEINBERG GELANGEN IN DIESEN WEIN

Domaine Armand Rousseau

Gevrey-Chambertin

Die wohl berühmteste Domaine in Gevrey-Chambertin kann als Erzeuger feiner Weine gut 70 Jahre bis zu Armand Rousseau zurückblicken. Dessen Enkel Eric hat mit brillanten Etiketten nahtlos an diese Tradition angeknüpft. Auslese findet gänzlich im Weinberg statt, die Trauben werden komplett entrappt, um anschließend dem Most wieder einen kleinen Teil Stiele beizugeben. Hier gibt es einen wahren Schatz an Grands Crus, darunter vier, die mit ungewöhnlich wenig Eiche in Berührung kommen und eine Huldigung an ihr Terroir sind: der ätherische, herrlich duftende Charmes-Chambertin, der selbstbewusste, schön gemeißelte Mazis-Chambertin, der elegant rassige Ruchottes-Chambertin und der überaus würzige Clos de la Roche. Der funkelnde Premier Cru Clos St-Jacques, bei dem der Anteil neuer Eiche höher ist, besitzt eindeutig Grand-Cru-Qualität. Eric zeichnet zudem für eines der feinsten Clos-de-Bèze-Gewächse, muskulös und köstlich duftend, sowie für einen herausragenden Chambertin verantwortlich.

21220 Gevrey-Chambertin; www.domaine-rousseau.com

Domaine Arnoux-Lachaux

Vosne-Romanée

Pascal Lachaux (siehe auch S. 232), derzeitiger Leiter der Domaine, verfügt über vorwiegend in Vosne-Romanée und Nuits-St-Georges gelegene Rebflächen. Er bereitet Village-Weine von exzellenter Typizität, außerdem den verführerischen, samtig texturierten Les Suchots und einige Grands Crus. Pascal legt viel Wert auf Ertragsbeschränkung, schneidet einen Monat vor der Lese etliche Trauben vom Stock und lässt seine Reben mit Gras zwischen den Rebzeilen um Nährstoffe konkurrieren. Ein Teil des Weins wird wegen des langsameren Sauerstoffaustauschs in 500-l-Fässern gereift, der Rest in traditionellen burgundischen *pièces*.

21700 Vosne-Romanée; www.arnoux-lachaux.com

Domaine des Beaumont Morey-St-Denis

Der Besitz der Domaine des Beaumont überspannt die Grenze zwischen Morey und Gevrey und umfasst Parzellen mit alten Reben in den Premiers Crus Morey-Les Millandes, Gevrey-Combottes und -Cherbaudes sowie im Grand Cru Charmes-Chambertin. Viele Jahre lang verkaufte die Familie ihren gesamten Wein an Négociants, bis Thierry Beaumont dieser Praxis 1999 ein Ende setzte. Seine überschwänglich fruchtigen, geschmeidigen Weine sind wunderbar großzügig und oft sogar in der Jugend sehr zugänglich. Die Intensität der in ihnen enthaltenen alten Reben trägt zu dieser Charakteristik bei, genauso aber Beaumonts geschickte Bereitung. Der Premier Cru Cherbaudes kann beeindruckend sein.

9, rue Ribordot, 21220 Morey-St-Denis
www.domaine-des-beaumont.com

CÔTE DE NUITS

Die Weinberge der Côte de Nuits drängen sich enger zusammen als die an der Côte de Beaune. Der Bergrücken oberhalb der Reblagen ist hier etwas massiver, der zutage tretende Fels etwas beeindruckender. Es wird zwar auch ein wenig Weißwein erzeugt, doch dies ist das Land des Pinot Noir. Fast jeder Gemeindename sagt dem Weinliebhaber etwas, und der Anblick der horizontalen Rebzeilen der Grand-Cru-Weinberge lässt sein Herz höherschlagen. Sie ziehen sich im Schutz der nach Osten abfallenden Abbruchkante dahin, von Gevrey-Chambertin im Nordwesten über Morey-St-Denis, Chambolle-Musigny und Vougeot bis nach Vosne-Romanée im Süden.

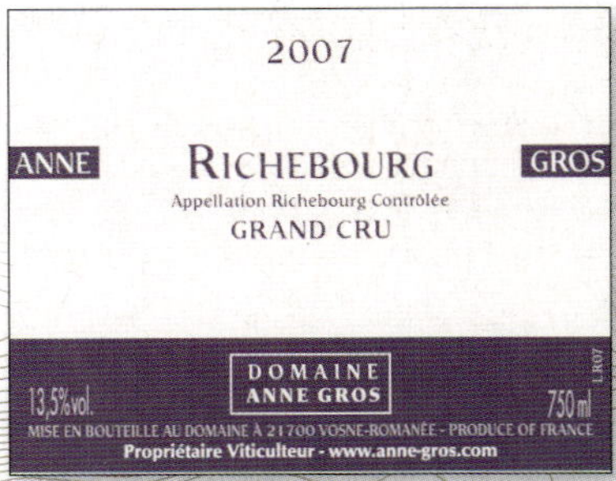

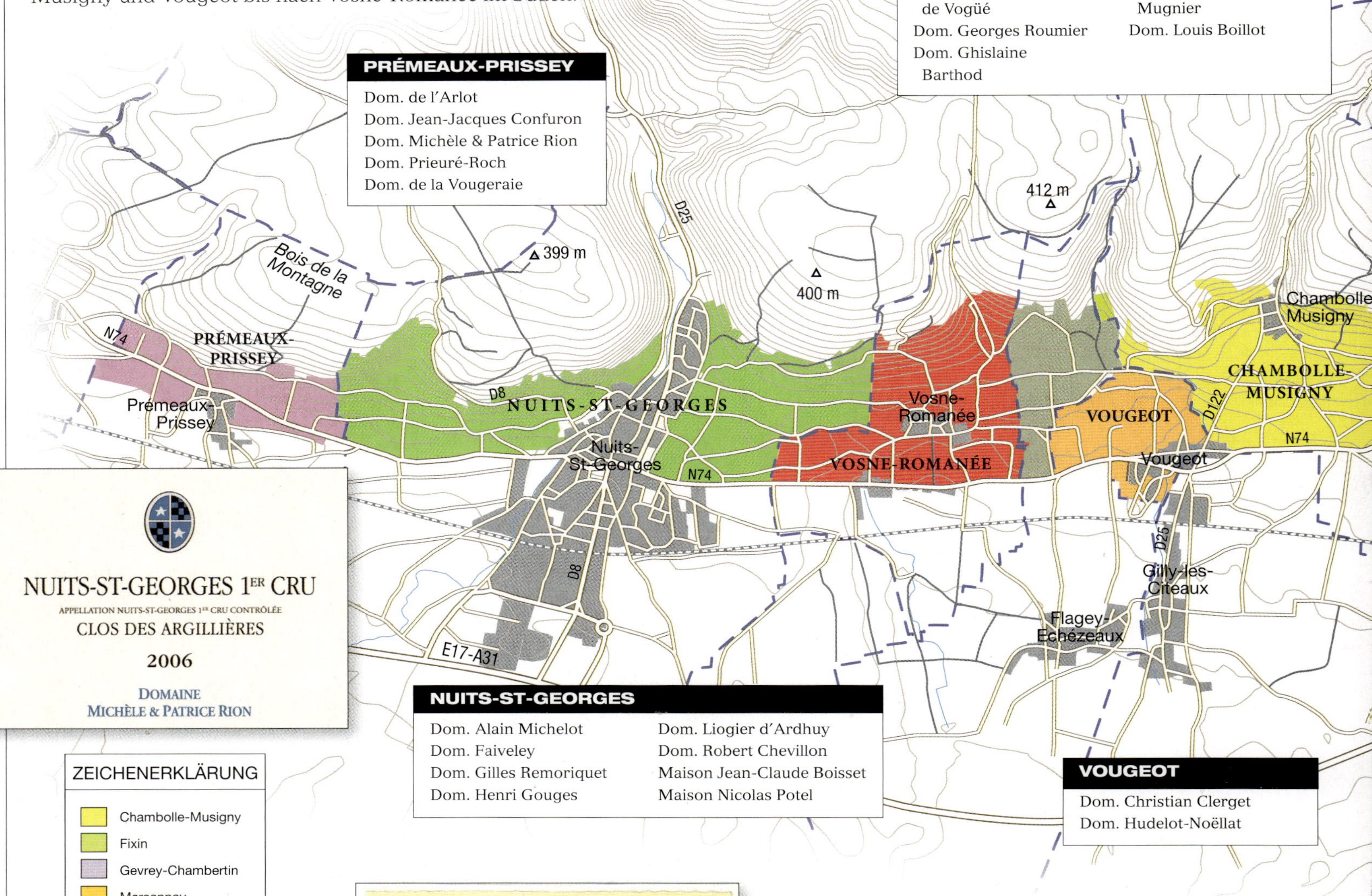

CHAMBOLLE-MUSIGNY

- Dom. Comte Georges de Vogüé
- Dom. Georges Roumier
- Dom. Ghislaine Barthod
- Dom. Jacques-Frédéric Mugnier
- Dom. Louis Boillot

PRÉMEAUX-PRISSEY

- Dom. de l'Arlot
- Dom. Jean-Jacques Confuron
- Dom. Michèle & Patrice Rion
- Dom. Prieuré-Roch
- Dom. de la Vougeraie

NUITS-ST-GEORGES

- Dom. Alain Michelot
- Dom. Faiveley
- Dom. Gilles Remoriquet
- Dom. Henri Gouges
- Dom. Liogier d'Ardhuy
- Dom. Robert Chevillon
- Maison Jean-Claude Boisset
- Maison Nicolas Potel

VOUGEOT

- Dom. Christian Clerget
- Dom. Hudelot-Noëllat

ZEICHENERKLÄRUNG

- Chambolle-Musigny
- Fixin
- Gevrey-Chambertin
- Marsannay
- Morey-St-Denis
- Nuits-St-Georges
- Prémeaux-Prissey
- Vosne-Romanée
- Vougeot
- Rebflächen
- Gemeindegrenze
- 10 m Höhenlinienabstand

VOSNE-ROMANÉE

- Dom. Anne Gros
- Dom. Arnoux-Lachaux
- Dom. Bruno Clavelier
- Dom. du Comte Liger-Belair
- Dom. Forey Père et Fils
- Dom. François Lamarche
- Dom. Georges Mugneret-Gibourg
- Dom. Gros Frère et Sœur
- Dom. Jacky Confuron-Cotétidot
- Dom. Jean Grivot
- Dom. Leroy
- Dom. Méo-Camuzet
- Dom. Michel Gros
- Dom. de la Romanée-Conti
- Dom. Sylvain Cathiard
- Maison Pascal Lachaux

MOREY-ST-DENIS

- Clos des Lambrays
- Dom. Alain Jeanniard
- Dom. des Beaumont
- Dom. du Clos de Tart
- Dom. David Clark
- Dom. Dujac
- Dom. Lignier-Michelot
- Dom. Ponsot
- Maison Frédéric Magnien

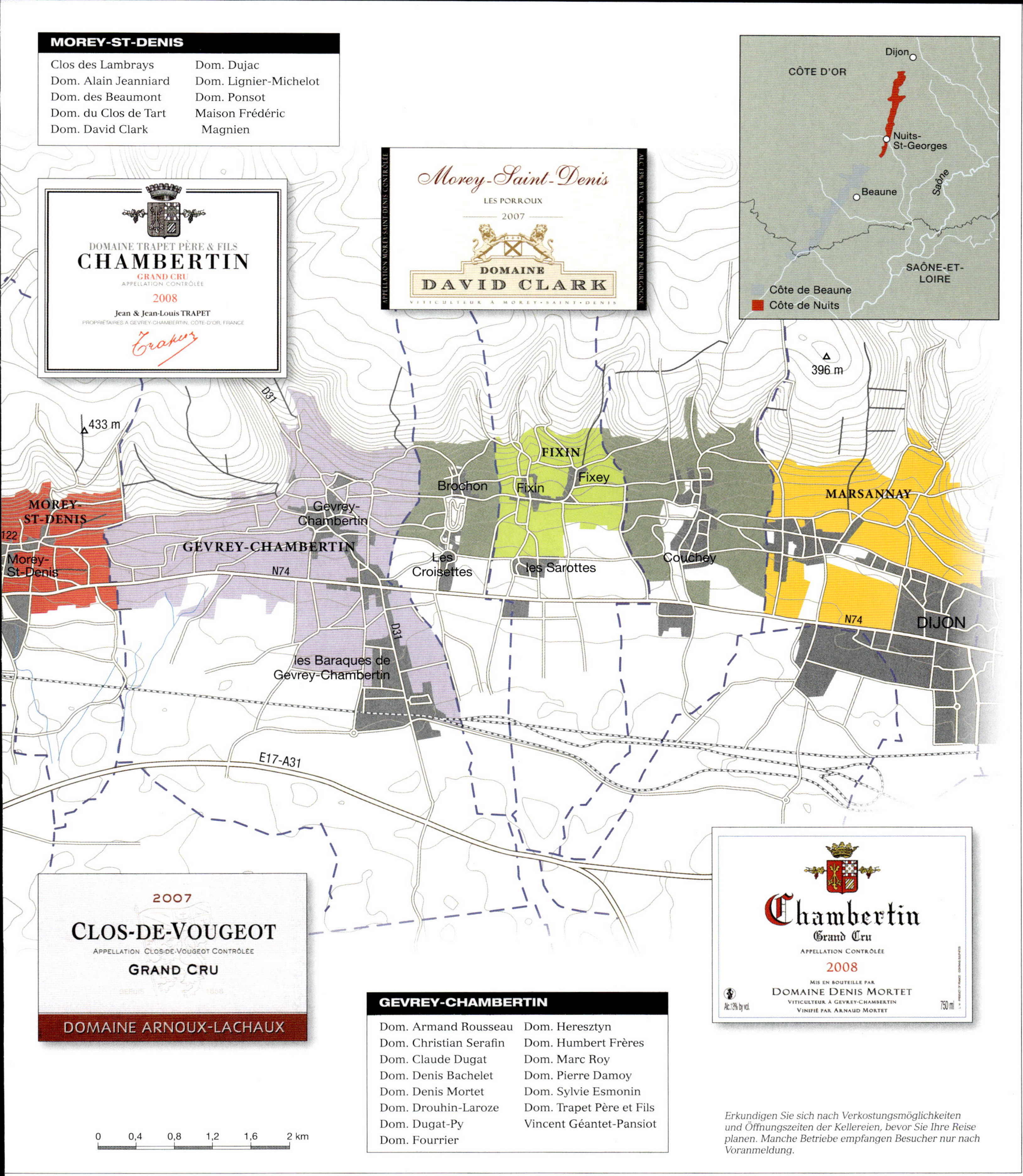

GEVREY-CHAMBERTIN

- Dom. Armand Rousseau
- Dom. Christian Serafin
- Dom. Claude Dugat
- Dom. Denis Bachelet
- Dom. Denis Mortet
- Dom. Drouhin-Laroze
- Dom. Dugat-Py
- Dom. Fourrier
- Dom. Heresztyn
- Dom. Humbert Frères
- Dom. Marc Roy
- Dom. Pierre Damoy
- Dom. Sylvie Esmonin
- Dom. Trapet Père et Fils
- Vincent Géantet-Pansiot

Erkundigen Sie sich nach Verkostungsmöglichkeiten und Öffnungszeiten der Kellereien, bevor Sie Ihre Reise planen. Manche Betriebe empfangen Besucher nur nach Voranmeldung.

DOMAINE DU COMTE LIGER-BELAIR
EINE ADELSFAMILIE ERZEUGT DIESEN EXTRAVAGANTEN WEIN

DOMAINE DU CLOS DE TART
DER KULTWEIN WIRD MIT UNENDLICH VIEL SORGFALT UND AUFMERKSAMKEIT BEREITET

Domaine Bruno Clavelier Vosne-Romanée

Bruno Claveliers Domaine ist als ökologischer Betrieb zertifiziert, zudem arbeitet er nach biologisch-dynamischen Richtlinien. In seinem Keller hat er Bodenproben seiner verschiedenen Parzellen und erläutert sie mit einer Begeisterung, die sich auch seinen Weinen mitteilt. Diese zeigen eine gelungene Typizität, z. B. der würzige, mineralische Vosne-Romanée Aux Brulées und der reichhaltige, runde Les Beaux Monts. Die Lage La Combe D'Orveaux südlich von Musigny am Saum eines höher gelegenen Waldes erbringt einen energiegeladenen Chambolle mit straff nachhallendem Abgang. Zudem gibt es einen leckeren Weißen von 80 Jahre alten Aligoté-Reben.

6, RN 74, 21700 Vosne-Romanée; Tel. 03 80 61 10 81

Domaine Christian Clerget Vougeot

Die klaren, sublimen Weine von Christian Clerget brauchen mitunter ein Weilchen, bis sie in Schwung kommen, doch diese qualitätsorientierte Domaine verdient mehr Beachtung. Vom über diverse Côte-de-Nuits-ACs verstreuten Weinbergbesitz werden u. a. der intensive Premier Cru Les Charmes (Chambolle) und der lebhafte Grand Cru Echézeaux erzeugt. Zwischen Chambolle und dem Grand Cru Vougeot liegt der relativ unbekannte Premier Cru Les Petits Vougeot – der Wein lohnt die Suche wegen seines exotisch blumigen Dufts und der schwelgerischen Textur. Clerget setzt auf minimale Eingriffe bei der Bereitung, wodurch ihm fein nuancierte Pinot-Noir-Etiketten gelingen.

21640 Vougeot; Tel. 03 80 62 87 37

Domaine Christian Serafin
Gevrey-Chambertin

Christian und Tochter Karine bewirtschaften ihr Rebland ökologisch und richten großes Augenmerk auf die Bearbeitung der Böden. Die Domaine liegt unweit des Schlosses neben dem Weinberg Les Cazetiers. 50 Jahre alte Rebstöcke erbringen zurückhaltenden, konzentrierten Wein, der Stil des Hauses zielt auf volle, mitunter robuste Abfüllungen mit ausdrucksstark sortentypischem Bukett. Hier kommt viel neue Eiche zum Einsatz, angefangen beim exzellenten Gevrey-Chambertin Vieilles Vignes, für den 100 % neue Fässer verwendet werden.

21220 Gevrey-Chambertin; Tel. 03 80 34 35 40

Domaine Claude Dugat
Gevrey-Chambertin

Die Domaine liegt ganz in Familienhand, denn Claude Dugat, jetzt Mitte 50, wird von seinen beiden Töchtern und seinem Sohn Bertrand unterstützt. Das im mittelalterlich wirkenden ehemaligen Kapitelhaus namens Cellier des Dîmes residierende Gut liegt neben dem Kirchturm, dessen Glockenschläge durch die Kellerhallen. Völlig im Einklang mit dieser Atmosphäre stehen Claude Dugats erhebend reintönige Weine. Das schöne Sortiment umfasst u. a. drei Grands Crus, darunter ein straffer, dynamischer Griotte-Chambertin und ein feiner Premier Cru Lavaux-St-Jacques. Letzterer stammt von Reben auf sehr kargem Boden ganz oben im Weinberg, was seine mineralischere Note erklären mag. Der Stil des Hauses ist durch hübsche Klarheit der Frucht und den behutsamen Einsatz neuer Eiche gekennzeichnet.

1, place de la Cure, 21220 Gevrey-Chambertin
Tel. 03 80 34 36 18

Domaine du Clos de Tart Morey-St-Denis

Clos de Tart besitzt Kultstatus. Wenn Sie das Glück haben, das imposante Portal aus dem 19. Jahrhundert durchschreiten zu dürfen, werden Sie sich in einem tadellos erhaltenen mittelalterlichen Gebäudekomplex wiederfinden. Dahinter ziehen sich die Reben einen sanften Hang hinauf. Er ist ein ummauertes Heiligtum, dessen Hüter der unendlich entgegenkommende und gelehrte Sylvain Pitiot ist. Ihm obliegt es, dafür zu sorgen, dass dieser Grand Cru sein Potenzial ausschöpft. Die kalkreichen Böden des Weinbergs wurden analysiert und in sechs Bereiche unterteilt, das Lesegut jeder Parzelle wird getrennt vinifiziert. Es ist faszinierend, diese Einzelweine zu verkosten und erfahren zu können, zu welch magischer Assemblage sie sich im Clos de Tart zusammentun.

21220 Morey-St-Denis; Tel. 03 80 34 30 91

Domaine Comte Georges de Vogüé
Chambolle-Musigny

Es gibt nur vier Weine bei Comte Georges de Vogüé – aber was für welche! Die erstklassige Domaine zählt zu den Promis unter den Erzeugern, und die eleganten und ausgewogenen Weine sind nur für wenige verfügbar und erschwinglich. Gleichwohl, wenn man unter dem dicken Steinbogen neben der Kirche von Chambolle hindurchgeht, empfängt einen ein großer Innenhof mit einer Atmosphäre außergewöhnlicher Stille und Ordnung. Geschäftsführer François Millet, ein Mann der Präzision, wacht mit einem altehrwürdigen Ritus über den Keller, wo der Chambolle, der Les Amoureuses, der Bonnes Mares und der Le Musigny sich auf ihren Auftritt in der internationalen Weinwelt vorbereiten.

21220 Chambolle-Musigny; Tel. 03 80 62 86 25

Domaine du Comte Liger-Belair
Vosne-Romanée

Das Château der Adelsfamilie liegt mitten in Vosne. Louis-Michel, der seit 2000 auf dem Familiengut wohnt, leistet großartige Arbeit bei der Lenkung der weinbaulichen Geschicke der Domaine, die sukzessive auf biologisch-dynamischen Anbau umgestellt wird. Er bewirtschaftet die früher verpachteten Rebparzellen wieder selbst und verfügt nun über ein seriöses Angebot. Dieses umfasst den prachtvollen Premier Cru Aux Reignots und den anmutig ausgewogenen Grand Cru La Romanée. Letzterer stammt von einem Alleinbesitz (*monopole* seit 1826) oberhalb von Romanée-Conti. Diese Domaine eilt von Erfolg zu Erfolg!

Château de Vosne-Romanée, 21700 Vosne-Romanée
www.liger-belair.fr

Domaine David Clark Morey-St-Denis

Der irische Ingenieur David Clark beschloss während seines Studiums am Lycée Viticole in Beaune, dass er praktische Erfahrung sammeln müsse, und erwarb eine kleine, als AC Bourgogne Grand Ordinaire klassifizierte Parzelle in Morey-St-Denis. Die heute für Bioanbau zertifizierte Rebfläche ist fraglos bescheiden, doch David holt das Beste aus ihr heraus. Ein sehr vielversprechender Start für den Iren, der sein winziges Gut gerade um einen kommunalen Morey-St-Denis erweitert. Da ist noch mehr zu erwarten – im Auge behalten. ★**Aufsteiger**

17, Grande rue, 21220 Morey-St-Denis
www.domainedavidclark.com

Domaine Denis Bachelet
Gevrey-Chambertin

Der Eingang zur Domaine Denis Bachelet ist ebenso diskret wie ihr Eigentümer – eine Qualität, die sich auch in den Weinen niederschlägt. Denis erzeugt fünf klassische, anspruchsvolle Etiketten. Selbst wenn Sie die Domaine gleich nach der Lese besuchen, werden Sie die Kellerei tipptopp vorfinden, und diese Sorgfalt in Keller und Weinberg wird auch den Weinen zuteil, vom AC Bourgogne bis zum Grand Cru Charmes-Chambertin. Denis entrappt die Trauben, um seidige Tannine zu erhalten, und ist in puncto Extraktion sehr behutsam. *Remontage*, also das Umpumpen der Gärflüssigkeit über den Hut, sorgt für harmonische Durchmischung, anschließend erfolgt die traditionelle *pigeage* (das Untertauchen des Huts). Der Gevrey-Chambertin Premier Cru Les Corbeaux mit eleganter dunkler Kirschfrucht, durchwoben von grafitartiger Mineralität, ist vorbildlich.

25, rue Clos, 21220 St-Philibert; Tel. 03 80 51 89 09

Domaine Denis Mortet Gevrey-Chambertin

Die Gevrey-Chambertin-Domaine brachte es unter ihrem Gründer Denis Mortet zu Ruhm. Mortet bezauberte den modernen Konsumenten mit prunkvollen, vor neuer Eiche strotzenden Weinen. Die Grands Vins, vor allem der Chambertin, erreichten binnen Kurzem Kultstatus. Nach Denis' tragischem frühem Tod übernahm sein erst 25-jähriger Sohn Arnaud mit dem Jahrgang 2006 die Gutsleitung. Arnaud setzt auf einen etwas eleganteren, zurückhaltenderen Stil als sein Vater, verwendet daher nicht mehr ganz so viel neue Eiche und geht in Richtung feinerer Tannine, ohne sich allzu weit vom berühmten offenherzigen, üppigen Stil der Domaine zu entfernen. Neben den Gevrey-Chambertin-Weinen gibt es auch eine bezaubernde Village-Abfüllung aus Fixin.

22, rue de l'Église, 21220 Gevrey-Chambertin
www.domaine-denis-mortet.com

Domaine Drouhin-Laroze
Gevrey-Chambertin

Die im 19. Jahrhundert gegründete Domaine wird heute von Philippe Drouhin, einem Nachkommen des Gründers Jean-Baptiste Laroze, geführt und hat dank Philippe ihr Image als leistungsschwacher Erzeuger abgelegt. Zu den 12 ha Rebbesitz zählen sage und schreibe sieben Grands Crus, darunter ein muskulöser, verführerischer Bonnes Mares, ein weicher, würziger Clos de Bèze und ein seidiger, duftender Le Musigny. Der strukturierte Clos de Vougeot stammt unverkennbar von einer Lage ganz oben in dem großen, qualitativ so unterschiedlichen Weinberg. Drouhins Weine sind zugänglich und fruchtbetont.

20, rue du Gaizot, 21220 Gevrey-Chambertin
www.drouhin-laroze.com

Domaine Dugat-Py Gevrey-Chambertin

Verkostungen finden bei der Domaine Dugat-Py in einem schönen Gewölbekeller statt, ein passender Ort für diese beeindruckend aromatischen, intensiven und überaus kultivierten Gewächse. Bernard bereitet seit 35 Jahren Wein. Schon seine drei Village-Abfüllungen aus Gevrey-Chambertin, Pommard und Vosne-Romanée zeigen exzellente Typizität, doch sein Talent, das Terroir zu übersetzen, erstrahlt besonders beim Grand Cru, unterstützt von einigen sehr alten Reben. Der Mazoyères-Chambertin ist ein geradliniges, von steiniger Mineralität unterlegtes Geschöpf, der Mazis-Chambertin großzügiger und fruchtiger, aber nicht so duftend wie der Charmes, und der majestätische Chambertin umgibt sich mit anmutigen Tanninen – üppig konzentrierte, fruchtige Weine.

Rue de Planteligone, 21220 Gevrey-Chambertin
www.dugat-py.fr

Domaine Dujac Morey-St-Denis

Als Jacques Seysses, Eigentümer der Domaine Dujac, vor über 30 Jahren in Morey-St-Denis Rebland kaufte, war er ein Neuling in Burgund. Er erwarb sich jedoch rasch Anerkennung in der Region und wurde für die auf der Domaine praktizierte Ganztraubenvergärung bekannt. Sohn Jeremy hat mittlerweile zusammen mit Gattin Diana und Bruder Alec das Ruder übernommen. Nach wie vor ist Morey-St-Denis die Stärke der Dujacs, v. a. der phänomenale Clos de la Roche. Unlängst erwarb die Familie prestigeträchtige Premier- und Grand-Cru-Parzellen, die von Gevrey-Chambertin bis Vosne-Romanée verstreut liegen, darunter auch Reben in Chambertin und Romanée-St-Vivant. Für die beiden köstlichen, fest strukturierten Morey-St-Denis-Weißen werden die Trauben traditionsgemäß mit den Füßen gestampft *(foulage)*.

7, rue de la Bussière, 21220 Morey-St-Denis
www.dujac.com

Domaine Faiveley Nuits-St-Georges

Das Handelshaus in Nuits-St-Georges wurde kürzlich unter Erwan Faiveley umgestaltet, der 2007 mit 25 Jahren die Leitung übernahm. Ihm steht der erfahrene Bernard Hervet als Geschäftsführer zur Seite, der viele Jahre bei Bouchard Père et Fils in Beaune (siehe S. 235) tätig war. Das dynamische Duo hat den 1825 von Pierre Faiveley gegründeten Familienbetrieb kräftig aufgemischt. Verschwunden sind die harten Tannine und Rauchnoten bei den Rotweinen – die 2007er waren eine geschmeidige Offenbarung. Hervet meint, zur Hälfte sei diese Veränderung den vier neuen Fasslieferanten, darunter dem Küfer François Frères, zu verdanken, die die Fässer nur leicht anrösten. Und tatsächlich schmecken die in Fässern des früheren Küfers bereiteten Weine völlig anders als jene aus Fässern von Frères. Zudem wurden einige große Fässer durch traditionelle, konisch geformte Gebinde aus Eiche bzw. Edelstahl ersetzt und eine Vertikalpresse angeschafft. »In technologischer Hinsicht mag diese Presse ein Rückschritt sein, aber sie bringt saubereren, unverfälschteren Wein mit weniger Tannin hervor«, so Hervet. Das Haus besitzt überdies stolze 120 ha Rebland, darunter viele Grands Crus, die dem Négociant mehr als 80 % des benötigten Traubenguts liefern und somit ein hohes Maß an Kontrolle erlauben. Zum Sortiment zählt eine beeindruckende Reihe an Gevrey-Chambertin-Weinen, ein Highlight ist der wundervoll duftende Clos de Bèze von geschmeidiger Vitalität.

21700 Nuits-St-Georges; www.domaine-faiveley.com

Domaine Forey Père et Fils
Vosne-Romanée

Régis Forey ist aus der versteckt gelegenen Domaine in der Rue Derrière-le-Four, fast gegenüber der Domaine de la Romanée-Conti, in ein geräumigeres, moderneres Haus auf der anderen Seite der Hauptstraße von Vosne umgezogen. Hier bereitet er volle, strukturierte und dennoch von Eleganz geprägte Weine. Forey setzt auf Kaltmaischung (die Trauben ruhen nebst einem Teil der

NICOLE LAMARCHE

In Burgund achtet man zwar streng auf Traditionenen, d. h. auch, dass weibliche Weinmacher und Winzer in der Minderzahl sind, paradoxerweise zählen jedoch zu den vielversprechendsten und einflussreichsten neuen Talenten gerade Frauen, etwa Ghislaine Barthod, Lalou Bize-Leroy, Anne Gros, Anne-Claude Leflaive und die Schwestern Mugneret.

Nicole Lamarche übernahm 2006 mit Mitte 20 die Verantwortung im Keller und im Weinberg der Domaine François Lamarche (siehe S. 228) in Vosne-Romanée, ihre Cousine Natalie kümmert sich um Marketing und Verkauf. Das Faszinierendste an diesem Führungswechsel ist aber die Wiederentdeckung einer kostbaren Grand-Cru-Lage in Vosne-Romanée: La Grande Rue, zwischen La Tâche und La Romanée gelegen. Dass sie in Vergessenheit geriet, liegt nicht zuletzt an dem Versäumnis, sie in den 1930er-Jahren entsprechend registrieren zu lassen, aber auch an unzureichender Pflege. Nicole, fleißig und entschlossen, steigert die Qualität nun mit jedem Jahrgang.

DOMAINE HENRI GOUGES
EIN DICHTER, ERNSTHAFTER WEIN, DER AUF EIN SEHR LANGES LEBEN ANGELEGT IST

DOMAINE GEORGES MUGNERET-GIBOURG
EIN ELEGANTER, ANMUTIG BEREITETER WEIN

Stiele einige Tage im gekühlten Most, bevor die Gärung einsetzt) und eine relativ lange Maischestandzeit nach der Vergärung. Die Grands Crus Echézeaux und Clos de Vougeot sowie die Premiers Crus, u.a. der Vosne-Romanée Les Gaudichots, werden je nach ihrer Klasse in mehr oder weniger neuer Eiche gereift.

2, rue Derrière-le-Four, 21700 Vosne-Romanée
Tel. 03 80 61 09 68

Domaine Fourrier Gevrey-Chambertin

»Je mehr man *vigneron* ist, desto weniger braucht man Önologe zu sein.« Dies war die wichtigste Lektion, die Jean-Marie Fourrier während seiner Zeit bei Henri Jayer, dem Spiritus Rector Burgunds, lernte. Er setzte sie in die Praxis um, als er 1995 die familieneigene Domaine übernahm. Jean-Marie ist ein fanatischer Gegner von Eingriffen im Keller. Sein Wein ruht ungestört *sur lie*, auf den abgestorbenen Hefezellen, die einen natürlichen Schutz bilden und die erforderliche Menge des Antioxidationsmittels Schwefeldioxid reduzieren. (Für durch Schwefel im Wein verursachte Kopfschmerzen ist Jean-Marie besonders anfällig.) Er lehnt den großzügigen Einsatz neuer Eiche ab und erneuert jährlich nur ein Fünftel seiner Fässer. Auf der Weinliste stehen neben einem bezaubernden Chambolle-Musigny insbesondere Etiketten aus Gevrey-Chambertin, wo drei benachbarte Parzellen am Nordrand der Gemeinde völlig unterschiedliche Weine erbringen: den mineralischen, direkten Les Goulots, den stattlichen, fruchtigen Les Champeaux und den saftigen, kraftvollen Combe Aux Moines. Jean-Maries Grand Cru Griotte-Chambertin präsentiert sich ätherisch und fein, Star im Keller ist jedoch sein Clos St-Jacques.

7, route de Dijon, 21220 Gevrey-Chambertin
http://domainefourrier.pagesperso-orange.fr

Domaine François Lamarche
Vosne-Romanée

Die hauptsächlich von Frauen geführte Domaine wird mit Adleraugen von Marie-Blanche Lamarche überwacht. Ihre Tochter Nicole (siehe Randspalte S. 227) ist für die Weinbereitung, ihre Nichte Nathalie für den Verkauf zuständig – beide sind noch keine 30 Jahre alt. Gemeinsam sorgen sie für eine Wiederbelebung der lange Zeit leistungsschwachen Domaine, zu deren Reblagen u.a. Croix-Rameau (eine Enklave innerhalb von Romanée-St-Vivant mit potenziell sehr gutem Terroir) und der wiederentdeckte und in Alleinbesitz befindliche Grand Cru La Grande Rue (neben Romanée-Conti) zählen. Nicole übernahm 2007 die alleinige Leitung und konzentriert sich darauf, die Weinberge wieder in Schuss zu bringen – mit vielversprechenden Resultaten. ★**Aufsteiger**

21700 Vosne-Romanée; www.domaine-lamarche.com

Domaine Georges Roumier
Chambolle-Musigny

Die herausragenden Abfüllungen dieser Domaine sind Zeugnisse von Christophe Roumiers Können und hohem Qualitätsanspruch. Sein Großvater Georges hinterließ ihm zudem ein Vermächtnis von Weinen, die jetzt herrlich zu trinken sind und Christophes Ziel veranschaulichen: Weine mit Alterungspotenzial, aber auch Leichtigkeit zu erzeugen. Der geerbte Landbesitz mit wundervollen Terroirs und großteils alten Rebstöcken, wird im Großen und Ganzen ökologisch bewirtschaftet. Am berühmtesten sind wohl sein straffer, mineralischer Les Cras, der duftende, verführerische Les Amoureuses und der hauchzarte Le Musigny. Die Qualität ist durchweg sensationell.

21220 Chambolle-Musigny; www.roumier.com

Domaine Georges Mugneret-Gibourg Vosne-Romanée

Jacqueline Mugneret und ihre Töchter Marie-Christine und Marie-Andrée leiten diese Domaine, deren Etiketten ein von Chagall inspiriertes Bild von Saint Vincent, Schutzheiliger der *vignerons*, zeigen. Der anmutige, lebhafte und sehr schön definierte Stil des Hauses manifestiert sich in der Eleganz der Weine aus Vosne-Romanée und Chambolle-Musigny und im mineralisch geprägten, geschmackvollen Nuits-St-Georges Les Chaignots. Unter den drei geschliffenen Grands Crus ragt der Ruchottes-Chambertin mit stahligem Kern im Satingewand heraus.

21700 Vosne-Romanée; www.mugneret-gibourg.com

Domaine Ghislaine Barthod
Chambolle-Musigny

Barthod bietet eine Reihe von Chambolle-Premier-Cru-Weinen mit ausdrucksstarkem Terroircharakter, vom unergründlichen Les Beaux Bruns bis zum schnittigen Les Fuées. Ghislaine Barthod erbte die Domaine von ihren Eltern, findet aber im Gegensatz zu ihnen, dass Chambolle-Gewächse nicht auf Eleganz beschränkt sein müssen und durchaus Substanz besitzen dürfen. Sie setzt zur Extraktion von Farbstoffen und Tanninen vermehrt *pigeage* (Untertauchen des Huts) ein, achtet bei ihren Weinen aber insbesondere auf Ausgewogenheit und verwendet zum Erhalt der Aromen nur 25 bis 30 % neue Eiche. Fantastisch ist der rassige, fokussierte Les Cras.

21220 Chambolle-Musigny; Tel. 03 80 62 80 16

Domaine Gilles Remoriquet
Nuits-St-Georges

Gilles Remoriquet hat Finesse im Blick, wenn er sich von seinen Weinbergen inspirieren lässt. In der Kellerei werden keine Pumpen eingesetzt, sondern es wird nur mithilfe von Schwerkraft gearbeitet. Er selbst hat eine Abbeermaschine entwickelt, die die Pinot-Noir-Trauben nicht beschädigt. Remoriquet erzeugt kräftige Weine, darunter einen reinen, festen, tiefdunklen Aux Allots mit teerartigen Tanninen von 60 Jahre alten Reben. Von einer höher gelegenen Parzelle an der Grenze zu Vosne-Romanée stammt der elegante La Damodes, und der Les St-Georges ist ein fleischiges, dabei aber weiches Gewächs.

25, rue de Charmois, 21700 Nuits-St-Georges
Tel. 03 80 61 24 84

Domaine Gros Frère et Sœur
Vosne-Romanée

Bernard ist Michel Gros' (siehe S. 230) jüngerer Bruder, das *Frère et Sœur* im Namen bezieht sich auf Onkel und Tante. Die Reben der Domaine sind jung und wachsen u.a. in drei Grand-Cru-Lagen, wovon Echézeaux beachtliche 2 ha einnimmt. Ein Teil des Echézeaux-Weins von jüngeren Reben ist zum Vosne-Romanée Premier Cru herabgestuft. Der Stil des Hauses ist weich, offenherzig und fruchtig, mit Ausnahme des Hautes-Côtes werden sämtliche Etiketten in 100 % neuer Eiche ausgebaut.

6, rue des Grands Crus, 21700 Vosne-Romanée
Tel. 03 80 61 12 43

Domaine Henri Gouges Nuits-St-Georges

Diese Domaine, vielleicht die berühmteste von Nuits-St-Georges, füllt seit den 1920er-Jahren ihren eigenen Wein ab. Ihr Markenzeichen sind ernsthafte, feste, dicht strukturierte Kreszenzen mit langer Lebensdauer – Jahrgänge von Anfang der 1970er-Jahre schmecken noch immer frisch. Der schüchterne Pierre kümmert sich um die Reben, sein charmanter Bruder Christian um die Bereitung in der neuen, 2008 eingeweihten Kellerei, in der Moste und Weine nur mittels Schwerkraft bewegt werden. Unterstützt wird er von seinem talentierten Neffen Grégory, der sein Nachfolger werden soll. Der Les St-Georges verdient fraglos Grand-Cru-Status.

7, rue du Moulin, 21704 Nuits-St-Georges
www.gouges.com

Domaine Henri Naudin-Ferrand

Hautes-Côte de Nuits

Claire Naudin ist eine begabte Weinmacherin und eine inspirierende Persönlichkeit von großer Charakterstärke, gehört aber zu den wenigen bewundernswerten Talenten in Burgund, die nicht über erstklassiges Rebland verfügen. Claires Hautes-Côtes de Nuits Blanc bietet das beste Preis-Leistungs-Verhältnis aller weißen Burgunder; bei den Roten zeigt der Côtes de Nuits-Villages Vieilles Vignes eine ungewöhnliche Raffinesse und Anmut im Vergleich zu den oft klobigen Gewächsen dieser AC. Seit Neuestem kann Claire ihr Können mit einer illustreren Appellation unter Beweis stellen: Sie erzeugt kleine Mengen eines köstlichen Echézeaux Grand Cru. In ihrer Reinheit und Unverfälschtheit sind die Weine dieses Guts von besonderer Qualität, vielleicht auch wegen des sehr geringen Schwefeldioxidanteils. **★Aufsteiger**

12, rue du Meix-Grenot, 21700 Magny les Villers
www.naudin-ferrand.com

Domaine Heresztyn Gevrey-Chambertin

Guten Wein betrachtet man hier vor allem als Resultat der Befolgung einiger einfacher Regeln: Aufmerksamkeit im Weinberg, strenge Auslese und sorgfältige *élevage* (Ausbau des Weins). Typische Heresztyn-Etiketten besitzen schöne Farbe und Rückgrat und zeugen von behutsamem Eicheneinsatz. Die Rebflächen in Chambolle, Morey und Gevrey umfassen einige großartig gelegene Premiers Crus sowie den Grand Cru Clos St-Denis. Das Sortiment dieser Domaine ist eine fantastische Verkostungslektion zum Thema klassische Appellationen der Côte de Nuits.

27, rue Richebourg, 21220 Gevrey-Chambertin
Tel. 03 80 34 13 99

Domaine Hudelot-Noëllat Vougeot

Drei Grands Crus sind die Stars auf der Weinliste dieser Domaine: der sinnliche Clos de Vougeot, der intensive Romanée-St-Vivant und der tiefgründige, zupackende Richebourg. Das einladende Gut erzeugt zudem sehr klassische, charaktervolle Etiketten der kommunalen ACs Vosne-Romanée und Nuits-St-Georges sowie Premiers Crus dieser ACs und Vougeot. Neue Eiche wird zurückhaltend eingesetzt; die beständig gut bereiteten Weine sind keine glamourösen Showgrößen, sondern zeigen die jeweils unterschiedliche Persönlichkeit ihrer Appellation. Der kommunale Nuits-St-Georges – intensiv, aber nicht rustikal – bietet viel für seinen Preis.

21640 Chambolle-Musigny; Tel. 03 80 62 85 17

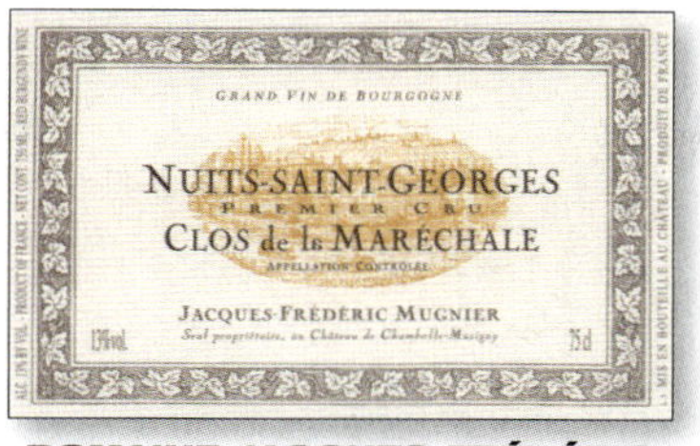

DOMAINE JACQUES-FRÉDÉRIC MUGNIER
DER PREMIER-CRU-WEINBERG IST NUN WIEDER GANZ IN DER HAND DER DOMAINE

DOMAINE JEAN GRIVOT
EINER DER BESTEN ERZEUGER – SEINE WEINE SIND DURCHWEG FANTASTISCH

Domaine Humbert Frères

Gevrey-Chambertin

Etwas Geradliniges und Aufrechtes ist den Weinen von Emmanuel Humbert und seinem Bruder Frédéric eigen, Cousins von Claude Dugat (siehe S. 226) und Bernard Dugat-Py (siehe S. 227). Der hiesige Familienzweig besitzt alte Reben in etlichen guten Appellationen. Obwohl Emmanuel auf diesem Gut bereits bei 27 Jahrgängen mitgearbeitet hatte, änderte sich die Qualität, als er 1998 die Weinbereitung übernahm. Der Verkauf an Négociants wurde eingestellt, der Ertrag beschränkt. Mit jedem Jahr nähert sich Emmanuel mehr seinem Ideal sehr frischer, runder, gut zu trinkender Weine an. Sie werden luftiger und weniger tanninbetont, obwohl er gern neue Eiche verwendet. Trotz der Vielzahl an kleinen Parzellen, darunter auch eine im Premier Cru Petite Chapelle, werden die Weine lobenswerterweise unter verschiedenen Etiketten abgefüllt. Im Gegensatz dazu stammt der frische, schwungvolle und würzige Premier Cru Les Poissenots von einem immerhin 1 ha großen Weinberg.

Rue de Planteligone, 21220 Gevrey-Chambertin
Tel. 03 80 51 80 14

Domaine Jacky Confuron-Cotétidot

Vosne-Romanée

Yves Confuron, der Sohn von Jacky, besitzt einen unwiderstehlichen Humor und viel Energie. Die Familie baut seit der Zeit Ludwigs XIV. in Vosne Trauben an. Die Weine der Domaine sind auf ein langes Leben ausgelegt – im Keller lagern viele alte Jahrgänge –, zeigen aber jede Menge offenherziger Frucht. Es gibt eine exzellente Reihe von Village-Weinen diverser ACs der Côte de Nuits; der Grand Cru Echézeaux ist in der Regel sehr gut.

10, rue de la Fontaine, 21700 Vosne-Romanée
Tel. 03 80 61 03 39

Domaine Jacques-Frédéric Mugnier

Chambolle-Musigny

Die im besten Wortsinn leichten Weine von Mugnier offenbaren ätherische Anmut und duften eindringlich nach Rosenblüten. Die wundervollen, intensiven Gewächse sind bereits in der Jugend zugänglich, besitzen aber auch alle Anlagen für ein hohes Alter. Frédéric Mugnier verfährt bei jedem Jahrgang praktisch gleich und lässt in seiner ruhigen, zurückhaltenden Art die Weine für sich sprechen. In den 1970er-Jahren gab er seinen Job als Pilot auf, übersiedelte auf das Familiengut und bewirtschaftet die zuvor verpachteten Weinberge nun selbst. Als Letztes kam 2003 der Premier Cru Clos de la Maréchale *(monopole)* in Nuits-St-George hinzu.

21220 Chambolle-Musigny; www.mugnier.fr

Domaine Jean Grivot Vosne-Romanée

Étienne Grivot zählt zu den allerfeinsten Erzeugern von Burgund. Der stille, verständige und talentierte Mann bereitet seinen Wein mit besonderem Zartgefühl. Die jeweils im Oktober in seinem Keller stattfindende Verkostung des vorigen Jahrgangs (immer in älteren Fässern ausgebaut) ist ein inspirierendes Erlebnis. Terroir und Jahrgang sind stets erkennbar, die Weine verbinden Frische mit großartigem Alterungspotenzial. Das Angebot gipfelt in dem komplexen Richebourg Grand Cru, der jedes Jahr einen Höhepunkt darstellt.

21700 Vosne-Romanée; www.domainegrivot.fr

DOMAINE MICHEL GROS
EINE DER PUREN FRUCHT VERPFLICHTETE INTERPRETATION EINES MITGLIEDS DER WEITVERZWEIGTEN FAMILIE GROS

Domaine Jean-Jacques Confuron
Nuits-St-Georges

Sophie Confuron blieb keine andere Wahl, als mit 25 Jahren die Leitung der Domaine zu übernehmen. Denn nach dem Tod ihres Vaters hätte ihre Mutter das Gut sonst verkauft. Heute wird sie von ihrem Ehemann Alain Meunier unterstützt, der das Rebareal der Domaine ökologisch bewirtschaftet. Sophies Energie ist grenzenlos, und so unterstützt sie, wenn ihr Zeit bleibt, hoffnungsvolle, aber benachteiligte junge Talente im Weinhandel Südafrikas. Ihre Abfüllungen sind Spiegelbilder ihrer großzügigen, offenherzigen Persönlichkeit, dabei saftig und mit präsenten weichen, üppigen Eichennoten ausgestattet. Der Vosne-Romanée Les Beaux Mont ist reichhaltig und rund.

Route National, 21700 Prémeaux-Prissey
www.jjconfuron.com

Domaine Leroy Vosne-Romanée

Die Domaine Leroy bietet eines der außergewöhnlichsten und umfangreichsten Sortimente von Burgund. Es ist die Schöpfung der bemerkenswerten, bald 80-jährigen Lalou Bize-Leroy, bis 1992 zusammen mit Aubert de Villaine Mitbesitzerin und Leiterin der Domaine de la Romanée-Conti (siehe S. 231). Sie erwarb zudem die beiden Güter Charles Noëllat (in Vosne-Romanée) und Philippe Remy. Die Grande Dame des burgundischen Weinbaus hält die Zügel noch immer fest in der Hand und wohnt während der Lese sogar auf dem Gut, um das Geschehen zu überwachen. Für die Erzeugung ihrer komplexen Weine hält sie sich seit 1989 strikt an biodynamische Prinzipien. Das hat natürlich seinen (astronomischen) Preis.

15, rue La Fontaine, 21700 Vosne-Romanée
www.domaine-leroy.com

Domaine Lignier-Michelot
Morey-St-Denis

Der junge, talentierte *vigneron* Virgile Lignier ist auf dem besten Weg, sich mit seinem Familiengut, das er in dritter Generation führt, einen Namen zu machen. Er verfügt über einen Schatz an Parzellen in Chambolle-Musigny und Morey-St-Denis, was es ihm erlaubt, Weine beider Gemeinden zu präsentieren. Damit nicht genug, kauft er nun auch noch Trauben aus den Weinbergen seiner Tante. Virgile setzt auf niedrige Erträge und strikte Auslese und hat in gleich zwei Sortiertische investiert. Auch die Weine der kommunalen ACs sind sehr gut.

11, rue Haute, 21220 Morey-St-Denis; Tel. 03 80 34 31 13

Domaine Liogier d'Ardhuy
Nuits-St-Georges

Die große Domaine (über 40 ha) hat sich seit 2002 einem Imagewandel verschrieben. Zuvor war das Lesegut an das Handelshaus der Familie verkauft worden. Die Qualität ist beträchtlich gestiegen, seit der Holländer Carel Voohuis auf den Plan getreten ist. Zu den Neuerungen im Weinberg zählen geringere Erträge, konsequenterer Rebschnitt und höhere Laubdächer zur Verbesserung der Photosynthese; der Keller wurde neu ausgestattet, um für eine sanftere Extraktion der Tannine zu sorgen. Es gibt vier fantastische Corton-Grand-Cru-Weine von verschiedenen Terroirs rund um den Hügel von Corton und einen steinig-kraftvollen Chardonnay Corton-Charlemagne.

Clos des Langres, 21700 Corgoloin
Tel. 03 80 62 98 73

Domaine Louis Boillot Chambolle-Musigny

Louis Boillot ist mit Ghislaine Barthod (siehe S. 228) verheiratet und teilt sich mit seiner Frau einen Keller am Rand von Chambolle. Louis' Weine vervollständigen Ghislaines Chambolle-Reihe zu einem überraschend breiten Angebot, das von einem würzigen Fixin aus dem Norden bis nach Beaune, Pommard und Volnay an der Côte de Beaune reicht. Sein Pommard Fremiers und sein Les Croix-Noires zeigen geschickt eingebundene Tannine und jede Menge köstlicher Frucht. Sein Volnay Caillerets ist angemessen mineralisch, aber weniger muskulös als der Nuits-St-Georges Pruliers. In vielen der Weinberge stehen alte Reben, die eindeutig zur durchweg beständigen Qualität beitragen..

21190 Volnay; www.domaine-louis-boillot.com

Domaine Marc Roy Gevrey-Chambertin

Marc Roy kümmert sich um die Reben, während seine Tochter Alexandrine die Domaine dank ihres geschickten Händchens im Keller bekannt gemacht hat. Sobald die Weinbereitung hier abgeschlossen ist, jettet sie über den Atlantik nach Oregon zu ihrem Zweitjob in der Kellerei von Phelps Creek. Dieser internationale Ansatz spiegelt sich in der ansprechenden Reihe großzügig fruchtbetonter Weine der kommunalen AC Gevrey-Chambertin wider. Die Clos-Prieur-Parzelle liefert einen süß-saftigen Wein. Die Cuvée Alexandrine (seit 2005) wird nur in Spitzenjahrgängen von ausgesuchten, besonders kleinen und konzentrierten Beeren *(millerandage)* bereitet.

8, avenue de la Gare, 21220 Gevrey-Chambertin
Tel. 03 80 51 81 13

Domaine Méo-Camuzet Vosne-Romanée

Der von Forschergeist beseelte Jean-Nicolas Méo liebt Experimente in der Kellerei und probiert Verfahren aus, die seinen konservativen Nachbarn Schauer über den Rücken jagen. Doch Méo-Camuzet ist eine erstklassige Domaine und hat u. a. den schön definierten, mineralischen Vosne-Romanée aux Brûlées und die beiden Überflieger Cros Parantoux und Richebourg im Angebot. Der muskulöse, kompakte und etwas exzentrische Cros Parantoux braucht Zeit zur Entfaltung, während der Richebourg ein klassischer, geschliffener Grand-Cru-Burgunder ist. Auch die kleine Négociant-Firma von Jean-Nicolas und seiner Schwester führt tadellose Weine.

11, rue des Grands Crus, 21700 Vosne-Romanée
www.meo-camuzet.com

Domaine Michel Gros Vosne-Romanée

Die Domaine ist berühmt für ihren *monopole* Clos des Réas am Südrand der Gemeinde, der von einer hohen Mauer nebst einem malerischen, leicht verwitterten Tor umschlossen ist. Als das Land der weitverzweigten Familie Gros aufgeteilt wurde, erhielt der hochgewachsene, ziemlich schüchterne, aber charmante Michel (der Bruder Bernards von Domaine Gros Frère et Sœur, siehe S. 228) diesen Premier Cru, der einen eleganten, duftenden Wein erbringt. Michel besitzt auch Reben im Les Suchots (Vosne-Romanée) und im Clos de Vougeot. Seine sehr reinen, stimmigen Abfüllungen, vom lebhaften Chambolle bis zum dichteren Nuits-St-Georges, sind durchweg von wunderbarer Frucht bestimmt.

7, rue des Communes, 21700 Vosne-Romanée
www.domaine-michel-gros.com

DOMAINE MÉO-CAMUZET
DIE INNOVATIVE DOMAINE EXPERIMENTIERT AUCH MIT UNGEWÖHNLICHEN VERFAHREN

Domaine Michèle & Patrice Rion
Nuits-St-Georges

Patrice und seine Frau Michèle betreiben seit 2000 ausschließlich ihre eigene Domaine plus Négociant-Firma, 2005 stieg ihr Sohn Maxime mit ein. Geboten wird eine gute Auswahl an Weinen aus Chambolle-Musigny und Nuits-St-Georges. Der einfache AC Bourgogne stammt von der exzellenten Parzelle Bons Bâtons bei Chambolle-Musigny und offenbart eine hübsche Textur sowie mollige Frucht. Es gibt einen seidigen Chambolle-Musigny Village und einen intensiven, mineralischen Nuits-St-Georges Clos des Argillières.

21700 Prémeaux-Prissey; www.patricerion.com

Domaine Pierre Damoy Gevrey-Chambertin

Pierre Damoy mit seiner bunt zusammengewürfelten Hundemeute ist ein Exzentriker. Wenn er nicht gerade Wein bereitet, experimentiert er mit seiner winzigen Cidre-Produktion. Damoys Urgroßvater ließ sich als erstes Familienmitglied in Gevrey nieder. Seitdem ist der Rebbesitz gleich geblieben, obwohl der Clos Tamisot während des Zweiten Weltkriegs als Garten genutzt wurde. Pierre setzt auf geringe Säure und maximale Traubenreife und gehört deswegen stets zu den Letzten, die in Gevrey lesen. Sein Wein ist reine Pinot-Noir-Essenz: dunkel, saftig und duftend. Von einer kleinen Erhebung mit 1920 gepflanzten Reben mitten im Clos de Bèze stammt der herrlich duftende Clos de Bèze Vieilles Vignes.

20, rue Mal De Lattre de Tassigny
21220 Gevrey-Chambertin; Tel. 03 80 34 30 47

Domaine Ponsot Morey-St-Denis

Laurent Ponsot winkt ab, wenn man ihm eine technische Frage zu seinen Weinen stellt; er behauptet, Wein entstehe von selbst und der Weinmacher – ein Wort, das Laurent zufolge im Französischen nicht existiert – sei nur ein unbedeutendes Glied in der Kette. Doch mag er auch das Image eines traditionellen *vigneron* pflegen, seine Vorliebe für schnelle Autos und seine moderne Designerkellerei bringen die Wahrheit ans Licht: Dieser Mann hat sämtliche Details im Blick. In seiner Kindheit war die Familie Ponsot Vorreiter in Sachen Klonenselektion.

21220 Morey-St-Denis; www.domaine-ponsot.com

Domaine Prieuré-Roch Nuits-St-Georges

Henry-Frédéric Roch gibt seinen Weinen 22 Monate Zeit zum Reifen, bevor er sie abfüllt. Seine Weinberge bewirtschaftet er nach biologisch-dynamischen Prinzipien. Von seinem Premier-Cru-*monopole* Clos de Corvées (5,2 ha) in Nuits-St-Georges erzeugt er drei Cuvées, deren feinste der Nuits-St-Georges Clos de Corvées ist. Neben einigen Village-Weinen und dem Vosne-Romanée Les Suchots Premier Cru erzeugt er von 1 ha einen Chambertin-Clos de Bèze Grand Cru. Roch ist zudem Co-Geschäftsführer der Domaine de la Romanée-Conti.

21700 Prémeaux-Prissey; www.vins-cote-de-nuits.com

Domaine Robert Chevillon
Nuits-St-Georges

Die Domaine eröffnet die spannende Möglichkeit, eine breit gefächerte Auswahl an Nuits-St-Georges-Etiketten zu probieren – es gibt nicht weniger als acht Premiers Crus. In stilistischer Hinsicht sind alle Weine geschmeidig und präzise gefügt, doch jeder zeigt auch die charakteristischen Merkmale seines jeweiligen Terroirs. Der Les Cailles ist anmutig und schwungvoll, der Les Vaucrains hingegen straff und muskulös, besonders fein aber präsentiert sich der weiche, tiefgründige Premier Cru Les St-Georges. Alle drei stammen von 75 Jahre alten Reben. Roberts Söhne Denis und Bertrand leiten seit 2000 das Gut; Bertrand zeichnet für die Weine verantwortlich.

68, rue Félix-Tisserand, 21700 Nuits-St-Georges
Tel. 03 80 62 34 88

Domaine de la Romanée-Conti
Vosne-Romanée

Die von Aubert de Villaine und Henry-Frédéric Roch (siehe Domaine Prieuré-Roch) geleitete Domaine de la Romanée-Conti (DRC), der Polarstern am burgundischen Firmament, ist die wohl berühmteste Domaine überhaupt. Das bescheiden aussehende Gut in einem Seitensträßchen von Vosne-Romanée beschwört glanzvolle Bilder von Auktionen bei Sotheby's und Christie's herauf, wo die Weine des Hauses zu astronomischen Preisen unter den Hammer kommen. Der Rummel gilt nicht nur dem unnachahmlich ausgewogenen und duftenden Romanée-Conti, sondern auch dem kraftvollen La Tâche, dem erlesen seidigen Romanée-St-Vivant, dem opulenten Richebourg und den beiden Echézeaux-Gewächsen. Auf der Domaine selbst geht es jedoch weit weniger glamourös zu, wovon beispielsweise der Pferdepflug zeugt. Diese Weine verkörpern aufs Schönste das Terroirkonzept.

1, rue Derrière-le-Four, 21700 Vosne-Romanée
www.romanee-conti.fr

Domaine Sylvain Cathiard
Vosne-Romanée

Die Domaine erzeugt eine Reihe sehr schöner Weine, die von Sylvain nur mit Unterstützung seines Sohnes Sébastien (der auch in Neuseeland Erfahrungen mit Pinot Noir gesammelt hat) bereitet wird: Vom einfachen AC Bourgogne aufwärts zeigen alle Abfüllungen kristallklare Frucht. Bis auf ein paar Parzellen in Chambolle-Musigny und Nuits-St-Georges befinden sich die Rebflächen der Cathiards überwiegend in Vosne-Romanée, die reine, elegante Vertreter ihres Terroirs hervorbringen und Sortentypizität mit klarer Struktur verbinden. Der Malconsorts besitzt eine verfeinerte muskulöse Art, der Romanée-St-Vivant zählt zu den besten seiner Art.

20, rue Goillotte, 21700 Vosne-Romanée; Tel. 03 80 62 36 01

Domaine Sylvie Esmonin
Gevrey-Chambertin

Leicht, elegant und feminin geben sich die Weine der Agraringenieurin und Diplomönologin Sylvie Esmonin. Sie erzeugt einen bezaubernden Côte de Nuits-Village von einer südlich der Gemeinde Brochon gelegenen Parzelle, dazu zwei Village-Etiketten aus Gevrey-Chambertin. Die Reben für den einfachen, aber beachtlich tiefen Gevrey-Chambertin sind 30 bis 40 Jahre alt, der gewichtigere Gevrey-Chambertin Vieilles Vignes stammt von über 60 Jahre alten Reben und wird großteils in neuer Eiche ausgebaut. Sylvie zählt zu den fünf *vignerons*, die sich den Clos St-Jacques teilen, unter dem ihr Keller liegt. Anders als üblich ist dieser Weinberg nicht horizontal, sondern vertikal unterteilt und erbringt unter Sylvies Ägide weiche, mineralische Kreszenzen.

1, rue Neuve, 21220 Gevrey-Chambertin; Tel. 03 80 34 36 44

DIE KÜCHE BURGUNDS

Die legendär reichhaltige Küche Burgunds ist gewissermaßen die Antwort auf die üppigen, intensiven Rotweine insbesondere der Côte de Nuits. Die berühmtesten Rezepte – Bœuf Bourguignon und Coq au Vin – enthalten eine Rotweinsauce, angereichert mit Schalotten, Pilzen und Schinkenspeck. Diese Gerichte passen wundervoll zu den tiefgründigen Roten aus Gevrey-Chambertin und Nuits-St-Georges. Roter Burgunder brilliert auch in der Sauce Meurette, die mit einem Schuss Marc (burgundischer Tresterbranntwein) zubereitet und zu Eiern, Geflügel oder Fisch serviert wird. Die Vielseitigkeit des Pinot Noir als Begleiter zum Essen zeigt sich an der Häufigkeit, mit der leichtere Rote, z. B. ein Savigny-lès-Beaune, ein Hautes-Côtes de Nuits oder de Beaune, mit diesen Gerichten kombiniert werden.

Doch es gibt noch einen weiteren Faktor, der diese unverwechselbare, köstliche Küche geprägt hat: die Freigebigkeit der Natur. Burgund ist mit saftigem Weideland und erstklassigem Viehbestand gesegnet. Charolais-Rinder liefern mit das beste Fleisch der Welt, und das Fleisch der Bresse-Hühner – Burgund ist eine von nur drei Regionen, die sie züchten darf –, ist so fein, dass es AOC-Status genießt. Die reichhaltigen, sahnigen Bresse-Geflügel-Gerichte (oft mit winzigen, aromatischen Morcheln) schmecken himmlisch mit einem cremigen weißen Meursault. Und erst der Käse …! Der deftige Epoisses mit gewaschener Rinde ist die wohl berühmteste, aber beileibe nicht einzige Köstlichkeit. Der Ziegenkäse Chevreton de Mâcon etwa mundet vorzüglich zu einem der honigartig-frischen Weißen aus dem Mâconnais.

MAISON NICOLAS POTEL
OBWOHL DAS HANDELSHAUS KEINE EIGENEN REBFLÄCHEN BESITZT, ERZEUGT ES AUSGEZEICHNETEN WEIN

MAISON JEAN-CLAUDE BOISSET
VERSTÄRKTE KONTROLLE IM WEINBERG SORGT FÜR ERSTKLASSIGE FRUCHT

Domaine Trapet Père et Fils

Gevrey-Chambertin

Jean-Louis Trapet ist ein nachdenklicher, gewissenhafter Mann der leisen Töne. Wenn er von weniger Eingriffen bei der Weinbereitung spricht, drischt er keine Phrasen. Seit 13 Jahren hat er sich dem ökologischen Anbau verschrieben und findet, dass dies seine Sicht der Dinge verändert hat. Er glaubt, dass Wein in der Entstehungsphase Frieden braucht, sodass man in Weinberg und Kellerei mit Respekt und Sanftmut zu Werke gehen muss. Jean-Louis misst der weinbaulichen Vergangenheit große Bedeutung bei und schreibt das Potenzial von Pinot Noir, großartige Finesse zu erreichen, dem kulturellen Erbe zu, das auf die Zeit der Klöster zurückgeht. Seine Weine sind dementsprechend elegant und ausdrucksvoll.

53, route de Beaune, 21220 Gevrey-Chambertin
www.domaine-trapet.com

Domaine de la Vougeraie

Nuits-St-Georges

Die Domaine de la Vougeraie gehört zu Boisset Family Estates (siehe Maison Jean-Claude Boisset). Kellermeister Pierre Vincent, der von der firmeneigenen Maison Jaffelin kam, bereitet elegante, zurückhaltende Weine. Die Domaine wird ökologisch bewirtschaftet, was nach Meinung Pierres die Traubenreife beeinflusst. Beim Jahrgang 2008 experimentierte er mit Ganztraubenvergärung beim Bonnes Mares (sanft muskulös) und beim Charmes-Chambertin (zupackend). Zum exzellenten Sortiment zählen u. a. ein reiner, lebhafter, salzig-mineralischer Vougeot Premier Cru Les Cras und ein rosenduftiger Les Musigny Grand Cru. Das Lesegut wird ausschließlich von Hand entrappt.

Rue de l'Église, 21700 Prémeaux-Prissey
www.domainedelavougeraie.com

Maison Frédéric Magnien Morey-St-Denis

In nur gut zehn Jahren hat der dynamische Frédéric Magnien einen der erfolgreichsten Mini-Négociant-Betriebe an der Côte d'Or aufgebaut. Er zählt zur fünften Weinbaugeneration der Familie Magnien und ist auch für die Weinbereitung auf der väterlichen Domaine Michel Magnien zuständig. Da die Maison Magnien keine eigenen Rebflächen besitzt, kauft Frédéric erstklassiges Traubenmaterial von der ganzen Côte de Nuits, das er mit geschickter Hand vinifiziert. Die Village-Weine von Gevrey-Chambertin, Chambolle-Musigny und Morey-St-Denis sind ansprechend, ungezwungen und preiswert.

26, Route Nationale, 21220 Morey-St-Denis
www.frederic-magnien.com

Maison Jean-Claude Boisset

Côte de Nuits

Das familiengeführte Handelshaus wurde unter der Leitung des innovativen Jean-Charles Boisset generalüberholt. Noch vor Kurzem hatte die Maison Boisset mit den gleichen Schwierigkeiten zu kämpfen wie so viele andere burgundische Négociants auch, nämlich durchaus anständige, aber im Grunde glanzlose Weine in Umlauf zu bringen. Der Wechsel bei Boisset vollzog sich in beeindruckendem Tempo: Seit 2002 führt der überaus talentierte Gregory Patriat (früher bei Domaine Leroy, siehe S. 230) die Geschäfte. Sein Titel – *viniculteur* –verweist auf den Hintergrund des deutlichen Qualitätssprungs: die anhaltende Partnerschaft von Handelshaus und Traubenanbauern. Boisset-Weine werden jetzt von Lesegut bereitet, dessen Anbau Patriat und sein Team überwacht. Hinzu kommt die Unterstützung des heute riesigen Unternehmens Boisset Family Estates. Viele Etiketten des Hauses tragen Schraubverschlüsse – auch dies ein Beispiel für Jean-Charles' furchtlosen Umgang mit Innovationen. Die neueren Jahrgänge des AC Bourgogne Pinot Noir sind beeindruckend und bieten ein herausragendes Preis-Leistungs-Verhältnis, der Meursault Premier Cru Charmes ist sogar ein Schnäppchen. Burgunder der absoluten Spitzenklasse bietet die zu Boisset gehörende Domaine de la Vougeraie (siehe dort), doch in puncto gut bereitetem, preiswertem Burgunder ist die Maison Boisset führend.

Les Ursulines, 5, quai Dumorey, 21700 Nuits-St-Georges
www.jcboisset.com

Maison Nicolas Potel Nuits-St-Georges

Der dunkelhaarige Lockenkopf Nicolas, der immer in Eile zu sein scheint, ist der Sohn des legendären Gérard Potel und wuchs auf der Côte-de-Beaune-Domaine de la Pousse d'Or (siehe S. 244) auf. Nachdem er in der Neuen Welt bei Mount Mary, Mosswood und Leeuwin Estate Erfahrungen gesammelt hatte, gründete er 1997 sein eigenes Négociant-Haus und spezialisierte sich auf den Ankauf von Trauben statt von Wein, was früher – v. a. bei Rotwein – üblicher war. Er begann mit Volnay und baute im Lauf der Zeit sein Sortiment auf 40 Weine aus, die einem vollen, reich texturierten, aber eleganten Stil verpflichtet sind. Nicolas ist kein ausgebildeter Önologe, was die Sache für ihn viel einfacher macht, wie er meint. Das Geheimnis eines guten Négociant beruhe darauf, die Traubenanbauer bei ihrer Arbeit zu begleiten und über vielfältigeres Rohmaterial zu verfügen als Gutsbesitzer. Obwohl Nicolas sich 2009 von seiner Firma getrennt hat, wird das Haus unter seinem Namen weitergeführt.

21700 Nuits-St-Georges; www.nicolas-potel.fr

Maison Pascal Lachaux Vosne-Romanée

Im Keller der Domaine Arnoux, in einem separaten Raum, lagert eine Reihe großer Fässer. Sie enthalten ziemlich erlesenen Wein. 2003 gründete Pascal Lachaux ein kleines, ungewöhnliches Négociant-Haus. Klein, weil es 2005 gerade mal 13 Fässer gab, und ungewöhnlich hinsichtlich seiner erstklassigen Premiers und Grands Crus, auf die es sich konzentriert. Pascal strebt höchste Qualität an und kontrolliert das kleinste Detail in Weinberg und Keller. 2009 verbanden sich die beiden Geschäftszweige zur Domaine Arnoux-Lachaux (siehe S. 223).

21670 Vosne-Romanée; Tel. 03 80 61 09 85

Vincent Géantet-Pansiot

Bei Géantet-Pansiot geht es v. a. während der frühen Abfüllung (etwa zwölf Monate nach der Lese) ziemlich hektisch zu, es gehört jedenfalls nicht zu den Häusern, bei denen stets souveräne Gelassenheit herrscht. Nichtsdestotrotz bringt das Gut Weine mit kristalliner Frucht hervor und erzeugt den exzellenten Marsannay Les Champ Perdrix mit fabelhafter Süßkirschfrucht. Der Fokus liegt allerdings auf Village-Weinen wie dem üppigen Chambolle-Musigny von alten Reben. Der intensive Gevrey-Chambertin Premier Cru Poissenot besitzt Süße, kreidige Mineralität und einen frischen, direkten Abgang.

21220 Gevrey-Chambertin; www.geantetpansiot.com

Eine leuchtend grüne Parzelle neu gepflanzter Reben in Gevrey-Chambertin hebt sich gegen ältere Stöcke ab.

CÔTE DE BEAUNE

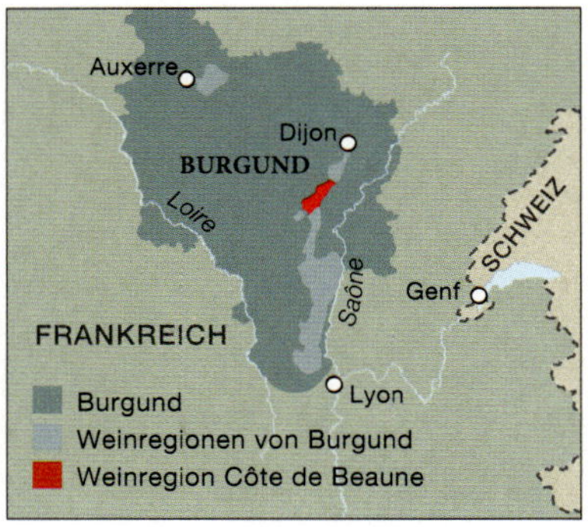

Die Côte de Beaune ist als Quelle der feinsten und berühmtesten Chardonnay-Gewächse der Welt bekannt. Gemeinden wie Meursault, Puligny-Montrachet und Chassagne-Montrachet erzeugen Weißweine, die mit ihrer Verbindung von Reichhaltigkeit und Frische ein spannendes Paradox darstellen. Doch die Côte de Beaune hat, anders als ihr nördlicher Nachbar, zwei Gesichter: In vielen Gemeinden finden sich sowohl weiße als auch rote Etiketten. Aus Pommard, Beaune und Volnay kommt mit der feinste Pinot Noir der Côte d'Or. Die brillante, oft überschwängliche Frucht ist weniger dunkel und unergründlich als in den Weinen der Côte de Nuits. Reisende bezaubert die Côte de Beaune mit ihren hübschen Ortschaften voller Leben.

Hauptrebsorten

Rot

Pinot Noir

Weiß

Chardonnay

Jahrgänge

2010
Winzige Ernte in einem kühlen Jahr. Bisher vielversprechend.

2009
Vielversprechende reife, saftige Weine bei hohen Erträgen.

2008
Frische, schmackhafte Weiße mit klarer Frucht. Rote zeigen viel Frische; die besten sind geschmeidig und nuancenreich.

2007
Ausladender und fleischiger als 2006, aber nach wie vor leichte Weine für baldigen Verbrauch.

2006
Hoher Säuregehalt sorgt für geradlinige Weine mit klarer Aromatik. Meursault sehr gut.

2005
Reich, reif und konzentriert. Können noch lagern.

In weinstilistischer Hinsicht beginnt die Côte de Beaune mit den Grands Crus – für Rot- und Weißweine – rund um den Corton-Hügel. Der Corton-Charlemagne ist ein tiefgründiger, schmackhafter Weißer, der Jahrzehnte alt werden kann, der Corton ein üppiger, aber ungestümer Pinot Noir, dessen Preis noch nicht hochgeputscht wurde. Die Weißen der wenig bekannten AC Ladoix und die Roten der kaum bekannteren AC Aloxe-Corton spiegeln den Charakter, wenn nicht die Intensität dieser Grand-Cru-Lagen wider und bieten mitunter ein exzellentes Preis-Leistungs-Verhältnis.

Weiter gen Süden klingen die Namen vertrauter: Aus Savigny-lès-Beaune und Chorey-lès-Beaune kommen (relativ) preiswerte, duftende Pinot-Noir-Etiketten, die bei französischen Sommeliers wegen ihrer Zugänglichkeit und Eignung als Essensbegleiter beliebt sind. Die ausgedehnten Weinberge von Beaune umfassen viele ordentliche und ein paar erstklassige Premier-Cru-Lagen. Die Qualität wird ab hier in der Regel immer besser, und man darf sich auf abgerundete, klare und dezent würzige Rote einstellen. Dem Pinot Noir aus Pommard sagt man Fleischigkeit, Muskeln, aber wenig Finesse nach. Das trifft teilweise zu, da diese Weine zu den tanninstärksten Roten der Côte de Beaune zählen. Viele Erzeuger gehen heute jedoch zu einem weniger wuchtigen Stil über.

Volnay gilt traditionell als entgegengesetztes Pendant zu Pommard: seidig-zarter Pinot Noir, zu dessen ätherischer Intensität sein Duft beiträgt. In gewisser Weise stimmt diese Verallgemeinerung – die näher bei Pommard gelegenen Premiers Crus können jedoch ebenfalls ziemlich fest und strukturiert ausfallen, und im Unterschied zu den Pommard-Erzeugern streben hier viele junge *vignerons* nach strafferen Weinen.

Die drei hübschen Dörfchen Monthelie, Auxey-Duresses und St-Romain liegen für die Erzeugung erstklassiger Weine etwas zu hoch – das Klima ist zu kühl. In wärmeren Jahren jedoch finden Schnäppchenjäger hier ein ergiebiges Revier.

Meursault ist die Quelle der ausladendsten und viskosesten Chardonnay-Interpretationen der Côte de Beaune. Es gibt keine Grand-Cru-, dafür aber einige hervorragende Premier-Cru-Lagen, darunter Perrières. Die Qualität ist hoch, die Erzeuger arbeiten gewissenhaft und sorgfältig. In letzter Zeit setzen sie weniger neue Eiche und *bâtonnage* ein (das Aufrühren des Hefesatzes, um dem Wein Körper und Gewicht zu verleihen), was zu einem feineren Stil führt.

Puligny-Montrachet schließlich ist die Heimat der gesuchtesten und teuersten Chardonnays der Welt. Den berühmten Grand Cru Le Montrachet teilt man sich mit der Nachbargemeinde Chassagne. Die Weißweine von Chassagne sind reichhaltige, nussige und eindringliche Gewächse, die von Puligny berückend zart, nuancenreich und schwerelos intensiv. Aus Meursault und Chassagne stammt auch köstlich lebhafter Rotwein.

Hoch über Puligny liegt das Dorf St-Aubin, das fein abgestimmte, nervige Weiße und reintönige, knackige Rote erzeugt. Diese Weine sind heutzutage zwar nicht mehr zu Schnäppchenpreisen wie einst zu haben, doch die Preise bleiben fair, insbesondere für die Premiers Crus.

Die Weinberge von Santenay und Maranges sind eher nach Süden ausgerichtet, da die Côte hier einen sanften Bogen nach Westen macht. Aus Santenay kommen einige ansprechende Weiße, die Hauptattraktion dieser »geringeren« Gemeinden ist jedoch ihr üppiger, brombeerduftiger und erfreulich trinkbarer Pinot Noir.

Benjamin Leroux Beaune
Benjamin Leroux, der talentierte Weinmacher von Comte Armand (siehe S. 240), hat sein eigenes Négociant-Haus in Beaune gegründet und bereits eine beeindruckende Anzahl an Rot- und Weißweinen von ausgewählten Spitzenlagen im Angebot. Ein Drittel der Rebflächen, von denen Leroux sein Traubenmaterial bezieht, wird biologisch bewirtschaftet. Weiße wie den lebhaften, mineralischen Auxey-Duresses hat er schon seit Längerem im Sortiment, die Verträge mit Pinot-Noir-Winzern sind hingegen neueren Datums. Bei Comte Armand verarbeitet Leroux tanninstarke Trauben, seine eigene Firma bietet ihm die Möglichkeit, die Finessen des Pinot Noir von leichteren Böden auszuloten. Der Clos de la Caves des Ducs in Volnay, eine winzige *monopole*-Lage mit rund 70 Jahre alten Reben, steht Leroux allein zur Verfügung. Ihm gewinnt er einen zart gebauten, überaus feinen, reinen Wein ab. Dieses spannende Unternehmen sollte man im Auge behalten. Siehe auch Randspalte S. 241.

5, rue Colbert, 21200 Beaune; Tel. 03 80 22 71 06

Bonneau du Martray Pernand-Vergelesses
Jean-Charles Le Bault de la Morinière ist ein Graf vom Scheitel bis zur Sohle und erzeugt einen aristokratischen Corton-Charlemagne mit perfekter Ausgewogenheit von stahliger Strenge und intensiver Frucht, der ihm einen Platz unter den großen Domaines Burgunds sichert. Als Bilderbuch-Corton-Charlemagne braucht er ein Jahrzehnt, um sich abzumildern und seine wahre Komplexität zu enthüllen. In den meisten Jahren erzeugt Jean-Charles ausschließlich Grand-Cru-Wein. Bonneau du Martrays Roter ist ein Corton aus der kühleren Lage Pernand. Die alten Pinot-Noir-Reben wachsen auf den fetteren Böden am Fuß des Hügels unterhalb der Chardonnay-Reben und erbringen einen sehr ordentlichen Corton.

21420 Pernand-Vergelesses; www.bonneaudumartray.com

Bouchard Père et Fils Beaune
Die Firma wurde 1995 von Joseph Henriot vom Champagnerhaus Henriot aufgekauft, der eine Qualitäts- und Imageverbesserung unter der Leitung des exzellenten Bernard Hervet (jetzt bei Domaine Faively, siehe S. 227) ankündigte und Bouchard mit einer kräftigen Kapitalspritze versorgte. Nachdem man das technische Inventar einiger der besten Kellereien der Welt in Augenschein genommen hatte, entschloss man sich zum Bau einer neuen Kellerei bei Savigny mit fünf Zufahrtstoren, um das angelieferte Traubengut schnellstmöglich verarbeiten zu können. Sie ist nach dem Prinzip der Schwerkraft-Vinifikation gestaltet, auch sonst auf dem neuesten Stand der Technik und beherbergt einen unterirdischen Fasskeller für 4500 Fässer. Rund 250 Erntehelfer sorgen dafür, dass die Lese in den verschiedenen Parzellen zum jeweils optimalen Zeitpunkt stattfindet. Der Bouchard-Stil ist heute viel eleganter, die 2008er etwa offenbaren schöne Reinheit. Zu den 130 ha Rebland, ein Drittel davon im Besitz der Firma selbst, zählen Lagen in neun Grands Crus und inzwischen auch Parzellen an der Côte de Nuits.

21200 Beaune; www.bouchard-pereetfils.com

Champy Père et Fils Beaune
Die älteste Négociant-Firma Burgunds wurde 1720 gegründet und ging 1990 in das Portfolio der Weinhandelsfamilie Meurgey – Vater Henri und Sohn Pierre – über. »Mein Ehrgeiz, eleganten und unverfälschten Wein zu erzeugen, liegt im Terroir begründet, das eine Geschichte zu erzählen hat«, erklärt Pierre. Nur die regionalen Abfüllungen der Linie Bourgogne Signature zeigen deutlichen Eicheneinfluss, der eine Brücke zu den Liebhabern von Neue-Welt-Weinen schlagen soll. Champy verfügt heute über 17 ha eigene oder gepachtete Reblagen an der Côte de Beaune, die Pierre, als engagierter Verfechter dieses Ansatzes, biologisch bzw. biodynamisch bewirtschaftet. Insbesondere die Biodynamie führt seiner Beobachtung nach zu einem höheren Reifegrad der Trauben und weniger Fäulnisbefall als bei konventioneller Bewirtschaftung. Kellermeister des Hauses ist seit 1999 Dimitri Bazas, der jung zu trinkende Etiketten bereitet, die aber auch altern können. Den weißen Corton-Charlemagne etwa kann man bereits nach vier bis fünf Jahren (und nicht erst nach zehn) genießen. Aushängeschild von Champy ist der Pernand-Vergelesses. Das Haus bietet geschickt gemachte, preiswerte Weine.

5, rue Grenier à Sel, 21200 Beaune; www.champy.com

CHÂTEAU DE PULIGNY-MONTRACHET
DER AUFGEHENDE STERN AM ERZEUGERHIMMEL VERWENDET NUN WENIGER NEUE EICHE FÜR GRÖSSERE TERROIRTYPIZITÄT

BONNEAU DU MARTRAY
INTENSIV, LANGLEBIG, ARISTOKRATISCH – EIN WEIN WIE AUS DEM BILDERBUCH

Chanson Père et Fils Beaune
Als Gilles de Courcel 2002 die Leitung von Chanson übernahm, wurde der Négociant-Betrieb von Grund auf umstrukturiert, was die Qualität deutlich steigerte. Chanson wurde 1750 gegründet und ist seit 1999 im Besitz des Champagnerhauses Bollinger. Die ursprüngliche Kellerei in der Bastion de L'Oratoire im mittelalterlichen Zentrum von Beaune wurde renoviert und dient nun vorwiegend der Reifung der Weine. Sie stammen aus 140 Appellationen und werden in der neuen Kellerei bei Savigny bereitet. Die Firma verfügt über beeindruckende 45 ha eigener Rebfläche und benötigt für die zehn Tage dauernde, parzellenweise durchgeführte Lese rund 130 Erntehelfer. Da Gilles de Courcel lieber das Rohmaterial kauft als Wein, hat er langjährige Verträge mit einer Vielzahl von Anbauern geschlossen, deren Trauben teilweise von Chanson-Mitarbeitern gelesen werden. Jean-Pierre Confuron (von der Familie Confuron-Cotétidot an der Côte de Nuits) wurde 2002 Kellermeister. Er bevorzugt bei allen Weinen die Ganztraubenvergärung, wodurch das jeweilige Terroir der Appellationen sehr gelungen zum Ausdruck kommt, und hat mit dem Jahrgang 2008 bewiesen, wie gut diese Bereitungsmethode funktionieren kann. Das Haus bietet außerdem eine beeindruckende Reihe von Premiers Crus aus Beaune.

Au Bastion de l'Oratoire, rue Paul Chanson, 21200 Beaune
www.vins-chanson.com

Château de Puligny-Montrachet
Puligny-Montrachet
Das hübsche Château ist ein imposanter Anblick im verschlafenen, aber recht wohlhabenden Puligny. Étienne de Montille (Sohn Huberts, des Gründers der Domaine de Montille in Volnay, siehe S. 245) hat das Gut wieder auf Vordermann gebracht, seit er 2002 die Leitung übernahm. Die Weine, früher schlicht, vordergründig und eichenlastig, sind jetzt verfeinerte, seidig-saftig elegante Gewächse. Die Weinberge werden biologisch-dynamisch bewirtschaftet, die Erträge beschränkt, der Einsatz neuer Eiche wurde zurückgefahren. Präzise und klar definiert tritt der Puligny Les Folatières auf, wohingegen der Les Poruzots die Liebhaber breiter, rauchiger Meursault-Interpretationen anspricht. ★ **Aufsteiger**

Rue de But, 21190 Puligny-Montrachet
www.chateaudepuligny.com

CÔTE DE BEAUNE (SÜDEN)

Dieser Teil der Côte de Beaune erstreckt sich in südwestlicher Richtung; die nicht mehr so steilen Hänge sind fast gen Süden ausgerichtet und verweisen auf die sanfteren Hügel der südlicheren Bereiche Côte Châlonnaise und Mâconnais. Von hier stammen einige köstliche Pinot-Noir-Gewächse, in erster Linie aber ist dies Chardonnay-Land. Monthélie, Auxey-Duresses und St-Romain, oberhalb von Meursault, sind zu hoch und zu kühl für Spitzenqualität, bieten aber Weine beider Farben zu (vergleichsweise) niedrigen Preisen. Das am Rand der Schlucht Combe Bazin gelegene St-Romain vermittelt ein Gefühl für die geschwungene, zerklüftete Geologie der Côte d'Or. Die nach Südwesten ausgerichteten Hänge von Meursault, Puligny-Montrachet und Chassagne-Montrachet erbringen den feinsten Chardonnay der Welt.

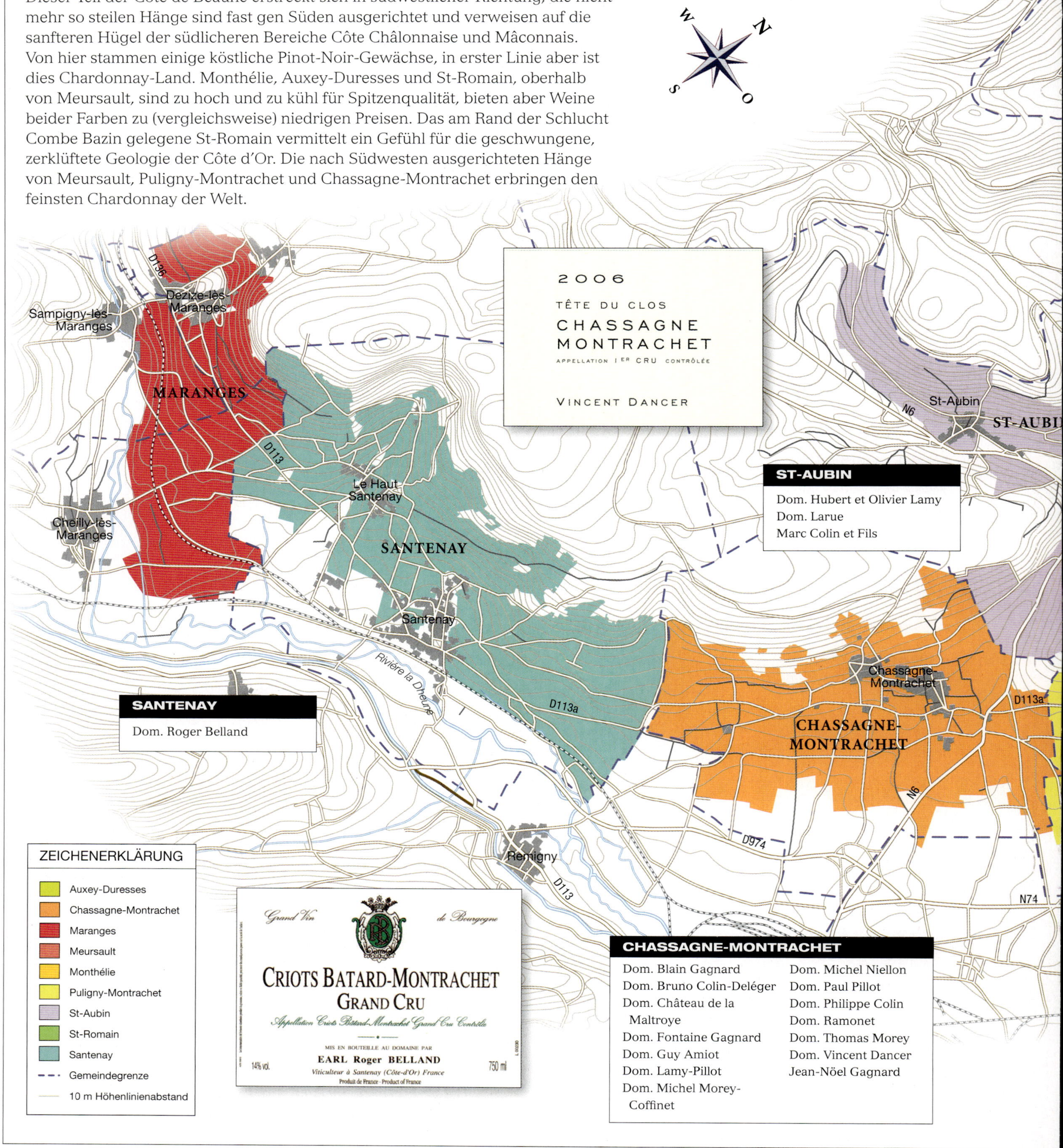

ST-AUBIN

Dom. Hubert et Olivier Lamy
Dom. Larue
Marc Colin et Fils

SANTENAY

Dom. Roger Belland

CHASSAGNE-MONTRACHET

Dom. Blain Gagnard
Dom. Bruno Colin-Deléger
Dom. Château de la Maltroye
Dom. Fontaine Gagnard
Dom. Guy Amiot
Dom. Lamy-Pillot
Dom. Michel Morey-Coffinet
Dom. Michel Niellon
Dom. Paul Pillot
Dom. Philippe Colin
Dom. Ramonet
Dom. Thomas Morey
Dom. Vincent Dancer
Jean-Nöel Gagnard

ZEICHENERKLÄRUNG

- Auxey-Duresses
- Chassagne-Montrachet
- Maranges
- Meursault
- Monthélie
- Puligny-Montrachet
- St-Aubin
- St-Romain
- Santenay
- Gemeindegrenze
- 10 m Höhenlinienabstand

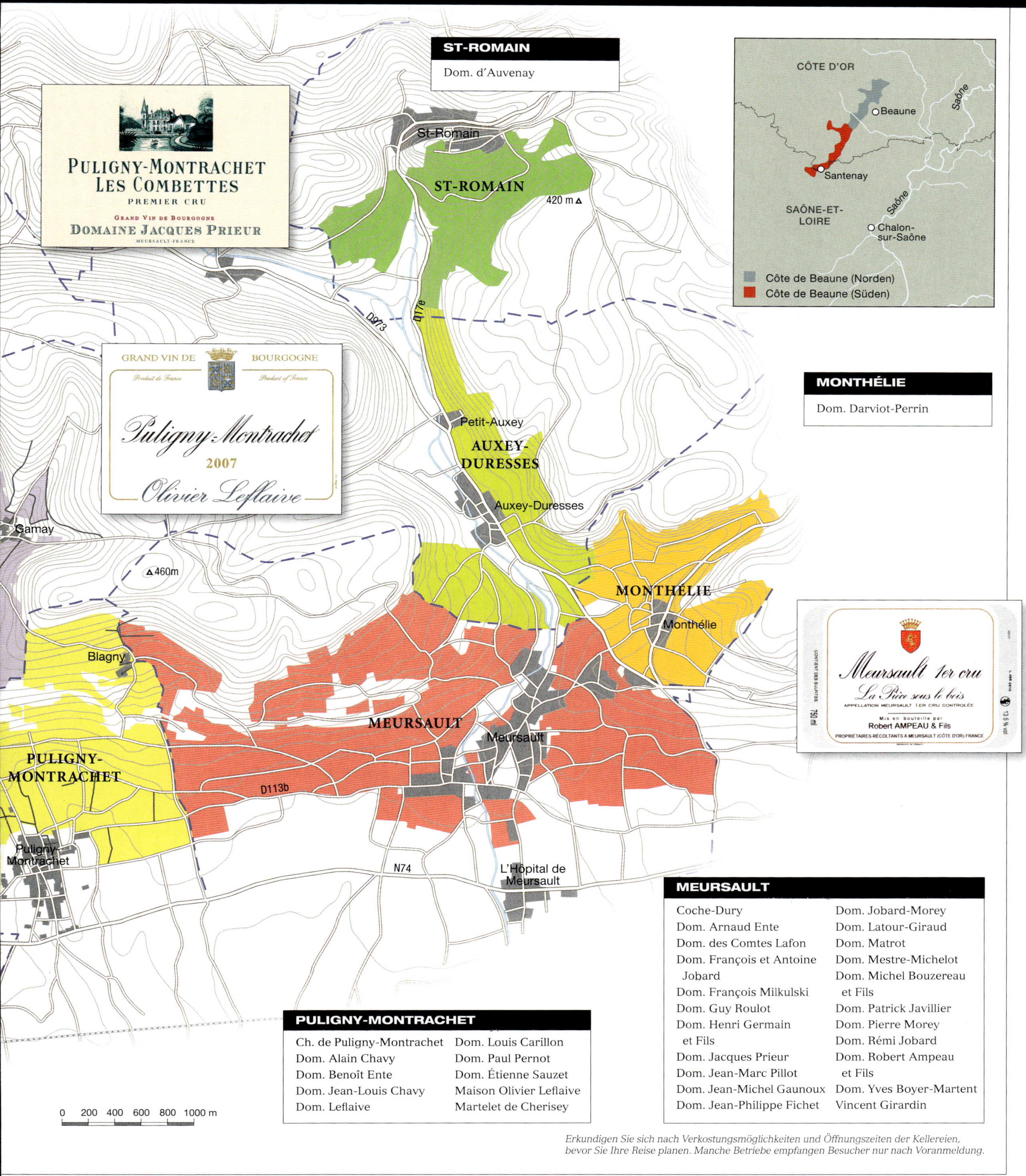

ST-ROMAIN

Dom. d'Auvenay

MONTHÉLIE

Dom. Darviot-Perrin

MEURSAULT

Coche-Dury
Dom. Arnaud Ente
Dom. des Comtes Lafon
Dom. François et Antoine Jobard
Dom. François Milkulski
Dom. Guy Roulot
Dom. Henri Germain et Fils
Dom. Jacques Prieur
Dom. Jean-Marc Pillot
Dom. Jean-Michel Gaunoux
Dom. Jean-Philippe Fichet
Dom. Jobard-Morey
Dom. Latour-Giraud
Dom. Matrot
Dom. Mestre-Michelot
Dom. Michel Bouzereau et Fils
Dom. Patrick Javillier
Dom. Pierre Morey
Dom. Rémi Jobard
Dom. Robert Ampeau et Fils
Dom. Yves Boyer-Martent
Vincent Girardin

PULIGNY-MONTRACHET

Ch. de Puligny-Montrachet
Dom. Alain Chavy
Dom. Benoît Ente
Dom. Jean-Louis Chavy
Dom. Leflaive
Dom. Louis Carillon
Dom. Paul Pernot
Dom. Étienne Sauzet
Maison Olivier Leflaive
Martelet de Cherisey

Erkundigen Sie sich nach Verkostungsmöglichkeiten und Öffnungszeiten der Kellereien, bevor Sie Ihre Reise planen. Manche Betriebe empfangen Besucher nur nach Voranmeldung.

CÔTE DE BEAUNE (NORDEN)

Die Hänge der Côte de Beaune sind breiter und sanfter als die der Côte de Nuits, die Reben wachsen nahe an den Hügelkämmen. In diesem nördlichen, an die Côte de Nuits angrenzenden Bereich der Côte de Beaune erzeugen renommierte Gemeinden wie Volnay, Pommard und Beaune guten Pinot Noir. Ihr Geheimnis ist die mehr oder weniger östliche Ausrichtung der Hänge, denn Pinot Noir braucht Morgensonne. Vom aus der Landschaft ragenden Corton-Hügel stammen der gleichnamige, üppige rote Grand Cru (der einzige an der Côte de Beaune) sowie, als AC Corton-Charlemagne, einige sensationelle Weiße.

POMMARD

Comte Armand – Le Domaine des Epeneaux
Dom. de Courcel
Dom. François Parent
Dom. A. F. Gros
Dom. Jean Marc Boillot

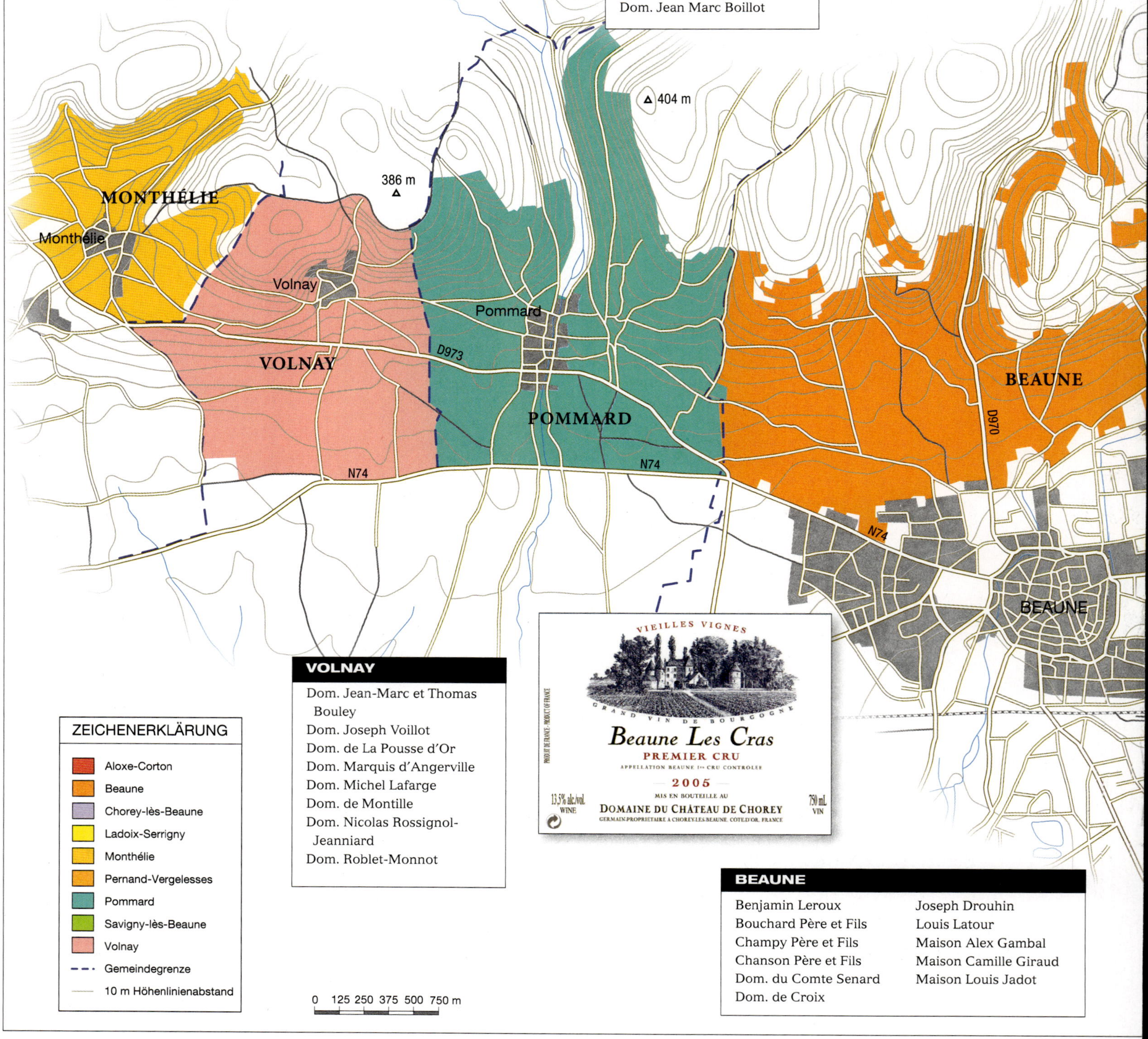

VOLNAY

Dom. Jean-Marc et Thomas Bouley
Dom. Joseph Voillot
Dom. de La Pousse d'Or
Dom. Marquis d'Angerville
Dom. Michel Lafarge
Dom. de Montille
Dom. Nicolas Rossignol-Jeanniard
Dom. Roblet-Monnot

ZEICHENERKLÄRUNG

- Aloxe-Corton
- Beaune
- Chorey-lès-Beaune
- Ladoix-Serrigny
- Monthélie
- Pernand-Vergelesses
- Pommard
- Savigny-lès-Beaune
- Volnay
- Gemeindegrenze
- 10 m Höhenlinienabstand

BEAUNE

Benjamin Leroux
Bouchard Père et Fils
Champy Père et Fils
Chanson Père et Fils
Dom. du Comte Senard
Dom. de Croix
Joseph Drouhin
Louis Latour
Maison Alex Gambal
Maison Camille Giraud
Maison Louis Jadot

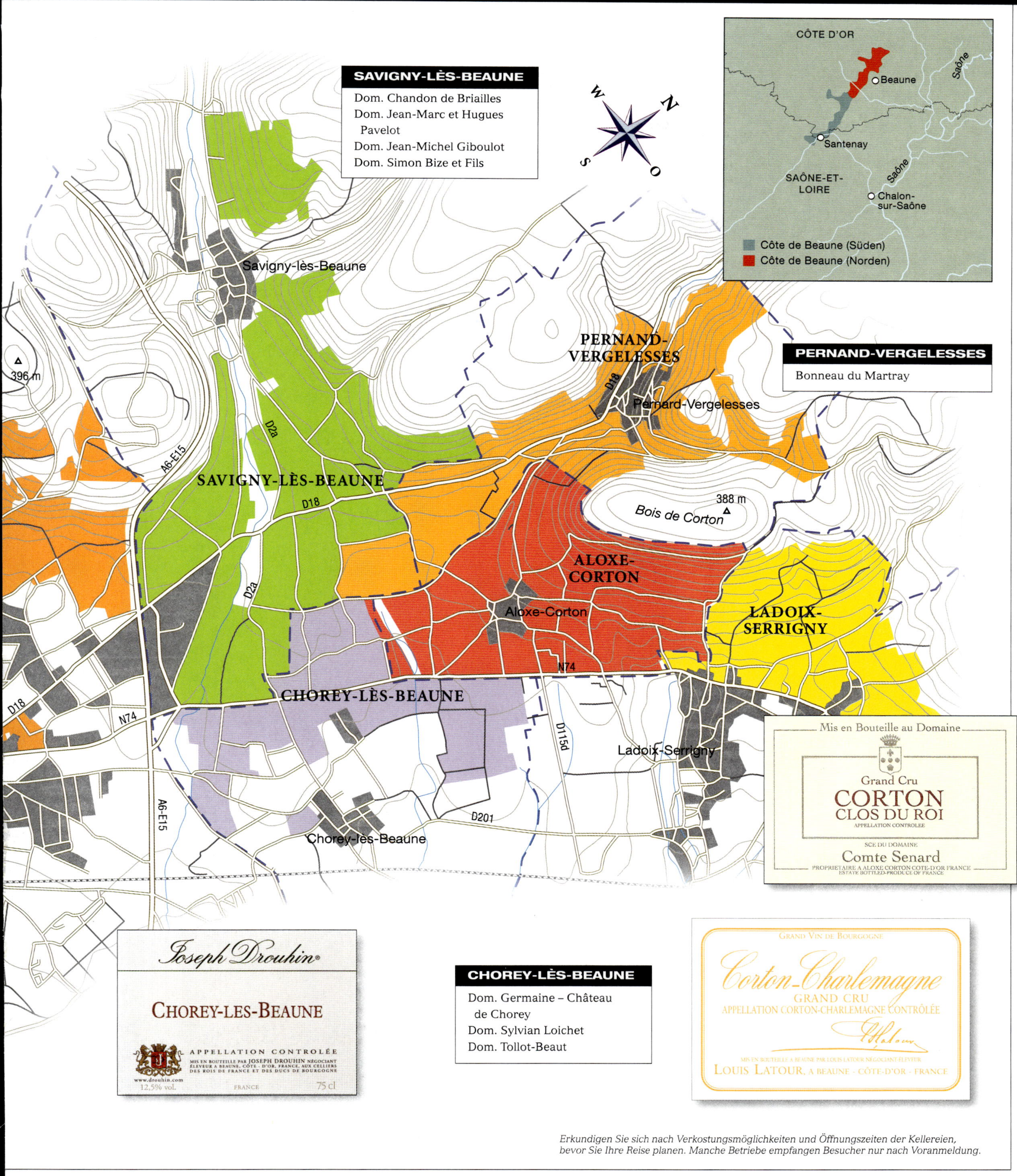

SAVIGNY-LÈS-BEAUNE

Dom. Chandon de Briailles
Dom. Jean-Marc et Hugues Pavelot
Dom. Jean-Michel Giboulot
Dom. Simon Bize et Fils

PERNAND-VERGELESSES

Bonneau du Martray

CHOREY-LÈS-BEAUNE

Dom. Germaine – Château de Chorey
Dom. Sylvian Loichet
Dom. Tollot-Beaut

Erkundigen Sie sich nach Verkostungsmöglichkeiten und Öffnungszeiten der Kellereien, bevor Sie Ihre Reise planen. Manche Betriebe empfangen Besucher nur nach Voranmeldung.

DOMAINE CHANDON DE BRIAILLES

DER GRAND CRU WIRD OHNE NEUE EICHE BEREITET – IN BURGUND EINE SELTENHEIT

DOMAINE DES COMTES LAFON

EIN PREMIER CRU VOM VIELLEICHT BESTEN WEISSWEINZAUBERER DER WELT

Coche-Dury Meursault

Jean-François Coche genießt weltweites Ansehen. Seine erlesenen Etiketten, beispielsweise die Meursault Premiers Crus Perrières und Genevrières sowie Weine von etlichen *lieux-dits* des Orts, sind unter Kennern begehrt – vorausgesetzt, sie besitzen das nötige Kapital, um die Fantasiepreise bezahlen zu können. Der weiße Grand Cru ist ein Corton-Charlemagne. Qualität und Ausdruck des Terroirs resultieren aus minutiöser Weinbergbewirtschaftung. Die Weißen werden erst nach 20 Monaten abgefüllt. Zu den Rotweinen dieses burgundischen Superstars zählen Volnay, Clos des Chênes und Taillepieds.

9, rue Charles Giraud, 21190 Meursault; Tel. 03 80 21 24 12

Comte Armand – Le Domaine des Epeneaux Pommard

Der Pommard Premier Cru Clos des Epeneaux zählt zu den Kultweinen Burgunds und wird in der Nachfolge des berühmten Pascal Marchand jetzt von dem inspirierenden und einflussreichen Benjamin Leroux (siehe S. 235) erzeugt. Dieser Pommard mit der Persönlichkeit eines unsterblichen Helden verdankt seine Tiefe und dichte Struktur dem felsigen, stark eisenhaltigen Boden seiner *monopole*-Lage. Diese und die weiteren Rebflächen des Guts werden biologisch-dynamisch bewirtschaftet, eine Anbaumethode, die Leroux vehement vertritt.

21630 Pommard; www.domaine-comte-armand.com

Domaine Alain Chavy Puligny-Montrachet

Die frühere Domaine Gérard Chavy wurde unter den Brüdern Alain und Jean-Louis aufgeteilt. Alain ist ein charmanter und sorgfältiger *vigneron*. Er bereitet präzise, spannungsvolle Puligny-Weine von beachtlicher Reinheit und straffer Frische. Sie sind nie mit Eiche überwürzt und offenbaren daher die Nuancen ihres Terroirs, vom blumigen Les Pucelles bis hin zum stramm fleischigen Les Folatières. Der stets empfehlenswerte Les Charmes stammt von den besten kommunalen Puligny-Lagen. ★**Aufsteiger**

5, rue des Creux de Chagny, 21190 Puligny-Montrachet
Tel. 03 80 21 39 27

Domaine Arnaud Ente Meursault

Der talentierte, sorgfältige junge Winzer entlockt seinen 1,5 ha in der Lage En L'Ormeau unterhalb des Ortes beeindruckende Village-Weine. Die besten Fässer werden als Clos des Ambres etikettiert. Arnauds Stil ist unverfälscht und direkt. Sein Meursault La Sève du Clos übt sich in Zurückhaltung, ist aber überraschend kompakt und mineralisch angesichts der flachen, keineswegs renommierten Lage. Arnauds Sorgfalt spiegelt sich in der Qualität seiner Abfüllungen wider, unter denen es auch einen schön definierten, reinen Puligny-Montrachet Premier Cru Les Referts gibt.

12, rue de Mazeray, 21190 Meursault; Tel. 03 80 21 66 12

Domaine d'Auvenay St-Romain

Diese Domaine von Lalou Bize-Leroys (siehe Domaine Leroy, S. 230) gehört nicht zu den anderen Leroy-Besitzungen und besteht aus einem Ensemble mittelalterlicher Gebäude auf dem Plateau oberhalb von St-Romain. Hier erzeugt Lalou Bize winzige Mengen außergewöhnlicher Rot- und Weißweine, u.a. von vier Grands Crus. Die Weißen zeigen Schwung und Intensität; die Auxey-Duresses-Gewächse sind von beeindruckender Qualität, die Meursault- und Puligny-Weine schön definiert. Der Chevalier-Montrachet ist ein grandioses, steinig mineralisches, sehr feines Gewächs.

Village Bas, 21190 St-Romain; Tel. 03 80 21 23 27

Domaine Benoît Ente Puligny-Montrachet

Die noch junge Domaine gründet zum Teil auf altem Rebbestand: Ende der 1990er-Jahre nahm sich Benoît Ente der Weinberge seiner Großeltern an und hat sich mit seinem direkten, lebhaften, aber alterungsfähigen Puligny einen Namen gemacht. Die Erträge sind extrem gering, neue Eiche wird in Maßen verwendet. Zum Sortiment zählen ein vielgepriesener Puligny Village sowie die Premiers Crus Champ Gain (sehr mineralisch), Les Referts (breit und reichhaltig) und En La Richarde (eine Lage im Premier Cru Les Folatières). ★**Aufsteiger**

4, rue de la Mairie, 21190 Puligny-Montrachet
Tel. 09 64 44 10 32

Domaine Blain Gagnard
Chassagne-Montrachet

Die feinnervigen, aber elegant üppigen Weine veranschaulichen das faszinierende Paradox großer weißer Burgunder. Vom Weinberg bis zum Keller gilt hier das Prinzip »minimale Eingriffe bei maximaler Aufmerksamkeit«. Neue Eiche wird zurückhaltend verwendet, und obwohl die Weine deutlich von ihrer Herkunft zeugen, liegt der Fokus auf Reinheit und geschmeidiger Textur. Die Premiers Crus aus Chassagne-Montrachet zeigen eine verblüffend definierte Persönlichkeit: Der Boudriotte etwa ist frisch und geradlinig, der Caillerets überaus intensiv, mineralisch und üppig. Die Roten sind gut, die Grands Crus exzellent.

15, route de Santenay, 21190 Chassagne-Montrachet
Tel. 03 80 21 34 07

Domaine Bruno Colin-Deléger
Chassagne-Montrachet

Die Domaine Michel Colin-Deléger, einst eine der angesehensten Domaines in Chassagne-Montrachet, wurde 2003 unter den Söhnen Bruno und Philippe Colin (siehe S. 248) aufgeteilt. Bruno folgt in allem seinem Vater: achtsamer Weinbau mit niedrigen Erträgen und sorgfältige, behutsame Weinbereitung. Die hübsche Premier-Cru-Reihe veranschaulicht die stilistische Bandbreite dieser Gemeinde, von der Kraft des funkelnden, pfirsichfruchtigen Chenevottes bis zur steinigen Raffinesse des Les Vergers. Der Premier Cru Charmois aus St-Aubin zeigt burgundische Fülle und Ausgeglichenheit zum (quasi) Schnäppchenpreis.

3, impasse des Crêts, 21190 Chassagne-Montrachet
Tel. 03 80 21 93 79

Domaine Chandon de Briailles
Savigny-lès-Beaune

Der Stil der alteingesessenen Domaine ist zurückhaltend und kultiviert. Das biologisch-dynamisch bewirtschaftete Rebland erbringt niedrige Erträge mit nuancierter Frucht; um sie zu bewahren, wird keinerlei neue Eiche verwendet. Eine ungewöhnliche Entscheidung eines qualitätsbewussten burgundischen Erzeugers, die jedoch mit dem Markenzeichen des Hauses – subtile Weine – in Einklang steht. In der Jugend wirken sie (darunter rote und weiße aus Savigny, Pernand und Aloxe-Corton) manchmal fast spröde, doch mit der Zeit kommt ihre leuchtende, reine, wunderbar definierte Art zum Vorschein.

21420 Savigny-lès-Beaune; www.chandondebriailles.com

Domaine Château de la Maltroye

Chassagne-Montrachet

Das anmutige Château de la Maltroye wurde im 18. Jahrhundert auf den Ruinen eines wesentlich älteren Gebäudes errichtet. Jean-Pierre Cornut, der gegenwärtige Besitzer, ließ das Haus mitsamt den alten Kellern aus dem 15. Jahrhundert sorgfältig restaurieren. Geboten wird ein umfangreiches Sortiment an weißen und roten Chassagne-Montrachet Premiers Crus. Zu den Weißen zählen der rassige, mineralische La Dent de Chien und der breite, würzige Morgeot, zu den Roten der Boudriotte und der Clos du Château de Maltroye (dessenWeinberg teilweise mit Chardonnay bestockt ist).

16, rue de la Murée, 21190 Chassagne-Montrachet
Tel. 03 80 21 32 45

Domaine du Comte Senard Beaune

Lorraine Senard hat kürzlich die Gutsleitung von ihrem Vater Philippe (dem Mann mit dem unwiderstehlichen Augenzwinkern) übernommen. Dieser Übergang von einer Generation zur nächsten geht in Burgund oft nicht ohne Streitigkeiten ab, doch hier herrscht bestes Einvernehmen – wohl nicht zuletzt, weil Philippe um das große Talent seiner Tochter weiß. Im Mittelpunkt des Sortiments steht eine grandiose Auswahl von fünf roten Grands Crus, alle aus Corton (der einzigen Grand-Cru-Lage für Rotweine an der Côte de Beaune). Ebenfalls sehr gut sind die Weißen, darunter ein hübscher Corton-Charlemagne und ein wunderbar charaktervoller Aloxe-Corton.

7, rempart St-Jean, 21200 Beaune
www.domainesenard.com

Domaine des Comtes Lafon Meursault

Dominique Lafon ist wohl der berühmteste *vigneron* Burgunds, die Qualität der Weine des Familienguts ist erstklassig. Dominique erhob 1982 Anspruch auf die bis dahin verpachteten Weinberge der Familie und führte biodynamische Methoden ein. Mittlerweile ist der begabte junge Bursche von damals zum weisen, erfahrenen *vigneron* gereift und hat seinen Radius von der Côte d'Or auf das Mâconnais im Süden erweitert, wo er – zusammen mit Les Artisans Vignerons du Sud – hochwertigen ökologischen und zunehmend biodynamischen Weinen den Weg bereitet. Das von seiner Mutter bewohnte Familienschloss in Meursault liegt neben dem kommunalen Weinberg Clos de la Barre. Die drei besten Meursault Premiers Crus der Domaine bringen ihr Terroir vorbildlich zum Ausdruck. Dominique Lafons Montrachet Grand Cru ist unbestreitbar einer der feinsten Weißen der Welt.

21190 Meursault; www.comtes-lafon.fr

Domaine de Courcel Pommard

Die Weine der Domaine de Courcel werden von dem unglaublich hart arbeitenden, talentierten, zurückhaltenden Yves Confuron bereitet. (Er ist auch für die Weinbereitung auf dem Familiengut Domaine Jacky Confuron-Cotétidot an der Côte de Nuits zuständig, siehe S. 229.) Die Weine des gesamten Sortiments, angefangen vom einfachen AC Bourgogne Rouge bis hin zu den fünf wunderbar nuancierten Pommard Premiers Crus, beeindrucken durch ihre energiegeladene Art und dichte Eleganz. Der Bourgogne Rouge bietet beständig mit das beste Preis-Leistungs-Verhältnis unter den roten Burgundern, und der Pommard Rugiens ist stets überaus fein. Seit Yves die Domaine 1996 übernahm, hat er die Qualität der Weine deutlich gesteigert. ★**Aufsteiger**

Rue Notre Dame, 21630 Pommard; Tel. 03 80 22 10 64

Domaine de Croix Beaune

Der vor Selbstvertrauen strotzende David Croix (siehe auch Maison Camille Giraud, S. 251) leitet die junge Boutique-Domaine mit bemerkenswerter Zielstrebigkeit. Ausgewählte kleine Parzellen in Premier-Cru-Lagen von Beaune werden sorgfältig (ökologisch) bewirtschaftet, und die Trauben in geschmeidige Rotweine von bemerkenswerter Ausgewogenheit, Präzision und Reinheit verwandelt. Das Terroir kommt hier schön zum Ausdruck: vom eleganten Duft des Cent Vignes über den dunklen, würzigen Pertuisots bis hin zur verfeinerten Energie des Grèves. Der lebhafte, aromatische Corton-Charlemagne zeugt von Croix' Talent auch für Weißweine. ★**Aufsteiger**

2, rue Colbert, 21200 Beaune; Tel. 03 80 22 85 92

Domaine Darviot-Perrin Monthélie

Die Eigentümer der Domaine Darviot-Perrin, Didier und Geneviève Darviot, sind ein charmantes, gastfreundliches Paar. Als sie 1980 heirateten, wurden auch die Darviot- und die Perrin-Weinberge vermählt. Ihr Rebareal mit 50 bis 70 Jahre alten Stöcken bewirtschaften sie mit nur drei Angestellten. Der Wein verbringt zwölf Monate im Fass, gefolgt von sechs Monaten im Tank. Das Gut steht für einen unverfälschten, geradlinigen, rassigen Stil, der das Terroir sofort offenbart. Vom raren Chassagne-Montrachet Blanchot-Dessus gibt es hier übrigens ein kompaktes, kreidig unterlegtes, kraftvolles Exemplar.

22, Grande rue, 21190 Monthélie; Tel. 03 80 21 27 45

Domaine Fontaine Gagnard

Chassagne-Montrachet

Richard Fontaine ist ein achtsamer, sehr höflicher und integrer *vigneron*. Die 20-ha-Domaine entstand durch Richards Heirat mit Laurence Gagnard, die ihren Anteil an den Gagnard-Delagrange-Weinbergen in die Ehe mit einbrachte. (Laurence' Schwester Claudine heiratete Jean-Marc Blain und gründete mit ihm die Domaine Blain Gagnard, siehe S. 240. So verwirrend diese Zusammenlegungen und Neugründungen auch sein mögen, sie sind in Burgund ziemlich normal.) Richard erzeugt, jetzt mit Unterstützung von Tochter Céline, wunderbar feine, intensive und sehr authentische Weine. Kernstück der Produktion ist weißer Chassagne-Montrachet, darunter die Aushängeschilder La Romanée und Cailleret, doch die Qualität ist durchweg exzellent.

19, route de Santenay, 21190 Chassagne-Montrachet
Tel. 03 80 21 90 78

Domaine François et Antoine Jobard

Meursault

Die Domaine bereitet seit jeher einen untypisch spröden, dabei sehr reinen, kraftvollen Meursault, dessen Exklusivität sich nur langsam und mit Geduld erschließt. Er spiegelt den Charakter des höflichen, aber immer

DIE NEUEN NÉGOCIANTS

Benjamin Leroux, als Kellerchef für den gefeierten Pommard Clos des Epeneaux zuständig (siehe Comte Armand), ist ein schönes Beispiel für die gegenwärtige Entwicklung in Burgund. Mit der Erzeugung zweier Weißweine von gekauftem Traubenmaterial begründete er sein eigenes kleines Négociant-Haus. Die glückhafte Begegnung mit einem weinbegeisterten Investor bei einer Verkostung in London führte zur Expansion seiner Firma. Das Produktionsvolumen bewegt sich zwar weiterhin auf gleichsam kunsthandwerklichem Niveau, doch bei der letzten Zählung bot Leroux Weine aus 20 Appellationen an – und das Geschäft wächst weiter. Als leidenschaftlicher und überzeugter Anwalt des biologisch-dynamischen Weinbaus konzentriert sich Leroux auf kleine Parzellen mit hochwertigen Trauben und arbeitet zunehmend mit altgedienten Veteranen in Burgund zusammen (denen er große Hochachtung entgegenbringt), um die Qualität im Weinberg zu optimieren. Seine Weine sind strukturiert, aber unangestrengt und verbinden angemessene Zugänglichkeit mit authentischem Charakter, gutem Alterungspotenzial und sehr dezenter Eichenwürze. An seinem neuen Firmensitz in Beaune (den er mit einigen aufstrebenden Négociant-Freunden teilt) erweist er sich als inspirierende und einflussreiche Persönlichkeit für die nächste Generation burgundischer *vignerons*.

DOMAINE FRANÇOIS ET ANTOINE JOBARD
ÖKOLOGISCHER ANBAU IM WEINBERG UND EIN MODERNER ANSATZ IM KELLER

DOMAINE A. F. GROS
EINES DER VIELEN, WELTWEIT SEHR BEGEHRTEN ETIKETTEN DER DOMAINE

etwas reservierten François wider. Nun jedoch hat sein lässigerer Sohn Antoine die Aufsicht im Keller übernommen und ist seit dem Jahrgang 2008 für die Weinbereitung verantwortlich. Die Veränderungen sind subtil, machen den Wein aber ein wenig zugänglicher. Unverändert bleibt jedoch François' strikt ökologischer Ansatz im Weinberg: Unkraut beispielsweise wird untergepflügt, Herbizide werden nicht verwendet. Auf der Weinliste der Jobards steht auch ein hervorragender, kraftvoll strenger Meursault Porusot, dazu kommen ein dichter, geschmeidig-glatter Blagny und ein sehr eigenständiger, kraftstrotzender Charmes.

2, rue du Leignon, 21190 Meursault; Tel. 03 80 21 26 44

Domaine François Milkulski Meursault

François Mikulskis Vater ist gebürtiger Pole, während seine Mutter der weitverzweigten burgundischen Familie Boillot entstammt, von der François nun Reben pachtet. Nachdem er u. a. in Kalifornien bei der Calera Wine Company praktische Erfahrung gesammelt hatte, gründete François 1992 unter schwierigen finanziellen Bedingungen seine eigene Domaine. Heute erzeugt er guten Meursault, darunter den üppigen, konzentrierten Charmes Vieilles Vignes von Reben, die sein Großvater bereits 1913 anpflanzte.

Route Nationale 74, 21190 Meursault; Tel. 03 80 21 25 11

Domaine François Parent Pommard

François Parent verkörpert die 13. Generation dieser altehrwürdigen Familie und ist – trotz des Traditionsreichtums seiner Familie – ein bezaubernd aufgeschlossener *vigneron*. Seit er Ende der 1990er-Jahre seinen Anteil an den familieneigenen Rebflächen in Pommard übernahm, bereitet er Weine unter dem Etikett François Parent, ist aber auch für die Bereitung auf der Domaine A. F. Gros (siehe dort) seiner Frau zuständig. Der Beaune Premier Cru Boucherottes ist eine duftende, geschmeidige, leicht würzige Interpretation dieses oft herzhaften Weins. Der Bourgogne Pinot Noir bietet viel Frucht fürs Geld.

5, Grande rue, 21630 Pommard
www.parent-pommard.com

Domaine Germain - Château de Chorey Chorey-lès-Beaune

Trotz ihrer langen Geschichte und ihrer erstklassigen Beaune-Terroirs hat die Domaine erst unter der straffen Leitung Benoît Germains wirklich einen Zahn zugelegt. Er erzeugt fest gefügten, lebendigen Pinot Noir von konzentrierten Erträgen tadellos bewirtschafteter Weinberge. Der Beaune Premier Cru Vignes Franches (von den ältesten Reben der Domaine) ist immer herrlich geschmeidig, der saftige, lebhafte Chorey-lès-Beaune zählt zu den preiswertesten der Region. Die Weißweine sind reichhaltig-straff; besonders bemerkenswert ist der eindringlich duftende Pernand-Vergelesses von alten Reben eines seltenen Klons.

Rue Jacques Germain, 21200 Chorey-lès-Beaune
www.chateau-de-chorey-les-beaune.fr

Domaine A. F. Gros Pommard

Die relativ große, gut geführte Domaine besitzt erstklassige Weinberge an den Côtes de Nuits und de Beaune. François und Anne Françoise (geborene Gros) Parent legten sein Erbe in Pommard und ihres in Vosne-Romanée zusammen und kauften weiteres Rebland in Savigny-lès-Beaune und Flagey-Echézeaux dazu. Das Ergebnis ist ein Riesenangebot an Burgundern (bereitet von François), vom einfachen Bourgogne Rouge bis zum legendären Grand Cru Richebourg. Die hübsche Typizität und der fruchtig-zugängliche Stil sämtlicher Abfüllungen macht sie in aller Welt begehrt.

La Garelle, 21630 Pommard; www.af-gros.com

Domaine Guy Amiot Chassagne-Montrachet

Thierry Amiot leitet das Gut der angesehenen Familie in vierter Generation (sein Bruder Fabrice ist der Verkaufsleiter). Zu den acht Premiers Crus in Chassagne-Montrachet zählen sechs herrlich markante Weißweine (und vom Clos St-Jean stammen sowohl Weiße als auch Rote). Die Domaine erzeugt auch den pikant-raffinierten St-Aubin En Remilly, den blumigen Puligny Les Demoiselles sowie intensiven, strahlenden Montrachet. Die im besten Sinn modernen Weine mit tadelloser Frucht und großzügiger Textur sind sowohl seriös als auch enorm ansprechend.

13, rue du Grand Puits, 21190 Chassagne-Montrachet
www.domaine-amiotguyetfils.coml

Domaine Guy Roulot Meursault

Die Domaine erzeugt ernst zu nehmende Weine mit verblüffend klar definierter Frucht und wunderbarer Finesse. Es sind makellose Geschöpfe von einem der talentiertesten *vignerons* der Côte de Beaune: Jean-Marc Roulot beschränkt sich auf minimale Eingriffe und belässt den Wein so lange wie möglich *sur lie*. Seine Abfüllungen entsprechen nicht dem modernen fruchtbetonten Stil, sind dabei aber keineswegs spröde. Ihren beispielhaften Terroircharakter zeigt etwa der Meursault Les Perrières, der stets zu den feinsten Vertretern der Domaine zählt.

21190 Meursault; Tel. 03 80 21 64 36

Domaine Henri Germain et Fils Meursault

Jean-François Germain löste vor etwa zehn Jahren seinen Vater als Gutsleiter ab, ohne gleich alles radikal zu verändern. Seine rund 8 ha sind teils eigener Besitz, teils gepachtet. Der Stil der Weine ist fruchtbetont, direkt, geschmeidig und modern. Er betont das typisch mollige Meursault-Profil, ausgewogen durch Frische und Lebendigkeit. Zu den fünf Etiketten aus dieser Gemeinde zählen u. a. ein würziger Meursault-Village, der üppige und verführerische Chevalières und der großzügig runde, cremige Premier Cru Charmes mit leicht exotischen Orangenblütennoten. Robust gibt sich der Chassagne-Montrachet namens Morgeot.

4, rue des Forges, 21190 Meursault
Tel. 03 80 21 22 04

Domaine Hubert et Olivier Lamy St-Aubin

Die Domaine Lamy und mit ihr die AC St-Aubin treten aus dem Hinterland hervor. Nicht buchstäblich natürlich – der Weiler auf einem Hügel oberhalb von Puligny und Chassagne ist noch immer tiefste Provinz –, doch die unverkennbare Identität der hiesigen Terroirs und Weine findet immer mehr Beachtung. Seit der Übernahme des Guts 1992 durch Olivier Lamy findet der Ausbau nun in weniger neuer Eiche statt, um die markant kühle, rassige Art des hoch gelegenen, steinigen Terroirs zum Ausdruck zu bringen. Der Premier Cru En Remilly ist ein beispielhaft feinnerviger St-Aubin, das Sortiment verdient aber insgesamt Aufmerksamkeit.

20, rue des Lavières, 21190 St-Aubin
www.domainehubertlamy.com

Domaine Jacques Prieur Meursault

Die gut bereiteten, auffallenden Weine sprechen Liebhaber sehr direkter, konzentrierter Burgunder in üppig eichenwürzigem Hochglanzformat an. Das riesige Sortiment der Domaine, die in einem eleganten Château in Meursault untergebracht ist, umfasst u. a. den extrem guten, kompakten, mineralischen Puligny Les Combettes und eine schöne Grand-Cru-Reihe. Zu Letzterer zählen ein straffer, gut strukturierter Corton-Charlemagne von der kühlen Ostlage sowie ein feiner Le Montrachet von einem Weinberg auf der Chassagne-Seite.

6, rue Santenots, 21190 Meursault
www.prieur.com

Domaine Jean-Louis Chavy
Puligny-Montrachet

Der gastfreundliche, geniale Jean-Louis führt seinen Anteil an der ehemaligen Domaine Gérard Chavy (siehe auch Domaine Alain Chavy, S. 240) von einem geräumigen, hübsch gestalteten Gebäude am Ortsrand aus. Seine Weine sind gut – ihre Intensität spiegelt die geringen Erträge und die sorgfältige Weinbergarbeit wider. Neue Eiche wird in Maßen verwendet, sodass der Nuancenreichtum der vier Puligny Premiers Crus schön zum Ausdruck kommen. Das Spitzengewächs Les Folatières verbindet die Domaine-typische charmante Textur mit herzhafter Würze. Der Village-Wein Puligny Charmes ist ein köstlicher Überflieger. ★**Aufsteiger**

27, rue de Bois, 21190 Puligny-Montrachet
Tel. 09 62 34 94 93

Domaine Jean-Marc Boillot Pommard

Der energiegeladene Jean-Marc hat ein Händchen für Rote wie für Weiße. Neben Abfüllungen aus seinem eigenen Rebbesitz in Pommard, Volnay, Beaune, Meursault, Puligny und Chassagne bereitet er als Négociant auch Weine von zugekauften Trauben. Trotz der Vielfalt seines Sortiments gibt es einen unverkennbaren Boillot-Stil: lebhafte, kraftvoll aromatische Pinot-Noir-Interpretationen und verführerische, sinnliche Chardonnay-Auslegungen (v. a. die aus Puligny). Der Premier Cru Pommard Rugiens kann erhaben ausfallen, während der Montagny Premier Cru für wenig Geld unglaublich viel Genuss bietet.

2, route de Beaune, 21630 Pommard
www.jeanmarc-boillot.com

Domaine Jean-Marc et Hugues Pavelot Savigny-lès-Beaune

Jean-Marc – gewissenhaft, ernst und wachsam – übergibt die Domaine schrittweise an Sohn Hugues. Solche Übergänge können die Qualität beeinträchtigen, doch hier sind die vitalen, geschmeidig texturierten Weine unverändert auf ihrem Niveau. Die im Stillen stattgefundene Neuausrichtung der Appellation Savigny – von einer kaum bekannten Quelle für rustikalen Pinot Noir zur angesagten AC hochwertiger, alterungsfähiger Weine – ist nun vollzogen, und Pavelot ist eine der ersten Adressen. Wie sein Vater legt auch Hugues viel Gewicht auf die Weinbergarbeit, konzentriert sich bei der Bereitung aber verstärkt auf feinere Tannine und ausdrucksstärkere Frucht. Das gesamte Sortiment ist exzellent.

DOMAINE JEAN-MARC BOILLOT
EIN VERFÜHRERISCHER CHARDONNAY VON EINEM DYNAMISCHEN ERZEUGER

DOMAINE JACQUES PRIEUR
DIE CHASSAGNE-SEITE DES GRAND CRU LIEFERT DIESEN SEHR FEINEN WEIN

1, chemin des Guettottes, 21420 Savigny-lès-Beaune
www.domainepavelot.com

Domaine Jean-Marc Pillot
Chassagne-Montrachet

Jean-Marc Pillot ließ sich am berühmten Lycée in Beaune zum Önologen ausbilden, bevor er 1991 das Familiengut von seinem Vater Jean übernahm und die schon immer angesehene Domaine mit der Errichtung einer neuen Kellerei und der Einführung neuer Bereitungsmethoden in die erste Liga der Chassagne-Erzeuger führte. Heute besitzen die Weine, v. a. die Weißen, internationales Renommee, das sie ihrer Reinheit, Frucht und Präzision verdanken. Die sieben weißen Chassagne Premiers Crus stehen im Zentrum der Aufmerksamkeit, doch die Roten sind ebenfalls gut und auf ein langes Leben angelegt.

21190 Meursault; Tel. 03 80 21 33 35

Domaine Jean-Marc et Thomas Bouley Volnay

Thomas Bouley sammelte in Oregon und Neuseeland Erfahrungen, bevor er 2002 die Weinbereitung auf der elterlichen Domaine übernahm. Von den gutseigenen Premier-Cru-Lagen in Pommard und Volnay bereitet Thomas sehr saubere, intensive Weine. Der winzige Premier Cru Carelles in Volnay erbringt oft das bemerkenswerteste Etikett der Domaine. Der Bourgogne Rouge mit viel saftig-lebhafter Pinot-Noir-Frucht ist enorm preiswert. Diese Domaine sollte man im Auge behalten. ★**Aufsteiger**

21190 Volnay; www.jean-marc-bouley.com

Domaine Jean-Michel Gaunoux
Meursault

Verkostungen finden im beeindruckenden Vestibül dieses großen, wunderbar erhaltenen Steinhauses am Ortsrand statt. Die Domaine besitzt 6 ha Reben in Meursault, Puligny, Pommard und Volnay, ihre Weine werden von Jean-Michel innerhalb von zwölf Monaten abgefüllt, um für den nächsten Jahrgang Platz zu schaffen. Aus Meursault stammen der aprikosenfruchtige, honigartige Premier Cru Les Gouttes d'Or und der reine, zitrusfruchtige Les Perrières. Diese sauberen, mit klug dosierter Eiche behandelten Weine sind bereits relativ früh zugänglich.

1, rue de Leignon, 21190 Meursault; Tel. 03 80 21 22 02

Domaine Jean-Michel Giboulot
Savigny-lès-Beaune

»Modernisierte Tradition« lautet das Motto der gut geführten Domaine. Ertragsbeschränkung und moderater Einsatz neuer Eiche führen zu klassischen, schön ausgewogenen Savigny-Rotweinen von vier Premiers Crus, darunter sehr guter Gravains. Ein bisweilen herausragendes Preis-Leistungs-Verhältnis bietet der kommunale *lieux-dit* Les Grands Lizards. Auch die Weißen sind bemerkenswert, v. a. der charaktervolle Savigny-lès-Beaune Premier Cru Les Talmettes, der Großzügigkeit mit verführerischem Duft und schöner Frucht verbindet. Die winzige Parzelle liefert jährlich nur 500 bis 700 Flaschen.

7, rue du Gal-Leclerc, 21420 Savigny-lès-Beaune
Tel. 03 80 21 52 30

DOMAINE LEFLAIVE
EINER DER BESTEN PULIGNY-WEINE DER REGION STAMMT AUS BIOLOGISCH-DYNAMISCHEM ANBAU

DOMAINE JEAN-PHILIPPE FICHET
EIN EINZIGARTIGER MEURSAULT-STIL MIT RELATIV VIEL SÄURE UND FEINNERVIGER ART

Domaine Jean-Philippe Fichet Meursault

Jean-Philippes feinnerviger, mineralischer Meursault verkörpert schwungvolle Präzision. Den typischen runden Meursault findet er »zu üppig und fett«, weshalb er exakt definierte Weine mit deutlicher Säure bevorzugt, die zwar nicht jedem gefallen, wohl aber jenen, die den klaren Ausdruck des Terroirs schätzen. Vielleicht wäre Jean-Philippe, zweifellos ein erstklassiger Weinmacher, in Chablis besser aufgehoben. Der Meursault-Village von fünf *lieux-dits* (den nicht klassifizierten, inoffiziellen Deuxièmes Crus von Meursault) ist beispielhaft schnörkellos, sein Meursault Le Tesson rassig. Der Puligny Premier Cru Les Referts ist fein texturiert, rein und mineralisch.

2, rue de la Gare, 21190 Meursault; Tel. 09 63 20 79 04

Domaine Jobard-Morey Meursault

Schwiegersohn Rémy Ehret ist hier für die Weinbereitung zuständig – ein Mann mit einer Poetenseele, der im Keller mit leichter Hand zu Werke geht. Für die Premiers Crus verwendet er 15 bis 20 % neues, nur leicht angeröstetes Holz, damit seine Gewächse nicht durch Holz »markiert« werden. Jedes Jahr berät er sich mit seinen bevorzugten Küfern, um die für den jeweiligen Wein am besten geeignete Eiche zu finden. Sein Bourgogne ist wunderbar mineralisch, der Meursault Les Tillets zurückhaltend-blumig und der Charmes – nun, eben charmant.

21190 Meursault; http://jobard-morey.com

Domaine Joseph Voillot Volnay

Der brillante Jean-Pierre Charlot mit feinem Gespür und sicherer, aber leichter Hand bei der Weinbereitung ist seit 1995 Kellermeister auf dem Gut seines Schwiegervaters, das über erstklassige Premier-Cru-Parzellen in drei Volnay- und vier Pommard-Weinbergen sowie über ausgewählte Lagen in Meursault verfügt. Die Abfüllungen beeindrucken durch ihren bemerkenswerten Nuancenreichtum, z. B. beim duftenden, federleichten Les Fremiets, dem unergründlich dichten Les Champans und dem mineralisch fokussierten Les Caillerets. ★**Aufsteiger**

Place de l'Église, 21190 Volnay; www.joseph-voillot.com

Domaine Lamy-Pillot Chassagne-Montrachet

Der angesehene Familienbetrieb wird jetzt von Tochter Florence und ihrem Mann Sébastien geführt. Gemeinsam verfügen sie über beeindruckende Qualifikationen in Weinbau und Önologie sowie über entsprechende Auslandserfahrung. Die für burgundische Verhältnisse recht große Domaine (20 ha) liegt außerhalb von Chassagne-Montrachet im Weiler Morgeot, umgeben von Weinbergen. Zum erstklassigen Rebbesitz an der Côte d'Or zählen die Premiers Crus Morgeot und Les Caillerets in Chassagne-Montrachet sowie die Premiers Crus Les Castets und Le Charmois in St-Aubin, außerdem Weinberglagen in Beaune, Meursault Blagny und Santenay.

31, route de Santenay, 21190 Chassagne-Montrachet
http://lamy.pillot.pagesperso-orange.fr

Domaine de La Pousse d'Or Volnay

Das alteingesessene, bedeutende Volnay-Gut wurde in den vergangenen Jahren dank der Hingabe und Investitionsbereitschaft Patrick Landangers wiederbelebt. Die Domaine verfügt über beachtliche 15 ha Rebbesitz in Spitzenlagen von Volnay, Corton, Pommard und Santenay. Hierzu zählen vier Premiers Crus in Volnay (u. a. der renommierte Les Caillerets), zwei Grands Crus (Corton Clos du Roi liefert geschmeidige, Corton Bressandes ungestümere Weine) sowie Les Jarollières in Pommard. Guter Santenay ist eines der wenigen ungelüfteten burgundischen Geheimnisse, und der Premier Cru Clos Tavannes Vieilles Vignes lohnt die Suche.

8, rue de la Chapelle, 21190 Volnay; www.lapoussedor.fr

Domaine Larue St-Aubin

Die Brüder Didier und Denis werden bei ihrer engagierten Arbeit auf dem renommierten Gut jetzt von Denis' Sohn Bruno unterstützt. Sechs ihrer elf weißen Gewächse stammen aus dem Hinterland von St-Aubin, das wegen des erstklassigen Potenzials der hoch gelegenen, steinigen Weinberge zunehmend Anerkennung findet. Der St-Aubin Premier Cru Les Murgers des Dents de Chien (nach den »Hundezähnen« aus Stein, die aus dem Boden hervorstehen) hat bemerkenswerte Finesse. Die viel Beifall einheimsenden Puligny-Erzeugnisse der Domaine bieten viel fürs Geld, und auch die Rotweine sind gut.

32, rue de la Chatenière, 21190 St-Aubin
www.larue-vins.com

Domaine Latour-Giraud Meursault

Jean-Pierre Latours Familie ist väterlicherseits seit 1680 in Meursault ansässig, seine Mutter brachte im Jahr 1850 angelegte Weinberge mit in die Ehe. Der Domaine gehört ein beträchtlicher Teil des Genevrières und eine ganze Reihe weiterer Premier-Cru-Parzellen in Meursault. Jean-Pierre setzt für seinen reichhaltigen Meursault auf häufige *bâtonnage* (Aufrühren des Hefesatzes), um dem Wein viel Körper, Textur und einen üppig-nussigen Geschmack zu verleihen. Der Les Charmes ist seidenweich und harmonisch, der Genevrières besitzt Schwung.

6, Route départementale 974, 21190 Meursault
www.domaine-latour-giraud.com

Domaine Leflaive Puligny-Montrachet

Anne-Claude Leflaive ist eine Visionärin, so inspirierend und Respekt einflößend wie die Kräfte der Natur, die sie bändigt. Ihre Domaine zählt zu den renommiertesten in Puligny und zu einer der besten Burgunds. Leflaive gehörte zu den Vorreitern in Sachen biodynamischer Anbau und erzeugt unangestrengt intensive, ausgewogene Weine, die Reichhaltigkeit mit Eleganz verbinden. Neben 10 ha Premier-Cru-Lagen besitzt sie beachtliche 5 ha in den Grands Crus Montrachet, Chevalier-Montrachet, Bâtard-Montrachet und Bienvenues-Bâtard-Montrachet. Die Weine sind sensationell, die Preise atemberaubend – der Bourgogne Blanc kann deshalb vergleichsweise als Schnäppchen angesehen werden.

21190 Puligny-Montrachet; www.leflaive.fr

Domaine Louis Carillon Puligny-Montrachet

Jacques Carillon erzeugt einige der besten Weine der Côte de Beaune und Pulignys allemal. Die Rebflächen werden umweltfreundlich bewirtschaftet, der Einsatz von Chemikalien und die Erträge gering gehalten. Seine Rotweine geraten hervorragend, wahrhaft beeindruckend aber sind seine Weißen. Carillon versteht es im Gegensatz zu vielen anderen Puligny-Erzeugern, der schwer zu erfassenden Typizität dieser Weine eine klare Handschrift mitzugeben, ohne dabei zu übertreiben oder vordergründig zu bleiben. Alle Erzeugnisse – vom umwerfend guten

Puligny-Village über eine Reihe verführerischer Premiers Crus bis hin zum glasklar strukturierten Bienvenues-Bâtard-Montrachet – verbinden funkelnde, kultivierte Intensität mit bemerkenswerter Finesse.

21190 Puligny-Montrachet; www.louis-carillon.com

Domaine Marquis d'Angerville Volnay

Das schöne, vornehme Haus ist das Heim einer der berühmtesten Weinfamilien Burgunds. Die d'Angervilles sind seit Beginn des 20. Jahrhunderts Wegbereiter und Meister der Spitzenqualität. Heute wird die große, biodynamisch bewirtschaftete Domaine von Guillaume d'Angerville und Rénaud de Villette geleitet. Sie besitzt Rebflächen in acht Premiers Crus in Volnay, gekrönt vom *monopole* Clos des Ducs. Die Weine sind anmutig, dabei aber intensiv und komplex und ungeheuer langlebig.

4, rue de Mont, 21190 Volnay; www.domainedangerville.fr

Domaine Matrot Meursault

Thierry Matrots reine, griffig mineralische Weine wirken in ihrer Jugend plump und müssen bis zu zehn Jahre in der Flasche reifen – sie früher zugänglich zu machen hieße für Thierry, sich auf faule Kompromisse einzulassen. Nur dann trinkt er sie mit Genuss bei Tisch – Thierry ist nicht nur ein sorgfältiger *vigneron*, sondern ebenso ein begeisterter Koch und Gemüsegärtner. Auf seiner Meursault-Liste stehen u. a. der rassige, fein konturierte Blagny und der ausgewogene, mineralische Perrières. Aus Puligny-Montrachet kommt der vielschichtige, steinige Les Combottes.

12, rue de Martray, 21190 Meursault
www.matrot.com

Domaine Mestre-Michelot Meursault

Jean-François Mestre-Michelot erzeugt sehr zugänglichen Wein mit viel offenherziger Frucht und toastwürziger Eiche. Klugerweise trägt sein fruchtbetonter Bourgogne Blanc namens Domaine de Montmeix einen Schraubverschluss. Der Meursault Narvaux von alten Reben schmückt sich mit Honignoten, sein Genevrières ist ein sanftes, körperreiches Gewächs.

12 bis, rue de Mazeray/19 rue du 11 Novembre,
21190 Meursault; Tel. 03 80 21 26 88

Domaine Michel Bouzereau et Fils
Meursault

Jean-Baptiste Bouzereau, der die zehnte Generation der Familie in Meursault vertritt, steht der in den Fels gehauenen Kellerei vor, in der die Gärung aufgrund der kühlen Temperaturen nur langsam einsetzt. Mit Beginn des Sommers werden die Kellertüren geöffnet, um bei wärmeren Temperaturen den biologischen Säureabbau in Gang zu setzen. Hier wird exzellenter Aligoté sowie blumiger, verlockender Genevrières erzeugt. Der Stil ist modern, fruchtig und geradeheraus, aber nicht großspurig.

3, rue de la Planche Meunière, 21190 Meursault
Tel. 03 80 21 20 74

Domaine Michel Lafarge Volnay

Michel Lafarge und sein Sohn Frédéric bereiten einige der gefeiertsten und eindringlichsten Roten Burgunds. Die Domaine erzeugt exzellente Weine von Premiers Crus in Beaune und Pommard, berühmt ist sie aber für ihre Volnay-Gewächse. Wie für so viele große Weinmacher der Welt besteht ihre Kunst in der Anwendung einiger einfacher Prinzipien: achtsamer, feinfühliger Umgang mit den Reben, moderate Erträge und sorgfältige Bereitung ohne große Eingriffe. Von den Village-Erzeugnissen aus Volnay bis zu den Spitzenabfüllungen, Volnay Clos du Château des Ducs und Volnay Clos du Chênes, sind alle Weine von funkelnder, prickelnder Intensität.

15, rue de la Combe, 21190 Volnay; www.domainelafarge.fr

Domaine Michel Morey-Coffinet
Chassagne-Montrachet

Auf der renommierten Domaine mit großen, schönen Gewölbekellern arbeitet Thibault Morey seit 2000 mit seinem Vater Michel zusammen. Seine einfühlsame, forschende Herangehensweise hat zu einigen Veränderungen geführt, etwa zur Umstellung auf umweltschonenden Anbau seit 2004. Die Weine sind hübsch: offen, expressiv und elegant reichhaltig mit sauberer, strahlender Frucht, die sie bereits in der Jugend köstlich schmecken lässt. Der rote Chassagne Premier Cru Clos St-Jean erinnert aufs Schönste an die historische Verbundenheit der Gemeinde mit Pinot Noir. **★Aufsteiger**

6, place du Grand Four, 21190 Chassagne-Montrachet
www.domaine-morey-coffinet.com

Domaine Michel Niellon
Chassagne-Montrachet

Die Erzeugnisse der Domaine zählen beständig zu den allerbesten in Chassagne. Ihre unaufdringliche Intensität und reiche Ausgewogenheit zeugen vom Talent und Fingerspitzengefühl Michel Niellons. Hier gibt es keinen Schnickschnack: Die makellos sauberen Keller sind klein, aber zweckdienlich; seine Weinberge behandelt Niellon mit Respekt und seine treuen Kunden zuvorkommend. Zu den fünf, in winzigen Mengen erzeugten Chassagne Premiers Crus zählt ein üppiger Les Chaumées, doch selbst der einfache Village aus Chassagne-Montrachet ist außergewöhnlich und zudem preiswert. Die Grands Crus Chevalier und Bâtard-Montrachet sind herausragend.

1, rue du Nord, 21190 Chassagne-Montrachet
Tel. 03 80 21 30 95

Domaine de Montille Volnay

Die Geschwister Étienne – verantwortlich für die erfolgreiche Neuausrichtung von Château de Puligny-Montrachet (siehe S. 235) – und Alix de Montille leiten das sehr renommierte Familiengut gemeinsam. Außerdem führen sie ein blühendes Négociant-Unternehmen, das unter der Marke Deux Montille Wein von zugekauften Trauben vertreibt. Die Domaine erzeugt seit jeher reinen, langlebigen roten Burgunder von der Côte de Beaune, hat aber in neuerer Zeit Weinberge in Corton, Beaune und an der Côte de Nuits hinzugekauft und das Sortiment erweitert. Eine der ersten Adressen an der Côte d'Or.

21190 Volnay; www.domainedemontille.com

Domaine Nicolas Rossignol-Jeanniard Volnay

Die Leidenschaft des redegewandten, engagierten und überaus liebenswerten Nicolas Rossignol für Weine, Reben und das Erstgeburtsrecht ist ganz besonders ausgeprägt, selbst in einer Region, in der sich so viele für diese Dinge begeistern. Verkostung ist hier ein

MEURSAULT ENTDECKEN

Trotz ihrer erhabenen Namen und ihres wunderbar erhaltenen mittelalterlichen Charmes sind viele berühmte burgundische Weinbaugemeinden im Grunde ziemliche Provinznester. In Meursault jedoch ist einiges los, vor allem im Sommer, wenn Kinder den Eisverkäufer an der Place de l'Hôtel de Ville umlagern, einem typischen Dorfplatz, der von der gotischen Kirche St-Nicolas und dem Rathaus mit zweifarbig geziegeltem Dach beherrscht wird. Wen es zufällig nach Meursault verschlägt, der kann auch ohne feste Verabredung mit einem Erzeuger Weine verkosten: Patrick Javillier betreibt einen Degustationskeller an der Place de l'Europe, und der Weinladen Caves des Vieilles Vignes bietet nicht nur Verkostungen an, sondern auch gute Weine zu fairen Preisen. Es gibt Restaurants und Hotels jeder Preisklasse plus Geschäfte jeder Art, darunter eine gute Bäckerei. Und hinter der Kirche findet man einen wunderbaren kleinen Schönheitssalon, der die antioxidative Wirkungskraft der Trauben zu nutzen verspricht.

Château de Corton-André in Aloxe-Corton ist eines der meistfotografierten Gebäude an der Côte de Beaune.

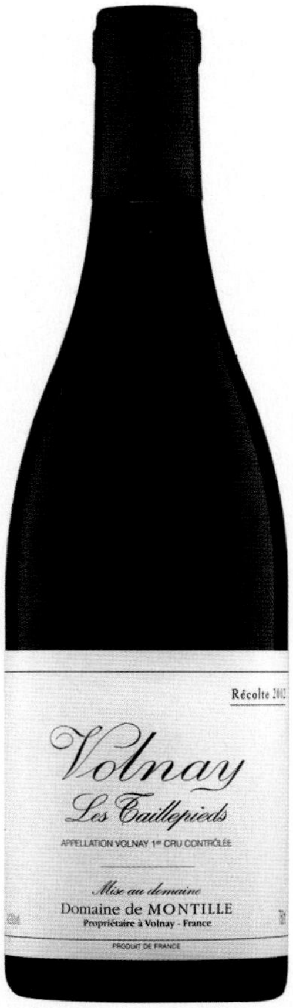

DOMAINE DE MONTILLE
LANGLEBIGKEIT UND REINHEIT HEBEN DIE WEINE DIESER DOMAINE HERVOR

DOMAINE PIERRE MOREY
EIN KRAFTVOLLER, ERLESENER GRAND CRU VON EINEM DER BESTEN WEINMACHER

Lehrstück in Sachen Volnay- und Pommard-Terroirs und ihrer Nuancen (seit Nicolas einige Weinberge seines Onkels übernommen hat, verfügt er allein in Pommard über stolze acht Premiers Crus). Der Weinberg ist das A und O, wie üblich, mit niedrigen Erträgen, nachhaltiger Bewirtschaftung und Gesunderhaltung der Böden. Aus den makellosen Trauben zaubert Nicolas denkwürdig lebhaften, dichten Pinot Noir.

Rue de Mont, 21190 Volnay; www.nicolas-rossignol.com

Domaine Patrick Javillier Meursault

Es ist unmöglich, sich vom Enthusiasmus Patrick Javilliers nicht anstecken zu lassen. Mit Kreide hat er ein Diagramm an die Kellermauer gezeichnet, um zu veranschaulichen, wie seine Weine für die weitere Reifung gebaut sind. Patrick bereitet typisch reichhaltigen, offenen, großzügigen Meursault. Seine Cuvée Oligocène ist alles andere als ein einfacher weißer Burgunder, und die Meursault *lieux-dits* offenbaren präzise Terroircharakteristik: Der Clos du Cromin ist voll und mollig, der Tillets geprägt durch rassige Mineralität. Der Premier Cru Les Charmes ist weich und opulent.

21190 Meursault; www.patrickjavillier.com

Domaine Paul Pernot Puligny-Montrachet

Paul Pernot ist ein typischer zurückhaltender, fast wortkarger *vigneron* der alten Schule. Eine Verkostung bei ihm geht meist ziemlich rasch vonstatten, denn Paul mischt sich nicht ein und lässt seine Gäste ihre eigenen Schlüsse ziehen. Er kann es sich leisten – die Weine sind gut. In der Jugend unspektakulär, aromatisch (neue Eiche wird kaum verwendet) und mit schöner Säure, erblühen sie im Lauf der Jahre und nehmen eine elegant geschmeidige Textur an. Paul verkauft nach wie vor einen Großteil seiner Produktion an Négociants in Beaune und füllt nur eine kleine, aber handverlesene Auswahl selbst ab.

21190 Puligny-Montrachet; Tel. 03 80 21 32 35

Domaine Paul Pillot Chassagne-Montrachet

Die ausladenden, großzügigen und schwungvollen Weine drücken in gewisser Weise den Charakter ihrer Erzeuger aus. Die familiengeführte Domaine, deren Leitung mehr und mehr von den Geschwistern Thierry und Chrystelle übernommen wird, besitzt erstklassige Parzellen in den Premiers Crus von Chassagne. Thierry (der als Weinmacher in der Neuen Welt Erfahrungen sammelte und dabei eine erfrischend unorthodoxe Sichtweise gewann) setzt *bâtonnage* zurückhaltend ein und favorisiert dafür die Hefesatzlagerung, die die Frische erhält und reintönige Frucht betont. Der Bourgogne Pinot Noir ist umwerfend geschmeidig und saftig, der weiße Chassagne-Montrachet Les Mazures exzellent. ★**Aufsteiger**

3, rue Clos St-Jean, 21190 Chassagne-Montrachet
www.domainepaulpillot.com

Domaine Philippe Colin
Chassagne-Montrachet

Philippe Colin, der zuvor mit seinem Bruder Bruno (siehe Domaine Bruno Colin-Deléger, S. 240) auf der väterlichen Domaine Michel Colin-Deléger tätig gewesen war, gründete sein eigenes Gut 2004. Mit 11 ha Weinbergen in und um Chassagne-Montrachet erzeugt Philippe 28 verschiedene Etiketten beider Farben – insbesondere seine roten Chassagne-Gewächse zählen zu den verborgenen Juwelen der Côte d'Or. Es gibt neun weiße Chassagne Premiers Crus, die eine wunderbare Gelegenheit bieten, die Nuancen und Terroirs dieser beliebten Gemeinde zu entdecken.

Haut des Champs, 21190 Chassagne-Montrachet
Tel. 03 80 21 90 49

Domaine Pierre Morey Meursault

Die Weißweine des zurückhaltenden, sanften Pierre Morey, einer der Pioniere des ökologischen und biologisch-dynamischen Anbaus in Burgund, gehören zu den am kundigsten bereiteten der Region. Bis vor Kurzem betreute Pierre auch die Domaine Leflaive in Puligny-Montrachet (siehe S. 244), jetzt konzentriert er sich gemeinsam mit Tochter Anne auf sein eigenes Gut und sein exzellentes Négociant-Haus Morey-Blanc. Er besitzt fast magische Kräfte, so großartig entlockt er seinen Reben den Terroircharakter – vom dichten, mineralischen Les Tessons oder dem fokussierten, mineralischen Perrières mit großartiger Finesse bis zum Bâtard-Montrachet mit kraftvoll-markantem Profil.

9, rue Comte Lafon, 21190 Meursault
www.morey-meursault.fr

Domaine Ramonet Chassagne-Montrachet

Die gefeierte Domaine wird jetzt von den Brüdern Noël und Jean-Claude geleitet. Sie halten die Grundsätze ihres Vaters André in Ehren: niedrige Erträge, aufmerksamer Weinbau und Weinbereitung ohne große Eingriffe. Heraus kommen wirklich zeitlos schöne Gewächse. Die Grands Crus zählen zu den begehrtesten (und teuersten) weißen Burgundern: Le Montrachet, Bâtard-Montrachet und ein fabelhaft eleganter Bienvenues-Bâtard-Montrachet. Unter den weißen Chassagne Premiers Crus ist der Morgeot ein leuchtendes Beispiel jener verfeinerten Großzügigkeit, die Chassagne-Montrachet auszeichnet. Der rote Clos St-Jean ist ein saftig-bezaubernder Tropfen.

4, place des Noyers, 21190 Chassagne-Montrachet
Tel. 03 80 21 35 65

Domaine Rémi Jobard Meursault

Die schön definierten Weine des talentierten Rémi Jobard verführen mit saftiger Frucht und einem modernen, seidigen, zugänglichen Stil. Sein Meursault Chevalières von alten, 1940 gepflanzten Reben besitzt sinnliche Tiefe, Reichhaltigkeit und einen warmen Duft. Der Porusot verbindet strahlende Frucht und samtige Textur mit Lebhaftigkeit. Der typisch exotische Charakter des Genevrières kommt hier sehr gelungen zum Ausdruck: Er ist reichhaltig, dabei aber nicht zu direkt und zeigt Noten von Aprikosen, Mandeln und weißen Blüten.

12, rue Sudot, 21190 Meursault; Tel. 03 80 21 20 23

Domaine Robert Ampeau et Fils
Meursault

So umgänglich Michel Ampeau ist, so reserviert sind seine Weine. Es sind *vins de garde*: Die Trauben werden früh gelesen, wenn sie noch genug Säure enthalten, um dem Wein ein langes Leben zu garantieren. Nach der Verkostung des neuesten Jahrgangs entschwindet Michel gewöhnlich in den Keller und kehrt mit einer Auswahl älterer Abfüllungen zurück. Diese öffnet er in keiner bestimmten chronologischen oder nach Appellationen geordneten Reihenfolge, allein seine Augen funkeln, wenn sich der Gast bemüht, die Weine bestimmen zu wollen. Eine gleichermaßen höchst vergnügliche wie lehrreiche Lektion, denn selbst der Perrières des Jahrgangs 1985 bot noch saftigen Trinkgenuss.

6, rue du Cromin, 21190 Meursault; Tel. 03 80 21 20 35

Domaine Roblet-Monnot Volnay

Das qualitätsbesessene 6-ha-Gut ist womöglich bereits zu etabliert, um hier als Aufsteiger bezeichnet zu werden, doch Pascal Roblets zurückhaltende Art und konzentrierte Arbeit im Weinberg und im Keller hat seine Domaine vor allzu großem Medienrummel bewahrt. Die biologisch-dynamisch bewirtschafteten Weinberge liefern winzige Mengen von intensiv aromatischen Pinot-Noir-Trauben, die Pascal in denkwürdige, schwungvoll-lebhafte Weine verwandelt. Sie widerlegen (ähnlich wie jene der Domaine Nicolas Rossignol, siehe S. 245) das Klischee vom seidigen, »femininen« Volnay. Der Volnay-Village St-François ist ein verlässlich saftiges, überzeugendes Gewächs, und unter den Premiers Crus ragt der steinig-mineralische, intensive und langlebige Volnay Taillepieds heraus. ★**Aufsteiger**

Rue de la Combe, 21190 Volnay; Tel. 03 80 21 22 47

Domaine Roger Belland Santenay

Die Domaine ist als zuverlässige Quelle von geschmeidigem, saftigem Santenay bekannt. Rogers Tochter Julie übernimmt zunehmend die Regie im Keller und lässt die Weine in weniger neuer Eiche reifen, was der herrlich lebhaften, reinen Frucht zugutekommt. Santenay (wie auch die Nachbar-AC Marange) liefert jetzt erstklassigen und dabei sehr preiswerten roten Burgunder. Neben einem Santenay-Village und drei exzellenten Premiers Crus (u. a. dem sehr feinen Gravières) erzeugen die Bellands Chassagne-Montrachet Premier Cru, Volnay Premier Cru und Pommard sowie schöne Weißweine.

21590 Santenay; www.domaine-belland-roger.com

Domaine Simon Bize et Fils
Savigny-lès-Beaune

Der geniale Patrick Bize teilt sich die Verantwortung für die Weinerzeugung zunehmend mit Guillaume Boit, der sich – vom Spitzengut Étienne Sauzet (siehe S. 250) kommend – Bize anschloss, um die Weißweine zu bereiten (und zu verbessern). Für die Roten ist Patrick zuständig. Boit ist talentiert und begegnet dem Stil und dem hervorragenden Ruf des Hauses, den Patrick über Jahrzehnte aufgebaut hat, mit Respekt. Fast alle Weine entstammen der AC Savigny, darunter vier Premiers Crus und etliche Village-Weine. Der weiße, enorm verfeinerte Savigny bietet unglaublich viel fürs Geld.

12, rue Chanoine Donin, 21420 Savigny-lès-Beaune
www.domainebize.fr

Domaine Sylvain Loichet
Chorey-lès-Beaune

Der Sprössling einer Steinmetzfamilie im Kalksteinabbaugebiet Comblanchien zählt zu den wenigen jungen Weinmachern in Burgund, die bereits mit Mitte 20 ihren Stil gefunden haben. Von den familieneigenen Parzellen in den ACs Côte de Nuits-Village, Ladoix und Clos du Vougeot erzeugt Sylvain Loichet bemerkenswert lebhafte Weine voll ungezwungener Energie. Die AC Ladoix ist kaum bekannt, doch Sylvains Village- und Premier-Cru-Interpretationen sind überaus charaktervoll und verlockend. Der Ladoix Premier Cru Les Gréchons ist exotisch, aber seriös und lohnt die Suche. ★**Aufsteiger**

DOMAINE ROGER BELLAND
EINER DER BESTEN PREMIERS CRUS VON SANTENAY BIETET UNGLAUBLICH VIEL FÜR SEIN GELD

DOMAINE TOLLOT-BEAUT
DIE QUALITÄT DIESER DOMAINE WURDE ZUM BOTSCHAFTER FÜR CHOREY-LÈS-BEAUNE

21200 Chorey-lès-Beaune; www.sylvainloichet.com

Domaine Thomas Morey
Chassagne-Montrachet

Der Name ist neu, der Betrieb jedoch nicht: Thomas trat in jungen Jahren sein Erbe an und übernahm die Hälfte der väterlichen Domaine Bernard Morey (der lebenslustige und theoretisch im Ruhestand befindliche Bernard bleibt mit einem kleinen Négociant-Haus in Übung). Der erster Solojahrgang von Thomas war 2007, dem er gut gebaute Weine mit schöner Extraktion und robustem Stil abgewann. Zum Rebbesitz zählen erstklassige Chassagne Premiers Crus und der Grand Cru Bâtard-Montrachet. Der exzellente Santenay Premier Cru Grand Clos Rousseau ist ein ungemein köstlicher Pinot Noir.

9, rue du Nord, 21190 Chassagne-Montrachet
www.thomasmorey-vins.com

Domaine Tollot-Beaut Chorey-lès-Beaune

Die Domaine verfügt über ausgedehnte Pinot-Noir-Reblagen in und um Aloxe-Corton, Savigny, Beaune und Chorey. Spitzengewächs ist oft der Beaune Premier Cru Grèves, der dem Markenzeichen des Hauses – elegante Tannine und Textur – duftende Komplexität hinzufügt. In puncto Beständigkeit und Preis-Leistungs-Verhältnis kaum zu schlagen ist der Chorey-lès-Beaune: Geschmeidig, subtil und hinreißend charmant, ist er fast zu einem Botschafter für diese einst unbekannte AC avanciert und in schicken Restaurants wegen seiner ansprechenden Art und Eignung als Essensbegleiter enorm beliebt.

Rue Alexandre Tollot, 21200 Chorey-lès-Beaune
Tel. 03 80 22 12 61

Domaine Vincent Dancer
Chassagne-Montrachet

Die winzige Produktion der exzellenten Domaine hat viele Fans. Von Weinbergen in Meursault, Chassagne, Beaune und Pommard bereitet der intelligente, engagierte und gewissenhafte Vincent Dancer rund ein Dutzend äußerst präzise definierter, reiner, eleganter Weine. Dass Vincent auf das zugkräftige »Morgeot« auf dem Etikett seines herausragenden Chassagne-Montrachet Premier Cru Tête du Clos verzichtet und stattdessen den ursprünglichen Namen des großen, bekannten Weinbergs nennt, spricht für den authentischen Stil dieser Domaine.

23, route de Santenay, 21190 Chassagne-Montrachet
www.vincentdancer.com

Domaine Yves Boyer-Martenot
Meursault

Vincent Boyer-Martenot übernahm nach Aufenthalten in Kalifornien und Australien das väterliche Gut 2002, kurz darauf erwarb die Familie eine neue Kellerei, die jetzt mit viel moderner Technik ausgestattet ist. Vincents Meursault-Village reift elf Monate zu einem Viertel, der Premier Cru zu einem Drittel in neuer Eiche. Neben dem geschmeidigen Meursault Perrières gibt es den ansprechend strengen, mineralischen Puligny Caillerets. Die Qualität der Weine nimmt stetig zu.

21190 Meursault; www.boyer-martenot.com

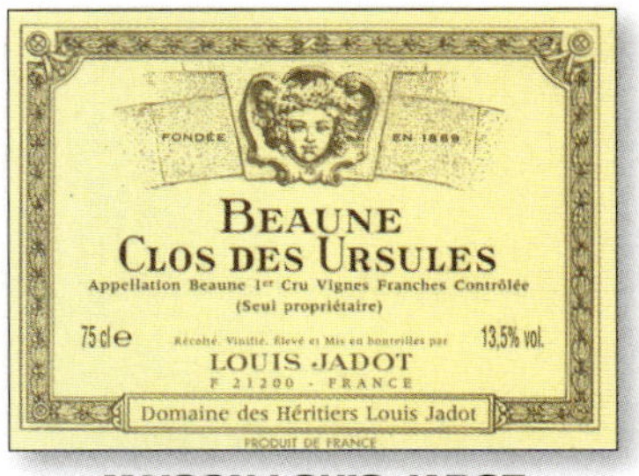

MAISON LOUIS JADOT
EIN DURCHWEG VERLÄSSLICHES UND EXZELLENTES NÉGOCIANT-HAUS

JEAN-NOËL GAGNARD
SEHR GUTER UND PREISWERTER CHASSAGNE VON EINER KUNDENFREUNDLICHEN DOMAINE

Étienne Sauzet Puligny-Montrachet

Schwerpunkt der Domaine ist die Produktion einer Reihe verführerisch-geschmeidiger, grazil intensiver Puligny Premiers Crus, die sich in der Regel nach etwa fünf Jahren abrunden. Seit Anfang der 1990er-Jahre ein Teil der Domaine an seinen Schwager fiel, ergänzt Gérard Boudot das Lesegut von eigenen Reblagen (großteils im Norden der Gemeinde) um zugekauftes Traubenmaterial und vinifiziert sie gemeinsam. Neben den Premiers Crus (Star ist oft der Champ Canet) gibt es vier exzellente Grands Crus. Spitzenqualität zu entsprechenden Preisen.

21190 Puligny-Montrachet; www.etiennesauzet.com

Jean-Nöel Gagnard Chassagne-Montrachet

Die altehrwürdige Domaine wird seit 1989 von Jean-Nöels talentierter und engagierter Tochter Caroline Lestimé geleitet. Markenzeichen des Hauses ist eine ausgewogene Kombination von Reichhaltigkeit und Eleganz, die die neun weißen und zwei roten, ganz unterschiedlichen Chassagne-Montrachet-Gewächse auszeichnet. Weitblick prägt die Domaine, die sich der nachhaltigen Bewirtschaftung und der Kundenfreundlichkeit verschrieben hat. Carolines Investition in Weinberge der AC Bourgogne Hautes-Côtes de Beaune zahlt sich in Form eines Rot- und eines Weißweins mit herausragendem Preis-Leistungs-Verhältnis aus. Carolines Blog (auch auf Deutsch) ist ungemein informativ.

9, place des Noyers, 21190 Chassagne-Montrachet
www.domaine-gagnard.com

Jean-Yves Devevey Demigny

Aus bescheidenen, aber stets qualitätsorientierten Anfängen im unbedeutenden Dorf Demigny hat Jean-Yves einen blühenden Betrieb aufgebaut und sich einen Namen gemacht. Seit er 1992 zum Familiengut zurückkehrte, um einfachen Bourgogne Blanc zu erzeugen, hat er sich als gewissenhafter *vigneron* erwiesen, der »geringerem« Burgunder ungewöhnlichen Charakter und Unverwechselbarkeit zu entlocken vermag. Den ursprünglichen Besitzungen (Bourgogne Blanc und Hautes-Côtes Champs Perdrix) hat er durch Zukauf von Weinbergen und Traubenmaterial glanzvollere Namen hinzugefügt, sodass sein Sortiment heute sieben ACs abdeckt, u. a. den köstlichen, markanten Beaune Premier Cru Pertuisots. **★Aufsteiger**

Rue de Breuil, 71150 Demigny; www.devevey.com

Joseph Drouhin Beaune

Maison Joseph Drouhin ist seit Langem ein verlässlicher Erzeuger hochklassiger Weine und ein Wegbereiter des Négociant-Geschäfts modernen Zuschnitts. Darüber hinaus verfügt die Familie Drouhin aber auch über beeindruckenden Rebbesitz (u. a. zehn Grands Crus). Manche ihrer Lagen sind geradezu zum Synonym für Drouhin geworden: etwa der weich texturierte Beaune Premier Cru Le Clos des Mouches oder der straffe, mineralische Beaune Les Grèves (von 1 ha). Motor des Erfolgs ist der hochgewachsene, reservierte Philippe Drouhin, der für die Weinbergbewirtschaftung zuständig ist und die Vertragswinzer betreut. In der Kellerei steuert Jérôme Faure-Brac die Geschicke und stellte gleich mit seinem ersten Jahrgang 2006 unter Beweis, dass er den Stil des Hauses wunderbar umsetzen kann: reine, fruchtige Weine mit eleganten Tanninen. Drouhin setzt auf *macération semi-carbonique*, bei der die ganzen Trauben zur Betonung der Frucht in einer sauerstofffreien Atmosphäre eingemaischt werden, und vermeidet allzu starke Extraktion und zu viel neue Eiche. Das große, exzellente Angebot reicht vom knackigen Chorey-lès-Beaune mit Noten Roter Johannisbeeren bis zum anmutigen, ausgewogenen Chambolle-Musigny Les Amoureuses. Les Petits Monts, Véronique Drouhins Parzelle in Vosne-Romanée, erbringt einen stets etwas ungestümeren Wein. Der Gevrey-Chambertin Grand Cru Clos de Bèze punktet mit eleganter Reichhaltigkeit, ist würzig und vielschichtig. Die Familie ist zudem seit nunmehr 40 Jahren in Chablis präsent (siehe S. 220). Philippe Drouhin, in vielerlei Hinsicht ein Pionier, gründete auch die Domaine Drouhin in Oregon, USA, wohin er sein burgundisches Verständnis von Pinot Noir exportierte. Sie wird von seiner Schwester Véronique geleitet.

7, rue d'Enfer, 21200 Beaune; www.drouhin.com

Louis Latour Aloxe-Corton

Die burgundischen Wurzeln der Familie Latour reichen tief, erzeugt sie doch mindestens seit den 1730er-Jahren Wein von ihrem eigenen, erstklassigen Grundbesitz. Es ist jedoch der 1797 gegründete Négociant-Zweig, der dem Unternehmen internationale Reichweite und Reputation einbrachte. Heute erzeugt Latour – noch immer in Familienbesitz und in Aloxe-Corton beheimatet – Weine aus nahezu jeder Gemeinde an der Côte d'Or sowie aus Chablis, dem Mâconnais und dem Beaujolais. Eine ordentliche Anzahl bester burgundischer Weinberge ist Latour-Land: Dem Unternehmen gehören fast 30 ha kostbarer Grand-Cru-Lagen. Firmensitz ist das schöne Château Corton Grancy in Aloxe-Corton, wo in einer der ältesten *cuveries* Frankreichs die Weine von den Latour-eigenen Rebflächen (unter dem Etikett Domaine Latour) bereitet werden. Die Weißweine, v. a. die Grands Crus, genießen höchstes Ansehen. Latours Corton-Charlemagne ist eine der großen Freuden Burgunds. Die leichten, fruchtigen Roten werden heute in einer separaten neuen Kellerei in Pommard bereitet, die Latours Bestreben unterstreicht, Qualität und Profil ihrer Rotweine zu stärken. In Südfrankreich erzeugt Latour an der Ardèche eine Reihe enorm erfolgreicher Chardonnay-Etiketten sowie Pinot Noir im Bereich Côteaux du Verdon.

18, rue des Tonneliers, 21204 Beaune; www.louislatour.com

Maison Alex Gambal Beaune

Seine Reiselust führte den ehemaligen New Yorker Immobilienmakler Anfang der 1990er-Jahre nach Burgund, wo er und seine Frau zu bleiben beschlossen. Drei Jahre lang war Alex für den Weinexporteur Le Serbet in Beaune tätig und studierte zudem (mit Anfang vierzig) Weinbau und -bereitung. Er entdeckte eine Marktlücke, nämlich jene zwischen grandiosen und mittelmäßigen Weinen, und entschied sich, sie mit beständig gutem Pinot Noir und Chardonnay zu füllen. Sein Pinot Noir ohne Anspruch auf Grandezza ist köstlich, geprägt von klarem Stil, Duft und Frucht sowie der typisch sinnlichen Textur. Diese Weine leben zwar nicht ewig, sind aber sehr ansprechend, v. a. Alex' Village-Weine von eigenen Trauben. Bekanntere Namen bereitet er von gekauftem Fasswein. Als Négociant arbeitet er vorwiegend mit nur einem Winzer pro Appellation zusammen. Um Überextraktion zu vermeiden, werden die Trauben komplett entrappt – das Ergebnis sind eingängige, elegante Weine.

14, boulevard Jules Ferry, 21200 Beaune
www.alexgambal.com

Maison Camille Giraud Beaune

Die Brüder Giraud verkauften ihr kränkelndes Négociant-Haus 2001 an ein amerikanisches Konsortium. Dieses heuerte umgehend den talentierten jungen Weinmacher David Croix an (siehe Domaine de Croix, S. 241), der 2000 bei Comte Armand (S. 240) ein Praktikum unter der Ägide von Benjamin Leroux (S. 235) absolviert und soeben sein Önologiestudium beendet hatte. Croix warf das alte Image ebenso wie die längst überholte Kellerausstattung über Bord, darunter 700 alte Fässer. Er verwendet wenig neue Eiche, in der Regel nur 15 bis 20 %. Anders als viele andere moderne Négociants verfügt Giraud kaum über eigenen Rebbesitz. Croix konzentriert sich auf den Ankauf von Trauben, und anstelle der früheren Wein- oder Mostlieferungen erhält er nun zu 85 bis 90 % – möglichst ökologisch angebautes – Rohmaterial. Bioweine machen allerdings nur rund 10 % des Gesamtsortiments aus. Während die Domaine in der Zeit vor dem Verkauf überwiegend Village-Abfüllungen der Côte de Beaune im Angebot hatte, stammen die Etiketten heute auch von der Côte de Nuits, dazu kommt eine Reihe feiner Grands Crus. Die Qualität ist jetzt sehr hoch.

3, rue Pierre Joigneaux, 21200 Beaune
www.camillegiroud.com

Maison Louis Jadot Beaune

Als überaus verlässliche Marke und exzellente Quelle terroirbetonter Weißer und fester Roter stellt sich die Maison Louis Jadot dar. Unter dem vornehmen Haus des 1859 gegründeten Négociant-Betriebs in der Rue Eugène Spuller in Beaune verlaufen labyrinthische Keller. Die Firma, 1985 von der Familie Jadot an die Kobrand Corporation verkauft, besitzt und bewirtschaftet sage und schreibe rund 154 ha Rebland, aufgeteilt auf die Domaines Louis Jadot, des Héritiers Louis Jadot, Gagey, Duc de Magenta sowie Château de la Commaraine und den Négociant-Betrieb. Das Sortiment reicht von der Côte d'Or bis zum Mâconnais und umfasst einen reichen Schatz von Grands Crus; vielen wird jedoch der Beaune Premier Cru Clos des Ursules ein Begriff sein, ein Weinberg, den die Familie Jadot bereits besaß, bevor sie sich dem Handelsgeschäft zuwandte. Die tatsächliche Arbeit wird in einem Zweckbau mit beeindruckendem kreisrundem Gärkeller an der Peripherie von Beaune verrichtet. Weinmacher Jacques Lardière ist ein exzentrischer Zauberer und seit Langem Anhänger des biodynamischen Weinbaus. Er verwendet oben offene Holzfässer mit einer Vorrichtung zum automatischen Untertauchen des Huts während der Gärung, hinzu kommt manuelles Untertauchen mit dem traditionellen Arbeitsgerät *pichou*. Lardière bevorzugt Entrappen und hohe Gärtemperaturen. Die firmeneigene Küferei Cadus ermöglicht zudem die Kontrolle über die Herstellung der Fässer, von der Auswahl und Lagerung der Eiche bis hin zum Rösten.

2, rue du Mont Batois, 21200 Beaune; www.louisjadot.com

Maison Olivier Leflaive Puligny-Montrachet

Der für seine verlässlich gut bereiteten, zugänglichen Weißweine bekannte Négociant-Betrieb wurde 1984 von Olivier Leflaive gegründet, dem Cousin Anne-Claudes von der Domaine Leflaive (siehe S. 244). *Maître de chais* ist seit 1988 Franck Grux, der dem aus zwei Weinmachern und einem Önologen bestehenden Team vorsteht und zuvor Kellermeister auf der Domaine seines Paten, Guy Roulot (siehe S. 242), war. Zu den rund 14 ha eigenem Rebland zählt der Premier Cru Abbaye de Morgeot in Chassagne-Montrachet, der einen muskulösen Weißen erbringt. Die Firma erwirbt heute keinen Fasswein mehr, sondern bezieht derzeit 60 % Trauben und 40 % Most. Grux kauft 12 % mehr, als für die Jahresproduktion von etwa 70 000 bis 75 000 Kisten Wein gebraucht wird, damit er nach dem biologischen Säureabbau die besten Partien auswählen kann. Das Angebot reicht von Chablis bis zum Mâconnais und von regionalem Wein bis zum Grand Cru, darunter sind die ACs Meursault, Puligny- und Chassagne-Montrachet besonders gut vertreten, u. a. mit dem schlanken, schnittigen Puligny-Montrachet Les Folatières. Beachtenswert sind auch die Weine aus Rully, etwa die Premiers Crus Raboucé und Les Clous, und aus St-Aubin. Olivier Leflaive besitzt ein hübsches Hotel mit Restaurant an der Place du Monument in Puligny und bietet umfangreiche Degustationsmenüs an, bei denen zu regionalen Speisen passende Weine gereicht werden.

21190 Puligny-Montrachet; www.olivier-leflaive.com

Marc Colin et Fils St-Aubin

Marc hat sich schon halb in den Ruhestand verabschiedet, unterstützt seine Kinder aber noch immer beim weiteren Ausbau des guten Rufs der hoch angesehenen und der Qualität verpflichteten Domaine. Auf der Weinliste stehen u. a. der elegant intensive Premier Cru Chassagne-Montrachet Caillerets, der fruchtig-saftige rote Chassagne Vieilles Vignes sowie die in winzigen Mengen erzeugten, heiß begehrten und üppigen Grands Crus Montrachet und Bâtard-Montrachet. In puncto Stil am zugänglichsten sind jedoch die frischen, zart cremigen St-Aubin-Gewächse, die zudem stets mit das beste Preis-Leistungs-Verhältnis an der Côte de Beaune bieten.

Rue de la Châtenière, 21190 St-Aubin; www.marc-colin.com

Martelet de Cherisey Blagny

Die Domaine thront auf einem hübschen Fleckchen oberhalb von Meursault im winzigen Weiler Blagny, der sowohl für die AC Puligny-Montrachet als auch für die AC Meursault zugelassen ist. Blagny-Weine sind überaus mineralisch, schwungvoll und voll reifer Frucht. Hélène Martelet bewirtschaftet mit Ehemann Laurent die Rebflächen ihrer Großmutter, der Comtesse de Montlivault. Das fleißige Paar erzeugt straffen, blumigen Puligny-Montrachet Hameau De Blagny und reichhaltigen, geschliffenen Meursault-Blagny La Genelotte. Ihre Begeisterung für echten Terroirwein teilt sich dem Besucher bei einem gemeinsamen Spaziergang durch die Weinberge mit. Diese Domaine sollte man unbedingt im Auge behalten.

Hameau de Blagny, 21190 Puligny-Montrachet
www.vins-martelet-cherisey.com

Vincent Girardin Meursault

In Santenay-le-Haut fiel mit einem ererbten kleinen Stück Rebland von 2 ha der Startschuss für Vincent Girardins spätere Négociant-Firma, die er durch stete Expansion und schließlich Übersiedelung nach Meursault ausbaute. Er bewirtschaftet die Reben, wenn auch ohne Zertifikat, biodynamisch. Sein Angebot umfasst die Grands Crus Chevalier-Montrachet, Bâtard-Montrachet, Bienvenues-Bâtard-Montrachet und Corton-Charlemagne. Girardin bereitet schöne Weine mit guter Terroircharakteristik.

Les Champs Lins, 21190 Meursault
www.vincentgirardin.com

PHILANTHROPIE UND REBEN

Neben allem anderen sind die Hospices de Beaune nach wie vor ein Hospital. Ein Hospital (oder genauer gesagt, ein Verbund von Pflegeeinrichtungen) allerdings, dem Parzellen in erstklassigen burgundischen Weinbergen gehören und dessen Geschichte bis ins Jahr 1443 zurückreicht. Gegründet wurde es von Herzog Philipp dem Guten (1396–1467) und war ursprünglich im wunderschönen Hôtel-Dieu mit dem herrlich gemusterten Dach im Zentrum von Beaune untergebracht. Das gemeinnützige Hospital kümmerte sich in jener Zeit der sozialen Ungerechtigkeit und Härten um die Armen und Verzweifelten. Im Lauf der Jahrhunderte gelangte es durch Schenkungen philanthropisch gesinnter Bürger in den Besitz von Rebland und vieler Kunstschätze, die heute das zum Museum umfunktionierte Hôtel-Dieu beherbergt. Einige Räume und Gebäude des Hôtel kann man für private oder geschäftliche Veranstaltungen auch mieten.

Jedes Jahr im November kommen Fässer mit jungem Wein von den Rebflächen der Hospices bei einer berühmten (jedermann und auch via Internet zugänglichen) Auktion auf dem überdachten Markt von Beaune unter den Hammer. Mit den Erlösen wird die Arbeit des (modernen) Hospitals sowie das Seniorenheim dieser altehrwürdigen Wohltätigkeitseinrichtung mitfinanziert.

CÔTE CHALONNAISE

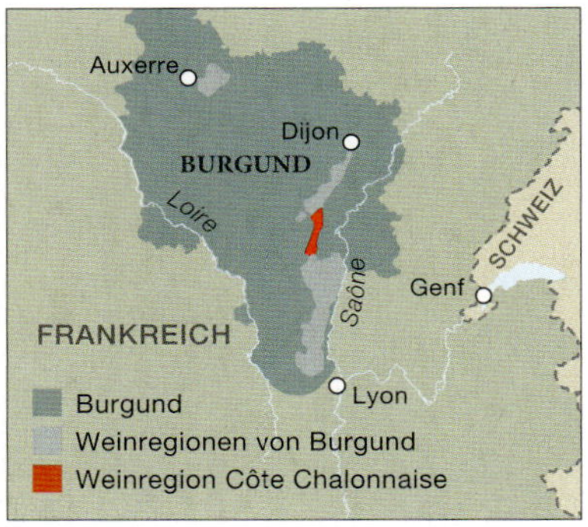

Seinen Namen hat der 24 Kilometer lange und 6,5 Kilometer breite Weinbaubereich umittelbar südlich der Côte de Beaune von der am Fluss gelegenen Stadt Chalon-sur-Saône. Er erstreckt sich von Chagny im Norden bis nach Cluny im Süden, wo er ans Mâconnais grenzt. Der vorwiegend aus Kalkstein bestehende Boden ähnelt zwar dem der Côte d'Or, doch der Steilabbruch des berühmten goldenen Hangs läuft hier in kleine Hügel und flache Hänge aus. Die besten Lagen finden sich an den etwas höheren Hängen mit Ost- und Südausrichtung. Das Klima ist trockener und die Wachstumssaison etwas kühler, weshalb die hiesigen festeren, leichteren Weine lange nicht aus dem Schatten ihrer berühmten nördlichen Nachbarn hervorzutreten vermochten.

Hauptrebsorten

Rot

Gamay

Pinot Noir

Weiß

Aligoté

Chardonnay

Jahrgänge

2010
Die üblichen Schwierigkeiten kehrten nach dem guten Jahrgang 2009 zurück: kalter Winter, späte Blüte, weit verbreitete Fäulnis und Mehltau, dazu nach etwas Sonne Regen im August. Rote schlugen sich besser als Weiße.

2009
Sehr vielversprechend, mit makelloser Frucht. Dürfte sogar besser sein als 2005.

2008
Uneinheitlich; mehr Säure als üblich bei Weißen und Roten. Bis auf Crémant de Bourgogne geringe Mengen.

2007
Möglicherweise der Jahrgang des Jahrzehnts. Klare Frucht und großartiger Terroirausdruck bei den Rotweinen.

2006
Kühler Nässe folgte warmes Wetter. Gute Ergebnisse. Rote könnten länger brauchen, bis sie zugänglich sind.

2005
Im Allgemeinen exzellent. Schön ausgewogene Weine mit Alterungspotenzial.

Zwei Drittel der Côte Chalonnaise, auch Région de Mercurey (nach ihrem bedeutendsten Unterbereich) genannt, sind mit Pinot Noir bestockt, der Rest mit Gamay, Aligoté und Chardonnay. Die wichtigsten Weinbaugemeinden sind Bouzeron, Rully, Givry, Mercurey und Montagny. Es gibt über 100 als Premier Cru ausgewiesene Lagen, die Hälfte davon in Montagny, wobei sich die Auszeichnung eher auf den Mindestalkoholgehalt von 11,5 Volumenprozent gründet als auf ein überlegenes Terroir. Bourgogne Côte Chalonnaise ist eine relativ neue, 1990 geschaffene Appellation, in der viele einfache Burgunder erzeugt werden.

Produziert werden Rot-, Weiß- und Schaumweine aller Qualitätsstufen, das Niveau der Weine von Négociants allerdings steigt stetig – der Clos des Myglands von Faiveley etwa gilt als eines der besten Gewächse von Mercurey. Wie auch im Mâconnais geht der Trend hin zu Gutsabfüllungen und weg vom Verkauf des Leseguts an Genossenschaften, was einer Reihe kleiner Erzeuger mit handwerklicher Produktion den Weg ebnet, die konzentriertere Frucht von gesünderen Reben anstreben. Dank des zunehmenden Einsatzes neuer Eiche und der Verwendung hochwertiger Frucht werden die Weine reichhaltiger, strukturierter und langlebiger. Wie an der Côte d'Or sind sie im Bestfall charmant, aussdrucksstark, von leichtem bis mittlerem Körper und komplex – zudem preislich ausgesprochen attraktiv.

Bouzeron, die nördlichste Appellation der Côte Chalonnaise, ist insofern einzigartig, als sie sich ausschließlich auf Aligoté konzentriert, der an den sonnigen Hängen schön ausreift. Die Mönche von Cluny begannen im Mittelalter, Reben anzupflanzen, und bereits 1730 wurde sortenreiner Aligoté geschätzt. Der berühmteste Erzeuger ist zweifellos Aubert de Villaine, Mitbesitzer der Domaine de la Romanée-Conti.

Südlich von Bouzeron liegt die Gemeinde Rully, einst ein Zentrum der Schaumweinproduktion. Die Weißen sind in der Regel interessanter als die Roten, insbesondere die Premiers Crus. Als bester Rotwein gilt der Premier Cru Les Cloux.

Mercurey, der größte und bedeutendste Unterbereich, umfasst auch die Gemeinden Bourgneuf-Val d'Or und St-Martin-sous-Montaigu und ist für seine festen, strukturierten, erdigen, oft schlanken und herben Pinot-Noir-Abfüllungen bekannt. Es sind die teuersten Weine der Côte Chalonnaise, kosten aber noch immer nur einen Bruchteil der Pinot-Noir-Pendants von der Côte d'Or. Premier-Cru-Status genießen 32 gut gelegene *climats* (wie spezielle Weinberglagen in Burgund genannt werden), wobei Clos des Barraults, Les Champs Martin, Les Croichots und Clos des Myglands zu den besten zählen.

Givry ist ein historischer Weinbauort, dessen erstklassige rote Gewächse bereits der französische König Heinrich IV. (1553–1610) würdigte. Die AC umfasst die Weiler Cortiambles, Poncey und Russilly sowie die Gemeinden Dracy-le-Fort und Jambles. Wie in Mercurey besteht die Produktion zu 90 Prozent aus Pinot Noir. Als Premiers Crus sind 27 *climats* klassifiziert – die Weine sind der Suche wert. Givry-Etiketten sind im Allgemeinen etwas leichter als die von Mercurey.

Montagny, die südlichste Gemeinde, ist eine gute Quelle für preiswerten weißen Burgunder. Eine Handvoll kleiner Winzer macht sich mit ihren gut bereiteten Weinen gerade einen Namen, das bekannteste Montagny-Gewächs stammt jedoch von der Négociant-Firma Louis Latour, die Wein von der Genossenschaft Vignerons de Buxy kauft.

Antonin Rodet

Das 1875 gegründete Négociant-Haus Antonin Rodet mit Sitz in Mercurey erzeugt und vertreibt Weine aus ganz Burgund. Neben den eigenen Etiketten bringt die Firma Weine von Château de Rully (einer ehemaligen Festung) sowie Domaine de la Ferte und Château de Chamirey aus Givry auf den Markt. Chamirey ist ein sehr begehrter Mercurey-Erzeuger, dessen Rotwein sich mit Noten von Himbeeren, dunkler gepflügter Erde, Laub und Steinpilzen präsentiert. Seit den 1990er-Jahren wechselte die Firma Antonin Rodet mehrmals den Besitzer. Gegenwärtiger Eigentümer (seit Ende 2009) ist das wesentlich größere Négociant-Haus Boisset.

Grande rue, 71640 Mercurey; www.rodet.com

Caves de Vignerons de Buxy

Die auch einfach Caves de Buxy genannte Genossenschaft erzeugt mit die besten Weine im Süden Burgunds, nicht zuletzt dank ihres Netzwerks von 120 Traubenanbauern, deren Weinbergbesitz insgesamt 1000 ha umfasst. Zum Angebot der Genossenschaft zählen ein frischer, apfelfruchtiger Bourgogne Aligoté, ein von zarten Erdbeernoten, Wildblumen und Erde durchdrungener Givry Premier Cru Clos Marceaux von der Domaine Laborbe Juillot sowie ein hübscher, honigartiger Montagny Premier Cru Les Coeres. Trotz der großen Produktion ist die Qualität beständig und das Preis-Leistungs-Verhältnis durchweg hervorragend. Besuchern werden täglich Kellereiführungen und Verkostungen geboten.

Les Vignes de la Croix, 71390 Buxy
www.vigneronsdebuxy.com

Château de Cary-Potet

Die eleganten, ausdrucksstarken weißen Burgunder des Château de Cary-Potet in Buxy genießen einen guten Ruf. Die gegenwärtig die Leitung innehabende Generation der Familie du Besset konzentriert sich mehr auf die einzelnen Weinberge als auf regionale Verschnitte, sodass der jeweilige Charakter ihrer verschiedenen Parzellen zum Tragen kommt. Ihr Montagny Les Reculerons bietet üppige reife Frucht, feuersteinartige Mineralität und lebhafte Säure – er wird oft mit dem wesentlich teureren Meursault verglichen –, während der Montagny Premier Cru Les Burnins etwas mehr rauchige Eichenwürze zeigt. Die Bourgogne-Aligoté-Interpretation reicht an jene des berühmtesten Erzeugers, Aubert de Villaine (siehe Domaine A. et P. de Villaine, S. 255), heran. ★ **Aufsteiger**

Route de Chenevelles, 71390 Buxy; www.cary-potet.fr

Château de la Saule

Das renommierte Château de la Saule liegt unmittelbar außerhalb von Montagny-lès-Buxy. Es ist die größte und eine der besten Domaines der AC Montagny. Die Leitung des 1805 von der Familie Roy erworbenen Guts liegt seit 1972 in den fähigen Händen Alain Roys, der mit gesunder Frucht von alten Reben arbeitet – großteils von Premier-Cru-Weinbergen und komplett von nach Süden ausgerichteten Lagen –, um verblüffende, terroirbetonte Chardonnay-Gewächse zu bereiten. Mit Ausnahme seines Montagny Premier Cru Les Burnins verwendet Roy keine neue Eiche, sodass die Weine schlank, knackig und mineralisch ausfallen.

71390 Montagny-lès-Buxy
Tel. 03 85 92 11 83

DOMAINE ERKER
IN PUNCTO KOMPLEXITÄT RANGIERT GIVRY VOR RULLY UND KNAPP HINTER MERCUREY

CHÂTEAU DE LA SAULE
EIN FRISCHER, SAUBERER PREMIER CRU VON EINER DER BESTEN LAGEN DES BEREICHS

Danjean Berthoux

Pascal Danjean, einer der aufgehenden Sterne von Givry, erwirbt sich in aller Stille mit seinen erstklassigen, in limitierter Auflage erzeugten Etiketten immer mehr Anerkennung unter Spitzensommeliers und Weinkritikern. Er begann mit Rebflächen in Jambles, die er von seinen Eltern geerbt hatte, erweiterte das Gut auf über 12 ha – ein Großteil davon Premier-Cru-Lagen – und baute eine Kellerei. Seine ersten Weine, die er 1993 herausbrachte, beschworen sofort Vergleiche mit der Côte-d'Or-Legende Emmanuel Rouget herauf. Die Weinberge von Jambles liegen relativ hoch, was Danjean vielleicht den entscheidenden Vorteil verschafft. ★ **Aufsteiger**

Le Moulin Neuf, 45, route de St-Désert, 71640 Jambles
Tel. 03 85 44 54 74

Domaine Besson

In handwerklicher Kleinproduktion erzeugen Xavier und Guillemette Besson auf ihrem Gut roten und weißen Givry sowie weißen Bourgogne, am bekanntesten sind sie aber für ihren festen, gut strukturierten Givry Premier Cru Les Grands Prétants. Der Weinberg liegt nicht weit von der Kellerei entfernt, die Reben sind durchschnittlich 40 Jahre alt. Die besten Roten von Besson bieten Süßkirsch-, Preiselbeer- und Brombeernoten, zusammen mit einem Hauch rauchiger neuer französischer Eiche (die Fässer stammen meist von der Küferei François Frères), und besitzen in der Regel eine feste Säure, die sich mit der Zeit abmildert. Die Jahresproduktion beträgt höchstens 72 000 Flaschen, weshalb es nicht ganz leicht ist, diese Weine aufzutreiben.

9, rue des Bois-Chevaux, 71640 Givry; Tel. 03 85 44 42 44

Domaine Chofflet-Valdenaire

Die Domaine in Russilly (einem der drei zu Givry gehörenden Weiler) ist seit über 100 Jahren in Familienbesitz und wird jetzt von Jean Chofflets Schwiegersohn Denis Valdenaire geleitet. Der weiße Givry Premier Cru Les Galaffres ist hübsch, Stars sind jedoch die roten Givry-Gewächse. Vom einfachsten Wein bis zum wildkirschfruchtigen Premier Cru Clos de Choue und dem Nuits-St-Georges-ähnlichen Premier Cru Clos Jus sind alle mit Fingerspitzengefühl bereitet und bieten mit das beste Preis-Leistungs-Verhältnis im südlichen Burgund.

Russilly, 71640 Givry; Tel. 03 85 44 34 78

Domaine Emile Juillot

Jean-Claude und Natalie Theulot erwarben das Gut in den 1980er-Jahren von Natalies Großvater Emile Juillot. Die meisten ihrer Weinberge liegen an den besten Hängen des Anbaubereichs. Sie besitzen Rebland in den Mercurey-Premier-Cru-Lagen Les Champs Martin, Les Combins, Les Croichots und Les Saumonts, darüber hinaus gehört ihnen La Cailloute. Neben erdigen Roten leuchtet der reichhaltige, gut strukturierte weiße Mercurey Premier Cru La Cailloute als einer der besten der AC hervor. Hohes Ansehen genießt auch der weiße Mercurey Vieilles Vignes.

4, rue de Mercurey, 71640 Mercurey; Tel. 03 85 45 13 87

Domaine Erker

Die aus Österreich stammende Familie Erker ist seit einigen Generationen in Frankreich ansässig. 1996 übernahm Didier Erker die Leitung des 6,5-ha-Guts in Givry von

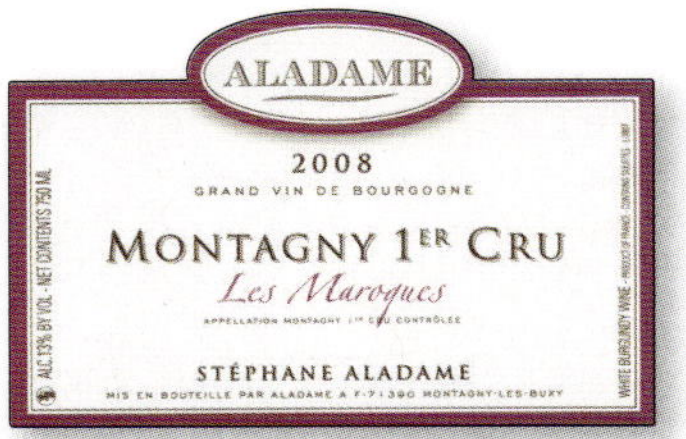

DOMAINE STÉPHANE ALADAME
DER PREMIER CRU EINES ERSTKLASSIGEN ERZEUGERS WIRD MIT WILDHEFEN UND ETWAS EICHE BEREITET

DOMAINE DE SUREMAIN
DER DELIKATE WEIN ZEIGT BEZAUBERNDE ROTE-JOHANNISBEER- UND HIMBEERAROMEN

seinem Schwiegervater Jean Auguste. Er konzentriert sich mehr auf Lagen- als auf regionale Weine. Sein roter Givry Premier Cru Les Boix Chevaux und sein roter Givry Premier Cru Les Grands Prétants stammen beide von alten Reben und sind mit ihren Himbeer-, Kirsch-, Mokka- und Pilznoten konzentrierter als die meisten anderen Givry-Abfüllungen. Zur Domaine gehört auch ein Restaurant. **★Aufsteiger**

7 bis, boulevard St-Martin, 71640 Givry
www.domaine-erker.com

Domaine Jaeger-Defaix

Die Spezialität der familiengeführten Domaine Jaeger-Defaix ist feiner weißer Burgunder, und zwar an beiden Enden des Preisspektrums. Das kleine Gut in Rully ist mit der Chablis-Domaine Bernard Defaix (siehe S. 219) verbunden und wird von Hélène Jaeger-Defaix geleitet, der Ehefrau von Bernards Sohn Didier. Hélène erbte die Weinberge von ihrer Großtante, Henriette Niepce, die ihren Wein der Tradition folgend im Fass verkauft hatte. Die weißen Rully Premiers Crus Mont-Palais, Les Cloux und Rabourcé mit Butter-, Zitrus- und Vanillenoten sind frisch und lebhaft, die roten Rully Premiers Crus Préaux und Clos du Chapitre elegant und leicht eichenwürzig.

7, rue du Château, Milly, 89800 Chablis;
www.bernard-defaix.com

Domaine Jean Maréchal

Das 10-ha-Gut in Mercurey bietet eleganten, relativ kraftvollen roten Burgunder für einen Bruchteil dessen, was die berühmten nördlichen Nachbarn kosten. Wie bei so vielen Erzeugern Burgunds wurde die Domaine von Generation zu Generation weitervererbt, in diesem Fall seit 1570. Jean Maréchal und sein Schwiegersohn Jean-Marc Bovagne haben sich mit ihren Roten einen Namen gemacht, wozu u. a. der Les Naugues von durchschnittlich 70 Jahre alten Reben zählt. Die Premiers Crus Clos L'Évêque und Clos Baraults zeigen hübsche Noten von roten und schwarzen Früchten, sind erdig und mit subtiler Eichenwürze ausgestattet.

20, Grande rue, 71640 Mercurey; www.jeanmarechal.fr

Domaine Joblot

Auch die Domaine Joblot offeriert hochwertigen, konzentrierten, sehr aromatischen roten Burgunder zu einem Bruchteil des üblichen Preises. Jean-Marc und Vincent Joblot erzeugen einige der besten Givry-Gewächse überhaupt: Der Stil ist zugänglich, mit einer ordentlichen Portion Eichenwürze, Komplexität und straffer Beerenfrucht. Die besseren Jahrgänge altern schön. Herausragend und hartnäckiger Suche wert sind der Givry Premier Cru Clos de la Servoisine und der Givry Premier Cru Clos du Cellier Aux Moines – die US-amerikanischen Weinjournalisten vom *Wine Spectator* und Robert Parker vom *Wine Advocate* haben diese Weine bereits gewürdigt.

4, rue Pasteur, 71640 Givry
Tel. 03 85 44 30 77

Domaine Laurent Cognard

Wie so viele seiner Generation hat Laurent Cognard seinen Familienbetrieb vom Traubenanbauer zum Erzeuger umgewandelt. Zudem hat er auf ökologischen Anbau und naturgemäßere Weinbereitung umgestellt und strebt jetzt die Zertifizierung als biologisch-dynamischer Betrieb an. Mit dieser neuen Ausrichtung erhält das kleine Gut in Buxy zunehmend Anerkennung für seinen frischen, apfelfruchtigen Bourgogne Aligoté, den buttrig-reichhaltigen, mineralischen Montagny Premier Cru Les Bassets und den hübschen, würzigen Mercurey Premier Cru Les Ormeaux. Wenn Sie sich anmelden, dürfen Sie die Kellerei besichtigen und die Weine verkosten.

9, rue des Fossés, 71390 Buxy; laurent@domainecognard.fr

Domaine Michel Goubard et Fils

Die Domaine, im 18. Jahrhundert von Claude Courtépée (1721–1781), dem ersten großen Historiker Burgunds, und in jüngerer Zeit von Robert Parker gewürdigt, wurde bereits 1604 im idyllischen Dörfchen St-Désert gegründet. Mittlerweile ernten Michel Goubards Söhne Pierre-François und Vincent jede Menge Lorbeeren für ihre Weine, z. B. für den Côte Chalonnaise Mont Avril von einer 19-ha-Hanglage und den roten Givry Premier Cru La Grande Berge. Es sind rote Burgunder mit leichtem Körper im klassischen Stil – unaufdringlich und subtil, mit Noten von Kirschen, Erdbeeren und trockenem Laub.

71390 St-Désert
www.bourgogne-goubard.com

Domaine Michel Juillot

Zum ursprünglich 6 ha umfassenden Besitz der Domaine Michel Juillot zählten Vignes de Maillonge, La Pillotte und der Premier Cru Clos Tonnere. Michel erweiterte in den 1960er-Jahren den Besitz, ebenso wie sein Sohn Laurent in den 1980er-Jahren. Heute gehören dem Gut 32,5 ha Rebland, zwei Drittel davon in Mercurey, außerdem Weinberge in Rully und Aloxe-Corton. Laurent setzt auf natürliche Bewirtschaftung und Weinbereitung. Sein frischer, mineralischer weißer Mercurey zählt zu den besten der AC, desgleichen seine roten und weißen Mercurey Premiers Crus wie der Clos des Barraults und der Les Champs Martin. **★Aufsteiger**

59, Grande rue, 71640 Mercurey
www.domaine-michel-juillot.fr

Domaine Michel Sarrazin et Fils

Guy und Jean-Yves Sarrazin haben die Nachfolge ihres Vaters Michel angetreten, der das Familiengut 1964 seinerseits von den Eltern übernahm und mit der Abfüllung gutseigener Weine begann. Das Anwesen der Sarrazins im hoch gelegenen Weiler Jambles geht auf das 17. Jahrhundert zurück. Die Weine werden weder geschönt noch filtriert. Der Bourgogne Aligoté ist lebhaft und frisch, der weiße Givry Les Grognots voller und eichenwürzig. Die Givry-Rotweine, darunter der Champs Lalot und der Sous la Roche, glänzen mit Ausgewogenheit und Eleganz. Der gewichtigste Rote ist der reichhaltige, würzige Givry Premier Cru Les Grands Prétants. **★Aufsteiger**

Charnailles, 71640 Jambles
www.sarrazin-michel-et-fils.fr

Domaine Ragot

Jean-Paul und Marguerite Ragot, jetzt unterstützt von ihrem Sohn Nicolas, erzeugen erstklassigen roten und weißen Givry auf ihrem 8,5 ha großen, 1860 von Louis Ragot gegründeten Gut. Die Familie baute 2003 eine neue Kellerei und arbeitet beständig an der weiteren Aufwertung ihrer Weinberge. Ihre beiden roten Givry Premiers Crus, La Grande Berges und La Clos Jus, von ausgewachsenen Rebstöcken auf steinigen Hanglagen sind elegante, zurückhaltende Interpretationen, die mit Kirsch-, Pilz- und Wildnoten sowie feinen Tanninen aufwarten. Wesentlich reifer und fleischiger ist der rote Givry Vieilles Vignes von 50 Jahre alte Reben.

4, rue de l'École, 71640 Givry
www.domaine-ragot.com

Domaine Raquillet

Wenn von Spitzengütern in Mercurey gesprochen wird, steht häufig die Domaine Raquillet an erster Stelle, und man sollte das Gut in der Tat im Auge behalten. François, der die Leitung 1990 von seinem Vater übernahm, ist stillschweigend zu Ertragsbeschränkung und umweltfreundlicherer Weinbergbewirtschaftung übergegangen, um seinen Weinen mehr Konzentration und Komplexität mitzugeben. Sein Mercurey Premier Cru Les Naugues ist eine ausnehmend schöne Pinot-Noir-Interpretation: zarte Beerenaromen, Rosenblüten und Pilze, dazu subtile rauchige Eichennoten. François' Weine zeigen großartige Finesse und sind vergleichsweise preiswert, aber leider schwer aufzutreiben. ★ **Aufsteiger**

19, rue de Jamproyes, 71640 Mercurey
www.domaine-raquillet.com

Domaine Stéphane Aladame

Mit gerade mal 18 Jahren begann Stéphane Aladame 1992 hier in Montagny Wein zu erzeugen. Seine ökologischen Anbaumethoden, die Verwendung von Wildhefen und von – hier ungebräuchlichen – Betontanks für den Reifungsprozess verleiht seinen Weinen einzigartige Pfirsich- und Honignoten. Der überaus aromatische Montagny Premier Cru Les Burnins stammt von Chardonnay-Musqué-Klonen. Auch die schäumenden Crémants de Bourgogne (auch als Rosé) lohnen die Suche. Dass sich Stéphane Aladame inzwischen an die Spitze der Erzeuger in Montagny vorgeschoben hat, wird wohl kaum jemand mehr bestreiten wollen.

Rue du Lavoir, 71390 Montagny-les-Buxy
www.aladame.fr

Domaine de Suremain

Yves de Suremain, ein Cousin des bekannteren Eric de Suremain an der Côte de Beaune, vertritt die fünfte Generation dieser Erzeugerfamilie. Im Jahr 1870 erwarb Charles de Suremain mehrere Parzellen im Umkreis des prachtvollen Château de Bourgneuf in Mercurey. Heute leiten Yves, seine Frau Marie-Hélène und ihr Sohn Loïc das 8 ha große Gut. Sie erzeugen neben einem Weißen traditionellen, eleganten roten Mercurey, großteils von Premier-Cru-Lagen. Der Mercurey Premier Cru Les Crets ist leicht und zart, während der Mercurey Premier Cru Les Sazenay mehr Fülle, Reife und Eichenwürze zeigt, in der Jugend allerdings oft verschlossen ist.

Château du Bourgneuf, 71, Grande rue, 71640 Mercurey
www.domaine-de-suremain.com

Domaine Thénard

Baron Paul Thénard gründete das Gut im Ortskern von Givry im Jahr 1842, ließ einen Gewölbekeller errichten und mehrte seinen Besitz durch die Heirat mit einer hiesigen Grundbesitzerin. Heute ist der Familienbesitz noch größer und umfasst u.a. die Givry Premiers Crus Les Bois Chevaux und Clos St-Pierre sowie erstklassige Lagen an der Côte d'Or. In den vergangenen Jahrzehnten wurde das Gros der Gutserzeugnisse an den Négociant Remoissenet in Beaune verkauft, doch diese Praxis hat man heute aufgegeben. Thénards Givry-Rotweine sind dezent auftretende Gewächse mit leichten Wildnoten, gut strukturiert und langlebig. Der Weiße ist rund, blumig und sehr mineralisch.

Rue de l'Hôtel-de-Ville, 71640 Givry
Tel. 03 85 44 31 36

Domaine A. et P. de Villaine

Aubert de Villaine gründete diese Domaine 1970, vier Jahre bevor er Co-Direktor auf dem familieneigenen Ausnahmegut wurde, der Domaine de la Romanée-Conti in Vosne-Romanée an der Côte de Nuits (siehe S. 231). Sein Neffe Pierre de Benoît leitet jetzt die Domaine hier in Bouzeron, deren ökologisch angebaute Weine weit ausdrucksstärker, strukturierter und langlebiger sind als üblich. Im Bourgogne Aligoté der Domaine findet diese Rebsorte zu ihrem schönsten Ausdruck – ein auf Flaschen gezogener Frühlingstag mit frisch gemähten Wiesen, Heuballen, Apfel- und Honignoten, am Gaumen fleischig und prickelnd. Ebenfalls herausragend ist der Mercurey Les Montots von einer an den Premier Cru Clos des Myglands angrenzenden Parzelle: Ein schönes, ungestümes Geschöpf mit Noten von Erde, Kirsche, Estragon und schwarzem Pfeffer.

2, rue de la Fontaine, 71150 Bouzeron
www.de-villaine.com

Domaine Vincent Dureuil-Janthial

Die Familie von Vincent Dureil-Janthial zählt zu den ältesten an der Côte Chalonnaise und ließ sich bereits im 14. Jahrhundert hier nieder. Er selbst begann 1994 mit der Bereitung seiner eigenen Weine und hat inzwischen auch die Leitung des Familienguts in Rully übernommen. Vater Raymond hatte sich mit Rotweinen einen Namen gemacht, Vincent jedoch ist eher für seine erstklassigen Weißen bekannt. Diese sind opulent, fleischig und reif, mit einem üppigen Mundgefühl, besitzen aber immer auch einen intensiv mineralischen Zug. Vincent setzt im Weinberg keine Chemikalien ein, reift seine Weine in Eiche und füllt sie ohne Schönung und Filtration ab. ★ **Aufsteiger**

10, rue de la Buisserolle, 71150 Rully
www.dureuiljanthial-vins.com

Maison André Delorme

Jean-François und Anne Delormes Weißweine stammen von Reblagen in Bouzeron, Montagny und Rully, ihre Roten von Weinbergen in Rully und Mercurey. Es ist jedoch ihr Crémant de Bourgogne, mit dem sie weltweit Aufmerksamkeit auf sich zogen. Die Familie Delorme ist seit über einem Jahrhundert in Rully ansässig, doch erst im Jahr 1942 begann André Delorme mit der Erzeugung dieser herausragenden Schaumweine. Jean-François – Präsident von Crémants de Bourgogne und Crémants de France – und seine Frau gewannen mit den Cuvées Blanc de Noirs und Rosé Crémant zahlreiche Preise. Im Jahr 2005 wurde die Maison André Delorme an Eric Piffaut vom Crémant-Unternehmen Veuve Ambal in Montagny-lès-Beaune verkauft.

11, rue des Bordes, 71150 Rully
www.andre-delorme.com

FÊTE DE BOUZERON

Während Chardonnay, die bekannteste Weißweintraube Burgunds, Weine erbringt, die zu den besten der Welt zählen, hat das malerische Dorf Bouzeron an der Côte Chalonnaise eine ganz andere Spezialität zu bieten – einen einzigartigen Weißen, der von Aligoté bereitet wird. Der Wein von dieser früher oft als minderwertig abgetanen Rebsorte ist trocken, zitrusfruchtig und honigartig. A. et P. de Villaine und eine Handvoll weiterer Erzeuger bieten Aligoté-Etiketten aus Bouzeron an, die ebenso komplex sind wie die besten Weißen der Côte d'Or. Sie schmecken so köstlich zur hiesigen Spezialität *jambon persillé* – einer Terrine aus gekochtem Schinken, Knoblauch, Schalotten, Thymian, Estragon, Pfefferkörnern und Petersilie –, dass dieser Paarung sogar ein besonderes Fest gewidmet ist. Bei der Fête de Bouzeron füllen sich jedes Jahr im April die Straßen mit Unterhaltungskünstlern und Musikbands; dazu kommen Verkaufstände, die lokale kulinarische Spezialitäten, Wein und Kunsthandwerk anbieten.

MÂCONNAIS

Lange Zeit für unscheinbaren, preiswerten Mâcon Blanc und einfachen Mâcon Rouge auf Gamay-Basis bis hin zu überteuertem Pouilly-Fuissé bekannt, vollzieht diese beschauliche, ländliche Region westlich des Flusses Saône in Südburgund in aller Stille einen Wandel. Zwar wird, vor allem von Genossenschaften, noch immer einfacher, nicht in Eiche ausgebauter Chardonnay erzeugt, doch allmählich geht der Trend hin zu ökologischem oder biodynamischem Anbau und handwerklich bereiteten, terroirbetonten Weinen, die mit den besten der Côte d'Or konkurrieren können. Vorreiter dieser Bewegung sind Jean-Jacques Robert, Jean Thévenet und Jean-Marie Guffens neben den Côte-d'Or-Erzeugern Dominique Lafon und Anne-Claude Leflaive.

Hauptrebsorten

Rot

Gamay

Pinot Noir

Weiß

Chardonnay

Jahrgänge

2010
Erwartungsgemäß sehr uneinheitlich. Das kalte, wechselhafte Wetter, dazu Hagel im Sommer und Regen bei der Lese, hat vielerorts die Qualität beeinträchtigt.

2009
Sehr sauberer, vielversprechender Jahrgang mit etwas niedrigeren Erträgen als sonst.

2008
Uneinheitlich. Ertragseinbußen von über 6 % durch schlechten Fruchtansatz, hier und da Fäulnis und Krankheiten.

2007
Könnte der Jahrgang des Jahrzehnts werden, v. a. für herausragende, langlebige Chardonnay-Weine.

2006
Kühl und nass vor der Lese, dann wärmere bis hin zu normalen Bedingungen. In der Regel gute Weine.

2005
Im Allgemeinen exzellent; ausgereifte Trauben führen zu natürlicher Reichhaltigkeit.

Das Mâconnais mit seinen sanften Hügeln und Ebenen, umrahmt von der Côte Chalonnaise im Norden, dem Beaujolais im Süden und im Westen vom Fluss Saône begrenzt, ist eine ländliche Gegend, geprägt von Weiden für die Charolais-Rinder, Obstgärten, Weinbergen und Dörfern mit der unverzichtbaren romanischen Kirche. Für die AC Mâcon-Villages sind 43 Gemeinden zugelassen. Diese Ortschaften liegen im ganzen Anbaubereich verstreut, die besten jedoch – La Roche-Vineuse (Olivier Merlin), Verzé und Milly-Lamartine (Dominique Lafon) – finden sich im Süden, unweit der Stadt Mâcon. Hier nimmt die Landschaft ein ganz anderes Aussehen an.

Zwei hoch emporragende Felsen, der Solutré und der Vergisson, sorgen für exzellenten Wasserabzug und mehr Sonneneinstrahlung als irgendwo sonst im Mâconnais. Der Felssporn Vergisson ist allerdings nicht ganz so spektakulär wie der Solutré, der in der Steinzeit als Jagdrevier diente. Von hier stammender Chardonnay, sofern er sorgfältig bereitet ist, kann es durchaus mit den berühmten Gewächsen aus Meursault oder Montrachet aufnehmen. Vergisson, Solutré-Pouilly, Fuissé (eine historische Römersiedlung) und Chaintré bilden die Appellation Pouilly-Fuissé. Pouilly-Vinzelles und Pouilly-Loché heißen die beiden kleinen Nachbarappellationen. Als AC St-Véran klassifiziert sind Weinberge nördlich und südlich von Pouilly-Fuissé – ursprünglich sollte diese Appellation einen Unterbereich der AC Pouilly-Fuissé bilden. Die besten St-Véran-Weine kommen aus der Gemeinde Davayé.

An der Côte d'Or weisen die *climats*, die Weinbergnamen, den Weg zu den besten Gewächsen. Hier im Mâconnais gibt es keine Grands und Premiers Crus. Nicht klassifizierte Weinberge, sogenannte *lieux-dits*, wie Les Reisses (im Besitz der Domaine Robert-Denogent) oder La Croix in Pouilly-Fuissé erwerben sich sukzessive den Ruf als inoffizielle Grands Crus, einstweilen jedoch sind die hiesigen Abfüllungen eher unter ihren regionalen oder AC-Namen bekannt. Wie auch an der Côte d'Or wird ziemlich viel mittelmäßiger Wein nur auf der Basis berühmter Namen verkauft, ohne dass die Qualität die überteuerten Preise rechtfertigen würde. Glücklicherweise hat aber auch in diesem Anbaubereich eine neue Ära begonnen, und allmählich zeigt sich sein wahres Potenzial. Trotz des wachsenden Renommees halten sich die Preise, vor allem für Etiketten im oberen Segment, noch immer im Rahmen dessen, was man vom südlichen Burgund erwartet.

Die Römer und später die Mönche von Cluny haben der Weinwirtschaft des Mâconnais Gestalt verliehen – im Jahr 1660 ließ Ludwig XIV. Weine der Region bei Hofe kredenzen. Chardonnay ist die meistangepflanzte Rebsorte und macht zwei Drittel der Produktion aus, wobei das Gros nach wie vor weit unter seinen Möglichkeiten liegt. Die besten Chardonnay-Abfüllungen sind dezent eichenwürzig und leicht buttrig, mit sanften Apfel-, Birnen-, Zitrus-, blumigen, Wiesen- und oft intensiv mineralischen Noten. Ihrer Eleganz, Subtilität und hohen natürlichen Säure wegen eignen sie sich gut als Essensbegleiter, beispielsweise zu Meeresfrüchten, Kalbsbries, Foie gras, Fondue oder vielleicht auch zu in Cidre gegarten Jakobsmuscheln. Die besten eichengereiften Versionen sind in der Regel üppiger: Honigartige, nussige, balsamische und toastwürzige Noten runden die fruchtigen, blumigen und mineralischen Elemente ab. Solche Weine können fünf Jahre und länger brauchen, um sich gänzlich zu öffnen.

Bret Brothers & La Soufrandière

Mit ihren vom Demeter-Verband für biologisch-dynamischen Anbau zertifizierten eigenen Weinbergen in Pouilly-Vinzelles, Mâcon-Vinzelles und Beaujolais-Villages sowie einem weit gespannten Netzwerk von Winzern für ihre Négociant-Weine machen sich Jean-Guillaume und Jean-Philippe Bret mit ihren runden, verführerisch fruchtigen Weinen einen Namen. Die aus Paris gebürtigen Brüder übernahmen nach dem Weinbaustudium und der praktischen Ausbildung bei diversen Erzeugern im Jahr 2000 die Domaine La Soufrandière. Der Chardonnay La Soufrandière Pouilly-Vinzelles Climat »Les Quarts« zählt zu ihren feinsten Gewächsen. ★**Aufsteiger**

71680 Vinzelles; www.bretbrothers.com

Château de Beauregard

Die Weine des familiengeführten Château betonen die kreidige Mineralität und Individualität einzigartiger *climats* im Mâconnais. Zu ihren *lieu-dit-*, also Einzellagenetiketten zählen Aux Charmes und La Maréchaude aus Vergisson sowie der opulente Vers Pouilly aus Fuissé. Der Grand Beauregard, der von den besten Pouilly-Fuissé-Partien bereitet wird, hält einem Vergleich mit den Grands Crus der Côte d'Or stand. Frédéric Marc Burrier leitet das Gut, das 20 ha Rebland in Pouilly-Fuissé und 7 ha in St-Véran besitzt, in fünfter Generation. Er setzt zum Erhalt der Terroircharakteristik auf eine Weinbereitung ohne große Eingriffe. ★**Aufsteiger**

71960 Fuissé; www.joseph-burrier.com

Château Fuissé

Die Familie Vincent besitzt Château Fuissé seit 1862; gegenwärtig wird es von Vater Jean-Jacques und Sohn Antoine Vincent geleitet. Das Kernstück des Guts bildet eine Parzelle mit 60 Jahre alten Reben, die den intensiven, mineralischen und langlebigen Château Fuissé Vieilles Vignes erbringen. Der Les Brûlés stammt von einem nach Süden ausgerichteten Hang und ist dementsprechend kraftvoll und konzentriert. Alle Weine werden im Fass vergoren und gereift, zeigen also rauchige Eichennoten. Die Familie bereitet auch Weine von zugekauftem Traubenmaterial, die sie unter der Marke Vincent vertreibt.

71960 Fuissé; www.chateau-fuisse.fr

Domaine de L'Ancestra

Cyril Alonso denkt gänzlich unkonventionell – er wählt Parzellen in erstklassigen Weinbergen aus, überwacht den Traubenanbau und bereitet dann die Weine mit einem kompromisslos natürlichen Ansatz. Sein ungewöhnlicher Mâcon-Chaintré von 60 Jahre alten Reben wird mit Wildhefen im Fass vergoren und verbringt 24 Monate auf der Hefe im Tank. Und dann wird dieses nussige, honigartige Gewächs vor der Freigabe sage und schreibe fünf Jahre in der Flasche gereift! Kein Wunder, dass Cyrils ungewohnter (Natur-)Weinstil auf dem Exportmarkt gut ankommt – sogar der spanische Gourmettempel El Bulli zählte zu den Abnehmern.★**Aufsteiger**

Route de Graves, 69480 Anse; Tel. 06 78 07 40 40

Domaine de la Bongran

Jean Thévenet ist einer der einflussreichsten und womöglich umstrittensten Erzeuger des Mâconnais. Die Anfang des 15. Jahrhunderts mit dem Küfereihandwerk begonnene Familientradition fortsetzend, haben sich Jean und

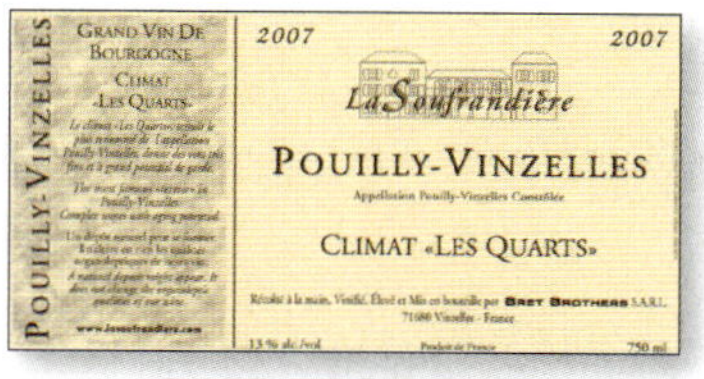

BRET BROTHERS
ZWEI BRÜDER ÜBERNAHMEN 2000 DEN CLIMAT »LES QUARTS« – DAS ERGEBNIS IST FEIN UND ELEGANT

CHÂTEAU FUISSÉ
DER WEIN VON ALTEN REBEN AN EINEM SONNIGEN HANG IST INTENSIV UND LANGLEBIG

sein Sohn Gauthier mit ihrem einzigartig reifen bis überreifen Chardonnay einen Namen gemacht. Jean leitet das Vorzeigegut an den Ausläufern des Weinbergs Quintaine. Die Leitung der Domaine Emilian Gillet teilt er sich mit seinem Sohn, während Gauthier dem dritten Familiengut, der Domaine de Roally, allein vorsteht. Die Kontroversen entzünden sich an der Verwendung edelfauler Trauben sowie dem Restzuckergehalt der Weine.

71260 Clessé; www.bongran.com

Domaine Cordier Père et Fils

Die Weine der Domaine Cordier sind ebenso reichhaltig, eichenwürzig und terroirbetont wie viele feine Puligny-Montrachet- und Chassagne-Montrachet-Gewächse. Die Trauben der biologisch-dynamisch bewirtschafteten Weinberge werden selektiv gelesen, was dem visionären Weinmacher Christophe Cordier einen Vorsprung verschafft. Cordier arbeitet oft nur mit der Hälfte der für die AC zugelassenen Ertragsmenge und lässt den Most dann lang und langsam in Eiche gären (teils in Fässern, die er von der Kult-Domaine Ramonet in Chassagne-Montrachet kauft, siehe S. 248). Zu den Spitzenweinen zählen der St-Véran, der Pouilly-Loché und der Pouilly-Fuissé Les Vignes Blanches. ★**Aufsteiger**

Les Molards, 71960 Fuissé; Tel. 03 85 35 62 89

Domaine de la Croix Senaillet

Die Weinberge der Domaine de la Croix Senaillet liegen am Solutré-Felsen in Davayé. Das namengebende Kreuz wurde der Gemeinde 1866 vom damaligen Bürgermeister Benoît Senaillet geschenkt und ersetzte das während der Französischen Revolution zerstörte Kreuz. Maurice Martin und seine Söhne Richard und Stéphane erzeugen runde, cremige Weine von 60 verschiedenen Parzellen mit im Schnitt 35-jährigen, also im besten Rebenalter befindlichen Stöcken. Besonders bemerkenswert sind der St-Véran Les Buis und der St-Véran La Grande Bruyère.

71960 Davayé; www.domainecroixsenaillet.com

Domaine Daniel Barraud

Daniel Barrauds zu 100 % ökologische Weine werden oft mit Côte-d'Or-Gewächsen aus Meursault oder Chassagne-Montrachet verglichen. Sie sind üppig und honigartig, mit jener Seidigkeit und Mineralität, die feinen weißen Burgunder auszeichnet. Zu den von Daniel und Sohn Julien sorgfältig bereiteten Weinen zählen der erlesene Pouilly-Fuissé Alliance Vergisson von verschiedenen Parzellen mit alten Reben in Vergisson, deren jede eine eigene Nuance mit ins Spiel bringt, sowie der zitrusfruchtige, hocharomatische Mâcon-Vergisson La Roche. Der Pouilly-Fuissé La Verchère Vieilles Vignes führt die Appellation zu neuen Höhen und beweist Daniels Händchen für Eiche: Ein Hauch toastwürzige Eiche fügt den Apfel-, Zitrus- und Hefenoten Reichhaltigkeit und Fülle hinzu. ★**Aufsteiger**

71960 Fuissé; www.domainebarraud.com

Domaine des Deux Roches

Die Eigentümer Christian Collovray und Jean-Luc Terrier sind seit Kindertagen befreundet. Ihre St-Véran-Weine sind nicht nur nach den beiden Felsen Vergisson und Solutré benannt, sondern auch fast ebenso berühmt wie diese und eine echte Konkurrenz für Meursault. Der hoch angesehene Les Terres Noirs von einem Weinberg mit

ROGER LASSARAT
MINERALITÄT, ZITRUS- UND STEINFRUCHT SIND VON SANFTER EICHENWÜRZE UNTERLEGT

DOMAINE DE ROALLY
DIE MEHR ALS EINJÄHRIGE GÄRUNG IM TANK SORGT FÜR EINZIGARTIGEN CHARAKTER

dunklem Boden und Kalkmergel besitzt einen einzigartig mineralischen Charakter. Dieser wie auch die Pouilly-Fuissé- und Mâcon-Villages-Weine zeigen Reichhaltigkeit, Mineralität sowie Apfel- und Zitrusnoten.

Route de Fuissé, 71960 Davayé; Tel. 03 85 35 86 51

Domaine Drouin

Die Weine der Domaine Drouin schneiden bei Mâconnais-Blindverkostungen für Publikationen wie *Decanter* oder *Guide Hachette* oft mit am besten ab. Thierry und Corinne Drouins kleinen Betrieb sollte man im Auge behalten. Die in Eiche vergorenen und gereiften Weine sind üppig und cremig, aber stets mit schöner Säure und leichter Mineralität. Die Kellerei liegt in der Nähe des berühmten Vergisson-Felsens.

Le Grand Pré, 71960 Vergisson
www.domaine-drouin.com

Domaine J. A. Ferret

Die 1840 gegründete Domaine J. A. Ferret wurde von Colette Ferret bis zu ihrem Tod 2007 geführt und im folgenden Jahr von Maison Louis Jadot (siehe S. 251) erworben. Das renommierte 18-ha-Gut mitten in Fuissé füllte 1942 erstmals eigenen Wein ab, was andere Winzer der Appellation zur Nachahmung ermunterte. *Lieu-dit*-Weine der Domaine sind Le Clos, Les Ménétrières (von alten Reben), Le Tournant de Pouilly und Les Perrières. Pierre-Henry Gagey, Chef von Jadot, will zusammen mit Audrey Braccini, die jetzt für das Gut verantwortlich ist, den hauseigenen Stil rauchiger, alterungsfähiger Chardonnays fortführen. Spektakulär ist der Pouilly-Fuissé mit tropischer Frucht und süßer Eiche, aber auch der AC-typischen kreidigen Mineralität und lebhaften Säure.

71960 Fuissé; www.domaine-ferret.com

Domaine Guffens-Heynen

Der Belgier Jean-Marie Guffens ist, wenngleich etwas weniger extravagant, für das Mâconnais, was Robert Mondavi für das Napa Valley war: Visionär, Vater und Erzeuger von Gewächsen, die zu den feinsten der Appellation gezählt werden. Sein 3,6-ha-Gut in Pouilly-Fuissé ist bekannt für fest gefügte Weine wie den spannungsreichen, an Riesling erinnernden Mâcon-Pierreclos Le Chavigne und den fetteren, cremigeren und nougatartigen Mâcon-Pierreclos Tri de Chavigne (von der Parzelle mit den ältesten Reben). Auch die Weine seines Négociant-Unternehmens, Maison Verget, zeigen fantastische Mineralität und tadellose natürliche Säure.

71960 Vergisson; www.verget-sa.com

Domaine Henri Perrusset

Vor gut 25 Jahren traf der US-amerikanische Weinimporteur Kermit Lynch in einer französischen Fernfahrerkneipe einen 21-Jährigen, der, wie sich herausstellte, ebenfalls mit Wein zu tun hatte: Henri Perrusset. Der hatte gerade seine ersten Weine herausgebracht, und nachdem Lynch sie verkostet hatte, kaufte er alles, was er kriegen konnte. Am besten ist der sanfte, blumige Mâcon-Farges von einem Chardonnay-Weinberg am Ortsrand, doch auch der Mâcon-Villages ist eine Freude. Henris frische, lebhafte Weine mit Apfel- und blumigen Noten sind absolut frei von Eiche und Buttrigkeit.

71700 Farges lès Mâcon; Tel. 03 85 40 51 88

Domaine Luquet Roger

Die Familie Luquet erzeugt in fünfter Generation Wein, eine Tradition, die 1847 mit Benoît Luquet begann. Roger und seine Frau Renée, die die Domaine seit 1966 leiten, haben den Besitz um namhafte Lagen wie Clos de Condemine und Les Mulots erweitert, von denen sie fruchtigen, eleganten Mâcon-Villages bereiten. Zudem erzeugen sie, jetzt mit Unterstützung ihrer Kinder, auch den Pouilly-Fuissé Vieilles Vignes in klassischem Stil und den exotisch fruchtigen Pouilly-Fuissé Terroir. 70 % der umfangreichen Produktion gehen in den Export, sodass es nicht schwer sein dürfte, die eine oder andere Flasche aufzutreiben.

Rue du Bourg, 71960 Fuissé; www.domaine-luquet.com

Domaine Manciat-Poncet

Nachdem sie über 20 Jahre lang ihren Wein im Fass verkauft hatten, gründeten Claude Manciat und Simone Poncet 1979 ihre Domaine, indem sie den Besitz beider Familien vereinten. Das inzwischen von Tochter Marie-Pierre und Schwiegersohn Olivier Larochette geführte Gut erzeugt weiterhin jene eichenwürzigen, buttrigen Weine, für die es bekannt ist. Hierzu zählen der Mâcon-Charnay Les Chênes (der Mâcon-Charnay kommt nicht mit Eiche in Berührung) und der Pouilly-Fuissé Les Crays Vieilles Vignes. Trotz ihrer üppigen, buttrigen Art sind die Weine frisch und lebhaft mit gutem Säurerückgrat. Beliebt, aber weniger komplex ist der rote Mâcon-Bussières.

65, chemin des Gérards, 71850 Charnay-lès-Mâcon
Tel. 03 85 29 22 93

Domaine Michel Cheveau

Das in den 1950er-Jahren von André Cheveau gegründete Gut wird jetzt von Sohn Michel und Enkel Nicolas geleitet. Der Stil der Weine ist elegant und unaufdringlich, oft mit deutlichen Vanille- und Röstnoten vom Eichenausbau. Der bekannte Mâcon-Chaintré Le Clos wird oft mit Meursault verglichen. Weithin beliebt sind die weniger eichenbetonten Etiketten Mâcon-Fuissé Les Grandes Bruyères und St-Véran Terroir de Davayé. Auch guter Beaujolais-Villages Or Rouge.

Hameau de Pouilly, 71960 Solutré-Pouilly
www.domaine-cheveau.com

Domaine Michel Delorme

Der Pouilly-Fuissé-Spezialist in Vergisson besteht seit 1820. Michel und seine Eltern kümmern sich um die 4 ha Weinberge mit vielen alten, 40- bis 80-jährigen Reben. Dank der erstklassigen Lagen mit Süd- oder Südostausrichtung am Vergisson-Felsen sind die Weine reichhaltig und komplex. La Maréchaude etwa erbringt eines der besten Einzellagengewächse der AC Pouilly-Fuissé, während der Pouilly-Fuissé Vieilles Vignes ein Verschnitt von einigen Parzellen mit alten Reben ist. Besucher empfängt die Familie in ihrer 2003 erbauten Kellerei.

71960 Vergisson; www.pouillyfuisse-delorme.com

Domaine Olivier Merlin

Merlins Weine werden zu den besten Mâcon-Gewächsen gezählt. Olivier und seine Frau Corinne haben die zunächst gepachtete und dann erworbene Domaine Vieux St-Sorlin mit Rebland in La Roche-Vineuse und Viré-Clessé sorgfältig restauriert. Später kauften sie noch 0,8 ha im Weinberg St-Véran le Grand Bussière hinzu. Nicht von eigenem Besitz stammt ihr exzellenter Pouilly-Fuissé von alten Reben. Die Weine werden im Fass vergoren, inklusive biologischem Säureabbau, was zu einem leicht eichenwürzigen, buttrigen und fruchtbetonten Hausstil führt.

La Roche Vineuse, 71960 Fuissé; www.merlin-vins.com

Domaine de Pouilly

Seit 1933, als Petrus Besson vom Weinmacher zum Besitzer avancierte, genießt die Domaine de Pouilly einen guten Ruf für feine und dennoch fest strukturierte Weine. Sie sind in der Regel üppig, aber nicht eichenbetont. Das 15-ha-Gut mitten in Pouilly mit einigen der ältesten Reben der Appellation ist noch immer in Familienbesitz und wird gegenwärtig von André und seinem Sohn Vincent geleitet. 1999 überließ der Vater seinem Sohn eine kleine Parzelle, von der Vincent unter dem Namen Domaine Vincent Besson einen eigenen Wein abfüllt.

71960 Solutré-Pouilly; www.domainedepouilly.com

Domaine de Roally

Henri Goyard gründete sein auf einem Kalksteinrücken oberhalb der Saône gelegenes Gut in einer Gegend, die heute zur AC Viré-Clessé gehört. Jean Thévenets Sohn Gauthier (siehe Domaine de la Bongran, S. 257) ist der jetzige Besitzer der 5,6-ha-Parzelle mit altem Rebbestand – ein Mix verschiedener Chardonnay-Klone –, die er nachhaltig bewirtschaftet. Die Weine werden bis zu 16 Monate im Tank vergoren. Sie weisen nach der Freigabe häufig noch ein wenig Restsüße auf, was die AC-Vorschriften nicht zulassen, sodass der mineralische Viré-Clessé mit Benzin- und Hefenoten und der Mâcon-Montbellet oft als einfacher Mâcon-Village etikettiert sind.

Quintaine Cidex 654, 71260 Clessé; Tel. 03 85 36 94 03

Domaine Robert-Denogent

Jean-Jacques Robert erzeugt fantastischen Pouilly-Fuissé in einer leider als mittelmäßig geltenden Appellation. Zu seinem Besitz zählen einige der besten Weinberge des Bereichs; zwei davon sind *monopoles* (in Alleinbesitz befindliche Lagen). Robert verwendet weder Chaptalisierung (Zuckerzusatz zum Most) noch Schwefeldioxid oder Filtration, wohl aber Eiche, und das mit Geschick. Sein leckerer, honigartiger Les Reisses und der fleischige, ingwerwürzige La Croix wären fraglos Grands Crus, wenn es in dieser AC welche gäbe. Die Weine dieser Domaine sind hell und intensiv, oft mit Benzin- oder Fenchelnoten, und alle sind langlebig. ★**Aufsteiger**

Le Plan, 71960 Fuissé
www.robert-denogent.com

Domaine Roger Lassarat

Roger Lassarat hat sich mit seinen stets hochwertigen St-Véran- und Pouilly-Fuissé-Erzeugnissen einen Namen gemacht, etwa mit dem spektakulären Pouilly-Fuissé namens Racines von drei Parzellen mit 100 Jahre alten Reben in Solutré und Vergisson. Roger betreibt umweltschonenden Anbau, beschränkt die Erträge, verwendet ausschließlich Wildhefen und füllt die Weine ohne Schönung und Filtration ab. Diese sind bemerkenswert mineralisch, mit klaren Zitrus- und Steinobstnoten, getrockneten Kräutern und Untertönen von Eiche.

Le Martelet, 71960 Vergisson; www.roger-lassarat.com

Domaine Ste-Barbe

Jean-Marie Chaland erzeugt weniger als 30 000 Flaschen überragender Weine, unter anderem Mâcon-Villages und Viré-Clessé Vieilles Vignes. Sie sollten im zur Domaine gehörenden Hotel absteigen, um in ihren Genuss zu kommen! Fragen Sie nach dem reichhaltigen, toastwürzigen und champagnerartigen Crémant de Bourgogne Brut Perle de Roche oder aber nach dem edelsüßen Chardonnay Vendange Tardive (Spätlese) dieses zertifizierten biodynamischen Erzeugers.

71260 Viré; www.jeanmariechaland.com

Domaine Saumaize-Michelin

Roger Saumaize und seine Frau Christine Michelin empfangen Besucher in ihrer Kellerei mit herzlicher Gastfreundschaft. Die Reben ihres biologisch-dynamisch bewirtschafteten Weinbergs in Vergisson sind im Schnitt 40 Jahre alt. Die weichen, runden Weine werden, einschließlich biologischem Säureabbau, im Fass vergoren (bis zu 25 % neue Eiche). Heraus kommt seidiger, fetter Chardonnay mit der typischen Opulenz großer Gewächse seiner Art. Am bekanntesten sind der Mâcon-Villages Les Sertaux, der St-Véran Vieilles Vignes und der Pouilly-Fuissé Pentacrine. Auch roter Mâcon auf Gamay-Basis.

71960 Vergisson; www.domaine-saumaize-michelin.com

Les Héretiers du Comte Lafon

Die Weine von Comtes Lafon zählen zu den feinsten der Welt (siehe Domaine des Comtes Lafon, S. 241). Hier im Mâconnais erzeugt Dominique Lafon ähnlich geartete, verschwenderisch üppige Weine. Seine Zauberformel ist biodynamischer Anbau, Ertragsbeschränkung und Grünschnitt im Weinberg, gefolgt von biologischem Säureabbau im Keller. Die Einzellagenweine sind exzellent, darunter der Mâcon-Milly-Lamartine Clos du Four, der Mâcon-Uchizy Les Maranches und der Mâcon-Chardonnay Clos de la Crochette (vom mutmaßlich ältesten Chardonnay-Weinberg der Welt).

71960 Milly-Lamartine; www.comtes-lafon.fr

Jean Manciat

Jean Manciats Mâcon-Charnay Franclieu und in geringerem Umfang auch seine Village-Weine aus Mâcon besitzen herrliche Finesse und zeigen klassische Apfel-, blumige und mineralische Noten mit rassiger Säure. Er setzt auf minimale Eingriffe im Keller, geringe Erträge und natürlichen Anbau. Der Mâcon-Charnay Vieilles Vignes, der Pouilly-Fuissé und der St-Véran sind leicht eichenwürzig, honigartig und nussig, aber dezent.

557, chemin des Gérards, 71850 Charnay-lès-Mâcon
Tel. 03 85 34 35 50

Rijckaert

Jean Rijckaert war Partner bei Jean-Marie Guffens' Négociant-Haus (siehe Domaine Guffens-Heynen, S. 258) und hat dessen Stil übernommen: ausgeprägte Mineralität und erfrischende, lebhafte Säure. Rijckaert, der seinen eigenen Betrieb 1998 gründete, lässt die Trauben der betonten Fruchtigkeit wegen jedoch unzerkleinert und im Fass (mit etwas neuer Eiche) gären. Heraus kommen ein Plus an Kompexität sowie Haselnussnoten. Der Domaine ist ein kleines Hotel angeschlossen.

71570 Leynes; www.rijckaert.fr

DEUX ROCHES

Zwei Kalksteinfelsen, der Solutré und der (nicht ganz so imposante) Vergisson, ragen steil aus der Ebene auf. Diese knapp 500 m hohen Deux Roches wurden einst als Jagdgründe genutzt, wo steinzeitliche Jäger zunächst dem Wollnashorn aus der Eiszeit und später Pferden und Rentieren nachstellten, die zu Hunderten die Hänge hinauf in den Tod getrieben wurden. Die Gipfel der beiden Felsen boten den prähistorischen Bewohnern Unterschlupf und Schutz vor den Fluten der Saône. Viele ihrer Feuersteinwaffen und -werkzeuge sind heute im Musée Départemental de Préhistoire in Solutré-Pouilly zu besichtigen. Vom Gipfel des Solutré-Felsens reicht der Blick an klaren Tagen über die Weinberge und das Saône-Tal bis hin zu den Juraausläufern bei Bugey. Klettern, Wandern oder Radfahren bieten eine wunderbare Vor- oder Nachmittagsbeschäftigung, bevor man sich dem Genuss der lokalen Weine und Gerichte hingibt. Wer es weniger anstrengend mag, kann die Landschaft auch bei einer Fahrt mit dem Heißluftballon bestaunen.

BEAUJOLAIS

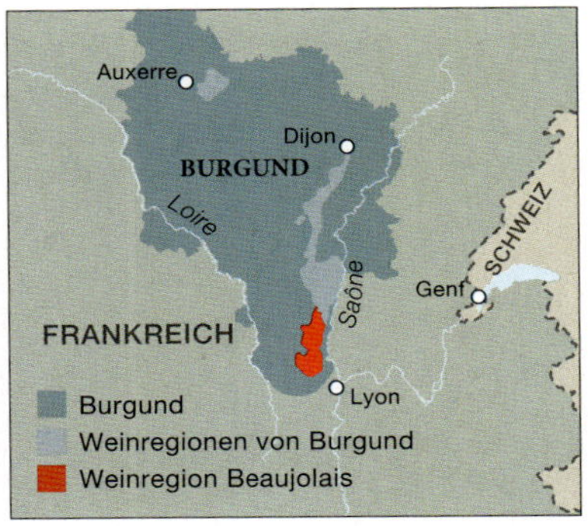

Trotz des bekannten Namens bleibt der Beaujolais ein missverstandener Wein aus einer missverstandenen Region. Eingeweihte wissen allerdings, dass die besten Exemplare gut zum Essen passen, köstlich und erschwinglich sind und teilweise von höchst talentierten Weinmachern bereitet werden. Die größte Verwirrung herrscht hinsichtlich des Beaujolais Nouveau. Obwohl dieser Tuttifrutti-Tropfen nur ein Drittel der Produktion des Bereichs ausmacht, dominiert er das Bewusstsein der Öffentlichkeit. Im Schatten des jährlichen Nouveau-Rummels stehen die weitaus lohnenderen Erzeugnisse der zehn Crus, das heißt der Einzelappellationen, im Norden des Anbaugebiets, wo Granitverwitterungsböden vorherrschen.

Hauptrebsorten

Rot

Gamay

Weiß

Chardonnay

Jahrgänge

2010
Etwas kühler als 2009; erste Ergebnisse zeigen gute Konzentration und Säure.

2009
Hervorragender Jahrgang.

2008
Teilweise Hagelschaden im Norden, ansonsten sehr gut.

2007
Wechselhaft; gute Weine von guten Erzeugern.

2006
Überall sehr gut.

2005
Viel Wärme führte zu manch ausgezeichneten,wenngleich recht reifen Weinen.

Millionen knorriger Gamay-Stöcke ziehen sich ohne jedes Erziehungssystem an den hübschen Hängen des Weinbaugebiets entlang. Beaujolais, das bedeutet in erster Linie Gamay – oder *gamay noir à jus blanc*, wie die Sorte hier genannt wird. Die Traube erbringt Weine, die vorwiegend nach der Bewertung »zum Runterkippen« zu streben scheinen. Den burgundischen Herzog Philipp den Kühnen (1342–1404) jedenfalls reizte die rentable Sorte so sehr, dass er sie aus seinem Gebiet verbannte und ins Beaujolais verwies, um die edle Pinot-Noir-Rebe zu schützen. Die fruchtbare, dünnschalige Gamay reift früh und bringt nicht selten belanglose Ex-und-Hopp-Tropfen hervor.

Der Inbegriff dieses Weinstils ist der Beaujolais Nouveau. In den 1970er-Jahre begann der Négociant Georges Dubœuf, heute als »König des Beaujolais« bekannt, die Ankunft des neuen Weins im November in ein weltweites Spektakel zu verwandeln. Den Weinen von kaum zehn Wochen zuvor gelesenen Trauben muss mitunter noch in Form von Zucker unter die Arme gegriffen werden: Er wird in den Gärtank geschüttet, während industriell erzeugte Hefen den Gärprozess vollenden. Heute ist Dubœuf einer der bedeutendsten Exporteure von französischem Wein.

Vor diesem Hintergrund beschritt eine Gruppe kleiner Erzeuger neue Wege. In weltanschaulicher Hinsicht von Jules Chauvet, dem französischen Guru der natürlichen Weinbereitung, und in praktischer von Marcel Lapierre angeführt, favorisierte die »Fünferbande« (heute sind sie noch zu viert) alte Reben gegenüber jungen, langsame versus rasche Gärung und Wild- contra Kulturhefen. Auf diese Weise wurde die Region zu einer Brutstätte von »Naturweinen«, die auf der Basis minimaler Eingriffe in Weinberg und Keller erzeugt werden.

Die meisten dieser Qualitätserzeuger sind in einem der zehn Unterbereiche im nördlichen Beaujolais ansässig, die man Crus nennt: die Einzelappellationen des Beaujolais. Verwirrend für Uneingeweihte ist, dass der Name Beaujolais nur selten auf den Etiketten dieser Cru-Weine erscheint und stattdessen der Name der kommunalen Appellation genannt wird.

Die rosafarbenen Granitsandböden von Moulin-à-Vent erbringen einige der seriösesten, strukturiertesten und alterungsfähigsten Cru-Weine. Die Gewächse der Nachbar-AC Fleurie betören zunächst durch einen herrlichen Duft, bevor sie den Gaumen erfreuen. Die Schieferverwitterungsböden von Morgon sorgen für strukturierte Weine, vor allem von den Hängen der Côte du Py. Von der AC Côte de Brouilly an den Flanken eines erloschenen Vulkans kommen einige reichhaltige Rote. Das Lesegut von den südlich Brouillys gelegenen Weinbergen wird vorwiegend für Beaujolais Nouveau verwendet.

Während die niedrigen Preise für Land und Trauben eine Herausforderung für die Winzer und Anbauer darstellen, bieten sie burgundischen Weinmachern, die auf gute Terroirs aus sind, eine Chance – einige würden hier gern Pinot Noir anpflanzen, wenn es denn erlaubt wäre. Dies birgt eine Gefahr für Gamay, beinhaltet aber auch ein Kompliment an die Region: dass sie nämlich über lohnende Anbauflächen verfügt. Und selbst die von Gamay bereiteteten Weine bringen fest gefügte Ansichten ins Wanken, weil sie einen nicht selten reich belohnen und mit dem Alter sogar noch zulegen können.

Der Anbaubereich erzeugt darüber hinaus auch in geringem Umfang Weißweine von Chardonnay und winzige Mengen Rosé.

Château du Chatelard
Das Angebot von Sylvain und Isabelle Rosier weist eine Rarität auf: Weißwein. Der Beaujolais Blanc wird von – manchmal in Eiche ausgebautem – Chardonnay bereitet, der von steiniger Mineralität geprägte Beaujolais Blanc Vieilles Vignes besitzt beeindruckenden Schwung. Der rote Beaujolais Vieilles Vignes glänzt mit köstlicher Frucht-Säure-Balance. Gutes Preis-Leistungs-Verhältnis.

69220 Lancié
www.vins-du-beaujolais.com/chateauduchatelard

Château des Jacques Moulin-à-Vent
Das 1996 von Maison Louis Jadot (siehe S. 251) erworbene Gut erzeugt einige der elegantesten und langlebigsten Weine des gesamten Beaujolais. Weinmacher Jacques Lardière, der auch die Burgunder von Jadot erzeugt, unterzieht die Gamay-Trauben keiner Kohlensäuremaischung, sondern bereitet seine Moulin-à-Vent- genauso wie seine Pinot-Noir-Gewächse. Der 27-ha-Betrieb besitzt fünf verschiedene *clos;* besonders verlockend sind die Weine von La Roche und dem Clos des Rochegrès. Sie verbinden die süffige Qualität von Gamay mit der seriöseren Art von Pinot Noir und gingen bei Blindverkostungen anstandslos als rote Burgunder durch.

21, rue Eugène Spuller, 21203 Beaune; www.louisjadot.com

Château Thivin Côte de Brouilly
An der Südostflanke des verwitternden erloschenen Vulkans Mont Brouilly besitzt Claude Geoffray 8 ha Gamay. Einige seiner Reben werden nicht durch ein Erziehungssystem unterstützt, sondern klammern sich aus eigener Kraft an den steilen Hang. Die Gärung der zum Großteil nicht entrappten Trauben endet in großen Eichenfässern *(foudres)*, in denen die Weine auch reifen. Das 1877 gegründete Château Thivin erzeugt Brouilly- und Côte-de-Brouilly-Etiketten, darunter die saftige Cuvée Zaccharie.

69460 Odenas; www.chateau-thivin.com

Christian Ducroux Régnié
Christian Ducroux, der seit 25 Jahren ökologischen Anbau betreibt, bewirtschaftet jetzt 4 ha in der AC Régnié. Gras bedeckt den Boden zwischen den 60 bis 80 Jahre alten Reben, ein Pferdepflug reduziert die Bodenverdichtung. Die Weine sind von Demeter als biodynamisch zertifiziert. Ducroux setzt für die Vergärung Wildhefen ein und dann eine *maceration semi-carbonique*. Ein Teil seiner Weine wird ohne Schwefel abgefüllt; man sollte sie dekantieren, um ihrer überschwänglichen Frucht Raum zu geben. Ein Vergleich beider Versionen macht Spaß.

Thulon, 69430 Lantignié; Tel. 04 74 69 20 47

Christophe Pacalet
Nachdem er sich als Biochemiker und Chefkoch ausprobiert hatte, kehrte Christophe Pacalet ins Beaujolais zurück, um sich von seinem Onkel Marcel Lapierre (siehe S. 262) in die Geheimnisse der Weinbereitung einweihen zu lassen. Pacalet hat Parzellen in sechs der zehn Crus gepachtet, die er nachhaltig bewirtschaftet. Unter den sechs Etiketten besitzt der Côte de Brouilly exzellente Frucht und Säure, der (preiswerte) Moulin-à-Vent mehr Struktur. ★**Aufsteiger**

Sarl Les Marcellins, Les Bruyères, 69220 Cercié
www.christophepacalet.com

CHRISTOPHE PACALET
WIE ALLE ANDEREN BEAUJOLAIS-NOUVEAU-WEINE GELANGT AUCH DIESER NACH KURZER GÄRZEIT IM NOVEMBER IN DEN VERKAUF

CHÂTEAU DES JACQUES
DER GRANATROTE WEIN BEWEIST, DASS ES DURCHAUS AUCH LANGLEBIGEN GAMAY GIBT

Clos de la Roilette Fleurie
Alain Coudert bereitet die Weine auf dem 9-ha-Familienbesitz großteils von Reben, die sein Vater Fernand nach dem Kauf des Guts 1967 angepflanzt hatte. Seine Abfüllungen sind meist recht dunkel und körperreich für einen Fleurie – vielleicht deshalb, weil das Rebgelände beinahe noch in der AC Moulin-à-Vent liegt. Die üppige Cuvée Tardive altert bemerkenswert schön; besorgen Sie sich eine Magnumflasche zum Einlagern oder als repräsentatives Geschenk.

La Roilette, 69820 Fleurie
Tel. 04 74 69 84 37

Damien Coquelet Chiroubles
Man kann sich's zwar kaum vorstellen, aber seinen ersten Jahrgang (2007) bereitete Damien Coquelet mit gerade einmal 20 Jahren. Der Stiefsohn von Georges Descombes erzeugt seinen Wein von einem Teil der 80 Jahre alten Reben, die der Domaine Descombes in Chiroubles gehört. Coquelets Wein besitzt klare, intensive, konzentrierte Frucht und öffnet sich so richtig erst am zweiten Tag nach dem Entkorken der Flasche. Gut möglich, dass Damien weitere erstklassige Lagen entdeckt, man sollte ihn also unbedingt im Auge behalten. ★**Aufsteiger**

Vermont, 69910 Villié-Morgon; Tel. 04 74 69 16 67

Domaine Alain Michaud Côte de Brouilly
Seit ihrer Gründung im Jahr 1910 durch Jean Marie Michaud ist die Domaine in Familienbesitz. Alain Michaud, der gegenwärtige Eigentümer, übernahm die Gutsleitung 1973 von seinem Vater. Das Gros der Weine stammt von 9 ha Rebland in Brouilly, außerdem gehören dem Gut Parzellen in den Appellationen Morgon und Beaujolais. Die meisten der in Brouilly wachsenden Reben sind über 50 Jahre alt, manche sogar fast ein Jahrhundert – sie erbringen solide Weine.

Beauvoir, 69220 St-Lager; www.alain-michaud.fr

Domaine Diochon Moulin-à-Vent
Bernard Diochons Bekanntheit fußt auf zwei Dingen: seinem gewaltigen Schnurrbart und seinem stämmigen Moulin-à-Vent. Während man über das Alter seines Schnurrbarts nichts Näheres weiß, kennt man das Alter der Reben in der 2-ha-Parzelle in Moulin-à-Vent, aus denen der Vieilles Vignes Cuvée bereitet wird, genau: Sie sind 80 Jahre alt. Das Gut erzeugt zudem einen geradlinigen Moulin-à-Vent von dunkler Farbe und stämmiger Art mit straffer Tanninstruktur. Die Weine werden im großen Fass gereift und ungefiltert abgefüllt.

Le Moulin-à-Vent, 71570 Romanèche-Thorins
Tel. 03 85 35 52 42

Domaine Dominique Piron
Dominique, der als Weinmacher die 14. Generation der Familie Piron vertritt, und seine amerikanische Frau Kristine Mary ergänzen die Trauben der gutseigenen Reben durch etwas zugekaufte Frucht. Ihre erfolgreichsten Weine sind der Morgon und der Morgon Côte du Py, zu den weiteren Appellationen ihres Portfolios zählt Beaujolais Nouveau. In Zusammenarbeit mit Jean-Marc Lafont aus Brouilly bereitet Piron zudem einen Chénas namens Quartz.

69910 Villié-Morgon; Tel. 04 74 69 10 20

GEORGES DUBŒUF
EIN ROBUSTER WEIN VON EINEM DER ERFOLGREICHSTEN ERZEUGER FRANKREICHS

PIERRE-MARIE CHERMETTE
DER BLASSROSA ROSÉ IST ÜPPIG UND RUND – EIN PERFEKTES SOMMERGETRÄNK

Domaine Louis-Claude Desvignes
Morgon

Eigentümer Louis-Claude Desvignes arbeitet jetzt mit Tochter Claude-Emmanuelle zusammen, die die achte Generation von Weinmachern in der Familie vertritt. Die 13 ha Rebland liegen in zwei Teilen der AC Morgon Côtes du Py. Javernières, der größere der beiden Weinberge, erbringt reichhaltige, intensive Rote; noch mehr Struktur, dunkle Frucht und sogar etwas Mineralität besitzen die Abfüllungen von den 5 ha in der Côte du Py. Beide Weine können von einigen Jahren Einlagerung profitieren.

135, rue de la Voûte, 69910 Villié-Morgon
www.louis-claude-desvignes.com

Domaine de la Voûte des Crôzes
Côte de Brouilly

Nicole Chanrions saftiger Roter stammt von den schieferhaltigen Böden an den Hängen des Mont Brouilly. Die Domaine war über sechs Generationen vom Vater auf den Sohn vererbt worden, bis Nicole 1988 als erste Tochter die Verantwortung für das Gut und seine alten Reben (4 ha) übernahm. Ihre Weine gären langsam, und ihr Verschnitt von fünf *foudres* (großen Fässern) mit erfrischender Frucht und Säure sowie leichter Gewürznote ergibt gerade mal 2500 Kisten.

Les Crozes, 69220 Cercié; Tel. 04 74 66 80 37

Georges Dubœuf

Georges Dubœuf, Négociant und »König des Beaujolais«, besitzt eine der kommerziell erfolgreichsten Weinexportmarken ganz Frankreichs. In den 1970er-Jahren schuf er das Beaujolais-Nouveau-Phänomen, das die Nachfrage nach einem Wein von früh gelesenen Trauben anheizte, deren Vergärung oft mit zugesetztem Zucker und Industriehefen nachgeholfen wird. Obwohl der Nouveau und die auffallend bunt verzierten Etiketten von Dubœuf für viele Verbraucher und Erzeuger zu einem Synonym für den Anbaubereich geworden sind, hat das Phänomen in den letzten Jahren an Reiz eingebüßt und muss zunehmend mit anderen Niedrigpreisimporten konkurrieren. Dubœuf erzeugt auch einige Weine aus den Beaujolais Crus, darunter Brouilly und Chiroubles, sowie einen Morgon Jean Descombes. Das Unternehmen hat seine Anhänger, aber auch viele Gegner.

Keine Besuchereinrichtungen; www.duboeuf.com

Guy Breton Morgon

Als Guy Breton den Weinberg 1986 von seinem Großvater übernahm, beschloss er, die Trauben nicht länger an einen Négociant zu verkaufen, sondern seinen eigenen Gutswein zu bereiten. Seit damals verfolgt er einen natürlichen Ansatz mit Wildhefen und mindestens 15-tägiger Gärung im Fass. Das Lesegut der älteren Reben des kleinen Weinbergs wird separat als Vieilles Vignes abgefüllt: ein Wein mit pfeffrigen Aromen und überraschend heller Farbe, aber einem verlockenden Gemisch aus roten Früchten und Mineralität.

Les Nicouds, 69910 Villié-Morgon; Tel. 04 74 69 12 67

Jean Foillard Morgon

Wenn Sie nur einen einzigen Beaujolais verkosten dürften, spräche sehr viel für Foillard. Jean Foillard, der die Gutsleitung Anfang der 1980er-Jahre von seinem Vater übernahm, besitzt heute rund 10 ha in Morgon. Seine Reben bewirtschaftet er natürlich, obwohl er nicht als ökologischer oder gar biologisch-dynamischer Erzeuger zertifiziert ist. Er filtert seine Weine nicht und verwendet verschiedene kleine, aber nie neue Fässer sowie zwei große *foudres*. Der Côte du Py, ein fantastisches Exemplar von einer Parzelle an dem erloschenen Vulkan, verbindet lebhafte Frische mit einem seriösen, weichen Abgang. Die Weine sind bereits in der Jugend köstlich und sollten dekantiert werden, altern aber auch schön. Etwa 30 % der Produktion gehen in den Export, der Rest wird im Inland in kleinen Weinhandlungen und Restaurants verkauft.

Le Clachet, 69910 Villié-Morgon
Tel. 04 74 04 24 97

Jean-Marc Burgaud Morgon

Jean-Marc Burgaud begann 1989 und bewirtschaftet heute 19 ha Reben in verschiedenen Appellationen. Besondere Beachtung verdienen die beiden Morgon-Etiketten: der weiche und stilvolle Les Charmes und der muskulösere, strukturiertere Côte du Py, den man in der Jugend dekantieren oder einlagern sollte.

La Côte du Py, 69910 Villié-Morgon
www.jean-marc-burgaud.com

Jean-Paul Brun Côte de Brouilly

Jean-Paul Brun erzeugt einige der besten und authentischsten Weine der AC Beaujolais auf naturnahe und traditionelle Weise, u. a. durch die Verwendung von Wildhefen. Der Weinbergbesitz seiner Familie im Dörfchen Charnay umfasst 16 ha; von dort stammt auch das Flaggschiff Terres Dorées in Rot und Weiß, das sich stets zum Kauf empfiehlt. Für den Jahrgang 2007 wurde Brun für die Hälfte seines Terres Dorées die Deklaration als AC Beaujolais untersagt, was viel über die veralteten AC-Bestimmungen aussagt, aber nichts über die Qualität des Weins. Brun bringt auch Etiketten aus den Crus Brouilly und Morgon in Umlauf sowie den faszinierenden Schaumwein FRV 100, ein Wortspiel mit dem Adjektiv *effervescent* (»überschäumend«, »sprudelnd«).

69380 Charnay; www.louisdressner.com/Brun

Jean-Paul Thévenet Morgon

Das Mitglied der sogenannten Fünferbande (siehe Einleitung) bereitet köstliche Weine von seinem 5-ha-Weinberg in der AC Morgon, der gerade auf biologisch-dynamischen Anbau umgestellt wird. Zum großen Sortiment zählen der Morgon wie auch der Morgon Vieilles Vignes, beide erfrischend und faszinierend aromatisch dank des geringen Schwefeldioxidgehalts. Letzterer muss allerdings immer richtig gelagert werden, weshalb man besser erst mal eine Probeflasche bei seinem Händler kauft, bevor man eine ganze Kiste ordert. Thévenet arbeitet mittlerweile mit seinem Sohn Charly zusammen, der auch Rebland in der Nachbar-AC Régnie besitzt.

Le Clachet, 69910 Villié-Morgon; Tel. 04 74 04 21 43

Marcel Lapierre Morgon

Marcel Lapierre ist für seinen unerschütterlichen Glauben an natürliche Weinbereitung und seine Gutmütigkeit bekannt. Den Lehren Jules Chauvets folgend, begannen sich Lapierre und vier andere – Jean-Paul Thévenet, Jean Foillard, Guy Breton (siehe jeweils dort) sowie der 1990 verstorbene Joseph Chamonard – in den 1980er-Jahren gegen den Beaujolais-Nouveau-Hype aufzulehnen und bemühten sich stattdessen um die Bereitung von Weinen aus Einzellagen mit alten Reben – die so wenig Zusätze wie möglich enthalten sollten. In Lapierres Falls bedeutet das etwa eine minimale Zugabe von Schwefeldioxid, weshalb dem Glas verführerische Aromen entströmen. Lapierre genießt seine Weine gern mit den regionaltypischen Würsten und sagt, die einstige »Fünferbande« sei ebenso sehr durch Tafelfreuden zusammengeführt worden wie durch die gemeinsame Philosophie. Marcels Sohn Matthieu spielt eine immer größere Rolle auf der Domaine und vertritt eine ähnliche Weinbereitungsphilosophie der minimalen Intervention.

69910 Villié-Morgon
www.marcel-lapierre.com

Michel Chignard Fleurie

Michel Chignards Weinberge liegen in Fleurie und grenzen, wie jene von La Roilette, an Moulin-à-Vent. Das Paradestück von Chignards 20 ha Rebbesitz ist die 8-ha-Parzelle Les Moriers an einem steilen Granithang. Wenn die Bedingungen stimmen, kann Les Moriers Weine hervorbringen, die für die Appellation Maßstäbe setzen: mit der aromatischen Zartheit von Fleurie und der Fleischigkeit von Moulin-à-Vent.

Le Point de Jour, 69820 Fleurie
Tel. 04 74 04 11 87

Michel Tête/Domaine du Clos du Fief Juliénas

Michel Têtes alte, durch kein Erziehungssystem gebändigte Gamay-Rebstöcke in den Hanglagen der AC Juliénas erbringen saftige Weine. Die Bereitung ist natürlich, der Weinbau ökologisch, wenngleich nicht zertifiziert. Zu den Qualitätsmaßnahmen Têtes gehört, dass er eine eigene Abfüllanlage besitzt. Die Cuvée Prestige glänzt regelmäßig mit verlockenden Schwarzkirsch- und Pfefferaromen; am Gaumen zeigt sie sich in der Jugend mitunter verschlossen, weshalb man sie ein paar Jahre einkellern sollte. Tête erzeugt auch etwas Beaujolais-Villages und St-Amour.

69840 Juliénas; www.micheltete.com

Pascal Granger Juliénas

Der 1961 geborene Pascal Granger ist für die Weinbereitung in der seit 200 Jahren in Familienbesitz befindlichen Kellerei zuständig. Sie ist in einer seit dem 14. Jahrhundert säkularisierten Kirche untergebracht und verfügt über große wie kleine Eichenfässer sowie Edelstahltanks. Ausschließlich mit Letzteren kommt der einfache Juliénas in Berührung, während die Grande Réserve 24 Monate in kleinen Eichenfässern reift. Auf der Weinliste stehen auch ein Moulin-à-Vent, ein Chénas, ein weißer sowie eine roséfarbener Beaujolais-Village.

Les Poupets, 69840 Juliénas
www.cavespascalgranger.fr

Pierre-Marie Chermette/ Domaine du Vissoux

Pierre-Marie Chermette bereitet einen köstlich süffigen und erfrischenden Beaujolais unter Verwendung von Wildhefen und natürlich ausgereiften Trauben von ertragsbeschränkten Reben. Auch der Beaujolais Nouveau ist ein relativ solider Vertreter seiner Gattung. Strukturierter sind die Chermettes-Etiketten aus Moulin à Vent; der Les Deux Roches etwa besitzt so viel Struktur (von der Reifung im kleinen Eichenfass), dass er ohne Weiteres als Village-Burgunder durchgehen könnte.

69620 St-Vérand
www.chermette.fr

Potel-Aviron Morgon

Dieses Projekt, das mit dem Jahrgang 2000 begann, vereint die beiden jungen Weinmacher Nicolas Potel aus Nuits-St-Georges (siehe Maison Nicolas Potel, S. 232) und Stéphane Aviron, dessen Familie aus dem Beaujolais stammt. In der Art von Négociants wählen sie Lagen mit alten Reben in einer Vielzahl von Beaujolais-ACs aus und vinifizieren das Lesegut dann mit burgundischen Methoden wie Vergärung in kleinen (zu rund einem Viertel neuen) Eichenfässern. Der Chénas Vieilles Vignes enthält Frucht von 1913 gepflanzten Reben; der Morgon Côte du Py bietet Cru-Beaujolais in einer mächtigeren, dunkleren und dichteren Version. ★ **Aufsteiger**

2093, route des Deschamps, 71570 La-Chapelle-de-Guinchay
Tel. 03 85 36 76 18

Villa Ponciago Fleurie

Dieser Betrieb baut seit Jahrhunderten Reben an. Als Pierre-Marie Chermette (siehe dort) die Weine bereitete, zählten sie zu den besten von Fleurie. Im Juni 2008 verkaufte er das Gut jedoch an die Familie Henriot vom gleichnamigen Champagnerhaus, die sich auch in Burgund engagiert. In Anbetracht der 200-jährigen Erzeugergeschichte von Henriot und der langen Tradition des Guts mag es sonderbar anmuten, diesen Erzeuger als Aufsteiger zu bewerten, doch das in Villa Ponciago umbenannte einstige Château Poncié ist das erste Weingut, das der noch relativ junge Thomas Henriot leitet. Man sollte es auf jeden Fall im Auge behalten. ★ **Aufsteiger**

69820 Fleurie
www.villaponciago.fr

Yvon Métras Fleurie

Trotz seines enormen Renommees als einer der Pioniere des Beaujolais sind die Weine von Yvon Métras nach wie vor schwer aufzutreiben, sogar in Frankreich. Der durch und durch der natürlichen Bereitung anhängende Weinmacher erzeugt einen Beaujolais und mehrere Fleurie-Weine, darunter eine heiß begehrte Abfüllung von alten Reben; außerdem gibt es einen Moulin-à-Vent. Viel Glück bei der Suche!

La Pierre, 71570 Romanèche-Thorins
Tel. 03 85 35 59 82

WEINBEREITUNG IM BEAUJOLAIS: KOHLENSÄURE-MAISCHUNG

Die Lese im Beaujolais erfolgt in der Regel von Hand, was zwar teurer als maschinelle Lese, aber für die besondere Bereitungsart, die die Gamay-Traube mit der *macération carbonique* erfährt, notwendig ist: In den Keller müssen ganze Trauben mit unbeschädigten Beeren gelangen. Die Gärtanks werden mit ihnen gefüllt und luftdicht verschlossen. Das Gewicht der Trauben und Stiele zerdrückt die zuunterst im Tank liegende Frucht und setzt eine spontane Gärung in Gang. Das dabei freigesetzte Kohlendioxid steigt nach oben und schließt die unversehrten Trauben wie unter einer Schutzgasdecke luftdicht ab, was zu einer intrazellulären Gärung dieser Trauben führt. Der mit dieser Methode bereitete Wein ist in der Regel leicht, saftig und sehr fruchtig. Manche Erzeuger bevorzugen eine nur kurze (zweitägige) Kohlensäuremaischung, gefolgt vom traditionellen Pressen, Entrappen und der weiteren Vergärung im oben offenen Behälter.

CHAMPAGNE

Die Appellation Champagne umfasst 34000 Hektar, die sich auf 319 Dörfer in fünf Departements verteilen. Zwei Drittel der Fläche erstrecken sich im Departement Marne in unmittelbarer Umgebung der Städte Reims und Épernay, der Rest gehört zu Aube, Aisne, Haute-Marne und Seine-et-Marne. Anrecht auf das Prädikat »Champagner« hat ein Wein, wenn er aus dem ausgewiesenen Anbaugebiet stammt und nach einer bestimmten traditionellen Methode bereitet wurde. Dabei läuft unter anderem eine Zweitgärung in der Flasche ab, die zusammen mit der ausgesprochen nördlichen Lage und den kreidehaltigen Böden einen weltberühmten Schaumwein von unnachahmlicher Finesse und Komplexität sowie großartigem Charakter ergibt.

Hauptrebsorten

Rot

Pinot Meunier

Pinot Noir

Weiß

Chardonnay

Jahrgänge

2010
Wechselhafte Qualität. Chardonnay überall am besten.

2009
Warm und reifefördernd, trotzdem variable Qualität.

2008
Mitunter hervorragend. Verbindet Reife und hohe Säure.

2007
Kühl, daher feste Säure. Chardonnay wohl am besten.

2006
Die warme Saison förderte Ausgewogenheit und Finesse, vor allem bei Chardonnay.

2005
Der heiße Sommer erbrachte reife, dichte Weine. Manchen fehlt aber die rechte Balance.

2004
Eleganz und frische Säure.

2003
Strenge Fröste und ein heißer Sommer. Untypische Weine.

2002
Komplexe, konzentrierte, reintönige Weine. Herausragend.

2000
Früh reife, variable Gewächse.

Champagner wird aus drei Trauben bereitet: Pinot Noir und Pinot Meunier, beide rot, sowie Chardonnay, eine weiße Rebsorte. Ungeachtet deren Farbe aber liefern alle einen weißen Wein, denn die Schalen bleiben nicht im Most. Ausgenommen davon sind lediglich einige Rosé-Champagner, doch selbst sie bestehen mehrheitlich aus Weißen denen ein Quäntchen Rotwein zugegeben wird.

Die meisten Champagner sind ein Verschnitt aus allen drei Rebsorten. Wird ein Erzeugnis ausschließlich aus Chardonnay gekeltert, firmiert es als Blanc de Blancs. Liegen ihm hingegen rote Trauben zugrunde, etikettiert man es als Blanc de Noirs. Das Gros der Abfüllungen besteht zudem aus Grundweinen mehrerer Jahrgänge. Das gewährleistet eine gewisse saisonübergreifende Gleichförmigkeit in dieser nördlichen Anbaugegend, in der die Trauben mitunter nur schwer zur Reife gelangen. In außergewöhnlich guten Jahren kann außerdem ein Jahrgangs-Champagner bereitet werden, der nur aus dem Lesegut der jeweiligen Saison entsteht.

Der Löwenanteil aller Champagner kommt als Brut auf den Markt, ist also relativ trocken; noch trockener ist ein Extra Brut. Die süßen Champagnerstile heißen seltsamerweise Sec (trocken) und Demi-Sec (halbtrocken). Wie süß ein Produkt ausfällt, hängt von der Dosage ab – einer Zuckerlösung, die dem Wein kurz vor dem Verkorken beigefügt wird. Die Dosage ist ein wesentlicher Bestandteil von Champagnern, denn sie tariert die ungewöhnlich hohe Säure aus und bringt die komplexeren Fruchtnoten zum Vorschein.

Die Champagne wird heute als klassische, etablierte und zugleich junge, aufstrebende Anbauregion empfunden. Obwohl sie der Welt den vielleicht berühmtesten Wein überhaupt beschert hat und schon seit rund 300 Jahren Schaumweine hervorbringt, befindet sie sich doch in einer tiefgreifenden, von einer neuen Winzergeneration in Gang gebrachten Umbruchphase. Noch nie war die Vielfalt an Erzeugnissen größer. In den letzten Jahren traten kleine Güter auf den Plan, die den Traditionshäusern die Vorherrschaft streitig zu machen beginnen. Verantwortungsvoller Weinbau ist zum Thema Nummer eins geworden, doch lassen sich naturschonende Methoden so weit im Norden nur schwer umsetzen, denn vor allem Mehltau setzt den Reben dort zu. Dennoch interessieren sich immer mehr Winzer für biologischen und biodynamischen Weinbau.

Champagner wird vor allem mit Festen in Verbindung gebracht oder bestenfalls als Aperitif gereicht. Dabei ist die Welt der Schaumperlen stilistisch unglaublich vielfältig – und wird immer noch facettenreicher. So hat ein rassiger, mineralischer Blanc de Blancs wenig Ähnlichkeit mit einem muskulösen, zutiefst weinigen Blanc de Noirs. Welten liegen auch zwischen einem geschmeidigen, blumigen jungen Vertreter und der vielschichtigen Komplexität eines in Ehren gereiften Etiketts. Wie bei Stillwein gibt es für jeden Anlass, jedes Gericht, jede Stimmung und jeden Geschmack den passenden Champagner. Gerade die stilistische Vielseitigkeit gehört zu den faszinierendsten Merkmalen dieser prickelnden Kostbarkeit.

CHAMPAGNE

Die AC Champagne mit nahezu 34 000 Hektar Rebfläche erstreckt sich überwiegend in den vier Regionen Montagne de Reims, Vallée de la Marne, Côte des Blancs und Côte des Bar. Während sich die ersten drei in der Nähe der Städte Reims und Épernay befinden, liegt die Côte des Bar, eine von Pinot Noir beherrschte Gegend im Departement Aube, weiter südlich und näher an Chablis als an Reims. Andere wichtige Anbaubereiche sind die Côte de Sézanne und Vitry-le-François im Départment Marne sowie Montgueux im Departement Aube bei Troyes.

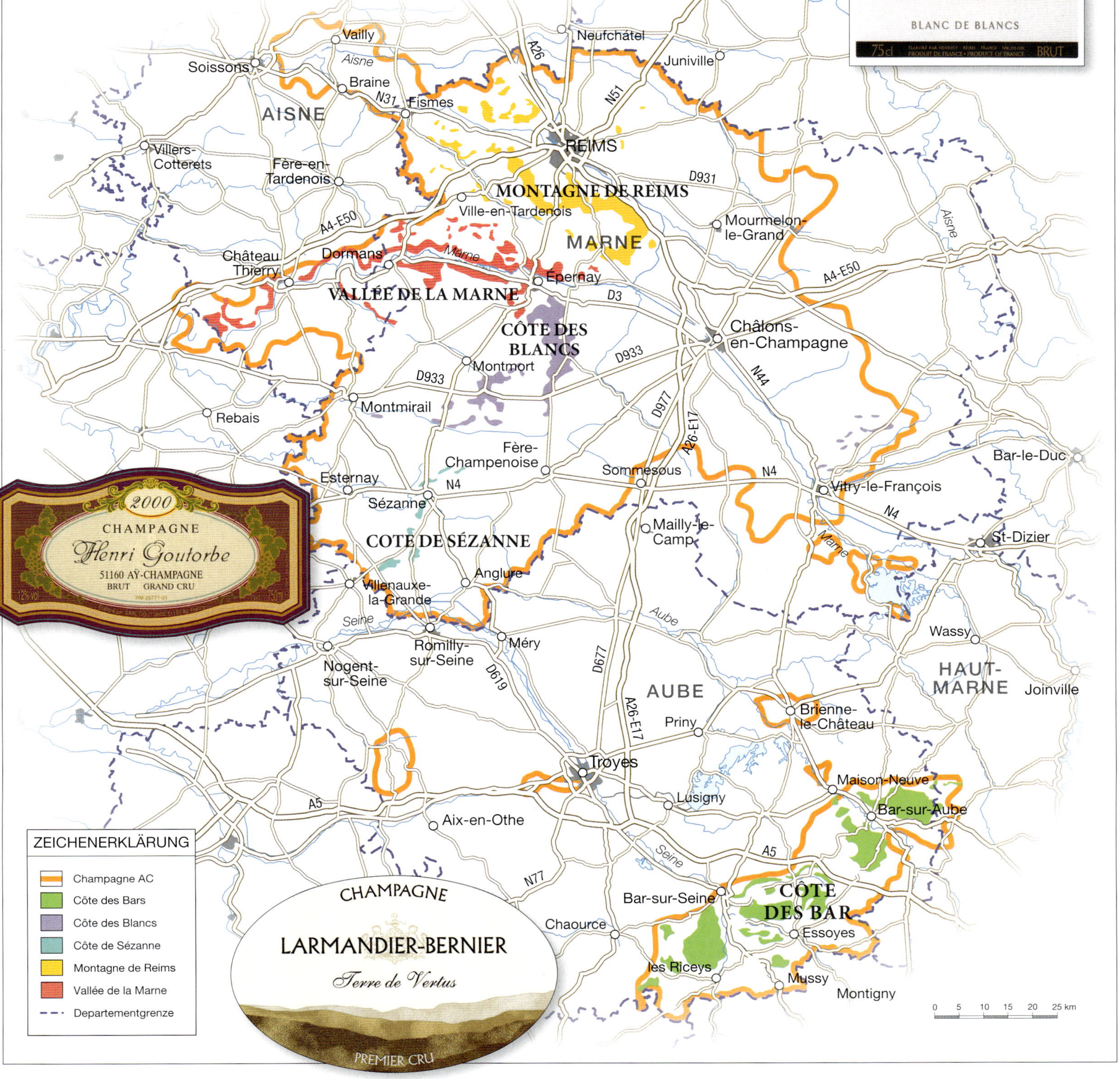

IM HERZEN DER CHAMPAGNE

Die Gegend um die Städte Reims und Épernay im Departement Marne bildet das Herz der Champagne. Hier unterteilt man die Weinbaufläche in drei Bereiche, von denen jeder Gewächse mit eigenem Charakter hervorbringt. Im östlichen Teil der Montagne de Reims gedeiht in Nordlagen wie Mailly und Verzenay sowie an den Südhängen von Bouzy und Ambonnay vor allem Pinot Noir. Auch im Vallée de la Marne zwischen Tours-sur-Marne und Cumières erstrecken sich einige der besten Pinot-Noir-Weinberge der ganzen Champagne. Westlich von Cumières gewinnt Pinot Meunier zunehmend an Bedeutung. Die Kalkhänge der Côte des Blancs südlich von Épernay wiederum liefern Chardonnay von außergewöhnlicher Finesse.

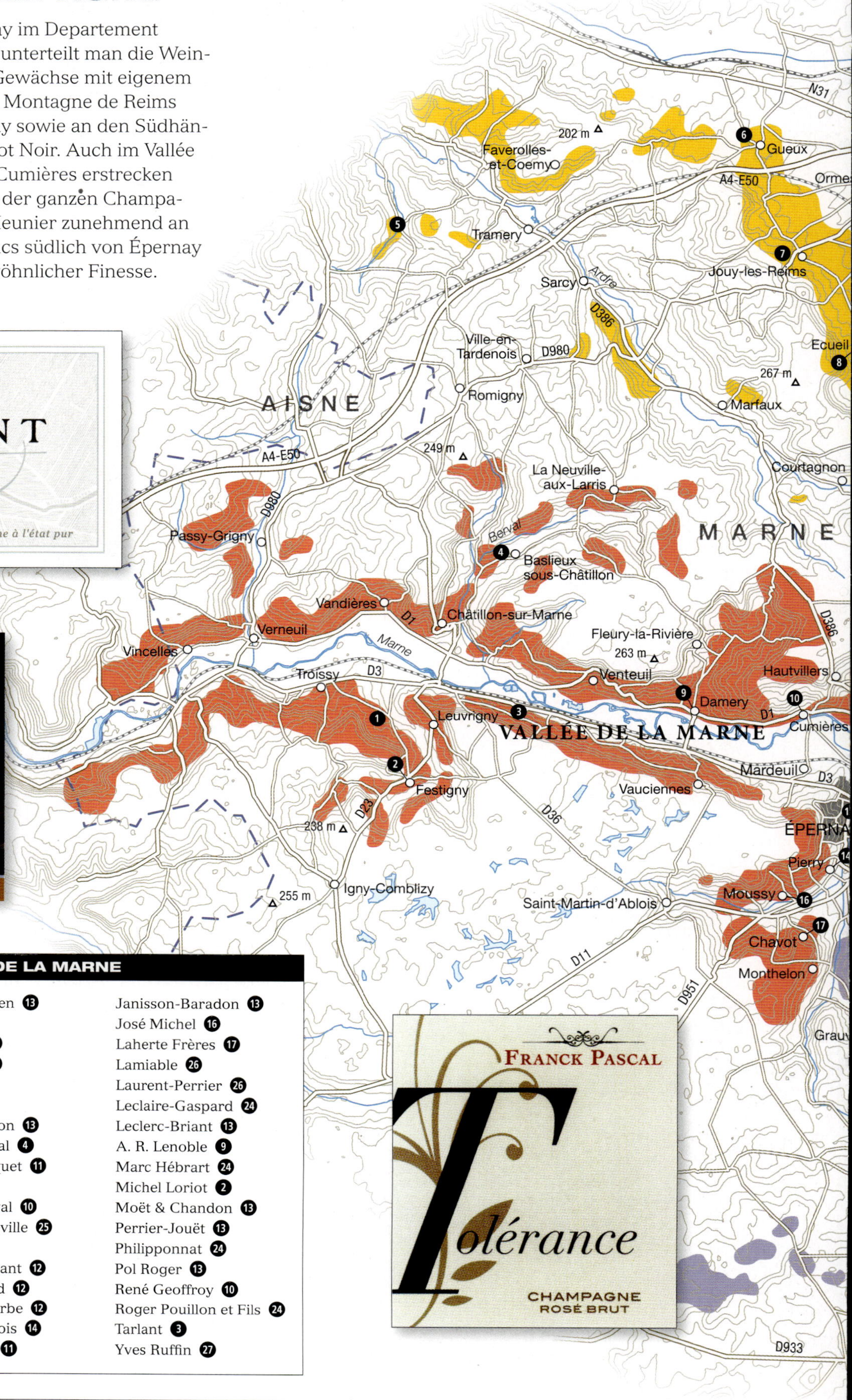

VALLÉE DE LA MARNE

- Alfred Gratien 13
- Ayala 12
- Bollinger 12
- De Meric 12
- Dehours 1
- Deutz 12
- Dom Pérignon 13
- Franck Pascal 4
- Gaston Chiquet 11
- Gatinois 12
- Georges Laval 10
- Gonet-Médeville 25
- Gosset 12
- Gosset-Brabant 12
- Henri Giraud 12
- Henri Goutorbe 12
- Henri Mandois 14
- Jacquesson 11
- Janisson-Baradon 13
- José Michel 16
- Laherte Frères 17
- Lamiable 26
- Laurent-Perrier 26
- Leclaire-Gaspard 24
- Leclerc-Briant 13
- A. R. Lenoble 9
- Marc Hébrart 24
- Michel Loriot 2
- Moët & Chandon 13
- Perrier-Jouët 13
- Philipponnat 24
- Pol Roger 13
- René Geoffroy 10
- Roger Pouillon et Fils 24
- Tarlant 3
- Yves Ruffin 27

ZEICHENERKLÄRUNG

- CÔTE DES BLANCS – AC
- Gewässer
- Straßen
- 20 m Höhenlinienabstand
- Departementgrenze
- Stadtgebiete
- 1 – Sitz des Erzeugers

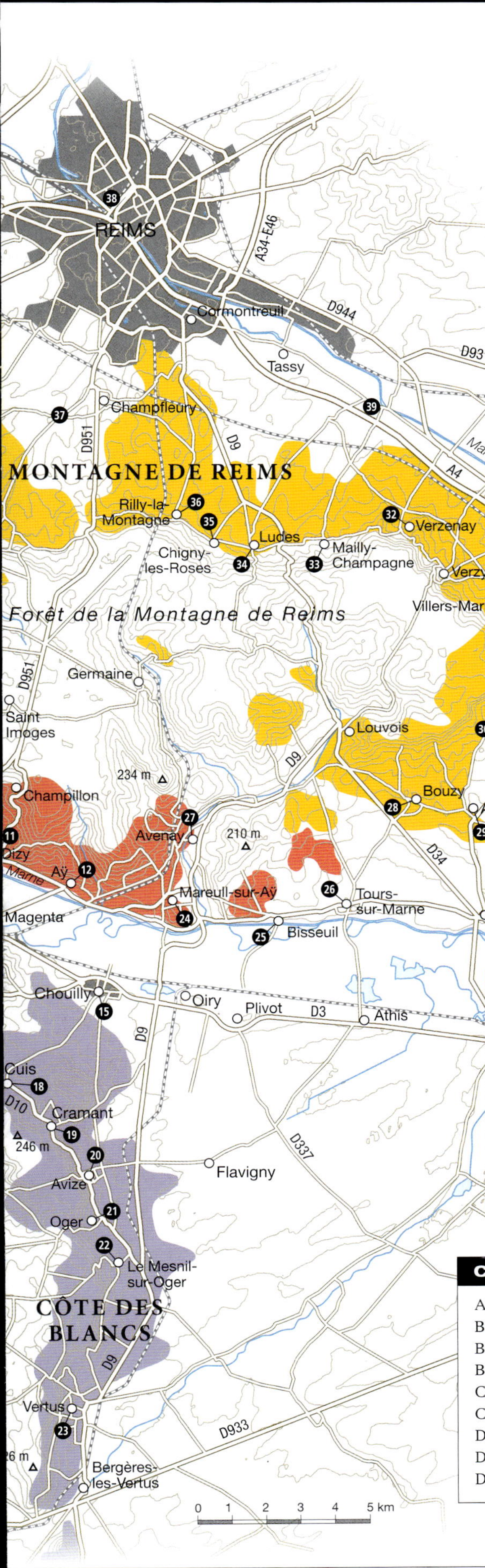

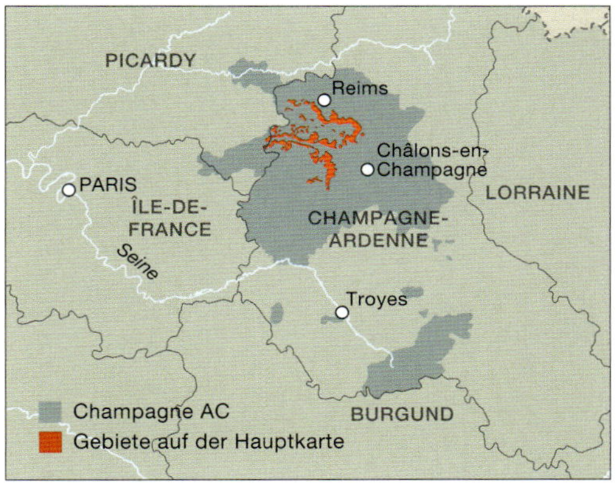

MONTAGNE DE REIMS

Aspasie 5	Lanson 38
L. Aubry Fils 7	Louis Roederer 38
Benoît Lahaye 28	Mailly Grand Cru 33
Bèrèche et Fils 34	A. Margaine 31
Brice 28	Marguet Père et Fils 29
Bruno Paillard 38	Marie-Noëlle Ledru 29
Camille Savès 28	Michel Arnould 32
Cattier 35	Mumm 38
Charles Heidsieck 38	Nicolas Maillart 8
David Léclapart 30	Paul Bara 28
J. Dumangin Fils 35	Paul Clouet 28
Edmond Barnaut 28	Paul Déthune 29
Egly-Ouriet 29	Pehu-Simonet 32
Emmanuel Brochet 37	Piper-Heidsieck 38
Eric Rodez 29	Ployez-Jacquemart 34
François Seconde 39	Pommery 38
Godmé Père et Fils 32	René-Henri Coutier 29
Henri Billiot 29	Ruinart 38
Henriot 38	Sadi Malot 31
Jean Vesselle 28	Taittinger 38
Jérôme Prévost 6	Veuve Clicquot 38
Krug 38	Vilmart & Cie 36

CÔTE DES BLANCS

Agrapart & Fils 20	Doyard 23	Launois Père et Fils 22	Pierre Péters 22
Billecart-Salmon 19	Duval-Leroy 23	Le Brun Servenay 20	Prin Père et Fils 20
Binet 20	Franck Bonville 20	R. & L. Legras 15	Salon 22
Bonnaire 19	Guy Charlemagne 22	Lilbert-Fils 19	Varnier-Fannière 20
Claude Cazals 22	Guy Larmandier 23	Pascal Doquet 23	Vazart-Coquart 15
Claude Corbon 20	Jacques Selosse 20	Philippe Gonet 22	J. L. Vergnon 22
De Sousa & Fils 20	Jean Milan 21	Pierre Callot 20	Veuve Fourney & Fils 23
Delamotte 22	José Dhondt 21	Pierre Gimonnet 18	Voirin-Jumel 19
Diebolt-Vallois 19	Larmandier-Bernier 23	Pierre Moncuit 22	

Erkundigen Sie sich nach Verkostungsmöglichkeiten und Öffnungszeiten der Kellereien, bevor Sie Ihre Reise planen. Manche Betriebe empfangen Besucher nur nach Voranmeldung.

CATTIER
DER CLOS DU MOULIN STAMMT AUS EINEM DER WENIGEN UMMAUERTEN WEINBERGE (»CLOS«) DER CHAMPAGNE UND WIRD IN LIMITIERTER AUFLAGE ABGEFÜLLT

AYALA
DER ZÉRO DOSAGE SPIEGELT DEN NEUEN STIL DES HAUSES WIDER

Agrapart & Fils Côte des Blancs
Weinbau geht für Pascal Agrapart und seinen Bruder Fabrice vor Kellertechnik. Die beiden setzen auf terroirgetreue Champagner aus naturschonendem Anbau. Ihre kalkigen, rassigen Schaumweine bringen mineralische Intensität und eine teilweise der Bereitung in Eiche geschuldete Komplexität unter den Korken. Alle Abfüllungen firmieren als Blanc de Blancs – sieht man einmal vom Rosé ab, bei dem ein Anteil zugekaufter Pinot-Noir-Trauben mit von der Partie ist – und bieten jeweils eine andere Perspektive auf die verschiedenen Lagen im Besitz der Agraparts. Seit 2001 legen die Gebrüder einen herausragenden Einzellagen-Champagner namens Cuvée Vénus aus einer von Pferden bearbeiteten Parzelle vor.

57, avenue Jean Jaures, 51190 Avize
www.champagne-agrapart.com

Alfred Gratien Épernay
Das kleine Haus wurde 1864 von Alfred Gratien in Épernay gegründet. Als Kellermeister fungiert derzeit Nicolas Jaeger aus der vierten Generation der Familie; er löste 2007 seinen Vater ab. Man verfolgt zumeist eine strikt traditionelle Linie: Vinifiziert wird grundsätzlich in gebrauchten Eichenfässern, biologischer Säureabbau ist tabu. Jahrgangs-Champagner lässt Jaeger für die Reifung nicht wie sonst üblich mit Kronkorken, sondern Naturkorken verschließen. Seine fülligen, generösen Gewächse halten ein feines Gleichgewicht zwischen Komplexität und Frische. Besonders lagerfähig: die Jahrgangs-Cuvées.

30, rue Maurice Cerveaux, 51201 Épernay
www.alfredgratien.com

Aspasie Montagne de Reims
Der Familienbetrieb, der früher Ariston Fils hieß, bereitet in Brouillet runde, geschmacksintensive Champagner, die ihre Herkunft nicht verhehlen. Der Boden hier setzt sich aus Sand, Ton, alluvialen Ablagerungen und dem typischen Kreidegestein der Region zusammen. Zum Einsatz kommen alle drei Rebsorten. Sämtliche Versionen werden in Edelstahltanks bereitet, sieht man einmal von der fassvergorenen Cuvée Brut de Fût ab.

4 et 8, Grande Rue, 51170 Brouillet
www.champagneaspasie.com

L. Aubry Fils Montagne de Reims
Die Zwillinge Philippe und Pierre Aubry führen dieses ungewöhnliche Gut in Jouy-lès-Reims und bereiten dort Champagner von klarer Persönlichkeit. Berühmt geworden ist das Brudergespann, weil es sich vergessener Trauben wie Arbanne, Petit Meslier und Fromenteau angenommen hat. Diese Raritäten sind denn auch in zwei ihrer Cuvées, Le Nombre d'Or und Sablé Blanc des Blancs (!), enthalten. Gleichwohl brilliert L. Aubry Fils vor allem mit klassischen Sorten, wie der eindringliche jahrgangslose Brut aus überwiegend Pinot Meunier und der vielschichtige Aubry de Humbert belegen. Glanzlicht des Hauses aber ist wohl der subtile, finessenreiche Sablé Rosé.

4 et 6, Grande Rue, 51390 Jouy-lès-Reims
www.champagne-aubry.com

Ayala Grande Vallée
1860 gründete Edmond de Ayala dieses altehrwürdige Champagnerhaus. Seine derzeitige Linie verfolgt es allerdings erst seit 2005, dem Jahr der Übernahme durch die Bollinger-Gruppe. Die neuen Eigentümer wollen das Stammhaus nicht imitieren, sondern vielmehr ein Gegengewicht dazu schaffen. Vor allem zwei Faktoren tragen dazu bei: ein hoher Chardonnay-Anteil und die geringe, mitunter sogar völlig fehlende Dosage, wie beim Zéro Dosage Brut Nature, dem idealen Tropfen, um sich mit dem neuen Ayala-Stil vertraut zu machen. Komplexität und Alterungsfähigkeit dagegen verspricht der Perle d'Ayala mit Jahrgangsstempel.

2, boulevard du Nord, 51160 Aÿ; www.champagne-ayala.fr

Benoît Lahaye Montagne de Reims
Nachdem Benoît Lahaye das Familiengut in Bouzy 1993 übernommen hatte, baute er es zu einem der besten Winzerbetriebe in der Montagne de Reims aus. Mit biologischen Methoden erzeugt er vorwiegend aus Pinot Noir weinige Champagner, die bereitwillig Auskunft über ihr Terroir geben. Einige Etiketten werden im Fass vinifiziert und fallen je nach Saison recht unterschiedlich aus, denn Lahaye hat kein festes Verfahren, sondern passt seine Bereitung spontan den einzelnen Abfüllungen an. Einen Fehlgriff macht man mit keinem seiner Weine, die vom Brut Nature bis zum Rosé de Macération reichen.

33, rue Jeanne d'Arc, 51150 Bouzy; Tel. 03 26 57 03 05

Bérèche et Fils Montagne de Reims
Der kleine Erzeugerbetrieb in Familienhand mehrt derzeit seinen Ruhm mit trockenen, komplexen Champagnern. Raphaël Bérèche steht seinem Vater seit 2004 zur Seite und setzt zunehmend auf naturschonenden Weinbau. Bei der Lagerung auf der Hefe bringen sie immer häufiger Korkverschlüsse zum Einsatz, etwa beim Reflet d'Antan, einem höchst komplexen Perler aus einer Art Solera-System, oder bei künftigen Editionen des Beaux Regards Blanc de Blancs, der *non-dosé*, also gänzlich ohne Dosage entsteht. Besonders empfehlenswert: der ungewöhnlich tiefgründige, charaktervolle Brut ohne Jahrgang. ★**Aufsteiger**

Le Craon de Ludes, 51500 Ludes
www.champagne-bereche-et-fils.com

Billecart-Salmon Grande Vallée
François und Antoine Roland-Billecart führen dieses berühmte Haus bereits in siebter Generation. Gegründet wurde es 1818 von Nicolas François Billecart und Elisabeth Salmon. Am bekanntesten dürfte es für seinen jahrgangslosen Rosé sein, die wahren Pretiosen im Gutsportfolio aber sind die Jahrgangs-Champagner. Während die Cuvée Nicolas François Kraft und Finesse in sich vereint, bringt die Grande Cuvée dank längerer Lagerzeit auf der Hefe noch ein Quäntchen mehr Komplexität ins Spiel. Kronjuwel des Hauses aber ist vermutlich der seidige, finessenreiche Rosé Elisabeth Salmon. Mit dem kürzlich eingeführten Clos Saint-Hilaire hat Billecart-Salmon seinen Stil um eine weitere Facette bereichert.

40, rue Carnot, 51160 Mareuil-sur-Aÿ
www.champagne-billecart.fr

Binet Côte des Blancs
Léon Binet hob dieses Haus 1849 aus der Taufe. Nach mehrfachem Besitzerwechsel gehört es seit 2000 aber Daniel Prin von Prin Père et Fils in Avize (siehe S. 283). In seinem Stammbetrieb setzt Prin auf Chardonnay und verzichtet auf biologischen Säureabbau, hier aber versucht

er den körperreichen, cremigen Hausstil zu erhalten. Die aktuellen Erzeugnisse und insbesondere die Jahrgangs-Cuvées scheinen an Finesse zugelegt zu haben.

30, Rempart du Midi, 51190 Avize
www.champagnebinet.com

Bollinger Grande Vallée
Unter den Négociant-Häusern fällt der 1829 gegründete Erzeuger wegen seines hohen Anteils eigener Trauben ins Auge: Rund zwei Drittel stammen aus den 163 ha Rebflächen in Bollinger-Besitz – sie tragen fraglos zur Klasse der Champagner bei. Stilistisch stehen sowohl Fülle als auch Finesse im Vordergrund, was bei der jahrgangslosen Spécial Cuvée auf die Teilvergärung im Fass und einen außerordentlichen Bestand an Reserveweinen zurückzuführen ist. La Grande Année wird in Eiche vinifiziert, mit Korkverschluss gelagert und besticht durch enorme Komplexität und Langlebigkeit.

20, boulevard du Maréchal de Lattre de Tassigny, 51160 Aÿ
www.champagne-bollinger.com

Bonnaire Côte des Blancs
Reiche, üppig cremige Champagner sind das Markenzeichen eines der bekanntesten Häuser an der Côte des Blancs. Als seine feinsten Kellerkinder gelten die Blanc-de-Blancs-Jahrgangskreationen. Sie stammen allesamt aus Cramat, werden in Edelstahl bereitet und entwickeln sich hervorragend. Das belegen alte Jahrgänge aus den 1980ern, die nach wie vor auf der Höhe sind. Bonnaire hat an der Cuvée Variance, die Chardonnay-Trauben aus drei verschiedenen Gemeinden an der Côte des Blancs enthält, eine Vergärung in Eiche getestet. Seinen lebhaften, johannisbeerduftigen Rosé aus Chardonnay reichert das Haus mit Rotwein aus dem Departement Aisne an.

120, rue d'Épernay, 51350 Cramant
www.champagne-bonnaire.com

Brice Montagne de Reims
Jean-Paul Brice hob dieses kleine Haus 1994 aus der Taufe. Zwar gehören ihm 8 ha Rebland in Bouzy, das Gros der Trauben kauft er jedoch aus rund 20 Dörfern ein. Am besten sind seine vier Einzellagen-Champagner, in denen der Charakter der vier Grand-Cru-Gemeinden Cramant, Bouzy, Verzenay und Aÿ klar zum Tragen kommt. Sie entstehen wie alles aus dem Hause Brice in Edelstahl und ohne biologischen Säureabbau – lebendige Spannung und Reintönigkeit sind das Ergebnis dieser Behandlung.

22, rue Gambetta, 51150 Bouzy
www.champagne-brice.com

Bruno Paillard Reims
Bruno Paillard gründete sein Négociant-Geschäft 1981 im zarten Alter von 27 Jahren. Inzwischen beschert er der Weinwelt jährlich 45 000 Kisten Champagner. Bei der Bereitung kommen Holz und Edelstahl gleichermaßen zum Einsatz. In Fässern lagern auch die Reserveweine, von denen manche bereits ein stolzes Alter von 20 Jahren erreicht haben. Paillards Zöglinge sind leicht, frisch und fein texturiert. Seit 1990 hat er eine Prestige-Cuvée namens N.P.U. im Programm, die er ausschließlich in Eiche vinifiziert und zehn Jahre auf der Hefe ruhen lässt.

Avenue de Champagne, 51100 Reims
www.champagnebrunopaillard.com

BONNAIRE
BONNAIRES CREMIGER, REICHER BLANC DE BLANCS WIRD VON FRISCHER SÄURE AUSTARIERT

BOLLINGER
DIE SPÉCIAL CUVÉE IST EIN CHAMPAGNER MIT HOHEM WIEDERERKENNUNGSWERT

Camille Savès Montagne de Reims
Die Familie Savès lebt seit 1894 im Zentrum von Bouzy und füllt ihren Champagner auf ihrem 10-ha-Gut seit 1910 selbst ab. Mit Ausnahme des jahrgangslosen Carte Blanche sind alle Erzeugnisse Bouzy-Produkte reinsten Wassers, wie man an der vornehmen Frucht, aber auch der lebendigen Frische (biologischer Säureabbau ist tabu) erkennen kann. Der ausgezeichnete Jahrgangs-Brut als typischer Gutsvertreter entsteht überwiegend aus Pinot Noir, während die Cuvée Prestige vor allem Chardonnay enthält und zu einem Viertel im Barrique vinifiziert wird.

4, rue de Condé, 51150 Bouzy; www.champagne-saves.com

Cattier Montagne de Reims
Weinbau betreibt die Familie Cattier zwar schon seit Mitte des 18. Jahrhunderts, ihr Champagnerhaus aber gründete sie erst 1918. Es hat seinen Sitz in Chigny les Roses und bezieht einen Großteil des Rohmaterials aus der Montagne, wie man an den runden, geschmeidigen Weinen erkennen kann. Kellerprimus ist der ausgezeichnete Clos du Moulin, ein Einzellagenprodukt, das die Cattiers schon seit 1952 führen. Er wird aus drei verschiedenen Jahren verschnitten, besteht zu gleichen Teilen aus Chardonnay und Pinot Noir und besticht durch seinen unverwechselbaren, komplexen Charakter. Die Auflage dieses Ausnahmetropfens ist allerdings auf 15 000 bis 20 000 Flaschen jährlich limitiert.

6/11, rue Dom Pérignon, 51500 Chigny les Roses
www.cattier.com

Cédric Bouchard Aube
Erst seit 2000 mischt Cédric Bouchard im Champagnergeschäft mit und doch haben seine sorgsam handgefertigten, in winzigen Mengen bereiteten Abfüllungen bereits eine treue Anhängerschaft gefunden. Bouchards Gewächse sind kompromisslos eigenständig, wenn nicht gar traditionsfern: Jedes Etikett entsteht unverschnitten aus nur einer Rebsorte und entstammt einer einzigen Parzelle sowie einem einzigen Jahr. Seine Gutsabfüllungen firmieren unter der Linie Roses de Jeanne, während das Basisprodukt Inflorescence aus einer Parzelle seines Vaters gewonnen wird. Allen ist eine ungewöhnliche Finesse und Reinheit im Geschmack eigen – angefangen vom milden Les Ursules Blanc de Noirs bis zum facettenreichen Rosé de Saignée. ★**Aufsteiger**

13, rue du Vivier, 10110 Celles-sur-Ource
www.champagne-rosesdejeanne.com

Charles Heidsieck Reims
Charles-Camille Heidsieck war ein schillernder Charakter, der sich nach der Gründung des Stammhauses 1851 in Reims mit viel Erfolg auf dem amerikanischen Markt betätigte, was ihm den Spitznamen »Champagne Charlie« eintrug. Ende des 20. Jahrhunderts schwenkte der Betrieb unter Daniel Thibaults Führung auf einen reichen, komplexen Stil um, dem ein hoher Anteil an Reserveweinen und ein langer Ausbau auf der Hefe zugrunde lag. Régis Camus setzt heute weiter auf geschliffene, durch und durch eigenständige Kreszenzen, wie die Réserve, einer der besten jahrgangslosen Brut-Chamapgner auf dem Markt, und die außergewöhnliche Prestige-Cuvée Blanc de Millénaires beweisen.

4, boulevard Henry Vasnier, 51100 Reims
www.charlesheidsieck.com

DELAMOTTE
ELEGANZ STATT MUSKELN: DELAMOTTES ZARTER, ZURÜCKHALTENDER BLANC DE BLANCS

COMTE AUDOIN DE DAMPIERRE
DER KORKEN DER CUVÉE DE PRESTIGE WIRD NACH ALTER TRADITION HANDGEBUNDEN

Chartogne-Taillet Montagne de Reims

Zu immer neuen Höhen führt Alexandre Chartogne dieses Gut mit 12 ha Rebfläche. Seine pulsierenden, weinigen Champagner erzählen von den Kalk-Ton-Böden von Merfy im äußersten Norden der AC Champagne. Wer den Hausstil kennenlernen möchte, probiert den lebendigen, vollen Blanc de Blancs oder die harmonische Cuvée Ste-Anne, eine jahrgangslose Brut-Version. Die vorzügliche Prestige-Cuvée ist nach Fiacre Taillet benannt, einem Vorfahr der heutigen Besitzer, der schon im frühen 18. Jahrhundert Wein in der Gegend anbaute. **★Aufsteiger**

37, Grande Rue, 51220 Merfy
Tel. 03 26 03 10 17

Christian Étienne Aube

Gutsabfüllungen gelten im Departement Aube als relativ neue Erscheinung, dabei erzeugt Christian Étienne schon seit 1978 Champagner in Eigenregie. In seinen robusten, körperreichen Etiketten kommt die für die Gegend typische üppige Reife zum Tragen. Seine Jahrgangsgewächse lässt Christian erstaunlich lange auf dem Geläger, während er mit der Cuvée Prestige klarstellt, dass Chardonnay auch auf Pinot-Noir-Terrain reüssiert. Kellerbester aber ist der jahrgangslose Brut Tradition mit seidiger Textur und überschwänglicher Frucht.

12, rue de la Fontaine, 10200 Meurville
Tel. 03 25 27 46 66

Claude Cazals Côte des Blancs

Insgesamt 9 ha hauseigener Weinberge an der südlichen Côte des Blancs bewirtschaftet diese Kellerei. Paradepferd des Hauses ist der Clos Cazals, ein tiefgründiges, von Kalkböden geprägtes Schaumkonstrukt aus dem gleichnamigen Rebgarten im Dorf Oger. Ausschau halten aber sollte man nach der Cuvée Vive, einem ausgewogenem Extra-Brut-Champagner, und dem Blanc de Blancs mit Jahrgangsstempel, der aus Chardonnay-Trauben von Grand-Cru-Rang bereitet wird und mindestens sechs Jahre lang im Kontakt mit der Hefe bleibt.

28, rue du Grand Mont, 51190 Le Mesnil-sur-Oger
www.champagne-claude-cazals.net

Claude Corbon Côte des Blancs

Mit einer Jahresproduktion von 1250 Kisten gehört dieses Gut zu den Geheimtipps der Schaumweinszene, selbst wenn es bereits seit 1922 in Sachen Champagner aktiv ist. Die jahrgangslose Grande Réserve entsteht aus einem hohen Anteil roter Trauben aus dem Vallée de la Marne, der jahrgangsdatierte Blanc de Blancs indes ist ein reiner Chardonnay aus Avize mit klassischer Struktur und kalkinduzierter Mineralität. Ungewöhnlich ist der Brut d'Autrefois, eine Cuvée aus einer Art Solera, die jedes Jahr mit neuem Wein aufgefüllt wird. Sie reift zum Teil im Fass, was ihren breiten Charakter noch verstärkt.

541, avenue Jean Jaurès, 51190 Avize
www.champagne-corbon.fr

Comte Audoin de Dampierre Montagne de Reims

Das Schicksal der Familie Dampierre ist seit über 700 Jahren mit der Champagne verknüpft. Derzeit führt Audoin de Dampierre das kleine Haus, das sein Traubenmaterial überwiegend aus Grand-Cru-Gemeinden bezieht. Berühmt geworden sind die de Dampierres für ihre Cuvée des Ambassadeurs, die in vielen französischen Botschaften in aller Welt serviert wird. Die übrige Palette offenbart eine ähnliche Kombination aus üppiger Frucht und geschliffener Eleganz. Besonders gut geraten dem gräflichen Weingut die Jahrgangsvertreter: Der Grand Vintage wird aus ungefähr zwei Dritteln Pinot Noir bereitet, die beiden Prestige-Cuvées, Family Réserve und Cuvée de Prestige genannt, entstehen sortenrein aus Chardonnay und beeindrucken durch subtile Ausgewogenheit und Grazie.

3, place Boisseau, 51140 Chenay; www.dampierre.com

David Léclapart Montagne de Reims

Sein winziges Gut gründete dieser leidenschaftliche Verfechter des biodynamischen Weinbaus erst 1998. Die 3 ha Anbaufläche liegen samt und sonders in der Gemeinde Trépail, wo David Léclapart drei Blanc de Blancs und einen Rosé sowie einen Stillwein aus Pinot Noir abfüllt. Seine Spitzen-Cuvées baut er in Eichenfässern aus. In Höchstform bestechen die stets aus einem einzigen Jahrgang stammenden Gewächse durch schneidende Klarheit und einen mineralischen Ausdruck. Da sie sehr jung freigegeben werden, tut ihnen ein zusätzlicher Aufenthalt im Regal gut. **★Aufsteiger**

10, rue de la Mairie, 51380 Trépail
Tel. 03 26 57 07 01

De Meric Grande Vallée

Die 1959 von Christian Besserat gegründete Champagnermanufaktur gehörte von 1997 bis 2006 dem amerikanischen Geschäftsmann Daniel Ginsburg. Er arbeitete ausschließlich mit zugekauftem Lesegut und bereitete die meisten Etiketten in Barriques beziehungsweise großen Fässern ohne biologischen Säureabbau. Heute gehört das Haus Reynald Leclaire, dem Besitzer von Leclaire-Gaspard (siehe S. 279). Er vinifiziert weiter in Holz, bringt aber gutseigene Trauben zum Einsatz. Es steht zu erwarten, dass die Qualität der Abfüllungen unter seiner Führung steigt.

17, rue Gambetta, 51160 Aÿ; Tel. 03 26 36 33 57

De Sousa & Fils Côte des Blancs

Konzentration und Kraft sind das Erkennungsmerkmal von Michelle und Erick De Sousas Champagnern. Den Weinen ist eine ungewöhnlich reife Frucht und eine ausgeprägte Reichhaltigkeit als Ergebnis des Ausbaus auf der Hefe eigen; das Spitzensegment wird ferner im Fass vergoren. Bisweilen geraten die Gewächse etwas zu voll, wenn sie aber ins rechte Gleichgewicht finden, fallen sie hervorragend aus. Die Prestigeabfüllung Cuvée des Caudalies wird aus Chardonnay-Trauben von über 50-jährigen Stöcken bereitet. Sie ist in einer Jahrgangsversion und einer undatierten Ausgabe erhältlich. Weiter im Programm: eine rosa Cuvée des Caudalies mit Pinot-Noir-Lesegut der Grand-Cru-Klasse.

12, place Léon Bourgeois, 51190 Avize
www.champagnedesousa.com

Dehours Vallée de la Marne

1996 übernahm Jérôme Dehours das Ruder in diesem Familienbetrieb. Er setzt auf naturnahen Weinbau und teilweise Vinifizierung im Fass. Immer mehr Gewicht legt er ferner auf den Terroirbezug, weshalb auf seiner Verkaufsliste mehrere Einzellagen-Champagner aus dem Vallée de la Marne stehen: Les Genevraux punktet mit einer harmonischen Melange aus Reife und Lebendigkeit, während der aus Chardonnay bereitete Brisefer ausladende Fülle und eine ausgeprägt steinige Mineralität zur Schau stellt. Daneben hat Dehours feine Verschnitte im Sortiment, allen voran einen hellen, zart aromatischen Rosé.

2, rue de la Chapelle, 51700 Cerseuil
www.champagne-dehours.fr

Delamotte Côte des Blancs

Schon seit seiner Gründung durch François Delamotte im Jahr 1760 ist das Haus ganz auf Chardonnay fixiert. Es gehört heute zur Laurent-Perrier-Gruppe und ist damit ein Schwesterbetrieb von Salon (siehe S. 284), mit dem es die Bereitungsanlagen in Mesnil-sur-Oger im Herzen der Côte des Blancs teilt. Stilistisch setzt man auf eine subtildezente Finesse, die in einer von immer muskulöseren Tropfen beherrschten Weinwelt viel zu wenig Beachtung findet. Alle Interpretationen sind im Grunde Varianten des eleganten Hausstils, angefangen vom geschmeidigen, zitrusfruchtigen Blanc de Blancs bis hin zum seidigen, unaufdringlich pikanten Rosé.

5-7, rue de la Brèche d'Oger, 51190 Le Mesnil-sur-Oger
www.salondelamotte.com

Deutz Grande Vallée

Bis ins Jahr 1838 reicht die Geschichte des Hauses zurück, sein bislang letztes Kapitel aber wurde 1993 aufgeschlagen, als Louis Roederer Deutz übernahm. Es steht inzwischen glänzend da und beschert der Weinwelt perlende Kreszenzen, in denen Harmonie und Finesse im Vordergrund stehen. Deutz-Champagner sind nicht unbedingt leicht, geben der Eleganz aber Vorrang vor Kraft, was vom rassigen, schwungvollen Brut Classic beispielhaft verkörpert wird. Ausgezeichnet sind die Jahrgangsabfüllungen, v. a. der feine, duftige Rosé. Die herausragende Prestige-Cuvée William Deutz bietet mehr Fülle und Komplexität auf, bleibt aber stets ausgewogen.

16, rue Jeanson, 51160 Aÿ; www.champagne-deutz.com

Diebolt-Vallois Côte des Blancs

Einer der besten Erzeugerbetriebe in der ganzen Champagne gewinnt seinen 11 ha Rebland in Cramant und den umliegenden Dörfern reintönige, rassige Blanc-de-Blancs-Ausfertigungen ab. Der jahrgangslose Blanc de Blancs mit grünem Etikett zählt zu den schönsten Abfüllungen seiner Art auf dem Markt, doch die Jahrgangsversionen setzen in puncto Komplexität und Langlebigkeit sogar noch eins drauf. Ein kompromisslos traditioneller, fantastisch ausdrucksvoller Schaumwein, der viele Jahre braucht, um seinen Zenit zu erreichen, ist der Fleur de Passion mit Jahrgangsangabe, gewonnen ohne biologischen Säureabbau aus Trauben von alten Rebstöcken.

84, rue Neuve, 51530 Cramant; www.diebolt-vallois.com

Dom Pérignon Épernay

Der vielleicht berühmteste Champagner der Welt betrat 1936 mit der Freigabe des Debütjahrgangs 1921 als Prestige-Cuvée des Hauses Moët & Chandon die Weinbühne. Heute wird er als eigenständige Marke geführt, profitiert aber vom riesigen Weinbergportfolio des Schaumweingiganten. Leider trinkt man ihn meist viel zu jung und verschlossen – seine überragende Komplexität und Finesse entwickelt er erst mit der Zeit. Fast noch beeindruckender gerät die Rosé-Version mit ihrem ätherischen Bukett und der makellosen Eleganz.

18, avenue de Champagne, 51201 Épernay
www.domperignon.com

Dosnon & Lepage Aube

Davy Dosnon und Simon-Charles Lepage stellten ihr winziges Négociant-Haus 2005 auf die Beine. Sie arbeiten ausschließlich mit Frucht aus der Umgebung von Avirey-Lingey, einer Gemeinde an der Côte des Bar. Die Kreszenzen gefallen durch Wärme und Generosität – Eigenschaften, die der Aufenthalt im Eichenfass noch verstärkt. Ihr geschliffener, präziser Ausdruck verdeutlicht, mit welcher Leidenschaft und Liebe zum Detail die beiden Winzer zu Werke gehen. Dosnon & Lepage führen vier Cuvées: Der körperreiche Extra Brut läuft unter der Bezeichnung Récolte Brute, während der lebendige, stilvolle Blanc de Blancs als Récolte Blanche etikettiert ist; mit dabei sind ferner die Récolte Noire, ein Blanc de Noirs mit vorzüglichem Alterungspotenzial, und ein würziger, ausgeklügelter Rosé namens Récolte Rose. **★Aufsteiger**

4, bis rue du Bas de Lingey, 10340 Avirey-Lingey
www.champagne-dosnon.com

Doyard Côte des Blancs

Yannick Doyard bewirtschaftet 10 ha Rebland an der Côte des Blancs. Die Hälfte seines Leseguts verkauft er an Négociants, doch das beste Material behält er, um daraus Gutsabfüllungen zu bereiten – ausgefeilte, fein ziselierte, teils im Fass vinifizierte Gewächse, die erstaunlich lange auf der Hefe ruhen. Seiner jahrgangslosen Cuvée Endemiaire Extra Brut beispielsweise verordnet Doyard mindestens sechs Jahre Kontakt mit dem Geläger. Collection de l'An I heißt ein Blanc de Blancs von superber Finesse. Eine echte Seltenheit: der ungewöhnliche La Libertine, der *doux*, also süß bereitet wird.

39, avenue Général Leclerc, 51130 Vertus
Tel. 03 26 52 14 74

Drappier Aube

Eines der bekanntesten Häuser im Departement Aube, in dem Michel Drappier für generöse, körperreiche Champagner verantwortlich zeichnet. Er betreibt nachhaltigen Weinbau, vinifiziert einzelne Parzellen separat und bemüht sich, den Schwefelanteil in seinen Erzeugnissen zu drosseln. Der jahrgangslose Carte d'Or enttäuscht nie, noch besser aber gerät der Brut Nature, ein reinsortiger Pinot Noir, der auch *sans soufre*, also ohne Schwefel angeboten wird. Spitzenreiter allerdings ist der Grande Sendrée, eine jahrgangsdatierte Einzellagenabfüllung, die saftige Drappier-Frucht und kalkmineralische Finesse vereint.

Rue des Vignes, 10200 Urville
www.champagne-drappier.com

J. Dumangin Fils Montagne de Reims

Bereits in fünfter Generation führt Gilles Dumangin dieses Familienhaus, das den Großteil seiner Trauben aus Dörfern um Chigny einkauft. Dumangins besten Vertretern gelingt der Spagat zwischen geradliniger Frucht und einem für die Gegend typischen breiten, erdigen Charakter. Nach dem üppigen, körperreichen Premium Blanc de Blancs Ausschau zu halten lohnt sich ebenso wie der Griff zum Jahrgangs-Brut, einer Komposition aus Chardonnay

DIE CRAYÈRES VON REIMS

Zu Beginn der gallorömischen Epoche wurden um Reims Hunderte riesiger pyramidenförmiger Schächte in den Untergrund gehauen. Sie dienten als Steinbrüche für den Abbau von Kalksedimenten und waren bis zu 50 Meter tief. Im späten 18. Jahrhundert kam Claude Ruinart auf die Idee, sie wegen der dort herrschenden kühlen, trockenen Bedingungen als Weinkeller zu nutzen. Bald folgten weitere Erzeuger seinem Vorbild. Heute besitzen neben Ruinart auch Charles Heidsieck, Henriot, Pommery, Taittinger und Veuve Clicquot ihre eigenen *crayères* im Südosten der Stadt. Die bereits 1931 unter Denkmalschutz gestellten, atemberaubend schönen Schächte sind wie geschaffen für die Reifung von Champagner, denn in ihnen herrschen das ganze Jahr über gleichbleibend kühle Temperaturen. Einige sind für die Öffentlichkeit nicht zugänglich, andere hingegen dürfen besichtigt werden und zählen zu den großen Sehenswürdigkeiten der Region.

FRANCK BONVILLE
LES BELLES VOYES NIMMT WÄHREND SEINES SIEBEN- BIS ACHTMONATIGEN AUFENTHALTS IN EICHENFÄSSERN EINEN WEICHEN, GESCHMEIDIGEN CHARAKTER AN

EDMOND BARNAUT
BARNAUTS BLANC DE NOIRS VEREINT FÜLLE MIT SEIDIGER FINESSE

und Pinot Noir. Gleichermaßen empfehlenswert: Dumangins Vinothèques, bestehend aus älteren Extra-Dry-Champagnern mit eher ungewöhnlicher Dosage.

3, rue de Rilly, 51500 Chigny les Roses
www.champagne-dumangin.com

R. Dumont & Fils Aube
Das »R« steht sowohl für Raphaël als auch für Robert – die beiden Brüder, die das Gut im Department Aube in den 1970ern gründeten. Inzwischen führen ihre Söhne Bernard und Pierre das Haus, das für seine generösen, von Pinot Noir geprägten Champagner bekannt ist. Sie bereiten angenehme jahrgangslose Interpretationen, aus denen ein sinnlich fruchtiger Rosé herausragt. Aufmerksamkeit aber verdienen in erster Linie die Jahrgangsversionen: der intensiv duftende Brut mit reicher Textur und der nur in großen Jahren bereitete Grand Millésime, ein komplexer Blanc de Noirs mit langem Atem.

10200 Champignol lez Mondeville
www.champagnedumont.fr

Duval-Leroy Côte des Blancs
Mit Carol Duval-Leroy steht nach wie vor ein Spross der Gründerfamilie dem 1859 gegründeten Haus vor. Duval-Leroy bietet eine große Auswahl an Champagnern, angefangen vom leichten, duftigen Fleur de Champagne bis zur Einzellagenabfüllung Clos des Bouveries. Die Prestige-Cuvée Femme de Champagne entstammt den besten Parzellen und liegt vor der Freigabe ungewöhnlich lange im Keller. Die Spitzengruppe des Hauses aber bilden wohl die Etiketten der Authentis-Linie, die aus Biotrauben bereitet werden und jeweils einem bestimmten Terroir gewidmet sind.

69, avenue de Bammental, 51130 Vertus
www.duval-leroy.com

Edmond Barnaut Montagne de Reims
Das Gut wurde 1874 von Edmond Barnaut gegründet und steht heute unter der Führung seines fähigen Ururenkels Philippe Secondé. Mit Ausnahme der Cuvée Edmond, eines Verschnitts von Trauben aus der Vallée de la Marne, stammen alle Champagner des Hauses von den warmen Südhängen in Bouzy, was sich in kraftvoller Reife und robusten Geschmacksnuancen niederschlägt. Der Blanc de Noirs gerät mit schöner Regelmäßigkeit finessenreicher als die kellerinterne Konkurrenz.

1, place André Collard, 51190 Bouzy
www.champagne-barnaut.com

Egly-Ouriet Montagne de Reims
Seit der Übernahme Anfang der 1980er-Jahre hat Francis Egly sein Familiengut zu einem der renommiertesten Champagnerhäuser gemacht. Seine konzentrierten, intensiven Kreationen entstehen vorwiegend aus Pinot Noir und werden teilweise in Fässern von Dominique Laurent aus Burgund vinifiziert. Sie liegen lange auf der Hefe und nehmen dadurch eine geschliffene Fülle an. Vom jahrgangslosen Brut Tradition über den VP bis hin zum Millésime zeichnen sich alle Gewächse durch generöse Tiefe und Komplexität aus. Kellerbester ist oft der dichte, virile Blanc de Noirs von 60-jährigen Reben aus der Ambonnay-Lage Les Crayères.

15, rue de Trépail, 51150 Ambonnay; Tel. 03 26 57 00 70

Emmanuel Brochet Montagne de Reims
Eine einzige 2,5 ha große Parzelle wird von Emmanuel Brochet bewirtschaftet, in der aber alle drei Champagnertrauben vertreten sind. Er setzt auf Bioweinbau und vinifiziert alle seine Produkte im Fass. Anführer ist der jahrgangslose Le Mont Benoît, eine nach der Lage benannte erdige, reiche Abfüllung, die außerordentliche Tiefe und Persönlichkeit ins Feld führt und von intensiver Mineralität befeuert wird. Ebenfalls im Repertoire ist ein rassiger, saftiger Rosé, ein Blanc de Blancs und ein reinsortigen Pinot Meunier. ★**Aufsteiger**

7, impasse Brochet, 51500 Villers-aux-Noeuds
Tel. 03 26 06 99 68

Eric Rodez Montagne de Reims
1984 übernahm Eric Rodez den Familienbetrieb, in dem er heute biologisch angebautes Rohmaterial aus 6,5 ha Rebgärten zu etwa 4000 Kisten Wein verarbeitet. Aus jedem Tropfen seiner größtenteils in Eiche vinifizierten Champagner spricht ihre Herkunft aus Ambonnay. Die ausgefeilten jahrgangslosen Etiketten enthalten einen hohen Anteil Reserveweine, was zu ihrer Komplexität und Tiefe beiträgt. Unter der Linie Empreinte de Terroir dagegen werden in Holz entstandene Jahrgangstropfen aus den besten Parzellen des Hauses zusammengefasst.

4, rue de Isse, 51150 Ambonnay; www.champagne-rodez.fr

Franck Bonville Côte des Blancs
Olivier Bonville bestimmt derzeit die Geschicke dieser Kellerei, deren Blanc de Blancs immer finessenreicher werden. Das gesamte Rebland von 18 ha ist als Grand Cru klassifiziert. Es befindet sich überwiegend in den Gemeinden Avize und Oger; hinzu kommen Besitzungen in Cramant und Le Mesnil-sur-Oger. Kellerstar ist der Blanc de Blancs mit Jahrgangsstempel, doch auch der undatierte Prestige macht einen guten Eindruck. Einziges Erzeugnis mit Eichenkontakt ist die Cuvée Les Belles Voyes, ein Einzellagen-Champagner aus Oger.

9, rue Pasteur, 51190 Avize
www.champagne-franck-bonville.com

Franck Pascal Vallée de la Marne
Mit einem Ausstoß von nur 2500 Kisten jährlich und 3,5 ha Rebareal auf den Tonböden an der Nordflanke der Vallée de la Marne gehört Franck Pascal zu den Winzlingen der Champagnerszene. Er übernahm das Familiengut 1994 und begann 2001 mit der Umstellung auf biodynamische Bewirtschaftung. Sein kraftvoller, üppig weiniger Sagesse Brut Nature macht deutlich, zu welcher Reife man einen Champagner mit naturnahem Weinbau bringen kann. Tolérance heißt sein Rosé, der nach derselben Verschnittformel wie der Sagesse plus etwas Rotwein bereitet wird. Er zeichnet sich durch würzige Komplexität und schlanke, duftige Länge aus. ★**Aufsteiger**

1, bis rue V Régnier, 51700 Baslieux-sous-Chatillon
Tel. 03 26 51 89 80

François Secondé Montagne de Reims
Dieses Gut ist das vielleicht einzige noch bestehende Champagnerhaus, das seine Abfüllungen zur Gänze aus Trauben der Gemeinde Sillery bereitet, einem einst berühmten Grand-Cru-Dorf. Secondés Kreationen profilieren sich durch einen ausladenden, üppig reifen Charakter, bewahren in Bestform aber dennoch ihre feste, harmo-

nische Struktur und schneidende Mineralität. Der La Loge Blanc de Noirs von 50-jährigen Pinot-Noir-Stöcken präsentiert sich regelmäßig als ausgefeiltes Gebilde, doch auch die Cuvée Clavier kann man sich getrost zulegen.

6, rue des Galipes, 51500 Sillery; Tel. 03 26 49 16 67

Françoise Bedel Vallée de la Marne
Die Winzerin und ihr Sohn Vincent bereiten im äußersten Westen der Vallée de la Marne höchst eigenständige Champagner aus biodynamischem Anbau. Auf dem Ton- und Kalkboden ihrer Gegend gedeiht Pinot Meunier besonders gut, weshalb man der Traube auch vier Fünftel der gesamten Rebfläche einräumt. Diese Gewichtung trägt zusammen mit dem langen Ausbau auf der Hefe zur besonderen Reichhaltigkeit und vielschichtigen, erdigen Tiefe der Bedel-Interpretationen bei. Entre Ciel et Terre heißt ein lebendiger, würziger Tropfen von Kreide-Ton-Böden, während der »Dis, Vin Secret« auf Kalk reift und daher runder und ausladender ausfällt.

71, Grande Rue, 02310 Crouttes-sur-Marne
www.champagne-francoise-bedel.fr

Gaston Chiquet Grande Vallée
Wie regionaltypisch Champagner sein kann, beweisen die Weine von Antoine und Nicolas Chiquet. Virtuos lassen sie das Terroir in ihrem Teil der Grande Vallée sprechen. Die Brüder legen viel Wert auf alte Rebstöcke und bringen die auf Tonböden gereiften Weine nicht mit Holz in Kontakt, um ihre Leichtigkeit und Finesse zu erhalten. Spitzenabfüllung des Hauses ist der Spécial Club, doch steht ihm der sehr stark vom Boden geprägte Blanc de Blancs d'Aÿ – als Chardonnay eine Seltenheit in dieser Pinot-lastigen Gemeinde – in nichts nach.

912, avenue du Général Leclerc, 51530 Dizy
www.gastonchiquet.com

Gatinois Grande Vallée
Pierre Cheval und seine Frau Marie-Paule Gatinois bereiten in ihrer kleinen Weinmanufaktur in der Grand-Cru-Gemeinde Aÿ körperreiche, vollmundige Champagner. Aÿ ist für seine Pinot-Noir-Geschöpfe berühmt, weshalb die Traube auch 90 % der Gatinois-Rebflächen besetzt. Hier entsteht der duftende, geschmeidige Tradition ohne Jahrgang sowie die substanzreichere Réserve, die man einem längeren Ausbau auf der Hefe unterzieht. Es lohnt sich, Ausschau nach dem Jahrgangs-Brut zu halten, doch ist er sehr begehrt und rasch vergriffen.

7, rue de Mailly, 51160 Aÿ; www.champagne-gatinois.com

Georges Laval Grande Vallée
Der winzigen Produktionsmenge von 800 Kisten jährlich ist es zuzuschreiben, dass Georges Laval, einer der besten Erzeuger der Champagne, selbst unter Kennern der Schaumweinszene praktisch unbekannt ist. Die Lavals bewirtschaften ihre Rebzeilen bereits seit 1971 biologisch. Alle Erzeugnisse sind reinrassige Cumières-Konstrukte. Ihr jahrgangsloser Champagner, herausgegeben in einer Brut- und Brut-Nature-Version, ist nichts für Einsteiger und war früher die einzige Cuvée des Guts, inzwischen aber stehen zusätzlich zwei Einzellagenabfüllungen und ein Rosé zur Auswahl, wenn auch in geringster Auflage.

16, ruelle du Carrefour, 51480 Cumières
www.georgeslaval.com

GUY CHARLEMAGNE
EIN REINSORTIGER CHARDONNAY AUS LE MESNIL-SUR-OGER: DER RASSIGE, AUSGEFEILTE MESNILLÉSIME MIT JAHRGANG

GOSSET
ELEGANTER VERSCHNITT DREIER TRAUBEN: DIE GRANDE RÉSERVE BRUT

Godmé Père et Fils Montagne de Reims
Hugues Godmé steht diesem ausgezeichneten Erzeugerbetrieb vor, der Champagner von seltener Weinigkeit und Ausdruckskraft bereitet. Sein Brut Réserve enthält einen sehr hohen Anteil an Reserveweinen, was ihm einen kraftvollen, fleischigen Charakter verleiht. Der Blanc de Noirs hingegen bewahrt sich seine Anklänge an dunkle Frucht und bringt mehr Eleganz und Finesse ins Spiel. Sowohl der Extra Brut als auch die Jahrgangsgewächse bewegen sich auf höchstem Niveau; sie offenbaren tiefe, volltönende Komplexität und makellose Balance.

10, rue de Verzy, 51360 Verzenay; www.champagne-godme.fr

Gonet-Médeville Grande Vallée
Erst im Jahr 2000 wurde dieses Gut von Xavier Gonet und seiner Frau Julie Médeville gegründet. Die Hälfte ihres Weinbergportfolios von 10 ha erstreckt sich in der Heimatgemeinde und liefert den Rohstoff für einen ausgezeichneten Blanc de Noirs, doch auch im jahrgangslosen Tradition und Rosé des Hauses ist Bisseuil mit roten Trauben vertreten. Die meiste Aufmerksamkeit aber verdient eine Linie von Einzellagenchampagnern aus Ambonnay und Le Mesnil, die wie alle Abfüllungen des Hauses durch ausdrucksvolle Intensität und ein ausgeklügeltes Gleichgewicht beeindrucken. **★ Aufsteiger**

1, chemin de la Cavotte, 51150 Bisseuil
www.gonet-medeville.com

Gosset Épernay
Seit der Gründung 1584 war Aÿ Sitz des Hauses, doch 2009 bezog man größere Keller in Épernay. Gosset-Champagner gelten von jeher als kraftvoll, neuere Ausgaben aber offenbaren auch herrliche Finesse, Komplexität und Ausgewogenheit. Die Grande Réserve profiliert sich als elegante Luxusausgabe eines jahrgangslosen Brut, während der datierte Grand Millésime stets graziös und finessenreich gerät. Jede der drei Versionen von Gossets Prestige-Cuvée Celebris beleuchtet eine Facette des ausgeklügelten Hausstils und hat dank der kürzlichen Umstellung auf Extra-Brut-Dosage sogar noch an Ausdruckskraft gewonnen.

69, rue Jules Blondeau, 51160 Aÿ
www.champagne-gosset.com

Gosset-Brabant Grande Vallée
Gabriel Gosset kehrte dem Stammhaus seiner Familie in den 1930er-Jahren den Rücken, um ein eigenes Champagnergut in Aÿ aufzuziehen. Heute wird es von seinen Enkeln Michel und Christian Gosset geführt. Stilmerkmal der Gosset-Brabant-Editionen ist ihre reiche Frucht und ein konzentrierter Geschmack, der umsichtigem Weinbau und Spitzenlagen u. a. in den Grands Crus von Aÿ und Chouilly geschuldet ist. Pinot Noir aus Aÿ und Chardonnay aus Chouilly werden zur exzellenten jahrgangslosen Réserve und zur Prestige-Cuvée Gabriel mit Jahrgangsangabe kombiniert. Reinsortig dagegen hält Pinot Noir aus Aÿ nur im Noirs d'Aÿ einsam die Stellung.

23, boulevard du Maréchal de Lattre de Tassigny, 51160 Aÿ
Tel. 03 26 55 17 42

Guy Charlemagne Côte des Blancs
Die Zügel in diesem bekannten Erzeugerbetrieb hält Philippe Charlemagne in der Hand. Seine Spezialität sind frische, rassige Champagner, die unmissverständlich von

Rebzeilen, so weit das Auge reicht: An der Côte des Blancs südlich von Épernay regiert Chardonnay.

JOSEPH PERRIER
DAS ETIKETT FÜR JOSEPH PERRIERS PRESTIGE-CUVÉE BASIERT AUF EINEM HANDGEMALTEN ENTWURF AUS DEM 19. JAHRHUNDERT

JACQUESSON
DIE CUVÉE NO. 732 AUS DER 700ER SERIE: EINE ASSEMBLAGE DER LESE 2004

den Kreideböden der Gegend erzählen. Sein Réserve Blanc de Blancs enthält ausschließlich Grand-Cru-Material aus Le Mesnil und Oger. Die beiden Dörfer liefern ferner das Rebgut für die Jahrgangs-Cuvée Charlemagne. Der sortenreinen, in Eiche ausgebauten Prestige-Cuvée Mesnillésime liegen Chardonnay-Trauben von alten Rebstöcken in Spitzenparzellen von Le Mesnil zugrunde.

4, rue de la Brèche d'Oger, 51190 Le Mesnil-sur-Oger
www.champagne-guy-charlemagne.com

Guy Larmandier Côte des Blancs

François Larmandier leitet diesen Erzeugerbetrieb mit 9 ha Rebland. Mit Ausnahme eines Rosés fallen alle seine Champagner in die Blanc-de-Blancs-Kategorie und werden nach ihrem Herkunftsterroir untergliedert. Für den jahrgangslosen Brut und den Rosé kommen Reben aus Vertus selbst zum Einsatz, während die Cuvée Perlée aus Chouilly-Trauben gemacht ist. Die hauseigenen Parzellen in Cramat wiederum liefern den Rohstoff für einen jahrgangslosen Cramant Blanc de Blancs und die reichere Cuvée Prestige mit Jahrgang.

30, rue du Général Koenig, 51130 Vertus
www.champagne-larmandier-guy.fr

Henri Billiot Montagne de Reims

Insgesamt 5 ha Anbaufläche stehen diesem Erzeuger in Ambonnay zur Verfügung. Er gehört zu den Spitzenbetrieben von Ambonnay und bereitet Pinot-dominierte Champagner von ungewöhnlicher Eleganz und Charakterstärke. Das Lesegut stammt zu 100 % aus der Gemeinde und wird in emaillierten Stahltanks ohne biologischen Säureabbau verarbeitet – lediglich die Cuvée Julie sieht das Eichenfass von innen. Beispielhaft für den Gutsstil sind der Brut Réserve und der jahrgangslose Rosé, während der schlanke Jahrgangs-Champagner als herausragende Verkörperung des Terroirs von Ambonnay angeführt werden kann. Paradepferd des Hauses Billiot aber ist die Cuvée Laetitia aus einer Mitte der 1980er-Jahre eingerichteten Champagner-Solera, die nur in den besten Jahrgängen mit neuem Wein aufgefüllt wird.

Place de la Fontaine, 51150 Ambonnay; Tel. 03 26 57 00 14

Henri Giraud Grande Vallée

Claude Girauds Traubenmaterial stammt ausschließlich aus der Gemeinde Aÿ, wo seine Familie schon seit dem 17. Jahrhundert Weinbau betreibt. Der jahrgangslose Esprit de Giraud ist von der gutstypischen reichen Textur und Tiefe beseelt, noch sinnlicher aber kommt der Hommage à François Hémart nach sechsmonatigem Ausbau in Eiche daher. Ein Drittel der Abfüllungen reift in Eichenfässern aus den nahen Argonne-Wäldern. Berühmt geworden ist das Haus allerdings für seinen kraftvollen, opulenten Fût de Chêne, der zu 100 % in Argonne-Eiche seinen Schliff erhält.

71, boulevard Charles de Gaulle, 51160 Aÿ
www.champagne-giraud.com

Henri Goutorbe Grande Vallée

Die Goutorbes sind in der Region für ihre Rebenschule in Aÿ bekannt, doch bereiten sie auch ausgezeichnete Champagner von Trauben aus 25 ha hauseigener Fläche. Wie ausladend und generös sie geraten, offenbaren die Cuvée Prestige, ein jahrgangsloser Brut aus Premier- und Grand-Cru-Weinbergen, und der Blanc de Blancs von Chardonnay-Trauben aus Bisseuil. Im Jahrgangssegment sind der Brut und der Spécial Club enthalten, zwei alterungsfähige Gewächse, die beide zur Gänze in Aÿ reifen und perfekt demonstrieren, welche Saftigkeit und Finesse diese legendäre Spitzenlage ihren Weinen mitgibt.

9 bis, rue Jeanson, 51160 Aÿ
www.champagne-henri-goutorbe.com

Henri Mandois Coteaux Sud d'Épernay

Mit der Bereitung von Champagner befasst sich die Familie Mandois schon seit 1860. Claude Mandois, aktueller Gutsleiter, kauft einen gewissen Anteil an Trauben für seinen jahrgangslosen Brut zu, ansonsten aber entstammt das gesamte Material eigenen Anbauflächen (35 ha), die zu 70 % mit Chardonnay sowie zu jeweils 15 % mit Pinot Noir und Pinot Meunier bestockt sind. Der Brut Nature und der jahrgangsdatierte Blanc de Blancs zeichnen sich durch Ausgewogenheit und geschliffene Textur aus. Cuvée Victor heißt eine teilweise fassvergorene Prestige-Cuvée von 60-jährigen Chardonnay-Reben aus Chouilly.

51530 Pierry; www.champagne-mandois.com

Henriot Reims

Ihre Komplexität und Finesse verdanken die reichhaltigen, vollmundigen Champagner dieses 1808 von Apolline Henriot gegründeten Hauses nicht unwesentlich dem langen Hefekontakt. Vorzeigetropfen ist der jahrgangslose Brut Souverain, der ausgezeichnet in den Stil des Hauses einführt. Die Vintage-Versionen liegen fünf bis acht Jahre auf der Hefe. Henriot gibt in der Regel mehrere Jahrgänge auf einmal frei, sodass man einen guten direkten Vergleich hat. Der komplexe, feine Prestigewein Cuvée des Enchanteleurs reift zehn Jahre im Kreidekeller.

81, rue Coquebert, 51100 Reims
www.champagne-henriot.com

Jacques Lassaigne Aube

Die erste Champagneradresse von Montgueux ist Jacques Lassaigne. Das Haus wird seit 1999 von Emmanuel Lassaigne geführt, der seine eigenen 4 ha durch Zukäufe aus dem Dorf ergänzt und Champagner auf Chardonnay-Basis bereitet, die die gemeindetypischen üppig-exotischen Fruchtnuancen beispielhaft zum Ausdruck bringen. Les Vignes de Montgueux heißt der jahrgangslose Brut, Cuvée Le Cotet ein tiefgründigeres, facettenreicheres Einzellagengewächs von alten Stöcken. Der überragende Vintage Brut reift zur Gänze in Edelstahl, während die Cuvée Colline Inspirée teils im Fass vergoren und ausschließlich in Magnumflaschen angeboten wird. ★**Aufsteiger**

10300 Montgueux; www.montgueux.com

Jacques Selosse Côte des Blancs

Anselme Selosse gehört zu den großen Persönlichkeiten der Champagne. Er zeichnet für einige der eigenständigsten Kreszenzen der Region verantwortlich. Herzstück seiner Bereitungsphilosophie ist der Rebbau. Das kommt deutlich in seinen Weinen zum Ausdruck, die durch beispiellose Fülle und Intensität begeistern können. Die Bereitung im Fass erfolgt allein mithilfe einheimischer Hefen. So besticht jedes Etikett durch außergewöhnliche Ausdruckskraft, angefangen vom ausgeklügelten, kraftvollen Initial bis hin zum majestätischen, komplexen Millésime. Das Gros der Selosse-Champagner zählt zwar zur Blanc-de-Blancs-Fraktion, der Contrast aber ist ein sortenreiner Pinot Noir aus Aÿ und Ambonnay. Ungewöhnlich der Substance aus einer Art Solera-System.

22, rue Ernest Vallé, 51190 Avize; Tel. 03 26 57 53 56

Jacquesson Grande Vallée
Das 200 Jahre alte Haus gehört seit 1974 der Familie Chiquet und hat mit seinen reichhaltigen, komplexen, in großen Eichenfässern vinifizierten Champagnern eine treue Anhängerschaft. Gleichwohl ist vor Kurzem die eigene Weinliste gründlich überarbeitet worden. Derzeit setzt man auf traditionelle Methoden und bereitet nur einen einzigen Verschnitt, der den jahrgangslosen Brut namens Perfection ersetzt. Statt saisonunabhängige Beständigkeit anzustreben, soll jedes Jahr aufs Neue die bestmögliche Verschnittformel gefunden werden. Die übrigen vier Abfüllungen sind alles Einzellagengewächse mit Jahrgangsangabe und widerlegen die Ansicht vieler, dass ein großer Champagner stets verschnitten sein müsse.

68, rue du Colonel Fabien, 51530 Dizy
www.champagnejacquesson.com

Janisson-Baradon Épernay
Die meisten Rebflächen des 1922 gegründeten Guts gehören zur Gemarkung Épernay. Alle Abfüllungen werden in Eiche teilvergoren und legen häufig eine runde, körperreiche Fülle offen. Die jahrgangslose Brut-Version, vertreten durch den Sélection, wird aus gleichen Teilen Chardonnay und Pinot Noir konfektioniert. Das gilt auch für die Grande Réserve, die allerdings länger auf der Hefe liegt. Janisson's Spécial Club heißt ein nur in guten Jahren herausgegebener Blanc de Blancs.

2, rue des Vignerons, 51200 Épernay
www.champagne-janisson.com

Jean Milan Côte des Blancs
Blumige, elegante Blanc de Blancs sind die Spezialität dieser 1864 aus der Taufe gehobenen Kellerei. Das hauseigene Rebgut reift in der Grand-Cru-Gemeinde Oger heran und wird ergänzt durch Zukäufe von Weinbauern im Dorf. Terres de Noël heißt ein Blanc de Blancs aus einer Einzellage mit bis zu 65-jährigen Stöcken. Er gibt sich kalkmineralisch und schwungvoll, während der Symphorine, eine Selektion aus den besten Parzellen, auf Reife und Reichhaltigkeit setzt. Der Grande Réserve 1864 verleiht die Bereitung in Holz und ein langer Ausbau auf der Hefe einen vollen, ausladenden Körper.

6, rue d'Avize, 51190 Oger; www.champagne-milan.com

Jean Moutardier Vallée de la Marne
Der Engländer Jonathan Saxby steht dem 1960 von seinem Schwiegervater Jean Moutardier gegründeten Betrieb vor. Er bewirtschaftet 18 ha Rebgärten in Le Breuil und den umliegenden Gemeinden, aus denen auch das zugekaufte Lesegut stammt – kein Wunder, dass die Champagner genau den ausgreifenden, duftenden Charakter offenbaren, der für dieses Anbaugebiet typisch ist. Anführer im Rebenrepertoire ist Pinot Meunier; die Traube firmiert in den besten Abfüllungen des Hauses. Im elegant ausgewogenen Pure Meunier ist sie ganz allein vertreten und auch im jahrgangslosen Carte d'Or bildet sie mit 85 % noch die Mehrheit.

Route d'Orbais, 51210 Le Breuil
www.champagne-jean-moutardier.fr

Jean Velut Aube
Denis Velut bestellt 7,5 ha Rebenäcker in Montgueux, verkauft jedoch den Großteil seiner Trauben an Négociants. Er selbst füllt nur rund 3000 Kisten jährlich ab. Den Hauptpart in seinen Weinen spielt die Chardonnay-Traube. Der reife, fruchtige Brut ohne Jahrgang enthält zwar etwas Pinot Noir, doch die Cuvée Spéciale bietet Chardonnay pur und bringt die für Montgueux typischen Tropennuancen elegant zur Geltung. Seit dem Jahrgang 1999 ist der Jahrgangs-Brut ebenfalls eine reinsortige Chardonnay-Ausfertigung, was sich in einem runden Charakter und offenherzigen Aroma niederschlägt.

9, rue du Moulin, 10300 Montgueux; Tel. 03 25 74 83 31

Jean Vesselle Montagne de Reims
An der Spitze dieses Hauses steht Delphine Vesselle. Sie besitzt Weinberge in Bouzy und in Loches im Departement Aube. Ihre kraftvollen, von Pinot Noir geprägten Champagner sind zumeist ein Kollektiv aus Trauben beider Gemeinden, die in einer Jahrgangs- und jahrgangslosen Version erhältliche Cuvée Prestige indes enthält ausschließlich Frucht aus Bouzy. Eine lohnende Anschaffung sind der ausgewogene Extra Brut und der Œil de Perdrix, aber auch die Einzellagenedition Le Petit Clos.

4, rue Victor Hugo, 51150 Bouzy
www.champagnejeanvesselle.fr

Jérôme Prévost Montagne de Reims
Jérôme Prévosts Champagner stammen aus einer einzigen Lage, einer einzigen Traube und einem einzigen Jahrgang. Der Winzer gab sein Debüt mit dem Jahrgang 1998 und hat sich seither mit seinen ungewöhnlichen, komplexen, vom Boden geprägten Schöpfungen eine treue Gefolgschaft gesichert. Jedes Jahr bereitet er nur einen einzigen Wein: einen reinsortigen Pinot Meunier aus dem Rebberg Les Béguines. Er wird in *demi-muids*, 600-l-Eichenfässern, unter Einsatz einheimischer Hefen vergoren und mit wenig oder überhaupt keiner Dosage freigegeben. Ein moderner Champagner im besten Sinne also, der ganz im Zeichen naturschonenden Weinbaus und umsichtiger Bereitung steht. ★**Aufsteiger**

2, rue Petite-Montagne, 51390 Gueux; Tel. 03 26 03 48 60

José Dhondt Côte des Blancs
Auf seinem kleinen Gut widmet sich José Dhondt überwiegend der Bereitung von Blanc de Blancs. Neben Rebflächen in Oger besitzt er auch Weinberge weiter südlich in Sézanne, die er für seinen Basiswein Brut Tradition nutzt. Seine Grande Réserve, ein frischer, mineralischer Blanc de Blancs, wird aber vollständig aus Oger-Lesegut gekeltert. Vorzeigetropfen des Hauses ist der Mes Vieilles Vignes, ein Einzellagengewächs aus einer 1949 bestockten Chardonnay-Parzelle in Oger.

1, rue de Flavigny, 51190 Oger; Tel. 03 26 57 96 86

José Michel Coteaux Sud d'Épernay
Zu den großen Pinot-Meunier-Spezialisten der Anbauregion gehört José Michel. Schon seit 1952 widmet er sich der Bereitung üppiger, mundfüllender Schaumweine, in denen die Tonböden der Gegend südlich von Épernay zum Ausdruck kommen. Einen gewichtigen Anteil hat Pinot Meunier im Extra Brut und dem jahrgangslosen Carte Blanche. Kürzlich führte Michel ferner einen ausgezeichneten undatierten Brut ein, der zu 100 % aus

WINZER MIT EINFLUSS: ANSELME SELOSSE

Zu den heute einflussreichsten Kellermeistern der Champagne zählt Anselme Selosse. Seine Philosophie des naturnahen Weinbaus, sein unermüdlich suchender Geist und sein oft querdenkerisches Streben nach Originalität haben eine ganze Winzergeneration beeinflusst. Wer von ihm gelernt hat, bekommt oft den Stempel »Selosse-Jünger« aufgedrückt – Alexandre Chartogne ist ebenso darunter wie Olivier Collin, Bertrand Gautherot oder Jérôme Prévost. Der Begriff setzt jedoch eine Art Dogma voraus, das es so nicht gibt. Zudem lenkt er ab von den eigentlichen Bemühungen und Initiativen des Weinmachers. So ist Selosses Einfluss nicht so sehr in der Methodik und Philosophie seiner Anhänger zu spüren, die alle einen unterschiedlichen Ansatz haben, vielmehr teilen sie einen tiefen Respekt vor der Natur, unaufhörlichen Forscherdrang und eine weltoffene Sicht, die sie stets empfänglich macht für neue Herausforderungen und Möglichkeiten.

KRUG
DIE GRANDE CUVÉE IST DER VORZEIGEWEIN DES HAUSES UND EIN MEISTERWERK DER VERSCHNEIDEKUNST

LECLERC-BRIANT
70 % PINOT NOIR UND 30 % MEUNIER LIEGEN DIESER BIO-CUVÉE ZUGRUNDE

der Traube besteht. Seine Jahrgangsausführungen indes kommen derzeit mit einer Chardonnay-Mehrheit in den Handel, obwohl sie früher noch reinsortige Meunier-Schöpfungen waren. Allerdings hat José angedeutet, dass er möglicherweise bald wieder einen Jahrgangswein aus seiner Lieblingstraube ins Sortiment aufnehmen wird.

14, rue Prélot, 51530 Moussy
www.champagne-jose-michel.com

Joseph Perrier Châlons-en-Champagne

Das 1825 von Joseph Perrier ins Leben gerufene Gut ist das einzige verbliebene Champagnerhaus in der Stadt Châlons. Ironischerweise erstrecken sich sämtliche Rebflächen in der Vallée de la Marne, obwohl man Lesegut aus der ganzen Region zukauft. Die vollen, fein ausgewogenen Perrier-Etiketten gefallen durch Offenherzigkeit und Zugänglichkeit. Viele Abfüllungen heißen Cuvée Royale, da das Haus einst die Höfe der britischen Regenten Viktoria und Eduard VII. belieferte. Nach Joseph Perriers Tochter benannt wurde dagegen die Cuvée Joséphine, eine ausgefeilte, elegante Prestigekreation.

51016 Châlons-en-Champagne; www.joseph-perrier.com

Krug Reims

Das legendäre Haus wurde 1843 von Johann Joseph Krug gegründet. Eine Vergärung in Holz und meisterhafte Verschneidekunst liegen der enormen Komplexität, Reichhaltigkeit und Finesse seiner Weine zugrunde. Als großartigster Ausdruck der Krug-Philosophie gilt die Grande Cuvée, eine Melange aus bis zu 50 Weinen aller drei Rebsorten, 20 bis 25 Cru-Lagen und sechs bis zehn Jahrgängen. Etwas geringer ist die Bandbreite beim Jahrgangs-Brut, doch auch er legt eine fabelhafte Komplexität und Ausdruckskraft offen. Die beiden teuersten Etiketten allerdings, der Clos d'Ambonnay und der Clos du Mesnil, sind Einzellagen-Champagner und damit völlig unverschnitten.

5, rue Coquebert, 51100 Reims; www.krug.com

Laherte Frères Coteaux Sud d'Épernay

Mit immer mehr Ausdruckstiefe und Komplexität trumpfen die Champagner dieses 10-ha-Guts auf. Naturnaher Weinbau, konzentrierte Frucht und teilweise Bereitung in Holz schaffen die Voraussetzung für eindringliche, persönlichkeitsstarke Schaumweine. Der jahrgangsdatierte Les Vignes d'Autrefois aus 100 % Pinot Meunier von alten Stöcken und der La Pierre de la Justice, ein lebendiger, geschmeidiger Blanc de Blancs aus einem einzigen Weinberg, sind vorzüglich, aber auch die ungewöhnliche Einzellagenabfüllung Les Clos aus sieben Rebsorten, die im gemischten Satz kultiviert und gemeinsam vinifiziert werden. Intensiv und weinig zeigt sich der Saignée-Rosé Les Beaudiers, auch er mit Datumsaufdruck. **★Aufsteiger**

51530 Chavot; www.champagne-laherte.com

Lamiable Montagne de Reims

Insgesamt 6 ha Rebland bestellt die Familie Lamiable in Tours-sur-Marne. Jean-Pierre Lamiable und seine Tochter Ophélie zeichnen für reife, überbordend fruchtige Perler von weiniger Intensität verantwortlich. Der harmonische, subtil einnehmende Extra Brut bietet einen guten Einstieg in den Gutsstil. Les Meslaines heißt ein einzellagengereifter Blanc de Noirs von 50-jährigen Pinot-Noir-Stöcken, der bei aller kraftvollen Frucht auch einen intensiv kalkmineralischen Einschlag aufweist. Der Spécial Club enthält ein Drittel Chardonnay von der Côte des Blancs, den die Lamiables von Freunden kaufen und mit Pinot Noir sowie Chardonnay aus Tours-sur-Marne legieren.

51150 Tours-sur-Marne; www.champagnelamiable.com

Lanson Reims

Seit über 30 Jahren zieht Jean-Paul Gandon die Fäden in den Lanson-Kellern und steht als Garant für einen Hausstil, der Kraft und Frische unter einen Tresterhut bringt. Seine Champagner entstehen ohne biologischen Säureabbau und bewahren sich dadurch eine von duftender Frucht gestützte Lebendigkeit. Ein klassisches Beispiel dafür ist der fruchtige Rose Label, der von straffer Säure getragen wird. Dem Extra Age beschert ein längerer Ausbau auf dem Hefegeläger mehr Fülle. Die Noble-Cuvée-Etiketten sind eher auf dezente Finesse ausgelegt, während der Jahrgangstropfen Gold Label zu beachtlicher Komplexität und Langlebigkeit fähig ist.

66, rue de Courlancy, 51100 Reims; www.lanson.fr

Larmandier-Bernier Côte des Blancs

Pierre Larmandier bereitet auf seinem seit 2004 biodynamisch geführtem Gut Blanc de Blancs von bemerkenswerter Klarheit und Reinheit. Er vinifiziert sie zum Teil in Holz und setzt nur einheimische Hefen ein. Einer seiner bekanntesten Tropfen ist der Terre de Vertus, ein rassiger, intensiv kalkig-steiniger Brut Nature aus dem Norden von Vertus unweit von Le Mesnil. Der herausragende, mit einem Jahrgang gekennzeichnete Vieille Vigne de Cramat entstammt zwei bis zu 75 Jahre alten Parzellen in Cramat und macht deutlich, welche Reichhaltigkeit und Komplexität dieses Grand-Cru-Terroir seinen Trauben mitgibt.

19, avenue du Général de Gaulle, 51130 Vertus
www.larmandier.com

Launois Père et Fils Côte des Blancs

Unter den unabhängigen Winzern mit eigenem Rebland gehört Launois zu den größeren: Das Gut bewirtschaftet 30 ha, zwei Drittel davon in den Grand-Cru-Gemeinden Le Mesnil, Oger, Cramant und Avize. Saubere, geschliffene Champagner sind seine Spezialität; das Gros kommt als Blanc de Blancs auf den Markt, darunter der Veuve Clémence, ein körperreiches Schaumgebilde von alten Stöcken in Cramant, und der Jahrgangs-Blanc-de-Blancs, eine Legierung von Le-Mesnil- und Oger-Trauben. Der Spécial Club entstammt zwei Parzellen mit 50-jährigen Stöcken in Oger und Cramant.

2, avenue Eugène Guillaume, 51190 Le Mesnil-sur-Oger
www.champagne-launois.fr

Laurent-Perrier Montagne de Reims

Bernard de Nonancourt verhalf dem 1812 gegründeten Haus nach dem Zweiten Weltkrieg zu Ruhm. Heute genießt es hohes Ansehen für seinen Grand Siècle, eine Prestige-Cuvée aus drei verschiedenen Jahrgängen, und den jahrgangslosen Rosé, der durch eine kurze Maischestandzeit seine Farbe bekommt. Der seit 1981 aufgelegte Ultra Brut ist ein rassiger, delikater *non-dosé*, während der Brut Millésime Fülle und Finesse vereint. Ebenfalls lohnenswert: der jahrgangsdatierte Alexandra Rosé, ein elegant geschliffener Champagner in Pink.

51150 Tours-sur-Marne; www.laurent-perrier.fr

Le Brun Servenay Côte des Blancs
Nicht nur an der Côte des Blancs, sondern auch an den Coteaux Sud d'Épernay unterhält Patrick Lebrun, Herr über dieses 8-ha-Gut in Avize, eigenes Rebland. Obwohl er auf biologischen Säureabbau verzichtet, offerieren seine Geschöpfe noch eine aus reifer Frucht gewonnene Reichhaltigkeit. Der fruchtige, körperreiche Brut Réserve ohne Jahrgangsangabe wird aus allen drei Rebsorten bereitet. Ein Côte-des-Blancs-Chardonnay reinsten Wassers ist der Brut Sélection mit seiner kalkigen Mineralität und den exotischen Fruchtaromen. Leicht und spritzig gibt sich der schwungvoll-frische Rosé.

14, place Léon Bourgeois, 51190 Avize
www.champagnelebrun.com

Leclaire-Gaspard Grande Vallée
Reynald Leclaire und seiner Frau Virginie Thiéfane gehört dieses kleine Gut. Es wurde 1876 von Ernest Alfred Leclaire in Avize gegründet, zog später aber nach Mareuil-sur-Aÿ um, wenngleich die wichtigsten Weinberge nach wie vor in der Ursprungsgemeinde liegen. Obwohl jährlich keine 2000 Kisten abgefüllt werden, lohnt es sich, einen der komplexen, ausbalancierten Champagner aufzuspüren. Die jahrgangslose Grande Réserve offenbart Kraft und aromatische Tiefe, der Carte d'Or bekommt seine Komplexität durch längeren Hefekontakt. Mitunter werden sogar noch ältere Jahrgänge in Umlauf gebracht, wenn auch nur in winzigen Mengen.

26, rue Sadi Carnot, 51160 Mareuil-sur-Aÿ
Tel. 03 26 52 88 65

Leclerc-Briant Épernay
Nach und nach stellt Leclerc-Briant seine 30 ha Rebflächen in der Vallée de la Marne auf biodynamischen Weinbau um. Die qualitative Speerspitze der eher kraftvollen, geschmacksintensiven Etiketten bilden die Einzellagengewächse aus Cumières: der rassige, geschmeidige Les Crayères mit kalkinduzierter Mineralität und der rundere Les Chèvres Pierreuses. Kürzlich brachte das Haus zwei weitere Lagenweine ins Spiel: den La Croisette, einen reinsortigen Chardonnay aus Épernay, und den La Ravinne, einen Pinot Meunier aus Verneuil.

67, rue Chaude Ruelle, 51204 Épernay
www.leclercbriant.com

R. & L. Legras Côte des Blancs
Legras-Champager sind stets reinrassige Chouilly-Gewächse und gehören zu den ausgefeiltesten, feinsten Vertretern dieser Gemeinde. Der Betrieb hat einen guten Stand in der Spitzengastronomie und füllt Hausmarken für Restaurants wie La Tour d'Argent und Guy Savoy in Paris ab. Sein seidiger, zitrusfruchtiger Blanc de Blancs ohne Jahrgang bietet einen guten Einstieg in den Gutsstil. Intensivere Mineralität und mehr Tiefe sind von der datierten Cuvée Présidence von alten Rebstöcken zu erwarten. Die Cuvée St-Vincent entsteht nur in großen Jahrgängen und kann durch enorme Komplexität und Finesse begeistern.

10, rue des Partelaines, 51530 Chouilly
www.champagne-legras.fr

A. R. Lenoble Vallée de la Marne
Als Armand-Raphaël Graser das Haus 1920 gründete, erfand er auch den seiner Ansicht nach französisch klingenderen Namen Lenoble. Heute bereiten seine

A. R. LENOBLE
ELEGANT KOMPLEX UND INTENSIV STEINIG-MINERALISCH: DER EINZELLAGENWEIN LES AVENTURES AUS CHOUILLY

LOUIS ROEDERER
NEBEN DEM CRISTAL FÜHRT ROEDERER WEITERE ERZEUGNISSE VON RANG

Nachfahren Antoine und Anne Malassagne eindringliche Champagner aus mehrheitlich gutseigenen Trauben. Über die Hälfte des Reblands gehört zur Gemeinde Chouilly. Von dort stammen der überragende Jahrgangswein Gentilhomme Blanc de Blancs und die Einzellagenkreszenz Les Aventures. Wer weinige, intensive Tropfen mag, wird aber auch das übrige Sortiment schätzen.

35-37, rue Paul Douce, 51480 Damery
www.champagne-lenoble.com

Lilbert-Fils Côte des Blancs
Die winzige Weinmanufaktur bereitet exquisite, fein ziselierte Tropfen. Zur Verfügung stehen ihr gerade einmal 3,5 ha Chardonnay-Weinberge, die aber allesamt als Grand Cru klassifiziert sind. Seit 1998 bestimmt Bertrand Lilbert die Geschicke des Unternehmens. Drei Etiketten hat er im Programm: Der ausgezeichnete jahrgangslose Brut wird aus Cramant-, Chouilly- und Oiry-Trauben bereitet, der Perle dagegen ist ein reiner Cramant von alten Stöcken und wird mit niedrigerem Flaschendruck im Crémant-Stil erzeugt. Betagte Reben aus Cramant liegen auch dem Jahrgangs-Brut zugrunde, der mit bemerkenswert komplexem, geschliffenem Charakter prunkt.

223, rue du Moutier, 51530 Cramant
www.champagne-lilbert.com

Louis Roederer Reims
Bis ins Jahr 1776 zurück reichen die Wurzeln des Hauses Louis Roederer, das in der Riege der Champagnererzeuger einen der vordersten Plätze einnimmt. Heute ist Roederer vor allem für seine Prestige-Cuvée Cristal bekannt, die einst speziell für den russischen Zar Alexander II. ins Leben gerufen wurde. Sie gehört zu den besten Champagnern überhaupt, doch sollte man auch die übrigen Etiketten nicht außer Acht lassen. Alle Jahrgangsausführungen einschließlich des Cristal werden zu 100 % aus hauseigenem Lesegut bereitet und geraten durchweg hervorragend. Markenzeichen der Roederer-Kreationen sind ihre Frische, die sie dem Verzicht auf biologischen Säureabbau verdanken, aber auch ihre Komplexität und Finesse.

21, boulevard Lundy, 51053 Reims
www.champagne-roederer.com

Mailly Grand Cru Montagne de Reims
Keine Genossenschaft der Champagne hat eine beeindruckendere Bilanz vorzuweisen als Mailly Grand Cru. Der 1929 gegründeten Kooperative gehören 80 Weinbauern mit insgesamt 70 ha Rebland in Mailly an. In der Gemeinde entstehen aufgrund ihrer nördlichen Ausrichtung Pinot-Noir-Trauben mit Finesse und Struktur, was die umfangreiche Weinliste des Hauses und insbesondere die ausdrucksvollen Blanc de Noirs ohne Jahrgang veranschaulichen. Als etwas weinigerer und reichhaltigerer Champagner ist die Prestige-Cuvée Les Échanson gedacht, während L'Intemporelle mit größtmöglicher Eleganz und Zartheit den Gegenpol dazu bilden soll.

28, rue de la Libération, 51500 Mailly
www.champagne-mailly.com

Marc Hébrart Grande Vallée
Dieser Erzeuger in Mareuil-sur-Aÿ verdient definitiv mehr Bekanntheit. Jean-Paul Hébrart bestellt 14 ha Rebland in sechs Gemeinden und wartet mit Schaumweinen von mundfüllender Tiefe auf. Seine Cuvée de Réserve ist

MARGUET PERE ET FILS
DER RÉSERVE IST EIN HOCHKARÄTIGES, TEILWEISE IM FASS VERGORENES JOINT VENTURE AUS PINOT NOIR UND CHARDONNAY

MICHEL ARNOULD
LA GRANDE CUVÉE AUS ZWEI DRITTELN PINOT NOIR UND EINEM DRITTEL CHARDONNAY

ein köstlicher jahrgangsloser Brut; der Sélection stammt von alten Stöcken und bekommt mehr Zeit auf dem Geläger eingeräumt. Besonders herausragend: der frische, duftende Rosé und der Spécial Club aus Pinot Noir von den ältesten Reben in Mareuil, der mit Chardonnay aus Chouilly und Oiry ergänzt wird.

18/20, rue du Pont, 51160 Mareuil-sur-Aÿ
Tel. 03 26 52 60 75

A. Margaine Montagne de Reims
Als eines der Chardonnay-Vorzeigegüter in der Montagne de Reims steht dieser Familienbetrieb für ausdrucksvolle Champagner von großer Geschmacksfülle. Jeder der drei Blanc de Blancs im Sortiment bietet eine unterschiedliche Interpretation des unverkennbaren Gemeindeterroirs, wobei die Jahrgangsselektion Spécial Club mit ihrer Komplexität und Finesse die qualitative Speerspitze des Trios bildet. Gutsherr Arnaud Margaine keltert ferner etwas Pinot Noir: Die Traube hat einen Anteil von 10 % am ausgezeichneten jahrgangslosen Brut und dient als Rohstoff für den einnehmend seidigen Rosé.

3, avenue de Champagne, 51380 Villers Marmery
www.isasite.net/champagne-margaine

Marguet Père et Fils Montagne de Reims
Benoît Marguet besitzt keine eigenen Reben, verfügt aber über ein umfangreiches Netzwerk aus Zulieferern, wobei er Biotrauben bevorzugt, und füllt derzeit jährlich 5000 Kisten tiefgründiger Champagner mit ungewöhnlicher Aromaintensität ab. Auf seiner Verkaufsliste finden sich ein jahrgangsloser Tradition, bereitet als Blanc de Noirs aus Pinot Noir und Pinot Meunier, sowie eine Réserve aus Pinot Noir und Chardonnay. Im Jahrgangs-Brut tun sich Chardonnay aus Chouilly sowie Pinot Noir aus Bouzy zu einem kraftvollen, ausgesprochen fruchtigen Etikett zusammen. ★**Aufsteiger**

1, place Barancourt, 51150 Ambonnay
www.champagne-marguet.fr

Marie-Noëlle Ledru Montagne de Reims
Die Winzerin editiert auf ihrem kleinen Gut weinige Ausfertigungen in einer Auflage von gerade einmal 2500 Kisten jährlich. In all ihren Cuvées, ob mit oder ohne Jahrgang, manifestiert sich der geschmeidige, komplexe Charakter von Pinot-Noir-Champagnern aus Ambonnay, wenngleich Marie-Noëlle Ledru sie mit 15 % Chardonnay ausbalanciert. Ihr Spitzenprodukt, die Cuvée du Goulté, wird allerdings reinsortig aus Pinot Noir gekeltert und stammt aus den besten Parzellen. Besonderes Gelingen kann den Abfüllungen ohne Dosage bescheinigt werden: Dank ihrer üppig reifen Frucht schwingen sie sich zu ungewöhnlich harmonischer, abgerundeter Klasse auf.

5, place de la Croix, 51150 Ambonnay; Tel. 03 26 57 09 26

Michel Arnould Montagne de Reims
Verzenay gehört zu den berühmtesten Edellagen der Champagne. Seinen Charakter ergründet man am besten mit einem reinen Verzenay von einem Spitzenerzeuger der Gemeinde: Patrick Arnould fertigt beachtliche Interpretationen dieses legendären Terroirs an. Sowohl für den Brut Tradition als auch den Brut Réserve und den kraftvollen, jahrgangsdatierten Memoire de Vignes verarbeitet er nur Verzenay-Frucht. Einen Teil seines Leseguts bezieht er ferner aus Le Mesnil-sur-Oger, um es im komplexen Jahrgangs-Brut und der seidigen, finessenreichen Grande Cuvée mit Pinot Noir aus Verzenay zu vereinen.

28 rue de Mailly, 51360 Verzenay
www.champagne-michel-arnould.com

Michel Loriot Vallée de la Marne
17 ha Weinberge in und um das Flagot-Tal am Südufer der Marne nennt Michel Loriot sein Eigen. Auf den hiesigen Tonböden regiert Pinot Meunier, weshalb es nicht überrascht, dass die Sorte in den beiden eigenständigsten Abfüllungen in Reinkultur vertreten ist. Die lebendige jahrgangslose Réserve interpretiert sie überraschend elegant, während der volltönende, komplexe, jahrgangsdatierte Pinot Meunier Vieilles Vignes konzentrierten Charakter zeigt. Faszinierend ist ein Vergleich mit dem Vintage Brut, dem ein Spritzer Chardonnay Finesse mitgibt.

13, rue de Bel Air, 51700 Festigny
www.champagne-michelloriot.com

Moët & Chandon Épernay
Claude Moët gründete sein berühmtes Haus 1743. Es gehört derzeit zu den präsentesten Champagnermarken überhaupt und gibt zwar keine Zahlen preis, ist aber der größte Landbesitzer in der Region, sodass Kellermeister Benoît Gouez auf riesige Weinbergressourcen zurückgreifen kann. In den letzten Jahren hat das Haus seine Kollektion verschlankt. Der leichte, geröstete Brut Impérial ohne Jahrgang findet sein Gegengewicht im Rosé Impérial und dem Nectar Impérial. Mit von der Partie sind ferner die beiden Jahrgangs-Champagner Grand Vintage und Grand Vintage Rosé. Siehe auch Dom Pérignon, S. 271.

51333 Épernay; www.moet.com

Moutard Père et Fils Aube
François Moutard offeriert eine umfangreiche Palette runder, körperreicher, Aube-typischer Champagner. Bekannt geworden ist der Winzer vor allem als Wahrer ungewöhnlicher Traubensorten, die aber nur einen kleinen Teil der Gesamtproduktion ausmachen. Zu seinen besten Pferden im Flaschengestüt gehört die Cuvée des 6 Cépages Millésime, in der sechs unterschiedliche Rebsorten zum Einsatz kommen. Im Vieilles Vignes Millésime Arbane ist die unbekannte, fast völlig von der Bildfläche verschwundene Arbane-Traube fast sortenrein enthalten. Nicht links liegen lassen sollte man ferner seine gängigeren Ausführungen aus Pinot Noir und Chardonnay, allen voran das Lagengewächs Champ Persin Blanc de Blancs.

Rue des Ponts, 10110 Buxeuil; www.champagne-moutard.fr

Mumm Reims
Bis in die 1960er-Jahre hinein gehörte das 1827 gegründete Haus zur Hautevolee der Champagne, doch nach der Übernahme durch den Getränkegiganten Seagram ging es mit der Qualität steil bergab. Inzwischen gehört es zur Pernod-Ricard-Gruppe, wird von Kellermeister Didier Mariotti geleitet und befindet sich wieder auf dem Weg nach oben. Mumm ist für seine leichten, frischen Champagner wie den Mumm de Cramat bekannt, eine besonders delikate Interpretation der Lage. Noch besser indes steht die neu ins Leben gerufene Cuvée R. Lalou da, eine ernsthafte, komplexe Veröffentlichung mit Tiefe und Charakter aus den besten Weingärten des Hauses.

34, rue du Champ de Mars, 51100 Reims; www.mumm.com

Nicolas Maillart Montagne de Reims

Seit 2003 bestimmt Nicolas Maillart die Geschicke dieses Familienguts. Er brachte in dieser Zeit die gesamte Produktion auf Vordermann, richtete eine neue Presse ein, schaffte temperaturgeregelte Edelstahltanks an und stellte auf nachhaltigen Weinbau um. Beispielhaft für den neuen Ansatz steht Maillarts jahrgangsloser Brut namens Platine mit generösen und doch lebendigen Geschmacksnuancen. Am faszinierendsten allerdings geraten ihm die beiden terroirbezogenen Champagner aus der Gemeinde Ecueil: der Les Chaillots Gillis, ein würziger, tieftönender Chardonnay aus zwei Parzellen mit 40-jährigen Reben, und der Les Francs de Pied, ein seltener Pinot Noir von unveredelten Stöcken. ★**Aufsteiger**

5, rue de Villers-aux-Nœuds, 51500 Ecueil
www.champagne-maillart.fr

Olivier Horiot Aube

Als Olivier Horiot im Jahr 2000 mit der Bereitung von Wein begann, hatte er nicht die Bereitung von Champagner im Blickfeld. Stattdessen konzentrierte er sich auf winzige Mengen Roter und Rosés. Seine Stöcke stehen in Les Riceys, der einzigen Gemeinde der Champagne, die drei Appellationen gleichzeitig für sich beanspruchen kann: eine für Schaumwein, eine für Stillwein und eine für den seltenen Rosé des Riceys. Inzwischen füllt Horiot etwas Champagner ab, seine Stars aber sind die biodynamisch erzeugten Rosé-des-Riceys-Weine aus Einzellagen: der reiffruchtige, extrovertierte Barmont und der elegante, detaillierte Valingrain mit kalkig-mineralischer Finesse. ★**Aufsteiger**

25, rue de Bise, 10340 Les Riceys
Tel. 03 25 29 32 16

Pascal Doquet Côte des Blancs

Pascal Doquet übernahm die Regie auf dem Gut seiner Familie 1995. Mit der Zeit formte er es nach seinen Vorstellungen und bereitet nun stark terroirorientierte Bioweine. Mit Ausnahme eines Rosés hat er nur Blanc de Blancs im Programm. Aus seinen Weinbergen in Vitry, Le Mesnil und dem Gebiet um Vertus gewinnt er lagenspezifische Cuvées und führt außerdem einen jahrgangsdatierten Mont-Aimé von den Feuersteinböden einer Kuppe südlich von Vertus. Sie alle haben Lebendigkeit im Ausdruck gemein und zeichnen sich durch ungewöhnliche Intensität, Präzision und Finesse aus.

44, chemin du Moulin de la Cense Bizet, 51130 Vertus
www.champagne-doquet-jeanmaire.com

Paul Bara Montagne de Reims

Paul Bara, eine der großen Persönlichkeiten der Champagne, begann nach dem Zweiten Weltkrieg mit der Bereitung von Schaumwein. Inzwischen obliegt die Leitung des Hauses seiner Tochter Chantale, die nach wie vor Moussierendes von bemerkenswerter Ausdrucksfähigkeit und Finesse zuwege bringt. Alle Etiketten sind reinste Bouzy-Erzeugnisse und offenbaren die Tiefe und harmonische Fülle, wie sie für die Gemeinde typisch sind. Besonders faszinierend gerät der parfümduftige Grand Rosé. Langer Kontakt mit der Hefe verhilft dem Comtesse Marie de France zu seiner Komplexität. Der subtile, feine Spécial Club erscheint seit 2004 auch als Rosé.

4 rue Yvonnet, 51150 Bouzy
www.champagnepaulbara.com

Paul Clouet Montagne de Reims

Als Marie-Thérèse Clouet das Gut 1992 gründete, benannte sie es nach ihrem Großvater Paul. Die Winzerin ist verheiratet mit Jean-Louis Bonnaire, der ihre Weine in seiner Kellerei in Cramat bereitet. Clouet-Kreationen ähneln den geschliffenen, sinnlich reichhaltigen Bonnaire-Champagnern (siehe S. 269), haben bedingt durch die Lage der Weinberge allerdings einen höheren Pinot-Noir-Anteil. Der lebendige, kraftvolle Brut Grand Cru ohne Jahrgang enthält Pinot Noir aus Bouzy und Chardonnay aus Chouilly, der komplexe, geschmacksintensive Brut Grand Cru Prestige dagegen ist fast vollständig ein Pinot-Noir-Produkt.

1, place A Tritant, 51150 Bouzy
www.champagne-paul-clouet.com

Paul Déthune Montagne de Reims

Die Champagner des Hauses verbinden Tiefe, Komplexität und Finesse und sind damit klassische Umsetzungen des Ambonnay-Terroirs. Pierre Déthune besitzt 7 ha Weinberge in der Gemeinde, die er nachhaltig bewirtschaftet. Herausragend ist sein Blanc de Noirs mit reiner, komplexer Fruchttiefe. Dasselbe Pinot-Noir-Lesegut, mit Chardonnay kombiniert, ergibt die Cuvée à l'Ancienne, die länger auf der Hefe liegt. Der Princesse des Thunes wird in großen Eichenfässern zu einem würzigen, körperreich-vollen Déthune-Vertreter herangezogen.

2, rue du Moulin, 51150 Ambonnay
www.champagne-dethune.com

Pehu-Simonet Montagne de Reims

Ganze 3000 Kisten bereitet David Pehu pro Saison, die aber stammen ausschließlich aus Grand-Cru-Lagen. Er vinifiziert einen Teil im Fass und verzichtet auf biologischen Säureabbau, um ihre Finesse und Frische zu erhalten. Der jahrgangslose Sélection mit Pinot Noir und Chardonnay als Ingredienzen entstammt der nördlichen Montagne de Reims, der reife, blumige Blanc de Blancs dagegen ist ein reiner Le Mesnil. Das kellerinterne Ranking führt der Jahrgangs-Brut mit Pinot Noir aus Verzy und Verzenay sowie Chardonnay aus Le Mesnil an.

7, rue de la gare, 51360 Verzenay
www.champagne-pehu-simonet.com

Perrier-Jouët Épernay

Berühmt geworden ist dieses 1811 gegründete Haus in Épernay für seine Flasche im Belle-Epoque-Stil. Sie wurde 1902 entworfen und enthält heute die 1969 erstmals herausgegebene Prestige-Cuvée. Perrier-Jouët setzt auf einen äußerst delikaten Stil, der vom zitrusfruchtigen, leichten Grand Brut ohne Jahrgang beispielhaft verkörpert wird. In dieselbe Kerbe schlägt der Belle Epoque – in den Staaten läuft er als Fleur de Champagne –, der aber in puncto Komplexität und Finesse noch eins draufsetzt. Selbst die Rosés geraten ungewöhnlich zart und leicht.

26, avenue de Champagne, 51200 Épernay
www.perrier-jouet.com

Philippe Gonet Côte des Blancs

Ein bekanntes Gut, das nicht nur in der Standortgemeinde, sondern in mehreren Bezirken der Champagne Weinberge unterhält. Bei den drei Spitzen-Cuvées handelt es sich um Blancs de Blancs von reinblütiger Le-Mesnil-Herkunft, die jahrgangslose Blanc-de-Blancs-Version aber enthält Chardonnay aus Le Mesnil und Montgueux. Überwiegend

CHAMPAGNER-BEREITUNG IN EICHE

Vor der Einführung moderner Tanks wurden alle Champagner in alten Fässern vergoren, heute dagegen entstehen die meisten in Edelstahlbottichen. Nicht alle Häuser indes sind auf Edelstahl umgestiegen: Krug, Bollinger und Alfred Gratien etwa halten seit je an Eiche fest. In jüngster Zeit wird in der Region vermehrt mit einer Vergärung im Fass experimentiert, die Ergebnisse fallen jedoch unterschiedlich aus. Mit viel Fingerspitzengefühl eingesetzt, können Barriques und große Eichenbottiche den Weinen durchaus neue Facetten sowie mehr Tiefe und Komplexität mit auf den Weg geben, zu offensichtliche Eichennuancen aber machen sie schwer und plump – vor allem, wenn neues Holz zum Einsatz kommt. Neben Krug, Bollinger und Gratien erzielen noch Egly-Ouriet, Jacquesson, Eric Rodez, Louis Roederer, Jacques Selosse, Tarlant und Vilmart vorzügliche Resultate im Umgang mit Eiche.

PIPER-HEIDSIECK
DIE PRESTIGE-CUVÉE RARE IST ALS SUBTILER, KOMPLEXER CHAMPAGNER BEKANNT UND ETWAS BESONDERES – WIE IHRE VERPACKUNG

ROGER POUILLON
FASSVERGOREN: DER FLEUR DE MAREUIL AUS 50 % CHARDONNAY UND 50 % PINOT NOIR

aus roten Trauben wird der Réserve Brut bereitet. An der Spitze der hausinternen Bestenliste steht der Belemnita mit Jahrgangsangabe, ein steinig-mineralischer, rassiger Blanc de Blancs von alten Stöcken in Le Mesnil.

1, rue de la Brèche d'Oger, 51190 Le Mesnil-sur-Oger
www.champagne-philippe-gonet.com

Philipponnat Grande Vallée
Seit der Übernahme 1999 hat Charles Philipponnat dieses Haus radikal reformiert. Er errichtete eine neue Kellerei in Mareuil-sur-Aÿ, erhöhte den Anteil fassvergorener Gewächse und drosselte die Dosagemengen. Der Clos des Goisses, Philipponnats legendärer Einzellagen-Champagner, galt von jeher als einer der Besten der Appellation, doch die übrigen Mitstreiter haben sich inzwischen ebenfalls beträchtlich gesteigert. Cuvée 1522 heißt ein jahrgangsdatierter Extra Brut von seltener Persönlichkeit und Ausdruckskraft, der obendrein in einer großartigen rosa Version angeboten wird. Der Jahrgangs-Brut gewinnt immer mehr Tiefe und Zuversicht und auch die Royale Réserve ist heute feiner und komplexer denn je.

13, rue du Pont, 51160 Mareuil-sur-Aÿ
www.philipponnat.com

Pierre Brigandat Aube
Bertrand Brigandat übernahm diesen Erzeugerbetrieb 2001 von seinem Vater Pierre und drückte ihm nach und nach seinen eigenen Stempel auf, indem er den Weinbau auf Vordermann brachte und die Champagner verfeinerte. Die meisten seiner Zöglinge sind reinsortige Pinot Noir, wie der fruchtige Brut oder der stark duftende Saignée-Rosé. Im Dentelles & Crinolines finden Pinot Noir von den ältesten Stöcken und 30 % Chardonnay zu einem finessenreichen, komplexen Joint Venture zusammen.

25, Grande Rue, 10340 Channes; Tel. 03 25 29 33 49

Pierre Callot Côte des Blancs
Mit Thierry Callot ist hier schon die sechste Winzergeneration am Ruder. Das Weinbergportfolio umfasst Lagen in Avize sowie in den Grand-Cru-Dörfern Cramant und Chouilly. Thierrys Bester ist der entwicklungsfähige, ausladende Clos Jacquin, dessen Reichhaltigkeit vom Eichenkontakt noch gesteigert wird. Ganz anders präsentiert sich der von alten Stöcken einer Avize-Parzelle mit Kreideböden gewonnene Jahrgangs-Brut, ein reifer Tropfen mit zugänglicher Frucht, klarer Lebendigkeit und Finesse.

100, avenue Jean Jaurès, 51190 Avize
www.champagne-pierre-callot.com

Pierre Gimonnet Côte des Blancs
Das bekannte Haus wurde 1935 von Pierre Gimonnet gegründet und steht heute unter der Leitung seiner Enkel Didier und Olivier Gimonnet. Abgesehen vom Paradoxe, in dem Pinot Noir aus Aÿ und Mareuil vertreten ist, führen die beiden nur Blanc de Blancs. Verarbeitet wird zumeist Chardonnay aus Cuis, Cramant und Chouilly in unterschiedlichen Anteilen. Die Angebotspalette umfasst sechs Jahrgangsabfüllungen, angefangen vom frischen, geradlinigen Gastronome bis zum volltönenden, komplexen Spécial Club. Œnophile heißt ein exzellenter *non-dosé*, den fünf Jahre Hefekontakt prägen.

1, rue de la République, 51530 Cuis
www.champagne-gimonnet.com

Pierre Moncuit Côte des Blancs
Nicole Moncuit entlockt ihren 5 ha in Sézanne und 15 ha in Le Mesnil präzise, fein abgezirkelte Schaumweine. Sie verzichtet völlig auf Reserveweine, was bedeutet, dass sogar die jahrgangslosen Etiketten aus einer einzigen Lese stammen. Die Cuvée Hugues de Coulmet reift in Sézanne, die Cuvée Pierre Moncuit-Delos und die Jahrgangsabfüllungen dagegen stammen ausschließlich aus Le Mesnil. Galionsfigur des Hauses ist die lebendige, kraftvolle Cuvée Nicole Moncuit von 90-jährigen Stöcken in Les Chétillons, einem der besten Weinberge in ganz Le Mesnil.

11, rue Persault Maheu, 51190 Le Mesnil-sur-Oger
www.pierre-moncuit.fr

Pierre Péters Côte des Blancs
Die Geschicke dieses berühmten Guts an der Côte des Blancs lenkt derzeit Rodolphe Péters. Seine eleganten, feingetunten Champagner entstammen den Grand-Cru-Gemeinden Le Mesnil, Oger, Avize und Cramant. Mit der Cuvée de Réserve hat er einen beständig komplexen, ausgewogenen Jahrgangs-Brut im Programm. Voller und strukturierter dagegen dient sich die Jahrgangsversion dem Gaumen an. Ein Teil des Jahrgangs wird etwas früher als Extra Brut freigegeben; er gefällt durch ausgezeichnetes Gleichgewicht und Finesse. Qualitativer Spitzenreiter aber ist die Cuvée Spéciale von alten Reben im Weinberg Les Chétillons von Le Mesnil.

26, rue des Lombards, 51190 Le Mesnil-sur-Oger
www.champagne-peters.com

Piper-Heidsieck Reims
Ihre Champagnerstile sind völlig gegensätzlich, dennoch gehören Piper-Heidsieck und Charles Heidsieck (siehe S. 269) zur selben Muttergesellschaft und haben mit Régis Camus sogar denselben *chef de cave*. Typisch für Piper sind leichte, lebendige, frische und zartgliedrige Gewächse. Den größten Bekanntheitsgrad genießt der jahrgangslose Brut, qualitativ aber spielen die Jahrgangsversionen in einer wesentlich höheren Liga. Kellerstar ist der Rare, eine komplexe, fein austarierte Prestige-Cuvée.

51100 Reims; www.piper-heidsieck.com

Ployez-Jacquemart Montagne de Reims
Dem 1930 von Marcel Ployez und Yvonne Jacquemart gegründeten Champagnerunternehmen steht heute Enkelin Laurence Ployez vor. Der Stil des Hauses lebt vom Widerstreit zwischen zarten Fruchtnuancen und einer Reichhaltigkeit, die auf den Ausbau unter Hefeeinfluss zurückzuführen ist. Durch die geringe Dosage wird die Eleganz der Weine noch verstärkt. Beispielhaft: der seidige, duftende Rosé ohne Jahrgang, der durch enorme Ausgewogenheit und Finesse erstaunt. Noch komplexer aber ist die Jahrgangs-Cuvée Liesse d'Harbonville, eine einnehmende, geschmeidige, finessenreiche Prestigeabfüllung.

8, rue Astoin, 51500 Ludes; www.ployez-jacquemart.fr

Pol Roger Épernay
Substanzreiche Gewächse von großem Geschmacksreichtum sind die Spezialität eines der bekanntesten Häuser der Champagne. Zu weltweitem Ruhm gelangte der jahrgangslose Brut Réserve, er wird aber vielleicht noch übertroffen vom Pure, einer Version ohne Dosage mit etwas anderer Verschnittformel. Der Blanc de Blancs vereint die mineralische Finesse der Côte des Blanc mit

der vollmundigen Tiefe des Pol-Roger-Stils. Die Kennzeichen des Jahrgangs-Brut wiederum sind Komplexität und Langlebigkeit. Die 1975 eingeführte Prestige-Cuvée ist nach Winston Churchill benannt, der den Champagner des Hauses schätzte.

1, rue Henri Lelarge, 51206 Épernay; www.polroger.com

Pommery Reims
Das 1836 gegründete Haus verdankt seine Reputation Madame Louise Pommery, die die Keller in Reims einrichtete und für ihre Erzeugnisse einen Exportmarkt erschloss. Als sie 1890 starb, beliefen sich die jährlichen Verkaufszahlen auf 160 000 Kisten. Seit 1992 fungiert als Kellermeister Thierry Gasco, der seine Weine eher auf Frische und Zartheit als auf Kraft einschwört. Ein klassischer Vertreter des Hausstils ist der Apanage Rosé. Mit Eleganz und Komplexität punktet die Cuvée Louise Brut.

51100 Reims; www.pommery.com

Prin Père et Fils Côte des Blancs
Mit rund 12 500 Kisten im Jahr mischt das 1977 von Daniel Prin gegründete kleine Haus in der Champagnerszene mit. Neben 7 ha eigenem Rebland bewirtschaftet es weitere 18 ha, die Freunden und Verwandten gehören. Einen hohen Stellenwert hat Chardonnay und obwohl keines der Prin-Etiketten einem biologischen Säureabbau unterzogen wird, neigen sie selten zur Sprödheit, sondern sind von reifen Geschmacksnuancen geprägt. Der Brut Prestige ist üppig und reichhaltig, der 6e Sens ein geschmeidig fokussierter Blanc de Blancs.

28, rue Ernest Vallé, 51190 Avize; www.champagneprin.fr

Raymond Boulard/Francis Boulard & Fille Montagne de Reims
Bis vor Kurzem umfasste das Gut Raymond Boulard 10 ha Weinberge in den Departements Marne und Aisne. Anfang 2010 teilten Boulards drei Kinder die Besitzungen unter sich auf. Francis Boulard, einst für die Bereitung zuständig, gründete mit seiner Tochter Delphine eine eigene Marke. Aus Cauroy-lès-Hermonville nördlich von Reims gewinnt Boulard einige seiner besten Abfüllungen, etwa den Blanc de Blancs von alten Rebstöcken und das lebhaft ausdrucksvolle Einzellagengewächs Les Rachais. Weiterer Gardewein des Hauses: der Grand Cru Mailly.

Route Nationale 44, 51220 Cauroy-lès-Hermonville
www.champagne-boulard.fr

René Geoffroy Grande Vallée
Die Geoffroys sind für ihre Interpretationen aus Cumières bekannt, zogen mit ihrem Gut aber 2008 in einen größeren Keller in Aÿ um. Doch Jean-Baptiste Geoffroys Champagner sind so vollmundig und extrovertiert wie eh und je. Der Gutsherr keltert sie aus nachhaltig angebauten Trauben und vinifiziert jede Lage einzeln. Expression heißt ein ausladendes, duftendes jahrgangsloses Etikett auf Pinot-Meunier-Basis; das Pendant ohne Dosage läuft unter Pureté. Mehrheitlich aus Pinot Noir bereitet wird der Empreinte, während der Volupté zum Großteil aus Chardonnay besteht – reine Rebenkinder von Cumières sind sie beide. Geoffroy hat auch einen vorzüglichen Roten und einen überschwänglichen Rosé auf der Liste.

4, rue Jeanson, 51160 Aÿ
www.champagne-geoffroy.com

SALON
DER BRUT WAR 1997 DER 36. JAHRGANGS-CHAMPAGNER VON SALON

POL ROGER
EIN POL ROGER WAR WINSTON CHURCHILLS LIEBLINGSCHAMPAGNER

René-Henri Coutier Montagne de Reims
Coutier füllt jährlich rund 4000 Kisten eines Champagners mit markantem Geschmack ab, der den reifen, kraftvollen Ambonnay-Stil gut verkörpert. Sowohl der Brut Tradition als auch der Rosé, beide jahrgangslos, sind vollgepackt mit Anklängen an rote Früchte, die von der gebietstypischen kalksteinigen Mineralität unterlegt werden. Die Jahrgangs-Cuvée Henri III wird ausschließlich von Pinot Noir bestritten, die Hälfte davon mit Barrique-Erfahrung. Kellerprimus aber ist wie so oft der klassische Jahrgangs-Brut mit samtiger Tiefe und eleganter Harmonie.

7, rue Henri III, 51150 Ambonnay; Tel. 03 26 57 02 55

Roger Pouillon et Fils Grande Vallée
Fabrice und Elodie Pouillon bilden die Doppelspitze dieses 15-ha-Guts. Sie vinifizieren jede Parzelle separat und vergären einen gewissen Prozentsatz der Weine mit einheimischen Hefen. Reife, reiche Champagner mit Körper und Tiefe sind das Markenzeichen des Hauses. Der cremige, opulente Fleur de Mareuil wird vollständig im Fass vergoren. Wie er stammt auch der intensive Brut Vigneron aus Mareuil, bekommt seine höheren Weihen aber im Solera-System. Vor Kurzem führte man die ungewöhnliche Cuvée 2Xoz ohne Zuckerzusatz ein – ihre Zweitgärung läuft mit Restsüße aus extrem reifen Trauben ab.

3, rue de la Couple, 51160 Mareuil-sur-Aÿ
www.champagne-pouillon.com

Ruinart Reims
Ruinart bereitet seit 1729 Schaumweine und ist damit der älteste Produzent der Region. Der aktuelle Gutskapitän Frédéric Panaïotis lässt in seinem Betrieb frische, lebendige Champagner vom Stapel. Eine wichtige Rolle spielt Chardonnay, etwa im jahrgangslosen Blanc de Blancs, einem der bekanntesten Ruinart-Etiketten. Ein hundertprozentiger Chardonnay ist auch die herausragende Prestige Cuvée namens Dom Ruinart, die – ganz ungewöhnlich – zu einem Drittel aus der Montagne de Reims stammt. Nicht minder großartig: die Rosé-Version.

4, rue des Crayères, 51100 Reims; www.ruinart.com

Sadi Malot Montagne de Reims
Franck Malots Kellerei mit 10 ha Rebhängen hat ihren Standort in Villers-Marmery, einer für seine Chardonnay-Weine bekannten Gemeinde. Der jahrgangslose Carte Blanche und der Rosé enthalten Pinot Noir, ansonsten aber gehören sämtliche Schaumweine der Blanc-de-Blancs-Fraktion an. Während die Cuvée de Réserve erdig und ausladend für Aufmerksamkeit sorgt, gibt sich die in Zementtanks vergorene Vieille Réserve feiner und weiniger. Eine Qualitätskategorie höher angesiedelt ist die Jahrgangs-Cuvée SM mit cremiger Textur und kalkig-mineralischer Komplexität.

35, rue Pasteur, 51380 Villers-Marmery; Tel. 03 26 97 90 48

Salon Côte des Blancs
Er gilt als Quintessenz eines Blanc de Blancs: der Salon, ein 1911 nur für Gutsgründer Eugène-Aimé Salons privaten Verbrauch ins Leben gerufener Schaumwein. In Umlauf gebracht wurde er erst 1921. Das Haus dürfte in der Champagne einmalig sein, hat es doch seit seinem Bestehen immer nur einen einzigen Tropfen produziert. Er stammt zu 100 % aus Le Mesnil-sur-Oger und wird lediglich in großen Jahren herausgegeben – bis zur

VOUETTE ET SORBÉE
DER WEINIGE, INTENSIVE SAIGNÉE DE SORBÉE GEHÖRT ZU DEN UNVERWECHSELBARSTEN SCHAUMWEINEN DER CHAMPAGNE

TAITTINGER
COMTES DE CHAMPAGNE, EINE STILVOLLE, KOMPLEXE PRESTIGE-CUVEE

Ausgabe 1999 erschienen ganze 36 Jahrgänge. Ein Salon besticht durch Rasse, Eleganz und Komplexität und fordert reichlich Geduld ein, denn seinen Zenit erreicht er erst mit etwa 20 Jahren.

5–7, rue de la Brèche d'Oger, 51190 Le Mesnil-sur-Oger
www.champagnesalon.com

Serge Mathieu Aube

Serge Mathieu begann 1970 mit der Champagnerbereitung, heute führen Tochter Isabelle und Schwiegersohn Michel Jacob den Betrieb und legen Wert auf nachhaltigen Weinbau. Ihre fruchtigen, runden und reifen Erzeugnisse sind typisch für die Aube-Gegend. Der jahrgangslose Brut Tradition ist ein Blanc de Noirs, während der volle Brut Prestige etwas Chardonnay enthält. Feinere Töne schlägt der Brut Select aus mehrheitlich Chardonnay an. Kellerinterner Spitzenreiter aber dürfte der Jahrgangs-Brut sein, ein reiner Pinot Noir.

6, rue des Vignes, 10340 Avirey-Lingey
www.champagne-serge-mathieu.fr

Taittinger Reims

Taittinger gehört zu den berühmtesten Häusern der Champagne und ist für seine traditionellen, in den Kreidefelsen gehauenen Keller fast ebenso berühmt wie für seine Weine. Sein Rebenimperium erstreckt sich heute über 288 ha in 34 verschiedenen Lagen. Finesse geht bei Taittinger vor Reichhaltigkeit, weshalb es nicht verwundert, dass die Galionsfigur des Hauses, der Comtes de Champagne, ein Blanc de Blancs ist: Die Prestige-Cuvée überzeugt durch außerordentlichen Schliff und Harmonie, um sich mit der Zeit zu hoher Komplexität aufzuschwingen. Nicht weniger elegant gerät das rosa Pendant, das den Geduldigen ebenfalls belohnt.

9, place Saint-Nicaise, 51100 Reims
www.taittinger.com

Tarlant Vallée de la Marne

Benoît Tarlant und sein Vater Jean-Mary bringen in ihren eigenständigen Interpretationen von großer Geschmacksfülle das Terroir ihres Lebensraums in der Vallée de la Marne zum Ausdruck. Ihr Brut Zéro völlig ohne Dosage bekundet ungewöhnliche Harmonie und Finesse, der Jahrgangs-Brut zeigt sich verlässlich charakterstark. Tarlants Spitzenriege wird gebildet von ausgesprochen terroirgeprägten Champagnern: dem La Vigne d'Antan, einem lebendig ausdrucksvollen Blanc de Blancs aus einem alten Weingarten mit unveredelten Stöcken, und dem La Vigne d'Or, einem Einzellagengewächs von 1947 gepflanzten Pinot-Meunier-Reben. Aus dem von Kreideböden geprägten Rebberg Les Crayons stammt die komplexe Prestigeabfüllung Cuvée Louis.

51480 Oeuilly/Épernay
www.tarlant.com

Thierry Triolet Côte de Sézanne

Im Süden der Côte de Sézanne bewirtschaftet Thierry Triolet 11 ha, die großteils mit Chardonnay bestockt sind. Hier entstehen an Südhängen mit Kreideböden ungewöhnlich reife und zugängliche Schaumgebilde, die schon in ihrer Jugend einen guten Eindruck machen, etwa der jahrgangslose Brut, eine Melange aus allen drei Rebsorten, oder die Grande Réserve, ein reiner Chardonnay. Triolets älteste Chardonnay-Stöcke liefern das Rohmaterial für den Les Vieilles Vignes mit Jahrgang. Er legt denselben vornehmen Charakter offen wie die Grande Réserve, wirbt aber mit noch mehr Tiefe und Komplexität.

22, rue des Pressoirs, 51260 Bethon
www.champagne-triolet.com

Ulysse Collin Côte de Sézanne

Olivier Collins Debütjahrgang nach der Übernahme des Familienbetriebs war der aus naturnahem Weinbau, mit einheimischen Hefen vergorene und in gebrauchten Fässern ausgebaute 2004er, ein beeindruckender Tropfen von ungewöhnlicher Lebendigkeit und Komplexität. In den ersten beiden Jahren bereitete Olivier lediglich geringe Mengen eines einzigen Etiketts, eines Blanc de Blancs aus dem Weinberg Les Perrières. 2006 füllte er mit dem reifen, kraftvollen Blanc de Noirs einen zweiten Einzellagenwein ab. Seit 2008 kommt eine weitere Chardonnay-Parzelle in die Flasche. ★**Aufsteiger**

21, rue des Vignerons, 51270 Congy
Tel. 03 26 52 46 62

Varnier-Fannière Côte des Blancs

Der kleine Erzeugerbetrieb wird von Denis Varnier geführt. Ihm gelingen konzentrierte, energiegeladene Champagner, die ausschließlich aus Grand-Cru-Lagen stammen. Der jahrgangslose Blanc de Blancs wirbt mit ungewöhnlicher Tiefe, die Cuvée Jean Fannière Origine verdankt ihre Komplexität betagten Stöcken und längerem Ausbau auf der Hefe. Von den ältesten Reben stammt der Grand Vintage, eine Prestige-Cuvée mit dynamischer Struktur und Tiefe. Ihr oft ebenbürtig ist allerdings die lebendige, mineralisch-intensive Cuvée St-Denis Brut aus einer Parzelle mit 70-jährigen Pflanzen.

23, Rempart du Midi, 51190 Avize
www.varnier-fanniere.com

Vazart-Coquart Côte des Blancs

Jean-Pierre Vazarts 11 ha Weinberge gehören allesamt zum Grand Cru Chouilly. Als Gardetropfen des Hauses gilt die Cuvée Club mit Jahrgangsdatierung aus Vazarts besten Parzellen – ihre Zweitgärung läuft unter einem Naturkorken ab. Denselben Verschnitt gibt es zwar auch als Grand Bouquet, er reift dann aber mit Kronkorken und wird etwas früher freigegeben als der Club. Der ungewöhnliche Sec namens Spécial Foie Gras kommt mit einem Durchschnittsalter von zehn Jahren in Umlauf.

6, rue des Partelaines, 51530 Chouilly
www.champagnevazartcoquart.com

J. L. Vergnon Côte des Blancs

Es hat sich viel getan bei Vergnon, seit Kellermeister Christophe Constant 2002 hier einstieg. Die 5 ha Rebland gehören alle zur südlichen Côte des Blancs. Obwohl die Weine von hier für ihre natürlich hohe Säure bekannt sind, gelingt es Constant, ohne biologischen Säureabbau auszukommen. Dank ungewöhnlich reifer Trauben kann er obendrein an der Dosage sparen. Der rassige, kalksteinig-mineralische Brut und Extra Brut geraten ihm beide ausgezeichnet. Heißer Kandidat für den Titel des Dorfbesten ist die Cuvée Confidence, ein Jahrgangs-Champagner von alten Stöcken in Le Mesnil. ★**Aufsteiger**

1, Grande Rue, 51190 Le Mesnil-sur-Oger
www.champagne-jl-vergnon.com

Veuve Clicquot Reims
Die Witwe Clicquot gehört zu den berühmtesten Persönlichkeiten in der Geschichte der Champagne. Sie war maßgeblich beteiligt an der Einführung von Rüttelpulten, einem technischen Verfahren, das den nach der Zweitgärung entstandenen Bodensatz in den auf den Kopf gestellten Flaschen löst und in den Flaschenhals befördert, von wo es entfernt werden kann. Ihre Kellerei genießt noch heute einen hervorragenden Ruf – vor allem der jahrgangslose Yellow Label ist derzeit außerordentlich populär. Mehr Klasse und Finesse bieten die Jahrgangs-Champagner, etwa die charaktervolle, komplexe Prestige-Cuvée La Grande Dame. Ganz oben auf dem Kellertreppchen stehen oft der Jahrgangs-Rosé und die rosa Ausführung des La Grande Dame, die beide durch Ausgewogenheit, Schliff und Langlebigkeit glänzen.

1, place des Droits de l'Homme, 51100 Reims
www.veuve-clicquot.com

Veuve Fourny & Fils Côte des Blancs
Emmanuel Fourny und sein Bruder Charles-Henry beziehen ihr Lesegut nicht nur aus den eigenen 8,5 ha Weinbergen, sondern kaufen auch Trauben zu. Alle ihre Pressungen sind waschechte Vertus-Gewächse, wirken im Vergleich mit den Abfüllungen anderer Hersteller der Gemeinde aber körperreicher – sogar der kalksteinmineralische Brut Nature und der duftige jahrgangslose Blanc de Blancs. Ein Teil der Weine wird im Fass vinifiziert. Der reife, konzentrierte R de Veuve Fourny und der seltene, persönlichkeitsstarke Einzellagen-Champagner Clos Faubourg Notre Dame entstehen sogar vollständig in Holz.

Rue du Mesnil, 51130 Vertus
www.champagne-veuve-fourny.com

Vilmart & Cie Montagne de Reims
Laurent Champs, seit 1990 Herr über dieses hervorragende Bioweingut, bereitet Schaumweine mit viel Persönlichkeit und Klasse. Seine 11 ha sind zu 60 % mit Chardonnay, zu 37 % mit Pinot Noir und zu 3 % mit Pinot Meunier bepflanzt. Alle Weine werden in Holz vinifiziert; biologischer Säureabbau ist tabu. Für die jahrgangslose Grande Réserve und den Grand Cellier kommen *foudres*, für den datierten Grand Cellier d'Or Barriques oder *demi-muids* mit 600 l Rauminhalt zum Einsatz. Die beiden außerordentlich komplexen und finessenreichen Prestigeabfüllungen Cuvée Création und Cœur de Cuvée werden sogar ausschließlich in Barriques ausgebaut.

5, rue des Gravières, 51500 Rilly-la-Montagne
www.champagnevilmart.com

Voirin-Jumel Côte des Blancs
Die lebendigen, rassigen Champagner dieses Weinbaubetriebs stammen zum Großteil aus Grand-Cru-Gemeinden an der Côte des Blancs. Obwohl Voirin-Jumel für seine Cuvée 555, einen vollständig in Barriques vergorenen Blanc de Blancs mit Grand-Cru-Status, bekannt ist, können ihm die anderen Blanc de Blancs – einer aus Vertus, der andere ein Verschnitt aus mehreren Grand Crus – in puncto Finesse und Mineralität den Rang ablaufen. In Aÿ and Mareuil-sur-Aÿ hat das Gut einige Pinot-Noir-Reben stehen, die im jahrgangslosen Tradition und dem Rosé zum Einsatz kommen.

555, rue de la Libération, 51530 Cramant
www.champagne-voirin-jumel.com

Vouette et Sorbée Aube
Bertrand Gautherot zählt zu den leidenschaftlichsten Verfechtern des biodynamischen Ansatzes in der Champagne. Er ist schon seit 1986 Weinbauer, begann aber erst 2001 mit der Champagnerbereitung. Seine Etiketten genießen inzwischen fast Kultstatus, sind mit einer Jahresauflage von nur 30 000 Flaschen aber nicht immer einfach aufzutreiben. Die in Eiche vinifizierte, ohne Dosage bereitete Basisabfüllung Fidèle steht beispielhaft für den Gutsstil. Der Blanc d'Argile ist ein ausdrucksvoller Blanc de Blancs, der überragende Saignée de Sorbée einer der unverwechselbarsten Rosés der Champagne. **★Aufsteiger**

8, rue de Vaux, 10110 Buxières-sur-Arce
www.vouette-et-sorbee.com

Yves Ruffin Grande Vallée
Yves Ruffin gehören 3 ha Rebland in Avenay-Val-d'Or und Tauxières. Er betreibt schon seit der Gründung des Guts 1970 einen kompromisslosen Bioweinbau und vergärt alle Gewächse in alten Fässern. Seinen Extra Brut steckt er sogar in Akazienholz. Er ist wie die Jahrgangs-Cuvée Précieuse mehrheitlich aus Chardonnay bereitet, der jahrgangslose Brut dagegen bietet einen paritätischeren Mix aus dieser Traube und Pinot Noir.

6, boulevard Jules Ferry, 51160 Avenay-Val-d'Or
www.champagne-yves-ruffin.fr

NIEDRIG DOSIERT

In den letzten Jahren ist die Zahl der Extra-Brut- und Dosage-Zéro-Abfüllungen, also jener Champagner mit wenig oder überhaupt keiner Dosage, stark gestiegen. Erzeugnisse bekommen in der Regel diese Zuckerlösung zugesetzt, um den hohen Säuregehalt auszutarieren, komplexere Fruchtaromen herauszuarbeiten und die Alterungsfähigkeit zu verbessern. Wegen des Klimawandels und der Fortschritte im Weinbau aber können immer reifere Trauben gelesen und damit auch offenherzigere, ausgewogenere Tropfen für den früheren Genuss gekeltert werden. Leider springen manche Häuser übereilt auf den Modezug auf und bringen Champagner ohne Dosage in den Handel, die unausgewogen und sauer wirken. Die besten Ausführungen indes schwingen sich zu bemerkenswerter Reintönigkeit und Charakterstärke auf, vor allem wenn sie aus umsichtigem, naturnahem Weinbau stammen. Ihre Erzeuger sind also gerade dabei, einen neuen Champagnerstil zu etablieren.

Ein Schloss wie im Märchen: Die Ursprünge des Château de Saumur reichen bis ins 10. Jahrhundert zurück.

LOIRE

Wer bei der Suche nach Wein auf ein gutes Preis-Leistungs-Verhältnis, große Vielfalt, Kombinierbarkeit mit Speisen und Alterungsfähigkeit Wert legt, findet im Loire-Tal all seine Einkaufswünsche auf einmal erfüllt. Frankreichs größtes Anbaugebiet erstreckt sich 600 Kilometer entlang des Flusses und reicht vom mineralischen Muscadet bis zum steinigen Sancerre. Weil es gleichzeitig eine der nördlichsten Weingegenden Frankreichs ist, zählen hier die Jahrgänge mehr als anderswo und finden die Reben ihre Logenplätze vor allem auf felsigen, zur Sonne gerichteten Hängen. Wenngleich der Klimawandel der Loire immer mehr warme Jahre beschert, bleiben ihre Weine dennoch relativ alkoholarm und haben mehr erfrischende Säure als die Erzeugnisse vieler anderer Anbaugebiete.

In dem riesigen Landstrich sind etliche Traubensorten zu Hause. Maßgeblichste unter ihnen ist eindeutig die aromatische, ausdrucksvolle Chenin-Blanc-Traube, die in vielerlei Interpretationen von trocken über halbtrocken und süß bis schäumend auftritt. Sauvignon Blanc aus den Subregionen, allen voran Sancerre, wartet in der Regel mit größerer mineralischer Ausdruckskraft auf als in anderen Teilen der Welt.

Im Westen des Anbaugebiets an der Atlantikküste liefert die wenig bekannte Rebsorte Melon de Bourgogne das Rohmaterial für den Muscadet. In seinen besten Ausprägungen ist dieser Weiße mit fast knisternder Frische und einem andeutungsweise salzigen Einschlag beseelt, was ihn zum idealen Begleiter von Fisch und Meeresfrüchten macht. Neben den genannten Trauben steht den Winzern ein umfangreiches Angebot weiterer weißer Rebsorten zur Verfügung, die auf dem Radar der Weinwelt zwar nicht erscheinen, aber durchaus Beachtung verdienen, darunter Menu Pineau, Grolleau und die Romorantin-Traube aus Cour-Cheverny.

Genauso wenig außer Acht lassen sollte man die Roten und insbesondere Cabernet Franc. Während diese Rebe in Bordeaux lediglich als Verschnittpartnerin genutzt wird – sieht man von Château Cheval Blanc ab, wo sie den Hauptpart übernehmen darf –, spielt sie im Rotweintheater an der Loire die tragende Rolle und darf mitunter sogar als Solistin auftreten. Am meisten glänzt sie in den Subregionen Chinon, Saumur-Champigny, Bourgeuil und St-Nicholas de Bourgeuil. Junge Vertreter offenbaren häufig einen angenehmen krautigen Ton, eine fleischige Note, gute Säure und feine Tannine. Nebenrollen spielen Gamay, Malbec alias Côt, Pinot Noir und Pineau d'Aunis, eine faszinierende Traditionstraube, die derzeit ein Comeback feiert.

Eine der wichtigsten Entwicklungen der letzten Jahrzehnte war die Hinwendung zum Bioweinbau – und die Loire erwies sich als eine seiner Hochburgen. Umweltschonend arbeitende Winzer verzichten auf Kunstdünger und chemische Pestizide im Weinberg und lesen nur von Hand. Anstelle von Kulturhefen überlassen sie die Gärung den von Natur aus auf den Beeren oder in der Kellerei vorkommenden Hefen. Ein Pionier des biodynamischen Weinbaus, bei dem auch der Stand der Sterne eine Rolle spielt, ist Nicolas Joly in Savennières. Viele Winzer der Region haben seine Methoden teilweise oder ganz übernommen.

Im Allgemeinen findet man an der Loire ein hervorragendes Preis-Leistungs-Verhältnis. Was einige der weltbesten Kellermeister in der Region zuwege bringen, würde in bekannteren Anbaugebieten ein Mehrfaches kosten. So aber bleiben Etiketten von Frankreichs großem Strom mehr oder weniger eine Art Insiderweine.

Trotz ihres verbraucherfreundlichen Preises legen einige Gewächse hervorragende Alterungseigenschaften offen. Angesichts der jüngsten Probleme mit vorzeitig oxidierten Weißen in Burgund könnten Chenin-Blanc-Spitzenabfüllungen aus Savennières, Vouvray und Montlouis bald verstärkt ins Visier von Sammlern geraten. Selbst ein Muscadet steckt locker ein Jahrzehnt im Regal weg, sofern er von den besten Erzeugern und Lagen stammt. Lagerweine zum Preis eines Alltagstropfens? An der Loire ist das möglich. Sofern man der Versuchung widersteht, sie jung zu entkorken.

Hauptrebsorten

Rot

Cabernet Franc
Côt (Malbec)
Gamay
Pineau d'Aunis
Pinot Noir

Weiß

Chenin Blanc
Grolleau
Melon de Bourgogne
Menu Pineau
Romorantin
Sauvignon Blanc

Jahrgänge

2010
Schöner Sommer; der Muscadet geriet besonders gut. Für die Erzeuger anderswo ein »klassischer« Jahrgang.

2009
Weine mit ausgezeichneter Reife und Säure.

2008
Trotz unbeständiger Witterung ein ordentlicher Jahrgang.

2007
Unbeständiges Wetter an der mittleren Loire. Sancerre und Muscadet in der Regel gut.

2006
Sancerre und Muscadet blieben die Schwierigkeiten anderer Anbaugebiete erspart.

2005
Rote mit ausgezeichneter Konzentration und Säure, Weiße durchwachsen.

LOIRE

Die Weinbauregion Loire verläuft von den Gneisböden des Muscadet-Gebiets im Pays Nantais am Atlantik bis zum Kimmeridgium-Mergel von Sancerre an der oberen Loire. Das Pays Nantais ist der größte Anbaubereich für Weißwein in ganz Frankreich. Anjou wird von Chenin Blanc in allen Spielarten von trocken bis süß regiert, steht aber auch als Heimat eines bekannten Rosés zu Buche. In der Touraine mit ihrer von Schlössern und Rebgärten durchsetzten Landschaft spannt sich das vielfältige Repertoire an Weinen von Schäumern über weiße Stillweine bis hin zu Roten, die oft aus Cabernet Franc und einigen weiteren Traditionssorten bereitet werden. Die obere Loire wiederum ist das Terrain von Sauvignon Blanc und Pinot Noir.

ANJOU-SAUMUR

- Agnès und René Mosse 6
- Cave des Vignerons de Saumur 17
- Ch. du Hureau 19
- Ch. Pierre-Bise 13
- Ch. de Villeneuve 18
- Clos Rougeard 19
- Coulée de Serrant 9
- Damien Laureau 9
- Dom. de Bablut 16
- Dom. des Baumard 8
- Dom. le Briseau 21
- Le Dom. de la Butte 25
- Dom. du Closel/Ch. des Vaults 9
- Dom. du Collier 19
- Dom. de la Cotelleraie 22
- Dom. FL 11
- Dom. Filiatreau 20
- Dom. Frédéric Mabileau 22
- Dom. La Grange aux Belles 10
- Dom. de Juchepie 14
- Dom. de Montgilet 12
- Dom. Ogereau 6
- Dom. Philippe Delesvaux 7
- Dom. Roches Neuves 20
- Eric Morgat 9
- Ferme de la Sansonnière 15
- Langlois Château 20
- Pithon-Paillé 6
- Serge Dagueneau & Filles 18
- Yannick Amirault 25

PAYS NANTAIS

- Chéreau Carré 4
- Dom. de l'Ecu 3
- Dom. les Hautes Noëlles 1
- Domaines Landron/Dom. de la Louvetrie 2
- Dom. de la Pépière 5
- Pierre Luneau-Papin 3

OBERE LOIRE

Alphonse Mellot/Dom Moussière 47
Ch. de Tracy 51
Dom. de Châtenoy 45
Dom. Claude Riffault 49
Dom. Didier Dagueneau 50
Dom. Henri Bourgeois 49
Dom. Jean-Claude Roux 43
Dom. Lucien Crochet 48
Dom. Philippe Gilbert 44
Dom. Thomas-Labaille 46
Dom. Vacheron 47
François Cotat 48
François Crochet 48
Gérard Boulay 47

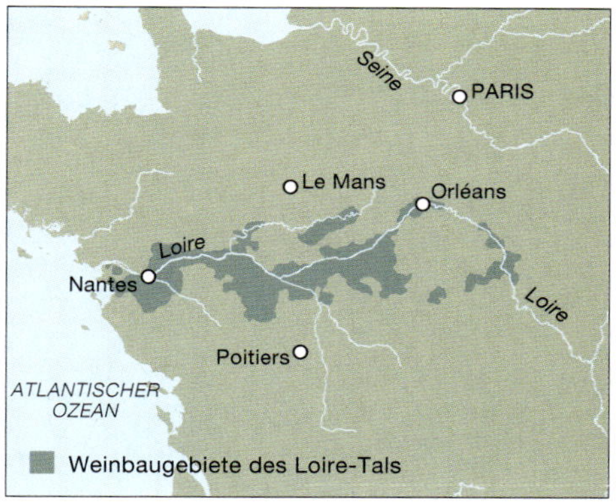

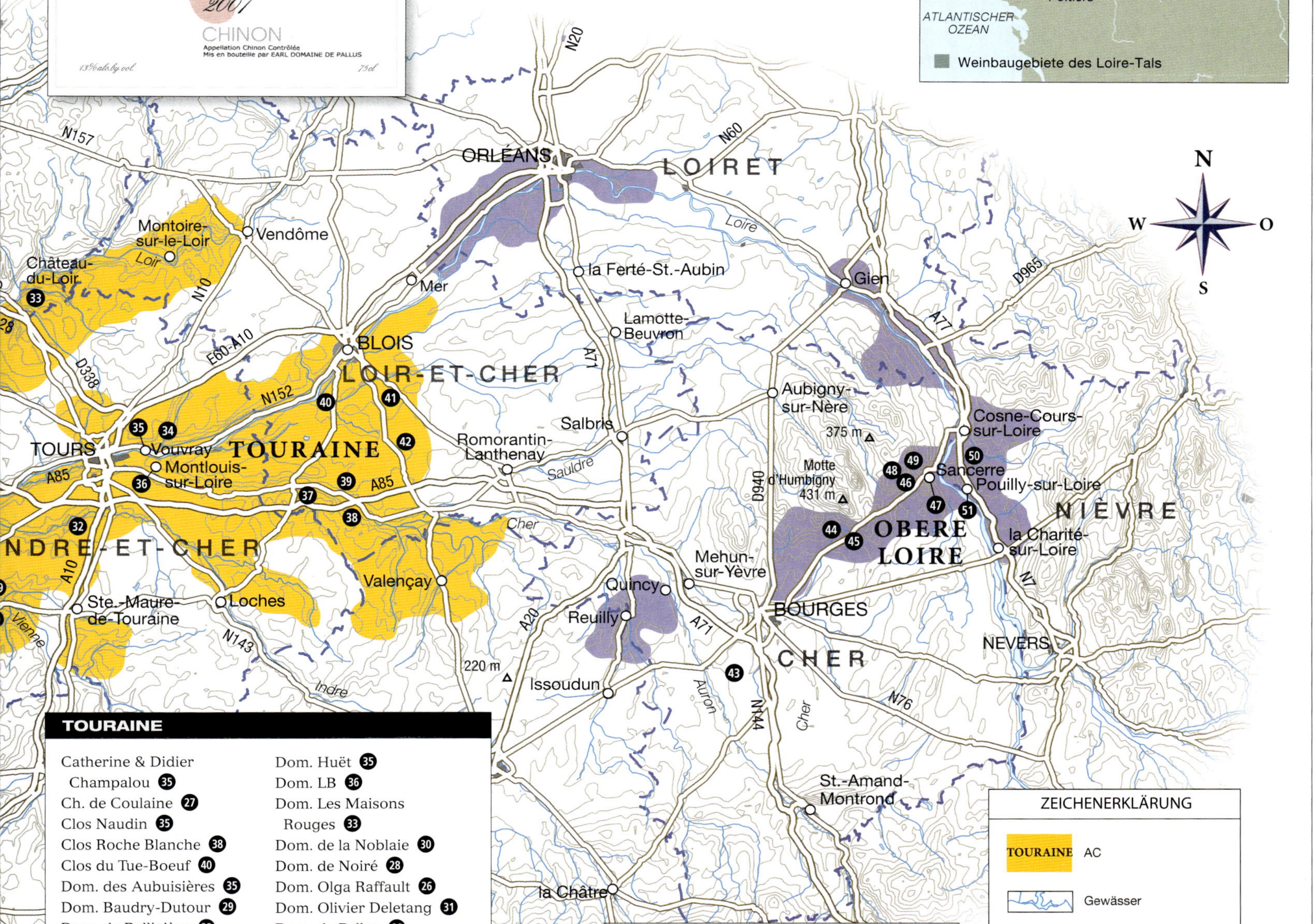

TOURAINE

Catherine & Didier Champalou 35
Ch. de Coulaine 27
Clos Naudin 35
Clos Roche Blanche 38
Clos du Tue-Boeuf 40
Dom. des Aubuisières 35
Dom. Baudry-Dutour 29
Dom. de Bellivière 33
Dom. Bernard Baudry 29
Dom. Catherine und Pierre Breton 24
Dom. Charles Joguet 32
Dom. de la Charmoise/ Henry & Jean-Sébastien Marionnet 42
Dom. de la Chevalerie 24
Dom. François Chidaine 36
Dom. Frantz Saumon 36
Le Dom. de la Garrelière 31
Dom. Guion 23
Dom. des Huards 41
Dom. Huët 35
Dom. LB 36
Dom. Les Maisons Rouges 33
Dom. de la Noblaie 30
Dom. de Noiré 28
Dom. Olga Raffault 26
Dom. Olivier Deletang 31
Dom. de Pallus 29
Dom. Ricard 39
Le Dom. de la Taille aux Loups 36
Dom. de Vignobles des Bois Vaudons 37
Dom. Vincent Câreme 34
François Cazin/Le Petit Chambord 41
François Pinon 34
Jean-Pierre Robinot 33
Philippe Alliet 29
Pierre-Jacques Druet 23
Thierry Puzelat 40

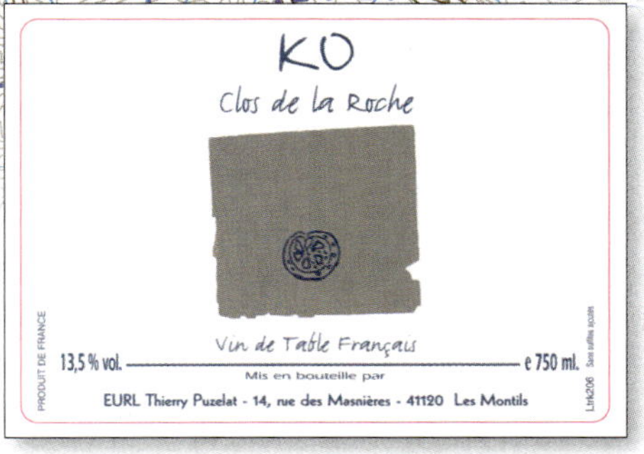

Erkundigen Sie sich nach Verkostungsmöglichkeiten und Öffnungszeiten der Kellereien, bevor Sie Ihre Reise planen. Manche Betriebe empfangen Besucher nur nach Voranmeldung.

ALPHONSE MELLOT
GÉNÉRATION XIX, EIN REICHER, TIEFGRÜNDIGER SAUVIGNON BLANC

CHÉREAU CARRÉ
EIN MUSCADET MIT TERROIRBEZUG: DER LE CLOS DU CHÂTEAU L'OISELINIÈRE

Agnès und René Mosse Anjou

Ihre große Wertschätzung für Naturweine entdeckten Agnès und René Mosse in den 1990ern in einer von ihnen geführten Weinbar in Tours; sie kamen mit vielen Erzeugern der Gegend in Kontakt, darunter Jo Pithon und François Chidaine. 1999 erwarben sie ein 13 ha großes Gut an den Coteaux du Layon bei Anjou. Von Anfang an setzten sie auf biologischen Weinbau; manche Flächen bewirtschaften sie auch biodynamisch. Agnès und René gelingen faszinierende Gewächse, darunter ein Rotwein, trockene Weiße, ein Rosé und, sofern das Wetter mitspielt, einige Süßweine.

49750 St-Lambert-du-Lattay; www.domaine-mosse.com

Alphonse Mellot/Domaine Moussière Sancerre

Es muss roter Sancerre in Alphonse Mellots Adern fließen – wenn einer in der 19. Generation Wein bereitet, dann kann es gar nicht anders sein. Nach 1980 beschloss die Familie, sich auf Gutsabfüllungen zu konzentrieren. Ihr Rohmaterial stammt heute aus 47 ha biologisch bewirtschafteter Rebberge und wird von Hand gelesen, das der ambitionierten Linie La Moussière obendrein von Hand selektiert. Sowohl Rot- als auch Weißweine verbringen geraume Zeit in großen Bottichen und neuen Eichenfässern. Ganz oben auf dem Kellertreppchen steht der Génération XIX, ein Weißer von fast 100-jährigen Stöcken, der in 900-Liter-Fässern seinen letzten Schliff erhält.

Domaine de la Moussière, 18300 Sancerre; www.mellot.com

Catherine & Didier Champalou Vouvray

Ihre 20 ha Rebland pflegen die Champalous nach dem Nachhaltigkeitsprinzip; stille und schäumende Vouvray-Interpretationen sind ihre Spezialität. Ihr Vouvray gärt in Edelstahl und reift in angejahrten *demi-muids* aus Eiche, die konzentriertere Cuvée des Fondraux in kleineren, ebenfalls alten Eichenfässern. Verlässliche Schaumweine.

7, rue du Grand Ormeau, 37210 Vouvray
www.champalou.com

Cave des Vignerons de Saumur Saumur, Saumur-Champigny

Insgesamt 1800 ha Rebareal bestellen die 200 Genossenschafter dieser Kooperative mit einem umfangreichen Repertoire, das von still bis schäumend und von trocken bis süß reicht. Die fruchtige Basislinie La Réserve des Vignerons mit trockenen Chenin-Blanc- und Cabernet-Franc-Gewächsen überzeugt durch ein ausgezeichnetes Preis-Leistungs-Verhältnis, insgesamt aber strebt man Terroirweine an, weshalb die Rebfläche in 3700 Parzellen eingeteilt wurde. Eric Laurent, Kellermeister aus Burgund, arbeitet geschickt die Pinot-Noir-artigen, duftigen, frischen, seidigen Charakteristiken des Cabernet Franc heraus. Botschafter seines Terroirs und der Rebsorte ist das Einzellagengewächs Saumur-Champigny Les Poyeux.

Route Saumoussay, 49260 St-Cyr-en-Bourg
www.cavedesaumur.com

Château de Coulaine Chinon

Bis ins 14. Jahrhundert reicht die Weinbautradition dieses Familienguts mit erstklassigen Kreide-Ton- und Kiesböden zurück. In letzter Zeit haben Pascale und Etienne de Bonnaventure, die die Kellerei seit 1988 führen, mächtig an der Qualitätsschraube gedreht. Auf 12 ha ist ihr Rebareal inzwischen angewachsen; seit einiger Zeit arbeiten sie zudem nach biologischen Prinzipien. Die Frucht junger Reben wird zu einem runden, himbeerfruchtigen Einstiegsroten ohne Eichenkontakt verarbeitet. Von 40- bis 80-jährigen Stöcken indes stammen die »geeichten« Cuvées Clos du Turpenay und La Diablesse mit Alterungspotenzial. Die geschmeidigen, sinnlichen Tropfen entwickeln mit der Zeit würzige Noten, die sie als perfekte Begleiter von Wildgerichten qualifizieren. ★**Aufsteiger**

37420 Beaumont-en-Véron; Tel. 02 47 98 44 51

Château du Hureau Saumur-Champigny

Der weiche Tuffkalk von Saumur-Champigny bringt die duftigsten Seide-und-Samt-Weine aus Cabernet Franc an der ganzen Loire hervor. Ihre eleganten Züge und eine bestechende Reinheit der Frucht sind in Philippe Vatans Roten besonders ausgeprägt, denn er gibt, um die Tannine weich zu bekommen, der Mikrooxidation Vorrang vor der Fassreifung. Nur 5 % seiner Spitzenabfüllungen, der Les Fevettes und der Lisagathe, kommen mit Eiche in Kontakt. Ihre kraftvolle Struktur verdanken sie dem Tuffgestein mit relativ tiefgründigem, tonigem Oberboden. Die 18,5 ha Bioweinberge sind in 21 Parzellen unterteilt, die auch zwei Rote ohne Eichenkontakt und ein geringes Quantum meist trockener, bei Botrytis-Befall aber auch süßer Chenin-Blanc-Weine hervorbringen.

49400 Dampierre-sur-Loire; www.domaine-hureau.fr

Château Pierre-Bise Anjou

Claude Papin treibt die Neugier des Intellektuellen um. Deutlich macht das sein verwirrend umfangreiches Sortiment, in dem Rote, Rosés und Weiße in trockener oder süßer Ausführung firmieren. Diese Bandbreite ist umso bemerkenswerter, als er seine Arbeit auf Pierre-Bise, dem Familiengut seiner Frau, erst 1990 aufnahm. Er bereitet süße weiße Quarts-de-Chaume, mehrere süße Layon, einen trockenen Savennières aus Roche aux Moines, Cabernet Franc, Gamay und sogar einen halbtrockenen Rosé d'Anjou. Für seine Weine wurde er von der Kritik mit viel Lob bedacht – entsprechend schwer sind sie aufzutreiben.

49750 Beaulieu-sur-Layon; Tel. 02 41 78 31 44

Château de Tracy Pouilly-Fumé

Reben wachsen auf Château de Tracy schon seit über 600 Jahren. Nach ihrer Heirat um 1950 brachten Jacqueline de Tracy und Graf Alain d'Assay die 28 ha Weinberge auf Vordermann und erarbeiteten sich mit hochklassigen, langlebigen Pouilly-Fumé einen guten Ruf. Die nächste Generation hat sich inzwischen mit zwei eigenen Weinen profiliert. Einer davon ist der seit 2004 erscheinende Haute Densité aus einer mit 17 000 Stöcken/ha dicht bepflanzten Parzelle, ein gewichtiger, aber subtiler Tropfen von Kreideböden, der zu 15 % in Eiche reift. Seit 2008 mit dabei ist der 101 Rangs, ein kraftvoll mineralischer, in Eiche ausgebauter Sauvignon Blanc von 101 Rebzeilen mit 55-jährigen Stöcken auf Feuersteinböden.

58150 Pouilly-sur-Loire; www.chateau-de-tracy.com

Château de Villeneuve Saumur-Champigny, Saumur Blanc

Jean-Pierre Chevallier studierte Önologie in Bordeaux und übernahm 1982 das Familiengut. Auf seiner Weinliste finden sich Gewächse, in denen Tradition und moderne Technologie auf einen Nenner gebracht werden. Die trockenen Roten und Weißen offenbaren konzentrierte, reife Frucht, ohne dafür Ausgewogenheit und Finesse zu opfern. Chevalliers Aushängeschilder sind der Le Grand Clos aus Cabernet Franc und der Les Cormiers, ein Chenin-Blanc-Konstrukt. Die beiden kraftvoll strukturierten, alterungsfähigen Tropfen begeistern durch ihren großartigen mineralischen Unterbau. In warmen Jahren entsteht ein süßer Coteaux de Saumur Chenin Blanc.

49400 Souzay-Champigny; www.chateau-de-villeneuve.com

Chéreau Carré Muscadet-Sèvre-et-Maine
Chéreau Carré bereitet beständig feinen Muscadet-Sèvre-et-Maine. Er entsteht auf den vier Spitzengütern Château l'Oiselinière de la Ramée, Château de Chasseloir, Château de la Chesnaie und Domaine du Bois Bruley, deren Erzeugnisse sich nur in Feinheiten voneinander unterscheiden. Der aus Lesegut von jungen Reben bereitete La Griffe Bernard Chéreau ist ein Verschnitt aus allen vier Kellereien. Le Clos du Château l'Oiselinière entstammt einer früh reifenden Südlage mit Schiefer- und Orthogneisböden, liegt 17 Monate auf der Hefe und präsentiert sich breitschultrig, aber dennoch mineralisch.

44690 Saint Fiacre sur Maine; www.chereau-carre.fr

Clos Naudin Vouvray
Der 1924 von der Familie Foreau erworbene Weinberg Clos Naudin ist Entstehungsort einiger der besten Vouvray-Weine. Philippe, Winzer in dritter Generation, schöpft die gesamte Chenin-Blanc-Bandbreite von *sec* über *moelleux* bis hin zu einem aussagekräftigen Brut aus. Seine Reben stehen auf feuersteinhaltigem Tonboden und werden auf niedrige Erträge getrimmt; die Lese erfolgt von Hand in mehreren Durchgängen. So entstehen reintönige, elegante, mineralische Tropfen mit lebendiger Säure, die einen enorm langen Atem offenbaren, aber auch in ihrer Jugend schon trinkbar sind.

14, rue de la Croix Buisée, 37210 Vouvray; Tel. 02 47 52 71 46

Clos Roche Blanche Touraine
Catherine Roussel und Didier Barrouillet fertigen auf ihrem 18 ha großen Familienbetrieb Weine an, die dem Geldbeutel ebenso guttun wie dem Gaumen. Sie bauen ihre Reben biologisch an und setzen auf minimalinvasive Bereitung. Ihr Sauvignon Blanc ist erfrischend und reintönig, der Pineau d'Aunis pfefferig, der Gamay schmackhaft und der Cabernet (Franc und Sauvignon) intensiv. Kellerprimus aber ist eindeutig der Côt alias Malbec aus Trauben von 25- bis 115-jährigen Stöcken.

19, route de Montrichard, 41110 Mareuil-sur-Cher
Tel. 02 54 75 17 03

Clos Rougeard Saumur, Saumur-Champigny
Wenn viele Cabernet-Franc-Weine von der Loire zuverlässig wie ein Honda sind, die besseren auch noch die Dynamik eines Saab unter dem Korken haben, dann ist der Clos Rougeard ein Ferrari. Die 10-ha-Kellerei der Gebrüder Charlie und Nadi Foucault, seit Generationen in Familienbesitz, gilt als Referenzgröße in der Region. Ihr tiefgründiger Clos kommt kaum mit neuer Eiche in Berührung, während der Poyeux und der Bourg aus besserem Material gekeltert werden, aber auch mehr Holzkontakt haben.

15, rue de l'Église, 49400 Chacé; Tel. 02 41 52 92 65

Clos du Tue-Bœuf Touraine
Als Jean-Marie und Thierry Puzelat das 16-ha-Gut ihres Vaters um 1990 übernahmen, beschlossen sie, den riesigen Fundus an traditionellen Rebsorten zu bewahren und sich intensiv dem Bioweinbau zu widmen. Inspiriert von Marcel Lapierre und anderen Biowinzern bereiteten sie ihre Gewächse fortan so naturnah wie möglich, auch wenn sie dafür auf das Appellationssiegel verzichten – ein Sakrileg für die meisten französischen Winzer – und Weine wie den roten La Guerrerie als Vin de Table etikettieren mussten. Ihre lebendigen, launischen, oft aber auch schlichtweg köstlichen Tropfen sind mitunter schwer aufzutreiben.

6, route de Seur, 41120 Les Montils; Tel. 02 54 44 05 06

Coulée de Serrant Savennières
Coulée de Serrant ist der Traum jedes Winzers. Der Hang, 1130 von Mönchen erstmals bepflanzt, besteht aus einem Chenin-Blanc-Amphitheater über der Loire und gehört zu den Spitzenlagen der Region. Als einem von nur zwei Weinbergen in ganz Frankreich hat man ihm eine eigene Appellation verliehen. Insgesamt 13 ha gehören zum Gut, das zwei weitere Etiketten aus benachbarten Lagen bereitet. Verantwortlich dafür zeichnet Nicolas Joly, ein Anhänger der Biodynamik, doch übernimmt seine Tochter Virginie eine immer wichtigere Rolle. Die Weine unterscheiden sich deutlich von anderen und polarisieren nicht selten. Jüngeren Jahrgängen tut ein Dekantieren gut: Was in der Kellerei zum Verkosten bereitsteht, wird zum Beispiel schon 24 bis 48 Stunden vorher entkorkt.

Château de la Roche aux Moines, 49170 Savennières
www.coulee-de-serrant.com

Damien Laureau Savennières
Der 39-jährige Damien Laureau, Spross einer Weizenbauernfamilie bei Versailles, ist ein viel beschäftigter Mann. Der sechsfache Vater und Autodidakt in Sachen Wein hat langfristig zwei Rebhänge bei Anjou gepachtet und sie in den letzten Jahren auf biologische Bewirtschaftung umgestellt. Seine steinig-mineralische Savennières-Etiketten sind Musterbeispiele trockener Chenin-Blanc-Abfüllungen, so der beeindruckende Les Genêts, ein 18 Monate überwiegend in großen Fässern ausgebautes Gewächs, und der reiche Le Bel Ouvrage, der fast zwei Jahre großteils in Holz reift. ★ **Aufsteiger**

Chemin du Grand Hamé, Epiré, 49170 Savennières
www.damien-laureau.fr

Domaine des Aubuisières Vouvray
Bernard Fouquet bestellt 23 ha Chenin Blanc und verarbeitet die Traube zu den verschiedensten Weintypen von trocken über halbtrocken bis süß und schäumend. Gelesen wird fast nur von Hand und oft auch noch in mehreren Durchgängen. Die süß angehauchte Cuvée de Silex besticht durch mineralische Präzision mit leichtem Honigeinschlag. Großartig als Aperitif: der Brut.

Vallée de Nouy, 37210 Vouvray; www.vouvrayfouquet.com

Domaine de Bablut
Anjou-Villages Brissac, Coteaux de L'Aubance
Kraftvolle Rote mit reifen, aber präsenten Tanninen sind Christophe Daviaus Spezialität. Sein Rocca Nigra aus 100 % Cabernet Sauvignon hat nicht die unbeugsame Gerbsäure, mit denen Interpretationen von Anjou-Schieferböden oft ausgestattet sind. Der fein geschliffene

CHENIN BLANC

Sauvignon Blanc ist ein festes Mitglied im Club der sogenannten edlen Trauben, derzeit aber droht Gefahr vom vielseitigen Chenin Blanc, der ansetzt, die regionale Rivalin zu entthronen. Die aufstrebende Chenin-Blanc-Traube läuft an der mittleren Loire zu ihrer besten Form auf und ist in trockener, halbtrockener, süßer und schäumender Form verfügbar. Die Abfüllungen aus dem winzigen Savennières, einst am königlichen Hofe geschätzt, treten ausnahmslos in trockenem Gewand auf, offenbaren aber eine vielschichtige Struktur. In Vouvray dagegen wird die gesamte Klaviatur gespielt; hier finden die Weine zu einer schönen Balance zwischen Säure und Süße. An den Coteaux du Layon und in Quarts-de-Chaume erntet man die Trauben spät in der Hoffnung auf Edelfäule. Die besten Vertreter jedes Chenin-Blanc-Stils haben ein phänomenales Alterungsvermögen – und sind verblüffend preisgünstig.

DOMAINE BAUDRY-DUTOUR
ZU DEN VIELEN EINDRUCKSVOLLEN CHINON-GEWÄCHSEN DIESER DOMAINE GEHÖRT DER CHÂTEAU DE LA GRILLE

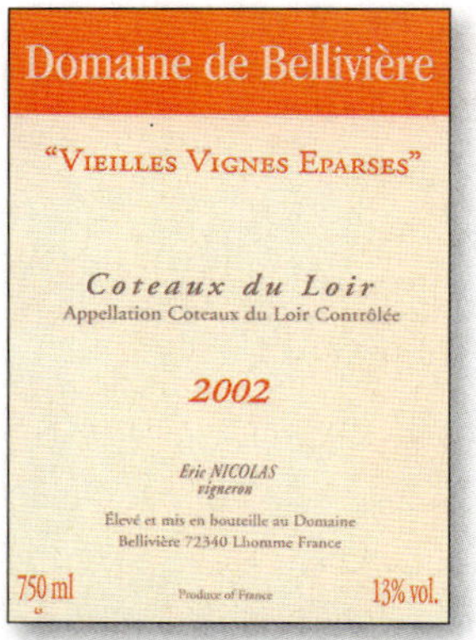

DOMAINE DE BELLIVIÈRE
VIEILLES VIGNES ÉPARSES, EIN KLASSISCHER CHENIN BLANC VON DEN COTEAUX DU LOIR

Spitzen-Cabernet-Franc, der Petra Alba, reift auf leichteren Kreideböden. Daviau führt ferner vorzügliche Chenin-Blanc-Abfüllungen: eine schmackhafte Palette süßer Coteaux de L'Aubance (darunter der GrandPierre zum Schnäppchenpreis) und den alterungsfähigen, trockenen, in Eiche geschwenkten Ordovicien.

49320 Brissac-Quincé; www.vignobles-daviau.fr

Domaine Baudry-Dutour Chinon

Mit dem Zusammenschluss der Domaine de la Perrière und der Domaine du Roncée im Jahr 2003 wurden Christophe Baudry und Jean-Martin Dutour Kompagnons. Baudry, Winzer in sechster Generation, brachte seine Chinon-Kenntnisse mit ein und Dutour sein Wissen, das er sich auf der renommierten Weinbauschule von Montpellier sowie als junger Kellermeister von Roncée angeeignet hatte. Das dynamische Duo hat inzwischen eine hochmoderne Kellerei mit Schwerkraftzufuhr auf die Beine gestellt und neue Güter übernommen, insbesondere Château de la Grille. Damit avancierte das Unternehmen zur größten Domaine von Chinon mit 120 ha Rebland. Beeindruckend sind die in limitierter Auflage herausgegebenen Cuvées von alten Stöcken. Wie sehr die beiden in Qualität investiert haben, offenbaren auch die weichen, fruchtigen Basisroten und die Cuvée Marie-Justine, ein angenehmer halbtrockener Rosé. ★ **Aufsteiger**

37500 Cravant-les-Coteaux; www.baudry-dutour.com

Domaine des Baumard Anjou
(mit Quarts-de-Chaume und Savennières)

Florent Baumards erstaunlich umfangreiche Bandbreite erstreckt sich von Roten über Rosés bis hin zu Chenin Blanc in allen Variationen einschließlich Schaumwein. Der 1634 gegründete Familienbetrieb besitzt Flächen zu beiden Seiten der Loire. Sein trockener Savennières aus dem Weinberg Clos du Papillon und der nur in guten Jahren abgefüllte Trie Spéciale haben bereits Klassikerstatus. Von der Rochefort-Seite des Flusses stammen der öligere Coteaux du Layon und ein Quarts-de-Chaume, beides ausgezeichnete Vertreter ihrer Appellation. Baumard pflegt darüber hinaus eine weinbauliche Kuriosität: eine kleine Parzelle mit alten Verdelho-Stöcken.

8, rue de l'Abbaye, 49190 Rochefort; www.baumard.fr

Domaine de Bellivière
Jasnières, Coteaux du Loir

50 Kilometer nördlich von Tours am Loire-Nebenfluss Loir erstrecken sich die fast vergessenen Appellationen Jasnières und Coteaux du Loir. Hier kauften Eric und Christine Nicolas einige Weinberge mit älteren Stöcken und begannen umgehend, den beiden ACs zu neuem Glanz zu verhelfen. Sie reduzierten ihre Erträge und bestockten eine Fläche mit unglaublichen 40 000 Reben/ha. Ihre Trumpfkarte ist Chenin Blanc: Unter den vielen Abfüllungen finden sich der Les Rosiers von jüngeren Stöcken und der konzentrierte Calligramme von 50-jährigen Pflanzen. Die Nicolas' sind ferner begeistert von der roten Pineau-d'Aunis-Traube, die sie in zwei Versionen anbieten.

72340 Lhomme; www.belliviere.com

Domaine Bernard Baudry Chinon

In den letzten 30 Jahren hat Bernard Baudry nach und nach zur Spitzengruppe der Rotweinerzeuger an der Loire aufgeschlossen. Inzwischen regiert der Winzer über ein 30 ha großes Rebareal mit einigen Spitzenlagen. Les Granges stammt von Parzellen mit den jüngsten Pflanzen am Fluss Vienne River, der Domaine aus älteren Weinbergen und einigen Hügelparzellen. Trauben älterer Stöcke liegen auch dem Les Grézeaux von Kreide- und Tonböden zugrunde. Im Clos Guillot wirken Beeren unveredelter Reben mit. Jahr für Jahr ein Highlight: der Rosé.

*9, Coteau de Sonnay, 37500 Cravant-les-Coteaux
www.chinon.com/vignoble/bernard-baudry*

Domaine Le Briseau
Jasnières, Coteaux du Loir

Einst wurden Jasnières und die Coteaux du Loir vom Radar der Weinwelt nicht erfasst, doch inzwischen sind beide Appellationen ein Anziehungspunkt für eigenwillige Winzer wie Christian und Nathalie Chaussard geworden, die 2002 ihre Zelte hier aufschlugen. Patapon heißt ein überschwänglicher roter Genusswein aus Pineau d'Aunis und Côt. Etwas heller fällt der zart strukturierte, intensive Les Mortiers aus, ein reinsortiger Pineau d'Aunis von alten Stöcken. Gemeinsamer Nenner aller Chenin-Blanc-Abfüllungen – je nach Jahrgang trocken oder süß bereitet – ist ihr Charakter. Weil sich die Chaussards aus der Weinwerdung so weit wie möglich heraushalten, entstehen lebendige, kantige Tropfen mit ausgeprägter Mineralität. Das Gut ist als Biobetrieb anerkannt und stellt seit 2006 auf biodynamische Wirtschaftsweise um. ★ **Aufsteiger**

Les Nérons, 72340 Marcon; Tel. 02 43 44 58 53

Le Domaine de la Butte Bourgueil

Jacky Blot, der Maestro aus Montlouis, erwarb 2002 ein prächtiges 15-ha-Gut in Bourgueil. Die meisten Rebflächen erstrecken sich in der Ebene, doch Blot hatte mit seinen Cabernet-Franc-Stöcken Größeres im Sinn als Flachlandweine. Die steilen, sonnigen Südhänge des Guts liefern geringe Erträge reifer, konzentrierter Frucht, die einen sinnlichen, aber strukturierten Wein ergibt. Die feinen Unterschiede zwischen dem Le Haut (von den höchsten Lagen mit dem größten Feuersteinanteil im Boden), Mi-Pente (von mittlerer Höhe und Kreideböden), La Pied (fettere Ton-Kalk-Böden im unteren Bereich) und Les Perrières (aus einer steinigen Kreideparzelle) sind terroirbedingt. ★ **Aufsteiger**

La Butte, 37140 Bourgueil; www.jackyblot.fr

Domaine Catherine und Pierre Breton Bourgueil

Die Bretons haben sich an die Spitze einer Bioweinbewegung gesetzt, die derzeit in den Szene-Weinbars von Paris Erfolge feiert. Pierre gründete sein Gut 1982 und bekam 1989 Verstärkung durch Catherine. Die beiden stiegen auf biologischen und später biodynamischen Weinbau um. Auf ihrer Weinliste stehen ein süffiger Trinch und der leckere, schwefelfreie Les Nuits d'Ivresse. Aus der Delegation der Einzellagenabfüllungen ragen der in großen und kleinen Fässern gereifte Clos Sénéchal und der zum Teil mit neuer Eiche in Kontakt gebrachte Les Perrières heraus. Beiden dürfte ein langes Leben beschieden sein.

*Les Galichets, 8, rue du Peu Muleau, 37140 Restigné
www.domainebreton.net*

Domaine Charles Joguet Chinon

Unter Charles Joguet war dieses Gut das vielleicht beste in ganz Chinon. 1997 allerdings ging Joguet in den Ruhestand und verkaufte seine Kellerei an Jacques Genet, der es um 24 ha auf insgesamt 36 ha erweiterte. Inzwischen ist schon der dritte Winzer nach Joguet am Ruder. Er füllt die oft ziemlich dunklen Erzeugnisse nach Weinbergen getrennt ab. Seine Besten sind der Clos de la Dioterie von alten Stöcken und der Clos du Chêne Vert. Trotz der Veränderungen der letzten Jahre hat das Gut nach wie vor seine Anhänger.

La Dioterie, 37220 Sazilly; www.charlesjoguet.com

Domaine de la Charmoise/Henry & Jean-Sébastien Marionnet Touraine

Henry Marionnet, ein unermüdlicher, innovationsfreudiger Qualitätsverfechter, gehört zu den Lichtgestalten der Touraine. Von 1967 bis 1978 bepflanzte er seine 60 ha Rebland völlig neu. Er hat sich auf reife, überschwänglich fruchtige Gamay- und Sauvignon-Blanc-Interpretationen spezialisiert. Am interessantesten aber sind für Weinliebhaber die eigenwilligen, von Trauben unveredelter Stöcke bereiteten Exponenten der Linie Vinifera, außerdem der Provignage von ebenfalls unveredelten, 1850 gepflanzten Romorantin-Reben aus der Zeit vor der Reblausinvasion – sie zählen zu den ältesten in Frankreich – und der Les Cépages Oubliés, dessen Name auf die fast vergessene, rotfleischige Gamay de Bouze anspielt. Alles sind komplexe, strukturierte, mineralische Weine von Format.

41230 Soings-en-Sologne; www.henry-marionnet.com

Domaine de Châtenoy Menetou-Salon

Obwohl die Cléments bereits in 15. Generation Weinbau betreiben, ist ihre Domaine ein modern ausgestatteter Betrieb. Pierre Clément, großer Fisch im kleinen Menetou-Teich, stand der Appellation einst als Präsident vor. Sein Gut, das er von ursprünglich 12 ha um 1980 auf derzeit 60 ha erweiterte, ist der größte Erzeugerbetrieb der AC. Die Basisweißen bieten angenehme, mineralische Erfrischung zum anständigen Preis. Auf der Weinliste steht ferner ein Pinot Noir von handgelesenen, zu einem Drittel in neuer Eiche vergorenen und ausgebauten Trauben.

18510 Menetou-Salon; www.clement-chatenoy.com

Domaine de la Chevalerie Bourgueil

14 Generationen lang wird auf dieser 1640 gegründeten Domaine schon Wein gekeltert. In den von der Familie Caslot biodynamisch bewirtschafteten 33 ha Rebland ist das ganze Bodenspektrum von Bourgueil vertreten. Die seidige, fein duftige Basislinie Peu Muleau reift auf sandigem Untergrund, während die Ton- und Kreideböden strukturiertere, kraftvollere Gewächse wie den Chevalerie und den Busardières von alten Stöcken hervorbringen. Die Trauben werden grundsätzlich handgelesen, selektiert, entrappt und sanft gepresst, was sich in verführerisch strukturierten, süß würzigen Weinen niederschlägt.

7–14, rue du Peu Muleau, 37140 Restigné
www.domainedelachevalerie.fr

Domaine Claude Riffault Sancerre

Zu Ruhm und Ehre gelangte Claude Riffault mit seinen fruchtigen, ausgeklügelten, aber trotzdem preiswerten Weinen. Sohn Stéphane scheint entschlossen, das Gut zu weiteren Höhen zu führen, und konzentriert sich noch stärker darauf, das Terroir der hauseigenen Rebberge zum Ausdruck zu bringen. Zur Verfügung stehen ihm 13,5 ha Land, die sich auf 33 Parzellen in vier Dörfern verteilen und fünf Sauvignon-Blanc- sowie zwei Pinot-Noir-Etiketten abwerfen. Von Feuersteinböden stammt der feste Sauvignon Les Chailloux. Ihm diametral entgegengesetzt ist die körperreiche neue Cuvée Les Denisottes von tiefgründigen Kreide- und Tonböden. Weil zwei Pressen zum Einsatz kommen, um die Trauben so schnell wie möglich verarbeiten zu können, liegt die Stärke der Riffault-Weine in ihrem ausgezeichneten Fruchtausdruck. Das gilt vor allem für die Pinot-Ausführungen, die zu den zugänglichsten der Region zählen. ★**Aufsteiger**

Maison Sallé, 18300 Sury-en-Vaux; Tel. 02 48 79 38 22

DOMAINE BERNARD BAUDRY
LE CLOS GUILLOT HEISST EIN ERSTKLASSIGER TROPFEN VON RELATIV JUNGEN REBEN

DOMAINE DE LA CHEVALERIE
SORGFÄLTIGE BEREITUNG BRINGT IM CHEVALERIE DAS TERROIR ZUM AUSDRUCK

Domaine du Closel/Château des Vaults Savennières

Eine lange Linie aus Frauen hat über dieses Gut regiert, angefangen von Madame du Closel, die es an ihre Nichte Michèle de Jessey weiterreichte, bis hin zu Evelyne de Jessey, die den Betrieb heute leitet und ihn auf biodynamischen Anbau umgestellt hat. Das Château steht auf einem malerischen Grundstück mit Skulpturengarten. Um zu den Rebflächen zu gelangen, muss man allerdings ein Stückchen bergauf gehen. Evelynes beste Tropfen stammen aus dem 4 ha großen Clos du Papillon.

49170 Savennières; www.savennieres-closel.com

Domaine du Collier Saumur

Mitbegründer Antoine Foucault ist der Sohn von Charlie Foucault, der mit Clos Rougeard (siehe S. 291) zu Ruhm gelangte. Vater und Sohn arbeiteten eine Zeit lang zusammen, bis Antoine 1999 die Domaine du Collier mit Caroline Boireau aus der Taufe hob. Obwohl Foucault senior vor allem für seine Roten bekannt geworden ist, sind die 5,5 ha seines Sohnes überwiegend mit Chenin Blanc bestockt. La Charpentrie, ein im Fass vergorener und ausgebauter Chenin von 95-jährigen Reben, profiliert sich als opulenter, vielschichtiger Tropfen von burgundischer Ausgewogenheit und Mineralität. ★**Aufsteiger**

62, place du Collier, 49400 Chacé
http://domaineducollier.free.fr

Domaine de la Cotelleraie
St-Nicolas-de-Bourgueil

Seit Gérald Vallée 1997 als Winzer anfing, hat er sich mit seinem 25-ha-Gut einen Platz unter den besten Cabernet-Franc-Erzeugern in ganz Frankreich gesichert. Die Rebflächen, auf denen auch rund 10 % Cabernet Sauvignon wachsen, werden sorgfältig von Hand bearbeitet. Vallée erzielt ein Gleichgewicht zwischen reifen, aber saftigen Schwarzkirsch- und Johannisbeertönen einerseits und bescheidenem Alkohol andererseits. Umsichtige Bereitung lässt die Frucht ebenso hervortreten wie die kiesige Mineralität des Herkunftsweinbergs. Mit neuer Eiche kommt nur die Spitzenabfüllung L'Envolée von 60-jährigen Stöcken in Berührung. Le Vau Jaumier und Les Perruches heißen Einzellagenweine von Ton-Kreide- und Feuerstein-Ton-Böden. ★**Aufsteiger**

2, La Cotelleraie, 37140 St-Nicolas-de-Bourgueil
Tel. 02 47 97 75 53

Domaine Didier Dagueneau Pouilly-Fumé

Didier Dagueneau war ein Bilderstürmer, der die Sauvignon-Blanc-Traube zu ihrem vielleicht vollkommensten Ausdruck führte. Der einstige Motorradrennfahrer, der 1982 mit einer kleinen Parzelle begann, schaltete nach 1990

LE DOMAINE DE LA GARRELIÈRE
GAMAY SANS TRA-LA-LA: EINNEHMENDES ETIKETT, EINNEHMENDE FRUCHT, EINNEHMENDER WEIN

DOMAINE FRÉDÉRIC MABILEAU
FREIGEIST FRÉDÉRIC MABILEAU LÄSST SEINE TALENTE MEHREREN ACS ZUGUTE KOMMEN

mehrere Gänge zurück und bearbeitete seine Weinberge fortan mit dem Pferdepflug. Mit seinem Streben nach Qualität machte er sich in der Appellation nicht nur Freunde. Seine von alten Stöcken gewonnenen, fassvergorenen Weine Pur Sang und Silex wurden für ihre Reichhaltigkeit und mineralische Präzision weltbekannt – und entsprechend teuer. Leider kam dieser Rebell unter den Winzern im September 2008 bei einem Flugzeugabsturz ums Leben. Sohn Benjamin hat das Gut inzwischen übernommen.

1–7, rue Ernesto Ché Guevara, 58150 St-Andelain
Tel. 03 86 39 15 62

Domaine de l'Ecu Muscadet-Sèvre-et-Maine

Die Köstlichkeiten von Guy Bossard sind qualitative Referenzgrößen an der Loire im Allgemeinen und im Muscadet-Gebiet im Besonderen. Der Ausnahmewinzer stellte seinen Betrieb noch vor 1980 auf Bioweinbau um und wurde 1986 als biodynamisches Weingut zertifiziert. In jeder Cuvée spiegelt sich der Boden wider, auf dem sie gereift ist: Der Expression de Gneiss offenbart spritzige Frische, der Expression de Orthogneiss größere Breite und Länge und der Expression de Granite viel Eleganz und Mineralität. Man sollte sie wie alle Muscadet-Versionen einmal in reifem Alter probieren.

La Bretonniére, 44430 Le Landreau; Tel. 02 40 06 40 91

Domaine FL

Savennières, Savennières La Roches-aux-Moines, Anjou, Coteaux du Layon, Quarts-de-Chaume

Telekommunikations-Magnat Philippe Fournier erwarb 2005 und 2006 die Renommiergüter Domaine Jo Pithon und Château de Chamboreau mitsamt ihrer Belegschaften. Seit Pithons Rückzug 2008 werden die Etiketten beider Betriebe unter der griffigen Bezeichnung Domaine FL verkauft und von Hugues Daubercies (früher bei Chamboreau) sowie Bordeaux-Guru Stéphane Derenoncourt verantwortet. Früher genossen Pithons trockener Anjou und die süßen Chenin-Blanc-Weine von den Coteaux du Layon zu Recht hohes Ansehen, während der Savennières von Chamboreau ein Schattendasein fristete. Unter der neuen Leitung ist ein Qualitätsschub zu verzeichnen, wie der subtil moderne, trockene, eichenveredelte Savennières von enormer Reinheit, Balance und Mineralität beweist. Besonders beeindruckend: der La Roches-aux-Moines. ★**Aufsteiger**

1, place François Mitterrand, 49100 Angers
www.domainefl.com

Domaine Filliatreau Saumur-Champigny

Flussabwärts hinter Chinon erstreckt sich die Rotwein-AC Saumur-Champigny. Hier findet man in spektakulärer Lage La Grande Vignolle, ein in die Felswand gehauenes Gut unterhalb eines Rebenplateaus. Es gehört zu den 40 ha großen Weinbergbesitzungen der Domaine Filiatreau, dem größten Gut der Appellation. Paul und sein Sohn Fredrik bereiten mehrere Cuvées, darunter ernsthafte Cabernet-Franc-Gewächse, den Château Fouquet und den strukturierteren Les Grandes Vignolles.

Chaintres, 49400 Saumur; www.filliatreau.fr

Domaine François Chidaine

Montlouis, Vouvray

Die Vouvray gegenüberliegende AC Montlouis ist nicht nur für ihre trendigen Kunstgalerien bekannt, auch ihre Weine sind derzeit in aller Munde. Inoffizielle – und als AC-Präsident auch offizielle – Leitfigur der Zone ist François Chidaine. Schon seit seinem Einstieg vor zwei Jahrzehnten wirtschaftet er biologisch, seit 1999 biodynamisch. Inzwischen regiert er über 30 ha Weinberge, darunter 10 ha in Vouvray, wo ihm der Clos Baudoin gehört. Die Lese erfolgt von Hand, die Erträge werden niedrig gehalten. Sein Montlouis-Repertoire umfasst den trockenen Clos du Breuil, einen halbtrockenen Tuffeaux und Clos Habert sowie einen *moelleux* – alles alterungsbeständige, verlockende Chenin-Blanc-Interpretationen. ★**Aufsteiger**

37270 Montlouis-sur-Loire; www.francois-chidaine.com

Domaine Frantz Saumon Montlouis

2001 kaufte der ehemalige Förster Frantz Saumon 5 ha Land und machte sich damit in Montlouis rasch einen Namen. Saumons im Fass vergorene und ausgebaute Chenin-Blanc-Erzeugnisse offenbaren, wie der Biowinzer mit Fingerspitzengefühl Holz zum Vorteil des Weins einsetzt: Im halbtrockenen Minérale+ verdrängt Eiche das Terroir nicht, sondern unterstreicht die Struktur und Komplexität. Der P'tit Caporal und der Clos de Chêne sind präzise, trockene, fokussierte Tropfen mit anhaltender, klarer Birnenfrucht; Letzterer stammt von fast 100-jährigen Reben und offenbart Tiefe und Konzentration. Saumons erster Wein aus Cour-Cheverny ist jetzt auf dem Markt: Un Saumon dans la Loire Romorantin. ★**Aufsteiger**

15, chemin des Cours, 37270 Montlouis-sur-Loire
Tel. 02 47 35 83 65

Domaine Frédéric Mabileau

St-Nicolas-de-Bourgueil, Bourgueil, Anjou, Saumur

Statt in das Gut seiner Familie einzusteigen, gründete Frédéric Mabileau 1991 seine eigene Marke. Im Lauf der Zeit bekam er 27 ha Weinland zusammen, die er seit 2009 biologisch bewirtschaftet. Cabernet Franc dominiert – wie sollte es anders sein? –, doch 2007 bereitete er einen kraftvollen »geeichten« Saumur Blanc und 2009 einen trockenen Chenin Blanc aus einem Weinberg in Anjou, in dem auch Cabernet Sauvignon wächst. Durch Einführung von Sortiertischen und Kellertechnik mit Schwerkraftzufuhr schraubte der Winzer die Qualität weiter nach oben. Seine Spitzen-Cuvées Les Racines (Bourgueil) und Les Coutures sowie das Flaggschiff der Mabileau-Flotte, der Eclipse, gefallen durch sinnliche Frucht und geschmeidige, von der Eiche dezent gestützte Tannine. Der frische, aromatische Les Rouillères mit lebendiger, von den Kiesböden induzierter roter Kirsch- und Beerenfrucht ist für baldigen Genuss gedacht. ★**Aufsteiger**

6, rue du Pressoir, 37140 St-Nicolas-de-Bourgueil
www.fredericmabileau.com

Le Domaine de la Garrelière Touraine

Schon seit 1985 konzentriert sich François Plouzeau ganz auf die Touraine statt auf die renommiertere Appellation Chinon, Heimat des väterlichen Guts. Als Biodynamiker bestellt er 20 ha auf Ton-, Kreide- und Feuersteingrund, was sich in der Struktur, der Zitrusfrucht und Mineralität seiner Sauvignon-Blanc-Abfüllungen niederschlägt. Der reiche, aber geschmeidige und komplexere Cendrillon ist ein teils fassvergorener Sauvignon Blanc mit etwas Chardonnay und Chenin Blanc. Charmant gibt sich der Gamay Sans Tra-la-la mit üppiger Brombeerfrucht. Ansprechend sind die Künstleretiketten. ★**Aufsteiger**

37120 Razines; www.garreliere.com

Domaine La Grange aux Belles Anjou

Schöpfer dieses jungen Guts ist Marc Houtin. Nach einem Praktikum auf Château d'Yquem (siehe S. 185) versuchte der gelernte Geologe sich zunächst an Süßweinen, inzwischen aber konzentriert er sich auf trockene Etiketten zum Schnäppchenpreis. Seit Julien Bresteau, ehemaliger Weinbauingenieur von Montgilet (siehe S. 296), 2006 bei ihm einstieg, werden die Reben naturnah betreut und zeigen, welches Potenzial in ihnen steckt. Die Roten der Linie Le Vin du Jardin aus Grolleau und Gamay machen mit frischer, lebendiger Frucht auf sich aufmerksam. Eine stimmige Synthese aus Frucht und Mineralität sind der schön ausgewogene Anjou Princé Cabernet Franc und Anjou Fragile Chenin Blanc. ★**Aufsteiger**

Quartier artisanal de l'églantier, 49610 Murs-Erigne
Tel. 02 41 80 05 72

Domaine Guion Bourgeuil

»Seit 1965 als Biobetrieb anerkannt«, dieser Hinweis auf dem Etikett sagt viel über Stéphane Guions Philosophie aus. Die beiden reinsortigen Cabernet-Franc-Schöpfungen – der Domaine-Wein ohne Holzeinfluss und die dezent in Eiche gereifte Prestige-Cuvée, beide von 35- bis 80-jährigen Stöcken – sind das Ergebnis von zwei Generationen Bioweinbau, Handlese und einheimischen Hefen. Mit ihrer reinen Frucht und Tanninstruktur empfehlen sie sich als Hauswein für anspruchsvolle Restaurants in aller Welt. Und das Beste: Sie lassen sich lagern.

3, route de Saint Gilles, 37140 Benais
www.domaineguion.com

Domaine Les Hautes Noëlles
Muscadet-Côtes de Grandlieu, Muscadet

Verlässliche, erschwingliche Muscadets sind die Spezialität dieser Kellerei. Der um 1930 gegründete Familienbetrieb gehört Serge Batard, der vor seinem Leben als Winzer ein Weingeschäft führte. Er verzichtet in den Rebbergen auf Chemie, liest von Hand und lässt seine Tropfen lange gären und auf der Hefe liegen. Der Côtes de Grandlieu ist ein zitrusfruchtiges, fast salziges, den Gaumen kitzelndes Erfrischungsgetränk. Im Sortiment hat Batard unter anderem auch einen Vin de Pays aus Gamay und Grolleau.

La Haute Galerie, 44710 St-Léger-les-Vignes
www.vigneron-serge-batard.com

Domaine Henri Bourgeois
Sancerre, Pouilly-Fumé

Vor 60 Jahren hatte das Gut 2 ha Rebfläche, heute sind es 65 ha. Die hauseigenen Besitzungen liefern das Traubengut für die Hälfte der Erzeugnisse, die zum Teil mit Schraubverschlüssen auf den Markt kommen. Zum Gutsportfolio der Familie gehört ferner eine Kellerei im neuseeländischen Anbaugebiet Marlborough. Die Spitzenabfüllungen kommen eine Weile mit Eiche in Kontakt.

Chavignol, 18300 Sancerre; www.henribourgeois.com

Domaine des Huards
Cheverny, Cour-Cheverny

Michel Gendrier erzeugt spannungsreiche, mineralische Bioweine aus zwei Appellationen. Aus Cheverny stammen Gamay- und Pinot-Noir-Abfüllungen, aber auch Sauvignon Blanc und etwas Chardonnay; in Cour-Cheverny indes konzentriert Michel sich auf die weiße Romorantin, die einzige dort zugelassene Traube. In Frankreich verzeichnet er gute Erfolge, doch im Ausland findet man seine Etiketten kaum. Sie sind von Anfang an auf der Höhe, vertragen aber auch einen längeren Regalaufenthalt und nehmen dort eine faszinierende Wachsnote an.

41700 Cour-Cheverny; http://domainedeshuards.com

Domaine Huët Vouvray

Wer das enorme Qualitätspotenzial von Vouvray und der Chenin-Blanc-Traube anzweifelt, braucht nur die Klassetropfen von Huët zu probieren. Die 1928 von Victor Huët und Sohn Gaston gegründete Kellerei wird seit über zwei Jahrzehnten von Gastons Schwiegersohn Noël Pinguet geführt, wenngleich sie inzwischen dem Amerikaner Anthony Hwang gehört. Nach 1990 stellte Pinguet den Betrieb auf biodynamischen Weinbau um. Seine Kreszenzen sind Musterbeispiele dessen, was in Vouvray möglich ist. Er offeriert trockene, halbtrockene und süße Einzellagen-Vouvray sowie Süßweine, bei denen jeder Lesedurchgang im Rebberg einzeln abgefüllt wird. Ebenfalls eine Referenzgröße: der Schaumwein. Im modernen Degustationsraum des Guts kann man ältere Jahrgänge verkosten, die Lust machen auf mehr.

11, rue de la Croix Buisée, 37210 Vouvray
www.huet-echansonne.com

Domaine Jean-Claude Roux Quincy

Roux gehört zu einer Gruppe von Weizenbauern, die durch staatliche Zuschüsse zum Rebbau kamen. Seinen ersten preisgekrönten Tropfen füllte er 1995 ab. Inzwischen hat er das Gut von 1,5 ha auf 6,5 ha erweitert, um der Nachfrage Herr zu werden. Roux keltert einen einzigen Tropfen: einen reifen, steinfruchtigen Sauvignon Blanc, der seine Finesse der rassigen Zitrussäure und mineralischen Komplexität verdankt. Seit 2009 erzeugt er ihn im Maison Blanche, einer hochmodernen, in Zusammenarbeit mit 17 anderen Winzern gebauten Kellerei.

18340 Arçay; www.domaine-roux-vin-quincy.com

Domaine de Juchepie Coteaux de Layon

Südlich der Loire findet man am Nebenfluss Layon die Weinberge von Eddy und Mileine Oosterlinck, die hier seit 1994 Bioweine bereiten und inzwischen auf Biodynamik umgestiegen sind. Im Weinberg setzen sie strenge Maßstäbe an: Anstelle der Grünlese schneiden sie früh in der Saison und lassen nur sechs bis zehn Trauben am Stock – eine riskante, aber vielleicht lohnendere Methode der Ertragsbegrenzung. Die spät geerntete Frucht wird in Eiche vergoren und ausgebaut.

Les Quarts, 49380 Faye d'Anjou; www.juchepie.com

Domaines Landron/Domaine de la Louvetrie Muscadet

Jo Landron gehört zu den Starwinzern im Muscadet-Gebiet. Mit seinem buschigen Schnurrbart ist er der Inbegriff des französischen *vigneron*. Von ähnlich klassischem Zuschnitt sind auch seine erfrischenden Muscadet-Abfüllungen. Als er 1990 das Familiengut mit 36 ha übernahm, ging er den biologischen Weg – inzwischen stellt er auf Biodynamik um. Seine Melon-de-Bourgogne-Trauben verarbeitet er zum spritzigen Amphibolite Nature, dem lebendigen Hermine d'Or und dem substanzreichen, alterungsfähigen Le Fief du Breil.

44690 La Haye-Fouassière; www.domaines-landron.com

NICOLAS JOLY

Die Leitfigur der biodynamischen Bewegung im Weinbau strebte nach seinem Studium an der Columbia University zunächst eine Karriere im Finanzwesen an, kehrte aber 1978 zurück zum Gut seiner Mutter, Coulée de Serrant. Hier in Savennières praktizierte er zunächst konventionellen Weinbau mit dem üblichen Chemieeinsatz im Rebberg. Nach zwei Jahren bemerkte er jedoch, dass die Gesundheit des Bodens und der Stöcke darunter stark gelitten hatte. Zufällig stieß er auf Rudolf Steiners *Landwirtschaftlichen Kurs* und wandte dessen biodynamische Lehren auf den Weinbau an (Christine Saahs vom Nikolaihof in Österreich kam ihm noch ein paar Jahre zuvor). Seine Reben wurden wieder gesund, und Joly begann, rund um den Globus Vorträge zu halten – nicht als Winzer, sondern als ein »Assistent der Natur«, wie es auf seiner Visitenkarte heißt, und mit dem Eifer des Bekehrten. Heute wird biodynamischer Weinbau in vielen Spitzenlagen der Welt praktiziert.

DOMAINE DE LA NOBLAIE
DER ROSÉ AUS CHINON ÜBERZEUGT MIT KONZENTRIERTER FRUCHT STATT SÜSSE

DOMAINE LES MAISONS ROUGES
ZU DEN BESTEN VERTRETERN DER SELTENEN PINEAU-D'AUNIS-TRAUBE ZÄHLT DER ALIZARI

Domaine LB Montlouis-sur-Loire

Lise und Bertrand Jousset sind der Motor dieses 22 ha großen Guts, dessen Geburtsstunde 2004 schlug. Sie erarbeiteten sich rasch einen guten Ruf aufgrund ihrer großen Sorgfalt in Weinberg und Keller. Ihre präzisen, persistenten trockenen Chenin-Blanc-Etiketten, der Premier Rendez-vous und der fest gewirkte Singulier von alten Stöcken, offenbaren Birnen- und Zitrusfrucht, während der halbtrockene Trait d'Union und der süße Sur le fil mit honigsüßer Steinfrucht punkten. ★**Aufsteiger**

36, rue des Bouvineries, 37270 Montlouis-sur-Loire
www.domaine-jousset.fr

Domaine Lucien Crochet Sancerre

Luciens Sohn Gilles ist auf diesem modernen 38-ha-Gut für die Bereitung zuständig. Die Trauben werden von Hand gelesen und sortiert und durch Zukäufe ergänzt. Auf dem Gros der Flächen wächst Sauvignon Blanc, doch 9 ha sind für Pinot-Noir-Stöcke reserviert, aus deren Frucht Rote und Rosés bereitet werden. Die Basisweißen präsentieren sich überraschend intensiv, während die Weißen und Roten der Linie La Croix du Roy mit einnehmendem Aroma und schwungvoller Säure werben.

Place de l'Église, 18300 Bué; www.lucien-crochet.fr

Domaine Les Maisons Rouges
Jasnières, Coteaux du Loir

Seit Benoît und Elisabeth Jardin die Domaine 1994 erwarben, haben sie ihrem Rebenportfolio einige großartige, bis zu 100 Jahre alte Stöcke hinzugefügt. Auf deren Konto geht denn auch die intensive Konzentration und mineralische Ausstattung ihrer Spitzen-Cuvées, des Clos des Jasnières, eines meist knochentrockenen Chenin Blanc, und des Coteaux du Loir Alizari aus Pineau d'Aunis. Um das Terroir voll zur Geltung zu bringen, bewirtschaften sie ihre Rebflächen biodynamisch und setzen auf naturnahe Bereitung mit einem Minimum an Schwefel. Lange, natürliche Gärprozesse und Reifung in alten Eichenfässern erhöhen die Komplexität ihrer Abfüllungen, ohne den reinen Hausstil zu verwischen. ★**Aufsteiger**

72340 Ruillé-sur-Loir; www.maisonsrouges.com

Domaine de Montgilet
Coteaux de l'Aubance, Anjou Brissac

Drei Lebreton-Generationen haben auf den blauen Schieferböden von Juigné-sur-Loire bereits Trauben angebaut. Auf ihrem Gut spielten sie eine Vorreiterrolle bei der Vergärung und dem Ausbau ihrer für ihre Konzentration berühmten süßen Coteaux de l'Aubance in Barriques. Nach 1990 bestockten Victor und Vincent Lebreton neue Rebflächen in Nachbargemeinden: den Clos Prieur auf violettem Schiefer und den grauschieferigen Clos des Huttiéres, mit denen sie ihre Gesamtfläche auf 37 ha ausdehnten. Die reifste, im Idealfall edelfaule Frucht wird für die nach ihrem jeweiligen Herkunftsweinberg benannten öligen Süßen in mehreren Durchgängen gelesen. Le Tertereaux stammt von blauem Schiefer, Les Trois Schistes enthält Trauben von allen drei Lagen.

49610 Juigné-sur-Loire; www.montgilet.com

Domaine de la Noblaie Chinon

Für Jérôme Billard liegt der Unterschied zwischen guten und großen Weinen im Detail. Als seine Einflüsse nennt er seinen Vater, einen Önologieprofessor, und die weltberühmten Güter Château Pétrus in Bordeaux sowie Dominus Estate im kalifornischen Napa Valley, wo er gearbeitet hat. Seit der Übernahme des Familienguts 2003 ließ er dank verbesserter Laubpflege, biologischer Bewirtschaftung, Handselektion und Vinifizierung nach Parzellen drei geschmeidige Cabernet-Franc-Cuvées der Spitzenkategorie debütieren. Sein Les Chiens-Chiens und der Les Blancs Manteaux unterscheiden sich im Alter ihrer Rebstöcke und den Böden, auf denen sie wachsen. Der Pierre de Tuf wird in einem 600 Jahre alten, aus dem Tuff gehauenen Bottich vergoren. Ebenfalls im Sortiment: ein trockener, durch Direktpressung gewonnener und in Flaschen mit Schraubverschluss abgefüllter Rosé, der nicht durch Süße, sondern Frucht überzeugt. ★**Aufsteiger**

Le Vau Breton, 37500 Ligre; www.lanoblaie.fr

Domaine de Noiré Chinon

Jean-Max Manceau und seine Frau Odile hegen 8 ha Cabernet Franc. Früher arbeitete Jean-Max obendrein als Kellermeister im größeren Château de la Grille in Chinon und stand der AC als Präsident vor. Die Rebhänge der beiden grenzen an den Clos-de-Noiré-Weinberg mit kiesigen Kreideböden. Im Programm haben die Manceaus einen tankvergorenen Rosé und einige Rote, darunter den Basistropfen Elégance und den Caractère von alten Stöcken.

160, rue de l'Olive, 37500 Chinon
www.domainedenoire.com

Domaine Ogereau
Coteaux du Layon, Anjou, Savennières

Vincent Ogereau führt den 20 ha großen Weinbaubetrieb seiner Familie in vierter Generation. Die Tafelweine geraten ihm gut, seine Stars aber sind die honigfeinen Dessertropfen von den Coteaux du Layon, die zu den besten Vertretern ihrer Kategorie an der ganzen Loire zählen. Mehrere aufeinanderfolgende Lesedurchgänge, *tries*, garantieren, dass nur überreife, geschrumpfte *(passerillé)* oder edelfaule Trauben in die Kelter kommen. Der reintönige Basis-Coteaux-du-Layon mit frischer Birnen- und Kamillenote sieht kein Eichenfass von innen, während die Cuvée Prestige und der Clos des Bonnes Blanches in 400-l-Fässern reifen. Trotz ihrer Fülle bewahren sie sich eine außerordentlich ausgleichende Frische und Mineralität, vor allem der Bonnes Blanches, ein weiniger Nektar mit Anklängen an reife und getrocknete Aprikosen im safrangetönten Duft.

44, rue de la Belle Angevine, 49750 St-Lambert-du-Lattay
www.domaineogereau.com

Domaine Olga Raffault Chinon

24 ha unweit des Flusses Vienne stehen diesem Betrieb der alten Schule zur Verfügung. Olga hat den Stab an ihre Enkelin Sylvie weitergegeben, die die traditionelle Linie mit einer Bereitung in großen, neutralen Fässern beibehält. Den längsten Atem hat der Les Picasses aus handgelesenen Trauben von alten Stöcken auf Kreide und Ton. Ebenfalls empfehlenswert: der aus Cabernet Franc erzeugte Rosé.

37420 Savigny-en-Véron; www.olga-raffault.com

Domaine Olivier Deletang Montlouis

Überwiegend mit Chenin Blanc sind die 17 ha bestockt, die Olivier Deletang in vierter Generation bestellt. Seine Weine bereitet er trocken, halbtrocken oder süß. Der Les Petits Boulay stammt von relativ jungen Stöcken auf kiesigem Lehm- und Tonboden und bringt oftmals 50 g Restzucker auf die Mostwaage. Noch üppiger fällt der Les Batisses von älteren Reben auf Feuerstein und Ton aus.

37270 Montlouis-sur-Loire; Tel. 02 47 50 67 25

Domaine de Pallus Chinon

Bertrand Sourdais war noch keine 30, als er 2003 auf den Hof seines Vaters zurückkehrte; zuvor hatte er schon auf einigen der besten Güter der Welt – Mouton-Rothschild, Léoville Las Cases, Álvaro Palacios – gearbeitet und sich dann mit Dominio de Atauta im spanischen Ribero del Duero einen Namen gemacht. Inzwischen verhilft er dem Pensées de Pallus und dem Pallus zu Ansehen in der Weinwelt. Die beiden Etiketten gehören mit ihren superfeinen Tanninen und dem mineralischen Schliff zu den verführerischsten, elegantesten Roten von Chinon. ★**Aufsteiger**

37500 Cravant-les-Coteaux
www.lespenseesdepallus.info

Domaine de la Pépière Muscadet

Weinliebhaber auf der Suche nach großartigen, klirrend frischen, rassigen Weißen steuern Marc Olliviers Domaine an. Der Muscadet-Winzer liest, ganz ungewöhnlich für das Anbaugebiet, von Hand und vergärt seinen Most mit natürlichen, nicht zugesetzten Hefen. Alle Gewächse reifen auf dem Geläger, was ihnen zusätzliche Geschmacksfülle einbringt. Der Basistropfen ist ein erfrischendes Schnäppchen und ideal zu Krustentieren, während der Clos de Briords von älteren Stöcken stammt und mehr Tiefe, Komplexität und Alterungspotenzial mitbringt.

44690 Maison-sur-Sévre; Tel. 02 40 03 81 19

Domaine Philippe Delesvaux
Anjou, Coteaux du Layon

Philippe Delesvaux hob sein inzwischen als biodynamisch zertifiziertes 10-ha-Gut 1983 aus der Taufe. Rasch erarbeitete er sich einen Namen mit superkonzentrierten, überschwänglichen süßen Essenzen und trug so dazu bei, den schwindenden Ruf der Coteaux du Layon zu retten. Fast 30 Jahre später hat er seine Mission erfüllt und seine intensiven, nicht jedoch dichten Weine in ein ausgefeiltes Gleichgewicht gebracht. Bestes Beispiel dafür sind die trockenen Cuvées, der Anjou Blanc Authentique aus unveredelten, im Jahr 2000 gepflanzten Stöcken und der Feuille d'Or, oder die edelfaule Sélection de Grains Nobles Chenin Blanc mit messerscharfer Säure als stützendem Gerüst. Eine Zeit lang im Regal vergessen zu werden tut den fest strukturierten, mineralischen Weinen gut.

Les Essards, La Haie Longue, 49190 St-Aubin-de-Luigné
Tel. 02 41 78 18 71

Domaine Philippe Gilbert Menetou-Salon

Als sein Vater 1998 in den Ruhestand trat, kehrte Dramatiker Philippe Gilbert auf das elterliche Gut zurück und führt seitdem eine Familientradition fort, die bis ins Jahr 1768 zurückreicht. Wie sein Vater studierte er in Burgund – vielleicht ist auf den 27 ha Rebland deshalb der Pinot-Noir-Anteil höher als der von Sauvignon Blanc, was für die Gegend völlig untypisch ist. Gilbert setzt auf Biodynamik, während sein Kellermeister Jean-Philippe Louis mit leichter Hand Terroirweine skizziert. Die beiden haben die Domaine in die erste Kellerliga von Menetou-Salon geführt. Ihre Basisabfüllungen gefallen mit Frucht, Frische und Mineralität ohne Eichenberührung, während

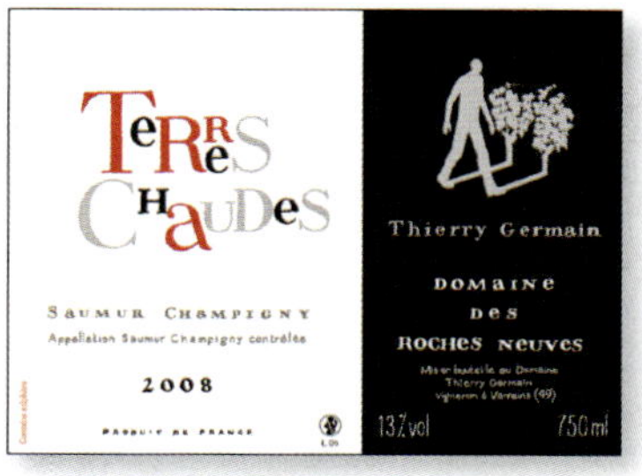

DOMAINE ROCHES NEUVES
EIN BIODYNAMISCH GEFÜHRTES GUT MIT FLEISCHIGEN WEINEN

DOMAINE LB
DER SINGULIER, EIN KRAFTVOLLER TROCKENER, ENORM REINTÖNIGER CHENIN BLANC

die von alten Stöcken stammenden, alterungsfähigen Einzellagenweine der Linie Les Renardières in Eiche ausgebaut werden und durch enorme Präzision und Intensität begeistern. ★**Aufsteiger**

Les Faucards, 18510 Menetou-Salon
www.domainephilippegilbert.fr

Domaine Ricard Touraine

Bis Vincent Ricard 1998 einen eigenen Erzeugerbetrieb gründete, hatten seine Vorfahren die Frucht aus 17 ha Weinbergen immer nur an die örtliche Kooperative verkauft. Nachdem er aber mit Philippe Alliet in Chinon und François Chidaine in Vouvray und Montlouis gearbeitet hatte, steckte er sich höhere Ziele. Sein Spitzen-Sauvignon, der reiche, cremige »?« von 70-jährigen Stöcken, ruht 15 Monate in Holz und auch der Les Trois Chênes von 45-jährigen Reben wird ins Eichenfass geschickt. 20- bis 30-jährige Pflanzen liefern die Trauben für den saftigen, nicht in Eiche ausgebauten Le Petiot mit Stachelbeernote. Ricard bereitet auch Rote, seine Trümpfe aber sind die konzentrierten, überschwänglichen Sauvignon-Weine mit beschwingtem Etikett. ★**Aufsteiger**

19, rue de la Bougonnetière, 41140 Thésée
www.domainericard.com

Domaine Roches Neuves
Saumur-Champigny

Hat man ein paar Minuten mit Thierry Germain geplaudert, bekommt man das Gefühl, als hätte man ihn schon ein Leben lang gekannt. Auf seinen 20 ha Land geht er mit fast fanatischer Hingabe den biodynamischen Weg und hält die Erträge niedrig. Sein Terres Chaudes offenbart, vom Holz unbeleckt, die blutige Fleischigkeit der Cabernet-Franc-Traube, während der Marginale von 80-jährigen Stöcken den Fasseinfluss nicht verhehlt.

56, boulevard St-Vincent, 49400 Varrains
www.rochesneuves.com

Le Domaine de la Taille aux Loups
Montlouis, Vouvray

Bevor Jacky Blot 1989 in Montlouis mit der Bereitung von Wein begann, hatte die AC, verglichen mit Vouvray am anderen Flussufer, einen eher bescheidenen Ruf. Trockene Gewächse entstanden eher zufällig als Produkt eines schwachen Jahrgangs. Durch sorgfältige Traubenselektion brachte Blot die Apfel-, Birnen- und Quittenfrucht seiner Abfüllungen zutage und verbesserte ihre Struktur und Komplexität durch den behutsamen Einsatz von Eiche. Seine Spitzen-Cuvées Remus (trocken) und Romulus (süß) begeistern durch immense Konzentration und Finesse. In Spitzenjahren erscheinen sie mit dem Zusatz »Plus«.

8, rue des Aîtres, Husseau, 37270 Montlouis-sur-Loire
www.jackyblot.fr

Domaine Thomas-Labaille Chavignol

Jean-Paul Labaille ist inzwischen für die Bereitung der rassigen Weine auf dem Gut zuständig, das früher seinem Schwiegervater Claude Thomas gehörte. Die Trauben werden auf dem steilen Kimmeridgium-Kalk der Monts Damnés in Chavignol von Hand geerntet und im Keller naturnah bereitet. Fein und steinig ist der Sancerre, von prickelnder Intensität die ambitioniertere Cuvée Buster.

Chavignol, 18300 Sancerre; Tel. 02 48 54 06 95

PITHON-PAILLÉ
DER COTEAU DES TREILLES ENTSTAMMT EINEM 7-HA-WEINBERG IN BEAULIEU-SUR-LAYON

LANGLOIS CHÂTEAU
DAS GUT ZÄHLT ZU DEN BESTEN SCHAUMWEINERZEUGERN AN DER LOIRE

Domaine Vacheron Sancerre

Die Cousins Jean-Dominique und Jean-Laurent Vacheron haben inzwischen das 40-ha-Weingut von ihren Vätern übernommen und die Qualität der Abfüllungen weiter gesteigert. 2003 stellten sie auf biologischen, später auf biodynamischen Weinbau um; die Stöcke auf den Feuerstein-Ton-Böden mit Kalkuntergrund werden von Hand abgeerntet. Stilistisch verfolgen sie eine mineralische Linie, wie der in großen Eichenfässern ausgebaute Sauvignon Blanc Les Romains und der ernsthafte Pinot Noir Belle Dame von alten Stöcken, beides Lagenabfüllungen, beweisen.

18300 Sancerre; Tel. 02 48 54 09 93

Domaine de Vignobles des Bois Vaudons Touraine

Jean-François Mérieau erregt mit einem umfangreichen Sortiment charakterstarker, handgemachter Weine Aufsehen, die trotz ambitionierter Machart preislich auf dem Teppich bleiben. Parzellenweise abgefüllt werden unter anderem seine vier Sauvignon-Blanc-Interpretationen: der runde, zart vegetabile, auf der Hefe ausgebaute L'Arpent des Vaudons, der Cœur de Roche und der Tu le Boa, zwei reiche Cuvées mit eichenfassinduzierter Röstnote, und der süße Le Siècle Georgina. Die Roten gehören zu den besten der Region, allen voran die aromatischen Gamay-Etiketten Boa le Rouge und Le Bois Jacou sowie die geschmeidigen, fleischigen Côt-Vertreter Cent Visages und Gueule du Boa. ★**Aufsteiger**

41400 St-Julien-de-Chédon; www.merieau.com

Domaine Vincent Câreme Vouvray

Vincent Câreme, einer der großen Erneuerer von Vouvray, blickt auf eine für einen Winzer dieser konservativen AC ungewöhnlich bewegte Geschichte zurück. Er war bei vier Lesen in Südafrika dabei, hält Vorträge über Wein und berät einen thailändischen Chenin-Blanc-Erzeuger. Seit 1999 hat er seinen Grundbesitz auf 14 ha Weinberge ausgeweitet, die er biologisch und biodynamisch pflegt. Seine geradlinigen, trockenen Chenin-Blanc-Abfüllungen machen den Mund mit ihrer Zitrusfrucht wässrig, während die honigfeinen, reich strukturierten Süßen mit saftiger, reicher Baum- und Steinfrucht, in wärmeren Jahren sogar mit tropischen Noten locken. ★**Aufsteiger**

1, rue du Haut Clos, 37210 Vernou-sur-Brenne
Tel. 02 47 52 71 28

Eric Morgat Savennières

Als ein Vorreiter des Umstiegs auf einen zugänglicheren, moderneren Stil in dieser für ihre recht spröden Gewächse berühmten Appellation bietet Eric Morgat Chenin-Blanc-Interpretationen an, die trotz ihrer trockenen Natur Fleisch auf den Knochen haben. Der Verzicht auf edelfaules Material und biologischen Säureabbau hat sich ebenso ausgezahlt wie die Zurückhaltung im Keller und die Konzentration auf Weinbergarbeit. Erics Cuvée L'Enclos bringt mit ihrer reifen Frucht und dem mineralischen Kern das Beste aus moderner und traditioneller Bereitung unter einen Hut. ★**Aufsteiger**

Clos Ferrard, 49170 Savennières; www.ericmorgat.com

Ferme de la Sansonnière
Coteaux de l'Aubance, Anjou Brissac

Seit seinen Anfängen als Winzer 1990 steht Mark Angeli an der Spitze der Naturweinbewegung. Er arbeitet biodynamisch, experimentiert mit unveredelten Stöcken und ungeschwefelten Weinen und setzt auf autarkes Wirtschaften. Deshalb baut er das Futter für die Pferde, mit denen er die 10 ha Rebäcker pflügt, und für die Kühe, deren Stallmist er als Dünger für seine Stöcke braucht, selbst an. Seine kraftvollen, trockenen Chenin-Blanc-Erzeugnisse gehören zu den charakterstärksten, strukturiertesten Weinen an der Loire. Der nicht aufgezuckerte Rosé d'un Jour ist ein verspielter Gegenentwurf zu den Cabernet-d'Anjou-Massenweinen.

49380 Thouarcé; Tel. 02 41 54 08 08

François Cazin/Le Petit Chambord
Cheverny, Cour-Cheverny

Fast in Kanonenschussweite der Burg von Blois bereitet François Cazin allerlei Loire-typische Weine. Alle Trauben werden handgelesen. Unter der AC Cheverny erscheinen Rote auf der Basis von Gamay und Pinot Noir sowie Weiße von Sauvignon Blanc mit etwas Chardonnay-Beimengungen. Ganz ohne Verschneiden geht es in der winzigen Appellation Cour-Cheverny zu, wovon die seltene Romorantin mit ihrem köstlichen Wachs-Honig-Aroma profitiert. Besonders lohnend: die halbtrockene Cuvée Renaissance, die erst nach einigen Jahren Ausbau freigegeben wird.

41700 Cheverny; Tel. 02 54 79 93 75

François Cotat Sancerre

Die 9 ha gutseigener Rebflächen auf den Kreidehängen von Les Monts Damnés stehen seit Jahrzehnten in hohem Ansehen. Die Brüder Francis und Paul, die hier einst Wein bereiteten, zogen sich schon vor der Jahrtausendwende aus dem aktiven Winzerleben zurück und überließen die Rebgärten ihren Söhnen Pascal und François, die inzwischen in getrennten Gütern arbeiten. François wirtschaftet biologisch, liest auf den halsbrecherisch steilen Hängen von Hand, erntet oft spät, um seinen Abfüllungen Körper und Restzucker zu geben, und vinifiziert in Chavignol. Seine Weine sind für ihre Intensität und Alterungsfähigkeit bekannt. Sie heißen Monts Damnés, La Grande Côte und Les Culs de Beaujeu und setzen Maßstäbe in Sancerre.

Bourg de Chavignol, 18300 Sancerre; Tel. 02 48 54 21 27

François Crochet Sancerre

Die neue, gut ausgestattete Kellerei von François Crochet macht deutlich, wo die heutige Generation qualifizierter, weit gereister Winzer ihre Schwerpunkte setzt. Gleichwohl bietet Crochets sauberer, präziser Stil die perfekte Basis für Terroirambitionen. Die Bandbreite seiner Sauvignon-Blanc-Geschöpfe aus Einzellagen reicht vom festen Exils (Feuersteinböden) über den kraftvollen, ausdrucksstarken Le Chêne Marchand (steiniger Kalk) bis hin zum Les Amoreuses (kalkiger Ton). Fruchtig, aber finessenreich geben sich die Pinot-Noir-Weine, insbesondere der Réserve de Marcigoué von Kalk-Ton-Böden. ★**Aufsteiger**

Marcigoué, 18300 Bué; Tel. 02 48 54 21 77

François Pinon Vouvray

Der einstige Kinderpsychologe François Pinon, ein umsichtiger, disziplinierter Winzer, macht gegenwärtig mit einigen ebenso vorzüglichen wie preisgünstigen Abfüllungen auf sich aufmerksam – und das in Vouvray, wohlgemerkt. Er liest auf seinem Bioweingut von Hand und bringt nur Naturhefen zum Einsatz. Mit seinem schäumenden Brut, der Cuvée Tradition und dem Silex Noir dekliniert er den Chenin Blanc durchweg virtuos.

55, vallée de Cousse, 37210 Vernou-sur-Brenne
Tel. 02 47 52 16 59

Gérard Boulay Chavignol
Gérard Boulay ist in Fahrt, was angesichts der Hangneigung seiner Monts-Damnés-Lagen nicht verwundern sollte. Er verfügt über dieselben Kimmeridgium-Böden wie seine Nachbarn, die Cotat-Cousins, und bereitet auch ebenso intensive Tropfen. Sein Chavignol ist ein reintöniger, mineralischer Sauvignon Blanc zum moderaten Preis. Etwas mehr Tiefe zeigt der Monts Damnés und noch mehr Intensität der Clos de Beaujeu.

Chavignol, 18300 Sancerre; Tel. 02 48 54 36 37

Jean-Pierre Robinot Jasnières, Coteaux du Loir
Viel Energie hat Jean-Pierre Robinot seit 2001 in sein immer umfangreicheres Flaschensortiment gesteckt. Die Ausfertigungen der Linie L'Ange Vin stammen aus seinen 6 ha Bioweinbergen, die Opéra-du-Vin-Vertreter von zugekauftem Traubenmaterial aus der Gegend. Sowohl die knochentrockenen, bis zu drei Jahre vergorenen Chenin-Blanc- als auch die roten Pineau-d'Aunis-Etiketten geraten so charaktervoll und intensiv wie ihr Schöpfer. Robinots ungeschwefelte, ungeschönte und unfiltrierte Tropfen sind sicher nicht für jeden etwas – eine Erfahrung sind sie allemal. ★**Aufsteiger**

Le Présidial, 72340 Chahaignes; Tel. 02 43 44 92 20

Langlois Château
Crémant de Loire, Saumur Blanc, Saumur-Champigny
Die Stärke des 1973 von der Bollinger-Gruppe einverleibten Château ist sein Crémant de Loire. Das Haus besitzt 73 ha Rebfläche in sechs Gemeinden und kontrolliert den Entstehungsprozess seiner Weine von der Handlese bis zur Abfüllung, was keineswegs selbstverständlich ist. Der trockene Rosé Brut von Cabernet Franc peppt seine Rote-Beeren- und Kirschfrucht mit einer pflanzlichen, würzigen Note auf, während die weißen Crémants von Chenin Blanc eine Honignote und von Chardonnay elegante Frucht mitbekommen. Aushängeschild ist die komplexe, ausgefeilte Jahrgangs-Cuvée Quadrille.

3, rue Léopold Palustre, St-Hilaire-St-Florent
49400 Saumur; www.langlois-chateau.fr

Philippe Alliet Chinon
Philippe Alliet reist mehrmals im Jahr nach Bordeaux – zum einen, um Fässer zu kaufen, aber auch, weil er die Weine dort mag. Das schlägt sich naturgemäß in seinen Bordeaux-artigen Erzeugnissen nieder: Er bringt reichlich neue Eiche zum Einsatz, entrappt die Frucht und setzt auf *pigeage*, das Untertauchen des Tresterhuts. Sein Coteau de Noiré stammt von einem sonnigen Kalkhang mit 40-prozentiger Neigung, der nicht so stark in neuem Holz gebadete Vieilles Vignes von Kiesböden. Den soliden Basisabfüllungen tut etwas Flaschenreifung gut.

37500 Cravant-les-Coteaux; Tel. 02 47 93 17 62

Pierre Luneau-Papin Muscadet
In der Muscadet-Zone spielt Luneau-Papin in der ersten Qualitätsliga. Er erntet manuell und lässt seine Erzeugnisse lange mit der Hefe in Kontakt, um ihnen mehr Tiefe und Reichhaltigkeit mitzugeben. Vorzeigetropfen ist sein Clos des Allées, der sich mit seiner Säure und Mineralität als Begleiter von Fisch und Meeresfrüchten anbietet. Etwas mehr Intensität und Länge sind vom L d'Or zu erwarten, der lange auf der Höhe bleibt und mit der Zeit immer goldgelber und honigduftiger wird. Der großartige Excelsior ruht unglaubliche 30 Monate auf der Hefe.

44430 Le Landreau; Tel. 02 40 06 45 27

Pierre-Jacques Druet Bourgueil, Chinon
Pierre-Jacques Druet, seit 1980 als Winzer tätig, studierte noch beim berühmten Önologen Emile Peynaud in Bordeaux. Er bereitet tieffruchtige, würzige und mineralische Weine. Seine Spitzen-Cuvées Grand Mont und Vaumoreau belohnen den Geduldigen und halten in Hochform über 20 Jahre. Der komplexe, halbtrockene Rosé wird lange in offenen Bottichen vergoren.

Le Pied Fourrier, 37140 Benais; Tel. 02 47 97 37 34

Pithon-Paillé Anjou, Savennières
Nach 1990 war Jo Pithon maßgeblich beteiligt am Umstieg auf komplexe Chenin-Blanc-Interpretationen aus Weinbergen, die traditionell für süßen Coteaux du Layon gedacht waren. Als er und Philippe Fournier (siehe Domaine FL, S. 294) 2008 getrennte Wege gingen, tat er sich mit seinem Stiefsohn Joseph Paillé zusammen. Seine aufregenden, mineralischen Basisweine aus den biologisch bewirtschafteten Lagen Les Treilles und La Fresnaye (Anjou Blanc und Rouge) und seine Savennières sind inzwischen frischer geworden. ★**Aufsteiger**

49750 St-Lambert-du-Lattay; www.pithon-paille.com

Serge Dagueneau & Filles Pouilly-Fumé
Serge Dagueneau, Onkel von Didier Dagueneau (siehe S. 293), und seine Tochter Valérie bereiten trotz Vergärung in Edelstahl relativ reichhaltige Pouilly-Fumé-Etiketten. Das gilt für den geradlinigen Basistropfen ebenso wie für den Les Filles, der ziemlich reif geraten kann.

58150 Pouilly-sur-Loire; www.s-dagueneau-filles.fr

Thierry Puzelat Touraine
Hier, in seinem Négociant-Betrieb, bereitet Thierry Puzelat unabhängig von Clos du Tue-Bœuf (siehe S. 291) Gewächse, hinter denen Wein-Yuppies aus aller Welt her sind. Sein »In KO we trust« ist eine Anspielung auf die Lokalbezeichnung Côt für Malbec; man dekantiert ihn am besten, um seine jugendlichen, von Säure ausbalancierten Tannine zu besänftigen. Der Pineau d'Aunis lockt mit einer köstlichen Andeutung an frisch gemahlenen Pfeffer. Ein Pinot Noir mit Biss ist der PN. ★**Aufsteiger**

14, rue des Masnières, 41120 Les Montils; www.puzelat.com

Yannick Amirault
Bourgueil, St-Nicolas de Bourgueil
Spitzenerzeuger Yannick Amirault bestellt 19 ha Rebfläche. Auf seiner Weinliste steht u. a. der süffige La Coudraye von Kiesböden und der alterungsfähige Les Quartiers, der den Weinkritiker John Gliman so beeindruckte, dass er ihn als Cheval Blanc von Bourgueil bezeichnete.

5, pavillon du Grand Clos, 37140 Bourgeuil
www.yannickamirault.fr

JEAN-MARIE UND THIERRY PUZELAT

Das Anbaugebiet Cheverny am Rand des Solonges-Waldes, in dem der Adel früher zur Jagd geblasen hatte, bekam 1993 das AC-Siegel verliehen. Diese formale Anerkennung gilt in der Regel als positiver Qualitätsanreiz für einen Weinbaubereich. In Cheverny allerdings brachte sie eine Einschränkung der zugelassenen Rebsorten mit sich. Thierry und Jean-Marie Puzelat, die gerade das Gut ihres Vaters übernommen hatten, standen vor der Wahl: Sollten sie die um 1960 gepflanzten Reben roden und ihre Flächen mit offiziell erlaubten Sorten bestocken oder auf ihre bewährten Trauben vertrauen? Die beiden trafen eine hoch riskante Entscheidung und hielten an Pineau d'Aunis, Menu Pineau, Grolleau und anderen Raritäten fest, um sie fortan als Vins de Table zu bereiten – eine so niedrig angesetzte Qualitätskategorie, dass weder Trauben noch Jahrgang auf dem Etikett angegeben werden dürfen. Inzwischen haben die Brüder einen gemeinnützigen Verein gegründet, der 7 ha dieser Traditionssorten verwaltet. Sie sind Rebellen mit gutem Grund und wissen, was sie tun: Sie wollen die Vergangenheit retten.

ELSASS

Elsässer Weine sind erstklassig – und doch liegt in der Region einiges im Argen. 51 Grands Crus gibt es hier, eine riesige Zahl, aber zweit- und drittklassifizierte Lagen fehlen. Sind wirklich alle Weinberge entlang der 170 Kilometer langen Weinstraße von Thann im Süden bis Marlenheim im Norden gleich gut, egal mit welchen der zugelassenen Rebsorten sie bepflanzt sind? Von Spitzenlagen aber stammen in der Tat einige der weltbesten Essensbegleiter: überragende Pinot-Gris-Abfüllungen mit rauchigem Apfel- und Birnenduft und viel Gewicht, mineralische, feste, langlebige, im Gegensatz zu den deutschen Pendants meist trockene Rieslinge, Muscat als aromatische Aperitifs par excellence und schwere Gewürztraminer mit exotischer Frucht.

Hauptrebsorten

Rot

Pinot Noir

Weiß

Gewürztraminer

Muscat

Pinot Gris

Riesling

Jahrgänge

2010
Nach großer Kälte erbrachte das warme Wetter frische Weine mit gutem Alterungspotenzial.

2009
Sortenübergreifend ausgezeichnet.

2008
Gut für Riesling, Pinot Gris und Gewürztraminer, nicht ganz so gut für Muscat.

2007
Hagel setzte vielen zu, die Weine aber gerieten gut.

2006
Sehr uneinheitlich, daher mit Bedacht auswählen.

2005
Etwas ungleichmäßig, generell aber verlässlich und korrekt.

Während Boxler, Kreydenweiss und Co. ihren Grand-Cru-Miniparzellen feste, linden- und zitrusduftige, hoch mineralische Rieslinge und Terroirweine in reinster Form entlocken, gehen Winzer wie Trimbach einen ganz anderen Weg. Auf ihren Etiketten erwähnen sie die Grands Crus nicht einmal; vielmehr vertreten sie die Auffassung, dass ihr winziger Anteil daran noch viel besser als die »normale« Spitzenlage um sie herum ist und deren Feinheiten sowie das Terroir authentischer wiedergibt. Also geben sie ihren Abfüllungen Eigennamen oder verwenden den Zusatz »Clos«, umschlossener Weinberg, für besondere Editionen. Das mag Weinliebhabern entgegenkommen, die einen Überblick über das Anbaugebiet haben und die Motive der Erzeuger verstehen, für weniger kenntnisreiche Verbraucher aber macht es alles noch komplizierter.

Ein Riesling kann trocken und ein Pinot Gris schwerer und halbtrocken sein, doch auch diese Süßeskala ist subjektiv, was den Normalverbraucher oft verwirrt. Klickt man sich durch die Webseiten der Erzeuger, findet man alle technischen Details – hier 16 Gramm Restzucker, dort nur fünf, außerdem ein Hinweis auf das Säuregewicht und so weiter. Aber was bedeutet das? Sind die Gewächse nun trocken oder nicht ganz trocken? Die Domaine Zind-Humbrecht druckt immerhin einen eigenen Code auf ihre Etiketten, der Auskunft über die Süße gibt, wobei die meist aus edelfaulen Trauben bereiteten Sélections de Grains Nobles am süßesten Ende der Skala und die stahligen, trockenen Rieslinge am anderen Ende angesiedelt sind. Gleichwohl ist diese Einstufung nicht generell anerkannt. Außerdem kann sich die subjektive Süße eines Weins mit der Zeit ändern, was eine solche Kalibrierung relativiert – umso mehr, als etliche Elsässer Gewächse von einer gewissen Flaschenreife profitieren. Insgesamt aber ist sie ein nützlicher Anhaltspunkt.

Unbestreitbar indes ist, dass die Elsässer Weine Weltklasse haben. Trimbachs Riesling Clos Ste-Hune setzt einen Maßstab, an dem sich alle anderen messen lassen müssen. Selbst die bescheidene, feuersteingetönte Sylvaner-Traube schwingt sich in manchen Lagen zu höchster Vollendung auf. In der gesamten Region, die übrigens zu den hübschesten Weinbaugegenden überhaupt gehört, ist die Verbindung zwischen Wein und Spitzenküche stets unverkennbar. Welcher Gourmet ist nicht entzückt ob der Paarungen Gewürztraminer mit Munsterkäse, Pinot Blanc mit Quiche, Pinot Gris mit Foie Gras, Sylvaner mit Flammkuchen oder Schnecken in Knoblauch, Riesling mit Fisch oder schäumender Crémant d'Alsace mit Kaviar und Canapés? Alleinige Schwachpunkte des Anbaugebiets sind die als einzige Rote der Region zugelassenen und recht glanzlosen Pinot-Noir-Etiketten – die trotzdem jeder Erzeuger partout im Sortiment haben möchte – und die manchmal etwas eindimensionalen Schaumweine, wenngleich es einige bemerkenswerte Ausnahmen gibt.

Albert Boxler

Weinbau ist bei den Boxlers seit mehr als 300 Jahren eine Familienangelegenheit. Zur Verfügung steht ihnen nur ein winziges Fleckchen Weinberg, doch entlocken sie ihm Juwelen mit großartigem Terroir- und Sortencharakter. Sie können, angefangen von den unverfälschten Basis-Rieslingen bis zum faszinierenden, komplexen Riesling vom Sommerberg, in ihrer Jugend etwas spröde ausfallen, profitieren aber von einer gewissen Lagerzeit.

78, rue des Trois-Epis, 68230 Niedermorschwihr
Tel. 03 89 27 11 32

Albert Mann

Für Elsässer Verhältnisse sind 19 ha eine ausgedehnte Besitzung. Seit der Übernahme des Weinguts 1984 haben sich die Gebrüder Jacky und Maurice Barthelmé einen guten Ruf aufgebaut. Vor allem die Gewürztraminer werden in der Weinpresse gefeiert und haben eine treue Anhängerschaft. Die eigenständigen Pinot-Gris-Interpretationen gefallen mit reichen, blumigen Aromen und Finesse. Als vielseitiger Begleiter vor allem sommerlicher Speisen empfiehlt sich der strukturierte Pinot Blanc.

13, rue du Château, 68920 Wettolsheim
www.albertmann.com

André Kientzler

Im malerischen Örtchen Ribeauvillé bereitet die Familie im Schatten hoher Burgen seit fünf Generationen herrlich ausdrucksvolle Weine der gesamten Elsässer Palette, vom einfachen Chasselas bis zum Grand-Cru-Riesling. Letzteren tut eine Kellerklausur ausgesprochen gut. Ein kleiner, aber feiner Erzeuger mit einer Weinleidenschaft, die seinen Etiketten Glanz verleiht. ★**Aufsteiger**

50, route de Bergheim, 68150 Ribeauvillé; Tel. 03 89 73 67 10

André Ostertag

Die 12,5 ha Rebland dieses Guts verteilen sich auf 120 einzelne Parzellen, werden aber alle biodynamisch bewirtschaftet. Ostertag gewinnt ihnen – typisch für das Elsass – insgesamt 17 Weine ab: Die Linie Vins de Fruits umfasst Lagenverschnitte, während die Vins des Pierres für Terroirweine und die Vins de Temps für süße Elixiere reserviert sind. Der Winzer gilt als Außenseiter seiner Zunft, was vielleicht an seinen mitunter untraditionellen Methoden wie dem Einsatz von Eichenfässern beim Ausbau liegt, seine Abfüllungen aber können sich sehen – und trinken – lassen.

67680 Epfig; Tel. 03 88 85 51 34

André Pfister

Mit Tochter Mélanie stieg 2006 die achte Winzergeneration in den Betrieb ein. Ihre Eltern André und Marie-Anne Pfister bewirtschaften knapp 10 ha Reben, die sich auf 25 Parzellen in der näheren Umgebung des Anwesens verteilen. Im Mittelpunkt ihrer Bemühungen steht der Riesling mit einem Anteil von 25 % an den Rebflächen. Mit genauso viel Hingabe aber widmen sich die Pfisters dem Muscat Les 3 Demoiselles, dem Pinot Gris Sélection und dem Gewürztraminer Silberberg. Ihre Erzeugnisse zeichnen sich samt und sonders durch einen authentischen, vornehmen und eleganten Charakter aus.

53, rue Principale, 67310 Dahlenheim
www.domaine-pfister.com

DOMAINE BOTT-GEYL
KOMPLEXER, INTENSIVER GEWÜRZTRAMINER MIT HINWEISEN AUF PAMPELMUSE, ANANAS UND BLÜTEN

ALBERT MANN
EIN WEIN MIT REIFEN BIRNEN UND MELONEN IM DUFT UND CREMIGEM, WÜRZIGEM ABGANG

Cave de Pfaffenheim

Nicht nur den kleinen Gütern gelingen interessante Tropfen. Diese Kellereigenossenschaft mit 250 ha Rebland, darunter fünf Grand-Cru-Lagen, bietet individuelle Gewächse mit oftmals herrlich rustikalem Einschlag. Wer etwas Besonderes sucht, greift zu den Exponenten der Black-Tie-Linie aus Pinot Gris und Riesling. ★**Aufsteiger**

5, rue du Chai, 68250 Pfaffenheim; www.pfaffenheim.com

Cave de Ribeauvillé

Eine Spitzenkooperative mit einem großen Aufgebot an Weinen. Die trockenen Ausführungen sind vorzuziehen, denn in ihnen streben die Kellermeister Reintönigkeit und Sortencharakter an, um sie harmonisch auf Speisen abzustimmen. Besonders ausdrucksvoll geraten einige kleinere Rieslingabfüllungen aus den Grands Crus Altenberg de Bergheim und Osterberg. Der Vin de l'A Terroir de Bergheim ist eine Melange aus Riesling, Pinot Gris und Gewürztraminer, die zusammen vinifiziert werden.

68150 Ribeauvillé; www.vins-ribeauville.com

Domaine Bernhard-Reibel

Die Domaine entstand, als sich die Bernhards aus Châtenois und die Reibels aus Scherwiller zusammentaten, um gemeinsam Wein zu produzieren. Früher verkauften sie ihre Trauben an die örtliche Genossenschaftskellerei, seit 2002 aber keltern sie selbst und stellten kürzlich sogar auf Bioweinbau um. Die Stärke des Betriebs sind seine Rieslinge, doch lohnt es sich auch, den Rest des Sortiments zu erkunden. Der Pinot Noir gehört zu den wenigen nennenswerten Elsässer Vertretern seines Sortenschlags und auch der Pinot Blanc Caprice gerät ausgezeichnet. 2009 wurde Cécile Bernhard-Reibel, Matriarchin der Familie, zum ersten weiblichen Grand Maître der ehrwürdigen Elsässer Weinbruderschaft Confrérie St-Etienne ernannt. ★**Aufsteiger**

20, rue de Lorraine, 67730 Châtenois
www.domaine-bernhard-reibel.fr

Domaine Bott-Geyl

Die Weine von Bott-Geyl ziehen immer öfter die Aufmerksamkeit von Weinkritikern auf sich. Sie erscheinen zwar nur in geringer Auflage, dafür ist das Sortiment recht umfangreich. Reintönigkeit, Konzentration und vielschichtige Struktur sind ihre Stärken. Auf den Kreideböden des Grand Cru Furstentum reifen einige prägnante, elegante Rieslinge und vorzüglich definierte, schwere Gewürztraminer. ★**Aufsteiger**

Rue du Petit-Château, 68980 Beblenheim; www.bott-geyl.com

Domaine Marcel Deiss

Jean-Michel Deiss, aktueller Besitzer der Domaine, entstammt einer Weinbauernfamilie, die sich 1744 in Bergheim niederließ. Sein Großvater Marcel Deiss gründete die Kellerei 1947. Terroir und Biodynamik gehen Jean-Michel über alles. Er hat eine Weinriege zusammengestellt, die ein Kritiker einmal als »eines der anregendsten Sortimente der Region« bezeichnete. Tatsächlich tut man mit keinem Exponenten der Palette einen Fehlgriff, alle vorgefassten Meinungen über Elsässer Tropfen aber wirft der Grand Vin de l'Altenberg de Bergheim über den Haufen. Der Verschnitt aus sämtlichen 13 zugelassenen Trauben braucht nach dem Öffnen mindestens eine Stunde, bevor sein komplexes, kristallklares Aroma aus Zitrus-, Ingwer- und Honignoten, cremigen exotischen

TRIMBACH
FRÉDÉRIC-EMILE TRIMBACH WAR IN DER ZWEITEN HÄLFTE DES 19. JAHRHUNDERTS HERR ÜBER DAS FAMILIENUNTERNEHMEN. NACH IHM IST DIESE ABFÜLLUNG BENANNT

MAISON PAUL ZINCK
EIN KRAFTVOLLER, OPULENTER, REICHER UND INTENSIVER WEIN MIT LANGEM ABGANG

Früchten und Vanille den Zenit erreicht und die reiche Struktur und extreme Eleganz hervortreten.

68750 Bergheim; www.marceldeiss.com

Domaine Paul Blanck

Der bereits im 16. Jahrhundert gegründete Weinbaubetrieb hat sich einen beneidenswerten Ruf erarbeitet. Im Mittelpunkt seines Schaffens stehen ausdrucksvolle, moderne, generöse, ausgewogene Tropfen, die sich als Speisenbegleiter förmlich anbieten. Die Grand-Cru-Versionen spiegeln ihr Kreide- und Ton-Terroir perfekt wider, sofern man ihnen einige Jahre Zeit lässt. Selbst die Basisabfüllungen sind überaus ansprechend.

32, Grand'Rue, 68240 Kientzheim; www.blanck-alsace.com

Domaine Rémy Gresser

Ein weiterer Verfechter der biodynamischen Lehre. Er entlockt seinen Grands Crus Weine, die ihr Terroir mustergültig wiedergeben: den auf Sandstein geborenen, sehr blumigen Wiebelsberg, den saftigen Moenchberg von Kreideböden und den Kastelberg von einzigartigem Steige-Schiefer, das hoch mineralische Gewächse hervorbringt. Selbst die übrigen Lagenweine bekommen von ihren jeweiligen Böden charakteristische Nuancen mitgegeben. So steht Gresser für faszinierende Tropfen von großer Reintönigkeit und Ausdruckskraft. ★**Aufsteiger**

2, rue de l'École, 67140 Andlau; www.gresser.fr

Domaine Schoffit

Die Spitzengewächse dieses Guts entstammen zweifellos dem Clos St-Théobald in Rangen. Schoffits Chasselas-Weine werden oft als die besten aus dieser Traube überhaupt bezeichnet, was nicht zuletzt den 70-jährigen Stöcken zu verdanken ist. Der sorgfältig ausgearbeitete, reinsortige St-Théobald Riesling präsentiert sich als wahres Wunderwerk, doch auch aus den flachen Weingärten um Colmar holt Schoffit optimale Erzeugnisse. Besonders empfehlenswert ist sein Pinot Blanc.

66–68, Nonnenholzweg, 68000 Colmar; Tel. 03 89 24 41 14

Domaine Weinbach

Die Domaine Weinbach am Fuß des majestätischen Schlossbergs ist nach einem Wasserlauf benannt, der sich durch das Gut schlängelt. So schön Wohngebäude und Keller dastehen, so beeindruckend geraten die ausdrucksvollen Weine, wenngleich das umfangreiche Sortiment durch die etwas verwirrende Namensgebung nicht leicht überschaubar ist. Großartige Grand-Cru-Etiketten buhlen mit beachtlichen Einzellagenabfüllungen um die Gunst des Verbrauchers. Hinzu kommen Réserve- und Réserve-Personnelle-Kreszenzen, Spezialverschnitte wie die Cuvée Ste-Catherine, die oft am Katharinentag, dem 25. November, gelesen wird, und die Cuvée Laurence von noch später geernteten Trauben. Am besten wiedergegeben aber wird die Kellerlinie mit dem Riesling und einem einzigen Wort: Eleganz.

Clos des Capucins, 68240 Kaysersberg
www.domaineweinbach.com

Domaine Zind-Humbrecht

Das Gut entstand durch die Heirat von Léonard Humbrecht und Geneviève Zind im Jahr 1959. Ihr Sohn Olivier, Frankreichs erster Master of Wine, arbeitet heute mit niedrigen Erträgen und minimalinvasiven, naturnahen Bereitungsmethoden. Das Ergebnis sind Abfüllungen, die ihr Terroir perfekt widerspiegeln. Sie werden von Trauben aus vier Grands Crus, drei Einzellagen und drei ummauerten Weinbergen, *clos* genannt, bereitet. Am berühmtesten ist der Clos Widsbuhl geworden, dem Olivier die besten Interpretationen abgewinnt.

4, route de Colmar, 68230 Turckheim; Tel. 03 89 27 02 05

Domaines Schlumberger

Dem größten Weingut im Elsass stehen 145 ha Rebfläche zur Verfügung, die sich zum Teil auf unglaublich steilen Hängen erstrecken. Wer nach echten Highlights sucht, lässt die Basiserzeugnisse beiseite und konzentriert sich auf Provenienzen vom Spiegel, Kitterlé und Kessler. Ein Genuss ist der tiefgründige, kraftvoll-intensive und würzige Vendange Tardive Gewurztraminer. Derzeit wird die Kellerei von Alain Beydon-Schlumberger, einem Vertreter der sechsten Generation, und Séverine Schlumberger aus der siebten Generation geleitet.

100, rue Théodore Deck, 68501 Guebwiller
www.domaines-schlumberger.com

Frédéric Mochel

Die Anfänge dieses Familienunternehmens reichen bis ins Jahr 1669 zurück. Heute bewirtschaften Frédéric Mochel und Sohn Guillaume gemeinsam 10 ha Weinberge, von denen 5 ha als Grand Cru ausgewiesen sind. In ihren Abfüllungen kommen Terroir und Jahrgang in schönster Ausprägung zum Tragen. Interessant ist die subtile Veränderung ihres Riesling Grand Cru Cuvée Henriette über die Jahre; köstlich sind die trockenen Muscat-Abfüllungen mit ihrer Geißblattnote.

56, rue principale, 67310 Traenheim; www.mochel.net

Hugel & Fils

Mit ihren klar konturierten Gewächsen, die die Charakteristiken ihrer Rebsorten perfekt zum Ausdruck bringen, sind Hugel und Fils zu veritablen Weinbotschaftern des Elsass avanciert. Sie zählen zu den größten Landbesitzern der Region, lehnen aber das Grand-Cru-System ab und etikettieren ihre Flaschen stattdessen mit dem Namen der Rebsorte (die Basisausfertigungen), als Tradition (die mittlere Palette) oder als Jubilee (die Spitzenabfüllungen). Letztere profitieren von einer Ruhephase im Regal. In den historischen Hugel-Kellern liegt das dem Guinness-Buch der Rekorde zufolge älteste durchgehend verwendete Fass, das seit 1715 in Gebrauch ist. Die 65 ha Rebfläche sind ausschließlich mit den edlen Sorten Gewürztraminer, Riesling, Pinot Gris und Pinot Noir bepflanzt, deren Stöcke zum Teil bereits 70 Jahre alt sind.

68340 Riquewihr; www.hugel.com

Josmeyer

Weine müssen biodynamisch erzeugt und zum Essen getrunken werden, so Josmeyers Credo. Seine Basisabfüllungen werden mitunter als ausdruckslos und verhalten kritisiert, im Spitzensegment aber finden sich geschliffene, tiefgründige, prägnante Tropfen, die zu den besten der Region zählen. Sie werden meist trocken bereitet, doch auch in der ausgezeichneten Vendange Tardive und der Sélection des Grains Nobles manifestiert sich der Hausstil.

68920 Wintzenheim; www.josmeyer.com

Kuentz-Bas
Auf zwei Jahrhunderte Weinbereitung blickt Kuentz-Bas bereits zurück, doch in letzter Zeit litt das ehrwürdige Haus unter einem Mangel an Investitionen und Familienstreitigkeiten. Sie sind inzwischen beigelegt, sodass man sich wieder ganz der Produktion von edlem Wein widmen kann. Empfehlenswert: die Spezial-Cuvée Caroline, die Sélection de Grains Nobles Jérémy sowie der Pinot Gris.

68420 Husseren-Les-Châteaux; www.kuentz-bas.fr

Leon Beyer
Die Familie Beyer kultiviert seit 1580 Trauben in Eguisheim, einem historischen Städtchen, das in konzentrischen Kreisen um seine Burg angelegt ist. Rund 75 % des umfangreichen Beyer'schen Weinausstoßes gelangen derzeit in den Export. Die sauber konturierten, meist trockenen, ausgewogenen und sortentypisch korrekt bereiteten Erzeugnisse sind enorm süffig.

Rue de la 1ère armée, 68420 Eguisheim; www.leonbeyer.fr

Maison Paul Zinck
Unter den Elsässer Gütern ist dieses 1964 gegründete Gut ein Küken. Paul Zinck und sein Sohn Philippe haben für ihre klar skizzierten, ausdrucksvollen Weine Unsummen in moderne Kellertechnik investiert. Sie bringen drei Linien heraus: Bei den vom Fuß der Hänge stammenden Portrait-Weinen liegt der Schwerpunkt auf Ausgewogenheit und Sortentypizität, die Kategorie Terroir umfasst komplexe, gut gefügte Gourmettropfen und die Grands Crus bestechen durch ihr feines, delikates Wesen und ihre harmonische Intensität. **★ Aufsteiger**

18, rue des Trios Châteaux, 68420 Eguisheim; www.zinck.fr

Marc Kreydenweiss
Kreydenweiss beauftragt Jahr für Jahr einen neuen Künstler mit dem Entwurf der Etiketten. Das verleiht jedem Jahrgang einen eigenen Glanz, wenngleich man stilistisch die Familienlinie nicht verlässt. Inzwischen sind Besitzungen des Hauses über die Elsässer Heimat hinaus ausgedehnt worden und umfassen auch Güter in der Pfalz und in Costières de Nîmes an der Rhône. Typisch für die Elsässer Abfüllungen ist der rassige Charakter mit geschliffener Säure und steinigem Rückgrat. Die delikaten Gewürztraminer geraten subtiler als die meisten anderen der Region. Mittlerweile macht sich der Einfluss der jüngeren Generation auf die biodynamisch bewirtschafteten Rebflächen bemerkbar. Ein Gut, das man im Auge behalten sollte. **★ Aufsteiger**

12, rue Deharbe, 67140 Andlau; www.kreydenweiss.com

Michel Fonné
Einer der besten Schaumweinerzeuger im Elsass. Fonné legt auf seine perlenden Schöpfungen ebenso viel Wert wie auf seine übrigen Erzeugnisse. Sie laufen alle unter dem Namen von Michels Onkel René Barth, der ihm das Gut 1989 übergab. **★ Aufsteiger**

24, rue du Général Charles de Gaulle, 68630 Bennwihr
www.michelfonne.com

René Muré
Tragende Säule des Weinbaubetriebs von René Muré ist der 15 ha große, gänzlich biologisch bewirtschaftete Clos St-Landelin, der den größten – und, wie manche meinen, besten – Teil des Grand Cru Vorbourg einnimmt. Wer einen der vorzüglichsten Pinot Noir der Region sucht, wird bei Murés wunderschön intensiver, dunkler, perfekt strukturierter Ausfertigung fündig. Nicht minder empfehlenswert: der lebendige Riesling und der reichhaltig kraftvolle Gewürztraminer.

68250 Rouffach; www.mure.com

Rolly Gassmann
Der Ruf dieses Hauses ist fast so alt wie der des Elsass als Weinregion. Es hält quer durch sein Angebot ein hohes Bereitungsniveau. Berühmt sind seine Weine für ihre Reichhaltigkeit und samtige Süße, die in der Regel auf die etwas höheren Süßegrade als sonst im Elsass üblich zurückzuführen ist, aber von einer feinen Säure austariert wird, was den Charme der Gewächse ausmacht. Die Trauben stammen aus einem ausgedehnten Weinbergportfolio von insgesamt 33 ha und werden zu einer entsprechend umfangreichen Palette verarbeitet.

1–2, rue de l'Église, 68590 Rorschwihr; Tel. 03 89 73 63 28

Seppi Landmann
Es ist schon erstaunlich, wie Seppi Landmann aus seinen wenigen Rebgärten nicht nur 30 unterschiedliche Weine gewinnt, sondern sie auch noch querbeet hervorragend bereitet. Nicht missen sollte man den ausdrucksvollen moussierenden Crémant d'Alsace und die Abfüllungen aus dem Grand Cru Zinnkoepflé.

20, rue de la Vallée, 68570 Soultzmatt
www.seppi-landmann.fr

Trimbach
Das Haus ist weltweit für seine gelben und schwarzen Etiketten bekannt geworden. In seinem Werbematerial nennt Trimbach die Bereitung »trockener, sehr straff strukturierter, langlebiger und fruchtiger, eleganter und ausgewogener Weine« als Ziel. Verhaltene, vielleicht sogar aristokratische Eleganz sind ihre Stärke, vordergründiger Schein dagegen ist ihnen fremd. Die Basistropfen gefallen durch ein schlichtes Wesen mit klaren Geschmacksnuancen und sprödem Kern. Wie einige andere Hersteller bedient Trimbach sich nicht der Grand-Cru-Klassifizierung, sondern bringt seine Weine als Réserve und Réserve Personelle sowie mit Lagenbezeichnungen auf den Markt. Die Spitzengewächse lässt er vor der Freigabe rund fünf Jahre in der Flasche reifen und selbst die einfachen Abfüllungen hält er noch ein Jahr zurück. An seinem Clos Ste-Hune Riesling aus dem Grand Cru Rosacker müssen sich alle anderen messen lassen.

68150 Ribeauvillé; www.maison-trimbach.com

Valentin Zusslin
Die Geschwister Jean-Paul und Marie Zusslin stehen neuerdings auf der Kommandobrücke dieser Kellerei, die sich seit 1691 in Familienbesitz befindet. Jean-Paul hat den Part des Kellermeisters übernommen, doch mischen auch sein Vater und Großvater noch fleißig mit. Das seit 1997 biodynamisch geführte Gut zieht allmählich mit verblüffenden Editionen wie dem Riesling Grand Cru Pfingstberg und dem Gewürztraminer Bollenberg die Aufmerksamkeit der Weinkritik auf sich. **★ Aufsteiger**

57, Grand'Rue, 68500 Orschwihr
www.zusslin.com

DIE ELSÄSSER WEINSTRASSE

Der 1360 errichtete Hexenturm in Thann am Fuß des Grand Cru Rangen ist das Tor zur Elsässer Weinstraße. Sie zieht sich westlich der von Wäldern überzogenen Vogesen 170 km weit nach Norden über Guebwiller, wo jährlich im Mai eine Weinmesse stattfindet, weiter durch befestigte Dörfer und zahllose Weinberge bis Colmar, der Weinhauptstadt des Elsass. Von der Stadt und seinem historischen Zentrum aus geht es in sanften Schwüngen und Umwegen über Ribeauvillé mit seinen drei Burgen und alte, malerische Dörfer bis zum Endpunkt in Marlenheim.

Auf der ganzen Strecke informieren Schilder über Wanderwege durch Weinberge, die, wenn sie auf die Hügelterrassen führen, einen atemberaubenden Blick nach Deutschland hinüber und bis hinauf nach Strassburg im Norden gewähren. Karten der Weinstraße sind kostenlos in Tourismusbüros zu bekommen und enthalten neben Wissenswerten zum Thema Wein auch Tipps zu historischen Sehenswürdigkeiten entlang der Route.

NÖRDLICHE RHÔNE

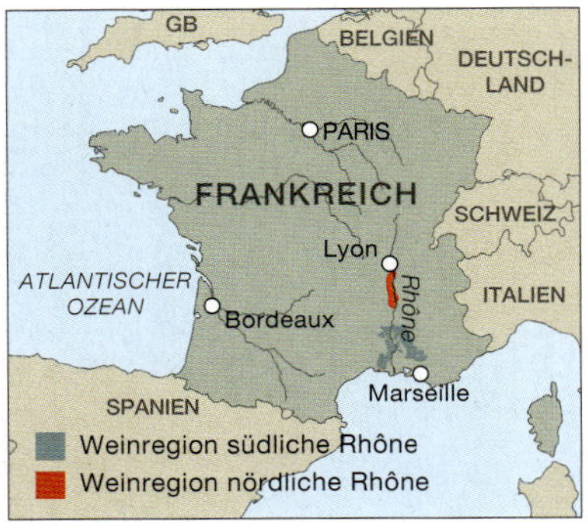

Der Norden des Rhône-Tals bringt nur etwa ein Zehntel der Weinproduktion des Südens hervor, doch diese relativ geringe Menge liefert meist außergewöhnliche und selten ausdruckslose Etiketten. Nachdem der Bereich lange im Schatten von Bordeaux und Burgund gestanden hatte, stieg er in den letzten 20 Jahren zu einem mit dem der beiden berühmten Anbaugebiete vergleichbaren Status auf, zumindest was die Preise für Premiumweine von der Côte Rôtie und aus Hermitage angeht. Auch Spitzenabfüllungen aus Cornas, St-Joseph und Condrieu werden immer kostspieliger und weisen darauf hin, dass das Gebiet aufgrund der bemerkenswerten Qualität seiner Weine immer mehr zu internationalem Renommee gelangt.

Hauptrebsorten

Rot

Syrah

Weiß

Marsanne

Roussanne

Viognier

Jahrgänge

2010
Kleiner, aber superber Jahrgang für Rot- und Weißweine, der Reichhaltigkeit und Frische ins Gleichgewicht bringt.

2009
Überall großartig für Syrah, fast genauso gut für die Weißen.

2008
Ein sehr nasses Jahr ergab relativ leichte Weine.

2007
Uneinheitliche Qualität aufgrund des schlechten Augustwetters, trotzdem ein paar exzellente Weine.

2006
Hervorragend für Weißweine, sehr gut für Syrah.

2005
Ein ausgezeichneter Jahrgang mit langlebigen Weinen beider Farben.

Wie vorzüglich die mengenmäßig nur in bescheidenem Maßstab erzeugten Weine der nördlichen Rhône sein können, wird noch nicht überall auf der Welt wahrgenommen. Vermutlich sind deshalb die Preise bisher nicht in schwindelerregende Höhen geklettert. Wie rar sich diese Weine aber machen, veranschaulicht ein Blick auf die Karte: Eine Einzellage wie To Kalon im kalifornischen Napa Valley ist weitaus größer als die gesamte Appellation Hermitage und fast identisch mit der Größe der Côte Rôtie; Crozes-Hermitage und St-Joseph schlagen zwar mit einigen Hektar mehr zu Buche, doch alle Appellationen der nördlichen Rhône zusammen haben eine kleinere Fläche als die Côte de Beaune, die ihrerseits zur burgundischen Côte d'Or gehört.

Die Bedeutung dieses Weinbaugebiets hat demnach nichts mit Quantität zu tun, sondern beruht einzig und allein auf den beiden herausragendsten Eigenschaften seiner Gewächse: Charakter und Komplexität. Die ausschließlich von Syrah erzeugten Rotweine gehören zwar nicht zu den reifsten und gewichtigsten Vertretern dieser Traube – dieses Primat gebührt Australien –, aber kaum jemand wird bestreiten, dass sie an der nördlichen Rhône ihre charaktervollste und am exotisch duftendste Ausprägung erfährt. Der jüngste Trend zu später Lese und der vermehrte Einsatz neuer Eiche bringt dazu auch noch jede Menge zusätzliche Kraft.

Die Roten aus Hermitage und Cornas sind die üppigsten Weine des Bereichs, wobei dem Cornas eine robuste, fast rustikale Intensität eigen ist, während der Hermitage sich eher durch aristokratische Finesse auszeichnet. Auch wenn Letzterer sich in seiner Jugend bisweilen recht straff und zurückhaltend gibt, entwickelt sich der Rotwein von dem berühmten Hügel oberhalb der Rhône zu einem der attraktivsten Gewächse der Welt, vorausgesetzt, man gewährt ihm genügend Zeit zum Reifen und Entfalten. Weil Hermitage-Weine in früheren Jahrhunderten nach Bordeaux verschickt wurden, um den dortigen Kreszenzen unter die Arme zu greifen, galten sie lange als die männlichen Pendants zu den etwas femininer und sanfter anmutenden Côte-Rôtie-Tropfen.

Im Hinblick auf die Weine der Côte Rôtie lässt sich dieses Klischee allerdings kaum mehr aufrechterhalten. Höhere Verkaufspreise haben dazu geführt, dass die Erzeuger ihre Erträge verringern und in neue Fässer investieren können, um so konzentriertere, alterungsfähigere Etiketten hervorzubringen, die der großartigen Lage wirklich gerecht werden. An diesem Südosthang, der seinen Namen, »gerösteter Hang«, einer perfekten Sonneneinstrahlung bei einer Steigung von bis zu 60 Prozent verdankt, ist es erlaubt, auch die Weißweinrebe Viognier zu kultivieren und die Weine mit einem Anteil von bis zu 20 Prozent mit ihr zu »verfeinern«. Heute sind die Gewächse der Côte Rôtie jedoch in der Regel reine Syrah-Abfüllungen.

Dafür darf die Viognier-Traube ihre herrlich aromatische und reichhaltige Natur unmittelbar südlich der Côte Rôtie zur Schau stellen, in Condrieu und Château-Grillet, Letztere eine Ein-Mann-Appellation auf dem Gebiet von Condrieu. Die anderen Weißweine des Bereichs entstehen von der saftigen Marsanne und der lebhafteren Roussanne, eher als Schaum- denn als Stillwein in St-Péray, als Stillweine in Hermitage, Crozes-Hermitage und St-Joseph. Die Weißen aus Crozes und St-Joseph sind den Roten oft ebenbürtig, obgleich die besten Lagen dort ausgezeichneten Syrah erbringen, der in Vielem an einen Hermitage oder Côte Rôtie erinnert, aber weitaus weniger kostet.

Die erschwinglichsten Weine des Gebiets tragen die Bezeichnung Côtes du Rhône oder Vin de Pays des Collines Rhodaniennes.

NÖRDLICHE RHÔNE

Die Weinberge liegen nahe am Fluss auf einem etwa 70 Kilometer langen Streifen, der von Vienne bis hinunter nach Valence reicht. Am nördlichen Ende liegen die wichtigsten Appellationen alle am Westufer, von Côte Rôtie bis Condrieu und Château-Grillet. Südlich davon schließt sich St-Joseph an, flankiert von Crozes-Hermitage am Ostufer. Hermitage und sein berühmter Hügel liegen unterhalb der Stadt Tain l'Hermitage auf der Ostseite des Flusses, Cornas und St-Péray im Westen auf der Höhe von Valence.

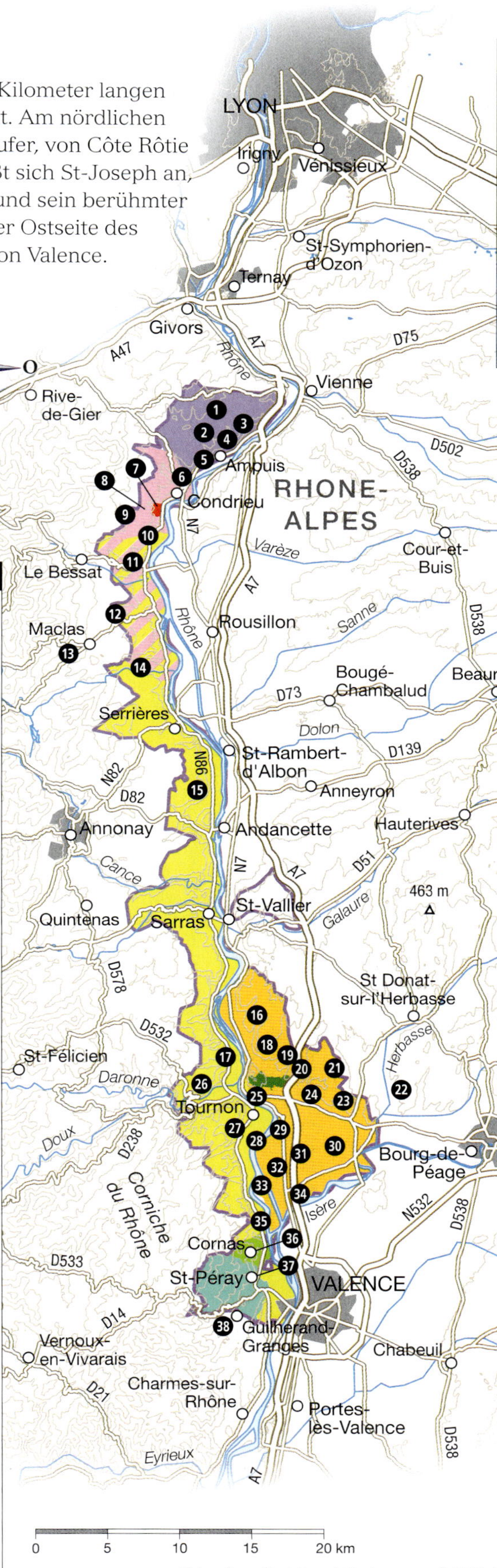

ZEICHENERKLÄRUNG

- Château-Grillet
- Condrieu
- Condrieu/St-Joseph
- Cornas
- Côtes du Rhône
- Côte-Rôtie
- Crozes-Hermitage
- Hermitage
- St-Joseph
- St-Péray

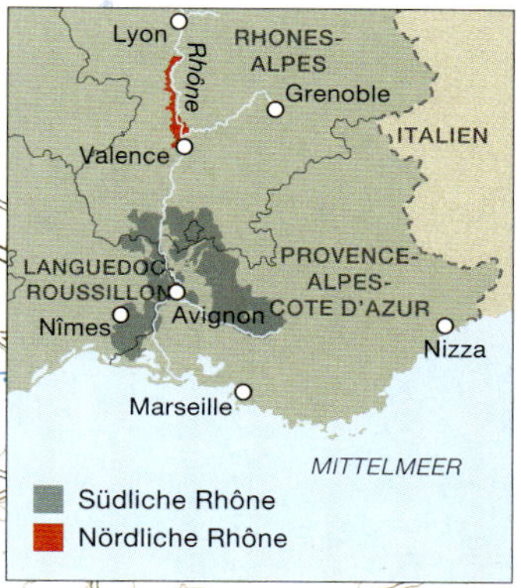

ERZEUGER

Alain Voge 36
Auguste et Pierre-Marie Clape 35
Bernard Faurie 27
Cave des Clairmonts 30
Cave Fayolle Fils et Fille 18
Cave de Tain-l'Hermitage 25
M. Chapoutier 25
Château-Grillet 8
Christophe Pichon 10
Delas Freres 26
Dom. Alain Graillot 31
Dom. Alain Paret 13
Dom. Aléofane 24
Dom. André Perret 10
Dom. Belle 19
Dom. Bernard 7
Dom. Bernard Ange 22
Dom. Bernard Burgaud 2
Dom. Bernard Levet 4
Dom. de Boisseyt-Chol 11
Dom. de Bonserine 3
Dom. les Bruyères 30
Dom. du Cêhne 11
Dom. Chaboud 37
Dom. Clusel-Roch 3
Dom. du Colombier 25
Dom. Combier 34
Dom. de Corps de Loup 5
Dom. du Coulet 36
Dom. Courbis 35
Dom. Coursodon 17
Dom. Duclaux 7
Dom. Dumien-Serrette 36
Dom. des Entrefaux 23
Dom. François Villard 9
Dom. Garon 4
Dom. Georges Vernay 6
Dom. Gilles Barge 4
Dom. Gogon 28
Dom. Habrard 18
Dom. Jamet 4
Dom. Jasmin 4
Dom. Jean-Louis Chave 28
Dom. Jean-Luc Colombo 32
Dom. Jean-Michel Gerin 3
Dom. Jean-Michel Stéphan 5
Dom. Lionnet 35
Dom. Louis Chèze 14
Dom. Michel & Stéphane Ogier 4
Dom. Monier 15
Dom. du Monteillet 11
Dom. du Murinais 30
Dom. Patrick et Christophe Bonneford 1
Dom. Philippe Faury 11
Dom. Pierre Dumazet 14
Dom. Rémi & Robert Niéro 6
Dom. des Remizières 23
Dom. Rousset 16
Dom. des Sept Chemins 31
Dom. du Tunnel 37
Dom. de la Ville Rouge 31
Dom. Vincent Paris 36
Dom. Yann Chave 21
Dom. Yves Cuilleron 10
Emmanuel Darnaud 33
Ferraton Père et Fils 25
Franck Balthazar 36
Gilles Robin 29
E. Guigal 4
Jacques Leménicier 36
Jean-Louis et François Theirs 38
Marc Sorrel 25
Paul Jaboulet Aîné 33
Pierre Gaillard 12
René Rostaing 6
René-Jean Dard & François Ribo 20
Stéphane Pichat 3
Thierry Allemand 36
J. Vidal-Fleury 4

ZEICHENERKLÄRUNG

- AC
- Gewässer
- Straßen
- 100 m Höhenlinienabstand
- Provinzgrenze
- Stadtgebiete
- Sitz des Erzeugers

Erkundigen Sie sich nach Verkostungsmöglichkeiten und Öffnungszeiten der Kellereien, bevor Sie Ihre Reise planen. Manche Betriebe empfangen Besucher nur nach Voranmeldung.

ALAIN VOGE
LES VIEILLES FONTAINES IST EIN KRAFTVOLLER WEIN VON 80 JAHRE ALTEN REBEN

CHÂTEAU-GRILLET
CHÂTEAU-GRILLET IST DER WOHL BERÜHMTESTE VIOGNIER DER WELT

Alain Voge

Der inzwischen über 70-jährige Alain Voge erzeugt herausragenden Cornas und St-Péray, wobei die Weinbereitung nun größtenteils von Albéric Mazoyer übernommen wurde, Voges Partner und Leiter des Guts. Neben einem einfachen Cornas gibt es zwei Spezial-Cuvées von älteren Reben, den Vieilles Vignes und den außerordentlichen Les Vieilles Fontaines. Voge ist auch ein wichtiger Akteur in St-Péray mit 5 ha Rebland, von denen er etwas Schaumwein bereitet und zwei ausgezeichnete Stillweine, Terres Boisées und Fleur de Crussol.

4, Impasse de l'équerre, 07130 Cornas
www.alain-voge.com

Auguste und Pierre-Marie Clape

Auguste Clape, langjähriger Bürgermeister und angesehenster Einwohner von Cornas, hat das Steuer an seinen kompetenten Sohn Pierre-Marie übergeben, dessen Sohn Olivier nun ebenfalls an Bord ist. Die Cornas-Weine des Guts stammen von mehr als 5 ha Reben, die zum Großteil der Familie gehören. Clape ist einer der traditionellsten Erzeuger in Cornas, was die Kellertechnik widerspiegelt, seine Weine aber zeigen trotz des hohen Tanningehalts eher Reinheit und Komplexität als Rustikalität. Neben klassischem Cornas gibt es eine Cuvée namens Renaissance, etwas weißen und roten Côtes du Rhône sowie einen roten Vin de Pays.

146, route Nationale 86, 07130 Cornas
Tel. 04 75 40 33 64

Bernard Faurie

Mit traditionellen Methoden und großer Sorgfalt produziert Bernard Faurie kleine Mengen erstklassiger Hermitage- und St-Joseph-Gewächse, die möglichst minimalinvasiv das Licht der Welt erblicken sollen. Das beginnt bei der Weinbergpflege, für die ein Pferd eingesetzt wird, und endet in Fauries kleinem Keller, in dem Ganztraubenvergärung mit heimischen Hefen stattfindet. Von 2 ha werden drei ausgezeichnete St-Joseph-Etiketten erzeugt, ein roter, ein weißer und ein Vieilles Vignes. Bekannt ist der Betrieb aber v. a. für seinen Hermitage: Parzellen von Les Greffieux und Le Méal erbringen zwei Einzellagenabfüllungen sowie einfachen roten und weißen Hermitage.

27, avenue Hélène de Tournon, 07300 Tournon
Tel. 04 75 08 55 09

Cave des Clairmonts

Der Betrieb ist klein für eine Genossenschaft, aber trotzdem der zweitgrößte Erzeuger in Crozes-Hermitage, und gewinnt zusehends an Einfluss. Er wurde 1972 von drei Familien gegründet, ist aber inzwischen ein Verbund von sieben Familien, die ihre insgesamt 135 ha umfassenden Weinberge alle biodynamisch bewirtschaften. Der größte Teil des Weins wird im Fass verkauft, doch die eigenen Abfüllungen sind probierenswert, allen voran die rote und die weiße Cuvée des Pionniers.

D153, Vignes Vieilles, 26600 Beaumont-Monteux
www.cavedesclairmonts.com

Cave Fayolle Fils et Fille

Laurent und Céline Fayolle verdienen Bestnoten für ihre Arbeit auf diesem Gut, denn seit sie 2008 ihren Vater verloren haben, ist Céline fürs Geschäftliche zuständig und Laurent für Weinberge und Kellerei. Ihr Besitz umfasst 7,5 ha in Crozes-Hermitage und weitere 0,5 ha in Hermitage. Aus Hermitage kommen ein Rot- und Weißwein, die den Lagennamen Dionnières tragen; die Roten und Weißen aus Crozes sind ebenfalls nach den Lagen benannt: Les Pontaix, Les Cornirets und Les Voussères.

9, rue de Ruisseau, 26600 Gervans
www.fayolle-filsetfille.fr

Cave de Tain l'Hermitage

Die riesige Genossenschaftskellerei in Tain l'Hermitage spielt eine bedeutende Rolle für das Fortkommen kleiner Erzeuger an der nördlichen Rhône. Sie bereitet darüber hinaus potenziell sehr gute Weine und kommt für rund 70 % der Gesamtproduktion in Crozes-Hermitage auf – in manchen Jahrgängen knapp 2 Millionen Flaschen aus dem Lesegut von mehr als 200 Anbauern. Dabei ist die Cave de Tain bei Weitem nicht auf die weniger glanzvollen ACs des Gebiets beschränkt, sondern verfügt durch Eigentum oder Direktpacht über 20 ha erstklassige Lagen auf dem Hügel in Hermitage, womit sie etwa ein Viertel der Gesamtproduktion der Appellation bestreitet. Daneben ist sie ein wichtiger Erzeuger von Cornas, Côte Rôtie und St-Péray sowie von regionalem Vin de Pays.

22, route de Larnage, 26600 Tain l'Hermitage
www.cavedetain.fr

M. Chapoutier

Der inzwischen mehr als 200 Jahre alte Betrieb ist vor Kurzem an die oberste Spitze der Erzeuger an der Rhône vorgestoßen, insbesondere an der nördlichen Rhône, wo er seinen Sitz hat. Dank der Visionen und dem Engagement von Michel Chapoutier in den letzten 20 Jahren ist er international führend im biodynamischen Weinbau und als Erzeuger nicht nur an der Rhône präsent, sondern auch an der Ardèche, im Roussillon, in Portugal und in Australien. Gegründet wurde das Gut 1808 von Polydor Chapoutier, seitdem wurde die Leitung über sieben Generationen an Familienmitglieder weitergegeben – eine bei Rhône-Erzeugern einmalige Kontinuität. Michel steht dem Betrieb seit 1990 vor und setzte mehrmals neue Akzente, zunächst zugunsten einer höheren Konzentration und Intensität der Weine, dann um mehr Finesse zu erreichen und bestimmte Terroirs besser zur Geltung zu bringen. Alle Weinberge von Chapoutier in Frankreich werden seit 1995 biodynamisch bewirtschaftet – der Betrieb verfügt über mehr Bio-Rebflächen als jeder andere auf der Welt. Erzeugt werden auch einige Weine von der südlichen Rhône, darunter die ausgezeichneten Châteauneuf-du-Pape-Etiketten Croix de Bois und Barbe Rac, doch der Focus des Unternehmens ist eindeutig auf den Norden und besonders auf Hermitage gerichtet. Der Rebflächenbesitz umfasst dort 26 ha, von denen knapp 20 ha berühmte Syrah-Einzellagen wie L'Hermite, Greffieux, Méal und Bessards umfassen. Es gibt vier rote Hermitage-Einzellagenabfüllungen und drei sortenreine Marsanne-Weißweine, die schon sehr jung angenehm zu trinken sind, sich jedoch auch über Jahrzehnte weiter entfalten: beachtliche, wenngleich teure Gewächse. Auch die Spitzenweine aus anderen Appellationen der nördlichen Rhône gehören jeweils zu den besten ihrer Art, etwa Condrieu Invitare, Côte Rôtie La Mordorée, Crozes-Hermitage Les Varonniers, St-Joseph Les Granits und St-Péray Les Tanneurs.

18, avenue Dr. Paul Durand, 26601 Tain l'Hermitage
www.chapoutier.com

Château-Grillet Château-Grillet
Dieser Name steht für einen der einzigartigsten Weine ganz Frankreichs, der von einer einzigen Traube – Viognier – aus einer Einzellage und von einem einzigen (gleichnamigen) Gut mit eigener Appellation bereitet wird. Die knapp 4 ha große Rebfläche liegt auf schmalen Terrassen in einem nach Süden und Südwesten ausgerichteten natürlichen Amphitheater. Der Besitz war seit 1840 in der Hand der Familie Neyret-Gachet, bis der französische Milliardär François Pinault ihn im März 2011 erwarb. Der äußerst rare Weißwein ist meist doppelt so teuer wie seine Pendants aus Condrieu.

42410 Vérin; Tel. 04 74 59 51 56

Christophe Pichon
Der Ruf Christophe Pichons gründet sich auf seine Condrieu-Etiketten, obwohl auf seiner Weinliste auch ein wenig Côte Rôtie und noch mehr St-Joseph steht. Gelegentlich ergänzt eine Condrieu-Spätlese seine komplexe und bewundernswert beständige Basisabfüllung, die ausschließlich mit heimischen Hefen vergoren wird. Die beiden Côte-Rôtie-Weine, Le Champon und La Comtesse, stammen von kleinen, gepachteten Parzellen, die je rund 0,5 ha umfassen. Daneben besitzt Pichon 1,7 ha in St-Joseph, die einen festen, intensiven Rotwein liefern.
★Aufsteiger

Le Grand Val Verlieu, 42410 Chavanay; Tel. 04 74 87 06 78

Delas Frères
1996 begann nach jahrzehntelanger Mittelmäßigkeit die beeindruckende Renaissance des 1835 gegründeten Handelshauses Delas Frères. Geschäftsführer Fabrice Rosset gebührt das Verdienst für die Wende, die er durch enorme Verbesserungen im Weinberg und in der Kellerei die Verpflichtung des Önologen Jacques Grange, des Weinbergmanagers Vincent Girardini und des Kellermeisters Jean-François Farinet eingeleitet hat. Inzwischen erzeugt die Firma ausgezeichnete Weine sowohl von der südlichen als auch der nördlichen Rhône, wobei der Schwerpunkt nach wie vor im Norden liegt. Im Süden wirkt Delas als *négociant-éleveur*, wofür Grundweine aus 14 Appellationen gekauft und ausgebaut werden, darunter auch aus Spitzenbereichen wie Châteauneuf-du-Pape und Vacqueyras. Im Norden werden einige Weine von Reben erzeugt, die zusammen mit anderen Anbauern bewirtschaftet werden, während auch Gewächse von gutseigenen Lagen entstehen, für die Delas alleinverantwortlich ist. Rund 14 ha der eigenen Weinberge liegen in den Appellationen Hermitage, St-Joseph und Crozes-Hermitage, darunter erstklssige Parzellen auf den steilen Granithängen von Hermitage, etwa 8 ha in Les Bessards und 2 ha in l'Ermite. Zu den besten Etiketten von Delas zählen der rote Hermitage Les Bessards, der rote und der weiße Hermitage Marquise de la Tourette sowie der Condrieu Clos Boucher, der Côte Rôtie La Landonne und der rote St-Joseph Ste-Épine.

07300 St-Jean-de-Muzols; www.delas.com

Domaine Alain Graillot
Alain Graillot konvertierte einst von seinem Job als Ingenieur in der Agrochemie zum Wein und brachte eine Dynamik und ein Qualitätsstreben mit, die der gesamten Appellation Crozes-Hermitage mehr Profil verliehen. Mit seinem Sohn Maxime bewirtschaftet er 21 ha in Crozes, davon sind 3 ha mit Weißweinreben bestockt. Sie bringen ein wenig weißen Crozes-Hermitage hervor, einen sehr guten Roten und einen beispielhaften roten La Guiraude, der Intensität mit Eleganz vereint. Besonders empfehlenswert ist der rote St-Joseph.

Les Chênes Verts, 26600 Pont-de-l'Isère
Tel. 04 75 84 67 52

Domaine Alain Paret
Alain Paret und Sohn Anthony sind viel unterwegs, denn sie bewirtschaften Weinbergparzellen in verschiedenen Gebieten, deren Miteigentümer zum Teil Marcel Guigal und Schauspieler Gérard Depardieu sind. Paret, ein kompetenter Winzer und Kellermeister, macht sich nun auch selbst einen Namen mit zwei feinen St-Joseph-Rotweinen (sowie etwas Weißwein), einem Côtes du Rhône und zwei Condrieu-Gewächsen: Les Ceps du Nebadon und Lys de Volan. Daneben führt er ein Gut im Languedoc.

Place de l'Église, 42520 St-Pierre-de-Bœuf
www.maison-alain-paret.fr

Domaine Aléofane
Im Jahr 2004 erwarb Natacha Chave 1,3 ha in St-Joseph und erzeugte 2006 ihren ersten Wein auf der Domaine Aléofane. Die junge Frau mit einem Abschluss in Philosophie hat sich mit Leib und Seele dem Weinbau verschrieben, sie bewirtschaftet ihre steile Lage ohne Maschinen und auf nachhaltige Weise. Gegen Mehltau werden pestizidfreie Mittel, für die Vergärung ausschließlich wilde Hefen eingesetzt. Der St-Joseph Aléofane wird minimal abgestochen, um den Bedarf an Sulfiten zu reduzieren, und ohne Schönung oder Filtration abgefüllt. Eine neue Lage in Crozes-Hermitage wird gerade in Betrieb genommen. Im Auge behalten! **★Aufsteiger**

La Burge, 26600 Mercurol
Tel. 04 75 08 00 82

Domaine André Perret
André Perret ist in Condrieu und St-Joseph tätig, doch seine Parzellen in Condrieu und deren Weine sind so herausragend, dass er fast nur als Erzeuger von ausgezeichnetem Condrieu bekannt ist. Er besitzt dort knapp 5 ha, davon 3 ha in einem erstklassigen Teil der Lage Coteau du Chéry. Neben einfachem Condrieu bereitet Perret einen Clos Chanson und die Cuvée Coteau du Chéry, in manchen Jahrgängen auch Süßwein. Aus St-Joseph stammen ein Rot- und ein Weißwein sowie der rote Les Grisières von älteren Syrah-Reben.

17, route Nationale 86 Verlieu, 42410 Chavanay
Tel. 04 74 87 24 74

Domaine Belle
Der mittelgroße Betrieb wird als Erstes mit Crozes-Hermitage in Verbindung gebracht, wo ein Großteil seiner 20 ha umfassenden Rebfläche liegt, erzeugt jedoch auch sehr feinen roten und weißen Hermitage. Für die Rotweine findet auf traditionelle Art Ganztraubenvergärung und eine längere Maischezeit statt, die Weißweine, Marsanne/Roussanne-Verschnitte, werden in Edelstahltanks vergoren. Es gibt einen weißen Crozes und drei hoch angesehene rote Crozes-Etiketten: Louis Belle, Les Pierrelles und Roche-Pierre.

Les Marsuriaux, 26600 Larnage
Tel. 04 75 08 24 58

SYRAH BEI TISCH
Syrah-Weine aus Australien oder Kalifornien haben ihren Charme und ihre Anhänger, doch für viele sind nur die Rhône-Interpretationen dieser Traube die idealen, wenn nicht gar konkurrenzlosen Begleiter zum Essen. Reichhaltiger, kraftvoller Rhône-Syrah, der in warmen Jahren in Cornas, Hermitage und St-Joseph entstanden ist, passt hervorragend zu gehaltvollen Eintöpfen oder auch schmackhaften Rind- bzw. Lammgerichten und macht sich überdies ausgezeichnet zu Reh oder Wildschwein – wie das im Übrigen auch vollere Weine von der Côte Rôtie oder aus Crozes-Hermitage tun. Spitzengewächse aus all diesen Appellationen werden mit zunehmendem Alter bemerkenswert vielseitig. Sie entwickeln geschmackliche Komplexität, werden runder und weicher und sind ein Genuss zu deftigem Fleisch, eignen sich aber auch als Begleiter zu weniger intensiv schmeckenden Gerichten wie Ente, Gans oder Wildvögel. Syrah von der nördlichen Rhône kann überdies hervorragend zu Käse gereicht werden und zählt zu einem der besten Rotweine, die man zu Blauschimmel- oder Ziegenkäse trinken kann.

DOMAINE BERNARD BURGAUD
DASS WEINMACHER BERNARD BURGAUD EIN ÜBERZEUGTER TERROIR-VERFECHTER IST, BEWEIST SEIN CÔTE RÔTIE

DOMAINE COMBIER
DER CROZES-HERMITAGE IST EIN GUT STRUKTURIERTER TROPFEN MIT WEICHEN TANNINEN

Domaine Bernard

Die Brüder Frédéric und Stéphane Bernard, junge Winzer der vierten Generation, erzeugen ein wenig Condrieu, sind jedoch vor allem für ihre zwei Côte-Rôtie-Abfüllungen von 100 % Syrah bekannt. Sie besitzen insgesamt 4,5 ha in verschiedenen Gebieten, die zum Teil mit Reben aus den 1920er-Jahren bestockt sind. Der normale Côte Rôtie und der spezielle Vieilles Vignes von alten Reben zeichnen sich beide durch ein weiches Gefüge mit tiefen, nachhaltigen Aromen und reinen Fruchtnoten aus. Den beiden Brüdern steht eine verheißungsvolle Zukunft bevor. ★**Aufsteiger**

RN 86, 69420 Tupin-et-Semons; Tel. 04 74 59 54 04

Domaine Bernard Ange Crozes-Hermitage

Der Weinbaubetrieb mit 7,5 ha in Crozes-Hermitage wurde 1998 von Bernard Ange gegründet. Bis auf 1 ha, der Roussanne und Marsanne vorbehalten ist, ist die Rebfläche mit Syrah bestockt. Im Lauf der Jahre hat Ange natürlichere Bewirtschaftungsmethoden eingeführt, die Weine reifen aber weiterhin im traditionellen, vor 600 Jahren aus dem Fels gehauenen, 6 m hohen Keller. Neben der roten und weißen Crozes-Hermitage-Abfüllung wird in den meisten Jahren auch die rote Cuvée Rêve d'Ange erzeugt.

Pont de l'herbasse, 26260 Clérieux
www.domainebernardange.com

Domaine Bernard Burgaud Côte Rôtie

Bernard Burgaud erzeugt reichhaltigen, intensiven Côte Rôtie von 4 ha Rebland. Seine verstreut liegenden Weinberge mit unterschiedlicher Ausrichtung bringen jeweils von ihrem Terroir geprägte Frucht hervor, deren besondere Eigenschaften Burgaud jedes Jahr aus Neue geschickt für einen Wein nutzt, der sich durch Komplexität und Balance auszeichnet. Burgaud besitzt Parzellen auf dem Plateau der Appellation, doch die meisten finden sich am berühmten Hang von Côte Rôtie. Sein reinsortiger Syrah wird ausschließlich in kleinen Eichenfässern ausgebaut, von denen jährlich rund 20 % erneuert werden, und erscheint in einer Auflage von etwa 13000 Flaschen pro Jahr.

Le Champin, 69420 Ampuis
http://coterotieburgaud.monsite-orange.fr

Domaine Bernard und Fabrice Gripa

Vater Bernard und Sohn Fabrice sind führende Erzeuger in St-Joseph und St-Péray und bereiten wunderbar beständige Weine auf sehr hohem Niveau, die zudem zu bewundernswert fairen Preisen verkauft werden. Aus St-Joseph kommen jeweils zwei Weiß- und Rotweine, darunter das Spitzengewächs Le Berceau von Trauben (100 % Marsanne für den Weißen, Syrah für den Roten) der ältesten Reben des Guts. Beide sind ein Muster an Langlebigkeit in ihrer Appellation wie auch die beiden weißen Stillweine aus St-Péray: eine Basisabfüllung und der Les Figuiers mit deutlichem, aber nicht übertriebenem Eicheneinfluss.

5, avenue Ozier, 07300 Mauves; Tel. 04 75 08 14 96

Domaine Bernard Levet Côte Rôtie

Das traditionelle Côte-Rôtie-Gut führen Bernard Levet und seine Frau Nicole zusammen mit ihrer Tochter Agnès. Die Kellerei liegt mitten in Ampuis, die Weine stammen von sechs Parzellen mit insgesamt 3,5 ha. Die Trauben aus der Parzelle in der Einzellage Chavaroche werden separat vinifiziert und abgefüllt. Daneben gibt es den Côte Rôtie Les Journaries. Beide Weine entstehen auf eher unzeitgemäße Weise, ihre Vergärung findet beispielsweise in Betontanks statt, die Verwendung neuer Eichenfässer wird auf ein Minimum beschränkt.

26, boulevard des Allées, 69420 Ampuis; Tel. 04 74 56 15 39

Domaine de Boisseyt-Chol

Die Eigentümer dieses Guts, Didier und Agnès Chol, bereiten äußerst schmackhafte Weine in recht traditionellem Stil aus drei Appellationen. Der Côte Rôtie von einer kleinen Parzelle an der Côte Blonde enthält mit bis zu 15 % einen ungewöhnlich hohen Anteil an Viognier. Es gibt zudem ein wenig Condrieu, doch der Löwenanteil der Produktion entfällt auf vier St-Joseph-Weine: ein Weißer, ein klassischer Roter und zwei Einzellagengewächse, nämlich der Les Garipelées und der seriöse, stämmige Les Rivoires.

178, RN 86, 42410 Chavanay; www.deboisseyt-chol.com

Domaine de Bonserine

Das Gut mit 10 ha in der Appellation Côte Rôtie und 1 ha in Condrieu wurde 2006 von E. Guigal (siehe S. 314) übernommen, arbeitet aber als eigenständiger Betrieb weiter. Das Rebareal an der Côte Rôtie, das hauptsächlich im Norden der AC liegt, verfügt über Spitzenlagen, dazu gehören knapp 1 ha an der Côte Brune und eine sehr begehrenswerte Parzelle in La Garde an der Côte Blonde. Der einfache Côte Rôtie heißt La Serrasine; La Garde und La Viallière sind die Einzellagenweine von der Côte Brune.

2, chemin de Viallière Verenay, 69420 Ampuis
Tel. 04 74 56 14 27

Domaine Les Bruyères

Das Gut ist seit vier Generationen im Besitz von David Reynaulds Familie, doch er hat eine neue Richtung vorgegeben und verarbeitet sein Lesegut jetzt selbst, anstatt es wie bisher bei der Kooperative Cave de Tain (siehe S. 306) abzuliefern. Die biodynamisch bewirtschaftete Rebfläche liegt hauptsächlich in Crozes-Hermitage und umfasst 13 ha Syrah mit etwas Marsanne und Roussanne sowie etwas Syrah und Viognier außerhalb der Appellation Crozes, die als Vin de Pays des Collines Rhodaniennes etikettiert werden. Reynauld erzeugt einen roten und einen weißen Crozes sowie die rote Cuvée Les Croix. ★**Aufsteiger**

Les Bruyères, 26600 Beaumont-Monteux
Tel. 04 75 84 74 14

Domaine du Cêhne

Marc und Dominique Rouvière hoben ihr Gut ganz allein aus der Taufe, also ohne Familientradition oder Landbesitz. Marc begeisterte sich schon früh für Wein und ging mit 16 Jahren auf die Weinfachschule in Mâcon. Mitte der 1980er-Jahre kauften die Rouvières das heruntergekommene Gut in Chavanay, das sie seitdem radikal auf Vordermann gebracht haben. Heute besitzen sie Reben in St-Joseph und Condrieu sowie ein paar Syrah-Stöcke im Vin-de-Pays-Gebiet. Spitzengewächs ist der rote St-Joseph Anaïs; auch die Condrieu-Etiketten sind sehr gut.

Le Pêcher, 42410 Chavanay; Tel. 04 74 87 27 34

Domaine Chaboud

Stéphan Chaboud hat ein breites Spektrum an Weinen im Angebot, darunter etwas St-Joseph und jeweils zwei Cornas- und Côtes-du-Rhône-Abfüllungen. Sein Name steht jedoch vor allem für die AC St-Péray. Er gilt als der wichtigste Erzeuger der Appellation – besonders im Hinblick auf Schaumweine – und war zusammen mit seinem Vater die treibende Kraft, St-Péray in ein Qualitätsweinbaugebiet umzuwandeln. Chaboud bewirtschaftet eine stattliche Anzahl von Weinbergparzellen (jeweils acht in Cornas und St-Péray) und bereitet eine erstaunliche Palette an Weinen, zu der sage und schreibe fünf schäumende St-Péray-Etiketten gehören. Angesichts dieses Aufwands mag es auch nicht weiter erstaunen, dass die Welt zu Chaboud kommt und nicht umgekehrt, jedenfalls verkauft er den meisten Wein an Direktkunden.

21, rue Ferdinand Malet, 07130 St-Péray; Tel. 04 75 40 31 63

Domaine Clusel-Roch

Das Gut wird von Gilbert Clusel und Brigitte Roch geführt, wobei Clusel für die Weinberge und Roch für die Kellerei zuständig ist. Seitdem die beiden Gilberts Vater René ablösten, bestockten sie einige Parzellen neu und kauften Weinberge hinzu, sodass der Besitz nun 4,5 ha in der AC Côte Rôtie und weitere 0,5 ha in Condrieu umfasst. Auf der Weinliste stehen drei Côte-Rôtie-Etiketten – La Petite Feuille (eine Cuvée von jungen Reben), Classique und der Einzellagenwein Les Grandes Places – sowie ein Viognier aus Condrieu namens Verchery.

69420 Ampuis; www.domaine-clusel-roch.fr

Domaine du Colombier

Das von Florent Viale geführte hübsche Gut verkauft nicht mehr den meisten Wein im Fass, sondern füllt nun fast alles selbst ab. Die Keller liegen am linken Ufer der Rhône, die Rebfläche ist auf drei Parzellen verteilt und umfasst 13 ha Syrah und 2 ha Marsanne für Crozes-Hermitage sowie eine kleine Spitzenlage in Hermitage. Erzeugt werden die roten und weißen Basisweine beider Appellationen sowie der Primavera von jungen und die rote Cuvée Gaby Crozes-Hermitage von alten Reben.

2, route de Chantemerle, 26600 Tain l'Hermitage
Tel. 04 75 07 44 07

Domaine Combier

Wie sein Vater Maurice ist Laurent Combier ein überzeugter – und sehr erfolgreicher – Bio-Winzer, der inzwischen 22 ha mit Syrah bestockte Rebflächen sowie weitere 2 ha Marsanne und Roussanne in Crozes-Hermitage und etwas Syrah in St-Joseph bewirtschaftet. Maurice war ein Pionier des biologischen Weinbaus und betrat 1970 mit seinem Gut absolutes Neuland. Der St-Joseph sowie der einfache rote und weiße Crozes-Hermitage sind sehr gut, doch das wahre Highlight dieses Erzeugers ist der elegant-fruchtige, fein verwobene rote und weiße Crozes-Hermitage Le Clos des Grives.

RN 7, 26600 Pont-de-l'Isère; www.domaine-combier.com

Domaine de Corps de Loup

Das Gut verfügt über eine fast zusammenhängende Rebfläche von rund 9 ha, von denen 3 ha nach und nach bestockt oder neu bestockt wurden, seitdem die Brüder Bruno und Martin Daubrée den Besitz 1992 kauften. Nachdem Bruno 1995 bei einem tragischen Unfall in der Kellerei ums Leben gekommen war, widmete sich Martin ausschließlich der Arbeit auf dem Gut und erwarb hohe Kompetenzen in der Kellerei und im Weinberg. 2007 wurde die neue Kellerei in Betrieb genommen, die nun einen Condrieu und drei Côte-Rôtie-Cuvées abfüllt: Corps de Loup, Paradis und Marions-les.

2, route de Lyon, 69420 Tupin-et-Semons
www.corpsdeloup.com

Domaine du Coulet

Matthieu Barret ist ein Trendsetter in Cornas. Er war im Jahr 2001 der Erste, der seine Weinberge auf biodynamische Bewirtschaftung umstellte. Heute verfügt er über rund 13 ha, die teils ihm gehören, teils gepachtet sind. Ganze 10 ha liegen in Cornas, der Rest sind Syrah-, Roussanne- und Viognier-Pflanzungen für roten und weißen Côtes du Rhône. Es werden drei Cornas-Cuvées erzeugt: Les Terrasses du Serre sowie Billes Noires und Brise Cailloux, die in kleine Mengen von ertragsarmen Reben entstehen. ★ **Aufsteiger**

Rue de Ruisseau, 07130 Cornas; Tel. 04 75 80 08 25

Domaine Courbis

Dominique und Laurent Courbis haben die Leitung des 32-ha-Guts von ihrem Vater Maurice übernommen. Der Weinbergbesitz ist für die Verhältnisse an der nördlichen Rhône recht ausgedehnt – er umfasst 24 ha in St-Joseph (davon 18 ha für Rot-, 6 ha für Weißwein) und 7 ha in Cornas. Von 1 ha wird ein Vin de Pays de l'Ardèche Syrah erzeugt, der genauso gut ist wie der rote und weiße St-Joseph. Die wahren Stars im Keller der Domaine sind jedoch vier rote Einzellagengewächse: der Les Royes aus St-Joseph, Champelrose, La Sabarotte und Les Eygats aus Cornas. ★ **Aufsteiger**

Route de St-Romain, 07130 Châteaubourg
www.vins-courbis-rhone.com

Domaine Coursodon St-Joseph

Jérome Coursodon, der erst Mitte 30 ist, erzeugt bewundernswert konzentrierten, saftigen St-Joseph von über 15 ha. Viele der Rebstöcke sind recht alt, was zu weiten Teilen Jéromes Großvater Gustave zu verdanken ist, der jahrzehntelang die treibende Kraft auf dem Gut – und in der gesamten Appellation – war. Die beiden Weißweine, St-Joseph Silice und Le Paradis St-Pierre, prunken mit reicher mineralischer Aromatik; die gleichnamigen roten Gewächse (sowie der L'Olivale) besitzen zwar einen merklichen, aber geschickt eingewobenen Eichenton.

Place du Marché, 07300 Mauves; Tel. 04 75 08 18 29

Domaine Duclaux Côte Rôtie

David und Benjamin Duclaux übernahmen den Familienbetrieb 2003 von ihrem Vater Edmond und haben sich seitdem an die Spitze der Erzeuger im südlichen Teil der Côte Rôtie vorgearbeitet. Ihre beiden wichtigsten Parzellen (jeweils 2 ha) gehören zu den Côte-Rôtie-Einzellagen Maison Rouge und Coteau de Tupin. Neben rund 20000 Flaschen des La Germine produzieren die Brüder in einer Auflage von etwa 1500 Flaschen einen 100%igen Syrah von der terrassierten Steillage Maison Rouge.
★ **Aufsteiger**

34, route de Lyon, 69420 Tupin-et-Semons
www.coterotie-duclaux.com

DOMAINE DE CORPS DE LOUP
DER CÔTE RÔTIE PARADIS STAMMT VON EINER SPITZENLAGE AN DER CÔTE BRUNE

DOMAINE COURBIS
DER ROTE CHAMPELROSE VON ALTEN REBEN AUF GRANIT- UND KALKSTEINBÖDEN IST RANDVOLL MIT DICHTEN FRUCHTAROMEN

DOMAINE FRANÇOIS VILLARD
DIESER KÖRPERREICHE, ALKOHOLSTARKE, LUXURIÖSE CONDRIEU IST EIN MUSTERBEISPIEL FÜR VIOGNIER VON DER NÖRDLICHEN RHÔNE

DOMAINE GILLES BARGE
DER EXZELLENTE CÔTE BRUNE WIRD MIT TRADITIONELLEN METHODEN ERZEUGT

Domaine Dumien-Serrette Cornas

Das kleine Gut umfasst 2 ha Rebland in Cornas, größtenteils in der Einzellage Patou und gleichmäßig auf den oberen und den unteren Teil des Hangs verteilt. In den 1980er-Jahren experimentierte Gilbert Serrette unter dem Einfluss von Jean-Luc Colombo mit modernen Kellermethoden, doch inzwischen ist er zu traditionellen Verfahren zurückgekehrt, stampft die nicht entrappten Trauben mit den Füßen und presst sie mit einer Holzkorbpresse. Seine Frau Danielle Dumien sorgt für die Etikettierung des einzigen Weins des Guts: Cornas Patou.

18, rue de Ruisseau, 07130 Cornas; www.serrette.com

Domaine des Entrefaux Crozes-Hermitage

Charles Tardy und Bernard Ange gründeten dieses Gut 1979 und arbeiteten zehn Jahre zusammen, bevor Ange sich selbstständig machte. Tardys tatkräftiger Sohn François bewirtschaftet nun mit seinem Vater 25 ha in Crozes-Hermitage, von denen 21 ha mit Syrah bestockt sind und 4 ha mit Marsanne. Die Trauben werden von Hand gelesen und vollständig entrappt. Auf der Weinliste stehen verschiedene rote und weiße Cuvées, allen voran die ausgezeichnete rote Crozes-Hermitage-Abfüllung Les Machonnières.

Quartier de la Beaume, 26600 Chanos-Curson
Tel. 04 75 07 33 38

Domaine François Villard

Der ungemein dynamische François Villard ist eine treibende Kraft in jeder der drei Appellationen, in denen er tätig ist: Condrieu, Côte Rôtie und St-Joseph. Aus den Trauben einer Vielzahl eigener und gepachteter Weinbergparzellen bereitet der ehemalige Küchenchef reife, herrlich schmackhafte Weißweine mit edelfaulen Noten aus Condrieu und St-Joseph, darunter ein paar Süßweine und einen Vin de Pays von jungen Reben in Condrieu. Bei den Roten gibt es zwei Vins de Pays, zwei St-Joseph- und zwei schöne Côte-Rôtie-Abfüllungen. ★**Aufsteiger**

Montjoux, 42410 St-Michel-sur-Rhône; Tel. 04 74 56 83 60

Domaine Garon Côte Rôtie

Jean-François und Carmen Garon führen diesen aufstrebenden Betrieb mit ihren Söhnen Kévin und Fabien. Sie bewirtschaften 4,5 ha an der Côte Rôtie, die in den letzten 25 Jahren gerodet und neu bepflanzt wurden, nachdem frühere Generationen der Familie sie jahrzehntelang ungenutzt gelassen hatten. Neben der Basisabfüllung gibt es nun auch den Côte Rôtie Les Rochains sowie den Les Triotes, ein 100 %iger Syrah von Parzellen an der Côte Blonde. Die recht komplexen Weine gewinnen immer mehr internationale Anhänger. ★**Aufsteiger**

58, le Goutay, 69420 Ampuis; Tel. 04 74 56 14 11

Domaine Georges Vernay

Das Herz des 16 ha Rebland umfasssenden Unternehmens sind etwas mehr als 7 ha in Condrieu, darunter eine erstklassige Parzelle von 1,7 ha, die den Vorzeigewein des Hauses und wohl der ganzen Appellation liefert: den Condrieu Coteau de Vernon. Georges Vernay war die führende Autorität und Triebfeder in Condrieu, als die Appellation in den 1960er-Jahren auf gerade mal 10 ha geschrumpft war und in Vergessenheit abzugleiten drohte. Heute führt seine Tochter Christine das Haus, zusammen mit ihrem Mann Paul und ihrem Bruder Luc. Sie erzeugen drei Condrieu-Etiketten, jeweils einen Vin de Pays von Viognier und Syrah, einen St-Joseph und zwei Côte-Rôtie-Abfüllungen.

1, route nationale, 69420 Condrieu
www.georges-vernay.fr

Domaine Gilles Barge

Weine dieser Familie wurden erstmals 1929 abgefüllt. Gilles Barge, derzeitiger Vorsitzender des Côte-Rôtie-Winzerverbands, übernahm die Leitung des Betriebs 1994, ist jedoch bereits seit Ende der 1970er-Jahre für die Weinbereitung zuständig. Die Rebfläche umfasst 8,5 ha, inklusive einer Parzelle an der Côte Brune, die ein ausgezeichnetes Gewächs dieses Namens hervorbringt. Daneben gibt es den einfachen Côte Rôtie Cuvée du Plessy, den Condrieu La Solarie und den roten St-Joseph Clos des Martinets.

8, boulevard des Allées, 69420 Ampuis
www.domainebarge.com

Domaine Gogon St-Joseph

Das Gut ist eine hervorragende Quelle für weißen und roten St-Joseph. Die Brüder Pierre und Jean Gogon übernahmen Ende der 1980er-Jahre die Leitung von ihrem Vater. In der 2002 neu eröffneten Kellerei verarbeiten sie das Lesegut von 7,5 ha, von denen 2 ha mit herrlich alten Marsanne- und Roussanne-Reben bestockt sind. Der ebenfalls meist recht reife Syrah spiegelt das Bestreben der Gogons wider, ihren hochwertigen Trauben eine Hauptrolle in den Weinen zukommen zu lassen, die nie von Eichennoten dominiert werden. Trotz der neuen Kellerei ist das Gut traditionellen Methoden treu geblieben.

34, avenue Ozier, 07300 Mauves; Tel. 04 75 08 45 27

Domaine Habrard

Das aufstrebende Gut verfügt über rund 15 ha Rebland, mit einem Löwenanteil in Crozes-Hermitage und kleinen Parzellen in Hermitage und St-Joseph, das Marcel Habrard und seine Söhne Emmanuel und Laurent seit 2008 nachhaltig bewirtschaften. Die winzige, mit alten Marsanne-Reben bestockte Parzelle in Hermitage erbringt einen ausgezeichneten fassvergorenen Weißwein. Der Syrah aus St-Joseph gab 2006 sein vielversprechendes Debüt, doch der Schwerpunkt des Guts sind die Crozes-Hermitage-Abfüllungen mit außerordentlich beständigen und preiswerten Weiß- und Rotweine.

7, route des Blancs, 26600, Gervans
www.domainehabrard.com

Domaine Jamet Côte Rôtie

Die Brüder Jean-Luc und Jean-Paul Jamet produzieren zwei ausgezeichnete Côte-Rôtie-Weine, deren Lesegut von einer stattlichen Reihe unterschiedlicher Weinbergparzellen kommt. Ihr beeindruckender Besitz, der in der Appellation seinesgleichen sucht, umfasst insgesamt 25 Parzellen in über 17 verschiedenen Einzellagen. Dank der Vielfalt an Böden, Ausrichtungen und Höhenlagen stehen den Brüdern Trauben mit differenzierter Charakteristik zur Verfügung, die sie in wechselnden Anteilen zu klassischem Côte Rôtie und zu einem Côte-Brune-Spitzengewächs verschneiden, das mit zu den qualitativ verlässlichsten Rotweinen an der nördlichen Rhône zählt.

Le Vallin, 69420 Ampuis
Tel. 04 74 56 12 57

Domaine Jasmin Côte Rôtie

Patrick Jasmin und seine Frau Arlette leiten das berühmte Gut an der Côte Rôtie mit seiner Kellerei in Ampuis. Patrick ist Eigentümer in der vierten Generation und übernahm den Besitz, nachdem sein Vater, der bekannte und beliebte Robert Jasmin, 1999 bei einem Unfall ums Leben gekommen war. Die Rebfläche von 5 ha ist in elf Parzellen über die gesamte Appellation verteilt. Robert war ein traditioneller Weinmacher, und obwohl Patrick kaum als Modernist bezeichnet werden kann, so hat er den einzigen Wein des Guts mit Techniken wie dem Abbeeren und der *saignée* (Abziehen von Vorlaufmost) doch auf einen etwas neueren Stand gebracht.

14, rue des Maraîchers, 69420 Ampuis
Tel. 04 74 56 16 04

Domaine Jean-Louis Chave

Das Gut ist seit einer Generation der goldene Maßstab für Hermitage-Weine und zählt nach wie vor zu den bewunderungswürdigsten Erzeugern Frankreichs. Jean-Louis Chave hat die Leitung von seinem berühmten, aber unprätentiösen Vater Gérard übernommen, der trotz seines offiziellen Ausscheidens weiterhin ein Wörtchen mitredet. Die Rebfläche in Hermitage verteilt sich auf 9 ha Syrah sowie knapp 5 ha Marsanne und Roussanne. Die Trauben der sieben Syrah-Parzellen werden vor dem Verschneiden getrennt vergoren und ausgebaut und kommen in variierenden Verschnittrezepten für die normale Hermitage-Cuvée und die nicht in jedem Jahrgang erzeugte Spezial-Cuvée Cathelin zum Einsatz. Für den weißen Hermitage wird mehr Marsanne als Roussanne verwendet, und in ausgewählten Jahrgängen steht auf der Weinliste auch etwas Vin de Paille von spät gelesenen Trauben. Chave bietet außerdem einen ausgezeichneten Roten aus St-Joseph und baut seine Négociant-Tätigkeit unter dem Namen Jean-Louis Chave Séléction weiter aus.

37, avenue St-Joseph, 07300 Mauves; Tel. 04 75 08 24 63

Domaine Jean-Luc Colombo

Nun, da er die 50 überschritten hat, ist Jean-Luc Colombo kein Polarisierer mehr wie Anfang der 1980er-Jahre, als er – aus dem Süden Frankreichs kommend – sich als önologischer Berater etablierte. Dennoch ist und bleibt er fraglos der herausragendste Modernist des Weinbaus an der Rhône, der Methoden wie Grünlese, das Trennen der Beeren von den Stielen und die Verwendung kleinerer, neuerer Eichenfässer salonfähig machte. Neben seiner weiterhin praktizierten Beratertätigkeit bringt der umtriebige Colombo ein breites Spektrum an Weinen von seinem eigenen Gut, Négociant-Weine aus Châteauneuf-du-Pape und Tavel im Süden sowie weißen und roten Côtes du Rhône, St-Joseph, St-Péray, Crozes-Hermitage, Hermitage, Condrieu und vier hoch angesehene Cuvées aus Cornas in Umlauf.

La Croix des Marais, 26600 La Roche-de-Glun
www.vinscolombo.fr

Domaine Jean-Michel Gerin

Das Gut produziert Vin de Pays von Syrah und Viognier, einen Rotwein aus St-Joseph und den hoch geschätzten Condrieu La Loye, der von einer 1,8-ha-Parzelle stammt und zu 60 % in Fässern und zu 40 % in Edelstahltanks vergoren wird. Bekannt ist Jean-Michel Gerin jedoch vor allem für seine Cuvées von der Côte Rôtie: Von den 8 ha, die er in der Appellation bewirtschaftet, liefern 6 ha die Grundlage für die Etiketten Champin Le Seigneur, Les Grandes Places und La Landonne – Weine von schöner Ausgewogenheit, die zwei Jahre im Fass verbringen.

19, rue de Montmain,Verenay, 69420 Ampuis
www.domaine-gerin.fr

Domaine Jean-Michel Stéphan

Jean-Michel Stéphan ist noch nicht einmal 40 Jahre alt und damit einer der jüngsten – und innovativsten – Weinmacher an der Côte Rôtie. Er besitzt gut 3 ha Reben in sieben Parzellen im südlichen Teil der Appellation und erzeugt vier verschiedene Côte-Rôtie-Abfüllungen, die allesamt die Reinheit und Frische der Trauben zum Ausdruck bringen. Das untere Ende des Spektrums bildet der Côte Rôtie Classic, am oberen Ende stehen der Coteaux de Tupin, der Coteaux de Bassenon (mit rund 10 % Viognier) und der Vieille Vigne en Coteaux. ★**Aufsteiger**

69420 Tupin-et-Semons; Tel. 04 74 56 62 66

Domaine Lionnet Cornas

Corinne Lionnet und ihr Mann Ludovic haben in diesem geradezu herausfordernd traditionellen Familienbetrieb das Sagen, seitdem Pierre Lionnet 2003 in Rente ging. Ihre Methoden zeigen, wie Cornas vor einer Generation – oder vielleicht sogar zwei – erzeugt wurde: Der organisch bewirtschaftete Weinberg wird mit einem Pferd gepflegt; die Trauben werden im Ganzen vergoren, gekeltert und untergetaucht wird mit den Füßen. Die Trauben stammen von 2 ha in vier verschiedenen Gebieten der Appellation und gehen alle in einen einzigen, erstklassigen Wein ein: Cornas Terre Brûlée.

160, route Nationale 86, 07130 Corna
www. domainelionnet.fr

Domaine Louis Chèze

Louis Chèze übernahm das Steuer des Familienunternehmens 1978 und unterzog es einem tiefgreifenden Wandel. Er stellte den lange praktizierten Verkauf des Leseguts ein und begann, seinen Rebbestand zu erweitern. Von anfänglich 1 ha hat Chèze seinen Besitz auf 30 ha ausgedehnt, zu denen größere Syrah-Pflanzungen in St-Joseph, eine bedeutende Parzelle in Condrieu und mit Marsanne, Viognier und Syrah bestockte Weinberge für Vin de Pays gehören. Die drei roten St-Joseph-Etiketten – Anges, Caroline und Ro-Rée – sind stets erfolgreich; sie zeigen deutliche Noten von Eiche, aber auch saubere Frucht und komplexe Aromen.

Pangon, 07340 Limony; www.domainecheze.com

Domaine Michel & Stéphane Ogier

Das relativ neue Gut im Aufwärtstrend entstand durch Michel Ogiers Bruch mit der Familientradition, den Côte-Rôtie-Wein an Négociants zu verkaufen; stattdessen füllte er ihn selbst ab. Stéphane, der Sohn von Michel und Hélène, hat mittlerweile eine ganze Reihe von Neuerungen eingeführt, und in den letzten Jahren expandierte das Familienunternehmen nach Condrieu sowie in Lagen nördlich der Côte Rôtie zur Produktion von Vin de Pays des Collines Rhodaniennes auf Syrah-Basis. Der einfache Côte Rôtie sowie die Einzellagen-Cuvées Belle Hélène und Lancement Terroir de Blonde sind stets ausgezeichnete Gewächse. ★**Aufsteiger**

3, chemin du Bac, 69420 Ampuis; Tel. 04 74 56 10 75

RADIKAL MODERN: JEAN-LUC COLOMBO

Die Unterscheidung zwischen »traditionellen« und »modernen« Weinen lässt sich an der nördlichen Rhône mehr oder weniger an einer einzigen Frage festmachen: Wurden sie nach dem Vorbild von Jean-Luc Colombo erzeugt? Seinen meisten Einfluss machte Colombo bei Rotweinen, insbesondere in Cornas, geltend, doch direkt oder indirekt hat er auf die Verarbeitung aller Traubensorten und auf die Weinbereitungsmethoden in allen Appellationen der nördlichen Rhône eingewirkt. Seine Bedeutung in diesem Bereich ist umso ungewöhnlicher, als er, der ursprünglich Apotheker war und aus Marseille stammt, als Außenseiter in diese relativ abgeschlossene Welt kam. Nichtsdestotrotz hat er durch die Weine seines eigenen Guts, seine Négociant-Tätigkeit und seinen Einfluss auf Hunderte von Weinmachern nach und nach eine lange Reihe von Innovationen zu Standardpraktiken gemacht. Dazu gehören strikte Behangausdünnung, eine späte Lese, vollständiges Abbeeren, verlängerte Maischung, extraktive Gärung und ein längerer Ausbau in neueren Eichenfässern. Manche halten immer noch dagegen, doch heute sind sie in der Minderheit.

Domaine Monier
Das biodynamisch bewirtschaftete Gut wird von Jean-Pierre Monier geleitet, der 1977 in den Weinbau einstieg und 2001 seine Mitgliedschaft in der Genossenschaftskellerei in St-Désirat kündigte, um seine eigenen Weine zu bereiten. Etwas mehr als 5 ha Rebfläche werden sorgfältig gepflegt und bringen einen feinen St-Joseph Blanc und drei Rote hervor: die Basisabfüllung Tradition und die beiden ausgezeichneten Cuvées Les Terres Blanches und Les Serves. Daneben wird ein sortenreiner Viognier als Vin de Pays des Collines Rhodaniennes erzeugt.

Route des Vignobles Brunieux, 07340 St-Désirat
Tel. 04 75 34 20 64

Domaine du Monteillet
Der Familienbetrieb wird von dem jungen Stéphane Montez geführt, der dem Gut eine schnellere Gangart verordnet hat. Von rund 6 ha in St-Joseph werden vier Syrah-Weine sowie zwei Versionen von St-Joseph Blanc erzeugt. Von der Côte Rôtie kommen die Etiketten La Pèlerine, Fortis und Les Grandes Places, Letzteres das Flaggschiffgewächs des Betriebs aus dieser Appellation, das von einer Parzelle der gleichnamigen Einzellage stammt. Condrieu ist mit 2,5 ha im Portfolio von Montez vertreten, von denen eine einfache Cuvée mit dem Namen des Guts und der herrliche, in Eiche ausgebaute Les Grandes Chaillées entstehen. ★**Aufsteiger**

Le Montelier, 42410 Chavanay; www.montez.fr

Domaine du Murinais Crozes-Hermitage
Luc, der Önologie in Montpellier studiert hat, und Catherine Tardy leiten ein altehrwürdiges Gut, dessen Haus seit 1683 in Familienbesitz ist und das über 13 ha Rebland in Crozes-Hermitage verfügt. Dort wachsen etwas Marsanne und Roussanne, doch der Schwerpunkt des jungen Paares liegt auf den beiden Rotweinen, einem Vieilles Vignes und dem Caprice de Valentin, der aus den besten Fässern verschnitten und anschließend noch weiter ausgebaut wird.

Quartier Champ Bernard, 26600 Beaumont-Monteux
Tel. 04 75 07 34 76

Domaine Patrick et Christophe Bonnefond
Die Familie Bonnefond, der Charles und seine beiden Söhne Patrick and Christophe vorstehen, produziert eine Reihe von mustergültigen Weinen, darunter drei Côte-Rôtie-Abfüllungen, einen Vin de Pays des Collines Rhodaniennes auf Syrah-Basis und einen hervorragenden Condrieu, der vornehmlich in neuen Eichenfässern vergoren wird. Unter den Côte-Rôtie-Etiketten findet sich eine Basisabfüllung, der etwas limitiertere Côte Rozier von der gleichnamigen Einzellage und das Vorzeigegewächs Les Rochains. Alle drei sind von beeindruckender Komplexität und Beständigkeit und spiegeln die Sorgfalt wider, mit der diese dynamische, hart arbeitende Familie zu Werke geht.

Mornas, 69420 Ampuis; Tel. 04 74 56 12 30

Domaine Philippe Faury
Das Gut liegt an einem Hang im kleinen Weiler La Ribaudy in der AC Condrieu. Es ist v. a. für seine stilvollen Abfüllungen von 3 ha aus dieser Appellation bekannt, darunter zwei trockene Weine – ein einfacher AC Condrieu und eine Cuvée namens La Berne – sowie die Spätlese Brumaire. Auf der Weinliste stehen außerdem mehrere St-Joseph-Etiketten und ein Côte Rôtie, der aus zwei Parzellen (1,5 ha) stammt und 15 % Viognier enthält.

La Ribaudy, 42410 Chavanay; www.domaine-faury.fr

Domaine Pierre Dumazet
Pierre Dumazet erzeugt eine Auswahl an Weinen, deren Lesegut in Partnerschaft mit einzelnen Winzern verarbeitet wird, darunter einen Côte Rôtie von der Côte Brune, einen feinen roten St-Joseph La Muzolaise und den Cornas Cuvée Charlemagne. Daneben entstehen ein wenig Vin de Pays und ein Côtes du Rhône Viognier von eigenen Parzellen. Dumazets bekannteste Produkte sind jedoch zwei reichhaltige, überaus aromatische Condrieu-Weine von Trauben seiner Parzellen in den Einzellagen Coteau de Côte Fournet und Rouelle-Midi. Auch die Condrieu-Spätlese La Myriade ist empfehlenswert.

07340 Limony; Tel. 04 75 34 03 01

Domaine Rémi & Robert Niéro
Robert Niéro erzeugt zwar auch Côte-Rôtie-Weine, punktet aber vor allem mit seinen Etiketten aus Condrieu, wo er Ende der 1990er-Jahre eine Weile dem Winzerverband vorstand. Er besitzt in dieser Appellation 3 ha Rebland, die über fünf Lagen verteilt sind, darunter eine Parzelle in der Einzellage Chéry, die die Trauben für sein Spitzengewächs Cuvée de Chéry liefert. Der Wein wird – wie auch die Condrieu-Abfüllung Les Ravines – teils im Fass, teils in Edelstahl bereitet.

Rue de la Mairie, 69420 Condrieu; www.vins-niero.com

Domaine des Remizières
In den letzten Jahren ist das Familiengut von gerade einmal 4 auf 30 ha angewachsen. Zum Glück ist auch die Qualität deutlich gestiegen: Philippe Desmeure fertigt zusammen mit Tochter Emilie moderne Weine von beeindruckender Konzentration und deutlicher Eichenwürze. Die größte Rebfläche liegt in Crozes-Hermitage, wo auf 24 ha Trauben für verschiedene weiße und rote Cuvées wachsen, allen voran den Autrement, eine Auslese aus den besten Fässern. Das Duo bereitet außerdem einen feinen St-Joseph sowie ausgezeichnete Hermitage-Etiketten, unter anderem eine weiße und eine rote Cuvée Emilie und das Bravourstück des Guts, den Hermitage Autrement. ★**Aufsteiger**

Route de Romans, 26600 Mercurol
www.domaineremizieres.com

Domaine Rousset
Robert Rousset, seit langen Jahren eine der führenden Autoritäten in Crozes-Hermitage, ist ein stämmiger Kerl, der zusammen mit Sohn Stéphane ebenso stämmige Weine erzeugt. Sie bewirtschaften knapp 10 ha in Crozes-Hermitage mit vielen alten Rebstöcken, die den Weinen eine bewundernswerte Konzentration verleihen. Die beste Parzelle ist Picaudières, eine Steillage mit verwittertem Granitboden, die die Trauben für die gleichnamige Spezialabfüllung, Roussets Visitenkarte, liefert. Außerdem gibt es sehr guten weißen und roten Crozes-Hermitage sowie einen St-Joseph-Rotwein von einer kleinen Parzelle im Besitz eines Cousins.

Route de Gervans, 26600 Erôme; Tel. 04 75 03 30 38

DOMAINE PHILIPPE FAURY
DER AROMATISCHE LA BERNE BESTICHT MIT FLORALEN UND MINERALISCHEN NOTEN

DOMAINE RÉMY & ROBERT NIÉRO
DIE SPITZENLAGE CHÉRY ERBRINGT DIESEN FRISCHEN, ABER AROMATISCHEN VIOGNIER

Domaine des Sept Chemins
Crozes-Hermitage

Das 21-ha-Gut ist nach der nahen Kreuzung von sieben Straßen benannt und wird von Jean-Louis Buffière und seinen Söhnen Jérome und Rémy geführt. Rund 5 ha der Rebfläche wurden nach der Reblausplage in den 1930er-Jahren von Jean-Louis' Großvater neu bepflanzt, sodass dort nun einige sehr alte Stöcke stehen, die konzentriertere Frucht liefern. Die Weine der Buffières werden auf relativ traditionelle Art, aber in einer recht neuen Kellerei bereitet – womöglich die gelungenste Vereinigung zweier Welten. Das Spitzengewächs ist der Crozes-Hermitage Cuvée des 7 Chemins Rouge von handgelesenen Syrah-Trauben alter Rebstöcke.

Les 7 Chemins, 26600 Pont-de-l'Isère
Tel. 04 75 84 75 55

Domaine du Tunnel
Stéphane Robert gründete dieses Gut, dessen Renommee stetig wächst, 1994 im zarten Alter von 24 Jahren. Anfangs bezog er die Trauben von gepachteten Weinbergen, dann erwarb er nach und nach eigenes Land. Heute bewirtschaftet er knapp 3,5 ha in Cornas, 2,5 ha in St-Joseph und 2 ha in St-Péray, die größtenteils in seinem Besitz sind. Davon bereitet er unter anderem einen feinen Cornas und die ihrem Namen Ehre machende Spitzencuvée Vin Noir. Der rote St-Joseph ist ein ausgefeilter und reintöniger Vertreter seiner Herkunft, die Abfüllungen aus St-Péray, wo das Gut seinen Sitz hat, gehören zu den besten der Appellation. ★**Aufsteiger**

20, rue de la République, 07130 St-Péray
Tel. 04 75 80 04 66

Domaine de la Ville Rouge
Sébastien Girard zeichnet für die bemerkenswerten Weine dieses relativ neuen Guts verantwortlich, dessen Schwerpunkt in Crozes-Hermitage liegt. Sébastien arbeitete eine Weile in St-Joseph für die Courbis-Brüder (siehe S. 309), beschloss dann aber, die Trauben seiner Familie nicht mehr wie bisher zu verkaufen, sondern selbst zu keltern und abzufüllen. Der Besitz umfasst 15 ha für roten Crozes-Hermitage und jeweils 0,5 ha für weißen Crozes sowie roten und weißen St-Joseph. Die Spitzenetiketten des Hauses sind die roten Crozes-Hermitage-Gewächse Terre d'Éclat und Inspiration, die sich beide durch tief konzentrierte Frucht auszeichnen.

Les chassis, 26600 Mercurol
www.domainedelavillerouge.fr

Domaine Vincent Paris
Vincent Paris, ein neuer Star in Cornas, der auch ausgezeichneten roten St-Joseph erzeugt, ist ein Neffe von Robert Michel, der einer der wichtigsten Erzeuger in Cornas war, bevor er 2006 in Rente ging. Michel verkaufte einen Teil seines Besitzes an Paris, der nun über (eigene und gepachtete) 8 ha in der kleinen Appellation Cornas verfügt und davon drei Weine bereitet: La Geynale, Granit 30 und Granit 60 Vieilles Vignes. Ganz neu ist ein Weißwein von Viognier und Roussanne, dessen Reben Paris in Cornas neu anpflanzte. Er wird als Côtes du Rhône ausgezeichnet, weil es in Cornas keinen AC-Status für Weißweine gibt. ★**Aufsteiger**

Chemin des Peyrouses, 07130 Cornas
Tel. 04 75 40 13 04

DOMAINE YVES CUILLERON
FRISCH UND FRUCHTIG GIBT SICH DER WEISSE ST-JOSEPH LYSERAS VON CUILLERON

DOMAINE VINCENT PARIS
DIESER CORNAS VON 60-JÄHRIGEN REBEN IST TIEF, INTENSIV UND ALTERUNGSWÜRDIG

Domaine Yann Chave
Obwohl Yann Chave erst knapp über 40 Jahre alt ist, hat er bereits mehr als ein Dutzend Jahrgänge dieser Domaine verantwortet. Wirtschafts- und Bankwesen waren nicht wirklich nach seinem Geschmack, also studierte er Önologie und arbeitet seitdem mit seinem Vater Bernard zusammen, der sich nach wie vor um die Weinberge kümmert. Das Gut ist stetig gewachsen und umfasst heute vor allem mit Syrah bestockte 15 ha in Crozes-Hermitage und gut 1 ha in Hermitage. Erzeugt werden roter und weißer Crozes-Hermitage in zwei Qualitätsstufen mit dem Aushängeschild Le Rouvre sowie etwa 7000 Flaschen eines komplexen, überzeugenden Hermitage.

26600 Mercurol; Tel. 04 75 07 42 11

Domaine Yves Cuilleron
Yves Cuilleron ist einer der umtriebigsten und dynamischsten Erzeuger an der nördlichen Rhône. 1987 übernahm er gerade einmal 3,5 ha von seinem Onkel, seitdem hat er sein Rebareal auf heute 52 ha vergrößert. Es verteilt sich (in absteigender Reihenfolge) auf St-Joseph, Vin de Pays, Condrieu, Côte Rôtie, Saint-Péray und Cornas. Die Rotweine werden in offenen, temperaturregulierten Tanks vergoren, bevor sie im Fass reifen, während die Weißweine im Fass vergoren und ausgebaut werden. Ein Ende des Cuilleron'schen Elans und Entwicklungspotenzials ist glücklicherweise nicht in Sicht. ★**Aufsteiger**

58, route Nationale 86, Verlieu, 42410 Chavanay
www.cuilleron.com

Emmanuel Darnaud Crozes-Hermitage
Der junge Emmanuel Darnaud hat als Weinmacher einen fulminanten Start hingelegt. In den zurückliegenden zehn Jahren seines Wirkens konnte er sein Gut um einiges vergrößert und bewirtschaftet nun 15 ha im südlichen Teil von Crozes-Hermitage. Lehrmeister waren sein Vater, ein Traubenanbauer, sein Onkel als Kellermeister und Bernard Faurie (siehe S. 306), für den Darnaud vier Jahre in Hermitage gearbeitet hat. Seine sanften, äußerst sorgfältigen Methoden in Weinberg und Kellerei spiegeln sich wider in den ausgefeilten, ausgewogenen Weinen, an deren Spitze der rote Crozes-Hermitage Les Trois Chênes steht. ★**Aufsteiger**

Rue du Stade, 26600 La Roche-de-Glun; Tel. 04 75 84 81 64

Ferraton Père et Fils
Der Betrieb produziert sowohl Guts- als auch Négociant-Weine unter der Ägide von Michel Chapoutier (siehe S. 306), der hier federführend zu erheblichen Qualitätsverbesserungen beigetragen hat, ähnlich wie dies Marcel Guigal bei Vidal-Fleury (siehe S. 315) gelungen ist. Die Weinberge werden nun schon seit zehn Jahren biodynamisch bewirtschaftet, wobei die gutseigenen Parzellen in Hermitage den Rohstoff für die Spitzenrotweine des Hauses liefern: Les Dionnières und Le Méal. Weitere Bannerträger sind die weißen Hermitage-Geschöpfe Le Miaux und Le Reverdy sowie der Crozes-Hermitage Le Grand Courtil und der rote und weiße St-Joseph La Source. Auch die Négociant-Weine haben in den letzten Jahren deutlich zugelegt. Das ganze Unternehmen ist zweifellos im Aufwind.

13, rue de la Sizeranne, 26600 Tain l'Hermitage
www.ferraton.fr

E. GUIGAL
DER CONDRIEU IST EINER VON VIELEN WEINEN, DIE E. GUIGAL ZU EINEM DER BESTEN ERZEUGER FRANKREICHS MACHEN

PIERRE GAILLARD
DER SAINT-JOSEPH LES PIERRES REIFT BIS ZU 20 MONATE IN NEUER EICHE

Franck Balthazar Cornas

Von seinem Vater René übernahm Franck Balthazar 2002 die Leitung dieses sehr kleinen und traditionellen Guts, das damals nur 1,5 ha umfasste. Balthazar konnte 2004 seinen Besitz um weitere 0,5 ha ergänzen, nachdem sein Onkel Joël Verset in Rente gegangen war. Die traditionellen Methoden reichen vom Pflügen der Weinberge mit dem Pferd bis zur Ganztraubenvergärung und dem Ausbau in großen, älteren *demi-muid*-Fässern. Das einzige Etikett des Guts ist ein blumig-fruchtiger Cornas, der an Weine erinnert, die in vergangenen Zeiten zu den besten der Appellation zählten.

1, impasse des Basses Rues, 07130 Cornas
Tel. 04 75 80 01 72

Gilles Robin

Der 1971 geborene Gilles Robin hat sich unter den Erzeugern in Crozes-Hermitage rasch großes Ansehen verschafft. Robins Familie verkaufte ihre Trauben lange Zeit an die Kooperative Cave de Tain l'Hermitage (siehe S. 306), doch Gilles füllt nun von den 15 ha des Guts fünf hoch angesehene Weine ab. Drei davon sind Rote aus Crozes-Hermitage: die Cuvée Papillon sowie zwei Cuvées von Trauben älterer Reben, Albéric Bouvet und Crozes-Hermitage 1920. Der weiße Crozes Les Marelles ist eine Assemblage von 60 % Roussanne und 40 % Marsanne, und dem neuen St-Joseph Cuvée André Péalat steht eine verheißungsvolle Zukunft bevor. ★**Aufsteiger**

Les Châssis Sud, 26600 Mercurol
www.gillesrobin.com

E. Guigal

Das von Marcel Guigal geführte Unternehmen kann man mit Fug und Recht als Dreh- und Angelpunkt für den Weinbau im gesamten Rhône-Tal ansehen, denn neben seiner führenden Rolle als Erzeuger und Négociant an der nördlichen Rhône, ist es auch die Hauptquelle für südliche Rhône-Gewächse wie Châteauneuf-du-Pape, Gigondas sowie weißen und roten Côtes du Rhône. Seine Bedeutung lässt sich allein daran ermessen, dass es mehr als 40 % aller in den Appellationen Condrieu und Côte Rôtie entstehenden Weine produziert und zudem dank Marcel Guigals beeindruckendem Talent die besten (und teuersten) Etiketten von Appellationen wie den genannten erzeugt. Das Unternehmen wurde von Marcels Vater Etienne gegründet, der sich nach 15 Jahren bei Vidal-Fleury (siehe S. 315) 1946 selbstständig machte. Etienne durfte noch erleben, wie die Familie Guigal 1984 Vidal-Fleury erwarb und damit eine erstaunliche Wende in der Geschichte des Familienbetriebs einleitete, die bis heute anhält. Im Kaufpreis von Vidal-Fleury waren 7 ha erstklassiger Lagen enthalten, die den Aufstieg der Familie Guigal in den internationalen Weinadel markieren und spätestens 1995 mit dem Erwerb von Château d'Ampuis zementieren sollten. Die einstige Festung aus dem 12. Jahrhundert, die 400 Jahre später zu einem Renaissance-Schloss umgebaut wurde, ist heute Hauptsitz des Unternehmens. Das Schloss inmitten der niedrigsten Weinberge an der Rhône beherbergt seit 2003 auch die unternehmenseigene Küferei. Im Jahr 2000 visierte Marcel eine Erweiterung seiner Rebflächen an und erwarb das Gut von Jean-Louis Grippat mit Rebbestand in St-Joseph und Hermitage sowie die Parzellen der Domaine de Vallouit in Côte Rôtie, Hermitage, St-Joseph und Crozes-Hermitage. Der Weinbergbesitz des Unternehmens wuchs damit auf heute 45 ha an und ist mit Lagen in jeder Appellation der nördlichen Rhône vertreten. Von La Mouline, La Landonne und La Turque an der Côte Rôtie kommen die Einzellagengewächse des Hauses, die zu den höchstgeschätzten Weinen der Welt zählen. Seit nun auch noch Marcels Sohn Philippe voll in das Familienunternehmen eingestiegen ist, scheint Guigals Position an der Spitze des französischen Weinbaus auf Jahre hinaus gesichert zu sein. ★**Aufsteiger**

Château d'Ampuis, 69420 Ampuis
www.guigal.com

Jacques Leménicier

Mit dem Namen Jacques Leménicier brachte man bisher einen recht beständigen, stilvoll-fruchtigen Cornas traditioneller Prägung in Verbindung. Nun steht der Name überdies für eine Spitzencuvée, die von den älteren Rebstöcken des Guts in der Einzellage Pigeonnier in Cornas stammt. Jacques bereitet außerdem zwei St-Péray-Weine, Cuvée De l'Elégance und Cuvée Boisée, doch seinen stetig wachsenden Ruf in Sachen Qualität verdankt er insbesondere seinen fein gebauten Gewächsen aus Cornas, die mit minimalem Eicheneinfluss auskommen.

Quartier des Grays, 07130 Cornas
Tel. 04 75 81 00 57

Jean-Louis et Françoise Theirs

Jean-Louis Theirs erzeugt beständig gute Weine aus St-Péray und Cornas sowie kleine Mengen Vin de Pays Syrah. Der von knapp 1 ha Rebland im südlichen Teil der Appellation stammende Cornas ist meist ein recht weicher, einladend gebauter Tropfen, der in Duft und Geschmack aber eine interessante Komplexität offenbart. Aus St-Péray kommt überwiegend Schaumwein, bei dessen Bereitung der biologische Säureabbau gestoppt wird, damit der fertige Wein spritzig und erfrischend bleibt. Die stille St-Péray-Version zeichnet sich oft durch ein anregendes Wechselspiel zwischen reifer Fülle und mineralischen Akzenten aus.

Quartier Biguet, 07130 Toulaud; Tel. 04 75 40 42 44

Maison Nicolas Perrin

Der 2009 gegründete »Boutique-Négociant« – so die selbst gewählte Bezeichnung – ist ein Gemeinschaftsunternehmen der Familie Perrin (besitzt Güter wie Château Beaucastel an der südlichen Rhône, siehe S. 320) und Nicolas Jaboulet, als Marketingchef im Haus Paul Jaboulet Aîné bis 2006 tätig (bis zu dessen Verkauf). Die Firma kauft Fassweine von Winzern verschiedener Appellationen der nördlichen Rhône und verschneidet sie zu einem Hausstil. Die bisher freigegebenen Abfüllungen der Appellationen Côte Rôtie, St-Joseph und Hermitage sind ausgesprochen vielversprechend, Weine aus Cornas, Crozes-Hermitage und Condrieu sollen bald folgen.

23, rue la Pérouse, 26000 Valence
www.maison-nicolas-perrin.com

Marc Sorrel

Das Gut von Marc Sorrel ist zwar klein, verfügt aber über bedeutende Parzellen in erstklassigen Lagen auf dem Hügel in Hermitage. Dazu gehören nahezu 2 ha Syrah und knapp 1 ha mit weißen Rebsorten, hauptsächlich Marsanne und ein wenig Roussanne. In den letzten 20 Jahren wurde Sorrels Weinbergpflege immer naturnaher, sein Ansatz im Keller ist traditionell. Neben einfachem weißem und rotem Hermitage werden Spitzengewächse unter dem Etikett Le Gréal sowie sehr guter Crozes-Hermitage in beiden Farben erzeugt.

128, avenue Jean Jaurès, 26600 Tain l'Hermitage
Tel. 04 75 07 10 07

Paul Jaboulet Aîné

Das 1834 gegründete Unternehmen war lange Zeit der führende Erzeuger von Weinen der nördlichen Rhône sowie ein äußerst wichtiger Négociant, der die Gewächse der Rhône überall auf der Welt mit mehr Erfolg und Prestige vermarktete als jedes andere Unternehmen. Zu den bedeutendsten Weinschöpfungen des 20. Jahrhunderts zählen in quantitativer Hinsicht Jaboulets Côtes du Rhône Parallèle 45, der vermutlich mehr Gläser füllte als jeder andere Qualitätswein des Anbaugebiets, und in qualitativer Hinsicht der l'Hermitage La Chapelle des Jahrgangs 1961, der vielleicht großartigste Rhône-Wein aller Zeiten. Leider sackte nach Gérard Jaboulets plötzlichem Tod im Jahr 1997 die Qualität der Erzeugnisse merklich ab, doch der Erwerb des Unternehmens durch die Schweizer Familie Frey im Jahr 2006, die mit La Lagune im Médoc (siehe S. 146) sehr erfolgreich ist, gibt Anlass zur Hoffnung. Die Négociant-Sparte rückt unter den neuen Eigentümern nun zugunsten der gutseigenen Weine in den Hintergrund. Jaboulet besitzt 5,5 ha an der südlichen Rhône und stolze 48 ha im Norden, davon über 20 ha auf dem Hügel in Hermitage. Die derzeitigen Abfüllungen rangieren auf vier unterschiedlichen Stufen, angefangen bei den Négociant-Weinen Les Incontournables und Les Vins de Vignerons bis zu den Gutsweinen der Reihe Les Domaines und den Spitzengewächsen Les Icônes, u. a. mit dem Hermitage La Chapelle Blanc und Rouge.

Les Jalets RN7, 26600 La Roche-de-Glun; www.jaboulet.com

Pierre Gaillard

Seit er Mitte der 1980er-Jahre bei null anfing, baute sich Pierre Gaillard einen Weinbergbesitz von nunmehr über 3 ha an der Côte Rôtie, 2,5 ha in Condrieu und 10 ha in St-Joseph auf. Neben einfachem St-Joseph Blanc und Rouge bereitet er zwei rote Cuvées namens Les Pierres und Clos de Cuminaille. Aus Condrieu stammt eine trockene Version, außerdem die süße Spätlese Fleurs d'Automne und der Vin de Paille Jeanne-Elise, der offiziell als Vin de Table etikettiert ist. Gaillard führt auf seiner Weinliste aber auch eine sehr gute Basisabfüllung von der Côte Rôtie und die Cuvée Rose Pourpre.

Chez Favier, 42520 Malleval
www.domainespierregaillard.com

René Rostaing

Obgleich René Rostaing auch einen sehr feinen, in Edelstahl vergorenen Condrieu (und einen Vin de Pays auf Syrah-Basis) erzeugt, ist er vor allem für seine Côte-Rôtie-Etiketten bekannt, die aus einigen der beneidenswertesten Lagen der Appellation stammen. 1990 erbte Rostaing hier 3,5 ha erstklassiges Rebland von seinem Schwiegervater Albert Dervieux-Thaize, 1993 weitere 1,2 ha von seinem Onkel Marius Gentaz-Dervieux. Die Kellerriege wird angeführt von dem Côte Blonde und dem La Landonne, dazu gesellt sich der La Cuvée Classique – alle drei Weine sind klassische, komplexe, aber unaufdringliche Côte-Rôtie-Interpretationen.

Le Port, 69420 Ampuis; www.domainerostaing.com

René-Jean Dard & François Ribo

Dard und Ribo lernten sich, noch nicht einmal 20-jährig, in der Weinschule in Beaune kennen und starteten 1984 ihr gemeinsames Unternehmen. Zu 1 ha der Familie Dard wurden weitere Parzellen dazugepachtet, bis sie es schließlich auf ein 7,5 ha großes Rebareal brachten, das größtenteils in Crozes-Hermitage liegt, neben einigen Parzellen in St-Joseph und 0,5 ha in Hermitage. Ihre Weine sind stets reintönige, schnell zugängliche, weiche Gewächse, die großes Trinkvergnügen versprechen.

Blanche-Laine, 26600 Mercurol
Tel. 04 75 07 40 00

Stéphane Pichat

Der noch junge Stéphane Pichat besitzt 2,5 ha Reben, von denen er zwei höchst angesehene, deutlich eichenwürzige Côte-Rôtie-Weine bereitet: Der Champon's reift 24 Monate im Barrique, der Les Grandes Places verbringt ganze 36 Monate darin. Beide kommen nur in kleinen Mengen in Umlauf. Neueste Unternehmungen des jetzt 33-jährigen Pichats sind der Condrieu La Caille sowie ein weißer und roter Vin de Pays von Viognier beziehungsweise Syrah. Trotz seiner jungen Jahre hat sich Pichat schon jetzt einen sehr guten Ruf erworben und klettert auf der Rangliste der nördlichen Rhône immer weiter nach oben. **★Aufsteiger**

6, chemin de la Viallière, Verenay, 69420 Ampuis
www.domainepichat.com

Thierry Allemand

Mit großer Beharrlichkeit und Hartnäckigkeit hat sich Thierry Allemand von seinem anfangs minimalen Weinbergbesitz emporgearbeitet und verfügt nun auf mehr als 4 ha über erstklassige Rebstöcke in Cornas. Der Ansatz in Weinberg und Kellerei des äußerst unabhängigen und ehrgeizigen Weinmachers verbindet Innovation mit großem Respekt vor der traditionellsten aller denkbaren Techniken, der Natur. Obwohl er bei seinen beiden Cornas-Gewächsen, Reynard und Chaillot, klar definierte Frucht und ein abgerundetes Gefüge in den Vordergrund stellt, entwickeln sich die Weine langsam und haben ein hervorragendes Alterungspotenzial.

22, impasse des Granges, 07130 Cornas
Tel. 04 75 81 06 50

J. Vidal-Fleury

Das altehrwürdige Handelshaus blickt seit seiner Gründung im Jahr 1781 auf eine lange Geschichte zurück. Seit 1984 ist es nun im Besitz der angesehenen Familie Guigal (siehe S. 314), die zweifellos dazu beigetragen hat, den einst ramponierten Ruf des Unternehmens wieder ins rechte Licht zu rücken. Doch sind die Weine von Vidal-Fleury alles andere als weitere Guigal-Etiketten, denn Marcel Guigal lässt das Gut auf eigene Rechnung und unter eigener Leitung wirtschaften, investierte aber in eine neue Weinbereitungsanlage, die unterhalb des Côte-Blonde-Besitzes an der Côte Rôtie liegt. Neben den bekannten Côte-Rôtie-Gewächsen Brune & Blonde und La Chatillonne gibt es auch Abfüllungen aus Condrieu, Cornas, Crozes-Hermitage, Hermitage und St-Joseph. Außerdem umfasst das Angebot einen Côtes du Rhône, einen Châteauneuf-du-Pape und einen Côtes du Ventoux.

19, route de la Roche, 69420 Ampuis
www.vidal-fleury.com

HERAUSFORDERUNGEN IM WEINBERG

Nach jahrhundertelanger Kultivierung wissen die Erzeuger an der nördlichen Rhône sehr genau Bescheid über die Eigenheiten der vier Hauptrebsorten des Anbaugebiets, nichtsdestotrotz sind sie jedes Jahr aufs Neue eine Herausforderung. Syrah kann sich an der nördlichen Rhône zu unvergleichlichem Ausdruck aufschwingen dank der langen Wachstumsphase am Rande einer Klimazone, in der die Trauben dieser Rebsorte gerade noch verlässlich ausreifen. Die Lage so weit im Norden der nördlichen Hemisphäre erfordert für eine optimale Reife jedoch eine nahezu perfekte Ausrichtung zur Sonne, weshalb nur die extrem steilen Hänge von Côte Rôtie, Hermitage und Cornas erstklassige Bedingungen bieten. Diese Hänge aber nur zu betreten ist aufgrund ihrer Steilheit schon gefährlich, und häufig müssen die Rebstöcke angepflockt und an einzelnen Pfählen erzogen werden oder sie werden miteinander verflochten, um Windbruch zu vermeiden. Ein ähnliches Bild ergibt sich auch in den Weinbergen von Condrieu und Château-Grillet, doch die hier angebaute Viognier-Traube bereitet noch andere Probleme. Ihr Reifeprozess wird mit einem Mal rasend schnell beschleunigt, was den Winzern bezüglich des Lesezeitpunkts – Anzeichen ist der berühmte Duft der Sorte – äußerste Wachsamkeit abverlangt, bevor die Traube durch Überreife zu Fettheit und Unförmigkeit tendiert. Das perfekte Ausreifen von Marsanne ist ebenfalls ein schwieriges Unterfangen. Alle drei Rebsorten, aber auch Roussanne, sind darüber hinaus anfällig für Echten Mehltau und haben Probleme bei der Blüte und dem Fruchtansatz.

Die großen Steine in Châteauneuf-du-Pape strahlen in der Nacht die tagsüber gespeicherte Sonnenwärme wieder ab.

SÜDLICHE RHÔNE

Das südliche Tal der Rhône wurde bereits von den Römern mit Reben bestockt, stand im Mittelalter in der Gunst der Päpste und war bedeutend genug, um als Wiege des französischen Appellationssystems zu dienen. Es ist somit die vielleicht geschichtsträchtigste Anbauregion des Landes. Da es die meiste Zeit des Jahres von der Sonne verwöhnt wird und sich über ein großes Gebiet mit alten Dörfern, Obstgärten und Olivenhainen erstreckt, zählt es auch zu den wärmsten, ausgedehntesten und hübschesten des Landes. Der fast 2000 Meter hohe Mont Ventoux und die weithin sichtbaren Dentelles de Montmirail mäßigen die Hitze ebenso wie der kalte Mistral, der von Norden her bläst und die Reben vor Krankheiten und Schädlingen schützt.

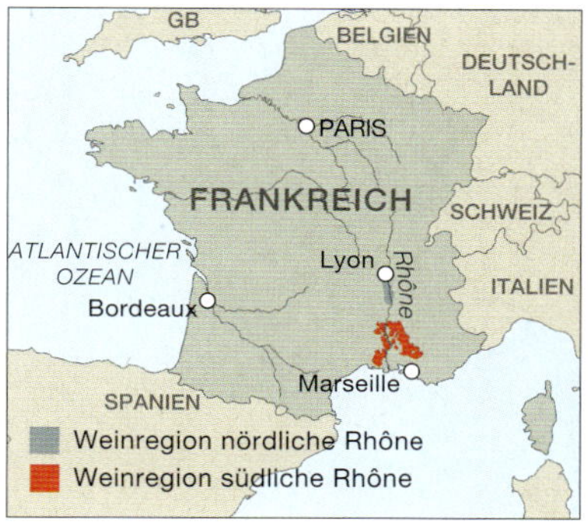

Châteauneuf-du-Pape ist seit dem 14. Jahrhundert das Juwel dieses Anbaugebiets und fast genauso bekannt für seine *galets* – jene großen, runden Steine – wie für seinen duftenden, üppigen Roten, der dieser Weinregion ihre unverwechselbare Identität zu bewahren half, als viele andere Bereiche der südlichen Rhône mehr oder weniger gesichtlose Erzeugnisse hervorbrachten. Erst seit relativ kurzer Zeit kennen Verbraucher in aller Welt nun auch die Namen der anderen Orte, in denen großartige Gewächse entstehen: die fleischigen Abfüllungen aus Gigondas, die von roten Früchten geprägten Vertreter Vacqueyras', die wärmend vollen Weine aus Rasteau oder die eher verhalten wirkenden Tropfen, die in Cairanne bereitet werden.

Die gegenwärtige Generation von Weinmachern ist ebenso dabei, auch Orten wie Lirac, Vinsobres, Beaumes-de-Venise, Séguret oder Sablet einen Namen in der Weinwelt zu verschaffen. Die Trauben werden nun nicht mehr an die nächstbeste Genossenschaft verkauft, sondern diese Erzeuger schaffen eigene, lohnende Etiketten, die von sich hören lassen werden. Und auch in den ungleich größeren, am unteren Ende der Qualitätsleiter stehenden Appellationen Côtes du Rhône-Villages und Côtes du Rhône machen sich neuer Elan und Aufbruchsstimmung bemerkbar, genauso wie in den vielversprechenden Satelliten Ventoux, Luberon und Costières de Nîmes.

Die vor vielen tausend Jahren von Gletschern abgelagerten und von der Rhône glatt polierten *galets* sind überall in der Region anzutreffen. Dass die Steine tagsüber die Sonnenwärme aufnehmen und sie nachts wieder abstrahlen, kommt besonders der Wärme liebenden Grenache zugute, der wichtigsten roten Rebsorte des Gebiets. Darüber hinaus finden sich Böden mit Sand, Kies, Kalkstein, Sandstein, Mergel oder Lehm. Selbst auf einem kleinen Areal können mehrere dieser Bodenprofile auftreten und die Weine um verschiedenartige Nuancen bereichern.

Die Komplexität der hiesigen Gewächse gründet zudem in den traditionellen Verschnittrezepten der Region. Denn die Primadonna unter den Trauben, die alkoholstarke Grenache, wird zwar hoch geschätzt für ihre Fähigkeit, in betagtem Alter zu glänzender Form aufzulaufen (jeder der mehr als 6000 Erzeuger, der im Besitz von knorrigen Stämmen 60- bis 100-jähriger Grenache-Reben ist, darf sich glücklich schätzen), doch Syrah und Mourvèdre sind als Adjutanten wichtig für Struktur und würzige Tiefe. Manchmal werden außerdem Carignan und Cinsault von alten Rebstöcken beigemischt, oder es kommt – dem neuesten Trend folgend – eine der selteneren der 13 für Châteauneuf-du-Pape zugelassenen Sorten zum Einsatz, beispielsweise Counoise und Vaccarèse.

Rotweine bilden nach wie vor die überwältigende Mehrheit im regionalen Gesamtportfolio, doch Weiß- und Roséweine (die derzeit jeweils rund fünf Prozent der Produktion ausmachen) gewinnen zunehmend an Boden. Die Weißen bestehen zumeist aus Grenache Blanc und Clairette, denen in unterschiedlichen Anteilen Bourboulenc, Marsanne, Roussanne und Viognier zur Seite gestellt werden, während die Rosés von Grenache und Cinsault bereitet werden.

In einer Region mit ohnehin reichlich Sonne (und dementsprechend alkoholstarken Weinen) ist die zunehmende globale Erwärmung besonders problematisch. Der Weinbau konzentriert sich deshalb mehr und mehr auf kühlere Lagen, auf Reben, die Frische mitbringen, und auf biologische oder biodynamische Methoden, die offensichtlich zu einer besseren Fruchtqualität führen. Die neue Nachfrage nach Finesse statt Mega-Power hat zudem Einfluss auf den Ausbau der Weine: So werden die kleinen Fässer, die vor zehn oder 20 Jahren an die Stelle der traditionellen Riesenbehälter *(foudres)* traten, nun zum Teil durch 600 Liter fassende *demi-muids* ersetzt. Einige Spitzenweine kommen hingegen völlig ohne Holz aus.

Hauptrebsorten

Rot

Grenache
Mourvèdre
Syrah

Weiß

Bourboulenc
Clairette
Grenache Blanc
Marsanne
Roussanne
Viognier

Jahrgänge

2010
Klasse statt Masse: sehr elegante Weine, die auch fester und frischer als 2009 sind.

2009
Kleiner, aber qualitativ guter Ertrag, vor allem in Châteauneuf-du-Pape.

2008
Schwieriges Jahr. Den Weinen mangelt es an Tiefe.

2007
Herausragender Jahrgang mit verführerischer Frucht und feinen Tanninen.

2006
Sehr guter Jahrgang, elegante Weine mit Ausdauer.

2005
Ein Jahr, das konzentrierte, strukturierte Weine erbrachte.

2004
Klassischer Jahrgang.

SÜDLICHE RHÔNE

Während sich die Weinberge des nördlichen Rhône-Tals in einem schmalen Streifen am Fluss entlangziehen, fächern sich die an der südlichen Rhône breit auf. Über 76 000 Hektar und mehr als 6000 Erzeuger machen dieses Anbaugebiet, dessen Kern Châteauneuf-du-Pape und andere berühmte Lagen bilden, nach Bordeaux zum zweitgrößten Frankreichs. Feine Weine könnte man in diesem sonnenüberfluteten Bereich kaum erzeugen, würden nicht der Mistral, der von Norden her durch das Tal fegt, und die Gebirgsmassen der Dentelles de Montmirail, der Mont Ventoux und die Montagne du Luberon für Kühlung sorgen.

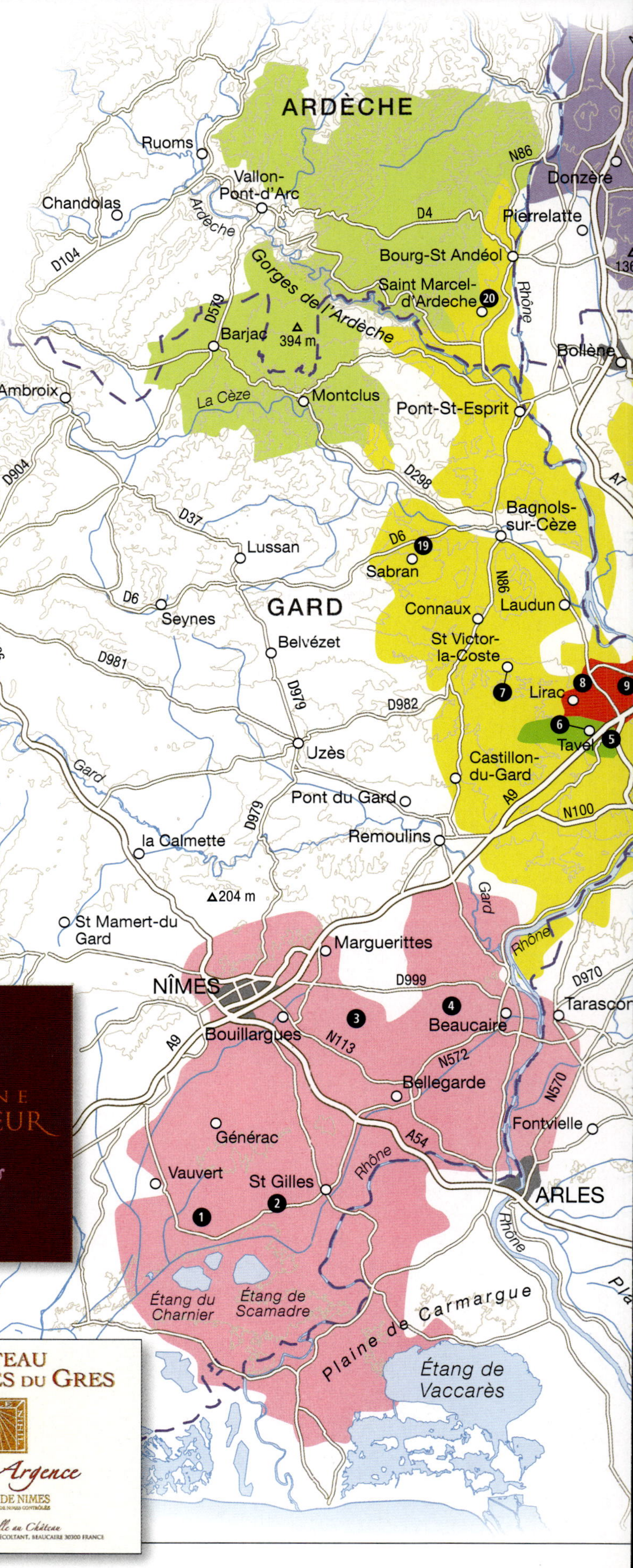

ZEICHENERKLÄRUNG

Châteauneuf-du-Pape	Côtes du Ventoux	Beaumes-de-Venise
Costières de Nîmes	Côtes du Vivarais	Rasteau
Côtes du Luberon	Gigondas	Tavel
Coteaux du Tricastin	Lirac	Vacqueyras
Côtes du Rhône-Villages	Muscat de Beaumes-de-Venise	Vinsobres

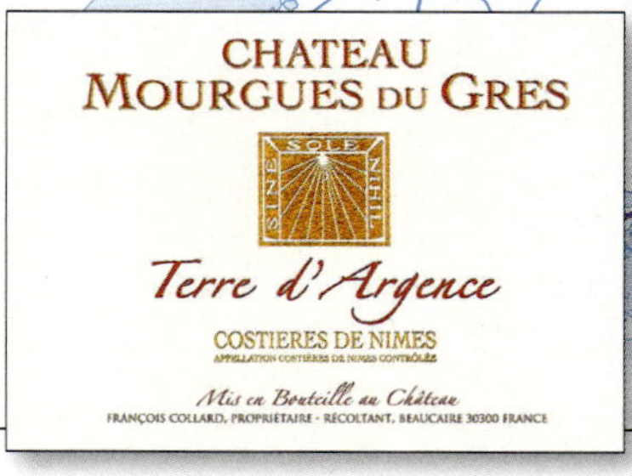

SÜDLICHE RHÔNE

GIGONDAS

- Ch. de St-Cosme 36
- Dom. des Bosquet 36
- Dom. La Bouïssière 36
- Dom. Grand Romane 35
- Dom. du Grapillon d'Or 36
- Dom. Les Pallières 35
- Dom. La Roubine 36
- Dom. St-Damien 36
- Dom. St-Gayan 36
- Dom. Santa Duc 36
- Moulin de la Gardette 36

CHÂTEAUNEUF-DU-PAPE

- Ch. de Beaucastel 15
- Ch. de la Gardine 10
- Ch. La Nerthe 12
- Ch. Rayas 15
- Le Clos du Caillou 15
- Clos des Papes 14
- Clos St-Jean 14
- Dom. de Beaurenard 14
- Dom. Bosquet des Papes 14
- Dom. Les Cailloux 14
- Dom. Chante-Cigale 14
- Dom. de Cristia 17
- Dom. de la Janasse 17
- Dom. de Marcoux 16
- Dom. du Pégau 14
- Dom. Pierre Usseglio 14
- Dom. Roger Sabon 14
- Dom. de la Roquète 14
- Dom. St-Préfert 11
- Dom. de la Vieille Julienne 16
- Dom. Le Vieux Donjon 14
- Dom. du Vieux Télégraphe 13

Erkundigen Sie sich nach Verkostungsmöglichkeiten und Öffnungszeiten der Kellereien, bevor Sie Ihre Reise planen. Manche Betriebe empfangen Besucher nur nach Voranmeldung.

CHÂTEAU DE BEAUCASTEL
DER HOMMAGE À JACQUES PERRIN BESTEHT AUS 60 % MOURVÈDRE VON ALTEN REBEN

CHÂTEAU PESQUIÉ
DER QUINTESSENCE HAT MIT ZU PESQUIÉS VORZÜGLICHEM RUF BEIGETRAGEN

Château d'Aquéria Tavel

Das von Weinbergen umgebene klassizistische Herrenhaus, dessen Geschichte bis 1595 zurückreicht, strahlt eine bescheidene Größe aus. Damit einher geht die ruhige Integrität, mit der die Brüder Vincent und Bruno de Bez ihr 66-ha-Gut leiten. Diese Qualitäten setzen sich in den Weinen fort, die unprätentiös, preislich korrekt und stets verlässlich sind. Drei Viertel der Produktion stellt der fein austarierte Rosé Tavel; das restliche Viertel nehmen die noch verlockenderen weißen und roten Lirac-Gewächse ein, wobei der komplexe, seidige Rotwein den einfacheren Weißen überstrahlt.

Route de Roquemaure, 30126 Tavel; www.aqueria.com

Château de Beaucastel

Châteauneuf-du-Pape

Die Familie Perrin steuerte Beaucastel in den letzten 100 Jahren an die Spitze der Châteauneuf-Erzeuger, und die nun am Start stehende fünfte Generation der Familie wird es dort wohl auch halten. Auf 70 ha wachsen alle 13 zugelassenen Rebsorten der Appelation. Mourvèdre, die ebenso stark vertreten ist wie Grenache, sorgt für Leder- und Gewürznoten sowie Rückgrat und sorgt im Verbund mit bedeutenden Mengen an Cinsault, Counoise und anderen alten Sorten für Weine von enormer Komplexität. Der Hommage à Jacques Perrin (60 % Mourvèdre von alten Reben) ist eine mitreißende Spezialcuvée, der Roussanne Vieilles Vignes glänzt mit Honignoten, doch die Kronjuwelen der Familie sind der klassische, alterungswürdige rote und weiße Châteauneuf. Coudoulet de Beaucastel heißen erstklassige Côtes-du-Rhône-Weine.

84350 Courthézon; www.beaucastel.com

Château La Canorgue Luberon

Unter den Besuchern des 300-jährigen Guts von Jean-Pierre Margan und Tochter Nathalie sind nicht wenige Filmfans – das Château und seine Weinberge dienten als Kulisse für den Film *Ein gutes Jahr* (2006) –, und viele, darunter auch Regisseur Ridley Scott, wurden dank der Reintönigkeit und des Schwungs seiner Weine bald Kunden. Jean-Pierre mag die Vorstellung, dass seine Weine viele Facetten haben: »Genau wie ich – ich fühle mich in Jeans genauso wohl wie im Smoking.«

Route du Pont Julien, 84480 Bonnieux; Tel. 04 90 75 81 01

Château de Fonsalette Massif d'Uchaux

Die Familie Reynaud vom berühmten Château Rayas (siehe S. 321) in Châteauneuf-du-Pape besitzt das große Gut mit Wäldern, Olivenbäumen und 12 ha Rebland seit 1945. Die Weine werden auf Château Rayas bereitet und ähneln in ihrer Feingliedrigkeit den dortigen Gewächsen, vor allem der rote Côtes du Rhône mit (in der Jugend) schönen Himbeernoten, sauberem Biss und zarten Tanninen (35 % Cinsault sorgen für Frische). Der Syrah Fonsalette verbindet reine Beerenfrucht mit herrlicher Säure und Festigkeit. Wie ihre Cousins aus Châteauneuf sind diese Weine sehr langlebig – und teuer.

84290 Lagarde-Paréol; www.chateaurayas.fr

Château de la Gardine

Châteauneuf-du-Pape

Als Gaston Brunel das alte Gut 1946 erwarb, umfasste es nur 8 ha in einer großen Parzelle. Heute werden 52 ha von seinen Söhnen Patrick und Maxime bewirtschaftet, die von Maximes Sohn Philippe unterstützt werden. Gemeinsames Ziel ist es, Überreife zu vermeiden und trockene Weine zu bereiten, die sich als Essensbegleiter eignen, aber auch lagerfähig sind. Dennoch sind die Weine recht mollig und modern (die großen *foudres* wurden durch Barriques ersetzt), wobei die Cuvée Tradition von der extrem konzentrierten Cuvée des Générations Gaston-Philippe von alten Reben und dem herrlich vollen L'Immortelle noch in den Schatten gestellt wird.

Route de Roquemaure, 84230 Châteauneuf-du-Pape www.gardine.com

Château Mas Neuf Costières de Nîmes

Die Weine dieses Betriebs hätten nicht in weniger als zehn Jahren Berühmtheit erlangt, wären da nicht Energie und Ehrgeiz von Luc Baudet gewesen. Er gründete nicht nur das Konsortium, das das große Gut 2001 kaufte, sondern richtete zudem Weinbau und Weinbereitung kompromisslos auf Qualität zu fairen Preisen aus. Die (zum Teil experimentellen) Spitzencuvées sind empfehlenswert (vor allem der sinnliche Avec des Si), der weiße und rote Compostelle der mittleren Qualitätsstufe ist stets großartig und die Paradox-Weine auf Einsteigerniveau kaum weniger gut. ★**Aufsteiger**

30600 Gallician; www.chateau-mas-neuf.com

Château Mourgues du Grès

Costières de Nîmes

Das Motto *sine sole nihil* (»nichts geht ohne Sonne«) wurde vor Jahrhunderten in Stein gemeißelt, als Mourgues du Grès ein Klostergut war. Für François und Anne Collard, die den großen Besitz zum anerkanntesten Erzeuger in Costières de Nîmes machten, gilt dieser Leitspruch immer noch. Allen Weinen des breiten Spektrums sind die üppigen Aromen perfekter, sonnengereifter Trauben eigen, mit der Mineralität eines großartigen Terroirs als Unterbau. Pfirsichduftige Weiße, spritzige Rosés, fein gebaute Rote – alles ist saftig-verlockend. Der an Grenache reiche Terre de Feu hält sich bis zu zehn Jahre.

30300 Beaucaire; www.mourguesdugres.com

Château La Nerthe Châteauneuf-du-Pape

In einer Region mit vielen imposanten Châteaux sticht das im klassizistischen Stil gehaltene La Nerthe dennoch hervor. Das zweitgrößte (82 ha), zu den geschichtsträchtigsten Häusern zählende Gut in Châteauneuf-du-Pape, beeindruckt aber auch mit seinen modernen Weinen dank der seit 1985 getätigten Investitionen der Familie Richard. 15 % der Gesamtproduktion, also dreimal so viel wie sonst üblich, sind Weiße, darunter der äußerst langlebige Clos de Beauvenir. Auch die Roten reifen hervorragend: sowohl die klassische Cuvée als auch die kraftvolle Cuvée des Cadettes von alten Reben.

84232 Châteauneuf-du-Pape; www.chateaulanerthe.fr

Château d'Or et de Gueules

Costières de Nîmes

Diane de Puymorin ist eine Frau der Tat. Die ehemalige Marketingchefin verwirklichte ihren Traum vom eigenen Weingut auf kompromisslose Weise: Diane studierte zunächst Önologie und setzte dann ab 1998 die 65 ha des alten Guts komplett neu instand. Ihre Weine sind reichhaltige, alterungswürdige rote Gewächse, die von der fachkundigen Zähmung der Tannine in Carignan und

Mourvèdre zeugen. Der La Bolida, fast 100 % Mourvèdre von sehr alten Reben, bietet enorme Wucht bei gleichzeitiger Finesse, der Trassegum (50 % Syrah sowie je 25 % Carignan und Mourvèdre von alten Reben) würzige Kraft zu weniger als dem halben Preis.

30800 St-Gilles; www.chateau-or-et-gueules.com

Château Pesquié Ventoux
Im aufstrebenden Ventoux wirkt Château Pesquié so etabliert und selbstbewusst, als wäre es schon immer da gewesen, auch wenn Edith und Paul Chaudière erst in den 1980er-Jahren auf Weinbau umsattelten. Jetzt ist das nachhaltig bewirtschaftete Gut mit seinen immerhin 83 ha der Maßstab für andere. Maximalen Genuss garantieren der exotische, fassvergorene weiße Quintessence (vornehmlich Roussanne) und der samtige Artemia (von 80-jährigen Grenache- und 50-jährigen Syrah-Reben).

Route de Flassan, 84570 Mormoiron
www.chateaupesquie.com

Château Rayas Châteauneuf-du-Pape
Kein Hörensagen kann einen auf die Eigenheiten des angesehensten und exzentrischsten Châteauneuf-Guts vorbereiten. Emmanuel Reynaud, der es seit 1997 leitet, ähnelt insofern seinem verstorbenen Onkel Jacques, als er in der Kellerei scheinbar Chaos walten lässt und sich Besucher vom Leib hält. Schade, denn die 10 ha Weinberge auf kargem, sandigem Boden sind ein kleines Paradies inmitten eines kühlen Waldes. Der honiggetönte Weiße ist reichhaltig und erfüllend; der fast burgundische Rote (100 % Grenache) bietet faszinierende Zartheit und Mineralität bei bemerkenswert anhaltender Kraft. Ein exklusiver (aber teurer) Genuss.

84230 Châteauneuf-du-Pape; www.chateaurayas.fr

Château de St-Cosme Gigondas
Louis Barruol, einer der Schrittmacher in Gigondas, produziert mit seinem Mix aus Ungeduld, Drive und geistiger Disziplin eindrucksvolle Weine. Seitdem er in der 14. Generation das Gut übernahm, das seit 1570 Familienbesitz ist, schuf er aufregende neue Cuvées und entstaubte traditionelle Verschnittrezepte. Alle seine Weine sind modern und raffiniert, verbinden Geschmackstiefe mit Finesse und erklimmen insbesondere mit den Cuvées Valbelle und Le Claux den Gipfel des Genusses. Barruol vergärt in Eiche und baut in neuen Fässern aus, weil seiner Meinung nach große alte Fässer oft trockene Tannine und rustikale Geschmacksnoten hervorbringen.

84190 Gigondas; www.saintcosme.com

Château St-Roch Lirac
Eve Brunel ist ausgebildete Önologin und heiratete in die Familie ein, der das Château de la Gardine (siehe S. 320) in Châteauneuf-du-Pape gehört. Bereit zu Neuem, erwarb sie St-Roch 1998 im festen Glauben an das Châteauneuf-ähnliche Terroir von Lirac und verdoppelte zugunsten der Qualität die Stockdichte. Ihre sorgfältig bereiteten Rot- und Weißweine gehören zu den besten der Appellation. Unbedingt zu empfehlen ist die üppige Cuvée Confidentielle – zu gleichen Teilen Grenache, Syrah und Mourvèdre von älteren Reben. ★**Aufsteiger**

Chemin de Lirac, 30150 Roquemaure
www.chateau-saint-roch.com

CLOS DES PAPES
WENIGE WEINE AN DER RHÔNE REICHEN AN DIE DER FAMILIE AVRIL HERAN

CHÂTEAU LA NERTHE
DANK DER FAMILIE RICHARD IST DIESES GUT AUF DEM WEG NACH OBEN

Le Clos du Caillou Châteauneuf-du-Pape
Das nahe dem berühmten Château Rayas (siehe dort) gelegene umfriedete Gut rund um eine alte Jagdhütte ist dank der engagierten Besitzerin Sylvie Vacheron und einem aus dem sandigen Fels gehauenen Keller einer der besucherfreundlichsten Betriebe in Châteauneuf. Die beiden Terroirs der 9 ha bestimmen den Stil der wichtigsten Rotweine: Les Safres (Sand) ist von anmutiger Eleganz, Les Quartz *(galets)* würzig und fest. 43 ha außerhalb der Appellation Châteauneuf (zum Teil gegenüber von Beaucastel) liefern anspruchsvollen Côtes du Rhône.

84350 Courthézon; www.closducaillou.com

Le Clos de Caveau Vacqueyras
An diesem Gut fasziniert vieles. Zunächst die Rebfläche: eine Parzelle, von Bäumen umgeben wie ein Geheimversteck, hoch oben in den Dentelles de Montmirail. Dann der Eigentümer: der klinische Psychologe und Psychoanalytiker Henri Bungener, der 2005 aus London kam, um seinen Vater Gérard, einen Schweizer Parfümeur, abzulösen. Und nicht zuletzt die Weine: aus biologischem Anbau, meist ohne Eichenton, köstlich frisch (Bungener liest früher als viele andere) und oft herrlich genussbetont. Qualität zu bescheidenem Preis bietet allen voran der saftige Fruits Sauvages.

Route de Montmirail, 84190 Vacqueyras
www.closdecaveau.com

Clos des Papes Châteauneuf-du-Pape
Die Avrils, in der Geschichte von Châteauneuf-du-Pape seit Jahrhunderten als Konsuln und Bürgermeister bekannt, sind eine außerordentlich zugängliche, dabei fast adelige Familie. Die Weine von Vincent Avril, der diesem 35-ha-Gut seit 1987 vorsteht, haben ähnliche Qualitäten. Sowohl der Weiße als auch der Rote (Spitzencuvées werden auf diesem Gut missbilligt) gehören stets zu den allerbesten der Appellation. Der Rotwein, der hauptsächlich aus Grenache und Mourvèdre mit kleinen Anteilen von Syrah, Muscardin, Vaccarèse und Counoise bereitet wird, ist von atemberaubender Finesse, geschmeidig und vielschichtig, der Weißwein (ohne Eiche) schlicht vorzüglich. Beide entfalten sich im Alter herrlich.

13, avenue Pierre de Luxembourg
84230 Châteauneuf-du-Pape; www.clos-des-papes.fr

Clos St-Jean Châteauneuf-du-Pape
Pascal und Vincent Saurel sind schon seit den 1980er-Jahren auf dem Gut präsent, doch in den letzten Jahren verbesserten sich ihre Weine erheblich. 2002 wurden mit der Verpflichtung von Philippe Cambie, dem bekanntesten Berater in Châteauneuf, die Weichen völlig neu gestellt. Und mit einer nagelneuen Kellerei nutzen die Brüder nun endlich das Potenzial ihrer 40 ha, von denen die Hälfte auf dem berühmten Plateau von La Crau liegt. In den üppigen, geschmeidigen Weinen scheint etwas neue Eiche durch – besonders in den Luxuscuvées La Combe des Fous und Deus-ex-Machina. ★**Aufsteiger**

Chemin du Bois de la Ville, 84230 Châteauneuf-du-Pape
Tel. 04 90 83 58 00

Domaine Alary Cairanne
Mit seinen Cousins von der Domaine Oratoire St-Martin (siehe S. 326) eint Denis Alary das Bewusstsein für sein Erbe und der Respekt für das Terroir, das sich hier über

DOMANE DE LA CITADELLE
DER LE CHÂTAIGNIER IST EINE ZUGÄNGLICHE, ANSPRECHENDE ROTE CUVÉE

DOMAINE DES BOSQUETS
JUNGTALENT JULIEN BRÉCHET STREBT MIT SEINEM GIGONDAS NACH FINESSE

drei Lagen mit einem kleineren Anteil in den Hügeln erstreckt. Alary sagt, seit 2006 gehe er anders vor, um etwas geschmeidigere Weine zu erzeugen, doch sein Faible für einen Schuss Carignan (von superreifem Lesegut) ist ungebrochen. Zwei Weiß- und vier Rotweine sind Cairanne-Gewächse höchster Eleganz. Halten Sie Ausschau nach dem üppigen weißen Font d'Estévenas und dem rauchig-saftigen roten La Brunote, obgleich alle Weine dieses biologisch bewirtschafteten Guts empfehlenswert sind.

Route de Rasteau, 84290 Cairanne; Tel. 04 90 30 82 32

Domaine de l'Amauve Séguret

Ständig unterwegs, um die Produktion von Château La Nerthe (siehe S. 320), Domaine de la Renjarde (siehe S. 327) und einem dritten Richard-Gut in Tavel zu beaufsichtigen, hat Christian Voeux nun auch noch das familieneigene Gut übernommen, von dem sich sein Vater (der an die Genossenschaft verkaufte) erst 2005 im Alter von 81 Jahren zurückgezogen hat. Der Weiße und die zwei Roten namens Séguret von 7 ha ertragsarmen Reben in diversen Terroirs sind hoch angesehen. ★**Aufsteiger**

Chemin du Jas, 84110 Séguret; www.domainedelamauve.fr

Domaine de l'Ameillaud Cairanne

Als Nick Thompson 1983 die britische Stahlindustrie verließ, um die Leitung dieses Guts zu übernehmen, war es ein auf Massenweinproduktion ausgerichteter Besitz einer Investorengruppe und doppelt so groß wie heute. »Ich war auf dem Land aufgewachsen und hatte ein bisschen in Burgund studiert«, meint er lapidar. Thompson, jetzt alleiniger Eigentümer, gibt zu, dass seine 50 ha eher flaches Rebland nicht das idealste Terroir für Cairanne-Gewächse sind, doch dank der verringerten Erträge und wenig chemischer Behandlung erzeugt er runde, ansprechende Weine, in denen reine Fruchtaromen dominieren.

Route de Rasteau, 84290 Cairanne; www.ameillaud.com

Domaine des Amouriers Vacqueyras

Der junge Igor Chudzikiewicz verdankt seinen Nachnamen einem Urgroßvater polnischer Abstammung. Reben kamen eine Generation später in die Familie, und das Gut mit Sitz in einer ehemaligen Seidenfarm gründete Igors Vater Jocelyn 1984. In jüngster Zeit hat sich seine Größe fast verdoppelt: auf 14 ha mit einem hohen Anteil alter Reben. Der studierte Önologe Chudzikiewicz, der 2008 die Leitung übernahm, erzeugt nun mehr von dem Genestes, einer gar nicht rustikalen Cuvée mit herrlichen roten Frucht- und Gewürznoten. ★**Aufsteiger**

Les Garrigues, 84260 Sarrians; Tel. 04 90 65 83 22

Domaine des Anges Ventoux

Die Lage der Domaine auf der Spitze der Colline des Anges (des Engelshügels) ist himmlisch, auch für die Weine: die Rotweinreben wachsen am Nord- bzw. Nordwesthang, die für die Weißen am Osthang. Letztere spielen auf diesem von Ciaran Rooney geführten, biologisch bewirtschafteten Gut in irischem Besitz eine große Rolle. Die Höhe, die frischen Abendwinde und der Kalksteinboden verleihen ihnen ein Rückgrat aus spritziger Mineralität, vor allem dem weißen Archange. Nach etwas Lagerzeit ist oft auch der rote Archange eindrucksvoll.

84570 Mormoiron; www.domainedesanges.com

Domaine Les Aphillanthes

Côtes du Rhône-Villages

Daniel Boulle verkaufte seine Trauben an örtliche Genossenschaften, bis ihn 1999 die Qualität seiner Trauben dazu veranlasste, dieses Gut zu gründen. Seitdem bewirtschaftet er seine 37 ha, die sich über den Plan de Dieu in Richtung Rasteau und nach Cairanne erstrecken, biodynamisch. Er schwört auf Sorgfalt im Weinberg und minimale Eingriffe im Keller, was zu einer hervorragenden Auswahl an Weinen der Côtes du Rhône-Villages führt. Zu den Spitzenreitern zählen die genussbetonte Cuvée des Galets, der lebhafte Vieilles Vignes und das Muskelpaket Cuvée du Cros, ein reiner Syrah. ★**Aufsteiger**

Quartier St-Jean, 84850 Travaillan; Tel. 04 90 37 25 99

Domaine de Beaurenard

Châteauneuf-du-Pape

Obwohl das Gut mit einer urkundlichen Erwähnung aus dem Jahr 1695 und Wein im Blut seit sieben Generationen fest mit der Geschichte von Châteauneuf verwoben ist, gehören Daniel und Frédéric Coulon zu den fortschrittlichsten Erzeugern der Appellation. 32 ha hier und 25 ha in Rasteau werden ausschließlich biodynamisch bewirtschaftet, im schönen Keller stehen Gärbottiche aus neuer Eiche, und Besucher sind willkommen. Zu den wunderbar ansprechenden Weinen zählen u. a. eine klassische Cuvée, die bereits jung angenehm zu trinken ist, aber auch Alterungspotenzial hat und der eichenlastigere Boisrenard, der Zeit zur Entfaltung braucht. Auch die Rasteau-Weine der Domaine sind sehr empfehlenswert, allen voran der reichhaltige, erfreuliche Argiles Bleues.

10, avenue Pierre de Luxembourg
84231 Châteauneuf-du-Pape; www.beaurenard.fr

Domaine Bosquet des Papes

Châteauneuf-du-Pape

Nicolas Boiron weist gerne darauf hin, dass das Gut zwar erst 1976 gegründet wurde, seine Familie jedoch schon seit 150 Jahren Trauben anbaut. Von 40 Parzellen erzeugt er einen klassischen Roten und Weißen sowie (in guten Jahren) drei Spezialcuvées: den seidig-eleganten À La Gloire de Mon Père, den strukturierteren Chantemerle und den Gassenhauer La Folie. 30 % des exzellenten Rohstoffs für diese Weine gehen in den überaus schätzenswerten Tradition, einen reintönigen, fleischigen Roten mit mineralischem Biss, der zu einem sehr fairen Preis angeboten wird.

Route d'Orange 18, 84232 Châteauneuf-du-Pape
Tel. 04 90 83 72 33

Domaine des Bosquets Gigondas

Wie viele junge Weinmacher der Region sucht Julien Bréchet nach Wegen zu mehr Finesse und weniger Tanninstärke in seinen Gigondas-Etiketten. Auf diesem Gut, dessen Geschichte bis 1644 zurückreicht, ist das besonders wichtig, weil ein Teil der Reben auf dem berühmten blauen Ton wächst, der zwar hoch geschätzt ist, aber eben kraftvolle, muskulöse Weine erbringt. Bréchets Mühen werden reich belohnt, denn in den letzten Jahrgängen gelangen ihm mollig-samtige, süffige Weine. Alles hier atmet Qualität, von der edlen Kellerei bis zum Syrah-Weinberg, der mit Setzlingen des vornehmen Guts Fonsalette (siehe S. 320) bestockt ist. ★**Aufsteiger**

84190 Gigondas; www.famillebrechet.fr

Domaine La Bouïssière Gigondas
Mit wenig Trara, aber größter Sorgfalt haben Thierry Faravel und sein Bruder Gilles dieses Gut zu einem der verlässlichsten Erzeuger in Gigondas gemacht. Von Rebflächen hoch über dem Dorf erzeugen sie komplexe Weine, deren Geschmacksschichten sich langsam entfalten und einen festen mineralischen Kern offenbaren. Der Gigondas der Domaine übertrifft den Vacqueyras durch seine würzige Tiefe, und besonders bestechend ist der teilweise in neuer Eiche ausgebaute Font de Tonnerre. Als Alltagswein ist der Verschnitt Les Amis de la Bouïssière von Merlot, Syrah und Grenache schlicht ein Hit.

Rue du Portail, 84190 Gigondas
Tel. 04 90 65 87 91

Domaine Brusset Cairanne
Laurent Brusset hat das Glück, einen Großvater mit Weinmachertalent gehabt zu haben, dazu kommt sein Vater mit der Gabe, erstklassige Parzellen aufzuspüren – die oft zu Dumpingpreisen verkauft wurden, weil nach Ansicht ihrer Eigentümer die steilen Hänge oberhalb von Cairanne und Gigondas schwer zu pflegen sind. Brussets Weine sind von ihrem steinigen, mineralreichen Terroir geprägt. Der seidig-feine Cairanne Les Chabriles von alten Reben und der volle, würzige Gigondas Les Hauts de Montmirail illustrieren die stilistischen Unterschiede zwischen den beiden Appellationen auf köstliche Weise.

84290 Cairanne; www.domainebrusset.fr

Domaine Les Cailloux Châteauneuf-du-Pape
André Brunel hält sich lieber im Hintergrund, dabei erzeugt dieser ruhige Mann mit die exquisitesten Weine in Châteauneuf-du-Pape. Ein Großteil der Böden seiner 20 ha ist mit den berühmten *galets* bedeckt, doch verschiedene Unterböden sorgen für den feinen Kontrastreichtum seiner Weine. Brunel schwört auf Mourvèdre als Gegengewicht zur verschwenderischen Fülle von Grenache. Seine alkoholstarke Cuvée Centenaire (von 100-jährigen Reben) ist zu Recht angesehen, doch die Präzision, Lebhaftigkeit und Köstlichkeit sowie der faire Preis der klassischen Cuvées sind kaum zu übertreffen.

84230 Châteauneuf-du-Pape; Tel. 04 90 83 73 20

Domaine de Cassan Beaumes-de-Venise
Das Gut in einer Falte der zerklüfteten Dentelles de Montmirail mit Weinbergen, die auf allen Seiten fast senkrecht aufragen, liegt mitten in einem Wanderparadies. Die luftige Lage verleiht den Weinen Frische. Von 17 ha in Beaumes-de-Venise und weiteren 7 ha in Gigondas erzeugt die Domaine de Cassan nur Rotweine: Der Beaumes-de-Venise strotzt vor saftig-würziger Eleganz, während der Gigondas, der in den letzten Jahren weniger eichenbetont und nicht mehr so extraktreich ausfällt, eine beachtliche Geschmackstiefe mit Finesse verbindet.

84190 Lafare; Tel. 04 90 62 96 12

Domaine Chante-Cigale
Châteauneuf-du-Pape

Alexandre Favier wirkt so jung, dass man ihn kaum für den Leiter dieses 40-ha-Guts hält, dabei bringt er bereits zehn Jahre Erfahrung mit. Ein Drittel der Reben (verteilt über 30 Parzellen) ist 70 Jahre alt – kostbarer Rohstoff, der allerdings nicht in die klassische Cuvée eingeht. Unter Faviers attraktiven und sauber bereiteten Etiketten finden sich unter anderem ein wenig in Eiche gebadeter Weißer mit Zitrus- und Fenchelnoten, ein köstlicher Aperitif, und der feine mittelschwere rote Tradition. Ein wahrer Hingucker ist allerdings die Spitzen-Cuvée Extrait, die vor Kirschwasser und Eiche nur so strotzt.

Avenue Louis Pasteur, 84230 Châteauneuf-du-Pape
www.chantecigale.com

Domaine Chaume-Arnaud Vinsobres
Wenige Frauen führten Weingüter an der südlichen Rhône, als Valérie Arnaud 1987 die Rebflächen ihrer Eltern übernahm, um eigene Weine zu lancieren. Mit ihrem Mann Philippe Chaume arbeitete sie sich zu einem der angesehensten Betriebe in Vinsobres hoch. Seit 1997 wird er biologisch, seit 2009 biodynamisch bewirtschaftet in dem Bestreben, den durch den Klimawandel schwerer gewordenen Weinen mehr natürliche Säure und Mineralität zu verleihen. Der zarte weiße Côtes du Rhône-Villages und der ausgewogene, brombeerartige Vinsobres, beide ohne Eiche und sehr authentisch, sind pure Freude.

Les Paluds, 26110 Vinsobres; Tel. 04 75 27 66 85

Domaine de la Citadelle Luberon
Unterhalb des hübschen Orts Ménerbes gründete der Ex-Filmproduzent Yves Rousset-Rouard 1989 dieses Gut. Nordhänge mit Kalksteinböden sind mit verantwortlich für seine eleganten Etiketten, die ihn zum wichtigsten Erzeuger des südlichsten Bereichs der Region machten. Der inzwischen von Yves' Sohn Alexis geleitete Betrieb führt bekanntermaßen Rotweine mit einem hohen Anteil an Syrah (vor allem in der langlebigen Cuvée Gouverneur), doch auch die Weißen sind ausgezeichnet. Mit seinen Besuchereinrichtungen, zu denen auch ein interessantes Korkenziehermuseum gehört, ist das Gut ein Muss für jeden Weinliebhaber, der im Luberon unterwegs ist.

84560 Ménerbes; www.domaine-citadelle.com

Domaine du Coriançon Vinsobres
François Vallot, der seit 1982 unter diesem Domaine-Namen abfüllt, baut, wie früher üblich, verschiedene Rebsorten innerhalb einer Parzelle an und vergärt sie gemeinsam. Seit 2003 bewirtschaftet er seine Weinberge biodynamisch. Mit ihren floralen und roten Fruchtnoten, den feinen Tanninen und einer ausgeprägten Mineralität sind seine Gewächse gelungene Beispiele für Vinsobres, eine Appellation, in der die Syrah-Traube in kühlen Lagen reift und den Weinen einen Mix aus nördlicher und südlicher Rhône-Charakteristik mitgibt. Der in Barrique gereifte L'Exception besteht zur Hälfte aus Syrah.

Hautesrives, 26110 Vinsobres; www.domainevallot.com

Domaine des Coteaux des Travers
Rasteau

Die Weintradition von Robert Charavins Familie reicht bis zur französischen Revolution zurück. Das 1955 von seinem Vater gegründete kleine Gut liegt auf der Südseite von Rasteau, dazu kommt etwas Besitz in Cairanne. Robert erzeugte 1983 den ersten Weißwein der Appellation und einen sehr schmackhaften dazu, dessen Fülle von einem salzigen Nachgeschmack aufgepeppt wird. Kellerstar ist die üppige rote Cuvée Prestige von 90-jährigen Reben, die auf hoch gelegenen Terrassen wachsen.

84110 Rasteau; www.coteaux-des-travers.com

TRÜFFELMANIE

Um ihren Weinen einen möglichst glanzvollen Auftritt zu verschaffen, greift die südliche Rhône zu einer Geheimwaffe: Trüffeln. Im Department Vaucluse (das für 70 % der französischen Trüffelproduktion aufkommt) finden im Winter in Carpentras und Richerenches zwei berühmte Wochenmärkte statt, über denen der schwere Duft von *Tuber melanosporum* liegt, wenn Händler ihre kostbare Beute gegen dicke Bündel von Geldscheinen eintauschen. Auch wenn die Preise zurzeit bis zu 1000 Euro pro Kilo betragen, bieten immer mehr Erzeugerbetriebe oder auch fortschrittliche Genossenschaften Trüffel- und Weinverkostungen an. Die Edelknolle ist so geschmacksintensiv, dass sie am besten zu einfachen Gerichten gereicht wird. Mittelschwere bis körperreiche Weine sind köstlich zu Trüffeln auf Toast, Trüffelomelett oder Nudeln mit Trüffelsahnesauce. Ältere Rotweine mögen es dagegen deftiger und eignen sich etwa zu Rinderfilet mit getrüffelter Foie gras. Die weniger angesehene (aber viel billigere) Sommertrüffel mit dem Namen *Tuber aestivum* schmeckt besonders gut zu einem Glas Champagner.

DOMAINE GRAND ROMANE
ÜPPIG, AUSLADEND UND KRAFTVOLL GIBT SICH DER GRAND ROMANE GIGONDAS

DOMAINE DE DURBAN
DIESER MUSCAT DE BEAUMES-DE-VENISE IST EINER DER BESTEN DER APPELLATION

Domaine de Cristia Châteauneuf-du-Pape

Wie viele andere verkaufte auch die Familie Grangeon ihre Weine bis Ende der 1990er-Jahre im Fass. 2002 übernahm der junge Baptiste die Leitung des Guts von seinem Vater und gilt seitdem als Shooting-Star in Châteauneuf. Er bewirtschaftet die 21 ha des Guts, die sich auf vier Terroirs verteilen, biologisch und ersetzte alle großen alten *foudres* durch kleine Eichenfässer, die den fertigen Weinen von Syrah und Mourvèdre eine toastwürzige Kraft verleihen. Der Stil des Hauses ist vollblütig und erreicht den Gipfel der Intensität in der herrlichen Cuvée Renaissance von alten Reben. ★**Aufsteiger**

33, Faubourg St-Georges, 84350 Courthézon
www.cristia.com

Domaine Cros de la Mûre Massif d'Uchaux

In der Wildnis des Massif d'Uchaux hat Eric Michel mit Weinmoden – und Weinautoren – nicht viel am Hut. Er pflegt penibelst die alten Böden seiner 16 ha, um seriöse Terroir-Gewächse zu erzeugen. »Traditionelle, handwerklich bereitete Weine mit dem Duft und dem Geschmack der Vergangenheit«, betont er. Schmeckte je ein Wein vergangener Zeiten so gut wie seine tiefgründigen, leichtfüßigen, bodenständig verführerischen Schönheiten? Die Erträge sind extrem niedrig, die Weine werden extralang im Tank ausgebaut (Eiche wird nur für den limitierten Châteauneuf-du-Pape und Gigondas verwendet) und sind einfach überwältigend.

84430 Mondragon; www.crosdelamure.sitew.com

Domaine Delubac Cairanne

Vincent und Bruno Delubac fühlen sich ihrem Großvater zu Dank verpflichtet, nicht nur für seine Weinberge und seinen guten Rat, als sie vor 20 Jahren ins Weingeschäft einstiegen, sondern auch für seine Offenheit. »Denkt nie, ihr habt etwas Besonderes erreicht«, sagte ihnen der rührige Unternehmer, der in Avignon und Paris tätig war, bevor er zu seinen Reben zurückkehrte. Und so hinterfragen sich die Delubacs immer wieder aufs Neue. Ihr weißer Cairanne ist wunderbar frisch, der Hauptrotwein Les Bruneau geschmeidig, aber schlicht und der reichhaltig-umhüllende L'Authentique gelingt jetzt subtiler als bisher.

Route de Carpentras, 84290 Cairanne; Tel. 04 90 30 82 40

Domaine de Durban Beaumes-de-Venise

In einer Region, die seit Generationen dem Wein gewidmet ist, sticht dieses ausgedehnte Gut, seit 60 Jahren im Besitz der Familie Leydier, durch seine Geschichte (sie reicht zurück bis 1159) und durch seine atemberaubende, von steilen Weinbergen beherrschte Landschaft hervor, die einen schwindelerregenden Blick auf den Ort Beaumes-de-Venise freigibt. Auf der Weinliste stehen eine Vielzahl an Vin-de-Pays-Etiketten, etwas roter Beaumes-de-Venise und Gigondas, insbesondere aber Durbans feiner süßer Muscat – ein Meisterwerk finessenreicher Birnen- und Aprikosenkomposition.

84190 Beaumes-de-Venise; www.domainedurban.com

Domaine Duseigneur Lirac

Mut müssen die Duseigneurs in den Genen haben. 2004 beschlossen die Brüder Bernard und Frédéric, das Gut, dessen Rebfläche ihr Vater 40 Jahre zuvor weitgehend dem Wald abgetrotzt hatte, komplett auf biodynamischen Anbau umzustellen. Ihre Hoffnung, dadurch Weine mit mehr Persönlichkeit zu erzeugen (»wir haben alles auf eine Karte gesetzt«, gibt Frédéric zu), wurde mehr als erfüllt: Die Lirac-Etiketten (vor allem der rote Antarès) und der zusammen mit dem einflussreichen Gastronom Philippe Faure-Brac erzeugte Laudun sind saftige, lebhafte, vielschichtige Schönheiten ohne Speckröllchen.

Rue Nostradamus, 30126 St-Laurent-des-Arbres
www.domaineduseigneur.com

Domaine des Escaravailles Rasteau

Zum Besuch dieser Domaine sollte man Wanderschuhe anziehen. Ihr Name ist das okzitanische Wort für Skarabäus und bezeichnet die Bußbrüder, die einst mit ihren schwarzen Kapuzen die steinigen Steilhänge hinaufstiegen. Das in den 1950er-Jahren bestockte Gut mit inzwischen 65 ha, teils in Cairanne und Roaix, führt Gilles Ferrand mithilfe des berühmten Önologen Philippe Cambie. In zehn Jahren haben die beiden eine Palette sehr schöner Weine entwickelt, darunter zwei Vorzeigegewächse: der weiße Rasteau La Ponce, der durch die Höhenlage viel Frische gewinnt, und der saftige, samtig-elegante Cairanne Le Ventrabren. ★**Aufsteiger**

84110 Rasteau; www.domaine-escaravailles.com

Domaine des Espiers Vacqueyras

Philippe Cartoux erzeugt (noch) keinen Vacqueyras, obwohl er auf der Domaine de Montvac (siehe S. 326) seiner Frau in Vacqueyras seinen Hauptsitz hat. Der selbst ernannte Winzer gab 1989 seinen Beruf als Elektrotechniker auf, nachdem er 2 ha Rebland in Gigondas erworben hatte. Mit weiteren Weinbergen in Gigondas, an den Côtes du Rhône und in Sablet (seinem »Labor«) arbeitet Cartoux mittlerweile beständig an seinen Bereitungsmethoden und favorisiert derzeit Aromenreichtum und Frische vor Struktur. Alle seine Weine sind Vollblüter, wobei der wunderbar vielschichtige Gigondas eine halbe Kopflänge Vorsprung hat.

Route de Vaison La Romaine, 84190 Vacqueyras
Tel. 04 90 65 81 16

Domaine de Fenouillet Beaumes-de-Venise

Mit Rebflächen in vielen verschiedenen Lagen haben die Brüder Patrick und Vincent Soard in den 20 Jahren an der Spitze des von ihrem Großvater gegründeten Guts ein breites Angebot entwickelt. Erzeugt werden rund ein Drittel süßer Muscat, ein Drittel roter Beaumes-de-Venise und ein Drittel Weiß-, Rot- und Roséwein aus Ventoux. Die roten Beaumes-de-Venise-Gewächse mit schwarzen Fruchtaromen und rauchig-mineralischen Noten stechen besonders hervor. Beachtlich ist die dichte Jahrgangs-Cuvée Yvon Soard mit 50 % Syrah, dem, so die Brüder, der von den Dentelles kommende Wind Frische verleiht.

84190 Beaumes-de-Venise; www.domaine-fenouillet.fr

Domaine de Fondrèche Ventoux

Wie viele Önologiestudenten haben Eltern, die ihnen ein Weingut mit großartigem Terroir und Panorama kaufen? Sébastien Vincenti hatte dieses Glück. Doch er kniete sich auch von Anfang an in die Restrukturierung der Weinberge hinein, stellte auf biologischen Anbau um und geizte nicht mit Ansprüchen an sich und seine Weine. Ergebnis: Das Gut ist seit mehr als zehn Jahren ein Trendsetter. Der Star in Sébastiens starkem Aufgebot ist der vollmundige weiße Persia auf Roussanne-Basis, der im

Fass vergoren, aber zugunsten der Frische im Tank ausgebaut wird. Und der lebhafte, schwefelfreie Nature Rouge wird nicht nur Asthmatiker begeistern. ★**Aufsteiger**

84380 Mazan; www.fondreche.com

Domaine La Fourmone Vacqueyras
Auf dem Gut, dessen Name von *fromentum*, dem lateinischen Wort für Weizen, abgeleitet ist, gab es neben Reben auch Getreide, Oliven und Seidenraupen, seit es in den 1760er-Jahren gegründet wurde. Heute wird es von Marie-Thérèse Combe geführt, Künstlerin und Weinmacherin in der vierten Generation, die 20 ha in Vacqueyras und 10 ha in Gigondas nachhaltig bewirtschaftet. Der üppige Vacqueyras Ceps d'Or von alten (»goldenen«) Reben und der intensive Gigondas Cuvée Fauquet sind beispielhaft für den Stil des Hauses: rund und generös, mit fein abgestimmten Tanninen.

Route de Bollène, 84190 Vacqueyras
www.domaine-la-fourmone.com

Domaine Grand Romane Gigondas
Im großen Besitz der Familie Amadieu in Gigondas ist Grand Romane das Glanzstück. Die alten Reben des in den 1950er-Jahren auf 400 Meter Höhe angelegten Guts erbringen einen tiefgründigen, straffen Wein mit kraftvollem Tanningerüst, das durch den Ausbau eines Drittels des Verschnitts in neuen Barriques noch verstärkt wird. Dieser Stil ist nicht jedermanns Sache, es sei denn, man gibt dem Wein Zeit – oder ein Steak, das seiner Macho-Persönlichkeit die Stirn bietet.

Quartier Petit Chemin, 84190 Gigondas
www.pierre-amadieu.com

Domaine du Grapillon d'Or Gigondas
Da Céline Chauvet gerne kocht, mündet eine Verkostung auf dem Gut ihrer Familie unweigerlich in ein Gespräch über zum Wein passende Gerichte (Pilz-Kartoffel-Gratin zum saftigen 2001er Gigondas? Mmh!). Von 14 ha v. a. auf den Hügeln gelegenem Rebareal in Gigondas und 3 ha in Vacqueyras erzeugt Chauvet in einem traditionellen Keller, in dem ihr Vater Bernard immer noch im Hintergrund mitwirkt, runde, reife Weine mit anhaltender Kraft.

84190 Gigondas; www.domainedugrapillondor.com

Domaine de la Janasse
Châteauneuf-du-Pape
Christophe Sabon war 19, als ihn sein Vater 1991 zum verantwortlichen Kellermeister des Guts machte. »Papa hat ihm den Schlüssel überreicht mit den Worten: Tu, was du willst«, erzählt seine Schwester Isabelle, die 2001 als Önologin mit einstieg. Inzwischen verfügt die Domaine über einen großen Rebbestand in Côtes du Rhône und -Villages sowie über 15 ha in Châteauneuf-du-Pape, von denen reife, moderne, extrovertierte Weine kommen. Alte Reben verleihen dem Chaupin (100 % Grenache) und dem Vieilles Vignes üppigen Charme, der volle weiße Prestige mit Marzipannoten ist ebenfalls sehr reizvoll.

84350 Courthézon; www.lajanasse.com

Domaine Jaume Vinsobres
Mit 80 ha auf zwei unterschiedlichen Terroirs gehören Pascal und Richard Jaume, Winzer in der vierten Generation, zu den wichtigsten Erzeugern in Vinsobres. Sie pflegen einen nahezu biologischen Ansatz und waren hier mit die Ersten, die Schädlinge mit Lockstoffen bekämpfen, die Erträge niedrig halten, mit Schafmist düngen, bei Bedarf Grünlese praktizieren und möglichst Wildhefen verwenden. Der Effekt ist in einem schönen Angebot zu bewundern: vom unkomplizierten Altitude 420 zum äußerst anspruchsvollen Le Clos des Echalas, der (in den besten Jahren) von 80-jährigen Reben erzeugt und mit neuer Eiche behandelt wird.

26110 Vinsobres; www.domainejaume.com

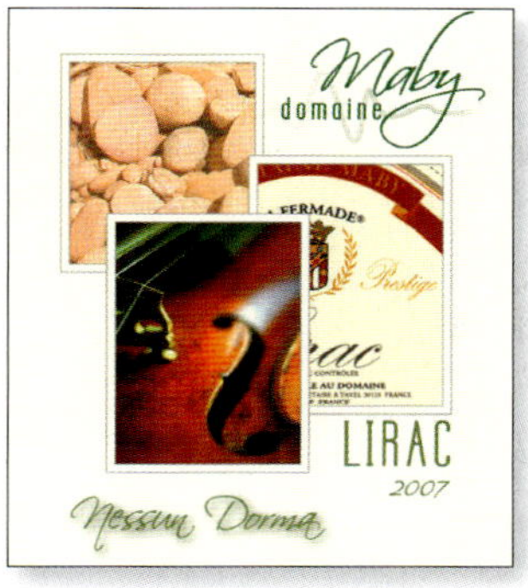

DOMAINE MABY
DIE CUVÉE NESSUN DORMA IST EIN WÜRZIGER, LAGERNSWERTER ROTWEIN

DOMAINE JAUME
DER RÉFÉRENCE IST EIN REICHHALTIGER, EINDRINGLICHER VERTRETER AUS VINSOBRES

Domaine Lafond Roc-Epine Tavel
Als Pascal Lafond vor 30 Jahren auf dem Gut seines Vaters einstieg, lag der Familienbesitz ganz in Tavel und brachte Rosés mit legendärer Kraft und Tiefe hervor. Jetzt verteilen sich die familieneigenen Weinberge von 80 ha zur Hälfte auf Lirac und Côtes du Rhône mit einem kleinen Ableger in Châteauneuf-du-Pape. Die Weine sind zwar nicht so langlebig wie andere, aber von attraktiver Modernität, ohne ihre Provence-Wurzeln zu verleugnen. Angesichts Lafonds Ernsthaftigkeit und der bevorstehenden Öko-Zertifizierung könnten sie sogar noch zulegen.

Route des Vignobles, 30126 Tavel; Tel. 04 66 50 24 59

Domaine Maby Tavel
Richard Maby kehrte 2004 der Pariser Börse den Rücken, um die Nachfolge seines Vaters anzutreten, und sorgte mit viel Energie für einen enormen Qualitätsschub auf dem Familiengut, das 23 ha in Tavel und 30 ha in Lirac umfasst. Die fein strukturierten Weine brillieren mit Reintönigkeit und generösem Stil, die Weißen vielleicht noch mehr als die reichlich bemessenen Rosés und die würzigen, mineralischen Roten. Der vollmundige Lirac Cuvée Prestige von je 50 % Grenache Blanc und Viognier wird in Eiche ausgebaut und trinkt sich besonders lohnend und herrlich zu Foie gras, meint Maby. ★**Aufsteiger**

Rue St-Vincent, 30126 Tavel; www.domainemaby.fr

Domaine Marc Kreydenweiss
Costières de Nîmes
Die Weinwelt ist gerade erst dabei, das seit 1999 vom Elsässer Erzeuger Marc Kreydenweiss erworbene Gut zu entdecken. Nach langer Beschäftigung mit Weißweinen war Kreydenweiss neugierig auf Rotweine geworden, zudem reizte ihn das hiesige Terroir: *galets* sowie Schiefer-, Quartz- und Sandsteinböden »genau wie im Elsass«. Seine Frau Emmanuelle, Kellermeisterin, und er sind der Biodynamik verpflichtet und lesen früh im heißen Costières, um Frische mit mineralischer Komplexität zu erreichen – was sich im duftenden, fruchtigen Grimaudes ganz anders ausdrückt als im vollen, vielschichtigen Perrières. Ihr neuestes Projekt: 2 ha alte Reben in Châteauneuf-du-Pape. ★**Aufsteiger**

701, chemin des Perrières, 30129 Manduel
www.kreydenweiss.com

Domaine Marcel Richaud Cairanne
Mit langen grauen Haaren und modischer Brille wirkt Marcel Richaud selbstbewusst und unkonventionell wie seine Weine. Der Winzer in der fünften Generation füllt seit 1974 unter seinem Namen ab und hat seitdem mithilfe seiner Frau Marie das weitgehend biologisch bewirtschaftete Gut auf 50 ha Rebfläche in 30 verschiedenen Parzellen ausgedehnt. Von alten Reben der besten

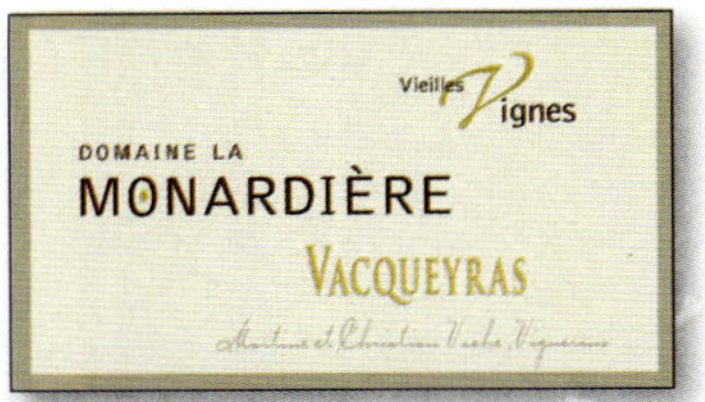

DOMAINE LA MONARDIÈRE
DER MONARDIÈRE VIEILLES VIGNES REIFT 18 MONATE IN GROSSEN EICHENFÄSSERN

DOMAINE LES PALLIÈRES
DER LES PALLIÈRES GIGONDAS IST FEIN STRUKTURIERT UND LAGERNSWERT

Terroirs ensteht der konzentrierte, fast an einen Châteauneuf-du-Pape erinnernde L'Ebrescade, doch auch die weniger ehrgeizigen Abfüllungen sind stilvoll, von dem exotischen weißen Carianne mit Mangonoten bis zum herrlichen, unkomplizierten roten Côtes du Rhône.

Route de Rasteau, 84290 Cairanne
Tel. 04 90 30 85 25

Domaine de Marcoux Châteauneuf-du-Pape

Philippe Armeniers Familie betreibt seit dem 14. Jahrhundert Weinbau, er selbst gründete 1990 mit der Domaine de Marcoux das erste biodynamische Gut in Châteauneuf, zog dann aber ins Ausland. Seine Schwestern führen, wenn auch etwas weniger radikal, seinen Ansatz fort: Catherine ist für die 17 ha Weinberge zuständig, Sophie trägt die Verantwortung im Keller. Ihre Weine – manchmal zum Erstaunen der beiden als feminin beschrieben – sind duftende, genussbetonte, außerordentlich reine und fein strukturierte Geschöpfe. Der opulente Vieilles Vignes beansprucht nur die Hälfte des Leseguts von alten Reben, der Rest kommt der Basis-Cuvée zugute.

84230 Châteauneuf-du-Pape; Tel. 04 90 34 67 43

Domaine La Monardière Vacqueyras

Mit landwirtschaftlichem Abschluss und Erfahrungen in Kalifornien und Burgund ist Damien Vache typisch für die jüngere Generation von Rhône-Weinmachern: gut ausgebildet, kommunikativ, offen. Er ist auf biologischen Anbau abonniert und glaubt an die Biodiversität, ein Charakteristikum seiner Weinberge, die sich hauptsächlich in Hanglagen befinden. Weiße und Rosés, die in der Appellation nur 5 % ausmachen, stellen hier 20 % der Produktion. Empfehlenswert ist der gehaltvolle weiße Galéjade, aber auch der rote Les 2 Monardes, ein köstlicher Vacqueyras zu einem sehr fairen Preis. ★**Aufsteiger**

84190 Vacqueyras; www.monardiere.fr

Domaine de Montvac Vacqueyras

Bevor Cécile Dusserre das Gut übernahm, das seit vier Generationen von Mutter zu Tochter weitergegeben wird, wollte sie Balletttänzerin werden. Darum erstaunt es nicht, dass ihre Weine – Gigondas und Vacqueyras – bemerkenswert ausgewogen und anmutig sind und, obwohl voll und reich im Gefüge, leichtfüßig über den Gaumen tanzen. »Ich kann keine Weine bereiten, die ich selbst nicht mag«, sagt sie. Der fassvergorene weiße Vacqueyras und die lebhafte Cuvée Vincila von alten Reben belegen die Ehrenplätze in einem überzeugenden Angebot.

84190 Vacqueyras; www.domainedemontvac.fr

Domaine de la Mordorée Tavel

Die Brüder Christophe und Fabrice Delorme erzeugen anspruchsvolle Etiketten aus Tavel, Lirac und den Côtes du Rhône in genussbetontem Stil, die eine seidige Textur mit Geschmackstiefe und bewundernswerter Balance verbinden. Wer auf die Entdeckung von traditionellem, vollem, lagernswertem Tavel aus ist, sollte die Cuvée de la Reine des Bois probieren, die sich bis zu zehn Jahre anmutig entfaltet. Weitere Highlights sind die gefälligen roten Lirac-Gewächse des Hauses und – seit Neuestem – eine kleine Menge üppiger Châteauneuf-du-Pape.

Chemin des Oliviers, 30126 Tavel
www.domaine-mordoree.com

Domaine du Moulin Vinsobres

Denis Vinson, Frau Frédérique und Sohn Charles führen den ihrer Ansicht nach kleinsten und ältesten Privatbetrieb in Vinsobres, der insbesondere Oliven hervorbrachte, bevor 1956 ein verheerender Frost viele Bäume vernichtete. Sie wurden durch als sicherer angesehene Reben ersetzt (wobei genug Bäume blieben, um ein ausgezeichnetes Olivenöl zu produzieren). Am besten sind die fein gewobenen Cuvées Jean Vinson von alten Reben und der eichen- und Syrah-lastigere Charles Joseph – beide saftig-verlockende Gewächse.

26110 Vinsobres; Tel. 04 75 27 65 59

Domaine de Mourchon Séguret

Zwei Dinge sind an diesem Gut bemerkenswert, das Walter und Ronnie McKinlay 1998 als Altersprojekt gründeten: zum einen die Lage hoch über dem Ort Séguret, zum anderen die jugendliche Energie, mit der sie 17 ha Rebland in ein dynamisches Unternehmen verwandelten. Und die Weine werden immer besser: dem alterungswürdigen Grande Réserve wurde eine subtilere Eichennote verordnet und in Spitzenjahrgängen entsteht jetzt auch eine eindrucksvolle Spezial-Cuvée namens Family Reserve. Der ohne Eiche ausgebaute Tradition ist immer eine sichere Wahl. ★**Aufsteiger**

84110 Séguret; www.domainedemourchon.com

Domaine Oratoire St-Martin Cairanne

François und Frédéric Alary, Sprösslinge einer seit über 300 Jahren ansässigen Winzerfamilie in Cairanne, erzeugen mit die besten Etiketten der südlichen Rhône – mit einem Selbstvertrauen, aus dem zehn Generationen Erfahrung spricht. Die aufgeschlossenen Brüder führten auf ihren (seit 1993 organisch bewirtschafteten) 26 ha Rebland biodynamische Methoden ein, entfernen Hitze speichernde Steine von ihren Weinbergen, um die Traubenreife zu verlangsamen und so für mehr Frische zu sorgen, und sind Garanten für beispielhafte Weine: etwa für den vollen weißen Haut-Coustias (Marsanne, Roussanne und Viognier) mit salzigem Einschlag und den roten Haut-Coustias auf Mourvèdre-Basis, ein milder Mix aus pfeffriger Frucht und mineralischem Biss.

84290 Cairanne; www.oratoiresaintmartin.fr

Domaine Les Pallières Gigondas

Die Bruniers, Eigentümer von Le Vieux Télégraphe (siehe S. 329) in Châteauneuf-du-Pape, waren an den Côtes du Rhône auf der Suche nach einem Gut, dessen Weine eine markante Persönlichkeit aufweisen und trotzdem Trinkgenuss versprechen. Schließlich kauften sie 1998 gemeinsam mit ihrem amerikanischen Importeur Kermit Lynch das heruntergekommene, aber hoch und herrlich gelegene Gut mit einem Schatz an alten Reben. Sie gewähren ihren beiden Cuvées vor der Abfüllung ein ganzes Jahr im Tank und ein weiteres im Fass. Das Ergebnis ist ein äußerst stilvoller Gigondas: fein strukturiert, auffallend harmonisch und zudem auch noch langlebig. ★**Aufsteiger**

Route d'Encieu, 84190 Gigondas; www.vignoblesbrunier.fr

Domaine du Pégau Châteauneuf-du-Pape

Laurence Féraud und ihre Weine verzaubern Kritiker schon so lange und so nachhaltig, dass die energische junge Frau, die früher mit ihrem Vater im Keller stritt (»Ich mache es, wie ich will!«), nun eine feste Größe ist.

Das 1987 auf altem Weinbergbesitz der Familie gegründete Gut umfasst 20 ha in 17 unterschiedlichen Parzellen, von denen manche noch mit allen 13 in Châteauneuf zugelassenen Rebsorten bestockt sind. Die traditionell bereiteten, fest gewirkten Weine offenbaren rauchig fleischige Konzentration und mineralischen Schwung. Cuvée Réservée ist der Hauptrotwein, die kraftvolle Cuvée da Capo wird nur in Spitzenjahren erzeugt.

84230 Châteauneuf-du-Pape; www.pegau.com

Domaine Pélaquié Laudun

Die Rebfläche von 65 ha des bedeutendsten Einzelerzeugers in Laudun erstreckt sich so weit das Auge reicht rund um ein schönes altes Haus. Die Weißweine von Luc Pélaquié machen 25 % seiner Produktion aus – der höchste Anteil, wie er meint, an der südlichen Rhône. Sie sind denn auch auf der Weinliste des Guts, auf der neben Laudun Côtes du Rhône, Tavel und Lirac steht, die unangefochtenen Stars, allen voran der ohne Eiche ausgebaute, aber üppige Laudun selbst. Die Rosé- und die Rotweine sind manchem vielleicht etwas zu opulent.

30290 St-Victor-la-Coste; www.domaine-pelaquie.com

Domaine de Piaugier Sablet

Mit 20 ha in zahllosen kleinen Parzellen rund um Sablet gründeten Jean-Marc Autran, Winzer in der vierten Generation, und seine Frau Sophie 1985 diese Domaine. Ihr Schwerpunkt lag zwangsläufig auf Rotwein, und ihr klassischer roter Sablet beweist das Potenzial dieser Appellation für saftige Eleganz. Doch die Autrans waren auch mit die Ersten, die Weißwein im Barrique bereiteten, ihr ausgewogener Sablet Blanc wurde jedenfalls vielen anderen zum Vorbild. Faszinierend ist auch der lebhafte rote Sablet Ténébi, der ausschließlich von der alten Rebsorte Counoise erzeugt wird.

84110 Sablet; www.domainedepiaugier.com

Domaine Pierre Usseglio

Châteauneuf-du-Pape

Seit Anfang der 1990er-Jahre führen die Brüder Thierry und Jean-Pierre Usseglio das Gut, das ihr Großvater gegründet hatte, ein energischer Weinbergarbeiter aus dem Piemont, der in den 1930er-Jahren nach Châteauneuf kam. Seit 1998 ehren sie sein Andenken mit der reichhaltigen Cuvée de Mon Aïeul von 95-jährigen Grenache-Reben, von der jährlich 20000 Flaschen produziert werden. Doch die traditionelle Cuvée, der die Usseglios die gleiche Sorgfalt widmen, bietet ebenso beeindruckende Qualität zu etwa dem halben Preis. Ihr Stil, eher zurückhaltend als extrem üppig, kommt auch in einem frischen, leichtfüßigen Weißwein zum Ausdruck.

Route d'Orange, 84230 Châteauneuf-du-Pape
Tel. 04 90 83 72 98

Domaine de la Pigeade

Beaumes-de-Venise

Marina und Thierry Vaute sind vehemente Verfechter von Muscat de Beaumes-de-Venise und sehen es als ihren Auftrag an, eine der führenden Süßweinappellationen Frankreichs zu fördern. Drei Viertel ihrer 42 ha sind mit Muscat à Petits Grains bestockt; der Rest erbringt äußerst respektablen Vacqueyras und Ventoux. Die in Kalifornien ausgebildeten Weinmacher bereiten einen leichtfüßigen Muscat mit exotischen Lychee- und Mandarinennoten und erfrischender Säure, den man nach Meinung ihrer Erzeuger gut bis zu 20 Jahre lagern kann – lange genug, um Süßweinskeptiker zu überzeugen.

Route de Caromb, 84190 Beaumes-de-Venise
www.lapigeade.fr

Domaine La Réméjeanne

Côtes du Rhône-Villages

In den letzten 20 Jahren hievte sich Rémy Klein mit seinem 38-ha-Gut an die Spitze der Erzeuger von Côtes du Rhône-Villages. Zweierlei sticht hier heraus: erstens die Landschaft, die wilder und windiger ist als in der sonnenverwöhnten Provence und den Weinen Frische verleiht, zweitens Kleins Liebe zur ungezähmten Natur, die in Cuvées namens Erdbeerbaum, Geißblatt, Hundsrose und Wacholder zum Ausdruck kommt. Die Weine des umfassenden Angebots sind stets gut; besonders eindrucksvoll ist der reichhaltige, saftige Les Genévriers.

Cadignac, 30200 Sabran; www.laremejeanne.com

Domaine de la Renjarde Massif d'Uchaux

Die Weinberge des Guts liegen auf dem Gelände einer römischen Villa in einer großen Parzelle mit herrlichem Ausblick und einem Wald dahinter. 2000 erwarben die Richards von Château La Nerthe (siehe S. 320), langjährige Miteigentümer, den Besitz und verpflichteten 2008 Christian Voeux als Produktionsleiter. Von der Umstellung auf organischen Anbau und ausschließlicher Lese von Hand bis zur Neustrukturierung der Weinberge sowie der Einführung weißer Reben sind viele Verbesserungen im Gange, doch die Erzeugung fülliger Rotweine mit modernem Anstrich hatte hier schon immer Tradition.

84830 Sérignan-du-Comtat; www.renjarde.fr

Domaine Roger Sabon

Châteauneuf-du-Pape

Das 1952 von Roger Sabon ins Leben gerufene Gut wirkt mitsamt seinen Weinen wie eine große Familie. Rogers Söhne sind nach wie vor im Einsatz, Weinmacher Didier Négron ist der Mann seiner Enkelin Séverine, und alle Abfüllungen aus dem überzeugenden Angebot des Hauses sind zugängliche, ehrliche und unprätentiöse »Familienmitglieder«, bei denen auf extreme Reife, Extraktion oder Eiche verzichtet wird. Steigert das Verschneiden vor statt nach dem Ausbau die Harmonie? Vielleicht. Die klassische Cuvée Les Olivets ist saftig und verlockend, der fleischigere Réserve gefällig und der intensive Prestige langlebig, ohne zu viel zu kosten.

84230 Châteauneuf-du-Pape; www.roger-sabon.com

Domaine de la Roquète

Châteauneuf-du-Pape

Die Bruniers von Vieux Télégraphe (siehe S. 329) sind seit 1986 Eigentümer dieses 30-ha-Guts, brauchten aber mehr als zehn Jahre, um mit seinem Terroir klarzukommen. Roquète liegt nahe dem berühmten Château Rayas und hat zum Teil den gleichen für Frische sorgenden sandigen Boden, doch kaum etwas von den für Kraft zuständigen *galets*. Die Weine haben jedoch seit 2003 große Fortschritte gemacht und profitieren unter Umständen von einem zweijährigen Ausbau.

2, avenue Louis Pasteur, 84230 Châteauneuf-du-Pape
www.brunier.fr

SPEZIALCUVÉES: FÜR UND WIDER

Vor 20 Jahren produzierte nur eine Handvoll Güter in Châteauneuf-du-Pape eine Spezialcuvée, also einen Spitzenwein, der in herausragenden Jahren in einer limitierten Auflage entsteht und meist von Lesegut einer einzigen Parzelle stammt, deren alte Reben und ausgezeichnetes Terroir besonderen Wert haben. Heute ist das Gegenteil der Fall: Nur wenige Güter erzeugen überhaupt keine Spezialcuvée (prominente Beispiele sind Clos des Papes, Vieux Télégraphe und Vieux Donjon), viele produzieren sogar mehrere, bei denen es sich aber eher um eine Auslese der besten Posten im Keller handelt als um die Verarbeitung von Trauben einer bestimmten Parzelle. Über das Für und Wider dieser oft extrem konzentrierten und ebenso teuren Luxusweine scheiden sich die Geister. In der Regel erhalten sie Bestnoten und sind daher von unleugbarer Werbewirksamkeit, nicht nur für ihre Erzeuger, sondern auch für Châteauneuf-du-Pape insgesamt. Doch wenn ein beträchtlicher Anteil der besten Erzeugnisse eines Guts für eine oder mehrere Spezialcuvées abgezweigt wird, geht dies unter Umständen zu Lasten des Hauptrotweins, auf dem doch der Ruf eines Weinguts vorrangig gründen sollte. Seien Sie also gewarnt.

TARDIEU-LAURENT
DER GIGONDAS DER NÉGOCIANT-FIRMA IST EIN KONZENTRIERTES, STRAFF GEBAUTES GEWÄCHS

PERRIN & FILS
WIE ANDERE WEINE VON PERRIN IST DER VACQUEYRAS BEKANNT FÜR BESTÄNDIGKEIT

Domaine La Roubine Gigondas
Eric Ughetto gab seinen Beruf als Feuerwehrmann in Paris auf, um nach Gigondas zurückzukehren, wo die Sonne lockte und die Chance, den kleinen Besitz zu übernehmen, den sein Vater als Hobbywinzer geführt hatte. Er nahm sich zehn Jahre Zeit, um sein neues Metier zu erlernen und das Gut zu erweitern (nun 15 ha in Gigondas, Vacqueyras und Sablet). Seit dem ersten Jahrgang 2000 stieg Ughettos Renommee sprunghaft an. Mit niedrigen Erträgen, organischen Methoden und, wo möglich, der gemeinsamen Vergärung von Grenache und Syrah bereitet er makellose, saftige Weine. ★**Aufsteiger**

84190 Gigondas; Tel. 04 90 65 81 55

Domaine St-Damien Gigondas
Wer auf sorgfältig bereiteten klassischen Gigondas zu fairem Preis aus ist, sollte sich diesen Namen merken und froh sein, dass Joël Saurel 1995 beschloss, keine Négociants mehr zu beliefern, auf Chemikalien und Herbizide zu verzichten, aber auf traditionelle Art anspruchsvolle Weine zu produzieren. Seine drei Cuvées spiegeln einen hohen Anteil alter Reben auf drei Terroirs wider: Der duftende, fast feminine La Louisiane von Weinbergen auf der Garrigue steht in völligem Kontrast zum robusteren Les Souteyrades von Lehmböden. Mindestens drei Jahre Ausbau sorgen für zusätzliche Harmonie.

Hameau de la Beaumette, 84190 Gigondas
Tel. 04 90 70 96 72

Domaine St-Gayan Gigondas
Auch an der traditionsgetränkten südlichen Rhône können wenige Erzeuger mit einem Gut prahlen, das fast 400 Jahre in Familienbesitz ist. Nicht dass Jean-Pierre und Martine Meffre prahlen würden: Das bescheidene Paar scheint sich gar nicht bewusst zu sein, dass seine Weine als Paradebeispiele für Gigondas (und keinerlei Schande für Rasteau) gelten. Der traditionelle, kraftvolle Gigondas braucht Zeit, um sich zu öffnen, entfaltet sich dann aber herrlich. Und selbst der einfache Côtes du Rhône bietet fleischige Tiefe.

Le Trignon, 84190 Gigondas; www.saintgayan.com

Domaine St-Préfert
Châteauneuf-du-Pape
Isabel Ferrando war eine in puncto Alkohol abstinente Bankerin, bis ihr vor zehn Jahren ein Glas Coche-Dury Meursault ein Erweckungserlebnis bescherte. Sie erwarb einen 16-ha-Weinberg und ließ sich zur Weinmacherin ausbilden. »Neubekehrte sind die schlimmsten Perfektionisten«, sagt sie über sich selbst – ihr makelloser Keller und ihre präzisen, ausgewogenen Weine bestätigen das. Ungewöhnlicherweise wird der herrliche Réserve Auguste Favier von alten Reben in größeren Mengen erzeugt als die Basis-Cuvée. Ausgefeilter reiner Grenache Colombis von einer neu erworbenen Parzelle wird als Domaine Isabel Ferrando verkauft. ★**Aufsteiger**

Quartier des Serres, 84230 Châteauneuf-du-Pape
www.st-prefert.fr

Domaine Le Sang des Cailloux
Vacqueyras
»Das Blut der Steine« ist der passende Name für die leuchtend rote Kellerei von Serge Férigoule, der Blut und Wasser schwitzte, um den Betrieb zum Erfolg zu führen, seit er ihn 1990 übernahm. Die biodynamisch bewirtschafteten 18 ha auf der Sarrians-Seite von Vacqueyras erbringen individuelle Weine, die sehr von ihrem jeweiligen Jahrgang geprägt sind – mal saftig-verführerisch, mal spröde, doch immer mit festem mineralischem Unterbau. Der Weißwein mit Orange- und Honignoten ist faszinierend.

Route de Vacqueyras, 84260 Sarrians
www.sangdescailloux.com

Domaine Santa Duc Gigondas
Franzosen verwenden das Wort *gras* (»fett«) zur Beschreibung weicher, körperreicher Weine mit einem drallen Kissen aus reifer Frucht. Yves Gras, Gutsbesitzer in der vierten Generation, bereitet Weine, die seinem Namen Ehre machen. Mit Rebflächen in Gigondas (rund die Hälfte), Rasteau, Vacqueyras, Cairanne, Sablet und Roaix verwendet er gern sehr reife Trauben für seine roten Abfüllungen und beert sie nicht ab: Die Tannine aus den Stielen gleichen die üppige Frucht aus. Auch die lebhaften Weißen empfehlen sich.

Les Hautes Garrigues, 84190 Gigondas; www.santaduc.fr

Domaine La Soumade Rasteau
Obwohl André Roméro und Sohn Frédéric auch etwas Châteauneuf-du-Pape und Gigondas produzieren, ist ihr Gut in Rasteau verwurzelt, wo die Familie seit Generationen Trauben und Pfirsiche anbaut. Auf 28 ha erbringen jüngere Reben auf sandigem Boden eine herrlich zugängliche Cuvée Tradition. Ältere Reben auf schwererem Lehm sorgen für dichtere Weine mit mehr Struktur, die jedoch ebenfalls die für das Gut typische Üppigkeit besitzen. Aufgrund der zunehmenden würzigen Intensität sollten Prestige, Confiance und der in limitierter Auflage erzeugte Fleur de Confiance alle eine Weile im Keller verbringen. Auch der süße Rotwein ist herrlich.

84110 Rasteau; Tel. 04 90 46 11 26

Domaine de la Verrière Ventoux
Das 15 Jahre lang von Xavier Rolet, dem französischen Chef der Londoner Börse, aufpolierte Gut beeindruckt in jeder Hinsicht. Mit 30 ha auf dem Kamm eines Hügels sieht es herrlich aus – wie ein eigenes Dorf mit Luxushotel, Restaurant, Weinschule und edler Kellerei. Es erstaunt daher nicht, dass die seit 2006 produzierten Chêne-Bleu-Etiketten teuer sind, doch die Qualität ist hoch. Der Héloïse auf Syrah-Basis bildet das seidigere Pendant für den dichteren Abelard auf Grenache-Basis.
★**Aufsteiger**

Chemin de la Verrière, 84110 Crestet; www.laverriere.com

Domaine de la Vieille Julienne
Châteauneuf-du-Pape
Ein Großteil der 10 ha des Guts auf Nord-Terrassen erbringt Trauben mit einem hohen natürlichen Säuregehalt. Der umsichtige Besitzer Jean-Paul Daumen erhält diese Frische durch die Zugabe von etwas Cinsault und die nicht allzu späte Lese. Die pikante Mineralität im Hintergrund seiner Weine wurde durch die Umstellung auf biodynamischen Anbau noch verstärkt. Seit 2003 werden alle Trauben von alten Reben für den beeindruckend komplexen Hauptwein verwendet; in herausragenden Jahren liefern die besten Terrassen eine kostspielige Cuvée Réservée.

Le Grès, 84100 Orange; www.vieillejulienne.com

Domaine Le Vieux Donjon
Châteauneuf-du-Pape

In mancher Hinsicht ist dieses Gut sehr traditionell. Es erzeugt nur einen Wein, da Spezial-Cuvées zu Lasten der klassischen Cuvée gehen könnten; es wird auf herkömmliche Weise in Betontanks vergoren und in großen Fässern ausgebaut. Doch Weinmacherin ist jetzt die junge Claire Michel (vierte Generation), studierte Önologin, die auf dem Harlan Estate in Napa gearbeitet hat, moderner geht es kaum. Drei Terroirs, darunter *galets* mit 100-jährigen Grenache-Reben, prägen den Vieux Donjon: seidige Eleganz, Lebhaftigkeit, feine Tannine, Tiefe – er hat alles.

9, avenue St-Joseph, 84230 Châteauneuf-du-Pape
Tel. 04 90 83 70 03

Domaine du Vieux Télégraphe
Châteauneuf-du-Pape

Die Lage auf dem Plateau von La Crau, wo die Weinberge dicht mit Steinen bedeckt sind, erklärt, warum die Familie Brunier den 1898 angepflanzten bescheidenen Besitz auf die heutigen 70 ha erweitern konnte. »Keiner wollte das Land, zu schwer zu bewirtschaften«, meint Daniel Brunier. Sein Bruder Frédéric und er haben dafür gesorgt, dass das Gut mit seinen komplexen Klasseweinen stets einer der Spitzenreiter der Appellation ist. Der herrlich saftige Rote, der Counoise, Cinsault und Clairette seine Frische verdankt, ist mit rund zehn Jahren am besten. Der Weiße ist ein Muster an pfirsichfruchtiger Eleganz.

3, route de Châteauneuf-du-Pape, 84370 Bédarrides
www.brunier.fr

Domaine Vindémio Ventoux

Jean Marot wurde auf der Domaine de Murmurium als Star gefeiert, bevor sein Jahrzehnt dort im Bruch mit dem Geschäftspartner und einem finanziellen Desaster endete. Mit den ihm verbliebenen 13 ha und Sohn Guillaume ist er jetzt wieder auf dem Weg nach oben. Er erzeugt preislich faire, schöne Weine – rein, frisch, ausgefeilt – ohne einen Hauch Eiche. Der seit Jahren organische Anbau ist jetzt biodynamisch »für mehr Lebhaftigkeit in den Weinen«. Der rote Imagine ist besonders gut. ★**Aufsteiger**

Avenue Jean Jaurès, 84570 Villes-sur-Auzon
www.vindemio.com

Gourt de Mautens Rasteau

Die stolzen Preise von Jérôme Bressys Weinen spiegeln seine kompromisslose Entschlossenheit wider, *»un grand vin«* zu erzeugen. Mit 13 ha auf sieben Terroirs inklusive kostbaren alten Reben verließ er 1996 die Genossenschaft und gründete sein eigenes Gut. Die seit 1989 organisch bewirtschafteten Weinberge wurden mittlerweile auf biodynamischen Anbau umgestellt, die Erträge sind extrem niedrig. Bressy bevorzugt eher Carignan als Mourvèdre, fördert alte Sorten wie Counoise und ersetzte die kleinen Fässer durch *demi-muids* (600 Liter). Das Ergebnis sind sinnlich ausgefeilte Weine in limitierter Auflage: ein Weißer, ein Roter, keine Spezial-Cuvées.

Route de Cairanne, 84110 Rasteau
www.gourtdemautens.com

Mas de Libian Côtes du Rhône-Villages

Hélène Thibon wirkt zu elegant, um in einem Keller mit Schläuchen zu hantieren – und zu jung, um seit zehn Jahren als Star gefeiert zu werden. Doch seit sie die treibende Kraft auf diesem einstigen Jagdgut an der Ardèche ist, wo noch Wildschweine die Trauben fressen, steigt die Qualität immer weiter. Die mit großen *galets* bedeckten 17 ha werden nach biodynamischen Richtlinien bewirtschaftet und mit dem Pferd gepflügt. Thibon erzeugt edel-verführerische Weine, darunter den üppigen roten Khayyâm und den sehr markanten, zu 90 % aus Mourvèdre bereiteten La Calade. ★**Aufsteiger**

07700 St-Marcel d'Ardèche; www.masdelibian.com

Montirius Vacqueyras

Ernsthaftigkeit zeichnet das vorteilhaft gelegene Gut mit 40 ha in Vacqueyras und 20 ha in Gigondas aus, dessen Besitzer Eric und Christine Saurel sich mit Leib und Seele biodynamischen Grundsätzen verpflichtet fühlen. Die Gärung findet ohne Eingriffe in Betontanks statt, mit Eiche kommt keines der Etiketten in Kontakt, da reife Traubenkerne ihrer Meinung nach genug Holzcharakter mitbringen. Die Weine erfüllen die Erwartungen nicht immer ganz, zeigen aber Kraft und mineralischen Biss.

84260 Sarrians; www.montirius.com

Moulin de la Gardette Gigondas

Mit nur 9 ha ist das Gut von Jean Baptiste Meunier, Winzer in der fünften Generation, eines der kleineren in Gigondas, doch sein Renommee ist dafür umso größer. Die Rebflächen – in 23 kleinen Parzellen rund um den Ort gelegen – werden neuerdings organisch bewirtschaftet, im Keller kommen nur Wildhefen zum Einsatz. Neben Grenache und Syrah ist Cinsault mit 10 % am üppigen, alterungswürdigen Ventabren beteiligt, steuert Eleganz bei und hält den Alkoholpegel niedrig. ★**Aufsteiger**

Place de la Mairie, 84190 Gigondas
www.moulindelagardette.com

Perrin & Fils
Côtes du Rhône-Villages & Côtes du Rhône

Was die Familie Guigal für die nördliche Rhône ist, sind die Perrins von Château de Beaucastel (siehe S. 320) für den Süden. Neben ihrer Tätigkeit als Négociants erwerben oder pachten sie Jahr für Jahr mehr Weinberge auf beneidenswerten Terroirs in vielen berühmten Orten und wie in Châteauneuf wird nachhaltiger Anbau getrieben. Das Ergebnis: ein breites Spektrum an Weinen, die mit beachtlicher Beständigkeit die typischen Merkmale ihrer Herkunft widerspiegeln – von dem einfachen weißen und roten Vieille Ferme bis zu Appellationen wie Rasteau, Vacqueyras, Gigondas, Cairanne und Vinsobres.

84100 Orange; www.perrin-et-fils.com

Tardieu-Laurent Luberon

Im Vergleich zu anderen Négociant-Unternehmen ist dieses geradezu winzig. Es entstand 1989, als der Beamte und Weinliebhaber Michel Tardieu den Burgunder Mini-Négociant Dominique Laurent zu einem Jointventure an der Rhône überredete. Durch gute Beziehungen zu Spitzengütern kommt die Firma, die seit 2010 in alleiniger Hand der Familie Tardieu liegt, an kleine Mengen erstklassiger Cuvées heran, die verschnitten und im Barrique zu kraftvoll-konzentrierten Weinen ausgebaut werden. Sogar der Côtes du Rhône ist ein kompakter Knüller.

Route de Cucuron, 84160 Lourmarin
www.tardieu-laurent.com

HÉLÈNE THIBON

Sieht man von ihrer Eleganz ab, ist Hélène Thibon von Mas de Libian eine typische Vertreterin der jungen Generation, die die südliche Rhône neu belebt. Mit ihren Eltern im Hintergrund, Mann Alain an ihrer Seite, Schwester Catherine im Weinberg und Sohn Aurélien als jugendlichem Helfer ist sie vielleicht genauso familienbewusst wie ihre Vorgänger, doch ihr Ansatz ist ein völlig anderer. Um Weine optimaler Qualität zu erzeugen, muss man die Gesundheit der Reben im Auge behalten, so ihr Credo, und demzufolge hat Thibon nicht nur auf biodynamische Methoden umgestellt, sondern auch ein Pferd zum Pflügen ihrer steinigen Weinberge angeschafft: Nestor arbeitet sorgfältiger (und dabei emissionsneutraler) als ein Traktor und fügt den Wurzeln kostbarer alter Reben weniger Schaden zu. Tiefer gründende Wurzeln führen zu kräftigeren Reben und damit zu geringerer Anfälligkeit für Krankheiten und Dürre. »Schon unsere Urgroßeltern wussten ...« lautet der heutige Retro-Refrain.

In Beaumes-de-Venise entsteht ein blassgoldener, duftender, süßer Vin Doux Naturel von der Muscat-Traube.

LANGUEDOC

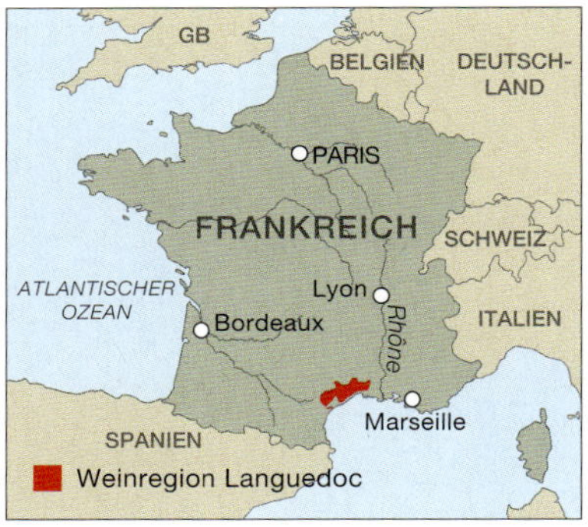

Das riesige Gebiet verläuft in Südfrankreich in einem Bogen von West nach Ost durch die Departements Aude, Hérault und Gard. Es hat nicht den Schliff und den Glanz der Provence, mit der es neben dem südlichen Rhône-Tal um den Titel des ältesten Weinbaubereichs im Land konkurriert – mit Ursprüngen in der Zeit der Römer oder gar Griechen. Unangefochten die Spitzenposition nimmt Frankreichs große Anbauregion dafür bei der Produktionsmenge ein: Zehn Prozent der Gesamtmenge an Wein gehen auf ihr Konto. Man würde dem Languedoc allerdings unrecht tun, wollte man es nur mit billiger Massenware in Verbindung bringen. Vielmehr gehört es derzeit zu den faszinierendsten önologischen Überfliegern Europas und lockt leidenschaftliche Pioniere an.

Hauptrebsorten

Rot

Carignan
Cinsault
Grenache
Mourvèdre
Syrah

Weiß

Bourboulenc
Clairette
Maccabéo
Picpoul

Jahrgänge

2010
Wenig Regen im Winter und während der Wachstumsperiode verringerte mancherorts die Erträge, deren Qualität aber im Allgemeinen gut ist.

2009
Aromatische, säurearme Weiße, aber dunkle Rote mit strukturierten Tanninen.

2008
Recht geringe Erträge wegen Wasserstress, der konzentrierte Weine nach sich zog. Die besten steigern sich noch.

2007
Sehr ähnliche Saisonbedingungen und Stile wie 2006.

2006
Ein Qualitätsjahr. Weniger konzentrierte Weine als 2005; inzwischen sind die meisten trinkreif.

2005
Ähnliche Qualität wie 2004; jetzt trinkreif.

Das Languedoc kommt in den Genuss eines warmen Klimas mit Sommertemperaturen über 30 Grad, mehr als 2500 Sonnenstunden und einer Niederschlagsmenge von 400 Millimeter im Jahr. Damit sinkt zwar das Risiko von Rebenkrankheiten wie Echtem und Falschem Mehltau, doch die Gefahr von Dürreschäden steigt. Produziert wird in der Region in erster Linie Rotwein. Vor allem die große Zahl von Genossenschaften bereitet ihn gern alkoholstark und säurearm. Abgesehen von diesem generellen Trend gibt es allerdings enorme lagenspezifische Schwankungen im Mikroklima.

Im Norden umfasst das Anbaugebiet die Cevennen. Dieser Teil des Zentralmassivs zieht sich von der Montagne Noire nördlich von Carcassonne bis hinauf zu den Monts du Vivarais im Departement Ardèche. Zwei kräftige Winde prägen das Klima im Languedoc. Da ist zum einen der Mistral, ein harter, kalter Nordwind, der durch das Rhône-Tal weht und den Nordosten der Region beeinflusst, und der Tramontane, der sich von Nordnordwest kommend zwischen den Pyrenäen und dem Zentralmassiv hindurchzwängt. Geologisch ist das Languedoc ein Flickenteppich aus Bodenprofilen, den Vulkane, Eiszeiten, Berge und Seen im Lauf der Äonen formten.

Die meisten Weinberge sind in den riesigen, niedrigen Schwemmlandebenen angelegt, die große Mengen minderwertiger Produkte hervorbringen. Darüber hinaus aber bieten auch Ausläufer und Aufschlüsse genug Möglichkeiten, Rebbau zu betreiben. Das Zusammenspiel aller Faktoren – Sonne, Temperatur, geschützte Lagen, die Höhe über dem Meeresspiegel, Wind und die Nähe zum Meer – macht die Vielfalt an Weinstilen überhaupt erst möglich.

Natürlich dominiert die Farbe Rot, doch entstehen auch Weiße, Rosés, Schaum- und Dessertweine von guter Qualität. Die besten stammen oftmals von höheren Lagen, etwa Pic St-Loup und St-Chinian, die sich bis auf 600 Meter hochziehen. La Clape, zur Römerzeit noch eine Insel, gehört nun zum Festland. Aus dem heute überwiegend als Naturschutzgebiet ausgewiesenen Hügelland fließen ordentliche Weißweine aus der Bourboulenc-Traube auf den Markt. Die Appellation Picpoul de Pinet wiederum zeichnet für frische, zitrusfruchtige Weiße aus der Rebsorte Picpoul verantwortlich.

Weiter westwärts wird um Corbières und Minervois das Land merklich zerklüfteter. Limoux in der südwestlichsten Ecke des Languedoc liegt höher und weiter vom Mittelmeer entfernt als jede andere AC der Region; hier entstehen Schaumweine von Niveau. Nördlich davon stehen Cabardès und Malepère klimatisch unter dem zweifachen Einfluss des Atlantiks und des Mittelmeers, was die Auswahl an Rebsorten entsprechend erweitert. In Frontignan wiederum werden die berühmtesten Süßen des Languedoc bereitet.

Die Region im Süden Frankreichs blickt auf eine reiche Geschichte zurück. Narbonne, 118 v. Chr. gegründet, war die erste römische Kolonie in Gallien und ein florierender Hafen. Die mittelalterliche Festungsstadt Carcassonne, im 6. Jahrhundert noch ein bedeutender römischer Handelsplatz, wurde 1997 von der UNESCO zum Welterbe erklärt. Denselben Status genießt der 1681 fertiggestellte, 240 Kilometer lange Canal du Midi, der den Atlantik mit dem Mittelmeer verbindet.

Das Languedoc hat gute wie schlechte Zeiten erlebt – aber es ist immer ein Pionierland des Weinbaus geblieben.

Antech Limoux
Françoise Antechs Familienbetrieb konzentriert sich mit der AC Crémant de Limoux, AC Blanquette de Limoux und AC Blanquette Méthode Ancestrale auf das perlende Geschäft, hat aber auch einige Stillweine im Programm. Bereitet werden die Schaumweine wie in der Champagne nach der traditionellen Methode. Es heißt sogar, die Flaschengärung sei im Limoux-Kloster Saint-Hilaire 1531 erfunden worden – also lange bevor sie in der Champagne Fuß fasste. Allerdings kommen mit Mauzac, Chenin Blanc und Chardonnay ganz andere Trauben zum Einsatz. Antech gewinnt sein Rohmaterial aus 60 ha hauseigenem Grund, lässt sich aber auch von Weinbauern der Region beliefern. Die Verschnittformel hängt von der jeweiligen AC ab: Im Blanquette de Limoux etwa müssen mindestens 90 % der Traditionstraube Mauzac enthalten sein.

Domaine de Flassian, 11300 Limoux
www.antech-limoux.fr

Borie la Vitarèle Languedoc
Das kleine, 1990 aus der Taufe gehobene Gut liegt am Ende eines Feldwegs in der Nähe von Causses-et-Veyran. Cathy Planes und Jean-François Izarn bewirtschaften ihre 16 ha Rebland auf kiesigem Schiefer, Ton und Kreide biologisch. Mit von der Partie sind die typischen Sorten der Region, ferner Merlot, Cabernet Sauvignon und Lledoner Pelut. Ihre vier nach Terroir unterschiedenen Cuvées Terres Blanches, La Combe, Les Schistes und Les Crès reifen allesamt ein Jahr im Fass. In einer ferme-auberge können Besucher die traditionelle Küche der Gegend genießen und Weine verkosten. ★**Aufsteiger**

La Combe, 34490 Causses-et-Veyran
www.borielavitarele.fr

Cave de Mont Tauch Fitou
Die 1913 gegründete Winzergenossenschaft ist eine der am längsten existierenden Institutionen ihrer Art im Languedoc. Sie steht an der Grenze zwischen dem Languedoc und Roussillon und gehört zur ältesten Appellation der Region, der 1948 eingerichteten AC Fitou. 50 % der gesamten AC-Produktion gehen auf das Konto der Kooperative, deren 250 Mitglieder aus den Gemeinden Paziols, Tuchan, Durban und Villeneuve stammen. Sie befindet sich weiter auf dem aufsteigenden Ast, wozu auch Kellermeister Michel Marty mit seinen preisgünstigen Fitou-, Corbiéres- und Süßweinetiketten beiträgt. Fitou ist übrigens das einzige Anbaugebiet außerhalb von Roussillon, das Rivesaltes und Maury bereiten darf.

Les Vignerons Du Mont Tauch, 11350 Tuchan
www.mont-tauch.com

Château d'Anglès La Clape
Eric Fabre arbeitete als technischer Leiter von Lafite-Rothschild in Bordeaux, als er 2001 dem Château d'Anglès im Naturschutzgebiet La Clape verfiel. Zum Gut gehören 40 ha Weinberge, die von 40 ha Garrigue-Strauchheide und 3 ha Aleppo-Kiefern eingefasst werden. Die eleganten Weißen basieren auf Bourboulenc mit Beimengungen von Marsanne, Roussanne und Grenache Blanc. Mourvèdre, Syrah, Grenache und Carignan liefern würzige rote Abfüllungen mit einem Geschmack, der an die Garrigue der Umgebung erinnert. Ebenfalls mit von der Partie: ein Rosé.

11560 St-Pierre la Mer; www.chateaudangles.com

CHATEAU D'ANGLÈS
DIE KLASSISCHE CUVÉE ERZÄHLT EINNEHMEND VON IHREM TERROIR

ANTECH
CRÉMANT DE LIMOUX ÉMOTION GEHÖRT ZU DEN BESTEN SCHAUMWEINEN DER REGION

Château d'Aussières Corbières
Das 1999 von den Domaines Barons de Rothschild (Lafite) in Bordeaux übernommene Château d'Aussières wurde komplett renoviert. Man hat eine hochmoderne Kellerei errichtet und 167 ha Rebfläche mit einheimischen Sorten wie Syrah, Grenache, Mourvèdre und Carignan neu bestockt. Aus ihnen werden reiche, feine AOC Corbières bereitet. Die Weine reifen in Eichenfässern aus der Lafite-Küferei in Pauillac, die ihnen reife, pfefferige Noten und gute Länge bescheren. Gepflanzt wurden ferner Cabernet Sauvignon, Merlot und sogar ein paar Hektar Chardonnay; sie fließen in einen Vin de Pays d'Oc ein.

Départementale 613, route de l'Abbaye de Fontfroide, 11100 Narbonne; www.lafite.com

Château Camplazens La Clape
Das britische Paar Peter und Susan Close kaufte dieses Gut im Jahr 2000. Es verfügt über rund 40 ha Rebland auf dem Areal eines ehemaligen römischen Lagers im Zentrum des La-Clape-Massivs mit Blick auf das Mittelmeer. Dort wachsen überwiegend rote Rebsorten einschließlich der Newcomerin Marselan, einer 1961 gezüchteten Kreuzung zwischen Grenache und Cabernet Sauvignon. Neben AC-Abfüllungen steht ein reinsortiger, dichter, reich konzentrierter und würziger Syrah Vin de Pays auf der Weinliste. Auch geringe Mengen eines fassvergorenen, sechs Monate in Eiche gereiften Viognier verlassen das Haus. ★**Aufsteiger**

11110 Armissan
www.camplazens.com

Château Capion Languedoc
Die Schweizer Familie Buhrer erwarb 1996 dieses aus dem 16. Jahrhundert stammende Château im Gassac-Tal zwischen den Gemeinden Gignac und Aniane. Sie restaurierten es, bestockten die Rebflächen neu und brachten die Keller auf Vordermann. Von den 75 ha des Betriebs sind 45 ha mit Traditionsreben besetzt; außerdem kultiviert man Chardonnay, Roussanne und Viognier. Der Elsässer Kellermeister Frédéric Kast zeichnet für die Produktion verantwortlich, deren Exponenten man vor Ort mit Blick auf das Tal verkosten kann.

34150 Gignac
www.chateaucapion.com

Château de Caraguilhes Corbières
Mit weinbaulichen Aktivitäten von Zisterziensermönchen begann im 12. Jahrhundert die Geschichte dieses Guts. Um 1950 gehörte Caraguilhes zu den ersten Erzeugerbetrieben der Region, die auf Bioweinbau umstiegen. Initiator war der damalige Besitzer Lionel Faivre, ein Französisch-Algerier. Aktueller Besitzer ist Pierre Gabison, der seine 130 ha Weinberge auch heute noch biologisch bewirtschaftet. Im Programm hat er Weiße, Rote und Rosés. Das weiße Lager wird vertreten vom Solus Corbières Blanc, einem zu 100 % fassvergorenen Grenache Blanc, und dem zu einem kleinen Teil in Eiche ausgebauten Classique aus Marsanne, Grenache Blanc und manchmal auch Roussanne. Aus der Riege der Roten ragt der Solus, ein eichengereifter Mix aus Carignan, Grenache, Syrah und Mourvèdre mit pfefferigen Andeutungen und feinen Tanninen, heraus.

11220 St-Laurent de la Cabrerisse
www.caraguilhes.fr

CHÂTEAU DES ERLES
DER CHÂTEAU DES ERLES, EIN ANSPRECHENDER FITOU VON FRANÇOIS LURTON AUS BORDEAUX

CHATEAU DE LASCAUX
LES NOBLES PIERRES, EIN KÖSTLICH SAFTIGER ROTER VERSCHNITT

Château Cazal Viel St-Chinian

Bei Cessanon-sur-Orb am Fuß des Caroux-Massivs steht das Château Cazal Viel. Es gehört seit der französischen Revolution 1789 der Familie Miquel und wird derzeit von Laurent Miquel geführt. Die ersten Reben aber pflanzten hier schon die Römer; Reste ihrer Villen mit Brunnen können noch besichtigt werden. Mit über 135 ha Rebfläche ist das Château der größte Privaterzeuger in St-Chinian. Darüber hinaus bestehen Langzeitverträge mit Zulieferern in der Umgebung. Auf der Liste mit AC- und Vin-de-Pays-Abfüllungen finden sich ein weißer Sauvignon Blanc, ein Rosé aus Syrah, Grenache und Cinsault, ein traditioneller Vieilles Vignes mit zwölf Monaten Aufenthalt im Eichenfass und die Cuvée des Fées, ein Joint Venture aus Syrah und Viognier ohne Eichenvergangenheit. Auch Übernachtungsmöglichkeiten sind vorhanden.

Hameau Cazal Viel, 34460 Cessenon-sur-Orb
www.laurent-miquel.com

Château de Cazeneuve Pic St-Loup

André Leenhardt erwarb das Château um 1990 und errichtete 1991 umgehend eine neue Kellerei. Er verwaltet 35 ha Rebland, die zu 80 % von den roten Rebsorten Syrah, Grenache, Cinsault und Carignan sowie zu 20 % von Viognier und Marsanne, ferner etwas Rolle, Muscat und Petit Manseng bestockt sind. Sie verteilen sich auf 30 biologisch bewirtschaftete, ertragsreduzierte Parzellen mit südsüdwestlicher Ausrichtung auf 150 bis 400 m Höhe in wind- und frostgeschützter Lage. Würzige Weine mit Kräuternoten.

34270 Lauret
www.cazeneuve.net

Château de Combebelle St-Chinian

Château de Combebelle kann für sich die höchstgelegenen Weinberge von St-Chinian in 265 m bis 300 m in Anspruch nehmen. Motor des Guts ist die Engländerin Catherine Wallace. Als sie und ihr Mann Patrick den Betrieb 2005 kauften, war er bereits für seine guten Abfüllungen bekannt. Seither hat das Winzerpaar seinen Ruhm mit einem erdbeerfruchtigen Rosé namens Cerisiers und einer kraftvollen roten, in offenen Tanks vergorenen und zwölf Monate in Eiche ausgebauten Syrah-Grenache-Paarung mit rauchigen Aromen und Lakritznote weiter gemehrt.

34360 Villepassans
www.combebelle.com

Château Coupe Roses Minervois

Im hübschen mittelalterlichen 250-Seelen-Dörfchen La Caunette steht das Château Coupe Roses. Es gehörte ab 1614 der Familie Calvez; aktuelle Gutsherren sind seit 1987 Françoise de Calvez und ihr Mann Pascal Frissant. Die Weinbergbesitzungen belaufen sich auf 30 ha in den Hügeln der La-Causse-Region und erstrecken sich in 250 bis 400 m Höhe. Etiketten mit gutem Preis-Leistungs-Verhältnis sind die Stärke von Calvez-Frissant.

Rue de la Poterie, 34210 La Caunette
www.coupe-roses.com

Château des Erles Fitou

Die beiden Brüder Jacques und François Lurton aus Bordeaux, Sprösslinge einer bekannten Winzerfamilie, gründeten 1988 ihr eigenes Unternehmen mit dem Ziel, Qualitätsregionen außerhalb ihres Heimatterrains zu erschließen, etwa in Argentinien, Chile, Spanien und eben auch im Languedoc. 2001 übernahmen sie dieses Château in Villeneuve-les-Corbières. Inzwischen führt François das 90-ha-Gut im Alleingang. Vorzüglich gelingt ihm sein Château des Erles, ein reizvoller Verschnitt aus Syrah, Grenache und Carignan.

11360 Villeneuve-les-Corbières
www.francoislurton.com

Château des Estanilles Faugères

1976 übernahmen Michel Louison und seine Frau dieses Château, 1999 stieg ihre Tochter Sophie nach dem Abschluss ihres Weinbau- und Önologiestudiums mit ein. Auf den 35 ha Rebflächen des Guts wachsen Syrah, Mourvèdre und Grenache sowie etwas Cinsault und Carignan. Produziert wird eine umfangreiche Palette in Weiß, Rosa und Rot einschließlich eines trockenen Weißen aus Marsanne, Roussanne und Viognier mit zarten Duftandeutungen an helle Früchte und mineralischem Geschmack. Die offizielle Anerkennung von Weißen in der AC Faugères ist zum Teil Michels hartnäckigem Einsatz zu verdanken. Estanilles wurde Ende 2009 an den jungen Julien Seydoux verkauft.

Lenthéric, 34480 Cabrerolles; www.chateau-estanilles.com

Château Flaugergues La Méjanelle

Benannt ist dieser Herrensitz bei Montpellier in der Subzone La Méjanelle nach einem Berater am Hof von Montpellier namens Etienne de Flaugergues, der das Anwesen 1696 erwarb. Er baute es aus und legt den geometrischen Garten an. Ein Besuch lohnt sich aber nicht nur wegen der Wandteppiche und Möbel, denn hier entsteht auch auf 40 ha Rebhängen mit Grenache, Syrah, Mourvèdre, Carignan und Cinsault ein umfangreiches Angebot an guten Weinen.

1744, avenue Albert Einstein, 34000 Montpellier
www.flaugergues.com

Château de Gourgazaud Minervois-La-Livinière

Roger Piquet vom Château de Gourgazaud pflanzte in Minervois-La-Livinière als Erster Syrah und Mourvèdre und war auch maßgeblich daran beteiligt, für das Anbaugebiet Cru-Status durchzuboxen. Sein Gut, dessen Wurzeln bis ins 17. Jahrhundert zurückreichen, kam 1973 in seinen Besitz. Nach Rogers Tod 2005 übernahmen seine Töchter Chantale Piquet und Annick Tiburce den Betrieb. Auf ihrer Weinliste stehen Cabernet Sauvignon, Viognier, Chardonnay und Sauvignon Blanc.

34210 La Livinière
www.gourgazaud.com

Château Haut Gléon Corbières

Um 1990 erwarb die Familie Duhamel dieses aus dem 13. Jahrhundert stammende Château in Durban, einer für die Erhebung in den Cru-Rang vorgemerkten Anbauzone. Seine 40 ha Grund sind mit verschiedensten Rebsorten bestockt. In der Flaschenriege finden sich ein eleganter, aromatischer Weißer namens Vallée du Paradis, ein Rosé und rote Cuvées wie der Pinot Noir La Chapelle de Haut Gléon.

11360 Durban; www.hautgleon.com

Château L'Hospitalet La Clape

Château L'Hospitalet ist die Operationsbasis des Ex-Rugbyspielers Gérard Bertrand, dessen Weinimperium sich über 325 ha Rebland einschließlich Partnerschaften mit Weinbauern und Genossenschaften in verschiedenen Anbaugebieten des Languedoc erstreckt. L'Hospitalet, ein schon 1561 von Mönchen bewirtschafteter Hof, wurde von der Familie Ribourel umfassend renoviert, bevor ihn Bertrand 2002 erwarb. Von den 1000 ha Grund stehen 82 ha unter Reben. Zum Gut gehören ein Hotel und das Restaurant Le H, in dem Gerichte aus einheimischen Produkten serviert werden. Auf der Weinliste findet sich eine Réserve aus autochthonen Trauben, die zwölf Monate in Eiche reift. Ihr Duftrepertoire umfasst dunkle Früchte, Gewürze und rauchige Aromen, der Geschmack wird von festen, aber eleganten Tanninen geprägt.

11100 Narbonne, www.gerard-bertrand.com

Château de Lascaux Pic St-Loup

Am Ostrand der Appellation Pic St-Loup steht 25 km von Montpellier entfernt dieses Familiengut. Es befindet sich seit 1750 und 13 Generationen im Besitz der Familie Cavalier. Seit Jean-Benoît Cavalier 1984 das Ruder übernahm, ist der Besitz beständig gewachsen und wurde um 1990 durch eine Kellerei erweitert. Inzwischen regiert der Winzer über 85 ha, die von 300 ha Garrigue-Heide, durchsetzt von Eichen und Kiefern, eingesäumt werden. In den Weinbergen herrschen Syrah und Grenache vor, doch hat Cavalier auch Mourvèdre und Cinsault ein paar Hektar eingeräumt. Bereitet werden Weiß-, Rosé- und Rotweine, darunter der Les Nobles Pierres, eine knackig frische, kirschfruchtige Rezeptur aus 80 % Syrah und 20 % Grenache.

34270 Vacquieres; www.chateau-lascaux.com

Château La Liquière Faugères

Um 1970 kelterten Bernard und Claudie Vidal auf dem seit Generationen in Familienbesitz befindlichen 60-ha-Hof ihren ersten Wein. Heute bietet das Gut verschiedene Etiketten aus Grenache, Syrah, Carignan, Mourvèdre und Cinsault an. Ihr roter Verschnitt Les Amandiers entsendet Sauerkirscharomen und überlässt im Abgang leicht adstringierenden, aber subtilen Tanninen das Feld. Auch körperreiche, üppige Weiße.

34480 Cabrerolles
www.chateaulaliquiere.com

Château Mansenoble Corbières

Das belgische Paar Guido und Marie-Annick Jansegers-De Witte erwarb dieses 20-ha-Château im Norden der AC Corbières bei Moux am Fuße des Mont Alaric im Jahr 1992. Es hat seither Weinberge und Keller auf Vordermann gebracht, das Haus aus dem 19. Jahrhundert renoviert und Fremdenzimmer eingerichtet. Bei ihren roten AOC-Erzeugnissen setzen die beiden auf Traditionssorten, die sie auf kühleren Nordhängen heranziehen, doch haben sie auch Vins de Pays aus Merlot und Cabernet Sauvignon im Angebot. Ihre Cuvée Marie-Annick aus Syrah, Grenache, Mourvèdre und Carignan wird nur in guten Jahren herausgegeben und reift zu einem Großteil in Eiche, die Réserve hingegen, dasselbe Traubenkonglomerat in etwas unterschiedlichen Anteilen, kommt nicht so lange mit diesem Holz in Berührung.

11700 Moux; www.mansenoble.com

Château Maris Minervois

In den späten 1990er-Jahren machte Robert Eden, Großneffe des ehemaligen britischen Premierministers Anthony Eden, das Minervois zu seiner Heimat, nachdem er bereits in den verschiedensten Ländern rund um den Globus gelebt und gearbeitet hatte. Der leidenschaftliche Umweltschützer und Verfechter der Biodynamik setzt im Weinberg nur selbst gemachte Kräutersude wie Nesseln und Kamille ein, die er nach dem Mondkalender herstellt. Zudem errichtete er einen Keller in umweltfreundlicher Bauweise, der seit der Lese 2010 CO_2-neutral arbeitet. Seine Wände sind aus Hanf, Solarzellen auf dem Dach liefern den Strom und die Weine reifen in eiförmigen Tanks. ★**Aufsteiger**

Chemin de Parignole, 34420 La Livinière
www.mariswine.com

Château Moulin de Ciffre

Das am Oberlauf des Flusses Taurou 1,5 km westlich von Autignac gelegene Château wurde 1998 von der Familie Lesineau aus Bordeaux übernommen. Sie bewirtschaftet über 30 ha Weingärten in den drei Appellationen Faugères, St-Chinian und Coteaux du Languedoc und keltert aus autochthonen Trauben, aber auch etwas Cabernet Sauvignon und Viognier preisgünstige Tropfen.

34480 Autignac; www.moulindeciffre.com

Château de la Negly La Clape

Die Kreideböden von La Clape sind das Betätigungsfeld der Familie Rosset, die seit Generationen auf diesem Château in Fleury residiert. Erst seit etwa zehn Jahren allerdings bereitet sie unter der Leitung von Jean-Paul Rosset Weltklasseweine – vorher hatte sie auf Quantität statt Qualität gesetzt und das gesamte Lesegut der örtlichen Genossenschaft überlassen. In Zusammenarbeit mit Kellermeister Cyril Chamontin und Berater Claude Gros aus Narbonne drosselt Rosset die Erträge auf ein absolutes Minimum. Offeriert wird eine Reihe von roten Premiumweinen und ein weißer La Brise Marine. ★**Aufsteiger**

11560 Fleury d'Aude; Tel. 04 68 32 36 28

Château Pech-Latt Corbières

Seine 120 ha Rebland am Fuß des Mont Alaric wurden 1991 als Bioflächen ausgewiesen. Sie gehören seit 1999 dem burgundischen Négociant Louis Max, der hier ordentliche weiße, rosa und rote Vertreter der AC Corbières bereitet, aber auch einen guten Dessertwein auf Grenache-Basis.

11220 Lagrasse; Tel. 04 68 58 11 40

Château Pech Redon La Clape

Jean Demolombe war einer der Innovatoren von La Clape. Ihm gehörte Château Pech Redon bis zu seinem Tod 1988. Er pflanzte als Erster Mourvèdre und Viognier in der Zone und auch beim Einsatz von Barriques leistete er Pionierdienste. Der aktuelle Besitzer des Guts heißt Jean-Claude Bousquet; sein Flaschenarsenal umfasst weiße und rote Bioweine wie den Les Genêts, ein fassvergorenes Bündnis aus Chardonnay und Viognier, sowie die von Eiche beeinflussten roten Cuvées L'Épervier und La Centaurée.

Route de Gruissan, 11100 Narbonne
www.pech-redon.com

INNOVATIONEN

BIOLOGISCHER UND BIODYNAMISCHER WEINBAU

Immer mehr französische Winzer steigen auf Bioweinbau um. Gerade in Südfrankreich begünstigen die heiße Sonne, die geringe Niederschlagsmenge und die ständigen Winde diesen Ansatz. 2008 wurden im ganzen Land bereits über 28 000 ha biologisch bewirtschaftet (44 % davon befanden sich in der Umstellungsphase), was einem Anstieg von 21 % entspricht. Zentrum des Bioweinbaus ist Languedoc-Roussillon mit 542 Biobetrieben, die zusammengenommen 30 % der gesamten Rebfläche halten. Wer seine Weinberge naturschonend bestellt, darf keine künstlichen Düngemittel, Herbizide oder Pestizide verwenden. Das erfordert mehr manuelle Arbeit im Weinberg, weil man Kompost ausbringen und Gründüngerpflanzen säen muss. Das Biozertifikat wird von Behörden vergeben, man bekommt es jedoch erst nach einer Umstellungsperiode von drei Jahren verliehen. Noch einen Schritt weiter geht die Biodynamik, die in Frankreich ebenfalls auf dem Vormarsch ist. Den Anstoß dazu gab Anfang des 20. Jahrhunderts der österreichische Antroposoph Rudolf Steiner. Grundgedanke des biodynamischen Weinbaus ist die ganzheitliche Pflege des Bodens und seiner Lebewesen. Dabei werden auch die Mondphasen und der Stand der Sterne berücksichtigt. Wann welche Arbeit im Weinberg durchgeführt werden muss und wann der beste Zeitpunkt zum Verkosten des Weins ist, bestimmt der biodynamische Kalender. Eine Rolle spielt dabei auch, ob gerade ein Frucht-, Wurzel- oder Blatttag ist.

LES CLOS PERDUS
EIN ENGLISCH-AUSTRALISCHES DUO BEREITET DEN HERAUSRAGENDEN L'EXTRÊME IN WINZIGEN MENGEN

CHÂTEAU STE-EULALIE
DER GROSSARTIGE LA CANTILÈNE IST DIE SPITZENCUVÉE DES CHÂTEAU STE-EULALIE

Château Pennautier Cabardès

Das Château wurde im 17. Jahrhundert für Bernard Pennautier in Anlehnung an das Schloss von Versailles errichtet. 1622 war hier sogar Ludwig XIII. zu Gast. Zum Anwesen gehört ein 30 ha großer geometrischer Garten des Landschaftsarchitekten Le Nôtre. 2008 wurde das Schloss von den Besitzern Nicolas und Miren de Lorgeril, Pennautiers Nachkommen in zehnter Generation, umfassend renoviert. Ihr Gutsportfolio umfasst weitere Kellereien im Languedoc und in Roussillon. Zu den Vorzeigeweinen des Hauses zählen ein Rosé aus Cinsault, Syrah, Côt, Grenache und Cabernet Sauvignon, der mit einfachen Anklängen an rote Früchte lockt, während die Roten mit Pflaumen- und Schokoladenuancen sowie einem guten Preis-Leistungs-Verhältnis punkten.

11610 Pennautier
www.lorgeril.com

Château Puech Haut Grés de Montpellier

Die große Kellerei wurde von dem ehemaligen Großunternehmer Gérard Bru mit einem Startkapital von 30 ha Weingärten bei St-Drézéry 15 km nordöstlich von Montpellier völlig neu errichtet. Zum Gut gehört eine ehemalige Präfektur aus dem 18. Jahrhundert, die in Montpellier Stein für Stein abgebaut und auf dem Anwesen wieder errichtet wurde. Inzwischen ist die Rebfläche auf 115 ha angewachsen; zudem ließ Bru eine Kellerei errichten und engagierte Michel Rolland aus Bordeaux als Berater. Angeboten werden neben gut gemachten Weinen auch Olivenöl und Trüffel. Ungewöhnlich ist die Sammlung mit Fässern, die von Künstlern und anderen Berühmtheiten gestaltet wurden.

2250, route de Teyran, 34160 St-Drézéry
www.chateau-puech-haut.com

Château La Roque Pic Saint Loup

Auf dem schon im 8. Jahrhundert als Befestigungsbau bezeugten Anwesen ließen Jean und Guillaume de La Roque im 13. Jahrhundert Reben pflanzen. Heute wacht Jacques Fiquette über 32 ha in biologisch bewirtschafteten Südsüdostlagen mit Ton- und Kreidegeröllböden. Mithilfe von Berater Claude Cros bereitet er Weiße, Rosés und Rote, darunter die Premiumabfüllung Cupa Numismae – einen Verbund aus 60 % Syrah und 40 % Mourvèdre mit konzentrierten kräuterwürzigen Nuancen – sowie einen Mourvèdre von alten Stöcken.

La Roque, 34270 Fontanès
www.chateau-laroque.fr

Château St-Jacques d'Albas Minervois

St-Jacques d'Albas im Westen des Minervois blickt auf eine reiche Geschichte zurück. 2001 erwarben der Engländer Graham Nutter und seine Frau Beatrice das Gut, dessen Trauben bis dato an die örtliche Genossenschaftskellerei gegangen waren. In Zusammenarbeit mit Berater Jean-Pierre Cousine werteten sie die Flächen auf und entschieden sich für eine ganzheitliche Bereitungsstrategie. Erzeugt werden in erster Linie Rote aus Traditionssorten; als Spitzencuvée gilt der reinsortige Syrah La Chapelle. Mit dabei sind ferner ein Rosé aus derselben Traube und ein neuer Weißer aus Vermentino mit Viognier und Roussanne als Nebentrauben.

11800 Laure Minervois
www.chateaustjacques.com

Château St-Martin de la Garrigue

Picpoul de Pinet

Die Geschichte des Château St-Martin de la Garrigue reicht mindestens bis in das 9. Jahrhundert zurück. In Urkunden vom 11. August 847 wird eine romanische Kapelle auf dem Grund erwähnt, doch förderte man bei Ausgrabungen um 1970 sogar Relikte aus der Eisenzeit zutage. Das vielfach umgebaute Gebäude weist Elemente auf, die für das 16. Jahrhundert typisch sind. Vor knapp 40 Jahren stand es kurz vor dem Abbruch, doch nach einigen Besitzerwechseln kaufte es 1992 die Familie Guida, die seither unter der Leitung von Jean-Claude Zabalia eine neue Kellerei errichtete, die Weinberge mit 19 verschiedenen Rebsorten bestockte und inzwischen eine ganze Reihe von Abfüllungen auf den Markt bringt, darunter einen ausgezeichneten Picpoul de Pinet.

D 613, 34530 Montagnac; www.stmartingarrigue.com

Château Ste-Eulalie Minervois

1996 gründeten Isabelle und Laurent Coustal diese Kellerei oberhalb eines römischen Dorfs in La Livinière. Ihre 34 ha Rebberge verteilen sich auf die umliegenden Hänge. Isabelle, die dem örtlichen Winzerverband vorsteht, bereitet eine Reihe von Minervois-Interpretationen: Rote aus Carignan, Grenache und Syrah, darunter die in Eiche gereifte Spitzencuvée La Cantilène, einen Rosé auf Cinsault-Basis und einen Sauvignon Blanc Vin de Pays von Trauben aus Limoux. Wer einen Zufluchtsort sucht, kann sich in ein Ferienhäuschen zwischen den Rebstöcken einmieten.

34210 La Livinière; www.chateausainteeulalie.com

Château de Sérame Languedoc

Das große, geschichtsträchtige Anwesen mit prachtvollem Herrenhaus steht auf dem Areal eines einstigen Römerlagers an der Nordgrenze der AC Corbières. 2001 übernahm der Bordelaiser Négociant Dourthe die Leitung des Guts. Er ließ über 115 ha Weinberge neu bestocken und arbeitet eng mit dem Spitzenberater Denis Dubourdieu zusammen, was sich in preisgünstigen Abfüllungen der AC- und Vin-de-Pays-Kategorie niederschlägt.

11200 Lézignan-Corbières
www.chateaudeserame.com

Château de Valflaunès Picpoul de Pinet

Kellermeister Fabien Reboul bereitete in aller Welt Weine, bevor er in sein Heimatdorf Valflaunès und auf das Château seiner Familie nördlich von Montpellier zurückkehrte. Sein erster Jahrgang war 1998; seither hat sich Reboul eine treue Fangemeinde aufgebaut. Auf seinen 13 ha Anbaufläche wachsen überwiegend junge, fünfjährige Reben, doch pflegt man auch einige 30-jährige Carignan- und 40-jährige Grenache-Stöcke. Auf der Weinliste des Guts stehen großartige Erzeugnisse, darunter die Cuvée Espérance aus Syrah, je 20 % Grenache und Mourvèdre sowie 10 % Carignan. Zur Spitzengruppe zählen ferner der T'em T'em aus Syrah und Grenache sowie das Syrah/Carignan-Traubenduo Un Peu de Toi – zwei Weine, die nur in winzigen Mengen abgefüllt werden.

34270 Valflaunès; www.chateaudevalflaunes.com

Château La Voulte-Gasparets Boutenac

In der unlängst neu ausgewiesenen Unterappellation Corbières-Boutenac unterhält das 55-ha-Gut La Voulte-Gasparets Flächen auf einer Durchschnittshöhe von

80 m über dem Meer im Schutz der Boutenac-Hügel. Patrick Reverdy ist ein Rebenhandwerker, und seine Philosophie lautet: »Hör auf die Natur, lebe in Harmonie mit ihr, respektiere sie und achte auf sie«, was auch in seinen Weinen zum Ausdruck kommt. Star im Keller ist die Cuvée Romain Paul aus Trauben von 45- bis 115-jährigen ertragsarmen Stöcken: Die Komposition aus 50 % Carignan mit Grenache, Mourvèdre und Syrah als Beiwerk liegt zwölf Monate im Eichenfass, in dem sie zu einem dichten, reichen und von Aromen dunkler Früchte geprägten Wein heranreift. **★ Aufsteiger**

11200 Boutenac; www.lavoultegasparets.com

Clos de l'Anhel Corbières
2000 kaufte das junge, engagierte Paar Sophie Guiraudon und Philippe Mathias einen alten Weinberg bei Lagrasse über dem Orbieu-Tal auf 220 m Höhe. Zu den ursprünglich 7 ha Reben, darunter einige 60-jährige Carignan-Stöcke, aber auch Grenache, Cinsault und Syrah, sind inzwischen Neupflanzungen mit Syrah und Mourvèdre hinzugekommen. Chemie im Weinberg ist tabu, in dem viele Arbeiten auch von Freunden und Familienmitgliedern übernommen werden. **★ Aufsteiger**

11220 Lagrasse; www.anhel.fr

Clos Bagatelle St-Chinian
Clos Bagatelle am Rand von St-Chinian verfügt über 39 ha Weinberge, die sich bis zu 80-jährige Grenache-, Syrah-, Carignan-, Mourvèdre- und Cinsault-Stöcke untereinander aufteilen. Derzeit wird das Gut, seit 1963 in der Hand der Familie Simon, von den Geschwistern Luc und Christine betrieben. Zur Verfügung stehen ihnen überwiegend Schieferböden, der fruchtige Gewächse mit dichter, reicher Struktur entstehen lässt. Die Cuvée Veillée d'Automne, ein Mix aus Syrah, Grenache und Mourvèdre im Verhältnis 40:30:30, reift in Fässern aus Vogesen- und Allier-Eiche. Zum Sortiment gehört ferner ein Muscat de Saint Jean de Minervois.

34360 St-Chinian; www.closbagatelle.com

Clos Centeilles Minervois
Patricia Boyer und ihr Mann Daniel Domergue führen Clos Centeilles seit 1990. Die Domäne 2,5 km nördlich von Siran im Herzen von Minervois-La-Livinière war für sie aus zwei Gründen interessant: Zum einen hieß es, dass die Reben trotz geringer Niederschläge nicht an Wasserstress leiden würden, zum anderen erntete der Vorbesitzer von den Cinsault-Stöcken sehr hohe Erträge (120 hl/ha), hatte aber trotzdem keinerlei Probleme mit Fäule. Erzeugt wird eine Reihe von Rotweinen, darunter ein sortenreiner Carignan und Verschnitte auf Cinsault-Basis. Besuchern stehen Übernachtungsmöglichkeiten zur Verfügung.

Campagne de Centeilles, 34210 Siran
www.closcenteilles.com

Les Clos Perdus Corbières
Der Name Les Clos Perdus nimmt Bezug auf kleine Parzellen mit alten Stöcken an entlegenen, fast vergessenen Hängen. Wiederentdeckt wurde sie von dem ehemaligen australischen Tänzer Paul Old und dem früheren britischen Landwirt Hugo Stewart, die gemeinsam die Kellerei in Peyriac de Mer gründeten. Heute bewirtschaften sie ihre Rebflächen nach biodynamischen Prinzipien unter Berücksichtigung der Mondphasen. Zudem sind sie Mitglied in der Gruppe Renaissance des Appellations des Winzers Nicolas Joly von der Loire. Zur Disposition stehen ihnen 11 ha, deren Erträge sie in manchen Parzellen bis auf 10 hl/ha drücken, weshalb die gesamte Jahresauflage gerade einmal 1500 bis 2000 Kisten erreicht.
★ Aufsteiger

17, rue du Marche, 11440 Peyriac de Mer
www.lesclosperdus.com

Domaine Alain Chabanon Languedoc
Alain Chabanon erwarb das erste Rebland Ende der 1980er-Jahre mit dem klar umrissenen Ziel, »großartige Weine zu bereiten« – was ihm auch gelingt. Zur Verfügung stehen ihm mittlerweile 20 ha in den Gemeinden St-Saturnin, Montpeyroux und Jonquières sowie dem Dörfchen Lagamas. Sämtliche Reben wurzeln in steinigen Ton- und Kreideböden und werden biologisch gepflegt. Neben Traditionssorten der Region kultiviert Alain ungewöhnlichere Trauben wie Chenin Blanc von der Loire, die er mit Vermentino verschneidet und in Eiche reift oder trocknet, um den vin passerillé Le Villard zu bereiten.

Chemin de St-Étienne, 34150 Lagamas
www.domainechabanon.com

Domaine de l'Aigle Languedoc
Die Domaine de l'Aigle gehört zum Gutsportfolio von Gérard Bertrand (siehe auch L'Hospitalet, S. 335 und Villemajou, S. 340). Sie liegt auf 450 m Höhe über dem Dorf Roquetaillade in den Pyrenäenausläufern bei Limoux. Es war der frühere Besitzer Jean-Louis Denois, der bewies, dass hier Pinot Noir von guter Qualität möglich ist. Allerdings übernahm er sich finanziell und musste die Kellerei dem Haus Antonin Rodet in Burgund überlassen, das sie wiederum an Bertrand verkaufte. Im Mittelpunkt von Bertrands önologischem Schaffen auf der Domaine de l'Aigle stehen reiche, reife Pinot Noir mit Eichenkontakt, doch kultiviert er auch Chardonnay und Chenin Blanc.

11300 Roquetaillade; Tel. 04 68 31 39 12

Domaine de l'Aiguelière Languedoc
Die 25 ha Rebfläche der 1983 gegründeten Domaine de l'Aiguelière verteilen sich über 19 Parzellen um Montpeyroux. Besitzer Aimé Commeyras hat sich auf Grenache und Syrah von alten Stöcken spezialisiert und erzeugt komplexe, reiche Weine mit langem Leben. Seine beiden Paradepferde sind der Côte Rousse und Côte Dorée. Ihre Trauben stammen von 60-jährigen Syrah-Reben auf unterschiedlichen Böden und reifen in neuer Eiche aus Nievre und Allier, was Weine von enormer Länge ergibt. Mit von der Partie ist außerdem ein delikater Weißer namens Sarments aus Sauvignon Blanc und Viognier mit einem Bukett aus hellfleischigen Pfirsichen und Blüten, ein reinsortiger Grenache, Grenat betitelt, sowie die roten Verschnitte Tradition und Tradition Boisé.

2, place du Square, 34150 Montpeyroux; Tel. 04 67 96 61 43

Domaine des Aires Hautes Languedoc
Gilles Chabert bestimmt die Geschicke der 35 ha großen Domaine des Aires Hautes in Siran, das zu Minervois-La-Livinière gehört. Sein umfangreiches Repertoire an AC-Tropfen und Vins de Pays umfasst unter anderem die Spitzencuvée Clos de l'Escandil aus dem gleichnamigen ummauerten Weinberg in La Livinière. Die 50-jährigen Grenache-Stöcke von dort ergeben gemeinsam mit Syrah

CLOS CENTEILLES
DIESER MINERVOIS VON 2005 FÜHRT BEISPIELHAFT VOR AUGEN, WIE SEHR SICH DIE APPELLATION GESTEIGERT HAT

CLOS BAGATELLE
VEILLÉE D'AUTOMNE, EIN REIFER, KRAFTVOLLER ERFOLGSWEIN DES NEUEN LANGUEDOC

DOMAINE COMBE BLANCHE
DER MINERVOIS DIESES GUTS IST EINE KONVENTIONELLE INSEL INMITTEN EXPERIMENTELLER TROPFEN

DOMAINE DE L'ARJOLLE
EQUINOXE HEISST EINE DER VIELEN INNOVATIVEN ETIKETTEN DER DOMAINE DE L'ARJOLLE

und Mourvèdre einen erstklassigen, eleganten Tropfen mit reifem Kaffeeduft. Auch Le Combelles Minervois und den Vin de Pays aus Malbec sollte man nicht unprobiert lassen.

34210 Siran; Tel. 04 68 91 54 40

Domaine de l'Arjolle Languedoc
Der 1974 ins Leben gerufene Familienbetrieb zweier Brüder, in dem inzwischen schon die zweite Generation kräftig mitmischt, ist auch Jahrzehnte nach seiner Gründung noch immer im Fluss. Verließ man sich anfangs auf die internationalen Sorten Cabernet Sauvignon, Merlot und Sauvignon Blanc, brachte man später ungewöhnlichere Trauben ins Spiel. Nach einer Reise in die Vereinigten Staaten etwa verlegte sich das Gut auf den Anbau der Zinfandel-Traube, die heute in den »Z« als einzigen in Frankreich bereiteten reinsortigen Tropfen aus dieser Sorte einfließt. Hinzu kamen Carmenère, Viognier und Muscat à Petits Grains. Equinoxe heißt ein köstlich delikater, aromatischer, trockener, fassvergorener Mix aus Sauvignon Blanc, Viognier und Muscat à Petits Grains. Alle Abfüllungen laufen als Vin de Pays Côtes de Thongue und werden zumeist in Holz ausgebaut.

7, bis rue Fournier, 34480 Pouzolles; www.arjolle.com

Domaine d'Aupilhac Montpeyroux
Obwohl Sylvain Fadat einer alten Winzerdynastie entstammt, gründete er seine Domaine d'Aupilhac im Herzen der Ortschaft Montpeyroux erst 1989 – die Kellerei wurde sogar erst 1992 gebaut. Mittlerweile hat er sich mit hochwertigen Kreszenzen einen guten Ruf aufgebaut, wobei er sich vor allem auf Cinsault und Carignan von alten Stöcken konzentriert. Seine Weinberge verteilen sich auf zwei Flächen: Die durchweg biologisch bewirtschafteten 13,5 ha Südwestterrassen in 100 m Höhe sind mit autochthonen Rotweintrauben bestockt, während auf den 8 ha Land an kühleren Nordnordwesthängen 350 m über dem Meer Syrah, flankiert von etwas Mourvèdre, Grenache und weißen Sorten, vorherrscht. Intensive frische Frucht zeichnet Sylvains Weine aus.

8, rue du Plô, 34150 Montpeyroux; www.aupilhac.com

Domaine Begude Limoux
Bis ins 16. Jahrhundert reicht die Geschichte dieses heute 25 ha großen Guts zurück. 2003 erwarb es das britische Ehepaar Catherine und James Kinglake von Vorbesitzer Robert Eden. Inzwischen blickt der Betrieb auf 25 Jahre biodynamischen Weinbau zurück; seine moderne Kellerei stammt aus dem Jahr 1993. Mithilfe des australischen Kellermeisters und Beraters Richard Osborne verarbeiten die Kinglakes Trauben aus 400 m hoch gelegenen Weinbergen und bereiten daraus eine Reihe von Etiketten, u. a. einen Sauvignon Blanc Vin de Pays mit frischen Sortennuancen und schwungvollem Abgang sowie einen gemäß den AC-Bestimmungen fassvergorenen Limoux Chardonnay mit Honigaroma und cremiger Textur am Gaumen.

11300 Cepie; www.domainebegude.com

Domaine Bertrand-Bergé Fitou
Jérôme Bertrand ist Winzer in in sechster Generation. 1993 kehrte er der örtlichen Genossenschaft den Rücken und gründete die Domaine Bertrand-Bergé. Heute gilt er als ein Spitzenerzeuger der Region. Die AC Fitou teilt sich in zwei Enklaven innerhalb Corbières auf: eine an der Küste, die andere, zu der auch Bertrand-Bergé gehört, auf Schieferbergen im Hinterland. 33 ha ertragsarmer, bis zu 60 Jahre alter Stöcke ergeben einen hoch konzentrierten roten Fitou, ferner Vins de Pays und Süßweine. Die Cuvée Ancestrale aus Carignan, Syrah und Grenache macht mit würzigen, pikanten Nuancen auf sich aufmerksam.

Avenue de Roussillon, 11350 Paziols
www.bertrand-berge.com

Domaine Borie de Maurel La Livinière
Besitzer Michel Escande war 1999 der erste Präsident der damals neu eingerichteten AC La Livinière. Zusammen mit seiner Frau Sylvie gründete er das Gut 1989 und erweiterte es beständig auf die heutige Größe von 35 ha. Seine innovativen Editionen spielen in der qualitativen Oberliga mit, wie das Flaggschiff der Domaine, die Cuvée Sylla aus Syrah, aber auch der reinsortige Mourvèdre namens Maxime und der Grenache-Schaumwein Belle de Nuit. Die Weißen entstehen auf Marsanne-Basis mit Einsprengseln anderer Sorten wie Roussanne oder Muscat.

34210 Félines-Minervois; www.boriedemaurel.fr

Domaine de Cabrol Cabardès
21 ha Weinberge bei Mazamet im Zentrum der Appellation Cabardès sind der ganze Schatz dieses Guts. Claude Carayol erwarb es 1989 und begann 1990 Syrah, Cabernet Sauvignon, Grenache und Cabernet Franc zu pflanzen. Abgesehen von einer Handvoll Carignan- und Aramon-Stöcke sind aber nicht mehr viele alte Reben übrig. Der Produktionsschwerpunkt liegt auf Rotweinen, doch ist auch ein Vin de Table aus Viognier, Grenache Blanc und Sémillon mit von der Partie. Vent de L'Est heißt eine Zusammenstellung auf Syrah-Basis, Vent de l'Ouest ein Cabernet Sauvignon und La Dérive eine rote Rebenfusion, die zwei Jahre im großen Eichenfass verbringt.

11600 Aragon; www.domainedecabrol.fr

Domaine du Clovallon Languedoc
Catherine Roque arbeitet mit Rebsorten, die nicht unbedingt zum traditionellen Traubenfundus der Region zählen. So bringt sie beispielsweise Pinot Noir in ihre zu 80 % von Syrah beherrschte Cuvée Palagret ein. Wegen des eigenwilligen Sortenspiegels erscheinen die meisten Etiketten in der flexibleren Vin-de-Pays-Kategorie. Roque, eine ausgebildete Architektin, erwarb die Kellerei 1989 und baute sie auf mittlerweile 12 ha aus. Ihre samt und sonders biologisch bewirtschafteten Rebgärten liegen in 250 bis 400 m Höhe an Nordhängen. Hier herrscht ein Mikroklima vor, das vor allem Pinot Noir zugute kommt. Weiter füllt sie einen Viognier mit reicher Duftpalette aus Pfirsich- und Birnennoten sowie einen süßen Weißen aus Muscat, Clairette und Chardonnay ab.

Route Col du Buis, 34600 Bedarieux; Tel. 04 67 95 19 72

Domaine Combe Blanche Minervois
1981 kam der Belgier Guy Vanlacker ins Minervois. Anfangs kümmerte er sich nur in der Freizeit um seine Reben, arbeitete hauptberuflich für andere Güter und »lieh« sich ihre Anlagen für die Bereitung seiner Weine. In der Lage Combe Blanche auf 200 bis 300 m Höhe im Dörfchen Calamiac nördlich von La Livinière beschloss er, von der einheimischen Tradition abzuweichen und die damals außerhalb Spaniens kaum bekannte Tempranillo-Traube sowie später auch noch Pinot Noir zu kultivieren. 1997 tat er sich mit Dominic Hanoulle aus Luxemburg

zusammen und errichtete eine kleine Kellerei. Seit 2000 widmet er sich nun ausschließlich seiner Domaine.

34210 La Livinière; www.lacombeblanche.com

Domaine Félines Jourdan Picpoul de Pinet

Am bekanntesten ist das 1983 von der Famile Jourdan erworbene Gut an der Thau-Lagune für seinen Picpoul de Pinet. Dabei wachsen auf den 110 ha Land insgesamt zehn Rebsorten, die zumeist zu Vins de Pays verarbeitet werden. Die Picpoul-Reben reifen auf drei verschiedenen Bodentypen, die alle den Charakter der Abfüllungen auf ihre Weise prägen: Der Félines bringt Zitrusnoten, der La Coulette Anis- und Fenchelaromen und der Les Cadastres exotische Frucht mit. Die Trauben jeder Lage werden separat vinifiziert und auf der Hefe ausgebaut, was ihnen zusätzliche Fülle verleiht, um schließlich zu einem Wein mit Ananas- und Dillnuancen sowie mineralischem Abgang verschnitten zu werden.

34140 Mèze; www.felines-jourdan.com

Domaine de la Granges des Pères Languedoc

In Aniane unweit des Languedoc-Pionierguts Mas de Daumas Gassac (siehe S. 340) investiert Laurent Vaillé seine ganze Zeit und Energie in die 11 ha große Domaine. Besucher empfängt er nicht. Nach Vaillés Debütjahrgang 1992 avancierten seine Weine zu Kultgeschöpfen mit fast mystischer Aura; inzwischen zählt man sie zu den besten und teuersten Kreszenzen der ganzen Region. Seine Stöcke wachsen auf steilen Hängen und werden mit größter Sorgfalt gepflegt. Weil im Verschnitt Counnoise einen Part einnimmt, werden die Abfüllungen als Vins de Pays klassifiziert; zusammen mit Syrah, Cabernet Sauvignon und Mourvèdre ergibt die Traube kräuterwürzige, pikante Weine. Aus Chardonnay und Roussanne entsteht ferner ein opulenter Weißer. ★**Aufsteiger**

34150 Aniane; Tel. 04 67 57 70 55

Domaine du Grand Crès Corbières

Bevor Hervé Lefferer 1989 die 5 ha dieser Kellerei östlich von Lagrasse bei Ferrals-les-Corbières kaufte, arbeitete er als Verwalter der weltberühmten Domaine de la Romanée-Conti in Burgund. Im Lauf der Zeit fügte er weitere 10 ha hinzu, indem er die für die Gegend typische Garrigue-Heide rodete und mit Reben bepflanzte. Mit burgundischen Bereitungsmethoden gewinnt Lefferer dieser eigentlich für ihre rustikalen Tropfen bekannten Region seidige, elegante Gewächse ab. Köstlich ist der Le Blanc aus Roussanne und Viognier oder der als Tafelwein klassifizierte rote Cressaia.

40, avenue de la Mer, 11200 Ferrals-les-Corbières
www.domainedugrandcres.fr

Domaine de l'Hortus/Clos du Prieur Languedoc

Um 1980 legten Jean Orliac und seine Frau Marie-Thérèse in dem zerklüfteten, von den beiden Gipfeln des Pic St-Loup und der Montagne de l'Hortus dominierten Landstrich Weinberge in Combe de Fambétou an. 1995 errichteten sie eine ungewöhnliche Kellerei aus Holz. Inzwischen ist die Fläche auf 55 ha angewachsen und liefert das Lesegut für Weiße, Rosés und Rote. In der Cuvée Classique zeichnet sich reichlich saftige Frucht ab, während die Grande Cuvée aus Syrah, Mourvèdre und Grenache mit frischer Frucht, Eiche und einem eleganten Abgang wirbt. Die Trauben für die Linie Bergerie de l'Hortus werden von Nachbarn zugekauft. Zudem besitzt die Familie den ummauerten Weinberg namens Le Clos, wo in einer Kellerei aus Stein der Clos du Prieur entsteht.

34270 Valflaunès; www.vignobles-orliac.com

Domaine des Jougla St-Chinian

Mitten im Zentrum der AC St-Chinian arbeitet dieser Familienbetrieb, dessen weinbauliche Wurzeln bis ins Jahr 1595 zurückreichen. Abgefüllt werden neben Roten unter anderem ein trockener Viognier, ein süßer Viognier Passerillé aus getrockneten Trauben, der mit Hinweisen auf hellfleischige Pfirsiche, Aprikosen und Mandeln in Erscheinung tritt, und ein heller Rosé Initiale aus Syrah, Grenache und Mourvèdre von Schieferböden.

Prades sur Vernazobres, 34360 St-Chinian
www.domainedesjougla.com

Domaine Leon Barral Faugères

Die Umwelt geht Didier Barral über alles, Böden und Dung sind seine Leidenschaft. Der Herr über 25 ha Reben arbeitet strikt nach biodynamischen Vorgaben. Als Düngerlieferanten hält er sich Kühe, das Erdreich pflügt er in jede Richtung um, damit es optimal »durchgemischt« wird. Leben, ganz gleich in welcher Form – Spinnen, Käfer, Vögel, Unkraut –, wird gefördert, um die biologische Vielfalt zu erhöhen. Erwartungsgemäß ist für Barral auch die Weinbereitung ein natürlicher Vorgang. Sein roter Verschnitt Jadis aus Syrah, Grenache und Carignan präsentiert sich recht rustikal. Im weißen Vin de Pays verschneidet er alte Languedoc-Sorten wie Terret Gris und Terret Blanc von 90-jährigen Stöcken mit Roussanne und Viognier zu einem festen, mineralischen Gewächs.

Lentheric Faugères, 34480 Cabrerolles
www.domaineleonbarral.com

Domaine Maria Fita Fitou

Fitou, 1948 eingerichtet, ist die älteste Appellation im Languedoc; sie besteht aus zwei Enklaven im Süden der AC Corbières. Marie-Claude und Jean-Michel Schmitt gründeten ihr Gut mit 10,5 ha Weinbergen im Hinterland von Fitou 2001 in Cascatel-des-Corbières. 33 Jahre lang hatte das Paar im Luberon gelebt, wo Jean-Michel eine Reihe von Restaurants betrieb, bis er Lust bekam, seinen eigenen Wein zu erzeugen. Inzwischen werden die beiden in einem Atemzug mit den führenden Erzeugern des Anbaubereichs genannt.

11360 Villeneuve-les-Corbières; http://mariafita.com

Domaine St-Antonin Faugères

Nachdem Frédéric Albaret Erfahrungen in anderen französischen Weinbauregionen gesammelt hatte, ließ er sich in Faugères nieder, wo er 1995 seinen ersten Jahrgang abfüllte. Aus anfänglichen 12 ha sind inzwischen 20 ha geworden; das Durchschnittsalter der Reben liegt bei 40 Jahren. Albaret strebt elegante, konzentrierte, lagerfähige Weine an und bereitet drei Cuvées. Flaggschiff ist der Magnoux mit Pflaumen- und Kirschnoten und enormem Alterungspotenzial. Ein hervorragendes Preis-Leistungs-Verhältnis bietet die traditionelle Cuvée Domaine St-Antonin.

34600 Faugères; Tel. 04 67 90 13 24

DIE WIEDERGEBURT DER CARIGNAN

Einst beherrschte die Carignan-Traube die Rebflächen des Languedoc. Der einzige Grund dafür aber war ihr Ertragsreichtum: Sie brachte bis zu 200 hl/ha. Die so entstandenen Weine hatten viel Säure, wenig Alkohol und feste, adstringierende, raue Tannine. Dabei ist die Carignan gar nicht einmal so leicht anzubauen. Sie treibt spät aus, ist anfällig für Echten und Falschen Mehltau sowie Fäule und reift zu allem Überfluss nur selten aus! Jahrelang brachte man die Weinbauern mit finanziellen Anreizen dazu, sie zu roden und durch »edlere« Sorten zu ersetzen. Trotzdem blieb sie bis kurz vor der Jahrtausendwende, als sie von Merlot überholt wurde, die häufigste Traube. Gerade in letzter Zeit aber hat sie wieder eine Anhängerschaft auf der Suche nach besonderer Qualität gefunden. Ihr Augenmerk gilt den alten, zum Teil bis zu 100-jährigen Buschreben in Hanglagen von Zonen wie St-Chinian und Montpeyroux. Diesen Gesinnungswandel verdankt die Carignan Winzern wie Sylvain Fadat von der Domaine d'Aupilhac, der Frische, Säure und Mineralität anstrebt, und Jean-Marie Rimbault, der die Carignan mit ihren rauchigen Anklängen an dunkle Früchte für den wahren Ausdruck seines Terroirs hält.

Domaine Thierry Navarre St-Chinian
Thierry Navarre, Winzer in dritter Generation, verfügt über 12 ha Rebland auf braunen Schieferterrassen im Norden der AC St-Chinian. Er kultiviert eine Reihe von Sorten, darunter die fast völlig vergessene Ribeyrenc, eine sehr alte Languedoc-Traube. Sein Le Laouzil gefällt mit Tabak- und Ledernoten, Cuvée Olivier von uralten Carignan-, Grenache- und Syrah-Stöcken mit fleischigen, würzigen, pfefferigen Nuancen. Im Sortiment führt er zwei süße Vins Doux Naturel aus Grenache beziehungsweise Muscat.

34460 Roquebrun; www.thierrynavarre.com

Domaine de Villemajou Boutenac
Diesem Gut hat Gérard Bertrand, die große Weinpersönlichkeit des Languedoc (siehe auch L'Hospitalet, S. 335 und Domaine de l'Aigle, S. 337), viel zu verdanken: Auf der Domaine de Villemajou, die sein Vater 1970 erwarb, reifte sein Interesse für Reben heran. Darüber hinaus gilt die Kellerei als ältester Weinbaubetrieb von Corbières. Ihr Rebbergportfolio umfasst inzwischen 140 ha mit einigen sehr alten Carignan-Stöcken. Federführend ist sie derzeit auch im Bemühen, der neuen Unterappellation Corbières-Boutenac zu Ehren zu verhelfen.

11200 St-André-de-Roquelongue; Tel. 04 68 45 36 00

La Grange de Quatre Sous St-Chinian
In den 1990er-Jahren verschlug es die Schweizerin Hildegard Horat in die AC St-Chinian, zu der auch alle ihre Weinberge gehören. Sie beschloss allerdings, nicht zugelassene Rebsorten aus ihrer Heimat, etwa die Petite Arvine, ferner Cabernet Franc, Cabernet Sauvignon und einige einheimische Trauben, zu pflanzen. Ihre ungewöhnlichen Verschnitte zeichnen sich durch eigenständigen Charakter mit einer Mischung aus Mineralik und Fülle aus. Sie werden durch die Bank als Vins de Pays etikettiert.

34360 Assignan; Tel. 04 67 38 06 41

Hegarty Chamans Minervois
Hegarty Chamans am Fuß der Montagne Noire gehört Sir John Hegarty, Vorsitzender, Kreativdirektor und Mitgründer der britischen Werbeagentur BBH mit dem schwarzen Schaf als Logo. Seit Hegarty das 20-ha-Weingut 2002 kaufte, hat er keine Ausgaben gescheut, um die Kellerei auf den neuesten Stand der Technik zu bringen. Seine Partner, Philippa Crane und der burgundische Kellermeister Samuel Berger, führen den Betrieb nach biodynamischen Grundsätzen.

11160 Trausse-Minervois
www.hegartychamans.com

Mas Belles Eaux Languedoc
2002 fügte AXA Millésimes diesen 90-ha-Betrieb in der Subzone Pézenas seinem Kellerportfolio hinzu. Der Name, »schöne Wasser«, erinnert an die Vielzahl natürlicher Quellen in der Umgebung des Guts; das Bauernhaus, mas, mit Gewölbekeller stammt aus dem 17. Jahrhundert. 2008 errichtete das AXA-Team unter Leitung des Engländers Christian Seely eine neue Kellerei und sanierte die Pflanzungen. Die reiche, konzentrierte, würzige Spitzencuvée Sainte Hélène setzt sich aus Syrah-, Grenache- und Carignan-Trauben von den höchsten Hügellagen zusammen und liegt 15 Monate in französischer Eiche.

34720 Caux; www.mas-belleseaux.com

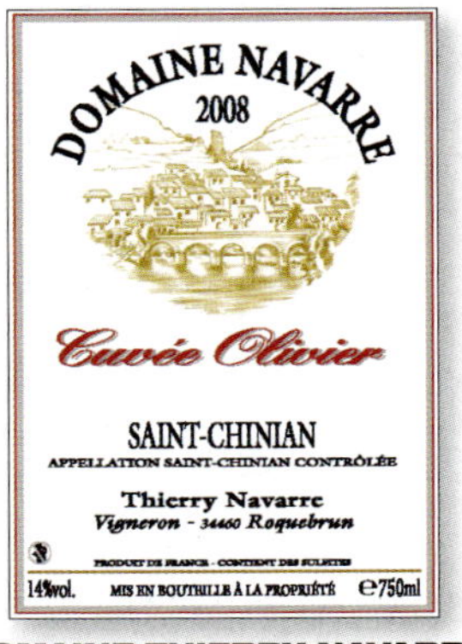

DOMAINE THIERRY NAVARRE
IN DIE SCHMACKHAFTE CUVÉE OLIVIER FLIESSEN VIELE CARIGNAN-TRAUBEN VON SEHR ALTEN REBSTÖCKEN EIN

MAS DE DAUMAS GASSAC
AIMÉ GUIBERTS GUT IST IM LANGUEDOC BEREITS EINE LEGENDE

Mas Bruguière Pic Saint Loup
Schon im 13. Jahrhundert sind die Bruguières als Bauern in Valflaunès bezeugt. Heute wird ihr Betrieb von Guilhem, seiner Frau Isabelle und Sohn Xavier geführt. Als Guilhem 1973 in die Gegend zurückkehrte, pflanzte er Qualitätssorten und füllte 1986 erstmals ab. Zur Verfügung stehen ihm 12 ha Rebland. Die zu 80 % rote Palette besteht aus fünf Cuvées, darunter der zwölf Monate im Eichenfass reifende pfefferige Grenadière aus Syrah, Grenache und Mourvèdre, ein Rosé aus Grenache und Syrah und der weiße Les Mûriers mit 80 % Roussanne und 20 % Marsanne, der mit Honignoten und trockenem Abgang auf sich aufmerksam macht.

34270 Valflaunès; www.mas-bruguiere.com

Mas Cal Demoura Languedoc
Die Leidenschaft und das Vorbild seines Sohns veranlassten den Traubenanbauer Jean-Pierre Jullien, der Genossenschaft den Rücken zu kehren und selbst abzufüllen. Er verkaufte einige Parzellen und behielt nur die besten. So entstand 1993 die Mas Cal Demoura. 2004 ging Jean-Pierre in den Ruhestand und überließ seine 11 ha Isabelle und Vincent Goumard, die den Betrieb auf gleichem Qualitätsniveau weiterführen. Das Sortiment umfasst unter anderem den eleganten, trockenen weißen L'Étincelle, der hauptsächlich aus Chenin Blanc mit Anteilen von Grenache Blanc, Roussanne, Muscat, Viognier und Petit Manseng bereitet wird, sowie den feinen, samtigen roten Les Combariolles aus Syrah, Grenache und Mourvèdre.

3A, route de St-André, 34725 Jonquières
www.caldemoura.com

Mas Champart St-Chinian
1976 kamen Matthieu aus der Normandie und Isabelle Champart aus Paris hierher. Das ursprüngliche Anwesen südlich des Dorfs St-Chinian bestand aus einem heruntergekommenen Bauernhaus mit 8 ha Weinbergen. Inzwischen haben die beiden das Gebäude renoviert, die Rebfläche auf 16 ha erweitert und eine neue Kellerei errichtet. Debütjahrgang der Champarts war 1988, der erste Weiße erschien 1996. Der Côte d'Arbo aus Grenache, Carignan und Mourvèdre stellt sich als intensiver Rotwein mit Kirsch- und Lakritznoten sowie einer animalischen Andeutung vor.

34360 St-Chinian; Tel. 04 67 38 20 09

Mas de Daumas Gassac Languedoc
Aimé Guibert und seine Frau Véronique suchten 1970 eigentlich nur nach einem Familiendomizil im Departement Hérault, als sie auf ein verlassenes Bauernhaus mit dazugehörendem Land stießen. Kurz darauf erklärte ihnen ihr Freund, der Geologieprofessor Henri Enjalbert, dass der Boden gut genug für »Grand-Cru«-Weine sei, es aber wohl 200 Jahre dauere, bis die Weine als solche akzeptiert würden. Das indes reichte schon, um den Unternehmungsgeist des Paares zu entfachen. Bald begannen sie mit der Pflanzung von ungeklonten Cabernet-Sauvignon-Reben aus dem Médoc. Bis 1978 hatten sie eine Kellerei fertig und Besuch vom berühmten Berater Emile Peynaud aus Bordeaux bekommen. Inzwischen gehört das 35-ha-Gut zu den ruhmreichsten im Languedoc.

Haute Vallée de Gassac, 34150 Aniane
www.daumas-gassac.com

Mas Foulaquier Pic St-Loup

1998 kaufte der Schweizer Architekt Pierre Jéquier Mas Foulaquier mithilfe von Gesellschaftern. 2003 kam Blandine Chauchat dazu, die weitere 3 ha beisteuerte. Das Team arbeitet im Weinberg biodynamisch und setzt bei der Bereitung ausschließlich Naturprodukte ein. Es hat den Keller mit Steinen aus den Weinbergen ausgebaut und automatische Temperaturregelung eingeführt. Auf der Weinliste stehen unter anderem die 18 Monate im Betontank gereifte Premiumabfüllung Le Rollier aus 40 % Syrah und 60 % Grenache sowie der Les Calades aus 60 % Syrah und 40 % Grenache, der 24 Monate teils in Eiche ausgebaut wird. ★**Aufsteiger**

Route des Embruscalles, 34270 Claret
www.masfoulaquier.com

Mas Jullien Languedoc

Olivier Jullien ist ein Pionier der Languedoc-Weine und Perfektionist in Weinberg und Keller. Er gründete Mas Jullien 1985 zu einer Zeit, als man noch wenig von den Gewächsen dieser Region verstand bzw. ihre Qualität zu würdigen wusste. Obwohl er maßgeblich daran beteiligt war, dass sich das geändert hat, arbeitet er nach wie vor daran, seine Abfüllungen zu verbessern. Derzeit stehen ihm 15 ha biodynamisch bewirtschafteter Rebgärten bei Jonquières zur Verfügung, doch unterscheiden sich die einzelnen Parzellen sehr stark in ihrer Höhenlage, Ausrichtung und Bepflanzung. Zur Linie Mas Jullien gehören ein ernsthafter, alterungswürdiger Roter aus Syrah, Carignan und Mourvèdre sowie ein Weißer aus Carignan und Grenache Blanc. Unter der Bezeichnung Les États d'Âme entstehen früher zugängliche Tropfen.

Route St-André, 34725 Jonquières; Tel. 04 67 96 60 04

Mas du Soleilla Languedoc

Die Schweizer Peter Wildbolz und Christa Derungs erwarben 2002 dieses 19-ha-Gut in La Clape. Der Sortenspiegel enthält Syrah, Grenache Noir, Mourvèdre, Merlot, Cabernet Sauvignon, Bourboulenc und Roussanne; das Rebenalter liegt bei 25 Jahren. Les Bartelles heißt ein Syrah mit Grenache-Einsprengseln, der dunkle Früchte, Kräuter und Gewürze aufbietet, Les Chailles ein Grenache-Syrah-Duo mit reichlich Brombeerfrucht. Ebenfalls mit von der Partie sind ein weißer Réserve aus Roussanne und Bourboulenc sowie ein eichenfassgereifter Vin de Pays aus Cabernet Sauvignon namens Jason. ★**Aufsteiger**

11100 Narbonne; www.mas-du-soleilla.com

Prieuré St-Jean de Bébian Languedoc

Von Grund auf erneuert wurde Bébian zwischen 1970 und 1980 von Alain Roux, dessen Vater Maurice das Anwesen 1954 gekauft hatte. Die 32 ha Anbaufläche bei Pézenas sind mit Rhône-Sorten bepflanzt, die Roux von führenden Gütern bezog: Die Grenache-Stecklinge kamen aus dem Château Rayas in Châteauneuf-du-Pape, Mourvèdre von der Domaine Tempier in Bandol. Daneben behielt Roux aber auch die ursprünglichen Cinsault- und Carignan-Stöcke. 1994 übernahmen Chantal Lecouty und ihr Mann Jean-Claude Le Brun, die ehemaligen Besitzer der führenden französischen Weinzeitschrift *La Revue des Vins de France*, das Gut und bereiteten elegante, finessenreiche Qualitätsabfüllungen. Seit Kurzem ist Bébian in der Hand einer Investmentgesellschaft.

Route de Nizas, 34120 Pézenas; www.bebian.com

HEGARTY CHAMANS
ÜPPIG, ABER SCHÖN AUSBALANCIERT IST DIE CUVÉE NO 1 VON SIR JOHN HEGARTY

MAS DU SOLEILLA
LES BARTELLES, EIN TYPISCH WÜRZIGER ROTER LANGUEDOC MIT KRÄUTERNOTEN

La Sauvageonne Terrasses du Larzac

Seit 2001 zieht der Engländer Fred Brown hier die Fäden. Er regiert über 32 ha Rebland in 150 bis 400 m Höhe im Nordwesten der Zone Terrasses du Larzac. Zur Verfügung stehen ihm drei Bodentypen: ein *ruffes* genanntes Sedimentgestein, Schiefer und Sandstein. Das Sortiment umfasst einen trockenen Weißen aus Sauvignon Blanc und Muscat, einen Rosé und vier Rote. Die Cuvée Puech de Glen enthält bis zu 90 % Trauben von ertragsreduzierten Syrah-Stöcken, die auf den höchstgelegenen Schieferhängen wachsen. Sie wird 14 bis 18 Monate in neuer Eiche gereift, der sie mit Schwarzkirschen- und Lakritznoten sowie anhaltendem Abgang entsteigt.

34700 St-Jean-de-la-Blaquiere; www.lasauvageonne.net

Sieur d'Arques Limoux

Die Genossenschaft Sieur d'Arques zeichnet für 80 % der Weinproduktion in Limoux verantwortlich. Einen beträchtlichen Teil nehmen Schaumweine ein, die unter bekannten Markennamen wie Aimery in Umlauf kommen, doch spielte die Kooperative auch eine tragende Rolle bei der Markteinführung stiller, fassvergorener Chardonnay-Abfüllungen. Der Chardonnay Quatre Clochers beeindruckt durch kühlklimatypische Eleganz, Mineralität und eine Röstnote aus dem Eichenfass.

Avenue du Mauzac, 11300 Limoux; www.sieurdarques.com

Yannick Pelletier St-Chinian

Erst 2004 gründete Yannick Pelletier sein Gut im Norden der AC St-Chinian – und doch hat er sich bereits ein beachtliches Renommee erarbeitet. Seine 10 ha Rebflächen verteilen sich auf verschiedene Parzellen und Bodentypen, darunter Schiefer, Ton, Kreide und Kieselböden, *galets* genannt. Die wichtigsten Rebsorten sind Syrah, Grenache, Carignan, Cinsault und Mourvèdre mit einem Stockalter zwischen 15 und 75 Jahren. Kürzlich kaufte Pelletier eine 0,5 ha große Parzelle mit 50-jährigen Terret-Blanc-Trauben dazu. Das Gros der Arbeit in Weinberg und Keller wird von Hand erledigt; die Umstellung auf Bioweinbau läuft. Das Repertoire umfasst drei Rote: L'Oiselet, L'Engoulevent vorwiegend aus Grenache und Carignan mit etwas Syrah und Cinsault, sowie der Premiumwein Les Coccigrues von alten Stöcken, den man aus 70 % Carignan und jeweils 15 % Syrah und Grenache komponiert und 18 Monate lang im Eichenfass reift.

52400 Coiffy-le-Haut; Tel. 03 25 90 21 12

Vignobles Alain Maurel Cabardès

Das 87-ha-Gut in Ventenac gehört seit 1973 Alain Maurel. Es zählt zur AC Cabardès, die klimatisch von Mittelmeer und Atlantik gleichermaßen beeinflusst ist. Maurel zieht Sorten beider Regionen – gemäß AC-Vorschriften müssen im Verschnitt mindestens 40 % jeder Gruppe enthalten sein. Er setzt auf eine hohe Bestockungsdichte von 6000 Reben/ha, um die Geschmacksstoffe in den Trauben zu konzentrieren. Mithilfe der Berater Stéphane Yerles und Claude Gros entstehen drei Kategorien von Weinen: Vins de Pays Domaine Ventenac, AC Cabardès Château Ventenac und die Renommierlinie Mas Ventenac mit einem in Eiche ausgebauten Drittelmix aus Cabernet Franc, Merlot und Syrah, der komplexe animalische und ledrige Nuancen ins Feld führt.

1, place du Château, 11610 Ventenac-Cabardès
http://vignoblesalainmaurel.net

ROUSSILLON

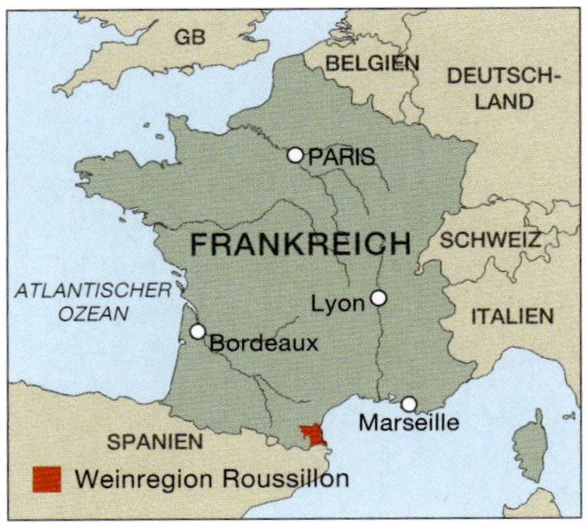

Wie ein vergessenes Land mutet das Roussillon im äußersten Westen der französischen Mittelmeerküste an der Grenze zu Spanien mitunter an. Das natürliche Amphitheater im Departement Pyrénées-Orientales erstreckt sich zwischen den Hügeln von Corbières im Norden, dem Canigou-Massiv im Westen und dem Massif des Albères als nördlichem Teil der Pyrenäen im Süden. Wie das benachbarte Languedoc im Osten, mit dem es oft in einem Atemzug genannt wird, hält das Roussillon für den modernen Weinfreund viel parat. In den letzten Jahrzehnten hat es eine qualitative Kehrtwendung gemacht und steht heute als eine der fortschrittlichsten und dynamischsten Anbauregionen Europas da.

Hauptrebsorten

Rot

Cabernet Sauvignon
Carignan
Grenache
Mourvèdre
Syrah

Weiß

Bourboulenc
Clairette
Grenache Blanc
Maccabéo (Maccabeu)
Marsanne
Roussanne
Vermentino

Jahrgänge

2010
Weine guter Qualität.

2009
Konzentrierte, reiche Weine, Qualität aber stärker schwankend als 2005 und 2007.

2008
Konzentrierte Tropfen. Manche Reben litten unter Wasserstress.

2007
Gutes Jahr. Weine mit Duft, eleganter Frucht und Konzentration.

2006
Durchschnittsjahrgang.

2005
Warmes Jahr, daher Gewächse mit reifer Frucht und guter Tanninstruktur.

Das Roussillon wird von seinen drei Hauptflüssen Tech, Têt und Agly durchschnitten, die von West nach Ost ins Mittelmeer fließen. Seine landschaftliche Vielfalt reicht von kleinen, malerischen Tälern über spektakuläre Felsenkessel und Bergbäche bis hin zu Trockenhängen mit wilder Strauchheide. So vielfältig das Gesicht der Region, so facettenreich der Boden: Quarz findet sich ebenso wie Gneis, schwarzer Schiefer, Kreide und Ton.

Klimatisch steht das Roussillon ganz im Zeichen seiner 300 Sonnentage im Jahr und wird damit in Frankreich nur noch von Korsika übertroffen. Die Sommer sind trocken und heiß; die jährliche Niederschlagsmenge liegt bei gerade einmal 500 bis 600 Millimeter.

Wohlgemerkt, das Roussillon ist eine raue, wilde Landschaft, dennoch ist der Mensch hier schon seit Jahrtausenden heimisch. In der Höhle von Arago bei Tautavel hat man rund 690 000 Jahre alte Fossilien gefunden – die ältesten Überreste menschlicher Existenz in Europa. Wesentlich präsenter dagegen sind die imposanten Burgen der Katharer aus dem 11. und 12. Jahrhundert, die die Landschaft durchsetzen.

In Sachen Weinbau steht das Roussillon heute ganz im Zeichen einer önologischen Revolution. Zwar stammen über 90 Prozent des süßen französischen Vin Doux Naturel – wörtlich »natürlicher Süßwein« – aus der Gegend, dennoch wenden sich die Erzeuger hier immer häufiger hoch konzentrierten trockenen Roten und Weißen zu. Das ist nicht zuletzt der hohen Dichte alter Rebstöcke geschuldet – keine französische Region hat einen höheren Anteil. Parzellen mit alten Carignan-Buschreben, einst fast völlig vergessen, wurden zu neuem Leben erweckt. Ihre Weine haben den Ruf der Rebsorte so nachhaltig verändert, dass sie nun plötzlich zum Star avanciert – Jahre nachdem das INAO als Regulierungsbehörde für das Appellationssystem ihre Rodung empfahl.

Faszinierendste unter den vielen Subzonen von Roussillon ist das obere Agly-Tal. Die charakteristischen Böden um das Dorf Maury bringen feine Dessertweine in die Welt. Am meisten Aufmerksamkeit aber zieht die Arbeit des hoch angesehenen Gérard Gauby auf sich. Der Kellermeister inspirierte eine ganze Generation junger Winzer, die sich die Bereitung ernsthafter, kraftvoller Gewächse mit Respekt vor der Natur und Umwelt zum Ziel gesetzt haben. In den letzten zehn Jahren scharte sich sogar eine kleine Bruderschaft gleichgesinnter Erzeuger um den Pionier. Viele von ihnen setzen auf biodynamischen Weinbau, was sich unter den vorherrschenden klimatischen Bedingungen geradezu anbietet.

Der Banyuls als Frankreichs kraftvollster, komplexester Vin Doux Naturel wird um die Hafenstädte Banyuls-sur-Mer und Collioure bereitet. Seine Trauben reifen auf schwindelerregend steilen, terrassierten Hängen über dem Mittelmeer. Im gleichen Anbaugebiet entstehen aus Mourvèdre, Syrah und Grenache auch reiche, kraftvolle Rote, benannt nach dem hübschen historischen Küstenstädtchen Collioure.

Cave de l'Abbé Rous

Der Kooperative in Banyuls-sur-Mer arbeiten 750 Weinbauern mit 1150 ha Rebfläche zu. Sie hat sich auf preiswerte Banyuls- und Collioure-Abfüllungen spezialisiert. Die Cuvée Christian Reynal, einer der besten Grands Crus von Banyuls, wird vor der Abfüllung elf Jahre lang ausgebaut und verführt mit würziger Frucht, einem Bukett aus Orangenschalen und reichem Geschmack. Aus 60 % Grenache Noir, 20 % Syrah, 10 % Carignan und 10 % Mourvèdre ist der rote AOC Collioure Cornet & Cie gewirkt, der mit intensiver, konzentrierter, reicher Frucht und feinen, seidigen Tanninen auftritt. Sein weißes Pendant mit 80 % Grenache Gris, 10 % Grenache Blanc, 4 % Roussanne, 3 % Marsanne und 3 % Vermentino bekommt von der Eiche üppig butterige Nuancen mit auf den Weg.

56, avenue du Général de Gaulle, 66650 Banyuls-sur-Mer
www.abberous.com

Château La Casenove

Etienne Montès warf 1994 seinen Job als Paparazzo hin und kehrte auf das Familiengut zurück. Das 50-ha-Anwesen, etwa 12 km vor Perpignan außerhalb des Dorfs Trouillas in der Aspres-Zone, verfügt über eine zusammenhängende Fläche mit Böden aus Ton und *galets*, großen Kieselsteinen. Unter der Leitung des Beraters Jean-Luc Colombo entstehen Weiße, Rosés und Rote sowie Vins Doux Naturels. Dem roten Lager gehört der La Garrigue an, der die für Carignan, Grenache und Syrah typischen animalischen Noten und Andeutungen an dunkle Früchte bereithält. Sortenrein aus Syrah bereitet wird die Cuvée du Commandant François Jaubert.

66300 Trouillas; Tel. 04 68 21 66 33

Château de Jau

Die Familie Dauré, der weitere Kellereien in Collioure und Chile gehören, erwarb dieses im 12. Jahrhundert von Zisterziensermönchen gegründete Gut 1974 und renovierte es von Grund auf. Es wird heute von den Geschwistern Simon und Estelle geleitet, die über einen 134 ha großen Flickenteppich unterschiedlichster Parzellen herrschen. Unter den Weinen, die durch ihr gutes Preis-Leistungs-Verhältnis überzeugen, findet sich der rote Château de Jau aus 52 % Syrah, 30 % Mourvèdre, 10 % Carignan und 8 % Grenache mit reichlich Andeutungen an dunkle Früchte und schwarze Oliven. Zum Gut gehören ein Restaurant und eine Ausstellung zeitgenössischer Kunst.

66000 Cases-de-Pène; www.chateau-de-jau.com

Clos des Fées

1999 gründete der ehemalige Sommelier, Restaurantbesitzer und Weinjournalist Hervé Bizeul diesen Weinbaubetrieb und erweiterte ihn von anfänglich 7,5 ha auf fast 30 ha. Sie verteilen sich über 26 Parzellen in Vingrau, Tautavel, Maury, Bélésta und Calce, die zum Teil 30 km auseinander liegen. Zu den reichen, generösen, wenn auch etwas teuren Abfüllungen gehören das Grenache-Carignan-Duett Les Sorcières, ein in Eiche ausgebauter Vieilles Vignes und der fassvergorene und -gereifte Le Clos des Fées. Der seltene Petite Sibérie, eine in winziger Auflage herausgegebene Selektion aus einem alten, hoch gelegenen Grenache-Garten, hat seinen Namen »Klein Sibirien« von den kräftigen kalten Winterwinden dort bekommen.

Rue Maréchal Joffre, 66600 Vingrau; www.closdesfees.com

CLOS DES FÉES
CLOS DES FÉES BEREITET BEGEHRTE WEINE, DEREN TRAUBEN VON VERSTREUT LIEGENDEN REBHÄNGEN STAMMEN

CAVE DE L'ABBÉ ROUS
DER CORNET & CIE BLANC IST EIN EXOTISCHER VERBUND AUS FÜNF REBSORTEN

Clos Matassa

Clos Matassa ist ein französisch-neuseeländisches Joint Venture, genauer gesagt das Projekt von Tom Lubbe, einem Neuseeländer mit Südafrikaerfahrung, der zwei Jahre lang mit dem Spitzenkellermeister Gérard Gaury aus Roussillon zusammenarbeitete, Lubbes Frau Nathalie Gauby (Gérards Schwester) und Master of Wine Sam Harrop, einem weiteren Neuseeländer, der als Weineinkäufer für Marks & Spencer in London tätig gewesen war. 2002 erwarb das Trio Clos Matassa in 500 bis 600 m Höhe unweit der Gemeinde Le Vivier. Seither sind noch Flächen an den Coteaux des Fenouillèdes und bei der Gemeinde Calce dazugekommen. Alle 14 ha werden biodynamisch bewirtschaftet. Star der Flaschenriege ist die schwungvolle, würzige, fein texturierte und lange Cuvée Romanissa aus 70 % Grenache, 15 % Carignan, 10 % Mourvèdre und 5 % Cabernet Sauvignon.

10, route d'Estagel, 66600 Calce; www.matassawine.com

Domaine de Cazes

Mit ihren mehr als 200 ha Rebfläche in mittlerer Hanglage über dem Agly-Tal ist diese Domäne das größte Bioweingut in Frankreich. Was 1895 mit Michel Cazes als Winzer und wenigen Hektar Land begann, hat sich zu einem Betrieb mit 15 Weinen – von trocken bis süß und hell bis dunkel – bei einer jährlichen Gesamtauflage von 900 000 Flaschen gemausert. Emmanuel Cazes' Premiumabfüllungen liegen bis zu 20 Jahre in Eiche. Der Vin Doux Naturel Muscat de Rivesaltes beeindruckt mit elganten Zitrusnoten, süßem Geschmack und frischem, sauberem Abgang bei 15 % Alkohol.

4, rue Francisco Ferrer, BP 61, 66602 Rivesaltes
www.cazes-rivesaltes.com

Domaine des Chênes

Seit über 100 Jahren ist dieses Gut im Besitz der Familie Razungles. Aktuell managen Gilbert, Simone und ihr Sohn Alain, seines Zeichens Professor am Önologischen Institut von Montpellier, die Domaine. Ihre 30 ha Weinland im Norden der AC bei Vingrau in den Ausläufern der Corbières-Berge erstrecken sich in 300 m Höhe. Sie liefern den Rohstoff für ein Sortiment trockener und süßer Gewächse wie den reichen, kraftvollen roten Le Mascarou aus 50 % Syrah, 40 % Grenache und 10 % Mourvèdre.

7, rue du Maréchal-Joffre, 66600 Vingrau; Tel. 04 68 29 40 21

Domaine Força Réal

20 km westlich von Perpignan bewirtschaftet Força Réal 40 ha Rebfläche bei Millas auf steinigen Ton- und Kreideterrassen in 100 bis 450 m Höhe. Von hier aus hat man einen atemberaubenden Blick auf den Canigou-Gipfel und das Mittelmeer. Früher hieß das Gut Mas de la Garrigues, als es aber Jean-Paul Henriques 1989 kaufte, änderte er den Namen und startete ein Investitionsprogramm. Auf seiner Weinliste stehen einige Rote in süßer und trockener Interpretation. Herausragend ist der kräuterwürzige, von Syrah dominierte Les Hauts de Força Réal, der 24 Monate in Eiche ruht.

Mas de la Garrigue, 66170 Millas; www.forcareal.com

Domaine des Foulards Rouges

Nach einer Anstellung in der Genossenschaftskellerei Estézargues an der südlichen Rhône übernahm Jean-François Nicq 2002 die Domaine des Foulards Rouges

DOMAINE DE LA RECTORIE
BELEG FÜR DIE RIGOROSE QUALITÄTS-STRATEGIE DES GUTS: DER CÔTÉ MER

10 km westlich von Collioure. Zu den ursprünglich 10 ha Weinbergen kamen später weitere 2 ha auf Schiefer- und Gneishängen hinzu. Wie in Estézargues bereitet der Winzer seine Gewächse naturnah und ohne Schwefel. Sein mäßig körperreicher Frida, ein 50:50-Mix aus Carignan und Grenache von 80-jährigen Stöcken, überrascht mit angenehmer, knackiger Frucht.

10, chemin du Roi, 66740 Montesquieu des Albères
Tel. 04 68 81 53 02

Domaine Gauby

Viele Jahre lang war dieser 11-ha-Weinbaubetrieb schon im Besitz der Familie Gauby, als Gérard ihn 1985 erbte und sein ganzes Potenzial auszuschöpfen begann. Inzwischen gilt Gauby als Superstar von Roussillon und beeinflusst eine ganze junge Winzergeneration. Im Lauf der Jahre hat er das Gut 20 km nordwestlich von Perpignan auf 45 ha mit bis zu 120-jährigen Stöcken ausgebaut und bewirtschaftet es seit 2001 ausschließlich biodynamisch. Die Weißweine laufen alle als Vins de Pays, die Rotweine als Côtes du Roussillon-Villages. Paradepferd ist der Muntada, in dem 45 % Grenache Noir von 40-jährigen Stöcken, 45 % Carignan von 120-jährigen Reben, 5 % Mourvèdre und 5 % Syrah mitmischen. 30 Monate in Eiche sollen ihm Finesse verleihen.

La Muntada, 66600 Calce; www.domainegauby.fr

Domaine Lafage

Die Familie von Jean-Marc Lafage hatte seit sechs Generationen Weinreben auf katalanischem Grund kultiviert. Jean-Marc allerdings wollte zunächst seinen Horizont erweitern. Nach verschiedenen Ausbildungen in Weinbau, Kellertechnik und Weinmarketing arbeiteten er und seine Frau, auch sie Önologin, in Australien, Südafrika und Chile – wohl wissend, dass sie eines Tages zurückkehren würden. 1996 kauften sie ein Gut, übernahmen 2001 auch die Weinberge von Jean-Marcs Vater und bewirtschaften inzwischen 138 ha Weinberge in Roussillon. Ihre Abfüllanlagen verlassen preisgünstige Vins de Pays, Roussillon-Villages und Vins Doux Naturels, darunter die reiche, dichte Cuvée Authentique aus Syrah, Grenache Noir und Carignan.

Route de Canet, 66000 Perpignan; www.domaine-lafage.com

MAS AMIEL
DIE BEKANNTE KELLEREI ERLEBTE IN DEN LETZTEN ZEHN JAHREN EINE RENAISSANCE

Domaine du Mas Blanc

Die Domaine du Mas Blanc zählt zu den führenden Kellereien von Banyuls. Aktuell wird das Familiengut von Jean-Michel Parcé dirigiert, dessen Vater Dr. André Parcé das Anbaugebiet als Erneuerer nach vorn brachte: Er führte edle Rebsorten ein, setzte die Erhebung von Collioure in den AC-Rang durch und entwickelte die Spezialität *rimage* in Banyuls, das Pendant zum portugiesischen Vintage Port. Sein Sohn kümmert sich heute um 21 ha Rebfläche mit alten Stöcken auf steilen Terrassen, denen er die drei Collioure-Cuvées Cosprons Levants, Le Clos du Moulin und Le Junquets sowie eine Palette außergewöhnlicher Banyuls-Kreationen abgewinnt.

66650 Banyuls-sur-Mer; www.domainedumasblanc.com

Domaine Mas Cremat

Jean-Marc Jeannin aus Burgund und seine Frau Catherine kauften das Gut 1990. Nach Jean-Marcs viel zu frühem Tod wird die Kellerei nun von Catherine sowie ihren Kindern Julien und Christine geführt, die beide in die Fußstapfen ihrer Eltern getreten sind. Die 35 ha Weinbergflächen erstrecken sich vollständig auf schwarzen Schieferböden. Die interessantesten Tropfen des Familientrios sind Côtes de Roussillon aus Grenache, Syrah und Mourvèdre, die nicht von Eiche belastete Cuvée l'Envie mit frischen Fruchtaromen und die strukturierte, harmonische Cuvée Bastion mit einem Jahr Eichenausbau. Ebenfalls mit dabei: Muscat, Rivesaltes und Vins de Pays.

66600 Espira-de-l'Agly; www.mascremat.com

Domaine Olivier Pithon

Schon früh trieb Olivier Pithon von den Coteaux du Layon an der Loire eine Leidenschaft für Wein um. Bevor er dem Dorf Calce verfiel, sammelte er Erfahrungen in anderen französischen Anbaugebieten, doch nach einem Zusammentreffen mit Gérard Gauby beschloss er, sich hier niederzualssen. Sein Startkapital waren 2001 8,5 ha Weinberge mit alten Carignan-Stöcken auf Schiefer; mittlerweile stehen ihm 15 ha zur Verfügung. Er bestellt sie biodynamisch und erledigt alle Arbeiten von Hand. Seine Abfüllungen betitelt er mit ungewöhnlichen Namen wie Cuvée Laïs (nach einer Kuh), D18 (der Name einer Straße) und Le Pilou von 60- und 100-jährigen Stöcken, die jeweils auf Kreide und Schiefer wachsen.

19, route d'Estagel, 66600 Calce
www.domaineolivierpithon.com

Domaine Piquemal

48 ha im Tal des Flusses Agly stehen Frank und Marie-Pierre Piquemal für ihre weinbaulichen Ambitionen zur Verfügung. Ihr Vater Pierre war um 1970 für die Umstrukturierung der Domaine Piquemal verantwortlich, weshalb seine Kinder nun mit rund 35-jährigen Reben arbeiten können. Derzeit lassen sie am Ortsrand eine neue Kellerei bauen. Ihr Spektrum umfasst Vins de Pays, AC-Abfüllungen und Süßweine. Die Cuvée Pygmalion aus 70 % Syrah, 25 % Grenache Noir und 5 % Carignan wartet mit dunklen Sommerfrüchten, einer röstigen Eichennote und feinen Tanninen auf.

Lieu Dit Della Lo Rec, RD 117, km 7
66600 Espira-de-l'Agly; www.domaine-piquemal.com

Domaine de la Rectorie

Um 1980 erbten die Brüder Marc und Thierry Parcé dieses alte Familiengut. 1984 füllten sie ihren ersten Jahrgang ab und haben seither ihr Ansehen stetig erhöht. Ihre 27 ha Rebgärten verteilen sich über ebenso viele Parzellen unterschiedlichster Ausrichtung und Höhenlagen von Meereshöhe bis 400 m. Jeder Weinberg wird einzeln gelesen und vinifiziert. Das Gros der Produktion setzt sich zusammen aus rotem Collioure von Lagen wie L'Oriental (auf Grenache-Basis), Côté Mer (Grenache mit Carignan und Syrah; pikantere Würze) und Côté Montagne (Grenache, Carignan, Mourvèdre, Counoise und Syrah; konzentriert). Ebenfalls vertreten sind aber Weiße, Rosés und Banyuls-Interpretationen wie die schokoladige, dichte, konzentrierte Cuvée Léon Parcé.

65, rue de Puig del Mas, 66650 Banyuls-sur-Mer
www.la-rectorie.com

Domaine Le Roc des Anges

Marjorie Gallet hob die Domaine Le Roc des Anges 2001 aus der Taufe und begann mit 10 ha Rebzeilen bei Montner einschließlich einiger 1903 gepflanzter Carignan-

Stöcke. Durch Zukäufe erweiterte sie ihr Portfolio auf 25 ha. Auf Schieferböden wachsen Carignan Noir, Grenache Noir, Grenache Gris, Maccabeu (Maccabéo) und Carignan Blanc, die auf niedrige Erträge getrimmt werden. Die Bereitung erfolgt in unlängst renovierten Kellern im Dorf. Viele von Marjories Gewächsen reifen in Betontanks, wo sie ihre Frucht und ihr Terroir bewahren. Vieilles Vignes heißt ein reiches, kraftvolles, elegantes Trio aus Carignan, Grenache und Syrah. Die Cuvée 1903 stammt von den erwähnten alten Carignan-Reben; der Weiße lockt mit feinem, komplexem Charakter.

2, place de l'Aire, 66720 Montner; www.rocdesanges.com

Domaine Sarda-Malet

Jérôme Malet leitet den von seinem Vater gegründeten Erzeugerbetrieb seit 1992 und bestellt 46 ha Weinberge südlich von Perpignan. In den letzten 25 Jahren erhöhte Malet den Anteil an Syrah und Mourvèdre beständig, bewahrte jedoch die alten Carignan- und Grenache-Stöcke. Der weiße Terroir Mailloles entsendet Honignoten und entfaltet am Gaumen einen eleganten Geschmack. Mit exotischer Frucht und blumigen Nuancen, einem süßen Mittelteil und ausgewogener Säure punktet der Muscat de Rivesaltes.

Chemin de Ste-Barbe, 66000 Perpignan
www.sarda-malet.com

Domaine Singla

Laurent Singla entstammt einer Winzerfamilie. Seinen ersten Tropfen füllte er 2001 im zarten Alter von 21 Jahren ab. Inzwischen verwaltet er zwei Güter mit 70 ha Rebflächen: Mas d'En Alby und Mas Passe Temps. Die besten 25 ha werden inzwischen biodynamisch bewirtschaftet. Ihre Trauben fließen in die Domaine-Weine ein, der Rest ist für die Genossenschaftskellerei in Rivesaltes bestimmt. Aus Beeren von einigen der ältesten Grenache-, Carignan- und Syrah-Stöcke wird der La Pinède mit Pflaumenfrucht und mittlerem Körper bereitet.

4, rue de Rivoli, 66250 St-Laurent-de-la-Salanque
www.domainesingla.com

Domaine le Soula

Das kurz vor der Jahrtausendwende von Starwinzer Gérard Gauby gegründete Weingut steht in großer Höhenlage im Bereich Fenouillèdes. Sein fest mineralischer Weißer aus Grenache Blanc, Sauvignon Blanc, Maccabeu (Maccabéo), Roussanne, Vermentino und Chenin Blanc zeichnet ein vielschichtiges Geschmacksbild, die Roten aus Grenache, Carignan und Syrah treten komplex und mit weichem Tannin auf.

66220 Prugnanes; www.le-soula.com

Domaine Thunevin-Calvet

Das Joint Venture zwischen dem *garagiste* und Besitzer von Château Valandraud in St-Émilion, Jean-Luc Thunevin, und Jean-Roger Calvet, einem jungen Weinbauern in Maury, nahm als Garagenweingut mit wenigen Hektar Rebfläche seinen Anfang. Inzwischen ist der Grundbesitz auf 60 ha angewachsen. Produziert wird unter anderem eine Cuvée Constance aus gleichen Teilen Grenache und Syrah mit reifer Frucht und Tabaknoten.

13, rue Pierre Curie, 66460 Maury
www.thunevin-calvet.fr

Domaine La Tour Vieille

Zwölf separate Parzellen um Collioure und Banyuls bilden die tragenden Säulen dieses Weinbaubetriebs. Er gehört Vincent Cantié und seiner Frau Christine, die ihre Rebflächen an terrassierten Hängen über dem Mittelmeer angelegt haben. Trotz relativ homogener Schieferböden sorgen die Höhenunterschiede und der Einfluss des Windes für merkliche Unterschiede in Charakter und Geschmack. Bekannt geworden ist das Winzerpaar für seine Collioure-Interpretationen und gespriteten Weine aus einem traditionellen Solera-System sowie seine modernen Vintage-Stile. Die Spitzencuvée Puig Oriole besticht mit intensivem Brombeeraroma und reichem, konzentriertem Geschmack.

12, route de Madeloc, 66190 Collioure
Tel. 04 68 82 44 82

Jean-Louis Tribouley

Jean-Louis Tribouley, einer von vielen Jüngern Gérard Gaubys, richtete dieses 10,5-ha-Gut 2002 in Latour-de-France ein. Er pflegt seine steinigen Weinberge auf granitdurchsetzten Schiefer- und Gneisböden biologisch mithilfe eines Maultiers. Der reiche, konzentrierte Orchis auf Grenache-Basis mit Heidelbeernuancen und muskulösen Tanninen hat seinen Namen von den Wildblumen, die zwischen den Stockzeilen wachsen. Mit im Sortiment: zwei Côtes de Roussillon-Villages, der Alba und Les Copines, sowie ein Carignan pur namens Elepolypossum.

9, place Marcel Vié, 66720 Latour-de-France
Tel. 04 68 29 03 86

Mas Amiel

1999 wurde Mas Amiel an Olivier Decelle verkauft, zu jener Zeit Geschäftsführer der französischen Gefrierkostkette Picard. Trotz des damaligen legendären Rufs befanden sich die Rebberge in einem schlechten Zustand, die Süßweine ließen sich kaum an den Mann bringen. Seither hat sich Decelle mächtig ins Zeug gelegt, um die 170 ha auf Vordermann zu bringen – sogar aus dem Geschäftsleben ist er inzwischen ausgestiegen, um sich ganz Mas Amiel zu widmen. Er bepflanzte 50 ha Weinberge neu, stellte ein neues Team ein und engagierte externe Berater wie Stéphane Derenoncourt aus Bordeaux. Mit seiner enormen Palette an süßen Maury-Elixieren und trockenen Stillweinen gilt Mas Amiel heute als führendes Haus der Region.

66460 Maury; www.masamiel.fr

La Préceptorie de Centernach

Die Préceptorie de Centernach ist ein Joint Venture zwischen der Familie Parcé aus Banyuls (siehe auch Domaine de la Rectorie, S. 344) und Erzeugern in Maury. Sie steht auf einer Hügelkuppe mit Blick in das Maury-Tal. Den hehren Namen hat das Gut von den Tempelrittern, die kleine Klöster als *preceptorie* bezeichneten; Centernach wiederum ist der alte Name für St-Arnac. Die Rebhänge verteilen sich über Maury, doch bereitet man neben Appellationstropfen auch einige Vins de Pays. Die in Eiche ausgebaute Cuvée Aurélie setzt sich zusammen aus 90 % Grenache und 10 % Carignan, die sich zu einer Kreszenz mit dunkler Frucht, Vanille und würzigen Aromen im Bukett sowie konzentriertem Geschmack zusammentun.

1, Moulin de St-Arnac, 66220 St-Arnac
www.la-preceptorie.com

VIN DOUX NATUREL

Wörtlich übersetzt bedeutet Vin Doux Naturel »natürlicher Süßwein«. Diese Bezeichnung ist allerdings etwas irreführend. Viele Tischweine werden voll vergoren, bis sie trocken sind, bis also der natürlich im Traubensaft vorhandene Zucker durch die Hefen in Alkohol umgewandelt wurde, was gleichzeitig all die aromatischen Inhaltsstoffe entstehen lässt, die das Aroma des Weins ausmachen. Bei Vin Doux Naturel wird dieser Vorgang durch Hinzufügung von Alkohol gestoppt, der die Hefezellen abtötet. So entstehen Erzeugnisse mit zugleich hohem Zucker- und Alkoholgehalt.

90 % der französischen Vins Doux Naturels kommen aus Roussillon. Sie können farblich und charakterlich ganz unterschiedlich ausfallen, je nachdem, ob Muscat- oder Grenache-Trauben Verwendung finden und wie sie ausgebaut werden. Am gängigsten sind Rivesaltes und Muscat de Rivesaltes, die in der ganzen Region bereitet werden können. Bei Rivesaltes wird zwischen jungem, relativ fruchtigem Grenat und mindestens zwei Jahre in Eiche gereiftem Ambre und Tuilé unterschieden. Die besten Exponenten stammen aus Maury und Banyuls.

PROVENCE UND KORSIKA

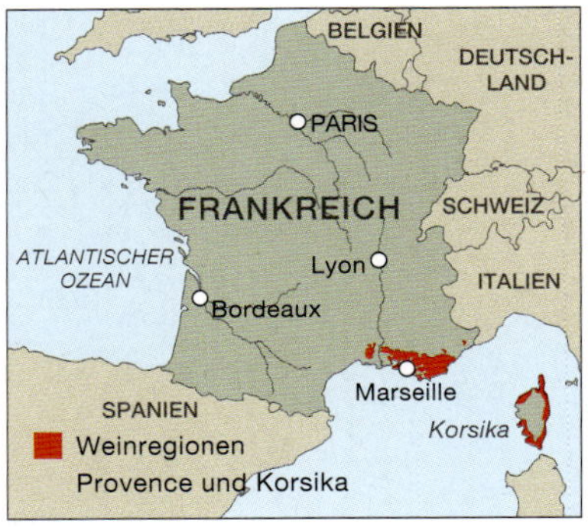

Die von Cézanne und Van Gogh verewigte Provence gehört zu den beliebtesten Touristenzielen Frankreichs. Sie lockt Besucher mit ihrer atemberaubenden Landschaft, dem warmen Klima, ihrer Geschichte und der einheimischen Küche. Als Weinlandschaft verläuft die Provence von der Rhône im Westen zur italienischen Grenze im Osten und fasst dabei die Departements Bouches-du-Rhône, Var, Vaucluse und Alpes Maritimes sowie eine Reihe von Bergketten ein. Viel mit ihr gemein hat die Mittelmeerinsel Korsika, auch wenn sie geografisch eher zu Italien gehört: Beide bekommen reichlich Sonne ab – Korsika hat die meisten Sonnenstunden in ganz Frankreich – und dürfen sich über lange, heiße, trockene Sommer, geringe Niederschläge und milde Winter freuen.

Hauptrebsorten

Rot

Carignan
Cinsault
Grenache
Mourvèdre
Nielluccio
Syrah
Tibouren

Weiß

Clairette
Marsanne
Muscat à Petit Grains
Ugni Blanc
Vermentino (Rolle)

Jahrgänge

2010
Trotz heftigen Regens in Var erbrachte der relativ lange, warme Sommer gute Weine.

2009
Allem Anschein nach ein relativ erfolgreicher Jahrgang.

2008
Sehr vielversprechender Jahrgang quer durch alle Stile.

2007
Durchschnittlich bis gut.

2006
Geringfügig schwächer als 2005; etwas weniger konzentrierte Weine.

2005
Durchschnittlich bis gut. Wärme und Trockenheit ließen reife Tannine entstehen. Beste Rote steigern sich noch.

Auch geologisch gibt es Gemeinsamkeiten zwischen dem Festland und der Insel: Beide haben ihre Küstenstriche, Felsenklippen, Hügellandschaften und Berggipfel. Zudem eint sie ein ähnliches historisches Schicksal: Sie waren immer wieder Ziel von Invasoren und Eroberern – mit allen kulturellen Einflüssen, die von den Ankömmlingen ausgingen. Selbst ihre Vegetationen ähneln sich: Was der Provence ihre *garrigue*, ist Korsika sein *maquis*, ein wildes Strauchland, das erfüllt ist von Wacholder-, Lavendel-, Salbei-, Thymian- und Rosmarinduft.

Lange bevor die Provence ins Visier von Urlaubern geriet, lockte sie bereits Fremde an. Marseille, Frankreichs größter Wirtschaftshafen und die zweitgrößte Stadt des Landes, wurde 600 v. Chr. von phokäischen Seefahrern gegründet und ist damit die älteste Stadt des Landes. Der korsische Rebbau wiederum geht angeblich auf die Phönizier zurück, die 570 v. Chr. die Siedlung Aleria an der Ostküste des Eilands gründeten.

Das Gros der provenzalischen Rebflächen gehört zum Departement Var; heller, trockener Rosé macht rund 80 Prozent der Weinproduktion aus. Ansonsten aber sind Reben fast überall präsent – von Les Baux de Provence am westlichen Rand bis zur Appellation Bellet nördlich von Nizza. Und auch ernsthafte Rote und Weiße gibt es.

Das spektakuläre Hügelstädtchen Les Baux de Provence sitzt in den zerklüfteten Alpillen und wird umspült vom allgegenwärtigen Mistral. Seine gleichnamige Appellation war die erste, die festlegte, dass alle Trauben biologisch oder biodynamisch kultiviert werden müssen. In St-Rémy-de-Provence kam im 16. Jahrhundert Nostradamus zur Welt; zudem lebte hier kurzzeitig Vincent Van Gogh. Direkt nördlich von Aix befindet sich die kleine Appellation Palette. Sie lässt rekordverdächtige 35 Traubensorten zu, am bekanntesten aber ist die AC für das berühmte Château Simone geworden.

Östlich von Marseille durchsetzen Fjorde, die sogenannten Calanques, die zerklüftete Küstenlandschaft. Der alte Fischerhafen Cassis wird von der höchsten Klippe Frankreichs, dem Cap Canaille, vor dem Mistral geschützt. Feine trockene, krautige Weine in Weiß entstehen hier aus Clairette und Marsanne. Fährt man die Küste ein Stück weiter, kommt man nach Bandol, wo man der Weinwelt geschmacksintensive Rote auf Mourvèdre-Basis beschert, die zu den feinsten Geschöpfen der Provence gehören.

Die größte AC heißt Côtes de Provence. Sie deckt einen beträchtlichen Teil des Departements Var sowie weitere kleinere Bereiche ab. Rund 80 Prozent der Weine kommen rosa auf den Markt; die häufigsten Trauben sind Grenache, Carignan, Syrah und Cinsault. Erlaubt ist der Anbau von 13 Rebsorten, darunter Mourvèdre, Tibouren, Vermentino (Rolle), Sémillion und Clairette – gerade sie liefern oft die edelsten Roten und Weißen.

Auch Korsika bekommt seinen Anteil an Touristen ab, doch ist die Landschaft wilder und weniger erschlossen. Das rund 180 Kilometer lange und 80 Kilometer breite Eiland besteht aus einem Defilee von Bergen, um die sich eine lange Reihe von Kaps, Buchten und Sandstränden zieht. Die durchschnittliche Höhe beträgt 590 Meter über dem Meer. Korsikas erste Appellation wurde 1968 bei Patrimonio im Norden eingerichtet. Hier herrschen Kreide- und Tonböden vor, die sich besonders gut für den Anbau der Sangiovese-ähnlichen einheimischen Nielluccio und der Vermentino alias Rolle eignen. Das wildromantische Cap Corse mit seinen Schieferböden ist die Geburtsstätte feiner trockener Weißer vom Gut Clos Nicrosi und delikater, zitrusfruchtiger Vins Doux Naturels aus Muscat à Petit Grains. Im Westen behagen die Granitböden bei Ajaccio vor allem der Sciaccarello-Traube, einer echten Korsin.

Château Barbeyrolles Côtes de Provence
Régine Sumeire ist Besitzerin dieses Guts, dessen 12 ha Rebfläche auf Schieferböden aus dem Paläozoikum gerade auf Bioweinbau umgestellt werden. Auf der Weinliste stehen ein heller Rosé aus Grenache, Cinsault, Mourvèdre und Cabernet Sauvignon und ein 18 Monate von der Eiche beeinflusster Roter aus Grenache und Syrah. Gute, aber etwas teure Weine.

83580 Gassin; Tel. 04 94 56 33 58

Château Crémade Palette
Unweit des hübschen Örtchens Le Tholonet steht das Château Crémade mit nur 9 ha Weinbergen, aber einem umso größeren Sortenspiegel aus 25 Trauben und 50- bis 60-jährigen Stöcken. 1997 erwarb die Familie Baud aus Burgund die Kellerei, in der heute Tochter Sophie, eine ausgebildete Önologien, Weiße, Rosés und Rote bereitet. Im Rosé sind die sechs Hauptsorten Grenache, Cinsault, Syrah, Mourvèdre, Muscat und Cabernet Sauvignon vertreten, doch 10 % des Verschnitts sind weiteren Trauben vorbehalten, was sich in einer komplexen Nase mit Roten Johannisbeeren, Kirschen, Aprikosen und einem Anflug von Rosenblütenblättern niederschlägt.

Route de Langesse, 13100 Le Tholonet
www.chateaucremade.com

Château de Crémat Bellet
Die mit nur 48 ha Gesamtrebfläche winzige AC Bellet versteckt sich in den Hügeln über Nizza und bietet einen Blick auf die Stadt und das Mittelmeer. Zur Appellation gehört das Château de Crémat, dessen Geschichte sich wie ein Roman von F. Scott Fitzgerald liest. So war das Anfang des 20. Jahrhunderts errichtete Haus einst für seine wilden Partys mit reichen Aristokraten und Berühmtheiten wie Coco Chanel bekannt. Es baut auf 11 ha Grund Trauben für Rote und Rosés an, darunter Grenache und Cinsault. Einen ausgezeichneten Ruf aber hat ihr Weißer aus 80 % Rolle und 20 % Chardonnay, der vier Monate im Fass zu einem köstlich frischen Tropfen mit vanilligen Röstnoten heranreift.

442, chemin de Crémat, 06200 Nice; Tel. 04 92 15 12 15

Château d'Esclans Côtes de Provence
Das beeindruckend große Gut mit 267 ha Rebfläche in La Motte südöstlich der Stadt Draguignan kaufte 2006 Sacha Lichine, Sohn von Alexis Lichine auf Château Prieuré-Lichine in Margaux. Zur Disposition stehen ihm 44 ha Stöcke mit einem Durchschnittsalter von 80 Jahren. Lichine baut auf den Rat von Patrick Léon, ehemals auf Château Mouton-Rothschild tätig, und dem internationalen Berater Michel Rolland. Im Sortiment hat er nicht weniger als fünf Rosés und einen Roten. Der Basistropfen Whispering Angel wirbt mit frischer Erdbeerfrucht und geschmeidigem Geschmack. Von ausgewählten Parzellen mit einigen der ältesten Reben stammt Gutsprimus Garrus, der in großen Eichenfässern vergoren und ausgebaut wird, was ihm zusätzliche Reichhaltigkeit beschert.

4005, route de Callas, 83920 La Motte en Provence
www.chateaudesclans.com

Château du Galoupet Côtes de Provence
Auf Château du Galoupet ist das Meer ganz nah. Von den 165 ha großen Ländereien mit 72 ha Weinbergen aus kann man die Îles d'Or von Pourquerolles, Port-Cros und die Île du Levant sehen. Gemäß alten Urkunden stammt das Château aus dem 17. Jahrhundert und der Zeit Ludwigs XIV.; die alten Gewölbekeller von damals sind erhalten geblieben. Bereitet werden Weiße, Rosés und Rote unterschiedlicher Qualitätsstufen und Marken. Keinen Fehlgriff tut man mit dem angenehm konzentrierten, von weichen Tanninen geprägten roten Château du Galoupet.

Quartier St-Nicolas, 83250 La Londes-les-Maures
www.galoupet.com

Château Minuty Côtes de Provence
Vom 75-ha-Gut auf der Halbinsel St-Tropez hat man einen schönen Blick auf die Bucht sowie die Dörfer Gassin und Ramatuelle. 1936 ließ sich Étienne Farnet, Großvater der beiden aktuellen Inhaber Jean-Étienne und François Matton, hier nieder. Bevor François, ein ausgebildeter Önologe, die Leitung des Betriebs übernahm, sammelte er Erfahrungen auf Château Margaux in Bordeaux und im Champagnerhaus Taittinger; Jean-Étienne ist für das Marketing verantwortlich. Sie konzentrieren sich auf die Bereitung hochwertiger Rosés überwiegend aus Grenache und etwas Tibouren und brachten ihre Weinberge auf Vordermann, wobei sie unter anderem Carignan und Ugni Blanc durch Grenache und Rolle ersetzten.

Golfe de St-Tropez, 83580 Gassin; www.minuty.fr

Château de Pibarnon Bandol
Als Henri und Catherine de Saint Victor das Château de Pibarnon 1978 erwarben, hatten sie gerade einmal 3,5 ha Rebland. Inzwischen ist ihr Weinbergbesitz auf 50 ha angewachsen. Ein Großteil der Stöcke wächst auf Terrassen, die mithilfe von Bulldozern und viel harter Arbeit in der Form eines Amphitheaters angelegt wurden und heute als Théâtre d'Epidaure bekannt sind. Erzeugt wird eine geringe Menge Weißwein aus 40 % Clairette, 40 % Bourboulenc und 20 % anderen Sorten von den wenigen Nordlagen des Guts. Die Roten enthalten zu 90 bis 95 % Mourvèdre, führen dunkle Früchte und Johannisbeeren mit sich, während sie am Gaumen weiche, geschmeidige, reife Tannine aufbieten. Mit dabei: ein frischer Rosé.

83740 La Cadière d'Azur; www.pibarnon.fr

Château Pradeaux Bandol
Das Gut in St-Cyr-sur-Mer befindet sich seit 1752 im Besitz der Familie Portalis. Es durchlebte im Lauf seiner Geschichte schwere Zeiten: Während der Französischen Revolution 1789 wurde es verwüstet, im 19. Jahrhundert vernichtete die Reblaus einen Teil der Rebflächen und im Zweiten Weltkrieg litt es unter den nationalsozialistischen Besatzern. Suzanne und Arlette Portalis bauten das Gut wieder auf und heute wird es von Arlettes Sohn Cyrille mit Unterstützung seines Sohns Édouard geführt. Ihre 20 ha Rebland sind mit durchschnittlich 35 Jahre alten Reben bestockt. Die Roten entstehen aus 95 % Mourvèdre und 5 % Grenache. Mit von der Partie ist ein Rosé aus 55 % Mourvèdre und 45 % Cinsault.

676, chemin des Pradeaux, 83270 St-Cyr-sur-Mer
www.chateau-pradeaux.com

Château Romassan Bandol
Die Kellerei gehörte ab 1956 der Elsässer Familie Ott, die auch Château de Selle und Clos Mireille (siehe jeweils S. 348) im Departement Var besaß. 2004 verkaufte sie alle drei Häuser dem Champagnerhaus Louis Roederer.

CHÂTEAU PRADEAUX
KRAFTVOLLE, ABER AUSGEWOGENE WEINE ENTSTEHEN AUF DIESEM HISTORISCHEN GUT IN BANDOL

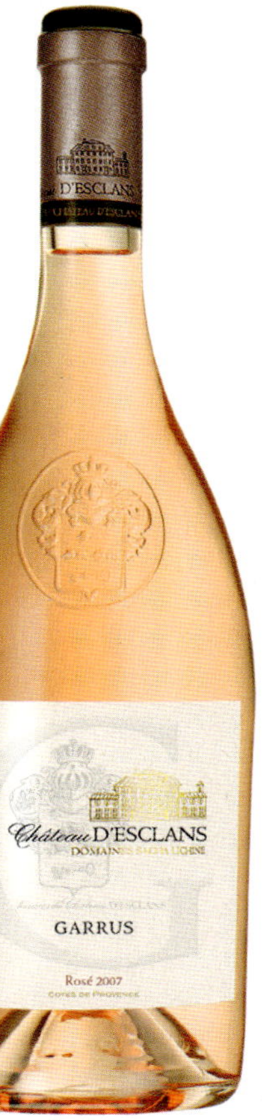

CHÂTEAU D'ESCLANS
DER GARRUS GEHÖRT ZU DEN TEUERSTEN ROSÉS DER WELT

CLOS STE-MAGDELEINE
DIESER WEISSE VERSCHNITT DER AC CASSIS DUFTET NACH HELLEN BLÜTEN

CHÂTEAU DE SELLE - DOMAINES OTT
EIN SUBTILES QUARTETT AUS VIER REBSORTEN IST DER ROSÉ DIESES GUTS

Jean-François Ott blieb jedoch technischer Leiter und hält das alte Qualitätsniveau. Die 74 ha Weinberge des im 18. Jahrhundert gegründeten Guts sind mit Mourvèdre, Grenache, Cinsault und Sauvignon Blanc bestockt. Abgefüllt wird eine Reihe von Rosés, die zum Teil für baldigen Genuss gedacht sind, zum Teil aber auch in Eiche reifen und sich mehrere Jahre steigern. Die Roten enthalten einen hohem Mourvèdre-Anteil und profitieren ebenfalls von einigen Jahren im Kellerregal.

83330 Le Castellet; www.domaines-ott.com

Château Ste-Roseline Côtes de Provence

Château Ste-Roseline entstand aus einem im 12. Jahrhundert gegründeten Kloster und ist benannt nach Roseline, der 1263 geborenen Tochter des Marquis de Villeneuve, die ihr Leben den Armen und Hilfsbedürftigen widmete und heiliggesprochen wurde. Ihr Leichnam liegt in einer Glasvitrine in der romanischen Kapelle, die ein beliebtes Ziel von Pilgern ist, aber auch von Kunstliebhabern gern besucht wird, denn sie enthält verschiedene bedeutende Werke, darunter auch ein 1975 von Marc Chagall geschaffenes Mosaik. Die Rebflächen sind mit elf Sorten bepflanzt, darunter Rolle und Sémillon für einen Weißen, Syrah, Mourvèdre, Cinsault und Tibouren für einen delikaten, zart lachsrosa Rosé mit merklicher Eichennote und Syrah, Mourvèdre und Cabernet Sauvignon für Rote.

83460 Les Arcs-sur-Argens
www.sainte-roseline.com

Château de Selle - Domaines Ott
Côtes de Provence

Château de Selle war das erste Gut, das der Elsässer Agronom Marcel Ott 1912 in Taradeau bei Draguignan erwarb. Das Haus aus dem 18. Jahrhundert steht auf einem 110 ha großen Grundbesitz, von dem 60 ha mit Reben wie Cabernet Sauvignon, Grenache, Syrah und Cinsault bestockt sind. Bereitet werden vor allem Rosés, die man – ganz ungewöhnlich für die Region – sechs bis neun Monate in großen Eichenfässern ausbaut, um ihnen zu mehr Gewicht und Komplexität zu verhelfen. Ferner entstehen geringe Mengen Weißwein überwiegend aus Sémillon und zwei Rote auf der Basis von Cabernet Sauvignon. Der Betrieb ging 2004 an Louis Roederer, wird aber nach wie vor von Jean-François Ott verwaltet.

Route départementale 73, 83460 Taradeau
www.domaines-ott.com

Château Simone Palette

Die winzige AC Palette und das Château Simone werden oft in einem Atemzug genannt, nicht zuletzt auch deshalb, weil das Gut mit seinen 17 ha Rebareal etwa die Hälfte der gesamten Appellationsfläche stellt. Das Herrenhaus stammt aus dem 16. Jahrhundert, wie die Keller beweisen, und steht östlich von Aix-en-Provence in Meyreuil am nordwärts gerichteten Ufer des Flusses Arc zu Füßen der Montagne Sainte-Victoire. Seit 1850 gehört der Betrieb der Familie Rogier, die maßgeblich an der Einrichtung der Appellation 1948 beteiligt war. Aus etlichen Rebsorten keltert sie Weiße, Rosés und Rote. Seinen legendären Ruf aber begründete Simone mit den hochklassigen, traditionell bereiteten und lang in Eiche gereiften Rotweinen.

13590 Meyreuil
www.chateau-simone.fr

Château Vannières Bandol

Zwischen den Gemeinden Cadière d'Azur und St-Cyr-sur-Mer ragt das Château Vannières auf. Der historische Besitz stammt aus dem 16. Jahrhundert und umfasst 35 ha Weinberge mit südlicher bis südöstlicher Ausrichtung im Schutz des Massif Ste-Baume im Norden. Die durchschnittlich 40 Jahre alten Reben stehen mit einer Dichte von 5000 Stöcken/ha. Kultiviert werden Mourvèdre und Grenache für die Roten, Grenache und Cinsault für Rosé sowie Clairette und Rolle für Weiße. Sie werden als Bandol oder Côtes de Provence etikettiert.

83740 La Cadière d'Azur; www.chateauvannieres.com

Château Vignelaure
Côteaux d'Aix-en-Provence

Das Gut liegt scheinbar fernab jeglicher Zivilisation – und doch werden hier schon seit 1000 Jahren Reben kultiviert. Kürzlich entdeckten Archäologen sogar eine römische Kellerei aus dem 1. Jahrhundert. Erst Georges Brunet aber, der um 1960 Cabernet Sauvignon in die Provence brachte, machte Château Vignelaure zu dem, was es heute ist. Die 60 ha Rebgärten mit Cabernet Sauvignon, Syrah, Grenache und Merlot erstrecken sich auf Kalk-Ton-Böden in 350 bis 480 m Höhe und liefern konzentrierte Weine, denen ein Aufenthalt in Eichenfässern zu zusätzlicher Komplexität und Tiefe verhilft. Auf dem Anwesen kann eine Sammlung moderner Kunst mit Werken von César, Miró, Hartung und anderen besichtigt werden. Vignelaure gehörte David und Catherine O'Brian aus Irland, das es 2007 dem schwedisch-dänischen Ehepaar Mette und Bengt Sundstrøm verkaufte.

Route de Jouques, 83560 Rians; www.vignelaure.com

Clos de Bernardi Patrimonio

Ohne die Hartnäckigkeit von Pierre de Bernardi wäre Patrimonio vielleicht nicht 1968 als erstes korsisches Anbaugebiet in den AC-Rang erhoben worden. Gegründet hat das Gut aber Pierres Vater, ein Lehrer, im Jahr 1880 mit 10 ha Rebfläche in gerade einmal 200 m Entfernung vom Meer – ein ganz ungewöhnliches Terroir mit eigenem Mikroklima. Heute wird es von Bernardis Söhnen Jean-Laurent und Jean-Paul geleitet, die ihre Weine nach wie vor in der Originalkellerei im Dorf Patrimonio herstellen. Besondere Beachtung verdient der reiche, konzentrierte rote Clos de Bernardi aus 100 % Nielluccio.

Lieu-dit Santa Maria, 20253 Patrimonio; Tel. 04 95 37 01 09

Clos Mireille Côtes de Provence

Clos Mireille war 1936 die zweite Domaine, die der Elsässer Marcel Ott seinem Portfolio hinzufügte. Das küstennahe Gut verfügt über 47 ha mit Sémillon, Ugni Blanc und Rolle bestockter Anbaufläche und hat sich auf Weiße spezialisiert. Es entstehen zwei Cuvées. Im Blanc des Blancs gehen drei Sorten auf; der Wein wird langsam vergoren, in Eichenfässern rundgeschliffen und vor der Freigabe noch einmal acht bis zwölf Monate in der Flasche ausgebaut. Der in großen Eichenfässern fermentierte und gealterte Blanc L'Insolent entsteht in geringer Menge aus Sémillon und Ugni Blanc von den ältesten Parzellen.

83250 La Londe-les-Maures; www.domaines-ott.com

Clos Nicrosi Cap Corse

Clos Nicrosi in Rogliano an der Spitze des wunderschönen, zerklüfteten Cap Corse ist das nördlichste Gut in Korsika und bringt einige der feinsten Weißen der ganzen Insel in Umlauf. Gegründet wurde die Kellerei 1959 von Toussaint Luigi und seinem Bruder Paul. Als die örtliche Kellereigenossenschaft um 1970 in die Binsen ging, beschlossen die beiden, selbst abzufüllen und einen sortenreinen trockenen Vermentino sowie einen süßen Muscat du Cap Corse zu bereiten. 1993 übernahm Jean-Noël Luigi die Leitung des 20-ha-Guts von seinem Onkel, das er zusammen mit seinem Sohn Sébastien bis heute führt. Inzwischen haben sie auch Rote und einen Rosé ins Sortiment aufgenommen.

Lieu-dit Pian Delle Borre, 20247 Rogliano; Tel. 04 95 35 41 17

Clos Ste-Magdeleine Cassis

Die terrassierten Weinberge dieser 20 ha großen, schönen Weinmanufaktur ziehen sich bis zum Meer hinunter. Sie werden im Osten flankiert vom Cap du Canaille, der mit über 400 m höchsten Küstenklippe Frankreichs, die die Flächen vor dem unwirtlichen Mistral schützt. Seit 1920 steht die Familie Zafiropulo am Ruder; aktuell wird die Kellerei von Georgina und François Sack geführt, die sie in den letzten 35 Jahren beständig erneuert haben. Inzwischen sind auch ihre Kinder Grégoire und Jonathan eingestiegen. Einen Großteil des Sortiments machen beachtliche aromatische, blumige Weiße mit 85 % Marsanne sowie Clairette, Ugni Blanc und Sauvignon Blanc aus. Ebenfalls zu haben ist ein guter Rosé.

Avenue du Revestel, 13260 Cassis
www.clossaintemagdeleine.fr

La Commanderie de Peyrassol Côtes de Provence

La Commanderie de Peyrassol blickt auf eine lange, bewegte Geschichte zurück. Gegründet wurde sie im 13. Jahrhundert von den Tempelrittern. Seither hatte sie mehrere Eigentümer wie den Malteserorden, den französischen Staat und die Familie Rigord, die den Besitz 1790 erwarb, bis sie ihn 2001 an den französischen Geschäftsmann Philippe Austruy verkaufte. Der renovierte sie von Grund auf und errichtete eine neue Kellerei. Die Weißen, Rosés und Roten erscheinen in mehreren Qualitätskategorien, darunter die Linie Commanderie de Peyrassol und die Château-Peyrassol-Klasse mit Eichenausbau. Der weiße Château Peyrassol stammt von 45-jährigen Stöcken. Er enthält 70 % Rolle und 30 % Sémillon, wird in Eiche vergoren und präsentiert sich mit reifem Honigduft sowie einem eleganten, frischen Geschmack.

83340 Flassans/Issole
www.peyrassol.com

Domaine de la Bastide Blanche Bandol

Den Bronzo-Brüdern Louis und Michel gehört dieser Winzerbetrieb, der von 10 ha im Jahr 1972 auf mittlerweile über 28 ha angewachsen ist und vollständig biologisch bewirtschaftet wird. Über 60 % der Rebfläche werden von Mourvèdre besetzt, den Rest teilen Grenache, Cinsault, Clairette, Ugni Blanc, Sauvignon Blanc und Bourboulenc unter sich auf. Die konzentrierte Cuveé Estagnol stammt von Mourvèdre und Grenache der ältesten Stöcken des Guts, die auf Ton-Kalk- und Kiesböden wachsen. Ihre sortentypisch pikanten, fleischigen Noten werden von ledrigen Nuancen ergänzt.

367, route des Oratoires, 83330 Ste-Anne-du-Castellet
www.bastide-blanche.fr

Domaine de la Bégude Bandol

1996 erwarb die Familie Tari von Château Giscours in Margaux die Domaine, der im Augenblick Guillaume Tari vorsteht. Der Grundbesitz beläuft sich auf 500 ha, wovon allerdings nur 17 ha unter Reben stehen. Sie erstrecken sich 400 m über dem Meer, sind damit die höchsten, aber auch die nördlichsten Rebflächen der AC Bandol und bieten einen atemberaubenden Blick auf die Bucht von La Ciotat. Aus sieben Rebsorten werden Weiße, Rosés und Rote gekeltert. Die von Mourvèdre dominierte Spitzencuvée La Brulade macht mit intensiver Brombeerfrucht und sehr langem Ausklang auf sich aufmerksam.

Route des Garrigues, 83330 Le Camp du Castellet
www.domainedelabegude.fr

Domaines Bunan - Moulin des Costes Bandol

Nachdem die Gebrüder Pierre und Paul Bunan aus Algerien 1961 Moulin des Costes mit 16 ha Weinbergen in La Cadière d'Azur erworben hatte, holten sie sich 1969 auch gleich Château de la Rouvière dazu, ein Gut aus dem 18. Jahrhundert auf einem steilen, terrassierten Hang mit 3,5 ha 50-jähriger Reben. Die Weine beider Betriebe werden in der Kellerei Moulin des Costes verarbeitet. Mittlerweile spielen schon die Kinder der beiden Brüder eine wichtige Rolle im Unternehmen und bringen neue Ideen ein wie die Einführung der Marke Domaines Bunan für Erzeugnisse, die aus verschiedenen Gütern und Lagen verschnitten werden. Für Bandol-Verhältnisse sind alle Abfüllungen relativ preiswert zu haben. Wer durch Nizza kommt, sollte auch dem gut sortierten Weingeschäft der Bunans in der Altstadt einen Besuch abstatten.

83740 La Cadière d'Azur; www.bunan.com

Domaine Comte Peraldi Ajaccio

Ajaccio ist als Geburtsort von Napoleon, der hier im August 1769 zur Welt kam, bekannter als für seine Weine. Allerdings werden in der Domaine Comte Peraldi schon seit dem 16. Jahrhundert Reben angebaut. 1965 modelte der Vater des jetzigen Besitzers Guy De Poix sein Gut von Grund auf um. Die 50 ha Anbaufläche ziehen sich über Hänge in der Ortschaft Mezzavia, die in 5 km Entfernung der Stadt Ajaccio und des gleichnamigen Golfs liegt. Spezialität der Appellation und des Guts ist die Sciaccarello-Traube, die auf den Granitböden der Gegend wächst und feine, leichte, elegante Rote und Rosés ergibt. Am Roten der Domaine Comte Peraldi müssen sich alle Sciaccarello-Erzeugnisse messen lassen.

Chemin du Stiletto, 20167 Mezzavia
www.domaineperaldi.com

Domaine de la Courtade Côtes de Provence

1983 gründete Richard Auther auf der kleinen Insel Porquerolles die Domaine de la Courtade. Heute gehören ihm 30 ha Rebhänge, die er seit 1999 biologisch bewirtschaftet; ferner ein Olivenhain mit bis zu 100-jährigen Bäumen. Die Farbpalette reicht von Weiß über Rosa bis Rot. Aus 97 % Mourvèdre von ausgewählten Parzellen und 3 % Syrah von rund zwölf Jahre alten Stöcken entsteht der reiche, dichte, elegante La Courtade, der zwölf bis 18 Monate in Eiche liegt. Der reinsortige Rolle La Courtade mit reichen, honigartigen Fruchtnoten wird elf Monate in Eichenfässern vergoren und ausgebaut.

Île de Porquerolles, 83400 Hyères; www.lacourtade.com

VIN DE PAYS

In den 1970er-Jahren wurde in Frankreich die Qualitätskategorie Vin de Pays aus der Taufe gehoben mit dem Ziel, neben den Klassifizierungen Vin de Table und Appellation d'Origine Contrôlée (AOC oder AC) einen flexibleren »dritten Weg« für Winzer zu schaffen, deren Weine weder zu der einfachen Qualität eines Vin de Table noch zu den strengen, v. a. dem Terroir und traditionellen Rebsorten verpflichteten Regularien einer AC passen. Erzeuger, die ihre Weine als Vin de Pays etikettieren, haben weitaus größere, wenn auch nicht unbeschränkte Freiheiten. Das Modell erwies sich als großer Erfolg, da es nun auch die Vermarktung nach der Rebsorte benannter preisgünstiger Weine ermöglichte, die bis dahin das Markenzeichen der Neuen Welt gewesen waren. 2009 wurden die Richtlinien vereinfacht und an EU-Recht angepasst; unter anderem ändert sich die Bezeichnung der Vins de Pays in Indications Géographiques Protégées (IGP). Basierend auf einer immer genauer werdenden geografischen Herkunftsangabe ist das IGP-System in einem z. T. auch die Qualität widerspiegelnden Pyramidensystem in vier Gruppen unterteilt: Den Sockel bilden die Vins de Pays des Vignobles de France. Sie müssen, wenn sie eine Rebsorte im Namen führen, mindestens zu 75 % aus dieser Sorte bestehen, dürfen aber aus Trauben aller sechs sogenannten regionalen Vin-de-Pays-Zonen verschnitten sein. Diese bilden die zweite Gruppe und umfassen z. B. die Vins de Pays d'Oc aus Languedoc-Roussillon, gefolgt von den departementalen Vins de Pays wie Vin de Pays du Gard aus dem Languedoc. Die Spitze der Pyramide bilden die lokalspezifischen zonalen Vins de Pays, zu denen etwa der Vin de Pays des Côtes de Thau zählt, ebenfalls aus dem Languedoc.

DOMAINE RABIEGA
REICHE, KRAFTVOLLE ROTE SIND DIE SPEZIALITÄT DIESER KELLEREI IN SCHWEDISCHER HAND

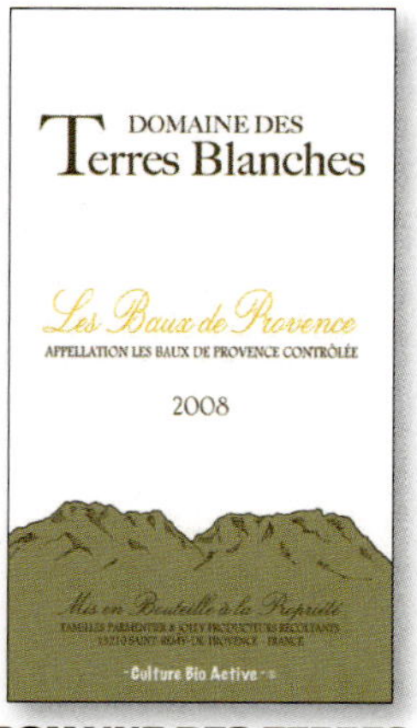

DOMAINE DES TERRES BLANCHES
EIN GUT MIT EINNEHMENDEN BIOWEINEN

Domaine de la Ferme Blanche Cassis

Das alte Gut mit heute 30 ha Rebland wurde 1714 von Comte François de Garnier gegründet und war seither mehrere Generationen lang im Besitz der Familie Imbert. Gegenwärtig wird es von François Paret geleitet. Seine weiße Cuvée Excellence ist ein paritätischer Traubenmix aus Marsanne und Clairette, während im Standardweißen Ugni Blanc, Bourboulenc und Sauvignon Blanc mitmischen. Aus Grenache Noir, Cinsault und Mourvèdre wird ein Rosé mit Himbeeraroma erzeugt.

Route de Marseille, 13260 Cassis; Tel. 04 42 01 00 74

Domaine Gavoty Côtes de Provence

In Cabasse stößt man beim Zisterzienserkloster Le Thoronet aus dem 12. Jahrhundert auf die Domaine Gavoty, ein nicht minder historisches Juwel aus dem 16. Jahrhundert. Es gehört seit 1806 der Familie Gavoty und wird derzeit von Roselyne Gavoty und ihrem Mann Pierre geführt. In den Kellern aus dem 18. Jahrhundert liegen noch immer die Originalbottiche. 45 ha Weinberge liefern das Lesegut für Weiße, Rosés und Rote. Die fruchtige trockene Cuvée Tradition in Pink ist das Ergebnis eines Zusammenspiels aus Cinsault und Grenache. Von der Kritik mit sehr viel Lob bedacht wurde der Clarendon.

83340 Cabasse; www.gavoty.com

Domaine Hauvette Les Baux-de-Provence

Am Stadtrand von St-Rémy-de-Provence an der Nordseite der Alpillen gründete Dominique Hauvette 1982 diese Domaine. Sein Startkapital waren 2 ha Anbaufläche, aus denen mittlerweile 15 ha geworden sind. Die biodynamisch gepflegten Reben stehen auf Ton-Kreide-Böden mit einem hohen Anteil an Muschelkalk und Fossilien. Der Rotwein setzt sich in der Regel aus 40 % Grenache, 30 % Cabernet Sauvignon und 30 % Syrah zusammen, die einen konzentrierten Tropfen mit leicht animalischer Note und feinen Tanninen im Abgang ergeben.

Chemin Trou-des-Bœufs, La Haute Galine, 13210 St-Rémy-de-Provence; Tel. 04 90 92 03 90

Domaine Orenga de Gaffory Patrimonio

Dem um 1960 von Pierre Orenga gegründeten und derzeit von seinem Sohn Henri geleiteten Gut stehen heute 60 ha Anbaufläche mit über 20 ha Pflanzungen aus 50-jährigen Stöcken zur Verfügung. Seine Weinberge verteilen sich über vier Lagen um St-Florent, Patrimonio, Barbaggio und Poggio d'Oletta, deren traditionellen Sorten, darunter Nielluccio, Vermentino (Rolle) und Muscat, so ausgewählt werden, dass sie zum jeweiligen Boden und dem speziellen Mikroklima passen. Das Sortiment ist in vier Linien untergliedert. In der Kellerei finden regelmäßig Kunstausstellungen statt.

Lieu-dit Morta Majo, 20253 Patrimonio
www.orengadegaffory.com

Domaine Pieretti Cap Corse

Lina Venturi-Pieretti übernahm das Familiengut 1989 von ihrem Vater, einer bekannten Persönlichkeit, die die jährliche Weinmesse in Luri an jedem ersten Wochenende im Juni initiierte. Die Winzerin bewirtschaftet heute 10 ha Weinberge in 100 m Höhe unweit des Hafens von Luri; die 1994 errichteten Kellergebäude stehen sogar noch näher am Meer. Auf felsigen Ton-Schiefer-Böden wachsen Nielluccio, Grenache, Vermentino und Muscat. Das Sortiment in Weiß, Rosa und Rot enthält Muscat-Abfüllungen und die Spezialcuvée namens A Murteta aus der Alicante-Traube, einer in der AC Cape Corse traditionell angebauten Sorte.

Santa Severa, 20228 Luri; www.vinpieretti.com

Domaine Rabiega Côtes de Provence

Der 10-ha-Betrieb gehört dem schwedischen Unternehmer Anders Åkesson. Ein Rebberg ist auf dem Anwesen schon seit dem 15. Jahrhundert bezeugt; Åkesson stellte ihn nach seiner Übernahme auf Bioweinbau um. Die Besten im kellerinternen Ranking sind die Exponenten der Spitzenlinie Clos Dière.

Clos Dière, 83300 Draguignan; www.rabiega.com

Domaine Richeaume Côtes de Provence

Der respektable Erzeugerbetrieb in Puyloubier in den Ausläufern der Montagne Sainte-Victoire gehört dem Deutschen Hennig Hoesch, einem Pionier des Bioweinbaus in der Region. Er begann 1972 mit 2 ha Fläche, aus denen mittlerweile 25 ha mit Grenache, Cabernet Sauvignon – Hennig gehörte zu den Ersten, die sie in der Region pflanzten – und Syrah geworden sind. Derzeit leitet den Betrieb sein Sohn Sylvain, der in Kalifornien und Australien Önologie studiert hat. Ihm gelingen kraftvolle, körperreiche Tropfen. Spitzenabfüllungen wie die Cuvée Columelle werden zum Ausbau in Eiche geschickt.

13114 Puyloubier; www.domaine-richeaume.com

Domaine St-André de Figuière
Côtes de Provence

Nach 22-jähriger Zusammenarbeit mit Michel Laroche in Chablis beschloss Alain Combard, in die Provence zurückzukehren und fortan auf eigene Faust Weine zu bereiten. 1992 erwarb er die Domaine St-André de Figuière. Aus anfänglichen 17 ha sind 45 ha geworden, die Combard mit zehn Rebsorten bepflanzt hat und biologisch bewirtschaftet. Unterdessen sind auch seine drei Kinder mit eingestiegen. Die rosa Cuvée Magali, benannt nach einer von Combards Töchtern, besticht durch ein komplexes Gefüge mit Kräuternoten und würziger roter Frucht. Außerdem entsteht ein reichhaltiger, runder Vieilles Vignes aus Rolle (Vermentino) und Sémillon.

83250 La Londe-les-Maures; www.figuiere-provence.com

Domaine Tempier Bandol

Die zu den führenden Weingütern von Bandol zählende Domaine wurde in ihrer heutigen Form und Bedeutung von Lucien Peyraud geschaffen, der sie von 1940 bis zu seinem Tod 1998 leitete. Peyraud erkannte das Potenzial der Mourvèdre-Traube und setzte durch, dass sie 1941 ein wesentlicher Bestandteil des Sortenspiegels seiner Appellation wurde. Die Kellerei gehört heute seinen Erben und wird seit 2000 von Daniel Ravier geführt, der weiterhin maßgebliche Weine erzeugt. Die Rebfläche der Domaine Tempier verteilt sich auf die drei Lagen Le Castellet, Le Beausset und La Cadière mit jeweils eigenem Terroir. Produziert wird überwiegend in der Farbe Rot. Um in den Genuss der AC-Plakette zu kommen, müssen alle Abfüllungen 18 Monate in Eiche. Ergänzt wird das Sortiment von etwas Rosé und geringen Mengen Weißen.

1802, chemin des Fanges, 83330 Le Plan du Castellet
www.domainetempier.com

Domaine de Terrebrune Bandol
Die Kellerei am Rande der Ortschaft Ollioules an der Ostgrenze der AC Bandol wurde 1963 von George Delille gegründet. Zehn Jahre brauchte er, bis er die Weinberge auf Vordermann gebracht hatte, dann machte er sich 1975 an den Bau der Kellerei; die ersten Flaschen wurden 1980 freigegeben. Heute bestimmt Sohn Reynald die Geschicke des Guts mit Roten, Weißen und Rosés. Seine 27 ha Bioreben defilieren auf terrassierten Hängen am Kalkmassiv Gros Cerveau. Die etwa 200 Millionen Jahre alten Trias-Unterböden tragen eine Schicht aus braunem Ton, die dem Gut den Namen gab.

724, chemin de la Tourelle, 83190 Ollioules
www.terrebrune.fr

Domaine des Terres Blanches
Les Baux-de-Provence
Noël Michelin gehörte um 1970 zu den ersten Winzern, die auf biologischen Weinbau umstellten. 2007 verkaufte er seine Kellerei an Badouin Parmentier, der Michelins Linie nahtlos fortführt. Auf 37 ha Rebfläche wachsen insgesamt zwölf Sorten. Qualitative Anführerin der Palette in Rosa, Rot und Weiß ist die Cuvée Aurélia aus Syrah und Grenache. Besucher können an einer 45-minütigen Besichtigungstour durch das Gut teilnehmen.

Route de Cavaillon RD-99, 13210 St-Rémy-de-Provence
www.terresblanches.com

Domaine de Torraccia Porto-Vecchio
Christian Imbert kam 1964 nach Korsika und war sofort gefangen von der wilden Schönheit der Insel. Er kaufte ein Stück Land bei Lecci 13 km hinter Porto-Vecchio und verbrachte die nächsten sieben Jahre damit, das Strauchland freizuräumen und Reben zu pflanzen. Heute wird die Domaine de Torraccia von Imberts Sohn Marc nach biologischen Richtlinien geführt. Sein Vorzeigetropfen: die Cuvée Oriu, eine Rebenkoalition aus 80 % Nielluccio und 20 % Sciaccarello mit Anklängen an Pfeffer und Gewürznelken, mittlerem Gewicht und weichen Tanninen.

Torraccia, 20137 Lecci; Tel. 04 95 71 43 50

Domaine de la Tour du Bon Bandol
Benannt ist diese Weinbaudomäne im Nordosten der AC Bandol nach einem Turm, der früher zur Bewachung des Orts diente. Kellerchefin ist Agnès Henry-Hocquard, die den Betrieb 1990 nur 27-jährig von ihren Eltern übernahm. Sie pflegt 14 ha Weinberge auf 180 m Höhe mit einem Rundum-Panoramablick auf das Mittelmeer und das Sainte-Baume-Massiv. Ihr Vorzeigetropfen ist die Cuvée Saint Ferréol mit bis zu 90 % Mourvèdre.

714, chemin de l'Olivette, 83330 Le Brûlat du Castellet
www.tourdubon.com

Domaine de Trévallon Les Baux-de-Provence
In St-Étienne-du-Grès an der Nordflanke der Alpillen gründete Eloi Durrbach 1973 dieses 17 ha große Gut. Das Gros der Weine teilen Cabernet Sauvignon und Syrah paritätisch unter sich auf. Damals war es ausgesprochen unüblich, diese Sorten zu pflanzen, doch die Familie unterhielt Beziehungen zu Georges Brunet, der schon auf Château Brunet in der Provence bewiesen hatte, welches Potenzial in ihnen steckte. Trotz seiner hohen Qualität wurde dem Betrieb 1993 die AC-Zulassung entzogen, als man den zulässigen Anteil von Cabernet Sauvignon und Syrah beschränkte. Daher laufen heute alle Erzeugnisse als Vins de Pays des Bouches de Rhône. In den reichen, eleganten Roten materialisieren sich Anklänge an Schwarze Johannisbeeren und Tabak.

13103 St-Étienne-du-Grès; www.domainedetrevallon.com

Domaine de Triennes Côteaux Varois
Die Domaine de Triennes ist ein Joint Venture zwischen Michel Macaux sowie den beiden burgundischen Starwinzern Jacques Seysses von der Domaine Dujac und Aubert de Villaine von der Domaine de la Romanée-Conti. Auf den Plan gerufen wurde das Trio durch das Potenzial des vormals Domaine du Logis-de-Nans genannten Guts mit seinen 450 m hoch gelegenen Weinbergen, den sanften Südhängen und den Ton-Kalk-Böden. Sie bestockten die Flächen mit Chardonnay, Viognier, Syrah, Merlot und Cabernet Sauvignon und errichteten eine neue Kellerei. Ihre Sorten- und AC-Weine können sich sehen lassen.

Route Nationale 560, 83860 Nans-Les-Pins
www.triennes.com

Mas de Cadenet Provence
Guy Négrel lenkt in sechster Generation die Geschicke der Kellerei Mas de Cadenet am Fuß der Montagne Ste-Victoire. Seine 45 ha Rebfläche in 250 m Höhe werden den ACs Ste-Victoire und Côtes de Provence zugerechnet. Die Weine sind in mehrere Qualitätskategorien unterteilt. Der Prestige-Rosé bekommt im Eichenfass Gewicht und Langlebigkeit mit auf den Weg und wird von Grenache, Syrah und Cinsault gebildet, während die Roten sich aus Grenache, Syrah und Cabernet Sauvignon zusammensetzen. Unter der Bezeichnung Prestige erscheinen eichenfassvergorene Weiße aus der Rolle-Traube, das frische, fruchtige Pendant dagegen wird als Tradition etikettiert.

Chemin départemental 57, 13530 Trets; www.masdecadenet.fr

Mas de la Dame Les Baux-de-Provence
In der Nähe des Touristenorts Les Baux steht dieses wunderschöne, 1889 von Van Gogh gemalte Gut an der Südflanke der Alpillen. Mit seinen 57 ha Rebgärten ist es der größte Erzeugerbetrieb der AC. Das Anwesen in seiner heutigen Form geht auf den burgundischen Weinhändler Auguste Faye zurück, der es 1903 gründete. 1995 übernahmen es seine Urenkelinnen Caroline Missoffe und Anne Poniatowski. Seit ihnen Berater Jean-Luc Colombo zur Seite steht, hat sich die Qualität der Etiketten erhöht. Die Cuvée Gourmande aus Syrah und Grenache lockt mit Andeutungen an dunkle Früchte.

Chemin départemental 5, 13520 Les Baux-de-Provence
www.masdeladame.com

Rimauresq Côtes de Provence
Die schottische Familie Wemyss erwarb dieses alte Gut 1988. Sie investierte in die Neuanlage der Weinberge und baute eine Kellerei mit Verkostungsbereich. Ihre 36 ha Rebberge erstrecken sich an der Nordseite des Massif des Maures. Auf dem kristallinen Fels mit Sand- und Kiesboden kultivieren sie neun Rebsorten. Für die Bereitung der Roten, Rosés und Weißen ist Kellermeister Pierre Duffort zuständig. Der helle Rosé R spielt Aprikosen- und Zitrusaromen aus.

Route Notre Dame des Anges, 83790 Pignans
www.rimauresq.fr

RIMAURESQ
VOLLGEPACKT MIT DEN GARRIGUE-NUANCEN DER PROVENCE: DER ROTE RIMAURESQ R

MAS DE CADENET
IM MAS NÉGREL CADENET SIND SYRAH, GRENACHE UND CABERNET SAUVIGNON VEREINT

Noch nie war die Zeit so reif für den Genuss italienischen Weins wie heute, wenngleich dieser Moment von langer Hand vorbereitet wurde. Der Weinbau ist seit Jahrtausenden Teil der italienischen Geschichte: Als die alten Griechen ihre Kolonien in Süditalien und Sizilien gründeten, nannten sie ihr neues Territorium »Enotria«, Rebland. Nördlich davon führten die Etrusker Anbaupraktiken ein, die heute noch anzutreffen sind. Später sorgte der Weindurst des Römischen Reiches für die Verbreitung der Rebe in ganz Europa.

Trotz dieser langen Tradition ist der Weinbau Italiens, so wie wir ihn kennen, eine moderne Erfindung. Irgendwann zwischen dem Untergang Roms und dem ersten Sassicaia wurde Wein zu etwas Alltäglichem: Jeder normale Bauer hatte auch Reben auf seinen Feldern gepflanzt; alles, was er nicht für den Eigenverbrauch verkelterte, wurde en gros an eine nahe Genossenschaft und von dieser an örtliche Abnehmer verkauft. Und dabei hätte es bleiben können, hätten in den 1960er- und 1970er-Jahren nicht einige Erzeuger begonnen, über den Tellerrand ihrer Heimatregionen zu blicken. Denn vielleicht hätte ohne Angelo Gaja im Piemont, ohne die Familien Antinori und Frescobaldi in der Toskana und Mastroberardino in Kampanien, um nur einige zu nennen, nie eine ganze Generation junger Italiener ihrem Stadtleben den Rücken gekehrt, um die von ihren Großeltern angelegten kleinen Weinberge zu neuem Leben zu erwecken.

Auf diesen Weinbergen beruhen die heutige Dynamik der Weinindustrie und das Interesse, mit dem Branchenprofis weltweit die neuesten Trends in Italien sehen. Kaum ein anderes Land hat neben geografischer und klimatischer Vielfalt auch eine solche Menge einheimischer Rebsorten zu bieten, seien sie edel wie Sangiovese und Nebbiolo oder ausgefallen wie Pelaverga. Internationale Favoriten wie Cabernet Sauvignon und Chardonnay komplettieren das Bild.

ITALIEN

NORDWESTITALIEN

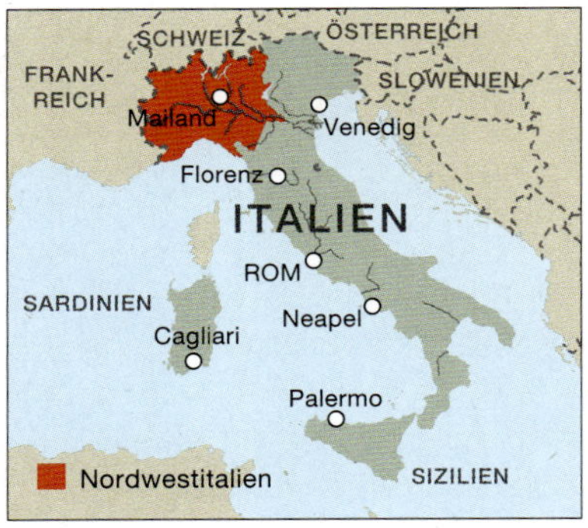

Der Nordwesten Italiens ist eines der vielfältigsten Qualitätsweinbaugebiete der Welt: Eine beeindruckende Anzahl einheimischer Trauben wächst auf den verschiedensten Terroirs, von Bergterrassen und Alpentälern bis zu sonnenüberfluteten Hügeln nahe der Küste. Diese Vielfalt wahrt und nutzt ein erstaunlich hoher Anteil kleiner Erzeuger, die relativ geringe Mengen Wein produzieren. Selbst die wenigen großen Betriebe halten sich meist an die traditionellen, handwerklichen Methoden ihrer Nachbarn. Der Nordwesten ist zweifellos Italiens bedeutendstes und lebendigstes Anbaugebiet mit einem beispiellosen kulinarischen Erbe und engagierten Menschen, die nur darauf warten, Besucher an dieser Fülle teilhaben zu lassen zu können.

Hauptrebsorten

Rot

Barbera

Dolcetto

Nebbiolo

Weiß

Arneis

Cortese

Petite Arvine

Jahrgänge

2010
Ein schwieriges Jahr mit feuchtem Frühling, kurzem Sommer und viel Regen. Spät reifende Sorten gerieten am besten.

2009
Der sehr heiße Sommer resultierte in reife Weine. Insgesamt ein guter, potenziell sehr guter Jahrgang für die ganze Region.

2008
Eher kühler Jahrgang mit Regen im Sommer. Früh reifende Sorten schlugen sich schlechter als spät reifende. Potenziell sehr gut für Nebbiolo.

2007
Warmes Jahr für reife Weine, kühler fielen nur Spätsommer und Herbst aus. Sehr guter Jahrgang in der ganzen Region.

2006
Durchwachsene Bedingungen; man kann aber guten Dolcetto und Barbera finden. Gutes Jahr für Pigato in Ligurien.

2005
Insgesamt ein warmes Jahr; in der ganzen Region reife, ausgewogene Weine.

Wenige andere Anbaugebiete auf der Welt vermitteln die Leidenschaft, Begeisterung und schiere Lust, die man bei den mit Wein befassten Nordwestitalienern verspürt. Im Zentrum des Gebiets steht das Piemont, eine der kulturell bedeutsamsten und bekanntesten Regionen Italiens, die fast vollständig von Bergen umgeben ist. An das Piemont schließt sich im Norden das Aosta-Tal, im Osten die Lombardei und im Süden Ligurien an. Von der Fläche her ist das Gebiet wie die meisten anderen in Italien relativ kompakt, aber seine Landschaft – sanft gewellte Hügel, hoch aufragende Berge, breite Flüsse – lässt es größer erscheinen, als es in Wirklichkeit ist.

Wenn das Piemont das Herz Nordwestitaliens ist, dann ist das Herz des Piemont die genauso edle wie heikle Nebbiolo-Rebe. In Barolo und Barbaresco – den mittelalterlichen Städtchen, nach denen zwei der großartigsten Weine Italiens benannt sind – läuft sie zur Höchstform auf, doch auch abseits der Hauptrouten findet man Nebbiolo-Weine, so zum Beispiel im Roero, in Gattinara und im lombardischen Valtellina (Veltlin).

Nehmen Sie sich Zeit, um verschiedene Interpretationen der Nebbiolo-Rebe zu verkosten, und Sie werden begreifen, warum Barololiebhaber mindestens doppelt so besessen sind wie Burgunderfans. Giacomo Conternos Monfortino gegen La Tâche von der Domaine de la Romanée-Conti? Ein Wettkampf mit ungewissem Ausgang.

Die Weine von den anderen roten Trauben des Piemont, namentlich Dolcetto und Barbera, stehen oft im Schatten der anspruchsvolleren Nebbiolo-Gewächse. Dabei werden gerade sie am häufigsten zum Essen getrunken. Der tintendunkle Dolcetto ist der Rotwein der Wahl in der kalten Jahreszeit, während der hohe natürliche Säuregehalt des Barbera von der beachtlichen Vielseitigkeit dieser Rebsorte kündet. Außerdem sind diese Weine – Ausnahmen wie der Barbera Scarrone von Vietti bestätigen die Regel – relativ preisgünstig und bieten somit einen leichten Einstieg, um die verschiedenen Weinstile und Terroirs des Piemont zu probieren. Grignolino, Pelaverga, Ruchè und Freisa sind dagegen eher etwas für Spezialisten.

Die Weißweine hinken den Rotweinen hinterher, so scheint es zumindest. Allerding verhalfen in den letzten Jahren Winzer von Arneis im Roero, von Cortese in Gavi und von Petite Arvine im Aosta-Tal diesen Sorten zu einem Qualitätssprung. Und mit die bestechendsten Weißweine Italiens findet man jenseits der Seealpen in der Küstenregion Ligurien. Hier gibt es sowohl einfache, erfrischende Tropfen, die sich bestens als Aperitiv im Strandcafé eignen, als auch komplexe, mineralische Weine von Pigato und Vermentino.

Was Schaumwein angeht, so belegen die nach der traditionellen Methode bereiteten *spumanti* der lombardischen Gebiete Franciacorta und Oltrepò Pavese Spitzenplätze im italienischen Ranking. Im Oltrepò Pavese entstehen zudem markante rote Stillweine von Pinot Nero.

Nordwestitalien hat ein reiches Angebot für fast jeden Geschmack. Doch aufgepasst: Wer sich darauf einlässt, kommt womöglich nicht mehr davon los. Denn wahre Leidenschaft ist ansteckend.

NORDWESTITALIEN

Berge bestimmen die Weinbaulandschaft im Nordwesten Italiens, sogar in der Küstenregion Ligurien. Die Anbaugebiete im Piemont, im Aosta-Tal und in der Lombardei zeichnen sich durch ein kühleres Kontinentalklima aus, das über die Nähe des sonnigen Mittelmeers hinwegtäuscht. Unter diesen Bedingungen entstehen mit die komplexesten Weine Italiens. Nebbiolo, die wichtigste Sorte, knospt früh, reift spät und gelangt im Piemont, insbesondere in dessen Paradeweinen Barolo und Barbaresco, zur Vollendung.

ARPEPE
DER EINZELLAGENWEIN ZEIGT BEACHTLICHE KLARHEIT UND FRISCHE AM GAUMEN

ANTICHI VIGNETI DI CATALUPO
SAMTIGE TANNINE, VEILCHENAROMEN UND KLASSISCH-RUSTIKALE SÄURE

Ada Nada Barbaresco

Carlo Nada pflanzte bereits 1919 Reben im Barbaresco-Gebiet nahe Treiso an. Zu dem kleinen, heute von den Enkelinnen Anna Lisa und Sara Nada geführten Gut gehört knapp 1 ha der Spitzenlage Valeirano, und der stilvolle Barbaresco Valeirano ist denn auch das Topgewächs des Guts. Er vereint sanfte, aber griffige Tannine mit frischer Säure, die der relativ hohen Lage zu verdanken ist. Unbedingt probieren sollte man auch den Barbaresco Elisa, eine Auslese ebenfalls aus der Lage Valeirano: In dem zarten, angenehmen Wein mit feinkörnigen Tanninen zeigt sich Nebbiolo von seiner charmantesten Seite.

Via Ausario 12, 12050 Treiso; www.adanada.it

Agostino Pavia e Figli Asti

Das 7-ha-Gut füllt drei erstklassige Barbera-Weine ab. Der Bricco Blina wird in Edelstahl vergoren – ein typischer Barbera ohne Eicheneinfluss, in dem die lebhafte Frucht der Rebe zum Ausdruck kommt. Der La Marescialla ist das andere Extrem: ausgebaut in kleinen Barriques, vereint er Konzentration mit weichen Tanninen. In der Mitte dazwischen liegt der Moliss: Er wird in größeren Fässern ausgebaut, verkörpert die erdige, saftige Seite von Barbera, bezieht seine Struktur jedoch eher aus der Säure denn aus der Eiche. Das Ergebnis ist ein verhaltener, eleganter Wein, der gut zum Essen passt.

Regione Bologna 33, 14041 Agliano Terme
www.agostinopavia.it

Alario Claudio Diano d'Alba

Claudio Alarios Familie baut seit über 100 Jahren Trauben in Diano d'Alba an, doch die Kellerei wurde erst 1988 gegründet. Schwerpunkt des Angebots ist Dolcetto von alten Reben, die in lockerem Kalktuffboden wurzeln. Der Costa Fiore, Alarios sortentypischste Interpretation eines Dolcetto-Weins, verfügt über kräftige Frucht und zarte Tannine, die ihm mineralischen Biss verleihen. Der Montagrillo wiegt trockene Tannine mit konzentrierten Sauerkirschnoten auf und passt perfekt zu Wildbraten. Als Ergänzung zum Dolcetto kam Mitte der 1990er-Jahre der erste Barolo heraus. ★ **Aufsteiger**

Via S. Croce 23, 12055 Diano d'Alba; Tel. 0173 231808

Albino Rocca Barbaresco

Das 18-ha-Gut erstreckt sich über die Gemeinden Barbaresco, Nieve und San Rocco Seno d'Elvio – das Kernland des Barbaresco-Gebiets. Es wird von Angelo Rocca geführt und erzeugt zwei beachtliche Barbaresco-Weine. Der Vigneto Bric Ronchi ist ein stilvoller Nebbiolo, der sich geschmeidig und generös gibt; der Vigneto Loreto ist traditioneller gehalten, wird in großen Eichenfässern ausgebaut und ist langlebig. Daneben entsteht hier mit dem frischen, lebhaften Da Bertu einer der besseren Chardonnay-Weine der Langhe.

Strada Ronchi 18, 12050 Barbaresco
www.roccaalbino.com

Aldo Marenco Dogliani

Das kleine Gut liegt in den Hügeln von Dogliani, seine mit Dolcetto und Barbera bestockten Weinberge werden biologisch bewirtschaftet (Marenco ist seit über zehn Jahren zertifiziert) und bringen einen recht rustikalen Stil hervor – robuste Rotweine, die man zum ganz normalen Essen trinkt. Der kräftige, saftige Geschmack des Surì, der von Trauben aus dem nahe bei Dogliani gelegenen Ort Pironi stammt, zeigt, wie gut Dolcetto ohne Eicheneinfluss sein kann. Der beste Barbera ist der Pirona, ein herzhafter Roter, der seinen Platz auf der Tafel hat.

Frazione Pamparato, Borgata Pironi 25, 12063 Dogliani
www.marencoaldo.it

Aldo Rainoldi Valtellina

Der Betrieb in Chiuro wurde 1925 von Aldo Rainoldi, dem Sohn eines in der Gegend sehr bekannten Kaufmanns, gegründet und steht heute noch unter der Leitung seiner Familie. Zum Gut gehören erstklassige Nebbiolo-Terrassen in den Unterbereichen Sassella, Grumello, Inferno, Maroggia und Valgella. Empfehlenswert sind die jeweiligen »Klassiker« dieses Namens: Ausgebaut in großen Fässern zeigen sie, welche Finesse und Eleganz Nebbiolo im Veltlin erreichen kann. Der Sfursat, der ähnlich wie Amarone von luftgetrockneten Trauben erzeugt wird, zeigt sich ausgesprochen konzentriert und intensiv – ideal zu herzhaftem Käse wie Taleggio.

Via Stelvio, 23030 Chiuro; www.rainoldi.com

Angelo Gaja Barbaresco

Die Geschichte der Familie Gaja reicht fast 300 Jahre zurück, doch ins Rampenlicht geriet ihr Name erst in den 1960er-Jahren durch Angelo Gaja. Er war ein Frontkämpfer für die Ideale seiner Generation: Vergärung mit Temperaturkontrolle, kleine Barriques, französische Reben. Und dass er all das in dem damals erzkonservativen Barbaresco durchfocht, machte ihn nur noch berühmter. Später begann Gaja, seine Nebbiolo-Lagenweine mit Barbera zu verschneiden; sowohl der Sorì Tildin als auch der Sorì San Lorenzo tragen die Bezeichnung Langhe Rosso. Sie sind bei Sammlern heißt begehrt, doch interessanter ist eigentlich der geradlinige, traditionelle Barbaresco, der stets zu den komplexesten Nebbiolo-Gewächsen der Gegend zählt.

Via Torino 36, 12050 Barbaresco
Tel. 0173 635255

Anna Maria Abbona Dogliani

Die Geschichte der Familie von Anna Maria Abbona ähnelt der vieler Traubenanbauer in den Langhe. Großvater Giuseppe pflanzte in den 1930er-Jahren Reben an; später führte sein Sohn neben seiner Arbeit in der Fabrik als Teilzeitwinzer das Gut und verkaufte Trauben an die örtliche Genossenschaft. 1989 wollte er die Reben roden, doch als Tochter Anna Maria und ihr Mann davon hörten, kündigten sie ihre Jobs in der Stadt, um den Familienbetrieb zu übernehmen. Seitdem verhelfen sie dem Dolcetto in Dogliani zu neuen Höhenflügen. Die Weinberge, vor allem der noch vom Großvater angelegte Maioli, bringen konzentrierte, kraftvolle Weine hervor. ★ **Aufsteiger**

Frazione Moncucco 21, 12060 Farigliano
www.amabbona.com

Antichi Vigneti di Catalupo Ghemme

Die Familie Arlunno baut seit Generationen Trauben im Piemont an. Nach der Einführung der DOC Ghemme übernahm 1969 Carlo Arlunno den Familienbetrieb; 1977 bekam dieser seinen jetzigen Namen. Heute erzeugt er einige Weine von der Nebbiolo-Rebe (die hier Spanna heißt), darunter zwei langlebige Einzellagenabfüllungen namens Collis Carellae und Collis Breclemae. Der normale Ghemme wird traditionell bereitet – ein typischer Vertreter dieses speziellen Anbaugebiets. Als Alltagsgetränk eignet sich Il Mimo, ein junger, ansprechender Nebbiolo, der reinen Genuss beschert.

Via M. Buonarroti 5, 28074 Ghemme
www.cantalupo.net

ArPePe Valtellina
Arturo Pelizzatti Perego gründete 1984 den auf die 1860er-Jahre zurückgehenden Betrieb seiner Familie neu, nachdem er ihn von einem Unternehmen zurückgekauft hatte. Er benannte ihn in ArPePe um und begann, elegante, anregende Weine von Nebbiolo zu erzeugen. Seit seinem Tod 2004 führen Sohn Emanuele und Tochter Isabella den Betrieb, der in der Mitte des Veltlin, am Fuß des Unterbereichs Grumello liegt. Erzeugt wird eine Reihe individualistischer Weine, die zeigen, wie seriös und tiefgründig Nebbiolo aus dieser Voralpenregion sein kann. Als Einstieg empfiehlt sich der himmlische Sassella Vigna Regina. **★Aufsteiger**

Via Buon Consiglio 4, 23100 Sondrio; www.arpepe.com

Azelia Barolo
Der 1920 vom Großvater des heutigen Eigentümers Luigi Scavino gegründete Betrieb erzeugt beachtlichen Barolo aus der Lage Bricco Fiasco. Die Familie besitzt rund 2,5 ha Weinberge mit bis zu 40 Jahre alten Reben. Die für die Lage typische Intensität erhält im Keller einen leichten, modernen Schliff, und so hat der Barolo Bricco Fiasco als Gegengewicht zu seiner straffen Säure ein samtiges, generöses Gefüge. Der Dolcetto Bricco dell'Oriolo ist eine verführerische Version des klassischen Tischweins der Gegend.

Via Alba-Barolo 53, 12060 Castiglione Falletto; www.azelia.it

Azienda Agricola Antoniolo Gattinara
Der Spitzenerzeuger in Gattinara wurde 1948 von Mario Antoniolo gegründet, dessen Tochter Rosanna ihn heute zusammen mit ihrem Sohn und ihrer Tochter führt. Von den drei Einzellagenweinen empfiehlt sich der erdige, würzig-kantige Gattinara Osso San Grato als erschwinglichere und früher trinkreife Alternative zu dem kostspieligeren Barbaresco oder Barolo. Der Coste delle Sesia ist ein in Edelstahl vergorener, griffiger, junger Nebbiolo, den man am besten zu Nudelgerichten wie Ravioli mit Butter und Salbei trinkt.

Corso Valsesia 277, 13045 Gattinara; Tel. 0163 833612

Azienda Agricola Conterno Fantino
Barolo
Nach den Maßstäben der Langhe ist Conterno Fantino ein moderner Betrieb, sowohl von seiner Geschichte als auch von seinem Stil her. Er wurde 1982 von Guido Fantino und Claudio Conterno, beide aus Familien mit langer Weinbautradition, gegründet und erzeugt Barolo, bei dem der Fokus auf Eleganz und Finesse liegt. Der Spitzenwein Barolo Sorì Ginestra von der Lage Ginestra in Monforte besitzt dank des sorgfältigen Tannin-Managements ein weiches, samtiges Gefüge, das Liebhaber kräftiger Rotweine aus der Neuen Welt ansprechen wird. Auch der kernige Dolcetto Bricco Bastia ist zu empfehlen.

Via Ginestra 1, 12065 Monforte d'Alba
www.conternofantino.it

Bartolo Mascarello Barolo
Lange Jahre wurde der Betrieb als Bewahrer der Tradition in den Langhe gefeiert, denn als viele seiner Nachbarn auf kleine Fässer und kurze Fermentationszeiten umstellten, hielt Mascarello am Barolo alter Schule fest, für den Trauben aus verschiedenen Lagen wochenlang ohne Temperaturkontrolle vergoren und anschließend in großen Fässern ausgebaut wurden. Nach Bartolos Tod übernahm 2005 Tochter Maria-Teresa die Leitung des Betriebs, der unter anderem Reben in den Lagen Cannubi, San Lorenzo und Rué besitzt. Bemerkenswert sind auch der Dolcetto und der Barbera, beides schöne Beispiele für Weine von den jeweiligen Rebsorten.

Via Roma 15, 12060 Barolo; Tel. 0173 56125

Bellavista Franciacorta
Vittorio Moretti gründete Bellavista 1977 mit dem Kauf der Weinberge, die das heutige Gut ausmachen. Es umfasst knapp 190 ha im Herzen der Franciacorta zwischen Brescia und Bergamo. Ein Paradebeispiel für edlen italienischen Schaumwein *metodo classico* liefert die elegante Basisabfüllung Cuvée Brut. Der Gran Cuvée Brut enthält einen größeren Anteil Reservewein und ist daher reichhaltiger und komplexer. Beachtung verdient auch der Gran Cuvée Satèn, für den ausschließlich Chardonnay eines bestimmten Jahrgangs verarbeitet wird.

Via Bellavista 5, 25030 Erbusco
www.bellavistawine.com

Bisson Ligurien
Pierluigi Lugano gründete Bisson in Chiavari an der ligurischen Küste im Jahr 1978, zunächst als Weinhandlung und dann, als er Weine und später Trauben anzukaufen begann, als Kellerei eigenen Rechts. Der Schwerpunkt liegt auf traditionellen weißen Sorten wie Vermentino, Pigato und Bianchetta Genovese, die sämtlich auf steilen Terrassen oberhalb der Küste angebaut werden. Zu empfehlen sind der Vermentino Vignaerta, ein leicht salziges, ausgesprochen mineralisches Beispiel dieser klassischen Mittemeersorte, und der U Pastine, eine elegant strukturierte Auslese von Bianchetta Genovese. Beide Weine sind naturgemäß ideale Begleiter für Fisch und Meeresfrüchte.

Corso Gianelli 28, 16043 Chiavari; www.bissonvini.com

Boroli Barolo
Der in den 1990er-Jahren von Silvano und Elena Boroli gegründete und seit 2000 von Sohn Achille geführte Betrieb erzeugt ausgefeilte, elegante Nebbiolo-, Dolcetto- und Barbera-Weine. Letztere, namentlich der Dolcetto Madonna di Como und der Barbera Quattro Fratelli, sind außerordentlich preiswert – ihr Geschmack und ihre Komplexität übertreffen alle Erwartungen. Boroli bewirtschaftet auch Teile der Lagen Cerequio und Villero; sein normaler Barolo präsentiert sich nuanciert und ausdrucksstark, während der Barolo Villero auf lange Lagerung im Keller ausgelegt ist.

Frazione Madonna di Como 34, 12051 Alba; www.boroli.it

Braida di Giacomo Bologna Asti
Wenige Einzelpersonen im Piemont haben so viel für die Rebe ihrer Wahl getan wie Giacomo Bologna für die Barbera. Lange hielt man deren Weine für rustikal, säuerlich und keiner besonderen Mühe wert, doch Bologna

BARBERA: DER WEIN DES VOLKES

Wenn es um die Spitzenweine des Piemont geht, drängt sich meist Nebbiolo, mit dem Barolo als seiner berühmtesten Ausformung, in den Vordergrund. Doch wenn Barolo der Wein der Könige ist, dann ist der schlichte, erschwingliche Barbera der Wein des Volkes. Winzer schätzen die fast überall im Piemont angebaute Barbera-Traube wegen ihrer dunklen Farbe, ihrer gemäßigten Tannine und ihres hohen Säuregehalts – und genau diese Eigenschaften prädestinieren den Wein auch dafür, zum Essen getrunken zu werden.

Darüber hinaus kann man mit Barbera sehr gut die verschiedenen im Piemont gängigen Weinstile kennenlernen, von leicht und fruchtig bis zu extraktreich und voll. Manche Kellereien erzeugen anspruchsvollen, langlebigen Barbera, zum Beispiel Vietti in Castiglione Falletto: Ihr in französischer Eiche ausgebauter Einzellagen-Barbera Scarrone ist konzentriert und kraftvoll. In Asti und im Monferrato spielt Barbera sogar die Hauptrolle. Der elegante Calichè von La Casaccia beispielsweise, oder der herrlich süffige, traditionell bereitete Barbera d'Asti der Cascina Tavijn sind bestens geeignet, der unterschätzten Rebe zu mehr Anerkennung zu verhelfen.

BRUNO ROCCA
DIESEN ELEGANTEN WEIN KANN MAN MIT GEWINN BIS ZU 20 JAHRE LAGERN

BROGLIA
EIN FRISCHER WEISSWEIN MIT ÜPPIGER TEXTUR – IDEAL ZU FISCHGERICHTEN

kümmerte sich um die Barbera-Reben seines Guts Braida (und deren Frucht) nicht anders, als es seine Kollegen in Treiso oder La Morra mit ihrem Nebbiolo taten. Bolognas Weine sind in puncto Konzentration und Eicheneinfluss modern gehalten, stellen sich aber trotzdem klassisch dar. Der Einzellagenwein Bricco dell'Uccellone, der ein Jahr im Barrique ausgebaut wird, hält die Balance zwischen energischer Säure und festen Tanninen; er wird sich wunderbar weiterentwickeln.

Via Roma 94, 14030 Rocchetta Tanaro; www.braida.it

Broglia Gavi

1972 pachtete Piero Broglia das 73-ha-Gut La Meirana seines Vaters; heute erzeugt er mithilfe des Beraters Donato Lanati einen modernen, sauberen Gavi. Der einfache Gavi di Gavi La Meirana ist die sicherste Wahl: Der frische Geschmack und die üppige Textur machen ihn zu einem idealen Begleiter zu gegrilltem Fisch. Der Gavi Bruno Broglia ist eine Einzellagenauslese von Reben, die in den 1950er-Jahren gepflanzt wurden: Er ist für Gavi überaus konzentriert und besitzt genug mineralische Tiefe und Fülle, um zu gegrilltem Hähnchen zu passen.

Località Lomellina 22, 15066 Gavi; www.broglia.eu

Bruna Ligurien

Riccardo Bruna gründete diese Kellerei 1970 mit dem Ziel, Spezialist für Pigato zu werden, eine mit Vermentino verwandte ligurische Weißweinsorte. Seine Töchter führen heute den Betrieb weiter, und man kann sagen, dass sie sein Ziel erreicht haben. Die Trauben, von denen zwei bestechende Pigato-Weine erzeugt werden, wachsen nahe der französischen Grenze auf verschiedenartigen Böden. Der Villa Torrachetta stammt von fossilienreichem Lehm, während der Le Russeghine auf rötlichem eisenhaltigem Boden entsteht. Der U Baccan, eine Auslese von alten Reben, die in beiden Böden wurzeln, ist einer der besten Weine Italiens.

Via Umberto 81, 18020 Ranzo; www.brunapigato.it

Bruno Giacosa Barbaresco

Bruno Giacosa entzieht sich der im Barolo- und Barbaresco-Gebiet üblichen Zuordnung zu Traditionalisten oder Modernisten. Seine Weine gehören zu den besten Italiens und verkörpern symbolhaft die Vielfalt der Böden, Klimata und Winzerambitionen des Landes. Sie sind in ihrer Jugend kraftvoll, markant und herb, um sich dann während der Lagerung zu entfalten. Der Barolo wird zu einer edlen Ausformung von Nebbiolo; der Barbaresco ist umwerfend in seiner Schönheit. In außergewöhnlichen Jahrgängen wie 2001 oder 2004 lohnt es sich nach den Einzellagenweinen mit rotem Etikett Ausschau zu halten, zum Beispiel Barbaresco Asili oder Barolo Le Rocche del Falletto.

Via XX Settembre 52, 12057 Neive
www.brunogiacosa.it

Bruno Rocca Barbaresco

Wenigen modernistischen Barbaresco-Erzeugern gelingt die Kombination von eleganter Textur und Intensität bei Nebbiolo so gut wie Bruno Rocca. 1978 übernahm er das 20 Jahre zuvor von seinem Vater gegründete kleine Gut und erzeugte den ersten Jahrgang seines Barbaresco. Dass seine Weine die Eiche so gut wegstecken, ist seinen Weinbergen zu verdanken. Neben Parzellen in Treiso und Neive bewirtschaftet Rocca 5 ha der berühmten Lage Rabajà. Typisch für seinen alterungswürdigen Barbaresco Rabajà sind Eleganz und eine feste Struktur.

Cascina Rabaja 29, 12050 Barbaresco; www.brunorocca.it

Bruno Verdi Oltrepò Pavese

Bruno Verdi begann kurz nach Ende des Zweiten Weltkriegs, Weine von den Rebflächen seiner Familie abzufüllen. Sohn Paolo modernisierte Anbau- und Kellertechniken und führt heute den Betrieb. In der Lage Cavariola entsteht der langlebige Oltrepò Pavese Rosso Riserva, ein Verschnitt aus Croatina, Uva Rara, Ughetto und Barbera. Der Buttafuoco ist ein im Stil leichterer Croatina/Barbera-Verschnitt mit einer ausgeprägten Saftigkeit, die ihn zum Tischwein prädestiniert. Ebenfalls beachtenswert ist der lebhafte, strahlende Riesling Vigna Costa.

Via Vergomberra 5, 27044 Canneto Pavese
www.brunoverdi.it

G. B. Burlotto Barolo

Das Gut wurde Ende des 19. Jahrhunderts von Giovan Battista Burlotto gegründet und war eines der wenigen, die sich damals auch außerhalb Italiens einen Namen machten; seine Weine wurden regelmäßig auf Messen in ganz Europa ausgezeichnet. Mittelpunkt des Guts ist die Lage Monvigliero, von der ein eleganter, überaus aromatischer Nebbiolo stammt, der beweist, dass Verduno qualitativ durchaus nicht hinter den bekannteren Orten der Barolo-Region zurückstehen muss. Nicht entgehen lassen sollte man sich auch den spritzigen Verduno Pelaverga von der einheimischen Pelaverga-Traube, die das Gut vor dem Aussterben bewahrt hat.

Via Vittorio Emanuele 28, 12060 Verduno
www.burlotto.com

Ca' del Bosco Franciacorta

Maurizio Zanella errichtete Anfang der 1970er-Jahre die Kellerei auf dem Gut seiner Eltern mit dem Ziel, Qualitätsweine nach dem Vorbild französischer Spitzenregionen wie Champagne und Burgund zu erzeugen. Mit seinen Schaumweinen ist er diesem Ideal zweifellos nahe gekommen, besonders mit dem klaren, lebhaften Franciacorta Cuvée Prestige. Einem aktuellen Trend in der Champagne folgend, wird auch ein Schaumwein ohne Dosage namens Dosage Zéro Millesimato erzeugt. Daneben entstehen anspruchsvolle Stillweine, unter anderem erstklassiger Chardonnay und Pinot Noir.

Via Albano Zanella 13, 25030 Erbusco; www.cadelbosco.com

Ca' Rome' di Romano Marengo
Barbaresco

Romano Marengo war fast 30 Jahre als Önologe tätig, bevor er 1980 das 5-ha-Gut gründete. Gemeinsam mit Sohn Giuseppe, seit 1993 Kellermeister, bereitet er einen Barbaresco, der den Spagat zwischen modernem Glanz und Urwüchsigkeit alter Schule schafft. Die Nebbiolo-Trauben werden sowohl in kleinen Barriques als auch in großen Eichenfässern ausgebaut, ein Kompromiss, der für vorsichtige Eingriffe im Keller spricht. Empfehlenswert ist der Barbaresco Rio Sordo, ein eleganter, komplexer Wein aus einer der besten Lagen. ★**Aufsteiger**

Via Rabaja 36, 12050 Barbaresco
www.carome.com

Ca' Viola Dogliani
Giuseppe (»Beppe«) Caviola gründete die Kellerei 1991, als er gerade auch in seiner Rolle als önologischer Berater durchstartete (er war unter anderem für Villa Sparina und Sella tätig). Er scheut nicht davor zurück, seinen Dolcetto und Barbera in französischen Barriques auszubauen, wobei die Weine insgesamt wunderbar ausgewogen sind. Empfehlenswert ist der Bric du Luv, ein rundum feiner, als Langhe Rosso etikettierter Dolcetto/Barbera-Verschnitt. Ohne Eiche kommt der Barturot aus, ein kraftvoller, konzentrierter Dolcetto d'Alba, der Spritzigkeit mit Struktur vereint. ★**Aufsteiger**

Borgata San Luigi 11, 12063 Dogliani; www.caviola.com

G. Camerano e Figli Barolo
Der kleine, traditionalistische Gutsweinerzeuger hat seinen Sitz im Ort Barolo selbst. 1875 gegründet, wird der Betrieb heute von Francesca und Vittorio Camerano geführt. Die Familie besitzt Parzellen in Terlo und Cannubi San Lorenzo, zwei ausgezeichneten Nebbiolo-Lagen. Der Barolo Cannubi San Lorenzo ist aromatisch kraftvoll, mit eleganter, lebhafter Struktur. Der Barolo Etichetta Oro (»Gold Label«) von Trauben aus Terlo kommt maskuliner daher, mit erdigen Tanninen und starker Mineralität. Neben Nebbiolo werden auch Dolcetto und Barbera angebaut, die empfehlenswerte Weine hervorbringen.

Via Roma 10, 12060 Barolo; www.cameranobarolo.net

Cantina del Pino Barbaresco
Renato Vacca führt die kleine Kellerei im Herzen von Barbaresco. Obwohl seine Familie seit Generationen in der Gegend lebt, ist die Cantina del Pino relativ modern ausgerichtet. Von Trauben aus der berühmten Lage Ovello oder deren unmittelbarer Nähe wird unter anderem unglaublich guter Barbaresco erzeugt. In der Normalabfüllung zeigt sich die Nebbiolo-Traube von ihrer charmantesten Seite mit lebhaftem floralem Duft, der die erdige Frucht auflockert. Der Barbaresco Ovello dagegen ist kraftvoll und fest, mit erdigen Aromen und feiner roter Frucht. Man sollte ihm etwas Zeit zum Reifen lassen. ★**Aufsteiger**

Via Ovello 31, 12050 Barbaresco
www.cantinadelpino.com

Cantine Giacomo Ascheri Barolo
Matteo Ascheri führt die Geschäfte der alteingesessenen Winzer- und Händlerfamilie in Bra. Zum Besitz gehören drei Güter: Sorano in Serralunga, Rivalta zwischen La Morra und Verduno sowie Montalupa im Roero. Die Weinberge in Sorano wurden Mitte der 1990er-Jahre angelegt und bringen den Barolo Sorano und den Barolo Sorano Coste & Bricco hervor. Letzterer bekommt ein bisschen mehr neue Eiche ab und hat ein weicheres Gefüge. Der Barolo Vigna dei Pola aus Rivalta ist früh genussreif, hat lebhafte Aromen und sanfte Tannine.

Via G. Piumati 23, 12042 Bra; www.ascherivini.it

Cascina Morassino Barbaresco
Roberto Bianco ist ein talentierter junger Weinmacher, der mit der Barbaresco-Spitzenlage Ovello arbeitet. Die Cascina Morassino besitzt gut 3,5 ha der Lage, die Bianco und sein Vater Mauro selbst per Hand bewirtschaften. Es gibt zwei Barbaresco-Weine. Auf dem Etikett des einen steht Ovello: ein kraftvoller, starker Nebbiolo, der Zeit

BRUNO GIACOSA
ZUM EINKELLERN GEMACHTER ÜPPIG-KRAFTVOLLER EINZELLAGENWEIN

CASTELLO DI VERDUNO
DIESER BAROLO IST IN SCHON JUNGEN JAHREN KÖSTLICH UND REIFT GUT WEITER

im Keller braucht, um seine harten Tannine zu zähmen. Der andere entsteht in der Lage Morassino, historisch ein Teil von Ovello, aber auf der anderen Seite des Hangs gelehen. Er ist leichter und duftender im Stil und verleiht der femininen Seite von Nebbiolo Ausdruck. ★**Aufsteiger**

Strada Da Bernino 10, 12050 Barbaresco; Tel. 0173 635149

Cascina 'Tavijn Asti
Nadia Varrua ist Kellerchefin dieses kleinen, traditionellen Betriebs bei Asti, Vater Ottavio kümmert sich um die Weinberge, die die Familie Varrua seit 1908 bewirtschaftet. Der Anbau erfolgt mit biologischen Methoden, in der Kellerei wird nur mit Spontangärung und großen Eichenfässern gearbeitet. Erfrischend und schlank, mit prickelnder Säure und konzentrierten Erd- und Beerenaromen zeigt sich der Barbera d'Asti, und auch der Ruché di Castagnole Monferrato legt unter seinen dunklen Aromen ein recht lebhaftes Wesen an den Tag. Er passt hervorragend zu der örtlichen Käsespezialität Taleggio. ★**Aufsteiger**

Frazione Monterovere 10, 14030 Scurzolengo
www.cascinatavijn.it

Cascina degli Ulivi Gavi
Stefano Bellotti übernahm den Hof seiner Familie 1977, als er gerade einmal 18 Jahre alt war. Zunächst bewirtschaftete er die Weinberge biologisch; 1984 stellte er dann auf biodynamischen Anbau um. Heute ist die Cascina degli Ulivi ein geschäftiger Betrieb mit rund 22 ha Rebland, mehreren weiteren Hektar, auf denen Weizen, Obstbäume und Gemüse wachsen, sowie Viehhaltung. Ihr Gavi ist lebhaft und reichhaltig mit ausgeprägtem mineralischem Charakter. Mit dem Filagnotti wird eine radikalere Version von Cortese bereitet: In Holzbottichen vergoren, verfügt er über eine intensive Struktur und gute Alterungsfähigkeit. ★**Aufsteiger**

Strada della Mazzola, 15067 Novi Ligure
www.cascinadegliulivi.it

Cascina Val del Prete Roero
Mario Roagna ist einer der besten Erzeuger im Roero, nicht zuletzt dank dem ausgezeichneten, amphitheaterförmigen Rebland, das seine Eltern 1977 erwarben. Bartolomeo und Carolina waren zuvor Pächter auf den Hof gewesen, wo nach wie vor nicht nur Weinbau betrieben wird. Mario Roagna verbindet biologische und biodynamische Anbaumethoden, die lebhafte, ausdrucksvolle Weine hervorbringen. Der Luèt, ein Einzellagen-Arneis, ist ein anregender, energischer Wein, doch empfehlenswert sind auch die beiden Barbera-Weine, der geradlinige Serra de' Gatti und der komplexe, in Eiche ausgebaute Carolina. ★**Aufsteiger**

Strada Santuario 2, 12040 Priocca; www.valdelprete.com

Castello di Verduno Barolo
Das Gut ist seit Anfang des 20. Jahrhunderts im Besitz der Familie Burlotto, aber Anerkennung verschafften ihm erst die heutigen Eigentümer Gabriella Burlotto und Franco Bianco mit Hilfe des Önologen Mario Andrion. Erzeugt wird sauberer, traditionell bereiteter Barolo aus den Lagen Massara und Monvigliero sowie Barbaresco aus den Lagen Faset und Rabajà. Die eleganten, aromatischen Weine sind in jungen Jahren köstlich und entwickeln sich in guten Jahrgängen herrlich weiter. Eine

FAMIGLIA ANSELMA
DER SCHMACKHAFTE, KRAFTVOLLE WEIN WURDE NACH LANGER GÄRUNG IN EICHENFÄSSERN AUSGEBAUT

ELIO GRASSO
LANGLEBIGER BARBERA VON EINEM DER SPITZENERZEUGER IN BAROLO

weitere Spezialität ist der Wein von der einheimischen Pelaverga-Traube, die einen schwungvollen, frischen, schmackhaften Rotwein erbringt. ★**Aufsteiger**

Via Umberto 9, 12060 Verduno
www.castellodiverduno.com

Ceretto Barolo
Der beste Barolo kommt meist von handwerklich arbeitenden Erzeugern, die nur kleine Mengen bereiten. Aber es gibt auch große Unternehmen wie Ceretto, die nicht nur Qualitätsweine mehrerer Preisklassen produzieren, sondern auch zu den führenden Erzeugern der Region zählen. Ceretto wurde Anfang des 20. Jahrhunderts gegründet und ist heute einer der größeren Grundbesitzer im Piemont mit rund 120 ha Rebland in Barolo, Barbaresco und im Roero. Es gibt ausgezeichnete Einzellagen-Barolos – der Bricco Rocche etwa ist einsame Spitze –, während der Arneis Blangè dieser einheimischen Weißweinsorte zu größerer Bekanntheit verhalf.

Località San Cassiano 34, 12051 Alba; www.ceretto.com

Chionetti Dogliani
Quinto Chionetti ist einer der führenden Erzeuger in Dogliani. Das Gut wurde 1912 von seinem Großvater Giuseppe gegründet und umfasst heute Rebflächen in zwei der besten Lagen der Gegend, San Luigi und Briccolero. Der Dolcetto aus diesen Weinbergen verfügt dank eindrucksvoller Fruchttannine über bemerkenswerte Konzentration und Struktur. Die Weine sind mit ihrer tiefgehenden Textur nichts für Zartbesaitete, die prickelnde Säure verleiht ihnen aber auch etwas Leichtes. Der Briccolero wird nach einigen Jahren Lagerung eleganter und liefert ein überzeugendes Argument für reifen Dolcetto.

Frazione San Luigi 44, 12063 Dogliani
www.chionettiquinto.com

Ciabot Berton Barolo
Luigi Oberto gründete das 12-ha-Gut 1960 und verkaufte jahrzehntelang einen Großteil seiner Produktion an größere Kellereien. 1990 traten Tochter Paola und Sohn Marco ins Geschäft ein; zusammen bewirtschaften sie unter anderem Parzellen in vier Lagen zwischen La Morra und Verduno. Der normale Barolo ist aus drei Lagen verschnitten: Bricco San Biagio, Roggeri und Rive. Er ist traditionell im Stil, mit lebhaften floralen Noten und ausgeprägter Säure. Der Barolo Roggeri ist fest und hat das Zeug für eine längere Flaschenreifung.

Frazione S. Maria I, 12064 La Morra
www.ciabotberton.altervista.org

Cigliuti Barbaresco
1964 übernahm Renato Cigliuti das 6,5-ha-Gut auf dem Gipfel des Hügels Serraboella. Dank seinem Engagement in den letzten Jahrzehnten wurden die Westhänge dieses Hügels zu einem der wichtigsten Barbaresco-Unterbereiche rund um Neive, und der Barbaresco Serraboella ist nach wie vor das berühmteste Produkt der Lage. Die Verwendung sowohl kleiner Barriques als auch großer Fässer beim Ausbau trägt dazu bei, dass der Wein die Balance hält zwischen einem weichen, generösen Mundgefühl einerseits und einer festen, kraftvollen Struktur andererseits.

Via Serraboella 17, 12057 Neive; www.cigliuti.it

Claudio Vio Ligurien
Ettore und Natalina Vio gründeten das kleine Gut in den 1970er-Jahren. Heute pflegt Sohn Claudio die Reben und erzeugt kleine Mengen Pigato und Vermentino sowie einen roten Verschnitt. Der Pigato ist fein und mineralisch, mit herber, schneidiger Frucht, während der Vermentino zu mehr Fülle neigt und anhaltende Bittermandel- und Limettenaromen vorweisen kann. Beiden gemein ist eine Energie und Spannung, die ihnen einen Platz in der Riege der aufregenden neuen italienischen Weine sichert. ★**Aufsteiger**

Frazione Crosa 16, 17032 Vendone; Tel. 018 276338

Contadi Castaldi Franciacorta
Vittorio Moretti vom benachbarten Gut Bellavista (siehe S. 357) gründete den Spitzenbetrieb Anfang der 1990er-Jahre. Er tut sich mit Weinen hervor, die das Potenzial der Gegend für Reife ausschöpfen, dabei aber einen klaren Geschmack und Energie bewahren. Erzeugt wird eine Reihe von Schaum- und Stillweinen von mehr als 120 ha Rebland. Zu empfehlen sind der Franciacorta Brut, ein toastwürziger, elegant gebauter, wahrhaft komplexer Schaumwein, sowie der Rosé, ein spritziger *spumante*, schmackhaft und fest, mit rasiermesserscharfer Säure.
★**Aufsteiger**

Via Colzano 32, 25030 Adro
www.contadicastaldi.it

Conti Sertoli Salis Valtellina
Die alte Adelsfamilie begann 1869 mit der Abfüllung von Wein, aber erzeugt wurde dieser schon viel länger im Palazzo Salis in Tirano – die Keller aus dem 16. Jahrhundert werden heute noch genutzt. Eines der beachtlichsten Produkte dieses Betriebs ist der weiße Chiavennasca (wie hier Nebbiolo genannt wird), der erzeugt wird, indem man den Most nach dem Pressen sofort von den Schalen trennt. Das Ergebnis ist ein erfrischender Ansturm säuerlicher Kirschnoten. Bei den Rotweinen locken der elegant geprägte Grumello und der stämmige Inferno, ein erdiger Nebbiolo.

Via Stelvio 18, 23037 Tirano; www.sertolisalis.com

Coppo Asti
Der Betrieb wurde Anfang des 20. Jahrhunderts in Canelli zur Erzeugung süßer Moscato-Schaumweine gegründet (im Keller unter dem Haus befindet sich ein eindrucksvolles Tunnelgewirr). Heute produziert man Weine von Barbera, Grignolino und Freisa sowie Cabernet Sauvignon, Chardonnay und anderen internationalen Sorten. Zu empfehlen ist der L'Avvocata, ein saftiger Barbera mit anregender Säure, der in großen Fässern ausgebaut wird. Der Mondaccione ist ein im Barrique gereifter Freisa, in dem sich Frucht und Würze die Waage halten; der florale Moscato Moncalvina zeichnet sich durch eine zarte, süße Frucht aus.

Via Alba 68, 14053 Canelli; www.coppo.it

Damilano Barolo
Die Familie Damilano treibt seit Generationen Weinbau, doch richtig los ging es erst 1998, als die Cousins Paolo und Guido Damilano die Kellerei übernahmen. Vor kurzem erweiterten sie ihren Besitz in Cannubi und gewannen damit an Bedeutung. Die Trauben aus Cannubi und anderen Spitzenlagen wie Liste, Fossati und Brunate wer-

den mithilfe des Beraters Beppe Caviola zu strukturierten Weinen mit moderner Empfindsamkeit verarbeitet. Die Basisabfüllung Barolo Lecinquevigne ist außerordentlich preiswert. Der Barolo Liste ist verlockend, elegant und zum Lagern vorgesehen. ★**Aufsteiger**

Via Roma 31, 12060 Barolo; www.cantinedamilano.it

DeForville di Anfosso Barbaresco

Die Familie DeForville kam 1860 aus Belgien nach Barbaresco und legten bald Weinberge an. Eine Tochter heiratete 1907 Paolo Anfosso und erweiterte den Landbesitz der Familie damit auf fast 10 ha in Barbaresco (darunter Teile der Lagen Rabajà und Loreto) und Castagnole Lanze. Die Brüder Paolo und Valter Anfosso, die heute das Gut führen, verfolgen eine traditionelle Strategie im Keller, das heißt lange Gärzeiten für den Nebbiolo und Ausbau in großen Eichenfässern. Auch der kraftvolle Barbera aus der Lage Ca' Grossa ist probierenswert.

Via Torino 44, 12050 Barbaresco; Tel. 0173 635140

Destefanis Alba

Giuseppe Destefanis pflanzte in den 1960er-Jahren Reben auf seinem kleinen Hof in Montelupo Albese an. Sein Enkel Marco übernahm ihn 1985, renovierte die Keller und bestockte die Weinberge mit Trauben wie Dolcetto, Barbera und Nebbiolo neu. Der Barbera und der Nebbiolo sind gut, besondere Beachtung aber verdient der Dolcetto. Der Bricco Galluccio ist ein moderner, saftiger Dolcetto mit Blaubeernoten und pfeffriger Würze. Der Vigna Monia Bassa wird von einer Auslese älterer Reben erzeugt und profitiert von ein paar Jahren Lagerung.

Via Mortizzo 8, 12050 Montelupo Albese
www.marcodestefanis.it

Elio Altare Barolo

Giuseppe Altare gründete das Gut in La Morra 1948, und wie viele andere Bauern in der Gegend baute die Familie Altare neben Trauben auch Birnen, Weizen und Haselnüsse an. Giuseppes Enkel Elio Altare reiste in den 1970er-Jahren nach Burgund und kehrte mit radikalen Ideen zurück: Er stellte kleine Barriques in den Keller und begann beim Nebbiolo mit kürzeren Gärzeiten zu experimentieren. Das Ergebnis sind, wie der Barolo Brunate eindrucksvoll belegt, Weine von großer Finesse und Schönheit, die jung getrunken werden können.

Frazione Annunziata 51, 12064 La Morra
www.elioaltare.com

Elio Grasso Barolo

Mit Reben in zwei der besten Lagen in Monforte, Gavarini und Ginestra, zählt die Familie Grasso seit Langem zu den Spitzenerzeugern im Barolo-Gebiet. Heute wird der Betrieb von Elio Grasso geführt. Zusammen mit seinem Sohn Gianluca bereitet er Barolo in einem eleganten, kraftvollen Stil, der die Balance zwischen der modernen und der traditionellen Schule hält. Der Nebbiolo wird einer langen, gemächlichen Vergärung unterzogen und anschließend in einer Mischung aus großen Fässern aus slawonischer Eiche und, beim Barolo Rüncot, kleineren Barriques ausgebaut. Nicht entgehen lassen sollte man sich den langlebigen Barbera Vigna Martina.

Località Ginestra 40, 12065 Monforte d'Alba
www.eliograsso.it

Elvio Cogno Barolo

Dank Kellereien wie dieser konnten die Gemeinden am Rand des Barolo-Gebiets in die Liga bekannterer Orte wie Serralunga und La Morra aufsteigen. Sie hat ihren Sitz in Novello, und zwar auf dem Gipfel des relativ hoch gelegenen Weinbergs Ravera. Ihre besten Barolo-Weine stammen aus dieser Lage: Ravera und Vigna Elena, eine Auslese aus einer bestimmten Parzelle im Weinberg. Die kraftvollen Nebbiolo-Gewächse bestechen durch ihre Ausgewogenheit und ihre Eleganz. ★**Aufsteiger**

Località Ravera 2, 12060 Novello
www.elviocogno.com

Ermes Pavese Aosta-Tal

Ermes Pavese gründete die kleine Kellerei 1999 in der Nähe von Morgex. Von wurzelechten Prié-Blanc-Reben, die auf fast 1200 m wachsen – einer der höchsten Lagen in Europa –, erzeugt er drei Weine. Der schlanke, trockene Blanc de Morgex et de la Salle ist der ideale Einstieg in die Welt der mineralischen Weißweine aus diesem faszinierenden Anbaugebiet im Aosta-Tal. Der nach Paveses Sohn benannte Nathan wird der Struktur zuliebe im Barrique ausgebaut, während der nach seiner Tochter benannte Ninive ein vollmundiger Passito ist. ★**Aufsteiger**

Strada Pineta 26, 11017 Morgex; Tel. 0165 800053

Famiglia Anselma Barolo

Der neue Barolo-Erzeuger ist ein überzeugter Anhänger traditioneller Methoden: Er vergärt lange, baut in großen Eichenfässern aus und füllt keine Einzellagenweine ab. Die Familie besitzt mehr als 77 ha Rebland in den Gemeinden Barolo, Monforte und Serralunga. Der erste Jahrgang wurde 1993 erzeugt, seitdem hat sich am Stil der Weine wenig geändert. Sowohl der normale Barolo als auch der Adasi Barolo Riserva sind saftige, kraftvolle Gewächse, die sich lange halten. ★**Aufsteiger**

Località Castello della Volta, 12060 Barolo
www.anselma.it

Filippo Gallino Roero

Filippo Gallino füllte als erstes Mitglied seiner Familie auf dem kleinen Hof bei Canale im Roero Wein ab. Heute wird ein solides Angebot an Barbera, Nebbiolo und Arneis produziert, alles typische Vertreter der auf den sandigen Böden dieses kleinen Gebiets angebauten Trauben. Der Barbera d'Alba etwa ist zugänglich und frisch, mit einer Spritzigkeit, die nach deftigen Wintereintöpfen verlangt. Nicht entgehen lassen sollte man sich den Birbét, einen süßlichen Perlwein von Brachetto.

Valle del Pozzo 63, 12043 Canale
www.filippogallino.com

Francesco Boschis Dogliani

Wie viele andere private Winzer auch, verkaufte Francesco Boschis zunächst einen Großteil seiner Trauben an größere Erzeuger, begann dann aber 1968 zusammen mit seinem Sohn Mario, selbst Weine abzufüllen. Heute entsteht hier mit der beste Dolcetto di Dogliani der Gegend, etwa der würzig frische Sorì San Martino von alten Reben aus der gleichnamigen Lage.

Frazione San Martino di Pianezzo 57, 12063 Dogliani
www.boschisfrancesco.it

MODERNE RÜCKBESINNUNG AUF DIE TRADITION?

Bis in die 1960er- und 1970er-Jahre wurden Barolo und Barbaresco mit mindestens 100 Jahren alten Methoden erzeugt: Praktisch ohne Temperaturkontrolle wurde Nebbiolo lange vergoren und in großen alten Fässern ausgebaut.

Dann führten Erzeuger wie Angelo Gaja Techniken aus Frankreich und anderen Regionen ein, namentlich die Temperatursteuerung und den Ausbau in kleinen Fässern aus französischer Eiche. Andere, etwa Elio Altare, begannen mit kürzeren Gärzeiten zu experimentieren. Auf diese Weise entstanden weichere, konzentriertere Barolos und Barbarescos, die sofort Zuspruch ernteten und sich von den Versionen eingefleischter Traditionalisten wie Bartolo Mascarello, Giovanni Conterno (Giacomo Conterno) oder Bruno Giacosa fundamental unterschieden.

Ein paar Jahrzehnte später deutet sich nun ein gegenläufiger Trend an. Weinmacher wie der für Elvio Cogno tätige Walter Fissore tendieren immer mehr zu einem Kompromiss zwischen beiden Extremen und bereiten mit Gärzeiten mittlerer Länge, Temperaturkontrolle und Fässern verschiedener Größe elegante, anmutige Nebbiolo-Weine.

FRATELLI ALESSANDRIA
DER LEICHTE, ELEGANTE WEIN WIRD VON DER KAUM BEKANNTEN PELAVERGA-TRAUBE ERZEUGT

GIOVANNI ALMONDO
EIN ANREGENDER, FRISCHER WEIN VON TRAUBEN AUS RELATIV HOHEN LAGEN

Francesco Rinaldi e Figli Barolo

Das Gut geht auf das Jahr 1870 zurück, als Francesco Rinaldi Rebland in Barolo erbte. Der heute von Luciano Rinaldi und seiner Nichte Paola geführte Betrieb erzeugt Wein in altem Stil. Der Barolo stammt aus gutseigenen Lagen wie Cannubi und Brunate und ist meist erst nach zehn Jahren trinkreif. Der Barbaresco reift etwas früher und zeichnet sich durch lebhafte Aromen und feste Tannine aus. Empfehlenswert ist der Grignolino d'Asti, ein erfrischender, leichter Roter von der örtlichen Variante der Rebsorte.

Via U. Sacco 4, 12051 Alba; www.rinaldifrancesco.it

Franco Noussan Aosta-Tal

Die Weinerzeugung war für Franco Noussan zunächst nur ein Zeitvertreib, wenn er nicht gerade an der Uni lehrte. Über die Familie seiner Frau erwarb er einige alte Weinberge, die mit Reben wie Petit Rouge, Mayolet, Fumin und Pinot Gris bestockt waren. 2003 pachtete er noch Land dazu und hatte nun insgesamt 5 ha. 2005 lancierte er seine eigene Marke mit zarten, aromatischen Weinen, die Finesse und Frische gegenüber Kraft den Vorzug geben. Zu empfehlen ist der Torette, ein schöner Verschnitt aus Petite Rouge, Mayolet und Cornalin, den man zu jeder Gelegenheit trinken kann. ★**Aufsteiger**

Frazione Maillod 2, 11020 Saint Christophe
Tel. 0165 541297

Fratelli Alessandria Barolo

Der in Verduno ansässige Betrieb entstand im 19. Jahrhundert, als die Gemeinde wohl noch größeres Prestige genoss als heute. Nicht dass die Barolo-Weine aus Verduno oder von Fratelli Alessandria zweitklassig wären. Gian Battista Alessandria und Sohn Vittorio verarbeiten Trauben aus den renommierten Lagen Monvigliero und San Lorenzo zu aromatischen Barolos, die eher durch Finesse denn durch Kraft bestechen. Elegante Weine wie diese gereichen Verduno zur Ehre. Sehr lohnend ist auch der Verduno Pelaverga, ein spritziger, leichter Roter, der zu jeder Art von Essen passt.

Via Beato Valfre 59, 12060 Verduno
www.fratellialessandria.it

Fratelli Brovia Barolo

Der ursprünglich 1863 von Giacinto Brovia gegründete und 1953 von seinen Enkeln Giacinto, Raffaele und Marina neu eröffnete Betrieb ist einer der alten Garde in Barolo. Er erzeugt Weine im traditionellen Stil von bekannten Lagen wie Rocche, Villero und Garbelet Sué in Castiglione Falletto, Ca' Mia (Brea) in Serralunga sowie Rio Sordo in Barbaresco. Der Barolo Rocche verkörpert die für die Weine von Brovia typische elegante, erdige Art am besten, muss jedoch lagern, um sich richtig zu entfalten. Der Vignavillej zeigt hingegen, dass man köstlichen Dolcetto erzeugen kann, wenn man auf Finesse statt auf Intensität setzt.

Via Alba Barolo 54, 12060 Castiglione Falletto
www.brovia.net

Fratelli Cavallotto Barolo

Der Betrieb wurde 1929 in Castiglione Falletto gegründet, wo die Familie den Bricco Boschis besitzt, eine der besten Barolo-Lagen der Gemeinde. Wegen der Größe der Lage – sie umfasst rund 23 ha – heißt die Einzellagen-Riserva Vigna San Giuseppe, während der Name der Lage auf dem Etikett des Basisweins steht. Der Barolo Bricco Boschis ist keineswegs weniger gut, er muss nur tendenziell weniger lange reifen als der San Giuseppe. Außerdem wird ein großartiger, langlebiger Barolo Riserva aus der Lage Vignolo abgefüllt, für den man ohne weiteres 30 Jahre veranschlagen kann.

Via Alba-Monforte, Bricco Boschis, 12060 Castiglione Falletto
www.cavallotto.com

Frères Grosjean Aosta-Tal

Obwohl die Wurzeln der Familie Grosjean mehrere Generationen zurückreichen, begann die Geschichte der Kellerei erst 1969, als sie Weine für eine regionale Weinmesse abfüllte. Seit 1975 wird biologischer Weinbau getrieben, und neben bekannteren Reben wie Gamay und Pinot Noir wachsen hier die einheimischen Sorten Petite Rouge, Petite Arvine, Fumin, Cornalin, Prëmetta und Vuillermin. Der ansprechende, erfrischende Gamay ist ein ausgezeichneter Speisenbegleiter, der mineralische Petite Arvine lässt die Vielfalt der Böden erahnen.

Frazione Ollignan 1, 11020 Quart
www.grosjean.vievini.it

Germano Ettore Barolo

Als Ettore Germano mit seinem Vater Alberto das kleine Gut bei Serralunga gründete, wurden die Erzeugnisse meistenteils an größere Kellereien verkauft. In den 1970er-Jahren füllten die Germanos erstmals kleine Mengen Wein ab, doch erst 1993, als Sohn Sergio die Leitung übernahm, wurde es ernst. Die Barolo-Weine sind ausgewogen und kraftvoll, mit Konzentration und Tiefe. Die Einzellagenweine Prapò, Ceretta und Lazzarito geben einen Einblick in das vielfältige Terroir von Serralunga. Der kürzlich herausgebrachte Hérzu ist ein lebhafter, mineralischer Riesling von dem gutseigenen Weinberg in Ciglié. ★**Aufsteiger**

Borgata Cerretta 1, 12050 Serralunga d'Alba
www.germanoettore.com

Giacomo Borgogno e Figli Barolo

Das 1761 gegründete Gut, seit 2009 im Besitz des Geschäftsmanns Oscar Farinetti, verfügt über knapp 20 ha Rebland in den Gemeinden Barolo und La Morra, darunter Anteile an den renommierten Lagen Cannubi, Fossati und Liste. Lange Zeit fühlte man sich hier einem streng traditionellen Ansatz verpflichtet – und deshalb schmecken viele Weine aus den 1950er- und 1960er-Jahren auch heute noch frisch und lebendig. In den letzten Jahren wurde der Betrieb nach und nach modernisiert. Jetzt trinken sich die Weine schon in jungen Jahren relativ schön, trotzdem sind sie wunderbare Vertreter ihrer Art geblieben.

Via Gioberti 1, 12060 Barolo; www.borgogno-wine.com

Giacomo Conterno Barolo

Für Barolo-Liebhaber in aller Welt gibt es oft nur einen einzigen Wein: den Monfortino von Giacomo Conterno. Und sicherlich ist das Anfang des 20. Jahrhunderts gegründete Gut eine der Säulen des traditionellen Barolo. Giovanni Conterno (Giacomos Sohn und Aldo Conternos großer Bruder, siehe S. 367) führte es 1959 bis zu seinem Tod im Jahr 2003; sein Sohn Roberto ist jetzt Kellermeister. 1974 erwarb das Gut 16 ha der Lage Francia in

Serralunga; sowohl der Barolo Cascina Francia als auch der Monfortino stammen inzwischen von dort. Beide Weine sind kraftvoll gebaut und haben das Zeug für eine jahrzehntelange Lagerung.

Via Bussia Sottana 62, 12065 Monforte d'Alba
Tel. 0173 78221

Giacomo Grimaldi Barolo
Die Familie Grimaldi bewirtschaftet das Gut seit den 1930er-Jahren, füllt aber erst seit 1996 Wein unter ihrem Namen ab. Der von Ferruccio Grimaldi und seinem Vater Giacomo geführte Besitz umfasst knapp 7,5 ha Reben in Novello, Barolo und im Roero. Der Topwein Barolo Le Coste aus der gleichnamigen Südhanglage wird im modernen Stil bereitet und vereint Rosen- und Kirschnoten mit einem reichhaltigen Gefüge. Der Nebbiolo d'Alba von Trauben aus dem Roero ist ebenfalls probierenswert.

Via L. Einaudi 8, 12060 Barolo; Tel. 0173 560536

Giovanni Almondo Roero
Das 12-ha-Gut ist zweifellos der führende Arneis-Erzeuger im Roero. Giovanni Almondo baut die Rebe in der beachtlichen Höhe von 380 m an, und so weist der Wein neben der üblichen kreidigen Mineralität auch ungewöhnlich viel Säure auf. Der nach den rund um die Reben wachsenden Kirschen benannte Bricco delle Ciliegie ist anregend und fein, mit anhaltenden frischen Aromen und zartem Biss. Der Einzellagen-Arneis Vigne Sparse ist komplexer, bietet eine beachtliche Konzentration und mineralischen Ausdruck. Er hält sich länger als die meisten anderen Arneis-Weine.

Via S. Rocco 26, 12046 Montá d'Alba
www.giovannialmondo.com

Giulia Accornero e Figli Monferrato
Die Familie Accornero bebaut mit biologischen Methoden 20 ha Rebland im Monferrato, darunter hervorragende Barbera-Lagen. Zu empfehlen ist der Giulin, ein köstlicher, erdiger Barbera, der teils in großen Fässern, teils in Edelstahltanks ausgebaut wird. Anspruchsvoller gibt sich der langlebige Barbera Bricco Battista, der bis zu 18 Monate im Barrique reift und eine dichte Struktur mit Konzentration und frischer Säure vereint. Der Bricco del Bosco dagegen ist ein leichter Roter von Grignolino ohne Eicheneinfluss – ein idealer Picknickwein.

Cascina Ca'cima, 15049 Vignale Monferrato
www.accornerovini.it

Giuseppe Mascarello e Figlio Barolo
Der zweite legendäre Erzeugerbetrieb mit dem Namen Mascarello (siehe Bartolo Mascarello, S. 357) wurde 1881 von Giuseppe Mascarello gegründet. 1904 kaufte sein Sohn Maurizio eine Parzelle der Lage Monprivato in Castiglione Falletto. Heute wird der Betrieb von Mauro Mascarello und seinem Sohn Giuseppe geführt. Monprivato ist das unangefochtene Herzstück des Betriebs, doch fast genauso eindrucksvoll ist die alte Kellerei, deren in den 1950er-Jahren erworbene große Eichenfässer immer noch verwendet werden. Der Barolo Monprivato ist einer der größten Schätze des Anbaugebiets; gute Jahrgänge halten sich über Jahrzehnte hinweg.

Via Borgonuovo 108, 12060 Monchiero
www.mascarello1881.com

GIUSEPPE MASCARELLO E FIGLIO
DER BERÜHMTE UND SEHR BEGEHRTE BAROLO KANN JAHRZEHNTELANG GELAGERT WERDEN

GERMANO ETTORE
DER SPRITZIGE, MINERALISCHE RIESLING IST RELATIV NEU AUF DEM MARKT

Giuseppe Rinaldi Barolo
In den 1920er-Jahren gründete Giuseppe Rinaldi, Mitglied einer Familie mit weit zurückreichenden Wurzeln in Barolo, seine Kellerei. 1947 übernahm Sohn Battista das Gut, zu dem Teile von Cannubi San Lorenzo, Le Coste, Brunate und Ravera gehörten. Früher wurden Trauben aus diesen vier Lagen für den normalen Barolo verschnitten, während eine Auslese aus Brunate als Riserva abgefüllt wurde. Als Battistas Sohn Giuseppe (»Beppe«) Kellermeister wurde, änderte er das Rezept. Heute werden zwei klassische, langlebige Barolo-Gewächse erzeugt: Le Coste, auf dem Brunate steht, und Canubbi San Lorenzo, der Ravera heißt.

Via Monforte 3, 12060 Barolo; Tel. 0173 56156

Hilberg-Pasquero Roero
Auf dem Gut werden schon seit 1915 Trauben angebaut, doch in seiner heutigen Form entstand es erst unter der Leitung von Michele Pasquero und Annette Hilberg. Sie praktizieren umweltbewusste Anbau- und sanfte Kellermethoden mit viel Handarbeit. Die modernen, stilvollen Weine verbinden Komplexität mit Freude am Genuss, etwa der frische, angenehm zu trinkende Vareij, der die floralen Noten von Brachetto mir der erdigen Saftigkeit von Barbera kombiniert. Schön strukturiert und mit leichem Eichenton zeigt sich der Barbera d'Alba, der wunderbar zu Rinderschmorbraten passt. ★**Aufsteiger**

Via Bricco Gatti 16, 12040 Priocca
www.hilberg-pasquero.com

La Casaccia Monferrato
Die Familie erzeugt seit Generationen Qualitätswein im Monferrato; heute betreiben Elena und Giovanni Rava Bioweinbau auf dem Gut, auf dem sie Barbera, Freisa und Grignolino (teils sehr alte Rebstöcke auf Kalktuffböden) sowie etwas Chardonnay anbauen. Interessant sind der Monfiorenza, ein köstlicher Freisa, der die frische Art der Rebe zur Geltung bringt, und der Barbera d'Asti, ein schmackhafter Roter, der seinen Fruchtaromen mit einer festen, mineralischen Struktur den Rücken stärkt. Der Charnò ist der einfache Chardonnay des Hauses: schlank und frisch, ähnlich einem Macôn aus Frankreich.

Via Dante Barbano 10, 15034 Cella Monte
www.lacasaccia.biz

La Morandina Asti
Giulio und Paolo Morando übernahmen 1988 das Gut ihrer Familie in Castiglione Tinella. Hier wird vor allem Moscato erzeugt, und die Abfüllung von La Morandina ist eine der besten – eine energiegeladene Kombination frischer floraler Noten und spritziger Frucht, gleichermaßen köstlich wie erfrischend. Daneben gibt es beachtlichen Barbera d'Asti von Reben, die aus der Zeit vor der Reblausplage stammen. Interessant ist der kraftvolle Barbera Zucchetto, der seine Struktur direkt aus der Erde zu beziehen scheint. Der Barbaresco Bricco Spessa aus einem Weinberg bei Neive ist ebenfalls empfehlenswert.

Località Morandini 11, 12053 Castglione Tinella
www.lamorandina.com

La Spinetta Asti
Giuseppe und Lidia Rivetti gründeten 1977 den Betrieb in Castagnole Lanze und brachten im darauffolgenden Jahr zwei Moscato-Einzellagenweine heraus: Bricco Quaglia

LA SPINETTA
DER FRISCHE, KOMPLEXE WEISSWEIN WIRD VON MOSCATO-TRAUBEN ERZEUGT

MAJOLINI
EIN KÖRPERREICHER SCHAUMWEIN MIT NOTEN VON HEFE UND BROTRINDE

und Biancospino. Beide sind für Moscato unglaublich komplex, mit herrlichen Zitrus- und Minznoten und einer Frische, die der Höhe beider Lagen zu verdanken ist. In den 1980er-Jahren wurde das Angebot um Rotweine erweitert – unter der Ägide von Giorgio Rivetti erzeugt man nun auch Barbera und Nebbiolo, vornehmlich im modernen Stil. Besonders zu empfehlen ist der Barbaresco Valeirano, der straffe Tannine mit einem samtigen Gefüge vereint. ★**Aufsteiger**

Via Annunziata 17, 14054 Castagnole Lanze
www.la-spinetta.com

Laura Aschero Ligurien

Laura Aschero war zu Lebzeiten eine der wenigen Frauen, die in den oberen Etagen des ligurischen Weinbaus mitmischten. Die Winzertochter gründete in den 1980er-Jahren ihre eigene Kellerei und verarbeitete die ligurischen Hauptreben Vermentino, Pigato und Rossese, alle gepflanzt in steilen Lagen. Seit ihrem Tod 2006 führt Sohn Marco den Betrieb. Der Laura Aschero Pigato ist nach wie vor einer der bestechendsten Vertreter seiner Art. Er verbindet frische Aromen mit komplexer Mineralität und anhaltenden Bittermandelnoten.

Piazza V. Emanuele 7, 18027 Pontedassio
Tel. 0183 293515

Les Crêtes Aosta-Tal

Costantino Charrère gründete 1989 den Betrieb bei Aymavilles. Über den Weinbergen ragt der Mont Blanc empor, und man fragt sich angesichts dieser alpinen Hänge und Rebterrassen, ob man wirklich noch in Italien ist. Empfehlenswert ist der Petite Arvine, der seine spröde Mineralität mit einem anregenden Charakter ausgleicht, der ihn als Begleiter zum Essen prädestiniert. Ebenfalls beachtlich ist der Côteau La Tour, ein würziger, vom kühlen Klima geprägter Syrah, der zu den besten seiner Art in Italien gehört. ★**Aufsteiger**

Località Villetos 50, 11010 Aymavilles
www.lescretes.it

Luca Ferraris Monferrato

Luca Ferraris' Familie baut seit Generationen Trauben in Castagnole Monferrato an. Das Gebiet ist auf eine der markanteren einheimischen Rebsorten des Piemont spezialisiert: Ruché. Hier wird sie zu einem Wein verarbeitet, der die dunkelviolette Farbe der Traube mit einem ebenso intensiven Geschmack verbindet. Darüber hinaus erzeugt Ferraris leckeren Grignolino (Vigna del Casot) und einen bestechenden Einzellagen-Barbera namens Vigna del Martin. Ungewöhnlicher für das Piemont ist die Syrah-Parzelle, die 2000 auf einem Hang gepflanzt wurde. Das Lesegut wird mit Ruché zu dem stilvollen, kräftigen Il Re verschnitten, dem einige Zeit im Keller guttun dürfte.

Via al Castello, 14030 Castagnole Monferrato
www.lucaferraris.it

Luciano Sandrone Barolo

Dieser Mann ist ein Original. Auch wenn seine Weine modern gehalten sind, haftet Luciano Sandrone – und seinem Barolo – dennoch etwas Klassisches, Zeitloses an. Er gründete seinen Betrieb 1978, nachdem er lange anderen Kellermeistern zur Hand gegangen war. Sein Besitz erstreckt sich rund um eine Parzelle der berühmten Lage Cannubi, die er in den 1970er-Jahren erwarb, und umfasst Weinberge in Monforte, Barolo und Roero. Beide Barolo-Weine, der Le Vigne und der Cannubi Boschis, vereinen Eleganz und Kraft in atemberaubender Weise. ★**Aufsteiger**

Via Pugnane 4, 12060 Barolo
www.sandroneluciano.com

Luigi Baudana Barolo

Luigi und Fiorina Baudana bewirtschaften die 4,5 ha bei Serralunga seit 1975. Zu ihrem Besitz gehören Teile der Lagen Baudana und Cerretta, deren Trauben bis 1996 an andere Betriebe verkauft wurden. Jetzt erzeugen sie davon guten Dolcetto und Barbera, zwei Rotweine, die genug Substanz haben, um deftigen Fleischgerichten standzuhalten. Der Barolo Cerretta wird in zugänglichem Stil bereitet, hat aber durchaus das Zeug, um bis zu zehn Jahre zu reifen. Er ist ein guter Einstieg in die Welt der oft kraftvollen Weine aus Serralunga.

Frazione Baudana 43, 12050 Serralunga d'Alba
Tel. 0173 613354

Luigi Ferrando Carema

Die Ferrandos erzeugen seit Anfang des 20. Jahrhunderts Wein im gebirgigen Nordpiemont. Luigi Ferrando baut mit den Söhnen Roberto und Andrea auf steilen Terrassen im DOC-Gebiet Carema Nebbiolo und etwas Barbera an. Interessant ist der Carema mit weißem Etikett, ein eleganter, fast ätherischer Rotwein. In außergewöhnlichen Jahrgängen wird auch ein Carema mit schwarzem Etikett erzeugt. Auf den näher bei Caluso liegenden gutseigenen Rebflächen wächst Erbaluce, eine vielseitige weiße Sorte, die zu Still- und Schaumweinen verarbeitet wird.

Via Torino 599, 10015 Ivrea
www.ferrandovini.it

Luigi Pira Barolo

Das in Serralunga ansässige Gut umfasst gut 7,5 ha, darunter Teile von drei der renommiertesten Barolo-Lagen: Marenca, Margheria und Vigna Rionda. Luigi Pira hatte das Gut schon in den 1950er-Jahren gegründet, doch die ersten Weine kamen erst 1993 in den Handel. Sie gehören zur modernen Barolo-Fraktion: Durch kurze bis mittellange Gärzeiten und den Ausbau in französischen Barriques entsteht ein Nebbiolo-Stil, der aromatisch gut entwickelt ist, dabei jedoch die für Serralunga typische Tanninstruktur aufweist. Auch der ansprechende Dolcetto d'Alba ist empfehlenswert.

Via XX Settembre 9, 12050 Serralunga d'Alba
Tel. 0173 613106

Majolini Franciacorta

Anfang der 1980er-Jahre brachten die Brüder Gianfranco, Piergiorgio, Stefano und Ezio Majolini den Familienbetrieb auf Vordermann, den ihr Vater Valentino in den 1960er-Jahren in Ome am östlichen Rand des Franciacorta-Gebiets gegründet hatte. Produziert werden elegante, langlebige Schaumweine. Der normale Brut ist rassiger als Franciacorta sonst und bietet trockene, spritzige Apfelnoten, die sich explosiv entfalten. Am anderen Ende des Spektrums steht der komplexe Valentino Majolini Riserva, eine in Spitzenjahrgängen bereitete und mehrere Jahre in der Kellerei gereifte Auslese.

Via Manzoni 3, 25050 Ome; www.majolini.it

Malvirà Roero

Massimo und Roberto Damonte machten das in den 1950er-Jahren von ihrem Vater Giuseppe gegründete Gut zu einer der führenden Privatkellereien im Roero. Und wie Giovanni Almondo (siehe S. 363) haben auch die Damontes sich hauptsächlich mit der örtlichen Rebsorte Arneis einen Namen gemacht. Es werden drei Arneis-Einzellagenweine erzeugt: Renesio und Trinità, die in Stahltanks vergoren werden, sowie Saglietto, der zum Teil im Fass gärt. (Der Basiswein ist ein Verschnitt aus allen dreien.) Der Renesio ist mit seiner kreidigen Textur und der vollen Frucht am klassischsten im Stil; mit anspruchsvoller Struktur glänzt der Saglietto.

Via Case Sparse 144, 12043 Canale d'Alba
www.malvira.com

Marcarini Barolo

Luisa und Manuel Marchetti führen das Gut in La Morra, das Mitte des 19. Jahrhunderts von Luisas Vorfahren gegründet wurde. Zum Besitz gehört eine erstklassige Parzelle der Lage Brunate, die seit 1958 auf dem Barolo-Etikett genannt wird: Der traditionell bereitete Barolo Brunate ist kraftvoll und in jungen Jahren verschlossen; in guten Jahrgängen kann man ihn jedoch ohne Weiteres jahrzehntelang lagern. Ebenfalls probierenswert ist der Boschi di Berri von 100-jährigen wurzelechten Dolcetto-Reben, die auf sandigen Böden wachsen.

Piazza Martiri 2, 12064 La Morra; www.marcarini.it

Marchesi di Barolo Barolo

Das Gut war einst Sitz der Familie Falletti, der ein Großteil des Landes rund um Alba gehörte. Unter der Ägide von Giulia Falletti wurde hier der erste trockene Nebbiolo-Wein erzeugt, der Barolo heißen sollte. Die heutige Eigentümerfamilie Abbona verfügt immer noch über große Lagerbestände sehr alter Jahrgänge: Die geräumigen Keller sind ein einmaliges Schaufenster des örtlichen Weinbaus. Nicht minder imposant ist der aktuelle Barolo aus Cannubi, Brunate, Sarmassa und anderen Lagen.

Via Alba 12, 12060 Barolo; www.marchesibarolo.com

Marchesi di Grésy Barbaresco

Auch wenn es seit Generationen Land im Barbaresco-Gebiet besitzt, beginnt die moderne Zeitrechnung des Guts 1973, als Alberto di Grésy Weine von Reben der Familie abzufüllen begann. Der Besitz erstreckt sich über die Langhe und das Monferrato, doch sein Herzstück ist Martinenga, eine der besten Barbaresco-Lagen. Hier entstehen die drei Barbarescos Martinenga, Gaiun und Camp Gros (zwei Teilbereiche). Die kraftvollen Weine bekommen jede Menge Holz ab, bleiben jedoch ausgewogen und fest. Ungefilterten Genuss der Lage beschert der nicht in Eiche ausgebaute Nebbiolo Martinenga.

Via Rabaja Barbaresco 43, 12050 Barbaresco
www.marchesidigresy.com

Marco Porello Roero

Der tüchtige junge Marco Porello übernahm 1994 das Gut seiner Familie, begrenzte die Erträge und modernisierte den Keller in Canale, der Hauptstadt des Roero. Nicht weit von der Kellerei entfernt liegt der Weinberg Camestrì, ein steiler Hang, an dem auf sandigem Boden Arneis wächst. Der Wein ist fest und lebhaft, mit erfrischender Säure und überaus preiswert. Gefälliger und leichter gibt sich der Favorita von einer einheimischen Weißweinsorte. Weniger tanninstark als Barolo und Barbaresco ist der köstliche Nebbiolo d'Alba. ★**Aufsteiger**

Via Roero 3, 12050 Guarene; www.porellovini.it

Marenco Asti

Giuseppe Marenco begann in den 1950er-Jahren Wein von den Rebflächen seiner Familie abzufüllen. Vor allem für zwei süße Dessertschaumweine ist der bei Strevi ansässige Betrieb bekannt: den Pineto, einen lebhaften, saftig-süßen Brachetto d'Acqui, und den Scrapona, einen schwungvollen Moscato d'Asti. Beide sind zugänglich und süffig, aber so komplex, dass man sie nicht nur zu herzhaften Desserts und Käse, sondern auch als lieblichen Aperitif genießen kann.

Piazza V. Emanuele 10, 15010 Strevi
www.marencovini.com

Massolino Barolo

Mit Franco Massolino hat die jüngste Generation die Leitung des 1896 gegründeten, traditionell geprägten Barolo-Erzeugers übernommen. Als Nachfolger von Vater und Onkel kümmert er sich um die Weinberge der Familie, darunter Spitzenlagen in Serralunga wie Vigna Rionda, Parafada und Margheria. Die Einzellagenweine brauchen Zeit im Keller, um ihr Potenzial voll auszuschöpfen. Inzwischen kann man den Nebbiolo d'Alba probieren, der von herabgestuftem Barolo und einer Auslese jüngerer Reben erzeugt wird und einen erschwinglichen Einblick in die Crème de la Crème der örtlichen Lagen bietet.

Piazza Cappellano 8, 12050 Serralunga d'Alba
www.massolino.it

Matteo Correggia Roero

Ein Besuch in dieser Kellerei ist erfreulich und bestürzend zugleich. Die hier erzeugten Weine sind wahrhaft bestechende Argumente für das Potenzial des Roero: Sowohl der Nebbiolo als auch der Barbera zeigen sich wunderbar elegant und mineralisch, ein sehr gutes Beispiel etwa ist der kraftvolle Roero Ròche d'Ampsej von Nebbiolo. Bestürzend ist hingegen das Schicksal der Familie. 1985 erbte der talentierte Matteo Correggia den Betrieb von seinem früh verstorbenen Vater Giovanni; 2001 kam er selbst bei einem Unfall ums Leben. Gemeinsam mit einem engagierten Kellermeisterteam führen seine Frau und seine zwei Kinder seine Arbeit fort.

Case Sparse Garbinetto 124, 12043 Canale d'Alba
www.matteocorreggia.com

Mauro Veglio Barolo

Nachdem er die Leitung des Guts seiner Familie übernommen hatte, begann Mauro Veglio 1992 mit einer Modernisierung, sowohl im Weinberg als auch in der Kellerei. Unter Anleitung von Elio Altare (siehe S. 361) entwickelte er einen zugänglichen Barolo-Stil, der konzentriertem Geschmack den Vorzug vor Tanninstärke gibt. Die Weinberge liegen in La Morra und Monforte, zwei für kraftvolle Rote bekannte Gebiete. Diese Kraft findet man zum Beispiel im Barolo Castelletto, der Struktur besitzt, und doch weich und warm am Gaumen ist.

115 Regione Annunziata, 12064 La Morra
www.mauroveglio.com

WAGHALSIGER WEINBAU IM VALTELLINA

Das Veltlin ist ohne Frage das einzige Anbaugebiet außerhalb von Barolo und Barbaresco, das edlen Nebbiolo hervorbringen kann. Das schmale Alpental entlang der Schweizer Grenze ist in vielerlei Hinsicht eine Welt für sich. Nebbiolo hat hier sogar einen eigenen Namen: Chiavennasca.

Was das Gebiet so einzigartig macht, ist jedoch die Terrassierung: Die Weinberge ragen praktisch senkrecht vom Talboden auf. Die Ursprünge der Terrassen – Steinmauern, deren Zwischenräume mit Erde gefüllt wurden – liegen im Dunkeln, aber das Ergebnis ist überaus wirksam: Man stelle sich einen riesigen Weingarten vor, der um 90 Grad nach oben gekippt wurde, sodass er nach Süden ausgerichtet ist und die intensive Gebirgssonne voll abbekommt. Neben der einfachen DOC Valtellina gibt es auch die höher klassifizierte DOCG Valtellina Superiore mit den Unterbereichen Grumello, Valgella, Maroggia, Sassella und Inferno. Vor allem Letzterer als heißester der Unterbereiche zeigt, wie gut die Terrassierung zur Reifung der Trauben beiträgt. Nebbiolo, so scheint es, wächst gern waghalsig.

MICHELE CHIARLO
EIN SPITZEN-BAROLO VON EINEM DER GRÖSSTEN ERZEUGER IM PIEMONT

PECCHENINO
EIN DUNKLER, REICHHALTIGER EINZELLAGENWEIN VON DOLCETTO-TRAUBEN

Michele Chiarlo Barolo

Der Betrieb, den Michele Chiarlo 1956 zum Anbau von Barbera und kurze Zeit später auch von Nebbiolo aus dem Barolo- und Barbaresco-Gebiet gründete, ist heute einer der größten Erzeuger des Piemont mit Weinen aus fast allen DOC-Bereichen der Region. Er ist und bleibt ein heißer Tipp für Qualitäts-Barbera, allen voran Le Orme, ein ansprechender, voller Barbera d'Asti. Spitzenreiter des Angebots sind die Barolo-Einzellagenweine, etwa Cerequio und Cannubi, die keinem bestimmten Stil hinterherjagen, sondern einfach elegant und ausgewogen sind.

Strada Nizza–Canelli, 14042 Calamandrana
www.chiarlo.it

Mirabella Franciacorta

Die private Genossenschaft wurde von acht Geschäftsleuten aus dem nahen Brescia gegründet, die alle Weinberge in der Franciacorta besitzen. In den Verschnitten für ihre Schaumweine dominiert Pinot Bianco. Der normale Franciacorta Brut besteht meist zur Hälfte aus Chardonnay und zur Hälfte aus Pinot Bianco; das Ergebnis ist ein reichhaltiger, aber lebhafter Wein. Unbedingt probieren sollte man den Dosaggio Zero, einen spröden, knochentrockenen Verschnitt aus Chardonnay, Pinot Bianco und Pinot Nero, der ohne Zuckerzusatz erzeugt wird.

Via Cantarane 2, 25050 Rodengo Saiano
www.mirabellavini.it

Nino Negri Valtellina

1897 gründeten Nino Negri und sein Sohn Carlo die Kellerei, die heute zum Gruppo Italiano Vini gehört und seit Jahrzehnten von dem Önologen Casimiro Maule geleitet wird. Auf über 36 ha in vier Unterbereichen des Valtellina entstehen spezielle Weine, unter anderem der strukturierte Inferno. Spät gelesene Trauben aus der Lage Fracia im Unterbereich Valgella erbringen den in kleinen Fässern ausgebauten, konzentrierten und reichhaltigen Vigneto Fracia. Interessant ist auch der 5 Stelle, ein Sfursat von luftgetrockneten Nebbiolo-Trauben.

Via Ghibellini 3, 23030 Chiuro; www.ninonegri.it

Orsolani Caluso

Der Ende des 19. Jahrhunderts als Gasthaus und Bauernhof entstandene Betrieb liegt nördlich von Turin nahe der Gebirgspässe, über die man ins Aosta-Tal gelangt. Orsolani war einer der ersten Erzeuger von Erbaluce, einer einheimischen Traube, die zu Still- und Schaumwein sowie (getrocknet) zu Passito verarbeitet wird. Der einfache, trockene Erbaluce di Caluso des Guts heißt La Rustia – ein erfrischender Begleiter zu Speisen jeder Art, von Käse bis zu Fisch und Meeresfrüchten.

Via Michele Chiesa 12, 10090 San Giorgio Canavese
www.orsolani.it

Paolo Saracco Asti

Wenn man jemanden als den Paten des Moscato d'Asti bezeichnen kann, dann ist es Paolo Saracco. Die Familie Saracco baut seit Anfang des 20. Jahrhunderts Trauben in Castiglione Tinella an, und als Paolo Saracco das Gut übernahm, modernisierte und erweiterte er die Rebflächen und die Kellerei. Sein Moscato d'Asti ist stets spritzig und frisch und verfügt über jede Menge Energie und Konzentration. Seit Kurzem produziert Saracco auch Stillweine, vor allem von Chardonnay und Pinot Nero, denn beide Rebsorten schätzen das kühle Klima im Monferrato und die Kalkböden des Guts.

Via Circonvallazione 6, 12053 Castiglione Tinella
www.paolosaracco.it

Paolo Scavino Barolo

Paolo Scavino gründete sein Gut 1921; die Kellerei wird heute von Sohn Enrico Scavino geführt. Sie ist durch und durch modern, mit Hightech-Ausstattung im Keller und sorgfältigsten Anbaumethoden. Doch anstatt einfach nur zugängliche Weine zu erzeugen, bringt Scavino die verführerischen Seiten von Nebbiolo zum Vorschein. Die Trauben kommen von Spitzenlagen wie Cannubi und Rocche di Castiglione, doch Scavinos Ideale werden am besten vom Barolo Bric del Fiasc verkörpert: Er ist elegant und edel und wird mit der Zeit immer reizvoller.

Via Alba Barolo 59, 12060 Castiglione Falletto
www.paoloscavino.com

Parusso Barolo

Das Gut zwischen Monforte und Castiglione Falletto wird von den Geschwistern Marco und Tiziana Parusso geführt. Durch den Ausbau in kleinen Fässern sind die Barolo-Weine modern und stilvoll, paaren diese ansprechenden Eigenschaften jedoch mit zupackenden Tanninen und lebhafter Säure. So sind etwa der Barolo Bussia und der einfache Barolo aus unterschiedlichen Lagen elegant und ausgefeilt. Daneben erzeugt Parusso mit den besten Sauvignon Blanc der Gegend; sowohl der einfache Langhe Bianco als auch das Einzellagengewächs Bricco Rovella vereinen intensive Aromen mit kreidiger Mineralität.

Località Bussia 55, 12065 Monforte d'Alba
www.parusso.com

Pecchenino Dogliani

Als Orlando und Attilo Pecchenino 1987 das Gut in Dogliani übernahmen, das ihr Großvater Anfang des 20. Jahrhunderts gegründet hatte, wurde Dolcetto im italienischen Weinbau kaum beachtet. Heute sind die dunkle Weine der Peccheninos mit ihren tiefgründigen Fruchtaromen und geradezu knackiger Mineralität in vielerlei Hinsicht zum Aushängeschild von Dogliani geworden. Nicht entgehen lassen sollte man sich die köstlichen Einzellagengewächse Sirì d'Jermu und San Luigi als hervorragende Beispiele für langlebigen Dolcetto.

Borgata Valdiberti 59, 12063 Dogliani; Tel. 0173 70686

Pertinace Barbaresco

Die zweite Winzergenossenschaft in Barbaresco neben den berühmteren Produttori del Barbaresco (siehe S. 367) wurde 1973 von Mario Barbero und einer Gruppe von zwölf Winzern nahe Treiso gegründet. Heute verfügen die 15 Mitglieder über insgesamt knapp 70 ha, unter anderem in den Lagen Castellizzano, Nervo und Marcarini. Die Weine, von denen der Marcarini der kraftvollste ist, bringen die Merkmale ihrer Herkunftslage unverfälscht zum Ausdruck. Ein Paradebeispiel für den Stil des Hauses liefert der einfache Barbaresco, ein erdiger, traditionell bereiteter Rotwein, der einen guten Begleiter zum Essen abgibt.

Località Pertinace 2, 12050 Treiso; www.pertinace.com

Pio Cesare Barolo

Die Kellerei in Alba wurde 1881 von Cesare Pio gegründet. Der Besitz umfasst knapp 53 ha, darunter auch Parzellen in den Spitzenlagen Ornato, Roncaglie und Ravera in Barolo sowie Il Bricco in Barbaresco. Daneben werden Trauben angekauft. Cesare Pios Urenkel Pio Boffa führt heute den Betrieb. Die Weine sind etwas moderner geworden, seit unter seiner Leitung mittellange Gärzeiten und eine Mischung von Barriques und großen Fässern für den Ausbau eingeführt wurden. Empfehlenswert sind die Barolo- und Barbaresco-Basisweine, beide mit klassischem Entfaltungspotenzial.

Via Cesare Balbo 6, 12051 Alba; www.piocesare.it

E. Pira e Figli Barolo

Der Ende des 19. Jahrhunderts gegründete Betrieb wird heute von Chiara Boschis geführt, deren Familie ihn nach Luigi Piras frühem Tod erwarb. Boschis modernisierte ihn und versuchte, die Eigenarten der Lagen wie Cannubi, Cannubi San Lorenzo und Via Nuova besser zum Ausdruck zu bringen. 2009 wurden zusätzlich rund 4 ha in Monforte erworben. Der Barolo Cannubi ist das Aushängeschild des Betriebs, ein kraftvoller Wein, der elegant über den Gaumen gleitet.

Via Vittorio Veneto 1, 12060 Barolo
www.pira-chiaraboschis.com

Poderi Aldo Conterno Barolo

Aldo Conterno ist wie sein Bruder Giovanni vom Gut Giacomo Conterno (siehe S. 362) ein Protagonist des Barolo. Er inspirierte und provozierte Kollegen und Nebbiolo-Liebhaber in aller Welt. Die Familie Conterno ist seit Generationen in Monforte d'Alba verwurzelt, doch Aldos Geschichte begann, als er sich 1969 von seinem Bruder und dem Familienbetrieb trennte und seine eigene Kellerei eröffnete. Seine traditionell bereiteten Barolos sind Kraftprotze. So hält sich der Riserva Granbussia, ein Verschnitt aus drei Lagen, der sechs Jahre reift, bevor er in den Handel kommt, ohne Weiteres noch jahrzehntelang.

Località Bussia 48, 12065 Monforte d'Alba
www.poderialdoconterno.com

Poderi e Cantine Oddero Barolo

Die Familie Oddero betreibt das Gut nahe La Morra seit 1878. Nach und nach hat sie ein Weinbergvermögen angehäuft, zu dem Spitzenlagen wie Vigna Rionda, Villero, Rocche di Castiglione und Bussia Soprana gehören. Zu empfehlen ist der Barolo Villero: Er gärt lange, reift in einer Mischung aus großen und kleineren Fässern und hält elegant die Balance zwischen erdigem Geschmack und fester Struktur. Nicht entgehen lassen sollte man sich auch den einfachen Barolo-Verschnitt, der zu erschwinglichem Preis einen guten Einblick ins Terroir liefert.

Frazione S. Maria 28, 12064 La Morra; www.oddero.it

Poderi Colla Barolo

Ernesto »Tino« Colla und seine Nichte Federica (Tochter von Beppe Colla, früher bei Prunotto) gründeten den Betrieb 1993. Drei Güter – Cascina Drago und Tenuta Dardi Le Rose in Barolo sowie Tenuta Roncaglia in Barbaresco – bringen eindrucksvolle, traditionell geprägte Weine hervor. Kraftvoll und fest tritt der Spitzenwein Barolo Bussia auf. Mehr Finesse und Eleganz zeigt der Barbaresco Roncaglie mit lebhaften floralen Noten und anhaltender Frucht. Aus derselben Lage stammt der Barbera d'Alba, ein fester, fleischiger Roter, der bestens zu langsam gegarten Gerichten passt. ★**Aufsteiger**

San Rocco Seno d'Elvio 82, 12051 Alba
www.podericolla.it

E. PIRA E FIGLI
REIFE OBST-, MINZ- UND EUKALYPTUSNOTEN ZEICHNEN DEN KRÄFTIGEN BAROLO CANNUBI VON CHIARA BOSCHIS AUS

PODERI COLLA
EIN INTENSIVER, RUBINROTER, SORTENTYPISCHER NEBBIOLO-WEIN

Poderi Luigi Einaudi Dogliani

Luigi Einaudi hat die italienische Geschichte des 20. Jahrhunderts mitgestaltet, unter anderem als Staatspräsident von 1948 bis 1955. Er war aber auch ein passionierter Landwirt, der bereits 1897 in der Nähe von Dogliani Land erwarb. Seine Nachfahren produzieren heute eine Reihe bestechender Dolcetto-Weine von gutseigenen Reben. Ende der 1990er-Jahre expandierte das Gut nach Barolo durch den Erwerb von 2 ha im berühmten Weinberg Cannubi. Der stil- und kraftvolle Barolo von Poderi Luigi Einaudi ist einer der besten aus dieser Lage.

Borgata Gombe 31, 12063 Dogliani
www.poderieinaudi.com

Principiano Barolo

Americo Principiano gründete das kleine Gut in den 1950er-Jahren und verkaufte einen Großteil des Rebguts an andere Erzeuger. 1993 begann sein Sohn Ferdinando, selbst Barolo und Barbera abzufüllen. Wie viele seiner Zeitgenossen experimentierte er mit modernen Vinifikationstechniken, senkte die Erträge deutlich und führte kleine Barriques ein. Ab 2000 kehrte er jedoch zu traditionelleren Methoden zurück, schaffte neue Eiche und Temperaturkontrollen ab und baut die Weine nun in großen *botti* aus slowenischer Eiche aus. Der Barolo Boscareto ist eher elegant denn kraftvoll und gewinnt beim Lagern an Komplexität. ★**Aufsteiger**

Via Alba 19, 12065 Monforte d'Alba
www.ferdinandoprincipiano.it

Produttori del Barbaresco Barbaresco

Die Genossenschaft ist ohne Frage eine der besten in Italien und überdies ein maßgebender Barbaresco-Erzeuger. Sie wurde 1894 gegründet, 1958 jedoch neu aufgebaut. Die Trauben für die Weine wachsen in klassischen Lagen wie Rio Sordo, Ovello, Asili und Rabajà. In der Kellerei wird unter der Leitung von Aldo Vacca eine Nichteinmischungstrategie verfolgt, sodass jede der neun Einzellagenabfüllungen ihre Herkunft unverfälscht widerspiegelt. Und im Vergleich zu anderen Gütern in Barbaresco hat die Genossenschaft nach wie vor die besten Preise.

Via Torino 54, 12050 Barbaresco
www.produttoridelbarbaresco.com

Prunotto Barolo

Anfang des 20. Jahrhunderts als Genossenschaft begonnen, wurde die Kellerei in den 1920er-Jahren von Alfredo Prunotto übernommen, der den Vertragswinzern weiterhin die Trauben abnahm. Prunotto verkaufte den Betrieb 1956 an Beppe Colla, der ihn bis 1994 führte, nachdem er 1989 an Antinori übergegangen war. Colla verantwortete auch wichtige Neuerungen in der Region, etwa die Einführung von Lagenbezeichnungen bei Weinen wie dem Barolo Bussia in den 1960er-Jahren. Der Bussia ist und bleibt einer der besten Weine von Prunotto.

Località San Cassiano, 12051 Alba; www.prunotto.it

TENIMENTI FONTANAFREDDA
EIN ÜPPIGER WEIN, DER SEINEN HÖHEPUNKT ZWÖLF BIS 15 JAHRE NACH DER LESE ERREICHT HABEN DÜRFTE

RENATO RATTI
DIESER NEBBIOLO VERSTRÖMT ZARTE ERDBEER- UND HIMBEERAROMEN

Renato Ratti Barolo

Nachdem er zunächst für Cinzano in Brasilien gearbeitet hatte, gründete Renato Ratti seine Kellerei 1965. Später stieß sein Neffe Massimo Martinelli dazu. Gemeinsam begannen sie, moderne, elegante Weine aus den Lagen Rocche dell'Annunziata und Conca bei La Morra zu erzeugen. Ratti entwickelte in den 1980er-Jahren die »Carta del Barolo«, in der die erstklassigen Lagen und Unterbereiche des Gebiets festgelegt werden sollten und die nach wie vor ein hilfreiches Werzeug zum Verständnis des Phänomens Barolo ist. Seit Rattis Tod 1988 leitet sein Sohn Pietro die Kellerei.

Frazione Annunziata 7, 12064 La Morra
www.renatoratti.com

Roagna Barbaresco

Die alteingesessene Winzerfamilie – die Roagnas sind seit Anfang des 19. Jahrhunderts in Barbaresco – verantwortet intensive, kraftvolle Weine, die sich jahrzehntelang halten. So sind etwa der Barbaresco Pajé, der Barolo La Rocca und der Barolo La Pira in ihrer Jugend streng und fest, reifen dann aber zu jener eleganten Komplexität heran, die Nebbiolo so großartig macht. Der heute von Alfredo Roagna und seinem Sohn Luca geführte Betrieb ist in der Weinbereitung traditionell orientiert und ein überzeugter Verfechter des biologischen Weinbaus.

Località Paglieri 9, 12050 Barbaresco; www.roagna.com

Roberto Voerzio Barolo

Roberto Voerzio gilt vielen als einer der Stars der Barolo-Erzeugung. Er eröffnete seine Kellerei 1987 und begann praktisch sofort mit einem rigorosen Weinbergmanagement. Die Erträge seiner Rebflächen sind unglaublich niedrig, was zusammen mit mittellangen Gärzeiten und dem Ausbau im Barrique dazu führt, dass die Weine über einen erstaunlich konzentrierten Geschmack verfügen. Der Barolo Brunate von Voerzio ist einer der besten, eine elegante, moderne Interpretation dieser klassischen Lage. Seit dem 2003er Jahrgang wird ein Riserva-Wein produziert, der zehn Jahre in der Kellerei reift.

Località Cerreto 1, 12064 La Morra
Tel. 0173 509196

Sandro Fay Valtellina

Sandro Fay errichtete diese Kellerei 1973, um die Trauben der familieneigenen Weinberge zu verarbeiten. Sie wirkt, zumindest äußerlich, moderner und stilbewusster als viele ihrer Nachbarn. Und tatsächlich lassen die Weine einen leichteren, eleganten Stil erkennen, der dem in den Gebirgslagen des Veltlin wachsenden Nebbiolo auf den Leib geschrieben zu sein scheint. Fay besitzt gut 14 ha im Unterbereich Valgella und erzeugt davon zwei Einzellagenweine, den Cà Moréi und den Carterìa, die beide im Barrique ausgebaut werden. Der traditionell angehauchte Nebbiolo Terrazze Retiche di Sondrio stammt von Trauben aus Sassella und Valgella und reift im Fass.

★Aufsteiger

Via Pila Caselli 1, 23036 San Giacomo di Teglio
www.vinifay.it

Scarzello Barolo

Auf dem von einer alteingesessenen Winzerfamilie geführten kleinen Gut wurden Ende der 1970er-Jahre erstmals eigene Weine abgefüllt. Zum Besitz gehören Teile der Lagen Terlo und Sarmassa; Letztere liefert die Trauben für den Barolo Vigna Merenda, einen kraftvollen Einzellagenwein mit großem Alterungspotenzial. Federico Scarzello, der 1998 seinen Vater Giuseppe abgelöst hat, verfolgt eine weitgehend traditionelle Linie der Weinbereitung, also lange Gärzeiten und große Fässer für den Ausbau der Weine. Der einfache Barolo ist nach wie vor äußerst preiswert.

Via Alba 29, 12060 Barolo; www.scarzello.eu

Sella Lessona

Die Familie Sella erzeugt seit dem 17. Jahrhundert Wein. Heute umfasst das Gut rund 20 ha Rebland in Lessona (Sella besitzt einen Großteil des DOC-Bereichs Lessona) und Bramaterra. Neben Nebbiolo werden kleinere Mengen Barbera, Vespolina, Croatina und Cabernet Franc verarbeitet. Der aus 80 % Nebbiolo und 20 % Vespolina verschnittene Lessona setzt die Standards für die Appellation: Er hat das volle Maß der dem Nebbiolo eigenen Duftigkeit und Spannung und darüber hinaus eine geradezu eiserne Mineralität. Der Bramaterra ist reichhaltiger und in jungen Jahren überaus köstlich.

Via IV Novembre 130, 13853 Lessona
Tel. 015 99455

Sottimano Barbaresco

Der 1974 gegründete Betrieb wird von Rino Sottimano und seinem Sohn Andrea geführt. Mit elegantem, ausdrucksvollem Barbaresco aus Spitzenlagen wie Cottá, Currá, Fausoni und Pajoré hat er sich schnell in die erste Riege der Erzeuger vorgearbeitet. Ebenfalls empfehlenswert ist der Langhe Nebbiolo, der von jüngeren Reben der Lage Basarin stammt. Er vereint intensive Frucht und kräftige Tannine und geht somit leicht als »Mini-Barbaresco« durch, ist jedoch sehr erschwinglich. Probieren sollte man auch den Bric del Salto, einen ohne Eiche ausgebauten spritzigen Dolcetto mit lebhafter Frucht.

Via Cottà 21, 12057 Neive
www.sottimano.it

Tenimenti Fontanafredda Barolo

Der historische Betrieb wurde 1878 von Graf Emanuele Alberto Guerrieri di Mirafiori, dem unehelichen Sohn des italienischen Königs Vittorio Emanuele II., im Jagdrevier seines Vaters gegründet. Später verkaufte ihn seine Familie an eine Bank, und 2008 erwarb Oscar Farinetti, Eigentümer von Borgogno, einen Mehrheitsanteil. Das beste, was der Kellerei passierte, war die Übernahme des Kellermeisterpostens durch Danilo Drocco im Jahr 1999. Ihre Barolo-Einzellagengewächse, allen voran der Lazzarito, sind kraftvoll und tief; der einfache Barolo hat ein hervorragendes Preis-Qualitäts-Verhältnis.

Via Alba 15, 12050 Serralunga d'Alba
www.tenimentifontanafredda.it

Teobaldo Cappellano Barolo

Die Geschichte der Familie Cappellano in Barolo reicht bis ins 19. Jahrhundert zurück. In den 1890er-Jahren begann der Apotheker Giuseppe Cappellano mit Kräuteressenzen und Traubenmost zu experimentieren und schuf schließlich den Barolo Chinato, den seine Nachfahren neben Barbera d'Alba auch heute noch herstellen. Teobaldo Cappellano, stolzer Vertreter der alten Barolo-Garde, starb 2009; seitdem führt sein Sohn Augusto den

Betrieb. Die von ihm erzeugten Weine sind sehr individuelle, elegante und emotionale Interpretationen der Nebbiolo-Traube und des Barolo-Terroirs.

Via Alba 13, Frazione Bruni, 12050 Serralunga d'Alba
Tel. 0173 613103

Travaglini Gattinara
Die in den 1920er-Jahren gegründete Kellerei (unverwechselbar durch die asymmetrischen Flaschenhälse), einer der größeren Privatbetriebe in Gattinara, wird von Cinzia Travaglini und ihrem Mann Massimo Collauto geführt. Der Nebbiolo (der hier Spanna heißt) wächst auf eisen-, magnesium- und kalziumhaltigen Böden und kann anregende und feste Weine liefern. Der normale Gattinara wird teils in Barriques, teils in großen Fässern ausgebaut und ist ein typisches Beispiel für einen Nebbiolo-Wein aus diesem Gebiet. Der Tre Vigne aus drei verschiedenen Lagen ist die beste Cuvée.

Strada delle Vigne, 13045 Gattinara
www.travaglinigattinara.it

Triacca Valtellina
Der Betrieb mit Weinbergen im Veltlin und in der Toskana ist in Schweizer Hand und verkauft einen Großteil seiner Erzeugnisse in der Schweiz. Die Wurzeln der Familie liegen jenseits der Grenze im Valposchiavo (Puschlav) im italienischsprachigen Teil Graubündens, doch sie betreibt auf der italienischen Seite Weinbau, seit Domenico und Pietro Triacca 1897 Rebland in Valgella kauften. Ihre Nachfahren erwarben 1969 das Gut La Gatta, von dem der edle Valtellina Riserva La Gatta stammt, ein mehrere Jahre in großen Fässern ausgebauter Nebbiolo.

Via Nazionale 121, 23030 Villa di Tirano; www.triacca.com

G. D. Vajra Barolo
Aldo Vajra führt mit wachsender Unterstützung durch seinen tatkräftigen Sohn Giuseppe das kleine Gut, das sein Großvater Anfang des 20. Jahrhunderts gründete. Da die Reben auf den Hügeln oberhalb des Orts Barolo wachsen, bekommen die Weine ziemlich viel Säure ab. Der traditionell bereitete Spitzen-Barolo Bricco delle Viole ist frisch und rau, seine kraftvolle Struktur wird durch Veilchen- und Rosennoten konterkariert. Alle Weine von Vajra zeichnen sich durch lebhafte Säure aus, auch der Kyè, der von der einheimischen Sorte Freisa erzeugt wird, und der energiegeladene Riesling.

Via delle Viole 25, 12060 Barolo
www.gdvajra.it

Vietti Barolo
Die Familie Vietti baut seit dem 19. Jahrhundert Trauben an und begann 1919, Weine abzufüllen. In den darauffolgenden Jahrzehnten etablierte sie sich als eine feste Größe im piemontesischen Weinbau. Die Weine, sei es Nebbiolo in Barolo oder Barbaresco, Barbera aus der berühmten Lage Scarrone oder der florale Arneis aus dem benachbarten Roero, bleiben, auch wenn sie stilvoll und modern erscheinen, dennoch klassische Produkte der einheimischen Rebsorten des Piemont. Ebenfalls probierenswert ist der spritzige Perbacco, ein zugänglicher Nebbiolo, der leicht als »Mini-Barolo« durchgeht.

Piazza Vittorio Veneto 5, 12060 Castiglione Falletto
www.vietti.com

Vigneti Massa Colli Tortonesi
Walter Massa hat die letzten Jahrzehnte im Südosten des Piemont seine natürlichen, gemächlichen Verarbeitungsmethoden an den einheimischen Sorten Barbera, Croatina und der weißen Timorasso verfeinert. Massa wird oft das Verdienst zugeschrieben, Timorasso vor dem Aussterben bewahrt zu haben. Sein Derthona Timorasso vereint ein volles Gaumengefühl mit rassiger Säure und mineralischen Noten und ist eine komplexe Interpretation dieser Traube, die ernsthafte Italienliebhaber begeistert hat. Auch den erdigen Barbera lohnt es sich zu probieren, sowohl den Sentieri ohne Eicheneinfluss als auch den im Barrique gereiften, kraftvollen und langlebigen Monleale. ★**Aufsteiger**

Piazza Capsoni 19, 15059 Monleale
Tel. 013 180302

Villa Sparina Gavi
Gavi ist für gewöhnlich ziemlich einfach gestrickt: ein leichter, süffiger Weißwein von der örtlichen Cortese-Traube. Kaum jemand bemüht sich, mehr aus ihm zu machen – bis auf Villa Sparina. Das in den 1980er-Jahren von Mario Moccagatta gegründete Gut wird seit 1997 von seinen Kindern Stefano, Massimo und Tiziana geführt. Die jüngeren Moccagattas modernisierten die Kellerei und die Weinberge und heuerten Beppe Caviola als Berater an. Die so entstehenden Weine reichen vom frischen Gavi di Gavi mit Limettennoten bis zum edlen, anspruchsvollen, an einen Burgunder erinnernden Monterotondo. ★**Aufsteiger**

Frazione Monterotondo 56, 15066 Gavi
www.villasparina.it

Vittorio Bera e Figli Asti
Das Gut geht auf das 18. Jahrhundert zurück und wird heute von den Geschwistern Gianluigi und Alessandra Bera geführt. Sie verfolgen eine Strategie, die sie dem lockeren Verbund italienischer Erzeuger von Naturweinen zuschlägt, das heißt biologische Anbaumethoden im Weinberg, die die Entwicklung natürlicher Hefen begünstigen, und minimale Eingriffe im Keller. Ihr Moscato d'Asti ist anders als die meisten anderen: nicht nur lebhaft, sondern ein Energiebündel, vor Lebendigkeit strotzend. Daneben werden unkomplizierter Dolcetto und anregender Barbera erzeugt. Am interessantesten ist der Schaumwein Arcese, ein Verschnitt der weißen Sorten Arneis, Favorita und Cortese.

Regione Serra Masio 21, 14053 Canelli
Tel. 0141 831157

AB VOM SCHUSS: LIGURIENS WILDER WESTEN

Ligurien ist für seine wunderschöne Küste bekannt, die Ströme von Besuchern in die Städte der Riviera und in die Cinque Terre lockt. Nur wenige Touristen kommen auf die Idee, Meer und Stränden den Rücken zu kehren. Doch wer sich jenseits der Autobahn A 12, die Genua mit Nizza verbindet, ins Landesinnere vorwagt, stößt auf eine unberührte Landschaft mit thymianbewachsenen Hügeln, Weinbergen und Höfen, die sich in aller Stille zu einem Paradies für Gourmets und Weinliebhaber entwickelt hat. Hier lassen sich gut regionale Spezialitäten wie Pigato und Rossese probieren, die man sonst kaum findet, da viele Weingüter zu klein sind, um auf dem Exportmarkt Fuß zu fassen. Der ideale Ausgangspunkt für die Erkundung der Gegend ist Ranzo, eine kleine Stadt im Hinterland von Imperia. Das Restaurant mit Vinothek Il Gallo della Checca bietet ausgezeichnete einheimische Gerichte und eine umfangreiche Sammlung von Jahrgängen örtlicher Kellereien wie Bruna oder Laura Aschero.

NORDOSTITALIEN

Im Hinblick auf den Weinbau könnte der Nordosten Italiens nicht uneinheitlicher sein. Einerseits sind dort einige der größten italienischen Weinerzeuger ansässig, die einen erheblichen Teil der Gesamtproduktion des Landes liefern. Andererseits ist Nordostitalien eine Hochburg experimenteller Techniken und ebenjenes rastlosen Perfektionismus, der einige der schillerndsten Bilderstürmer des italienischen Weinbaus hervorgebracht hat. Zwischen den beiden Extremen bietet sich ein faszinierendes Spektrum an Stilen dar, die ernsthaft zu erkunden sich lohnt. Auch kulturell ist dieser Teil Italiens, der nördlich der Toskana bis zur österreichischen und slowenischen Grenze reicht, überaus bedeutsam.

Hauptrebsorten

Rot

Cabernet Franc
Lagrein
Merlot
Pinot Nero
Refosco

Weiß

Gargenega
Gewürztraminer
Pinot Bianco
Pinot Grigio
Ribolla Gialla

Jahrgänge

2010
Ein kühles Jahr, aber mit dem Potenzial für elegante, aromatische, klassisch strukturierte Weißweine.

2009
Viel Sonne im Spätsommer brachte eine lange Ernte; insgesamt ein sehr gutes Jahr.

2008
Großartig für säurereiche Weiße wie Südtiroler Pinot Bianco; tendenziell schlanke, recht klassische Weine.

2007
Die frühe Lese in der ganzen Region, mit viel Sonnenschein, ergab reife Rotweine.

2006
Insgesamt uneinheitlich, aber stark für friaulische Weißweine.

2005
Insgesamt geringere Erträge als 2004; gut für Pinot Nero in Südtirol.

Nordostitalien bringt eine erstaunliche Vielfalt auf einer relativ kleinen Fläche unter. So kann man zum Beispiel im Tramin in Südtirol, der Heimat des Gewürztraminers, ein recht deutsches Frühstück mit Müsli und Honig genießen, dann ins Auto springen, um nach einer halsbrecherischen Fahrt über die Autostrada zum Abendessen in Udine einzukehren, der schönen Stadt in Friaul-Julisch Venetien, wo die Namen und Rebsorten ebenso viel slowenischen und kroatischen wie italienischen Einfluss erkennen lassen.

Die Reise führt von den mit Teroldego bestockten Gebirgstälern der Region Trentino-Südtirol (italienisch Trentino-Alto Adige) nach Osten durch die berühmten Anbaugebiete Soave und Valpolicella. Auf der Fahrt durch das Kernland Venetiens sieht man im Norden die steilen Gipfel der Alpen aufragen, in deren Ausläufern der anmutig perlende Prosecco beheimatet ist. Und wenn man die Augen offenhält, erblickt man hier und dort den Löwen des Apostels Markus, das Symbol der Republik Venedig.

Südlich davon erstreckt sich die Po-Ebene, an deren Rand der Apennin die Grenze zwischen der Emilia-Romagna und der Toskana markiert. Der hier angebaute Sangiovese kann sich immer mehr mit seinen Verwandten aus Montalcino und dem Chianti Classico messen, ist jedoch nach wie vor relativ preisgünstig. Auch der einst geschmähte Lambrusco taucht aus der Versenkung auf, weil Winzer wie Lini und Cà de Noci beweisen, dass der berühmte rote Perlwein aus der Emilia-Romagna durchaus Beachtung verdient.

Die Regionen im Nordosten Italiens haben einen so unterschiedlichen geschichtlichen und kulturellen Hintergrund, dass man auf den ersten Blick kaum Gemeinsamkeiten erkennt. In Südtirol und auch in Teilen des Trentino ist Deutsch die Sprache der Bevölkerung, und die Weine der Region sind ähnlich rassig und akkurat wie ihre Pendants von jenseits der Alpen.

Venetien präsentiert sich mit seinen pulsierenden Wirtschaftsmetropolen zunächst als leibhaftiges Nachkriegswunder. Neben den größten Weinerzeugern des Landes findet man hier Tüftler, die ihre ganze Sorgfalt auf die Lufttrocknung von Trauben verwenden, um davon den renommierten Rotwein Amarone zu erzeugen.

Im östlichen Grenzland von Friaul–Julisch Venetien wird es exotisch: Hier scheint nicht Kontinuität, sondern unermüdlicher Forschungs- und Verbesserungsdrang die Parole zu sein. Abgesehen von den technisch ausgefeilten, kraftvollen »Superweißweinen« – einer Art Gegenstück zu den berühmten roten Verschnitten aus der Toskana – hat die Region auch Weinmacher wie Josko Gravner oder Stanislao Radikon zu bieten, deren »neueste« Kellertechniken ziemlich genau dem entsprechen, was bei den alten Römern Usus war.

Und genau dieses Nebeneinander der verschiedensten Stile macht die Weine des Nordostens so faszinierend. Selbst in Italien, einem Land, dessen Erfolg ohnehin auf der Erfindung neuer Methoden wie auch der Wiederentdeckung alter Traditionen beruht, sind sie an Einzigartigkeit und Authentizität kaum zu überbieten.

NORDOSTITALIEN

Der Weinbau im Nordosten Italiens unterliegt dem Einfluss sowohl der Alpen im Norden als auch der Adria im Süden. Mit Ausnahme der Po-Ebene ist das Gebiet außerordentlich hügelig, was sich ebenfalls auf die Luftströmungen aus den Bergen und vom Meer her auswirkt. Die fruchtbare Gegend ist zur ertragreichsten Weinbauregion des Landes geworden, in dessen DOC-Gebieten traditionelle Rebsorten dominieren.

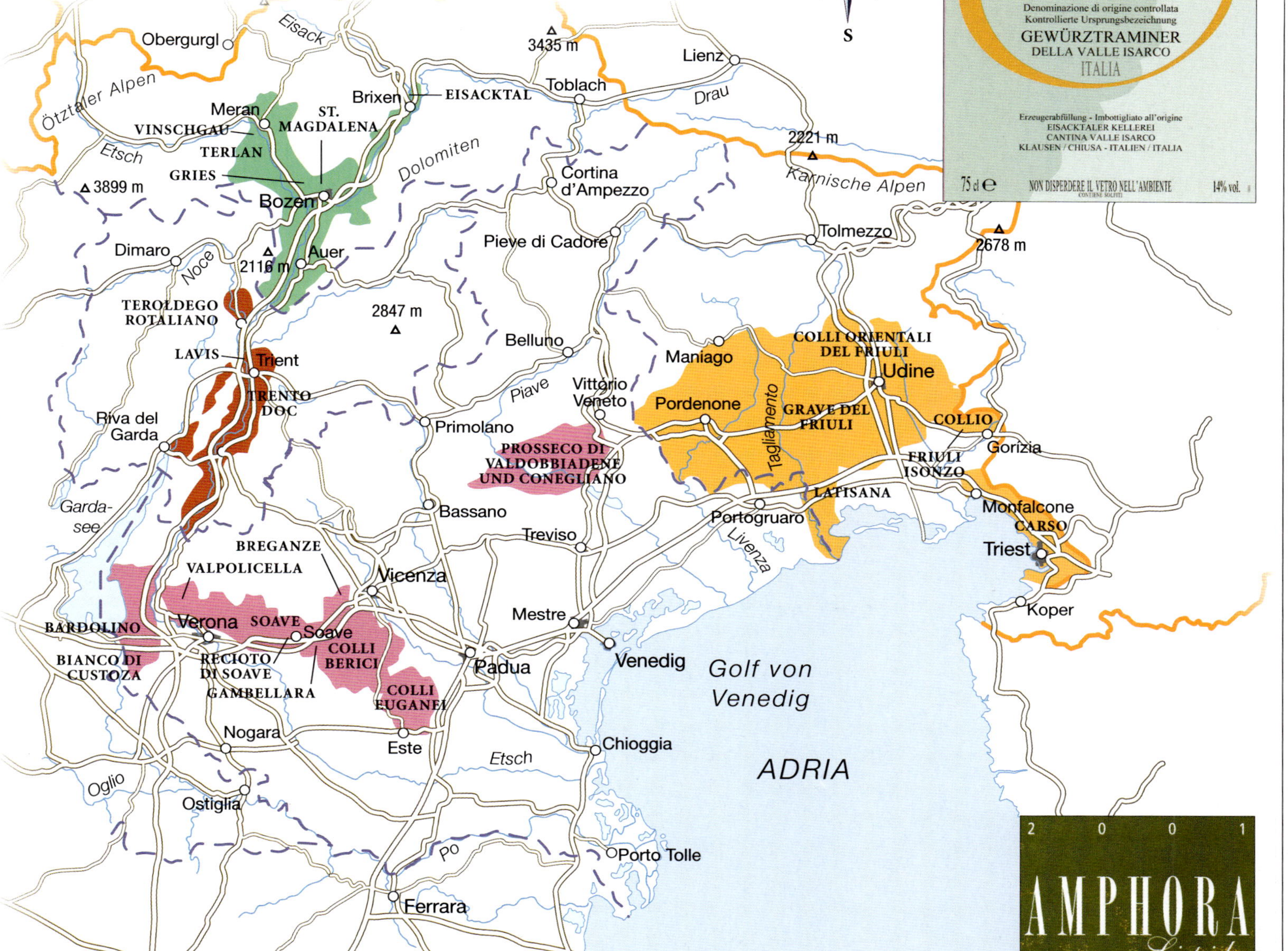

CÀ DE NOCI
DIESER WEIN PERLT DANK EINEM NATÜRLICHEN GÄRPROZESS IN DER FLASCHE

BISOL
DER EINZELLAGENWEIN HAT BLUMEN-, APFEL-, BIRNEN- UND PFIRSICHNOTEN

Abbazia di Novacella/Kloster Neustift

Südtirol/Alto Adige – Eisacktaler

Die Stiftskellerei Neustift gehört zum – noch aktiven – Kloster aus dem Jahr 1142; auch Weinerzeugung ist zur selben Zeit schon urkundlich belegt. Mit seinen verschiedenen Gebäuden aus dem Mittelalter und der Renaissance ist Kloster Neustift einer der schönsten Erzeugerbetriebe in Europa. Die Weinberge liegen im nördlichsten Zipfel Italiens auf 600–900 m Höhe und liefern aromatische Weißweine von Gewürztraminer, Sylvaner, Müller-Thurgau, Veltliner und Kerner.

Via Abbazia 1, 39100 Varna/Vahrn; www.kloster-neustift.it

Accordini Valpolicella/Amarone

Die Familie Accordini baut seit mehreren Generationen in den Alpenausläufern nördlich von Verona die klassischen Valpolicella-Trauben an. 1980 übernahm Guido Accordini den Familienbetrieb, erweiterte die Rebfläche und modernisierte die Kellerei. Mittelpunkt des Betriebs ist nach wie vor die Lage Bessole, die das Rebgut für zwei seiner besten Weine liefert, den normalen Valpolicella und den Superiore, der wie der Amarone zum Teil von luftgetrockneten Trauben erzeugt wird. Der Stil des Hauses paart intensive Aromen mit anregender Säure – diese Weine sollte man zum Essen trinken.

Via A. Bolla 9, Fraz. Pedemonte, 37020 S. Pietro in Cariano
Tel. 045 7701733

Adriano Adami Valdobbiadene

Weil seine Zweitgärung im Tank anstatt in der Flasche stattfindet, wird Prosecco oft als industrielle Variante von Schaumwein abgetan. Kellereien wie diese versuchen, das Gegenteil zu beweisen. Mittelpunkt des Guts ist ein amphitheaterförmiger Weinberg namens Vigneto Giardino. Der trocken bereitete Vigneto Giardino etwa ist ein besonderer Prosecco: lebhaft und komplex, dabei jedoch äußerst erfrischend und somit ein perfektes Beispiel für den Stil des Hauses, der sich durch intensive Frucht und frische, spritzige Säure auszeichnet. Die Weine sind beschwingt und köstlich und passen zu jeder Gelegenheit.

Via Rovede 27, 31020 Colbertaldo di Vidor
www.adamispumanti.it

Alois Lageder Südtirol/Alto Adige

Alois Lageders Kellerei steht an einem sonnigen, windgeschützten Flecken am südlichen Ende des Südtiroler Etschtals, wo die Wärme optimal ausgenutzt wird – wobei Lageder auch mit Lagen in ganz anderen Mikroklimata arbeitet. Sein Umweltbewusstsein ist an dem Niedrigenergiebetrieb und den biologischen und biodynamischen Anbaumethoden abzulesen. Empfehlenswert ist der Beta-Delta, ein herrlicher Verschnitt aus Chardonnay und Pinot Grigio und einer der neuen Weine, die Lageder von biodynamisch angebauten Trauben mit Demeter-Zertifikat erzeugt.

Vicolo dei Conti 9, 39040 Magrè/Margreid
www.aloislageder.eu

Anselmi Soave

1980 übernahm Roberto Anselmi den Betrieb seiner Familie in Soave und modernisierte Weinberge und Herstellungsmethoden radikal, namentlich durch die Verringerung der Erträge der gutseigenen Reben. Das Ergebnis sind intensiv aromatische Weine mit viel höherer Geschmackskonzentration. Seit 2000 etikettiert Anselmi seine Weine nicht mehr als Soave DOC, sondern verwendet die umfassendere Bezeichnung Veneto IGT (Indicazione Geografica Tipica). Eines seiner besten Gewächse ist der lebhafte, ohne Eiche ausgebaute San Vicenzo, für den Chardonnay und Trebbiano mit der stahligen Garganega-Traube verschnitten werden.

Via S. Carlo 46, 37032 Monteforte d'Alpone
www.anselmi.eu

Barbolini Castelvetro

Der 1889 von Egidio Barbolini gegründete und heute von seinen Nachfahren geführte Betrieb ist auf Qualitäts-Lambrusco spezialisiert. Als Privatbetrieb ist er eine Seltenheit in der von riesigen Genossenschaften dominierten Lambrusco-Erzeugerszene. Barbolinis Lambrusco macht einfach Spaß, vor allem der von der Variante Lambrusco Grasparossa erzeugte Lancillotto. Er ist trocken und körperreich mit anhaltenden Veilchennoten und wird auch Skeptiker zu rotem Perlwein bekehren. Der von Lambrusco di Sorbara bereitete Bellerofonte ist kompakt und würzig, ein guter Begleiter zu Pizza mit Wildpilzen.

Via Adriano Fiori, 41043 Formigine
www.barbolinicantina.it

Baron Widmann

Südtirol/Alto Adige

Der Betrieb in dem kleinen Gebirgsort Kurtatsch (Cortaccia) produziert Weine, die absolut typisch für Südtirol sind. Sie spiegeln – darin dem österreichisch-deutschen Stil ähnlich – ihre jeweilige Rebsorte sehr genau wider, sind dabei jedoch saftig und aromatisch und wie dafür gemacht, in netter Gesellschaft in einer warmen Stube genossen zu werden. Aufgrund der kleinen Produktionsmengen sind sie nicht leicht aufzutreiben, doch wer ihrer habhaft wird, sollte unbedingt den intensiv aromatischen, starken Gewürztraminer und den zarten, würzigen Vernatsch (Schiava) probieren.

Endergasse 3, 39040 Cortaccia/Kurtatsch
www.baron-widmann.it

Bastianich Colli Orientali

Die 1998 von den Amerikanern Lidia und Joseph Bastianich gegründete Kellerei ist ein Versuch, an die Wurzeln der Familie in Nordostitalien und Kroatien anzuknüpfen. Die Weine sind teilweise durchaus gewöhnungsbedürftig, vor allem in Hinblick auf ihre Textur – in den Tocai Plus kommt ein Anteil edelfaule Trauben für größere Fülle, der Pinot Grigio wird wie Rotwein auf den Schalen vergoren –, jedoch stets sortentypisch und terroirbewusst. Empfehlenswert ist neben den Weißweinen der Calabrone, ein eleganter Verschnitt von Pignolo und Refosco mit Cabernet Franc und Merlot. ★**Aufsteiger**

Via Darnazzacco 44/2, 33043 Gagliano
www.bastianich.com

Battistotti Trentino

Der im Vallagarina ansässige Betrieb ist einer der führenden Erzeuger einheimischer Rebsorten in der Region. Trauben wie die mittelschwere rote Marzemino und die aromatische weiße Nosiola – beide in der frischen, dünnen Bergluft gewachsen – stehen an erster Stelle, während die internationalen Sorten Cabernet Sauvignon und Chardonnay hier zweitrangig sind. Das heißt nicht, dass sie nicht markant wären (die Weine haben einen frischen, intensiven Geschmack), doch wer könnte dem spritzigen Charme und der Lebhaftigkeit des ansprechenden Marzemino widerstehen, insbesondere zu Pilzrisotto?

Via 3 Novembre 21, 38060 Nomi
www.battistotti.com

Bisol Valdobbiadene/Conegliano
Die Familie Bisol ist seit dem 16. Jahrhundert auf dem Hügel Cartizze bei Valdobbiadene ansässig. Eliseo Bisol war der Erste, der Wein abfüllte und verkaufte; heute wird das Gut von seinen Nachkommen geleitet. Es umfasst einige der besten Weinberge der Region, unter anderem mehrere Hektar der kleinen Lage Cartizze, von deren Trauben ein komplexer, kraftvoller Prosecco gewonnen wird. Nach Crede, einer weiteren Lage, ist ein lebhafter Verschnitt aus Prosecco, Pinot Bianco und der rassigen Verdiso-Traube benannt.

31040 Fol di Valdobbiadene
www.bisol.it

Bolognani Trentino
Angenehme Überraschungen gehören zu den größten Glücksmomenten bei der Beschäftigung mit Wein. Dieser Anfang der 1950er-Jahre nahe dem Valle di Cembra gegründete Familienbetrieb erzeugt einen Moscato Giallo, der Vorurteile gegen die würzigen, aber sonst eher langweiligen Muscat-Weine widerlegt. Er duftet nach Bergblumen, ist voll intensiver Säure und so trocken, dass er zu fast allem passt. Interessant ist auch der Armilo, ein erfreulicher, herzhafter Rotwein von Teroldego. Er reift nur kurz in Eiche, daher sind seine Aromen frisch und rein.

Via Stazione 19, 38015 Lavis
www.bolognani.com

Bortoluzzi Gorizia
Die 1982 von Giovanni Bortoluzzi gegründete Kellerei ist für ihren modernen, geradlinigen Stil bekannt. Merlot gedeiht gut auf den Kiesböden des Guts und erbringt einen saftigen Wein mit weichen, generösen Tanninen. Am besten aber sind die Weißweine, etwa der stahlige Pinot Grigio oder der mineralische Sauvignon. Köstlich schmeckt auch der nach Akazien duftende Verschnitt Gemina (Friulano/Pinot Grigio/Sauvignon/Chardonnay).

Via Roma 43, 34072 Gradisca d'Isonzo
www.bortoluzziwines.com

Cà de Noci Reggio Emilia
Giovanni und Alberto Masini gründeten den kleinen Betrieb 1993 mit dem Ziel, ausschließlich einheimische Rebsorten aus der Emilia zu verarbeiten, also Lambrusco Grasparossa, Lambrusco Maestri, Malbo Gentile und Spergola. Die 5 ha werden biologisch bewirtschaftet; die Reben sind zwar jung, sprechen aber gut auf die steinigen Böden an. Konventionell kann man die Weine wirklich nicht nennen, aber sie überzeugen. Zu empfehlen sind der Sottobosco, ein leicht perlender trockener Roter mit deutlichen Tanninen, und der Querciole von der rassigen Spergola-Rebe – hervorragend zu Parmaschinken. ★**Aufsteiger**

Via Fratelli Bandiera 1/2, Località Vendina, 42020 Quattro Castella, Reggio Emilia; www.cadenoci.it

Caldaro/Kellerei Kaltern
Südtirol/Alto Adige
Die Winzergenossenschaft mit 450 Mitgliedern, die das gesamte Gebiet rund um den Kalterer See bewirtschaften, wurde 1906 gegründet. Heute ist sie eine Art Dachorganisation mit drei Produktreihen, den Klassischen Weinen (DOC-Bereiche Südtiroler und Kalterersee), den Weingutselektionen und der Weinhöfelinie. In die letzte Kategorie fallen die Produkte des Castel Giovanelli, eines kleinen, biologisch wirtschaftenden Guts bei Kaltern (auf Italienisch Caldaro). Interessant ist der Sauvignon Blanc, ein mineralischer, kraftvoller Alpenweißwein. Die Genossenschaft betreibt mit dem Winecenter ein modernes Besucherzentrum an der Südtiroler Weinstraße.

Via cantine 12, 39052 Caldaro/Kaltern
www.kellerei-kaltern.com

Camillo Donati Parma
Camillo Donati ist einer der führenden (und wenigen) Erzeuger in der Emilia Romagna mit biologischem und biodynamischem Anbau und einer Philosophie der Minimalintervention im Keller. Sein Lambrusco ist nicht jedermanns Sache, könnte es in seiner Eigenwilligkeit jedoch schaffen, eine ganze Kategorie neu zu definieren. Der Lambrusco dell'Emilia von Lambrusco-Maestri-Trauben hüllt dunkle Fruchtaromen um einen Kern aus zupackenden, saftigen Tanninen; die daraus entstehende Spannung wird durch das leichte Perlen gemildert. Nicht entgehen lassen sollte man sich den Malvasia Frizzante: Vergoren auf den Schalen wie ein Rotwein, ist er ein interessantes, komplexes Statement in Sachen Perlwein.

Localita Arola 32, 43010 Parma
www.camillodonati.it

Canella Valdobbiadene/Conegliano
Der 1947 von Luciano Canella gegründete Betrieb produziert heute in großem Stil Schaumweine und Fertigcocktails auf Weinbasis, zum Beispiel den Bellini, den für Venedig so typischen Prosecco-Drink mit Pfirsichpüree. Der Schwerpunkt der Produktion liegt jedoch auf Prosecco di Conegliano-Valdobbiadene, der am östlichen Ende dieser bedeutendsten Prosecco-Appellation (seit 2010 DOCG) entsteht. Prosecco aus Conegliano hat oft ein fleischigeres Wesen, und Canellas Version zeichnet sich durch kräftige Birnen- und Apfelnoten sowie zarte Säure aus: ein herrlicher Aperitif, mit oder ohne Pfirsich.

Via Fiume, 7, 30027 San Donà di Piave
www.canellaspa.it

Cantina Rotaliana di Mezzolombardo
Trentino
Die qualitätsbewusste Genossenschaft hat die regionale Teroldego-Rebe zu ihrem Leitmotiv (und dem ihrer rund 300 Mitglieder) erklärt und bietet vier empfehlenswerte Kategorien des Weins an. Der Novello di Teroldego wird (wie Beaujolais Nouveau) mittels Kohlensäuremaischung erzeugt und kommt im Lesejahr in den Handel; der Etichetta Rossa stammt von Reben, die rund um die Kellerei wachsen. Der Teroldego Rotaliano Riserva reift zwei Jahre in großen Fässern und kleineren Barriques; der Clesurae von ausgelesenen Trauben älterer Rebstöcke wird in französischer Eiche ausgebaut.

Via Trento 65B, 38017 Mezzolombardo
www.cantinarotaliana.it

IMMER EINEN SCHRITT VORAUS: JOSKO GRAVNER

Dank seiner beeindruckenden Innovationen bei der Weinbereitung gilt Josko Gravner als einer der exponiertesten Revolutionäre im italienischen Weinbau. Anfang der 1980er-Jahre begann er, den Most in Edelstahltanks mit Temperaturkontrolle zu vergären, und wurde damit zu einem Vorkämpfer der neuen Generation sauberer, frischer italienischer Weißweine. Später führte er kleine Barriques ein, um die Weine weicher und voller zu machen.

Eine radikale Wende vollzog er dann aber, nachdem er in Kalifornien einen Wein gekostet hatte, bei dem die Hightech-Behandlung zu viel des Guten gewesen war. Er verbannte Pestizide aus seinen Weinbergen und verlängerte die Dauer von Gärung und Hülsenmaischung in der Kellerei – eine Entscheidung, die sich einige seiner Nachbarn zum Vorbild nahmen. Die einschneidendsten Veränderungen ereigneten sich 1997, als Gravner anfing, seinen Most in Tonamphoren zu vergären, wie es schon die alten Griechen und Römer getan hatten. Er räumte Tanks und Fässer aus seinen Kellern, um Platz für die Amphoren zu schaffen, aus denen nun einzigartige Weine hervorgehen, die sicher zu den anspruchsvollsten Italiens gehören.

CANTINA TERLANO
HELLES GRÜNGELB MIT FRUCHTIGEM BUKETT: EIN MILDER WEIN MIT AUSGEWOGENER SÄURE

CORTE SANT'ALDA
SONNIGE WEINBERGE LIEFERN REIFE TRAUBEN FÜR DIESEN HERRLICHEN VALPOLICELLA

Cantina di Terlano/Kellerei Terlan
Südtirol/Alto Adige

Das Muster einer qualitätsorientierten Winzergenossenschaft wurde 1893 gegründet und vereint heute mehr als 100 Mitglieder. Erzeugt wird das ganze Spektrum der regionalen Weiß- und Rotweine, doch am eindrucksvollsten sind die anregenden, lebhaften Weine von Gewürztraminer, Pinot Bianco und Sauvignon Blanc. Die Weine mit Lagenbezeichnung, etwa der Winkl Sauvignon Blanc und der Vorberg Pinot Bianco, sind gut lagerfähig.

Via Silberleiten 7, 39018 Terlano/Terlan
www.kellerei-terlan.com

Cantina Tramin/Kellerei Tramin
Südtirol/Alto Adige

Die Kellerei Tramin ist eine der angesehensten Südtiroler Winzergenossenschaften. 1898 gegründet, zählt sie heute 290 Mitglieder mit Weinbergen in Tramin, Neumarkt, Montan und Auer. Tramin ist schon lange für seinen Gewürztraminer bekannt, und einen besonderen Höhenflug hat Willi Stürz damit vollbracht, der seit 1992 der Genossenschaft angehört. Ein gutes Beispiel für den Stil der Kellerei ist der intensiv würzige, aromatische Nussbaumer Gewürztraminer mit beachtlicher Konzentration.

Strada del Vino 144, 39040 Termeno/Tramin
www.tramin-wine.it

Cantina Valle Isarco/Eisacktaler Kellerei Südtirol/Alto Adige

Im Vergleich zu anderen Winzergenossenschaften in Südtirol ist die Eisacktaler Kellerei relativ jung. Sie wurde 1961 gegründet und verfügt heute über einen modernen Betrieb in Klausen (Chiusa). Bekannt ist sie für die aromatischen Weißweine, die hier am Alpenrand so gut gelingen: Gewürztraminer, Müller-Thurgau, Grüner Veltliner und Kerner. Die auf steilen Terrassen gezogenen Reben erbringen Weine mit intensiver Säure und ausgeprägten mineralischen Noten. Probierenswert ist auch der Zweigelt, ein in Italien seltener fruchtiger Rotwein.

Località Coste 50, 39043 Chiusa/Klausen
www.eisacktalerkellerei.it

Castello di Lispida Padova

Die heutigen Gebäude des großen Castello di Lispida stammen aus dem 18. Jahrhundert, doch im Mittelalter stand hier ein Kloster. Auch die Weinerzeugung geht auf bis das Ende des 17. Jahrhunderts zurück, wovon die alten Tunnel und die Ziegelmauern zeugen. Heute werden hier unter der Ägide von Alessandro Sgaravatti die Grenzen des Naturweins ausgelotet, unter anderem mit der Verwendung von Amphoren und biologisch-dynamisch orientiertem Anbau. Der Amphora Bianco, ein reinsortiger Tocai (Friulano) kann es mit den Konkurrenten aus Friaul aufnehmen.

Via IV Novembre, 35043 Monselice; www.lispida.com

Castello di Luzzano Colli Piacentini

Die mittelalterliche Burg liegt auf der Grenze zwischen der Emilia-Romagna und der Lombardei einerseits und den DOC-Bereichen Colli Piacentini und Oltrepò Pavese andererseits. Entsprechend wechselhaft war ihre Geschichte; auch die Reste einer alten römischen Villa wurden auf ihrem Gelände entdeckt. Der Betrieb steht unter der Leitung von Giovannella Fugazza, die ihn von ihrem Vater erbte, und ist auf rassigen Barbera und Bonarda spezialisiert. Empfehlenswert sind der milde, ohne Eiche ausgebaute Oltrepò Pavese Carolino Bonarda und der Colli Piacentini Romeo Gutturnio Riserva, ein fassgereifter Verschnitt aus Barbera und Bonarda.

27040 Rovescala; www.castelloluzzano.it

Castello di Rubbia Carso

Die Burg nahe der slowenischen Grenze im Osten Friauls stammt aus dem 16. Jahrhundert. Dem Weinbau ist sie noch nicht so lange gewidmet – sie wurde 1998 von der Familie Černic erworben, die sie renoviert und demnächst für Besucher öffnen will. Vorerst sind die Weine die Hauptattraktion, und zwar vor allem Produkte der im Carso heimischen Rebsorten Vitovska und Malvasia Istriana, die zwei herrlich strukturierte Weißweine erbringen, sowie Terrano, von dem ein erdiger, kerniger Rotwein erzeugt wird. Der Leonard ist ein eindrucksvoller, kräftiger Malvasia, der mehrere Jahre gelagert werden kann. **★Aufsteiger**

Gornji Vrh 54, Savogna d'Isonzo, 31470 Gorizia
www.castellodirubbia.it

Castello di Spessa Carso

Das historische Gut im Besitz von Pali Wines, einem in der ganzen Region tätigen Wein- und Hotelunternehmen, ist für volle Weißweine und geradlinige Rotweine im internationalen Stil bekannt. Zu empfehlen ist der frische, kräftige Ribolla Gialla. Auch der Friulano wartet mit kräftigen Aromen unter einem gewichtigen Gefüge auf und ist damit der ideale Begleiter zu dünn geschnittenem Schinken. Der Merlot Torriani verbindet reife Beerenaromen mit weichen, kernigen Tanninen und der Samtigkeit neuer Eiche.

Via Spessa 1, 34070 Capriva del Friuli; www.paliwines.com

Coffele Soave

Alberto und Chiara Coffele sind Nachfahren der Viscos, alteingesessene Winzer in Soave. Der heutige Betrieb entstand 1971, als ihre Eltern Giovanna Visco und Giuseppe Coffele dem Gut neues Leben einhauchten. Erzeugt wird konzentrierter Soave mit lebhaften Aromen aus Weinbergen im Soave-Classico-Gebiet. Der normale Soave Classico ist schlank und frisch mit anhaltenden Zitronenaromen. Ebenfalls empfehlenswert ist der anspruchsvolle Ca' Visco, ein Lagenverschnitt mit beachtlicher Tiefe und Konzentration.

Via Roma 5, 37038 Soave; www.coffele.it

Col Vetoraz Valdobbiadene/Conegliano

Die Kellerei steht oberhalb eines Hangs direkt neben dem berühmten Hügel Cartizze und gehört mit ihrem Blick über Valdobbiadene sicherlich zu den schönsten der Gegend. Sie wurde 1993 von dem Önologen Loris dall'Acqua zusammen mit Paolo De Bortoli und Francesco Miotto gegründet und mauserte sich bald zu einem der Spitzenerzeuger für Qualitäts-Prosecco – nicht verwunderlich angesichts der erstklassigen Weinberge. Schon der normale Prosecco di Valdobbiadene sagt alles über den Stil des Hauses: intensive, lebhafte Aromen, die minutenlang anhalten. **★Aufsteiger**

Strada delle Treziese 1, 31040 S. Stefano di Valdobbiadene
www.colvetoraz.it

Corte Sant'Alda Valpolicella/Amarone
Seit Mitte der 1980er-Jahre hat Marinella Camerani das Gut ihrer Familie kontinuierlich weiterentwickelt. Heute verfügt es über knapp 19 ha, die biologisch, teilweise auch biodynamisch bewirtschaftet werden. Vergoren wird ohne Temperaturkontrolle in Holzbehältern nur mit natürlichen Umgebungshefen. Mit lebhafter Frucht und einem spritzigen, saftigen Mundgefühl ist der Valpolicella Ca' Fiui einer der Spitzenweine. Mehr Komplexität bietet der Amarone, der seine volle Frucht mit elektrifizierender Säure umgibt. ★**Aufsteiger**

Via Capovilla 28, 37030 Mezzane di Sotto
www.cortesantalda.it

Dal Forno Romano Valpolicella/Amarone
Romano Dal Forno übernahm den Familienbetrieb Anfang der 1980er-Jahre und modernisierte Weinberge und Kellerei radikal, unter anderem führte er Fässer aus französischer Eiche ein. Das Ergebnis ist ein wunderbar eleganter und geschmeidiger Valpolicella, der bemerkenswerterweise außerhalb des Classico-Gebiets entsteht. Der wuchtige, konzentrierte Valpolicella Superiore wird seit 2002 wie Amarone vollständig aus getrockneten Trauben erzeugt. Er braucht seine Zeit im Keller. Auch der Amarone ist in jungen Jahren verschlossen und lässt die in ihm schlummernde Kraft nur erahnen.

37039 Cellore di Illasi; www.dalfornoromano.it

Damijan Podversic Collio
Der Meisterschüler des Revolutionärs Josko Gravner (siehe S. 373) erzeugt im Unterbereich Monte Calvario mit die großartigsten Weine der Region. Unter Gravners Anleitung begann er, mit längerem Schalenkontakt bei der Vergärung zu experimentieren, wodurch Rot- und Weißweine mit intensiver Struktur entstanden. Die Weine werden mit Umgebungshefen in offenen Holzbehältern vergoren. Der Rosso Prelit ist ein saftiger Kraftprotz, doch das Spitzengewächs ist der Bianco Kaplja, ein überwältigender, komplexer Verschnitt aus Chardonnay, Friulano und Malvasia Istriana. ★**Aufsteiger**

Via Brigata Pavia 61, 34170 Gorizia
www.damijanpodversic.com

Dario Princic Collio
Dario Princic gehört zur italienischen Bewegung für natürliche Weine. Seine betont mineralischen, individuellen Weine werden von Trauben gekeltert, die nach biodynamischen bzw. biologischen Prinzipien angebaut werden. Einige davon, etwa der komplexe, kraftvolle, orange schimmernde Pinot Grigio, der mittels langer Maischung auf den Schalen bereitet wird und sich recht gewichtig am Gaumen zeigt, sind äußerst ungewöhnlich, aber in jeder Hinsicht bestechend.

Via Ossario 15/a, 34170 Oslavia; www.darioprincic.com

Drei Donà Forlì
Über zwei Jahrzehnte haben erst Graf Claudio Drei Donà und dann sein Sohn Enrico die 23 ha Rebland der Familie auf Vordermann gebracht und dabei einen einzigartigen gutseigenen Sangiovese-Klon entdeckt und vermehrt. Das Gutsgebäude heißt La Palazza und ähnelt durchaus einem französischen Château; die Weine sind nach den preisgekrönten Pferden der Familie benannt. Das Spitzengewächs Pruno, eine Auslese aus den besten Sangiovese-Parzellen, wird teils in großen Eichenfässern, teils in kleinen Fässern ausgebaut und braucht mit seiner wuchtigen Struktur Zeit im Keller. Die zweite Auslese Notturno ist geradliniger und zugänglicher.

Via del Tesoro 23, Massa di Vecchiazzano, 47100 Forlì
www.dreidona.it

Drusian Valdobbiadene/Conegliano
Manchmal braucht man einfach einen Wein, der Laune macht, und der Extra Dry Prosecco di Valdobbiadene von Drusian ist genau so einer. Er ist spritzig und erfrischend und hat Anklänge an volle Birnen- und Pfirsicharomen, ohne deshalb schwer zu wirken. Die Familie Drusian baut seit drei Generationen Trauben in Valdobbiadene an, begann jedoch erst Ende der 1980er-Jahre mit der Schaumweinerzeugung. Auch probierenswert ist der Cartizze: elegant, erfrischend und mit einem Hauch Süße.

Strada Anche 1, 31030 Bigolino di Valdobbiadene
www.drusian.it

Elena Walch Südtirol/Alto Adige
Die Karriere der talentierten Kellermeisterin begann 1985, nachdem sie in eine der alteingesessenen Winzerfamilien Tramins eingeheiratet hatte. Sie richtete die beiden Güter Castel Ringberg und Kastelaz so her, dass sie nun zu den besten Rebflächen der Region zählen. Kastelaz ist besonders interessant: eine steile, breite Südhanglage, die üppigen, kraftvollen Gewürztraminer erbringt. Pinot Grigio, sonst nicht selten ein bisschen langweilig, wird in Walchs Händen zu einer völlig neuen Erfahrung: Rassige Säure, gepaart mit voller Textur, machen ihn zu einem Wein mit echtem Charakter.

Andreas Hoferstrasse 1, 39040 Termeno/Tramin
www.elenawalch.com

Elisabetta Foradori Trentino
Elisabetta Foradori übernahm das 100-jährige Gut ihrer Familie 1984 mit dem Ziel, die einheimische Teroldego-Rebe wiederzubeleben. Sie verringerte die Erträge und vermehrte ausgewählte Exemplare der 80-jährigen Rebstöcke des Guts. Teroldego, der eine gewisse Ähnlichkeit mit Lagrein und Syrah hat, fällt oft rustikal und schroff aus. In Foradoris Händen wird er dagegen elegant und ausgefeilt, mit Geschmackstiefe und kraftvoller Erdigkeit. Der Teroldego Rotaliano ist frisch und mit Veilchennoten, der Granato konzentrierter und voller – vielleicht der bedeutendste Teroldego dieser Gegend. ★**Aufsteiger**

Via Damiano Chiesa 1, 38017 Mezzolombardo
www.elisabettaforadori.com

Eugenio Collavini Colli Orientali
Das nach seinem Gründer benannte historische Gut ist vor allem für seinen Ribolla-Gialla-Schaumwein bekannt. Der erstmals in den 1970er-Jahren herausgebrachte Ribolla Gialla Brut wird durch eine Kombination der beim Prosecco üblichen Zweitgärung im Tank mit der Flaschengärung und dem Rütteln der traditionellen Champagnererzeugung bereitet. Der lebhafte Wein mit reichhaltiger Textur und zitronenfrischer Säure ist bemerkenswert vielseitig und bricht eine Lanze für Schaumwein als Begleiter zu allen Gängen eines Menüs.

Via della Ribolla Gialla 2, 33040 Corno Rosazzo
www.collavini.it

DREI DONÀ
DER PRUNO RISERVA WIRD NACH 18 MONATEN IM EICHENFASS UNGEFILTERT ABGEFÜLLT

CANTINA TRAMIN
DER BERÜHMTESTE WEIN DER KELLEREI IST WÜRZIG UND ÜBERAUS AROMATISCH

INAMA
EIN INTENSIVER GOLDGELBER WEIN, AUSLADEND UND RUND AM GAUMEN UND MIT SÜSSEN MANDELN IM ABGANG

JOSEF WEGER
TROCKEN UND SAMTIG, MIT SANFTEN TANNINEN, MILDER SÄURE UND FESTER STRUKTUR

Fantinel Collio

Das vielseitige Weinunternehmen mit Hauptsitz in Friaul wurde 1969 von Mario Fantinel gegründet, der sich schon einen Namen im Gastgewerbe gemacht hatte. Sein schlanker Prosecco ist einer der besten, die außerhalb von Valdobbiadene entstehen – schön als Aperitif und ein idealer Begleiter zu Parmaschinken und Bresaola. Von den Roten empfiehlt sich der Vigneti Sant'Helena Refosco, eine kraftvolle, mineralische Einzellagenauslese von Fantinels Gut in Grave del Friuli.

Via Tesis 8, 33097 Tauriano di Spilimbergo
www.fantinel.com

Franz Haas Südtirol/Alto Adige

1986 übernahm Franz Haas die 100 Jahre zuvor gegründete familieneigene Kellerei. Er begann, die gutseigenen Weinberge zu modernisieren, erhöhte die Pflanzdichte und verringerte die Erträge. Besondere Erwähnung verdient der angenehm florale Moscato Rosa von relativ hoch wachsenden Reben. Der Franz Haas Lagrein ist ein ansprechender, stilvoller Vertreter seiner Art, geradliniger und geschmeidiger als andere. Interessant ist auch der Manna, ein ungewöhnlicher, eindrucksvoller Verschnitt aus Riesling, Chardonnay und Sauvignon Blanc mit spät gelesenem Gewürztraminer, der für eine reichhaltige Textur sorgt.

Via Villa 6, 39040 Montagna/Montan; www.franz-haas.com

Gini Soave

Sandro und Claudio Gini führen das 30-ha-Gut in Monforte d'Alpone und erzeugen sauberen, modernen Soave von einem herrlichen Bestand alter Reben. Der normale Soave Classico ist am frischesten, die florale Garganega-Traube sorgt für kräftige, lebhafte Aromen mit beachtlicher mineralischer Tiefe. Der in dem 55 Jahre alten Weinberg La Froscà entstehende Wein bleibt einige Zeit im Fass, was die konzentrierte, intensive Aromatik abrundet. Die 1925 angepflanzte Lage Salvarenza erbringt einen kraftvollen Soave, der vollständig in Eiche vergoren wird.

Via Matteotti 42, 37032 Montefort; www.ginivini.com

Giuseppe Quintarelli Valpollicella/Amarone

Jede Region in Italien hat jemanden, der die Tradition hochhält, und in Venetien ist das Giuseppe Quintarelli. Er übernahm das Gut seiner Familie Mitte der 1950er-Jahre, und seitdem hat sich kaum etwas verändert. Sein Amarone und sein Recioto della Valpolicella sind feste Größen im italienischen Weinbau und bei Sammlern in aller Welt heiß begehrt. Wem dieser Stil und diese Tradition noch fremd sind, sollte mit dem Primofiore beginnen, dem sinnlichen, geschmacklich reichhaltigen Einsteigerwein von Quintarelli.

Via Ceré 1, 37024 Negrar; Tel. 045 7500016

Gottardi Südtirol/Alto Adige

Die Gegend um Mazzon oberhalb von Neumarkt (Egna) ist mikroklimatisch besonders gut für Pinot Noir (Blauburgunder) geeignet. Hier erwarben die Gottardis, in Innsbruck ansässige Weinhändler mit Wurzeln im Südtiroler Unterland, 1986 6,5 ha Rebland. Die Reben wachsten in 275–365 m Höhe auf Westhängen, sodass der Säuregehalt anregend hoch bleibt, der Wein aber dank der Nachmittagssonne dennoch üppige Aromen entwickeln kann. Neben diesen Eigenschaften zeichnen den Blauburgunder Mazzon ausgeprägte mineralische Noten und feste Tannine aus. Ebenfalls empfehlenswert ist der aromatische Gewürztraminer.

Weingut Gottardi Mazzon, 39040 Neumarkt Mazzon
www.gottardi-mazzon.com

J. Hofstätter Südtirol/Alto Adige

Die Kellerei liegt mitten in Tramin, dem möglichen Herkunftsort des aromatischen Gewürztraminers. Und so ist der Kolbenhof Gewürztraminer vom gleichnamigen Weinberg denn auch ein typisches Produkt dieser Rebe, mit saftigen Aromen, ausgeglichen von fester, anregender Säure. Auch der Barthenau Vigna Sant'Urbano, ein Einzellagen-Pinot-Nero von alten Reben, die auf der Tramin gegenüberliegenden Seite des Etschtals wachsen, zeigt sich als Muster an Ausgewogenheit – er ist ohne Zweifel einer der besten Pinot-Noir-Weine Italiens.

Piazza Municipio 7, 39040 Termeno/Tramin
www.hofstatter.com

I Clivi di Ferdinando Zanusso Collio/Colli

Ferdinando Zanusso erwarb Mitte der 1990er-Jahre zwei heruntergekommene alte Weinberge in der festen Überzeugung, dass ältere – in diesem Fall 40- bis 80-jährige – Reben Weine mit echter Tiefe erbringen. Er bewirtschaftet das Gut I Clivi ökologisch und beschränkt seine Eingriffe in der Kellerei auf ein Minimum. Zwei Weine stammen aus der Lage Galea: ein Verschnitt aus einheimischen weißen Trauben, darunter Friulano und Verduzzo, und ein Merlot mit kraftvollem mineralischem Gepräge. Von den alten Reben aus der Lage Brazan stammt ein komplexer Verschnitt aus Friulano und Malvasia Istriana. ★**Aufsteiger**

Località Gramogliano 20, 33040 Corno di Rosazzo
www.clivi.it

Inama Soave

Das in den 1950er-Jahren von Giuseppe Inama gegründete 30-ha-Gut wird seit 1992 von Sohn Stefano geführt. Es ist sehr innovativ: Neben einer Reihe ausgezeichneter Soave-Weine wird erfolgreicher Sauvignon Blanc erzeugt (allen voran der süße Vulcaia Après) sowie Carmenère, der von der gutseigenen Rebfläche in den Colli Berici kommt. Ein besonders empfehlenswerter Soave ist der Vigneti di Foscarino, ein anmutiger, komplexer Wein von Garganega, der in neutralen Fässern ausgebaut wird und so manchen weißen Burgunder aussticht.

Località Biacche 50, 37047 San Bonifacio
www.inamaaziendaagricola.it

Jermann Collio

Das 1881 gegründete Gut im hügeligen Umland von Görz (Gorizia) wird seit den 1970er-Jahren von Silvio Jermann geführt, einem Pionier der friaulischen »Superweißweine«. Zu empfehlen ist der Vintage Tunina, ein komplexer Verschnitt aus Sauvignon, Chardonnay, Ribolla Gialla, Malvasia Istriana und Picolit, der das Zeug für eine lange Lagerung hat. Wer an frischeren, früher trinkreifen Weinen interessiert ist, sollte sich die knackig mineralischen Noten des Afix Riesling und die intensiven, würzigen Aromen des Sauvignon Blanc nicht entgehen lassen.

Via Monte Fortino 21, 34070 Villanova di Farra
www.jermann.it

Josef Weger Südtirol/Alto Adige
Die Familie Weger ist im Weinbau tätig, seit Urahn Josef Weger in den 1820er-Jahren sein Gut in Girlan (Cornaiano) gründete. Wie das nahe Kaltern hat auch dieses Gebiet ein relativ warmes Klima. Der eindringliche Gewürztraminer des Wegerhofs bringt die reifen, floralen Noten der Rebe gut zum Ausdruck, hat aber oft weniger Alkohol als die schweren Weine aus Tramin. Probieren sollte man auch den traditionell bereiteten Vernatsch (Schiava): ein mittelschwerer Rotwein mit anhaltenden Wildbeeraromen, der in großen Eichenfässern reift.

Via Casa di Gesù 17, 39057 Cornaiano/Girlan
www.wegerhof.it

Kuenhof Südtirol/Alto Adige
Peter Pliger und seine Frau Brigitte sind Eigentümer des eindrucksvollen Guts im nördlichen Eisacktal. Es stammt aus dem 9. Jahrhundert und belieferte bis 1989 das nahe Kloster Neustift (siehe S. 372) mit Trauben. 1990 brachte Pliger seinen ersten Jahrgang heraus und begann gleichzeitig, die Rebterrassen auf dem Kuenhof instandzusetzen; später kaufte er alte Terrassen hinzu und bepflanzte sie mit Müller-Thurgau. Er betreibt biologischen und biodynamischen Weinbau und greift in der Kellerei nur minimal ein. Umwerfend sind vor allem der Riesling Kaiton und der Sylvaner. ★**Aufsteiger**

Loc. Mara 110, 39042 Bressanone/Brixen; Tel. 047 2850546

La Berta Brisighella
Der wunderschöne Hof liegt nahe dem mittelalterlichen Brisighella im Apennin. Sangiovese, Cabernet Sauvignon, Trebbiano und Malvasia werden auf rund 200 m über dem Meeresspiegel angebaut, und obwohl die Weine einer recht modernen Philosophie – namentlich der freizügigen Verwendung von Barriques – verpflichtet sind, verfügen sie dank dieser Höhe über intensive Säure. Zu empfehlen ist der stilvolle Solano, ein fruchtiger, geradliniger Sangiovese di Romagna, der die klassische toskanische Rebe von einer anderen Seite zeigt.

Via Berta 13, 48013 Brisighella; www.laberta.it

La Biancara di Angiolino Maule
Gambellara
Angiolino Maule ist einer der führenden Verfechter von Naturweinen in Italien. Er kam über die Kochkunst zum Wein und praktiziert nun schon seit fast 20 Jahren biodynamischen und biologischen Weinbau mit einer Philosophie der Minimalintervention im Keller. Seine Haupttraube ist die Garganega (die Hauptzutat im Soave), die auf den vulkanischen Böden seines kleinen Guts in Gambellara an Intensität zu gewinnen scheint. Der (mit 20 % Trebbiano verschnittene) Sassaia ist ein schönes Beispiel für Maules betont mineralischen Stil. ★**Aufsteiger**

Contrà Biancara 14, 36053 Gambellara
www.biancaravini.it

La Cappuccina Soave
Der in den 1890er-Jahren gegründete Familienbetrieb wird heute von Sisto, Pietro und Elena Tessari geführt, die ihre 27 ha Rebland seit 1985 biologisch bewirtschaften. Der sorgfältige Umgang mit den Reben spiegelt sich wider in ihrem sauberen, klaren Soave, der ebenso verlässlich wie modern ist. Der Classico paart Limetten- und florale Noten mit einer mandelarten Nussigkeit. Der im Eichenfass vergorene Cru San Brizio ist kräftiger und geht stilistisch eher in die Richtung der gehaltvolleren Weißweine aus der Neuen Welt.

Via San Brizio 125, 37030 Costalunga di Monteforte d'Alpone
www.lacappuccina.it

La Castellada Collio
Heute ist das Gut ein Spitzenerzeuger im Collio, doch bei der Gründung Ende der 1950er-Jahre sollte La Castellada vor allem den Wein für das Gasthaus der Familie Bensa liefern. Giorgio und Nicolò Bensa, die in den 1970er-Jahren die Nachfolge ihres Vaters übernahmen, bewirtschaften ihre Weinberge biologisch und praktizieren traditionelle Kellertechniken, etwa Spontangärung mit eigenen Hefen in offenen Behältern und eine lange Hülsenmaischung der weißen Trauben. Der Ribolla Gialla reift meist zwei Jahre in alten Fässern und birst geradezu vor salzig-mineralischen Noten.

Fraz. Oslavia 1, 34170 Gorizia; Tel. 048 133670

La Roncaia Colli Orientali del Friuli
Das Gut der Familie Fantinel in den Colli Orientali verarbeitet hauptsächlich einheimische Sorten wie Refosco, Picolit, Verduzzo und Schiopettino, doch auch internationale Trauben wie Cabernet Franc, Sauvignon Blanc und Pinot Grigio finden Eingang in die Verschnitte. So vereint zum Beispiel der frische, mineralisch geprägte Eclisse die Würzigkeit von Sauvignon Blanc mit dem reichhaltigen, seidigen Gefüge von Picolit. Der Star ist der Refosco, der den Spagat zwischen wuchtig und beschwingt schafft und reife Frucht mit saftigen Tanninen ausgleicht.

Via Verdi 26, 33045 Nimis-Udine; www.fantinel.com

La Stoppa Colli Piacentini
Die Familie Pantaleoni kaufte das alte Gut 1973, in dessen Weinbergen noch überwiegend französische Rebsorten vom Ende des 19. Jahrhunderts standen. Im Zuge der Wiederinbetriebnahme und Renovierung wurde auch geprüft, welche Sorten die besten Ergebnisse lieferten. Heute werden unter der Leitung von Elena Pantaleoni hauptsächlich Barbera, Bonarda, Malvasia, Cabernet Sauvignon und Merlot angebaut. Für den roten Verschnitt Stoppa, einem konzentrierten, strukturierten Kraftprotz, wird der alte Bestand an Bordeaux-Trauben genutzt. Am beeindruckendsten ist jedoch der Ageno, ein orangefarbener Verschnitt aus Malvasia und anderen Trauben, die bis zu 30 Tage auf den Schalen vergoren werden.

29029 Rivergaro; www.lastoppa.it

Le Due Terre Colli Orientali del Friuli
Das kleine, malerische Gut bei Prepotto wurde 1984 von Silvana Forte und Flavio Basilicata gegründet. Basilicata, der in den 1970er-Jahren als önologischer Berater tätig war, kombiniert traditionelle Methoden wie die Spontangärung mit Naturhefen und modernere Praktiken wie Temperaturkontrolle und Ausbau in Barriques aus französischer Eiche. Seine Meisterleistung ist der Sacrisassi Bianco, ein fassvergorener Verschnitt aus Friulano und Ribolla Gialla, der eine kraftvolle Struktur mit intensiven Noten von reifen Zitronen und Salbei vereint. Der Sacrisassi Rosso ist ein rustikaler, herzhafter Verschnitt aus Refosco und Schiopettino.

Via Roma 68B, Prepotto, 33040 Udine; Tel. 043 2713189

WINZERGENOSSENSCHAFTEN, DIE DIE WELT BEWEGEN

Die genossenschaftliche Weinerzeugung hat in Italien Tradition, und nirgends ist diese Tradition lebendiger und deutlicher sichtbar als in den beiden autonomen Provinzen Trentino und Südtirol. Für Außenstehende vielleicht am erstaunlichsten und auch für Italien ungewöhnlich ist, dass einige der besten Weine der Region von diesen Genossenschaften stammen. Sowohl im Trentino als auch in Südtirol sind die Weingärten meist keine großen Flächen am Talboden, sondern steile Terrassen und naturgemäß oft recht klein. Für viele Winzer ist es daher einfacher und ökonomischer, einer Genossenschaft beizutreten als eine eigene Kellerei zu errichten. Manche Genossenschaften, etwa Mezzacorona, sind auf preiswerte, verlässliche Alltagsweine spezialisiert. Andere, etwa die Kellerei Tramin und die Kellerei Terlan, produzieren legendäre Weine, die zu den besten ihrer Art in Italien zählen, zum Beispiel der Nussbaumer Gewürztraminer der Kellerei Tramin oder der Vorberg Pinot Bianco aus Terlan.

MEDICI ERMETE
DER PREISGEKRÖNTE TROCKENE ROTE SCHAUMWEIN WIRD DURCH NATÜRLICHE GÄRUNG ERZEUGT

LIVIO FELLUGA
DER WEIN HAT DIE FÜR PINOT GRIGIO TYPISCHEN KUPFERFARBENEN REFLEXE

Lini Correggio
Alicia Lini bereitet zusammen mit ihrem Vater Fabio Lambrusco, der alle vorgefassten Meinungen zu rotem Schaumwein über den Haufen wirft – und das, obwohl einer ihrer besten Schaumweine weiß ist: Der enorm lebhafte, frische Lambrusca Bianco wird von Lambrusco Salamino und Ancellotta erzeugt, die beide während der Gärung von den Schalen getrennt werden, damit der Most farblos bleibt. Den kleinen Betrieb gibt es schon fast 100 Jahre, doch seine Weine heimsen erst jetzt die ersten Erfolge auf dem Exportmarkt ein. **★Aufsteiger**

Via Vecchia Canolo 7, 42015 Correggio
www.lini910.it

Lis Neris Collio
Das Gut wird von Alvaro Pecorari geführt, dessen Familie schon seit 1879 in dieser Gegend Landwirtschaft betreibt. Inzwischen ist Lis Neris zu einem der dynamischsten Erzeuger in Friaul geworden. Das Gros der Rebflächen liegt in San Lorenzo, außerdem gibt es kleinere Parzellen in den Gemeinden Corona und Romans. San Lorenzo ist die kühlste Lage, die den weißen Trauben eine spritzige Säure mitgibt. Interessant ist der Gris, ein komplexer, wuchtiger Pinot Grigio, der dennoch Lebhaftigkeit und Klarheit aufweist.

Via Gavinana 5, 34070 San Lorenzo; www.lisneris.it

Livio Felluga Colli Orientali
Livio Felluga ist ein Pionier der modernen Weinbereitung in Friaul. Die heute von seinen Kindern geführte Kellerei leistete ihren Beitrag, frischen, spritzigen Weißweinen in der Region zum Durchbruch zu verhelfen. Sie ist auch auf dem internationalen Markt etabliert und kann dadurch – etwa mit dem lebhaften Pinot Grigio – einen Einstieg in die Schönheit und Komplexität friaulischer Weine vermitteln. Auch die Roten sind empfehlenswert: Der Sossó, ein Verschnitt aus Refosco, Merlot und Pignolo, verleiht den üppigen Aromen der einheimischen Trauben Ausdruck.

Via Risorgimento 1, 34071 Brazzano-Cormons
www.liviofelluga.it

Manni Nössing Südtirol/Alto Adige
Manni Nössing übernahm das Gut seiner Familie 2000; vorher hatten die Nössings ihre Trauben an das benachbarte Kloster Neustift (siehe S. 372) verkauft. Im engen Eisacktal unweit der österreichischen Grenze geschieht es immer häufiger, dass die Kinder von Winzern nicht nur das Gut ihrer Eltern übernehmen, sondern auch eine Kellerei gründen. Nössing arbeitete kurz mit Peter Pliger auf dem Kuenhof (siehe S. 377) zusammen, bevor er sich selbstständig machte. Interessant sind der schwungvolle, komplexe Kerner und der rassige Veltliner – eine Seltenheit in Italien. **★Aufsteiger**

Weinbergstr. 66, Via dei Vigneti, 39042 Bressanone/Brixen
www.manni-noessing.com

Marco Felluga Collio
Livo Fellugas jüngerer Bruder Marco eröffnete in den 1950er-Jahren seine eigene Kellerei in Gradisca d'Isonzo. Heute wird sie von seinem Sohn Roberto geführt; die Familie besitzt über 100 ha Rebland. Produziert werden vor allem elegante Weißweine mit kräftigem Geschmack, etwa der Mongris, ein stahliger, fester Pinot Grigio, und der Molamatta, ein köstlich eleganter und komplexer Verschnitt aus Friulano, Pinot Bianco und Ribolla Gialla. Mit dem Carantan ist auch ein raffinierter Collio Rosso im Angebot, verschnitten aus Merlot, Cabernet Franc und Cabernet Sauvignon.

Via Gorizia 121, 34072 Gradisca d'Isonzo
www.marcofelluga.it

Masi Valpolicella
In dem führenden Amarone-Erzeugerbetrieb werden unter der Ägide von Eigentümer Sandro Boscaini die komplizierten Techniken zur Herstellung von Amarone – *appassimento* (Lufttrocknung der Trauben) und doppelte Gärung – erforscht; von den Ergebnissen profitieren auch andere Erzeuger in Venetien. Wie nicht anders zu erwarten, ist auch der Amarone der beste Wein im Angebot: Mit seinem fülligen Stil und den verführerischen Aromen hält er die Balance zwischen pikanter Säure und fester Struktur und hat damit das Zeug für Jahrzehnte im Keller.

Via Monteleone 26, 37015 Gargagnago di Valpolicella
www.masi.it

Maso Poli Trentino
1979 kaufte und renovierte Luigi Togn ein altes Gut mit Weinbergen in der Nähe von Lavis. Maso Poli ist für zwei Verschnitte bekannt: Der Sorni von Chardonnay, Nosiola und Müller-Thurgau ist geradlinig und reichhaltig und verbindet alpine Würze mit üppiger Textur. Der Marmoram ist ein typischer Vertreter des modernen Stils, der in Trentino-Südtirol entstanden ist. Er wird aus den beiden einheimischen Sorten Teroldego und Lagrein bereitet und erhält durch den Ausbau in kleinen Barriques ein geschmeidiges, volles Gefüge.

Pressano di Lavis, Strada del Vino 33, 38015 Lavis
www.masopoli.com

Medici Ermete Reggiano
Der Betrieb wurde vor über 100 Jahren von Remigio Medici gegründet, dann von dessen Sohn Ermete erweitert und ist heute einer der Protagonisten der Lambrusco-Renaissance. Der Concerto, ein spritziger, dunkler, konzentrierter Schaumwein vom Gut La Rampata, ist die bekannteste Marke. In der 2010er Ausgabe des italienischen Weinführers Gambero Rosso Vini d'Italia wurde er mit der Bestbewertung »Drei Gläser« ausgezeichnet – als erster Lambrusco Reggiano überhaupt. Es gibt zwar bessere Lambrusco-Weine dort, doch der Concerto ist ein guter Einstieg in diesen einmaligen italienischen Weinstil.

Via Isacco Newton 13/a, 42100 Reggio nell'Emilia
www.medici.it

Mezzacorona Trentino
Die riesige Genossenschaft liegt auf der Grenze zwischen dem Trentino und Südtirol. Mit einer stolzen Mitgliederzahl von 1500 Winzern und einer der modernsten Kellereianlagen in Italien produziert sie erstaunliche Quantitäten. Doch sollte man sich von den Dimensionen nicht täuschen lassen, denn die Abfüllungen von Mezzacorona gehören zu den qualitativ zuverlässigsten Alltagsweinen im Handel. Der Pinot Grigio ist sauber, frisch und ansprechend. Anspruchsvoller gibt sich da schon der NOS, ein stilvolles Produkt des Lokalmatadors Teroldego.

Via del Teroldego 1, 38016 Mezzocorona
www.mezzacorona.it

Mionetto Valdobbiadene
Der Ende der 1880er-Jahre gegründete Betrieb ist heute einer der führenden und größten Erzeuger von Qualitäts-Prosecco in Valdobbiadene. Über die Jahre hat sich ein fester Bestand kleiner Winzer herausgebildet, deren Stillweine Mionetto zu Prosecco weiterverarbeitet. Einer der besten davon ist der MO Prosecco di Valdobbiadene, ein spritziger, frischer Schaumwein, dessen Trauben am Fuß der Lage Cartizze wachsen. Für den täglichen Genuss empfiehlt sich der einfache Prosecco di Valdobbiadene.

Via Colderove 2, 31049 Valdobbiadene; www.mionetto.com

Muri-Gries Südtirol/Alto Adige
Die Kellerei des Benediktinerklosters – Ende des 11. Jahrhunderts als Festung erbaut und seit 1407 im Besitz der Kirche – verfügt über Weinberge, die zu den besten Lagrein-Lagen rund um Bozen gehören. Die Weinerzeugung hat Tradition im Kloster. Die Mönche erledigen immer noch einen Großteil der Arbeit im Weinberg und im Keller, aber es gibt auch einen fest angestellten Önologen. Erzeugt werden verschiedene Weine, darunter Müller-Thurgau und Pinot Grigio, unangefochtener Spitzenreiter aber ist der samtige, würzige rote Lagrein.

Grieser Platz 21, 39100 Bolzano/Bozen
www.muri-gries.com

Muzic Collio
Giovanni Muzics Familie bewirtschaftet schon seit Generationen als Pächter Wein- und Obstgärten in San Floriano und kaufte in den 1960er-Jahren erstmals eigenes Land. Heute besitzt sie 13 ha im Collio und knapp 2 ha in Isonzo. Spitzenweißwein ist der mächtige Bianco Bric von Friulano, Malvasia Istriana und Ribolla Gialla. Muzics allgemein sauberer, akkurater Stil erbringt frische Weine wie den Ribolla Gialla und den Pinot Grigio. Probierenswert ist auch der intensiv aromatische Cabernet Franc, der reife Frucht mit dunkel-saftigen Tanninen vereint.

Località Bivio 4, 34070 San Floriano del Collio
www.cantinamuzic.it

Nino Franco Valdobbiadene/Conegliano
Die Kellerei, eine der ältesten in Valdobbiadene, wurde 1919 von Antonio Franco gegründet und steht heute unter der Leitung seines Enkels Primo. Primo ist viel unterwegs, um seine Weine bekannt zu machen, und die Eindrücke, die er auf seinen Reisen sammelt, haben den Stil bei Nino Franco erkennbar beeinflusst. Der bekannteste der modernen, kräftigen, anspruchsvollen Proseccos ist der Rustico, dessen cremige, reichhaltige Aromen von frischer Säure aufgelockert werden. Genauso anregend ist der Riva di San Floriano, ein anmutiger Prosecco aus der gleichnamigen Einzellage.

Via Garibaldi 147, 31049 Valdobbiadene
www.ninofranco.it

Novaia Valpolicella/Amarone
Das 6-ha-Gut in den Voralpen wird heute von den Brüdern Gianpaolo und Cesare Vaona geleitet. Es produziert Amarone in einem lebhaften Stil, der die relativ hohe Lage seiner Weinberge in eine energische Spannung im Wein übersetzt und die schweren Aromen, die Amarone sonst oft zu eigen sind, auflockert. Besonders empfehlenswert ist der Einzellagen-Amarone Le Balze: Er gleicht die intensiven Noten von Tabak und Erde mit kräftiger

PIEROPAN
EIN SCHÖNER SOAVE MIT ZARTEN AROMEN VON MANDELBLÜTEN UND MARZIPAN

PRÀ
EIN WEIN MIT INTENSIVEN, NACHHALTIGEN AROMEN VON ALPENGRÄSERN

Frucht und anregender Säure aus. Novaia kultiviert auch eine seltene einheimische Rebe namens Oseleta, die bei traditionalistischen Erzeugern in Venetien beliebt ist.

37020 Marano Di Valpolicella; www.novaia.it

Nusserhof Südtirol/Alto Adige
Das alte Gut aus dem 18. Jahrhundert wurde im Lauf der Jahre vom Wachstum Bozens eingeholt und liegt heute im Stadtgebiet. Elda und Heinrich Mayr bewirtschaften die 2,5 ha Rebflächen auf warmen Alluvialböden auf ökologische Weise. Produziert wird hauptsächlich roter Lagrein auf traditionelle Weise mit Reifung in großen Fässern. Das Ergebnis ist lebhaft und frisch, mit spritzigen Wildbeeraromen und festen Tanninen.

Josef-Mayr Nusserweg 72, 39100 Bolzano/Bozen
Tel. 0471 978388

Peter Sölva & Söhne Südtirol/Alto Adige
Das historische Gut ist so altmodisch, dass es stolz darauf ist, erst seit 1960 Wein in Flaschen abzufüllen – davor wurden die Weine des Guts in kleinen Fässern direkt an Händler und Restaurants verkauft. Seitdem wurde es nach und nach modernisiert und bringt heute neben Südtiroler Klassikern vor allem die Reihen Amistar und De Silva heraus. De-Silva-Weine sind Auslesen von den älteren Reben des Guts; insbesondere der Lagrein beeindruckt mit Konzentration und Sortencharakter. Amistar steht auf dem Etikett roter und weißer Verschnitte, etwa des komplexen, raffinierten Edizione Rossa.

Via dell'Oro 33, 39052 Caldaro/Kaltern; www.soelva.com

Pieropan Soave
Leonildo »Nino« Pieropan, einer der namhaftesten Soave-Erzeuger, führt zusammen mit seiner Frau Teresita und seinen Söhnen die traditionelle Kellerei im mittelalterlichen Ort Soave. Dank erstklassiger Lagen wie La Rocca und Calvarino produziert er Weißweine, die das billige Supermarktimage von Soave Lügen strafen und sich auch gut lagern lassen. Als Einstieg empfiehlt sich der Classico, der seine kräftige Frucht mit prickelnder Säure umgibt. Der in großen Eichenfässern vergorene La Rocca ist tiefgründig, mit festen mineralischen Noten und anhaltender Spannung – in guten Jahren oft überragend.

Via Camuzzoni 3, 37038 Soave; www.pieropan.it

Plozner Grave del Friuli
Der Betrieb wurde 1967 von Lisio Plozner gegründet und 2002 von dessen Enkelin Sabina Maffei übernommen, die ordentlich durchlüftete und die bis dahin für einfache Alltagsweine bekannte Marke auffrischte: Sie modernisierte die Kellerei und kreierte nicht nur neue Weine, sondern auch neue Etiketten, um die Veränderungen nach außen hin sichtbar zu machen. Äußerst vielversprechend sind der Moscabianca, ein lebhafter, frischer Friulano, und der Pinot Grigio Malpelo, der über Nacht auf den Schalen mazeriert und dadurch eine blassorangene Farbe erhält.

Via delle Prese 19, Fraz. Barbeano, 33097 Spilimbergo
www.plozner.it

Prà Soave
Graziano Prà errichtete zusammen mit seinen Brüdern Sergio und Flavio die Kellerei auf dem Besitz der Familie im Soave-Classico-Gebiet. Heute verfügt sie über knapp

ZANOTELLI
DIESEN WEIN TRINKT MAN AM BESTEN JUNG, WENN DIE ZARTEN AROMEN VON DER AUSGEWOGENEN STRUKTUR GESTÜTZT WERDEN

SCARBOLO
EINE STARKE PERSÖNLICHKEIT UND ROBUSTE STRUKTUR ZEICHNEN DIESEN WEIN AUS

20 ha Rebland in den besten Lagen des Gebiets, darunter Montegrande, Foscarino, Froscà, Monte Croce, Sant'Antonio und Ponsara. Die Weine sind traditionell angehaucht und bringen die für Gargenega typischen Birnen- und Mandelnoten zum Ausdruck. Der Soave Colle Sant'Antonio wird allerdings im Barrique vergoren, was zu einem beeindruckenden Ergebnis führt: Dieser Soave ist heimatverbunden und dennoch muskulös und anspruchsvoll.

Via della Fontana 31, 37032 Monteforte d'Alpone
www.vinipra.it

Radikon Oslavia
Stanislao Radikon übernahm 1980 die 11 ha Weinberge seiner Familie bei Oslavia und machte wie seine Nachbarn alle önologischen Trends in Friaul mit. Ab den 1980er-Jahren vergärte er den Most in Edelstahltanks mit Temperaturkontrolle; später rückte er wieder davon ab und führte kleine Barriques ein. 1995 vollzog er eine Wende um 180° und kehrte, wie er es ausdrückt, zu den Methoden zurück, mit denen sein Großvater in den 1930er-Jahren Wein erzeugte: große, offene Holzbehälter, lange Gärzeiten, ein Minimum an Schwefeldioxid und der Verzicht auf Kulturhefen und Enzyme. Der goldgelbe Ribolla Gialla ist herrlich spannungsgeladen und voller Geschmack. ★**Aufsteiger**

Località Tre Buchi 4, 34170 Gorizia
www.radikon.it

Roncús Collio
Das von Marco Perco geführte Gut bringt schöne, stilvolle Weißweine hervor. Zu dem 12-ha-Besitz gehören alte Malvasia-Istriana-, Friulano- und Ribolla-Gialla-Reben, deren Trauben alle in den Bianco Vecchie Vigne eingehen. Nach der Vergärung in großen slawonischen Eichenfässern wird der Wein in Edelstahltanks gefüllt, wo er weitere zwei Jahre auf dem Geläger reift. So entsteht ein eleganter, mineralischer Wein mit bestechender Reinheit und Finesse.

Via Mazzini 26, 34070 Capriva del Friuli
www.roncus.it

Ruggeri Valdobbiadene/Conegliano
Der 1950 von Giustino Bisol gegründete Betrieb ist wohl vor allem für seinen Prosecco di Valdobbiadene Giall'Oro bekannt, einen leicht süßen und ansprechenden Schaumwein. Daneben wird ein Prosecco mit Jahrgangsangabe namens Giustino B produziert. Er ist komplexer als die anderen Weine, konzentrierter am Gaumen und tiefgründiger – ein Wein für Philisophen. Über die Langlebigkeit von Prosecco gibt es einige Diskussionen, doch Prosecco mit Jahrgangsangabe sollte – anders als Champagner – auf jeden Fall bald getrunken werden.

Via del Pra' Fontana, 31049 Valdobbiadene
www.ruggeri.it

Russiz Superiore Collio
Die Geschichte des Guts reicht bis ins Mittelalter zurück, doch die Moderne hielt 1967 mit dem Erwerb durch Marco Felluga Einzug. Die Reben wachsen hier auf steilen Sandsteinhängen mit Kalk- und Tonböden, und die davon erzeugten Weiß- und Rotweine sind von einer festen, fast steinigen Struktur gleichsam eingefasst. Das anspruchsvollste Gewächs des Guts ist der Col Disôre, ein im Fass vergorener und ausgebauter Verschnitt aus Pinot Bianco, Friulano, Sauvignon Blanc und Ribolla Gialla, der mit seiner Kraft und Wucht geduldiges Einkellern reich belohnt.

Via Russiz 7, 34070 Capriva del Friuli; www.russizsuperiore.it

San Michele Appiano/St. Michael-Eppan Südtirol/Alto Adige
Die 1907 gegründete Kellerei ist eine der führenden Winzergenossenschaften in Südtirol. Die Weinberge der 355 Mitglieder umfassen auch die vier renommierten Lagen Sanct Valentin, Schulthaus, Gleif und Montiggl. Die Kellerei stuft die Weine aus Sanct Valentin als oberste Kategorie ein, weshalb sie quasi eine eigene Marke sind. Besonders zu empfehlen sind der intensiv aromatische Gewürztraminer und der Sanct Valentin Lagrein mit kraftvoller Struktur und Wildgeschmack.

Umfahrungsstr. 17/19, 39057 Appiano/Eppan
www.stmichael.it

San Patrignano Rimini
Diese Kellerei ist insofern etwas Besonderes, als sie der San-Patrignano-Stiftung gehört, die Drogensüchtigen nach dem Entzug durch Karrieretraining hilft, in ein normales Leben zurückzufinden. Teil dieses Programms waren von Anfang an Tätigkeiten im Weinbau. Heute bewirtschaftet der Betrieb rund 80 ha Rebland und erzeugt unter der Ägide des Beraters Riccardo Cotarella Sangiovese und Verschnitte auf Sangiovese-Basis, die von der Nähe der Adria geprägt sind. Empfehlenswert ist der Avi, ein warmer, ansprechend dichter, aber lebhafter Sangiovese di Romagna. ★**Aufsteiger**

Via San Patrignano 53, 47852 Ospedaletto di Rimini
www.sanpatrignano.org

Scarbolo Pavia di Udine
Valter Scarbolo verkörpert mit seiner Kellerei und dem Restaurant La Frasca die Leidenschaft und das Engagement, von der die Wein- und Gastronomieszene in Friaul durchdrungen ist. Seine Weine sind modern und akkurat, dabei jedoch deutlich von Rebsorte und Bereitungsmethoden geprägt. So wird der Pinot Grigio Ramato nach friaulischer Tradition teilweise auf den Schalen vergoren, der elegant gebaute Refosco entsteht dagegen mit gängigen Methoden wie dem häufigen Untertauchen des Tresterhuts bei der Vergärung und dem Ausbau in französischer Eiche. Der Campo del Viotto ist ein eindrucksvoller Einzellagen-Merlot. ★**Aufsteiger**

Viale Grado 4, 33050 Pavia di Udine; www.scarbolo.com

Schiopetto Collio
Mario Schiopetto, Wirtssohn aus Udine, begann mit der Weinerzeugung in den 1960er-Jahren, nachdem er Frankreich und Deutschland bereist hatte. Aus Deutschland brachte er Temperaturkontrolle, Edelstahltanks und andere moderne Methoden der Weißweinbereitung mit ins Collio und trug so en passant dazu bei, den italienischen Weißwein zu revolutionieren. Seine drei Kinder führen seine Arbeit fort und haben die Kellerei in der Spitzenriege italienischer Erzeuger fest etabliert. Probieren Sie unbedingt den Sauvignon, der Eleganz mit elektrischer Spannung und kraftvollem Ausdruck verbindet.

Via Palazzo Arcivescoville, 34070 Capriva del Friuli
www.schiopetto.it

Sorelle Bronca Valdobbiadene/Conegliano
Antonella und Ersiliana Bronca gehören zusammen mit ihrem jungen Önologen Federico Giotto zu den wenigen Prosecco-Erzeugern, die ihren Wein nur einmal vergären (normalerweise werden einem fertigen Grundwein in einem Drucktank noch einmal Hefe und Zucker zugesetzt). In ihrer Kellerei wird der Most von frisch gepressten, biologisch angebauten Trauben gekühlt und in einen Tank gefüllt, in dem er dank dem in den Trauben enthaltenen Zucker gärt und dabei Kohlensäure entwickelt. Das Ergebnis ist ein herrlich frischer und naturbelassener Prosecco, der gerade komplex genug ist, um einen aufmerken zu lassen. ★**Aufsteiger**

Via Martiri 20, 31020 Colbertaldo di Vidor
www.sorellebronca.it

Suavia Soave
Giovanni Tessari gründete den Betrieb in dem kleinen Ort Fittà 1982 und führt ihn heute mit seinen vier Töchtern. Die makellosen Weinberge liegen relativ hoch, entsprechend frisch und schwungvoll sind die Weine. Der Soave Classico ist ein sauberer, ehrlicher Garganega-Wein; komplexer präsentieren sich der Le Rive und der Monte Carbonare von den beiden gleichnamigen Lagen mit alten Reben. Am elegantesten ist zweifellos der Monte Carbonare: Seine feinkörnige Mineralität macht ihn zu einem überaus anregenden Gewächs.

Frazione Fittà, Via Centro 14, 37038 Soave; www.suavia.it

Tenuta San Leonardo Trentino
Die italienischen Alpentäler sind nicht gerade der ideale Ort, um anspruchsvolle Verschnitte von Cabernet Sauvignon, Merlot und Cabernet Franc im Bordeaux-Stil zu erzeugen. Doch das im 18. Jahrhundert von der Adelsfamilie Guerrieri Gonzaga gegründete Gut zeigt, dass es dennoch möglich ist. Das rote Flaggschiff San Leonardo ist vor allem von den Gebirgsböden geprägt, intensiv, kräuterwürzig und meilenweit von Cabernet-Weinen aus wärmeren Gegenden entfernt – doch mit zunehmendem Alter offenbart sich die Eleganz und Komplexität dieses einzigartigen Weins.

S. Leonardo, 38060 Borghetto; www.sanleonardo.it

Tenuta Sant'Antonio Valpolicella
Das Gut wurde 1995 von vier Brüdern gegründet, und wenn man bedenkt, dass ihr Vater bis dahin seine Trauben an die örtliche Genossenschaft lieferte, sind sie in dieser kurzen Zeit ein großes Stück vorangekommen. Das Herzstück des Betriebs sind die Monti Garbi mit einer Reihe von Weinbergen auf den kalkhaltigen Böden bei Mezzane. Neben den traditionellen Valpolicella-Sorten wird Cabernet Sauvignon angebaut, der den geschmeidigen, einem Bordeaux ähnlichen Torre Melotti erbringt. Die wahren Stars sind jedoch die kraftvollen Amarone-Weine, allen voran der wuchtige, jedoch überaus verlockende Selezione Antonio Castagnedi. ★**Aufsteiger**

Via Ceriani 10, 37030 Colognola Ai Colli
www.tenutasantantonio.it

Thurnhof Südtirol/Alto Adige
Das kleine Gut auf den warmen Hängen am Stadtrand von Bozen ist seit 1850 im Besitz der Familie Berger-Mumelter und wird heute von dem jungen, dynamischen Andreas Berger geleitet. Er verarbeitet einheimische Sorten wie Goldmuskateller (Moscato Giallo) und Lagrein mit Rückgriff auf traditionelle Methoden, etwa die Verwendung großer Fässer. Trotzdem sind die Weine – wie so viele Gewächse, die die jüngeren Generationen auf den kleinen, unabhängigen Gütern in Südtirol erzeugen – angenehm modern und stilvoll. Ein Erlebnis ist der energiegeladene, köstliche Einzellagen-Lagrein Merlau. ★**Aufsteiger**

Küepachweg 7, 39100 Bolzano/Bozen; www.thurnhof.com

Vodopivec Carso
Paolo und Valter Vodopivec bewirtschaften rund 4,5 ha Rebland in der Nähe von Triest. Als Protagonisten der Bewegung für Naturwein (und Mitglieder des Verbands Vini Veri) betreiben die Brüder Bioweinbau und hängen der Philosophie minimaler Eingriffe in der Kellerei an. Wie Josko Gravner (siehe S. 373) haben sie sogar begonnen, manche Weine in Tonamphoren zu vergären. Ihre Spezialität ist die kaum bekannte einheimische Rebe Vitovska, von der 1997 der erste Jahrgang erzeugt wurde: Der kompakte, kraftvolle, dabei erstaunlich leichte und schwungvolle Wein ist einfach großartig. ★**Aufsteiger**

Località Colludrozza 4, 34010 Sgonico; www.vodopivec.it

Weingut Niklas Südtirol/Alto Adige
Dieter Sölva ist der tüchtige, junge Kellermeister des kleinen Betriebs mit Agriturismo auf dem steilen Berghang oberhalb von Kaltern. Zwar ist dies eines der wärmeren Gebiete in Südtirol, doch die Reben des Guts wachsen in so großer Höhe, dass die Weine über eine dementsprechend lebhafte Säure verfügen. Der Niklas Sauvignon Blanc vereint auf bestechende Weise reichhaltige tropische Aromen mit einem festen, mineralischen Biss. Unbedingt empfehlenswert ist der saftige Lagrein, der frisch, intensiv und so vielseitig ist, dass er einen perfekten Begleiter zum Essen abgibt. ★**Aufsteiger**

Brunnenweg 31, 39052 Caldaro/Kaltern; www.niklaserhof.it

Zanotelli Trentino
Der Betrieb im Valle di Cembra produziert eine Reihe stilvoller, frischer Weine, die die Höhe ihrer Ursprungslagen widerspiegeln. Der Müller-Thurgau, dessen Trauben auf steilen Hängen wachsen, ist sehr säurehaltig, was seinen charakteristischen floralen Aromen und reifen Birnennoten Energie verleiht. Auch der Pinot Grigio spielt in einer ganz anderen Liga als zahmere Vertreter seiner Art: Er ist eckig und fest, mit reifen Apfel- und Birnennoten, die durch die markante Mineralität betont werden.

Via IV Novembre 52, 38034 Cembra
www.zanotelliwines.com

Zidarich Carso
Benjamin Zidarich eröffnete 1988 seine Kellerei auf dem Gut, das vor ihm sein Vater und sein Großvater bewirtschaftet hatten. Inzwischen verfügt er über gut 5,5 ha Rebland in den windigen, wilden Hügeln des Karsts, wo er Vitovska, Malvasia, Sauvignon und Terrano anbaut. Wie Vodopivec erzeugt er ungewöhnliche Weine, die dem Genießer einiges abverlangen. Doch mit Geduld wird man den Vitovska, anfangs ein harter Brocken, als süffig und charaktervoll erleben. Gut ist auch der Terrano mit lebhaftem Duft nach Wildbeeren und frischen Kräutern.

Località Prepotto 23, 34011 Duino Aurisina; www.zidarich.it

REBSORTEN MIT POTENZIAL: VITOVSKA UND REFOSCO

Die große Stärke des italienischen Weinbaus ist seine Vielfalt. Das kann man auch in Friaul erleben, wo neben internationalen Sorten wie Chardonnay und Merlot etliche einheimische Reben wachsen. Zwei davon haben klangvolle Namen, die einem auf der Zunge zergehen wie die betreffenden Weine. Vitovska ist eine Weißweintraube, deren italienisch-slowenische Herkunft von den fließenden Grenzen in diesem Teil Europas zeugt. Sie wird vorwiegend in der Nähe von Triest im Carso (Karst) angebaut und bringt einen verlockenden, vielschichtigen Wein mit reichhaltiger Textur hervor, der bei Kellereien Zidarich und Vodopivec zur Höchstform aufläuft. Die Rotweintraube Refosco ist oft in Verschnitten mit Merlot anzutreffen und erfreut sich auch außerhalb von Friaul wachsender Beliebtheit. Ihre Erscheinungsformen reichen von einfachen, saftigen Pflaumenaromen bis zu herzhafteren Weinen mit mehr Struktur und griffigen Tanninen. Führende Refosco-Erzeuger sind La Roncaia, Il Roncal und Marco Felluga.

MITTELITALIEN

Mittelitalien ist der vielleicht schönste Teil eines prachtvollen Landes: In den Abruzzen erreichen die Apenninen ihre höchsten Gipfel, Latium besitzt den Schlüssel zur Ewigen Stadt, und die Natur der Marken sucht ihresgleichen. Ebenso beeindruckend ist der Weinbau, der viel mehr bietet als Ströme von billigem Frascati und Orvieto. Der Mix aus luftigen Höhen und sonnigen Küsten sorgt für eine unendliche Vielfalt klimatischer Varianten. Bei den Rotweinen hat Sangiovese das Ruder fest in der Hand, doch neben dem einheimischen Montepulciano rütteln zunehmend auch dynamische Bordeaux-Verschnitte an seinem Thron. Die Weißen werden von Verdicchio angeführt, doch auch Malvasia, Grechetto und Trebbiano schlagen sich inzwischen beachtlich.

Hauptrebsorten

Rot

Cabernet Sauvignon
Merlot
Montepulciano
Sangiovese

Weiß

Grechetto
Malvasia
Trebbiano
Verdicchio

Jahrgänge

2010
Potenziell exzellent, doch sehr uneinheitlich. Gute Ergebnisse nur bei Ertragsbeschränkung und Sorgfalt im Weinberg.

2009
Leicht ungewöhnlicher, früher Jahrgang. Kurz- und mittelfristig sehr schöne Weine.

2008
Makelloser Jahrgang mit langer, gleichmäßiger Wachstumsperiode, wie sie die einheimischen Trauben mögen. Rot- wie Weißweine langlebig.

2007
Übermäßig heiß, darum kein klassischer Jahrgang.

2006
Der Bilderbuchjahrgang in ganz Mittelitalien brachte viele aromatische Weiß- und lagerfähige Rotweine hervor.

2005
Kühles Jahr mit Regen bei der Lese: deutlich schlechter als 2004 und 2006.

Mittelitalien ist eine Pufferzone zwischen dem wie geschmiert funktionierenden industrialisierten Norden und dem langsameren, seelenvolleren Süden. An die Stelle der Fabriken der Produktionszentren treten hier ebenso betriebsame Agrarflächen. In den Tälern überwiegen Bauernhöfe mit Weiden; die steilen Hänge sind mit Olivenbäumen und Rebstöcken überzogen. Es ist ein Land, an dem die Zeit und irgendwie auch der Tourismus spurlos vorübergegangen zu sein scheinen.

Die Horizontale macht sich in Italien rar – Berge bestimmen nicht nur, was bebaubar, sondern auch, was bewohnbar ist. Die Apenninen, die hier auf mehr als 3000 Meter ansteigen, begrenzen die vier wichtigsten Regionen und ermöglichen seit Jahrhunderten Handel und Verkehr entlang klar festgelegter Routen, denen als Wegzeichen Weinberge genauso wie Kloster dienen.

Von beidem hat Umbrien in Hülle und Fülle, wobei in den Augen vieler die Kirchen jahrhundertelang mehr Beachtung verdienten. In letzter Zeit hat der umbrische Weinbau allerdings seine Kritiker mit einer Menge eindrucksvoller Gewächse zum Schweigen gebracht, etwa der Vorzeige-DOCG Sagrantino di Montefalco, einem verjüngten Orvieto sowie cleveren Verschnitten aus Sangiovese, Montepulciano, Cabernet Sauvignon und Merlot.

In der Nachbarschaft laden die trotz ihrer prächtigen Natur und der Qualität ihrer Weine ewig unterschätzten Marken zur Erkundung ein. In dieser Region ist der Verdicchio zu Hause, der feinste Weißwein Mittelitaliens. Die gezackten Monti Sibillini bilden eine imposante Kulisse für die Weinberge des DOC-Bereichs Verdicchio di Matelica – die edelste Erscheinungsform der erstklassigen Rebe hat mit den billigen Verdiccio-Weinen in kitschigen amphorenförmigen Flaschen nichts gemein. Der DOCG-Bereich Conero ist der nördlichste Vorposten des Montepulciano und bringt tintige Rotweine hervor, die den meisten Pendants aus den Abruzzen um Längen voraus sind. Die Südgrenze der Marken bewacht Rosso Piceno, der einzige DOC-Bereich an der Adria, in dem Sangiovese nach wie vor die Hauptrolle spielt.

Auch wenn die Abruzzen es im Hinblick auf die Vielfalt im Weinbau noch lange nicht mit den Marken aufnehmen können, geht es mit ihren beiden Getreuen Trebbiano und Montepulciano deutlich aufwärts. Ersterer ist in ganz Europa verbreitet, eine Rebe ohne große Ansprüche, die Winzern wenig Scherereien macht und sichere, große Ernten erbringt. Wenn sie jedoch im Ertrag beschränkt wird, kann sie charaktervolle und doch erschwingliche Weißweine hervorbringen, die hervorragend zur reichen Ausbeute der abruzzischen Fischer passen. Montepulciano dagegen genießt in den Abruzzen und weiter südlich einen sehr guten Ruf. Seine Mischung aus Alkohol, Säure und Tannin verschafft ihm einen festen Platz in der ersten Liga; hochklassige Weine von dieser Sorte sind längst nicht mehr die Ausnahme von der Regel.

Latium beherbergt zwar die Hauptstadt des Landes, doch seine Weine haben nie so etwas wie Nationalstolz hervorgerufen. Auch wenn der eine oder andere Frascati das unbestreitbare Potenzial von Malvasia bezeugen mag, stammen die besten Gewächse der Region doch von internationalen Rebsorten, die im Norden, nahe der Grenze zur Toskana, angebaut werden.

MITTELITALIEN

Die gebirgige »Wade« Italiens ist der am dichtesten bestockte Teil der Halbinsel: Weinberge ziehen sich von der Adria und vom Tyrrhenischen Meer die Apenninenausläufer hinauf und sprenkeln das Landesinnere. Der mäßigende Einfluss des Meeres wird umso schwächer, je weiter man ins Inland vorstößt; Rebberge in Umbrien und in der Zentraltoskana erleben kältere Nächte und heißere Tage als die an der Küste. Chianti Classico (siehe Kapitel Toskana), Orvieto, Frascati und viele andere berühmte Weine kommen aus versteckten Winkeln in der Mitte des Landes.

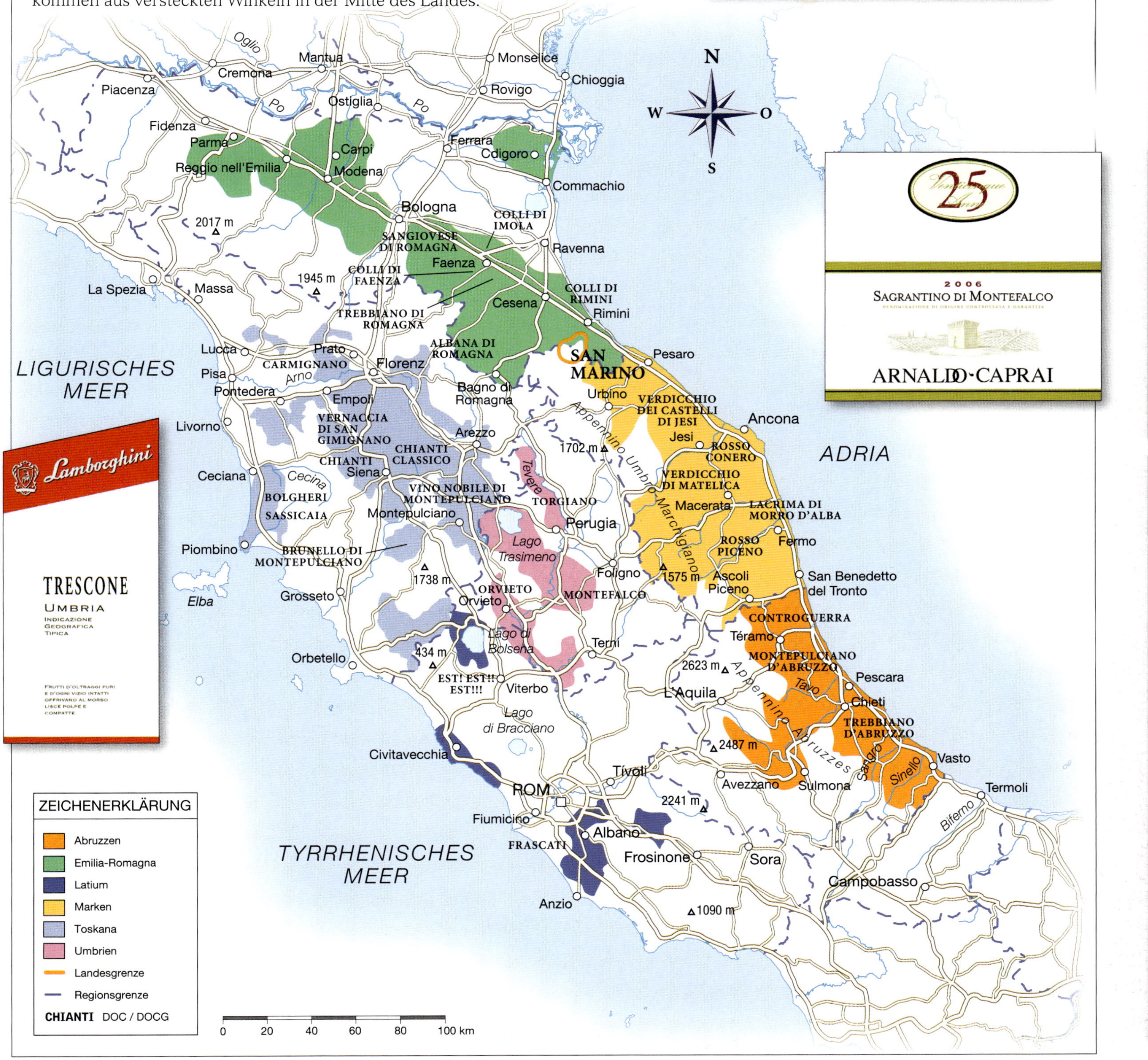

BINOMIO
EIN KULTWEIN, DER BIS ZU 20 JAHRE LAGERN KANN UND DABEI IMMER BESSER WIRD

CASALE CENTO CORVI
SPÄT GELESENE TRAUBEN DER LOKALSORTE GIACCHÈ SIND DAS GEHEIMNIS DIESES WEINS

Adanti Umbrien

Wer dem einzigartigen umbrischen Sagrantino näherkommen möchte, kann keinen besseren Startpunkt für seine Reise wählen als diesen Betrieb, der dem DOCG-Bereich Sagrantino di Montefalco seit den 1960er-Jahren die Treue hält. Alvaro Palinis Sagrantino-Reben wachsen in zwei Weinbergen der insgesamt 32 ha des Guts in Arquata. Weil Palini nichts von Barriques hält, reift sein Sagrantino weiterhin in großen, alten Eichenfässern. Die Sorte spricht gut auf einen langen Ausbau an, und in Palinis Wein offenbaren sich ihre markanten Tannine, die durch süße, dunkle Frucht und komplexe, würzige Aromen ausgeglichen werden.

Vocabolo Arquata, 06031 Bevagna
www.cantineadanti.com

Antonelli San Marco Umbrien

Filippo Antonellis Wurzeln in Montefalco reichen fünf Generationen zurück: 1881 erwarb Francesco Antonelli die 160 ha in der Mitte des heutigen DOCG-Bereichs. Sagrantino ist daher der Schwerpunkt der Produktion, doch den herrlichen Grechetto sollte man auf keinen Fall links liegen lassen. Dieser einfache Weißwein von der Traube, der auch der Orvieto seinen Erfolg verdankt, glänzt mit Zitrusnoten und tritt in der Preis-Leistungs-Arena weit oberhalb seiner Gewichtsklasse an. Der Sagrantino Chiusa di Pannone ist ein besonders eleganntes Exemplar mit einer winzigen Spur Holzwürze.

Località San Marco 60, 06036 Montefalco
www.antonellisanmarco.it

Arnaldo Caprai Umbrien

Der Betrieb ist sozusagen ein Synonym für Sagrantino. Niemand hat mehr Geld und Zeit auf die Vervollkommnung dieser Rebe verwandt als Marco Caprai, der Sohn des Gründers. In langjähriger Zusammenarbeit mit der Universität Mailand wurden entscheidende Erkenntnisse über die bevorzugten Böden, Erziehungssysteme und Unterlagsreben gewonnen, die dem Betrieb als Richtschnur dienen. Am besten verkörpert das stete Streben nach Qualität der einzigartige Sagrantino di Montefalco 25 Anni, ein tintenschwarzer, tiefgründiger Rotwein, der mindestens zehn Jahre in der Flasche reifen muss.

Località Torre, 06036 Montefalco; www.arnaldocaprai.it

Binomio Abruzzen

Dieser Montepulciano d'Abruzzo DOC wird nicht jedes Jahr erzeugt, doch wenn, dann merken Sammler wie Kritiker auf. Binomio heißt so viel wie »zwei Namen« und spielt auf die Eigentümer Stefano Inama und Sabatino de Properzio an, deren Familien insgesamt mehr als 200 Jahre Weinbauerfahrung haben. Die Trauben wachsen auf 4,5 ha an makellos erzogenen alten Montepulciano-Klonen. Der Wein ist in seiner Jugend undurchdringlich violett und erwirbt in bis zu 20 Jahren gemächlicher Alterung vielschichtige Noten von Gewürzen (aus den 15 Monaten in französischer Eiche), Kirschen, Pflaumen und Kakao. ★**Aufsteiger**

Via Torretta 52, 65010 Spoltore; www.lavalentina.it

Boccadigabbia Marken

Dieser Teil der Marken hat eine mehr als 200-jährige französische Geschichte. Napoleon annektierte 1808 die Gegend um Civitanova, die erstaunlicherweise bis nach dem Zweiten Weltkrieg im Besitz seiner Familie blieb. Die Familie Alessandri erwarb das 10-ha-Gut 1956 direkt von Prinz Luigi Napoleone Bonaparte. Sie hielt an der Tradition des Anbaus französischer Rebsorten fest und wurde mit einem besonders schmackhaften Cabernet Sauvignon namens Akronte bekannt, der dem alten Kaiser Tränen der Rührung in die Augen getrieben hätte.

Contrada Castelletta 56, 62012 Civitanova Marche
www.boccadigabbia.com

Cantine Giorgio Lungarotti Umbrien

Nicht viele Güter in Italien können sich eines eigenen DOCG-Weins rühmen. Inzwischen hat der Torgiano Rosso Riserva DOCG zwar zwei Erzeuger, wird jedoch stets mit Lugnarotti verbunden bleiben, einem Riesenbetrieb mit mehr als 300 ha Rebland und einer Jahresproduktion von fast 3 Millionen Flaschen. Sein Rubesco Riserva Vigna Monticchio, ein bestechender Verschnitt aus Sangiovese und Canaiolo, setzt nicht nur Maßstäbe für den eigenen DOCG-Bereich, sondern fordert auch die benachbarten toskanischen DOCGs heraus.

Via Mario Angeloni 16, 06089 Torgiano; www.lungarotti.it

Casale Cento Corvi Latium

Dieser Teil der tyrrhenischen Küste gehört zwar offiziell zu Latium, hat aber viel mehr mit dem toskanischen Bolgheri gemein als etwa mit Frascati. Der maritime Einfluss ist deutlich zu spüren, und die Weinberge erstrecken sich von der Küste bis zu den vulkanischen Hügeln. Das »Haus der 100 Raben« führt eine Weinbautradition fort, die bis zu den Etruskern zurückreicht, und verarbeitet viele einheimische und internationale Reben. Die Spätlese Giacchè Rosso von der gleichnamigen alten Lokalrebe ist der saftige, kirschduftige Spitzenreiter.

Via Aurelia, km 45,500, 00052 Cerveteri
www.casalecentocorvi.it

Casale Del Giglio Latium

Puristen mögen den Kopf schütteln über Antonio Santarelli und seine seit 20 Jahren andauernden Versuche mit internationalen Rebsorten in Latium. Wenn man allerdings bedenkt, dass hier vorher ein Sumpf war, sind die meisten Weinliebhaber doch eher froh, dass er durchgehalten hat. Bekannt ist das Gut vor allem für einen unglaublich verlockenden und erschwinglichen Shiraz, doch auch alle anderen Weine zeugen von der großen Sorgfalt, die Kellermeister Paolo Tiefenthaler walten lässt. Der Chardonnay/Viognier-Verschnitt Antinoo ist cremig und voll; der Cabernet Sauvignon hüllt einen feinen Eichenschleier um die traditionellen Noten von Schwarzen Johannisbeeren und Minze.

Strada Cisterna–Nettuno, km 13, 04100 Le Ferriere
www.casaledelgiglio.it

Castel de Paolis Latium

Castel de Paolis in seiner heutigen Form ging 1985 aus der Zusammenarbeit von Giulio Santarelli und Professor Attilio Scienza hervor. Heute steht es mit 13 ha dicht bepflanztem Rebland im Zenit seines Erfolgs. Sein Frascati Vigna Adriana ist eine Enthüllung: Jeweils ein Schuss Viognier und Sauvignon Blanc verleihen dem ansonsten feierlichen, kräuterwürzigen Malvasia Schwung.

Via Val De Paolis, 00046 Grottaferrata; www.casteldepaolis.it

Castello delle Regine Umbrien

Umbrien war immer ein Knotenpunkt der italienischen Kultur und Wirtschaft, und sein Weinbau ist Ausdruck einer merkwürdigen Mischung aus Nord und Süd, West und Ost. Nirgends ist das augenfälliger als im Castello delle Regine, wo Paolo Nodari mit Beratung des Önologen Franco Bernabei Wein von so verschiedenen Reben wie Merlot, Sangiovese, Montepulciano, Syrah, Trebbiano, Grechetto, Malvasia, Chardonnay, Sauvignon Blanc, Pinot Grigio und Riesling erzeugt. Merlot und Sangiovese liegen derzeit gleichauf im Wettstreit um die meisten Auszeichnungen; beide Reben gedeihen außerordentlich gut in den sandigen Lehmböden am südlichen Rand von Umbrien.

Via di Castelluccio Amerino, Località Le Regine, 05022 Amelia
www.castellodelleregine.com

Castello della Sala Umbrien

Sage und schreibe 26 Generationen der Familie Antinori haben schon Wein in der Toskana produziert. Ihr Gut in Orvieto wurde jedoch erst 1940 gegründet, als Niccolò Antinori den 500-ha-Besitz erwarb und sich daran machte, Burg und Weinberge instand zu setzen. Heute verfügt das Gut über 160 ha, die zu gleichen Teilen mit einheimischen und internationalen Rebsorten bestockt sind. Für das größere Aufsehen haben indes Letztere gesorgt, insbesondere der Chardonnay Cervaro della Sala, der inzwischen als einer der feinsten italienischen Weine von dieser aus Burgund stammenden Rebe gilt. Seine lebhaften Noten von neuer Eiche und tropischen Früchten sind unverwechselbar.

Località La Sala, 05016 Ficulle
www.antinori.it

Cataldi Madonna Abruzzen

Die Montepulciano-Traube braucht Wärme und hier, an beiden Ufern des Flusses Tirino im sogenannten Ofen der Abruzzen, erreichen die Temperaturen regelmäßig 40 °C. Das Gut umfasst 25 ha traditionelle Reben wie Montepulciano, Trebbiano und Pecorino, eine einheimische Weißweinsorte, der viel Raum gewährt wird. Der Wein ist einzigartig, mit delikatem floralem Charakter, während der Montepulciano-Rosé Cerasuolo Piè delle Vigne üppiger und alkoholstärker ist, als man meinen möchte. Der Tonì, ein stämmiger, fassgereifter Montepulciano d'Abruzzo komplettiert das Angebot.

Località Piano, 67025 Ofena
Tel. 0862 954252

Colonnara Marken

Nicht viele Genossenschaften finden Eingang in Weinführer, doch diese hat einen Platz im Who's who des Weinbaus in den Marken mit Sicherheit verdient. Colonnara wurde 1959 gegründet und hat heute 200 Mitglieder, die insgesamt 250 ha rund um Cupramontana bewirtschaften. Die Reben profitieren hier von einer perfekten Harmonie zwischen maritimen und alpinen Einflüssen; möglicherweise hat sogar Verdicchio, die einzigartige Rebe der Marken, ihren Ursprung in Cupramontana. Wie die meisten Genossenschaften erzeugt Colonnara ein breites Spektrum an Weinen, doch der Verdicchio Cuprese bietet am meisten für sein Geld.

Via Mandriole 6, 60034 Cupramontana
www.colonnara.it

CASALE DEL GIGLIO
DER WEIN VON ERTRAGSARMEN REBEN REIFT BIS ZU 20 MONATE IN EICHE

DECUGNANO DEI BARBI
EIN FRUCHTIGER VERSCHNITT AUS GRECHETTO, VERMENTINO UND CHARDONNAY

Decugnano dei Barbi Umbrien

Auf der Jagd nach dem nächsten Goldmedaillengewinner übersieht man leicht Betriebe mit einem ordentlichen Spektrum erschwinglicher Klassiker. Dieser hier gehört nicht zur Topriege in Umbrien, doch seine Weine sind so schmackhaft wie eh und je. Spitzenreiter ist ein verlässlicher Orvieto Classico Superiore, der ein gesundes Maß an Noten von kandierten Früchten und einen schöne Säure bietet, sodass er gut zehn Jahre und mehr gelagert werden kann. Dem gehaltvollen Pourriture Noble von Grechetto und Sauvignon Blanc mit Edelfäule gebührt ebenfalls ein Platz im Keller.

Località Fossatello 50, 05019 Orvieto
www.decugnanodeibarbi.com

Dino Illuminati Abruzzen

Die Familie Illuminati produziert seit fünf Generationen Wein im Norden der Abruzzen, wo internationale Rebsorten wie Cabernet Sauvignon und Chardonnay das örtliche Team aus Montepulciano und Trebbiano ergänzen. Dies schlägt sich in der Gesetzgebung nieder, die für dieses Gebiet ausnahmsweise drei überlappende DOC-Bereiche zulässt. Die Illuminatis machen das Beste aus dieser Ausnahme. Der weiße Daniele und der rote Lumen sind beides fachmännisch bereitete Verschnitte aus einheimischen und internationalen Sorten unter der DOC Controguerra. Außerdem werden flotter Montepulciano d'Abruzzo DOC und Trebbiano d'Abruzzo DOC sowie der eindrucksvolle Zanna Montepulciano d'Abruzzo Colline Termane DOCG erzeugt.

64010 Controguerra; www.illuminativini.com

Emidio Pepe Abruzzen

In dem von den Schwestern Daniela und Sofia geführten biodynamischen 15-ha-Gut ist die Zeit stehen geblieben. Die weißen Trauben werden immer noch mit den Füßen gestampft, die roten von Hand entrappt. Die Keller beherbergen mehr als 200 000 Flaschen aus rund 30 Jahren, und die Matriarchin Rosa Pepe dekantiert vor der Etikettierung und Auslieferung immer noch jede einzelne Flasche von Hand und füllt sie neu ab. Weine mit zehn bis 20 Jahren Flaschenreifung sind immer noch erhältlich und verkörpern eine längst vergangene Epoche der Weinbereitung.

Via Chiesi 10, 64010 Torano Nuovo; www.emidiopepe.com

Falesco Umbrien

Italiens Wiedergeburt als Land, das zur Kenntnis nimmt, was der Rest der Welt trinkt, wurde eingeleitet von dem erschwinglichen, süffigen Montiano von Falesco. Der reinsortig von Merlot bereitete Wein eroberte die Welt im Sturm, als er 1993 sein Debüt gab, und bewies, dass nicht alle italienischen Rotweine entweder unverschämt teuer oder unerträglich tanninhaltig sind. Nebenbei machte er Kellermeister Riccardo Cotarella berühmt und brachte sein Herkunftsgebiet ins Bewusstsein der Weinwelt. Die Erfolgsgeschichte von Falesco und den Brüdern Cotarella, seinen Eigentümern, nahm ihren Lauf.

Località San Pietro, 05020 Montecchio; www.falesco.it

Fattoria Coroncino Marken

Die Familie Canestrari begann erst 1985 mit der Weinerzeugung, gehört heute aber schon zu den Spitzenerzeugern in den Marken. Bei 9,5 ha Rebland in der berühmten

LAMBORGHINI
EIN UNGEWÖHNLICHER VERSCHNITT AUS CABERNET SAUVIGNON, SANGIOVESE UND MONTEPULCIANO

MASCIARELLI
GUT ZU FISCH UND HELLEM FLEISCH PASST DIESER LEBHAFTE, BRILLANTE TREBBIANO

Gemeinde Staffolo ist es kein Wunder, dass Eigentümer Lucio Canestrari sich auf Verdicchio kapriziert. Es werden weniger als 4000 Kisten im Jahr produziert, doch die Qualität ist herausragend. Der legendäre Gaiospino Cru, erzeugt von spät gelesenen Verdicchio-Trauben, ist ein sinnliches Produkt dieser Rebe, das, ohne den hohen Alkoholgehalt groß spüren zu lassen, mit Noten von Lychees, Pfirsichen und orientalischen Gewürzen betört.

Contrada Coroncino 7, 60039 Staffolo
Tel. 0731 779494

Fattoria Le Terrazze Marken

Antonio und Georgina Terni bewirtschaften 20 ha Rebland am Fuße des Monte Conero. An den steilen Flanken des Bergs direkt an der Adriaküste wuchsen schon Reben, lange bevor Plinius seine Weine lobte. Für den Conero, den einzigen rote DOCG-Wein der Marken, sind mindestens 85 % Montepulciano vorgeschrieben, doch die drei Weine des Betriebs sind ohnehin alle sortenrein. Der nach Kirschen duftende Sassi Neri, der in neuen und einmal benutzten Barriques reift, verfügt über ein optimales Gleichgewicht zwischen Frucht- und Eichennoten.

Via Musone 4, 60026 Numana
www.fattorialeterrazze.it

Fattoria Nicodemi Abruzzen

Der Betrieb wurde Anfang des 20. Jahrhunderts von Elena Nicodemis Großvater Carlo gegründet. Ihr Vater Bruno übernahm Anfang der 1960er-Jahre die Leitung, und als er 1998 starb, hängte Elena, ohne zu zögern, ihre vielversprechende Karriere als Architektin an den Nagel und kehrte auf das Gut zurück. Mit fachmännischer Unterstützung durch Federico Curtaz und Paolo Caciorgna erzeugt sie wunderbare Beispiele für das weinbauliche Potenzial der Abruzzen. Der Trebbiano hat herrliche Steinobstnoten und eine anregende Säure; der Montepulciano gibt einen wunderbaren Begleiter zu gebratenem Fleisch und Wild ab.

Contrada Ventriglio, 64024 Notaresco; www.nicodemi.com

Gioacchino Garofoli Marken

Die Familie Garofoli hat erheblichen Anteil an der Wandlung der Marken zu einer der dynamischsten Weinbauregionen Italiens. Der vollständig in Familienbesitz befindliche Betrieb ist mit einer Jahresproduktion von mehr als 2 Millionen Flaschen einer der größten in der Provinz Ancona. Erzeugt wird das ganze Spektrum der Klassiker wie Verdicchio, Rosso Piceno, Conero und Lacrima, zu dem Verdicchio den Löwenanteil beisteuert. Der Betrieb führte als einer der ersten den Fassausbau ein, doch der Verdicchio hat das gar nicht nötig. Die in Edelstahl gereifte Spätlese Podium ist derzeit Spitzenreiter.

Piazzale G. Garofoli 1, 60022 Castelfidardo
www.garofolivini.it

La Carraia Umbrien

Der Betrieb wurde 1988 von Odoardo Gialletti und Riccardo Cotarella gegründet. Ihre Pionierarbeit im DOC-Bereich Orvieto trug dazu bei, dessen angeschlagenes Image wieder aufzupolieren. Der erschwingliche Orvieto ist köstlich, mit Zitrusfruchtnoten und genug Fülle, um einem Teller Linguine standzuhalten. Der mit einem Viertel Chardonnay aufgepolsterte Poggio Calvelli ist ähnlich süffig. 1995 kam der Fobiano heraus, ein in neuer französischer Eiche ausgebauter Bordeaux-Verschnitt mit reifen schwarzen Fruchtaromen und cremigen Eichentönen, der auf Anhieb ein Renner war.

Località Tordimonte 56, 05018 Orvieto; www.lacarraia.it

Lamborghini La Fiorita Umbrien

Derselbe Ferruccio Lamborghini, der Autofans mit Zwölfzylindermotoren entzückte, war auch ein bekannter Winzer – allerdings konnte er sein Talent als Weinmacher erst richtig entfalten, nachdem er sich aus der Autobranche zurückgezogen hatte. Mitte der 1990er-Jahre übernahm Tochter Patrizia die Leitung des Guts, das mit einer Reihe faszinierender Rotweine aufwartet. Geschmeidig und jugendfrisch präsentiert sich der Trescone, während der Bestseller Campoleone – wie der Sportwagen – nicht für den täglichen Gebrauch gemacht, doch mit seinen sinnlichen Kurven einfach unwiderstehlich ist.

Località Soderi 1, 06064 Panicale; www.lamborghinionline.it

La Monacesca Marken

Aldo Cifola ist beides: Zigarren rauchender Lebemann mit Porsche und engagierter Landwirt, der ganz alleine dem Ruf des wunderschönen DOC-Bereichs Verdicchio di Matelica auf die Beine geholfen hat. So extreme Temperaturunterschiede wie im Matelica-Tal hoch oben in den Apenninen herrschen sonst nirgends in der Weinwelt. Brütend heiße Tage und frostige Nächte verringern die Erträge und verzögern die Reife – katastrophal für die Erntemengen, aber perfekt für die Steigerung der Konzentration. Der Verdicchio di Matelica Riserva Mirum ist einer der großartigsten Weißweine in Italien, der auch nach jahrzehntelanger Lagerung köstlich bleibt.

Contrada Monacesca, 62024 Matelica; Tel. 0733 812602

La Palazzola Umbrien

Der altgediente umbrische Weinmacher Riccardo Cotarella mischt seit Anfang der 1990er-Jahre als Berater dieses Betriebs mit – für den vehement auf seine Unabhängigkeit pochenden Eigentümer Stefano Grilli eine erstaunlich dauerhafte Beziehung. Grilli, Kellermeister und Philosoph in einer Person, erzeugt rote Süß- sowie Schaumweine (kein stiller Weißwein in Sicht) von Reben wie Riesling, Muscat, Syrah, Pinot Noir und Merlot. Empfehlenswert ist viel, unter anderem der seidige Cabernet Rubino, doch der nach traditioneller Methode bereitete Sangiovese-Schaumwein und der rote Vin Santo sind Grillis eigenwilligsten Kreationen.

Via Di Vittorio 69, 05100 Terni; www.lapalazzola.it

La Valentina Abruzzen

Sabatino de Properzio (siehe auch Binomio, S. 384) ist die treibende Kraft auf diesem 1990 gegründeten, durch und durch modernen Gut mit 45 ha Rebland. Die stets ausgezeichnete Weine werden nur ein paar Kilometer von der Adriaküste entfernt in modernen Anlagen bereitet. Das klassische Angebot umfasst mustergültigen Montepulciano, Trebbiano und Cerasuolo, doch das überwältigendste Erlebnis ist der Bellovedere: Von 2 ha Reben werden höchstens 6000 Flaschen im Jahr eines körperreichen, tiefdunklen, vor reifer Frucht überbordenden Weins erzeugt, in dem sich der Montepulciano von seiner betörendsten Seite zeigt.

Via Torretta 52, 65010 Spoltore; www.lavalentina.it

Masciarelli Abruzzen
Der 2008 im Alter von nur 53 Jahren verstorbene Gianni Masciarelli war ein Gigant der Abruzzen. Sein Einfluss, sowohl im Hinblick auf die Größe seines Guts – 275 ha und 3 Millionen Flaschen im Jahr – als auch auf seinen Beitrag zur Profilierung der Region, kann gar nicht hoch genug eingeschätzt werden. Er arbeitete unermüdlich an der Verbesserung seiner Weinberge und seiner Kellerei durch die behutsame Einführung neuer Rebsorten und moderner Technik. Weine wie der elegante Montepulciano Villa Gemma und der sinnliche Chardonnay Marina Cvetic sind Denkmäler zu Ehren eines der wenigen Originale der Weinwelt.

Via Gamberale 1, 66010 San Martino sulla Marrucina
www.masciarelli.it

Moroder Marken
Die Wurzeln der Familie Moroder sind in diesem schönen Winkel der Erde bis ins 18. Jahrhundert zurückzuverfolgen, lange bevor das Gebiet dem Monte-Conero-Nationalpark zugeschlagen wurde. Man kann also davon ausgehen, die Moroders wissen, was sie tun – und damit liegt man auch ganz richtig. Ein Großteil der 32 ha Weinberge ist mit Montepulciano bestockt – das Gut ist der nördlichste Vorposten der Rebe. Berater Franco Bernabei zeigt seine Kunst an einem charaktervollen Rosé und einer Reihe von Rosso-Conero-Weinen, von denen die Riserva Dorico der DOCG die größte Ehre macht.

Via Montacuto 112, 60129 Ancona
www.moroder-vini.it

Oasi degli Angeli Marken
Marco Casolanetti und seine langjährige Partnerin Eleonora Rossi entlocken den Weinbergen dieses Betriebs etwas wirklich Einzigartiges: Der Kurni ist ein Kultwein in Italien, und Casolanetti sonnt sich in dem Ruhm, der mit seinem steilen Aufstieg zum Star einherging. Seine Philosophie ist insofern extrem, als alle Aspekte des Anbaus (lächerlich geringe Erträge) und der Weinbereitung (50 Tage Einmaischung auf den Schalen, Ausbau in 100 % neue Eiche) grenzwertig sind. Das Ergebnis ist, wen wunderts, ein ungeheuer wuchtiger Angriff auf die Sinne, der, wie ein Bodybuilder, mit den Grenzen dessen kokettiert, was die meisten als attraktiv empfinden.
★ Aufsteiger

Contrada Sant'Egidio 50, 63012 Cupra Marittima
www.kurni.it

Palazzone Umbrien
Atemberaubend, überwältigend, fantastisch – selbst eine Häufung von Adjektiven würde die Lage des 35-ha-Guts der Dubinis nicht hinreichend beschreiben – schon im 13. Jahrhundert wurde gerühmt, wie wunderschön es auf diesem Hang am alten Pilgerweg nach Rom ist. Und wenn die Naturkulisse das Herz nicht zu rühren vermag, dann ist da ja auch noch der Orvieto Classico Campo del Guardiano, der beste Vertreter der DOC, der ausschließlich von einheimischen Sorten erzeugt wird. In jungen Jahren ist er straff und unnachgiebig, doch mit der Zeit entwickelt er seidige, florale und komplexe Zitrusfruchtnoten, die Kritiker dieser sonst eher unscheinbaren DOC sofort zum Schweigen bringen.

Località Rocca Ripesena, 05019 Orvieto
www.palazzone.com

SERGIO MOTTURA
DER GOLDGELBE EINZELLAGENWEIN WIRD VON 100 % GRECHETTO ERZEUGT

SARTARELLI
KOMPLEX, AROMATISCH, ALKOHOLSTARK UND DENNOCH ELEGANT IST DER BALCIANA

Piero Costantini Villa Simone Latium
Der Name Piero Costantini ist untrennbar mit Wein verbunden – in seiner Enoteca Costantini im Zentrum von Rom stehen mehr als 4000 Fässer. Die Villa Simone ist Costantinis Gut in Monteporzio Catone im Herzen der DOC Frascati, rund 20 km südöstlich von Rom, wo von 27 ha Rebland jährlich etwas über 300 000 Flaschen erzeugt werden. Der Frascati Superiore Vigneto Filonardi ist ein Musterbeispiel für das Potenzial von Malvasia, mit einem feinen, mineralischen Rückgrat und Noten von kandierten Früchten, Apfel und Banane.

Via Frascati Colonna 29, 00040 Monteporzio Catone
www.pierocostantini.it

Saladini Pilastri Marken
Graf Saladini Pilastri kann auf über 1000 Jahre Geschichte im Süden der Marken zurückblicken. Das Gut bringt seit 300 Jahren Wein hervor, und mit 320 ha Rebland, das seit 1995 organisch bewirtschaftet wird, gehört es zu den ersten Betrieben mit biologischem Anbau in Italien. Die riesigen Ausmaße des Besitzes erlauben eine sorgfältige Auslese dessen, was in die Flasche kommt (die Hälfte der Produktion wird im Fass verkauft), und das Ergebnis ist ein Angebot, dessen Preis-Leistungs-Verhältnis in Italien kaum zu übertreffen ist.

Via Saladini 5, 63030 Spinetoli; www.saladinipilastri.it

Sartarelli Marken
Mit 66 ha Verdicchio-Anbaufläche besitzen Donatella Sartarelli und Patrizio Chiacchiarini einen der führenden Familienbetriebe der Marken. In den 1970er-Jahren hauchten sie dem Gut neues Leben ein und setzten sich zum Ziel, Weißweine zu erzeugen, die es mit den besten aufnehmen könnten. Es ist ihnen gelungen. Ihr Verdicchio dei Castelli di Jesi ist saftig und duftend, der Tralivio entsteht als Auslese aus ertragsarmen Lagen. Der imposante Balciana, dessen Trauben erst Mitte November geerntet werden, trumpft nicht nur mit 15 Vol.-% Alkohol auf, sondern bietet Aromen von Äpfeln, Honig und süßen Gewürzen in wahrhaft explosiver Fülle.

Via Coste del Molino 24, 60030 Poggio San Marcello
www.sartarelli.it

Sergio Mottura Latium
Orvieto ist eine jener merkwürdigen italienischen Appellationen, die sich über zwei Regionen erstrecken, in diesem Fall Umbrien und Latium. Das Gut der Motturas liegt jedoch eindeutig in Latium und umfasst 37 ha Weinberge mit zertifiziert biologischem Anbau. Stachelschweine, die schon auf dem Gut zu Hause waren, lange bevor Sergios Großvater 1933 hierher kam, zieren alle Etiketten und gehören quasi mit zur Familie. Der weiße Latour a Civitella ist ein imposanter Grechetto IGT, der seine vielen Preise mehr als verdient, doch der halb so teure Orvieto ist ebenfalls eine sehr gute Wahl.

Località Poggio della Costa, 01020 Civitella d'Agliano
www.motturasergio.it

Stefano Mancinelli Marken
Stefano Mancinelli ist der ideale Botschafter für Lacrima di Morro d'Alba, eine vernachlässigte Rebe in einer verkannten DOC. Die Produktion ist gering, hat sich in den letzten zehn Jahren jedoch verdreifacht, vor allem dank Mancinelli, der zwei Weine erzeugt. Der teurere,

VELENOSI
FRISCHER, DUFTENDER CHARDONNAY, DER NACH ZWEI JAHREN TRINKREIF IST

traditionell vergorene Lacrima verströmt eine kräftige Dosis des floralen Dufts, für den diese Traube berühmt ist. Der Sensazioni di Frutto hingegen macht seinem Namen (»Fruchteindrücke«) alle Ehre: Das explosive Bukett von Rosen, Veilchen und Blaubeeren springt einem geradezu aus dem Glas entgegen.

Via Roma 62, 60030 Morro d'Alba
www.mancinelli-wine.com

Tenuta Còlpetrone Umbrien

Saiagricola ist die Agrarsparte der italienischen Versicherungsgesellschaft SAI und verfügt, genauso wie sein französisches Pendant AXA Millésimes, über ein ansehnliches Portefeuille erstklassiger Güter. Eines davon ist die Tenuta Còlpetrone, die in Montefalco liegt, einem Ort in der umbrischen Provinz Perugia. Wohldosierte Investitionen in die Kellerei und die sich über 63 ha erstreckenden Weinberge tragen nun Früchte, und der Sagrantino Gold ist eindrucksvoller als viele andere seiner Art. So fein er auch sein mag, er wird noch übertrumpft von dem würzigen, gehaltvollen Sagrantino Passito, dessen feine Säure und vielschichtigen Maulbeeraromen ihresgleichen suchen.

Via Ponte La Mandria 8/1, Frazione Marcellano, 06035 Gualdo Cattaneo; www.saiagricola.it

Trappolini Latium

Roberto Trappolini ist Herr über die Kellerei und die 24 ha Rebland, die sein Großvater schon in den 1960er-Jahren anpflanzte. Er hat den Betrieb entschlossen ins 21. Jahrhundert geführt, doch Tradition und damit Orvieto werden hier weiterhin großgeschrieben. Der Orvieto ist und bleibt die wichtigste Säule des Betriebs, doch werden darüber hinaus seit 1989 auch 40 000 Flaschen eines reinsortigen Sangiovese namens Paterno erzeugt. Seine beachtliche Lagerfähigkeit überraschte alle, den Eigentümer eingeschlossen, und verschaffte dem Betrieb einen bleibenden Ruf.

Via del Rivellino 65, 01024 Castiglione in Teverina
www.trappolini.com

Umani Ronchi Marken

Der Riesenbetrieb produziert 4 Millionen Flaschen im Jahr und verfügt über 200 ha Rebland, das von der DOCG Conero im Norden bis zur DOCG Colline Teramane in den Abruzzen reicht. Man ist versucht, einen solchen Goliath besonders kritisch zu betrachten, doch er bewältigt die Gratwanderung zwischen Qualität und Quantität mit Bravour. Michele Bernetti behält jeden einzelnen Wein im Auge, von den einfachen Verdicchio- und Montepulciano-Gewächsen bis zu den mehrfachen Preisträgern Cúmaro und Pelago. Der Ehrenplatz gebührt jedoch dem Plenio, dem einzigen Verdicchio, der Eiche und Frucht harmonisch in Einklang bringt.

Via Adriatica 12, 60027 Osimo
www.umanironchi.com

Valentini Abruzzen

Edoardo Valentini, mehr spiritueller Führer als Kellermeister, war einer der ganz Großen im italienischen Weinbau. Mit gewissenhafter Aufmerksamkeit für jedes noch so kleine Detail brachte er einige der großartigsten Weine der Welt hervor. Verkostungen mit seinem Sohn Francesco, der seit Edoardos Tod 2006 das Gut leitet, beginnen immer noch mit derselben unvergesslichen Vorbemerkung: »Sie können mich alles fragen, außer wie ich meine Trauben anbaue und wie ich meinen Wein mache.« Zum Glück sprechen die Weine für sich. Aus dem ewigen Underdog Trebbiano wird ein herrlicher Weißwein bereitet, der sich mühelos 30 Jahre lang weiter entwickelt. Der nur in den besten Jahrgängen erzeugte Montepulciano kann es mit jedem Bordeaux oder Burgunder aufnehmen.

Via del Baio 2, 65014 Loreto Aprutino
Tel. 085 8291138

Velenosi Marken

Die attraktive Angela Velenosi ist die Chefin dieses jungen Guts, das seinen Sitz im Herzen der DOC Rosso Piceno hat. Mit 105 ha Rebland und einer Jahresproduktion von knapp einer Million Flaschen ist der Newcomerbetrieb nun erwachsen geworden. Das Angebot ist auf beruhigende Weise beständig: Der einfache weiße Falerio und der Rosso Piceno sind erschwinglicher und ansprechender als viele andere in den Marken; beim Chardonnay Villa Angela ist die Eiche schön eingebunden. Außerdem wird ein traditioneller Visciole erzeugt, ein süßer Rotwein mit Aromen von Sauerkirschen, dessen Tradition bis ins Mittelalter zurückreicht. ★ **Aufsteiger**

Via dei Biancospini 11, 63100 Ascoli Piceno
www.velenosivini.com

Villa Bucci Marken

Das riesige Gut umfasst mehr als 400 ha im Herzen des DOC-Bereichs Verdicchio dei Castelli di Jesi. Inmitten von Weizen-, Zuckerrüben- und Sonnenblumenfeldern liegen 21 ha sorgfältig gepflegte, biologisch bewirtschaftete Weingärten, von deren Trauben die Familie Bucci zwei typische Vertreter des Paradeweißweins der Marken erzeugt. Der Verdicchio Bucci ist schon sehr ordentlich, doch der Villa Bucci Riserva ist einer der überzeugendsten Fürsprecher des DOC-Bereichs. Die ertragsarmen 40-jährigen Reben erbringen eine intensive Mineralität, die durch den 18-monatigen Ausbau in großen alten Eichenfässern noch verstärkt wird.

Via Cona 30, 60010 Ostra Vetere
www.villabucci.com

VILLA BUCCI
DIE RISERVA MIT MITTLEREM KÖRPER IST REINSORTIG VON VERDICCHIO BEREITET

TOSKANA

Für viele Weinliebhaber sind die Toskana und Italien eins, und das hat seine Gründe. Lange schon bringt die Region hochwertige Tropfen hervor – bereits 1716 adelte Großherzog Cosimo III. die Gewächse aus Carmignano, dem Chianti, Pomino und dem Valdarno mit einer geschützten Ursprungsbezeichnung. Zudem finden die meisten eben über die Toskana Zugang zum italienischen Wein. Mag für manchen ein edler Brunello di Montalcino der Türöffner zu dieser Welt gewesen sein, war es vor Jahren für mindestens ebenso viele ein *fiasco,* also eine jener Chianti-Flaschen in Strohhülle. Doch die Zeiten haben sich geändert, vielleicht nirgends so sehr wie in der Toskana, die seit über 200 Jahren in Italiens Weinwelt den Ton angibt.

Sangiovese ist gleichsam das dunkle Rassepferd im Rebenstall der Toskana. In Bestform entfaltet diese Traube einen subtilen Nuancenreichtum, wie er oft mit Pinot Noir aus Burgund oder, um im italienischen Rahmen zu bleiben, mit Nebbiolo aus dem Piemont in Verbindung gebracht wird. In letzter Zeit wurde die Sangiovese-Rebe allerdings zumeist entweder zu Höchstleistungen getrieben, um blasse, eindimensionale rote Massenweine zu produzieren, oder sie war als schwierige und widerspenstige Sorte verschrien, die man nur in Verschnitten verschwinden lassen oder aber mit kräftigeren Komponenten aufpolstern konnte.

Dass die Sangiovese-Traube in der Tat ihre heiklen Seiten hat, erkannte Baron Bettino Ricasoli im 19. Jahrhundert, als er jene Verschnittrezeptur für den Chianti entwickelte, die dann später in die DOC-Regeln übernommen wurde. Auf ihre eigene Weise gingen mit dieser Problematik ab den 1970er-Jahren die sogenannten Supertoskaner um, indem sie Sangiovese mit Cabernet Sauvignon oder Merlot kombinierten oder ihn ganz aus dem Spiel ließen. So entstand eine völlig neue Gattung von Weinen. Sicherlich kann man kritisieren, dass manche von ihnen einen unverkennbar toskanischen Charakter missen lassen, dafür aber offenbaren sie in der Regel eine hohe Qualität und auch eigene Typizität. Sie sind eben eine Klasse für sich, und einige, wie der Sassicaia, der Ornellaia und der Tignanello, haben heute einen legendären Ruf.

Eingefleischte Fans des toskanischen Weins kommen indes immer wieder auf Sangiovese zurück. Mag diese Rebe auch überall in Italien wachsen, gewinnt sie doch in der Toskana ihren feinsten Ausdruck. Eine Tour d'Horizon in Sachen Sangiovese beginnt dort im Norden und Osten von Florenz mit der Unterzone Chianti Rùfina, wo die Traube Weine mit anregendem Charakter ergibt. Rund um die Stadt erstreckt sich der breiter gefasste Bereich Chianti, der Gewächse zu genießerfreundlichen Preisen hervorbringt, genau wie die im Süden gelegene Zone Chianti Colli Fiorentini. Wiederum südlich davon dehnt sich der historische Chianti-Classico-Bereich aus, gekennzeichnet durch unterschiedliche mikroklimatische Gegebenheiten. Langjährige Forschungsprojekte und die Entschlossenheit von Puristen wie Montevertine ließen den Sangiovese im Chianti Classico erstrahlen wie nie zuvor, und es ist nicht auszuschließen, dass dieser Bereich irgendwann Montalcino als Sangiovese-Hochburg ablösen könnte.

Unbestritten genießt Montalcino seit langen Jahren in aller Welt hohe Anerkennung für seine Brunellos. Hier gelingt dem Sangiovese (bereitet von Sangiovese Grosso) ein virtuoser Balanceakt zwischen Kraft und Eleganz. Im nahe gelegenen Montepulciano zeigt der Vino Nobile auf seine Art, was man sich unter strukturierten, langlebigen Weinen vorzustellen hat.

In der Maremma, also im Westen an der Küste der Toskana, macht sich Sangiovese als Mitspieler in Verschnitten verdient – ob im rustikal veranlagten Morellino di Scansano, in den raffinierten Kompositionen nach Bordeaux-Vorbild oder, zunehmend, in mediterran inspirierten Weinen, die mit Traubensorten wie Grenache und Carignan das toskanische Spektrum bereichern.

All dies zeichnet nur ein grobes Bild. Die Toskana ist ein ganz besonderer Kosmos, in dem es immer wieder faszinierendes Neues zu entdecken gibt.

Hauptrebsorten

Rot

Cabernet Sauvignon
Canaiolo
Merlot
Sangiovese

Weiß

Chardonnay
Trebbiano
Vernaccia

Jahrgänge

2010
Heißer, trockener Hochsommer, sonst häufig Regen. Am besten ging es gut gepflegtem Sangiovese.

2009
Sehr warm bis heiß; reife Weine mit überdurchschnittlichem Alkoholgehalt.

2008
Gutes bis sehr gutes Jahr, vielleicht etwas trocken im Sommer. Spät reifende Sorten machten sich prächtig.

2007
Gutes, vielleicht hervorragendes Jahr. Regen nach einem trockenen Sommer, zur Lese aber warm und trocken, das ergab reife, kräftige Weine.

2006
Sehr gut bei hohem Ertrag, insbesondere Chianti Classico.

2005
Wegen des wechselhaften Wetters hatten einige Gebiete Probleme mit der Traubenreife. Bald trinken.

CHIANTI

Zusätzlich zum Bereich Chianti Classico wurden im großen Chianti-Gebiet einige Unterzonen definiert. Die wohl bekannteste von ihnen ist Chianti Rùfina, im Osten von Florenz gelegen, wo die Weine infolge des relativ kühlen Klimas recht elegante Züge entwickeln. In den verschiedenen Profilen, die die Weine aus ihren jeweiligen Herkunftsgebieten mitbringen, wird die bemerkenswerte Fähigkeit der Sangiovese-Traube erkennbar, unterschiedliche Terroirs und Mikroklimata getreu widerzuspiegeln.

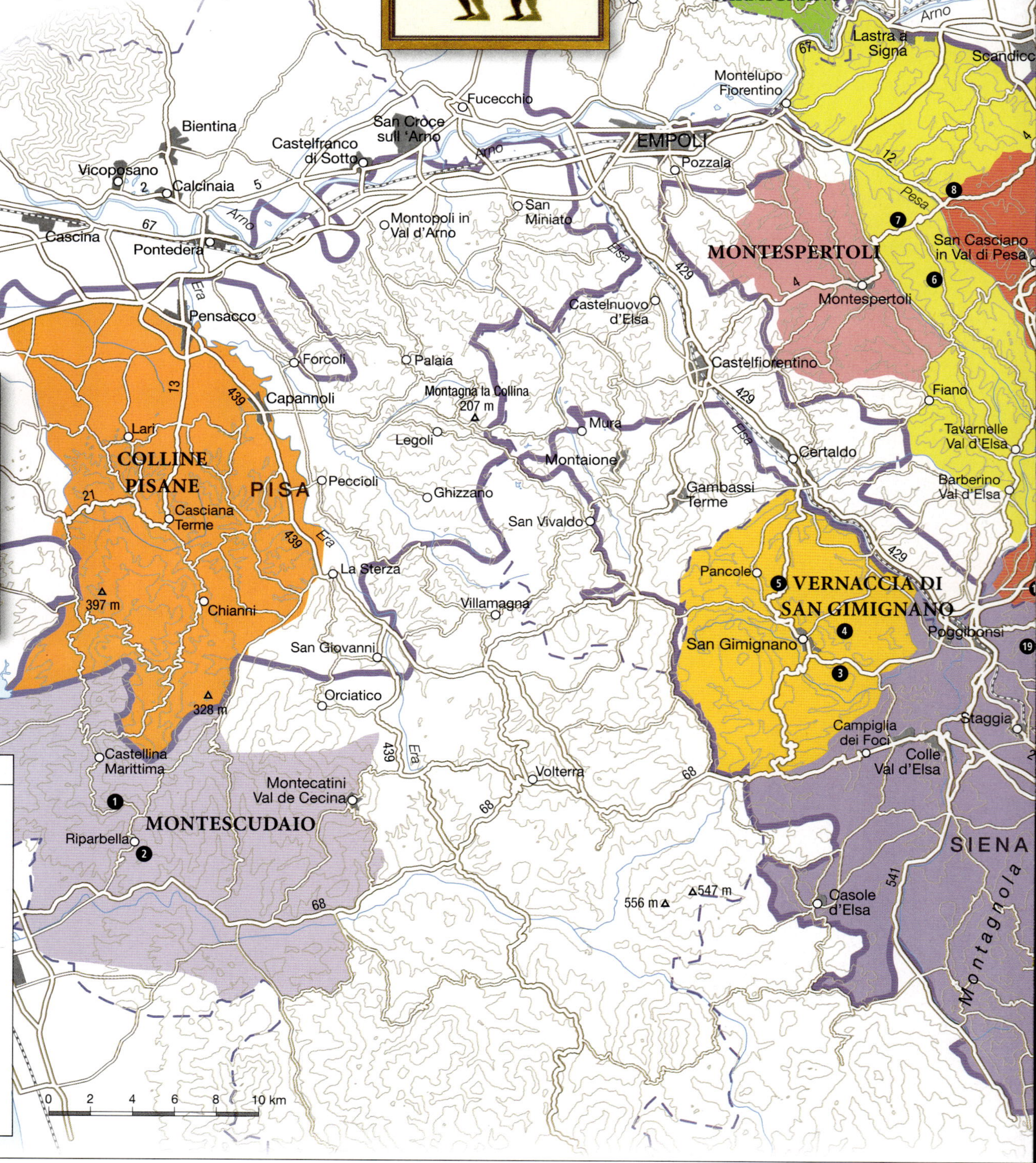

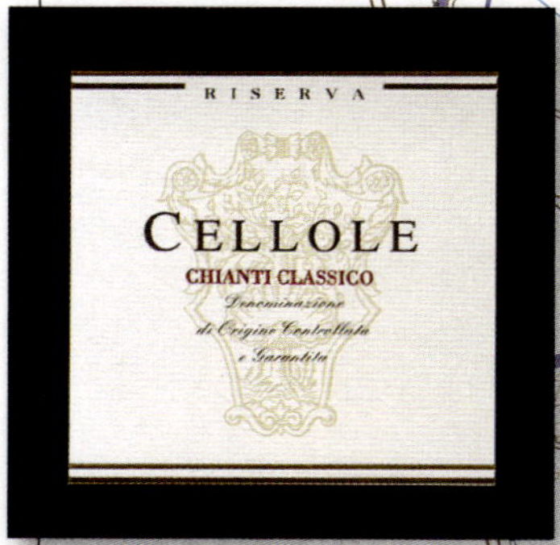

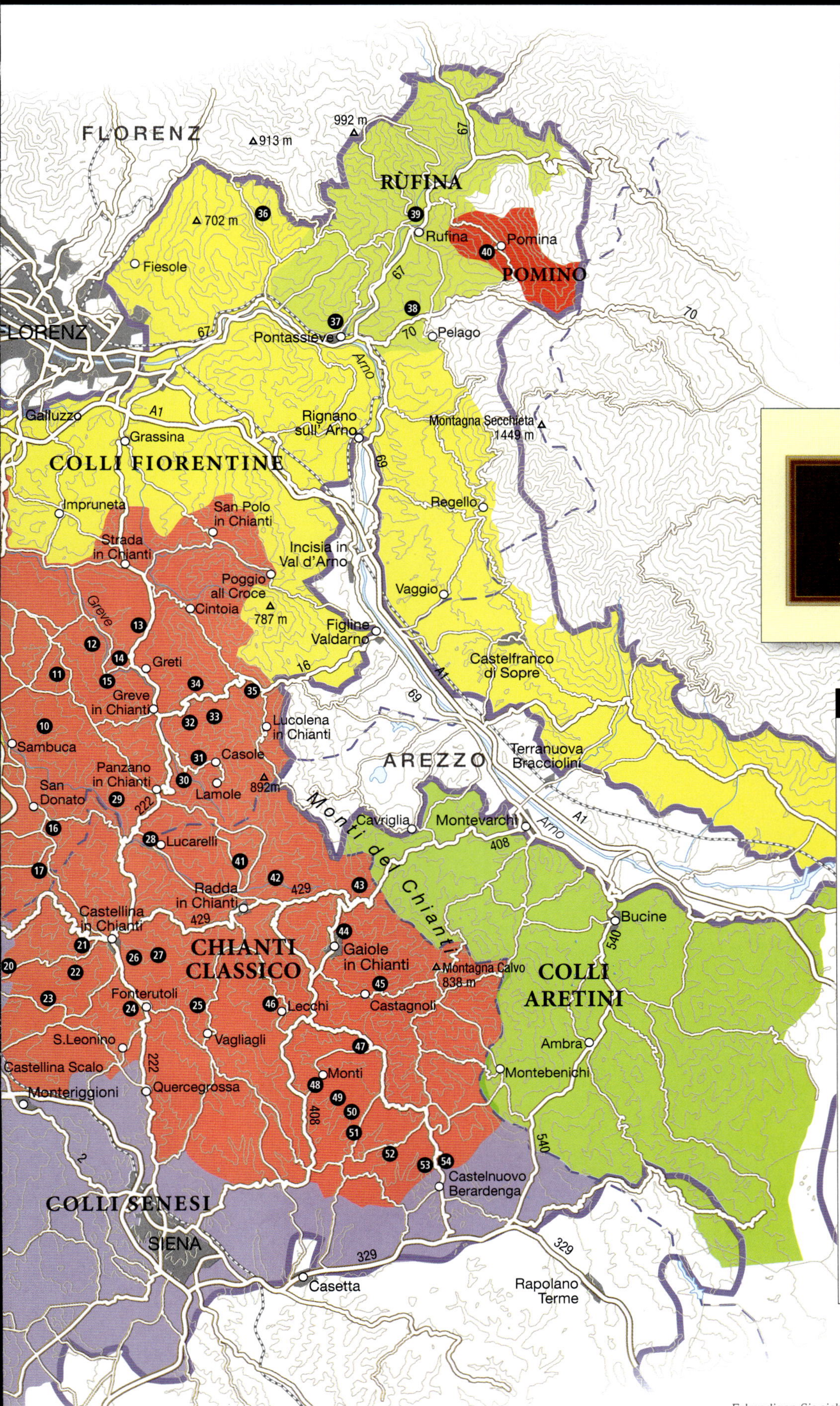

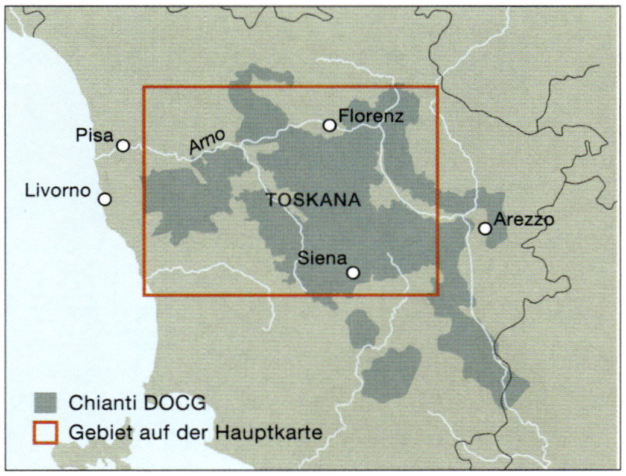

ERZEUGER

- Agricola San Felice 49
- Antica Borgo di Sugame 34
- Badia a Coltibuono 43
- Badia a Passignano 10
- Brancaia 27
- Caiarossa 2
- Cantalici 45
- Capannelle 44
- Carpineto 35
- Casa Emma 16
- Castell'In Villa 52
- Castellare di Castellina 21
- Castello di Ama 46
- Castello di Bossi 51
- Castello di Brolio 47
- Castello di Fonterutoli 24
- Castello di Monsanto 18
- Castello di Nipozzano 38
- Castello di Pomino 40
- Castello dei Rampolla 29
- Castello del Terriccio 1
- Castello di Verrazzano 15
- Castello di Vicchiomaggio 14
- Castello di Volpaia 41
- Colognole 39
- Fatt. Fèlsina 53
- Fatt. di Selvapiana 37
- Fontodi 28
- Gagliole 22
- Guido Gualandi 6
- Il Molino di Grace 30
- Isole e Olena 17
- La Lastra 3
- Le Boncie 50
- Melini 19
- Montesecondo 8
- Montevertine 42
- Poggio Scalette 33
- Querciabella 32
- Rocca di Montegrossi 48
- San Fabiano Calcinaia 20
- Sono Montenidoli 4
- Ten. di Arceno 54
- Ten. Belguardo 26
- Ten. di Bibbiano 23
- Ten. di Capezzana 9
- Ten. di Castiglioni 7
- Ten. di Monteloro 36
- Ten. di Nozzole 13
- Ten. Pèppoli 12
- Ten. Tignanello 11
- Terrabianca 25
- Terruzi e Puthod 5
- Vignamaggio 31

Erkundigen Sie sich nach Verkostungsmöglichkeiten und Öffnungszeiten der Kellereien, bevor Sie Ihre Reise planen. Manche Betriebe empfangen Besucher nur nach Voranmeldung.

ALTESINO
KOMPLEXITÄT UND ELEGANZ IN HÜLLE UND FÜLLE BIETET DIESER BRUNELLO VON EINER EINZELLAGE

AVIGNONESI
ZEHN JAHRE DARF DIESE SÜSSWEINRARITÄT IM FASS REIFEN

Agricola San Felice Chianti Classico
Eigner des großen Guts bei Castelnuovo Berardenga ist die Allianz-Finanzgruppe, das Sagen in den Ressorts Traubenanbau und -verarbeitung aber haben der Agronom Carlo Salvinelli und der Önologe Leonardo Bellacini, beide seit langen Jahren hier in Diensten. Der klassischen Linie folgt der aus Traditionstrauben gemischte und in großen Eichenfässern gereifte Chianti Classico, der klar sein Terroir spiegelt und einen entspannten Essensbegleiter abgibt. Kraftvoll bekennt sich die Einzellagen-Riserva zur alten Schule – ein toskanisches Gewächs par excellence.

Località San Felice, 53019 Castelnuovo Berardenga
www.agricolasanfelice.com

Altesino Montalcino
Nicht von ungefähr wird Altesino den eher progressiven und international orientierten Montalcino-Erzeugern zugerechnet. Schon früh setzte man hier auf Sorten wie Cabernet Sauvignon oder Merlot und baute Sangiovese in Barriques statt in traditionellen Großfässern aus. Seit 2002 ist das Gut im Besitz von Elisabetta Gnudi Angelini, die, önologisch beraten durch Pietro Rivella und Paolo Caciorgna, dem modernen und dennoch feinen Stil treu geblieben ist. Erdig und füllig und mit zupackendem Tannin zeigt sich der Basis-Brunello, geschmeidige Eleganz verbreitet die Cuvée namens Alte d'Altesi.

Località Altesino 54, 53024 Montalcino; www.altesino.it

Ampeleia Maremma
Erst 2002 wurde dieser aufstrebende Betrieb bei Grosseto im Süden der Toskana von Elisabetta Foradori, Giovanni Podini und Thomas Widmann gegründet. Statt Verschnitten in Bordeaux-Art geben mediterran inspirierte Weine den Ton an, in denen außer Sangiovese häufig Sorten wie Mourvèdre und Alicante mitmischen. Zu empfehlen ist die nach der Kellerei benannte Cuvée aus Cabernet Franc, Sangiovese und anderen Trauben wie würzigem Carignan und minzig frischem Grenache. Auf Grenache, Mourvèdre, Carignan, Alicante und Marselan basiert hingegen der herzhaft-dynamische Kepos. Beide stehen für die Abkehr von der Tradition der imposanten Supertoskaner. ★**Aufsteiger**

Località Meleta, 58036 Roccastrada; www.ampeleia.it

Antico Borgo di Sugame Chianti Classico
Das Gut, gelegen auf einem Hügel oberhalb des Val di Greve und des Val d'Arno im Herzen des Chianti Classico, wurde im Jahr 2000 von Lorenzo und Catrina Miceli gekauft. Sogleich machten sie sich ans Renovieren der Gebäude – manche sind heute Teil eines beschaulichen Agriturismo-Betriebs – sowie der Kellerei, die dabei Edelstahltanks erhielt. Auch stellten die beiden auf ökologischen Weinbau um und pflanzten neben den 28 Jahre alten Rebenkulturen neue Stöcke. Die aktuellen Chianti-Classico-Abfüllungen von Sugame bestechen durch ihre feste und elegante Struktur. ★**Aufsteiger**

Via Convertoie, 50022 Greve in Chianti
www.borgo-di-sugame.com

Argiano Montalcino
Obwohl die Wurzeln des Guts bis ins 16. Jahrhundert zurückreichen, präsentiert es sich, seit 1992 im Besitz von Noemi Marone Cinzano, überraschend zeitgemäß. Durch einen kombinierten Ausbau in Barriques und großen Fässern gewinnt der Brunello ein reifes, zugängliches Wesen. Aus einer Kellerselektion geht der aromatische und frische Rosso hervor, dessen Kauf sich gewöhnlich unbedingt lohnt. Zu einer süffig dargebotenen fülligen Struktur verschmelzen Cabernet Sauvignon, Merlot und Syrah im Solengo, dem Strenge und Zurückhaltung gänzlich fremd sind.

S. Angelo in Colle, 53024 Montalcino
www.argiano.net

Avignonesi Montepulciano
Der Aufstieg von Avignonesi in die Führungsspitze Montalcinos begann, als 1974 Alberto und Ettore Falvo das alte Gut übernahmen. Sie renovierten die Kellerei von Grund auf, führten neue, internationale Rebsorten ein und erprobten andere Pflanzsysteme. Anfang der 1990er-Jahre stieg der Önologe Paolo Trappolini ein; vor nicht allzu langer Zeit wurde Virginie Saverys Mehrheitsgesellschafterin im Unternehmen. Das Aushängeschild des Guts bildet der elegante, strukturierte Vino Nobile. Himmlischen Genuss verspricht der Vin Santo, der sich allerdings rar macht.

53045 Valiano di Montepulciano; www.avignonesi.it

Badia a Coltibuono Chianti Classico
Seinem Namen – Coltibuono bedeutet »gute Ernte« – macht dieser Betrieb auf dem Gelände einer Abtei aus dem 11. Jahrhundert seit den 1950er-Jahren alle Ehre. Damals begann Pietro Stucchi Prinetti, das Niveau der Weine auf Riserva-Level zu heben und die Produktion wettbewerbsfähig zu machen. Heute führen seine Kinder Regie, allen voran Tochter Emanuela. Sie haben auf Bioweinbau umgestellt und einen hochmodernen Keller gebaut, in dem der Wein ohne Pumpen nur mittels Schwerkraft bewegt wird. Sowohl der elegante Chianti Classico als auch die strukturbetonte Riserva faszinieren als nuancierte Interpretationen des Sangiovese.

Località Badia a Coltibuono, 53013 Gaiole in Chianti
www.coltibuono.com

Badia a Passignano Chianti Classico
1987 wurden die Rebflächen rings um das Kloster – ein imposanter Komplex, in dem Elemente des Mittelalters und der Hochrenaissance verschmelzon sind – von der Familie Antinori erworben. Sie bestockte etwa 50 ha mit Sangiovese-Klonen, die auf dem Gut Tignanello gezüchtet wurden und hier einen eleganten Chianti Classico Riserva liefern. Zu 100 % aus Sangiovese erzeugt und in kleinen und mittelgroßen Fässern gereift, offeriert er zu einem delikaten Duft einen sanften Geschmack, dem jedoch eine spritzige Säure Lebendigkeit einhaucht. Schon jung ein Genuss, ist er bis zu einem gewissen Grad durchaus alterungswürdig.

Keine Besuchereinrichtungen; www.antinori.it

Biondi-Santi/Tenuta Greppo Montalcino
Seit 1969 leitet Franco Biondi Santi dieses Gut, in dem sein Vorfahr Ferruccio Biondi Santi im 19. Jahrhundert aus einem von ihm selbst gezogenen Sangiovese-Grosso-Klon den Prototyp des Brunello bereitete. Seither genießt die Kellerei einen legendären Ruf. Wie nicht anders zu erwarten, verkörpern ihre Weine einen ausgesprochen traditionellen Stil, und die Brunellos – die ausschließlich

in exzellenten Jahren erzeugte Riserva wie die Basisversion, die nur in guten Jahren entsteht – halten dem Zahn der Zeit Jahrzehnte stand.

Villa Greppo 183, 53024 Montalcino; www.biondisanti.it

Brancaia Chianti Classico
Das Untenehmen umfasst die Güter Poppi in Radda und Brancaia in Castellina. Beide gehören seit 1981 Brigitte und Bruno Widmer und werden heute von ihrer Tochter und deren Ehemann geführt. Unter kellertechnischer Beratung Carlo Ferrinis entstehen aus Sangiovese sowie internationalen Sorten wie Merlot und Cabernet Sauvignon stilvolle Weine. Seinem Mix aus Sangiovese und Merlot gewinnt der Chianti Classico großzügige Fülle und eine elegante Textur ab. Weich und dennoch fest strukturiert präsentiert sich der Il Blu mit mehr Merlot und zusätzlich Cabernet Sauvignon im Verschnitt.

Località Poppi, 53017 Radda in Chianti; www.brancaia.com

Ca' Marcanda Maremma
Angelo Gaja schuf diesen Vorposten seines Weinimperiums in der Maremma 1996. Anders als bei seinem zweiten Projekt in der Region, Pieve Santa Restituta in Montalcino (siehe S. 403), setzt er hier auf internationale Reben: Cabernet Sauvignon, Merlot, Cabernet Franc und Syrah, nur etwas unterstützt durch Sangiovese. Der Magari, eine Cuvée auf Merlot-Basis, wirbt mit köstlich schmeichelnder Art überzeugend für die Ansiedlung französischer Reben an der toskanischen Küste. Absolut tischtauglich ist der feste und herzhafte Promis, der Syrah, Sangiovese und Merlot kombiniert. ★**Aufsteiger**

Località Santa Teresa 272, 57020 Bolgheri; Tel. 0173 635255

Caiarossa Maremma
Gegründet 1998, gehört das beschauliche Gut in der nördlichen Maremma seit 2004 dem niederländischen Geschäftsmann Eric Jelgersma, zugleich Eigner von Château Giscours und Château du Tertre in Bordeaux. Die biodynamisch angebauten Trauben werden unter der Aufsicht von Dominque Génot vinifiziert. Benannt nach dem Gut ist der Topwein, dessen Rezeptur je nach Jahrgang variiert, wobei jeweils entweder Merlot oder Sangiovese den Hauptpart übernimmt. Als Kontrapunkt zu diesem feinen, eleganten Spross der toskanischen Küste wird als Zweitwein der erdige, robuste Pergolaia produziert. ★**Aufsteiger**

Località Serra all'Olio 59, 56046 Riparbella
www.caiarossa.com

Cantalici Chianti Classico
Carlo und Daniele Cantalici hatten Mitte der 1990er-Jahre damit begonnen, Winzer und Landwirte zu beraten, bevor sie 1999 in Castagnoli in eigener Sache tätig wurden. Heute erzeugt Cantalici aus Trauben von etwa 20 ha Rebland, teils betriebseigen und teils im Besitz von Vertragspartnern, einen modern gefassten Chianti Classico, der Merlot und Cabernet Sauvignon mit etwa 85 % Sangiovese kombiniert. Dazu gibt es die Einzellagen-Auslese Messer Ridolfo, die, gereift in immerhin 410 m Höhe, mit saftiger Säure ihre vom Barriqueausbau herrührende Opulenz lebhaft aufmischt.

Via Della Croce 17/19, Località Castagnoli,
53013 Gaiole in Chianti; www.cantalici.it

BADIA A COLTIBUONO
GESCHMEIDIGE TANNINE UND FRISCHE SÄURE GEHEN IN DIESEM CHIANTI CLASSICO EINE HARMONISCHE ALLIANZ EIN

CARPINETO
EIN FRUCHTIGER, AROMATISCHER MIX AUS CHARDONNAY, GRECHETTO UND SAUVIGNON

Capanna Montalcino
Über das Gut im Norden Montalcinos gebietet seit 1957 die Familie Cencioni. Ihre Weine bringen das Montalcino-typische Wesen des Sangiovese glaubhaft zum Ausdruck. So kehrt der einfache Rosso nach seiner kurzen Reifung in großen Fässern die sanfte, aromatische und heitere Seite dieser Traube hervor. Mehr Substanz und Kraft offenbart der herzhafte und bissige Brunello, der einige Jahre im Keller ruhen muss. Ähnlich kraftvoll, aber meist auch tiefgründiger und komplexer ist die Riserva.

Località Capanna 333, 53024 Montalcino
www.capannamontalcino.com

Capannelle Chianti Classico
Es war Raffaele Rossetti, der das alte Gut 1974 als Quelle feiner Weine etablierte. Seit 1997 im Besitz des US-Unternehmers James Sherwood, hat es sich unter dem Önologen Simone Monciatti bis heute seinen Ruf als eine der modernsten und distinguiertesten Chianti-Classico-Kellereien bewahrt. Glanzvoll verkörpert den Geist des Hauses der 50 & 50 als toskanisches Edelgewächs, in das erdiger Sangiovese von Capannelle und Merlot von Avignonesi in Montepulciano einfließen. Der Chianti Classico Riserva (Sangiovese/Canaiolo/Colorino) lockt mit herzhaften Tanninen und lebhafter Säure.

Località Capannelle 13, 53013 Gaiole in Chianti
www.capannelle.com

Caprili Montalcino
Im Südwesten der DOC Montalcino unterhält Caprili etwa 15 ha Rebflächen. Gegründet wurde der Betrieb 1965 von Alfo Bartolommei, dessen Familie lange als Halbpächter in der Region Landwirtschaft betrieben hatte. Die erste Abfüllung erfolgte 1978. Ein achtsamer Umgang mit der Natur (im Weinberg kommen nur Kupfer und Schwefel zum Einsatz) sowie traditionelle Verarbeitungs- und Ausbaumethoden (Naturhefen und große Fässer) resultieren in sanftmütigen Brunello-Weinen, die durch Typizität und Eleganz ebenso bestechen wie durch ihre Konsistenz.

Podere Caprili 268, 53024 Montalcino; www.caprili.it

Carpineto Chianti Classico
Giovanni Sacchet und Antonio Zaccheo legten den Grundstein für dieses Unternehmen 1967 als Négociants: Aus gekauften Trauben erzeugten sie toskanische Weine vom Chianti Classico bis zum Vino Nobile – sehr bekannt wurde der günstige rote Dogajolo. Dann begannen sie, selbst Grund zu erwerben, und heute verfügt Carpineto über Parzellen in Greve, Gaville, Chianciano, Montepulciano und dem küstennahen Gavorrano. Der in verschieden großen Fässern gereifte Chianti Classico Riserva (Sangiovese/Colorino) vereint rustikale mit eleganten Zügen. Gut ist auch der seidige Vino Nobile.

Località Dudda 17/B, 50022 Greve in Chianti
www.carpineto.com

Casa Emma Chianti Classico
Von der Florentiner Edelfrau Emma Bizzarri übernahm die Familie Bucalossi Anfang der 1990er-Jahre das hübsche 20-ha-Gut. Unter Federführung des Önologen Carlo Ferrini verfolgt sie eine Kellerpolitik, die Überlieferung und Moderne verbindet. So basieren der normale Chianti Classico wie auch die Riserva auf

CASE BASSE DI GIANFRANCO SOLDERA
TRADITIONELL, VOLLER ANMUT UND TAUGLICH FÜR EINE LANGE KELLERREIFUNG

CASTELLO DI BROLIO
EIN FRISCHER UND PREISGÜNSTIGER GENUSS, DER JUNG GETRUNKEN SEIN WILL

Traditionstrauben wie Sangiovese, Canaiolo und Malvasia Nera, aber beide liegen eine Weile in Barriques. Dabei entstehen Weine, deren erdigem Charakter und gutem Biss elegante Tannine und klare Aromen gegenüberstehen. Mit dem Soloìo bietet Casa Emma einen geschmeidigen Merlot.

S. P. di Castellina in Chianti 3, San Donato in Poggio, 50021 Barberino Val d'Elsa; www.casaemma.com

Casanova di Neri Montalcino

Mit ersten Landkäufen brachte Giovanni Neri das Unternehmen 1971 auf den Weg. Heute managt sein Sohn Giacomo vier Rebenstandorte in Montalcino: Cerretalto und Fiesole im Norden, Pietradonice und Cetine am Südrand des Bereichs. Casanova di Neri favorisiert einen geschliffenen Stil, der sich in allen Brunello-Versionen deutlich zeigt. Auf Reife und Tanninstrenge, gepaart mit seidiger Textur, gründet der Brunello di Montalcino seine feine Art. Der Lagenwein Brunello Cerretalto enthüllt zu einem muskulösen Tanninkörper viel Struktur.

Località Fiesole, 53024 Montalcino
www.casanovadineri.com

Case Basse di Gianfranco Soldera Montalcino

Kompromisse sind für Gianfranco Soldera beim Brunello nicht drin. Anfang der 1970er-Jahre kaufte er das seinerzeit verwahrloste Gut Case Basse und verwandelte es gemeinsam mit seiner Frau Graziella unter Beachtung der Rhythmen der Natur und nur mit ökologischen Methoden in einen Garten Eden. Mit Unterstützung des legendären Giulio Gambelli erzeugt Soldera einen Brunello, der nach ausgiebigem Ausbau in großen Fässern einen umwerfenden Charakter voller Anmut und jahrzehntelange Alterungsbeständigkeit offenbart.

Località Case Basse, 53024 Montalcino; www.casebasse.it

Castel Giocondo Montalcino

Seit 1989 nennt die Familie Frescobaldi dieses stolze 93-ha-Gut im Süden der Montalcino-Zone ihr Eigen. Es ist bekannt für seine Brunellos ziemlich klassischen Stils, die in der Jugend eine geradlinige und aromabetonte Art hervorkehren, dank ihres bissigen Tannins und kräftigen Säurerückgrats aber auch gut altern können. Bei seiner Freigabe für den Handel meist genussbereit ist der Rosso di Montalcino Campo ai Sassi. Geschmeidige Eleganz verkörpert der Lamaione, ein Merlot in Reinkultur.

Marchesi de' Frescobaldi, Via S Spirito 11, 50125 Firenze
www.castelgiocondo.it

Castell'In Villa Chianti Classico

Eignerin und zugleich Leiterin dieses Prachtguts ist Coralia Pignatelli della Leonessa. Es verfügt über mehr als 53 ha Rebflächen und ist bekannt für langlebige Weine. Selbst der einfache Chianti Classico, ein konzentrierter und schmackhafter Vollblut-Sangiovese, braucht meist etwas Zeit im Keller, um seine innere Spannung abzubauen. Lang reifen muss auch die Riserva, die vor einem dunkel und herzhaft getönten Tanninhintergrund kompakte Frucht enthüllt. Elegant gibt sich der Santacroce aus Cabernet Sauvignon und Sangiovese.

Località Castell'in Villa, 53019 Castelnuovo Berardenga
www.castellinvilla.com

Castellare di Castellina Chianti Classico

Über 32 ha erstreckt sich das Amphitheater aus Reben gleich außerhalb von Castellina, das zu dem Gut gehört. 1968 durch den Zusammenschluss einiger aneinandergrenzender Besitzungen entstanden, gehört der Betrieb seit 1979 Paolo Panerai. Heute präsentieren sich die Weinberge in einem erstklassigen Zustand, der Keller ist mit moderner Technik ausgestattet. Abseits des internationalen Mainstreams sind die Weine eher auf Raffinesse und Eleganz ausgelegt. Das Prestigeprodukt ist der I Sodi di San Niccolò (Sangiovese und Malvasia Nera), dessen feste und dynamische Art man ebenso im Chianti Classico findet.

Località Castellare, 53011 Castellina in Chianti
www.castellare.it

Castello di Ama Chianti Classico

Das große Gut erstreckt sich in den Hügeln von Gaiole. In immerhin knapp 500 m Höhe gereift, bringen die Weine von Natur aus einen hohen Säuregehalt und folglich einen frischen Charakter mit. 1977 wurde der Betrieb von mehreren römischen Familien erworben und steht heute unter der Leitung von Lorenza Sebasti, der Tochter eines der Eigners, sowie von Marco Pallanti in der Rolle des Önologen. Der Chianti Classico von der Lage Bellavista setzt mit seiner kraftvollen Art Maßstäbe.

Località Ama, 53013 Gaiole in Chianti
www.castellodiama.com

Castello Banfi Montalcino

Am weltweiten Siegeszug des Brunello di Montalcino und dem dadurch ausgelösten Zustrom neuer Erzeuger in das Anbaugebiet ist der Betrieb in US-Besitz maßgeblich beteiligt. 1978 von John und Harry Mariani gegründet, umschließt er heute über 2800 ha Grund, auf dem sich unter anderem auch ein schickes Besucherzentrum befindet. Showeffekte sind hier jedoch nicht alles. Seit seinen Anfängen hat Castello Banfi auch intensiv in Forschungen mit Sangiovese-Klonen investiert und deren Resultate nicht für sich behalten. Schon im Basis-Brunello spürt man den Geist des Hauses.

Castello di Poggio alle Mura, Località Sant' Angelo Scalo, 53024 Montalcino; www.castellobanfi.com

Castello di Bossi Chianti Classico

Zunächst hatte die Familie Bacci das alte Gut Anfang der 1980er-Jahre als Landsitz gekauft. Dann entdeckte Marco Bacci seine Winzerleidenschaft und ließ eine Überholung des Kellers sowie Neubestockungen vornehmen. Die Weine sind fraglos modern und elegant, erweisen sich aber mit ihrer warmen Frucht und dem oft packenden Tannin dann doch als typische Toskaner. Der Corbaia aus Sangiovese und Cabernet Sauvignon vereint süße Frucht mit eisenbewehrten Tanninen und einer saftigen Säure. Ein erdig getönter Sangiovese ist der Chianti Classico.

Località Bossi in Chianti, 53019 Castelnuovo Berardenga
www.castellodibossi.it

Castello di Brolio Chianti Classico

Das Gut, Stammsitz der Ricasoli, gilt als Wiege des modernen Chianti. Hier entwickelte Baron Bettino Ricasoli einst das Mischungsrezept aus Sangiovese und Canaiolo, ergänzt durch Weißweintrauben, die anfangs in der DOC Chianti mitverwendet wurden. Heute kommen unter der Regie Francesco Ricasolis internationale Sorten wie Cabernet Sauvignon und Merlot in den Verschnitt: Beide sind im herzhaft-eleganten Castello di Brolio Chianti Classico enthalten. Einfach nur Brolio heißt ein weiterer Chianti Classico, den man jung trinken sollte – ein frischer Tropfen, der viel für seinen Preis bietet.

Cantine del Castello di Brolio, 53013 Gaiole in Chianti
www.ricasoli.it

Castello di Fonterutoli Chianti Classico
Die Mazzei gebieten seit 1435 über das Gut, das heute Lapo Mazzei mit seinen Söhnen Francesco und Filippo führt. Seit den 1970er-Jahren hat sich hier viel verändert: man stellte auf höhere Pflanzdichte um, führte Bordeaux-Sorten ein und bestockte Flächen nach und nach neu. Unlängst kam der Bau der neuen, modern ausgestatteten Kellerei zum Abschluss. Im Chianti Classico, der reife Aromen mit herzhafter Kraft verbindet, spürt man die lange Tradition eines engagierten Weinhauses.

Via Ottone III di Sassonia 5, Località Fonterutoli, 53011 Castellina in Chianti; www.mazzei.it

Castello di Monsanto Chianti Classico
Fabrizio Bianchi renovierte ab 1968 den gutseigenen Weinberg Il Poggio und ließ dabei die weißen Rebsorten, die zwischen Sangiovese, Canaiolo und Colorino wuchsen, entfernen. Bis heute rangiert der Chianti Classico Riserva Il Poggio, der Star von Monsanto, unter den besten Lagenweinen der Toskana. Seine Struktur und Balance sind ein Garant für lange Alterungsbeständigkeit. Als Vertreter des schlankeren, eher strengen Monsanto-Stils empfiehlt sich der einfache Chianti Classico. Von der Lage Il Mulino kommt der Nemo, ein geschmeidiger, kraftvoller Cabernet Sauvignon.

Via Monsanto 8, 50021 Barberino Val D'Elsa
www.castellodimonsanto.it

Castello di Montepò Maremma
Mitte der 1990er-Jahre suchte sich Jacopo Biondi Santi, Sohn der Montalcino-Winzerlegende Franco Biondi Santi (siehe S. 392), seinen eigenen Weg in der italienischen Weinwelt. Heute erzeugt er von etwa 50 ha Rebfläche stilvolle Weine mit modernem und dennoch authentisch toskanischem Flair. Von schöner Ausgewogenheit zwischen lebhaften Aromen, einer markanten Säure und weichen Tanninen gekennzeichnet ist der Sassoalloro, ein reinsortiger Sangiovese. ★**Aufsteiger**

Castello di Montepò, 58050 Scansano
www.biondisantimontepo.com

Castello di Nipozzano Chianti Rùfina
Unter den Frescobaldi-Gütern stellt dieses mit seiner imposanten mittelalterlichen Festung fraglos die Nummer eins dar. Bis in 400 m Höhe klettern die Reben in der Unterzone Chianti Rùfina nordöstlich von Florenz empor. Neben Sangiovese wachsen hier Cabernet Sauvignon und Merlot sowie weitere Bordeaux-Sorten, die in den majestätischen Mormoreto einfließen. Eher toskanisch gefärbt ist der Chianti Rùfina Riserva, ein herzhafter, fester Roter mit mineralischem Tannin. Zur kraftvolleren, konzentrierteren Rùfina-Riege gehört der gut alterungsfähige Einzellagen-Sangiovese Montesodi.

Keine Besuchereinrichtungen; www.frescobaldi.it

Castello di Pomino Pomino
Im Frescobaldi-Imperium ist das Castello di Pomino zuständig für Premium-Hochlandgewächse. Nicht die in niedrigeren Gefilden verbreiteten sanften Hügel und Zypressen, sondern Berge und Wälder prägen das Bild dieser Gegend, in deren kühlem Klima die Weine eine markante Spannung entwickeln. Charmant wie kaum ein anderer Weißer der Toskana zeigt sich der lebhafte, mineralische Pomino Bianco (Chardonnay und Pinot Bianco). Bemerkenswert ist auch der herzhafte Pomino Rosso, bereitet aus Sangiovese und Pinot Nero.

Keine Besuchereinrichtungen; www.frescobaldi.it

Castello di Potentino Maremma
Nachdem die Familie Greene das Gut Castello di Montepò an Jacopo Biondi Santi veräußert hatte, erwarb sie 2000 dieses Kastell aus dem 11. Jahrhundert und machte sich an seine Restaurierung. Gleichzeitig begann sie, von etwa 4 ha mit Sangiovese, Alicante und Pinot Nero bestocktem Rebland Weine zu erzeugen. Der Sacromonte ist ein reinrassiger Sangiovese der DOC Montecucco, der mit lebhafter Aromatik und Dynamik die Sinne auf verschiedenen Ebenen anregt. Im Piropo gehen Pinot Nero und Alicante mit Sangiovese eine feste und harmonische Verbindung ein. ★**Aufsteiger**

Castello di Potentino, Provincia di Grosseto, 58038 Seggiano
www.potentino.com

Castello dei Rampolla Chianti Classico
Seit dem 18. Jahrhundert besitzt die Familie di Napoli Rampolla das Gut bei Panzano. Ab Mitte der 1960er-Jahre pflanzte Alceo di Napoli Rampolla erste Reben an, und zehn Jahre später erfolgte die erste Gutsabfüllung. Beraten durch Giacomo Tachis, unternahm er dann die ersten Versuche, Bordeaux-Trauben mit Sangiovese zu verschneiden; heraus kam der Sammarco, eine formidable, mineralisch getönte Cuvée von Cabernet Sauvignon mit 5 % Sangiovese. Heute leiten Alceo di Napolis Kinder Luca und Maurizia den Betrieb und haben sich dem biodynamischen Anbau zugewandt.

Via Case Spase 22, 50020 Panzano in Chianti; Tel. 0558 52001

Castello del Terriccio Maremma
Immer schon gab es auf dem großen Gut, seit 1921 im Besitz der Familie von Gian Annibale Rossi di Medelana Serafini Ferri, einen Weinberg. Doch erst ein Mitte der 1980er-Jahre initiiertes Neubestockungs- und Ausbauprogramm rückte den Rebbau richtig in den Fokus. Mit seinem Input verhalf der Önologe Carolo Ferrini den Weinen zu einem geschliffenen Stil internationaler Prägung. Das rote Highlight ist der Lupicaia, ein geschmeidiger Verschnitt aus Cabernet Sauvignon, Merlot und Petit Verdot mit reicher Frucht und sanftem, jedoch keineswegs schlaffem Tannin.

Località Terriccio, 56040 Castellina Marittima
www.terriccio.it

Castello di Verrazzano Chianti Classico
Das Gut war einst im Besitz der Verrazzano (Giovanni da Verrazzano erkundete um 1520 die nordamerikanische Atlantikküste). Inzwischen gehört es Luigi und Silvia Cappellini, deren Familie den hiesigen Weinbetrieb in den letzten Jahrzehnten modernisierte. Bietet der einfache Chianti Classico die für die Gewächse der Greve-

PROJEKT CHIANTI CLASSICO 2000: DIE ERGEBNISSE

In einigen ewiggestrigen Pizzerias gehört der *fiasco*, die bauchige Weinflasche mit Strohhülle, oftmals überzogen mit einer 30 Jahre alten Patina aus Staub und Kerzenwachs, bis heute zum Dekor. Doch es ist dem Chianti in jahrzehntelangen Bemühungen gelungen, seinen einstigen Imageträger in die Rumpelkammer der Geschichte zu verbannen. Das Anbaugebiet hat sich fast komplett neu erfunden. Dafür wurden zum einen die DOC-Richtlinien hinsichtlich der Verschnittrezeptur verändert. Zum anderen war es das Projekt Chianti Classico 2000, das einen ganz entscheidenden Beitrag zum neu eingeleiteten Aufschwung leistete.

Im Jahr 1987 wurde vom regionalen Winzerkonsortium eine auf 16 Jahre angelegte Studie mit folgenden Schwerpunktthemen auf den Weg gebracht: Klonmaterial für traditionelle rote Traubensorten wie Sangiovese und Colorino, spezifische Eigenschaften von Unterlagsreben, Pflanzdichte, Rebenerziehungssysteme und Methoden der Bodenbehandlung. Nach Abschluss der Studie wurden neue Sangiovese- und Colorino-Klone ins nationale Rebsortenregister aufgenommen. Zudem lieferten die Ergebnisse den Winzern des Gebiets wertvolle Anregungen für die Modernisierung ihrer Weinberge.

CASTELLO DI VOLPAIA
DIESEN CHIANTI CLASSICO VON EINER EINZELLAGE DARF MAN GETROST EINE WEILE IM KELLER SICH SELBST ÜBERLASSEN

COL D'ORCIA
EIN WEIN MIT FÜLLE UND STRUKTUR, DAZU ÜBERAUS SCHMEICHELNDE TANNINE

Zone typische Fruchtintensität, so zeigt die Riserva mehr Festigkeit und Struktur. Der Sangiovese Sassello, dessen Frucht von einer Einzellage stammt, gewinnt während seiner Barrique-Reifung eine weiche Textur.

Via San Martino in Valle 12, Greti, 50022 Greve in Chianti
www.verrazzano.com

Castello di Vicchiomaggio Chianti Classico
Mitte der 1960er-Jahre kaufte die Familie Matta diesen Renaissance-Landsitz. Heute erzeugt John Matta verlässliche Chianti Classico moderner Fasson. Als frischester und zugänglichster präsentiert sich der San Jacopo nach seinem Ausbau in größeren Fässern mit eher leichtem Körperbau und pulsierender Säure. Eine Sangiovese-Auslese von den ältesten Rebhängen des Guts ist die Riserva La Prima, die ihre Frucht mit einer markanten Säure akzentuiert. Ihre Eichentöne aus dem Barrique mildern sich mit der Zeit.

Via Vicchiomaggio 4, 50022 Greve in Chianti
www.vicchiomaggio.com

Castello di Volpaia Chianti Classico
Das Dorf Volpaia, malerisch auf einem Hügel gelegen, beherbergt eine der besten Chianti-Kellereien überhaupt. Unterhalb erstrecken sich in 450–640 m Höhe nach Südosten und Südwesten die ökologisch bewirtschafteten Rebhänge, die unter der Aufsicht der Familie Mascheroni Stianti regelmäßig einen Chianti Classico von eleganter Frische hervorbringen. Fleischige Substanz, Dynamik und Spannung verbindet die Riserva zu einem faszinierenden Gesamtpaket. Der Einzellagen-Chianti-Classico kann es in guten Jahren mit doppelt so teuren Weinen aufnehmen. **★Aufsteiger**

Di Giovanna Stianti, Località Volpaia, 53017 Radda in Chianti
www.volpaia.it

Cerbaiona Montalcino
Diego Molinari, ehemals Pilot, startete Ende der 1970er-Jahre mit einem kleinen Weingut nochmals voll durch. Er bevorzugt schonende biologische Anbaumethoden, und im Keller hält er sich an die Tradition, sprich Naturhefen und große Eichenfässer für die Reifung. Infolgedessen wirken seine Brunellos leichter und femininer als die Versionen einiger seiner Nachbarn. Doch Achtung: Hinter den blumigen Noten und sanften Fruchtaromen kommen feste, sehnige Tannine und eine kräftige Säure zum Vorschein. Diese eleganten Tropfen altern mit Würde.

Località Cerbaiona, 53024 Montalcino; Tel. 0577 848660

Ciacci Piccolomini d'Aragona
Montalcino
Der Letzte aus dem Geschlecht der Ciacci-Piccolomini verstarb 1985 ohne Erben und hinterließ das alte Adelsgut seinem ehemaligen Leiter Giuseppe Bianchini. Nach dessen Tod 2004 halten heute seine Kinder Paolo und Lucia die Fäden in der Hand. Mit ihrer üppigen Textur und Geschmacksfülle orientieren sich die Weine eher an die Moderne. Mehr für geradlinige Leichtigkeit plädiert indes der attraktive Rosso di Montalcino. Wegen seiner Balance zwischen Aromaeleganz und erdiger Kraft lohnt es, den Lagen-Brunello Pianrosso aufzustöbern.

Località Molinello, Frazione Castelnuovo D'Aragona,
53024 Montalcino; www.ciaccipiccolomini.com

Cima Colli Apuani
Seit dem frühen 19. Jahrhundert beackert die Familie Cima die steilen Hänge im Westen der Toskana. Unter Aurelio Cima wurden zuletzt die Gutsflächen erweitert und der Önologe Donato Lanati angeheuert. Wie prächtig sich der Vermentino in diesem Teil der Toskana entwickelt, illustriert die mineralbetonte Einzellagen-Edition Vigneto Candia Alto. Nahe der toskanischen Küste ist die Massaretta-Rebe heimisch, die einen aromafrischen Roten ergibt. Ernstere Töne schlägt sie im Verbund mit Sangiovese im kraftvollen Romalbo an. **★Aufsteiger**

Via del Fagiano 1, Frazione Romagnano, 54100 Massa
www.aziendagricolacima.it

Col d'Orcia Montalcino
Der liebenswürdige Graf Francesco Marone Cinzano trat hier 1992 die Nachfolge seines Vaters an, der das historische Anwesen 1973 erworben hatte. Bereits 1933 hatte dieses Gut, damals noch unter dem Namen Fattoria di Sant'Angelo in Colle, bei der seinerzeit in Siena abgehaltenen italienischen Weinschau mehrere Etiketten präsentiert. Heute ist Col d'Orcia in Sachen Forschung einer der aktivsten Betriebe in Montalcino. Natürlich wird auch feiner Wein erzeugt – schlicht überragend ist der einfache Brunello.

S. Angelo in Colle, 53020 Montalcino; www.coldorcia.it

Colle Santa Mustiola Südtoskana
1992 wurde die Kleinkellerei in der Südtoskana von Fabio Cenni gegründet. Ihr ein und alles ist der Poggio ai Chiari, bereitet aus Sangiovese und etwas Colorino, deren Reben beide auf Schwemmlandböden wachsen. Eine lebhafte Kirschenfrucht steht im Zentrum der geschmeidigen Darbietung dieses Tropfens, die dennoch griffiger Tannine nicht entbehrt. Hinzu kommt eine gewisse Strenge, die der Erde und nicht etwa dem Eichenfass entspringt. Der Poggio ai Chiari ist ein Wein, der im Alter immer schöner wird. **★Aufsteiger**

Via delle Torri 86/A, 53043 Chiusi; www.poggioaichiari.it

Collemattoni Montalcino
Mit Rebflächen, die er von seinem Onkel geerbt hatte, gründete Aldo Bucci 1988 den Betrieb und gab ihn 1995 an Sohn Marcello weiter. Unter diesem stieg Collemattoni zu einer der Größten unter den Kleinkellereien der Region auf. Marcello führte Bioweinbau ein und bleibt bei der Bereitung weitgehend den überlieferten Methoden treu. Dazu gehören lange Einmaischzeiten und ein Ausbau in großen Fässern aus slawonischer Eiche. Eine elegante Erscheinung ist der erdige Basis-Brunello mit unterschwelligem Feuer. **★Aufsteiger**

Località Podere Collemattoni 100,
53020 Sant'Angelo in Colle; www.collemattoni.it

Colognole Chianti Rùfina
Seit dem späten 19. Jahrhundert ist die Familie Spalletti im Weingeschäft tätig. Sie bewirtschaftet etwa 27 ha Rebland nahe dem Fluss Sieve im Unterbereich Chianti Rùfina. Für die Weine, die sich eher im traditionellen Spektrum bewegen, werden Sangiovese- und Colorino-Trauben mit unterschiedlichen Mitteln verarbeitet, darunter Edelstahl wie auch Beton für die Gärung und sowohl große als auch kleinere Fässer für die Reifung. Ein freundliches, frisches Wesen kennzeichnet den

ausdrucksvollen Chianti Rùfina. Konzentrierter und wie geschaffen für einen längeren Aufenthalt im Keller ist die Riserva del Don.

Via del Palagio 15, Località Colognole, 50068 Rùfina
www.colognole.it

Conti Costanti Montalcino
Die Familie Costanti ist seit Mitte des 16. Jahrhunderts tief in Montalcino verwurzelt und gehörte 1865 zu den Vorreitern einer umwälzenden Bewegung, als nämlich Tito Costanti seinen ersten Brunello-Jahrgang bereitete. 1983 trat Andrea Costanti nach Abschluss seines Studiums die Leitung des Unternehmens an und gibt bis heute die Richtung vor. Es ist ein Mittelweg zwischen Tradition und Moderne. So reift der Brunello in einer Kombination aus großen Fässern und Barriques, weshalb er sich nicht als Kraftprotz präsentiert, sondern als eleganter Gentleman mit feinen Manieren.

Località Colle al Matrichese, 53024 Montalcino
www.costanti.it

Contucci Montepulciano
Stärker traditionsverhaftet als dieses kann ein Weinhaus kaum sein. Seit Jahrhunderten ist es in Montepulciano ansässig, und nach wie vor – heute hier eine rare Ausnahme – befindet sich die Kellerei in den Gewölben unter dem Palazzo der Familie. Nur einheimische Traubensorten wie Prugnolo (Sangiovese), Canaiolo und Colorino kommen in die Kelter; ausgebaut werden die Weine in großen Fässern, wo sie eine weiche, elegante Struktur entwickeln. Der aromatische Vino Nobile rückt nicht die Kraft des Sangiovese in den Vordergrund, sondern seine feine und charmante Seite.

Via del Teatro 1, 53045 Montepulciano; www.contucci.it

Dei Montepulciano
Alibrando Dei, Großvater der heutigen Eignerin Maria Catarina, erwarb 1964 ein altes Gut nahe Montepulciano als Feriensitz. Kurz darauf pflanzte er den Weinberg Bossona an, dessen Trauben anfangs verkauft wurden. Erst seit 1985 werden in Eigenregie Weine aus ihnen bereitet. Bezeichnend für den bekannt vornehmen, edlen Stil ist der langlebige Vino Nobile Riserva Bossona, bereitet von den Beeren der ältesten Reben auf dem Gut. Üppig und vollmundig zeigt sich der normale Vino Nobile, dessen opulenter Frucht griffige, herzhafte Tannine gegenüberstehen.

Villa Martiena, 53045 Montepulciano; www.cantinedei.com

Enrico Santini Bolgheri
Anders als die meisten Bolgheri-Erzeuger ist Enrico Santini in der Gegend geboren. Er debütierte mit dem 1999er Jahrgang und erzeugt eine Handvoll Weine von 13 ha Grund, auf denen Franzosen wie Cabernet Sauvignon und Syrah neben italienischen Sorten wie Vermentino und Sangiovese gedeihen. Typisch für die Santini-Gewächse, die mit kraftvoller Art ohne Umschweife die Sinne vereinnahmen, ist der dunkle, vielschichtige und intensive Montepergoli. Reife Fruchtnoten und kernige Tannine enthüllt der Poggio al Moro. ★**Aufsteiger**

Località Campo alla Casa 74, 57022 Castagneto Carducci
www.enricosantini.it

FATTORIA FELSINA
MIT GLATT POLIERTEN TANNINEN UMFÄNGT DIESER REINSORTIGE SANGIOVESE DIE SINNE

COLOGNOLE
EIN AUSDRUCKSVOLLER WEIN VON FREUNDLICHER, FRISCHER ART

Fattoria del Cerro Montepulciano
Das 170-ha-Gut, eines der größten Montepulcianos, ist im Besitz von Saiagricola, einem Zweig der Versicherungsgesellschaft Fondiaria-SAI. Da diese glücklicherweise den altgedienten Kellermeister Lorenzo Landi auf seinem Posten beließ, ist auf den ansprechenden, reichhaltigen Stil der Weine weiterhin Verlass. Schön abgerundet und zugleich pikant säurebelebt, verkörpert der Vino Nobile mustergültig das zugängliche Wesen des Sangiovese. Etwas mehr Struktur offenbart die Riserva und verheißt mit ihrer tiefgründigen, kraftvollen Anlage gutes Alterungspotenzial.

Via Grazianella 5, 53040 Acquaviva di Montepulciano
www.saiagricola.it

Fattoria Fèlsina Chianti Classico
Giuseppe Mazzocolin leitet das Gut im Süden des Chianti Classico, auf dem sich fast alles um die Sangiovese-Rebe dreht. In den 1980er- und 1990er-Jahren ließ er die Weinberge unter achtsamer Berücksichtigung der unterschiedlichen Bodentypen in höherer Dichte neu bestocken. Als komplexe Interpretationen des Sangiovese glänzen die beiden Topetiketten des Hauses, der Fontalloro und der vielleicht stärker mineralische Rància. Einen eleganten Kern bringt der Chianti Classico Berardenga hinter seiner kräftigen Schale zum Vorschein, und der Inbegriff eines Kandidaten für lange Kellerruhe ist die Riserva Berardenga.

Via del Chianti 101, 53019 Castelnuovo Berardenga
www.felsina.it

Fattoria La Peschiera Scansano
Unweit der heißen Quellen von Saturnia und Pitgliano im Süden der Toskana besteht seit 1980 dieser 7-ha-Betrieb. Aus Sangiovese, Ciliegiolo, Merlot und Alicante entsteht hier ein Morellino di Scansano, der, in Edelstahl vergoren und gereift, rustikalen Charme besitzt. Prallvoll mit Frucht, verbreitet er dennoch am Gaumen appetitliche Frische. Mit dem Trebbiano-Vermentino-Verschnitt Antiglio bietet die Kellerei eine blumige, frische Version des Pitgliano Bianco.

Località La Peschiera, 58050 Saturnia
www.fattorialapeschiera.it

Fattoria La Torre Lucca
Nicht weit von Lucca pflegen die Geschwister Elena und Mauro Celli mit biologisch-dynamischen Methoden ihre knapp 3 ha Weinberggelände. Von Rebsorten wie Syrah und Vermentino erzeugen sie Tropfen mit warmem, mediterranem Flair. Auf Trebbiano, Vermentino, Pinot Grigio und Roussanne beruht der schwungvolle Montecarlo, der auch zu einem Essen vorzüglich mundet. Für die Toskana eher untypisch, aber absolut köstlich ist der pfeffrige Syrah namens Esse.

Via Provinciale di Montecarlo 7, 55015 Montecarlo
www.fattorialatorre.it

Fattoria Le Pupille Scansano
Nachdem Elisabetta Geppetti den Betrieb ihrer Familie nahe Scansano 1985 übernommen hatte, machte sie sich daran, dessen Image durch neue Weine wie den Saffredi und den Poggio Argentato zu stärken und dem Konsortium der Erzeuger des Morellino di Scansano auf die Beine zu helfen. Eben ihr einfacher Morellino

FONTODI
ELEGANZ KENNZEICHNET DIESEN 100%IGEN SANGIOVESE AUS BIOLOGISCHEM ANBAU

ISOLE E OLENA
DIESER LEBHAFT-FRISCHE CHIANTI CLASSICO IST EIN PERFEKTER ESSENSBEGLEITER

di Scansano, mit seiner munteren Frische ein lebhafter Ausdruck des Sangiovese, bietet den idealen Einstieg in ihr Sortiment. Eine reiche, feste Struktur und mithin ein gutes Alterungspotenzial bringt der Einzellagen-Morellino Poggio Valente mit.

Piagge del Maiano 92/A, Località Istia d'Ombrone, 58100 Grosseto; www.elisabettageppetti.com

Fattoria di Selvapiana Chianti Rùfina

1827 von Michele Giuntini Selvapiana erworben, stand das Gut lange Jahre unter der Leitung von dessen Nachfahren Francesco Giuntini Antinori. Seit einiger Zeit haben Federico Giuntini Masetti und seine Schwester Silvia die Geschäftsleitung inne; auch sie vertrauen auf das önologische Know-how Franco Bernabeis, der seit 1979 hier Berater ist. Selvapiana ist bekannt für seinen erhabenen, mitunter strengen Sangiovese; einige Weine des Guts gehören zu den überwältigendsten Vertretern der Subzone Rùfina überhaupt. Von älteren Reben stammt die Sangiovese-Einzelagen-Auslese Bucerchiale.

Località Selvapiana, 50068 Rùfina; www.selvapiana.it

Fontodi Chianti Classico

Fontodi zählt zu den Spitzenbetrieben im Chianti Classico. Giovanni Manetti, dessen Familie das Gut nahe Panzano seit 1968 gehört, praktiziert sowohl in den relativ hoch gelegenen Weinbergen als auch in den Olivenhainen biologische Landwirtschaft und lässt im Keller höchste Sorgfalt walten. Heraus kommen Weine, die erdige Kraft mit einer energischen Säure harmonisch verbinden, so wie der Sangiovese Flaccianello. Mit seiner Festigkeit und Eleganz auch nicht zu verachten ist der normale Chianti Classico, ebenfalls zu 100 % Sangiovese.

Via San Leolino 89, Frazione Greve in Chianti, 50020 Panzano in Chianti; www.fontodi.com

Fornacelle Bolgheri

Stefano Billi setzte, nachdem er das Gut von seinem Großvater geerbt hatte, 1998 hier die ersten Weinstöcke. Heute nehmen die ausnahmslos küstennahen Rebpflanzungen nahezu 15 ha ein. Internationale Sorten stellen die Mehrheit, doch sind in Maßen auch Vermentino und Fiano repräsentiert. Nachdem Billi zudem eine Schwäche für Cabernet Franc entwickelt hat, gehört er inzwischen zu jener Handvoll Erzeuger in der Gegend, die dieser Rebe charaktervolle Rotweine abgewinnen. Glatt poliert und elegant, dabei aber umspielt von griffigen und herzhaften Tanninen, ist sein Foglio 38. ★**Aufsteiger**

Località Fornacelle 232/A, 57022 Castagneto Carducci www.fornacelle.it

Fuligni Montalcino

Im Osten Montalcinos und damit in der angeblich klassischen Brunello-Heimat liegt das Gut der Familie Fuligni. Seit 1923 in deren Besitz, verfolgt es, heute unter Leitung von Maria Flora Fuligni und ihrem Neffen Robert Guerrini, einen eher traditionellen Kurs. Der Brunello Riserva, von den Früchten der ältesten Reben auf dem Gut und nur in wirklich guten Jahren bereitet, ist ein mustergültiges Abbild der etwas heiklen Sangiovese-Rebe: fein und aromaintensiv, mit festen Tanninen und kräftiger Säure – für den Keller wie geschaffen.

Via S. Saloni 32, 53024 Montalcino; www.fuligni.it

Gagliole Chianti Classico

Das kleine Gut gehört den Eheleuten Thomas und Monika Bär, die, önologisch gecoacht von Stefano Chioccioli, charaktervolle Weine auf Sangiovese-Basis erzeugen. Ihr Premiumetikett ist der Pecchia, ein Verschnitt aus Sangiovese und etwas Merlot, der trotz Fülle und plüschiger Struktur dank des mineralisch gefärbten Tannins durchaus Tiefgang beweist. Der Gagliole IGT (Cabernet Sauvigon/Sangiovese) fördert eine dunklere Frucht und beträchtliche Konzentration, aber weniger Eleganz zutage. Höchsten Trinkgenuss verspricht der Chianti Classico Rubiolo.

Località Gagliole 42, 53011 Castellina in Chianti www.gagliole.com

Guido Gualandi Chianti Colli Fiorentini

Auf seinem Gut erledigt Guido Gualandi, ein Perfektionist, wie er im Buche steht, fast alles von Hand. Im Freiland arbeitet er mit biologischen Methoden und im Keller minimalinvasiv, weshalb er die Gärung durch Naturhefen in Gang kommen lässt. Darüber hinaus setzt er auf fast vergessene Toskaner-Trauben wie Pugnitello und Foglia Tonda. Zusammen mit einem lokalen Klon des Sangiovese bilden diese Sorten die Grundlage des Gualandus, eines in großen Kastanienfässern gereiften Roten mit ausgeprägt duftigem Wesen und packendem Tannin. Probierenswert ist auch der erdige, feste Chianti Colli Fiorentini. ★**Aufsteiger**

Via delle Ripe 19, Poppiano, 50025 Montespertoli www.guidogualandi.com

Il Molino di Grace Chianti Classico

Nachdem der US-Amerikaner Frank Grace das Gut 1995 erworben hatte, machte er es zusammen mit seinem deutschen Kellermeister Gerhard Hirmer und dem Berater Franco Bernabei in Windeseile zu einer der Topadressen in Panzano. Dem internationalen Geschmack kommt die elegante Fülle der Weine entgegen, die jedoch in den festen Sangiovese-Tanninen alter Schule ihren Ausgleich findet. In einigen der Etiketten wirkt Merlot als Weichmacher mit, doch der Chianti Classico Riserva ist von Kraft und Struktur geprägt, die ihn viele Jahre altern lassen. ★**Aufsteiger**

Località Il Volano Lucarelli, 50022 Panzano in Chianti www.ilmolinodigrace.com

Il Palazzone Montalcino

Auf mehrere Winkel der Anbauzone verteilen sich die knapp über 3 ha Rebland des US-Geschäftsmanns Richard Parsons, darunter zwei ältere Parzellen bei Castelnuovo dell'Abate. Mit Paolo Vagaggini als önologischem Berater erzeugt er einen festen, reifen Brunello, den eher fruchtige Tannine und frische Säure als Eiche prägen. Wundervoll ausgewogen und alterungsbereit ist die Riserva, während der Rosso del Palazzone, eine als Vino da Tavola abgefüllte Cuvée von mehreren Jahrgängen, am besten jung genossen werden sollte.

Località Le Due Porte 245, 53024 Montalcino www.ilpalazzone.com

Il Poggione Montalcino

Das große Gut von Leopoldo Franceschi gilt gemeinhin als fester Bezugspunkt für Montalcino. Favorisieren dort viele Erzeuger einen von Eiche und Extrakt dominierten

Stil, setzt das Poggione-Kellermeistergespann aus Vater Fabrizio und Sohn Alessandro Bindocci eher auf Balance und Typizität. Deutlich erkennt man dies beim Basis-Brunello, der mit seiner Verbindung aus zarten Aromen und fester Säure zeigt, zu welcher Subtilität Sangiovese bei feinfühliger Behandlung fähig ist. Überaus fein, trotz aller Intensität, erscheint der von einer Einzellage stammende I Paganelli Brunello Riserva.

Frazione Sant'Angelo in Colle, Località Monteano, 53020 Montalcino; www.tenutailpoggione.it

I Poderi di San Gallo Montepulciano

Olimpia Roberti leitet dieses traditionell ausgerichtete Gut. Seine Rebfläche, bisher etwa 7,5 ha und bestehend aus den beiden Weinbergen Le Bertille und Casella, soll demnächst annähernd verdoppelt werden. Durch lange Maischzeiten verhilft Roberti den Weinen zu einer tief rubinroten Farbe und fruchtigen Tanninen mit kernigem Biss. Selbst der Rosso di Montepulciano, gemischt aus Prugnolo (Sangiovese), Ciliegiolo, Colorino und Mammolo, imponiert durch eine ausgeprägte Struktur. Wie kräuterwürzig und herzhaft-fruchtig Sangiovese sein kann, verdeutlicht auf überzeugende Weise der Vino Nobile. ★**Aufsteiger**

Via delle Colombelle 7, 53045 Montepulciano www.ipoderidisangallo.com

Isole e Olena Chianti Classico

Lange schon wird in dem Betrieb am Nordrand der Chianti-Classico-Zone, den die Familie von Paolo de Marchi Mitte der 1950er-Jahre erwarb, das Potenzial der Sangiovese-Traube als Einzeldarsteller sondiert. So besteht das Spitzenetikett Cepparello seit seinem 1980er Debütjahrgang zu 100 % aus dieser Rebsorte und hält sich seit jener Zeit aus dem DOC-System heraus (dabei könnte es nach den geltenden Regeln als Chianti Classico firmieren). Als munterer, frischer Tischgenosse konzipiert ist der normale Chianti Classico.

Località Isole 1, 50021 Barberino Val d'Elsa Tel. 0558 072763

La Cerbaiola di Giulio Salvioni Montalcino

Mit langen Maischzeiten und großen Fässern verfolgen Giulio Salvioni und sein beratender Önologe Attilio Pagli einen traditionellen Weg. Die Stärke ihres Brunello liegt in der feinen Balance zwischen seiner Säure und den kräftigen Tanninen – zwei Elemente, die sich im Lauf der Zeit innig verzahnen. Auf die gleiche Weise bereitet, nur schneller aus dem Fass entlassen und dennoch ebenso ernst zu nehmen wie sein großer Bruder, ist der Rosso di Montalcino.

Piazza Cavour 19, 53024 Montalcino Tel. 0577 848499

La Gerla Montalcino

Sergio Rossi, ehemaliger Werbefachmann, erwarb 1976 diesen beschaulichen Betrieb und verordnete ihm eine Generalüberholung, die den Keller genauso betraf wie die Weinberge. Diesen – insgesamt knapp über 11 ha – gewinnt er mit önologischer Unterstützung durch Vittorio Fiore das klassische Spektrum, also Brunello und Rosso di Montalcino, ab. Seit einigen Jahren tendiert der Stil zu einem reiferen und modernen Ausdruck (obwohl für den Ausbau von Sangiovese-Weinen nach wie vor große Fässer zum Einsatz kommen). Der schmackhafte einfachen Brunello wird nicht selten zu einem recht anständigen Preis angeboten.

Località Canalicchio, Podere Colombaio, 53024 Montalcino www.lagerlamontalcino.com

La Lastra San Gimignano

Der Betrieb bei San Gimignano wurde 1994 von Renato Spanu, Nadia Betti und Enrico Paternoster ins Leben gerufen. Etwa 5,5 ha Weinberge liefern die Rot- und Weißweintrauben – Vernaccia, Sangiovese, Canaiolo und andere Sorten – für das Sortiment. Gut auf den Punkt gebracht und sehr mineralisch ist der einfache Vernaccia di San Gimignano. Der Chianti Colli Senesi gibt sich als ernsthafter Roter. Noch mehr Genuss verspricht möglicherweise der Rosso, rein aus Sangiovese bereitet, in Zementbottichen vergoren und in großen Fässern gereift. ★**Aufsteiger**

Via R. de Grada 9, 53037 San Gimignano; www.lalastra.it

La Mozza Scansano

Sangiovese, Syrah und Alicante baut der Betrieb im Besitz des US-Gastronomen Joseph Bastianich und seiner Mutter Lidia Bastianich auf etwa 35 ha Weinberggelände an – Sorten also, die mit dem trockenen Klima der Anbauzone am besten zurechtkommen. Dies bestätigt sich in den herzhaften roten Geschöpfen des Kellermeisters Maurizio Castelli. Der Aragone vereint in sich die zuvor genannten Sorten sowie zusätzlich Carignan zu einer kraftvollen, schneidigen Mischung. Zum Essen macht sich der Morellino di Scansano namens I Perazzi bestens. ★**Aufsteiger**

Monte Civali, Magliano in Toscana, 68061 Grosseto www.lamozza.com

La Torre Montalcino

Luigi Anania gründete seinen 5-ha-Betrieb 1977 und beging mit dem Jahrgang 1982 seine Premiere. Trotz ihrer eleganten Struktur können die Weine einen Hang zur Tradition nicht verhehlen. Eine muntere Säure und markante Frucht beleben den einfachen Brunello, der in Anbetracht seiner Struktur einige Jahre gut altern dürfte. Für einen kurzfristigeren Genuss gedacht und aufgrund seines unmissverständlichen Sangiovese-Charakters ein perfekter Essensbegleiter ist der Rosso di Montalcino.

Frazione Sesta, Località La Torre, 53024 Montalcino Tel. 0577 844073

Le Boncie Chianti Classico

Relativ hoch, nämlich auf etwa 400 m, liegt der kleine Besitz von Giovanna Morganti in Castelnuovo Berardenga. Ihr einziger Wein ist der straffe und nervige Chianti Classico Le Trame, in dem die elegante, feinere Seite des Sangiovese anklingt. Eher frisch als kraftbetont, gewinnt er durch die lebhafte Säure jene Balance, die eine gute Alterung verspricht. Als Winzerin, die im Weinberg umweltbewusst arbeitet und sich im Keller auf Naturhefen verlässt, hat sich Morganti eine beachtliche Position unter den natürlich arbeitenden Erzeugern Italiens erworben und stößt auch bei Genießern auf immer regeres Interesse. ★**Aufsteiger**

Strada delle Boncie 5, Località San Felice, 53019 Castelnuovo Berardenga; www.leboncie.it

SUPER-ROTE MIT MITTELMEERFLAIR

Lange schon ist der Begriff »Supertoskaner« in aller Munde als Bezeichnung für kräftige Rote, die variierende Anteile von Sangiovese und von Bordeaux-Sorten wie Cabernet Sauvignon, Merlot oder Cabernet Franc enthalten. Während diese Weingattung überall in der Toskana immer mehr um sich griff, haben einige Erzeuger in der Küstenregion der Maremma begonnen, in ihrer näheren Umgebung nach neuen Inspirationen zu suchen.

Dass dies gerade in der ursprünglichen Heimat solcher Super-Verschnitte wie Sassicaia und Ornellaia geschieht, verleiht dem Ganzen umso mehr Glaubwürdigkeit. Kellereien wie Ampelaia, Valgiano, Belguardo oder La Mozza rücken in ihren Kreationen mediterrane Traubensorten wie Grenache, Mourvèdre, Carignan und Alicante in den Vordergrund. Die Weine, die sich so ergeben, stehen durchweg für einen eher entspannten Genuss. Anstatt ihr Dasein als Trophäen in einem dunklen Keller zu fristen, wollen diese toskanischen Cuvées der neuen Generation feines Trinkvergnügen zu kulinarischen Freuden beisteuern. Dabei sind sie keineswegs darauf aus, den Sassicaia und Konsorten zu entthronen, denn solche umstürzlerischen Aktivitäten haben sie gar nicht nötig.

Rebzeilen und Zypressenreihen in der Hügellandschaft von Greve in Chianti - Inbegriff des toskanischen Idylls.

ORNELLAIA
CABERNET SAUVIGNON, MERLOT, CABERNET FRANC UND PETIT VERDOT LIEGEN DIESEM KRAFTVOLLEN WEIN ZUGRUNDE

MICHELE SATTA
ZUGÄNGLICHER, FRISCH-FRUCHTIGER WEIN MIT FESTER TANNINUNTERSTÜTZUNG

Le Macchiole Bolgheri
1975 von Eugenio Campolmi gegründet, hat sich Le Macchiole mit reinsortigen Interpretationen von Cabernet Franc (Paleo), Merlot (Messorio) und Syrah (Scrio) einen Namen gemacht. Campolmi, der 2002 viel zu früh starb, hegte ein großes Faible für Cabernet Franc und war überzeugt, dass diese Rebe perfekt auf die tonigen Böden Bolgheris passt. Ganz in seinem Sinne führen seine Witwe Cinzia Merli und der seit Langem als Weinmacher für die Kellerei tätige Luca d'Attoma die Produktion des Paleo fort, der weiterhin als einer der großartigsten Vertreter des Cabernet Franc brilliert.

Via Bolgherese 189, 57020 Bolgheri; www.lemacchiole.it

Le Potazzine Montalcino
Giuseppe Gorelli gehört der jungen Erzeugergarde in Montalcino an. Mit seinen klassisch bereiteten Weinen hat er bereits für einiges Aufsehen gesorgt. Der Brunello unterfüttert intensive Geschmackseindrücke mit geschmeidigen Tanninen. Obwohl er von einer Flaschenreifung mittlerer Dauer durchaus profitiert, mundet er doch auch schon früher, insbesondere zu herzhaften Schmorgerichten. Der Rosso, der eine Weile im Barrique liegt, erweist sich mit seiner geradlinigen und sanften Art als guter Essenspartner. ★**Aufsteiger**

Località Le Prata 262, 53024 Montalcino
www.lepotazzine.it

Le Presi Montalcino
1970 rief Bruno Fabbri den kleinen Betrieb ins Leben, und seit 1998 führt Sohn Gianni sein Werk fort. Den ökologischen Anbau hat er ebenso beibehalten wie die traditionellen Methoden im Keller. Jedes Jahr präsentiert Fabbri auf der Weinmesse VinItaly ein neues T-Shirt, das von der großen Liebe zum Sangiovese kündet, die man in der Kellerei hegt. Intensiv, kraftvoll und konzentriert und für die Alterung bestens gerüstet ist der Brunello. Der Rosso spricht mit seinem sanften Wesen eher in der Jugend die Sinne an.

Via Costa della Porta, Frazione Castelnuovo Abate, 53020 Montalcino; Tel. 0577 835541

Lisini Montalcino
Bis ins 18. Jahrhundert lässt sich die Geschichte der Familie Lisini in Montalcino zurückverfolgen. Nach umfangreichen Sanierungsarbeiten, die Elina Lisini Anfang der 1970er-Jahre durchführte, umfasst das Gut mehr als 18 ha Weinberge. Nach wie vor wird es von der Familie geführt, die im Keller von Giulio Gambelli unterstützt wird. Wie bei einer Koalition zwischen Gambelli und einer alteingesessenen Montalcino-Familie nicht anders zu erwarten, hält sich der Brunello mit seiner Eleganz und Finesse strikt an die Tradition.

Località Sant'Angelo in Colle, 53020 Montalcino
www.lisini.com

MaremmAlta Montalcino
Anfang des Jahrtausends startete Stefano Rizzi dieses Projekt in der südlichen Maremma, unweit von Grosseto. MaremmAlta ist bekannt für günstige, unprätentiöse Tropfen wie den Lestra, ein Vermentino, der an einem Sommertag köstlich den Gaumen erquickt. Wundervoll lebhaft und frisch mundet der nur aus Sangiovese und ohne Eiche bereitete Poggiomaestro. Der Micante, in dem neben Sangiovese auch Cabernet Sauvignon mitwirkt, präsentiert sich entsprechend dunkler und konzentrierter. Alle Weine sind jung zu genießen und haben ein hervorragendes Preis-Qualitäts-Verhältnis.

Località Casteani, 58023 Gavorrano; www.maremmalta.it

Massa Vecchia Maremma
Zusammen mit den Erzeugern Paolo Bea, Stanislao Radikon und Angiolino Maule gehört die Kellerei zu den Initiatoren von Gruppo Vini Veri, die sich für eine natürliche Weinbereitung stark macht. 1985 von Fabrizio Niccolaini und Patrizia Bartolini gegründet, wird Massa Vecchia seit 2009 von deren Tochter Francesca Sfondrini geführt. Ein chemiefreier und ganzheitlicher Ansatz im Weinberg, ergänzt durch eine Nicht-Eingriffs-Politik im Keller ergeben authentische Weine voller Lebendigkeit und mit individuellem Charakter. ★**Aufsteiger**

Via Le Coste 21B, 58024 Massa Marittima; Tel. 0566 904144

Melini Chianti Classico
Der seit 1705 bestehende Großbetrieb, heute im Besitz von Gruppo Italiano Vini, füllte als einer der Ersten den zum Export bestimmten Chianti in den berüchtigten strohumwickelten Flaschen ab. Seither wurde hier beträchtlich modernisiert, allerdings blieb der traditionelle Stil der Weine weitgehend unangetastet. Dafür können sie ein ausgezeichnetes Preis-Genuss-Verhältnis vorweisen, speziell der Basis-Chianti aus Sangiovese und Canaiolo. Erlesener ist der Vigneti La Selvanella, ein gut strukturierter Chianti Classico Riserva von dem gleichnamigen Melini-Weinberg in Radda.

Località Gaggiano, 53036 Poggibonsi
www.gruppoitalianovini.com/melini

Michele Satta Bolgheri
Als Student der Agrarwissenschaften kam Michele Satta 1974 nach Bolgheri. Dort arbeitete er im Obst- und Gemüseanbau, bis ihn das Weinvirus befiel. Anfang der 1980er-Jahre erzeugte er seine ersten Weine, bereits 1988 war dann die eigene Kellerei fertiggestellt und er pflanzte seine ersten Rebgärten an. In puncto Eleganz sind Sattas Etiketten mit anderen aus Bolgheri vergleichbar, sie wirken jedoch stets ganz gelassen und unangestrengt. Cabernet Sauvignon, Sangiovese und Merlot bilden die üblichen, Syrah und Teroldego die ungewöhnlichen Zutaten im guten Bolgheri Rosso. ★**Aufsteiger**

Località Casone Ugolino 23, 57022 Castagneto Carducci
www.michelesatta.com

Montesecondo Chianti Classico
Mitte der 1990er-Jahre zogen Silvio und Catalina Messana von New York auf einen Hof nahe Florenz, der Silvios Eltern gehörte. Die beiden nahmen sich erst mit biologischen, später mit biodynamischen Methoden des Weinbergs an, den Silvios Vater in den 1970er-Jahren angelegt hatte. Passend zu diesem ökologischen Ansatz nutzt Silvio Messana bei der Gärung Naturhefen. Er schätzt eine leichte Eichennote, zieht aber die größeren Tonneaux den Barriques vor. Probierenswert ist auf jeden Fall der Chianti Classico, ein agiler, herzhafter Verschnitt aus Sangiovese, Canaiolo und Colorino. ★**Aufsteiger**

Via per Cerbaia 18, Località Cerbaia, 53017 San Casciano Val di Pesa; www.montesecondo.com

Montevertine Chianti Classico
Die Montevertine-Geschichte begann 1967, als der inzwischen verstorbene Sergio Manetti einen alten Hof in Radda kaufte und ein Jahr später mithilfe des legendären Giulio Gambelli den Weinberg Le Pergole Torte anlegte. Ein Disput Manettis mit dem Chianti-Classico-Konsortium hatte zur Folge, dass all seine Weine heute nicht als DOC, sondern als IGT firmieren. Inzwischen ist Sohn Martino in seine Fußstapfen getreten. Er behielt die alten Prinzipien bei, einschließlich der langen Gärung in Zementtanks sowie der Ausbaustrategien, die auf Feinheit statt auf Wucht abzielen.

Località Montevertine, 53017 Radda in Chianti
www.montevertine.it

Moris Farms Maremma
Seit Generationen schon betreibt die Familie Moris im Süden der Toskana Landbau. Noch nicht allzu lange ist es dagegen her, dass sie ihre beiden Weingüter – eines im Scansano-Gebiet, das andere in Massa Marittima – mit Blick auf eine qualitativ hochwertige Produktion auf Vordermann brachte. Aus Scansano kommt ein fruchtiger Morellino, der munter über den Gaumen gleitet. Gehaltvoller und komplexer zeigt sich der aus Sangiovese, Cabernet Sauvignon und Syrah bereitete Avvoltore. Reizvoll ist auch der kräuterwürzige, präzise fokussierte Vermentino aus der Nähe von Grosseto.

Fattoria Poggetti, Località Cura Nuova, 58024 Massa Marittima; www.morisfarms.it

Ornellaia Bolgheri
Dieser Vorzeigebetrieb der modernen toskanischen Weinszene wurde Anfang der 1980er-Jahre von Ludovico Antinori und seinem Weinmacher Tibor Gál ins Leben gerufen. Rasch erwarb er sich mit seinen eleganten Bordeaux-Verschnitten, insbesondere dem Einzellagen-Merlot Masseto, einen Prominentenstatus. Nach dem Jahr 2000 wurde das Gut von der kalifornischen Mondavi-Dynastie erworben, dann fiel es zum Teil an die Frescobaldi-Familie, die Mondavi übernommen hatte. Seit Constellation Brands den Frescobaldis seine Anteile verkauft hat, gehörte es dieser Familie komplett.

Via Bolgherese 191 Bolgheri, 57022 Castagneto Carducci
www.ornellaia.com

Palazzina Le Macioche Montalcino
Matilde Zecca und Achille Mazzocchi erwarben und renovierten dieses Minigut 1985. Die etwas über 2,8 ha werden biologisch bewirtschaftet. Unter Beratung des Önologen Maurizio Castelli entstehen hier delikate Tropfen klassischer Anlage wie der Brunello di Montalcino, der Blumenaromen und eine schmeichelnde rote Frucht mit sehnigen Tanninen verbindet. Die Riserva, basierend auf einer Traubenselektion und wie der Brunello lange gemaischt, zeigt mehr Intensität und Kraft, wobei die feine Aromatik als ausgleichendes Element fungiert. Dieser Wein braucht Geduld.

S. P. di Sant'Antimo, km 4,85, 53024 Montalcino
Tel. 0577 849168

Pian dell'Orino Montalcino
Zurück in die Zukunft – so könnte das Motto dieses 6-ha-Betriebs lauten. Aufwandsintensive Vinifikation und Barriquereifung sind hier passé, stattdessen hat man

PIAN DELL'ORINO
ZWEI BIS DREI JAHRE IM HOLZFASS VERHELFEN DIESEM BRUNELLO ZU KRAFT UND INTENSITÄT

PIANDIBUGNANO
EIN EXOTISCHES GESCHÖPF, DAS SANFTE AROMEN MIT KRÄFTIGEN TANNINEN PAART

sich auf alte Konzepte des biologischen Rebbaus und der natürlichen Weinbereitung besonnen, die heute wieder ganz en vogue sind. Seit 1997 erzeugen Caroline Pobitzer und ihr Mann Jan Erbach gleich neben dem Biondi-Santi-Gut Tenuta Greppo (siehe S. 392) elegante und faszinierende Weine. Ansprechend und geradeheraus gibt sich der Rosso di Montalcino, während der Brunello einer langen Maischung viel Kraft und Intensität verdankt. ★**Aufsteiger**

Località Piandellorino 189, 53024 Montalcino
www.piandellorino.com

Piandibugnano Montecucco
Giorgio Bucelli, Paolo Trappolini und Carlo Filippeschi begannen ihr Kleinunternehmen in der Montecucco-Zone im Süden der Toskana 2002. Auf ihren knapp über 3 ha Rebengelände, die sich an den Hängen nahe dem Monte Amiata in immerhin 400–500 m Höhe erstrecken, reifen Trauben mit recht hohem Säurepegel, der später in den Weinen durchschlägt. Dynamik und Vitalität strahlt der Sangiovese/Merlot-Verschnitt Cuccaia aus. Ein reiner Sangiovese ist der L'Erpico, der auf reizvolle Art sanfte Aromen mit kräftigen Tanninen vereint. ★**Aufsteiger**

Località Piandibugnano, 58038 Seggiano Grosseto
www.piandibugnano.com

Pieve Santa Restituta Montalcino
1974 von Roberto Bellini gegründet, steht das Gut seit 1994 unter der Regie von Angelo Gaja, der mit der für ihn typischen Akribie die Weinbergflächen überholte und erweiterte, um dann die Kelleranlage komplett zu erneuern. Zwei Brunello-Editionen, die sowohl mit Barriques als auch mit großen Fässern in Kontakt kommen, stehen im Zentrum der Produktion: Mitteilsamer ist der Reninna, eine Auslese von mehreren Lagen, die viel Anmut und Charme versprüht, während der von einer Einzellage stammende Sugarille von kräftigen mineralischen Tanninen und fester Säure geprägt ist.

Località Santa Restituta, 53024 Montalcino
www.gaja.com

Poderi Boscarelli Montepulciano
Der Vater von Paola de Ferrari Corradi kaufte Anfang der 1960er-Jahre das Gut, das Paola mit ihrem Mann Ippolito de Ferrari leitete, bis dieser 1983 bei einem Unfall ums Leben kam. Kurz darauf engagierte Paola Maurizio Castelli, der wesentlich am aktuellen Stil der Boscarelli-Etiketten mitfeilte. Heute mischt auch Paolas Sohn Luca de Ferrari Corradi im Keller mit. Die Weine wagen einen vorsichtigen Flirt mit der Moderne, das heißt, sie geben sich zumeist weniger streng als andere Montepulcianer. Würzig und fein schmeckt der Vino Nobile, kraftvoll die Riserva.

Via di Montenero 28, 53040 Cervognano di Montepulciano
www.poderiboscarelli.com

Poggio Antico Montalcino
Selbst in heißen Jahrgängen wie 2003 bringen die Weine von Poggio Antico aus ihren luftigen Lagen in etwa 450 m Höhe stets eine anregende Frische mit. Nachdem seit 1984 Giancarlo Gloder seine Neuerwerbung geleitet hatte, gibt seit 1987 Tochter Paola Gloder auf dem Gut die Richtung vor (wobei ihr seit 1998 Ehemann Alberto Montefiori zur Seite steht). Der Basis-Brunello erhält hier

POGGIO VERRANO
DIE FRUCHTIGE CUVÉE AUS ALICANTE, CABERNET SAUVIGNON UND MERLOT WIRD TEILWEISE IN EICHE AUSGEBAUT

POGGIO ARGENTIERA
ALICANTE UND SYRAH ERGEBEN EINE VIELSCHICHTIGE UND HERZHAFTE MISCHUNG

eine Form, die ihn früher genussreif macht als andere Weine der Anbauzone. Die kompaktere und robustere Riserva bekundet ein gutes Alterungspotenzial.

Località Poggio Antico, 53024 Montalcino
www.poggioantico.com

Poggio Argentiera Maremma
Präzise auf den Punkt gebrachte Weine verlassen den 1997 gegründeten Betrieb von Gianpaolo Paglia und seiner Frau Justine, die damit den Morellino-Hype erfolgreich nährten. Pralle, saftige Kirschfruchtigkeit zeichnet den aus den traditionellen Trauben der Anbauzone (Sangiovese, Ciliegiolo und Alicante) ohne Eichenkontakt bereitete Bellamarsilia aus – ein herrlicher Tischwein! Durch mediterrane Komplexität besticht der nuancierte, herzhafte Finisterre (Alicante/Syrah).

Località Banditella 2, Alberese, 58100 Grosseto
www.poggioargentiera.com

Poggio Scalette Chianti Classico
Vittorio Fiore, einer der angesehensten Önologen Italiens, und seine Frau Adriana erwarben dieses aufgegebene Gut in den Hügeln hoch über Greve 1991. Aus den über 80 Jahre alten Sangiovese-Reben, die sie dort vorfanden, bereiten sie als einzigen Wein den Il Carbonaione. Seit 1993 ist auch Sohn Jurij im Keller mit von der Partie, und als 1996 eine angrenzende Besitzung zum Verkauf stand, wurde das Betriebsgelände erweitert. In der Jugend mag der Il Carbonaione ein deutliches Eichenprofil zeigen, doch gewinnt er bei geduldiger Kellerreifung einen bestechend eleganten Anstrich. ★**Aufsteiger**

Via Barbiano 7, Località Ruffoli, 50022 Greve in Chianti
www.poggioscalette.it

Poggio di Sotto Montalcino
Von einer Anhöhe bei Castelnuovo dell'Abate schweift der Blick in südlicher und westlicher Richtung über ein großflächiges Tal – eine Weite, die die Reben, die Piero Palmucci hier kultiviert, nicht unberührt lässt und die nicht selten in einer pointierten Säure Ausdruck findet. Palmucci erwarb das Gut 1989, nachdem er lange einen Ort gesucht hatte, an dem er sein Ideal des traditionellen Brunello verwirklichen konnte. Die Weine, die er mithilfe des önologischen Urgesteins Giulio Gambelli erzeugt, gehören in ihrer klassischen Eleganz zum Besten, was Montalcino derzeit zu bieten hat. ★**Aufsteiger**

Castelnuovo dell'Abate, 53024 Montalcino
www.poggiodisotto.com

Poggio Verrano Maremma
Francesco Bolla, vormals Geschäftsführer des von seinem Urgroßvater gegründeten Unternehmens, wagte im önologischen Hotspot der westlichen Toskana einen kompletten Neuanfang. Sein im Jahr 2000 gegründeter Betrieb umfasst 27 ha Rebland, bestockt mit Sangiovese, Alicante, Cabernet Sauvignon, Merlot und Cabernet Franc. All diese Sorten sind am Dròmos beteiligt, der durch Geschmeidigkeit und Konzentration besticht. Lebhafter und nicht ganz so komplex ist der Dròmos L'Altro, ein reinsortiger Sangiovese mit fülliger Textur. ★**Aufsteiger**

Strada Provinciale 9, km 4, 58051 Magliano
www.poggioverrano.it

Poliziano Montepulciano
Der Vater von Federico Carletti, Dino, erwarb die ersten 22 ha der Kellerei Poliziano 1961. Federico stieg etwas später in das Geschäft ein, als er seine landwirtschaftliche Ausbildung beendet hatte. Heute präsentiert sich Poliziano im Weinberg wie im Keller als modern ausgerichteter Betrieb. Nach allen Regeln der Kunst gemacht ist der duftige Vino Nobile, dessen großzügige Aromafülle und glatte Struktur einen unwiderstehlichen Reiz ausüben. Kosten sollte man auch den saftigen Rosso, der einen ausgezeichneten Essenspartner abgibt.

Via Fontago 1, 53040 Montepulciano
www.carlettipoliziano.com

Querciabella Chianti Classico
Mit Landkäufen um Greve und Radda legte der inzwischen verstorbene Giuseppe Castiglioni in den 1970er-Jahren den Grundstein für Querciabella. Unter seinem Sohn Sebastiano stieß der Betrieb, nachdem er ab Ende der 1980er-Jahre auf biologische Anbaumethoden umgeschwenkt war, in die Führungselite des Chianti Classico vor. Im Jahr 2000 war dann die Umstellung auf biodynamische Landwirtschaft komplett vollzogen. Eine schöne Visitenkarte des Hauses ist der elegante Chianti Classico. Als einer der besten Weißen der Toskana glänzt der (Chardonnay/Pinot Bianco) Batàr. ★**Aufsteiger**

Via di Barbiano 17, 50022 Greve in Chianti
www.querciabella.com

Renieri Montalcino
Marco Bacci, Schlüsselfigur des Chianti-Classico-Guts Castello di Bossi (siehe S. 394), erwarb 1998 diese 128-ha-Besitzung. Die alten Weinberge wurden in höherer Dichte neu bestockt, wobei neben Sangiovese in gewissem Umfang auch Cabernet Sauvignon, Merlot und Syrah Platz fanden. Wie der Brunello beweist, pflegt man hier einen eleganten, modernen Stil, geprägt eher von gefälliger Fülle als von gestrenger Festigkeit. Auf den Bordeaux-Sorten des Guts beruht der Re di Renieri, dessen intensiver, konzentrierter Art eine appetitliche Säure munter Kontra gibt. ★**Aufsteiger**

Località Renieri, 53024 Montalcino
www.renierimontalcino.com

Rocca di Montegrossi Chianti Classico
Marco Ricasoli-Firidolfi, Nachfahr des Chianti-Urvaters Bettino Ricasoli, unternahm auf dem Familienweinberg San Marcellino Ende der 1990er-Jahre erste eigene Gehversuche. Seit Fertigstellung der Kellerei im Jahr 2000 hat er die Rebflächen auf etwa 18 ha erweitert. Dabei wurde neben den Traditionssorten wie Sangiovese und Canaiolo auch Malvasia angepflanzt, die im hinreißenden Vin Santo des Hauses zu Hochform aufläuft. Welch feine und aromatische Eleganz der Sangiovese hier entwickelt, zeigt sich im spannungsreichen einfachen Chianti Classico und erst recht bei seinem langlebigen Bruder vom Vigneto San Marcellino. ★**Aufsteiger**

Località Monti in Chianti, San Marcellino, 53010 Gaiole in Chianti; www.roccadimontegrossi.it

Salcheto Montepulciano
Unter der Regie von Gutsleiter Michele Manelli, der von dem Önologen Paolo Vagaggini unterstützt wird, produziert das Gut markanten Vino Nobile mit reifer

Frucht, strengem Tannin und kühler Säure. In anderen Salcheto-Weinen klingen dagegen auch heitere, unbeschwerte Seiten an, etwa im leichtfüßigen Rosso di Montepulciano, einem Sangiovese/Canaiolo/Merlot-Verschnitt, der in Edelstahl ausgebaut wird. ★**Aufsteiger**

Via di Villa Bianca 15, 53045 Montepulciano; www.salcheto.it

Salicutti Montalcino
Eigentlich Chemiker, fand Francesco Leanza relativ spät den Weg ins Weinwesen. 1990 kaufte er ein 11-ha-Gut im Süden Montalcinos, auf dem er während der nächsten zehn Jahre neue Reben setzte und eine kleine Kellerei baute. Er führte biologischen Anbau ein und entschied sich, bei der Vinifikation von Eingriffen abzusehen. Die lebhafte Ader des Sangiovese schlägt unverkennbar durch im Brunello Piaggione, dessen Energie und Ausdauer an seiner Alterungsfähigkeit keinen Zweifel lassen. ★**Aufsteiger**

Località Podere Salicutti 174, 53024 Montalcino
www.poderesalicutti.it

San Fabiano Calcinaia Chianti Classico
Nach dem Erwerb des Guts im Jahr 1983 machten sich Guido und Isa Serio gleich an dessen Sanierung. Ihre konzentrierten, eleganten Weine dürften vor allem Freunde von Roten aus der Neuen Welt entzücken. Probierenswert ist der Cellole, eine Einzellagen-Riserva aus Sangiovese mit 5 % Merlot. Rein aus Sangiovese entsteht der einfache Chianti Classico mit ähnlicher Fülle und barriquebedingt samtiger Textur. Gleichermaßen ausgewogen, besitzen beide Weine die Dichte und Kraft, um mehrere Jahre zu altern.

Località Cellole, 53011 Castellina in Chianti
www.sanfabianocalcinaia.com

Sassotondo Maremma
In den letzten Jahren rückte die Rebsorte Ciliegiolo in der Toskana zunehmend ins Rampenlicht. Zu verdanken hat sie ihren Aufstieg auch diesem Betrieb im Süden der Maremma, der 1990 von Edoardo Ventimiglia und Carla Benini gegründet wurde und 1997 seinen ersten Jahrgang auf den Markt brachte. Ohne jeden Eicheneinfluss liefert der Ciliegiolo (mit 10 % Alicante-Zusatz) ein überzeugendes Abbild der charaktervollen roten Traube. Auf einer Lagenauslese von alten Ciliegiolo-Reben beruht der kraftvolle und langlebige San Lorenzo. Ein Tipp für heiße Sommertage ist der frische Bianco di Pitigliano. ★**Aufsteiger**

Pian di Conati 52, 58010 Sovana; www.sassotondo.it

Schiaccionaia Montecucco
Marcella Turziani und Dagoberto Rolla riefen ihren kleinen Betrieb – 5,5 ha, biologisch bewirtschaft – im Jahr 2000 ins Leben. Zusammen mit Sohn Roberto und unter önologischer Beratung durch Luca D'Attoma erzeugt Marcella charaktervolle Weine von Sangiovese und Syrah. Ernsthaft und frisch zugleich gibt sich der Rosé Vela Ventis. Der kraftvolle Trasubie verbindet die appetitliche Säure des Sangiovese mit pfeffrigen Tanninen des Syrah. Mit seiner imposanten Struktur dürfte er sich in der Flasche gut weiterentwickeln.

Via Della Fontanella Bagnoli 3, 58031 Arcidosso
info@schiaccionaia.it

Silvio Nardi Montalcino
Silvio Nardi erwarb das Gut Casale del Bosco 1950. Acht Jahre später gab er seinen ersten Brunello heraus, 1962 kaufte er dann die Tenuta di Manachiara hinzu. Heute steht der Betrieb unter der Leitung von Tochter Emilia, die auch 1995 den Einzellagen-Brunello einführte. Der Vigneto Manachiara ist ein fester, eleganter Roter, der den ältesten Parzellen des Manachiara-Guts entspringt. Fein ausbalanciert und in der Jugend oft sehr zugänglich zeigt sich der normale Brunello.

Casale del Bosco, 53024 Montalcino
www.tenutenardi.com

Sono Montendioli San Gimignano
Seit 1965 hegt und pflegt Elisabetta Fagiuoli ihren kleinen Bestand an Reben und Olivenbäumen. Ihren ökologischen Ansatz verfolgt sie mit einer immensen Energie und Liebe fürs Detail, die deutlich auch in ihren Weinen aufschimmern. Speziell gilt dies für ihre Interpretationen des Vernaccia di San Gimignano, insgesamt drei an der Zahl: Der Tradizionale liegt während seiner Gärung lange auf den Schalen; für den Fiore kommt nur der Vorlaufmost zur Verwendung; der Carato ist in Eiche ausgebaut und deutet eine beträchtliche Alterungsbereitschaft an.

Località Cortennano, 53037 San Gimignano
www.montenidoli.com

Talenti Montalcino
Kellermeister Pierluigi Talenti gründete 1980 dieses Gut, das auch unter seinem Enkel Riccardo eine anerkannte Adresse für klassischen Brunello geblieben ist. Delikat und duftig, dazu ausgestattet mit elegantem, erdigem Tannin, lässt sich der Brunello des Hauses schon nach einigen Jahren wundervoll genießen, kann aber dank der lebhaften Säure auch gut altern. Robuster veranlagt ist die Riserva, deren frische Frucht feste Tannine umspielen. Zu elegantem Ausdruck findet Sangiovese im Rosso di Montalcino, einem talentierten Tischbegleiter.

Pian di Conte, Sant' Angelo in Colle, 53020 Montalcino
www.talentimontalcino.it

Tenuta di Arceno Chianti Classico
Das 90-ha-Gut gehört seit 1994 dem Amerikaner Jess Jackson (bekannt durch Kendall-Jackson; siehe S. 46). Inmitten des Chianti Classico stehen hier französische Rebsorten wie Cabernet Sauvignon, Merlot und Syrah im Fokus. Sie ergeben ein stilvolles Etikettentrio mit dem Namen Arcanum I, II und III. Im Arcanum I finden Cabernet Sauvignon und Merlot zu einer nahtlosen Verbindung, umrahmt von kräftig-erdigen Tanninen. Der Chianti Classico gründet seine geschmeidige Balance auf einen Mix aus Sangiovese, Merlot und Cabernet Sauvignon. ★**Aufsteiger**

Località Arceno, San Gusme, 53010 Castelnuovo Berardenga; www.tenutadiarceno.com

Tenuta Belguardo Maremma
Die Familie Mazzei, der auch Fonterutoli gehört (siehe S. 395), legte sich in den 1990er-Jahren diese Filiale in der Maremma zu. Natürlich umfasst das Angebot eine imposante Cabernet-Sauvignon-basierte Cuvée in Gestalt des Tenuta Belguardo, der die für die Zone typischen staubig-erdigen Noten mit glatt polierter Art verbindet.

CASATO PRIME DONNE

Die stets gut gelaunte Donatella Cinelli Colombini entstammt einer alten Winzerfamilie aus Montalcino. 1998 machte sie den dortigen Familienbetrieb Casato zu einer Besonderheit: Sie besetzte nämlich sämtliche Kellereiposten mit Frauen und benannte das Ganze folgerichtig um in Casato Prime Donne.

Aus den Trauben der etwa19 ha Rebflächen entstehen drei Brunello-Versionen und ein Rosso di Montalcino. Für den Brunello Progetto Prime Donne lässt Cinelli Colombini jeweils vier (weibliche) Weinprofis die verschiedenen Sangiovese-Partien verkosten und die endgültige Mischung bestimmen. Der resultierende Wein ist ausdrucksstark und raffiniert zugleich. Mit seiner Aromatik und Textur bekennt er sich zur Moderne, ohne dabei auf Eleganz und Anmut zu verzichten.

SASSICAIA
LÄNGST IST DIESER BEKANNTE WEIN EIN ITALIENISCHER KLASSIKER – UND ENTSPRECHEND BEGEHRT

TENUTA BELGUARDO
CABERNET SAUVIGNON IN DER HAUPTROLLE VERLEIHT DIESEM WEIN ERDIGE NOTEN

Der wahre Star ist indes der Sangiovese/Alicante-Verschnitt Serrata. Fest und reif, dabei durchströmt von einer anregenden Säure, lässt er ahnen, dass neben den bisherigen, von Bordeaux inspirierten Weinen auch großartige Gewächse im mediterranen Stil aus der Maremma kommen könnten. ★**Aufsteiger**

Località Montebottigli, VIII° Zona, 58100 Grosseto
www.mazzei.it

Tenuta di Bibbiano Chianti Classico

Der traditionelle Anstrich der Weine von Tommaso und Federico Marrocchesi Marzi ist zum Teil ein Vermächtnis von Giulio Gambelli, der seit 1943 auf dem alten Gut als beratender Weinmacher fungiert hatte, bis er 2000 durch Stefano Porcinai abgelöst wurde. In Zementtanks vergoren und in slawonischer Eiche ausgebaut, erweist sich der Chianti Classico aus Sangiovese, Colorino und Canaiolo als fest gefügter, pulsierender Tropfen. Zum eleganten Montornello trägt Merlot einen kleinen Teil bei.

Via Bibbiano 76, 53011 Castellina in Chianti
www.tenutadibibbiano.com

Tenuta di Capezzana Carmignano

Seit Mitte der 1920er-Jahre gehört das Traditionsgut der Familie Contini Bonacossi, und heute hat im Keller Benedetta Contini Bonacossi das Sagen, die sich von dem Önologen Stefano Chioccioli beraten lässt. Der hiesige Topwein, der auch den Anstoß zur Schaffung der DOC Carmignano gab, ist der Villa di Capezzana. Gemischt aus Sangiovese (80 %) und Cabernet Sauvignon (20 %), enthüllt er zu einer festen Struktur ein tiefgründiges, erdiges Wesen. Als einer der formvollendetsten Essensbegleiter der Toskana gilt der Barco Reale.

Via Capezzana 100, 59015 Carmignano
www.capezzana.it

Tenuta di Castiglioni Chianti Colli Fiorentini

Dieser alte Besitz der Frescobaldi-Familie konzentriert sich auf zumeist aus Bordeaux-Sorten bereitete IGT-Weine. Als Aushängeschild fungiert der dunkelfarbige Tenuta di Castiglione, an dem Cabernet Sauvignon und Merlot den größten Anteil haben, wobei eine kleine Menge Sangiovese für lebhafte kirschfruchtige Akzente sorgt. Edle Samtigkeit und Fülle besitzt der Merlot/Sangiovese-Verschnitt Giramonte – als Tischgenosse zu Steak ein Hochgenuss.

Keine Besuchereinrichtungen; www.frescobaldi.it

Tenuta Guado al Tasso Bolgheri

Einst Teil der Latifundien der Familie Della Gherardesca in der Maremma, gehört dieses Gut heute zum Antinori-Reich. Lange schon ist es für seinen guten Rosé bekannt, der nun als Scalabrone firmiert. Das wahre Schaustück aber ist der Verschnitt aus Cabernet Sauvignon, Merlot und Syrah, der ebenfalls Guado al Tasso heißt: ein glatt polierter Nobeltropfen von standesgemäß eleganter Struktur.

Keine Besuchereinrichtungen; www.antinori.it

Tenuta Monteloro Fiesole

Auf den über 53 ha dieses Guts, eines von vielen, das die Familie Antinori im weiteren Umfeld von Florenz besitzt, stehen in erster Linie Weißweinreben. Dank der Höhenlage von etwa 490 m sowie der erheblichen Tag-Nacht-Temperaturunterschiede gedeihen hier etwa Pinot Bianco, Riesling und Pinot Grigio recht gut. Diese drei bilden die Bestandteile des Mezzo Braccio, der mit Aromafrische den Gaumen belebt. Vorzüglich zu Seafood.

Keine Besuchereinrichtungen; www.antinori.it

Tenuta di Nozzole Chianti Classico

Das alte Gut, seit 1971 im Besitz der Familie Folonari, ist heute Teil des kleinen Imperiums von Ambrogio und Giovanni Folonari, die hier eine der erlesensten reinen Cabernet-Sauvignon-Interpretationen der Toskana erzeugen. Versehen mit Konzentration, Fülle und einer unmissverständlichen Brombeerfrucht, verströmt dieser Il Pareto jene internationale Eleganz, die sich im Keller nur noch weiter steigern kann. Betont klassisch gibt sich der Villa Nozzole Chianti Classico, bereitet von den ältesten Sangiovese-Reben des Guts.

Via di Nozzole 12, Località Passo dei Pecorai,
50020 Greve in Chianti; www.tenutefolonari.com

Tenuta Oliveto Montalcino

1994 kauften und renovierten Aldemaro und Monica Machetti den seinerzeit aufgegebenen Besitz. Bis 1998 legten sie dann gut 12 ha Weinberge in verschiedenen Lagen und mit relativ hoher Pflanzdichte neu an. Unter der Leitung des Önologen Roberto Cipresso herrscht in der Kellerei ein moderner Geist, der sich in einer reifen, großzügig angelegten Struktur der Weine ausdrückt. Dunkle Früchte, eine herzhafte Kräuterwürze und weiche Tannine melden sich im Brunello zu Wort, der schon in jungen Jahren Genuss bietet. Mit seiner Fülle wird er auch Fans von Roten aus der Neuen Welt gefallen.

Località Oliveto, Frazione Castelnuovo dell'Abate,
53020 Montalcino; www.tenutaoliveto.it

Tenuta Pèppoli Chianti Classico

Noch ein Antinori-Besitz, nicht weit von Tignanello gelegen. Auf diesem 100-ha-Gut entsteht aus Sangiovese, zu 10 % ergänzt durch Merlot und Syrah in variierenden Anteilen, der Pèppoli Chianti Classico, ein fruchtbetonter Tropfen internationalen Stils, der jung getrunken werden sollte. Ein Meditationswein ist er sicher nicht, aber immerhin entwickelt er auf dem steinigen Gelände des Anwesens doch eine gewisse Tiefgründigkeit. Damit bietet er sich als Begleiter zu herzhafter Kost geradezu an.

Keine Besuchereinrichtungen
www.antinori.it

Tenuta Pian delle Vigne Montalcino

1995 – Montalcino war damals ein boomendes Zentrum hochkarätiger Weine – erwarb Antinori dieses 186-ha-Gut. Sogleich wurden 31 ha Sangiovese-Pflanzungen neu angelegt, und in jüngerer Zeit kamen weitere 33 ha hinzu, zum Teil mit Klonen bestockt, die aus dem hauseigenen Forschungsressort stammen. Glatt poliert und raffiniert stellt sich der Brunello von Pian delle Vigne dar und bewahrt sich trotz seines modernen, reifen Stils eine aristokratische Erhabenheit. Man sollte ihm, um in den Genuss von noch mehr Komplexität zu kommen, ein paar Jahre im Keller gönnen.

Tenuta Pian delle Vigne, 53024 Montalcino
www.antinori.it

VALDIPIATTA
DER PERFEKTE BEGLEITER ZU GEHALTVOLLEN SAUCEN, DUNKLEM FLEISCH UND WILD SOWIE GEREIFTEM KÄSE

UCCELLIERA
DIE REICHE FRUCHT FINDET IN DER SÄURE EINEN ADÄQUATEN GEGENPART

Tenuta San Guido (Sassicaia) Bolgheri

Im Zusammenhang mit Spitzengewächsen der Toskana fällt schnell der Name Sassicaia. Schlug dieser vom Bordeaux-Stil inspirierte Verschnitt aus Cabernet Sauvignon und Cabernet Franc bei seinem Debüt 1968 hohe Wellen, gehört er heute zu den Klassikern Italiens schlechthin. Wenig hat sich über die Jahre geändert auf der Tenuta San Guido, sieht man einmal von den beiden neuen Etiketten Guidalberto und Le Difese ab. Eine absolute Besonderheit: Seit Ende der 1990er-Jahre kann sich der Sassicaia einer eigenen Unterkategorie in der DOC Bolgheri rühmen.

Località Le Capanne 27, 57022 Bolgheri
www.sassicaia.com

Tenuta Tignanello Chianti Classico

Dieses Gut, seit Mitte des 19. Jahrhunderts im Besitz der Antinori, bedarf wohl keiner weiteren Vorstellung. 1970 feierte der Tignanello als barriquegereifte Chianti-Classico-Riserva von einer Einzellage Premiere. 1971 als Vino da Tavola qualifiziert, hatte der kraftvolle und langlebige Verschnitt aus Sangiovese mit wenig Cabernet Sauvignon und noch weniger Cabernet Franc seine Marktposition Anfang der 1980er-Jahre dann endgültig gefunden. Auch für den geschmeidigen und eleganten Solaia liefern Cabernet und Sangiovese den Grundstoff.

Keine Besuchereinrichtungen; www.antinori.it

Tenuta di Valgiano Colline Lucchesi

In den Hügeln hoch über Lucca gelegen, schielt das noch junge Gut, auf dessen 16 ha biologisch bewirtschaftetem Grund neben Sangiovese auch Syrah und Vermentino gedeihen, unverkennbar in Richtung Mittelmeer. So entsteht aus Malvasia, Trebbiano und Vermentino der üppige, aromatische Giallo dei Muri. Beindruckend viel Charakter zeigt der saftige und frische Palistorti (Sangiovese/Syrah/Merlot). Ausschließlich auf Sangiovese von den ältesten Pflanzungen des Guts beruht der Scasso dei Cesari. ★**Aufsteiger**

Via di Valgiano 7, 55010 Valgiano Lucca; www.valgiano.it

Terrabianca Chianti Classico

Auf den Rat Vittorio Fiores hört der Schweizer Roberto Guldener, der das Gut Ende der 1980er-Jahre erwarb. 1989 begann er, die vorhandenen Rebflächen zu sanieren und neue anzupflanzen. Heute hat Terrabianca knapp 51 ha mit Sangiovese, Cabernet Sauvignon, Merlot und Canaiolo bestockt, aus denen diverse bestens gemachte, stilvolle Weine hervorgehen. Von einer Einzellage stammt der Chianti Classico Scassino, der durch Konzentration und eine formidable Struktur besticht. Besonders beeindruckend ist der Campaccio, ein eleganter, im Barrique gereifter Sangiovese/Cabernet-Verschnitt.

Località San Fedele a Paterno 17, 53017 Radda in Chianti
www.terrabianca.com

Teruzzi e Puthod San Gimignano

Obwohl die Toskana vornehmlich für ihre Rotweine bekannt ist, wurde 1967 mit dem Vernaccia di San Gimignano ein Weißer als Erster mit einem DOC-Siegel geadelt. Ganz neue Weißweinwelten eröffneten Enrico Teruzzi und Carmen Puthod 1974 auch mit ihrem Betrieb (heute im Besitz von Cinzano). Mit moderner Technik schufen sie einen raffinierten, lebhaft aromatischen Stil internationaler Färbung (und entwarfen dafür auffallend nüchterne Etiketten). Spitzenprodukt ist der traditionelle Vernaccia di San Gimignano Rondolino: ungekünstelt und erfrischend; ein Genuss für heiße Tage.

Località Casale 19, 53037 San Gimignano; Tel. 0577 940143

Tua Rita Maremma

Ihre ersten Weinbergparzellen legten Rita Tua und Virgilio Bisti 1984 an. In der Folge erweiterte das Paar die Rebenbestände und veranstaltete dann mit dem Jahrgang 1992 seine Premiere. Kritiker und Verbraucher waren gleichermaßen hingerissen, als die Kellerei erstmals einen reinsortigen Merlot namens Redigaffi herausbrachte, dessen Extraktfülle und Konzentration ihn bis heute zu einem Objekt der Begierde machen. Ähnlich konzentriert, aber stärker durch die Säure belebt, zeigt sich der Perlato del Bosco Rosso, gemischt aus Sangiovese und Cabernet Sauvignon.

Località Notri 81, 57028 Suvereto; www.tuarita.it

Uccelliera Montalcino

Andrea Cortonesi erwarb 1986 dieses Gut mit knapp 6 ha Rebland, das er auf handwerkliche Weise mit biologischen Methoden bewirtschaftet. Im recht warmen Klima des Unterbereichs Castelnuovo dell'Abate gewinnen die Uccelliera-Weine einen reifen Ausdruck. Füllig präsentiert sich der Brunello und enthüllt eine reiche, süße Frucht, die sich jedoch dank der meist hinreichend vorhandenen Säure recht frisch anfühlt. Großzügige Aromen spendiert der Rapace, gekeltert aus Sangiovese, Merlot und Cabernet Sauvignon.

Podere Uccelliera 45, Frazione Castelnuovo Abate,
53020 Montalcino; www.uccelliera-montalcino.it

Valdipiatta Montepulciano

Miriam Caporali leitet diesen modernen Betrieb, den ihr Vater Giulio Ende der 1980er-Jahre kaufte. Auf beinahe 30 ha wachsen hier in etwa 365 m Höhe Sangiovese, Canaiolo und Mammolo, ergänzt durch internationale Sorten wie Cabernet Sauvignon, Merlot und Pinot Noir. Zu welcher Festigkeit und Strenge der Sangiovese in dieser Anbauzone fähig ist, beweist der Vigna d'Alfiero, ein Vino Nobile Riserva von einer Einzellage. Dagegen gibt sich der normale Vino Nobile weicher und zugänglicher. Nicht zu verachten ist auch der Chianti Colli Senesi namens Tosca.

Via della Ciarliana 25/A, 53040 Montepulciano
www.valdipiatta.it

Vignamaggio Chianti Classico

Auch weil Mona Lisa hier gelebt haben soll, ist das Gut mit seiner alten Villa ein von Chianti-Classico-Touristen viel besuchter Ort. 1988 wurde es von Gianni Nunziante erworben und in der Folge restauriert. Die Weine, insbesondere der Chianti Classico in der Normal- und Riserva-Version, bekennen sich zu einem geradlinigen Stil internationaler Prägung, dem herzhafte, erdige Tannine als ausgleichendes Kontrastprogramm dienen. Einen Versuch lohnt auch der reinsortige Cabernet Franc mit seiner eleganten, coolen Art, dessen Traubengut von älteren Reben stammt.

Via di Petriolo 5, 50022 Greve in Chianti
www.vignamaggio.com

SÜDITALIEN UND DIE INSELN

Tief schiebt sich Italien ins Mittelmeer vor, und je weiter nach Süden man kommt, desto mehr meint man, sich vom Rest Europas zu entfernen. Eine Region, die einst als Nabel der zivilisierten Welt galt, macht heute eher durch staatliche Korruption und organisiertes Verbrechen von sich reden. Seit Italien Anfang des 20. Jahrhunderts seine Rolle als führendes landwirtschaftliches Produktionszentrum an andere Länder der Welt abtreten musste, darbte die Bevölkerung im äußersten Süden. Vor allem dank der EU-Agrarförderungen geht es dort jedoch seit einiger Zeit wieder aufwärts. Neue Rebpflanzungen und Kellereien entstehen allerorten, und endlich lassen die Weine zusehends ihr wahres Potenzial erkennen.

Hauptrebsorten

Rot

Aglianico
Cannonau (Grenache)
Malvasia Nera
Negroamaro
Nero d'Avola
Primitivo

Weiß

Fiano
Greco
Vermentino
Zibibbo (Moscato)

Jahrgänge

2010
Für Erzeuger, die vor dem Septemberregen ernteten, ein ausgezeichneter Jahrgang.

2009
Reduzierte Erträge; die Reben hatten unter der Hitze des Vorjahrs sehr gelitten. In Sizilien schwierig wegen heftigem Regen im September, besonders für spät reifende Sorten und in höheren Lagen.

2008
Ein Dürrejahr auf dem süditalienischen Festland, aber sehr gut in Sizilien.

2007
Exzellent in allen Bereichen.

2006
Sehr schöner Jahrgang mit gesunder Frucht für klassische Weine. Die Roten entwickeln sich gut.

Mag auch der Süden der Stiefelrepublik unter wirtschaftlicher und politischer Instabilität leiden, der Stolz seiner Bewohner ist ungebrochen. Ganz im Gegenteil gewinnt man den Eindruck, als habe die Hitze des Mezzogiorno ein Selbstbewusstsein und Gefühl der Eigenständigkeit hervorgebracht, dem alle Armut nichts anhaben kann. Südlich von Rom wohnt ein leidenschaftlicher Menschenschlag, und wo der Norden des Landes vielleicht Wohlstand vorzuweisen hat, kann der Süden mit einer unglaublichen Schönheit auftrumpfen. Eine derart üppige Flora und Fauna, die es den Menschen überhaupt möglich machte, dort zu siedeln, findet man selten auf so engem Raum. So gesehen, darf sich der Süden glücklich schätzen.

Seit im 8. Jahrhundert v. Chr. mit den Griechen die ersten Weinstöcke in Apulien landeten, gehören sie hier fest zum Landschaftsbild. Die frühen Zuwanderer in jene Region, die als Magna Graecia ins Buch der Geschichte einging, staunten nicht schlecht darüber, wie gut sich die Reben in der neuen Heimat akklimatisierten, denn die trockene Hitze Südtaliens bietet *Vitis vinifera,* der europäischen Weinrebe, ideale Bedingungen. Die heute verbreiteten Rebsorten Aglianico – in dem Namen klingt der Begriff »hellenisch« an – und Greco (abgeleitet von »Graeci«) sind eine unmittelbare Folge dieses geglückten Integrationsprozesses.

Genau wie auch nachfolgende Wellen von menschlichen Invasoren vereinnahmte die Rebe zunächst die gesamte italienische Halbinsel. Von diesem Eroberungszug verblieben sind nach drei Jahrtausenden einzelne Weinbauzentren, in denen die Anpassung am erfolgreichsten vonstatten ging.

Apulien etwa liegt unter einem dichten Traubenteppich, gewoben aus einer ganzen Reihe einheimischer Sorten wie Primitivo, Negroamaro und Malvasia Nera. Größtenteils geht jedoch der aus ihnen massenhaft erzeugte Rebensaft andernorts in Verschnitten unter. Nicht einmal vier Prozent werden für die Qualitätsweinproduktion genutzt, und gleichzeitig leistet man sich über 25 DOCs, die allesamt den Anspruch vertreten, eine stolze Tradition wahren zu wollen, während ihre tatsächliche Bedeutung doch recht begrenzt ist.

Ganz anders stellt sich die Situation in der Basilikata und den Abruzzen dar. Beide Regionen zusammen beschränken sich auf sechs DOCs, die zumeist auf Einzelrebsorten abgestellt sind, allen voran das gängige südliche Trio aus Montepulciano, Trebbiano und Aglianico. Molise ist weinbaulich zwar ein Zwerg, hat aber mit der alten Rotweintraube Tintilia auch etwas in der Hinterhand.

Aus dem sehr hügeligen Kampanien, wo die Trauben in größerer Höhe und infolge der dadurch bedingten sommerlichen Kühle recht spät reifen, kommen die feinsten Weine Süditaliens. Gleich drei DOCGs – mehr als in jeder anderen Region südlich der Toskana – gibt es hier: Taurasi, Greco di Tufo und Fiano di Avellino. Obwohl die Produktionszone des Taurasi 50 Kilometer landeinwärts des Vesuvs liegt, weisen ihre Böden einen ähnlichen Reichtum an Mineralstoffen und Spurenelementen auf, dem der vornehmlich aus Aglianico bereitete Taurasi seine überragende Komplexität und seinen Stellenwert als imposantester Roter des Südens verdankt. Weitere wichtige Trauben Kampaniens sind Greco, Fiano und Falanghina.

Kalabrien hat für anspruchsvolle Weinfreunde nicht allzu viel zu bieten. Doch gleich jenseits der schmalen Straße von Messina warten bereits die großartigen Gewächse vom Ätna. Überhaupt ist Sizilien ein Paradies für Genusstrinker. Ob bei riesigen Genossenschaften oder Einmannkellereien, überall kann man niveauvolle Tropfen aus Sorten wie Chardonnay oder Shiraz, Inzolia oder Nero d'Avola in unvergleichlicher Vielfalt entdecken.

Sardinien, Italiens zweite große Insel, hat sich stets eher an Spanien als am Festland orientiert. Die einzige sardische DOCG gilt der »Wanderrebe« Vermentino, ansonsten spielen Grenache und Carignano eine wichtige Rolle.

Abbazia Santa Anastasia Sizilien
Die 1100 gegründete Abtei, wunderschön in den Bergen über dem Mittelmeer gelegen, war stark verfallen, als Francesco Lena sie 1980 erwarb. Mit viel Aufwand brachte er die Gebäude wie auch die 60 ha Weinberge in Schuss und führte biodynamischen Anbau ein. Die Zusammenarbeit mit dem Önologen Riccardo Cotarella klappt hervorragend. So entsteht hier etwa der Litra, ein geschmeidiger reinsortiger Cabernet Sauvignon mit reifer dunkler Frucht und guten Alterungseigenschaften.

Contrada Santa Anastasia, 90013 Castelbuono
www.abbaziasantanastasia.it

Accademia dei Racemi Apulien
Gregory Perrucci ist die treibende Kraft dieses Betriebs, der sich »der Erforschung, der Verarbeitung und dem Vertrieb apulischer Trauben« verschrieben hat. Von fast 200 ha Rebfläche werden unter verschiedenen Etiketten wie etwa Felline, Pervini, Sinfarosa und Masseria Pepe über eine Million Flaschen erzeugt. Unter die einheimischen Sorten hat sich Chardonnay geschlichen, doch gibt es ebenso beträchtliche neue Anpflanzungen von Sussumaniello und Ottavianello, die zur Wiederbelebung dieser vergessenen Lokaltrauben beigetragen haben. Gut kommt auch der Primitivo dieses Hauses an.

Via Santo Stasi Primo – Z.I., 74024 Manduria
www.accademiadeiracemi.it

Agricola Punica Sardinien
Das Joint Venture zwischen Sebastiano Rosa, Kellermeister bei Sassicaia (siehe S. 407), und der Cantina di Santadi (siehe S. 413) brachte 2002 den ersten Jahrgang heraus, hat mit seinen beiden Weinen Montessu und Barrua aber schon für viel Aufsehen gesorgt. Beide basieren auf Carignano, wobei der Montessu 40 % internationale Sorten enthält. Ein größeres Schwergewicht mit echtem Starappeal ist der Barrua (85 % Carignano), dem ein Hauch neuer Eiche zu guter Balance verhilft. ★**Aufsteiger**

Località Barrua, 09010 Santadi; www.agripunica.it

Agricole Vallone Apulien
Gegründet 1934, wird der Familienbetrieb mit 170 ha und einer Jahresproduktion von über 600 000 Flaschen heute von den Schwestern Vittoria und Maria Teresa Vallone geleitet. In einem Gebiet, das für Winzer eher Enttäuschungen denn Triumphe bereithält, ist Vallone mit beständiger Qualität eine sichere Bank. Sein Renommee gründet sich fraglos auf den Graticciaia, eine Negroamaro-Auslese, bereitet von Trauben, die im Passito-Stil auf Matten vorgetrocknet werden. So opulent, wie sein Bukett von Trockenfrüchten und Gewürzen verspricht, präsentiert sich der Wein auch im Mund.

Via XXV Luglio 5, 73100 Lecce
www.agricolevallone.it

Alberto Longo Apulien
Dass Alberto Longo eine Karriere als Unternehmer hinter sich hat, zeigt sich an jeder Ecke. Weder in seinen 35 ha dicht bepflanzten Weingärten noch in der funkelnagelneuen Kellerei hat er Investitionen gescheut. Auch die äußere Gestaltung seiner Flaschen hebt sich deutlich vom Gros der apulischen Konkurrenz ab. Sein Erstlingswerk war ein Cacc'e Mmitte di Lucera. Damit brachte er die fast vergessene DOC gleichen Namens wieder ins Gespräch, was ihm in seiner Gegend viel Anerkennung eintrug. Weitere Weine folgten, etwa der geschliffene, von Bordeaux-Trauben bereitete Calcara Vecchia.

S.P. Pietramontecorvino, km 4, Contrada Padulecchia, 71036 Lucera; www.albertolongo.it

ATTILIO CONTINI
GUT GEKÜHLT MUNDET DIESER DESSERTWEIN AUCH ALS APERITIF EXZELLENT

ACCADEMIA DEI RACEMI
DUNKLES RUBINROT, FRÜCHTE UND GEWÜRZE IM DUFT, FESTES TANNIN

Antonio Caggiano Kampanien
Mit Leib und Seele hat sich Antonio Caggiano dem Aglianico im Allgemeinen und dem Taurasi im Besonderen verschrieben. Als er 1990 seine Kellerei gründete, gehörte er zu den Vorreitern jener neuen Winzertruppe, die dem Ruf der Weinregion Kampanien zu frischem Glanz verhalf. Von seinen diversen Etiketten schlägt der Taurasi Vigna Macchia dei Goti DOCG alle um Längen: mustergültig seine komplexen Aromen dunkler Früchte, ergänzt durch einen Eichenhauch als Reminiszenz an die 18-monatige Fassreifung.

Contrada Sala, 83030 Taurasi; www.cantinecaggiano.it

Apollonio Apulien
Sympathisch wie ihre Weine sind auch die Apollonio-Brüder Massimiliano und Marcello selbst. Sie leiten in der vierten Generation die 1870 von Vorfahr Noè gegründete Familienkellerei in Lecce, die anfangs nur für den lokalen Markt produzierte. 1975 erfolgte die erste Flaschenabfüllung, und allmählich wurden die Betriebsflächen erweitert. Aus eigenen Parzellen gehen die unter dem Label Apollonio herausgegebenen Tropfen hervor, darunter mit dem Copertino DOC und dem Squinzano DOC zwei Salento-Klassiker köstlich herzhafter Art. Das Traubenmaterial für die preisgünstige Reihe Rocca dei Mori stammt von Rebflächen, die nach Maßgaben des Betriebs bewirtschaftet werden.

Via San Pietro in Lama 7, 73047 Monteroni di Lecce
www.apolloniovini.it

Argiolas Sardinien
Antonio Argiolas durfte erleben, wie seine Kinder und dann die Enkel seinen seit frühesten Tagen verfolgten Traum umsetzten: Sie schufen eine der größten und erfolgreichsten Kellereien Sardiniens. Dank kluger Landkäufe besitzt die Familie heute über 250 ha nur mit lokalen Reben besetzte Weinberge. Die meisten liegen oberhalb von 350 m und erbringen Tropfen, deren lebhafte Frische über die Hitze ihres Ursprungsterroirs hinwegtäuscht. Vom süffigen Nuragus di Cagliari DOC über den beispielhaften Cannonau di Sardegna DOC bis zum legendären Turriga IGT gelingt hier alles prächtig.

Via Roma 56, 09040 Serdiana; www.argiolas.it

Attilio Contini Sardinien
Über ein Jahrhundert schon pflegt die Familie Contini mit dem Vernaccia di Oristano eine Tradition, in der die historischen Beziehungen Sardiniens zu Spanien ebenso wie zu Italien weiterleben. In Oristano wird seit dem 11. Jahrhundert die Vernaccia-Traube angebaut, die man gewöhnlich mit San Gimignano in der Toskana verbindet. Auf Spanien, genauer auf Jerez, verweist indes eine Besonderheit bei der Reifung des Weins: Sie vollzieht sich nämlich unter einer dünnen Florhefeschicht. Im Antico Gregori hat Contini die beiden Elemente kunstvoll vereint.

Via Genova 48, 09072 Cabras; www.vinicontini.it

SÜDITALIEN UND DIE INSELN

Meerumspült und von einer landschaftlichen Vielgestaltigkeit, die ihresgleichen sucht, bietet das südliche Ende des italienischen Stiefels den Reben ideale Entfaltungsräume. Das Spektrum reicht etwa von den Hängen der Vulkane Vesuv und Vulture bis zu den Ebenen Apuliens. Die natürliche Eignung des Südens für den Rebbau spiegelt sich in Dutzenden von DOCs wie auch Traubensorten, die bis heute teils kaum bekannt sind.

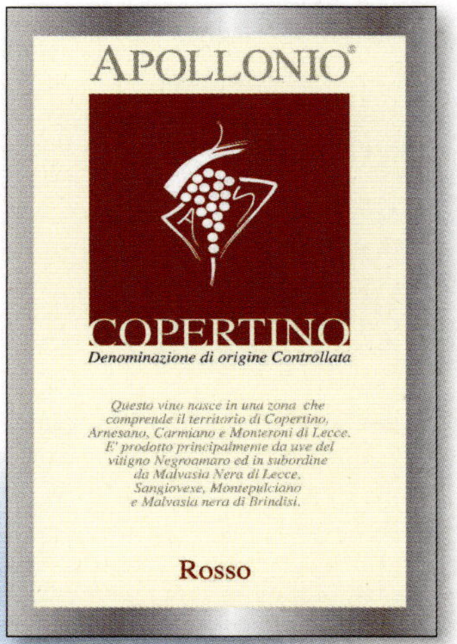

SIZILIEN

Fast eine Welt für sich ist die Insel mit ihrer großen Zahl an Rebsorten, die hier unter verschiedensten klimatischen Bedingungen wachsen. Eine bereits drei Jahrtausende währende Weinbautradition wie auch die einzigartige Topografie Siziliens haben eine enorme Vielfalt hervorgebracht. Sommertemperaturen von teils über 40 °C werden durch kühlende Winde vom Meer ausgeglichen, und im Nordosten spendet der Ätna Schatten. Lokaltrauben behagt das Trockenklima sowieso, und technische Fortschritte tragen das Ihre zu den jüngsten Erfolgen der sizilianischen Weine bei.

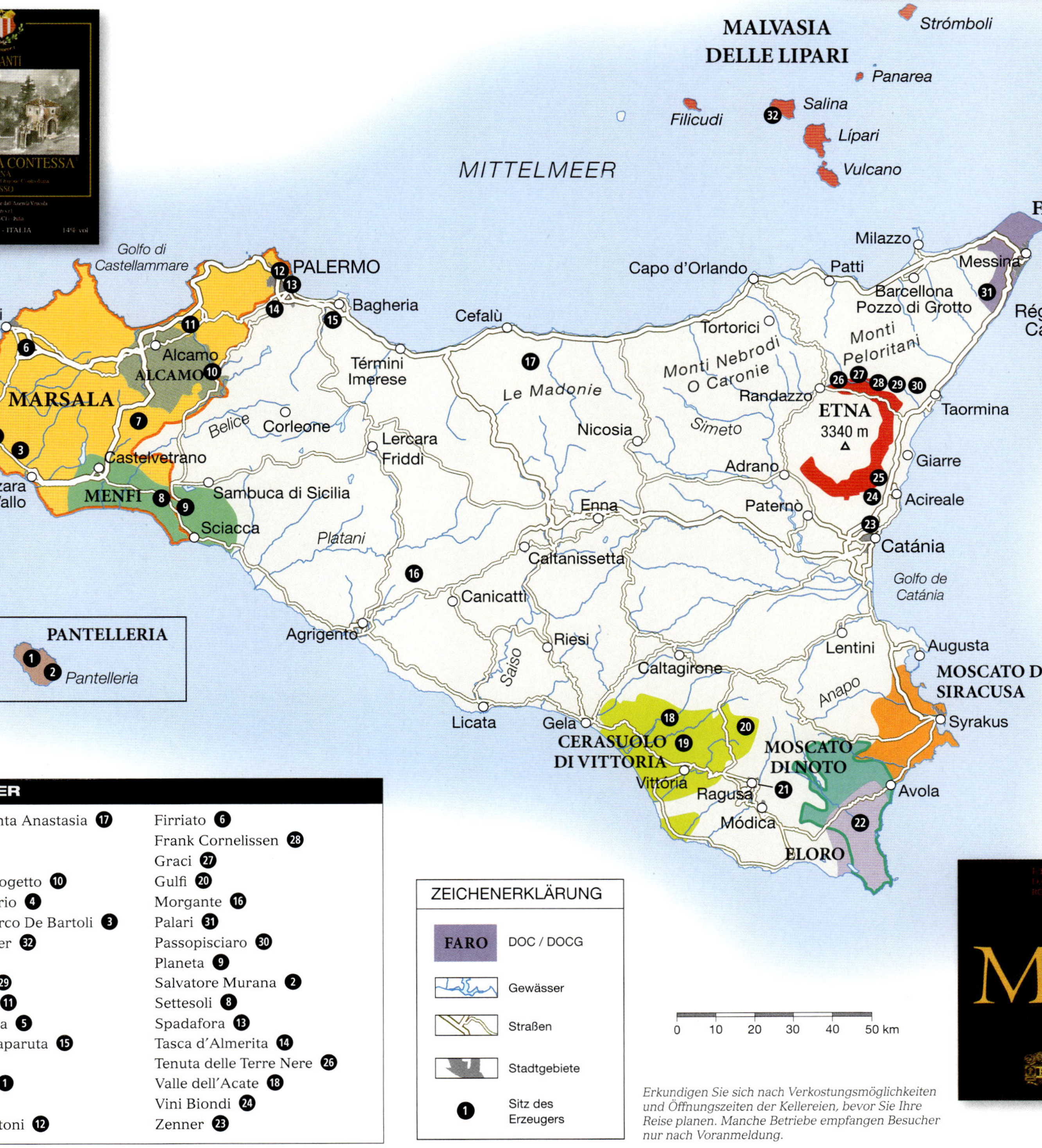

ERZEUGER

- Abbazia Santa Anastasia 17
- Avide 21
- Benanti 25
- Calatrasi Progetto 10
- Cantine Florio 4
- Cantine Marco De Bartoli 3
- Carlo Hauner 32
- COS 19
- Cottanera 29
- Cusumano 11
- Donnafugata 5
- Duca di Salaparuta 15
- Elorina 22
- Ferrandes 1
- Ferreri 7
- Feudo Montoni 12
- Firriato 6
- Frank Cornelissen 28
- Graci 27
- Gulfi 20
- Morgante 16
- Palari 31
- Passopisciaro 30
- Planeta 9
- Salvatore Murana 2
- Settesoli 8
- Spadafora 13
- Tasca d'Almerita 14
- Tenuta delle Terre Nere 26
- Valle dell'Acate 18
- Vini Biondi 24
- Zenner 23

Erkundigen Sie sich nach Verkostungsmöglichkeiten und Öffnungszeiten der Kellereien, bevor Sie Ihre Reise planen. Manche Betriebe empfangen Besucher nur nach Voranmeldung.

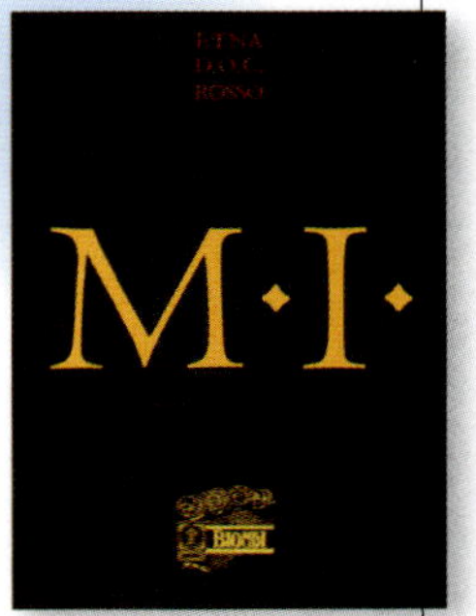

CANTINE DE FALCO
MIT SEINER WARMEN, TANNINBETONTEN ART IST DIESER WEIN IDEAL ZU GEBRATENEM FLEISCH ODER ZU KÄSE

CALATRASI PROGETTO
DER INTENSIVE GOLDGELBE CHARDONNAY REIFT IN FRANZÖSISCHEN BARRIQUES

Avide Sizilien

Ab Mitte des 19. Jahrhunderts begann die sizilianische Notarsfamilie Demostene, die Trauben eines kleinen eigenen Rebenkontingents regelmäßig zu verarbeiten. Langsam steigerte sich die Qualität, und nun, einige Generationen später, ist Avide einer der größten Erzeuger von Cerasuolo di Vittoria. Das viel gerühmte Aushängeschild des Betriebs ist der dynamische, nach Granatäpfeln duftende Etichetta Nera, dem sich inzwischen der ernster gestimmte, barriquegereifte Barocco zugesellt hat. Die Herea-Reihe bietet sortenreine Weine zu sehr verbraucherfreundlichen Preisen.

Corso Italia 131, 97100 Ragusa; www.avide.it

Basilisco Basilikata

Ziel dieses Betriebs ist es, das Potenzial der DOC Aglianico del Vulture vollends zu erschließen, und tatsächlich erntete Michele Cutolo weit über die Grenzen Italiens hinaus schon höchstes Lob. In seinen Kellereigewölben aus dem 15. Jahrhundert erzeugt er vom Lesegut der 10 ha Rebland im Herzen der DOC nur zwei Weine. Unterstützt wird er dabei durch Lorenzo Landi, einen der Topspezialisten für Aglianico in der Region. Imposant ist die dicht gewirkte Aglianico-Auslese Teodosio, die nach zehn Monaten in französischer Eiche intensive Pflaumen- und Schwarzkirschennoten von sich gibt. ★**Aufsteiger**

Via Piave 35, 85022 Barile; www.basiliscovini.it

Benanti Sizilien

Der den Osten Siziliens überragende Ätna wirkt wie eine Art Aircondition: Er sorgt dafür, dass die am Vulkan reifenden Reben von einem eher alpinen denn mediterranen Kleinklima profitieren. Mit über 300 Jahren Erfahrung im Anbau der lokalen Trauben weiß die Familie Benanti die einmaligen Gegebenheiten dieses Terroirs optimal zu nutzen. Mag auch Nerello Mascalese noch so angesagt sein, hat sich der Betrieb doch auf die nur hier wachsende weiße Sorte Carricante spezialisiert. Sehr edel wirkt die weiße Cuvée Pietramarina, die zehn Jahre braucht, um ihre Kräuter- und Mineralnoten perfekt in Einklang zu bringen. ★**Aufsteiger**

Via Garibaldi 475, 95029 Viagrande; www.vinicolabenanti.it

Benito Ferrara Kampanien

Gegründet Anfang der 1970er-Jahre von Benito Ferrara, wird der Betrieb heute von dessen Tochter Gabriella und ihrem Mann geführt, mit Paolo Caciorgna als önologischem Coach. Die 8 ha Weinbergflächen erlauben nur eine begrenzte Produktion, doch deckt diese das ganze Spektrum der klassischen DOC-Etiketten von Greco, Fiano und Aglianico ab. Extraklasse beweist dabei der Greco di Tufo Vigna Cicogna DOCG. Die in größerer Höhe reifenden Trauben ergeben Weine von feiner Säure, gepaart mit Anklängen an Grapefruits und kandierte Zitrusschalen.

Frazione San Paolo 14a, 83010 Tufo; www.benitoferrara.it

Bisceglia Basilikata

Mario Bisceglia gehört zur jener Spezies erfolgreicher Geschäftsleute, die sich irgendwann wieder ihren Wurzeln nähern wollen. Seit 2001 unterhält er etwa 35 ha makellos gepflegte Weinberge in der DOC Aglianico del Vulture und erzeugt inzwischen neben traditionellem Aglianico auch Chardonnay, Merlot und Syrah. Zu absoluten Vorzugspreisen bietet er in der Reihe Terre di Vulcano sortenreine Weine von Trauben aus Apulien, der Basilikata und Kampanien. Eine spektakuläre neue Kellerei inklusive Weinbar macht das positive Bild eines der eindrucksvollsten Start-up-Betriebe Süditaliens komplett.

Contrada Finocchiaro, 85024 Lavello
www.agricolabisceglia.com

Calatrasi Progetto Sizilien

1750 zog die Familie Micciché nach San Cipirello in Zentralsizilien. Etwas mehr als 200 Jahre später bauten die Brüder Giuseppe und Maurizio eine moderne Produktionsanlage, heute die Zentrale dieses internationalen Konzerns, dem Weinberge und Kellereien in Apulien, Sizilien und Tunesien gehören. Jahr für Jahr gibt er über fünf Millionen Flaschen gefälliger und verlässlicher Qualität zu sehr verlockenden Preisen in den Handel. Die sehr bekannte Reihe Terre di Ginestra umfasst zahlreiche reinsortige Weine aus lokalen wie internationalen Sorten, darunter Nero d'Avola, Catarratto und Cabernet Sauvignon.

Contrada Piano Piraino, 90040 San Cipirello
www.calatrasi.it

Candido Apulien

Sage und schreibe 140 ha Rebland gewinnen Alessandro und Giacomo Candido jährlich zwei Millionen Flaschen ab. Dennoch gründet sich ihr Ruf nicht auf die Masse, sondern die Klasse ihrer Weine. Seit Jahrzehnten gilt ihr solider, lieblich-herber Salice Salentino als Maßstab für die DOC. An erster Stelle steht indes Negroamaro, kunstvoll vereint etwa mit Cabernet Sauvignon im modernen Immensum oder mit Montepulciano im Duca d'Aragona, dem Toperzeugnis von Candido mit schöner Eichenholznote. In kleinen Mengen werden auch Chardonnay und Sauvignon Blanc abgefüllt, dazu entsteht eine exquisite Interpretation des raren Aleatico, Apuliens Antwort auf den Recioto des Veneto.

Via Armando Diaz 46, 72025 San Donaci
www.candidowines.it

Cantina Gallura Sardinien

1956 formierte sich die Kooperative mit 160 Mitgliedern und über 325 ha Weinbergflächen. Die Reben wachsen hoch über dem Meer an der Nordküste Sardiniens, wo sich das Produktionsgebiet des Vermentino di Gallura erstreckt. Gleich fünf Versionen des einzigen DOCG-Weins der Insel werden hier erzeugt, die auf den vorherrschenden Granitböden jeweils individuelle Nuancen entwickeln – bemerkenswert etwa die Duftfülle und feine Säure des Canayli. Kurioserweise wird auch Nebbiolo verarbeitet, eine Traube, die im 18. Jahrhundert aus ihrer Heimat Piemont hierher gelangte.

Via Val di Cossu 9, 07029 Tempio Pausania
www.cantinagallura.com

Cantina del Locorotondo Apulien

Die seit 1930 bestehende Genossenschaftskellerei setzte die Schaffung der eigenen DOC Locorotondo für die lokale Weißweintraube Verdeca durch. Heute kontrolliert sie über 1000 ha Rebland und produziert 3,5 Millionen Flaschen pro Jahr, verteilt auf über 30 Etiketten. Unumstrittene Highlights sind unter diesen die drei Locorotondo-Versionen, eine so vergnüglich zu trinken und zugleich so günstig wie die andere. Dabei tut sich der Vigneto di Talinajo mit seinem lebhaftem Zitrusbukett, verlockenden Mineralnoten und schöner Nachhaltigkeit besonders hervor.

Via Madonna della Catena 99, 70010 Locorotondo
www.locorotondodoc.com

Cantina di Santadi Sardinien
Gegründet 1960, dümpelte die Genossenschaft im Südwesten Sardiniens eher vor sich hin, bis sie als Önologen Giacomo Tachis verpflichtete. Die beträchtlichen Bestände der Gegend an wurzelechten, in traditioneller Buschform erzogenen Carignano-Reben lieferten ihm, der einst am legendären Sassicaia mitgefeilt hatte, Traubenmaterial erster Güte. Anfang der 1980er-Jahre feierten der Rocca Rubia und der Terre Brune Premiere, zwei charaktervolle und auch erschwingliche Weine, die, international hochgelobt, das immense Potenzial Sardiniens aufzeigten und den Weg in eine erfolgreichere Zukunft ebneten.

Via Cagliari 78, 09010 Santadi; www.cantinadisantadi.it

Cantina del Vermentino Sardinien
1956, für Bordeaux ein katastrophaler Jahrgang, stellte sich für das Genossenschaftswesen Sardiniens als glanzvolles Jahr heraus. Sowohl die Cantina Gallura als auch diese Kellerei erblickten damals das Licht der Weinwelt, wobei die Cantina del Vermentino mit 350 Mitgliedern und über 500 ha Rebland das ambitioniertere der beiden Häuser ist. Eine zentrale Rolle spielt der Vermentino, ob als fassvergorener Arakena oder als rein in Edelstahl bereiteter Funtanaliras, das bekannteste Etikett der Kellerei. Im roten Bereich werden die Lokalreben durch Cabernet Sauvignon und Sangiovese ergänzt.

Via San Paolo 2, 07020 Monti; www.vermentinomonti.it

Cantine de Falco Apulien
Seit seiner Gründung 1960 erzeugt der Salento-Betrieb regelmäßig grundehrliche Weine, insgesamt etwa 200 000 Flaschen pro Jahr. Sowohl die 25 ha Rebgärten als auch die Kellerei, nur einen Steinwurf von Lecce mit seinen Schätzen apulischer Barockarchitektur entfernt, unterstehen der Aufsicht von Salvatore de Falco. Das Sortiment bietet feine Exemplare eines Squinzano DOC und eines Primitivo, die eigentliche Visitenkarte aber ist der Salice Salentino Riserva Falco Nero aus Negroamaro mit 20 % Malvasia Nera, zwölf Monate in neuen Barriques gereift.

Via Milano 25, 73051 Novoli; www.cantinedefalco.it

Cantine Florio Sizilien
Ab Mitte des 19. Jahrhunderts, als der Marsala en vogue war, baute die Familie Florio ein Unternehmen auf, das sich außer mit Rebensaft auch mit Fischereiprodukten und Textilien befasste (nicht zu vergessen das berühmte Autorennen Targa Florio). Heute gehört die Kellerei zusammen mit Duca di Salaparuta (siehe S. 415) zur Illva Saronno Holding. Ein Teil des auf Süß- und Likörweine spezialisierten Sortiments stammt von Pantelleria und Lipari. Das Aushängeschild aber ist bis heute der Marsala. Exzellent der knochentrockene Terre Arse, der beinahe ein Jahrzehnt im Großfass liegt.

Via Vincenzo Florio 1, 91025 Marsala
www.cantineflorio.it

Cantine Gran Furor Divina Costiera di Marisa Cuomo Kampanien
Es ist gar nicht so einfach, zu den Rebpflanzungen zu gelangen, die Marsia Cuomo und ihr Mann Andrea an der Steilküste oberhalb der Strände der Amalfiküste auf schmalen Geländeterrassen in 500 m Höhe kultivieren. Die Erträge der weitgehend unbekannten Trauben – Fenile, Ginestra und Ripoli heißen einige der weißen Sorten – sind kläglich, und ihre Hege ist anstrengend. Wenigstens dürfte das Winzerpaar die Einrichtung des DOC-Bereichs Costa d'Amalfi als kleine Belohung für die Bemühungen um den Erhalt des italienischen Weinkulturerbes empfinden.

Via G.B. Lama 16/18, 84010 Furore; www.granfuror.it

Cantine Marco De Bartoli Sizilien
Etwa so angesagt wie der Sektquirl ist heute der Marsala. Wer sich ihm heute noch widmet, muss also schon ein Querkopf sein. Marco De Bartoli nahm sich des 25-ha-Guts seiner Familie in den 1970er-Jahren an und lieferte anfangs seine Erzeugnisse noch selbst aus – in einem Sportwagen. Seine Begeisterung für den Automobilsport, dem er selbst aktiv und international erfolgreich gefrönt hatte, wich zunehmend einer Leidenschaft für den Marsala. Diesen erzeugt sein Betrieb inzwischen in drei exquisiten Varianten, außerdem als Rarität eine ungespritete Version namens Vecchio Samperi.

Contrada Fornara Samperi 292, 91015 Marsala
www.marcodebartoli.com

Cantine del Notaio Basilikata
Als er sieben Jahre alt war, erfuhr Gerardo Giuratrabocchetti von seinem Großvater, dass er einst das Rebland der Familie erben würde. Sein Vater ergriff den Beruf des Notars, doch Gerardo folgte zielstrebig dem vorgezeichneten Weg. Der imposanteste Tropfen, den er heute seinen 26 ha abgewinnt, ist der Aglianico del Vulture La Firma DOC. In vornehmlich neuen Barriques gereift, beweist diese Auslese mit ihrer lieblich vanilligen Eichenwürze, begleitet von Kakao- und Lakritznoten im Duft, ebenso viel Charisma und Terroirverbundenheit wie ihr Schöpfer.

Via Roma 159, 85028 Rionero in Vulture
www.cantinedelnotaio.com

Cantine Viola Kalabrien
Nachdem sich Luigi Viola seine Pension als Grundschullehrer redlich verdient hatte, wurde er zum Artenschützer. Mit ebenso viel Sachverstand wie Unternehmergeist setzt er sich seither dafür ein, den Moscato di Saracena vor dem Vergessen zu bewahren. Aus rosinierten Moscatello-Trauben, die man einem Grundwein aus Malvasia und Guarnaccia zusetzt, entsteht dieser Süßwein uralter Tradition, mit seiner bernsteinfarbenen Tönung und überwältigenden Duftfülle einer der packendsten Vertreter seiner Art weltweit. Nur 4500 Flaschen füllt Viola jährlich ab.

Via Roma 18, 87010 Saracena; www.cantineviola.it

Capichera Sardinien
Mit nur 10 ha Weinbergen, aber großem Vertrauen in die Lokalreben Vermentino und Carignano begann diese Kellerei vor drei Generationen ihre Produktion. Heute bringt sie über 300 000 Flaschen stets großartiger (und teurer)

DER ÄTNA: WEINERZEUGUNG IM GRENZBEREICH

Der Ätna ist Europas größter und aktivster Vulkan. Immer wieder spuckt er Rauch und Asche, und fast ganzjährig ist sein Gipfel schneebedeckt – man kann dort sogar Ski fahren. Dass in der Mondlandschaft, die die höheren Regionen des Ätna prägt, überhaupt etwas wächst, ist schon erstaunlich. Tatsächlich sind die Reben hier in Sphären vorgestoßen, in denen der Mensch ganz vorsichtig einen Fuß vor den anderen setzt: Hoch über den Gemüseplantagen, Olivenhainen und Gewächshäusern erstrecken sich einige der letzten europäischen Weinberge aus der Zeit vor der Reblausepidemie.

Nerello Mascalese und die weiße Rebsorte Carricante bilden ein uraltes Duo, das hier annähernd gleichberechtigt nebeneinander gedeiht. Wenige Nährstoffe können die knorrigen, oft mehr als ein Jahrhundert alten Stöcke dem blanken Lavagrund abringen und erbringen deshalb nur winzige Traubenmengen von allerdings außerordentlicher Qualität. Eine exotische und vegetabile Nase im Stil eines reifen Burgunders offenbart der delikate Nerello bereits in der Jugend. Ganz anders der Carricante, der ohne Umschweife seinen knackigen Körper mit der dynamischen Säureader preisgibt und eine beachtliche Alterungsbereitschaft mitbringt.

COS
BIODYNAMISCH ERZEUGT IST DIESER WEIN AUS NERO D'AVOLA UND DER LOKALEN FRAPPATO-TRAUBE

CASA D'AMBRA
DIESER EINZELLAGENWEIN AUS DER BIANCOLELLA-TRAUBE ALTERT VORZÜGLICH

sortenreiner Weine heraus, deren Trauben im windigen Nordosten Sardiniens reifen. Zu Recht sind die Brüder Fabrizio und Mario Ragnedda stolz auf das Erreichte, wenngleich ihre Entscheidung, unter der IGT-Kategorie zu produzieren, bei den Einheimischen auf Verwunderung stieß – man fragte sich, ob die Familie ihre Wurzeln vergessen habe. Inzwischen findet sich auch ein Vermentino di Gallura DOCG im Angebot.

Località Capichera, 07021 Arzachena; www.capichera.it

Carlo Hauner Sizilien

Unbeschreiblich schön ist die Szenerie auf Lipari. Schon in biblischen Zeiten wurden auf der kleinen Insel vor der Nordostküste Siziliens Trauben angebaut und getrocknet, um aus ihnen den sogenannten Nektar der Götter zu bereiten. Die Malvasia-Rebe gelangte vermutlich im 16. Jahrhundert nach Lipari, etwa 400 Jahre, bevor sich der Maler Carlo Hauner dort niederließ und beschloss, aus der Sorte einen Tropfen mit ganz eigenem Charakter zu kreieren. Heraus kam ein mediterraner Genuss par excellence: tiefgelb getönt, viskos und betörend intensiv im Duft, der an Trockenfrüchte und Kräuter erinnert.

Via Umberto 1, Località Lingua, 98050 Marina Salina
www.hauner.it

Casa D'Ambra Kampanien

In dem 1888 von Francesco D'Ambra gegründeten Familienbetrieb ist heute die vierte Generation am Werk. Auf der malerischen Vulkaninsel Ischia gedeihen Rebsorten, die nirgends sonst auf der Welt zu finden sind, und aus diesen Naturschätzen holt man hier das Optimum heraus. Die absolute Spitzenlage des Hauses ist der in etwa 500 m Höhe gelegene terrassierte Frassitelli-Weinberg, besetzt mit Biancolella-Stöcken. Sie ergeben einen stahligen Weißen, der schön altert.

Via Mario d'Ambra 16, 80075 Forio d'Ischia
Tel. 081 907210

Cianfagna Molise

Tintilia heißt eine Traube, deren Bestände inzwischen auf unter 100 ha geschrumpft sind. Sie nicht dem Untergang preiszugeben, sondern vielmehr einem breiteren Publikum bekannt zu machen ist das erklärte Ziel Vincenzo Cianfagnas, der der Landwirtschaft genauso zugetan ist wie der schroffen Schönheit dieser Gegend. Schnell fand und kaufte er 10 ha aufgegebene Pflanzungen der Rebe und holte sie geduldig aus ihrem Dornröschenschlaf. Sein Lohn: der Tintilia del Molise Sartor DOC, der mit überbordender Fruchtigkeit, in der man frische und Dörrpflaumen, Schwarzkirschen und auch vegetabile Noten entdeckt, Vincenzos Glauben an die Traube voll bestätigt. **★Aufsteiger**

Contrada Bosco Pampini, 86030 Acquaviva Collecroce
www.cianfagna.com

Contrade di Taurasi Kampanien

Zu dem 1998 gegründeten Betrieb gehören lediglich 5 ha Rebflächen innerhalb des DOCG-Bereichs Taurasi. Erst knapp ein Jahrzehnt alt, erbringen sie Weine, die wohl bald den Spitzenetiketten der Gegend gewachsen sein dürften. Dank enger Kontakte zur Universität von Palermo kann die Familie Lonardo die Beratung durch zahlreiche Agronomen und Önologen in Anspruch nehmen und mithin ihre Erzeugnisse stetig weiter verbessern. Die Preise halten sich bisher im Rahmen, und so ist der Taurasi Riserva DOCG vorerst einer der lohnendsten Rotweine Kampaniens.

Via Municipio 39, 83030 Taurasi; www.contradeditaurasi.it

COS Sizilien

Drei Ex-Schulfreunde kauften 1980 ein Gut und tauften es unter Verwendung der Anfangsbuchstaben ihrer Nachnamen COS. Inzwischen sind nur noch Giusto Occhipinti und Titta Cilia mit von der Partie, doch agieren sie, heute Gebieter über 25 ha Rebland, genauso dynamisch (und biodynamisch) wie zu Beginn. Ihre Spezialität ist Cerasuolo di Vittoria, der erste DOCG-Wein Siziliens, der zu mindestens 40 % die recht hochwertige Lokaltraube Frappato enthalten muss. Die feine und fruchtige Basisversion erinnert durchaus an einen Beaujolais Cru.

S. P. 3 Acate–Chiaramonte, km 14,5, 97019 Vittoria
www.cosvittoria.it

Cosimo Taurino Apulien

Offenbar hat der Zahn der Zeit der seit Anfang des 18. Jahrhunderts bestehenden Kellerei nichts anhaben können. Auf ihren 85 ha Weinbergflächen wachsen Traditionstrauben wie Negroamaro und Malvasia Nera, jedoch sollen vereinzelt auch internationale Sorten gesichtet worden sein. In jedem Fall hält man hier die Tradition hoch, und mitunter reifen Rote bis zu fünf Jahre in alten Fässern. Kurioserweise firmieren der Patriglione und der Notarpanaro, zwei absolute Renner, als IGT. Beide reifen lange und trumpfen im Anschluss daran mit der herzhaften Fülle des Negroamaro auf.

S. S. 605, 73010 Guagnano; www.taurinovini.it

Cottanera Sizilien

In dritter Generation führen Mariangela und Francesco Cambria diesen dynamischen Betrieb, der, in den 1960er-Jahren gegründet, in den 1990ern mit einem renovierten Keller und unter neuer Leitung durchstartete. Überzeugt vom enormen Potenzial des Terroirs am Ätna, begann die Familie Cambria, zusätzlich zu der im Umfeld des Vulkans seit jeher allgegenwärtigen Nerello-Mascalese-Traube auch internationale Rebsorten zu kultivieren. Ein kluger Entschluss, wie der strukturierte, aromatische Cabernet Nume und der raffiniert würzige Merlot Grammonte beweisen.

Strada Provinciale 89, Contrada Iannazzo, 95030 Castiglione di Sicilia; www.cottanera.it

Cusumano Sizilien

Dank Diego Cusumano, der hier seit 2001 ein unermüdliches Engagement und viel Investitionsbereitschaft an den Tag legt, gelang der Kellerei ein kometenhafter Aufstieg. Inzwischen produziert sie 2,5 Millionen Flaschen jährlich und hat etliche Preise eingeheimst. Diego ist stolz auf seine Heimat und weist den lokalen Rebsorten eine zentrale Rolle zu. Überragend ist der nur aus Inzolia und völlig ohne Eiche bereitete, prachtvoll üppige Cubía; herzhaft würzig und vanillegetönt der Sàgana, der rein auf Nero d'Avola basiert, während diese sizilianische Traube im Benuara und im Noá durch Cabernet Sauvignon respektive Syrah ergänzt wird.

S. S. 113, Contrada San Carlo, 90047 Partinico
www.cusumano.it

D'Angelo Basilikata
Die Familie D'Angelo ist fest mit der Geschichte des Aglianico verbunden. Seit über einem Jahrhundert ist sie hier ansässig und hielt für die historische DOC die Fahne hoch, als Italien düsterste Zeiten durchmachte. Auch heute produziert die Kellerei unter Leitung der Brüder Donato und Lucio weiterhin einen der großen Weinklassiker dieser Region: Als Ultra-Traditionalist erweist sich nach zwei Jahren in großen Eichenfässern der Aglianico Vigne Caselle. Auch der Canneto firmiert als Aglianico del Vulture DOC, liegt aber 18 Monate in Barriques. Daher wirkt er etwas glatter, aber eben auch nicht ganz so charismatisch.

Via Provinciale 8, 85028 Rionero in Vulture
www.dangelowine.com

Di Majo Norante Molise
Über 200 Jahre widmet sich die Familie Di Majo der Weinerzeugung – kein Leichtes in der kleinsten und jüngsten Region Italiens, die mit den schickeren Denominationen Piemonts, der Toskana oder auch Kampaniens so gar nichts gemein hat. Dennoch konnte sich diese Kellerei mit einem eindrucksvollen Spektrum lokaler Reben und gelungener Verschnitte durchsetzen. Der Don Luigi, gemischt aus Montepulciano und 20 % Tintilia und in neuer französischer Eiche gereift, gewann für Molise erstmals die begehrten Drei Gläser des Gambero Rosso.

Contrada Ramitelli 4, 86042 Campomarino
www.dimajonorante.com

Donnafugata Sizilien
1983 fasste Giacomo Rallo den kühnen Entschluss, die 150-jährige Liaison seiner Familie mit dem Marsala, Siziliens legendärem Wein, zu beenden, um zukünftig Weine ohne Alkoholzusatz zu bereiten. Sein Plan ging auf, und heute bewirtschaftet Donnafugata 300 ha Rebland. Im Sortiment finden sich Köstlichkeiten wie der Mille e Una Notte, ein Nero d'Avola von umwerfender Raffinesse, oder der weiße Vigna di Gabri mit betörenden Duftnoten von Sommerfrüchten, gelben Pflaumen und Akazienblüten.

Via San Lipari 18, 81015 Marsala; www.donnafugata.it

Duca di Salaparuta Sizilien
Um seinen Gästen wirklich edle Tropfen kredenzen zu können, gründete Giuseppe Alliata, der Herzog von Salaparuta, 1824 diesen Betrieb. Ende des 19. Jahrhunderts engagierte sein Sohn Edoardo einen französischen Kellermeister, der auf allerneueste Technik setzte, und das Haus avancierte zum erfolgreichsten Weinexporteur Italiens. Inzwischen Teil der Unternehmensgruppe Illva Saronno, produziert es über zehn Millionen Flaschen – darunter sind die massentauglichen Etiketten der Corvo-Reihe, aber ebenso ein erhabener Wein wie der Nero d'Avola Duca Enrico.

Via Nazionale S. S. 113, 90014 Casteldaccia; www.duca.it

Elena Fucci Basilikata
Ohne Frage hat die junge Elena Fucci, geboren 1981, viel Talent. Zusammen mit ihrem Vater und Großvater feilte sie am ersten Jahrgang des Betriebs, der 2000 herauskam, und schon 2002 war sie mehrfach dekoriert und wurde als führende Weinmacherin gehandelt. Lediglich 6 ha umfassen ihre Weinberge, die sich in 650 m Höhe in einem als Titolo bekannten Lavagelände erstrecken. Ihr einziger Wein ist der Aglianico del Vulture Titolo, dessen intensiv mineralischer Charakter seinen vulkanischen Ursprung eindrucksvoll spiegelt. ★**Aufsteiger**

Contrada Solagna del Titolo, 85022 Barile
www.elenafuccivini.com

Elorina Sizilien
Rein zahlenmäßig – gerade einmal 50 Mitglieder, 35 ha Rebland und unter 200 000 Flaschen jährlich – ist diese Genossenschaftskellerei ein Winzling. Andererseits trägt 90 % der Produktion das DOC-Siegel, außerdem findet man hier mit dem süßen Moscato di Noto DOC einen der ältesten Weine Italiens. Seit ihrer Gründung 1978 bietet Elorina den Erzeugern in einem abgelegenen Teil Siziliens die Chance, wirtschaftlich zu überleben und zugleich eine seit dem 2. Jahrhundert v. Chr. bestehende Tradition lebendig zu halten.

S. P. Rosolini–Pachino, km 7, Contrada Belliscala, 96017 Noto
www.elorina.it

Ferrandes Sizilien
Etwa 50 km südlich von Sizilien wartet Pantelleria nicht nur mit außerordentlichen archäologischen Schätzen auf, sondern auch mit besonderen Klimaaspekten, die das kleine Eiland für die sonnenliebende Moscato-Rebe (hier Zibibbo genannt) zu einer wahren Wellness-Oase machen. Die extrem ausgereiften Trauben werden von Hand gepflückt und im Weinberg getrocknet. Der Passito di Pantelleria von Ferrandes, eine überaus geglückte Interpretation dieses alten Dessertweins, bietet hinreichend Säure auf, um den beträchtlichen Gehalt an Restzucker wohltuend auszugleichen. ★**Aufsteiger**

Via del Fante 28, Contrada Tracino Kamma,
91017 Pantelleria; Tel. 0923 915475

Ferreri Sizilien
1932 von drei Männern gegründet, denen das Weinbaupotenzial in Westsizilien nicht verborgen geblieben war, unterhält Ferreri heute 50 ha Rebenparzellen in 250 bis 500 m Höhe. Abgestimmt auf ihre jeweilige Ausrichtung, sind sie mit verschiedenen Sorten besetzt. Dabei rekrutiert sich das Traubenspektrum aus dem lokalen und auch internationalen Lager, wie in Sizilien nicht unüblich. Eine Besonderheit ist indes der Einsatz von Kastanienfässern, die dem Nero d'Avola und dem Catarratto der Brasi-Reihe einen reizvollen, leicht teerigen Akzent verleihen.

Contrada Salinella, 91029 Santa Ninfa; www.ferrerivini.it

Feudi di San Gregorio Kampanien
Als önologischer Berater macht sich Riccardo Cotarella in Kampanien seit über 20 Jahren verdient. Tradition und Moderne vereint das Sortiment dieses Hauses, das, basierend auf den angestammten Rebsorten der Region – Greco, Fiano, Falanghina und Aglianico – und gestützt auf neueste Vinifikationsverfahren, gleich mehrere Highlights bietet. Eines ist der weiße Campanaro, ein Mix aus Greco und Fiano, in dem exotische Fruchtaromen mit Fassnoten köstlich verschmelzen. Beim Verkosten des monumentalen Patrimo würde man sich wünschen, dass mehr Merlot in Kampanien angebaut wird, als es bisher der Fall ist.

Località Cerza Grossa, 83050 Sorbo Serpico
www.feudi.it

DONNAFUGATA
EIN EDLER TROPFEN, DER MIT AUFWENDIGEN FLEISCHGERICHTEN UND SAUCEN WUNDERVOLL HARMONIERT

DUCA DI SALAPARUTA
EINEN HAUCH VON SCHWARZKIRSCHEN HÄLT DER INTENSIVE, KÖRPERREICHE CORVO BEREIT

GULFI
EINIGE JAHRE MEHR IM KELLER WERDEN DIESEN BEREITS MEHRFACH PRÄMIERTE ROTWEIN WOHL NOCH BESSER MACHEN

MASTROBERARDINO
EIN WEIN MIT KOMPLEXEM BUKETT, IM MUND ELEGANT, MIT LANGEM NACHHALL

Feudi Di San Marzano Apulien
Wer auf die Entdeckung kleiner Familienbetriebe aus ist, könnte leicht achtlos an einem so großen Brocken wie Feudi Di San Marzano vorübergehen. Valentino Sciotti aber, den man von dem Abruzzen-Weingiganten Farnese kennt, entging diese Genossenschaft nicht. Er erkannte gleich ihr wahres Potenzial und wandte den drohenden Bankrott ab, indem er eine Reihe gut gemachter apulischer Sortenweine lancierte, die auch dank einer klugen Preispolitik international ein großes Echo fanden. Wunderbar ist der Sessantanni Primitivo di Manduria DOC.

Via Regina Margherita 149, 74022 San Marzano di San Giuseppe; www.feudisanmarzano.it

Feudo Montoni Sizilien
Wie Urkunden belegen, erzeugte dieses Gut bereits 1595 qualitätvolle Rote, und neuere Forschungen lassen den Schluss zu, dass es als Erstes auf Sizilien Nero d'Avola im kommerziellen Stil anbaute. Wie dem auch sei, unwiderlegbar ein ausgesprochen feiner Tropfen ist der Selezione Vrucara, der hier über 400 Jahre später aus derselben Traube entsteht. Heute beherbergen die 73 ha Weinberge des Betriebs zudem die Rebsorten Catarratto und Grillo, die knackige und leichtfüßige (zudem preislich verlockende) Weiße ergeben.

Contrada Montoni Vecchi, 92022 Cammarata
www.feudomontoni.it

Firriato Sizilien
Obwohl Salvatore Di Gaetano und seine Frau Vinzia Novara erst 1994 ihren ersten Jahrgang erzeugten, gehört ihre Kellerei sowohl hinsichtlich des Produktionsvolumens (fünf Millionen Flaschen jährlich) als auch aufgrund der Qualität des umfassenden Programms bereits zu den unbestrittenen Größen Siziliens. Sie bezogen auch einige Önologen von der anderen Seite der Welt in die Produktion mit ein, was den Firriato-Weinen zu einem zugänglichen Stil verhalf, der den internationalen Geschmack trifft, ihnen aber auch in Italien schon viel Lob bescherte.

Via Trapani 4, 91027 Paceco; www.firriato.it

Fontanavecchia Kampanien
Das Attribut »alt« wäre allzu banal, um diese vom Geist früherer Tage beseelte Kellerei zu beschreiben. Bei allem Sinn für Tradition haben aber Libero Rillo und sein Vater Orazio vor etwa einem Jahrzehnt eine neue Ära eingeleitet. So wurden die alten Großfässer nach und nach durch glänzende Edelstahltanks und die üblichen Barriques ersetzt. Der intensiv an Schwarzkirschen erinnernde Aglianico Grave Mora, der Paradewein des Hauses, hat erkennbar von diesem Wandel profitiert und lässt die DOC Taburno in ganz neuem Licht erscheinen.

Via Fontanavecchia, 82030 Torrecuso
www.fontanavecchia.info

Frank Cornelissen Sizilien
Ende der 1990er-Jahre gab der gebürtige Belgier Frank Cornelissen den Handel mit Weinen auf, um selbst als Erzeuger Geschichte zu schreiben. Auf 8,5 ha belaufen sich seine Bestände an Nerello-Mascalese-Reben, die, unglaublich alt und wurzelecht, sämtlich in über 1000 m Höhe an den Nordhängen des Ätna wachsen. Die Erträge sind minimal, die Gärung erfolgt in Tonamphoren, und die Maischung kann bis zu einem Jahr dauern. Was dieser Winzer macht, sprengt alle gängigen Vorstellungen davon, wie ein Wein aussehen und schmecken sollte.
★ Aufsteiger

Via Nazionale 281/299, 95012 Solicchiata
www.frankcornelissen.it

Galardi Kampanien
Im 9. Jahrhundert war die Gegend, in der das Gut liegt, als »Terra di Lavoro« (Land der Arbeit) bekannt. Die heutigen Bemühungen der Besitzer richten sich ganz auf einen Wein, einen gemischten Satz aus Aglianico und 20 % Piedirosso. Es ist ein großes, wuchtiges Gewächs, über dessen Aglianico-typische dunkle Frucht sich neue französische Eiche in Form eines würzigen Schimmers legt. Der Terra di Lavoro ist einer der gesuchtesten Roten Süditaliens. Um von den eben einmal 1000 Kisten etwas abzubekommen, muss man schnell sein.

Strada Provinciale Sessa Mignano, 81030 Sessa Aurunca
www.terradilavoro.com

Giovanni Battista Columbu Sardinien
Seit 1972 kümmert sich Battista tagtäglich liebevoll um seine 3,8 ha große Malvasia-Parzelle im steilen Gelände hoch über der Ortschaft Bosa. Beherzt hält er für einen Wein die Fahne hoch, den man vor mehr als einem Jahrhundert an allen europäischen Höfen trank, und ist dabei oft allein auf weiter Flur. Lächerlich geringe Erträge, zwei Jahre Ausbau in Kastanienfässern und echte Knochenarbeit – das sind für die wenigsten rosige Zukunftsperspektiven. Der Malvasia di Bosa DOC, ein Genuss von selten konzentrierter Art, ist ernsthaft vom Aussterben bedroht.

Via Marconi 1, 08013 Bosa; www.malvasiacolumbu.com

Giovanni Cherchi Sardinien
Begonnen hat die Kellerei 1970 mit geerbten 2 ha Vermentino-Beständen. Seither ist die Fläche auf 30 ha gewachsen, die sich Vermentino mit den beiden roten Sorten Cannonau und Cagnulari teilt. Letztere ist die vielleicht am wenigsten bekannte Traube Sardiniens überhaupt. Dünnschalig und ertragsarm, hatte sie kaum Befürworter und stand infolgedessen in den 1980er-Jahren kurz vor dem Aussterben. Fasziniert von ihrem stechend violetten Farbeinschlag und dem aromatischen Brombeerbukett, brachte Giovanni Cherchi jedoch seine alten Weinberge wieder in Schuss und füllte dann den ersten lupenreinen Cagnulari der Insel ab.

Via Ossi 20/22, 07049 Usini; www.vinicolacherchi.it

Graci Sizilien
Alberto Graci folgte erst dem eigenwilligen Kurs von Frank Cornelissen, trieb es aber dann doch nicht ganz so weit. Seine uralten, wurzelechten Nerello-Mascalese-Stöcke – insgesamt 25 ha – hegt und pflegt er mit Ökomethoden, für die Gärung verwendet er offene Holzbottiche, und die Weine werden nicht filtriert. Seinen Quota 600 gibt Graci nur heraus, wenn das Klima in gut 600 m Höhe am größten aktiven Vulkan Europas mitgespielt hat. War dies der Fall, dann darf man sich auf einen Roten von seltener Finesse gefasst machen, in dem Wogen von Alkohol, Säure und Tanninen mit ebenso mächtigen komplexen roten Fruchtaromen verschmelzen. **★ Aufsteiger**

Contrada Arcuria, Passapisciaro, 95012 Castiglione di Sicilia
www.graci.eu

Guido Marsella Kampanien
Man nennt Guido Marsella auch liebevoll Signore Fiano, weil er sich mit solcher Hingabe der edelsten unter den Reben Kampaniens widmet. Die 4 ha Weingärten erbringen knapp 20000 Flaschen eines hinreißenden Fiano di Avellino DOCG. Für ihn werden die Trauben im Zustand optimaler Reife gepflückt und gepresst; die Gärung und der mindestens zweijährige Ausbau erfolgen in Edelstahl. Unter 14% Alkohol tut es dieser Tropfen nie, der die Kraft der Neuen Welt mit mediterranem Charme vereint. Er hätte fraglos mehr Anerkennung verdient ob seiner opulenten Art, die mit Noten von Haselnüssen, Ginsterblüten und Konditorcreme einhergeht. ★**Aufsteiger**

Via Marone 1, 83010 Summonte; www.guidomarsella.com

Gulfi Sizilien
Vito Catania, erfolgreicher Unternehmer aus der Automobilbranche, kehrte in seine Heimat Sizilien zurück, um diesen eindrucksvollen Betrieb im Südosten der Insel aufzubauen. Hier ist das Reich des Nero d'Avola, den Catania liebt und den er heute nahe Chiaramonte Gulfi auf über 70 ha mit ökologischen Methoden kultiviert. Drei Einzellagen-Cuvées von Parzellen, deren alte Reben er bewusst erhalten hat, füllt er ab. Zu ihnen gehört der ausgezeichnete Neromaccarj, dessen Ungestüm auch 18 Monate im Eichenfass kaum besänftigen können: ein strukturierter, aromatischer und sehr alterungsfähiger Wein in der Tradition großer Bordeaux-Gewächse.

Contrada Partia, 97010 Chiaramonte Gulfi; www.gulfi.it

L'Astore Masseria Apulien
Seit den 1930er-Jahren bewirtschaftet die Familie Benegiamo dieses Gut. Anfang der 1990er beschloss sie ein ehrgeiziges Renovierungsprogramm, das auch die Komplettsanierung der *masseria*, des alten Bauernhauses also, sowie die Neubestockung der Rebflächen umfasste. Eine ganze Reihe internationaler Sorten wurden dabei eingeführt, darunter Chardonnay und Cabernet Sauvignon. Unter der Regie des umtriebigen Riccardo Cotarella entstehen sechs Weine mit durchweg modernem Flair. Der L'Astore ist ein fleischiger Verschnitt aus Aglianico und Petit Verdot, aus Chardonnay und Malvasia ist der Krita komponiert.

Via G. Di Vittorio 1, 73020 Cutrofiano
www.lastoremasseria.it

Leone de Castris Apulien
An derselben Stelle, an der Herzog Oronzo das Weinhaus 1665 aus der Taufe hob, befindet sich bis heute die Kellerei. Fast 300 Jahre nach ihrer Gründung, 1943, füllte sie mit dem Five Roses den ersten Rosé Italiens ab, der in die USA exportiert wurde und mit seiner fleischigen, überschwänglichen Art dort Furore machte. 2005 war dann die 50. Ausgabe des Salice Salentino Riserva DOC zu feiern. Nach wie vor setzt die Kellerei, die bei einer Gesamtproduktion von über 2,5 Millionen Flaschen inzwischen 28 Etiketten herausgibt, Maßstäbe.

Via Senatore De Castris 50, 73015 Salice Salentino
www.leonedecastris.com

Librandi Kalabrien
Seit vier Generationen ein stolzer Familienbetrieb, kann Librandi heute mehr als 250 ha Weinberge und gleich ein Dutzend Etiketten vorweisen. Aufgrund dieser Dimensionen wie auch in Anbetracht ihrer Verdienste um die Wiederbelebung alter Rebsorten ist die Kellerei die dominierende Größe Kalabriens. Acht verschiedene Traubensorten werden hier kultiviert, darunter neben Lokalmatadoren internationale Stars wie Sauvignon Blanc und Chardonnay. Sorgte zunächst der schmackhafte Gaglioppo/Cabernet-Verschnitt Gravello für Schlagzeilen, erntet inzwischen der Magno Megonio (zu 100% Magliocco) glänzende Kritiken.

S. S. 106, Contrada San Gennaro, 88811 Cirò Marina
www.librandi.it

Macarico Basilikata
Lediglich zwei Weine gewinnt Rino Botte seinen 5 ha Rebflächen im Schatten des erloschenen Vulkans Vulture ab. Eine extrem späte Lese (in der ersten Novemberwoche) und dazu eine hohe Pflanzdichte (9600 Stöcke pro Hektar) lassen hier eines der feinsten Gewächse des Anbaugebiets entstehen: den Aglianico del Vulture Macarico DOC. Der Name des Gutes – und Rinos bester Parzelle – leitet sich aus dem Griechischen ab und bedeutet »der Gesegnete«. Glücklich kann sich auch schätzen, wer eine Flasche dieses tiefgründigen Roten ergattert.

Piazza Caracciolo 7, 85022 Barile; www.macaricovini.it

Macchialupa Kampanien
Gelegen im Grenzgebiet zwischen Benevento und Avellino in beinahe 500 m Höhe, bietet das Gut ideale Voraussetzungen, um kampanische Klassiker höchster Güte zu erzeugen. Gemeinschaftlich feilen der Önologe Angelo Valentino und der Agronom Giuseppe Ferrara an sechs verschiedenen Weinen, die sie den 8 ha Rebengrund, einer Hinterlassenschaft von Giuseppes Vater, abgewinnen. Ihr Taurasi, in dem sich hinter einem Schleier von Tabak, Zimt und Vanille die Aglianico-typischen Veilchennuancen abzeichnen, ist eine ausnehmend feine Version des berühmtesten Roten Süditaliens. ★**Aufsteiger**

Via Fontana, Frazione San Pietro Irpino, 83010 Chianche
www.macchialupa.it

Mastroberardino Kampanien
Fällt der Name Taurasi, kommt einem unweigerlich Mastroberardino in den Sinn. Seit 1878 erzeugt die Kellerei den Taurasi Riserva Radici, jahrzehntelang einziger Lichtblick in der damals ansonsten düsteren süditalienischen Weinwelt und heute ein Gewächs mit DOCG-Status. Gewonnen von ertragsarmen Aglianico-Reben und drei Jahre in Holz gereift, legt der Radici eine bemerkenswerte Langlebigkeit an den Tag – tatsächlich lassen sich manche Ausgaben der 1950er- und 1960er-Jahre noch vorzüglich trinken. Neben diesem unvermindert brillanten Tropfen gibt der Betrieb inzwischen Dutzende ordentlicher Weine der gängigen DOCs Kampaniens heraus.

Via Manfredi 75/81, 83042 Altripalda
www.mastroberardino.com

Montevetrano Kampanien
Ende der 1980er-Jahre begann Silvia Imparato, eine namhafte italienische Fotografin, im 5 ha großen Weinbergterrain ihrer Familie gleich vor den Toren Salernos mit Bordeaux-Reben zu experimentieren. Sie engagierte den Önologen Riccardo Cotarella als Berater und füllte 1991 den ersten Jahrgang des Montevetrano ab. Auf 60% Cabernet Sauvignon, 30% Merlot und 10% Aglianico

KOOPERATIVE WEINBEREITUNG NEUESTER ART

Bahnbrechende Forschung, weltweit Maßstäbe setzende Initiativen zur Rückverfolgbarkeit und Nachhaltigkeit oder Kompetenzteams, die sich internationalen Rebsorten widmen – das sind nicht unbedingt Themen, die man sofort mit Sizilien in Verbindung bringen würde. Doch es ist höchste Zeit zum Umdenken.

Die Kellerei Settesoli beispielsweise mag schon ein halbes Jahrhundert alt sein, ist mit ihrem kolossalen Ausstoß von inzwischen über 27 Millionen Flaschen jährlich aber vollständig auf Zukunftskurs. Treibende Kraft des seit 1973 vollzogenen Wandlungsprozesses von der behäbigen Genossenschaft zum internationalen Trendsetter ist Diego Planeta. Stolz auf seine sizilianische Heimat und zutiefst überzeugt von ihrem immensen Potenzial, konnte er alle 2300 Mitglieder dazu bewegen, nicht mehr auf die schiere Menge, sondern ausschließlich auf Qualität zu setzen. Die Bilanz dieser Neuorientierung ist spektakulär. In die Premiumreihe Mandrarossa, die dem Betrieb bereits zahlreiche Auszeichnungen einbrachte, fließen die besten 10% der Produktion ein. Dagegen erobert die Inycon-Linie die Auslandsmärkte mit einem unschlagbaren Spektrum sortenreiner Weine, die den Geschmack der breiten Masse ansprechen.

MONTEVETRANO
CABERNET SAUVIGNON, MERLOT UND AUCH EIN WENIG VON DER LOKALTRAUBE AGLIANICO ENTHÄLT DIESER FAMOSE WEIN

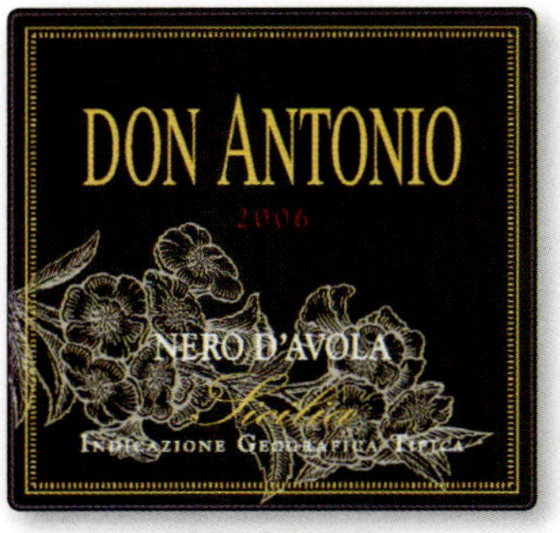

MORGANTE
EIN WEIN VON ALTEN REBEN, NACHHALTIG UND HARMONISCH AM GAUMEN

basiert dieser elegante und alterungswürdige Rotwein, der von den Kritikern begeistert aufgenommen wurde und rasch bei Sammlern in aller Welt Begehrlichkeiten weckte. Niemand war wohl überraschter über diese Blitzkarriere als Silvia selbst.

Via Montevetrano 3, 84099 Cipriano Picentino
www.montevetrano.it

Morella Apulien

Aus Berufsgründen ging die Australierin Lisa Gilbee, Absolventin des Agricultural College in Roseworthy, nach Apulien, und aus Liebe blieb sie. Mit ihrem Mann Gaetano kultiviert sie auf 7 ha unbewässertem Grund 75 Jahre alte Primitivo-Reben in Buscherziehung. Es ist den betagten Stöcken, der eisenreichen Erde und den kühlenden Meeresbrisen geschuldet, dass der Old Vines Primitivo di Manduria in der drückenden Sommerhitze Apuliens zum schönsten Gewächs seiner DOC heranreift: durchflutet von 15 % Alkohol, intensiv nach Backpflaumen und Schwarzen Johannisbeeren duftend, ein Ausbund an Komplexität.

Via per Uggiano 147, 74024 Manduria
www.morellavini.com

Morgante Sizilien

Carmelo Morgante ist heute der Chef des Betriebs, der seit mehreren Generationen im Hochland Südsiziliens Trauben anbaut. Die erste eigene Abfüllung erfolgte 1998, und in der Folge kümmerte sich Riccardo Cotarella um den Feinschliff der Weine, die aus dem exzellenten Rohmaterial von 30 ha Rebland bereitet werden. Morante ist auf Nero d'Avola spezialisiert, der in drei Versionen bereitet wird. Der seit 2008 herausgegebene Scinthily liegt nicht mehr als zwei Tage auf den Schalen, der geradlinige Nero d'Avola verbringt drei Monate in Eiche und der Don Antonio, eine Cuvée von alten Reben, reift ein Jahr in neuen Barriques.

Contrada Racalmare, 92020 Grotte
www.morgantevini.it

Odoardi Kalabrien

Bis ins 13. Jahrhundert reicht die Geschichte der Familie Odoardi in dieser abgelegenen kalabrischen Stadt zurück. Auch unter der jüngsten Generation, vertreten durch die Brüder Gianbattista und Gregorio, bleibt der Betrieb den im Alberello-System erzogenen Lokalreben wie Gaglioppo und Magliocco treu. Zudem hält er weiterhin für die beiden historischen DOCs Savuto und Scavigna die Fahne hoch. Sein Topetikett ist der Vigna Garrone, ein monumentaler Tropfen aus 80 % Gaglioppo und etwas Cabernet Sauvignon, der während 18 Monaten im Barrique gewinnend weiche Züge annimmt. ★**Aufsteiger**

Contrada Campodorato, 88047 Nocera Terinese
www.cantineodoardi.com

Palari Sizilien

1990 brachte der bekannte italienische Weinjournalist Luigi Veronelli den Architekten Salvatore Giraci auf die Idee, die DOC Faro aus ihrer Agonie zu erlösen. Damals bewirtschaftete Giracis Familie 4 ha terrassierte Weinberge bei Messina, deren Produkte sie in Glasballonflaschen in der Umgebung verkaufte. Giraci nahm die Herausforderung an, brachte 1995 den ersten Faro Palari heraus und kassierte seither Preise in Serie. Auf ertragsarmem Nerello Mascalese und Nerello Cappuccio basiert dieser Tropfen, der neue Eiche und liebliche Beerenfrüchte elegant verbindet.

Contrada Barna, 98137 Stefano Briga
www.palari.it

Passopisciaro Sizilien

Unermüdlich werkelt Andrea Franchetti auf seinem kleinen Besitz am Nordhang des Ätna, um den alten Rebhängen, auf denen neben Nerello Mascalese auch Chardonnay und Petit Verdot wachsen, alles zu entlocken, was in ihnen steckt. Und das ist wahrlich überragend: Sowohl sein an Pinot Noir erinnernder Nerello als auch der ohne Eichenholzeinfluss vinifizierte Chardonnay sind anmutig und zeigen geschmackliche Reinheit ebenso wie Eleganz. Von einigen der höchsten Weinberge Europas, deren Früchte erst Ende Oktober reifen, kommt der Petit Verdot, der wuchtiger auftritt.

Via Santo Spirito, 95030 Castiglione di Sicily
www.passopisciaro.com

Pietracupa Kampanien

In der kleinen Gemeinde Montefredane, unweit von Macchialupa und Vadiaperti, kultiviert Sabino Loffredo mit biodynamischen Methoden Greco, Fiano und Aglianico. Nur 3,5 ha stehen ihm zur Verfügung, und der Output beschränkt sich auf 25 000 Flaschen pro Jahr. Umso mehr wundert man sich über die moderaten Preise, die Sabino für seine Weine verlangt. Exzellent ist der Taurasi, der jedoch durch zwei Weiße in den Schatten gestellt wird: erstens den Cupo, einen fulminanten Fiano d'Avellino DOCG, und zweitens den »G«, einen ähnlich überragenden Greco di Tufo DOCG mit konzentrierten Quitten- und Birnenaromen. ★**Aufsteiger**

Via Vadiaperti 17, 83030 Montefredane; Tel. 0825 607418

Pietratorcia Kampanien

Im Westen Ischias gründeten 2000 drei junge Unternehmer diesen Betrieb, besessen von dem Wunsch, die landwirtschaftliche Tradition der Insel zu bewahren. Heute beläuft sich ihr Grundbesitz auf 6 ha, auf denen sie so exotische Sorten wie Biancolella, Forastera und Uva Rilla Guernaccia kultivieren. Überzeugend koalieren diese drei Weißweintrauben im sanft goldgelben Vigne di Chignole, der einen Duft nach reifen Pfirsichen, Lakritze und Gewürzen verbreitet – 3000 Jahre Weinbau feiern ein überzeugendes Revival. ★**Aufsteiger**

Via Provinciale Panza 267, 80075 Forio d'Ischia
www.pietratorcia.it

Planeta Sizilien

Mit ihren über zwei Millionen Flaschen jährlich legen die Vettern Alessio und Santi Planeta zusammen mit Cousine Francesca die Messlatte sehr hoch für die sizilianische Weinwirtschaft. Hatten die drei anfangs mit dem internationalen Flair ihres Chardonnay und Cabernet Sauvignon gepunktet, sind sie nun vor allem auf ihre Weine von italienischen Reben stolz. Der Cometa besticht als reinsortiger Fiano mit intensiven Geschmackseindrücken von Trockenfrüchten und Gewürzen; fleischig und muskulös zeigt sich der Nero d'Avola Santa Cecilia; fein und zartgliedrig der Cerasuolo di Vittoria.

Contrada Dispensa, 92013 Menfi; www.planeta.it

Rivera Apulien
Anfang der 1990er-Jahre gründete Giuseppe de Corato diesen Betrieb, doch erst Sohn Sebastiano und Enkel Carlo erkannten, welches Potenzial in ihrem Rebland im Herzen der DOC Castel Del Monte steckt. Ohne Frage rangiert Rivera heute unter den Topanbietern Apuliens. Das Angebot deckt alle Preiskategorien ab, ganz oben stehen die Etiketten von eigenen Lagen. Zweifellos das feinste Gewächs der DOC ist der üppige rote Il Falcone.

S. P. 231, km 60,500, Andria 70031; www.rivera.it

RIVERA
ZU DEN TOPGEWÄCHSEN DER REGION ZÄHLT DIESER WEIN, DER IM KELLER 20 JAHRE UND MEHR ÜBERDAUERT

Salvatore Murana Sizilien
Salvatore Murana, der geheime Fürst von Pantelleria, erzeugt auf der kleinen Vulkaninsel einen trockenen Wein namens 'E Serre. Vor allem aber glänzt er als einer der bedeutendsten Interpreten des aus sonnengedörrten Beeren der Sorte Moscato d'Alessandria bereiteten Dessertweins Passito di Pantelleria. Gleich 20 Tage trocknen die von einer Einzellage gewonnenen Trauben für den Martingana. So typisch wie die Aromen von Orangenblüten und Sultaninen sind die samtigen Pfirsichnoten und Honigakzente im Abgang. Wer braucht bei derlei Sinnesfreuden noch ein richtiges Dessert?

Contrada Khamma 276, 91017 Pantelleria
www.salvatoremurana.com

Sella e Mosca Sardinien
Der Betrieb gehört zwar zur Campari-Gruppe, managt seine 650 ha Rebland aber ganz in Eigenregie. Das Portfolio von über 20 Etiketten hält für jeden Geschmack und jedes Budget etwas bereit. Als lokale Spezialitäten erzeugt es unter anderem den kaum bekannten Torbato, einen köstlichen Vermentino und das bewährte Duo aus Carignano und Cannonau. Im mittleren Segment finden sich internationale Hits wie Sauvignon Blanc und Cabernet Sauvignon. Das absolute Glanzstück ist der exotische Anghelu Ruju, ein aus spät gelesenem Cannonau bereiteter Dessertwein im Port-Stil, der fünf Jahre im Fass ruht.

Località I Piani, 07041 Alghero; www.sellaemosca.com

Settesoli Sizilien
Was Settesoli im Genossenschaftswesen Italiens bewirkt hat, ist hinreichend dokumentiert (siehe auch Randspalte S. 417). Weniger bekannt sind vielleicht die Innovationsbemühungen der Weinmacher Owen Bird und Domenico di Gregorio. Die Ergebnisse ihrer Experimente mit Chenin Blanc, Sauvignon Blanc und Viognier erscheinen mehr und mehr in der Mandrarossa-Reihe. Besonders grandios angesichts des heißen Inselklimas ist der Sauvignon Blanc mit seinem Geschmack nach reifen Steinfrüchten und dem eleganten grasigen Touch, doch auch die Honigwürze des Chenin Blanc und die Pfirsicharomen des Viognier faszinieren.

S. S. 115, 92013 Menfi; www.cantinesettesoli.it

Spadafora Sizilien
Francesco Spadafora, Spross des gleichnamigen Fürstengeschlechts, das sich bis ins 13. Jahrhundert zurückverfolgen lässt, ist zutiefst in Sizilien verwurzelt. Seine 100 ha umfassenden Rebenkontingente stehen in 400 m Höhe nahe Palermo, wo lokale wie internationale Sorten gleichermaßen ein ideales Klima finden. Letztere wurden in den 1980er-Jahren von Francescos Vater eingeführt, und heute zählt Spadafora zur Elite unter den sizilianischen Erzeugern von Syrah, einer Traube, die mit der trockenen Hitze bestens zurande kommt. Sowohl der Sole dei Padri als auch der tief rubinrote Schietto sind exzellente Weine mit komplexen Aromen dunkler Früchte und fein ausgewogener Eichenwürze.

Via Ausonia 90, 90144 Palermo; www.spadafora.com

Tasca d'Almerita Sizilien
Seit Langem auf Erfolgskurs, hat sich das seit seiner Gründung 1830 im Familienbesitz befindliche Unternehmen um die sizilianische Qualitätsweinproduktion verdient gemacht und parallel die Innovation vorangetrieben. Auf über drei Millionen Flaschen jährlich kommen heute die insgesamt fünf Güter, darunter die im Hochland der Inselmitte gelegene 400-ha-Besitzung Tenuta Regaleali. Zu dem beispielhaften Angebot von Tasca d'Almerita gehören ein Grillo als weiße Rarität von der Insel Mozia sowie ein lieblicher Malvasia aus Salina.

Contrada Regaleali, 90020 Sciafani Bagni
www.tascadalmerita.it

Tenuta Le Querce Basilikata
1995 erwarb die Familie Pietrafesa die Kellerei Sasso mitsamt 70 ha reinen Aglianico-Beständen, die in einer Dichte von 6000 Stöcken pro Hektar gepflanzt sind. Fünf Aglianico-Weine erzeugt das nach Basilikata-Maßstäben riesige Gut, zwei davon unter dem Label Cantine Sasso. Das Preis-Genuss-Verhältnis von allen ist unvergleichlich, wobei die feinsten Trauben natürlich in die Le-Querce-Etiketten einfließen. Umwerfend ist der Vigna della Corona mit Andeutungen von Rhabarber und Graphitnoten, die an einen toskanischen Sangiovese erinnern.

Via Appia 123, 85100 Potenza; www.tenutalequerce.it

Tenuta delle Terre Nere Sizilien
Marc de Grazia, ein führender Exporteur feiner Kreszenzen Italiens, kennt das Land wie kaum ein anderer. Seine Entscheidung, sich an der Nordflanke des Ätna einzukaufen, erwies sich letztlich als großer Gewinn für die DOC. Auf insgesamt 21 ha summieren sich seine Kulturen von Lokalreben wie Nerello Mascalese und der weißen Carricante, deren Erntegut er, nach Lagen getrennt, zu knapp 100 000 Flaschen Wein verarbeitet. Den spärlichen Erträgen einer historischen Parzelle aus Zeiten vor der Reblausplage gewinnt er einen erhabenen Etna Rosso ab.

Contrada Calderara, 95036 Randazzo; Tel. 095 924002

Tenute Dettori Sardinien
Alessandro Dettori ist ein glühender Verfechter der Tradition. Auf 30 ha baut er Vermentino, Cannonau und Moscato an und erzeugt daraus eine einzigartige Palette sardischer Klassiker. Für den Dettori Rosso beispielsweise verwendet er Cannonau von einem noch vor der Reblausepidemie angelegten Weinberg. Da die Trauben in sengender Sonne ohne Bewässerung gereift sind und nur spärlichsten Ertrag bringen (nicht einmal 300 g pro Stock), entfaltet der Wein eine Alkoholwucht von 17,5 %. Ausschließlich in Zement vergoren und gereift, strafen seine Ausgewogenheit und Klarheit die Behauptung Lügen, große Weine könnten nur in technisch hochgerüsteten Kellereien entstehen. ★**Aufsteiger**

Località Badde Nigolosu, 07036 Sennori
www.tenutedettori.it

TENUTE DETTORI
AUS DER URALTEN CANNONAU-TRAUBE GEHT DIESER SEHR ALKOHOLSTARKE WEIN HERVOR

TERREDORA
ZU VORSPEISEN UND FISCHGERICHTEN EIN KÖSTLICHER TROPFEN, DER SICH MIT ZUNEHMENDEM ALTER NOCH STEIGERT

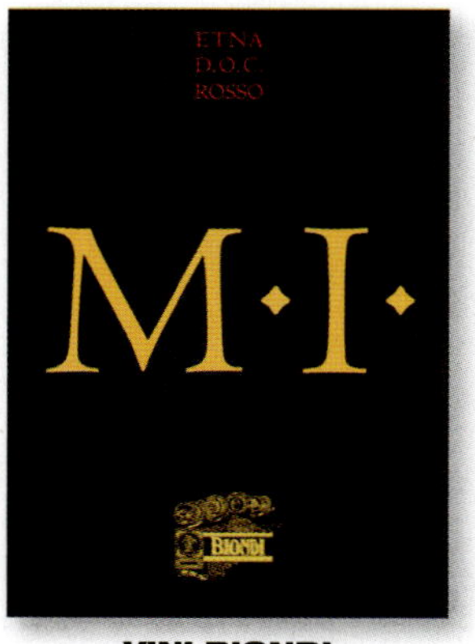

VINI BIONDI
EIN KRAFTVOLLER ROTWEIN MIT KOMPLEXEN FRUCHT- UND GEWÜRZAROMEN

Tenute Rubino Apulien

In kurzer Zeit hat der junge Luigi Rubino seinen Betrieb zu einem Starspieler der italienischen Weinliga gemacht. Für die Verarbeitung der zumeist typisch apulischen Trauben von den über 200 ha eigenen Rebflächen stehen eine funkelnagelneue Kellerei und mit dem Önologen Riccardo Cotarella ein äußerst versierter Berater zur Verfügung. Als eines von elf Etiketten entsteht aus der fast ausgestorbenen Sorte Susumaniello der angesehene Torre Testa IGT Salento. Nach obligater mehrjähriger Reifung präsentiert er ein granatfarben gefasstes komplexes Bukett von Schwarzen Johannisbeeren, Schokolade und Muskatnuss.

Via Enrico Fermi 50, 72100 Brindisi
www.tenuterubino.it

Terredora Kampanien

Auch hinter diesem Gut steht ein Mastroberardino (siehe S. 417) – diesmal ist es Lucio. Sein Zweig der Familie nennt über 125 ha beste Weinberglagen dort sein Eigen, wo die namhaftesten DOCG-Bereiche Süditaliens, also Fiano d'Avellino, Greco di Tufo und Taurasi, aneinanderstoßen. Terredora versteht sich bis heute als Landwirtschaftsbetrieb, und so werden hier nur Trauben aus eigener Ernte verarbeitet. In dieser Größenordnung den hohen Standard konsequent zu halten ist wahrlich kein Leichtes. Durch seinen Nuancenreichtum besticht der Greco di Tufo DOCG, während der Falanghina ein echtes Schnäppchen ist.

Via Serra, 83030 Montefusco
www.terredora.com

Vadiaperti Kampanien

Seit drei Generationen ist die Familie Troisi im Weingeschäft, doch erst 1984 feierte ihr Fiano di Avellino Premiere – dank Antonio II., Geschichtslehrer mit leidenschaftlichem Interesse für Wein und die lokalen Traditionen. Inzwischen führt Antonios Sohn Raffaele die Produktion exzellenter Weißweine fort. Guten Greco und Fiano findet man heute auch anderswo problemlos. Der Coda di Volpe von Vadiaperti aber, der mit seinem Duft nach Iris und Geißblatt die klare Bergluft seiner Herkunft widerspiegelt, ist unübertroffen.

Contrada Vadiaperti, 83030 Montefredane
www.vadiaperti.it

Valle dell'Acate Sizilien

Auf seinem kurvigen Weg durch den äußersten Südosten Siziliens schuf der Fluss Acate Schwemmlandterrassen, deren Eignung für den Rebenanbau die Familie Jacono bereits seit Jahrhunderten zu nutzen weiß. Mit dem analytischen Blick der gelernten Pharmazeutin optimierte Gaetana Jacono ab Mitte der 1990er-Jahre noch die Produktion. Heute ist ihr Cerasuolo di Vittoria, versehen mit delikaten Noten roter Früchte und überraschend frischen Säureimpulsen, ein Star der neuen DOCG. Superb auch der dynamische rote Frappato und der lebhafte Il Moro Nero d'Avola.

Contrada Bidini, 97011 Acate; www.valledellacate.it

Vigne e Vini Apulien

Dass sie in einem Weinparadies gelandet waren, war den alten Griechen beim Anblick der sanften Hügel südlich von Taranto sogleich klar. Die vorzüglichen Gegebenheiten schöpfen heute auch Cosimo Varvaglione und seine Frau Maria Tessa gekonnt aus. Gleich 17 Klassiker der Region, zumeist gemäß den freizügigeren IGT-Regeln erzeugt, umfasst ihr Sortiment. Der Moi Verdeca del Salento IGT glänzt als köstliche Interpretation dieser weißen Traditionstraube Apuliens; von den hiesigen heißen Sommern erzählt der intensiv brombeerduftige Papale Primitivo di Manduria DOC.

Via Amendola 36, 74020 Leporano; www.vigneevini.it

Villa Matilde Kampanien

Als einziger Wein, der eines Herrschers würdig war, galt vor etwa 2000 Jahren der Falerner. Entsprechend wurde er von Dichtern hoch gepriesen und von Gastwirten im ganzen Land gefälscht. 1970 fasste Francesco Avallone den Entschluss, dieses legendäre Getränk der Antike wiederzubeleben. In hoher Dichte drängen sich Aglianico, Piedirosso und Falanghina in seinen Weinbergen, denen er den reichen, rauchgetönten roten Falerno del Massico DOC abgewinnt. Aprikosen und Vanille schnuppert man im Eleusi, einem süßen Weißen mit IGT-Prädikat.

S. S. Domitiana 18, 81030 Cellole
www.villamatilde.it

Vini Biondi Sizilien

Ein Wechselbad der Erfolge erlebte die Familie Biondi, seit sie vor Jahrhunderten als eine der Ersten begann, am Ätna Wein anzubauen. Heute ist das Gebiet eine gefeierte DOC und die Kellerei unter der Führung von Ciro Biondi auf dem Gipfel des Ruhms angelangt. An einem Steilhang des erloschenen Vulkans Monte Illice in fast 1000 m Höhe gelegen, reifen die Trauben für den Etna Rosso M.I., der zu immenser Kraft komplexe Dufteindrücke von roten Früchten und Gewürzen offenbart.

Corso Sicilia 20, 95039 Trecastagni; www.vinibiondi.it

Vitivinicola Alberto Loi Sardinien

In der dritten Generation beackert die Familie Loi ihre 50 ha Rebland in den Hügeln von Ogliastra, der dünnstbesiedelten Provinz Italiens, die noch zutiefst von Traditionen beherrscht ist. Sage und schreibe neun unterschiedliche Cannonau-Versionen gibt die Kellerei heraus, drei darunter jeweils von einer Einzellage. Durch eine gut eingebundene Eichenwürze, gepaart mit Aromen roter und dunkler Früchte, sticht aus diesen der Cannonau di Sardegna Riserva Alberto Loi hervor. Als Rarität entsteht ein weißer Cannonau von einem farbschwachen Klon.

S. S. 125, km 124,1, 08040 Cardedu
www.cantina.it

Zenner Sizilien

Nina und Hans Zenner gehörten zur Vorhut jener Ausländer, die sich, fasziniert von Sizilien, ab 1970 dauerhaft auf der Insel niederließen. Als einzigen Wein produzieren die beiden von ihren 6 ha biodynamisch bewirtschafteten Rebflächen einen Nero d'Avola, der mustergültig die Vorliebe der Traubensorte für ein heißes Klima offenbart, wie es an der Südküste der Insel vorherrscht. Eine kräftige Säure gibt dem Alkohol Kontra, den raffinierten Fruchtkomplex mit einem Hauch von Maulbeeren und Pflaumen ergänzen Würzakzente und eine zarte mineralische Ader.

Via Pietro Mascagni 72, 95100 Catania
Tel. 095 6170728

Rebenaustrieb in einem Küstenweinberg nahe Palermo. Ein bekannter Wein der Gegend ist der Marsala.

Deutschlands »Riesling-Renaissance« ist mittlerweile ein weltweit bekanntes Schlagwort, und die aromatischen, ausdrucksstarken Weine haben enorm an Beliebtheit und Prestige gewonnen. In den letzten zehn Jahren hat der deutsche Riesling einen gewaltigen Qualitätssprung gemacht, wie sich auch die Anzahl deutscher Weine aller Art vervielfacht hat. Deutschland erobert sich seinen Ruf als Erzeugerland feiner Weine zurück, den es im 19. und 20. Jahrhundert genoss, als man Preise wie für Bordeaux und Burgunder erzielte.

Hinter dem griffigen Schlagwort verbirgt sich eine Reihe von Faktoren, die zu dieser Renaissance beigetragen haben: neu erwachter Nationalstolz, eine neue Generation von Weinmachern und der Klimawandel – im Schnitt um ein Grad Celsius ist es in deutschen Weinbergen im Lauf der vergangenen 25 Jahre wärmer geworden. Heute sind die Sommer warm genug für die Erzeugung guter Rotweine; der Anteil roter Trauben hat sich binnen einer Generation von zwölf auf 37 Prozent erhöht. Und in den »Kühlklimazonen« Mosel und Rheingau sucht man bewusst nach hoch gelegenen Weinbergen, um den leichten, knackigen Kabinett-Riesling erzeugen zu können.

Von ähnlicher Bedeutung waren die Jungwinzer, die die Einzelkämpfermentalität der älteren Generation durch den freien Austausch von Ideen und gegenseitige Unterstützung ersetzten. Ihre Weinverkostungen gleichen eher Partys, bei denen Popmusik und Wein zu einer neuen Weinpopkultur verschmelzen. Sie wurden an Instituten wie der berühmten Forschungsanstalt Geisenheim ausgebildet und haben häufig bei den besten Weinmachern der Welt gearbeitet. Das führte nicht nur zur Verbesserung des Rieslings und anderer, oft trockener Weine, sondern auch zu einer unglaublichen stilistischen Vielfalt, sodass man deutschen Wein heute unmöglich in wenigen Worten zusammenfassend beschreiben kann.

DEUTSCHLAND

MOSEL

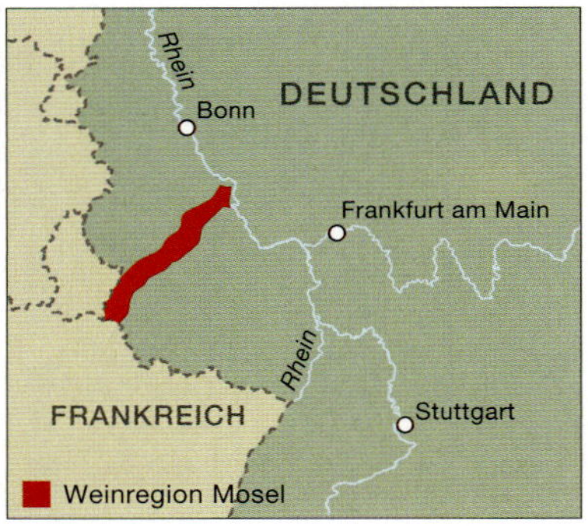

Viele Weinliebhaber in der ganzen Welt stellen sich beim Stichwort »deutscher Weinbau« das steile, rebenbedeckte Moseltal vor, das sich von der Grenze zu Frankreich und Luxemburg bis zum Zusammenfluss von Mosel und Rhein bei Koblenz erstreckt. Von San Francisco bis Singapur gelten die Rieslinge aus dem früher Mosel-Saar-Ruwer genannten Gebiet mit einem Alkoholgehalt von nur sieben bis neun Prozent, reichlich natürlicher Traubensüße, intensiver Fruchtigkeit und blumigen Aromen sowie ausgeprägter, erfrischender Säure als der deutsche Wein schlechthin. Im Ausland werden sie oft als »klassische« Moselweine bezeichnet, und ihr Geschmack zeugt von dem sehr kühlen Klima und dem Schieferboden.

Hauptrebsorten

Rot

Spätburgunder (Pinot Noir)

Weiß

Elbling
Grauburgunder (Pinot Gris)
Müller-Thurgau
Riesling
Weißburgunder (Pinot Blanc)

Jahrgänge

2010
Viel Edelfäule bei hohem Säuregehalt: ein großer Jahrgang für Süßweine, schwieriger jedoch für trockene Gewächse.

2009
Hervorragend – reife, ausgewogene süße und trockene Rieslinge. Geringer Ertrag.

2008
Einige geschmeidige, rassigsüße Weine; die trockenen sind manchmal etwas hart.

2007
Erstklassiger Jahrgang: reichhaltige trockene und restsüße Rieslinge mit gesunder Säure.

2006
Ein extremes Jahr. Die Süßweine sind entweder monumental oder völlig überladen, die trockenen meist Letzteres.

2005
Der beste Jahrgang für restsüßen Riesling seit 1949; auch einige exzellente, sensationell konzentrierte trockene Weine.

Tatsächlich ist der »klassische« Moselwein jedoch nur eine Seite der Medaille. Denn in letzter Zeit hat die Vielfalt der hiesigen Weine enorm zugenommen: Weiß- (Pinot Blanc), Grau- (Pinot Gris) und Spätburgunder (Pinot Noir) haben für trockene Weine stark an Bedeutung gewonnen, und es gibt sogar einige gute Sauvignon-Blanc-Gewächse. An der Obermosel (dem Flussabschnitt vom Dreiländereck bis zur Einmündung der Saar kurz vor Trier) und bei Bremm an der Unter- oder Terrassenmosel (dem unteren Talabschnitt bis zum Zusammenfluss mit dem Rhein) sind 730 Hektar Weinberge mit der uralten Rebsorte Elbling bestockt, die leichte, knackig-trockene Weiße ergibt.

Riesling, der in der Regel auf steinigem Grauschiefer wächst, spielt allerdings mit 60 Prozent die Hauptrolle auf der Gesamtrebfläche von 9000 Hektar. Da der jeweilige Stil jedoch von Erzeuger zu Erzeuger stark variiert und weil es in den einzelnen Weinbergen so viele Variablen gibt – die Tiefe des Bodens (von 50 Zentimeter bis sechs Meter), die Steilheit der Hänge, ihre Ausrichtung und wie sehr sie vor dem Wind geschützt sind –, fallen die Weine höchst unterschiedlich aus. Manche sind knochentrocken, andere ölig süß, einige leicht, andere kraftvoll und strukturiert.

Wie der Name sagt, sind die Weinberge an der Terrassenmosel mit ihren extrem steinigen Böden zumeist terrassiert, und die Weine geben sich voller und geschmeidiger als ihre Geschwister aus anderen Teilen des Anbaugebiets. Die Weinberge der Saar liegen in der Regel etwas weiter vom Fluss entfernt und sind stärker dem Wind ausgesetzt; sie erbringen stahligere Weine mit deutlicherer Säure. Im Ruwertal nahe Trier führen die großen Tag-Nacht-Temperaturunterschiede zu sehr aromatischen, lebhaften Weinen. Saftiger, wenngleich nur selten opulent oder gewichtig, sind die Weine von der Mittelmosel, die zwischen diesen beiden Extremen liegen.

Moderne Mosel-Rieslinge lassen sich grob in zwei Arten unterteilen: Die einen entsprechen eher dem »klassischen« Mosel, die anderen sind trockener, körperreicher und würziger. Dieser »neue« Stil, den vor allem jüngere deutsche Weinkonsumenten mit der Region verbinden, ist ebenso variantenreich wie der klassische. Paradoxerweise ähnelten Moselweine vor 50 Jahren eher dem neuen als dem heute als »klassisch« geltenden Stil.

Wie bei allen deutschen Weinen ist es wichtig, das recht komplizierte System zu verstehen, das sich hinter den Etiketten verbirgt. Die besseren Weine im klassischen Moselstil – wie sie auf den folgenden Seiten beschrieben werden – sind als Prädikatswein (früher Qualitätswein mit Prädikat, QmP) ausgewiesen. Dieses Prädikat gilt nicht dem fertigen Wein, sondern dem Zuckergehalt (gemessen in Oechsle), den der Most unmittelbar nach der Lese aufweist. In (nach Zuckergehalt) aufsteigender Reihenfolge heißen die Prädikate: Kabinett, Spätlese, Auslese, Beerenauslese und Trockenbeerenauslese. Eiswein stammt von am Stock gefrorenen Trauben. Spitzenweine können darüber hinaus als »Großes Gewächs« etikettiert sein, was bedeutet, dass der Wein von einer speziellen Weinberglage stammt. Der Begriff »feinherb« ersetzt allmählich das traditionelle »halbtrocken«.

Außerdem muss man, um Zugang zu den Moselweinen zu finden, die Mentalität der Winzer verstehen, die erbittert auf ihre Unabhängigkeit und ihre jeweils ganz eigene Interpretation des Regionalstils pochen. Dieser Eigenart sowie der handwerklichen Bereitung der besten Weine verdankt sich die önologische Vielfalt des Gebiets ebensosehr wie den komplexen Terroirs. Erst recht verstärkt wird jene Eigenart durch einige Außenseiter, die mit minimalem Budget Kleinstbetriebe gegründet haben und Weine hervorbringen, die es zum Teil mit den hiesigen Spitzenerzeugern aufnehmen können.

A. J. Adam Mittelmosel
Andreas Adam gründete im Jahr 2000 eine der ersten Minikellereien an der Mosel und hat sich seitdem auf knapp 3 ha vergrößert. Vor allem aber gelang ihm eine Reihe erstklassiger Rieslinge von der Lage Hofberg in Dhron. Die Wahl fällt schwer zwischen der konzentrierten, mineralischen, trockenen Spätlese und der herrlich rassigen, saftig-süßen Spätlese und Auslese. ★**Aufsteiger**

Brückenstr. 51, 54347 Neumagen-Dhron
www.aj-adam.com

Erben von Beulwitz Ruwer
Herbert Weis' stets leichte, klare Weine mit lebhaften Aromen von Äpfeln, weißem Pfirsich und Beeren sind beispielhafte Ruwer-Rieslinge. Sogar noch übertroffen werden sie von den Spätlese- und Auslese-Gewächsen Kaseler Nies'chen Alte Reben. Neben dem Weingut betreibt Tausendsassa Weis auch noch das Hotel Weis mit dem Restaurant Vinum. ★**Aufsteiger**

Eitelsbacher Str. 4, 54318 Mertesdorf
www.von-beulwitz.de

Clemens Busch Terrassenmosel
Kraftvoll und reich texturiert sind die ökologisch angebauten Monster-Rieslinge von Clemens und Rita Busch und ihrem Sohn Florian, die sich mit trockenen Weinen einen Namen gemacht haben. Die Großen Gewächse von der Lage Pündericher Marienburg sind überaus mineralisch und würzig, ebenso wie ihre feinherben Spätlesen, die Krönung ihres Sortiments. Enorm konzentrierte Auslesen, Beerenauslesen und Trockenbeerenauslesen.

Kirchstr. 37, 56862 Pünderich; www.clemens-busch.de

Ansgar Clüsserath Mittelmosel
Eva Clüsserath zählt zu den talentiertesten jungen Erzeugern an der Mosel. Seit ihrem ersten Jahrgang, 2001, haben die Rieslinge stark an Tiefe und Raffinesse gewonnen. Knackig der einfache trockene Riesling Vom Schiefer, elegant und geschliffen der Steinreich, komplex der Trittenheimer Apotheke. Die süßen Rieslinge von der Lage Apotheke schmecken nach reifen Trauben, Schiefer, viel Arbeit und exzellenter Vinifizierung. ★**Aufsteiger**

Spielesstr. 4, 54349 Trittenheim; Tel. 06507 2290

Clüsserath-Weiler Mittelmosel
Von ihren nur 6 ha Weinbergen erzeugen Vater und Tochter Helmut und Verena Clüsserath eine Reihe exzellenter Rieslinge, deren Spektrum vom leichten, trockenen HC über den konzentrierten, feinherben Fährfels von 100-jährigen Reben aus der Lage Trittenheimer Apotheke bis hin zu reichhaltigen Eis- und edelfaulen Weinen reicht. Die Trittenheim-Gewächse sind eher kühl-elegant, die Mehring-Weine muskulös-opulenter. ★**Aufsteiger**

Brückenstr. 9, 54349 Trittenheim
www.cluesserath-weiler.de

Karl Erbes Mittelmosel
Stefan Erbes, Sohn von Karl Erbes, der das Gut 1967 gründete, ist ein entschiedener Verfechter des Mosel-Rieslings im »klassischen« Stil mit großzügiger Restsüße, verschwenderischen Fruchtaromen und frischer Säure. Das Gros seiner supersaftigen Spätlese-, Auslese-, Beerenauslese- und Trockenbeerenauslese-Rieslinge stammt von extrem steilen Hängen mit rotem Sandstein- und Schieferboden, die wie Kamine die warme Luft aus dem Flusstal nach oben ziehen. ★**Aufsteiger**

REINHOLD HAART
THEO HAARTS RIESLINGE VOM PIESPORTER GOLDTRÖPFCHEN SIND REICHHALTIG UND INTENSIV

CLEMENS BUSCH
DIE FAMILIE BUSCH ERZEUGT EINIGE DER KRAFTVOLLSTEN WEINE DER MOSEL

Würzgartenstr. 25, 54539 Ürzig
www.weingut-karlerbes.com

Reinhold Franzen Terrassenmosel
Es gibt viele Extremisten unter den Moselwinzern, aber Ulrich Franzen, der im Juni 2010 tödlich verunglückte, übertraf sie alle. Jahrelang plagte er sich mit der Neubestockung des Bremmer Calmont ab, wohl dem steilsten Weinberg der Welt. Franzens trockene und fast trockene Rieslinge (die Spitzengewächse tragen eine Goldkapsel) sind ebenfalls extrem: sehr körperreich, fantastisch reif und mit würziger Mineralität. Das Gut wird nun von seiner Witwe Iris und Sohn Kilian geführt. ★**Aufsteiger**

Gartenstr. 14, 56814 Bremm; www.weingut-franzen.de

Forstmeister Geltz-Zilliken Saar
Hanno Zilliken erzeugt auf dem Familiengut seit den 1970er-Jahren Wein, doch erst im Lauf der letzten zehn Jahre gelangen ihm seine großartigsten Gewächse: Die Spätlese und die Auslese von der Lage Saarburger Rausch sind der Inbegriff von »rassig«. Mit dem Jahrgang 2002 führte Zilliken den halbtrockenen Guts-Riesling Butterfly ein, dessen Name in der konservativen Region einiges Kopfschütteln hervorrief, der heute jedoch 50 % der Produktion (von 11 ha) ausmacht. Seit August 2007 unterstützt Tochter Dorothee ihre Eltern Hanno und Ruth bei der Leitung des Guts.

Heckingstr. 20, 54439 Saarburg; www.zilliken-vdp.de

Grans-Fassian Mittelmosel
Etwas schwankende Qualität bietet Gerhard Grans: Entweder trifft er mitten ins Schwarze mit seinen Spätlese- und Auslese-Rieslingen, oder es hapert an der Ausgewogenheit von knackiger Säure, Traubensüße und explosiver Frische. Obwohl das Gut eng mit der großartigen Lage Trittenheimer Apotheke verbunden ist, erzeugt Grans seit Langem spektakulär trockenen Riesling Leiwener Laurentiuslay von alten Reben und seit Kurzem den Hofberger Dhron 1. Lage. ★**Aufsteiger**

Römerstr. 28, 54340 Leiwen; www.grans-fassian.de

Fritz Haag Mittelmosel
Seit fast 50 Jahren gelingt es Wilhelm Haag, hohe Qualität bei enormer stilistischer Einheitlichkeit zu gewährleisten. Als ein Maßstab der Beständigkeit mag gelten, dass es niemandem auffiel, als Sohn Oliver mit dem Jahrgang 2005 die Leitung im Keller übernahm: Die Weine besaßen dieselbe diamantene Brillanz, Klarheit und aromatische Subtilität wie eh und je. Obwohl auch einige trockene Weine erzeugt werden, gilt das Hauptaugenmerk des 12-ha-Guts Spät- und Auslese-Gewächsen mit natürlicher Restsüße. Unglaublich elegant, allerdings auch nicht ganz billig, sind die Beeren- und Trockenbeerenauslesen.

Dusemonder Str. 44, 54472 Brauneberg
www.weingut-fritz-haag.de

Reinhold Haart Mittelmosel
Theo Haart macht keine vollmundigen Versprechungen hinsichtlich seiner Rieslinge vom Piesporter Goldtröpfchen, doch sie sind ohne Frage vollmundig und zählen

MOSEL

Die Reben im Anbaugebiet Mosel wachsen – mit Ausnahme der Obermosel – auf Schieferböden. Die steilen Weinberge sind in der Regel sehr steinig, wenngleich immer von einer Erdschicht bedeckt, und selbst die Böden der sanfteren Hänge weisen einen hohen Schieferanteil auf. Auch viele der älteren Häuser wurden aus Schiefer erbaut, darunter die berühmten alten und einige neuere Weingüter. Wohin man auch blickt, Schiefer bestimmt das Bild. Deshalb könnte man meinen, die Weine der Mosel seien ebenso einheitlich: leicht, blumig und fruchtig. Wer ihnen jedoch ein wenig Zeit widmet, wird rasch herausfinden, dass einige Lagen, wie beispielsweise die Wehlener Sonnenuhr, immer reichhaltige Weine erbringen, während die Gewächse anderer Weinberge, etwa Scharzhofberg, stets geschmeidiger ausfallen. Ebenso stark variieren die typischen Aromen – Schwarze Johannisbeere ist zum Beispiel charakteristisch für Piesport und Graach – in dieser vielfältigen Region.

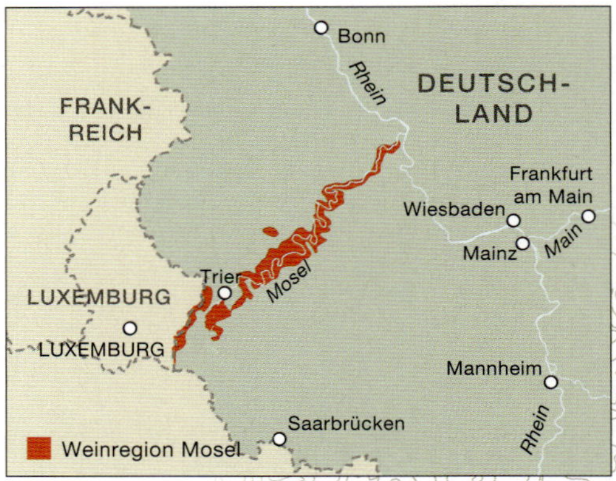

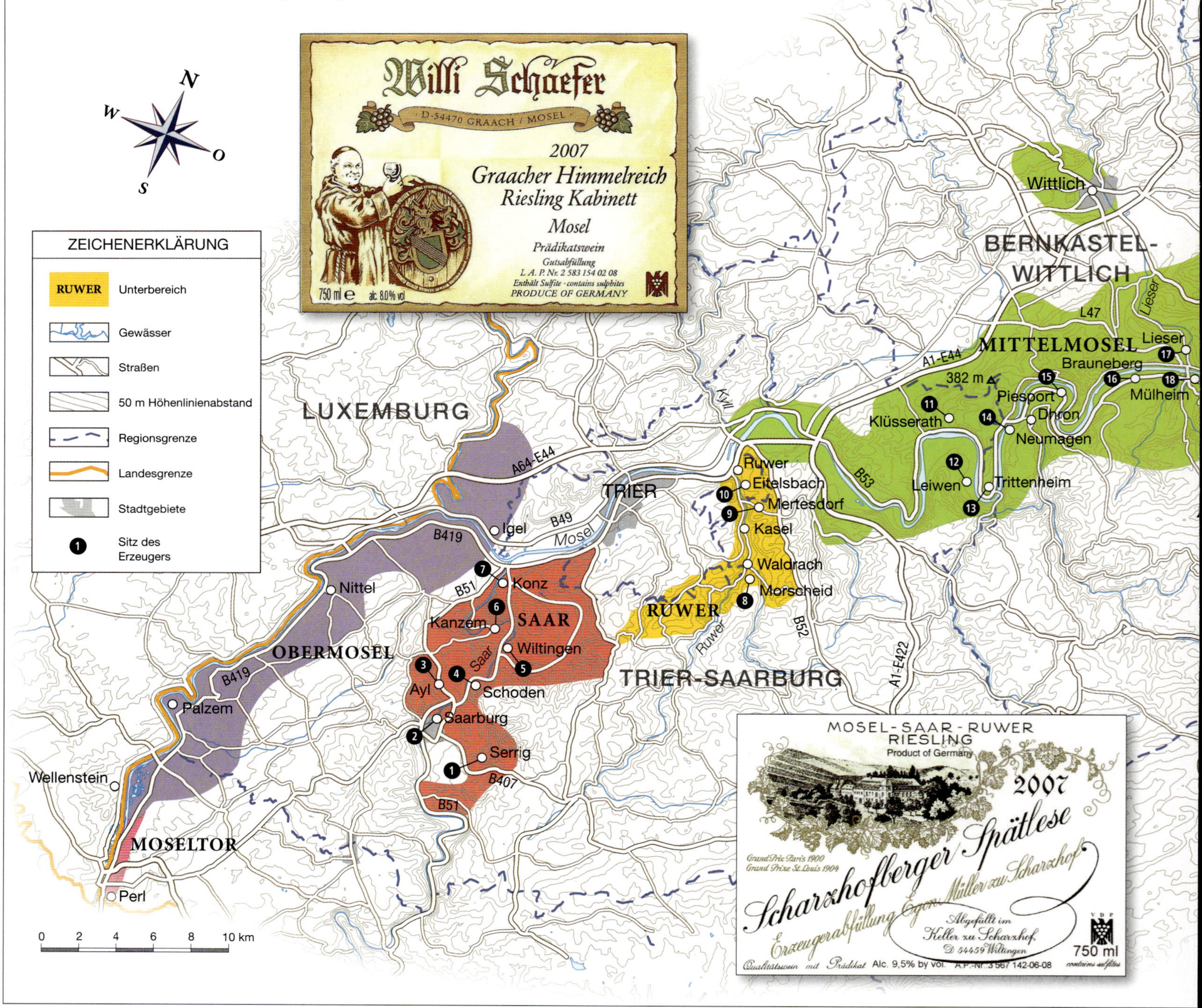

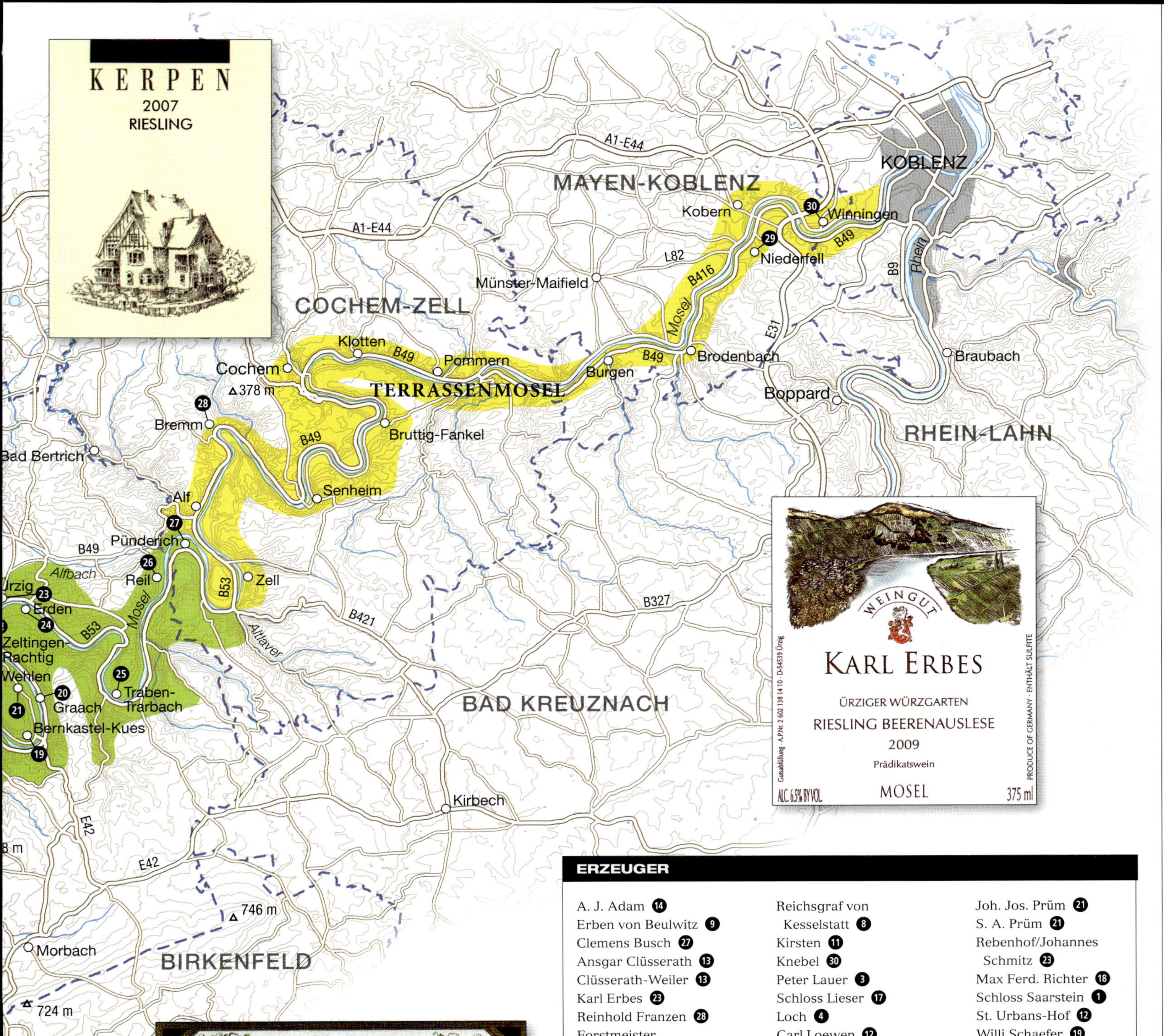

ERZEUGER

A. J. Adam 14
Erben von Beulwitz 9
Clemens Busch 27
Ansgar Clüsserath 13
Clüsserath-Weiler 13
Karl Erbes 23
Reinhold Franzen 28
Forstmeister Geltz-Zilliken 2
Grans-Fassian 12
Fritz Haag 16
Reinhold Haart 15
Heymann-Löwenstein 30
von Hövel 7
Karlsmühle 9
Karthäuserhof/Tyrell 10
Kees-Kieren 20
Kerpen 19
Reichsgraf von Kesselstatt 8
Kirsten 11
Knebel 30
Peter Lauer 3
Schloss Lieser 17
Loch 4
Carl Loewen 12
Dr. Loosen 19
Lubentiushof 29
Maximin Grünhaus/von Schubert 9
Melsheimer 26
Markus Molitor 19
Müllen 25
Egon Müller-Scharzhof/Le Gallais 5
von Othegraven 6
Joh. Jos. Prüm 21
S. A. Prüm 21
Rebenhof/Johannes Schmitz 23
Max Ferd. Richter 18
Schloss Saarstein 1
St. Urbans-Hof 12
Willi Schaefer 19
Schmitges 24
Selbach-Oster 22
Dr. Siemens 1
Dr. H. Thanisch – Erben Thanisch 19
Van Volxem 5
Daniel Vollenweider 25
Dr. Heinz Wagner 2
Weiser-Künstler 25
Willems-Willems 7

Erkundigen Sie sich nach Verkostungsmöglichkeiten und Öffnungszeiten der Kellereien, bevor Sie Ihre Reise planen. Manche Betriebe empfangen Besucher nur nach Voranmeldung.

REICHSGRAF VON KESSELSTATT
DIE JOSEPHSHÖFER SPÄTLESE IST 2008 EINER DER BESTEN WEINE DES ERZEUGERS

DR. LOOSEN
ERNST LOOSENS BESTE WEINE STAMMEN VON DER LAGE ERDENER PRÄLAT

EGON MÜLLER
HERAUSRAGENDE RIESLING-AUSLESE VOM LEGENDÄREN SCHARZHOFBERG

zu den besten der Region. Seine Kabinette, Spät- und Auslesen zeigen volle, süße Traubenfrucht, ausgewogen durch geschmeidige Säure, ein konzentriertes Schwarze-Johannisbeer-Aroma (das Markenzeichen der Lage) und würzige Mineralität. Stahliger sind die Weine vom Wintricher Ohligsberg. Sogar der einfache trockene Riesling, Heart to Haart, ist für einen Moselwein üppig und reif.

Ausoniusufer 18, 54498 Piesport; www.haart.de

Heymann-Löwenstein Terrassenmosel

Seit er 1980 mit seiner Frau Cornelia Heymann das Gut gründete, hat Reinhard Löwenstein die Mosel revolutioniert. Nahezu im Alleingang kreierte er den neuen, reich texturierten, würzigen, aber trockenen (oder fast trockenen) Riesling-Stil – und hat damit mehr für das Ansehen des hiesigen Terroirs getan als jeder andere. 2001 brachte er drei auffallend trockene Rieslinge von verschiedenen Parzellen der Lage Uhlen bei Winningen heraus: Roth Lay, Laubach und Blaufüßer Lay.

Bahnhofstr. 10, 56333 Winningen
www.heymann-loewenstein.de

von Hövel Saar

Berühmt kann man Eberhard von Kunow nicht nennen, doch seine restsüßen Spätlese- und Auslese-Rieslinge zählen oft zu den Besten. Das Gros stammt von der Lage Oberemmeler Hütte (in Alleinbesitz), zudem gehören ihm Parzellen im Scharzhofberg und ein weiterer Weinberg im Kanzemer Hörecker. Von Letzterem abgesehen, bieten alle Weine ein exzellentes Preis-Leistungs-Verhältnis.

Agritiusstr. 5–6, 54329 Konz-Oberemmel
www.weingut-vonhoevel.de

Karlsmühle Ruwer

Mit seinem Improvisationstalent und instinktiven Gefühl für Riesling hat Peter Geiben das Gut nach und nach zu einem Erzeuger kraftvoller, typischer Ruwer-Weine gemacht. Subtil sind sie nicht, aber wer Free Jazz mag, wird von dessen aromatischem Pendant in Geibens ausdrucksstarken Weinen begeistert sein. Trockenen und süßen Riesling liefert die Lage Lorenzhöfer, süßen die Lage Kaseler Nies'chen. Großartiges Preis-Leistungs-Verhältnis unterhalb der Auslese-Stufe! ★**Aufsteiger**

Im Mühlengrund 1, 54318 Mertesdorf
www.weingut-karlsmuehle.de

Karthäuserhof/Tyrell Ruwer

Die gesamte Produktion kommt vom 19 ha großen Karthäuserhofberg in Alleinbesitz, zu dessen Füßen das Gut mit seinem schönen historischen Gebäudekomplex liegt. Das Markenzeichen des dynamischen Duos Christoph Tyrell und seinem langjährigen Kellermeister Ludwig Breiling sind aromatische, rassige Brillanz und das Zusammenspiel von Frucht und Säure, unterlegt von Restsüße oder moderatem Alkohol – langlebige Weine mit intensiver Beerenfrucht und frischer Kräuterwürze.

Karthäuserhof, 54292 Trier-Eitelsbach
www.karthaeuserhof.com

Kees-Kieren Mittelmosel

Seit über 20 Jahren zählt das kleine Gut der Brüder Ernst-Josef und Werner Kees zu den beständigsten der Mittelmosel. Fruchtbetont, aber nicht vordergründig, frisch, aber nicht säurelastig – diese Weine sind unmittelbar ansprechend, trotz ihres unverwechselbaren Stils. An der Spitze stehen die trockenen Rieslinge Großes Gewächs sowie die restsüßen Spätlesen und Auslesen von der exzellenten Lage Graacher Domprobst. ★**Aufsteiger**

Hauptstr. 22, 54470 Graach; www.kees-kieren.de

Kerpen Mittelmosel

Was restsüße Riesling-Spätlesen und -Auslesen anbelangt, ist Martin Kerpen Traditionalist. Er vinifiziert all seine Weine in neutraler Eiche, dennoch sind sie klar, aromatisch und fruchtig. Der Alkoholgehalt der trockenen Rieslinge hat sich seit dem Jahrgang 2003 beträchtlich erhöht, auf 13 Vol.-%, aber seitdem schmecken die Weine nicht etwa alkoholischer, sondern runder. Heute steht Kerpen zu diesem Alkoholgehalt, denn er findet, er tue dem trockenen Mosel-Riesling gut. ★**Aufsteiger**

Uferallee 6, 54470 Bernkastel-Wehlen
www.weingut-kerpen.de

Reichsgraf von Kesselstatt Ruwer

Obwohl das Gut mit 35 ha Weinbergen an Mittelmosel, Saar und Ruwer seit zwei Jahrzehnten von der konsequenten Führung durch Annegret Reh-Gartner und Gerhard Gartner profitiert, scheint die Qualität unter Wolfgang Mertes, der 2005 die Leitung im Keller übernahm, deutlich weniger beständig zu sein. Vielen Weinen der Jahrgänge 2006 und 2008 fehlt es im Vergleich zu den »ungewöhnlichen« Jahrgängen 2005 und 2007 an Harmonie. Dennoch sind der kraftvolle trockene Josephshöfer Riesling Großes Gewächs und die volle, komplexe edelsüße Spätlese von derselben Lage empfehlenswert.

Schlossgut Marienlay, 54317 Morscheid
www.kesselstatt.com

Kirsten Mittelmosel

An der Mittelmosel ebenso einzigartig wie ihre luftige Glas-Stahl-Kellerei sind die Weine von Bernhard Kirsten und Inge von Geldern. Der Fokus liegt fast ausschließlich auf vollen trockenen Rieslingen, die trotz ihrer Konzentration und Reife eine herrliche Weichheit und Harmonie besitzen. Am kraftvollsten ist der Alte Reben von der exzellenten Lage Brüderschaft, eleganter und lebhafter ist die Spätlese Herzstück aus dem Herzen jener Lage. Der ungewöhnlich reife, geschmeidige Riesling- und Pinot-Sekt rosé sind nicht weniger innovativ. ★**Aufsteiger**

Krainstr. 5, 54340 Klüsserath; www.weingut-kirsten.de

Knebel Terrassenmosel

Beate Knebel ist die Spezialistin für edelfaulen Riesling an der Terrassenmosel – ihr Spitzengewächs strotzt vor Trockenfrucht, Honigsüße und strahlender Säure. Ausdrucksstark, aber nicht so absurd teuer sind die trockenen und feinherben Riesling-Spätlesen Röttgen Alte Reben (exotisch-üppig) und Uhlen Alte Reben (fest, enorm mineralisch). ★**Aufsteiger**

August-Horch-Str. 24, 56333 Winningen
www.weingut-knebel.de

Peter Lauer Saar

Peter Lauer zählt zu den besten Weinmachern der Saar und wird seit 2006 von Sohn Florian unterstützt. Die Lauers besitzen ein Hotel mit Gourmetrestaurant, sodass der Fokus auf trockenen und fast trockenen Weinen liegt. Sie sind nicht sehr alkoholstark, aber reich texturiert und komplex mit mineralischer Säure. Am besten sind die Gewächse von drei Einzelparzellen der Hauptlage Ayler Kupp. Der ebenfalls in begrenzter Menge erzeugte Riesling Saarfeilser feinherb weist eine für einen Saar-Riesling einzigartige Seidigkeit auf. ★**Aufsteiger**

Trierstr. 49, 54441 Ayl; www.lauer-ayl.de

Schloss Lieser Mittelmosel
Thomas Haag (Wilhelms Sohn; siehe Fritz Haag) übernahm 1992 das einst berühmte, doch damals daniederliegende Gut und brachte es wieder auf Vordermann. In nur drei Jahren erreichte er mit seinen Kabinett-, Spätlese- und Auslese-Weinen sein Ziel, in die Spitzenriege der Riesling-Erzeuger aufzusteigen. Die Weine vom Lieserer Niederberg-Helden sind etwas kraftvoller und robuster als die hocheleganten Gewächse von der Lage Brauneberger Juffer-Sonnenuhr. ★**Aufsteiger**

Am Markt 1–5, 54470 Lieser; www.weingut-schloss-lieser.de

Loch Saar
Mit etwas über 3 ha ist Loch das kleinste, aber auch das originellste der Saar-Spitzengüter. Claudia und Manfred Loch fingen 1992 bei null an und erwarben sich Schritt für Schritt ihr heutiges Know-how. Winzige Erträge, Bioanbau von Hand und minimalistische Weinbereitung erbringen Saar-untypisch konzentrierte, volle Weine, die bei nur geringem Botrytis-Befall trocken, sonst edelsüß ausgebaut werden. Der feinherbe, supersaftige QuaSaar bietet das beste Preis-Leistungs-Verhältnis. ★**Aufsteiger**

Hauptstr. 80–82, 54441 Schoden; www.lochriesling.de

Carl Loewen Mittelmosel
Karl Josef Loewen erzeugt mit dem trockenen Varidor und dem halbtrockenen Quant zwei der besten preiswerten Weine der Region. Ein wahres Feuerwerk sind seine süßen, fantastisch mineralischen Spät- und Auslesen von den Lagen Thörnicher Ritsch und Leiwener Laurentiuslay. Seit 2008 gibt es auch Rieslinge mit dem Namen des Jahres, in dem einige Parzellen des Longuicher Maximin Herrenberg bestockt wurden: 1896. ★**Aufsteiger**

Matthiasstr. 30, 54340 Leiwen; www.weingut-loewen.de

Dr. Loosen Mittelmosel
Ernst Loosen hat in den vergangenen 20 Jahren mehr für das Image des deutschen Weins getan als irgendwer sonst. Neben einer Handvoll beeindruckender, mineralischer trockener Rieslinge umfasst das Sortiment vorwiegend herrlich ausgewogene edelsüße Kabinett-, Spätlese- und Auslese-Weine von Spitzenlagen wie Bernkasteler Lay, Graacher Himmelreich, Wehlener Sonnenuhr und Erdener Treppchen. Seine großartigsten Rieslinge sind die üppig-exotischen Auslesen von der Lage Erdener Prälat. Leichter, aber von ähnlichem Stil ist der Riesling BlauSchiefer ohne Lagenname. Loosen ist auch in der Pfalz und im US-Bundesstaat Washington als Weinmacher tätig.

St. Johannishof, 54470 Bernkastel; www.drloosen.de

Lubentiushof Terrassenmosel
Andreas Barth, der auch das Saar-Gut von Othegraven leitet, erzeugt in seinem eigenen Lubentiushof an der Terrassenmosel goldfarbene trockene und restsüße Rieslinge, vorwiegend von der kaum bekannten, aber erstklassigen Lage Gondorfer Gäns. ★**Aufsteiger**

Kehrstr. 16, 56332 Niederfell; www.lubentiushof.de

Maximin Grünhaus/von Schubert Ruwer
Dr. Carl von Schubert und Kellermeister Stefan Kraml haben das 31-ha-Traditionsgut wieder auf Kurs gebracht. Neu sind die exzellenten feinherben Gewächse wie der herrlich mineralische Superior. Jede der drei Lagen (in Alleinbesitz) weist charakteristische Noten auf: der Bruderberg duftet nach Schwarzer Johannisbeere, der Herrenberg nach Beeren und Kräutern, der Abtsberg nach Pfirsich. Auch gute trockene Weiße und fantastische edelsüße Kabinett-Weine und Spätlesen.

Hauptstr. 1, 54318 Mertesdorf
www.vonschubert.com

Melsheimer Mittelmosel
Die nach Osten ausgerichtete Lage Reiler Mullay-Hofberg profitiert von der Klimaerwärmung, doch das allein macht noch keinen großartigen Wein – wohl aber der Ex-Volleyballer Thorsten Melsheimer. Ertragsbeschränkung und Bioanbau plus gesunder Ehrgeiz haben das 11-ha-Gut an die Spitze katapultiert. Mit ihrem charakteristischen Zitrusaroma und dem überaus vollen, rassigen Stil sind diese (trockenen und restsüßen) Weine an der Mosel einzigartig.

Dorfstr. 21, 56861 Reil
www.melsheimer-riesling.de

Markus Molitor Mittelmosel
Markus Molitor geht stets bis an die Grenzen, um herauszufinden, wie viel Power er in seine Mosel-Weine packen kann, besonders in jene von der Lage Zeltinger Sonnenuhr. Sogar seine restsüßen Spätlesen sind wuchtig, voller Frucht- und Gewürzaromen, und die Auslesen sind oft gewaltig. Das Mandarinenaroma vieler Rieslinge ist das Ergebnis extrem langer Vergärung, die cremige Textur das Resultat später Lese und langer Hefesatzlagerung. Molitor bereitet auch exzellente feinherbe Weine und den kraftvollsten aller Mosel-Spätburgunder. ★**Aufsteiger**

Haus Klosterberg, 54470 Bernkastel-Wehlen
www.markusmolitor.com

Müllen Mittelmosel
Martin Müllen ist einer der geheimen Helden des Mosel-Rieslings. Seit den bescheidenen Anfängen 1991 hat der besessene, aber bodenständige Winzer einen auf Spitzenqualität ausgerichteten Betrieb geschaffen. Das Lesegut kommt in die Korbpresse und gärt in neutralen Holzfässern, trockene und süße Weine in getrennten Kellern. Müllens Rieslinge sind konzentriert, superreif und sehr ausdrucksstark; herausragend ist der bestechend blumige, überaus rassige Trabener Hühnerberg.
★**Aufsteiger**

Alte Marktstr. 2, 56841 Traben-Trarbach
www.weingut-muellen.de

Egon Müller-Scharzhof/Le Gallais Saar
Das Zwillingsgut Egon Müller-Scharzhof/Le Gallais setzt voll und ganz auf Tradition, und selbst die honigsüßkonzentriertesten Gewächse zeugen von beispielhaftem

DIE STARS UND DIE HOBBITS

Zwischen 2000 und 2010 verringerte sich die Rebfläche an der Mosel um mehr als ein Viertel – und doch sind Ernst Loosen und Egon Müller von den gleichnamigen Weingütern oder Katharina Prüm von Joh. Jos. Prüm noch immer die hellsten Sterne am deutschen Weinhimmel. Dieses scheinbare Paradox erklärt sich aus dem Umstand, dass viele Kinder einer älteren Generation von Kleinwinzern keine Lust haben, auf den unmenschlich steilen Hängen in die Fußstapfen ihrer Eltern zu treten, während fast alle Stars ihren Weinbergbesitz bis zu den Grenzen dessen ausgeweitet haben, was ihre Kellereien zu fassen vermögen. Die Hoffnungen der Region ruhen daher auf den »Hobbits«. Das ist der hiesige Spitzname für kapitalschwache Außenseiter, die ins kalte Wasser des Mosel-Rieslings springen, oder für Einheimische, die als Hobbywinzer beginnen und sich dann zu Profis wandeln. Orte wie Traben-Trarbach, wo die Weinberge keine großen Namen haben und daher günstig zu erwerben sind, bieten den »Hobbits« ein ideales Habitat. Ungenutzte Keller und Kellertechnikgeräte aus zweiter Hand findet man ohne Schwierigkeiten. Die Herausforderung für die »No-Names« besteht einzig darin, ihre Weine an den Mann zu bringen.

JOH. JOS. PRÜM
DER BERNKASTELER BADSTUBE SPÄTLESE FEINHERB IST DER BESTE TROCKENE WEIN VON »JJ«

Raffinement. Egon Müller IV. produziert ausschließlich Weine mit einer gewissen Restsüße, wenngleich der Scharzhof Riesling QbA mit viel aromatischer weißer Frucht fast trocken im Geschmack ausfällt. Alle anderen Müller-Scharzhof-Weine stammen von der berühmten Lage Scharzhofberg, während die Le-Gallais-Weine in der Lage Wiltinger Braune Kupp an der Ruwer wachsen. Die Kabinett-Rieslinge verbinden eine spielerische Leichtigkeit mit schöner Tiefe und Charakter, die Spätlesen sind voll und komplex, doch nie übertrieben süß. Schon dies sind die teuersten Saar-Weine ihrer Kategorie, fast unerschwinglich jedoch sind die großartige Auslese und die sensationellen Beeren- und Trockenbeerenauslesen sowie der Eiswein.

Scharzhof, 54459 Wiltingen
www.scharzhof.de

von Othegraven Saar

Nach langem Dahindümpeln und einem erbitterten Kampf mit Problemen aller Art haben es Dr. Heidi Kegel und ihr Kellermeister Andreas Barth geschafft, das Renommee des Guts wiederherzustellen. Ob trocken oder süß, die Saar-Rieslinge dieses Guts sind ausgeklügelte Gewächse: weder übersäuert noch überladen, dafür mit einer herrlich subtilen Aromatik. Bekannt ist von Othegraven insbesondere für seine Weine von der Lage Kanzemer Altenberg, doch die Rieslinge Wiltinger Kupp und Ockfener Bockstein sind oft ebenso gut.

Weinstr. 1, 54441 Kanzem
www.von-othegraven.de

Joh. Jos. Prüm Mittelmosel

In den 1920er-Jahren wurde »JJ« zum Synonym für großen Mosel-Riesling, inzwischen wird das Gut von Katharina Prüm geleitet, die zur dritten Generation der Familie gehört. Ihre Weine sind das Resultat eines fortwährenden Verfeinerungsprozesses jenes Riesling-Stils, den seinerzeit ihr Großvater Sebastian Prüm kreiert hatte. Es werden zwar auch einige trockene Weine bereitet (am besten ist der feinherbe Bernkasteler Badstube Spätlese), doch die restsüßen Spätlese- und Auslese-Rieslinge von den Lagen Wehlener Sonnenuhr und Graacher Himmelreich machen eindeutig den Löwenanteil der Produktion aus. Diese extrem langlebigen Gewächse entfalten sich nur langsam und weisen in ihrer frühen Phase oft ein deutliches Hefearoma auf, vor allem aber besitzen sie Frucht im Überfluss, blumige Noten und eine umwerfende Frische.

Uferallee 19, 54470 Wehlen
www.jjpruem.com

S. A. Prüm Mittelmosel

Das historische Gut wurde in letzter Zeit beträchtlich erweitert: Zu den angestammten Spitzenlagen Wehlener Sonnenuhr und Graacher Himmelreich wurden Parzellen im Ürziger Würzgarten und dem Erdener Treppchen hinzugekauft. Nun erzeugt das Team aus Vater Raimund Prüm und Tochter Saskia aus diesen Weinbergen ein breites Spektrum an beeindruckenden klassischen edelsüßen Rieslingen sowie immer besser werdenden trockenen Weinen von Pinot Blanc (Weißburgunder), Pinot Gris (Grauburgunder), Chardonnay und Riesling.

Uferallee 25–26, 54470 Wehlen
www.sapruem.com

S. A. PRÜM
DER PRÜM BLUE RIESLING KABINETT BIETET EINEN PREISWERTEN EINSTIEG IN DIE GROSSE WEINAUSWAHL DES HISTORISCHEN GUTS

Rebenhof/Johannes Schmitz

Mittelmosel

Im konservativen Umfeld von Ürzig, wo süße Spätlesen dominieren, ist Johannes Schmitz mit seinen trockenen und feinherben Rieslingen ein Revolutionär. Die Weine verbinden fein nuancierte Aromen (Ananas und Erdbeere) mit den charakteristischen Gewürznoten der großartigen Lage Würzgarten. Am konzentriertesten ist die Reihe Alte Reben mit Weinen von wurzelechten Stöcken. Auslesen, Beerenauslesen und Trockenbeerenauslesen sind ebenfalls brillant und nie aufdringlich süß.
★ Aufsteiger

Hüwel 2–3, 54539 Ürzig
www.rebenhof.de

Max Ferd. Richter Mittelmosel

Das 15-ha-Gut, ein Bollwerk der Tradition, erzeugt eine Handvoll trockener Weine, vor allem aber edelsüße Kabinett-, Spätlese- und Auslese-Gewächse von Spitzenlagen wie Brauneberger Juffer-Sonnenuhr und Wehlener Sonnenuhr. Seit Ende der 1980er-Jahre hat Eigentümer Dr. Dirk Richter eine bemerkenswerte Beständigkeit erreicht, wenn man die Bandbreite und Menge seiner Weine bedenkt. Fast alle verbringen einige Zeit in Fässern aus neutraler Eiche und altern sehr gut.

Hauptstr. 37/85, 54486 Mülheim
www.maxferdrichter.com

Schloss Saarstein Saar

Seit Dieter Ebert Schloss Saarstein im Jahr 1956 erwarb, zählt das 10-ha-Gut zu den beständigsten Erzeugern an der Saar. Heute bereitet Sohn Christian ein kleines Sortiment frischer, klarer trockener und edelsüßer Rieslinge mit deutlicher Note von Schwarzen Johannisbeeren. Der gute, als QbA abgefüllte trocken-spritzige Pinot Blanc mit feinen Birnen- und Haselnussaromen ist an der Saar eine Rarität.

Schloss Saarstein, 54455 Serrig
www.saarstein.de

St. Urbans-Hof Mittelmosel

Zu den größten Verdiensten des Sankt Urbans-Hofs zählen die Hundertausende von Flaschen exzellenter, preiswerter Guts-Rieslinge, die Nik Weis Jahr für Jahr produziert. Darüber hinaus erzeugt das 32-ha-Gut aber auch eine Fülle hervorragender edelsüßer Kabinett-, Spätlese- und Auslese-Rieslinge von den Lagen Ockfener Bockstein an der Saar sowie Piesporter Goldtröpfchen und Leiwener Laurentiuslay an der Mosel. Alle diese Weine sind saftig, superfrisch und überaus fruchtig.
★ Aufsteiger

Urbanusstr. 16, 54340 Leiwen
www.urbans-hof.de

Willi Schaefer Mittelmosel

Vater und Sohn Willi und Christoph Schaefer bringen einige der lebhaftesten, rassigsten und individuellsten Rieslinge der Mosel hervor. Diese Weine besitzen zumeist eine großzügige Portion Restsüße, die jedoch elegant wie nirgendwo sonst in der Region in eine geschmeidige Struktur eingebunden ist. Trotz etlicher Zukäufe umfasst das Gut noch immer nicht mehr als 4 ha Weinberge – in den großartigen Lagen Graacher Himmelreich (saftig-fruchtige Weine) und Domprobst (das Nonplusultra an mineralischer Brillanz) –, und die Abnehmer reißen sich um jede Flasche.

Hauptstr. 130, 54470 Bernkastel-Graach
Tel. 06531 8041

Schmitges Mittelmosel
Seit den 1980er-Jahren hat Andreas Schmitges sein Gut allmählich auf 14 ha erweitert und seine Weine von den Erdener Spitzenlagen Treppchen und Prälat immer weiter verfeinert. Er erzeugt beachtliche trockene Rieslinge (am besten sind oft die feinherben), die Saftigkeit mit zarten Gewürznoten verbinden; außerdem volle, saftige restsüße Spätlesen und Auslesen. ★**Aufsteiger**

Im Unterdorf 12, 54492 Erden
www.schmitges-weine.de

Selbach-Oster Mittelmosel
Johannes Selbach ist in der ganzen Welt als nimmermüder Fürsprecher des deutschen (Mosel-) Rieslings unterwegs. Seine restsüßen Kabinett- und Spätlese-Gewächse sind weit weniger süß, als man es von den meisten Spitzengütern der Mittelmosel gewohnt ist, aber ebenso mineralisch. Am feinsten ist die konzentriert-raffinierte Auslese Zeltinger Sonnenuhr von den Parzellen Schmitt und Rothlay; wahrlich imposant dagegen gibt sich die kleine Reihe trockener Weine, ebenso wie die großartige Beeren- und Trockenbeerenauslese sowie der Eiswein. Selbach verkauft auch einige Weine mit ausgeprägt regionalem Charakter.

Uferallee 23, 54492 Zeltingen
www.selbach-oster.de

Dr. Siemens Saar
Dr. Jochen Siemens gab seine erfolgreiche Journalistenkarriere auf, um das frühere Gut Bert Simon wieder hochzubringen – was er seit 2007 erfolgreich tut. Der fruchtig-leichte trockene Pinot Blanc (Weißburgunder) und Pinot Gris (Grauburgunder) sind gut, die hellsten Sterne aber sind die mineralischen trockenen und halbtrockenen Rieslinge von den großartigen Lagen Herrenberg und Würtzberg. Und dabei beginnt Siemens deren Potenzial gerade erst zu entdecken … ★**Aufsteiger**

Römerstr. 63, 54455 Serrig
www.dr-siemens.de

Dr. H. Thanisch - Erben Thanisch
Mittelmosel
Im den letzten zehn Jahren haben die süßen Kabinett- und Spätlese-Rieslinge dieses berühmten Guts an Konzentration gewonnen, ohne ihre charakteristische Eleganz einzubüßen. Das Angebot unterteilt sich in die etwas trockeneren, leichteren Weine von der Lage Bernkasteler Badstube und die opulenteren, komplexeren Weine von der legendären Lage Bernkasteler Doctor. Die Preise sind erschwinglich.

Saarallee 31, 54470 Bernkastel-Kues
www.thanisch.com

Van Volxem Saar
Ein heruntergekommenes, zweitklassiges Saar-Gut hat Roman Niewodniczanski vorgefunden und binnen zehn Jahren in einen der bedeutendsten Erzeuger von Weinen im neuen, würzig-reichhaltigen trockenen Stil verwandelt. Winzige Erträge, sehr späte Lese und lange Vergärungszeiten sind hier die Norm, sodass selbst der einfache Saar-Riesling ein ernst zu nehmender Wein ist. Die Rieslinge aus Einzellagen, allen voran der Volz Wiltinger Braunfels, der Wiltinger Gottesfuß Alte Reben und der Kanzemer Altenberg, sind für Mosel-Weine geradezu kolossal. ★**Aufsteiger**

Dehenstr. 2, 54459 Wiltingen
www.vanvolxem.com

Daniel Vollenweider Mittelmosel
Im Jahr 2000 besorgte sich der ehrgeizige, aber bis dato völlig unbekannte junge Schweizer Daniel Vollenweider ein wenig Kapital, um 1,3 ha extrem steiler Weinberge in der Lage Wolfer Goldgrube zu erwerben. Innerhalb von nur fünf Jahren katapultierte er sein Gut in die erste Moselliga. Seine süße Riesling-Spätlese und -Auslese zählen zu den rassigsten und elegantesten der Region. Die Rieslinge von alten Reben der Parzelle Schimbock des Trabener Würzgartens hingegen fallen ausgesprochen kraftvoll und überaus würzig aus. ★**Aufsteiger**

Wolfer Weg 53, 56841 Traben-Trarbach
www.weingut-vollenweider.de

Dr. Heinz Wagner Saar
Heinz Wagner erzeugt seit den 1970er-Jahren Saar-Rieslinge im schlanken, stahligen Stil, und seine Tochter Christiane hat nicht die Absicht, das zu ändern. Auch die edelsüßen Rieslinge besitzen jene lebhafte Säure, die den trockenen ihre kristalline Klarheit verleiht. Spitzenwein ist – je nach Geschmack – entweder der erdige und rassige Saarburger Rausch oder der blumigere Ockfener Bockstein.

Bahnhofstr. 3, 54439 Saarburg
www.weingutdrwagner.de

Weiser-Künstler Mittelmosel
Als Konstantin Weiser, Techniker für Weinbau und Önologie, und seine Frau, die Sozialpädagogin und Betriebswirtin Alexandra Künstler, 2005 ihr Minigut gründeten, verfügten sie über gerade mal 1,5 ha (heute 3 ha) Weinberge. Seitdem haben sie nicht einen einzigen enttäuschenden Wein erzeugt. Ihre feinherben und restsüßen Kabinett-, Spätlese- und Auslese-Rieslinge von der Lage Enkirch Ellergrub sind von aromatischer Fülle, herrlich saftig und perfekt ausgewogen. ★**Aufsteiger**

Wilhelmstr. 11, 56841 Traben-Trarbach
www.weiser-kuenstler.de

Willems-Willems Saar
Carolin Hofmann hatte ihr Weinbaustudium noch gar nicht abgeschlossen, als sie 2001 begann, ihre ersten Weine auf dem elterlichen Gut zu bereiten. Heute ist sie einer der angehenden Stars der Region, dank ihrer trockenen, halbtrockenen und edelsüßen Saar-Rieslinge, die Reife mit Eleganz verbinden. Spitzengewächse der trockenen Reihe sind die konzentrierten, komplexen Einzellagenabfüllungen vom Oberemmler Altenberg und Niedermenniger Herrenberg. Alle Weine sind erstaunlich preiswert. Es gibt auch hervorragenden Spätburgunder. ★**Aufsteiger**

Mühlenstr. 13, 54329 Konz-Oberemmel
www.weingut-willems.de

SELBACH-OSTER
DER ZELTINGER SONNENUHR RIESLING AUSLESE IST BEEINDRUCKEND KONZENTRIERT

ST. URBANS-HOF
NIK WEIS' RIESLING LEIWENER LAURENTIUSLAY IST SAFTIG, FRISCH UND FRUCHTBETONT

RHEINGAU

In keinem anderen deutschen Weinbaugebiet gibt es so viele historische Baudenkmäler wie im Rheingau mit seinen unzähligen Schlössern, Burgen und Klöstern. In ihren Kellern lagern verstaubte Flaschen altehrwürdiger, teils noch aus dem 19. Jahrhundert stammender Jahrgänge. Doch gerade diese traditionsbewusst-aristokratische Aura hat viele Jahre lang die Entwicklung der Region gehemmt. Obwohl das Gebiet nur auf zwei Seiten vom Rhein begrenzt wird – an der langen Süd- und der kurzen Westflanke –, konnte man den Eindruck gewinnen, die Rheingauer lebten in glanzvoller Abgeschiedenheit auf einer Insel, während sie von den Winzern am anderen Ufer, dem »bescheidenen« Rheinhessen, klammheimlich überholt wurden.

Hauptrebsorten

Rot

Spätburgunder (Pinot Noir)

Weiß

Riesling

Jahrgänge

2010
Wegen der winzigen Erträge für viele Erzeuger ein problematisches Jahr, doch entstanden einige konzentrierte, rassige Weine, süß wie trocken.

2009
Ausgezeichneter Jahrgang mit reifen Weinen und schöner Säure, auch wenn Falscher Mehltau und Wasserstress den Ertrag schmälerten.

2008
Unerwartet großartiger Jahrgang, enorm mineralische Rieslinge – v. a. in Rüdesheim.

2007
Spät gelesene Weine sind rassig und »klassisch«, aber selten umwerfend. Hervorragende Spätburgunder.

2006
Viele trockene Rieslinge sind übertrieben stark, einige süße Rieslinge dagegen fantastisch.

2005
Fülle und Harmonie fanden in diesem Jahr oft die perfekte Balance. Die besten Weine erinnern an die großen 1949er.

Die Zeiten ändern sich – endlich – im 3100 Hektar umfassenden Rheingau. Zu verdanken ist dies einer Reihe radikal unabhängiger Weinmacher und den dynamischen neuen Betriebsleitern einiger historischer Güter. Das Hauptaugenmerk gilt weiterhin dem Riesling, der fast 80 Prozent der Gesamtrebfläche einnimmt, hinzu kommt die neue Obsession für Spätburgunder (Pinot Noir). Eine Handvoll Weinmacher zieht nun alle Register – von strikter Ertragsbeschränkung bis hin zu zweijährigem Barriqueausbau –, um tieffarbige, reich texturierte, konzentrierte Rotweine zu bereiten.

Während der 1980er-Jahre sammelten sich viele der führenden Erzeuger der Region unter dem Banner der Charta, einer Vereinigung, die das Hohelied des Rieslings anstimmen sollte. Eine Zeit lang schien der ehrenwerte Wiederbelebungsversuch dieser grundlegenden Weinbautradition des Rheingaus von Erfolg gekrönt. In den 1990er-Jahren jedoch begann der Elan zu erlahmen, und die Weine nahmen einen kitschig-plumpen Stil an.

Einen Weg aus dieser Sackgasse wies die Kreativität der führenden unabhängigen Weinmacher, die bewiesen, dass trockene Rheingau-Rieslinge harmonisch, charaktervoll und von moderatem Alkoholgehalt sein können. Die darauffolgende Neuorientierung der Region hält bis heute an. Grundprinzip ist die Neubegründung eines regionalen Weinprofils, das die besondere geografische Lage dieses Streifens sanft geschwungener Rebhügel zwischen Rhein und Taunus widerspiegelt.

Rheingau-Rieslinge sind in der Regel weniger aromatisch und verspielt fruchtig als ihre Geschwister von der Mosel; sie zeigen stattdessen eher eine gewisse erdige Robustheit, der jedoch eine belebende Säure zur Seite steht. Das Gros ist heute trocken oder leicht feinherb; die besseren Weine sind oft als Erstes Gewächs etikettiert, das Pendant zum Großen Gewächs für klassifizierte Weinberglagen in den übrigen deutschen Anbaugebieten. Die besten Exemplare sind spektakuläre, raffinierte Weine, bei denen sich Ausdruckskraft und elegante Harmonie aufs Schönste verbinden. Wie alt sie wirklich werden können, lässt sich noch nicht sagen, denn es gibt trockene Rheingauweine aus dem ausgehenden 19. Jahrhundert, die noch immer zu beeindrucken vermögen.

Nach wie vor stehen den Qualitätsbestrebungen der Rheingauerzeuger aber die Wochenendausflügler (und potenziellen Konsumenten) aus dem nahe gelegenen Rhein-Main-Ballungsgebiet entgegen. Die rustikalen Weinstuben mögen durchaus vergnüglich sein, doch kredenzen sie allzu oft billige, erschreckend schlichte Tropfen – die sich indes prima verkaufen. Was es wiederum einer nicht unbeträchtlichen Zahl von Rheingauerzeugern ermöglicht, die um sie herum erblühende Riesling-Renaissance schlicht zu ignorieren.

Die malerische Weinregion Hessische Bergstraße südöstlich des Rheingaus ist Deutschlands kleinstes Anbaugebiet mit gerade einmal 435 Hektar Rebfläche. Das Gros der Weine wird vor Ort konsumiert. Hier beginnt der Frühling früher als in anderen deutschen Regionen, und der Herbst setzt später ein, sodass die Reben von einer extrem langen Vegetationsperiode profitieren.

GARAGE WINERY
EINE HIMMLISCHE HALBTROCKENE SCHEUREBE MIT UNKONVENTIONELLEM ETIKETT

GEORG BREUER
EIN GESCHMEIDIGER, ELEGANTER, LANGLEBIGER RIESLING AUS RÜDESHEIM

Friedrich Altenkirch

Seit die japanische Önologin Tomoko Kuriyama mit dem Jahrgang 2007 die Führung übernahm, hat der wenig bekannte Erzeuger in einer der unbekanntesten Rheingau-Gemeinden enorm an Bedeutung gewonnen. Kuriyama verbindet die für Lorch typische Säure mit ausreichend Zitrusaromen, Mineralität und Körper, um spektakuläre und elegante trockene und feinherbe Weine zu bereiten. Am komplexesten sind jene von alten Reben in der Lage Bodenthal-Steinberg. ★**Aufsteiger**

Binger Weg 2, 65391 Lorch; www.weingut-altenkirch.de

J. B. Becker

Hajo Becker erzeugt traditionelle trockene Rieslinge, die vor der Abfüllung ein ganzes Jahr in großen Holzfässern verbringen, denn die konzentrierten, aber selten schweren Weine brauchen Zeit, um optimale Harmonie zu erreichen. Wie gut diese »echten« Rieslinge altern können, zeigen die umfangreichen Vorräte älterer Jahrgänge. Dennoch sind Hajo und seine Schwester Maria keineswegs altmodisch – sie haben als Erste in Deutschland Glaskorken verwendet. Es gibt auch elegante Spätburgunder ohne Eichenausbau.

Rheinstr. 6, 65396 Walluf; Tel. 06123 72523

Georg Breuer

Nach dem unerwarteten Tod Bernhard Breuers im Mai 2004 ergriff seine unkonventionelle, Lichtjahre von der spießigen Rheingau-Norm entfernte Tochter Theresa die Zügel auf dem 32-ha-Gut. Mit Unterstützung des langjährigen Kellermeisters Hermann Schmoranz hat Theresa den einst revolutionären, jetzt klassischen geschmeidig-mineralischen Riesling-Stil beibehalten, den ihr Vater damals mitentwickelt hatte. Doch sie hat den Weinen auch mehr Schliff und Anmut verliehen. An der Spitze der Lagenweine stehen der superelegante, extrem langlebige Rüdesheim Berg Schlossberg und der extrovertiertere, zitrusfruchtige Rauenthal Nonnenberg. Aber auch die anderen Rüdesheimer und Rauenthaler Rieslinge sind beeindruckend.

Grabenstr. 8, 65385 Rüdesheim
www.georg-breuer.com

Chat Sauvage

Der Hamburger Geschäftsmann Günter Schulz und sein Kellermeister Michael Städter haben vor zehn Jahren ein einzigartiges Rheingau-Gut geschaffen. Der Schwerpunkt liegt auf Pinot Noir (Spätburgunder), der zu den besten Rotweinen der Region zählt. Am beeindruckendsten sind die beiden Ersten Gewächse: der noble, samtige Pinot Noir Assmannshäuser Höllenberg und der intensiv duftende, rassige Lorcher Kapellenberg. Auch der trockene Pinot Noir rosé und der fassvergorene Chardonnay machen Eindruck. ★**Aufsteiger**

Grund 65, 65366 Johannisberg; www.chat-sauvage.de

Joachim Flick

Reiner Flick hat sein 15-ha-Gut in der unbekanntesten Ecke des Rheingaus aus dem Nichts erschaffen und konzentriert sich auf exzellente, fruchtbetonte trockene Rieslinge, kraftvolle Spätburgunder und den besten Sauvignon Blanc der Region. Einige seiner faszinierendsten Weine, etwa der rassige, saftige F. Vini et Vita, kosten unglaublich wenig. Keine Schnäppchen hingegen sind die Einzellagen-Rieslinge Wickerer Mönchsgewann Erstes Gewächs und Wickerer Nonnberg Erstes Gewächs. ★**Aufsteiger**

Straßenmühle, 65439 Flörsheim-Wicker; www.flick-wein.de

Eva Fricke

2006 erzeugte die gebürtige Bremerin Eva Fricke in ihrem winzigen Betrieb ihre ersten Rieslinge von alten Reben in Lorch. Man kann sich kaum einen mineralischeren Weißen vorstellen als ihren trockenen Riesling Lorcher Krone von diamantener Klarheit, aber auch ihr Lorcher Riesling QbA ist überaus rassig. ★**Aufsteiger**

Suttonstr. 14, 65399 Kiedrich; www.evafricke.com

Garage Winery

Mit seinem Pferdeschwanz und seiner unorthodoxen Art ist der Deutschamerikaner Anthony Hammond einer der unkonventionellsten Winzer in Deutschland, weshalb er von der Kritik lange abgelehnt wurde. Nach dem 2008 erfolgten Ausbau des improvisierten Kellers beeindruckt nun das gesamte Sortiment, vom trockenen Auxerrois mit Honigbukett und seidiger Textur über die trockenen Rieslinge bis zu den Spätlesen Wild Thing (halbtrocken, fetzig, komplex) und Sugar Babe (saftig süß). ★**Aufsteiger**

Friedensplatz 12, 65375 Oestrich; www.garagewinery.de

Prinz von Hessen

Das 32-ha-Gut war ein schlafender Dinosaurier, bis Dr. Clemens Kiefer die Leitung und Weinbereitung übernahm. Es liegt noch einiges vor ihm, aber seine Modernisierungsmaßnahmen haben bereits zu fruchtigeren, harmonischeren Weinen geführt. Beibehalten hat er die kleine Reihe sehr guter edelsüßer Riesling-Weine.

Johannisberg im Rheingau, Grund 1, 65366 Johannisberg
www.prinz-von-hessen.de

Schloss Johannisberg

Schloss Johannisberg, um 1100 als Benediktinerkloster gegründet, kann sich mit Fug und Recht als Geburtsstätte des modernen deutschen Rieslings bezeichnen, wurde hier doch 1775 die Spätlese kreiert. Seit Christian Witte 2006 die Leitung übernommen hat, sind Eleganz und Individualität wieder Trumpf, sowohl bei den trockenen als auch den edelsüßen Weinen. Witte leitet auch das viel größere, aber weniger spannende Gut G. H. von Mumm, dessen Riesling-Reben in Schlossnähe wachsen (der Spätburgunder in Assmannshausen). Siehe auch S. 435.

Schloss Johannisberg, 65366 Johannisberg
www.schloss-johannisberg.de

Johannishof

Auf dem 20-ha-Gut erzeugt Johannes Eser trockene, feinherbe und edelsüße Rieslinge von den Spitzenlagen Rüdesheimer Berg (voll und weich) und Johannisberg (geschmeidig und rassig), alle lebhaft und wunderbar aromatisch. Abgesehen von wenigen Neuerungen wie der Einführung einiger trockener Lagenweine Erstes Gewächs führt Eser das Werk seines Vaters Hans-Hermann fort. Die höherwertigen edelsüßen Spätlesen, Prädikats- und Eisweine können jahrzehntelang altern.

Grund 63, 65366 Johannisberg
www.weingut-johannishof.de

KLOSTER EBERBACH
EIN TYPISCHER FRUCHTBETONTER TROCKENER RIESLING AUS DEM STEINBERG

ROBERT WEIL
ÜPPIGER RIESLING VOM FÜHRENDEN ERZEUGER EDELSÜSSER WEINE IM RHEINGAU

Jakob Jung

Kurz vor Abschluss seines Weinbaustudiums in Geisenheim bereitete Alexander Johannes Jung ausgerechnet im »höllischen Jahrgang« 2006 seine ersten eigenständigen Weine auf dem elterlichen Gut. Er bestand diese Feuertaufe jedoch nicht nur unbeschadet, sondern erntete sogar höchstes Lob. Seither hat er viel für die Beständigkeit des 10-ha-Guts getan, dessen beste trockene und feinherbe Weine immer reif, fleischig und reichhaltig ausfallen. Ebenfalls beeindruckend ist der kraftvolle, moderat tanninherbe Spätburgunder Alexander Johannes. ★**Aufsteiger**

Eberbacher Str. 22, 65346 Erbach
www.weingut-jakob-jung.de

Graf von Kanitz

Seit Kurt Gabelmann 2004 die Leitung übernahm, ist das Gut wieder in Form. Die bis dahin eher leichten, stahligen Rieslinge haben ordentlich Fleisch angesetzt und an Alkoholstärke und exotischen Fruchtaromen gewonnen, ohne ihre Klarheit und Frische zu verlieren. Spitzenweine sind die trockenen Ersten Gewächse Pfaffenwies und Kapellenberg. Auch in den unteren Preisklassen findet sich sehr solide Qualität. ★**Aufsteiger**

Rheinstr. 49, 65391 Lorch
www.weingut-graf-von-kanitz.de

August Kesseler

Seit 20 Jahren bemühen sich August Kesseler und sein Kellermeister Matthias Himstedt auf dem Schieferboden des steilen Assmannshäuser Höllenbergs um Spätburgunder der Weltklasse und erzielen seit 2003 beachtliche Erfolge. Alte Reben, geringe Erträge, lange Maischezeiten und zwei Jahre Reifung ergeben hochpreisige Weine mit intensivem Schwarze-Johannisbeer- und Veilchenduft und atemberaubender Balance von Fülle und Tanninstärke. Die geschmeidig-rassigen Lorcher und Rüdesheimer Rieslinge sind zum Glück weniger kostspielig.

Lorcher Str. 16, 65385 Assmannshausen
www.august-kesseler.de

Kloster Eberbach

Das (für deutsche Verhältnisse) gigantische Hessische Staatsweingut im mittelalterlichen Zisterzienserkloster Eberbach, in dem ein Teil des Films *Der Name der Rose* gedreht wurde, hat vor Kurzem eine Hightechkellerei unweit der Lage Steinberg (in Alleinbesitz) eingeweiht. Dieser Wechsel bekommt den Weinen sehr gut: Seit 2008 sind sie wesentlich lebhafter, fruchtbetonter und beständiger. Zum Gut gehört eine Reihe von Spitzenlagen, u. a. ein Großteil des berühmten Rauenthaler Baiken. Die beeindruckenden Spitzengewächse von den ausschließlich mit Spätburgunder bestockten Weinbergen in Assmannshausen werden vor Ort separat vinifiziert.

Kloster Eberbach, 56346 Eltville
www.weingut-kloster-eberbach.de

Peter Jakob Kühn

Peter Jakob Kühns trockene Rieslinge aus biodynamischem Anbau sind die extremsten und umstrittensten Weine des Rheingaus. Selbst der einfache Jacobus besitzt (aufgrund des langen Kontakts mit den Schalen) ein Tanningerüst, das zunächst schockiert, obwohl es mit reifer Birne und Zitrusaromen vermählt ist. Nomen est omen gilt beim charaktervollen trockenen Riesling Quarzit mit seinem mineralisch-stahligen Stil. Auch die Einzellagen-Rieslinge Mittelheim St. Nikolaus und Oestrich Doosberg verbringen mehrere Wochen auf den Schalen. Ersterer ist opulent, Letzterer elegant – was auch die großzügige Portion Tannin und Kraft nicht überdeckt. ★**Aufsteiger**

Mühlstr. 70, 65375 Oestrich; www.weingutpjkuehn.de

Franz Künstler

Eine Reise durch Kalifornien inspirierte Gunter Künstler 1988 zu dem einzigartig geschmeidigen und doch kraftvollen Stil seiner fruchtbetonten, mineralischen trockenen Rieslinge von ausgereiften Trauben. Seine Weine, vor allem jene von den Hochheimer Spitzenlagen Domdechaney (breit, erdig), Kirchenstück (elegant, subtil) und Hölle (mit Aprikosennote, Kraft und außerordentlicher Frische), suchen am Rhein ihresgleichen. Auch die Spätburgunder sind kraftvoll und profitieren wegen ihres festen Tanningerüsts von einigen Jahren Flaschenreifung.

Geheimrat-Hummel-Platz 1a, 65239 Hochheim am Main
www.weingut-kuenstler.de

Hans Lang

Der Spezialist für trockene Weine beschränkt sich nicht auf Riesling, sondern bereitet seit Langem auch eichengereiften Rheingauer Weißburgunder. Die Weine sind nicht spektakulär, punkten aber mit Ausgewogenheit und Beständigkeit. An der Spitze steht der elegante trockene Riesling Hattenheimer Wisselbrunnen Erstes Gewächs mit delikat würzigem Abgang. ★**Aufsteiger**

Rheinallee 6, 65347 Eltville-Hattenheim
www.weingut-hans-lang.de

Langwerth von Simmern

Von den 1950er- bis zu den 1980er-Jahren war Langwerth von Simmern eines der großartigen aristokratischen Rheingau-Güter, danach ging es allerdings auch hier bergab. Georg-Reinhard Freiherr Langwerth von Simmern und seine dynamische Frau Andrea haben jedoch große Anstrengungen unternommen, um das 30-ha-Gut wieder auf Kurs zu bringen. Die trockenen und edelsüßen Kabinette und Spätlesen sind vielleicht nicht die kraftvollsten und konzentriertesten, ihre Feinheit und Raffinesse jedoch ist bemerkenswert und entspricht der Tradition. Am beeindruckendsten ist wohl der superelegante trockene, subtil würzige Riesling Hattenheimer Mannberg Erstes Gewächs.

Kirchgasse 6, 65343 Eltville
www.langwerth-von-simmern.de

Josef Leitz

Binnen eines Jahrzehnts wandelte sich der kleine Familienbetrieb zu einem 32-ha-Gut, das auch noch beträchtliche Mengen an Trauben zukauft. Die Qualität scheint sich mit der Ausweitung der Produktion sogar noch zu steigern. Die Rieslinge gliedern sich in zwei Stile: den trockenen/feinherben und den unverblümt süßen. Dank der enormem Mineralität und vollkommenen Balance beider Stile von den Spitzenlagen im Rüdesheimer Berg zählen sie zu den raffiniertesten Rheinweinen. Der trockene Magic Mountain bietet Ähnliches zum halben Preis.

Theodor-Heuss-Str. 5, 65385 Rüdesheim
www.leitz-wein.de

Fürst Löwenstein
Ab dem Jahrgang 2010 wird das Lesegut von den 20 ha Weinbergen nicht mehr ins fränkische Kreuzwertheim gefahren, sondern im neuen Domizil im fürstlichen Schlosspark von Kleinheubach vinifiziert. Seit Beginn des 21. Jahrhunderts sind die Fürst-Löwenstein-Weine stets beeindruckend. Der Fokus liegt auf rassigen trockenen und feinherben Rieslingen. Um die typische Säure der hoch gelegenen Lage Hallgarten auszubalancieren, werden die Trauben spät gelesen – der Alkoholgehalt beträgt mitunter 13 Vol.-% und mehr. Die vollen, duftigen Früh- und Spätburgunder sind die besten des Rheingau-Kerngebiets. Carl Friedrich Erbprinz zu Löwenstein, Leiter und Mitinhaber des Familienguts, verunglückte am 24. April 2010 tödlich. Das Gut wird jetzt von seiner Witwe, Dr. Stephanie Erbprinzessin zu Löwenstein, weitergeführt.

Niedertwaldstr. 8, 65375 Hallgarten; www.loewenstein.de

Prinz
Fred Prinz, früher bei Georg Breuer und Kloster Eberbach beschäftigt, hat sein winziges Familiengut für den Schritt in die Selbstständigkeit beträchtlich erweitert. Und er bewies rasch, dass das wenig prestigeträchtige Hallgarten Rheingau-Rieslinge von höchster Qualität hervorzubringen vermag. Die wegen der hoch gelegenen Weinberge ausgeprägte natürliche Säure verleiht den trockenen wie den edelsüßen Weinen eine atemberaubend rassige Brillanz. 2008 kreierte Prinz den spektakulären, intensiv mineralischen trockenen Riesling Hendelberg, der es mit seinem weicheren, fleischigeren Riesling Schönhell Erstes Gewächs aufnehmen kann. Superkonzentriert ist die edelsüße Riesling-Spätlese Goldkapsel.
★ Aufsteiger

Im Flachsgarten 5, 65375 Hallgarten
06723 999847; www.prinz-wein.de

Querbach
Peter Querbach strebt nicht nach Ruhm, sondern konzentriert sich auf die Bereitung des bestmöglichen Weins. Zu einer Zeit, als seine Kollegen herumexperimentierten, behielt er den konservativen Riesling-Stil mit moderatem Alkoholgehalt, unaufdringlicher Säure und feinen Fruchtaromen bei. Die in der Jugend unauffälligen Weine entwickeln sich in der Flasche sehr schön. **★ Aufsteiger**

Lenchenstr. 19, 65375 Oestrich-Winkel
www.querbach.com

Schön
Läge Klaus Schöns Gut nicht so abgeschieden in den Hügeln oberhalb von Rüdesheim, wäre er weitaus bekannter. Seine mittelschweren, eleganten trockenen Rieslinge sind sämtlich erstklassig, und seine Spätburgunder vom Rüdesheimer Berg Schlossberg sind wohl die reichhaltigsten und opulentesten der Region. Der Gutsausschank wird gern von Leuten aufgesucht, die die hohe Qualität zum günstigen Preis zu schätzen wissen.
★ Aufsteiger

Hauptstr. 80, 65385 Aulhausen; www.weingut-schoen.de

Schloss Schönborn
Der reichhaltige, konzentrierte, trockene Riesling Erstes Gewächs und die edelsüßen Riesling-Auslesen von den Spitzenlagen (insbesondere Erbacher Marcobrunn und Hattenheimer Pfaffenberg, in Alleinbesitz) zählen zu den besten im Rheingau. In den unteren Preisklassen ist das Angebot jedoch sehr gemischt.

Hautpstr. 53, 65347 Hattenheim
www.schoenborn.de

Spreitzer
Die Brüder Bernd und Andreas Spreitzer zählen zu den talentiertesten jungen Weinmachern im Rheingau. Statt auf Opulenz zu setzen wie vor Jahren etliche Kollegen, erfanden sie den traditionell knackigen, leichteren (11,5 Vol.-% Alkohol) trockenen und halbtrockenen Weinstil des Rheingaus neu, dem sie klare Zitrusnoten hinzufügten. Zudem gibt es die komplex-konzentrierten trockenen Ersten Gewächse Oestricher Lenchen Rosengarten und Hattenheimer Wisselbrunnen sowie die spektakulär saftige edelsüße Auslese. Die Preise sind moderat.
★ Aufsteiger

Rheingau432 86, 65375 Oestrich
www.weingut-spreitzer.de

Schloss Vollrads
Unter Verwalter Dr. Rowald Hepp hat sich das berühmte Gut zu einem der beständigsten unter den großen Rheingauerzeugern entwickelt. Wie man es hier schafft, jährlich 500 000 Flaschen guten bis exzellenten Riesling zu erzeugen und zu verkaufen, kann vielen Mitbewerbern als Beispiel dienen. Die trockenen Weine waren schon immer geschmeidig mit ausgeprägter Säure, haben aber nun an saftiger Frucht und Aromatik gewonnen. An der Spitze stehen der verhalten-erfrischende trockene Riesling Erstes Gewächs und die lebhafte, honigsüße Auslese.

Vollradser Allee, 65375 Winkel
www.schlossvollrads.de

Wegeler
Die trockenen und edelsüßen Rieslinge von Wegeler (früher Deinhard & Co.) erhielten im vergangenen Jahrzehnt unter dem ambitionierten Dr. Tom Drieseberg mehr Schliff und Duftigkeit. Zur rassig-saftigen trockenen Cuvee Geheimrat J gesellen sich die kraftvolleren Ersten Gewächse Rüdesheimer Berg Schlossberg und Winkeler Jesuitengarten. Eine Spezialität bleibt der Eiswein; Spätburgunder erzeugt das seit 2007 zum Teil in Wegeler-Besitz befindliche Weingut Krone in Assmannshausen.

Friedensplatz 9-11, 65375 Oestrich
www.wegeler.com

Robert Weil
Das 73-ha-Gut im Besitz von Suntory und Wilhelm Weil ist die perfekte Verkörperung des modernen Rheingaus. Die kostspieligen Auslesen, Beeren- und Trockenbeerenauslesen gelten als Inbegriff edelsüßer Rheingau-Extravaganz. In letzter Zeit wurden für die trockenen Kiedricher Lagen-Rieslinge enorme Anstrengungen unternommen: Die Weine von der Ersten Lage Gräfenberg duften exotisch; geschmeidiger und rassiger fallen jene von den höher gelegenen Lagen Turmberg und Klosterberg aus. Es werden auch einige 100 000 Flaschen reifer, frischer trockener Guts- und Orts-Rieslinge erzeugt – doch man bezahlt für den berühmten Namen.

Mühlberg 5, 65399 Kiedrich
www.weingut-robert-weil.com

DIE WIEDERGEBURT SCHLOSS JOHANNISBERGS

Schloss Johannisberg erhebt den Anspruch, im Jahr 1720 den ersten geschlossenen Riesling-Weinberg der Welt angelegt zu haben. Das wird zwar bestritten, zweifellos aber hat das Gut 1775 den ersten dokumentierten edelfaulen Wein Deutschlands erzeugt. Schon zu Lebzeiten Goethes bis zum Jahrgang 1971 war Schloss Johannisberg nicht nur eine deutsche Weinlegende, sondern auch einer der weltbesten Erzeuger edelsüßer Weißweine. Mehrere Wechsel in der Geschäftsleitung führten danach allerdings zu einer Beeinträchtigung der Qualität und des Charakters der Weine – mit einem Mal wirkte das Gut wie ein Denkmal aus längst vergangener Zeit, das langsam Staub ansetzt. Doch dann übernahm der schneidige Christian Witte die Leitung, und seit 2006 sind die Weine wieder in Topform. Zudem hat Witte Schloss Johannisberg in die Riege der deutschen Spitzenerzeuger von trockenem Riesling katapultiert. Ob diese neuen Kreationen es auf Dauer mit den dynamischsten neuen Erzeugern wie Flick, Leitz, Spreitzer oder Eva Fricke aufnehmen können, wird sich mit der Zeit erweisen.

Einige der besten Weinberge der Nahe – Hermannsberg, Brücke und Kupfergrube – liegen an diesem Uferstreifen.

NAHE

Traditionell gelten die Weine von der Nahe, einem linken Nebenfluss des Rheins, in stilistischer Hinsicht als ein Mittelding zwischen Mosel und Rheingau. Diese Einschätzung mag daher rühren, dass die landschaftlich so hübsche Region lange keine eigene Identität besaß. Tatsächlich ist die Nahe – obwohl hier seit der Römerzeit Weinbau betrieben wird – erst seit 1971 ein Anbaugebiet mit festgelegten Grenzen und abgegrenzten Lagen. In letzter Zeit ist das Renommee der Region dank der hervorragenden Qualität ihrer besten Weißweine jedoch erheblich gestiegen, ebenso wie die Nachfrage, die die begrenzte Produktion bei Weitem nicht zu befriedigen vermag.

Hauptgrund für diesen Imagewandel ist die Begeisterung, die die trockenen und restsüßen Nahe-Rieslinge weltweit hervorgerufen haben. Probieren Sie einen dieser immens mineralischen Weine, und Sie werden entdecken, dass Sie die massiven Konturen der Vulkanverwitterungsböden und steil abfallenden Weinberge buchstäblich schmecken können. Das ist jedoch nur ein Aspekt des 4100 Hektar umfassenden Anbaugebiets, dessen große Weinvielfalt eine Handvoll Hauptrebsorten sowie die beträchtliche geologische Komplexität widerspiegelt.

Weit stärker als an der Mosel ging der Aufschwung an der Nahe bei den meisten der berühmten Weinberge mit einer grundlegenden Änderung der Besitzverhältnisse einher. Hier bot sich vielen Jungwinzern die Chance zu zeigen, wozu sie bereits zu Beginn ihrer Laufbahn imstande waren – und sie haben sie entschlossen ergriffen. Wie ihre Kollegen im östlich angrenzenden Rheinhessen haben sie viel Arbeit in die Erschließung des Potenzials gesteckt, das in den guten, aber vernachlässigten Weinbergen schlummerte. Heute ist die Qualität der Weine überall an der Nahe wie auch an ihren Nebenflüssen Alsenz, Glan und Guldenbach deutlich gestiegen.

Ein weiterer wichtiger Aspekt dieser positiven Entwicklung waren die Anstrengungen der Gemeinden, die Qualität der Trauben für die trocken Weißburgunder (Pinot Blanc) und Grauburgunder (Pinot Gris) auf das Niveau der besten trockenen Rieslinge zu heben. Innerhalb einer einzigen Weinbaugemeinde findet sich mitunter eine Stilvielfalt, die von der burgundisch inspirierten Verwendung neuer Eiche bis zu geschmeidigen, aromatischen, gänzlich ohne Eiche ausgebauten Weinen reicht. Obwohl das Ausprobieren noch in vollem Gange ist, stammen schon jetzt einige der besten deutschen Weißburgunder, Grauburgunder und Rieslinge von der Nahe. Sie verbinden verhaltene Kraft mit klaren Fruchtaromen und erfrischender, aber moderater Säure.

Gleichzeitig hat man bis vor Kurzem bei der Bereitung trockener Rieslinge diverse Experimente angestellt; am bemerkenswertesten waren lange Hülsenmaischung vor dem Pressen und Vergären und lange Hefesatzlagerung des frisch vergorenen Weins. Beides zielte darauf ab, den Weinen »mehr Muskeln draufzupacken«, um sie für den Wettbewerb mit Gewächsen aus südlicheren Gefilden fit zu machen. Die globale Klimaerwärmung hatte den Weinen jedoch bereits deutlich mehr Alkohol und Gewicht verliehen, sodass einige dieser Experimente entschieden zu weit gingen. Glücklicherweise kommen die hiesigen Winzer aber allmählich wieder davon ab, dass ihre Weine dem Vergleich mit anderen Regionen standhalten müssten. Auch die Tage der Spät- und Auslese-Rieslinge mit übermäßiger Restsüße, die bei den Kritikern hohe Punktwertungen erzielen sollten, sind gezählt. Kurz gesagt, die Region wird erwachsen.

Dass diese Entwicklung relativ spät eingesetzt hat, ist einer der Gründe, warum sich die Nahe international noch keiner größeren Bekanntheit erfreut; der andere ist, dass es bis vor Kurzem an charismatischen Winzern mangelte, die – in englischer Sprache – als beredte Botschafter für ihre Region hätten eintreten können. Doch auch das ändert sich schnell. Die Schönheit vieler Landstriche an der Nahe wurde schon immer unterschätzt, und noch heute verirrt sich nur selten ein ausländischer Tourist hierher.

Hauptrebsorten

Rot

Dornfelder

Spätburgunder (Pinot Noir)

Weiß

Grauburgunder (Pinot Gris)

Riesling

Weißburgunder (Pinot Blanc)

Müller-Thurgau

Jahrgänge

2010
Die späte Lese rettete den Jahrgang. Sehr vielversprechende mittelgewichtige, rassig-mineralische trockene Weiße; Süßweine ähnlich aufregend wie an der Mosel.

2009
Exzellenter Jahrgang mit Weinen hoher Reife und geringerer Säure als 2008.

2008
Die besten Weine verbinden umwerfende Aromaintensität mit rassiger Brillanz.

2007
Sehr guter Jahrgang, schön ausgewogene Weine. Manche der besten trockenen Weißburgunder nehmen es mit Spitzen-Rieslingen auf.

2006
Viel weniger problematisch als anderswo in Deutschland; einige sensationelle Rieslinge.

2005
Wieder ein hervorragener Jahrgang mit Reife und Eleganz auf der ganze Linie.

VON RACKNITZ
REICH TEXTURIERTE, ÜBERAUS WÜRZIGE RIESLING-WEINE

DÖNNHOFF
ÄUSSERSTE ELEGANZ VERMÄHLT SICH MIT UNTERGRÜNDIGER KRAFT

Dr. Crusius

Einige Jahre lang musste das Gut um sein Renommee bangen, doch seit der Jahrtausendwende hat Dr. Peter Crusius es wieder in die erste Liga geführt. Alle Weine zeigen eine wundervoll kristalline Klarheit und ein feines Wechselspiel von Frucht und mineralischer Säure. Die besten stammen von den Lagen Schloßböckelheimer Felsenberg und Traiser Rotenfels. Römische Ziffern auf den Etiketten geben den Restzuckergehalt (in g/l) an. Doch sogar »XV« schmeckt hier noch trocken.

Hauptstr. 2, 55595 Traisen; www.weingut-crusius.de

Schlossgut Diel

Obwohl das Gut weiterhin im Besitz des einflussreichen Weinjournalisten und -kritikers Armin Diel ist, hat jetzt Tochter Caroline die Weinbereitung übernommen. Sie gibt den beeindruckenden trockenen Rieslingen, Weiß- und Grauburgundern ihren eigenen eleganten Schwung, sodass diese Weine nun oft mit den schon immer hochgepriesenen, saftig-rassigen edelsüßen Rieslingen von den Spitzenlagen Dorsheim, Burgberg, Goldoch und Pittermännchen mithalten können. Letztere mögen für deutsche Verhältnisse kostspielig anmuten, im internationalen Vergleich sind sie das jedoch ganz gewiss nicht.

55452 Burg Layen; www.schlossgut-diel.com

Dönnhoff

Helmut Dönnhoff war in den letzten 20 Jahren der unangefochtene Spitzenerzeuger an der Nahe, doch als seinen größten Erfolg bezeichnet er selbst seine Rieslinge, in denen sich außerordentliche Eleganz mit untergründiger Kraft vermählt. Schöne Beispiele sind der trockene Riesling Niederhäuser Hermannshöhle Großes Gewächs, die Spätlese vom selben Weinberg und der trockene Riesling Norheimer Dellchen Großes Gewächs. Auch alle anderen Weine, selbst die einfachsten, sind einzigartig.

Bahnhofstr. 11, 55585 Oberhausen; www.doennhoff.com

Emrich-Schönleber

Vater und Sohn Werner und Frank Schönleber erzeugen einige der konzentriertesten und mineralischsten trockenen und edelsüßen Rieslinge von ganz Deutschland – was ihre Mineralität anbetrifft, vielleicht sogar der ganzen Welt. Nur die besten trockenen Weine werden unter den Lagennamen – Monzingen, Frühlingsplätzchen und Halenberg – verkauft. Sensationell sind die Großen Gewächse, brillant die fruchtsüßen Spätlesen sowie die Beeren- und Trockenbeerenauslesen und der Eiswein.

Soonwaldstr. 10a, 55569 Monzingen
www.emrich-schoenleber.de

Hahnmühle

Das Alsenztal wäre womöglich völlig in Vergessenheit geraten, gäbe es nicht Peter und Martina Linxweiler und ihr kleines Gut. In den letzten Jahren sind ihre biodynamisch angebauten Weine sogar noch besser geworden, wobei die Linxweilers ihren von Beginn an gepflegten geschmeidigen, kristallinen Stil beibehalten haben. Neben exzellenten trockenen Rieslingen gibt es auch ungewöhnlich rassige trockene Silvaner und einen wohl einzigartigen Riesling/Traminer-Verschnitt. ★**Aufsteiger**

Alsenzstr. 25, 67822 Mannweiler-Cölln
www.weingut-hahnmuehle.de

Gut Hermannsberg

Die traditionsreiche Gutsverwaltung Niederhausen-Schloßböckelheim wurde 2010 in Gut Hermannsberg umbenannt. Nach dem zweiten Besitzerwechsel gehört die 1998 privatisierte Weinbaudomäne nun dem Unternehmer Jens Reidel, der den jungen Starweinmacher Karsten Peter als Betriebsleiter verpflichtet hat. Nach einer Zeit solider, gut bereiteter, aber nicht sehr spannender Weine besteht seit dem Jahrgang 2009 die Chance auf einen Neuanfang.

Ehemalige Weinbaudomäne, 55585 Niederhausen
www.riesling-domaene.de

Hexamer

Harald Hexamers einziges Problem ist die Unterscheidung seiner vielen verschiedenen Weine, die er vom Meddesheimer Rheingrafenberg erzeugt. Deshalb tragen einige seiner beeindruckendsten Gewächse – etwa der imposante, aber lebhafte trockene XXL und der saftige fruchtsüße Quarzit – ungewöhnliche Namen. Hier bedeutet »süß« reine Traubensüße, doch als Gegengewicht verfügen die Weine über genügend Säure. ★**Aufsteiger**

Sobernheimer Str. 3, 55566 Meddersheim
www.weingut-hexamer.de

Gebrüder Kauer

Markus Kauer leitet das Familiengut in der 14. Generation, Cousin Christoph hat seit dem Jahr 2000 die Leitung im Keller inne. Gemeinsam erzeugen sie einige der lebhaftesten und mineralischsten trockenen Weiß- und Grauburgunder der Nahe. Ebenso wie die beeindruckenden trockenen Rieslinge entfalten sie sich langsam und profitieren sehr von wenigstens einigen Monaten Flaschenreifung, da sie sich unmittelbar nach der Abfüllung in der Nase und am Gaumen oft recht verschlossen zeigen. ★**Aufsteiger**

Bürgermeister-Dielhenn-Str. 1, 55452 Windesheim
www.kauerwein.de

Klostermühle

Christian Held, persönlich haftender Gesellschafter und Geschäftsführer, leitet das Weingut im Glantal ausgesprochen effizient. Zwar sind auch die trockenen Rieslinge Kloster Disibodenberg gut, am aufregendsten aber sind oft die geschmeidigen trockenen Weiß- und Grauburgunder- sowie Chardonnay-Gewächse, besonders vom Weinberg Monfort (in Alleinbesitz), die es auch als Schaumweine gibt. ★**Aufsteiger**

Am Disibodenberg, 55571 Odernheim
www.weingut-klostermuehle.de

Korrell/Johanneshof

Martin Korrell ist einer der talentiertesten jungen Winzer des ganzen Rheinlands. Wohl am spannendsten sind seine komplexen und eleganten trockenen Weiß- und Grauburgunder »Johannes K« von der hervorragenden, aber kaum bekannten Lage Kreuznacher Paradies. Doch auch die trockenen Schloßböckelheimer Goldkapsel-Rieslinge In den Felsen und Königsfels zählen zur ersten Riege an der Nahe. Korrell erzeugt auch einige beeindruckende halbtrockene und edelsüße Rieslinge. ★**Aufsteiger**

Parkstr. 4, 55545 Bosenheim
www.korrell.com

Kruger-Rumpf
Seit mehr als 20 Jahren erzeugt Stefan Rumpf trockene und edelsüße Rieslinge von beständiger Qualität, in denen sich die Tugenden der Nahe – rassige Art und aromatische Fülle – aufs Schönste verbinden. Diese Qualitäten zeigen sich insbesondere in den Weinen von den Münsterer Spitzenlagen Dautenpflänzer (kraftvollere, gewichtigere Weine) und Pittersberg (geschmeidige, pikantere Weine). Seit Stefans Sohn Georg auf dem Gut mitwirkt, hat er den Spätburgundern viel Aufmerksamkeit gewidmet, die zusehends besser werden.

Rheinstr. 47, 55424 Münster-Sarmsheim
www.kruger-rumpf.com

Lindenhof/Martin Reimann
In Martin Reimanns Weinbergen (10 ha) wachsen fast ebenso viele Weißburgunder- wie Riesling-Reben, und wenn man seine Weine verkostet, weiß man auch gleich, warum. Das kühle, windige Klima, dem Windesheim seinen Namen verdankt, ist für beide Rebsorten ideal. Reimanns Begabung zeigt sich in der Art, wie er die Säure und Frische seiner Weine mit ausreichend Fruchtreife und Körper zu einem ansprechenden harmonischen Ganzen auszubalancieren vermag. Die trockenen Rieslinge hinken den Weißburgundern ein ganz klein wenig hinterher, aber die Schaumweine sind hervorragend.

Lindenhof, 55452 Windesheim
www.weingutlindenhof.de

von Racknitz
Seit 2003 haben Matthias Adams und seine Frau, Luise von Racknitz-Adams, das einst daniederliegende Gut wieder in Schwung gebracht. Der Schwerpunkt liegt auf reich texturierten, überaus würzigen Rieslingen, es ist aber auch ein trockener Silvaner vom selben Schlag geplant. An der Spitze der gutsinternen Hierarchie stehen die Lagen-Rieslinge Schloßböckelheimer Königsfels, Traiser Rotenfels und Odernheimer Kloster Disibodenberg, die schon jetzt in der ersten Liga der Naheweine mitspielen. **★Aufsteiger**

Disibodenbergerhof 3, 55571 Odernheim
www.von-racknitz.com

Joh. Bapt. Schäfer
Seit der Jahrtausendwende hat Sebastian Schäfer viel für den Bekanntheitsgrad des kleinen Familienguts getan. Seine trockenen und edelsüßen Rieslinge verbinden Rasse mit fruchtiger Saftigkeit und nahezu perfekter Ausgewogenheit. Die trockenen Rieslinge Vom Kieselstein und Vom Schiefergestein bieten ein exzellentes Preis-Genuss-Verhältnis. **★Aufsteiger**

Burg Layen 8, 55452 Burg Layen; www.jbs-wein.de

Schäfer-Fröhlich
Tim Fröhlich hat 1995 die Weinbereitung auf dem Gut übernommen und erwies sich alsbald nicht nur als einer der begabtesten jungen Weinmacher Deutschlands, sondern auch geradezu als Fanatiker, was die gewissenhafte Arbeit im Weinberg anbelangt. Denn diese ist unumgänglich, will man absolute Spitzenqualität erzielen. Seine trockenen und edelsüßen Rieslinge verbinden beträchtliche Kraft mit rassiger Brillanz. Sämtliche Lagenweine erfordern eine gewisse Zeit der Flaschenreifung und können mindestens ein Jahrzehnt altern. Fröhlichs bedeutendster Weinberg ist die Lage Bockenauer Felseneck, die kein Mensch kannte, bevor Fröhlich die Szene betrat. **★Aufsteiger**

Schulstr. 6, 55595 Bockenau
www.weingut-schaefer-froehlich.de

Jakob Schneider
Das Weingut Jakob Schneider war lange Zeit der bekannteste Erzeugerbetrieb in Niederhausen, die Qualität war jedoch häufig schwankend. Das änderte sich, als Jakob Schneider jun. sein Önologiestudium in Geisenheim beendet hatte: Die Qualität stieg deutlich – die Preise jedoch (noch) nicht. Die würzig-rassigen trockenen und edelsüßen Rieslinge stammen von den Niederhäuser Spitzenlagen. **★Aufsteiger**

Winzerstr. 15, 55585 Niederhausen
www.schneider-wein.com

Bürgermeister Willi Schweinhardt
Zusammen mit dem 32-ha-Gut erbte Axel Schweinhardt auch den saftigen Stil der trockenen, feinherben und edelsüßen Rieslinge. In den vergangenen Jahren hat er ihn weiter verfeinert und einige beeindruckende trockene Weißburgunder hinzugefügt. Spitzenwein ist der Riesling Terrasse Langenlonsheimer Rothenberg.

Heddesheimer Str. 1, 55450 Langenlonsheim
www.schweinhardt.de

Rudolf Sinß
Seit Johannes Sinß 1997 in den elterlichen Betrieb eintrat und die Weine gemeinsam mit seinem Vater Rudolf vinifiziert, hat sich in puncto Qualität enorm viel getan. Die trockenen Rieslinge von den Lagen Sonnenmorgen (saftiger, gewichtiger) und Römerberg (aromatischer, rassiger) sowie die trockenen Weiß- und Grauburgunder aus dem Rosenberg sind alle erheblich besser geworden. Die besten Abfüllungen tragen ein »S« auf dem Etikett. Rudolf Sinß erzeugt daneben auch einige beeindruckende Spätburgunder. Hier ist Großes im Entstehen begriffen. **★Aufsteiger**

Hauptstr. 18, 55452 Windesheim
www.weingut-sinss.de

Tesch
Martin Tesch ist nicht nur Weinmacher, er ist ein Phänomen: ein Mann, der mühelos die Kluft (vor seinem Auftauchen in der Szene war es ein bodenloser Abgrund) zwischen Rockmusik und Wein überwindet. Teschs knockentrockener Riesling »Unplugged« mit seinem peitschenhiebartigen Abgang ist unter deutschen Weinen ungefähr so klassisch, wie Rammstein klassischen deutschen Krautrock spielt. Teschs Spitzengewächse – durch einen Farbcode gekennzeichnet – sind die trockenen Rieslinge der Laubenheimer Lagen Krone (gelb), Karthäuser (rot) und St. Remigiusberg (orange) sowie der Langenlonsheimer Lagen Königsschild (hellblau) und Löhrer Berg (ocker). Die Weine schmecken ebenso verblüffend verschieden, wie sie aussehen, aber alle sind kompromisslos trocken. Der Deep Blue ist ein sehr heller, aber vollmunder Spätburgunder-Rosé für alle, die es etwas sanfter mögen. **★Aufsteiger**

Naheweinstr. 99, 55450 Langenlonsheim
www.weingut-tesch.de

MARTIN TESCH

Viele junge deutsche Winzer versuchen Popmusik und Wein zusammenzubringen, aber keiner tut das so erfolgreich wie Dr. Martin Tesch. Teschs Verbindungen zur Musikszene – von den Toten Hosen bis zum amerikanischen Gitarrenbauer Gibson – sind sicherlich hilfreich, doch sie allein hätten noch nicht ausgereicht, um die Kluft zwischen Wein- und Popkultur zu schließen. In Teschs Buch *Riesling People Vol. 1* kann man auf 200 Seiten Schwarzweißfotografien sehen, wie er's gemacht hat und was es mit der Doppelbedeutung der zwei Worte »cool climate« (kühles Klima/coole Atmosphäre) auf sich hat. Seine trockenen Weine sind zweifellos Kühlklima-Rieslinge mit deutlicher Säure, subtiler Frucht sowie Kräuter- und Gewürznoten – zudem sind sie aber auch cool, weil Tesch sie mit Poplyrik, Popsymbolik und Pop-Events wie der »Rolling Riesling Show« quer durch Deutschland verbindet, auf der er sowohl seine Weine als auch junge Musiker präsentierte. Und wie der Name seiner neuesten Riesling-Kreation, Kraut-Wine, verrät, besitzt er auch viel Humor. Er hat ihn für die Event-Caterer der Roten-Gourmet-Fraktion kreiert – cooler geht's nicht!

AHR UND MITTELRHEIN

Die Weine der beiden Anbaugebiete könnten unterschiedlicher nicht sein: An der Ahr wird vor allem reichhaltiger Spätburgunder (Pinot Noir) erzeugt, am Mittelrhein hingegen geschmeidiger Riesling. Nichtsdestotrotz haben die benachbarten Regionen viel gemeinsam. Zum einen ihre Größe: An der Ahr gibt es gerade mal 550 Hektar Weinberge, am Mittelrhein sogar nur 460 Hektar – damit zählen sie zu den kleinsten Weinbaugebieten Deutschlands. Darüber hinaus liegen in beiden Regionen die steilen Weinberge an engen Flusstälern, sie weisen vorwiegend Schieferböden auf und befinden sich jenseits des 50. Breitengrads (während beispielsweise ein Großteil der Mosel südlich dieser Linie liegt).

Hauptrebsorten

Rot

Frühburgunder

Spätburgunder (Pinot Noir)

Weiß

Riesling

Jahrgänge

2010
Oktobersonne rettete die Rotweine der Ahr, die wegen des nassen Sommers recht leicht ausfallen. Ziemlich klassisch die Rieslinge vom Mittelrhein.

2009
Ausgezeichneter Jahrgang für Rotweine von der Ahr und Rieslinge vom Mittelrhein.

2008
Weine mit Schmelz. Mancher Riesling ist etwas herb, doch die besten sind eindrucksvoll.

2007
Durchweg exzellent mit kraftvollen, ausgewogenen Weinen.

2006
Die großen roten Ahrweine sind edel, duftig und herrlich ausgewogen. Am Mittelrhein viele fantastische süße Rieslinge, die schweren trockenen Weine überzeugen weniger.

2005
Sehr gut balancierte Fülle und Frische in beiden Gebieten.

Die Ahr ist ein ausgesprochen malerischer Landstrich, ähnlich der Mosel, aber noch intimer. Auch die Weinerzeugung spielt sich in einem recht engen Kreis ab, was man als Nachteil auffassen könnte, weil derart kleine Weinbaubereiche in einem international orientierten Weinmarkt wie Deutschland leicht unterzugehen drohen.

Tatsächlich jedoch ist die Ahr fast zu erfolgreich. Teilweise verdankt sich dieser Erfolg dem nahe gelegenen Ballungsgebiet Köln-Bonn, das einen lokalen Markt enthusiastischer Ahrweingenießer bildet. Ebenso bedeutsam ist aber der enorme Qualitätsanstieg der Rotweine seit den späten 1980er-Jahren. Ein Alkoholgehalt von 13 bis 14 Volumenprozent, großzügige Tannine sowie Vanille- und Röstaromen von neuen Fässern sind heute die Norm. Die besten Ahrweine sind dank des speziellen Klimas und einiger ambitionierter Weinmacher ebenso konzentriert wie jene aus weiter südlich gelegenen Gebieten, dabei jedoch aromatischer. Großteils wird Spätburgunder (Pinot Noir) angebaut, knapp 40 Hektar indes sind mit einer hiesigen Spezialität bestockt: Frühburgunder, eine früh reifende Spätburgunder-Mutation, die Weine mit exotischen Aromen, vollem Körper und samtigen Tanninen erbringt.

Der Mittelrhein ist jener romantische Rhein, dem Dichter wie Heinrich Heine mit der *Loreley* oder Friedrich Schlegel ein literarisches Denkmal setzten und dessen imposante Burgen, kühne Felsen und steil ansteigende Weinberge der englische Landschaftsmaler William Turner auf Leinwand verewigte. Die hiesige Weinindustrie geriet in den 1990er-Jahren allerdings bös auf Abwege, als zu viele Winzer ihr Heil in der Erzeugung von Fassweinen für Billigsekte suchten. Aufgrund der steilen Weinberge, die keine Mechanisierung zulassen, war dies jedoch selbst zu besten Zeiten kein sicheres Geschäft, und schließlich zapfte die Schaumweinindustrie billigere Quellen an und überließ die Region Mittelrhein sich selbst. Die Rebflächen schrumpften daraufhin erheblich.

Glücklicherweise bewiesen gleichzeitig einige unabhängige Weinmacher, dass die Verbindung von Schiefer und Riesling – einer Rebsorte, die noch ein Jahrhundert zuvor hier praktisch niemand kannte – am Mittelrhein ebenso magisch sein kann wie an der Mosel. Weiteren Auftrieb erhielt die Region durch die UNESCO, die die Kulturlandschaft Oberes Mittelrheintal von Bingen/Rüdesheim bis Koblenz im Jahr 2002 zum Welterbe erklärte – ein zusätzlicher Anreiz, auf Qualität zu setzen. Da dem Anbaugebiet Mittelrhein das Renommee seiner Nachbarn fehlt, bleiben die Preise bescheiden, und die besten Gewächse sind geradezu verboten günstig. Auf die Rotweine von der Ahr trifft das allerdings ganz und gar nicht zu, denn die enorme Nachfrage aus der Region sorgt für gepfefferte Preise.

Das einzige Fragezeichen, das über beiden Anbaugebieten schwebt, ist der zunehmende Trockenstress, den die Reben auf den steinigsten Böden aufgrund der Klimaerwärmung in Zukunft wohl erleiden werden. Er würde den Tanningehalt der Trauben erhöhen – eine Entwicklung, die den Rotweinen zugutekäme, bei den Weißweinen, vor allem den Rieslingen, aber nicht wünschenswert wäre. Der Mittelrhein mit seinen zu 67 Prozent mit Riesling bestockten Weinbergen hat dieses Risiko besonders zu fürchten, und Bewässerung in großem Umfang wird hier sicherlich nötig werden. Der Rhein als natürlicher Wasserlieferant liegt an sich nahe, doch so einfach wird es womöglich nicht sein, da nicht nur die Sauberkeit des Wassers, sondern auch die Nutzungsrechte Probleme aufwerfen könnten.

J. J. Adeneuer Ahr

Die Spätburgunder der Brüder Frank und Marc Adeneuer weisen oft einen Alkoholgehalt von 14 Vol.-% oder mehr auf und kommen während ihres Ausbaus viel mit neuer Eiche in Berührung. Irgendwie bleiben sie jedoch immer elegant und fein und besitzen ein wundervoll reines Fruchtaroma. Spitzenwein ist das Große Gewächs von der Lage Walporzheimer Gärkammer (in Alleinbesitz) mit 70 Jahre alten Reben. Auch die einfachen Weine sind beeindruckend.

Max-Planck-Str. 8, 53474 Ahrweiler; www.adeneuer.de

Deutzerhof/Cossmann-Hehle Ahr

Wolfgang Hehle hat sich nie gescheut, seinen Rotweinen jede Menge Eichenaroma und Tannin mitzugeben, und mit der Statur wuchs auch ihre Fähigkeit, das Eichenholz zu schultern. Die Namen seiner Weine mögen ein wenig pompös anmuten – etwa Grand Duc (für einen Spätburgunder) und Alpha & Omega (Frühburgunder) –, doch das ändert nichts an der Tatsache, dass sie zu den besten der Ahr zählen. Sogar zu den besten Rotweinen ganz Deutschlands zählt der Dornfelder, eine deutsche Rebenneuzüchtung.

Deutzerwiese 2, 53508 Mayschoss; www.deutzerhof.de

Toni Jost Mittelrhein

Toni und Linde Jost erzeugen seit mehr als 20 Jahren bemerkenswert beständige trockene und edelsüße Rieslinge. Die Weine von der großartigen Lage Bacharach Hahn mit üppigem Pfirsichbukett und außergewöhnlicher Reife sind meist am beeindruckendsten; ein sehr gutes Preis-Genuss-Verhältnis bietet der trockene Riesling Devon S, wie auch die Rieslinge von Josts Weinbergen in Walluf/Rheingau.

Oberstr. 14, 55422 Bacharach
www.tonijost.de

Dr. Randolf Kauer Mittelrhein

Das winzige Gut Dr. Randolf Kauers, der auch den Lehrstuhl für ökologischen Weinbau in Geisenheim innehat, war einer der Pioniere in Sachen Bioweinbau in Deutschland. Der Schwerpunkt liegt auf trockenen und halbtrockenen Rieslingen, die ausnahmslos geschmeidig, mineralisch und kristallklar sind. Ihr Alterungspotenzial ist exzellent.

Mainzer Str. 21, 55422 Bacharach
www.weingut-dr-kauer.de

Meyer-Näkel Ahr

So lange wie Meyer-Näkel erzeugt kein anderer Winzer erstklassigen Ahr-Spätburgunder, und dabei wurde das Gut erst zu Beginn der 1990er-Jahre gegründet. Seit 2005 wird Werner Näkel im Keller von seiner Tochter Meike unterstützt, und seither ist die Qualität noch beständiger. Radikale Ertragsbeschränkung wie bei burgundischen Spitzenerzeugern und minimalistische Weinbereitungstechnik sind das Geheimnis der vier Großen Gewächse (drei Spätburgunder, ein Frühburgunder), wohl die raffiniertesten und komplexesten Weine der Region. Es gibt mit dem Illusion Eins auch einen exzellenten weiß ausgebauten Spätburgunder.

Friedenstr. 15, 53507 Dernau
www.meyer-naekel.de

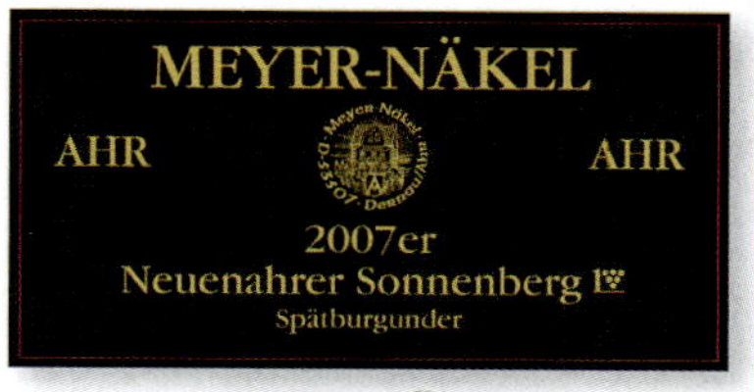

MEYER-NÄKEL
DER STETS KOMPLEXE UND DOCH FEINE SPÄTBURGUNDER EINES SPITZENERZEUGERS

JEAN STODDEN
DIESER LANGSAM SICH ENTFALTENDE SPÄTBURGUNDER IST EINZIGARTIG AN DER AHR

Matthias Müller Mittelrhein

Das 12-ha-Gut ist der Shootingstar am Mittelrhein, dank seiner breiten Palette an trockenen, halbtrockenen und edelsüßen Rieslingen von Spitzenlagen im Bopparder Hamm, an der großen Rheinschleife südlich von Koblenz. Müllers Weine verbinden Saftigkeit, Mineralität und rassige Brillanz und bieten hohe Qualität für wenig Geld.

Mainzer Str. 45, 56322 Spay
www.weingut-matthiasmueller.de

Nelles Ahr

Lassen Sie sich nicht täuschen: Thomas Nelles' bester Spätburgunder, der B-52, hat nichts mit dem US-Langstreckenbomber der 1950er-Jahre zu tun. Gleichwohl besitzen Nelles' Weine beachtliche Schlagkraft – es mangelt ihnen nie an Frucht, Tannin und Eichenwürze.
★ Aufsteiger

Göppinger Str. 13a, 53474 Heimersheim
www.weingut-nelles.de

Ratzenberger Mittelrhein

Jahrzehntelang ist das 14-ha-Gut dem geschmeidig-rassigen Riesling-Stil treu geblieben, dessen Bandbreite von knochentrocken bis üppig süß reichte. Jochen Ratzenberger jun. hat dem Sortiment jedoch eine Reihe neuer Weine hinzugefügt, deren wichtigste die verblüffenden trockenen Rieslinge Bacharacher Wolfshöhle Großes Gewächs und Steeger St. Jost sind. Auch gute Sekte.

Blücherstr. 167, 55422 Bacharach
www.weingut-ratzenberger.de

Selt Mittelrhein

Leutesdorf bei Andernach im Norden des Mittelrheingebiets kannten nur Einheimische, bis Horst Peter Selts überaus mineralische trockene und halbtrockene Rieslinge bewiesen, dass der Ort kein Provinznest ist. Seit Kurzem verwendet Selt keine Lagennamen mehr, sondern benennt seine Weine nach den Bodentypen, z.B. Goldschiefer.

Zehnthofstr. 22, 56599 Leutesdorf; www.weingutselt.de

Jean Stodden Ahr

Während viele seiner Kollegen darauf versessen sind, ihren Spätburgundern Seidigkeit und Delikatesse zu verleihen, hat Gerhard Stodden eine ganz andere Vision. In den vergangenen Jahren hat er gemeinsam mit Sohn Alexander einen in der Region einzigartigen kompromisslosen Stil für seinen konzentrierten, tanninbetonten, langsam sich entfaltenden Pinot Noir entwickelt. Die Preise sind selbst für Ahrverhältnisse sehr hoch.

Rotweinstr. 7–9, 53506 Rech; www.stodden.de

Weingart Mittelrhein

Florian Weingart hat im vergangenen Jahrzehnt mehr als jeder andere für frischen Wind am Mittelrhein gesorgt. Sein in vielerlei Hinsicht beeindruckendster Wein ist der unglaublich preiswerte einfache trockene Riesling, der vor Frische und Frucht nur so strotzt. Das trifft aber auch auf die exzellenten Kabinettweine und Spätlesen oder die Beeren- und Trockenbeerenauslesen zu. Jeder Weingart-Wein zeigt beispielhafte Reife, Klarheit und Harmonie.

Mainzer Str. 32, 56322 Spay; www.weingut-weingart.de

RHEINHESSEN

Wie schafft es eine Region, binnen weniger Jahre eine Kehrtwende um 180 Grad zu vollziehen? Ebendies gelang Rheinhessen, mit knapp 26000 Hektar Rebfläche Deutschlands größtes Weinbaugebiet. Im Ausland ist der Name nur wenigen Weinkennern ein Begriff, doch hierzulande ist Rheinhessen der neue Star der deutschen Weinlandschaft. Der Erfolg gründet sich fast ausschließlich auf trockene Weine (weiß, rot und rosé), die oft wirklich aufregend und innovativ sind. Vor gerade mal 20 Jahren war Rheinhessen die ergiebigste Quelle von Liebfrauenmilch (»Liebfraumilch« im angelsächsischen Sprachraum), jenem billigen süßen Allerweltsverschnitt, der als Discountermarke, oft mit »nostalgischen« Etiketten, zum Exportschlager wurde.

Hauptrebsorten

Rot

Dornfelder
Frühburgunder
Portugieser
Spätburgunder (Pinot Noir)
St. Laurent

Weiß

Grauburgunder (Pinot Gris)
Huxelrebe
Riesling
Scheurebe
Silvaner
Weißburgunder (Pinot Blanc)

Jahrgänge

2010
Der Riesling ist nicht so reif wie 2009, dafür sind die 2010er Silvaner, Weiß- und Grauburgunder oft ausgewogener.

2009
Sehr erfolgreicher Jahrgang; reife, aber frische Weine.

2008
Weniger opulente Weine als in früheren Jahren.

2007
Spät gelesene Spitzenweine sind voll, aber lebhaft, die Roten hervorragend.

2006
Trockene Weine recht massiv. Nur die besten halten sich gut.

2005
Schöne Weine mit wunderbarem Reifepotenzial.

In den frühen 1990er-Jahren war Rheinhessens Ruf so stark beschädigt, dass sogar die besten Riesling-Erzeuger am östlichen Rand des Anbaugebiets – wo die steilen Weinberge von Nierstein, Nackenheim und Oppenheim sich die Rheinhänge hinaufziehen – größte Schwierigkeiten hatten, ihre Weine an den Mann zu bringen, nur weil der Name »Rheinhessen« auf dem Etikett stand. Weinexperten machten einen großen Bogen um die Reblagen des rheinhessischen Hügellands, lieferten sie doch den Grundstoff für billige Massenweine wie Liebfrauenmilch.

In den letzten Jahren jedoch haben die rheinhessischen Jungwinzer jene Experten gründlich widerlegt, indem sie das enorme, wenn auch in Vergessenheit geratene Potenzial des Hügellands für die Erzeugung hochwertiger Weine wieder erschlossen. Ernsthaft setzte diese Entwicklung zwar erst in den späten 1990er-Jahren ein, doch die geologische Vielfalt Rheinhessens – Löss, Kalk- und Sandstein, Porphyr, Quarzit und andere Bodenarten – wurde rasch wiederentdeckt, und die Weinbauqualität verbesserte sich erheblich.

Zur Zeit der rheinhessischen Massenweinproduktion à la Niersteiner Gutes Domtal, Oppenheimer Krötenbrunnen, Liebfrauenmilch etc. beschränkten sich die Winzer auf die Erzeugung von Fasswein, den sie nach der Lese und Vergärung schnellstmöglich losschlugen. Für die Geschichte ihrer Region interessierten sie sich kaum, während ihre Kinder nun historische Weinbergkarten und Bücher studieren mit dem Ziel, die alten, ruhmreichen Zeiten rheinhessischer Weine wiederauferstehen zu lassen. Und tatsächlich bekommen die vor einem Jahrhundert so berühmten Orts- und Lagennamen wie Siefersheim ganz im Westen oder Westhofen Morstein im Südosten allmählich wieder einen guten Klang.

Hier findet man auf nur wenigen Kilometern ideale Terroirs für so unterschiedliche Rebsorten wie Riesling, Weißburgunder (Pinot Blanc), Grauburgunder (Pinot Gris) und Spätburgunder (Pinot Noir) sowie für die rheinhessische Spezialität Silvaner (2500 Hektar) und die aromatischen Trauben Scheurebe und Huxelrebe. Rheinhessen ist eine Region der Boutiquekellereien geworden, die höchst individuelle Erzeugnisse zu bieten haben.

Dank der außergewöhnlichen Offenheit der Jungwinzer findet der Qualitätswettstreit hier sowohl intensiver als auch freundschaftlicher statt als in anderen deutschen Anbaugebieten. Dies hat die Kreation neuer Weintypen wie der trockenen (weißen) Scheurebe mit ihrem an Sauvignon Blanc erinnernden Aromenspektrum begünstigt (tatsächlich wird sie in Rheinhessen gern als »unser Sauvignon Blanc« bezeichnet). Auch beim Spätburgunder sind grandiose Fortschritte zu verzeichnen, obleich dies in Rheinhessen keine traditionell angebaute Rebe ist (anders als die roten Sorten Blauer Portugieser, Frühburgunder und St. Laurent, die gegenwärtig eine Renaissance erleben).

So beeindruckend das bereits Erreichte auch sein mag, bleibt doch noch eine Menge zu tun. Wenn man die Zahl der wirklich guten Erzeuger durch die Gesamtrebfläche Rheinhessens teilt und das Ergebnis beispielsweise mit der Mosel vergleicht, erkennt man sofort, dass bahnbrechende Weinmacher hier noch recht rar gesät sind. Soll Rheinhessen in Deutschland zur angesagten Weinregion werden, muss der Prozess der eigenen Neuerfindung noch viele Jahre weitergehen.

BECKER-LANDGRAF
FEINER SPÄTBURGUNDER AUS EINEM EXZELLENTEN JAHRGANG

BRÜDER DR. BECKER
EIN PREISWERTER TROCKENER RIESLING MIT MINERALISCHER FRISCHE

BattenfeldSpanier

In erstaunlich kurzer Zeit hat Hans Oliver Spanier sein biodynamisch bewirtschaftetes 24-ha-Gut zum Erzeuger einiger der originellsten Weine in Rheinhessen gemacht. Die kraftvoll-konzentrierten, würzigen trockenen Rieslinge stammen von einst in Vergessenheit geratenen Lagen wie Hohen-Sülzener Kirchenstück und Nieder-Flörsheimer Frauenberg, deren Potenzial der junge Neuerer wieder erschloss. Die Spitzengewächse werden in neutraler Eiche vergoren und gereift. ★**Aufsteiger**

67591 Hohen-Sülzen; www.battenfeld-spanier.de

Brüder Dr. Becker

Nominell sind Lotte Pfeffers trockene Rieslinge Großes Gewächs aus den Lagen Falkenberg und Tafelstein in Ludwigshöhe die Spitzenweine des seit den 1970er-Jahren ökologisch bewirtschafteten Guts, doch der deutlich günstigere trockene Silvaner ist einer der feinsten der Region. Spezialitäten sind der elegante trockene Weißburgunder und die fruchtig-saftige Scheurebe-Spätlese.

Mainzer Str. 3–7, 55278 Ludwigshöhe
www.brueder-dr-becker.de

Becker-Landgraf

Julia und Johannes Landgraf erzeugen erst seit 2005 gemeinsam Wein, doch ihre Spätburgunder sind wohl die feinsten in Rheinhessen. Der Schwerpunkt liegt auf seidiger Textur, feinen Fruchtaromen und diskreter Eichenwürze. Die trockenen Rieslinge und Weißburgunder fallen nicht ganz so elegant aus, besitzen aber ebenfalls viel Frucht und Substanz. ★**Aufsteiger**

Im Felsenkeller 1, 55239 Gau-Odernheim
www.weingut-beckerlandgraf.de

Dreissigacker

Bechtheim, vor 100 Jahren eine berühmte Weinbaugemeinde, ist im Lauf des 20. Jahrhunderts auf Abwege geraten. Für die Wiederherstellung ihres guten Rufs hat niemand mehr getan als der junge Jochen Dreissigacker. Sogar sein einfacher trockener Guts-Riesling ist seidig, saftig und strotzt vor Aprikosenaroma. Der trockene Lagen-Riesling Geyersberg ist der wuchtigste und opulenteste Wein dieses Typs in der Region. ★**Aufsteiger**

Untere Klinggasse 4–6, 67595 Bechtheim
www.dreissigacker-wein.de

Fleischer/Weingut der Stadt Mainz

Vater und Sohn Hans Willi und Michael Fleischer haben das 20-ha-Gut zu einem der bedeutendsten Rotweinspezialisten Rheinhessens gemacht. Ihre sortenreinen Cabernet-Sauvignon- und Syrah-Weine und ihr Merlot/Cabernet Sauvignon/Spätburgunder-Verschnitt Moguntiacum sind beeindruckend – eindeutig der Star jedoch (und deshalb nicht ganz billig) ist der tiefdunkle, konzentrierte, tanninherbe Syrah Edition Michael Fleischer. ★**Aufsteiger**

Rheinhessenstr. 103, 55129 Mainz-Hechtsheim
www.weingut-fleischer.de

Geil

Schon seit Jahren ist Johannes Geils reichhaltig-saftiger trockener Silvaner »S« in Rheinhessen die Richtschnur für diese unterschätzte Traube. Geils trockene Weißburgunder und trockene und edelsüße Rieslinge sind ähnlich verlockend, und auch die von einer Handvoll verschiedener Rebsorten bereiteten Roten sind vortrefflich gemacht. Durchweg gutes Preis-Genuss-Verhältnis. ★**Aufsteiger**

Kuhpfortenstr. 11, 67595 Bechtheim
www.weingut-geil.de

Göhring

Arno Göhring macht nicht viel Aufhebens um seine Weine, obwohl deren Qualität ein großes Getöse durchaus rechtfertigen würde. Am bekanntesten ist der junge Winzer – ungewöhnlich für Rheinhessen – für seinen trockenen Scheurebe »S«: eine elegante, nicht in Eiche ausgebaute Alternative zu Spitzenklassen-Sauvignon-Blanc. Viel fürs Geld bieten seine kraftvollen trockenen Lagen-Rieslinge Bürgel, Frauenberg und Goldberg; ebenfalls beeindruckend sind seine Roten von den Sorten Portugieser und Schwarzriesling. ★**Aufsteiger**

Alzeyer Str. 60, 67592 Flörsheim-Dalsheim
www.weingut-goehring.de

Groebe

Die Weinberge liegen rund um den Ort Westhofen, am anderen Rheinufer gegenüber von Biebesheim, wo das Gut beheimatet ist. Friedrich Groebe bereitet einige der originellsten und alterungsfähigsten Rieslinge der Region. Die komplexen Großen Gewächse Aulerde (opulent, cremig) und Kirchspiel (superreif, elegant, mineralisch) sind die Spitzenweine, aber auch der trockene Westhofener Riesling und der Westhofener Kirchspiel Spätlese sind sehr charaktervoll. ★**Aufsteiger**

Bahnhofstr. 68–70, 64584 Biebesheim am Rhein
www.weingut-k-f-groebe.de

Gunderloch

Dass ihre überaus konzentrierten edelfaulen Riesling-Trockenbeerenauslesen dreimal die Höchstbewertung der amerikanischen Weinbibel *Wine Spectator* erhielten, trug Fritz und Agnes Hasselbach den Spitznamen »Mr und Mrs 100 Points« ein. In Deutschland ist Gunderloch jedoch weit besser bekannt für den rassigen feinherben Riesling Kabinett Jean-Baptiste und die trockenen Rieslinge, unter denen der imposante, aber kultivierte Nackenheimer Rothenberg Großes Gewächs herausragt.

Carl-Gunderloch-Platz 1, 55299 Nackenheim
www.gunderloch.de

Gutzler

Vater und Sohn Gerhard und Michael Gutzler haben sich mit kraftvollen, tanninherben, eichenwürzigen Roten einen Namen gemacht, an deren Spitze der Spätburgunder Westhofener Morstein Großes Gewächs steht. Mit dem Jahrgang 2008 und der Einführung des höchst unkonventionellen Dorn-Dürkheimer Silvaners im burgundischen Stil von 75 Jahre alten Reben haben aber auch ihre trockenen Weißen einen Qualitätssprung gemacht. Spitzen-Riesling ist der Wormser Liebfrauenstift Kirchenstück. ★**Aufsteiger**

Roßgasse 19, 67599 Gundheim; www.gutzler.de

Gysler

Seit Alex Gysler 1999 das Familiengut übernahm, das er seit 2007 biodynamisch bewirtschaftet, hat er einen

KELLER
DER HUBACKER RIESLING STAMMT VON EINER DER BESTEN LAGEN RHEINHESSENS

WITTMANN
DER AULERDE RIESLING IST EINER DER SPITZENWEINE DES JUNGSTARS P. WITTMANN

geschmeidigen, subtil aromatischen Weißweinstil entwickelt, der weit entfernt ist von der breiten, fleischigen Rheinhessennorm. Am deutlichsten wird dies in seinen trockenen Weiß- und Grauburgundern, die nicht ein Gramm überschüssiges Fett auf den Knochen haben. Die trockenen Silvaner und Rieslinge sind sogar noch mineralischer, während die edelsüßen Rieslinge fast wie Moselgewächse anmuten. ★**Aufsteiger**

Großer Spitzenberg 8, 55232 Alzey-Weinheim
www.weingut-gysler.de

Hedesheimer Hof

Michael Becks Gut ist für seine frischen trockenen Rieslinge, Grauburgunder und Weißburgunder bekannt, denen immer eine gewisse Leichtigkeit eigen ist, sogar den kraftvollsten Gewächsen. Beck erzeugt auch eine Reihe unverwechselbarer Weine in ganz verschiedenen Stilen, darunter die supersaftige Riesling-Spätlese Late Night, der in Honig und Butter schwelgende fassvergorene Auxerrois sowie opulente Rote von Spätburgunder und Portugieser. ★**Aufsteiger**

Schildweg 2, 55271 Stadecken-Elsheim
www.hedesheimer-hof.de

Heyl zu Herrnsheim/St. Antony

Mit 60 ha Weinbergen ist das Doppelgut der größte Erzeuger von Riesling aus den Spitzenlagen des Roten Hangs zwischen Nierstein und Nackenheim. Das Gros der Weine kommt jedoch ohne Lagenbezeichnung auf den Markt, z.B. die eindrucksvollen trockenen Rieslinge Rotschiefer von beiden Gütern. Obwohl alle Weine in einer einzigen Kellerei vinifiziert werden, sind die St.-Antony-Weine lebhaft und fruchtig, die von Heyl zu Herrnsheim dagegen zurückhaltend und subtil.

Wilhelmstr. 4, 55283 Nierstein
www.heyl-zu-herrnsheim.de; www.st-antony.de

Hofmann

Jürgen Hofmann zählt zu den talentiertesten jungen Weinmachern in Rheinhessen – man vermag kaum zu sagen, welcher seiner trockenen Weißen am gelungensten ist. Die Spitzen-Rieslinge vom Appenheimer Hundertgulden (Kalksteinboden) zählen zu den konzentriertesten und mineralischsten Weinen aus dem unterschätzen Norden Rheinhessens (sogar der Riesling »vom Muschelkalk« ist umwerfend). Die trockenen Silvaner sind lebhaft und charaktervoll, vor allem der eichengereifte »S«; der Sauvignon Blanc gehört zu den feinsten Deutschlands. ★**Aufsteiger**

Obergasse 20, 55437 Appenheim
www.weingut-hofmann.de

Fritz Ekkehard Huff

Seit Christine Huff 2006 die Weinbereitung übernommen hat, ist das kleine Gut einer der klaren Aufsteiger in der Niersteiner Gegend. Sie konzentriert sich vorwiegend auf trockene Rieslinge; alle zeigen die geschmeidige, makellose, überaus mineralische Art der kaum bekannten, aber exzellenten Lage Schloss Schwabsburg. Huff erzeugt auch eleganten trockenen Grauburgunder von alten Reben und immer bessere Spätburgunder. ★**Aufsteiger**

Hauptstr. 90, 55283 Nierstein-Schwabsburg
www.weingut-huff.de

Georg Gustav Huff

Daniel Huff besitzt ansehnliche Teile der Lage Schloss Schwabsburg sowie der weit berühmteren Niersteiner Lagen Hipping und Pettenthal. Er erzeugt eine breite Palette trockener Rieslinge voller rassig-mineralischer Frische, Kraft und Reife. ★**Aufsteiger**

Woogstr. 1, 55283 Nierstein-Schwabsburg
www.weingut-huff.com

Johanninger

Johanninger ist eine Vereinigung dreier Güter mit Weinbergen in Rheinhessen, dem Rheingau und an der Nahe. Kellermeister ist Jens Heinemeyer, der Eigentümer der Rheingaulagen (eleganter Spätburgunder). Er hat für die Weißen einen Stil abseits der modernen Rheinhessennorm entwickelt, mit Betonung auf Klarheit und seidiger Textur. Der Spitzen-Riesling, Berg, und der Weißburgunder/Chardonnay-Verschnitt Kessler erhalten zusätzliche Fülle durch lange Hefesatzlagerung. ★**Aufsteiger**

Hauptstr. 4–6, 55546 Biebelsheim; www.johanninger.de

Keller

Klaus-Peter Keller konnte auf den Erfolgen seines Vaters Klaus aufbauen, der das 16,5-ha-Gut in die Spitzenriege der deutschen Weinerzeuger hievte. Heute liegt der Fokus auf trockenen Weißen, wobei die opulenten, schön ausgewogenen Grauburgunder-, Weißburgunder- und Silvaner-Abfüllungen namens »S« zu den besten der Region zählen. Die trockenen Rieslinge Großes Gewächs aus den Westhofener Lagen Kirchspiel und Morstein sowie dem Dalsheimer Hubacker fallen etwas schlanker, aber ebenfalls voll und konzentriert aus. Die überaus aromatischen, herrlich rassigen Riesling-Auslesen, -Beeren- und -Trockenbeerenauslesen sind umwerfend. Die Spätburgunder mit ordentlich Eichenwürze reichen in puncto Finesse und Harmonie nicht ganz an die Weißweine heran.

Bahnhofstr. 1, 67592 Flörsheim-Dalsheim
www.keller-wein.de

Kühling-Gillot

Carolin Spanier-Gillot, verheiratet mit Oliver Spanier (siehe BattenfeldSpanier, S. 443), hat das Familiengut in den vergangenen zehn Jahren gründlich umgekrempelt: Sie hat auf Bioweinbau umgestellt, eine superschicke Kellerei nebst Eventlocation errichten lassen und das Sortiment völlig neu gestaltet. Die fruchtbetonten trockenen Riesling-, Scheurebe- und Grauburgunder-Gutsweine der Reihe Qvinterra sind beispielhaft für das moderne Rheinhessen. Die stets tanninstarken Spätburgunder werden Jahr für Jahr feiner. ★**Aufsteiger**

Ölmühlstr. 25, 55294 Bodenheim; www.kuehling-gillot.de

Milch

Karl-Hermann Milch erzeugt die originellsten Chardonnays Deutschlands. Er schert sich nicht um das, was man in Burgund macht, sondern hat einen ganz eigenen, fruchtbetonten, aber keineswegs trivialen Stil entwickelt. Lassen Sie sich vom Namen des Spitzenetiketts, Blauarsch, nicht abschrecken! Zudem bereitet Milch solide trockene Rieslinge und moderat eichenwürzige Rote. ★**Aufsteiger**

Rüstermühle, 67590 Monsheim; www.weingut-milch.de

Sekthaus Raumland

Das 1990 von Heide-Rose und Volker Raumland gegründete Gut ist heute Deutschlands renommiertester Schaumweinerzeuger. Der Triumvirat Grande Cuvée mit Toast- und Briochenoten, cremig vollem Körper und eleganter Säure könnte problemlos als erstklassiger Jahrgangs-Champagner durchgehen. Eher einem deutschen Sekt entspricht der preiswerte leichtere Riesling Brut. Preislich und stilistisch dazwischen liegen die Silvaner-, Weiß- und Spätburgunder-Schaumweine. ★**Aufsteiger**

Alzeyer Str. 134, 67592 Flörsheim-Dalsheim
www.raumland.de

Riffel

Dank des Ehepaares Carolin und Erik Riffel ist das Familiengut in weniger als fünf Jahren in die erste Liga der rheinhessischen Erzeuger aufgestiegen. Die trockenen Premium-Rieslinge und -Silvaner von den steilen Quarzithängen des Binger Scharlachbergs erscheinen unter dem Etikett Turm – eine Hommage an den Kellerei- und Weingutsneubau mitsamt Turm – und verbinden Mineralität mit kristalliner Klarheit und Finesse. Auch fruchtig-frische trockene Riesling- und Silvaner-Gutsweine. ★**Aufsteiger**

Mühlweg 14a, 55411 Bingen-Büdesheim
www.weingut-riffel.de

Sander

Schon Stefan Sanders Großvater sperrte sich in den 1950er-Jahren gegen den Einsatz moderner Chemie im Weinberg, und seitdem wird das 24-ha-Gut ökologisch bewirtschaftet – und Ertragsbeschränkung praktiziert. Das ergibt Weine mit Charakter und Vitalität. Der trockene Silvaner Alte Rebe, die trockenen Rieslinge Mettenheimer Schlossberg und der trockene Weißburgunder Mettenheimer Michelsberg verdienen höchste Ehren.

In den Weingärten 11, 67582 Mettenheim
www.weingut-sander.de

Seehof/Fauth

Der Seehof ist über 1200 Jahre alt, heute jedoch beeindruckt das Weinbereitungstalent des energiegeladenen jungen Florian Fauth. Seine größte Leistung ist sicherlich die Qualität, die er im mittleren Preissegment mit den trockenen Riesling-, Scheurebe-, Weiß- und Grauburgunder-Weinen der Reihe vom Kalkstein erzielt. Nicht minder eindrucksvoll sind allerdings die konzentrierteren, aber überaus reinen trockenen Rieslinge der Lagen Morstein (elegant, mineralisch) und Steingrube (kraftvoller, langsamer in der Entfaltung). ★**Aufsteiger**

Seegasse 20, 67593 Westhofen; www.weingut-seehof.de

Spiess

Familie Spiess erzeugt reife, kraftvolle trockene Rieslinge, die zweifellos die saftig-fruchtigsten und lebhaftesten aus den Bechtheimer Spitzenlagen sind – und dabei hat der junge Kellermeister, Sohn Johannes, gerade erst sein Studium beendet … Die Stars unter den ausladenden, wuchtigen, eichenwürzigen Roten sind die sortenreinen Cabernet-Sauvignon- und Merlot-Weine, dicht gefolgt von der Cuvée CM, einem Verschnitt beider Sorten. ★**Aufsteiger**

Gaustr. 2, 67595 Bechtheim; www.spiess-wein.de

Steitz

Schwer zu sagen, ob Christian Steitz' spektakuläre, mineralische trockene Rieslinge vom Niersteiner Hipping und dem Neu-Bamberger Heerkretz die besten Gewächse sind oder die cremig-opulenten trockenen Silvaner und Grauburgunder vom Goldenen Horn. Sogar der einfachste Wein hat jede Menge Charakter. ★**Aufsteiger**

Mörsfelder Str. 3, 55599 Stein-Bockenheim
www.weingut-steitz.de

Teschke

Keiner nimmt den Silvaner hier so ernst wie der Weinfanatiker Michael Teschke, der nicht nur eine umfassende Reihe einzigartig ausdrucksstarker Weine von dieser Sorte erzeugt, sondern auch auf der traditionellen Schreibweise (mit »y«) beharrt. Seit 2006 sind auch die Roten von der ebenso unterschätzten Portugieser-Traube äußerst eindrucksvoll. Jeder Teschke-Wein ist geprägt von Kraft, Konzentration und Individualität. ★**Aufsteiger**

Laurenziberg 14, 55435 Gau-Algesheim
www.weingut-teschke.de

Wagner-Stempel

Daniel Wagners trockene Weiße sind ebenso weit vom rheinhessischen Weinstereotyp entfernt, wie sie größtmögliche Fülle und Rundheit besitzen. Ihren Schmelz und aromatischen Überschwang erhalten sie durch die hoch gelegenen Weinberge im äußersten Westen des Gebiets. Die rassigen, konzentrierten trockenen Rieslinge Großes Gewächs Heerkretz und Höllberg spiegeln zudem die Porphyrböden dieser Lagen wider. Von hier stammen auch die kaum weniger lebhaften und mineralischen, brillanten edelsüßen Riesling-Spätlesen, die man leicht für Nahe- oder Moselweine halten könnte. Ein großartiger Weinmacher auf der Höhe seiner Kunst! ★**Aufsteiger**

Wöllsteiner Str. 10, 55599 Siefersheim
www.wagner-stempel.de

Winter

Dittelsheim-Hessloch war kaum jemandem ein Begriff, bis der trockene 2003er Riesling Leckerberg des jungen Weinmachers Stefan Winter eine Sensation hervorrief. Seitdem hat Winter ein Sortiment kraftvoller, reich texturierter, herrlich ausgewogener trockener Weißer von Riesling, Silvaner, Weißburgunder, Grauburgunder, Chardonnay und Scheurebe kreiert. Das Preis-Leistungs-Verhältnis ist durch die Bank hervorragend. ★**Aufsteiger**

Hauptstr. 17, 67596 Dittelsheim-Hessloch
www.weingut-winter.de

Wittmann

Die 25 ha Rebfläche werden seit 2004 biodynamisch bewirtschaftet, doch es ist die Qualität der seit 1998 von Philipp Wittmann bereiteten Weine, die dem Gut weltweiten Ruhm beschert hat. An der Spitze stehen vier komplexe und eindrucksvolle, aber nie opulente oder protzige trockene Rieslinge Großes Gewächs: Aulerde, Kirchspiel, Brünnenhäuschen und Morstein. Aber auch jeder andere Wein des Guts ist beeindruckend, mit einer Ausgewogenheit und Eleganz, die Wittmann zum Synonym für all das macht, was am neuen Rheinhessen gut und richtig ist.

Mainzer Str. 19, 67593 Westhofen
www.wittmannweingut.com

STEFAN WINTER

Stefan Winters Eltern waren typische Rheinhessenwinzer ihrer Generation. In den 1970er- bis zum Ende der 1980er-Jahre, dem »goldenen Oktober« des deutschen Weins, war gutes Geld zu verdienen mit der Produktion großer Mengen Fasswein, die in Millionen von Flaschen des Exporterschlagers Liebfrauenmilch flossen. Stefan Winter jedoch ignorierte all das. Während seines Weinbaustudiums begann er, wuchtige, spektakuläre trockene Weiße zu erzeugen und war gerade mal 24 Jahre jung, als er mit seinem 2003er Leckerberg über Nacht zum Star wurde. Damals schien ein derartiger Erfolg in Rheinhessen unfassbar, ist aber seitdem zur Normalität geworden – wie schnell und radikal sich die Dinge doch ändern können! Heute ist Winter ein Vorbild für Weinbaustudenten, die in ihm den lebenden Beweis für die Tatsache sehen, dass die bloße Herkunft aus einem völlig unbekannten Kaff niemanden davon abhält, Weltklasseweine zu bereiten – und dafür Ruhm zu ernten. Dank der Mittdreißiger à la Winter kommt es einem manchmal so vor, als ob einfach alles möglich wäre in Rheinhessen, dieser neuen Traumfabrik für trockene Weine.

PFALZ

Die Pfalz wird, auch von Pfälzern, gern als »die Toskana Deutschlands« bezeichnet. In Anbetracht der Tatsache, dass ein Großteil der Pfalz aus flachem Gelände und sanft ansteigenden Hängen besteht – abgesehen vom Mittelgebirgszug der Haardt – und man kaum steile Erhebungen wie im Chianti findet, scheint dieser Vergleich indes etwas gewagt. Als jedoch ein junger Weinmacher im Fernsehen unlängst witzelte, die Toskana sei heute »die Pfalz Italiens«, meinte er das nur halb im Spaß, und kaum jemand wunderte sich. Tatsächlich waren seine Worte lediglich Ausdruck des Quantensprungs, den die Region in puncto Selbstbewusstsein wie auch in Bezug auf die Weinqualität in den vergangenen zwei Jahrzehnten gemacht hat.

Hauptrebsorten

Rot

Dornfelder
Portugieser
Spätburgunder (Pinot Noir)
St. Laurent

Weiß

Grauburgunder (Pinot Gris)
Müller-Thurgau
Riesling
Weißburgunder (Pinot Blanc)

Jahrgänge

2010
Anspruchsvoller Jahrgang mit ungewöhnlich viel Säure. Trockene Weiße und leichte Rote von unterschiedlicher Qualität.

2009
Sehr reifer Jahrgang mit einigen ausgezeichneten Weinen; einfache Qualitäten sind manchmal etwas zu füllig.

2008
Die frische Säure verlieh vielen der trockenen Weine eine Brillanz, die man lange nicht mehr gesehen hatte.

2007
Erst sah der Jahrgang gut aus, doch jetzt wirken viele Weine etwas schwerfällig.

2006
Schwieriges Jahr, wenn auch nicht so sehr wie anderswo.

2005
Schöner Jahrgang, die Weine verbinden Fülle mit Eleganz.

Wie die Mosel ist auch die Pfalz seit den späten 1980er-Jahren auf Erfolgskurs, doch anders als die Moselwinzer, deren Anstrengungen sich auf trockene Weine einerseits und edelsüße andererseits verteilen, konzentriert man sich in der Pfalz auf trockene Gewächse. Seit einiger Zeit gilt die Pfalz bei den Anbaugebieten für trockene Weine in Deutschland als Erster unter Gleichen.

Tatsächlich haben trockene Weine hier Tradition, hauptsächlich wegen des relativ warmen, niederschlagsarmen Klimas, das den Städten und Dörfern im Sommer ein mediterranes Flair verleiht. Verantwortlich für diese (dem unmittelbar südlich angrenzenden Elsass ähnelnde) klimatische Situation ist die Haardt, ein bewaldeter Mittelgebirgszug, in dessen Regenschatten die Region liegt. Ein weiterer wichtiger Aspekt ist die Kultur: Die Pfälzer lieben das Essen, und ihre regionalen Spezialitäten waren lange Zeit ebenso üppig wie aromenreich. Dazu passten sehr gehaltvolle trockene Weine. Die Entwicklung einer gehobenen Gastronomie vollzog sich gleichzeitig mit dem Qualitätsanstieg beim Wein, wobei man sich gegenseitig beflügelte und anspornte.

Die Geschichte der pfälzischen Qualitätsweinerzeugung reicht bis ins 19. Jahrhundert zurück. Während der darauffolgenden 150 Jahre konzentrierte sich die Produktion auf die Region Mittelhaardt mit dem Städtchen Deidesheim als Zentrum. Viele ältere Weinpublikationen führen dies auf das angeblich einzigartig vorteilhafte Terroir innerhalb des knapp 23 400 Hektar umfassenden Gebiets zurück, tatsächlich jedoch spielten eher soziologische Faktoren eine Rolle: In Deidesheim und Umgebung lagen die größten Güter, deren wohlhabende Besitzer sich die hohen Lohnkosten der damaligen Zeit leisten konnten, als im Weinberg noch keine Traktoren eingesetzt wurden.

Unmittelbar nach dem Zweiten Weltkrieg jedoch schloss eine kleine Gruppe unabhängiger Erzeuger in der Südpfalz nach und nach zu ihren Konkurrenten im Norden auf, und in letzter Zeit schicken sich eine Reihe begabter junger Weinmacher in diesem Teil der Pfalz an, die Mittelhaardt zu überholen. Während fast alle berühmten Reblagen der Mittelhaardt bestenfalls an sanft gewellten Hügeln liegen, sieht die Landschaft in der Südpfalz deutlich anders aus: Am Fuß des Mittelgebirges sind die Weinberge steiler, die geologische Vielfalt ist größer. Riesling gedeiht überall (knapp 5500 Hektar sind mit dieser Sorte bestockt), doch in der Südpfalz erbringen auch viele andere Rebsorten gute und sogar aufregende Weine. Hier entstehen einige der besten trockenen Weißen der Welt – überaus konzentrierte und dabei knochentrockene Weißburgunder (Pinot Blanc) und Grauburgunder (Pinot Gris).

Darüber hinaus hat die Pfalz bei der Rotweinerzeugung wohl die größten Fortschritte unter den deutschen Weinbauregionen gemacht. Mindestens ein halbes Jahrhundert lang ließen die Pfälzer die Chancen ungenutzt, die Klima und Böden ihnen boten, doch mittlerweile sind 40 Prozent der Rebfläche mit roten Sorten bestockt. Neben dem überall anzutreffenden Spätburgunder (Pinot Noir) erbringen die traditionellen regionalen Spezialitäten Blauer Portugieser und St. Laurent sowie die deutsche Neuzüchtung Dornfelder (3000 Hektar) tieffarbige Rotweine mit rustikalem Einschlag.

Acham-Magin
Anna-Barbara Acham konzentriert sich auf trockene Weine, die in den letzten Jahren noch besser geworden sind. An der Spitze des breiten Sortiments stehen die konzentrierten Rieslinge Großes Gewächs Ruppertsberger Reiterpfad, Forster Pechstein und Forster Kirchstück, doch noch die einfachsten Weine strotzen vor reifen Fruchtaromen und mineralischer Säure. ★**Aufsteiger**

Weinstr. 67, 67147 Forst; www.acham-magin.de

Bassermann-Jordan
Achim Niederberger besitzt gleich vier Weingüter, und dieses 50-ha-Gut ist eins davon. Das erfahrene Duo Gunther Hauk (Geschäftsführer) und Ulrich Mell (Kellermeister) verfolgt stilistisch einen eindeutigen Kurs – fruchtbetontere Pfälzer Weine werden Sie nicht finden. Riesling macht 85 % der Produktion aus, doch auch die aromatischen Traminer-, Muskateller-, Goldmuskateller- und Sauvignon-Blanc-Weine sind überaus erfolgreiche Spezialitäten. Sehr zuverlässige Qualität, faire Preise.

Kirchgasse 10, 67146 Deidesheim
www.bassermann-jordan.de

Friedrich Becker
Bekannt wurde das Gut im äußersten Süden der Pfalz bereits vor über 20 Jahren, als Friedrich Becker den ersten restlos überzeugenden Spätburgunder Deutschlands bereitete. Tatsächlich befinden sich etliche Einzellagen Beckers jenseits der Grenze im Elsass, doch obwohl der Einfluss Burgunds in den konzentriertesten Lagenweinen klar erkennbar ist, sind sie keine bloßen Kopien (beispielsweise ist die Säure milder). Seit 2007 hat Sohn Fritz die zuvor etwas rustikalen trockenen Weißen enorm verbessert – und es sind geradezu Schnäppchen verglichen mit den kostspieligen roten Premiumweinen. Imposant ist der Riesling Schweigener Sonnenberg Großes Gewächs.

Hauptstr. 29, 76889 Schweigen; www.friedrichbecker.de

Bergdolt
Vater und Tochter Rainer und Carolin Bergdolt widersetzen sich dem Pfälzer Trend zu breiten, opulenten Weinen und erzeugen trockenen Riesling und Weißburgunder in geschmeidig-elegantem Stil. Diese Weine springen einen nicht gerade an, sind aber subtil und charaktervoll mit großartigem Entfaltungspotenzial. Spitzengewächse sind der Riesling Ruppertsberg Reiterpfad Großes Gewächs und der Weißburgunder Kirrweiler Mandelberg Großes Gewächs. Letzterer ist weltweit eines der schönsten Beispiele für diese völlig unterschätzte Rebsorte.

Klostergut Sankt Lamprecht, 67435 Duttweiler
www.weingut-bergdolt.de

Bernhart
Im Lauf der 1990er-Jahre schaffte Gerd Bernhart den Sprung vom Niemand zu einem Pfälzer Rotweinerzeuger ersten Ranges. Sein Spätburgunder Großes Gewächs von der Lage Rädling (gleich an der Grenze zum Elsass) ist voll, komplex und samtig. Sogar die einfacheren Roten von der St.-Laurent-Rebe besitzen Substanz und wundervolle Harmonie. Bernhart erzeugt zudem gute, wenn auch nicht umwerfende trockene Weiße. ★**Aufsteiger**

Hauptstr. 8, 76889 Schweigen
www.weingut-bernhart.de

A. CHRISTMANN
VON DEM BIODYNAMISCH BEWIRTSCHAFTETEN GUT KOMMEN EINIGE DER BESTEN PFÄLZER WEINE

REICHSRAT VON BUHL
DER RIESLING UNGEHEUER FORST IST KOMPLEX, WÜRZIG UND REICHHALTIG

Josef Biffar
Biffar ist nicht nur ein bekannter Hersteller kandierter Früchte, sondern auch ein bedeutendes Weingut mit 12 ha in den Spitzenlagen von Deidesheim, Wachenheim und Ruppertsberg. Seit Lilli Biffar-Hirschbil die Leitung übernommen und mehrmals den Kellermeister gewechselt hat, ist die Qualität etwas unbeständig, aber die trockenen Spitzen-Rieslinge (Spätlese trocken und Großes Gewächs) vermögen weiterhin zu beeindrucken.

Niederkirchener Str. 13, 67146 Deidesheim
www.josef-biffar.de

Reichsrat von Buhl
Das 60-ha-Gut eilt von Erfolg zu Erfolg, seit es im Besitz des Neustadter Unternehmers Achim Niederberger ist und vom Trio Stefan Weber (Gutsleiter), Werner Sebastian (Außenbetriebsleiter) und Michael Leibrecht (Kellermeister) geführt wird. Abgesehen von den einfachsten Qualitäten sind die trockenen Rieslinge körperreich, reif und saftig mit beträchtlicher Individualität.

Weinstr. 16, 67146 Deidesheim
www.reichsrat-von-buhl.de

Dr. Bürklin-Wolf
Mit über 80 ha Rebflächen ist das berühmteste Pfälzer Weingut der größte Erzeuger von biodynamisch angebautem Wein der Region und wohl auch ganz Deutschlands. Aufgrund dieser arbeitsintensiven Methode und der strikten Ertragsbeschränkung sind die Rieslinge aus den besten Lagen (Hohenmorgen und Kalkofen in Deidesheim, Jesuitengarten, Kirchenstück, Pechstein und Ungeheuer in Forst) mit die teuersten in Deutschland – aber auch mit die eindrucksvollsten und komplexesten. Edelsüße Riesling-Auslesen, -Beeren- und -Trockenbeerenauslesen haben auf dem Gut ebenfalls Tradition und zählen zu den besten der Pfalz.

Weinstr. 65, 67157 Wachenheim; www.buerklin-wolf.de

A. Christmann
Steffen Christmann ist seit 2007 Präsident des Verbands Deutscher Prädikats- und Qualitätsweingüter (VDP). Seine eigenen Weiß- und Rotweine zählen zu den raffiniertesten und individuellsten der Pfalz. Insbesondere die kraftvollen, reich texturierten trockenen Rieslinge Idig Königsbach Großes Gewächs haben viel zum Profil dieser neuen deutschen Weinkategorie beigetragen. Aufgrund der kürzlich erfolgten Umstellung auf biodynamischen Weinbau ist der Alkoholgehalt leicht zurückgegangen, sodass nun alle Weine mehr Eleganz besitzen und der einfache Riesling QbA mineralischer ausfällt. Die Spätburgunder mit diskreter Eichennote sind konzentriert und sehr schön ausgewogen, der Idig Großes Gewächs zeigt ebenso viel Entfaltungspotenzial wie der Riesling. ★**Aufsteiger**

Peter-Koch-Str. 43, 67435 Gimmeldingen
www.weingut-christmann.de

Matthias Gaul
Matthias Gaul, ein weiterer junger Pfalzwinzer, hat das Familiengut binnen weniger Jahre komplett umgekrempelt. Sogar der einfache trockene Riesling ist geprägt von dem kalkhaltigen Boden, dem er seinen Namen verdankt: »tc« (kurz für *terrain calcaire*). Sein großer Bruder, Auf dem Berg, ist korpulenter und kraftvoller, besitzt aber

MÜNZBERG
DIE WEISSBURGUNDER SIND REICHHALTIG, ABER NIE ERDRÜCKEND

KRANZ
BORIS KRANZ LIEBT EXPERIMENTE, DOCH SEINE WEINE SIND IMMER KÖSTLICH

dieselbe angenehme kühle Frische. Die Roten sind voll, reichhaltig und bereits in der Jugend ansprechend.
★ **Aufsteiger**

Weinstr. 10, 67269 Grünstadt-Asselheim
www.gaul-weine.de

Gies-Düppel

Als Volker Gies' größten Erfolg kann man wohl seine nach Bodenarten benannte Reihe trockener Rieslinge betrachten: Buntsandstein, Muschelkalk und Rotliegendes (Rotschiefer), die auf unverwechselbare Art Saftigkeit mit Klarheit verbinden. Ebenso wie der einfache Spätburgunder bieten sie ein exzellentes Preis-Genuss-Verhältnis. Was dieser Aufsteiger wirklich kann, beweisen jedoch seine imposanten, würzigen trockenen Gewächse Riesling und Weißburgunder Kastanienbusch. ★ **Aufsteiger**

Am Rosenberg 5, 76831 Birkweiler; www.gies-dueppel.de

Hensel

Das 20-ha-Gut war eine Rebschule, bis Thomas Hensel Anfang der 1990er-Jahre seine ersten Weine bereitete. Zehn Jahre später war sein Ikarus einer der ersten rundum erfolgreichen Roten im neuen deutschen Stil; heute besteht der volle, tanninstarke Wein zu 100 % aus der deutschen Neuzüchtung Cabernet Cubin (Blaufränkisch x Cabernet Sauvignon). Sogar der einfachste Rote, ein exzentrischer Cabernet Sauvignon/St. Laurent-Verschnitt namens Aufwind, ist ein wuchtiger, aber schön ausgewogener Wein. Dazwischen liegen die vollen, noblen Höhenflug-Etiketten (Spätburgunder, Merlot und eine Cuvée). Hensels saftige trockene Weiße bieten ungetrübtes Trinkvergnügen, der Riesling Höhenflug ist der Star. Der coolste aller Pfälzer Aufsteiger! ★ **Aufsteiger**

In den Almen 13, 67098 Bad Dürkheim; www.henselwein.de

Knipser

Niemand hat mehr für die Rotweinrevolution der Pfalz getan als die Brüder Volker und Werner Knipser. Spätburgunder ist traditionell ihre Stärke, die Großen Gewächse aus den zuvor kaum bekannten Lagen Kirschgarten und Burgweg beeindrucken regelmäßig durch Tiefe und Kraft. Am meisten Aufsehen erregen sie jedoch mit neuen Rebsorten wie Syrah (der Beweis, dass diese Traube in Deutschland Zukunft hat), Cabernet Sauvignon, Cabernet Franc und Merlot (letzteres Trio bildet die eindrucksvolle Cuvée X). Die trockenen Rieslinge Großes Gewächs gibt es erst seit 2001, doch sie haben die Knipsers auf Anhieb als Erzeuger eines reichhaltig-komplexen Riesling-Stils etabliert, der seither immer weiter verfeinert wird. Der federleichte trockene Sauvignon Blanc markiert das andere Ende des Spektrums, ist aber ebenfalls ein Kultwein. Es gibt anscheinend nichts, was diese beiden Multitalente nicht zuwege bringen! ★ **Aufsteiger**

Hauptstr. 47, 67229 Laumersheim; www.weingut-knipser.de

Koehler-Ruprecht

Lange bevor trockener Riesling zum etablierten Spektrum der Pfälzer Weine gehörte, erzeugte Bernd Philippi trockene Rieslinge der Weltklasse von den Kalksteinhängen der Lage Kallstadter Saumagen. Schon damals waren sie (und sind noch immer) den besten elsässischen und österreichischen Rieslingen ebenbürtig und altern großartig. Mehr als vier Jahrzehnte blieb Philippi dem Weinbereitungsstil seines Großvaters, Ernst Koehler, treu. Doch dabei ließ er es nicht bewenden, sondern kreierte zudem eine breite Palette innovativer Weine (in der Regel im Barrique vergoren und/oder gereift) unter der Marke Philippi; hier ragen die vollen, saftig-fruchtigen und komplexen Spätburgunder heraus. Die besten dieser Gewächse kommen ebenso wie die besten trockenen Rieslinge Saumagen erst nach Jahren der Flaschenreife mit dem Zusatz »R« oder »RR« (für »Reserve« und »Double Reserve«) auf den Markt.

Weinstr. 84, 67169 Kallstadt; Tel. 06322 1829

Kranz

Der energiegeladene, kreative Boris Kranz ist einer der neuen Stars der Südpfalz. Nichtsdestotrotz bleiben die Preise moderat, abgesehen von den trockenen Riesling-, Weißburgunder- und Spätburgunder-Einzellagenabfüllungen. Den trockenen Kranz-Weinen fehlt es nie an Aroma, Furcht oder Charme und erst recht nicht dem Kalmit Terrassenlage Riesling trocken. Die andere Spezialität ist Sylvaner, und die Hagedorn-Etiketten sind fruchtig wie auch komplex. ★ **Aufsteiger**

Mörzheimer Str. 2, 76831 Ilbesheim
www.weingut-kranz.de

Philipp Kuhn

Philipp Kuhn war erst 16, als er 1988 seinen ersten Weinberg anlegte. Seit damals hat er die Rebfläche auf 20 ha erweitert und zählt heute zu den begabtesten jungen Weinmachern der Nordpfalz. Selbst sein einfachster trockener Riesling ist reichhaltig und fruchtig. Die trockenen Rieslinge Großes Gewächs fallen wuchtig und dramatisch aus, wobei der Kirschgarten der opulenteste und der Steinbuckel der herbste ist. Die Spätburgunder Großes Gewächs von diesen Lagen folgen demselben Muster. Luitmar heißt Kuhns eigenwillige Cuvée von Lemberger, Cabernet Sauvignon, St. Laurent und Sangiovese mit schokoladiger Fülle und enormem Körper, festen Tanninen und frischer Säure. ★ **Aufsteiger**

Großkarlbacher Str. 20, 67229 Laumersheim
www.weingut-philipp-kuhn.de

Jürgen Leiner

Sven Leiner ist der wagemutigste unter den jungen Winzern der Südpfalz. Seine biodynamisch angebauten Weine sind höchst eigenwillig – selbst das Mittelsegment namens Handwerk mit trockenen sortenreinen Weinen zeigt bei relativ moderatem Alkoholgehalt viel Charakter, und die Lagenweine sind überaus würzig und mineralisch. Zu den Roten zählen ein gelungener Tempranillo und der volle, erdige Kuriosum, wohl der beeindruckendste Dornfelder Deutschlands. ★ **Aufsteiger**

Arzheimer Str. 14, 76831 Ilbesheim
www.weingut-leiner.de

Lucashof/Pfarrweingut

Der Lucashof ist nicht sehr bekannt und erzeugt doch seit Jahren eindrucksvolle Rieslinge von knapp 24 ha Weinbergen, an deren Spitze die trockenen Gewächse aus den Forster Lagen Pechstein und Ungeheuer stehen. Darüber hinaus bereitet Klaus Lucas geringe Mengen einer exzellenten edelsüßen Riesling-Auslese – vielleicht, weil seine Frau Christine von der Mosel stammt. ★ **Aufsteiger**

Wiesenweg 1a, 67147 Forst; www.lucashof.de

Herbert Meßmer

Es scheint absurd, Gregor Meßmer als Aufsteiger zu bezeichnen, da sich sein Talent doch bereits vor 20 Jahren gezeigt hat – doch es dauerte seine Zeit, bis er das volle Potenzial von Riesling, Weißburgunder, Grauburgunder und Chardonnay für die trockenen Weißen sowie von Spätburgunder und St. Laurent für die Roten in dieser wenig bekannten Ecke der Südpfalz entfaltet hatte. Der bemerkenswerteste der vielen eindrucksvollen Weine Meßmers ist der reichhaltige und brillante trockene Riesling Großes Gewächs aus der Lage Schäwer in Burrweiler, dem einzigen Pfälzer Weinberg mit Schieferboden – er ähnelt einem großen Wachau-Riesling. ★**Aufsteiger**

Gaisbergstr. 5, 76835 Burrweiler
www.weingut-messmer.de

Stiftsweingut Frank Meyer

Frank Meyer und Manuela Cambeis-Meyer haben sich seit Langem knochentrockenen Weißen mit moderatem Alkoholgehalt verschrieben, was sie in der modernen Pfalz geradezu exzentrisch erscheinen lässt. Dennoch schmecken ihre Weine nie, als müssten sie strikte Diät à la Kate Moss halten. Der Ausbau der trockenen Rieslinge in neutralem Holz dient der Ausmerzung von Ecken und Kanten, während die Weiß- und Grauburgunder mit voller jugendlicher Frische abgefüllt werden. Unter den Roten beeindrucken die Portugieser-Spätlese »S« und der sortenreine Cabernet Cubin Cuvée No. 37. ★**Aufsteiger**

Weinstr. 37, 76889 Klingenmünster
www.stiftsweingut-meyer.de

Theo Minges

Fruchtig-saftige, elegante trockene Rieslinge machen den größeren Teil der Produktion von Theo Minges aus. Seine edelsüße Spätlese und Auslese sowie die sensationellen trockenen und halbtrockenen aromatischen Gewürztraminer-Weine jedoch zählen zu den besten ihrer Art in der gesamten Pfalz. Eine Neuschöpfung ist die halbtrockene Riesling-Spätlese namens Froschkönig, die vor der Abfüllung 18 Monate auf der Hefe gelagert wird. ★**Aufsteiger**

Bachstr. 11, 76835 Flemlingen
www.weingut-minges.com

Mosbacher

Wenn Sie einen trockenen Riesling mit pfalztypisch großzügiger Frucht und Saftigkeit, aber auch einem Maximum an Eleganz suchen, dann sind die Weine von Sabine Mosbacher-Düringer und Jürgen Düringer genau das Richtige für Sie. Ihre trockenen Rieslinge Großes Gewächs vom Deidesheimer Kieselberg und den Forster Lagen Freundstück, Pechstein und Ungeheuer verbinden all das mit deutlichem, aber subtilem mineralischem Charakter und großartigem Entfaltungspotenzial. (Gerade Letzteres ist bei diesem Weintyp nicht immer der Fall, denn allzu viel Kraft kann mit zunehmender Reife auch in Plumpheit münden.)

Weinstr. 27, 67147 Forst
www.georg-mosbacher.de

Müller-Catoir

Eigentümer Heinrich Catoir und Gutsleiter Hans-Günther Schwarz waren so verschieden wie Tag und Nacht, doch gemeinsam begründeten sie in den 1970er- bis 1990er-Jahren mit spektakulär brillanten trockenen und edelsüßen Weißen den Ruhm des Hauses. Heute sind die Weine unter Philipp Catoir und Gutsleiter Martin Franzen abermals atemberaubend. Im knochentrockenen Muskateller findet diese Traube ihren schönsten Ausdruck in Deutschland, und auch die supersaftige Scheurebe-Spätlese ist eine der besten ihrer Art. Einsame Spitze unter den trockenen Weißen ist der überaus mineralische Breumel in den Mauern Riesling Großes Gewächs, während die Rieslaner-Auslese, -Beeren- und -Trockenbeerenauslese Musterbeispiele edelsüßer Pfälzer Weine sind. Nur die neuen eichenwürzigen trockenen Weiß- und Grauburgunder werden dem Gutsspitznamen »MC²« nicht ganz gerecht.

Mandelring 25, 67433 Haardt
www.mueller-catoir.de

Münzberg

Die Brüder Gunter und Rainer Kessler erzeugen reichhaltige, muskelbepackte trockene Weißburgunder (30 % der 15 ha) und Grauburgunder, die sogar hierzulande, wo man diesen Stil sehr mag, noch immer unterschätzt sind. An der Spitze steht der trockene Weiße Burgunder Schlangenpfiff Großes Gewächs. Zudem bereiten die Kesslers ernst zu nehmende Spätburgunder. ★**Aufsteiger**

Hofgut, 76829 Godramstein
www.weingut-muenzberg.de

Odinstal

Einige der trockenen Odinstaler Weißweine tragen die Bezeichnung »350 N.N.« auf dem Etikett, um anzuzeigen, dass die Reben auf 350 m über Normalnull wachsen, dem höchstgelegenen Pfälzer Weinberg. Das Ergebnis sind untypisch schlanke, rassige Weine mit recht niedrigem Alkoholgehalt. Andreas Schumanns biodynamischer Anund überaus sorgfältiger Ausbau bewahrt die Bergfrische dieser Lage in den nie aufdringlichen und oft profunden Weinen. Der Riesling Basalt ist das bemerkenswerteste und konzentrierteste Gewächs, doch die 350-N.N.-Etiketten Auxerrois, Weißburgunder und Silvaner sind ebenfalls etwas ganz Besonderes. ★**Aufsteiger**

Odinstalweg, 67157 Wachenheim
www.odinstal.de

Rolf und Tina Pfaffmann

Viele der besten trockenen sortenreinen Weine Tina Pfaffmanns werden unter dem Etikett Exklusiv vermarktet. Und sie sind nicht mal teuer, diese saftig-fruchtigen gewichtigen Pfälzer Schönheiten, deren charakteristischste wohl der Silvaner ist. Der in einem über 100 Jahre alten Steingutbehälter vergorene trockene Riesling Steingut ist ein exzentrischer Wein, die kraftvolle Cuvée T ein Riesling/Weißburgunder/Silvaner-Verschnitt. ★**Aufsteiger**

Am Stahlbühl, 76833 Frankenweiler
www.wein-pfaffmann.de

Pfeffingen/Fuhrmann-Eymael

Der Weiler Pfeffingen gehört zu den ältesten Siedlungen der Pfalz und wurde zuvor von den Römern als Begräbnisort genutzt. Das Gut machte sich in den 1950er- und 1960er-Jahren unter Karl Fuhrmann einen Namen und wurde von Fuhrmanns Enkel Jan Eymael sorgfältig modernisiert. Heute erzeugt diese Pfälzer Institution einige der faszinierendsten Weine der Region. Die (relativ

KLIMAWANDEL UND ALKOHOLGEHALT

In den vergangenen 25 Jahren hat sich die Temperatur in den deutschen Weinbaugebieten um durchschnittlich ein Grad Celsius erhöht. Dies bedeutet natürlich, dass die Trauben einen höheren Zuckergehalt aufweisen, der wiederum zu einem höheren Alkoholgehalt des fertigen Weins führt – falls der Zucker vollständig vergoren wird. In der trockenen, sonnigen Pfalz ist der Alkoholgehalt seit den 1980er-Jahren nicht selten um 1,5 Volumenprozent gestiegen und geht bei trockenen Rieslingen nun gegen 14, bei trockenen Weiß- und Grauburgundern sogar gegen 15 Volumenprozent. Der heiße Sommer des Jahres 2003 bedeutete für viele Winzer ein unsanftes Erwachen in Bezug auf diese Tatsachen, und sogar Stars wie Hansjörg Rebholz setzen ihren Weinen (in seinem Fall erfolgreich) Säure zu. Den Einschätzungen einiger Wissenschaftler zufolge werden zur Mitte des 21. Jahrhunderts, wenn die Erwärmung zwei Grad Celsius beträgt, Chardonnay und Merlot die geeignetsten Rebsorten für die weniger guten Pfälzer Lagen in der Oberrheinischen Tiefebene sein. Und wahrscheinlich werden ihnen als Erstes die früh reifenden Trauben zum Opfer fallen, die einst das Rückgrat der Region bildeten. Schon jetzt kommen Weinbaumethoden zum Einsatz, die den Alkoholgehalt des Rieslings senken sollen. Quo vadis, Weißburgunder und Grauburgunder?

SIENER
MINERALISCHER RIESLING, DER SEINEM NAMEN »SCHIEFER« ALLE EHRE MACHT

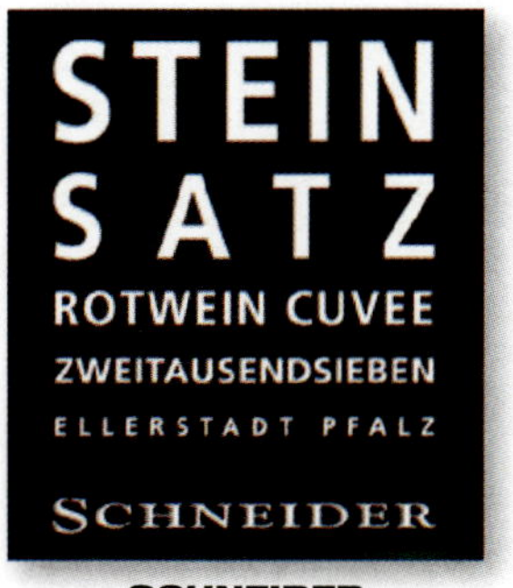

SCHNEIDER
DER KRAFTVOLLE STEINSATZ ZEIGT, WIE GUT PFÄLZER NEW-WAVE-ROTE SEIN KÖNNEN

preiswerten) restsüßen weißen Auslesen besitzen sensationelle tropische Frucht. Zu Jans gelungenen Neuschöpfungen zählen der trockene Scheurebe-Wein, der an einen Sauvignon Blanc erinnert, und die kraftvoll-brillanten trockenen Ungsteiner Rieslinge Großes Gewächs Weilberg und Herrenberg.

Pfeffingen 2, 67098 Bad Dürkheim
www.pfeffingen.de

Ökonomierat Rebholz

Obwohl Hansjörg Rebholz allgemein als bester Weinmacher der Region gilt, sind seine trockenen Weißen meilenweit entfernt von dem gegenwärtigen reichhaltig-gewichtigen Stil der Pfalz. Rebholz setzt stattdessen auf knochentrockene Weine, die mehr den Charakter als das Gewicht oder den Umfang betonen – ein Stil, der auf seinen Großvater und die Zeit nach dem Zweiten Weltkrieg zurückgeht. Ist der großartigste seiner Weine der intensiv kräuterwürzige und mineralische Riesling Großes Gewächs vom hoch gelegenen Weinberg Kastanienbusch? Oder ist es der cremige, honigduftige Weiße Burgunder Im Sonnenschein Großes Gewächs? Oder der fassvergorene Chardonnay à la Burgund? Vielleicht verdienen aber auch die einfachen trockenen Rieslinge und Weißburgunder für ihre starke Persönlichkeit und den günstigen Preis das größte Lob? Und dann gibt es da noch die üppig-komplexe Gewürztraminer-Auslese Albersweiler Latt und den konzentrierten, tanninherben Spätburgunder Im Sonnenschein R Gold Großes Gewächs, der bei den Roten dieselben Höhen erklimmt.

Weinstr. 54, 76833 Siebeldingen
www.oekonomierat-rebholz.de

Scheu

Klaus Scheu mit seinem Pferdeschwanz ist ein höchst unkonventioneller Pfälzer Winzer, aber er erzeugt exzellente trockene Weiße. Sogar seine günstigsten Rieslinge, Weiß- und Grauburgunder sind reichhaltige Weine. An der Spitze stehen die komplexen trockenen Weißburgunder Rädling und Strohlenberg, die immer mit Frucht in Hülle und Fülle vollgepackt, aber nie schwer sind. **★Aufsteiger**

Hauptstr. 33, 76889 Schweigen-Rechtenbach
www.weinhof-scheu.de

Schneider

Es war eine reife Leistung, als Markus Schneider 1994 im Alter von gerade mal 18 Jahren seinen ersten Wein bereitete. Inzwischen erzeugt er von 50 ha Weinbergen jährlich 360 000 Flaschen. Um die große Produktion zu stemmen, wurde eine riesige, hypermoderne Kellerei errichtet, die sich neben dem alten Gutsgebäude inmitten der Einzellage Kirchenstück in Ellerstadt ein wenig fremdartig ausnimmt. Wuchtige, ausdrucksstarke trockene Rieslinge, Weiß- und Grauburgunder sind Schneiders wichtigste Weißweine, doch es waren die tiefdunklen, kraftvollen, aber geschmeidigen Roten, die seinen Ruhm begründeten. Zu deren feinsten Exemplaren zählen Tailor und Steinsatz, beide tanninherb mit deutlicher Schwarze-Johannisbeer-Note von Cabernet Franc und Cabernet Cubin, sowie der reichhaltige Einzelstück von alten Blauer-Portugieser-Reben. **★Aufsteiger**

Am Hohen Weg 1, 67158 Ellerstadt
www.black-print.net

Siegrist

Thomas Siegrist bringt seine Spätburgunder unter dem französischen Namen Pinot Noir auf den Markt. Es sind seine ambitioniertesten Weine: gewichtig, tanninherb und eichenwürzig zugleich. In den letzten Jahren haben aber auch die trockenen Rieslinge deutlich an Frucht und Charme gewonnen. Eine gelungene Spezialität ist der im Barrique ausgebaute Chardonnay. **★Aufsteiger**

Am Hasensprung 4, 76829 Leinsweiler
www.weingut-siegrist.de

Siener

Peter Sieners trockene Rieslinge und Weißburgunder sind – ebenso wie seine Spätburgunder, mit denen er als Erstes Aufmerksamkeit erregte – umfangreiche, wuchtige Kaliber, denen es nicht an Intensität und Harmonie, wohl aber mitunter an Subtilität gebricht. Die Spitzenetiketten sind nach Bodentypen benannt: Schiefer für Riesling, Kalkgestein für Weißburgunder und Buntsandstein für Spätburgunder. **★Aufsteiger**

Weinstr. 31, 76831 Birkweiler; www.weingutsiener.de

Weegmüller

Powerfrau Stefanie Weegmüller-Scherr führt das Familiengut seit mehr als 20 Jahren. Ihre aromatischen, lebhaft frischen trockenen und edelsüßen Weißen sind im Lauf der Zeit immer eleganter geworden und bieten ein exzellentes Preis-Genuss-Verhältnis. Die Stars sind der trockene Herrenletten Riesling Spätlese und die edelsüßen Scheurebe- und Rieslaner-Gewächse. **★Aufsteiger**

Mandelring 23, 67433 Haardt; www.weegmueller-weine.de

Dr. Wehrheim

Es gibt kaum einen international unterschätzteren trockenen deutschen Wein als Karl-Heinz Wehrheims enorm konzentrierten und vielschichtigen Weißburgunder Mandelberg Großes Gewächs. Hausinterne Konkurrenz erhält er durch die beiden trockenen Rieslinge Kastanienbusch (Parzelle mit Rotschieferboden) Großes Gewächs und Kastanienbusch Köppel (Parzelle mit Sandsteinboden) Großes Gewächs – beide sind gewaltig, aber nicht bombastisch. Zudem gibt es den opulenten, würzigen Spätburgunder Kastanienbusch Großes Gewächs und unzählige weitere süffige Weine voller Charakter. Die Tatsache, dass sie alle knochentrocken ausgebaut sind und dass Wehrheim lieber auf die Jagd als zu PR-Terminen geht, erklärt vielleicht, warum er international noch nicht bekannter ist.

Weinstr. 8, 76831 Birkweiler
www.weingut-wehrheim.de

J. L. Wolf

Das Gut mit dem bezaubernden, 1843 im Stil einer italienischen Villa erbauten »Winzerhaus« war die erste Übung in Multitasking für Ernst Loosen vom Moselweingut Dr. Loosen in Bernkastel. Personalwechsel haben mehrmals den großen Durchbruch verhindert, doch die trockenen und halbtrockenen Rieslinge besitzen seit 1996 einen unverwechselbaren Stil und entgehen nach wie vor der in der Region verbreiteten Tendenz zu Alkoholstärke und Schwere. An der Spitze stehen die Weine aus den Forster Lagen Jesuitengarten, Pechstein und Ungeheuer.

Weinstr. 1, 67157 Wachenheim; www.jlwolf.de

FRANKEN

Franken unterschied sich lange Zeit sehr von anderen deutschen Weinbauregionen, nicht zuletzt deshalb, weil man sich unterscheiden wollte. Während der 1970er- und 1980er-Jahre, als die meisten deutschen Winzer billige süße Weine produzierten, blieb Franken seinem Anspruch treu, einzigartige, erdige »fränkisch trockene« Weiße zu erzeugen. Dieses Image setzte sich in den Köpfen der Verbraucher so fest, dass Franken solche Weine quasi zwangsläufig erzeugen musste. Die traurige Wahrheit ist jedoch, dass die Gaumen einer ganzen Konsumentengeneration an trockene Weißweine gewöhnt wurden, denen es an reifen Fruchtaromen mangelte, während sie jede Menge raue Tannine und grüne Säure aufzuweisen hatten.

Vor drei Jahrzehnten noch mussten fränkische Winzer nicht viel Aufmerksamkeit auf irgendwelche Details in Weinberg oder Keller verschwenden und erzeugten unbekümmert Weine von unreifen oder zumindest nicht voll ausgereiften Trauben. Seitdem hat sich jedoch viel geändert. Tatsächlich ist der Unterschied zwischen jenen langweiligen, ausgezehrten Weinen und den besten zeitgenössischen fränkischen Gewächsen so gewaltig wie der Unterschied zwischen den abgelegenen Weinbaudörfern und der prunkvollen barocken Würzburger Residenz. Ein erstklassiger trockener Weißer von der berühmten Lage Würzburger Stein, einem nach Süden ausgerichteten steilen Hang oberhalb des Mains mit Blick auf die Altstadt, ist kraftvoll und elegant mit Zitrus-, Birnen- und Honigaromen.

Ein Grund, warum diese Weine international noch immer so wenig bekannt sind, liegt darin, dass die besten Exemplare oft aus der Silvaner-Traube bereitet werden, einer regionalen Spezialität, die 21 Prozent der Rebfläche (1277 Hektar) einnimmt. Silvaner gibt es in Deutschland seit rund 350 Jahren, doch international ist die Sorte nach wie vor kaum jemandem ein Begriff.

Das ist bedauerlich, denn in Franken erbringt Silvaner gute Weine in vier Stilrichtungen. Da sind zunächst die trockenen Weißen mittleren Körpers mit 11,5 bis 12,5 Volumenprozent, deren vorherrschende Noten Apfel und Zitrusfrucht sind. Dann gibt es körperreiche trockene Silvaner mit 13 bis fast 15 Volumenprozent, die oft durch reife Pflaumenfrucht und Aromen exotischer Früchte gekennzeichnet sind (manchmal steht »GG« für Großes Gewächs auf dem Etikett, die oberste Stufe des Systems der Lagenklassifizierung). Es folgen ähnliche Weine, in denen aus der Frucht und/oder dem Fassausbau stammende Tannine wahrnehmbar, aber nicht dominant sind. Und schließlich gibt es die edelfaulen Süß- und Eisweine, die von üppigerer Art sind als vergleichbare Rieslinge.

Dass die Silvaner-Traube sowohl auf Ertragsbeschränkung als auch auf verschiedene Bodentypen und Hangausrichtungen anspricht, sind zwei der Hauptgründe für diese Stilvielfalt. Beispielsweise sind Weine von den Gipskeuperböden des Steigerwalds muskulös mit Kräuter- und Rauchnoten, während der Buntsandstein des Mainvierecks geschmeidigere Silvaner mit Kräuter- und Beerenaromen erbringt.

Auch die trockenen Rieslinge und Weißburgunder (Pinot Blanc) weisen eine ähnliche Qualität auf und können als fränkische Klassiker bezeichnet werden, obgleich sie nicht so viel Rebfläche einnehmen wie Silvaner. Die bescheidene Sorte Müller-Thurgau (30 Prozent der Gesamtrebfläche) erbringt in der Regel leichte, frische trockene Weiße mit Apfel- und Zitrusaromen, die zu einem nicht unbeträchtlichen Teil unter der kommunalen Marke Frank & Frei vermarktet werden.

Das Mainviereck hat sich mit Spätburgundern (Pinot Noir) einen Namen gemacht, während die verblüffenden Roten des Taubertals von Spätburgunder und Tauberschwarz bereitet werden, einer autochthonen Rebsorte, die kürzlich vor der drohenden Ausrottung bewahrt wurde.

Franken hat enorm von der globalen Klimaerwärmung profitiert – ernsthafte Frostschäden sind mittlerweile eine Seltenheit. Mehr noch, seit ein paar Jahren probieren einige Winzer im Weinberg Methoden aus, die den Alkoholgehalt senken sollen. Die neue Generation der fränkischen Weinmacher ist sehr weltoffen und zeigt Experimentierfreude in Weinberg und Keller. Heute ist Franken wohl das dynamischste deutsche Weinbaugebiet.

Hauptrebsorten

Rot

Spätburgunder (Pinot Noir)
Tauberschwarz

Weiß

Bacchus
Müller-Thurgau
Riesling
Silvaner
Weißburgunder (Pinot Blanc)

Jahrgänge

2010
Kühler, feuchter Spätsommer. Einige Spitzenweine wurden gar nicht erzeugt, doch die normalen Qualitäten sind sauber, aromatisch und frisch.

2009
Ein großes Jahr für trockenen Silvaner, auch sonst sehr gut.

2008
Säurereicher Jahrgang, gute trockene Weiße.

2007
Exzellenter Jahrgang: ausgewogene Weine mit Alterungspotenzial und großartige Rote.

2006
Viele mächtige Weine, doch mit genug Frische. Geringere Qualitäten aber schwerfällig.

2005
Wer die Botrytis im Griff hatte, brachte komplexe, konzentrierte trockene Weiße hervor.

JULIUSSPITAL
DER LEBHAFTE TROCKENE SILVANER STROTZT VOR STACHELBEER- UND KIWIAROMEN

BÜRGERSPITAL
DER SILVANER VOM WÜRZBURGER STEIN IST PERFEKT AUSBALANCIERT

Bickel-Stumpf
Matthias Stumpf ist einer der wilden jungen Weinmacher Frankens, und doch sind seine Weine bemerkenswert geschliffen. Der eine Teil stammt vom Frickenhäuser Kapellenberg mit Muschelkalkboden (umfangreicher, runder, mit einem Hauch exotischer Frucht bei den Spitzenweinen), der andere vom Thüngersheimer Johannisberg mit Muschelkalk- und Buntsandsteinboden (geschmeidiger, rassiger, mit Kräuter- und Beerennoten). Neben den exzellenten trockenen Silvanern und Rieslingen gibt es auch einige beeindruckende trockene Scheurebe- und Traminer-Weine. ★**Aufsteiger**

Kirchgasse 5, 97252 Frickenhausen; www.bickel-stumpf.de

Brügel
Harald Brügel hat sich rasch zu einem der jungen Shootingstars in Franken gemausert. All seine Weine zeigen makellose Klarheit und sehr gute Ausgewogenheit – sogar noch bei 14 Vol.-% Alkohol. Der superreife weiß gekelterte Spätburgunder ist ebenso bemerkenswert wie der saftige trockene Silvaner der Reihe Pur oder die exzellenten edelsüßen Weine. Brügel zeigt, was die führenden Qualitätserzeuger des Unterbereichs Steigerwald zu bieten haben! ★**Aufsteiger**

Hauptstr. 49, 97355 Greuth; www.weingut-bruegel.de

Bürgerspital
Robert Haller (früher bei Fürst Löwenstein) hat dem 110-ha-Gut die dringend benötigten neuen Impulse gegeben. Der Fokus liegt klar auf trockenem Riesling und Silvaner von der berühmten Lage Würzburger Stein, und schon die Kabinettweine sind charaktervoll und elegant. An der Spitze stehen die trockenen Großen Gewächse, wobei der Riesling Hagemann zu den subtilsten und filigransten trockenen Rieslingen der Region gehört.

Theaterstr. 19, 97070 Würzburg; www.buergerspital.de

Castell
Mit 70 ha Weinbergbesitz ist dies das größte fränkische Gut in Privatbesitz. Die Familie Castell gehört zu den ältesten Adelsgeschlechtern Deutschlands; das Unternehmen Castell gliedert sich in drei Hauptbereiche: Fürstlich Castell'sche Bank, Fürstlich Castell'sche Forstabteilung und Fürstlich Castell'sches Domänenamt (das Weingut). Vom einfachen trockenen Schloss-Castell-Wein bis zum vielschichtigen trockenen Casteller Schlossberg Großes Gewächs zählen die Castell'schen Silvaner zu den feinsten der Region. Kein Wunder, haben doch Ferdinand Graf zu Castell-Castells Vorfahren 1659 die ersten Silvaner-Reben in Deutschland gepflanzt. Die trockenen Rieslinge sind fast ebenso beeindruckend, und die edelsüßen Auslesen ausnahmslos gut, vor allem der brillante Rieslaner.

Schlossplatz 5, 97355 Castell; www.castell.de

Michael Fröhlich
Michael Fröhlich ist der bescheidenste der Spitzenerzeuger des kleinen Ortes, weshalb seine Weine mitunter – zu Unrecht – übersehen werden. Sie sind vielleicht weniger spektakulär als andere, dafür aber beispielhaft ausgewogen und harmonisch. Die komplexen, würzigen trockenen Silvaner sind die (preiswerten) Stars. ★**Aufsteiger**

Bocksbeutelstr. 41, 97332 Escherndorf
www.weingut-michael-froehlich.de

Rudolf Fürst
Vater und Sohn Paul und Sebastian Fürst erzeugen eine unglaubliche Vielfalt an Spitzenweinen. Die (von Paul) in neutraler Eiche vinifizierten trockenen Rieslinge sind konzentrierte, langsam sich entfaltende Gewächse, deren Aromen nach wenigstens zweijähriger Flaschenreifung erblühen, während sie vom ersten Tag an kristalline mineralische Klarheit zeigen. Der barriquevergorene und -gereifte trockene Weißburgunder (von Sebastian bereitet) ist Deutschlands feinster im burgundischen Stil. Sebastian ist auch für die komplexen, tanninstarken Spätburgunder zuständig, die viele als die Krönung der Gutsproduktion betrachten, trotz der Konkurrenz durch die volleren, sehr sexy daherkommenden roten Frühburgunder (eine Pinot-Noir-Mutation).

Hohenlindenweg 46, 63927 Bürgstadt
www.weingut-rudolf-fuerst.de

Hofmann
Der junge Jürgen Hofmann hat mehr als jeder andere für das Renommee des Taubertals getan (das drei Anbaugebieten, Franken, Württemberg und Baden, zugerechnet wird – eine Einteilung, die auf Napoleon zurückgeht). Obwohl seine geschmeidigen, rassigen trockenen Silvaner und Rieslinge für ihren niedrigen Alkoholgehalt bemerkenswert ausdrucksstark sind, gründet sein Ruf auf den duftigen, konzentrierten Rotweinen von Spätburgunder und der autochthonen Sorte Tauberschwarz (mit nur 15 ha eine Rarität). ★**Aufsteiger**

Strüther Str. 7, 97285 Röttlingen
www.weinguthofmann.de

Juliusspital
Das 170-ha-Gut ist eigenen Angaben zufolge das zweitgrößte Weingut Deutschlands, zudem aber auch eines der besten in Franken, mit einer großen Palette aromatischer, saftiger trockener Silvaner und Rieslinge. Der trockene Weißburgunder Großes Gewächs ist dem Silvaner und dem Riesling Großes Gewächs ebenbürtig. Der volle, aber elegante Würzburger Stein, die opulenten Weine von den Lagen Randersacker Pfülben und Escherndorfer Lump (Muschelkalkböden) und die muskulösen, langsamer sich entfaltenden Gewächse vom Iphöfer Julius-Echter-Berg (Keuper) bieten eine großartige Einführung in die Region.

Klinikstr. 1, 97070 Würzburg
www.juliusspital.de

Fürst Löwenstein
Der im April 2010 tödlich verunglückte Carl Friedrich Prinz zu Löwenstein hatte eine grundlegende Neugestaltung und Ausrichtung des Weinguts eingeleitet, samt Umzug in den Schlosspark von Kleinheubach und Auswechslung eines Großteils des Teams. Weine aus diesem westlichen Teil des Mainvierecks, wo Muschelkalkböden dominieren, können mager und kantig ausfallen, wenn im Weinberg nicht alles richtig gemacht wird – und das ist bei den einfachen Löwenstein-Weinen der letzten Jahrgänge der Fall. Die trockenen Silvaner und Rieslinge Großes Gewächs Homburger Kallmuth beeindrucken jedoch nach wie vor durch ihre intensiv kräuterwürzig-mineralische Art.

Schlosspark 5, 63924 Kleinheubach
www.loewenstein.de

Luckert/Zehnthof

Die Silvaner/Riesling-Cuvée Unter der Mauer der Brüder Ulrich und Wolfgang Luckert zählt zu den besten und originellsten trockenen Weinen Frankens. Wie bei all ihren trockenen Silvanern, Rieslingen und Weißburgundern setzen die Luckerts mehr auf Kraft als auf Alkohol. Sogar ihr »einfacher« Müller-Thurgau zeigt viel Charakter. Fantastische Rotweine – in winzigen Mengen. ★**Aufsteiger**

Kettengasse 3–5, 97320 Sulzfeld; www.weingut-luckert.de

Johann Ruck

Johann Ruck ist es gleich, wenn seine Weine manchen allzu exzentrisch anmuten – allerdings können sie wirklich ganz schön abgefahren sein für eine so konservative Weinregion. Die massiven, intensiv würzig-erdigen trockenen Silvaner und Rieslinge Großes Gewächs vom Iphöfer Julius-Echter-Berg teilen das Rampenlicht mit dem barriquevergorenen Estheria (Scheurebe) und dem fantastischen trockenen Grauburgunder Alte Reben.

Marktplatz 19, 97346 Iphofen; www.ruckwein.de

Horst Sauer

Der kometenhafte Aufstieg Horst Sauers Ende der 1990er-Jahre galt den fränkischen Winzern als Beweis, dass sie nicht in der (Weinbau-) Provinz festsaßen. Sauers Weine, bisweilen als bloße Fruchtbomben verunglimpft, verbinden spektakuläre Fruchtaromen mit außergewöhnlicher Eleganz und deutlich mineralischer Art. Spitzengewächse sind der trockene Riesling und Silvaner Großes Gewächs vom Escherndorfer Lump, das beste Preis-Genuss-Verhältnis bieten jedoch die Kabinett- und Spätleseweine. Auch die trockenen Müller-Thurgau-Etiketten sind exzellent, und die Süßweine die besten Frankens. Für die Weinbereitung ist inzwischen großteils Tochter Sandra zuständig.

Bocksbeutelstr. 14, 97332 Escherndorf
www.weingut-horst-sauer.de

Rainer Sauer

Rainer Sauer stand ein wenig im Schatten seines Nachbarn und entfernten Verwandten Horst Sauer (siehe oben), bis Sohn Daniel sein Weinbaustudium beendet hatte und mit trockenem Silvaner zu experimentieren begann. Heute zählt der seit Langem etablierte Rainer Sauer »L« zu den weltbesten trockenen Silvanern, während Daniels ausdrucksstarker, lebhafter Silvaner Freiraum eine spannende Neuinterpretation des trockenen Stils darstellt. ★**Aufsteiger**

Bocksbeutelstr. 15, 97332 Escherndorf
www.weingut-rainer-sauer.de

Schmitt's Kinder

Es dauerte ein paar Jahre, bis Martin Schmitt seinen eigenen Stil gefunden hatte, nachdem er seinem Vater, Karl Martin Schmitt, als Gutsleiter nachgefolgt war. Doch seit 2007 spielt das Gut in der ersten Liga. Die Weine sind jetzt leichter, lebhafter und eleganter, ohne an Intensität einzubüßen. Der trockene Silvaner und Riesling vom Randersackerer Marsberg kommen den (etwas würzigeren) Großen Gewächsen vom berühmten Randersackerer Pfülben oft sehr nahe.

Am Sonnenstuhl 45, 97236 Randersacker
www.schmitts-kinder.de

HOFMANN
JÜRGEN HOFMANNS WEINE SIND LEICHT, ABER HERRLICH KONZENTRIERT

HORST SAUER
HORST SAUERS FRUCHTBETONTE WEINE SPIELTEN EINE SCHLÜSSELROLLE BEIM WIEDERERBLÜHEN FRANKENS

Graf von Schönborn

Wie kann ein historisches Gut wie dieses ein »Aufsteiger« sein? Nun, erst nach der Beseitigung einer schweren mikrobiellen Infektion im Keller wurde Gutsleiter Georg Hühnerkopf klar, wie sehr diese seine Weine beeinträchtigt hatte – nun fallen sie kraftvoll und harmonisch aus. Am markantesten ist der trockene Silvaner Drei Sterne (eine gutsinterne Klassifizierung), der zu den originellsten neuen Silvanern in dieser dynamischen Region zählt. ★**Aufsteiger**

Schloss Hallburg, 97332 Volkach; www.schoenborn.de

J. Störrlein & Krenig

Armin Störrlein und sein Schwiegersohn Martin Krenig haben einen ganz eigenen Weinstil kreiert, der oft – zu Unrecht – als altmodisch bezeichnet wird. Ihre lebensprühenden, hocharomatischen Weine werden später abgefüllt als in der Region üblich, und die meisten verbringen viele Monate in neutralem Holz. Der imposante, cremige trockene Weißburgunder Sonnenstuhl Großes Gewächs ist einer der Spitzenweine von dieser Traube. Daneben gibt es auch beeindruckende trockene Rieslinge und Silvaner.

Schulstr. 14, 97236 Randersacker; www.stoerrlein.de

Weltner

Paul Weltner erzeugt die bezaubernd-fruchtigsten Weine des Steigerwaldgebiets, dessen Gipskeuperböden den Weinen meist eine eher massive, aber mitunter reizlose Art verleihen. Scheurebe trocken ist neben trockenen Silvaner-, Riesling- und Müller-Thurgau-Gewächsen eine bedeutende Spezialität Weltners. ★**Aufsteiger**

Wiesenbronner Str. 17, 97348 Rödelsee
www.weltnerwein.de

Winzerhof Stahl

Christian und Simone Stahl haben einen ganz neuen Stil superrassiger, explosiv-lebhafter trockener Frankenweine erschaffen. Die leichtesten Weine, vermarktet unter dem Etikett Feder Stahl, sind überaus charaktervoll. Das mittlere Preissegment, Damaszener Stahl, ist wuchtig und ausdrucksstark, vor allem der mineralische Müller-Thurgau Hasennest aus dem Taubertal. Der konzentrierte, gefährlich süffige Best of Silvaner aus der Premiumreihe Edel Stahl liefert den letzten Beweis, dass Christian Stahl der Quentin Tarantino des trockenen deutschen Weißweins ist. ★**Aufsteiger**

Lange Dorfstr. 21, 97215 Auernhofen
www.winzerhof-stahl.de

Hans Wirsching

Mit 75 ha Weinbergen ist das traditionsreiche Weingut eines der größten in Franken. In Anbetracht der riesigen Produktion ist die qualitative Beständigkeit – sowohl von Jahr zu Jahr als auch innerhalb des Sortiments – beeindruckend. Allerdings hat Dr. Heinrich Wirsching seit den 1970er- und 1980er-Jahren, als er den Ruf seines Guts begründete, ernsthafte Konkurrenz in Franken bekommen. Am meisten punkten die Spitzengewächse (der trockene Riesling und Silvaner Großes Gewächs Iphöfer Julius-Echter-Berg), tendenziell am enttäuschendsten sind die einfachen Weine.

Ludwigstr. 16, 97346 Iphofen; www.wirsching.de

BADEN UND WÜRTTEMBERG

Baden und Württemberg sind bedeutende deutsche Weinbaugebiete. Baden reicht von der Badischen Bergstraße im Norden bis hinunter zum Bodensee und verfügt über 16 000 Hektar Weinberge, Württembergs 11 000 Hektar Rebland liegen großteils an Neckar und Enz zwischen Heilbronn und Stuttgart sowie weiter südöstlich im Remstal. Außerhalb Deutschlands sind diese Weine kaum bekannt, und das hat einen ganz einfachen Grund: Der Wein wird allenfalls nach Berlin, Hamburg oder Köln »exportiert« und ansonsten großteils vor Ort konsumiert, denn er war schon immer Teil der täglichen Ernährung im Südwesten Deutschlands, wo man, gern auch in geselliger Runde, allabendlich sein »Viertele schlotzt«.

Hauptrebsorten

Rot

Lemberger
Spätburgunder
Trollinger (nur in Württemberg)
neue Cabernet-Kreuzungen

Weiß

Grauburgunder (Pinot Gris)
Riesling

Jahrgänge

2010
Nicht so mächtige Weine wie in den Jahren zuvor, dafür gab es frische, aromatische trockene Weiße, wenn die Botrytis unter Kontrolle war.

2009
Durch die Bank exzellenter Jahrgang mit vollen bis opulenten Weinen aller Farben.

2008
Ungewöhnlich frische, knackige trockene Weißweine; die Roten sind beeindruckend konzentriert mit Schmelz.

2007
Exzellente Rote; auch einige sehr gute trockene Weiße.

2006
Botrytis beeinträchtigte viele trockene Weißweine, dafür gab es einige gute Rote.

2005
Nicht so spektakulär wie weiter nördlich, aber doch mit guten trockenen Weißen und einigen noch besseren Roten.

Die meist warmen und reichhaltigen trockenen badischen Weine werden, oft als Begleitung zur hervorragenden lokalen Küche, vor allem von Einheimischen und Touristen konsumiert. Die Ortenau mit Weinbergen an der Westflanke des Schwarzwalds und der berühmte erloschene Vulkan Kaiserstuhl sind spektakuläre Landschaften, die Scharen von Touristen anlocken. In Württemberg war der Genuss der traditionell leichten, trockenen Weine in 0,25-Liter-Gläsern (»Viertele«) im Verbund mit einer »Veschper« (einer kalten Zwischenmahlzeit) lange Zeit Bestandteil des Alltagslebens. Die klimatischen Unterschiede zwischen den Unterbereichen begünstigen sowohl in Baden als auch in Württemberg eine enorme Vielfalt an Weinen.

Baden genießt in Deutschland bereits seit jener Zeit ein positives Image, als seine Köche Michelin-Sterne zu sammeln begannen und der typische hiesige Weißwein neu erfunden wurde: 1979 erhielt die Ruländer-Traube, die man allgemein mit schweren, süßen und somit für die Nouvelle Cuisine völlig ungeeigneten Weinen verband, den neuen Namen Grauburgunder (Pinot Gris). Gleichzeitig sorgte eine veränderte Weinbereitung für schlankere, frischere und trockenere Weine. Da Elsässer Pinot Gris heute oft halbtrocken oder edelsüß ausgebaut wird, sind die erstklassigen Badener Versionen wohl die eindrucksvollsten trockenen Grauburgunder.

Erst in neuerer Zeit hat sich Baden auch zum Rotweingebiet entwickelt. Eine eilends erfolgte Neubestockung sorgte für 5900 Hektar Spätburgunder-(Pinot-Noir-)Reben. Die besten dieser Weine halten jedem Vergleich mit erstklassigen Pinot-Noir-Gewächsen aus Burgund oder sonst einem Teil der Weinwelt stand. Das Problem besteht einzig darin, dass die Spitzengewächse absolut in der Minderzahl sind, denn viele badische Spätburgunder sind einfach nur vollmundig, weich und harmlos.

In Württemberg sind 71 Prozent der Weinberge mit roten Sorten bestockt, wovon knapp ein Drittel der bescheidene Trollinger einnimmt, der blasse, leichte Weine ergibt. Hinzu kommt der vielfach praktizierte Überertrag, sodass die Weine oft dünn und sehr herb ausfallen. Problematisch am Trollinger ist, dass er die wärmsten Weinberglagen braucht, um auszureifen, und deshalb anderen Rebsorten, die hochwertige Rotweine erbringen könnten, Platz wegnimmt. Bei rigider Ertragsbeschränkung kann man aber auch von Trollinger einen echten Rotwein bereiten, und dieses Ziel verfolgen heute viele ambitionierte Winzer.

Zu den ernst zu nehmenden württembergischen Roten zählen der würzige, geschmeidige Lemberger (in Österreich Blaufränkisch, in Ungarn Kékfrankos genannt) oder kraftvollere, wuchtigere Cuvées, wie sie das Staatsweingut Weinsberg oft von neuen Cabernet-Varietäten bereitet. Diese Kreuzungen von Cabernet Sauvignon mit lokalen Rebsorten, die an der renommierten Staatlichen Lehr- und Versuchsanstalt für Wein- und Obstbau Weinsberg gezüchtet werden, sind den hiesigen klimatischen Bedingungen weit besser angepasst als Cabernet Sauvignon. Außerhalb Deutschlands weiß man von diesen dynamischen Entwicklungen jedoch ebenso wenig wie von den reichhaltigen, aromatischen neuen Sauvignon-Blanc-Kreationen aus dem Remstal, die in Deutschland inzwischen Kultstatus genießen.

Beide Anbaugebiete werden von Genossenschaften dominiert, die oft recht klein sind und im Allgemeinen einen hohen Qualitätsstandard erreichen. In Baden sticht Durbach hervor, in Württemberg sind das Collegium Wirtemberg und die Weinmanufaktur Untertürkheim führend. Diese drei Genossenschaften haben sich um die Renaissance des trockenen Rieslings (1000 Hektar in Baden, 2000 Hektar in Württemberg) außerordentlich verdient gemacht.

BADEN UND WÜRTTEMBERG

Auf der Karte sehen die 160 Kilometer, über die sich die Weinbaugebiete Baden und Württemberg erstrecken, nicht nach besonders viel aus. Dennoch reicht die Größe für eine Vielzahl höchst verschiedenartiger Weine. Das breite Spektrum an Rebsorten, die in beiden Gebieten angebaut werden, hat viel mit der großen klimatischen und geologischen Vielfalt zu tun. Weine aus den wärmsten Parzellen bringen es locker auf einen Alkoholgehalt von 14 Volumenprozent und sind entsprechend opulent, während höhere Lagen geschmeidig-delikate Gewächse liefern.

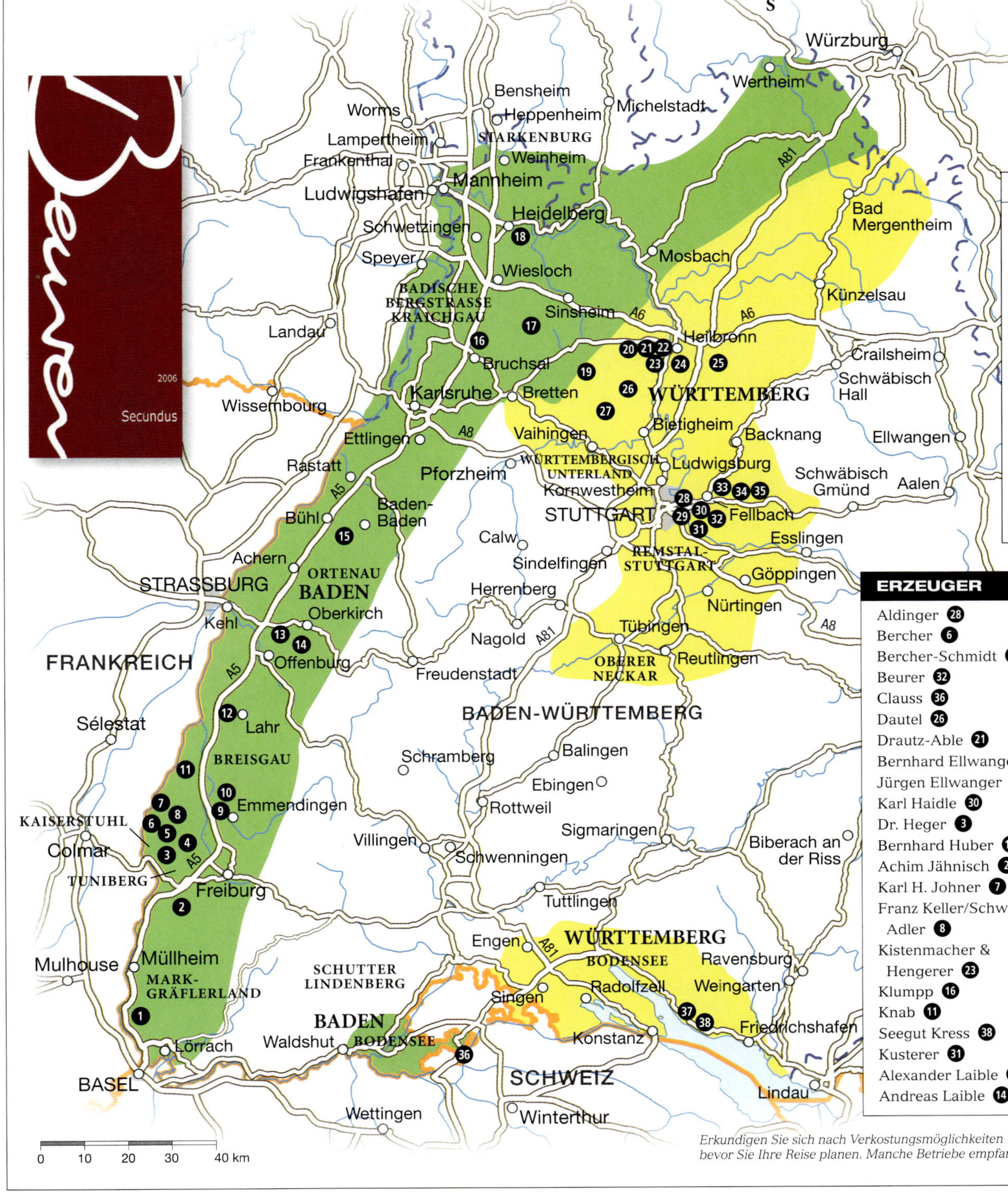

ERZEUGER

- Aldinger 28
- Bercher 6
- Bercher-Schmidt 5
- Beurer 32
- Clauss 36
- Dautel 26
- Drautz-Able 21
- Bernhard Ellwanger 34
- Jürgen Ellwanger 35
- Karl Haidle 30
- Dr. Heger 3
- Bernhard Huber 10
- Achim Jähnisch 2
- Karl H. Johner 7
- Franz Keller/Schwarzer Adler 8
- Kistenmacher & Hengerer 23
- Klumpp 16
- Knab 11
- Seegut Kress 38
- Kusterer 31
- Alexander Laible 13
- Andreas Laible 14
- Schloss Lehrensteinsfeld 24
- Staatsweingut Meersburg 37
- Graf Neipperg 20
- Schloss Neuweier 15
- Pix 4
- Burg Ravensburg 17
- Salwey 7
- Schnaitmann 28
- Schneider 11
- Albrecht Schwegler 33
- Seeger 18
- Shelter Winery 9
- Stadt Lahr/Familie Wöhrle 12
- Weingut Steinbachhof/Eissler 27
- Wachtstetter 19
- Staatsweingut Weinsberg 22
- Wöhrwag 29
- Ziereisen 1
- Zipf 25

Erkundigen Sie sich nach Verkostungsmöglichkeiten und Öffnungszeiten der Kellereien, bevor Sie Ihre Reise planen. Manche Betriebe empfangen Besucher nur nach Voranmeldung.

DR. HEGER
DER MIMUS IST EIN REICHHALTIGER, KRAFTVOLLER SPÄTBURGUNDER MIT DEZENTER EICHENNOTE

BERCHER
DIE KRAFTVOLLEN ROTEN BRAUCHEN ZEIT, UM SICH VON IHRER BESTEN SEITE ZU ZEIGEN

Aldinger Württemberg
Drei Generationen der Familie Aldinger stehen hinter einem großen Sortiment hervorragender Weine. Das Spektrum reicht von den fruchtbetonten roten, weißen und rosé Bentz-Cuvées bis zum komplexen Sauvignon Blanc »S«, dem muskulösen »C« von verschiedenen Cabernet-Sorten und dem noblen Merlot »M«. Man kann darüber streiten, ob die roten Großen Gewächse Untertürkheimer Gips (Spätburgunder) und Fellbacher Lämmler (Lemberger) vom Eichenfassausbau profitieren, der großzügige, reife trockene Riesling Fellbacher Lämmler Großes Gewächs wird jetzt aber ohne Eiche ausgebaut. Auch exzellente edelsüße Auslesen und Eiswein.

Schmerstr. 25, 70734 Fellbach; www.weingut-aldinger.de

Bercher Baden
Noch nie hat ein Bercher-Wein enttäuscht, doch es steht außer Frage, dass die junge Generation dem Gut neue Impulse verliehen hat: Martin Bercher kümmert sich jetzt um die Weinberge, sein Bruder Arne ist der Kellermeister. Die Produktion wird noch immer von trockenen Kabinettweinen beherrscht, die durch Klarheit und überschwängliche Frucht beeindrucken. Die trockenen Großen Gewächse hingegen – Grauburgunder aus dem Schlossgarten und dem Feuerberg, Weißburgunder aus letzterer Lage – sind kraftvoll, saftig und intensiv mineralisch. Die Roten sind so imposant wie eh und je, aber ein klein wenig lebhafter.

Mittelstadt 13, 79235 Burkheim; www.weingutbercher.de

Bercher-Schmidt Baden
Franz Wilhelm Schmidts trockene Weiß- und Grauburgunder sind die heimlichen Stars unter den Weißweinen vom Kaiserstuhl. Sie verbinden den Körper und die Reife dieses Gebiets mit seltener Eleganz und exzellentem Entfaltungspotenzial. An der Spitze stehen der Weißburgunder Bischoffinger Rosenkranz und der Grauburgunder Bischoffinger Steinbuck. Auch der trockene Silvaner ist hervorragend. ★**Aufsteiger**

Herrenstr. 28, 79235 Oberrotweil
www.bercher-schmidt.de

Beurer Württemberg
Die Beurers sagten 1997 der Genossenschaftskellerei Ade und begannen in der Garage ihre Trauben in Wein zu verwandeln. Heute ist der einstige European BMX Champion Jochen Beurer Württembergs radikalster Erzeuger von trockenem Riesling und vermarktet seine Weine strikt nach den Bodentypen der Weinberge. Geschmacklich haben sie in Deutschland kein Pendant: Sie sind von mineralisch-würziger Art und kraftvoll, aber nie schwer oder breit (ein häufiges Problem bei hiesigen Rieslingen) – der feinste ist der Kieselsandstein. Der muskulöse trockene Grauburgunder und der halbtrockene Gewürztraminer werden auf ähnliche Weise bereitet und sind ebenso eindrucksvoll, die Roten werden zusehends besser. ★**Aufsteiger**

Lange Str. 67, 71394 Kernen-Stetten
www.weingut-beurer.de

Clauß Baden
Von Weinbergen, die zum Teil nur wenige Meter von der Schweizer Grenze entfernt liegen, bereiten Susanne und Berthold Clauß einige der geschmeidigsten und rassigsten trockenen Weißweine Badens. Dazu zählt der feinste Müller-Thurgau der Region (ein echtes Schnäppchen). An der Spitze stehen die duftigen, eleganten Nacker Weiß- und Grauburgunder und der Spätburgunder Blanc de Noir Belemnit, einer der originellsten trockenen weißen Badener. Auch zusehends bessere Rote. ★**Aufsteiger**

Obere Dorfstr. 39, 79807 Nack; www.nackerwein.de

Dautel Württemberg
Ernst Dautel widmete sich in den 1990er-Jahren bis zum Beginn des 21. Jh. so intensiv der Qualitätsverbesserung der roten württembergischen Rebsorten, dass man fast die eindrucksvollen Weißen vergaß. Dabei sind Dautels Weißburgunder (das Drei-Sterne-Etikett ohne, das Vier-Sterne-Etikett mit Eichennote) die besten der Region, und auch die robusten, knackigen trockenen Rieslinge sind erstklassig. Diese Weine entfalten sich schön im Lauf eines Jahrzehnts. Die meisten roten Spitzenweine finden sich in der Reihe »S«, Star ist der feste, konzentrierte Lemberger. Wer tanninstarke Weine mag, halte sich an den kraftvollen Verschnitt »Kreation« (Cabernet/Merlot/Lemberger). Sohn Christian arbeitet jetzt im Keller mit und bringt neue Ideen ein. ★**Aufsteiger**

Lauerweg 55, 74357 Bönnigheim
www.weingut-dautel.de

Drautz-Able Württemberg
Markus Drautz hatte es gewiss nicht leicht, als er die Nachfolge seines charismatischen Onkels Richard antrat, der die erfolgreiche Rotweinreihe »RD« kreierte. Doch Markus brachte rasch Leben in die trockenen Weißen, indem er ihnen mehr Frische und Aroma verlieh. Beeindruckend sind die trockenen Rieslinge, Weiß- und Grauburgunder sowie die Cuvée (Weiß- und Grauburgunder plus eine gesunde Portion Silvaner) der Drei-Tauben-Reihe. Die neuen Roten fallen geschmeidiger und eleganter aus, wobei das Hades-Etikett mit den Rebsortenweinen Merlot und Lemberger ebenso beeindruckt wie der Cabernet/Merlot/Lemberger-Verschnitt Jodokus.

Faisststr. 23, 74076 Heilbronn; www.drautz-able.de

Bernhard Ellwanger Württemberg
Kosten Sie Sven Ellwangers Sauvignon Blanc Junges Schwaben (eine Vereinigung fünf progressiver schwäbischer Winzer) mit seinen Honigmelonen- und Zuckererbsenaromen, und Sie begreifen, warum dies früher die wichtigste weiße Rebsorte im Remstal war. Nichtsdestotrotz sind Ellwangers saftige, lebhafte trockene Rieslinge und die große Auswahl an Roten nicht weniger beeindruckend. Zu den besten zählen der preiswerte Kreation Nero, ein fruchtbetonter, leicht tanninherber Lemberger/Spätburgunder/Dornfelder/Merlot-Verschnitt. Ein Erzeuger greift nach den Sternen! ★**Aufsteiger**

Rebenstr. 9, 71384 Grossheppach
www.weingut-ellwanger.com

Jürgen Ellwanger Württemberg
Die Bescheidenheit der Besitzer und die etwas abgeschiedene Lage ihres Guts im engen Remstal mag vielleicht erklären, warum das Renommee (noch) nicht der Qualität der Weine entspricht. Der volle, tanninherbe Nicodemus (Merlot/Lemberger/Cabernet Cubin) ist einer der feinsten Roten der Region. Starke Konkurrenz hat er jedoch im wuchtigen, pflaumenwürzigen Hades Zweigelt und dem

charmanten, konzentrierten Spätburgunder Hebsacker Lichtenberg Großes Gewächs. Die rassig-mineralischen trockenen Rieslinge stehen im Schatten der Roten.

Bachstr. 21, 73650 Winterbach
www.weingut-ellwanger.de

Karl Haidle Württemberg
Hans Haidle hat sich in den 1980er-Jahren mit knochentrockenen Rieslingen einen Namen gemacht. Heute ist er jedoch für einige der kraftvollsten und tanninstärksten Rotweine Württembergs berühmt, v.a. die Cuvée Ypsilon auf Lemberger-Basis mit opulenten Schwarze-Johannisbeer-, Toast- und Balsamico-Noten. Ebenso konzentriert und alkoholstark (14 Vol.-%), aber dezenter ist der Spätburgunder Schnaiter Burghalde Großes Gewächs. Neuerdings haben die trockenen Rieslinge enorm an Pfirsichfrucht, Saftigkeit und Kraft gewonnen – leuchtende Beispiele für moderne Weinbereitung in Württemberg.

Hindenburgstr. 21, 71394 Kernen-Stetten
www.weingut-karl-haidle.de

Dr. Heger Baden
In den 1980er-Jahren war Joachim Heger einer der Pioniere bei der Entwicklung des neuen Grauburgunder-Stils in Baden und in den 1990er-Jahren einer der Vorkämpfer für barriquegereiften Spätburgunder. Heute weist sein breites Sortiment trockener Weißer von den Lagen Ihringer Winklerberg und Achkarrer Schlossberg (der besten am Kaiserstuhl) eine einheitlich hohe Qualität auf, und die Weine sind nicht mehr mit Eichenwürze überladen. Sogar seine Weine von der oft übersehenen Silvaner-Traube zeigen die Eleganz und zarte Würzigkeit des Winklerbergs. Die Spätburgunder sind mächtig, warm und wuchtig.

Bachenstr. 19, 79241 Ihringen; www.heger-weine.de

Bernhard Huber Baden
Bernhard und Barbara Hubers 1987 gegründete Boutiquekellerei war eine der ersten Deutschlands. Heute zählt sie zu den führenden badischen Spätburgunder-Erzeugern. Hightech im Keller ermöglichte Bernhard die Perfektionierung eines von Burgund inspirierten Stils, der jedoch seit dem Jahrgang 2000 unverkennbar seinen eigenen Stempel trägt. Die vier extrem konzentrierten, noblen, tanninstarken, aber nie zu wuchtigen, harten oder allzu eichenwürzigen Lagenweine – die Großen Gewächse Bienenberg, Sommerhalde und Schlossberg sowie der Wildenstein »R« – sind Weltklasse-Spätburgunder. Doch auch der fruchtige Spätburgunder Junge Reben besitzt viel Charme. Beeindruckend und herrlich ausgewogen sind die barriquegereiften trockenen Weißburgunder, Grauburgunder und Chardonnays (von seltenen alten Reben); der ähnlich geartete Malterer, eine Cuvée von Weißburgunder und Freisamer (Grauburgunder × Silvaner) besitzt eine verblüffende Textur.

Heimbacher Weg 19, 79364 Malterdingen
www.weingut-huber.com

Achim Jähnisch Baden
Achim Jähnisch hat in Geisenheim studiert und 1999 sein 2,5-ha-Gut gegründet. Viele seiner trockenen Weißweine baut er im Barrique aus, doch ist der Eicheneinfluss kaum spürbar, und die überaus mineralischen Rieslinge und Grauburgunder altern hervorragend. Einzig

JÜRGEN ELLWANGER
ELLWANGER KREIERT EINIGE DER BESTEN WÜRTTEMBERGISCHEN ROTWEINE

KLUMPP
DER SPÄTBURGUNDER »SK« KANN ES MIT BURGUNDISCHEN PINOT-NOIR-GEWÄCHSEN AUFNEHMEN

der raffinierte, langsam sich entfaltende Chardonnay zeigt wahrnehmbare Eichenwürze. Der charaktervolle, knackige Gutedel ist sensationell preiswert; die Spätburgunder sind tanninherb, aber ebenfalls beeindruckend.
★Aufsteiger

Hofmattenweg 19, 79238 Kirchhofen
www.weingut-jaehnisch.de

Karl H. Johner Baden
Als Karl Heinz Johner 1985 in seiner Garage Wein zu erzeugen begann, war er hauptberuflich im englischen Lamberhurst als Kellermeister tätig. Damals wie heute wird alles im Barrique gereift, sogar der trockene Rivaner (Müller-Thurgau). Johners Beschreibung dieses Weins – »Gott sei Dank schmeckt er nicht wie ein typischer Müller-Thurgau!« – fasst die Mut-zum-Anderssein-Philosophie zusammen, die hier auch heute noch unter Karl Heinz' Sohn Patrick verfolgt wird. Der trockene Weißburgunder/Chardonnay-Verschnitt ist nach wie vor einer der erfolgreichsten deutschen barriquegereiften Weißen, ebenfalls exzellent ist der Sauvignon Blanc im Neuseeland-Stil. Die Spätburgunder sind kraftvoll und schön ausgewogen. »SJ« kennzeichnet die Reserve-Weine.

Gartenstr. 20, 79235 Bischoffingen; www.johner.de

Franz Keller/Schwarzer Adler Baden
Der Schwarze Adler wurde 1969 als erster deutscher Gourmettempel mit einem Michelin-Stern ausgezeichnet und verteidigt ihn Jahr für Jahr erfolgreich. Das Restaurant bestimmt auch den sehr trockenen, langsam sich entfaltenden Stil der trockenen Weißen Fritz Kellers. Man kann sich nur schwer entscheiden zwischen der makellosen Reinheit der nicht in Eiche ausgebauten trockenen Weiß- und Grauburgunder und der gewandten Raffinesse der leicht eichenwürzigen Selection- oder der kraftvolleren Selection-A-Versionen dieser Rebsorten. Die Spätburgunder haben enorm an Qualität zugelegt und sich stilistisch noch stärker Burgund angenähert.
★Aufsteiger

Badbergstr. 23, 79235 Oberbergen
www.franz-keller.de

Kistenmacher & Hengerer
Württemberg
Wer bezweifelt, dass man aus Trollinger (Vernatsch in Südtirol) echten Rotwein bereiten kann, sollte Hans Hengerers Trollinger Alte Reben probieren. Er schmeckt wie der kleine Bruder seines muskulösen, tanninherben Spätburgunders Junges Schwaben, dem besten Nordwürttembergs. Hengerers Rote sind alle mächtig, wuchtig und überaus charaktervoll. Er erzeugt auch körperreiche, saftige trockene Rieslinge. **★Aufsteiger**

Eugen-Nägele-Str. 23-25, 74074 Heilbronn
www.kistenmacher-hengerer.de

Klumpp Baden
Das 1983 von Ulrich und Marietta Klumpp gegründete Gut zählt heute zu den führenden Erzeugern des nordbadischen Kraichgaus. 1990 bezog man ein neues Gutsgebäude, die Rebfläche umfasst mittlerweile 20 ha, und Markus, der ambitionierte Sohn, zieht im Keller alle Register, um Klumpp in die Riege der badischen Spitzenerzeuger zu bringen. Der reife, duftige, aber feste Spätburgunder wird zur Gänze im Barrique gereift.

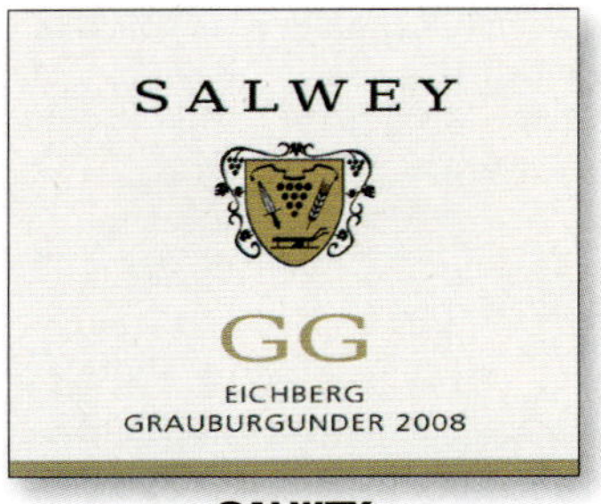

SALWEY
EINER DER BESTEN DER REGION: DER GRAUBURGUNDER EICHBERG VON SALWEY

ALEXANDER LAIBLE
LAIBLES RIESLING CHARA IST KLAR UMRISSEN UND ÜBERAUS KONZENTRIERT

Ebenso reichhaltig und noch tanninstärker sind der St. Laurent und der Lemberger (in Baden seltene Sorten). Bei den wunderbar harmonischen, barriquegereiften Chardonnay- und Grauburgunder-Spitzengewächsen ist die Eichenwürze dezent. ★**Aufsteiger**

Heidelberger Str. 100, 76646 Bruchsal
www.weingut-klumpp.com

Knab Baden

Seit Thomas und Regina Rinker das Gut 1994 erwarben, haben sie die Qualität immer weiter gesteigert. Ihre reifen, saftigen, aber wunderbar ausgewogenen Weiß- und Grauburgunder zählen zu den besten trockenen Weißen vom Kasierstuhl und sind in Anbetracht dessen erstaunlich preiswert. Die Spätburgunder fallen nicht ganz so elegant aus, sind aber voll und reif und entwickeln mit der Zeit Nuss- und Karamellaromen. Regina Rinker ist auch eine begabte Künstlerin; ihre Arbeiten zieren den superschicken, modernen Verkostungsraum. ★**Aufsteiger**

Hennengärtle 1a, 79346 Endingen; www.knabweingut.de

Seegut Kress Baden

Kristin und Thomas Kress sind die führenden Weißweinerzeuger des nördlichen Bodenseegebiets. Ihre Weine verbinden die klare, rassige Frische dieses badischen Unterbereichs mit intensiven Fruchtaromen. Den lebhaften trockenen Müller-Thurgau könnte man für einen Riesling halten, und der saftige, aber leichtfüßige Grauburgunder ist meilenweit entfernt von jenen gewichtig-behäbigen Exemplaren, die man vom Kaiserstuhl kennt. Der Spätburgunder Rosé gehört zu den besten Deutschlands. ★**Aufsteiger**

Hauptstr. 2, 88709 Hagnau; www.seegut-kress.de

Kusterer Württemberg

Esslingen, wo das Gut der Kusterers liegt, war einst berühmt für seine steilen, terrassierten Weinberge, die jedoch in Vergessenheit geraten waren, bis Hans und Monika Kusterer 1983 ihr Potenzial (wieder) zu entdecken begannen. Heute ist das Paar im Alleinbesitz der Lage Neckarhalde, von deren Trauben sie einen der imposantesten Spätburgunder Württembergs bereiten. Auch der pfeffrige Blaue Zweigelt und der würzige Lemberger sind hervorragend, überflügelt werden sie aber vom reichhaltigen, kraftvollen Mélac (Merlot/Zweigelt). Ebenso gut wie diese großartigen Rotweine sind die verblüffend originellen trockenen Weißen: Riesling und Grauburgunder.

Untere Beutau 44, 73728 Esslingen
www.weingut-kusterer.de

Alexander Laible Baden

Malerisch am Eingang zum Durbachtal liegt das Gut von Alexander Laible, Sohn von Andreas (siehe nächsten Eintrag). Dass er seine Weinberge mit Riesling (40 km gen Norden) sowie Weiß-, Grauburgunder und Chardonnay (40 km gen Süden) bestockt hat, zeigt, wie sich Baden neu erfindet. Der erste Jahrgang war 2007 – die trockenen Weißen sind explosiv frisch und sehr aromatisch und werden sich wohl großartig halten. Chara und Dios heißen die Spitzen-Rieslinge; bei den anderen Sorten sind die »SL«-Weine am besten. ★**Aufsteiger**

Unterweiler 48, 77770 Durbach
www.weingut-alexanderlaible.de

Andreas Laible Baden

Von nur 7 ha Rebbergen in legendärer Steillage mit Granit-, Porphyr-, Gneis- und Achatböden zaubert Andreas Laible, der führende Erzeuger der Ortenau, ein breites Spektrum duftig-filigraner trockener Rieslinge, die in diesem Teil Deutschlands einzigartig sind. Spitzenweine sind das Große Gewächs und der Achat, die eine nahezu perfekte Ausgewogenheit von vielschichtiger Frucht und mineralischer Frische zeigen. Die edelsüßen Auslesen von Scheurebe und Traminer sind oft spektakulär saftig, dabei aber delikat und rein. Kein Wunder, dass Laible fast jeden deutschen Weinpreis errungen hat!

Am Bühl 6, 77770 Durbach; www.andreas-laible.com

Schloss Lehrensteinsfeld Württemberg

Kellermeister Christoph Ruck ist eines der großartigen jungen Talente in Württemberg, wird als Außenseiter (er kommt aus Franken) aber oft unterschätzt. Seine trockenen und halbtrockenen Rieslinge besitzen Schmelz, explosive Lebhaftigkeit und eine Komplexität, wie man sie hier nur selten findet – der lokale Spitzname »LSD« ist vollauf gerechtfertigt. Am meisten beeindrucken jedoch die eleganten, kultivierten Spätburgunder, die nicht nur entfernt an Burgund erinnern. ★**Aufsteiger**

Schlossstr. 18, 74251 Lehrensteinsfeld
www.schloss-lehrensteinsfeld.de

Staatsweingut Meersburg Baden

Unter der Leitung von Dr. Jürgen Dietrich hat sich das Staatsweingut in den Motor des Aufschwungs im badischen Unterbereich Bodensee verwandelt. Hier wird von Spätburgunder ebenso viel Weißherbst (Rosé) erzeugt wie Rotwein – probieren Sie den großartigen Spätburgunder Weißherbst trocken Meersburger Bengel. Unter den Roten ist der kraftvollste und komplexeste der Spätburgunder aus der Gailinger Lage Ritterhalde, wo der Boden jenem von Châteauneuf-du-Pape ähnelt. Der trockene Müller-Thurgau von Deutschlands höchstgelegenem Weinberg, dem Hohentwieler Olgaberg, ist dank des Vulkangesteins bemerkenswert mineralisch und rassig. ★**Aufsteiger**

Seminarstr. 6, 88709 Meersburg
www.staatsweingut-meersburg.de

Graf Neipperg Württemberg

Das Schlösschen ist seit dem 15. Jahrhundert im Besitz der Neippergs und heute mit Abstand das dynamischste unter den größeren Gütern der Region, dank des unermüdlichen Karl Eugen Erbgraf zu Neipperg und des von ihm initiierten radikalen Neubestockungsprogramms. Die trockenen Rieslinge vom Neipperger Schlossberg besitzen eine wundervolle Duftigkeit und Eleganz, die nur von der Muskateller-Spätlese übertroffen wird – mit das schönste Beispiel dieser Rebsorte in Württemberg. Dasselbe gilt für den edelsüßen Traminer und den ausdrucksstarken trockenen Trollinger. Der Legende nach haben die Neippergs die Lemberger-Rebe aus Österreich (wo sie Blaufränkisch heißt) im 17. Jahrhundert mitgebracht, und so ist es nur folgerichtig, dass ihr Schlossberg Großes Gewächs vielschichtig und elegant ausfällt. In puncto Kraft wird er vom bemerkenswerten neuen Merlot »SE« aber noch übertroffen. ★**Aufsteiger**

Schlossstr. 12, 74193 Schwaigern
www.graf-neipperg.de

Schloss Neuweier Baden

Das historische Weingut hat seit 1992, als die Architektin Gisela Joos es erwarb und Alexander Spinner als Kellermeister verpflichtete, mit den trockenen Rieslingen von den steilen Lagen Mauerberg und Schlossberg (in Alleinbesitz) den hohen Standard immer gehalten. Die Verbindung von Granit- und Porphyrverwitterungsböden mit minimalen Eingriffen bei der Weinbereitung erbringt Weine mit Schmelz und Eleganz, die stets leichter wirken, als sie tatsächlich sind. Spitzenetikett ist der superreife, aber rassige trockene Riesling Großes Gewächs von der Einzellage Goldenes Loch im Mauerberg. Auch die Qualität der einfachen Weine ist beeindruckend. ★**Aufsteiger**

Mauerbergstr. 21, 76534 Neuweier
www.weingut-schloss-neuweier.de

Pix Baden

Das kleine, seit 1984 ökologisch bewirtschaftete Gut erzeugt seit Langem einige der besten preiswerten trockenen Silvaner, Rieslinge, Weiß- und Grauburgunder des Kaiserstuhlgebiets sowie guten Spätburgunder. Dank des in Geisenheim ausgebildeten Sohns Hannes steigt die Qualität noch weiter. ★**Aufsteiger**

Eisenbahnstr. 19, 79241 Ihringen; www.weingut-pix.de

Burg Ravensburg Baden

Das Gut im Kraichgau erzeugt einige der beeindruckendsten Weiß- und Rotweine des unterschätzten badischen Nordens. Obwohl es ihnen nie an voller, reifer Frucht mangelt, behalten die trockenen Weißen – vor allem Riesling, aber auch Weiß- und Grauburgunder – stets eine kühle mineralische Frische. Der feinste Wein ist der Riesling Husarenkappe Großes Gewächs. Es gibt auch mächtige, tanninstarke Rote, die jedoch nie zu fett ausfallen.

Am Mühlberg 3, 76684 Östringen-Tiefenbach
www.burg-ravensburg.de

Salwey Baden

Seit Konrad Salwey seinem Vater Wolf-Dietrich als Gutsleiter nachgefolgt ist, hat sich der Stil der trockenen weißen Spitzengewächse des 40-ha-Guts deutlich verändert. Der Weißburgunder Kirchberg Großes Gewächs und der Grauburgunder Eichberg Großes Gewächs sind reichhaltige, konzentrierte, cremige Weine mit subtiler Eichenwürze. Womöglich noch beeindruckender ist die Qualität der wesentlich leichteren und knackigeren Basisweine. Einen Riesensprung nach vorn gemacht hat in letzter Zeit der rassige trockene Riesling von den Gneishängen des Glottertäler Eichbergs; von dort stammt auch der Spätburgunder Weißherbst (Rosé), der zu den elegantesten in ganz Deutschland zählt. Die mächtigen roten Spätburgunder besitzen jede Menge Frucht und Tannin, aber nicht ganz die Eleganz der Weißen.

Hauptstr. 2, 79235 Oberrotweil; www.salwey.de

Schnaitmann Württemberg

Der junge Rainer Schnaitmann kehrte 1997 der hiesigen Genossenschaftskellerei den Rücken und wurde als selbstständiger Winzer zum Shootingstar Württembergs. Mit seinen opulenten, vielschichtigen und weltweit einzigartigen Sauvignon-Weinen hat er mehr als jeder andere für das Renommee dieser Rebsorte im Remstal getan. Dann wandte er sich dem Spät- und Frühburgunder zu und bewies, dass Württemberg – ohne Burgund zu kopieren – Weltklasse-Pinot-Noir in einer konzentrierten, üppig fruchtigen, zeitgenössischen Art hervorzubringen vermag. Seit 2007 spielen die gleichermaßen reichhaltigen wie subtilen trockenen Rieslinge in derselben Liga. Genie hat seinen Preis, aber gemessen an internationalen Standards sind die Preise für diese Qualität nicht hoch.
★**Aufsteiger**

Untertürkheimer Str. 4, 70734 Fellbach
www.weingut-schnaitmann.de

Schneider Baden

Das kleine Familiengut erzeugt einige der individuellsten trockenen Weiß- und Rotweine des Bereichs Kaiserstuhl – obwohl Endingen noch nicht mal über berühmte Weinberge verfügt. Deshalb sind die Spitzenweine auch nicht nach Lagen benannt, sondern heißen »A«, wenn sie von Lehmböden stammen, »C« steht für Lössböden und »R« für Vulkanverwitterungsböden. Die überaus fruchtigen Spätburgunder sind die bekanntesten Schneider-Weine, doch der trockene Weißburgunder und Ruländer (man bevorzugt den traditionellen Namen statt dem modernen Grauburgunder) sind ebenso eindrucksvoll.
★**Aufsteiger**

Königschaffhausener Str. 2, 79346 Endingen/Kaiserstuhl
www.weingutschneider.com

Albrecht Schwegler Württemberg

Ohne Kapital und mit einer winzigen Rebfläche machten sich Andrea und Albrecht Schwegler 1990 daran, Württembergs Rotweine zu revolutionieren. Gleich mit dem ersten Jahrgang ihres Granat, einer Cuvée von Merlot und Zweigelt, manchmal mit einem Schuss Syrah oder Cabernet Franc, trafen sie voll ins Schwarze. Er ist nach wie vor der beständigste unter den »großen Roten« der Region und so langlebig wie nur wenige. Ebenfalls eines der hiesigen Spitzengewächse ist die etwas weniger konzentrierte, tanninstarke Cuvée Saphir, während der Beryll fruchtiger ist und jung getrunken werden kann. Alle Weine verbringen zwei ganze Jahre im Barrique.
★**Aufsteiger**

Steinstr. 35, 71404 Korb; www.albrecht-schwegler.de

Seeger Baden

Obwohl das Gut ganz im Norden Badens liegt, unmittelbar südlich von Heidelberg, erzeugt Thomas Seeger einige der kraftvoll tanninstärksten und konzentriertesten Spätburgunder des gesamten Anbaugebiets. Die sehr geringen Erträge und der Perfektionismus haben allerdings ihren Preis. Die erschwinglicheren Weiß- und Grauburgunder sind reichhaltige, überaus texturierte trockene Weine in ebenso unverwechselbarem Stil wie die Roten. ★**Aufsteiger**

Rohrbacher Str. 101, 69181 Leimen
www.seegerweingut.de

Shelter Winery Baden

Die Nordlichter Hans-Bert Espe (aus Osterode am Harz) und Silke Wolf (aus Paderborn) lernten sich beim Studium in Geisenheim kennen und gründeten 2003 ihre winzige Kellerei. Der ungewöhnliche Name rührt daher, dass die Kellerei zunächst in einem Bunker des aufgelassenen kanadischen Flughafens in Lahr untergebracht war. Inzwischen werden die Weine in Kenzingen im

SPÄTBURGUNDER

Spätburgunder ist die deutsche Bezeichnung für Pinot Noir, und allmählich spricht sich in der Weinwelt herum, dass dieser – für nichtdeutsche Zungen vielleicht etwas sperrige – Name keinen Hinderungsgrund für die Erzeugung großartiger Pinot-Noir-Rotweine darstellt. Seit Mitte der 1980er-Jahre haben Winzer in ganz Deutschland neue Klone gepflanzt, die Erträge beschränkt und in Weinberg und Keller althergebrachte Methoden über den Haufen geworfen, um mit dieser Traube in die Spitzenklasse aufzusteigen. Jetzt ist der Erfolg da, und die deutschen Winzer erkennen langsam das Potenzial ihrer 12 000 Hektar Spätburgunder. Leute wie Bernhard Huber (siehe S. 457) zeigen, was möglich ist: Er gründete sein Gut 1990 im zuvor unbekannten badischen Malterdingen und bringt seine sensationellen Spätburgunder-Weine heute problemlos zu hohen Preisen an den Genießer. Die Vorstellung, Deutschland sei für erstklassige Rote zu kalt, wurde mit dem Jahrgang 2003 endgültig widerlegt, als man den deutschen Spätburgundern definitiv eher ein Zuviel an Alkohol und Kraft vorwerfen konnte als ein Zuwenig.

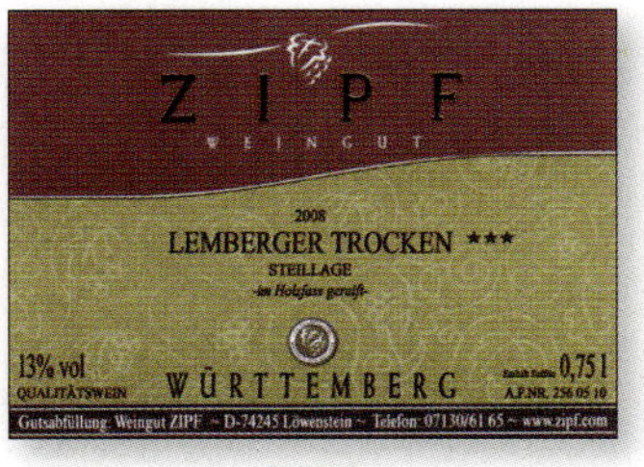

ZIPF
EIN KRÄFTIGER WEIN MIT DEUTLICHER HOLZNOTE, DER SICH SEHR GUT BEI TISCH MACHT

ZIEREISEN
DIE ZIEREISENS BEWEISEN, DASS MAN IN DEUTSCHLAND GROSSARTIGEN SYRAH ERZEUGEN KANN

Breisgau bereitet, in einer Kellerei mit allen Schikanen (Schwerkraft statt Pumpen) unweit der 4 ha Weinberge. Der kraftvolle, tanninstarke, komplexe Pinot Noir zählt zu den roten Spitzenweinen der Region, der Spätburgunder fällt leichter und recht streng aus. Auch etwas Sekt im Champagnerstil sowie Blanc de Noir, beide 100 % Pinot Noir, werden erzeugt. ★**Aufsteiger**

Mühlenstr. 17, 79341 Kenzingen; www.shelterwinery.de

Stadt Lahr/Familie Wöhrle Baden

Das seit 1990 ökologisch bewirtschaftete Gut erzeugt schon immer gute trockene Weiße in einem fruchtbetonten, sehr sauberen Stil. Seit Markus Wöhrle sein Studium in Geisenheim beendet hat und 2003 vom Pfälzer Spitzengut Müller-Catoir zurückkehrte, werden hier fraglos die besten Weine aus dem Norden des unterschätzten Bereichs Breisgau bereitet. Alle Weiß- und Grauburgunder sind von makelloser Reinheit und wundervoller Eleganz, und sogar die konzentrierten Großen Gewächse bieten ein gutes Preis-Qualitäts-Verhältnis. ★**Aufsteiger**

Weinbergstr. 3, 77933 Lahr; www.weingut-stadt-lahr.de

Weingut Steinbachhof/Eissler

Württemberg

Wenn Sie nach tieffarbigen, vor Eiche strotzenden roten Wuchtbrummen suchen, sind Sie hier an der falschen Adresse. Falls Sie beim Rotwein jedoch Raffinesse und seidige Textur bevorzugen, werden Sie von Ulrich und Nanna Eisslers kleinem Gut sicherlich angetan sein. Die Frage ist nur, welche ihrer Roten subtiler, komplexer und verführerischer sind – die Lemberger oder die Schwarzrieslinge (Pinot Meunier)? Seit dem Jahrgang 2008 zeigen auch die trockenen Rieslinge eine ähnliche Eleganz wie die Roten. ★**Aufsteiger**

Hofgut Steinbachhof 1, 71665 Enz-Gündelbach
www.weingut-steinbachhof.de

Wachtstetter Württemberg

Rainer Wachtstetter gilt als der neue »Meister Lemberger«, doch auch Spätburgunder, Merlot und viele andere Rotweinsorten gedeihen prächtig in diesem hoch gelegenen Teil des Zabertals. In der Reihe Ernst Combé mit barriquegereiften Roten finden sich offiziell die Spitzengewächse, Weine wie der fruchtig-saftige und doch gewichtige Lemberger Felix und der elegantere Spätburgunder Louis sind aber fast ebenso eindrucksvoll und ihr Geld absolut wert. Dasselbe gilt für die unterschätzten trockenen Weißen des talentierten jungen Winzers, besonders für die immer besseren Rieslinge, die großzügige Frucht mit Frische verbinden. Auch exzellenter Sekt. ★**Aufsteiger**

Michelbacher Str. 8, 74397 Pfaffenhofen
www.wachtstetter.de

Staatsweingut Weinsberg

Württemberg

Der kommerzielle Zweig der Staatlichen Lehr- und Versuchsanstalt für Wein- und Obstbau in Weinsberg erzeugt von 40 ha Rebfläche ein breites Spektrum an Weinen. Dank Kellermeister Dr. Dieter Blankenhorn hat man in den letzten Jahren mit trockenem Riesling große Fortschritte erzielt. Die fruchtbetonte Reihe »S« ist eine ernsthafte Konkurrenz für das langsamer sich entfaltende, überaus mineralische Große Gewächs aus dem hoch gelegenen Weinberg Burg Wildeck. Die noble, tanninherbe Cuvée Traum von am Institut gezüchteten neuen Cabernet-Sorten zählt zu Deutschlands wichtigsten neuen »großen Roten«. Der reichhaltige, eichenwürzige Spätburgunder Himmelreich Großes Gewächs ist (auch international) ein Medaillengewinner.

Traubenplatz 5, 74189 Weinsberg
www.staatsweingut-weinsberg.de

Wöhrwag Württemberg

Im Jahr 1994 revolutionierte der trockene Riesling Goldkapsel von Hans-Peter und Christin Wöhrwag den württembergischen Riesling, denn er bewies, dass man hier ebenso aromatische, knackige, lebhafte Weine von dieser Rebsorte erzeugen kann wie im Rheingau. Im selben Jahrgang begann man mit der Erzeugung von edelsüßen Riesling-Auslesen und -Eisweinen, die dank der Verbindung von großartiger Konzentration und sensationeller Brillanz den Gipfel dieses Stils in der Region darstellen. In letzter Zeit beeindruckten auch die Lemberger und Spätburgunder durch reiche Frucht und elegant trockene Tannine. Achtung: Die Weine sind zumeist kurz nach der Freigabe ausverkauft. ★**Aufsteiger**

Grunbacher Str. 5, 70327 Untertürkheim
www.woehrwag.de

Ziereisen Baden

Das Ehepaar Hans-Peter und Edeltraud Ziereisen verkörpert den neuen Geist des südbadischen Markgräfler Lands; sie verbinden halb vergessene lokale Traditionen mit innovativer Weinbereitung und Improvisationstalent. Letzteres ist für deutsche Winzer eher ungewöhnlich, aber notwendig, wenn man wie die Ziereisens fünf Keller besitzt. Hier gewinnt man der bescheidenen Gutedel-(Chasselas-) Rebe strahlende Zitrusfrucht und erstaunlich viel Substanz ab. In der Basisversion sind die trockenen Grau- und Weißburgunder reif und überschwänglich, während die barriquegereiften Versionen die Tiefe und Komplexität erstklassiger weißer Burgunder besitzen. Die Krönung sind jedoch die supereleganten, langsam reifenden Spätburgunder: Der Jaspis ist der reichhaltigste und würzigste, der Rhini der brillanteste und konzentrierteste. Sie werden – wie auch Deutschlands feinster Syrah – als Deutscher Tafelwein verkauft. ★**Aufsteiger**

Markgrafenstr. 17, 79588 Efringen-Kirchen
www.ziereisen.de

Zipf Württemberg

In den letzten Jahren hat das junge Paar Jürgen und Tanya Zipf das kleine Familiengut in einen der dynamischsten Erzeuger der Region verwandelt. Die hoch gelegenen Weinberge und das von den umliegenden Wäldern beeinflusste Mikroklima ermöglichen einige außerorentlich elegante Rieslinge mit rassiger Säure und betont mineralischem Charakter – mit diesem Stil geht das Paar bis zum Äußersten. Unter den Roten beeindrucken neben dem ungewöhnlich blumigen, reifen Trollinger die neuen Lemberger am meisten, die vor Beerenaromen und Gewürzen strotzen, aber moderat eichenwürzig sind und eine nahezu perfekte Balance von Frucht und Tannin zeigen. Viele Weine bieten ein exzellentes Preis-Genuss-Verhältnis. ★**Aufsteiger**

Vorhofer Str. 4, 74245 Löwenstein/Württemberg
www.zipf.com

Von den steilen, terrassierten Weinbergen an Kaiserstuhl und Tuniberg stammt etwa ein Drittel der Weine Badens

SAALE-UNSTRUT, SACHSEN UND WEITER NÖRDLICH

Selbst hierzulande stehen viele Konsumenten den Weinen aus den neuen Bundesländern etwas skeptisch gegenüber. In der Tat liegen die Weinbaugebiete Sachsen und Saale-Unstrut deutlich weiter nördlich (um den 51. Breitengrad) als die westlichen Anbaubereiche. Die verbreitete Annahme, dass die Weine deshalb dünn und sauer sein müssten, ist allerdings falsch – zumindest seit der Wiedervereinigung. In den vergangenen 20 Jahren haben moderne Bereitungsmethoden und neue Rebklone auch im Osten Deutschlands Einzug gehalten. Gleichzeitig macht sich die Klimaerwärmung bemerkbar, sodass sich die Weinqualität ungeheuer gesteigert hat.

Hauptrebsorten

Rot

Spätburgunder (Pinot Noir)
Portugieser
Zweigelt

Weiß

Gewürztraminer
Grauburgunder (Pinot Gris)
Müller-Thurgau
Riesling
Silvaner
Traminer
Weißburgunder (Pinot Blanc)

Jahrgänge

2010
Ein herausfordernder Jahrgang, den die Spitzengüter aber zumindest bei den leichten bis mittelschweren Weißen gut bewältigt haben.

2009
Sehr guter, womöglich großer Jahrgang für alle Rebsorten.

2008
Aromatische, rassige Weine, meist ohne die anfangs befürchtete unreife Note.

2007
Volle, ausgewogene trockene Weiße; einige schöne Rote.

2006
Körperreiche und reife bis sehr reife Weine.

2005
Trockene Weiße und auch einige Dessertweine exzellent.

Die Flusstäler von Elbe, Saale und Unstrut mit ihren terrassierten Weinbergen, die sich an den steilen Hängen hinaufziehen, sind bezaubernd. Und die Neubestockung fast aller Rebflächen sowie die Vielzahl von historischen Bauten, die in den vergangenen beiden Jahrzehnten aufwendig restauriert wurden, hat den seit jeher bestehenden Reiz dieser Landschaften noch verstärkt.

Der »Aufschwung Ost« auf weinbaulichem Gebiet verdankt sich zum Großteil dem Enthusiasmus der Einheimischen, die sich hingebungsvoll um ihre Weinberge kümmern, und ihrem Lokalpatriotismus, der dafür sorgt, dass die Weine – im Vergleich zu westdeutschen Anbaugebieten – beachtliche Preise erzielen.

Allerdings haben auch politische Entscheidungen zum heutigen modernen Antlitz der Region beigetragen. Obwohl die EU in den frühen 1980er-Jahren ein Verbot der Erweiterung von Rebflächen erlassen hatte, um die Überproduktion einzudämmen, gestattete sie den beiden einzigen offiziellen Weinbaugebieten der ehemaligen DDR kurz nach der Wiedervereinigung die Ausdehnung ihrer Rebflächen auf insgesamt rund 1000 Hektar. Diese Chance ergriffen die Winzer an Saale und Unstrut begierig, wo sich die Rebfläche von 430 Hektar 1994 auf heute 650 Hektar vergößert hat (rund 606 Hektar in Sachsen-Anhalt und etwa 40 Hektar in Thüringen). Sachsen hingegen legte nur von 320 Hektar im Jahr 1992 auf heute 440 Hektar zu.

Darüber hinaus breitete sich das Wachstum gen Norden aus. Westlich der Industriestadt Halle, auf etwa 51°30′ nördlicher Breite, 45 Autominuten vom Kernbereich des Anbaugebiets Saale-Unstrut entfernt, sind jetzt 85 Hektar mit Reben bestockt. In Werder (52°23′ N), westlich von Potsdam, wachsen auf sechs Hektar und in Rattey (53°30′ N) im Südosten Mecklenburg-Vorpommerns auf 3,5 Hektar Reben. Hier wurde bereits früher Wein angebaut, doch als die Eisenbahn ab Mitte des 19. Jahrhunderts billigere Weine aus dem Süden hierhertransportierte, gab man das Rebland auf.

Die Weißweine aus dem Norden Deutschlands sind in der Regel leicht und knackig, während die vorwiegend trockenen Weißweine der Spitzenerzeuger von Sachsen und Saale-Unstrut oft einen erstaunlich hohen natürlichen Alkoholgehalt haben: Zwölf Volumenprozent sind für Riesling, Silvaner, Weiß- und Grauburgunder sowie Traminer (einer historischen Spezialität beider Bereiche) normal, und häufig erreichen sie 13 Volumenprozent oder mehr. Seit ein paar Jahren gibt es auch einige tieffarbige, ernst zu nehmende Rotweine.

Diese Weine sind vielleicht etwas schwer aufzutreiben, aber das ist gewiss kein Grund, sie zu unterschätzen!

Karl Friedrich Aust Sachsen

Das kleine Gut ist in mehr als einer Hinsicht historisch: Das wunderschöne Gutsgebäude stammt teilweise aus der Renaissance, und im vergangenen Jahrzehnt hat Aust viele alte Weinbergterrassen neu bestockt. Er erzeugt einige der originellsten trockenen Weißen und mit dem überaus mineralischen trockenen Riesling einen der feinsten Weine Sachsens. Beeindruckend sind auch die Bacchus-, Kerner- und (seit 2007) Spätburgunder-Weine.

Weinbergstr. 10, 01445 Radebeul
www.weingut-aust.de

Klaus Böhme Saale-Unstrut

Klaus Böhmes beste Weine sind seine trockenen und halbtrockenen Weißen, insbesondere die Rieslinge und Weißburgunder, die mit außerordentlich ansprechenden Fruchtaromen, erfreulich moderatem Alkoholgehalt und leichtfüßiger Art verlocken. In einer ziemlich teuren Region bieten sie zudem ein sehr gutes Preis-Genuss-Verhältnis. Seit der Neueinrichtung des Kellers 1994 werden die Weine in modernen Edelstahltanks ausgebaut .

Lindenstr. 43, 06636 Kirchscheidungen
www.weingut-klaus-boehme.de

WINZERHOF GUSSEK
SEINE ERSTKLASSIGEN RIESLINGE BEWEISEN, DASS ANRDÉ GUSSEK NICHT NUR EIN ROTWEINSTAR IST

KLAUS ZIMMERLING
ERLESENE WEINE VON NIEDRIGEN ERTRÄGEN AUS ÖKOLOGISCHEM WEINBAU

Winzerhof Gussek Sachsen
André Gussek, 20 Jahre lang Kellermeister im Landesweingut Kloster Pforta (bis 2002), gründete seinen Winzerhof 1993. Er erzeugt eine verwirrende Vielzahl hervorragender trockener und halbtrockener Weißer sowie die feinsten Roten der Region. Seine Weinberge liegen in Naumburg – von alten Reben in der Lage Steinmeister stammen seine besten Rieslinge – und im Kaatschener Dachsberg, Thüringens einzigem bewirtschaftetem Terrassenweinberg. Seine reichhaltigen, würzigen, aber nie schweren Weißen stehen – zu Unrecht – ein wenig im Schatten der oft imposanten Roten.

Kösener Str. 66, 06618 Naumburg
www.winzerhof-gussek.de

Harzer Weingut Kirmann Saale-Unstrut
Das Gut in Westerhausen bei Quedlinburg an den Ausläufern des Harz liegt weit außerhalb des Kernbereichs Saale-Unstrut. Nichtsdestotrotz zählen Matthias Kirmanns duftige, seidige Spätburgunder zu den besten des ganzen Anbaugebiets. Auch der trockene Riesling und Traminer beeindrucken. Ein Newcomer, der noch dabei ist, das Potenzial seines extremen Terroirs zu entdecken.

Gartenstr. 532, 06484 Westerhausen
www.harzer-weingut.de

Lützkendorf Saale-Unstrut
Nach 50 Jahren Zwangsmitgliedschaft in der Genossenschaft darf die Familie Lützkendorf ihre Rebflächen seit 1991 wieder in Eigenregie bewirtschaften. Und seitdem sind Uwe Lützkendorfs Weine besser und besser geworden. Man kann sich nur schwer einen mineralischeren Weißwein vorstellen als den geschmeidigen, festen trockenen Riesling Großes Gewächs von der Karsdorfer Lage Hohe Gräte, die stellenweise über Quarzitboden verfügt (einzigartig in der Region). Dasselbe könnte man aber auch über den aromatischeren trockenen Silvaner Großes Gewächs und den reichhaltigeren trockenen Weißburgunder Großes Gewächs von dieser Lage sagen. Diese Rebsorten liefern auch exzellente einfache Weine.

Saalberge 31, 06628 Bad Kösen
www.weingut-luetzkendorf.de

Pawis Saale-Unstrut
Es gibt wohl nur wenige Weingüter, die in einem so zauberhaften Gebäude untergebracht sind wie Pawis in diesem alten Kloster und Rittergut in Zscheiplitz. Der Blick über das Unstruttal und die terrassierten Freyburger Weinberge, wo Bernard und Kerstin Pawis die Reben für ihren reichhaltigen, imposanten trockenen Riesling und Weißburgunder Großes Gewächs anbauen, ist spektakulär. Ihr beachtlichster Erfolg ist aber wohl die große Zahl von relativ preiswerten, tadellos ausgewogenen trockenen Weißen, die sie von Riesling und Weißburgunder wie auch Grauburgunder, Traminer und Müller-Thurgau bereiten – Weine voller Lebendigkeit und Frucht. Auch exzellente edelsüße Beerenauslese und Eiswein.

Auf dem Gut 2, 06632 Zscheiplitz
www.weingut-pawis.de

Schloss Proschwitz Sachsen
Dr. Georg Prinz zur Lippe kaufte nach 1990 das Weingut seiner Familie Schritt für Schritt wieder zurück, nachdem die Familie 1945 entschädigungslos enteignet worden war. Es dauerte nicht lange, und er hatte es zu einem der besten deutschen Erzeuger dieser Größenordnung (66 ha) gemacht. Die lebhaften, eleganten trockenen Weißen sind durchweg so beeindruckend, dass man schwer sagen kann, ob die überschwänglich aromatische Scheurebe, der weiche und dezent cremige Grauburgunder oder die geschmeidigen, rassigen Rieslinge am besten sind. Die Sekte sind sicherlich die besten des Anbaugebiets und die kraftvollen, tiefdunklen Roten in Anbetracht der nördlichen Lage erstaunlich. Prinz zur Lippe ist dabei, ein zweites Saale-Unstrut-Gut bei Weimar aufzubauen.

Dorfanger 19, 01665 Zadel; www.schloss-proschwitz.de

Martin Schwarz Sachsen
Was hat ein Weingut in der coolsten Straße der angesagten Dresdner Neustadt zu suchen? Es ist das Zuhause von Martin Schwarz, Kellermeister auf Schloss Proschwitz (siehe vorheriger Eintrag), und Hauptquartier der besten der vielen Mikrokellereien Sachsens. Außer seinem rassigen, eleganten trockenen Riesling Kapitelberg baut Schwarz all seine trockenen Weißen und Roten im Barrique aus. Schon sein Müller-Thurgau ist ein Wein mit Substanz, der Riesling/Traminer-Verschnitt aber ist einzigartig aromatisch und der Weißburgunder/Grauburgunder eine cremige, reich texturierte Cuvée. Sein ebenso tanninherber wie seidiger Spätburgunder/Portugieser-Verschnitt zählt zu den kraftvollsten Roten Sachsens.

Alaunstr. 70, 01099 Dresden
barriquewein@aol.com

Sächsisches Staatsweingut Schloss Wackerbarth Sachsen
Im größten Weingut Sachsens vermählt sich moderne Hochtechnologie à la Kalifornien mit einem der schönsten Barockbauten in einer Region, die nicht gerade arm ist an Baudenkmälern dieser Epoche. So gut die Weine sind, besitzen einige der vorgeblichen Spitzenetiketten von der Lage Goldener Wagen doch nicht mehr Tiefe als die einfachen QbA-Weine. Der Fokus liegt klar auf trockenen Weiß- und Schaumweinen, die alle ausgesprochen angenehm zu trinken sind.

Wackerbarthstr. 1, 01445 Radebeul
www.schloss-wackerbarth.de

Klaus Zimmerling Sachsen
Der gelernte Maschinenbauingenieur Klaus Zimmerling hat sich nach der önologischen Ausbildung beim Weingut Nikolaihof in der Wachau (Niederösterreich) 1992 selbstständig gemacht. Heute zählt der einstige Minibetrieb zu den sächsischen Spitzenerzeugern. Die neue Kellerei sieht aus, als käme sie direkt aus Bordeaux, mit Ausnahme der Bronzeskulpturen der polnischen Künstlerin Malgorzata Chodakowska, Zimmerlings Frau, auf dem Dach. Seine Weinbergterrassen bewirtschaftet er ökologisch. Nach einigen Experimenten mit Rotwein in den 1990er-Jahren erzeugt Zimmerling nun ausschließlich trockene und halbtrockene Weiße, die stets mit viel reifer Frucht, perfekter Ausgewogenheit und intensiver Mineralität glänzen. Ob Grauburgunder, Gewürztraminer oder Traminer, alle Weine sind so reichhaltig und begeisternd wie der Riesling. Spitzengewächse gibt es in 500-ml- oder 375-ml-Flaschen.

Bergweg 27, 01326 Pillnitz
www.weingut-zimmerling.de

Österreich hat sich als Spezialist für erstklassige aromatische trockene Weißweine so erfolgreich neu erfunden, dass man kaum glauben mag, welch unschöne Ursache diese dynamische Entwicklung ausgelöst hat: der Glykolwein-Skandal. 1985 wurde ruchbar, dass einige österreichische Winzer ihren »Qualitätsweinen« als Süßungsmittel und Geschmacksverstärker das Frostschutzmittel Diethylenglykol zugesetzt hatten. Doch das ist lange her. Heute schwärmt die ganze Welt für Grünen Veltliner, Österreichs meistangebaute Weißweinsorte. Diese Weine können opulent und konzentriert ausfallen, sind aber immer wunderbar ausgewogen. Flaschenreifung verleiht ihnen eine frappierende Ähnlichkeit mit weißem Burgunder, obwohl Grüner Veltliner nicht in Eiche ausgebaut wird.

Österreichs andere trockene weiße Spitzengewächse (Weißburgunder, Chardonnay alias Morillon, Sauvignon Blanc und Riesling) können es zwar mit erstklassigen Grünen Veltlinern durchaus aufnehmen, haben aber international starke Konkurrenz. Die Süßweine des Burgenlands hingegen, vor allem Ruster Ausbruch und Trockenbeerenauslesen vom Neusiedler See, sind absolut einzigartig. Die Rotweine hinkten bis in die 1990er-Jahre den Weißen hinterher. Dann jedoch stieß der weltweite Rotweinboom auf eine neue Generation burgenländischer Winzer, was eine Welle aufregender, reichhaltiger neuer Roter auslöste.

In der Schweiz spiegelt sich die Dreisprachigkeit des Landes – Deutsch, Französisch und Italienisch – in der Verschiedenheit der Weine wider. Für die Schweizer ist Weinerzeugung absolut nichts Neues, neu ist hingegen der internationale Erfolg, den sie mit so ungewöhnlichen Trauben wie Humagne Rouge, Amigne und Arvine, aber auch mit bekannteren Rebsorten wie Syrah und Merlot erzielen.

ÖSTERREICH UND SCHWEIZ

NIEDERÖSTERREICH

Mit ihrer spektakulären Lage im felsigen Donautal zwischen Kloster Melk und der Stadt Krems ist die Wachau, im Jahr 2000 in die Liste des UNESCO-Welterbes aufgenommen, fraglos Österreichs berühmtestes Weinbaugebiet. Der Ruhm gründet nicht auf Größe, denn es gibt hier nur etwas mehr als 1460 Hektar Rebland. Und es ist auch nicht das einzige bedeutende Weinbaugebiet Niederösterreichs. Viele Fachleute betrachten die Weine der Wachau und der benachbarten Gebiete Kremstal und Kamptal, manchmal auch Traisental und Wagram, als zusammengehörig. Zu Niederösterreich gehören außerdem das Weinviertel, die Thermenregion und Carnuntum, die zusammen mit Wagram das Weinbaugebiet der Hauptstadt Wien umschließen.

Hauptrebsorten

Rot

Blauburgunder (Pinot Noir)
Cabernet Sauvignon
Merlot
Zweigelt

Weiß

Chardonnay
Grüner Veltliner
Riesling

Jahrgänge

2010
Deutlich leichtere und frischere Weine als in den Jahrgängen zuvor. Die Ernte fiel ungewöhnlich klein aus, insbesondere für Grünen Veltliner.

2009
Reife, aromatische Weine mit beträchtlicher Kraft.

2008
Ein schwieriges Jahr. Selbst geduldige Erzeuger, die spät lasen, hatten mit der hohen Säure zu kämpfen.

2007
Reichhaltige, opulente, cremige Weine.

2006
Toller Jahrgang: volle, konzentrierte, herrlich ausgewogene Weiße, auch großartige Rote.

2005
Großer, klassischer Jahrgang mit reifen, saftigen Weißen.

2004
Relativ geschmeidige Weine, jetzt auf dem Höhepunkt.

Die Gemeinsamkeiten der Gebiete beginnen beim Lössboden, der sich in allen Weinbaubereichen Niederösterreichs findet. Dieser fruchtbare, Wasser speichernde und oft tiefe Boden ist ideal für die Rebsorte Grüner Veltliner, der auch die Verbindung von warmen Tagen und kühlen Nächten behagt. Niederösterreich ist daher das Stammland des Grünen Veltliners, der in etlichen Unterbereichen um die 50 Prozent der Gesamtrebfläche einnimmt. Riesling hingegen ist eine Spezialität – sogar in der Wachau sind nicht mehr als 18 Prozent der Weinberge mit Riesling bestockt, trotz der vielen terrassierten Lagen mit vorwiegend felsigem Untergrund, die für diese Rebsorte eigentlich ein Paradies wären.

In der Wachau und anderen Gebieten wie der großartigen Lage Heiligenstein im Kamptal führte extremer Trockenstress in Weinbergen jenes Typs früher zu zwei oder drei ertragsarmen Jahrgängen pro Dekade. Eine der wichtigsten Veränderungen (weit bedeutsamer als der vielerorts vollzogene Wechsel vom Ausbau der Weine in neutraler Eiche zur Vinifikation in Edelstahltanks) war hier die Installation von Bewässerungssystemen seit den späten 1970er-Jahren. Dadurch wurde das Trockenheitsproblem vollständig beseitigt, obwohl strikte Vorschriften hinsichtlich der Bewässerungsmenge erlassen wurden und aufgrund des Klimawandels warme Sommer nun weit häufiger vorkommen als noch 30 Jahre zuvor.

Heutzutage fallen die trockenen Weißen der niederösterreichischen Spitzenkategorie (die in der Wachau Smaragd heißt) jahraus, jahrein voll, aromatisch und frisch aus. Oft sind sie auch üppig und reich texturiert, mit einer komplexen, subtilen Würzigkeit. Weine der mittleren Qualitätsstufe (in der Wachau als Federspiel bezeichnet) besitzen in der Regel mittleren Körper sowie lebhaftere Fruchtaromen und eine erfrischende Säure. Einige der Genossenschaften, vor allem Domäne Wachau (bis 2008 Freie Weingärtner Wachau) und Winzer Krems, sind verlässliche Erzeuger von Weinen dieses Stils.

Bis vor Kurzem waren diese Weinbaubereiche ausgesprochen konservativ. Junge Winzer orientierten sich fast zwangsläufig an den Errungenschaften der vorigen Generation und wagten nur selten Experimente mit »fremden« Rebsorten oder neuen Weinstilen. Während des vergangenen Jahrzehnts hielt aber auch hier nach und nach die Moderne Einzug. Einige Kellereien sind an neue Eigentümer übergegangen, und ein paar zugezogene Winzer gründeten neue Betriebe.

Den vielleicht größten (obwohl kaum beachteten) Schritt nach vorn hat unter den niederösterreichischen Anbaugebieten die Thermenregion getan, die in der Weinszene gern als »Südbahn« bezeichnet wird, da das Weinbaugebiet an der gleichnamigen Bahnstrecke liegt. Der hiesige traditionell süße Wein, der unter dem Namen Gumpoldskirchener vermarket wird (obwohl er oft auch von Nachbargemeinden stammt) wird zunehmend durch Rotweine ersetzt, die bisweilen frappierend burgundischem Pinot Noir ähneln. Auch Wiener Winzer experimentierten – nicht ohne Erfolg – mit dieser Stilrichtung, bis sie schließlich erkannten, dass ihr traditioneller Gemischter Satz (verschiedene Trauben, die in einem Weinberg wachsen und gemeinsam vinifiziert werden) typischere und spannendere Weine ergibt.

Theoretisch sind die niederösterreichischen Anbaugebiete als Kühlklimazonen klassifiziert. Allerdings waren die besten Weine schon immer relativ alkoholstark, und das Zusammentreffen von Klimawandel und Winzerehrgeiz führte zu einem Anstieg des natürlichen Alkoholgehalts, sodass Werte von 14 Volumenprozent heutzutage nicht ungewöhnlich sind. Man fragt sich, was geschehen wird, wenn die Prognosen bezüglich weiter steigender Temperaturen zutreffen.

NIEDERÖSTERREICH

Landschaftlich sind die Weinbaugebiete Niederösterreichs von der Donau geprägt – an den Hängen des großen Stroms und seiner Nebenflüsse liegen die bedeutendsten Weinberge. So beeindruckend der Blick auf den Fluss oft ist – etwa von ganz oben in den Hollenburger Weinbergen im Kremstal –, so gering ist jedoch sein Einfluss auf das Klima. Bedeutender für den Geschmack der Weine ist der Boden. Zwei Grundtypen sind in Niederösterreich vorherrschend: Die fruchtbaren Lössböden mit guten Wasserspeichereigenschaften erbringen üppige, fruchtige Weine; Gneis ist karger und erheblich wasserärmer, was schlankere, rassigere Weine ergibt.

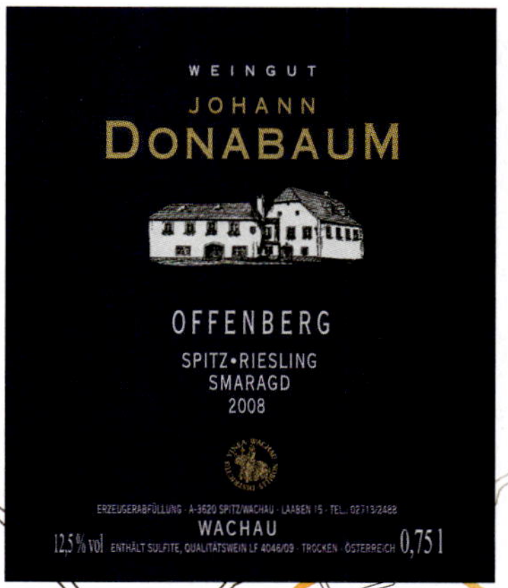

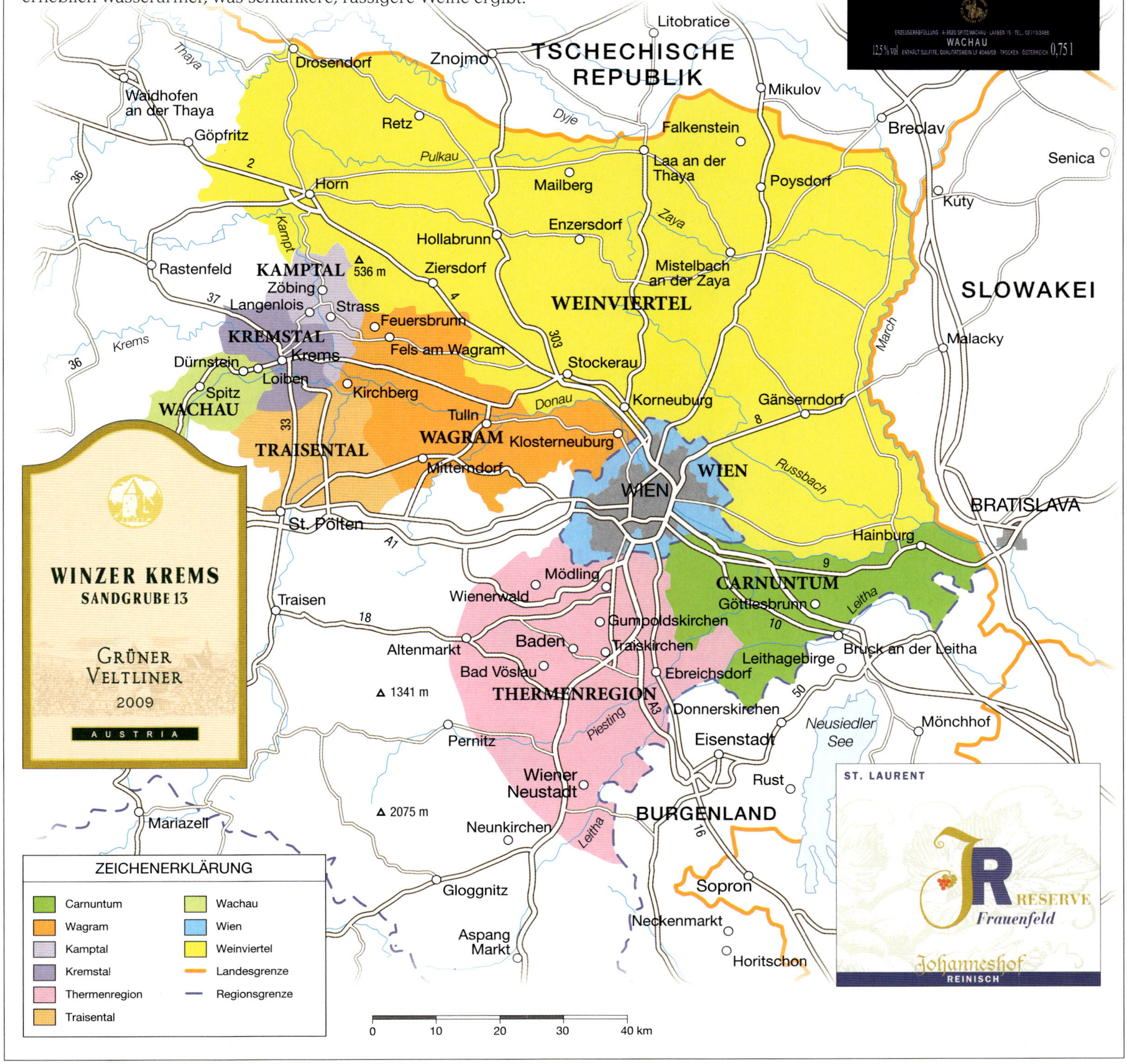

BRÜNDLMAYER
DER 2006ER KÄFERBERG GRÜNER VELTLINER IST EIN VOLLMUNDIGER COCKTAIL AUS HONIG UND EXOTISCHEN FRÜCHTEN

DOMÄNE WACHAU
ELEGANTER, MINERALISCHER STIL: DER RIESLING SMARAGD KELLERBERG

Alzinger Wachau
Leo Alzinger sen. und jun. konzentrieren sich auf trockenen Riesling und Grünen Veltliner. Die Weine besitzen einen ganz und gar eigenständigen, geschmeidig-rassigen Stil und brauchen zur Entfaltung mehrere Jahre Flaschenreifung. Steinertal ist die Spitzenlage für den Smaragd, sie erbringt überaus kräuterwürzig-mineralische Weine mit beachtlichen 13,5 Vol.-% Alkohol. Bester Grüner Veltliner ist der Reserve, ein außergewöhnlich opulenter Verschnitt von verschiedenen Lagen. Der Riesling und der Grüne Veltliner der Kategorie Federspiel sind schön leicht und knackig, aber reif und elegant.

Unterloiben 11, 3601 Dürnstein; www.alzinger.at

Kurt Angerer Kamptal
Akkurate Weinbergarbeit, Kellerarbeit ohne überflüssigen Schnickschnack und hoher Qualitätsanspruch – das sind die Grundsätze, auf denen Kurt Angerers Aufstieg binnen eines Jahrzehnts zu einem der führenden niederösterreichischen Erzeuger von trockenem Grünem Veltliner beruht. Diese Weine sind mächtig, wuchtig und ausdrucksstark; am saftigsten ist der Loam, am leichtesten und fruchtbetontesten der Kies und am mineralischsten und strengsten der Spies. Der Riesling Ametzberg spielt in derselben Liga und hält sich ebenso lang. ★**Aufsteiger**

Schickenberggasse 4, 3552 Lengenfeld
www.kurt-angerer.at

Bründlmayer Kamptal
Willi Bründlmayers größter Erfolg ist nicht so sehr die erstklassige Qualität seiner Spitzenweine – die völlig außer Frage steht – als vielmehr die Tatsache, dass er diese hohe Qualität seit über 20 Jahren hält, und das bei einer stolzen Produktionsmenge von 350 000 Flaschen pro Jahr. Weine wie der preiswerte, rassig-würzige Grüne Veltliner Berg Vogelsang sind bis ins Detail genauso sorgfältig bereitet wie der überaus konzentrierte, komplexe Riesling Heiligenstein Alte Reben oder der enorm kraftvolle, aber tadellos ausgewogene Grüne Veltliner Lamm. Der elegante, duftige Blauburgunder (Pinot Noir) Cécile und der wunderbare, champagnerartige Bründlmayer Brut (ganz zu schweigen von der beeindruckenden neuen Roséversion) werden oft übersehen, obwohl sie zu den feinsten ihrer Art in Österreich gehören.

Zwettlerstr. 23, 3550 Langenlois
www.bruendlmayer.at

Christ Wien
Rainer Christ zählt zu den begabtesten jungen Weinmachern Wiens. Seine trockenen Weißen unterteilen sich in frischen, lebhaften, sortenreinen Grünen Veltliner und Riesling sowie den stärker texturierten, würzigen, komplexen Wiener Gemischten Satz von alten Reben verschiedener Sorten im Bisamberg im Wiener Nordwesten.

Amtsstr. 10–14, 1210 Wien-Jedlersdorf
www.weingut-christ.at

Domäne Wachau Wachau
Mit gut 400 ha Weinbergen ist die Genossenschaft der größte Erzeuger der Wachau. Unter der Leitung von Roman Horvath und Heinz Frischengruber (Kellermeister) sind die Weine wuchtiger, gewichtiger und moderner geworden. Spitzengewächse sind Riesling und Grüner Veltliner Smaragd aus den Lagen Achleiten, Kellerberg, Loibenberg und Singerriedel, aber der leichtere, knochentrockene Federspiel ist manchmal ebenso gut.

Domäne Wachau, 3601 Dürnstein
www.domaene-wachau.at

Johann Donabaum Wachau
Obwohl durchaus ehrgeizig, ist der junge Winzer Johann Donabaum weder aufdringlich noch egoistisch. Sein großes Talent ist die Vermählung von Reichhaltigkeit und überschwänglicher Aromatik mit Klarheit und Eleganz – worum es in der Wachau traditionell geht. Sind nun die Rieslinge aus den Lagen Offenburg und Setzberg besser oder doch eher der Grüne Veltliner Spitzer Point? Schwer zu sagen, denn Donabaum hat im vergangenen Jahrzehnt eine außergewöhnliche Beständigkeit bewiesen.
★**Aufsteiger**

Laaben 15, 3620 Spitz; www.weingut-donabaum.at

Edlmoser Wien
Die reichhaltigen, aber lebhaft frischen trockenen Weißen von Michael Edlmoser sind ebenso schwer einzuordnen wie seine reichhaltigen, aber duftigen Roten. Wie bei den anderen Wiener Spitzenerzeugern ist der interessanteste Wein fraglos der Gemischte Satz von alten Reben, der ein wenig lagern muss, um seine Komplexität zu zeigen.

Maurer-Lange-Gasse 123, 1230 Wien
www.edlmoser.com

Ludwig Ehn Kamptal
Die Ehns sind ein vielschichtiges Phänomen. Etwas vereinfacht gesagt, vertritt die extrovertierte Michaela das kleine Gut nach außen hin, während ihr introvertierter Bruder Ludwig als Kellermeister die Weine kreiert. Mit wenigen Ausnahmen (der gigantisch gaumenfüllende Grüne Veltliner Titan und der Chardonnay/Grüner Veltliner-Verschnitt Incredible) sind dies äußerst elegante Gewächse, die als Essensbegleiter konzipiert sind. Der – hier selten anzutreffende – Gemischte Satz wird von gemeinsam vergorenen Trauben diverser Sorten aus einer Lage bereitet. Star ist jedoch der blumig-mineralische Riesling Heiligenstein.

Bahnstr. 3, 3550 Langenlois; www.ehnwein.at

Birgit Eichinger Kamptal
Schritt für Schritt haben Birgit Eichingers trockene Weiße an Qualität und Individualität gewonnen. Anders als viele ihrer Kollegen hält sich Eichinger beim Alkoholgehalt ihrer Weine zurück und findet auch nicht, dass »trocken« unbedingt »knochentrocken« bedeuten muss. Ihre wichtigsten Weine sind Riesling, Grüner Veltliner und Chardonnay (alle in Edelstahl vergoren) vom Straßer Gaisberg mit unverkennbar rauchig-würziger Note.
★**Aufsteiger**

Langenloiserstr. 365, 3491 Straß im Straßertale
www.weingut-eichinger.at

Christian Fischer Thermenregion
Obwohl die Thermenregion nicht weit vom Wiener Weißweingebiet entfernt liegt, glänzt sie dank ihres warmen, trockenen Klimas heute mit mächtigen Rotweinen. Niemand erzeugt hier so reichhaltige, noble Weine wie Christian Fischer, dessen Verschnitt Gradenthal Premium (Zweigelt/Cabernet Sauvignon/Merlot) ein Fanal des

modernen Stils ist, ohne bei Alkoholgehalt oder Eichenwürze zu überteiben. Durchweg hohe Qualität.

Hauptstr. 33, 2500 Sooß; www.weingut-fischer.at

Forstreiter Kremstal
Meinhard Forstreiter zählt nicht zu den Superstars unter den Weinmachern und wird vielleicht nie einer werden. Doch in den letzten Jahren hat er stets beeindruckende trockene Grüne Veltliner und Rieslinge bereitet, die Frucht und Charakter mit überragender Harmonie verbinden. Man bekommt viel für wenig Geld, v.a. beim Riesling und Grünen Veltliner Schiefer Kremstal DAC Reserve. ★**Aufsteiger**

Hollenburger Kirchengasse 7, 3506 Krems-Hollenburg www.forstreiter.at

Geyerhof Kremstal
Ilse Meyer bewirtschaftet ihre Weinberge seit 1988 ökologisch, und in den letzten Jahrgängen zahlt sich das mühsam erworbene Know-how aus: Die trockenen Weißen wie der geschmeidige, mineralisch-straffe Grüne Veltliner Steinleithn, der Riesling Sprinzenberg (beides hoch gelegene Weinberge) und der reichhaltige, opulente Riesling aus dem Hollenburger Goldberg haben einen enormen Qualitätssprung gemacht. ★**Aufsteiger**

Oberfucha 1, 3511 Furth bei Göttweig; www.geyerhof.at

Schloss Gobelsburg Kamptal
Der Aufdruck »Seit 1171« auf dem Etikett verweist auf die bald 850-jährige Weingeschichte von Schloss Gobelsburg. Die moderne Ära begann jedoch im Februar 1996, als Michael Moosbrugger zusammen mit seiner Frau Eva sowie Willi und Edwige Bründlmayer das heruntergekommene Gut übernahm. Moosbrugger entwickelte das »Fass auf Rädern«, um den Wein nicht umpumpen zu müssen (nur die einfachsten Weine werden in Edelstahl ausgebaut), denn die wundervoll texturierten, subtil würzigen Tradition-Abfüllungen von Grünem Veltliner und Riesling verbringen 18 Monate in Eichenholz. Die anderen, nicht so lang im Fass ausgebauten trockenen Rieslinge und Grünen Veltliner sind fruchtiger, aber ebenfalls konzentriert, aromatisch komplex und individuell. Die Pinot-Noir- und St.-Laurent-Weine verbinden neuerdings Tanninstärke mit Frische und Eleganz. ★**Aufsteiger**

Schlossstr. 16, 3550 Gobelsburg; www.gobelsburg.at

Schlossweingut Graf Hardegg
Weinviertel
Am bekanntesten ist Graf Hardegg als Erzeuger von Österreichs feinstem, überaus pfirsichfruchtigem Viognier, der aus rechtlichen Gründen einfach »V« heißt. Bedeutender ist in Wirklichkeit aber der beständig gute, fruchtbetonte, pfeffrige Grüne Veltliner der Marke Veltlinsky. Die trockenen Spitzenweine, Riesling und Grüner Veltliner »vom Schloss«, sind frisch, zitrusfruchtig und sehr sauber – das bekannteste Gesicht des modernen Weinviertels.

Großkadolz 1, 2062 Seefeld-Kadolz; www.grafhardegg.at

Hiedler Kamptal
Maximum nennt Ludwig Hiedler die Reihe seiner trockenen Spitzengewächse – Riesling, Grüner Veltliner und Weißburgunder –, und dementsprechend ist ihr Stil: Es

HIRSCH
DIE UMSTELLUNG AUF BIOWEINBAU HAT DEN WEINEN VON HIRSCH ZUSÄTZLICHE KONTUR VERLIEHEN

SCHLOSS GOBELSBURG
DIE RIESLINGE VON SCHLOSS GOBELSBURG SIND KOMPLEX UND VIELSCHICHTIG

sind reichhaltige, wuchtige und überaus kraftvolle Weine, die jedoch nie bombastisch oder zu schwer ausfallen. Die einfachsten Hiedler-Weine wie der leichtfüßige, knochentrockene Grüne Veltliner Löss sind Musterexemplare traditionell österreichischer, leicht zugänglicher trockener Weißer mit echtem Charakter. ★**Aufsteiger**

Am Rosenhügel 13, 3550 Langenlois; www.hiedler.at

Hirsch Kamptal
Seit Johannes Hirsch zu ökologischem Weinbau übergegangen ist, haben sich seine trockenen Weißen von klassischen Beispielen niederösterreichischer Tradition zu überaus individuellen Gewächsen von komplexer, rauchig-würziger, mineralischer Art gewandelt. Die Spitzen-Rieslinge stammen aus dem berühmten Heiligenstein (eleganter) und dem weniger bekannten Gaisberg (würziger und kraftvoller). Einem ähnlichen Muster folgen die Grünen Veltliner aus den Lagen Heiligenstein und Lamm. Seinem Namen gerecht wird der aussdrucksstarke, kräuterwürzige, leichte Grüne Veltliner Trinkvergnügen. ★**Aufsteiger**

Hauptstr. 76, 3493 Kammern; www.weingut-hirsch.at

Franz Hirtzberger Wachau
Niemand treibt Spät- und Auslesen in der Wachau so zur Perfektion wie Franz Hirtzberger und sein Sohn Franzi, die die Lese manchmal bis in den Dezember ausdehnen. Und niemand hat sich mit der Neukultivierung alter, wegen der hohen Bewirtschaftungskosten aufgegebener Terrassenweinberge solche Mühe gemacht wie sie. Der Lohn der Anstrengung: einige der exotischsten und konzentriertesten trockenen Rieslinge und Grünen Veltliner, die die Welt je erlebt hat. Der einzige Haken an den monumentalen Smaragdweinen aus den Lagen Singerriedel und Honivogl ist, dass sie einige Jahre Flaschenreifung benötigen, um zu idealer Harmonie zu finden. Die reichhaltigen, cremigen Smaragdweine Grauburgunder und Neuburger (eine autochthone weiße Traube) sind die besten Vertreter dieser Rebsorten in der Wachau. Die Federspielweine Riesling und Grüner Veltliner sind geschmeidig und rassig.

Kremserstr. 8, 3620 Spitz; www.hirtzberger.com

Josef Högl Wachau
Von seinem knapp 300 m ü. d. M. gelegenen Haus im Spitzer Graben, einem Seitental der Donau, ziehen sich Sepp Högls Reben auf 57 engen Terrassen weitere 150 m den steilen Hang des Weinbergs Schön hinauf. Von hier stammt Högls feinster Grüner Veltliner, der Smaragd. Sein ebenso reichhaltiger und komplexer, aber sauberer und beschwingter Riesling Smaragd Brück profitiert von einer ähnlich extremen Lage. Als Extremist im besten Sinn bietet Högl, der sich ausschließlich auf Weißwein konzentriert, hervorragende Qualität zum fairen Preis. ★**Aufsteiger**

Viessling 31, 3620 Spitz; www.weingut-hoegl.at

Manfred Jäger Wachau
Manfred Jäger führt das kleine, in einem wunderschönen, denkmalgeschützten Gebäude untergebrachte Gut. Hier lässt man dem leichteren, knochentrockenen Riesling und Grünen Veltliner Federspiel ebenso viel Sorgfalt angedeihen wie dem kraftvolleren Smaragd, der selbst in seiner reichhaltigsten Version mit moderatem Alkohol-

DIE WACHAU-QUARTETTE

Die Wachau war schon immer auf elegante trockene Weißweine spezialisiert. In den 1940er-Jahren jedoch experimentierte man eine Zeit lang mit Chaptalisierung (der Zugabe von Zucker zum unvergorenen Most), um den Alkoholgehalt der Weine zu erhöhen. Gegen diese Methode wie auch gegen die Ausbeutung des berühmten Namens Wachau durch Nachbarbereiche richtete sich das in den 1960er-Jahren gegründete erste »Wachau-Quartett« führender Erzeuger: Josef Jamek, Franz Prager, Wilhelm Schwengler (Leiter der hiesigen Genossenschaft) und Franz Hirtzberger sen. Mit Engagement und politischem Geschick erreichten sie ihre Ziele. Seit der Gründung der Winzervereinigung Vinea Wachau Nobilis Districtus (kurz: Vinea Wachau) im Jahr 1983 liegt die Führung in den Händen eines weiteren »Wachau-Quartetts«: Emmerich Knoll, Franz Hirtzberger, Franz Xaver Pichler und Toni Bodenstein (vom Weingut Prager). Sie führten die Wachauer Qualitätsstufen ein – in aufsteigender Reihenfolge Steinfeder, Federspiel und Smaragd – und wandten sich gegen die Methode der Mostkonzentration, die – wie früher die Chaptalisierung – zur Erhöhung des Alkoholgehalts der Weine dient. Nun ist die Frage, welchen Weg die Wachau auf dieser Gratwanderung zwischen Tradition und Moderne einschlagen wird.

gehalt, herrlicher Frische und Lebhaftigkeit glänzt. Die Qualität der Weine scheint mit jedem Jahrgang zu steigen. ★**Aufsteiger**

Kremser Str. 1, 3610 Weißenkirchen
weingut.jaeger@utanet.at

Josef Jamek Wachau
Hans und Jutta Altmann führen das alteingesessene Familiengut, zu dem auch eines der berühmtesten Restaurants des Landes gehört. Der Riesling aus dem steil ansteigenden, terrassierten Ried Klaus – »Ried« ist das traditionelle österreichische Wort für Weinberg – ist nicht nur eine Legende, sondern auch der eleganteste trockene Riesling der Wachau. Jamek-Weine werden für die Gastronomie als perfekte Essensbegleiter erzeugt und nicht für die Jagd nach hohen Kritikerbewertungen. Der delikat honigwürzige, nussige Weißburgunder Ried Hochrain Smaragd von alten Reben ist der feinste Weißburgunder der Region.

Joching 45, 3610 Weißenkirchen; www.weingut-jamek.at

Johanneshof Reinisch Thermenregion
Johannes Reinisch ist einer der führenden Rotweinerzeuger Österreichs. Seine Weine widerlegen eindrucksvoll den Mythos, dass österreichische Rote entweder dünn und grasig seien oder nur aus Alkohol und Eiche bestünden. Hier bilden der reichhaltige und komplexe Grande Reserve Pinot Noir und der St. Laurent ein dynamisches Duo roter Spitzenklasse, ohne Frankreich oder die Neue Welt zu kopieren. Und die leichteren Nicht-Reserve-Weine sind nicht weniger individuell. Etwas im Schatten stehen die exzellenten trockenen Weißen von der autochthonen Rotgipfler-Rebe mit Birnen- und Haselnussaromen.

Im Weingarten 1, 2523 Tattendorf; www.j-r.at

Jurtschitsch Kamptal
Das Jahr 2006 bedeutete grundlegende Veränderungen für das berühmte Familiengut: Die mehr als 72 ha Weinberge wurden auf ökologische Bewirtschaftung umgestellt und bei der Vergärung Wild- statt Zuchthefen eingesetzt. Der Transformationsprozess ist noch nicht ganz abgeschlossen – einige der trockenen Weißen sind wunderbar ausdrucksstark und überaus mineralisch, anderen gebricht es ein wenig an Frische oder Breite (vielleicht wegen allzu langer Gärzeiten). An den Ambitionen der jungen Generation, insbesondere des Juniorchefs Alwin, besteht jedoch kein Zweifel. Am bekanntesten ist Jurtschitsch in Österreich nach wie vor für den tadellosen GrüVe, einen leichten trockenen Grünen Veltliner. Auch solide Rotweine. ★**Aufsteiger**

Rudolfstr. 39, 3550 Langenlois; www.jurtschitsch.com

Emmerich Knoll Wachau
Emmerich Knoll ist ebenso sehr auf Qualität bedacht wie pragmatisch, was es ihm ermöglichte, mit dem Klimawandel in den vergangenen beiden Jahrzehnten klarzukommen. Der Grüne Veltliner und Riesling »Vinothekfüllung« sind opulente, superreichhaltige Weine. Knoll bereitet sie von edelfaulen und überreifen Trauben, die separat gelesen werden, um sicherzustellen, dass die trockenen Smaragdweine weder zu viel Wucht noch zu viel edelfaules Aroma abbekommen. Der duftige Riesling Selection aus der Lage Pfaffenberg im Kremstal begeistert ganz genauso wie der zurückhaltendere Riesling Smaragd aus den Lagen Schütt und Loibenberg. Der leichte, knackige, kräuterwürzige Grüne Veltliner Federspiel ist wohl der beste dieses Typs. In Jahrgängen mit viel Edelfäule erzeugt Knoll auch großartige Auslesen, Beeren- und Trockenbeerenauslesen.

Unterloiben 7, 3601 Dürnstein; www.loibnerhof.at

Lagler Wachau
Karl Lagler erzeugt seit Jahrzehnten beständig feinen trockenen Riesling und Grünen Veltliner und wird nun von seinem Sohn, Karl jun., unterstützt. Die Weine sind voll und reif mit schöner Ausgewogenheit, vor allem der Riesling Tausendeimerberg Smaragd und der Grüne Veltliner Steinborz Smaragd. Zum Gut gehört das hübsche Hotel Garni Weinberghof.

Rote Torgasse 10, 3620 Spitz; www.weingut-lagler.at

Laurenz V. Kamptal
Obwohl die erst 2005 von Laurenz Moser V. gegründete, innovative Kellerei mitten in Wien liegt, verarbeitet Moser nur Traubengut aus dem Kamptal. Wichtigstes Erzeugnis ist der fruchtbetonte Charming Grüner Veltliner von mittlerem Körper, Spitzenwein ist der kürzlich eingeführte Silver Bullet in 500-ml-Flaschen. Das ehrgeizige Ziel ist die Einführung einer weltweiten Grüner-Veltliner-Marke, die für diese Sorte leisten soll, was neuseeländischer Cloudy Bay für Sauvignon Blanc geleistet hat. ★**Aufsteiger**

Mariahilfer Str. 32, 1070 Wien; www.laurenzfive.com

Leth Wagram
Franz Leth erzeugt wuchtige, saftige trockene Weiße, denen man sich nur schwer entziehen kann. Die Beständigkeit in puncto Stil und Qualität beim Grünen Veltliner, Roten Veltliner, Riesling und Sauvignon Blanc ist beeindruckend. Kürzlich hat sein überraschend kraftvoller Zweigelt Gigama viel Aufmerksamkeit erregt, da Wagram keine nennenswerte Rotweintradition besitzt. ★**Aufsteiger**

Kirchengasse 6, 3481 Fels; www.weingut-leth.at

Loimer Kamptal
In den letzten Jahren haben sich Fred Loimers Weine verändert: von hochklassigem Mainstream zu mutigen Individualisten, ohne Zugeständnisse an die allgemeine Vorliebe für fruchtbetonte Charmebolzen. Die feinsten seiner trockenen Weißen sind der überaus würzig-mineralische Grüne Veltliner von fast 50 Jahre alten Reben in der Lage Spiegel und der reife, aber kühl wirkende Riesling aus dem hoch gelegenen Steinmassl. Ebenso kompromisslos ist die minimalistische Architektur der neuen Kellerei. 2005 übernahm Loimer das bekannte Gut Schellmann in Gumpoldskirchen (Thermenregion), dessen Spitzenweine – der komplexe, texturierte Chardonnay Gumpold und der ausgeklügelte Pinot Noir Anning – zu Österreichs besten Vertretern dieser Rebsorten zählen. ★**Aufsteiger**

Haindorfer Vögerlweg 23, 3550 Langenlois; www.loimer.at

Machherndl Wachau
Keine Frage, Erich Machherndl ist der böse Bube der Wachau und hat es schwer bei den ultrakonservativen

österreichischen Weinpublizisten. Zum Beispiel, weil er einen ungeheuer reichhaltigen, aber lebhaften Pinot Blanc erzeugt. Oder weil er den ersten überzeugend pfeffrigen Syrah der Region herausbrachte. Vor allem aber, weil seine kritischen Bemerkungen über die Wachau voll ins Schwarze treffen und bei seinen Kollegen oft neuralgische Punkte berühren. Allerdings ignorieren seine Widersacher, dass er etliche trockene Rieslinge und Grüne Veltliner bereitet, die eher ansprechend als anmaßend sind, in ihrer Jugend charmant schmecken, aber auch altern können. Ein perfektes Beispiel ist der Riesling Ried Mitz & Mütz.

Hauptstr. 1, 3610 Wösendorf; www.machherndl.com

Malat Kremstal

Michael Malat hatte das Glück, ein Gut zu erben, das bereits für seine durchweg hochwertigen Weine bekannt war. Und er hat es geschafft, einerseits die Errungenschaften seines Vaters Gerald zu bewahren, andererseits dem Gut aber auch seinen eigenen Stempel aufzudrücken. Das Sortiment wird von einem halben Dutzend Grüner Veltliner und einigen Rieslingen dominiert, plus Chardonnay, Pinot Gris, Pinot Blanc und Sauvignon Blanc. Der Riesling und der Grüne Veltliner namens Das Beste sind die opulenten, oft exotischen Spitzengewächse. Ebenso beeindruckend waren die neueren Jahrgänge des aromatischen, geschmeidigen Pinot Noir Reserve. Malat produziert auch guten Sekt.

Weinkeller Hafnerstr., 3511 Palt-Krems; www.malat.at

Mantlerhof Kremstal

Das Weingut wird in Österreich zu oft unterschätzt und übersehen, gerade weil es seit Jahrzehnten guten Wein erzeugt – und weil Sepp Mantler kein großes Bohei darum macht. Der herrlich fruchtig-saftige, subtil würzige Grüne Veltliner steht im Vordergrund, Spitzenetikett ist in der Regel der DAC Reserve aus der Lage Spiegel, obwohl er im Roten Veltliner Reisenthal mit Honig- und Orangenschalenbukett und reichhaltig-cremigem Körper starke hausinterne Konkurrenz hat. Das gesamte Sortiment bietet beste Qualität zu sehr fairen Preisen.

Brunn im Felde, Hauptstr. 50, 3494 Gedersdorf
www.mantlerhof.com

Gerhard Markowitsch Carnuntum

Gerhard Markowitsch ist jener Mann, der mit seinen reichhaltigen, eichenwürzigen, tanninherben Rotweinen das kleine Anbaugebiet südöstlich von Wien bekannt gemacht hat. Seine imposantesten Weine (wie der M1) sind Zweigelt/Merlot-Verschnitte. Ihr Stil ist unverhohlen modern, doch Markowitschs wunderbares Gefühl für Harmonie sorgt dafür, dass sie nie übertrieben ausfallen. Ohne dass er es wollte, hat sein Erfolg so viele Winzer zur Nachahmung angeregt, dass man stilistische Vielfalt in Carnuntum nun vergebens sucht.

Pfarrgasse 6, 2464 Göttlesbrunn; www.markowitsch.at

Mayer am Pfarrplatz/Rotes Haus Wien

Kellermeisterin Barbara Wimmer hat die beiden seit 2006 zusammengehörenden Güter, deren Weine im Keller von Mayer am Pfarrplatz vinifiziert werden, umfassend modernisiert. Der Fokus liegt aber nach wie vor auf leichtfüßigem trockenem Riesling und Grünem Veltliner. Probierenswert sind die aromatische trockene weiße Asia Cuvée von Mayer am Pfarrplatz und der reichhaltige, exotische Gemischte Satz Reserve vom Roten Haus. Auch großartiger trockener Traminer. ★**Aufsteiger**

Pfarrplatz 2, 1190 Wien
www.pfarrplatz.at; www.weingut.rotes-haus.at

Sepp Moser Kremstal

Nikolaus Moser übernahm das Gut 2000 von seinem Vater Sepp und stellte es rasch auf biodynamischen Anbau und Wildhefenvergärung um. Das Ergebnis sind knochentrockene Weine voller Frucht, Charakter und Säure. Die Lage Gebling beweist, dass auch Riesling von angeblich weniger geeignetem Lössboden Spitzenklasseweine ergeben kann. Der Banfalu ist der spannendste unter den Roten von Weinbergen in Apetlon (Neusiedlersee). ★**Aufsteiger**

Untere Wienerstr. 1, 3495 Rohrendorf bei Krems
www.sepp-moser.at

Muhr van der Niepoort Carnuntum

Die Minikellerei, die sich auf Blaufränkisch-Rotweine von der erstklassigen, aber in Vergessenheit geratenen Lage Spitzerberg konzentriert, wurde von PR-Powerfrau Dorli Muhr und ihrem damaligen Ehemann, Portweinerzeuger Dirk van der Niepoort, gegründet. Seit der Trennung und dem Jahrgang 2006 bereitet sie die Weine allein – ihre radikal geschmeidigen, rassigen, kräftigen Blaufränkisch-Versionen sind in der Region einzigartig. ★**Aufsteiger**

Untere Hauptstr. 7, 2471 Rohrau
d.muhr@wine-partners.at

Neumayer Traisental

Ludwig Neumayer ist ein Weißweingenie, aber kein begnadeter Selbstvermarkter. Sein trockener Riesling, Grüner Veltliner, Weißburgunder und Sauvignon Blanc »Der Wein vom Stein« machen ihrem Namen alle Ehre. Es sind zudem reichhaltige, konzentrierte Weine, die mehr Schmelz und Eleganz aufweisen als Vergleichbares aus der Wachau und dennoch von der Weinkritik unterschätzt werden. Der überaus kräuterwürzige und herrlich ausgewogene Grüne Veltliner Zwirch ist ein Spitzenvertreter dieser Traube zum sehr fairen Preis. ★**Aufsteiger**

3130 Inzersdorf ob der Traisen Nr. 22; www.weinvomstein.at

Nigl Kremstal

Martin Nigl war selbst sogar noch überraschter als die österreichische Weinszene, als der trockene 1988er Riesling des damals noch unbekannten Winzers von der ebenso unbekannten Lage Hochäcker bei internationalen Riesling-Verkostungen einen Riesenerfolg feierte. So schön diese felsige Kremstalgegend ist, so launenhaft ist das Klima, sodass die Abweichungen zwischen den Jahrgängen beträchtlicher ausfallen als in der Wachau. In guten und in Spitzenjahrgängen zählen Nigls pfirsichduftiger, rassiger Riesling Hochäcker und der noch konzentriertere Privat zusammen mit dem würzigen, eleganten Grünen Veltliner Privat eindeutig zu den besten trockenen Weißen Österreichs. Im mittleren Preissegment sind der Riesling Dornleiten und der Grüne Veltliner Senftenberger Piri geschmeidige Weine mit viel Charakter und Aroma und immer ihr Geld wert. ★**Aufsteiger**

Kirchenberg 1, 3541 Senftenberg; www.weingutnigl.at

EMMERICH KNOLL
KNOLLS RIESLINGE SIND DAS PRODUKT ABSOLUTER DETAILBESESSENHEIT

NIGL
DER NIGL PRIVAT RIESLING IST EIN VORBILD AN BESTÄNDIGKEIT IM KREMSTAL

NIKOLAIHOF
DIE BESONDERHEIT DER NIKOLAIHOF-WEINE IST DIE LANGE REIFEZEIT VOR DER FREIGABE

SALOMON UNDHOF
DER RIESLING KÖGL IST EINER DER ANMUTIGSTEN WEINE VON SALOMON UNDHOF

Nikolaihof Wachau
Das Traditionsgut Nikolaihof wurde bereits biodynamisch bewirtschaftet, als noch kaum jemand in der Wein- und Gastronomieszene wusste, was das Wort bedeutet. Der Wein besaß schon immer einen einzigartig unspektakulären Stil und entfaltet sich langsam wie die Knospen alter Rosensorten. Das alternative Wachaukonzept der Familie Saahs verkörpert kein Wein vollkommener als der trockene Grüne Veltliner Vinotheque. Er verbringt volle 15 Jahre in neutralem Holz und ist trotzdem sanft, tief und lebhaft zugleich. Dies gilt auch für den Riesling Federspiel und Smaragd sowie den enorm mineralischen Riesling Reserve Steiner Hund (im Kremstal), die allerdings früher freigegeben werden.

Nikolaigasse 3, 3512 Mautern/Wachau; www.nikolaihof.at

Bernhard Ott Wagram
Bernhard Ott ist absolut kein Durchschnittsmensch, und dementsprechend schmecken seine Weine: Sie sind alles andere als schwerfällig, sondern geradezu gefährlich leichtfüßig. Ott ist »Mister Grüner Veltliner« – seine Weinberge sind zu 90 % mit dieser Sorte bestockt, und die Bandbreite der Weine reicht vom umwerfend frischen Am Berg bis zum atemberaubenden goldfarbigen Tausend Rosen. Dazwischen steht Der Ott mit dem wohl besten Preis-Leistungs-Verhältnis Österreichs. Nebenbei erzeugt Ott den feinsten edelsüßen Riesling des Landes, dessen Name auf Otts Ideal verweist: Rheinriesling.
★ Aufsteiger

Neufang 36, 3483 Feuersbrunn; www.ott.at

R&A Pfaffl Weinviertel
Roman Pfaffl sen. und jun. führen das 40-ha-Gut, das bekannt ist für seinen charaktervollen trockenen Grünen Veltliner (tolles Preis-Genuss-Verhältnis) und die rote Cuvée Excellent (hier gibt Zweigelt einen überzeugenden Verschnittpartner für Cabernet Sauvignon und Merlot ab). Weniger bekannt sind die ambitionierten Chardonnay-Gewächse in internationalem fassvergorenem Stil, aber mit österreichischer Frische. Dasselbe gilt für die Rieslinge; vorbildlich ist der Terrassen Sonnleiten mit Schmelz, Pfirsicharoma, mittlerem Körper und mineralischer Säure.

Schulgasse 21, 2100 Stetten; www.pfaffl.at

F. X. Pichler Wachau
Anfang der 1980er-Jahre begann Franz Xaver Pichler auszuloten, wo die Grenzen des Möglichen in der Wachau liegen. Seine Abenteuerlust zog ihn – natürlich – in den Keller, mehr noch jedoch in die Weinberge. Hier und da ging Pichler etwas zu weit, aber das Gros seiner herrlichen trockenen Smaragdweine von Riesling und Grünem Veltliner waren spektakulär konzentrierte und aromatisch komplexe Weine, die noch heute den modernen Wachauer Stil prägen. Seit 1999 ist Sohn Lucas für die Vinifizierung zuständig; er behält den Qualitätsanspruch seines Vaters bei, sorgt jedoch für etwas beständigere Eleganz der Weine. Viel Aufmerksamkeit hat er der Verbesserung der leichteren Federspielweine gewidmet und der Reihe einen pikanten Riesling mit fantastischer mineralischer Frische hinzugefügt, der heute zu den feinsten Wachauern dieses Stils zählt. Weltklasse in allen Kategorien!

Oberloiben 27, 3601 Dürnstein; www.fx-pichler.at

Rudi Pichler Wachau
Rudi Pichler macht's anders. Während die Starerzeuger der Wachau eine gewisse Menge an edelfaulen Trauben für ihre Smaragdweine von Riesling und Grünem Veltliner zulassen oder sogar anstreben, lehnt Pichler dies entschieden ab. Denn langer Kontakt des Mosts mit den Schalen ist nur dann möglich, wie er betont, wenn die Frucht absolut sauber ist. Diese Methode führt zu extrem »anderen« Weinen mit stark mineralischer Persönlichkeit, festem Tanninrückgrat und einem Aromenspektrum, das weit über die typische Pfirsichnote der Wachauer Rieslinge und das »Pfefferln« des durchschnittlichen Grünen Veltliners hinausgeht. Sie müssen lagern, um sich zu entfalten, im Unterschied zu den charmanteren, aber kaum weniger charaktervollen Federspielweinen. Diese Weine werden Sie elektrisieren – oder aber kalt lassen.
★ Aufsteiger

Marienfeldweg 122, 3610 Wösendorf
www.rudipichler.at

Pichler-Krutzler Wachau
Das Gut gehört Elisabeth Pichler (der Tochter des Wachauer Superstars F. X. Pichler) und Erich Krutzler (früher beim Weingut Krutzler in Deutsch Schützen, Burgenland); der erste reguläre Jahrgang war 2008. Ihre reichhaltigen, reifen, fruchtbetonten trockenen Rieslinge, Grünen Veltliner und Pinot-Blanc-Weine haben sie auch überregional bekannt gemacht. **★ Aufsteiger**

Oberloiben 16, 3601 Dürnstein; www.pichler-krutzler.at

Prager Wachau
Prager ist eines der vier Weingüter, die der Wachau in den Jahrzehnten nach der Wiedererlangung der Souveränität Österreichs nach dem Zweiten Weltkrieg wieder Aufmerksamkeit verschafft haben. Und es bleibt eines der dynamischsten Güter der Region. Der erste Jahrgang des Rieslings Wachstum Bodenstein, benannt nach Gutsleiter und Kellermeister Toni Bodenstein, war 1999. Die Reben für diesen Wein wachsen auf einer Höhe von 425–460 m, von der man einst glaubte, sie verhindere das Ausreifen der Trauben. Der Grüne Veltliner Stockkultur Achleiten aus einem 75 Jahre alten Weinberg mit traditionell einzeln an Pfählen erzogenen Rebstöcken kam 2005 heraus. In beiden Fällen ist das Resultat eine aromatische Supernova. Die herrlich klaren, konzentrierten trockenen Rieslinge und Grünen Veltliner Smaragd stammen aus konventionelleren Lagen in Weißenkirchen und Dürnstein. **★ Aufsteiger**

Wachaustr. 48, 3610 Weißenkirchen
www.weingutprager.at

Proidl Kremstal
Die trockenen Weißen Franz Proidls tun entweder des Guten zu viel (hoher Alkoholgehalt und mitunter ungewollte Süße) oder treffen mitten ins Schwarze und verbinden Reichhaltigkeit mit fantastischer Ausgewogenheit. Spitzenweinberg ist der steile, terrassierte Ehrenfels unterhalb der Burgruine Senftenberg – der Riesling und Grüne Veltliner Reserve von spät gelesenen Trauben treiben die Konzentration zum Äußersten! Neu ist der exotisch-saftige süße Riesling Proidl Spricht Deutsch.
★ Aufsteiger

Oberer Markt 5, 3541 Senftenberg
www.proidl.com

Salomon Undhof Kremstal
Sal'mon Groovy und Riesling Sal'mon heißen die international erfolgreichen, fruchtbetonten, halbtrockenen einfachen Weine Bertold Salomons. Sie unterscheiden sich jedoch deutlich von den anderen Rieslingen und Grünen Veltlinern des Guts, die eher elegant, trocken und ausgewogen ausfallen als mächtig, opulent oder süß. Am berühmtesten ist der feine Riesling Steiner Kögl mit großartiger zitrusfruchtig-mineralischer Frische.

Undstr. 10, 3504 Krems-Stein
www.salomonwines.com

Schmelz Wachau
Johann, Monika und ihre Söhne Thomas und Florian sind verlässliche Erzeuger reifer, saftiger und ausdrucksvoller trockener Grüner Veltliner und Rieslinge in der Wachau, deren Weinberge sich von Joching flussabwärts bis nach Loiben erstrecken. Ihre Federspielweine sind so überaus charmant und ansprechend, dass sich jene einiger berühmter Erzeuger daneben flach und grün ausnehmen.

Weinbergstr. 14, 3610 Joching
www.schmelzweine.at

Stadlmann Thermenregion
Johann Stadlmann erzeugt ein breites Spektrum an verschiedenen Weiß- und Rotweinen, doch seine Lebensaufgabe sieht er in der autochthonen Zierfandler-Rebe. Anders als die meisten niederösterreichischen trockenen Weißen besitzt Zierfandler keine ausladenden frischen Fruchtaromen, sondern Noten von getrockneten Äpfeln, Birnen und Kräutern; die Säure ist mild, der Wein eher geschmeidig als breit. Der Zierfandler Große Reserve ist massiv, konzentriert und oft leicht süß; die Einzellagenabfüllung Mandel-Höh ist nicht ganz so übermenschlich dimensioniert.

Wiener Str. 41, 2514 Traiskirchen
www.stadlmann-wein.at

Stadt Krems/Weingut Stift Göttweig Kremstal
Nachdem Fritz Miesbauer und Leopold Figl das Gut Stadt Krems im Sommer 2003 übernommen hatten, krempelten sie es vollkommen um. Sie bestockten die Hälfte der 30 ha Weinberge neu, modernisierten die Kellerausstattung und führten das Gut wieder in die Spitzenliga der niederösterreichischen Erzeuger trockener Weißer. Der Stil ist modern, aber nicht eindimensional, wie der würzige Grüne Veltliner Wachtberg DAC Reserve beweist. Dasselbe Team leitet Stift Göttweig mit mehr als 50 ha Weinbergen.

Stadtgraben 11, 3500 Krems
www.weingutstadtkrems.at
Göttweig 1, 3511 Furth
www.weingutstiftgoettweig.at

Weinrieder Weinviertel
Friedrich Rieder, Österreichs »Mister Eiswein«, erzeugt ansehnliche Mengen Eiswein von den Sorten Riesling und Grüner Veltliner, die oft zu den besten des ganzen Landes zählen. Auch seine trockenen Grünen Veltliner sind gut: voller grüner Frucht und von pfeffriger Art.

Untere Ortstr. 44, 2170 Kleinhadersdorf-Poysdorf
www.weinrieder.at

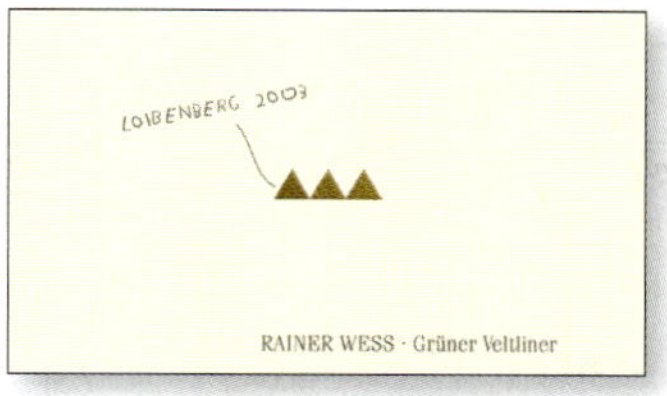

RAINER WESS
RAINER WESS IST EIN NEWCOMER IN DER WACHAU, ABER SEINE WEINE SIND ÜBERRAGEND

PICHLER-KRUTZLER
DIE ERSTEN WEINE DES NEUEN ERZEUGERS WAREN AUF ANHIEB BEEINDRUCKEND

Rainer Wess Wachau
Das Gut war 2003 die erste Neugründung in der Wachau seit 476 Jahren. Wess besitzt 3 ha Weinberge und kauft von einigen hiesigen Winzern Trauben zu. Seine Weine strotzen vor reifer Frucht und Würzigkeit, sind aber vorbildlich ausgewogen und harmonisch. Sogar die Spitzen-Rieslinge (aus den Lagen Achleiten und Pfaffenberg) und die reichhaltigsten Grünen Veltliner (Achleiten, Loibenberg und Pfaffenberg) schmecken schon jung lecker, können aber auch gut eingelagert werden. ★ **Aufsteiger**

Kellergasse, 3601 Unterloiben; www.weingut-wess.at

Wieninger Wien
Fritz Wieninger löste 1999 in Wien eine Revolution aus, als er die Trauben von einer alten, gemischt bestockten Lage im Nussberg gemeinsam vergor. Das Ergebnis war ein vielschichtiger trockener Weißer, wie man ihn nicht (bzw. nicht mehr) kannte. Da sich Wieninger zuvor mit Pinot Noir und Chardonnay im internationalen Stil befasst hatte, bedeutete dies eine gewaltige Kehrtwende (obwohl jene Weine auch heute noch beeindrucken). Nun ist Wieninger der Herold des Gemischten Satzes und hat viel Energie in die Qualitätsverbesserung der sortenreinen trockenen Grünen Veltliner und Rieslinge gesteckt, die immer reichhaltiger und imposanter werden.

Stammersdorfer Str. 80, 1210 Wien; www.wieninger.at

Winzer Krems Kremstal
Mit fast 1000 ha Weinbergen ist dies eine große Genossenschaft, doch die Gewächse der Kellermeister-Privat-Reihe sind beeindruckend und fruchtbetont, aber nie trivial. In den Preissegmenten darunter finden sich eine Fülle einfacher, aber gut bereiteter Weine.

Sandgrube 13, 3500 Krems; www.winzerkrems.at

Winzerhof Ewald Walzer Krems
Das Gut wird seit Kurzem von Martin, Sohn von Ingrid und Ewald Walzer, geführt und erzeugt großzügigen, würzigen, authentisch trockenen Grünen Veltliner von den Kremser Terrassenweinbergen, deren Klima und Wasser speichernde Lössböden ideale Reifungsbedingungen bieten.

Geixendorfer Hauptstr. 16, 3500 Krems
www.winzerhof-walzer.at

Zahel Wien
Richard Zahel bereitet einige der beeindruckendsten und mineralischsten trockenen Rieslinge Wiens. Doch das ist noch nicht alles: Die Gemischter-Satz-Weine (v.a. die Reserve-Abfüllung) zählen zu den komplexesten und am feinsten texturierten Weißen der Region.

Maurer Hauptplatz 9, 1230 Wien; www.zahel.at

Zull Weinviertel
Vater und Sohn Werner und Phillip Zull sind Spezialisten für trockenen Riesling und Grünen Veltliner. Ihre Weine zeigen, was das unterschätzte Weinviertel leisten kann, wenn man den Qualitätsanspruch ernst nimmt und im Weinberg die nötige Sorgfalt walten lässt. Die Zull-Weine wirken kühl und elegant, selbst bei voll ausgereifter Frucht, und verführen mit herrlichen Aromen.

Schrattenthal 9, 2073 Schrattenthal; www.zull.at

BURGENLAND

Es gibt zwei vermeintlich unumstößliche Wahrheiten über den Weinbau des Burgenlands: dass erstens das Gelände ziemlich flach ist und dass zweitens die Weine alle körperreich und sehr voll ausfallen. Tatsächlich sind viele Rebflächen um den Neusiedler See (mit maximal zwei Metern Tiefe eher ein riesiger Tümpel) topfeben, und natürlich gibt es hier vollmundige Weine. Die Geschichte der kürzlich begonnenen Entwicklung der Region handelt jedoch von etwas ganz anderem, nämlich der Wiederentdeckung des Potenzials der höher gelegenen Weinberge für elegante, aromatische Weine. Diese Diskrepanz macht deutlich, dass die Weinbaugebiete des Burgenlands viel unterschiedlicher und komplexer sind, als es zunächst den Anschein hat.

Hauptrebsorten

Rot

Blauer Zweigelt
Blaufränkisch (Lemberger)
Cabernet Sauvignon
Merlot
Pinot Noir
St. Laurent

Weiß

Chardonnay
Grauburgunder
Grüner Veltliner
Neuburger
Welschriesling

Jahrgänge

2010
Leichtere Rote als die ganzen Jahre zuvor; stark reduzierte Mengen, besonders bei Blaufränkisch. Sehr fruchtige, mittelgewichtige trockene Weiße.

2009
Exzellente Reife und Balance versprechen ausgezeichnete Aussichten für die Zukunft.

2008
Recht leichte Rotweine, gute, aber nicht großartige Weiße.

2007
Großartige Süßweine, aromatische, elegante Rote.

2006
Seit Jahrzehnten der beste Jahrgang für Rotweine; auch die Süßweine sind exzellent.

2005
Ausgezeichnetes Jahr für Süßweine; körperreiche Rote.

Nehmen wir zum Beispiel das Städtchen Rust am Westufer des Neusiedler Sees, das auf eine bis ins 17. Jahrhundert reichende Tradition der Süßweinerzeugung zurückblickt. Den Einkünften aus dem Export dieser Weine nach Russland und Polen verdankt Rust seine üppige Barockarchitektur. In Illmitz am gegenüberliegenden Seeufer (dem »Seewinkel«) hingegen findet sich nichts dergleichen. Diese bäuerliche Gegend wurde vom kürzlich verstorbenen Winzerstar Alois Kracher als »das Kalifornien Österreichs« bezeichnet, womit er sagen wollte, dass in puncto Wein hier fast alles neu ist.

Die Renaissance der opulenten, aber wunderbar ausgewogenen edelsüßen Weine (wie Krachers Meisterwerke oder der legendäre Ruster Ausbruch) war einer der beiden Faktoren, die dem Burgenland nach jahrzehntelangem Schlummer wieder zu nationalem und internationalem Ruhm verhalfen. Der andere waren die mächtigen Roten. Dank seiner warmen bis heißen, trockenen Sommer und einer Schar dynamischer Winzer entwickelte sich das Burgenland in den 1990er-Jahren zum Zentrum des österreichischen Rotweinbooms. Die Verbindung von neuen Rebsorten (vor allem Cabernet Sauvignon) mit neuen Bereitungsmethoden (Mostkonzentration, neue Barriques) und einer gesunden Portion Ehrgeiz führte freilich zu einigen allzu bombastischen Weinen. Nichtsdestotrotz bewirkten sie etliche positive, an den Vorurteilen rüttelnde Schlagzeilen, und in letzter Zeit üben die Weinmacher wieder etwas mehr Zurückhaltung.

Die größte Veränderung, die in den vergangenen Jahren in den Rotweinlagen des Burgenlands stattfand, war der vielerorts vorgenommene Austausch der Cabernet-Sauvignon-Reben mit dem traditionellem Blaufränkisch (Kékfrankos in Ungarn, Lemberger in Deutschland) und der 1922 in Österreich gezüchteten Sorte Blauer Zweigelt. Letztere litt allerdings lange Zeit unter dem Image, eine nicht ganz ernst zu nehmende Traube zu sein, und erbrachte daher aufgrund von Übererträgen oft nichtssagende Qualitäten. Blaufränkisch wird mittlerweile mit allzu viel Eiche behandelt, was seine lebhaften Frucht- und Gewürzaromen überdeckt. Glücklicherweise ändert sich all das aber rasch, da die Winzer das wahre Potenzial dieser Trauben immer mehr ausloten.

Hinsichtlich der trockenen Weißen bleiben diese Anbaubereiche jedoch in gewisser Weise ambivalent. Einige wenige herausragende fassvergorene Chardonnay-Gewächse beweisen, dass es möglich ist, auch hier nach den Sternen zu greifen. Das Gros der trockenen Weißen ist jedoch eher breit und rund, ohne die Frische und aromatische Ausdruckskraft zu haben, die die Stärke der entsprechenden niederösterreichischen Weine ist. Sogar die meisten Österreicher glauben, dass das Burgenland kaum trockene Weißweine erzeugt, obwohl allein Grüner Veltliner knapp 1800 Hektar Rebfläche einnimmt.

Eine der Gegenden, in denen das Potenzial schließlich doch ausgeschöpft wird – mit Grünem Veltliner sowie Chardonnay bei den Weißen und Blaufränkisch bei den Roten – ist das Leithagebirge an der Landesgrenze zwischen Niederösterreich und dem Burgenland, wo seit 2004 bahnbrechende Weine entstehen, deren Reben auf Kalkstein- und Schieferböden wachsen. Diese Weine haben in Österreich bereits großes Aufsehen erregt und Winzer im Mittelburgenland zu Vorstößen in ähnlicher Richtung ermutigt.

Keine Frage, einige der alkoholstarken, überaus eichenwürzigen roten Kraftprotze aus dem Burgenland werden bleiben. Ebenfalls außer Frage steht jedoch, dass die stilistische Vielfalt der hiesigen Anbaubereiche in den kommenden Jahren weiter zunehmen wird.

Paul Achs

Paul Achs ist Österreichs renommiertester Pinot-Noir-Erzeuger. Gleichermaßen beeindruckend sind jedoch seine Blaufränkisch-Weine, die ebenfalls reife, duftige Beerenfruchtaromen, feine Vanillenoten von der Eiche und einen geschliffen-eleganten Stil aufweisen. Anders als viele seiner burgenländischen Kollegen übertreibt Achs weder beim Alkohol- noch beim Tanningehalt, und auch seinem persönlichen Auftreten fehlt jede Spur von Überheblichkeit.

Neubaugasse 13, 7122 Gols; www.paul-achs.at

Judith Beck

Schwer zu sagen, welcher Wein der intelligenten, kreativen Judith Beck das höchste Lob verdient. Ist es ihre reichhaltige, noble rote Spitzencuvée Judith (Blaufränkisch/St. Laurent/Merlot)? Oder sind es ihre beeindruckenden einfachen Roten wie der sortenreine Zweigelt? Letztere glänzen stets durch großartige Harmonie und die reinen, nicht von Eiche überdeckten Aromen reifer Frucht. Dass Beck bereits in Bordeaux, Chile und im Piemont tätig war, beeinflusst ihren Stil in keiner Weise. **★Aufsteiger**

In den Reben 1, 7122 Gols; www.weingut-beck.at

Feiler-Artinger

In den 1980er-Jahren hatte die 300-jährige Süßweintradition des Ruster Ausbruchs eine dicke Staubschicht angesetzt, und es war vor allem Kurt Feiler zu verdanken, dass sie einer radikalen Verjüngungskur unterzogen wurde. Seit 1993 definiert Feiler-Artingers Ruster Ausbruch Pinot Cuvée, ein Verschnitt der weißen Pinot-Sorten mit Chardonnay und dem autochthonen Neuburger, den modernen Ausbruch. Er besitzt intensive Aromen von tropischer Frucht und feine Vanillenoten vom Barrique sowie mehr Säure und weniger Alkohol als der Ausbruch alten Stils, aber weniger Süße als eine Trockenbeerenauslese. Zu den feinsten des Landes zählen die kraftvollen, eleganten, tanninherben Roten Solitaire (Blaufränkisch/Cabernet Sauvignon/Merlot) und 1000 (Cabernet Franc/Merlot).

Hauptstr. 3, 7071, Rust; www.feiler-artinger.at

Gesellmann

Albert Gesellmann hat sich bereits in den frühen 1990er-Jahren mit kraftvollen, tanninstarken Roten einen Namen gemacht, und sein Bela Rex (Cabernet Sauvignon/Merlot) bleibt eines der Vorbilder für österreichische Weine dieses Stils. Ähnliche Bereitungsmethoden liegen dem Opus Eximium (Blaufränkisch/St. Laurent/Zweigelt) mit etwas weniger Eichen- und mehr Gewürznoten zugrunde.

Lange Gasse 65, 7301 Deutschkreutz; www.gesellmann.at

Haider

Gerhard Haider hat den Winzerberuf nicht mit dem Ziel ergriffen, ein Star zu werden – und in Anbetracht der herausragenden Qualität seiner Trockenbeerenauslesen von 12 ha Weinbergen um Illmitz ist er in den Medien erstaunlich wenig präsent. Diese Weine verbinden reichhaltige Textur und konzentrierte exotische Aromen mit fantastischer Hamonie und Feinheit. Eiche? Fehlanzeige.

Seegasse 16, 7142 Illmitz
www.weinguthaider.at

FEILER-ARTINGER
DER RUSTER AUSBRUCH IST EIN WAHRHAFT KÖSTLICHER SÜSSWEIN

JUDITH BECK
DIE WEIT GEREISTE JUDITH BECK HAT IHREN EIGENEN, UNVERWECHSELBAREN STIL ENTWICKELT

Schloss Halbturn

Unter der Leitung von Markus Graf zu Königsegg-Aulendorf wurde das Traditionsgut 2001 umstrukturiert. Der Keller wurde komplett renoviert und im Stil eines Bordelaiser *chai* gestaltet, das Sortiment entsprechend aufpoliert. Neues Spitzengewächs ist der opulente, tanninherbe rote Jungenberg (Merlot/Cabernet Sauvignon), den hiesige Kritiker als eine Art österreichischen Château Pavie bezeichnen. Die anderen Weine sind schöne Beispiele moderner Weinbereitung, deren Preise die Ambitionen des gesamten Unternehmens widerspiegeln.

Parkstr. 4, 7131 Halbturn
www.schlosshalbturn.at

Gernot und Heike Heinrich

»Weinbereitung im internationalen Stil« ist allzu oft abwertend gemeint, doch Gernot und Heike Heinrich tun ebendies, und zwar im besten Sinn des Wortes. Ihre wichtigsten Roten sind der Pannobile (Blaufränkisch/Zweigelt) und der Gabarinza aus demselben Duo plus Merlot und manchmal St. Laurent. Beide verbinden beträchtliche Schwarze-Johannisbeer-Frucht und Gewürze mit samtigen Tanninen und feiner Eichenvanille, wobei die Produktionsmenge in Anbetracht der Qualität relativ groß ist. Weniger gibt's von der (teureren) Cuvée Salzberg, die wesentlich schokoladiger, opulenter und aufreizender ist.

Baumgarten 60, 7122 Gols; www.heinrich.at

Juris/Stiegelmar

Axel Stiegelmar war einer der ganz wenigen Österreicher, die schon vor 15 Jahren erstklassige Rote erzeugten. Heute sind die Weine reichhaltiger, doch die Tannine werden noch immer klug dosiert. Den Weinen der Linie Reserve – sortenreiner St. Laurent und die Verschnitte Ina'mera, St. Georg und Wolfsjäger – verleiht Flaschenreifung vor der Freigabe zusätzliche Harmonie. Auch guter, dezent eichenwürziger Chardonnay und frischer Sauvignon Blanc wird produziert.

Marktgasse 12–18, 7122 Gols; www.juris.at

Kloster am Spitz

Thomas Schwarz bezeichnet sein Weingut als »sein Baumhaus, seine Kommandozentrale, seinen bevorzugten Zufluchtsort«, was die Einstellung dieses Freidenkers anschaulich vermittelt. Er erzeugt die kompromisslosesten Weine des Leithagebirges und stößt mit seinen radikal eleganten, würzigen, mineralischen Roten beim konservativen Flügel der österreichischen Weinszene auf Unverständnis. Das Blaufränkisch-Trio – Leithaberg, Eisner und Rohrwolf – zählt zu den verblüffendsten und orginellsten Weinen von dieser Rebsorte. Der trockene weiße Leithaberg ist wohl der beste Grüne Veltliner des Burgenlands.

Waldsiedlung 2, 7083 Purbach
www.klosteramspitz.at

Kollwentz

Bereits in den 1980er-Jahren wusste die Familie Kollwentz – als Erste in Österreich – durch sortenreinen Cabernet Sauvignon zu beeindrucken. Ernsthafte Konkurrenz erhält dieser jedoch durch den später eingeführten Blaufränkisch Point und den sehr burgundischen Pinot Noir Dürr. Die drei barriquegereiften

HANS UND ANITA NITTNAUS
ELEGANZ UND FEINE FRUCHT ZEICHNEN DEN KALK UND SCHIEFER BLAUFRÄNKISCH AUS

KRACHER
DIE 2006ER SCHEUREBE TROCKENBEERENAUSLESE NO. 11 IST AUFREGEND REIN UND REICHHALTIG

Chardonnays – Gloria (sehr elegant und raffiniert), Tatschler (wuchtiger und kraftvoller) und Leithagebirge (weniger Eichenwürze, blumige und kräuterwürzige Aromen) – sind sehr ausgefeilt und könnten ebenfalls als burgundische Gewächse durchgehen.

Hauptstr. 120, 7051 Grosshöflein
www.kollwentz.at

Kracher

Seit dem frühen Tod seines Vaters, des Ausnahmewinzers Alois Kracher jun., führt Gerhard Kracher Österreichs berühmtestes Süßweingut. Er hat die beiden Trockenbeerenauslese-Stile beibehalten, die sein Vater kreiert hatte: Nouvelle Vague für im Barrique ausgebaute und Zwischen den Seen für in Edelstahl vinifizierte Weine. Sie sind aufsteigend nummeriert, vom bereits mächtigen, saftigen No. 1 bis hin zum No. 15, dem bislang süßesten und opulentesten. Anders als viele der anderen großartigen Dessertweine der Welt sind Krachers Gewächse bereits ab Freigabe trinkbar, altern aber auch tadellos. Jährlich werden rund 100 000 Flaschen erzeugt, davon geht ein Großteil in den Export. Ein Joint Venture mit Heidi Schröck (siehe dort) in Rust zeigt seit dem ersten Jahrgang 2006 beeindruckende Resultate.

Apetlonerstr. 37, 7142 Illmitz; www.kracher.at

Krutzler

Im kühlen, hügeligen Süden des Burgenlands ist Reinhold Krutzler unangefochten die Nummer eins, seit er den konzentrierten, elegant tanninherben Perwolff (Blaufränkisch mit einem Spritzer Cabernet Sauvignon) herausgebracht hat. Der gemäßigtere Blaufränkisch Reserve ist fast ebenso beeindruckend und langlebig, der einfache Blaufränkisch lebhaft und fruchtbetont mit reifer Säure.

Hauptstr. 84, 7474 Deutsch-Schützen
www.krutzler.at

Meinklang/Michlits

Werner Michlits ist der originellste unter den biodynamisch arbeitenden Winzern Österreichs. An der Spitze des ungewöhnlichen Spektrums steht der St. Laurent Konkret, ein mächtiger, samtiger Roter, der im 9-hl-Beton-Ei ausgebaut wird, mit unglaublich intensiver reifer Kirschfrucht und wunderbarer Frische für einen derartigen Wein. Der zart exotische, reichhaltige und milde, im Barrique ausgebaute Grauburgunder Graupert ist gegenwärtig wohl der beste Wein von Reben, die ohne jeglichen Rebschnitt frei wachsen. Die Roten sind sämtlich unmittelbar ansprechend, die Grünen Veltliner geschmeidig und trocken, sogar die einfachen Versionen.

Hauptstr. 86, 7152 Pamhagen; www.meinklang.at

Moric

Der Ex-Kasinocroupier und Weinphilosoph Roland Velich gründete Moric erst 2001, blickt aber bereits auf beachtliche Erfolge zurück, weil er nicht nur einen neuen Blaufränkisch-Stil kreierte, sondern auch weltweite Begeisterung für diese Rebsorte hervorrief. Der Moric-Stil setzt auf die fruchtigen, blumigen und Gewürzaromen der Traube und des Terroirs, weshalb nicht einmal das Spitzengewächs, der Neckenmarkt Alte Reben, nach Eiche schmeckt. Die Weine von den schwereren Lutzmannsburg-Böden sind reichhaltiger und fleischiger als die Neckenmarkt-Gewächse, die vorwiegend von Schieferböden stammen. Dank der hohen Lagen, geringen Erträge und handwerklichen Bereitung sind die Roten ausgefeilt und elegant, und in Anbetracht der Qualität sind die Preise recht moderat.

Kirchengasse 3, 7051 Großhöflein; www.moric.at

Hans und Anita Nittnaus

Als Hans »John« Nittnaus das Familiengut 1985 übernahm, wollte er es mit den feinsten roten Bordeaux-Gewächsen aufnehmen. Doch erst als er diesen Plan aufgab, wurden seine Weine wirklich interessant. Heute erzeugt Nittnaus zwei gegensätzliche Spitzenrotweine: den kraftvollen, aber sehr schön ausgewogenen, barriquegereiften Comondor (Zweigelt/Blaufränkisch/Merlot) und den geschmeidigen, mineralischen Blaufränkisch Leithaberg. Von hoch gelegenen Weinbergen mit Schiefer- und Kalksteinböden stammt der Blaufränkisch Kalk und Schiefer; er wird – ebenso wie die leichteren Roten – in gebrauchten 500-l-Holzfässern ausgebaut, um aufdringliche Eichenwürze zu vermeiden.

Untere Hauptstr. 49, 7122 Gols; www.nittnaus.at

Claus Preisinger

Preisingers Etiketten sind schlicht weiß, nur in der Mitte prangt der handgeschriebene Schriftzug »Claus«. Vor Schockeffekten ist dieser außerordentlich talentierte junge Winzer noch nie zurückgeschreckt, was insbesondere für den verblüffenden Geschmack seiner gewagten Rotweine gilt. Sie sind mächtig und wuchtig, zugleich aber süß und geschliffen und besitzen eine Frische und aromatische Komplexität, die mehr an die kühleren Gebiete Kaliforniens gemahnt als an diese warme Gegend Österreichs. Am gefragtesten ist der kraftvolle und seidige Pinot Noir, noch dramatischer ist aber sein neuer Buehl Blaufränkisch.

Obere Hauptstr. 33, 7122 Gols; www.clauspreisinger.at

Prieler

Silvia Prieler, promovierte Mikrobiologin, bereitet einige der beeindruckendsten hiesigen Rotweine. Ihre besondere Spezialität ist Blaufränkisch, angeführt vom sehr extraktreichen, dichten, eichenwürzigen Goldberg und dem frischeren, filigraneren Leithaberg. Der trockene, im großen Holzfass ausgebaute Leithaberg Pinot Blanc verbindet Lebhaftigkeit mit tropischer Frucht und Kräuterwürze.

Hauptstr. 181, 7081 Schützen am Gebirge; www.prieler.at

Uwe Schiefer

Ex-Sommelier Uwe Schiefer begann 1995 einige der verblüffendsten und originellsten Blaufränkisch-Weine des Südburgenlands zu erzeugen. Sie verbinden wuchtiges Tannin und Reife mit der typischen Frische des hügeligen Südburgenlands. Die Spitzenetiketten, Reihburg und Szapary, heben sich vom einfachen, aber reichhaltigen und fleischigen Eisenberg durch größere Eleganz wie auch Konzentration ab. Alle Weine altern hervorragend.

Welgersdorf 3, 7503 Welgersdorf; www.weinbau-schiefer.at

Schönberger

Günther Schönberger, Ex-Bandmitglied der Ersten Allgemeinen Verunsicherung, hat Anfang der 1990er-Jahre auf Winzer umgesattelt. Seine opulenten, konzentrierten

Roten entsprechen nicht den hiesigen Konventionen, obwohl er jede Menge neuer Eiche einsetzt. Gewürz- und mineralische Noten sind – vielleicht wegen der Ertragsbeschränkung und des biodynamischen Anbaus – meist deutlicher als Fruchtaromen. Der kraftvolle, subtile Schönberger Rot ist einer der großen Individualisten Österreichs.

Setzgasse 9, 7072 Mörbisch am See
www.schoenberger.eu

Heidi Schröck

Heidi Schröck führt das kleine Familiengut seit 1983. Ihre Weine waren schon immer gut, doch in den vergangenen zehn Jahren ist die Qualität nochmals deutlich gestiegen, insbesondere bei ihren Ruster-Ausbruch-Weinen. Deren feinster ist der Thurner, ein sortenreiner Furmint, dicht gefolgt von der Cuvée Auf den Flügeln der Morgenröte. Diese Weine sind weder Modernisten noch Traditionalisten, sondern besitzen einen ganz eigenen Stil, der komplexe Aromen und Textur mit fantastischer Frische und Vitalität vermählt. Schröck erzeugt auch beeindruckende Rote, die mehr auf Fruchtaromen und Eleganz setzen als auf protzige Eichenwürze, klotzige Tannine oder Alkoholstärke.

Rathausplatz 8, 7071, Rust; www.heidi-schroeck.com

Rosi Schuster

Seit Hannes Schuster 2004 die Bereitung übernommen hat, fallen die Weine geschmeidiger, subtiler und weniger eichenbetont aus. Dies tritt besonders bei den kühlen, kräuterwürzigen Roten von St. Laurent und Blaufränkisch zutage, deren Reben auf Lehm-Kalk-Böden um Zagersdorf wachsen. Der Blaufränkisch Rusterberg vom sandigen Boden St. Margarethens ist im Vergleich dazu ein frischer Charmeur. Alle Weine sind durchweg individuell und markant.

Prangergasse 2, 7062 St. Margarethen
www.rosischuster.at

Tinhof

Erwin Tinhof ist bekannt für seine reichhaltig-eleganten Roten, v. a. den rauchig-würzigen Blaufränkisch Gloriette und den geschmeidigeren Leithaberg (Blaufränkisch/St. Laurent). Auch die trockenen weißen Neuburger sind eine Spezialität, mit Substanz und jeder Menge reifer Apfel- und Birnenfrucht. Der Leithaberg (Neuburger/Weißburgunder) ist einer der originellsten österreichischen trockenen Weißen mit mittlerem Körper.

Gartengasse 3, 7000 Eisenstadt
www.tinhof.at

Ernst Triebaumer

Ernst Triebaumer bewies 1986 mit seinem Blaufränkisch Mariental, dass Österreich Rotweine im Weltklasseformat hervorzubringen vermag. Seit damals ist »ET« – die Initialen prangen groß auf dem Etikett – in seinem Heimatland sehr bekannt. Der (auch preislich) beeindruckende kleine Bruder dieses dichten, aber lebhaften Roten mit Schokoladen- und Lakritzaromen ist der Blaufränkisch Gemärk. Es gibt auch sehr guten Sauvignon Blanc und exzellenten modernen Ausbruch (Süßwein) in geringen Mengen.

Raiffeisenstrasse 9, 7071 Rust
www.triebaumer.com

Tschida/Angerhof

Hans Tschidas imposante Süßweine – Trockenbeerenauslese, Beerenauslese und Schilfwein (Strohwein) – sind opulent und supersaftig, sehr süß und mit Dörrobst- und Honigaromen in Hülle und Fülle, aber nie breit, fett oder klebrig. Am extravagantesten ist zumeist der Sämling (Scheurebe).

Angergasse 5, 7142 Illmitz; www.angerhof-tschida.at

Umathum

Am bekanntesten ist Josef Umathum in Österreich für seinen massiven, tanninstarken, eichenwürzigen Zweigelt Hallebühl mit Bitterschokolade- und Balsamico-Aromen. Sein außergewöhnlichster Roter ist jedoch der Pinot Noir Unter den Terrassen vom Joiser Jungen Berg am Nordufer des Neusiedler Sees – Österreichs konzentriertester, komplexester und langlebigster Wein von dieser Traube. Sogar die einfachen sortenreinen Weine von Blaufränkisch, St. Laurent und Zweigelt besitzen beeindruckende Substanz und wunderbare Harmonie. Auch markante trockene Weiße (insbesondere Traminer) und fantastische Süßweine.

St-Andräer Str. 7, 7132 Frauenkirchen
www.umathum.at

Velich

Die Familie Velich brach mit ihrem weißen Chardonnay Tiglat 1991 als erster Erzeuger das Monopol der mächtigen Rot- und edelsüßen Weine im östlichen Burgenland. Es war der erste international erfolgreiche barriquegereifte österreichische Wein dieses Stils – seine frischen Bananen- und Zitrusaromen, die subtile Eichenwürze sowie seine Intensität und Eleganz machen ihn einzigartig. Weniger eichenbetont und eher charmant ist der Chardonnay Darscho; der TO ist ein preiswerter Verschnitt (Chardonnay/Sauvignon Blanc/Welschriesling) mit einem Hauch Eiche. Auch kleine Mengen sehr guter Welschriesling Trockenbeerenauslese.

Seeufergasse 12, 7143 Apetlon; www.velich.at

Weninger

Die rauchigen, fleischigen Roten – Blaufränkisch, St. Laurent und CMB (Cabernet Sauvignon/Merlot/Blaufränkisch) – von Franz Weninger sen. in Horitschon machen nur einen Teil der Gutsproduktion aus. Franz Weninger jun. bereitet beeindruckende Rote und trockene Weiße unmittelbar jenseits der Grenze in Sopron, Ungarn, wo Blaufränkisch Kékfrankos heißt und die Weine weicher und würziger sind.

Florianigasse 11, 7312 Horitschon; www.weninger.com

Wenzel

Am bekanntesten ist das Gut für seinen traditionellen Ruster Ausbruch, darunter der Saz (ein bewusst altmodischer Verschnitt von Furmint und Gelbem Muskateller) und der Am Fuße des Berges (Sauvignon Blanc/Graubugunder/Welschriesling). Noch interessanter sind aber wohl die Roten. Der Pinot Noir besitzt reiche rote Frucht und einen weichen Stil, der sich dem warmen, trockenen Klima des Hügellands und zurückhaltendem Umgang mit Eiche verdankt. Ein unterschätzter Erzeuger markanter Weine mit großartiger Harmonie und Alterungspotenzial.

Hauptstrasse 29, 7071 Rust; Tel. 02685 287

ALOIS KRACHER

Alois Kracher (1959–2007) hat in den letzten 15 Jahren die Weingeschichte des Burgenlands entscheidend geprägt. Sein Weg zum Ruhm begann 1994 in London, als sein Welschriesling Trockenbeerenauslese 1981 dem Château d'Yquem 1983 in einer Blindverkostung den Rang ablief. Ein halbes Jahr später wurde Kracher beim jährlich stattfindenden Wettbewerb International Wine Challenge zum »White Winemaker of the Year« gewählt. Seit damals richtete er sein Hauptaugenmerk auf die USA, wo er sich unermüdlich nicht nur für die Durchsetzung seiner eigenen Trockenbeerenauslesen bei den Spitzenrestaurants und -weinhändlern einsetzte, sondern auch für sein Heimatland als Qualitätsweinerzeuger warb und in Kalifornien zusammen mit Manfred Krankl von Sine Qua Non Süßweine unter der Marke Mr K erzeugte. Er krempelte sein Familiengut komplett um, führte eine Reihe von Erzeugnissen auf Basis edelfauler Weine ein und wurde in Österreich zum Promi, der in den Medien ein neues Bild des österreichischen Weinmachers schuf. Bevor sein Joint Venture mit Heidi Schröck Wirklichkeit wurde, starb er infolge einer Krebserkrankung.

STEIERMARK

Auf den ersten Blick sehen die Weinbaubereiche der Steiermark, die im Süden an Slowenien grenzt, wie eine üppig grüne Version des hügeligen toskanischen Chianti aus. Die Region liegt in einem Übergangsbereich zwischen trockenem Pannonischem und feuchtem Mittelmeerklima. Um die schlimmsten Auswirkungen von Nebel auf die Rebstöcke zu vermeiden, müssen die Weinberge daher auf einer Höhe von mindestens 300 Metern über dem Meer angelegt werden. Von einem Aussichtspunkt auf einem Hügel, zum Beispiel in einer der hübschen steirischen Buschenschänken, kann man im Sommer beobachten, wie sich in den Tälern der Nebel bildet. Dann jedoch muss man sich rasch in die Innenräume zurückziehen, um der Kälte zu entfliehen.

Hauptrebsorten

Rot

Blauburgunder (Pinot Noir)
Blauer Wildbacher
Zweigelt

Weiß

Gewürztraminer
Grauburgunder (Pinot Gris)
Morillon (Chardonnay)
Muskateller
Sauvignon Blanc
Welschriesling

Jahrgänge

2010
Sehr knackige, frische Weiße, die manchmal vielleicht etwas zu viel Säure haben, um ausgewogen zu sein.

2009
Für trockene steirische Weiße ein fast idealer Jahrgang.

2008
Weniger Sommerregen als weiter nördlich und ein schöner Oktober ergaben einen ausgezeichneten Jahrgang, allerdings mit recht viel Säure.

2007
Nicht so enorm aromatisch wie 2008, dafür etwas mehr Körper und moderatere Säure.

2006
Sehr typischer Jahrgang für die Region: reife Aromen, ausgeglichen von frischer Säure.

2005
Sehr gutes Jahr mit harmonischen Weinen; Spitzenqualitäten jetzt auf dem Höhepunkt.

Das einzigartige Klima der Steiermark ist für einige geschmeidige, hocharomatische Weine verantwortlich, deren Säuregrad von ausgeprägt bis stechend reicht. Die besten dieser Gewächse besitzen genügend Frucht und Substanz, um dieses Charaktermerkmal auszugleichen, doch wem säurereiche Weine nicht liegen, der muss sich auf einen Schock gefasst machen. Das gilt insbesondere für die einfachen, knochentrockenen Weißen von Welschriesling (anderswo auch Riesling Italico genannt) und den ebenfalls knochentrockenen roséfarbenen Schilcher (von der Sorte Blauer Wildbacher) aus dem wilden Westen der Region. Man sollte sie nur an warmen Sommertagen genießen, es sei denn, Sie wären schon seit Längerem mit diesen Spezialitäten vertraut.

Als Weinbaubereich am bekanntesten ist die Südsteiermark mit dem Gros der besten Rebflächen, die nahe der Grenze zu Slowenien liegen. Glücklicherweise gab es mit den slowenischen Nachbarn seit dem Fall des Eisernen Vorhangs nie ernsthafte Probleme, um so weniger in jüngster Zeit, als mit der Aufnahme Sloweniens in die EU Ende 2007 die Schengen-Außengrenze weg von der Steiermark weiter gen Südosten verlegt wurde.

Die Südsteiermark hat einige der komplexesten Sauvignon-Blanc-Gewächse der ganzen Weinwelt zu bieten. Leider gibt es aber auch einige mit Eiche überwürzte und überteuerte Exemplare. Beim hiesigen Chardonnay, der hier Morillon heißt, seit die Rebe Ende des 19. Jahrhunderts eingeführt wurde, ist Eiche zum Glück das geringere Problem. In letzter Zeit erleben traditionelle Sorten wie Muskateller (Muscat Blanc à Petits Grains), Gewürztraminer und Grauburgunder (Pinot Gris) eine Art Renaissance, und man könnte durchaus behaupten, dass sie ganz genauso aufregend sind wie die Modeweine Sauvignon Blanc und Morillon.

Während der vergangenen Jahre wurden in Österreich überall neue Kellereien errichtet, doch nirgendwo ist die Architektur spektakulärer und atemberaubender (im guten wie im schlechten Sinn) als in der Steiermark. Die eine Kellerei sieht aus wie ein Kunstmuseum, die nächste eher wie ein Flughafenterminal, bei der dritten fühlt man sich an ein soeben gelandetes UFO erinnert. Andere Erzeuger gingen glücklicherweise etwas vorsichtiger zu Werke, und so findet man auch eine Fülle von harmonisch in die Landschaft eingefügten Bauten. Für das ungeübte Auge weit weniger auffällig ist die Erweiterung der Gesamtrebfläche um 45 Prozent in den vergangenen 25 Jahren. Seit den späten 1980er-Jahren ist die Weinregion Steiermark auf Erfolgskurs!

Weil der Großteil der österreichischen Weine (99 Prozent) im Osten des Landes erzeugt wird, wird von den österreichischen Wein- und Restaurantkritikern gern die Tatsache übersehen, dass im Westen, nahe der Grenze zur Schweiz, ebenfalls historische Weinbaugebiete liegen. Zurzeit sind in der sogenannten Weinbauregion Bergland eine Reihe weinbaulicher Experimente im Gang, deren Erfolgsaussichten durch den Klimawandel beträchtlich erhöht werden.

Gross Steiermark

Johannes Gross ist einer der zuverlässigsten steirischen Erzeuger. Er bietet unter dem Etikett Steirische Klassik ein breites Spektrum knackiger, aromatischer trockener Weine sowie eine ganze Reihe von Lagenweinen, deren beliebteste der trockene Sauvignon Blanc und der Morillon (Chardonnay) sowie der Gewürztraminer vom Ratscher Nussberg sind. Diese Weine sind mächtig (14 Vol.-% Alkohol), aber auch reich texturiert und strotzen vor Frucht. Fast ebenso gut ist der konzentrierte, aber kühlere, überaus zitrusfruchtige Sauvignon Blanc Sulz.

Nr. 26, 8461 Ratsch an der Weinstraße; www.gross.at

Lackner-Tinnacher Steiermark

Das medienscheue Paar Fritz Tinnacher und Wilma Lackner widmet sich ausschließlich der Bereitung großartiger trockener Weißer. Sogar ihre konzentriertesten Weine wirken mit ihrer nahezu perfekten Ausgewogenheit und aromatischen Finesse schlank. Spezialitäten sind Gelber Muskateller und Grauburgunder. Unter Weinkritikern gilt der Sauvignon Blanc Welles mit Paprika- und Schwarze-Johannisbeer-Aromen als »ernsthaftester« Wein.

Steinbach 12, 8462 Gamlitz; www.tinnacher.at

Franz Nachbaur Vorarlberg

Die Weinbaubereiche im Westen Österreichs werden oft ignoriert, weil sie so klein sind. Gewiss nicht zu vernachlässigen sind jedoch Franz Nachbaurs exzellente Weine aus ökologischem Anbau in Vorarlberg. Die feinsten seiner trockenen Weißen sind der rassige, intensiv mineralische Riesling und der körperreiche Grauburgunder mit blumigen und Honignoten (einer der besten Österreichs). Der Blauburgunder beweist, dass Pinot Noir hier aufregende Rote von duftig-seidiger Art ergeben kann.

Zehentstr. 4, 6832 Röthis; www.weingut-nachbaur.at

Neumeister Steiermark

Mit seinen explosiven Frucht-, Kräuter- und Gewürzaromen zählt Albert Neumeisters Sauvignon Blanc Klausen zu den extrovertiertesten und lebhaftesten trockenen Weißen der Steiermark. Er ist typisch für den Vollgasstil des großen (250 000 Flaschen pro Jahr), modernen Guts, das dazu beigetragen hat, die einst vernachlässigte Region wieder ins Bewusstsein zu rücken. Neumeister betreibt auch ein Hotel mit Gourmetrestaurant, Schlafgut Saziani, wo man die Weine verkosten kann.

Straden 42, 8345 Straden; www.neumeister.cc

Erich & Walter Polz/Schloss Seggau Steiermark

Die feinsten Weine der Brüder Polz sind konzentrierte Spätentwickler, die einige Jahre Flaschenreifung benötigen, um ihr Bestes zu geben. Mitunter geht Erichs und Walters Ehrgeiz zu weit und die Weine fallen eher massiv aus, doch wenn ihr Sauvignon Blanc Theresa in Form ist, zählt er zu den rassigsten und komplexsten Gewächsen der Region. Sehr gut ist auch der Traminer, der – anders als viele steirische Weine von dieser Traube – nicht exzessiv mit Eiche behandelt wird. Machen Sie sich bei den knochentrockenen Steirische-Klassik-Weinen auf deutliche Säure gefasst. Seit 2007 sind die Brüder auch für die Weine von Schloss Seggau in Leibnitz zuständig.

Grassnitzberg 54a, 8471 Spielfeld; www.polz.co.at

TEMENT
VOM WEINBERG ZIEREGG STAMMT DER RENOMMIERTE SAUVIGNON BLANC

HANNES SABATHI
ALTHERGEBRACHTE WEISHEITEN ÜBER STEIRISCHEN WEIN STELLT HANNES SABATHI INFRAGE

Hannes Sabathi Steiermark

Der mutige junge Hannes Sabathi erzeugt einige höchst originelle und individuelle trockene Weißweine von kraftvoller, würziger, mineralischer Art. An der Spitze stehen die (nur in den besten Jahren bereiteten) Reserve-Abfüllungen mit großartigem Alterungspotenzial, vor allem der Sauvignon Blanc.

Kranachberg 51, 8462 Gamlitz; www.sabathi-weine.at

Sattlerhof Steiermark

Willi Sattlers Gewächse zählen fraglos zu den feinsten trockenen Weißen der Steiermark. Sogar die einfachsten Weine besitzen ausreichend Substanz, um die Säure problemlos auszubalancieren, sind deshalb aber auch tendenziell recht alkoholstark. An der Spitze des Sortiments steht der reichhaltige, exotische Sauvignon Blanc von der großartigen Lage Kranachberg.

Sernau 2, 8462 Gamlitz; www.sattlerhof.at

Strohmeier Steiermark

Franz Strohmeier ist ein Meister des Schilchers, des knochentrockenen, säurereichen Rosés, der aus der Traube Blauer Wildbacher bereitet wird. Wer diesen Weinstil noch nicht kennt, pickt sich aus dem großen Angebot am besten die schäumende Version heraus, die wohl am zugänglichsten ist. Es gibt auch einen verblüffenden geschmeidig-fruchtigen Roten namens »Zweigelt aus Trauben, Liebe und Zeit«. Bioweinbau.

Lestein 148, 8511 St. Stefan ob Stainz
www.strohmeier.at

Tement Steiermark

Manfred Tements Kellereigebäude ist das größte und spektakulärste der vielen neuen steirischen Kellereien. Es sieht aus wie ein Flughafenterminal und thront ganz oben auf dem Weinberg Zieregg, wo die Reben für Tements berühmten Sauvignon Blanc wachsen. In den letzten Jahren hat Tement den Einfluss neuer Eiche bei seinen Spitzengewächsen, v.a. beim Sauvignon Blanc, reduziert und die Barriques durch große neue Eichenfässer ersetzt. Der Sauvignon Blanc Sernau mit intensiven Kräuteraromen und salzig-mineralischem Abgang ist oft ebenso gut wie der muskulösere Zieregg. Zu Unrecht häufig übersehen werden der fantastische trockene Muskateller und Gewürztraminer. Die Weine des Tennisstars Thomas Muster werden von Tement vinifiziert und unter dem Etikett TOMS vermarktet.

Weingut Zieregg 13, 8461 Berghausen
www.tement.at

Winkler-Hermaden/Domäne Stürgkh Steiermark

Am bekanntesten ist Georg Winkler-Hermaden als Erzeuger eines der besten trockenen Grauburgunder der Steiermark, des reichhaltigen, ganz leicht eichenwürzigen Reserve. Mit seinen kräuterwürzig-blumigen Noten ist aber auch sein Sauvignon Blanc Kirchleiten einer der elegantesten, mineralischsten Weine der Region. Dasselbe gilt für den Zweigelt Olivin. Seit 2004 hat Winkler-Hermaden auch die Rebflächen der Domäne Stürgkh gepachtet und dort den Gewürztraminer wiederbelebt.

Kapfenstein 105, 8353 Kapfenstein
www.winkler-hermaden.at

SCHWEIZ

Das größte Problem der Schweizer Weinproduzenten ist die Fixierung auf den Binnenmarkt. Sie hat ihren Ursprung in einer protektionistischen Gesetzgebung, die importierte Weine viele Jahre lang mit hohen Zöllen belegte. Inzwischen ist das jedoch Vergangenheit, und Weine aus dem Ausland sind heute überall in der Schweiz zu finden. Viel schwieriger ist es, guten Schweizer Wein im benachbarten Deutschland aufzutreiben, ganz zu schweigen von den USA, Japan oder Skandinavien. Der historische Hintergrund dieser Entwicklung ist der drastische Rückgang an Rebflächen von etwas über 30000 Hektar 1877 auf gerade mal 12000 Hektar 1957. Heute beträgt die Gesamtrebfläche etwa 15000 Hektar, doch die besten Weine des Landes werden meist in kleinen bis winzigen Mengen erzeugt.

Hauptrebsorten

Rot

Gamay

Merlot

Pinot Noir (Blauburgunder)

Weiß

Chasselas

Müller-Thurgau

Jahrgänge

Für die Schweiz als Ganzes lassen sich keine Aussagen zu Jahrgängen machen, da die einzelnen Regionen beträchtliche klimatische Unterschiede aufweisen: Im Norden herrschen Verhältnisse ähnlich wie in Deutschland, während das Tessin schon mediterrane Züge aufweist. Auch die Höhe der Weinberge spielt eine wichtige Rolle. Insgesamt war die Qualität in den letzten Jahren aber gut bis sehr gut.

Dass nicht genug guter Schweizer Wein erzeugt wird, um den Export zu einer lohnenden Einnahmequelle zu machen, ist für alle, die nicht in der Schweiz leben, ein großer Verlust. Und es hat auch zur Folge, dass die qualitativen Vorzüge und die stilistische Originalität der Schweizer Weine international kaum Beachtung finden. Nur ganz allmählich setzt in dieser Beziehung ein Wandel ein. Der Gegensatz zum Nachbar Österreich, das seine Exporte vervielfacht und sich weltweit als Erzeuger guter und erstklassiger Weine etabliert hat, ist groß. Ist die Schweiz in der Lage, diesem Beispiel zu folgen? Das wird sich mit der Zeit erweisen.

Eine generelle Beschreibung des Schweizer Weins ist kaum möglich, denn in fast allen der insgesamt 26 Kantone wird Weinbau betrieben. Auch das Rebsortenspektrum ist riesig, die klimatischen Bedingungen sind extrem unterschiedlich, und die Rebflächen liegen hoch, mitunter mehr als 1000 Meter über dem Meer (Europas höchstgelegener Weinberg befindet sich in Visperterminen im Oberwallis). Übertroffen wird all das noch von den kulturellen Unterschieden der Winzer in den sechs Weinregionen (Wallis, Waadt, Genf, Drei-Seen-Land, Tessin und Deutschschweiz), die allen drei Sprachgemeinschaften der Schweiz entstammen. Sie sprechen Deutsch, Französisch oder Italienisch und werden durch den Schweizer Nationalstolz geeint. Nichtsdestotrotz beharrte man in den einzelnen Sprachregionen bis vor nicht allzu langer Zeit auf der Eigenständigkeit des jeweiligen Weinbaus, und auch heute noch geben nur wenige Erzeuger offen zu, dass Einflüsse aus anderen Bereichen Eingang in ihre Weine finden.

Andererseits sind 45 Prozent der gegenwärtig 15000 Hektar Gesamtrebfläche mit der alten Sorte Chasselas (in Deutschland Gutedel) bestockt, die mit ihren überaus großzügigen Erträgen für 60 Prozent der Schweizer Weinproduktion sorgt. Traditionell wird Chasselas als leichter, knochentrockener Weißer ausgebaut, dessen Säure durch biologischen Säureabbau abgemildert wird. Letztere Methode wird zunehmend infrage gestellt, sodass sich allmählich eine nie zuvor gekannte stilistische Vielfalt einzustellen beginnt. Die andere – in Bezug auf die Quantität – bedeutende Schweizer Spezialität ist der rote Dôle, ein ebenfalls leichter und weicher Verschnitt von Gamay und Pinot Noir. Auch hier stehen seit einiger Zeit die Zeichen auf Entwicklung.

Es besteht jedoch kein Zweifel, dass die feinsten Schweizer Weine weit über diese beiden Klassiker hinausgehen. Sie lassen sich in zwei Gruppen unterteilen. Die größere umfasst Weine, die von französischen Rebsorten wie Pinot Noir (seit Jahrhunderten in der Schweiz angebaut), Merlot oder Chardonnay (eher Neuzugänge) bereitet werden, aber kaum je in die international bekannten Schubladen gesteckt werden können.

In die andere, potenziell faszinierendere Gruppe fallen Weine von einheimischen Schweizer Sorten wie Petite Arvine, Heida (beide weiß) oder Cornalin (rot). Sie schmecken in der Regel absolut unverwechselbar und sind Gewächsen von bekannteren Rebsorten oft ebenbürtig. Dennoch wären die meisten Schweizer Winzer glücklicher, wenn sie es mehr mit diesen bekannteren Sorten zu tun hätten. Auch hier steht die Schweiz am Scheideweg.

Schlossgut Bachtobel Thurgau
Von 1967 bis zu seinem Tod im Jahr 2008 verfolgte Hans-Ulrich Kesselring auf seinem 6-ha-Gut eine Philosophie der natürlichen, intuitiven Weinbereitung, die ihm einen Platz in der Spitzenriege der Schweizer Erzeuger eintrug. Denn das Labor dürfe dem Trinkvergnügen nicht im Weg stehen, wie Kesselring es formulierte. Die letzten Jahrgänge seines Pinot Noir No. 3 zählten zweifellos zu den feinsten Weinen, die je in der Schweiz von dieser Traube bereitet wurden. Dasselbe trifft aber auch auf die trockenen Weißen von Müller-Thurgau, Riesling und Sauvignon Blanc zu. Kesselrings Neffe, Johannes Meier, führt dessen Werk mit großer Hingabe fort; Rebsorten und Weine bleiben dieselben, darunter der Bordeaux-Verschnitt Clairet, ein Weisser Riesling und ein Pinot Gris.

Bachtobelstr. 76, 8570 Weinfelden; www.bachtobel.ch

Domaine des Balisiers Le Mandement
Gérard Pillon und Jean-Daniel Schlaepfer bereiten auf ihrem Gut die beeindruckendsten Rotweine von den oft unterschätzten Genfer Weinbergen. Ihr Spitzengewächs, der Comte de Peney, besteht zu zwei Dritteln aus Cabernet Sauvignon und einem Drittel aus Cabernet Franc und wird zum Teil in Amphoren, zum Teil in gebrauchten Barriques ausgebaut. Die ungewöhnliche Bereitungsmethode erbringt ausgewogene Weine, die stark an traditionellen Bordelaiser Médoc erinnern, aber sanftere Tannine aufweisen. Die Liebe zum Detail ist jedoch nicht auf den Keller beschränkt: Die Weinberge werden nicht weniger akribisch – und seit 2004 ökologisch – bewirtschaftet.

12 Route de Peney-Dessus, 1242 Satigny
www.balisiers.ch

Baumann Weingut Schaffhausen
Der Pinot Noir aus dem Kanton Schaffhausen besitzt einen einzigartig duftigen, sanften Stil. Und Beatrice Baumann und ihr Mann Ruedi perfektionieren seit 1995 ihre persönliche Interpretation dieses Stils. Die Cuveé »R« – kurz für die Lage Röti, nicht für »Reserve« – ist ein für diese Region ungewöhnlich fester und eichenwürziger Wein. Der noch festere Zwaa ist ein Gemeinschaftsprojekt mit dem Weingut Bad Osterfingen im Nachbarort.

Dorfstr. 23, 8216 Oberhallau
www.baumannweingut.ch

Domaine Louis Bovard Lavaux
Bedenkt man sein fortgeschrittenes Alter, ist Louis-Philippe Bovard unerhört aktiv und und innovativ. Sein bedeutendster Wein ist der geschmeidige, trockene und überaus mineralische Chasselas Médinette. Er stammt von den 4 ha, die Bovard in der Grand-Cru-Lage Dézaley besitzt, jenem steil ansteigenden, terrassierten Weinberg, der sich am Nordufer des Genfer Sees erhebt. Doch Bovard hat auch viele andere interessante Weine zu bieten, beispielsweise einen faszinierenden experimentellen Sauvignon Blanc, den er Buxus getauft hat, und einen sehr guten Chenin Blanc namens Salix.

Place d'Armes 2, 1096 Cully; www.domainebovard.com

Michael Broger Thurgau
Zu Beginn seiner Karriere war Michael Broger acht Jahre lang für seinen mittlerweile verstorbenen Nachbarn, den hochgeschätzten Hans-Ulrich Kesselring (siehe Schlossgut Bachtobel), tätig. So richtig begonnen hat sein Winzerabenteuer aber erst, als er 2003 knapp 3 ha Weinberge (und ein Haus) nur 100 m von Kesselrings Schlossgut entfernt erwarb. Damals beschloss Broger, den Schritt in die Selbstständigkeit zu wagen und sein eigenes Gut aufzubauen. Am bekanntesten sind seine eleganten, mittelschweren Blauburgunder (Pinot Noir), obwohl er auch einen der reichhaltigsten und ausgefeiltesten trockenen Müller-Thurgau-Weine der Schweiz und einen herrlich erfrischenden trockenen Weissherbst (Rosé) erzeugt.

Schnellberg 1, 8561 Ottoberg
www.broger-weinbau.ch

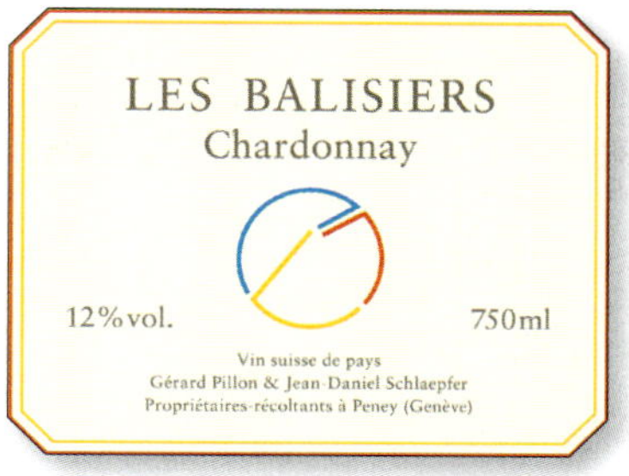

DOMAINE DES BALISIERS
DER CHARDONNAY LES BALISIERS IST EIN AUSSERORDENTLICH GUT GEMACHTER WEISSER

KELLEREI CHANTON
GWÄSS IST EINE VON MEHREREN EINHEIMISCHEN REBSORTEN, DIE CHANTON ANBAUT

Kellerei Chanton Wallis
Seit 1964 arbeitet »Chosy« (Josef-Marie) Chanton unermüdlich an der selbst gestellten Aufgabe, traditionell schweizerische Rebsorten vor der Ausrottung zu bewahren. Deren originellste, die Heida, von der seit jeher der Gletscherwein bereitet wird, stand ganz oben auf seiner Liste, doch Chanton wollte auch ausgefallenere Sorten retten, wie Lafnetscha (Bananen- und Currykrautaromen) und Gwäss (stahlig; auch als Gouais Blanc oder Heunisch bekannt). Heute führt Sohn Mario das Werk seines Vaters fort, ist aber darüber hinaus für einige der feinsten Schweizer Rieslinge im mittelschweren trockenen Stil verantwortlich. Zudem gibt es superbe edelsüße Spätlesen und Eisweine.

Kantonsstr. 70, 3930 Visp
www.chanton.ch

Marie-Thérèse Chappaz Valais
Seit mehr als 20 Jahren zählt Marie-Thérèse Chappaz zu den großen Neuerern der Schweizer Weinlandschaft. Eine ihrer vielen verschiedenen Errungenschaften ist der Grain Noble, zweifellos der feinste Dessertwein des Landes. Er wird von der einheimischen Rebsorte Petite Arvine bereitet und ist vollgepackt mit überaus reichhaltigen Trockenfruchtaromen, während Edelfäule komplexe Honig- und Gewürznoten beisteuert. Nicht weniger faszinierend ist der trockene Petite Arvine Grain Blanc, trotz des Barriqueausbaus absolut geradlinig, rein und von origineller Herbheit.

La Liaudisaz, 1926 Fully; www.chappaz.ch

Andreas Davaz Graubünden
Die schwierigste Aufgabe bei Andreas Davaz' Blauburgunder-(Pinot-Noir-)Rotweinen besteht darin, zu entscheiden, welcher der beste ist. Ist es der muskulöse, tanninherbe, im Barrique ausgebaute Uris? Oder ist es die einfache Abfüllung mit geradezu überirdisch intensiven Kirsch- und Beerenaromen, die »nur« in Edelstahl vinifiziert wird? Der junge Weinmacher ist selbst noch dabei, das herauszufinden – und er hat ja jede Menge Zeit. Deshalb wird man in den kommenden Jahren mit (zweifellos auch überraschenden) Veränderungen bei diesem spannenden Graubündner Gut rechnen müssen.

Porta Raetia, 7306 Fläsch; www.davaz-wein.ch

Donatsch Graubünden
Das Gut war eines der ersten in Graubünden, die bereits vor 20 Jahren mit dem Barriqueausbau von Pinot Noir experimentierten. Heute baut Martin Donatsch seine Pinot-Noir-Weine alle im Barrique aus, mit Ausnahme der leichten, fruchtigen Abfüllung Tradition. An der

DOMAINE JEAN-RENÉ GERMANIER

GERMANIERS FENDANT IST EIN FRISCHER, KÜHLER VERTRETER EINES CHASSELAS-WEINS

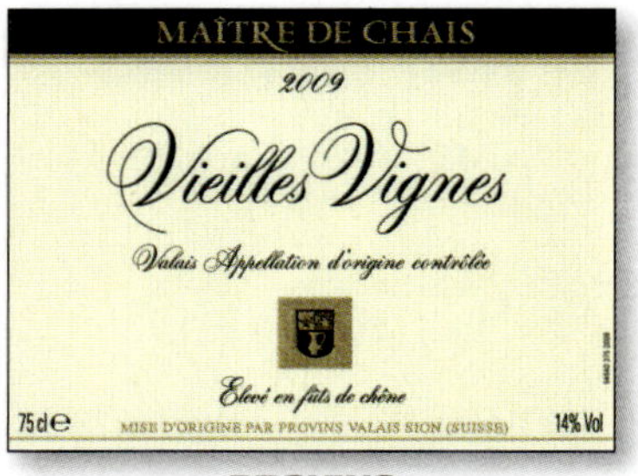

PROVINS

DER MAÎTRE DE CHAIS VIEILLES VIGNES IST REICHHALTIG UND HONIGWÜRZIG, ABER TROCKEN

Spitze steht der Pinot Noir Unique mit jeder Menge Tannin, Alkohol und Eichenwürze, der mehrere Jahre Flaschenreifung benötigt. Nicht weniger umwerfend sind der reichhaltige, kraftvolle Chardonnay Unique und der herb rassige, spät gelesene Completer, der vorwiegend von der alten Schweizer Rebsorte dieses Namens bereitet wird. Empfehlenswert ist auch das zum Gut gehörende Restaurant Zum Ochsen mit regionaler Küche.

Zum Ochsen, 7208 Malans; www.donatsch-malans.ch

Fromm Graubünden

Man kennt Georg Fromm als Gründer der Kellerei La Strada im neuseeländischen Marlborough, wo er seit 1994 viele erstklassige Pinot-Noir-Gewächse erzeugt hat. Ebendies war auch sein Ziel, als er in seine Heimatstadt zurückkehrte. Fromms Pinot-Noir-Weine mit der charakteristischen Frische und Feinheit der Berge zählen heute zu den elegantesten der Schweiz. Wie in Neuseeland stehen Fromm auch hier diverse weitere Rebsorten zur Verfügung. So erzeugt er einen beeindruckenden trockenen Riesling-Sylvaner (Müller-Thurgau), einen eleganten Chardonnay, einen Gewürztraminer mit moderater Säure und in den wärmsten Jahren einen guten, mittelschweren Merlot.

Oberdorfgasse 11, 7208 Malans; www.fromm-weine.ch

Gantenbein Graubünden

Daniel Gantenbein war ursprünglich Maschinenmechaniker, kein Weinmacher, und so war es eine mutige Entscheidung, als er 1982 zusammen mit seiner energischen Frau Martha rund 4 ha Rebland übernahm, das ihrer Familie gehörte. Mutig, aber nicht tollkühn, wie sich bald herausstellen sollte. Die Fortschritte waren beträchtlich, und heute erzeugt das Paar in einer umwerfend modernen Kellerei den konzentriertesten, reichhaltigsten, alterungsfähigsten Pinot Noir der Schweiz. Nicht weniger umwerfend ist ihr Rheinriesling im unverkennbaren Moselstil, der feine Zitrusaromen mit rassiger Säure und Fruchtsüße verbindet.

Im Feld, 7306 Fläsch
Tel. 081 302 47 88

Domaine Jean-René Germanier Wallis

Mit dem ersten Jahrgang ihres Syrah Cayas, 1995, veränderten Jean-René Germanier und sein Neffe, Kellermeister Gilles Besse, das Antlitz der Region: Sie bewiesen, dass das Schweizer Rhône-Tal großartige Weine von der wichtigsten Traube der französischen Rhône hervorzubringen vermag. Dieser Wein besitzt einen duftig-eleganten Stil mit äußerst diskreten Pfeffernoten und ohne die Lederaromen, die französische Rhône-Syrahs oft kennzeichnen – er ist komplett anders. Das Team erzeugt auch herrlich aromatischen und lebhaften Fendant (von Chasselas), angeführt vom Balavaud Grand Cru.

1963 Vétroz; www.jrgermanier.ch

Gialdi Vini Sottoceneri

Feliciano Gialdis kraftvoller, tanninherber Sassi Grossi ist vermutlich der beste sortenreine Merlot der Schweiz. Die mineralische Note im Abgang ist Ausdruck der Sand-Granit-Gneis-Böden in Gialdis Weinbergen in Biasca und Giornico. Gialdi ist zudem ein Pionier des Merlot Bianco, einer ausgefallenen Tessiner Spezialität, die aus weiß gekeltertem Merlot bereitet wird und einen frischen, jung zu trinkenden Weißwein ergibt. Zudem erzeugt Gialdi u.a. den Dessertwein Mino (Müller-Thurgau/Moscato Bianco) und eine Reihe von Grappas.

Via Vignoo 3, 6850 Mendrisio; www.gialdi.ch

Grillette Domaine de Cressier

Drei-Seen-Land

Hans-Peter Mürset von Grillette Domaine de Cressier war im Jahr 1964 einer der ersten Schweizer, die in ihren Weinbergen Chardonnay, Sauvignon Blanc und Viognier anpflanzten. Die Verbindung der Kalksteinböden seiner Weinberge zwischen Bieler und Neuenburger See mit verhalten modernen Bereitungsmethoden ergibt rassige Weiße mit ausgeprägter Säure. Trotz zunehmenden Alters ist Mürset immer innovativ geblieben. Zu seinen neuesten Kreationen zählen ein für diese Kühlklimazone bemerkenswert gewichtiger und geschmeidiger Cabernet Franc, ein Merlot/Malbec-Verschnitt und ein reinsortiger Merlot.

Rue Molondin 2, 2088 Cressier; www.grillette.ch

Irene Grünenfelder Graubünden

Als Irene Grünenfelder in den Jahren 1992 und 1993 ihre Weinberge anlegte, war sie hauptberuflich noch als Journalistin tätig. Doch als 1995 ihre erste Pinot-Noir-Lese bevorstand, hatte sie sich bereits die Grundlagen der Weinbereitung angeeignet. Zehn Jahre später zählten ihre eleganten, einfachen trockenen Pinot-Noir-Abfüllungen (im großen Holzfass ausgebaut) und ihre noch tanninstärkeren und kraftvolleren, barriquegereiften Pinot-Noir-Weine, die sie unter dem Namen Eichholz produziert, zweifellos zu den besten Graubündens. Zudem gibt es kleinere Mengen von sehr gutem Sauvignon Blanc.

7307 Jenins; www.weinguteichholz.ch

Daniel Huber Tessin

Der Züricher Dani Huber übersiedelte 1980 ins Tessin mit dem Ziel, die dortigen oft dünnen, grünen Roten auf Merlot-Basis zu revolutionieren. Obwohl Huber Forstwirtschaft und nicht Weinbau studiert hatte, waren seine Weine aufgrund ihrer ungewöhnlichen Reife und Kraft von Anfang an überragend. Heute verfügt er über 6,8 ha Weinberge und lebt mit seiner Familie in einem Haus aus dem 17. Jahrhundert in Monteggio, in dem auch die Kellerei untergebracht ist. Sein Spitzengewächs, der Montagna Magica, ist ein Verschnitt von Merlot mit einem kleinen Anteil Cabernet Franc – einer der elegantesten und raffiniertesten Roten der Region mit hervorragendem Alterungspotenzial.

Termine, 6998 Monteggio; www.hubervini.ch

Adriano Kaufmann Sottoceneri

Keiner unter den neuen Tessiner Spitzenrotweinen ist so anspruchsvoll tanninstark wie der Pio della Rocca (75 % Merlot/25 % Cabernet Sauvignon), der damit die Persönlichkeit seines Schöpfers, Adriano Kaufmann, widerspiegelt. Kaufmann erzeugt zudem in einer Region, in der diese Rebsorten selten sind, guten trockenen Sauvignon Blanc und einen natursüßen Sémillon namens Vino da Meditazione. Seit 2004 bewirtschaftet er seine 5 ha Weinberge nach biologisch-dynamischen Prinzipien.

6981 Beride; adokauf.vini@bluewin.ch

Simon Maye Wallis

Man könnte den kraftvoll-robusten Syrah Chamoson des Gutes ohne Weiteres für ein Spitzengewächs aus einer Appellation der nördlichen Rhône wie St-Joseph oder Crozes-Hermitage halten. 30 Jahre alte Reben, die auf 400 m Höhe wachsen, und lange Maischung der ausgereiften Trauben, gefolgt von einjährigem Barriqueausbau – das ist das Geheimnis dieses imposanten Weins der Maye-Brüder Jean-François (Weinberge) und Axel (Keller). Zudem erzeugen sie eine Vielzahl weiterer Weine, darunter mehrere Weiße von ziemlich unbekannten Sorten wie Fauconnier, Trémazières und Moette.

Collombey 3, 1956 St-Pierre-de Clages
www.simonmaye.ch

Domaine Anne-Catherine und Denis Mercier Wallis

Die rote Cornalin-Traube ist ein echtes alpenländisches Original. Ihren Ursprung hat sie im Aosta-Tal in Nordwestitalien – obwohl der Wein, der hier unter dem Namen Cornalin d'Aoste bereitet wird, in Wirklichkeit verwirrenderweise von einer Rebsorte stammt, die in der Schweiz Humagne Rouge heißt. Verwirrend oder nicht, jedenfalls erzeugen Anne-Catherine Mercier und ihr Mann Denis den aufregendsten Wein von dieser kapriziösen Rebe. Die intensiven Kirscharomen springen förmlich aus dem Glas, während die kraftvollen Tannine den vollen Körper und das hervorragende Alterungspotenzial unterstützen.

Crêt-Goubing 44, 3960 Sierre; Tel. 027 455 47 10

Domaine du Mont d'Or Wallis

Die 20 ha terrassierten Weinberge des berühmten Walliser Erzeugers Domaine du Mont d'Or liegen auf über 450 m Höhe nahe der Stadt Sierre. Johannisberg (anderswo Silvaner bzw. Sylvaner genannt) ist die Hauptrebsorte, seit der Gutsgründer sie 1870 aus dem Rheingau hierherbrachte. Heute ist der Spitzenwein von Gutsleiter Simon Lambiel die Spätlese Saint-Martin Johannisberg du Valais. Dieser einzigartige Süßwein verbindet fantastische Reichhaltigkeit mit ausgeprägter Mineralität. Das Gut erzeugt auch einen seltenen Schweizer Riesling namens Amphitryon. Und es bietet Besuchern neben den üblichen Verkostungen auch geführte Wanderungen durch die Weinberge.

Pont-de-la-Morge, 1964 Conthey
www.montdor.ch

Obrecht Graubünden

Christian Obrecht ist einer der besten Blauburgunder-Erzeuger der Schweiz. Seine Spitzengewächse von dieser Traube, Trocla Nera und Monolith, stechen durch ihr lebhaftes Himbeeraroma hervor. Zugleich sind sie intensiv, elegant und besitzen eine unverwechselbare Persönlichkeit sowie mehr Frische, als das Gros der Graubündner Blauburgunder normalerweise aufweist. Obwohl der Schwerpunkt bei diesem Gut eindeutig auf Blauburgunder liegt, erstrecken sich Obrechts Talente auch auf viele andere Sorten. So erzeugt er einen sehr gewichtigen trockenen Riesling-Sylvaner (Müller-Thurgau) und einen beeindruckenden Chardonnay, der teilweise auf den Schalen vergoren wird, wie es bei Rotwein üblich ist.

Malanserstr. 2, 7307 Jenins
www.obrecht.ch

Urs Pircher Schaffhausen

Urs Pircher begann nach dem Tod seines Vaters im Jahr 1979 mit der Bewirtschaftung der 6 ha steilen Weinbergterrassen im Stadtberg Eglisau direkt oberhalb des Rheins. Pircher erzeugt einen der duftigsten und raffiniertesten Schweizer Blauburgunder (Pinot Noir) weit und breit. Er legt mehr Wert auf den Fruchtcharakter des Weins, als dass er durch wuchtige Eichennoten und mächtige Tannine zu beeindrucken suchte. Daneben ist Pircher der Schöpfer eines der knackigsten und erfrischendsten trockenen Riesling-Sylvaner (Müller-Thurgau), die gegenwärtig in der Schweiz zu finden sind. Gewürztraminer, Pinot Gris, Räuschling und Regent vervollständigen das Angebot.

Stadtbergstr. 368, 8193 Eglisau
www.weingut-pircher.ch

Provins Wallis

Die dynamische Madeleine Gay hat unglaublich viel für die Qualitätsverbesserung bei der Walliser Winzergenossenschaft getan – was um so verdienstvoller ist, als deren Einfluss auf die Weinbranche der Region gar nicht überschätzt werden kann. Mit 1100 ha Rebflächen erzeugt Provins ein Viertel der gesamten Walliser Weinproduktion. Der trockene weiße Vieilles Vignes Maître de Chais, ein einzigartiger Verschnitt von Marsanne und Pinot Blanc mit den Schweizer Lokalsorten Amigne und Heida, ist Gays bekanntestes Gewächs, doch sämtliche Weine sind durchweg gut bereitet und modern. Vor allem aber schmecken sie nie, als hätte man versucht, sie in eine stilistische Schablone zu pressen.

Rue de l'Industrie 22, 1951 Sion
www.provins.ch

Hermann Schwarzenbach Zürichsee

Hermann Schwarzenbach ist mit Abstand der dynamischste Erzeuger in der Zürcher Gegend. Zehn verschiedene Weinberge hat er mit zwölf verschiedenen Rebsorten bestockt, was eine enorme Vielfalt an Weinen ergibt. Der bekannteste Vertreter aus diesem breiten Spektrum ist wohl der frische, dezent aromatische trockene weiße Räuschling von der Lage Seehalden. Kein bisschen weniger interessant sind aber sicherlich auch der Riesling-Sylvaner (Müller-Thurgau) im Moselstil und die leichten, aromatischen Rotweine von Pinot Noir und Lemberger.

Seestr. 867, 8706 Meilen
www.reblaube.ch

Christian Zündel Sottoceneri

Christian Zündel gründete sein 4-ha-Gut im Jahr 1982 und hat sich seitdem der Perfektionierung eines ganz und gar unverwechselbaren Tessiner Rotweinstils gewidmet. Diese Aufgabe brachte ihn nach und nach von seiner ursprünglichen Einstellung ab, die sich vor allem um Tanninstärke drehte. Zündels Weine sind heute stattdessen immer mehr von Duftigkeit, Seidigkeit und Eleganz geprägt. Der Orizzonte (Merlot mit einem Spritzer Cabernet Sauvignon) ist in den letzten Jahren ein schönes Beispiel für diese verfeinerte Qualität, dank reduzierter Extraktion und weniger neuer Eiche. Seit 2004 wird nach biologisch-dynamischen Prinzipien angebaut.

6981 Beride
christian.zuendel@bluemail.ch

MÉMOIRE DES VINS SUISSES

Die Weinjournalisten Stefan Keller, Andreas Keller, Susanne Scholl und Martin Kilchmann gründeten 2002 eine einzigartige Vereinigung von Schweizer Winzern: Mémoire des Vins Suisses (MDVS). Sie will dem Vorurteil entgegentreten, dass selbst noble Schweizer Weine kein großes Alterungspotenzial besäßen. Festgelegt wurde hierfür ein Minimum von einem Jahrzehnt und ein ähnlicher Zeitraum für beständig hochwertige Produktion. Von den bescheidenen Anfängen eines Klubs, der sich vorwiegend mit internen Angelegenheiten beschäftigte, reifte MDVS rasch zu einem Verein heran, der sich vehement für das starkmacht, was man als »ernst zu nehmenden« Schweizer Wein bezeichnen könnte – im Gegensatz zum leichten, einfachen weißen Fendant und roten Dôle, die noch immer das Gros der Schweizer Produktion ausmachen. Zudem stiftet jedes Mitglied dem Verein jährlich einige Kisten seines jeweiligen Spitzenweins, der ihn einlagert, um die Alterungsfähigkeit zu prüfen bzw. zu beweisen. Der erste eingelagerte Jahrgang war 1999, und der 25. März 2010 war der erste Tag der Offenbarung: 39 Schweizer Spitzenwinzer präsentierten 111 »memorable« Weine aus zehn Jahrgängen.

Von der jungen Tschechischen Republik bis zur alten Weinnation Griechenland – in den weniger bekannten Erzeugerländern Mittel- und Südosteuropas kann man gute Weine für unglaublich wenig Geld finden, auch wenn die Qualität im Allgemeinen eher durchwachsen ist. Viele Länder des ehemaligen Ostblocks haben große Fortschritte gemacht. Wo vorher kaum auf Qualität geachtet wurde, gibt nun eine Reihe von Weingütern Anlass zu den schönsten Hoffnungen.

Ungarn, früher einmal eines der angesehensten Weinländer in diesem Teil der Welt, ist sicherlich immer noch vor allem für seinen süßen Tokajer bekannt, doch kommen inzwischen auch hochspannende trockene Weine von dort. Das Land hat es mit seiner unsicheren Wirtschaftslage aber bisher nicht geschafft, sich nachdrücklich als Spitzenweinerzeuger der Welt zu präsentieren. Griechenland ist in vieler Hinsicht ein ähnlicher Fall. Es will und will ihm einfach nicht gelingen, das Image des Billigproduzenten (mit oder ohne Pinienharz) gänzlich abzuschütteln. Dabei entstehen in Hellas wirklich denkwürdige Weine, oft aus großartigen einheimischen Rebsorten.

Slowenien, nicht nur geografisch nah an Nordostitalien gelegen, ist ein Land der Boutiquekellereien. Viele von ihnen hängen dezidiert natürlichen (oder sogar übernatürlichen) Methoden der Weinbereitung an. Zu der ähnlich eleganten und experimentierfreudigen Landesküche passen diese Weine ganz hervorragend. Auch in Kroatien findet man vereinzelt exzellente Weiß- und Schaumweine.

In den islamischen Ländern Nordafrikas und des Nahen Ostens ist das Weinverbot des Korans ein echtes Hindernis, dennoch gibt es auch dort vielversprechende Ansätze. Am erfolgreichsten ist der Libanon, wo der weltgewandte Serge Hochar von Château Musar seit Jahrzehnten die Fahne hochhält. Doch auch etliche andere Kellereien erzeugen dort Weine, die aufzuspüren sich lohnt.

ÜBRIGES EUROPA UND NAHER OSTEN

TSCHECHISCHE REPUBLIK UND SLOWAKEI

Tschechische und slowakische Weine gehen nur selten in den Export. Viele sind einfache Tropfen, doch in beiden Ländern gibt es auch ehrgeizige Erzeuger, die beweisen wollen, was in ihren Terroirs steckt. In Tschechien konzentriert sich der Weinbau auf Mähren (der Anteil Böhmens liegt bei fünf Prozent) – vorwiegend Weiße in ähnlichen Stilen wie im benachbarten Österreich. Eis- und Strohwein können großartig sein. Auch aus den sechs Anbaugebieten im Süden der Slowakei kommt vor allem Weißwein. Im Osten gehört sogar eine Ecke der ansonsten ungarischen Region Tokaj zur Slowakei.

Hauptrebsorten

Rot

Frankovka (Blaufränkisch/Lemberger)

Rulandské Modré (Pinot Noir)

Svätovavřinecké (St. Laurent)

Zweigelt

Weiß

Müller-Thurgau

Rulandské Bílé (Pinot Blanc)

Ryzlink Rýnský (Riesling)

Ryzlink Vlašský (Welschriesling)

Sauvignon Blanc

Veltlínské Zelené (Grüner Veltliner)

Jahrgänge

2010
Viel Regen behinderte die Reifung der roten Sorten. Die Weißen sind frisch, knackig und mit guter Aromatik.

2009
Geringe Erträge. Sehr gute Rot-, ausgewogene Weiß- und konzentrierte Süßweine.

2008
Gute, fruchtige Weine, die jetzt schon trinkreif sind.

2007
Warmes Jahr; exzellent für alle Weine, die sich zudem gut halten dürften.

2006
Hochklassige, ausgewogene Weißweine, sehr gute Rote.

2005
Weiße aromatisch und reif, Rote durchschnittlich.

Château Béla Sturovo

Egon Müller von der Mosel (siehe S. 429) entdeckte das Potenzial der Südslowakei für erstklassigen Riesling und arbeitet hier mit der Familie Ullmann zusammen, der das historische Château Béla gehört. Das im Kommunismus verfallene Schloss wurde vollständig renoviert. Gemeinsam erzeugen sie einen umwerfenden trockenen Riesling: elegant, expressiv und mit großartiger mineralischer Intensität und Finesse. ★**Aufsteiger**

Béla č 1, SK-943 53 Béla, Slowakei; www.chateau-bela.com

J. & J. Ostrožovič Tokajska

Das Ehepaar Jaroslav und Jarka Ostrožovič fing 1990 mit fünf Fässern und jeder Menge Enthusiasmus an. Nach und nach haben sie sich eine Kellerei mit Weinberg aufgebaut. Im Angebot sind klassische Tokajer von 3 bis 6 *putňový* (Puttonyos) in einem traditionelleren Stil, als es derzeit in Ungarn Mode ist. Empfehlenswert sind die süßeren Weine mit 5 und 6 *putňový*, die Muscat-Auslese und die sinnlichen Strohweine von Tokajer-Sorten.

Nižná 233, 076 82 Veľká Tŕňa, Slowakei
www.ostrozovic.sk

Martin Pomfy-Mavín Vinosady

Martin Pomfy fing 2001 als Hobbywinzer an, doch die Leidenschaft wurde immer stärker, sodass er 2007 mit eigenen Abfüllungen begann, nachdem er sich die nötige Kellertechnik angeschafft hatte. Auszeichnungen folgten auf dem Fuße, inzwischen ist er einer der großen Aufsteiger der Slowakei. Seine Weißweine sind wunderbar gebaut und zeigen Fruchtintensität und lebhafte Säure, etwa der köstliche Devín oder die stilvollen Weine von Pinot Gris, Riesling und Grünem Veltliner. ★**Aufsteiger**

Pezinská 7, 902 01 Vinosady, Slowakei; Tel. 0908 777 066

Nové Vinařství Mikulov

Die »Neue Kellerei« brachte nach größeren Investitionen 2005 ihre ersten Weine heraus. Nové Vinařství erzielt hohe Qualität durch Fleiß und niedrige Erträge. Im Zentrum stehen reinsortige Weißweine sowie Verschnitte, etwa die elegante trockene Cuvée Cygnus und die süßen Cuvées Lange'Warte, To'No' und Gabriel. Um die aromatische Frische der Weine zu bewahren, werden Glaskorken und Schraubverschlüsse verwendet. ★**Aufsteiger**

Výsluní 613, 691 83 Drnholec, Tschechische Republik
www.novevinarstvi.cz

Patria Kobylí Velkopavlovická

Der 1999 gegründete Betrieb mit 152 ha Rebland betreibt Weinbau mit umweltfreundlichen Methoden, was auch hohe Qualität gewährleisten soll. Rot- wie Weißweine sind zuverlässig gut bereitet; die beiden Flaggschiffweine heißen Patria Cuvée. Der weiße ist ein ungewöhnlicher, aber gelungener Verschnitt von Traminer und Chardonnay, während im roten die Sorten André, St. Laurent und Pinot Noir eine harmonische Verbindung eingehen.

Augusta Sebestové 716, 691 10 Kobylí, Tschechische Republik; www.vinozkobyli.cz

Stapleton & Springer Südmähren

Der ehemalige US-Botschafter Craig Stapleton war 2001 von Jaroslav Springers Pinot Noir so begeistert, dass er 2004, nach seiner Pensionierung, zusammen mit seinem Bruder ein Weingut in Mähren gründete und Jaroslav die Leitung übertrug. Produziert werden nur Rotweine aus Bioanbau, insbesondere reinsortiger Pinot Noir und der elegante und doch komplexe Verschnitt Rouči von Pinot Noir und St. Laurent. ★**Aufsteiger**

Bořetice 476, 691 08, Tschechische Republik
www.stapleton-springer.cz

Vinařství Sonberk Sonberk

Sonberk ist ein Weinbaugebiet mit historisch gutem Ruf, der bis auf das Jahr 1520 zurückgeht. Hier wurde 2003 diese spektakuläre, von 40 ha Rebland umgebene Kellerei gebaut. Handlese, Ertragsbeschränkung und minimale Eingriffe in der Kellerei führen zu komplexen, ausgewogenen Weißweinen wie dem Riesling Popice. Weitere Highlights sind die Süßweine von Pinot Gris, der lokalen Palava-Traube und sogar Sauvignon Blanc. ★**Aufsteiger**

Sonberk 1, 691 27 Popice, Tschechische Republik
www.sonberk.cz

Znovín Znojmo Znojmo

Die Firma, einer der großen Weinproduzenten der Tschechischen Republik, hat im landschaftlich schönen Anbaugebiet Znojmo sorgfältig Lagenauswahl betrieben und für ihre Spitzenweine eine eigene Hefe gezüchtet. Unter den vielen erzeugten Weinstilen, von trocken bis süß, ragen die köstlichen süßen Riesling-Strohweine und die üppigen Eisweine hervor.

Znovín Znojmo, Šatov 404, 671 22 Šatov, Tschechische Republik; www.znovin.cz

SLOWENIEN

Seit 1991, als Slowenien sich vom ehemaligen Jugoslawien trennte, hat sich das Land rasch entwickelt. Das zeigt sich in allen Bereichen, ganz besonders aber in der Weinindustrie, die atemberaubende Fortschritte gemacht hat. Nicht anders als im benachbarten Italien ist Wein seit Jahrhunderten hier ein fester Bestandteil der Kultur – und in den letzten 20 Jahren wurde diese Kultur auf begeisternde Weise wiedergeboren. Eine führende Stellung nahmen dabei auch etablierte Kellereien wie Movia in Goriska Brda ein, hinzu kamen wesentliche Einflüsse aus Italien (vor allem Friaul) in den Westen des Landes und aus Österreich nach Ostslowenien. Heute sind slowenische Weine unverwechselbar und erobern immer mehr die internationalen Märkte.

Guerila Vipava

Erst 2006 gründeten Zmago Petrič, dessen Familie etwa 4 ha Weinberge besitzt, und Uroš Bolčina, der im Keller das Sagen hat, diesen Erzeugerbetrieb. Angebaut wird eine ganze Reihe von Sorten, darunter Merlot, Rebula (Ribolla) und einheimische Trauben wie Zelen und Pinela. Man pflegt einen sauberen, modernen Stil, der auf feine Aromatik und frische Säure in den Weinen Wert legt. Der Zelen ist trocken und fest mit Kräuternoten, während sich der Pinela voller am Gaumen und mit eher floralen Aromen präsentiert. **★Aufsteiger**

Planina 111, 5270 Ajdovščina; www.guerila.si

Kogl Podravje

Dieses aristokratische Gut hat Wurzeln bis ins 17. Jahrhundert, doch seine neuere Geschichte begann Anfang der 1980er-Jahre, als die Familie Cvetko das Anwesen kaufte. Sehr empfehlenswert ist der frische, charakteristische Sämling ohne Eichennote von der gleichnamigen weißen Traubensorte. Auch überzeugender Riesling wird bereitet, sowohl reinsortig als auch im Verschnitt mit Muscat und Auxerrois, die hier zu dem komplexen, bezaubernden Magna Dominica Albus zusammengefügt sind.

Velika Nedelija 23, 2274 Velika Nedelija
www.kogl.net

Movia Goriska Brda

Der charismatische Aleš Kristančič gehört zur jüngsten Generation, die dieses alte Gut an der Grenze zwischen Italien und Slowenien betreibt. Es wurde 1820 gegründet, und Kristančič besteht darauf, dass sich seit den Zeiten seines Großvaters kaum etwas geändert hat – womit er sagen will, dass bei Movia Weinbau und Kellereiarbeit auf natürliche Weise betrieben werden. Seine Weine sind einzigartige, starke Persönlichkeiten – der Lunar, ein lange eingemaischter und im Fass vergorener Ribolla Gialla, ist eine Erleuchtung. Probieren Sie außerdem den gehaltvollen, eleganten Veliko Bianco, der aus Ribolla, Chardonnay und Sauvignon Blanc verschnitten ist.

Ceglo 18, 5212 Dobrovo y Brdih, Pisarma; www.movia.si

Santomas Primorje

Die Familie Glavina kann ihre Wurzeln bis ins Mittelalter zurückverfolgen; Weinbau wird hier auf dem Gut seit den 1850er-Jahren betrieben. Derzeit besitzt Santomas etwa 19 ha Rebland, um das sich Ludvik Nazarij Glavina kümmert, während seine Tochter Tamara die Kellerei leitet. Der beste Wein dürfte der außerordentlich feine Malvazija von der Malvazija-Istriana-Traube sein, der lebendige Säure mit einer festen Struktur vereint – ein Musterbeispiel dieses für den slowenischen Teil der Halbinsel Istrien typischen Weins.

Ludvik Nazarij Glavina, Šmarje 10, 6274 Šmarje
www.santomas.si

Simčič Goriska Brda

Marijan Simčič übernahm das Gut, das seine Familie schon seit 1860 betreibt, im Jahr 1988 und modernisierte die Weinberge und die Kellerei. Von etwa 18 ha Rebflächen – auf denen teilweise knapp 60 Jahre alte Weinstöcke stehen – erzeugt er stilvolle, elegante Gewächse wie den ausgewogenen, floralen Pinot Grigio mit mineralischen Noten, der für diese populäre Sorte erstaunlich komplex gerät. Der rote Teodor Selekcija ist aus Merlot und Cabernet Sauvignon verschnitten und zeigt eine schöne Balance von reichhaltigen Aromen und fester Textur.

Ceglo 3b, 5212 Dobrovo; www.simcic.si

Tilia Vipava

Melita and Matjaž Lemut gründeten ihre kleine Kellerei 1994 im südlichen Vipava-Tal. Ihre Weine sind modern und leicht; ein frischer, lebhafter Touch kennzeichnet sowohl die Roten als auch die Weißen. Mit anhaltenden Zitrusnoten glänzt der frische Sauvignon Blanc. Der Pinot Gris bietet ähnlich kräftige Aromen, ist aber fülliger texturiert. Auch einer der besseren Pinot-Noir-Weine stammt von Tilia: Der Modri Pinot ist zupackend mit reifen, nachhaltigen Geschmacksnoten. **★Aufsteiger**

Potoče 41, 5263 Dobravlje
Tel. 386 5 364 66 84

Vinakoper Koper

Die große Genossenschaftskellerei wurde 1947 in der Adriastadt Koper gegründet, südlich von Triest auf der istrischen Halbinsel. Sehr elegant ist der Malvazija, der den Duft von Mittelmeerkräutern verströmt, dabei aber auch eine verhalten salzige Qualität an den Tag legt. Mit einem fülligen Mundgefühl und großer Geschmackstiefe offenbart sich der Plemenito Belo als komplexer und strukturierter Weißwein – wenn man an die reichhaltigen Weißen aus der Neuen Welt gewöhnt ist, wird man ihn mögen. Deftige Geschmacksfülle zeigt der rote Refosk.

Smarska cesta 1, 6000 Koper; www.vinakoper.si

Hauptrebsorten

Rot

Blaufränkisch
Cabernet Franc
Cabernet Sauvignon
Merlot
Pinot Noir
Refosk (Refosco)

Weiß

Malvazija Istriana
Pinela
Pinot Gris
Rebula (Ribolla Gialla)
Riesling
Sämling
Sauvignon Blanc
Zelen

Jahrgänge

Die letzten Jahrgänge (2006 bis 2010) waren insgesamt gut in Slowenien. Je mehr die Kellereien modernisieren, umso weniger spielen Jahrgangsunterschiede eine Rolle, denn das Qualitätsniveau ist allgemein gut. Da slowenische Weine relativ neu auf dem Exportmarkt sind, ist es ohnehin besser, sich an bestimmte Erzeuger zu halten als zu sehr auf Jahrgänge zu schielen.

UNGARN

Mit seiner Vielfalt an Bodentypen, Rebsorten und Temperaturunterschieden ist Ungarn nicht nur traditionell führend in Südosteuropa, sondern könnte auch Europas nächste große Entdeckung für moderne Weine sein. Seit dem Ende der Sowjetunion und dem Versiegen großer Ströme billigen Weins dorthin, sind Investoren aus Frankreich (AXA bei Disznókő), Spanien (Vega Sicilia bei Oremus), Italien (Antinori bei Bátaapáti), Österreich (Weningers Kooperation mit Gere) und England (Hugh Johnson bei Royal Tokaji) gekommen. Dennoch sorgen schlechtes Marketing, Wirtschaftsturbulenzen und ein dem einst legendären Tokajer gleichgültig gegenüberstehender internationaler Markt dafür, dass Ungarns Wein relativ unbekannt bleibt.

Hauptrebsorten

Rot

Cabernet Franc
Kadarka
Kékfrankos (Blaufränkisch)
Pinot Noir
Portugieser
Zweigelt

Weiß

Furmint
Hárslevelű
Irsai Olivér
Királyleányka
Olaszrizling (Welschriesling)
Szürkebarát (Pinot Gris)

Jahrgänge

2010
Regen im Frühling und Sommer, sonnig und trocken im Herbst. Sehr unterschiedliche Qualität bei geringen Mengen.

2009
Gute Bedingungen, aber wenig Botrytis für Tokaji Aszú.

2008
Ernteregen zerstörte die Hoffnungen vieler Winzer. Weißweine besser als Rote.

2007
Langer Sommer, kaum Regen im Herbst: exzellente Weine.

2006
Perfektes Wetter für einen allgemein großartigen Jahrgang.

2005
Enttäuschender Sommer, aber schöner Herbst. Gute Weiße und stämmige Rote.

Als vierzehntgrößter Weinerzeuger der Welt schlägt sich Ungarn im Verhältnis zu seiner Größe sehr gut. Es werden mehr Weiß- als Rotweine bereitet, das Verhältnis beträgt etwa drei zu zwei. Jahrgangsunterschiede sind normal; die Sommer können sehr heiß, die Winter frostig kalt werden.

2006 legte die ungarische Regierung mit Blick auf den bevorstehenden EU-Beitritt sechs Weinanbaugebiete fest: Balaton (Plattensee), Dél-Pannónia (Südpannonien), Duna (Donau), Eszak Dunántúl (nördliches Transdanubien), Eszak-Magyarország (Nordungarn) und Tokaj-Hegyalja. Körperreiche, intensiv mineralische trockene Weißweine werden in den Gebieten Badacsony, Somló (beide zur Region Balaton gehörig) und neuerdings auch in Tokaj erzeugt, während im wärmeren Bereich Villány (Südpannonien) auf vulkanischen Böden Ungarns feinste Rote entstehen. Aus der Großen Ungarischen Tiefebene (Alföld) kommen hauptsächlich Weine für den Verschnitt, wenngleich man im Bezirk Csongrád auch gute Rote bereitet.

Die Grundlage für die berühmten Süßweine aus Tokaj sind Südhänge mit Ton-Löss- und steinigen Ascheböden über vulkanischem Fels. Erzeugt wird Tokajer (ungarisch: Tokaji) aus Weißweintrauben, hauptsächlich Furmint mit etwas Hárslevelű, in geringerem Umfang auch Zéta, Kabar, Sárgamuskotály (Gelber Muskateller) und Kövérszőlő.

Die Bedingungen für die Entstehung von Edelfäule (Botrytis) sind hier ideal. Tokajer sind einzigartig auch in der Hinsicht, dass die natürlichen Umgebungshefen die Gärung bis zu einem Alkoholgehalt von 18 Volumenprozent bringen können, manche sogar im Winter bei Temperaturen unter Null Grad. Süßer Tokaj Aszú muss gesetzlich mindestens zwei Jahre im Fass und eines in der Flasche reifen.

Eger ist für seinen Rotweinverschnitt auf Basis der Kadarka-Traube bekannt: Egri Bikavér, das »Erlauer Stierblut«. Einige der feinsten Exemplare davon erzeugte der 2005 verstorbene Tibor Gál in seiner Kellerei GIA in Eger, außerdem war er bekannt für großartigen Pinot Noir.

Weißweine aus einheimischen Sorten, deren würzige Noten gut zur Landesküche passen, werden aus Furmint, Hárslevelű, Sárgamuskotály, Irsai Olivér, Juhfark, Kéknyelű, Szürkebarát (Pinot Gris), Olaszrizling (Welschriesling), Riesling und Királyleányka bereitet. Zu den roten Sorten gehören Kadarka, Kékfrankos (Lemberger oder Blaufränkisch) und Portugieser (früher Kékoportó), die Weine von unterschiedlicher Intensität und Lagerfähigkeit liefern. Internationale Trauben – Chardonnay, Sauvignon Blanc, Cabernet Sauvignon, Cabernet Franc, Merlot und Pinot Noir – sind eher neue Erscheinungen, haben in Ungarn aber gute Ergebnisse erzielt und viel Lob geerntet.

Disznókő Tokaj

Wie bei vielen großen Erzeugern in Tokaj kamen nach dem Niedergang des Kommunismus sofort die Investoren aus dem Ausland: 1992 kaufte das französische Versicherungsunternehmen AXA das 100-ha-Gut. Disznókő bezieht 90 % seiner 1000 Fässer von örtlichen Küfereien, die mit Holz aus den Wäldern des nahen Zemplén arbeiten. Nach jahrelanger Verwendung von französischen Fässern setzt sich diese Lösung nun durch. Beeindruckend sind auch die Kellereigebäude in ihrem Mix aus klassischen und modernen Stilen. Unter der Leitung von László Mészáros entstehen außerordentlich gute Weine im ausladenden, internationalen Stil.

H-3910 Tokaj, Pf 10; www.disznoko.hu

Dobogó Tokaj

Izabella Zwack stammt aus einer alteingesessenen Familie von Spirituosenbrennern. Zusammen mit Kellermeister Attila Domokos produziert sie ihre Weine so biodynamisch wie möglich, mit einem Minimum an Schwefeldioxid und ohne Kasein, Gelatine oder Enzyme. Ihr gehören vier Weinberge mit insgesamt 5 ha, davon 3 ha im »Grand Cru« von Mád und 1 ha in der Nähe ihrer Kellerei in Tokaj, die um 1869 gebaut wurde. Zu den angebauten Rebsorten gehören unter anderem Portugieser, Pinot Noir, Malbec, Cabernet Sauvignon, Petit Verdot und Blaufränkisch. ★**Aufsteiger**

H-3910 Tokaj, Dózsa Gy út 1
www.dobogo.hu

Attila Gere Villány

1991 baute Attila Gere die Kellerei seiner Familie in Villány mit 60 ha Rebfläche neu auf. Gere arbeitet am liebsten manuell – und erhielt 2004 den Lohn für seine Mühen, als sein 2000er Merlot Solus in einer Blindverkostung in Österreich den Wein von Château Pétrus schlug. Neben seiner Cuvée Kopár produziert Gere sortenreinen Cabernet Franc und Cabernet Sauvignon; in letzter Zeit experimentiert er auch mit der einheimischen Portugieser-Traube, sowohl sortenrein als auch im Verschnitt mit der ebenfalls autochthonen Kékfrankos. Seit Ende 2010 werden alle Weinberge der Familie Gere biologisch oder biodynamisch bewirtschaftet.

H-7773 Villány, Erkel Ferenc utca 2/A
www.gere.hu

István Szepsy Tokaj

Ungarns prominentester Weinmacher hat einen eindrucksvollen einschlägigen Familienhintergrund – bis zurück ins 16. Jahrhundert. Nachdem er bei Királyudvar als Kellermeister erfolgreich war, gründete er im Jahr 2000 seinen eigenen Betrieb mit 63 ha Rebfläche. Seine Süßweine sind bereits legendär, doch seit 2002 lotet er auch die Grenzen des trockenen Furmint neu aus. Ein trockener Hárslevelű ist nun ebenfalls im Angebot.

H-3909 Mád, Batthyány út 59; www.szepsy.hu

Királyudvar Tokaj

Anthony Hwang, dem auch die Domaine Huët an der Loire gehört, kaufte Királyudvar 1997. Zusammen mit dem früheren Kellermeister István Szepsy machte er sich daran, die 78 ha gutseigenen Weinberge und die Keller in der Stadt Tarcal wieder auf Vordermann zu bringen. Wie bei allen Tokaj-Gütern liegt der Schwerpunkt auf Süßweinen, doch seit 2005 wird auch ein trockener weißer Verschnitt auf Furmint-Basis produziert. Die in ungarischer Eiche gereiften Weine sind für Tokajer sehr rein und klar und stellen ihre fruchtigen und mineralischen Seiten offen zur Schau. Hwangs Sohn Stefan assistiert bei der Weinbereitung.

H-3915 Tarcal, Fő út 92; www.kiralyudvar.com

Malatinszky Villány

Csaba Malatinszky belebte die Winzertradition seiner Familie 1997 neu, nachdem er schon Sommelier, Besitzer eines Weinladens und Mitarbeiter auf einigen Spitzengütern in Bordeaux gewesen war. Auf seinen 30 ha Weinbergen wachsen hauptsächlich Cabernet Franc und Cabernet Sauvignon; sein Spitzenwein Kúria basiert auf Cabernet Franc. Auch mit einem ungewöhnlichen Verschnitt von Pinot Noir und Kékfrankos namens Pinot Bleu hat sich Malatinszky einen Namen gemacht. Für den Ausbau wird ausschließlich ungarisches Holz verwendet, um das Terroir möglichst rein auszudrücken. Die Abfüllungen von Kadarka, Merlot und Chardonnay erreichen nicht die gleiche Eleganz. ★**Aufsteiger**

H-7773 Villány, Batthyany L. u.27; www.malatinszky.hu

Oremus Tokaj

1993, der Eiserne Vorhang war noch nicht lange gefallen, ließ sich die Familie Álvarez vom berühmten spanischen Weingut Vega Sicilia auf das Abenteuer ein, eine moderne Kellerei in Tokaj aufzubauen. Oremus hat derzeit 115 ha Rebland in Mandulás und Kútpatka, von denen 60 ha, verteilt über vier Dörfer, mit 70 % Furmint und 30 % Hárslevelű bestockt sind. Oremus hat eine eigene Küferei, die einen Teil der verwendeten Fässer baut. Exzellent ist auch der trockene weiße Mandulás.

H-3934 Tolcsva, Bajcsy – Sz. út 45; www.tokajoremus.com

OREMUS
OREMUS IST EINER DER GRÖSSTEN TOKAJER-EXPORTEURE, SEINE WEINE SIND AUCH AUSSERHALB UNGARNS LEICHT ZU FINDEN

Patricius Tokaj

Dieser Betrieb wurde 2002 von Dezső Kékessy gekauft, dem ehemaligen ungarischen Botschafter in Frankreich, dessen Vorfahren schon im 18. Jahrhundert Weinbau betrieben hatten. Zusammen mit seiner Tochter Katinka erwarb er nach und nach Lagen in fünf Gemeinden am Fluss Bodrog, die sich ideal für die Erzeugung von süßen Aszú-Weinen eignen. Der derzeitige Kellermeister Péter Molnár verwendet alle sechs zugelassenen Tokajer-Sorten; auf einem Versuchsweinberg werden 16 weitere Rebsorten angebaut. In der vierstöckigen Kellerei wird der Wein nur durch Schwerkraft bewegt und reift in kleinen gebrauchten Fässern verschiedenster Art. Doch auch moderne Technik verschmäht Molnar nicht, wenn sie ihm hilft, Weine mit wunderbar reinem Ausdruck zu bereiten.
★**Aufsteiger**

H-3910 Tokaj, Kossuth Tér 1; www.patricius.hu

Pendits Winery Tokaj

Als Marta Wille-Baumkauff 1991, nach dem Fall des Kommunismus, zusammen mit ihrem Sohn Stefan dieses Gut mit 10 ha Rebfläche in drei Gemeinden gründete, wählte sie den Namen einer ihrer Spitzenlagen auch für den Betrieb. Ihre ersten Abfüllungen kamen 1995 heraus, seit 2005 wird biologischer Weinbau betrieben und mit biodynamischen Methoden experimentiert. Ertragsbeschränkung und die Vergärung mit eigenen natürlichen Hefen gewährleisten ebenfalls gute Qualität. ★**Aufsteiger**

H-3881 Abaújszántó, Béke út 111; www.pendits.de

PENDITS WINERY
DIE SPÄTLESE SZELLO GEHÖRT ZU EINER NEUEN WEINGENERATION AUS TOKAJ

Szeremley Badacsony

Huba Szeremley begann 1992 mit der Erneuerung der 115 ha Weinberge seiner Familie, die zwischen dem Berg Badacsony und dem Ufer des Balaton (Plattensee) liegen. Der vulkanische Boden eignet sich am besten für einheimische Weißweinsorten wie Kéknyelű, Budai Zöld, Zeus und Olaszrizling (der reinsortig als süße Spätlese gekeltert wird). Daneben gibt es Szürkebarát (Pinot Gris), Muscat Ottonel und einen Verschnitt aus Olasz- und Rheinriesling namens Selection. Die Rotweine von Pinot Noir, Kékfrankos, Cabernet Sauvignon, Syrah und der seltenen Bakator-Traube reifen in Fässern aus heimischer Produktion.

H-8258 Badacsonytomaj, Fő út 51–53
www.szeremley.com

Weninger & Gere Sopron

Die Familie Weninger besitzt Weinberge und eine Kellerei in ihrem Heimatland Österreich. 1997 gingen sie mit Attila Gere eine Partnerschaft für dieses Joint Venture ein. Heute ist Gere nicht mehr beteiligt, auch wenn die Firme weiterhin seinen Namen im Titel führt. Vor allem Kékfrankos (Blaufränkisch) und Bordeaux-Sorten stehen auf den 22 ha Weinbergen; Gamay, Syrah und Pinot Noir machen den Rest aus. Der gesamte Weinbau verläuft nach biologisch-dynamischen Prinzipien. ★**Aufsteiger**

H-9494 Balf, Sopron Fő u 23; www.weninger.com

KROATIEN

Mit dem langen, schmalen Küstenstreifen Dalmatiens und Istriens einerseits und den kontinentalen Regionen Slawonien und Podunavlje andererseits ist Kroatien klimatisch deutlich zweigeteilt. Es gibt zwölf Unterregionen und 300 ausgewiesene Weinbaubereiche; landesweit herrschen Weißweine gegenüber den Roten im Verhältnis zwei zu eins vor, angeführt von Graševina (Riesling Italico) und Malvasia. Kroatiens rote Vorzeigesorte Plavac Mali (ein Vorfahre der Zinfandel-Traube) glänzt besonders in den Lagen Postup und Dingač in Dalmatien. Ansonsten findet man auch Muscat, Riesling, Chardonnay, Sauvignon Blanc, Pinot Noir, Merlot und Cabernet Sauvignon neben verführerischen lokalen Trauben wie Pošip, Refošk, Vranac, Grk und Žlahtina.

Hauptrebsorten

Rot

Cabernet Franc
Cabernet Sauvignon
Merlot
Pinot Noir
Plavac Mali
Refošk
Vranac

Weiß

Chardonnay
Gewürztraminer
Graševina
Malvasia
Pinot Gris (Pinot Sivi)
Pošip
Riesling

Jahrgänge

2010
Viel Regen, Rotweine oft dünn. Den besten Erzeugern gelangen aber gute Weiße.

2009
Hervorragender Jahrgang, vor allem in Dalmatien und Istrien.

2008
Die exzellente Ernte erbrachte viele lagerfähige Weine.

2007
Gute Weine aller Kategorien.

2006
Dünne Weine, mäßige Qualität.

2005
Schlechte Ernte, einge leichte Rotweine sind gut.

Arman Istrien
Die Familie Arman ist schon seit dem 19. Jahrhundert im Weinbau tätig, gehörte aber zu den Ersten, die moderne Standards einführte, als sich die Gelegenheit dazu in den 1990er-Jahren bot. Süd- und Südwestlagen sorgen für gute Traubenreife, klimatisch mäßigend wirkt der nahe Fluss Mirna. Marijan Arman legt bei der Weinbereitung Wert auf Aromatik und Textur. Weißweine werden in Edelstahl ausgebaut, mit Ausnahme des grandiosen Chardonnay, der sich sehr sortentypisch und reichhaltig zeigt. Sehr gut ist auch der trockene rote Teran.

Narduci 3, 52447 Vizinada; www.arman.hr

Dubrovački Dalmatien
Das Konavle-Tal südlich von Dubrovnik ist durch eine 50 m hohe Hügelkette von der milden Adriaküste getrennt. Im Winter herrscht hier ein ungewöhnliches semikontinentales Klima. Auf 70 ha mit alluvialen Tonböden baut Dubrovački Rebsorten wie Plavac Mali, Cabernet Sauvignon und Merlot an. Die neue Reihe ungefilterter Weine legt vor allem Wert auf Erdigkeit und Struktur. Diese Kellerei sollte man im Auge behalten. ★**Aufsteiger**

Gruda bb, 20215 Gruda; www.dubrovacki-podrumi.hr

Grgić Dalmatien
Als Auswanderer wurde Miljenko »Mike« Grgich in Kalifornien berühmt – zunächst als Kellermeister des Napa-Guts Chateau Montelena, dessen Chardonnay bei einer Verkostung 1976 in Paris triumphierte, dann als Leiter seines eigenen Betriebs Grgich Hills (ebenfalls Napa). Nun erzeugt er, gemeinsam mit seiner in Amerika geborenen Tochter Violet, auch in der alten Heimat dynamische Weine. Sein kraftvoller Pošip aus Trauben von der Insel Korčula hat den Maßstab für Kroatiens feinste einheimische Weißweinsorte gesetzt, während der rote Plavac Mali mit Eleganz und langem Nachhall glänzt.

Trstenik bb, 20245 Trstenik; Tel. 385 (0)20 748 090

Korta Katarina Dalmatien
Der Texaner Jeff Reed und seine kroatische Frau Ankica bereiten mit moderner Technik lebhaft mineralische Pošip- und komplexe, manchmal muskulöse Plavac-Mali-Weine. Die Trauben dafür wachsen auf der wunderschönen Halbinsel Pelješac. ★**Aufsteiger**

Bana Jelačića 3, 20250 Orebić
www.kortakatarinawinery.com

Krauthaker Slawonien
Der Familienbetrieb besitzt 57 ha auf fruchtbaren Böden rund um Kutjevo. Krauthaker setzt Standards für hochklassige Weißweine, im Angebot sind etwa zwei gute Graševinas und ein Pinot Sivi (Pinot Gris). Außerdem gibt es großartigen Chardonnay und einen konzentrierten, floralen Sauvignon Blanc mit Honignote, der zu 40 % im Fass vergoren wird. ★**Aufsteiger**

Ivana Jambrovića 6, 34340 Kutjevo
www.krauthaker.hr

Korak Dalmatien
Velimir Koraks Kellerei liegt 30 km westlich von Zagreb. Neben der Ernte von seinen eigenen 5 ha Rebland kauft er noch einmal die gleich Menge an Trauben zu. Seine mineralischen halbtrockenen Rieslinge sind schön konzentriert, der auf dem Hefesatz ausgebaute Chardonnay zeigt einen vernünftigen Einsatz von Eiche.

Plešivica 34, 10450 Jastrebarsko
www.vino-korak.hr

Pjenušci Peršurić Istrien
Unter dem Markennamen Misal erzeugt Katarina Peršurić Bernobić mit Unterstützung ihres Mannes und Co-Kellermeisters Marko Bernobić die besten Schaumweine Kroatiens nach der traditionellen Methode (Zweitgärung in der Flasche). Die Produktion beträgt 40 000 Flaschen jährlich. Stilistisch reicht die Spanne von Extra Brut bis zu einem erstaunlich guten halbtrockenen roten Schaumwein. Mindestens 30 Monate Reifung ist die Norm für alle Etiketten des Hauses, was zu einer eindrucksvollen Anzahl an Medaillen geführt hat, die die Kellerei bisher weltweit gewann. ★**Aufsteiger**

Peršurići 5, 52463 Višnjan; www.misal.hr

Zlatan Otok Dalmatien
Das kleine, hochprofessionell arbeitende Unternehmen hat seinen Sitz an der Südspitze von Hvar. Bekannt ist vor allem der Weißweinverschnitt von einheimischen Sorten namens Bure, der nach Mandeln und Zitronen duftet. Auch eine Reihe preisgekrönter, kräftiger Plavac-Mali-Weine wird erzeugt, dazu ein guter halbtrockener Crljenak (Zinfandel). Ab 2011 soll das Gut als Bioerzeuger zertifiziert sein.

Sveta Nedjelja, 21465 Jelsa
www.zlatanotok.hr

UKRAINE

Über ukrainischen Wein weiß man im Westen kaum etwas, doch das Land produziert eine breite Palette trockener, süßer und gespriteter Weine sowie Schaumwein. Vor allem auf der Halbinsel Krim pflegt man eine jahrhundertealte Weinbautradition, insbesondere für Schaumweine (»Krimsekt«) und gespritete Süßweine im Port- oder Madeira-Stil. Die ursprünglich von den alten Griechen eingeführte Kunst der Weinbereitung wurde in der Sowjetzeit in erster Linie industriell betrieben. Reben wachsen im Süden, wo das Schwarze Meer das Kontinentalklima mäßigt, aber auch ganz im Westen, in der Nähe der Karpaten. Die mit 100 000 Hektar größte Rebfläche breitet sich in der Region Odessa im Südosten aus.

Guliev Wines Odessa
Das Team aus Vater und Sohn, Ruben und Robert Guliev, produziert seit 2005 moderne, hochklassige Weine von gutseigenen Trauben in zwei Produktreihen: Günstige Tropfen von Chardonnay, Riesling, Merlot und Cabernet Sauvignon laufen unter dem Namen Select, während Chardonnay und Cabernet Sauvignon aus der Reserve-Reihe in neuen Fässern reifen und schöne Tiefe zeigen.

10 Frantsuzsky Blvd., Odessa 65044; www.gulievwine.com

Inkerman Krim
Das Unternehmen, einer der größten Weinerzeuger der Ukraine, gehört zu einer Holding mit 20 Weingütern, die ihre Trauben in die Inkerman-Kellerei liefern. Zur Lagerung und Reifung der Weine werden Stollen genutzt, die nach dem Zweiten Weltkrieg als Steinbrüche für den Wiederaufbau der Stadt Sewastopol gegraben wurden. Das breite Angebot umfasst vor allem trockene Weiß- und Rotweine; besonders gut sind Sauvignon Blanc und Cabernet Sauvignon.

20 Malinovsky St., Sewastopol 99703; www.inkerman.ua

Koktebel Krim
Die Kellerei von Koktebel liegt in einer landschaftlich schönen Ecke der Krim neben einem Seebad; die Reben wachsen am Hang eines erloschenen Vulkans. Gemäß der Tradition werden gespritete Weine erzeugt, Spitzenprodukt aber ist der Dessertwein Muscat Koktebel. Die Weinsammlung mit einer halben Million Flaschen enthält einige faszinierende, zuweilen aber auch merkwürdige Beispiele sowjetischer Weinbereitung.

27 Lenin St., Tschebetovka, Feodosia, Crimea 98187
www.koktebel.ua

Massandra Krim
Das auf Geheiß des letzten Zaren gebaute Anwesen ist heute in Staatsbesitz. Die Weinsammlung von Massandra mit einer Million Flaschen sowohl eigener als auch anderer europäischer Weine, die seit Ende des 19. Jahrhunderts angelegt wurde, ist legendär. Die heutige Produktion aus Trauben von 4000 ha Weinbergen an der Küste findet sowohl im eigenen Haus als auch in anderen Kellereien statt. Süße gespritete Weine dominieren, einer der besten ist der Muscat Bely Krasnogo Kamnya.

9 Vinodel Egorov St., Massandra, Yalta, Crimea 98650
www.massandra-wine.com

Novy Svet Krim
Fürst Golizyn, der Vater der russischen Weinbereitung, produzierte vor über 100 Jahren auf diesem Gut preisgekrönte Schaumweine, und auch heute ist Novy Svet ausschließlich als Erzeuger von Schaumwein nach der traditionellen Methode bekannt. Verwendet werden Chardonnay und Pinot Noir, zusammen mit Riesling und Aligoté für den Spitzen-Brut. Der Rosé Pinot Noir erfreut mit einem feinen, cremigen Bukett.

1 Shalyapin St., Novy Svet, Sudak, Crimea 98032
Tel. 380 6566 32873

Odessavinprom Odessa
Die Weine dieses ältesten Erzeugers der Ukraine kommen unter dem Namen Frantsuzsky Bulvar (Franzosenboulevard) auf den Markt. Aus internationalen Sorten und einheimischen Trauben wie Rkatsiteli, Fetiaska, Bastardo Magarachski (eine Kreuzung der portugiesischen Bastardo mit der georgischen Saperavi) werden Weiß-, Rot- und Schaumweine bereitet. Die Reihe Special Edition rangiert preislich höher und enthält unter anderem auch einen roten Schaumwein Brut.

10 Frantsuzsky Blvd., Odessa 65044; www.fbulvar.com.ua

Shabo Odessa
Das »Wine Culture Centre« ist die Hauptattraktion dieser Kellerei, und die ist so gelungen, dass man den eigentlichen Zweck dieses Betriebs aus den Augen verlieren kann. Von den Weinen sind Chardonnay und Cabernet Sauvignon der Reserve-Reihe am besten, interessant ist auch die gespritete Abfüllung im Sherry-Stil von Aligoté, Rkatsiteli und Sauvignon Blanc.

10 Dzerzhinsky St., Shabo, Belgorod-Dnestrovsky District, Odessa 67770; www.shabo.ua

Veles Odessa
Der Berater Olivier Dauga aus Bordeaux beaufsichtigt hier die Bereitung der frischen, aromatischen Weine der Marke Kolonist. Zu den Abfüllungen von einheimischen Sorten gehören ein Weißer von Sucholimanski (eine Kreuzung von Chardonnay und der seltenen Plavai) mit exotischen Fruchtnoten und ein Roter von Odessky Chorny (eine dunkle Sorte aus Odessa, die von Cabernet Sauvignon und Alicante Bouschet abstammt).

4 Bolgradskaya St., Krynichnoe, Bolgradsky District, Odessa 68742; www.kolonist.com.ua

Hauptrebsorten

Rot
Bastardo Magarachski
Cabernet Sauvignon
Merlot
Odessky Chorny
Pinot Noir

Weiß
Aligoté
Chardonnay
Fetiaska
Muscat
Riesling
Rkatsiteli
Sauvignon Blanc
Sucholimanski

Jahrgänge

2010
Frostschäden; allgemein kein guter Jahrgang. Weiße besser.

2009
Großartiger Jahrgang; ausgewogene Rot- und Weißweine.

2008
Rotweine besser als Weiße.

2007
Das warme Wetter begünstigte vor allem die Rotweine.

2006
Kleine Ernte, gute Qualität, vor allem bei Schaumweinen.

2005
Volle, ausdrucksstarke Weine.

BULGARIEN

Schon seit Jahrhunderten hat Wein Bedeutung für Bulgarien – in der Antike gehörte das Land zu Thrakien, wo Dionysos, der Gott des Weins, zur Welt gekommen sein soll. In neuerer Zeit hat die bulgarische Weinindustrie einige Wandlungen erlebt. Während der kommunistischen Ära waren von kollektiv bewirtschafteten Rebflächen große Mengen gefälliger sortenreiner Weine produziert worden, die in den 1980er-Jahren im Westen gut ankamen. Durch die nach dem Fall des Eisernen Vorhangs erfolgte Privatisierung und die Rückgabe von Land an frühere Eigentümer geriet die Traubenqualität etwas aus dem Blickfeld. Doch seit Bulgarien EU-Mitglied ist, wird mit kräftiger Unterstützung aus Brüssel in Kellereien und Weinberge investiert.

Hauptrebsorten

Rot

Cabernet Sauvignon
Gamza
Mavrud
Merlot
Pamid
Shiroka Melnishka Loza (Breitblättrige Rebe von Melnik)

Weiß

Dimiat
Muscat Ottonel
Misket Cherven (Rote Misket)
Rkatsiteli

Jahrgänge

2010
Mehr Säure als üblich, aber intensiv aromatische und elegante Weine.

2009
Frische sortenreine Weißweine und ausdrucksstarke, reife Rote.

2008
Sehr guter Jahrgang, besser ausgewogen als 2007.

2007
Ein heißes, trockenes Jahr, in dem gewichtige, strukturierte Rotweine und seriöse Chardonnays entstanden sind.

2006
Exzellenter Jahrgang, vielleicht der beste des Jahrzehnts.

2005
Frostschäden und viel Regen: ein schwieriges Jahr.

Offiziell stehen in Bulgarien etwa 135 000 Hektar unter Reben, real dürften es weniger sein. Zwei große Weinregionen – die Donauebene und die Thrakische Ebene – sind in 47 geografisch definierte Ursprungsgebiete aufgeteilt. In den letzten Jahren wurde viel in die Weinberge investiert und der Traubenqualität mehr Beachtung geschenkt. Gleichzeitig ist eine Reihe von Boutiquekellereien und kleinen Weingütern entstanden, die beweisen wollen, was Bulgarien leisten kann. Die Zersplitterung der Rebflächen in oft Hunderte kleiner und kleinster Parzellen mit verschiedenen Besitzern erschwert den Kellereien die Arbeit aber beträchtlich. Dafür untermauern ausländische Investoren und das Erscheinen von Michel Rolland als Berater bei Telish die Glaubwürdigkeit des neuen bulgarischen Qualitätsbewusstseins.

Mit Ausnahme der Küstengebiete des Schwarzen Meers wird vor allem Rotwein produziert. Cabernet Sauvignon machte Bulgarien als Weinland bekannt, und nach der bescheidenen Pamid ist sie immer noch die zweitwichtigste Sorte dort, dicht gefolgt von Merlot. Auch an anderen internationalen Trauben wie Cabernet Franc, Syrah, Viognier, Pinot Noir und sogar Tempranillo versuchen sich die Erzeuger, um die Möglichkeiten der bulgarischen Böden auszuloten.

Von den lokalen Trauben kann Mavrud, traditionell im Süden rund um die Stadt Plovdiv angebaut, dichte, tanninstarke Weine mit Alterungspotenzial erbringen, am besten kommt sie aber in Verschnitten zur Geltung, denen sie einen charakteristischen bulgarischen Touch verleiht. Rubin liefert samtige, fleischige, charaktervolle Weine, die jedoch nicht gut altern. Im Struma-Tal im Südwesten dominiert die spätreifende Shiroka Melnishka Loza (Breitblättrige Rebe von Melnik), die im Stil Nebbiolo ähnelt, während ihre Tochter, die Frühe Melnik, eher milde, dunkle Weine mit Pflaumennote hervorbringt. Von der im Norden angebauten Gamza (der ungarischen Kadarka) entstehen leichte Rote, die im besten Fall frisch und fruchtig ausfallen.

Derzeit steckt die bulgarische Weinindustrie noch in den Kinderschuhen, doch die ersten Schritte auf dem Weg in eine moderne und spannende Zukunft sind ohne Zweifel gemacht.

Bessa Valley Thrakische Ebene
Das unter Beteiligung von Graf Stephan von Neipperg (vom St-Émilion-Gut La Mondotte) und Dr. Karl-Heinz Hauptmann im Jahr 2001 gegründete Unternehmen war eines der ersten echten Weingüter Bulgariens. 140 ha Reben wurden auf aufgegebenen Weinbergen in den Ausläufern des Rhodope-Gebirges neu gepflanzt. Unter der Leitung des französischen Önologen Marc Dworkin werden nur Rotweine erzeugt: Enira, Enira Reserva und Syrah beeindrucken in ihrer jeweiligen Kategorie, Flaggschiffwein ist der wunderbar reichhaltige und ausgewogene BV by Enira. ★**Aufsteiger**

Zad Baira, Pazardjik, 4417 Ognianovo
www.bessavalley.com

Château de Val Donauebene
Val Markov floh vor dem kommunistischen Regime zu Fuß nach Italien und begann später in Amerika ein neues Leben in der Hightech-Branche. Vor einigen Jahren kehrte er nach Bulgarien zurück, um die ehemaligen Weinberge seiner Familie wiederzubeleben. Markov arbeitet im Weinberg ökologisch und in der Kellerei minimalinvasiv. Neben reichhaltigem, komplexem Chardonnay und saftigem Merlot erzeugt er großartige Verschnitte wie den Grand Claret aus zwölf verschiedenen Sorten oder den samtigen Reserve, in dem Saperavi von alten Reben und schon halb vergessene Traubensorten wie Storgozia und Buket verarbeitet sind. ★**Aufsteiger**

201 Parva St., Gradetz, Vidin; www.chateaudeval.com

Domaine Boyar Thrakische Ebene
Das zu den größten und bedeutendsten kommerziellen Weinerzeugern Bulgariens gehörende Unternehmen produziert die meisten seiner Weine in der modernen Kellerei Blueridge in Sliven. Es gibt aber auch eine kleinere Anlage in Korten, in der die Boutiqueweine entstehen, etwa die Spitzenreihe Solitaire mit dem üppigen, samtigen Elenovo Merlot, der bereits Kultstatus genießt.

Neuerdings gehören auch ein vielversprechender Pinot Noir, ein harmonischer Cabernet Franc und die Fassauslesen der Vin-de-Garage-Serie zum Sortiment.

10 Arch J. Milanov St., 1164 Sofia
www.domaineboyar.com

Edoardo Miroglio Thrakische Ebene
Der italienische Textilunternehmer Edoardo Miroglio besitzt auch ein Weingut im Piemont. 2002 entdeckte er in der Umgebung des Ortes Elenovo die perfekte Kombination von Boden und Mikroklima und hat seitdem 22 Millionen Euro hier investiert. Über 200 ha Weinberge wurden angelegt, eine vorbildliche Kellerei gebaut. Pinot Nero (Noir) kommt in allen möglichen Formen vor; neben den Rotweinen mit viel Finesse wird auch ein attraktiver Blanc de Noir (als Weißwein ausgebauter Pinot Noir) bereitet. Auch die mittels Flaschengärung erzeugten Schaumweine (insbesondere der Rosé Brut) sind köstlich.

Elenovo, 8943 Nova Zagora
www.emiroglio-wine.com

Katarzyna Estate Thrakische Ebene
Katarzyna gehört zu den führenden neuen Weingütern Bulgariens. 365 ha auf den roten Böden im »Niemandsland« der Grenzregion im warmen Süden sind bestockt, die moderne Kellerei zieren Bilder des Weingottes Dionysos. Die sonnige Herkunft spiegelt sich im reifen, seidigen Stil der Weine wider; sehr empfehlenswert sind der Viognier/Chardonnay, der Encore Syrah, der Mezzek Mavrud, der Seven Grapes, der Question Mark und der exzellente Katarzyna Reserve (gewichtiger Cabernet Sauvignon mit samtigem Merlot). ★**Aufsteiger**

Svilengrad, Haskovo
www.katarzyna.bg

Logodaj Thrakische Ebene
Die Kellerei liegt im schönen Struma-Tal, der wärmsten und sonnigsten Region Bulgariens ganz im Südwesten. Logodaj möchte lokale Traditionen mit moderner Technik verbinden und Weine produzieren, die »warm wie die Sonne sind«, wie der Kellermeister bei Logodaj sich ausdrückt. Einheimische Sorten wie Melnik und Rubin erbringen unter dem Etikett Nobile ausgezeichnete Weine. Auch der Hypnose Reserve Merlot ist ausgezeichnet in seiner ernsthaften, reichhaltigen und konzentrierten Art. ★**Aufsteiger**

41 Todor Alexandrov St., Blagoevgrad
www.logodajwinery.com

Maxxima Nordwestbulgarien und Thrakische Ebene
Adriana Srebinova war die Erste, die mit dem 2000er Maxxima Reserve einen bulgarischen Premiumwein auf den Markt brachte, und das zu einer Zeit, als die Weinwirtschaft des Landes noch auf Masse statt Klasse setzte. Adrianas Philosophie bestand immer darin, die besten Trauben von den besten Lagen im ganzen Land zu bekommen – in letzter Zeit hat sie auch eigene Reben angepflanzt. Typisch für ihre Weine ist der expressive Sortencharakter, etwa im Cabernet Sauvignon, Mavrud, Gamza und Chardonnay. Immer noch beeindruckend aber ist ihr voller, gewichtiger Spitzenwein, der Verschnitt Maxxima Private Reserve. ★**Aufsteiger**

6 Danail Yurukov St., 4002 Plovdiv; Tel. 32 649493

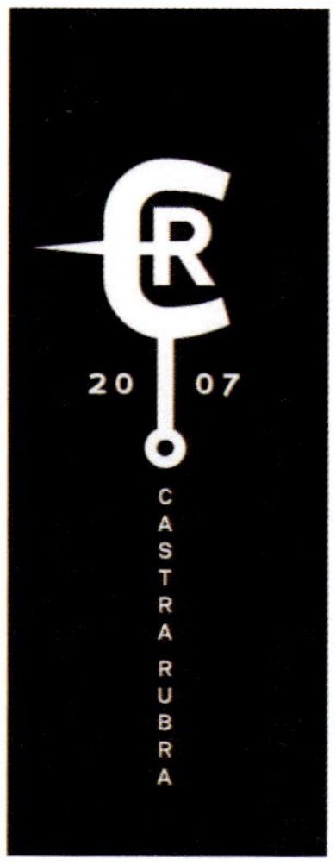

TELISH/CASTRA RUBRA
DER ERSTE JAHRGANG DIESES SPANNENDEN PROJEKTS IN SÜDBULGARIEN WAR 2007

BESSA VALLEY
EIN INTENSIVER VERSCHNITT VON MERLOT, SYRAH, CABERNET UND PETIT VERDOT

Rumelia Thrakische Ebene
Die erst 2006 gegründete Kellerei liefert bereits jetzt sehr vielversprechende Ergebnisse. In Lagen, auf denen bereits im 19. Jahrhundert Reben wuchsen, wurden Merlot, Mavrud, Cabernet Sauvignon und Syrah gepflanzt. In der Kellerei achtet man mit größter Sorgfalt im Detail auf Qualität. Die bisher besten Weine sind der wunderbar reintönige Merul Reserve Merlot und der reife, charakteristische Merul Reserve Mavrud. ★**Aufsteiger**

4 Bratia Deikovi St., 4500 Panagyurishte; www.rumelia.net

Santa Sarah Donauebene und Thrakische Ebene
Ivo Genowski, der Besitzer der Kellerei, arbeitet eng mit verschiedenen Winzern zusammen, um von ausgewählten Lagen hervorragende Weine handwerklich zu bereiten. Als Einsteigerwein ist der Black C immer eine sichere Bank, höher hinaus geht es mit dem eleganten Merlot Bin 41 und dem wunderbaren Rubin Bin 42. Einer der großen Stars Bulgariens ist der herrliche Privat, ein Verschnitt von Mavrud und Cabernet Sauvignon. ★**Aufsteiger**

1 Hadji Dimitar Asenov St., 6000 Stara Zagora
www.santa-sarah.com

Telish/Castra Rubra
Donauebene und Thrakische Ebene
Die Kellerei Telish in Pleven ist als verlässlicher Erzeuger preisgünstiger, gut bereiteter Rotweine bereits etabliert. Im Jahr 2005 überzeugte der Besitzer Jair Agopian den Önologen Michel Rolland, in sein neues Projekt Castra Rubra mit einzusteigen. Die Weinberge werden ökologisch bewirtschaftet, der Neubau der Kellerei in den Sakar-Bergen im Süden gleicht einem Juwel. Erster Jahrgang war 2007: ein reifer, voller, ernst zu nehmender Wein, der viel für die Zukunft verspricht. ★**Aufsteiger**

Kolarovo, 6460 Haskovo; www.telish.bg

Terra Tangra Thrakische Ebene
Terra Tangra ist das einzige Weingut in Bulgarien mit zertifiziert biologischem Anbau. Der Besitzer Emil Raychev kultivierte früher Gemüse und bewirtschaftet jetzt 300 ha Weinberge an den Hängen der Sakar-Berge. Charakteristisches Merkmal der gut bereiteten Weine ist eine reichhaltige, reife Weichheit. Der saftige Mavrud, der geschmeidige Rubin, der Verschnitt »From Organic Grapes« und der feine Syrah sind alle empfehlenswert. Ganz an der Spitze steht die Auslese Single Barrel, eine reichhaltige, sehr konzentrierte Kombination von fünf Sorten, darunter Mavrud und Rubin. ★**Aufsteiger**

35 Nikola Petkov St., 6450 Harmanli; www.terratangra.com

Valley Vintners Donauebene
Ognyan Tzvetanov ist ein wenig ein Außenseiter in der bulgarischen Weinindustrie. Er arbeitete in Amerika zu einer Zeit, als kaum jemand aus Bulgarien ausreiste, und sammelte dadurch wertvolle Erfahrungen – zusätzlich zu seinem akademischen Hintergrund. Das Terroir im Nordwesten des Landes, wo seine Hanglagen viel Sonnenschein abbekommen, ohne dass die Hitze zu groß wird, ist Tzvetanovs ganze Leidenschaft. Mit dem Sensum bereitete er Bulgariens ersten echten Terroirwein, 2009 kam sein Spitzengewächs heraus: Der elegante Dux, der fünf Jahre im Fass reift, besitzt echte Klasse. ★**Aufsteiger**

Borovitza Winery, Vidin; Tel. 887 806222

RUSSLAND

In Südrussland findet eine stille Revolution statt: Nach und nach legen die Erzeuger ihr Sowjeterbe ab und lernen, wie man Qualitätsweine macht. Weinbau wird hier schon seit den alten Griechen betrieben; seine hohe Zeit hatte er im zaristischen Russland. Das große Gebiet zwischen dem Schwarzen und dem Kaspischen Meer, im Süden abgeschirmt vom Kaukasus, bietet vielfältige Landschaften und Mikroklimata. 60 000 Hektar stehen unter Reben, meist nahe der Schwarzmeerküste und daher in Reichweite der beliebten Seebäder. Internationale und einheimische Trauben werden reinsortig und in Verschnitten verarbeitet, die besten Ergebnisse liefern Cabernet Sauvignon und Tsimliansky (rot) sowie Sauvignon Blanc und Aligoté (weiß).

Hauptrebsorten

Rot

Cabernet Sauvignon
Krasnostop
Merlot
Pinot Noir
Tsimliansky

Weiß

Aligoté
Chardonnay
Muscat
Riesling
Sauvignon Blanc
Sibirkovy

Jahrgänge

2010
Regnerischer Sommer, aber warmer, trockener Herbst. Gute bis hervorragende Weißweine, Rote unterschiedlich.

2009
Durchweg gut bis exzellent.

2008
Volle Weiße und abgerundete Rote.

2007
Sehr warmes Jahr, daher weniger Säure als gewöhnlich.

2006
Viele Schäden durch Winterfröste; Weine von durchschnittlicher Qualität.

2005
Ein großartiger Jahrgang.

Abrau-Durso Krasnodar

Der einstmals renommierte, zwischenzeitlich aber schon fast abgeschriebene Schaumweinerzeuger ist auf dem Weg zu neuem Ruhm. Die SVL Group, Hauptaktionär seit 2006, brachte umfangreiche Investitionen für Weinberge und Kellerei auf den Weg, dank derer – und dank des engagierten Einsatzes des Kellermeisters Hervé Jestin aus der Champagne – es mit der Qualität wieder nach oben geht. Unter dem Etikett Abrau-Durso gibt es sowohl im Tankgärungsverfahren als auch nach der klassischen Methode erzeugte Schaumweine. Glanzstück der Letzteren ist der opulente Imperial Collection Vintage Brut, der vor der Marktfreigabe mindestens sieben Jahre reifen muss. Jünger ist der expressiv florale Imperial Cuvée Art Nouveau Brut. Das alte Kellereigebäude aus dem 19. Jahrhundert wurde in ein Museum verwandelt, zu dem auch Verkostungsräume und ein Laden gehören.

19, Promyshlennaya St., Abrau-Durso, Novorossijsk, Krasnodar Region, 353995; www.abraudurso.ru

Château Le Grand Vostock Krasnodar

Russische Weinproduktion in Premiumqualität beginnt mit diesem Betrieb. Es steckt russisches Kapital dahinter, doch der französisch klingende Name ist nicht nur Effekthascherei. Das schicke Kellereigebäude wurde von dem französischen Architekten Philippe Mazières in Anlehnung an ein Bordeaux-Château entworfen, der Wein wird seit dem ersten Jahrgang von einem ansässigen Kellerteam aus Frankreich erzeugt. Die Weinberge liegen in den Ausläufern des Kaukasus. Sauber bereitet präsentieren sich die Weißweinverschnitte Cadet Karsov und Cuvée Karsov (Chardonnay/Sauvignon Blanc). In den fruchtigen, mittelgewichtigen Roten Cuvée Karsov und Le Chêne Royal fließen Merlot, Cabernet Sauvignon und die Lokalsorte Krasnostop ein, die zusätzliche Struktur und Kaffeenoten einbringt. Neu herausgekommen ist der Fagotine, eine eigenwillige Spätlese von Pinot Gris.

7, 60 let Oktyabrya St., Sadovy, Krymsky District, Krasnodar Region, 353358; www.grandvostok.ru

Fanagoria Krasnodar

Der massive Gebäudekomplex der Kellerei wirkt immer noch sowjetisch – schließlich stammt er aus der Ära Chrustschow und wurde bis vor Kurzem noch für die Herstellung von Traubensaft genutzt –, doch der Betrieb darin steht derzeit an der Spitze der russischen Qualitätsweinbewegung und ist auch der größte Erzeuger von Gutsabfüllungen. Unter der Anleitung des australischen Beraters John Worontschak produziert Fanagoria gute bis exzellente Weine der Marken Cru Lermont und NR (Numbered Reserve). Der Aligoté von alten Reben zeichnet sich durch schöne Fruchtigkeit aus, der Sauvignon Blanc glänzt mit Noten von weißen Beeren und gelben Früchten. Wichtigste rote Traube ist Cabernet Sauvignon, doch der Pinot Noir mit seinem feinen Sortencharakter ist auch nicht zu verachten.

49, Mira St., Sennoy, Temriuksky District, Krasnodar Region, 353540; www.fanagoria.ru

Myskhako Krasnodar

Die Kellerei – ehemals ein sowjetischer landwirtschaftlicher Betrieb, heute eine private Gesellschaft – liegt innerhalb der Hafenstadt Novorossijsk am Schwarzen Meer und besitzt über 850 ha Rebland. Unter der Aufsicht des önologischen Beraters John Worontschak wird eine breite Palette an Weinen von internationalen Sorten wie Sauvignon Blanc und Muscat Ottonel, Merlot und Pinot Noir erzeugt. Myskhako ist offizieller Lieferant für den Kreml. Am beliebtesten sind der florale Chardonnay und der fruchtige Cabernet Sauvignon; kürzlich wurde eine ambitionierte Reihe russischer Superpremiumweine namens Grande Reserve herausgebracht.

1, Tsentralnaya St., Myskhako, Novorossijsk, Krasnodar Region, 353993; www.myskhako.ru

Vina Vedernikoff Rostov

Die Reben gegen den harten Winter zu schützen ist nur eine der Herausforderungen, die Winzer im Distrikt Konstantinovsky zu bestehen haben. Die Pflanzen werden dafür im Herbst seitlich auf den Boden gedrückt, vollständig mit Erde bedeckt und erst im Frühjahr wieder freigelegt. Vina Vedernikoff kultiviert am rechten Ufer des Flusses Don etwa 30 lokale und internationale Sorten. Der Schwerpunkt liegt auf einheimischen Reben, die mindestens schon seit dem 17. Jahrhundert hier angebaut werden. Eine sortenreine Abfüllung der weißen Sibirkovy-Traube zeigt feine Aromen, die an die Kräuter der hiesigen Trockensteppe erinnern. Der Geschmack des dunkelroten Krasnostop mag gewöhnungsbedürftig sein, ist in seiner wilden Kombination von Frucht, Lakritze, Kräutern und Bitternoten aber auf jeden Fall einzigartig. Darüber hinaus gibt es verschiedene weiße und rote Verschnitte von einheimischen und europäischen Trauben.

7, Tsentralnaya St., Vedernikov, Konstantinovsky District, Rostov Region, 347267; www.vinnkvart.ru

GEORGIEN

Mit 500 autochthonen Rebsorten und der alten Technik der Weinbereitung in großen Tongefäßen, den *kvevri*, kann Georgien mit Recht stolz sowohl auf sein Erbe als auch auf seine gegenwärtige Weinkultur sein. Wichtigste Weinregion ist das vom Kaukasus und den Gombori-Bergen geschützte Kachetien im Osten, in dem drei Viertel der 48000 Hektar Rebland Georgiens liegen. Die übrigen Anbaugebiete im Westen produzieren vor allem mittelsüße, meist rote Weine. Kleinere Appellationen sind im ganzen Land verstreut – Racha ist bekannt als der Ort, wo der erste georgische Eiswein erzeugt wurde. Das Wetter ist im Frühling recht wechselhaft, die Sommernächte sind warm, und im Frühherbst kann es beachtliche Temperaturunterschiede geben.

Chandrebi Estate Kachetien
Giorgi Sulkhanishvili und der georgisch-australische Weinmacher Lado Uzunashvili brachten 2006 unter dem Label Orovela die ersten Weine von ihrem 40-ha-Gut heraus. Produziert werden zwei Rotweine – ein Saperavi und ein Saperavi/Cabernet Sauvignon – sowie ein weißer Verschnitt (Mtsvane/Rkatsiteli). Anders als in georgischen Weinbergen in der Regel üblich wird die Lese maschinell durchgeführt. ★**Aufsteiger**

34 Rustaveli Ave., Tbilisi 0108; www.orovela.com

Kakhuri Winery Kachetien
Zurab Goletiani und Davit Dolmazashvili verließen GWS, den georgischen Ableger von Pernod Ricard, im Jahr 2004, um diese Kellerei in einer ehemaligen Seidenfabrik in der kachetischen Hauptstadt Telavi zu eröffnen. Fast die Hälfte ihrer 50 ha Weinberge ist mit Saperavi bestockt, auf dem Rest stehen vor allem Rkatsiteli und Chardonnay. Derzeit überlegt man, das kleine, aber vielversprechende Angebot um die weißen Sorten Mtsvane und Kisi zu erweitern.

1 Tibilisi Rd., Telavi 2200; www.kakhuri.com

Kindzmarauli Marani Kachetien
Drei Partner gründeten Kindzmarauli Marani im Jahr 2001, davon eine Frau, was für georgische Verhältnisse ungewöhnlich ist. Sofort wurden Weinberge angelegt – heute sind es fast 400 ha –, und 2005 kam der erste Jahrgang mit unglaublichen 24 verschiedenen Weinen heraus. Anfangs konzentrierte sich Kindzmarauli Marani auf den Export halbsüßer Rotweine nach Russland, doch nun erkennt man langsam, dass auch ein großes Potenzial für erstklassige trockene Rote besteht.

55 Chavchavadze St., Kvareli 383320
www.kmwine.eu

Metekhi Kartli
David Maisuradze, ehemals bei der Telavi-Gruppe, ist hier und in neun anderen Kellereien als Berater tätig und kümmert sich außerdem noch um seine eigene Domaine. Für Kellermeister Merab Mikashavidze stehen einheimische Trauben im Mittelpunkt. Zum Angebot gehört ein Verschnitt von jeweils 50 % der weißen Sorten Chinuri und Mtsvane, der mit köstlichen Noten von Mandarinen und Blumen Akzente setzt. ★**Aufsteiger**

Keine Besuchereinrichtungen
www.cgw.ge

Schuchmann Wines Kachetien
2002 brachte Giorgi Dakishvili, Kellermeister in der dritten Generation, zusammen mit dem bekannten Berater David Maisuradze als Erster Weine in einem neuen Stil heraus, für die die alte Methode der Bereitung in *kvevri* (Tonamphoren) wiederbelebt wurde. Darüber hinaus führte man neue Verfahren zur Kontrolle der mikrobiologischen Vorgänge in Weinen ein, die eingemaischt mit Schalen und Kernen gären. Die roten *kvevri*-Weine von Schuchmann (Inhaber ist ein ehemaliger Industrieller aus Deutschland) bleiben 20 Tage auf der Maische, die weißen sogar sechs Monate, ohne dass Hefe zugesetzt wird. Es gibt aber auch standardmäßig mit Reinzuchthefen bereitete Etiketten, die in Stahltanks oder Barriques reifen – ausladende, geschmacksintensive Gewächse mit jeder Menge Tannin. ★**Aufsteiger**

37 Rustaveli St., Telavi 2200
www.schuchmann-wines.com

Tbilvino Tbilisi
Man sieht dieser Kellerei ihre sowjetische Herkunft noch an, produziert sie doch schon seit 1962 in den Außenbezirken der Hauptstadt Tbilisi (Tiflis) Wein. Ende der 1990er-Jahre übernahmen die Brüder Zura und Giorgi Margvelashvili die Firma, die nun Weine aus einheimischen Sorten bereitet und dabei von über 300 Vertragswinzern hochwertiges Lesegut bezieht. Inzwischen gibt es auch Pläne, eigene Rebflächen anzulegen. Spitzengewächse reifen in Fässern aus französischer Eiche, das Gros aber wird in epoxidbeschichteten Stahltanks erzeugt. Mit einer Jahresproduktion von 1,3 Millionen Flaschen ist Tbilvino Georgiens zweitgrößter Erzeuger.

2 Sarajishvili Ave., Tbilisi 0153; www.tbilvino.com.ge

Telavi Wine Cellar Kachetien
Die größte Kellerei Georgiens besitzt 450 ha Rebland in drei Bezirken Kachetiens und kauft zusätzlich Traubengut von Winzern in Kachetien und den Anbaugebieten im Westen ein. Mit Unterstützung des Franzosen Raphaël Jenot mischt der junge Weinmacher Beka Sozashvili seinem Saperavi etwas Malbec bei, um die natürliche Adstringenz der georgischen Sorte zu mildern. Die wichtigste Marke heißt Marani; der Spitzen-Saperavi namens Satrapezo liegt einen Monat in *kvevri* auf der Maische, wird dann in Eichenfässer umgefüllt, dreimal abgezogen und reift schließlich in Stahltanks.

Kurdgelauri, Telavi 2200; www.tewincel.com

Hauptrebsorten

Rot
Cabernet Sauvignon
Saperavi

Weiß
Chardonnay
Chinuri
Mtsvane
Rkatsiteli
Tsolikauri

Jahrgänge

2010
Miserables Wetter und ebensolche Erträge. Am besten noch für Saperavi.

2009
Durchwachsene Qualität bei den Weißen; bei den Roten weiß man noch nicht so recht.

2008
Gut bis großartig, oft lagerfähig.

2007
Allgemein sehr gut, viele Weine mit Alterungspotenzial.

2006
Mittelmäßiger Jahrgang; viele Weine sind unreif.

2005
Allgemein gut, v. a. Rotweine.

GRIECHENLAND

Mit über 300 indigenen Rebsorten und einer geografischen und klimatischen Bandbreite, die von sonnigen Mittelmeerinseln bis zu kühlen, nebligen Gebirgen reicht, kann es Griechenland als Weinregion in puncto Vielfalt mit Italien aufnehmen. Wein kennt man hier schon seit Jahrtausenden, in Kreta womöglich schon seit 2000 vor Christus. Einen tiefen Einschnitt verursachte die Besetzung Griechenlands durch das Osmanische Reich im 15. Jahrhundert, und nach der Reblausplage, dem Balkankrieg, zwei Weltkriegen und einem Bürgerkrieg lag die griechische Weinindustrie Mitte des 20. Jahrhunderts vollends in Scherben. Inzwischen aber hat sie sich wieder aufgerappelt und Griechenland in die erste Liga der Weinländer zurückgebracht.

Hauptrebsorten

Rot

Agiorgitiko
Xinomavro

Weiß

Assyrtiko
Malagousia
Moschofilero
Muscat
Robola
Roditis
Savatiano
Vilana

Jahrgänge

2010
Exzellente, aber kleine Ernte in Nord- und Mittelgriechenland; wegen Regen schwierig in Nemea und Mantinia.

2009
Kühl und regnerisch, kein einfacher Jahrgang. Am besten für Weiße und in den südlichen Appellationen.

2008
Hervorragend in Santorin; Dürre und Hitze in Naoussa; in den anderen Gebieten gut.

2007
Sehr gut im Norden; schwere Schäden durch Waldbrände in Nemea.

2006
Besonders gut für Nordgriechenland, Santorin und Kreta. Schwierig in Nemea.

2005
Fast überall exzellente Weine.

Der Beginn der modernen griechischen Weinindustrie jenseits von Retsina & Co. kann in die 1970er-Jahre datiert werden, als sich das Land auf die Mitgliedschaft in der EU vorbereitete. Appellationen nach französischem Vorbild wurden eingerichtet, gleichzeitig setzten große Firmen wie Boutari mit Blick auf den internationalen Markt verstärkt auf Qualität. Kleine Boutiquekellereien wie Parparoussis auf dem Peloponnes entstanden, viele Kellermeister brachen zu Studien- und Arbeitsaufenthalten ins Ausland auf und kamen dabei mit vielen unterschiedlichen Weinstilen in Berührung, die ihre Vorgänger niemals kennengelernt hatten. An der Athener Fachhochschule wurde eine Fakultät für Önologie eingerichtet, die sich schnell einen guten Ruf erwarb.

In den 1990ern kam die »griechische Weinrevolution« voll in Schwung, den sie bislang nicht verloren hat. Heute produzieren Hunderte Kellereien Qualitätsweine unter den Appellationsnamen OPE (geschützte Ursprungsbezeichnung für Süßweine, davon gibt es insgesamt acht), OPAP (Ursprungsbezeichnung für Qualitätswein, 20) und Topikos Oinos (TO, geografische Herkunftsbezeichnung bzw. Landwein, 75).

Die wichtigste Weinregion des Landes ist sicherlich der Peloponnes mit mehreren Appellationen. Weniger als zwei Autostunden südwestlich von Athen liegt jenseits der Landenge von Korinth das Anbaugebiet Nemea, wo auf Basis der Agiorgitiko-Traube einige der besten Rotweine des Landes entstehen. Diese extrem wandlungsfähige Sorte kann erfrischende Rosés ebenso hervorbringen wie dunkle Rotweine voll würziger Kirschfrucht. Auch erstklassige Weißweine entstehen auf der Halbinsel, insbesondere in Mantinia (Zentralpeloponnes) von der blumig-würzigen Sorte Moschofilero oder im Raum Patras an der Nordküste der Halbinsel, wo Roditis vorherrscht.

Eine weitere wichtige Region ist Makedonien ganz im Norden des Landes. Ihre berühmteste Appellation ist Naoussa, sozusagen das griechische Piemont, wo kühle, feuchte Berglagen tanninreiche Rotweine mit Trüffelduft hervorbringen, die auf Xinomavro basieren. Weiter westlich liegt das Gebiet Amyndeon mit noch kühlerem Kontinentalklima. Hier sind Kellereien wie Alpha Estate mit Xinomavro und ausländischen Sorten erfolgreich.

Südlich und östlich von Thessaloniki haben sich internationale Reben duchgesetzt, auch wenn Evangelos Gerovassiliou auf seinem Gut in Epanomi im Süden von Thessaloniki Malagousia-Weißweine erzeugt, deren seidige Textur und Pfirsichduft Aufsehen erregen. Sein roter Verschnitt Avaton lenkt inwischen auch das Interesse auf die einheimischen Sorten Limnio und Mavrotragano.

In der nordwestlich gelegenen Region Epirus ist die Appellation Zitsa für ihre Schaumweine von der lokalen Sorte Debina bekannt, während auf den schroffen Hängen von Metsovo Cabernet Sauvignon gedeiht, ein Erbe des Weinguts Katogi. Selbst die attische Ebene bringt unweit des Flughafens von Athen Qualitätsweine hervor, vor allem füllige Weiße mit Mandelnote von Savatiano.

Schließlich gibt es die griechischen Inseln. Mit Weißweinen von der Assyrtiko-Traube, deren beste Exemplare hinsichtlich Mineralität und Alterungsfähigkeit an Chablis Grand Cru erinnern, sticht Santorin unter ihnen hervor. Rhodos hat sich auf feine Weiße von der Sorte Athiri spezialisiert, Kreta glänzt mit Rotweinen, meist von Kotsifali und Mandilaria. Vor allem süße Muscat-Weine werden auf den Inseln Limnos und Samos erzeugt – mit einem Preis-Qualitäts-Verhältnis, das weltweit seinesgleichen sucht.

Angesichts der herrschenden Qualität gibt es für Weinfreunde in Griechenland heute reichlich viel zu entdecken – und zu genießen.

Achaia Clauss Patras

Dies ist das Weingut, das Mavrodaphne aus Patras bekannt gemacht hat. Tatsächlich dienten 1861, als Gustav Clauss sein Märchenschloss mit Kellerei baute, die Rebflächen um Patras vor allem der Produktion von Korinthen. Clauss führte dann die Erzeugung von Weinen im Port-Stil ein. Heute ist Achaia Clauss ein Großbetrieb mit Dutzenden von Etiketten und mehreren Millionen Kisten jährlich, doch bleibt Mavrodaphne aus Patras das Glanzstück. Sehr günstig ist der würzig-süße Imperial, unschlagbar komplex der Grand Reserve, der aus bis zu 100 Jahre alten Weinen zusammengestellt ist.

98–100 Riga Ferraiou, Patras, Peloponnes 26221
Tel. 2610 368100

Alpha Estate Amyndeon

Mit der Gründung von Alpha Estate machte Angelos Iatrides Ende der 1990er-Jahre Amyndeon bekannt, schließlich investierte hier ein in Bordeaux ausgebildeter, welterfahrener Önologe in 65 ha auf einem kühlen Hochplateau westlich von Naoussa. Seine Weine gehören zu den intensivsten und modernsten in Griechenland, vom seidigen Sauvignon Blanc über den rauchigen Syrah bis zum Flaggschiffwein Estate Red, in dem Xinomavro, Merlot und Syrah ihre sinnlichen Qualitäten zeigen.

Amyndeon–Ag. Panteleimon, km 2, Amyndeon 53200
www.alpha-estate.com

Argyros Estate Santorin

Als auf Santorin viele Weinberge Touristenattraktionen weichen mussten, hielt Yiannis Argyros die Stellung und verteidigte sein 1903 gegründetes Familiengut. Heute erzeugt er zusammen mit seinem Sohn Mattheos ausgezeichnete Weine von 26 ha Rebfläche, teilweise noch mit alten Stöcken. Schon die trockenen Gewächse sind umwerfend, einzigartig aber ist der komplexe, mahagonifarbene süße Vinsanto aus sonnengetrockneten Trauben.

Mesa Gonia Episkopis, Santorini 84700
www.estate-argyros.com

Biblia Chora Makedonien

Östlich von Thessaloniki liegt am Berg Pangeon eines der spannendsten Weingüter Nordostgriechenlands. Vassilis Tsaktsarlis, Besitzer von Biblia Chora, arbeitete mit Starkellermeister Evangelos Gerovassiliou Ende der 1980er-Jahre bei Porto Carras, damals der ambitionierteste Erzeuger Griechenlands. Gerovassiliou half ihm auch 1999 bei der Gründung dieser Kellerei. Die Rotweine sind gut, richtig großartig geraten in diesem kühlen Klima aber die Weißen, vor allem der knackige Sauvignon Blanc und der volle, cremige Verschnitt Ovilos aus Sauvignon Blanc und Assyrtiko.

Kokkinochori, Moustheni 64008; www.bibliachora.gr

Boutari Naoussa

Das 1879 gegründete Unternehmen ist sicher der wichtigste Weinproduzent Griechenlands. Der tanninstarke, trüffelduftige Grande Reserve Naoussa ist seit Langem als das Musterexemplar eines Xinomavro anerkannt. Mit sechs über das ganze Land verteilten Kellereien und Yiannis Voyatzis als Chefönologen hat Boutari die griechische Weinrenaissance im ganzen Land vorangetrieben. Sehr empfehlenswert sind die sauberen, frischen Gewächse aus Santorin, der fruchtige Moschofilero aus Mantinia, der seidige Malagousia vom Gut Matsa in Attika und der Syrah/Kotsifali-Verschnitt Skalani mit Pflaumenaromen vom Gut Fantaxometocho in Kreta.

Stenimachos, Naoussa, 59200; www.boutari.gr

DOMAINE GEROVASSILIOU
EINE SEIDIGE, PFIRSICHDUFTIGE KÖSTLICHKEIT VON DER MALAGOUSIA-TRAUBE

DOMAINE SKOURAS
SAFTIGER, FRISCHER AGIORGITIKO MIT EINEM SCHUSS CABERNET SAUVIGNON

Domaine Gerovassiliou Makedonien

Evangelos Gerovassiliou gilt weithin als der beste Weinmacher Griechenlands. Viele Weine, die er von 45 ha Hanglagen an der Küste bei Thessaloniki erzeugt, lassen erahnen, dass er in Frankreich ausgebildet wurde: ein Sauvignon Blanc mit Hefenote, ein fassvergorener toastwürziger Chardonnay und ein üppig pflaumenfruchtiger Syrah. Seine spannendsten Gewächse aber sind von einheimischen Sorten, die er vor dem Verschwinden bewahrt hat: der seidige, pfirsichfruchtige weiße Malagousia und der wilde, tief purpurrote Verschnitt Avaton (von Limnio, Mavroudi und Mavrotragano).

Epanomi, Thessaloniki 57500
www.gerovassiliou.gr

Domaine Sigalas Santorin

Das 19-ha-Gut von Paris Sigalas liegt in einer ruhigen Hügellandschaft am Nordende von Santorin. Seit 1991 erzeugt Sigalas Wein, inspiriert von den Burgundern, die er während seiner Studienzeit in Paris schätzen lernte. Die Wuchtigkeit und Mineralität seiner Gewächse können durchaus an Chablis Grand Cru erinnern. Daneben erzeugt er einen würzigen Mavrotragano, der das Interesse an dieser halb vergessenen roten Traube wieder geweckt hat, und präsentiert im Apiliotis, einer faszinierenden, gleichzeitig süßen und tanninhaltigen roten Variante eines Vinsanto, die lokale Mandilaria-Traube.

Baxes, Oia, Santorini 84702; www.sigalas-wine.com

Domaine Skouras Nemea

Nach seinem Studium in Dijon kehrte George Skouras nach Hause zurück und baute ab 1986 seine Kellerei in Nemea auf. Er war fest von der Qualität der lokalen Agiorgitiko-Traube überzeugt, sicherte sich aber ab, indem er auch Cabernet Sauvignon und Merlot kultivierte. Ein Teil Cabernet Sauvignon, verschnitten mit Agiorgitiko, steckt nun auch in seinem festen, kräftigen, rauchigen Flaggschiffwein Megas Oenos, der großartig altert. Daneben bereitet Skouras den hervorragenden Chardonnay Dum Vinum Sperum im Burgunderstil und einen exotischen Viognier namens Eclectique. Ein Gedicht ist auch der ebenso kraftvolle wie elegante reinsortige Agiorgitiko Nemea Grande Cuvée.

Argos–Sternas, km 10, Malandreni, Argos,
Peloponnese 21200; www.skouras.gr

Domaine Spiropoulos Mantinia

Spiropoulos ist quasi gleichbedeutend mit der Appellation Mantinia, die der roten Moschofilero-Traube mit würzig-floralem Duft vorbehalten ist. Von 60 ha ökologisch angebaute Reben wird eine Reihe von Weinen mit sehr schönem Sortencharakter erzeugt, etwa ein gefälliger Weißer auf Einsteigerniveau, ein blassrosa Vin Gris mit Rosenduft, der lebhafte Astála und der elegante Schaumwein Odé Panos. 2007 baute Spiropoulos auch im benachbarten Nemea eine Kellerei mit interessanter Produktion auf.

Tripoli–Artemisio, km 15, Anc. Mantinia,
Peloponnes 22100; www.domainspiropoulos.com

MERCOURI ESTATE
EIN ELEGANTER ROTWEIN VON EINEM DER SCHÖNSTEN WEINGÜTER GRIECHENLANDS

GAIA WINES
EIN PREISGÜNSTIGER, FRISCHER VERSCHNITT VON MOSCHOFILERO UND RODITIS

Domaine Tselepos Mantinia

Auf der Hochebene von Mantinia kann der Wind recht kräftig wehen, nehmen Sie also lieber eine Jacke mit, wenn Sie diese Kellerei besuchen. Yiannis Tselepos hat sie am Rand der Appellation gebaut, schon ein Stück den Hang hinauf am Berg Parnon, um es möglichst kühl zu haben. Diese Kühle – und seine burgundische Ausbildung – spürt man in der Feinheit seines ätherischen, zurückhaltend floralen Moschofilero. Auf einer steilen Schieferlage hat er außerdem Gewürztraminer gepflanzt, der einen großartig würzigen und eleganten Wein ergibt.

Tripolis–Kastri, km 14, Rizes, Arcadia, Peloponnes 21200 www.tselepos.gr

Emery Wines Rhodos

Seit 1966 erzeugt Emery auf der Sonneninsel Rhodos Wein. Die etwa in der Inselmitte in Embona am Berg Atavyros gelegene Kellerei hat sich auf einheimische Sorten spezialisiert, insbesondere Athiri, aus der der dezent florale Schaumwein Grand Prix Brut sowie ein frischer, sehr preisgünstiger Stillwein erzeugt werden. Auch den Muscat-Desserwein Efreni sollte man probieren – mit seiner reinen Honigsüße ein Widerschein der Sonne selbst.

28 Afstralias St., Embona, Rhodos 85100; www.emery.gr

Gaia Wines Santorin/Nemea

In den 1980er-Jahren untersuchte Yiannis Paraskevopoulos im Auftrag von Boutari jahrelang die Weinberge von Santorin. Die Ergebnisse ermutigten ihn, zusammen mit dem Agronomen Leo Karatsalos 1994 ein eigenes Unternehmen zu gründen. Gaia erwarb sich rasch eine Reputation für strenge, aber elegante Santorin-Weißweine. Kurz darauf kaufte das Duo auch eine Rebfläche auf einem Berg in Nemea (Peloponnes), um sich dort auf die Lokalsorte Agiorgitiko zu konzentrieren. Hier wird eine ganze Palette von Weinen produziert, vom roten und weißen Alltagswein der Marke Nótios bis zum strukturierten roten Gaia Estate, der Reifezeit braucht.

Keine Besuchereinrichtungen; www.gaia-wines.gr

Gentilini Kefalonia

Die grellweiße Kalkwand auf der Straßenseite gegenüber war einer der Gründe, warum Spiros Cosmetatos glaubte, hier guten Wein erzeugen zu können, als er die Kellerei 1978 gründete. Die kreidigen Böden, jede Menge Sonne und kühlende Brisen von der See her ermöglichen sowohl Weine wie den frischen, limettenduftigen Gentilini Robola von der gleichnamigen lokalen Weißweinsorte als auch den weißen Verschnitt Aspro Classico, einen hervorragenden Durstlöscher. Inzwischen von Tochter Marianna, ihrem Mann Petros Markantonatos und der Kellermeisterin Gabrielle Beamish geführt, macht sich Gentilini jetzt auch einen Namen für Syrah mit etwas Mavrodaphne für den griechischen Einschlag.

76 Papanastassiou St., Paleo Psychiko, Kefalonia 15452 www.gentilini.gr

Hatzidakis Santorin

Die Kellerei ist nicht viel mehr als ein Dach über einer mit Tanks und Fässern vollgestopften Vertiefung im Boden, aber die Weine sind stets ein Genuss. Haridimos Hatzidakis war Chefönologe der Kellerei von Boutari auf Santorin, bevor er sich 1997 selbstständig machte. Vorwiegend aus Trauben von den ökologisch bewirtschafteten Weinbergen der Familie seiner Frau erzeugt er mineralische Weißweine mit üppiger Textur, einen tanninstarken roten Mavrotragano mit Wildfruchtaroma und einen außergewöhnlichen, karamellfarbenen Vinsanto.

Pyrgos Kallistis, Santorini 84701; www.hatzidakiswines.gr

Katogi & Strofilia Epirus

Die 1989 gegründete Kellerei Katogi Averoff war einer der ersten ernsthaften Weinerzeuger in Metsovo. Strofilia hat seinen Sitz in Annavysos an der Südspitze von Attika, unweit von Athen. Beide schlossen sich 2001 zusammen und produzieren heute über 20 Weine aus vier Regionen. Besonders empfehlenswert sind die süffigen, preisgünstigen Fresco-Weine – ein Weißer auf Roditis-Basis und ein roter Agiorgitiko – und der erdige Averoff Estate, in dem Cabernet Sauvignon von in den 1950er-Jahren in Metsovo gepflanzten Reben dominiert.

Metsovo, Epirus 44200; www.katogi-strofilia.gr

Kir-Yianni Naoussa

»Kir Yianni« (Meister Johannes) – das ist Yiannis Boutari, der mit seinem enormen Wissen, seiner Freundlichkeit und seinem unermüdlichen Einsatz für den griechischen Weinbau eine lebende Legende ist. Bis Mitte der 1990er-Jahre leitete er mit seinem Bruder Constantinos die Firma Boutari (siehe S. 497), verließ diese dann aber, um sich auf seinen Weinberg in Yianakohori am höchsten Punkt von Naoussa zu konzentrieren. Hier war er Vorreiter bei der Kombination von Merlot und Xinomavro, deren bestes Beispiel der Kir-Yianni Estate mit Pflaumennote und doch guter Struktur ist. Auch den Ramnista führte er ein, einen intensiven, lagerfähigen Xinomavro. Weißweine wie der Akakies sowie der herrlich frische Rosé von Xinomavro werden in Amyndeon erzeugt.

Yianakohori, Naoussa 59200; www.kiryianni.gr

Ktima Driopi Nemea

Das Gut (»Ktima«) Driopi erschien 2003 wie aus dem Nichts, als sich Yiannis Tselepos aus Mantinia (siehe Domaine Tselepos) und Paris Sigalas aus Santorin (siehe S. 497) mit dem Investor Alexander Avataggelos zusammentaten, um einen Weinberg mit alten Agiorgitiko-Stöcken in Koutsí zu kaufen – so etwas wie der Grand Cru von Nemea. Noch im selben Jahr wurde der erste Wein bereitet, ein dunkler, pflaumenfruchtiger Nemea. Tselepos führt das Gut inzwischen allein, doch Driopi ist mit mustergültigem, alterungsfähigem Agiorgitiko ein Spitzenerzeuger in Nemea geblieben. **★Aufsteiger**

65 Vasilis Sofias St., Ampelokipi, Peloponnes 11528 Tel. 2107 2957134

Ktima Voyatzis Velventós

Nach der Arbeit fährt Yiannis Voyatzis, der Chefönologe von Boutari (siehe S. 497), zwei Stunden ins südwestlich gelegene Velventós und kümmert sich um den Weinberg, den er Anfang der 1990er-Jahre dort angelegt hat. Neben der Lokaltraube Xinomavro hat er vor allem Chardonnay, Cabernet Sauvignon und Merlot angepflanzt. Ein saftiger Xinomavro-Verschnitt, ein frischer Rosé und ein feiner, blumiger Malvasia stehen im Mittelpunkt, doch auch der fruchtige Tsapournakos mit leichter Kräuternote lohnt sich – diese Traube soll mit Cabernet Franc identisch sein.

Velventós, Kozani 5040; Tel. 2246 4032283

Lyrarakis Dafnes

Sotiris Lyrarakis hat für den kretischen Wein mehr getan als jeder andere. Auf seinem 8-ha-Gut konzentriert er sich fast ausschließlich auf einheimische Sorten; einige davon waren fast vergessen, bevor er sich ihrer annahm. Herausragend ist der schmackhafte, kräuterwürzige Dafni, während der frische Vilana eine Lanze für die gleichnamige Traube bricht, die man sonst vor allem in Massenverschnitten findet. Lyrarakis' größtes Verdienst liegt aber wohl in der Zähmung der Rebsorten Kotsifali und Mandilaria, aus denen er – mit einem Anteil Syrah – geschliffene Rote wie The Last Supper erzeugt.

Heraklion, Kreta 71305; www.lyrarakis.gr

Mercouri Estate Ilias

Ganz im Westen des Peloponnes liegt mit Mercouri wohl das schönste Weingut Griechenlands: überwucherte Gärten, radschlagende Pfauen, Lorbeerlauben mit Blick über die Küste. In den 1870er-Jahren gegründet, begann seine moderne Geschichte Mitte der 1980er-Jahre, als Hristo und Vassilis Kanellakopoulos die Leitung übernahmen. Der frische weiße Foloi (Roditis/Viognier) ist der perfekte Wein, um einem der Sommerkonzerte auf dem Rasen des Gutes zu lauschen. Einen Platz in jedem guten Weinkeller verdient der langlebige, elegante rote Domaine Mercouri (Ktima Mercouri) mit Waldaroma, der von Refosco (alte Reben) und Mavrodaphne bereitet ist.

Korakohori, Ilias, Peloponnes 27100
www.mercouri.gr

Oenoforos Patras

Hoch über dem Trubel des Hafens von Patras mit Blick aufs Meer liegt das Gut, das der in Bordeaux ausgebildete Önologe Angelos Rouvalis 1990 gegründet hat und jetzt gemeinsam mit Greek Wine Cellars betreibt. Besonders gut gelingen die Weine von lokalen Sorten: So bleibt etwa der zitrusfruchtige, frische Asprolithi Roditis der Maßstab für diese Rebsorte, während der Mikros Vorias Lagorthi mit Limetten- und Melondenduft das Interesse an einer fast ausgestorbenen Traube wieder geweckt hat.

Selinous, Aigio, Peloponnes 25100; www.oenoforos.gr

Papagiannakos Attika

Trotz seiner Lage unweit des Flughafens von Athen gehört Papagiannakos zu den schönsten modernen Weinkellereien Griechenlands. Das niedrige Gebäude ist lichtdurchflutet und spiegelt in gewisser Weise damit den besten Wein des Hauses wider, den sonnigen, geschmeidigen Savatiano. Diese Rebsorte wird oft mit Pinienharz zu Retsina gemischt, doch Vassilis Papagiannakos hält lieber den Ertrag seiner 40 ha Reben niedrig, um einen saftigen Wein mit Birnenaroma zu erzeugen. Natürlich macht man mit gutem Savatiano auch umso besseren Retsina – der von Papagiannakos ist einer der besten.

Markopoulo, Mesogaia, Attica 19003
www.papagiannakos.gr

Papaioannou Nemea

Schon lange, bevor es in Mode kam, begann Thanasis Papaioannou damit, erstklassige Weinberge in Nemea zuzulegen. Seine Kellerei gründete er 1984; heute besitzt er 57 ha Rebland und ist der geachtetste Winzer der Region. Zusammen mit seinem Sohn George erzeugt er eine Reihe umwerfender Weine. Der beste der durchweg ausgezeichneten pflaumenfruchtigen Agiorgitiko-Gewächse ist die geradlinige, traditionelle Peloponnes-Abfüllung. Ebenfalls zu empfehlen sind der cremige, reife Chardonnay und der kirschduftige Pinot Noir.

Ancient Nemea/Corinthia, Peloponnes 20500
www.papaioannouwines.gr

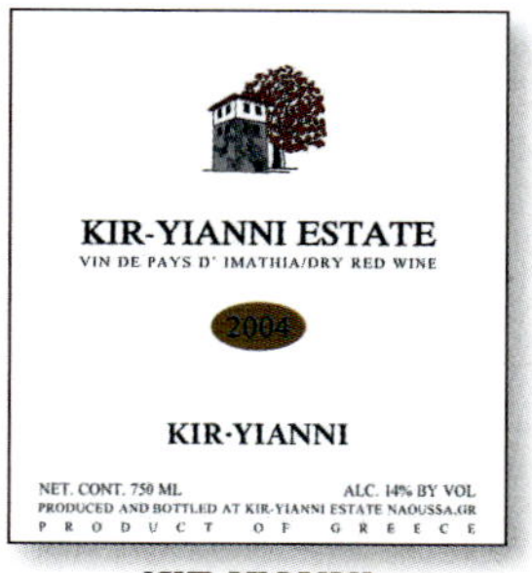

KIR-YIANNI
KRAFTVOLL UND DOCH ELEGANT GIBT SICH DIE CUVÉE AUS XINOMAVRO UND MERLOT

KATOGI & STROFILIA
EIN WEICHER ROTER MIT WILDNOTE VON SEHR ALTEN CABERNET-SAUVIGNON-REBEN

Parparoussis Patras

Die Hafenstadt Patras im Norden des Peloponnes ist berühmt für ihre süßen Muscat-Weine, und deren glänzendstes Beispiel ist der satinweiche, melonenduftige Muscat de Rio Patras von Parparoussis. Das von dem in Burgund ausgebildeten Athanassios Parparoussis 1973 gegründete Gut war eine der ersten griechischen Kellereien, die Weinbereitung als Kunsthandwerk betrieben. Auch bei der Aufwertung einheimischer Trauben wie Sideritis und Mavrodaphne war Parparoussis ein Pionier. Von der seltenen weißen Sideritis ist der knochentrockene Gift of Dionysos bereitet, von Mavrodaphne der tanninherbe rote Taos.

1 Achilleos St., Proastio Patron, Peloponnes 36442
www.parparoussis.com

Thimiopoulos Vineyards Naoussa

Mit einer großen Kellerei kann Apostolos Thimiopoulos nicht aufwarten, aber sein einziger Wein, der Ghi Ke Uranos, hat seit dem ersten Jahrgang 2004 Kultstatus. Seine Weinberge in Naoussa liegen relativ niedrig, was fruchtbare Böden und warme Temperaturen bedeutet. Mit modernen Methoden (die »40« auf dem Etikett bezeichnet die Anzahl der Tage, die die Trauben eingemaischt bleiben) bereitet Thimiopoulos reichhaltige, dunkle Xinomavro-Weine, die ihresgleichen suchen. **★Aufsteiger**

Trilofos, 59100, Naoussa; Tel. 2310 346586

Union of Vinicultural Cooperatives of Samos (EOSS) Samos

In Samos ist alles einfach: Die Insel in der Nordägäis hat nur eine Rebsorte, Muscat, und einen Erzeuger, die 1934 gegründete Winzergenossenschaft. Sie verarbeitet die Trauben von über 4000 Weinbauern der ganzen Insel zu verschiedensten Etiketten, vom leichten, trockenen Muscat bis hin zum Messwein. Die Visitenkarte der Genossenschaft ist der honigsüße, goldfarbene Samos Vin Doux; herrliche Genüsse bereiten aber auch der delikate Grand Cru oder der volle, nussige Nectar, eine gereifte Köstlichkeit aus sonnengetrockneten Trauben.

Malagari, Samos 83100; www.samoswine.gr

Vatistas Winery Lakonien

Im urwüchsigen, vom Duft der wilden Kräuter erfüllten Lakonien an der Südspitze des Peloponnes ist Weinbau meist noch Familiensache. Einer der ersten, der Weinbereitung im professionellen Rahmen begann, ist Yiannis Vatistas mit seiner 1990 gegründeten Kellerei. Heute bewirtschaftet er 30 ha und lässt sich von dem Önologen Yiannis Flerianos beraten. Das Hauptaugenmerk liegt auf Rebsorten, die man sonst nirgends in Griechenland findet. Hervorragend mit seinem Limettenaroma und dem Hauch von Meersalz ist der Petroulianos; im saftigen Kidonitsa mit Noten von *kidoni* (Quitten) zeigt sich eine Traube, die mehr Aufmerksamkeit verdient.

Lahi Lakonias 23053; Tel. 27340 29088

LIBANON

In der Antike lebten in diesem Landstrich die Phönizier – fähige Weinerzeuger, die ihre Produkte bis in die hintersten Winkel des Mittelmeeres verschifften. Über 5000 Jahre später führen die Winzer des heutigen Libanons dieses Erbe fort und produzieren etwa 6,5 Millionen Flaschen pro Jahr. Junge Weinmachertalente kehren von ihren Studien im Ausland zurück und bringen neues Leben in die Branche: Sie treiben die Übernahme moderner Weinbaupraktiken voran, kultivieren internationale Rebsorten und sorgen für verbesserte Kellertechnik. Schon immer waren die libanesischen Erzeuger stark exportorientiert, doch mittlerweile hat sich auch die Nachfrage im Inland spürbar gesteigert.

Hauptrebsorten

Rot
- Cabernet Franc
- Cabernet Sauvignon
- Carignan
- Cinsault
- Grenache
- Merlot
- Mourvèdre
- Syrah

Weiß
- Chardonnay
- Merwah
- Muscat
- Obeideh
- Sauvignon Blanc
- Viognier

Jahrgänge

2010
Heiß und trocken; Qualität je nach Erzeuger unterschiedlich.

2009
Gut für Weiße, hervorragend für Rote. Ein großer Jahrgang.

2008
Die Hitze brachte hohe Zuckerwerte bei geringer Reife. Weiße gut, Rote weniger.

2007
Durchweg gute Qualität.

2006
Großartiger Jahrgang: komplexe Weine mit guter Säure.

2005
Sehr feucht, kühl im Sommer. Am besten für Weißweine.

Die Geschichte der modernen libanesischen Weinwirtschaft begann 1857 mit der Gründung von Château Ksara durch jesuitische Mönche. Sie waren dafür verantwortlich, dass französische Rebsorten und franko-algerische Weinbereitungstechniken ins Land kamen. Nach dem Ersten Weltkrieg blühte die Weinindustrie des Libanons auf, da unter der französischen Verwaltung die Nachfrage gesichert war und sich eine Weinkultur entwickeln konnte.

1979, während im Libanon der Bürgerkrieg tobte, zog plötzlich und gänzlich unerwartet der Wein dieses Landes die Aufmerksamkeit auf sich. Der charismatische älteste Sohn des Gründers von Château Musar, Serge Hochar, besuchte die Bristol Wine Fair in England auf der Suche nach einem möglichen Exportmarkt, und der damalige Leiter der Weinabteilung des Auktionshauses Christie's, Michael Broadbent, erklärte nach einer Verkostung Hochars Weine zur Entdeckung der Messe.

Für viele Weinfreunde ist Château Musar zum Synonym für Wein aus dem Libanon geworden, doch hat das Land weit mehr zu bieten. Tatsächlich ist der spezifische Stil von Château Musar eher die Ausnahme als die Regel – diese explizit minimalistische Herangehensweise steht in starkem Kontrast zur Arbeit vieler anderer Erzeuger, die sich eher an der Neue Welt orientieren.

Die zwischen dem Libanon-Gebirge und dem Anti-Libanon auf etwa 1000 Meter über dem Meeresspiegel gelegene Bekaa-Hochebene ist die wichtigste Weinbauregion des kleinen Landes. Die vorwiegend tonig-kalkigen Böden sind extrem steinig. Der Weinbau konzentriert sich auf den westlichen Teil des Tals um die Stadt Zahlé, Versuche finden aber auch in Bhamdoun, Kfifane, Richmaya, Jezzine und im östlichen Bekaa-Tal statt.

Die traditionelle Rebenerziehung im Libanon erfolgt nach dem Gobelet-System (Buschreben), doch hat sich inzwischen schon in über der Hälfte der Weinberge die Erziehung am Drahtrahmen durchgesetzt, entweder im doppelten Guyot-System oder in einer Cordon-Erziehung. Techniken wie Grünlese und Laubpflege sind heute üblich, und viele Winzer arbeiten ökologisch, auch wenn nur wenige offiziell zertifiziert sind.

Früher hatten Sorten aus Südfrankreich in den libanesischen Weinbergen ein klares Übergewicht, seit den 1990er-Jahren aber pflanzen geschäftstüchtige Winzer vermehrt internationale Trauben. Meistangebaute Sorte ist heute Cabernet Sauvignon, und auch Merlot, Cabernet Franc und Syrah haben einige Bedeutung, insbesondere für Qualitätsweine. Die Traditionssorten Carignan, Cinsault, Grenache und Mourvèdre bleiben aber im Geschäft. Weißweine spielen die zweite Geige, beliebte Sorten sind Chardonnay, Sauvignon Blanc, Viognier und Muscat.

Trotz aller modernen Entwicklungen hat sich der Libanon einige Aspekte seiner stolzen Weinvergangenheit bewahrt, darunter auch autochthone Rebsorten. Die alte weiße Sorte Obeideh wird oft mit Chardonnay verglichen, ihre Schwester Merwah mit Sémillon. Einer der Gründe für das Überleben dieser Lokaltrauben ist sicher die Rolle, die sie in dem traditionellen libanesischen Anisschnaps Arak spielen. Ähnlich wie andere mit Anis aromatisierte Spirituosen des Mittelmeerraums wird Arak durch dreifache Destillation von Wein mit Anis hergestellt. Man mischt ihn gewöhnlich mit Wasser und trinkt ihn im Libanon zu praktisch jeder Mahlzeit. Aus diesem Grund produzieren die meisten Erzeugerbetriebe neben Wein auch weiterhin Arak.

Château Belle-Vue Libanon-Gebirge
Der kleine Familienbetrieb wurde von Naji und Jill Boutros gegründet. Sie hatten eine Zeit lang im Ausland gelebt und planten schon länger, in den Libanon zurückzukehren und ein Projekt ins Leben zu rufen, das Najis schwer in Mitleidenschaft gezogenes Heimatdorf Bhamdoun wieder auf die Beine bringen soll. Im Frühling 2000 pflanzten sie ihre ersten Reben auf den hiesigen terrassierten Berghängen und produzieren heute von 22 ha ökologisch bewirtschaftetem Rebland etwa 2000 Kisten eindrucksvoller, seriöser, strukturierter Rotweine mit Tiefe und Komplexität. ★**Aufsteiger**

Amin Abdelnour St., Bhamdoun Mhatta
www.chateaubelle-vue.com

Château Kefraya Bekaa-Tal
Als eine der größten Kellereien des Libanons produziert Château Kefraya etwa 2 Millionen Flaschen pro Jahr. 1979 im Dorf Kefraya (Kafraiya) gegründet, bewirtschaftet das Gut 300 ha Weinberge, die das gesamte Traubenmaterial für seine Abfüllungen liefern. Mit dem Spitzengewächs Comte de M (Cabernet Sauvignon/Syrah) erlangte Kefraya internationale Anerkennung.

Village of Kefraya, Zahle, Bekaa-Tal
www.chateaukefraya.com

Château Khoury Bekaa-Tal
Château Khoury wurde 2004 von Raymond und Brigitte El Khoury gegründet, seit 2005 bereitet ihr Sohn Jean-Paul die Weine. Als einziges Gut im Libanon kultiviert Château Khoury elsässische Rebsorten (Pinot Gris, Pinot Noir, Gewürztraminer und Riesling), was sicherlich an Madame Khourys Elsässer Hintergrund liegt. 50 000 Flaschen frischer, sauberer Weiß- und eleganter Rotweine werden jährlich erzeugt. Als umweltbewusster Erzeuger betreibt Khoury eine eigene Kläranlage auf dem Gut.

Dhour Zahle, Bekaa-Tal
www.chateaukhoury.com

Château Ksara Bekaa-Tal
Seit über 150 Jahren ist der größte Weinerzeuger des Libanons ununterbrochen in Betrieb und bringt 2,7 Millionen Flaschen jährlich auf den Markt, 38 % der Gesamtproduktion des Landes. Als Branchenführer begann Ksara schon Anfang der 1990er-Jahre damit, Rebenerziehungssysteme am Drahtrahmen einzuführen und Rebsorten wie Cabernet Sauvignon und Syrah anzubauen. Chef im Keller ist der Franzose James Palgé, er zeichnet für eine breite Palette an Weinen verantwortlich. Spitzengewächs ist der fleischige, strukturierte rote Château de Ksara mit schönem Alterungspotenzial, ebenfalls stark zeigt sich die Cuvée du Troisième Millenaire.

Zahle, Bekaa-Tal
www.ksara.com.lb

Château Musar Bekaa-Tal
Fragen Sie irgendeinen Weinliebhaber nach libanesischem Wein, und er wird Ihnen garantiert mit dem legendären Château Musar kommen. 700 000 Flaschen werden hier pro Jahr produziert, von denen 80 % in den Export gehen. Der unverwechselbare und teilweise umstrittene Weinstil wird oft als oxidiert und mit einem hohen Gehalt flüchtiger Säuren beschrieben – für Kenner ein Erlebnis, aber nicht jedermanns Sache. Das Spitzenetikett Château Musar ist für seine Komplexität und große Alterungsfähigkeit bekannt. Vom selben Schlag sind die Gewächse der Marke Hochar Père et Fils, allerdings zugänglicher und jugendlicher im Stil. Deutlich weicher und spielerischer geben sich dagegen die Musar-Jeune-Weine – Alltagsropfen, die auch gut zum Essen passen.

Route de Dlebta, Ghazir, Libanon-Gebirge
www.chateaumusar.com.lb

CHÂTEAU MUSAR
MIT IHREM UNVERWECHSELBAREN STIL SIND DIE WEINE VON CHÂTEAU MUSAR BOTSCHAFTER DES WEINLANDS LIBANON

Clos St. Thomas Bekaa-Tal
Die Familie Touma produziert seit 1888 Arak, hat aber 1997 mit der Gründung der Kellerei Clos St. Thomas auf Weinerzeugung umgestellt. Von ihren 65 ha Rebland produzieren sie etwa 400 000 Flaschen jährlich, über die Hälfte davon wird exportiert. Ihr Angebot umfasst etliche verschiedene Marken; Flaggschiffwein ist der rote Château St. Thomas, der frische Aromen von roten Früchten und Gewürzen aufweist und mittelfristig lagerfähig ist. Schöne Alltagsweine finden sich in der Einsteigerserie Les Gourmets, im mittleren Bereich zeigt sich der rote Les Emirs als eindrucksvoller Verschnitt von Cabernet Sauvignon, Syrah und Grenache.

Kab Elias, Main Rd., Bekaa-Tal
www.closstthomas.com

Domaine de Baal Bekaa-Tal
Das spannende neue Unternehmen wurde 2006 von Sebastien Khoury gegründet. Mit nur 1000 Kisten von 5 ha Rebland kann man es eine Premium-Boutiquekellerei nennen. 2012 sollen weitere 3 ha Ertrag bringen und die Produktion auf 1800 Kisten steigern. Die Domaine de Baal erzeugt nur zwei Weine: einen weißen Verschnitt von Chardonnay und Sauvignon Blanc und einen roten Verschnitt von Cabernet Sauvignon, Merlot und Syrah. Großer Wert wird auf Umweltfreundlichkeit gelegt: Im Weinberg wirtschaftet man ökologisch, beim Bau der Kellerei achtete man auf Energieeffizienz. ★**Aufsteiger**

Zahle, Bekaa-Tal; www.domainedebaal.com

Domaine Wardy Bekaa-Tal
Seit ihrem ersten Jahrgang 1998 hat sich die Domaine Wardy erfolgreich auf sortenreine Weine konzentriert – das tut sonst kaum jemand im Libanon. 65 ha Weinberge gehören zum Gut, weitere 80 ha sind langfristig gepachtet. 2003 kamen die in kleinen Mengen erzeugten Premiumabfüllungen der Wardy Private Selection heraus – ein roter Cabernet Sauvignon/Syrah und ein ungewöhnlicher weißer Viognier/Muscat.

Industrial City, Zahle, Bekaa-Tal; www.domaine-wardy.com

MASSAYA
DER GOLD RESERVE VON MASSAYA IST AUF DEN EXPORTMÄRKTEN ERFOLGREICH

Massaya Bekaa-Tal
Massaya entstand als Ergenbis einer Allianz der Brüder Ghosn, ihres französischen Partners Dominique Hébrard (ehemals Château Cheval Blanc) sowie der Familie Brunier von der Domaine du Vieux Télégraphe in Châteauneuf-du-Pape. Der schicke Betrieb nahm 1998 seine Arbeit auf und produziert jährlich 250 000 Flaschen, von denen 90 % exportiert werden. Massaya ist im Ausland sehr erfolgreich, insbesondere in Frankreich. Fünf Weine werden erzeugt, ein Weißer, ein Rosé und drei Rote: der Rouge Classic ohne Eichennote, der Silver Selection im Rhône-Stil und der Gold Reserve im Bordeaux-Stil.

Tanail Property, Bekaa-Tal; www.massaya.com

Südafrika weckt ganz verschiedenartige Gefühle. Wen würde wohl die düstere Vergangenheit des Landes unberührt lassen, die vor nicht allzu langer Zeit erst ein Ende fand? Ein unwiderstehlicher Reiz geht von der Landschaftskulisse mit ihren dramatischen Wechseln zwischen dürrem Buschland und strotzenden Rebgärten aus. Faszinierend ist schließlich die Weinszene, in der sich die Alte und die Neue Welt begegnen: Klassiker wie Chenin Blanc oder Bordeaux-Verschnitte sind hier ebenso zu Hause wie rustikaler Pinotage und Shiraz.

Bereits im 17. Jahrhundert gründeten niederländische und englische Siedler in Constantia und Stellenbosch erste Farmen. Schnell erkannten sie, welche Möglichkeiten das Land mit seiner großen Vielfalt an Bodentypen und Mikroklimata bot. An die 9600 Pflanzenarten wachsen am Kap, und auch für Reben erwiesen sich die Böden als hervorragend geeignet. Von Anfang an, aber insbesondere im letzten Jahrzehnt, haben sich die Weinerzeuger nach Kräften bemüht, dieses Potenzial optimal zu nutzen – ein ehrgeiziges Ziel.

Inzwischen holt die Branche den Rückstand auf, den die Isolation und die Handelssanktionen ihr während des Apartheid-Regimes beschert hatten. Mit über 6000 Etiketten zeigt sie Jahr für Jahr in Europa und den USA deutlich Flagge, darunter fulminante und trotzdem bezahlbare Weine von Cabernet Sauvignon, Sauvignon Blanc und Chenin Blanc. Pinotage, jene einheimische Rebe, für die es nur glühende Verehrer oder entschiedene Verächter gibt, ist zunehmend an roten Verschnitten beteiligt, die elegant einen markanten Terroircharakter mit einnehmender Art verbinden. Weit gereiste junge Kellermeister sowie Förderprogramme für die so lange Zeit unterdrückten schwarzen Arbeiter in den Betrieben räumen mit überholten Denkmustern auf. Schon heute unter allen Weinerzeugerländern auf Platz acht, steht Südafrika kurz vor dem Sprung nach ganz oben.

SÜDAFRIKA

SÜDAFRIKA

Südafrikas Winzer lieben die Vielfalt an Bodentypen, Geländeformen und Klimata, die ihr Land ihnen bietet. Von küstennahen Lagen etwa, aus denen die Trauben eine lebhaft mineralische Färbung mitbringen, bis zu tiefgründigen Granitschiefer- und Kalksteinböden fruchtbarer Täler spannt sich der Bogen. Zwar stellen die so unterschiedlichen Gegebenheiten eine echte Herausforderung dar, doch zugleich eröffnen sie experimentierfreudigen und kreativen Geistern immense Möglichkeiten. Das Land ist quasi ein Abenteuerspielplatz für passionierte Weinmacher. Zudem erschließen Pioniere stetig neue Subzonen am Kap, auch wenn diese die Führungsrolle der etablierten Produktionsbereiche vorerst nicht gefährden können.

Hauptrebsorten

Rot

Cabernet Sauvignon
Merlot
Pinotage
Pinot Noir
Shiraz

Weiß

Chardonnay
Chenin Blanc
Muscat
Sauvignon Blanc
Semillon
Viognier

Jahrgänge

2010
Starke Wetterschwankungen bei der Lese, kleine Ernte. Guter, expressiver Sauvignon Blanc, sonst ungleichmäßig.

2009
Schwieriger Jahrgang, aber Rote wie Weiße eindrucksvoll.

2008
Eine kühle, feuchte Wachstumsperiode erbrachte feine Rot- und Weißweine.

2007
Gutes Jahr für klassische Stile, vom knackigen Sauvignon Blanc bis zu üppigen Roten.

2006
Spektakuläre Weißweine, insbesondere Chenin Blanc.

2005
Unbeständiges Wetter sorgte für unausgewogene Rote und nur durchschnittliche Weiße.

Ganz oben in der Rangliste stehen mit Constantia und Stellenbosch zwei äußerst geschichtsträchtige Weinbaugebiete. In Constantia, wo Land so viel kostet wie kaum anderswo in Südafrika, ist die Heimat des Vin de Constance, der schon die englische Schriftstellerin Jane Austen und Napoleon Bonaparte zum Schwelgen brachte. Kühle Meeresbrisen und granitreiche Untergründe bilden ideale Voraussetzungen für die Entstehung niveauvoller Weißer aus Trauben wie Sauvignon Blanc, Muscat und Semillon, in denen eine mineralisch belebte Eleganz und üppige Aromen tropischer Früchte eine formvollendete Verbindung eingehen. Auch die Roten wie Merlot und Cabernet Sauvignon machen immer mehr her.

Ohne Wein fast nicht vorstellbar wäre Stellenbosch. Im hügeligen Gelände des Districts reifen auf fruchtbaren und gut durchlässigen Böden unterschiedlicher Art Cabernet Sauvignon, Pinotage, Chenin Blanc und Chardonnay von Weltklasse. Jahr für Jahr gehen darüber hinaus aus der Stellenbosch University – sie bietet als einzige Hochschule Südafrikas ein Weinbau- und Önologiestudium an – Jungtalente hervor, die frischen Schwung in den Weinbetrieb des vornehmen Bereichs bringen. Dass dieser durchaus in Richtung Alte Welt äugt, heißt nicht, dass er im Stil und Ansatz Frankreich, Italien oder Spanien nachahmen will. Ganz im Gegenteil spürt man hier die gleiche Energie und Innovativkraft, die das gesamte Land beseelt – die Winzer sind stolz auf ihr einzigartiges Terroir und Erbe. Aber Stellenbosch nimmt die großen Gewächse Europas ins Visier, um gegen sie anzutreten, um die eigenen Spitzenetiketten neben Klassikern wie Bordeaux, Burgunder oder Brunello auf den Listen der Sammler zu platzieren. Ehrgeizige Ziele verfolgt man etwa mit dem Pinotage, jener südafrikanischen Kreuzung von Pinot Noir und Cinsaut, die hier bestens gedeiht. Begeistert erwarten die Erzeuger schon, dass sie den globalen Markt erobern wird. Tatsächlich hat der »Cape Blend«, der als eine Art »Super-Südafrikaner« kreiert wurde und Pinotage sowie weitere rote Sorten wie Cabernet Sauvignon und Merlot in wechselnden Anteilen enthält, zwar hitzige, aber dennoch positive Debatten im In- und Ausland entfacht.

Auch von anderen Stellen gibt es Erfreuliches zu berichten. So ist Paarl mit seinen strotzenden Rebhängen am Fuß eines massigen Granitfelsens im Landesinneren ein Paradies für Sorten wie Shiraz, Cabernet Sauvignon, Pinotage und Chardonnay, die mit Hitze gut zurechtkommen. Man findet eleganten, charaktervollen Cabernet Sauvignon und rote Cuvées, deren Spektrum von wuchtig bis klassisch reicht. Hingegen bestechen die Weißen wie Viognier und Sauvignon Blanc außer durch Topqualität durch ihr terroirbetontes Profil, das sie dem abwechslungsreichen Bodenmosaik des Districts verdanken. Shiraz schließlich läuft in den besonnten Ausläufern des Paarl Mountain zur Hochform auf, die wuchtig und muskulös, aber auch verhalten und streng ausfallen kann.

Zu den Gebieten, an denen man ebenfalls nicht achtlos vorübergehen sollte, gehören etwa Elgin, dessen kühles und windiges Küstenklima die Entwicklung von köstlich aromatischem Sauvignon Blanc, Gewürztraminer und Pinot Noir begünstigt; außerdem Swartland, eine raue Gegend, deren Cabernet-Sauvignon-, Shiraz- und Pinotage-Weine bei Sammlern auf Interesse stoßen; weiterhin Franschhoek, die einstige Hugenottensiedlung, die heute mit exquisiten Schaumweinen nach der Méthode Cap Classique, Sauvignon Blanc und Roten lockt; schließlich die von Meeresbrisen durchwehte Walker Bay, wo man überragenden Pinot Noir, Chardonnay und mehr keltert. Was all diese Bereiche eint, ist eine enorme Experimentierlust, die jedoch einhergeht mit einem Faible für die stilistische Eleganz der Alten Welt.

Avondale Paarl
In Sachen Umweltverträglichkeit geht der Avondale-Geschäftsführer und -Weinmacher Jonathan Grieve keine Kompromisse ein. Biologische und biodynamische Anbaumethoden, die unter anderem natürlich vorkommende »Freundpilze« fördern, lassen die Reben prächtig gedeihen und rustikale, zugleich aber raffinierte Rote sowie frische Weiße entstehen, deren ungetrübt fruchtige, feine und stilvolle Art beeindruckt. Bemerkenswert aus der Reihe Avondale Reserve ist der Schaumwein MCC Brut und der lagerfähige Camissa Syrah. Nachhaltigkeit ist heute ein viel strapaziertes Werbe-Mantra, doch Avondale macht damit wirklich Ernst. ★**Aufsteiger**

Klein Drakenstein, Suider Paarl 7624
www.avondalewine.co.za

Backsberg Estate Cellars Paarl
1916 von C. L. Back gegründet, erzeugt der Betrieb einige Generationen später elegante und strukturierte Weine, die sich dennoch unkompliziert trinken und gut mit Speisen kombinieren lassen. Umweltschutz wird in der Familie großgeschrieben, wie sich etwa im Einsatz von LED-Leuchten und Oberlichtern, einer Biogasanlage und der Nutzung von Bäumen als Energiepflanzen zeigt. Backsberg wurde als erste Kellerei des Landes als CO_2-neutral zertifiziert. Unter Michael Back und Weinmacher Guillaume Nell setzt sie ihren kreativen Kurs mit mehreren Produktlinien fort. Würzige Noten von Veilchen und Schwarzen Johannisbeeren bietet der Cabernet Sauvignon/Merlot-Verschnitt Klein Babylons Toren, lebhafte mineralische Noten und nussige Fülle der Chardonnay der Premium Range.

Suider Paarl 7624; www.backsberg.co.za

Badenhorst Family Wines Swartland
In einer stillgelegten Kellerei im Gebiet Paardeberg starteten die Cousins Hein und Adi Badenhorst 2008 diesen Betrieb. Adi, ein Surfer, Papageienzüchter und cooler Rebell, war zuvor bei Rustenberg Wines als eines der größten Kellertalente Südafrikas aufgefallen. Seinen Ruf unterstreicht er hier mit dem Secateurs Chenin Blanc, der Cuvée Badenhorst Red sowie einem vortrefflichen weißen Verschnitt aus Roussanne, Grenache Blanc, Viognier, Chenin Blanc und Sauvignon Blanc. ★**Aufsteiger**

Kalmoesfontein, Paardeberg, Malmesbury 7299
www.aabadenhorst.com

Boekenhoutskloof Winery Franschhoek
Marc Kent, Kellermeister und Chef des Hauses, ist in Franschhoek eine feste Größe, dennoch lässt ihn sein Pioniergeist nicht rasten. So half er nicht nur mit, den Anbaubereich Franschhoek aus dem Abseits in die Elite des Landes zu befördern, sondern erschloss zudem in anderen Gebieten wie Somerset West wertvolle Weinquellen. Vielfalt zählt für ihn ebenso wie Qualität. Die dichten, dunklen Syrah-Gewächse von Boekenhoutskloof setzen Maßstäbe, exzellent sind aber auch die klassischen Cabernets und die lagerfähigen roten Cuvées. Ein Hit ist der muskulöse und dabei elegante Chocolate Block (Syrah, Grenache, Cabernet Sauvignon, Cinsaut und Viognier). Gleiches gilt für den Wolftrap, einen schneidigen Roten mit unverkennbar südafrikanischem Flair.

Excelsior Road, Franschhoek 7690
www.boekenhoutskloof.co.za

BOUCHARD FINLAYSON
DER SAUVIGNON BLANC DIESES HAUSES BESTICHT DURCH SEINEN GERADLINIGEN, MINERALISCHEN CHARAKTER

BOEKENHOUTSKLOOF
NEBEN CABERNET IM KLASSISCHEN STIL ERZEUGT MARC KENT AUCH ALTERUNGSWÜRDIGE ROTE VERSCHNITTE

Bouchard Finlayson Walker Bay
Erhabener Pinot Noir im Stil der Alten Welt steht im Vordergrund bei Peter Finlayson, der seit 16 Jahren hier für die Weinbereitung verantwortlich ist. Im Einflussbereich der kühlen Meeresbrisen der Walker Bay erzeugt die Kellerei jährlich 12 000 Kisten Wein. Neben properem, mineralischem Pinot Noir umfasst das Angebot elegante rote Cuvées wie den Hannibal (Pinot Noir und Shiraz, ergänzt durch Sangiovese, Nebbiolo und Barbera) sowie knackige Chardonnays mit Feuersteinnoten und den Sauvignon Blanc mit gebietstypisch geradlinigem mineralischem Charakter. Die Behangausdünnung zu Beginn der Reifeperiode (»Grünlese«) verweist auf den Bezug zur burgundischen Tradition.

Klein Hemel en Aarde Farm, Valley Road, P.O. Box 303, Hermanus 7200; www.bouchardfinlayson.co.za

Buitenverwachting Constantia
Komplexe, aromatische Tropfen sind die Stärke dieser Edelkellerei. International bekannt für klassisch gefasste Rote, die mit Aromen Roter Johannisbeeren, Gewürznuancen und mineralischen Noten betören, gewinnt sie den tiefgründigen Granitböden von Constantia jährlich 90 000 Kisten ab. Mit Rotweinen wie dem Christine hat sie sich einen Namen gemacht, doch auch die Weißen bestechen durch Eleganz: Nussig gefärbte Feigen- und Toffeenoten kennzeichnen den Chardonnay, die Constantia-typischen bissigen mineralischen Noten den Sauvignon Blanc. Eigner Lars Maack hat ehrgeizig in neue Kellertechnik investiert und 2008 durch Neupflanzungen dem Blattrollvirus den Kampf angesagt.

Klein Constantia Road, Constantia, Cape Town 7550
www.buitenverwachting.co.za

Cabrière Franschhoek
Im 17. Jahrhundert in den Besitz des Hugenotten Pierre Jourdan gelangt, avancierte das Gut zu einer der Topadressen von Franschhoek inklusive einem Gourmetrestaurant namens Haute Cabrière. Getreu der Devise des Hauses, dass Wein die Summe von vier Faktoren sei – Sonne, Boden, Rebe und Mensch –, erzeugt heute hier der Künstler und Schriftsteller Achim von Arnim nach dem traditionellen Verfahren Weine, die sich, angefangen bei ihrer goldgelben Farbe über den honigsüßen Schaum bis zu den Apfel- und Zitrusnoten im Geschmack, ganz an den Champagner-Stil halten. Exquisit auch, mit ihrem lebhaften Wesen jedoch bekennende Südafrikaner, sind die Stillweine: Chardonnay, Pinot Noir und Rosé.

Pass Road, Franschhoek 7690
www.cabriere.co.za

Capaia Philadelphia
Das erklärte Ziel des Betriebs, »einen der besten Weine Südafrikas zu erzeugen«, mag vermessen anmuten – bis man vom roten Paradeetikett Capaia gekostet hat. Dass Ingrid Baronin und Alexander Baron von Essen in ihrer 1997 gegründeten Boutiquekellerei auf Qualität setzen, macht schon die neueste Hochglanztechnik deutlich. Elegante Assoziationen an dunkle Früchte, Leder und Gewürze hält der alterungsfähige Capaia bereit. Exzellente und erschwingliche Alternativen bilden der Blue Hill Grove Sauvignon Blanc sowie der Merlot/Cabernet.

Botterberg Road, Philadelphia 7304
www.capaia.de

WESTERN CAPE

Das 1973 eingeführte und 1993 überarbeitete Qualitätssystem der Wines of Origin (WO) teilt Südafrika in Gebietsklassen ein, die nach Größe gestaffelt sind: Drei sogenannte Geographical Units – Western Cape, Northern Cape und KwaZulu-Natal – unterteilen sich in Regions (etwa die Coastal Region oder Klein Karoo), diese in Districts (wie Paarl oder Tygerberg) und diese wiederum in Wards als kleinste Einheiten mit jeweils ganz eigenen Klima- und Bodenverhältnissen (zum Beispiel Durbanville oder Elgin). Die eindeutig wichtigste Geographical Unit ist Western Cape im üppig grünen Südwesten. Zwar werden immer wieder neue Gebiete für den Rebenanbau erschlossen, doch das Gros der Weine des Landes entsteht in der näheren Umgebung der Städte Kapstadt, Stellenbosch und Paarl.

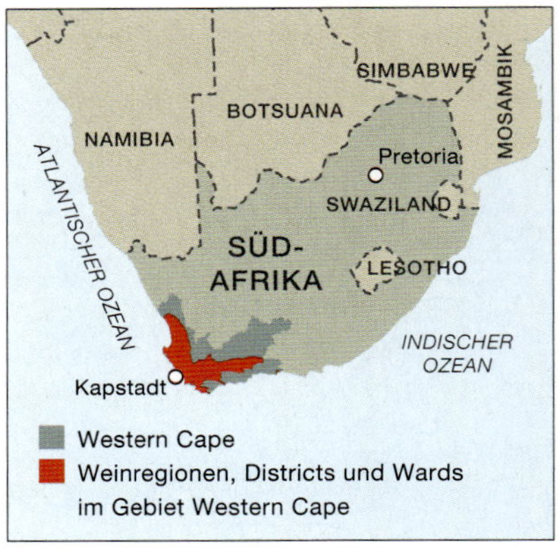

STELLENBOSCH UND PAARL

Der zu den Cape Winelands gehörende District Stellenbosch, 50 Kilometer östlich von Kapstadt, gilt allgemein als Herzland des Weinbaus in Südafrika. Er ist bekannt für sein mediterranes Klima, das Cabernet Sauvignon mit großem Alterungsvermögen sowie eleganten Chenin Blanc heranreifen lässt. Ein veritables Feinschmeckerparadies ist die lebhafte Stadt gleichen Namens, deren Universität als einzige in Südafrika eine Ausbildung zum Weinbaufachmann und Önologen bietet. Großartige Tropfen, insbesondere Shiraz und Cabernet Sauvignon, kommen desgleichen aus dem District Paarl. Auch hier gibt es eine gleichnamige Stadt, in deren Nähe Paarl Rock zu Wanderungen und Kletterpartien einlädt.

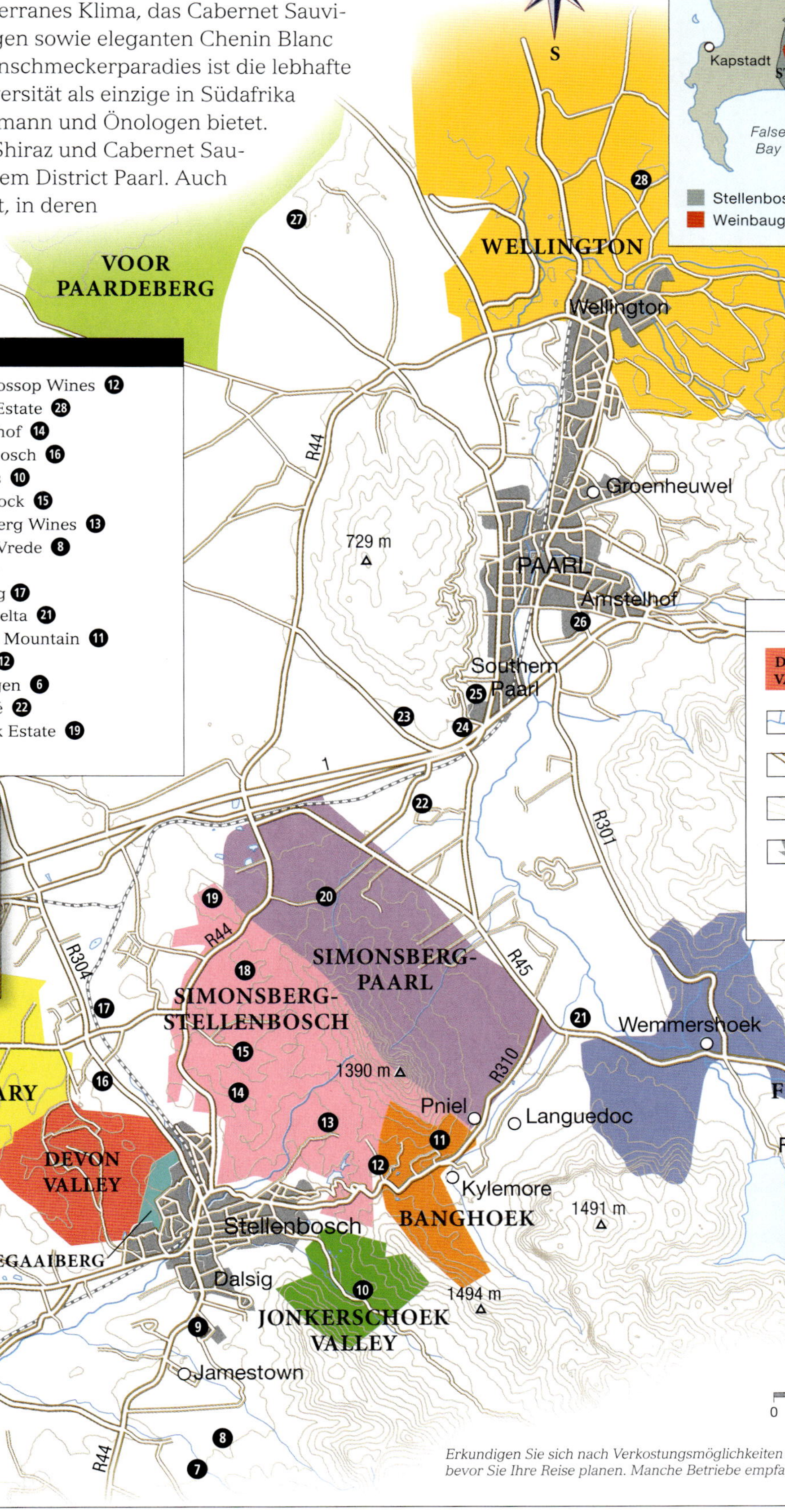

ERZEUGER

- Avondale 26
- Backsberg Estate Cellars 25
- Boekenhoutskloof Winery 32
- Cabrière 31
- Cape Chamonix Wine Farm 30
- Coleraine 24
- De Trafford Wines 9
- Ernie Els Wines 7
- Fairview 23
- Glen Carlou 20
- Hartenberg 1
- Jordan 2
- Kanonkop 18
- Kanu 3
- Ken Forrester Wines 5
- La Motte 29
- Meerlust Estate 4
- Miles Mossop Wines 12
- Mischa Estate 28
- Morgenhof 14
- Mulderbosch 16
- Neil Ellis 10
- Quoin Rock 15
- Rustenberg Wines 13
- Rust en Vrede 8
- Scali 27
- Simonsig 17
- Solms-Delta 21
- Thelema Mountain 11
- Tokara 12
- Vergelegen 6
- Vilafonté 22
- Warwick Estate 19

ZEICHENERKLÄRUNG

- DEVON VALLEY – Ward
- Gewässer
- Straßen, Wege
- 100 m Höhenlinienabstand
- Stadtgebiete
- Sitz des Erzeugers

Erkundigen Sie sich nach Verkostungsmöglichkeiten und Öffnungszeiten der Kellereien, bevor Sie Ihre Reise planen. Manche Betriebe empfangen Besucher nur nach Voranmeldung.

Cape Chamonix Wine Farm Franschhoek

Als der dynamische Kellermeister Gottfried Mocke bei Chamonix einstieg, war er fest überzeugt, dass Franschhoek mit seriösen, tafeltauglichen Tropfen international bestehen könne. Die Kritiken und Preise, die das Anbaugebiet in den letzten Jahren erntete, gaben ihm Recht. Nicht zuletzt durch den innovativen Einsatz von Holz schuf Mocke Weine von Pinot Noir, Chardonnay, Sauvignon Blanc und anderen Sorten, die durch Einzigartigkeit überzeugen. Herrlich ausgewogen sind Frucht und Holznoten in diesen lebhaften und zugleich erhabenen, stets raffinierten Weinen. Im Gutsrestaurant Mon Plaisir kann man sie zu Speisen genießen, die erkennbar südafrikanische mit internationalen Elementen verbinden – eine perfekte Allianz. ★**Aufsteiger**

Uitkyk Street, Franschhoek 7690; www.chamonix.co.za

Cape Point Vineyards Cape Point

Bei einem Beauty Contest unter Weingütern hätte dieses mit seinen makellos gepflegten Rebpflanzungen, die sich im Kapstadt-Bezirk Noordhoek sanft zum Meer hin absenken, große Siegeschancen. Noch beeindruckender aber sind die Weine selbst: ein von Kellermeister Duncan Savage inszeniertes kleines, köstliches Programm aus Sauvignon Blanc, Semillon, Chardonnay und weißen Cuvées, ergänzt durch einen roten Cabernet Sauvignon/Shiraz-Verschnitt. Während die Weißen verlockend mit mineralischen, zitronigen und exotischen Fruchtaromen spielen, setzt der Rote auf eher handfeste Gewürz-, Leder- und Tabaknoten. ★**Aufsteiger**

1 Chapmans Peak Drive, Noordhoek 7985
www.capepointvineyards.co.za

Catherine Marshall Wines Elgin

In ihrem neuen Betrieb lebt die charmante Catherine Marshall erkennbar ihre Pinot-Noir-Leidenschaft aus. Zugleich beweist sie Bravour mit dem mineralischen, am Rhône-Stil orientierten Syrah aus Paarl. Klug und engagiert achtet sie noch auf das kleinste Detail, und ihre in geringen Mengen »handgeschmiedeten« Weine spiegeln eindrucksvoll ihre Erfahrung, die sie in der Zusammenarbeit mit Größen wie Martin Meinert und Ken Forrester gesammelt hat. Frisch und trocken, fein gefügt und zart pfefferwürzig geben sich die Syrah-Editionen; erdig, ausdrucksstark und versehen mit einer lebhaften Säure sind die Pinots. Zudem gibt es hier einen Sauvignon Blanc und einen Pinot Noir/Merlot-Verschnitt, die beide die Marshall-typische zurückhaltende Eleganz verkörpern.

Valley Green Farm, 41 Viljoenshoop Road, Mowbray 7705
www.cmwines.co.za

Cederberg Cederberg

David Nieuwoudt, der in fünfter Generation den Betrieb führt, gebietet über den höchsten Weinberg Südafrikas: Verschneit im Winter und kräftig besonnt im Sommer, erstreckt sich dieser in 1000 m Höhe in den Cederberg Mountains. Auf vielfältigen Bodentypen, von Schiefer bis Ton, entsteht das Cederberg-Sortiment, darunter cremiger Chenin Blanc und feiner, pfeffriger Shiraz. Nieuwoudt setzt alles daran, das Terroir in seinen Weinen abzubilden. Intensive Naturerlebnisse erwarten Gutsbesucher auch bei Wanderungen oder Mountainbike-Touren auf dem Gelände.

Clanwilliam 8135; www.cederbergwine.com

ERNIE ELS WINES
NICHT NUR ALS GOLFER IST ERNIE ELS ERFOLGREICH, AUCH SEINE WEINE SIND HOCHANGESEHEN

CAPE CHAMONIX
GEDULD LOHNT SICH: DIESER SAUVIGNON BLANC WIRD 2013 AUF DEM HÖHEPUNKT SEIN

Coleraine Paarl

Auf nur 4000 Flaschen kommt dieser Betrieb. Sie sind gefüllt mit vielschichtigem, fülligem Merlot und Syrah, mit Cabernet und roten Cuvées, oder auch mit betörenden Weißen wie dem pfirsichfruchtigen, exotisch angehauchten Viognier. Auf dem Granitschiefer des Paarl Mountain mit seinen tiefen, gut drainierten Böden und unter dem Einfluss der kühlen Abendbrisen gewinnen die Trauben eine intensive Fruchtigkeit. Von Hand gehegt und gelesen, werden sie minimalinvasiv verarbeitet, denn Kellermeister Clive Kerr lässt die Weine am liebsten für sich selbst sprechen. ★**Aufsteiger**

Pieter Hugo Street, Suider Paarl 7624; Tel. 021 863 2073

Constantia Uitsig Constantia

Zunehmend rückt Weinmacher André Rousseau hier die Weißen in den Fokus, denen er die für Constantia bezeichnende anmutige Eleganz aufprägt. So entstehen Glanzstücke wie der dichte und dennoch lebhafte Semillon, der komplexe, mineralische Constantia White und ein herrlich ausgewogener Sauvignon Blanc. Auch der Rahmen dieser sehenswerten 12000-Kisten-Kellerei im Schatten des Tafelbergs zeugt von Klasse und Stilsicherheit, angefangen beim zugehörigen Wellnesshotel über das Café bis hin zu den beiden Restaurants. Ein eindrucksvolles Gesamtpaket, von dem noch einiges zu erwarten ist. ★**Aufsteiger**

Spaanschemat River Road, Constantia, Cape Town
www.constantia-uitsig.com

De Grendel Durbanville

1720 gegründet, ist der Betrieb heute stark im Aufwind. Schwerpunkte der 20000-Kisten-Produktion sind neben Sauvignon Blanc und weißen Cuvées Rotweine wie Pinot Noir und Merlot. Die exotisch angehauchte Frucht der nuancierten, üppigen Weine findet in der mineralischen Qualität des kühlen Anbaugebiets (Wards) Durbanville einen guten Gegenpart. Weinmacherin Elzette du Preez und Kellermeister Charles Hopkins bauen das Angebot derzeit aus. An seinem stilvollen, charakteristischen Profil ändert sich dabei nichts.

Panorama 7506; www.degrendel.co.za

De Trafford Wines Stellenbosch

David Trafford mag sich bescheiden und witzig geben, doch mit seinen terroirgetreuen Weinen macht er absolut Ernst. Immense Komplexität, Alterungsbereitschaft und Balance sind seinem Cabernet Sauvignon, Merlot und Shiraz eigen. Der Chenin Blanc und der Strohwein (eine Spezialität aus luftgetrockneten Trauben) bestechen durch klassische Zurückhaltung und lang anhaltende Aromen. Nur 3500 Kisten verlassen jährlich die 1992 gegründete Kellerei in der Hügellandschaft von Stellenbosch, wo die roten Reben in größerer Höhe perfekt reifen. Die geringe Produktion lässt, wie Trafford sagt, »viel Spielraum für Details«.

Mont Fleur Farm, Blaauwklippen Road, Stellenbosch 7599
www.detrafford.co.za

De Wetshof Estate Robertson

In erster Linie interessiert sich Danie de Wet, Nachfahr jener Pioniere, die bei ihrer Ankunft in Südafrika im 17. Jahrhundert gleich in den Rebbau einstiegen, für weiße Edelsorten. Jahrzehntelange Erfahrungen des

Betriebs mit Chardonnay finden ihren Ausdruck in diversen Interpretationen dieser Traube, die mit ihrer hefigen, komplexen Art und Fülle lang nachhallender zitroniger Akzente bereits etliche Preise einheimsten und die Ausdrucksvielfalt des Gebiets von Robertson spiegeln. Beachtenswert auch der Sauvignon Blanc, die ausgewogenen roten Cuvées und die Dessertweine mit ihrer ungetrübten fruchtigen Frische. Alljährlich veranstaltet das Gut ein Chardonnay-Festival.

Robertson 6705; www.dewetshof.com

Diemersdal Durbanville
Dem knochentrockenen Sauvignon Blanc widmet Thys Louw, in sechster Generation hier Kellermeister, sein ganz besonderes Augenmerk. Doch bietet das aufstrebende Durbanville-Gut auch exquisite Bordeaux-Verschnitte und einen ambitionierten Chardonnay. Stilelemente der Alten und Neuen Welt vereint das Sortiment, das auf den verschiedenen Böden dank der frischen Atlantikbrisen eine konzentrierte Aromatik entwickelt. Thys Louw, der auf traditionelle offene Gärbehälter und ansonsten neueste Technik setzt, rückt seinen Betrieb und zugleich auch den Weinbaubereich erfolgreich immer stärker ins Scheinwerferlicht. ★**Aufsteiger**

Adderley Road, Cape Town 7550; www.diemersdal.co.za

Durbanville Hills Durbanville
Ihre elegante Ausgewogenheit verdanken die Weine von Kellermeister Martin Moore – 140 000 Kisten pro Jahr – den kühlen Meeresbrisen, die in Tygerberg wehen. Die vielfältigen Bodentypen und Klimabedingungen des Hügelbereichs Durbanville spiegeln sich in dem Angebot, das von üppigen Merlot- bis zu Sauvignon-Blanc-Weinen mit Feuersteinakzenten reicht. Wie gut sie zum Essen munden, kann man im hauseigenen Restaurant erleben. Arbeiter des Betriebs können Anteile an diesem erwerben, löblich sind auch die Fortschritte in puncto Nachhaltigkeit.

Durbanville 7551; www.durbanvillehills.co.za

Ernie Els Wines Stellenbosch
Genauso gekonnt wie im sportlichen Wettbewerb agiert Ernie Els in seinem Betrieb. Mit seinem Partner Jean Engelbrecht, einer geachteten Größe in der Weinszene Südafrikas, und dem kompetenten Kellermeister Louis Strydom erzeugt der Golfstar Rotweine, die sich gut lagern lassen und mit ihrer stattlichen und muskulösen, zugleich jedoch vornehmen Art, geprägt von einer mächtigen Frucht und herzhaften Würze, in internationalen Sammlerkreisen als exotische Alternative zu Napa-Cabernets und Bordeaux-Etiketten gerühmt werden.

Annandale Road, Stellenbosch 7599
www.ernieelswines.com

Fairview Paarl
Der von Ziegen bewohnten Turm, der Besuchern des Betriebs gleich ins Auge springt, zeigt die verspielte Seite des als Erzeuger jedoch absolut seriösen Charles Back. Mit dem Weinmacher Anthony de Jager experimentiert der Besitzer unermüdlich mit Traubengut aus der gesamten Kapregion, um den nächsten grandiosen südafrikanischen Tropfen zu stylen. Entsprechend facettenreich ist das Portfolio, aus dem die Shiraz-Abfüllungen hervorstechen: rauchig, herzhaft oder klassisch im Rhône-Stil. Aber auch andere Rote wie Pinotage und Petite Sirah verdienen Beachtung. Online vertreibt Fairview außerdem exquisiten Käse und andere Delikatessen. Das Restaurant ist gut besucht.

Suid Agter Paarl Road, Suider-Paarl 7646
www.fairview.co.za

Glen Carlou Paarl
Alles ist hier spektakulär: der Panoramablick über Paarl und die modernen Kunstwerke in der Hess Art Collection ebenso wie die reichhaltigen, strukturierten Tropfen. Meisterschaft beweist Glen Carlou mit dem Cabernet Sauvignon, dem Syrah und dem Bordeaux-Verschnitt Grand Classique – alterungswürdige Tropfen mit klassischen Noten von Zedernholz, Bitterschokolade und dunklen Früchten. Brillant ist auch der Chardonnay. Die Kellerei im Besitz der Schweizer Hess-Gruppe exportiert ihre jährlich 65 000 Kisten in 40 Länder. Besucher können darüber hinaus Weine weiterer Besitzungen in Australien, Argentinien und Kalifornien kosten.

Simondium Road, Klapmuts 7625
www.glencarlou.co.za

Graham Beck Wines Robertson
Als Graham Beck 1983 in Robertson ins Weingeschäft einstieg, peilte er nichts Geringeres als Weltniveau an. Heute geht die Kellerei in die dritte Generation, hat das Klassenziel voll erreicht und verfügt über Dependancen in Stellenbosch und Franschhoek. Neben Förderprogrammen für Mitarbeiter, Naturschutz und Biodiversität stehen vier hochwertige Produktreihen auf der Agenda: Ultra Premium (vor allem dichter Cabernet Sauvignon und eleganter Shiraz), Super Premium (vorzüglich der Viognier und der Sauvignon Blanc), Premium sowie Schaumwein Methode Cap Classique (den Brut Blanc de Blancs sollte man sich keinesfalls entgehen lassen).

Robertson 6705; www.grahambeckwines.com

Groot Constantia Constantia
Mit seiner grandiosen kapholländischen Architektur und der herrlichen Natur der Umgebung zieht das seit 1685 bestehende Gut viele Touristen an. Attraktiv sind auch die klassisch eleganten Weißen – Sauvignon Blanc, Semillon, Chardonnay und der Dessertwein Grand Constance –, die in der ältesten noch aktiven Kellerei Südafrikas unter der Regie der Weinmacher Boela Gerber und Michelle Rhodes entstehen. 450 000 Flaschen werden jährlich abgefüllt, darunter neben soliden Roten mit dem Shiraz als Bestseller auch Tropfen im Port-Stil, ein Schaumwein Cap Classique und verschiedene Auslesen.

Constantia 7848; www.grootconstantia.co.za

Groote Post Darling
Ein Ausflug in die ländliche Umgebung von Darling lohnt sich umso mehr, wenn das Ziel Groote Post heißt. Peter und Nicholas Pentz, die sympathischen Besitzer der charmanten Kellerei aus dem 18. Jahrhundert, rücken den Anbaubereich mit tafeltauglichen Weinen wie dem lebhaften Merlot, dem sanften Noble Late Harvest und dem rauchig-würzigen Shiraz zunehmend ins Rampenlicht. Das Restaurant Hilda's Kitchen bietet dazu die passende Hausmannskost. ★**Aufsteiger**

Darling 7345; www.grootepost.com

KEN FORRESTER

Man kennt den freundlichen und geselligen Stellenbosch-Winzer und Gastronomen auch als »Mr. Chenin Blanc«. Diese Rebsorte, in Südafrika häufig »Steen« genannt, nimmt heute fast ein Fünftel aller Anbauflächen des Landes ein. Nicht immer stand sie in so gutem Ruf, und es war vor allem Ken Forrester, der sich maßgeblich dafür einsetzte, südafrikanischen Chenin Blanc weltweit als elegantes, komplexes Gewächs zu etablieren, das mit vielen Speisen harmoniert. Anfang der 1990er-Jahren kaufte er ein heruntergekommenes Gut (siehe S. 512), auf dem er anfangs, erstmals mit dem Jahrgang 1994, Sauvignon Blanc abfüllte. Gegen den Rat einiger Agronomen pflanzte er dann Chenin Blanc an, eine in seinen Augen zu Unrecht unterschätzte Rebe. Seine Zusammenarbeit mit Martin Meinert von Meinert Wines trug erfolgreiche Früchte: Die in den Reihen Icon und Ken Forrester herausgegebenen Chenin-Blanc-Abfüllungen erzielen mit ihren Steinobst-, Honig- und Mandelnoten und dem knackigen, limettengetönten, mineralischen Charakter Bestnoten.

Unter allen Weinbaugebieten am Kap ist Worcester im District Breede River Valley das produktivste.

KANONKOP
SEIT MEHR ALS EINEM JAHRHUNDERT IST DAS GUT KANONKOP FÜR SEINE WELTKLASSEWEINE BEKANNT

IONA
PFEFFERNOTEN, AROMEN ROTER BEEREN UND REIFES TANNIN – EIN KLASSISCHER SYRAH

HAMILTON RUSSELL
NUR EIN SCHLUCK DIESES CHARDONNAYS, UND MAN IST VON SÜDAFRIKA FASZINIERT

Hamilton Russell Vineyards Walker Bay
Im Gespräch mit dem souveränen und seriösen Anthony Hamilton Russell begreift man schnell, warum seine Pinot-Noir- und Chardonnay-Weine zu den prestigeträchtigsten Gewächsen Südafrikas zählen. Viel Zeit, Geld und Leidenschaft hat er investiert, um Weinklassiker von Weltformat zu formen. Der raffinierte Pinot Noir mit Zedernwürze und den Aromen dunkler Früchte sowie der komplexe, ausdrucksstarke Chardonnay orientieren sich am Stil der Alten Welt und verkörpern vollauf Russells Philosophie: »Finde heraus, was du am besten kannst, und perfektioniere es.« Seine Erzeugnisse beweisen, dass Südafrika die führenden Weinbaunationen der Welt nicht zu fürchten hat, und erzählen zugleich beredt vom unvergleichlichen Terroir der Walker Bay.

Hemel-En-Aarde, Hermanus 7200
www.hamiltonrussellvineyards.co.za

Hartenberg Stellenbosch
International kommen die zugänglichen, beständig guten und stilvollen Weine dieser 42 000-Kisten-Kellerei bei Konsumenten wie Kritikern gleichermaßen an. Besonders zu empfehlen sind die Cabernet-, Shiraz- und Merlot-Etiketten aus dem Topsegment sowie der schön ausgewogene The Eleanor Chardonnay, benannt nach der früheren Besitzerin Eleanor Finlayson. Angebote wie Kurse für Analphabeten in der Belegschaft oder auch Hortbetreuung für Schulkinder zeugen vom sozialen Engagement des Betriebs.

Bottelary Road, Stellenbosch 7605
www.hartenbergestate.com

Iona Elgin
Erklärtes Ziel von Betriebseigner Andrew Gunn ist es, die mitreißende Eleganz, die den Trauben aus Elgin eigen ist, in stilvolle Weine umzusetzen – feiner, mineralischer Chardonnay, feuersteinwürziger Sauvignon Blanc und straffer Syrah mit steinigem Beiklang, alles in allem 13 000 Kisten. Freilich mussten die einstigen Apfelbäume auf der Farm Reben das Feld überlassen, dennoch spürt man die enge Verbindung des Winzers zur Natur. Gunn betreibt Bioweinbau und achtet sehr auf den Schutz der einheimischen Flora und Fauna. ★**Aufsteiger**

Grabouw 7160; www.iona.co.za

Jordan Stellenbosch
Tafeltaugliche Weine sind ein Markenzeichen der 1982 ins Leben gerufenen, heute von Gary und Kathy Jordan geführten Kellerei. 65 000 Kisten werden jährlich erzeugt, etwa je zur Hälfte Weiß- und Rotweine und verteilt auf mehrere Produktreihen. Mit einem eleganten Cabernet Sauvignon, einem cremigen, eichengetönten Chardonnay oder einem spritzigen Sauvignon Blanc trifft man auch als Einsteiger sicherlich immer eine gute Wahl. Unermüdlich ersinnt das Ehepaar ehrgeizige Neuprojekte. So entstand das kellereieigene Restaurant, dessen mediterrane Küche die Qualitäten der Jordan-Etiketten bestens zur Geltung bringt.

Stellenbosch 7600; www.jordanwines.com

Kanonkop Simonsberg-Stellenbosch
Seit ihrer Gründung 1910 spielt die heute im Besitz von Johann und Paul Krige befindliche Kellerei in der Topliga. Tiefgründige Aromen von Zedernholz, Gewürzen und dunklen Früchten brachten dem Cabernet, dem Pinotage und dem Merlot/Cabernet-Verschnitt Paul Sauer verschiedene Auszeichnungen ein. Alterungsbereit und klassisch gefasst, jedoch mit einem unverkennbar südafrikanischen Stempel versehen, stoßen die Rotweine bei ambitionierten Sammlern ebenso auf Interesse wie bei Liebhabern imposanter, charaktervoller Tropfen. Mit einer neuen Kunstgalerie bietet der in den Ausläufern des Simonsbergs gelegene Betrieb eine weitere Besucherattraktion.

R 44, Elsenburg 7607; www.kanonkop.co.za

Kanu Stellenbosch
Meisterschaft beweist die 38 000-Kisten-Kellerei im Rotweinbereich (sinnlich und mit exotischem Touch etwa der herzhaft-würzige Shiraz und der Cabernet-Verschnitt Keystone). Das Highlight aber ist der KCB Chenin Blanc. Weinmacher Richard Kershaw ist bekannt für seinen virtuosen Umgang mit der meistverbreiteten Traube Südafrikas, und die Kanu-Version gewinnt dank ihrer satten, prallen Frucht, zu der sich eine saubere Säure gesellt, stetig neue Fans. Köstlich ist auch der edelfaule Kia-Ora Noble Late Harvest, in dem man abwechselnd Nüsse und Honig entdeckt. ★**Aufsteiger**

Goedgeloof Farm, Polkadraai Road, Stellenbosch 7600
www.kanu.co.za

Ken Forrester Wines Stellenbosch
Ein neuer Stern ging über der Weinwelt auf, als der Gastronom Ken Forrester (siehe Randspalte S. 509) in den 1990er-Jahren seine Kellerei gründete. Gab er zunächst hochklassigen Sauvignon Blanc heraus, erahnte er bald das Potenzial, das sich für Chenin Blanc bot. Heute wirbt Forrester mit seinen intensiven, seidigen Interpretationen in aller Welt überzeugend für den Chenin aus Südafrika. Doch auch seine Roten können sich sehen lassen, etwa die Cuvée Gypsy mit ihren aparten Anklängen an dunkle Früchte und Tabak oder die eleganten, herzhaft gestimmten Merlots. Sein Stellenbosch-Restaurant 96 Winery Road bietet zu abwechslungsreicher regionaler Küche eine sorgsam zusammengestellte Weinauswahl.

Stellenbosch 7599; www.kenforresterwines.com

Klein Constantia Constantia
Außer für die einmalige Naturkulisse ist Klein Constantia auch für den Vin de Constance bekannt, mit dem die Kellerei jenen legendären ungespriteten Dessertwein des 18. Jahrhunderts neu aufleben ließ, von dem schon Napoleon und Charles Dickens schwärmten (siehe S. 515). Bereitet von Muscat de Frontignan, strotzt er vor Nuss-, Pfirsich- und Gewürzaromen und glänzt mit seiner nuancenreichen, delikaten Art als vielseitiger Essensbegleiter. Außerdem erzeugt Eigner Lowell Jooste mit Weinmacher Adam Mason und Weinbergchef Stiaan Cloete superben Sauvignon Blanc, Schaumwein, Riesling (trocken wie auch als edelsüße Spätlese) und eine Rotwein-Cuvée.

Constantia 7848; www.kleinconstantia.com

La Motte Franschhoek
Alles zeugt hier von Stil, ob man die 46 000 Kisten umfassende Produktion – Shiraz, Bordeaux-Verschnitte und Sauvignon Blanc – betrachtet oder etwa die Klassikkonzerte, die Hanneli Rupert-Koegelenberg, eine ausgebildete Mezzosopranistin, jeden Monat auf ihrer Besitzung

organisiert. Von einem Shiraz/Viognier-Verschnitt mit interessanten Mokkanoten und Aromen schwarzer Früchte bis zu frisch und vegetabil angehauchtem Sauvignon Blanc reicht das Spektrum von Kellermeister Edmund Terblanche. Vielfach ausgezeichnet sind die ausgewogenen und gefälligen Weine, die bei Tisch vorzüglich munden. Zudem bietet La Motte ätherische Öle an, etwa von Rosengeranien und Afrikanischem Rosmarin aus Eigenkultur.

R 45 Main Road, Franschhoek 7690; www.la-motte.com

Meerlust Estate Stellenbosch

Lange schon gilt der Betrieb aus dem 17. Jahrhundert als einer der führenden Erzeuger Südafrikas, und mit gleichbleibend niveauvollen Roten – darunter intensiver, spannungsreicher Cabernet Sauvignon, klassischer Pinot Noir und der alterungswürdige, ausgewogene Verschnitt Rubicon – gewinnt er stetig neue Anhänger hinzu. Eine Wucht ist aber auch der Chardonnay: komplex, cremig und vollgepackt mit exotischen Früchten. Weinmacher Chris Williams zollt den Eigenheiten des jeweiligen Terroirs und Jahrgangs gebührenden Respekt.

Stellenbosch 7599; www.meerlust.com

Miles Mossop Wines Stellenbosch

In der Kellerei Tokara (siehe S. 515), wo er bis heute als Weinmacher wirkt, verdiente sich der junge Miles Mossop erste Sporen, bevor er 2004 in Eigenregie tätig wurde. Bisher stimmen seine jährlich 900 Kisten Wein höchst zuversichtlich. Der Bordeaux-Verschnitt Max wie auch der Chenin Blanc/Viognier Saskia bestechen durch ihre feine Balance zwischen opulenter Frucht und strenger Eleganz. Mit diesen beiden Etiketten, die er nach seinen Kindern benannte, zollt der Erzeuger, der die Trauben »durch den Prozess der Weinwerdung begleiten und nicht etwa zwingen« will, der Alten und der Neuen Welt gleichermaßen Tribut. ★**Aufsteiger**

Helshoogte Pass, Stellenbosch 7600
www.milesmossopwines.com

Mischa Estate Wellington

Aus dem Einsatz in Nordafrika und Italien zurückgekehrt, hatte »Kelpie« Barnes mit seiner Frau, der Balletttänzerin Yvonne Blake, nach dem Zweiten Weltkrieg dem städtischen Leben abgeschworen und sich auf eine Farm zurückgezogen, wo beide in den 1960er-Jahren eine erfolgreiche Rebschule aufbauten. Seit 1996 bereitet Enkel Andrew Barnes in der 4000-Kisten-Kellerei die Weine mit immer größerem Interesse für Bordeaux-Verschnitte. Seine Roten überzeugen mit würzigen Blaubeernoten, und unter den frischen, ansprechenden Weißen ist der aromatische Viognier ein echter Hit. ★**Aufsteiger**

Oakdene Road, Wellington 7655; www.mischaestate.com

Morgenhof Simonsberg-Stellenbosch

Eigentliches Aushängeschild des international bekannten, 350 Jahre alten Guts Morgenhof ist sein komplexer, körperreicher Bordeaux-Verschnitt. Doch auch der Sauvignon Blanc, Pinotage und Cabernet überzeugen mit ihrer soliden, zugänglichen Art, und der Chenin Blanc wie der Chardonnay verbreiten echten Glanz. Dass Morgenhof auf elegante Weine setzt, die auch für Sammler interessant sind, erkennt der Besucher schon am unterirdischen Fasslager mit Platz für bis zu 2000 Barriques. Die Kellerei

KLEIN CONSTANTIA
FÜNF JAHRE MUSS DER VIN DE CONSTANCE NACH SEINER ABFÜLLUNG AUF DIE MARKTFREIGABE WARTEN. DANACH KANN ER GUT UND GERNE EIN JAHRZEHNT REIFEN

PAUL CLUVER
EIN KÖSTLICHER DESSERTWEIN VON SPÄT GELESENEN EDELFAULEN RIESLING-TRAUBEN

will mit ihren Erzeugnissen übrigens gezielt die Vorlieben weiblicher Verbraucher ansprechen – eine interessante Variante im südafrikanischen Weinbau.

Stellenbosch 7599; www.morgenhof.com

Mulderbosch Stellenbosch

Dichter und Philosoph, Farmer und dazu viel gelobter Kellermeister – all das ist Mike Dobrovic, der mit seiner visionären Kraft und Einsatzfreude den südafrikanischen Wein insgesamt in den letzten zwei Jahrzehnten deutlich vorangebracht hat. Mit ihrem markanten Terroircharakter und beständig guter Qualität finden die Mulderbosch-Etiketten bei Genießern wie Kritikern aus aller Welt viel Anklang. Eine starke Persönlichkeit ist der weiche, erdige Bordeaux-Verschnitt Faithful Hound, straff und stahlig präsentiert sich der Sauvignon Blanc, und auch der sinnliche Chenin Blanc hat zahlreiche Verehrer. Aus Dobrovics Newslettern, humorvollen Berichten von der Farm, spricht seine Achtung vor der Natur.

R 304, Stellenbosch 7599; www.mulderbosch.co.za

Neil Ellis Stellenbosch

Partner in diesem Betrieb sind der wegweisende Négociant Neil Ellis und der innovationsfreudige Unternehmer Hans-Peter Schroder. Seit 1986 durchkämmt Ellis Südafrika auf der Suche nach bestem Grundmaterial: nach Trauben mit der für Stellenbosch charakteristischen geballten Kraft, mit der maritimen Frische von Darling oder der fein zurückhaltenden Art von Elgin. Die Weine sind unverkennbar terroirgeprägt und gleichzeitig sortentypisch mit südafrikanischem Flair. Dazu gehören die Stachelbeernuancen im Sauvignon Blanc, die pflaumige Fülle des herzhaften Cabernet und die mineralische Färbung des wundervoll runden Chardonnay.

Oude Nektar Farm, Stellenbosch 7600; www.neilellis.com

Nitida Cellars Durbanville

Seit ihrer Gründung 1992 schwimmt die 8000-Kisten-Kellerei des Ingenieurs Bernhard Veller auf einer Welle des Erfolgs. Herzhafte rote Cuvées, ernsthafter Sauvignon Blanc und samtiger Pinotage, gereift auf tonigen Böden, gehören hier zu den Toperzeugnissen des nach den Standards der Integrated Practice of Wine (IPW) arbeitenden Betriebs. Das Restaurant Cassia serviert eine wechselnde Auswahl herzhafter Zubereitungen aus regionalen Zutaten der Saison, abgestimmt auf die Weine des Hauses. ★**Aufsteiger**

Durbanville Hills 7552; www.nitida.co.za

Paul Cluver Estate Wines Elgin

Dass der kühle Ward Elgin heute als Quelle knackiger, feiner Weißer wie auch guter Dessert- und Rotweine anerkannt ist, hat viel mit dem Betrieb der Familie Cluver zu tun. Als Weinmacher fungiert Andries Burger (Schwiegersohn von Unternehmensgründer Paul Cluver), der insbesondere die elegante Komponente des küstennahen Terroirs herausarbeiten will. Grandios glückt ihm dies im Gewürztraminer, Pinot Noir, Riesling und Sauvignon Blanc. International behaupten kann sich auch der Chardonnay, der in einem unterhaltsamen Dialog zwischen Alter und Neuer Welt mineralische Feuersteinakzente und cremige Toastnoten harmonisch verbindet.

Grabouw 7160; www.cluver.com

Quoin Rock Simonsberg-Stellenbosch
Carl van der Merwe, hier der Weinverantwortliche, beweist Einfallsreichtum und Umweltbewusstsein. Damit sich etwa die Kap-typische »Macchia« namens Fynbos wieder vermehrt ausbreitet, rodet er zugewanderte Pflanzen und nutzt sie zur Kompostgewinnung. Was seine Weine betrifft – derzeit 5000 Kisten mit Tendenz nach oben –, beweisen diese mit ihrer stilvollen Art Trendsetterqualitäten. Unumstrittene Stars sind zwar der quirlige Sauvignon Blanc und der vegetabil gefärbte Syrah, dennoch sollte man sich den Sauvignon Blanc aus am Stock getrockneten Trauben keinesfalls entgehen lassen. Man darf gespannt sein, was sich van der Merwe als Nächstes einfallen lässt. ★**Aufsteiger**

Stellenbosch 7599; www.quoinrock.com

Raka Walker Bay
Früher war Piet Dreyer ein passionierter Fischer. Heute gilt seine ganze Leidenschaft seinen Weinbergen in Kleinrivier und den 15 000 Kisten, die jährlich die nach seinem Boot benannte Kellerei verlassen. Mit dem von reifen dunklen Früchten und Gewürzen geprägten Bordeaux-Verschnitt Quinary, dem üppig-samtigen Merlot und dem saftigen Pinotage erregt er einiges Aufsehen. Mag er mit seinem überbordenden Humor und dem Papagei Kulula auch etwas überspannt erscheinen, sind seine Weine ohne Frage mit Bedacht und seriös gemacht. ★**Aufsteiger**

Caledon 7230; www.rakawine.co.za

Rudera Wines Stellenbosch
Nicht nur, aber vor allem aufgrund ihrer Chenin-Blanc-Weine gilt die 1999 gegründete Kellerei als exzellente Adresse. Kellermeisterin Eleonor Visser, zuletzt erfolgreich für Spier Wines tätig, zeichnet hier außer für eine Reihe faszinierender, vom Terroir geprägter Chenin-Blanc-Weine auch für glänzenden, charaktervollen Cabernet Sauvignon und eleganten Syrah verantwortlich. In erster Linie stehen die 3400 Kisten pro Jahr für Premiumgewächse, wie sie die Eigner Johan und Elbie van Vuuren sowie Jasper Raats so schätzen. Die Terroirs von Elgin, Stellenbosch und Walker Bay finden erkennbar ihren Niederschlag in den Weinen, die sich laut Raats »natürlich entwickeln« dürfen, ganz getreu der hier favorisierten Stilreinheit und Liebe zur Tradition.

Keine Besuchereinrichtungen
www.rudera.co.za

Rustenberg Wines Stellenbosch
Die Weine, die in der satten roten Erde der Rebberge von Simonsberg und Helderburg reifen, besitzen Kraft und maskuline Anmut. So auch die Erzeugnisse von Rustenberg inklusive des Zweitetiketts Brampton. Mit ihrer gesammelten Erfahrung produzieren Eigner Simon Barlow, Weinbaufachmann Nico Walters und Kellermeister Randolph Christians gediegene Tropfen klassischer Fasson wie die Cabernet-Cuvée John X Merriman mit kernigem Tannin und kompakter Frucht oder den international nicht minder geschätzten fleischigen Cabernet Peter Barlow. Attraktiv geben sich auch die Weißen der Brampton-Linie, speziell der Chardonnay und Sauvignon Blanc (beide ohne Holzkontakt bereitet).

Schoongezicht Street, Stellenbosch 7600
www.rustenberg.co.za

SOLMS-DELTA
DIE GEFÄLLIGEN WEINE DER ASTOR-REIHE SIND VON DER VOLKSMUSIK DER GEGEND INSPIRIERT

SADIE FAMILY WINES
NOBELETIKETTEN WIE DIESES BRACHTEN SWARTLAND EIN HOHES RENOMMEE EIN

Rust en Vrede Stellenbosch
Beim Festbankett für den frisch gekürten Nobelpreisträger Nelson Mandela stieß man mit Wein dieses über 300 Jahre alten Hauses an. Rust en Vrede hat sich als erstes Gut in Südafrika rein auf Rote spezialisiert und in den drei Jahrzehnten, die es sich im Premiumsektor bewegt, zahlreiche Auszeichnungen gewonnen. Die Perlen des Sortiments sind der Shiraz, der Cabernet Sauvignon und insbesondere der Rotweinverschnitt namens Estate, die mit sanften, eleganten Anklängen an dunkle Früchte, Räuchernoten und herzhaften Zwischentönen betören. Ein Weltklasserestaurant, Fotosafaris, Wanderungen und Gästecottages runden das Ganze vollendet ab.

Stellenbosch 7599
www.rustenvrede.com

Sadie Family Wines Swartland
Um das wahre Potenzial der nährstoffreichen dunklen Böden von Swartland (»schwarzes Land«) zu erschließen, bedurfte es solcher Visionäre wie Eben Sadie. Dank des Columella etwa, eines Shiraz/Mourvèdre-Verschnitts mit samtiger, vielschichtiger Fülle, oder auch der unter dem Namen Palladius erscheinenden Rot- und Weißweine, die bei allem Überschwang viel Klasse beweisen, ist Sadie ein rasanter Aufstieg geglückt. Dennoch hat er die Bodenhaftung nicht verloren. Bis heute schwärmt er von dem abgeschiedenen Bereich, dessen Terroir sich so deutlich in seinen Weinen spiegelt. Sein anhaltender Erfolg lockt weitere Investoren in das Gebiet.

Aprilskloof Road, Paardeberg, Malmesbury 7299
www.thesadiefamily.com

Scali Voor Paardeberg/Paarl
In kunsthandwerklicher Manier formen Willie und Tania de Waal mit ihren biologisch angebauten Trauben aus Voor Paardeberg Pinotage, Syrah und weiße Cuvées, die durch feine Ausdruckskraft gefallen und sich bei Tisch gut machen (insgesamt nur 1400 Kisten). »Wir arbeiten im Einklang mit der Natur und sind mit ganzem Herzen bei der Sache«, berichtet das sympathische Paar, das auch Gästeunterkünfte in gediegen rustikalem Stil anbietet. Die Weinbereitung liegt Willie im Blut: 1877 erwarb sein Urgroßvater Rebland mit einem Diamanten, den er in Kimberley (Provinz Northern Cape) gefunden hatte. ★**Aufsteiger**

Paarl 7623; www.scali.co.za

Simonsig Stellenbosch
Gegründet 1953, setzt Simonsig heute mit klassischen Pinotage-Etiketten Maßstäbe. Kellermeister Johann Malan, in der Branche eine geachtete Instanz, stattet seine Weine sowohl mit Kraft als auch Anmut aus. Harmonisch in ihrer Vielschichtigkeit erscheint die Cuvée Frans Malan Reserve, eine der elegantesten Pinotage-Interpretationen Südafrikas überhaupt. Beeindruckend auch die Weißen, etwa der überaus süffige Chenin Blanc und der üppige Gewürztraminer.

De Hoop Krommerhee Road, Stellenbosch 7605
www.simonsig.co.za

Solms-Delta Franschhoek
Anstatt in der Neurochirurgie nimmt Dr. Mark Solms heute Operationen an den eigenen Reben vor. Er hat ein Verfahren aufgegriffen, das schon die alten Römer

praktizierten: das Verdrehen der Stiele der lesebereiten Trauben, die in der Folge am Stock trocknen und ihre Aromen konzentrieren. Aus ihnen werden ein Shiraz und ein weißer Verschnitt voll kräftiger, atemberaubender Aromen bereitet. Man muss Solms zwar einstweilen noch als einen Newcomer betrachten, doch dank eines sorgsam bereiteten Sortiments, das von Pinotage und Grenache bis zu Viognier und Muscat d'Alexandria alles umfasst, ist die Kellerei rasant im Aufwind. Fast noch mehr Achtung gebühren Initiativen wie der Gründung des Wijn de Caab Trust, die das Leben der schwarzen Mitarbeiter verbessern wollen. ★**Aufsteiger**

1460-4 Franschhoek Road, Paarl 7680
www.solms-delta.co.za

Steenberg Constantia

Seit 2005 von dem renommierten Unternehmen Graham Beck (siehe S. 509) unterstützt, gilt der 50 000-Kisten-Betrieb dank seiner angesehenen Rotweine wie Merlot und Nebbiolo über Constantia hinaus bereits als anerkannte Größe. Beachtenswert sind auch die Weißen. Der von alten Reben gewonnene Sauvignon Blanc Reserve begeistert mit seiner Anmut und ausgewogenen, trockenen mineralischen Note, die neue Sauvignon Blanc/Semillon-Cuvée Magna Carta mit Frische und Komplexität. Moderne Einrichtungen, ein Restaurant und die herrliche Szenerie runden die Positivliste ab.

Steenberg 7947
www.steenberg-vineyards.co.za

Stormhoek Wellington

An den steilen Flanken eines abgeschiedenen Tals unterhalb des Bains Kloof Pass erzeugt der Betrieb seit 1993 Pinotage, Chenin Blanc, Shiraz und mehr. Es sind durchweg elegante, dabei zugängliche und tafeltaugliche Tropfen, die man sich auch leisten kann. Einen Boom erfuhr Stormhoek, als der kreative Unternehmensgründer Graham Knox und seine Partner begannen, ein Online-Tagebuch zu schreiben, das in der Bloggergemeinde reges Interesse weckte und den Weinen zu einer internationalen Anhängerschaft verhalf. Ohne Frage ist diese Web-2.0-Präsenz samt Blog und Videos ein Musterbeispiel für modernes Marketing. Doch genauso fraglos ist die packende Frucht der Stormhoek-Erzeugnisse als wesentlicher Erfolgsfaktor zu werten. ★**Aufsteiger**

Keine Besuchereinrichtungen
www.stormhoek.co.za

Thelema Mountain Stellenbosch

Kaum anderswo in Stellenbosch wachsen Reben in größerer Höhe und frischerem Klima als hier, oberhalb des Helshoogte-Passes. Thelema war eine Obstfarm, bis die Familie Webb 1983 die 40 000-Kisten-Kellerei gründete. Sie ist spezialisiert auf klassische »Niedrigtemperatur«-Rote und feine, mineralische Weiße (teils von Trauben aus Elgin). Dem besonderen Bergklima verdanken die Thelema-Weine ein markantes Profil, in dem man die reiche Fruchtigkeit von Stellenbosch ebenso spürt wie die straffe, zurückhaltende Art von Gewächsen aus kühlerem Klima. Betriebsleiter Gyles Webb setzt gemeinsam mit Weinmacher Rudi Schultz auf ein ausgeklügeltes Laubpflegeprogramm.

Helshoogte Pass, Stellenbosch 7600
www.thelema.co.za

Tokara Stellenbosch

Unter der Leitung des Weinkünstlers Miles Mossop (siehe S. 513) profiliert sich Tokara mit einem Ausstoß von 50 000 Kisten jährlich derzeit als eine der vielversprechendsten Kellereien Südafrikas. Eine Starrolle gebührt den Sauvignon-Blanc-Weinen von der Walker Bay und aus Elgin, in denen man mineralische Elemente und auch das Meer erahnt, sowie dem Tokara Red, einem fein gearteten traditionellen Verschnitt aus Cabernet Sauvignon, Merlot und Petit Verdot. Viel Zuspruch findet ebenso das aromatische Olivenöl. ★**Aufsteiger**

Helshoogte Pass, Stellenbosch 7600
www.tokara.co.za

Vergelegen Stellenbosch

Über 300 Jahre ist der Betrieb alt, und bis heute zählt er fraglos zur Elite der südafrikanischen Erzeuger von Weltklasseweinen. Ob bei den tiefgründigen, nuancierten Bordeaux-Verschnitten der Flagship-Reihe, der beliebten Reserve-Linie mit elegantem Chardonnay, Semillon und Cabernet Sauvignon oder den herrlich ausgewogenen Chardonnay- und Sauvignon-Blanc-Weinen der Reihe Premium – stets pflegt Kellermeister Andre Van Rensburg jenen raffinierten Touch der Alten Welt, der als Markenzeichen von Vergelegen gilt. Geschichtsinteressierte kommen im Informationszentrum und bei einer Besichtigung des alten Gutshauses auf ihre Kosten.

Lourensford Road, Somerset West 7130
www.vergelegen.co.za

Vilafonté Paarl-Simonsberg

Vier Größen ihres Fachs gründeten 1996 die erste amerikanisch-südafrikanische Joint-Venture-Kellerei: die kalifornischen Kellermeister-Gurus Zelma Long und Phil Freese, Mike Ratcliffe vom Warwick Estate in Stellenbosch und Bartholomew Broadbent, seines Zeichens Weinhändler und Sohn des als Weinkoryphäe und Buchautor weithin bekannten Michael Broadbent. Nur 2500 Kisten gibt es von den kraftvollen roten Cuvées der Series C und Series M, deren markantes Lagenprofil dunkle Früchte, Zedernholz und Gewürze offenbart. Es sind echte Sammelobjekte, deren Luxuspreise Vilafonté mit einem »besessenen Streben nach Qualität« und der hochmodernen Kelleranlage rechtfertigt, »perfekt gestaltet von Zelma Long«.

7C Lower Dorp Street, Bosman's Crossing, Stellenbosch 7600; www.vilafonte.com

Warwick Estate Simonsberg-Stellenbosch

Unermüdlich rührt Mike Ratcliffe die Werbetrommel für südafrikanischen Wein, wenn ihn seine Aufgaben als Geschäftsführer der Kellerei nicht zu sehr in Anspruch nehmen. Mit ihren 23 000 Kisten jährlich ist sie eine Institution in Simonsberg-Stellenbosch und darüber hinaus. Bei allem Expansionsdrang hat sie ihre geschmeidigen, lagerfähigen Weine, auf die sich ihr Ruf gründet, nicht vernachlässigt. Bemerkenswert der Three Cape Ladies, ein sinnlicher Mix aus Cabernet Sauvignon, Pinotage, Merlot und Shiraz, der ein deutliches Ausrufezeichen für den Pinotage weltweit setzt, sowie der Cabernet-Verschnitt Trilogy mit würzigen Aromen dunkler Früchte und kraftvollen Tanninen. Der Wine Club des Warwick Estate hat regen Zulauf aus aller Herren Länder.

Elsenburg 7607; www.warwickwine.com

VIN DE CONSTANCE

Napoleon hortete ihn, Dickens schwärmte von ihm, und Jane Austen empfahl ihn 1811 in ihrem Roman *Verstand und Gefühl* als »Heilmittel für ein gebrochenes Herz«. Der aus spät gelesenen Trauben – ursprünglich von Muscat de Frontignan, Pontac, rotem und weißem Muscadel sowie Chenin Blanc – in Constantia bereitete Dessertwein zählt zu den legendären und heute wieder meistgepriesenen Tropfen Südafrikas. Nach der Reblauskatastrophe im späten 19. Jahrhundert hatte er ein kümmerliches Schattendasein geführt, aus dem ihn Duggie Jooste vom Gut Klein Constantia wieder erlöste. Animiert durch alte Beschreibungen des von honiggetönten Aromen exotischer Früchte und Gewürze dicht durchwobenen Elixiers startete er in den 1990er-Jahren die Produktion eines neuen Vin de Constance, gekeltert von Muscat de Frontignan.

Darüber hinaus erzeugt die Kellerei Groot Constantia seit 2003 aus weißen und roten Frontignac-Trauben den Grand Constance. Der Vin de Constance ist mit einem Sauternes oder einer Trockenbeerenauslese vergleichbar. An beide reicht er in puncto Alterungspotenzial wohl nicht ganz heran, preislich indes kann er durchaus mithalten.

Das riesige Land verfügt über ein ganzes Kaleidoskop von Weinbaugebieten, deren Erzeugnisse sich absolut sehen lassen können. Dennoch wurde es in der Alten Welt lange vor allem als Quelle fruchtiger Geschmacksbolzen zu Billigpreisen wahrgenommen.

Erste Reben wurden in Down Under um die Mitte des 19. Jahrhunderts von europäischen Einwanderern angepflanzt. Daher liegen alle historisch bedeutsamen Weinregionen in der Nähe der großen Städte im Südosten – dort, wo die Europäer sich zuerst niederließen.

Sein heutiges hohes Niveau verdankt der australische Wein ganz wesentlich drei legendären Kellermeistern: Colin Preece, Max Schubert und Maurice O'Shea – und natürlich haben im Verlauf der letzten 40 Jahre auch viele andere ambitionierte Winzer Australiens Weinindustrie zu einem starken und vielfältigen Wirtschaftszweig gemacht; auch aufstrebende neue Anbaugebiete sorgen für frische Impulse.

Zu etablierten Regionen wie dem Barossa Valley, McLaren Vale, Hunter Valley und Clare Valley gesellten sich Anfang der 1970er-Jahre Newcomer wie Margaret River oder das wiedererweckte Yarra Valley. Es folgten die Mornington Peninsula, Heathcote, Tasmanien, der Canberra District und andere mehr. Heute kann der fünfte Kontinent mehr als 60 Geographical Indications – kurz GIs – vorweisen.

Eine breite Shiraz- und Chardonnay-Palette, trockener Riesling, Hunter Valley Semillon, Cabernet Sauvignon vom Margaret River und aus Coonawarra – dies sind nur einige der Stärken Australiens. Dazu gibt es famose gespritete Tropfen, exzellente Schaumweine und überaus stilvollen Pinot Noir aus kühleren Gebieten.

Ständig sehen sich Australiens Erzeuger mit Dürreperioden, Buschfeuern, Produktionsüberschüssen und der globalen Erwärmung konfrontiert. Bisher haben sie alles gemeistert. Was also spricht gegen einen weiteren Aufschwung in den nächsten Jahren?

AUSTRALIEN

NEW SOUTH WALES

Hier, im heute am dichtesten besiedelten Bundesstaat, nahm Anfang des 19. Jahrhunderts Australiens erfolgreiche Weingeschichte ihren Anfang. Die Berge der Great Dividing Range und der Australischen Alpen schaffen ganz verschiedene Klimazonen, die die unterschiedlichsten Weinstile hervorbringen. Prominentestes Anbaugebiet ist das heiße, feuchte Hunter Valley, bekannt für lagerfähigen Semillon und Shiraz ohne Eichennote. Aus den kühleren Bereichen Mudgee und Orange jenseits der Dividing Range kommen charaktervolle Rot- und Weißweine. Die Southern New South Wales Zone schließlich hat mit dem Canberra District, Hilltops und Tumbarumba drei vielversprechende Anbaugebiete mit ebenfalls kühlem Klima vorzuweisen.

Hauptrebsorten

Rot

Cabernet Sauvignon
Semillon
Shiraz

Weiß

Chardonnay
Riesling
Sauvignon Blanc

Jahrgänge

2010
Reduzierte Erträge wegen ungleichmäßigem Blütenansatz. Frühe Lese, in manchen Gegenden regnete es dabei.

2009
In den meisten Gebieten vielversprechend, besonders für Hunter Semillon und früh gelesene Rote aus Mudgee und Orange.

2008
Ein furchtbarer Jahrgang mit Regen in Mengen, für Hunter und Mudgee der schlechteste seit Menschengedenken.

2007
Die Hitze machte der ganzen Region zu schaffen, gut allerdings in den Gebieten der Central Ranges.

2006
Großartiger Jahrgang in Hunter, auch anderswo recht gut.

2005
Sehr vielversprechend für Rote und Weiße aus dem Hunter Valley. Auch im Rest des Bundesstaates gut.

Bereits 1788 pflanzten europäische Einwanderer in New South Wales die ersten Weinstöcke ganz Australiens, allerdings erfolglos. Anfang des 19. Jahrhunderts legte dann John MacArthur auf seiner Besitzung Camden Park, gleich südwestlich von Sydney, den ersten kommerziell nutzbaren Weinberg des Kontinents an. Trotz dieses frühen Starts aber hinkt New South Wales der Entwicklung der Weinwirtschaft in den benachbarten Bundesstaaten South Australia und Victoria stets hinterher.

1830 begann der Rebenanbau im Hunter Valley, das unter allen Gebieten von New South Wales den besten Ruf genießt. Sein heißes und feuchtes Klima würde hochwertige Tropfen eigentlich gar nicht erwarten lassen. Tatsächlich aber stammen zwei der ehrwürdigsten Weine Australiens aus diesem Gebiet. Der eine ist der Hunter Semillon, der aus dem Weinberg wenig potenziellen Alkohol, dafür viel Säure mitbringt und von einer schlanken Erscheinung mit gewissem Esprit zu einem Tropfen von betörender, rauchig getönter Fülle reift. Beim zweiten handelt es sich um den Hunter Shiraz, der, ausgestattet mit mittlerem Körper, nach angemessener Reifung einen komplexen Charakter mit wildartigen Noten offenbart und dabei durch reife Eleganz besticht. Noch weitere ernst zu nehmende Gewächse kommen aus dem Hunter Valley, das aufgrund seiner Nähe zu Sydney ein viel besuchtes Ziel für Weintouristen ist.

Vom Hunter Valley aus gesehen gleich auf der anderen Seite der Great Dividing Range liegen jene drei Bereiche, die zusammen die Central Ranges Zone bilden: Mudgee, Orange und Cowra. Hier befinden wir uns in größerer Höhe, entsprechend herrschen gemäßigte Temperaturen. In Mudgee, dem größten der drei Bereiche, werden seit etwa 1840 Reben kultiviert; heute entstehen hier großartige Rote, vor allem von Shiraz und Cabernet Sauvignon. Orange, der kühlste Bereich der drei, beherbergt relativ wenige Kellereien und ist weniger als Erzeugerregion bekannt denn als Quelle hochwertiger Trauben. Selbst Sorten wie Sauvignon Blanc gedeihen in der Kühle bestens. Das tiefer gelegene Cowra hat in den Central Ranges die wärmsten Temperaturen zu verzeichnen. Chardonnay ist die Spezialität dieses Bereichs.

Weiter im Süden und Westen erstreckt sich die große Southern New South Wales Zone mit drei besonders interessanten Bereichen. Der Canberra District, direkt im Norden der Stadt gleichen Namens, wurde in den 1970er-Jahren von der heutigen Starkellerei Clonakilla erschlossen. Er ist also ein relativ junges Anbaugebiet, in dessen verschiedenartigen, meist kühlen Kleinklimazonen Shiraz und Riesling einstweilen die beste Figur machen. Inzwischen sind hier eine Reihe ehrgeiziger Boutiquekellereien tätig. Hilltops, nicht weit entfernt im Nordwesten gelegen und von mäßig kühlem Kontinentalklima geprägt, zeigt einen starken Wachstumsdrang: Waren hier 1989 eben einmal 12 ha bestockt, nehmen die Reben – mehrheitlich Shiraz, Cabernet Sauvignon und Chardonnay – inzwischen über 400 ha ein. Als dritter Bereich hat sich Tumbarumba mit seinem ausgesprochen kühlen, alpinen Klima als großartige Quelle von Grundweinen für die Sektproduktion sowie von elegantem Chardonnay profiliert, deutet aber durchaus auch gutes Potenzial für Pinot Noir an. Das Riverina-Gebiet an der Grenze zu Victoria kommt wegen der Hitze nicht ohne Bewässerung aus und hat sich vornehmlich auf die Produktion von Massenweinen verlegt.

Audrey Wilkinson Hunter Valley
Als einer der Pioniere im Hunter Valley baute Audrey Wilkinson im 19. Jahrhundert diese Kellerei in herrlicher Lage am Fuß des Brokenback-Gebirgszugs auf. Zwischenzeitlich Teil von Pepper Tree Wines, ging der Betrieb 2004 in den Besitz von Brian Agnew über. Es gibt die zwei Produktreihen Audrey Series und Reserve Range, für beide wird ausschließlich eigenes Lesegut verarbeitet. Brillant sind die im traditionellen Hunter-Stil bereiteten Semillon-Weine. Auch der Lake Shiraz mit würziger, erdiger Tiefe ist nicht zu verachten.

DeBeyers Road, Pokolbin, NSW 2320
www.audreywilkinson.com.au

Barwang Hilltops
Heute im Besitz von McWilliam's, wurde Barwang von Peter Robertson gegründet, der seinerzeit im Gebiet von Young an den Südwesthängen der Great Dividing Range die ersten Weinstöcke setzte. Unter McWilliam's wuchsen die Rebflächen von 13 ha auf über 100 ha, trotzdem blieb der Qualitätsstandard des Sortiments gewahrt. Die Weine werden von Traubengut aus den Bereichen Hilltops und Tumbarumba bereitet. Probieren sollte man den würzig-pfeffrigen Hilltops Shiraz und den elegant ausgewogenen Tumbarumba Chardonnay.

Barwang Road, Young, NSW 2594; www.mcwilliams.com.au

Bimbadgen Hunter Valley
Mit ihrem pseudo-toskanischen Baustil und dem imposanten Glockenturm macht diese Kellerei, die mehrmals den Namen und Besitzer gewechselt hat, viel her. Ursprünglich wurden die Trauben der in den 1960er-Jahren angelegten Rebpflanzungen an andere Betriebe verkauft. Heute macht man sich ihre hohe Güte selbst zunutze. Ein Shiraz im typischen Hunter-Stil und ein leichter, aber alterungswürdiger Semillon sind die Perlen des Bimbadgen-Angebots.

790 McDonalds Road, Pokolbin, NSW 2320
www.bimbadgen.com.au

Botobolar Mudgee
Seit ihrer Anpflanzung im Jahr 1971 werden die 22 ha Rebland, die Botobolar im Bereich Mudgee unterhält, biologisch bewirtschaftet. Damit beschritt der Betrieb seinerzeit einen für Australien ganz neuen Weg. Neben einem konventionellen Spektrum von Rot- und Weißweinen erzeugt er auch einen ungeschwefelten Roten.

89 Botobolar Road, Mudgee, NSW 2850
www.botobolar.com

Brokenwood Hunter Valley
Drei Anwälte mit einem Faible für guten Wein riefen 1970 Brokenwood ins Leben, unter ihnen der auch als Weinautor bekannte James Halliday (er trat seine Anteile 1983 ab). 1975 wurde die Kellerei mit ihrer markanten Silhouette erbaut, 1978 der Graveyard Vineyard gekauft. Von dieser vorzüglichen Lage kommt seither ein Tropfen, der mit seiner zurückhaltenden Eleganz, seiner Konzentration und Komplexität sowie seinem Alterungspotenzial zu einer Weinikone Australiens wurde: der Graveyard Shiraz. 1982 stieg Iain Riggs als Weinmacher in das Unternehmen ein, und inzwischen hat dieses seine Produktion mit Gewächsen aus anderen angesehenen Regionen erweitert. Die besonderen Attraktionen sind weiterhin der Graveyard Shiraz sowie der ILR Reserve Semillon: frisch und klar in der Jugend, später dann komplex mit Toastnote.

401-427 McDonalds Road, Pokolbin, NSW 2320
www.brokenwood.com.au

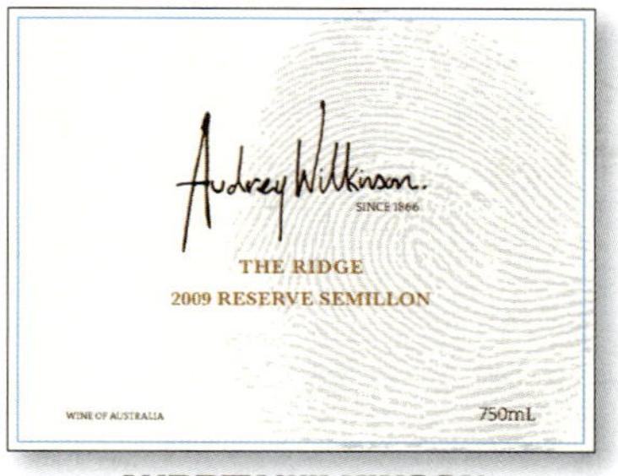

AUDREY WILKINSON
ZEHN JAHRE UND MEHR LÄSST SICH DIESER SEMILLON, EIN KLASSISCHER VERTRETER DES HUNTER VALLEY, IM KELLER LAGERN

CLONAKILLA
VIELE HALTEN DIESE SHIRAZ-VIOGNIER-CUVÉE FÜR EINEN DER BESTEN ROTEN AUSTRALIENS

Capercaillie Hunter Valley
Bereits drei Jahrzehnte hatte der gebürtige Schotte Alasdair Sutherland in der Weinbranche Erfahrungen gesammelt, als er 1995 den Betrieb gründete. Seinem 5 ha umfassenden Rebenkontingent in Loveland, das 1970 angepflanzt wurde, gewinnt er etwa ein Drittel seines Traubenbedarfs ab. Den Rest bezieht er von anderen Quellen in New South Wales und South Australia. Sutherlands schottische Herkunft spiegelt sich im Namen der Kellerei und ihrer Weine wider. Die Starrolle in dem vielfältigen Angebot kommt dem Shiraz Ghillie zu, einem reinen Hunter-Gewächs, doch auch der preiswertere Shiraz Ceilidh zeigt eine gute Performance.

4 Londons Road, Lovedale, NSW 2325
www.capercailliewine.com.au

Chalkers Crossing Hilltops
Die aus Frankreich stammende und in Bordeaux ausgebildete Kellermeisterin Celine Rousseau hat diesem Betrieb einen beachtlichen Ruf verschafft. Er hat seinen Sitz im Bereich Hilltops, etwa auf halber Strecke zwischen Sydney und Canberra, bezieht aber auch Trauben aus dem ebenfalls kühlen Tumbarumba-Gebiet, wo Chardonnay, Pinot Noir und Sauvignon Blanc exzellente Ergebnisse erbringen. Die ersten Weine bereitete Chalkers Crossing im Jahr 2000 und hat inzwischen eine überzeugte Anhängerschaft gewonnen. ★**Aufsteiger**

285 Henry Lawson Way, Young, NSW 2594
www.chalkerscrossing.com.au

Château Pâto Hunter Valley
Nur 4 ha umfasst der Rebenpark dieser Boutiquekellerei im Herzen des Hunter-Gebiets, die 1980 von David Paterson gegründet wurde. Seit dessen Tod kümmert sich Sohn Nicholas, der schon für Brokenwood und Tyrrell's tätig war und heute auch andere Betriebe berät, um die Weinbereitung. Zwar wird das Gros der Trauben verkauft, doch entsteht jedes Jahr in kleiner Auflage ein Shiraz von über 20 Jahre alten, bewässerungsfrei kultivierten Reben – ein Kleinod mit großem Alterungspotenzial.

Thompson's Road, Pokolbin, NSW 2321; Tel. 02 4998 7634

Clonakilla Canberra District
Vor vier Jahrzehnten erkannte der Wissenschaftler David Kirk, dass Murrumbateman, ein kühles Gebiet 40 km nördlich von Canberra, für den Traubenanbau gut geeignet sein dürfte. 1971 pflanzte er dort Cabernet Sauvignon und Riesling an, mit dem 76er Jahrgang beging er seine Premiere. Heute obliegt die Weinbereitung Sohn Tim, dessen Hintergrund als Theologe ihn nicht daran hindert, Clonakilla weiter in der Topliga der australischen Erzeuger zu halten. Star des Weinangebots ist der alterungsbereite, elegante Shiraz Viognier, der deutlich an die Gewächse von der nördlichen Rhône erinnert und seit 1992 erzeugt wird. Jüngeren Datums und ebenfalls exzellent sind ein klar konturierter und intensiv pfirsichfruchtiger Viognier sowie der O'Riada Shiraz. Als günstigere Alternative, den Clonakilla-Stil kennenzulernen, empfiehlt

NEW SOUTH WALES

Das größte Anbaugebiet von New South Wales bildet, im Zentrum des Bundesstaates, Riverland. In diesem heißen Landstrich werden mithilfe von künstlicher Bewässerung Riesenmengen billigen Weins erzeugt, der oftmals in die großen kommerziellen Marken einfließt. Für Liebhaber feiner Tropfen interessanter sind die Gebiete entlang der Great Dividing Range, deren Höhenlage für gemäßigte Temperaturen sorgt. Fast in einer Linie reihen sich Tumbarumba, der Canberra District, Hilltops, Cowra, Orange und Mudgee aneinander. Eine Ausnahme bildet das Hunter Valley mit seinem feuchten und warmen Klima, in dem dennoch einige der faszinierendsten Gewächse Australiens reifen. Unweit von Sydney gelegen, zieht diese historische Region zahlreiche Weintouristen an.

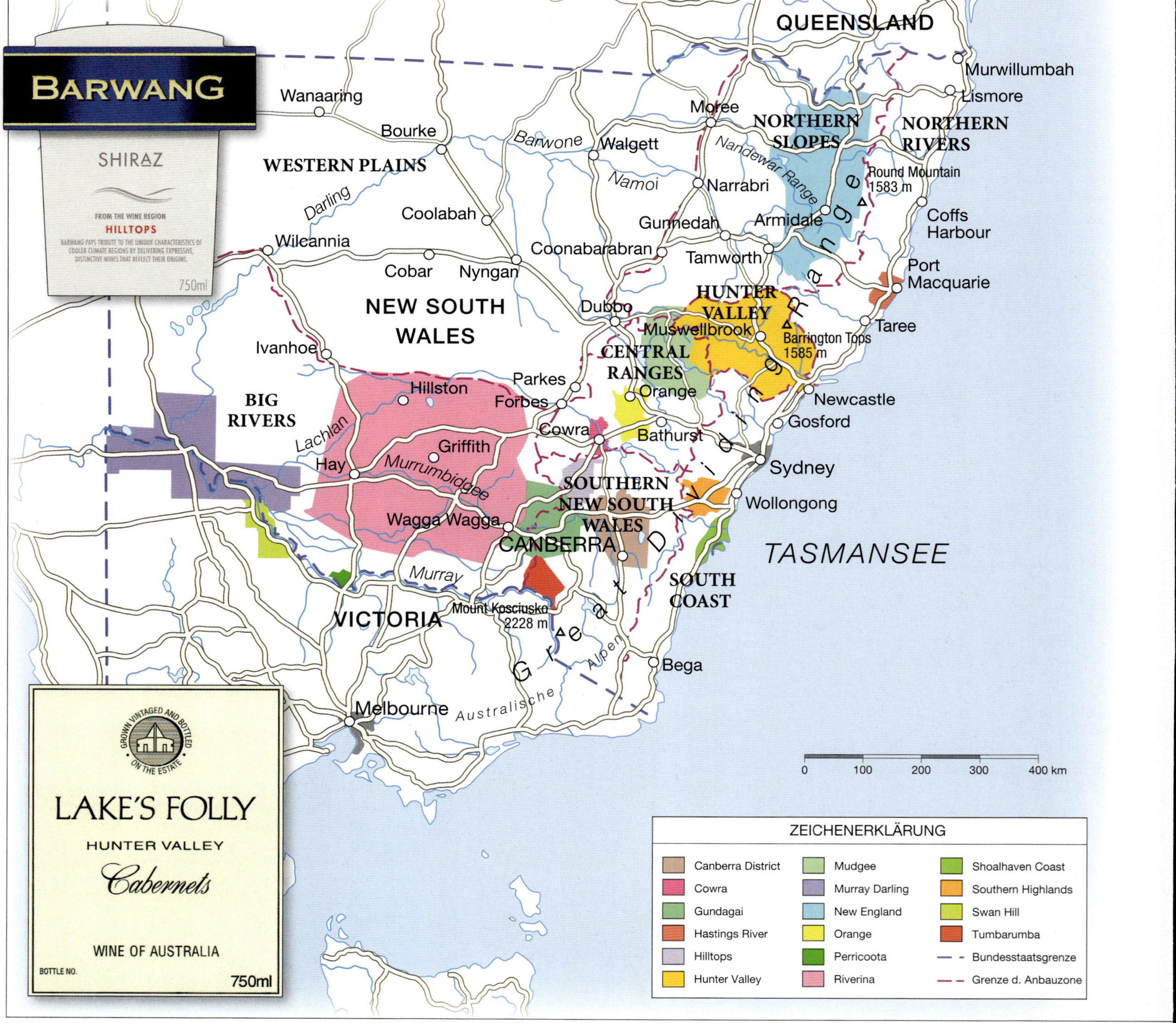

HUNTER VALLEY

Der bekannteste Weinbaubereich von New South Wales gliedert sich in das Upper Hunter und das bedeutendere Lower Hunter, wo die Mehrzahl der Betriebe ansässig ist. Fast alle Kellereien und zugehörigen Rebflächen konzentrieren sich hier nordwestlich der Stadt Cessnock. Mit seinem subtropischen Klima und den in den meisten Jahren kurz vor der Lese auftretenden Regenfällen ist dieses Gebiet eigentlich für den Rebbau denkbar ungeeignet. Jahrgangsschwankungen bleiben nicht aus, dennoch bringt das Hunter Valley immer wieder exzellente Tropfen hervor.

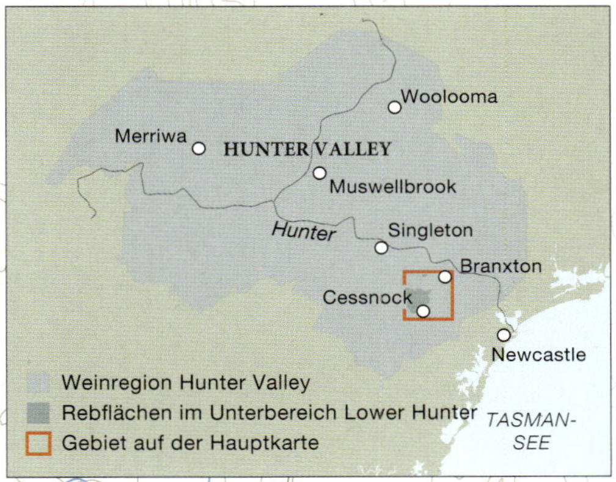

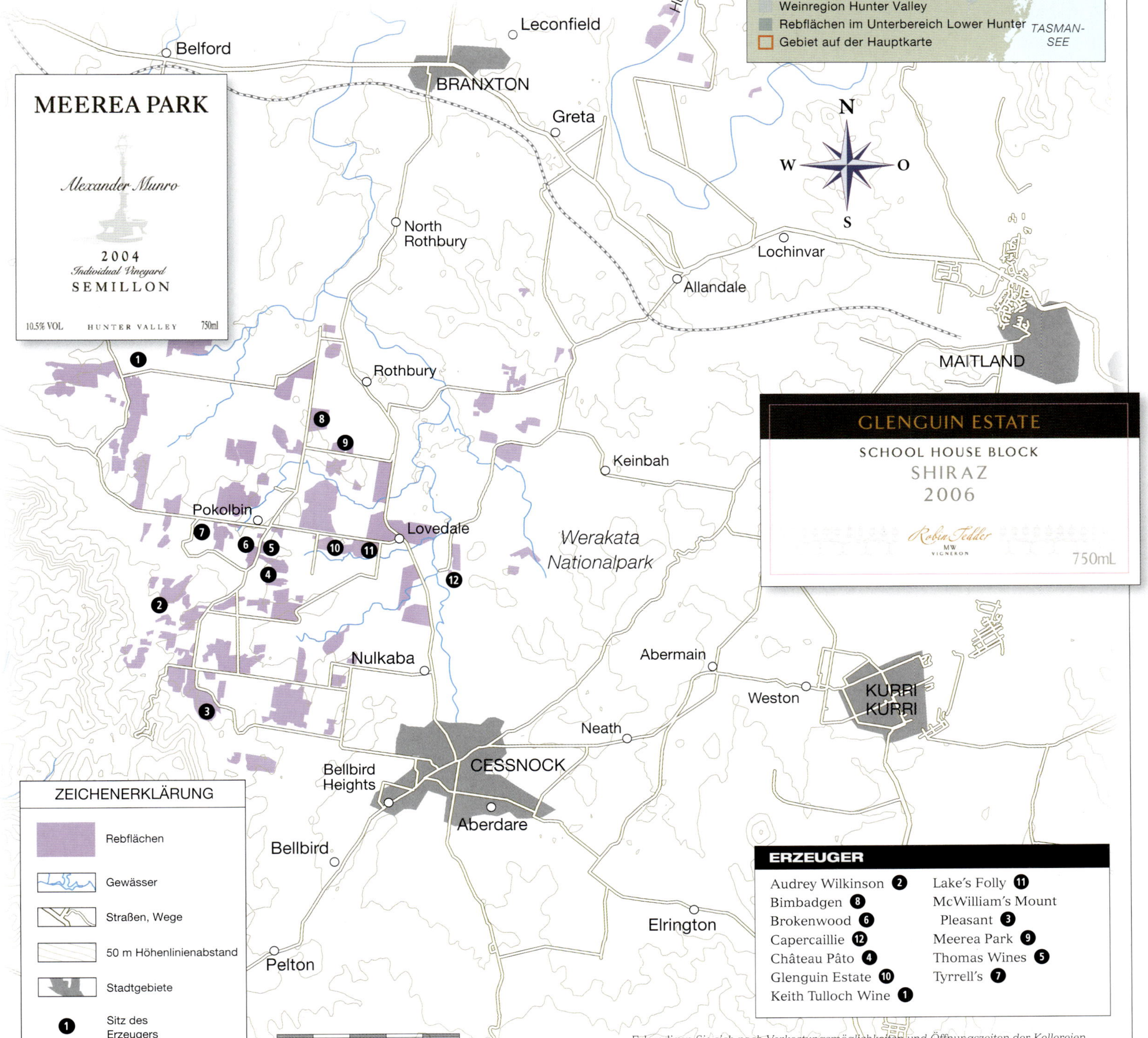

Erkundigen Sie sich nach Verkostungsmöglichkeiten und Öffnungszeiten der Kellereien, bevor Sie Ihre Reise planen. Manche Betriebe empfangen Besucher nur nach Voranmeldung.

TYRRELL'S
DIESER VORZÜGLICHE CHARDONNAY FINDET SEINEN WEG IN ÜBER 30 LÄNDER

DE BORTOLI
EINER DER BERÜHMTESTEN DESSERTWEINE AUSTRALIENS – ZU RECHT

sich der Hilltops Shiraz mit pointierten, leicht fleischig angehauchten Aromen dunkler Früchte. Die Produktion ist klein, aber äußerst fein.

3 Crisps Lane, Murrumbateman, NSW 2582
www.clonakilla.com.au

Cumulus Orange

2004 kaufte die Versicherung Assetinsure den in Abwicklung befindlichen Betrieb Reynolds, benannte ihn in Cumulus um und berief Philip Shaw, Ex-Kellermeister von Rosemount, als Leiter. Heute hält Jo Berardo, dem auch einige Weinfirmen in Portugal gehören, die Aktienmehrheit. Cumulus hat seinen Sitz in Orange, also im kühleren Hochland von New South Wales, und unterhält knapp über 500 ha Rebland. Außer durch hübsche, originelle Etiketten fallen die Weine durch Frische und ihren präzisen Ausdruck mit Betonung der feinen Frucht auf. Die Weine der hochwertigeren Climbing-Reihe entspringen über 600 m hoch gelegenen Orange-Lagen, die der Rolling-Linie etwas niedrigeren Gefilden – die Herkunftsangabe auf den Flaschen lautet Central Ranges.

2416 Davys Plains Road, Cudal via Orange, NSW 2864
www.cumuluswines.com.au

De Bortoli Riverina

Zum einen steht der Name De Bortoli für die Großkellerei im Gebiet Riverina, die jährlich etwa 4,5 Millionen Kisten Wein in den Handel entlässt, zum anderen für ambitioniertere Gewächse aus dem Yarra Valley. Neben preisgünstigen Produkten kommt aus Riverina der Noble One, der seit seinem 1982er Debüt als opulenter und immens komplexer edelfauler Semillon mit großer Begabung zur Flaschenreifung zu den meistgepriesenen Süßweinen Australiens zählt. Bemerkenswert ist auch der Black Noble, ein Süßwein ebenfalls auf Semillon-Basis im Solera-Stil, sowie der 21 Jahre alte Old Boys im Stil eines Tawny Port.

De Bortoli Road, Bilbul, NSW 2680; www.debortoli.com.au

Glenguin Estate Hunter Valley

Robin Tedder ist ein australischer Weinmacher schottischer Herkunft. Er erbte den Titel Baron of Glenguin von seinem Großvater, der damit für seine Verdienste im Zweiten Weltkrieg geehrt worden war. Aus Trauben von eigenen Weingärten wie auch von einer 50 Jahre alten, unbewässerten Parzelle in Pokolbin erzeugt Robin einige der besten Shiraz-Versionen des Hunter Valley. Die alten Reben liefern den Stoff für den besonders glanzvollen Aristea Shiraz, doch auch der Schoolhouse Block Shiraz ist exzellent. Eine Kuriosität stellt der reinsortige Ironbark Tannat von einer 1 ha großen Lage dar. Die Weine vereinen ein erfreulich klares Profil mit einer gewissen Eleganz der Alten Welt.

Cessnock, NSW 2325; www.glenguinestate.com.au

Huntington Estate Mudgee

Huntington Estate gilt weithin als führender Anbieter in Mudgee, ist aber auch für sein jährliches Musikfestival bekannt. Die Kellerei wurde 1969 von Bob Roberts gegründet, einem Anwalt aus Sydney, der mit viel Einsatz den Traum verfolgte, guten Wein zum erschwinglichen Preis zu erzeugen. Als er sich 2006 aus dem Geschäft zurückzog, übernahm Tim Stevens, dem der angrenzende Weinberg Abercorn gehört, die Leitung. Den Schwerpunkt der Produktion bilden solide Rote traditioneller Machart. Cabernet Sauvignon und Shiraz überwiegen auf den 24 Parzellen der 40 ha umfassenden Anbaufläche; das Gros der Reben ist jetzt etwa 40 Jahre alt. Die kompakten, ein wenig wuchtigen, lagerfähigen Tropfen haben getreue Anhänger, sind im Ausland aber selten zu finden.

Cassilis Road, Mudgee, NSW 2850
www.huntingtonestate.com.au

Keith Tulloch Wine Hunter Valley

Seit vier Generationen erzeugt die Familie Tulloch Weine. Mit dieser gebündelten Erfahrung im Rücken startete Keith Tulloch 1997 ein eigenes Unternehmen, das sich auf die klassischen Sorten des Hunter Valley konzentriert: Chardonnay, Semillon, Merlot, Shiraz und Cabernet Sauvignon. Alles in allem kommen die handwerklich bereiteten Weine auf 12000 Kisten pro Jahr. Nur jeweils 600 Flaschen werden von den Spitzengewächsen abgefüllt, die Keith in der Reihe Field of Mars herausgibt.

Hunter Ridge, Hermitage Road, Pokolbin, NSW 2321
www.keithtullochwine.com.au

Lake's Folly Hunter Valley

Mit Lake's Folly bekam das Hunter Valley seine erste Boutiquekellerei überhaupt und den ersten neu angelegten Weinberg des 20. Jahrhunderts. 1963 von dem in Sydney ansässigen Chirurgen Max Lake ins Leben gerufen, gehört der Betrieb seit 2000 Peter Fogarty und seiner Familie, die den einheimischen Kellermeister Rod Kempe verpflichtet hat. Durch den Wechsel hat der Ruf als eine der Topadressen des Bereichs überhaupt nicht gelitten. Lediglich zwei Weine entstehen aus dem Lesegut des 12 ha großen Rebenkontingents: ein Chardonnay sowie – ungewöhnlich für die Gegend – ein roter Verschnitt auf Cabernet-Sauvignon-Grundlage. Nur wenige haben aufgrund des bescheidenen Produktionsvolumens von 4500 Kisten das Glück, diese Tropfen zu kosten, die hauptsächlich via Mailorder-Versand vertrieben werden.

Broke Road, Pokolbin, NSW 2320; www.lakesfolly.com.au

Lark Hill Canberra District

Dieser Biobetrieb, der seit 1978 besteht und 1981 sein Marktdebüt gab, ist im Canberra District ansässig und verfügt über einen der höchsten Weinberge Australiens: Bis in 860 m klettern die Reben an dem steilen Hang oberhalb des Lake George empor. In dem kühlen, trockenen Ambiente reifen nur begrenzte Mengen von Trauben, die eine konzentrierte, sehr aromatische Fruchtigkeit entwickeln. Verschiedene Sorten werden kultiviert, darunter, auf 1 ha neu angepflanzt, Grüner Veltliner (2009 gab Lark Hill Australiens ersten Grünen Veltliner überhaupt heraus). Viel Genuss bieten der kreidige, mineralische Riesling sowie die süße Riesling-Auslese. Es gibt auch einen delikaten, eleganten Pinot Noir.

521 Bungendore Road, Bungendore, NSW 2621
www.larkhillwine.com.au

McWilliam's Mount Pleasant Hunter Valley

Maurice O'Shea hatte 1921 Mount Pleasant gegründet. Mit einer 50 %igen Beteiligung stieg die Familie McWilliam in den Betrieb ein, um dann 1941 auch die Anteile O'Sheas zu erwerben. Diesen bestärkte sie darin, sein

Werk fortzuführen und stellte 1946 auch die notwendigen Mittel bereit, um die Besitzungen Lovedale und Rosehill zu erwerben und zu bestocken. Von den Weinen, die O'Shea weiterhin schuf, lassen sich bis heute Erzeuger in ganz Australien inspirieren. Was inzwischen unter Phil Ryan im Keller von Mount Pleasant entsteht, lehnt sich unverkennbar an den klassischen Hunter-Stil an. Großartig der Lovedale Semillon, der in der Jugend saubere, frische Zitrusaromen verströmt, um nach zehn Jahren und mehr in der Flasche mit toastig angehauchter Komplexität aufzutrumpfen. Quasi ein Schnäppchen ist der günstigere Elizabeth Semillon. Als Hunter-Klassiker par excellence zeigt sich der Mount Pleasant Shiraz.

401 Marrowbone Road, Pokolbin, NSW 2320
www.mcwilliams.com.au

Meerea Park Hunter Valley

Der 1991 gegründete Betrieb ist im Besitz von Rhys und Garth Eather, zwei Sprösslingen einer alten Winzerfamilie. Für das Geschehen im Keller ist Rhys verantwortlich, der aus gekauftem Traubengut einige der besten Tropfen des Hunter Valley kreiert. Glanzstücke der nur 10 000 Kisten umfassenden Jahresproduktion sind der Alexander Munro Shiraz und der Alexander Munro Semillon. Doch auch die meisten anderen Etiketten dieses Hauses, namentlich der Hell Hole Shiraz und der Hell Hole Semillon sind eine gute Wahl.

188 Palmers Lane, Pokolbin, NSW 2320
www.meereapark.com.au

Nugan Estate Riverina

Die Familie Nugan war in anderen landwirtschaftlichen Bereichen tätig, bevor sie sich 2001 dem Weinbau zuwandte. Mit viel Elan haben Michelle Nugan, Sohn Matthew und Tochter Tiffany Nugan Estate zu einem der Exportmeister Australiens aufgebaut. Beachtliche 400 000 Kisten produziert das Unternehmen in Riverina, teils von eigenen Rebflächen im McLaren Vale und King Valley, teils von hinzugekauften Trauben aus Coonawarra. Hauptattraktionen des beständig guten Sortiments sind der ausgewogene Coonawarra Alcira Vineyard Cabernet Sauvignon (ausgewogen, Aromen von Schwarzen Johannisbeeren) sowie der pfirsichfruchtige King Valley Franca's Lane Chardonnay.

Kidman Way, Willbriggie, NSW 2680
www.nuganestate.com.au

Philip Shaw Orange

Ruhm erwarb Philip Shaw schon als Kellermeister von Rosemount Estate, heute ist er im Bereich Orange in eigener Regie tätig. 1988 kaufte er den 47-ha-Weinberg Koomooloo und bestockte ihn im Verlauf der nächsten zwei Jahre. Bis in 900 m steigt er empor und gehört damit zu den höchsten Australiens. Shaw gewinnt ihm eine Reihe unterschiedlicher Weine ab, darunter Sauvignon Blanc, Pinot Noir, Chardonnay, Cabernet Sauvignon und Shiraz – allesamt infolge des naturgemäß kühlen Klimas frisch, klar und fruchtig. Außer mit dem Sortennamen sind die Erzeugnisse des Topsegments mit Nummern versehen (etwa No. 19 Sauvignon Blanc 2010), die der Zweitreihe dagegen mit Fantasienamen, zum Beispiel The Wire Walker Pinot Noir 2008. ★**Aufsteiger**

Caldwell Lane, Orange, NSW 2800
www.philipshaw.com.au

Thistle Hill Mudgee

David und Lesley Robertson gründeten 1975 einen der ersten Biobetriebe in Mudgee und machten sich seit ihrem 1984er Erstlingsjahrgang mit herzhaften, aromatischen Roten – in Korbpressen gekeltert und traditionell bereitet – einen Namen. 2009 wurde Thistle Hill von Rob und Mary Loughan erworben, den Besitzern des Nachbarbetriebs Erudgere, der ebenfalls auf Biomethoden umgestellt werden soll. Als Kellermeister fungiert in beiden Fällen Michael Slater, ehemals für McGuigan tätig.

74 McDonalds Road, Mudgee, NSW 2850
www.thistlehill.com.au

Thomas Wines Hunter Valley

Nach 13-jähriger Tätigkeit für Tyrrell's traten Andrew und Jo Thomas 1997 erstmals unter eigenem Namen auf. Ihr Betrieb, spezialisiert auf die Hunter-Klassiker Semillon und Shiraz, kam bei Kritikern gut an; 2008 wurde Andrew zum Hunter-Valley-Weinmacher des Jahres gekürt. Der dichte, mineralische, zitrusfruchtige Braemore Semillon verspricht eine gute Entwicklung und zählt zu den besten Repräsentanten des Bereichs. Die Gesamtproduktion beläuft sich auf 4000 Kisten. ★**Aufsteiger**

McDonalds Road, Polkolbin, NSW 2320
www.thomaswines.com.au

Tulloch Hunter Valley

In den ersten beiden Jahrzehnten des 20. Jahrhunderts baute J. Y. Tulloch im Hunter Valley ein florierendes Weinunternehmen auf. 1969 wurde es an Reed Consolidated Publishing veräußert. Es folgte eine jahrzehntelange Flaute, begleitet von diversen Besitzerwechseln, bis Jay Tulloch die Kellerei 2001 von Southcorp zurückkaufte. Heute liegt der Fokus auf Weinen von Trauben aus dem Hunter Valley, die hohe Qualität mit maßvollen Preisen verbinden. Es wird ein breites Spektrum an Sorten verarbeitet, darunter auch einige, die gerade erst hier Fuß fassen. Das Meisterstück ist der wieder neu aufgelegte Pokolbin Dry Red Shiraz, doch auch der Verdelho ist ein Tropfen von Format.

Corner of McDonalds and DeBeyers Road, Pokolbin, NSW 2320; www.tulloch.com.au

Tyrrell's Hunter Valley

Bereits 1858 legte der aus England eingewanderte Edward Tyrrell im Windschatten des Brokenback-Gebirges den Grundstein für diese Familienkellerei. Dass sie heute so blendend dasteht, ist nicht zuletzt dem dynamischen Einsatz von Murray Tyrrell und seinem Sohn Bruce in der Funktion als Geschäftsführer zuzuschreiben. Während der 1980er- und 1990er-Jahre expandierte Tyrrell's rasant. Unlängst aber wurde die erfolgreiche, jedoch nicht im Hunter Valley verankerte Marke Long Flat verkauft, da man sich stärker auf das Premiumsegment konzentrieren will. Im Sortiment der Kellerei sind einige der Spitzengewächse des Landes versammelt. Neben dem Vat 1 Semillon, einem Hunter-Klassiker, gibt es nun drei nicht minder interessante Semillon-Weine von Einzellagen. Der üppige und doch ausgewogenen Vat 47 Chardonnay gehört zur Elite Australiens, und auch der Vat 9 Shiraz repräsentiert mit seiner Konzentration und der ebenso klar artikulierten wie tiefgründigen dunklen Frucht formvollendet den Hunter-Stil.

1838 Broke Road, Pokolbin, NSW 2320; www.tyrrells.com.au

HUNTER VALLEY SEMILLON

Der Semillon aus dem Hunter Valley, eines jener australischen Gewächse, die mit einem einzigartigen, feinen Stilprofil aufwarten, ist ein Paradox. Denn trotz des in dem Anbaubereich herrschenden schwülwarmen Klimas weisen die Semillon-Trauben, wenn sie ihre physiologische Reife erreichen, einen niedrigen potenziellen Alkoholgehalt im Verbund mit einem hohen Säuregrad auf. Eine stichhaltige Erklärung fand sich für dieses Phänomen bisher nicht, doch werden als Teilursache die Feuchtigkeit und die während der Wachstumsperiode vorhandene Wolkendecke vermutet. Die Weine, die man hier ohne den Einsatz von Eiche bereitet, sind in ihrer Jugend zitronig-frisch und ansonsten nicht weiter auffällig. Mit zunehmendem Alter aber wandeln sie sich zu komplexen, fülligen Geschöpfen mit Toastnote. Profitiert hat dieser Weinstil wesentlich von dem verbreiteten Trend hin zu Schraubverschlüssen, bei denen sich, wie es heißt, während der Flaschenlagerung weniger unvorhersehbare Entwicklungsschwankungen ergeben als bei Korken. Viele Genießer mit Sachverstand wissen die Semillon-Weine des Hunter Valley zu schätzen und lassen sie oft auch in Ruhe reifen, bei der breiten Masse indes finden diese Tropfen einstweilen nicht die gebührende Anerkennung.

VICTORIA UND TASMANIEN

Victoria verfügt über mehr ansehnliche Anbaugebiete und Kellereien als jeder andere Bundesstaat Australiens und gilt heute vielen als dessen führender Erzeuger feiner Weine. In Bereichen wie dem Yarra Valley, Beechworth, den Grampians und Heathcote gewinnt Shiraz einen immer wieder verschiedenen, stets aber glanzvollen Ausdruck. Begeisternd gerät Pinot Noir von der Mornington Peninsula und Geelong, und mehrere Regionen bringen mit Chardonnay Großartiges zuwege. Mit seinen gespriteten Tropfen hat Rutherglen Eingang in die Ruhmeshalle der großen Weine erlangt, und jenseits der Bass-Straße münzt Tasmanien sein kühles Klima in immer überzeugendere Weine von Chardonnay, Riesling und Pinot Noir um.

Hauptrebsorten

Rot

Cabernet Sauvignon
Pinot Noir
Shiraz

Weiß

Chardonnay
Muscat
Riesling
Muscadelle (Tokay, Topaque)

Jahrgänge

2010
Vielversprechender, etwas früher Jahrgang ohne echte Probleme. Einige schöne Weine sind zu erwarten.

2009
Ein schwieriges Jahr: im Januar und Februar zwei Wochen große Hitze, dazu Buschbrände in einigen Gebieten.

2008
South Australia litt unter der Hitze. Victoria ging es besser; hier fuhr man einen frühen, aber meist hochwertigen Jahrgang ein.

2007
Dürre und einige Buschbrände in den meisten Gebieten. Dennoch viele gute Weine.

2006
Guter, bisweilen sehr guter Jahrgang in der ganzen Region inklusive Tasmanien.

2005
Exzellenter Jahrgang: hohe Erträge und gute Qualität.

Während South Australia seit jeher das Hauptproduktionszentrum der Weinindustrie von Down Under ist, kann sich Victoria zu Recht als spannendste Fundgrube feiner Gewächse rühmen. Es gibt hier ein breites Spektrum überaus interessanter Anbaugebiete mit einer Reihe ambitionierter Boutiquekellereien und ganz unterschiedlichen Klimaten – man denke etwa an die recht kalten Macedon Ranges oder, im anderen Extrem, an die heiße Rutherglen-Region im Nordosten des Bundesstaates.

An der Spitze des Rankings von Victoria steht das östlich von Melbourne gelegene Yarra Valley. Veränderte Verbrauchervorlieben, aufgrund derer Bier und gespritete Weine in die Favoritenrolle drängten, und die Wirtschaftskrise nach dem Zweiten Weltkrieg hatten dazu geführt, dass die Weingärten im Yarra Valley über beinahe ein halbes Jahrhundert hinweg zusehends verfielen, bis eine kleine Schar von Pionierwinzern in den 1970er-Jahren hier wieder tätig wurde. Seither wuchsen blühende Reblandschaften, und heute wartet eine Vielzahl von Erzeugern mit einem höchst attraktiven Angebot an Chardonnay, Pinot Noir, Shiraz und sogar Verschnitten auf Cabernet-Sauvignon-Basis auf. Es ist die Bandbreite klimatischer Rahmenbedingungen, die im Yarra Valley eine derartige Vielfalt ermöglicht.

Ebenfalls nahe Melbourne liegen drei weitere Bereiche, die Großes hervorbringen: die Mornington Peninsula und Geelong (beidseits der Port Phillip Bay) sowie, nördlich der Stadt, die Macedon Ranges. Chardonnay, Pinot Noir und Shiraz mit einem erkennbaren Kühlklimaprofil machen hier Schlagzeilen, genauso wie eine beträchtliche Anzahl kleiner Kellereien mit hohem Qualitätsbewusstsein.

Nördlich davon hat Central Victoria fünf namhafte Bereiche vorzuweisen, die hauptsächlich für ihre dicht gewirkten und dabei scharf konturierten, zumeist auf Shiraz basierenden Roten bekannt sind: Bendigo, Heathcote, Goulburn Valley, Upper Goulburn und die Strathbogie Ranges. Von diesen setzt sich Heathcote mit aromatischen und bestechend klar fokussierten Shiraz-Interpretationen am eindrucksvollsten in Szene. In der Zone North East Victoria fällt Beechworth als weitere Region auf, in der sich einiges regt. Noch glänzt ihr Stern nicht allzu hell, doch könnte sich das bald ändern dank einer Schar talentierter und hoch ambitionierter Erzeuger, deren Chardonnay- und Shiraz-Etiketten zu den derzeit faszinierendsten ganz Australiens zählen. Außerdem wird hier mancher interessante Wein von aromatischen Sorten gekeltert.

Zu den attraktivsten Tropfen, die Australien für die Genießerwelt bereithält, gehören die gespriteten Weine aus Rutherglen: Muscat und Tokay (Letzterer heißt inzwischen offiziell Topaque und wird mitunter auch Muscadelle genannt, nach der Rebsorte, von der er bereitet ist). Mit zunehmender Reife entwickeln die besten dieser Weine eine unvergleichlich komplexe, packende Art.

Drei Qualitätsweinbaugebiete bilden zusammen die Zone Western Victoria: In den Grampians (von manchen auch Great Western genannt) herrscht ein relativ kühles Klima, in dem immens faszinierender Shiraz heranreifen kann und auch manch hochgelobter roter Schaumwein entsteht. In der Region Pyrenees erzeugen ein paar Boutiquekellereien feinen Shiraz und Cabernet Sauvignon, und das sehr kühle Henty bietet gute Voraussetzungen für äußerst ansprechenden Riesling und Pinot Noir – sofern bei den teilweise grenzwertigen Temperaturen die Trauben zur Reife gelangen.

Schließlich Tasmanien: Obwohl hier schon in den 1820er-Jahren Reben kultiviert wurden, nutzt man die Möglichkeiten des dort herrschenden kühlen Klimas erst seit relativ kurzer Zeit richtig. Inzwischen erzeugt Tasmanien sehr ansprechende, auch schäumende Weine von Pinot Noir, Chardonnay, Riesling und aromatischen Sorten – alles spricht für einen großartigen Aufschwung.

VICTORIA UND TASMANIEN

Man könnte Victoria und Tasmanien als interessanteste Weinregionen Australiens bezeichnen: Ganz unterschiedliche Klima- und Bodenverhältnisse lassen eine enorme Vielfalt reizvoller Weinstile zu. Einen der Bereiche als besten hervorzuheben ist kaum möglich, doch unbestritten ist die Zahl der Elitekellereien im Yarra Valley und auf der Mornington Peninsula beachtlich. In Tasmanien mehrt sich die Zahl seriöser Erzeuger von Still- wie Schaumweinen.

BANNOCKBURN VINEYARDS
DER SERRE REIFT UNTER BEDINGUNGEN, DIE DENEN EINES BURGUNDISCHEN GRAND CRU ÄHNELN

CASTAGNA
DIESE KELLEREI LIEGT HOCH IN DEN AUSLÄUFERN DER AUSTRALISCHEN ALPEN

Bannockburn Vineyards Geelong

Als einer der Geelong-Pioniere hat sich die Kellerei einen glänzenden Ruf erarbeitet und zugleich das Image des Bereichs enorm gestärkt. Alle Weine entstehen aus Trauben von den gutseigenen 27 ha, verteilt auf drei Lagen. Von der Gründung im Jahr 1974 bis 2005 unterstand die Weinbereitung dem renommierten Pinot-Noir-Experten Garry Farr, dessen Vita zwölf Lesen bei der Domaine Dujac in Burgund und als weitere Stationen Cristom in Oregon und Calera in Kalifornien aufweist. Heute hat Michael Glover den Posten inne. Als eleganter, komplexer Tropfen im Stil der alten Welt ist der Serre Pinot Noir der Hingucker, aber auch der Chardonnay und der Shiraz können sich mehr als sehen lassen. Der Cabernet Merlot steht wegen seiner grasigen Noten häufig in der Kritik.

Kelly Lane, Bannockburn, VIC 3331
www.bannockburnvineyards.com

Bass Phillip Gippsland

Phillip Jones' Kleinbetrieb ist in Australien eine echte Größe. Wenn er gut gerät, muss sein Pinot Noir selbst den weltweiten Vergleich nicht scheuen. Allerdings gerät er nicht immer gleich gut – teils auch infolge der Kühle von Gippsland, die die dicht stehenden, biodynamisch kultivierten Reben in heiklen Jahren in Nöte bringt. In Hochform begeistern die Weine bei relativ geringem Alkoholgehalt durch ihre unglaubliche, ungetrübte, komplexe Eleganz. Die unterschiedlichen Qualitätsstufen variieren im Preis, sind aber alle gut – betörend etwa der 2001er Reserve mit seinem Aromamosaik aus Kirschen, Pflaumen und Gewürzen. Es wird auch etwas Chardonnay und Gamay erzeugt. Bei einem Jahresausstoß von nur 1500 Kisten sind die Preise entsprechend hoch.

Toschs Road, Leongatha, VIC 3953; www.bassphillip.com.au

Bindi Macedon Ranges

In den kühlen Macedon Ranges erzeugt Michael Dhillon mit dem Bindi Block 5 und dem Original Vineyard zwei der begehrtesten Pinot-Noir-Versionen Australiens. Auch seine Chardonnays sind exzellent. Die ersten Reben pflanzte Michaels Vater auf dem Familienbesitz 1988 und bewies damit einen guten Riecher. Heute werden sie mit biodynamischen Methoden kultiviert. Der 2007er Block 5 Pinot vereint eine reiche, aber nicht aufdringliche Beerenfrucht mit komplexen Würznoten, in denen Heilkräuter und Soja anklingen. ★**Aufsteiger**

343 Melton Road, Gisborne, VIC 3437
www.bindiwines.com.au

By Farr Geelong

Eine nur 4,8 ha große Rebenpflanzung in Bannockburn, Geelong, bildet das neue Spielfeld von Gary Farr. Zwischen 1978 und 2005 fungierte er als Weinmacher bei der Kellerei Bannockburn Vineyards, die unter seiner Ägide mit terroirgeprägten Weinen zu Ruhm gelangte. Jetzt hat er mit Sohn Nick, der schon Weinlesen in Burgund bei Dujac sowie in Oregon bei Christom absolviert hat und außerdem mit der eigenen Marke Farr Rising am Markt vertreten ist, dieses neue Unternehmen ins Leben gerufen. 2009 gab By Farr sein Debüt mit drei Einzellagen-Pinots. Neben dieser Sorte kultiviert der Betrieb Viognier, Chardonnay und etwas Shiraz. Die Weine besitzen Weltklasse. ★**Aufsteiger**

Bannockburn, VIC 3331; www.byfarr.com.au

Campbells Rutherglen

Im heißen Rutherglen entsteht Einzigartiges: die süßen, gespriteten Weinspezialitäten Muscat und Tokay bzw. Topaque (siehe S. 527). Campbells, einer der besten Anbieter hier, produziert auch solide Tischweine und beweist etwa mit dem Barkly Durif oder dem Bobbie Burns Shiraz dabei Spitzenklasse – die gespriteten Erzeugnisse aber besitzen Weltformat. Immens komplex etwa der Isabella Rare Topaque, in dessen Aromafülle man warmen Früchtekuchen, Tee, Malz und Zitrusfrüchte ausmacht. Seit über 30 Jahren sorgen die Brüder Colin und Malcolm Campbell dafür, dass hier alles so gut bleibt, wie es ist.

Murray Valley Highway, Rutherglen, VIC 3685
www.campbellswines.com.au

Castagna Beechworth

Julian Castagna vertauschte seine Filmkarriere mit einem Winzerdasein im aufstrebenden Bereich Beechworth und schlug sogleich einen biodynamischen Kurs ein. Schon jetzt rangieren seine Weine unter den besten der Region. Der Genesis (Syrah mit etwas Viognier) stammt von jungen Reben und verbreitet herzhafte Eleganz. Überzeugender als kaum ein anderer in Australien verkörpert der La Chiave mit mineralischer, dunkler Frucht und robustem Tannin den Sortencharakter des Sangiovese. Brillant ist der Un Segreto (Syrah/Sangiovese): fleischig, mineralisch, herzhaft-würzige Frucht. ★**Aufsteiger**

88 Reesom Lane, Beechworth, VIC 3747
www.castagna.com.au

Coldstream Hills Yarra Valley

Mitte der 1980er-Jahre trennte sich der australische Weinkritiker James Halliday von seinen Anteilen an Brokenwood (siehe S. 519) und begann mit Coldstream Hills ein neues Abenteuer. 1996 verkaufte er den Betrieb an Southcorp (heute Fosters), blieb ihm jedoch als Berater erhalten und lebt auch weiterhin auf dem in einem imposanten natürlichen Amphitheater gelegenen Gut. Zu Chardonnay und Pinot Noir sind inzwischen Shiraz, Cabernet Sauvignon, Sauvignon Blanc und Merlot hinzugekommen. Der hochkarätige Reserve Pinot altert wunderbar.

31 Maddens Lane, Coldstream, VIC 3770
www.coldstreamhills.com.au

Crawford River Henty

Es muss eine gute Portion Optimismus mit im Spiel gewesen sein, als John Thompson 1975 in Henty, einer Küstenregion im Südwesten Victorias mit fast grenzwertig kühlem Klima, 11,5 ha Rebland anlegte. Doch in den letzten 30 Jahren hat sich der Betrieb als einer der landesweit führenden Rieslingerzeuger etabliert. Sie bezaubern in der Jugend mit Limetten- und Mineralnoten und altern zudem gut, wie die 1996er Ausgabe beweist. Köstlich ist auch der Young Vine Riesling (von jungen Reben). Außerdem entstehen hier Cabernet Sauvignon sowie in kleiner Auflage ein Sauvignon Blanc/Semillon-Verschnitt.

741 Upper Hotspur Road, Condah, VIC 3303
www.crawfordriverwines.com

De Bortoli Yarra Valley

Steve Webber, der in die Familie De Bortoli hineinheiratete, brachte europäischen Wind in die Yarra-Filiale der Riverina-Kellerei (siehe S. 522). Unter seiner Ägide legten die Weine in den letzten Jahren an Eleganz und Komplexität zu. Einige zählen heute zu den besten des Tals. Vornehm und zurückhaltend gibt sich der Reserve Chardonnay, pfeffrig und tiefgründig der Reserve Syrah, betont herzhaft und dennoch edel der Reserve Pinot Noir. Feine Eleganz verbreitet auch der Shiraz/Viognier. Eine günstige Wahl ist der deliziöse Windy Peak Pinot Noir.

Pinnacle Lane, Dixons Creek, VIC 3775
www.debortoli.com.au

Domaine A Tasmanien
Vielleicht ist Peter Althaus Tasmaniens Topwinzer. Auf seiner 11,5 ha großen Domaine A im Coal River Valley erzeugt er betörenden Pinot Noir, höchst eleganten Cabernet Sauvignon – der 2000er spielt klare Aromen Schwarzer Johannisbeeren mit kiesigem Beiklang aus – und schließlich Sauvignon Blanc im Bordeaux-Stil. Ihr europäisches Flair verdanken die Weine den kühlen Temperaturen sowie der Tatsache, dass sämtliche Arbeiten an den dicht gepflanzten Reben sorgsam von Hand ausgeführt werden.

Tea Tree Road, Campania, TAS 7026
www.domaine-a.com.au

Domaine Chandon/Green Point
Yarra Valley
Die 1980 von Moët et Chandon gegründete Betrieb (auf manchen Märkten firmiert er als Green Point) erzeugt aus den Trauben einer Reihe von kühlen Lagen Schaumweine, die zur Elite Australiens gehören. Dazu gibt es sehr beeindruckenden Pinot Noir, Shiraz und Chardonnay. Aus dem aktiven Geschäft ist der versierte und erfahrene Tony Jordan ausgeschieden, doch fungiert er weiter als Berater. Die Schaumweine tragen mit ihrer sauberen Machart und reintönigen Frucht deutlich seine Handschrift. Mit einem Jahresausstoß von 120000 Kisten und attraktiven Besucherangeboten rangiert die Kellerei unter den bedeutendsten des Yarra Valley.

727 Maroondah Highway, Coldstream, VIC 3770
www.domainechandon.com.au

Dromana Estate Mornington Peninsula
Garry Crittenden war ein Pionier, als er 1982 auf der Mornington Peninsula seine erste Reben pflanzte. Zwar wurde in dem Gebiet schon seit 100 Jahren Weinbau betrieben, doch erst Crittenden gelang es, ihm wieder neues Leben einzuhauchen. Schnell erwarb er sich einen Ruf für erstklassigen Chardonnay und Pinot Noir von seinen 22 ha Rebland. Außerdem kreierte er auf der Basis italienischer Sorten (die Trauben stammen aus Lagen in ganz Victoria) eine Erfolgsreihe namens i Garry Crittenden, heute kurz und bündig »i« genannt. Als Dromana 2002 an die Börse ging, übergab Garry die Leitung an Sohn Rollo, der dann 2007 ebenfalls ausstieg, um mit seinem Vater auf dessen Crittenden Estate zusammenzuarbeiten.

555 Old Moorooduc Road, Tuerong, VIC 3933
www.dromanaestate.com.au

Giaconda Beechworth
Seine ersten Weinstöcke pflanzte der ehemalige Maschinenbauer Rick Kinzbrunner hier 1982. Langsam erweiterte er seine Bestände auf inzwischen 6 ha. Dennoch können sie die Nachfrage nach den begehrten Giaconda-Weinen bei Weitem nicht befriedigen. Der Pinot Noir erhält sehr gute Kritiken, wird aber wohl noch übertroffen durch den fülligen, lebhaft aromatischen und konzentrierten Chardonnay, der zu den Besten Australiens zählt. Mit voller Textur und eindringlicher Birnenfrucht fasziniert der Aeolia Roussanne. Ebenfalls eine gute Investition ist der exzellente Warner Shiraz.

30 McClay Road, Everton Upper, VIC 3678
www.giaconda.com.au

Giant Steps/Innocent Bystander
Yarra Valley
Phil Sexton hatte bereits ein Weinhaus (Devil's Lair) und ein Bierlabel (Little Creatures) aufgebaut und wieder verkauft, als er dieses Projekt in Angriff nahm. 2006 wurde die innovative Kellerei inklusive Besuchereinrichtungen im Zentrum von Healesville eröffnet. Hier kann man nicht nur die Weine probieren, sondern dazu auch Holzofenpizzas sowie traditionell gebackene Brote und Käsespezialitäten genießen. Aus den exzellenten Weinen von Giant Steps sticht der Chardonnay ganz besonders hervor. Ebenfalls sehr gut und dazu etwas erschwinglicher ist die Zweitmarke Innocent Bystander. ★**Aufsteiger**

336 Maroondah Highway, Healesville, VIC 3777
www.innocentbystander.com.au

Greenstone Vineyard Heathcote
Der als Agronom für Brown Brothers tätige Mark Walpole gründete mit dem britischen Weinhändler David Gleave und dem gefeierten italienischen Berater Alberto Antonini diesen Betrieb. Von den 21 ha umfassenden wertvollen Lagen in Heathcote ist ein Großteil für Shiraz reserviert, auf je 1 ha wachsen jedoch auch Mourvèdre, Tempranillo und Sangiovese. Herzhafte Kirscharomen, Pflaumennoten und eine warme Würzigkeit vereint der 2007er Greenstone Sangiovese zu einem köstlichen Gesamtpaket. Von den erst zwischen 2003 und 2005 gepflanzten Reben dürfte noch einiges zu erwarten sein.
★**Aufsteiger**

319 Whorouly South Road, Whorouly South, VIC 3735
www.greenstoneofheathcote.com

House of Arras Tasmanien
In der zu Hardys gehörenden Schaumweinkellerei bereitet der talentierte Weinmacher Ed Carr aus Chardonnay und Pinot Noir einige der hochklassigsten Sparkling Wines von Australien, denen er seinen unverwechselbaren Stempel aufprägt. Der Grand Vintage von 2003 erweist sich als imposanter, komplexer und vollmundiger Genuss mit einer Fruchtfülle, die eines Stillweins würdig wäre. ★**Aufsteiger**

40 Baxters Road, Pipers River, TAS 7252
www.houseofarras.com.au

Jasper Hill Heathcote
Wohl kaum eine zweite Kellerei in Heathcote besitzt eine solche Prominenz wie die von Ron Laughton. Er war einer der Wegbereiter des biodynamischen Anbaus in Australien – seit den Anfängen im Jahr 1975 geht die Weinbergpflege konsequent chemiefrei vonstatten. Auch im Keller verzichtet er möglichst auf Eingriffe, damit sich der charakteristische Ausdruck seines besonderen Terroirs entfalten kann. So entstehen zwei Shiraz-Weine (Emily's Paddock und Georgia's Paddock), die auf

AUSTRALIENS GRANDIOSE GESPRITETE WEINE

Im Nordosten von Victoria liegt der heiße Bereich Rutherglen. Es ist berühmt für seine herrlichen gespriteten Süßweine: Liqueur Muscat und Liqueur Tokay, der aufgrund einer Vereinbarung Australiens mit der EU inzwischen offiziell Topaque heißt (obwohl er mit ungarischem Tokajer sicherlich kaum zu verwechseln ist). Ersterer ist von der feinsten Traube der Muscat-Familie bereitet, der Muscat Blanc à Petits Grains, Letzterer von Muscadelle. Zu Beginn des 20. Jahrhunderts machten mit Alkohol angereicherte Weine 80 % der australischen Gesamtproduktion aus – diese Tradition führt Rutherglen erfolgreich fort. Dabei werden Weine unterschiedlicher Jahrgänge in einem Solera-System, wie es ganz ähnlich in der Produktion von Sherry genutzt wird, zusammengeführt. Heraus kommen Erzeugnisse, die mit zunehmendem Alter eine unglaubliche, für diese Weine typische Komplexität und Konzentration entwickeln können. Sie mögen derzeit nicht unbedingt im Trend liegen, dennoch gehören sie zu den größten Preziosen in Australiens Weinschatulle.

STANTON & KILLEEN
SEIT SECHS GENERATIONEN BESTEHT DIE KELLEREI STANTON & KILLEEN

KOOYONG
DER 2007ER CHARDONNAY HAT EIN BEACHTLICHES ALTERUNGSPOTENZIAL

faszinierende Art Kraft mit Eleganz verbinden, außerdem ein leichterer Grenache, ein strukturierter Riesling sowie kleine Mengen an Nebbiolo und Semillon.

Drummond's Lane, Heathcote, VIC 3523
www.jasperhill.com

Kooyong Mornington Peninsula
Erst 2001 feierte dieser Betrieb sein Marktdebüt, und schon steht er in der australischen Hierarchie ganz weit oben. Aus dem Lesegut von 34 ha Rebland bereitet Kellermeister Sandro Mosele ein Sortiment aus Chardonnay- und Pinot-Noir-Einzellagenweinen, die intensive Fülle, Komplexität und Eleganz fantastisch auf einen Nenner bringen. Der Inhaberfamilie Gjergja gehört auch das Port Phillip Estate, wo die Weine gekeltert werden. Dicht, voll, strukturiert und reif zeigt sich der 2006er Ferrous Pinot Noir, ohne dabei an Eleganz einzubüßen. Alles gerät hier offenbar zum Volltreffer. ★**Aufsteiger**

263 Red Hill Road, Red Hill South, VIC 3937
www.kooyong.com

Lethbridge Geelong
Weine »mit europäischem Akzent« sind das erklärte Ziel der Lethbridge-Besitzer. Ihre Kellerei ist aus Strohballen gebaut, deren isolierende Wirkung eine Heizung oder Kühlung überflüssig macht. Die Rebflächen werden ökologisch, teils auch mit biodynamischen Methoden bewirtschaftet. Da man die Trauben der einzelnen Parzellen getrennt vinifiziert, entsteht trotz einer Produktion von nur 3000 Kisten ein breit gefächertes Sortiment von Weinen verschiedener Sorten. Besonders erfolgreich ist der Chardonnay, attraktiv auch der 2008er Kabinett Riesling: lebendig, rassig, mineralisch und intensiv, mit ausgewogener Süße-Säure-Balance. ★**Aufsteiger**

74 Burrows Road, Lethbridge, VIC 3332
www.lethbridgewines.com.au

Luke Lambert Wines Yarra Valley
Der junge Luke Lambert befasst sich nur mit Syrah und Nebbiolo. Seinen knapp 3 ha gepachtetem Rebland gewinnt er Weine ab, die er mit Naturhefen vergärt und vor dem Abfüllen weder schönt noch filtriert. Der eher alkoholarme Syrah gibt eine herrlich würzige Ader preis. Mit seiner lieblich-saftigen Kirschfrucht zeigt der Nebbiolo, einer der wenigen australischen Vertreter seiner Art von Weltformat, die charmante Seite dieser heiklen Sorte. ★**Aufsteiger**

Healesville, VIC 3777
www.lukelambertwines.com.au

Mac Forbes Yarra Valley
Gelernt hat Mac Forbes sein Handwerk in der Yarra-Renommierkellerei Mount Mary, im eigenen Gut erzeugt er nun Pinot Noir, Chardonnay und Riesling von Einzellagen; insgesamt 2000 Kisten. Bei den Rieslingen der Strathbogie Ranges ist die jeweilige Restsüße Teil des Namens. Sowohl der rs9 wie auch der rs37 (beide Jahrgang 2008) bestechen durch ihr klares Profil. Die Pinot-Noir-Weine sind durchweg gut – herausragend dabei Coldstream, Woori Yallock, Gruyere und EBL. Eindrucksvoll ist auch der pfeffrige Gruyere Syrah. ★**Aufsteiger**

770 Healesville Koo Wee Rup Road, Healesville, VIC 3777
www.macforbes.com

Morris Wines Rutherglen
Bis heute wird der 1859 gegründete Betrieb von der Familie Morris geführt, wenngleich er inzwischen zu Pernod Ricard gehört. Er produziert einige attraktive Rote, etwa einen angesehenen Durif und einen sortenreinen Cinsault, doch seine eigentlichen Visitenkarten sind die gespriteten Süßweine Muscat und Tokay (bzw. Topaque, siehe Randspalte S. 527), mit ihrer erstaunlichen Komplexität und Konzentration. Es gibt die drei Qualitätsstufen Liqueur, Cellar Reserve und Old Premium. Unlängst glänzte der Old Premium Liqueur Tokay mit ungeheuer vielschichtiger Würze und opulenter, sanfter Süße. Der beim gleichen Anlass verkostete 1928er Morris Liqueur Muscat erwies sich als einer der umwerfendsten Tropfen überhaupt.

Mia Mia Road, Rutherglen, VIC 3685; www.morriswines.com

Mount Langi Ghiran Grampians
Die zur Rathbone-Gruppe gehörende Kellerei ist für ihren schön konturierten, leicht pfefferwürzigen Shiraz bekannt, der zur Crème de la Crème Australiens zählt. Präzise spielt der 2004er seine Aromen dunkler Früchte aus, reizvoll ergänzt durch Anklänge an schwarzen Pfeffer. Er basiert exklusiv auf eigenem Lesegut, während für den Shiraz Cliff Edge neben Trauben von jüngeren Reben auch hinzugekauftes Lesegut verarbeitet wird. Eine preisgünstige, angenehm geradlinige Alternative ist der Shiraz Billi Billi. Riesling und Pinot Gris sowie Cabernet Sauvignon komplettieren das Angebot.

80 Vine Road, Bayindeen, VIC 3375; www.langi.com.au

Mount Mary Yarra Valley
John Middleton leitete mit der Gründung von Mount Mary 1971 die Wiederbelebung des Yarra Valley ein. Die Weine haben eine treue Anhängerschaft und sind stets rasch ausverkauft. Auf den 10 ha Grund wachsen verschiedene Sorten – außer Shiraz, den Middleton hasste. Die Lese erfolgt für australische Maßstäbe früh, solange der potenzielle Alkoholgehalt noch unter 13,5 % liegt. So präsentieren sich die Weine in der Jugend schlank und zurückhaltend, bewahren aber über mehrere Jahrzehnte ihre brillante, anmutige Art. Aus Sauvignon Blanc, Semillon und etwas Muscadelle besteht der Triolet. Der Chardonnay ist elegant und mineralisch, der Pinot Noir intensiv und kirschfruchtig, der Bordeaux-Verschnitt Quintet tiefgründig und entwicklungsfähig. Seit John Middleton 2006 im Alter von 82 Jahren starb, leitet Sohn David den Betrieb.

Coldstream West Road, Lilydale, VIC 3140
www.mountmary.com.au

Stanton & Killeen Rutherglen
Die Kellerei gehört zu der kleinen Elitetruppe, die die gespriteten Rutherglen-Spezialitäten Liqueur Muscat und Liqueur Tokay erzeugen (siehe S. 527). Neben diesen australischen Preziosen bereitet Stanton & Killeen auch viel beachteten Vintage Fortified (bis vor Kurzem als »Port« deklariert) aus Shiraz, einen charaktervollen, intensiven Durif sowie Weine aus portugiesischen Sorten.

Jacks Road, Murray Valley Highway, Rutherglen, VIC 3685
www.stantonandkilleenwines.com.au

Stefano Lubiana Tasmanien
Was Steve Lubiana fabriziert, hat Weltklasse. Auf seinen 18 ha dicht bestockten Weinbergen nördlich von Hobart, oberhalb der Mündung des Derwent River, zieht er

hauptsächlich Pinot Noir und Chardonnay, ergänzt durch Nebbiolo, Pinot Gris, Merlot und Sauvignon Blanc. Mit Pinot Noir kann Lubiana umgehen wie kein Zweiter, wie etwa der reiche, reife und doch wunderbar vornehme 2006er Estate Pinot beweist, oder auch der 2005er Sasso Pinot Noir, der trotz leicht überzogener Konzentration von geradezu magischer Eleganz ist. ★**Aufsteiger**

60 Rowbottoms Road, Granton, TAS 7073
www.slw.com.au

Stonier Mornington Peninsula
Der Betrieb, jetzt Teil des Lion-Nathan-Konzerns, war einer der Ersten auf der Mornington Peninsula und ist mit seinen strukturierten, eleganten Pinot-Noir- und Chardonnay-Abfüllungen immer noch einer der Besten. Exzellent sind schon die Basisversionen, noch besser die jeweiligen Reserve-Ausgaben. Auch Einzellagen-Selektionen gibt es, der komplexe, toastig angehauchte KBS Vineyard Chardonnay etwa verbindet Zitronenfrische mit einer gut integrierten kraftvollen Eichennote. Nach dem Abschied der altgedienten Kellermeisterin Geraldine McFaul 2008 bleibt zu hoffen, dass die Weine ihre stilvolle Eleganz bewahren.

2 Thompsons Lane, Merricks, VIC 3916
www.stoniers.com.au

Tahbilk Nagambie Lakes
Seine Bekanntheit verdankt dieser Traditionsbetrieb mit Sitz nahe den Nagambie Lakes in Central Victoria wohl vor allem seinem lagerfähigen, erschwinglichen Marsanne. Auf den 200 ha Rebenflächen wachsen einige der landesweit, wenn nicht gar weltweit ältesten Shiraz-Stöcke. Sie datieren von 1860 und erbringen winzige Mengen eines nuancenreichen, alterungswürdigen Weins, der natürlich seinen Preis hat. Die übrigen Etiketten kommen auf etwa 100 000 Kisten pro Jahr. Der zitronig-pfirsichfruchtige Marsanne kehrt nach einem Jahrzehnt in der Flasche Toast-, Bienenwachs- und Honignoten hervor. Köstlich sind auch der Cabernet Sauvignon und der Shiraz, die unter dem Namen Eric Stevens Purbrick erscheinen.

Goulburn Valley Highway, Nagambie, VIC 3608
www.tahbilk.com.au

Tamar Ridge Tasmanien
Obwohl die Reben hier erst 1994 gepflanzt und vor 1999 keine Weine freigegeben wurden, zählt Tamar Ridge schon zur ersten Garde Tasmaniens. Der große Betrieb, jetzt im Besitz von Brown Brothers, bewirtschaftet 300 ha Rebland, verteilt auf drei Standorte, die der Aufsicht von Paul Townsend unterstehen. Chefkellermeister Tom Ravech bereitet eindrucksvolle Kühlklimagewächse, insbesondere von Pinot Noir und Sauvignon Blanc. Es gibt die drei Produktreihen Kayena Vineyard (hochklassig), Research Series (experimentell) und Devil's Corner (von eher zugänglicher Art). ★**Aufsteiger**

653 Auburn Road, Kayena, TAS 7270
www.tamarridge.com.au

Ten Minutes by Tractor
Mornington Peninsula
Mit ihrem Namen spielt die Kellerei auf die kurzen Wege zwischen den Weinbergen an, von denen sie ihre Trauben bezieht: McCutcheon, Wallis und Judd. Alle drei liegen in Main Ridge, dem höchsten und kühlsten Unterbereich

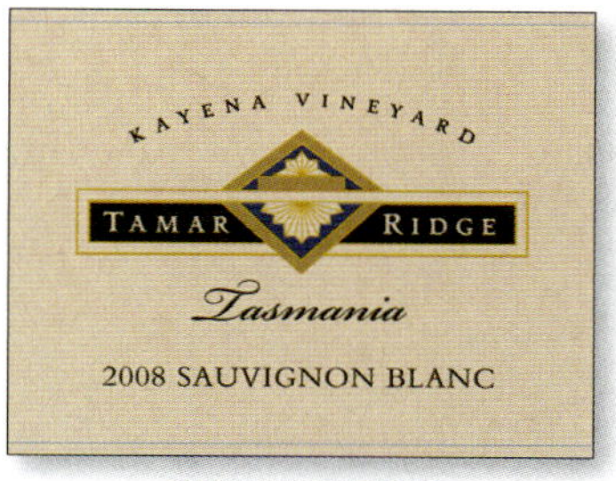

TAMAR RIDGE
NUR TRAUBEN VON DER LAGE KAYENA WURDEN IM 2008ER SAUVIGNON BLANC VON TAMAR RIDGE VERARBEITET

YERING STATION
DER 1838 ANGELEGTE WEINBERG YERING STATION IST DER ÄLTESTE IN VICTORIA

der Mornington Peninsula. Im Fokus stehen Chardonnay und Pinot Noir, die sich komplex, ausdrucksstark und mit bestechend sauberer Frucht präsentieren. ★**Aufsteiger**

1333 Mornington Flinders Road, Main Ridge, VIC 3928
www.tenminutesbytractor.com.au

Yabby Lake Mornington Peninsula
Dass Tom Carson, einer der gefeiertsten jungen Kellermeister Australiens, von Yering Station hierher wechselte, hat dem Image dieses Betriebs ohne Frage gut getan. Er ist einer von vier Gütern im Besitz der Familie Kirby, die allesamt unter dem Namen Yabby Lake firmieren. Vier Produktreihen mit Rot- und Weißweinen werden erzeugt: Yabby Lake Vineyard, Red Claw, Heathcote Estate und Cooralook.

112 Tuerong Road, Tuerong, VIC 3933
www.yabbylake.com

Yarra Yarra Yarra Valley
1977 erwarb Ian Maclean 17 ha Land am nördlichen, wärmeren Ende des Yarra Valley, das er ab 1979 bestockte. Seine ersten Weine gab er dann 1983 heraus. Bis heute ist er der einzige Winzer in Yarra Yarra, hat aber inzwischen für seine Erzeugnisse reichlich Lob geerntet. Nur etwas über 9 ha seines Besitzes stehen unter Reben. Hatte er sich anfangs auf Bordeaux-Sorten konzentriert, baut er seit einiger Zeit auf 1 ha auch Syrah an. Im Februar 2011 wurde das Gut durch einen Brand schwer beschädigt, doch Ian und sein Team halten die Nase oben.

239 Hunts Lane, Steels Creek, VIC 3775
www.yarrayarravineyard.com.au

Yering Station Yarra Valley
1837 gegründet, wurde das ursprüngliche Yarra-Valley-Gut in den 1860er-Jahren in Yering Station, Yeringberg und St Huberts gesplittet. Yering Station gehört heute der Rathbone-Gruppe und erwarb sich mit Tom Carson einen glänzenden Ruf. Zu den Hinterlassenschaften des jungen Weinmachers, der 2008 den Betrieb verließ, gehören ein komplexer, klar konturierter Shiraz Viognier und ein reichhaltiger, aber frischer Chardonnay. Inzwischen führt Willy Lunn im Keller die Regie. Zusammen mit Champagne Devaux gibt Yering Station unter dem Namen Yarrabank auch elegante Schaumweine heraus.

38 Melba Highway, Yarra Glen, VIC 3775; www.yering.com

Yeringberg Yarra Valley
Guill de Pury, Winzer in der dritten Generation, half in den 1970er-Jahren Yeringberg und letztlich damit auch dem Yarra Valley, wo der Weinbau ein halbes Jahrhundert brachgelegen hatte, wieder auf die Beine. Die Geschichte des Guts reicht bis 1863 zurück, als der Schweizer Baron Frederic Guillaume de Pury, Großvater des heutigen Eigners, einen Teil des ursprünglich 1740 ha umfassenden Besitzes von Yering Station erwarb. Bis heute nutzt Yeringberg seine 486 ha Grund größtenteils für die Schaf- und Rinderzucht. Doch inzwischen baut man auf 20 ha Land auch Reben an, deren Trauben auf sehr bodenständige Weise zu fünf Weinen verarbeitet werden. Das Glanzstück unter ihnen ist ein eleganter Bordeaux-Verschnitt, der nach dem Gut benannt ist.

Maroondah Highway, Coldstream, VIC 3770
www.yeringberg.com

Upper Goulburn hält für die Rebenkultur höhere und daher auch kühlere Lagen bereit als andere Gebiete in Victoria.

SOUTH AUSTRALIA

Zu South Australia, wo seit jeher das Herz der australischen Weinwirtschaft schlägt, gehören historische Regionen wie das Barossa Valley, das McLaren Vale und das Clare Valley. Zugleich liegen in dem Bundesstaat die jüngeren Qualitätsweinbaugebiete Adelaide Hills und Coonawarra. Da South Australia von der Reblaus verschont blieb, sind viele sehr alte Weinberge mit wurzelechten Reben erhalten. Von den imposanten, warmen Barossa-Rotweinen bis zu den schlanken, zitrusfruchtigen Rieslingen des Clare und Eden Valley reicht die Produktpalette von South Australia. Auch für lagerfähigen Cabernet Sauvignon aus Coonawarra und für allerfeinste Chardonnay-Weine aus den Adelaide Hills ist es bekannt.

Hauptrebsorten

Rot

Cabernet Sauvignon
Grenache
Mataro (Mourvèdre)
Pinot Noir
Shiraz

Weiß

Chardonnay
Pinot Gris
Riesling
Sauvignon Blanc
Viognier

Jahrgänge

2010
Dringend benötigter, ausgiebiger Regen im Winter ermöglichte eine problemlose Saison. Potenzial für exzellente Weine.

2009
Späte Hitzewelle, reduzierte Erträge. Großartiger Jahrgang für Adelaide Hills; Barossa und Coonawarra sehr gut; McLaren Vale durchwachsen.

2008
Durch die Hitze spät in der Saison litten einige Weinberge; aus früh gelesenen Trauben entstanden großartige Weine.

2007
Das Jahr der großen Dürre.

2006
Frühlingsfrost in Adelaide Hills, sonst Qualität und Ertrag gut.

2005
Ideale Bedingungen: große Ernte von guter Qualität.

South Australia war immer schon das Zentrum der Weinindustrie Australiens. Glücklicherweise machte die Reblaus um den gesamten Bundesstaat einen Bogen, und so finden sich im Barossa Valley, wo Einwanderer in den 1840er-Jahren erste Reben setzten, umfangreiche Bestände alter, wurzelechter Weinstöcke. Den Schwerpunkt im Produktionsprogramm des Gebiets bilden geschmacksintensive Rote, die hauptsächlich von Shiraz erzeugt werden. Grenache und Mataro (die lokale Bezeichnung für Mourvèdre) machen sich hier ebenfalls gut – zusammen ergeben die drei Sorten den GSM, einen klassischen Verschnitt des Bereichs.

Im östlich anschließenden, ebenfalls zur Barossa-Zone zählenden Eden Valley entstehen in größerer Höhe und bei folglich kühleren Temperaturen einige der besten trockenen Rieslinge des fünften Kontinents. Leider kam das als warme Region verrufene Barossa in the 1980er-Jahren aus der Mode, und so wurde großflächig gerodet. Es ist Erzeugern wie Peter Lehmann, Charles Melton und Rocky O'Callaghan zu verdanken, dass die Zone wiederbelebt wurde und heute einige der meistgepriesenen Roten Australiens hervorbringt.

Fährt man von Barossa ein Stück in Richtung Nordwesten, gelangt man ins Clare Valley, das tatsächlich mehrere enge Täler umfasst und aufgrund größerer Höhe ein gemäßigtes Klima vorzuweisen hat. Seine Aushängeschilder sind feiner, mineralischer Riesling sowie vorzüglicher Cabernet Sauvignon und Shiraz – erstaunlicherweise kommen alle drei Rebsorten mit den Bedingungen hier hervorragend zurecht.

Ein weiteres warmes Gebiet, das sich vor allem durch wuchtige Rotweine hervortut, ist das auf der Fleurieu-Halbinsel gelegene McLaren Vale, wo 1838 die ersten Reben von ganz South Australia gepflanzt wurden. Anders als in Barossa liefert Cabernet Sauvignon hier gute Ergebnisse, doch der wahre Star ist Shiraz mit seiner Aromafülle. Die Nachbarregion Langhorne Creek verbreitet entschieden weniger Glanz, trotzdem verdienen ihre reichhaltigen, sanften Cabernet-Sauvignon- und Shiraz-Weine durchaus Beachtung.

Mit die spannendste Entwicklung im Bundesstaat haben die Adelaide Hills durchlaufen, eine alte Region, die jedoch schon aufgegeben worden war, bis sie Ende der 1970er-Jahre von Brian Croser wiederentdeckt wurde. Das durch die Höhe bedingte kühlere Klima bietet ideale Voraussetzungen für die Erzeugung von feinem Sauvignon Blanc, raffiniertem Chardonnay, stilvollem Shiraz und sogar von Pinot Noir. Seit einigen Jahren verzeichnen hier auch aromatische Sorten wie Viognier und Pinot Gris bemerkenswerte Erfolge.

Weiter im Südosten, in Richtung der Grenze zu Victoria, befindet sich in abgeschiedener Lage Coonawarra, das sich zu einer Cabernet-Sauvignon-Hochburg gemausert hat. Ausschlaggebend für den Erfolg des Gebiets ist sein flachgründiger Boden, bestehend aus einer dünnen Schicht roter Erde über einem sehr wasserdurchlässigen Kalksteinuntergrund. Bedenkt man dazu das relativ kühle Klima, wird klar, dass rote Bordeaux-Sorten sich hier einfach wohlfühlen müssen. Auch andere Sorten, darunter Shiraz und Chardonnay, erzielen respektable Ergebnisse, aber Cabernet Sauvignon ist der ungekrönte König von Coonawarra – und ebenso im landesweiten Vergleich.

Neben Coonawarra umschließt die Limestone Coast Zone vier weitere Regionen, die, vorerst relativ unbekannt, einiges verheißen: Wrattonbully (gleich nördlich von Coonawarra), Padthaway (noch weiter im Norden, mit Kalkböden) sowie Mount Benson und Robe (beide an der Küste, kühl und vornehmlich mit Kalksteinböden gesegnet).

Arrivo Adelaide Hills
Hinter dieser aufstrebenden Neugründung, die sich in den Adelaide Hills ausschließlich der heiklen Nebbiolo-Traube widmet, steht Peter Godden vom Australian Wine Research Institute. Er debütierte mit dem 2006er Jahrgang. Während seines 72-tägigen Kontakts mit den Schalen hat sich der Lunga Macerazione Nebbiolo von 2006 eine herrliche Tanninstruktur zugelegt, die der würzigen Kirschfrucht Halt gibt. Neben zwei Rotweinen entsteht hier auch ein Rosé (Rosato). ★**Aufsteiger**

Aldgate, SA 5154; www.arrivo.com.au

Ashton Hills Adelaide Hills
Die Boutiquekellerei von Stephen George gehört zu den angesehensten Anbietern der Adelaide Hills. Der Riesling ist ebenso vorzüglich wie der Schaumwein, doch die eigentliche Spezialität ist Pinot Noir. Auf den 3 ha Rebland wachsen 15 Klone dieser Sorte, die bereits 1982 gepflanzt wurden. Der 2003er Estate Pinot Noir punktete bei einer Verkostung 2009 mit schöner Komplexität, lieblicher Kirschfrucht und einem Hauch Kräuterwürze. George bereitet auch die Weine für Wendouree im Clare Valley (siehe S. 540), die Kultstatus besitzt.

Tregarthen Road, Ashton, SA 5137; Tel. 08 8390 1243

Balnaves of Coonawarra Coonawarra
Nach 17 Jahren bei Hungerford Hill gründete Doug Balnaves Ende der 1980er-Jahre ein Beratungsunternehmen. 1990 legte er einen eigenen Weinberg an, 1996 folgte der Bau einer Kellerei. Als Weinmacher fungiert in dem Betrieb seit 1995 Pete Bissell, der davor für den Nachbarbetrieb Wynns (siehe S. 540) tätig gewesen war. Liebliche, reife, dunkle Brombeer- und Schwarze Johannisbeeraromen, klare Artikulation und viel Tiefgang – all dies macht The Tally zu einer der besten Cabernet-Sauvignon-Interpretationen aus Coonawarra. Auch der normale Cabernet Sauvignon gelingt exzellent, und The Blend bietet viel Qualität zu einem bekömmlichen Preis.

Main Road, Coonawarra, SA 5263; www.balnaves.com.au

Chapel Hill McLaren Vale
Erstmals machte der Betrieb in den 1980er- und 1990er-Jahren auf sich aufmerksam, als er den Familien Sellick und Gerrard gehörte, die Pam Dunsfords Kellerkünsten vertrauten. 2000 wurde er an die Familie Schmidheiny verkauft, die auch die Eigentümer von Cuvaison im kalifornischen Napa Valley sind. Die Rebenexpertin Rachel Steer gründet ihre Arbeit auf Prinzipien der Nachhaltigkeit des biodynamischen Landbaus. Seit 2004 Michael Fragos als Kellermeister in den Betrieb eintrat, haben sich die ohnehin guten Weine noch einmal gesteigert. Superb sind The Vicar, ein Shiraz voller Kraft, Dichte und Würze, sowie der Cabernet Sauvignon, der zeigt, wozu diese Sorte im McLaren Vale fähig ist.

Corner Chapel Hill and Chaffey's Road, McLaren Vale, SA 5171; www.chapelhillwine.com.au

Charles Melton Barossa
Charlie Melton ist so etwas wie eine Legende in Barossa. Als er 1984 mit der Weinerzeugung begann, waren die alten Rebenbestände in der Region stark unterschätzt. Sein Durchbruch glückte ihm mit einem grandiosen Shiraz sowie dem Grenache/Shiraz-Verschnitt Nine Popes. Die Weine entstammen altehrwürdigen, nicht bewässerten Lagen, sie werden auf traditionelle Weise bereitet und in Fässern aus französischer und amerikanischer Eiche ausgebaut. Absolut probierenswert ist der Sotto di Ferro, ein Süßwein, der hauptsächlich auf getrockneten Trauben der Sorte Pedro Ximénez basiert – eine Kuriosität in dieser Region. Kürzlich hat Melton 29,5 ha im Eden Valley gekauft, wo er Shiraz, Grenache und andere Rhône-Sorten anpflanzen will.

Krondorf Road, Tanunda, SA 5352
www.charlesmeltonwines.com.au

Chris Ringland Barossa
Seinen famosen Shiraz gewinnt Chris Ringland einem 100 Jahre alten Weinberg unweit seines Zuhauses in den Barossa Ranges ab, und er gönnt ihm über drei Jahre Reifezeit in neuer französischer Eiche. Nur etwa 100 Kisten gibt es pro Jahr von diesem Tropfen, der, befeuert durch höchstes Lob seitens amerikanischer Kritiker – Parker etwa adelte den 1996er, 1998er und 2001er mit 100 Punkten –, zu Höchstpreisen gehandelt wird.

Keine Besuchereinrichtungen; www.chrisringland.com

Clarendon Hills McLaren Vale
In den 1990er-Jahren erlangte Roman Bratasiuks Kellerei höchste Beachtung aufgrund ihrer dichten, stark extrahierten und immens konzentrierten Weine. Der spezielle Stil rief aber auch Kritiker auf den Plan. Glanzstück des Hauses ist der Shiraz Astralis. Der 2004er ist süß, marmeladig und vielleicht etwas überzogen, wohingegen der 2006er, der ebenfalls eine sehr liebliche Frucht und viel Konzentration zum Besten gibt, zusätzlich eine fleischige Komponente ins Feld führt. Wie die 1996er Ausgabe beweist, hat dieser Tropfen im Alter eine vielschichtige Fülle und beträchtliche Tiefe samt animalischen Tönen im Angebot. Clarendon Hills offeriert 19 reinsortige Lagenweine von Weltklasse, an deren extrem reifer Art sich jedoch die Geister scheiden.

Brookmans Road, Blewitt Springs, SA 5171
www.clarendonhills.com.au

Crabtree Clare Valley
Ihren Rebgärten, die in Watervale im Clare Valley 13 ha einnehmen, gewinnt diese Kellerei ein kleines Edelsortiment ab. 2007 wurde sie von Richard Woods und Rasa Fabian erworben, die die Riesling-Expertin Kerri Thompson (»KT«, siehe S. 537) zu ihrem guten Kellergeist erkoren und damit sogleich zu verstehen gaben, dass sie höhere Ziele anstreben. Neben Riesling werden hier auch Shiraz und Cabernet Sauvignon kultiviert. ★**Aufsteiger**

North Terrace, Watervale, SA 5452
www.crabtreewines.com.au

D'Arenberg McLaren Vale
Mit unermüdlicher Energie hat Chester d'Arenberg Osborn den seit 1912 bestehenden Betrieb zu einem der attraktivsten ganz Australiens umgebaut. In den letzten Jahren wurde das Sortiment der mit kreativen Etiketten geschmückten Flaschen erweitert und der Ausstoß auf 250 000 Kisten pro Jahr hochgeschraubt. Bereitet von den Trauben alter, ertragsarmer Stöcke, denen man mit traditionellen Methoden ein erstaunliches Maß an Fruchtigkeit und Intensität entlockt, werden die meisten der Topweine ganz zu Recht bejubelt. Der bekannteste ist der konzentrierte, lagerfähige Dead Arm Shiraz, noch

BALNAVES OF COONAWARRA
WAS SICH AUS CABERNET SAUVIGNON IN COONAWARRA HERAUSHOLEN LÄSST, ZEIGT EINDRUCKSVOLL THE TALLY

D'ARENBERG
DURCH DIE FLASCHENREIFUNG WIRD DER COPPERMINE ZUNEHMEND HARMONISCHER

SOUTH AUSTRALIA

Man sollte sich durch die Karte nicht täuschen lassen: Viele der eingezeichneten größeren Gebiete tun sich nicht unbedingt durch wirklich überragende Gewächse hervor. Die wichtigen Anbaugebiete mit dem Barossa Valley als dem meistbeachteten überhaupt konzentrieren sich vielmehr um Adelaide herum. Auch das benachbarte Eden Valley wird Barossa zugerechnet; zusammen bilden die beiden das historische Kernland der Weinproduktion von South Australia. Ebenfalls renommiert sind die relativ kühlen Adelaide Hills nordöstlich der Stadt sowie das McLaren Vale im Süden. Eine weitere wichtige Region ist das einige Autostunden nordwestlich von Barossa gelegene Clare Valley. Bedeutende Vorposten bilden die kühleren Bereiche der Limestone Coast weiter im Süden, darunter Coonawarra, wo einige der besten Cabernet-Sauvignon-Weine landesweit entstehen.

BAROSSA VALLEY

Nur ein paar Autostunden von Adelaide entfernt liegt Australiens größtes Qualitätsweinbaugebiet. Dicht an dicht reihen sich die Weingärten, zumeist im flachen Talgrund entlang dem North Para River. Nachdem die Reblaus nicht bis in dieses Gebiet vorgedrungen ist, gibt es hier noch so manchen prächtigen Weingarten mit ungepfropften, wurzelechten Reben. Viele Anlagen sind seit langer Zeit im Besitz ein und derselben Familie, und so herrscht im Barossa Valley noch echter Gemeinschaftssinn.

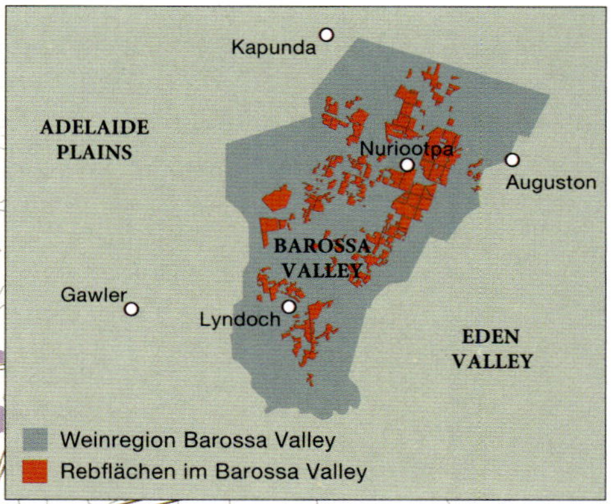

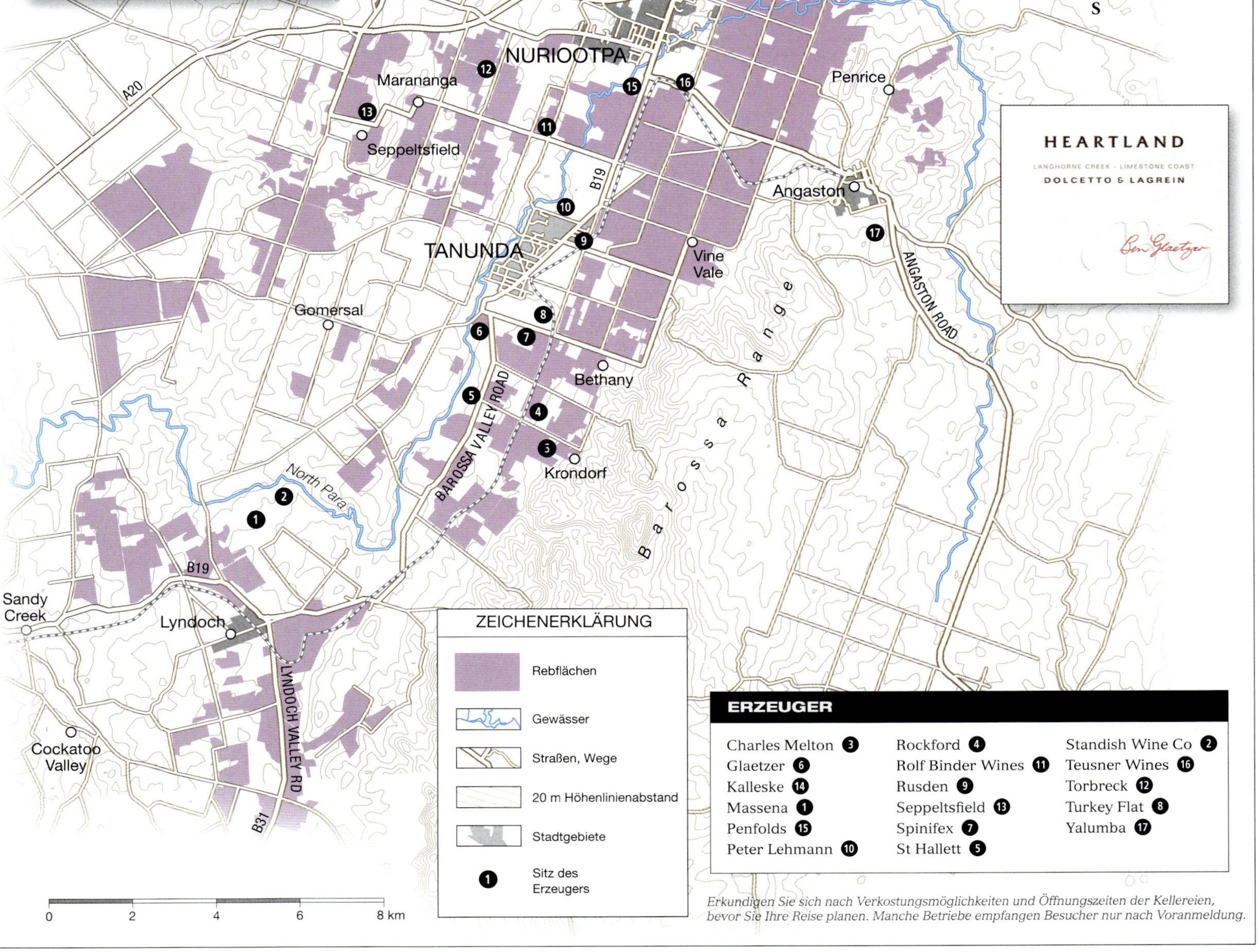

ERZEUGER

- Charles Melton 3
- Glaetzer 6
- Kalleske 14
- Massena 1
- Penfolds 15
- Peter Lehmann 10
- Rockford 4
- Rolf Binder Wines 11
- Rusden 9
- Seppeltsfield 13
- Spinifex 7
- St Hallett 5
- Standish Wine Co 2
- Teusner Wines 16
- Torbreck 12
- Turkey Flat 8
- Yalumba 17

Erkundigen Sie sich nach Verkostungsmöglichkeiten und Öffnungszeiten der Kellereien, bevor Sie Ihre Reise planen. Manche Betriebe empfangen Besucher nur nach Voranmeldung.

GROSSET
HINTER DEM STRAFFEN KORSETT DES POLISH HILL RIESLING KOMMT EINE JUGENDLICH LEBHAFTE ADER ZUM VORSCHEIN

GLAETZER
DER AMON-RA STAMMT VON REBEN, DIE ZWISCHEN 50 UND 120 JAHRE ALT SIND

besser aber ist vielleicht der Coppermine Road Cabernet Sauvignon und ebenfalls extrem gut der von Grenache dominierte Ironstone Pressings. Im Grunde hat alles, was aus diesem Hause kommt, eine beachtliche Qualität.

Osborn Road, McLaren Vale, SA 5171
www.darenberg.com.au

Glaetzer Barossa

Unter dem jungen, virtuosen Kellermeister Ben Glaetzer, seit 2002 Chef des Familienbetriebs, erhielten die Weine einen neuen Stil, gekennzeichnet von sauberer Frucht und einer reifen, aber noch sehr lebendigen Art. Von 16 verschiedenen Küfern kommen die Fässer, zumeist aus amerikanischer Eiche gefertigt und in Frankreich angeröstet. Sie wirken in erster Linie auf die Struktur der Weine, weniger auf den Geschmack. Die Trauben stammen von verschiedenen alten Rebenparzellen im ganzen Barossa-Gebiet. Vor allem in den USA haben manche Glaetzer-Etiketten Kultstatus erlangt. Eines der populärsten ist der volle, reintönige Amon-Ra Shiraz, dicht gefolgt vom Anaperenna (ein Verschnitt aus Shiraz und Cabernet Sauvignon, der zuvor Godolphin hieß). Exzellent desgleichen und etwas preisgünstiger sind The Wallace (Shiraz/ Grenache) und der Bishop Shiraz. ★**Aufsteiger**

34 Barossa Valley Way, Tanunda, SA 5352
www.glaetzer.com

Grosset Clare Valley

Talentiert, akribisch und versiert – Jeffrey Grosset ist Australiens prominentester Fachmann für Riesling. Seit 1981 gewinnt er dieser Sorte im Clare Valley – anfangs vom Weinberg Polish Hill, in neuerer Zeit auch in Watervale – herausragende Tropfen ab. Sie können wunderbar altern, wie etwa der 1984er Polish Hill mit bestechender Präzision und Komplexität beweist. Grosset kann aber noch mehr. Sein roter Gaia von einer höheren Einzellage im Clare Valley erweist sich als anregend, frisch und lagerfähig. Auch der Chardonnay und der Pinot Noir, beide aus den Adelaide Hills, sind klasse.

King Street, Auburn, Clare Valley, SA 5451
www.grosset.com.au

Heartland Langhorne Creek

Fünf Inhaber, unter ihnen als Mehrheitseigner Ben Glaetzer, unterhalten gemeinsam 405 ha Weinbergflächen, davon 164 ha an der Limestone Coast und 223 ha in Langhorne Creek. Nicht das gesamte Lesegut wird in der Kellerei selbst verarbeitet, einen Teil nehmen auch andere Erzeuger ab. Beeindruckend an den Heartland-Etiketten ist in Anbetracht ihrer Preise und auch der Produktionsmengen ihre Qualität: Sie stellen viele Weine in den Schatten, die doppelt so viel kosten. Ausdrücklich hervorgehoben seien der Dolcetto-Lagrein-Verschnitt mit seinem üppigen Aromenreichtum sowie der reichhaltige, geschmeidige Director's Cut Shiraz.

34 Barossa Valley Way, Tanunda, SA 5352
www.heartlandwines.com.au

Henschke Eden Valley

Inzwischen in der fünften Generation angelangt, gehört die Kellerei im Eden Valley zu den gefeiertsten Erzeugern Australiens. Den Grundstock des Erfolgs schuf der aus Schlesien eingewanderte Johann Christian Henschke, als er 1861 in Keyneton die ersten Reben pflanzte. Derzeit steht das Unternehmen unter der Leitung des Ehepaars Stephen und Prue Henschke, das ein geballtes keller- und weinbautechnisches Know-how mitbringt. Nach und nach sind die beiden auf ökologische Methoden umgeschwenkt und haben auch einige biodynamische Praktiken eingeführt. Den Hill of Grace von einer alten 8-ha-Parzelle umgibt ein Nimbus wie sonst nur den Penfolds Grange. Ebenfalls eine alte Anlage und eine Quelle exzellenter Tropfen ist der Weinberg Mount Edelstone. Bezeichnend für den Stil des Hauses sind Rote mit opulenter Frucht, einer weichen Struktur und einem feinen Hauch amerikanischer Eiche. Zu den Parzellen im Eden Valley kommt ein 13-ha-Areal in den Adelaide Hills, auf dem Sauvignon Blanc, Pinot Noir und Riesling reifen.

Henschke Road, Keyneton, SA 5353; www.henschke.com.au

Jim Barry Wines Clare Valley

Seit dem Tod Jim Barrys 2004 setzt Sohn Peter den angestammten Kurs fort. Nachdem Jim 1946 sein Önologie-Studium am Roseworthy Agricultural College in Adelaide abgeschlossen hatte, begann er seine berufliche Laufbahn bei der Clarevale Cooperative. Er war der erste ausgebildete Kellermeister, der im Clare Valley tätig wurde. Es folgte ein Wechsel zu der ebenfalls in dem Gebiet ansässigen Kellerei Taylor's. 1959 erwarb er dann eigenes Rebland, zu dem 1964 ein zweites Areal hinzukam. Zunächst verkaufte er seine Trauben an andere Erzeuger, bevor er 1974 seine eigene Kellerei aufbaute. Heute verfügt Jim Barry Wines über mehr als 200 ha Rebland an zehn verschiedenen Standorten im Clare Valley und dazu einen 15-ha-Weinberg in Coonawarra. Überragend im Angebot sind der Armagh Shiraz – dicht, komplex und alterungsfähig – und der neue Benbournie Cabernet Sauvignon. Der McRae Wood und der Lodge Hill verkörpern mustergültig den Shiraz-Stil des Clare Valley, und auch der Florita Riesling ist superb.

Craigs Hill Road, Clare, SA 5453; www.jimbarry.com

John Duval Wines Barossa

John Duval war 29 Jahre für Penfolds (siehe S. 538) tätig, von 1986 bis 2002 als Chefkellermeister. Als er 2003 sein eigenes Label ins Leben rief, rechneten viele mit einem imposanten Tropfen nach Art des Grange. Stattdessen schuf Duval aus Grenache, Shiraz und Mourvèdre den vergleichsweise eleganten Verschnitt Plexus. 2004 kam der Entity Shiraz und 2005 der als Reserve ausgebaute Eligo Shiraz hinzu. In ihrer vornehmen Ausgewogenheit setzen diese Weine den Barossa-Stil recht überzeugend um. ★**Aufsteiger**

Keine Besuchereinrichtungen;www.johnduvalwines.com

Kalleske Barossa

Über die letzten 150 Jahre ist der Besitz der Kalleskes von 24 ha auf 202 ha angewachsen, von denen 48,5 ha unter Reben stehen. Die Farm liegt östlich des Zentrums von Barossa in Greenock, wo dank der etwa 350 Höhenmeter während der Wachstumsperiode gemäßigte Temperaturen herrschen. Nachdem die Familie sechs Generationen lang nur Traubenanbau betrieben hatte, gründete Troy Kalleske 2002 die Kellerei und kelterte erstmals in Eigenregie. Shiraz und Grenache, dazu etwas Cabernet Sauvignon und ein wenig Chenin Blanc wachsen auf den Rebflächen, die biologisch zertifiziert sind. Schlichtweg brillant sind die Weine, allen voran der Johann Georg

Shiraz: konzentriert, strukturiert und vollendet ausgewogen. Auch der Old Vines Grenache und der Greenock Shiraz geraten fantastisch. ★ **Aufsteiger**

Vinegrove Road, Greenock, SA 5360; www.kalleske.com

Kay Brothers McLaren Vale

Wie schon die Etiketten im Retro-Look andeuten, wird Tradition hier großgeschrieben. Der Betrieb wurde 1890 gegründet, derzeit ist mit Kellermeister Colin Kay die dritte Generation am Ruder. Den Schwerpunkt der Produktion bildet Shiraz, oftmals von sehr alten Reben gewonnen und in amerikanischer Eiche gereift. Nur 400 bis 1000 Kisten gibt es vom dichten, würzig-fülligen Paradewein Block 6 Shiraz (von hundertjährigen Reben). Vielleicht ebenso gut ist der komplexe Hillside Shiraz, in dem neben Gewürzen und Teer auch etwas Minze und Menthol aus dem Fass anklingen. Leichter zu finden und fast genauso beeindruckend ist der normale Shiraz.

Kays Road, McLaren Vale, SA 5171
www.kaybrothersamerywines.com

Kilikanoon Clare Valley

Die ersten Kilikanoon-Weine erzeugte Kellermeister Kevin Mitchell im Jahr 1997, damals noch bei Torbreck (siehe S. 540) im Barossa Valley. Doch seit 2005 hat er eine eigene Kellerei. Mit mehreren Teilhabern konnte er den Betrieb ausbauen und neue Anbauflächen in anderen Gegenden South Australias erwerben. Heute besitzen oder kontrollieren die Partner über 500 ha, die Produktion liegt bei 40000 Kisten im Jahr. Der straffe, mineralische Mort's Reserve Riesling demonstriert, wozu diese Sorte im Clare Valley fähig ist. Weitere beeindruckende Weine sind die Cabernet-Sauvignon-Abfüllungen Blocks Road und Reserve sowie, nochmals eine Stufe darüber, der Oracle Shiraz und der Attunga 1865 Shiraz – ein wahrer Kultwein, bereitet von nur 900 Rebstöcken. Viel gelobt werden auch die sehr reichhaltigen, vollen Shiraz-Interpretationen R (Barossa) und M (McLaren Vale).

Penna Lane, Penwortham, SA 5453
www.kilikanoon.com.au

KT and the Falcon Clare Valley

Kerri Thompson (KT) ist eine begabte Kellermeisterin mit großem Riesling-Faible, »the Falcon« (der Falke) steht für Weinbauspezialist Stephen Farrugia. Mit ökologischen Methoden, ergänzt durch manch biodynamisches Präparat, hegt er die Reben des Betriebs, insgesamt 8 ha gleich bei der Kellerei. Weitere Trauben werden von den Lagen Peglidis und Churinga in Watervale gewonnen. Neben Riesling entsteht hier auch etwas Shiraz. Der 2008er Peglidis Riesling ist knackig, würzig, zitronig, klar konturiert und komplex. ★ **Aufsteiger**

Watervale, SA 5452
www.ktandthefalcon.com.au

Majella Coonawarra

Ende der 1960er-Jahre setzte die Familie Lynn auf ihrem Land erste Rebstöcke, und 1980 lieferte sie erstmals Lesegut an die renommierte Kellerei Wynns (siehe S. 540). Über die Jahre wurden die Pflanzungen erweitert, heute sind es 60 ha. Ihren ersten Wein, einen Shiraz, brachten die Lynns 1993 auf den Markt. 1994 folgte ein Cabernet Sauvignon, 1998 dann The Malleea, ein für Coonawarra ungewöhnlicher Mix aus 55 % Cabernet Sauvignon und

KILIKANOON
IN DEN 1860ER-JAHREN WURDEN DIE SHIRAZ-REBEN FÜR DIESEN EXTREM SELTENEN WEIN GEPFLANZT

MITOLO
DER SAVITAR SHIRAZ IST KÖRPERREICH, DUNKEL, FÜLLIG UND VIELSCHICHTIG

45 % Shiraz. Mit seinen intensiven, üppigen Aromen dunkler Früchte und der bestechend sauberen, fokussierten Art wird er seiner Prestigerolle vollauf gerecht. Viel Genuss für seinen Preis gewährt der Cabernet Sauvignon/Shiraz-Verschnitt The Musician. Bestechend intensiv und klar gibt der reine Cabernet Sauvignon seine lebhafte dunkle Frucht und kiesig getönte, tiefgründige Würze zum Besten.

Lynn Road, Coonawarra, SA 5263
www.majellawines.com.au

Massena Barossa

Imposant, was die Weinmacher Dan Standish und Jaysen Collins hier seit 2000 gemeinsam zuwege bringen. Sie beziehen Trauben von diversen alten Rebanlagen und buchen Kellereikapazitäten, um eine Reihe achtbarer Tropfen – derzeit etwa 5000 Kisten – zu fabrizieren. Der Moonlight Run (vornehmlich Grenache und Shiraz) setzt auf Fülle und liebliche Frucht, eher auf Struktur und klare Kante dagegen der Shiraz Eleventh Hour. Der Durif (Petite Sirah) Howling Dog ist ein Ausbund an Struktur und der Surly Muse ein prächtiger Viognier. ★ **Aufsteiger**

Tanunda, SA 5352
www.massena.com.au

Mitchell Clare Valley

Die Rieslinge von Andrew und Jane Mitchell gehören zur Clare-Elite. Andrew, Spross einer Winzerfamilie im Clare Valley, studierte Wirtschaft in Adelaide, bevor er ein Studium der Weinwissenschaft in Wagga Wagga (New South Wales) anschloss. Seine ersten Weine bereitete er 1975 aus Lesegut vom Familienbesitz. Heute erzeugt die Kellerei Mitchell jährlich 30000 Kisten, ausschließlich von Trauben der 75 ha gutseigenen Weingärten. Der Watervale Riesling altert wunderbar, vielleicht noch schöner ist der neue McNichol Riesling. Eine weitere Perle ist der Sevenhill Vineyard Cabernet Sauvignon mit bestens auf den Punkt gebrachter Frucht. Auch der McNichol Shiraz lohnt einen Versuch.

Hughes Park Road, Sevenhill, SA 5453
www.mitchellwines.com

Mitolo McLaren Vale

Hinter dieser relativ neuen Marke stehen der renommierte Barossa-Weinmacher Ben Glaetzer (siehe S. 536), der sein Know-how und die Produktionsanlagen einbringt, sowie Frank Mitolo als Kapitalgeber. Das Gros der Trauben stammt von einem Winzer in Woolunga am Südende des McLaren Vale. Die Mitolo-Basisreihe namens Jester lockt mit einer köstlich sauberen Fruchtigkeit. Fantastisch schmecken die hochklassigeren Roten, etwa der nach Amarone-Manier bereitete Serpico Cabernet Sauvignon sowie die Shiraz-Interpretationen G.A.M. und Savitar. ★ **Aufsteiger**

Angel Vale Road, Angel Vale, Virginia, SA 5120
www.mitolowines.com.au

Mount Horrocks Clare Valley

Stephanie Toole, Ehefrau der lebenden Clare-Legende Jeffrey Grosset (siehe S. 536), betreibt in Mount Horrocks eine eigene Boutiquekellerei, die zu den besten der Region zählt. Aus den Trauben dreier Lagen, insgesamt 10 ha, keltert Stephanie Riesling, Cabernet Sauvignon, Shiraz und Semillon vom Feinsten. Ihr Meisterstück ist

ROCKFORD
EIN MIT KORBPRESSUNG GEWONNENER SHIRAZ, DER GUT EIN JAHRZEHNT IM KELLER REIFEN KANN

PETER LEHMAN
BENANNT IST DIESER MINERALISCHE RIESLING NACH CHEFKELLERMEISTER ANDREW WIGAN

der süße Riesling Cordon Cut, dessen besondere Konzentration daher rührt, dass die Beeren nach dem Durchtrennen des Kordons noch eine Weile am Stock trocknen.

The Old Railway Station, Curling St, Auburn, SA 5451
www.mounthorrocks.com

Mountadam Eden Valley

Mit Chardonnay und Pinot Noir erwarb sich die 1972 von David Wynn gegründete Kellerei einen guten Ruf. 2002 an den französischen Konzerns LVMH verkauft, geriet sie etwas aus der Spur, doch seit David Brown 2006 den Besitz erwarb, ist Mountadam neu erstarkt. Ex-Petaluma-Weinmacher Con Moshos hat die Leitung inne und bereitet vollen, frischen Pinot Gris und präzisen Riesling.

High Eden Road, Eden Valley, SA 5235
www.mountadam.com.au

Ngeringa Adelaide Hills

2001 legten Erinn und Janet Klein 5 ha Rebland als Teil ihres Projekts einer integrierten Landwirtschaft an. Diese umfasst auch die Haltung von Tieren, die sich etwa als »Rasenmäher«, Schädlingsvertilger oder Produzenten von Dünger für biodynamische Präparate nützlich machen. Zu den famosen Weinen des Betriebs gehören der herrlich elegante Ngeringa Syrah mit geschmeidiger Schwarzkirschenfrucht und sanfter Mineralität oder der Viognier mit seinem charakteristischen Aromamix aus Birnen, Zimt, Nüssen und Pfirsichen. Auch Chardonnay und Pinot Noir werden erzeugt. Ein köstliches Unikum ist der im Vin-Santo-Stil von einem rosaschaligen Semillon-Klon aus dem McLaren Vale bereitete Altus. **★Aufsteiger**

91 Williams Road, Mount Barker, SA 5251
www.ngeringa.com

Parker Coonawarra Estate Coonawarra

Seit seinen Anfängen im Jahr 1985 bringt dieser Betrieb regelmäßig hochklassige Weine hervor. Der Terra Rossa First Growth, der sich mit seinem Namen selbstbewusst als »erstes Gewächs« empfiehlt, glänzt mit intensiven und konzentrierten Aromen Schwarzer Johannisbeeren und mineralischem Beiklang. Neben diesem Spitzenprodukt, das nur in wirklich guten Jahren entsteht, bekommt man hier den Terra Rossa Cabernet Sauvignon, einen Merlot und in der Reihe Favourite Son drei weitere Weine. Das Traubengut stammt von 40 ha eigenen Rebflächen im kühleren Süden Coonawarras.

Riddoch Highway, Coonawarra, SA 5263
www.parkercoonawarraestate.com.au

Penfolds Barossa

Vielen fällt bei australischem Wein sofort der Penfolds Grange ein, der, 1951 kreiert, heute weltweit legendären Ruhm genießt (siehe Randspalte S. 539). Er kann über Jahrzehnte herrlich reifen, und der 2004er, die jüngste Ausgabe, geriet atemberaubend. Beinahe genauso faszinierend, wenngleich anderen Stils ist der RWT Shiraz, der in französischer statt in amerikanischer Eiche liegt. Auch der Bin 707 Cabernet Sauvignon und der vergleichsweise preiswerte Bin 389 Cabernet Shiraz sind seriöse, langlebige Tropfen. Als Ausnahme im roten Penfolds-Sortiment entsteht der St Henri ohne Ausbau in neuer Eiche, trotzdem ist auch er gut lagerfähig. Eher kommerziell ausgerichtet und dennoch qualitätvoll sind der Bin 28 und Bin 128. Inoffiziell als »weißer Grange« gehandelt wird der Yattarna, ein Weltklasse-Chardonnay mit Entwicklungspotenzial. Der neue Bin 311 ist ein ernstzunehmender Kühlklima-Chardonnay.

Tanunda Road, Nuriootpa, SA 5355; www.penfolds.com.au

Peter Lehmann Barossa

Als sich in Barossa Ende der 1970er-Jahre der Niedergang ankündigte, gründete Peter Lehmann mithilfe von Investoren eine Kellerei, um aufgekauftes Lesegut zu verarbeiten. Dass sie 2003 an die Hess Group verkauft wurde, hat der Qualität nicht geschadet. Heute erzeugt sie pro Jahr 750 000 Kisten Wein aus Trauben von 180 Barossa-Lieferanten. Ein anständiges Preis-Leistungs-Verhältnis zeichnet die Basisprodukte wie den heiteren Semillon und den saftigen Grenache aus. Am anderen Ende der Skala stehen der Margaret Semillon, der die Spitzengewächse des Hunter Valley nicht fürchten muss, der Wigan Riesling als brillantes Aushängeschild des Eden Valley und der kraftvolle Stonewell Shiraz, in der Jugend etwas eichenholzlastig, aber mit großem Entwicklungspotenzial. Der Eight Songs Shiraz hat sich als neuer Barossa-Klassiker positioniert. Lohnend auch der Mentor auf Cabernet-Sauvignon-Basis.

Para Road, Tanunda, SA 5352
www.peterlehmannwines.com.au

Rockford Barossa

Robert »Rocky« O'Callaghan gehört zu jenen Barossa-Erzeugern, die in den 1980er-Jahren das Revival ihrer Region ermöglichten. Die Rockford-Weine können mit den besten des Tals mithalten. Immer schöner mit dem Alter etwa wird der von 30 Jahre alten Reben stammenden Barossa-Klassiker Basket Press Shiraz. Typische Vertreter ihres Terroirs und gleichermaßen köstlich sind der Rod and Spur (Cabernet Sauvignon/Shiraz) und der Moppa Springs (Grenache/Shiraz/Mataro). Probieren sollte man auch den Schaumwein Black Shiraz. Im Handel machen sich die Weine rar, denn getreue Anhänger kaufen eifrig per Postversand oder direkt in der Kellerei.

Krondorf Road, Tanunda, SA 5352
Tel. 08 8563 2720

Rolf Binder Wines Barossa

Rolf Binder hatte in der 1955 von seinen Eltern gegründeten Kellerei Veritas eine Zeitlang Weine produziert, bis aus Rechtsgründen eine Umbenennung erforderlich wurde. Heute sind die Flaschen mit dem Namen Rolf Binder etikettiert, die Kellerei kennt man trotzdem noch als Veritas Winery. Aus dem Lesegut einiger exzellenter Rebgärten erzeugt Rolf eine ansehnliche Produktpalette. Mit dichter, pulsierender Art begeistert der preisgünstige Bulls Blood Shiraz Mataro Pressings, der auf manchen Auslandsmärkten unter dem Namen Hubris auftritt. Gewichtiger sind der Einzellagen-Shiraz Heysen und der Heinrich Shiraz Mataro Grenache. Eindeutig der Star jedoch ist der kompakte, fokussierte Hanisch Shiraz. Binder ist auch an einem Joint Venture namens Magpie Estate beteiligt, das in der Veritas Winery produziert.

Corner Seppeltsfield Road and Stelzer Road, Tanunda, SA 5352; www.veritaswinery.com

Rusden Barossa

1979 erwarben Dennis und Christine Canute einen verwahrlosten 16-ha-Weinberg. Dennis arbeitete weiter tagsüber als Lehrer, während Christine, Winzerin in fünfter Generation, sich ganz der Auffrischung der Rebenbestände widmete. Damals hatte Barossa mit schauerlich niedrigen Traubenpreisen zu kämpfen. Zudem wollten die beiden sich nicht immer wieder anhören, dass die sandigen Böden im Vine Vale kein anständiges Lesegut erbrächten. So beschlossen sie, ihre Erträge selbst zu verarbeiten. 1992 bereiteten Dennis und sein Freund Russell ein Fass Cabernet Sauvignon für den Eigenbedarf und nannten das Ergebnis Rusden (für Russell und Dennis). Damit war der Grundstein gelegt. 1997 stieg Dennis' Sohn Christian, der damals für Rockford tätig war, mit ein. Inzwischen trägt er im Keller die Alleinverantwortung und verarbeitet etwa die Hälfte der Ernte, der Rest wird verkauft. Das Spitzenprodukt ist der Black Guts Shiraz, doch auch mit dem Boundaries Cabernet Sauvignon, dem Christine Grenache und dem Christian Chenin Blanc trifft man eine gute Wahl.

Magnolia Road, Tanunda, SA 5352
www.rusdenwines.com.au

S. C. Pannell McLaren Vale

Stephen Pannell ist einer der geachtetsten Rotweinexperten Australiens. Trotzdem quittierte er erst 2004 seinen Dienst als Chefkellermeister bei Hardys, um sich selbstständig zu machen. Eigene Rebflächen besitzt er nicht, auch keine Kellerei. Dennoch baut er das Image seiner Marke S. C. Pannel rasant aus. Im Mittelpunkt stehen Rote aus dem McLaren Vale und den Adelaide Hills. Mit eleganter Struktur und lieblicher Frucht betört der 2006er McLaren Vale Shiraz Grenache. Ebenfalls aus Trauben des McLaren Vale entstehen ein reiner Grenache, eine Spezialität Pannells, und ein reiner Shiraz. Viel Lob erntet der Nebbiolo aus den Adelaide Hills. ★**Aufsteiger**

PO Box 1159, Unley BC, SA 5061; www.pannell.com.au

Seppeltsfield Barossa

Die geschichtsträchtige Kellerei ist auf gespritete Weine spezialisiert und birgt einen enormen Schatz alter Weine in ihren Kellern. Als gespritete Weine aus der Mode kamen, wussten die Eigner (erst Southcorp, dann Fosters) nichts mehr mit dem Betrieb anzufangen und verkauften ihn 2007 an Kilikanoon – zur großen Erleichterung aller, die um den Fortbestand dieses einzigartigen Erbes gebangt hatten. Unter dem versierten Kellermeister James Godfrey entstehen hier nun wieder echte Köstlichkeiten: Mit Konzentration, Komplexität und Nachhaltigkeit brilliert der Seppeltsfield Museum Oloroso DP104. Der DP90 Tawny ist betörend fein und elegant, und der 2005 Vintage schlägt in frischer, fruchtiger, einnehmender Art einem Vintage Port nach. Als überaus konzentriert und komplex erweist sich der Paramount Rare Topaque. Eines der faszinierendsten Elixiere ist der unglaublich intensive 100 Year Old Para Vintage Tawny.

1 Seppeltsfield Road, Seppeltsfield via Nuriootpa, SA 5355
www.seppeltsfield.com.au

Shaw + Smith Adelaide Hills

1989 riefen die Cousins Michael Hill Smith und Martin Shaw diesen Betrieb ins Leben und erregten zunächst mit ihrem Adelaide Hills Sauvignon Blanc Aufmerksamkeit. Bis heute ist er eine tragende Säule ihrer Produktion, wird aber inzwischen ergänzt durch einen exzellenten Chardonnay von der 1994 angelegten Lage M3, der sich mit Präzision und vornehmer Eleganz in Szene setzt. Nicht minder attraktiv sind die beiden Roten: der wundervoll fokussierte und vornehme Shiraz von wärmeren Lagen in den Adelaide Hills sowie der erstmals 2005 produzierte faszinierende Pinot Noir. Nicht nur im Bereich Adelaide Hills, sondern in ganz Australien fordert Shaw + Smith derzeit die Konkurrenz ernsthaft heraus.

Jones Road, Balhannah, SA 5242
www.shawandsmith.com

Spinifex Barossa

Dass man sich im Betrieb der Eheleute Peter Schell und Magali Gely, einem der spannendsten Newcomer im Barossa Valley, an Südfrankreich erinnert fühlt, wundert nicht: Magali entstammt einer Winzerfamilie aus dem Languedoc, und Peter hat bei mehreren Lesen in Frankreich mitgewirkt. Seine ersten Spinifex-Weine fabrizierte er 2001, während er noch anderweitig engagiert war. Heute steckt er seine ganze Energie in den Erfolg dieses Hauses. Lieblich-fruchtig und dennoch klar konturiert ist der Shiraz/Viognier-Verschnitt, faszinierend strukturiert der üppige Indigene (Shiraz/Mataro/Grenache). Der Esprit erweist sich als aromatischer Mix, Dichte und Würze offenbart der DRS Vineyard Durif, und exotisch gibt sich der von Tempranillo dominierte Verschnitt Taureau. Attraktiv ist auch der aus südfranzösischen Weißweintrauben komponierte Lola. ★**Aufsteiger**

Biscay Road, Bethany, SA 5352
www.spinifexwines.com.au

St Hallett Barossa

Neben Betrieben wie Rockford und Charles Melton war auch diese Kellerei maßgeblich am erneuten Barossa-Aufschwung in den 1980er-Jahren beteiligt. Berühmt wurde sie durch ihren Old Block Shiraz, einen dicht strukturierten, zugleich auch üppig fruchtigen Barossa-Klassiker mit rekordverdächtigem Alterungspotenzial. Nach einer Fusion mit Tatachilla und anschließender Übernahme durch den Konzern Lion Nathan schlug St Hallett eine etwas kommerziellere Richtung ein. Dennoch ist der Old Block weiterhin sehr gut, und auch der Blackwell Shiraz beeindruckt. Demgegenüber bekommt man beim Gamekeeper's Reserve und dem weißen Poacher's Blend Trinkvergnügen zu einem guten Preis.

St Hallett Road, Tanunda, SA 5352
www.sthallett.com.au

Standish Wine Company Barossa

Dan Standish, Kellermeister bei Torbreck (siehe S. 540), produziert in kleinem Umfang auch unter eigenem Label. Seit sechs Generationen ist seine Familie in Barossa als Winzer tätig, und 1999 begann Dan, die Trauben der alten Shiraz-Reben seiner Eltern zu zwei Weinen zu verarbeiten: dem reinsortigen Shiraz The Standish und dem Shiraz/Viognier-Verschnitt The Relic. Mit Naturhefen in offenen Behältern vergoren, offenbaren sie zu einer geschmeidigen und dennoch festen Struktur eine üppige, intensive und reife Frucht. Sie sind exzeptionell, aber leider auch ziemlich teuer. ★**Aufsteiger**

100 Baritt Road, Lyndoch, SA 5351
www.standishwineco.com

Tapanappa Adelaide Hills

In der Weinszene Australiens ist Brian Croser nicht nur als Berater sehr geschätzt. 1976 gründete er einen eige-

MAX SCHUBERT UND DER GRANGE

Australiens berühmteste Kreszenz ist wohl unumstritten der Penfolds Grange, den der legendäre Penfolds-Kellermeister Max Schubert in den 1950er-Jahren kreierte. Dies geschah zu einer Zeit, als die australische Weinindustrie auf gespritete Erzeugnisse eingeschworen war. Umso schwieriger war es für Schubert, den Entscheidern der Penfolds-Kellerei seinen Grange Hermitage schmackhaft zu machen. 1951 fand er heraus, dass sich Shiraz mit neuer amerikanischer Eiche bestens vertrug, und er bereitete fünf Fässer davon. Eine nächste Charge entstand 1952, im Jahr darauf mischte er etwas Cabernet Sauvignon hinzu. 1956 verkosteten die Penfolds-Oberen die ersten fünf Jahrgänge – alle fielen durch, und Schubert erhielt die Anweisung, die Produktion zu stoppen. Doch er ließ sich nicht beirren, machte heimlich weiter und präsentierte 1962 den 1955er Jahrgang bei der Sydney Wineshow. Hier endlich feierte der Grange einen fulminanten Erfolg, und seither wollen die Lobeshymnen nicht mehr verstummen.

TURKEY FLAT
EINIGE DER ÄLTESTEN SHIRAZ-REBEN AUS-TRALIENS LIEFERN DIE TRAUBEN FÜR DIESEN ENTWICKLUNGSFÄHIGEN TROPFEN

TAPANAPPA
REIFE PFIRSICHNOTEN MIT EINEM HAUCH MARZIPAN: 2008 WAR EIN WARMER JAHRGANG

nen Betrieb namens Petaluma, und in den 1980er-Jahren trug er entscheidend zum Revival der Region Adelaide Hills bei. Als Petaluma 2001 vom Konzern Lion Nathan geschluckt wurde, blieb er in beratender Funktion bis 2005, spürte jedoch bald das Bedürfnis, sich etwas Neues aufzubauen. So entstand Tapanappa, ein Joint Venture mit dem Champagnerhaus Bollinger und Jean-Michel Cazes aus Bordeaux. Vom Whalebone Vineyard in Wrattonbully kommt ein nach diesem Weinberg benannter weich strukturierter Cabernet Sauvignon/Merlot-Verschnitt. Der Etages Tiers Vineyard Chardonnay von einer Lage gleich bei Crosers Domizil in den Adelaide Hills verbreitet dezente Eleganz. Neu ist der schön ausgewogene Pinot Noir vom Weinberg Foggy Hill auf der Fleurieu-Halbinsel. **★Aufsteiger**

Crafers, SA 5152
www.tapanappawines.com.au

Teusner Wines Barossa

Kym Teusner ist einer jener jungen Barossa-Erzeuger, die derzeit Furore machen. Als im Ebenezer District 2002 ein Bestand alter Grenache-Buschreben gerodet werden sollte, griff Kym mit seinem Schwager Michael Page ein. Eine große Weinfirma kaufte damals das Lesegut des Areals für 900 australische Dollar. Die zwei boten 2500 Dollar – und Teusner Wines war geboren. Das stetig gewachsene Sortiment umfasst heute neben dem saftigen, klar konturierten Joshua (Grenache/Shiraz/Mataro, ohne Eichenkontakt bereitet) den Avatar (gleicher Verschnitt, aber Fassausbau), den dichten, lagerfähigen Shiraz Albert und die Astral Series mit zwei neuen High-End-Weinen. **★Aufsteiger**

Corner Research Road & Railway Terrace, Nuriootpa, SA 5355; www.teusner.com.au

Torbreck Barossa

1994 gegründet und seit 1997 im Handel vertreten, hat die Kellerei von Dave Powell inzwischen vor allem in den USA zahlreiche Anhänger – mit der Folge, dass ihre Erzeugnisse zu höheren Preisen gehandelt werden als die vieler anderer Barossa-Betriebe. Fülle und Aromareichtum kennzeichnen die Roten, die sich aber nie überreif präsentieren und bei allem Volumen nicht verschwimmen. Alles hier schmeckt gut, vom ausdrucksvollen, fleischigen, ohne Eiche erzeugten Juveniles über The Steading, The Struie, The Factor und dem Descendant bis hin zum Paradewein Runrig. Letzterer basiert wie der Descendant auf Shiraz und Viognier, beide trumpfen mit einer fast schon überzogenen exotischen Aromatik auf. Der Les Amis ist ein reinsortiger Grenache der Spitzenklasse. In der Jugend sind die Weine so betörend, dass eine Lagerung vielleicht gar nicht unbedingt sinnvoll ist. Andererseits präsentiert sich der 1999er Runrig derzeit in glänzender Form.

Roennfeldt Road, Marananga, SA 5355
www.torbreck.com

Turkey Flat Barossa

Seit 1865 besitzt die Familie Schulz das Gut Turkey Flat. Sie machte ihr Geld mit einer Fleischerei, später mit einem Milchviehbetrieb, und baute parallel Trauben an. Zu Beginn der 1990er-Jahre beschloss Peter Schulz, Spross der vierten Generation, zusammen mit seiner Frau Christie selbst Wein zu erzeugen. Der in französischer Eiche gereifte Shiraz offenbart, wie großartig diese Sorte in Barossa gedeiht. Viel Geschmack und Persönlichkeit offenbaren der rote und der weiße Butcher's Block, zwei Verschnitte im Rhône-Stil. Etwa 40 % der Produktion entfällt auf den sehr erfolgreichen Rosé.

Bethany Road, Tanunda, SA 5352
www.turkeyflat.com.au

Wendouree Clare Valley

Alterungsfähige Rote mit Tiefgang entstehen in diesem historischen Weinbaubetrieb – die ersten Reben wurden hier 1892 gepflanzt. Wendouree gilt als Ikone nicht nur im Clare Valley, sondern in ganz Australien. Seit 1974 firmiert als Eigner Tony Brady, der keinerlei Konzessionen an die Moderne macht. Die 11 ha prächtiger alter, bewässerungsfrei kultivierter Rebenbestände erbringen pro Lese etwa 50 t Trauben. Sie werden nicht überreif, sondern mit einem potenziellen Alkoholgehalt von etwa 13,5 % geerntet und ergeben straffe, gut auf den Punkt gebrachte Weine, die in ihrer Jugend leicht sperrig erscheinen können, also lange liegen sollten. Den Wendouree-Stil geben alle diese Gewächse zu erkennen, dennoch findet der Shiraz den größten Anklang – beim 1985er ist genau wie beim 1990er oder 1991er der Höhepunkt immer noch nicht erreicht. Fabelhaft sind ebenfalls der Shiraz Malbec, der Shiraz Mataro und der Cabernet Malbec. Die Weine werden nur an registrierte Kunden per Direktversand abgegeben, doch da diese Liste mittlerweile geschlossen ist, muss man sich an Wiederverkäufer halten.

Wendouree Road, Clare, SA 5453; Tel. 08 8842 2896

Wynns Coonawarra Estate Coonawarra

Mit seinem brillanten Cabernet Sauvignon hat sich dieser Betrieb landesweit einen legendären Ruf erworben. Von etwa 900 ha Rebland, eine für Coonawarra gigantische Dimension, produziert Kellermeisterin Sue Hodder großartige Weine. Sind der Riesling und der Chardonnay schon gut, verblassen sie doch im Glanz der Roten. Der Shiraz besticht durch Balance und Ausdrucksstärke, und der Michael Shiraz gehört, wiewohl in der Jugend etwas eichenholzlastig, zur australischen Elite. Als alterungswürdiger, seriöser Tropfen erweist sich der Cabernet Sauvignon mit schwarzem Etikett, den allerdings der John Riddoch mit seiner konzentrierten, intensiven, charaktervollen Art, klaren Kontur und sauberen Frucht in den Schatten stellt – das volle Entwicklungspotenzial dieses Weins kommt im eleganten und expressiven 1982er zum Ausdruck.

Memorial Drive, Coonawarra, SA 5263
www.wynns.com.au

Yalumba Barossa

Die älteste Familienkellerei Australiens führt vor, wie auch bei fast einer Million Kisten jährlich ein hohes Niveau zu halten ist. Zu den hochwertigeren umsatzstarken Marken gehört Oxford Landing, und zu fantastischen Preisen findet man sortenreine Weine wie den lebhaften Viognier in der Y Series. An der Spitze des reichen Sortiments stehen der von Cabernet Sauvignon dominierte Reserve mit schönem Alterungsvermögen und der zu Australiens Crème de la Crème zählende Virgilius Viognier. Fantastisch auch der Signature Cabernet Shiraz und immens konzentriert, allerdings mitunter etwas holzlastig der von alten Shiraz-Reben gewonnene Octavius.

Eden Valley Road, Angaston, SA 5353
www.yalumba.com

Über Rebreihen drapierte Netze halten in den Adelaide Hills Vögel von den reifen Trauben fern.

WESTERN AUSTRALIA

Hinkt der Bundesstaat im Westen Australiens in puncto Produktionsmenge auch der Konkurrenz hinterher, macht es diesen Rückstand durch die Güte seiner Erzeugnisse allemal wett. Zwar wurden die abgelegenen Anbaugebiete Margaret River und Great Southern erst ab Mitte der 1960er-Jahre bestockt, doch bringen sie heute Cabernet Sauvignon der Spitzenklasse sowie einige der besten Chardonnay-Weine Australiens hervor. Auch Riesling und Shiraz verheißen für die Zukunft Großartiges, speziell in den ausgesprochen frischen Lagen von Great Southern. Während andere Landesteile zunehmend unter steigenden Temperaturen und Dürre leiden, wird die Bedeutung der Kühlklimabereiche von Westaustralien für Qualitätsweine wohl eher steigen.

Hauptrebsorten

Rot

Cabernet Sauvignon
Malbec
Pinot Noir
Shiraz

Weiß

Chardonnay
Riesling
Sauvignon Blanc
Semillon

Jahrgänge

2010
Warme und trockene Wachstumsperiode, heißes Wetter bei Beginn der Lese, danach kühlte es ab. Das Potenzial für hochklassige Weine ist da.

2009
Vielversprechender Jahrgang nach gleichmäßiger, milder Wachstumsperiode. Margaret River besonders gut.

2008
Warmer Spätsommer und ideale Lesebedingungen: ein wirklich guter Jahrgang.

2007
Großartiger Jahrgang, durchweg gute Qualität. Rotweine besonders vielversprechend.

2006
Schwieriges, kaltes Jahr mit später Ernte; strenge, magere Weine. Die Weißen sind etwas besser.

2005
Der milde Sommer und geringe Erträge brachten gute Qualität.

Bereits in den 1830er-Jahren wurden im Swan Valley nahe Perth die ersten Rebgärten angelegt, und seit Mitte des 19. Jahrhunderts wird in Western Australia in größerem Stil Traubenanbau betrieben. Als ernsthafter Weinproduzent tritt der Bundesstaat allerdings erst seit jüngerer Zeit in Erscheinung.

Die bedeutendste Weinregion Westaustraliens ist Margaret River, etwa drei Autostunden südlich von Perth gelegen. Ende der 1960er-Jahre wurden hier die ersten Stöcke gesetzt, nachdem der für das Landwirtschaftsministerium tätige Dr. John Gladstones durch eingehende Analysen die besondere Eignung des Geländes festgestellt hatte. Gladstones war allerdings nicht der einzige Wissenschaftler, der das Potenzial von Western Australia erkannt hatte. Schon im Jahrzehnt zuvor, genauer 1956, hatte der kalifornische Professor Harold Olmo den Great-Southern-Bereichen Mount Barker und Frankland beste Voraussetzungen bescheinigt, woraufhin die Kellerei Forest Hill 1965 im Mount-Barker-Gebiet die Weinbauära einläutete.

Zunächst allerdings kamen am Margaret River die Dinge in Schwung, und die Qualität der Weine, die inzwischen hier entstehen, beweisen, wie richtig Gladstones seinerzeit gelegen hatte. Unter den vier Pionierkellereien Moss Wood, Cape Mentelle, Vasse Felix und Cullen hat sich Margaret River als einer der Topweinbaubereiche Australiens etabliert, aus dem neben einigen der besten Cabernet-Sauvignon-Abfüllungen auch eindrucksvoller Chardonnay und von eleganter Frische geprägte Sauvignon Blanc/Semillon-Cuvées kommen. Nur Coonawarra in South Australia erreicht in seinen Verschnitten im Bordeaux-Stil annähernd jene klare Fassung, die die Gewächse von Margaret-River auszeichnet. Neben diesen Klassikern hat Margaret River außerdem ansprechenden Shiraz, frischen Riesling sowie wahrlich imposante Tropfen aus Malbec zu bieten, einer Traube, der hier allem Anschein nach eine rosige Zukunft beschieden sein dürfte.

Die Region Great Southern umschließt auch extrem kühle Gegenden. Sie bringen zwar einige der spannendsten Weine Westaustraliens hervor, haben aber, möglicherweise eben aufgrund ihrer Gegebenheiten und ihrer isolierten Lage, den Durchbruch bisher nicht wirklich geschafft. Die größte der hiesigen Subregionen ist Frankland River, wo guter Riesling und Sauvignon Blanc reifen und sogar Cabernet Sauvignon recht erfreuliche Ergebnisse liefert. Mount Barker, der älteste und kühlste Unterbereich, tut sich durch Shiraz und Riesling mit entsprechend kühlem Charme hervor. Im ziemlich frischen und nassen Klima der Nachbargebiete Denmark und Albany gewinnen Pinot Noir und Chardonnay eine recht ansprechende Form. Das ebenfalls kühle Porongurup schließlich lässt einiges erhoffen, muss aber noch stärkere Zeichen setzen. Schon heute erregen diese Bereiche, in denen es, wie gesagt, kühler zugeht, einige Aufmerksamkeit, und mit dem Fortschreiten der globalen Erwärmung werden sie ihre Stellung wahrscheinlich weiter ausbauen.

Andernorts in Western Australia gibt es, weit verstreut, noch einige kleine Weinparadiese. Zwischen Margaret River an der Küste und Great Southern befinden sich die Subregionen Pemberton, Manjimup, Blackwood Valley und Geographe. Weiter nördlich liegt Peel, und im Anschluss daran Perth, begrenzt vom Swan District im Norden und den Perth Hills im Osten. Für edle Weine ist das Klima bei Perth zu warm. Jedoch entstehen hier einige reizvolle Dessertweine, die sich verlockend von den eher massentauglichen Erzeugnissen abheben.

WESTERN AUSTRALIA

Die Karte könnte zu der Vorstellung verleiten, weite Teile des Bundesstaates seien von Weinbergen überzogen. Tatsächlich sind die Rebflächen aber locker verteilt. Die ältesten befinden sich in den uninteressantesten Gegenden nahe Perth. Erst in den 1960er-Jahren begann man, in den kühleren Bereichen Margaret River und Mount Barker Reben zu pflanzen, und die Resultate waren derart überzeugend, dass weitere, teils noch deutlich frischere Gebiete wie etwa Denmark und Albany erschlossen wurden.

CAPE MENTELLE
SAUVIGNON BLANC/SEMILLON-VERSCHNITTE WIE DIESER KLASSIKER SIND EINE SPEZIALITÄT DER REGION MARGARET RIVER

CULLEN
DER DIANA MADELINE BESITZT STRUKTUR, DICHTE UND ALTERUNGSPOTENZIAL

Cape Mentelle Margaret River
Als einer der Ersten pflanzte David Hohnen 1970 am Margaret River Reben an. 1990 erwarb Veuve Clicquot eine 50 %ige Beteiligung an seinem Betrieb und übernahm ihn 2000 komplett, bevor LVHM 2002 Veuve Clicquot samt Cape Mentelle kaufte. Hohnen hatte den Standort wegen der dortigen Kiesböden nur 5 km vom Meer entfernt gewählt. Neben besagter Urparzelle gehören drei weitere Weinberge zum Unternehmen, außerdem wird Lesegut von einem Dutzend Traubenanbauern bezogen. Ein markanter, strukturierter Cabernet Sauvignon krönt das Programm. Darüber hinaus gibt es guten Shiraz, Zinfandel (ein beliebtes Kuriosum) und mustergültigen Sauvignon Blanc/Semillon. Probieren Sie den enorm komplexen fassvergorenen Wallcliffe Semillon/Sauvignon Blanc.

331 Wallcliffe Road, Margaret River, WA 6285
www.capementelle.com.au

Cullen Margaret River
Angeregt durch einen 1965 erschienenen Bericht von Dr. John Gladstones, legten die Cullens im bis dahin rebenfreien Bereich Margaret River ein 0,1 ha großes Versuchsfeld an. Ermutigt vom eigenen Erfolg wie auch dem ihres Nachbarn Dr. Tom Cullity von Vasse Felix, bestockten die Cullens 1971 dann 7,7 ha mit Cabernet Sauvignon und Riesling – der heutigen Cullen Vineyard. 1976 kamen weitere Sorten, 1988 schließlich Sauvignon Blanc hinzu. Jährlich 15 000 Kisten produziert der Betrieb, der sicherlich zu den führenden der Region zählt, von seinen beiden Weinbergen Mangan und besagtem Cullen. Neuerdings wendet man sich biodynamischen Methoden zu. Das Spitzenetikett ist der auf Cabernet Sauvignon basierende Diana Madeline, der zu den Besten ganz Australiens gehört. Viel Genuss bieten auch der dichte, strukturierte rote Mangan, an dem Malbec beteiligt ist, sowie der großartige Chardonnay.

Caves Road, Cowaramup, WA 6284
www.cullenwines.com.au

Evans & Tate Margaret River
Selbst während seiner finanziellen Schieflage in den ersten Jahren des 21. Jahrhunderts produzierte der Betrieb weiterhin fantastische Weine in beträchtlichen Mengen. Heute gehört Evans & Tate zur McWilliam's Wines Group. Seine Spitzenerzeugnisse – die auch zu den besten der Region gehören – sind der Chardonnay und der Cabernet Sauvignon der Redbrook-Reihe. Bei knappem Budget ist man mit Etiketten der Classic-Linie gut bedient.

Corner of Metricup Road/Caves Road, Wilyabrup, WA 6280
www.evansandtate.com.au

Flame Tree Margaret River
Dem ganz jungen Betrieb gelang ein Sensationserfolg, als er 2008 gleich mit dem ersten Jahrgang seines Cabernet Merlot (2007) die Jimmy Watson Trophy errang. Diverse weitere Medaillen und Preise folgten. Die Trauben stammen nicht nur vom Margaret River, sondern werden auch aus anderen Regionen zugekauft. Jeremy Gordon, Weinmacher der ersten Stunde, stieg 2009 aus. Sein Nachfolger ist der talentierte Cliff Royle. Nach dem Frankland River Shiraz sollte man ebenso Ausschau halten wie nach dem reinsortigen Cabernet Sauvignon. ★ **Aufsteiger**

Corner of Caves Road/Chain Avenue, Dunsborough, WA 6281; www.flametreewines.com

Forest Hill Mount Barker
Forest Hill ist die älteste aller Kellereien, die in Kühlklimaregionen Westaustraliens tätig sind. Bereits 1965, als Margaret River als Weinbaugebiet noch gar nicht existierte, wurden hier im Bereich Mount Barker die ersten Riesling- und Cabernet-Sauvignon-Reben gesetzt. Seit 1996 gehört der Betrieb der Familie Lyons. Ob Riesling, Chardonnay, Cabernet Sauvignon oder Shiraz – alle Weine sind exzellent und spiegeln sehr schön und auf unverwechselbare Weise ihre kühle Herkunft wider.

South Coast Highway, Denmark, WA 6333
www.foresthillwines.com.au

Frankland Estate Frankland River
Seit dem Jahrgang 2009 tragen die Weine von Frankland Estate, einer der Topadressen im kühlen, zu Great Southern gehörenden Bereich Frankland River, das Bio-Siegel. Eine besondere Stärke ist hier der Riesling, etwa in Gestalt des Isolation Ridge, eines betörend kristallinen Tropfens mit klarem Profil, Intensität und zarten Limettennoten. Es gibt auch einen überragenden Kühlklima-Shiraz sowie einen glanzvollen Bordeaux-Verschnitt namens Olmo's Reward. 1988 hatten Barrie Smith und Judy Cullam beschlossen, ergänzend zu ihrer Schafzucht zur Wollerzeugung auch in die Weinproduktion einzusteigen. Der Weinberg Isolation Ridge liegt auf dem Gut, das ihnen seit Mitte der 1970er-Jahre gehört. Für ihre anderen Einzellagenweine kaufen sie das Lesegut von Traubenanbauern in der Umgebung.

Frankland Road, Frankland, WA 6396
www.franklandestate.com.au

Goundrey Mount Barker
Auf für Mount-Barker-Verhältnisse beachtliche 240 ha Rebland kommt dieser Betrieb. Seit 2006 gehört er West Cape Howe. Davor war er im Besitz der Constellation-Gruppe, die die Rechte an dem Namen Goundrey behalten hat und einen Teil der Ernte von den ursprünglichen Rebflächen aufkauft, um die Weine zu bereiten. Die Etiketten der Reihen Goundrey-G und Goundrey Reserve können vorzüglich sein.

Muirs Highway, Mount Barker, WA 6324
www.goundreywines.com.au

Howard Park Margaret River
Mit seiner neuen Kellerei ist Howard Park ein wahrer Publikumsmagnet von Margaret River. Die Geschichte des Betriebs begann in Great Southern, wo er 1986 als einer der Ersten Fuß fasste. 1996 legten die derzeitigen Besitzer Jeff und Amy Burch die Weinberge in der Region Margaret River an und bauten 2000 die Kellerei dort. Heute wird an beiden Standorten produziert, als Weinmacher führt Tony Davis die exzellente Arbeit von Michael Kerrigan fort. Erstklassig wie die stahligen Rieslinge sind auch die straffen Sauvignon-Blanc- und die zurückhaltenden, lagerfähigen Cabernet-Sauvignon-Weine. Frische verbreitet die erschwingliche Reihe MadFish.

Miamup Road, Cowaramup, WA 6284
www.howardparkwines.com.au

Larry Cherubino Wines Frankland River
Als *flying winemaker* hatte Larry Cherubino schon viel Erfahrung gesammelt, als er 2005 begann, selbst Trauben aus renommierten Regionen in Western Australia zu ver-

arbeiten. Cherubino ist sein Premiumlabel, gefolgt von The Yard und Ad Hoc. Betörend aromatisch und zugleich reizvoll fleischig ist The Yard 2006 Frankland River Acacia Vineyard Shiraz, einer der Besten Westaustraliens. The Yard Frankland River Riversdale Vineyard Cabernet Sauvignon fasziniert in der 2007er Fassung mit einem Wechselspiel zwischen konzentrierter Fruchtfülle, Frische und feinkörnigem Tannin. Der Cherubino Margaret River Cabernet 2007 ist schlicht brillant. ★**Aufsteiger**

15 York Street, Subiaco, Perth WA 6008
www.larrycherubino.com.au

Leeuwin Estate Margaret River
Nicht nur für Chardonnay allerersten Ranges hat sich das Gut einen Ruf erworben, auch die auf Leeuwin Estate veranstalteten Konzertreihen sind berühmt. Nur die Roten werden etwas unter Wert gehandelt, auch wenn sie ebenfalls fantastisch sein können. Die Geschichte hinter all dem: 1969 hatte Denis Horgan das Gut gleichsam als Anhängsel eines Installationsbetriebs, dem sein eigentliches Interesse gegolten hatte, erworben. 1973 erkundigte sich ein Anwalt aus Seattle telefonisch bei ihm, ob er seine Besitzung verkaufen wolle. Als Denis herausfand, dass hinter der Anfrage kein Geringerer als Robert Mondavi steckte, wurde ihm klar, dass er hier Rebland mit Weltklasse-Potenzial besaß. 1975 begann er mit der Anlage eines ersten Weinbergs, und nach fünf Jahren beliefen sich seine Rebenbestände auf 81 ha.

Stevens Road, Margaret River, WA 6285
www.leeuwinestate.com.au

McHenry Hohnen Margaret River
David Hohnen, Gründer von Cape Mentelle und Cloudy Bay, gab 2003 seinen Posten als Generaldirektor bei LVMH auf. Heute gilt sein Hauptinteresse der Zucht von Schafen und ein paar Schweinen. Doch wer einmal vom Weinvirus infiziert war, wird dieses nur schwer wieder los. Also baute David mit seinem Schwager Murray McHenry auf der Grundlage von vier noch im Familienbesitz befindlichen Weinbergen diesen neuen Betrieb auf. Als Chefin im Keller bereitet Davids Tochter Freya zusammen mit ihrem Partner Ryan Walsh interessante Weine mit elegantem, auffallend europäischem Flair von nicht gerade gebietstypischen Rebsorten, darunter Tempranillo, Barbera, Petit Verdot und Grenache. ★**Aufsteiger**

Margaret River, WA 6285; www.mchv.com.au

Moss Wood Margaret River
Moss Wood gehört zu den namhaftesten Betrieben der Region Margaret River. Nachdem Dr. John Gladstones in den 1960er-Jahren auf das Potenzial dieses Gebiets hingewiesen hatte, suchten Bill und Sandra Pannell dort sechs Monate nach einem idealen Stück Land. 1969 wurden sie in Wilyabrup fündig und schufen eine der ersten Rebanlagen von Margaret River (drei weitere Pioniere waren Cape Mentelle, Vasse Felix und Cullen). 1978 engagierten sie als Kellermeister den Roseworthy-Absolventen Keith Mugford, der acht Jahre später mit seiner Frau Clare den Betrieb von den Pannells übernahm. Auf 15 000 Kisten jährlich beläuft sich heute die Produktion von den 20 ha Rebenbeständen, die ohne künstliche Bewässerung angebaut werden. Die Lage Old Block Cabernet, von der die besten Trauben kommen, war die zweite überhaupt in Margaret River und ist an die 30 Jahre alt. 2000 erwarb Moss Wood den Nachbarweinberg Ribbon Vale. Gut ist schon der Chardonnay, doch die Cabernet-Sauvignon-Weine kann man nur als sensationell bezeichnen. 2004 ist wohl der beste der jüngeren Jahrgänge.

Metricup Road, Wilyabrup, WA 6284
www.mosswood.com.au

Pierro Margaret River
Diese Boutique-Kellerei wurde 1979 von Michael Peterkin gegründet, einem Arzt und studierten Önologen. Er produziert einen der meistgelobten Chardonnays Australiens, aber auch einige stilvolle Rotweine.

Caves Road, Wilyabrup, Busselton, WA 6280
www.pierro.com.au

Plantagenet Mount Barker
Mit dem ersten Jahrgang 1974 war Plantagenet der Weinbaupionier im Gebiet Mount Barker und zählt hier bis heute zu den Besten. Tony Smith erwarb den Besitz 1968 und baute dessen Renommee wie auch die Rebenbestände nach und nach aus, bevor er das Ganze 2000 an Lionel Samson & Son verkaufte. Er behielt jedoch die Leitung inne und holte 2007 den namhaften Kellermeister John Durham, der 21 Jahre bei Cape Mentelle gewirkt hatte, mit ins Boot. Das derzeitige Programm umfasst einen klar umrissenen, pfeffrigen Shiraz, einen feinen, delikaten Riesling, einen strukturierten Cabernet Sauvignon und einen recht ernsthaften Chardonnay.

Lot 45, Albany Highway, Mount Barker, WA 6324
www.plantagenetwines.com

Vasse Felix Margaret River
Dank Dr. Tom Cullity hielten 1967 in Margaret River, in der Subregion Wilyabrup, die Weinreben Einzug. Sein erster Jahrgang, 1971, fiel großteils der Fäule und den Vögeln zum Opfer, doch 1972 brachte er einen achtbaren Riesling zuwege. Heute gehört Vasse Felix der Familie Holmes à Court und ist einer der Stars hier. Mit Ausnahme eines recht grasigen Semillon ist das Programm schlicht superb. Ganz oben stehen der von Cabernet Sauvignon dominierte rote Heytesbury und der intensive, reichhaltige, konzentrierte Heytesbury Chardonnay. Auch der Cabernet Sauvignon, der Cabernet Merlot und der Shiraz der Estate-Reihe sind ausnahmslos großartig. Angesichts der großen Mengen, die Vasse Felix produziert, ist sein Qualitätsniveau umso beachtlicher.

Corner of Caves Road/Harmans Road South, Cowaramup, WA 6284; www.vassefelix.com.au

Woodlands Margaret River
Die Boutiquekellerei pflanzte bereits 1973 ihre ersten Reben in der Region Margaret River. In jüngerer Vergangenheit hat sie sich einen Ruf als einer der besten Anbieter des Gebiets erarbeitet. Seit 2008 wird das Lesegut der kleinen Parzelle in Wilyabrup durch Trauben von einer anderen Lage ergänzt. Der vielleicht köstlichste Woodlands-Tropfen ist der Colin Cabernet Sauvignon mit einnehmend mineralischer Komplexität und den sanften Aromen Schwarzer Johannisbeeren. Interessant ist auch der Reserve Cabernet Franc, zwischen dessen üppiger dunkler Frucht sich markant die sortentypischen vegetabilen Noten bemerkbar machen.

3948 Caves Road, Wilyabrup, WA 6284
www.woodlandswines.com

DR. JOHN GLADSTONES

Dr. Gladstones war als Lupinenforscher für das Landwirtschaftsministerium von Western Australia tätig, als er sich in den 1950er-Jahren mit dem großen Houghton-Kellermeister Jack Mann anfreundete. In der Folge befasste er sich mit der Frage, welche Gebiete Westaustraliens sich wohl für Qualitätsweinbau eigneten. 1965 erschien sein Bericht »Die Klimata und Böden des südlichen WA mit Blick auf den Rebbau«. Darin bescheinigte er der Region Margaret River ganz ähnliche Witterungsbedingungen wie Bordeaux und dazu ideale Böden, um hochwertige Weine zu erzeugen. Seine Arbeit veranlasste 1967 Dr. Thomas Cullity von Vasse Felix, in dem Gebiet Reben zu pflanzen. Bald folgten als weitere Pioniere die Hohnens (Cape Mentelle), die Cullens (Cullen) und die Pannells (Moss Wood). Gladstones lag richtig: Heute erzeugt Margaret River Australiens beste Weine auf Cabernet-Sauvignon-Basis.

War Neuseeland Hugh Johnson in seinem *Weinatlas* von 1971 lediglich eine Randnotiz wert, rangiert es heute unter den dynamischsten Erzeugerländern von allen. Es ist ein Aufstieg, der in der Neuen Welt seinesgleichen sucht, zumal er so rasant und zum Großteil erst in allerjüngster Zeit stattfand: Zwischen 1995 und 2009 wuchs die Zahl der Kellereien des Inselstaats von 204 auf 643 und die Gesamtrebfläche von 6110 auf 29300 Hektar. Noch deutlicher ist die Steigerung der Exporte: von 7,8 auf 113 Millionen Liter Wein!

Neuseelands größte und prominenteste Anbauregion ist, obwohl noch 1973 völlig rebenlos, Marlborough. Der Verkaufsschlager des Gebiets ist der Marlborough Sauvignon Blanc, auf den 2009 sage und schreibe 57 Prozent des gesamten Traubenertrags entfielen. Daneben bringt Marlborough aber auch ebenso attraktiven Pinot Noir, Pinot Gris, Chardonnay und Riesling hervor.

Hawke's Bay, die zweitgrößte Region, nimmt weniger als ein Drittel der Fläche von Marlborough ein und wartet dennoch mit einem vielfältigen Weinangebot auf, darunter fabelhafte Syrahs und Bordeaux-Verschnitte aus dem angesehenen Unterbereich Gimblett Gravels. Auch der Hawke's Bay Chardonnay kann vorzüglich sein.

Auch ins Rampenlicht drängt neuerdings Central Otago, insbesondere mit Pinot Noir. Eine weitere von Pinot Noir dominierte Region ist Wairarapa mit dem Unterbereich Martinborough, und auf der Südinsel verzeichnet Waipara mit derselben Rebsorte Erfolge. Weitere namhafte Regionen sind etwa Gisborne, Nelson und Auckland.

Umweltschutz und Nachhaltigkeit spielen in Neuseelands Weinbau eine große Rolle, nicht zuletzt dank des seit 1997 propagierten Programms »Sustainable Winegrowing New Zealand« (SWNZ). So verringerte sich etwa der Einsatz von Insektiziden und Fungiziden zwischen 1999 und 2007 um 72 respektive 62 Prozent.

NEU-
SEELAND

NORDINSEL

Einst die Keimzelle der Weinwirtschaft Neuseelands, wurde die Nordinsel ab den 1980er-Jahren von ihrer südlichen Schwester zunehmend in den Schatten gestellt. Bedeutendste Anbauregion ist Hawke's Bay, bekannt für niveauvolle Rotweine aus Bordeaux-Sorten, in jüngerer Zeit auch für Syrah und guten Chardonnay. Zu Wairarapa, der Region um die Hauptstadt Wellington, gehört Martinborough, eine angesehene Quelle von Pinot Noir. In Gisborne, der östlichsten Region, dominieren weiße Rebsorten, insbesondere Chardonnay kann brillant sein. Weiter nördlich gibt es nahe Auckland mehrere kleine Weinbaugebiete, von denen Waiheke Island mit seinen Bordeaux-Verschnitten sowie Syrah und Chardonnay hervorsticht.

Hauptrebsorten

Rot

Pinot Noir
Syrah

Weiß

Chardonnay
Chenin Blanc
Gewürztraminer
Pinot Gris
Riesling
Sauvignon Blanc
Viognier

Jahrgänge

2010
Trotz kühler Wachstumsperiode und später Lese ein vielversprechender Jahrgang für die Regionen Hawke's Bay, Auckland und Gisborne.

2009
Vielversprechender Jahrgang, exzellent in Wairarapa.

2008
Frost und Regen verursachten Probleme an der Hawke's Bay. Leichter, einfacher Pinot Noir in Martinborough.

2007
Großer Jahrgang für Hawke's Bay und Gisborne. Geringe Mengen in Martinborough, aber ausgezeichnete Qualität.

2006
Gut für früh gelesene Weiße, Rote durchwachsen.

2005
Insgesamt gute Qualität. Exzellenter Jahrgang für Auckland und den Norden.

Auf der Nordinsel wurden die ersten Kapitel der Weingeschichte Neuseelands geschrieben. Auckland und Hawke's Bay spielten darin die Hauptrollen, bis in den 1980er-Jahren Marlborough und später dann auch Central Otago zusehends die Scheinwerfer auf die Südinsel lenkten.

Hawke's Bay ist Neuseelands zweitgrößte Region, deren aktuelle Fläche allerdings nur knapp ein Drittel der Gesamtausdehnung von Marlborough ausmacht. Sie kann auf eine lange Weinbautradition verweisen und ist vor allem für exzellente Rote bekannt: Insbesondere dank des speziellen Terroirs des Unterbereichs Gimblett Gravels entstehen hier die besten Bordeaux-Verschnitte des ganzen Landes. Immer mehr rückt auch Syrah ins Rampenlicht: Mengenmäßig wird zwar eher wenig Wein von dieser trendigen Rebsorte produziert, doch ergibt sie im kühlen Klima der Hawke's Bay heute exzellente Tropfen. Eine weitere Stärke der Region ist der Chardonnay.

Gisborne, an der Ostküste gelegen, ist die drittgrößte Anbauregion des Landes, beherbergt allerdings relativ wenige Kellereien. Trotz der warmen und recht feuchten Witterung reift hier exzellentes Traubenmaterial fast ausschließlich aus dem weißen Spektrum heran. Eine Spitzenstellung nimmt Chardonnay ein, doch auch Gewürztraminer, Viognier, Chenin Blanc und Pinot Gris gedeihen gut. Ein beträchtlicher Teil der Ernte des Gebiets wird andernorts von Großbetrieben verarbeitet.

Nur in geografischer Sicht vergleichsweise winzig ist Wairarapa, die am unteren Zipfel der Nordinsel nordöstlich von Wellington gelegene Region, die unter anderem Martinborough umschließt. Außer für vorzüglichen Pinot Noir ist sie ebenso für guten Sauvignon Blanc, Riesling und Chardonnay bekannt. Zwei weitere, jüngere Unterbereiche sind Gladstone und Masterton. Beide verfügen über ähnliche Böden und Klimabedingungen wie Martinborough und haben ebenfalls Pinot Noir zu ihrer Spezialität erkoren. Dass in Wairarapa beträchtliche Jahrgangsschwankungen zu verzeichnen sind, hat vor allem mit den starken Winden zu tun, die sich negativ auf die Blüte auswirken können. Eine weitere Ursache sind mögliche Fröste zu Beginn der Wachstumsperiode.

Auckland, die größte Stadt Neuseelands, ist von einigen florierenden, wenngleich nicht allzu großen Weinbauregionen umgeben. Das warme und feuchte subtropische Klima in diesem Teil des Landes kommt den Reben im Grunde nicht eben entgegen, wenigstens aber mildert eine häufig vorhandene Wolkendecke die intensive Sonneneinstrahlung. Im unmittelbarer Nähe Aucklands liegen die Unterbereiche Kumeu, Huapai und Henderson, etwa eine Autostunde nördlich erstreckt sich das Matakana-Gebiet, das sich mit aromaintensivem Chardonnay einen Namen gemacht hat. Ebenfalls von Auckland schnell erreicht ist Waiheke Island, das mit fabelhaften Syrahs und Bordeaux-Verschnitten rasant seine Stellung ausbaut und immer mehr Kellereien anzieht. Auch Pinot Gris und Chardonnay geraten gut auf der Insel.

Ata Rangi Martinborough
Der Pinot Noir aus dieser Kellerei, eine der Topadressen von Martinborough, gehört regelmäßig zu den feinsten Neuseelands. Als Clive Paton 1980 seine erste Rebenparzelle anlegte, war er einer der Pioniere der Region und musste eine lange Durststrecke durchstehen. Heute fabriziert Kellermeisterin Helen Masters aus dem Lesegut von 30 ha einige vorzügliche Weine. Gelungen gleicht der schön strukturierte Lismore Pinot Gris mit mineralischen Aromen seine Fülle aus. Zurückhaltend und mineralisch gibt sich der Sauvignon Blanc, während der Craighall Chardonnay, einer der besten Neuseelands, mit Feigen, Pfirsichen und Birnen auftrumpft. Der Crimson Pinot Noir erweist sich als eher fröhlicher, unbeschwerter Artgenosse des Ata Rangi Pinot Noir, des hiesigen Paradeweins mit blumig getönten Schwarzkirschenaromen und leicht fleischiger Würze. Köstlich auch der Célèbre, ein Mix aus Merlot, Syrah und Cabernet Sauvignon, dessen dunkle Frucht eine reizvolle mineralische Note aufweist.

Puruatanga Road, Martinborough, South Wairarapa
www.atarangi.co.nz

Bilancia Hawke's Bay
Im Mittelpunkt der seit 1997 existierenden Vorzeigekellerei der Region Hawke's Bay steht Syrah: Als einer der besten neuseeländischen Vertreter seiner Art gilt der La Collina, dessen Trauben von einer terrassierten Hanglage stammen. Unverkennbar durch Italien beeinflusst, tauften Warren Gibson (von Trinity Hill, siehe S. 553) und seine Frau Lorraine Leheny ihr kleines, feines Unternehmen Bilancia, übersetzt »Waage« – eine Anspielung auf das gemeinsame Sternzeichen der beiden wie auch auf die Ausgewogenheit, die sie in ihren Weinen anstreben. Ihr Pinot Gris ist, ob in der Normal- oder Reserve-Fassung, grandios. Auch den Viognier und den Syrah/Viognier sollte man kosten. ★**Aufsteiger**

Stortford Lodge, Hawke's Bay; www.bilancia.co.nz

Cambridge Road Vineyard Martinborough
Mit biodynamischen Methoden werden die nur 2,2 ha Rebland bewirtschaftet; das Wohlergehen der 1986 gepflanzten Stöcke (drei Viertel Pinot Noir, ein Viertel Syrah) liegt in den Händen von Lance Redgwell. Dass man hier hohe Ambitionen verfolgt, zeigt sich besonders beim immens ausdrucksvollen Syrah, der seine opulente, aber klar konturierte Brombeer- und Schwarzkirschenfrucht mit einer feinen Pfeffernote würzt und überzeugend demonstriert, zu welcher Größe diese Sorte auf der Martinborough Terrace am Nordostrand des Ortes Martinborough auflaufen kann. Intensive Schwarzkirscharomen mit fleischigem Touch prägen auch den reifen Noblestone Pinot Noir. Kurios, aber äußerst gelungen der Pinot Noir/Syrah-Verschnitt mit herrlich würziger und lebhafter Beeren- und Kirschfrucht. ★**Aufsteiger**

32 Cambridge Road, Martinborough
www.cambridgeroad.co.nz

Craggy Range Winery Hawke's Bay
Ansässig ist der Betrieb in der Hawke's Bay, sein Traubenmaterial gewinnt er aber auch in namhaften Anbaugebieten andernorts im Land. Das talentierte Team unter der Leitung von Steve Smith bereitet ein Sortiment hochklassiger, zumeist lagenspezifischer Weine. Beachtlich sind vor allem die Roten, speziell zwei Pinots aus dem auf der Südinsel gelegenen Central Otago: Calvert und Bannockburn Sluicings. Doch auch der Te Muna Road Pinot Noir aus Martinborough beeindruckt dank seiner geschmeidigen Eleganz. Aus dem Hawke's-Bay-Unterbereich Gimblett Gravels kommt der fantastische Bordeaux-Verschnitt Quarry, und die Syrah-Abfüllungen Le Sol sowie der pikant pfefferwürzige Block 14 gehören zum Besten, was Neuseeland zu bieten hat.

253 Waimarama Road, Havelock North, Hawke's Bay
www.craggyrange.com

Dry River Martinborough
Neil McCallum zählt zu den Leitfiguren der neuseeländischen Winzerschaft. Er praktiziert ein ausgeklügeltes Weinbergmanagement, basierend etwa auf einer Reben-erziehung mit Laubaufteilung, unter den Pflanzen ausgebreiteten reflektierenden Planen und Blattreduzierung zur Förderung einer optimalen Traubenreifung. So entstehen auf dem Gut Dry River in Martinborough Weine erster Güte: geradliniger, erhabener, alterungswürdiger Pinot Noir, aromatischer, intensiver, fleischiger Lovat Syrah, komplexer, vollmundiger Pinot Gris, bestechend sortentypischer Gewürztraminer und Viognier – beide von eher zurückhaltendem Wesen – und schließlich ein Riesling mit faszinierendem, mineralisch angehauchtem Profil.

Martinborough, South Wairarapa; www.dryriver.co.nz

Escarpment Martinborough
Einst verhalf Larry McKenna dem Haus Martinborough Vineyard (siehe S. 552) zu Ruhm und Ehren. Heute kümmert er sich um die eigene Kellerei, die er 1999 mit seiner Frau Sue sowie Robert und Mem Kirby ins Leben rief. Zum Betriebsvermögen gehört ein Weinberg auf den Uferterrassen des Flusses Te Muna, gleich außerhalb der Stadt Martinborough. Zu 70 % ist er mit Pinot Noir bestockt, zusätzlich wachsen dort Chardonnay und ein bisschen Pinot Gris, Riesling und Pinot Blanc. Weitere Parzellen wurden hinzugepachtet. Der Chardonnay ist recht beachtlich, wahre Klasse allerdings zeigen die Pinot-Noir-Weine, insbesondere die Einzellagenversionen der neuen Reihe Insight: Kupe, Kiwa, Te Rehua und Pahi.

Te Muna Road, Martinborough, South Wairarapa
www.escarpment.co.nz

Esk Valley Estate Hawke's Bay
Unter dem Namen Glenvale in den 1930er-Jahren gegründet, war die Kellerei zunächst auf gespritete Weine spezialisiert. In den 1970er-Jahren wurde die Marke Esk Valley kreiert. Als Glenvale in den Achtzigern in Konkurs ging, kaufte George Fistonich, der Besitzer von Villa Maria (siehe S. 559), den Betrieb, ließ ihm aber seine unternehmerische Autonomie mitsamt Produktionsanlage und Kellermannschaft. Seit 1993 steht sie unter der Leitung von Gordon Russell. Esk Valley verarbeitet jährlich etwa 762 t Trauben von 28 über die gesamte Region verteilten Standorten. Mit seiner minimalinvasiven Kellerphilosophie möchte Russell möglichst lagenspezifische Weine erzeugen. Die Palette bietet Vielfalt, ein recht gutes Niveau und dazu manche Überraschung, etwa den Verdelho, den Chenin Blanc und einige ernsthafte Rote. Spitzenwein ist der konzentrierte rote Verschnitt The Terraces, der nur in den besten Jahren aus Trauben von den Weinterrassen rings um die Kellerei bereitet wird.

Main Road, Bay View, Napier, Hawke's Bay
www.eskvalley.co.nz

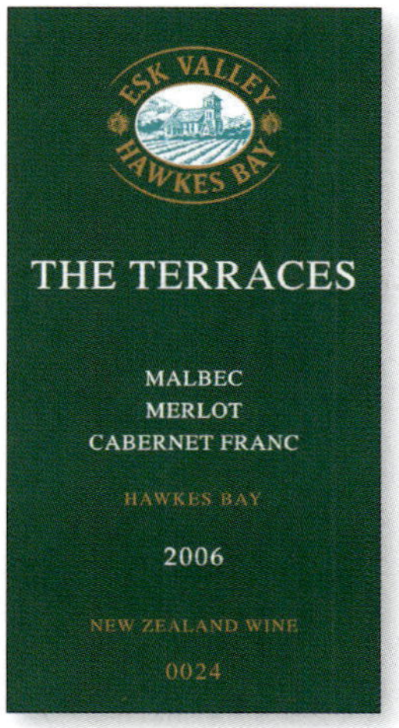

ESK VALLEY ESTATE
NUR IN BESONDEREN JAHREN ENTSTEHT IN KLEINER AUFLAGE DIESER EXQUISITE ROTE

BILANCIA
VOLLFRUCHTIG, PFEFFRIG UND DABEI ELEGANT – EIN BEGEHRTER SYRAH AUS NEUSEELAND

NORDINSEL

Mag auch der Blick auf die Karte nahelegen, weite Teile der Nordinsel lägen unter einem gleichmäßigen Rebenteppich, konzentriert sich tatsächlich das Gros der Pflanzungen in einigen Einzelregionen. Die größte von ihnen, Hawke's Bay, breitet sich um die Zwillingsstädte Napier und Hastings aus. Landschaftlich schön ist sie mit ihren ausgedehnten Rebgärten nicht unbedingt, mancher Wein von hier kann sich aber absolut sehen lassen. In der kleinen Region Wairarapa nahe der Hauptstadt Wellington, insbesondere im Unterbereich Martinborough, entsteht mit der beste Pinot Noir Neuseelands. Gisborne, die östlichste Region des Landes, hat weniger Kellereien vorzuweisen, ist aber ein bedeutendes Traubenanbaugebiet. Die Gegend um Auckland tut sich heute insbesondere durch die Gewächse von Waiheke Island hervor.

HAWKE'S BAY

Das historisch wichtigste Weinbaugebiet um die Bucht Hawke Bay (ohne »s« geschrieben) ist für einen Besucher, der zum ersten Mal kommt, nicht leicht zu überblicken. Hauptachse bilden die dicht beieinander liegenden Städte Napier und Hastings, doch die Rebflächen darum herum liegen wegen der ganz unterschiedlichen Böden weit verstreut. Seit den 1990er-Jahren macht der Unterbereich Gimblett Gravels mit fantastischen Roten von Syrah und Bordeaux-Trauben auf sich aufmerksam.

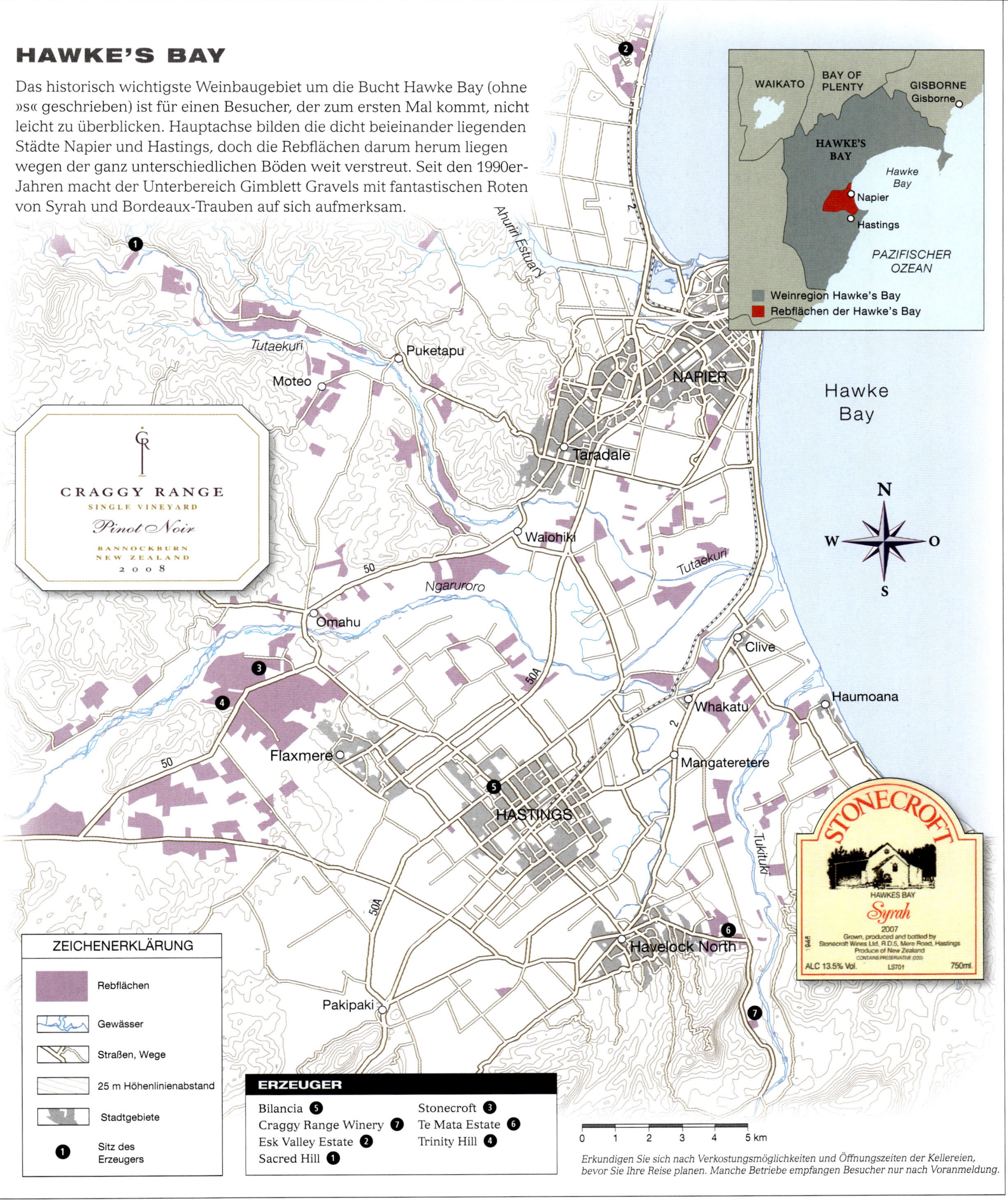

Erkundigen Sie sich nach Verkostungsmöglichkeiten und Öffnungszeiten der Kellereien, bevor Sie Ihre Reise planen. Manche Betriebe empfangen Besucher nur nach Voranmeldung.

TRINITY HILL
DER SYRAH HOMAGE LÄSST DIE HERZEN VON GENIESSERN WIE VON SAMMLERN NEUSEELÄNDISCHER WEINE HÖHER SCHLAGEN

KUMEU RIVER WINES
CHARDONNAY DER ABSOLUTEN SPITZENKLASSE: DER 2007ER MATÉ'S VINEYARD

Gladstone Vineyard Wairarapa

Aus ihrer Heimat Schottland wanderten Christine und David Kernohan in den 1970er-Jahren nach Neuseeland aus, wo David Dozent für Architektur an der Universität von Wellington wurde. 1996 erwarb das Paar das ein Jahrzehnt zuvor gegründete Gut in der Wairarapa-Unterregion Gladstone. Seither haben die Kernohans weitere Rebflächen, ein Restaurant und eine neue Kellerei geschaffen. Sie arbeiten zwar nicht rein biologisch, aber mit Begrünung, die Nutzinsekten anlocken soll, und ohne allzu große Eingriffe im Weinberg. Ihr frischer, eleganter Pinot Noir betört mit sonoren Noten von Schwarzkirschen. Sophie's Choice ist ein reichhaltiger, strukturierter, nussig-eichenwürziger Sauvignon Blanc, während der Pinot Gris eine gefällige Textur mit runden, kräutergetönten Birnenaromen verbindet. Mit lebhafter Mineralität und dunkler Frucht spricht der Bordeaux-Verschnitt Auld Alliance die Sinne an.

Gladstone Road, RD2, Carterton, Wairarapa
www.gladstone.co.nz

Kumeu River Wines Auckland

Die Brajkovich-Brüder Michael, Milan und Paul kümmern sich um die Reben, die Weinbereitung und das Marketing ihrer Familienkellerei in Kumeu, nordwestlich von Auckland. Im Sortiment bilden die Village-Etiketten das untere Segment, darüber stehen die Estate-Weine und schließlich auf der obersten Stufe die Einzellagengewächse. Die Reben werden am Spalier im Lyra-System erzogen, die Lese erfolgt komplett von Hand. Kumeu River kann sich einiger der besten Chardonnay-Interpretationen Neuseelands rühmen. Expressiv und komplex ist der Estate Chardonnay, der noch getoppt wird durch drei Einzellagenversionen (Maté's Vineyard, Coddington und Hunting Hill). Da kann der Pinot Noir trotz seines frischen und geschmeidigen Wesens nicht mithalten.

550 State Highway 16, Kumeu; www.kumeuriver.co.nz

Man O' War Waiheke Island

1993 beschloss die Familie Spencer, auf dem zerklüfteten Gelände ihrer herrlichen, 1821 ha großen Besitzung im äußersten Nordosten von Waiheke Island einen Weinberg anzulegen. Heute summieren sich die Rebenbestände auf 61 ha, unterteilt in etwa 90 kleine Parzellen, aus denen zwei Etikettenreihen hervorgehen. Die White-Label-Serie betont den Frucht- und Sortencharakter, verdient aber durchaus Beachtung. Dagegen spiegeln die Black-Label-Editionen (Sauvignon/Semillon Gravestone, Chardonnay Valhalla, Syrah Dreadnought und der Bordeaux-Verschnitt Ironclad) auf faszinierende Weise ihr jeweiliges Terroir. Überragend ist dabei der Dreadnought, der den Genießer mit dunkel getönten, pfeffrigen, fleischigen und komplexen Eindrücken in seinen Bann schlägt – ein Paradebeispiel eines in kühlem Klima gereiften Syrah. ★**Aufsteiger**

Man O' War Bay Road, Man O' War Bay, Waiheke Island
www.manowarvineyards.co.nz

Martinborough Vineyard Martinborough

1978 verfasste Dr. Derek Milne einen Bericht über die Eignung der verschiedenen Gebiete Neuseelands für den Weinbau. In dieser Auftragsarbeit benannte er Martinborough als Neuseelands Pendant zu Burgund. Derart groß war sein Glaube an das Potenzial des Bereichs, dass er sich bei der Gründung dieses Betriebs im Jahr 1980 als Investor beteiligte. 1984 kam der erste Jahrgang auf den Markt, 1986 wurde Larry McKenna als Kellermeister verpflichtet. Nach dem Ausstieg McKennas 1999 (er gründete Escarpment, siehe S. 549) setzte Claire Mulholland sein Werk fort (inzwischen ist sie für Amisfield tätig), ihr folgte vor nicht allzu langer Zeit Paul Mason. Alles glückt hier, speziell Pinot Noir und Riesling. Keineswegs zu verachten ist, auch wenn es sich nur um ein Zweitetikett handelt, der Te Tera Pinot Noir. Übertrumpft wird er aber vom Martinborough Vineyard Pinot Noir, der noch von den Ursprungsparzellen stammt und eine geschmeidige, elegante Textur zur Schau stellt, unterfüttert mit Himbeer- und Kirscharomen (überaus konzentriert ist der Jahrgang 2007). Von den drei Riesling-Varianten sind der trockene und dennoch sanfte Manu Riesling sowie die Spätlese (Late Harvest) sehr zu empfehlen, genau wie die nur in Kleinauflage produzierte Cuvée von Syrah und Viognier.

Princess Street, Martinborough, South Wairarapa
www.martinborough-vineyard.com

The Millton Vineyard Gisborne

Dass James Millton als Pionier des biodynamischen Weinbaus in der Neuen Welt bekannt wurde, verdient umso mehr Respekt, als er in Gisborne tätig ist, wo Wärme und Feuchtigkeit das Klima bestimmen – nicht eben ideale Ausgangsbedingungen für alternative Kulturmethoden. 1984, im Alter von 28 Jahren, begann er auf den Rebflächen, die der Vater seiner Frau Annie in Opou angelegt hatte. Neben den 7,7 ha dort umfasst sein Betrieb auch 2,8 ha in Te Arai, 6,8 ha mit Chardonnay und Viognier bestockte Weinberge in Riverpoint sowie die spektakuläre Hügellage Naboth's Vineyard, deren Trauben 1993 erstmals kommerziell verwertet wurden und die mit vier weiteren Parzellen den Clos de Ste-Anne bildet. Von den durchweg überragenden Weinen seien der glanzvolle Chenin Blanc, der mineralische und gut auf den Punkt gebrachte Clos Ste-Anne Pinot Noir sowie ein prächtiger, pfefferwürziger Syrah hervorgehoben.

119 Papatu Road, CMB 66, Manutuke, Gisborne
www.millton.co.nz

Palliser Estate Martinborough

Als sich das Palliser Estate 1984 in Martinborough ansiedelte, gehörte es zu den Pionieren. Heute ist es mit Rebenbeständen von über 80 ha einer der größten Betriebe des Gebiets. Geschäftsführer ist Richard Riddiford, Teilhaber der ersten Stunde und eine anerkannte Persönlichkeit in der neuseeländischen Weinszene. Unter Chefkellermeister und -agronom Alan Johnson, seit 1991 hier im Amt, entstehen regelmäßig gute Produkte. Angeführt wird die Etikettenriege von einem aromatischen, geradlinigen Sauvignon Blanc, einem gehaltvollen, aber ausgewogenen Chardonnay und einem Pinot Noir mit schöner Geschmacksfülle.

Kitchener Street, Martinborough, South Wairarapa
www.palliser.co.nz

Sacred Hill Hawke's Bay

Spiritus Rector dieser Kellerei ist Tony Bish. Nachdem er Sacred Hill 1985 auf die Beine geholfen hatte, sammelte er unter anderem in Central Otago weitere Erfahrungen, bevor er schließlich 1994 zurückkehrte. Heute produziert Sacred Hill um die 300 000 Kisten jährlich, etwa 40 % werden exportiert. Mit seiner kraftvollen, nussig-toastigen Fülle und mandarinengetönten Frische ist der Chardonnay Riflemans zu einer Weinikone Neuseelands geworden. Preiswerter und dennoch superb ist der fassvergorene Chardonnay. Auch der Cabernet Sauvignon Helmsman mit Aromen dunkler Früchte und der straffe, klar konturierte, würzige Syrah Deerstalkers lohnen einen Versuch.

1033 Dartmoor Road, Puketapu, Napier
www.sacredhill.com

Schubert Wines Martinborough
Nach einer Ausbildung in Geisenheim zog Kai Schubert mit seiner Partnerin Marion Deimling aus Deutschland ins Martinborough-Gebiet. 1998 erwarben die beiden dort einen 1,4 ha großen Weinberg, dazu 40 ha unbebautes Land in East Taratahi auf einer Terrasse am Ruamahanga River, wo sie ab 1999 nach und nach 12 ha bestockten. Großartigen Pinot Noir zu bereiten, war von vornherein ihr Ziel gewesen. Elegant gibt ihr Pinot Noir Block B seine liebliche, üppige Kirschfrucht preis und brilliert als einer der attraktivsten des Bereichs. Auch der in kleiner Menge erzeugte frische, pfeffrige und würzige Syrah lässt die Sinne nicht kalt. ★**Aufsteiger**

57 Cambridge Road, Martinborough
www.schubert.co.nz

Stonecroft Hawke's Bay
Dass die Gimblett Gravels einen Ruf als exzellentes Rotweinterrain genießen, ist auch dem Einsatz von Alan Limmer zu verdanken. 1982 begann er hier sein Werk, 1987 erschien das erste Stonecroft-Etikett auf dem Markt, und 1989 erzeugte er den ersten Syrah der modernen Weinbaugeschichte Neuseelands. Zwischen 1989 und 1992 kämpfte er in in einer Reihe von Prozessen gegen Pläne, die Gimblett Gravels für den Kiesabbau zu nutzen. Sein spektakulärer Sieg rettete Neuseeland ein Weinbaugebiet der Spitzenklasse (siehe auch Randspalte). Aus dem durchweg guten Stonecroft-Sortiment stechen klar die drei Syrahs heraus: Eine köstlich frische, pfeffrige Art offenbart der von jungen Reben gewonnene Crofters, bestechend ausdrucksvoll und fokussiert ist der Serine, mehr Struktur und Alterungspotenzial besitzt als Spitzenprodukt der Reserve Syrah, der mit pikanten Pfeffernoten lockt. Seit 2010 ist Stonecroft im Besitz von Dermot McCollum und Andria Monin, doch Alan Limmer bleibt dem Betrieb als Berater erhalten.

Mere Road, RD5, Hastings, Hawke's Bay
www.stonecroft.co.nz

Te Kairanga Wines Martinborough
Auf sechs Weinberge, vier davon auf der berühmten Martinborough Terrace, kommt heute dieser Betrieb, der größte im Bereich Martinborough. TK, wie er häufig kurz genannt wird, geht auf das Jahr 1983 zurück, als Paul Draper eine kleine, wenige Jahre zuvor angepflanzte Rebenparzelle erwarb. Offenbarten die Weine anfangs schwankende Qualität, steigerten sie sich im Lauf der 1990er-Jahre, ohne indes zur Elite von Martinborough aufzusteigen. Dennoch ist dem Pinot Noir John Martin Reserve und dem Chardonnay Casarina Reserve ihr eindrucksvolles Format nicht abzusprechen.

Martins Road, Martinborough, South Wairarapa
www.tekairanga.co.nz

Te Mata Estate Hawke's Bay
Die historische Kellerei mit Sitz in Havelock North gehört seit 1978 John Buck. Heute zählt sie mit einem Ausstoß von 35 000 Kisten pro Jahr, etwas mehr als die Hälfte davon rot, zu den führenden Erzeugern Neuseelands. Die insgesamt 120 ha Rebland verteilen sich auf drei Standorte in der Region Hawke's Bay. Das bekannteste Etikett des Hauses ist der Coleraine, ein alterungswürdiger Bordeaux-Verschnitt, der seit 1982 erzeugt wird. Beachtung verdienen außerdem der frische, leicht vegetabile, beerenfruchtige Awatea (Cabernet/Merlot), der Syrah Bullnose und der trotz seiner Kraft schön fokussierte Chardonnay Elston, einer der besten Neuseelands.

349 Te Mata Road, Havelock North, Hawke's Bay
www.temata.co.nz

Trinity Hill Hawke's Bay
Drei Parteien haben sich hier zusammengetan: John Hancock, Robert und Robyn Wilson sowie Trevor und Hanne James. Ihren ersten Weinberg – 20 ha im erstklassigen Gelände der Gimblett Gravels – kauften sie 1993, der erste Wein wurde 1996 zunächst in gemieteten Räumen in kleinen Mengen produziert. 1997 entstand die Kellerei, deren markantes Profil die Konturen des Geländes aufgreift, und 2000 folgte der Erwerb weiterer 20 ha in den Gravels. Derzeit werden jährlich 610 t Lesegut gekeltert, die insgesamt 35 000 Kisten Wein ergeben. Star des Hauses ist der Syrah Homage, einer der schönsten Roten Neuseelands. Probieren sollte man auch den Bordeaux-Verschnitt Gimblett und den Syrah Gimblett Gravels.

2396 State Highway 50, RD5, Hastings, Hawke's Bay
www.trinityhill.co.nz

Urlar Wairarapa
Angus Thomson verkaufte die Farm seiner Familie in Schottland, um 2004 in Wairarapa das Gut Urlar zu gründen – der gälische Name bedeutet »Erde«. Letztendlich sollen die 31 ha biodynamisch bewirtschaftetes Rebland 15 000 Kisten Wein erbringen, allerdings beschränkte sich der Debütjahrgang 2008 noch auf 3500 Kisten. Die ersten Arbeitsproben von Kellermeister Guy McMaster, zuvor tätig in Larry McKennas Betrieb Escarpment (siehe S. 549), verheißen einiges: Es gibt komplexen, mineralischen Riesling, reichhaltigen, cremig-nussigen Pinot Gris mit köstlicher Textur und klar konturierten, intensiven Sauvignon Blanc, dem die Gärung im Fass anzumerken ist. ★**Aufsteiger**

Keine Besuchereinrichtungen; www.urlar.co.nz

Vinoptima Gisborne
Die Entscheidung, sich auf Gewürztraminer zu spezialisieren, mag manchen erstaunt haben. Was Nick Nobilo aber in Ormond, Gisborne, zuwege bringt, zählt zu den absoluten Glanzstücken Neuseelands im Weißweinbereich. Mit dem Verkauf der Kellerei seiner Familie an Konzern Constellation und der Gründung von Vinoptima im Jahr 2000 wurde Nick zu einem der Wegbereiter des modernen neuseeländischen Weins. Auf knapp 10 ha kultiviert er fünf Klone des Gewürztraminers. Schon der Premierenjahrgang 2003 geriet spektakulär. 2004 und 2007 entstand neben der Normalversion auch fantastischer edelfauler Noble Late Harvest. ★**Aufsteiger**

138 Ngakoroa Road, Ormond, RD1, Gisborne
www.vinoptima.co.nz

DIE GIMBLETT GRAVELS

Innerhalb der Region Hawke's Bay liegt dieser etwa 800 ha große Bereich, der heute nahezu vollständig mit Rebflächen bedeckt ist. Dabei hatte sich noch vor drei Jahrzehnten kaum jemand für das Gelände interessiert. 1988 kaufte ein Betonwerk 150 ha, um den dort vorhandenen Kies (Englisch gravel) für den Straßenbau zu gewinnen. Wider Erwarten konnte ein Zusammenschluss von Weinerzeugern das Vorhaben stoppen (siehe auch den Eintrag zu Stonecroft), und heute bringen die Gimblett Gravels einige der feinsten Rotweine Neuseelands hervor. Das Terrain bietet mit seinen gut durchlässigen, nährstoffarmen Böden und mit Temperaturen, die einige Grade höher liegen als in der Umgebung, ganz eigene Bedingungen. Es ist wie geschaffen für die Bordeaux-Sorten, also Merlot, Cabernet Sauvignon, Malbec und Cabernet Franc. Auch Syrah liefert einige großartige Ergebnisse, wird hier allerdings nur in geringem Umfang angebaut.

SÜDINSEL

Auf der Südinsel liegt die wichtigste Weinregion Neuseelands: Marlborough. Wo bis 1973 kein Rebbau stattfand, dehnen sich heute die größten Anbauflächen des Landes aus, und die hier reifenden Sauvignon-Blanc-Weine haben wie ein Turbo auf die nationale Weinwirtschaft gewirkt. Es gibt noch zwei weitere bedeutende Regionen: In Central Otago im Süden entsteht unter dem Einfluss des dort herrschenden kontinentalen Klimas Pinot Noir von Weltklasse, und die Region Canterbury, die Waipara umschließt, ist außer für großartigen Pinot Noir für eindrucksvollen Chardonnay und Riesling bekannt. Aus der kleineren Region Nelson, westlich von Marlborough, kommen stilvoller Chardonnay, Riesling und wiederum Pinot Noir.

Hauptrebsorten

Rot

Pinot Noir

Weiß

Chardonnay
Pinot Gris
Riesling
Sauvignon Blanc

Jahrgänge

2010
Einer der besten Jahrgänge überhaupt in Marlborough, auch in Central Otago verheißungsvoll. Kühl, aber vielversprechend in Waipara.

2009
Auf der ganzen Südinsel Quantität wie Qualität gut. Einige sehr schöne Weine.

2008
Gute Bedingungen bei der Blüte, Riesenernte. Die Qualität ist aber nur Durchschnitt.

2007
Gute Qualität bei geringen Mengen in Central Otago. Reduzierter Ertrag in Waipara. In Marlborough exzellent.

2006
Guter Jahrgang mit günstigen Bedingungen und einem trockenen Herbst.

2005
Kleine, aber gute Ernte in Marlborough, reduzierte Erträge in Waipara. Für Central Otago ein schwieriges Jahr.

Von den insgesamt 29000 Hektar Rebflächen Neuseelands gehen 16000 Hektar auf das Konto von Marlborough. Eine überwältigende Dominanz, die kaum glauben lässt, dass vor knapp 25 Jahren nur ganz wenige und noch bis 1973 überhaupt keine Rebstöcke in dieser Region anzutreffen waren. Mit dem Erfolg des hiesigen Sauvignon Blanc kam der Aufschwung für die gesamte neuseeländische Weinbranche: Seit den 1980er-Jahren im stetigen Aufwärtstrend, ist sie seit 1995 um ein Fünffaches gewachsen.

Sauvignon Blanc aus Marlborough vereint Noten von reifer Passionsfrucht mit säuerlicher Grapefruit und frischer Stachelbeere zu einem Stil, der Genießer weltweit im Sturm erobert hat. Auch andere Traubensorten geben ihr Bestes in dieser Region. Vor allem, wenn die Erträge eher niedrig gehalten werden, entstehen frischer Pinot Noir mit Kirschnote, geschmacksintensiver Chardonnay, mitreißend munterer Riesling und schön strukturierter, unverfälschter Pinot Gris. Im Herzen von Marlborough erstreckt sich das weite, flache Wairau-Tal mit den Unterbereichen Rapuara, Brancott und Waihopai Valley. Deutlich kühler geht es im südlich gelegenen Awatere Valley zu, wo der Sauvignon Blanc eine knackig-frische Art gewinnt, häufig mit einem Hauch von Tomatenblättern.

Westlich von Marlborough breitet sich bis zur höchsten Spitze der Südinsel im Regenschatten der im Westen aufragenden Berge die recht kühle, aber sonnige kleine Region Nelson aus. Ihre Rebgärten, die über die Hügellagen und lehmigen Schwemmlandböden der Waimea Plains locker verstreut sind, liefern das Traubenmaterial für manch hoch angesehenen Pinot Noir, Riesling, Chardonnay und Sauvignon Blanc.

Als Weinbaugebiet kommt Central Otago nur auf ein Zehntel der Größe von Marlborough. Dennoch hat sich die Region in den letzten Jahrzehnten mit hochwertigen reinsortigen Weinen einen Namen gemacht, insbesondere von Pinot Noir. Das Kontinentalklima der Unterbereiche Gibbston, Alexandra, Cromwell Basin (mit Bannockburn, Pisa, Lowburn, Bendigo) und Wanaka bietet großartige Voraussetzungen für die Erzeugung von erstklassigem Pinot Noir, der mit einer gewissen Eleganz eine kräftige und reiche Frucht zum Besten gibt. Riesling gedeiht hier ebenso, verkauft sich allerdings schleppend. Vorerst eine Randerscheinung, die man indes wegen manch interessantem Pinot Noir im Blick behalten sollte, ist das neue Gebiet Waikari in North Otago.

Canterbury hat gleichfalls eine Reihe sehr guter Anbaugebiete vorzuweisen, unter denen das in geringer Entfernung nördlich von Christchurch gelegene Waipara eine Spitzenstellung einnimmt. Der Wind kann hier insofern zum Problem werden, als er die Blüte beeinträchtigt und damit die Erträge mindert. Jedoch gehören die Pinot-Noir-Weine aus Waipara zu den köstlichsten Neuseelands, darüber hinaus kommen von hier ansprechende Rieslinge und Chardonnays. Eines der Erfolgsgeheimnisse von Waipara sind seine Böden, darunter kiesiges Schwemmland, hier und da sogar Kalkboden. Letzterer bildet die Basis neu angelegter Rebkulturen im hügeligen Norden von Canterbury, die besonders mit ihren Weinen von Chardonnay und Pinot Noir Anlass zu schönsten Hoffnungen geben.

Ara Marlborough
Leiter dieser imposanten Unternehmung ist Dr. Damian Martin, der in Bordeaux sein Know-how schulte, um dann in sein Heimatland zurückzukehren. Auf einer Geländeterrasse am Zusammenfluss des Waihopai mit dem Wairau besitzt Ara etwa 1600 ha Grund, von denen um die 400 ha bisher mit Sauvignon Blanc und Pinot Noir bepflanzt sind. Ziel des noch in den Kinderschuhen steckenden Projekts ist es, zusammen mit weiteren lokalen Erzeugern eine ganz neue Appellation zu schaffen. Im Zentrum des einstweilen sehr guten, aber nicht grandiosen Sortiments stehen ein herzhafter Pinot Noir mit Pflaumennote und ein eher schlank konturierter Sauvignon Blanc, beide aus der Composite-Reihe. Aus einer speziellen Parzelle bringt das Topetikett Pinot Noir Resolute ein attraktives Terroirprofil mit.

Renwick, Marlborough; www.winegrowersofara.co.nz

Bell Hill Vineyard North Canterbury
Schon der Anblick dieses Guts in den Waikari-Hügeln, die sich landeinwärts der Region Waipara unweit von Christchurch erstrecken, bringt einen ins Schwärmen. Gewisse Parallelen zu Burgund sind nicht von der Hand zu weisen. Auf 6 ha Kreideböden wachsen in hoher Dichte Pinot Noir und Chardonnay. Marcel Giesen und seine Frau Sherwyn Veldhuizen zaubern daraus einige der aufregendsten Interpretationen dieser Sorten, die Neuseeland vorzuweisen hat. Mit der Anlage des Weinbergs begannen sie 1997, doch erst im Dezember 2009 waren die letzten Reben gepflanzt. Der erste Wein erschien 2003. Sowohl der 2006er als auch der 2007er Pinot Noir begeistern durch Eleganz und Kraft. Der Chardonnay reift vorzüglich in der Flasche, wie der 2004er tiefschürfend demonstriert. ★**Aufsteiger**

Waikari, North Canterbury; www.bellhill.co.nz

Carrick Wines Central Otago
Zunächst in der Kommunalverwaltung beschäftigt, gründete Steve Green 1994 mit seiner Frau Barbara diese Kellerei in Bannockburn – inzwischen eine der erfolgreichsten Subregionen von Central Otago. Unter dem Reben-Coach Blair Deaker (früher bei Villa Maria, siehe S. 559) erfolgt derzeit der Wechsel zum Bioanbau. Im Keller hat seit 2008 Jane Docherty das Sagen, die zuvor für Felton Road tätig war. Erstmals 2005 wurde hier der Pinot Noir Excelsior bereitet. Der 2007er war bei Redaktionsschluss zwar noch nicht freigegeben, dürfte aber die bisher beste Version dieser Prestige-Cuvée sein. Exzellent ist auch der normale Pinot Noir, der allerdings 2008 nicht abgefüllt wurde. Stattdessen wurde mit dem Southern Cross ein neuer Zweitwein produziert. Auch der halbtrockene Josephine Riesling ist eine Köstlichkeit.

247 Cairnmuir Road, Bannockburn, RD2, Central Otago
www.carrick.co.nz

Cloudy Bay Marlborough
Durch diese Kellerei, heute international vielleicht die bekannteste Neuseelands, rückte der Inselstaat überhaupt erst ins Bewusstsein vieler Weininteressenten. Gegründet 1985 von dem Australier David Hohnen, machte Cloudy Bay bereits mit dem 1986er Jahrgang seines Sauvignon Blanc Furore – der wilde Angriff exotischer Aromen auf die Sinne war eine Sensation. Produziert werden außerdem ein seriöser, schön fokussierter Pinot Noir und ein geschmacksintensiver Chardonnay. Der Schaumwein

FELTON ROAD
SEINE KOMBINATION VON STRUKTUR UND FINESSE MACHT DEN BLOCK 5 ZU EINEM PINOT NOIR DER SPITZENKLASSE

ARA
OFFENSIV SPRICHT DIESER SAUVIGNON BLANC DIE SINNE AN – MIT ERFOLG

Pelorus gehört zu den besten Neuseelands, und auch der recht eigenwillige, mit Wildhefen bereitete und fassvergorene Sauvignon Blanc Te Koko ist eine Klasse für sich. Der reguläre Sauvignon Blanc, auf dem der Ruhm des Guts beruht, wurde in letzter Zeit in größeren Mengen produziert und ist nicht mehr ganz derselbe wie vor zehn Jahren, kann aber immer noch begeistern.

Jacksons Road, Blenheim, Marlborough
www.cloudybay.co.nz

Dog Point Vineyard Marlborough
Mit James Healy und Ivan Sutherland (zuvor bei Cloudy Bay Weinmacher und Rebenexperte) arbeiten in diesem hochspannenden Betrieb zwei der großen Talente Neuseelands zusammen. Sie erzeugen Pinot Noir, Chardonnay und Sauvignon Blanc. Der normale Sauvignon Blanc verkörpert mit seiner unverstellten Art den Marlborough-Stil in Reinkultur, während der ausgesprochen charakter- und kraftvolle, wunderbar mineralische Block 94 eine Stufe höher steht. Strukturiert, elegant und begleitet von einer herzhaften Würze, ist der Pinot Noir einer der besten der Region. Sowohl der 2006er als auch der 2007er sind exzellent geraten. ★**Aufsteiger**

Dog Point Road, Renwick, Marlborough
www.dogpoint.co.nz

Felton Road Central Otago
Alles, was aus der Spitzenkellerei von Central Otago kommt, schmeckt fantastisch. Nigel Greening erwarb 1998 den 8,6 ha großen Weinberg Cornish Point und kaufte im Jahr 2000 noch den 14,6 ha umfassenden Elms Vineyard hinzu, der nun die wichtigste Lage von Felton Road ist. Alle Rebflächen werden biodynamisch bewirtschaftet. Die Hauptattraktion des rundum großartigen Sortiments bilden fünf Etiketten von Weltklasse, die fein differenziert das Thema Pinot Noir durchdeklinieren: Cornish Point, Block 3, Block 5, der normale Pinot Noir und der Calvert, gewonnen aus Trauben von einer in der Nähe gepachteten 10-ha-Lage, die sich Felton Road mit Craggy Range (siehe S. 549) und Pyramid Valley (S. 558) teilt. Drei exzellente Rieslinge und einige solide Chardonnays machen das verlockende Angebot komplett.

Felton Road, RD2, Bannockburn, Central Otago
www.feltonroad.com

Gibbston Valley Wines Central Otago
Als Alan Brady 1983 auf einer früheren Schaffarm in Central Otago erste Weinstöcke setzte, leistete er Pionierarbeit. Der Debütjahrgang kam 1987 heraus, und in der Folge entstanden weitere Rebanlagen in Alexandra sowie in Bendigo, wo das Klima wärmer und stabiler ist. Dagegen stellt in Gibbston, wo alles begann, die Kälte ein Risiko dar, doch kann in guten Jahren brillanter Pinot Noir entstehen. Insgesamt verfügt Gibbston Valley über Lagen an vier verschiedenen Orten, aus denen Weine mit jeweils unterschiedlichem Profil hervorgehen. Seit 2006 bemüht sich das Jungtalent Christopher Keys im Keller erfolgreich um Eleganz und Finesse. Highlights im Sortiment sind der hervorragende Riesling Le Fou, der erstaunlich feine Pinot Noir Reserve, der überaus vornehme Pinot Noir Le Mineur d'Orient und der lebhafte, aromatische Pinot Noir Le Maître von der Urparzelle.

Gibbston RD1, State Highway 6, Queenstown, Central Otago; www.gvwines.co.nz

SÜDINSEL

Obwohl es hier bis Mitte der 1990er-Jahre so gut wie keinen Weinbau gab, hat die Südinsel ihr nördliches Pendant in puncto Produktivität inzwischen weit abgehängt. In Marlborough wird mehr Wein abgefüllt als irgendwo sonst in Neuseeland, vor allem Sauvignon Blanc. Seit Ende der 1980er-Jahre erregt Central Otago, das südlichste Qualitätsweinbaugebiet der Welt, mit reinsortigen Gewächsen, insbesondere Pinot Noir, zunehmend Aufmerksamkeit. Auf halber Höhe liegen Canterbury und Waipara mit begrenzten Rebflächen, die zumeist gleich nördlich von Christchurch konzentriert sind. Auch hier spielt Pinot Noir eine zentrale Rolle, doch auch andere Sorten bewähren sich. An Marlborough grenzt nordwestlich die eher unterbewertete Region Nelson an.

MARLBOROUGH

Die größte Weinbauregion Neuseelands ist in den letzten Jahren erheblich gewachsen. Im Herzen Marlboroughs erstreckt sich das Wairau Valley westlich der Stadt Blenheim weit ins Landesinnere. Ein Rebgarten reiht sich hier an den nächsten. Gesäumt wird das Tal im Norden von den Richmond Ranges und im Süden von den Wither Hills. Ein zweites bedeutendes Anbaugebiet ist das Awatere Valley, das südlich des Wairau-Tals jenseits der Wither Hills liegt und über die eher küstennahe Subregion Seaview verfügt. In Awatere herrscht maritimes Klima; die Trauben profitieren dort von einer längeren Reifeperiode.

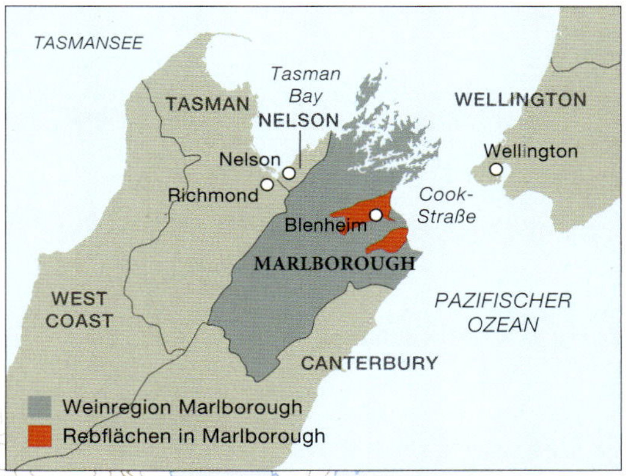

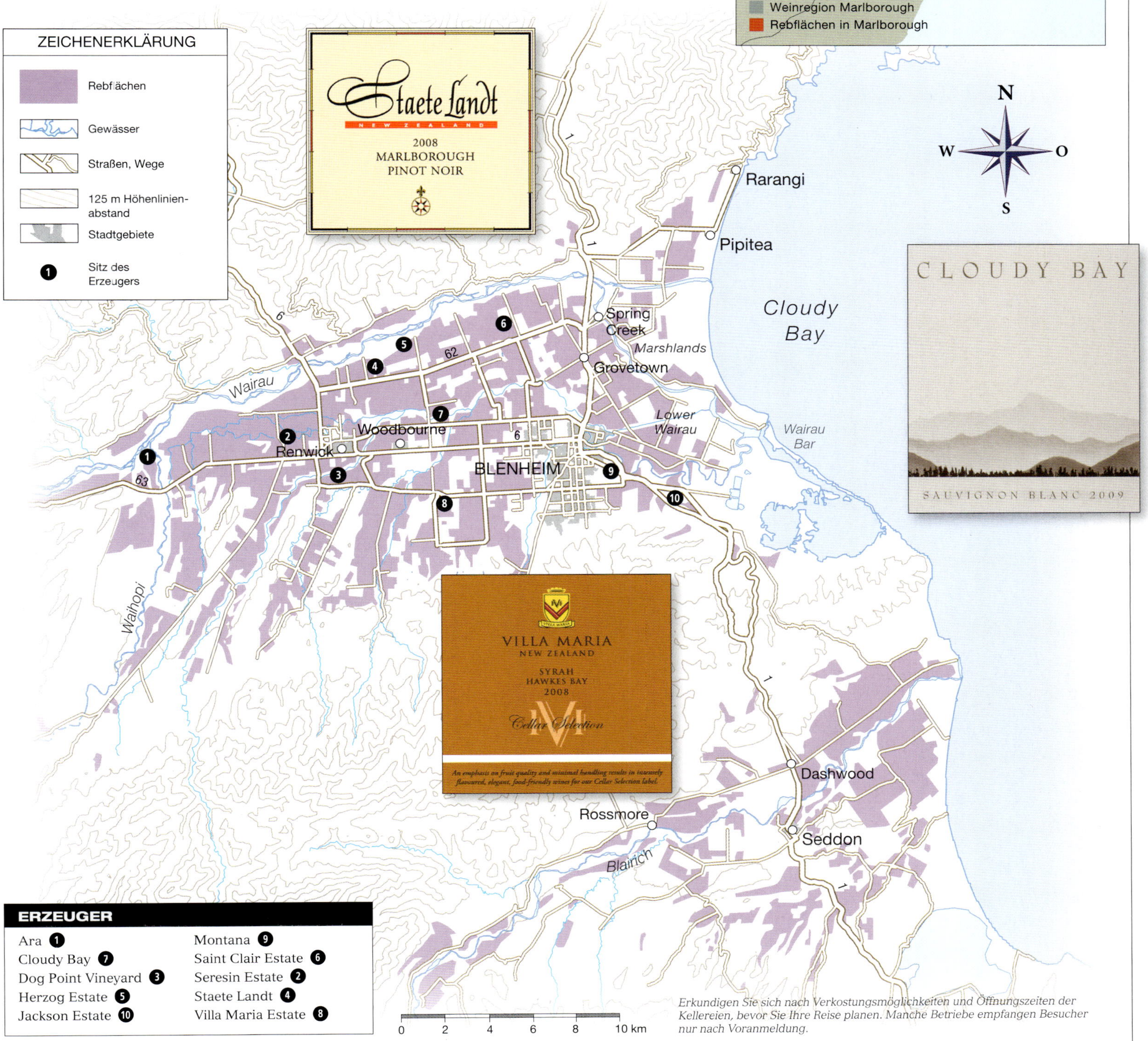

Erkundigen Sie sich nach Verkostungsmöglichkeiten und Öffnungszeiten der Kellereien, bevor Sie Ihre Reise planen. Manche Betriebe empfangen Besucher nur nach Voranmeldung.

QUARTZ REEF
FÜLLIGE AROMEN DUNKLER FRÜCHTE UND REIFE TANNINE – EINER DER BESTEN PINOT-NOIR-WEINE DES UNTERBEREICHS BENDIGO

PEGASUS BAY
ÜBERZEUGEND WIRBT DIESER ELEGANTE WEIN FÜR DEN PINOT-NOIR-BEREICH WAIPARA

Herzog Estate Marlborough
Aus rechtlichen Gründen firmiert der Betrieb des Schweizers Hans Herzog im Ausland als Hans Family Estate. Eher ungewöhnlich für Marlborough mutet das Sortiment an, zu dem umwerfender Montepulciano mit dichter, frischer Kirschen- und Beerenfrucht, exzellenter sauberer, eleganter Pinot Noir und wunderbar strukturierter sortentypischer Viognier gehören. Die Weine kommen von einem 11-ha-Areal, das Herzog 1994 anpflanzte. Der erste Jahrgang erschien 1998. Seit 2000 gehört zur Kellerei auch ein Restaurant.

81 Jeffries Road, RD3, Blenheim, Marlborough
www.herzog.co.nz

Isabel Estate Marlborough
Das Gut existiert seit 1982, allerdings verkauften Michael und Robyn Tiller anfangs ihr Lesegut an einige namhafte Kellereien von Marlborough. 1994 fasste das Ehepaar den Entschluss, selbst abzufüllen, und verarbeitet inzwischen nur noch Trauben aus gutseigenem Anbau. Ihre Rebflächen liegen auf der Omaka-Terrasse, gleich südlich von Renwick im Wairau-Tal. Die Weinstöcke wachsen in relativ hoher Dichte auf tiefgründigen, gut durchlässigen Kiesböden mit einer dünnen Unterlage aus kalziumreichem Ton, der die Feuchtigkeit gut hält, sodass künstliche Bewässerung kaum nötig ist. Sauvignon Blanc und Chardonnay sind sehr erfreulich, der Pinot Noir vielleicht sogar noch besser.

70–72 Hawkesbury Road, Renwick, Marlborough
www.isabelestate.com

Jackson Estate Marlborough
1987 gründete John Stichbury die Kellerei, 1991 gab er die ersten Flaschen in den Handel. Mit einem eindrucksvollen Produktportfolio, gewonnen von Trauben aus fünf Lagen, gehört Jackson Estate heute zu den Branchenführern Marlboroughs. Besonders brillant zeigt sich das Können von Chefkellermeister Mike Paterson im präzise abgezirkelten Stich Sauvignon Blanc, dem in alter Eiche vergorenen Grey Ghost Sauvignon Blanc mit schöner Struktur und Mineralität, dem elegant zurückhaltenden Shelter Belt Chardonnay sowie den Pinot-Noir-Etiketten Vintage Widow und Gum Emperor, beide bestechend strukturiert und gleichermaßen auf den Punkt gebracht.

22 Liverpool Street, Renwick, Marlborough
www.jacksonestate.co.nz

Montana Marlborough
Ohne die zu Pernod Ricard gehörende Kellerei wäre Neuseelands Weinindustrie nicht, was sie heute ist. Montana, im Jahr 2010 umbenannt in Brancott, existiert für hiesige Verhältnisse bereits recht lange: 2008 wurde der 30. Jahrgang des Sauvignon Blanc in der Basisversion abgefüllt. Dieser Wein ist wie geschaffen, um sich an den Marlborough-Stil heranzutasten, zudem von beständiger Qualität, preiswert und weltweit erhältlich. Jahr für Jahr verarbeitet die Kellerei um die 20320 t Trauben von dieser Sorte. Hinzu kommen im globalen Vergleich ebenfalls rekordverdächtige 3048 t Pinot Noir, von denen ein Großteil in die Schaumweine der Marken Deutz und Lindauer einfließt. Interessant ist die relativ junge Prestigereihe Terroir mit Sauvignon Blanc und Pinot Noir.

State Highway 1, Riverlands, Blenheim, Marlborough
www.montana.co.nz

Mountford Estate Waipara
In dieser Kellerei formt C. P. Lin, der als Zweijähriger erblindete, einige der edelsten Pinot-Noir-Gewächse ganz Neuseelands. Unverhohlen hatte er das seiner Meinung nach schlechte Niveau der Mountford-Weine kritisiert und war prompt vom Eigner Mike Eaton als Kellermeister angeheuert worden, um zu zeigen, ob er es besser könne. Tatsächlich steigerte sich die Qualität unter Lins Regie deutlich. 2007 wurde das Gut von dem holländischen Paar Kathryn Ryan und Kees Zeestraten erworben. Sie erweiterten den Rebenbesitz auf 10 ha und pflanzten weiteren Pinot Noir, Chardonnay und Riesling. Für die Pinot-Noir-Versionen Village und Liason bezieht man einen Teil der Trauben von Vertragswinzern. Eine seidige Textur und reine Frucht kennzeichnen den Estate Pinot Noir, während der von einer Einzellage stammende Gradient Pinot Noir (bisher nur 2006 und 2008 erzeugt) durch seine Dichte, Struktur und Eleganz auffällt. Auch Chardonnay, Pinot Gris und Riesling werden erzeugt.

434 Omihi Road, State Highway 1, Waipara, RD3, Amberley, North Canterbury; www.mountfordvineyard.co.nz

Neudorf Vineyards Nelson
Nach neuseeländischen Maßstäben ist der Betrieb von Tim und Judy Finn uralt: Er besteht seit 1978 und konnte über die Jahre seinen Ruf als Kleinkellerei der Spitzenklasse festigen. Neben Rebflächen in Moutere, dem Firmensitz, gibt es weitere in Brightwater, südlich von Nelson. Für seine elegante, schlanke Silhouette geschätzt wird der Pinot Noir, doch die Starrolle hat hier der kraftvolle und zugleich elegante Moutere Chardonnay inne. Kaum weniger beeindruckend sind der markante, würzige Nelson Chardonnay, ein großartiger Pinot Gris und der bestechend klar konturierte Brightwater Riesling.

138 Neudorf Road, RD2 Upper Moutere, Nelson
www.neudorf.co.nz

Pegasus Bay Waipara
Der Spitzenbetrieb in Waipara gehört der Familie Donaldson, als Kellermeister fungieren Matthew Donaldson und seine Frau Lynette Hudson, beides studierte Önologen. Beste Ergebnisse erbringen auf den 40 ha gutseigenem Rebland vor allem Riesling und Pinot Noir, wie insbesondere der pointierte halbtrockene Riesling, die komplexe süße Riesling-Auslese Aria und die beiden Pinot-Noir-Abfüllungen – die Normalversion ebenso wie der Prima Donna – gleich zu erkennen geben. Empfehlenswert sind aber auch der Chardonnay sowie ein Bordeaux-Verschnitt aus Merlot und Cabernet. Für das Zweitetikett Main Divide werden Trauben von Vertragswinzern auf der Südinsel verarbeitet.

Stockgrove Road, Waipara, RD2, Amberley, North Canterbury; www.pegasusbay.com

Pyramid Valley North Canterbury
Das Unternehmen von Mike und Claudia Weersing gehört zu den spannendsten des Inselstaats. Auf den Heimatparzellen nahe Waikari in den North Canterbury Hills werden Pinot Noir und Chardonnay nach burgundischem Muster, also in hoher Pflanzdichte und niedriger Spaliererziehung, kultiviert und mit biodynamischen Methoden gehegt. Die ersten Früchte dieser Lagen – die beiden Pinot-Noir-Weine Earthsmoke und Angel Fire des Jahrgangs 2006 – zeigen eine atemberaubende Eleganz und Komplexität. Unter dem Namen Growers Collection

erscheint eine Reihe ebenfalls überragender Weine von besonderen Lagen in ganz Neuseeland. Neben Riesling, Semillon, Pinot Blanc und Cabernet Franc finden sich hier auch Pinot-Noir-Versionen aus Marlborough und Central Otago. Fazit: Ein Kauf bei Pyramid Valley lohnt sich immer. ★**Aufsteiger**

548 Pyramid Valley Road, RD Waikari, North Canterbury
www.pyramidvalley.co.nz

Quartz Reef Bendigo

Der Österreicher Rudi Bauer zählt zu den begabtesten und meistgeachteten Weinmachern von Central Otago. Zusammen mit Clotilde Chauvet (vom Champagnerhaus Marc Chauvet), John und Heather Perriam sowie Trevor Scott gründete er 1996 diesen Betrieb. Anfangs bezogen die Partner ihr Traubenmaterial von Vertragslieferanten, heute hingegen erzeugen sie es selbst auf 30 ha Land im Unterbereich Bendigo. Dort gedeiht auf einem 15 ha großen Nordhang, dessen Böden sich aus Ton, feinem Kies und Quarz zusammensetzen, vornehmlich Pinot Noir, ergänzt durch Chardonnay, Pinot Gris und neuerdings etwas Grünen Veltliner. Ein angrenzender, ebenso großer Weinberg mit sandigem Lehmboden ist mit Pinot Noir, Chardonnay und Pinot Gris bestockt. Nicht nur für stilvollen, strukturierten Pinot Noir, der seiner Region alle Ehre macht, ist Quartz Reef bekannt, sondern ebenso für seinen Schaumwein.

8 Hughes Crescent, Cromwell, Bendigo, Central Otago
www.quartzreef.co.nz

Rippon Vineyard Wanaka

Malerisch am Ufer des Lake Wanaka gelegen, konnte sich dieses Gut als eines der ersten in Central Otago etablieren. Nachdem Rolfe Mills 1982 entdeckt hatte, dass sein Gelände ähnliche Schieferböden wie das Douro-Gebiet in Portugal aufwies, begann er, großflächig Reben anzupflanzen und intensiv zu experimentieren. Inzwischen belaufen sich die Weinbergflächen auf 15 ha, auf denen Pinot Noir und Riesling die Vorherrschaft innehaben. 2002 übernahm Rolfes Sohn Nick, der zwischenzeitlich vier Jahre in Burgund Erfahrungen gesammelt hatte, die Geschäfte, führte biodynamische Anbaumethoden ein und schraubte die Qualität hoch. Bis 2008 wurden nur zwei Pinot-Noir-Weine abgefüllt: Jeunesse und Rippon Pinot Noir. Seit dem Jahrgang 2008 vinifiziert man die Trauben von zwei der ältesten Parzellen, Tinker's Field und Emma's Block, separat und erzeugt damit wahrlich starke Tropfen. Der 1990er Pinot Noir zeigt eindrucksvoll das Alterungspotenzial der Weine dieser Lage. Eine Wucht ist schließlich auch der Riesling.

246 Mt. Aspiring Road, Wanaka
www.rippon.co.nz

Saint Clair Estate Marlborough

In Matt Thomson hat dieser Betrieb einen wahrlich begnadeten Kellermeister, der einige der charaktervollsten Sauvignon-Blanc-Weine von Marlborough und dazu blitzsauberen Pinot Noir zuwege bringt. Neal und Judy Ibbotson hatten bereits seit 1978 Trauben angebaut, bevor sie 1994 begannen, Weine in Eigenregie herauszubringen. Heute unterhalten sie fünf unterschiedliche Weinberglagen mit jeweils individuellem Mikroklima. Aus den durchweg guten Sauvignon-Blanc-Editionen, die mit intensiven Aromen von Schwarzen Johannisbeeren, Passionsfrüchten, Grapefruits und Stachelbeeren aufwarten, stechen der Pioneer Block 18 und Block 3 besonders hervor. Bemerkenswert sind außerdem der eindringliche Omaka Reserve Chardonnay sowie die Pinot-Noir-Versionen Block 14 und Omaka Reserve, die mit ihrem reifen, konzentrierten Wesen die Sinne fesseln.

13 Selmes Road, RD3, Rapaura, Belheim, Marlborough
www.saintclair.co.nz

Seresin Estate Marlborough

Filmemacher Michael Seresin ist stolzer Besitzer eines der Stargüter von Marlborough. Aus zertifiziert ökologisch erzeugten Trauben mit biodynamischem Einschlag entstehen einige fantastische Weine. Der Rebenfundus ist beachtlich: Zum Home und Tatou Vineyard im Wairau Valley mit 45 ha bzw. 15 ha Ausdehnung kommen noch die 51 ha des Raupo Creek Vineyard im Omaka Valley. Für Clive Dougall, seit 2006 Kellermeister des Hauses, ist Spitzenqualität oberstes Gebot. Gleich sechs Pinot-Noir-Varianten erzeugt er, die eine wie die andere überaus komplex, tiefgründig und ausgewogen. Als bestens auf den Punkt gebracht erweist sich der Sauvignon Blanc mit einem geringen Zusatz von Semillon, während der füllig strukturierte Marama Sauvignon Blanc das Zeug zur Ikone hat. Aufmerksamkeit verdient schließlich auch der Chardonnay Reserve.

85 Bedford Road, Renwick, Marlborough
www.seresin.co.nz

Staete Landt Rapaura

Im Jahr 1997 kaufte das niederländische Paar Ruud Maasdam und Dorien Vermaas ein 20-ha-Areal im zu Marlborough gehörenden Rapaura-Gebiet. Nach umfangreichen Bodenanalysen teilte das Paar seinen Neubesitz in 24 Parzellen ein, die dann unterschiedlich bepflanzt wurden. Auch das Rebenmanagement ist individuell abgestimmt. Im Vordergrund stehen Sauvignon Blanc, Chardonnay, Pinot Gris und Pinot Noir, doch auch Riesling (in trockener Version und als Auslese), Syrah und Viognier werden erzeugt. Sämtliche Etiketten bezaubern mit ihrem fokussierten, eleganten Stil, allen voran der Pinot Noir, der zu einer lieblich duftenden Kirschfrucht einen edlen mineralischen Touch offenbart.

48 Jeffries Road, Blenheim, Marlborough
www.staetelandt.co.nz

Villa Maria Estate Marlborough

Mag sie auch inzwischen zu den Giganten Neuseelands zählen, wahrt die 1961 von George Fistonich gegründete Kellerei ihr hohes Niveau. Sie hat Rebflächen in Auckland, Gisborne, Hawke's Bay und Marlborough, dazu zwei Produktionsanlagen in Auckland und Marlborough. Solide und massentaugliche Weine stehen am einen, erlesene Gewächse am anderen Ende des Angebots, das sich in vier Segmente gliedert: Private Bin, Cellar Selection, Reserve und Single Vineyard. In jedem Fall bekommt der Käufer viel Gegenwert für sein Geld. Besonders zu empfehlen sind die Syrah-Editionen Reserve und Cellar Selection Hawke's Bay, die vollfruchtigen Pinot-Noir-Weine der Reihe Single Vineyard (Einzellage) und schließlich die Bordeaux-Verschnitte aus der Reserve- und Single-Vineyard-Linie. Zu Villa Maria gehören auch die Betriebe Esk Valley (siehe S. 549) und Vidal.

Corner Paynters Road and New Renwick Road, Fairhall, Blenheim, Marlborough; www.villamaria.co.nz

DAVID HOHNEN UND CLOUDY BAY

Dass ausgerechnet ein Australier den Sauvignon Blanc aus Marlborough zum Erfolgsschlager machte, ist eine Ironie des Schicksals. Die Geschichte geht so: Anfang der 1970er-Jahre hatte David Hohnen mit seiner Kellerei Cape Mentelle für die Weinbauregion Margaret River in Western Australia wertvolle Pionierdienste geleistet. Dann, 1983, hatten Neuseeländer, die eine Fachkonferenz in Western Australia besucht hatten, ein paar Flaschen Sauvignon Blanc aus Marlborough zurückgelassen. Hohnen war dermaßen begeistert von diesem Wein, dass er unbedingt selbst einen Betrieb in Marlborough aufmachen wollte. Er mobilisierte Kapital und produzierte 1985 gemeinsam mit dem Kellermeister Kevin Judd aus 41 Tonnen gekauftem Traubengut den ersten Cloudy Bay Sauvignon. 1986 baute Judd eine Kellerei, und die beiden vereinbarten mit dem Corbans, einem großen Weinbaubetrieb, die jährliche Lieferung von 122 Tonnen Traubenmaterial. In seiner zweiten Ausgabe fand ihr Sauvignon Blanc aus Marlborough weltweit reißenden Absatz und avancierte in der Folge aufgrund seines einzigartigen Stils rasch zu einer wahren Weinikone.

GLOSSAR

Dieses Glossar umfasst rund 600 Begriffe aus der Welt des Weins, von denen viele auch in der *Wein-Enzyklopädie* verwendet werden. Rebsorten, Verkostungsbegriffe, Fachtermini aus den Bereichen Weinbau und Weinbereitung und viele andere Angaben, die auf Weinetiketten zu lesen sind, werden hier erklärt. Nicht enthalten sind die Namen der offiziellen Appellationen (Ursprungsbezeichnungen); Informationen hierzu finden sich in den Einleitungskapiteln und auf den Kartenseiten der einzelnen Regionen.

ANGABEN AUF WEINETIKETTEN

Die vier folgenden Seiten enthalten eine Auswahl der wichtigsten Begriffe, die in Europa und der Neuen Welt auf Etiketten verwendet werden. Einige davon, wie zum Beispiel Premier Cru, werden im allgemeinen Glossar noch ausführlicher erläutert.

EUROPA

FRANKREICH

Geografische Angaben

Appellation d'Origine Contrôlée (AOC oder AC) Name einer bestimmten, klar definierten Weinbauregion oder -gemeinde. Weine mit dieser Etikettangabe müssen aus dem angegebenen Gebiet stammen und nach den örtlich geltenden Regeln bereitet sein.

AOP Appellation d'Origine Protégée (geschützte Ursprungsbezeichnung); IGP Indication Géographique Protégée (geschützte geografische Angabe) Neues EU-weites System zur Kennzeichnung der Herkunft von Wein und anderen Lebensmitteln.

VDQS In Zukunft nicht mehr verwendete Qualitätsbezeichnung unterhalb der AOC. Betroffene Etiketten werden entweder zur AOC befördert oder mit den Vins de Pays als IGP eingestuft.

Vin de Pays Die Bezeichnung für Regionalwein geht in die neue Kategorie IGP über.

Vin de Table Bei der niedrigsten Qualitätsstufe für Tafelweine dürfen in Zukunft auch Rebsorte und Jahrgang angegeben werden.

Andere Etikettbegriffe

Château Weingut, insbesondere in Bordeaux. Ein Schloss muss nicht dabei sein.

Côte(s) de/Coteaux de Hanglage.

Cru »Gewächs«. Bezeichnet einen bestimmten Weinberg oder eine Einzellage.

Cru Classé Klassifikation einer Einzellage höherer Qualität.

Domaine Weingut, insbesondere in Burgund, auf dem der Wein vom Winzer selbst bereitet und abgefüllt wird (statt von einem Négociant).

Grand Cru Höchste Stufe der Weinbergklassifikation in Burgund, jedoch ohne besondere Bedeutung in Bordeaux.

Mis en bouteille au château/domaine Der Wein wurde auf dem Château oder der Domaine erzeugt und abgefüllt. Kann ein Zeichen für Qualität sein.

Premier Cru »Erstes Gewächs«. In Bordeaux ist Premier Grand Cru Classé die höchste der fünf Stufen der Klassifikation; in Burgund steht Premier Cru eine Stufe unter Grand Cru.

Propriétaire-récoltant Besitzer des Weinguts, der selbst anbaut und Wein bereitet.

Récoltant Winzer, Weinerzeuger.

Récolte Weinlese.

Réserve Der Begriff auf einem französischen Etikett kann einen länger gereiften Wein bezeichnen, ist gesetzlich aber nicht geregelt.

Vieilles Vignes Alte Reben. Kann Qualität bedeuten, ist gesetztlich aber nicht geregelt.

Vigneron Winzer.

Villages Angabe für die Herkunft aus bestimmten Gemeinden der Region; meist bessere Qualität.

Viticulteur Weinbauer, Winzer.

CHAMPAGNER

Blanc de Blancs Weißwein aus Weißweintrauben, hier also Chardonnay.

Blanc de Noirs Weißwein aus Rotweintrauben, hier also Pinot Noir und/oder Pinot Meunier.

Cuvée Der feinste Saft aus der ersten Pressung; als Begriff auf einem Etikett die Bezeichnung für den endgültigen Verschnitt.

Jahgangslos/ohne Jahrgang Wein, der aus Grundweinen verschiedener Jahrgänge verschnitten ist, um einen einheitlichen Hausstil zu gewährleisten.

Jahrgangswein Champagner mit Jahrgangsangabe stammt stets aus einem besonders guten Jahr.

Stile

Brut Nature Ohne Dosage (Zuckerlösung) abgefüllter, extrem trockener Champagner.

Extra Brut Sehr trocken.

Brut Trocken.

Sec Halbtrocken.

Demi-sec Mittel-, halbsüß.

Doux Süß.

Erzeugerinformationen

Récoltant-manipulant (RM) Winzer, der seine Weine selbst bereitet.

Négociant-manipulant (NM) Erzeuger, der Champagner von gekauften Trauben bereitet.

Co-opérative-manipulant (CM) Genossenschaft, die die Weine ihrer Mitglieder bereitet.

Récoltant-co-opérateur (RC) Winzer, der in der Genossenschaft erzeugte Weine verkauft.

Marque d'acheteur (MA) Eigenmarke eines Händlers.

SPANIEN

Geografische Angaben

Denominación de Origen Calificada (DOCa) Auf der höchsten Stufe der spanischen Klassifikation stehen bisher nur Rioja und Priorat.

Denominación de Origen (DO) Kontrollierte Ursprungsbezeichnung; sehr ähnlich der AOC in Frankreich.

Denominación de Origen Pago (DO Pago) Spezifische Klassifikation für bestimmte Weingüter mit hervorragenden Lagen.

Vino de Calidad con Indicación Geografica (VCIG) Vorstufe zur DO.

Vino de la Tierra (VdT) Regionale Klassifikation, ähnlich wie Vin de Pays in Frankreich oder IGT in Italien.

Vino de Mesa (VdM) Tafelwein; niedrigste Qualitätsstufe.

Weitere Etikettbegriffe

Año Jahr.

Bodega Kellerei.

Cava Nach der traditionellen Methode (Flaschengärung) bereiteter spanischer Schaumwein.

Cosecha Weinlese; Jahrgang.

Crianza Weine mit dieser Angabe müssen mindestens zwei Jahre gereift sein, davon je nach Region sechs bis zwölf Monate in Eiche.

Dulce Süß.

Embotellado de origen Abgefüllt beim Erzeuger.

Espumoso Schäumend.

Vendimia Weinlese; Jahrgang.

Gran Reserva Weine mit dieser Angabe müssen mindestens fünf Jahre gereift sein, davon 18 Monate in Eiche.

Joven Junger Wein, der innerhalb eines Jahres nach der Lese bereitet, abgefüllt und verkauft wird.

Reserva Weine mit dieser Angabe müssen mindestens drei Jahre vor der Freigabe gereift sein, davon mindestens zwölf Monate in Eiche.

Rosado Rosé.

Seco Trocken.

PORTUGAL

Geografische Angaben

Denominção de Origem Controlada (DOC) Die höchste Klassifikationsstufe in Portugal; sehr ähnlich dem AC-System in Frankreich.

Indicação de Proveniência Regulamentada (IPR) Vorstufe zur DOC.

Vinho Regional (VR) Regionalwein, oft aus nicht einheimischen Trauben bereitet.

Vinho de Mesa Tafelwein; niedrigste Qualitätsstufe.

Weitere Etikettbegriffe

Adega Kellerei.

Amarzém Keller, Lagerhaus.

Colheita Weinlese; Jahrgang.

Doce Süß.

Garrafado na origem Auf demselben Gut erzeugt und abgefüllt.

Garrafeira Reservewein eines Händlers.

Maduro Reif.

Quinta Weingut.

Rosado Rosé.

Seco Trocken.

Verde »Grün«: junger Wein. Vinho Verde ist ein frischer, oft prickelnder Weißweinstil aus dem Nordwesten Portugals.

Port-Stile

Colheita Ein im Holzfass gereifter Port aus einem einzelnen Jahrgang, der direkt nach der Abfüllung trinkreif ist.

LBV (Late Bottled Vintage) Mindestens vier Jahre im Fass gereifter Portwein mit Jahrgangsangabe, der nach Abfüllung und Marktfreigabe sofort trinkreif ist.

Ruby Verschnitt einfacher Portweine, die einige Zeit in Holz reifen. Durch das Verschneiden wird ein stets einheitliches Produkt erzielt.

Tawny Aus verschiedenen Grundweinen verschnittener und in Holz gereifter Port von oft sehr feiner Qualität. Wird meist mit einer Altersangabe verkauft (z. B. 10-Years-Old, 20-Years-Old, aber auch älter). Tawny Ports haben eine blassere Farbe und können sehr weich sein.

Vintage Port »Jahrgangs-Port« wird nur in den besten Jahren erzeugt und nach zwei Jahren abgefüllt. Danach braucht er noch Flaschenreife, ist aber nahezu unbegrenzt alterungsfähig.

ITALIEN

Geografische Angaben

Denominazione di Origine Controllata (DOC) Wein aus einem bestimmten Ursprungsgebiet. An sich ein Hinweis auf Weinqualität, doch die Regeln sind nicht immer nachvollziehbar.

Denominazione di Origine Controllata e Garantita (DOCG) Kontrollierte und garantierte Ursprungsbezeichnung. Die höchste Qualitätsstufe in Italien.

Indicazione Geografica Tipica (IGT) Klassifikation ähnlich dem französischen Vin de Pays bzw. IGP. Manche Erzeuger nutzen diese Kategorie, um unter Umgehung des unflexiblen DOC(G)-Systems Spitzenweine zu produzieren.

Vino da Tavola Tafelwein – die eigentlich niedrigste Qualitätsstufe wurde in der Vergangenheit manchmal für hochwertige Weine verwendet, die nicht mit den Regeln der anderen Klassifikationen vereinbar waren.

Weitere Etikettbegriffe

Amabile Lieblich.

Annata Jahrgang.

Azienda Agricola Weingut mit eigenem Traubenanbau.

Cantina Kellerei.

Chiaretto Sehr heller Rotwein.

Classico Die »klassische« Kernzone eines erweiterten Weinbaubereichs, beispielsweise Chianti Classico.

Consorzio Winzervereinigung.

Dolce Süß.

Fattoria Bauernhof.

Frizzante Perlend.

Imbottigliato all'origine Auf demselben Gut erzeugt und abgefüllt.

Liquoroso Alkoholstarker Wein, oft gespritet.

Metodo classico Traditionelle Methode der Schaumweinerzeugung durch Flaschengärung.

Passito Süßwein, meist aus getrockneten Trauben erzeugt.

Recioto Wein, bei dem ein Teil der Trauben getrocknet wurde, um die Aromen zu konzentrieren.

Riserva Länger gereifter Wein.

Rosato Rosé.

Secco Trocken.

Spumante Schäumend; Schaumwein.

Superiore Länger gereifter, alkoholstärkerer Wein, oft auch komplexer.

Tenuta Weingut, Hof.

Vendemmia Weinlese; Jahrgang.

Vendemmia tardiva Spätlese.

Viticoltore Weinbauer, Winzer.

DEUTSCHLAND

Geografische Angaben

Qualitätswein bestimmter Anbaugebiete (QbA) Für diese untere Stufe der deutschen Qualitätsweine müssen die Trauben aus einem der 13 weingesetzlich festgelegten Anbaugebiete stammen.

Großes Gewächs/Erstes Gewächs Wein aus klassifizierten Spitzenlagen von Trauben mit mindestens Spätlese-Qualität. Die Bezeichnung Erstes Gewächs ist auf Weine aus dem Rheingau beschränkt, in anderen Anbaugebieten gilt die Bezeichnung Großes Gewächs.

Landwein Eher selten verwendete Bezeichnung, im Prinzip ein Äquivalent zum Vin de Pays.

Tafelwein Die niedrigste Qualitätsstufe; wird in Zukunft durch die Angabe »Wein« (mit oder ohne Sorten- und/oder Jahrgangsangabe) ersetzt.

Qualitätsbezeichnungen

Prädikatswein Das deutsche System der Prädikate basiert weniger auf geografischen Kriterien (nur die Bedingungen für QbA müssen erfüllt sein) als auf dem Mostgewicht der Trauben bei der Lese. Chaptalisierung ist nicht erlaubt. In aufsteigender Reihenfolge lauten die Prädikate:

Kabinett Aus voll ausgereiften Trauben; der Weinstil ist meist leicht und erfrischend.

Spätlese Später als der Großteil der Ernte gelesene Trauben, die daher zuckerreicher sind. Die Weine sind körperreicher und können im trockenen oder lieblichen Stil ausgebaut werden.

Auslese Aus den besten Lagen spät gelesene und selektierte Trauben. Die Weine können trocken oder süß ausgebaut werden.

Beerenauslese Wein aus von *Botrytis cinerea* befallenen edelfaulen, einzeln ausgelesenen Weinbeeren, in der Regel süß.

Trockenbeerenauslese Seltene, nur in besonders guten Jahren bereitete Weine aus edelfaulen und am Stock getrockneten Trauben, die dafür natürlich entsprechend spät gelesen werden müssen.

Eiswein Wein aus am Stock gefrorenen und in diesem Zustand gekelterten Trauben. Sie liefern einen hochkonzentrierten, zuckerhaltigen Saft, dessen Süße von viel Säure ausbalanciert wird.

Weitere Etikettbegriffe

Erzeugerabfüllung Der Wein muss vom Erzeuger abgefüllt sein, wobei es sich auch um eine Erzeugergemeinschaft oder eine Genossenschaft handeln darf.

Enthält Sulfite Pflichtangabe auf Etiketten, wenn dem Wein zur Konservierung Schwefeldioxid zugesetzt wurde.

Amtliche Prüfungsnummer (A.P. Nr.) Nachweis der für Qualitäts- und Prädikatsweine vorgeschriebenen Prüfung. Aus der A.P. Nr. lassen sich auch Prüfstelle, Erzeugerbetrieb und Jahrgang ablesen.

Bereich Im deutschen Weinrecht Bezeichnung für eine Weinregion, die kleiner als eine der 13 Anbaugebiete ist, aber größer als eine Großlage. Oft ein Merkmal von Massenerzeugnissen.

Einzellage Die kleinste Weinbergeinheit nach dem deutschen Weingesetz, bezeichnet mit ihrem Eigennamen und dem vorangestellten Namen der Gemeinde, z.B. Wehlener Sonnenuhr.

Großlage Zusammenfassung mehrerer Einzellagen, oft mit ähnlichen Namen wie die Einzellagen, aber ohne deren spezifische Qualitäten. Als Etikettangabe daher oft missverständlich.

Classic Sortenreine trockene Weine mit max. 15 g/l Restzucker dürfen so bezeichnet werden.

Selection Trockene sortenreine Premiumweine mit höchstens 12 g/l Restsüße.

NEUE WELT

Geografische Angaben

Erzeuger in der Neuen Welt müssen weit weniger Regeln in Bezug auf Weinbau und Weinerzeugung beachten als in Europa. Da sich aber auch dort bestimmte Gebiete mit besonderen Qualitäten hervortun, gewinnt der Gedanke, deren Identität zu schützen, immer mehr Anhänger. Zweifelhafte Etikettierungen wie »Mountain Chablis« oder »Almond Champagne« in den USA und »Tawny Port« in Australien gibt es allerdings nach wie vor. Solche Weine sollen in der Regel (wenn auch nicht immer) vom berühmten Namen profitieren und überzeugen weniger durch echte Qualität.

USA

Geografische Angaben

American Viticultural Area (AVA) Ein festgelegtes, amtlich registriertes Weinbaugebiet. Das kann eine spezielle Einzellage ebenso sein wie das gesamte Central Valley in Kalifornien. Größere AVAs können auch kleinere AVA-Unterbereiche enthalten. Keine Qualitätsgarantie, nur eine Bestätigung der Herkunft der Trauben.

Estate-bottled Der Wein muss vom Erzeuger selbst bereitet und abgefüllt worden sein.

Single vineyard Einzellage. Wenn ein Lagenname angegeben ist, müssen die Trauben zu 100 % von diesem Weinberg stammen.

Weitere Etikettbegriffe

Bottled by Auf die Angabe müssen Name und Adresse des Abfüllers folgen.

Produced and bottled by Darf verwendet werden, wenn 75 % des Weins von der angegebenen Kellerei erzeugt wurde.

Made and bottled by Darf verwendet werden, wenn 10 % des Weins von der angegebenen Kellerei erzeugt wurde.

Cellared, vinted or prepared by Darf verwendet werden, wenn die angegebene Kellerei den Wein in irgendeiner Weise behandelt hat, etwa geschönt oder filtriert.

Vintage Jahrgang. Darf auf dem Etikett nur angegeben werden, wenn mindesten 95 % des Weins aus diesem Jahr stammt.

Variety Rebsorte. Wenn eine einzelne Rebsorte auf dem Etikett angegeben wird, muss der Wein zu mindestens 75 % aus dieser Sorte bestehen.

AUSTRALIEN UND NEUSEELAND

Geografische Angaben

Geographic Indication (GI) Ähnlich wie die AVA der Vereinigten Staaten kann eine GI einen gesamten Bundesstaat umfassen (oder sogar drei wie im Fall von South Eastern Australia), aber auch kleinere, hochwertigere Gebiete wie Marlborough in Neuseeland.

Estate-bottled Der Wein muss vom Erzeuger selbst bereitet und abgefüllt worden sein.

Single vineyard Einzellage. Wenn ein Lagenname angegeben ist, müssen die Trauben zu 100 % von diesem Weinberg stammen.

Weitere Etikettbegriffe

Variety Rebsorte. Wenn eine einzelne Rebsorte auf dem Etikett angegeben wird, muss der Wein zu mindestens 85 % aus dieser Sorte bestehen. Bei einem Verschnitt von zwei oder mehr Sorten muss die vorherrschende Traube zuerst genannt werden.

Vintage Jahrgang. Bei Angabe eines Jahrgangs müssen mindestens 85 % der Trauben aus diesem Jahr stammen.

Bottle-fermented Flaschengärung. Bezeichnet Schaumweine, die nach dem sogenannten

Transvasierverfahren erzeugt wurden: Nach der Zweitgärung in der Flasche wird der Wein unter Druck in einen Tank gefüllt, vom Hefesatz getrennt und erneut auf Flaschen gezogen – etwas weniger arbeitsaufwendig als die traditionelle Methode.

Traditional method Der Schaumwein wird auf dieselbe Weise erzeugt wie Champager: Zweitgärung, Rütteln, Degorgieren und endgültiges Verkorken in derselben Flasche.

SÜDAFRIKA

Geografische Angaben

Wine of Origin Südafrikanisches System der geografischen Ursprungsangabe. Angefangen bei der kleinsten gibt es folgende Einheiten:

Estate Weingut. Der Wein muss von zusammenhängenden Rebflächen des Weinguts stammen, das ihn auch bereitet und abfüllt.

Ward Bezirk, Gemarkung. Relativ kleines Gebiet mit vergleichbaren Eigenschaften wie Bodentyp und Klima. Constantia ist beispielsweise ein Ward.

District Bereich. Nächstgrößere Einheit mit weiter gefassten Eigenschaften und einer größeren möglichen Vielfalt an Böden und Kleinklimata. Robertson, Stellenbosch und Paarl sind Districts.

Region Ist meist mit einer bereits vorhandenen Verwaltungregion identisch und deckt ein deutlich größeres Gebiet ab. Beispiele sind das Breede River Valley oder die Coastal Region.

Geographical Unit Von den übergeordneten Großbereichen hat Western Cape mit Abstand die größte Bedeutung. Daneben gibt es die Geographical Units Northern Cape, Eastern Cape und KwaZulu-Natal.

Weitere Etikettbegriffe

Variety Rebsorte. Wenn eine einzelne Rebsorte auf dem Etikett angegeben wird, muss der Wein zu mindestens 85 % aus dieser Sorte bestehen. Bei einem Verschnitt von zwei oder mehr Sorten muss die vorherrschende Traube zuerst genannt werden.

Vintage Jahrgang. Bei Angabe eines Jahrgangs müssen mindestens 85 % der Trauben aus diesem Jahr stammen.

Cap Classique Nur für Weine vom Kap nach der traditionellen (Champagner-) Methode.

Vin de Constance Alkoholstarker Süßwein aus dem Ward Constantia, der aus am Stock getrockneten, aber nicht edelfaulen Trauben der Sorte Muscat de Frontignan (Muscat Blanc à Petits Grains) bereitet wird.

DAS NEUE EUROPÄISCHE WEINRECHT

Im August 2009 trat in der EU eine neue Weinmarktverordnung in Kraft, mit dem Ziel, die Etikettierungsvorschriften europaweit zu standardisieren und zu harmonisieren. Die Veränderungen, die sich für den Konsumenten daraus ergeben, sind überschaubar. Grundlage der neuen Verordnung ist das Prinzip, Weinqualität mit dem Ursprungsort zu verknüpfen, wie es in Ländern wie Frankreich oder Italien schon länger Brauch ist. Daraus resultieren die geschützte Ursprungsbezeichnung (g. U., vergleichbar der AOC oder DOC) und die geschützte geografische Angabe (g. g. A., vergleichbar der IGP), die in der jeweiligen Landessprache auf dem Etikett angegeben sind.

Das bedeutet aber nicht, dass ab sofort nur noch das neue System gilt. Ganz im Gegenteil wurde festgelegt, dass die herkömmlichen Bezeichnungen (wie AOC/AC für Appellation Contrôlée in Frankreich, DO für Denominación de Origen in Spanien oder DOC für Denominazione di Origine Controllata in Italien) beibehalten werden können. Auch bestimmte traditionelle Begriffe und Flaschenformen sind weiterhin geschützt. Der größte Unterschied dürfte sein, dass nun auch für einfache Weine ohne geografische Angabe – die bisherigen Tafelweine – der Jahrgang und/oder die Rebsorte angegeben werden dürfen.

Länderspezifische Ausnahmen

Für Länder, deren bisheriges Weinrecht mit den neuen Vorschriften nur schwer in Einklang zu bringen ist, sind Ausnahmen vorgesehen. Das System der Prädikatsweine in Deutschland beispielsweise, das auf dem Mostgewicht basiert, wird fortgeführt, ergänzt um die neue Ursprungsangabe.

Das gesamte neue Qualitätssystem steht außerdem im Zusammenhang mit einem allgemeinen System zum Schutz der Herkunftsbezeichnung von Lebensmitteln wie Parmaschinken oder Allgäuer Emmentaler, das auf der 1992 eingeführten geschützten Ursprungsbezeichnung Appellation d'Origin Protégée (AOP) basiert. Es ersetzt nationale Qualitätssysteme nicht, sondern fungiert als übergeordnete Klassifikation, die das nationale Recht stärken soll, gegebenenfalls aber auch Anpassungen notwendig macht.

Was steht auf den Etiketten?

Die meisten dieser Neuerungen werden auf Weinetiketten kaum auffallen. Es gibt ab 2011 einige neue Pflichtangaben, etwa den Hinweis »Enthält Albumin«, wenn der Wein Derivate von Ei- oder Milchprodukten enthält. Für Verschnitte aus Trauben verschiedener Länder der EU wird der Begriff »Wein aus der Europäischen Gemeinschaft« zu lesen sein. Darüber hinaus wird die Angabe IGP (Indication Géographique Protégée) die ehemaligen Vins de Pays ersetzen und damit die geschützte geografische Angabe, die auch schon für andere Lebensmittel gilt, für die französischen Landweine einführen.

Schließlich sollte man nicht vergessen, dass das Hauptetikett immer häufiger nur noch die wichtigsten Angaben trägt, um als Blickfang zu dienen, während sich viele der Neuerungen auf dem Rückenetikett verstecken.

Die in den Einträgen grau hervorgehobenen **Stichwörter** verweisen auf weiterführende Einträge im Glossar.

A

Abbeeren Siehe Entrappen.
Abfüllung Die Angabe auf dem Etikett, wo ein Wein abgefüllt wurde, kann einen Hinweis auf die Qualität geben. Siehe auch Erzeugerabfüllung.
Abgang Siehe Nachgeschmack.
Abstich, Abzug Traditionelle Technik, um Wein von einem Gebinde in ein anderes umzufüllen und dabei den **Bodensatz** zurückzulassen. Damit wird der Wein auch geklärt. Klassischerweise wird nach dem Saugheberprinzip (Siphonieren) durch einen Schlauch in ein tiefer liegendes Fass abgestochen, doch heute setzt man dafür auch Pumpen ein.
Adstringenz Insbesondere durch **Tannin** im Wein hervorgerufenes austrocknendes Gefühl im Mund. Ein wenig davon ist angenehm, da es beim Essen eine »reinigende« Empfindung auf den Geschmackssinn bewirkt, doch zu adstringierende Weine wirken im Mund rau. Viele hochklassige Rotweine, v. a. wenn sie auf lange Alterungsfähigkeit angelegt sind, sind in ihrer Jugend adstringierend, werden mit der Zeit aber weicher.
Albana di Romagna Weißwein aus der italienischen Emilia-Romagna mit **DOCG**-Status, auch wenn viele ihn nicht für erstklassig halten. Eher für seine weiche Textur als für einen charakteristischen Geschmack berühmt.
Albariza Charakteristischer weißer, kalkstein- und mineralhaltiger Bodentyp der Region Jerez in Spanien. Gilt als besonders geeignet für den Anbau von **Sherry**-Rebsorten; Weinberge mit Albariza-Boden werden als Jerez Superior klassifiziert.
Alkohol Der berauschende Bestandteil des Weins. Äthylalkohol oder Ethanol, wie er wissenschaftlich heißt, ist ein natürliches Produkt der Gärung, bei der Hefen den im Traubensaft enthaltenen Zucker in Alkohol und Kohlendioxid umwandeln. Der Alkoholgehalt im Wein steht in direktem Zusammenhang mit dem Zuckergehalt der Trauben, die zu seiner Bereitung verwendet werden, d. h., die reifsten Trauben ergeben den alkoholstärksten Wein. Die Bandbreite reicht von knapp 9 Vol.-% in einem leichten deutschen Riesling bis 16 Vol.-% in einem vollreifen australischen Shiraz. Typische Tischweine enthalten heute bis zu 13–14 Vol.-%. Dem Alkohol verdankt der Wein seinen **Körper** und einen Großteil seiner **Textur**.
Alkoholisch Bei der Beschreibung eines Weins Ausdruck dafür, dass der Alkoholgehalt im Verhältnis zu den anderen Bestandteilen wie Fruchtaromen, Säure und (in Rotweinen) Tannin zu hoch ist, um ausgewogen zu sein.
Alte Reben Auf Französisch »vieilles vignes«, auf Englisch »old vines«. Reben, die schon ein reiferes Alter erreicht haben, wurzeln tiefer und produzieren in der Regel hochwertigere Trauben als Jungpflanzen, daher sind ihre Weine auch besser. Wie alt Reben sein müssen, um eine Erwähnung auf dem Etikett zu verdienen, ist umstritten. In Burgund können es 30 Jahre und mehr sein, während kalifornischer Old-Vine-Zinfandel von 40 bis 100 Jahre alten Reben stammen kann.
Amabile Italienisch »lieblich«; Etikettbegriff.
Amarone Neues Mitglied im exklusiven **DOCG**-Club in Italien ist seit 2010 der Amarone della Valpolicella. Dieser körperreiche trockene Rotwein wird von den Rebsorten Corvina, Rondinella und Molinara bereitet, deren Trauben teilweise vor der Gärung getrocknet werden, um den Zuckergehalt zu erhöhen.
Amélioration Französisch »Verbesserung«. Bezeichnet alle Eingriffe, die dazu dienen, einen Wein nach der Traubenlese besser zu machen. Das kann die Zugabe von Säure, Zucker oder Wasser sein, um damit ein Ungleichgewicht der in den Trauben vorhandenen Komponenten auszugleichen. Die Zulässigkeit der Maßnahmen richten sich nach den jeweiligen Weingesetzen der Länder oder Regionen.
In vielen Teilen Europas ist es beispielsweise verboten, Wasser zuzugeben, während eine Aufzuckerung **(Chaptalisierung)** bei einer zu kurzen Wachstumsperiode oder zu wenig Sonne erlaubt sein kann. Umgekehrt wird in Kalifornien nicht selten Wasser zugefügt, um die Weine nicht zu alkoholstark werden zu lassen; Zuckerzugabe dagegen ist verboten.
American Viticultural Area Siehe AVA.
Amontillado Lange gereifter **Sherry**, der zunächst als **Fino** bereitet wird, dann aber während der Fassreifung den schützenden **Flor** verliert. Der Wein wird in diesem Fall mit neutralem Weingeist **gespritet**, damit er genug Alkohol besitzt, um bei der weiteren **Reifung** nicht zu verderben. Dadurch entsteht ein oxidierter bernsteinfarbener Wein mit voller Textur und nussigen Aromen, der die Stärke eines Portweins hat. Ein Fass Amontillado steht im Zentrum einer berühmten gleichnamigen Kurzgeschichte von Edgar Allen Poe.
Anbaugebiet Gesetzlich festgelegter Begriff für die 13 deutschen Weinregionen, deren Weine sich **QbA** nennen dürfen.
Añejo Spanischer Begriff für einen gereiften Wein, aber ohne genau festgelegte Definition.
AOC Abkürzung für den französischen Begriff Appellation d'Origine Contrôlée, mit dem genau definierte Herkunftsgebiete für Wein (und andere landwirtschaftliche Produkte) bezeichnet werden. Oft weiter zu AC abgekürzt. Die meisten Weinregionen in Frankreich haben AC-Status.
Apfelsäure Fruchtsäure, die nicht nur in Äpfeln, sondern auch in Weintrauben stark ausgeprägt ist. Durch den **biologischen Säureabbau**, den die meisten Rot- und viele Weißweine durchlaufen, wird diese recht scharfe, pikante Säure in die viel mildere Milchsäure umgewandelt.
Appellation In der Weinsprache der Begriff für den Herkunftsort der Trauben. In den meisten Ländern sind die Appellationen gesetzlich festgelegt, um dem Weinhandel und den Verbrauchern Sicherheit zu geben, auch das zu bekommen, was sie bezahlen. Nur gesetzlich festgelegte Appellationen sind auf Weinetiketten zugelassen.
Appellation d'Origine Contrôlée Siehe AOC.
Aroma Der Geruch des Weins, also die Sinneswahrnehmung mit der Nase im Unterschied zum Geschmack, der mit dem Mund wahrgenommen wird. Im engeren Sinn sind damit oft die sogenannten Primäraromen gemeint, die von der Traube und dem Gärungsprozess herrühren, während die bei der **Fass-** und **Flaschenreifung** entstehenden Geruchsnoten oft als **Bukett** (oder Bouquet) bezeichnet werden.
Assemblage Der französische Ausdruck bezeichnet das Zusammenfügen verschiedener Grundweine unterschiedlicher Lagen, Rebsorten, Fässer oder Tanks zum endgültigen Produkt. Klassische Beispiele für eine Assemblage finden sich in Bordeaux, wo der Kellermeister mehrere Monate nach der Lese aus Jungweinen verschiedener Sorten wie Cabernet Sauvignon, Merlot und Cabernet Franc einen Verschnitt zusammenstellt, der dann vor der Abfüllung noch weiter reift. Siehe auch Verschneiden, Cuvée.
Asti Spumante Der in der Stadt Asti in Norditalien erzeugte süße, relativ alkoholarme Schaumwein von der **Moscato**-Bianco-Traube heißt offiziell nur noch DOCG Asti. Als Begleiter zum Dessert kann er oft glänzen, da andere Schaumweine sich gegen Süßspeisen nur schwer behaupten.
Aszú Süßer ungarischer **Tokajer** aus spätgelesenen, botrytisierten (edelfaulen) Trauben.
Atmen Wenn eine Weinflasche geöffnet und der Wein in ein Glas oder einen Dekanter gegossen wird, kommt er mit dem Sauerstoff der Luft in Berührung, seine Aromen entfalten sich – er »atmet«. Insbesondere für junge Rotweine ist dieser Vorgang meist vorteilhaft, da er zum Teil den Alterungsprozess simuliert und sie gefälliger erscheinen lassen kann. Nur den Korken zu ziehen und die Flasche ein paar Minuten offen stehen zu lassen, lässt den Wein aber kaum atmen, da eine zu kleine Oberfläche belüftet wird.
Auffüllen Da Wein, der in Fässern gelagert wird, mit der Zeit zu einem gewissen Teil verdunstet (sogar Edelstahltanks sind in dieser Hinsicht nicht hundertprozentig dicht), müssen die Fässer regelmäßig aufgefüllt werden, um den Luftzutritt und damit die Oxidation gering zu halten.
Ausbau Die Gesamtheit der Arbeiten bei der Weinbereitung von der Gärung bis zur Abfüllung; im engeren Sinn ist damit v. a. die **Reifung** eines Weins im Fass oder Tank gemeint, nicht jedoch die **Flaschenreifung**.

Ausbruch Österreichischer Weinstil, der dem ungarischen **Tokajer** nicht unähnlich ist.
Ausgewogenheit, ausgewogen Eine viel diskutierte Qualität bei Wein, die schwer zu erklären, aber angenehm zu trinken ist. Ein Wein ist ausgewogen, wenn seine Bestandteile wie Fruchtaromen, Säure, Tannine, Körper usw. sich gegenseitig ergänzen anstatt sich zu überlagern. Ein Châteauneuf-du-Pape kann sehr reichhaltige Fruchtnoten, relativ viel Alkohol und eher ausladende Tannine haben, doch im richtigen Verhältnis zueinander wird der Wein trotzdem ausgewogen und daher harmonisch erscheinen. Umgekehrt besteht die Ausgewogenheit eines Rieslings von der Saar eher in schlanker, würziger Frucht, frischer Säure, kaum Tannin und wenig Alkohol.
Auslese In Deutschland und Österreich gesetzlich festgelegtes Weinprädikat; traditionell ein Süßwein aus vollreifen Trauben. Heute werden Auslesen auch trocken ausgebaut, da nur das Mostgewicht, also der Zuckergehalt der Trauben bei der Lese, über die Einstufung entscheidet, nicht der Stil des entstandenen Weins. Moderne deutsche Auslesen sind in puncto Körper und Kombination mit Speisen mit vielen hochklassigen trockenen Weinen weltweit vergleichbar. Im allgemeinen Sinn ist damit das Aussortieren unreifer, fauler oder beschädigter Trauben im Weinberg oder in der Kellerei vor dem Verkeltern gemeint. Wenn also ein Wein außerhalb Deutschlands oder Österreichs als Auslese bezeichnet wird, stammt er in der Regel von den gesunden, vollreifen Trauben, die nach der Auslese übrig bleiben.
Autolyse Der Prozess der Selbstauflösung der nach der Gärung abgestorbenen Hefen. Wenn ein Wein im Fass, Tank oder in der Flasche auf diesem Hefesatz liegen bleibt, entwickeln sich Aromen von Brotteig und Toast. Bei der Schaumweinbereitung ist dies schon lange eine häufig angewandte Technik, die inzwischen auch bei weißen Stillweinen (und sogar Roten wie Pinot Noir) zum Einsatz kommt, um Fülle und komplexe Aromen hervorzurufen. Bei der **Fassgärung** von Chardonnay und anderen Trauben ist dies ein natürlicher Arbeitsschritt. Der Kellermeister kann durch **Hefesatzaufrühren** diese Wirkung verstärken.
AVA Von der US-Regierung anerkanntes Weinbaugebiet, das oft auf Etiketten genannt wird, um auszudrücken, dass ein bestimmter Prozentsatz der Trauben in diesem Gebiet angebaut wurde. Über die Weinqualität ist damit nichts gesagt, und es gibt auch keine Auflagen für Weinbaumethoden oder Kellertechniken, wie dies in europäischen Appellationen meist der Fall ist. Mit einer AVA ist nur die Herkunft der Trauben garantiert.

B

Bacchus Gott des Weins im antiken Rom, Dionysos bei den alten Griechen. Aber auch eine in Deutschland aus **Müller-Thurgau** und einer **Kreuzung** von Silvaner und **Riesling** gezüchtete Rebsorte trägt diesen Namen; sie wird v. a. in Franken und England angebaut.
Balance Siehe Ausgewogenheit.
Balling System zum Messen des Zuckergehalts im Traubenmost. Siehe auch Brix, Oechsle.
Banyuls Französischer Süßwein aus spätgelesenen Grenache-Trauben, die um den gleichnamigen Ort nahe der Mittelmeerküste wachsen. Mit seinen konzentrierten Schokoladennoten, der üppigen Textur, dem vollen Körper und dem langen Nachgeschmack ein denkwürdiges Erlebnis.
Barrique Das bekannteste Eichenfass zur Reifung von Wein im Standardmaß von 225 Litern stammt ursprünglich aus dem Bordelais.
Bâtonnage Das Aufrühren des sich am Boden eines Gärbottichs oder Tanks abgesetzten Sediments mit einer Stange (französisch *bâton*) oder einem ähnlichen Werkzeug. Der dadurch hervorgerufene verstärkte Kontakt des Weins mit den abgestorbenen Hefezellen und Traubenschalenresten, aus denen dieser Bodensatz besteht, soll Textur und Geschmack des Weins verbessern.
Baumé In Frankreich, Australien und Neuseeland verwendetes System zur Messung des Mostgewichts, d. h. des Zuckergehalts im Traubensaft.
Behangausdünnung Siehe Grünlese.
Bereich Teilgebiet eines Anbaugebiets in Deutschland, bestehend aus mehreren Weinberglagen.
Betontanks Siehe Zementtanks.
Bianco Italienisch »weiß«, auch im Sinn von Weißwein.
Biodynamisch, biologisch-dynamisch Bei ambitionierten Winzern länderübergreifend zunehmend beliebte Methode, Wein (und andere landwirtschaftliche Produkte) anzubauen, um die Qualität der Trauben (und damit auch das Image des Erzeugers) zu verbessern. Wie im **ökologischen Weinbau** ist der Einsatz von Kunstdüngern und Pestiziden stark eingeschränkt oder ganz verboten, darüber hinaus wird besonderer Wert auf die Beachtung natürlicher Zyklen einschließlich der Mondphasen gelegt. Auch die Bereitung von Kompost und bestimmter Präparate zur Behandlung der Pflanzen und des Bodens unterliegen genauen Regeln, die sich aus der Lehre des Anthroposophen Rudolf Steiner ableiten.
Biologischer Säureabbau (BSA) In Weinpublikationen häufig auch als malolaktische Gärung oder kurz Malo bezeichnet. Es handelt sich aber in Wirklichkeit nicht um eine Gärung, sondern um die Umwandlung von Apfelsäure in Milchsäure, die spontan eintreten oder vom Kellermeister in bestimmten Weinarten ausgelöst werden kann. Der BSA verringert den allgemeinen Säuregehalt und bewirkt eine weichere **Textur** und einen längeren **Nachgeschmack** des Weins. Sehr viele Rotweine weltweit durchlaufen den biologischen Säureabbau, aber auch etliche Weiße, insbesondere Chardonnay. Zusammen mit **Fassgärung** und **Hefesatzaufrühren** ist er Teil der traditionellen burgundischen Weinbereitung. Im Vergleich zur alkoholischen Gärung ist der BSA ein subtiler Vorgang, der gut überwacht sein will, um den gewünschten Weinstil zu erzielen. Es muss zudem vermieden werden, dass nach der Abfüllung in Flaschen noch ein Säureabbau einsetzt, da er Kohlensäure produziert und unerwünschte Aromen freisetzen kann.
Biologischer Weinbau Siehe ökologischer Weinbau.
Blanc de Blancs Französisch »Weißer von Weißen«. Ein aus weißen Traubensorten bereiteter Weißwein, oft Schaumwein.
Blanc de Noirs Französisch »Weißer von Schwarzen«. Aus dunklen (roten) Traubensorten bereiteter Weißwein, meist für Schaumwein verwendet. In der Champagne ist damit der ganz leicht rosa gefärbte Wein gemeint, der aus **Pinot Noir** und Pinot Meunier bereitet wird – roten Sorten, die Rotweine ergeben, wenn sie nach den normalen Methoden für roten Stillwein vinifiziert werden. Für Blanc de Noirs werden die Trauben gleich nach der Lese gepresst, damit der klare Saft sofort von den dunklen Schalen getrennt wird und keine Farbstoffe von ihnen annehmen kann. Nach Gärung und Ausbau ist der Wein in der Regel hell goldgelb oder sehr schwach rosé.
Blattrollvirus Die von einer Gruppe unterschiedlicher Viren hervorgerufene Blattrollkrankheit wird gerade in Kalifornien, New York und anderen Regionen wieder zum Problem. Die wunderschöne Rot- und Violettfärbung des Laubs im Herbst (gelegentlich auch ein Zusammenrollen) kann bei Rotweinsorten auf eine Infektion hinweisen. Weiße Sorten zeigen weniger deutliche Symptome. Die Krankheit hemmt die Reifung und mindert den Ertrag. Die Viren leben im Gewebe der Rebe und verbreiten sich, wenn mit infizierten Stecklingen vermehrt wird, sowie durch das Pfropfen infizierter Edelreiser auf Unterlagsreben. Lange wurde geglaubt, dass dies die einzige Verbreitungsmöglichkeit sei, doch inzwischen wurde festgestellt, dass durch die Beteiligung von Insekten wie der Schmierlaus als Überträger die Infektion auch von Rebe zu Rebe übergehen kann. Die einzig probate Vorbeugung ist die ausschließliche Verwendung von gesunden Pflanzen bei der Anlage von Weinbergen.
Blush Amerikanischer Ausdruck für einen hellen Roséwein, meist einfache, eher süße Weine wie **White Zinfandel**.
Blüte Die Weinrebe bildet keine großen Blüten aus wie die meisten Obstbäume, durchläuft aber in der Regel im Mai oder Juni (in der nördlichen Hemisphäre) eine Blüteperiode, in der die Grundlagen für das Entstehen der Trauben gelegt werden. Ein durch schlechtes Wetter,

insbesondere zu viel Regen oder Hagel, verursachter schlechter Blütenansatz beeinträchtigt die Befruchtung und damit die Menge der Trauben einer Saison. Auf die Weinqualität kann sich eine solche Ertragsreduzierung indes auch positiv auswirken, da weniger Beeren bessere Reifemöglichkeiten für die verbliebenen bedeuten. Außerdem werden lockerer hängende Trauben besser durchlüftet, was die Gefahr von Mehltau und Fäulnis senkt.

Bocksbeutel Flaschenform für Frankenwein; auch in einigen anderen Gegenden Europas verwendet.

Bodega Auf dem Etikett bedeutet der spanische Begriff Weingut oder Kellerei.

Bodensatz Winzige Feststoffpartikel (Trubstoffe) im Wein, die sich im Lauf der Zeit absetzen und eine Schicht am Boden des Gebindes bilden. In Fässern oder Gärbehältern wird der Bodensatz durch **Abstich** vom Wein getrennt. Doch auch in Weinflaschen, insbesondere von alten Rotweinen, kann sich ein sogenanntes Depot bilden, insbesondere, wenn der Wein vor der Abfüllung nicht gefiltert wurde. Weißweine können im Alter ein Depot aus Weinsteinkristallen in der Flasche bilden. Depot in der Flasche ist normalerweise kein Weinfehler, man sollte aber vermeiden, es mit ins Glas zu gießen. Hier ist es sinnvoll, den Wein zu **dekantieren**.

Bordeauxbrühe In europäischen Weinbergen oft gegen Pilzkrankheiten, insbesondere Mehltau, eingesetztes Mittel aus Kupfersulfat, Kalk und Wasser.

Bordeaux-Sorten Fünf Rebsorten gelten als die Klassiker für roten Bordeaux und werden rund um den Globus verwendet, um den Bordeaux-Stil nachzuahmen: **Cabernet Franc**, **Cabernet Sauvignon**, Malbec, **Merlot** und **Petit Verdot**. Merlot wird im Bordelais am meisten angebaut, traditionell bereitet man die Weine aber immer aus einem Verschnitt von mindestens zwei der genannten Sorten, um ihnen größere Komplexität mitzugeben. Die Kultivierung dieser früher und später reifenden Sorten dient aber auch dazu, mögliche Unbilden der Natur abzufedern: Ein Wolkenbruch während der Blüte oder Regen zur Erntezeit trifft so nur einen Teil der Ernte, die zu anderen Zeiten blühenden oder reifenden Sorten bleiben verschont.

Botrytis Der Schimmelpilz *Botrytis cinerea* ist im Weinberg ein ambivalenter Geselle: In seiner schädlichen Form ruft er die gefürchtete Graufäule hervor, die eine ganze Traubenernte ruinieren kann. Wenn er aber reife Trauben gewisser, für Dessertweine bestimmter Sorten befällt, bekommen sie die begehrte Edelfäule. Dies trifft etwa auf die großen französischen Süßweine aus Sauternes zu, die v. a. von **Sémillon** bereitet werden, aber auch auf die deutschen Riesling-**Trockenbeerenauslesen** und andere Weine. Feuchtwarmes Wetter begünstigt die Ausbreitung des Pilzes, der in seiner edlen Form die Traubenschalen durchlässiger macht. Dadurch verdunstet das in der Traube enthaltene Wasser nach und nach, Zucker und Aromen konzentrieren sich. In fast allen, für Tischweine bestimmten Weinbergen spritzen die Winzer allerdings Fungizide, um die Reben vor Graufäule zu bewahren.

Bouquet Siehe Bukett.

Brix System zum Messen des Zuckergehalts in Traubenmost vor und während der Weinlese. Wenn diese Messung während der Gärung vorgenommen wird, heißt sie Balling. Gemessen wird dabei der Gewichtsanteil der im Most gelösten Feststoffe, woraus sich die Zuckermenge errechnen lässt. 25 Grad Brix entspricht 25 % Zuckergehalt, der in einem durchgegorenen (trockenen) Wein im Verhältnis von etwa 1 : 0,55 in Alkohol umgewandelt wird, also 13,75 Vol.-% Alkohol im fertigen Wein erwarten lässt.

Brunello di Montalcino Einer der großen Rotweine Italiens mit **DOCG**-Status, bereitet aus Sangiovese-Grosso-Trauben, die um die Stadt Montalcino in der Südtoskana angebaut werden. Brunellos sind typischerweise dunkel, tanninstark, sehr vielschichtig im Geschmack und brauchen etliche Jahre der Reifung, bevor sie ihren Höhepunkt erreichen. Die Traubensorte gehört zur **Sangiovese**-Familie, erbringt aber mächtigere und ausladendere Weine als die Sangiovese-Versionen des nicht weit entfernten Chianti Classico.

Brut Nature Extrem trockener und seltener Champagner-Stil, der keine **Dosage** mit Zuckerlösung erhält.

Brut Trockener Stil von Schaumwein, der in den meisten Ländern faktisch der Standard ist. Er enthält zwar noch eine geringe Menge Restzucker, sie muss aber unter 15 g/l liegen. Bei gut bereiteten Schaumweinen mit deutlicher Säure wie etwa Champagner wird dies als angenehm trocken empfunden.

Bukett oder **Bouquet** Etwas unscharfer Begriff, der im Allgemeinen den Duft eines Weins bezeichnet. Im engeren Sinn sind damit – im Unterschied zum **Aroma** – die Duftnoten gemeint, die sich während der **Flaschenreife** entwickeln. In den wenigen klassischen Spitzenweinen, die mit zunehmendem Alter besser werden, verbinden sich die ursprünglichen Aromen aus den Trauben mit Geruchsnoten aus der Gärung und aus der **Fassreifung** zu einem komplexen, für jeden Wein einzigartigen Bukett.

Buschreben Ohne Unterstützungssysteme in Buschform erzogene Weinreben findet man hauptsächlich in älteren Weinbergen und warmen Regionen. In Frankreich, v. a. im Beaujolais, wird diese Erziehungsform Gobelet genannt.

Butt Insbesondere in der Sherry-Region verwendetes Fass mit 650 Litern Inhalt.

C

Cabernet Franc Die Rebsorte ist, zusammen mit **Sauvignon Blanc**, ein Elternteil von **Cabernet Sauvignon**. Sie wird v. a. in Frankreich im Loire-Tal und in Bordeaux (insbesondere in St-Émilion) angebaut, aber auch überall auf der Welt, wo Verschnitte im Bordeaux-Stil erzeugt werden. Cabernet Franc ist eine der fünf klassischen roten **Bordeaux-Sorten**. Sortenrein vinifiziert, ergibt sie offen fruchtige Weine mit Aromen von Blumen und Kräutern, mittlerer Fülle im Mund, mäßigen Tanninen und oft einem leichten Abgang. Die zum überwiegenden Teil aus Cabernet Franc bestehenden großen Rotweine von Château Cheval Blanc in St-Émilion gelten als der großartigste Ausdruck dieser Traube.

Cabernet Sauvignon Eine der großen Rotweinsorten weltweit mit Ursprung in Bordeaux, hervorgegangen als zufällige Kreuzung der weißen **Sauvignon Blanc** mit der roten **Cabernet Franc**. Sie entwickelt kleine Beeren mit dicken Schalen, was potenziell zu konzentrierten Aromen im Most und entsprechend auch im resultierenden Wein führt. Unter günstigen Bedingungen liefert Cabernet Sauvignon komplexe Weine mit vollem, lang anhaltendem Geschmack, die Jahrzehnte in der Flasche altern können. Charakteristisch sind die tiefgründigen Noten von Kirschen und Schwarzen Johannisbeeren, manchmal akzentuiert von Kräutern, Zedernholz und anderen interessanten Aromen. Zu den auf Cabernet Sauvignon basierenden Weinen gehören die fünf Premiers Crus Classés der Weinbaugebiete Médoc und Graves in Bordeaux: Château Latour, Château Lafite-Rothschild, Château Mouton-Rothschild, Château Margaux und Château Haut-Brion. Das Napa Valley in den USA verdankt einen Großteil seines Rufs ebenfalls Cabernet-Sauvignon-Weinen, sowohl älterer Güter wie Beaulieu Vineyard als auch der »Kult-Cabernet«-Erzeuger jüngeren Datums wie Harlan Estate und Screaming Eagle. Auch in Australien, Chile, dem US-Bundesstaat Washington, der Toskana und in vielen anderen Weinregionen entstehen ausgezeichnete Weine von Cabernet Sauvignon.

Caudalie Französischer Ausdruck als Maßeinheit zum Messen des **Nachgeschmacks** in Sekunden.

Cava Name für spanischen Schaumwein, der nach der traditionellen, auch für Champagner verwendeten Methode bereitet wird, bei der eine Zweitgärung in der Flasche stattfindet. Das Wort bedeutet »Keller« und assoziiert die kühlen Lagerbedingungen des Schaumweins bei der Zweitgärung. Diese verleiht den Weinen das typische Perlen und die subtilen Noten von Brotteig, die vom Lagern auf dem eigenen **Hefesatz** stammen. Cava wird v. a. im katalanischen Penedès von den Sorten Parellada, Macabeo und Xarel-lo erzeugt und gehört zu den preiswertesten hochklassigen Schaumweinen weltweit.

Cave Französisch »(Wein)Keller«, sowohl im Sinn eines unterirdischen Lagerorts für Weine als auch im Sinn von Kellerei, also dem Ort, wo Wein bereitet wird.

Cépage Französisch »Rebsorte«.
Chai Französischer Ausdruck für ein Weinlager auf dem Gelände des Erzeugerbetriebs, in der Regel ein Fasslager. Sehr gebräuchlich v. a. in Bordeaux, wo viele traditionelle Châteaux ein *chai* für den letzten und eines für den vorletzten Jahrgang haben – bevor der Wein abgefüllt wird. *Chais* sind meist eher unterirdische Lagerhallen als echte Keller oder Tunnel.
Chaptalisierung Die Zugabe von Zucker zum Traubensaft, um die Gärung zu unterstützen und den potenziellen Alkoholgehalt des Weins zu erhöhen. Traditionell werden damit Weine aus klimatisch ungünstigen Gebieten verbessert, etwa in Nordeuropa, wo die Trauben nicht immer voll ausreifen können. In solchen Gegenden ist Chaptalisierung meist auch legal, während sie in Regionen mit sonnigen, warmen Bedingungen und einer langen Reifeperiode, die diesen Eingriff unnötig machen, in der Regel verboten ist.
Charakter Unscharfer Begriff der Weinansprache, mit dem einfach ein allgemein guter Eindruck eines Weins gemeint sein kann. Oft soll damit aber eine besondere Individualität ausgedrückt werden, die sich in einer unverwechselbaren Kombination von Aromen, Geschmacksnoten, Körper, Textur und Abgang ausdrückt.
Chardonnay Eine der weltweit am weitesten verbreiteten Rebsorten und die daraus erzeugten sehr beliebten Weine, die oft Aromen von Äpfeln, Zitronen und sogar Butter aufweisen und deren Bandbreite von üppigen, viskosen, körpereichen Tropfen bis hin zu schlanken, herben Gewächsen reicht. Chardonnay-Weine sind weniger durch bestimmte klar erkennbare, unverwechselbare Aromen gekennzeichnet, sondern spiegeln ihr Terroir, also die Bedingungen, unter denen die Reben angebaut wurden, oft sehr gut wider. Große weiße Burgunder wie jene aus Montrachet, Meursault oder Chablis, die alle reinsortig aus Chardonnay erzeugt werden, lassen unterschiedliche Lagen deutlich erkennen. Auch im Champagner ist Chardonnay die dominierende Weißweinsorte; weitere berühmte Exemplare kommen aus Kalifornien und Australien.
Charmat-Methode Auch Tankgärungs- oder *cuve-close*-Verfahren genannte Technik der Schaumweinherstellung im Drucktank, die deutlich kostengünstiger und zeitsparender ist als das aufwendige traditionelle Flaschengärungsverfahren bei der **Méthode Champenoise**. Nach der Charmat-Methode bereitete Schaumweine können trotz des geringeren Preises gut sein, die geschmackliche Komplexität und das feine Perlen von flaschenvergorenen Weinen fehlen ihnen aber.
Charta Winzervereinigung im Rheingau, die für ihre Mitglieder eigene hohe Qualitätsstandards aufgestellt hat. Ihre Weine werden in die typischen schlanken braunen, sogenannten Schlegelflaschen abgefüllt, in die das Emblem der Charta, ein Doppelbogen, eingeprägt ist. Die 1983 gegründete Vereinigung verlangt, dass alle Charta-Weine von Riesling bereitet sein und dabei strenge Vorgaben erfüllen müssen, darunter eine geringe Restsüße und eine hohe ausgleichende Säure. Jeder Charta-Wein wird vor seiner Freigabe dreimal blind verkostet und muss mehrere Monate im Fass reifen. 1999 fusionierte die Charta mit dem Verband Deutscher Prädikatsweingüter **(VDP)** im Rheingau. Siehe auch Erstes Gewächs.
Château Französisch »Schloss«, doch im Zusammenhang mit dem Weinbau ist damit in der Regel, insbesondere in Bordeaux, ein Erzeugerbetrieb gemeint, auch wenn das Gutsgebäude gar nichts Aristokratisches hat. In Burgund wird meist der Ausdruck **Domaine** verwendet.
Chef de cave Französisch »Kellermeister«.
Chenin Blanc Klassische Weißweinsorte aus Frankreich, die zu Weinen verschiedenster Stile verarbeitet werden kann, frisch und trocken, als Schaumwein oder süß. Die ursprüngliche Heimat ist das Loire-Tal, doch auch in Südafrika (für einen trockenen Tischwein namens Steen), den USA (v. a. für einfache, preisgünstige Tafelweine aus Kalifornien) und in vielen anderen Ländern ist Chenin Blanc verbreitet. In kühlen Regionen und bei relativ niedrigen Erträgen zeigen die Weine eine charakteristische fruchtige Aromatik, die an Anjou-Birnen oder grüne Äpfel erinnert, mit leicht floralem Einschlag.
Cinsault Auch Cinsaut geschrieben (in Südafrika). In Südfrankreich, insbesondere im Languedoc weit verbreitete Rotweinsorte. Cinsault ist eine der 13 Trauben, die für Châteauneuf-du-Pape (südliche Rhône) zugelassen sind, und taucht auch in einigen Côtes-du-Rhône-Verschnitten auf. Sie wird oft mit Grenache verglichen und liefert körperreiche, aber nicht allzu tanninstarke Rotweine sowie Rosés. In Südafrika hieß sie früher Hermitage und wurde mit Pinot Noir gekreuzt, woraus die neue südafrikanische Sorte Pinotage hervorging. Auch im Libanon, in Nordafrika und auf Korsika hat Cinsault Bedeutung.
Clairette In den südfranzösischen Weinbaugebieten für verschiedene Weiß-, Rot-, Rosé- und Schaumweine verwendeter Name, der durchaus für Verwirrung sorgen kann. Am meisten Anspruch darauf hat wahrscheinlich die Rebsorte Clairette Blanche, die an der Rhône, in der Provence und im Languedoc seit Jahrhunderten angebaut wird und tiefgelbe, manchmal oxidierte Weißweine liefert. *Clairet* nennt man in Bordeaux hellrote Weine aus dunklen Trauben. Clairette de Die ist ein traditioneller Schaumwein aus Südfrankreich – und das sind nur einige Beispiele.
Claret Traditioneller englischer Ausdruck für Rotwein aus Bordeaux, geprägt in einer Zeit, als diese Weine recht hell *(clairet)* waren. Wird heute manchmal noch als Synonym für roten Bordeaux verwendet bzw. für Weine im Bordeaux-Stil aus den traditionellen Sorten.
Classico Italienische Bezeichnung für den klassischen Kern eines (meist in der Zwischenzeit deutlich größer gewordenen) Anbaugebiets sowie der Wein, der dort produziert wird und als höherwertig gilt. Chianti Classico beispielsweise ist ein eng umgrenzter Bereich, dessen Weine eine bessere Qualität haben als die des allgemeinen Chianti-Gebiets. Analog steht – zumindest theoretisch – Soave Classico auf einem höheren Niveau als einfacher Soave und so weiter. Die Verwendung ist in den Bestimmungen der jeweiligen **DOC** geregelt.
Climat In Burgund verwendeter Ausdruck für Weinberglagen bzw. für einzelne Parzellen innerhalb eines Weinbergs. Er besagt, dass das so bezeichnete Stück Land mit seinen Eigenschaften in Bezug auf den Boden, die Ausrichtung und das Mikroklima besonders geeignet für den Weinbau ist. Sehr ähnlich wie **Terroir**.
Clos Französischer Ausdruck für ein umfriedetes Grundstück, oft ein ummauerter oder eingezäunter Weinberg.
Colheita Portugiesisch »Jahrgang« oder »Lese«. Port- und Madeiraweine mit diesem Etikettbegriff stammen aus einem bestimmten Jahrgang und werden vor der Abfüllung mehrere Jahre im Fass ausgebaut. Der Jahrgangs-Portwein **Vintage Port** ist allerdings etwas anderes.
Commune Französisch »Gemeinde« bzw. »Gemarkung«; in einer Weinregion also der Ort und das dazugehörige Gebiet.
Concord Im östlichen Nordamerika heimische Rebsorte mit großen, dunkel gefärbten Beeren. Neben ihrer Bedeutung als Tafeltraube und für Konfitüren kann Concord auch zur Weinbereitung verwendet werden. Sie hat jedoch einen so kräftigen, eigenartigen Geschmack, dass Concord-Weine für an europäische Kreszenzen gewöhnte Gaumen kaum vermittelbar sind.
Consorzio Verband oder Konsortium von Weinerzeugern in Italien; oft das Gremium zur Durchsetzung der Appellationsregeln und zur Förderung der Qualität der Weine.
Cosecha Spanisch »Ernte« bzw. »Jahrgang«.
Côte Französisch »Hang«. Hanglagen bieten meist gute Bedingungen für den Weinbau. Viele Anbaugebiete in Frankreich tragen diese Bezeichnung, etwa Côtes du Rhône im Rhône-Tal oder Côte d'Or in Burgund.
Cotnari Traditioneller süßer Weißwein aus dem gleichnamigen Bezirk in der rumänischen Region Moldau, erzeugt aus edelfaulen (botrytisierten) Trauben.
Coulure Siehe Verrieseln.
Crasse de fer Tonhaltiger Unterboden mit hohem Eisengehalt, der dafür bekannt ist, in Teilen von Pomerol (Bordeaux) exzellente Weine hervorzubringen, etwa den berühmten Château Pétrus.
Cream Sherry Süßer Sherrystil, für den trockener Sherry wie Oloroso mit sehr süßem, meist aus Pedro Ximénez bereiteten, verschnitten wird.

Crémant Französischer Ausdruck für Schaumweine, die nicht in der Region Champagne erzeugt werden. Die Qualität reicht von einfachen bis zu hervorragenden Versionen. Viele Weinbaugebiete haben strenge Regeln für die Produktion von Crémant aufgestellt, die Höchsterträge, Erntemethoden und zugelassene Rebsorten vorschreiben. Beispiele sind etwa Crémant du Loire, Crémant du Bourgogne und Crémant du Limoux.
Crianza Spanisch »Erziehung, Aufzucht«. Der Begriff steht für Weine mit bestimmter Mindestreife. Bei rotem Rioja sind dies zwei Jahre, davon sechs Monate im Fass, bevor der Wein zum Verkauf freigegeben werden kann.
Cru Französisch »Gewächs«; bezeichnet im engeren Sinn aber eher ein Weingut oder eine bestimmte Weinberglage als das tatsächliche Wachstum einer Pflanze.
Cru Bourgeois 1932 erstmals vorgenommene Klassifikation für qualitativ hochstehende Weingüter im Médoc (Bordeaux), die aber unterhalb der **Crus Classés** liegen. Manche dieser Güter konnten Preis für ihre Weine durchsetzen, die auf oder sogar über dem Niveau der ursprünglichen Crus Classés liegen, und sind ihnen auch qualitativ ebenbürtig oder gar überlegen. Andere produzieren hübsche Weine zu vernünftigen Preisen. Die Liste der Crus Bourgeois wurde 2003 revidiert. Da aber 247 der 490 Bewerber nicht aufgenommen wurden und sogar 77 der ursprünglichen Crus Bourgeois aus der Klassifikation herausfielen, hagelte es Proteste. 2007 wurde nach vielem Streit die Revision durch einen Gerichtsbeschluss annulliert. Der Begriff darf wieder verwendet werden, er stellt allerdings keine Klassifikation mehr dar, sondern ist nur noch ein Hinweis darauf, dass der Wein eine gewisse Qualität besitzt. Die Châteaux müssen sich jedes Jahr neu darum bewerben.
Cru Classé Klassifizierter Weinberg, der sich über eine lange Zeit als qualitativ hochwertig erwiesen hat. In Bordeaux sind die Cru-Classé-Güter in fünf Kategorien eingeteilt: in absteigender Reihenfolge vom **Premier Cru** bis zum Cinqième Cru.
Crusted Port Körperreicher, aus mehreren Jahrgängen verschnittener Portweinstil, der, wie Vintage Port, mit der Zeit in der Flasche ein Sediment (die »Kruste«) bildet und vor dem Genuss dekantiert werden muss.
Cultivar Botanischer Name für (Reb-)Sorte.
Cuvaison Französischer Ausdruck für die Zeitspanne, die ein Jungwein während und nach der Gärung im Fass oder Tank (auf Französisch *cuve*) mit den Traubenschalen und -kernen in Kontakt bleibt. Dieser Kontakt ist bei einem Rotwein verantwortlich für den Großteil seiner Tannine, Farb- und Aromastoffe, die hauptsächlich in den Schalen stecken und während dieser Zeit vom Saft aufgenommen werden. **Maischung** drückt in etwa den gleichen Sachverhalt aus. Cuvaison Estate heißt eine Kellerei im kalifornischen Napa Valley.
Cuvée In der französischen Grundbedeutung der Inhalt eines Tanks oder Bottichs *(cuve)*. In der Schaumweinbereitung, insbesondere in der Champagne, ist damit der aus dem zuerst ablaufenden feinsten Most bereitete Grundwein gemeint, der eine Zweitgärung in der Flasche durchläuft. Da in der *cuve* auch die Mischung der Grundweine erfolgt, wird mit Cuvée auch die Verschnittzusammensetzung bezeichnet. Insbesondere im deutschsprachigen Raum hat sich daraus Cuvée als synonymer Begriff für Verschnitt **(Verschneiden)** durchgesetzt.

D

Débourbage Französischer Ausdruck für die Klärung von Most durch das Absetzen der festen Bestandteile am Boden. Üblicher Vorgang vor der Vergärung von Weißwein.
DeChaunac Franko-amerikanische rote Hybridrebe, die v. a. in Ontario und dem Nordosten der Vereinigten Staaten angebaut wird.
Degorgieren Wichtiger Schritt bei der Herstellung von Schaumwein nach der traditionellen Methode der Flaschengärung. Dabei werden die abgestorbenen Hefezellen, die bei der Zweitgärung entstehen, aus der Flasche entfernt, sodass der Wein anschließend klar und ohne Sediment verbleibt. Je länger der Wein vor dem Degorgieren auf dem **Hefesatz** verbleibt, umso komplexer und qualitätvoller wird er. Bei feinem Champagner reifen manche Jahrgangsweine jahrelang auf ihrem Hefesatz und werden erst wenige Monate vor dem Verkauf degorgiert. Solche Weine werden manchmal mit dem Vermerk RD *(récemment dégorgé)* auf dem Etikett gekennzeichnet.
Degree days Die Einstufung einer Weinregion nach »Wärmetagen« wurde von Albert Winkler an der University of California in Davis erstmals eingeführt mit dem Ziel, Rebsorten gemäß der klimatischen Bedingungen eines Gebiets planmäßig anzupflanzen. Dabei werden die Tage während einer Wachstumsperiode gezählt, deren Temperatur über 10 °C liegt, und mit den Graden, die an diesen Tagen die Temperatur darüberliegt, multipliziert. Daraus entstand ein System, mögliche Weinberglagen in fünf Klimastufen zu klassifizieren, mit 1 als kühlster und 5 als wärmster Klasse. Rebsorten aus kühlen Klimaten, wie Riesling, Chardonnay und Pinot Noir, werden beispielsweise am besten in Lagen der Regionen 1 oder 2 gepflanzt, während für Zinfandel, Grenache und Portweinsorten Region 3 oder 4 besser geeignet ist.
Dekanter Gefäß, in das ein Wein vor dem Servieren umgefüllt wird. Das kann ein einfacher Krug ebenso sein wie ein prunkvolles Kristallgefäß mit Glasstopfen und Silberbeschlag. *Decanter* heißt ein einflussreiches britisches Weinmagazin.
Dekantieren Ältere Flaschenweine weisen oft einen **Bodensatz** (Depot) auf, der beim Dekantieren in der Flasche verbleibt, während der Wein in ein anderes Gefäß (meist in einen Dekanter) umgefüllt wird. Bei jungen Rotweinen dient das Dekantieren der Belüftung des Weins, der dadurch etwas weicher wird und seine Aromen bzw. sein Bukett besser entfalten kann. Junge Weine werden daher eher schwungvoll umgefüllt, um einen möglichst guten Kontakt mit der Luft zu erreichen. Ein alter Wein dagegen sollte einen Tag vor dem Dekantieren aufrecht gestellt werden, damit der Bodensatz nach unten in die Flasche sinkt. Beim Entkorken darf er dann so wenig wie möglich bewegt werden, um das Depot nicht wieder aufzuwirbeln. Auch das Umfüllen in den Dekanter sollte so sanft wie möglich erfolgen. Wenn man dabei eine Kerze oder eine andere Lichtquelle hinter den Flaschenhals stellt, kann man genau erkennen, wann das Sediment die Flaschenöffnung erreicht, und rechtzeitig zu gießen aufhören.
Demi-muid Fassgröße mit 600 Liter Volumen, gebräuchlich noch etwa in der Champagne und im Languedoc-Roussillon.
Demi-Sec Französisch »halbtrocken«, was, insbesondere bei Schaumweinen einschließlich Champagner in der Praxis auf recht lieblich hinausläuft. Siehe auch Extra Dry.
Denominación de Origen Siehe DO.
Denominazione di Origine Controllata e Garantita Siehe DOCG.
Denominazione di Origine Controllata Siehe DOC.
Depot Siehe Bodensatz.
Dessertwein Süßwein, manchmal auch **gespritet**, um einen höheren Alkoholgehalt als bei normalem Tischwein zu erzielen. Unter diese Kategorie fällt eine ganze Reihe hochinteressanter Weine, die heutzutage häufig unterschätzt werden. Wie der Name sagt, werden sie traditionell zur (oder als) Nachspeise genossen. Zu dieser Gruppe gehören etwa Sauternes aus Bordeaux, Riesling-Auslesen aus Deutschland, Portweine verschiedener Typen, süße Sherry- und Madeira-Stile, der Banyuls aus Südfrankreich, ungarischer Tokajer, Eisweine aus Deutschland, Österreich oder Kanada und viele andere.
DO Abkürzung für Denominación de Origen im spanischen Appellationssystem. Damit wird die auf dem Etikett angegebene Herkunft garantiert, äquivalent zum französischen **AOC**-System.
DOC Die italienische Kategorie für Weine aus einem bestimmten Anbaugebiet, Abkürzung für Denominazione di Origine Controllata. In der Regel ein Anzeichen für gute Weinqualität.
DOCG Abkürzung für Denominazione di Origine Controllata e Garantita, die Spitze der italienischen Qualitätspyramide. Sie steht für eine garantierte und streng überwachte Herkunftsangabe.
Domaine Französischer Begriff für ein Weingut und/oder einen Weinbergbesitz. Insbesondere gebräuchlich in Burgund, wo es sehr

häufig vorkommt, dass ein Erzeuger mehrere kleine Parzellen in verschiedenen Appellationen und Lagen besitzt.

Dosage Beimischung bei der Schaumweinerzeugung nach der klassischen Methode der Flaschengärung, die direkt nach dem **Degorgieren** und vor dem Verkorken und endgültigen Verpacken zum Wein gegeben wird, um ihm etwas Süße und zusätzlichen Geschmack zu verleihen. Bis zu diesem Zeitpunkt sind die meisten Qualitätsschaumweine vollständig durchgegoren, d.h. ohne Restzucker und mit hohem Säuregehalt. Als Dosage wird häufig ein gesüßter Reservewein verwendet, der zur Süße auch noch Komplexität beisteuert.

Doux Französisch »süß«; wird für Still- und Schaumweine verwendet.

E

Edelfäule Durch *Botrytis cinerea* verursachte Fäule, die, wenn sie unter den richtigen Umständen kurz vor der Lese auftritt, die reifen Weinbeeren schrumpfen lässt und die Aromen in ihnen konzentriert. Siehe Botrytis.

Edelzwicker Elsässer Weißweinverschnitt aus verschiedenen Sorten.

Eiche Von Weinerzeugern auf der ganzen Welt bevorzugte Holzart für Weinfässer (siehe Fass). Drei Eichenarten werden dabei besonders präferiert: in Europa die Traubeneiche *Quercus petraea* (auch *Quercus sessilis* genannt) und die Stieleiche *Quercus robur (Quercus pedunculata)* sowie in Nordamerika die Amerikanische Weißeiche *Quercus alba*. Eichenholz ist nicht nur stabil genug, um das Gewicht und den Druck großer Füllmengen auszuhalten, eine Lagerung im Eichenfass über längere Zeit erlaubt auch einen gewissen Sauerstoffkontakt durch die Poren des Holzes, der zu einer für die Reifung positiven, sehr langsamen Oxidation des Weins führt. Für die moderne Weinbereitung am wichtigsten aber sind die aromatischen Eigenschaften von Eichenholz. Insbesondere neue Eiche gibt viele Geschmacksstoffe an den Wein ab, u.a. Noten von Vanille, Kokosnuss, Rauch, Pfeffer, Mandeln, Zeder und Zimt. Je öfter ein Fass gefüllt wurde, um so mehr nimmt dieser Holzeinfluss ab. Nach drei Jahren ist er so gering geworden, dass man von »neutraler Eiche« spricht. Eine wichtige Entscheidung bei der Rotweinbereitung betrifft die Frage, wie viel Prozent des Weins in neuer Eiche reifen soll und wie viel in bereits benutzten Fässern. Eine Faustregel lautet, dass der junge Wein umso mehr neue Eiche verträgt, je stärker er selbst ist. Wer im Zusammenhang mit Wein von Eiche spricht, meint in der Regel den Ausbau in Eichenfässern, doch wird aus Kostengründen immer häufiger versucht, die aromatischen Eigenschaften des Eichenholzes zu nutzen, in dem man es in Form von Latten, Chips oder Spänen dem Wein in Tanks oder großen alten Fässer zusetzt. Solche Weine weisen zwar die typische Eichennote auf (siehe auch nächsten Eintrag), sind aber im Vergleich zu Gewächsen mit Fassausbau weniger komplex und alterungsfähig.

Eichenholzwürzig, Eichennote Verkostungsbegriff für einen Wein, der die typischen Aromen von neuer Eiche aufweist, seien sie nun durch Fasslagerung oder die Einwirkung von Eichenchips oder -spänen hervorgerufen.

Eiswein Wein, der aus Trauben bereitet wird, die bis in den Winter am Stock hängen bleiben, dort eine Zeit lang starkem Frost ausgesetzt sind und in gefrorenem Zustand geerntet und verkeltert werden. Ursprünglich eine deutsche Erfindung, nun aber auch eine Spezialität Kanadas. Da das meiste Wasser in den Trauben in Eiskristallen gebunden ist, fällt nur sehr süßer, außerordentlich aromatischer Saft an, der auf natürliche Weise extrem konzentriert ist. Das Ergebnis ist im Allgemeinen ein sehr süßer, aber von frischer Säure gut ausgewogener Wein, der ein anderes, in gewisser Hinsicht reineres Geschmackserlebnis bietet als die edelfaulen Weine aus Deutschland, Tokaji oder Sauternes. Siehe auch Kryoextraktion.

Elegant Schwer zu definierende, aber auf jeden Fall positive Charakterisierung eines Weins, der gut ausgewogen ist, eher leicht als schwer, eher seidig als rau, und der einen vergleichsweise langen Abgang hat.

Enoteca Italienischer Begriff für ein gehobenes Weinfachgeschäft mit Verkostungsmöglichkeit. Im Deutschen hat sich »Vinothek« durchgesetzt.

Entrappen Auch Abbeeren genannt. Bezeichnet das Trennen der Weinbeeren vom Traubenstiel vor der Gärung. Dies geschieht im Zusammenhang mit dem Mahlen bei den meisten Rotweinen bzw. mit dem Pressen bei Weißwein. Bei einigen Weinen werden jedoch die gesamten Trauben mit den Stielen vergoren, etwa bei der **Kohlensäuremaischung**, oder wenn die zusätzlichen Tannine und anderen Bestandteile aus den Stielen im Wein erwünscht sind.

Enzyme Manche Weinmacher fügen industriell hergestellte Fruchtenzyme vor der Gärung zum Most, z.B. um die Extraktion von Farb- und Geschmacksstoffen aus den Schalen zu erleichtern.

Erdig Verkostungsbegriff für einen Wein, der in Duft und Geschmack an feuchten Erdboden erinnert. In komplexen Rotweinen im Zusammenspiel mit anderen günstigen Eigenschaften durchaus positiv zu werten, für die meisten anderen Weine eher mit negativer Konnotation.

Erstes Gewächs Im Rheingau für Qualitätsweine aus klassifizierten Spitzenlagen verwendeter Begriff. In anderen deutschen Anbaugebieten wird der Begriff **Großes Gewächs** verwendet.

Ertrag Proportionales Maß der Produktivität von Weinreben in einem Weinberg. Wird entweder in Gewicht der Trauben pro Flächeneinheit, also z.B. Tonne pro Hektar angegeben, oder in Weinmenge pro Flächeneinheit, also Hektoliter pro Hektar. Ein zu hoher Ertrag gilt als abträglich für die Qualität.

Erzeugerabfüllung Als Etikettbegriff in Deutschland und Österreich nur für Weine aus Trauben des abfüllenden Betriebs, einer Erzeugergemeinschaft oder einer Winzergenossenschaft zulässig. In der Regel ein Qualitätsmerkmal. Für die »Gutsabfüllung« gelten noch etwas strengere Regeln. Siehe auch Estate-bottled, Mise en bouteille au château.

Essencia Höchste Klassifikation beim ungarischen Tokaji Aszú. Die sehr seltenen, sehr süßen Essencia-Weine werden ausschließlich aus **Vorlaufmost** edelfauler Trauben erzeugt. Siehe auch Tokajer.

Estate-bottled Englische Bezeichnung für »Gutsabfüllung«.In den USA verwendeter Etikettbegriff für Weine, die vom Eigentümer des Weinbergs, von dem sie stammen, selbst abgefüllt werden. Damit wird ihre Authentizität bestätigt, oft auch eine bessere Qualität als bei Weinen, die aus zusammengekauftem Traubengut oder sogar Fassweinen verschnitten und en gros abgefüllt werden. Allerdings dürfen auch Weine von verschiedenen Weinbergen innerhalb derselben **AVA** als *estate-bottled* etikettiert werden, wenn diese Lagen alle dem Weinerzeuger gehören. Siehe auch Erzeugerabfüllung, Mise en bouteille au château.

Estufa Portugiesisch »Ofen, Treibhaus«. Bei der Bereitung von Madeira verwendeter Lagerort mit hoher Temperatur, um den erwünschten Oxidations- und Reifegrad, für die dieser Weinstil berühmt ist, schneller zu erlangen. Die *estufa* soll die Bedingungen auf einem Schiff simulieren, das durch tropische Gewässer kreuzt – so nämlich entstand dieses einzigartige Geschmacksprofil.

Extra Brut Für Schaumweine verwendeter Etikettbegriff, der bedeutet, dass das Erzeugnis sehr trocken ist und nur ein Minimum Restsüße enthält. Trockener als **Brut**, aber kaum merklich süßer als der seltene Brut Nature.

Extra Dry Als Angabe bei Schaumweinen sorgt dieser Ausdruck regelmäßig für Verwirrung, denn es handelt sich keineswegs um einen »extratrockenen« Wein, sondern einen mit deutlicher Süße. Er rührt von der über Jahrhunderte dauernden Entwicklung der Champagner-Stile her: Als »Extra-Dry«-Weine zum ersten Mal auftraten, waren sie trockener als die bis dato herrschenden **Demi-Sec**-Versionen, die ihrerseits trockener waren als der davor herrschende Champagner-Stil.

Extrakt Die Gesamtheit aller im Wein gelösten, nichtflüchtigen Bestandteile, die seinen Geschmack, seine Farbe und seine Textur ausmachen. Der Extrakt wird während des Prozesses der Weinbereitung aus den Traubenschalen herausgelöst (extrahiert). Als Verkostungsbegriff bedeutet »extrahiert« mächtige, dunkel gefärbte (bei Roten), viskose Weine, die oft viel adstringierendes Tannin enthalten.

F

Farbe Die meisten Weine sind entweder rot, weiß oder rosé. Innerhalb dieser Farbkategorien gibt es allerdings viele Nuancen, die Kellermeister und Weinautoren bei der Beschreibung von Weinen ausgiebig verwenden. Weißweine rangieren von einem sehr blass grünlichen Ton über Gelb zu tiefem Gold- oder Bernsteingelb, Letzteres v. a. bei lange gereiften Weinen. Rosés können leicht rosa, lachsfarben oder sogar hellrot sein, das Farbspektrum von Rotweinen reicht in der Regel von einem dunklen Purpurrot bis Violett hin zu fast schwarz mit einem roten bis bräunlichen Rand am Glas. Die unterschiedlichen Weintypen weisen normalerweise ebenfalls charakteristische Farbgebungen auf, deren Variationsbreite oft Rückschlüsse auf Qualität und Alter des Weins erlaubt. Rotweine werden mit dem Alter heller, Weißweine dunkler.
Fass Traditioneller Holzbehälter für alle Arten von Waren. Weinfässer sind fast immer aus Eichenholz und können die verschiedensten Größen haben, doch hat sich in vielen Fällen ein Volumen von 225 Litern **(Barrique)** als gängig etabliert. Ursprünglich v. a. zur Aufbewahrung und zum Transport gedacht (durch die runde Form lässt es sich auch voll trotz seines hohen Gewichts rollen), stellte sich schon bald heraus, dass ein Fass je nach Größe, Form, Alter und Holzsorte den Geschmack des enthaltenen Weins unterschiedlich beinflusst. Heute dienen Fässer v. a. zur Verbesserung der Textur, der Farbe und der Aromen des Weins. Sie werden aus französischer, osteuropäischer oder amerikanischer **Eiche** gefertigt und machen oft den größten Posten in der Kostenkalkulation einer Kellerei aus. Ein neues Fass gibt etwa drei Jahre lang Aromastoffe ab, danach ist es ein »neutrales« Fass, das zur Lagerung und Milderung von Wein immer noch nützlich sein kann, ihm aber keine Eichennoten mehr verleiht.
Fassgärung Es reifen nicht nur viele Weine in Fässern, manche werden auch darin vergoren. Insbesondere **Chardonnay** wird seit Langem in seiner traditionellen Heimat Burgund in Fässern vergoren. Fassgärung kann die **Textur** eines Chardonnay, **Viognier** oder anderen Weißweins kräftigen und zu mehr Komplexität führen, teils wegen des Kontakts mit dem Holz, teils wegen des im Wein verbliebenen **Hefesatzes** (den nach der Gärung abgestorbenen Hefezellen). Es gibt sogar einige Weinmacher, die ihre Rotweine in kleinen Fässern vergären, um ihre Qualität zu heben.
Fassreifung Nach der Gärung durchlaufen fast alle traditionell bereiteten Rot- und auch einige Weißweine eine gewisse Reifezeit im Eichenfass, bevor sie in Flaschen abgefüllt werden. Der Kontakt mit dem Holz verleiht dem Wein eine ganze Reihe zusätzlicher Aromen, die meist als Noten von Vanille, Gewürzen, Rauch und sogar Kokosnuss und Schokolade beschrieben werden. Über eine Zeit, die wenige Monate, aber auch einige Jahre dauern kann, kommt der Wein zudem mit geringen Mengen Sauerstoff in Berührung, die zusätzlich feine chemische Veränderungen im jungen Wein hervorrufen.
Fattoria Italienisch »Bauernhof, Weingut«.
Feinherb Siehe halbtrocken.
Fett Als Verkostungsbegriff Bezeichnung für einen Wein, dessen Süße und/oder Körper (Alkoholgehalt) die Säure und das Tannin, die sonst für Ausgewogenheit sorgen, erdrückt. Für die meisten Tischweine negativ zu werten, bei einem süßen Dessertwein oder einem absichtlich so bereiteten Rotwein kann diese Eigenschaft aber erwünscht sein.
Feuersteinnote Der Geruch eines auf Eisen geschlagenen Feuersteins, um einen Funken zu erzeugen. Zeigt sich als subtile Note in bestimmten Weißweinen – etwa Chablis oder Sancerre – und gilt als attraktives Zeichen von Authentizität.
Filtern Der größte Teil aller Weine weltweit wird vor der Abfüllung gefiltert, zur Klärung und um Fehlern durch Mikroorganismen vorzubeugen. Leichtes Filtern entfernt Schweb- und Trubstoffe wie abgestorbene Hefezellen oder Reste von Traubenschalen, intensives Filtern kann einen Wein sterilisieren. Die übliche Methode ist es, den Wein unter Druck durch ein Filtermedium wie Fasermatten oder Kieselgur zu leiten. Neuere Verfahren, mit denen auch Alkohol und unerwünschte Aromen entfernt werden können, sind Umkehrosmose und CrossFlow-Filtration. Einige Erzeuger filtern überhaupt nicht, um ihren Wein natürlicher zu erhalten, insbesondere bei anspruchsvollen Gewächsen von herausragenden Lagen.
Finish Siehe Nachgeschmack.
Fino Trockener und relativ leichter Sherry-Stil, aber sehr aromatisch und nachhaltig im Geschmack, wohl wegen der speziellen Bereitung unter **Flor**. Fino Sherry ist ein ausgezeichneter Aperitif und passt hervorragend zu Oliven, gerösteten Mandeln und anderen Speisen im Tapas-Stil.
Flaschenreife Die meisten Weine reifen in der Kellerei in Tanks oder Fässern, bevor sie auf Flaschen gezogen werden, doch die Entwicklung der Aromen eines Weins setzt sich in der Flasche fort. Man kann davon ausgehen, dass 95 % aller Weine weltweit nach ein paar Monaten in der Flasche eher an Qualität verlieren, doch einige der Klassiker, etwa Bordeaux Cru Classé, Barolo, Vintage Port, Jahrgangs-Champagner, Spätlesen und Auslesen von Riesling sowie kalifornischer Spitzen-Cabernet-Sauvignon gewinnen durch fünf bis zehn Jahre Flaschenreife. Einige seltene Exemplare werden sogar über Jahrzehnte hinweg beständig immer besser. Eine Lagerung an einem kühlen, dunklen Ort ohne Temperaturschwankungen, seitlich liegend, damit die Korken feucht und somit dicht bleiben, ist für eine gute Flaschenreifung wesentlich.
Fleischig Verkostungsbegriff für einen körperreichen Wein mit üppiger Textur, der »Fleisch auf den Knochen« hat.
Flor Hefeschicht, die sich beim **Ausbau** von Sherry bildet, wenn die Fässer nicht ganz gefüllt sind und somit Luft enthalten. Diese »Hefeblume« bedeckt die gesamte Oberfläche und hindert den Wein daran, zu stark zu oxidieren oder durch andere Mikroorganismen verdorben zu werden.
Flüchtige Säuren Die Gesamtheit der im Wein vorhandenen Säuren, die aus der Reaktion von Alkohol und Sauerstoff entstehen. Der bei Weitem größte Anteil entfällt auf Essigsäure. Wenn der Anteil der flüchtigen Säuren so groß ist, dass man sie im Geruch (wie Essig oder Nagellack) deutlich wahrnehmen kann, ist der Wein verdorben.
Flying winemaker Englisch »fliegender Weinmacher«. Der Begriff kam in den 1990er-Jahren für **Kellermeister** in Mode, die in verschiedenen Ländern, ja auf verschiedenen Kontinenten als beratende Önologen tätig sind. Mit Kunden auf der Nord- und Südhalbkugel können diese Weinmacher sogar zweimal im Jahr eine Traubenernte in Wein verwandeln.
Foudre Französischer Ausdruck für ein großes Holzfass von 1000 Liter Inhalt, z. B. im Elsass; andernorts auch erheblich größer.
Französisch-amerikanische Hybridreben Kreuzungen von französischen mit amerikanischen Reben waren Ende des 19. Jahrhunderts eine der ersten Maßnahmen gegen die verheerende Reblausplage, die nicht nur Europas Weinberge verwüstete, sondern auch die mit europäischen Sorten der Spezies *Vitis vinifera* bestockten Rebflächen Kaliforniens. Da die einheimischen amerikanischen Spezies wie etwa *Vitis labrusca* reblausresistent sind, wurde diese mit *Vitis vinifera* gekreuzt, um Unterlagsreben zu erhalten, die der Reblaus und in einigen Fällen auch dem Echten Mehltau widerstehen. In den letzten 130 Jahren wurden kontinuierlich neue Hybriden hervorgebracht und finden im Osten Nordamerikas und auch in einigen Teilen Europas Anwendung. Siehe auch Hybride, Unterlagsrebe.
Frascati Weißwein aus der Gegend um die italienische Stadt Frascati (Latium), ein Verschnitt aus Trebbiano und Malvasia.
Frizzante Italienisch »perlend«, etwa mit der Hälfte des Drucks eines Schaumweins. Es gibt sowohl rote (z. B. **Lambrusco**) als auch weiße (z. B. **Prosecco**) italienische Perlweine.
Frost In den ersten Wochen nach dem Öffnen der Knospen sind die jungen Triebe der Weinrebe besonders empfindlich gegen Frost. Eine kurzfristige Temperatur von 0 °C wird wenig Schaden anrichten, aber schon einige Stunden unter -2 °C kann das junge Wachstum vollständig abtöten. Die Rebe wird in der Folge neue Triebe für die erfrorenen alten entwickeln, doch kommen diese sehr spät in der Wachstumsperiode heraus und werden kaum noch Trauben hervorbringen können, die vollständig ausreifen, bevor das Wetter im Herbst

schlecht wird – zumindest nicht in ausreichenden Mengen. Um Frostschäden zu verhindern, setzen Weinbauern Windmaschinen oder sogar Hubschrauber ein, um die Luft in Bewegung zu halten, zünden Öfen im Weinberg an oder besprühen die Reben mit Wasser, das eine schützende Eisschicht bilden soll (da bei Nachtfrost das Eis weniger kalt ist als die Luft).
Fruchtig Für die meisten Weine eine positive Beschreibung, denn wozu sollte man den Wein aus den Früchten der Rebe trinken, wenn man diese Frucht nicht schmecken kann? Fruchtige Aromen und Geschmacksnoten werden in den meisten Tischweinen höher geschätzt als etwa erdige, holzige oder vegetabile Anklänge. Ein wirklich guter Wein sollte allerdings die Sphäre der reinen Fruchtigkeit hinter sich und auch andere Noten erkennen lassen, um vollständig zu wirken.
Frühburgunder Die in Deutschland angebaute Rebsorte ist eine früher reifende Mutation von **Pinot Noir**, die sich in kühlen Klimata bewährt hat.
Fuchsig Ausdruck für die charakteristische Geschmacksnote von Weinen aus Trauben der in Nordamerika beheimateten Rebenspezies *Vitis labrusca*. Das intensiv moschusartige Aroma, schwer zu beschreiben, aber leicht zu erkennen, kann man etwa in Weinen alter Schule aus Ostkanada, dem Osten der USA oder dem Mittleren Westen finden.
Fuder Großes Holzfass von 1000 Liter Inhalt (oder mehr).
Fumé Blanc Von der Robert Mondavi Winery in den 1960er-Jahren eingeführter Begriff, um ihre in Eiche ausgebauten Sauvignon-Blanc-Weine von den damals in Kalifornien typischen im Edelstahltank vergorenen und gelagerten Tropfen zu unterscheiden. Im Namen (»rauchiger Weißer«) klingt der ebenfalls von **Sauvignon Blanc** bereitete Pouilly-Fumé aus dem Loire-Tal an. Eine Zeit lang verwendeten auch viele andere kalifornische Erzeuger den Ausdruck, inzwischen aber hört oder liest man ihn kaum noch. Wie stark ein Sauvignon Blanc aus der Neuen Welt mit Eiche in Berührung gekommen ist, lässt sich auf dem Etikett nur selten ablesen.

G

g.g.A. Geschützte geografische Angabe, die nach dem neuen EU-Weinrecht für Wein mit Ursprungsbezeichnung der unteren Kategorie steht. In Zukunft soll sie die Bezeichnung Landwein ersetzen. Äquivalent in anderen Sprachen sind u. a. englisch PGI (Protected Geographical Indication), französisch, italienisch, spanisch und portugiesisch IGP (Indication Géographique Protégée/Indicazione Geografica Protetta/Indicación Geográfica Protegida/Indicação Geográfica Protegida).
g.U. Geschützte Ursprungsbezeichnung. Nach dem neuen EU-Weinrecht Angabe für Qualitätswein der oberen Kategorie, die in Zukunft die Bezeichnungen **QbA** und **Prädikatswein** ersetzen soll. Äquivalent in anderen Sprachen sind u. a. englisch PDO (Protected Designation of Origin), französisch AOP (Appellation d'Origine Protégée), italienisch, spanisch und portugiesisch DOP (Denominazione di Origine Protetta/ Denominación de Origen Protegida/Denominação de Origem Protegida).
Galestro Name eines leichten Weißweins aus der Toskana wie auch eines sehr schieferhaltigen Bodentyps (v. a. im Chianti-Classico-Gebiet anzutreffen), der guten Wasserabzug bietet und deshalb als besonders geeignet für Qualitätsweinbau gilt.
Gallo Nero Italienisch »schwarzer Hahn«; das Symbol des toskanischen Weinerzeugerverbands Consorzio Chianti Classico.
Gamay Rote Rebsorte; die Traube des Beaujolais im südlichen Burgund. Gamay erbringt je nach Lage und Weinbereitungstechnik eine Vielfalt an Stilen. Einfacher Beaujolais ist ein leichter bis mittelschwerer Rotwein, der jung getrunken sein will. Besonders fruchtig, frisch und saftig ist der Beaujolais Nouveau, der bereits im November nach der Lese freigegeben wird. Von höherer Qualität sind die Weine der Beaujolais-Villages und der zehn Beaujolais Crus aus Gemeinden wie Morgon, Juliénas und Moulin-à-Vent. Dort entstehen ausgezeichnete, manchmal auch lagerfähige Gutsabfüllungen, die es mit rotem Burgunder aufnehmen können.
Ganztraubenvergärung Siehe Kohlensäuremaischung.
Garagiste/Garagenweine In jüngster Zeit v. a. in Bordeaux aufgekommener Begriff für ausgezeichnete Weine, die ohne die Ausstattung eines Château und ohne offizielle Klassifikation in geringen Mengen erzeugt werden – manchmal sogar tatsächlich in einer Garage.
Garnacha In der Regel ist Garnacha Tinta gemeint, eine der großen spanischen Rebsorten, unerlässlich für die Rotweine aus Rioja, Navarra, Priorat, Penedès und anderswo. Die weiße Variante heißt Garnacha Blanca. Die meistangebaute Rotweinsorte Spaniens kann sehr geschmacksintensive, eher körperreiche, aber nicht zu tanninstarke Weine erbringen. In Frankreich und anderen Ländern ist die Sorte als **Grenache** bekannt.
Garrafeira Portugiesischer Etikettbegriff mit einer Bedeutung in etwa wie **Reserve**.
Gärung Die alkoholische Gärung ist ein natürlicher Vorgang, auf dem alle alkoholischen Getränke beruhen. Dabei wandeln Hefezellen den Zucker im Traubensaft in Alkohol (Ethanol) und gasförmiges Kohlendioxid um. Dank der natürlichen Umgebungshefen ist zur Einleitung der Gärung kein menschlicher Eingriff nötig, doch entsteht dabei nicht unbedingt genießbarer Wein. Manche Kellermeister verlassen sich immer noch (oder wieder) auf ihre **wilden Hefen**, doch die meisten fügen ihrem Most speziell gezüchtete Hefekulturen hinzu, sogenannte Reinzuchthefen, um eine kontrollierte, von einer bis zu mehreren Wochen dauernde Gärung einzuleiten – je nach Temperatur, mit der diese erfolgt, und angestrebtem Weinstil. Die Gärung ist allerdings der heikelste Vorgang der gesamten **Weinbereitung**. Gekonnt ausgeführt, wird sie gute Trauben in guten Wein verwandeln. Mangelhaftes Know-how oder unzureichende Sorgfalt in der Kellerei können jedoch die gesamte Ernte ruinieren.
Geläger Siehe Hefesatz.
Genossenschaft Siehe Winzergenossenschaft.
Geschmeidig Verkostungsbegriff für einen Wein mit weicher, aber keineswegs schwacher **Textur**.
Geschützte geografische Angabe Siehe g.g.A.
Geschützte Ursprungsbezeichnung Siehe g.U.
Gespritet Weine, deren Alkoholgehalt durch die Zugabe von destilliertem Branntwein (Weingeist) erhöht wird, nennt man gespritet oder aufgespritet. Oft geschieht diese Zugabe während der Gärung, was die Arbeit der Hefe stoppt und einen natürlichen Restzucker im Wein zurückbleiben lässt. Port, Sherry, Madeira und Wermut sind klassische Beispiele für gespritete Weine. Sie enthalten üblicherweise 17–18 Vol.-% Alkohol im Vergleich zu 12–14 Vol.-% für Tischwein. Traditionell trinkt man sie vor oder nach der Mahlzeit.
Gewächs In der Weinsprache in der Regel Synonym für das Wort Wein, ähnlich wie »Tropfen« oder »Kreszenz«.
Gewürztraminer Weiße Rebsorte mit charakteristischer leicht rosa gefärbter Schale, deren sehr aromatische, körperreiche Weine deutlich erkennbare exotische und florale Noten aufweisen. Im Namen steckt der Ort Tramin in Südtirol, möglicherweise tatsächlich der Herkunftsort der Sorte. Einige der weltbesten Gewürztraminer stammen aus dem Elsass (dort Gewurztraminer, also ohne Umlaut geschrieben), doch auch in Deutschland, Australien, Neuseeland, Kalifornien und anderen Ländern kann man der Traube großartige Weine entlocken. Im Duft finden sich Rosen – oder, wie andere sagen, Litschis –, im Mund mit Honig beträufelte Birnen und Äpfel.
Glyzerin Viskose Flüssigkeit, die bei der Gärung in geringen Mengen im Wein entsteht und das Gefühl von Süße und Fülligkeit im Mund hervorruft.
Goût Französisch »Geschmack«. Häufig in der Wendung *goût de terroir* gebraucht, die sich auf spezifische Geschmackseigenschaften bezieht, die ein Wein aufgrund seines **Terroirs**, also des Ortes, wo seine Trauben gewachsen sind, entwickelt.
Gran Reserva Spanischer Begriff für Rotweine mit einer Mindestreifezeit von fünf Jahren vor dem Verkauf (davon mindestens 18 Monate im Eichenfass) bzw. vier Jahren bei Weiß- oder Roséwein. Für **Reserva-** und **Crianza-**Weine gelten kürzere Zeitspannen.

Grand Cru Französisch »Großes Gewächs«. Bezeichnung für einen hervorragenden Weinberg; die genaue Definition ist in Frankreich regional unterschiedlich. In Burgund und im Elsass werden damit die besten Lagen innerhalb der Klassifikation bezeichnet; berühmte Beispiele sind Montrachet für weißen und Echézeaux für roten Burgunder. An zweiter Stelle im Klassifikationssystem dieser Regionen steht die Bezeichnung **Premier Cru**. In der Champagne gilt dieselbe Reihenfolge, nur werden hier nicht einzelne Lagen, sondern ganze Weinbaugemeinden eingestuft. In St-Émilion (Bordeaux) ist die Klassifikation an das Château geknüpft, und hier gilt die Bezeichnung Grand Cru Classé (derzeit 53 Güter) als zweite Stufe, während die 13 Spitzen-Châteaux als Premier Grand Cru Classé bezeichnet werden.
Grand Cru Classé Klassifikationsstufe in St-Émilion. Siehe Grand Cru.
Grand Vin Französisch »großer Wein«. Bezeichnung für den Spitzenwein eines Erzeugers, der daneben auch einen Zweitwein oder weitere Etiketten von vergleichsweise geringerer Qualität produziert. Besonders bei den Châteaux in Bordeaux gebräuchlich.
Grauburgunder Deutscher Name für **Pinot Gris**.
Graufäule Die schädliche Traubenfäule, die der Schimmelpilz *Botrytis cinerea* im Weinberg hervorrufen kann. Siehe Botrytis.
Grechetto Italienische Weißweintraube, zusammen mit anderen Sorten wie Trebbiano, **Malvasia** und Verdello etwa für den Orvieto in Umbrien verwendet; auch im Bereich Torgiano häufig angebaut. Ihr voller Charakter macht sie auch für die Bereitung von süßem **Vin Santo** geeignet.
Grenache Ertragsstarke Rotweinsorte, die in Frankreich und der Neuen Welt als »Rhône-Sorte« gilt, da sie v. a. in Appellationen der südlichen Rhône wie Châteauneuf-du-Pape, Gigondas und Côtes du Rhône verbreitet ist. Dort liefert Grenache üppige, recht alkoholstarke Weine mit reifen Fruchtnoten, aber im Vergleich zu anderen körperreichen roten Sorten nur mäßigem Tanningehalt. Für leichtere Rotweine und Rosés ist Grenache ebenso geeignet. In Spanien heißt die Sorte **Garnacha**.
Grignolino Beliebte Rotweinsorte im italienischen Piemont, wo sie leichte, herbe, oft tanninstarke Weine erbringt.
Großes Gewächs Qualitätsweine aus Spitzenlagen, die vom Verband Deutscher Prädikatsweingüter **(VDP)** als »Erste Lage« klassifiziert wurden. Im Rheingau gilt das Äquivalent **Erstes Gewächs**. Die Weine müssen trocken ausgebaut sein und vom Mostgewicht her mindestens Spätlesequalität haben. Im Hinblick auf die internationale Akzeptanz verwendet der VDP selbst die Schreibweise »Grosses Gewächs« mit Doppel-s.
Großlage Im deutschen Weingesetz definierte Zusammenfassung mehrerer Einzellagen zu einer größeren Einheit. Oft verwirrend, da die (auf dem Etikett erscheinenden) Namen der Großlagen oft nur von Fachleuten von den qualitativ höher stehenden Einzellagen unterschieden werden können.
Grün Als Verkostungsbegriff meist für unreife Aromen oder Geschmacksnoten eines Weins gebraucht, der manchmal auch rau oder hart wirken kann. Doch für einen Sauvignon Blanc aus Neuseeland oder einen Albariño aus Spanien kann damit auch der erwünschte schlanke, frische Charakter positiv hervorgehoben werden.
Grüner Veltliner Weißweintraube, deren Potenzial zur Erzeugung hochklassiger Weine inzwischen auch international anerkannt ist. Grüner Veltliner ist die meistangebaute Sorte in Österreich und kann eine große Vielfalt an Stilen erbringen, von leicht und frisch bis üppig und würzig – je nach Lage des Weinbergs und Art der Bereitung.
Grünlese, grüne Lese, Grünschnitt Die Praxis des Abschneidens eines Teils der unreifen (grünen) Trauben während der Wachstumsperiode, um den Ertrag zu reduzieren. Die Reben sollen dadurch ihre Energie auf die verbliebene Frucht konzentrieren, deren Reife und allgemeine Qualität dadurch verbessert wird.
Gutsabfüllung Siehe Erzeugerabfüllung.
Gyropalette Bei der Schaumweinerzeugung durch Flaschengärung verwendete technische Vorrichtung, die eine große Anzahl von Flaschen gleichzeitig kippen und **rütteln** kann, um das Sediment in den Flaschenhals zu befördern. Erleichtert einen Vorgang, der sonst umständlich Flasche für Flasche von Hand erledigt werden muss.

H

Halbtrocken Wein mit einer gewissen Restsüße, der nicht mehr **trocken**, aber noch nicht »lieblich« ist. Neuerdings auch als feinherb bezeichnet.
Hefe Einzellige Mikroorganismen, die den Zucker im Traubensaft in Äthylalkohol (Ethanol) und Kohlendioxid umwandeln. Bei dieser sogenannten alkoholischen **Gärung** produziert die Hefe auch einige Nebenprodukte, die zum Aromareichtum eines Weins beitragen. Ohne Hefe und die alkoholische Gärung gäbe es weder Wein noch Bier oder andere alkoholische Getränke. Hefen sind in der natürlichen Umgebung praktisch überall vorhanden, weshalb die Umwandlung von Zucker in Alkohol in Trauben oder deren Saft schon immer stattfand, bevor Menschen das Phänomen überhaupt entdeckten und für sich nutzbar machten. Die im kommerziellen Weinbau bevorzugte Kulturhefe ist *Saccharomyces cerevisiae,* da sie dem Kellermeister eine gute Kontrolle über die Gärung erlaubt. Siehe auch wilde Hefen.
Hefesatz Der aus abgestorbenen Hefezellen und Resten von Traubenschalen bestehende Bodensatz nach der Gärung in einem Fass oder Tank. Dieses auch Geläger genannte Sediment besitzt antioxidative Eigenschaften und Aromastoffe, die manche Erzeuger für den Wein nutzen möchten und daher den Hefesatz regelmäßig aufrühren (siehe nächsten Eintrag). Insbesondere bei der Bereitung von Qualitätsschaumwein spielt der Hefesatz eine wichtige Rolle, da er nach der Zweitgärung in der Flasche mit dem Wein intensiv in Berührung kommt.
Hefesatzaufrühren In Frankreich als **Bâtonnage** bekannte Praxis, den Hefesatz in einem Fass oder Tank während des Ausbaus möglichst intensiv mit dem Wein in Berührung zu bringen. Dies hilft, Oxidation zu vermeiden, bringt zudem subtile Brotaromen in den Wein und macht ihn im Gefüge (Textur) reichhaltiger. Wird oft bei fassvergorenem Chardonnay eingesetzt. Neben dem einfachen Umrühren mit einer Stange gibt es auch verschiedene andere Verfahren.
Hefig Aroma bzw. Geschmacksnote im Wein, die an aufgehenden Brotteig erinnert.
Herabstufung Das Abtrennen eines Postens Wein von minderer Qualität in der Kellerei. Es ist ein fundamentaler Schritt zur Hebung der Weinqualität, wenn vor dem **Verschneiden** und Abfüllen Partien geringerer Güte von den besseren getrennt werden. Der Kellermeister kann den herabgestuften Wein dann für eine weniger teure Abfüllung (z. B. den sogenannten Zweitwein) verwenden oder als Fassware an andere Erzeuger verkaufen. Siehe auch Selektion.
Hochgewächs Im deutschen Weingesetz festgelegte Bezeichnung für einen **Riesling** höherer Qualität als **QbA**.
Holzig Verkostungsbegriff für einen Wein, dessen Aroma, Geschmack und Textur darauf hindeuten, dass er in Eichenholz vergoren, gelagert und/oder gereift oder auf andere Weise mit **Eiche** behandelt wurde. Der Ausdruck ist eher negativ (im Unterschied zu **eichenholzwürzig**) und deutet an, dass dieser Holzeinfluss zu stark und unausgewogen ist.
Holznote Siehe eichenholzwürzig.
Horizontale Verkostung Nicht die Verkoster liegen hier auf der Seite, sondern die Weine sind bei dieser vergleichenden **Verkostung** »horizontal« angeordnet: Sie stammen aus demselben Jahrgang und/oder derselben Region und/oder der gleichen Rebsorte, aber von verschiedenen Erzeugern. Dadurch können Unterschiede ähnlicher Weine miteinander verglichen werden. Siehe auch vertikale Verkostung.
Hospices de Beaune Fast 600 Jahre alte karitative Stiftung für Bedürftige in der burgundischen Stadt Beaune. Das Hospizgebäude heißt Hôtel-Dieu und ist jedes Jahr Schauplatz einer Versteigerung für wohltätige Zwecke, bei der Händler für Jungweine der Hospices aus Lagen der Umgebung Gebote abgeben, um diese später auf Flaschen zu

ziehen und zu verkaufen. Auf den Etiketten solcher Weine kann man oft die Angabe »Hospices de Beaune« lesen.

Hut Siehe Tresterhut.

Huxelrebe Rebsorte, die Anfang des 20. Jahrhunderts in Deutschland gezüchtet wurde und heute auch in England kultiviert wird. Sie reift auch in nördlichen Gefilden gut aus und zeigt markante Fruchtaromen.

Hybride, Hybridrebe Im Zusammenhang mit dem Weinbau ist damit eine aus Reben verschiedener Arten (Spezies) gekreuzte neue Rebsorte gemeint, wobei **französisch-amerikanische Hybridreben** am häufigsten sein dürften. Sie wurden aus indigenen amerikanischen Rebenspezies mit traditionellen französischen Sorten gezüchtet, um widerstandsfähiger gegen Schädlinge, Krankheiten und große Winterkälte zu sein, ohne aber die für die Weinbereitung wichtigen Qualitäten des französischen Elternteils ganz zu verlieren. Von einer echten **Kreuzung** spricht man im Unterschied dazu nur, wenn beide Elternteile der gleichen Art angehören (in der Regel *Vitis vinifera*). Von Hybriden bereitete Weine unterliegen in Europa strengen Etikettierungsvorschriften.

I

Icewine Siehe Eiswein.

IGP Indication Geographique Protegée. Das nach dem neuen EU-Weinrecht in Frankreich verwendete Äquivalent der geschützten geografischen Angabe **(g.g.A.)**, für das die früheren Bezeichnungen **Vin de Pays** und **VDQS** in den nächsten Jahren nach und nach aufgegeben werden.

Imbottigliato Italienisch »abgefüllt«. Kann als Etikettangabe einen Hinweis auf die Herkunft des Weins geben.

Imperial Weinflasche mit sechs Liter Inhalt, was acht Normflaschen entspricht.

Indication Geographique Protegée Siehe IGP.

J

Jahrgang Sowohl das Jahr selbst und seine spezifischen Wetterbedingungen, unter denen Reben angebaut und Trauben gelesen wurden, können gemeint sein, als auch der Wein, der unter diesen Bedingungen entstanden ist.

Johannisberg Riesling Gelegentlich auf kalifornischen Weinetiketten zu lesender Begriff, um echten **Riesling** (Rheinriesling) vom Grey Riesling zu unterscheiden.

K

Kabinett Die niedrigste Stufe der Prädikatsweine nach dem deutschen Weingesetz, in Österreich dagegen ein gehobener Qualitätswein. In beiden Fällen muss ein bestimmtes Mostgewicht erreicht sein. Kabinettweine können trocken oder restsüß ausgebaut werden.

Kaltmaischung Bei dieser Methode lässt man den Most von Rotweintrauben nach dem Mahlen bei starker Kühlung einige Stunden oder Tage mazerieren, bevor die Gärung beginnt. Dies erhöht den Anteil an Farb- und Geschmacksstoffen, die dann bei der alkoholischen Gärung in den Saft übergehen.

Kaltstabilisierung Kellereitechnik, mit der verhindert werden soll, dass sich später in der Flasche Weinsteinkristalle bilden. Dazu wird der Wein normalerweise in Edelstahltanks gekühlt, wodurch die Kristalle ausfallen und anschließend durch Filtration entfernt werden.

Kapsel Umhüllung des Flaschenhalses mit dem darin befindlichen Korken, meist aus Plastik oder Aluminium.

Keller Für die Lagerung von Wein über längere Zeit ist ein unterirdischer Raum mit gleichbleibend kühler Temperatur, relativ hoher Luftfeuchtigkeit und wenig Licht ideal.

Kellerei Die Räumlichkeiten, in denen Wein aus Trauben bereitet wird, aber auch die Firma, die die Weinerzeugung vornimmt und den Behörden gegenüber verantwortet. Normalerweise gehören Erstere der Letzteren.

Kellermeister Die Person, die dafür sorgt, dass aus Trauben bzw. Traubensaft Wein wird. Dazu ist eine fundierte Ausbildung nötig; in vielen Fällen wird heute sogar ein Studium der Önologie absolviert, weshalb der Begriff »Önologe« oft als Synonym für einen modernen Kellermeister verwendet wird. Im Englischen wird das Wort *winemaker* verwendet, woraus sich wiederum die deutsche Neuschöpfung Weinmacher herausgebildet hat. Ein Weinmacher im Stil der Neuen Welt ist häufig in mehreren Kellereien tätig, wo er die vielfältigen Aufgaben der **Vinifikation** beaufsichtigt oder selbst ausführt, während der traditionelle Kellermeister europäischer Prägung oft selbst der Eigentümer des Betriebs ist. Die Grenzen der Begriffe sind fließend. Siehe auch Flying winemaker.

Kerner Weißweinsorte, die in Deutschland hauptsächlich in der Pfalz und in Rheinhessen angebaut wird. Die **Kreuzung** von **Riesling** mit der roten Sorte Trollinger kann eine erstaunlich schöne Aromatik, höhere Zucker- und Säurewerte und eine bessere Frostbeständigkeit aufweisen als viele andere in Deutschland angebauten Kreuzungen.

Kirchenfenster Siehe Tränen.

Kisten Die Jahresproduktion einer Kellerei (oder eines bestimmten Weins) wird oft in der Zahl der ausgelieferten Kisten angegeben. Eine Kiste entspricht 12 Flaschen à 0,75 Liter, entsprechend 9 Liter Wein.

Klären Siehe Schönen.

Klassifikation von 1855 Einstufung von Bordeaux-Weingütern in fünf Qualitätskategorien, vom Premier Cru (1. Cru) als beste Bewertung bis zum Cinquième Cru (5. Cru), die im Wesentlichen bis heute Bestand hat. Die Klassifikation von 1855 war für die erste Weltausstellung in Paris erstellt worden und hatte die Marktpreise der Weine der Güter zur Grundlage. Dabei wurden nur Châteaux des Médoc klassifiziert, mit der einzigen Ausnahme des Premier Cru Château Haut-Brion in Graves. Für die Süßweine von Sauternes und Barsac wurde zur selben Zeit eine eigene Klassifikation erstellt.

Klassische Methode Siehe Méthode Champenoise.

Klon Weinreben werden eingeteilt in Arten (Spezies), diese in Sorten (Cultivar) und diese wiederum in Klone. Verschiedene Klone einer Rebsorte entstehen durch Mutation und können sich durch leicht unterschiedliche Eigenschaften in den von ihnen gewonnenen Weinen ausdrücken. So können etwa die Beeren dickere Schalen haben und dadurch konzentriertere Aromen und eine dunklere Farbe hervorbringen, oder lockerer hängende Trauben weniger anfällig gegen Mehltau sein usw. Diese Eigenschaften werden durch **Klonenselektion** erhalten und vermehrt, indem der Winzer aus Stecklingen der betreffenden Rebe neue Pflanzen zieht. **Pinot Noir** ist besonders bekannt für seine breite Vielfalt an Klonen. Während viele Weine im Bordeaux-Stil aus zueinander passenden verschiedenen Rebsorten wie **Merlot**, **Cabernet Franc** und **Cabernet Sauvignon** bereitet werden, verwenden Pinot-Noir-Erzeuger in Burgund und anderswo oft verschiedene Klone derselben Sorte, um ihren Weinen Vielschichtigkeit zu verleihen.

Klonenselektion Methode, um günstige genetische Eigenschaften einer bestimmten Weinrebe auf neue Reben oder die Neuanlage eines ganzen Weinbergs zu übertragen, indem man Stecklinge (Edelreiser) dieser Rebe ungeschlechtlich (vegetativ) vermehrt. Aus jeder Knospe des Stecklings entwickelt sich eine vollständige neue Pflanze desselben Klons der Rebsorte, von der die Stecklinge stammen. Weinbergbesitzer und darauf spezialisierte Rebschulen können auf diese Weise mit der Zeit Tausende genetisch identischer Pflanzen erzeugen. Siehe auch Massenselektion.

Knackig Meint in der Weinansprache appetitlich säurehaltig; häufig für gute frische Weißweine gebraucht.

Kohlensäuremaischung Für die Gärung bestimmter Rotweinsorten verwendete Methode, insbesondere für **Gamay** im Beaujolais. Auch **Pinot Noir** bereitet man in einigen Regionen auf diese Weise, um besonders frische und offen fruchtige Weine zu erzeugen. Dabei werden Weinbeeren ohne vorheriges Mahlen oder Pressen zur Saftgewinnung im Ganzen vergoren. Im Prinzip findet die Gärung im Inneren der Beeren statt, dabei weichen diese auf und vermaischen, vor Oxidation geschützt durch eine Schicht von Kohlendioxid (Kohlensäure), das bei der Gärung auf natürliche Weise freigesetzt wird.

Korbpresse Traditionelle Form einer **Presse**, in der auf die Trauben, die in einen zylinderförmigen Korb aus Holzleisten oder einem Metallgeflecht gefüllt wurden, von oben

Druck ausgeübt wird, um den Saft aus ihnen herauszupressen. Dies gilt als sanfte Form des Pressens, bei der die Traubenschalen und Kerne nicht derart stark gequetscht werden, als dass sie unerwünschte harte und raue Geschmacksnoten an den Wein abgeben würden.
Korkeln, korkig, Korkschmecker Ausdruck für einen durch Trichloranisol **(TCA)** hervorgerufenen gravierenden Weinfehler. Die Begriffe sind etwas irreführend, da der Fehler nicht nur im Korken, sondern auch in Holzfässern oder in Pappkartons innerhalb der Kellerei entstehen kann und von dort schnell auf den Wein übergeht. Korkschmecker macht sich in einem unangenehmen, muffigen Geruch und Geschmack des Weins bemerkbar. Einen solchen Wein im Lokal oder Geschäft zurückgeben zu können sollte eine Selbstverständlichkeit sein.
Korken Der aus der Rinde der Korkeiche geschnittene klassische Verschluss der Weinflasche hat in den letzten Jahren starke Konkurrenz durch Schraubverschlüsse, Plastik- und Glaskorken und andere Verschlussarten bekommen. Insbesondere für anspruchsvollere Weine stehen Naturkorken aber nach wie vor hoch im Kurs.
Körper Das im Mund empfundene Gewicht eines Weins, zum Großteil vom Alkoholgehalt bedingt. Weine mit leichtem Körper haben gewöhnlich weniger als 12 Vol.-% Alkohol, mit mittlerem Körper etwa 12–13,5 Vol.-%, Weine mit vollem Körper liegen darüber. Bei der Kombination mit Speisen ist der Körper ein wichtiger Anhaltspunkt: Weine mit leichterem Körper passen besser zu feineren Speisen, während sich ein voller Körper eher mit üppigen Gerichten verträgt. Siehe auch Textur.
Körperreich Ein voll und kräftig wirkender Wein mit deutlichem Mundgefühl und Viskosität. Ist in der Regel eng mit dem Alkoholgehalt verknüpft; körperreiche Weine haben meist 13,5 Vol.-% Alkohol oder mehr.
Koscherer Wein Wein, der nach den orthodoxen jüdischen Regeln für Lebensmittel bereitet ist. Auch unter koscheren Weinen herrscht große Vielfalt, sowohl bei den verwendeten Rebsorten als auch hinsichtlich Stil und Preisklasse: Von Château-Abfüllungen aus Bordeaux über israelischen Chardonnay bis hin zu einfachen süßen Weinen aus amerikanischen Reben im Bundesstaat New York ist alles dabei.
Kräuterwürzig Verkostungsbegriff für einen Wein mit deutlich wahrnehmbaren Kräuternoten. Bestimmte Rebsorten – **Sauvignon Blanc** und **Cabernet Sauvignon** sind gute Beispiele – produzieren mehr Kräuteraromen und -geschmacksnoten als andere, insbesondere dann, wenn die Trauben nicht voll ausgereift sind. Für Weine, die gewöhnlich in einem reiferen Stil bereitet werden, eine eher negative Beschreibung. Durch Rebschnitt und Erziehungsmaßnahmen, die die Traubenreife fördern und den Ertrag beschränken, kann ein Winzer Kräuternoten im Wein minimieren.
Kreuzung Kombination der genetischen Eigenschaften zweier Rebsorten, aus der eine neue Sorte mit unterschiedlichen Eigenschaften hervorgeht. In der Geschichte des Weinbaus hat es viele zufällige Kreuzungen gegeben, aus denen beispielsweise **Cabernet Sauvignon** als Kreuzung von **Sauvignon Blanc** und **Cabernet Franc** hervorgegangen ist. Heute werden neue Kreuzungen meist in Rebschulen hervorgebracht, um Reben zu züchten, die gegen Krankheiten und Schädlinge resistent und/oder für bestimmte Klima- oder Bodenbedingungen geeignet sind.
Kryoextraktion Methode, um **Eiswein** zu bereiten, ohne die dafür erforderlichen Temperaturen auf natürliche Weise im Weinberg zu haben. Dabei werden die geernteten Trauben in Kühlräumen gefroren und in diesem Zustand gepresst. Im dabei ausfließenden Saft sind Zucker- und Aromastoffe stark konzentriert, da der Großteil des Wassers als Eis gebunden ist.

L

Labrusca Reben der Spezies *Vitis labrusca* sind im Norden und Osten Nordamerikas heimisch. Seit der Kolonisierung dienen sie der Weinbereitung, doch es gibt keine Hinweise darauf, dass ihre Trauben schon von den indianischen Ureinwohnern vergoren wurden. Weine von *Vitis labrusca* haben einen ausgeprägt traubigen, moschusartigen Charakter.
Lagar Großer Trog oder flaches Becken, in dem bei traditioneller Bereitung in Portugal der Wein gärt. Dabei werden die Trauben im *lagar* mit den Füßen gestampft (auch Gäste der Kellerei dürfen sich daran beteiligen), um möglichst viele Farb- und Geschmacksstoffe auf schonende Weise aus den Traubenschalen zu extrahieren.
Lagrein Rotweinsorte, die v. a. in Südtirol heimisch ist. Sie kann reinsortig gute Rotweine (Lagrein Dunkel) und Rosés (Lagrein Kretzer) liefern, wird aber auch mit anderen Sorten verschnitten.
Lambrusco In etlichen Varianten existierende italienische Rotweinsorte, aus der die typischen roten Schaumweine der Region Emilia im trockenen oder lieblichen Stil erzeugt werden. Neben der Massenproduktion gibt es auch wunderbar aromatische erstklassige Lambrusco-Weine.
Landwein In Österreich und Deutschland verwendete Bezeichnung für gehobene Tafelweine, die trocken oder halbtrocken ausgebaut sein können. Wird nach der neuen EU-Systematik nach und nach in die Bezeichnung **g.g.A.** überführt werden.
Late Bottled Vintage (LBV) Portwein aus Trauben eines einzigen Jahrgangs, in Fässern gereift und vier bis sechs Jahre nach der Lese verkauft. Im Gegensatz zum **Vintage Port**, der ja auch ein Jahrgangswein ist, sind LBVs zum baldigen Konsum nach der Freigabe gedacht, während Vintage Port früher in Flaschen abgefüllt wird, darin aber wesentlich länger reifen soll.
Laubauslichtung Um eine bessere Luftzirkulation zu gewährleisten (was die Gefahr von Krankheiten verringert) und die Trauben mehr der Sonne auszusetzen (wodurch sie besser reifen), werden während der Wachstumsperiode per Hand oder maschinell Blätter der Rebe entfernt – das Laub wird ausgelichtet.
Laubpflege Die Gesamtheit der Arbeiten im Weinberg, die das Laubdach der Rebe betreffen, um die Qualität der Trauben zu verbessern, Schädlingen vorzubeugen und den Ertrag zu regulieren. Dies beginnt bei der Wahl des Unterstützungssystems und dem jährlichen Rebschnitt, hat aber v. a. das jeweilige Wachstum der Rebe im laufenden Jahr im Blick und schließt Maßnahmen ein wie das Entfernen von überzähligen Trieben, das Befestigen der übrigen Triebe an der richtigen Position, Laubauslichtung, **Grünlese**, Ausdünnen von Trauben durch Entfernen einzelner Beeren, Rückschnitt von Fruchtruten und andere weinbauliche Eingriffe.
Lieu-dit Französisch »bezeichneter Ort«. Im Elsass, Burgund und anderen französischen Regionen verwendeter Begriff für traditionelle Einzellagen, die einen Flurnamen, aber keine eigenen Appellation haben. Siehe auch Climat.
Limousin Waldreiche Region im südlichen Zentralfrankreich, die viel Eichenholz für Weinfässer liefert.
Liquoreux Französische Bezeichnung für Süß- bzw. Dessertweine.
Liquoroso Italienische Bezeichnung für gespritete, also durch Zusatz von Branntwein verstärkte Weine. Ebenfalls oft süß.
Lodges Englische Bezeichnung für die Lagerhäuser in der Portweinregion, in denen **Port** gereift, verschnitten und abgefüllt wird. Traditionell befinden sich die Lodges der großen portugiesischen Portweinhäuser in Vila Nova de Gaia bei Porto.

M

Maderisiert Verkostungsbegriff für Geruchs- und Geschmacksnoten, die an Madeira erinnern, in normalen Tischweinen aber weniger elegant als negativ wirken. Solche Weine sind oxidiert und oft überaltert.
Magnum Flaschengröße mit 1,5 Liter Inhalt.
Mahlen Nach der Lese werden die für die Weinbereitung bestimmten Trauben in der Regel in einer Traubenmühle gemahlen, um die Beeren aufplatzen zu lassen und den Saft freizusetzen. Rotweintrauben werden in der Regel vor dem Mahlen von den Stielen befreit, anschließend wird die Mischung aus Saft, Schalen und Kernen, die sogenannte Maische, gemeinsam vergoren. Weißweintrauben werden normalerweise nach dem Mahlen gleich gepresst, um den Saft allein gären zu lassen.

Maischung Der Vorgang, wenn die Trauben nach dem Mahlen nicht sofort gepresst werden, sondern Saft und Schalen vor, während oder nach der Gärung zusammenbleiben. In der Regel bei der Rotweinbereitung üblich, gelangen auf diese Weise mehr Farb- und Geschmacksstoffe aus den Schalen in den Saft und damit letztlich in den Wein. Insbesondere Cru-Classé-Güter in Bordeaux sind für lange Maischestandzeiten bekannt, bei denen die normale Periode der **Cuvaison**, die eine Woche bis 10 Tage beträgt, auf drei Wochen und mehr ausgedehnt wird.

Malmsey Der üppigste Weinstil aus Madeira mit dem höchsten Restzuckergehalt. Wird von **Malvasia**-Trauben bereitet.

Malolaktische Gärung Die häufig zu lesende Lehnübersetzung des englischsprachigen Begriffs *malolactic fermentation*, oft auch nur noch mit Malo wiedergegeben, meint den **biologischen Säureabbau**.

Malvasia Seit Jahrtausenden bekannte Familie von Weißweintrauben aus dem Mittelmeerraum, bekannt für aromatische, körperreiche Weine mit oft deutlicher Süße und üppiger Textur. Das Original stammt vermutlich aus Griechenland, Varianten existieren in vielen europäischen Ländern.

Manzanilla Relativ leichter **Sherry**-Stil aus der Küstenstadt Sanlúcar de Barrameda: meist trocken, pikant und exzellent als Aperitif. Ähnlich wie **Fino** Sherry reift Manzanilla unter einer Schicht von **Flor** in Fässern. Wird auch in den süßeren Versionen Manzanilla Oloroso und Manzanilla Pasada erzeugt.

Marc Französisch »Trester« (also die nach dem Pressen der Trauben zurückbleibende Masse aus Schalen und Kernen). Auch der daraus destillierte Tresterbrand (wie Grappa in Italien) heißt in Frankreich *marc*.

Marsala Italienischer Weinstil, der unterschiedlich lang gereift und in verschiedenen Süßegraden angeboten wird. Eigentlich ein süßer Dessertwein, wird er vielfach nur noch als Zutat beim Kochen eingesetzt. Die trockene Version heißt Marsala Vergine.

Marsanne An der Rhône heimische Weißweinsorte, oft in einem Atemzug mit Roussanne genannt, der anderen beliebten weißen Traube des Rhône-Tals und anderer Weinregionen, die diesen Stil nachahmen, etwa Kalifornien und Australien. Marsanne liefert tendenziell körperreiche, reichhaltige, geschmacksintensive trockene Weine.

Massenselektion Eine der beiden Methoden, um Edelreiser zur Vermehrung von Reben auszuwählen. Dabei werden in einem Weinberg einjährige Fruchtruten von vielen Reben mit vorteilhaften Eigenschaften geschnitten und anschließend als Stecklinge in den Boden gesetzt, damit sie Wurzeln treiben, oder als Edelreiser auf Unterlagsreben gepfropft. Da einzelne Reben immer leichte Unterschiede zueinander aufweisen, wird durch die Massenselektion diese Variabilität in den neuen Weinberg übertragen, was einerseits dem entstehenden Wein Komplexität verleihen kann, andererseits aber auch die Gefahr birgt, unerwünschte Eigenschaften zu vermehren. Die alternative Methode ist die **Klonenselektion**.

Master of Wine (MW) Ein Titel, den Personen tragen dürfen, die die strengen Prüfungen des in Großbritannien ansässigen Institute of Masters of Wine bestanden haben. Zum umfangreichen Lehrstoff gehören Weinbau und Weinproduktion, Verkostungssicherheit, Regularien des Weinhandels und vieles mehr. Etwa 290 Personen in 23 Ländern führen derzeit diesen Titel.

Mehltau Häufig auftretende Pilzkrankheit, die Winzern viel Mühe und Geld kosten kann. Man unterscheidet den Echten (Oidium) und den Falschen Mehltau (Peronospora), die beide in feuchtwarmer Umgebung ohne ausreichende Luftzirkulation am besten gedeihen und alle oberirdischen Teile der Rebe einschließlich der Trauben befallen können. Als Gegenmittel werden kupferhaltige Lösungen wie Bordeauxbrühe, Schwefelpulver oder andere Fungizide im Weinberg verteilt.

Mercaptane Faulig riechende chemische Verbindungen, die sich während der Gärung aus einer Interaktion zwischen der Hefe und Schwefel (der z. B. als Schutz gegen Mehltau auf die Trauben gespritzt wurde) im Wein bilden können. Mercaptane können durch Lüften des Jungweins oder durch Zugabe einer Kupferverbindung beseitigt werden. Wenn sie nur in minimalen Mengen auftreten, können Mercaptane aber auch interessante, angenehme Aromaeigenschaften einbringen.

Merlot Aus Bordeaux stammende Rotweinsorte und damit verbunden auch ein Weinstil, der sich in den letzten 20 Jahren über die ganze Welt verbreitet hat. In Kalifornien, Australien, Chile, Italien, Südfrankreich und sogar im Bundesstaat New York wird Merlot als wichtige Traube angesehen. Im Bordelais und seinem Umfeld ist es die meistangebaute **Bordeaux-Sorte**, die im typischen Verschnitt der Region vielfach (mit einigen Ausnahmen) auch den dominierenden Part ausmacht.
Das glanzvollste Beispiel eines reinsortigen Merlot-Weins in Bezug auf Preis und Prestige ist sicherlich der Château Pétrus aus Pomerol. Insbesondere amerikanische Verbraucher haben eine Vorliebe für die reichhaltigen Pflaumen- und Kirschnoten und die im Vergleich zu Cabernet Sauvignon weichere Textur des Merlot entwickelt. Das geht so weit, dass die Popularität dieser Weine auf Kosten der Qualität zu gehen droht. Merlot reift früher als Cabernet Sauvignon, ist aber dünnschaliger und deshalb anfälliger gegen Schäden durch schlechtes Wetter und Schädlinge im Weinberg.

Méthode Cap Classique Gesetzlich festgelegte Bezeichnung für Schaumweine aus der Kap-Region in Südafrika, die nach der traditionellen Methode ähnlich wie Champagner in Frankreich bereitet werden.

Méthode Champenoise Über mehrere Jahrhunderte in der französischen Region Champagne entwickelte Methode, hochklassige Schaumweine herzustellen. Dazu wird in den einzelnen Flaschen eine Zweitgärung herbeigeführt, die das charakteristische Schäumen bewirkt. Champagner muss dabei mindestens 15 Monate auf dem **Hefesatz** reifen, bevor er degorgiert (siehe Degorgieren) und für den Versand fertig gemacht wird. Schaumweinproduzenten in anderen Teilen der Welt haben eine Zeit lang diesen Begriff auf ihren Etiketten geführt, um zu zeigen, dass ihre Weine auf sehr ähnliche Art wie Champagner erzeugt werden, doch die Champenois haben es durch erfolgreiche Lobbyarbeit geschafft, dass man ihn außerhalb ihrer Region nicht mehr verwenden darf. Für solche Weine wird der Begriff klassische oder traditionelle Methode verwendet bzw. Méthode Classique und Méthode Traditionnelle auf Französisch, Metodo Classico und Metodo Tradizionale auf Italienisch.

Mikroklima Die spezifischen klimatischen Verhältnisse, die in einem sehr kleinen Gebiet herrschen. Genau genommen geht es beim Mikroklima nur um einen Bereich von wenigen Metern, etwa ein paar Rebzeilen, doch wird der Begriff landläufig meist für das Klima eines Weinbergs oder einer Parzelle darin verwendet (was je nach genauer Größe exakt als Meso-, Topo- oder Lagenklima zu bezeichnen wäre). Damit soll dargestellt werden, dass Klimaverhältnisse nicht nur von Region zu Region unterschiedlich sind, sondern auch von Lage zu Lage, je nach Hangneigung, Ausrichtung zur Sonne, geografischen Verhältnissen der Umgebung, vorherrschenden Winden, Häufigkeit von Nebelbildung usw. Das Mikroklima zu verstehen hilft Winzern, die geeigneten Rebsorten und Klone auszuwählen, die passende Rebenerziehung anzuwenden, über Bewässerung zu entscheiden und dergleichen mehr.

Mikrooxidation Anfang der 1990er-Jahre entwickelte Technik der Weinbereitung, bei der gärender Most oder Jungwein im Tank mit geringen, genau dosierten Mengen Sauerstoff in Kontakt kommt. Das fördert eine gesunde Hefepopulation während der Gärung, imitiert den Alterungsprozess, der ansonsten beim Fassausbau stattfindet, glättet die Textur des Weins durch einen komplexen Prozess, der die oft harten Tannine mancher Rebsorten mildert, und verhindert allzu kräuterwürzige Noten in Rotweinen. Als Erstes wurde diese Technik in Madiran (Frankreich) eingesetzt, um die berüchtigt herben Weine der dort heimischen Tannat-Traube zu zähmen.

Milchsäure Die milde Säure, die sich auch in Milchprodukten findet, bildet sich im Wein aus der schärferen Apfelsäure während des **biologischen Säureabbaus**.

Millésime Französisch »Jahrgang«.

Mineralität, mineralisch Von Weinerzeugern wie -autoren gern verwendeter Begriff, um die Qualitäten eines Weins zu beschreiben, die über einfache Fruchtaromen hinausgehen und häufig mit alten Reben und reduzierten Erträgen in Zusammenhang stehen. Worum es sich dabei genau handelt, wurde wissenschaftlich noch nicht nachgewiesen – Weinchemiker sagen jedenfalls, dass es sich nicht um tatsächliche Mineralien handeln kann, die aus dem Boden über die Wurzeln in die Trauben gelangen. Doch da auch Mineralwasser anders schmeckt als Regenwasser, wird sich womöglich irgendwann noch eine Erklärung dieser ätherischen Qualität finden.

Mis en bouteille au château Das französische Äquivalent zur **Erzeugerabfüllung**. Insbesondere bei Bordeaux-Weinen verwendet und oft, aber nicht notwendigerweise, ein Hinweis auf gute Qualität. Die so bezeichneten Weine müssen im selben Betrieb angebaut, vergoren, gereift und abgefüllt worden sein. Trauben oder Weine anderer Herkunft sind nicht erlaubt. Siehe auch AVA.

Mission Die erste Rebsorte, die während der Eroberung Amerikas durch die Spanier von katholischen Missionaren in großem Umfang in Mexiko und an der Westküste von Nord- und Südamerika angepflanzt wurde. Aus den dunklen Trauben wurde v. a. Messwein gekeltert.

Moelleux Französischer Begriff für milde, weiche, eher etwas süße Weine.

Monopole Weinberg oder Anbaubereich, der vollständig in der Hand eines einzigen Besitzers ist. So hat etwa die Domaine de la Romanée-Conti in Burgund Monopole-Lagen in Romanée-Conti und La Tâche.

Moscato Italienischer Name für die **Muscat**-Traube. Moscato liefert in Italien würzige, blumige und nicht selten süße Weine, in manchen Gebieten auch Schaumweine. Der vollständige Name lautet Moscato Bianco oder Moscato di Canelli.

Moscato d'Asti Einer der besten Moscato-Weine Italiens, erzeugt im piemontesischen Asti. Es handelt sich um einen leicht perlenden, oft lieblich-süßen Weißwein mit wenig Alkohol und bezaubernden blumigen, frischen Fruchtnoten. Die schäumende Version heißt DOCG **Asti** (früher Asti Spumante).

Most Der nach dem Entrappen, Mahlen und Pressen der Trauben ablaufende, zur Gärung vorgesehene Saft, umgangssprachlich aber auch für den in Gärung befindlichen Jungwein verwendet.

Mourvèdre Rotweinsorte, am bekanntesten im französischen Rhône-Tal. Spielt eine wichtige Rolle im Verschnitt des Châteauneuf-du-Pape, der aus bis zu 13 verschiedenen Rebsorten bestehen kann. Mourvèdre bringt dunkle Farbe, feste Tannine und ein fruchtiges Aromenspektrum mit erdigen Noten und einem Hauch Wildbret in den Wein ein. Auch in Kalifornien, Australien und anderswo verwendet, manchmal auch sortenrein. Synonyme sind Mataró und Monastrell.

Mousse Französischer Ausdruck für den Schaum auf einem Schaumwein.

Mousseux Französisch »schäumend«.

Moussieren In bestimmten Weinen, v. a. in sehr jungen, frischen Weißen, ist eine leichte Kohlensäureentwicklung normal und sogar angenehm. Wenn trockene Rotweine moussieren, kann das allerdings auf einen Fehler hinweisen, etwa auf einen spontanen biologischen Säureabbau oder sogar eine Restgärung in der Flasche – in beiden Fällen ein Zeichen für mangelnde Sorgfalt bei der Weinbereitung. Eine dritte Möglichkeit könnte eine übermäßige Verwendung von Kohlendioxid bei der Abfüllung sein im Bemühen, das Risiko einer Oxidation zu verringern.

Müller-Thurgau Früher war die Weißweinsorte das Arbeitspferd in Deutschlands Weinbergen, heute ist sie im Rückgang begriffen. Sie liefert hohe Erträge auch unter weniger guten Bedingungen, die zu ausdruckslosen Weinen verkeltert werden – mit einem Hauch Pfirsicharoma, wie es dem **Riesling**, einem Elternteil des Müller-Thurgau, eigen ist.

Muscat Französischer Name für eine große Familie von *Vitis-vinifera*-Rebsorten, die rund um die Welt kultiviert werden und eine Vielfalt aromatischer, ausgeprägt blumiger und fruchtiger, meist süßer Weine aller Farben mit unverkennbarem Aromaprofil hervorbringen. Wohl die bekannteste Variante in Frankreich ist Muscat Blanc à Petits Grains. Weit verbreitet ist auch die leichtere Muscat Ottonel, eine rote Variante heißt Muscat Hamburg. In Spanien und Portugal wird die Traube Moscatel, in Italien **Moscato** genannt.

N

Nachgeschmack Der geschmackliche Nachhall in Mund und Nase nach dem Herunterschlucken des Weins wird auch Abgang oder Finish genannt. Als Maßeinheit wird der französische Begriff Caudalie verwendet – 10 Caudalies entsprechen 10 Sekunden, die der Nachgeschmack anhält. Im Allgemeinen ist ein langer Abgang – sofern er angenehm ist – ein Zeichen für sehr gute Weinqualität.

Nase In der Weinansprache gleichbedeutend mit dem Geruch bzw. Duft eines Weins.

Nebbiolo Hochwertige italienische Rotweinsorte, aus der u. a. die klassischen Barolo- und Barbaresco-Weine des Piemont bereitet werden. Ausspielen kann der Nebbiolo seine wahren Stärken aber praktisch nur in den Hügeln der Langhe um Alba, wo die Rebe in den besten Hanglagen wächst, während die zweitklassigen Weinberge den Sorten Barbera und Dolcetto vorbehalten sind. Nebbiolo-Weine sind intensiv und tanninstark und brauchen etliche Jahre Reifung, um ihre jugendliche Verschlossenheit abzulegen; dann aber präsentieren sie sich mit einem herrlichen Bukett und komplexen Geschmacksnoten.

Négociant Weinhandelshaus ohne eigene Weinberge oder Kellerei, das fertig vergorene junge, manchmal auch schon einige Zeit gereifte Weine en gros kauft, abfüllt und unter eigenem Markennamen verkauft.

Négociant-éleveur Weinhändler, der die eingekauften Weine in eigenen Räumen weiter ausbaut (»aufzieht«), eventuell auch verschneidet und schließlich abfüllt und unter eigenem Markennamen vertreibt.

Niagara Nordamerikanische Weißweinrebe, deren Trauben zu Marmelade, Saft und Wein verarbeitet werden.

Nouveau Französisch »neu«. Am bekanntesten ist der frische, traubige Beaujolais Nouveau, der im November, also nur wenige Wochen nach der Ernte, zum sofortigen Genuss in alle Welt verschickt wird.

O

Oechsle Insbesondere in Deutschland verwendete Maßeinheit zur Bestimmung des Mostgewichts, also des Zuckergehalts der Trauben bei der Lese, und damit ihres Reifegrades. In anderen Ländern gelten alternative Systeme wie **Brix** und **Baumé**.

Oidium Französische Bezeichnung für den Echten **Mehltau**.

Ökologischer Weinbau Traubenanbau, der ohne chemische Herbizide, Pestizide und Kunstdünger auskommt und in der Regel nach strengen Kriterien zertifiziert wird. Die Produktion von ökologischem Wein (auch Biowein genannt) beinhaltet darüber hinaus auch in der Kellerei Beschränkungen der erlaubten Mittel. Insbesondere in der Frage der Verwendung von Schwefeldioxid (siehe Sulfite) oder Metabisulfit im Wein unterscheiden sich die in der EU geltenden Regeln für ökologischen Wein deutlich von denen in anderen Teilen der Welt. In den Vereinigten Staaten etwa darf »organic wine« nicht geschwefelt sein; ein mit Schwefeldioxid behandelter Wein darf nur als »Wein von Trauben aus ökologischem Anbau« bezeichnet werden. Da das Schwefeln von Wein als Konservierungsmethode eine jahrhundertealte Tradition hat und in praktisch allen kommerziell vertriebenen Weinen angewandt wird, schmecken solche ungeschwefelten Bioweine oft deutlich anders als es europäische Weintrinker in der Regel gewöhnt sind.

Old vines Siehe alte Reben.

Oloroso Gesetzlich festgelegter **Sherry**-Stil, der reichhaltiger, nussiger und körperreicher ist als der leichtere **Fino** und auch auf andere Weise erzeugt wird (nämlich ohne **Flor**). Echter Oloroso ist von Natur aus trocken, doch wird der Begriff auch unzulässigerweise für gesüßte dunkle Weine im Sherry-Stil aus anderen Ländern verwendet.

Önologie Die Wissenschaft vom Wein, nach dem griechischen Wort *oenos*, Wein. Wird manchmal als Synonym für moderne Weinbereitung verwendet, doch ist eher die Biochemie des Weins Gegenstand des Studiums. Allerdings sind viele Kellermeister heute auch ausgebildete Önologen.

Optima Deutsche Weißweinsorte; eine neuere **Kreuzung**, an der **Riesling** zu einem Viertel beteiligt ist. Reift auch im nördlichen Klima gut und liefert hohe Zuckerwerte und damit viel potenziellen Alkohol für den Wein.
Oxidation Chemische Reaktion mit Sauerstoff. Eine zu starke Oxidation kann einen Wein verderben, weshalb es bei der Erzeugung sehr wichtig ist, ihn vom Zeitpunkt des Mahlens oder Pressens der Trauben bis zum Abfüllen in Flaschen unter Luftabschluss zu halten. Oxidierter Wein wird schal, nimmt mit der Zeit eine braune Färbung an und wird irgendwann zu Essig. Eine geringfügige, kontrollierte Oxidation bei der Reifung kann einem Wein allerdings auch wertvolle Geschmacksnuancen verleihen. Siehe auch Mikrooxidation.

P

Paille Französisch »Stroh«. Für den Vin de Paille werden die Trauben vor der Gärung traditionell auf Strohmatten getrocknet. Dadurch verringert sich der Wasser- und erhöht sich der relative Zuckergehalt, außerdem entstehen neue, erwünschte Geschmacksnoten. Das Trocknen der Trauben geschieht heute auf vielerlei Weise, das Ergebnis ist jedoch immer ähnlich: Es entstehen reifere, süßere, körperreichere Dessertweine mit üppigem, ungewöhnlichem Geschmack.
Palo Cortado Eher seltener **Sherry**-Stil, zu dem aber einige der besten Weine aus Jerez gehören. Sie werden früh im Reifungsprozess aus den besten Partien ausgewählt, entwickeln aber keine Schicht aus **Flor**, durch die sie ansonsten zu **Amontillado** heranreifen würden. Technisch gesehen sind sie einem **Oloroso** ähnlich, gelten aber als eleganter.
Palomino Die spanische Weißweinsorte ist die Grundlage der Sherry-Produktion, wird aber auch für die Bereitung von Tischweinen oder als Tafeltraube verwendet. Sie ist von Natur aus relativ säure- und zuckerarm mit neutralem Geschmacksprofil und ist deshalb für **Sherry**, dessen Erzeugung eine eigene Aromatik hervorbringt, bestens geeignet.
Passerillage Französischer Ausdruck für das Trocknen der Trauben am Weinstock, um deren Süße und Aromen zu konzentrieren.
Passetoutgrains Bourgogne Passetoutgrains ist ein beliebter Alltagsrotwein in Burgund, verschnitten aus **Pinot Noir** und **Gamay**.
Passito Italienische Begriff für Wein aus getrockneten Trauben.
Pétillant Französisch »perlend«.
Petit Verdot Eine der fünf klassischen Rotweinsorten aus Bordeaux, bekannt für ihre sehr dunkle Farbe und Tanninstärke. Seit den 1990er-Jahren hat die bis dahin nicht weiter beachtete spät reifende Traube bei Erzeugern rund um die Welt, die Weine im Bordeaux-Stil produzieren, viele Anhänger gefunden. Im Vergleich zu ihren vier Geschwistern **Cabernet Sauvignon**, **Merlot**, **Cabernet Franc** und Malbec wird sie aber dennoch eher selten angebaut. In Kalifornien erzielen Petit-Verdot-Trauben oft höhere Preise als Cabernet Sauvignon, da die Weinmacher dort ihre Kraft und Würzigkeit sehr schätzen. Vereinzelt gibt es in der Neuen Welt sogar sortenreine Petit-Verdot-Abfüllungen.
Petite Sirah Die Rotweinsorte stammt wohl ursprünglich aus dem Rhône-Tal, ist heute aber hauptsächlich in Kalifornien heimisch.
In Bezug auf ihre Farbtiefe, ihren Körper und Tanningehalt ist sie allerdings alles andere als klein *(petite)*. Mit zurückhaltenden Aromen von Brombeeren und manchmal schwarzem Pfeffer haben ihre Weine genug Struktur, um zehn bis 20 Jahre alt zu werden. Früher stand sie mit **Zinfandel** und anderen Sorten im gemischten Satz in ein und demselben Weinberg, und auch heute noch wird sie bis zu einem Anteil von 25 % zur Verstärkung von Farbe und Tanningehalt Zinfandel beigegeben.
Pflanzdichte, Hohe Die Rebstöcke im Weinberg eng nebeneinander zu pflanzen, um die Qualität durch Reduzierung des Ertrags des einzelnen Stocks zu steigern, ist vielerorts sehr in Mode. Durch die hohe Pflanzdichte sollen die Reben miteinander um Wasser und Nährstoffe in Konkurrenz treten und dadurch die Produktivität gegenseitig steigern, was wiederum die Konzentration in den Trauben erhöhen soll. Der erhoffte positive Effekt einer hohen Pflanzdichte hängt sehr stark vom Klima und der Region ab, in der die Reben wachsen. Ein wissenschaftlicher Beweis über den Zusammenhang von Pflanzdichte und Traubenqualität wurde indes bisher nicht erbracht.
Pfropfen Wie auch Obstbäume und Rosen kann man Weinreben problemlos pfropfen, also eine fruchttragende Sorte mit der **Unterlagsrebe** einer anderen Sorte oder Spezies verbinden. In Weinbergen mit Beständen der traditionellen europäischen Art *Vitis vinifera*, die von der **Reblaus** gefährdet sind, ist dies eine unerlässliche Notwendigkeit, da die Wurzeln ungepfropfter, d. h. **wurzelechter Reben** von dem Insekt befallen werden, was nach einigen Jahren zum Absterben führt. Diese Gefahr besteht in den meisten Anbaugebieten Europas, außerdem in Kalifornien und dem Osten Nordamerikas, aber nicht überall in der Neuen Welt.
pH-Wert Maßangabe, inwieweit eine wässrige Lösung sauer oder alkalisch (basisch) ist. Ein geringer pH-Wert zeigt Säure an, ein hoher eine alkalische Lösung – der neutrale Wert (reines Wasser) liegt bei 7. Weinmacher messen den pH-Wert ihrer Böden, der Trauben vor der Ernte und des Mosts während der Gärung (und einiges mehr), denn dieser Wert kann etwas über Rebengesundheit und Weinqualität aussagen. Weine haben in der Regel einen pH-Wert zwischen 2,7 und 4,3. Je kleiner die Zahl ist, umso säurehaltiger und schärfer schmeckt der Wein. Trauben, die lange am Stock hängen, bauen Säure ab, während der Zuckergehalt und damit der ph-Wert steigt.
Picolit Im nordostitalienischen Friaul heimische Weißweinsorte, die so heißt, weil ihre Trauben sehr klein *(piccolo)* sind. Die leicht lieblichen Weine mit Anklängen von Pfirsich werden in der Regel aus getrockneten Trauben bereitet.
Pierce'sche Krankheit Im Süden Nordamerikas verstärkt aufgetretene Rebenkrankheit, insbesondere in Texas und Südkalifornien, wo sie am Anfang des 20. Jahrhunderts katastrophale Schäden in Weinbergen anrichtete. Die Pierce'sche Krankheit ist besonders gefürchtet, weil sie die Reben innerhalb von ein bis zwei Jahren nach der Infektion abtötet. Verbreitet wird sie durch Insekten, insbesondere die *glassywinged sharpshooter* (»glasflügeliger Scharfschütze«) genannte Zikadenart, die die Krankheit in den 1990er-Jahren in die Weinberge der Region Temecula brachte und die Vernichtung vieler Weinberge dort verursachte. Weinbauern weiter nördlich an der amerikanischen Westküste sind beständig auf der Hut; vereinzelter Befall wurde allerdings bereits beobachtet. Da einige einheimische amerikanische Rebenarten von der Krankheit nicht befallen werden, wurden viele Versuche von Rebschulen unternommen, resistente Kreuzungen mit *Vitis vinifera* (für den besseren Geschmack) zu züchten, doch bislang mit nur bescheidenen Erfolgen.
Pigeage Siehe Untertauchen.
Pineau de la Loire Siehe Chenin Blanc.
Pinot Bianco Italienischer Name für **Pinot Blanc**. Wird insbesondere im Nordosten und in Südtirol angebaut.
Pinot Blanc Die Weißweinsorte ist die hellste Variante der Pinot-Familie, zu der auch **Pinot Noir** und **Pinot Gris** gehören. Man verbindet sie mit Burgund und dem Elsass, doch auch in Mittel- und Osteuropa sowie in vielen Teilen der Neuen Welt ist sie eine häufig angebaute Traube. Die Weine sind weniger aromatisch als Pinot Gris, dafür weicher und körperreicher. In Italien als Pinot Bianco, im deutschsprachigen Raum als Weißburgunder bekannt.
Pinot Grigio Italienischer Name für **Pinot Gris**. Italienischer Pinot Grigio ist oft recht einfach, frisch und leicht, während Pinot Gris aus Frankreich und Oregon in der Regel reichhaltiger, fruchtiger und körperreicher ausfällt. In Kalifornien werden beide Namen verwendet.
Pinot Gris Klassische Weißweinsorte in Frankreich und Italien, wo sie Pinot Grigio heißt. Wird auch in Deutschland (als Grauburgunder), Nordamerika und anderen Teilen der Welt angebaut. Die aus derselben Familie wie Pinot Noir und Pinot Blanc stammende Pinot-Gris-Traube nimmt bei der Reifung eine leicht rötlich-blaue Färbung an, die in Frankreich *gris* (eigentlich »grau«) genannt wird. Ihre Weine verfügen über eine ausgeprägte Fruchtigkeit und lebhafte Säure und zeigen sich farblich gelegentlich mit zartem Rosé. Insbesondere

im Elsass (wo er früher auch Tokay d'Alsace genannt wurde) kann Pinot Gris im trockenen Stil sehr voll und körperreich ausfallen, wird aber auch als Spätlese-Süßwein ausgebaut.

Pinot Noir Über diese verführerische Rotweinsorte aus Burgund wurden etliche Bücher geschrieben. Pinot Noir liefert weiche Rotweine mit mittlerem Körper und ist erfolgreich damit in einer Welt, die sonst körperreiche, tanninstarke Muskelpakete bevorzugt. Die große Bandbreite der faszinierenden Aromen reicht von Erdbeeren und Kräutern in leichten Versionen bis zu Schwarzkirschen, Pilzen und Waldboden in exotischeren Ausformungen. Beim Ausbau in neuen Eichenfässern (wobei ein Drittel neue Eiche ausreicht) entwickeln sich Zimtnoten. Mit zunehmender **Flaschenreife** kann ein gut bereiteter roter Burgunder von einer erstklassigen Lage geradezu ätherische Qualitäten annehmen, behält aber immer noch genug Säure und Biss, um einen himmlischen Begleiter zu gebratener Ente oder gegrilltem Täubchen abzugeben. Pinot Noir ist seit dem Mittelalter berühmt dafür, sein Terroir (also den »Geschmack« einer bestimmten Weinberglage) besser als viele andere Traubensorten abzubilden. Mönche in der Champagne (wo sie eine der drei Trauben für den berühmten Schaumwein ist) und in Burgund fanden schon vor Hunderten von Jahren heraus, dass gut drainierte Hanglagen mit Süd- oder Ostausrichtung ideal für Pinot Noir sind. Die Reben treiben früh in der Saison aus und sind deshalb durch Frühlingsfröste gefährdet; die dünnschaligen Trauben wiederum sind anfällig für **Mehltau** und Fäulnis. Außerdem müssen die Erträge niedrig gehalten werden, um Weine hoher Qualität zu erzeugen – kein Wunder, dass diese Sorte bei Weinbauern nicht gerade auf Begeisterung stößt. Dies erklärt auch, warum die besten Pinot-Noir-Gewächse selten und teuer sind, egal, ob sie nun aus Burgund oder anderen Gegenden wie Deutschland (wo die Sorte Spätburgunder heißt), Oregon, Kalifornien oder Neuseeland stammen.

Pinotage Rotweinsorte, die v. a. in Südafrika angebaut wird. Sie ist eine Kreuzung aus **Pinot Noir** und **Cinsault**, tendiert in Bezug auf Geschmack und Gewicht aber eher zu Letzterer: Ihre Weine erinnern an den Rhône-Stil mit Noten dunkler Früchte und erdigen, würzigen Akzenten. Für Nicht-Südafrikaner waren Pinotage-Weine früher gewöhnungsbedürftig, haben sich unter dem Einfluss moderner Methoden in Weinberg und Kellerei mittlerweile aber mehr einer internationalen Geschmacksrichtung angenähert.

Pipe Großes Weinfass in Portugal, dort auch *pipa* genannt. Je nach Verwendungszweck unterschiedlich groß, meist aber mit einem Inhalt von 600 Litern.

Port, Portwein Der berühmte **gespritete** Wein aus Portugal, dessen Trauben im Douro-Tal wachsen, während die Keller und Lagerhäuser in und um die Stadt Porto liegen. Port wird in unterschiedlichen Stilen bereitet (es gibt sogar weißen Port), ist aber immer körperreich, alkoholstark und zumindest ein bisschen süß. Der leichteste Stil ist **Ruby Port**, am längsten reift **Tawny Port**, außerdem gibt es verschiedene Varianten von Jahrgangs-Port. Basisweine sind recht einfach und preisgünstig, die besten **Vintage Ports** aber reichen an die Qualität großer Bordeaux-Weine heran und können viele Jahrzehnte altern. Verwendete Rebsorten sind meist Touriga Nacional, Touriga Franca, Tinto Cão, Tinto Roriz und Tinta Barroca. Bei der Bereitung wird die Gärung nach zwei bis drei Tagen, wenn noch eine deutliche Menge Restzucker vorhanden ist, durch die Zugabe von Traubenbranntwein gestoppt, was die Hefe abtötet und den Alkoholgehalt auf etwa 19 Vol.-% hebt.

Prädikatswein Die oberste Qualitätsstufe nach dem deutschen Weingesetz. Ja nach Mostgewicht, also Zuckergehalt der Trauben vor der Gärung, unterscheidet man in aufsteigender Reihenfolge **Kabinett**, **Spätlese**, **Auslese**, Beerenauslese und **Trockenbeerenauslese**. Für das Prädikat **Eiswein** müssen die Trauben in gefrorenem Zustand geerntet werden. Siehe auch g.U.

Premier Cru Französische Bezeichnung für einen Weinberg oder ein Weingut erster Klasse; ein deutsches Äquivalent ist **Erstes Gewächs**. In der Médoc-Klassifikation von Bordeaux sind fünf Güter als Premier Cru eingestuft: Château Lafite-Rothschild, Château Margaux, Château Latour, Château Mouton-Rothschild und (in Graves) Château Haut-Brion. Diese bis heute gültige Klassifikation wurde 1855 aufgestellt, nur Mouton kam 1973 dazu. Weitere drei Güter, die am rechten Ufer liegen und daher nicht unter die Médoc-Klassifikation fallen, gelten qualitativ als gleichwertig: Château Cheval Blanc und Château Ausone (beide Premier Grand Cru Classé in St-Émilion) sowie Château Pétrus (in Pomerol; keine offizielle Klassifikation). Siehe auch Grand Cru.

Presse In der Kellerei verwendete Maschine, um den Saft aus den Trauben zu gewinnen. Wie und womit im Einzelnen gepresst wird, kann auf den Stil und die Qualität des Weins großen Einfluss haben. Viele Weine sind dank moderner Traubenpressen, die langsamer und sanfter arbeiten, heute weniger rau und tanninhaltig als früher. Umgekehrt hat es auch einen Trend zurück zur jahrhundertealten **Korbpresse** gegeben, die außer im Amateurbereich und in der Champagne, wo die Saftqualität von größter Bedeutung ist, schon beinahe verschwunden war. Bei der Weißweinbereitung werden die Trauben in der Regel vor der Gärung gepresst, da nur der Saft gären soll, während Rotwein zunächst im Kontakt mit Schalen und Kernen als Maische gärt und erst gegen Ende der Gärung oder danach abgepresst wird.

Presswein Der Anteil des Weins, der beim Pressen der Maische erst bei Druckanwendung abläuft. Er wird standardmäßig vom **Vorlaufmost** getrennt aufgefangen, da beide unterschiedliche Eigenschaften haben. Presswein ist tanninreicher und adstringierender, weil die adstringierenden Substanzen beim Pressen aus den Schalen und Kernen gelöst werden. Presswein und Vorlaufmost werden erst später wieder vom Kellermeister je nach gewünschtem Stil des Endprodukts miteinander verschnitten.

Primeur Französischer Begriff für einen jungen Wein, der schon ein paar Monate nach der Lese verkauft wird. **Beaujolais Nouveau** ist das bekannteste Beispiel. Bordeaux-Weine, die *en primeur* verkauft werden, sind allerdings nicht zum sofortigen Konsum gedacht. Sie werden zwar jung verkauft, reifen jedoch mindestens noch ein Jahr weiter im Fass und werden erst später abgefüllt und dem Käufer zugesandt.

Primitivo Süditalienische Rotweinsorte, die ähnlich wie, wenn nicht sogar identisch mit **Zinfandel** in Kalifornien ist. In jedem Fall haben sie einen gemeinsamen Ursprung: die kroatische Rebe Crljenak Kaštelanski. Besonders in Apulien ist Primitivo beliebt. Die Sorte kann leichte bis mittelschwere Weine hervorbringen, bei voller Reife im heißen Klima aber auch dunkle, sehr körperreiche Gewächse, die fast an Portwein erinnern, allerdings ohne dessen Süße. Manche Winzer in Kalifornien bauen inzwischen sogar aus Italien importierte Primitivo-Reben an, da die Gesetzgebung es ihnen erlaubt, diese Weine sowohl als Zinfandel als auch als Primitivo zu etikettieren.

Prosecco Weinbaugebiet im italienischen Veneto, am besten bekannt für perlende, manchmal etwas liebliche und nicht besonders alkoholstarke Weißweine. Früher hieß auch die für diese Weine verwendete Rebsorte Prosecco, sie wurde aber neuerdings in Glera umbenannt.

Pupitre Rüttelpult. Ein Gestell mit vielen Löchern, in die Schaumweinflaschen zum **Rütteln** gesteckt werden. Bei den meisten großen Schaumweinerzeugern haben automatische Vorrichtungen, sogenannte **Gyropalettes**, diese Funktion übernommen.

Puttonyos Angabe zur Süße eines ungarischen **Tokajers**. Drei *puttonyos* entsprechen 60 g/l (deutlich süßer als ein normaler Tischwein), sechs *puttonyos*, die Höchstmarke, 150 g/l, was wirklich sehr süß ist. Bedeutend süßer ist nur noch Tokaji Aszú **Essencia**.

Q

QbA, Qualitätswein bestimmter Anbaugebiete Die Basiskategorie der deutschen Qualitätsweine, geordnet nach den 13 gesetzlich definierten Anbaugebieten. Soll in Zukunft in die Angabe **g.U.** einfließen.

Quinta Portugiesisch »Hof, Weingut«. Ein als »Single-Quinta« bezeichneter Wein ist ausschließlich aus Trauben dieses Guts bereitet.

R

Rancio Im positiven Sinn verwendeter Begriff, um Weine und Spirituosen zu beschreiben, die sehr lange gereift sind und dabei meist auch Hitze und Oxidation ausgesetzt waren. Das Wort rührt von »ranzig« her, meint aber eher buttrig, käseartig oder nussig in einer angenehmen Art.

Rassig Positiver Verkostungsausdruck, etwa um die lebhafte Säure eines deutschen **Rieslings** zu beschreiben.

Rau Einem Wein, der als rau beschrieben wird, fehlt es an Finesse, meist durch ein Übermaß an Tannin und/oder Säure, die nicht durch ausreichende Viskosität (Körper) und Geschmacksfülle ausgeglichen sind.

Reblaus Das winzige Insekt, in anderen Sprachen meist Phylloxera genannt, war im 19. Jahrhundert für eine der größten Katastrophen im europäischen Weinbau verantwortlich. Ihre Folgen sind auch heute noch spürbar. Die Reblaus ist ursprünglich in Nordamerika heimisch, wo die lokalen Reben resistent gegen sie sind. Durch den Atlantikhandel wurde sie aber nach Europa eingeschleppt und befiel die Wurzeln der *Vitis-vinifera*-Reben, die ihr nichts entgegenzusetzen hatten. Sie starben ab, die Laus breitete sich unaufhaltsam aus, vernichtete Weinberg um Weinberg und gelangte schließlich nach Amerika zurück, um auch die in Kalifornien und anderswo gepflanzten *Vinifera*-Reben anzugreifen. In Europa fand man schnell heraus, dass Amerikanerreben resistent waren. Die Weinberge mit ihnen neu zu bepflanzen versprach allerdings wenig Erfolg, da deren Trauben dem Geschmack der traditionellen europäischen Sorten kaum ähnelten. Es war aber möglich, auf den Wurzelstock einer Amerikanerrebe das Edelreis einer *Vinifera*-Sorte zu **pfropfen**, das dann Frucht trug und die bekannten Trauben hervorbrachte – eine Veredelungstechnik, wie sie bei Obst- und Nussbäumen schon seit langer Zeit bekannt war. Dieser Plan wurde ausgeführt und ist bis heute gängige Praxis. In Europa gibt es heute nur noch wenige Weinberge auf Sandböden, die reblausfrei geblieben sind und deren Reben auf ihren eigenen Wurzen wachsen (siehe wurzelechte Reben). Ansonsten ist es zur Routine geworden, reblausresistente **Unterlagsreben** mit Edelreisern der bekannten europäischen Sorten zu veredeln.

Rebschnitt Unverzichtbare Arbeit im Weinberg, um die ansonsten wild wuchernde Rebe zu zähmen. Er wird im Winter vorgenommen und stellt die Weichen für die Menge und Qualität der Frucht der kommenden Saison. Dabei wird ein Großteil der im zurückliegenden Jahr gewachsenen Triebe abgeschnitten und nur bestimmte Fruchtruten (einjährige Triebe) oder Zapfen (eingekürzte einjährige Triebe) ausgespart, aus denen sich die fruchtenden Triebe des nächsten Jahres entwickeln. Die Anzahl der Augen (Knospen) an diesen Ruten oder Zapfen bestimmt im Wesentlichen, wie viele Traubenbündel dort wachsen werden. Wird zu viel abgeschnitten, versucht die Rebe dies mit einem vermehrten Wachstum von Trieben und Blättern zu kompensieren, was unreife Aromen hervorbringen und/oder einen zusätzlichen Schnitt von Laub und Trieben erforderlich machen kann. Ein zu geringer Rebschnitt begünstigt eine zu große Fruchtproduktion mit schwachem Aroma und Zuckergehalt.

Rebsorte Im Zusammenhang mit Wein eine Unterart (Cultivar) der Weinrebe, die bestimmte charakteristische Eigenschaften in Aussehen und Wuchs sowie in Aroma und Geschmack der Trauben aufweist. Auch das Wort Traubensorte wird verwendet. Die meisten Qualitätsweine der Welt werden von einer einzigen Art (Spezies) der Weinrebe erzeugt, *Vitis vinifera,* doch existieren von ihr Tausende verschiedener Sorten, von Airén bis Zinfandel, die sich alle deutlich unterscheiden und die unendliche Vielfalt der Weinstile erst möglich machen.

Recioto Im italienischen Veneto aus getrockneten Trauben erzeugter Wein, sowohl weiß als auch rot. Recioto della Valpolicella etwa ist ein süßer, körperreicher Roter auf der Basis von Corvina- und Rondinella-Trauben. Sein trockener Gegenpart ist der alkoholstarke **Amarone**. Sehr viel seltener ist der weiße Recioto di Soave von Garganega-Trauben.

Récoltant Französisch »jemand, der erntet«, d.h. ein Traubenanbauer. Die Abkürzung RM *(récoltant-manipulant)* auf dem Etikett einer Champagnerflasche steht für einen Winzer, der seinen Wein selbst bereitet, anstatt die Trauben zu verkaufen. In der Regel ein Zeichen für Individualität und Authentizität des Weins.

Reduktion, reduktiv Das Gegenteil von **Oxidation**. Im Zusammenhang mit Wein sind damit hauptsächlich die Vorgänge gemeint, die während der Bereitung in der Kellerei unter Sauerstoffabschluss stattfinden. Viele Weiß- und einige Rotweine werden vom Kellermeister reduktiv ausgebaut, um ihre Frische zu bewahren, während bestimmte sehr strukturierte Rote und eine Reihe von gespriteten oder Dessertweinen oxidativ bereitet werden, um ihre Tannine zu mildern, die erwünschten Geschmacksnoten zum Vorschein zu bringen und so weiter. Pinot Noir und Syrah werden beispielsweise häufig reduktiv ausgebaut, also vor dem Abfüllen selten abgezogen (siehe Abstich) oder anderweitig belüftet.

Reifung Ein Wein reift in der Kellerei in Fässern oder im Tank, reift aber auch nach der Abfüllung in der Flasche weiter. Wenn die Rede davon ist, dass ein Wein lebt, so sind damit die unzähligen winzigen chemischen Veränderungen gemeint, die beim Reifungs- bzw. Alterungsprozess im Wein stattfinden. Viele große Weine wie feiner Bordeaux, Vintage Port oder erstklassige weiße Burgunder werden mit zunehmender **Flaschenreife** besser, da ihre frischen Fruchtaromen aus der Gärung milder werden und sich entwickeln, wobei sich einzigartige Geschmacksnoten und ein weicheres Mundgefühl herausbilden.

Reinsortig Siehe sortenrein.

Remontage Siehe Umpumpen.

Reserva Spanischer Begriff für einen Wein mit mindestens drei Jahre Reifezeit (davon 12 Monate in **Eiche**) vor der Freigabe.

Reserve Der englische Ausdruck kann auf einen länger gereiften Wein hinweisen, ist aber gesetzlich nicht geregelt.

Riesling Die große Weißweinsorte Deutschlands kann eine faszinierende Vielfalt von Weinstilen hervorbringen, von leicht und frisch über elegant und schmackhaft bis zu voll, honigartig und langlebig, je nach Jahrgang und Lage. Auch andere Sorten haben in Deutschland Erfolg, Riesling war aber immer die Nummer eins. Charakteristische Noten der aromatischen Traube sind Apfel, Pfirsich und Zitrone, ihr Nuancenreichtum ist jedoch nahezu unbegrenzt. Ob sie nun im Rheingau oder an der Mosel wächst, im US-Bundesstaat New York, im australischen Clare Valley oder an einem anderen Ort mit kühlem Klima, stets liefert Riesling tendenziell aromatischere, unverwechselbarere Weine als andere Sorten am gleichen Standort. In der Jugend überwältigend frisch und knackig, können Riesling-Weine ohne Weiteres zehn bis zwanzig Jahre reifen und entwickeln dabei eine weiche, nussige Fülle.

Ripasso Insbesondere im italienischen Veneto für einen Valpolicella-Stil verwendete Technik, bei der bereits vergorene Traubenschalen für einen »zweiten Durchgang« mit neuem Most vermischt und mit diesem noch einmal vergoren werden. Dies verleiht ihm zusätzliche Farbe und Geschmack.

Riserva Italienischer Begriff, der auf eine längere Reifezeit eines Weins hinweist.

Rosato Italienisch »rosé«.

Rosé Der hellrote, lachs- oder rosafarbene Wein wird normalerweise von Rotweintrauben bereitet, die aber wie Weißwein vinifiziert werden, d.h. ohne oder mit nur kurzer **Maischung** mit den Schalen, wodurch weniger Farbstoffe in den Wein gelangen. Ansonsten kann Rosé lieblich, trocken, still oder schäumend bereitet werden. Frischer Rosé ist ein ideales Sommergetränk und passt zu einer Vielzahl von Gerichten, von gegrilltem oder gebratenem Fisch bis zur würzigen lateinamerikanischen oder asiatischen Küche.

Rosso Italienisch »rot«.

Rotwein Wein, der aus roten Trauben hergestellt wird (auch wenn deren tatsächliche Farbe in den seltensten Fällen rot ist). In der Regel handelt es sich um einen trockenen **Tischwein** von mittlerem bis vollem Körper; Aroma und Geschmack von Rotweinen können sehr unterschiedlich sein. Bei der Rotweinbereitung gären Saft, Fruchtfleisch, Schalen und Kerne bei der **Maischung** gemeinsam, wodurch die v.a. in den Schalen befindliche Farbe in die Flüssigkeit gelangt.

Rouge Französisch »rot«.

Roussanne Aus dem Rhône-Tal stammende Weißweinsorte, die für die Weißen von Hermitage, Crozes-Hermitage, St-Joseph und auch Châteauneuf-du-Pape verwendet wird. Wenn sie zur vollen Reife gelangt, steuert Roussanne sortenspezifische Frucht, einen Hauch Honig und eine volle Textur den Verschnitten bei, die meist auch **Marsanne** enthalten. Die Traube wird darüber hinaus in Italien, Australien und Kalifornien kultiviert und auch reinsortig, meist aber im Rhône-Stil vinifiziert.
Ruby Port Der einfachste und preiswerteste Portweinstil, süß, auf etwa 19 Vol.-% Alkohol aufgespritet und zwei bis drei Jahre vor der Abfüllung und Marktfreigabe gereift.
Rund Verkostungsbegriff für einen Wein, der sich im Mund weich und abgerundet anfühlt, also weder zu hart oder adstringierend noch zu fett oder flach.
Rütteln Bei der Schaumweinerzeugung nach der traditionellen Methode werden die Flaschen, in denen die Zweitgärung stattgefunden hat, über mehrere Wochen immer wieder ein Stückchen mehr kopfüber gekippt und dabei leicht gerüttelt, um die abgestorbenen Hefezellen sanft in den Flaschenhals zu befördern. Anschließend werden sie durch **Degorgieren** entfernt. Traditionell in einem Rüttelpult (siehe Pupitre) von Hand ausgeführt, wird diese Arbeit heute meist von einer Maschine automatisiert erledigt (siehe Gyropalette). Der französische Ausdruck ist *remuage*.

S

Sangiovese Die toskanische Rebsorte gehört zu den großen Rotweintrauben der Welt. Chianti, **Brunello di Montalcino** und viele **Supertoskaner** verdanken ihr ganz oder teilweise ihren Charakter. Sangiovese kann leichte, fruchtige Zechweine ebenso erbringen wie Respekt einflößende Gewächse mit mittlerem oder vollem Körper und großer Alterungsfähigkeit. Die Weine haben oft ein würziges, erdiges oder an Veilchen erinnerndes Aroma und ein angenehm herbes Mundgefühl, das sie aus den populären Weinen aus Frankreich und der Neuen Welt hervorhebt. Wie Pinot Noir braucht Sangiovese die richtige Umgebung, um zu ganzer Größe aufzulaufen und gibt sein Terroir auf eindrucksvolle Weise in feinen Geschmacksnuancen zu erkennen. Chianti und Chianti Classico sind meist Verschnitte mit anderen Sorten. Für Brunello di Montalcino wird ein Brunello oder Sangiovese Grosso genannter Sangiovese-Klon reinsortig zu charakteristischen, körperreichen Weinen verkeltert, die fast immer zehn und mehr Jahre Flaschenreife brauchen, um eine gute Trinkreife zu erlangen. Sangiovese gehört zu den wenigen Sorten, die außerhalb ihrer Heimat kaum, wenn überhaupt, Weine von größerem Interesse erbringen.
Sauber In einer Weinbeschreibung ein Ausdruck für einen frischen, gut bereiteten, fehlerlosen Wein, der aber keine besondere Persönlichkeit darstellen muss.
Säure Die meisten Säuren im Wein, etwa Weinsäure und Apfelsäure, stammen aus der Traube, es findet sich aber auch Milchsäure, die vom **biologischen Säureabbau** herrührt, der in den meisten Rot- und manchen Weißweinen auf natürliche Weise abläuft. Säure steht in der Regel für Frische und Spritzigkeit; nur mit einem ausreichenden Säuregehalt kann ein Wein ausgewogen und in manchen Fällen alterungsfähig sein.
Sauvignon Blanc Wandlungsfähige Weißweinsorte, die ursprünglich aus Frankreich stammt und dort auch noch viel angebaut wird, insbesondere an der Loire, wo sie u. a. die frischen Weine aus Sancerre und Pouilly-Fumé erbringt. In Bordeaux entstehen aus ihr – meist im Verschnitt mit **Sémillon** – sowohl frische trockene Tischweine als auch die großen Süßweine von Sauternes und Barsac. Sauvignon Blanc ist eine aromatische Rebsorte, bekannt für frische, lebhafte Säure und je nach Herkunft unterschiedliche Frucht- und Kräuteraromen. Aus den kühleren Regionen Neuseelands liefert sie pikante Weine mit Stachelbeeraroma, in den etwas wärmeren Gebieten in Kalifornien und Chile herrschen in der Regel einfache Noten vor, aber die Traube kann sich auch dort zu komplexerer, reiferer Fruchtigkeit aufschwingen.
Schalenkontakt Um die Farb- und Aromastoffe aus den Traubenschalen zu extrahieren, bleiben bei der Rotweinbereitung in der Regel Saft und Schalen noch eine Zeit lang als Maische miteinander in Kontakt, oft während der gesamten Gärung. Viele Kellermeister arbeiten auch mit Schalenkontakt vor der Gärung, d. h., sie unterdrücken die Arbeit der natürlichen Hefen in der Maische durch Kühlung und/oder den Zusatz von Schwefeldioxid, warten einen oder ein paar Tage ab und erwärmen dann erst die Maische wieder so weit, dass Kultur- oder natürliche Hefen die Gärung in Gang bringen können. Einige Weine, insbesondere von Bordeaux-Sorten, bleiben auch nach der Gärung noch eine Zeit lang mit den Schalen in Kontakt, um eine noch stärkere Extraktion, jetzt in einer alkoholischen Lösung, zu bewirken.
Schönen Verfahren zur Stabilisierung und Klärung von Wein durch ein Schönungsmittel wie Gelatine, Bentonit, Milchprodukte (Kasein) oder auch Eiweiß (Albumin). Das Schönungsmittel wird dem Wein im Fass oder Tank zugesetzt, bindet beim Absinken unerwünschte Substanzen wie Proteine oder Tannine an sich und fällt mit diesen zusammen aus. Der geklärte Wein wird anschließend vom Bodensatz abgezogen.
Schraubverschluss Zunehmend häufiger verwendete Alternative zum Korken als Verschluss für die Weinflasche. Mit einem Schraubverschluss kann ein Wein niemals den Weinfehler des **Korkelns** bekommen, außerdem ist die Flasche einfacher zu öffnen. Da Schraubverschluss und Naturkorken aber unterschiedliche Auswirkungen auf den Inhalt der Flasche haben, ist das Thema nach wie vor umstritten: Bei langer Lagerung profitieren entsprechende Weine von dem sehr langsamen Sauerstoffzutritt durch den Korken, der durch einen dicht schließenden Schraubverschluss verhindert wird.
Schwarzfäule Pilzkrankheit, die viele Arten von Weintrauben angreift und zur Vernichtung der Ernte führen kann, wenn sie nicht mit Fungiziden und sorgfältiger Weinbergpflege bekämpft wird. Der Name kommt von der dunklen Farbe, die die befallenen Pflanzen annehmen.
Schwefel Das chemische Element kommt in reiner Form in der Erdkruste vor. Im Weinberg wird es häufig in Pulverform oder als wässrige Lösung auf Laub und Stämme der Reben verteilt, um Pilzbildung zu hemmen. Auch in Fässern werden traditionell Schwefelstangen verbrannt, da der Rauch Bakterien abtötet.
Schwefeldioxid Siehe Sulfite.
Schwefelwasserstoff Nach faulen Eiern riechende Schwefelverbindung, die sich besonders bei Stickstoffmangel während der Gärung im Wein bilden kann. Mit dem zur Konservierung des Weins praktizierten Schwefeln (siehe Sulfite) hat sie nichts zu tun.
Schwer Bedeutet in Bezug auf Wein alkoholstark oder süß ohne ausgleichende Säure.
Schwerkraft-Vinifikation Kellertechnik, bei der der Wein während der verschiedenen Arbeitsschritte der Bereitung ohne Pumpen und nur durch Schwerkraft bewegt wird. In einer Zeit, als es noch keine elektrischen Pumpen gab, wurden Kellereien meist so gebaut, dass der Wein auf natürliche Weise vom Gärbehälter ins Fass und später bei der Abfüllung in die Flaschen fließen konnte. Heute kommt diese Bauweise in mehreren Ebenen übereinander für Erzeuger, die es sich leisten können, wieder zunehmend in Mode. Eine billigere Methode, die Schwerkraft zu nutzen, ist es, kleinere Tanks oder Fässer mit einem Hebekran oder Gabelstapler anzuheben und den Inhalt dann in ein anderes Gebinde auf dem Boden abzuziehen.
Schwund Über Jahre und Jahrzehnte gelagerte Weinflaschen weisen mit der Zeit einen gewissen Schwund an Flüssigkeit auf, der durch Verdunstung durch den Korken entsteht. Den Schwund zu bewerten ist ein wichtiges Kriterium, wenn man alte Weine kauft. Ein zu geringer Schwund könnte darauf hindeuten, dass der Wein gar nicht so alt ist, zu viel könnte auf einen schadhaften Korken oder schlechte Lagerung und damit auf einen fehlerhaften Wein hinweisen. Der Schwund eines unter perfekten Bedingungen gelagerten Bordeaux des Jahrgangs 1961 kann heute durchaus bis zur Schulter der Flasche reichen. Ein ähnlich großer Schwund eines kaum zehn Jahre alten Weins hingegen gäbe Anlass zur Besorgnis.
Sec, Seco, Secco »Trocken« auf Französisch, Spanisch und Italienisch; in Bezug auf Wein das Gegenteil von süß.

Sediment Siehe Bodensatz.
Sélection de Grains Nobles Vorwiegend im Elsass verwendeter Ausdruck für süße Dessertweine aus edelfaulen Trauben, die von Flaschenreifung profitieren. Siehe auch Botrytis.
Selektion Die einfachste Methode, die Qualität von Wein zu heben: Der Kellermeister erkennt die Weine von geringerer Qualität und füllt sie nicht mit ab. Da Wein in der Regel in vielen Behältern – Tanks oder Fässern – lagert, bevor er abgefüllt wird, kann der Kellermeister durch sorgfältiges Verkosten jeder Partie erkennen, welche besser und welche schlechter ist. Die schlechteren Partien werden ausgesondert und später zu einem Wein von geringerer Reputation verschnitten oder als Fassware an eine andere Kellerei verkauft. Bei den großen Fortschritten der Château-Abfüllungen in Bordeaux in den 1980er- und 1990er-Jahren war Selektion ein zentraler Faktor. Auch der Auslesevorgang während oder nach der Ernte, bei dem bessere von schlechteren Trauben getrennt werden, ist eine Selektion. Siehe auch Auslese.
Sémillon Aus Bordeaux stammende Weißweinsorte, die – meist im Verschnitt mit Sauvignon Blanc – in der Region sowohl trockene Weine erbringt als auch die berühmten Süßweine von Sauternes und Barsac. Sémillon ist dabei im Verschnitt für Fülle und Tiefe zuständig, **Sauvignon Blanc** für Säure und Kräuternoten. In Australien wird Semillon (dort und anderswo ohne Akzent geschrieben) sortenrein bereitet und kann insbesondere im Hunter Valley sehr ausdrucksstarke und alterungswürdige Weine ergeben.
Seyval Blanc Die **französisch-amerikanische Hybridrebe** erbringt Weißweine, die mit ihren frischen, *vinifera*-ähnlichen Aromen immer noch Kritiker angenehm zu überraschen vermag. Wird seit Jahrzehnten im Osten Nordamerikas mit Erfolg angebaut. Die frischen Weine mit guter Säure erinnern, wenn sie gut bereitet sind, ein wenig an **Sauvignon Blanc**. Auch in England schätzt man sie wegen ihrer Widerstandsfähigkeit gegen Krankheiten im dortigen kühl-feuchten Klima und erzeugt auch Schaumwein aus ihr.
Sherry Vielgerühmter und in mannigfaltigen Stilen erzeugter Wein aus der Region Jerez in Spanien, der leider häufig unterschätzt wird. Er wird von Weißweintrauben bereitet, gespritet und anschließend in trockenen und süßen, gereiften und frischen, oxidierten und nicht oxidierten Versionen ausgebaut, die die ganze Bandbreite vom erfrischenden Aperitif (trockener **Fino**) bis zum reichhaltigen, nussigen Dessertwein **(Oloroso)** abdecken.
Shiraz In Australien verwendetes Synonym für die aus dem Rhône-Tal stammende Rebsorte **Syrah**, die körperreiche, geschmacksintensive Rotweine aller Preisklassen und Qualitäten ergibt. Mit Shiraz erklomm der australische Wein Ende des 20. Jahrhunderts die internationale Bühne, und auch heute noch steht die Sorte im Mittelpunkt der Bemühungen vieler der besten Weinerzeuger. Australischer Shiraz wird in der Regel in einem anderen Stil bereitet als französischer Syrah, mit reiferen Fruchtaromen, stämmigerer Textur und einem süßen Einschlag. Billiger Shiraz kann plump und dick wirken, mit Trauben- und Konfitürenoten und einem süßlichen Abgang. Höhere Qualitäten sind komplexer im Geschmack, häufig mit Blaubeer- und Veilchennoten, einem Hauch Anis im Fruchtbukett, reichhaltig mit mundfüllender Textur, dabei aber von fester Adstringenz getragen. Erzeuger in Down Under und Connaisseure lassen diese Weine gern zehn bis 20 Jahre reifen; in dieser Zeit entwickelt sich ein fantastischer Strauß neuer Aromen und subtiler Geschmacksnoten.
Solera Insbesondere für **Sherry** (und ähnliche gespritete Weine) verwendetes System zum gleichzeitigen Verschneiden und Reifen der Weine. Dabei wird der Wein nach einer gewissen Reifezeit immer wieder neu mit Weinen des gleichen Typs vermischt, die jünger oder älter sind. Traditionellerweise findet dies in einer Anzahl von Fässern statt, die in mehreren Reihen übereinanderliegen. Aus der untersten Fassreihe (von spanisch *suelo*, Boden, Solera genannt) wird der Wein abgezogen, der zur Flaschenabfüllung vorgesehen ist, maximal ein Drittel des Inhalts. Anschließend werden die Fässer aus der Reihe darüber, der ersten *criadera* (»Kinderstube«) aufgefüllt, diese wiederum aus der zweiten *criadera* darüber und so weiter. In die obersten Fässer kommt der frisch vergorene Jungwein. Die Fässer werden übrigens nicht ganz voll gefüllt, sondern nur zu fünf Sechsteln, damit sich der für die Erzeugung von **Fino** wichtige **Flor** bilden kann. In die Flaschen wird also immer eine Mischung aus teilweise sehr alten und jüngeren Weinen gefüllt, deshalb sind im Solera-System gereifte Weine ohne Jahrgangsangabe. Manche Soleras in Jerez sind seit Jahrzehnten ununterbrochen in Benutzung.
Sorì Im Piemont verwendeter Ausdruck für eine bevorzugte Weinlage, meist an einem Südhang, der viel Sonne abbekommt und damit die Trauben voll ausreifen lässt.
Sorte Siehe Rebsorte.
Sortenrein Ein nur aus einer einzigen Rebsorte bereitete Wein wird so (oder auch reinsortig) genannt. In der Neuen Welt werden Weine auch meist nach der Rebsorte etikettiert (wobei häufig geringe Mengen anderer Sorten ohne Angabe mitverwendet werden dürfen), während europäische Erzeuger traditionell eher die Appellation oder das Weinbaugebiet auf dem Etikett angeben.
Spätlese Prädikatsweinkategorie im deutschen und österreichischen Weingesetz. Es handelt sich meist um einen **trocken** oder **halbtrocken** ausgebauten Wein mittleren Körpers, dessen Mostgewicht vor der Gärung zwischen **Kabinett** und **Auslese** liegt. Dem Wortsinn gemäß steht der Begriff für späte Lese und damit Weine von Trauben, die bis nach der üblichen Erntezeit am Stock hängen gelassen werden. Für diese Trauben produziert die Rebe keinen Saft mehr, was bedeutet, dass sie langsam dehydrieren, dass also der Wasseranteil im Saft sinkt und der Zuckeranteil entsprechend steigt. Weine von spät gelesenen Trauben sind daher entweder alkoholstärker als Tischweine oder süßer, wenn die Gärung vor der Umwandlung des gesamten Zuckers in Alkohol gestoppt wird.
Spritzen Fast alle Weinbauern spritzen ihre Reben im Frühling und Sommer, um sie vor Pilzerkrankungen wie Echtem und Falschem **Mehltau** zu schützen. Weinreben der Spezies *Vitis vinifera*, von denen der Großteil der Weine auf der ganzen Welt stammt, sind sehr empfindlich gegen Schädlinge und Krankheiten. In trockenen mediterranen Klimata wird oft Schwefelpulver im Weinberg verteilt. Anderswo spritzt man Kupferverbindungen wie Bordeauxbrühe. Manche Winzer bringen Blattdünger aus, der vom Laub aufgenommen wird und Wachstum oder Fruchtreife fördern soll. Auch Insektizide werden gespritzt, entweder routinemäßig oder bei Auftreten der Schädlinge. Manche Winzer spritzen darüber hinaus Herbizide, um Unkraut im Weinberg, v. a. unter den Rebzeilen, zu vernichten. Dies kann sehr früh in der Saison erfolgen. Für ökologisch und biodynamisch wirtschaftende Weinbauern ist das Spritzen streng reglementiert. Sie dürfen keine Chemikalien verwenden, sondern nur aus natürlichen Verfahren gewonnene Mittel.
Spumante Italienisch »schäumend, Schaumwein«.Siehe auch Frizzante.
Stampfen Die altertümliche Methode des Stampfens der Trauben mit den Füßen ist nach der Einführung von Abbeermaschinen und Traubenmühlen fast verschwunden, hat sich in der Portweinregion am Douro aber gehalten und erlebt bei einer kleinen Zahl extravaganter Erzeuger gerade wieder eine Renaissance.
Stillwein Nicht schäumender oder perlender, also »normaler« Wein.
Sulfite Wer genau hinsieht, findet die Angabe »Enthält Sulfite« auf den meisten Weinetiketten. Damit wird angegeben, dass der Wein Salze (Sulfite) bzw. Ester (Bisulfite) sowie freies oder gebundenes Schwefeldioxid enthält. Schwefelverbindungen werden bei der Weinbereitung als Konservierungsmittel eingesetzt, um Oxidation zu verhindern, unerwünschte Mikroorganismen fernzuhalten und manchmal auch, um das Einsetzen der Gärung zu verzögern. Die Beigabe von Schwefeldioxid zum Wein ist seit Generationen übliche Praxis; es gibt nur wenige Weinmacher, die ganz darauf verzichten, da es andernfalls sehr schwierig ist, sauberen, fehlerlosen Wein zu bereiten. Nach der EU-Weinmarktverordnung sind (je nach Wein) Sulfitwerte von 150 bis 300 mg/l zulässig, bei Süßweinen sogar noch mehr, da der hohe Zuckergehalt höhere Dosen zur

Unterdrückung unerwünschter Spontangärung erforderlich machen kann. Da bei der alkoholischen Gärung Sulfite in geringen Mengen entstehen, kann ein Wein auch dann einige Milligramm davon enthalten, wenn bei der Bereitung nichts zugesetzt wurden.

Superiore Ausdruck auf italienischen Etiketten, der auf potenziell höhere Qualität (und mehr Alkohol) aus reiferen Trauben hinweist.

Supertoskaner In den 1970er-Jahren aufgekommene Bezeichnung für ambitionierte und innovative Weine aus Trauben, die nicht zu den traditionellen Sorten der Toskana gehören und daher auch nicht den **DOC**-Regeln entsprechen. Oft werden dafür französische Sorten mit der einheimischen **Sangiovese** verschnitten. Sie mussten zunächst in der untersten Kategorie als **Vino da Tavola** etikettiert werden, doch da der Weinhandel und die Verbraucher ihre hohe Qualität erkannten, waren sie sehr gefragt und erzielten beeindruckende Preise. Berühmte Etiketten sind beispielsweise Sassicaia, Tignanello, Luce und Summus.

Sur Lie Französisch »auf der Hefe«. Bezeichnung für Weine, die nach der Gärung eine Zeit lang in Kontakt mit dem **Hefesatz** verbleiben und dabei Aromen von frischem Brot oder Toast annehmen. Die Methode kommt oft bei fassvergorenen Weißweinen zum Einsatz.

Süßreserve Unvergorener Traubensaft, der nach der Gärung zum Wein gegeben wird und ihn süßer macht.

Syrah Die bedeutendste Rotweinsorte aus dem nördlichen Rhône-Tal in Frankreich, verantwortlich u. a. für die großen, langlebigen Weine von Côte Rôtie und Hermitage. An der südlichen Rhône ist sie weniger vorherrschend, findet sich aber im berühmten Verschnitt des Châteauneuf-du-Pape und in einfachen Weinen der Appellation Côtes du Rhône. Syrah kann anders als viele andere Sorten je nach Lage sehr unterschiedliche Aromen entwickeln: eher pfeffrig und kräuterwürzig in kühleren Gebieten, fülliger mit Pflaumennote und einem Hauch Anis im warmen Klima. Sie wird manchmal für eine schwer zu beschreibende, an Wildbret erinnernde Qualität gerühmt oder aber für eine reizvolle erdige Note. In Australien ist die Sorte als **Shiraz** bekannt und erbringt dort normalerweise reichhaltigere Weine als an der Rhône. Auch in anderen Teilen Frankreichs, in Kalifornien, Südafrika, Italien und anderswo auf der Welt wird Syrah angebaut.

Szamorodni **Tokajer**-Stil, bereitet von edelfaulen Trauben (siehe Botrytis), aber häufig trocken ausgebaut.

T

Tafelwein In den Qualitätssystemen der meisten Weinregionen, einschließlich der EU, das unterste Niveau der einfachsten Weine – die Bezeichnungen anderer Länder sind analog (französisch Vin de Table, italienisch Vino da Tavola, spanisch Vino de Mesa usw.).

Tannin Gruppe chemischer Verbindungen, auch Gerbstoffe genannt, die in Wein, schwarzem Tee und anderen Speisen und Getränken enthalten sind. Im Mund rufen sie ein austrocknendes, adstringierendes, d. h. zusammenziehendes Gefühl hervor. Weißweine haben kaum Tannin, doch in Rotweinen kann es in beachtlichen Mengen enthalten sein. Viele rote Spitzengewächse und Ports haben einen sehr hohen Tanningehalt, insbesondere als junge Weine kurz nach der Gärung. Tannine halten den Wein stabil und bringen ein positives Element für das Mundgefühl ein, wenn sie mit ausreichend Körper und Geschmacksnoten ausbalanciert sind. Als Begleiter zu eiweißreichen und fetten Speisen haben sich v. a. relativ tanninstarke Weine bewährt.

Tawny Port Portweinstil, bei dem der Wein bis zu 40 Jahre in Holzfässern reift und dabei seine dunkelrote Farbe verliert und ein Gelbbraun *(tawny)* annimmt, während der einstige kraftvoll-fruchtige Geschmack delikat und nussig wird und an wunderbar gealterten Weinbrand erinnert. Tawny Port wird ohne Jahrgangsangabe abgefüllt, doch die besten Qualitäten nennen das Alter auf dem Etikett (10 Jahre, 20 Jahre, manchmal sogar 40 Jahre). Es handelt sich dabei um Verschnitte aus Fässern verschiedenen Alters; die Jahresangabe stellt einen Mittelwert dar.

TBA Abkürzung für 2,4,6-Tribromanisol, eine chemische Verbindung, die für einen dem Korkschmecker ähnlichen Weinfehler (modriger Geruch) verantwortlich ist. Im englischsprachigen Raum auch die Abkürzung für Trockenbeerenauslese.

TCA Abkürzung für 2,4,6-Trichloranisol, jene chemische Verbindung, die einen Wein **korkeln** lässt. Wahrnehmbar bereits in geringster Konzentration, verdirbt sie den Weingenuss nicht nur durch den eigenen muffigen Geruch, sondern ruiniert auch die übrigen, angenehmen Noten des Weins. TCA bildet sich nicht nur im Korken, sondern auch in Holzbrettern, Eichenfässern und Pappkartons, wenn Chlor mit phenolischen Bestandteilen aus der Traube reagiert. Hersteller von Flaschenkorken und Weinerzeuger haben große Anstrengungen unternommen, die Entstehung von TCA zu verhindern, indem sie Chlor aus dem Produktionsprozess eliminieren – in einigen Fällen sogar durch die Verwendung von nicht gechlortem Wasser – und zellulosehaltige Materialien in ihren Betrieben möglichst vermeiden. In vielen sehr modernen Kellereien findet man fast nur noch Stahl, Glas und Beton, kein Holz mehr – denn TCA kann sich auch in der Kellerei bilden, nicht nur im Korken.

Temperatur Wenn Wein mit der richtigen Temperatur serviert wird, steigert das den Genuss. Schaumweine und frische, leichte Weiße wie Riesling oder Sauvignon Blanc trinken sich am besten gut gekühlt bei etwa 7 °C. Vollere Weiße wie Chardonnay, frische junge Rote wie Beaujolais Nouveau oder Lambrusco und die meisten Süß- und gespriteten Weine präsentieren sich am schönsten bei Kellertemperatur, also bei etwa 12 °C, während für die meisten zum Essen getrunkenen Rotweine 18 °C als Idealtemperatur gilt. Auch bei der Lagerung von Weinflaschen ist die Temperatur von Bedeutung. Für das längerfristige Einkellern von hochwertigen Gewächsen wie Bordeaux, Vintage Port oder kalifornischem Cabernet Sauvignon empfehlen sich konstante kühle 10–12 °C und eine relativ hohe Luftfeuchtigkeit. Es ist außerdem wichtig, große Temperaturschwankungen zu vermeiden, da sich sonst der Wein in der Wärme ausdehnt, bei Abkühlung aber wieder zusammenzieht, was tendenziell mehr Luft durch den Korken in die Flasche eindringen lässt. Stärkere Oxidation, schnellere Reifung und ein zu frühes Umkippen, d. h. Verderben des Weins sind die möglichen Folgen.

Tempranillo Spaniens charakteristische (und am meisten angebaute) Rotweinsorte, Hauptbestandteil der Weine aus Rioja und Ribera del Duero. Von jung und fruchtig bis tiefgründig, reichhaltig und langlebig beherrscht sie alle Stile. Die Weine sind meist von mittlerem bis vollem Körper und mit einer Fruchtcharakteristik, die den Bordeaux-Sorten **Cabernet Sauvignon** und **Merlot** ähnelt, doch mit etwas schwereren, erdigen Noten und Kräuteranklängen, die hervorragend mit Eichenfassausbau harmonieren. Die kleinbeerigen, dickschaligen Trauben reifen relativ früh, worauf der Name hindeutet (spanisch *temprano,* früh). Tempranillo ist tanninreich und wird in Rioja mit Sorten wie **Garnacha** oder Mazuelo verschnitten, aber auch reinsortig ausgebaut. Im portugiesischen Douro-Tal (der Fluss kommt als Duero aus Spanien) heißt sie Tinta Roriz und wird sowohl in Port als auch in roten Tischweinen verwendet. In anderen Teilen der Welt wird Tempranillo ebenso angebaut, darunter Argentinien und die USA, wo einige feine Versionen in Oregon und Kalifornien erzeugt werden.

Tenuta Italienisch »(Wein-)Gut«.

Terra rossa Italienisch »rote Erde«. Bei Winzern hochgeschätzter Bodentyp, der in einigen Regionen Italiens, Spaniens, Australiens und Kaliforniens vorkommt. Der Boden weist mit seiner rostroten Farbe in der Regel auf einen hohen Eisengehalt hin und liegt über einer Kalksteinschicht, deren Wasserdurchlässigkeit Reben gute Bedingungen bietet.

Terroir Die Gesamtheit der Bedingungen eines Ortes, die den Geschmack des dort angebauten und produzierten Weins prägen. Winzer und Weinkenner wissen schon seit Jahrtausenden, dass Weine der gleichen Rebsorte anders schmecken, wenn sie von unterschiedlichen Orten und anderen Böden stammen, von verschiedenen Menschen bereitet wurden usw. Diese Unterschiedlichkeit des Terroirs (also die Kombination aus Boden, Lage, Klima und einer nicht genau zu definie-

renden Eigenart des Ortes) wird nicht nur von Weinerzeugern, sondern v. a. von Sammlern seltener, teurer Weine über alles geschätzt.
Tête de Cuvée Französischer Ausdruck für Weine der Spitzenqualität (die auch meist die teuersten sind) im Angebot eines Champagner-Erzeugers.
Textur Die taktile Empfindung eines Weins am Gaumen im Unterschied zu den von ihm hervorgerufenen Geschmackseindrücken. Wein kann sich im Mund leicht und schlank, frisch und pikant, voll und tanninlastig oder dick und viskos anfühlen. Auch der Begriff Mundgefühl wird verwendet.
Thermovinifikation Wenn die Maische bei der Gärung auf eine höhere Temperatur erhitzt wird, beschleunigt das die Extraktion der Farbstoffe und in geringerem Maß auch der Aromen aus den Schalen. Rotweinbereitung im Schnellverfahren.
Tinta, Tinto Spanisch »rot«. *Tinto* ist die maskuline, *tinta* die feminine Form.
Tirage Der Vorgang bei der Schaumweinherstellung nach der **Méthode Champenoise**, bei dem eine Mischung aus Zucker und Hefe dem Grundwein zugesetzt wird, um die Zweitgärung in der Flasche auszulösen. *En tirage* nennt man die Zeitspanne, die ein Wein, insbesondere ein Schaumwein, vor der Freigabe in der Kellerei gelagert wird. Schaumwein bleibt in dieser Zeit in Kontakt mit den nach Ende der Zweitgärung abgestorbenen Hefezellen, was ihm zusätzliche Tiefe verleiht. Siehe auch Hefesatz.
Tischwein Keine Qualitätsbezeichnung, sondern Begriff für einen Wein, der als Begleiter zum Essen dienen kann, also die meisten roten, weißen oder roséfarbenen Stillweine (im Unterschied zu Schaum-, Süß- und gespriteten Weinen).
Toastnote Geruch oder Geschmack nach frisch geröstetem Brot – oder nach neuen Eichenfässern, deren Holz beim Bau ebenfalls angeröstet wird. Die Toastnote in einem Wein kann tatsächlich aus dem Fass stammen, aber auch vom Ausbau auf dem **Hefesatz**.
Tokajer, Tokaji Der deutsche und ungarische Name für Ungarns berühmtesten Wein, bereitet v. a. von der Furmint-Traube, zusammen mit Hárslevelű und anderen. Tokajer wird in verschiedenen Stilen erzeugt. Der trockenste ist Tokaji Furmint, gefolgt vom etwas süßeren Tokaji Szamorodni und schließlich dem gefeierten Tokaji Aszú, der seinerseits in fünf Süßegraden von drei bis sechs **Puttonyos** sowie den extrem süßen seltenen Tokaji **Essencia** eingeteilt ist. Um das Niveau eines Aszú zu erreichen, müssen die Trauben von *Botrytis cinerea* (siehe Botrytis) befallen sein, was Süße und Aromen in ihnen konzentriert.
Touriga Nacional Hochwertige portugiesische Rotweinsorte, die zur Bereitung von **Port** im Douro-Tal sowie von trockenen Rotweinen in Dão und anderswo dient. Kellermeister schätzen die kleinbeerige, ertragsarme Sorte, da sie eine dunkle Farbe, sehr konzentrierte Aromen und angenehme Tannine liefert.
Traditionelle Methode Siehe Méthode Champenoise.
Tränen Auch Kirchenfenster genanntes Phänomen recht zähflüssig herabfließender Tropfen, das nach dem Schwenken eines alkoholstarken Weins an der Innenseite des Glases zu beobachten ist.
Transvasierverfahren Technik zur Schaumweinbereitung, bei der die Zweitgärung zwar wie bei der **Méthode Champenoise** in Flaschen stattfindet, diese dann aber nicht individuell **degorgiert** werden. Stattdessen wird der Wein nach dem Ende der Zweitgärung unter Druck in einen Tank umgefüllt, dort von der Hefe getrennt und schließlich erneut abgefüllt. Es handelt sich also in gewisser Hinsicht um eine Zwischenform des klassischen Champagnerverfahrens und der Tankgärung nach der **Charmat-Methode**. Die Weine sind nuancenreicher und haben eine bessere Perlage als bei der Tankgärung, erreichen aber nicht die Finesse wie bei vollständiger Flaschengärung.
Traube Siehe Weintraube.
Traubensorte Siehe Rebsorte.
Tresterhut Bei der Rotweinbereitung steigen während der Gärung die festen Bestandteile der Maische, v. a. die Traubenschalen, durch die Kohlensäureentwicklung an die Oberfläche und bilden eine Schicht, den »Hut«. Um zu verhindern, dass diese Schicht austrocknet und hart wird, muss sie regelmäßig wieder untergetaucht, umgepumpt oder untergerührt werden, da in den Schalen der Großteil der Farb- und Geschmacksstoffe für den späteren Wein enthalten ist. Auf welche Weise und wie oft das geschieht, liegt im Ermessen des Kellermeisters.
Triage Französischer Begriff für das Sortieren von Trauben vor der Vergärung, in der Regel an einem *table de tri* genannten Lesetisch, auf dem ein Förderband die Trauben an den Arbeitern vorbeitransportiert. Schadhafte oder unreife Trauben sowie andere Bestandteile wie Blätter, Stiele usw. werden dann von Hand aussortiert. Technische Raffinessen an den Sortiertischen nehmen zu, etwa vibrierende Förderbänder, Luftdüsen und andere Vorrichtungen, die helfen sollen, möglichst alles automatisch zu entfernen, was keine Trauben sind.
Trie Weibliche Form von *tri*, französisch »Aussortieren«. Mit diesem Begriff wird ein Lesedurchgang im Weinberg bezeichnet, bei dem nur die an diesem Tag optimal reifen Trauben geerntet werden. Für seltene Dessertweine von edelfaulen Trauben wie französischen Sauternes oder deutsche Beerenauslese ist dies eine absolute Notwendigkeit, doch wenden Spitzenwinzer diese Methode ebenfalls an, um die Qualität ihrer Trauben zu optimieren.
Trocken Ein Wein ohne oder mit nur kaum merklicher Restsüße wird als trocken bezeichnet. Meist ist er vollständig durchgegoren, d. h., der gesamte Zucker aus den Trauben wurde von der Hefe in Alkohol umgewandelt. Für die meisten Tischweine der übliche Stil, wobei je nach den örtlichen Bestimmungen und Gebräuchen ein als trocken ausgewiesener Wein bis zu 1 % Restzucker enthalten darf. Siehe auch halbtrocken.
Trockenbeerenauslese Deutscher **Prädikatswein**, erzeugt aus edelfaulen (siehe Botrytis), am Stock eingetrockneten Trauben, die Beere für Beere spät im Jahr gelesen werden. Daraus entsteht ein sehr süßer, konzentrierter und seltener Wein, der Jahrzehnte altern kann – üblicherweise aus Riesling bereitet und in halbe Flaschen (375 ml) abgefüllt. Im englischsprachigen Raum zu TBA abgekürzt.
Trüb Im Aussehen eines Weins fast immer ein Hinweis auf einen Fehler.
T-Schnitt Veredelungsmethode, mit der ein Weinberg sehr schnell von einer Traubensorte auf eine andere umgestellt werden kann (Umveredelung). Dabei wird ein Edelreis, das bereits eine Knospe (Auge) getrieben hat, mittels zweier in T-Form zueinander stehenden Schnitten unter die Rinde einer **Unterlagsrebe** gesetzt und dort fixiert. Im folgenden Jahr wächst die Knospe zu einer neuen Rebe heraus und kann bereits im Jahr darauf wieder fruchten. Zum Vergleich: bis neu gepflanzte Reben brauchbare Trauben tragen, dauert es in der Regel drei bis vier Jahre.

U

Umpumpen Bei der Rotweinbereitung angewandte Technik, mit der klarer Most vom Boden des Gärbehälters über den **Tresterhut** gepumpt wird, um diesen vor dem Austrocknen zu bewahren. Der französische Ausdruck ist *remontage*.
Unfined Ein Wein, bei dem der Erzeuger auf die Technik des **Schönens** verzichtet. Bei Rotweinen ist dies relativ üblich, um einen natürlicheren, dunkleren und tanninstärkeren Wein zu erhalten.
Ungefiltert Die meisten Weine dieser Welt werden während der Reifung und/oder kurz vor der Abfüllung durch Filter gepumpt, um Trubstoffe zu entfernen und den Wein glanzklar zu machen. Viele werden sogar durch sehr feine Filtermedien steril gefiltert, um auch Mikroorganismen, die Fehler verursachen könnten, zu entfernen. Einige Erzeuger allerdings entscheiden sich gegen das Filtern, um mit, wie sie meinen, hochwertigeren Weinen ein natürlicheres, komplexeres Geschmackserlebnis zu bieten. Dieser Weine bilden nach einiger Zeit wahrscheinlich ein (harmloses) Depot in der Flasche und sollten dann dekantiert werden.
Unterlagsrebe Der Wurzelstock, auf den ein Edelreis der gewünschten Traubensorte gepfropft (veredelt) wird. Um die Reben vor Schädlingen im Boden, die die Wurzeln befallen, zu schützen, werden in Europa und

einigen anderen Weinregionen der Welt standardmäßig die empfindlicheren Edelsorten der Spezies *Vitis vinifera* auf Unterlagsreben gepfropft, die gegen diese Gefahren resistent sind. Insbesondere die **Reblaus** wird auf diese Weise in Schach gehalten. Auch die Widerstandsfähigkeit gegen Trockenheit, starke oder schwache Wüchsigkeit und die Ertragsmenge kann durch eine geeignete Unterlagsrebe beeinflusst werden.
Untertauchen Der Vorgang bei der Rotweinbereitung, den **Tresterhut** wieder in den gärenden Most zu drücken. Der französische Ausdruck ist *pigeage*. Dadurch gelangen die v.a. in den Traubenschalen steckenden Farb- und Aromastoffe besser in den Wein, außerdem wird die bei der Gärung entstehende Wärme freigesetzt. In der Regel wird innerhalb von 24 Stunden zwei- bis viermal untergetaucht, bei kleinen Mengen von Hand mit einer langen Stange, in größeren Gärtanks mittels einer mechanischen oder hydraulischen Vorrichtung.

V

VDP Die 200 Mitglieder des Verbands Deutscher Prädikatsweingüter bewirtschaften etwa 5 % der deutschen Rebfläche. Ihre Weine erkennt man am Logo des Adlers mit der Traube auf der Kapsel am Flaschenhals – kein offizielles Merkmal für Qualität, aber ein guter Hinweis auf sie.
VDQS Vins Délimités de Qualité Supérieure**.** Qualitätsstufe im französischen Weinrecht, die in Zukunft ausläuft: Entweder erfolgt eine Höherklassifikation zur AOC (bzw. neuerdings AOP), oder das Anbaugebiet und seine Weine gehen zusammen mit den Vins de Pays in die neue Stufe IGP ein. Siehe auch g.g.A., g.U.
Vendange Französisch »Ernte, Lese«.
Vendange Tardive Französisch »Spätlese«. Insbesondere auf elsässischen Etiketten, aber auch in einigen anderen französischen Regionen kann man diese Angabe finden. Wie der Name sagt, handelt es sich um Weine von Trauben, die sehr lange am Stock hängen bleiben und dabei ihren Zuckergehalt (und ihre Aromen) konzentrieren.
Vendimia Spanisch »Ernte, Lese«.
Véraison Stadium im Wachstumszyklus der Rebe, in dem die Trauben beginnen zu reifen und Farbe anzunehmen. Direkt nach dem Fruchtansatz sind alle Trauben grün. Erst im Sommer bekommen die Schalen von Weißweintrauben einen gelben bis goldenen Farbton, während die von Rotweintrauben violett, blau oder sogar schwarz werden.
Verdicchio Italienische Weißweinsorte, die traditionell in Mittelitalien (aber auch anderswo) große Mengen spritziger, zitroniger Weine liefert. Manchmal sind die Erträge eindeutig zu hoch, bei guter Behandlung kann Verdicchio aber auch durchaus Weine mit eigener Persönlichkeit erbringen.
Verjus Französisch »grüner Saft«. Bezeichnung für den frischen, sauren Saft, der bei der Pressung von unreifen Weißweintrauben anfällt. Verjus wird in der Küche zur Verfeinerung von Saucen, für Marinaden und viele andere Zwecke verwendet.
Verkostung Die Beurteilung der Eigenschaften und der Qualität eines Weins durch die Aufnahme mit den Sinnen. Nicht dasselbe wie einfaches Trinken, obwohl im Idealfall eine Verkostung ohne Weiteres in ein genussvolles Trinken übergehen kann. Ein gewissenhafter Weinverkoster befasst sich zunächst mit dem optischen Eindruck des Weins, also seiner **Farbe** und Klarheit, dann mit dem Geruch, um die vielfältigen **Aromen** aus der Traube, aber auch aus dem Weinbereitungs- und Reifungsprozess **(Bukett)** aufzunehmen, und nimmt schließlich einen Schluck, den er zur weiteren Beurteilung im Mund behält. Entspricht der Geschmack dem Geruch? Fühlt sich der Wein voll und üppig an oder schlank und leicht? Am Ende spuckt der Verkoster den Wein in einen Spucknapf und spürt nach, wie lange und wie angenehm der **Nachgeschmack** im Mund bleibt. Professionelle Weinverkoster und ernsthafte Amateure machen sich über ihre Eindrücke Notizen, um sich auch später noch an Einzelheiten zu erinnern. Siehe auch horizontale und vertikale Verkostung.
Verrieseln Bezeichnung für das Abfallen der Blüten oder der unreifen Beeren aufgrund eines mangelhaften Fruchtansatzes, was zu weniger Beeren pro Traube und damit zu einem geringeren Ertrag führt. Dadurch kann sich allerdings auch die Weinqualität verbessern, da bei verringertem Ertrag die übrigen Beeren bessere Chancen haben, auszureifen. Außerdem hängen die Trauben lockerer, sind damit besser durchlüftet und weniger anfällig für Mehltau.
Verschneiden, Verschnitt Eine grundlegende Technik der Weinbereitung, bei der verschiedene Weinpartien zu einem einzigen Wein zusammengemischt und abgefüllt werden. Dabei können separat vergorene Weine verschiedener Traubensorten, verschiedene Partien der gleichen Sorte, Weine, die bei anderen Erzeugern gekauft wurden oder sonstige unterschiedliche Quellen verwendet werden. Der Kellermeister kann damit Weine weicher oder fester machen, Farbe und Textur verstärken, Fehler überdecken, Eigenschaften hervorheben oder den Wein schlicht strecken, um durch das Verschneiden eine größere Menge zu erhalten. Siehe auch Assemblage, Cuvée.
Vertikale Verkostung Bei dieser Form der vergleichenden **Verkostung** geht es darum, verschiedene **Jahrgänge** zu verkosten und dabei die Entwicklung der Aromen zu verfolgen. In einer klassischen Vertikalverkostung werden dabei mehrere Jahrgänge eines Weins desselben Erzeugers und aus derselben Lage miteinander verglichen. Siehe auch horizontale Verkostung.
Vertikalpresse Eine Form der Weinpresse, bei der der Pressdruck auf die Trauben durch Vorschub auf einer vertikalen Achse nach unten erzeugt wird. Klassisches Beispiel ist die traditionelle **Korbpresse**. Diese Presse gilt als vergleichsweise sanft, da in ihr weniger raue Tannine aus den Schalen und Kernen gedrückt werden als in anderen.
Vieilles vignes Französisch »alte Reben«. Siehe dort.
Vieux Französisch »alt«. Der Begriff taucht häufig in den Namen von Weinerzeugern auf.
Vigne Französisch »Rebe«.
Vigneron Französisch »Winzer«. Wie auch im deutschen Wort sind damit Weinbauern gemeint, die ihre Trauben in kleinem Umfang entweder selbst vinifizieren oder an eine Kellerei verkaufen.
Vignoble Französisch »Weinberg«.
Vin Französisch »Wein«.
Vin Blanc Französisch »Weißwein«.
Vin Doux Naturel Französisch »natürlich süßer Wein«. Der Ausdruck ist allerdings irreführend, denn tatsächlich handelt es sich um **gespritete** Weine, die ihre Süße (wie beispielsweise Port oder Madeira) daher beziehen, dass die Gärung (und damit die Umwandlung von Zucker in Alkohol) auf ganz unnatürliche Weise gestoppt wird, nämlich durch die Zugabe von hochprozentigem Alkohol. Ein Vin Doux Naturel weist einen Alkoholgehalt von mindestens 14 Vol.-% auf und ist insbesondere in der Region Languedoc-Roussillon verbreitet. Ein berühmtes Beispiel ist der Muscat de Beaumes-de-Venise.
Vin de Garde Französisch »Wein zum Aufbewahren«. Gemeint ist ein qualitätvoller Wein, der in der Jugend noch rau und nicht **rund** erscheinen mag, mit der Zeit aber zu **Ausgewogenheit** heranreift – ein Wein also, der **Flaschenreife** braucht.
Vin Gris Französischer Ausdruck für einen hellen Roséwein. *Gris* bedeutet im Französischen nicht nur »grau«, sondern insgesamt einen Ton zwischen dunkel und hell. Siehe auch Pinot Gris.
Vin de Paille Aus getrockneten Trauben bereiteter Wein. Siehe Paille.
Vin de Pays Französisch »Landwein«. Die in Frankreich überaus erfolgreiche Qualitätsstufe unterhalb der strengen Regeln einer **AOC**, aber immer noch mit einer spezifischen Herkunftsangabe, die zum Teil sehr gute Weine zum kleinen Preis bietet, wird nun nach und nach von der neuen geschützten geografischen Angabe IGP ersetzt. Die Angabe Vin de Pays wird aber sicher noch ein paar Jahre auf Etiketten zu lesen sein. Siehe auch g.g.A.
Vin de Table Französisch »Tafelwein«. Siehe dort.
Vin Santo Italienischer Süßwein aus rosinierten Trauben, der v.a. in der Toskana bereitet wird. Dazu werden Trebbiano- und **Malvasia**-Trauben nach der Ernte an warmen Orten für einige Wochen oder Monate zum Trocknen

ausgelegt und erst dann gepresst. Dieser Saft wird anschließend in kleinen, dicht verschlossenen Fässern an einen Ort gestellt, an dem es im Sommer schön warm wird – meist vier bis zehn Jahre. Auf das sonst übliche Abstechen, Verkosten, Hinzufügen von Schwefeldioxid, Temperaturkontrolle usw. wird verzichtet. Wenn der Erzeuger das Fass schließlich öffnet, findet er darin einen Wein, der trocken, halbtrocken oder süß sein kann und der wie ein Wunder (bzw. heilig – *santo*) wirkt, wenn er gelungen ist. Dies geschieht aber offenbar häufig genug.

Vinho Verde Frischer, oft prickelnder Weißwein, der in Nordportugal v. a. aus der Alvarinho-Traube erzeugt wird. Wohl wegen seiner knackigen Säure heißt er »grüner Wein«.

Vinifera Die Spezies *Vitis vinifera* ist die aus dem Mittleren Osten stammende traditionelle Weinrebe Europas, die seit Jahrtausenden der Weinerzeugung dient. Der allergrößte Teil der bekannten Weine der Welt wird von *Vitis-vinifera*-Sorten bereitet, von denen es Tausende gibt, u. a. **Chardonnay**, **Riesling**, **Merlot**, **Sangiovese**, **Syrah**, **Pinot Noir**, **Cabernet Sauvignon**, **Tempranillo** und **Grenache** – um nur die international bekanntesten zu nennen.

Vinifikation, Vinifizierung Anderer Ausdruck für Weinbereitung, insbesondere die in der Kellerei anfallenden Arbeitsschritte von der Gärung über die Reifung bis zum Abfüllen und Fertigmachen für den Verkauf.

Vino de Mesa Spanisch »Tafelwein«.

Vino da Tavola Italienisch »Tafelwein«. Normalerweise einfache, preisgünstige Alltagstropfen, doch gibt es prominente Ausnahmen: Wenn Erzeuger früher hochwertige Weine bereiteten, die aber nicht den Regeln der DOC entsprachen, mussten sie sie in dieser untersten Klassifikationsstufe auf den Markt bringen. Das bekannteste Beispiel sind die **Supertoskaner**. Durch die Einführung der IGT-Klassifikation Anfang der 1990er-Jahre, die den Weinmachern größere Freiheiten lässt, gibt es heute kaum noch »Super-Vini-da-Tavola«.

Vintage Port Jahrgangs-**Port**. Der Portweinstil, der unter Weinkennern und Sammlern als der begehrteste gilt. Vintage Port wird nur in bestimmten, besonders guten Jahren produziert (jeder Erzeuger entscheidet selbst darüber und »deklariert« dann diesen Jahrgang) und abgefüllt, solange er noch jung, tanninstark und feurig ist. Anschließend durchläuft er eine viele Jahre dauernde **Flaschenreife**, bevor er den erwünschten Trinkgenuss beschert. Kenner gönnen sich derzeit vielleicht gerade einmal ein Probeschlückchen vom 1994er, während sie jetzt ihre zehn oder sogar 30 Jahre älteren Vintage Ports trinken. Siehe auch Port.

Viognier Die aromatische Weißweinsorte mit exotischem Touch stammt aus Condrieu im Rhône-Tal, wird inzwischen aber auch in vielen anderen Regionen und Ländern angebaut. Die Eigenschaften von Viognier-Weinen sind stark von der Lage und dem Reifegrad der Trauben abhängig: von leicht und schlank mit blumigen Aromen bis zu körperreich, honigartig und voll bei voller Reife. Im Anbau eine vergleichsweise schwierige Sorte, die deshalb nicht allzu häufig anzutreffen ist.

Vitis Botanische Bezeichnung für die Gattung der Weinreben. Die bekannteste Art ist *Vitis vinifera*.

Vorlaufmost Der Saft, der frei aus entrappten und/oder gemahlenen Trauben abläuft, bevor diese gepresst werden. Siehe im Unterschied dazu Presswein.

W

Wein Berauschendes, in Maßen genossen gesundheitsförderndes, inspirierendes alkoholisches Getränk aus dem vergorenem Saft frischer Trauben.

Weinbau Die Praxis des Anbaus von Trauben für die Weinerzeugung, d. h. die Gesamtheit aller Arbeiten und Techniken, die nötig sind, um Reben zu pflanzen, ihnen die nötige Pflege angedeihen zu lassen und schließlich ihre Trauben zu ernten. Weinbau kann aber auch als Wissenschaft betrieben werden, die sich mit Genetik, Rebenzüchtung, der Abwehr von Krankheiten und Schädlingen und anderen verwandten Themen beschäftigt. Ein in der Branche viel zitiertes Motto lautet: »Der Wein wird im Weinberg gemacht«, was die Bedeutung des Weinbaus auf das in die Flasche gefüllte Endprodukt deutlich macht.

Weinmacher Siehe Kellermeister.

Weintraube Die Frucht der Weinrebe. Umgangssprachlich wird als Traube nicht nur der an der Rebe hängende Fruchtstand bezeichnet, sondern oft auch die einzelne Weinbeere.

Weißburgunder Im deutschen Sprachraum verwendeter Name für **Pinot Blanc**. Ergibt relativ reichhaltige Weißweine mit vollem Körper und feiner Aromatik.

White Zinfandel Keine Rebsorte, sondern ein leicht lieblicher, heller Roséwein, der in Kalifornien in der Art eines **Blanc de Noirs** aus **Zinfandel**-Trauben erzeugt wird. Die zarte Roséfärbung wird auch als *blush* (»errötend«) bezeichnet. In Nordamerika immer noch ein Verkaufsschlager, obwohl die Beliebtheit in den letzten Jahren abgenommen hat.

Wilde Hefen Auch einheimische oder Naturhefen genannt. Sie existieren in jedem Weinberg und in jeder Umgebung, in der Wein bereitet wird, und werden ohne jedes Zutun des Kellermeisters tätig, wenn man sie gewähren lässt. In der kommerziellen Weinerzeugung werden Wildhefen aber normalerweise mit Schwefeldioxid abgetötet; anschließend sorgt der Zusatz einer Kultur von Reinzuchthefen für eine kontrollierte **Gärung**. In der Regel wächst die speziell für diesen Zweck gezüchtete Kulturhefe *(Saccharomyces cerevisiae)* auch so schnell, dass sie die wilden Hefen binnen Kurzem unterdrückt. Anhänger der Wildhefenvergärung führen dagegen an, dass dabei ein natürlicherer Wein entsteht, möglicherweise sogar mit zusätzlichen komplexen Aromen. Wie so oft, ist die Entscheidung darüber eine Frage der Überzeugung.

Winzergenossenschaft Vereinigung von Traubenanbauern, die gemeinsam eine Kellerei betreiben, um ihre Trauben zu vergären, die Weine auszubauen und in vielen Fällen auch zu vermarkten. Dadurch werden auch kleine Winzer in die Lage versetzt, Technik und Fachwissen zu nutzen, die sie sich allein nicht leisten könnten.

Wurzelechte Reben Da die meisten in Europa und Nordamerika angebauten Weinstöcke auf eine **Unterlagsrebe** gepfropft sind, erscheinen ungepfropfte Pflanzen, die auf ihren eigenen Wurzel stehen, fast exotisch. Doch in Regionen, die von der **Reblaus** nicht betroffen sind, wird Wein nach wie vor in dieser jahrtausendealten Tradition angebaut: Stecklinge wurzeln in Rebschulen an und werden später ins Freiland gesetzt. Über die Frage, ob Wein von wurzelechten Reben besser ist als von auf Unterlagen veredelten, wird munter gestritten, doch sicher ist, dass Erstere im Anbau billiger kommen.

Z

Zementtanks Eine alte Methode wird neu belebt: Einige Weinmacher in verschiedenen Ländern verwenden wieder Tanks aus Zement oder Beton in unterschiedlichen Formen und Größen, um ihre Weine darin zu vergären. Dabei setzt man v. a. auf die Isolationsfähigkeit dieses sehr dichten Materials, die schnelle Temperaturunterschiede im gärenden Most verhindert und dem Kellermeister damit eine bessere Kontrolle über den Prozess gibt.

Zinfandel Rotweinsorte, die seit 150 Jahren in Kalifornien angebaut wird – die europäische Sorte mit der längsten Tradition im westlichen Nordamerika. Für den Kellermeister ist Zinfandel eine vielseitige Traube, die bei früher Lese oder in kühlem Klima leichte, frisch-fruchtige Weine hervorbringen kann, in wärmerer Umgebung aber auch ausgewogenere Tropfen mit mittlerem Körper. In Gegenden mit viel Sonne und einer langen Saison werden sehr alkoholstarke Weine mit 15 Vol.-% und mehr erzeugt. Zinfandel-Gewächse polarisieren die Verbraucher: Wer den relativ schlanken, zurückhaltenden europäischen Stil gewöhnt ist, kann sich nur schwer mit den mächtigen Brombeer- und Himbeernoten und dem vielen Alkohol anfreunden; ihre Anhänger begeistern sich dafür an der Konzentration, dem Überschwang und der üppigen Reife. Zinfandel ist der süditalienischen **Primitivo**-Traube sehr ähnlich, wenn nicht gar identisch mit ihr. Die genetische Identität von Zinfandel mit der kroatischen Sorte Crljenak Kaštelanski wurde allerdings durch DNA-Analysen bestätigt.

REGISTER

Seitenzahlen in Fettschrift weisen auf einen Haupteintrag hin. Siehe auch das Glossar (Seite 560–585) für Erläuterungen zu rund 600 Weinbegriffen.

G

H

I

J

M

S

AUTOREN

HERAUSGEBER

Jim Gordon

AUTOREN

Sarah Abbott MW – Frankreich/Burgund/Côte de Beaune, Côte de Nuits
Sarah Ahmed – Frankreich/Loire
Jane Anson – Frankreich/Bordeaux
Andrew Barrow – Frankreich/Elsass
Tyler Colman – Frankreich/Burgund/Beaujolais; Loire
Mary Dowey – Frankreich/Südliche Rhône
Sarah Jane Evans MW – Spanien
Catherine Fallis – Frankreich/Burgund/Côte Chalonnaise, Mâconnais
Michael Franz – Frankreich/Nördliche Rhône
David Furer – Ungarn, Kroatien, Georgien
Caroline Gilby MW – Tschechische Republik und Slowakei, Bulgarien
Jamie Goode – Portugal, Australien, Neuseeland
Lindsay Groves – Libanon
Susan Kostrzewa – Südafrika
Peter Liem – Frankreich/Champagne
Sarah Marsh MW – Frankreich/Burgund/Côte de Beaune (Meursault), Côte de Nuits, Chablis
Jane Masters MW – Frankreich/Languedoc, Roussillon, Provence und Korsika
Michael Palij MW – Italien/Mittelitalien, Süditalien und die Inseln
Stuart Pigott – Deutschland, Österreich, Schweiz
Peter Richards – Südamerika/Chile, Argentinien
Eleanora Scholes – Ukraine, Russland
Lisa Shara Hall – Nordamerika/Der pazifische Nordwesten; Spanien/Sherry
Tim Teichgraeber – Nordamerika/Kalifornien/Napa Valley und Carneros
Tara Q. Thomas – Griechenland
Dirceu Vianna Junior MW – Südamerika/Brasilien
Wolfgang Weber – Italien/Nordwestitalien, Nordostitalien, Toskana; Slowenien
Alder Yarrow – Nordamerika/Kalifornien/Sonoma und Marin

DANK

Wir bedanken uns bei Norman Brown, der an der Konzeption dieses Buches entscheidend mitgewirkt hat.

Unser besonderer Dank gilt Jim Gordon für seine fantastische Arbeit als Herausgeber.

Für ihre freundliche Unterstützung danken wir ebenso:

Michel Blanc (Fédération des Syndicats de Producteurs de Châteauneuf-du-Pape)
Gabrielle Cole (Wines of Chile)
Valerie Descudet (Conseil Interprofessionnel des Vins de Bordeaux)
Astrid Deysine (Conseil des Vins de Saint-Émilion)
Alison Dillon (Dillon Morrall/Wines of Spain)
Frédérique Dutheillet de Lamothe (Alliance des Crus Bourgeois)
Andreia Gentilini Milan (Wines from Brazil)
Lisa McGovern (Wine Australia)
Terry Hall (Napa Valley Vintners)
Tina Kezeli (Vine & Wine, Georgien)
Zelijka Kolak (Kroatien)
Sarah Land (New Zealand Winegrowers)
Konstantinos Lazarakis MW (Griechenland)
Margarita Levieva (National Vine and Wine Chamber, Bulgarien)
Cecile Mathiaud (Bureau Interprofessionnel des Vins de Bourgogne)
Aurélie Mauchand, Charlotte Révillon (InterRhône)
Anna Noble (Wines from Rioja/Phipps PR)
Ana Sofia de Oliveira (ViniPortugal)
Sofia Perpera (Griechenland)
Levgeniia Rodionova (Ukraine)
Chris Skyrme (Sopexa, Frankreich)

Unser besonderer Dank geht an die Wine Society für die Bereitstellung der in diesem Buch abgebildeten Weinflaschen:
The Wine Society Ltd
Gunnels Wood Road
Stevenage, Hertfordshire
SG1 2BG
www.thewinesociety.com

BILDNACHWEIS

Der Verlag dankt den genannten Personen, Institutionen und Bildagenturen für die freundliche Unterstützung bei der Realisierung dieses Buches:

Max Alexander: 2; Jānis Miglavs: 4; Max Alexander: 6; Jānis Miglavs: 13, 26–27; Winepictures.com/Claes Lofgren: 48–49, 68–69; Photolibrary/Javier Larrea: 111; Alamy Images/Cephas Picture Library/Mick Rock: 132–133; Max Alexander: 141; Winepictures.com/Claes Lofgren: 164–165; Alamy Images/OZiL Thierry: 194–195; Winepictures.com/Claes Lofgren: 217; Corbis/Owen Franken: 233; Winepictures.com/Claes Lofgren: 246–247, 274–275, 316, 330–331; Jānis Miglavs: 400–401; Winepictures.com/Claes Lofgren: 421; Alamy Images/Bon Appetit: 436; Weingut Siener: 450o; Weingut Zipf: 460o; Weingut Hirsch: 469o; Hans und Anita Nittnaus: 476o; Winepictures.com/Claes Lofgren: 461, 510–511; Alamy Images/Bill Bachmann: 530–531; Jānis Miglavs: 541.